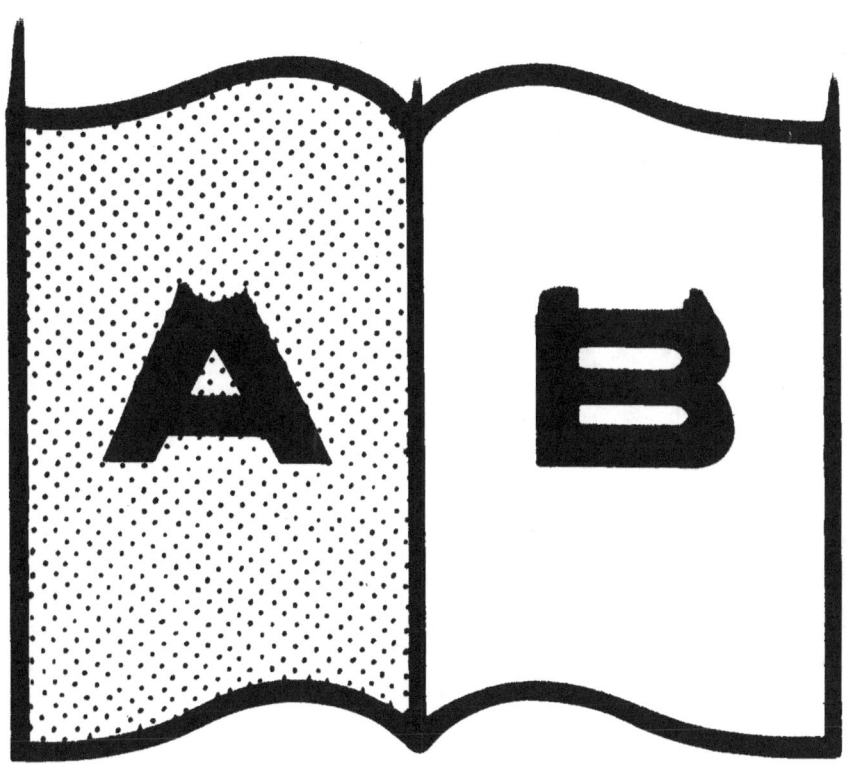

Contraste insuffisant

NF Z 43-120-14

4°X
318

SUPPLÉMENT

AUX

DICTIONNAIRES ARABES

SUPPLÉMENT

AUX

DICTIONNAIRES ARABES

PAR

R. DOZY

COMMANDEUR, OFFICIER ET CHEVALIER DE PLUSIEURS ORDRES, MEMBRE DE L'ACADÉMIE ROYALE DES SCIENCES D'AMSTERDAM
ET DE CELLE DE COPENHAGUE, CORRESPONDANT DE CELLE DE ST.-PÉTERSBOURG, DE L'INSTITUT DE FRANCE
ET DE L'ACADÉMIE D'HISTOIRE DE MADRID, ASSOCIÉ ÉTRANGER DE LA SOC. ASIAT. DE PARIS,
PROFESSEUR A L'UNIVERSITÉ DE LEYDE, ETC.

TOME PREMIER

LEYDE, E. J. BRILL.
1881.

Imprimerie de E. J. BRILL à Leyde.

PRÉFACE.

La langue arabe classique, celle des anciens poèmes, du Coran et de la Sonna, n'a eu qu'environ deux cents ans d'existence. Vers la fin du premier siècle de l'hégire, avant que les Arabes eussent une autre littérature, elle subit un grand changement, qui tendait à s'accroître toujours davantage. C'était la conséquence nécessaire et inévitable des victoires rapides et presque miraculeuses des sectateurs du prophète de la Mecque: la langue cessa de s'appartenir pour devenir la propriété des provinces qu'elle avait conquises. Le contact avec les peuples vaincus, qui se mirent à parler l'arabe mais qui le parlaient incorrectement, exerça son influence sur les Arabes mêmes. On négligea de se servir des désinences grammaticales, on employa des mots dans une signification détournée et l'on emprunta aux langues des vaincus, des Syriens, des Persans, des Coptes, des Berbères, des Espagnols, des Turcs, bon nombre de termes. Cependant le commerce avec l'étranger n'était pas la seule ni peut-être la principale cause de l'altération du langage. Il faut la chercher aussi dans la situation entièrement nouvelle que les conquérants s'étaient créée. Nomades jusque-là ou habitants de petites villes et menant une vie très-simple, ils se trouvèrent transportés soudainement dans un monde où tout leur était nouveau, au sein de grandes villes où régnait le luxe, et de vieilles civilisations, comme celles de l'empire romain et de la Perse. Bientôt aussi, il faut le dire à leur honneur, ils se firent instruire par leurs nouveaux sujets, et se mirent à étudier avec ardeur des arts et des sciences qui leur avaient été étrangers. Une révolution complète s'opéra dans leurs idées comme dans leurs moeurs, et leur idiome devait nécessairement ressentir le contre-coup de ce brusque passage d'une vie demi-barbare à une civilisation fort raffinée. Il s'appauvrit d'un côté, et s'enrichit de l'autre. On laissa tomber cette surabondance de mots qui encombrent l'arabe littéral; c'était peut-être un tiers de la langue, et ces mots exprimaient principalement des idées bédouines, pour ainsi dire, sans compter que plusieurs d'entre eux n'avaient à aucune époque été d'un usage général; par contre, on forma plus ou moins régulièrement, selon le génie de la langue, des termes nouveaux pour désigner des objets et des idées inconnus auparavant, ou bien on modifia le sens de ceux qu'on possédait. Cette transformation de l'idiome eut lieu dans toutes les provinces où dominaient les Arabes, mais à un degré inégal; le démembrement de l'empire contribua sans doute à accélérer la formation des dialectes, et bientôt chaque province avait le sien [1].

Ce changement, toutefois, ne s'opéra pas sans rencontrer une violente opposition de la part des puristes, c'est-à-dire, des grammairiens, des théologiens et des jurisconsultes, qui n'admettaient et n'étudiaient d'autre

---

1) Cf. Ibn-Khaldoun, *Prolégomènes*, t. III, p. 306—7, 360 éd. Quatremère.

Imprimerie de E. J. BRILL à Leyde.

PRÉFACE.

La langue arabe classique, celle des anciens poèmes, du Coran et de la Sonna, n'a eu qu'environ deux cents ans d'existence. Vers la fin du premier siècle de l'hégire, avant que les Arabes eussent une autre littérature, elle subit un grand changement, qui tendait à s'accroître toujours davantage. C'était la conséquence nécessaire et inévitable des victoires rapides et presque miraculeuses des sectateurs du prophète de la Mecque: la langue cessa de s'appartenir pour devenir la propriété des provinces qu'elle avait conquises. Le contact avec les peuples vaincus, qui se mirent à parler l'arabe mais qui le parlaient incorrectement, exerça son influence sur les Arabes mêmes. On négligea de se servir des désinences grammaticales, on employa des mots dans une signification détournée et l'on emprunta aux langues des vaincus, des Syriens, des Persans, des Coptes, des Berbères, des Espagnols, des Turcs, bon nombre de termes. Cependant le commerce avec l'étranger n'était pas la seule ni peut-être la principale cause de l'altération du langage. Il faut le chercher aussi dans la situation entièrement nouvelle que les conquérants s'étaient créée. Nomades jusque-là ou habitants de petites villes et menant une vie très-simple, ils se trouvèrent transportés soudainement dans un monde où tout leur était nouveau, au sein de grandes villes où régnait le luxe, et de vieilles civilisations, comme celles de l'empire romain et de la Perse. Bientôt aussi, il faut le dire à leur honneur, ils se firent instruire par leurs nouveaux sujets, et se mirent à étudier avec ardeur des arts et des sciences qui leur avaient été étrangers. Une révolution complète s'opéra dans leurs idées comme dans leurs mœurs, et leur idiome devait nécessairement ressentir le contre-coup de ce brusque passage d'une vie demi-barbare à une civilisation fort raffinée. Il s'appauvrit d'un côté, et s'enrichit de l'autre. On laissa tomber cette surabondance de mots qui encombrent l'arabe littéral; c'était peut-être un tiers de la langue, et ces mots exprimaient principalement des idées bédouines, pour ainsi dire, sans compter que plusieurs d'entre eux n'avaient à aucune époque été d'un usage général; par contre, on forma plus ou moins régulièrement, selon le génie de la langue, des termes nouveaux pour désigner des objets et des idées inconnus auparavant, ou bien on modifia le sens de ceux qu'on possédait. Cette transformation de l'idiome eut lieu dans toutes les provinces où dominaient les Arabes, mais à un degré inégal; le démembrement de l'empire contribua sans doute à accélérer la formation des dialectes, et bientôt chaque province avait le sien [1].

Ce changement, toutefois, ne s'opéra pas sans rencontrer une violente opposition de la part des puristes, c'est-à-dire, des grammairiens, des théologiens et des jurisconsultes, qui n'admettaient et n'étudiaient d'autre

---

1) Cf. Ibn-Khaldoun, *Prolégomènes*, t. III, p. 306—7, 360 éd. Quatremère.

langue que l'idiome classique. Méconnaissant la nature des choses, ne comprenant pas et ne voulant pas comprendre que tout dans ce monde est sujet à varier, que les langues se modifient à mesure des modifications de la pensée, qu'elles subissent la dépendance de la société qui les parle et des écrivains qui s'en servent, ils voulaient rendre immuable et perpétuer celle du livre de Dieu, et n'avaient que du dédain et du mépris pour les innovations plus ou moins involontaires de leurs contemporains. Pour arrêter ce qui à leurs yeux était la corruption, la dépravation de la langue et presque un sacrilége, attendu qu'il s'agissait de la langue sacrée, ils multipliaient les grammaires, les dictionnaires, les brochures piquantes où ils stigmatisaient et ridiculisaient les fautes commises par les grands aussi bien que par le vulgaire, les *dites* et *ne dites pas*. Jusqu'à un certain point, il faut en convenir, leurs efforts ne furent pas inutiles, et s'ils n'ont pas empêché la transformation de l'idiome, ils l'ont du moins retardée et contenue dans de justes limites. Grâce à eux et à l'étude du Coran, qui forme la base de l'éducation musulmane, l'arabe n'a pas donné naissance à d'autres langues, comme le latin aux langues romanes, et même de nos jours la langue écrite, du moins sous le rapport de la grammaire, se rapproche encore assez de l'idiome ancien, quelques changements qu'ait subis la langue parlée. Mais au reste ils n'arrêtèrent pas le cours naturel des choses; bon nombre d'écrivains se servaient sans scrupule du langage commun et l'avouaient hautement. Ainsi un voyageur du Xe siècle de notre ère, Mocaddasi [1], atteste qu'en sa qualité de Syrien, il écrit ordinairement le dialecte de sa patrie, et que, pour observer la couleur locale, il se sert, dans la description de chaque province, de celui qui lui est propre, ce qui doit s'entendre surtout du choix des mots. Chose remarquable! les puristes eux-mêmes emploient à leur insu des néologismes; souvent, et sans le vouloir, ils expliquent, dans leurs dictionnaires, des termes classiques par des mots nouveaux, et en Espagne on entendait les grammairiens les plus renommés enseigner l'ancienne langue dans le patois du pays [2], tant il est vrai que la pratique ne répond pas toujours à la théorie.

Autant que cela leur était possible, toutefois, les puristes s'en tenaient à l'idiome classique. Ils en ont enregistré et expliqué les mots, à l'exclusion de tous les autres, dans leurs dictionnaires, qui sont en grand nombre et souvent fort volumineux. Ces dictionnaires ont été la base de ceux qui ont paru en Europe, car ces derniers n'ont pas été composés d'après le dépouillement régulier des auteurs; on n'a fait que suivre pas à pas les lexicographes orientaux. C'est le système qui prévaut dans le Lexique de Golius, ouvrage admirable pour le temps où il a été fait, dans celui de Freytag, qui l'a remplacé, et qui, bien qu'il ne réponde nullement à ce qu'on avait le droit d'attendre d'un dictionnaire composé deux siècles après celui de Golius, a cependant rendu des services le Lexique de ce dernier étant monté à un prix exorbitant, et enfin dans celui de Lane, ce chef-d'œuvre de patience, d'érudition, d'exactitude, de saine critique, ouvrage parfait autant qu'il pouvait l'être dans la conception d'un dictionnaire arabe composé uniquement, ou peu s'en faut, d'après ceux des Orientaux une fois admise, de sorte qu'on peut dire que, dans cette voie, il reste peu de chose à faire.

La langue classique étant aussi le fond de l'idiome qui lui a succédé, ces travaux restent indispensables pour ceux qui étudient les auteurs arabes du moyen âge qui nous intéressent le plus; les historiens, les géographes, les romanciers, les botanistes, les médecins, les astronomes, etc.; mais ils ne suffisent pas; trop de mots et de significations y manquent. Lane, comme il le dit lui-même [3], a exclu les termes non-classiques à fort peu d'exceptions près. Freytag en donne davantage; cependant il n'a dépouillé régulièrement aucun livre, aucun même de ceux qu'il a publiés lui-même, et c'est surtout pour cette classe de mots qu'il a eu la main malheureuse et fait preuve d'un manque presque absolu de critique. Ainsi il n'a jamais rien lu, à en juger par son Lexique, des Mille et une Nuits, mais il a fait usage par-ci par-là des glossaires que Habicht a ajoutés aux différents volumes de son édition de ces contes. Or ces glossaires, comme M. Fleischer l'a démontré avec autant d'esprit et de verve que d'érudition, fourmillent de bévues et de contre-sens. Freytag ne s'en est pas douté, et maintefois on serait tenté de dire que, laissant de côté des explications assez bonnes, il

---

[1] P. 32 éd. de Goeje.   [2] Maccarî, t. I, p. 137 éd. de Leyde.   [3] Préface, p. XXVI.

s'est justement évertué pour reproduire les assertions les plus bizarres et les plus saugrenuës. Ce sont autant d'articles à biffer.

Un dictionnaire de l'idiome non-classique est donc encore à faire; mais la langue et la littérature arabes sont si riches, que bien des années, bien des siècles peut-être, se passeront avant qu'on entreprenne un tel travail. «Un dictionnaire de l'arabe non-classique, digne de ce nom,» dit Lane [1], juge fort compétent sans contredit, «ne pourrait être composé que par un nombre considérable de savants établis dans les villes de l'Europe qui possèdent de bonnes bibliothèques de manuscrits arabes, et par autant de savants dans les différents pays de l'Asie et de l'Afrique; on puiserait en partie dans les livres, en partie on profiterait des renseignements que les Arabes seuls peuvent donner, et plusieurs des collaborateurs devraient être versés dans les sciences musulmanes.» L'idée est grande et belle, mais plus facile à concevoir qu'à exécuter. Comment faire concourir à un travail fort ardu et de longue haleine une quantité de savants dans trois parties du monde, tandis qu'en Europe les arabisants, clair-semés de reste, ont chacun leurs propres occupations, et qu'en Orient on n'est pas accoutumé à nos méthodes scientifiques? Et puis, qui voudrait se charger de la tâche nullement enviable de rédiger un tel ouvrage, car la rédaction devrait être confiée à un seul homme? Le rédacteur pourrait-il répondre de la compétence et de l'exactitude de tous ses collaborateurs? Réussirait-il à établir et à maintenir l'harmonie entre tant de personnes qui peut-être auraient parfois des vues et des idées divergentes? Un tel ouvrage international ne serait-il pas, au bout du compte, une compilation indigeste, une masse informe de matériaux, plutôt qu'un lexique bien ordonné? Je le crains, et je crois qu'en tout cas le temps pour tenter une telle entreprise n'est pas encore venu.

Cependant une foule d'annotations ont été faites pendant plus d'un siècle sans avoir été ni rédigées ni mises au jour, chaque arabisant ayant été obligé de compléter plus ou moins le Dictionnaire pour son propre usage. Notre Bibliothèque possède plusieurs de ces lexiques annotés, parmi lesquels le Golius de Jean-Jacques Schultens tient le premier rang. Jean-Jacques, le fils d'Albert, qui a professé la théologie et les langues orientales à notre Université depuis 1749 jusqu'en 1778, qu'il mourut, a été empêché par les nombreuses occupations de sa triple charge et surtout par les déplorables disputes théologiques de son époque auxquelles il a pris une part très-active, de rien publier sur la littérature arabe; mais il n'en était pas moins, dans cette branche d'études, l'homme le plus savant de son temps (Reiske seul peut lui être comparé), et qui avait lu, la plume à la main, beaucoup plus de livres arabes que son père, le restaurateur des études orientales, et son fils, Henri-Albert, qui lui succéda dans sa chaire et qui l'occupa avec distinction. Malheureusement les notes extrêmement nombreuses dont il a chargé les marges de son Golius, faites au jour le jour, sont un véritable chaos où il est fort difficile de s'orienter; elles ne l'étaient pas sans doute pour celui qui les a écrites, mais elles le sont pour nous. Il est fort regrettable que Schultens ne les ait pas rédigées et publiées; de son temps elles auraient fait avancer beaucoup la lexicographie arabe, car on y trouve parfois l'explication de difficultés qui plus tard ont arrêté de grands orientalistes tels que Silvestre de Sacy [2].

Un recueil de notes bien plus vaste encore est celui que l'illustre Quatremère a fait pour servir à la publication d'un Lexique trilingue arabe-persan-turc-oriental, dont il voulait commencer la publication dans le courant de l'année 1838 [3], mais qui n'a jamais paru. Ces cartons se trouvent actuellement dans la Bibliothèque de Munich, et tous ceux qui connaissent les livres de ce savant se tiendront persuadés d'avance que ses notes

---

1) *Ibid.*
2) Freytag n'a fait de ces notes qu'un usage fort restreint, et souvent il les a rendues d'une manière inexacte. J'aurais voulu incorporer dans mon livre toutes celles qui présentent encore de l'intérêt, car, dans l'état actuel de la science, l'immense majorité en est devenue inutile; mais toutes les citations devant être vérifiées, j'ai calculé que ce travail demanderait deux années, sans que le résultat fût en proportion avec la peine et le temps qu'il exigerait, car le dépouillement ne donnerait après tout qu'environ deux cents pages in-8°. Je me suis donc borné à consulter ces notes de temps en temps, et c'est à elles que j'ai emprunté mes citations d'Elmacin, d'Aboulfaradj, d'Eutychius, d'Ibn Tofail, d'Imrânî et de l'ouvrage intitulé al-Faradj ba'da 's-chidda.
3) C'est ce que Quatremère annonçait dans le *Journal asiatique* de cette année, III série, t. V, p. 201—2.

manuscrites sont d'une richesse incomparable, car personne n'a jamais lu, en vue de la lexicographie, autant d'auteurs orientaux. Elles contiennent surtout beaucoup de termes ecclésiastiques, de provenance grecque ou copte. Malheureusement, bien que plus faciles à consulter que celles de Schultens, car chaque carton ne contient qu'une seule citation, elles ne sont pas rédigées non plus. Souvent les termes sont notés, mais non pas expliqués, et pour la plupart d'entre eux il faudrait comparer les manuscrits auxquels ils sont empruntés, ceux de la Bibliothèque nationale, ce qui revient à dire que la rédaction de ces notes, si quelqu'un voudrait l'entreprendre, ne pourrait se faire qu'à Paris [1].

N'est-il pas à regretter que les annotations de tels savants et de plusieurs autres qu'on pourrait nommer, fruits de longues veilles et de vastes lectures, aient été perdues pour la science? Et il en sera ainsi de toutes celles qui n'auront pas été rédigées par ceux qui les ont faites; d'autres ne le feront pas ou le feront mal, car rédiger les notes d'autrui est un travail peu attrayant et souvent impossible.

Mû par ces considérations, et quoique persuadé que je ne réussirais pas à produire un ouvrage tant soit peu complet, j'ai osé croire que je ferais une œuvre utile en mettant en ordre et en publiant les notes lexicographiques que j'avais rassemblées dans le cours de mes lectures pendant plus de trente ans. A peu d'exceptions près, là où quelques développements me semblaient désirables, j'ai passé sous silence tout ce qui a déjà été bien expliqué par Freytag ou par Lane [2], et je me suis attaché à les compléter en puisant dans plusieurs sources que je vais indiquer.

En premier lieu je nommerai trois glossaires composés en Espagne au moyen âge.

Le plus ancien est le glossaire latin-arabe contenu dans le man. de Leyde 231, que j'ai désigné par la lettre L. Il a appartenu à Scaliger, qui l'avait reçu de Guillaume Postel et qui en a fait usage dans son *Thesaurus Linguæ Arabicæ* (ouvrage qui n'a point été publié, mais dont notre Bibl. possède l'original, man. 212), de même que son contemporain et ami Raphelengius dans son *Lexicon Arabicum* (Leyde, 1613). Ce dernier (voyez sa Préface) le croyait écrit «ante annos octingentos plus minus.» A ce compte il serait de la fin du VIIIe siècle; c'est une assertion qu'il serait inutile de réfuter. Scaliger exagère moins; «ante DC plus minus annos scriptum,» dit-il; mais le man. doit être plus récent que la fin du Xe siècle, car il est écrit en partie sur parchemin, en partie sur papier de coton; la grande majorité des feuillets est de la dernière substance, et l'on sait qu'antérieurement au XIe siècle on ne trouve pas de livres écrits sur papier de coton [3]. A mon sens le man. est du XIIe siècle, et c'est aussi l'avis de deux paléographes exercés, M. Wright (de Cambridge) et M. Karabacek (de Vienne).

Loin d'être l'original, c'est une copie assez médiocre, mais l'ouvrage lui-même, à en juger d'après l'arabe, n'est guère plus ancien. Il a été composé en Espagne, comme le prouvent péremptoirement plusieurs des termes bas-latins et arabes qu'il contient, ainsi qu'une petite liste en espagnol à la fin, où sont énumérés les chevaux de différente robe [4]. Le nom de son auteur est inconnu. On pourrait soupçonner que c'était un juif, parce qu'on trouve à la fin les noms arabes et hébreux des pierres précieuses, le tout en caractères arabes, et aussi les noms latins et arabes des planètes et des signes du zodiaque, avec leur traduction en hébreu écrite en caractères hébreux; mais l'encre de ces derniers diffère et peut-être sont-ils d'une autre main. Ce qui,

---

1) Grâce à l'obligeance de la direction de la Bibl. de Munich, j'ai pu examiner à loisir la première lettre du recueil de Quatremère, et elle m'a gracieusement offert de m'envoyer successivement le reste si je le désirais. On voit pourquoi je n'ai pas profité de cette offre. J'observerai encore que, pour un futur éditeur, la moitié peut-être de ces cartons sera inutile. Quelques-uns font double ou triple emploi; d'autres se rapportent à des noms propres ou relatifs et n'appartiennent pas au Dictionnaire (j'en ai remarqué quinze, p. e., qui contiennent des renvois pour la vie du poète Imra al-kais); enfin, bon nombre d'entre eux sont superflus après la publication du Lexique de Lane. J'exprime encore le vœu qu'ils tombent un jour en de pieuses mains, et j'espère que l'on passera sous silence plusieurs erreurs qu'ils renferment, erreurs qui surprennent chez un aussi grand savant; mais il faut se rappeler que ce savant avait, comme chacun de nous, ses moments de distraction, et que, s'il lui avait été donné de reviser ces notes, il les aurait sans aucun doute corrigées lui-même.
2) Jusqu'à la lettre fâ inclusivement; c'est tout ce qui a paru de ce Lexique.
3) Voir Schönemann, *Versuch einer vollständigen Systems der Diplomatik*, t. I, p. 491.
4) Elle a été publiée, d'après ma copie, par M. Simonet, *Glosario* etc., p. 166, n. 4.

au contraire, semble indiquer qu'il était chrétien, c'est qu'il dit sous *ippodiaconus*: « grece quem *nos* subdiaconum dicimus. » On peut donc supposer avec M. Simonet que c'était un mozarabe ou bien un juif converti.

Le latin de ce glossaire est parfois un singulier mélange de mots surannés, qu'on ne trouve que chez Varron ou d'autres philologues anciens (je doute que le compilateur les ait toujours compris), et de termes de la plus basse latinité. Souvent l'équivalent arabe manque. Les confusions et les bévues abondent au contraire. *Verbix*, p. e., qui est pour *vervex*, y est traduit par كيس; il faudrait كبش. Sous *sterto* on trouve أخور وأعطس. Le premier mot arabe peut bien signifier *sterto*, ronfler; mais le second signifie *sternuo* ou *sternuto*, éternuer. Sous *sciasis* on rencontre النسا خرقة; c'est une faute pour عرق النسا, goutte sciatique. Parfois le latin ne correspond nullement à l'arabe, p. e.: *plagiarius* (*vel plagiator*, *abilelator* [1], *seductor*) خلاق ثم جارح. Il faut remarquer que, dans ce glossaire, ثم indique constamment qu'il faut prendre le mot latin dans un sens qui diffère de celui qui précède; or, le second terme arabe, qui signifie *celui qui blesse*, montre qu'il faut penser, non pas à l'explication latine, mais à un mot qui serait formé de *plaga* (ce *plaga* précède, avec la traduction جرحة ثم ناحية, «blessure et, dans un autre sens, *plage*»); mais quant au premier terme arabe, je ne puis deviner ce qu'il aurait de commun avec *plagiarius*. Parfois les mots sont tellement altérés qu'on ne sait qu'en faire; ainsi *fervidus* est نريق, *fetosa*, حاملة متتابعة.

L'orthographe latine de l'auteur est bizarre. Il confond sans cesse le *b* et le *v*, ce qui, au reste, est conforme à la coutume des Espagnols, l'*e* et l'*i*, l'*o* et l'*u* (in quu, pour in quo), etc. Il a un souverain mépris pour les *h*, qu'il ajoute ou omet à sa fantaisie, pour les cas et pour les nombres: ses mots sont tantôt au nominatif, tantôt au génitif, tantôt au datif, etc., tantôt au singulier, tantôt au pluriel. Il supprime l's et l'*m* dans *us* et *um*, sans signe d'abréviation. Dans l'arabe il donne presque toujours les voyelles et même les désinences grammaticales; mais il confond les lettres du même organe, p. e. ذ et ظ (كثرة الانعاذ, satiriasis), ر et ث (colonus عامر الارض وحارز), ص et س (cicada (cicala) سرارة).

Peut-être les fautes de ce glossaire doivent-elles être imputées en partie au copiste. Un autre exemplaire pourrait nous renseigner à cet égard. Il serait très-important de l'avoir, d'autant plus que le nôtre est fort difficile à lire («scriptum charactere Longobardico difficillimo,» disait l'illustre Scaliger qui se connaissait si bien en man. latins), et qu'il a beaucoup souffert par l'humidité, de sorte que certains mots sont devenus illisibles ou qu'ils ont disparu avec le papier, qui est fort mauvais; au commencement la moitié de chaque page a été enlevée par la vétusté. Or Ducange s'est aussi servi d'un « Glossarium Arabico-Latinum. » Il aura voulu dire: Latino-Arabicum, et en comparant quelques-uns des articles qu'il lui a empruntés avec notre man., j'ai reconnu que c'est le même ouvrage, mais avec des variantes. Ainsi ce que Ducange donne sous *mulco* et *pestillum* d'après son Glossaire arabe, se trouve aussi dans le nôtre. Sous *cimentarius* il a, d'après la même source: « qui disponit fundamentum; » de même dans notre livre avec la variante « fundamenta. » Sous *artabularius* et *sacis*, articles qui sont dans les deux exemplaires, Ducange a noté les explications « craticula » et « clyster, » que le nôtre n'a pas. Où se trouvait ce man.? Ducange ne le dit pas et les recherches qu'on a faites, à ma demande, dans la Bibliothèque nationale à Paris ont été infructueuses. Il n'est ni parmi les man. orientaux ni parmi les man. latins, et M. Léopold Delisle fait remarquer que Ducange ne dit pas que le man. soit à la Bibl. du Roi, ce qui, à son avis, rend très-douteux qu'il y ait jamais été. Espérons qu'il se retrouve ailleurs!

On verra que ce Glossaire m'a fourni une moisson moins abondante que les deux autres dont je vais parler, mais néanmoins assez considérable.

---

1) Chez Papias (in voce) abigerator; abigere est *voler* dans la basse latinité.

Un autre vocabulaire arabe-latin et latin-arabe, celui que j'ai désigné par les lettres Voc., est plus complet et plus exact: c'est celui que M. Schiaparelli a publié avec beaucoup de soin à Florence en 1871, d'après un manuscrit de la Riccardiana. Il a été composé dans l'Orient de l'Espagne, en Catalogne ou dans le royaume de Valence, peut-être par le frère Prêcheur Raymond Martin [1], célèbre théologien, philosophe et orientaliste catalan, qui s'était consacré à la conversion des musulmans et qui mourut peu après l'année 1286. En tout cas il a été composé de son temps, dans la seconde moitié du XIIIe siècle. Quelques savants l'ont cru plus ancien [2], mais l'emploi du mot طبالة sous *fiala* s'y oppose, car cette espèce de vase emprunte son nom au sultan al-Melic at-Tâhir Baibars, qui s'en servait à sa table et qui régna de 1260 à 1277 [3]. Le man. de la Riccardiana, qui n'est pas l'original, me semble, à en juger par le fac-similé, de la fin du XIIIe siècle [4].

La principale difficulté que présente l'emploi de ce Glossaire, sans compter que les mots catalans au bas des pages doivent souvent être corrigés, consiste dans la signification qu'il faut attribuer aux formes dérivées du verbe, qui sont indiquées, mais non expliquées, dans les différents articles. Afin de ne pas induire les arabisants en erreur, je me suis souvent borné, quand j'étais dans l'incertitude, à noter que telle forme se trouve sous tel article.

Le troisième Glossaire, celui que le Père Pedro de Alcala composa à Grenade et qu'il y publia en 1505, sur l'ordre de Ferdinand de Talavera, premier archevêque de cette ville, qui avait l'intention de faciliter la conversion des Maures récemment soumis, est sans contredit le plus riche de tous, mais aussi celui dont l'étude m'a coûté le plus de temps et de peine. Les obstacles que j'ai eu à vaincre sont nombreux et de toute sorte. D'abord l'auteur a l'espagnol avant l'arabe, et ce n'était pas une petite besogne que de retourner, pour ainsi dire, tout ce livre. Puis beaucoup des termes espagnols qu'on y trouve ont vieilli ou changé de signification. L'auteur nous apprend, dans sa Dédicace à l'archevêque, que, pour les mots castillans, il a pris pour base de son travail le Dictionnaire espagnol-latin d'Antonio de Nebrija (ou Lebrixa, comme il écrit). C'était donc ce dictionnaire qu'il fallait consulter en premier lieu. Je l'ai fait constamment et j'ai adopté les significations qu'il donne et qui diffèrent souvent de celles qu'on rencontre dans les lexiques modernes. En outre, l'ancien dictionnaire espagnol-français-italien de Jérôme Victor (Genève 1609, Cologne 1637) m'a rendu d'utiles services. Mais P. de Alcala a ajouté, comme il le dit lui-même, des mots qui ne se trouvent pas dans Nebrija, et ces mots, qui sont beaucoup plus nombreux qu'on ne s'y attendrait, sont parfois embarrassants. Il y en a qu'en Espagne on ne connaît plus, pas même à Grenade. Un autre obstacle, c'est que l'arabe est imprimé, non pas avec les caractères propres à cette langue, mais en caractères castillans, et que quelques lettres du même organe sont rendues de la même manière. Par suite, bon nombre de mots ont été pour moi des énigmes jusqu'à ce que je les eusse retrouvés, souvent après plusieurs années, dans un autre glossaire ou chez un auteur. Ma liste d'*incerta*, d'abord très-grande, s'est donc réduite peu à peu; mais il en reste encore plus que je ne voudrais, et je donnerai ces articles dans un Appendice. Peut-être réussira-t-on tôt ou tard à les expliquer ou à corriger les fautes d'impression que quelques-uns renferment; car des fautes de cette sorte, bien que relativement peu nombreuses, se trouvent cependant de temps en temps dans le livre de P. de Alcala.

Ce livre étant devenu fort rare et fort cher, le Père Patricio de la Torre, qui avait été longtemps dans le Maroc et qui fit profession dans le cloître de l'Escurial en 1805, en prépara une nouvelle édition, dont l'impression a été presque terminée dans le temps; mais tous les exemplaires ont été détruits dans la guerre contre Napoléon Ier, à l'exception d'un seul, qui va jusqu'au mot *ofrecimiento* et qui se conserve dans la

---

1) Voyez la Préface de Schiaparelli, p. XIX, XX, et Simonet, p. 170.
2) Amari et Bonaini ont cru que le man. (qui n'est pas l'original) est de la fin du XIIe ou du commencement du XIIIe siècle; selon Jaffé et Gregorovius, il serait d'une époque un peu postérieure (Schiaparelli, p. XII, XIII). Simonet (p. 169) place la composition de l'ouvrage vers le milieu du XIIIe siècle.
3) Voyez dans mon livre t. II, p. 65 a.
4) M. Wright est de la même opinion. Il m'écrit: „Of the Florence MS. you have, I think, hit the age pretty well; so far as I can judge from the facsimile, it is of the XIIIth century, but late, towards 1300."

Bibliothèque de l'Escurial, laquelle possède en outre le manuscrit original complet. D'après M. Simonet, qui l'a examiné, Patricio de la Torre a transcrit l'arabe en caractères arabes; mais il a fait de grands changements au texte d'Alcala et supprimé beaucoup de mots [1]. A en juger par les extraits que le savant professeur de Grenade a bien voulu me communiquer, la Torre a transcrit correctement quelques mots douteux, pas tous cependant, et je dois avouer que pour le dialecte grenadin de 1500, quand il s'écarte du dialecte marocain moderne, que la Torre connaissait sans doute fort bien, il ne m'inspire pas une confiance bien grande.

Je dois encore observer qu'en citant le Glossaire de Leyde et P. de Alcala, j'ai constamment indiqué les mots latins ou espagnols sous lesquels les termes arabes se trouvent, sans rien changer à leur orthographe, afin qu'on puisse les retrouver. Pour le Glossaire de Florence c'était moins nécessaire, parce que sa première partie tient lieu d'un index.

Un ouvrage d'une autre nature, dont je me suis servi également, est le Dictionnaire que Botros al-Bistânî a fait imprimer à Bairout en 1870, sous le titre de Mohît al-Mohît. C'est une bonne compilation faite d'après quelques lexiques anciens, et l'auteur y a ajouté un grand nombre de mots et de significations non-classiques (*mowallad*) et de termes vulgaires du dialecte de la Syrie (*min calâm al-'âmma*). Je les ai admis; mais je me suis vu forcé d'exclure la plupart des termes qui sont propres aux sciences musulmanes et que l'auteur donne aussi en grande quantité. D'abord ses définitions ne sont pas toujours assez claires pour qu'on puisse les comprendre sans consulter d'autres livres arabes où ces termes sont expliqués plus au long. En second lieu, ces termes resteront toujours obscurs quand on ne connaît pas dans son entier le système auquel ils appartiennent. Enfin j'avouerai, comme l'a fait Freytag [2], que je connais peu ces sciences, et je pense avec lui que la vie d'un homme ne suffit pas pour les approfondir et pour bien connaître en même temps la langue arabe. De celui qui, comme moi, est proprement historien de profession, on exigera ces connaissances encore moins, sans compter que je craindrais de perdre le sens si j'allais m'abîmer dans l'étude de certaines classes de ces mots, dans la terminologie alambiquée des Soufis par exemple. C'est une tâche que je laisse volontiers à d'autres.

Il faut se servir avec prudence du Mohît al-Mohît. Ainsi l'auteur donne souvent des verbes au prétérit, dont Djauharî et Firouzâbâdî n'ont que le nom d'action ou le participe, probablement parce que ce sont les seules formes en usage. C'est un exemple qui n'est pas à imiter. En outre, il s'est servi de Freytag, qu'il ne commence à nommer, si j'ai bonne mémoire, que sous la lettre *lâm*, et il a copié plusieurs de ses bévues. Ses étymologies de mots tirés de langues étrangères sont souvent erronées: il confond le persan avec le turc et même avec le français; ainsi le mot *abat-jour*, qui a passé dans le dialecte de la Syrie, est à son avis de provenance persane.

Viennent ensuite plusieurs dictionnaires et vocabulaires de la langue moderne, tels que ceux de Pagni, Boethor, Humbert, Hélot, Roland de Bussy, Dombay, Cherbonneau, etc., qui sont souvent fort utiles pour comprendre celle du moyen âge, mais dont il est difficile de se servir, parce qu'en général ils ont le français avant l'arabe, de sorte qu'il faut, pour ainsi dire, les retourner et les mettre dans l'ordre de l'alphabet arabe. Le plus considérable est le Dictionnaire français-arabe de l'Egyptien Ellious Boethor, revu et augmenté par Caussin de Perceval. Quatremère en a fait faire, en 1852, un index par E. A. Gouelle, où les mots arabes sont rangés alphabétiquement, suivis des chiffres des pages où ils se trouvent. Ce gros volume est actuellement dans la Bibliothèque de Munich; j'en ai obtenu le prêt et nous l'avons copié ensemble, M. de Goeje et moi, ce qui, vu l'infinité de chiffres qu'il renferme, demandait du temps, de la patience et une attention soutenue. Ensuite j'ai consacré plusieurs étés que je passais à la campagne, à vérifier chaque citation et à noter toutes les significations et expressions que Freytag n'a pas. De cette manière j'avais mes matériaux tout prêts avant de commencer ma rédaction. Dans un travail aussi long et aussi rebutant, Gouelle peut bien avoir sauté par-

---

1) Voir Simonet, p. 174, n. 2.   2) Voyez sa Préface, p. VI.

fois un mot et laisser échapper des *lapsus calami* (j'en ai remarqué quelques-uns et je les ai corrigés dans la copie [1], qui, par conséquent, est plus exacte que l'original); mais j'ose dire qu'en général il a fort consciencieusement rempli sa tâche, et je lui suis fort reconnaissant de ce qu'il a fait, car je crains que sans lui et faute de patience, je ne me serais servi qu'incidemment de ce dictionnaire, comme je l'ai fait pour ceux de Berggren, de Marcel, etc.

Un autre ouvrage de ce genre, que je regrette de n'avoir pas mis plus souvent à contribution, est le Dictionnaire pratique arabe-français que M. Beaussier, interprète principal de l'armée d'Algérie, a fait paraître à Alger en 1871. Il est d'un usage fort commode, puisqu'il a l'arabe avant le français, mais c'est une de ces œuvres remarquables qui ne sont pas connues autant qu'elles le méritent, faute d'avoir été signalées en bon temps par quelque vigilante sentinelle de la science. Je ne l'avais point vu et non-seulement la rédaction, mais encore l'impression de mon livre était déjà assez avancée, lorsque M. Simonet, qui, je crois, ne l'a connu aussi que par hasard, le signala à mon attention. Il était alors trop tard pour faire entrer dans mon Supplément tout ce que ce Dictionnaire, le meilleur de ceux de la langue moderne qui ont l'arabe avant le français, contient d'intéressant et de nouveau; mais je l'ai maintefois consulté et je l'ai comparé avec ma copie avant de la livrer à l'impression, de sorte que j'ai encore pu lui faire bien des emprunts.

Peut-être la crainte de donner à mon travail l'apparence trop prononcée d'un dictionnaire de la langue moderne m'aurait-elle empêché d'ailleurs de faire un plus large usage de Beaussier, supposé que je l'eusse connu à temps. Tel qu'il est, il a déjà beaucoup trop cette apparence pour un livre qui n'a en vue que la langue du moyen âge. Cela tient à deux causes: en premier lieu, je n'ai rien pu retrancher de mes extraits de livres que j'avais dépouillés en entier, parce que je désirais épargner à mes successeurs la peine et l'ennui d'y recourir. En second lieu, je pense que, dans l'état actuel de la science, on ne peut pas encore distinguer sûrement, du moins dans beaucoup de cas, entre les termes du moyen âge et ceux de notre temps. Maintefois il m'est arrivé de rencontrer tout à coup et à mon étonnement chez un auteur du moyen âge un mot ou une signification qui jusque-là m'avait semblé exclusivement moderne. Le progrès des études lexicographiques répandra peu à peu plus de lumière sur ces points, et il faudra alors retrancher de mon livre ce qui y est superflu. Afin de ne pas le grossir inutilement, j'ai déjà laissé de côté bon nombre de choses qui bien certainement ne sont pas du moyen âge, p. e. les noms des objets que nous ne connaissons nous-mêmes que depuis la découverte de l'Amérique, ceux des armes à feu et des monnaies modernes, plusieurs termes espagnols qui ont passé dans le dialecte du Maroc et que M. Simonet avait notés d'après la Torre et les communications du P. Lerchundi, quelques mots grecs, persans, turcs, italiens et français dans le Mohit al-Mohit, car dans un livre tel que le mien on n'ira pas chercher les transcriptions arabes pour nos mots *piano*, *protestation*, *pudding*, *thermomètre*, *télégraphe*, *télescope*, *jambon*, *galoche*, *général*, *géologie*, etc. Beaucoup de termes que M. Wetzstein a notés comme appartenant au dialecte actuel des Bédouins de Syrie ou que l'on trouve dans différents recueils de dialogues publiés à Alger, pouvaient également être passés sous silence; je me tiens convaincu qu'on ne les rencontrera pas chez les auteurs du moyen âge.

Je dois encore observer que je ne prends pas sous ma responsabilité tout ce que j'ai emprunté aux dictionnaires de la langue moderne, et que, là où ils omettent les voyelles, je ne les ai ajoutées que lorsque je croyais pouvoir le faire sans me tromper.

Les voyageurs européens qui à différentes époques ont parcouru l'Asie et l'Afrique m'ont aussi fourni beaucoup de renseignements utiles. J'en ai compulsé un nombre assez considérable, comme on pourra le voir dans la liste des auteurs cités que je joindrai à cette préface. Souvent, cependant, j'ai été embarrassé par leur orthographe inexacte et arbitraire, de sorte que j'ai dû laisser de côté bien des mots qu'ils m'offraient. Je les

---

1) Nous avons fait cadeau, M. de Goeje et moi, de cette copie à la Bibl. de notre Université.

ai notés dans un cahier que j'ai déposé à la Bibliothèque, et qui peut-être sera encore utile à d'autres. En partie, toutefois, ils semblent appartenir plutôt à d'autres langues.

J'ai aussi incorporé dans mon travail la plupart des notes lexicographiques et des glossaires, que les savants européens ont ajoutés aux auteurs qu'ils ont publiés ou traduits, et parmi lesquels les notes de Quatremère et les glossaires de M. de Goeje tiennent incontestablement le premier rang. Réunir et coordonner ces observations, disséminées dans des ouvrages de divers genres, était, je crois, une œuvre utile et méritoire. Que si parfois je n'ai pas reproduit certains articles des glossaires, c'est que je ne les approuve pas, que je ne les regarde pas comme absolument nécessaires, ou que Lane a suffisamment éclairci les mots dont il s'agit, sauf les fautes d'omission bien entendu, mais j'espère qu'elles seront en petit nombre.

Mes sources principales, toutefois, ont été les auteurs arabes du moyen âge que j'ai lus, soit dans des textes imprimés, soit dans des manuscrits qui appartiennent aux principales bibliothèques de l'Europe, et qui traitent des sujets très-variés. Ainsi j'ai dépouillé régulièrement, parmi les historiens et les biographes: Mohammed ibn-Hârith, Ibn-al-Coutîa, l'Akhbâr madjmou'a, Ibn-Haiyân, le Matmah et le Calâïd al-Fath, Abdal-wâhid al-Marrécochî, Ibn-al-Abbâr, Ibn-Çâhib aç-çalât, le Bayân al-moghrib, Ibn-Abdalmelic al-Marrécochî, le Riyâdh an-nofous, un historien anonyme qui se trouve en manuscrit à Copenhague, plusieurs volumes du grand ouvrage d'Ibn-Khaldoun, le Cartâs, le Holal al-mauchîa, une Histoire des Benou-Ziyân de Tlemsen, Ibn-al-Khatîb, Maccarî, l'Histoire de Tunis par al-Bâdjî, Nowairî (Afrique et Espagne), le Fakhrî, les extraits de l'Histoire d'Alep publiés par Freytag et ceux de l'Histoire du Yémen que Rutgers a mis au jour; parmi les géographes et les voyageurs: Becrî, Ibn-Djobair, Abdarî, Ibn-Batouta; en fait de diplômes: ceux qui ont été publiés par Gregorio, de Sacy, Reinaud, Amari; en fait d'apologues et de romans: les Fables de Bidpai, l'Histoire de Bâsim le Forgeron, les Mille et une Nuits dans les différentes éditions qui en ont paru et qui sont autant de rédactions, de sorte qu'elles servent de commentaires les unes aux autres; puis, parmi les botanistes: le livre intitulé al-Mosta'înî et Ibn-al-Baitâr; le grand ouvrage sur l'agriculture par Ibn-al-Auwâm; parmi les médecins: le Glossaire man. sur le Mançourî de Rhazès, Ibn-Wâfid, Ibn-al-Djauzî, Checourî; parmi les livres de jurisprudence: al-Cabbâb et un Formulaire de contrats que possède notre Bibliothèque; en fait d'œuvres diverses et de recueils: la partie du Kitâb al-Aghânî que Kosegarten a publiée, deux ouvrages de Tha'âlibî, dont l'un a été publié par M. Valeton, l'autre par M. de Jong, Ibn-Badroun, le Calendrier de Cordoue de l'année 961, les recueils de Weijers, Hoogvliet, Meursinge, Amari, Müller, la Chrestomathie de Silvestre de Sacy, celle de Kosegarten, deux Chrestomathies de Freytag, la Revue de l'Orient et de l'Algérie, le Journal asiatique français et le Journal asiatique allemand, l'ancien et le nouveau, ensemble plus de cent soixante-dix volumes de ces trois ouvrages périodiques. Partiellement j'ai mis à profit beaucoup d'autres livres; la liste qu'on trouvera plus loin donnera à ce sujet tous les éclaircissements nécessaires. Je n'y ai pas noté quelques-uns que j'ai cités rarement et d'une manière assez claire; en revanche, j'ai bien indiqué toutes les relations de voyageurs européens que j'ai mis à contribution, parce que je voulais épargner à ceux qui voudront entrer dans la même voie, la peine de les consulter de nouveau. Pour la même raison, j'ai ajouté à ma liste un supplément contenant les titres des relations que j'ai feuilletées en vain.

Quelques-uns de mes savants amis ont enrichi mon travail par leurs contributions importantes. M. Wright (de Cambridge) m'a communiqué ses notes lexicographiques tirées principalement du Diwan des Hodzailites, de celui d'Amro'lkaïs, du Kâmil d'al-Mobarrad, du Mofassal, d'Abou'l-Walîd, de la traduction des psaumes par Saadiah, du Lexique syriaque de Payne Smith, de Bar Ali et des Archives de Merx. Toutes elles m'ont été utiles, mais les plus importantes pour moi étaient celles qui sont empruntées à Abou'l-Walîd. Cet auteur est d'un grand intérêt pour le dialecte arabe-espagnol; seulement je ne sais si j'aurais eu le courage d'étudier d'un bout à l'autre son dictionnaire hébreu, et M. Wright, qui avait lu en épreuves l'édition très-soignée qu'en a donnée M. Neubauer, m'a rendu un insigne service en m'offrant ses notes dès qu'il eut appris qu'elles me seraient agréables. Quant aux gloses arabes de Bar Ali et d'autres glosateurs dans Payne Smith, c'est un langage *sui generis*; l'étude n'en est encore qu'ébauchée et les fautes nombreuses dans les manuscrits la rendent incertaine et difficile. Il faut donc parfois se servir avec défiance de ce que mon livre en contient.

J'ai aussi de grandes obligations à M. Simonet, professeur d'arabe à Grenade. Il m'a communiqué des extraits précieux tirés d'un ouvrage fort curieux sur l'agriculture par Ibn-Loyon et de plusieurs manuscrits de l'Escurial ou d'autres bibliothèques espagnoles (toutes les citations de ce genre que je donne sont de lui), ainsi que beaucoup de passages qu'il a trouvés dans les chartes arabes de son pays. En outre, il m'a constamment fourni des lumières pour l'étymologie des mots, très-souvent surannés, que les Arabes ont empruntés aux dialectes romans de la Péninsule ibérique. Il a composé lui-même un excellent ouvrage sur ce sujet, ouvrage dont il a eu la bonté de m'envoyer les feuilles à mesure qu'elles sortaient de la presse. Malheureusement on n'en a encore imprimé que trois lettres et dans les dernières années l'impression a été interrompue faute d'argent, car elle se fait aux frais du gouvernement, et l'on sait que les finances de l'Etat ne sont pas le côté brillant de l'Espagne. Mon livre, cependant, n'a pas souffert de cette circonstance, fort regrettable de reste, car M. Simonet, chaque fois que je lui adressais des questions (ce qui est arrivé fort souvent), s'est toujours empressé de me procurer les renseignements que je désirais.

Mon vieil et excellent ami, M. Amari, n'a pas voulu rester en arrière. C'est par son entremise que j'ai obtenu le prêt de l'excellent manuscrit du Mosta'ìnì, que possède la Bibliothèque de Naples, et que j'ai pu faire copier à Florence l'important Glossaire de Pagni. En outre il a mis à ma disposition les notes qu'il avait empruntées à quelques diplômes arabes-siciliens, dont M. Cusa, professeur à Palerme, lui avait communiqué les copies, et que ce dernier a publiés plus tard dans sa grande collection. Je regrette que cette dernière, qui porte la date de 1868, lorsque l'impression commença, mais qui n'a paru que six ans plus tard, me soit parvenue à une époque où la rédaction de mon travail absorbait tout mon temps, de sorte que je n'ai pu m'en servir.

Parmi les noms d'autres savants qui ont contribué à rendre mon recueil plus digne de l'approbation des lecteurs éclairés, celui de M. de Goeje apparaît plus rarement que de droit. Mon excellent ami, pensant à l'adage: *Pauperis est numerare pecus*, et aimant à rendre des services en cachette, l'a voulu ainsi; mais la vérité m'oblige à dire que l'intimité qui nous unit depuis de longues années, pendant lesquelles j'ai apprécié toujours davantage l'étendue de ses connaissances aussi bien que la noblesse de son caractère, a eu pour ce livre les résultats les plus profitables. Maint article n'a été imprimé qu'après avoir été longtemps discuté entre nous, et plusieurs citations, notamment de Yâcout et de l'Aghânî de Boulac, sont de lui.

Avant de terminer, quelques remarques me semblent encore nécessaires.

Des mots étrangers je n'ai admis que ceux que les Arabes ont naturalisés. J'ai donc exclu plusieurs mots grecs mentionnés par Ibn-al-Baitâr ou d'autres, et ceux que les voyageurs, notamment Ibn-Batouta, donnent comme appartenant à différentes langues. J'ai cru bien faire. Quand un touriste français rapporte que les Allemands appellent un charpentier un *Zimmermann*, on ne s'avisera pas de donner place à ce dernier terme dans un dictionnaire de la langue française. Cette observation devait être faite afin qu'on ne m'adresse pas des reproches qui seraient injustes; mais j'avoue que parfois la distinction est difficile. Il se peut que j'aie laissé de côté des termes qui ont eu réellement droit de cité, du moins à une certaine époque et dans certains pays, et que j'en aie admis d'autres que j'aurais dû supprimer. Le progrès de la science nous renseignera là-dessus.

J'ai indiqué, si je le pouvais, l'origine des mots étrangers; mais c'est une étude à part et à laquelle je n'ai pas pu consacrer autant de soin que je l'aurais voulu. Je m'en console en pensant que même dans les dictionnaires de la langue classique, qui renferme déjà beaucoup de termes de provenance non-arabe, très-peu a encore été fait sous ce rapport.

En termes de botanique, mon livre, j'ose le dire, est fort riche; mais malgré le secours de l'ancien ouvrage de Dodonæus et des éclaircissements que m'a fournis de temps en temps un jeune botaniste déjà avantageusement connu, M. le Dr. Treub, je n'ose pas me flatter de l'espoir d'avoir toujours évité les erreurs, car les Orientaux eux-mêmes ont confondu bien souvent des plantes diverses; ils ont appliqué, dans les différents pays, le même mot à des plantes qui n'ont rien de commun entre elles, et quand on n'a pas étudié la botanique, il est difficile et maintefois impossible de les comprendre et de les corriger.

Dans un recueil de la nature de celui-ci il ne faut pas s'attendre à voir les lois de la grammaire arabe toujours respectées. Plusieurs formes (p. e. celle du diminutif du nom quadrilitère, dont la dernière voyelle est constamment *a*, pas *i*, dans les glossaires espagnols) et plusieurs textes appartiennent plus ou moins à la langue vulgaire; je les ai laissées tels qu'ils sont; les changer serait donner dans le purisme.

J'ai omis certaines formes quand elles n'ont rien de remarquable: le pl. sain des noms féminins en ةٌ , des diminutifs, des comparatifs, des noms d'unité, quelquefois aussi des adjectifs en ىٰ, plusieurs noms de métier formés du pluriel (comme برامیلی de برامیل, pl. de برمیل), la IIe forme du verba employée dans le sens de la IVe, la VIIe employée comme passif de la Ire. C'est régulier et constant dans la langue moderne.

En général, je n'ai pas cité des passages ni des articles d'anciens glossaires qui l'ont déjà été dans des notes ou des glossaires d'orientalistes auxquels j'ai renvoyé.

De temps en temps j'ai corrigé Freytag, mais il me répugnait de le faire régulièrement. « En considération de sa Hamâsa, » a dit un orientaliste allemand en annonçant la mort de Freytag, « il faut lui pardonner son Lexique arabe et son Meidânî 1. » En partie, d'ailleurs, la publication du Lexique de Lane a rendu superflue cette tâche ingrate.

Dans les textes imprimés on rencontrera souvent des mots que l'on chercherait vainement dans mon livre et que je n'ai pas admis parce qu'ils n'ont jamais existé. J'ai eu parfois la velléité d'enregistrer ces fautes pour les corriger, mais j'ai dû y renoncer parce que leur nombre était trop considérable; je ne l'ai donc fait que par exception.

Pour la brièveté j'ai indiqué les constructions des verbes, etc., par les abréviations latines que chacun connaît par les dictionnaires arabes-latins.

Les termes composés doivent être cherchés sous le premier mot. Quelques-uns, mais en très-petit nombre, sont néanmoins sous le second.

L'achèvement de ma tâche me remplit de reconnaissance. Elle a été longue, presque toutes les citations, dont quelques-unes dataient de quarante ans, ayant dû être vérifiées, et si j'avais prévu que la rédaction seule me coûterait huit années d'un travail assidu, j'aurais peut-être hésité à l'entreprendre. Il y eut en outre un temps où, souffrant et malade, je craignais de ne pas pouvoir la mener à bonne fin. Cette crainte, Dieu merci, n'était pas fondée; la vie et les forces ne m'ont pas manqué. Je puis me dire à présent que mon travail, si incomplet et défectueux qu'il soit, fera cependant entrer la lexicographie arabe dans une voie nouvelle. C'était le rêve de ma jeunesse, mon premier ouvrage en fait foi, et c'est pour moi une vive satisfaction de le voir réalisé.

---

1) *Zeitschrift der deutschen morgenl. Gesellschaft*, t. XX, Supplément, p. 9.

LISTE DES AUTEURS CITÉS.

EXPLICATION DES ABRÉVIATIONS.

L'astérisque (*) indique les livres qui n'ont pas été dépouillés intégralement.

Abbad..... Scriptorum Arabum loci de Abbadidis editi a R. Dozy. Leyde, 1846 et suiv. 3 vol.

Abbâr .... Ibn-al-Abbâr, dans mes Notices sur quelques manuscrits arabes. Leyde, 1847—1851.

Abd-allatif* .... Abdollatiphi Historiæ Ægypti compendium ed. White. Oxford, 1800.

Abd-al-masîh al-Kindî* .... Ouvrage sur la religion chrétienne dont une édition a été commencée à Londres; mais elle a été mise au pilon parce qu'elle était trop mauvaise. M. Wright en a vu des épreuves (Wright).

Abd-al-wâhid .... The History of the Almohades by Abdo-'l-wâhid al-Marrékoshî, ed. by Dozy. Leyde, 1847.

Abdarî .... Voyage d'al-Abdarî, man. de Leyde nº 11 (2).

Abdoun .... Voyez Gl. Badroun.

Abou-Hammou.... واسطة السلوك في سياسة الملوك par Abou-Hammou II Mousâ ibn Yousof. Tunis, 1279 (1862).

Abou-Ishâc Chîrâzî* .... Voyez Gl. Tanbîh.

Aboulf. Ann.* .... Abulfedæ Annales Muslemici ed. Reiske. Copenhague, 1789. 5 vol.

Aboulf. Géogr.* .... Géographie d'Aboulféda, texte arabe publ. par Reinaud et de Slane. Paris, 1840. Traduction de Reinaud, Paris, 1848.

Aboulf. Hist. anteislam..... Voyez Gl. Abulf.

Aboulfaradj* .... Historia compendiosa dynastiarum, authore Gregorio Abul-Pharajio, ed. Pocock. Oxford, 1663 (J.-J. Schultens).

Abou-'l-mahâsin* .... Annales ed. Juynboll. Leyde, 1855. 2 vol.

Abou-'l-Walîd.... The Book of Hebrew roots, by Abu'l-Walîd Marwân ibn-Janâh, otherwise called Rabbî Yonâh, edited, with an appendix, containing extracts from other Hebrew-Arabic dictionaries, by Ad. Neubauer. Oxford, 1875 (Wright). Pour la brièveté, j'ai cité les extraits publiés dans l'Appendice sous le nom d'Abou-'l-Walîd.

Adams.... Reis in de Binnenlanden van Afrika. Amsterdam, 1826.

Afgest..... De afgestorvene (le prince de Puckler Muskau) in Africa. Naar het Hoogduitsch. Harlem, 1838. 2 vol.

Aghânî .... Alii Ispahanensis Liber Cantilenarum magnus ed. Kosegarten. Greifswalde, 1840. 1ᵉʳ volume. Les citations de l'éd. de Boulac sont presque toutes de M. de Goeje.

Aghlab..... Ibn-Khaldoun, Histoire des Aghlabites éd. Noël Desvergers. Paris, 1841. Ce texte a été publié aussi par Amari, p. 464 et suiv.

Agrell .... Neue Reise nach Marokos. Aus dem Schwedischen. Nurnberg, 1798.

Akhbâr.... Ajbar machmuâ, crónica anónima del siglo XI, dada á luz por Don Emilio Lafuente y Alcántara. Madrid, 1867.

Albucasis* .... De Chirurgia ed. Channing. Oxford, 1778.

Alc..... Pedro de Alcala, Vocabulista aravigo en letra castellana. Grenade, 1505. Voyez ma Préface, p. x.

Alf. Astron..... Libros del saber de Astronomía del Rey D. Alfonso X de Castilla, copilados etc. por Dn. Manuel Rico y Sinobas. Madrid, 1863 et suiv. Le 3e volume manque à l'exemplaire dont je me suis servi et qui appartient à l'Acad. royale des sciences à Amsterdam.

Algiers volgens de nieuwste berigten. Utrecht, 1836.

Ali Bey.... Travels in Morocco, Tripoli, Cyprus, Egypt, Arabia, Syria, and Turkey. Londres, 1816. 2 vol.

Amari.... Biblioteca Arabo-Sicula. Leipzig, 1857. Appendice, 1875.

Amari Dipl..... Amari, I diplomi arabi del R. archivio Fiorentino. Florence, 1863. — Amari Dipl. Append..... l'Appendice publié en 1867.

Amari MS..... Liste de mots tirés de chartes arabes-siciliennes. Voyez ma Préface, p. xiv.

Anonyme (L') de Copenhague.... Fragment d'une histoire de l'Afrique et de l'Espagne (566—662 H.), man. de Copenhague, n° 76 in q°. Voyez sur ce livre mon Introduction au Bayán, p. 103—6. Je ne crois plus que ce soit un fragment du Bayán. Un passage de ce dernier livre que cite Ibn al-Khatîb, fol. 69 r°, et qui, dans ce cas, devrait se trouver dans le man., n'y est pas, et les courts extraits publiés par M. Gildemeister (Catal. des man. or. de Bonn, p. 13 et suiv.) n'y sont pas non plus.

Antâki*.... Tadzkira, man. de Leyde n 404 (Catal. III, 270).

Antar*.... Extraits du Roman d'Antar. Paris, 1841.

A. R.*.... Kachef er-roumoûz d'Abd er-rezzaq ed-Djezaïry, ou Traité de matière médicale arabe, traduit et annoté par le Dr Leclerc. Paris, 1874.

Arab. Heur..... Voyage de l'Arabie Heureuse. Amsterdam, 1716.

Aranda.... Relation de la captivité du sieur Emanuel d'Aranda, où sont descriptes les misères, les ruses, et les finesses des Esclaves et des Corsairs d'Alger. Paris, 1657. Dans le même volume, et sans nouveau titre, les Relations particulières d'Emanuel d'Aranda, avec nouvelle pagination.

Armand.... Voyages d'Afrique faicts par le commandement du Roy. Où sont contenues les navigations des François, entreprises en 1629 et 1630 soubs la conduite de Mr le Commr. de Razilly. Le tout illustré de curieuses observations par Jean Armand, Turc de Nation, lequel a eu employ ausdits voyages. Paris, 1632.

Arvieux (D').... Mémoires du chevalier d'Arvieux. Paris, 1735. 6 vol.

Asâs*.... Asâs al balâgha par Zamakhchari, man. de Leyde nos 20, 620, 1441.

Athîr*.... Ibn-el-'Athiri Chronicon ed. Tornberg. Leyde. 13 vol.

Augustin.... Freiherr von Augustin, Erinnerungen aus Marokko, gesammelt auf einer Reise im Jahre 1830. Vienne, 1838.

Autob..... Autobiographie d'Ibn-Khaldoun, à la fin du man. de Leyde 1350, t. V.

Auw..... Traité d'Agriculture par Ibn-al-Auwâm, que Banqueri a publié à Madrid en 1802 d'après le man. de l'Escurial. Comme cette édition fourmille de fautes, je l'ai corrigée à l'aide de notre man. 346, qui est infiniment meilleur, mais qui malheureusement ne va que jusqu'à la page 675 du tome Ier de l'édition, de sorte que j'ai dû omettre plusieurs mots probablement plus ou moins altérés. La traduction de Clément-Mullet (Paris, 1864, 2 vol.), tout médiocre qu'elle est, m'a cependant été quelquefois utile. Clément-Mullet était à coup sûr un pauvre arabisant, mais il se connaissait en agriculture.

Azraki*.... Chronique de la Mecque éd. Wustenfeld. Leipzig, 1858. Elle forme le Ier volume des Chroniken der Stadt Mekka.

Badroun.... Voyez Gl. Badroun.

Baidhâwî*.... Commentaire sur le Coran éd. Fleischer. Leipzig, 1846. 2 vol.

Bait..... Traité des simples par Ibn-al-Baitâr. Je l'ai étudié dans les man.; mais comme l'indication des titres des différents articles aurait demandé trop de place, je l'ai cité d'après la traduction de Sontheimer (Stuttgart, 1840, 2 vol.), quoiqu'elle soit fort mauvaise, comme je l'ai montré dans le Ztschr. XXIII, p. 183 et suiv. J'indique les différents articles qui se trouvent sur la même page de cette traduction par les lettres de l'alphabet; mais quand une page commence par la fin d'un article, je nomme cette fin a, puis le premier article b, et ainsi de suite. A et B sont deux manuscrits de Leyde, à savoir n° 13 (1) et n° 420 b et c, S est Sontheimer. Dans quelques endroits douteux, M. Hartwig Derenbourg a bien voulu collationner pour moi les man. de Paris, à savoir: C = n° 1025 A. F., D = n° 1071 A. F., E = n° 1025 suppl. ar., H = n° 1026 suppl. ar., K = n° 1028 suppl. ar. L est un man. qui appartient au Dr. Leclerc. Comme tous ces man. sont médiocres et que les points diacritiques y manquent souvent, j'ai dû omettre quelques mots dont l'orthographe est tout à fait incertaine. L'édition qui a paru à Boulac en 1291 (1874) est très fautive. En Orient on ne peut pas publier correctement ce livre qui est hérissé de mots grecs et espagnols, car on n'y connaît pas ces langues; mais le reste est imprimé aussi avec une extrême nonchalance.

Bar Ali*.... Syrisch-arabische Glossen, herausgegeben von Georg Hoffmann. Kiel, 1874. 1er vol. (Wright).

Barbier.... Itinéraire de l'Algérie, avec un vocabulaire français-arabe. Paris, 1855.

Bargès.... Tlemcen, souvenirs d'un voyage. Paris, 1859.

Barth.... Reisen und Entdeckungen in Nord- und Central-Afrika. Gotha, 1857. 5 vol.

Barth W..... Wanderungen durch die Küstenländer des Mittelmeeres. Berlin, 1849.

Bâsim.... Histoire de Bâsim le Forgeron (حكاية باسم الحدّاد), man. de Leyde no 1292, t. IV (Catal. I, 351).

Bassâm.... Mes extraits d'Ibn-Bassâm. Voyez sous Haiyân.

Bat..... Voyages d'Ibn-Batouta, publ. par Defrémery et Sanguinetti. Paris, 1853 et suiv. 4 vol. Avant que cette édition parût, j'avais lu cet auteur dans le man. de M. de Gayangos, que j'ai cité lorsque je ne pouvais retrouver dans l'édition le passage que j'avais noté. J'ai aussi fait usage, à cause des notes, de ces trois extraits des Annales des voyages: Defrémery, Voyages d'Ibn-Batoutah dans la Perse et dans l'Asie centrale, Paris, 1848; le même, Voyages d'Ibn-Batoutah dans l'Asie-Mineure, Paris, 1851, et Cherbonneau, Voyage du cheikh Ibn Batoutah, à travers l'Afrique septentrionale et l'Egypte, Paris, 1852.

Baude.... L'Algérie par le Baron Baude. Paris, 1841. 2 vol.

Bayân.... Voyez Gl. Bayân.

Bc.... Dictionnaire français-arabe par Ellious Bocthor, revu et augmenté par Caussin de Perceval. 3e édit. Paris, 1864. Voyez ma Préface. p. x. Je ne l'ai pas cité quand la signif. qu'il donne est empruntée à Dombay.

Beaussier*.... Dictionnaire pratique arabe-français. Alger, 1871. Voyez ma Préface, p. xii.

Becri.... Description de l'Afrique septentrionale par Abou-Obeid-el-Bekri, texte arabe publié par le Baron de Slane. Alger, 1857. — Traduction de M. de Slane dans le Journal asiatique 1858—9. — Quatremère, Notice d'un man. arabe contenant la description de l'Afrique, dans les Notices et Extraits, t. XII. Je cite le tirage à part, Paris, 1831.

Belâdz.... Voyez Gl. Belâdz.

Belon.... Les observations de plusieurs singularités et choses mémorables, etc. Paris, 1588.

Berb.... Ibn-Khaldoun, Histoire des Berbères, texte arabe publ. par de Slane. Alger, 1847. 2 vol. Traduction de cet ouvrage par le même. Alger, 1852. 4 vol.

Berbrugger.... Voyages dans le Sud de l'Algérie par el-'Aïachi et Moula-Ahmed, traduits sur deux man. arabes de la Bibl. d'Alger par Berbrugger. Paris, 1846 (t. IX de l'Exploration de l'Algérie).

Berg (V. d.).... Van den Berg, De contractu « do ut des » (بيع) iure Mohammedano. Leyde, 1868.

Bg*.... Berggren, Guide français-arabe vulgaire. Upsal, 1844.

Bidp..... Calila et Dimna, ou Fables de Bidpai, publ. par de Sacy. Paris, 1816.

Bîrounî*.... Chronologie orientalischer Völker von Albêrûnî, herausg. von Sachau. Leipzig, 1878.

Blaquiere.... Letters from the Mediterranean, containing an account of Sicily, Tripoli, Tunis and Malta. Londres, 1813. 2 vol.

Booms.... Veldtogt van het Fransch-Afrikaansche leger tegen Klein-Kabylië in de eerste helft van 1851. Bois-le-Duc, 1852.

Breitenbach.... Beschreibung der Reyse unnd Wallfahrt, dans Reyssbuch dess heyligen Lands. Francfort, 1584.

Browne.... Nieuwe reize naar de binnenste gedeelten van Afrika. Amsterdam, 1800. 2 vol.

Bruce.... Travels to discover the source of the Nile. Edimbourg, 1790. 5 vol.

Buchser.... Marokkanische Bilder, nach des Malers Franz Buchser Reiseskizzen ausgeführt, von Abraham Roth. Berlin, 1861.

Buckingham.... Travels in Mesopotamia. Londres, 1827. 2 vol.

Burckhardt Arabia.... Travels in Arabia. Londres, 1829. 2 vol.

Burckhardt Bedouins*.... Notes on the Bedouins and Wahábys. Londres, 1830.

Burckhardt Nubia.... Travels in Nubia, 2e édition, Londres, 1822.

Burckhardt Prov.*.... Arabic Proverbs, 2e édition, Londres, 1875.

Burckhardt Syria.... Travels in Syria and the Holy Land. Londres, 1822.

Burton.... A personal narrative of a pilgrimage to El Medinah and Meccah, 2° édition, Londres, 1857, 2 vol.

Cabbâb.... Commentaire sur les مسائل في البيوع du jurisconsulte Abou-Yahyâ ibn-Djamâ'a at-Touniat, man. de Leyde n° 138 (2) (Catal. IV, p. 130, cf. V, 256).

Caillié.... Journal d'un voyage à Temboctou. Paris, 1830. 3 vol.

Cairawâni*.... Man. de Leyde n° 1193 (Catal. IV, p. 110); c'est la Risâla Ibn-abî-Zaid.

Calâïd.... Calâïd d'al Fath, édit. de Paris (chez Duprat et chez Challamel) s. d. Cité quelquefois d'après le man. de Leyde n° 306, fort souvent d'après Maccari, qui en a donné de longs extraits, ou bien d'après les textes qui ont été publiés par Weijers, Hoogvliet et moi-même.

Çalât.... Ibn-Çâhib-aç çalât, Histoire des Almohades, man. d'Oxford, Marsh 433 (Catalogue d'Uri n° 758). Je l'ai copié en partie, jusqu'au feuillet 103 v°.

Calendr..... Le Calendrier de Cordoue de l'année 961, publ. par Dozy. Leyde, 1873.

Capell Brooke.... Sketches in Spain and Morocco. Londres, 1831. 2 vol.

Carette Géogr..... Recherches sur la géographie et le commerce de l'Algérie méridionale. Paris, 1844 (t. II de l'Exploration de l'Algérie).

Carette Kabilie.... Etudes sur la Kabilie. Paris, 1848. 2 vol. (t. IV et V de l'Explor. de l'Alg.).

Cartâs.... Annales regum Mauritaniæ ed. Tornberg. Upsal, 1846. Je n'ai pas noté quelques particularités qui appartiennent plutôt à la grammaire, p. e. l'emploi du ب, au lieu de l'accus., la confusion des prépositions الى et على pour عن, etc.

Carteron.... Voyage en Algérie. Paris, 1866.

Casiri*.... Bibliotheca Arab. Hisp. Escurialensis. Madrid, 1760. 2 vol.

Catal. des man. or. de Leyde*.... Leyde, 1851 et suiv. 6 vol.

Cazwini*.... Cosmographie, éd. Wüstenfeld. Gœttingue, 1848. 2 vol.

Cella (Della).... Reis van Tripoli naar de grenzen van Egypte, in het jaar 1817. Amsterdam, 1822.

Chahrastâni*.... Histoire des sectes, éd. Cureton. Londres, 1842.

Charant.... A letter in answer to divers curious questions. (Dans le même volume que Fréjus).

Chartes grenadines.... Ce sont en partie des chartes arabes de Grenade, qui appartiennent au professeur Don Leopoldo Eguilaz, en partie des chartes d'Almérie et de son territoire, ainsi que des notes de la dépense journalière de la maison des marquis de Campo-Tejar, avant et après leur conversion au christianisme. M. Simonet m'en a fourni des extraits et je les ai appelées grenadines, parce qu'aujourd'hui elles sont toutes à Grenade.

Chec..... Checcurt, Traité de la dyssenterie catarrhale, man. de Leyde n° 331 (7) (Catal. III, p. 262).

Chénier.... Recherches historiques sur les Maures. Paris, 1787. 3 vol.

Cherb..... Cherbonneau, Définition lexigraphique de plusieurs mots usités dans le langage de l'Afrique septentrionale. Dans le Journal asiatique, 1849, I, p. 63—70, 537—551.

Cherb. B et C.... B désigne les Observations de M. Cherbonneau sur l'origine et la formation du langage arabe africain, dans le Journal asiat. 1855, II, p. 549 et suiv., et C, ses Nouvelles observations, dans le même Journal, 1861, II, p. 357 et suiv. Comme la plupart des termes qu'il a notés appartiennent exclusivement au langage actuel, je n'en ai admis que ceux qui, pour mon but, me semblaient de quelque utilité.

Cherb. Dial.*.... Cherbonneau, Dialogues arabes. Alger 1858.

Clavijo.... Ruy Gonzalez de Clavijo, Historia del gran Tamorlan, etc., 2° édit., Madrid, 1782.

Clenardus.... Nicolai Clenardi Peregrinationum, ac de rebus Machometicis Epistolæ elegantissimæ. Louvain, 1561.

Colmeiro.... Diccionario de los diversos nombres vulgares de muchas plantas. Madrid, 1871.

Colomb.... Exploration des ksours et du Sahara de la province d'Oran. Alger, 1858.

Constant.... Bilder aus Algier. Berlin, 1844.

Coppin.... Le Bouclier de l'Europe. Paris, 1686.

Cotte.... Le Maroc contemporain. Paris, 1860.

Cout..... Ibn-al-Coutia, man. de Paris n° 706 (1).

Crist. e Barb..... I cristiani e i Barbareschi. Genève, 1822.

Curé.... De l'assimilation des Arabes, par un ancien curé de Laghouat. Paris, 1866.

Dan.... Histoire de Barbarie et de ses corsaires. Paris, 1637. Cf. l'autre liste.

Dareste.... De la propriété en Algérie, 2° édit., Paris, 1864.

Daumas Kabylie.... Daumas et Fabar, La grande Kabylie. Paris, 1847.

Daumas Mœurs.... Mœurs et coutumes de l'Algérie, 2e édit., Paris, 1855.

Daumas Sahara.... Le Sahara algérien. Paris, 1845.

Daumas V. A..... La vie arabe et la société musulmane. Paris, 1869.

Daumas MS.... Comme l'orthographe de quelques mots dans les ouvrages du savant général m'embarrassait, je l'ai prié de me les transcrire en caractères arabes. Il a eu l'obligeance de le faire, et c'est ce signe qui indique ses notes.

Davidson.... Notes taken during travels in Africa. Londres, 1839.

Defrémery, Mémoires d'histoire orientale. Paris, 1854 et 1862.

Delap.*.... Delaporte, Guide de la conversation fr.-ar. ou Dialogues, 3e édit., Alger, 1846.

Denham.... Voyages et découvertes dans le Nord et dans les parties centrales de l'Afrique, par Denham, Clapperton et Oudney. Paris, 1826. 3 vol.

Descr. de l'Eg..... Description de l'Egypte, 2de édit., Paris, 1822. Etat moderne, t. XI—XVIII.

Desor.... Aus Sahara und Atlas. Vier Briefe an J. Liebig. Wiesbaden, 1865.

Devic.... Dictionnaire étymologique des mots français d'origine orientale. Paris, 1876.

Dict. berb..... Dictionnaire français-berbère. Paris, 1844.

Diwan d'Amro'lkaïs.... publié par de Slane. Paris, 1837 (Wright).

Diw. Hodz..... The poems of the Huzailis edited by Kosegarten. Londres, 1854. 1er volume (Wright).

Djaubarî*.... Al Mokhtâr fî cachf al-asrâr, man. de Leyde n° 191 (Catal. III, p. 175).

Djauzî.... Ibn-al Djauzî, Abrégé de l'ouvrage Locat almanâfi' fî 't-tibb, man. de Leyde n° 331 (4) (Catal. III, p. 251).

Djawâlîkî*.... Al-mu'arrab éd. Sachau. Leipzig, 1867.

Djob..... The travels of Ibn Jubair ed. by Wright. Leyde, 1852.

Dodonæus.... Cruydt-Boeck. Leyde, 1608.

Domb..... Dombay, Grammatica linguæ Mauro-Arabicæ. Vienne, 1800.

Dorn*.... Drei in der kaiserl. Bibl. zu St. Petersburg befindliche astronomische Instrumente mit arabischen Inschriften. St.-Pétersbourg, 1865.

Dorrat al-ghauwâs*.... Par Harîrî, éd. Thorbecke. Leipzig, 1871.

Dunant.... Notice sur la Régence de Tunis. Genève, 1858.

Duvernois.... L'Algérie, ce qu'elle est — ce qu'elle doit être. Paris, 1858.

Edrîsî.... La partie publiée par M. Amari dans sa Bibl. Arab. Sic., celle que nous avons publiée, M. de Goeje et moi, à Leyde en 1866, copies d'autres parties par Engelmann et par moi-même. A = man. de Paris n° 893 suppl. ar. (très-médiocre), B = man. de Paris n° 892 (le meilleur), C = man. d'Oxford, Pococke 375, Catal. I, n° 887, D = man. d'Oxford, Grav. 3837—42.

Elmacin*.... Historia Saracenica ed. Erpenius. Leyde, 1625 (J.-J. Schultens).

Erath.... Verhaal eener reis naar Algiers. Uit het Hoogduitsch. Groningue, 1841.

Escayrac (D').... Le Désert et le Soudan, par le comte d'Escayrac de Lauture. Paris, 1853.

Espinosa.... Dn. Pablo de Espinosa de los Monteros, Historia de Sevilla. Séville, 1630. 2 vol.

Etat des Royaumes.... Etat des Royaumes de Barbarie, Tripoly, Tunis et Alger. La Haye, 1704.

Eutych.*.... Annales ed. Selden. Oxford, 1658. 2 vol. (J.-J. Schultens).

Ewald.... Chr. Ferd. Ewald, Missionar, Reise von Tunis nach Tripoli. Nurnberg, 1842.

Fâïk*.... par Zamakhcharî, man. de Leyde n° 307 (Catal. IV, p. 74) (de Goeje).

Fakhrî.... Elfachri. Geschichte der islamischen Reiche vom Anfang bis zum Ende der Chalifates, von Ibn etthiqthaka. Arabisch herausg. von Ahlwardt. Gotha, 1860.

Fâkihat al-khol.*.... éd. Freytag. Bonn, 1832.

Faradj (Al-) ba'da 's-chidda*.... man. de Leyde n° 61 (Catal. I, p. 213) (J.-J. Schultens).

Ferrières-Sauvebœuf.... Mémoires hist., polit. et géogr. des voyages du comte de, etc. Paris, 1790. 2 vol.

Fesquet.... Goupil Fesquet, Voyage d'Horace Vernet en Orient. Paris s. d.

Fleischer Beiträge zur arab. Sprachkunde.... Dans les Berichte der kön. sächs. Gesellschaft der Wissenschaften.

Fleischer Berichte..... Ses notes sur Maccarî, dans le même recueil.

Fleischer Gl..... De glossis Habichtianis. Leipzig, 1836.

Formul. d. contr..... Formulaire de contrats, man. de Leyde n° 172 (Catal. IV, p. 163) Semble écrit à Fez ou dans les environs, car Témsna y est nommé, p. 1: باع فلان — مملوكة تسمّى نفسا بتامسنة

Fragm. hist. Arab..... Voyez Gl. Fragm.

Fraser.... Travels in Koordistan, Mesopotamia, etc. Londres, 1840. 2 vol.

Fréjus.... The Relation of a Voyage made into Mauritania. English out of French. Londres, 1671.

Freytag Chrest..... Chrestomathia Arabica, grammatica, historica. Bonn, 1834. Les morceaux publiés p. 31—83, 97—138; le reste consiste en fragments d'ouvrages que j'ai utilisés dans leur entier (Fakhrî, Macc., Prol.).

Freytag Einleitung*.... Einleitung in das Studium der arab. Sprache. Bonn, 1861.

Freytag Locm..... Locmani fabulae et plura loca ex codicibus maximam partem historicis selecta ed. Freytag. Bonn, 1823.

Ghadamès.... Mission de Ghadamès. Rapports officiels et documents à l'appui. Alger, 1863.

Ghazâlî, Aiyohâ 'l-walad, éd. Hammer. Vienne, 1838.

Ghistele.... Tvoyage van Mher Joos van Ghistele. Gand, 1572. Ce voyage a été fait en 1481; l'auteur de la relation est Ambroise Zeebout, le chapelain de Van Ghistele et qui l'a accompagné.

Gl. Abulf..... Le Glossaire joint à Abulfedae Historia anteislamica ed. Fleischer. Leipzig, 1831.

Gl. Badroun.... Le Glossaire joint au Commentaire historique sur le poème d'Ibn-Abdoun par Ibn-Badroun, publ. par Dozy. Leyde, 1846.

Gl. Bayán.... Le Glossaire joint à l'Histoire de l'Afrique et de l'Espagne intitulée al Bayáno 'l mogrib par Ibn-Adhárí (de Maroc) et Fragments de la Chronique d'Arîb (de Cordoue); le tout publ. par Dozy. Leyde, 1848—51. 2 vol.

Gl. Belâdz..... Le Glossaire joint au Liber expugnationis regionum auctore al-Belâdsorî ed. de Goeje. Leyde, 1866.

Gl. Djob.... Voyez Djob.

Gl. Edrîsî.... Le Glossaire joint à la Description de l'Afrique et de l'Espagne, par Edrîsî, publiée par Dozy et de Goeje. Leyde, 1866.

Gl. Esp..... Dozy et Engelmann, Glossaire des mots espagnols et portugais dérivés de l'arabe, 2e édit., Leyde et Paris, 1869.

Gl. Fragm..... Le Glossaire joint aux Fragmenta Historicorum Arabicorum ed. de Goeje. Leyde, 1871.

Gl. Geogr..... Le Glossaire joint par M. de Goeje à sa Bibliotheca Geographorum Arabicorum. Leyde, 1879. Ce livre ayant paru trop tard, je n'ai pu m'en servir qu'à partir de la lettre د.

Gl. Manç..... Glossaire sur le Mancouri de Rhazès par Ibn-al Hachchâ, man. de Leyde n° 331 (5) (Catal. III, p. 256).

Gl. Maw..... Le Glossaire joint à Mavordii Constitutiones politicae ed. Enger. Bonn, 1853 (mauvais).

Gl. Mosl..... Le Glossaire joint au Diwan poëtae Abu-'l-Walîd Moslim ibno-'l-Walîd al-Ançârî, cognomine Çarío-'l-ghawání, ed. de Goeje. Leyde, 1875.

Gl. Tanbîh.... Le Glossaire joint par M. Juynboll fils à son Jus Shafiiticum; at-Tanbîh auctore Abu Ishâk as-Shîrâzî. Leyde, 1879. Même observation que pour le Gl. Geogr.

Godard.... Description et histoire du Maroc. Paris, 1860. 2 vol.

Gråberg.... Gråberg di Hemsö, Specchio geografico, e statistico dell' Impero di Morocco. Gênes, 1834. Comme la plupart des renseignements que donne cet auteur sont empruntés à l'ouvrage de Jackson et surtout à celui de Hœst, je me suis souvent dispensé de le citer.

Gregor..... Gregorio, De supputandis apud Arabes Siculos temporibus. Palerme, 1786.

Grose.... Voyage to the East Indies. Londres, 1772. 2 vol.

Gubern. (De).... De Gubernatis, Lettere sulla Tunisia. Florence, 1868.

Guyon.... Voyage d'Alger aux Ziban. Alger, 1852.

Haedo.... Diego de Haedo, Topographia e historia general de Argel. Valladolid, 1612.

Haiyân.... Ibn-Haiyân, man. d'Oxford, Bodl. 509, Catal. de Nicoll n° 137. La copie que je possède de ce man. a été faite par moi sur celle de M. Wright.

Haiyân-Bassâm.... Extraits d'Ibn-Haiyân apud Ibn-Bassâm; t. I man. qui a appartenu à feu M. Mohl et qui est à présent dans la Bibl. de Paris; t. II man. d'Oxford, n° 749 du Catal. d'Uri (presque tous ces passages se trouvent dans mes Abbadides ou dans mes Recherches); t. III man. de Gotha n° 266; M. de Gayangos possède aussi un man. de ce volume, sur lequel M. Wright a bien voulu collationner pour moi les passages d'Ibn-Haiyân; quand j'avais des variantes à noter, j'ai désigné le premier man. par la lettre A, le second par la lettre B.

Hamaker Fotouh Miçr, ou le Pseudo-Wâkidî de Hamaker*.... Incerti auctoris liber de expugnatione Memphidis et Alexandriæ, vulgo adscriptus—Wakidæo, ed. Hamaker. Leyde, 1825.

Hamâsa*.... Hamasæ Carmina ed. Freytag. Bonn, 1828.

Hamilton.... Wanderings in North Africa. Londres, 1856.

Hamza Ispahâni*.... Annales ed. Gottwaldt. Leipzig, 1844.

Harck Oluf.... Sonderbare Aventuren. Aus dem Dänischen. Flensbourg, 1751.

Haringman.... Beknopt Dag-Journaal van een verblijf van agt weeken, in het keizerrijk van Marocco. La Haye, 1803.

Hariri*.... publ. par de Sacy. Paris, 1822.

Hay.... John H. Drummond Hay (le fils du consul anglais à Tanger), Western Barbary. Londres, 1844.

Hbrt.... Humbert, Guide de la conversation arabe, ou Vocabulaire fr.-ar. Paris et Genève, 1838.

Hirsch.... Reise in das Innere von Algerien durch die Kabylie und Sahara. Berlin, 1862.

Hist. des Benou-Ziyân.... ذكر الدولة الزيانية العبد الوادية بتلمسان, man. de Leyde n° 24 (2), collationné par moi sur celui de la Bibl. de l'Acad. orient. de Vienne.

Hist. Joctanidarum*.... par A. Schultens. Harderwyk, 1786.

Hist. Tun..... "الخلاصة النقية في امراء افريقية", par Abou-Abdallâh Mohammed al-Bâdjî al-Mas'oudî. Tunis, 1283 (1866).

Hist. du Yémen*.... man. de Leyde n° 477 (Catal. II, p. 174).

Hodgson.... Notes on Northern Africa. New-York, 1844 (avec des vocabulaires berbères).

Hœst.... Nachrichten von Marokos. Copenhague, 1781.

Holal..... "الحلل الموشية في ذكر الاخبار المراكشية", man. de Leyde n° 24 (1).

Hoogvliet.... Diversorum scriptorum loci de regia Aphtasidarum familia et de Ibn-Abduno poëta. Leyde, 1839.

Hornemann.... Tagebuch seiner Reise von Cairo nach Murzuck. Weimar, 1802.

Ht.... Hélot, Dictionnaire de poche fr.-ar. et ar.-fr., 4e tirage, Alger, s. d.

Hugonnet.... Souvenirs d'un chef de bureau arabe. Paris, 1858.

Ibn-Abdalmelic.... Le 6e volume du 'كتاب الذيل والتكملة لكتابي الموصول والصلة', par Ibn-Abdalmelic al-Marrécochî, man. de Paris n° 682 suppl. ar.

Ibn-'Akîl!*.... Commentaire sur l'Alfia éd. Dieterici, Leipzig, 1851 (Wright).

Ibn Dihya*.... Son Motrib, man. du Musée britannique, orient. n° 77 (Wright).

Ibn-Djazla*.... "منهاج البيان فيما يستعمله الانسان", man. de Leyde n°s 576, 34 et 368 (Catal. III, p. 243).

Ibn-al-Djezzâr*.... Nomenclature pharmaceutique, man. de l'Escurial n° 882 (Simonet; cf. son Glosario, p. 151).

Ibn-al-Djezzâr, Zâd al-mosâfir*.... man. de l'Escurial n° 852 (Simonet).

Ibn-Hazm, Traité sur l'amour*.... man. de Leyde n° 927.

Ibn Hichâm*.... Vie de Mahomet éd. Wüstenfeld. Gœttingue, 1859. 2 vol.

Ibn Iyâs*.... 4e volume de l'Histoire d'Egypte, par Ibn-Iyâs, man. de Leyde n° 367 (Catal. II, p. 183).

Ibn Loyon*.... Poème didactique sur l'agriculture, avec des notes marginales, man. de Grenade. Voyez sur ce livre très-curieux le Glosario de M. Simonet, p. 159 et suiv.; ce savant m'en a fourni des extraits.

Ibn-as-Sikkît*.... كتاب تهذيب الالفاظ, man. de Leyde n° 597 (Catal. I, p. 61).

Ibn-Tofail*.... Philosophus autodidactus, sive Epistola de Hai ebn Yokdhan, ed. Pocock. Oxford, 1671 (J.-J. Schultens).

Ibn-Wâfid.... Traité de médecine, man. de Groningue, décrit dans le Catal. des man. or. de Leyde, t. V, p. 285. Cet ouvrage diffère de celui que contient le man. 828 (1) de l'Escurial, comme je m'en suis convaincu par la comparaison de plusieurs extraits de ce dernier, que M. Simonet m'a envoyés.

Içtakhri*.... éd. de Goeje. Leyde, 1870.

Ictifâ*.... Kitâb al-ictifâ fî akhbâri 'l-kholafâ, par Abou-Merwân Abdalmelic ibn-al-Cardebous at-Tauzarî, man. de M. de Gayangos.

Imâm (L') de Constantine.... Notes d'un imâm de Constantine contenant l'explication de quelques noms de vêtements; communiquées par M. Cherbonneau.

Imrânî*.... Abrégé de l'histoire des khalifes, man. de Leyde n° 595 (Catal. II, p. 162) (J.-J. Schultens).

Inventaire.... Inventaire des biens d'un juif marocain, nommé Mousâ ibn-Yahyâ et décédé en 1751, dans le man. de Leyde n° 1376 (Catal. I, p. 164).

J. A..... Journal asiatique. Chaque année comprenant deux volumes, je cite l'année et j'indique le premier et le second volume par I et II. Je n'ai pas fait usage des derniers volumes, qui ont paru pendant la rédaction de mon travail.

Jackson.... Account of Marocco. Londres, 1809.

Jackson Timb..... Account of Timbuctoo. Londres, 1820.

Jacquot.... Expédition du général Cavaignac dans le Sahara algérien. Paris, 1849.

J. d. S..... Journal des savants. Principalement les articles de Quatremère.

Jong (De).... Le Glossaire qu'il a joint à son édition du Latâïf al-ma'ârif, par Tha'âlibî. Leyde, 1867.

Jong (De) van Rodenburgh.... Schetsen en tooneelen uit den Atlas en den Aoerès. Arnhem, 1869.

Kalyoubî*.... The Book of anecdotes, wonders, marvels, etc., by al-Qolyoobi, ed. by Nassau Lees. Calcutta, 1856.

Kâmil.... par al-Mobarrad, éd. Wright. Leipzig, 1864 et suiv. (Wright).

Kennedy.... Algiers en Tunis in 1845. Amsterdam, 1846. 2 vol.

Ker Porter.... Travels in Georgia, Persia etc. Londres, 1822. 2 vol.

Khaldoun Tornberg.... Ibn Khalduni narratio de expeditionibus Francorum in terras Islamismo subiectas, ed. Tornberg. Upsal, 1840. Voyez aussi Aghlab., Autob., Berb., Prol.

Khaldoun man..... Man. de Leyde n° 1350, t. IV, depuis le commencement jusqu'au feuillet 40.

Khallic.*.... Ibn-Khallicân. Je cite la première partie d'après l'édit. de M. de Slane, 1er volume (seul paru), Paris, 1842; le reste d'après celle de Wüstenfeld, Gœttingue, 1835 et suiv., 13 fascicules. Traduction anglaise par de Slane, avec des notes, Paris, 1842 et suiv., 4 vol.

Khatîb.... Al-Ihâta fî tarîkhi Gharnâta, par Ibn-al-Khatîb, et l'abrégé de cet ouvrage: Marcaz al-ihâta bi-odabâi Gharnâta. Ordinairement je cite le man. de M. de Gayangos; B est le man. de Berlin, Escur., celui de l'Escurial, P, celui de Paris, n° 867 A. F.

Koseg. Chrest..... Kosegarten, Chrestomathia Arabica. Leipzig, 1828.

L.... Le man. du Glossaire latin-arabe de notre Bibl., n° 231. Voyez ma Préface, p. VIII.

Lambrechts.... Journael gehouden in s'lands schip van oorloge Waatervliedt, gecommandeert door den Heer Cap^{tn} Dirk Roos, in de jaaren van 1733 en 1744. Door den Command^r Martinus Lambrechts. Man. de Leyde (man. latins) n° 924.

Lamping.... Erinnerungen aus Algerien. Oldenbourg, 1844—6. 2 vol.

Lane M. E..... Manners and customs of the Modern Egyptians, 3e édit., Londres, 1842, 2 vol. Voyez aussi 1001 N.

Laugier.... Histoire du royaume d'Alger, par Laugier de Tassy. Amsterdam, 1725, 1re édit., qualifiée de rare dans les Nachrichten über den algierschen Staat, t. I, p. 5. L'History of the pirat. States, Londres, 1750, est une traduction de cet ouvrage avec un appendice peu important. Cette trad. angl. a été retraduite en français sous ce titre: Hist. des Etats barbaresques — trad. de l'anglois, Paris, 1757, 2 vol.

Le Blanc.... Les voyages fameux. Paris, 1649. 2 vol.

Lello.... Descrizione del real Tempio di Morreale. Palermo, 1702. Il a donné la traduction latine contemporaine de la charte de 1182, publiée par Cusa aux pages 179—202 et 202—244 (Amari).

Lempriere.... A Tour to Morocco. Londres, 1791.

Léon.... Joannis Leonis Africani Africæ descriptio. Leyde, 1632.

Lerchundi.... Notes lexicographiques du P. Fr. José de Lerchundi, missionnaire à Tetuan, qui m'ont été communiquées par M. Simonet.

Lettre à M. Fleischer.... contenant des remarques critiques et explicatives sur le texte d'al-Makkari, par Dozy. Leyde, 1871.

Light.... Travels in Egypt, Nubia, Holy land, Mount Libanon, and Cyprus. Londres, 1818.

Lobb al-lobâb*.... par Soyouti, éd. Veth. Leyde, 1840 et suiv.

Löwenstein.... Prinz Wilhelm zu Löwenstein, Ausflug von Lissabon nach Andalusien und in den Norden von Marokko. Dresde et Leipzig, 1846.

Lyon.... Travels in Northern Africa. Londres, 1821.

M.... Mohît al-Mohît. Voyez ma Préface, p. XI.

Macc. I et II.... Analectes sur l'histoire et la littérature des Arabes d'Espagne, par al-Makkari, publ. par Dozy, Dugat, Krehl et Wright. Leyde, 1855—61. J'ai aussi fait usage de l'édit. de Boulac. Il faut consulter constamment les Additions et Corrections, les remarques de M. Fleischer dans les Berichte, et les miennes dans ma Lettre à M. Fleischer. L'index joint au dernier livre facilitera les recherches.

Macc. III. La seconde partie d'al-Maccarî, qui contient la Vie d'Ibn-al-Khatîb, 3e et 4e volume de l'édit. de Boulac, 1279 (1862). Dans les endroits douteux j'ai consulté notre man. 1637.

Madjma' al-anhor* .... éd. de Constantinople, 1240 (1824—5). 2 vol.

Maltzan .... Sittenbilder aus Tunis und Algerien. Leipzig, 1869.

Maml. .... Quatremère, Histoire des sultans mamlouks. Paris, 1837 et suiv. 2 vol. en 4 parties.

Man. Escur. 893. ... C'est le كتاب منافع الحيوان, par Alî ibn Mohammed Abî-'l-Fath ibn-ad-Doraihim al-Maucilî, qui mourut à Bagdad en 763 H. Les extraits qu'en a donnés Casiri, t. I, p. 318—320, ont été corrigés et augmentés pour moi par M. Simonet.

Mantegazza .... Relatione del Viaggio di Gierusalemme. Milan, 1616.

Marâcid* .... Lexicon geographicum ed. Juynboll. Leyde, 1852. 6 vol.

Margueritte .... Chasses de l'Algérie et notes sur les Arabes du Sud, 2ᵉ édit., Paris 1869.

Marmol .... Descripcion de Affrica. Grenade, 1573. 3 vol.

Marmol Reb. .... Historia de la rebelion y castigo de los Moriscos. Malaga, 1600.

Martin* .... Dialogues ar.-fr. Paris, 1847.

Masoudî* .... éd. Barbier de Meynard. Paris, 1861 et suiv. 9 vol.

Matham .... Voyage au Maroc (1640—41), publ. par F. de Hellwald. La Haye, 1866.

Matmah .... Le Matmah d'al-Fath, ma copie faite d'après les man. de St. Pétersbourg et de Londres. Cité fort souvent d'après Maccarî, qui en a donné de longs extraits.

Mâwerdî* .... Voyez Gl. Maw.

Mc.* .... Marcel, Vocabulaire fr.-ar. des dialectes vulgaires africains. Paris, 1837. Il a incorporé dans son livre le vocabulaire de Dombay, mais sans l'avouer.

Mehren .... Et Par Bidrag, etc. Copenhague, 1872. Tirage à part d'un article qui a paru dans les Actes de la Société royale des sciences. C'est une liste des mots vulgaires que l'auteur a trouvés dans le Hazz al-cahouf.

Mehren Rhetorik* .... Die Rhetorik der Araber. Copenhague et Vienne, 1853.

Mem. hist. esp. .... Memorial histórico español. Madrid, 1851 et suiv. Vol. I—XIX.

Merx Archiv .... Archiv für wissenschaftliche Erforschung des alten Testamentes, herausg. von Merx. 1ᵉʳ volume, Halle, 1869 (Wright).

Meursinge .... Sojutii Liber de interpretibus Korani ed. Meursinge. Leyde, 1839.

Michel .... Tunis. Paris, 1867.

1001 N. .... Mille et une Nuits. L'édition que je cite sans autre indication est celle de Macnaghten, Calcutta, 1839, 4 vol. Bresl. désigne l'édition de Breslau (1825 et suiv.), commencée par Habicht et continuée par Fleischer, 12 vol.; c'est une autre rédaction. Celle de Boulac au contraire (1251 (1835), 2 vol.), est presque la même que celle de Macnaghten. J'ai fait constamment usage de la traduction anglaise et des excellentes notes de Lane, Londres, 1841, 3 vol.

Miss. hist. .... Fr. Francisco de San Juan de el Puerto, Mission historial de Marruecos. Séville, 1708.

Mi'yâr .... Mi'yâr al ikhtibâr, par Ibn-al-Khatîb, publié par M. Simonet dans sa Descripcion del Reino de Granada, Madrid, 1861. J'ai corrigé ce texte dans le Ztschr., t. XVI, p. 580 et suiv., et plus tard j'ai eu la satisfaction de voir presque toutes mes corrections confirmées par les trois man. de l'Escurial, dont deux étaient restés inconnus à M. Simonet, et que Müller a collationnés; voyez ses Beiträge, p. 60 et suiv.

Mocaddasî* .... éd. de Goeje. Leyde, 1876.

Mocquet .... Voyages en Afrique, Asie, Indes Orientales et Occidentales. Paris, 1617.

Mohammed ibn Hârith .... Histoire des cadis de Cordoue, man. d'Oxford, n⁰ 127 du Catalogue de Nicoll.

Monconys .... Journal des voyages. Lyon, 1665. 2 parties.

Mong. .... Quatremère, Histoire des Mongols de la Perse. Paris, 1836.

Morgado .... Historia de Sevilla. Séville, 1587.

Morgan .... Algemeene Beschrijvinge van Barbarijen. Uit het Engelsch. La Haye, 1733. 2 vol.

Morgenl. Forschungen* .... Leipzig, 1875.

Most. .... Le Mosta'inî, man. de Leyde n⁰ 15 (Catal. III, p. 246), collationné sur celui de Naples (N). La indique la partie ancienne du man. de Leyde, Lm, la partie moderne.

Mouette .... Histoire des conquestes de Mouley Archy. Paris, 1683.

Mufassal .... par Zamakhcharî, éd. Broch. Christiania, 1859 (Wright).

Müller .... Beiträge zur Geschichte der westlichen Araber. Munich, 1866. 1ʳᵉ livraison.

Müller L. Z. .... Die letzten Zeiten von Granada. Munich, 1863.

Müller S. B. 1863, II.... Textes d'Ibn-al-Khatîb et d'Ibn Khâtima sur la grande peste du XIVe siècle; texte sur la mort de Sébastien, roi de Portugal; publ. par Müller dans les Sitzungsberichte der königl. bayer. Akademie der Wissenschaften, année 1863, t. II.

Nachrichten.... Nachrichten und Bemerkungen über den algierschen Staat. Altona, 1798. 3 vol.

Nawawî*.... éd. Wüstenfeld. Gœttingue, 1842—47.

Nebrija.... Ælii Antonii Nebrissensis Dictionarium (latin-esp. et esp. latin). Il en existe plusieurs éditions; je me suis servi de celle qui a paru à Antequera, 1595. Cf. ma Préface, p. x.

Niebuhr B..... Beschrijving van Arabië. Amsterdam, etc., 1774.

Niebuhr R..... Reize naar Arabië. Amsterdam, etc., 1776.

Not. et Extr..... Notices et Extraits des manuscrits de la Bibliothèque du Roi. Surtout les articles de Quatremère.

Notices.... Notices sur quelques manuscrits arabes, par Dozy. Leyde, 1847—51.

Nowairî Afrique.... Nowairî, Histoire d'Afrique, man. de Paris n° 702 A. F.

Nowairî Espagne.... Nowairî, Histoire d'Espagne, dans le man. de Leyde n° 2 *h*, collationné sur le man. de Paris n° 645 A. F. — Incidemment j'ai aussi cité d'autres volumes de la grande compilation de Nowairî; ils se trouvent dans la Bibl. de Leyde; voyez le Catal. des man. or., t. I, p. 4 et suiv.

Oiseaux (Les) et les fleurs*.... allégories morales d'Azzeddin [*lisez* Izzeddin] al-Mocaddesi, publ. par Garcin de Tassy. Paris, 1821.

Oosterlingen.... Verklarende lijst der Nederlandsche woorden, die uit het Arabisch, Hebreeuwsch, Chaldeeuwsch, Perzisch en Turksch afkomstig zijn, door Dozy. La Haye, etc., 1867.

Ormsby.... Autumn Rambles in North Africa. Londres, 1864.

Ouaday.... Mohammed ibn-Omar el-Tounsy, Voyage au Ouadây, traduit par Perron. Paris, 1851.

P..... Cette lettre, placée avant une citation, indique que le mot dont il s'agit se trouve chez un poète et que probablement il ne s'emploie qu'en poésie.

Pachalik.... Description du Pachalik de Bagdad par M.*** [Rousseau]. Paris, 1809.

Pagni.... Lettere di Giovanni Pagni — in ragguaglio di quanto egli vidde, ed operò in Tunisi. Florence, 1829.

Pagni MS.... Copie du glossaire de Pagni que l'éditeur de ses Lettres a supprimé (voyez p. 110), faite d'après le man. original, n° 203, vol. IV, de la Laurenziana à Florence.

Palgrave.... Narrative of a year's journey through central and eastern Arabia (1862—63). Londres, 1865.

Pallme.... Beschreibung von Kordofan. Stuttgart et Tubingue, 1843.

Pananti.... Mijne Lotgevallen en Reizen in de Barbarijsche Roofstaten. Uit het Italiaansch. Leeuwarden, 1830. 2 vol.

Payne Smith.... Thesaurus Syriacus. Collegerunt Quatremère, Bernstein, Lorsbach, Arnoldi, Agrell, Field, auxit, digessit, exposuit, edidit Payne Smith. Oxford, 1868 et suiv. Les citations que m'a fournies M. Wright sont tirées des 3e, 4e et 5e livraisons, mon savant ami n'ayant pas lu les épreuves des deux premières.

Pellissier.... Description de la Régence de Tunis. Paris, 1853 (t. XVI de l'Explor. de l'Algérie).

Pfügl.... Freyherr von Pfügl, Ueber Marokko's militärische Verhältnisse, dans les Wiener Jahrbücher, t. 66, Anzeige-Blatt, p. 1—19. Tagebuch der Reise der k. k. Gesandtschaft in das Hoflager des Sultans von Marokko nach Mequinez, im Jahre 1830, dans le même recueil, t. 67, Anzeige-Blatt, p. 1—13, t. 68, Anz.-Bl., p. 1—33, t. 69, Anz. Bl., p. 1—31, t. 71, Anz.-Bl., p. 1—21.

Poiret.... Voyage en Barbarie. Paris, 1789. 2 vol.

Prax.... Commerce de l'Algérie avec la Mecque et le Soudan. Paris, 1849. Voyez aussi R. d. O. A.

Prol..... Prolégomènes d'Ibn-Khaldoun, éd. Quatremère. Paris, 1858. 3 vol. Traduction de M. de Slane, Paris, 1863, 3 vol., où une foule de passages ont été corrigés; j'ai adopté ces corrections; il faut donc toujours consulter la traduction.

Pseudo-Wâkidî.... Voyez Hamaker.

Quatremère, Recherches sur l'Egypte. Paris, 1808.

R. d. O..... Revue de l'Orient. Paris, 1843—46. 11 vol.

R. d. O. A..... Revue de l'Orient, de l'Algérie et des colonies. Paris, 1847—54. 16 vol. Les articles les plus utiles pour la lexicographie sont ceux de Prax; en les citant j'y ai toujours ajouté le nom de leur auteur; celui d'Espina, agent consulaire de France à Sfax (t. XIII), est aussi important.

R. d. O. A. N. S..... Même Revue, Nouvelle Série. Paris, 1855—64. 18 vol. IVe sér., t. 1er (tout ce qui a paru de cette série).

R. N..... Riyâdh an-nofous, Biographie des hommes pieux de Cairawân et de ses environs, man. de Paris, n° 752 A. F. (Le Musée britannique possède un abrégé de cet ouvrage; voyez le Catalogue, p. 732).

Rauwolf.... Aigentliche Beschreibung der Raisz. Laugingen, 1582.

Ramos.... Chronica do Infante santo D. Fernando, que morreo em Fez. Por Frey João Alvarez, Secretario do dito senhor, que com elle esteve cativo atè sua morte, e depois cinco annos. Revista etc. pelo Padre Fr. Jeronymo de Ramos. Lisbonne, 1730, 3° édit.

Recherches.... Dozy, Recherches sur l'histoire et la littérature de l'Espagne pendant le moyen âge. 2° édit., Leyde, 1860. Quelquefois j'ai cité la 1re édit. (Leyde, 1849), où se trouvent des textes qui n'ont pas été reproduits dans la 2e.

Reinaud Dipl..... Diplôme publié par Reinaud dans la Collection de documents inédits sur l'histoire de France, Mélanges historiques, t. II, partie 2, p. 116 et suiv.

Reinaud F. G..... Du feu grégeois, etc. Paris, 1845.

Relation des Voyages*.... éd. Langlès et Reinaud. Paris, 1845. 2 vol.

Renan Averroès.... Textes arabes dans la 2e édition de ce livre. Paris, 1861.

Renou.... Description géographique de l'empire de Maroc. Paris, 1846 (t. VIII de l'Explor. de l'Algérie).

Repartimiento.... que hizo el Rey Dn. Alonso el Sabio de las casas, y haziendas desta Ciudad de Sevilla, y su contorno, entre los Cavalleros, y personas que se hallaron en su conquista. Dans Espinosa, t. II, p. 1 et suiv.; en abrégé chez Morgado, p. 36 et suiv.

Richardson Central.... Narrative of a mission to Central Africa. Londres, 1853. 2 vol.

Richardson Morocco.... Travels in Morocco. Londres, 1860. 2 vol.

Richardson Sahara.... Travels in the Great Desert of Sahara. Londres, 1848. 2 vol.

Richter (V.).... Von Richter, Wallfahrten im Morgenlande. Berlin, 1822.

Riley.... Loss of the American brig Commerce. Londres, 1817.

Roger.... La Terre Saincte. Paris, 1646.

Rohlfs.... Reise durch Marokko. Brême, 1868.

Rojas.... Relaciones de algunos successos postreros de Berberia. Salida de los Moriscos de España, y entrega de Alarache. Lisbonne, 1613.

Roland.... Roland de Bussy, L'idiome d'Alger. Alger, 1847. Il était inutile de citer les articles qu'il a empruntés en grand nombre au Dictionnaire d'Hélot.

Roland Dial.*.... Les dialogues à la fin de l'ouvrage dont le titre précède.

Rozet.... Voyage dans la Régence d'Alger. Paris, 1833. 3 vol.

Rüppell.... Reise in Abyssinien. Francfort s/M, 1838. 2 vol.

Rutgers.... Historia Jemanæ sub Hasano Pascha. Leyde, 1838.

Rijk (Het) en de stad van Algiers. Amsterdam, 1830.

Rijn-Acker.... De Reyse naer Africa, Tunis, Algiers etc., gedaen in den Jare 1625 onder 't beleyd van Dr. Rijn-Acker, als Ambassadeur van haere Hog: Mog: tot lossinghe van de Christene Slaven derwaerts gedeputeerd. Harlem, 1650. L'auteur de cette relation ne se nomme pas.

Saadiah ps..... traduction arabe des psaumes par Saadiah, avec un commentaire, deux man. d'Oxford (Wright).

Sacy (De) Abd allatif*.... Relation de l'Egypte, par Abdallatif, trad. et enrichi de notes par de Sacy. Paris, 1810.

Sacy (De) Chrest..... Chrestomathie arabe. Paris, 1826, 2° édit. 3 vol. J'ai dépouillé régulièrement les deux premiers volumes, mais non pas le 3e.

Sacy (De) Dipl. IX.... Diplômes publiés par de Sacy dans les Mémoires de l'Académie des Inscriptions, t. IX, p. 448 et suiv.

Sacy (De) Dipl. XI.... Diplômes publiés par de Sacy dans les Notices et extraits, t. XI, p. 1 et suiv.

St. Gervais.... Mémoires historiques qui concernent le gouvernement de l'ancien et du nouveau royaume de Tunis. Paris, 1736.

St. Olon.... Relation de l'estat de l'empire de Maroc. Paris, 1695. Il se peut que quelques-unes de mes citations soient empruntées à la traduction anglaise, Londres, 1695.

Salvador.... Salvador Daniel, La musique arabe. Alger, 1863. En écrivant les noms des modes en caractères arabes, j'ai ordinairement suivi l'orthographe indiquée par M. Barbier de Meynard dans son article sur ce livre, Journal asiat. de 1865, I, p. 563.

Sandoval.... Memorias sobre la Argelia, por el Brigadier Dn Crispin Ximenez de Sandoval y Dn Antonio Madera y Vivero. Madrid, 1853.

Sang..... Sanguinetti, Liste alphabétique de termes techniques et autres, dans le Journal asiat. de 1866, t. I, p. 289—328.

Schweigger.... Ein newe Reysbeschreibung ausz Teutschland nach Konstantinopel und Jerusalem. Nurnberg, 1613.

Scott.... Journal of a residence in the Esmailla of Abdel-Kader. Londres, 1842.

Seetzen*.... Reisen durch Syrien, etc. Berlin, 1854—9. 4 vol.

Selecta.... Selecta ex Historia Halebi ed. Freytag. Paris, 1819.

Sev. Voy. to Barb..... Several Voyages to Barbary. Londres, 1733. L'auteur est F. Philémon de la Motte, voyez p. 130 n.

Shaw.... Reizen door Barbarijen. Utrecht, 1773. 2 vol. Par les savantes notes qu'y ont ajoutées Boddaert, Rau, Tydeman et Saxe, cette traduction est préférable à l'original anglais.

Simonet.... Glosario de voces ibéricas y latinas usadas entre los Mozárabes. Madrid. Sous presse depuis 1875; voyez ma Préface, p. xiv.

Stochove.... Voyage du Levant. 2e édit., Bruxelles, 1650.

TA*.... Tâdj al-'aroûs, éd. de Boulac.

Teixeira.... Viage de la India hasta Italia. A la fin du livre: Relaciones de Pedro Teixeira, Anvers, 1610.

Ten Years.... Narrative of a ten Years' Residence at Tripoli in Africa; from the original correspondence in the possession of the family of the late Richard Tully, the British Consul. Londres, 1816. Ces lettres sont de la soeur de R. Tully.

Testa.... Notice statistique et commerciale sur la régence de Tripoli de Barbarie. La Haye, 1856.

Tha'âlibî éd. Cool*.... Extraits du Latâïf aç-çahâba wa-'t-tâbi'în, joints à la Grammatica Arabica de Roorda. 2e édit., Leeuwarden, 1858.

Tha'âlibî Latâïf.... Latâïf al-ma'ârif, éd. de Jong. Leyde, 1867.

Thévenot.... Voyages. Paris, 1663. 3 vol.

Torre (La).... Voyez ma Préface, p. x.

Torres.... Diego de Torres, Relation des Chérifs et de l'estat de Maroc, Fez, et Tarudant. Paris, 1636.

Tristram.... The great Sahara. Londres, 1860.

Valeton.... Tha'âlibii Syntagma dictorum brevium et acutorum ed. Valeton. Leyde, 1844.

Vansleb.... Nouvelle relation d'un voyage fait en Egypte. Paris, 1677.

Venture.... Son vocabulaire berbère dans la traduction française du Voyage de Hornemann, Paris, 1803, 2e vol.

Vêtem..... Dozy, Dictionnaire détaillé des noms des vêtements chez les Arabes. Amsterdam, 1845.

Victor.... Tesoro de las tres lenguas, española, francesa, y italiana. Genève, 1609, Cologne, 1637.

Vie de Saladin*.... éd. A. Schultens. Leyde, 1732 (J.-J. Schultens).

Vie de Timour*.... éd. Manger. Leeuwarden, 1767. 2 vol.

Voc..... Vocabulista in arabico pubblic. da Schiaparelli. Florence, 1871. Voyez ma Préface, p. x.

Voyage pour la Rédempt..... Relation en forme de Journal, du Voyage pour la Rédemption des captifs, aux Roiaumes de Maroc et d'Alger, pendant les années 1723, 1724, et 1725. Paris, 1726.

Voyage dans les Etats barbaresques. Paris, 1785. L'auteur de cette relation a souvent copié celle dont le titre précède.

Werne.... Reise nach Mandera. Berlin, 1852.

Weijers.... Loci Ibn Khacanis de Ibn Zeidouno. Leyde, 1831.

Wild.... Neue Reysbeschreibung eines gefangenen Christen. Nurnberg, 1613.

Windus.... A journey to Mequinez. Londres, 1725. Le nom de l'auteur se trouve à la fin de la dédicace.

Wittman.... Travels in Turkey, Asia-Minor, Syria, and across the Desert into Egypt. Londres, 1803.

Woltersdorff.... Notes de ce voyageur sur des noms de vêtements, man. de l'Académie royale des sciences à Amsterdam, n° 39 du Catal. de M. de Jong, à la fin.

Wright.... Opuscula Arabica, collected and edited from MSS. in the University library of Leyden. Leyde, 1859.

Ya'coubi*.... Kitâb al-boldân éd. Juynboll. Leyde, 1861.

Yâcout*.... Dictionnaire géographique éd. Wüstenfeld. Leipzig, 1866 et suiv. 6 vol. La plupart des citations tirées de cet auteur m'ont été fournies par M. de Goeje. J'ai exploité moi-même la mine féconde qu'on trouve t. I, p. 835—6, à savoir la nomenclature des oiseaux et des poissons, que Cazwini (II, 118—120) a copiée; mais l'orthographe de quelques uns de ces mots est si incertaine, que j'ai dû les omettre. Lorsque, p. e., le nom d'un poisson est dans les différents man. جبر, قبح, فخ ou قم, ou celui d'un autre حبتر, حبتر ou جنتر, on cherche en vain un fil pour se diriger dans ce dédale de variantes ou de fautes.

Yanguas.... Diccionario de antigüedades del Reino de Navarra. Pampelune, 1840. 3 vol. Adiciones, *ibid.*, 1843.

Zahrâwî.... La 1re macâla de son Taçrif et deux tiers de la 2e, man. de St.-Pétersbourg. M. le Baron de Rosen m'en a fourni quelques extraits.

Ztschr..... Zeitschrift der deutschen morgenländischen Gesellschaft, t. I—XXII. Je n'ai emprunté à l'article de M. Wetzstein, t. XXII, p. 69 et suiv., que ce qui me semblait nécessaire, et j'ai laissé de côté, comme étrangers à mon but, ceux de Wallin, t. V, p. 1 et suiv., t. VI, p. 190 et suiv., p. 369 et suiv. Quant aux volumes parus lorsque la rédaction de mon travail avait commencé, je ne m'en suis servi qu'incidemment.

Ztschr. Kunde.... Zeitschrift für die Kunde des Morgenlandes. 7 vol.

LISTE DES RELATIONS QUI NE SONT D'AUCUN USAGE POUR LA LEXICOGRAPHIE.

Arlach (D'), Le Maroc et le Riff en 1856. Paris, 1856.

Augustin (Freiherr von), Marokko in seinen geogr., histor. etc. Zuständen. Pesth, 1845.

Bœumen (Von), Nach Marokko. Berlin, 1861.

Baumgarten, Peregrinatio. Nurnberg, 1594.

Blakesley. Four months in Algeria. Cambridge, 1859.

Braithwaite, The history of the Revolutions in the Empire of Morocco. Londres, 1729.

Cirni, Successi dell' Armata della M^{ta} C^{ca} destinata all' impresa di Tripoli di Barberia, Della presa delle Gerbe, e progressi dell' armata Turchesca. Florence, 1560.

Croisières et négociations de Mr de Kinsbergen, avec des détails sur Maroc, par M^r le Bon de Schœning, rédigés sur son journal allemand par de Champigny. Amsterdam, 1779.

Dan. La traduction hollandaise (Amsterdam, 1684) est augmentée d'un second volume par S. de Vries, Handelingen en geschiedenissen, voorgevallen tusschen den Staat der Vereenighde Nederlanden en dien van de zee-roovers in Barbarijen, avec un Aanhangsel, behelzende de rampzalige en zeer gedenkwaardige wedervaaringen van een slaaf etc., in 't Fransch beschreven door Monsr Gallonge, die zelve deze rampen heeft geleden.

Dandini, Voyage du mont Liban. Paris, 1685.

Daveyro, Itinerario de Terra Sancta. Lisbonne, 1596.

Davies, Algiers in 1857. Londres, 1858.

Desjobert, l'Algérie en 1844. Paris, 1844.

Dumont, Histoire de l'esclavage en Afrique de J.-J. Dumont. Paris, 1819.

Edwards (Matilda Betham), Through Spain to the Sahara. Londres, 1868.

Flaux (De), La régence de Tunis. Paris, 1865.

Florian Pharaon, Voyage en Algérie de S. M. Napoléon III. Paris, 1865.

Gérard (Jules), l'Afrique du Nord, 2e édit. Paris, 1861.

Hackluyt. Les relations dans Vol. II, Part. 2, de ses navigations. Londres, 1599.

Hardman, The Spanish campaign in Morocco. Edimbourg, 1860.

Heine, Sommerreise nach Tripolis. Berlin, 1860.

Histoire véritable des dernières guerres advenues en Barbarie: et du succéz pitoyable du Roy de Portugal dernier, Don Sebastien. Trad. de l'espagnol. Paris, 1579.

(Jardine) Bemerkungen über Marokko; desgleichen über Frankreich, Spanien und Portugal. Von einem englischen Offizier. Leipzig, 1790. Dans la préface on lit que l'auteur est le major Jardine.

Journaal wegens de rampspoedige Reys-tocht van Capⁿ H. C. Steenis in 1751. Amsterdam s. d.

Lambrechts, Journael etc. in de Jaren van 1735, 36 en 37. Man. de Leyde (man. latins) n° 925.

Landa, La campaña de Marruecos. 2ª edic. Madrid, 1866.

Metzon, Dagverhaal van mijne lotgevallen te Algiers. Rotterdam, 1817.

Murray (Mrs. Elizabeth), Sixteen years of an artist's life in Morocco, Spain, and the Canary Islands. Londres, 1859. 2 vol.

Nouveaux voyages sur toutes les côtes de la Barbarie et de l'empire de Maroc, dans la haute et la basse Egypte, sur les côtes de la Mer rouge, en Nubie et en Abyssinie, et dans le pays de Sennaar, extrait des Voyageurs les plus modernes et les plus accrédités. Paris, An VII, 2 vol. Ce n'est qu'une compilation.

Pfeiffer, Reizen en vijfjarige gevangenschap in Algiers. (Uit het duitsch). Leeuwarden, 1834.

Rasch, Nach den Oasen von Siban. Berlin, 1866.

Russell, History of the Barbary States. Edimbourg, 1835.

Saugnier, Relations de plusieurs voyages à la côte d'Afrique, à Maroc, etc. Paris, 1792.

Schiltberger, Reisen, herausg. von Neumann. Munich, 1859.

Settala, Ragguaglio del Viaggio compendioso. Milan, 1805. (Est Caronni).

Tavernier, Voyages.

Turner, Journal of a Tour in the Levant. Londres, 1820. 3 vol.

Verdun (De) de la Crenne, de Borda, et Pingré, Voyage. Paris, 1778. 2 vol.

Walmsley, Sketches of Algeria during the Kabyle war. Londres, 1858.

Weber (Von), Ein Ausflug nach dem französischen Nord Afrika. Leipzig, 1855.

Wingfield, Under the palms in Algeria and Tunis. Londres, 1868. 2 vol.

Wingrove Cooke, Conquest and colonisation in North Africa. 1860.

Zuallart, Le très-dévot Voyage de Jérusalem. Anvers, 1608.

LISTE DES MOTS ARABES CHEZ PEDRO DE ALCALA DONT L'ORTHOGRAPHE EST INCERTAINE.

١

Aburgudiça ranacuajo — renacuajo.

ب et پ

Tabadô çaherimiento.
Baqç desmochado.
Piztical floretada — paperote.
Tapahráx vicio por regalo — *mupahxáx* vicioso en comer.

ت ou ط

Tavil atruendo.
Tabíq baile uno solo.
Tallíta enbarradura.
Taggut inquieto — *taggutén* inquietacion.
Tíça negociacion.

Taxit. Ochúp a taxit sedeña cosa de lino.
Talabri turnio de ojos — visojo.

ش ou چ

Xik aguinaldo.
Xumâni (pl. *xumânît*) bofetada.
Jezém çanahoria silvestre; me semble une faute pour جزر.
Juhê refrenamiento.
Xaziri, précédé de خمان, sauco arbol.

ح ou ه

Halón (pl. *halâlin*) bollo de pan.
Ahquâ cantar el buho — parpadear las aves.
Tehaudún cefio en los ojos — *muhâuden* ceñudo.
Hauzat mohatrar.

ح

Káçan (pl. *kiçán*) dissoluto en vicios.
Izikbát (sic) cotejamiento.
Mukárhel, mais le pl. *murkarhelin*, espacioso.
Kayçará gayovero.

د, ذ ou ض

Dôrgua (pl. *duráq*) bruxa.
Dedt cometa.
Adhán mas temprano.
Dia sacrilegio.

ر

Rica (Bi) entricadamente.
Ráuja (pl. *raguagie*) mendrugo.

ص ou س ز

Mézqueria (Bi) flacamente.
Çavia mencion.
Cehue (pl. *cehuit*) rima o rimero de ropa.
Tazhir saneamiento.
Ançarah triste estar.
Zimpi vino agua pie.

ع

Aáçá adulterar contrahazer.
áçár aparejar; *guaçár* aparejar; sous desparejar *azçar* avec la négation. *Guaçár* popar.
Aádi adivas.
árraq desalbardar.
áunquia. Fulin bal áunquia envararse.
Aázel rasgar.

غ ou و

Guaçár voyez sous le 'ain.
Gazta avion — trigo ruvion.
Guárná cra boç del cuervo.
Guagúá artimaña.
Guarguia cimitarra — daga arma.
Guçára hollin — *guaçára* hollimiento.

Goç nueza yerva. Comme il donne قسط dans le même sens, il paraît que c'est une corruption de ce dernier mot, qui, à son tour, est une altération de قسطس.

Guarmag sovajar — *taguarmúg* sovajadura.

ك ou ي

Carárit bava.
Aztacáh et *aztaquáá* cobdiciar.
Cáleé despagamiento de algo.
Carç dexo de ballesta — lexo de vallesta. Le sens de ce terme espagnol (car dexo et lexo sont deux formes du même mot) est inconnu; feu M. Lafuente y Alcántara m'a écrit dans le temps qu'il a parcouru en entier le Tradado de Ballesteria par Alonso Martinez Espinar, sans l'y trouver.
Caddab enerizarse por frio — enerizado — temblar — temblar para caer — *tacadáb* temblor para caer.
Acuá ensalmar o enxalmar — enxalmar — *quéi* ensalmo.
Macrúd enano — ombre enano.
Cárm gota.
Calavándar hoguera llama de fuego.
Carxit mochacharria muchos mochachos.
Caquid necessario.
Curni plazer.
Queceb raygar.
Cuchên solitario ave.

ل

Lip lagrimal del ojo.
Lahlála (pl. *lahalit*) llama de fuego.
Lapório unicornio animal.

م

Mumdi descaminado — *mumdi* errado o perdido.
Mavin estuche.

ن

Ançáá dezir bien en dicha.
Manaábin (pl. *manaúbinin*) dotado per (et de) gracias.
Nenfêd, anfêdt, anfêd, aparejar o buscar, *nenfêd, nefêtt, enfêd*, buscar para pagar. Les termes espagnols sont fort obscurs; M. Simonet et M. Eguilaz n'ont pas pu me les expliquer.

Anha refrescar.

Manâh relox del sol. Voir mon article منَاخ sous نوخ

Maliain adivas.

Clatóç. àdcel clatóç clarea de especias e vino.

Midbi consiguiente.

Mezéle consequencia.

Makort (pl. *makâguit*) cimitarra.

Aghar encobar casi corvar — *maxhôr* encobado asi como conejo.

Maniôh enechado.

Moâguaja. Çôra moâguaja escorche en la pintura.

Yaiç a rrâya favorecedor del pueblo.

Maicâni izquierdo.

Ichimâyl lagrimal del ojo.

Maguil. Çuf bile maguil lana suzia.

Tazhê macicez.

Manaâvin mandado de palabra.

Tencil orilla de lienço.

Tazeit pega de pez.

Teheleguin quixones yerva de comer.

Aguêm robar los enemigos — saltear a los enemigos.

Gelct rechaçar — *maxlûd* (pl. *in*) rechaça.

Tapaâxur saynete para cevar.

Ingihâra tarreñas chapas para tañer.

Vayna vaso pequeño.

١

آنوا plongeon (oiseau), Bait. I, 16 a; Bg 862 اتو (àtou).

آخرساج espèce d'arbre, Bait. I, 18 f.

آخور écurie, Bc, امير آخور grand écuyer, Maml. I, 1; 119, Bc.

آرغيس (berb.) *l'écorce de la racine de l'épine-vinette;* — *l'épine-vinette même, ou un arbuste qui lui ressemble,* Gl. Esp. 57.

آرفان (berb.) *elaeodendron argan,* Gl. Edrîsî.

آركان *autre forme du même mot dans A de* Bait. II, 444 a, *où* B *a la forme* ارجان.

آرنج *espèce d'étoffe fabriquée dans le Khowârezm, de* Jong.

آرة (esp.) pl. آرات *pierre sacrée sur laquelle on étend le corporal,* Alc. (ara del altar).

ازرود (A) ou ازورد (B) ou ازرور (S) (berb.) = حندقوقا, Bait. I, 31 b.

أشة ماشة *Voyez sous* لاشه ماشه.

أطريلال chez Freytag; *corrigez* الطريلال, Bait. I, 2 b; *cerfeuil (plante potagère),* Bc; — *corne-de-cerf (plante sauvage et cultivée),* Bc.

افراك, افراك, افرق, افرج, اغراج, اقراج (berb.) *l'énorme enceinte de toile qui, dans les pays musulmans, entoure la vaste tente du souverain;* — *tout ce qui se trouve dans cette enceinte, c.-à-d., les tentes du sultan, ou plutôt son énorme tente qui ressemble à une ville avec des murailles et des tours de toile,* Gl. Esp. 105, 389; ajoutez Abou'l-Walîd 797, 7: دائرة المحلّة. النني يسمّيها اهل المغرب افرى Chez Daumas V. A. 402 *ferrag, campement. En esp. alfaneque, mais plus correc-* tement *alfareque,* Cron. de D. Alfonso XI, p. 401, l. 34.

الاكنار (berb.) *nom d'une plante,* Bait. I, 4 b.

الاكشرو (berb.) *nom d'une plante,* Bait. I, 5 c (leçon de A).

الامليليس (berb.) *nom d'un arbuste,* Bait. I, 5 b (leçon de A); = صقيراء (voyez), A. R. 50, 258.

أبْ .بالعربية أبْ مشدّد الياء: بلّوط, *chêne,* Most. sous أبْ.

أبارط Selon Auw. II, 112, 2 a f., il y a deux espèces de lin, dont l'une est *ouverte* (مفتوح) et s'appelle الابار; plus loin, 113, 21, ce mot est écrit الابازيل. Je crois devoir lire dans les deux endroits الابارط, qui est le latin *aperto,* esp. *abierto.* Un copiste, quand il écrit un mot qu'il ne connaît pas, change facilement ط en ل; dans le premier passage le nôtre aura sauté le ط par mégarde.

قاتل ابيه .arbousier, Most. sous أباريقون.

أبازيل *Voyez* ابارط.

أبَالَة ou أبَيَّالَة. Le premier est *uvella,* dimin. du latin *uva.* Ibn-al-Djezzâr le donne dans son Zâd al-mosâfir sous عنب الثعلب, où le mot est écrit par erreur اللبلله. Dans un autre ouvrage il dit: عنب الذئب هو ابيالة uviella (esp. uvilla) canina.

أبجم *Voyez* ابوج.

أبد V *se caser, s'établir, s'installer,* Bc. — Voc. sous *perpetuari.*

أبْد *le second appel du moëddzin une heure avant le lever du soleil (on l'appelle ainsi parce que le mot* ابد *s'y trouve au commencement),* Lane M. E. I, 103.

— ابدًا, *pour jamais, pour toujours,* Bc. — الى الابد *pour jamais, sans négation, jamais,* Bc, 1001 N. I, 43, 2.

ابد ― ٢ ― ابساريه

أبدة *idiot*, stupide, Bc.

الابيد .أبيد *joubarbe* ou *jombarbe* (plante), Bc.

اٰبر.

اَبْر espèce de pain («abrê, ein sehr weisses, aus fein gesiebtem Durramehl gebackenes Brod, dünn wie eine Oblate") Werne 12; du pain séché, Burckhardt Nubia 323; le sac de cuir qui le contient, *ibid.* 203. D'Escayrac, 418, écrit *ebrek*.

اِبْرَة *aiguille* = chose d'aucune valeur, Abd-al-wâhid 171, 10. — ادواء الاِبَر *des maladies aiguës*, Auw. II, 89, dern. l. — بيت الابرة *boussole*, Bc. — *Aiguille, poisson de mer*, Alc. (aguja pescado) — *Giroflée sauvage*, Most. sous والبرق منه يعرف (خيري =: خيرى) : *géranium, bec de grue*, Bc; *herbe à Robert*, id.; Bait. I, 10 e; le Most. sous شكاعى identifie le ابرة الراعى ou ابرة الراهب avec le شكاعى, ce que Bait. désapprouve.

أبَار (pers. آبَار, cf. Vullers) serait *l'étain*, قصدير selon le Most. sous اسرب; mais selon le Gl. Manç. c'est le *plomb* (ابار هو الرصاص الاسود); de même Bait. I, 10 e, 496 a et M. اشياف الابار *sorte de collyre*, M. — Voyez ابارط.

أبّار *celui qui cultive des palmiers*, Kâmil 136, 2 a f.

أبّارة *étui à aiguilles*, Bc.

مِئبَر *carrelet*, grande aiguille carrée, Bc. (Biffez l'article *almavar* dans le Gl. Esp. 161. M. Simonet m'informe qu'il doit avoir écrit indistinctement, mais que le mot qu'il a eu en vue est *almaráz*. C'est donc المخراز).

مِئبَرة *gros carrelet de cordonnier*, Bg (sous *aiguille*).

— *Etui*, Hbrt 82.

ابراقنطوس (N), ابراقيطوس (Lm), pierre qu'on tire de l'Inde, Most.

ابربلد (apopores (pl.) chez Isidore, port. abobara, abobora, abobra (citrouille), Simonet 281—2), au Maghrib, *couleuvrée, bryone* (plante), nommée ainsi parce que sa racine ressemble à une petite citrouille, Gl. Manç.: فاشرا يسمى بالمغرب ابربلد (sic) ومعناه قريعة والباءان اعجميتان وهى الكرمة البيضاء; cf. Auw. et Ibn-Djoldjol chez Simonet. C'est un dimin. esp.

ابرسيم *fil de soie*, Bc.

ابرشمة *colle*, Voc. (chez Alc. برشمة, voyez).

ابرشية *archevêché, diocèse*, Bc, M, Hbrt 150 (cf. Errata); دار الابرشية *palais de l'archevêque*, Bc. C'est un mot grec, M, ou plutôt le b. lat. *parochia*, qui vient de παροικία.

ابرقين (esp.) *ribaudequin*, ancienne machine de guerre pour lancer des flèches ou des pierres; aussi : une espèce de couleuvrine de très-petit calibre, Alc. (passabolante, robadoquin). Voyez le Gloss. sur le Catálogo de la R. Armería sous *ribodekin*; Ducange sous *ribaudequinus*. Chez Yanguas I, 218, 6 *ribadoquin*. Le mot se trouve souvent chez Pulgar, Cron. de los Reyes Cat. (conquête de Grenade).

ابرميس ἄβραμις, poisson du Nil, Gl. Edrîsî.

ابرنج signifie en effet *catapuce*, car le Most. l'explique par le terme espagnol الطارتقه (tartago). — جوز الابرنج قيل هو جوز القىء *noix vomique*, Móst. sous برنج; Bait. I, 129 e; voyez ce mot. الابرنج. —

ابرنق = برنق, Most. sous ce dernier mot.

ابروطن (ἀβρότονον, esp. *abrotano*) *aurone*, Simonet 234.

ابرير. On dit ذهب ابرير Mi'yâr 5, 5 a f., Edrîsî (Rome). ابريزى Cet adj. rel. (ex *obryzo*) se trouve dans L sous *obridium* (sic).

ابريسم *soie mêlée de coton*, Burton II, 169 n.

ابريق *pot de terre ou de métal, avec un col un peu allongé, une anse et un bec; aiguière*, Bc, Burckhardt Arabia I, 76, et Nubia 358, Lane M. E. I, 212, II, 22. Il y a une espèce qui s'appelle ابريق الفقير, Descr. de l'Eg. XVIII, part. 2, 417. *Coquemar, vase pour faire bouillir l'eau*, Bc. ابريق القهوة *cafetière*, Bc, ابريق الشاى *théière*, Bc.

ابريل (voyelles dans le man. de l'Escurial dans le texte Müller L. Z. 44, mais ابريل dans le Voc. et *april* chez Alc.) *avril*.

ابريز (berb.) *cigale*, Dict. berb., Daumas V. A. 432, *sauterelle*, Bc, Ht, Roland, *grillon*, Pagni MS (bobsìs). Cf. بريز et زيز.

ابسارية (ὀψάρια), aussi بسارية (voyez), *fretin, poisson-*

ابش

naille, de Sacy, Abdallatif 285—8, Yâcout I, 886, 11 (cf. les notes dans le Ve vol.)

أبش V c. الى p. *se réunir auprès de quelqu'un*, Gl. Bayân.

ابط.

الابْطِيَّ ,ابْطَى *basilique*, veine de la partie interne du bras, Gl. Manç.; العرق الابطى chez Bc sous *basilique*.

أبق I, nom d'act. اباقة, Voc. — *Se volatiliser*, Prol. III, 197, 15 et 3 a f., 198, 2.

أبل.

أبلّة *figues comprimées en masses*, Abou 'l-Walîd 150, 5 (où il faut substituer الغدرة, comme on trouve chez les lexicographes arabes, à الفردة).

طير ابابيل *huppe* (oiseau), Bc (Barb.), Dombay 62. — *Grillons noirs*, Pagni MS.

أَبْلَايَة (esp. *playa*) *plage, rivage de mer plat et découvert*, Edrîsî Cl. V, Sect. 2: ومنه الى حلق وادى جلاح (حلاج A) ١٢ ميلا وهو على ابلاية مكشوف ولا يحمل المراكب الكثيرة (الكبيرة A) ومنه الى موقع نهر قبوى ٦ اميال وهو ابلاية ايضا لا يستر (لا ستر فيه A). Encore une fois même Cl. et Sect. — *Parade?* Richardson Morocco I, 109: «A troop of these haughty cavaliers assembled with their chiefs almost daily on the playa, or parade».

أَبَلْنتايِن (roman) *plantain*, Voc. Chez Alc. بلنتاين.

أبليس, مجلس ابليس *sabbat, assemblée de prétendus sorciers*, Bc.

أبليلج *belléric* (espèce de myrobolans), Bc (= بليلج).

ابن.

أَبْنَة *bardache, jeune homme qui se livre aux pédérastes*, Bc.

ات pl. أبان, Prol. II, 16, 3.

مَابْنَة vulg. مَبْيَنة, *impudeur*, Voc.

أبه 1, *faire attention à*, souvent c. الى chez Abou 'l-Walîd, p. e. 411, 30, 585, 10.

عمل أبْهَة *faire le gros dos, l'homme important*, Bc.

أب *père, titre des religieux, prêtres*, Bc. — *Patriarche*, Bc. — آباء الكنيسة *pères de l'Église*, Bc. — الآباء

ابو

السواح *pères des déserts, anciens anachorètes*, Bc. — أبًا عن جدّ *père nourricier*, Bc. — اب من الرضاع *de père en fils*, Bc, de Sacy Chrest. I, 141, 2; *héréditaire*, Bc. — Exemple de أَبًا, Gl. Fragm.; بِأَبِهِ, ibid. — لا أَبَا لَكُمْ, *sorte d'imprécation*, comme لا أَبَّ لِأَبِيكُمْ Khallic. X, 70, 3 a f.

أبو باغذ *testacé*, Bc.

— بريص *lézard*, Bc, Hbrt 69, Guyon 223 (*boubrès*, Agama colonorum).

— براقش *lézard*, Voc.

— البراهين *argumentateur*, Bc.

— البصير *aveugle*, de Jong.

— البياض *noir*, de Jong.

تلولف — *grimacier*, Bc.

تلّيس — *cauchemar*, Ht, Roland, Delap. 3. — *Héméralopie*, Jackson Timb. 333, 431. — *Aveugle*, Voc.

تمْرة — = عصفور السياج *sorte de petit oiseau*, Man. Escur. 893. Freytag, sous تمر, a تمرة أبْن, *oiseau plus petit que le moineau*.

ثمرة = — باشق *accipiter frigillarius*, Payne Smith 1117.

ثومة — *allium sylvestre minus*, Pagni MS.

جبه — *qui a un grand front*, Alc. (ombre de gran frente).

جدى — *imbécile*, Daumas V. A. 103.

جراد — *sorte d'oiseau de proie*, nommé aussi بالذنجان, et en Syrie البصير, Man. Escur. 893, où l'auteur le nomme avec الباشق والبيوبو والعفصى. Il y a donc deux fautes dans l'article de Freytag: أبو جرارة avis in Syria القصير appellata. Daumas, Sahara 316, confirme l'orthographe que j'ai donnée, quand il dit: «Une espèce d'oiseau que les Arabes appellent bou djerada, le père de la sauterelle, et qui semble avoir quelque rapport avec le corbeau».

جعل وهو ابو جعران — *ver luisant*, L (cicindela جعران).

الجلاليب — *le mois Dzou-'l-ca'da*, Domb. 58.

الجلد — » » » Hœst 251.

ابو جنب *point de côté*, Daumas V. A. 425. — *Ecrevisse de mer, homard*, Bg 346, Daumas V. A. 432; ses noms *busneb* et *mugeneb* chez Pagni 94 semblent des altérations de ce mot.

جنيب — *crabe*, Cherb.

جَهْران — *scarabée*, Alc. (abadejo).

الجهل — *ignorantissime*, Bc.

جُوَق — *nom d'une plante qui a une mauvaise odeur*, M.

خَبُوس — *nain*, Voc.

حَبِيبَة — nom d'un petit oiseau à gorge rougeâtre et qui chante agréablement, Richardson Morocco II, 269, Sahara II, 29; espèce de fauvette, Pellissier 450 (bou-habibi).

خديج — *cigogne*, Bc, Abou 'l-Walîd 797, 9, cf. Payne Smith 1363, où l'on trouve encore ابو الخديم et ابو خديش.

خريش, au Maghrib, *buglose (plante)*, Gl. Manç. sous لسان الثور.

الخضير — *(renard)* cf. Niebuhr B. 157, Lane 1001 N. II, 62 n.

حفص — *espèce de datte*, Rohlfs 55, mais 116 c'est *Bu-Haffe*.

حَلَف — *panaris*, tumeur phlegmoneuse au bout des doigts, Alc. (panarizo del dedo).

خمرون — *rougeole*, Domb. 89, Daumas V. A. 425.

حنكمين — *reptile qui ressemble à une araignée*, Burckhardt Syria 598.

الحناء — *sorte d'oiseau*, Yâcout I, 885, 6.

الحبيل — *protée, qui change continuellement de forme*, Bc.

الخديم — voyez ابو خديش et ابو حديج.

خراش — *(? khrech)*, *bourrache*, Prax R. d. O. A. VIII, 346.

خَلل — *bécasse*, Bc. (Barb.), Domb. 61.

مخلوف — *espèce de datte*, Rohlfs 116.

خنجر — *capucine (fleur potagère)*, Bc.

خنتو — *arbouse*, Domb. 69.

ابو مخيط *anguille*, Roland. — *Bécassine*, Daumas V. A. 432 (*Bou mekhiyett*).

دبّة — *qui a une descente, hernie*, Bc.

دحّاس — *envie (au doigt)*, Domb. 89.

دردان — *grillon*, Bc.

مدفع — ريال *piastre à colonnes, colonnade*, Bc. (les Arabes ont pris les colonnes d'Hercule pour des canons, مدفع).

دقيف — *cigale*, Bc. — *Papillon*, Bc.

دينار — *sorte d'oiseau*, Yâcout I, 885, 6 et 7.

ديك = حسك *(plante)*, Most. sous ce dernier mot; voyez ديك.

ذرّ — *homme*, Valeton 71, n. 5.

ذقن — *un homme qui a la barbe bien fournie* (aussi ابو الذقون), Bc. — *Aigle*, Bruce V, 155.

رأس — *qui a une grande tête*, Alc. (ombre de gran cabeça). — *Lanius dealbatus*, Tristram 398.

الربيع — *huppe (oiseau)*, Bc.

اربعين — *scolopendre (insecte)*, Bc.

رغوة — *mousseux*, Bc.

رقيق — *grillon*, Alc. (grillo especie de cigarra).

رقص — *espèce de sauterelle inoffensive*, R. d. O. A. XII, 379.

مرقال — *corbeau*, Lettre à M. Fleischer 108.

ركبة — herbe dont mangent les chameaux et aussi les hommes, Richardson Central I, 202, 233, II, 53 (*rekabah*), Barth I, 294, 313 (*rékkeba*), *gazophyllum album*, R. d. O. A. XIII, 90 (*recbah*), *andropogon laniger*, Colomb 28 (*rokba*).

ريشة — *poisson volant*, Roland.

ريق — *la boisson qui fait venir l'eau à la bouche, le vin*, Fleischer sur Macc. II, 782, 19.

ريالة — *bave, salive qui coule de la bouche*, Bc.

زبون — *lézard vert*, Cherb., Pagni MS.

زبل — *escarbot*, Bc.

زرّاد — *francolin*, Bc, Domb. 62.

زرنيق — *geai*, Daumas V. A. 432.

أبو زَعْقَة («père de l'amertume») *la noix vomique*, Prax R. d. O. A. VIII, 347.

زَعِيكَة — *arsenic*, Cherb.

زَقَّاع — *rougeole*, Cherb. Chez Roland أبو سَكَّار.

زَلُوف — *tête de mouton*, Daumas V. A. 350.

زَمْزَم — *guêpe*, Hbrt 71 (Alg.).

زَنْد — *hercule*, homme robuste, Bc.

سَتَّة — *qui a six doigts*, Alc. (ombre de seys dedos).

سُكَّرِي — *petites dattes dures et fondantes, comme du sucre pur*, Marmol I, 13 b, II, 68 c, Jackson 19, id. Timb. 3 n., 80, Godard I, 177, Rohlfs 55. Cf. سُكَّرِي.

مَسَلَّة — *bécasse* (la longueur de son bec est comparée à une grosse aiguille d'emballage), Cherb.

أبو شَلواب voyez سَلواب.

سَبَّار — *crible*, Domb. 93, Daumas V. A. 376.

شبّاك — *piastre forte*, Ouaday 675 (les Arabes ont pris les colonnes d'Hercule, qui se trouvent figurées sur les piastres, pour une fenêtre).

شَحْم — *oiseau de la famille des canaris*, Rohlfs 57.

شَخَّار — *morve* (maladie des chevaux), Cherb.

شَعْر — *chevelu*, Bc.

شَفْنُورَة — *lippu*, qui a une grosse lippe, Bc.

شَقْشاي — *cigogne*, Voc., Abou'l-Walîd 786, 11.

شَلال — *maladie interne et pissement de sang* (chez les chameaux), R. d. O. A. N. S. I, 188.

شَلواب — *joueur de gobelets*, Alc. (engañador con aparencias); ailleurs (juego de passa passa) il écrit ce mot avec un *sîn*, et il le donne dans le sens de *tours de passe-passe*.

شَمّ — (chez Freytag) voyez Niebuhr. B. 137, id. R. I, 337.

شَمْلال — *hypocistis*, Bait. II, 579 b (AB).

شَناف — *bourrache*, Cherb., *echium plantagineum*, Prax R. d. O. A. VIII, 279; Bait. II, 438 b: بأفريقية. أبو شَناف.

شَوْشَة — *huppé*, qui a une huppe, Bc. — *Sauge (salvia)*, Prax R. d. O. A. VIII, 283. ريال أبو شوشَة par abréviation ريال شوشَة, *le thaler autrichien* (Theresien-Thaler), ainsi nommé parce que les Orientaux croient que les bandes au-dessus du double aigle sont des touffes de cheveux (شوشَة), M (sous le *chîn*), Ztschr. XVII, 390.

أبو شَوَّاطَة *le blé*, Cherb.

شَوْك — *pustules*, Domb. 89.

شَوْكَة — *citrouille*, Cherb.

صَبر — *patient, qui souffre patiemment*, Bc.

صَفَّار — *jaunisse*, Domb. 89.

صَغير — *jaunisse*, Daumas V. A. 424.

مَصْقار — *sorte de poisson*, M. sous صَقَر.

صوف — *mouton*, Hay 44, de Jong v. Rodenburg 85.

صَوَّة — *nom d'un oiseau dont les serpents craignent le cri* (تخاف من صويّة أي صوته), *qui est fort désagréable*, M. — *Monceau de sable que le vent accumule sur le rivage de la mer*, M.

صَبّور — *espèce de serpent*, *Psammophis sibilans*, v. Heuglin dans le Ztschr. für ägypt. Sprache u. Alt., mai 1868, p. 55.

طَبيق — *agent de police qui arrête quelqu'un sur l'ordre d'un magistrat*; on l'appelle ainsi parce qu'il agit souvent avec violence (طَبَّق *attaquer violemment*), 1001 N. IV, 681 et trad. de Lane III, 729, n. 9.

طاقَة — *piastre forte*, Gl. Esp. 326 (les Arabes ont pris les colonnes d'Hercule, qui se trouvent figurées sur les piastres, pour une fenêtre). Chez Bc *piastre avec une couronne de fleurs*.

طَويل — *dattes grosses et grasses, propres au Tafilelt*, Godard I, 177.

عَروس — *espèce de datte*, R. d. O. A. N. S. I, 311.

عَرْف — *crêté, qui a une crête*, Bc. — *Animal de la grandeur d'une vache, avec de grandes cornes*, Burckhardt Nubia 439.

اعتراف — *confesseur*, Bc, Hbrt 154.

عزيز — *Hetrodes Guyonii* (insecte), Guyon 235.

العكَّازات — *béquillard, qui se sert de béquilles*, Bc.

عَلَال — *gros rat, et non pas gerboise*, comme dans la R. d. O. A. XIII, 160, Daumas MS.

عمارة — en berbère le nom du *sacre*, Bait. II, 132 c.

أبو عُمَيْر aigle de mer, Hbrt 67. Aussi أبو عُمَيْرَة, Domb. 62.

عُمَيْرَة — émouchet, Hœst 298; chez Cherb. cet oiseau s'appelle عميري.

عُنْق — espèce de butor, Shaw I, 272.

عِيرون — espèce de serpent, *Telescopus obtusus*, v. Heuglin dans le Ztschr. für ägypt. Sprache u. Alt., mai 1868, p. 55.

مَغازل — cigogne, Bc.

غسالَة — saponaire, espèce de Clymenon Diosc., à Fez, en esp. شبنيرَة (*jabonera*), Bait. II, 317 a.

غَطّاس — plongeur (oiseau de mer), Hbrt 68.

غلمسيس كتاب — l'*Apocalypse*, Bc.

فتات — soupe à la mie de pain, Daumas V. A. 252.

الفتوحات — conquérant, Bc.

فَرْتُونَة — de la viande hachée au vermicelle et aux amandes, Hœst 109.

فارس — lion, M (sous فرس).

فروة — châtaigne, marron, Bc, Pagni MS, Hbrt 54, Burckhardt Syria 159 (incorrectement أبو فروى chez Freytag).

فَسّاس — scarabée, escarbot, Voc., Alc. (abadejo, escaravajo).

فَسِيو — roitelet (oiseau), Cherb.; chez Tristram 393 *fisseough*, *house bunting*.

الفضل — crapaud, Voc.

فقوس — espèce de datte, Pagni 150, Pellissier 149, d'Escayrac 11.

فلوس — écailleux, composé d'écailles, Bc.

الفور الأحمر — *centrantus ruber*, valériane rouge, Prax R. d. O. A. VIII, 279.

قُبّر — espèce de mutille; on l'appelle ainsi parce que, pour guérir de sa piqûre, qui passe pour être très-dangereuse, on enterre le malade jusqu'au cou, Guyon 235.

قَنب — bossu, Bc.

قُرَيْبَة — *zygophyllum album* Desf., Prax R. d. O. A. IV, 196, VIII, 282.

قُرْدان (ou كٍ؟ *Aboukerdan*) «oiseau tout blanc, sur deux pieds hauts et noirs, ressemblant fort à une petite grue, excepté la tête, sur le derrière de laquelle est une espèce d'aigrette comme en a le héron; son bec est long et large, et au bout formé comme une spatule», Monconys 198.

قرعون — coquelicot, Cherb., *papaver hybridum*, Prax R. d. O. A. VIII, 345.

قرن — (poisson) voyez Monconys 227. — Avec *el harsh*, rhinocéros, Jackson 38, plus correctement أبو القرن الحريش.

قردن — rhinocéros, Voc. — Nom d'un instrument de musique en Afrique, Macc. II, 144, 4.

مَقَصّ — perce-oreille (insecte), Bc; *fullo*, Domb. 67; cerf-volant, Daumas V. A. 432.

قصيدة — fusée volante, Bc.

قطاية — (? *Bukottaia*) espèce d'oiseau, Pagni 184.

قُمّ — gourmand, qui laisse les plats nets, Cherb.

قَفّاز — cigale, Domb. 67, Cherb.

قالس — plante décrite Bait. II, 317 c; on l'appelle ainsi parce que sa fleur ressemble au visage d'un homme على راسه قالس مفرج اعلاه.

قَلَمون — est le grec ὑποκάλαμον, qu'on cherche en vain dans les dict. de la basse grécité, mais que M. Fleischer a trouvé dans le Glossaire n° 45 de Paris. Il signifie selon ce savant (Gl. 106): «pannus cui intexti sunt κάλαμοι [en arabe أقلام, i. e. ῥάβδοι, virgae, قُصبان». En effet, Yâcout (IV, 166, 16) atteste, de même que les lexicographes arabes (voyez aussi Comment. sur Harîrî 223, 2), qu'on fabriquait cette étoffe en Grèce; mais on l'imitait en Egypte (Harîrî l. l.), notamment à Damiette (Yâcout II, 603, 14) et à Tennîs (Yâcout I, 882, 10, Cazwînî II, 118, 6 a f.). Ses couleurs étaient fort brillantes et changeaient selon les différentes expositions (Harîrî l. l., Yâcout IV, 166, 16). On en faisait surtout des tapis, الفرش الابوقلمون, Yâcout I, 882, 10 (cf. Cazw. l. l.), ou, par abréviation, الفرش القلموني, Yâcout II, 603, 14. — En Orient, jaspe, Bait. II, 603 a (jaspe): وزعم قوم انه ياقوت حبشي ملون ويسمّونه بالمشرق أبو قلمون. Masoudi, II, 437, parle de chatons qu'il nomme الباقلمون (ce qui est le même mot), et il dit qu'ils offrent à l'œil des nuances chatoyantes et variées entre le rouge, le vert et le jaune. Il est clair qu'on a appliqué le nom de l'étoffe chatoyante au jaspe; nous avons fait le contraire en donnant le nom de *jaspé* à une étoffe chatoyante. — Sorte d'oiseau, Yâcout I, 885, 16. Je crois retrouver son nom dans l'esp. *calamon*, chez Nebrija *calamun*, qui désigne un grand oiseau qui vit dans les marais; il a le cou et les jambes, qui sont rouges, fort longs, comme le héron; le bout de ses ailes et de sa queue, qui est très-petite, est blanchâtre; son bec est rouge, et son plumage, qui lui couvre tout le corps, est superbe; cf. Victor et le Dict. de l'Acad. esp. Je pense que cette dernière circonstance lui a procuré le nom de la belle étoffe dont il a été question, et si ce que j'ai dit ici est fondé, il faudra ajouter l'article *calamon* au Gl. Esp. — *Pinne marine* ou *jambonneau*, le mollusque qui fournit le صُوف البَحْر (voyez), Mocaddasî dans Içtakhrî 42, n. *h*. On lui aura donné ce nom à cause de la belle étoffe chatoyante qu'on fabrique de ses filaments.

أبو قمحة *linotte*, Hbrt 185.

KAMBRE — (قمرة ou كمرة?) espèce d'oiseau de proie (à Mosoul), Niebuhr B. XXXVI.

قنينة — nom d'une plante, Bat. IV, 77.

قوّار — *cloporte*, Alc. (escaravajo pelotero), Pagni MS, Most. sous هدية: يقال لها ابو قوّار (seulement dans N). Cherb. écrit بو كوّار.

كباب — *cloporte*, Cherb.

كبير — *Asa fœtida*, Sang.

كريّب — certaine plante fort amère, R. d. O. A. N. S. V, 231, 232.

كوش — *pansu*, qui a une grosse panse, Bc.

كشّاش — espèce de lézard venimeux, Barth I, 144.

كفل — *croupé*, qui a une belle croupe, Bc.

كلب — sorte d'oiseau, Yâcout I, 885, 6.

لبيس —. نبيس est *carpe*; Pagni MS a *Bulbìs*, tinca, c.-à-d. tanche, poisson du genre de la carpe.

لبون — *le chameau pendant le temps qu'il vit du lait* (leben) *de sa mère*, Prax R. d. O. A. V, 218; selon Davidson 92 (el bellibún), le chameau dans sa troisième année, mais d'après Prax il est sevré lorsqu'il a un an.

ابو لحيبة *gypaëte*, Cherb., Tristram 392.

لقّاز — *tarentule noire du désert*, Cherb. C, Shaw I, 283, Guyon 235.

مائد — *scolopendre* (insecte), Bc, Domb. 67.

مخاطة — *morveux*, qui a de la morve au nez (petit enfant), Bc.

مرينة — *murène* (poisson), Bc.

مقنينة — *solanum hortense*, Domb. 73.

المليح — *alouette*, Bc.

مالك — *saponaire*, Bait. II, 317 a.

نانة — (néna) *petit lézard noir*, Barth V, 687.

نتوف — *flocons de laine ramassés par les femmes après la tonte*, Espina R. d. O. A. XIII, 155. Chez De-Gubern. 117 c'est la meilleure espèce de laine.

منجل — sorte d'oiseau, Yâcout I, 885, 16.

منفخ — espèce de serpent, Hay 65.

نفع — *la racine du* درياس, Prax R. d. O. A. VIII, 281; le درياس même, Berbrugger 206, 311; plante médicinale, Daumas V. A. 132.

منقار — *bécasse*, Hbrt 184.

نقطة — *fièvre maligne*, Domb. 89.

منير — *phoque*, Cherb. (menir), Pagni MS (minlr).

هادور — *discoureur*, Bc.

هرون — espèce d'oiseau, mon Catalogue I, 341, 7.

الهول — et ابو الهولى *sphinx*, Bc.

يانسونة — *anisette*, Bc.

يحيى — *l'ange de la mort*, de Jong.

يموت —, en Espagne, nom d'une plante, Bait. I, 191 b; leçon de CDEL; man. de Paris 877 ابو يموت; illisible dans AB.

أبويّة *paternité*, Bc.

ابوج et أجد (latin albucus et albucium) *asphodèle*, Simonet 234.

أبوديافن ὑποδιάκονος, Fleischer Gl. 106.

أبوروح *mandragore*, Bc.

أبوريه pl. أبوريات *bâton, aiguillon*, Alc. (garrocha). Ce

mot est d'origine esp.; cette langue, il est vrai, n'a plus un tel subst., mais elle a le verbe aporrear (rondiner, rosser). M. Simonet veut dériver *apôrio* de *appodium* (chez Ducange), *baculi vel clavae genus*.

أبوس (voyelle dans N) = حَامَا اقطى, Most. sous ce dernier mot.

أبوطانون *sorte de bitume de Judée*, Bait. II, 310; de Sacy (Abd-allatif 276) pense que c'est ἀσφαλτόν. Dans le Most sous جُمَر (par erreur pour خُمَر, comme l'auteur le dit sous كفر اليهودى), N porte أسبرطبن. La أسوطين.

أبوطبلون *abutilon* (plante de la famille des mauves), Bc; chez Freytag أوبوطبلون, d'après Avicenne.

أبوليس (ἐπουλίς) *épulie* (terme de chirurgie), Bc.

أبى I n. d'act. إباية, Voc.; c. من r., Koseg. Chrest. 113, 3 a f.: فان كنتم راغبا فى الخلافة ابيت انا منها «si vous désirez le khalifat, je ne le désire pas, moi»; R. N. 102 r°: فابى عليه من ذلك «il refusa d'accepter cela de lui»; — c. عن r., Voc., Bc sous *dénier.* — ـَى ابَى. Pour la dernière signification chez Freytag, voyez Diw. Hodz. 251, dern. l. De là on dit شاة أبواء et تيس آبى, *ibid.* 252, 1.

IV. Le passage du Diw. Hodz. que cite Freytag se trouve p. 251, vs. 22.

أبّى *tuyau de roseau, chalumeau*, P. Abd-al-wâhid 27, 10.

أباية *déni* (refus d'une chose due), Bc.

أباية *fierté*, Mi'yâr 18, 3.

أبّى *très-fier*, Kâmil 352, dern. l.

أبى et أبواء voyez sous I.

مأباة *déni, refus*, Bc.

أبيالة voyez plus haut p. 1 b.

أبيباذيكة (grec) *hépatique* (plante), Bc.

أبيسپو (esp.) *évêque*, Alc. (obispo).

أبيون (ἄπιον) *ache* (herbe), Bc. — *Anis*, Most.: انيسون هو الابيون ✶

أتابك (turc) *le tuteur d'un prince, le régent du royaume*; devint un titre que l'on conférait à des émirs d'un rang distingué; *le premier officier du royaume*; اتابك العساكر *généralissime, grand émir*, Maml. I, 1, 2.

أتابكية *la dignité d'Atabek*, Maml. I, 1, 3.

اتب.

أتب et متتبة voyez Vêtem. 21—23, Freytag Einleitung 314. Ce dernier dit avec raison que le أتب était porté par les jeunes filles; voyez le vers chez Ibn-as-Sikkît, Kitâb tahdzîb al-alfâdh, man. 597, p. 193, dern. l., avec le commentaire.

أترج *poncire* (sorte de gros citron), Bc.; *cédrat, son fruit odorant*, id. Espèces: الصينى, القسطى, القرطى, المصينى. — man. L, Auw. I, 314, 20 et suiv.

البقلة الاترجية *citronnelle, mélisse*, Bc.

أترجل ou اطرجل *chopper, faire un faux pas*, Bc.

اتل.

أتلى *qui marche à petits pas et lentement*, de là *paresseux*, Fleischer Gl. 49.

اتن.

أتان (pl.) semble *tatouage*, Formul. d. contr. 1: حبشية الاصل فى وجهها بعض الاتان المعروفة فى وجوه الحبشية (écrit très-distinctement).

أتون pl. ات *fournaise*, Bc.

أتونس *sorte de poisson*, Yâcout I, 886, 8; chez Cazwînî ابونس.

أتى I, c. ب et الى, e. g. اتى بالخليج الى موضع كذا *conduire un canal vers*, Gl. Abulf. — أتى se dit en parlant de celui qui est attaqué et vaincu par l'ennemi, Gl. Fragm. — لست اوتى من قلّة الرجال «mon projet n'échoue pas à cause du petit nombre de mes soldats», *ibid.* — أتى dans un sens obscène, Gl. Edrîsî, Macc. II, 461, 20. — C. على *terminer*, p. e. اتى على ذكر فلان «terminer l'histoire d'un tel», Gl. Abulf. — C. على p. *tuer*, Gl. Badroun, Gl. Belâdz. (le أتى dans le Gl. Badroun n'est pas précisément *être tué*, mais il a le sens indiqué par Lane 16, 1 à la fin).

II c. a. pour la IIIe, Voc. v^{is} concordare et convenit.

III. مُوَاتَاة *complaisance*, Bidp. 186, 4.

IV. أُوتِىَ عَلَى *je suis puni*, Macc. III, 676, 1.

اتى *thé*, Inventaire: ومن اق قنطار غير رطلان.

اتّ II *meubler*, Bc.

V *s'établir, se monter un établissement*, Bc.

أَتَاثِىّ *mobiliaire, mobilier*, Bc.

.انب

مُعْتَنَب = مشمل chez Freytag est une faute; Lane a مُعْتَنَب.

انج voyez انّج.

أثر III c. ب r. *faire grand cas de*, Akhbâr 152, 10: مُوَاثِرْتَكَ بُكْتُبُك (cf. la Xe forme).

IV. Dans le sens de *préférer* une chose (accus.) à (على) une autre; mais l'objet est quelquefois sous-entendu. De là vient que ce verbe signifie aussi: *vouloir, désirer*, Gl. Fragm. — C. a. ou على ou الى p. et ب r. *donner libéralement* une chose à qq. Explication Quatrem. Mong. 365 et suiv.: أثر IV signifie: «préférer une personne ou une chose à une autre;» par suite: «préférer une personne à soi-même pour la possession d'un bien;» et enfin: «donner, distribuer de l'argent ou tout autre objet précieux». Il cite: الايثار بالشىء ان تعطيه لغيرك مع احتياجك اليه [cf. il croit que به أثر est pour على نفسه به [cf. R. N. 47 r°: il avait préparé ces pains pour lui-même, mais آثَرَ بها الفقير على نفسه, et ensuite: آثَرْنَا بِمَا عندنا هذا الرجل الفقير] et donne beaucoup d'exemples. J'ajoute: Abbad. II, 115, 3 (cf. III, 208), Djob. 288, 14, Bat. I, 104, 232, 243, 345, II, 25, 54, 72, 138, 166, 179, 338, III, 255, 269, 337, IV, 286, Prol. II, 238, 8, Berb. I, 407, 6 a f., Cartâs 36, 4 a f., 42 med., 189, 10 a f., 221, 13, Macc. I, 590, 3 a f., 595, 16, 597, 22, Khatîb 72 v°, 86 v°. Dans plusieurs de ces passages ايثار signifie *libéralité* ou *charité*.

X *faire grand cas de*, Bidp. 31, 6 (cf. les notes critiques et la IIIe forme). — C. a. p. et ب r. *donner quelque chose à quelqu'un en particulier, à l'exclusion d'autres personnes*, Berb. I, 130, 10.

أَثَر *relique, ce qui reste d'un saint*, Bat. I, 95. —

Pl. آثار *effets* (meubles, hardes), Edrîsî ۱۰۳, 1, 1001 N. III, 8, 6 a f. — Comme أَثَر signifie *tradition* et que les traditions étaient souvent des prédictions de l'avenir (cf. Prol. II, 179, 3, 17), ce terme, proprement أَثَر حدثانى (Djob. 76, 18), a reçu le sens de *prédiction écrite*, Badroun 212, 7, Akhbâr 154, 7, Bayân II, 275, 2 et 3 (cf. 7 a f.). (Corrigez en ce sens le Gl. Badroun et le Gl. Bayân; dans Abbad. I, 306, 14, عين et أثر ont leur sens ordinaire, et l'hémistiche signifie: «A présent vous ne me dites absolument rien»). — *Influence* (très-fréquent), particulièrement d'un astre, Prol. I, 191, 14, 202, 17, 204, 2, II, 187, 17, III, 108, 4, Haiyân-Bassâm I, 116 r°: كان بصيرا بالآثار العلوية عالما بالافلاك والهيئة. — *Sillon*, L (sulcus أَثَر), Hbrt 178. — Pl. آثار *terres dont les mêmes portions appartiennent toujours aux mêmes familles*, Descr. de l'Ég. XI, 488.

أَثَر *impression* (au fig., effet produit sur l'esprit), Bc.

آثَر *préféré*, Gl. Fragm., Abd-al-wâhid 109, 2, Haiyân-Bassâm III, 142 r°: وملأ قلبَه وعينَه بالمَطعَم الذى كان آثَر الاشياء عنده.

أَثَارَة *reste*, Prol. II, 185, 4: أَثَارَة من النبوة «un reste de l'esprit prophétique» (Sl.). — أَثَارَة مِن علم, علم et أَثَارَة seul se prennent (cf. Lane) dans le sens de *prédiction*, Berb. I, 23, 136, II, 11, 9 a f., Macc. II, 752, 7 (cf. Addit. et Fleischer Berichte), Ibn-Abd-al-melic 86 v°: ذَكَرَ لاصحابه قبل موته بمدة ما يتوقع من حلول الفتنة على راس اربع مائة وما يحمله فيها من أَثَارَة. — Le sens de ce mot m'est pas clair Berb. I, 473, 7: il employa auprès du sultan l'intercession des hommes dévots لاثارة من الخير والعبادات وصلت بينهم وبينه (de Slane: «avec lesquels il s'était déjà lié par la pratique de la piété et des bonnes œuvres»).

مَأْثَرَة Pl. مآثر *productions de l'esprit*, Abbad. I, 12, 6. — *Tour*, Bat. IV, 356 (si la leçon est bonne).

مُؤَثِّر قوة مُؤَثِّرة *mordant, force, originalité dans l'esprit*, Bc.

.أنف

أَثْفِيَة pl. أَثَافِى *trépied*, Bc, chez Alc. (trevedes) اثافى. — Au fig. كان ثالث اثافيهم (le troisième soutien de l'empire), Berb. I, 538, 5. — اثافى *foyer*, Hbrt 196. — Nom de trois étoiles d'Orion, Cazwînî I, 38, 17.

أثل V *tâcher de prendre* une ville, *l'investir*, Berb. II, 135, 11.

أثل العذبة ،أثل *empetrum* (plante), Bc.

أُثَال *aludel* (terme de chimie; espèce de pots ou de chapiteaux qui sont ouverts par leurs parties supérieure et inférieure, et qui peuvent s'emboîter les uns dans les autres, de manière à former un tuyau plus ou moins long), Gl. Esp. 187, Devic 28.

أثم I (*commettre un crime*) se construit avec ب de la personne contre laquelle on le commet, Freytag Chrest. 52, 4 a f.

II *rendre coupable*, Bidp. 237, 6 a f.

أثمع قال صاحب *gomme ammoniaque*, Gl. Manç.: المحكّم والجيم أكثر استعمالاً، ورأيت في بعض نسخه مصلحاً الاثمع وهو الأشق ☙

اج.

قَبَالَةُ أَجَلَّ، vulg. pour قَبَالَةَ وَجْهِكَ (qui précède), *tout droit*, Voc. (recte).

أجوج ماجوج *nain*, Bc.

تأجلي = اشتعال et شعاع, Payne Smith 910.

أجر II *affermer*, Bc, Hbrt 177; تأجير *location*, action de donner à loyer, Bc; أجر من باطن *sous-affermer*, Bc.

V *tâcher de mériter une récompense dans la vie future*, Gl. Djob.

VIII même sens, Recherches I, Append. LIII, 3, Gl. Badroun.

X *s'abonner*, Bc. — استأجر من باطن *sous-affermer*, Bc.

أجر *récompense dans la vie future*, Abbad. I, 112, n. 212, Freytag Chrest. 62, 7 a f., Abd-al-wâhid 15, 10, Djob. 70, 3, Prol. III, 432, 6 et 12. Comparez avec l'expression عَظَّمَ اللهُ أَجْرَكَ فيه chez Lane, Selecta ٣٠, 4, où l'épouse de Mo'tadhid, qui soupçonne (avec raison) que son père, Khomârouya, est mort, dit à son mari: عَظَّمَ اللهُ أجرَ أمير المؤمنين قال فيمن قالت في عبده خمارويه ☙

أجر، à Damas, *pied*, *patte*, Ztschr. XXII, 149, Bc. De là أجر الوز *patte d'oie* (plante dangereuse), Bc.

أجرة العصفورة *nom d'une plante*, Ztschr. XXII, 92, n. 7.

أجير *journalier, celui qui travaille à la journée*, Alc. (jornalero). — *Domestique*, Bc. — *Esclave*, Voc., Alc. (siervo). — *Locataire*, si v. d. Berg 116, n. 3, a raison.

أجارة *revenu, rente*, Roland. — *Bail*, Ht.

أُجَيِّرة, pl. dans le Voc. أُجَارَى, *servante*, Voc., Bc, Hbrt 221.

دقن voyez sous دهن الآجر. آجر.

آجري *en forme de briques*, en parlant de savon, d'un gâteau sucré, Gl. Edrisi 341.

إيجار pl. ات *bail* (Hbrt 177), *location, abonnement*; إيجار بالتقدير لا بالحقيقة *reconduction tacite*, Bc.

إجارة *ferme, bail ou louage d'un bien*, Bc.

مَأْجُور pl. مواجير (voyez de Sacy Chrest. I, 465) *terrine*, Bc, Hbrt 198; *gamelle*, Bc; *vase à fleurs*, Hbrt 199; cf. 1001 N. Bresl. I, 301, IV, 139, 466, Macn. I, 39. Vase qui remplit en Egypte l'office de baquet; il sert à laver le linge, Descr. de l'Eg. XVIII, part. 2, 416. ماجور العجين *huche*, Bc.

مستأجر *fermier* (Hbrt 177), *locataire, abonné*, Bc. مستأجر من باطن, *sous-locataire*, Bc.

مستأجرات *terres affermées, louées*, Maml. II, 2, 129.

أجرواو (dans le man. de Leyde اجروا) (berb.) *litière*, Cartâs 144, 4 a f.; cf. Tornberg 430, qui observe qu'Abd-al-wâhid emploie le terme محفّة.

أجرومية *grammaire*, règles d'une langue, Bc. Proprement المقدّمة الاجرومية est le titre d'une courte grammaire composée par Abou-Abdallâh Mohammed ibn-Dâwoud aç-Çinhâdjî (†723 de l'Hégire).

أجص.

الاجاص العثماني. اجاص *excellente espèce de prune* à Damas, Bat. IV, 255. اجاص رطب *l'espèce de prune qui s'appelle en persan* شاه لوك, Most. sous اجاص: واذا قيل اجاص رطب يراد به العيون بقشر اليابس — Au (بالشاهلوك). السمين العفك ويعرف بالشاهلوط Maghrib ce mot, qu'on y prononce أنجاص, signifie constamment *poire*; Gl. Manç. sous كمثرى: يسمّى كمثرى وهو الذي يقال له بالاندلس Most.; بالمغرب الاجاص

اجق 11 اخذ

L (pirus أجَّاص ; أجَّاص ويعرفها العوامّ (بها + N)
كمثرى وهو الأجَّاص) ; Voc.; Alc. (peral et pera); Hœst
305; Cherb.; Pellissier 348. Dans les 1001 N. Bresl.
I, 297, أنجاص (sic) est aussi le synonyme de كمثرى.
Poire sauvage, Domb. 71. Chez Bc prune est أجَّاص
et poire أنجَّاص ou أنجَّاص مستوى بالزود, blette
(poire) Bc. — أجَّاص شَتَوِى. Article dans le Most. :
هو الزعرور ويقال له ثمر شجر الدب ويقال له اكسبيس
ورأيت فى بعض التفاسير ثمر الدب يشبه الباذنجان
وهو المشتهى هكذا وجدته فى كثير من الكتب وليس
هو عصير الدب واما عصير الدب فهو قاتل أبيه ۞

اوجاى voyez أجاق.

أجل II rassembler, réunir c. الى p. (?), voyez de Sacy
Chrest. II, ٧١, 10 et 244, n. 62. — أجل لها عنه المال
« il lui promit de lui payer l'argent à une certaine
époque », Macc. III, 755, 17.

أَجَلْ oui, Voc.

أَجَلْ, en Barbarie, veuf, fém. ة veuve, Bc, Hbrt
30, Rohlfs 142.

ماجِل pl. مَواجِل, au Maghrib, grande citerne, Gl.
Edrîsî; aussi dans le Yémen, Niebuhr R. I, 330, 334, l. 1.

ميجال temps donné pour réfléchir, Roland.

أجم X devenir une أَجَمَة, Gl. Belâdz.

أَجَمَة pl. أجام marais, Hbrt 175, marécage, Bc.

أجن

ماجن = ماجل citerne, Gl. Edrîsî.

ماجن pl. مَواجن (vulg. مَيَاجن) maillet, Alc. (maço
para majar).

ميجَنة maillet, Ztschr. XXII, 116. (La comparaison de Lane montrera pourquoi j'ai noté ces deux
formes).

أح ahi! Bc.

أُحَيْبُور voyez حَبيبور.

أحد أحْدَى avec le génitif l'unique, la plus belle,
parmi, Aghânî, 38, 8 a. f. — هذا من أحدَى المصيبات

« ceci fait partie d'un grand malheur, » Macc. II, 486,
17 avec la note de Fleischer Berichte 71, 72. —
آحاد se dit en parlant d'une tradition qui s'appuie
sur l'autorité d'un seul compagnon du Prophète ou
seulement sur celle des تابعين, et que les jurisconsultes rejettent si son authenticité ne peut pas être
prouvée, v. d. Berg 6. — كأنه من احد الناس comme
s'il était un simple particulier, Bayân, II, 68, 12.

وتوافتْ السيد أحاديات (?) Berb. I, 654, 6 a f. :
أحاديات ; de Slane traduit fuyards.

أحْرُدوس (N) ou أحودوس (La) = حاشا, Most. sous
ce dernier mot.

أحم hem! (interj. pour avertir), Bc.

أحوة ahi! Bc. — Fi! 1001 N. Bresl. I, 164, 1.

أختاجى écuyer, palefrenier (du mongol اختة cheval),
Quatrem. Mong. 108, qui donne (109 a) un exemple
emprunté au Mesâlik al-abçâr.

أخذ I contenir, Bc. — En parlant du vent, أخذت
ودعت souffler tantôt plus, tantôt moins, Djob. 315,
19. — أخذته البرديّة ou السخونة attraper, gagner
la fièvre, Bc. — أخذته عينه le sommeil le gagna,
voyez sous عين. — أخذته الألسنة on le calomnia,
Haiyân-Bassâm I, 30 r°. — أخذنا مطر la pluie nous
surprit, R. N. 61 v°. — أخذك il vous a attrapé,
trompé, Aghânî 64. — Contraindre, forcer, أخذ أن,
Nowairî Espagne 457, c. a. p. et ب r., Gl. Fragm.,
Abd-al-wâhid 202, 10, Amari 441, 10 (cf. annot.
crit.). — أخذ أمره بالحزم والاجتهاد il commença son
règne par etc., Amari 444, 13; أخذ فى commencer
par décrire, Macc. I, 130, 3. — أخذ البصر éblouir,
au fig. أخذ العقل éblouir, surprendre l'esprit par
une apparence brillante, Bc. — أخذ جزاء subir la
peine de son crime, Bc. — أخذ حذره se mettre sur
ses gardes, prendre ses précautions, Bc. — أخذ حلّا
se faire relever de ses vœux, Bc. — أخذ خاطرًا
prendre congé, saluer avant de partir, Bc. — أخذ
فى خاطره faire compliment de condoléance à quelqu'un
sur, Bc. — أخذ خيمة pomper quelqu'un, lui tirer
ses secrets avec adresse, Bc. — أخذ درّه وراح il se

mit en chemin et partit, Bc. — اخذ دمّا من saigner, Bc. — اخذ رضاء prendre le consentement de, Bc. — اخذ روحه arracher la vie à quelqu'un, Bc. — اخذ شعَر فلان زبدًا quintessencier, Bc. — اخذ محبته couper les cheveux à quelqu'un, Gl. Fragm. — اخذ صورته se faire assister (ou accompagner) de, Bc. — اخذ عقله copier, Bc. — effarer, troubler; ahurir, rendre stupéfait; tourner la tête, rendre fou d'amour, Bc (cf. sous البصر, اخذ البصر). — اخذ كتابا في اللوح copier un livre sur une tablette, Amari 192, 3 a f. — اخذ نشان viser, Bc. — اخذ نفسا prendre haleine, Bc. — اخذ وجها se familiariser, prendre des manières trop familières, Bc. — C. الى aller à, mener à (chemin), Bc, cf. Gl. Abulf. — Prendre la route de, Becrî 114, 4 (aussi على, voyez). — C. a p. et الى conduire, mener quelqu'un à, chez, Bc. — فلمّا سائرتُم فتَحُذُ البكِ المنصورِ امُّه امَهْ «quant aux autres, prenez par exemple al-Mançour; sa mère était une esclave», Tha'âlibî Latâïf 75, 2 a f. — اخذ بثاره se venger, Voc. — اخذ بخاطره rudoyer, Bc. — اخذ بالخاطر ou relever le courage de quelqu'un, le consoler, Fleischer Gl. 83; apaiser; choyer; complaire; chercher à se raccommoder avec quelqu'un; amadouer, caresser pour attirer à soi, Bc. — اخذ بالعين fasciner, ensorceler, Voc. — بسبيل اخذ معى ou prendre, comprendre, interpréter, Bc. — اخذ بقلبه le courage lui manqua, Gl. Badroun. — اخذ بالمال on lui demanda compte de l'argent, Abd-al-wâhid. — اخذ بيد soutenir quelqu'un, lui prêter son appui, Fakhrî 372, 1 et 2. — C. a p. et ب r. ordonner à quelqu'un de faire ou d'apporter quelque chose, de payer une somme, un tribut, Gl. Belâdz., de Jong, Gl. Fragm., Berb. I, 50, 52. — C. a p. et de l'autre, rendre quelqu'un responsable d'un autre, de Jong, Gl. Fragm. — C. ب et على agir, Gl. Maw. — C. على p. prendre sur soi, se charger de, Bc.; — s'emparer de l'esprit de quelqu'un, Abbad. II, 120, 5; — en parlant d'un disciple, non-seulement اخذ عن شيخه mais aussi اخذ عليه شيئا من شيخه, Abd-al-wâhid 129, 4; — اخذ عليه il lui fit promettre (ellipse de العَهْدِ ou de اليمين), Bassâm II, 113 v°: فامره واخذ عليه اذا دعا اصحابه ان يكون اوّل داخل واخر خارج (cf. Abbad. II, 120, 5); — déranger la santé de quelqu'un, faire mal, Bc; — en parlant d'un che-

val, l'enclouer, le piquer en le ferrant, Bc. — C. اخذ على طريق كذا prendre la route de; Gl. Bayân; اخذ على البرّ «il prit la route du désert», de Sacy Chrest. II, ٢٥, 2 a f.; خُذْ على شمالك «prenez à gauche», Bc; aussi اخذ الى Becrî 114, 4. — خُذُوا علينا الباب gardez la porte afin que personne n'entre, Gl. Badroun. — اخذ عليه الطريق barrer le chemin à quelqu'un, Abbâr 86, 8 a f. (= Haiyân 94 r°). — اخذ على التعب s'endurcir, s'accoutumer à la peine, à la fatigue, Bc. — اخذ على خاطره se choquer de, Bc. — اخذ على نفسه ou لنفسه se tenir sur ses gardes, prendre ses précautions, Macc. I, 162, 2 a f, cf. Add. et Fleischer Berichte 177. — Reprendre, réprimander, c. على p. et l'accus. ou في de la chose à cause de laquelle on réprimande quelqu'un, Amari 673, 5, Mohammed ibn-Hârith 344: اخذ عليه (في الوثيقة التى كتبها) مواضع ابانها له ثمّ قال له أبدلها, Bat. I, 130; aussi c. على r., Macc. I, 504, 7: وكان ياخذ أخذًا شديدًا على مذهب المشيخة من اصحاب ورش s'élever avec véhémence contre (cf. Fleischer Berichte 192). — C. عن ولد, عن adopter, Voc. — اخذت النار فيه prendre feu, Bc. — اخذ في خاطره voyez اخذ بخاطر. — اخذ في الناعم filer doux, agir avec douceur, par crainte, Bc. — اخذت له je lui fis réciter un passage, Abd-al-wâhid 62, 9. — اخذ لمعنى ردى paraphraser, interpréter malignement, Bc. — اخذ على نفسه, اخذ لنفسه voyez اخذ على. — اخذ معه في il commença à lui parler de, Gl. Badroun. — اخذ مع فلان consulter quelqu'un, Berb. I, 406, 11. — C. من, en parlant d'un canal, prendre ses eaux d'une rivière (ellipse de ماء), de Sacy Chrest. I, 327, 1; — profiter de, Gl. Badroun. — C. من p. réprimander, blâmer, Abd-al-wâhid 205, 9; — vaincre, subjuguer, en parlant du vin, Badroun 35, 10, Bassâm II, 113 v°: خُذْ متى على ما يجيك. — اخذت منّم حبيا الاكوس je te la garde bonne, tu me le payeras, tu auras de mes nouvelles, tu éprouveras ma vengeance, Bc.

II. اخّذ بالممارسة routiner, dresser à quelque chose par routine, Bc.

اتَّاخذ في نفسه, avec s'écouter, avoir trop de soin de soi, Bc.

أخْذٌ charme, enchantement, maléfice qui empêche le coït (cf. Lane sous la IIe forme et sous أخذة),

Bait. I, 290 a: les Indiens disent هذا المجر أنّ خاصّة
دفع السحر وإبطاله وإبطال الاخذ ودفع عين العائن
اخذ وعطا — . ونظر العدوّ اخذ فى العلو, *essor*, Bc. —
commerce d'argent; — *correspondance, relation entre
les marchands pour le commerce*; — *communication,
commerce, familiarité*, Bc.

أَخْذَة *dose*, prise d'une drogue, Bc. — اخذة بلاد
occupation, action de s'emparer d'un pays, Bc. —
L'action de carder, Alc. (cardadura).

أُخَيْذَة *butin*, Abou'l-Walîd 357, 4.

خُذْنى مَعَك (litt. prends-moi avec toi) *grateron*
(plante), Bc.

مَأْخَذ proprement *endroit d'où l'on prend quelque
chose* (voyez Lane); de là: *source où puise un historien*, Prol. I, 8, 5 a f., *un jurisconsulte*, ibid. 341,
10. — Proprement *le chemin que l'on prend* (voyez
Lane), au fig., *manière d'écrire ou d'improviser, de
même que* مَهْيَع, qui a aussi ces deux sens, Abd-al-
wâhid 104, 7 a f., 72, 3, 211, 3, Macc. I, 384, 11
et 12, Khatîb 24 v°: رونق الكلام ولطف المأخذ —
L'endroit que quelqu'un occupe, Memorial hist. esp. VI,
116, 5 (où il faut lire الذى حبسوا, comme le montre le fac-simile).

أخر II c. a. p. *destituer, déposer*, Macc. I, 645, 6, 9
et 10 (bis), 884, 17, II, 801, 11, Cartâs 45, 2 a f.,
trad. 356, n. 1, l'anonyme de Copenhague 61, 69
(3 fois), 71 (3 fois), Hist. Tun. 110, Bassâm III,
33 r°, en parlant d'un câtib: وتصرّف فى التــاخيــر
والتقديم، تصرّف الشغرة فى الاديم ❊.
V *se démettre de son emploi*, Cartâs 45, 3. — *Marchander* au fig., *hésiter, balancer*, Bc.

آخَر. Pl. اخارى, Bc. — الآخر *aussi, également,
de mon, ton, son côté*; وانت الاخر رائح «et vous aussi
vous partez», Bc; انا الاخر عندى من الهموم كفايتى
«moi aussi, j'ai assez de soucis», voyez Habicht
Gloss. II.

آخِر *le meilleur*, de même que بَقِيّة, parce qu'on
met en réserve les meilleurs de ses productions (cf.
Lane sous بَقِيّة), Abbad. I, 3, l. 6, Khatîb 147 r°:
اخر الدهر — . اخر الشيوخ وبقية الصدور الادباء *pour
toujours*, Berb. II, 52, 1, 70, 7 a f.; de même اخر
الايّام, Berb. II, 121, 4, 186, 6 a f. Dans une phrase

négative *jamais* (cf. Lane), Prol. I, 258, 8, 382,
3 a f., Macc. I, 315, 21.

مَآخِر (t. de marine) *au vent*, J. A. 1841, I, 588.

مُوْخَر, pl. مَوَاخِر et مَآخِر, *poupe, l'arrière d'un vaisseau*, Voc., Bc, Bg, Mc, Macc. II, 741, 2.

مُتَأَخِّر *arrérages, débet*, Bc.

مُسْتَأْخَر *endroit vers lequel on recule*, Gl. Belâdz.

اخروخيون = يهودية بقلة, Most. sous ce dernier mot.

اخروف voyez أقروف.

اخطبوط *polype*, Bc. — *Sèche ou seiche (poisson)*, Bc.

أخبيلة pl. أخايل *épingle*, Alc. (alfilel). C'est une corruption de أَخِلّة, pl. de خِلال, qui a le même sens.

أخليدونيا (χαλκηδών, voyez Stephani Thesaurus) *cal-
cédoine* (agathe blanche), Bc.

أخو II pour la III°, Voc. v° *sociare*.

أخ *frère* (d'un ordre religieux), Bc, Daumas Kabylie 67; pl. vulg. خوان (pour اخوان), J. A. 1859,
II, 264. — الهليلم ثلاثة اخوة مدورة سود désigne
الاسود والبليلم والاملج, Most. sous عليلم اسود. —
اخو البنات, *frère, soutien, bien-aimé des jeunes filles*
(surnom qui flatte le plus les Arabes), d'Escayrac
294; *un homme qui défend son foyer, en général un
brave*, Werne 50.

أخى, chez les Turcomans en Asie Mineure, le
chef d'une confrérie dont les membres s'appellent الاخية
et sur laquelle Bat. II, 260 et suiv. donne
des détails.

خُونى (vulg.) *affilié à un ordre religieux*, J. A.
1859, II, 264.

خُونيّة *association, confrérie religieuse*, J. A. 1859,
II, 264.

أختا سهيل أختن *le petit Chien et Syrius*, Bc. —
أختن الحرّة *espèce de datte*, Pagni 152 (où il faut
lire *Huct* avec le MS).

أخَوِيّة *fraternité, confraternité, compagnie, ordre*;
اخوية رهبان *confrérie*, Bc.

اخوند 14 ادم

اُخُوَّة (proprement *fraternité*) *tribut annuel*, Palgrave I, 62, 65; ce que l'étranger paye aux Bédouins pour traverser le pays, Burton II, 113; chez Burckhardt Syria 301, *khone*.

أَخِيَّة *lacet*, cordon de fil ou de soie, Bc; pl. أت، Edrîsî Clim. I, Sect. 7: ولـهـم اخـيـات وانشوطات يجذبونها بـايديهم اذا احسُّوا بانّ الـحـوت دخل فى شباكهم، :ibid. وينحبلون عليها حتى يلقوا الاخيات فى اعناقها ٪

اخوند voyez خوند.

أخيليا (latin des botanistes aquilegia; voyez sur l'origine de ce nom le Dict. de Littré, v° ancolie) *ancolie* (plante), Bc.

أخينو (ἐχῖνος θαλάσσιος) *hérisson de mer*, Payne Smith 1006 (où il faut lire ainsi, au lieu de اجينو).

أخينوس (ἔρινος) *Campanula erinus*, Bait. I, 18 e.

أداد (*Chamaeleon albus*) est un mot berbère, Bait. I, 19 b, 51 b. Freytag n'avait pas d'autorité pour les voyelles qu'il donne. Cf. Léon 774 (addad).

ادب II *accoutumer* (Alc. bezar costumbrar) quelqu'un à quelque chose, c. a. p. et على r., Bidp. 271, 9. — C. ب r. *s'appliquer à*, Macc. I, 560, dern. l.: أُدْب بالحساب والهندسة (les voyelles dans l'éd. de Boulac). — T. de jardinage, *serfouir*, *gratter*, *remuer légèrement la terre avec la serfouette*, L (excodico, cf. Ducange).

V c. ب de la personne dont on apprend, Khatîb 19 v°: قرأ على والده وتادَّب به — C. ب r. *pratiquer*, *observer*, de Sacy Chrest. II, 401, 6: وانّما ندب الى «le prophète n'a invité à pratiquer cette règle de civilité, que parce que» etc.; Cartâs 112, 9: تأدّبوا بآداب أهل العلم — C. مع ou ب p. *montrer pour quelqu'un les égards que l'étiquette ou la politesse réclame*, Maml. I, 1, 250; تأدَّب للجندى ان يذكر اسمه «l'officier ne voulut pas, par politesse, que l'on prononçât son nom», ibid.

X c. a. p. *prendre quelqu'un pour précepteur*, Macc. I, 529, 18: استأدبه لولده «il le prit pour précepteur de son fils»; de même Haiyân 35 r°.

أدَب ادب الحروب *l'art de la guerre*, J. A. 1848, II, 195, n. 2; aussi آداب الحروب, ibid. 196, n. 2. —

Exercice, Edrîsî Clim. II, Sect. 6: les dromadaires de Mahra, qui sont fort intelligents, تعلم ما يراد منها بأَقَلِّ ادب تعلمه. — *Châtiment*, Alc. (castigo en los malos, castigo con riña, castigo con pena), Becrî 166, 3 a f., 170, 7; *châtiment correctionnel*, Cairawânî 620: وما يرجع البهما من ادب وتعزير (cf. Vincent Etudes 63, 6 a f.). Sur حرفة الادب (Khallic. I, 364, 1 Sl.) voyez la trad. de M. de Slane II, 45, n. 6. — بيت الادب *lieux d'aisances*, *latrines*, Bc, Hbrt 191.

مأدبة *discipline*, Ht.

مُؤَدِّب *censeur* (garde des mœurs), Bc; *celui qui châtie*, *réprimande*, *corrige*, Alc. (castigador). — *Celui qui gouverne le vaisseau à la proue*, Alc. (governador de la proa, Nebrija proreta).

مَأْدوب *obéissant* (cheval), Daumas V. A. 184.

أدَّخانة *commodités* (privés d'une maison), Bc.

ادر

آذَر, أذَر *écrit* أَذَر, a dans le Voc. le pl. آذار.

ادروماليّ (gr.) *hydromel*, Most. sous عسل, Sang.

ادريس (B) (berb.) *Thapsia*, Bait. I, 19 c.

ادم II. ادم الخبز بـ *manger quelque chose avec son pain*, Bc.

V c. ب r. *manger quelque chose comme assaisonnement avec le pain*, Voc., Bait. dans de Sacy Chrest. I, 148, 4 a f., où A porte aussi يتأدّم به مملوحها; mais dans B c'est: بانخبز، mais dans B c'est: مع الخبز, ce qui est préférable.

أدَم *sauce*, Hbrt 15 (Alg.), *bouillon*, Hbrt 13 (Alg.). — *Vivres que les souverains avaient le droit d'exiger de leurs vassaux*, Alc. (conducho).

أديم au fig., en parlant de la surface et de la couleur du vin, Gl. Mosl.

أدامى *vendeur de* (أدَم) *tout ce qu'on mange avec le pain*, Bait. I, 48 d: وقد يتّخذ الاداميّون بالشأم منه اخلاطا باللبن ٪

آدَمى *bien élevé*, *poli*, *délicat dans ses procédés*, Bc, Ztschr. XXII, 119; on dit au pl. أوادم, ناس أوادم *des hommes polis*, *la bonne compagnie*, ou simplement أوادم, ibid.

ادو II *fournir, pourvoir de ce qui est nécessaire*, Bc.

أَدَاةُ المُرَكَّبِ كَامِلُ الاَدَاةِ *agrès*, Bc. — اَدَاة *fourni, garni*, Bc. — أَدَوَات proprement *instruments*, au fig. *connaissances*, parce que ce sont les instruments dont on a besoin pour exercer un métier ou remplir une fonction, pour bien écrire, etc., Abbad. II, 29, n. 2, Gl. Bayân, Berb. I, 475, 11, 498, 5, 517, 6 a f., 518, 13, Macc. II, 514, 16, de Sacy Dipl. IX, 495, 9, Chec. 223 v°: je ne puis pas écrire aussi bien que je le voudrais, لِعَدَمِ تَوَفُّرِ الأَدَوَاتِ «parce que je ne possède pas assez de connaissances», Khatîb 114 r°: كَانَ الغَالِبُ عَلَى اَدَوَاتِهِ عَلْمُ اللِسَانِ. — *Particule* (v. Lane), أَدَاةُ الحَصْرِ *particule restrictive*, Macc. I, 48, 4 (cf. Add.); اَدَاةُ التَعْرِيفِ *l'article*, Bc.

أَدَاوَة اَدَوَاتُ المُرَكَّبِ *gréement*, ce qui sert à gréer un vaisseau, Bc; جَهَّزَ المَرْكَبَ بِجَمِيعِ الأَدَاوَاتِ *gréer*, Bc; نَزَعَ الأَدَاوَاتِ *dégarnir*, ôter ce qui garnit, ce qui orne, Bc, qui donne أَدَوَاتٌ comme pl. de أَدَاة.

أَدَى II. Pour لِ الاَتَاوَى أَدَى *payer tribut à*, on trouve aussi أَدَى seul, Gl. Abulf. — كُلُّ تُؤَدَّى عِنْدَهُ لِلْحُجَّةِ «de toutes ces choses résulte la preuve de l'existence de Dieu», Abbad. I, 308, 12 (passif de أَدَى *apporter*).

— C. عَنْ, avec ellipse de الخَبَرِ (cf. Lane sous la V° forme), *indiquer*, Valeton ٥, 5, cf. 7, n. 6.

V *être payé*, Voc.

أَدَى *voici*, Bc.

أَدَاةُ أَدَاءُ الحُرُوفِ (cf. Lane) *proférer les lettres*, Prol. II, 388, 11, 12 et dern., 389, 2. — الاَدَاءُ *le mode de récitation adopté pour la lecture du Coran*, Prol. II, 357, 6, 13, 358, 3, Macc. I, 606, 19.

تَوْدِيَة (pour تَأْدِيَة) *payement*, Alc. (paga pago de deuda).

مَوْدَى *endroit où l'on paye le tribut, l'impôt*, Gl. Belâdz.

مَوْدَى (sic) *tribut, impôt*, Ht.

إِذْ. إِذْ ذَاكَ الوَقْتِ *alors*, Amari 195, 9. — إِذْ إِنَّهُ *car*, Bc. — إِذْ لَمْ *à moins que, si ce n'est que*, Bc.

أَذَاقَلْ *tout* (omnis), Voc.

أَذْرِيُون voyez Sontheimer Bait. I, 582, n. 4. = الذَرِيُونَة, Most. sous ce dernier mot, بَخُور مَرِيم.

آذَنُ chez Chec. 200 r°, 210 r° et ailleurs pour حَانِق, لِلْخَلِّ الأَذَنِ «du vinaigre âcre». Plus corrompu encore, par suite de l'*imâla*, dans le Voc., où l'on trouve خَلٌّ حَانِقٌ, à côté de خَلٌّ ايذِقِي.

أَذَن II *chanter* (coq), Hbrt 65.

IV c. بِ r. *annoncer une chose* (Lane) est fréquent, mais on dit aussi آذَنَهُ بِهِشَام «il lui annonça Hichâm», Koseg. Chrest. 101, 5 a f.

V. تَأَذَّنَ بِأَكْرَامِهِ *il lui témoigna beaucoup d'égards*, Prol. III, 8, 6.

أُذُن *ordre, commandement d'un supérieur* (cf. Lane), Alc. (mandamiento del señor). — *Passe-port*, selon la trad. de M. de Slane Berb. II, 496, 2 a f.; chez Bc بَيْتٌ لِلْاَذَنِ. — أَذِنُ لِلْعُبُور *salle d'attente, antichambre*, Tha'âlibî Latâïf 14, 11.

أُذْن *l'oreille d'une charrue*, Alc. (orejas de arado). — *Le devant de la tête du pourceau*, Alc. (pestorejo de puerco). — «La *Vudne*, qui est semblable au pourpier, mais les feuilles sont plus grandes; on la mange crue, et elle a un goût aigret», Vansleb 99. — أُذْنُ الأَرْنَب *cyclamen, pain-de-pourceau*, Bc; *bupleurum*, percefeuille, Bg. 835; أُذَانُ الأَرْنَب idem, Bc, *Cynoglosse, langue-de-chien*, Bc, Bg 846, Bait. I, 23 b. — أُذْنُ الثَوْر *Echium plantagineum*, comme il résulte de la fin de l'article de Bait. II, 438 b أُذْن — . (أَبُو.), voyez plus haut sous أَبُو بِأَفْرِيقِيَّةَ شَنَّانَ. — وَقَدْ كَانَ بَعْضُ مَنْ *Cacalia*, Bait. I, 156 b: مَضَى مِنَ الشَجَّارِينَ بِالاَنْدَلُسِ تُسَمِّيهِ بِأُذُنِ الجَدْيِ; — en Syrie, أُذَانُ الجَدْيِ *Plantago asiatica* (8), Bait. I, 23 d: أُذَانُ الجَدْيِ هُوَ لِسَانُ الحَمَلِ الكَبِيرُ بِدِمَشْقَ — وَمَا وَالَاهَا مِنْ أَرْضِ الشَامِ وَعَامَّةُ الأَنْدَلُسِ تُسَمِّي النَوْعَ الصَغِيرَ مِنْهُ أُذْنَ الشَاةِ أَيْضًا, Bc; — *oudnin-el-djediân*, *Cynoglossum cheirifolium*, Prax R. d. O. A. VIII, 279. — أُذَانُ الحَمَلِ *consoude*, Bc. — أُذْنُ الدُّبِّ *Statice*, Prax R. d. O. A. VIII, 283; *cortuse*, Bc. — أُذْنُ الشَاةِ voyez sous أُذَانُ الجَدْيِ; *cynoglosse*, Bc. — أُذْنُ الشَيْخِ *Umbilicus horizontalis*, Prax R. d. O. A. VIII, 280. — أُذَانُ العَوْدِ, 1001 N. IV, 173, 1, Bresl. III, 144, XII, 63, ne m'est pas clair. — أُذْنُ العَبْدِ

(*alisma*) chez Freytag se trouve dans A de Bait. I, 23 e, mais B et Sonth. donnent الْعَنْز اذان, ce qui semble la bonne leçon. — اذان الغار voyez 4 articles chez Bait. I, 21—23; l'auteur du Most. (sous حشيشة الغار (اذان pense que c'est une espèce de ce qu'on nomme en esp. بلينه (veleño) = *Lamium amplexicaule* L., Prax R. d. O. A. VIII, 279; *morgeline* ou *alsine*, Bc; *myosotis*, Bc; *piloselle* ou *oreille de rat*, Bc. — اذان الفسيس, en Espagne, *Cotylédon*, Bait. I, 23 f, ou au Maghrib en général, id. II, 330 b (AB الفسيس), Bc, en Egypte et en Syrie une espèce de *Sempervivum*, id. II, 449 c. — اذان القاضي ou الأَذَنِي espèce de beignets qu'on appelle en esp. *orejas de abad* (oreilles d'abbé), Alc. (hojuela de massa tendida, lasanna o orejas de abad, orejas de abad), Macc. II, 515, 19; — *cotylédon*, Bc. اذن القَلْب oreillette, cavité du cœur, Bc. — اذن النَعْجة nom d'une plante, Daumas V. A. 381. — اذن يهودا *oreille-de-Judas*, champignon de sureau, Bc. — صاحب الاذن *crédule*, Voc. — ذكر من الجَمَل أَذنَه *effleurer une matière*, Bc.

أَذنَة nom d'unité de أَذن, Koseg. Chrest. 33, 10.

أَذنَة au Maghrib, le nom du *Sempervivum maius*, Most. sous حَىَّ العالم.

أُذَني *auriculaire*, Bc.

أُذَين *Sempervivum maius*, Pagni MS (Uden h. e. auricula).

تَوْذنة (pour تَأْذنَة) *chant du coq*, Daumas V. A. 245.

مَأْذنة *mosquée*, Werne 31. — Dans le chapelet des musulmans fragment très-allongé qui tient la place de la croix dans le chapelet des catholiques, Ouaday 683 et suiv.

أذى II *nuire à quelqu'un par* (احدا ب), *maltraiter, faire du mal à quelqu'un, offenser, blesser, infester, incommoder, tourmenter, molester;* — *endommager; faire mal, causer un mal, une maladie*, Bc.

V *se faire du mal*, Bc.

أَذاة *insalubrité*, Bc. — *Virus*, Bc. — زاد فى الاذاء *empirer, devenir pire*; زود فى الاذاء *empirer, faire devenir pire*, Bc.

الأَذِية proprement *ceux qui tourmentent*, et

de là (l'adjectif pour le substantif) *les cousins* (moucherons), Bassâm I, 150 v°, 151 r°.

أَذِيّة *malfaisance, méfait;* — *malignité* (qualité nuisible); — *causticité;* — *virulence;* — *méphytisme*, Bc.

أَذَايَة = أَذِيَّة, Lettre à M. Fleischer 132; dans le Voc. اِذَايَة; il a aussi أَذَايِة.

آذِى (poét.) *ondes, vagues*, non-seulement de la mer, mais aussi d'une rivière (P. Becrî 129, 14, P. de Sacy Chrest. II, ١٣٨, 7) et même d'un torrent (P. Abbad. I, 50, 12).

مُؤذٍ *malin;* — *venimeux;* — *caustique, mordant;* — *méphytique;* — *malebête* (individu dangereux); — سلاح مؤذ *arme offensive*, Bc.

مُؤْذٍ *insalubre*, Bc.

مُؤَذًّى *fâché, ennuyé*, Alc. (estomagado por enojado).

اراخس -*vesce* (espèce de grain), Bc.

ارافيا (?). Alc. donne «crâfia almorfôâ» pour «trasmontaña yerva»; mais trasmontaña comme nom d'une plante n'est pas dans les dict., et aujourd'hui, comme me l'a écrit M. Lafuente, on ne le connaît pas en Espagne.

أَراقى. Most. sous ce mot: هو حجر الأَزرق وهو عانوا; ainsi dans N; dans Lm: هو حجر الازاق وهو عاقورا عن مسيح بن حكيم وهو عانو

اراقيطون *persicaire* (plante), Bc.

ارانوش *réglisse*, Most. sous سوس.

أَرانيوس *pierre qui ressemble à l'ivoire*, Most.

ارب II *aller de biais, biaiser, aller en ligne oblique*, Gl. Edrîsî; Gl. Manç. توريب وتأريب معناهما الميل والتحريف بين الطول والعرض وكذلك الوراب والموازنة بالهمز والسواو منقولة متعارفة واصلها فى اللغة بالمادّتين معًا المخادعة والمخاتلة

III *Même sens*.

أَرِب. Chez Alc. (sous les adverbes) أَرَب *mienbro a mienbro* = اِرْبًا أَرِبًا chez Lane.

مَأَرَبة. وفيه مَأَرَب اخرى «il avait d'autres choses

اربانه 17 ارخول

à faire ailleurs», Müller 27, 9 a f. — قضيت منه مآربى «j'obtins d'elle tout ce que je désirais» (dans un sens obscène), de Sacy Chrest. I, ٧٦, 7 a f.

مُوَرَّبى ou مُوَرَّبي‎ des ornements en forme de cercle, Gl. Edrîsî.

اربانه est, dit-on, = زَرنَب, Most. sous ce dernier mot.

اِربِيَان homard, grosse écrevisse de mer, Bc; Bait. I, 30 e: وقال غيره ان الاربيان هو الجراد وقيل هو الجراد البحرى ويقال ايضا روبيان, puis il renvoie à ce dernier mot; chez Bc جراد البحر est *langouste* (écrevisse de mer); — *squille* (crustacé qui ressemble à la chevrette), Bc; — *crabe*, car Bait. I, 506 e, dit que روبيان est ce qu'on nomme en Espagne *camaron*. Au Maghrib on ignorait quel crustacé était désigné par ce terme (voyez sous وزف) qui appartient au dialecte de la Syrie, Bait. l. l. (من لغة اهل الشام). — بهار اربيان *chrysanthemum*, Bc; cf. Bait. l. l.

ارتدكسى (gr.) *orthodoxe*, Bc. — ارتدكسية *orthodoxie*, Bc.

ارتقة (gr.) *hérésie, schisme*, Hbrt 157.

ارتماطيقى (gr.) *l'arithmétique*, Prol. III, 88, 4, Simonet 256.

ارتولان *ortolan* (petit oiseau), Bc.

ارج

أَرَج (bonne odeur), pl. آراج, Mi'yâr 22, 4.

تاراج *déprédation*, Ht.

خُبْزِ التَّوارِج 1001 N. IV, 203, 5 (même leçon dans l'éd. Fleischer).

أرج بست (?) expliqué par يريد نبكه (?), Ibn-al-Djezzâr.

أرجبلبطه (?) *mandragore*, Simonet 256; dans le Most. (même article) La ارجبليحنه N ارجليطه.

أرجيفن (si telle est l'orthographe véritable; beaucoup de variantes), plante connue sous ce nom, non pas chez les Berbères, comme traduit Sontheimer, mais chez les teinturiers (الصبّاغون), Bait. I, 27 b.

أرخ II c. ب *dater de* (commencer à compter d'une certaine époque), de Sacy Chrest. I, ٨٨: قد كانت اليهود تُوَرّخ اولًا بوفاة موسى ثمّ صارت تُوَرّخ بتاريخ الاسكندر «l'ère dont les Juifs faisaient usage primitivement, commençait à l'année de la mort de Moïse; dans la suite ils adoptèrent l'ère d'Alexandre». Le Voc. donne ce verbe sous *kalendarium*. — أرّخ اليوم *calculer, déterminer par le calcul le jour où quelque chose a eu lieu*, Holal 78 v°: ذكر ان رجلا من الصالحين ببجاية أنشد في منامه هذين البيتين فورّخ ذلك اليوم فوجد يوم مقتل ابى نبوس. — C. a. *mettre, graver une épitaphe sur un tombeau*, Voc. (cf. تاريخ).

V, en parlant d'un tombeau, *recevoir une épitaphe*, Voc. (القبر يتورّخ).

أرْخَة, pl. ات et أراخ, *génisse*, Voc., Alc. (eral de un año, eral ternera); لحم الأرْخَة *de la génisse*, Hbrt 15 (Alg.).

سنة تاريخه (Ghadamès 17), سنة التاريخ, تأريخ (Catal. des man. or. de Leyde, I, 154, 4 et 5 t. a., Bc), *la présente année*; يوم تاريخه, شهر التاريخ, *le mois, le jour, duquel sont datées les présentes*, de Sacy Dipl. IX, 470, 11, cf. 5 a f., Catal. I, 154, 2 t. a. Chez les chroniqueurs عام التاريخ (ou تاريخه ou سنة التاريخ est *la susdite année*, Müller L. Z. 13, dern. l., 30, 3, 35, 2, 10, 36, 3 a f., 37, 3 et 3 a f., 38, 2, 39, 10 et 5 a f., 40, 10, 42, 4 a f., 43, 5 a f., 47, 5 et f., Khatîb 67 v°, l'équivalent de عام التاريخ المذكور قبل عذا, Müller L. Z. 10, dern. l., 13, 2 a f., 15, 10, 2 a f., 19, 3, 20, 9. — أمس قبل تاريخه *hier*, 1001 N. Bresl. IV, 159. — تاريخه *auparavant*, 1001 N. III, 617. — وكتب فى التاريخ ou صح فى التاريخ est une علامة, voyez Macc. III, 325, 7 et 8. — *Épitaphe* (parce qu'elle contient la date de la mort du défunt), Voc., Bait. I, 493 c رُخام المقابر اعى الذى تُكْتَب فيه التواريخ (Edrîsî): وسألت العجوز القيّمة على :Abdarî 28 r°, على القبور الدار عن قبره فاخبرتنى انه الذى فى وسط البيت, Djob. 44, 1 et 9, 125, 14, 281, 4, 11 et 13. — *Répertoire*, Alc. (reportorio libro en que esta algo).

أرْخُل pour أرْخُون chez Bc), ἄρχων. Le pl. أراخِلَة دمشق, Catal. des man. or. de Leyde I, 156, 12, où l'on trouve l'explication: les principaux chrétiens de Damas.

ارد hippopotame, Bc.

اردشوكة artichaut, Bc. (cf. Oosterlingen 18 et suiv., où j'ai dit que ce n'est rien autre chose qu'une transcription de l'ital. articiocco; de même Devic 37).

اردشيردار (pers. أَرْدَشِيرْدَارُو), espèce d'Origanum maru, Bait. II, 503.

اردمون (esp. artemon, ital. artimone) artimon, Gl. Djob.

أَرْدَهَالِج (pers. أَرْدَهَالَه) = خَبِيص, Payne Smith 1182.

ارز

أَرُزْ. Le pl. أُرُوز, Saadiah ps. 29.

أرز (arez) parfum qui vient de Mokha, Burckhardt Arabia II, 402.

أَرُزِّيَّة un plat de riz, Gl. Fragm.

أَرَزِّي frelon, Daumas V. A. 432 et MS.

أُرُوز riz, Calendr. 50, 1.

أُرْزَلَة chardon-de-Notre-Dame, caille-lait (plante), Gl. Esp. 391.

أرسعن = بسباسة, Most. sous ce dernier mot.

أرسفسك ou أرشفشك archevêque, Amari Dipl. 45 et 23.

أرشاش ou أرشاس (asphodèle), voyez اشراس.

أرشفشك voyez أرسفسك.

أرشميسة en Ifrîkiya = اسطوخودوس, Most. sous ce dernier mot.

أرشى pl. أرشية chantre, choriste, Bc.

أَرْض pavé, L (pavimentum). — الارض الكبيرة la France, Abbad. III, 189. — الارض المقدسة, chez les alchimistes, un coagulum des natures supérieures et inférieures, Prol. III, 207, 12.

أَرْضِي terrestre, — foncier, — territorial, Bc.

أَرْضِي شوكي (artichaut) voyez Oosterlingen 18 et suiv. et cf. sous أردشوكة.

أَرْضِيَة fonds (le sol d'un champ), Bc. — Fond d'une étoffe, d'un châle, Bc. — Plancher (partie basse d'un appartement), Bc. — Lie (ce qu'il y a de plus grossier dans une liqueur, et qui va au fond), Most. sous دردى للخل; هو ارضيته: دُرْدِيُّ الخمر sous للخل. — Ne m'est pas clair Bait. هو ارضية عصير العنب, I, 137 a: اليمسباسة مركبة من جواهر مختلفة لما فيها — من الارضية الكثيرة الباردة واللطافة والحرارة اليسيرة. — Pot de chambre, Bc.

أَرْضَة (turc أورته ou أورتا) pl. أرض, en Egypte, bataillon (d'environ mille hommes), Bc.

أَرْضَى jasmin jaune, selon Auw. I, 431, 20. — Ephedra, Prax R. d. O. A. IV, 196.

أرطين = طين أَحْمَر, Most. sous ce dernier mot.

أَرْغُل hautbois, Bc, pl. أَرَاغِل, Freytag Chrest. 74, 7; أَرْغُول espèce de flûte champêtre, voyez Descr. de l'Eg. XIII, 456 et suiv., Lane M. E. II, 89, 90.

ارق

أَرَق. Pour l'hébreu תּוֹקָפִּים, Saadiah, comment. sur ps. 95, a أَرَق الريم وفي القرون; cf. Abou'l-Walîd 789, 27.

أرقطيون bardane, glouteron (plante), Bc, — persicaire (plante), Bc; cf. Bait. I, 25 c et d.

أرقعلش réglisse, Most. sous سوس (seulement dans N).

أرغن = أرغنو orgue, Hist. Tun. 111: كان عاكفًا على الملاهي وجُلِبَت له الآلة المعروفة بالارقنو

أَرْقُونِس (N) ou أرقون (La) = عرعر, Most. sous حب العرعر.

أَرَك archevêque, Amari Dipl. 1 et 7; proprement يشقفه, car c'est ainsi qu'il faut lire ibid. 14.

أَرَاك. Le nom de cet arbre est chez les botanistes Capparis sodata, et la description qu'en donne Barth, I, 324, s'accorde avec celle qu'on trouve chez Lane (Barth écrit lirâk; c'est أراك avec l'article arabe; ailleurs, V, 97, il écrit irâk); il porte aussi le nom de سواك; voyez mon article sur ce mot. — Edera, trad. latine d'une charte sicilienne, Amari MS.

أريكة coussin en cuir, Voc.

أركين de Montréal (?), J. A. 1845, II, 318, 4 a f.

أرماك espèce de bois, voyez Bait. I, 26 b, 148 a, où il faut lire الارماك avec AB.

أُرْمَك (pers.) *manteaux ou casaques de laine*, Bat. IV, 232, dern. l.

أُرْمَلِيطَة *betterave*, Auw. II, 420, 2 a f.

أران sorte de poisson, Yâcout I, 886, 2.

أَرْنَب non-seulement *lièvre*, mais aussi *lapin* (cf. Lane sous le ر), Pagni 98, Bc. (*lapin aussi* ارنب بَلَدىّ). — Sur الارنب البحرى voyez Bait. I, 29 b.

أُرْنَبَة *aine* (partie du corps entre le haut de la cuisse et le bas-ventre), Bc.

أَرْنَبِى *qui appartient au lièvre*, Alc. (lebruno cosa de liebre). — *Fricassée, ragoût de lièvre, civet*, Alc. (lebrada).

أَرْنِمَة = ارنبة *aine*, Bc.

أَرْنُوطِيَّة *coiffure épaisse à l'albanaise en forme de turban*; les dames franques d'Alep la portent généralement et c'est une espèce de gros bourrelet recouvert en châle de cachemire, Bc, Bg 805.

أَرُون (ἄρον) *Arum, pied-de-veau* (plante), Bc, Bg, Auw. I, 468, 14, 472, 7, 475, 4 (l. بارون).

أُرُون pl. أَرَاوِين *grand panier pour la farine ou le pain*, Alc. (nassa para trigo, panera para guardar pan). Dans le dialecte de l'Andalousie *horon* est: panier de sparte, grand et rond. — Comme *oron* en esp. (cf. Victor): gabion, espèce de panier qu'on remplit de terre, et dont on se sert pour empêcher la rivière de déborder, Alc. (oron lleno de tierra).

أُرِيد بَرِيد (pers.) espèce de drogue, Bait. I, 26 c (AB), Dict. pers. de Vullers.

أُرْيَل *cerf*, Bc (= ايّل); en Syrie *cerf*, en Nubie *bouquetin*, Burckhardt Nubia 251.

أُرِيوان سمك *truite*, Bc.

أَزَاد ou أَزَاذ (pers. آزاد *noble, excellent, et aussi blanc*). الرُّطَب الازاد *excellente espèce de dattes*, Gl. Fragm. — السوس الازاد *le lis blanc*, Bait. II, 68 c (en pers. l'adj. آزاد, employé substantivement, signifie aussi *lis*).

رطب = Badroun 269, 9, الرُّطَب الازادى .ازادى ازاد ibid. l. 12.

أَزَاز (toutes les voyelles dans La), *thymélée, garou, trentonel* (plante), Most.

.أزب

أَزَب (syr. ܐܙܒܐ) *pilus pubis*, Payne Smith 1338.

أَزَاب (hébr. אוב) *hysope*, Saadiah ps. 51; Payne Smith, 1110 et 1111, a أزيب.

مِيزَاب. Pl. ميازب, Mi'yâr 22, 12. — *Cataractes*, en style sacré, pluies excessives, Bc.

أَزِينْطُوط *bandit*, Bc.

أزر II, *lambrisser*, Gl. Djob., Gl. Belâdz.
V *être lambrissé*, Gl. Djob.

أزر. Sur les phrases telles que شدّ ازر ة, *être plein de courage, d'énergie*, voyez Quatrem. J. d. S. 1847, 481.

إِزَّة, à Valence, sorte de petite poire, Macc. I, 110, 11; cf. de Gayangos trad. I, 374. L'orthographe et les voyelles de ce mot sont à présent certaines grâce au Voc. (v° pirus).

إِزَار *proprement vêtement qui couvre la partie inférieure du corps, depuis la ceinture jusqu'à mi-jambes*. En ce sens ce mot arabe se trouve déjà chez Hérodote (VII, 69), qui dit en parlant des Arabes dans l'armée de Xerxès: Ἀράβιοι δὲ ζειρὰς ὑπεζωσμένοι ἦσαν. Cf. Vêtem. 37. Porter l'*izâr* très-long et le laisser traîner, سَحَبَ الذَّيْل (cf. سَحَبَ الازار), était considéré comme un indice de vanité, d'orgueil, Djob. 219, 2 a f. — Sur ازار dans le sens de *grand voile dont les femmes s'enveloppent tout le corps*, voyez Vêtem. 25 et suiv. Dans le Voc. «linteamen de lino, Xristianorum». — *Femme honnête*, Ztschr. XXII, 333. — *Manteau d'homme*, voyez sous تَأْزِيرَة. — *Voile qui couvrait la Ca'ba*, voyez Azraki 175, 3 a f. — 179, Burton II, 236. — *Rideau*, Ht, Barbier, Martin 77. — *Drap de lit*, Alc. (savana lienço), Hœst 266, Domb. 93, Bc (Barb.), Ht, Delap. 99. — *Lambris*, Gl. Esp. 143; ميزان الأزر voyez sous ميزان.

أَزِير *romarin*, Domb. 73.

أُزَيِّر dimin. de ازار, Kâmil 507, 6.

تَأْزِيم et تَازِيرَه chiffon, friperie, Cherb. (تَازِيرَه pl. تَــوَازِر), R. N. 36 v°: les gens chez lesquels Ismâ'îl demeurait, lui dirent: (sic, l. قد عبّرتنا بهذا المازر التازين) prends ces cinq dinârs et va acheter d'autres habits à Cairawân; plus loin: وهو يريد ان يخرج الى وكان يهاجم الى: ibid. 43 r°: الجزيرة في كساء وتازيره توازر — Pl. الجامع وعليه تازير مرتديا بازار اخر effets, costume, Cherb. Dial. 3.

مُتَزَّر vêtement semblable au اتْب, mais porté par les jeunes filles quand elles étaient déjà trop grandes pour porter le اتب, Freytag Einleitung 314, 315. — Caleçon, Vêtem. 38—40, Bc. — Manteau, Vêtem. 41, Khallic. I, 671, 21 Sl., Athîr XII, 161, 8. — Une pièce d'étoffe que l'on roule autour du turban, ou dont on enveloppe ses épaules; — espèce de toque ou de voile en soie, que les Maures et les Mauresques roulaient autour de la tête, en laissant pendre les bouts des franges sur les épaules, Vêtem. 42—46, Maml. II, 2, 224, 1001 N. IV, 309, 14. — Serviette, R. N. 59 r°: il lui apporta trois têtes de mouton pour le dîner فوضعن المتزر بين يديه ثم اخذت رأسا فشققته (ajoutez رأسا); suie-main, R. N. 72 r°: خرج الى الحمام وبيده سطل ومئزر

مِئْزَرَة manteau, Nawawî 359, dern. l. — Pagne, Vêtem. 40 (dans ce passage de Bat. l'édit. (IV, 23) porte تنور au lieu de مئزرة).

اَزْغُوغ revenant, fantôme, Cherb.

اَرِف.

اَزِفَة grande calamité, Abdoun vs. 47.

اَزِل Calligonum comosum, plante qui ressemble au blé sarrasin et qui forme avec le درين la nourriture principale des chameaux, Desor 23. — Azâl, Ephedra, Prax R. d. O. A. IV, 196.

اِزْنْكان et اِزِنْكان ocre (terre ferrugineuse dont on fait une couleur jaune), Bc; restituez اِزِنْكان Bait. I, 28 b (AB اِزِنْكان) et Most. sous طين احمر (La اِرْتِكَن N اوْنِكَن), Diw. Hodz. 41, vs. 22. اَزِنّي = يَزِنّي

اَزِي II, aor. يَزِي, suffire, Bc (Barb.); يَازِي ou يَزِي assez, Bc (Barb.).

اِزَاء ذلك اِزَا en échange de cela, Berb. I, 476, 12, 564, 4 a f.

اِزَاى comment? Bc (Egypte).

اُس الدِينَارى as (point seul marqué sur une carte); as de carreau, Bc.

اَس non, ou pas, point, Voc. 13 (492 ايس).

اَس (ess) chut! Delap. 184.

اَسّ I prendre racine, s'enraciner, Alc. (arraigar). V passif de la II°, Voc. (v° fundamentum).

اُسّ en algèbre l'exposant d'une puissance, Prol. III, 97, 15. — Dans l'opération sur la زايرجة, le nombre de degrés qui se trouve entre la fin du dernier signe du zodiaque et le degré du signe qui est l'ascendant au moment de l'opération, de Slane trad. des Prol. I, 248, n. 2, sur Prol. I, 215, 3 a f.

اَسِيس remplaçant, substitut, Roland.

اَسَاسِي fondamental, Bc.

اَسَارَاك (berb.) grande enceinte = القراء الفسيحة, Berb. I, 412, 5 a f., اَسَارَاك الميدان ibid. II, 515, 6 a f. (de Slane s'est trompé dans sa trad. II, 339, IV, 425).

اَسَارُون (ἄσαρον) cabaret ou Oreille d'homme (plante qui entre dans la thériaque), rondelle, Bc.

اَسَالِيُون lentille (légume), Most.

اَسْبَنْج voyez اسفرانج.

اَسْبَلْطَة (esp.) épeautre, Alc. (espelta specie de trigo).

اَسْبِنَاغ épinards, Alc. (espinaca); c'est la forme vulgaire, Most.

اَسْبِدَارِيج ou اَسْبِدْرِيك airain, cuivre rouge, Bc (avec نحاس), Hbrt 170.

اَسْبِيدْبَاج (pers. اسپيدبا) espèce de soupe composée de bouillon et de petits morceaux de viande, avec des épinards, de la fleur de farine, du vinaigre, etc.; voyez de Jong sous دوغباج et les dict. persans. L'orthographe ordinaire est اسفيدباج.

اَسْبِيُوش = اسفيوش, Payne Smith 1159.

اَسْت (cul) pl. اَسْوت, Bc.

أُسْتَاذ et اِسْتَاذ *artiste* (qui travaille dans un art où le génie et la main doivent concourir), Bc; titre qu'on donne à ceux qui travaillent le cuir ou les métaux, Lyon 286. — *Musicien*, Alc. (juglar). — *Maître d'école, docteur, professeur*, Voc., Alc. (escolastico o maestreescuela, dotor que enseña, catedratico); اِسْتَاذ الجماعة *professor publicus*, Macc. III, 40, 16, Khatîb 33 r°: لازم استاذ الجماعة ابا عبد الله الفخّار وقرأ عليه قرأ على استاذ الجملة id. 39 r°: العربيّة; de même استاذ الجملة. — — *Professeur de prestidigitation*, Harîrî 326, 5, Ztschr. XX, 506 (2 fois). — *Patron* (protecteur, défenseur, le saint dont on porte le nom), Bc. — *Livre de raison, livre d'extrait, grand livre*, registre où les négociants portent tous leurs comptes par *doit et avoir*, M v° شَطَب.

أُسْتَاذَة pl. أَسَاتِيذ *celle qui enseigne la musique, le chant*, Koseg. Chrest. 130, 2 a f.; *directrice d'une bande de musiciennes*, Alc. (tañedor (l. tañedora) principal); *musicienne*, Alc. (tañedora).

اِسْتَادَارِيَّة pl. استادار, استاندار, استاددار, استاندار ou استاددارية, voyez sur cette charge Maml. I, 1, 25 et suiv.; استادار العالية ibid.; استادار الصحبة (Meursinge 22, 17 et 32, n. 103) ibid.

استادارية الدار ou استادارية *la charge de l'ostâdâr*, ibid.

اِسْتَرْلُومِيقَى et اِسْتَرْلُومِيقَة (gr.) *astronomie*, Simonet 259.

اِسْتَرِيدِي (ὀστρεἰδια, pl. de ὀστρείδιον, dimin. de ὄστρεον) *huître*, Bc, Pagni MS. (ostrĭdi).

اِسْتَنْبُوطِي nom d'un fruit, Ibn-Loyon 14 v°: الاستنبوطي نوعان احدهما اكبر من الليمون محدّد الطرف تشوبه حمرة والثانى مدوّر على شكل البطيخ الابيرى.

اِسْتِيبَة (esp. estepa) pl. استيب *lédum, lède*, espèce de ciste, Alc. (xara mata conocida).

اِسْتِيخَار (στιχάριον, voyez Stephani Thesaurus et Ducange) *chemise, robe sacerdotale*, Bg.

اِسْحَقَان nom d'une plante, Bait. I, 42 b (AB).

أَسَد, chez les alchimistes, *or, le roi des métaux*, de même que le lion est appelé le roi des animaux, Devic 10. — اسد الارض *Daphne oleoides*, Most. sous مازريون, Bait. I, 48 c, 346 b et c. — اسد العدس *Orobanche cariophyllea*, Bait. I, 48 b, Bc.

أسر I. pour أَسَرُوا عِلْجًا, اسروا بعلج, Amari 432, 8. — خَشِيَ ان تاسره البيّنات «il craignit qu'on trouvât assez de preuves pour le faire condamner», Berb. I, 416, 4 a f.

VIII *faire prisonnier*, Alc. (cativar).

أَسْر *servitude*, Alc. (servidunbre).

أُسْر (de ἄσαρον, pour lequel le Most. donne le nom esp. اسر, et de βάκχαρις, en esp. *bacaris* ou *bacara*) *nard sauvage*, Alc. (asarrabacar yerva), cf. Gl. Esp. 374.

أُسَار. Le pl. ات, Saadiah ps. 2.

أَسِير fem. ة *esclave* (homme ou femme), Alc. (esclavo, esclava). — أسير التقليد *imitateur servile*, Bc.

تَأْسِير *ténesme*, épreintes fort douloureuses qu'on sent au fondement, avec des envies continuelles et presque inutiles d'aller à la selle, Alc. (puxo de vientre).

مُوسَر (f) *religieusement*, Alc. (religiosamente, moâçar).

أشراس voyez اسراس.

أُسْرُف (plomb) s'emploie pour اسرب, comme l'auteur du Most. l'atteste formellement.

أَسْرِيا ? voyez اشريا.

أَسْرِيقُون voyez زرقون.

أُسْطَا ou أُسْطَى vulg. pour أُسْتَاذ (voyez Lane sous ce dernier mot), 1001 N. III, 463 (Bresl. اسطى, IV, 466, 8 a f., 468, 5.

أَسْطَم أَطِيقُوس *Aster Atticus*, Bait. I, 35; l'auteur du Most. l'a sous le س, mais il dit qu'on l'écrit aussi avec le ا.

أَسْطَرَكَة *styrax*, Most. sous ميعة سائلة.

أَسْطَرَاغَالِس ἀστράγαλος, Bait. I, 37 c (AB) (Freytag غيلس).

اِسْطُرْلاب, au pl. ات, Voc.

اِسْطَرِيمُون (A) ou اِسْطَرْنِيمُون (B), nom d'un mois, Edrîsî Clim. VI, Sect. 1, en parlant de l'océan: وأيّام سفرهم وفيه أيّام قلائل وهى مدّة شهر اسطريبرن وشهر اوسو chez Gregorio 48, 1 le nom du mois que l'éditeur a laissé en blanc, est اسطريبون, et M. Amari m'écrit qu'à son avis le terme en question est une altération de *septembre*, peut-être de στεβριου; mais dans ce cas il est étrange qu'Edrîsî ait écrit *septembre* au lieu de *juillet*, car اوسو est *août*.

اِسْطُقُسْ chez Freytag, a les voyelles اِسْطُقُسْ dans le Voc. (pl. ات) et chez Alc. (elemento, ayre el elemento), qui donnent aussi (Alc. sous *elemental*) l'adjectif اِسْطُقُسَى.

اِسْطُوَان *portique*, *vestibule*, Voc., Alc. (antepuerta de casa, portada de casa), Ht, Bat. I, 62, 87, etc. — *Petit portique dans l'intérieur d'une maison*, Alc. (portal pequeño de dentro de casa). — *Balustrade*, Ht.

أَقَلّ الأُسْطُوانَة *les stoïciens*, Bc.

أَسْطُوخُودُوس *stechas*, Bc, Most. La; N et Gl. Manç.; أَسْطُوخُدوس Bait. I, 33 b (AB).

أُسْطُول non-seulement *flotte*, mais aussi *vaisseau*, *bâtiment*, *galère*, Maml. I, 1, 157, Voc., Müller 29, 32, Prol. II, 325, 2 a f., Berb. I, 207, 306, 314, 2, 327, 331, 401, 2 a f., 441, 2 a f., 464, 4, 506, 5.

أُسْطُولِى qui *appartient à une flotte*, Maml. I, 1, 157. — Un *soldat de la flotte*, ibid.

اِسْفَرَنْج *asperge*, Calendr. 33, 3; voyez اِسْفَرَاج.

اِسْفَانَاخ *épinards*. Cette forme se trouve: Chec. 182 v°, 197 v°, Djauzî 144 v°, Bait. I, 34 b (A), Auw. I, 67, 5 a f.

اِسْفَرَاج (*asperge*) est un mot propre au dialecte du Maghrib (asparagus), Macc. II, 87, dern. l., Bait. II, 570 h. Dans Ibn-al-Djezzâr (Zâd al-mosâfir), le Voc. et chez Alc. (esparajo) أَسْفَرَيْتَة, nom d'unité ة; avec جَبَلِى *asperge sauvage*, Alc. — Dans L c'est une autre plante, car il donne ce mot sous *acantelos* et *acantos*. Le grec ἄκανϑος signifie *acanthe*, *branche-ursine*, et *acacia*.

اِسْفَرَك espèce de camphre, Bait. II, 334.

اِسْفَرْنِيَة *panais*, *pastenade*, Alc. (çanahoria); cf. Gl. Esp. 224.

اِسْفَنْج, اِسْفَنْجَة, اِسْفَنْج, سَفَنْج ou اِسْفَنْج البحر. اِسْفَنْجَة بحرية *éponge*, Most., Bait. I, 45 b, Chec. 191 v°, Auw. I, 440, 9. La forme سَفَنْجَة 1001 N. III, 278, 459, Bc. — حجر الاسفنج ou السفنج *cystéolithe*, *pierre d'éponge*, Bc, Most.: هو حجر الاسفنج حجر يوجد داخل اسفنج البحر. — Espèce de beignets qu'on mange avec du miel; c'est de la pâte à pain très-molle et très-levée, qu'on fait frire dans de l'huile; ces beignets ressemblent à nos *pets de nonne*, L (crustula اِسْفَنْجَة من عَجِين), Alc. (boñuelo, اِسْفَنْج et ة), Haedo 25, 1, 26, 2, 29, 1 (asfinge), Pagni 153, Hœst 109 (سفنج), Jackson 132 (sfinge), J. A. 1830, I, 320 (sfenge), Cherb. (سَفَنْج), R. N. 80 r°, 97 v° (سفنج).

سَفَنْجِى *spongieux*, Bc.

اِسْتَفْنَج *éponger*, Ht.

أَسْفَنْد *rue sauvage*, *Peganum harmala* (= حرمل), Sang.

اِسْفَنْدَان شجر الاسفندان *érable*, Bc.

اِسْفِيدَاج *fard*, Bc. — Avec le ل, en Egypte *chou-fleur* (sans doute parce que, par sa couleur, il ressemble à la céruse), Most. sous كرنب شامى: واصل مسمى مصر; ainsi dans N; dans La le mot est laissé en blanc et il porte الاسفداج.

الاسفيداج الساذج pl. ات, Chec. 192 r°. — voyez sous مصلوق.

اِسْفِيدْدُرج (pers. سپيد برگ, à feuilles blanches) *peuplier blanc*, Payne Smith 1228.

أَسْفِيرِيا, aujourd'hui سفيرية, *mets composé de viande*, *d'œufs et d'oignons*, Cout. 44 r°: فقال لكاتبه أن عشنت قليلا لاطعمتك اسفيريا من لحوم هذه الجزر ما اكلت مثلها قط, Martin 80, Cherb.

اِسْفِيل (de l'italien *staffile*?) *lanière tressée* dont on se sert pour frapper les criminels, Hœst 118, 240, Gråberg 204, Miss. hist. 62 a, 294 a et b, 295 b, 299 b, 325 a (*sofeles*).

اسفين *moutarde blanche*, Ibn-al-Djezzâr.

اسفيون chez Freytag (*Psyllium*) et dans Payne Smith 1159, est dans le Gl. Manç. أَسْقِيوس; aussi avec le ä dans les deux man. du Most. (sous بزرقطونا), dont l'auteur dit qu'il l'a trouvé avec le *sîn* et aussi avec le *chîn*. Selon le Most. et Bait. (I, 132 k) c'est un mot persan; cf. Vullers sous اِسْپَغُول.

اسقال, سقالة, اصقالة, اسْكَلَة (pl. أَسَاكِل) (esp.), *échelle*, *escalier volant* ou peut-être *planche*, Gl. Edrîsî, M. Pl. اساقل ou اساقيل; dans les 1001 N. Bresl. IV, 7, 4 a f. lisez الاساقل au lieu de الاساقى, comme le montre la comparaison de X, 254, 4: فوجد مركبا où Macn. (IV, 269) a اساقيلها ممدودة. — سقالتنها. — Sorte de machine de guerre, *scala ambulatoria*, couverte de planches en guise de toit, Gl. Edrîsî. *Echelle*, *port*, *ibid.*, M. — Cf. صقلة, sous صقل.

اسقاليرة (esp.) *escalier*, Alc. (escala o escalera).

اِسْقَلاطون (Macc. I, 102, 6) voyez سقلاطون.

اسقلموس *espèce de poisson*, Cazwînî II, 119, 20.

اسقمرى *maquereau* (poisson), Bc.

اسقندلبيون et اسقندفليون *berce* (plante), Bc.

اسقوربوط *scorbut*, Bc.

اسقوفية *bonnet de nuit*, Bc.

اسقبيل chez Freytag (*Scilla*) est avec le ش dans le Most.

اُسْكَرَجَة (pers.). Freytag a considéré une étymologie (fausse) de Djawâlîkî (۲.) comme la signification de ce terme, qui n'est qu'une autre forme de سُكُرْجَة *écuelle*, Djawâl., Bait. I, 11 b.

اسكرفاج voyez اسكلفاج.

أَسْكَفينة (esp.) *râpe* (espèce de lime), Alc. (escofina para limar madera). Chez Lerchundi اشكوفينة.

اسكلفاج *râpe* (espèce de lime), Haiyân-Bassâm I, 174 r°: نزل في بعض اسفاره منزلا واستدعى ماء لغسل رجليه اخر خلعه لتحقيبه فقدم اليه ربّ المنزل الماء وكانت عليه جُبَّة أَسْماط صلبة فن (قمز ا.) اسفلها يقدم (بقدم ا.) ابن عباس فاوله (فأوّه ا.) لخروشنتها كأنْ شيئًا لدغه وقال ابعَدْ يا هذا فقد بَرَّدَت رجلي بجُبَّتك (برد *limer*). Le Voc. et Alc. ont en ce sens اَسْكَرَفَاج, pl. ات ou (Alc.) اَسْكَرَفِين (escofina para limar madera, rallo). Chez Roland سقفراج *râpe à sucre*. Ce mot se rencontre aussi, sous la forme que j'ai indiquée en premier lieu, chez Albucasis 188, 3, et son éditeur, Channing, en a cru trouver l'origine dans *scolopax*. Ce dernier mot, en grec σκολόπαξ ou σκολῶπαξ, désigne la bécasse, et les dict. grecs et latins ne lui donnent pas d'autre sens. Il se peut, toutefois, qu'il soit devenu le nom d'un instrument dont la pointe ressemblait au bec long, droit, grêle et cylindrique de la bécasse, car Albucasis dit que pour enlever les racines des dents, on se sert de pinces «dont l'extrémité ressemble au bec du faisan», après quoi il ajoute: يكون قد صنعتْ (الكلاليب) كالبرد (كالمِبْرَد ا.) او كالاسكلفاج.

اسكلة voyez اسقالة.

اسكملة *escabeau*, *tabouret*, Bc.

اسكورية voyez اشكورية.

اسكوس voyez سكوس.

أُسْكِيم (gr.) *bonnet des prêtres grecs*, Bg; Vansleb 307 (Coptes): «L'*Askîm*, ou l'*Habit Angélique*, appelé en grec σχῆμα; lequel néanmoins peu de religieux portent, parce qu'ils n'ont pas tous assez de force, comme ils disent, pour faire la pénitence, que les canons y ont attachée. Car ceux qui le portent sont obligés de se prosterner le visage et le ventre contre terre, et les bras en forme de croix, trois cents fois tous les soirs, avant que de se coucher; outre les jeûnes et les autres mortifications, qui en sont comme un apanage».

أَسْلَاس *obscurité*, Domb. 55, Ht.

أسمانجون (pers. de آسمان et گون) *couleur bleu de ciel*, Abou'l-Walîd 217, 12.

اسمانجونى *qui est bleu de ciel*, *azuré*, Relation des Voyages, Quatrem. J. d. S. 1846, 519, Abou'l-Walîd

اسمس 24 اشر

320, 9, Most.: اَبِرسَا هو السوس الاسمانجونى, id.: «Le rubis semendji, ou ismendji (hyacinthe)», R. d. O. A. XIII, 81. بنفسج وهو نوار صغير اسماجوني

اسمانجـونية couleur bleu de ciel, Müller S. B. 1863, II, 3, 8 a f.

أَسْمَس repas, festin, Voc.

أَسَا II c. a. p. et ب r., pour la IIIᵉ, donner une aumône à quelqu'un, Voc.

V. (sic) لم يتاسَّ فى نعيم il n'avait pas joui de l'opulence, Cartâs 134, 1.

أَسْوَان. Le pl. أَسَاوِى, Diw. Hodz. 202, vs. 41.

اَسَاء (médicament, remède) pl. اساءات, Mi'yâr 6, l. 6.

أَسِيَّة pl. أَسَايَا colonne, Abou 'l-Walîd 70, 16 et 17.

مُوَاسَاة proprement nom d'action de la IIIᵉ forme, assister; substantivement bienfaisance, charité, Gl. Edrîsî. — Hospitalité amiable, Ztschr. XX, 502. — Gratification, libéralité qu'on fait aux ouvriers, aux soldats, soit en vivres, soit en argent, Auw. I, 534, 2, Çalât 32 r°: واجزل لهم الزيادة فى بركاتهم والنماء فائتمنوا اسماجة فى زمام العسكرية, 34 r°: لهم فى مواساتكم واعدّ من القمح والشعير للمعلوفيات, 37 r°: للمواساة والمواسات للعساكر — ما عاينته مكدَّسًا كامثال الجبال, 43 v°: وكثرة البركات منه للموحدين والاجناد فى اعطياته باقتصال المواساة منه بمواساته, 45 r°: واتصال الاحسان منه بمواساته وانساءت عليهم الارزاق والضيافات, 53 v°: فى كلّ شهر والمواسات بكلّ برّ مستعجل. Dans quelques-uns de ces passages, l'auteur emploie مــواسـات comme un pluriel.

أَسَى I, aor. i, c. على p. infester, incommoder, tourmenter, Bc, 1001 N. Bresl. X, 265, 8, où تؤسى semble pour تأسّى.

أش (cf. Freytag), Abou'l-Walîd 807, 13. اش حال combien de fois? Bc (Barb.). اش ما quidquid, Voc. باش حال combien? (lorsqu'on donne le prix), Bc (Barb.). — اش كون qui, quel homme, quelle personne? Bc (Barb.). — عن اش pourquoi? Voc. اشحال quantum, Voc.; اشحال ما quanto magis, Voc.

اش «exe como en el juego del axedres», Alc. Feu

M. Lafuente y Alcántara m'a écrit qu'on ne sait plus en Espagne ce que exe signifiait au jeu des échecs. Je soupçonne que c'est l'équivalent de كش (voyez), qui signifie en échec (p. e. le roi est en échec).

أُشّ chut! Bc.

أُش libertinage, Berb. I, 641, 3 a f.

اشاشا staphisaigre, herbe aux poux, Bc.

اشبارس espèce de poisson, Slane sparus, Becrî 41.

اشبطانة, en Espagne, espèce de lis, [de Sacy Abdallatif 38 d'après Bait. I, 118 c; leçon de D; B اشبطانة (sic), L اسبطانة.

اشبلط (ἄσφαλτος) asphalte, Abou'l-Walîd 235, 20.

اشبلينبات poisson du lac de Bizerte, Gl. Edrîsî.

اشبين (ou شبين), pl. اشابين, compère, parrain, Bc. — Personne qui accompagne l'épouse le jour de ses noces (chez les Coptes), Lane M. E. II, 370, M, qui dit (sous le شين) que c'est un mot syriaque.

اشبينة (ou شبينة) commère, marraine, Bc. — Compagne de la mariée, M.

اشتنب (esp. estopa) étoupe, Voc., Ibn-al-Djezzâr. Chez Ibn-Loyon اصطب, chez Alc. اشوب.

اشتربان (pers.) chamelier, de Jong.

اشترغاز (pers. de اشتر chameau et غاز épine) leucacanthe, Bc.

اشج voyez وشى.

اشر II dénoter, indiquer, — coter (marquer par lettres ou par nombres des pièces), — figurer (représenter allégoriquement), — ébaucher; — c. على marquer (mettre une empreinte, une marque, sur une chose pour la distinguer); — اشر بظهور شى signaler (avertir par des signaux que l'on aperçoit un objet), Bc. (On voit que le peuple a formé ce verbe de اشار).

IV rendre insolent, Abbad. I, 255, 3, cf. III, 123.

مُؤَشَّر denté, en parlant de feuilles, Bait. I, 201 b.

اَشْرَاس *asphodèle*, Bg; chez Sang. اسراس (on dit aussi قيل هو الارشاس: خنثى Most. sous سيراس; Bc); رسراس dans N, الارشاش dans La; ensuite: ورأيت أنه يعرف اشراس dans La, N اشراسين, lisez اشراس.

اَشْرَكِى espèce de mouton en Abyssinie, dont la peau fournit le cuir qu'on appelle شَرَكِى, Macc. II, 711, 13; cf. Gl. Esp. 242.

اَشْرِبَا (?) Most. sous أُورْشَبَا (*lis blanc*): وهذا منه الربيعى leçon de N; Lm اسربا وهو البيرى هو اشربا.

اَشْفَى pl. اَشَافِى comme adjectif; أبَرَ اشَافِيَة *alènes*, Inventaire (la copie porte par erreur احافية).

وُشْغَف voyez وُشْغَف.

اَشْقَارَه (esp.) pl. اَشَاقِي *lieu où se met l'amorce ou la mèche d'un fusil*, Alc. (esquero de yosca; cf. Victor).

اَشْقَافُور et ة *colère, mauvaise humeur*, Voc. (stomacatio).

اَشْغَالَانس = قَنّه *galbanum*, Most. sous ce dernier mot.

اَشْغَالِبَة ou اَشْكَالِبَة (b. lat. scandula et scandella (voyez Ducange), esp. escaña) *épeautre; speltum* dans la traduction d'une charte sicilienne *apud* Lello 13 (ك); *far et scandula* dans L (ي); répond à χόνδρος, Most. sous حَنْدَرُوس (La ق, N ڤ), Auw. I, 23, 11 et 12, et à علس, Bait. II, 206 c, Auw. II, 26, dern. l.; se trouve aussi Auw. I, 661, 15, II, 30, 1, Abou'l-Walîd 779, 792 (ڤ); Auw. II, 30, 10 c'est اشكلى. Signalé comme un mot esp. بعجمية par Bait. l. l. (الأندلس).

اَشْغَطِير (esp. escudero) *écuyer*, Voc.

اَشْغَمُونِيَا *scammonée*, Alc. (escamonea).

اَشْغُولُوفَنْدَرِيُون (σκολοπένδριον) *cétérac, doradilla* (plante), Bc.

اَشْغَطَن *collyre*, Voc.

اَشْغِيل (gr.) *scille, squille*, Most.

اَشْكَالَة (*scala* chez Ducange nº 3), pl. ات et اَشَاكِل, *sorte de vase ou coupe*, L (ampulla, caucum; cf. Ducange), Voc. (cifus).

اَشْكَالِبَة voyez اشقالبة.

اَشْكَامَة (esp.) pl. اَشَاكِيم *écaille de poissons*, Alc. (escamosa (l. so): مَلِيء من اشاكيم; cf. sous les adverbes escama a escama). Dans le Voc. اشكامة est *branchia, ouïes* d'un poisson. — *Écaille, petite partie mince et légère qui se détache du cuivre*, اشكامة من نحاس, Alc. (escama de cobre). Aujourd'hui رشكامة selon Lerchundi.

اَشْكَان (esp. escaño) pl. اَشَاكِين *banc à dossier pour trois ou quatre personnes*, Voc. Le pl. اَشَاكِين chez Djob. 63, 10, car c'est ainsi qu'il faut lire en cet endroit au lieu du اشاكير du man., que l'éditeur a changé mal à propos en اشاكيز; par conséquent il faut biffer l'article شكر dans le Gl.

اَشْكَرْجُون pl. ات *hérisson*, Voc.

اَشْكَرْلَاط (man. Ga du Holal 14 rº, Macc. I, 137, 20) ou اشكيلاط (1001 N. X, 305, 2 a f.) *écarlate; shkalat*, drap d'Irlande, Jackson Timb. 347.

اَشْكَرى *sorte d'étoffe*, Holal 9 vº, ماثتا شقة من اشكرى où le man. de Paris porte اشكر et Ga اشكرلاط. اَشْكَرِيَّة est *vestimentum* dans le Voc. (seulement dans la 1re partie).

اَشْكلى voyez اشقالبة.

اَشْكُورِيَة (σκωρία, esp. escoria) *scorie*, Voc., Most. sous خبث الحديد: ويعرف بالاشكورية chez Alc. (escoria) avec le sin.

اَشْكِيلاط voyez اشكرلاط.

اَشَل voyez Ztschr. XVIII, 695, n. 1.

اَشْنَان voyez Lane et des renseignements très-précis chez Rauwolf 37 et suiv.; sur l'espèce اشنان العصافير ou القصارين voyez de Goeje sur Edrîsî 37, n. 1. — اشنان داود *hysope* (plante), Bait. I, 53 c. — اشنان

اليَد lotus (plante), Gl. Manç. لَخَنْدَقوقا وهو يطيَّبُ
(رائحةَ اليد اذا غُسلَتْ به ✧

أُشْنَة. الاشنة البُستانيَّة = شيبِه (Bait. II, 116 b), voyez ce mot.

أُشُو (berb.) *quoi?* Alc. (que cosa); cf. Dict. berb. sous *quoi*; selon Hanoteau (Grammaire kabyle 67 n.), c'est une altération de l'arabe أَش.

أُشوب (esp.) *étoupe*, Alc. (estopa); اشوب القنّم *étoupe de chanvre*, id. (cañamazo). Sous «sedeña cosa de lino» il a: ochûp ataxît (?). Dans le Voc. أَشْتَب. Chez Lerchundi اشطوبة لشطوبى.

أُشْبِينَة (esp.) *oursin, hérisson de mer*, Alc. (echino [lat. echinus, aujourd'hui: equino] por olechino [M. Simonet soupçonne que c'est une faute d'impression pour alechino, echino avec l'article arabe], echino este pece).

اصاص *thymélée, garou, trentonel* (plante), Most. sous ازار (voyez ce mot): قيل هو الاصاص.

اصفهان ou اصبهان *mode de musique*, Hœst 258, Descr. de l'Eg. XIV, 25.

اصفهانى ou اصبهانى *étoffe de soie qui tire son nom de la ville d'Ispahan*, Gl. Edrîsî. On la fabriquait aussi à Almérie, Macc. I, 106, 2. — Le كحل, chez Bc كحل اصفهانى *antimoine*, s'appelle aussi simplement اصفهانى, Ztschr. V, 238.

أُشْداكَ أُشُوشُو, s'il faut transcrire ainsi le terme qui chez Alc. est azâdaq (ou azdâq, ou azdiq) axúxu, *énigme*, Alc. (cosa e cosa, pregunta de ques cosa y cosa, ques cosa y cosa). Je soupçonne que c'est une expression berbère plus ou moins altérée. Dans le Dict. de cette langue je trouve تِيدَاكْ, *ces, celles-là*, et أَشُو, *que*, interrog. (quelle chose), *quoi*, interr. (quelle chose). L'expression dont il s'agit signifierait donc proprement: ces choses quelles (sont-elles?), et elle serait en quelque sorte l'équivalent des termes espagnols qu'Alc. donne pour *énigme*.

اصير. اصيريّة *sorte d'étoffe à Naisâbour*, dont on fabriquait des منديل, de Jong.

ماشورة pl. مواصير, du persan ماشور, ماسور, ماشورى, ماسورى, qui signifie proprement *tuyau* (voyez Ztschr. XII, 333—335). On l'applique à plusieurs sortes de tuyaux ou à d'autres objets qui en ont la forme. ماشورة حقنة *canule* (petit tuyau au bout d'une seringue), Bc. — *Canon de fusil*, Bc, Hbrt 135. — *Petit tuyau en or*, qui fait partie de la coiffure des dames, Lane M. E. II, 409. — *Pipe pour fumer*, Bg (au Liban, ماسورة). — *Aiguillette* (tresse, cordon garni de métal en pointe par le bout pour attacher), Bc. — *Bobine de tisserand*, Bg. (à Jérusalem, مَصُّورة). — ماصورة الحَيَّاك *navette* (instrument de tisserand), Bc. — *Tresse de trois fils*, Alc. (crisneja de tres cuerdas). — Ceci peut servir à corriger et à compléter ce que j'ai dit Gl. Esp. 312.

اصطب (esp.) *étoupe*, Ibn-Loyon 40 v°, en parlant du lin: ومشاقته الاططب, mais il faut corriger comme je l'ai fait, car مشاقة signifie *étoupe*, et l'autre mot est l'esp. *estopa*, dans le Voc. أَشْتَب. Cf. Lane sous مصطب.

اصطبل pl. ات, Voc., de Sacy Chrest. II, ff, 1.

اصطرميه (Freytag). Ce mot, que Golius a entendu au Maroc et que j'ai trouvé seulement chez les voyageurs, est chez Domb. 94 سطرميد, *suturmijah, usturmijah*; Hœst 153 sing. *estermia*, pl. *stermiat* (63, 152), Gräberg 49 *stormie*. Mul [= مولي] *Stormia*, «l'employé qui prend soin des accoudoirs ronds de l'empereur», Pflügl LXIX, 19.

اصطماخيقون (στομαχικόν) pl. ات *stomachique, sorte de remède purgatif*, Bait. I, 428 a: واهل الهند يخلطونه بادويتهم الكبار المعجونات والاصطماخيقونات وغيرها من الادوية المسهلة ✧

اصطوفنة *lustrine* (étoffe de soie brochée), Bc.

أَصَّف nom d'un arbre qui croît dans les fentes des rochers et dont Burckhardt (Syria 536 et suiv.) donne la description (*aszef*). — Nom d'un instrument de musique, Casiri I, 528 a.

اصغرنى *sorte de poisson*, Burckhardt Syria 166.

اصفهان voyez اصبهان.

اصفهانى voyez اصبهانى.

أصقالة voyez أسقالة.

أصل II c. من, Prol. II, 145, 4: Toutes ces traditions sont saines, على ما أصّلته من الاحتجاج بأخبار عاصم « c'est ce que j'ai constaté par des preuves tirées de ce que nous connaissons de la vie d'Acim ». — Dans le Voc. sous cautio; cf. تأصيل.

— V. أموال متأصّلة immeubles (biens en fonds, maisons, terres), Abd-al-wâhid 210, 12. — Dans le Voc. sous cautio; cf. تأصيل.

— X. ثغرة ليست مستأصلة une brèche qui n'allait pas jusqu'à terre, Akhbâr 11, 6.

أصل sa solde ordinaire, Gl. Belâdz. — بلد أصوله la patrie de ses ancêtres, Macc. I, 529, 16. — أصل لسان langue mère (d'où dérive une autre langue), Bc. — أصل الماء hydrogène (gaz), Bc. — ماء الأصول tisane, Bc. — أصل n'est pas toujours original (aussi أصل الكتاب; Bait. II, 542 a, en critiquant un article d'Ibn-Djazla: هذه ترجمة كأن الأولى أن ينسخ من أصل الكتاب), opposé à copie; il signifie aussi quelquefois copie, exemplaire; voyez Voc., Macc. I, 607, 12; Abdarî 83 r°: فكلّمته في قراءة جامع البخاري عليه وأتيته بأصل منه اشتريته فاستغرب حالي في ذلك وقال لي أردت أن تقرأ في أصلي وبنوكّر عليك ما تشتري به فأصل فقلت أريد أن أقرأ هذا الكتاب في أصل يكون لي أرجع اليه. — Une chose acquise d'une manière plus ou moins illicite (شيء فيه شبهة) s'appelle فاسد الأصل, R. N. 102 r°; pour exprimer le contraire, on dit شيء له أصل, ibid.: فقلت هذا زيت له أصل. — Qualité bonne ou mauvaise, Bc (sous acabit), plus souvent bonne qualité; 1001 N. I, 290: الأصول محفوظة (trad. de Lane: «noble qualities are held in remembrance»); peut-être Roland, qui traduit أصول par façon, manière, a-t-il eu en vue le même sens. — Comme pied en français (tout l'arbre, toute la plante), Becrî 32: من النارنج الف أصل «mille pieds d'orangers»; ibid. 116, 9, Auw. I, 505, 9 (où il faut lire أصل avec le man. de l'Esc. et celui de Leyde), 131, dern. l.; Berb. II, 138, 1: الأصل الفقه, Macc. I, 585, 6, 621, 2 et 8, 940, 2, III, 1 laitue, 1 rave». — أصول الدين = الأصول, Macc. I, 486, 3 a f. — الأصلان = أصول الدين اصول et

قرأ المنطق والاصلين على: 122, 14, Autob. 198 v°; اخذت عنه الأصلين والمنطق: ibid., الشيخ ابى موسى ثم قرأت المنطق: 202 r°, وسائر الفنون الحكمية والعقلية, Khatîb 24 v°: وما بعده من الأصلين وعلوم الحكمة. De même كان مضطلعا بالأصلين قائما على العربية الأصولان, de Sacy Gr. I, 379, Athîr X, 400, 5 a f.: غارما بأصولَي الدين والفقه, mais au lieu de غارما il faut lire عارفا, comme on trouve chez Nowairî Afrique 52 v°, Macc. I, 551, 13 (cf. Add.). — ولا أصل et pour cause, pour bonne raison, Bc. — من أصل à-compte sur, en déduction de, Bc. — أصلاً (sans négation) aucunement, jamais, point du tout, Bc. — اخرج لنا مقرونا بغيره لا أصلا Prol. II, 146, 3: («pas uniquement sur son autorité»), de même 149, 12.

أصليّا أصلي primordialement, Bc.

الأصلي = البيت الأصلي = أصلي la maison paternelle, 1001 N. Bresl. X, 282 (Macn. الأصلي).

أصيل dans le sens de noble, (cheval) de race, forme au pl. أصل (1001 N. Bresl. III, 384), أصلاء (Macc. I, 801, dern. l., 802, 8), et أصائل (Bc sous condition et sous race). — البر الأصيل la terre ferme, le continent, Bc, 1001 N. I, 113.

أصالة origine, Khatîb 4 v°: وكل طبقة تنقسم الى من سكن المدينة بحكم الأصالة والاستقرار وطرأ عليها وذهبت الى ان الذكر, ibid.: مما يجاورها من الأقطار 19 v°, etc.; الرجل ونسبه وأصالته وحسبه ومولده surtout noble origine, Voc., Khatîb 14 v° (après avoir nommé les tribus arabes établies à Grenade): وكفى بهذا شاهدا على الأصالة ودليلا على العروبية 23 v°: بالأصالة entièrement, Bc. — من بيت خير وأصالة.

تأصيل pl. ات obligation, billet de reconnaissance d'une dette, Voc. (cautio; cf. Ducange cautio n° 1).

أضالة est omnis dans le Voc.

اطربال (terebella) sorte de tarière, Aboul Hhassan Ali, de Maroc, Traité des instr. astron., traduit par Sédillot, II, 549 et suiv., avec la figure. Aussi طرابل (voyez).

أُطْرَبِشِيرَة *manteau*, Voc.

أُطْرَبَشِين (esp. *travesaño*) pl. ات *barre* pour fermer et assurer une porte, Voc.

أَطْرَجَل (ou أَتْرَجَل) *chopper, faire un faux pas*, Bc.

أُطْرِطَة est expliqué dans le Voc. par *ofa* (offa) et son synonyme est ثَرِيد ou ثُرْدَة. Du latin *attritus*, selon M. Simonet, 260, qui fait remarquer que le Voc. donne aussi (p. 477 gl.) un verbe *atridar* = دَقَّق.

أُطْرُمالَة (voyelles dans A) nom d'une plante, Bait. I, 55 i.

أُطْرُنَكَة dans le Voc., sans explication.

أُطْرُون *aphronitre, écume de fleur de nitre*, Gl. Esp. 59.

اطريفل et اطريغال *myrobolans. — Médicament composé ou électuaire, dans lequel entrent les myrobolans*, Sang., Gl. Manç.: اطريفل دواءٌ مركّبٌ فيه لا محالةً بعض الهليلجات او كلّها ويُزاد فيه بحسب الحاجة من الأقاويه وصوابه ضمّ الفاء Gildemeister, Catal. des man. or. de Bonn, p. 55: «Quomodo paretur اطريفل e tribus myrobalani speciebus». Un de ces électuaires s'appelle اطريفل اسحق, car c'est ainsi qu'il faut lire Becrî 27, 11; un autre الاطريفل الصغير, Sang., Chec. 213 v°: ومن أجْوَد الادوية لارواح البواسير اخذ الاطريفل الصغير ويكون انقاع الهليلجات التي يتركّب منها الاطريفل بدهن الجوز بدلًا من السمن. Ce mot vient de τρυφερόν (délicat); cf. Ducange sous *triferon. — Trèfle d'eau* (plante médicinale), Bc.

أُطْمَة (de ατμή, *fumée, vapeur*?) pl. أُطَام *volcan*, Hamaker *apud* Weijers 183, Amari 1, l. 8, 4 a f., 2 a f., 2, l. 4, l. 9, 4 a f., 145, 3, 424, 4 a f.

أُطْواسِنا avec ces voyelles dans le Gl. Manç. qui l'explique ainsi: استشعار الطراوة لصغَر السنّ من أجل الغضاضة التي تلزمه يقال طرو اللحم وغيره بالهمزة وطرو بالواو وطرى بالياء طراوةً وطراءةً ضدّ ذَبُل ۞

أطيط *noix d'arec*, Most. sous فوفل: وقيل هو الاطيط. Chez Freytag اطيطة.

أظار est employé comme un pl., *nourrices*, Prol. I, 336, 1, III, 307, 6.

اعاراطس (Lm ظيس) *certaine pierre qu'emploient les cordonniers*, Most.: الزقراويّ هو حجر تستعمله الاساكفة ومذاقته غير قابضة ولا حريفة جدًّا ۞

أُغَا (turc), suivi d'un génitif اغا ou اغذ (cf. Fleischer Gl. 85), pl. اغاوات, *agha, commandant turc, — exempt*, Bc. — *Eunuque*, 1001 N. Bresl. IV, 375, VII, 96 (dans ces deux passages l'éd. Macn. a طواشى).

اغاريقون (esp. *agarico*) *agaric*, Most.: اغاريقون هو اغاريقه.

اغافت = غافت, Payne Smith 995, 997.

أَعالُوجن ἀγάλλοχον, Most. sous عود.

أغرسطس (gr.) sorte de graminée, voyez Gl. Edrîsî.

أُغْرِل ou أُغِيل (altération d'une forme romane dérivée du lat. *glis*, en prov. *glire*, en esp. *liron*) pl. أُغْرِبات *loir*, Voc.

أُغْرِيل (esp.) *grillon*, Alc. (grillo especie de cigarra).

أَعَشْ (Alc.) et أَعَشْت (Augustus) *le mois d'août*, Simonet 237.

أَغْشِيَة = لَغْشِيَة. Voyez ce mot.

أَغْلال (berb.) *limaçon, escargot*, Domb. 67, Roland, Hbrt 68, Most. sous حلزون (seulement dans N): ويسمّى بغلال المغرب من فاس وتلمسان اغلال. Dans le Dict. berb. *limaçon* est أَبْرَجْغَلال et أَجْغَلال.

أَقّ V c. ب *s'ennuyer de quelqu'un, de quelque chose, en éprouver du dégoût, s'en lasser*, Abd-al-wâhid 92, 6 a f., de Slane Prol. I, LXXVI a.

أُقّ *paucitas* chez Freytag doit être biffé, voyez Fleischer sur Macc. II, 820, 5 Berichte 203.

أفام *dette*, Ht, Roland.

أفرنتجية ou فرنتجية *espèce de machine de guerre*, Mong. 136 b, 137 a.

أفرنطال et فرنطال (esp.) pl. ات *espèce de coussin qu'on met sous la courroie qui assujettit le joug à la tête*

أُفْروطَة

des bœufs, de peur qu'elle ne les blesse, Alc. (frontal de arar, frontal, melena de buey). Aujourd'hui on dit encore frontal en valencien, mais frontil en castillan.

أُمْروطَة (esp.) flotte, Alc. (flota de naves), Cartâs 222, 9 et 9 a f., 223 med. et 8 a f., 224, 2 a f., 225 med., etc. (seulement en parlant de la flotte des chrétiens).

أُفْريقِيَة poulet à l'huile d'olives, R. N. 69 v°: فعملت (sic) اختـت ليلةً من الليالي دجاجـةً افريقية (prépara) فقال سليم انا اشتهى افريقية r° 91, ووجّهت بها اليد تقدّم البيم ثردة بدجاجة (sic), et ensuite: بزيت طيّب وعليها زيت طيّب طيّب وقل لسالم كُل يا سالم يا صاحب الادمريقية (sic).

أَفس. افيس nom que les Africains (الافريقيون) donnent à l'hyène, Abou'l-Walîd 799, 10.

أُفْسِنْتِين (absinthe chez Freytag), la première lettre a un kesra dans le Voc.

أَفْطِهاج absinthe, Most. sous افسنتين (dans Lm il n'y a pas de ج).

أُفْق. أُفْق hémisphère, Voc. — افق الملائكة chez les Soufis, la station la plus élevée à laquelle l'âme puisse atteindre, Prol. III, 64, 3: الافق الاعلى افق الملائكة — أُفْقَى = أُفْقِى, vers chez Weijers 192. — Horizontal, Bc. (sans voyelles).

أَفْلِيو (latin pulegium) pouliot, Domb. 73; voyez sous la racine فلى.

أَفْلَنْجَمَشْك = فِرَنْجَمَشْك, Bait. II, 254 b.

فَلَنْجَة ou أَفْلَنْجَة (pers.); voyez les dict. persans sous ces deux mots; Most.: قيل انها حشيشة تقع فى الغالية, وفى فلنجة وفى مثل حبّ الخردل واكبر لها عيدان صغار مثل الصعتر واكبرُها أجْوَدُها وهو الزنب الزنب وهو ارجل (Lm ارجل) للجراد Au lieu de بالزاء. lisez الزرنب; cf. Bait. I, 525 b: الزرنب الدمشقى

أقروف

يسمّى ارجل للجراد. Voyez aussi Bait. II, 261 a, 344 b.

أَفْلوس obier ou aubier (arbrisseau), Bc.

أَفْد et أُفُون fi! Habicht Gl. II.

أَفونموس fusain ou bonnet à prêtre (arbrisseau), Bc.

أَفِيْثِمون épithyme, Gl. Manç. v° كشوث, Calendr. 67, 6.

أَفْيون. روح الافيون et دهن الافيون laudanum (extrait, préparation d'opium), Bc. — Les feuilles séchées du hachich qu'on fume, Maltzan 141.

أَفْيونى preneur d'opium, qui fait usage de l'opium pour s'égayer, Bc, 1001 N. Bresl. VII, 43.

أَقَاجْ. أَق أَغاج (turc) orne (arbre), Bc.

أَقْتَرْمَه (turc) prise, vaisseau, marchandises prises, Bc.

أَقْحَوان voyez sous قحو.

أَقْلِيميا chez Freytag doit être biffé; أقليميا chez Rhazès n'est pas une faute, comme Freytag a pensé; c'est la bonne leçon; Freytag lui-même l'a sous le ن.

أَقْرَباذِين ou قَرَباذِين (grec selon Hâdjî Khalfa I, 378, 10; conjectures sur son origine Ztschr. V, 90, n. 2) médicament composé, Bc. — Pharmacopée, Catalogue de Leyde III, 255, chez Bc اقراباذينات.

أَقْرِشْتَه (esp. cresta) crête du coq, Voc.

أَقْرِنَد nu, Voc.

أَقْروف et أَخْروف pl. أَقارِف espèce de coiffure, en usage au Maghrib, bonnet haut, de forme conique, Voc. (capellus), Mohammed ibn-Hârith 275: قدم قرطبة (Abdérame II) رحّه القضاء فجلس للحكم فى المسجد وعليه جبّة صوف بيضاء وفى راسه أقْروف ابيض (le man. a toutes les voyelles de أقروف). C'était un costume extrêmement simple, car l'auteur ajoute: فلمّا نظر للخصوم البه احتقروه. Ce terme désigne au contraire une coiffure faite d'une étoffe précieuse chez Abbâr 162, dern. l. Chez Bat. II, 379, c'est le synonyme du persan بُغْطاقى qui désigne: une coiffure en or, brodée de perles ou ornée de pierreries, dont se servaient les princesses mongoles, et dont l'extrémité ou appendice traînait jusqu'à terre (J. A. 1847, II, 170). Voyez aussi Bat. II, 388, III, 229. Deux fois avec le غ dans le man. Gayangos de Bat.

أَقْرِيطِشِى *proprement qui vient de l'île de Crète*, épithète du narcotique appelé *bendj*, 1001 N. Bresl. IV, 146, 389. Employé substantivement, c'est le synonyme de *bendj, ibid*. VII, 282 (où l'éd. Macn. a بنج).

أَقْرِيون, أَقْرِيونش, أَقْرِيولش, *cresson*, de ἄγριον = ἀγριοκάρδαμον, Simonet 234; chez Alc. (berro yerva) fuecurión.

أَقْسَمَا (gr.) *oxymel*, 1001 N. Bresl. II, 101, 104 (= Macn. I, 189).

أَقْسِبين *liseron, liset*, Bc.

أَقْطن (Freytag) appartient au dialecte du Yémen, Bait. I, 71 e: اقطن بكسر الطاء هو الماش اهل اليمن II, 465 b.

أَقْلومية. حارس الاقلومية *marguillier*, Bc.

أَقْلى (roman, Simonet 253) pl. ات *aiguillon*, Voc.

أَقْليم *district, étendue de juridiction*, Gl. Edrîsî, *province*, Bc. الاقليم المصرى *l'Egypte*, الاقليم الصعيد *Haute Egypte*, الاقليم الوسطانى *Moyenne Egypte*, الاقليم البحرى *Basse Egypte*, Bc.

أَقْلِيميا ou قَلِيميا (καδμεία) *cadmie*, Most., Gl. Manç., Bait. I, 43 a et b, II, 314, Bc.

أَقْنوم.

أَقْنومى *hypostatique*, Bc.

أَقْنين voyez قنين.

أَقْوال (berb.) instrument de musique dont on se sert en Afrique, Macc. II, 144, 4; c'est un tambour de terre glaise qui a une peau tendue sur un seul fond; voyez Hœst 103, 262, et la figure Tab. XXXI, n° 9; il écrit أَكْوال.

أَقْوِى (esp.) *piquette* (boisson faite avec de l'eau jetée sur le marc du raisin), Alc. (agua pie).

أَكَابِر *grande caravane*, J. A. 1840, I, 380, 8: مر ورد فى بلد تنبكت فى رفقة اكابر, cf. l. 14; Barth V, 32 donne *ákabar* au sing., *ákuabîr* au pl.; Ghadamès 164: « La caravane marocaine [qui se rend à Tombouctou] se nomme *Akabar* »; cf. 192; incorrectement *akkabah* chez Jackson 24, 61, 62, 75 et souvent dans son Timb., et chez Gräberg 144. C'est sans doute un mot étranger (cf. Barth l. l.) et nullement le pl. de l'arabe أَكْبَر, comme l'a pensé d'Avezac (J. A. l. l. 385).

أَكْتَمَكْت (chez Freytag), voyez Bait. I, 73 b, 294 a; dans le Most. N حجر أَكْتَمَكْتا (très-corrompu dans Lm).

أَكْتُوبر *le mois d'octobre*.

أَكْتُوبرى *poisson qui paraît en octobre dans le golfe de Tunis*, Beèrî 41, 10 a f.; aujourd'hui le poisson qui y paraît dans ce mois, s'appelle *chelba*; c'est une espèce de dorade, de Slane.

أَكْتُوبرية (pour أَكْتُوبرية) *maladie qui atteint les étrangers à Tuggurt en octobre*, Carette Géogr. 247.

أَكد voyez وكد.

أَكديش voyez sous le ك.

أَكرة (pour كُرة, cf. Fleischer Gl. 40) pl. أَكْر *boule*, — *pommette* (ornement en forme de petite pomme), Bc. — أَكْرُ البحر *pilae marinae*, Bait. I, 74 b, qui ne parle pas de la mer indienne (Sonth. 75, 4), mais de بحر المهدية (AB) et qui compare les racines des éponges au ليف أَكْرُ البحر, I, 45 b. — أَكْرُ القيروان auxquels sont comparées les grenades, 1001 N. IV, 249 (= Bresl.); j'ignore ce qu'il faut entendre sous cette expression.

أَكرار *grand héliotrope, tournesol*, Bc, est un terme qui appartient au dialecte de Nedjd, Bait. I, 75 c: عَنْد عرب نجد للنوع الكبير من الطرنشولى الذى لا يثمر

اكرباىا ou أَكَرِبايْ, terme dont se servent les Persans dans les 1001 N. pour confirmer ce qu'ils disent. Il paraît être du persan corrompu; voyez Fleischer Gl. 69 et son édit. des 1001 N. XII, préface, p. 92.

AKRECHT ARNEB *paronychia*, Prax R. d. O. A. IV, 196.

أكرنب voyez كرنب.

أَكْرِيخ pl. أَكارِيخ *mèche*, J. A. 1850, I, 246, 247.

أُكسِيجِين (gr.) *oxygène*, M.

أُكسِيسِ voyez plus haut sous اِجَّاص شتوى.

أَكَل I au fig. *corroder, ronger peu à peu, miner, consumer peu à peu, caver* (p. e. اكل المـاء الصخرة «l'eau a cavé le rocher»), Bc; اكلتم السنون «quelques années de disette achevèrent leur ruine», Berb. I, 41. — *Dévorer, lire avidement*, Bc. — *Mordre, piquer*, en parlant d'insectes, R. N. 48 v°: فاذا عندي من البراغيث امر عظيم قال فاقبلت اتحرك كلّما اكلوني — *Piller*, Edrîsî Cl. I, Sect. 7: وربّما ركبوا فى مراكبهم وتعرّضوا للسفن فاكلوا متاعها وقطعوا على اعلها, ibid.: لكن اهل الجزيرة اكلوا متاع الغوّاصين والتجّار القاصدين اليهم, Cartâs 204, 4 a f., en parlant d'un roi: اكلم لا — اكل القوىّ الضعيف. Gl. Abulf.: وسى حريمهم, اكل العرْض *incorruptible* (au fig.), Bc. — ياكل برطبيلا voyez sous عرْض. — اكل عصا *recevoir la bastonnade*, Bc, Jackson Timb. 325; de même اكل قتلة, اكل ضربًا *être battu, recevoir des coups*, Bc; اكل طرْحة, Daumas V. A. 480, 2 a f.; اكل ماة عصا *il a reçu cent coups de bâton*, Bc. — اكل كفّه ندمًا *se mordre les doigts par regret*, Bc. — اكل الميراث *succéder à, hériter de*, Bc. — اكلنا مشبعة مشبعة كرامتكم *vous nous avez bien fait suer* (travailler), Bc.

III (au lieu de la IIe) *donner à manger*, Voc.

V *être rongé*, Bait. I, 13 a: ان وضع مع الثياب — *Incorrectement*, actif c. فى: حفظها من التـأكّل *ronger*, Most.: (N ش) نشارة الخشب هو الذى ينتشر من الخشب من قبل تأكّل السوس فيها.

VII *se manger, être mangeable*, 1001 N. Bresl. IX, 296, 8.

VIII (vulg. اتّاكل et اتّكل) *se manger, être mangeable*, Bc.

أَكْل السريرة *remords*, Bc.

أَكْلَة *repas*, Bc, Hbrt 11. — *Pâture*, Bc. — *Mangeure* (endroit mangé d'une étoffe, d'un pain), Bc. — *Ver rongeur, remords*, Bc. — *Cancer*, Domb. 88, Bc; L a أَكْلَة en ce sens (cancer). — *Gangrène*, Bc. — *Chancre, ulcère*, Bc, Ht.

أُكْلَة *terres du beylick occupées, à titre de bénéfices militaires, par des Turcs*, Dareste 87 (cf. Lane).

أِكْلَة voyez أُكْلَة.

أَكّال *corrodant, corrosif, mordicant, rongeur*, Bc. اكّال اللحم *cautérique* (qui brûle les chairs), Bc. دواء اكّال *remède consomptif* (qui consume les humeurs, les chairs), Bc.

آكِل *plante qu'on mêle au tabac quand il est trop fort*, Daumas Sahara 192 (*akil*). — آكل بغيل (? *quelepequil*) *urèbre* (petit ver qui s'engendre et se roule dans les feuilles de pampre, etc.), Alc. (*gusano rebolton*).

تَأْكُولَة *chancre*, Bc.

تَأْكُولِى *chancreux*, Bc.

مَأْكَل pl. مَآكِل *aliment*, Voc.

مَأْكَلَة *aliment, repas, festin*, Ht.

يَأْكُل سَكُوت *espèce de moucheron qui ne bourdonne pas, mais qui mord en silence*, van Karnebeek dans la Revue « de Gids » de 1868, IV, 141 (*Jakul oskud*, « qui mange sans parler »).

أُكْلُك pl. أَنَالِك *tablier de taffetas des femmes*, Bg.

اكليروس ou اكليرس (gr.) *clergé*, Bc.

اكليركى (gr.) *clerc*, Bc.

اكليم pl. اكاليم *tapis*, Bc; كِلْمات *espèce de tapis*, Descr. de l'Ég. XVII, 388.

•أكم وبعضان من ذلك بالاكمة :19 ,249 ,butte, Auw. I أَكَمَة.

(car c'est ainsi qu'il faut lire) «ce contre quoi on peut le prémunir en le buttant» (Clément-Mullet).

العُمْرَة الاكمِيّة أَكَمِى *la visite sacrée dans le mois de Redjeb*, ainsi nommée parce qu'elle commence à partir d'une petite hauteur (اكَمَة), qui est en face de la mosquée d'Aïcha; voyez Bat. I, 383.

اكيون *buglose des bois*, Bc.

أَلَا *courage!* Bc.

أَلَّا *certainement*, Ztschr. XI, 676: حوشوا الهوى عنّى الّا يجرح الهوى «loin de moi l'amour! Certainement l'amour blesse». A expliquer par une ellipse: ما هو الّا (*ibid.* n. 1). Aussi isolément, p. e.: «Me connaissez-vous? تعرفنى; réponse: certainement, الّا», Bc. — De même والّا ou فالّا, dans des phrases comme celles-ci: فإن لم يفعل فالّا سرْتُ اليه «s'il no le fait pas, certainement je marcherai contre lui», Valeton 69, n. 6 (cf. ۳, 1); Fakhrî 372, 2; R. N. 98 r°: إن لم تنصرف والّا فقأتُ عينَك الاخرى «si tu ne t'en vas pas, certainement je te crève aussi l'autre œil»; 1001 N. Bresl. IX, 345: اذا لم تقلعى والّا قتلتك «si tu n'ôtes pas tes habits, certainement je te tue»; voyez aussi sous درك VI; Ztschr. XX, 487, 8: ولولا خوف الاطالة والّا ذكرت جميع اسماء الكتب «si je ne craignais de devenir trop long, j'indiquerais certainement les titres de tous ces livres». الّا signifie aussi *certainement*, p. e. Cartâs 118, 5, où il faut lire avec le man. de Leyde: وكلّ ما وصف بـه رسول الّا أن. — الله صلّعم امراء الزمان الّا وقد نُسِبَ اليهم *mais, cependant*, Gl. Edrîsî, Gl. Belâdz., Bc (sous *cependant*); de même الّا *seul*, Macc. I, 154, n. *a*, Bc (sous *couper*), et الّا و, Koseg. Chrest. 89, 5 a f., Bait. I, 48 a: واذا بُخِرَ بجلده لم يبقَ فيه مكان, et والّا, Macc. I, 829, 2 a f. Sur الّا *mais seulement*, voyez mes remarques J. A. 1869, II, 210. — الّا أنّ *du moins*; إن كذبوا الّا انّهم يخافوا من اليمين «s'ils mentent, du moins

ils n'osent le faire avec serment», Bc. — والّا *ou, ou bien*, voyez mes remarques J. A. 1869, II, 185, 186. — والّا *suivi de* ف *mais mettant cela à part (de côté), alors*, Fleischer sur Macc. II, 824, 1 et 2 Berichte 206. — الّا dans une phrase négative, au lieu de حتّى, comme on dit plus ordinairement, Ibn-Abdalmelic 162 r°: فلم يكن الّا عن قريب ووصل — ما ذا والّا. كتاب لابن حَسُّون بـأنْ يفعل الخ *autrement (si non, sans quoi)*, Bc.

الأَوِىّ *déiste*, Bc.

أَلَا بالغى (turc) *truite (poisson)*, Bc.

أَلَاجَة (turc) *bariolé*, Bc. — *Etoffe de soie rayée*, Bc; Descr. de l'Eg. XVII, 308: «des étoffes de soie et coton de deux qualités, l'une appelée *alâgâ Châmy*, et l'autre, *alâga Hendy*»; cf. Browne II, 264; étoffe en coton, Ghadamès 40. الاجة كَساوى étoffe assez grossière en soie et coton, Ouaday 337, cf. 341.

الاسفاقس (ἐλελίσφακος) *sauge (plante)*, Bait. I, 77 b (qui dit avec raison que les deux premières lettres sont radicales), Most. Pas à sa place chez Freytag.

الاطى *sapin*, Bait. I, 78 c.

الاطبى (gr.) *linaria elatine*, Bait. I, 76 b, *velvote* ou *élatine*, Bc; الاطبى ذكر *véronique*, Bc.

الآى (turc) *appareil, cérémonie, pompe*, Bc; بالآلاى *en grand cortège, en grande pompe*, Bc; الآى جاوش *héraut d'armes*, Bc. — الآى مدافع *batterie*, Bc. — *Régiment*, Bc; امير الآى *colonel*, Bc.

الب II *rassembler une armée contre* quelqu'un c. على p., Nowairî Espagne 466, Ibn-Khaldoun man. 1350, IV, 3 v°. — الّب على فلان *exciter le peuple, le public, contre* quelqu'un, Autob. 231 v°: فاتّفقوا على شانئم فى التاليب علىّ والسعاية فى, Amari 435, 3 a f. (cf. annot. crit.), 436, 10 (prononcez فألّب).

V *se liguer contre* quelqu'un c. a. p. (Lane d'après T), Macc. II, 266, 11, Amari 435, 8 a f. (cf. annot. crit.; bon dans A). — *Rassembler une armée contre* quelqu'un c. على p., Bidp. 4, l. 7.

التِّماق (corruption du turc طوماق) pl. ات, en Espagne, *botte*, Vêtem. 49. Comparez plus loin تماى.

أَلتُّون (turc) *fil d'or*, Bc.

أَلچِى ou الشى النجى et أَيْلجِيّة (turc), pl. أَلچِيّة أَلاچِيّة *ambassadeur*, Bc, M.

الخ En lisant, on prononce الى آخره, mais le vulgaire dit الِخ, M.

الف I *s'apprivoiser*, Bc.

II (chez Alc. et Bc وَلّف dans toutes les acceptions que je donne sur leur autorité) *apprivoiser*, Bc, Ht, Hbrt 66; *accoutumer*, Ht, Hbrt 66. — En général *préparer, apprêter, mettre une chose dans l'état convenable à l'usage auquel on la destine; le sens particulier est déterminé par le substantif qu'on joint à ce verbe. Ainsi en parlant de viande, c'est assaisonner, accommoder;* en parlant de bois, *limer*, ou *raboter*, ou *travailler artistement* (خشب مولَّف الصنعة Berb. I, 412, 2 a f.); en parlant de cuivre, *battre*; en parlant de verre, *facetter, tailler à facettes*, Gl. Edrîsî. — En chimie, *amalgamer, ibid.* — *Orner, parer*, Alc. (apañar ataviar). — *Forger (controuver)*, Bc. — *Renfermer le bétail dans l'étable*, Alc. (apriscar). — *Commander des soldats*, Alc. (capitanear gente). — *Débaucher (entraîner à des parties de plaisir,* et aussi: *faire quitter le service de quelqu'un, embaucher)*, Bc. — C. على *adapter (appliquer, ajuster une chose à une autre)*, Bc. — وَلّف حاله (dans le Kasraouan) *s'apprêter à*, Bc.

V *s'apprivoiser*, Bc, Hbrt 66. — *Se ranger*, en parlant de cavaliers, Müller L. Z. 4, l. 11. — Quasi-passif de la II°, Voc. v° compilare.

VIII *être égal, uniforme, ne pas varier*, Abd-al-wâhid 121, 9: اِئتلاف أَوان, en parlant du printemps, où اوان est *saison*; l'auteur parle de l'égalité de la température au printemps, et اِئتلاف est l'opposé de اِختلاف dans la phrase qui suit. Hoogvliet (150, 3 et n. 185) ne me semble pas avoir saisi le sens de ce passage.

X c. a. p. *chercher à s'assurer l'amitié de quelqu'un*, Haiyân 40 r°: فاستالف عوساجة من اهل الخليج والتاكرني وعاقدة, Akhbâr 68, 2 (= Bayân II, 44, 16).

71, 1, Cartâs 54, 7, Cout. 41 v°: إن أَمكَنَنى أن اِستالف بهذه المصاهرة الى الطاعة فعلتُ. Dans le passage Berb. I, 295, 6 a f. on lit اِستئلافا بهم, mais il faut y substituer لهم.

أَلْف. Pl. du pl. الاقات; صاحب الاقات *millionnaire*; ou خَيْر من أَلف دينار, *par milliers*, Bc. — الف دينار بالاقات, ou الف دينار خَيْر, *seul, noms de la pimprenelle* chez le peuple en Espagne, Alc. (pinpinella وهو نبات له ورق شبيه (Bait. I, 95 c: بورى النبات الذى يعرفه عامَّة المغرب خَيْر من الف دينار; ainsi dans A; B ajoute وهو كزبرة الثعلب après الف, mais sans nécessité absolue, comme le prouve II, 62 c, où AB portent: هذا النبات تسمِّيه عامَّتنا الف. — بالاندلس خَيْر من الف (Bait. I, ذو الف ورقة 474 e) ou الف ورق (Alc. milhoja verde) *mille-feuille*, et aussi *Stratiotes sauvage* (Bait. l. l.), après avoir dit que c'est *Myriophyllum*: وقد يسمَّى ايضا اسطراطيوطس البرِّى بهذا الاسم).

أَلِف. Paroles de Mamoun: ذاك غرس يدى والف أدبى avec la traduction: «Hic est satio manus meæ et disciplinâ meâ excultus», Gl. Fragm.; mais je suppose que le mot a ici sa signification ordinaire, celle de *compagnon*, et qu'il faut traduire: «mon compagnon, mon égal, en savoir-vivre». — Coll. *amis*, Gl. Mosl.

أَلِف باء. *A.B.C.* (petit livret de l'alphabet), Bc. — الالف واللام *l'article*, Bc.

أُلفَة *compagne, femelle d'oiseau*, Bc.

أُلفَة *intrigue de galanterie, galanterie (commerce amoureux), commerce (union des sexes)*, Bc.

أَلفِى *du prix de mille piastres*, vers dans la Descr. de l'Eg. XIV, 138, où il est question de la دكَّة (تكَّة) *d'une jeune fille*. — تاجر الفى *un marchand qui possède mille bourses* (trad. de Lane), 1001 N. IV, 640, 9, 683, 3 a f.

تأليف *synthèse*, Bc.

تأليفَة *pièce (ouvrage en vers ou en prose)*, Bc.

تأليفى *synthétique*; تأليفيّا *synthétiquement*, Bc.

توليف (pour تأليف) *embauchage*, Bc.

مُوَلِّفْ orateur, Alc. (orador que haze oracion). — Râpe (espèce de lime), Alc. (escofina). — Embaucheur, Bc. — مُوَلِّف الكذب forgeur (qui controuve), Bc.

مَأْلُوف auquel on est accoutumé, qu'on mange ordinairement; Auw. I, 67, 9 nomme le riz parmi الحبوب المألوفة‎; مواليف doit avoir un sens qui ne m'est pas clair 1001 N. I, 365, 7.

مُوتَلِف (homonyme) se dit d'un isnâd dans lequel le nom d'un des rapporteurs s'écrit comme celui d'un autre rapporteur, mais se prononce différemment, de Slane Prol. II, 483.

الفَنْسِيَة éléphantiasis, Alc. (elefancia dolencia).

القّ V et VIII chez les poètes briller, en parlant de fleurs, (V̊ᵉ forme) P. Abbad. I, 24, dern. l. et 32, n. 106, P. Macc. II, 409, 3, et (VIIIᵉ forme) P. Macc. II, 371, 3.

الكسبيني (ἀλσίνη) pariétaire, Payne Smith 1016.

ألكي espèce d'exercice militaire; voyez J. A. 1848, II, 221.

الم II affliger, faire de la peine à quelqu'un, contrister, mortifier, Voc., Bc, torturer, tourmenter, Hbrt 214.

V être supplicié, Hbrt 214.

ألم (olmus) orme, Cherb. C.

ألم peine afflictive, corporelle, tourment, supplice, torture, Bc, Hbrt. 214. — الم يسوع المسيح la Passion, Bc, chez Hbrt 153 الالام seul. — جمعة الآلام le vendredi saint, Bc. — زهرة الآلام grenadille ou fleur de la Passion, Bc. — اظهر الم éclater, montrer son ressentiment à découvert, Bc.

أليم (t. de marine) espace vide en avant du gaillard d'arrière, J. A. 1841, I, 589.

النَّجَة (esp. avec l'art. ar.) souchet, Alc. (juncia).

النَّجُوج voyez Freytag sous لجّ, Macc. I, 90, 14, 364, 1.

ألّه II déifier, diviniser, apothéoser, Bc. (aussi dans Freytag, mais comparez Lane).

V se proclamer Dieu, Macc. II, 131, 2 a f. — Déifier, Voc. — Voyez plus loin تَأَلَّه.

الاقة déesse, Bc.

اللَّهُمَّ Ibn-Khaldoun et d'autres écrivains maghribins oublient quelquefois la règle qui prescrit de faire suivre le mot اللهم par la particule أن, p. e. Prol. I, 11, l. 13, 402, 2 a f., 403, 11.

تألّه amour-propre (proprement l'adoration de soi-même), Prol. I, 300, 7, II, 293, 4. Mais dans le passage Berb. I, 641, 3 a f: والتألم على الندمان (dans notre man. 1351 والتأند), il faut lire والتأنّب (cf. Lane sous أبه V).

الهِنَاكْ vulg. pour الى هُنَاكَ, illic, Voc.

الى Quand cette particule a le sens de jusqu'à, on y joint quelquefois la copulative, p. e. Bidp. 243, 2 a f.: ومنذ مجيّه والى الآن لم يطّلع له على خيانة (comme en hébreu וְעַד־). — Quand الى est répété, il signifie jusqu'à — ou jusqu'à, p. e. Maml. I, 1, 34: عدّة من ماتتى فارس الى مئة فارس الى سبعين فارس «un nombre de deux cents, cent ou soixante et dix cavaliers». — Synonyme de عِنْد, si l'on veut (cf. Lane), p. e. Macc. I, 578, 10 et 16: رجل الى جانبه «un homme qui se trouvait à côté de lui». — Synonyme de بَعْد après, p. e. Akhbâr 44, 8: مات الى ايام يسيرة «il mourut peu de jours après»; P. Macc. I, 465, 11: على أنّ الى زَمَن «que longtemps après». — Selon, eu égard à, à proportion de, p. e. Prol. II, 48, 15: وكانت دنانير الفرس ودراهمهم بين ايديهم يردّونها في معاملتهم الى الوزن Quand on parie, الى signifie contre, p. e. 1001 N. Bresl. IV, 177, 10: والرهان بينى وبينك بستان النزه الى قصرك (car c'est ainsi qu'il faut lire, comme Lane l'a dit avec raison, et non pas وقصر; Lane traduit (II, 370): «and our wager shall be, that I stake the Garden of Delight against thy pavilion, the Pavilion of the Pictures»). — الى à la place de ل, p. e. انقاد له = انقاد اليه, ردّى للجواب = ردّى الى الجواب etc., voyez Fleischer sur Macc. I, 310, 3 a f. Berichte 181, 182. — كان الى atteindre, parvenir à,

الى

p. e. Tha'âlibî Latâïf 68, 7, où Ali dit pour prouver que les hommes deviennent plus petits de génération en génération: كنتُ الى منكبِ أبي وكـان ابي الى كـان الى — منكبِ جَدّي *appartenir à*, pour وذكروا مضمومًا الى, comme le prouve Belâdz. 132, 3: وفي, comparé avec l. 6: أنّ الجزيرة كانت الى قنسرين تنزل قنسرين وكورها مضمومة الى حمص حتى الخ الزراعة. Mais on supprime souvent le verbe كان et on dit: وما اليها «les grains et ce qui y appartient», Auw. I, 10, l. 10; de même مِنْ اليهم Berb. I, 2 (2 fois), 3, 28, 139; Holal 31 v° après l'énumération de plusieurs villes du الثغر الأعلى وما الى ذلك كله: Çalât 57 v°: فاحتشد جميع اهل شرق الاندلس ومن البه Rutgers 130, 13, 131, 2; Berb. I, 32, 41, 45, etc.; Bat. IV, 273; Amari Dipl. 87, 3, 88, 5 et 6, 89, 7, 131, 8; d'autres exemples dans mes Recherches I, 75, n. 1 1ʳᵉ édit. Cette locution elliptique, qui est bien plus fréquente que ne l'a cru Weijers (apud Rutgers 134) et que de Jong a confondue avec celle qui précède, a été changée mal à propos par quelques éditeurs, p. e. par de Sacy Dipl. IX, 470, 2, par les éditeurs de Bat. II, 138 (cf. la note), et par Fleischer, note sur Amari 497, 4 (Fleischer a reconnu son erreur dans l'Appendice). — Autre ellipse, R. N. 99 v°: فقالوا الشيخ يدعوك فقال البه; ici le verbe *je vais, j'irai*, a été supprimé. — Sur les phrases telles que كان الى الطول ما هو voyez sous ما.

الّي vulg. pour الّذي *qui*, Bc.

الوِي = الوَة *bois d'aloès*, P. Macc. II, 776, 15, avec la note de Fleischer Berichte 195.

الْبَيْةُ الحَمَل. *les Pléiades*, Dorn 47.

البيسى *ellipse* (t. de géométrie), Bc.

أم, vulg. pour أمّ, *nonne*, Voc.

أمّ I c. ب p. *être imâm en même temps qu'un autre, être son collègue dans l'imamat*, Freytag Chrest. 118, 13.

أمّ *exemplaire, copie*, Voc., Most. sous بطليمس: والطويل منه المقلوبِ المؤلّف رأيته في أمّ اخرى الملوثيا id. sous محروت après avoir cité un passage d'Abou-

أم

Hanîfa: زايت في أمّ اخرى يقول ابو حنيفة; *le copiste du man.* N *nomme dans la suscription l'exemplaire dont il s'est servi*: الأمّ المنتسخ منها; *voyez encore un exemple sous* خروج. — أمّهات كتب الحديث *recueils authentiques de traditions*, Prol. II, 400, 1; aussi الأمّهات, Macc. I, 565, 7, ou أمّهات الكتب, ou الأمّهات المكتوبة, Prol. II, 401, 5, ou الأمّهات seul, Prol. II, 351, 3, 15, 401, 8, Mohammed ibn-Hârith 220, en parlant d'un traditionnaire: فلمّا انصرفت الى الاندلس طلبت امّهاته وكتبه فوجدتُها قد ضاعت بسقوط هممَ اهلها. — En alchimie, الأمّهات = الطبائع *les natures*, Prol. III, 202, 6. — الأمّ الجافية (t. d'anatom.) *dure-mère*, Bc. — الأمّ الرقيقة (t. d'anatom.) *pie-mère*, Bc.

أمّ بريص = سامّ ابرص *lézard gecko*, Sang.

أمّ البلاد — *mère-patrie*, Bc.

البونة — *Salvia verbenaca* L., Prax R. d. O. A. VIII, 279.

البُوَيّة — *caméléon*, Bg; cf. sous بويه.

أمّ ثمرة = باشق *accipiter frigillarius*, Payne Smith 1117.

جَلَلْبِيَة — *bécassine*, Hbrt 185.

حبيش — *lézard*, Voc.

الحَسَن — *rossignol*, Voc., Alc. (ruyseñor), Domb. 61, Daumas V. A. 432; أمّ حَسَن Müller 24; Hbrt 67. Dans L الحَسَن est filomela (irundo), et on sait que hirundo signifie *hirondelle*. Chez Pagni MS (Humelassèn) c'est calandra (espèce d'alouette).

الخلال — *ammi* (plante), Bc.

خلول (ou أمّ الخلول) — *moule* (petit poisson enfermé dans une coquille), Bc (cf. sous *ostracé*).

اربع واربعين — chez Freytag; Bait. I, 309 g donne اربع, au lieu de اربعذ.

الرويبة — *Marrubium vulgare* L. et aussi *Marrubium alysson* L., Prax R. d. O. A. VIII, 343; cette plante s'appelle aussi *marroubia* (ibid. 346), dont أم الرويبة est sans doute une corruption.

الاسنان — *sorte de poisson*, Yâcout I, 886, 11.

أم شهر sorte de verroterie, Burckhardt Nubia 269.

عُبَيْد — poisson du Nil, Gl. Edrîsî, Ztschr. für ägypt. Sprache u. Alt., mai 1868, p. 55. Aussi أم عُبَيْدَة, même Journal, juillet 1868, p. 83, Seetzen III, 498; ce dernier dit que ce poisson a des menstrues comme les femmes. Vansleb 72 a *Abeide* parmi les poissons du Nil.

أم عَلي — *cloporte*, Bc.

أم عَوْف = عُوَيْف, *sauterelle*, Gl. Fragm. 62.

أم غُوَيْف — aussi أم قيس et بقرة بني إسرائيل, nommé parmi les insectes, Man. Escur. 893.

غَيْلان — *épine-arabique*, Bc; nom que le peuple donne à l'arbre طَلْح, Bait. II, 163 b.

مَغَيْلان — diablesse invisible dans le désert, laquelle enlève les traînards des caravanes afin de jouir de leurs embrassements, Burckhardt Syria 452, qui écrit *Om Megheylan*, et qui dit que le mot dérive de غُول.

أم القَرْن — *rhinocéros*, Bc.

أم قَسْطَل — voyez la glose dans de Sacy Chrest. II, 379, n. 52.

أم قُوَيْق — *chouette*, Bc, *hibou*, Sang.

أم قيس — voyez أم غُوَيْف.

أم الكتاب — dans le Coran III, 5, signifierait, selon les Prol. III, 45, 11: *la majeure partie du livre*, معظمه وغالبه. — *La science ou prescience de Dieu*, Lane M. E. II, 255 n.

أم كرش — *pansu*, qui a une grosse panse, Bc.

أم اللَّيْل — *hibou*, Daumas V. A. 431.

أم منقار — *bécasse*, Hbrt 184.

أم الناس — arbre dont la résine noire est l'encens du Soudan, Prax 20, 21, R. d. O. A. XIII, 83.

أم وجع الكبد — nom d'une plante, voyez Bait. I, 82 b.

أم الاولاد — *matrice*, Bc.

أُمَّة (sic) *maman*, Bc.

أُمِّي *laïque*, Alc. (lego no sagrado).

أُمَّم *chemin*, Voc.

أمَام, أمَام رومية *le pape*, J. A. 1845, II, 318.

أمامَة *bouquin de pipe*, Cherb.

أُمَيْمَة. Le pl. أمائم, Kâmil 274, 2 et 3.

أُمَوي *maternel*, Bc.

مَأمُوم *sous la direction d'un imâm*; J. A. 1852 II, 215, 2: صلَّى مأموما بجامع البلد il fit la prière tandis qu'un autre que lui était imâm»; R. N. 77 r° il avait promis de prier pour le défunt, mais quand on voulut procéder à la cérémonie, il s'y refusa en s'en déclarant indigne; on lui rappela sa promesse قال لهم انّما اردت بذلك ان اصلَّى مأموما فتقدّم عليه معدون لخولاني وكان قد جاء مع المُنَسْتِير مع جماعة من الشيوخ لحضور الجنازة.

أمَا *quel? quelle?* Bc (Barb.).

أمَاج *la distance à laquelle un arc peut lancer une flèche* Amari 334, 6 a f.

أمَارَنْطُون *amarante*, Payne Smith 1013.

أمَارِيطُون (Bait. I, 81 b) ou (Most. sou أمَارَنْطُن, est une altération de أقحوان), *amarante*.

أمَارِيقُون (ἀμάρακον) = الاقحوان الابيض, Most. sou اقحوان.

أمَالا et أمَال *donc*, Bc.

أمِيكُون et أمَنكَّة, أمَانكَّة, en Espagne, *gesse*, l'ἀφάκη de Dioscorides. M. Simonet m'apprend qu'une note marginale du man. de Tolède de la trad. arabe [de] cet auteur porte sous الامانكة التي يعلفها البقر: افاق, et qu'on lit chez Ibn-Loyon, 34 r° الامنكَّة يشبه نباتها الحمص لاكن ورقها اجلّ واشدّ خضرة وارطب وشلوقها كالفول وياكلها البقر وقد ياكلها الانسان مطحّنة كالفول.

أمبارح (vulg. pour البارح) et أمبارحة *hier*; أمبيارح *avant-hier*; اولة أمبارحة *avant-hier soir*, Bc.

أمبيق = انبيق *alambic*, Bc.

أمد II c. a. p. *accorder à quelqu'un un ajournement, une surséance*, Voc.

امدريان

ٱ‎ nom d'une plante, voyez Bait. I, 80 c.

أمر له‎ il ordonna de lui donner, Ictifâ 165 v°:
— وامر له بقشتالة فى قرى ومزارع وارضين ذات‎ م
dier, Alc. (dar licencia).

— conférer à quelqu'un le titre d'émir; de là مومّر‎
nt le titre d'émir, Gl. Edrîsî. — Donner à celui
i l'on parle le titre d'émir, de Jong. — اعل‎ أمر
البلد فى‎ il autorisa les habitants à se gou-
r eux-mêmes, Berb. I, 253.

c. على‎ régenter, aimer à dominer, à faire préva-
son avis, يتآمر‎ impérativement, magistralement, Bc.
I معد‎ conspirer, Bc.
III obéir c. ل‎, Voc.

k c. a. p. et ر‎. demander la permission de quel-
n pour, Gl. Belâdz.; c. ل‎ p. (?), Bat. IV, 238;
rois devoir y lire السلطان‎, au lieu de للسلطان‎.
ام‎ circonstances difficiles, Aghânî 20, 5: قوْمِنا‎
على‎. — Ce que l'on doit faire nécessairement, P.
eg. Chrest. 146, 9: Je donnerais volontiers ma
pour elle, ان كان ذلك من امرى‎, si cela était
essaire». — أمر‎ est quelquefois un mot explétif
ame حقَّه (فيه = حقّه)‎, p. e. Abbad. I, 313,
f.: راغبًا فى قبول امرها‎. — Chez Alc.
correspond à licencia, à savoir à licencia en gé-
al (como quiera), c'est-à-dire congé, et à licencia
mala parte, congé qu'on donne à un domestique
t on est mécontent, etc., اعطى أمرا‎ licencier,
gédier, Alc. (dar licencia, — dar licencia el capi-
, — licenciar como quiera). — En Afrique الأمر‎
وسّى الله تَعلى ببركة‎ est le calife, Çalât 23 v°:
لمّا وصل‎ ,الأمر العزيز أدامه الله أن‎ id. 28 r°:
خبر هذه الوقيعة الى حضرة الأمر العزيز ادامه الله بر‎
بـ الفتح‎, Amari Dipl. 19, 7, 20, 8, 21, 4, 39, 1;
ssi اختار منهم الأمر الكريم‎, Çalât 28 r°: الأمر الكريم‎.
الأم‎ Mais seul avait le
ème sens, comme le prouve une note marginale sur
أدامه الله عسكرًا‎
bd-al-wâhid 199, n. 1, Abbad. II, 190, 11, Abbâr
2, 12, Berb. I, 393, dern. l., l'anonyme de Co-
nhague 50: «لوعلم الأمر بمكانكم لزاد فى احسانكم‎

37

أمر

Çalât passim. — أمر الله‎ (proprement le décret de Dieu,
ou (voyez Lane) le châtiment de Dieu) la peste,
Mouette 402.

أمرى‎ impératif, qui exprime le commandement, Bc.
أمير‎ chevalier, — marquis, — pair, Bc. — الأمير‎
الكبير‎, voyez sur cette dignité Maml. I, 1, 3. —
أمير الأمراء‎ duc, Bc. — أمير الألاى‎ colonel, Bc. — أمير‎
أمراء عساكر‎ maréchal, Bc. — أمير بارس‎ ou بارس‎,
qu'on trouve aussi écrit comme un seul mot, ce qui
vaut mieux, épine-vinette, Bc, Sang., Most. (N. رس‎
L (ريس‎ qui a sous حصص: الأميربارس هو عمارة وقيل‎,
Bait. I, 79 et أميرباريس‎ dans AB et non pas أمبرباريس‎
comme chez South.). — أمير البحر‎ amiral, Abou-'l-
mahâsin, II, 116, 10, Bc; — capitaine de port, Arab.
Heur. 41, Bruce I, 249, Burckhardt Arabia I, 44,
91, Burton I, 174. — أمير جبابة‎ percepteur, vers
chez Bassâm III, 179 r°:

أقمت بأرض قرطبة كأنّى أمير جبابة أو قهرمان —
أمير الحاج‎ mode de musique, Hœst 258.

أميرى‎ nom d'une étoffe qu'on fabriquait dans le
Khowârezm, de Jong. — Epithète d'une excellente
espèce de pomme à Ghazna, de Jong. — الدينار‎
الأميرى‎, Khallic. I, 664, 3, nom que le peuple de
Bagdad donnait aux dînârs des derniers califes; ces
dînârs se distinguaient des anciens en ce qu'ils portaient le titre d'émir (أمير المؤمنين‎) et que leur mo-
dule et leur poids étaient plus considérables; voyez
la trad. de M. de Slane II, 651, n. 2.

أمارة‎ = قصب‎ (voyez) espèce de millet, Barth I, 156.

أمارة‎ chevalerie (dignité de chevalier), — comman-
derie (bénéfice affecté à un ordre militaire), — pairie,
Bc. — امارة البحر‎ amirauté, Bc. — L'administration
des finances, Berb. I, 432, 2. — Pl. أمائر‎ signal, Gl.
Esp. 141, 142. — Signalement, Bc, Roland; اعطى‎
امارة‎ signaler (faire ou donner le signalement), Bc.
— Signe, marque, qu'une personne apporte en naissant et qui est regardé comme un heureux présage,
Alc. (señal de virtud en los niños), Cartâs 193, 15.
— Cri de guerre, Prol. II, 156, 8. — Convention,
accord, pacte de deux ou plusieurs personnes, Amari

امس 38 امن

Dipl. 63, dern. l., 64, 1; on trouve une وثيقة الامارة dans le Formul. d. contr. 10.

أَمِيرِيَّة البَحْر، أَمِيرِيَّة amirauté (dignité d'amiral), Bc.

مَامُورِيَّة mission; مَامُورِيَّة الرسل message, Bc.

مُوَامَرَة conjuration, conspiration, Bc. — Ordre donné par écrit à un employé de restituer certaines sommes qu'il s'est appropriées et qui y sont spécifiées, Khallic. IX, 40, 7 a f., 41, 2.

مُتَوَامِر conspirateur, Bc.

أَمْس. اول من امس et اول من امسين، اول من امس، اول امس

أَمْسَيْن avant-hier, Voc.

أَمْسَى qui est de la veille, Bc.

أَمْسُوخ prêle, queue-de-cheval (plante), Bait. I, 80 d; s'écrit aussi أَمْصُوخ Bait. II, 599 b (ABS), 604 d (AB).

أَمْشِيش (berb.) chat est en usage parmi les Maures d'Alger, Ztschr. XII, 182.

أَمْشِيشْتْرُو (berb.) menthe sauvage, Domb. 73.

أمع, etc., voyez Gl. Mosl.

أمل II c. فى r. désirer, Gl. Fragm.

V se construit avec l'accus. (Lane, Voc.), et non pas avec من, comme le dit Freytag; dans Bidp. 14, 1 le من signifie à cause de. Bc a la constr. avec فى.

مَأْمُول intention, volonté, désir, Ht.

أمن II c. a. p. et على r. confier une chose à quelqu'un, Voc. — Chez Alc. seguir acompañando (qui est assequor chez Nebrija). Je ne sais comment cette expression peut s'accorder avec les significations bien connues de أَمَّنَ.

V jouir de sécurité, Voc., Amari Dipl. 227, 9, 228, 2 a f.

VIII c. a. p. et على r. confier une chose à quelqu'un, Voc.

X c. الى p. (cf. Lane) se rendre à quelqu'un, après avoir obtenu l'amân, Akhbâr 16, 2, Amari 228, 10, Athîr VII, 3, l. 5, 69, 3. — C. a. p. et على r. con-

fier quelque chose à quelqu'un, Voc., Bc. — C. من être à couvert de, se mettre à couvert de, Bc.

أَمْنِيَّة assurance, sécurité, état où l'on est hors de péril, Bc.

أَمَان l'action de goûter les mets et les boissons qu'on sert aux rois et aux grands seigneurs, Alc. (salva de lo que se come o beve = ذَوْق). C'est proprement la sécurité qu'on procure aux rois en goûtant les mets avant eux; cf. l'esp. salva. — Espèce de toile de coton, Descr. de l'Eg. XVII, 369.

أَمُون. Après avoir parlé du لامون, Auw. I, 315, 6 et 7 dit, selon le man. de Leyde: ومنه نوع آخر املس القشر فى قدر بيض الدجاج ولونه اصغر ويعرف بالامون. Comme on ne peut pas lire بالّامون, attendu que le لامون a déjà été nommé et décrit l. 4, le mot أمون, si toutefois la leçon est bonne, doit désigner une espèce de cédrat.

أَمِين vérificateur des poids et mesures, Alc. (almotacen, fiel de los pesos, fiel de las medidas del pan). — Architecte, celui qui a l'inspection des bâtiments, Alc. (juez de los edificios = عَرِيف), Çalât 45 v°: وبناه بالحصى والجيار من الارض الى ان علاه على حاله. — الآن على يدى أَمَناَئه الاخيار. — Inspecteur des eaux, celui qui règle la distribution des eaux, Yanguas II, 432, 7, Adic. 358, 359. — Chef de corporation, Hœst 144 (où il faut substituer أمين à أمان), Pananti II, 65, Het Rijk en de stad van Algiers (Amsterdam, 1830) 42, d'Escayrac 176, l. 1, Daumas Mœurs 150 n., Carteron 175, Macc. I, 589, 18: وكان ابو امين العَطَّارين. — شاهدتُ امين الفَخَّارِين ببلدنا r°. Chec. 208 بغرناطة ce sont les أُمَنَاء الاسوانى d'Abd-al-wâhid 207, 2 a f. — Intendant; امين الكمرك intendant des douanes; امين الكلاّر surintendant; امين الأَمَنَاء cellérier, Bc. — امين السلطان trésorier du sultan, Charant 49; امين الصندوق caissier, Bc. — Percepteur, Grâberg 210; au Maroc on trouve dans chaque grande ville un chef des percepteurs, qui s'appelle امين الأَمَنَاء, Pflügl LXIX, 23. — Le chef de la déchera, Daumas Kabylie 48; امين الأَمَنَاء le président de la djemmâ et le chef de toute la tribu, ibid. 49.

أَمَانَة discrétion, Gl. Badroun, cf. Gl. Belâdz. —

Indifférence, Gl. Mosl. — *La fonction de* أَمِين, dans les différentes significations qu'a ce dernier mot, p. e. *la fonction de vérificateur des poids et mesures*, Alc. (fieldad oficio del fiel de los pesos), *la fonction de chef de corporation*, Macc. I, 589, 19, *intendance, fonction d'intendant*, Bc, Mohammed ibn-Hârith 228: وقد تكرّرت الامانة وقضاء الكُوَر فى نصل عمر كان قد ولّاه امير المومنين السوقَ et 347: وابن شراحيل والنظرَ فى اموال كرائمه وقلّده اسباب الامانات فى بعض الكُوَر وولّاه قضاء كورة البيرة الامانة. — *symbole*, formulaire qui contient les principaux articles de la foi, p. e. *le credo ou symbole des apôtres* (Bc), *le symbole de Nicée* (Prol. I, 421, 1). — Chez les Druzes *l'engagement souscrit par les initiés*, de Sacy Chrest. II, ١٣, 4 a f. et 272.

أَمِينَة *gouvernante, femme qui a soin d'un ménage*, Bc.

مَأْمُونَة et مَأْمُون *sarriette* (ainsi nommée مِن لَلَامِن (غَالَتِنِها, Sang.

مَأْمُونِى البِطِّيخ المَأْمُونِي *espèce de pastèque à Merw*; elle est extrêmement sucrée et de couleur rouge, Bait. I, 146. Peut-être emprunte-t-elle son nom au calife al-Mamoun.

مَأْمُونِيَّة (cf. Lane) *massepain*; voyez le dict. de Vullers; 1001 N. II, 67, 11; en esp. «bollo maimon» signifie: «massepain aux confitures».

أَمْنَق (b. lat. amignus, Simonet 250) *espèce de chaussure*, L (caligo أمنق ونعل وصبّاط, Voc. (sotular).

أَمَنَكَة voyez امانكة.

.أمى

أَمَايَة, فى العين, *taie*, pellicule qui se forme sur l'œil, Bc.

أَمِيرُون (de l'adj. latin amarus, cette plante ayant un goût amer, Simonet 250; esp. almirón et amargón) *chicorée sauvage*, Gl. Esp. 166, Auw. II, 365, 19; عُشَيْبَةُ الْأَمِيرُون est aussi dans L (deux mots après arundo), mais le terme latin est endommagé et illisible.

أَمِيكون voyez امانكة.

أن pour إلى أن, Prol. II, 308, 10 avec la note de M. de Slane. — Voyez sur أن avant un prétérit dans des phrases comme أمره أن نادى فى الناس «il lui ordonna qu'il fît cette proclamation», رأى أن كتب, Fleischer sur Macc. II, 485, 2 Berichte 71.

أن. ان — وان — soit — soit, Meursinge 45, n. 196, 5 a f.; ان كسب وان خسر يندم «qu'il perde ou qu'il gagne, il aura des regrets», Bc.

أن.

أَنِّيَّة (t. de philos.) *une chose dont on peut dire seulement qu'elle est*. Chez les Soufis c'est Dieu, ou plutôt, parce qu'ils sont panthéistes, tout ce qui existe. Lettre à M. Fleischer 75, où j'ai suivi les savants qui prononcent أَنِّيَّة; mais le Voc. donne أَنِّيَّة (esse).

أن II *gémir*, Alc. (gemir con dolor, gemir con otro, avec le participe مُؤَنِّن sous gemidor el que mucho gime). Le Voc. a نَوَّنِي الصَّبِيّ sous amittere; mais je crois que c'est proprement: *pleurer la perte d'un jeune homme*.

أَنَّانة. En parlant d'une femme mariée, أَنَّانة signifie: التى تصبح تأنّ (تَئِنّ) فتقول جنى فخذى رأسى لتنظر هل يحبّها زوجها ام لا, R. N. 31 r°.

أنا *quel? quelle?* Bc (Eg. vulg.).

أَنَانِيَّة *égoïsme*, Bc.

أَنَاغَالِيس *anagallis, mouron*, Most., Bc.

أَنَاغُورِس (ou روس) *anagyris, bois-puant*, Bait. I, 83 c, Bc.

أنبوب voyez sous نبّ.

أَنْبَار (*grenier*) pl. ات, Bat. III, 148, ou انابير, Bc.

أَنْبَجَانِيَّة *sorte d'étoffe de laine grossière et velue*, Ztschr. IV, 392.

أَنْجَر pl. انابر, *pont, étage de navire*, Bc.

أَنْبُولِس *persil sauvage*, Most. sous بَطْرَسَالِيُمرن.

أَنْتَ, au fém. non-seulement أَنْتِ, mais aussi أَنْتِي, Bc, 1001 N.

أَنْتَلَة est selon Bait. I, 95 c un mot espagnol; c'est en effet l'esp. *antora*. Au reste, Freytag et Sontheimer ont péché contre la grammaire en écrivant أَنْتِلَــة et السوداء et البيضاء أنتلة; l'article est de trop; voyez Bait. I, 95 c (AB), 96 a (AB); Bc: *antore ou antitoré*. أنتلة سودا وبيضا. Cf. Dodonæus 791.

أَنْتِنَاط. Le Voc. a أَنْتِنَاط, pour *privignus*. D'après une très-belle correction de M. Simonet, il faut lire أَنْتَنَاتْ, l'esp. *entenado*, qui signifie précisément: *beau-fils, celui dont on a épousé le père ou la mère*.

أَنْتُونِيَا *endive*, Bait. I, 96 g.

أَنْتِيَاس espèce de poisson, en anglais *leech*, Burckhardt Syria 166.

أَنْتِيمُون *antimoine*, Bc.

أَنْتِيمُونِي *antimonial*, Bc.

أَنْتَ II. تَأْنِيث *être efféminé*, Tha'âlibî Laṭâïf 30, 3; بِتَأْنِيث, *d'une manière efféminée*, Alc. (mugerilmente). أُنْثَى فِى ذَكَر *l'un dans l'autre*, Djob. 195, 8; Wright a cru qu'il faut lire ذَكَرًا فِى انثى, comme chez Macc. I, 124, 16 (ajoutez Bc: *visser*, faire entrer l'un dans l'autre en vissant, ركّب ذكر فى انثى), c'est une erreur; on dit l'un et l'autre, comme le prouve ce passage des 1001 N. Bresl. X, 236, 3 a f., où il est question d'un luth composé de 32 pièces: فركّبته الصبيّة ذكر فى انثى وانثى فى ذكر, dans l'éd. Macn. IV, 262, 3: ثم ركبت الخشبة فى بعضه على صورة ذكر فى انثى وانثى فى ذكر. Chez Alc. (corchete de vestidura) انــات وذُكُـور, pl. انثى فى ذكر, est *agrafe* (cf. Victor: «corchete macho y hembra, crochet et portière, uncinello maschio e femina»).

أَنْثَايَة *femelle*, Bc.

أَنَاثَة non-seulement en parlant de fer (voyez Lane), comme le prouve Macc. II, 84, 12.

أَنْجَاس et أَنْجَاص voyez sous اجّاس.

أَنْجَالِيكَة *angélique* (plante), Bc.

أَنْجَانِيَّة *dédicace, consécration d'une église*. Alc. traduit dedicacion de yglesia par ingénie, ce qui, comme me l'a fait observer M. Simonet, est encænia (ἐνκαίνια) ou encæniæ (voyez Ducange), qui a le même sens.

أَنْجِبَار *terre à potier verte*, Alc. (tierra verde de jarros); chez Auw. I, 645, 8 on trouve أو بالحبار الفخّارين; il faut y substituer: أو بِأَنْجِبَار الفَخَّارين; le man. de Leyde porte بادحمار sans points. Selon le Most. c'est le bol d'Arménie, qu'on nomme en espagnol *bolo* (طين أرميني هو الانجبار ويقال له بالنجبيذ بواله) et le seul man. N ajoute: ومنه هو جبل فخار اغرناطة. اقداح الشرب فى الصيف يتعلّق بشفاء الشارب فيه وفيه ا.) وله رائحة طيبة مقوية للقلب *et sa bouche* مفرحة. Mais selon Bait. II, 175 a, le الجبار (leçon de AB) est en Espagne ce qu'on nomme ailleurs *terre de Hidjâz* الطين الحجازى (AB; ce qui suit chez Sonth.: «von Damaskus», est une lourde bévue; la phrase est terminée et Bait. cite l'auteur ad-Dimachkî) et on l'y emploie au lieu du bol d'Arménie. — عرق الانجبار *tormentille* (plante), Bc. — Chez le vulgaire c'est, selon le M (sous جبر), une altération du turc رنجبار, *pauvre, misérable*, à Alep رنجبال; il aurait dû dire: du pers. رنج بر, qui gagne sa vie en travaillant, manœuvre.

أَنْجَرَك (pers.) *marjolaine*, Bait. I, 96 d (AB). Un mot الجوك, que Freytag donne en ce sens, n'existe pas.

أَنْجَرَة خَرْشاء الجبر *pariétaire* (plante), Bait. I, 395 a.

أَنْجَق (turc) *à peine, presque pas*, p. e. يعرف الجق «à peine sait-il lire», Bc. يقرى

أَنْجَيْدَة *marrube* (plante), Bc.

أَنْجِيل.
أَنْجِيلِى *évangélique*; شَمَّاس انجيلى *diacre*, Bc. — *Évangéliste*, Voc.

أَنَح. تَأْنَاح تَأْنَاخَه se trouve dans un vers comme une variante de فقدانه, voyez Wright 132.

أَنْدَرُونِيَا, à Damas, *Hypericum maius*, Bait. I, 504 b.

اَنْدِيشَة galon, Hbrt 20; اَنْدِيشَة صَفْراء galon d'or, اَنْدِيشَة بَيْضاء galon d'argent, Bc.

اَنْدَقْتِس (t. de chronologie) indiction, Gregor. 34, 48.

اَنَس II civiliser, policer, Bc. — Tenir compagnie, Ht (sous le وَ). — C. a. p. divertir, amuser, Voc. — يونس فلانًا بامرأة (II ou IV?) donner à quelqu'un une femme pour compagne, Becrî 102, 8 a f.

III c. a. p. divertir, amuser, Voc.

IV c. a. p. tenir compagnie à quelqu'un, Fleischer sur Macc. I, 272, 2 Berichte 181. — C. a. p. divertir, amuser, Voc.

V c. بِ se consoler par, Alc. (consolarse), Abbad. I, 392, 6, 410, n. 75. — Se divertir c. مَع p., Voc.

VI c. بِ ou مَع p. se divertir, Voc.

X c. بِ ou مَع p. se divertir, Voc.

أُنْس consolation, Alc. (consolacion, solaz o consolacion). — Divertissement, amusement, Voc., Berb. II, 129, 9: sa sœur lui envoya «انواع التحف والانس et tout ce qui pouvait servir à l'amuser». — Quand on boit à la santé de quelqu'un, on dit أَنَسَك, 1001 N. I, 395, 7. — مَجْلِس الانس ou الانس seul réunion de grands seigneurs et d'hommes de lettres, où l'on s'entretient de littérature en buvant, Abbad. I, 78, n. 29. — La dévotion (proprement الانس بالله), Maml. I, 2, 252. — أُنْس النَفْس nom d'une plante, Bait. I, 91 b (AB).

أُنْسَة (esp.) once (animal), Alc. (onça animal peregrino).

أُنْسَة civilisation (état de ce qui est civilisé), Bc; بأنسة honnêtement, Bc.

أُنْسِى. Les formes du pl. أُنَاسَى et أُنَاسِى chez Freytag sont fautives; il faut أُنَاس et أُنَاسِى, Ztschr. XII, 81, n. 39. — En anatomie: الجانب من كل عضو الذى يلى عود البدن, Gl. Manç.

أُنْسِيَّة sociabilité, Bc. — Politesse, manières polies, Haiyân-Bassâm I, 14 r°: فامتثى لذلك رسم الادب عن الحضرة وغلب عليها العجمة وانقلب اهلها من الانسيّة المعارفة (المتعارفة l.) الى العاميّة الصريحة.

اِنْسَان. Le fém. انسانة se trouve dans des vers

burlesques de Motanabbi apud Macc. I, 607, 2 a f.

اِنْسَانِى bienfaisant, humain, Ht.

اِنْسَانِيَّة politesse, Macc. I, 891, 9.

أُنَيْس honnête, civil, poli, Bc. — Domestique, privé (animal), Voc. — الأُنَيْسَان deux étoiles du Triangle, Sédillot 132, Alf. Astr. I, 55.

آنِس pl. أُوانِس domestique, privé (animal), Voc.

مَأْنَس et مَأْنَسَة l'endroit où se tient le الانس, Gl. Djob., Calâïd 210, 2 a f.

مُؤْنِس nom d'un instrument de musique, Macc. II, 144, 1. — مُؤْنِسات des endroits qui permettent une interprétation moins rigoureuse, Müller S. B. 1863, II, 8, l. 7.

مَأْنُوس domestique, privé (animal), Bc. — Révéré, consacré par la dévotion, Maml. I, 2, 252.

أَنَسِى, آنى انَسى, انا بنفسى, vulg. en Esp. pour moi-même, Voc.

أَنَف V. تَأَنَّف لِهشام il fut indigné de la position de Hichâm, réduit etc., Berb. II, 44, 11.

أَنْف le sillet du luth (عُود), Descr. de l'Eg. XIII, 227; le mot a un sens analogue quand il s'agit de l'instrument de musique appelé قانون; voyez Lane M. E. II, 78. — أَنْف أَخْنَب busqué (chanfrein), Bc. — أَنْف الشمعة moucheron (bout de mèche de chandelle qui brûle), Bc. — أَنْف العجل Antirrhinum Orontium, Bait. I, 89 c. — على رغم أنف ou على أنف au nez de, à la face de, en bravant, Bc. — كَسَر أَنْفَه donner sur le nez, mortifier, Bc. — انكسر أنفه se casser le nez, ne pas réussir, Bc.

أُنْف = أَنْف primitiæ, Gl. Mosl.

أَنْفِى nasal, Bc.

أَنُوف doux, en parlant d'une gazelle, 1001 N. Bresl. III, 332.

مُسْتَأْنَف. فى المستأنف dans la suite, plus tard, Gl. Fragm.

أَنْفاق est bien une transcription de ἐμφάκιον, mais ne

signifie pas *uvæ acerbæ*, comme le dit Freytag. En grec et en arabe c'est *de l'huile d'olives non encore mûres;* Most. sous زيت: زيت الانفاق هو الذي; cf. Bait. sous زيت: يعمل من الزيتون الغضّ بالماء وهو اسم يوناني au commencement, Sang. 305, et restituez زيت انفاق Auw. II, 639, 4.

انف

اناق sorte d'étoffe, Macc. II, 711, 2.

مانوق semble signifier *vieux, caduc,* 1001 N. Bresl. X, 263: شيخ كبير مانوق, où l'éd. Macn. porte شيخ هرم; encore une fois p. 264, où l'éd. Macn. donne de nouveau هرم.

انقون (pl. avâquin, l. anâquin), *hanche,* Alc. (cadera o quadril), semble formé de l'esp. *anca,* ou plutôt de l'augmentatif *ancon.*

انك est écrit انوك dans le Most. sous اسرب; sous تصدير La a انك, N. انك.

انكليس et انكلير *anguille,* Bc, Gl. Edrîsî; à Antioche انكلس *grande anguille,* Man. Escur. 893.

انكليّة *sentine,* Voc.

انكوسا *anchusa,* Most. sous حلم.

انكوش (esp. *langosta*) *langouste, écrevisse de mer,* Pagni 94 et MS.

انلي (berb.) espèce de millet, *Pennisetum typhoïdeum,* en allemand *Negerhirse* ou *Negerkorn,* Barth I, 361, 523, V, 494, 682 (*éneli*), Bat. II, 364, III, 130, IV, 112, 378, 386, 394, 395, Jackson Timb. 24 (*allila*).

انموذج (pers.) *formulaire, — modèle,* Bc.

ENMIRI espèce de dattes jaunes, Descr. de l'Eg. XVII, 121.

انوبروخيس *sainfoin,* Bc.

انى , vulg. en Espagne pour أنا, pronom de la 1re personne, par suite de l'*imâla,* L (p. e. sous i: in mundo sum أنّي في الدنيا), Voc.

انيّة *vase de nuit,* Prol. I, 27, 3.

أنّى مثلى ببراعة للخطاب, « comment un homme

tel que moi pourrait-il s'exprimer avec élégance?» Abd-al-wâhid 125, 13 et 14. — واتى لله على ما لحقّ « comment Dieu pent-il laisser détruire son trône et avilir sa gloire?» Recherches I, 185, 9 1re édit. — أنّى وكيف « dites seulement ce qu'il faut faire », Badroun 294, 15.

أنيسون (*anis*) sans voyelles dans Freytag, n. d'un. ة, dans M, est dans le Voc. أنيسون. Le vulgaire dit بانسون, M.

أنه abréviation pour أنتهى, éd. égyptienne de Macc., etc.

أن. Selon Abou'l-Walîd, 169, 3, le n. d'act. est أنّة avec le *dhamma.*

اهب

أهبة (pour أهبة الحرب) *l'armement* d'un soldat, Bc; Nowaïrî Espagne 476: فيقال انه كان يشرب مع — *Costume,* Maml. II, 2, 71, 4 a f., pl. أهب ibid. 72, 3.

أقنتس très-grand arbre à feuilles épineuses et piquantes qui vient du Soudan, Richardson Sahara II, 255, qui écrit le mot en caractères arabes.

أهل II. *Il l'en jugea digne* n'est pas seulement اهله لذلك, mais aussi اهله الى ذلك, Abbad. I, 18 dans la note. — *Préparer* le dîner, 1001 N. Bresl. VII, 78 (Macn. هيّأ), Macn. IV, 40, 5 a f.

V بفلان *s'allier à quelqu'un en épousant sa fille,* 1001 N. Bresl. III, 331, 2.

X (cf. Lane) *mériter,* Alc. (merecer, merecer de otro), *mériter, gagner, encourir, attirer sur soi, tomber en,* Bc; c. a. p. 1001 N. I, 53: يا ملعونة أنتى تستاهلى من يكلّمك « maudite, mérites-tu que quelqu'un te parle? » c. a. r. ibid. 74, c. ب r. ibid. 23, 3 a f.; مستاهل c. ب *digne de,* Voc.

أهل. Les اهل الدار formaient la 6e classe dans la hiérarchie des Almohades (sans autre explication), Holal 44 v°. — اهالى البلاد *peuple, habitants,* Bc; à Médine les *Ahali* sont ceux qui y sont nés et qui y ont des maisons et des familles, Burton I, 360, II, 7.

أَهْلَى *cultivé*, en parlant d'un arbre, l'opposé de بَرِّى *sauvage*, Auw. I, 225, 16, 419, 23, 423, 17, 424, 12. — En parlant d'un district, *peuplé*, *habité* (= آهِل chez Lane), Haiyân 103 v°: وأَحْرَقْتَ قرى الاهلية الى حدّ الخلّة المنسوبة للامير المنذر. — Subst. *famille*, Alc. (casa por la familia, familia).

أَهْلِيَّة *alliance*, union par mariage, — *parenté*, qualité de parent, Bc.

أُهَيْل *petits enfants*, P. Akhbâr 160, 5.

آهِل *habitant à demeure fixe*, l'opposé de ظاعِن, Berb. I, 150, 178, 180.

اهليلج voyez اهليلج.

اِهْلِيلَج coll., nom d'unité ة, aussi هِلِيلَج, pl. ات, ou قَلَالِج ou قَلَالِجَة. Le Gl. Manç., qui place ce mot sous le ة (de même que Bait. II, 572 b), dit qu'on prononce اِهْلِيلَج et أَهْلِيلَج. Il nomme, de même que le Voc., trois espèces de myrobolans: 1° كَابلِى (myrobolan chebale, Bc), 2° أَصفَر (myrobolan citrin, Bc), 3° هِنْدى (ou شَعِيرى Bg 864), qu'on appelle ordinairement الاسود; quand Rhazès parle du اسود, il a en vue le كابلى. Chez Bc اهليلج اَمْلَج *myrobolan emblic*. Ce mot étant étranger et un peu long, il a été altéré en اهليج ou هليج, Bg 864; le man. D d'Edrîsî Clim. I, Sect. 6, nomme الاهليجات parmi les produits de la Chine, tandis que ABC portent الاهليلجات; le nom d'unité اهليجة Akhbâr 102, 2; chez les voyageurs *hegligg* ou *heglig*, Ouaday 358, d'Escayrac 79, Browne I, 377, II, 42. Une autre corruption est قَرَالِج chez Alc. (mirobalanos especie). — En Esp. *prunes*, Voc., Gl. Manç.: واهل الاندلس يوقعون هذا الاسم على عيون البقر; on sait que le myrobolan est gros comme la prune. — هليلجة *tumeur qui s'étend sur l'oreille du cheval sous forme d'un myrobolan*, Auw. II, 600, 12 et suiv. — هليلجة espèce de projectile, Reinaud F. G. 44; il avait selon toute apparence la forme d'un myrobolan.

مِنْ اَهْنَاك *citra*; اَهْنَاك *ibi*; مِنْ اَهْنَاك vulg. pour مِنْ اَهْنَا; هَنَا *ultra (dela)*, Voc.

اوب.

أَوْبَة = وَبِيقة, Gl. Djob. — *Tente*, Bc.

هو لِمَآبِه *il est sur le point de mourir*, de Jong, Gl. Fragm. (cf. p. 129), Cout. 5 r°: تَوَقَّفْ فى السير ليكون دخولك فى ايّامى فان اخى لمآبه, Ictifâ 128 v°: حتّى وصلوا والوليد لمآبه.

أُوبَاش (esp. *uvas*) *raisins*, Most. sous كرم: ويقال لفقاحه اوباش (N س).

أوج *mode de musique*, Descr. de l'Eg. XIV, 29, M.

وجَاق, أوجَاق (Hbrt 196), أحَاق (voyez Freytag sous le و) (turc) *foyer*, Hbrt 196, Roland, *fourneau*, Ht; *caste, famille, province*, Roland; *bien-fonds héréditaire*, v. Richter 285; *corps, régiment, brigade*, Ht, Hist. Tun. 93, en parlant d'un dey: ورتّب اوجاقى الصبايحية بتونس والكاف والقيروان وباجة لتأمين السبل &c. اوجاقى *un page*, Maml. I, 1, 108.

أود.

أَوَد. La phrase قوى اَوَد فلان, proprement *fortifier ce qui chez quelqu'un est courbé*, s'emploie dans le sens de *suppléer à ce qui manque à quelqu'un*, Abbad. III, 170, n. 123. — *Epine du dos*, Voc.

مُنْآد *flexible*, épithète du javelot, Abbad. III, 161. — قوّم المُنْآد fig. *rétablir, réparer, ce qui est en mauvais état*, Berb. I, 142, 5.

أودرومالى *hydromel*, Sang.

أورسالس *persil sauvage*, Most. sous بطرسليمون.

أُورْسَبَّا (les voyelles dans N) *lis blanc*; il en existe deux sortes الربيعى والبرّى, Most.

أورم *rue sauvage*, Domb. 73. Ce mot est d'origine berbère, car on lit dans le Most. sous سداب, mais seulement dans Lm: بالبربرية أرمى.

أورمالى *hydromel*, Sang.

أوريطى (grec) *aorte* (grosse artère du cœur), Bc.

أوز VII c. على *faire la nique, se moquer*, Bc. دعنا من أوز *compliment*; كثير الأوز *complimenteur*; دعنا من الأوز *laissons là les compliments*; — *persiflage*, Bc.

أوَاز pl. ات (t. de musique) *ton*, Descr. de l'Ég. XIV, 24.

أوَز ou وَز. وَز عِرَاقي *grue*, Bc; 1001 N. III, 239, 15. Pour désigner l'oie, on dit أوَز بَلَدي, 1001 N. Bresl. II, 156, 6.

وَزَّاز *celui qui prend soin des oies*, car chez Alc. *ansareria* (endroit où l'on nourrit ou élève les oies) est وَزَّازِين (cf. Gl. Esp. 357, 358).

أوزان nom d'un instrument de musique d'origine étrangère que l'on frappait dans les marches des sultans mamlouks, Maml. I, 1, 136.

آس Le myrte signifie chez les poètes *la barbe de la joue*; voyez J. A. 1839, I, 170. — *Les restes, le cadavre d'un homme*, P. Koseg. Chrest. 80, 7 a f.

أوسابون (La) ou أوسانون (N) = حجر اللازورد, Most. أوسَعاطس (les voyelles dans les deux man., mais Lm a طوس) = حجر الحيّة, Most.

أوسه *août*, Amari 166, 3 a f., 168, 4, 169, 2. Aussi voyez sous اسطربرن; أوسو.

أوسبيد est la leçon de Bait. I, 98 f (AB) pour le أوسبيدة de Freytag.

أوشاق *un page*, Maml. I, 1, 108.

أوضة (turc), pl. أوض et أوضات, *chambre*, Bc, 1001 N. Bresl. X, 456; أوضة السّر *cabinet* (lieu de retraite et de travail), Bc; جماعة أوضة *chambrée* (soldats qui logent ensemble), Bc; أوضة باشي *chef de chambrée*, Bc.

أوطوماطون (grec) *automate*, Bc.

أوف. أوف (vulg.) عاد وأوف *adhuc*, Voc.

آفة *peste*, Voc. (pestilencia et ocasio; le second mot dans le sens du premier). Au pl. *des cas de peste*, Müller S. B. 1863, II, 9, l. 11. — آفة النّجوم, *dans la vigne, la rougeur des feuilles, le rougeau*, Auw. I, 583, 12; cf. Clément-Mullet I, 547, n. 1. — *Vipère*, Bc, 1001 N. I, 31, 543, II, 101, 241, 13 (où l'éd. Bresl. VII, 306, 2 a حيّة), III, 32, 2 a f., IV, 379, 1, et Bresl. IV, 131, 5; *basilic* (serpent fabuleux dont le regard tue), Bc. — *Dragon de vertu*, Bc.

مأووف *infecté de peste, pestiféré*, Müller S. B. 1863, II, 7, l. 11, 9, l. 10, 11, l. 9. Aussi dans le Voc., où il faut prendre ocasionatus en ce sens.

أوفوقوسطيس et أوفقسطيدس ὑποκιστίς, Payne Smith 998.

أوقة (pour أوقية) *oke* ou *ocque*, poids turc de deux livres, Bc.

أول II. امر ولا يأوّل فيه et l'on n'aura recours à aucun prétexte pour en éluder l'observation», de Sacy Dipl. IX, 487, 2. — *Gloser, censurer, interpréter en mal*, Bc.

V *interpréter les songes*, Alc. (divinar por los sueños, soltar sueños). — *Avoir une opinion*, Alc. (opinar pensar opinion), *interpréter malignement* تَأوّل *commentaire, interprétation maligne*, Bc), Calâïd 191, 17: فسارًا الى بابه فوجداه مغفورًا من جُنَّابه فاستغربا خلوَّ من خول، وظن كل واحد منهما وتأوّل (il avait son opinion là-dessus, il interprétait cela malignement).

آلة. Comme آلة est le synonyme de أداة (Lane), آلات (proprement *instruments*) signifie au fig., de même que أدوات, *connaissances*, parce que ce sont les instruments dont on a besoin pour exercer un métier ou remplir une fonction, pour bien écrire, etc., Abbad. II, 29, n. 2, Mohammed ibn-Hârith 217: أن يكون id. 351: وعدّد الخُطَب لها آلات واستجماع الة. — موصوفًا باكرم الصفات وموسوما بأفضل الآلات مركب *agrès*, Bc. — *Equipage royal, les emblèmes de la royauté*, Prol. II, 42, 9 et suiv., Berb. I, 68, 395, 9 a f., 398, II, 139, 3 a f., 142, dern. l., 143, 1, 145, 6 a f., 165, dern. l., 168, 9, etc., Macc. I, 214, 1, Koseg. Chrest. 100, 3 a f. — آلة الطرب *symphonie*, Bc; آلة seul *musique*, Bc, Hbrt 97, *harmonie*, Hbrt 97, *sérénade*, Bc; الآلات *orchestre*, Bc.

آلِيّ auxiliaire, عِلْم آلِيّ «science auxiliaire», Prol. III, 258, 3.

آلَاتِيّ instrumental, Bc. — Joueur d'instrument, musicien, Bc, Descr. de l'Eg. XIV, 133, Hbrt 97, Lane M. E. I, 285, II, 71; آلَاتِيَّة musique, compagnie de personnes qui font profession de la musique, Bc.

اِيَالَة gouvernement (territoire dépendant d'un gouverneur), Bc.

أَوَّل et أَوَّلَانِيّ, voyez sous وأل.

أَوَّل (indien) requin, Palgrave II, 321.

تَأْوِيل pl. ات, de Sacy Chrest. II, ۸۰, 7 a f. — Paraphrase, interprétation maligne, Bc. — Système, Cherb. Dial. 19, 31, arrangement, id. 71, plan, id. 75; بِالتَأْوِيل régulièrement, Martin 44. — Confortable; convenance; service, Roland. — Instrument, Voc. (écrit تَوِيل).

تَأْوِيلِيّ interprétatif, Bc.

التكفير بِمَآل الرأي «regarder comme infidèle quiconque professe une opinion ayant une tendance vers une fausse doctrine» (de Slane), Berb. I, 300, 5 a f. (expression elliptique, cf. مَآله النجسيم ibid. 302, dern. l.); cf. ibid. 358, 6 a f. — حَالًا ومَآلًا dans le présent et dans l'avenir, Ghadamès 21.

مَؤُول ayant besoin d'explication, c.-à-d., ayant un sens caché, allégorique, mystique, Macc. I, 571, dern. l.

اولار de la veille, 1001 N. Bresl. IX, 315: طبيخ اولار = Macn. III, 196: طبيخ بائت.

اولاق (mongol?) des chevaux, Mesâlik al-abçâr apud Quatrem. Mong. 259 b.

I. اون يَثُون = آنَ يَثِين, 1001 N. III, 452: الاوان «le temps est venu».

لِجَام ايوان masc. et fém., Gl. Badroun. — ايوان voyez Auw. II, 595, 13.

اونوطبلون chez Freytag est une faute pour اوينوطيلون qu'il a aussi.

أوى V c. على soupirer pour une chose que l'on n'a pas, Bc.

أي أي exclamation de celui qui admire, 1001 N. I, 64, 5. — آي oui, Voc.

I. أوى أي وهم يأدون بدعوتهم الى بنى اميّة «ils reconnaissaient les Omaiyades pour califes», Abbad. II, 6. — Avoir soin, Roland. — Déposer (mettre une chose en quelque endroit), 1001 N. Bresl. IX, 359, 4 a f. (où Macn. a حطّ), Macn. II, 475.

IV forcer à chercher un asile, une retraite, Macc. III, 132, 4.

V recéler, donner retraite à des coupables, les cacher, تأوى مذنبين, Bc.

مأوِيَّة hospitalité, Bc (sous inhospitalité).

أي

أَيْش (vulg. أَيْش شِيّ) pourquoi? exemple dans le Gl. Fragm. — ايمتى ou أي متى quand, dans quel temps? Bc; من أي متى depuis quand? Bc. — أَيّ الناس vilain, roturier, Alc. (villano no hidalgo).

أَيَّة ici, Voc.

آيَة. اراه آيَة سلطانه, Berb. II, 168, 3, semble signifier: «il lui montra un verset du Coran dans lequel il était prédit qu'il régnerait».

أَيَا بَعْد ou أَيَا hé bien, voyons, allons! Alc. (ea pues).

أَيَا, dans des livres non classiques, est employé à la place d'un nom au nominatif, p. e. Koseg. Chrest. 78, dern. l.: «ولا لنا امير سواك ولا مُقدَّم الّا اِبَّاك», au lieu de أنتَ; 1001 N. I, 99, 10: وايّاه فتقاتلا, au lieu de وهو.

ايت (berb.) gens de, tribu de. Proprement, comme l'a observé Carette (Kab. I, 71, 72), ايت ne répond pas à بنو ou à اولاد, mais à أهل, car on ne dit pas seulement ايت منصور, mais aussi aït-ou-adrer, les gens de la montagne, aït-ou-acif, les gens de la rivière; aussi Ibn-al-Athîr (X, 406, 5 a f. et suiv.) le traduit-il par اهل. Cependant Ibn-Khaldoun (Prol. I, 241, 10 et 11) l'explique par بنو; cf. Berb. II, 101, 14. Dans la hiérarchie des Almohades, la 1re classe s'appelait ايت عشرة, la 2e ايت خمسين, la 3e ايت سبعين; voyez Ibn-al-Athîr l. l.

أيد II justifier (prouver la bonté, la solidité d'un avis, la vérité d'un fait), Bc; cf. تأييد confirmation, de

اير

Sacy Chrest. II, 188, dern. l.; تاييدًا لقولك à l'appui de ce que vous dites», Bc. — C. ب p. *se faire aider par*, Abbad. I, 223, 9 et 11, II, 132, 3.

أَبَد *géant*, Voc.

اِيد, au Caire, pour يَد (*main*), Burckhardt Prov. 25, Bc.

مُوَيدي, par abréviation مَايدي ou مِيدي, *médin*, petite monnaie d'Egypte. Ces demi-dirhem ont été nommés ainsi d'après le sultan mamlouk es-chaikh, qui avait pris les titres de السلطان الملك المويد نصم الشيخ; ils se fabriquent avec des feuilles de billon, aplaties ou planées à coups de marteau, et ils sont plus minces qu'une feuille de papier, Descr. de l'Eg. XVI, 293, 294. Maydin, v. Ghistele 155 («omtrent dry groote vlaems», au Caire), Baumgarten 35, Coppin, Roger, Schweigger 267, Vansleb 211, Mantegazza 25 (3½ soldi).

اير.

إيرَة *blouse*; Ouaday 466: «Les Fôriens n'ont que des vêtements de moyenne ampleur, analogues aux *eireh* ou blouses des sâîs ou grooms d'Egypte»; *ibid.* 524: «une sorte de blouse bleue semblable aux *eyré* des domestiques en Egypte».

اِيرار espèce de datte à Segelmessa, «qui n'a pas sa pareille dans tout l'univers», Bat. IV, 376.

اِيرِس (سا chez Freyt. et Bc) *iris*, Auw. I, 31 (aussi dans le man. de Leyde).

أَيِس *est*, Abou'l-Walîd 805, 29.

أيس *non*, ou *pas*, *point*, Voc. 492 (13 اس).

أيس I *courir la chance*, *hasarder*, — *jouer de son reste*, prendre le moyen extrême, Bc.

أَيَاس (c'est ainsi que prononce Alc.) *espérance*, Alc. (fiuza), قطع الاياس *faire perdre l'espérance*, Alc. (desafuziar a otro), mais ordinairement cette expression signifie: *désespérer*, perdre l'espérance, Bc, Ictifâ 166 r⁰: فلمّا قطع اياسه من الظفر به رجع خاسئًا على عقله (l. عقبه), Cartâs 223, 12, 227, 9 a f., 1001 N. I, 55, Bresl. III, 233, dern. l., IV, 97, Daumas V. A. 354; c'est donc l'équivalent de أَيِس مِنْ —. رمى للاياس *désespérer*, réduire au désespoir, Bc.

ابه

أَيْش *quel qu'il soit, quelle qu'elle soit*; ايش ما كان يكون —, قد ايش قد, interrogatif, p. e.: «quelle est la distance d'Alep ici?» مسيرة حلب قد; ايش قد من هون الى حلب, ou bien: ايش من هون — *admiratif, que, combien!* p. e. ايش قد كويس خطه «que son écriture est belle!» — ايش قد يستعجل «comme il se dépêche!» — بقد ايش ou ايش بايش *combien?* (lorsqu'on donne le prix); من ايش لايش «combien veux-tu gager?» — وقت ايش *quand* (Barb.), Bc.

أَيشير (berb.) *enfant, jeune garçon*, fém. ة *jeune fille*, Daumas V. A. 354, 435, etc., Chénier III, 189.

أيفاربقون (grec) *hypericum, millepertuis*, Alc. (coraçoncillo yerva).

أيكر (grec) *acore* (= وج); aussi: *racine de l'Iris faux acore*, Sang.

أيلاوش (εἴλεος) *douleur iliaque*, J. A. 1853, I, 346, Chec. 194 r⁰: القولنج المسمّى أيلاوش وتفسيره ربّ سلّم وهذا القولنج اصعب انواع القولنجات واكثرها ويقال أنّ من اسمائه المستعاذ منه.

إيلجي voyez ايلچی.

اين.

أَيْن ou اين هذا من ذاك — اين هو ذاك Bc. — *lequel?* اين a encore d'autres sens que ceux qu'indique Lane; p. e. وابن امير المومنين عن بنات الاحرار «pourquoi le calife ne pourrait-il pas posséder comme concubines les filles des hommes libres?» Badroun 216; — اين انت عن فلان «pourquoi n'allez-vous pas trouver un tel?» Macc. I, 473, 14; — un vizir, voulant recommander quelqu'un pour cadi, dit: أيش انت من ابن الطفيل «pourquoi ne désignez-vous pas Ibn-at-Tofail pour cet emploi?» R. N. 16 v⁰. — فين, *où* فينك *où es-tu?* Bc.

أيْنا (vulg.) *quel? quelle?* p. e. اينا هو الاحسن «quel est le meilleur?» Bc.

أيْش *comment! quoi!* 1001 N. I, 63, 6, Bresl. II, 114, 11. — *Que, quoi, quelle chose? — comment?* (employé pour faire répéter un discours qu'on n'a pas compris), Bc. — *Oui*, Bc. — هو ايه *morbleu!* Bc. يجى لك من دا ايه « *quel profit vous reviendra-t-il de cela?* » Bc.

اِيوَا est une corruption de أَىْ وَاللّٰه, mais s'emploie souvent pour *oui*, Burton I, 70, Habicht Gl. I, Bc.

ب et پ

ب *près de*, Maccarî I, 342, 1: وبهذه المدينة معدن الفضة. — On dit: المدينة بغرناطة Haiyân 92 v°, المدينة بقرطبة id. 93 r°, *la ville de Grenade, la ville de Cordoue*. — Exemple de ce qu'on appelle le ست وثلثون نسخة بالتوراة c.-à-d., 36 manuscrits qui contenaient le Pentateuque, Gl. Abulf. بَعْدَ — Après بطلميوس الذى كان بعد الاسكندر الذى ب)بطلميوس واحد(Ptolémée II); c'est de; كان مدته بعد الاسكندر بمدة بطلميوس واحد même: كان هذا بعد ذلك باربعة أيّام, Gl. Abulf. — Ellipses: بالله عليك «je le conjure par Dieu», Rutgers 192, 3 a f.; ومن لنا بذلك «qui nous garantit cela?» 1001 N. I, 59, 3 a f.; — قلت بعيني ولا بروحى «je disais: j'ai perdu un œil, mais non pas la vie», ibid. 101, dern. l.

باب *le pape*, Amari 341, 6, 10, Gl. Abulf.

بابا *antipape*, Bc. — En berbère et en turc *père*, Bat. II, 416; aussi dans la langue des Foulah, Foulan ou Fellatah, Hodgson 105, et en arabe, Cherb. Dial. 32, M.

بابَوِى *papal*, M.

بابَوِى *papal*, Bc, M.

بابويّة *papauté*, Bc.

بازى.بابازى قماش *bombasin* (étoffe de soie), Bc.

بابانومو *ébénier*, Burckhardt Nubia 473.

پاپاهيغو (esp.) *bec-figue* (oiseau), Alc. (papahigo).

بابلى Babel étant considéré comme le siége de la magie (cf. Lane trad. des 1001 N. I, 213), on dit بابليّة عيون *des yeux enchanteurs*, 1001 N. I, 58, Bresl. X, 259, dern. l., où l'éd. Macn. porte mal à propos ببليّة; il faut aussi substituer à بلبليّة

Macn. IV, 260, 1, et dans le même passage Bresl. X, 232, 6.

بابُوج, pl. بَوابيج, بابوجة, est en arabe la forme ordinaire de ce mot persan, celle que donnent Bg (sous *pantoufle*) et Bc, et non pas بابوش, comme chez Freytag. Voyez Vêtem. 50 et suiv. — حَقّ بابُوج *paraguante* (présent fait en reconnaissance de quelque service), Bc. — سمك بابوج *barbeau* ou *barbot* (poisson), Bc.

بابُونَج *Cotula*, Prax R. d. O. A. VIII, 346 (cf. Bc sous *cotula*). — *Melampyrum parvum*, Rauwolf 118.

بابُون n. d'un ة, *frelon*, Alc. (abejon, abispon); cf. Simonet 264.

بابُونَق, en Ifrîkiya, sorte de camomille, Bait. I, 106 b.

پاپى (esp.) *bouillie pour les enfants*, Alc. (papas para niño).

باج, t. de musique = بَمْ, Gl. Mosl. LXI, 11.

بادجيم *morue*, Hbrt 69 (Alg.).

بادرى (ital. padre) *père* (titre des religieux, prêtres), Bc.

بادستر *castor*, Alc. (castor animal), cf. Bc.

بادنجان فرنجى.بادنجان *tomate*, Bc.

بادهَنج ou بادنج *tuyau semblable à celui d'une cheminée servant de ventilateur*, Bc, Bat. II, 300, 1001 N. Bresl. II, 127, 132, etc., Macn. I, 201: بادهنج الى جانب المطبخ ❊

بادنجان = بادهنجان *aubergine*, Bc.

باذرنبويه (pers. بادرَنَك بُويَه) *citronnelle, mélisse* (cf. chez Freytag بادرنجويه), Chec. 194 v°, Auw. I, 650, 9, 12, où Banqueri a changé à tort la leçon du man.

بَاذَرَنْجَجَة Ibn-al-Djezzâr: بَاذَرَنْجَجَة هى المَـاذَرَنْجَـة والبَاذَرَنْجَـوَيَـة ۞

بَاذِشْفَام (pers.) *exanthème, pustules rouges et nombreuses qui deviennent quelquefois des ulcères*, Gl. Manç. sous سَعْفَة (le man. porte un ﺙ au lieu du ﻑ).

بَاذَنْجَان *orificium*, L. — Sorte d'oiseau de proie, que l'on nomme aussi البَصير, et en Syrie أبو جَرادة, Man. Escur. 893.

بَاذُوقْ *sorte de pierre précieuse*, Gl. Edrîsî.

بَار

بَار, *chez les Druzes*, voyez de Sacy Chrest. II, 246, n. 72.

بَارَة (esp.) pl. اتَ *verge, baguette que portent les officiers de justice, les ambassadeurs*, etc., Alc. (vara de justicia, vara de enbaxador); صَاحَب البَارَة *bedeau d'église*, Alc. (pertiguero de yglesia). — (Pers.) dans le عُود, *les côtes dont est composé le* قَصعَة, Descr. de l'Eg. XIII, 228. — *Para (monnaie)*, M.

بَئر, Un بَئر عَرَبى *est un puits rond dans le fond, avec une ouverture allongée; un* بَئر فَارَسى *est un puits de forme oblongue à l'orifice et à la base*, Auw. I, 142, 9 et suiv. — *Espèce de terre jaune tirant sur le blanc et bourbeuse*, Auw. I, 92, dern. l.; «sans doute parce qu'elle est bourbeuse comme la terre qu'on extrait du fond du puits quand on en fait le curage», Clément-Mullet. De là التَرْبَة البَثْرَيّة, car c'est ainsi qu'il faut lire avec le man. de Leyde chez Auw. I, 96, 9, et الارض البَثْرَيّة *ibid*. 125, 8. — بَئر الجَفْن *sentine (partie basse d'un navire où s'arrêtent les ordures)*, Alc. (sentina de nave). — *Abyme*, Bc.

بَثْرَى voyez sous بَثْرَى

بَيَّار *celui qui creuse un puits*, Voc.

بَارْبَا *betterave*, Hbrt 48 (Alg.)

بَارسَطور Most sous بلسان: يُسَمَّى الرَقيق المَوجُود فى بَاسْطُور. ainsi dans N; La بَاسْطور شَجَرَتَه بَارْسَطُور.

بَارَقْلِيط (grec) *paraclet*, Bc.

بَرْنَامَج = بَارِنَامَج, M.

بَارَنْج *espèce de melon dans le Khowârezm*, de Jong.

بَارُود *salpêtre*, Reinaud F. G. 13 et suiv., Quatremère J. A. 1850, I, 220 et suiv. — De même que نَفْط, *composition incendiaire*, J. A. 1849, II, 320, n. 2. — *Poudre à canon*, Alc. (polvora), Macc. II, 806, 15, Bc. — بَارُود أبَيَض *nitre*, Bc. — بَيت بَارُود *giberne*, Bc. — طَلاى بَارُود *fusillade*, Bc. — عَمّار بَارُود *cartouche, charge*; avec المَدْفَع للمَدْفَع *gargousse*, Bc. — لَعْب البَارُود *fantasia*; voyez Hœst 112, Jackson 148, Richardson Mor. I, 109, Burton II, 88. — مَلَح البَارُود *nitre*, Bc; *salpêtre*, Alc. (salitre sudor de tierra), Bc.

بَارُودَة, pl. بَوارِيد ou بَارُود *fusil*, Bc, M.

بَارُوديَّة *vitriol*, Hœst 270, Domb. 102, Ht.

بَوارِدَى *fusilier*, Bc.

بَارُون *baron*, avec l'adjectif بَارُونى, J. A. 1845, II, 318.

بَاز (faucon), pl. اتَ, Bc, P. 1001 N. I, 22, 10. — *Petite timbale*, Descr. de l'Eg. XIII, 523, Lane M. E. I, 372, II, 87. — حقَّة بَاز *joueur de gobelets, escamoteur, fourbe*, Bc.

بَازِيَّة *fauconnerie*, Bc.

بَازَار *nom d'une plante qui croît en Syrie; c'est aussi en Orient le nom d'une sorte de mets fait de lait caillé et dans lequel entrent les racines de cette plante*, Gl. Manç.: بَازَار هو خَلَاط يَتَّخَذ بالمَشْرَق من الشِيرَاز واصول نَبَات تَجْلَب من الشَام تَسَمَّى نَبَات البَازَار — .وهم يَفْضَلُونَه على خَلَيط التَّبْر مع استعمَالَهم التَّبْر ايضَا (Pers.) *bazar, marché public*; — *marché, accord pour une vente*, Bc.

بَازَركَان *vaisseau marchand*, Domb. 101, Hbrt 126. — *Marchand, marchand d'étoffes*, M.

بَازَهْر (pers.) *ne signifie pas seulement bézoard, mais aussi, comme* بَازَرْد, *galbanum*; Most. sous قَنَّة (galbanum): هو البَازَرْد ويُقال له بَازَهْر اى نَافَى السَمّ كَما يُقال لَحجَر من الاحجَار بَازَهْر لَهَذِه العلَّة۞

بَاس VIII *craindre*, Voc.

بَأس L'expression لا بَأس بَه *ne signifie qu'une personne ou une chose est très-bonne, excellente*, p. e. Ibn-Abdalmelic 125 r°: وكان كاتبا وافر الحَظ من الادب

وكان نَتَحوَّىًا حاذقًا شعرًا لا بأس به , id. 149 r°: يُقرِض, quon met au cou des criminels, 1001 N. Bresl. II, 204, 6.

Mohammed ibn- وصنَّف فى العربية مختصرًا لا بأس به
Hârith 311: وكان من أهل الرواية لا بأس به وقد سمعتُ , باط (vulg., formé de أباط, pl. de أبط, pl. أت), aisselle; — باط حشيش fascicule, ce qu'on peut porter d'herbes sous le bras, Bc.
وهى لا بأس بعلمها ولا تقصيم , id. 328: منه وكتبتُ عنه
فى صوابها (pour exprimer: il faut absolument connaître ces fetwas), Abdarî 43 v°, après avoir dit que les habitants du Caire sont très-mauvais: وقد سمعتُ من

بَغَا أَعْدَا écaille, Bc; chez Roland بَغَا.

باغِّى écailleux, Bc.

حال (ممَّن جالَ .l). فى صعيد مصر وريفها أن أهلها لا

بَغْلى voyez باغلى.

باس بهم وأنهم أشبه حالًا من المذكورين بكثير Khatîb
ذكر ابن الزبير أن قومًا بغرناطة يعرفون بهذا :22 r°
أبهة فله لا بأس بها , Fakhrî 345, المعرفة فإن كان منهم
dern. l., Prol. II, 147, 9, 155, 5, 158, 5, 160, 15, Macc. I, 526, 11, Amari 668, dern. l. — Maladie, Voc.

أبو قَلَمُون voyez بأقَلَمون.

باكة (ou باكه?) (esp.) linge pour envelopper la gorge; — bandelettes que portaient les hommes d'église ou de justice, Alc. (beca).

تَبْيِيس dans les vers, Kâmil 308, 5:
نحن قتلنا مصعبا وعيسى وابن الزُّبير البطل الرئيسا
مجدًا أذقنا مُضَر التَّنبِيسا ⁕

باقِبَة écuelle en bois pour mettre du beurre, Cherb. Semble d'origine berbère; le Dict. berb. a تَبَقِيبيت plat de terre (dans lequel se servent les aliments).

باستراك grive, Hbrt 184.

باسطوس, voyez un passage du Most. sous قَصَب.

بالوزة crème, Cherb., Ht (cf. پاوزة). — بالوز colle de farine, Bc.

باسليقون = كمون كرمانى, Most. sous ce dernier mot. — مرهم الباسليقون emplâtre que les Grecs appelaient βασιλικὸν et τετραφάρμακον, Payne Smith 1433.

بالوس (pers.) espèce de camphre, Bait. II, 334; il faut lire de même dans le Most. sous كافور, où le mot est altéré dans les deux man.

باش pour, afin, Bc (Barb.). — (Turc) chef, باش التُجَّار 1001 N. Bresl. VII, 51, dern. l., où Macn. (II, 70, 2 à f.) a سبّاس السلطان; — رئيس التجّار écuyer cavalcadour, Bc; — باش متفرّقة fourrier, Bc.

بالوط pl. بوالط ballot, Bc.

بامية = بامية (bamia ou Alcœa Ægyptiaca), Bc.

باه.

فعل الشىء على الباه والعلمى faire une chose tambour battant, au vu et au su de tout le monde, Bc.

باشا, au pl. aussi باشاوات داود باشا, M, Bc. — boulette (petite boule de chair hachée, d'oignon et de persil), Bc.

پاوزة crème, Bc (Barb.); cf. بالوزة.

باشادور (esp. embajador) ambassadeur, Bc (Barb.).

بايتنتخت (pers. پای تخت) capitale, Bc.

باشاورات bourre d'une arme à feu, Bc (Barb.).

بأيزة = پايزة, mot qui, chez les Mongols, désignait une tablette d'or qui portait l'empreinte d'une tête de lion, et qui était remise aux grands dignitaires, aux courriers, etc., Maml. II, 2, 159.

باشخانة (pers. پشه خانه) moustiquaire (garniture de lit pour garantir des cousins, Bc; cf. plus loin بشخانة.

بأيَة (pers. پایه) grade, degré d'honneur, dignité, M.

باشلق (turc) têtière (partie de la bride), Bc.

بب.

بَبَّة bébé, nom qu'on donne à un très-petit enfant, Tha'âlibî Latâïf 27, dern. l.

باشة anneau garni d'un bouton et d'une boutonnière, qu'on met au bout d'une chaîne et qui entoure le pied d'une bête de somme quand on l'attache, M. — Collier

بِبْبَة (lat. et esp. upupa) *huppe* (oiseau), Voc.

بِبْر *panthère*, Bc, Hbrt 64. — Chez Edrîsî c'est le nom d'un animal du Nord, du *castor*, je pense, que Pline appelle *bibris*, *bebrus* chez un ancien commentateur de Juvénal (voyez Ducange sous *bever*). Dans toutes les langues du Nord, ce quadrupède porte encore le même nom. Edrîsî dit (Clim. VII, Sect. 3, Norwège): وفى هذه الجزيرة للحيوان الذى يقال له البير وبها منه كثير جدًّا لكنَّه اصغر من ببر (فيبر B) فم الروسيّة Sect. 5, Russie: وفى وسطها جبل عال فيه وعول مشهورة; وفيه لحيوان المسمَّى البير, leçon de A; البقر B; Sect. 6: وفى غياضه لحيوان المسمَّى البير, leçon de B; A البير. La leçon فبر peut aussi se défendre, car on disait également *fiber*; voyez Ducange l. l.

بَبْرَة *pantoufle* de cuir verni et brodée en argent ou en or, Michel 76, 232, 235, 273; «*babra*, souliers très-minces à semelles souples,» Dunant 201.

بِبْرين (dimin. esp. de *bobra*, comme *calabacin* de *calabaza*; *apopores* (pl.) chez Isidore, port. *abobara*, *abobora* et *abobra*, Simonet 281—2) *citrouille*, Voc.

بَبَش (esp.). البَبَش *las bubas*, *le mal vénérien*, Lafuente Codices de Tetuan 70.

بَبَغَال M, et بَبَغَان perroquet, Bc.

بَبُّوش *escargot*, *limaçon*, Domb. 67, Pagni MS (qui donne *babalūci* comme le mot turc), Guyon 229, Daumas V. A. 357.

بَبِيرَة (esp.), pl. ات et بَبَائِر, *mentonnière* (partie d'un casque sous le menton), Alc. (bavera).

بَتّ I. بَتَّ الأمر *conclure*, prouver bien; — بَتَّ *décision*; بَتَّ الرَأْىَ فى امر *décider*, porter son jugement sur une chose, Bc. «البتّ ما يكون له منفعة فى هذا بَتّ *certainement* il aura du profit à cela;» بَتًّا *décisivement*; بَتَّا حتما *expressément*, formellement, Bc. à بَتّ part, Gl. Belâdz. — Sur le vêtement qui porte ce nom, voyez Vêtem. 54; c'était aussi un *grand manteau de femme*, Ibn-as-Sikkît 527: البتّ كساء أخضر.

بَتَع — .مُهَلْهَل النَّسج تلتحف به المرأة فيُغطِّيها T. d'archit., pl. بُتُوت, *sommier*, Ztschr. XI, 479, n. 5; aussi خَشَب بُتُوتِى.

بَتِّى *décisif*, *définitif*; بَتًّا *en définitive*, Bc.

بَتِّيَّة ou بَتِيَّة, pl. أت ou بَتَاتِى, *tonneau*, *baril*, *barrique*, Edrîsî, Introd. xi, n. 1, M, Ht, Roland, Hbrt 77, 129, Amari Dipl. 200, 1001 N. IV, 294, 7 a f., 307, 7 a f., cf. Bernstein, Lexicon Syriacum Chrest. Kirschianæ, 80, 577 et suiv. — *Muid* (tonneau qui contient un muid), Bc. — La constellation que les Espagnols appelaient *tinaja*, mot qui a le même sens, Alf. Astron. V, 181, où le terme est expliqué ainsi: «Tynaía dicen en arábigo *betya*, et en ella tienen los omes guardadas todas las cosas cosrientes que son necesarias para uceer, assí cuemo uino ó agoa, et otras cosas, assí cuemo farinas et legumbres, et otras cosas que toman los omes á pro.» — Appareil pour apprendre aux jeunes soldats à tirer; on disposait au-dessus d'une table appuyée sur quatre pieds, et qui s'élevait à hauteur d'appui, une espèce de *baril* fermé par une peau de vache; la peau servait de cible, J. A. 1848, II, 218, 219.

بُتُوتى voyez sous بَتّ.

بَتْمَت II c. مع p. *chuchoter*, parler tout bas avec quelqu'un, Bc.

بَتَخ, écrit plus loin بَتَح, *cistus*, Gl. Manç. sous لحية التيس ✳

بَتَر II *couper la queue*, Voc.

V (Lane TA), Diwan d'Amro'lkaïs ٣٦, vs. 10.

بَاتِر, pl. بَوَاتِر, بَتْرَاء, pl. بَتْر, et les autres adjectifs de cette racine qui signifient *tranchant*, sont souvent employés substantivement dans le sens d'*épée tranchante*, Abbad. I, 84, n. 62.

بَتُور *hélénie* (plante), Most. sous رَأْسن.

أَبْتَر *tranchant*, P. Koseg. Chrest. 76, 5.

مُبَتَّر *incomplet* (livre), Mong. 8.

بَتْرَك (gr.) *patriarche*, Prol. I, 131, 13, 1001 N. II, 118.

بَتَع.

بَتَاع pour مَتَاع, 1001 N. Bresl. IX, 242, 9, où Macn. a متاع. — بَتَّاع اكل بَتَّاع اخبار, *goinfre*;

nouvelliste (curieux de nouvelles, qui les débite); — بتاع شريط *rubanier* (qui fait des rubans); — بتاع فتّة *soupier* (qui aime la soupe); — بتاع قلوع *voilier* (qui travaille aux voiles d'un vaisseau); — بتاع قباسات *systématique* (qui fait des systèmes); — بتاع كلام *phraseur* (faiseur de phrases), Bc.

بتاع de (comme متاع بتاع ou متاع), 1001 N. Bresl. IV, 42, 10: وهذا المال والحمول بتوعكل («sont de vous »), 49, 5 a f.: وتقطّعت الجبال بتوع المراسى («les cordes des ancres »), VII, 57, 5, etc.; بتوعهم *les leurs*, Bc.

بَتَاعَة *quelque chose*, 1001 N. Bresl. IX, 371, 3 a f.: عليك بتاعة مال, où Macn. a: هل عليك من المال («dois-tu de l'argent?»).

أَبْتَعُ *universel*, Ht.

بتل V *se faire ermite*, Voc. (cf. Lane).

بَتَلًا بَتَلَ *irrévocablement*, Formul. d. contr. 3: quelqu'un lègue le tiers de son argent aux pauvres بتلا لا رجوع فيها.

بَتُول *puceau*, garçon vierge, Bc.

بتولا *bouleau* (arbre), Bc.

بَتُولِي *virginal*, Bc.

بَتُولِيَّة *virginité*, Bc.

مُتَبَتِّل *ermite*, Voc., Alc. (ermitaño); cf. Lane sous بتل V. — Nom d'un animal (fabuleux?), 1001 N. Bresl. XI, 118, 3 a f.

بثر II *causer, faire naître, des pustules*, Bait. I, 145 a: مبثرة للفم « faisant naître des pustules dans la bouche, » 146: يبثّر الفم يكثر حلاوته.

بَثْرَة *bouton*, pustule, Bc. — *Ulcère*, Voc. — *Gale* (maladie de la peau), Voc.

بُثُور *scatebra*, L (cf. باثر dans Freytag).

بَثْق VII. الانبثاق signifie chez les chrétiens الصدور والخروج, M.

بج I *saigner* (tirer du sang en ouvrant la veine), Voc.

بج sorte d'oiseau aquatique, Yâcout I, 885, 15, avec la note dans le Vᵉ vol.

بَاجّ *fou, sot*, Voc.

مَبَجّ pl. ات *clepsydre*, Voc.

بَجَّجَ I, aor. *a*, n. d'act. بَجْحًا et بَجَاحَةً, *mettre bas, faire des petits*, en parlant de chiens ou d'animaux féroces, Voc.

V *causer de la joie* (?), P. Abbad. I, 42, 2 a f.; la leçon est incertaine; Ibn-Bassâm donne يَبْجَحُم.

بجد.

بَجَّاد est proprement le nom d'une étoffe, dont on trouve la description chez Ibn-as-Sikkît 527.

بَجْدَق: *herbe aux puces*, Psyllium maius erectum, Bc (chez Freytag بَجْدَنَق).

بجر.

بَجُور *concombre*, Payne Smith 1239.

بجع *cygne*, Bc; — *pélican*, Seetzen IV, 482, et lisez ainsi Yâcout I, 885, 17 (= Cazw. II, 119, 12), n. d'un. ة, M.

بجغ.

بَاجِيغ *plante à fleurs rouges*, Carette Géogr. 137, Moricandia suffruticosa, Prax R. d. O. A. VIII, 282.

بَجْغَط et بَشْغَط c. على *appeler, crier*, Voc.

بجق I *bavarder*, Bc.

II *baliverner, radoter* (Syrie), verbiager, Bc.

بَجْقَة *baliverne, bavardage, radotage, verbiage*, Bc.

بَجَّاق *bavard*, Bc.

بجل II *solenniser, célébrer avec solennité*, Bc.

V *être honoré*, Voc.

بَاجِلَة *ulcère dans le membre génital, chancre*, M.

بَجَلْغان *crevasses* (maladie du cheval), Bc.

بجم *gland*, Bc.

بَجْمَاط = بَشْمَاط *biscuit*, Cartâs 36, 7 (où il faut lire شبد avec le man. de Leyde, au lieu de اشبد), mot usité en Ifrîkiya, M.

بَجْمَقْدَار (du turc بَشْمَق *sandale*, et du pers. دار) *un officier qui avait la charge de porter les sandales du sultan*, Maml. I, 1, 100.

بجن II *battre la terre, le pavé*, avec la hie, Alc. (pisar

con pison (پ). — *Clouer;* باجّن المسمار est *recourber la pointe d'un clou après l'avoir enfoncé*, M.

باجون (esp.) pl. ات *hie, demoiselle* (instrument de paveur), Voc., Alc. (pison پ).

باجون (esp.) pl. بَجاجين *queue des fruits*, Alc. (peçon de fruta پ). Dans le Voc. le terme *ficuum mota*, qui y est traduit par غُرس, et بَرجُون, doit avoir le même sens, mais je ne connais ce *mota* ni en b. lat., ni en catalan, ni en espagnol. — *Mamelon, petit bout des mamelles*, Alc. (peçon, peçon de teta پ; *despeçonar quitar el peçon* قطع الباجون).

بَجاوة, chez Freytag, est la prononciation moderne, anciennement بَجاوة, Ztschr. I, 65.

بَح II *enrouer*, Voc., Bc.

V *s'enrouer*, Voc.

VII انبح حسّه *s'enrouer*, Bc.

بَحّ vulg. pour يتَحبّح, M.

بَحيح *enroué*, Payne Smith 1386.

أَبَح *enroué*, Voc.

مبْحُوح *enroué*, Bc, Hbrt.

بَحْبَح I *perdre la voix; se débattre en expirant*, Cherb. C. — *Enrouer, rendre la voix rauque*, Alc. (enronquecer a otro). — *Desserrer, relâcher*, Bc.

II *s'affermir* (domination), comme M. de Slane lit avec raison Prol. III, 91, 3; cf. Lane. — *Se réjouir*, 1001 N. I, 450, 4. — *Se divertir, s'ébattre, s'égayer, se faire fête de, se promener*, Bc. — *S'enrouer*, Alc. (enronquecerse).

بَحْبَحَة *divertissement*, Hbrt 226, Bc, *gaîté, partie* (divertissement), *régal* (grand plaisir), *ribote;* كلام بَحْبَحَة *goguettes* (propos joyeux), Bc.

بَحْبُوح pl. بَحابِح *joyeux, gai*, Hbrt 226, Bc, *jovial, riboteur, Roger-bontemps, bon vivant*, Bc.

بُحُوحَة *enrouement*, Bait. I, 195: بُحُوحَة الصوت «l'enrouement de la voix;» lisez de même J. A. 1853, I, 345, 1.

تَبَحْبُح *enrouement*, Alc. (enrronquecimiento, ronquedad). — *Aphonie*, Cherb. C.

مبَحْبَح *enroué*, Alc. (ronco), Domb. 108, Hbrt 35, Ht. — *En bon état, en bonne santé*, Cherb. C.

مُنْبَحْبِح *rauque*, Ht.

بَحْتَر I *semer clair, de loin à loin*, Bc (pour بَحْثَر, à ce qu'il semble).

مبَحْتَرَة *mets fait d'aubergines, etc., et d'œufs*, M.

بحث I *caver, creuser, fouir, miner*, Bc. — C. عن *expliquer*, Berb. II, 7, l. 9. — Dans le sens d'*examiner, faire des recherches sur*, ce verbe ne se construit pas seulement avec عن, mais aussi avec على, Abbad. I, 249, 10; j'ai révoqué en doute cette construction III, 99, mais on en trouve un autre exemple Ztschr. XX, 486, 2 a f. (où بحشت, pour بحثت, est une faute d'impression), et le Voc. la donne également. Aussi avec l'accus.; بحث الامر *ballotter une affaire*, la discuter, بحث الدعوى *approfondir une chose*, بحث المسئلة *aborder une question*, Bc; *étudier un livre* (c. acc.) *sous la direction* (على) *d'un professeur*, Macc. I, 829, 3: بحث على الشيخ علم الدين المحرّر الرافعى; cf. l. 5. — C. على p. *examiner la conduite de quelqu'un*, Çalât 21 r°: رفع الى امير المومنين — فتأثّر للخليفة لقوله وبحث عليهم انهم يشربون الخمر.

III *examiner* c. على, Voc. — *Critiquer*, examiner un ouvrage, Bc.

IV *chercher la trace*, Alc. (buscar por rastro).

بَحْث فى الطبيعة *observation sur les choses naturelles*, Bc.

بَحْثى *critique* (adj.), Bc.

بَحّاث dans le Voc. v° scrutari. — *Le convive qui, l'œil sur ses voisins, les prévient, va prendre le morceau qu'ils avaient choisi et qu'eux-mêmes allaient prendre*, Daumas V. A. 314.

باحث *critique sévère, mais équitable*, Bc. — *Enquêteur* (juge commis pour les enquêtes), Bc. — *Chercheur d'or*, Gl. Edrîsî.

مبْحَث *preuve*, 1001 N. II, 424, 9.

مباحث *critique*, Bc.

بحح V *se vanter*, Voc.

بحر II dans le Voc. v° mare. — *Gagner la pleine mer*, Alc. (engolfar). — *Jeter à la mer*, Daumas V. A. 366. — *Cultiver*, Cherb. Dial. 16. — *Regarder, contempler*, Ztschr. XXII, 122, 148.

V dans le Voc. v° mare. — *Se jeter en pleine mer*, Alc. (engolfarse). — *Abonder* (voyez la Xe), Macc. I, 81, 3 a f.: تبحّر العمران, Berb. II, 84, 13: تبحّر عمارتها, Macc. I, 464, 13: كان له شعر يتكلّم به متبحّرًا (*abondamment*).

X *devenir une mer, être entièrement inondé*, Ztschr. XVI, 594, Berb. I, 50, 1: المرج المستبحر, où l'on peut traduire avec de Slane: «marais formé par les eaux de la mer.» — En parlant d'une mer, *s'élargir*, Prol. I, 77, dern. l. — En parlant d'un fleuve, *être grand comme une mer*, Abbad. II, 250, 5 a f. — Au fig., *être inondé par* (بـ), *être abondamment pourvu de*, Mi'yâr 22, 2 (où il faut substituer واستبحر à واستنجر), Berb. I, 153: مصر كبير مستبحر بالعمران البدوي «une grande ville abondamment pourvue de tous les produits de la civilisation nomade.» Mais pour exprimer qu'une ville est remplie d'habitants et qu'elle possède en abondance les produits de la civilisation, on dit aussi: استبحرت في العمران (العمارة), Berb. I, 221, 267, 4 a f., II, 73, 9 et 10, 80, 4 a f., 81, 7, ou bien: استبحر عمرانها, Berb. I, 184, 197, II, 49, 3 a f., 72, 7 et 12; une telle ville est بلد مستبحر العمران (العمارة), Berb. I, 122, II, 66, 4 a f., Macc. I, 340, 13. — Dans le sens de *s'étendre*, ce verbe s'emploie en parlant de villes, Berb. I, 125, 2 a f., de jardins, Macc. III, 49, 22, mais aussi en parlant d'autres choses, p. e. de la guerre, Haiyân 106 r°: فوقعت الحرب واستبحرت (l. واستنجرت). — Par ellipse (pour استبحر في العلوم) *acquérir des connaissances très-profondes*, Haiyân 34 r°: ولقى جماعة من أهل النظر فاستبحر.

بحر, *mer*, est fém. chez Abdarî; voyez le passage sous دُكّان. — *Étang*, Abbad. I, 97, n. 126 et 127, Mi'yâr 22, 7. — *Bas-fonds sablonneux*, Ghadamès 132. بحر بلا ماء *désert*, Jackson 239; ce terme ou بحر ملح *flaque large et ondée de sel nitreux sous laquelle se trouve de la boue durcie*, Burton II, 73. — البحر الفارغ *reflux*, Bc (Barb.). — بحر الشرج *le fonds de la selle, la partie entre le pommeau et le troussequin*, Bc, Koseg. Chrest. 69, 3 a f., 1001 N. I, 368, III, 285. — T. d'archit., espèce de cartouche, d'ornement de mosaïque ou de peinture, qui portait une inscription ou des figures d'hommes, d'animaux, etc., Edrîsî 113, 3–6, 210, 2; cf. Gl. Esp. 71. — *Degré*, *marche d'un escalier* (?), 1001 N. Bresl. II, 152, 3 a f.: قاعة معلّقة عن الأرض سبع أبحر.

بَحْرة A Damas بَحَرات signifie: 1° les *bassins* de marbre, remplis d'eau courante et souvent ornés de mosaïques, qui se trouvent dans les salles des maisons; 2° les *réservoirs* qui se trouvent dans toutes les rues, Ztschr. XI, 476.

بَحْرى *galérien*, Alc. (galeote). — *Garde du port, de la plage*, Perron, Khalîl, V, 541. — Ce n'est pas seulement en Égypte qu'on emploie ce mot dans le sens de *septentrional*. On le trouve aussi avec cette acception dans une charte sicilienne, parce que, dans la province de Palerme, la mer est au nord, Amari MS; de même en Algérie, Daumas V. A. 435; dans le Sahara, *vent du nord*, Richardson Sahara II, 456. — *Espèce de faucon*, Gl. Esp. 232, le meilleur pour les oiseaux de marais, Margueritte 176. Ce renseignement explique peut-être l'origine du mot. Margueritte en donne (p. 186) la même étymologie que Tamarid et le Père Guadix; selon lui, ce faucon aurait été appelé ainsi parce qu'il vient de l'autre côté de la mer; mais peut-être le mot dérive-t-il de بحر dans le sens de *marais, flaque, étang*. — *Tortue*, Ibn-al-Djezzâr (Zâd al-mosâfir): البحرى وهو القلبق.

بَحْرِيّة *vent du nord*, Djob. 116, 2 a f.

بَحْران. L'auteur du Gl. Manç. dit que ce mot signifie en grec: غارى في. — المُناجَزَة بين المتغالبَين البحران *évanoui*, Bc.

بَحّر (ou بُحَيرة؟) comme t. d'archit., Gl. Esp. 71.

بُحَيْرة (*lac*), pl. بحائر, Bc. — Avec le même pl., *plaine*, Richardson Mor. II, 118; Renou 33: «Bh'îra, diminutif de بحر [lisez de بُحَيرة], ne s'applique qu'aux plaines unies;» Marmol II, 234 a (Bône): «Tiene unos llanos donde llaman el Bahayra que se estienden catorze leguas en largo,» etc.; Barth W. 241 parle d'une «weite Thalebene,» qui s'appelle *bah'îret er Remada*; l'anonyme de Copenhague 22: le sultan vint à Miquenès (l. وعيّد عبد الأعلى في بحيرته بحيرتها الكبرى — ووصل مدينة فاس فنزل بالبحيرة وارتاح بها فوصل الكاف وحصن بها; Hist. Tun. 107: ثلاث أيام. — آه ومال ونزل بحيرة الكاف في بحر الجزيرتين. — *Jardin potager*, Quatremère J. d. S. 1847, 484 (sur Cartâs

17, 1); l'explication de Nowaïrî qu'il cite et selon laquelle بُحَيْرَة signifie, dans le dialecte africain, بُسْتَان كَبِير, se trouve aussi chez Ibn-al-Athîr X, 407; Ht, Roland, Delap. 144; Jackson 95 n.: «*bahaira*, kitchen garden;» Miss. hist. 612 b: «Una ribera de huertas llamada *Baharrar*;» R. N. 70 r°: وذكر أن أخا له اشتكى أرنبًا افسدتْ عليه بحيرةً في جوار قصر ; الطوب فدعا عليها فلم تلبث الا يسيرا حتى ماتت Amari 8, dern. l. (l'éditeur qui, dans le J. A. 1845, I, 98, a traduit بحائر par *étangs*, s'est trompé); Macc. III, 751, 2 et 4. Forme berbérisée تبحيرث, *jardin potager*, Dict. berb.; «*thebhairt* (Arabic) garden,» Hodgson 93. — بحيرة الزيتون *plantation d'oliviers*, Berb. II, 321, 8; le pl. بحائر الزيتون Bat. IV, 376.

بَحَّار *jardinier*, Quatremère J. d. S. 1847, 484, Roland.

بَحَّارِي *manœuvrier* (matelot qui entend la manœuvre), Bc.

بَحْرُورش. البَحْرُورش يصب *il grêle*, Martin 171.

بَخْشش dans le Voc., sans explication.

بَخَل *autant que*, Voc. (quantum). C'est, à ce qu'il paraît, une altération de بحال.

بخلق I. حلق عَيْنَيْه *écarquiller les yeux*, Bc, 1001 N. Bresl. I, 172, 7, II, 69, 2; عين مبحلقة *œil fixe*, ouvert et immobile, Bc.

بخّ I *asperger en soufflant de l'eau que l'on tient dans sa bouche*, c. على; بخّ التتن *mouiller le tabac avant de le couper*, en prenant de l'eau dans sa bouche et la faisant jaillir dessus, Bc; en ce sens 1001 N. Bresl. VII, 277, en parlant d'une broderie: قطعته وبخّته بالماء وصقلتُه; avant de repasser le drap, nos tailleurs le mouillent de la même manière, Fleischer dans Gersdorf's Repertorium 1839, p. 433; *injecter*, introduire une liqueur avec une seringue ou la bouche dans une plaie, dans les veines, *seringuer* Bc. — *Boire*, en parlant de papier, Hbrt 112.

بخّ بخّ sur les monnaies, voyez Ztschr. IX, 606 et suiv., X, 818 et suiv., XI, 143 et suiv.

بَخَّة *aspersion*, *injection*, Bc.

بَخِّي, en parlant d'une monnaie, voyez Ztschr. IX, 611 n.

بَخْبَخ I *se moquer de*, Hbrt 239.

بَخْبَخَة *bourbier*, Berbrugger *apud* de Slane trad. de l'Hist. des Berb. III, 276, *marais*, Carteron 378.

بخت I. بخت c. ب *être heureux par*, Voc.
II et IV *rendre heureux*, Voc.
VII *s'aventurer, se hasarder*, Alc. (aventurarse).

بَخْت, pl. بُخُوت, Voc.; pl. du pl. بُخُوتَات *bonne-aventure* (vaine prédiction), Bc, *augure*, Ht.

بُخْتِي, بَخْتِي, voyez sur l'origine de ce mot, Edrîsî ۴v, 2 et suiv. Palgrave I, 325: «بَخْتِي (sic) or Bactrian, two humped, clumsy, coarse-haired, upland Persian beast.»

مَبْخُوت *destiné à être heureux*, Berb. I, 444, 6 a f.

مُبَخِّت *devin, sorcier*, Alc. (hadador).

بُخْتَرِي nom d'un grand nombre de plantes qui appartiennent au genre Erodium, Ztschr. XXII, 92, n. 7.

بخر V *exhaler une bonne odeur*, Badroun 273, 1. — Dans le Voc. v° vaporare.

بَخْرَة. Le Voc. a لَحِيَّنَة ان بخْرة وبخر sous barba, sans explication.

بُخَار *fumées*, vapeurs qui s'élèvent au cerveau; بُخَارَات *rapports*, vapeurs qui sortent de l'estomac, Bc. — *Haleine*, Alc. (aliento). — بخارة في تمّ *il a l'haleine mauvaise*, Bc.

بَخُور *encens*, au fig. *flatterie*, Bc. — بخور السِّمَر encens d'une qualité inférieure, Lane M. E. I, 207. — بخور جَرجَري *benjoin*, Gl. Esp. 239. — بخور جاوي idem, Bc — بخور سودانى *élémi*, Gl. Esp. 259. — بخور مورشده; c'est ainsi qu'il faut lire avec AB Bait. I, 124 d, au lieu de مورشلة, comme donne Freytag, car c'est l'esp. *morisco* (moresque); c'est le synonyme de تاسمغنت, la racine du thelephium imperati L., qu'on brûle en guise de parfum

بَخُورِي *vendeur de* بَخُور, Casiri I, 145, n. a.

بَخُورِيَّة *cassolette*, Ht. — Les femmes maronites

donnent ce nom à un châle de Lahouri, dont on se ceint en laissant les deux bouts flotter par devant, Bg 807; cf. 574 v° *moucher*.

خِيرى, pl. بَخَارى, dans l'Asie mineure, *conduit, évent, par lequel monte la fumée*, Bat. II, 337.

بَخَّار (c'est ainsi qu'il faut lire, Daumas MS) *celui qui souffle sur les mets*, Daumas V. A. 315.

بَخُور vulg. pour بَخُور, pl. بَخَاخِير, M, Bc.

بَخَّار *soufre*, Bc (Barb.).

مِبْخَرة (*cassolette*) voyez ses formes chez Lane M. E. I, 221, 307. — *Bassinoire*, Delap. 77.

بَخَس I *dénigrer, déprécier, déprimer, mésestimer, rabaisser*, Bc, 1001 N. I, 14, 3 a f.; بخس ثمن الشى *avilir, déprécier*, Bc.

IV *mésestimer*, Alc. (estimar un poco).

VII quasi-passif de la Ire, Voc. v° *fraudare*.

بِأَبْخَس ثَمَن *à très-bon marché, au plus bas prix*, Bc.

مَبَاخِس *terres qui ne sont pas arrosées d'une manière artificielle, mais seulement par l'eau de la pluie*, Gl. Belâdz. 15.

بَخَش I *trouer, percer, creuser*, Bc, Hbrt 84, 178, M, J. A. 1849, II, 312, n. 1, l. 3 et suiv., 1001 N. Bresl. IV, 13, 8.

بَخْش et بَخُّوش, pl. أَبْخَاش et بُخُوش, *trou, œillet* (petit trou pour passer un lacet, etc.), *creux* (trou dans la terre), Bc, Hbrt 178, M, J. A. 1849, II, 310, n. 1, 312, n. 1, Prol. II, 353, 8, 10, 11, 16 et 18, 354, 3; restituez le même mot chez Koseg. Chrest. 65, 8 a f.; — بخش البرميل *bonde* (trou rond à un tonneau), Bc; — خش فى مركب يدخل منه الماء *voie d'eau* (ouverture par laquelle l'eau entre dans un vaisseau), Bc; — *postérieur*, Hbrt 3; — *bassinet* (d'une arme à feu), Domb. 81.

بَخْشى *un lama*, Mong. 184 et suiv.

بَخُّوش, pl. بَخَاخِش *insecte*, petit animal dont le corps est divisé par étranglements ou par anneaux, Cherb.

مِبْخَش كبير *vilebrequin, vrille*; مِبْخَش *tarière*, Bc.

بَخْشَش I *étrenner, donner*, Bc, M.

بَخْشِيش (pers.) pl. بَخَاشِيش *pourboire, étrenne, gratification*, Bc, M.

بَخَع I c. a. p. *désappointer* quelqu'un, ou *le rendre honteux*, M.

II c. a. p. *blâmer fortement*, M.

بَخِق. Biffez chez Freytag l'article يَبْخُق; le mot qu'il a eu en vue est يَبْخَنِق, Vêtem. 55, n. 1.

بَخَل I. بَخَل على فلان بشىء *refuser une chose à quelqu'un*, Bc.

V dans un vers, Kâmil 205, 7.

بَخَل *inhabileté, incapacité*, Alc. (inabilidad).

بَخِيل *inhabile, incapable*, Alc. (inabile).

أَبْخَل *plus avare*; أَبْخَل من كلب «plus avare qu'un chien» (prov.), Bc; Haiyân-Bassâm I, 142 v°: البَخْلَة (البُخْلَم) l. بدرهم وكسرة.

بُخْنُق pl. بَخَانِق voyez Vêtem. 55, 56, Defrémery Mémoires 324; Ibn_as-Sikkît 526: قالت العامرية البُخْنُق خِرْقة تَقَنَّع بها المرأة وتُخَيِّط طرفها تحت حنكها وتُخَيِّط معها خِرقَة على موضع الجَبْهَة. Aujourd'hui en Algérie, où l'on prononce بُخْنُو, *un linge*, Martin 154, *une coiffe de femme*, Daumas Sahara 266. M: وجلباب للجراد الذى على اصل عنقه، ومنه البخنق عند العامة وهو ما يُلْبَس على مقدَّم اصل العنق من الحَلى.

بَدّ I *dissiper*, n. d'act. بَدّ et بَدَّد, Gl. Mosl. — C. a. p. = أَفْرَجَه وأَوْسَعَه, M.

II *prodiguer, dépenser avec excès*, Alc. (gastar en mal, gastar demasiado), Bc; on dit بدَّد فى الاموال, 1001 N. IV, 695, 1. Mais بدَّد الاموال signifie aussi: *jeter des pièces de monnaie parmi le peuple*, Macc. I, 675, dern. l., 694, 4. — *Répandre*, Roland.

X. استبدّ برأيه *présomption*, Bc. — استبدّ على ou على الدولة السلطان, en parlant d'un premier ministre, *accaparer toute l'autorité du souverain*, Prol. I, 20, 6, Berb. I, 361, dern. l., 500, 2, 4 (voyez des expressions analogues dans mon Introduction au Bayân, I, 98, 99). — C. ب *suffire*, Voc.

بد pl. بْدُود pressoir, grande machine servant à presser des olives ou du raisin, moulin à huile, L: Prælum عَصَّارة الزيت والشراب وهو البَدّ, Alc. (molino de azeyte, alfarge حَاجَر البَدّ), Payne Smith 433, 450. Ce mot est araméen, syr. عَمًّا, chez Buxtorf בַּד, et on le trouve chez l'auteur de la chronique samaritaine connue sous le nom de Liber Josuæ, qui dit dans son langage incorrect, p. ۵۳, dern. l., éd. Juynboll: ودرسوا كثير من السامرة تحت حَارات البُدود; mais l'éditeur, qui ne le connaissait pas, l'a changé d'une manière fort malheureuse. Scaliger, qui cite ce passage dans son Dict. arabe man. et qui indique l'origine du terme, aurait pu le préserver de son erreur. (Cet illustre savant a aussi fort bien expliqué le passage p. ۵۹, 16, et Juynboll a eu tort de le contredire, p. 346, n. h.) C'est par les Arabes de Syrie, les compagnons de Baldj, que ce mot doit être venu en Espagne.

بُدّ. Au lieu de لا بُدّ لَهُ مِنْ, on a dit d'abord dans la langue vulgaire: لا بدّها من, p. e. P. Prol. III, 382, 6 (cf. la trad.): واما البدا لا بدّها من فياعل «Dans les événements imprévus, il faut des hommes d'action.» Dans la suite, on a retranché la négation لا et من avant le substantif ou le ان avant le verbe. Aujourd'hui on emploie ces expressions qu'on trouve chez Bc: بدّك avoir à (être dans l'obligation de); — بدّى يقول vouloir dire; — بدّى اروح il faut que je m'en aille; — بدّك تروح il faut que tu partes; — ايش بدّك تقول que voulez-vous dire? — ايش ما بقى بدّى شى il ne me faut plus rien; — بدّنا نعمل ايش بدّنا صامن ou بدّه كفيل que faire à cela? — من كلّ بدّ sujet à caution; — كلّ بدّ assurément, certainement, — à toute force, absolument. — Dans le sens d'idole, بُدّ ne semble être rien autre chose que Bouddha; la signification de temple en dérive, Gl. Belâdz.

بدد nom d'une plante, Bait. I, 125 d; leçon de BDE; AC بدد; Sonth. بدد et بدد, mais l'ordre alphabétique montre que la seconde lettre est un dâl.

بَدّاد meunier d'un moulin à huile, Alc. (molinero de azeyte), comme בַּדָּד en araméen (voyez Buxtorf).

بَدَأ I c. ب p. attaquer un tel, avant d'attaquer les autres, Nowairî Espagne 447. — بدأ بامرأة jouir le premier d'une femme; on dit dans un sens analogue ولا بدأت بامر, Gl. Badroun. — C. a. p. et ب r. تبدأه باخبار عن شى حتى يكون هو السائل لك «ne lui parlez jamais le premier de quoi que ce soit, à moins qu'il ne vous interroge,» de Sacy Chrest. II, 420. بدأها بذكر سهيل «il lui parla d'abord de Sohail,» Gl. Badroun. وانّما بدأتك بما بدأتك به ارادة الحج «j'ai seulement commencé à vous traiter de la manière que vous savez, parce que je désirais» etc., Bidp. 165, 3.

IV. ابدأ فى ذلك واعاد revenir sur une chose à plusieurs reprises, Hoogvliet 48, 12 et 13, Prol. III, 263, 13, où l'auteur dit par inversion: اعاد فى ذلك وابدأ. (Un exemple de l'expression لا يُبْدى ولا يُعيد, ne rien dire, se taire (cf. Lane), se trouve Abbad. II, 9, 7, où il faut corriger ma note.)

VIII c. ب p. هو الذى ابتدأ فى دولته بأرباب الوظائف من الامراء والاجناد «il est le premier sultan qui ait conféré les offices de sa cour à des émirs et à des militaires,» de Sacy Chrest. II, 188, 8. — C. a. p. et ب r., comme la Ire forme, ابتدأه بالكلام «il lui parla le premier,» Bidp. 16, 8; ابتدأه بالاحسان «il lui prodigua d'abord des bienfaits,» Beer 125, 2 a f.; وانّا مبتديكما بالنصيحة قبل للحكومة بينكما «je vous donnerai un bon conseil avant de» etc., Bidp. 188, dern. l.

بَدْأ = بَدْع innovation, Gl. Abulf.

بَدِى لا بُدّ لك من غلّة بدّيّة بَدِى «il te faut absolument la récolte par anticipation,» Bat. III, 429.

مَبْدَأ ouverture d'une partie d'échecs, van der Linde Geschichte des Schachspiels I, 104.

مَبْدِى العلّة المبدئة la cause première, Bc.

ابْتِدائى subjectif (qui appartient au sujet de la phrase), Bc.

مُبْتَدَأ nominatif, Alc. (nominativo), Bc.

مُبْتَدِي *commençant (qui est aux premiers éléments d'un art, d'une science)*, Alc. (novicio nuevo en cada arte, et مبتدى فى السلاح ombre nuevo en las armas), Bc. — الفضل للمبتدى وأن احسن المقتدى « *le principal mérite est au modèle, quelque parfaite que soit l'œuvre de l'imitateur,* » Bc.

بدايق (؟) = ابهل, Most. sous ce dernier mot; leçon de Lm; N بدانو ou بدايف فى) maghribin = دى).

بَدَخْشانى *rubis-balais*, Maml. II, 1, 71.

بدر II, avec الى عند, *aller dès le matin chez*, Bc.

V *être pleine, en parlant de la lune*, 1001 N. Bresl. III, 332, 7.

VI *avec l'accus. de l'endroit vers lequel on s'empresse d'accourir*, Weijers 55, 6, cf. 196, n. 357, Abbad. I, 201, 3 a f.

VIII *avec l'accus.*, Haiyân-Bassâm III, 49 v°: فابتدروه وجّوا به :°r 116, فابتدروا للخروج عنها Rech. II, App. p. XLVII, l. 4 a f.: ابتدر رجالَهُ.

بُدْر *nœud*, Voc.

بَدْرَة *bourse*, Voc., qui prononce بَدَرَة pl. بُدَر. Le passage d'Abou-Sa'îd, cité inexactement par Freytag, a été publié et traduit par Quatremère Becrî 41, 42. — Dans l'arabe vulgaire بدرة est: *une somme d'argent qu'un émir ou, un autre personnage considérable jette au peuple*, Lane trad. des 1001 N. II, 508, n. 1.

بَدَرات (pl.) *signes qui apparaissent bientôt*, Gl. Mosl.

بَدْرِى pl. بَدَارِى *précoce*, Bc, Hbrt 51. — *Matinal*, Bc. بدرى الضان *agneaux*, 1001 N. Bresl. X, 222, 11. — بدارى *prémices*, Bc. — Adverbe (que Marcel prononce *bedry*) *de bon matin, de bonne heure*, Bc (Eg.), 1001 N. Bresl. IX, 273, 6, 318, 2 a f.; كمان الوقت بدرى « *il est encore de bonne heure,* » Bc.

بَدْرِيَّة *matinée*, Bc.

بداورة *latte, pièce de bois longue, étroite et plate*, Bc.

بادرة pl. ات *sottise, maladresse*, Alc. (desaliño), voyez Victor).

تبْدِير *précocité*, Bc.

مُبَادَرَة مبادرة الاعتدال *précession des équinoxes, mouvement rétrograde des points équinoxiaux*, Bc.

بطرشيل (βατραχίς) et بطرشيل, aussi بذرشين, بطارشين, بطارشيل, *chape* (large vêtement d'église en manteau), Bc, *étole* (ornement de prêtre), Bc, Bg, M.

بَذْرَق *prodiguer, dissiper*, Hbrt 219, M.

بداسكان, بداسقان, بدسكان, بدسقان (*spartium iunceum*). Telles sont les formes de ce mot, que Freytag écrit à tort بداسفان, Bait. I, 125 c. On trouve بدسكان Bait. II, 380 a (AB), 384 d.

بلع II *déployer son éloquence*, Bc. — C. على p. *faire du tumulte contre quelqu'un*, Voc.; c. a. ou c. على *crier, appeler*, Voc.

VIII *renouveler*, Abbad. I, 243, dern. l.

بدْع *façon* (يدْع); *simagrée;* — *tour de force*, Bc. بيدع *ingénieusement*, Bc.

بَدْعَة *paradoxe*, Bc. — *Tumulte*, Voc.; عمل البدع (car je crois que c'est ainsi qu'il faut prononcer) *faire le diable à quatre*, Bc. — *Portentum (signum, miraculum)*, L.

بدعِّى *paradoxal*, Bc.

بدعية pl. بداعى *gilet ouvert par devant et que l'on porte sous la veste appelée* غليلة, Cherb., Ht, Carteron 176; selon Maltzan 19, *Bdaya* est à Alger = *Kbaya*, à Tunis *gilet*. Lyon 6 écrit *bidrïah*, parce qu'il a mal entendu et qu'il a pris le ع pour un ر. (Ceci peut servir à corriger ce que j'ai dit Vêtem. 56.)

بَديع *ingénieux, spirituel*, Bc.

بَديعة pl. بداِئع, dans le sens indiqué par Lane, voyez Orientalia I, 391, n. *a*. — *Invention (chose inventée)*, Bc.

مَبْدَع *commencement*, Bc.

مُبْدَع وهو مبدع لجمال جيد للخصال (*extrêmement beau*), Antar 7, 4.

بدل I. بدل القصاص *commuer, changer la peine*, Bc. — Chez les chrétiens, en parlant d'un prêtre, *revêtir les habits sacerdotaux*, M.

II *transformer*, Alc. (trasformar), p. e. بدّل الصورة id. (trasfigurar). — *Défigurer*, Alc. (مُبَدَّل desfigurado, تبديل desfiguramiento). — *Transvaser, verser d'un* vase dans un autre, Alc. (trassegar vino o cosa liquida). — Changer, et par conséquent, corrompre la religion, Abd-al-wâhid 141, 10; celui qui le fait est un مُبَدِّل, ibid. 137, 3 a f. — Changer de religion, apostasier, Cartâs 223, 13. — Changer de logis, déménager, Alc. (mudar casa a otro lugar, تَبْدِيل mudança de casa a otro lugar). — La signification que Freytag a notée sur l'autorité de Reiske: Venerem præposteram in podice exercuit, se trouve aussi chez Alc. (cavalgar macho a macho, hazerlo el honbre al otro). — Revêtir quelqu'un des habits sacerdotaux, M. — بَدَّل اللون changer de couleur (pâlir, rougir), Alc. (mudar el color). — مَيَّدَّل الوَجْه personne masquée, Alc. (homarrache). — بَدَّل الموضع transposer, Bc.

V, en parlant d'une chose, être changée contre (ب) une autre chose, P. 1001 N. I, 44, 9:

والنَّوْمُ مِنْ عيني تبدَّل بالسهر

(où نَوْمٌ مِنْ عيني est l'équivalent de النوم من عيني). — Echanger une chose (من) contre (ب) une autre, Gl. Mosl., P. Abbad. I, 59, 7:

تبدَّل الاتراح بالافراح او الافراح بالاتراح على غفلة

تبدَّلت مِن عِزِّ طلِّ الحديد بذلِّ البنود وثقل القيود

— péripétie, Bc. — Changer d'habits; — se déguiser, se travestir, Bc. — Revêtir les habits sacerdotaux, M. — Se défigurer, Alc. (desfigurarse). — Changer de couleur, pâlir, Alc. (demudarse de miedo). — En parlant de deux personnes du sexe masculin, commettre le péché contre nature, Alc. (dormir uno con otro).

VI se relayer, se relever, Bc.

VII être changé, Voc., Abou'l-Walîd 774, 1; le n. d'act. métamorphose, Bc.

VIII se permuter (lettres), Abou'l-Walîd 132, 21: ابتدال بعض الحروف ببعض, 338, 11, 352, 31: cette lettre يبتدل من صاحبه, et ailleurs, Payne Smith 1286.

X substituer une chose (ب) à une autre (accus.), Valeton ۱۹, 6: انا خلعنا اباك وملّكناك لنستبدل اساءته باحسانك, cf. 34, n. 4.

بَدَلٌ équivalent, Bc. — Voyez sur les saints nommés الأَبْدَال Ztschr. XX, 38, n. 50, de Slane trad. d'Ibn-Khallic. III, 98.

بَذْلَة habillement, costume; c'est ainsi qu'il faut modifier ce que j'ai dit Vêtem. 396, n. 2; cf. Lane 174 c, Gl. Fragm. sous بدن; بَدْلَةُ الكَاهن ornements, habits sacerdotaux, Bc, M. — Habit, vêtement, Bc, Hbrt 19. Cependant M. de Goeje, dans le Gl. Fragm. s'est trompé en attribuant cette acception aux deux passages des 1001 N. qu'il cite; le terme en question y signifie habillement, comme toujours dans les 1001 N., et c'est sa signification véritable, celle qu'indique le M. En outre, de Goeje a eu tort de croire que بدنة est une autre forme de بدلة, et il aurait dû substituer le second mot au premier dans le texte qu'il publiait. — Relais (chiens, chevaux, qui doivent en remplacer d'autres), Bc.

بُدْلَة chasuble, Bg.

بَدَال, dans le dialecte de l'Egypte et de la Syrie, pour بدل au lieu de, en échange de, autre que, Burckhardt Prov. n° 143, Bc, M.

بَدِيلَة = بَدِيل, Abou'l-Walîd 803, 24, Payne Smith 1289. — Epouse qui en remplace une autre, M.

بادلان est proprement l'ital. patella (patelle, lépas); Pagni 93 écrit badalà, en ital. patella; chez Bc بادلان est huitre.

اِبْدَال substitution (action de substituer ses biens), Bc.

تَبْدِيل déguisement, travestissement, Bc.

مُتَبَدِّل changeable, variable, Alc. (mudable cosa que se muda).

بَدْلاقَة (esp. verdolaga, lat. portulaca) pourpier, Hbrt 47. Cf. بَرْدَلاقَة.

بدن II rendre corpulent, Voc.

V devenir corpulent, Voc.

بَدَن (corps) s'emploie aussi en parlant d'une plante, par opposition à la racine, Auw. I, 115, 15, où il faut lire وابدان avec le man. de l'Escur. et celui de Leyde. — Une courte tunique sans manches (Vêtem. 56 et suiv.), en usage dans l'Occident aussi bien que dans l'Arabie, Macc. II, 204, 17, R. N. 64 r°: وذكر الشيخ الخ — انه انّما كان عيشه من كدّ امراته كانت تَشْتَرِى الكتان فتغزله وتنسج منه ابدانًا فتبيعها; robe de soie portée par les juives, Daumas V. A. 487; — cf. Gl. Esp. 238. — Sorte d'ornement que les femmes portaient sur la poitrine; Abou'l-Walîd 92, 15, en expliquant רחשים (Isaïe III, 20), qu'on

بدنجان 59 بدوح

traduit par *amulettes*: هو صنف من لحلى تعلّقه النساء على صدورهن ويسمى بالبدنات تشبيهها بالدروج القصار التي تسمّى بدنات. — Dans l'Arabie Pétrée: *le bouquetin des Alpes*; dans la Haute Egypte = تَبَيْتَل (proprement بَيْتَل), Burckhardt Nubia 22, id. Syria 405, 571. — *Courtine*, pl. بدنات et بدنان, Mong. 252, Amari 156, 5.

بَدَنَة *corps* (partie d'habit du col à la ceinture), Bc.

بَدَنِيَّة *grande pierre de taille*, M.

بَدِنْجَان = بَاذِنْجَان, P. Macc. II, 423, 9.

بدء.

بَدِيهَة pl. بَدَهَات = بَدِيهَة, Gl. Mosl.

بَدِيع *simple* (sans déguisement, sans malice), Bc.

بَدَاعَة *simplicité* (niaiserie, bêtise, facilité à se laisser tromper), Bc.

بَدِيهَة *A l'improviste* est aussi بالبديهة, Voc. — غَمْرُ البَدِيهَة, au propre en parlant d'un coursier rapide, s'emploie au figuré pour désigner un homme qui prévoit tout, qui n'est jamais pris au dépourvu. Ce que Lane a d'après le TA «a man who takes by surprise with large bounty» est la traduction du vers d'at-Tirimmâh: غَمْرُ البَدِيهَةِ بِالنَوَالِ, ce que Zamakhcharî explique par: اى يفاجئ بالنوال الواسع, Gl. Mosl.

بدو I. Pour exprimer: *changer d'avis*, on ne dit pas seulement بدا له فى الامر (voyez Lane), mais aussi simplement بدا له, p. e. Haiyân 49 r°: حتى رجع عن المعصية وفرق جمعه وسكنت جهته مُدَيْدَة ثم ان يلبث ان بدا له وهاج الفتنة وابتغى الفساد, Cartâs 165, dern. — Il ne faut pas confondre ces expressions avec une autre, à savoir بدا لهم ذلك, qui signifie: *trouver bon de faire une chose*, p. e. بدا لهم الانتقال «ils trouvèrent bon de partir,» Belâdz. 16, 7 a f.; الانتقال (cf. le Glossaire) exprimerait précisément le contraire; Bayân, Introd., 104, l. 16: جاوَرَ اهل الشرك ثم بدا له غَيْرَ ذلك Haiyân 11 v°: ووالاهم على اهل القبلة ثم بدا له عن (غَيْرُ l.) ذاك اخَّرُوا ففارى مجاورة الكفرة.

III. بادى احدا ب *prendre l'initiative à l'égard de quelqu'un*; مُبَادَاة *initiative*; بادى احدا بالخير *prévenir quelqu'un par de bons offices*; بادى احدا *attaquer quelqu'un*, être agresseur, Bc. — باداه بالمَتْلُوف *payer quelqu'un d'ingratitude*, M.

IV. Le scoliaste de Moslim explique les mots فى أَشْبَاحٍ ظُلْمَان «sous la forme d'autruches,» par فى أَبْدَاه ظُلْمَان, Gl. Mosl.

V c. عن r. *se détourner de*, M.

بَدْو *commencement*; — A. b. c. (commencement d'une affaire, d'une science), *alphabet* (fig., éléments, commencement); — *préambule*; — *prélude*, Bc. — Comme quasi-pluriel de باد, *agriculteurs*, Gl. Edrîsî, Voc. — Manière de forcer l'autruche; «dans le *bedou*, le chasseur doit prendre l'autruche avec le même cheval, sans relai ni rabatteur,» Margueritte 74.

بَدَوِي *agriculteur, paysan, villageois*, Gl. Edrîsî, Voc. (rusticus).

بَدَاوِي *grande chemise bleue ou noire*, ouverte par les côtés en guise de manches, et depuis le haut jusqu'en bas. Elle est portée par les femmes au Caire et par les femmes fellâh. Ordinairement elle est en toile de lin assez grossière, souvent en toile de coton ou de fil, parfois en *châch* ou grosse mousseline. Elle se met par-dessus le vêtement, Ouaday 57 n., 364, 394–5 (beddâouy, 364 beddâouyeh).

باد *saillant*, Gl. Edrîsî. — Seul ou avec بالشر *agresseur, assaillant*, Bc.

بَادِيَّة *contrée, campagne, territoire d'une ville*, Gl. Edrîsî. — *Agriculteurs*, ibid., Voc. — Dans le Voc. *rusticitas*.

بدوح. Ces quatre caractères, qu'on rencontre fréquemment au bas de l'adresse d'une lettre ou gravés sur des cachets, forment une espèce de talisman. Ses principales vertus sont: si un voyageur porte sur lui le mot بدوح, il peut marcher tout le jour sans jamais se fatiguer; — si une femme enceinte, dont on craint l'avortement, porte sur elle le mot بدوح, son enfant arrivera à terme; — une lettre sur l'adresse de laquelle se trouve ce mot, doit parvenir sûrement à sa destination; — ce mot sert encore à faire naître l'amour. Il représente les nombres pairs, qui sont regardés comme heureux: 2468, ou 8642. Voyez de Sacy Chrest. III, 365—6, Reinaud Descript. des monuments II, 243, J. A. 1830, I, 72, Bg 17, 18, Godard I, 169, et surtout J. A. 1848, II, 521 et suiv.

بذخ II c. a. *faire vivre quelqu'un dans l'abondance, dans le luxe,* Voc.

V c. ب *vivre dans l'abondance, le luxe,* Voc. (deliciari, in cibo, potu et huiusmodi = تنعّم).

بَذَخ est *deliciæ* (= نعيم) dans le Voc.; *luxe,* Ht (avec le dâl).

بذر I *semer,* aussi au fig.: *semer, répandre, distribuer de l'argent,* بذر المال, Bc.

IV *dissiper,* Voc.

V *être dissipé,* Voc.

بذار *semaille* (action, temps de semer); — *semailles* (grains semés), Bc.

بذّار *prodigue, dissipateur,* Hbrt 219.

مَبْذَر *endroit où l'on sème,* Mi'yâr 26, 2 a f.

بَذْرَقَ *prendre un guide, une escorte,* Berb. II, 81, 6 a f.; ce verbe semble avoir le même sens dans le passage Berb. II, 66, 5 a f., qu'on trouve écrit de la même manière dans notre man. 1350, mais qui me semble altéré; peut-être faut-il lire: ويبذرقى على هذا («dans cette affaire il prend pour guides les D.»). C. ب p. *servir de guide, d'escorte, à quelqu'un, le conduire,* Berb. II, 81, 1, Autob. 206 v°: فأقمتُ عنده ليالى حتى قيّضَ لى الطريق وتذرى لى (وَيَذْرَق بى l.) مع رفيق من العرب وسافرت الى قفصة وبعث معى ابن اخيه عيسى فى جماعة من (يبذرقى l.) سويد يتذرى ويتقدّم الى احياء حصين (ويذرقى l.) فى بعضهم الى حلّة اولاد 229 r°: عريف ونـزلـنـا بساحل القصَيْر ثم تدركنا (l. تذرقنا) 237 r°: (بذرقنا l.) مع اعراب تلك الناحية الى مدينة قوص. Le n. d'act. بَذْرَقَة dans le sens de *fournir des guides,* Mong. 259 b. Au fig., Bait. I, 148 a: وينبغى لهؤلاء ان يجتنبوا ان ياكلوا معه جبنًا او لبنا او خبز فطير (خبزًا فطيرًا) لانّه يسرع ببذرقة هذه الى الكلا «conduit par ces mets, le melon entre vite dans les reins ».

— بذرى = , *prodiguer, dissiper,* M.

بذل I. Au lieu de بذلت نفسها (voyez Freytag), on dit aussi simplement بذلت, Abbad. I, 393, 3. — La phrase que cite Freytag: بذلوا السيف فيمن ظهر من المسلمين, est empruntée à Macc. II, 801, 14; بذل السيف فيم *passer au fil de l'épée,* Bc, Haiyân-Bassâm III, 49 v°. — بذل خطّه بشى *promettre une chose par écrit,* Gl. Fragm. — بذل وجهه *prostituer son honneur, sa dignité,* Bat. I, 240. — *Offrir,* Abbad. II, 174, n. 98, Gl. Belâdz., Haiyân 74 r°: وقال لـ (*épargner*) الله عليك للخمس مائة دينار التى بذلتها; dans le Cartâs 92, 6 a f. et 5 a f., on trouve les constructions incorrectes: كنت بذل اليد بمال et ببذله بمال. — Chez Alc. la racine نبل avec ses dérivés est constamment, sauf une seule exception (انبذال marchitura), بَذْل, par transposition.

II *avilir,* P. Becrî 96, 12 مُبَذَّل *vil*). — تبذيل *prodigalité,* Bc.

V *se sacrifier soi-même,* J. A. 1835, II, 419 n., Khatîb 72 r°: مختصر الملبس والمطعم كثير التبذّل. — *Se prodiguer soi-même, se rendre familier,* J. A. l. l., Abbad. III, 172, n. 131. — تبذّل فى لباس *se vêtir d'une manière très-simple,* Meursinge ۱۳, 8 a f. (l'explication de Weijers dans sa note sur ce passage, p. 99, est inadmissible parce que l'auteur veut louer le personnage dont il parle); de là متبذّلاً, *en négligé,* l'opposé de متجمّلاً, *en habit de gala,* Macc. II, 404, 13. — *Se prostituer, s'abandonner,* Weijers apud Meursinge 99. — متبذّل لهمّ (اللهمّ?) *livré au chagrin,* J. A. l. l.

VII *être donné,* Voc.

VIII. ابتذل نفسه *sacrifier, prodiguer sa vie,* J. A. 1835, II, 418 n.; mais aussi: *prostituer son honneur, sa dignité,* Djob. 299, 11, Mâwerdî, 157, 4 (lisez منصوبا), au lieu de منصوبيا. — *Se prodiguer soi-même, se rendre familier,* Macc. II, 25, 16, Prol. I, 377, 11. — *Etre simple et sans affectation dans ses manières,* Khatîb 60 v°: مطّرح التصنّع مبتذل, avec اللباس *se vêtir d'une manière très-simple,* Khatîb 247 r° (= Macc. III, 27, 18): وكان مبتذل اللباس

بر

— Au passif, *être prodigué, avili*, J. A. l. l.; de là اِبْتِذَال *avilissement*, Djob. 342, 7. — *Employer des mots bas, vulgaires*, Macc. III, 755, 26; *un mot bas est* المُبْتَذَل فى أَلْسُن العامَّة, ibid. l. 27; de même مَثَلٌ مُبْتَذَل *un proverbe vulgaire*, J. A. l. l.

X *profaner*, Gl. Maw.

بَذْلٌ, fém. ة, *creux, usé*, Khatib 103 r°: قدم عليه فى هيئَة رَثَّة بَذْلَة

بَذْلَة *déroger, faire une chose indigne de*, Gl. Maw. — *Boucle d'oreille*, Voc.

بَذَّال *prodigue*, L (prodigus).

I *honorer*, Voc. — Lane a soupçonné avec raison qu'on ne dit pas seulement بَرَّ والدَه, mais aussi بَرَّت بوالده, Gl. Mosl. — On ne dit pas seulement بَرَّ الارض, mais aussi بَرَّ فى يمينه يمينَه, Gl. Abulf. — *bouleverser le terrain (pour en extraire les racines des plantes)*, Cherb. Dial. 18.

II *décharger d'une accusation, renvoyer quitte et absous, justifier, disculper, excuser*, Bc; *absoudre*, Hbrt 213; بَرَّ نفسَه *se justifier*, Bc. — C. a. *effrayer quelqu'un*, Voc.

IV. «اترون ما ابَرَّ الكلاب بالهنّ videtisne quam pii sunt canes erga cunnum?» Macc. I, 472, 5.

V *se justifier, se disculper*, Bc, Ht; *être reconnu innocent*, Hbrt 213. — C. من ou c. ب *s'effrayer de*, Voc.

VII *être honoré* c. عند, Voc.

بَرّ الأَبْرَار (*les justes*), nom qu'on donne au cri du moëddzin le mois de Ramadhân, parce qu'il commence par les paroles du Coran (Sour. 76, vs. 5): اِنَّ الأبْرَارَ يَشْرَبُون, Lane M. E. II, 264. — Sur les monnaies: بر يكون اللـه جيّد *poids très-juste*, et *juste d'après le poids divin*, Ztschr. IX, 833. — بَرّ الشَّام *Syrie*, بَرّ مِصْر *Egypte*, Bc; tout le Soudan s'appelle souvent بَرّ (*continent*), Burckhardt Nubia 263. — *Rive, rivage, bord d'une rivière, d'un lac, de la mer*, Bc, Macc. I, 833, 1; خُرَّاس البَرّ *garde-côte*; جانِب البَرّ *ranger (aller le long de)*; تبع البَرّ *border*

la côte, Bc. — *Ce qui est hors d'une ville ou d'une maison, la banlieue d'une ville*, Notices XIII, 205, Maml. II, 1, 80. — بَرّ adv. *hors de*, 1001 N. I, 3, 4 a f.: وقد برزت بَرّ مدينتى. — بَرًّا *hors, dehors*, Alc. (fuera), Bc, 1001 N. I, 46, 7 a f.; quand on ordonne à quelqu'un de s'en aller, on dit: *barra, barra!* Mocquet 167 (mal expliqué), Richardson Central I, 119; dans le Voc. بَرًّا من; بَرًّا *hors de*, p. e. بَرًّا من البلد «hors de la ville,» Bc; déjà dans le R. N., où cette expression est fréquente, p. e. 98 v°: فرأى فى منامه قائلًا يقول له اذا كانت الليلة الآتية تبيتِ بَرًّا من القصر فترى ما سألتَ فلما كانت الليلة الآتية بات برا اختلس من القصر — cet adverbe بَرًّا a reçu le sens d'un substantif: *l'étranger, le pays étranger*, comme nous disons *le dehors*, p. e. جلب من بَرًّا «faire venir de l'étranger,» Bc; من برا *par dehors, extérieurement*, Bc; لبَرًّا et بَرًّا لجهة, *dehors, en dehors*, Alc. (hazia fuera). — (Esp.), avec le nom d'unité بَرَّة, *échauboulures, boutons*, Alc. (barro de la cara).

بِرّ *honneur*, Voc.

بَرّ a chez Ht les mêmes significations que بَرّ, à savoir: *bord, terre, jachère, pays inculte, désert, le dehors*. — *La banlieue d'une ville*, Gl. Esp. 63. — Voyez sous بَرّ, dern. phrase.

بُرَّة (esp.) pl. ات *massue, masse*, Alc. (porra para aporrear, maça de portero).

بَرِّى est constamment chez Alc. بَرِي; aussi dans le Voc. 36, mais 380 بَرِّى. — *Epithète d'une sorte de bois d'aloès*, Bait. II, 225 a.

بَرِّيَّة *terre ferme*; — *plaine*, Gl. Edrîsî; *campagne, champs*, Bc.

بَرَّا (t. de marine) *étai ou bras de la vergue amarrée à l'arrière du bâtiment*, J. A. 1841, I, 588.

بَرَّانِيَّة *ce qui est hors d'une ville*, Notices XIII, 205.

بَرَّانى = بَرَّان, Gl. Esp. 69.

بَرَّانى *extérieur, externe*, Bc; القوس البرانى d'une porte, Cartâs 22; المدينة البرانية, l'opposé de المدينة الداخلة, Haiyân-Bassâm 49 r°. — *Qui est hors d'une* ville, Notices XIII, 205; دارُ البَرَّانِيَّة, Macc. I, 471, 3 a f. — *Paysan*, Cherb. Dial. 129. — *Étranger*, Voc., Alc. (avenedizo, estraño, estrangero, forastero), Bc, Ht; en Algérie les Berranis sont des Arabes ou des Kabyles qui viennent exercer momentanément leur industrie dans les villes, Daumas Mœurs 4, 8; comparez sous بَلَدِي; الأمور البَرَّانِيَّة *les affaires étrangères*, Bc. — *Celui qui est banni de sa patrie*, Alc. (desnaturado de la tierra). — *Qui se traite hors du palais*, Notices XIII, 205. — En parlant d'un dignitaire, *celui qui occupe une place hors de la cour*, et *n'est point attaché à la personne du souverain*, Notices XIII, 205. — أرض بَرَّانِي *champ isolé*, qui est éloigné d'endroits habités, Auw. I, 92, 6 et 7. — مَدْخُول ou بَرَّانِي seul, *casuel, revenu fortuit;* — *tour du bâton (profit illicite)*, Bc. — *Taxe, contribution accessoire*, Notices XIII, 205. — *Vent du nord-est*, Alc. (viente entre oriente y cierço), Bc; chez Hbrt 164 ريح بَرَّانِي. — *Sauvage*, القِطّ البَرَّانِي *le chat sauvage*, Jackson 37.

بَرَّانِيَّة *tour au dehors de la muraille d'une ville*, Alc. (albarrana torre).

بَرَارَة *innocence*, Hbrt 213.

بُرْوَرَة pl. بَرَاوِر et بُرُورِي, *aubépine*, Alc. (espino arbol); — espèce de *laurier*, Alc. (mostajo arbol).

أبَرّ. Lane dit qu'il n'a pas trouvé la signification indiquée par l'étymologie: *plus pieux, le plus pieux*, dans les dict. des indigènes. Je crois qu'elle est dans le passage Abbad. II, 162, 7, pourvu qu'on y lise avec Maccarî: أبَرّ القُرَب (leçon que j'ai rejetée à tort III, 221.) وأراني أنّ موازرى أبَرّ القُرَب « il (le sultan) me démontra que, si je voulais être son vizir, je ferais la plus pieuse des œuvres méritoires. » La leçon du texte, أبَرّ لِقُرْبِه est insoutenable, car أبَرّ ne donnerait pas de sens, et le pronom dans لِقُرْبِه ne se rapporterait à rien. Je lis de même Prol. I, 27, 4 a f. كان يحيى بن اكثم أبَرّ الى الله من ان يكون فيه شَيْء مِمّا كان يُرْمى بِه من أمر الغلمان « il était trop pieux envers Dieu, pour être coupable de, » etc. La leçon du texte, أبَرّ, est mauvaise; elle ne peut pas signifier: « trop pur devant Dieu, » comme traduisent de Sacy (Chrest. I, 383) et de Slane, parce que

بَرَى seul, sans من العَيْب ou *quelque chose de semblable*, n'a pas le sens de *pur*, mais seulement celui de *libre*..

مَبَرَّة *honneur*, Voc.

مُبَرَّر (formé de l'esp. *barro*, بَرّ) *qui a la figure couverte d'échauboulures, de boutons*, Alc. (barroso).

مَبْرُور *pieux*, en parlant d'un homme, Cartâs 2, 4 a f., Gl. Amari Dipl.

بَرَى. I *livrer, remettre, abandonner, céder* une chose (ب) à (الى) ou quelqu'un, Mohammed ibn-Hârith 219: le cadi reproche à Yousof al-Fihrî de s'être approprié deux jeunes filles qui appartenaient à Abdérame, فتقدّم الفهري وقال والله ما رأيتُ لواحدة منهما وَجْهًا (les voyelles sont dans le man.); فاقبضها وبَرَى بهما اليه فقال له يقول لك الأمير اصلحه الله تَبَرَّأ بالدّيوان 280: (même observation); 338: الى قاضينا عمرو بن عبد الله فقلتُ له البتيم حى رشيد وقد اطلقته من الولاية وتَبَرَّيت له لجميع (بجميع l.) ما كان له عندى Khatîb 103 r°: لم يشرك اخوته فى شىء من ميراث ابيه اذ كان ف. On dit dans le même sens بَرَى من شىء الى فلان, Berb. I, 538, 13, 601, 14, 658, 2 a f.

IV *cautionner, répondre pour*, Alc. (sanear la cosa). — ابرأ عن فلان ذمّته من فلان ou *tenir quelqu'un quitte de*, Bc.

V c. من r. *renoncer à*, p. e. au califat, Gl. Belâdz., Nowairî Espagne 486: قد كُنْتُ تبرَّأتُ لى من الخلافة *en ma faveur*); dans le même sens له تَبَرَّأ seul *abdiquer en faveur de quelqu'un*, ibid.: له تَبَرَّأ il); وسلّم الامر لابنه. On dit aussi تَبَرَّأ بالامر الى ولده « renonça au commandement en faveur de son fils, » Haiyân 16 v°. — C. من r. *s'excuser d'accepter* une chose, Berb. II, 113, 1. — تَبَرَّأ من ذمّه *il déclara qu'il ne le protégerait pas*, Berb. I, 639, 3. — C. من p. *rompre tout commerce avec quelqu'un*, Berb. I, 445, 4: نادى فى النّاس بالبَراءة من أبى زيد فتبرّوا منه. — C. الى p. et من r., dans le sens indiqué par

Lane, qui cependant n'a pas la construction c. الى p.: *déclarer à quelqu'un* (الى الله) *prendre Dieu à témoin) qu'on est innocent de*, Berb. II, 406, 2 a f.: وتبرّأ الى تبرّأ الى الله من اخفار ذلك, II, 319, 7: السلطان من ذلك ذمّته. — C. الى p. et من r., *en parlant d'un dépôt*, *dégager sa responsabilité en rendant ce dépôt à la personne à laquelle il appartient*, Badroun 182, 5 a f, Berb. I, 643, 2 a f. — C. الى p. et من, *comme la Ire forme*: تبرّأت البه من نفسى « j'ai livré ma propre personne au roi, » Gl. Badroun. — C. الى p. et r. *livrer une chose à quelqu'un*, Haiyân 61 r°: فواثَقَ كُرَيْب بن عثمان بالايمان المغلظة على التبرّؤ البه بالمدينة وتصييرها فى يده (l. التَّبَرُّؤ). — *Dans les ventes, voyez sous* بَرَاءة.

X. *On dit en parlant d'une femme* استبرأت, *quand le temps de l'attente ou retraite légale est passé pour elle*, Gl. Bayân. — « *Quand un homme qui vient de mourir a eu une négresse pour concubine, celle-ci doit porter le deuil pendant deux mois et six jours, et c'est ce qu'on appelle* استبرأ, » Hœst 106. — *Le sens de ce verbe ne m'est pas clair dans ce passage de* Macc. II, 521, 6: وكان يرى انّ الطلاق لا يكون الّا مرّتين مرّة للاستبراء ومرّة للانفصال ولا يقول بالثلاث وهو خلاف الاجماع ۞.

برو *frai, altération par le frottement*, Bc.

بَرْأة *cure (traitement pour guérir)*, Bc. — *Justification*, Bc. — يمين البراءة *serment de renonciation ou d'excommunication*; il consiste dans ces mots: برئت من حول الله وقوّته ودخلت فى حول نفسى وقوّتى ان كان كذا وكذا, de Sacy Chrest. I, ٥, 2 a f. et suiv.; *on dit* حلف بالبراءة *faire le serment de renonciation*, ibid. 37, n. 15. — نادى فى الناس بالبراءة من فلان *il fit proclamer qu'il avait mis un tel hors la loi*, Berb. I, 445, 4, II, 44, 6 a f. — *Stipulation ajoutée à un contrat, en vertu de laquelle l'acheteur prend sur soi le risque des défauts que la chose vendue pourrait avoir*; *faire une telle stipulation est* تبرّأ, v. d. Berg 78. — Vulg. بَرَا ou بَرَة, pl. بَرَوات *et* (le Voc. donne بَرَأة, pl. ات, *et* بَرَا, pl. بَرَوات, Alc. *prononce* bará), *quittance*, Gl. Esp. 63, Edrîsî Clim. II, Sect. 5: فلذلك لا يجوز احدٌ من عذاب الى جنّة. حتّى يظهر البراني البراءة ممّا يلزمه. *C'est, comme l'indique l'étymologie, la signification primitive de ce terme, mais on l'emploie aussi pour désigner plusieurs sortes d'écrits. Il signifie donc encore*: *diplôme*, Bc; — *brevet (expédition d'une grâce royale)*, Bc; — *mandement, billet portant ordre à un comptable de payer*, Alc. (carta de pago), Bat. III, 407; — *assignation, mandat délivré à un militaire, et dont il devait percevoir le montant sur le revenu de tel ou tel château, de tel ou tel village (on payait en nature)*, Ibn-Rochd cité par Amari Dipl. 416, n. j, notes sur Bat. III, 459; — *billet de logement (écrit portant injonction à un habitant de loger un ou plusieurs militaires)*, l'anonyme de Copenhague 51, 52 (arrivée du calife almohade al-Mançour avec son armée en Espagne): ولقيه وآنى اشبيليّة ومع (l. وجوه الناس) من اهلها ثمّ قفا متقدّمًا برسم اعداد ديار النزول — ثمّ امر الشيخ ابو بكر بن زهر — بتنفيذ البراوات فى الديار المنزلة; — *passe-port*, Bat. I, 112; — *contrat*, Alc. (contrato); — *bulle du pape*, Bc; براءة متاع الغفران, Alc. (bula); — *bref (lettre du pape)*, Bc; — *lettre*, Gl. Esp. 63.

بَرِيّة *lettre*, Bc.

براتلى *brevetaire*, Bc.

بَرّآن *célibataire*, Gl. Esp. 69.

تَبَرُّأة *justification, défense*, Bc. — *Innocence*, Bc. — *Quittance*, Bc. — *Espèce d'excommunication, par laquelle les tolbas punissent l'immoralité*, Tristram 204 (tebria).

مُبارأة *ordonnance sur un trésorier, rescription sur un recevor*, Alc. (libramiento de dineros; il écrit: mubâra, pl. mubârât).

بَرَأشكة (esp. borrasca) *ouragan*, Bc (Barb.), Lerchundi.

بَرَبايات et بَرَبى et بَرْبى (copte *p'erpe, le temple*), pl. برابى, *ancien temple des Egyptiens (et non pas pyramide ou obélisque)*, Gl. Edrîsî, Quatremère Recherches sur l'Egypte 278, Djob. 57, 19, Browne I, 30. Bc a: *pagode (temple d'idole)*, بربية, pl. برابى.

قلم بِرْباوِي hiéroglyphe; بِرْباوِي hiéroglyphique, Bc.

بَرْباوِيَّة (l'écriture des berba) caractères hiéroglyphiques, Quatremère Rech. sur l'Eg. 278.

بَرْبارِيس = بِرْبارِيس épine-vinette, Chec. 199 v°.

بِرْبارِين (N; La (sic)) Virga pastoris, Most. sous نشيبان دارو.

بَرْباشْكُه ou بَرْباشْكُوه (esp. verbasco) Verbascum undulatum, bouillon-blanc, Bait. I, 184 c art. بوصير: وعامَّتْنا بالاندلس تسمِّيه بالبرباشكه باللطيفيَّة A; B بالبرباشكوه. Alc. (gordo lobo yerva o nenufar). بَرْباشُكْ, nom d'unité بَرْباشُكَه écrit.

بَرْباطَه nom d'une plante, Most. sous اشنان: ابن جناح رأيتُ في بعض التراجم أنه البرباطه, mais l'auteur du Most. ajoute: وهذا خطأٌ والاشنان هو الحمض.

بَرْبانَة (esp.) verveine; c'est ainsi qu'écrit al-Ghâfikî chez Bait. I, 129 d (AB); Alc. (verbena) verbêna; Bait. بِرْبِينَة; Bc بِرْبِينَة.

بِرْبِيخ لبَّة الخبز برابيخ yeux, vides, trous dans la mie de pain, Bc.

بَرْبَخْتِي caméléon, Bc, Hbrt 69.

بَرْبَرَ I rugir (lion), Berb. I, 107, 1. — Bougonner (gronder, murmurer entre ses dents), grogner, grommeler, marmonner, marmotter, Bc. — Barbariser (pécher contre la langue), Bc. — Se couvrir, Daumas V. A. 115.

II se berbériser, Holal 5 r°: فتبربرتْ ألسنتهم لمجاورتهم البرابر وكونهم معهم ومصاهرتهم أياهم — Parler berbère, Voc.

بَرْبَرا mille-feuille, Bc.

بَرْبِير (gr.) papyrus, Amari 9, 1.

بَرْبَرِيَّة entraves pour les chevaux, Alc. (guadafiones).

مُتَبَرْبِر barbare, sauvage, grossier, Bc.

بَرْبَشَ I picoter, Daumas V. A. 475.

بَرْبِيشات C'est ainsi qu'il faut lire, d'après une correction fort heureuse de M. Simonet (268), dans Auw. II, 51, 9, au lieu de بريشات. C'est l'esp. bar-

becho, qui signifie guéret, terre labourée pour être ensemencée. Selon Auw. on donne ce nom aux terres dans les montagnes sur lesquelles on a brûlé les broussailles et où l'on sème dans la même année.

بَرْبَطَ barboter, agiter l'eau avec les mains, Bc.

بِرْبَط forme au pl. بَرابِط, Gl. Fragm.

بِرْبَطَل turbo, Voc., mais en quel sens? (cf. Simonet 284).

بَرْبَكَا nom d'un instrument de musique, Casiri I, 528 a.

بِرْبَند (pers.) collier de cheval, dans le Commentaire sur le Dîwân d'al-Ferazdak (Wright).

بَرْبُوشَة couscous grossier dont se nourrissent les nègres en Algérie, Cherb.

بِرْبانَة et بِرْبِينَة (verveine) voyez بربانة.

بَرَتَ.

بُروتا, syr. ܨܢܘܼܦܼܐ, hébr. ברוש, cyprès; voyez le Thesaurus de Gesenius I, 246 b, 247 a; Saadiah, ps. 104, a aussi بُروتة ou بُروتة = ברוש.

بَرْتال, pl. بَراتِل et ات, est dans le Voc. collis, qu'il faut prendre dans le sens de col, passage étroit entre deux montagnes. C'est le dimin. (portellus) du b. lat. portus, esp. puerto, a. fr. port, qui a le même sens.

بُرتُقان (altération du nom propre Portugal) coll., n. d'un. ة, orange, Bc, M; شجر البرتقان oranger; محَلّ مربَّة orangerie; شراب البرتقان orangeade; بِرتقان orangeat, Bc.

بِرْتَقِيش (esp.) pl. بِرْتَقِيشُن bedeau d'église, Alc. (pertiguero de yglesia).

بَرْتَنَ En parlant d'un lion qui guette sa proie, on dit: أسد على برائنه رابض, Macc. I, 246, 14; de là au fig., en parlant d'un homme: قعد على برائنه للنوثُّب عليه, Berb. II, 260, 3.

بَرِجَ II ceindre, fortifier avec des tours, Voc., Alc. (torrear), Djob. 207, 16: حصن مبرَّج مشرِف.

V être ceint, fortifié avec des tours, Voc.

بُرْج phare, Domb. 97, Ht. — Habitation en pierre

dans *un jardin*, Pellissier 102; *maison à la campagne*, Delap. 144, Ht; à Bairout, *grande maison*, M. — برج الاشاري *télégraphe*, Bc. — برج طيور *volière* (petit colombier), Bc. — برج النواقيس *clocher*, Bc. — برج نمرود *tour de Babel*, Bc.

بَرْجَة pl. بُرَج *trou, mais ouvert seulement d'un côté*, Voc. (faute pour فُرْجَة? Mais le mot se trouve dans les deux parties).

بُرْجِيّ. pl. حَمَامَة بُرْجِيَّة, بَرَاجِي ou حَمَام بَرْجِيّ, بُرْجِيُّون, *colombe qu'on nourrit dans un colombier* (برج حمام), *ayant l'habitude d'en sortir et d'y revenir*, Alc. (çorita paloma, paloma palomariega).

بَرِيج *quartier de fruit*, Roland.

بَرِّيجَة *guérite*, Ht.

بَرَّاج *gardien d'un colombier* (برج حمام), Maml. II, 2, 119 (2 exemples), Fakhrî 44, 4 a f. et suiv., 1001 N. I, 514, 3 a f., III, 417.

بَارِجَة pl. بَوَارِج (altération du mot indien بيرة, aujourd'hui en hindoustani بيرا) *barque dont on se servait dans l'Inde*, Gl. Belâdz. Selon Baidhâwî II, 30, 2 a f., ce serait un adjectif arabe, et l'on dirait سفينة بارجة dans le sens de: *bâtiment découvert;* mais cette étymologie est sans doute erronée.

مُبَرَّج *festonné*, Roland.

بِرْجَار, pl. ات et بَرَاجِير = بِرْكَار, فَرْجَار, *compas*, Payne Smith 868.

بَرْجَالَة, بَرْجِيلَة (esp.). Le premier mot est *modius* dans le Voc. (= قَفِيز et مَدّ). En esp. *barchilla*, autrefois *barcella*, signifie: *mesure de grain qui est le tiers de la fanègue;* selon Berb. II, 137, 9 a f., برشالة désignait à Tlemcen *une mesure de* 12½ رطل, qui est le même terme, se trouve quatre fois chez Ibn-al-Khatîb (apud Casiri II, 254, 3 a f. où il faut lire برجيلة قيس واقليم, au lieu de بن حبيلة قيس واقليم, 2 a f.) comme le nom d'une certaine étendue de terrain. C'est le b. lat. *parcella*, que les langues romanes ont aussi avec des altérations très-légères. Certains districts dans la province d'Elvira, qui furent répartis entre les tribus après la conquête arabe, reçurent le nom de *barchila* de Cais, etc. Pris collectivement, on leur donnait le nom de البَرَاجِلَة, qu'on rencontre souvent chez les historiens. Après que les Espagnols eurent reconquis l'Andalousie, le terme *barchela* se conserva encore quelque temps. Voyez les excellents articles de M. Simonet, 269, 270.

بُرْجُد *est proprement le nom d'une étoffe;* voyez Ibn-as-Sikkît 527. Au reste comparez Vêtem. 58.

بَرْجَس I ou بَرْجَسَة دار على البرجسة *folâtrer, s'amuser*, 1001 N. III, 197, 10: وهّا يأكلان وببرجسان (Lane traduit: *to frolick*), où Bresl. IX, 317, 6 porte: اكلوا وم ويدوروا على البرجسة.

بَرْجَسَة voyez ce qui précède.

بِرْجَاس. L'exercice du *birdjâs* était presque la même chose que ce qu'on appelle à présent لَعِب الجَرِيد; ceux qui y prenaient part étaient montés sur des chevaux et se combattaient ou se poursuivaient en se jetant des bâtons, Lane M. E. II, 136 d'après le Roman d'Abou-Zaid.

بَرْجَاسَة *demi-vertu* (femme équivoque), Bc (Eg.).

بَرْجَلَة (et بُرْجَلَة) pl. بَرَاجِل *grenier, galetas, mansarde*, Alc. (desvan de casa).

بَرْجُون pl. ات *engelure*, Alc. (friera de pies) (aussi برنان).

بَرْجَالَة voyez بَرْجِيلَة.

بُرْجُن, بَرَاسِين pl. بُرْسُون *sac*, Voc. Chez Alc. on trouve *grand panier de sparterie* (seron de esparto), et aussi *paillasse* (xergon); chez Espina, R. d. O. A. XIII, 145, بَرْسِيل, *espèce de grand sac fait de sparterie*. M. Simonet (284) considère avec raison le برسون d'Alc. comme un augmentatif du b. lat. bursa (sac), et il compare l'esp. *bolsa*, dans le sens de *saccus sparteus reticulatus*. برسيل est un dimin. du même mot. Quant au برجون du Voc., M. Simonet (270) y croit reconnaître le b. lat. *bargella* ou *bargilla*, cat. et val. *barjóla*, cast. et port. *barjuleta*. Il a peut-être raison; cependant on pourrait se demander si ce terme n'aurait pas la même origine que les deux autres.

بُرْجُن *sorte de grenade*, Voc. sous malgranatum; lisez

de même, d'après une correction de M. Simonet (285), Auw. I, 273, 16 (où notre man. n'a pas de points), au lieu de برجون on trouve برجون expliqué par *grenade sauvage* I, 429, 5.

برج I. برج من موضعه *débarrer* (changer de place), Bc. — *S'écouler, passer* (temps), p. e. لقد برج زمان « il s'est déjà passé bien du temps, » Bc. — *Faire des progrès*, Hbrt 116.

II *crier, proclamer, annoncer une chose au nom de l'autorité*, Abbad. I, 203, n. 40, Gl. Bayân, Gl. Djob., L (insinuat ويبرج ويقول precono), Voc., Bc, Ht, Bat. IV, 145, 146 (في الناس); c. ب r., comme je l'ai dit ailleurs; aussi Tohfat al-'arous (man. 330, p. 158 r°): على c. ;يبرج كل منّا جَيْبه وشكما ما يقلّبه فيبرج الامير على اصل, Voc., Müller L. Z. 37, 1: ايام مبرّحين. Chez Alc. نجدة فرسان غرناطة وخرج بهم *des jours qui ont été annoncés par un crieur public et pendant lesquels il y aura des élections* (dias pregonados para elecion). Formul. d. contrats 8: وثيقة التبريج برج فلان بن فلان في الجنان والبطير الكائن له بموضع كذا تبريحا صحيحا يمنع له التصرف فيه والاشتغال فيه بكل وجه من الوجوه وجعل له فيه زين الله ورحمه فيجعل ما اكل منه كالدم واللحم الخنزير واللحم الخنزير,. plus correctement (pour وحم الخنزير). Je ne crois plus que cette signification est d'origine berbère; je pense plutôt que برج est proprement *rendre manifeste, public*, le causatif de برج *être manifeste*.

بريج (L, Voc., Alc. borêh et burêh), *proclamation, cri public*, L (preconium), Voc., Alc. (pregon del pregonero), Ht, Macc. III, 48, 14; *publication d'une loi*, Alc. (publicacion de ley). بالبريج *publiquement*, Alc. (placeramente, bal burêh).

بَرَّاح *crieur public*, Abbad. I, 203, n. 40, Gl. Bayân, L (preco), Voc., Bc, Ht, Roland, Carette Kabylie I, 230, Berbrugger 312.

يبروح voyez sous le ى.

ببرخ

براقخ (pl.) doit désigner des objets faits de verre; dans le man. de l'Escurial 497, le verrier nomme: القناني والكاسات والبراقخ الخ (Simonet).

برد

بمخانة *pacotille* (petite quantité de marchandises); جهز برخانة « il se fit une pacotille, » Bc.

برد I *gagner du froid*, Bc. — *Rafraîchir, devenir frais*, Bc. — *Se rafraîchir*, Bc. — *S'engourdir* (au fig.), Bc. — بردت همّته *il se découragea*, et aussi: son zèle s'est ralenti, Bc. — برد عليه الضرب *la douleur que les coups lui avaient causée, commença à se calmer*, 1001 N. II, 226, 6 a f. — بَرَد c. على est dans le Voc. *superfluere*.

II. برد همّته *engourdir l'esprit, le courage*, et aussi: *refroidir le zèle*, Bc. — برد الخلق *apaiser la colère*, Bc. — *Se refroidir*, Alc. (resfriarse). — *Grêler*, Bc. — C. acc. *dire des fadeurs*, Voc. — برد الملك *affermir son empire*; برد عند *négliger*, M.

III c. ل p. *accueillir mal, froidement, faire mauvaise mine, mauvais visage à quelqu'un*, Bc.

IV *rafraîchir*, Voc. — C. الى p. et ب r. *envoyer une dépêche par la poste à quelqu'un*, ابرد الى ابن هشام بالكتاب « il envoya la lettre à Ibn-Hichâm par la poste, » Maml. II, 2, 87. — C. الى p. et acc. r. *imposer un fardeau à quelqu'un*, ابرد الى ما ناء « on m'imposa un fardeau qui me terrassa, » on me fit payer des sommes si considérables, qu'on me ruina complétement, Abbad. II, 160, 10, cf. III, 220. — = قال شيئا باردا *dire une platitude*, Macc. I, 609, 6 avec la note de Fleischer Berichte 204.

V dans le Voc. sous frigescere et infrigidare. — C. على *dire des fadeurs*, Voc.

VI *faire la bête, dire ou faire des bêtises, goguenarder*; c. على p. *dire des fadeurs ou des fadaises à quelqu'un, lanterner*, على الناس *dire ou faire de mauvaises plaisanteries*, Bc.

VII *être limé*, Voc.

X *chercher la fraîcheur*, Berb. I, 153, 9. — *Juger qu'une chose ou une personne est sotte*, Gl. Esp. 66.

برد *refroidissement*, Alc. (resfriamiento). — *Rhumatisme*, Daumas V. A. 425. — *Fluxions de poitrine*, Cherb. Dial. 25. — *Mal vénérien*, Hœst 248. — برد العجوز (le froid de la Vieille), sept jours qui commencent le 7 février, « pendant lesquels on sent le matin un froid un peu rude; l'air est couvert ordinairement de nuages; les pluies y sont fréquentes, et les vents impétueux y règnent fort pendant ce temps-là,» Vansleb 35. — بَرْد وسَلَام *plantain*, Most. sous لِسَان الجَمَل, Bait. I, 131 b.

بَرْدَة *rafraîchissement*, Macc. II, 303, 5 (les voyelles dans le man. de Homaidî 43 v°). — *Bordat*, ou mieux *berdé*, petite étoffe d'Égypte en laine, Bc. — (Pers. بَرْدَه) *portière* (espèce de rideau devant une porte), Bc; cf. بَرْدَة à la fin.

بَرْدَة voyez *Vêtem.* 59 et suiv. La *borda* que le Prophète avait portée et qu'il avait donnée au poète Ca'b ibn-Zohair, devint plus tard la propriété de Mo'âwia, qui l'acheta de la famille du poète pour la somme de 600 dînârs (Tha'âlibî Thimâr al-coloub, man. 903, 9 v°; 40,000 dirhems, Aboulfedâ I, 170). Elle devint un des insignes du califat et on l'appelait souvent *la borda* par excellence, البردة, p. e. Athîr IX, 442, 1 et 5 a f., X, 20, 13, 428, 7 a f., Aboulfedâ II, 96, 6, III, 160, 6 a f., 170, 4. Comme elle était très-vieille et très-usée, on disait proverbialement: أَعْتَقُ من البردة et أَخْلَفُ من البردة, Tha'âlibî l. l., Freytag Prov. III, 139. Lors de la prise de Bagdad, elle tomba entre les mains des Mongols (Aboulf. I, 170); cependant les Turcs prétendent que leur sultan Selim la trouva en Égypte; ils la nomment *khirca cherif* (Burton I, 142), et aujourd'hui encore cette relique plus ou moins apocryphe est exposée dans le sérail de Constantinople (J. A. 1832, II, 219). — Proverbialement: خَلَعَ بردتَه وسلخ جلدته = changer de mœurs, se corriger, Bassâm III, 179 r°. — A Damas, *rideau*, Ztschr. XI, 507, n. 31; cf. بَرْدَة.

بَرْدِيّ. On faisait des habillements de papyrus; Becrî 84, 10: لباسهم البردى. De Slane cite dans sa note sur ce passage les paroles de Juvénal, Sat. IV, vs. 24:

Hoc tu
Succinctus patrio quondam, Crispine, papyro.

Cette coutume existe encore aujourd'hui; voyez Barth III, 265. — En Espagne, *sagette*, *glaïeul*, *flèche d'eau*, *fléchière aquatique*, Alc. (enea yerva ensordadera, espadaña yerva); cf. Gl. Esp. 66.

بَرْدِيَّة terme du jeu d'échecs, Voc. v° scacus. C'est quand le roi seul reste à l'un des joueurs, comme le montre le persan بَرْد.

بَرْدِيَّة est donné par Lane (v° بردى), qui cite la phrase empruntée à l'Asâs: يسمى ساق بردية لها, comme un nom relatif de بَرْدِيّ; mais c'est une erreur. بَرْدِيَّة est le nom d'unité de بَرْدِيّ. Mes man. de l'Asâs portent: يسمى ساق كأنها بردية لها, et c'est ainsi qu'il faut lire; de même dans le Most. (v° بردى): ساق البردية. — البيضاء العنقرة. — *Fièvre*, *frisson de fièvre*, Bc, Hbrt 36. — (Au lieu de البرادى Badroun 269, 10, lisez البرازين, pl. de برذون).

بَرْدِيَّة espèce de *tambour*, Ouaday 367, 396.

بَرْدَان *fou*, *sot*, *un homme qui dit des sottises*, et de là *un bouffon*, Gl. Esp. 66.

بَرْدَايَة *rideau*; — *portière* (espèce de rideau devant une porte), Bc. A Damas on prononce بَرْدَايَة, Ztschr. XI, 507, n. 31. — Espèce de gaze qui couvre la gorge, Bg 806.

بَرَّاد *limaille* (parties de métal que la lime détache), Alc. (limaduras de hierro).

بَرُّود signifie bien proprement *collyre rafraîchissant*, mais on l'a appliqué à toutes sortes de collyres, Gl. Manç.

بُرُود *flegme*, au fig., *froideur*; — *froid*, au fig., *air sérieux et composé*, *air de froideur*, *indifférence*; — *refroidissement*, *diminution de chaleur*, au fig., *diminution de passion*, *d'amitié*; — *relâchement*, *tiédeur*, au fig., *ralentissement d'ardeur*, *manque d'ardeur*, Bc.

بَرِيد *soupe à la semoule*, Daumas V. A. 252. — *Feuilles légères de pâte au beurre*, ibid. 253. — En parlant d'un chemin très-étroit, on dit: طريق عرض بريد, Macc. I, 392, 10, c.-à-d.: un chemin qui est justement assez large pour qu'un mulet de la poste puisse y passer. — *La poste*, des mulets ou des chevaux établis à de certaines distances pour le transport des courriers et des dépêches (pl. ات, Gl. Fragm.), Maml. II, 2, 87 et suiv.; c'est une dissertation importante sur la poste en Orient; aussi *poste* dans le sens de: *établissement de chevaux*, *placé de distance en distance*, *pour le service des personnes qui veulent voyager vite*, Bc; سار فى البريد ou على البريد *aller en poste*, Bc. — *La direction de la poste*, de Sacy Chrest. I, ٥١, 4 a f.

بَرَادَة *froideur* (accueil froid), Bc. — *Sottise*, *bêtise*, Bc, Hbrt 238; *mauvaise plaisanterie*, *goguenarderie*, *lanternerie*, *fadaise*, *fadeur* (manque de grâces et louange fade), *fagot* (sornette); — *monotonie*, Bc. — *Fraction de tribu*, Pellissier 128, 133 (berada).

بُرُودَة frais, fraîcheur, froid agréable; الهوا بروده l'air est frais; على البرودة fraîchement, Bc. — Humidité, Domb. 55. — Fièvre, Hbrt 36 (Alg.). — Insipidité, sottise, Voc., Alc. (desgracia en hablar). — Incivilité, rusticité, M.

بُرُودِيَّة froideur, p. e. بيبى وبينه برودية «il y a de la froideur entre nous,» Bc.

بَرِيدِيّ courrier de la poste, Maml. II, 2, 90, Bc, Badroun 265, 3 (et non pas legatus, comme chez Freytag).

بَرَّاد frileux, Bc. — Théière, Domb. 92.

بَرَّادَة (chez Alc. pl. بَرَارِيد) jarre à deux anses, Alc. (jarro con dos asas). — Pot de terre avec goulot, Hbrt 199; pot de terre, de forme ronde, avec goulot, étroit et allongé, Bc; cf. Gl. Esp. 68. — En esp. et en port., albarrada signifie, entre autres choses: muraille de pierres sèches. C'est en ce sens qu'on trouve le pl. برارِيد chez Macc. II, 148, 16: الحمى الملون العجيب الذى يجعله رؤساء مراكش فى البراريد. L'origine de cet albarrada (cf. Gl. Esp. 68) est donc trouvée.

بَرَّادِيَّة (comme بَرَّادَة) vase en terre poreuse, qui sert à rafraîchir l'eau, Burton I, 382. — Vase qui sert principalement à conserver l'eau de vie, le vinaigre et autres liquides, Descr. de l'Eg. XVIII, part. 2, 415.

بَارِد flegmatique, au fig., froid, Bc. — Froid, sec, incivil, sévère, Bc. — Tiède, sans ardeur, Bc. — Faible; تتن بارد tabac faible, qui a peu de goût, Bc. — Languissant; كلام بارد style languissant; حُجَّة بارده mauvaise excuse, Bc. — Lent, nonchalant, paresseux, L. (segnis بطى بارد عاجز). — Fade, plat (sans sel, sans saveur, sans agrément), insipide (personne, discours), Voc., Bc. — Monotone, Bc. — Sot, fou, Gl. Esp. 66, Gl. Fragm., saugrenu, goguenard, bête (personne stupide); بارد الوجه signifie aussi un sot, Burton I, 270, 1001 N. Bresl. IV, 266, de même que بارد اللحية, 1001 N. Macn. III, 636. — Alc. a plusieurs de ces significations, car chez lui بارد, pl. بَرَّاد, est: desdonado, desgraciado en hablar. Le premier mot est chez Victor: sot, incivil, lourdaud, malplaisant, messéant, insipide, fat, rustique, malgracieux; le second: malgracieux, malséant, sot, fat, maussade. — على البارد froid, sans mettre au feu, Bc. — عمل للحامى والبارد employer le vert et le sec, employer tous les moyens de succès, Bc. — Scrofule, Daumas V. A. 425 (et MS.). — Le plur. بَوَارِد est le synonyme de مبردات (voyez) et signifie: herbes et drogues rafraîchissantes, Prol. I, 25, 6: اللحم المعالج بالتوابل والبقول والبوارد والحلوى. On l'applique aussi à différents plats apprêtés avec du vinaigre, avec des sauces piquantes, Bait. I, 497 a: او بعض البوارد الحامضة كالهلام والقريص وحنو, Auw. II, 185, 6, 209, 1; طبق بوارد, 1001 N. II, 449, Bresl. VIII, 211, où Macn. II, 396 a طبق مبردات. Selon Richardson et Meninski, qui disent à tort que ce mot est persan, c'est spécialement: une composition de vinaigre, de moût et de pain, qu'on fait cuire ensemble.

بَارِدَة pl. بَوَارِد froid (subst.), Voc. — Sottise, incivilité, rusticité, Alc. (desdon).

مُبَرَّد Khassa mebred, mousseline grossière, Ghadamès 40; mabret, mousseline, Espina R. d. O. A. XIII, 153.

مُبَرَّد à Grenade, bouilli (viande bouillie), Chec. 196 r°: وهو الذى نعرفه نحن بالمبرد وهو لحم وماء وملح لا مزيد. L'anecdote racontée par Tha'âlibî Latâïf 33, 4 a f. et suiv., montre que déjà au 3e siècle de l'Hégire ce mot avait ce sens en Orient, et qu'il est l'équivalent de لحم مبرد.

مُبَرِّد Le pl. مبردات herbes et drogues rafraîchissantes, Bc. — Aussi dans une autre acception, voyez sous بارد (طبق بوارد = طبق مبردات).

مَبْرُود celui qui a un tempérament froid (l'opposé de مَحْرُور, celui qui a un tempérament chaud), Bait. I, 17, Auw. I, 257, 4 (où il faut lire avec le man. de Leyde باكله, au lieu de يوكل).

بَرْدَار pl. بَرْدَارِيَّة = برددار, Fleischer Gl. 49.

بَرْدَاق pl. بَرَادِيق (Bg. v° cruche) ou بَرْدَق (Bg v° pot) (turc) petite cruche en terre poreuse, qui sert à rafraîchir l'eau (les Provençaux l'appellent aussi bardaque); petit pot de terre en forme d'un gobelet pour toute espèce de besoins, Haedo 22 b, Thévenot I, 517, Etat des Royaumes 37, Vansleb 402, Niebuhr B. 6,

R. I, 162, 330, Browne I, 236 n., Descr. de l'Eg. XII, 472, Fesquet 40, Bg.

بردخ *presser, mettre en presse*, Bc. — *Polir, rendre luisant*, Hbrt 87.

برددار (pers. برده دار) pl. بردداريّة *proprement celui qui tient la portière de l'appartement, huissier de la porte*, de Sacy Chrest. II, 179.

بردشين *raisin muscat*, Alc. (moscatel uva), qui écrit perdichin.

بردق voyez برذق.

بردقان pour برتقان, *orange*, M.

بردقوش pour مردقوش *marjolaine*, Bc, 1001 N. I, 118, 10.

بردلاقة (lat. portulaca) *pourpier*, Pagni MS. Cf. بقلاقة.

بردلوم *verdier* (oiseau), Pagni MS. (berdelùm).

بردو «Nous passâmes ainsi deux jours, ayant vent de bouline et marchant sur le flanc. C'est ce que les marins moghrébins de la Méditerranée appellent *bôrdo oua la bôrdo*,» Ouaday 605; cf. l'esp. et l'ital. bordo.

بردون et برذون (Domb. 62), برذول et بردول (Hbrt 67), *chardonneret*, Bc, Ht.

بردون voyez ce qui précède.

برديوت *remplaçant de l'évêque ou chef des curés*, M, qui dit que c'est grec.

برذق I c. من et عن *fuir*, Voc.

برذقون *jeune homme*, Voc.

بردن I c. a. *se servir d'un cheval de race comme d'un cheval de bât* (بردون), Kâmil 272, 3:

لله درّ جياد اننت سائنتها برذنّتها وبها التّحجيل والغرر

بردون, dans le Voc. برانين, pl. بردّون, chez Alc. *bardeun*, non-seulement *cheval de bât*, mais aussi *mulet de bât*, Gl. Esp. 67, Ztschr. XVIII, 525.

برز I. En parlant des habitants d'une ville, برزوا للدخول ou برزوا للقاء فلان *sortir en grande pompe à la rencontre d'un prince ou d'un autre personnage* considérable, Bassâm II, 111 r°: وقد برز الناس للدخول (dont on attendait l'arrivée à Cordoue), Bat. I, 19, II, 67. برز seul a le même sens, Macc. III, 48, 14, Müller 25, 7 a f., 32, 5. *A la rencontre de* devrait être الى, mais dans le Cartâs, où les prépositions الى et على sont souvent confondues, on trouve 155, 19: برز عليه اهل البلد. Une telle marche s'appelle بَرْز, Cartâs 222, 1, mais plus ordinairement بُروز, Djob. 238, 13, Müller 40, 4 a f., Berb. II, 263, 15, Bat. IV, 90, Cartâs 252, 7. — *Faire une procession*, Voc., Macc. I, 376, 12: البروز الى الاستسقاء بالناس «faire une grande procession pour demander de la pluie;» dans le même sens برز الى الله (proprement *comparaître devant Dieu*), ibid. l. 14; يوم البروز *jour de procession*, Mohammed ibn-Hârith 210: كان المنذر بن محمد رحمه شديد الاعظام لبقى بن مخلد دخل عليه يوم البروز فى المصلّى فمنعه من تقبيل يده الخ. — En parlant de troupes, *défiler devant le prince ou le général*, Holal 58 r°: فبيّزوا وبَرَزوا وعجبت الناس برزوا, Cartâs 238, 3, ibid. 241, 4: من كثرة عددهم بها عليها «les soldats défilèrent avec leurs prisonniers devant la ville;» aussi en parlant de bâtiments de guerre, ibid. 243, 5 a f. De là البُروز *l'action de défiler*, Cartâs 238, 3, Macc. I, 230, 18; comparez sous بروز. — *Sortir des rangs pour appeler un ennemi au combat*, Recherches II, 65; طلب للبَرْز *appeler au combat*, Bc. — برز لـ *ramasser le gant*, Bc, 1001 N. III, 331, 5. — *Eclore (sortir de la coque)*, Bc. — *Jaillir* (eau), Bc. — *Se montrer* c. على *شريش وقاتلها* ,برز على «il se montra devant Xerès et l'attaqua,» Cartâs 241, 8 et 9, 252, 4. Dans un sens un peu différent, mais qui est au fond le même, Macc. I, 273, 9 et 10: un employé s'était rendu coupable de malversation, فلما ضُمّ الى الحساب أبرز عليه 3 آلاف دينار (ici est: contre lui, à son préjudice). — ولزم الاقرار بما برز عليه — *Saillir (s'avancer en dehors, déborder le nu du mur), sortir (être de relief), bomber* (v. n.), Bc, p. e. بارزة النهد, 1001 N. I, 57; الصبى الذى تبرز مقعدته «un enfant qui souffre de *prolapsus ani*,» Bait. I, 172 a. — *Parer*, بَرَزت المشطة العروس, M.

II. En parlant d'un cheval, *devancer un autre*

cheval *à la course*, non-seulement avec على, Badroun 121, dern. l., mais aussi avec عن, *ibid.* 3 a f., si la leçon des man. est bonne; mais je serais tenté de substituer على à عن (dans le Gl. il faut lire برز II, au lieu de I). — La signification que Lane donne comme vulgaire, sur l'autorité du TA: *se résoudre à se mettre en route*, ou plutôt: *se mettre en route* (Fakhrî 275, 9 et 10, Freytag Locm. 52, 8 a f., où il faut lire ainsi) peut s'appliquer aux deux passages cités dans ma Lettre à M. Fleischer 152, 3 et 5. Il reste donc douteux si ce verbe signifie aussi *faire partir*, *ibid.* 151; cependant ce sens serait conforme à l'analogie. — Comme la Ire forme: *sortir en grande pompe à la rencontre* d'un prince ou d'un autre personnage considérable, Müller 17, 2 a f., 24, 3 a f., 25, 6, où تبريز a le même sens que برز, l'anonyme de Copenhague 6 (prisonniers de Béja transportés à Coïmbre): فعل (ابن الرنك النصراني) لنا تبريزا عظيم (pour: تبريزا عظيما), 8 (après une victoire): رجع العسكر الى اشبيلية بالتبريز السهم والعلامات والطبول. — En parlant d'un sultan, *marcher en grande pompe vers* (الى) *une ville*, Cartâs 202, 14: سار امير المسلمين الى مراكش فنزل بجبل جليز ثم زحف اليها وبرّز اليها احسن تبريز 18: ووصف جيوشه

فوقف المنصور بجليز ميبرزا باحسن التبريز 212, 7 a f. (عليها = اليها), 216, 2 (de même).

III *sortir des rangs pour appeler un ennemi au combat*; celui qui le fait est un مبارز, Recherches II, 65, 66; ce que j'y ai dit est pleinement confirmé par Burton I, 290: « The *mubariz* is the single combatant, the champion of the Arabian classical and chivalrous time; » on applique même ce mot à un chien, à un « dog-hero, » *ibid.*; مبارزة *duel, combat singulier*, Alc. (lid en trance de armas), Hbrt 243, Bc (aussi براز).

IV *montrer*, Voc., *rendre public*, Nowairî man. 273, 138, en parlant de l'amour: ابرزته الالسن « les langues l'ont rendu public; » cf. Macc. I, 273 sous la Ire forme; — *ouvrir un hôpital au public*, Djob. 48, 5, *ouvrir ses cuisines au public*, Gl. Belâdz.; de là, en parlant de bains, مبرز للناس *publics, où tout le monde a le droit d'aller*, Gl. Edrîsî (mais c'est la IVe forme et non la IIe), Macc. I, 355, 11; — ابرز لهم نفسه *il se fit connaître à eux*, Gl. Bayân; dans cet endroit l'Akhbâr 13, 6 a f. a اسمه, au lieu de نفسه; — en parlant d'une femme, ابرزت له خدّها *elle lui donna sa joue à baiser*, Abbad. I, 45, 6; — ابرز الاموال للناس *il donna beaucoup d'argent au peuple*, Cartâs 73, 11. — C. a. p. *donner à quelqu'un une marque de préférence, d'estime, d'égard*, Akhbâr 49, 6: وقد ابرزناك ان نُقْتَل بالسيف « nous vous donnerons une marque d'égard en vous faisant périr par l'épée » (et non pas de la manière infamante dont les autres ont péri).

V et VII *apparaître, se montrer*, Voc.

برز voyez sous برز I.

برزة, chez les Bédouins, *petite tente où les nouveaux mariés passent la première nuit*, Ztschr. XXII, 105, n. 44. — ما تتنقش به برزة العروس M., Payne Smith 1442.

براز et بيت البراز et بيوت البراز *lieux d'aisances*, Payne Smith 1442.

بروز, en parlant de soldats, *l'action de défiler*, voyez sous برز I; mais ce sens s'est modifié et l'on applique aussi le mot بروز à: *des régiments de cavalerie et d'infanterie en grande tenue rangés en deux files*, Cartâs 156, 2—4. On dit en parlant du prince sur l'ordre duquel une telle parade a lieu: جعل بروزا, ou *ibid.* 64, dern. l. Cependant cette dernière expression s'emploie aussi en parlant des habitants d'une ville qui sortent en grande pompe à la rencontre d'un prince, *ibid.* 156, 18 et 19 (cf. sous برز I). — *Lice, lieu préparé pour les tournois*, Alc. (liça trance de armas = شابم). — بروز دم *pissement de sang*, Bc. — بروز الزهر *pistil (partie femelle de la fleur qui renferme la graine)*, Bc.

برازي *excrémenteux, fécale*, Bc.

برّاز *celui qui a la coutume de sortir des rangs pour appeler un ennemi au combat, qui en fait son métier*, l'esp. *campeador*, Recherches II, 66. — *Celui qui se montre souvent*, Voc.

بارز *en relief*, Bc.

مبرز, à Couç en Egypte: *grande plaine située près de la ville et entourée de palmiers, où les pèlerins et les marchands emballaient leurs bagages et leurs marchandises et les faisaient peser*, Djob. 62, 10—13.

مبرز *excellent*, chez Freytag, est une faute; il faut مبرّز, Meursinge 90.

بزرج

مَبْرَز = مَبْرُوز Voc., *en vue, exposé à la vue*, Koseg. Chrest. 75, 6 a f.

مُتَبَرَّز *endroit en plein air où l'on fait ses besoins*, Gl. Belâdz. 35.

بِمْرِزق = بُرزق = زرنب, Payne Smith 1158.

بَرْزَخ *purgatoire*, Voc., Alc. (purgatorio de animas) qui prononce بَيْزَرَخ; cf. Prol. III, 55, 3. — Chez les Soufis, *le lieu qui est situé entre le monde matériel et le monde spirituel*, Macc. I, 569, 2 a f., cf. de Slane Prol. III, 194, n. 5; برزخ العلم, Prol. III, 144, 2. — *Péninsule*, M.

بَرْزَخِي, *chez les Soufis, voyez* Prol. III, 142, dern. l. avec la note de M. de Slane.

بِرْزِق

بَرْزَقَ *rendre la vue plus perçante*, M.

بُرْزُقَة pl. بَرَازِق *des pains de froment minces, sur lesquels on a étendu du dibs ou du beurre et répandu du sésame*, Ztschr. XI, 517, M, R. N. 61 v°: فاذا يتمر برنى وبرازق تفور حرارة ما كنت اقدر على اكلها من شدّة حرارتها

برس

V تَبرَّس *donner contre un écueil, échouer* (navire), Alc. (encallarse la nave). N'ayant jamais rencontré ce verbe et n'en connaissant pas l'origine, j'ignore si la dernière lettre est un س, un ز ou un ص.

بُرْس *tarentule*, Bc (Barb.).

بُروسِي pl. بُروسِيَّات *ancre*, J. A. 1841, I, 588.

بِرْسِتم, on Ifrîkiya, *Aristolochia rotunda*, Bait. I, 525 c; leçon de ADL; ES برسيم, comme dans le man. 13 (3); H بيرسم.

برسم

بِرْسام. Comme la maladie indiquée par ce terme est ordinairement accompagnée de délire (cf. Lane et Gl. Manç.), le mot برسام a reçu le sens de *délire*, Gl. Manç.: واوقعته العرب على اختلاط الذهن من اى, Macc. III, 426, 16: سبب كان يجرى على لسانه بين الجدّ والفكهة وللجهالة واجانبة قوله وقفت من الكتاب المنسوب لصاحبنا اى 9: 427, الخ.

71

برش

زكرياء البرغواطى على برسام محموم، واختلاط مذموم، وانتساب زنمى فى روم", Müller 30, 10, Alc. (frenesia, barcâm, l. ç). — Dans L بَرْسام est *léthargie* (litargia).

بِرْسيم Le pl. براسيم *luzernières, terres semées en luzerne*, Maml. I, 1, 16, 8 a f.

بِرْسيمة *luzernière*, Bc.

بِرْسامى *pleurétique*, Bc.

بَرْسَن I *accuser faussement, calomnier*, Voc., Alc. (caluniar).

II quasi-passif de la Ire, Voc.

بَرْسَنة *accusation, calomnie*, Alc. (acusacion, calunia).

تَبْرِسن *accusation, calomnie*, Alc. (acusacion, calunia).

مُبَرْسَن *accusé*, Voc., Alc. (acusado).

مُبَرْسِن *accusateur, calomniateur*, Voc., Alc. (acusador, caluniador, malsin).

بَرْسون voyez بَرجين.

بَرْسيانا *nom d'une plante*, Bait. I, 130 d; en persan برسيان est *Virga pastoris et capillaire*; ou برسيان = بطباط, Payne Smith 1250.

بَرْسيل voyez بَرجين.

برسياوشان voyez برسياوشان.

برش

بَرْش I, aor. o, *déteindre* (se déteindre, perdre sa couleur), Bc.

II et V dénominatifs de بَرَش, Voc. (v° lentiginosus).

بَرْش «*gomme odorante qui vient de l'Inde; elle sert comme parfum, et comme remède pour ceux qui ont pris du bendj*,» Pagni 204; *espèce de conserve enivrante*, Lane M. E. II, 42, 1001 N. II, 66, 4: كان يتعاطى الافيون والبرش ويستعمل للحشيش الاخضر. — Pl. بروش *sceau ou godet d'une roue hydraulique, auget*, Bc. — Même pl. *petit pot de terre sans anse, ayant le goulot presque égal au ventre, servant à mettre le lait caillé*, Bc.

بَرْش *natte faite de feuilles de palmier*, Lane trad. des 1001 N. I, 483, n. 18, Ouaday 356, 358, Vansleb 310, 1001 N. I, 293, 2 a f., 343, 7, 406, 7 a f.;

Werne 73: « On m'avait déjà indiqué une tente faite de nattes et appelée pour cette raison *birsch*. »

بَرْشَة pl. بَرَاش *galiote* (long bateau couvert), Bc, Hbrt 127. Marmol a trouvé en Egypte de très-grandes barques qu'il nomme *burchos* ou *burchios*, I, 18 b, 22 b, III, 109 d, 112 a. Elles pouvaient contenir sept à huit mille boisseaux de blé et plusieurs milliers de moutons.

بَرْشَة (esp.) pl. بَرْش *bourse*, petit sac pour mettre l'argent, et *bourse*, peau des testicules, Alc. (bolsa, vayna de genitivos), Simonet 286.

بَرْشَان, n. d'un. ة, *hostie*, *pain d'hostie*, Payne Smith 1429, Roger 432, Hbrt 155; — *pain à cacheter*, M, Hbrt 108, Bc.

بَرْشَانِي *Emâme* (عَمَامَة) *Bersciani*, le turban de cérémonie des Beys, qui ressemble à un pot de fleurs renversé, Vansleb 348.

بريشات dans Auw. II, 51, 9, est une faute; lisez تَرْبِيشَات (voyez).

أَبْرَش *truité* (marqué de petites taches rouges), Bc.

برشالة voyez برجالة.

بَرْشَاوِشَان voyez بَرْشِيَاوِشَان.

بَرْشَاوِيش (et non pas بَرْشَارِش, comme chez Freytag) *Persée* (constellation), Dorn 47; chez Cazwini I, 33: بَرْشِيَاوِش وَهُوَ حَامِل رَأْس الْغُول Alf. Astr. I, 13 en latin: « *perseus portans caput algol*, » en arabe: « *uar-seus hamul raz algol*. »

بَرَشْت (Bc) ou بَرَشْتَه (Bg) (pers. بَرَشْتَه *cuit*) *بيض* *œufs à la coque*, Bc, Bg, Hbrt 17.

بَرْشَط pl. بَرَاشِط *faisceau*, *fagot*, Alc. (hace de cosas menudas atadas, haz de leña, manojo o manada).

بَرْشَعْثَا (syr.) sorte d'ancien médicament composé, M.

بَرْشَم I *river* (rabattre la pointe d'un clou), Bc. — *Enclouer* un canon, Bc.

بَرْشَم *bitume*, Alc. (betun). — *Colle*, Alc. (engrudo de harina). Dans le Voc. أَبْرَشَم.

بَرْشِيم en Egypte, *trèfle*, M (= بَرْسِيم).

بَرْشِيمَة *brosse*, *vergettes*, Bc. — Expliqué dans le

M. par مِنْدَف الكتان والفرشة بلسان العامة.

بَرْشَن I *cacheter* une lettre, M; formé de بَرْشَان, que j'ai donné sous برش.

بَرْشِيَان دَارُو *Polygonum*, Most., qui a ce terme sous le ن, mais qui ajoute: وادخله كثير من الاطباء في حرف الباء, ce qui est bon, car ce sont les deux mots persans بَرْسِيَان et دَارُو.

بَرْشِيَاوِشَان (voyelles du Gl. Manç., qui cependant n'a pas le premier élif, et du Most., mais La a شَ) (pers.) *capillaire*, Most., Gl. Manç., Ducange v° barsconsan; chez Bc بَرْشِيَاوِشَان et بَرْسِيَاوِشَان, — *Sang-de-dragon*, Most. v° دم الاخوين.

BRAXIQ, n. d'un. braxica, est chez Alc. « colleja yerva. » Si ce mot *colleja* désignait réellement « une espèce de chou, » comme le prétend M. Simonet (287), on pourrait reconnaître avec lui dans *braxica* le latin *brassica*, en changeant toutefois l'accent, comme il veut le faire. Mais à ma connaissance, *colleja* n'a rien de commun avec un chou. Selon Dodonæus (274 b) on donne à Salamanque ce nom à la Lychnis silvestris septima Cretica, et chez Colmeiro on trouve: colleja comun, *Silene inflata* Sm., et colleja de Valencia, *Statice Limonium* L.

بَرْشِيل (Simonet d'après des man. de l'Escur.) et (esp.) *persil*, Alc. (perexil).

برص II *rendre lépreux*, Voc.
V *être lépreux*, Voc.
أَبْرَص (sic) *lèpre*, L (lepra).
مَبْرُوص *lépreux*, L (leprosus), Voc.

برصهان ? nom d'une pierre précieuse, 1001 N. Bresl. III, 120, 4 a f.

برطاب *vase au moyen duquel on brûle son ennemi de près*, Reinaud F. G. 37 et Planche I, fig. 9.

بَرْطَاسِي espèce de fourrure qui vient de Bortâs, pays et ville au nord de la mer Caspienne, Yâcout I, 567, 4: تُنْسَب اليها الفراء البرطاسي, Khallic. XI, 134, 13: الفرجية البرطاسي, mais lisez البرطاسي.

بَرْطانِيقِي (βρεταννική ou βεττονική) nom d'une plante, M; c'est une espèce d'oseille, voyez le dict. de Vullers et Simonet 288.

بَرْطَش I être courtier, M.

بَرْطَش seuil d'une porte, M.

بَرْطَع I galoper, Hbrt 183, 1001 N. I, 8, 8 a f., Bresl. I, 168, 2.

ماء بِرْطاع (AB) remède pour ceux qui ont dans le gosier une arête ou un osselet, Bait. II, 483 c.

بِرْطِل

بَرْطَل ou بِرْطِل (esp. portal), pl. بَراطِل, vestibule, portique, Voc., Alc. (portal de fuera (et de dentro) de casa, patin entre colunas), Macc. I, 253, 7, Khatîb 110 r°: خاص (جلس ا.) بادس مع اصحابه في المجلس الغلى — واصنافهت الصقاليب والعبيد بالبراطل .— بَرْطَل ou بِرْطِل (esp. pardal) المتصل لخدم ارادته en Espagne, aujourd'hui au Maroc, pl. بَراطِيل, moineau, Voc., Alc. (pardal o gorrion, gorrion بَرْطال الدار, pl. بَراطِيل الدِيار), Domb. 61, Bc (Barb.), Most. v° زبل العصافير: c'est زبل البراطيل وزبل البراطل الدورية في صناعة الطبّ احسن من زبل البراطيل البرية Dans le Calendr. 59, 3, on trouve le pl. فَراطِل, avec le fâ. Proverbes: كل برطال على سُبوله, en castillan: cada gorrion con su espigon; جواد في يدك احسن من برطل, la Torre.

بَرْطَم I baragouiner (parler mal, confusément), Bc.

بَرْطَمَة baragouin, Bc.

بَرْطوم trompe, museau de l'éléphant, Bc; — رخى برطومه faire la moue, Bc.

بَرْطَنَج (pers. بَرْتَنَك) sangle par-dessus la selle, Wright 7, 2.

بَرْطوشة pl. بَراطيش savate, vieux soulier, Bc. Dans le vers cité par Soyoutî apud de Sacy Chrest. I, 146, 1, le dernier mot (بَراقيش) est dans notre man. 113 شا, براطشا, et dans notre man. 376. C'est la leçon véritable, et de Sacy s'est trompé, je pense, en disant qu'on emploie en Occident un mot برقيش, pl. براقيش, qui signifierait savate. Remarquez encore

برغل

que le vers en question n'est nullement d'un poète maghribin, comme de Sacy semble l'avoir supposé.

بَرْطير pl. بَراطير croupière, Bc.

بَرَع I être éloquent, Voc.

II et V dans le Voc. sous excellere et sous facundus.

بَراعَة génie (inspiration, faculté de créer), Bc. — Eloquence, Voc. — = נדבה, bonne et franche volonté, Saadiah ps. 54, ps. 68 dans le commentaire.

بارع Le pl. بُرَعاء, Ibn-Dihya 7 r° (Wright).

تَبَرُّعات des actes purement facultatifs (de Slane), Prol. I, 71, 10, 403, 14.

برعم

بُرْعومَة et بُرْعوم Le pl. بَراعيم, Kâmil 450, 5, Aboû'l-Walîd 570, 30, 654, n. 23.

بَرْغالي (pour بُلْغاري) cuir de Russie, Bat. II, 445, avec la note de Defrémery J. A. 1850, II, n. 2.

بَرْغَت I c. a. et II dans le Voc. sous pulex.

برغوت الحرّ ت, vulg. بَرْغوث, et (M) avec le چبرغوث, chevrette, crevette, Pagni MS, Burton I, 213. — شَجَرة البَراغيث (N), eupatoire, Most. v° عافث; حشيشة البَراغيث (Lm); la 4e espèce (je cite d'après N, car ce passage manque en partie dans Lm): هو الذي تعرفه العامّة بشَجَرَة البَراغيث ويقال لها بالعجمية البَلْقِيرَة (c'est l'esp. pulguera). Mais selon Bait. II, 151, les anciens médecins se sont trompés en disant que c'est eupatoire; c'est en vérité conyse; Bc a حشيشة البَراغيث conyse. A Jérusalem et dans les environs, on donnait le nom de حشيشة البَراغيث à la semence du دوقس ou Athamanta cretensis, Bait. I, 463 a.

بَرْغوثي herbe aux puces, Psyllium maius erectum, Bc. — Noirâtre, Alc. (loro que tira a negro).

مُبَرْغَث plein de puces, Alc. (pulgoso lleno de pulgas).

بَرْغُل (pers. بَرْغول), pl. بَراغِيل, n. d'un. ة, froment bouilli, séché et concassé, préparé avec de la graisse ou du beurre, que l'on mange avec du lait aigre ou avec de la viande; c'est le dîner ordinaire des paysans arabes, Ztschr. XI, 483, n. 10, Haedo 13 c

(burgu), 30 a (gorgu, lis. borgu), d'Arvieux III, 280, Morgan II, 268, Erath 158 (gurgus, lis. burgul), d'Escayrac 287, Daumas V. A. 252, Bc, Ht, M;
بُرْغُل مُفَلْفَل *gruau de blé, apprêté en pilau*, Bg. 262.

بَرْغَة pl. ات *sandale de corde*, faite avec du chanvre ou du sparte, Alc. qui écrit *pârga* (alpargate, espartéña). Dans le Voc. *avarca*, ce qui confirme ce que j'ai dit (Gl. Esp. 373) sur l'origine basque de ce mot. — Pl. ات *cabane construite de paille, hutte, baraque*, Alc. (casa pagiza pequeña); cf. Gl. Esp. 236; je continue à croire (cf. Simonet 271) que ce mot est d'origine berbère.

بُرْغِي (turc بُرْغِي) pl. بَرَاغِي *vis*, Bc, Hbrt 85, M; — *tire-bourre*, Ht.

بُرْشِيم *porphyre* (sorte de marbre rouge ou vert et tacheté), Bc.

بَرَق I c. على ou في *sauter* sur une personne qui est couchée ou assise, Voc.

II, en parlant des plantes, *bourgeonner, pousser, germer*, Voc.

IV, au fig., *faire apparaître subitement comme la foudre*, Gl. Mosl.

V quasi-passif de la IIe dans l'expression بَرِقَ عَيْنَيْهِ, تبْرَقُ العين, Voc.

بَرْق *brillant* (éclat, lustre), Bc. — *Paillette, petite plaque en or*, Bc, Lane M. E. I, 67, II, 401, 409, Descr. de l'Eg. XVIII, part. 1, 113. — جَوْهَرَةُ البَرْقِ *aventurine* (pierre précieuse semée de paillettes d'or), Bc. — عِنَب الثَّعْلَب, Most. sous ce dernier mot. — بَرْقَا مَصْرَا (nabatéen). بَرْقَا مَصْرَا (AB), nommé dans l'Agriculture nabatéenne, est un légume qui a reçu ce nom parce qu'il a été apporté d'Egypte بِغَلَةِ جليبت في (من مصر), voyez Bait. I, 130 b.

بَرْقَة *petite plaque*, 1001 N. III, 429: اطلعت من جيبيها برقة صغيرة من الصفر مثل الدينار ☆

بَرْق pl. بَرَاق *soufflet* (coup du plat de la main), Voc.

بُرْقَان *le pistachier mâle*, Auw. I, 267, dern. l.; le man. de Leyde porte الوَرْقَان.

بَرَّاق *sorte de poisson*, Burckhardt Syria 166.

بِرِّيق = حَبَّ القُرْطُم, Most. sous ce dernier mot.

بَرِقَة *être tout à fait ouvert*, en parlant des yeux, Voc.

بُرَيْقَة pl. ات *burette*, vase à petit goulot pour l'eau, le vin, à la messe, Bc (= ابْرِيق).

بُرُّوقَة (esp. berruga) ou بَرُّوقَة (val. borruca), pl. بَرَارِيق, *verrue*, Voc., Alc. (berruga), Gl. Manç. v° وممها لبنة متغلغلة تسميها العامة البراريق: تَأْكيل.

بَارِقَة pl. بَوَارِق substantivement *nuage qui renferme des éclairs*, P. Weijers 34, 3; — *éclair*, P. de Sacy Chrest. I, ۱۹, dern. l. — بَوَارِق الكَافُور وَالمِسْك ? 1001 N. Bresl. XII, 223, 9.

بُورَق, ainsi au Maghrib (Alc., Gl. Manç.). Selon le Gl. Manç., la 4e espèce (cf. Lane), le *micri*, s'appelle aussi *natron* et بَوْرَق الخُبْز D'après Bait. I, 187 c, le *micri* est de deux sortes: le natron et le بَوْرَق للخُبْز; ce dernier porte ce nom parce que les boulangers en Egypte, après l'avoir dissous dans de l'eau, l'étendent sur le pain avant de le cuire, afin de donner plus de lustre et d'éclat à la croûte. L'espèce dite البُورَق الزَّبَدِي est la meilleure de toutes. Il y en a aussi une qui s'appelle بُورَق الـعَـرَب et بورق العرب (الغرب A) وهو يكون qu'on tire d'as-Chihr, في (من B) شجر (شـحَـر l.) العرب (الغرب A) ☆

بُورَقِيَّة *élément nitreux*, Auw. I, 127, 17, où il faut lire بورقيته avec le man. de Leyde, II, 156, 5 a f.

بُورَق = بُورَق *borax*, Bc.

أَبْرَق, à Malaga, *Raia pastinaca*, Bait. II, 100 b. — *Onagre*, s'il faut en croire Casiri I, 151.

تَبَارِيق (pl.) *assaisonnement, de l'huile ou un peu de graisse*, M.

مُبَرَّق *couvert de verrues*, Alc. (berrugoso), dérivé de بَرُّوقَة (voyez).

بَرْقَعَة *certaine incision faite à la branche pour l'insertion, quand on greffe les arbres*, Ibn-Loyon 22 r°: الضرب الأول تركيب الشق وما يتبعه وأبر من القلم نحو اصبع من جهتيه كالأزاز واقتطع وغلظ يكون بين البريقتين مثل قفا السكين لاحدى الجهتين وذا القفا جلدته تُلْصَف بجلدة الفرع معًا فتلصق والبَرَى لا يبلغ مخ القلم الا لدى طرفه فَأَنْقُفُهُم

برقش

مــذا يقـال لـه الترقيب وبقـال للبريد برقبـة distinctement التوقيب, et non pas التركيب). Faut-il substituer برقبة à ترقيبة ?

بَرْقَشَ I *tacheter, taveler, moucheter*, Bc.

برقش sorte de poisson, Yâcout I, 886, 6.

بُرْقش, que Freytag a trouvé chez de Sacy Chrest. I, 146, doit être biffé chez lui et dans le M, qui l'a suivi; voyez mon article برطوشة.

بَرْقُوش *verrue*, Domb. 89; altération du pl. esp. *berrugas*; comparez بروقة.

برقط

بَرْقَطَة *éclat du teint*, M.

برقع II *se déteindre et se salir* (étoffe), M.

بُرقع voyez Vêtem. 64 et suiv.; blanc dans tout le Hidjâz, Burton II, 15; en Syrie les femmes ne portent pas ordinairement ce voile égyptien, Burckhardt Syria 407, 659 n. Porté quelquefois par des hommes, de peur du mauvais œil, ou quand, à cause de leur beauté, ils redoutaient pour eux-mêmes les enchantements des femmes, Defrémery Mémoires 329. — برقع الزرد *visière de mailles*, 1001 N. III, 331, 11. — Petite pièce d'étoffe, avec deux trous pour les yeux, qu'on met à la tête des chevaux (Lane); exemples: Auw. II, 533, 3 et 4, 8 et 9, 557, 3, Cout. 25 r°: فقال له ما فعلت غفيرتك التي كنت تختلف اليّ بها وانا ولد فقـال له قطعتُ منها جلًا وبرقعـا لبغلك الاشهب. L'explication de Burckhardt, que j'ai citée Vêtem. 64, n. 1, n'est pas exacte. — Le *voile ou rideau de la porte de la Ca'ba* est appelé par les savants برقع الكعبة, et par le peuple ستنا فاطمة parce qu'on dit que Fâtima Chadjara ad-dorr, l'épouse du sultan aç-Çâlih, a été la première personne qui ait envoyé un tel rideau pour couvrir la porte de la Ca'ba. Il est en brocart noir et brodé, avec des inscriptions tirées du Coran en lettres d'or, Lane M. E. II, 272, Burton II, 235, Ali Bey II, 78. — برقع أم علي et برقع أم حبيب, sortes d'oiseaux, Yâcout I, 885, 7.

مُبَرْقَع *mode de musique*, Deser. de l'Eg. XIV, 29.

برقق I. برقق عينيه *clignoter*, Bc.

بَرْقَقَة *clignement, clignotement* (mouvement rapide, continuel, involontaire des paupières), Bc.

برك

بَرْقُوق proprement *abricot*; du temps d'Ibn-al-Baitâr, en Espagne et dans le Maghrib *abricot*, en Syrie *prune*; aujourd'hui partout *prune*. Il est singulier que Lane (191 a) se soit trompé sur l'étymologie de ce mot, qui avait déjà été indiquée par Golius. Cf. Gl. Esp. 67, 68.

برك I *s'accroupir* (se baisser le derrière près des talons), Bc, M. — *S'abattre*, en parlant d'un cheval: يعثر ويبرك « il butte et il s'abat, » Daumas V. A. 190. — *Abattre, renverser*, Ht, Roland. — برك الشتاء *l'hiver commença*, Akhbâr 82, 8; cf. Lane sous برك (194 a). — Chez Alc. برك signifie *solapar*, c.-à-d., *croiser*, en parlant d'une partie d'habit qui se double sur une autre. C'est ce qui explique cette expression Macc. II, 169, 9: أخرج من بركة قبائه كتابا, car le *cabâ* croise sur la poitrine (Vêtem. 360, 361); comparez sous بركة.

III. باركه بالحروب *il le combattit sans relâche*, Cartâs 107, 7 a f. — *Bénir* aussi c. في r., p. e. بارك الله في همتك « que Dieu bénisse vos soins ! » Bc. — C. ل p. *complimenter quelqu'un pour une fête, souhaiter la fête à quelqu'un*, Bc.

V. تبرّك بسرّ *recevoir un sacrement*, Bc.

بركة voyez بُرَكة.

بَرَك a le pl. بِراك, Alc. (laguna, lavajal). — *Le bois de la charrue*, M.

بَرَك *bagage*, Maml. I, 1, 253; dans le Fakhrî, 350, 6 et 8, بَرَك.

بَرَك pl. ات (cat. bruc, esp. brugo, b. lat. brucus, de βροῦχος ou βροὺχος) *puceron*, Voc.

بَرَكة voyez بَرْكَة. — *Rosace, rond de fleurs au milieu d'un châle*, Bc (du pers. بَرَك, *feuille d'un arbre*?).

بَرْكَة *cette partie d'un habit qui se double sur une autre et qui couvre la poitrine*, Macc. II, 169, 9; comparez sous برك I. Je ne sais pas s'il faut mettre cette signification en rapport avec بَرْكة, *poitrine*, qui ne s'emploie qu'en parlant de la poitrine du chameau;

cependant je serais porté à le croire. — Comme *sinus* en latin, *sein* en vieux français, *baie*, Lane trad. des 1001 N, III, 107, n. 72. — *Bassin d'un bain*, Bc. — *Le marché au bétail*, R. N. 91 v°, 92 r°: ورجعت اكتب فى المركه (sic) فباعوا رأسًا وشرطوا فيه عيوبا فأبى المشترى ان يقبله بتلك العيوب فلما كان اخر النهار باعوه من رجل ولم يذكروا له العيوب التى ذكروا للرجل الأول فقلت لهم غدوة ذكرتم امس أن به عيوبا والساعة تبيعونه بلا عيب فقال بعضهم لبعض من اين جيتم لنا هذا قال فتركت المركه (sic) ورجعت الخ ۞.

بَرَكة, vulg. aussi بُرْكة, *bénédiction, faveur du ciel*, Voc., Bc (cf. Lane), p. e. Ibn-Abdalmelik 116 v°: Quand al-Mançour l'Almohade eut fait frapper les grands dînârs connus sous le nom de Ya'coubîs, il en envoya 200 au savant et lui fit dire: هذا البركة التى خرجت فى هذا الوقت وقد اردنا ان تكون اول موصول بشىء منها. *De là: ce que quelqu'un a reçu de Dieu, ce qu'il possède, ses moyens*, 1001 N. I, 309, 12: Je ne puis vous donner autant que je voudrais, car je ne suis plus riche; لكن خذ هذا على حسب البركة «mais prenez ceci; (je vous le donne) selon mes moyens.» — *Provisions de bouche*, Ztschr. I, 157 (بركة), car en avoir est une faveur du ciel. — Faveur du ciel qu'on reçoit par l'entremise d'un homme, *cadeau, gratification*, Gl. Esp. 73, 388—9, Çalât 19 v°: أمر (امير المومنين) للناس الوافدين فى مدة هذا (عنه l.) الايام ثلاث مرات بالبركة ونال وكذلك انال; جميع الناس معه الانعام الذى عوده ibid.: الغلة والمتاخين والصناع وخيرات بركات حين استحسن 28 v°, 31 r°, 32 r°, 43 v°, 45 r°, 54 r°, صنعوه 57 r°, 70 r°, 72 v°, etc. — *Propriété bénie, qualité salutaire, vertu*, p. e. de l'eau d'une source, Beerî 64, 6 a f. — Chez les chrétiens, *pureté, sainteté;* — *dîme*; كلمة البركة *la bénédiction prononcée par le prêtre à la fin du service*, M. — Comme ce terme signifie aussi *abondance*, on l'emploie adverbialement en Barbarie dans le sens d'*assez*, Bc, Roland; *barca, assez, laisse-moi tranquille*, Carteron 39; بركة j'en ai assez; de même بركة, etc., Roland. — *Amulette* (versets du Coran que l'on porte sur soi comme préservatif). R. D. O. A. N. S. XVII, 170. — Prov. الحركة بركة والتوانى هلكة «l'activité est une source de biens, la lenteur une source de maux,» Bc. — حبّة البركة *nielle, herbe aux épices*, Bc; — *la semence de la fleur du fenouil*, Lane M. E. I, 383 n.; cf. sous حبّ.

بَرَكة (*canard*) était la prononciation espagnole (Alc. *anade, pata*; dans le Voc. بَرَاكِيَّة), pl. بَرَك. Selon Shaw I, 275, 277, ce n'est pas un nom spécifique, mais générique. Chez Ht *canard* est بَرَك, pl. بَرَّاك. — *Sarcelle, cercelle*, Alc. (cerceta ave).

بَرَكى *arbre dans l'Inde, jacquier*, Bat. III, 126—7, IV, 228.

بُرْكان, pl. بَرَاكِين et بَرَاكِيَّة, *volcan*, M, Weijers 51, 3, avec la note de Hamaker 182—4, Quatremère Beerî 51, Abbad. I, 316, 1, Amari 1, 2, 135, 136, 144, 424, Djob. 34, 9, 324, 8, 327, 2 a f., 331, 20, Cazwînî II, 144, 11, 12 et 14.

بروك البرنس *les présents que les aghas et les caïds se font donner par leurs sujets*. En esp. *alboroc, alboroque*, est: *pot-de-vin, épingles, ce qui se donne par manière de présent au delà du prix convenu*, Gl. Esp. 73—4.

بُرَيْك (nom propre). حساب بريك *mémoire d'apothicaire, mémoire porté trop haut*, Bc.

بَرَكان *cette espèce de gros camelot que les Français appellent bouracan, les Espagnols barracan;* — *un manteau fait de cette étoffe*. Plus tard on a appliqué ce nom à des manteaux faits d'étoffes plus fines et plus précieuses, mais qui étaient taillés à la façon des anciens barracâns, Vêtem. 68 et suiv. Chez Mohammed ibn-Hârith 319 on lit: فسألى ان اشترى كساء بركان. Telles sont les voyelles du man. qui en général est très correct; si elles sont bonnes, بركان, de la seconde déclinaison, est l'apposition de كساء; mais j'aimerais mieux prononcer كساء بركان «un kisâ fait de bouracan.»

بُروك *coq*, Domb. 63, Bc (Barb.).

أبْرَك *plus béni, plus heureux*, 1001 N. I, 58, 6: ما رأيت عمرى أبرك من هذا النهار; quand quelqu'un a dit: سنة مباركة «je vous souhaite une bonne année,» la réponse est: عليك ابرك السنين, Bc.

مُبَرَّكة *béatitude*, Ht.

مَبْروك béni; — شيء مبروك pain, au fig. fam. et par ironie, chose profitable, Bc.

مُبارَك béat (qui fait le dévot), Bc. — داء المبارك syphilis, Bc; aussi مبارك seul, Sang., Bc, Ht. — الحشيشة المباركة benoîte (plante), Bc.

بَرَكاسة demi-vertu (femme équivoque), Bc (Eg.).

بردستوان a le pl. en ات, Maml. I, 2, 79, où Quatremère traduit caparaçons, Freytag Chrest. 101, 2 a f. Aussi بركستيان, J. A. 1849, II, 319, n., l. 10.

بَرْكَل I agiter, ébranler, secouer, Bc. II être agité, rouler (être agité par les vagues), Bc.

بَرْكوكس Chez 193 r°: المختمّص وهو البَرْكوكس; voyez مختمّص dans Freytag.

بَرَل بَرَلان (fr.) لعب البرلان brelan (jeu de cartes), Bc. Brol faraoun, nom d'une plante, R. d. O. A. VII, 286.

بَرْوَلة mode de musique, Hœst 258.

بَرَلَس en Egypte, herbe aux puces, l'espèce dont la semence est rouge, M. v° اسفيوس; l'adj. بَرَلْسِيّة, M v° برقدنلونا.

بَرَلَنت (ital.) الماس برلنت brillant (diamant à facettes), Bc.

بَرَلُوجة cigogne, L. (ciconia); cf. بَلَوْجَة.

بَرَم I croiser (tordre légèrement les fils), Bc. — Rouler du fil sur un peloton, Bc. — Entortiller, Bc. — برم الشعر crêper, friser, Bc. — Tourner, se mouvoir en rond, tournoyer, tournailler, pirouetter, valser, Bc, M. — Parcourir, p. e. برم المدينة كلّها «il a parcouru toute la ville,» Bc. — برومة faire un tour de promenade, Bc. — Tourner, mouvoir en rond, c. ب r., 1001 N. III, 420, 3: برمت بالبريق في الهواء. — برم c. من r., Bc (s'ennuyer); cf. la V° forme.

II tordre, tortiller, Bc; tordre en serrant, Hbrt 79. — Tournoyer (tourner en faisant plusieurs tours), Bc. — Faire tourner, faire mouvoir en rond, M. Synonyme de la IV°, Voc. (v° expeditus).

IV solliciter avec instance, Bc, c. a. p. et في r. Mohammed ibn-Hârith 272: ابومت الامير في اطلاق ابن اخيها وكانت مندّة عليه لمكانها من ابيه فثقال لها

تكشّف اهل العلم عمّا يجب عليه في لفظه ثمّ يكون الفصل في امره; chez Bc c. على p. et في r.

V c. من r., Autob. 208 r°: تبرّم من الاغتراب, Müller 40 (= Bat. IV, 369), Macc. I, 941, 3, III, 830, 11. — Quasi-passif de la II°, quand celle-ci a le sens de la IV°, Voc.

VII. انبرم الشعر friser, v. n., être frisé, Bc.

VIII = VII chez Lane, 2° signification, Gl. Fragm.

X dans le sens de la I°; une femme dit: فبقيت انا وبثينة نستبرم غزلا لنا, Koseg. Chrest. 147, 5; peut-être: tordre, tresser des fils.

بَرَم acacia (arbre), comme traduisent Banqueri et Clément-Mullet, Auw. I, 28, 2, II, 295, 21. — La fleur jaune et odorante de l'arbre nommé ابراهيم (voyez), Bait. I, 132 i, II, 86 j. — Le thym à longues feuilles, Bait. I, 308 b: الصعتر الطويل الورق المعروف بالبرم, où A porte بـ — Espèce de dattes, Niebuhr R. II, 215.

بُرْمَى espèce de sucrerie (حلواء), M; il est en contradiction avec lui-même, car il dit d'abord que ce mot est une altération du turc بورَمَة, et ensuite il lui attribue une étymologie arabe (ومعناه مبروم).

بَرْمَة pot de terre pour l'eau, Pallme 32, 157 (où il faut lire burma, au lieu de burna), Werne 17; petit vase à conserver l'eau, Descr. de l'Eg. XVIII, part. 2, 415. — Gourde, Burckhardt Nubia 201. — Foret, vrille, Bc, Hbrt 203. — Tire-balle (instrument pour tirer une balle d'un fusil), Bc. — Vis, Bc. — Lumière d'une arme à feu, Bc. — Pirouette, Bc. — Tour de promenade, Bc.

بَرْمون quatre-temps (trois jours de jeûne dans chaque saison), Bc, Hbrt 154.

بَرَام Descr. de l'Eg. XVII, 199: «On fabrique à l'extrémité méridionale de l'Egypte, dans les déserts voisins de la cataracte d'Eléphantine, des vases de terre ollaire connue dans le pays sous le nom de pierre de Baram, du nom du lieu où sont situées les carrières qui la fournissent.» Au lieu de pierre de Barâm, برام حجر البرام chez Bait. I, 289 f, on a dit tout court, dans le sens de terre ollaire; mais il n'est pas certain que Barâm soit le nom d'un lieu, et on lit chez Salaheddin, La Turquie, p. 62 (cité dans le Ztschr. XXV, 533—4, n. 8): «La serpentine était connue des anciens sous le nom de Baram (dans les autres passages cités Ztschr. l. l. et XXIII, 586, بَرَم ou بَرْم (Yâcout IV, 572) signifie *pots*). Quoi qu'il en soit, *barâm* signifie *serpentine*, ou plus exactement *serpentine ollaire*. Edrîsî Clim. III, Sect. 5, en parlant de Haurâ, bourg situé sur le rivage de l'Egypte du côté du Hidjâz, à l'est d'al-Colzom: وعندهم معدن يقطعون فيه البرام ومنه يتجهّز به الى سائر الاقطار. Bait. I, 491: فى قدر برام; Djauzî 146 في طنجير برام: *ibid.* ويجعل فى قدر برام :70.

بَرَم. Le *ricinus* de Freytag est bon, mais le *capitulum mammarum*, *papilla* de Golius est une erreur. Les lexicographes arabes expliquent بُرَم par قُراد (voyez p. e. une glose marginale sur Djauharî v° أَصْمَد), et Golius, au lieu de prendre ce dernier mot dans le sens de *ricinus*, l'a pris dans un autre qui ne convient pas.

بَرِيم voyez Vêtem. 71—3; ajoutez: Defrémery Mémoires 153, où bezîm doit être changé en berîm, comme Defr. l'a observé p. 323, Bg 802 (même faute), Palgrave II, 80. — *Bague*, Daumas V. A. 173.

بَرِيمَة pl. بَرَائِم est la forme qu'on emploie aujourd'hui en Algérie au lieu de بَرِيم; *corde en poil de chameau ou de chèvre*, *avec laquelle les Arabes se ceignent la tête par-dessus le haik*, Dict. berb. v° corde, Cherb., Prax R. d. O. A. V, 220, Carette Kabylie I, 380, Carteron 61.

بَرَّام *chaudronnier*, Alc. (calderero). — *Cordier*, M. مُبْرَم (espèce d'étoffe, voyez Lane) forme au pl. مَبَارِم, Tha'âlibî Latâîf 114, 4, 119, 7.

مَبْرُوم pl. مَبَارِم *corde*, Gl. Esp. 304. — *Rouleau* (bois cylindrique), Bc. — *Bistourné* (cheval), Daumas V. A. 189. — Nom d'une graminée, Prax R. d. O. A. VIII, 282.

برمسى sorte d'oiseau, Yâcout I, 885, 14; chez Cazwînî برسى.

بَرْمَكِى, Barmécide, = *généreux*, M. البخور البرمكى espèce de parfum qui tire son nom des Barmécides, J. A. 1861, I, 119.

برمكيّة même sens, J. A. l. l.: برمكية رفيعة et

والاطفار القرشبة; Bait. I, 57 a: البخورات والبرمكيات; II, 145 تدخل فى الندود والاعواد والبرمكية والمثلثة ويقع منه (يعنى من صمغ الضرو) يسير فى النك: a والبرمكية والمثلثة ☾.

بَرْمِيل (esp. barril) *forme au pl.* بَرَامِيل, Voc., M, Bat. III, 235, 385, Bc.

بَرَامِيلِىّ *tonnelier*, M, Bc. Chez Ht برامْلى.

برن II *forer*, *percer avec la vrille*, Alc. (barrenar, taladrar).

بَرْن (esp.) *espèce de chêne*, Alc. (borne arbol).

بَرْنِى (espèce de dattes), aujourd'hui *birnî*, Burckhardt Arabia II, 213, Burton I, 384. — Espèce de raisins, Burton I, 387 (birni).

بُرْنِى pl. بَرَانِى espèce de faucon, Gl. Esp. 243, Guyon 221 (berni).

بَرْنِيَّة, au Maghrib بُرْنِيَّة, car ces voyelles se trouvent dans le Gl. Manç. (in voce) et l'esp. a albornia. — L'esp. *bernia* chez Alc. (de Hibernia); Victor: «manteau ou robe fourrée de peau de loup, ou d'autre peau velue, capote, vêtement rustique à la façon des Irlandais;» l'Acad.: gros drap de laine de différentes couleurs, dont on faisait des manteaux qui portaient le même nom.»

بَرْنُون pl. بَرَارِين *cruche*, Voc.

بَرِّينَة (esp. barrena), pl. ات, et بِرِّينَة pl. بَرَارِين *tarière*, *vrille*, Gl. Esp. 375—6, Auw. I, 561, 2, Voc.; cf. Simonet 272.

بُرْنَاج (esp. borracha) pl. بَرَانِيج *cuve*, *tonneau*, *pour le vin*, Alc. (bota de vino).

بَرْنَامَج et بَرْنَامِج (Alc.), (pers. بَرْنَمَه), pl. ات (Alc.), *table d'un livre*, *table des chapitres*, Domb. 78, Ht (qui écrivent برناميج), Abbad. II, 166, 8, nommée aussi برنامج الفصول, Alc. (recapitulacion). — *Répertoire de jurisprudence*, précis des opinions des jurisconsultes d'une secte par ordre de matières. Dans ces ouvrages on expose en peu de paroles, et avec le moins de remplissage possible, les questions dont on traite et les preuves qu'on y emploie, Prol. III,

11, n., dern. l., 13, dern. l., 250, 6. — *Répertoire où l'on note les noms de ses professeurs, des détails sur leur vie, et les traditions qu'ils ont communiquées,* Macc. I, 809, 3, 818, 2, 843, 8, 874, 4, II, 659, 12, 769, 18, Autob. 198 r⁰. — Chez Alc. «*nota de formulario,*» que Nebrija traduit par *formula.*

بَرْنَسَم «belle plante à larges feuilles,» Richardson *Central* I, 180.

بَرْنَج (je ne sais si ces voyelles, données par Freytag, M et Sang., sont bonnes; pers. بَرْنَج et بَرْنَجْ) *graines, provenant de l'Inde et de la Chine, et qui sont fortement purgatives;* — *le Myrobolan chébale,* Sang. Cf. Bait. I, 129 c et plus haut أبرنج.

بَرْنَجاسَف (pers.) *armoise, herbe de la Saint-Jean,* Most. v° قيصوم, Bait. I, 283 h, Sang., Bc, Bg 813. Au Maghrib, selon le Gl. Manç., on ne savait pas au juste ce que c'est.

بَرْنَجاسة même sens, Bg 813.

بَرَنْجَك (turc) *gaze (étoffe très-claire),* Bc; *crêpe,* Bg (برنجك); chez Bc *crêpe* est قره برنجك); cf. Burton II, 15 (burunjuk). — Écrit بَرَنْجَك, *turban noir des Mauresques,* Cherb.; l'imâm de Constantine: البرنجك هو قطعة سوداء ثمانية أذرع طولها تشدّ بها المرأة رأسها ۞

بَرَنْجَمْشْك voyez برنجمشك.

بُرْنُس I c. a. *rendre pauvre, misérable,* Voc.
II *être pauvre, misérable,* Voc.

بُرْنُس, aussi بُرْنُوس et بُرْنُوس, Vêtem. 80, Voc., Cartâs 178, 7 a f., pl. بَرانِيس, Gl. Edrîsî. Voyez Vêtem. 73 et suiv. Dans le sens de قلنسوة طويلة, *bonnet haut, qu'on mettait sur la tête des criminels quand on les promenait publiquement,* J. A. 1847, II, 420, Athîr VIII, 69, 4 a f., 205, 2 a f. (lisez: برانس ولبود), IX, 412, 3, 413, 7 a f.; nommé المُشَخَنَة, Khallic. XI, 73, 7. — *Capuchon,* Augustin 9. — «Le bernous rouge, marque du commandement,» Martin 89. — حَقّ البرنس ou بروك البرنس *les présents que les aghas et les caïds se font donner par leurs sujets,* Sandoval 322. — برنس الجنين *arrière-faix, tunique qui enveloppe le fœtus,* Bc, M.

بُرْنُس voyez بُرْنُس. — Pl. بَرانِس *pauvre, misérable,* Voc.

بَرْنَش I *grimacer,* Bc.

بَرَنْصال, Amari Dipl. 76, 8, est, selon l'éditeur (411, n. 8), l'italien *baroncello, fripon, coquin.*

برنف et برنك = برنج (voyez), Bait. I, 129 c.

بَرْنَن I *bourdonner,* Alc. (zunbar). — *Forer, percer avec la vrille,* Cherb. C; comparez بَرَن.

بَرْنِبَنَة *vrille,* Cherb. C; comparez بَرِينَة.

تَبَرْنَن *bourdonnement,* Alc. (zunbido).

بَرْنَبِي voyez برنوي.

بَرْنوب «plante qui porte une poudre qui sort pour la teinture,» Vansleb 99; «elle a une petite tige potelée, comme un champignon, et à la cime un bouton de la grosseur d'une noix, lequel est plein d'une poudre, dont les teinturiers se servent pour la teinture. Ses feuilles sont aussi minces que celles du pavot,» id. 333.

بَرْنوِي, vulg. بَرْنَبِي, espèce de gomme odorante, Pagni 204, où il faut lire avec le Ms.: «volgarmente si dice *Barnabì o Bernabì.*»

بِرِنْبَطَة et برانيتلي voyez plus loin بَرِيطة.

بِرْنِيق *hippopotame,* Bc, Burckhardt *Nubia* 61.

بَرْنُفانِج *Origanum maru,* Bait. I, 132 h.

بَرْهَلي (syr. ܒܪ ܚܠܐ ou ܚܣܚܕܡܐ ܒܪ, *filius dulcis,* Payne Smith 587, 605) *fenouil,* Most. sous رازيانج, Bait. I, 131 c.

بَرْهَم pl. بَراهِم, pour مَرْهَم, *emplâtre,* Gl. Esp. 88, Voc.

بَرْهَن I c. عن r., Bc (v° *argumenter*), Gl. Maw.

بُرْهان *prodige, miracle,* Bat. III, 81 (parce que c'est une *preuve* de la puissance surnaturelle d'un saint).

برو *sorte de poisson,* Yâcout I, 886, 2.

براوى *bourrache,* Bc.

بَرْواس et بَرْواس (pers. پَرْواز), pl. بَراويز *cadre (sorte de* bordure de bois autour d'un tableau); — *châssis* (ouvrage de menuiserie sur lequel on adapte du vitrage, de la toile, ou du papier huilé); — *tableau* (ouvrage à cadre, filets et accolades), Bc.

بَرْوال. « Quand ils réunissent ces laines en suint, les marchands les battent pour en faire tomber le fumier qui emporte alors des morceaux cotonneux; on lave ces morceaux et l'on en retire la laine brisée dite *berroual*, » Godard I, 210.

بَرْوانَه (*chambellan*) s'écrit aussi بَرْوانَه; chez les Turcs Seldjoucides de l'Asie-Mineure, *le principal ministre*, Maml. I, 2, 57.

بَرْوانيا (grec) *bryone, couleuvrée*, Bait. I, 131 e.

بَرْنيطَة (esp.) *sorte de drap noir très-gros*, Alc. (bruneta paño).

بَرَى I. Au fig. رَاش وبَرَى بَرَى *faire du bien et du mal*, Abbad. III, 171, n. 129; comparez aussi avec les deux phrases que j'y ai citées, Macc. II, 758, vs. 47 : بَرَى العُصَاة وراش الطائعين « il fit du mal aux rebelles, du bien à ceux qui lui obéissaient. » Dans le vers Prol. III, 402, 15, de Slane traduit *tourmenter*. — *Couper*, en parlant de pierres tranchantes, Becrî 54, 13. — *Planer* (unir, polir), Bc. — *User* (diminuer par le frottement), Bc. — L donne: *curat*

يَفْرُج وَيَبْرِي وَيَحْصَن *

II *monter sur une montagne*, Alc. (amontar).

III est le synonyme de عَارَضَ, non-seulement dans le sens de *rivaliser avec, imiter*, mais aussi dans celui de *être vis-à-vis de*, Amari 338, 1, où il faut restituer la leçon du man. (cf. l'Appendice).

IV comme la Ire, *tailler une plume*, Voc., Alc. (cortar pendola, tajar pendola).

VII se construit aussi avec إلى, Voc. v° prevenire. — *S'élimer, s'user*; le n. d'act. انبراء, *usure* (détérioration par l'usage), Bc.

بَرَاية voyez بَرَأ sous بَرأ.

بَرْيَة *incision*; voyez sous برقية.

بَرْية *taille* (manière de tailler une plume), Bc.

بُرْيان pl. ات *engelure*, Alc. (friera de pies) (aussi بَرْجون).

بِرْيانى (pers.) *pilau de viande avec beaucoup de beurre fondu*, Burton II, 280.

أبْريَة *verrues*, L (verruce الأبرية).

مِبْرَا *canif*, Hbrt 112 (écrit مِبْرَاء); lisez de même, au lieu de مِبْدل, chez Payne Smith 1134. — *Plane* (outil), Bc.

مِبْرَاة *corne* d'un cerf, Diwan d'Amro'lkaïs ٣, vs. 16.

بَرْنيطَة, بَرْنيطَة, et بَرْنيطَة, بَرْنيطَة (esp. Delap. (birreta), ou ital. Daumas (berretta)), pl. ات et بَرَانيط, *chapeau des Européens*; en Algérie les Arabes désignent par ce mot les képis des soldats français et même en général, toute coiffure française, Bc, Bg 165, 799, Hbrt 21, Daumas Kabylie 234, 349, Delap. 79.

بَرْنيطى *chapelier*, Bc, Hbrt 83.

بَرْيغْلَة (Daumas MS) *cousin* (insecte), Daumas V. A. 432.

بَرينِس *espèce de chêne*. C'est ainsi que je crois devoir lire chez Bait. I, 132 f, 183 d, où mes man. portent بَرينس ou برنس sans points, car Bait. dit que c'est un nom grec, et l'on y reconnaît facilement πρῖνος, *yeuse, chêne vert*. Seulement il semble le confondre avec une autre espèce de chêne, puisqu'il donne شُوبر, le latin *suber*, c.-à-d. *liége*, comme le nom de cet arbre dans la 'adjamîya al-Andalos.

بَريو *crottin des chèvres et des moutons*, Cherb.

بَزّ I *bourgeonner, boutonner*, Bc.

بِزّ, pl. بِزَاز et أبْزَاز, *tétin, bout de la mamelle*, Bc, Ztschr. XXII, 134; chez les quadrupèdes, *trayon, bout du pis*, Bc. Par extension, *mamelle, téton*, Bc, M, Hbrt 3, Ht, Payne Smith 1284, 1001 N. Bresl. I, 342, synonyme de نَهْد, Bc, 1001 N. Bresl. IX, 278 بَزّين, où Macn. a نَهْدَين; chez les quadrupèdes, *pis, tétine*, Bc. — Appliqué à une pipe, *embouchure, bouquin*, Bc, M, Ztschr. XXII, 134; بَزّ كَهْربا *bout d'ambre* (pour une pipe), Bc. — *Jet* (bourgeons, scions), Bc. — بَزّ الخادم (mamelle de négresse) *espèce de dattes longues, noirâtres entre le rouge et le blanc*, Pagni 151 (sic). — أبْزَاز الغِطّ à Tunis et aux environs = حَمَى العائر الصغير, Bait. I, 10 d (AB). حشيشة البزاز *dent-de-chien* (plante), Bc. بِزَار الكلب *lampsane, herbe aux mamelles*, Bc.

بَزْبَزْ *mamelle*, Bc.

بَزْبِز (berb.) *cigale*, — *sauterelle*, — *grillon*; voyez زَبِزِز; et la forme بِزبِز Domb. 67.

بَزْبُز

بَزْبُز pl. بَزَابِيز *cannelle (robinet mobile)*, Bc. — Le pl. *eaux, jets d'eaux, cascades*, Bc.

بِزْبَازَة = سِمْسَاك *macis*, Bc.

بَزْر, chez Freytag (copié par M) n'existe pas. Freytag l'a pris dans Berg, qui s'est laissé tromper par une fausse leçon; voyez Gildemeister, Catal. des man. or. de Bonn, p. 120.

بَزَادِى L donne: ياقوتة بَزَادِى وهو الجَزَع *achates*, حجر بَزَادِى وهو الياقوت الملوّن بسواد وخضرة *berillus*, فَصّ سَمَاوِى البَزَادِى *iacyntus*.

بَزْدَرَة *le métier de fauconnier*, et aussi *celui d'agriculteur*, M.

بَزْدَار, pl. بَزَادِرَة et بَزْدَارِيَّة = بَازْدَار *fauconnier*, Maml. I, 1, 251.

بَزَر II *dissiper son bien*, Bc. — Voyez la Ve forme.

V quasi-passif de la IIe, *être épicé*, Voc. — *Se prodiguer*, Cherb. Dial. 5: ولكن ما ذا بى نتبزّر عليهم تبزيرة مليحة, trad. littér.: «mais combien cela (serait) agréable) à moi (que) je me prodiguasse pour eux d'une prodigalité bonne;» trad. libre: «mais j'aurais voulu les recevoir avec un peu plus de pompe.»

بَزْر الكتّان = seul بَزْر *pepin*, Hbrt 52, *noyau*, Ht. — وقد خصّ به حبّ الكتّان *grain de lin*, Bait. I, 134: فصار اسما له علما سوس دهن البَزْر — ; *huile de lin*, Most. ؛وسمّى دهنه دهن البَزر والبَزر اسمه: بَزر الكتّان Gl. Manç.: دهن بَزر الكتّان ويقال ايضا دهن البَزر. — Le pl. أبْزَار et بُزُور (سورنجان,) *Colchicum autumnale* (Sang. — Le pl. du pl. بزورات *drogues, épices*, 1001 N. Bresl. X, 134, 5, où Macn. a انواع العطارة. — *Bezrebât*, graine qu'on envoyait d'Egypte à Jérusalem pour en faire des chapelets qui étaient achetés par les pèlerins de la Chrétienté, Descr. de l'Eg. XVII, 314. — بَزْر خريسانة *barbotine* (semence, poudre contre les vers), semencine, Bc. — بَزْر قبّار *câpre*, Bc. — بَزر قَطُونَا, ou, d'après le Gl. Manç., cf. Ca-

lendr. 67, 5, بَزْرَقَطُونَا ou بَزْرَقَطُونَآ, *herbe aux puces*, Gl. Esp. 365. — ماء البُزُور *tisane*, Bc; ماء بزورات *de l'eau saturée de noyaux broyés*, Ztschr. XI, 514—5, où l'on trouvera des détails.

بَزْرَة *graine*, — *pepin*, Bc.

بَزَّار = بَازَار, Bc. — بزورات, comme بزورات, *drogues, épices*, 1001 N. Bresl. X, 132, 12, où Macn. a انواع العطارة.

أَبْزَار pl. أَبَازِير *épice*, Voc., Alc. (especia de especiero).

مُبَزَّر شراب مُبَزَّر *vin épicé*, Alc. (vino con especias).

مَبْزَرَة pl. مَبَازِر *endroit où l'on vend des épices?* Voc. v° salsamentum.

بَزْرَك (pers.) *mode de musique*, M.

بَزَّع II *orner, embellir*, Voc.

V *être orné, s'embellir*, Voc.

بَزِيع pl. بُزَّع *beau*, Voc.

بَرَاعَة *beauté*, Voc.

بَزَغ II c. a. dans le Voc. sous oriri.

مَبْزَغ *l'endroit où la lune se lève*, Gl. Fragm.

بَزَق II *saliver (rendre beaucoup de salive)*, Bc. — C. a. Voc. sous spuere. — بَزَق أَيْرُهُ *fecit ut semen emitteret penis*, 1001 N. Bresl. XI, 110, 3 a f.

V dans le Voc. sous spuere.

بَزَّاق القَمَر *sélénite*, Bait. I, 499 d.

بَزَّاق dans le Voc. sous spuere. — *Escargot*, Hbrt 68.

بَزَّاقَة *limace*, Bc, *limaçon*, Bg. — Doit désigner un objet fait de verre; dans le man. de l'Escurial 497, le verrier nomme: الفوانيس والقناديل والبَزَّاقَات (Simonet). والقنانى الخ

مِبْزَق (pour مِبْزَغ) *lancette*, Domb. 90.

بَزَل I, 3e signif. chez Freytag et Lane, n. d'act. بَزَّال, Gl. Mosl. — En chirurgie *faire une incision dans l'hypocondre d'un hydropique*, ou bien, *dans la vessie de celui qui a une hernie, afin d'en faire sortir la sérosité*, Gl. Manç. in voce.

بزم

بَزُولَة, pl. بَزَازِيل et بَزَازِل, *mamelle*, M (Eg.), Domb. 86, Hbrt 60 (Tunis), Cherb.; selon Hœst 224, seulement en parlant des mamelles d'une vieille. — بَزُولَة الإبريق *tuyau*, M. — بَزُولَة القِطَّة plante de la famille des joubarbes, qu'on appelle, en Normandie, *pain de souris*, et, dans d'autres provinces, *raisin d'ours*. A cause de la forme de ses feuilles, les Arabes la désignent par le nom de *mamelle de la chatte*, Cherb. — بَزُولَة النَّعْجَة (le pis de la brebis) *Thrincia tuberosa*, Prax R. d. O. A. VIII, 279, Daumas V. A. 382.

بزم.

بَزِيم (pour أَبْزِيم) et بَزِيمَة (Ht, Roland), pl. أَبْزِم (Alc.) et بَزَائِم, *boucle*, Vêtem. 151, n. 6. Dans le Voc. بَزِين et أَبْزِين, pl. بَزُّونَة, بَزُون, أَبْزُون et أَبَازِين.

بزن.

بَزِين et بَزِينَة (espèce de mets) semble une abréviation de زَبْزِين, voyez ce mot. — Voyez بَزِيم. Sorte d'oiseau, Yâcout I, 885, 5; chez Cazwînî بَزِين.

بُزُون pl. بَزَازِن *les parties honteuses de la femme*, Alc. (coño).

أَبْزَن *baignoire, vaisseau dans lequel on se baigne*, Chec. 217 v°: وَأمَّا الاستحمام في الأبزن وهو الحَوض.

بزو.

بَزْو *hernie*, Voc., Alc. (potra de vinças rompidas, potra de venas torcidas, cf. sana potras) qui l'écrit constamment avec le p.

بَزْوِيّ *celui qui a une hernie*, Voc., Alc. (potroso, quebrado potroso).

بَرْوَنَك (pers. بَرْوَنْد) *maquereau*, qui fait métier de prostituer des filles, M.

بس I c. ب r. *étendre du beurre, du miel, sur du pain*, 1001 N. Boul. II, 555, 4: بَسَّت العَيْش بالسَّمن والعَسَل, où l'éd. Macn. porte par erreur بَسْت. — *Baiser*, Voc.

VII *recevoir un baiser*, Voc.

بَسّ (pers. بَس), adverbe, *assez, c'est assez*, Bc,

بس

1001 N. Bresl. II, 112, 2 a f.; aussi avec les pronoms, بَسَّك, بَسَّه, suivi d'un verbe à l'aoriste, p. e. بَسَّك تنهزا علي «vous vous êtes déjà assez moqué de moi,» voyez Habicht Gl. II. — *Seulement*, Bc; بس لا تتعوّق «pourvu que vous ne tardiez pas,» Bc; dans le Voc. بَسّ *tantum*.

بُسَّة, pl. بُسَّة ات et بُسَس, *un baiser*, Voc.

بَسِيسَة et بَسِيسَة. Voici les descriptions que j'ai trouvées de ce mets: R. N. 6 r°: ثم عمدت (الكاهنة) الى دقيق شعير مقلوّ فامرت به فلتّ بزيت والبربير فاشترى بدرهم شعيرا; id. 36 r°: يسمّى ذلك البسيسة بدرهم زيتـا وبدرهـم... نـا ثم عمل من ذلك بسيسة (un mot rongé); Léon 561 (Tunis): «Mercatores et reliqui fere cives pulte quadam vilissima ex hordei farina in massam propemodum redacta vescuntur; huic aut oleum, aut malorum citreorum ius infundunt; pultem vulgo *Besis* appellitant;» Marmol II, 241 c (Tunis): «Otra comida usan los trabajadores y gente pobre que llaman *bacis*, que es la propria harina de cevada cruda mojada en agua y azeyte y rebuelto todo con çumo de naranjas, o de limas, y esto tienen por muy fresco y saludable;» Ryn-Acker 12 (Tunis): «Het Broot datse backen is van fatsoen als een Pastey, daer zy wat Meel, Garste, Olie en Citroenen by doen, et noemend *Besis*;» Voyage dans les Etats Barbaresques 151 (Tunis): «Ils ont des mets singuliers, tels que leur *Besis* qui est fait avec de l'eau, de la farine d'orge, de l'huile et du jus de citron;» d'Escayrac 9: «*Bsissa*, biscuit fait de la chair de dattes sèches, mélangée et pétrie avec de la farine;» Prax R. d. O. A. V, 211: «*bsiça*, mets fait avec le blé et les dattes *degla*, à l'usage des caravanes;» id. X, 314: «blé, graines d'anis et de fenugrec, du *Nigella sativa* et de l'anis.» Le mot بَسِيسَة signifie aussi: *la farine qui provient du fruit du Nebek*, Burckhardt Syria 603; Bg 269: «farine faite avec du fruit sec de *Nèbek* ou Rhamnus Lotus, qui vient en abondance dans le Wâdi-Feyrân; les bédouins de ces contrées la conservent dans des sacs de cuir, et s'en servent surtout dans leurs voyages; ils la délayent dans du lait doux, et la mangent comme un brouet très-nourrissant et rafraîchissant.»

بَسَّاس *bassin de chaise percée* ou *pot de chambre*, Alc. (bacin o servidor, servidor bacin, potro para orinar). Il écrit baciç et beciç. Dans la première partie du Voc.: بَسَّاس latrina; cette explication ne me paraît pas exacte; dans la seconde partie: *pot* (olla). بَسَّاس, prononcé bassîs à la manière espagnole, me semble bacis, le plur. du cat. bacî (esp. bacin). Chez Alc. le pl. du mot arabe est bacicî, bacicît (ات), becîcin; dans le Voc. ات. — Sorte de poisson, Yâcout I, 886, 7; mais les voyelles, et même les consonnes, sont incertaines, car les man. de Cazwînî portent نَسْنَاس ou نَسْنَاس.

بَسُوس *réglisse*, Roland (altération de سُوس).

مُبَسَّس *pain cuit au beurre*, Daumas V. A. 252.

.بسبس

بَسْبَاس (L, Voc. et Alc. بِسْبَاسَة), بسباسة, au Maghrib *fenouil*, mais chez les Arabes c'est une autre plante, Gl. Manç. v° رَازِيَانَج (بَسْبَاس), *fenouil* au Maghrib et en Espagne, Bait. I, 140 a, Most. sous شَمَار et رَازِيَانَج (= رَازِيَانَج قِشْر اصل) L (maratro), Voc., Alc. (hinojo), Pagni MS, Bc, Calendr. 33, 4, où l'ancienne traduction latine a *fenuculum*, Haiyân 10 r°: دخل على شرب من اخوانه رطب ببسباس ينتقلون باشبيلية (la note de Tornberg 368 est erronée); — البسباس الصحرى et الرومى *fenouil des jardins*, Auw. II, 260, 15; بَسْبَاس البحر *Fœniculum marinum*, Pagni MS. — *Macis*, Alc. (macias una especie, mais lisez bizbâç, au lieu de bizbaâ), Bc, Bait. I, 137 a, Bat. IV, 243. — *Anis*, Prax R. d. O. A. VIII, 280. — بسباس الهند *sassafras*, Pagni MS.

بَسْبَس et بَسْبِيسَة *Meum athamanticum*, Gl. Manç.: مم (مو I.) هو المعروف بالمغرب بالبسيبيس والنُّوَيْفِع واهل بجاية يسمون حبة كمون للجبل ويستعملونه فى الطبيعى والعلاج. Le changement de م en مو est justifié par Bait. I, 202 c, où l'on trouve que quelques botanistes de Séville donnent au *meum* le nom de البُسَيْبِسَة, car c'est ainsi qu'il faut lire au lieu de البمبسية (AB), et où il est aussi question du كمون للجبل. Prax R. d. O. A. VIII, 280, qui donne la prononciation actuelle *bsibsa*, dit seulement que c'est une ombellifère; l'explication de Daumas V. A. 381 est erronée.

بَسْت (pers.) pl. بُسْتَان *vanne* à l'embouchure d'une rivière ou d'un ruisseau, M.

بستنرتة *bistorte* (plante), Bc.

بُسْتَان I c. a. dans le Voc. sous *viridarium*; *faire un jardin*, M.

II *croître dans les jardins*, Ibn-Loyon 15 r°: للجنان برى لا يتبستن. La II° forme est aussi dans le Voc. sous *viridarium*.

بُسْتَانْجِى *jardinier*, Bc. (termin. turque).

بُسْتَانْبَان (pers.) *jardinier*, de Jong.

بُسْتَانْجِى pl. يَة *bostangi* (jardinier turc, ou garde des jardins du sérail), Bc.

بُسْتَان كار *mode de musique*, M.

بُسْتَانِينى *jardinier*, 1001 N. III, 352.

بُسْتِنَاج (lat. *pastinaca*) *Gingidium*, *fenouil sauvage*, *persil sauvage*, Gl. Esp. 240; Auw. I, 50, 14 et 15, où il faut lire: وللجزر البرى المنتن الرائحة الذى يُدْعَى البستناج (le man. de Leyde porte والجزر, au lieu du والجرد de Banqueri); Bait. I, 4 b: النبات المعروف بالاندلس بالبستناج; voyez aussi sous غُبَيْرَا.

بُسْتُوقَة *grand pot de terre vernissée*, Bc.

بَسْتُونِى (ital. *bastoni*) *pique* (une des deux couleurs noires des cartes), Bc.

بَسْتِيف pl. بَسَاتِف *parasite*, Bc.

بَسَد (*corail*) est écrit بَسَد dans les deux man. du Most. et dans le Gl. Manç.; dans Bait. A I, 137 b بَسَّد, chez Bc بُسَّد.

.بسر

بَسَر *les dattes quand elles jaunissent*, Prax R. d. O. A. V, 212 (bisir); — *dattes rabougries*, Bc; — voyez sous جيسوان. لك بسر *cancamum* ou *cancame* (espèce de gomme), Bc. حَجَر البُسْر voyez Bait. I, 293 b (il l'épelle).

بَسَارِيَة *alevin, frai, fretin, goujon, poissonnaille*, Bc; — dans le vulgaire pour صِير, « est une mœnide ou ménole, » Ouaday 579, 716; — *sardine*, Bg (v° *poisson*). C'est ὀψάριχ, gr. mod. ψάρι, et l'on écrit aussi أَبْسَارِيَة; voyez de Sacy Abdallatif 285—8.

بسط ou باصور (cf. Lane) fic (ficus, marisca), Alc. (higo dolencia abaxo, cabrahigo enfermedad); بواسير Zahrâwî 114 v°, dans son chapitre sur les maladies de la verge de l'homme: المواسير وتسمّيها العامّة الليفيّة وعلامتها قروح غائرة حتّى الاحليل وربّما نفذت بعضها الى بعض اذا طالت المدّة.

سيلان باسورى, p. e. سيلان باسورى hémorroïdal, p. e. flux de sang hémorroïdal, » Bc.

بسط I étendre, au fig., بسط الغارات على الاقاليم Haiyân 77 v°. — Étendre par-dessus, couvrir, Macc. I, 641, 3: مجلس مبسوط بالورد; Djob. 290, 2 a f.: ميدان كانّه مبسوط خزًّا لشدّة خضرته Macc. I, 124, 5: ونوع يبسّط به قاعات ديارهم يعرّف بالزليجى. — Au lieu de يدّ, بسط يده on emploie بسط seul, p. e. Cout. 2 r°: فيبسط ارطباس الى ضياعهم فقبضها. — On dit بسط يده بالقتل, Gl. Abulf. — Au lieu de بسط يده الى فلان بالسوء (Coran LX, 2, voyez Lane), on dit aussi بسط يده على فلان, Haiyân 62 v°: بسط يده على الرعيّة واكتسب الاموال ou simplement بسط على فلان, Haiyân 7 v°: جاهَرَ فبسطوا على id. 20 r°: بالخلعان وبسط على اهل الطاعة, بسط الى فلان ou اهل الطاعة واحدثوا الاحداث المنكرة Haiyân 37 v°: بسط الى الرعيّة بكلّ جهة وامتدّ الى اهل الاموال. — Pour exprimer que quelqu'un est libéral, qu'il aime à donner, on dit: يبسط يدَهُ, بسط الأيدي Macc. II, 404, 19. — L'expression بسط الأيدي signifie joindre les mains, mais en ce sens que les paumes et les pouces des mains droites se touchent sans serrement; on le fait quand on contracte un engagement qui doit être sacré; voyez Jackson Timb. 289 et comparez Abd-al-wâhid 134, 3 a f., qui dit en parlant du Mahdî: بسط يده فبايعوه على ذلك. — De même qu'on dit بسط اليد لسانه بالسوء (Coran LX, 2, voyez Lane), on dit: بسط لسانه فى فلان, Gl. Fragm., Amari 673, 10; ou فى شى ibid. l. 3 et 4 (cf. annot. crit.); ou فى شى, Haiyân 15 v°: بسط

لسانه فى ذمّه وعيبه. — Donner en abondance (cf. بسط الله الرزق chez Lane, Macc. I, 943, 1), Nowairî Afrique 28 r°: بسط العطاء فى الجند; Mohammed ibn-Hârith 208: كان ممّن بسطت له الدنيا («il était du nombre de ceux qui possèdent de grandes richesses»); — donner, Akhbâr 27, 4 a f.; — accorder, p. e. l'amân, Haiyân-Bassâm III, 63 v°: بسط الامان لاهلها; Akhbâr 48, 2 et 3. De même qu'on dit بسط عليهم العدل (Lane, Abd-al-wâhid 66, 6), on dit: بسط له الانصاف ووعده ايّاه, Akhbâr 121, 6, et بسط عليه العذاب, il le mit à la torture, Gl. Fragm., Berb. I, 385, 15 et 16, 539, 6. — Détacher, Formul. d. contr 5: قد راينا وعلمنا فى فلان جرحا. — كبيرا فوق راسه قد بسط للجلد وحفر اللحم بسط وجهه défroncer le sourcil, Bc. — Raréfier (dilater), Bc. — C. a. p. traiter quelqu'un avec bienveillance, lui parler poliment, gracieusement, Haiyân 27 r°: دخلت عليه يوما فحلا فى وبسطنى وذاكرنى, Abd-al-wâhid 171, 15, 175, 3, Macc. I, 236, 8. Aussi c. الى p., Gl. Fragm. De même بسط جانب فلان, et جعل يبسط جانب ابن عمّار, Bassâm II, 113 v°: فسأله عمر المسير. — بسط لفلان جناحه, Haiyân 68 v°: معه الى بيشتر ليأنس به ففعل واقام عنده اياما بسط لـه فيها جناحه. — Harnacher, Ht. — Le sens du nom d'action ne m'est pas clair dans ce passage de Macc. I, 859, 4: وكان شديد البسط مهيبا جهوريّا مع الدعابة والغزل.

II. بسّط يده فى الاموال وجعل اليه النظر فى جميع الامور, «il lui donna plein pouvoir sur l'argent,» Khatîb 68 v°. — تبسيط développement, Bc.

IV égayer, réjouir, divertir, dérider, Hbrt 226, Bc; ابسط للحضار «produire un grand effet sur les spectateurs, leur plaire,» Bc.

V. Macc. I, 598, 21: كان يتبسّط لاقراء سائر كتب العربيّة, leçon de tous les man. et de l'édit. de Boulac; l'éditeur veut lire فى اقراء, ce qui, à coup sûr, serait plus logique. — C. ل p. traiter quelqu'un avec bienveillance, lui parler poliment, gracieusement, Macc. I, 132, 17. — Se réjouir, Delap. 142. — Exercer un pouvoir absolu, illimité, Fakhrî 227, dern. l.: خيل

أنّ الخَيْزُرانَ كانت متبسّطةً في دولة المهدى تأمُر وتنهى وتشفَع وتُبرِم وتَنقُض *

VI, en parlant de deux personnes, *s'entretenir librement, sans contrainte*, Freytag Chrest. 114, 1.

VII. Modifications de la signification primitive *être étendu ou s'étendre*: Si nous voulions raconter tout cela, انبسط هذا التأليف «cet ouvrage deviendrait trop étendu, trop long,» Nowairî, man. 273, p. 157; الى الشروع في علم صالح من الطبّ ينبسط بها القول في المدخل «joignez à cela qu'elle avait acquis des connaissances considérables en médecine, de sorte qu'elle pouvait s'étendre (parler au long) sur les éléments de cette science,» Haiyân-Bassâm dans mes Notices 182, note, l. 3 (afin qu'on ne change pas bien, j'observerai que le man. B a les mêmes leçons); ولا اطاعه بشر، ولا انبسط له من قريبة من (= personne ne se déclara انقرى احدٌ ولا انتشى pour lui), Ictifâ 165 v°; انبسط الى الدُّكان (il se glissa vers), Catal. des man. or. de Leyde I, 155, 11; كان الناصر كلّف بانبساط مياه الارض واستجلابها من ابعد بقاعها (= faire creuser des canaux d'irrigation), Macc. I, 374, 3 a f.; انبساط *surface plane* (d'un miroir), Prol. III, 65, 12; لم ينبسط في السباحة (= il ne se mit pas à nager), Macc. I, 472, 17. — *Être bien aise, s'amuser, se réjouir, se divertir*, Voc., Bc; بانبساط *gaîment*, Bc. — C. الى r. *chercher à s'emparer de*, انبسطوا الى اموال الرعية Haiyân 62 v°. — C. الى p. *traiter quelqu'un avec bienveillance, lui parler poliment, gracieusement*, Gl. Belâdz., Gl. Fragm., Becrî 120, 6 a f. (de même avec مع, voyez plus bas). — C. ب r. *déclarer ouvertement*, Gl. Badroun. — C. على p., بالغزوات على اولى الطاعة «ils firent des incursions contre ceux qui étaient restés fidèles au sultan,» Haiyân 69 r°. — C. على p. *être fier envers quelqu'un*, وانبسط كثيرًا مع اصحابه واستخفّ بهم Haiyân 22 r°; — *dominer sur* quelqu'un, وامتنع هو ومن معه من انبساط اهل الباطل عليهم Haiyân 24 r°; *s'opposer à* quelqu'un, واتّفق ايضا عليه ان عبد الرحمن بن المنصور انبسط على اخيه عبد الملك اوّلَ دولته بصحنة (l. بصحبة) طائفة تُدخَل به في عرف عيسى اخاه عبد الملك بذلك فحمله على كفّ يد عبد الرحمن Haiyân-Bassâm I, 30 r°. — C. مع p. (de même que c. الى p.) *traiter* quelqu'un *avec bienveillance, lui parler*

poliment, gracieusement, Gl. Fragm., Macc. I, 132, 16, 828, dern. l., 1001 N. I, 82, Qalât 76 v°: الى ما كان عليه رحمه من وقار وهيبة، ووفاء لاصحابه في الحضور منهم والغيبة»، مع انبساط معهم في طعامه وانعامه عليهم. — C. من *être content de, se plaire à, prendre plaisir à*, Bc.

بسْط *extensibilité*, Bc. — *Plaisanterie, ébat* (passe-temps), Bc; اصحاب التخيّل والبسْط *bouffons*, Gl. Manç. سوس مهانة. — *Breuvage ou pilules faites avec les feuilles du chanvre*, Bc, Burckhardt Arab. I, 48 n, Lane M. E. II, 40. — *Numérateur* (t. d'arithm.), Bc.

بسْطة *contentement*, Cherb. Dial. 7. — *Pièce d'étoffe*, Ht, Roland, Delap. 103, Bc (Barb.). — A Malte, *pli* qu'on fait dans les vêtements de ceux qui sont en âge de croissance, afin qu'on puisse plus tard les élargir ou les allonger, Vassalli Lex. Melit. — اصحاب البسطات semble signifier *apothicaires*, Macc. I, 934, 20: وكان يعتمد عليه في الادوية والحشائش وجعله في الديار المصرية رئيسا على سائر العشّابين واصحاب البسطات. — *Piédestal, socle*, pl. بسط, Bc. — *Palier* (endroit d'un escalier où les marches sont interrompues par une plate-forme), Bc.

بسطى *vendeur de* بسط (dans le sens de: *breuvage ou pilules faites avec les feuilles du chanvre*), Burckhardt Arab. I, 48 n.

بسطانى *colporteur*, Bc.

بسطوينة *pièce de drap*, Bc.

بَساط *étendue, longueur*, Ht; وجعلت بساطا ممدودًا «on les plaça en une longue file,» Tha'âlibî Latâïf 74, 13.

بِساط pl. aussi أت, Alc., Bc. Au fig., Autob. 199 v°, en parlant de la peste noire: ثم جاء الطاعون على قدر. — Proverbe: العارف فطوى البساط بما فيه (ou قدر) مد رجليك «mesurez votre dépense à vos revenus,» ou «vos entreprises à vos forces,» Bc. — *Oreiller*, Alc. (cabeçal o almohada de cabeça). — *Proprement*: le tapis sur lequel sont assis le souverain et ses conseillers; de là: *la cour, le lieu* où est le souverain avec son conseil, Berb. I, 634, 10: وقد تيب له من ولاية السلطان ومخالطته حظٌ ورفعٌ له ببساط متجلّد ومخالصتهد (lisez متجلّس) avec notre man. 1351 et celui de Londres; II, 166, 4, en parlant

بسط

;فاختصّه باقباله ورفع مجلسه من بساطه: du sultan
379, 7, 392, 2 à f., 437, 7; Cartâs 156, dern. l.:
فرّ من بساط الناصر كثير من الاشياخ الذين قلم الامر
بهم ; Macc. II, 456, 2; Amari Dipl. 125, 2, 139, 5,
176, 4: والمقنصل الذى يتعيّن منهم للاقامة بالحضرة
العلية له ان يدخل البساط العلىّ مرّتين فى كلّ شهر
لسبب قضاء حوائجه; en d'autres termes 130, 4:
الشرط السادس عشر ان يدخل قناصرتهم لمعاينة
البساط الكريم مرّتين فى الشهر وان يُنعَم عليهم بالكلام
مع المقام العلىّ ابمّاء الله. — *Parterre, carreau ou
compartiment de fleurs*, Macc. I, 639, 8; وقد مشى
احدهم على بساط نرجس, où Ibn-al-Khatîb (man. de
Paris) a روضة نرجس, mot qui a quelquefois le même
sens. — بساط الغول, nom d'une plante qui s'appelle
aussi طرنه (AB), Bait. II, 159 b.

خطّ بسيط بَسيط *écriture allongée*. Le Voc.,
qui donne cette expression v° litera, l'explique par
« tirada; » Ducange explique « tirare » par « producere,
allonger, » en citant ce passage tiré d'un inventaire:
« Unum librum in pargameno scriptum de litera tirata
et in lingua Franciæ. » — *Simple, non composé*, note
Mong. CLIV. — *Simple, naturel, franc, sans affectation, rond, sincère, sans déguisement, sans malice,
ingénu, naïf, bonasse* (simple, sans malice et de peu
d'esprit), Bc, *qui a de la bonne foi, probe*, Hbrt 231;

بسيطًا *simplement* (d'une manière simple, sans ornement); بالبسيط *uniment* (simplement, sans façon);
historiquement (d'un style, d'une manière historique),
Bc. — *Naïf, qui imite bien la nature, la vérité*, Bc.
— فى البسيط *largement, au large, d'une manière large*,
Bc. — *Horizontal*; ساعة بسيطة *cadran horizontal*,
Bc. — C. ب *parlant au long sur*, Mi'yâr 11, 4. —
Surface, بسيط البحر, Prol. I, 156, 9. — *Terre
ferme, continent*, Prol. I, 93, 14. — *Parterre, carreau ou compartiment de fleurs*, Macc. I, 639, n. a
(aussi dans l'édit. de Boulac).

بَساطة *l'état d'une substance simple, non composée
de parties, simplicité*, Mong. CLIV, Voc., Bc, Prol.
II, 306, 14, 353, 1. — *Naïveté, ingénuité, simplicité*; ببساطة *naïvement, naturellement, rondement,
uniment, franchement, sans artifice*, Bc; *bonne foi,
probité*, Hbrt 231. — *Gaîté* (enjouement de style),
Bc. — بساطة الوجه *affabilité*, Bc.

بُسَيطة simple, *herbe médicinale*, Bait. I, 36 e:
Dioscorides et Galien ne nomment pas cette plante
فى بساقطهما.

باسط *raréfactif, raréfiant*, Bc.

أبْسَط *plus large, plus grand*, Djob. 178, 16.

مَبْسوط. De même qu'on dit مبسوط اليد, on dit
مبسوط الانامل, *libéral, qui aime à donner*, 1001 N.
I, 199, 5. Aussi مبسوط seul, avec ب de la chose
qu'on donne, Macc. III, 675, 18: كان مبسوطا بالعلم
مقبوضا بالمراقبة. — *Etendu, grand, large, de grande
dimension*, en parlant de pierres, Djob. 84, 9, 164,
10, de créneaux, Djob. 98, 7, de plats, Djob. 152,
20, de morceaux de bois, Djob. 154, dern. l., de
richesses, Gl. Edrîsî, d'une caisse, تابوت مبسوط متّسع
Djob. 102, 16. Ces dernières paroles se trouvent aussi
chez Bat. I, 320, et les traducteurs lui ont rendues
par celles-ci: « une caisse plate et de grande dimension; » mais je doute que مبسوط signifie « plat. » Il
est vrai que l'auteur du Most. (v° كبد السقنقور
seulement dans N) dit en parlant du scinque: وذنبه
مبسوط كذنب السلباحة, et que l'épithète « plat »
peut s'appliquer à la queue de l'anguille; mais il ne
convient pas à celle du scinque, qui, d'après Edrîsî
(١٨, 5), est précisément le contraire, à savoir ronde,
مستدير (cf. dans Shaw II la planche n° 8). — *Gai,
allègre*, M, Domb. 107, Hbrt 226, Bc. — *Content*
(c. من *de*), Bc, Ht, Prax 10: « On compte dans cette
ville une quarantaine de marchands qui ont fait ainsi
leur fortune, qui sont satisfaits, *mabsoutin*, suivant
l'expression arabe, » 1001 N. III, 19, 13, Ztschr.
XXII, 79, 17. — *Aisé, assez riche, cossu* (riche),
Bc, *riche*, M, Roland. — *Bien portant, sain, en
bonne santé, gaillard, dispos*, Bc, M.

بسْطار *bottines des paysans*, Bg 801.

بسْطال (esp.) *pastel*, Alc. (pastel para teñir). — Pl.
ات *pâté, mets mis en pâte*, Alc. (pastel de carne).

بسْطُرما (turc پاسْطُرْمَه) *viande désossée, battue, salée,
pressurée et séchée à l'air*, M.

بَسْطرون *outil de charpentier*, يصطحّ به حرف الخشب, M.

بسعيرا *fougère* (plante), Bait. I, 140 b, qui explique
ce mot par السرخس.

بسفاتج *polypode* se trouve aussi chez Bc.

بسفارذانج ، مُعْنات ، M. le fruit du

بسفايج polypode, Bait. I, 135 b, Bc, Bg.

بسكير Dunant 202, en parlant des femmes de Tunis: «beskir, grand et long mouchoir brodé qui enveloppe le menton et le bas du visage, et dont les bouts, noués derrière la tête, tombent jusqu'aux genoux;» Michel 103: «le baskir relevé jusqu'aux yeux.»

بسل I jurer, en parlant de deux choses dont l'union est choquante, Bc.

II babiller, Ht, Roland.

بِسلًّا. Lane a noté بِسلَّى, espèce de pois, *pisum arvense* L., en ajoutant qu'aujourd'hui on écrit plus ordinairement بسلّة. Cette dernière forme se trouve chez Bait. I, 252 b: الغافقى ومن الجلبان صنف كبير لا يؤكل الا مطبوخا ويسمّى البسلة, chez Auw. II, 129, 2 a f., où il faut restituer ce mot qui est dans le man. (voyez n. 2), 130, 12, 17, 18, où il faut substituer trois fois البسلة à السلة, 713, 14, où il faut restituer le البسلة du man. (voyez n. 1), et chez Bc. La forme بَسلَّة se trouve chez Bat. IV, 335 (بَسلًّا dans l'édit.). On écrit aussi بسيل, Bait. II, 102 b: والبسيل وهو الجلبان الكبير et بسيلة, Tounesî dans Cabbâb 75 rº: والبسيلة وهو البسيم; Most.: ترمس يعرف بالبسيلة عن ابى حنيفة بالعربية للمرارة الذى فيه وقال وكل كريه بسيل; Bait. I, 140 c (AB; biffez le بسباء de Sonth.), II, 102 b: الجلبان المعروف بالبسيلة (AB); Auw. II, 99, 3; chez Ht بَسيلة. Cf. Descr. de l'Eg. XVII, 89 (besilleh). L'étymologie proposée par Abou-Hanîfa est sans doute erronée. Le mot n'est ni d'origine arabe, ni d'origine persane (cf. la note sur Bat. l. l.), car le بَسلَّه des dict. persans n'est qu'une mauvaise prononciation de بِسلَّة. Il dérive du latin «piselli,» diminutif de «pisum,» qui s'est conservé dans l'italien «piselli» et dans le français «bisailles.»

بِسلًّا voyez بَسلَّة.

بِسلًّا et بسيلة voyez بسيل.

بَسَالة monotonie; — maussaderie, Bc.

بَسَّال pl. ة homme brave, courageux, Macc. II, 378, 4.

باسل insipide, Domb. 105, Hbrt 14, Ht. — Bavard, Ht. — Monotone, Bc. — Maussade, Bc.

بسم II c. a. faire sourire, Voc.

بسيم à Tunis espèce de pois, *pisum arvense* L.; voyez sous بَسلًّا.

بُسَيِّم = بُسَيِّن chat, M.

ميسم bouquin, embouchure de pipe, Bc (Barb.).

بسن.

بُسَيْنة et ة, chat; c'est peut-être une altération de بُسَيْن, dimin. de بَسّ, M.

بُسّون et بُسّون الملوك, sorte de breuvage empoisonné, Cout. 31 vº.

بستناج = بسناج, Gl. Esp. 240.

بسنوقة = خابية, Payne Smith 1172.

بِسِبِسْت (esp.) bissextil, Alc. (bisiesto).

بش, vulg. pour بِأَيّ شَىءٍ, comment; بش ou بش تَدْعَا, «comment vous nommez-vous?» Voc.

بشّ I, aor. a, n. d'act. بَشَاشَة, c. الى p., aller joyeusement à la rencontre de quelqu'un, parce qu'on est bien-aise de le voir, Voc. — بشّ بالشعب se populariser (se familiariser), Bc. — بشّ الدبان émoucher, débarrasser des mouches, les chasser, Bc.

II caresser, flatter, faire un bon accueil, Alc. (halagar, regalar halagando).

VII commencer à s'égayer après avoir été affligé, Bc. — انبش فى وجه فلان semble signifier sourire à quelqu'un, de même qu'on dit en ce sens ضحك فى وجه فلان 1001 N. I, 651, 7: انبش فى وجهه وحيّاه; cf. Lane sous la Iʳᵉ forme et ci-dessous اعظم التحيات بَشُوش.

بَشُوش affable, Hbrt 233, Bc, courtois, Bc. — De bonne composition (d'humeur facile), agréable, Bc. — Enjoué, riant, Hbrt 226, Bc; chez Bc riant (gracieux, qui marque de la gaîté = ضاحك). — وجه بشوش air *doux, agréable, gai, serein*, Bc. — Le Voc. a ce mot sous « asurgere » et sous « precops. » حَرْمَل = — , Most. sous ce dernier mot (dans N; La بشوش).

بَشَاشَة *affabilité*, Bc, Ht, *courtoisie*, Bc. — *Enjouement, bonne humeur*, Bc. — بشاشة الوجه *douceur du visage*, Bc. — بشاشة الإيمان *l'influence excitante de la foi*, Prol. III, 34, 6 (où il faut lire بشاشته, de Slane), Berb. II, 13, 10; aussi avec le sens *d'influence excitante* dans l'expression بشاشة الدعوة, Berb. I, 303, 10.

بِشْبِش *les feuilles de la coloquinte*, Bait. I, 142 b; selon A c'est un mot esp.: بعجمية الاندلس, mais ces paroles ne sont pas dans B; c'est un mot persan, M.

بِشْت ou بِشْت, pl. بُشُوت, *étoffe de laine brune*, c'est-à-dire avec la couleur naturelle de la laine, qui sert à l'habillement des paysans et des femmes, Descr. de l'Ég. XII, 280, 449 (bicht). — *Casaque des Arabes du désert, qui descend jusqu'au bas de la jambe, et qui s'appelle «zeboun» quand elle est plus longue et de quelque prix*, Bg 802 (bischté); *manteau de laine blanc*, Ztschr. XXII, 130; 1001 N. I, 877, 3 a f.: والبسه لخوي بشتا قصيرا ارق الى ركبتيه C'est une espèce d'*abââ*; 1001 N. Bresl. IX, 216: وعليه بشت قطيفة, où l'édit. Macn. porte عباءة; M l'explique par عباءة واسعة. Chez Seetzen „bûscht," chez Rousseau „bichte," comme l'a observé M. Defrémery Mémoires 159, qui a aussi dit avec raison que c'est le « boush » de ce passage de Burckhardt cité Vêtem. 92: « Les abbas de Bagdad sont les plus estimés; ceux qu'on fabrique à Hamah, à manches courtes et larges, sont nommés *boush*, » et le « wischt » du passage de Wild cité Vêtem. 433. En effet, ce voyageur écrit souvent *w*, au lieu de *b*, p. e. «Wascha» pour Bascha, «Wullach» pour Boulac (p. e. p. 154). Un autre ancien voyageur allemand, Schiltberger, écrit de même «Wyasit» pour Bajazet. — *Cuirasse, cotte de mailles*, Payne Smith 1526, Bar Ali éd. Hoffmann nº 4355. — بشت *bardache*, Bc, M (cf. le pers. بُشْت).

بَشْتَخْتَة (turc بِشْتَخْتَه) *cantine (coffret de voyage à compartiments), nécessaire (boîte, étui renfermant ce qui est utile à l'usage d'une personne)*; بشتختة حريم *toilette (table chargée des petites choses qui servent à l'ornement, à l'ajustement des femmes)*; ساعة بشتختة (بشتختة ساعتى turc) *pendule*, Bc.

بستنلج = بَشْتَناقَة, Gl. Esp. 240.

بشاخين pl. (بَشَّه خَانه .pers) بَشْخَانَة *moustiquaire, garniture de lit ou de chambre pour garantir des cousins (appelés en persan بَشَّه); — le lit, ou la chambre, qui a un moustiquaire*, Fleischer Gl. 56 et dans son éd. des 1001 N. XII, Vorwort 92; ajoutez aux passages qu'il cite 1001 N. Bresl. XII, 76, 8. Chez Bc *moustiquaire* est بشخانة, et sous *dais* (poêle en ciel de lit) il a بشجانة; je suppose que c'est une faute d'impression pour بشخانة.

بشر I *racler, ratisser des peaux; — gratter une écriture pour l'enlever de dessus le papier, effacer des mots avec un grattoir*; aussi: *raturer, effacer ce qui est écrit, en passant quelques traits de plume pardessus*, Lettre à M. Fleischer 78—81, L (derado, eradit), Voc.: « radere pergamenum vel simile. »

II *donner un présent à celui qui apporte une bonne nouvelle*, Alc. (albriciar). — بشر بالردى *voir en noir, prévoir des malheurs*, Bc. — *Escrimer, faire des armes*, Alc. (blandear esgrimir, esgremir blandeando).

III *toucher*, Lettre à M. Fleischer 210; de même qu'on dit: باشر الماء بعضوه للطهارة, Berb. II, 425, 9 a f., on dit: يباشر الهواء براسه كالمتداوى به لصحّته, Becrî 24. — *Tenir la main à, soigner, faire exécuter*, Bc; باشر دعوة *soigner une affaire, s'en occuper*, Bc; باشر الامر *procéder à quelque chose*, Bc; باشر الشي بنفسه *exécuter soi-même une chose*, Bc; باشر قبض المال « *recevoir l'argent en personne*, » Berb. I, 440, 9. — *Entreprendre (s'engager à faire quelque chose à certaines conditions)*, Bc. باشر الاستادارية *remplir les fonctions d'ostâdâr*, Maml. I, 1, 27. — C. a p. *avoir des rapports personnels avec quelqu'un*, Prol. I, 248, 11, 317, 4, Berb. I, 483, 7 a f., 484, 3, II, 512, 2 a f. — C. a p. *tâcher de tuer soi-même quelqu'un*, Berb. II, 430, 11: اقتحموا عليه الدار وباشره مولاه محمد بن سيد الناس فطعنه واشواه

V *se réjouir*, Diw. Hodz. 222, 3 a f.

VII quasi-passif de la Iʳᵉ, Voc. vº radere.

X non-seulement c. ب r. (Lane, Voc.), mais aussi c. ب p., Haiyân-Bassâm I, 30 vº: فلما وصل اليه اظهر الاستبشار به Bidp. 15, 2.

بشر *une vallée qui produit des herbes qu'on mange crues*, c.-à-d., qui ne produit que des herbes de nulle valeur, si cette explication, donnée par de Sacy, Chrest. II, 434, est bonne.

بَشَّرَ On dit العقوبة فى الابشار («punition sur la peau nue») et ضرب الابشار fouetter, Gl. Belâdz. — البشر = البشريون, anthropomorphites, Gl. Abulf.

بَشَرَة écorce, Gl. Edrîsî.

بُشْرَى précurseur, en parlant des événements, Bc.

بَشَرِيّ corporel, Bc. — بَشَرِيًّا humainement (suivant le pouvoir, la capacité de l'homme), Bc.

بَشِير avant-coureur, précurseur (qui précède quelqu'un, qui annonce l'arrivée), Bc. — بشير الحوت les écailles d'un poisson, Domb. 69.

بِشَارَة précurseur, en parlant des événements, Bc. — Ambassade, Ht. — بشائر الاثمار primeurs, fruits précoces, Bc. — Dans l'expression دقّت البشائر ou ضربت البشائر (cf. de Sacy Chrest. I, 91, Maml. II, 1, 148), بَشَائِر n'est pas, je pense, le pl. de بُشْرَى, comme l'a cru Freytag, mais de بِشَارَة. — عيد البشارة, chez les chrétiens, la fête de l'Annonciation, Bc, Lane M. E. II, 363.

بَشَّار dans le Voc. sous radere.

بَشَّارَة papillon, Hbrt 70, Bc, sans techdid chez Bg.

بَاشُورَة pl. بَوَاشِيم bastion, ou plutôt, parce que les Orientaux ne paraissent pas avoir connu les bastions proprement dits, ouvrage avancé, d'une forme plus ou moins irrégulière, et séparé du corps de la place; aussi: retranchement isolé, surmonté d'une plate-forme, et que l'on élevait en rase campagne pour arrêter la marche d'un ennemi et le combattre avec avantage, Mong. 252—5. — Guérite, Ht.

تَبْشِير attaque, assaut d'escrime, ou levée, l'action de lever la lance dans la course de bague, Alc. (esgrimidura, levada en algun juego).

مُبَشِّر avant-coureur, précurseur, qui précède quelqu'un, qui annonce l'arrivée, Bc. — مبشّر الصيف salade, Ztschr. XI, 521. — المبشّرات les pronostics, la vision que voit l'homme saint, Prol. I, 187, 15—17.

مُبَاشِر intendant, Hbrt 207, Bc, Maml. I, 1, 27, Macc. III, 109, dern. l., Amari Dipl. 189. — Commissaire nommé par le gouvernement pour terminer une affaire spéciale, Bc. — «Les Mebascerins, ou écrivains coptes,» Vansleb 93. — Ambassadeur, courrier, Ht. — مباشر لطبع كتاب غيره éditeur, Bc. — مباشر العسكر commissaire-ordonnateur, intendant militaire, celui qui ordonne les payements, Bc. — معمار مباشر entrepreneur, qui entreprend à forfait un édifice, une besogne, Bc.

مُبَاشَرَة manutention (soin de régler, de surveiller certaines affaires); — intendance; — entreprise, Bc.

بشرف prélude, Salvador 23 (becheraf); cf. Hœst 258 (báscheref).

بَشْرُوش, nommé par Cazwînî II, 119, 11 parmi les oiseaux, est le flamant, phénicoptère chez Pagni MS (bacerux); de là le nom français bécharu.

بشرير sorte d'oiseau, Yâcout I, 885, 14.

بشط II, s'accroupir, semble pour بسط, M.

بشط (pers. پُشت) bardache, M.

بُشُوطَة poisson sec et salé, Alc. (pescada).

بشطر.

بَشَاطِر hoyau; — pelle de bois à remuer les grains, Alc. (açadon de muchos dientes, pala de grandes dientes), la Torre.

بُشَيْطَرَة scabieuse (plante), Alc. (escaviosa yerva).

بشطل.

بَشَاطِل (roman) une paire de pistolets, Bc.

بشع II enlaidir, Bc. — C. a. et على exagérer, Voc. — C. a. et على dans le Voc. v° aborere (abhorrere).
V c. على dans le Voc. v° aborere (abhorrere).
X c. a. p. trouver quelqu'un laid, difforme, Cartâs 43, 11, Voc. aborere (abhorrere).

بَشِع maussade, Bc.

بَشِيع honteux, qui cause de la honte, Mohammed ibn-Hârith 317: فاخطأ خطائين بشيعين. — Fade, Ht.

بَشَاعَة laideur, Bc, difformité, forme hideuse (بِشَاعَة hideusement, Bc), Prol. I, 58, 2 a f., Khatîb 14 v°: بشاعة قرائب السروج. — Caractère hideux d'une maladie, Chec. 187 r°, en parlant d'un malade très-

بشغط

amaigri: فرأيتُ شخصًا كاد المرض يُذهِب نَفْسَه لبشاعته ۞

أَبْشَعَ. ابشع ما يكون *à faire pitié, très-mal*, Bc.

بَشْغَط et بَجْغَط c. على *crier, appeler*, Voc.

بشكرَاين (?) *chamæleon albus*. Sous le mot même, Bait. I, 142 c (AB) dit qu'il est espagnol (بجميعة الأندلس); de même I, 346 a, où A porte بشكرائية, et B aussi, à ce qu'il paraît, mais sans points; I, 51 b C a الشكاين (sic) B, بالشكراس نسخة بالشكراين A, بشكرّاين D, بسكرّاين L, بشكروان E.

بَشْكلَوْن semble l'esp. *escalona*, fr. *échalote*, Ibn-Loyon 39 v° (texte):

وإن زرعتَ الجزءَ من بَصَلَة قامت على التتمّة وبَشْكلَونا هذه تسمَّى.

Je ne crois pas avec M. Simonet (274) que ce soit un mot hybride contracté, بَصَلَة et (lat.) *ascalonia*; à mon avis les Arabes, en adoptant *escalona*, y ont ajouté un b, comme ils l'ont fait pour d'autres termes esp., p. e. بِبَّة, *upupa*, بَلَبَّر ou يَلَبَّر, *alabrum* ou *alibrum*.

بَشْكِير *nappe*, Bg, Espina R. d. O. A. XIII, 157, M.

بشل II c. a. Voc. v° *curiosus*.

V c. على Voc. v° *curiosus*. — *Flatter*, Voc.

بَشَالَة *curiosité, désir indiscret de savoir les affaires*, Voc.

بَشَّال *curieux, indiscret*, Voc.

بَشْلَر (esp.) *bachelier*, Alc. (bachiller); il a aussi « bachilleradgo » (baccalauréat), qu'il transcrit avec les mêmes lettres.

بَشْلَشْكَة (N. جنطيانا) *gentiane* (plante), Most. v° Bait. AB I, 142 d, 261 a, qui dit que c'est un mot espagnol; II, 408 e A بشليشكه, B بلشكه. C'est une altération de *basilica*, un des noms de la gentiane; voyez Simonet 275, Dodonæus 599 a.

بَشْلَق (باشلق turc) *cape* (capot), Bg.

بشم II c. a. Voc. sous *crapulari*; مُبَشِّم *dégoûtant, causant du dégoût*, en parlant de mets, Alc. (hastioso

cosa del comer). — بشم المسمار *recourber la pointe d'un clou après l'avoir enfoncé*, M.

V Voc. sous *crapulari*, probablement dans le même sens que la VII°.

VII *se gorger, se remplir jusqu'à la gorge*, Bc.

بَشْمَة, pl. ات et بَشَم, *indigestion*, Voc., Hbrt 34, Bc, L *crapula* et *nausia* (pour nausea). — Dans le Hidjâz: *des grains noirs qui viennent du Yémen et dont on se sert pour guérir les maladies des yeux*, Bait. I, 141 b, 208 g, 249 e, 282 a.

بَشْمان pl. ات *profil*, Alc. (perfil).

بَشَام, voyez sur cet arbre Burckhardt Arab. II, 124. — Chez les Bédouins *baume*, Burton, II, 143.

مَبْشُم *gorgé de nourriture jusqu'au dégoût*, Alc. (harto con hastio), M; le Voc. a aussi ce participe v° *crapulari*.

بشمق voyez بشماق.

بَشْمَط I et II Voc. v° *biscoctus*.

بَشْمَاط pl. بَشَامِط *biscuit*; le peuple du Maghrib (عامة المغرب) a altéré de cette manière le mot كعك شامي (AB), Bait. I, 354 b. Most.: بقسماط لعون; الزهراوي هو البشماط ويعرف بالرومية بكسماذيا et voyelles de N; La يكسماذيون C'est παξαμάδιον, Fleischer Gl. 71. La forme plus correcte, بقسماط (voyez), est en usage en Egypte, et Bc dit que بشماط est employé en Barbarie; cependant on trouve aussi ce mot chez Macrizi (Maml. I, 2, 71). Cabbâb 78 v°: ويعني (التونسي) بالبشماط الذي يسمّى في بلادنا بشماط), Voc.; Hbrt 129 القراجل وهو كعك غير محشو *biscuit de mer*, Alg.); Domb. 60 (جُماط).

بَشْمَاق ou بَشْمَق (turc) *pantoufle*, portée seulement par les femmes et les faquîhs; ces pantoufles sont de toutes les couleurs, mais les hommes ne portent que les jaunes dites القيسرى, notes man. de l'imâm de Constantine; بشماق) Prax R. d. O. A. VI, 339: « Dans le harem, les femmes de Tunis chaussent des pantoufles en maroquin rouge ou vert appelées *bechmak*;» Carette Géogr. 96; Dunant 201; Daumas V. A. 488.

بش

بَشْمَقْدار *l'officier qui portait les pantoufles du sultan*, Maml. I, 1, 100.

ʙᴀsᴄʜᴍᴀᴏᴜᴛ, *drap fin d'Angleterre*, Descr. de l'Eg. XVIII, part. 1, 288.

بشّ II (de l'esp. *pestaña*) *clignoter, cligner des yeux, remuer les paupières*, Alc. (pestañear, pestañeador).

(مُبَشِّى)

بِشْنَة *le gros millet blanc*; voyez Bait. I, 141 a, Jackson Timb. 24, Ten Years 23, Daumas Sahara 295, Richardson Sahara I, 334 n., Davidson 23, 25, Blaquière I, 40 n., Rohlfs 87, Ghadamès 333, Bargès 137.

بشين *sorte de poisson*, Yâcout I, 886, 7. — بَشين et بِيشِين, pers. پیشین, *mot dont se sert le peuple dans le sens de* السَّلَف, M.

بِشْنَة (esp. *pestaña*) pl. بَشَاش *cils, poils des paupières*, Alc. (pestaña del ojo).

بَشْنَاقَة = بستناج, Gl. Esp. 240.

بشنق II *se passer un mouchoir sous le menton*, Bc.

بشنوقة a probablement le même sens que بشنق (ci-dessous), 1001 N. Bresl. II, 45: وكل امرأة ضارية où Macn. (I, 165, 3 a f.) a ضارية لثام et l'éd. de Boulac (I, 60) ملثّمات وكلّهن.

بشنوقة *mouchoir passé sous le menton*, Bc.

بصّ I c. ل *lorgner, regarder de côté, comme à la dérobée*, Bc. — C. في *mettre le nez dans, commencer à étudier*, Bc.

II *regarder fixement, fixer*, Alc. (mirar en hito).

بَصِيص *luisant, brillant dans l'obscurité*, Ztschr. XXII, 123. — بصيص الضوء *lueur, clarté faible*, au fig., *légère apparence*, Bc. — *Couleur changeante, mélangée*, Alc. (trocatinte).

بَصَّاص *lorgneur*, Bc. — *Péteur, péteux*, Bc. (Barb.).

بصبص I, dans le sens de *remuer la queue*, en parlant d'un chien, se construit c. الى p., Bat. II, 60, R. N. 61 v°: ce chien n'aboyait pas quand il voyait arriver des étrangers. — C. على. بصبص البهم *lorgner, regarder de côté, comme à la dérobée, jouer de la prunelle, lancer des regards, jeter des œillades*

بصر

à quelqu'un, *lui lancer un coup d'œil pour lui faire signe*, Bc.

بصبص, n. d'un. ة, *hochequeue*, Alc. (pezpita o chirivia ave), Cazw. II, 119, 1.

بَصْبَصَة *lorgnerie*, Bc.

بَصْبَصِير (semble formé de بصبص (voyez) et de la termin. esp. *ero*) *oiseleur*, Alc. (caçador de aves, paxarero caçador de aves).

بصيص الليل *ver luisant*, Payne Smith 910.

بَصْبُوصَة *charbon ardent*, Ztschr. XXII, 123.

بصر I. La construction incorrecte c. a. dans le Voc.

IV c. a. *étudier*, Haiyân 27 r°: روى للحديث كثيرا وطالع الراى وابصر العلم وتفقّه ونظر فى السنن

V ne se construit pas seulement c. في r., mais aussi c. ب r., Fakhrî 373, 6 a f.: ثم تبصّر بأسباب الوزارة, 374, 2 et 3.

VII *être vu*, Voc.

بَصَر (*espèce d'huître, cf.* Freytag) voyez Bruce I, 209, 330, qui écrit «bisser.»

بَصَرة *le poisson à coquille* (زنبات) *quand il est séché*, Burckhardt Syria 532 (bussra).

البصير *nom qu'on donne en Syrie à une sorte d'oiseau de proie, que l'on nomme aussi* ابو جراد et بادنجان, Man. Escur. 893.

بَصِيرة *plan, projet* (= رأى) c. في de faire quelque chose, Haiyân 61 r°: واستحكمت بصيرته فى القتال, 62 v°: ورانه على خلاف رايهما وبصيرتهما, Macc. I, 657, 15, Amari 185, 12, où il faut lire وبصيرته au lieu de ونصرته (le man. porte ونصرته, sans point). — راجعوا بصائرهم *ils revinrent à des sentiments plus sages*, Berb. I, 27. — على بصيرة *en connaissance de cause*, Bc, Coran XII, 108. — ذوو البصائر فى التشيّع *des hommes qui épousent les intérêts du parti chiîte*, Fakhrî 286, 12. — اهل البصائر semble avoir reçu le sens d'*hommes braves, courageux*, Haiyân 56 r°: وتذمّروا على القتال فتاب اهل البصائر وضربوا وجوه وكاد البلاء باهلها يعظم لولا, 61 r°: القوم حتى هزموم ان ثاب اهل البصائر من رجال السلطان والنخمت بينهم فانهزموا عنه وكبت, 102 v°: وبين الفسقة حرب عظيمة, هو على قتال الطاغية فيمن بقى معه من اهل البصائر

بصطى R. N. 16 v°: فلما صار الى مدينة القيروان امر ابا كريب بقتالهم فاجتمع الى ابى كريب اهل البصائر وخرجوا لقتالهم, Amari 452, 8, Athîr VII, 196, 3 a f.

باصُور voyez جاسور

بَواصِيرق hémorroïdal, Bc.

مُسْتَبْصِر, المستبصرون فى التشيّع, où d'autres historiens ont غلاة الشيعة, Gl. Fragm.

بِصْطى léopard, Bc. قبلان بصطى.

بَصَع I = شَقّ, Abou'l-Walîd 104, 18 et 19; c'est étrange, mais il l'atteste formellement.

بَصْق I n. d'act. بَصْقَة, Koseg. Chrest. 64, 11. — Semen ciicere, Macc. II, 255, 6; cf. Add. et Corr. et Lettre à M. Fleischer 189.

II saliver, rendre beaucoup de salive, Bc; sous «salivoso» (qui rend beaucoup de salive) Alc. a مُبَصِّق, mais il faut y substituer مُبَصَّق. — Conspuer, cracher sur, Alc. (escopir a otro).

بَصْقَة crachat, Alc. (escopetina que se escupe).

بَصّاق cracheur, qui crache souvent, Bc.

بصل échalote, Alc. (escalonia cebolla); chez Bc. بصل صغير, chez Bait. I, 143 البصل العسقلانى. — بصل الفار, aussi بصل أخضر, Bc. — شتيل, la scille maritime, a été nommée ainsi parce qu'elle tue les rats, Most., Auw. II, 385, 17, 18. On l'appelle aussi ويسمى بصل (اشقيل:, Most. v°) بصل الخنزير; Gl. Manç. — الفار لانه يقتل الفار وهو بصل الخنزير; Auw. I, 489, 7 et 8; Alc. (albarrana cebolla; cf. simiente de puerros); — ou بصل البرّ, Auw. I, 50, 2 a f.; — ou البصل البرّانى, Auw. II, 386, 5; — ou البصل الحارّ, Auw. II, 386, 4; — بصل فرعون, Renou 264. — بصل المقدونس l'iris Macedonica de Pline, Auw. II, 277, 5 a f.; cf. Clément-Mullet II, 267, n. 2. — Radis, Hœst 138.

بَصَليّة mets composé de viande et d'oignons, M.

بُصَيْلة échalote, Pagni MS.

بَصايِلْة gros oignon, Cherb.

بُصَيْلة scille, M.

بط I بصم imprimer, faire une empreinte sur des étoffes, Bc, Hbrt 88, gaufrer (empreindre), Bc, M; formé du turc بَصْمَق imprimer.

بصم impression, empreintes sur la toile, Bc.

بَصْمَة même sens, et toile imprimée, Bc, M.

بَصْمَا sorte de sucrerie, M.

بَصّام et بصماجى imprimeur sur toile, Hbrt 88.

بضع V trafiquer, Amari Dipl. 70, 3 a f., 71, 2.

بُضْع est proprement hymen, le repli membraneux qui se trouve ordinairement, chez les vierges, à l'entrée du vagin, Gl. Mosl.

بَضْعَة pl. بضاع poumon, Voc. (pulmo); L a بَضْع sous pulmu. — بضعة الرِّجْل gras de jambe, mollet, Domb. 86, qui écrit بطعة; chez Hbrt 5 بَطّة الساق L'étymologie, qui condamne ces deux manières d'écrire, montre que c'est بضعة; comparez بَضاضة. — بضعة الخبز mie, partie molle du pain, Domb. 60, Bc (Barb.), qui écrivent incorrectement بطعة.

بَضْعَة pl. بضاع, avec من لحم, morceau de viande, Voc. — Pl. بَضائع viande sans os, Alc. (carne sin huessos, desossado, pulpa carne sin guesso). — Viande maigre, Alc. (flaca cosa magra, magra cosa). — Poumon, Voc. بضاعة الساق gras de jambe, mollet, L (sura مَفْصل الساق وبَضاعَته). — Membre viril, 1001 N. II, 391, 6 a f.; cette signification est certaine par l'anecdote 392, 1 et suiv.

بَضاعة On dit: مع وفور بضاعتهم من الحديث «bien qu'ils eussent acquis des connaissances très-étendues dans la science des traditions,» Prol. III, 6, 5; كانت بضاعته فى الحديث وافرة, Autob. 198 r°; et pour exprimer le contraire: لأجل قلّة البضاعة العربيّة, Khallic. I, 242, 8 Sl. De même: بضاعتى وعدم استطلاعتى «à cause de mon insuffisance,» Bc. — Métier, profession, gagne-pain, Voc., Abbad. I, 297, 3, Khatîb 29 r°: كتاب شيخنا ابى البركات المسمّى بشعر من لا شعر له ممّا رواه عمّن ليس الشعر له بضاعة.

بط II aplatir, Hbrt 194, Bc; cf. 1001 N. Bresl. IX, 385, 9 (Macn. هشم).

بطا

V *s'aplatir*, Bc.

بَطّ oison, au fig., *idiot*, Bc. — بَطّ البَحر, *macreuse* (oiseau aquatique), Bc. — البَطّ الصِيني parmi les oiseaux, Yâcout I, 885, 15.

بَطّة *pâté, goutte d'encre sur le papier*, Bc.

بَطيط pl. أَبِطّة *mule, chaussure sans quartier*, Payne Smith 1521 (5 fois), Bar Ali éd. Hoffmann, nº 4349.

بَطاطا, n. d'un. ة, *plante dont le fruit s'appelle* القَلقاس الإفرنجي, M.

بَتِّيبة = بَتِّة *tonne*, Mc. — *Hune, sorte d'échafaud au haut du mât*, 1001 N. I, 103, 6 a f. (= Bresl. I, 261, dern. l.).

بَطّاط *qui ne fait rien*, Voc. vº osciosus, où on lit يَمشي رَطّاط بَطّاط ; mais je soupçonne que l'éditeur a eu tort d'ajouter le point et que l'expression est: يَمشي رَطّاط بَطّاط, dans le sens de: *battre le pavé, flâner*.

مُبَطَّط *plat, écrasé* (trop aplati); مبطَّط الأنف *camus, qui a le nez court et plat*, Bc.

بَطُو IV. اذا ابطأ انقعاء «quand il a été trempé long-temps,» Thaʿâlibî Latâîf 94, 9.

X. لا تستبطئني = *attendez un peu, je reviens à l'instant*, Lettre à M. Fleischer 80, 6.

بَطِيٍ L donne *in preceps* يَتَخَوَّف ثُمَّ يَبْطَى ; mais je ne comprends pas comment ce mot aurait reçu un tel sens.

تَبَطَّط I *plonger dans l'eau, s'enfoncer entièrement dans l'eau*, en sorte que l'eau passe par-dessus la tête, en parlant d'une personne qui nage, 1001 N. I, 63, 3. *Proprement en parlant d'un canard* (بَطّ) *qui plonge*; voyez بَطّةَلةَ chez Lane (sous بَطّ). L'explication donnée par Habicht (Gloss. I) est erronée.

بَطَيْطَة, n. d'un. ة, *limaçon*, Alc. (caracol) (ce que donne Simonet, 291, n'explique nullement l'origine de ce mot).

بَطّباط *polygonum*, est une abréviation de شَبَطّباط (voyez), qui est le mot syriaque ܫܒܛܒܛ.

بَطَح I *ne signifie pas seulement, comme les dict. pourraient le faire croire: «jeter quelqu'un la face contre terre*,» car on dit aussi: بَطَحًا على اقفائهما Bat. III,

بطح

301, et: ثُمَّ يَبطَح على ظهرِه وطلع السودان فوق السرير, فقفَزوا عليه حتى مات R. N. 64 rº. — *Comme verbe neutre, s'étendre, se coucher sur le ventre, coucher la face contre terre*, Bc. — *Frapper*, 1001 N. Bresl. IX, 385, 2 a f. où رَجَعوا منهزمين مبطّحين et مبطلوحين, l'éd. Macn. III, 229, 6 a f. porte: رَجَعوا منهزمين ; فوقع على وجهه فاجاءت ; I, 888, 5 a f. Macn.: مَضروبين ; جبهتَه على جدار شجرةٍ فبطَّحتْه وجرى منه الدم

V c. ل r. *entreprendre*, M.

بَطحَة pl. بِطاح *plaine, plate campagne*, Voc., Alc. (canpo raso como vega, vega canpo llano). — *Place, lieu public entouré de bâtiments*, J. A. 1852, II, 222, 9.

بَطحاء voyez sous أَبطَح.

بَطحى Après «montaña deletable,» بَطحاء (voyez), Alc. a cet adjectif sous « montaña cosa asi. »

بَطليحة *la femelle du ver à soie quand elle est devenue papillon*, M.

أبطَح pl. أَباطِح *vallée*, Abbad. I, 144, n. 415. — بَطحاء pl. بِطاح *bas-fond, long ravin*, Ouaday 722; *bras de rivière*, Barth V, 148; — *vallée, belle et agréable vallée*, Abbad. I, 144, n. 415, Alc. (montaña deletable); — *jardin*, d'Escayrac 16 (beda).

بطخ.

البِطِّيخ, بَطّيخ pl. بَطاطيخ Voc.; — en Esp. بَطّيخ, البَطّيخ البَرّى — ; *coloquinte*, Most. vº حنظل, Auw. II, 234, 15 et 16; — الأَبِيري voyez sous استنبوتى ; لُقّاح هو ثمر النبات المسمَّى بِطّيخ الحَرا Gl. Manç.; البِيروج ويسمَّى بالمغرب بِطّيخ الحَرا ; distinctement dans le man., mais sous بيروج il porte aussi distinctement الخَذا — ; البِطّيخ الخَراساني, nom que porte dans l'Irâc le petit melon rond, à raies rouges et jaunes, qu'on appelle دستنبويه et que le peuple en Egypte nomme لُقّاح, Bait. I, 149 a; البِطّيخ الأخضر *pastèque*, Bc (Kasraouan); — البِطّيخ السُكَّرى, Auw. II, 18, 15; — le بِطّيخ Suri (« h. e. Christianorum »?) ou الطَّويل, *pepo luteus, vulgo hyemalis*, Pagni MS; — البِطّيخ العقّاد, Auw. II, 18, 16; — « Batâk el Kabs,» *pepo maximus*, Pagni MS; — البِطّيخ المأمونى voyez مأموني

sous زامن. — بطيخة الهند citrouille, Voc.

بطدد nom d'une plante qui croît dans les environs de Séville, voyez Bait. I, 149 b (AB).

بطر I folâtrer, badiner, jouer, faire le fringant, Bc.

V chez Gildemeister, Catal. des man. or. de Bonn, p. 50: فاشبعمها حتى اذا ما تبطرت.

VI = I chez Lane, Abbad. I, 257, 8.

بطر bétel, Bc.

بطران gai, allègre, gaillard, folâtre, fringant, égrillard, vif, guilleret, homme sans souci, pétulant, Bc.

بطير ؟ Formul. d. contr. 8: الجن والبطير الكافن له بموضع كذا ✻.

بطيرة piment, mille-graine, Bc.

بَطار Voc. v° desevire.

بَطّارِيَّة, t. de mer, pont, étage de navire, M.

باطريّة même sens, Hbrt 126.

باطور pl. بواطير sorte de natte, M.

بَطَّرَ I ferrer un cheval, Hbrt 85, Bc.

II Voc. sous minutor, menescal.

مدرسة الطب البيطرى بَيْطرى école vétérinaire, Bc.

بَيْطَرانى épicurien, adonné aux plaisirs, Bc.

بَيْطار forme au pl. ة ou بَيَاطِرَة, Bc.

بَطْرَخ, بَطْرَخَة pl. بَطارخ ital. bottarga, prov. boutargue, œufs de poisson salés, Bc, M, Macc. I, 694, 15, avec la note de Fleischer dans les Add. et Corr. p. cxxix, 1001 N. IV, 468, 7 a f., avec la note de Lane III, 616, n. 7; — aussi le muge ou mulet, dont les œufs sont ainsi salés, Quatremère J. d. S. 1848, 44—5. Selon ce dernier: de ταρίχιον ou ταρίχιν, précédé de l'article copte; d'après Pihan, Append. p. II, de ᾠὰ ταρίχα, «œufs salés;» dans les glossaires cités par Fleischer Gl. 70: βοταριχον et ουταριχον.

بطريخ pl. بطاريخ même sens, Payne Smith 1517.

بطاراخون, بطاراخ, بطاراخة pl. même sens, M.

مبطرخ œuvé, (poisson) qui a des œufs, Bc.

بطرس

بطارس (πτέρις) fougère (plante), Bc.

بطرساليون (πετροσέλινον) céleri sauvage, Bc, Most. in voce; dans M بطراساليون; cf. sous le ف.

بطرشيل — بدرشيل voyez بطرشين et بَطْرَشيل πετροσέλινον, Payne Smith 1226.

بطرق

بَطْرَقة patriciat, dignité de patrice, qui existait aussi parmi les musulmans et dont une couronne (تاج البطرقة) était la marque, Gl. Fragm.

البطريقان بِطْرِيف les deux courroies avec lesquelles on attache la sandale, M.

بطرك

بَطْرَكِيّة dignité de patriarche, M. — Ce mot et بَطْرَكْخانة la résidence du patriarche, M.

بطروش (du nom de lieu Pedroche), n. d'un ة, châtaigne sèche, Alc. (castaña pilada, pilada castaña).

بَطْرِيَرك patriarche (premier évêque chez les Grecs et les Coptes), Bc, M. — Chez les juifs, savant, M.

بَطْرِيَركى patriarcal, Bc.

بطس

بَطْسَة (espèce de navire) voyez Gl. Esp. 70, Amari Dipl. p. xxiii, n. 5. — Mesure pour l'eau-de-vie, équivalente à peu près à une pinte, Descr. de l'Eg. XII, 441, XVII, 236; chopine, mesure de liquides, demi-pinte, Bc.

بطش I, saisir, a aussi ce sens dans ce proverbe chez Bc: بالساعدين تبطش الكفّان «c'est par le moyen des bras que les mains peuvent agir» (litt. saisir, cf. Prol. I, 175, 11), c.-à-d.: protégez les talents, ils fleurissent. Ce verbe semble aussi se construire avec l'accus., voyez Lane; je crois donc que chez Djob. 312, 15, où il est question d'un apostat et où l'on trouve: وهو بطش بها قد بطس ورجس وقد عقد الزنّار, il faut lire بَطِشَ dans le sens de: il avait été saisi par Satan; cf. l. 13: فما زال الشيطان يستهويه ويغريه الى ان نبذ دين الاسلام. — C. ب et في ب r. assener (porter) un coup violent, Bc. — Faire une chose avec précipitation, Alc. (apresurar), c. ب r., بطش بالفرار «prendre précipitamment la fuite,» Sadi Gulistan 30, 6 éd. Semelet, ou c. في r., Voc.

II *donner un coup de poignard*, Alc. (dar puñalada).

VII c. على p. *tomber avec force sur quelqu'un*, 1001 N. I, 110, 6.

بَطْشٌ بِبَطْشٍ *rapidement*, Voc.

بَطْشَةٌ *un seul coup*, 1001 N. I, 365, 4 a f. (je rétracte le changement proposé Vêtem. 267, n. 3).

Btach. Parmi les ouvrages de sparterie, Espina, R. d. O. A. XIII, 145, nomme: «des *btach*, pour chameau.»

بَطْشَى *triomphant* (superbe, pompeux), Bc.

بَطَّاشٌ *grand navire à deux mâts*, Domb. 100.

بَطُوشٌ *rapide*, Voc.

بَطَّاشٌ *rapide*, Voc. — Pl. بَطَاطِيشُ *poignard*, Alc. (puñal arma; ضرب بالبطاش dar puñalada).

بَطْقٌ II Voc. v° cedula.

بِطَاقَةٌ *en général billet, lettre*, Abbad. I, 209, n. 55. — *Epitaphe*, Alc. (petafio).

بَطَلَ I *cesser*, v. n., p. e. بَطَلَ يَحْكِي (cesser de parler, déparler), Bc, بطلت من السوق, de Sacy Chrest. I, ١٥٠, 6, et v. a., *faire cesser*, Bc (v° *rompre*, faire cesser, rendre nul). — بطلت الجمعة « il n'y eut pas d'office le vendredi, » Athir X, 339, 9. — *Echouer, ne pas réussir*, Bc. — *Rater*, Ht. بَطَلَ صَوْتُهُ = il perdit la voix, en parlant d'un homme atteint de paralysie, Aghânî 29, 8 a f. sq.; بطل منه مشيه = il ne fut plus en état de marcher, Bait. I, 202 e. — *Se dissoudre, se séparer, se rompre*, Bc. — يَبْطُلُ *révocable, sujet à la révocation*, Bc. — *Etre privé de sentiment, de mouvement*, en parlant d'un paralytique, Aghânî 29, 11, ou d'un membre atteint de paralysie, Aboulfeda III, 274, dern. l.: فاصاب يوسف المذكور فالج وبطل جانبه الايسر, Amari 442, 2 a f., Ztschr. XX, 489, 10. — *Raconter des anecdotes*, Ztschr. XX, 498.

II *dissoudre, détruire*, Bc. — *Déconcerter, rompre les mesures, les desseins*, Bc. — *Oter, faire cesser, faire passer un mal*, etc., Bc. — بَطَّلَ العَزُومَة *déprier, désinviter, révoquer une invitation, contremander*, Bc. — بطّل العادة *se désaccoutumer, se déshabi-*

tuer, Bc. — *Falsifier*, Alc. (falsar). — *Cesser*, v. a., *faire cesser*, Voc., Bc, Macc. II, 358, 7, 1001 N. I, 251, 15: يبطّل خياطته «il cessa de coudre,» 337, 2: بطلت البكاء «elle cessa de pleurer,» 843, 7: بطّل الضرب عنه «il cessa de le battre,» IV, 161, 2 a f., I, 661, 2 a f.: بطّل هذا الكلام «cessez ce discours,» 888, 10: يبطّل الشغل «cesse le travail.» — *Cesser*, v. n., بطّلت أروح إلى عنده «j'ai cessé d'aller chez lui» (aussi: «j'ai renoncé à aller»), Bc. — *Rester oisif, fainéanter, chômer, ne rien faire*, Voc., Bc, p. e. يبطّل في نهار العيد, Bc. — *Vaquer, être en vacances*, Bc. — *Estropier*, Voc.

IV *dissoudre, détruire*, p. e. ابطال الشركة «dissolution d'une société,» Bc. — *Déjouer, empêcher de réussir* (un projet), Bc. — *Etouffer, faire cesser*, Bc. — *Neutraliser, rendre nul*, Bc, Cazwînî I, 239, 4 a f. — ابطل العادة *désaccoutumer, déshabituer;* — الغرور التناسب *désinfatuer, désabuser un homme infatué;* — قوله *réfuter;* — الضربة *parer, éviter un coup*, Bc. — *Emousser, ôter le tranchant, la pointe*, Alc. (despuntar la punta, enbotar a otra cosa, rebotar lo agudo). — *Estropier*, Alc. (lisiar o dañar, mancar de manos).

V. فتبطّل عنه الضرب «on cessa de le frapper,» 1001 N. I, 189. — *Vagabonder*, Alc. (andar vagando). — *Etre estropié*, Voc.

بَطَلٌ *héron*, Mc, Daumas V. A. 431.

بَطَلٌ *athlète, homme robuste*, Bc. — *N'ayant rien à faire*, Tha'âlibî Latâïf 123, 10. — *Licencieux* (poète), Gl. Fragm.

بَطَلِيّ *héroïque*, Bc.

بُطْلَانٌ *l'action d'émousser, d'ôter le tranchant, la pointe*, Alc. (rebotadura en lo agudo). — *Blessure, fracture qui résulte d'un coup*, Alc. (lesion como quiera). — *Paralysie*, Alc. (perlesia dolencia). — *Etre estropié*, Voc.

بَطَالَةٌ *nullité, défaut qui rend un acte nul*, Bc. — *Vacations, cessation des séances des gens de justice;* بطالة الكتّاب *congé dans un collège, exemption de classe*, Bc; *vacances*, Hbrt 116; dans le Voc. sous *cessare* et sous *osciari*. — *S'occuper de choses frivoles, ou se livrer à des plaisirs défendus par la morale, à la débauche*, Gl. Badroun, Abbad. I, 276,

n. 97. — أهل الـبِطالة‎ *les plaisants, ceux qui cherchent à faire rire*, Djob. 267, 2 a f.

بَطّال‎ *fém.* ة *vain, inutile, chose oiseuse, qui n'est bonne à rien*, Bc, *nul*, Roland, 1001 N. I, 330, 13, خُجّة بَطّالة‎, 1001 N. III, 204; *très-commun, de peu de valeur*, Bc. — *Désœuvré*, Bc, *qui est sans travail*, 1001 N. III, 425, IV, 467. — *Qui est en congé*, Hbrt 116, *qui est en vacances*, Bc; en parlant d'une terre, *qui est inculte, qui est en friche*, l'opposé de عَمّال‎, «*terra non laborabilis*,» ancienne trad. latine d'une charte sicilienne chez Lello 14; en parlant de papier, *qui est vide, qui ne porte pas d'écriture*, 1001 N. I, 314, 13. Lorsqu'il n'y a pas de nom géographique sous telle ou telle combinaison de lettres, Yâcout écrit بَطّال‎, *rien*, comme il écrit ailleurs خال‎; لم بات فيه شيء‎; voyez V, 53. — *Homme stupide, nigaud*, Light 15. — A Médine le peuple donne le nom de البطّالون‎ à la dernière classe des eunuques, qui sont les bedeaux de la mosquée et auxquels est confié le soin de la nettoyer, Burton I, 357.

باطل‎ *En parlant d'un homme:* ذهب باطلًا‎ = (chez Lane sous I) ذهب دَمُهُ بُطْلًا‎, Diwan d'Amro'lkaïs ٣٩, 11. — *Frivole*; باطل شيء‎ *futilité, bagatelle*, Bc. — *Superstitieux* (où il y a de la superstition), Bc. — *Gratuit, donné pour rien, gratis*, Gl. Esp. 235, Voc., بياطل‎ *faussement*, Alc. (falsamente); حلف فى الباطل‎ *jurer faux*, Alc. (jurar falso). بالباطل, باطلًا‎, *en vain, en pure perte*, Alc. (envano o en vazio), ذهب بالباطل‎ ou فى الباطل‎ *s'en aller en fumée*, Bc.

بَوَاطلى‎ *faux, trompeur*, Alc. (falsa cosa que engaña, tranposo).

أَباطيل‎ (chez Bc, v° *vanité*, comme pl. de باطل‎) *lanternes, fadaises, contes*, Bc.

مُبَطّل‎ *faussaire*, Alc. (falsario).

مبطول‎ *émoussé, sans pointe*, Alc. (boto no agudo, rebotada cosa). — *Estropié*, Gl. Esp. 235—6, Voc. = *Faible, languissant*, Alc. (flaco que no se puede tener).

بَطَلِينس‎ (τελλίνη avec l'article copte) *clou de mer (coquillage), morpions de mer*, Bc; dans le M بَطَلِينُوس‎ et باطَلِينوس‎, n. d'un. ة.

بطم

بطم I ‖ *enter, greffer*, Bc.

بطميس‎ *sorte d'oiseau*, Yâcout I, 885, 17.

بطن II ‖ بَطّن بقطن‎ *ouater*, Bc. — بطّن بفروة‎ *fourrer, garnir de fourrures*, Bc; بطّن‎ seul a le même sens, Alc. (enforrar vestidura, مُبَطّن‎ لباس vestidura enforrada, enforrada vestidura). — *Couvrir de peau, doubler de peau*, Alc. (enpellejar cobrir de pelleja). — *Vêtir, couvrir d'une saie*, Alc. (ensayalar). — C. على‎ *cacher*, Voc. — *Plafonner*, Cherb. Dial. 71, تبطين‎ *plafonnage*, ibid. 70. — En parlant d'un édifice, *couvrir de certaines pierres*, Edrîsî ١٣١, 7 a f. — روجد هذه الصومعة كلّـه مبطّن بالكدّان اللكّى‎ *Enlever la corne du pied du cheval qu'on ferre*, Auw. II, 562, 14, 15, 17. — *Fouler, donner un apprêt aux étoffes*, Alc. (batanar). En ce sens ce verbe n'est pas d'origine arabe; c'est, comme M. Simonet, 274, l'observe avec raison, l'esp. batanar (formé du subst. batán), b. lat. batare et batere, lat. batuere.

III c. a. p. *se concerter secrètement avec quelqu'un, comploter avec quelqu'un*, Gl. Bayân, Berb. I, 337, 5, Haiyân 95 r°: اظهر اللعين عمر بن حفصون النصرانية‎ وباطن العجم نصرى الذمّة‎

IV. ظهر بكتامة يدعو للرضى من آل محمد ويبطن الدعوة لعبيد الله المهدى‎, «tandis qu'il travaillait en secret à servir les intérêts de,» Aghlab. 60, 6. — Ce verbe ne m'est pas clair dans ce passage de Mohammed ibn-Hârith 317: وتوفى الامير رحمه وموسى ابن زياد خامل وذلك انه نظر فيما لا يعنيه وتكلّم فيما لم يستنشر فيه من مهمّات الامور وعظيمات الاشياء ممّا تنبنى به للخلافة وتقوم به الامارة وابطن من ذلك شيًا فاعقبه الله فى ذلك بشرّ عُقْبى‎

V c. على‎ p. *tromper*, M.

X. Comparez avec Lane: Berb. II, 331, dern. l.: واتخذ منه ثوبا للباسه للجمع والاعياد يستبطنه بين ثيابه‎ («qu'il portait caché entre ses autres habits); Most. v° هو المستبطن لقشرة ثمرته (ثمرته): جفتف البلوط‎ = استبطنى بأشهب بازل‎. — الملفوف على نفس جرم البلوط بلى باشهب بازل‎ (voyez Lane sous بازل‎), Gl. Belâdz.

ذو البطن بَطْن‎ *fœtus, embryon*, Prol. I, 200, 15: انّ ذا بطن بنت خارجة اراها جارية‎ *l'enfant qui est* dans le sein de (ma femme) Bint Khâridja est une fille; je vois cela d'ici.» — *Portée, ventrée, tous les petits qu'une femelle fait à la fois,* p. e. هم من فرد بطن «ils sont de la même portée,» Bc, Bidp. 217, 7; نفيسة من اوّل بطن *femme qui accouche de son premier enfant,* Alc. (primeriza muger en parto). Quand on parle de plantes, d'arbres fruitiers, etc., chaque cueillette ou *récolte* s'appelle بطن, Auw. I, 172, 2 et dern. l., II, 128, 19 et 20. — اخذ = لحقّته البطن بطنه chez Freytag, 1001 N. I, 170, 12 et 13. بطنه *aller par bas,* شرب دوا مشى بطنه اربع مرّات خمس «il a pris un remède qui l'a fait aller quatre ou cinq fois,» Bc. — *Le milieu,* فى بطن السوق «au milieu du marché,» 1001 N. I, 233, 7 a f. — *L'intérieur,* p. e. طلب بطن الارض «vouloir se cacher dans les profondeurs de la terre,» Berb. II, 522, 5 a f.; Haiyân-Bassâm I, 23 v°: ils se cachèrent فى بطون الارض حتّى قلّ بالنهار ظهورهم — *Cavité, creux, vide,* 1001 N. III, 48, 5 a f., où il est question d'une caverne: فرايته خالية البطون, Lane: «with vacant cavities.» — بطن «s'applique à presque tous les canaux qui parcourent l'intérieur des terres dans la direction du sud au nord. On appelle بطن la partie des terres située entre le Nil et la chaîne libyque,» Descr. de l'Eg. XVI, 13. — *Andouille, boyau de porc farci,* chez Alc. بطن محشى, Gl. Esp. 236, mais بطن seul, ou بطن خنزير a le même sens, Bait. II, 51 c: وهو سمك يجرى الطرق منه ان اخذ وصيّر فى بطن خنزير وخيط البطن; c'est la traduction d'un passage de Dioscorides, et le texte grec porte: ἐὰν ἐμβαλὼν εἰς ὑείαν κοιλίαν καταρράψῃς. — *Ballon, vase distillatoire,* Auw. II, 393, 5 et suiv., 397, 3. — بطون الدماغ *les ventricules du cerveau,* Prol. II, 364, 13, Gl. Manç. v° سكتة; بطنا القلب *les ventricules du cœur,* Gl. Manç. v° بطن: تجاويف علوية بخارا يسمّيه الاطبّاء روحا نفسانيا وبطنا القلب تجويفان فيه علو دما وهو الايمن والاخر وهو الايسر علو دما رقيقا وبخارا يسمّى الاطبّاء مجموعها روحا حيوانيا. — بطن الساق *jarret, partie postérieure du genou,* Bc. — بطون الاوراى *poét.* = *les livres,* Cartâs 120, 2 a f. — داء البطن *boulimie, maladie, grande faim avec défaillance,* Bc. — عبد البطن *gourmand,*

Bc. — على ان تقيموا ببلادها فتقلبوها بغاراتكم ظهرًا لبطن *renverser sens dessus dessous,* Nowairî 170 v°.

بَطَن (Alc. patîn) (b. lat. patinus) pl. ات *chaussure de bois, sabot, galoche, patin,* Voc., Alc. (abarca de palo, çueco calçado, galocha). — Même pl. (lat. patina) *plat, écuelle,* Alc. (vaso para manjares).

اهل البطن. يبطّن *ceux qui ont une grosse panse, qui peuvent manger beaucoup,* Macc. II, 205, 1. — بطّن الفرس, t. de médec., *le fumier dans lequel on enfouit les bouteilles remplies de médicaments,* M,

بطّى *pansu, qui a une grosse panse,* Voc., Alc. (pançudo). — استسقاء بطى *ascite, hydropisie du bas-ventre,* Bc.

بَطْنِيَّة *ceinture (ce dont on ceint le milieu du corps),* Voc.

بَطْنَة *gourmandise,* Hbrt 245.

بطنانى *gourmand,* Ht, *glouton,* Bc. — *Epicurien,* Bc.

بطنينى *gourmand,* Hbrt 245.

بطنجها *bedaine, gros ventre,* Bc.

بطّان *plafond,* Cherb. Dial. 71.

بَطّانَة (esp.) *patène, vase plat qui couvre le calice,* Alc. (patena de calice). — *Petit plat, écuelle,* Alc. (platel); comparez Cartâs 37, 5. — *Ustensiles,* Alc. (xarcia de casa; sous sarcia seulement le pl. بطانات). — *Minuties, bagatelles,* Alc. (menudencias).

بَطَانَة *basane, peau de mouton préparée,* Gl. Esp. 231--2. — البطائن semble avoir été le nom d'une étoffe, Gl. Esp. 61—2, Tha'âlibî Latâïf 72, 12 et suiv., Bibl. geogr. Arab. I, 168, 1, où la trad. pers. porte آستر, c.-à-d., *une étoffe mince dont on se sert pour doubler les habits,* et cette signification, qui est en harmonie avec l'étymologie, semble la véritable. Les renseignements que donne Tha'âlibî font penser que les بطائن étaient des mousselines d'une finesse extraordinaire, dans le genre de celles que l'on fait encore dans l'Inde et que l'on transporte dans des bambous; voyez Das Ausland 1872, n° 4, p. 95 a. — *Gourmandise,* Hbrt 245. — *Pièce de bois s'élevant en dedans de l'étrave et de l'étambot, auxquels elle adhère, et placée là pour lier fortement l'étambot et* l'étrave à la quille; l'esp. «albitana» a ce sens, Gl. Esp. 71. — Grand filet pour pêcher; le port. «alvitana» a cette acception, Gl. Esp. 188. — حَتَّى على البطانة tourner le dedans en dehors, Alc. (bolver lo de dentro afuera).

بَطَانِيَّة peau garnie de sa toison, Espina R. d. O. A. XIII, 155, qui écrit d'abord «btana,» ensuite «batania;» couverture bariolée en laine, Gl. Esp. 62, De Gubern. 117. — Douillette (sorte de vêtement), Bc.

بَطِينِى pansu, qui a une grosse panse, Voc. — Gourmand, Hbrt 245 (بُطَينِى), Bc.

باطن فى باطنه secrètement, Haiyân 15 v°: عبد الرحمن فى باطنه عن سيّد حبس ولده محمد فكسره 16 v°. — Mental; وانطلق حاربا عنه فى الليل باطنًا mentalement, Bc. — استناجر من باطن, اجر من باطن sous-affermer, donner, prendre à sous-ferme, Bc. — Ce mot ne m'est pas clair dans ces deux passages des 1001 N.: IV, 259, 12: وكان نور الدين باطنه بكر (de même dans l'éd. de Bresl.); Bresl. IV, 77, 1, où il est question d'un navire: واكريت لها ريس من باطنى.

باطنى intestin, Bc.

باطون hostile, Ht.

مُبَطَّنَة un habit fourré, Gl. Badroun, Bibl. geogr. Arab. I, 138, 10, Yâcout II, 792, 14.

بطونيكا (βεττονικὴ) bétoine, Bc.

بطى

بَاطِيَّة plat de bois, jatte, Ztschr. XXII, 150.

بظر

بَظْرٌ femme, Voc. (بَضْرَة).

بَعبَرَ I roucouler, Voc., Alc. (arrullar, cantar la paloma). — Aboyer, Voc.

II Voc. v° latrare.

بَعْبَعَ I, en parlant d'un chameau, rendre un son qui ressemble au glouglou de la bouteille, 1001 N. I, 720, 2 a f., où Lane traduit: «to utter a gurgling noise.»

بَعْبَاع criard, qui crie souvent, Bc.

بَعْبِيلَة brut, qui n'est pas poli, Bc.

بَعْبُوش avec ابن ادم, un magot d'homme (terme injurieux), Cherb.

بَعْبُوص للحروف reseda alba L., Prax R. d. O. A. VIII, 342. Chez Pagni MS, qui dit que ces mots signifient «agni cauda,» orobanche. Comparez بَعْصُوص.

بعث I c. عن p. envoyer chercher quelqu'un, Lettre à M. Fleischer 38, Berb. I, 70, 3; dans le même sens c. ل p. ou r., Müller L. Z. 43, 1, 53, 6. — بعث seul envoyer une armée, Macc. I, 126, 2. — C. a. p. employer quelqu'un comme soldat dans le بَعْث, dans l'armée, Akhbâr 3, 2 a f.; بعثه على الخيل et il lui donna le commandement de la cavalerie, de l'infanterie, Akhbâr 87, 7, 8, 9, 11. — بعث كلمته il étendit sa domination, Berb. I, 61. — Répandre une odeur, Lettre à M. Fleischer 223. — Fâcher, mettre en colère, texte chez de Slane Prol. I, LXXVI a.

VII se mouvoir, Macc. I, 472, 19; Abbad. I, 305, 6 a f.: ما تنبعث منى جارحة من الجوع «je ne puis remuer aucun de mes membres à cause de la faim» (c'est ainsi qu'il faut corriger ma traduction 340, 18). — Procéder, en parlant des personnes divines, Bc. — Provenir, en parlant d'un arbre qui provient d'un noyau, Auw. I, 264, 16; pousser, en parlant d'un arbre, sortir, en parlant de bourgeons, Auw. I, 179, 17, 286, 9 (où il faut lire avec le man. de Leyde فليقلم, au lieu de فلتنقم). — Ressusciter (v. n.), Gl. Badroun, Voc., Bc. — Se fâcher, se mettre en colère, Autob. 216 v°: quand on eut raconté ces choses انبعث لها السلطان وسقط بنا واعتقلنى. De même qu'on dit انبعث بشّر (Lane), on dit: انبعث ببيتين فسوّقًا, Gl. Fragm., et انبعث «il improvisa, récita, deux vers,» Haiyân 47 r°. — Exciter, faire naître, منبعث تلك الفتنة, Abbad. I, 244, 3, 265, n. 39.

بَعْث. On dit souvent: بَعَثَ البُعُوث envoyer des corps d'armée vers la frontière, Prol. I, 338, 2 a f., II, 17, 9, 148, 8; mais البعث a aussi reçu le sens de service militaire obligatoire, p. e. Berb. I, 49: ضرب الموحدون على رباع البعث مع عساكرهم; de même ibid. I, 54: ضربت عليهم البعوث.

بَعْثَة رماة بَعَثْنَة *un corps d'archers,* Gl. Bayân. — بعثة اموال *un tribut,* Akhbâr 151, dern. l.: صالح قوما اخرين على بعثة اموال ضربت عليهم ۞ — قوّة باعثة باعث *impulsif* (qui agit par impulsion); *force impulsive,* Bc.

مُنْبَعَث et مَبْعَث = مَبْدَأ الخروج, Gl. Manç. sous le premier mot.

بَعْثَر I se construit aussi c. عن r., Haiyân-Bassâm III, 140 v°: وقع هشام على ؛ وبَعْثَرَ عن ذخائر الاملاك 4 r°: ودائع ولد المظفّر ابن اخى عامر وبعثر له عنها وزيره حكم 141 r° il faut lire عنها فبعثر, au lieu de la leçon de A (dans B ces paroles manquent). — *Visiter,* Freytag Chrest. 121, 7 a f.: اراد المسير الى مكة . — والمدينة بعثرة قبر الذى *Penetro (inrumpo),* L. — الَف وأطلوا أبعثر وادحوا, L. — *Involvo Precipito,* L. — وابعثر, L.

بَعَج I *chaponner, châtrer un coq,* Bc (Barb.).

بَعَج *crevasse* (fonte de ce qui crève), Bc. — *Hernie,* Daumas V. A. 425.

بَعَاج (proprement creveur) espèce de *magicien* au Maghrib, qui emploie la magie pour crever le ventre des bestiaux et des esclaves; voyez Prol. III, 131, 15 et suiv.

مبعوج ديك مبعوج *chapon, coq châtré,* Domb. 62, Hœst 296, Hbrt 65, Bc (Barb.).

بَعُدَ I c. عن, chez les géographes et les voyageurs, n'est souvent que la négation de « être situé sur le bord de la mer ou d'une rivière, » et signifie: *être situé à une petite distance de*. De même بَعُدَ *petite distance,* et متباعد بعيد *situé à une petite distance,* Gl. Edrîsî. — *Vivre loin du prince, de la cour, appartenir à une classe inférieure de la société,* l'opposé de قرب, souvent, p. e. Bidp. 277, 6. — *Être invraisemblable* (cf. Lane), *être impossible,* Bassâm II, 113 v°, Bait. II, 385 c, Prol. II, 181, 7, 227, 14, se construit c. على p., 1001 N. I, 89, 2 a f.: ما يبعد على قتلك « il ne m'est pas impossible de vous tuer (je puis vous tuer), » Auw. I, 420, 3, où il faut lire avec le man. de l'Esc. et celui de Leyde: ان الذى

ما بعد عليك من هذا « ce qui pour vous est invraisemblable, » ibid. l. 5. — *Etre profond,* Amari 440, 6: وافضى بهم الى حرف خندق عظيم كالحفرة من بعد قعره (la leçon قعر, proposée par l'éditeur, au lieu de قعره du man., est bonne; le قعرة de Fleischer (ann. crit. 62, dern. l.) ne donnerait pas de sens); comparez ci-dessous بعيد et أبعد.

II *aliéner,* Alc. (ajenar, enagenar).

IV. ويبعد ذلك ان « ce qui prouve qu'il n'en est pas ainsi, c'est que, » Macc. I, 941, 18.

VI. On dit: تباعد ما بينهما وبين اهلهما « ils se sont brouillés avec leurs familles, » Gl. Belâdz.

VIII *se reléguer, se retirer, se séquestrer, s'exiler* (au fig.); عن بعضه *s'écarter, ne plus joindre,* Bc.

بَعَّد. Dans le passage J. A. 1849, II, 271, n. 1: وتعمد الى قطع جلود اى جلود شتّت بعد جلود الغنم Quatremère (J. A. 1850, I, 265) veut changer ce بعد, qui se trouve en effet dans nos deux man. Je crois qu'il se trompe. A mon avis بَعَّد a ici sa signification ordinaire, *après,* et le sens est: « il faut prendre de préférence des peaux de moutons, mais, etc. — فى بعد بيوم « un jour plus tard, » Bc. — ثم هلك خالد فى بعد = بَعَّد, Berb. I, 70, 4: تلك الايام. — Exemples de بَعَّد, *encore,* dans des phrases affirmatives: Gl. Belâdz, Gl. Fragm., بعدك « vous dormez encore, » بعد بكيم « il est encore de bonne heure » (Kasraouan), Bc. — يا بعدى s'emploie dans le sens de: qu'il vous soit donné de me survivre! M. L'amant s'en sert en parlant à son amante, 1001 N. Bresl. III, 193, 4 a f., 194, 1, 254, 4.

بُعْد voyez sous بعد I. Le pl. أبعاد, Abou'l-Walîd 364, 10. — En musique أبعاد *intervalles,* Descr. de l'Eg. XIV, 17; البعد الكلّى *octave,* Bc.

بَعْدَة فى البعدة *au loin, dans un pays éloigné,* Bc.

بعدين *après coup, trop tard,* Bc.

بعاد *éloignement, absence;* بعاد عن القواعد *licence, écart des règles, de l'usage,* Bc.

بعيد voyez sous بعد I. — بعيد عن بعضه *clair-*

semé, Bc. — بَعِيد الفَرْق *il s'en faut beaucoup*, Bc;
de même «بَعِيدًا أن تُفْلِحوا *il s'en faut beaucoup*
que vous soyez heureux,» Abd-al-wâhid 221, 4. —
بَعِيد عنكم ou البَعِيد *Dieu nous en préserve!* ou بَعِيد عَنَّا *Dieu nous garde d'un pareil malheur!* Bc. — Dans les 1001 N.,
Chéhérazade, quand elle rapporte une imprécation,
emploie souvent البَعِيد au lieu du pronom de la 2e
personne, afin de ne pas avoir l'air de maudire son
époux, le sultan, auquel elle raconte ses histoires,
p. e. III, 426, 3 a f.: فقال له الله يُخَيِّب البَعِيد, au
lieu de يُخَيِّبك; IV, 679, 2 a f.: صارت تقول له ان
شاء الله يكون اكلها شيئًا يهرى بدن البَعِيد, au lieu
de بدنك; Bresl. IX, 255, 10: وقال للمقدم الله يُخَيِّب
كعبك وسفرتك, au lieu de كعب البَعِيد وسفرته, comme
l'éd. Macn. porte en cet endroit. — *Profond* (l'opposé
de قَرِيب), Djob. 64, 8, 67, 4, Holal 59 v°: فَتَرَدَّى
من حافة بعيدة المَهْوَى ظَنَّ ان الارض وطية متَّصِلة —
Haut, en parlant d'un arbre, Bat. IV, 367. — البَعِيد
والقَرِيب *les petits, le peuple, et les grands*, très-souvent, p. e. Bidp. 206, 6. — من بَعِيد قَرِيب *collatéral*,
parent hors de la ligne directe, Bc.

أَبْعَد *plus invraisemblable*, Auw. I, 420, 7. — *Plus
profond*, Abdarî 81 r°: وماؤها في ابار عميقة ما رايت
ابعد منها

مَبْعُود Voc. v° *elongare*.

مُتَبَاعِد voyez sous بعد I.

بعر

بَعْرَة est chez Alc. «coraje,» et ce mot esp. signifie soit *courage*, soit *colère*.

بَعِير le nom du *plongeon* en Esp., Bait I, 16 b,
mais la leçon est incertaine; البعيرة dans B, 8
النَّغِر A.

بَعْزَق I, *prodiguer, dissiper*, Hbrt 219, chez Bc بَعْزَق
المال ۞

بَعْزَقَة *profusion, excès de libéralité, de dépense*, Bc.

بَعْصُوص *queue*; Hugonnet 218 cite le dicton:
Meslem bla burnouss,
Ki kelb bla bassouss,
«Un musulman sans burnous, (est) comme un chien
sans queue.» — بَعْصُوص الخَرُوف *salsola muricata*,
Prax R. d. O. A. IV, 196. Comparez بعبوص.

بعض

بَعَّض II *exposer en détail, détailler*, Aghânî 75, 2 a f.

V c. من r. et لـ p. *réserver la partie d'une chose
pour quelqu'un*, Gl. Fragm.

مصر كبير مستبحر بَعْض *isolement*, Berb. I, 153, 2:
بالعمران البدوى معدود فى احاد الامصار بالصحراء ضاح
على بعضهم — من ظل الملك والدول لبعضه فى الغفر
ou فى قلب بعضهم *l'un portant l'autre, le fort portant
le faible*, c.-à-d., *l'un étant compensé par l'autre*,
Bc. — زى بعضه *cela revient au même*, Bc.

بَعُّوض *petit insecte qui se forme de la graine du
caprifiguier*, Auw. I, 573, 14.

تَبْعِيض *assortiment*, Ht.

بعط

باعوط *morpion* (sorte de vermine), Bc.

إبْعاط. Cf. avec Freytag Aboul-Walîd 100, 30:
الإبعاط هو الغلوّ فى الجهل وكلّ امر قبيح ينسب الى
الإبعاط ۞

بعل

بَعَل III *épouser une femme*, Gl. Badroun.

بَعْل dans le sens de *terrain qui n'est pas arrosé
artificiellement*, l'opposé de سقى (comme « siccanea
et «rigua» chez les Romains; chez Alc. « sequero o
sequedad;» voyez Lane et le Gl. Belâdz.), vient de
بَعَل, le nom de l'ancien Dieu syrien, Ztschr. XI,
489. En Syrie on dit encore أرض بَعَل, et tout ce
qui croît sur de tels terrains s'appelle بَعَل; ainsi on
parle de figues, de raisins, de grenades de Baal
ibid. Burckhardt Syria 297 donne: «بَعَال *Boal*, de
champs arrosés par la pluie.» L'auteur du Gl. Belâdz
(14) a ajouté à tort une troisième signification à
celles qu'a données Lane. Dans le passage de Mâwerdî qu'il cite, le mot a le sens que Lane a donné
en second lieu; ما y est pour الاشجار, car il faut faire
attention à la l. 6: والاشجار ينقسم اربعة اقسام.

بَعْلِي adjectif relatif de بَعْل dans le sens qui précède, p. e. غيط بَعْلِي «un jardin ou verger qu'on
n'arrose pas,» تين بَعْلِي, بصل بَعْلِي, etc., de Sacy
Chrest. I, 226—7.

بَعْلَبَكِّي (de Balbek) *étoffe de coton blanche*; — une
étoffe de soie, Vêtem. 82—3, n. 1.

بعى

بَعَى I, aor. *a* et *i*, *bêler*, Bc.

بَعَى الغنم *bêlement, cri des moutons*, Bc.

بغت

ب I, au passif: *il fut surpris par la mort, il mourut subitement*, Macc. II, 24, 9.

ب II *faire le gros dos, faire l'homme important, faire de l'embarras, se pavaner*; المشى فى *se carrer, marcher d'un air arrogant*, Bc. Formé du n. pr. بَغْدَاد.

بَغْدَدَ *façon, afféterie*, Bc.

بَغَار *espèce de poisson qu'on appelle pagre sur les côtes du midi de la France*, Domb. 68 (cf. Ducange v° pagrus).

بغير *des gâteaux qu'on trempe dans du miel et du beurre fondu; on les mange chauds*, Kennedy I, 80, 145, de Jong van Rodenburg 263.

باغر *espèce de poisson*, man. de l'Escurial 888, n° 5 (Simonet). Voyez بَغَار.

بَغَر *carcan*, Ht.

بغذ

بَغْضَة, et non pas بِغْضَة comme dans la langue classique, est la prononciation du peuple, Voc., Alc. (enojo ira que dura, ira envejecida, hastio enojo, malquerencia), Bc (v° animosité).

بَغِيض *haïssant*, Voc. (cf. Lane).

بَغْضَة *raucité, enrouement*, L (raucedo خشينة (وإجّحة) وبغيضة .l).

بَغَّاض *qui hait beaucoup*, Voc.

وكان أَبْغَض c. الى p., Koseg. Chrest. 79, 6: الناس اليه من يَذْكِر للحارث بالشجاعة (celui qu'il haïssait le plus).

مَبْغُوض *haineux*, Daumas V. A. 165.

بغطاط *une coiffure en or, brodée de perles ou ornée de pierreries, dont se servaient les princesses mongoles, et dont l'extrémité ou appendice traînait jusqu'à terre; voyez* J. A. 1847, II, 169—171, 1850, II, 157—8.

بغل

بَغْلَة *Quand il y a quelque chose de trop, on dit*

بغى

proverbialement: زِيدَ فى الشطرنج بغلة, Tha'âlibî, Yawâkît al-mawâkît, chap. 53, parce que, parmi les pièces du jeu d'échecs, il n'y a pas de mule. — *Bâtiment de plus de cinquante tonneaux*, Burton I, 173. — بغلة الحائط *éperon de muraille*, Bc.

دراهم بغليّة بَغْلي *dirhems persans, qu'on appelle aussi* وافية, Gl. Belâdz. — (Berb. أَبَغْلى *dans le Dict. berb.) ciment, mortier*, Voc., Alc. (lama de lodo, lodo tierra sovada, موضع البغل lamedal), Domb. 94, Hbrt 191, Ht, Cherb. Dial. 67 (بَغْلى), Bc (باغلى Barb.).

Baglitūneç, bourrache (plante), Alc. (borraja) بَغْلى (? تونس).

بغيلة *chevalet de passementier; — table plus longue que large, sur laquelle se placent, pendant le jour, les effets de literie*, Cherb.

بغلطاق ou بغالطيق (pers.), pl. بغلطاق, *une tunique sans manches, ou à manches très-courtes, qu'on portait sous la* فرجية. *Elle était faite de coton de Balbek blanc, ou de petit-gris, ou de satin; quelquefois elle était ornée de perles, et même formée tout entière de pierreries*, Vêtem. 81—4.

بَغْمَاق (turc بوغماق), pl. بُغَم, *collier*, Payne Smith 1384, M.

بغنج II *se dit du vendeur qui fait beaucoup de façons, qui refuse longtemps d'accepter le prix qu'on lui offre*, M.

بغنس

بغنسة *lourdise, défaut du niais, du timide*, Bc.

بغنس *novice, apprenti, peu exercé, peu habile*, Bc.

بغى I c. a. p. *calomnier*, Akhbâr 142, 5. — *Demander avec arrogance, insulter*, Ht; c. على p. *insulter*, Bc.

بَغى ou البُغَاة اهل البغى *sont les novateurs, les hérétiques, qui sont en hostilité ouverte contre les orthodoxes*, Ztschr. XIII, 708, d'après Mâwerdî 96 et suiv.

بَغْية *ambition, désir*, Bc.

بَغَّاء, Bait. II, 143 c: وهذا الحيوان بغّاء للحيوان, وذلك انه لا يمرّ به حيوان من غير جنسه الّا وعلاه

où ce terme semble signifier: *celui qui débauche les animaux*, *le séducteur des animaux*.

بَقَى voyez بَاغ.

بف.

بَف (esp. bofe) pl. ات, *poumon*, Voc.

بَقَّة *milan*, Pagni MS.

بَقْتَة et بَقْتْ (pers. بَافْتَه) *bafetas*, *toile de coton blanc des Indes*, Bc, M, Vêtem. 31; chez Burckhardt Nubia 286: بَفْت, *cambric from Madras and Surat*;» بَفْت هندى *basin, sorte de toile de coton très-forte*, Bc.

بقّ I *revomir*, بقّ الأكل *rendre par la bouche ce qu'on a avalé*, Bc. — En parlant de papier, *boire*, Hbrt 112, Bc.

بقّ est proprement *cousin*, بعوض [Bc *cousin*], et dans les ouvrages de médecine ce terme est ordinairement employé en ce sens, mais quelquefois aussi dans celui de *punaise*, qu'il a au Maghrib, Gl. Manç.; *punaise*, Voc., Alc. (chinche o chisme), Domb. 67, Martin 7, Ht, Bc. — شجرة البقّ L'orme porte ce nom en Irâc, Most v° دردار, et aussi en Syrie, Bait. I, 190 c.

بَقّ pl. ات *extrémité*, Voc.

بَقّ (ital. bocca) *bouche*, Bc.

بقّى (var. بقّى) nom que les indigènes donnent au poisson qu'ils pêchent dans le lac Tsâd, Gl. Edrîsî.

بَقَّيَّة *espèce d'arum*, Daumas V. A. 380.

مَبَقَّة pl. مَبَاقّ *terrain où il y a beaucoup de cousins, marais*, Gl. Belâdz.

بقالَيو et بقالاو (esp. bacallao) *merluche, morue sèche*, Bc, M (Maghrib).

بَقْبَقَ I *bavarder*, Bc.

بَقْبَقَة *bouillon, rondeur, bulle d'une liqueur agitée par le feu*, Bc. — *Bavardage*, Bc.

بقبوقة *bavard*, 1001 N. I, 239, dern. l.

بقبوقة *cloche, ampoule sur la peau*, Bc.

بقبيقة *bosse, élevure par suite de contusion; cloche, ampoule sur la peau; vessie, petite ampoule sous l'épiderme*, Bc.

بقّق II *réunir en paquets*, M; مُبَقَّق *réuni en un paquet*,

renfermé dans une بَقْجَة, Maml. I, 1, 13, part. 2, 204.

بَقْجَة, بَقْچَة (turc), pl. بُقَش, بَقْشَ, بَقْشة ne désigne nullement « *un miroir* » (Freytag), mais: *un morceau carré de toile doublée et de couleur, servant à envelopper des habits*, Bc, *des étoffes, ou des papiers, p. c. ceux de la chancellerie*, Maml. I, 1, 12-3, 218 et suiv., 252, part. 2, 204, Bat. IV, 232, 1001 N. I, 422; *ballot, gros paquet*, Hbrt 101; بَقْجَة *paquet de hardes, de linge*, Bc. — *Châle carré, avec un rond* (بركة) *au milieu*; بَقْجَة ترما *châle de cachemire*; بَقْچَة فرمايى *châle de Perse à grandes raies*, Bc. — تتن بَقْجَة *carotte de tabac*, Bc. — بَقْعَة, M (en quel sens?).

بُقْجَار (esp. pegujar, pegujal) pl. بَقَواجِر *pécule d'un esclave, d'un fils*, Alc. (pegujal de siervo, de hijo). — *Moisson*, Alc. (miese).

بَقْدَنُوس = بَقْدَنُوس, M.

بَقَر I (*fendre, ouvrir*) بَقَرت لهم حديثى « je leur dis qui j'étais,» Macc. I, 481, 14.

بَقَر *personne stupide, oison, idiot, bête, brute, automate*, Bc. — البَقَر الأبيض *l'antilope*, Denham III, 230. — البَقَر الأحمر *animal sauvage qui a des cornes prodigieusement longues et qui habite au milieu entre le bœuf et l'antilope*, Denham II, 46. — بَقَر الوحش a un sens très-vague (voyez Lane); *espèce de cerf des déserts de l'Arabie*, Bc; *biche, femelle du cerf*, Bc; *cerf*, Hbrt 62 (Barb.); *bubale, antilope bubalis*, R. d. O. A. N. S. VII, 177; *le mouflon*, Pellissier 450. Voyez aussi J. A. 1843, I, 192, n. 1, Marmol I, 24 d—25 a, Shaw I, 255, Lyon 76, Daumas Sahara 259, Richardson Sahara I, 367, Ghadamès 129. ام غريف et بقرة بنى اسرائيل بَقْرة, aussi ام قيس *parmi les insectes*, Man. Escur. 893.

لحم بَقَرى بَقَرىّ *la chair du bœuf*, Bc. — *Fait de cuir de bœuf*, Gl. Esp. 231.

بَقّار, avec l'article, *bouvier, constellation près de la grande Ourse*, Bc.

بَاقِر *bronze*, Hbrt 171.

بَاقُورة pl. بَواقير *troupeau, aussi en parlant d'ânes*, بَاقُورة حمير, Payne Smith 1310.

بَغْرَاج (var. بُقْرَاج) nom d'un petit animal quadrupède, Gl. Edrîsî. — Voyez بَكْرَج.

بَقْرج voyez بَكْرج.

بَقّ (esp.) *enclume, bigorne*, Alc. (vigornia de albei-ar), Domb. 95, Hbrt 85.

بَقّ (en copte, avec l'article, πεκρουρ) *grenouille*, Ztschr. für ägypt. Sprache u. Alt., juillet 1868, p. 84, n. 18.

بَقْرَم *limonadier*, Ztschr. XI, 514.

بَقْس *sorte de poisson*, Yâcout I, 886, 3; var. بَقْماء chez Cazwînî يَقْشمار.

بَقْس (παξαμάδιον) *biscuit*, Bc, Bg (بَقْسماط), Macc. I, 713, 2. Comparez بشماط. — *Du pain bis*, Bg. — *Pain épais en forme de quarré long*, Bc.

بَقّ voyez بَقْتجة.

بَقْشير (pers. خشيش) pl. بَقاشيش *pourboire, petite libéralité*, Bc, 1001 N. I, 647.

بَقّص = بَقْس *buis*; c'est ainsi qu'il faut lire Auw. I, 429, 1, où le man. de Leyde porte: وفي شجر البقص 431, 9 (L sans points), 575, 2 a f. (même remarque).

بَقّص II (ce verbe maghribin, qu'Alc. écrit avec un *p*, semble formé de l'esp. pegado, partic. passé du verbe pegar) *coller, unir avec de la colle*, Voc., Alc. (apegar, encolar, engrudar, juntar, apegado مبقّص, engrudada cosa id., encoladura تبقيص, engrudamiento id., pegamiento id., plegadura id.), Roland, Ht. — *Souder, joindre par le moyen de la soudure*, Alc. (pegar soldando, soldar, soldadura con plomo تَبْقيص). — *Allumer*, Cherb. Dial. 26.

V quasi-passif de la II° dans le sens de *coller*, etc., Voc.; يتبقّص مرض *maladie contagieuse*, Alc. (contagion dolencia que se pega).

بَقْط *tribut, consistant en esclaves, que les Nubiens devaient payer tous les ans, ou tous les trois ans*, Gl. Belâdz.

بَقْطلة (esp.) *pilori, carcan*, Alc. (picota para enpicotar, palo para assaetear o picota, cf. enpicotar).

تَبَقُّط pl. تَبَقُّوط *l'action de coller*, Alc. (pegamiento de dos cosas).

بَقّ I *tacher, salir*, Ht.

II *tacher, souiller, salir, faire une tache*, Hbrt 199, Bc, Roland.

بُقْعَة, pl. بُقَع et بِقاع, *province, pays, contrée*, Voc., *état*, Alc. (estado). — Mêmes pluriels, *tache, souillure, marque qui salit, macule*, Hbrt 199, Ht, Delap. 78, Bc, Auw. II, 317, 18, deux exemples sous بَقَق; — *maille, tache sur l'œil*, Bc. — بُقَع *huttes*, Carette Géogr. 151, 152.

بَقّاع. Biffez chez Freytag la signification « terra alta et late patens, » Fleischer sur Macc. I, 624, 9 Berichte 207. — Espèce de *champignon*, Daumas V. A. 381; mais je soupçonne que c'est une faute et qu'il faut lire فَقّاع.

باقعة *un homme dont les regards exercent une influence funeste sur les personnes ou les objets qu'il contemple avec plaisir, un homme qui a le mauvais œil*, Haiyân-Bassâm I, 23 r°: (l. باقعة) وكان علي باقعة شديد الاصابة بعينه لا يكاد يفتحها على شيء يستحسنه الّا أسرعت اليه الافت (l. الآفة) له في ذلك نوادر عجيبة وربّما قال للنفيسة من نسائه وأرى تحاسنك عن عيني ما استطعت الخ ❊

أبقع. « Begâa » [بقعاء] *vache de couleur pie*, R. d. O. A. XV, 118.

بَقَل I (voyez Lane); on dit: بقل عذار, Macc. II, 310, 12. II c. a., Voc. v° olus.

بَقْل pl. بقول *salade, mélange d'herbes assaisonnées*, Alc. (ensalada de yervas). — البقل الأحرش, Auw. I, 50, 7 a f., où Banqueri traduit *hieracium*; cf. sous بقلة. — بقل دستى (B; A بقلة دستى). Sous le nom de البقول الدستية on entend tous les légumes qui viennent sans culture; mais بقل دستى désigne spécialement le تَقَاف [c.-à-d. le *sonchus tenerrimus* L.], Bait. I, 155 k. — بقل الروم *arroche des jardins* (*atriplex hortensis*), Most. v° سرمق, Gl. Manç. v° قطف, Bait. I, 155 b (où nos man. ont à la fin de l'article: وهو بقل الروم), Auw. II, 158, 16.

بَقْلة *féverole* (petite fève de marais), Bc. — Synonyme de بقلة الرماة; voyez ci-dessous. — Avec l'article, en Syrie *Daphne alpina*, Bait. I, 468 b. —

بَقْلَة جُـحْرِيَّة *Fièvre cérébrale*, Ht; chez Roland بُقْلَة. — بَقْلَة *pourpier de mer*, Bc. — بَقْلَة حَرْشَاء *plantain*, R. N. بَقْلَة حَامِضَة — ٥٠ v°: البَقْلَة لَحَرْشَاء وهي لسان لَحَمل ressemble à الكرنب لَخُرَاسَاني, Bait. I, 155 h (Sonth. a confondu deux articles en un seul). — بَقْلَة حَمْفَاء بَرِّيَّة *telephium* ou *orpin*; aussi: *ferula assæ fœtidæ*, Bait. I, 155 m. — بَقْلَة خُرَاسَانِيَّة *rumex obtusifolius*, Most. v° حَمَاض. — بَقْلَة ذَهَبِيَّة *arroche des jardins* (*atriplex hortensis*), Auw. II, 158, 16. — بَقْلَة الرَّمْل voyez Bait. I, 154 c. — بَقْلَة الرَّمَاة *ellébore*; on l'appelle «herbe des archers,» parce que le suc de cette plante, préparé d'une certaine manière, servait à empoisonner les flèches; voyez Bait. I, 155 n, Gl. Manç. v° كَنْدِس, Mendoza Guerra de Granada 27 éd. Baudry. بَقْلَة seul avait le même sens, comme «yerba» en esp. (Mendoza: «herido de dos saetadas con yerba»); Alc. le donne sous «yerva de vallestero.» De là vient que بَقْلَة est «venenum» dans le Voc. — بَقْلَة الضَّبّ = التَّرْجُمَان البَرِّي, Bait. I, 155 f. — بَقْلَة عَرَبِيَّة *blette*, Bait. I, 154 b. — بَقْلَة عَائِشَة à Alexandrie, *brassica eruca*, Bait. I, 244 b (ويسمّونه بَقْلَة عَائِشَة). — بَقْلَة الكَرْم *grassette*, *orpin* (joubarbe des vignes), *reprise* (téléphium ou orpin), Bc. — بَقْلَة الأَوْجَاع *cacalia*, Bait. I, 156 b. — بَقْلَة يَهُودِيَّة désigne, selon Bait. I, 155 e, plutôt l'*eryngium*, قَرْصَعْنَة, que le *sonchus*.

بَقْلَاوَى ou بَقْلَاوَا (M) (turc) «pâte faite avec de la fleur de farine, bien pétrie, ensuite étendue en feuilles très-minces qu'on oint de beurre, et que l'on couvre d'une couche de noix concassées, trempées dans du miel; on place ensuite ces feuilles les unes sur les autres jusqu'à une certaine épaisseur, on les coupe en triangles et les cuit au four sur un plateau; enfin on verse dessus du sucre, de la cannelle et du miel,» Bg. 266, n° 84; comparez la description de Lane trad. des 1001 N. I, 610, n. 22; «tourte, gâteau feuilleté au miel et aux amandes,» Bc; Daumas V. A. 253, Burckhardt Arab. I, 58, Hbrt 16, 1001 N. I, 579, III, 215.

بَقُّول *mauve*, Domb. 74.

بَقَّالَة *métier de revendeur*, Alc. (regatonia).

بُقَالَة *pot de terre*, Roland; chez Ht بَقَالَة, mais c'est sans doute pour بُوقَالَة (chez Lane).

بُقُولِي *légumineux*, Bc.

بَقَّال *une personne qui tient boutique*, *marchand en détail*, *revendeur en détail et de la seconde main*, Alc. (tendero que vende en tienda, regaton). Chez Koseg. Chrest. 26, 4 et 5, le «baccâl» vend du papier. بَاقِل *anabasis crassa*, Prax R. d. O. A. IV, 196 (bâguel), *anabasis articulata*, Colomb 27 (baguel).

بَاقِلَى ou بَاقِلِي sorte d'insecte, voyez Payne Smith 1479.

بَاقِلَّى et بَاقِلِّي. Du nom d'unité بَاقِلَّاة on forme le pl. بَاقِلَّاة, Abd-al-wâhid 163, 16. — بَاقِلَّا مِصْرِي *colocasie*, Bc (cf. Lane). — Les paroles 1001 N. Bresl. IX, 237, 6: وَوَقَفَت بِالبَاقِلِي على البَاب doivent signifier: «elle se plaça près de la porte la figure dévoilée» (comme font les filles de joie), car l'éd. Macn. porte en cet endroit, III, 439, dern. l.: وَوَقَفَت على البَاب مَكْشُوفَة الوَجْه; mais je ne suis pas en état d'expliquer l'origine de cette expression singulière.

بَاقُول *cruche de terre poreuse pour l'eau*, Jackson 40.

بُوقَال *cruche*, Hodgson 85. Golius avait comparé l'esp. «bocal,» et Lane suppose que ce mot vient de بُوقَالَة, mais c'est une erreur. Le mot roman ne vient pas du mot arabe, ni le mot arabe du mot roman; ils dérivent tous les deux du grec βαύκαλις ou βαυκάλιον; voyez Ducange et Diez.

مَبْقَلَة forme au pl. مَبَاقِل, Gl. Edrisî.

بَقَم II c. a. et V, Voc. sous bresillus; probablement (cf. مُبَقَّم chez Freytag) *teindre*, et *être teint*, *avec du brésil*.

بَقَم (*brésil*) est dans le Voc. بَقَم, pl. بُقُّم; aussi بَقَم صِنِي, Bc. — بَقَم حَدِيدِي *bois de fer*, *chandelle*, *bois jaune des Antilles*; بَقَم قُبْرُصِي *bois de rose*, *de Rhodes*, *de Chypre*; بَقَم مَرْجَانِي *bois de corail*; بَقَم مُر *campêche*, Bc.

بُقَّم *Datura Metel*; c'est ainsi que Bait. I, 153 d prononce ce mot.

بَقَن voyez بقف.

بُقُّون *bourdon*, Alc. (zangano), qui écrit poqçôn. Peut-être est-ce l'augmentatif esp. (on) de fucus.

بَقُونِس sorte de poisson, Becrî 41; « ce nom n'est plus connu à Tunis, » de Slane.

بَقَى I c. عَلَى p. être en reste de, rester débiteur de; on dit: بَقَى لَكَ عَلَيْهِ مِيَة غَرْش « il vous est redevable de cent piastres, » Bc; Alc. (alcançar en la cuenta) a sans doute en vue la construction c. لِ p., quand il traduit: être créancier d'un reliquat de compte.

— Se réserver, p. e. اَبْقَى هَذَا فِى وَقْتِهِ وَمَحَلِّهِ « je me réserve à faire cela en temps et lieu, » Bc. — Pour exprimer l'idée de continuité on dit: يَبْقَى يَسْلَن « il marche continuellement, » Koseg. Chrest. 91, 11, مَا بَقَى يَنْفَع « ce qui est d'une utilité permanente, » 1001 N. I, 50, 7. — Dans les phrases négatives et interrogatives, il faut quelquefois traduire plus; voyez Bc sous ce mot, Koseg. Chrest. 90, 2: لاَ اَبْقَى اَتَخَلَّى عَنْدُ « je ne puis plus lui retirer ma protection, » 1001 N. I, 16, 11: مَا بَقَيْتِ تَعَرْفِنِى « ne me connaissez-vous plus ? » — Vulg. كَانَ بَقَى j'avais presque fait cela, Voc. — Vulg. بَقَى et يَبْقَى donc, Bc.

II ajourner, Roland (qui écrit par erreur بَكَى).

IV confirmer dans une dignité, Bc. — Epargner une chose, l'employer avec réserve, la ménager; اَبْقَى عَلَى مَحَبَّتِهِ cultiver l'amitié de quelqu'un, l'entretenir, Bc. — اَبْقَى مَعَهُ garder pour soi, Bc. — اَبْقَى اِلَى غَيْرِ وَقْتٍ garder, réserver pour un autre temps, suspendre, remettre, proroger, Bc. — ضَرْبَتِهَا لَا تُبْقِى les coups qu'elle porte sont mortels, Bat. IV, 32. — Laisser, p. e.: ce monarque bâtit des villes et de beaux édifices, وَاَبْقَى الآثَارَ العَظِيمَة, Gl. Abulf.

V. المَالُ المُتَبَقَّى proprement « la somme qui reste, » c.-à-d.: la somme dont il reste débiteur; voyez Lettre à M. Fleischer 211.

بَقِيَّة restes qu'on dessert d'une table, Alc. (relieves de la mesa). — بَقِيَّات الصَّالِحِين reliques des saints, Alc. (reliquias de santo). — T. de chimie, résidu, sédiment, ce qui reste d'une substance soumise à une opération, Bc. — Le reste d'une dette, en esp. « al-baquia, » Tantâwî Ztschr. Kunde VII, 54: وَدَائِمًا اَصْل — مِصْرَ يُطَالِبُون البَاشَا فِى خَرَاجِ يَتَرَاكُمُ عَلَيْهِم البَقَايَا دَائِمًا — Dépôt, lieu où restent des soldats, des recrues d'un corps, Bc. — T. de musique, intervalle moins grand que le diatonique, Descr. de l'Eg. XIV, 123. — بَقِيَّة النَّاس، الفُقَهَاء، بَقِيَّة القَوْم, etc., non-seulement en parlant de plusieurs personnes, mais aussi en parlant d'un seul homme (Lane), exemples: Gl. Fragm., Abbad. II, 157, 4, III, 168, dern. l. Un chaikh est nommé البَقِيَّة Müller 42, 2 t. a.; en parlant de plusieurs personnes: وَلَيْسَتْ فِيهِم بَقِيَّة, Akhbâr 13, 3. — De même qu'on dit au pl. اُولُو بَقِيَّة (voyez Lane), on dit au sing. ذُو بَقِيَّة, Akhbâr 82, 2.

بَاقِى arrérages, Ht.

بَاقِيَة = بَرَكَة cadeau, gratification, Gl. Esp. 289. — Vesceron (vesce sauvage), Bc; c'est vulg. pour بِيقَة, M, ou بِيقِيَة. — Pl. بَوَاقِى non-valeurs, ce qu'on n'a pas recouvré ou levé d'impôts, Bc.

بَقْبَار (pers.) sorte de turban, Maml. II, 2, 76; le passage d'Ibn-Khallicân que cite Quatremère se trouve dans l'éd. VIII, 65, 3–6; ajoutez-y un autre, XI, 136, 9. C'était le gros turban des vizirs, des câtibs, Maml. l. l. 71, et des cadis, Vêtem. 85, 1 et 2.

بَكَّ I vomir, Bc. — بَلَّ (ou بَقَّ ?) (esp. picar) piquer, Alc. (picar: nipîq, pequêqt, piq).

بَكّ as (point seul marqué sur une carte), Bc.

بَكَّة (ou بَقَّة ?) (esp.) piqûre, Alc. (picada).

بِكَاسُون bécassine, Bc.

بَكْبَك II c. عَلَى p. insister, supplier, M.

بَكْبَك I (réduplication de بَكَّ) hacher, couper en petits morceaux, en parlant de viande, Alc. (picar como carne; il traduit « picar carne » par فَتَّتَ).

V être réduit au silence, Voc.

بَكَرَ III attaquer l'ennemi de bon matin, Amari 335, 3.

IV déflorer, ôter la virginité, Voc.

V Voc. sous manicare.

X déflorer, ôter la virginité, c. a. p. 1001 N. Bresl. III, 83, 4, c. بِ p. XI, 127, 3.

بِكْر prémices, Bc. — اَبْكَار البَكْر, qu'on trouve لِخَلِّ البِكْر quelque part dans les 1001 N. (j'ai noté Macn. IV, 331, mais cette citation est fautive), doit signifier « du vinaigre âcre, » car l'éd. Bresl. (Fl.) porte en cet endroit لِخَلِّ الحَادِى (pour الحَامِضِ).

بكر

البُكْرَة الوَجِيعَة‎ *estrapade* (supplice), Bc.

بُكْرَة‎ pl. بُكَر‎ *voyage qu'on fait au matin*, Abbad. I, 163, n. 534. — على بُكْرَة‎ *matin, de bon matin*, Bc. — *Demain*; بعد بُكْرَة‎ *après-demain*, Bc.

بُكْرِى‎ *de bonne heure, de bon matin*, Bc (Barb.).

بُكْرِى‎ *premier-né*, Bc. — *Virginal*, Bc.

بُكْرِيَّة‎ *vierge*, M.

بِكَار‎ *certaine fleur*, 1001 N. Bresl. I, 298, 6.

بِكَار‎ *orifice* d'un réservoir ou bassin, Auw. I, 147, 3 a f., 148, 1, 6 a f., 2 a f., 149, 2, 13, 150, 1, 2 a f., 151, 11, 13, 17, 18, 4 a f., 2 a f. Banqueri compare avec raison l'esp. «piquera;» mais au lieu de dériver ce dernier de بِكَار‎, il aurait dû dire que est la transcription de piquera.

بَكَارى‎ (pl.) *prémices*, Bc.

بُكُور‎ *prémices*, Hrbt 160. — *Figues de printemps*, Hœst 254, incorrectement 304.

بَكِير‎, pl. بِكَار‎, Voc., Alc., pl. بكر‎, Bc, *précoce, hâtif*, Voc., Alc. (temprano, higo temprano تِينَة بَكِيرَة‎, pl. تِين بِكَار‎, temprana fruta بَكِيرَة‎, pl. بِكَار‎), Hbrt 51, Bc, M, Auw. II, 146, 4, 147, 4 a f., 3 a f., II, 151, 12. — *Estival, qui appartient à l'été*, Alc. (estival cosa de estio). — *Vierge*, Voc. (seulement dans la 1re partie).

بَكُورَة‎ *sorte de poisson, esp. albacóra*, Lerchundi. C'est le nom d'un poisson de mer semblable à la bonite (Nuñez) ou au thon (Moraes, Vieyra).

بُكُورَة‎ *virginité*, Voc.

بُكُورِيَّة‎ *virginité*, Voc., Bc; جِجَاب البُكُورِيَّة‎ *hymen* (membrane, pellicule au col de la vulve des vierges), Bc.

بَكِير‎ *matin, de bon matin*, Bc. — *Précoce*, M. Le fém. ة, *quadrupède né au commencement de l'année*, M.

بُكَّارَة‎ pl. بَكَاكِير‎ *poulie*, Gl. Esp. 60. — *Instrument avec lequel on bandait l'arbalète*, Alc. (armatoste).

باكِر‎ صلاة باكِر‎ *matines*, Bc.

بَاكُور‎ *substantivement palmier précoce*, Auw. I, 20, 19. — *Prémices*, Hbrt 160; بَاكُور‎ *prémices, primeurs*, Bc. — *Figue précoce*, Gl. Esp. 61. — Au fig., Mo-

بكم

hammed ibn-Hârith 349: فى حداثة السنّ وباكُورَة العمر‎; — وهى كانت باكُورَة الفَتْح لأوّل الاسلام‎, Berb. I, 143. — *Bâton crochu*, M.

أبكُر‎, n. d'un. ة, *prunier et prune*, Alc. (ciruelo arbol, ciruela fruta). Corrigez ce que j'ai dit dans le Gl. Edrîsî 353, car la Torre donne أبْكُرَة‎ pour ciruela (fruta).

تَبْكِيرَة‎ *matin, de bon matin*, Bc.

بَكْرَج‎ pl. بَكَارِج‎ *cafetière* (vase pour le café), Hbrt 202, M, Bc, Lane M. E. I, 205 n., II, 39, Ztschr. VIII, 348, n., l. 12, 1001 N. IV, 582, 9 a f. Aussi بَقْرَج‎ Domb. 92, Hbrt 202, et بَقْرَاج‎ Cherb., Ht, M (Alg.).

بكش

بَكُّوش‎ *muet*, Hbrt 8 (Alg.), Bc (Barb.), M (Maghrib).

بكع

بَكْعَة‎ *très-grande somme d'argent*, M.

بكل

بكل II *boutonner, passer le bouton dans la boutonnière*, M.

بُكْلَة‎ *vase commun*, Descr. de l'Eg. XVIII, part. 2, 417. — Pl. بُكَل‎ *boutonnière*, M. — بُكَل الشمس‎ et القمر‎ *coup de soleil, de lune*, Daumas Mœurs 353 et V. A. 426. — Le sens de بُكْلَة‎ est incertain dans ce passage cité Vêtem. 318, où il est question du manteau de Saint-Louis: وفى اسقلاط أحمر تحته سنجاب وفيها شكل بكلة بكلة ذهب ✱

بُكْلَة‎ (fr. boucle) *boucle;* — *agrafe*, Bc.

بكم II *rendre muet*, Voc., Alc. (enmudecer (et mudecer) a otro, enñudecer (sous les noms) (تَبْكِيم‎).

V *devenir muet*, Voc., Alc. (enmudecerse).

VII *être réduit au silence*, Merx Archiv I, 154, n. 6, aussi chez Abou'l-Walîd.

VIII *devenir muet*, Alc. (mudecer).

بُكْمَة‎ *mutisme*, Voc., Alc. (enñudecer sous les noms).

أبْكَم‎ *stupide*, 1001 N. I, 46, 7 a f., p. e. en parlant du hibou, vers d'un poète qui n'avait rien reçu d'un grand seigneur (apud Haiyân 9 v°, 98 v°):

لا تنكرى للبين طولَ بكاءى   فالبين بُرحٌ فى وعزّ مو
ابغى نوال الاكرمين معاولًا   ابغى نوال البومة الـ[...]
Sourd, qui n'est pas sonore, Bc.

بصوت يبكى plaintivement, d'un ton plaintif, Bc.

II pleurer, Voc., Çalât 22 r°: واطنبوا فى التشكّى بالتبكّى ☼

بكى deuil, Ht.

بكاية jérémiade (plainte), Bc.

بَكَّاوُون البَكَّاؤُون les pleureurs, classe d'hommes pieux [qui] pleuraient leurs péchés après avoir lu le Coran; [...] N. 75 v°, en parlant d'un homme qui pleurait [...] jours après avoir lu des versets du Coran: وذكر [...] وكان [...]; عنه انه كان من البكاء[ين]; Khallic. I, 134, 6 Sl.: — القاضى بكار احد البكائين التالين لكتاب الله ت[...] faisant verser des larmes, Gl. Fragm., Aghânî 41, 2.

بكّاى pleureur, qui pleure souvent, beaucoup; شيخ بكّاى pleure-misère, pleure-pain (avare qui se plaint toujours de sa misère), Bc.

مَبْكًى pl. مَباكى temps où l'on pleure, jour de deuil, [...] Mosl.

بلّ بل الريق étancher la soif, Bc. — بلّ شوق من satisfaire son désir de voir quelqu'un, jouir de [la] vue de quelqu'un, le voir, s'entretenir avec lui, Bc, 1001 N. II, 63, 2 a f., Bresl. III, 242; dans un [sens] un peu différent, Macn. I, 872, en parlant de [n]ouveaux mariés: بلغ اربه منها وبلّتْ شوقها منه

V se mouiller, Bc.

VII se mouiller, Voc., Alc. (mojarse), Bc. — S'im[b]iber (devenir imbibé), Bc.

بَلْ (ces voyelles dans les deux man. du Most.; [c]hez Bait. I, 71 b بَل, A بُلّ, I, 168 b A بُلّ). Les médecins et les botanistes arabes ont désigné par [c]e mot trois choses qui n'ont rien de commun en[s]emble, mais qu'ils confondent souvent. Il signifie 1° sureau, Ibn-Djoldjol, cité dans le Most. v° بلّ: «On l'appelle en espagnol شبقة [les voyelles dans N]; c'est « sabuco, » aujourd'hui par élision « sauco, » su[r]eau], et l'on dit que c'est اقطى [ἀκτῆ, sureau];» — 2° le concombre indien, Bait. I, 168 b (confondu avec ce qui précède Bait. I, 71 b, Most v° بل, v° حاما [...]

— 3° le fruit de l'aspalathe, Most. v° اقطى: دارشيشعان ولد ثمر يقال له البل ☼

بلّ (esp.) pl. أبلال bâton, Alc. (palo, palo que se arma la red). — Pilori, carcan, Alc. (palo para asaetear o picota). — Coup de tison, Alc. (tizonazo). — بلّ الدجاج poulailler, lieu où les poules se retirent la nuit, Alc. (gallinero donde duermen las gallinas); c'est proprement la perche sur laquelle dorment les poules. — Il y a conformité parfaite entre le valencien «pall,» que Ròs explique par «perche,» et le mot arabe.

بلّ Pour indiquer qu'une côte est exposée aux incursions ennemies, Ibn-al-Khatîb (Mi'yâr 5, 1) dit qu'elle est: بلّ مارد, cf. 27, 5: بلّ الغارة البحرية; ومارج ☼

البُل (leçon et voyelles de B; A البُل مَرين بُل (مرين) est le nom que le peuple du Maghrib donne à un animal marin, qui, à en juger par la description, est le veau marin; voyez Bait. II, 117 d. Je pense qu'en Espagne on a nommé autrefois cet animal «pollo marino» (pollo dans le sens du latin pullus).

بَلَّة سقط ما فى عينه بَلّة tomber mort, M.

بَلالة faible reste (v. Lane); بلالة خَير, Macc. I, 340, 17, بلالة محيّاه (l. الساخيفة), II, 717, 8, 17, بلالة العيش, Berb. I, 637, 8 a f.

بُلولة moiteur, mouillure, Bc.

بَلِيلة synonyme de زلابية, 1001 N. III, 437, 6 a f., 438, 1. — « Ces jeunes filles vendent aussi des pois chiches et des lupins bouillis; on aime les uns et les autres pour le déjeuner et on les appelle بليلة,» Burckhardt Nubia 259. — Simple bouillie de dokhn, d'Escayrac 287, 417, Pallme 82; froment bouilli simplement, Bc.

ابليل sorte de poisson, Yâcout I, 886, 3.

بَلارج (πελαργός), cigogne, a les voyelles بُلَارِج dans B de Bait. II, 244 k (où le titre de l'article doit être فالرغوس (AB), c.-à-d. πελαργός), بَلَارج dans le Dict. berb., بَلَارج chez Domb. 62, بلرج, Calendr. 59, 2, belerdj Tristram 400, belardje Shaw II, 172, *b'elharge* Jackson 67. Corrompu en أَرْش Hœst 295.

بَلَاَنْدَرَة (esp. *balandra*) *brik* (sorte de navire)*;* Bc (Barb.).

بَلَاى *pierre à aiguiser les outils* (pierre du Levant), Cherb.

بلب

بُلْپ (esp.) *poulpe* (animal marin de la classe des mollusques)*,* Alc. (pulpo pescado).

بَلْبَة *huile inférieure qui provient du marc,* Pellissier 351; « *belba-fi-toura,* » *huile encore plus grossière, celle que l'on extrait par une seconde pression du marc, ibid.*

بَلْبَة (esp. *vulva*) pl. بُلْب *vulve, matrice,* Voc.

بَلَالِي *pois chiches lorsqu'ils sont grillés,* Cherb.

بَلْبَرَة (b. lat. *alabrum* ou *alibrum*, Simonet 87) *dévidoir,* Voc., Alc. (devanaderas), qui a بلبر.

بَلْبَز I *être encore en bouton* (rose, œillet), Cherb.

بَلْبُوزَة *bouton de fleur,* Cherb.

بَلْبَشِيح *est une ombellifère,* Prax R. d. O. A. VIII, 281.

بَلْبَل I *chanter* (rossignol), 1001 N. Bresl. III, 120, 5, IX, 4, l. 4. — (Réduplication de بَلَّ) *mouiller,* Bc.

بَلْبَل *sorte de bierre rouge, dans laquelle entre du millet; c'est une boisson enivrante,* Pallme 48, Werne 23, Barth III, 525; chez Burckhardt Nubia 201 et chez d'Escayrac 417 أُمّ بلبل.

بَلْبَال *ephedra,* Prax R. d. O. A. IV, 196; *salicornia fruticosa,* Ghadamès 330; « Bel-Balla » *ibid.* 128 et « Belbala » *ibid.* 291 *sans explication.* Cf. Gl. Esp. 243.

بلبولة *cannelle, robinet mobile,* Bc.

مُبَلْبَلَة, *en Egypte, pastilles d'ambre,* Antâkî v° نَدّ. واهل مصر تجعله اقراصًا يسمّونها المُبَلْبَلَة.

بَلْبَشَة *pourpier,* Pagni MS (blebxè).

بَلْبُوس (βολβός) *ornithogale, plante aussi appelée churle; terre-noix* (plante bulbeuse), Bc; pl. بَلَابِيس *lis sauvage,* Payne Smith 1033.

بَلْبُوش (βολβός). *C'est ainsi que ce mot est écrit dans le* Gl. Manç. (in voce), *où on lit qu'il désigne toutes sortes de plantes bulbeuses, celles qui sont bonnes à manger aussi bien que celles qui ne le sont pas.* Dans Bait. I, 162 b, A a aussi le ش, mais dans B c'est un س.

بَلَج II *fermer une porte avec un* بَلْج, Voc. — *Transplanter,* Alc. (trasponer plantas).

V *être fermé avec un* بَلْج, Voc.

بَلْج pl. أَبْلَاج *cette serrure de bois que les Arabes nomment aussi* ضَبّة, Voc., Alc. (aldaba o pestillo, pestillo, cerradura de pestillo, serradura de madera), Cartâs 39, 3 a f. (où Tornberg s'est gravement trompé sur le sens de ce mot; voyez sa note p. 372).

بَلِيج *cabine d'un navire. Ce mot, qui se rencontre dans les Merveilles de l'Inde, ouvrage arabe qui a été rédigé vers le milieu du* X[e] *siècle et dont* M Schefer *possède un man., est le malais* بِيلِق, *cabinet, pièce d'un logis, pavillon,* Devic 84.

بَلَج, n. d'un. ة, pl. بَلَالِيج (semble une autre forme de بَلَارج πελαργός), *cigogne,* Voc., Alc. (cigueña) Gl. Manç. v° لَقَالِق: القالي ايضا جمع لَقْلَق والطائر المسمى البُلُّوج Calendr. 33, 7, 41, 9, 50, Chez Hbrt 67, Ht et Bc. coll. بُلُوج. Dans L بُرْلُوجَة. Aussi بلوغة (voyez).

أَبْلُوج (seul) *sucre en pain,* Bc. — سُكَّر *pain de sucre,* 1001 N. I, 68, 8, Bresl. I, 150, 4, X 230, 8; aussi أَبْلُوج *seul,* Bc.

بَلْجَار = بَرْجَار (voyez) *compas,* Payne Smith 868.

بلح

بَلَح *les dattes vertes,* Prax R. d. O. A. V, 112; *une sorte de datte qui ne mûrit jamais,* Bc; — *datte mûre et fraîchement cueillie,* Bc; — *datte qu'on laisse sécher sur l'arbre et qu'on mange au dessert,* Burt I, 385, *datte sèche,* d'Escayrac 9; — « bla halef » *dattes avortées, ibid.* 10.

بَلَحِيَّات *toutes sortes de parfums dans lesquels entrent les dattes dites* بَلَح, Bait. I, 167 a (v° بَلَح تدخل في ضروب من صنعة الطيب كلّها تُنْسَب اليها يقال لها البلحيّات. *Ce renseignement peut servir* à *expliquer le passage de* Tha'âlibî Latâïf 94, 6.

بُلَيْحَة *voyez l'article qui suit.*

بُلَيْحَآء gaude, herbe-à-jaunir, Reseda Luteola L.;
Bait. I, 167 d, qui épelle le mot, dit qu'on nomme
ainsi à Alexandrie la plante qui porte au Maghrib
le nom de نَسْيرون, mot qui signifie en effet gaude.
Dans la Descr. de l'Eg. XV, 207: «blyhah, gaude,
Reseda Luteola Lin.» (inexactement beleghah, ibid.
XVIII, part. 2, 384). Sang. donne: بُلَيْحَة الصباغ
plante tonique et carminative; elle sert aussi à teindre
en noir ou en vert les étoffes qui sont jaunes. Elle
ressemble, dit-on, à la Roquette.»

بلخ

بَلَخِيَّة. C'est ainsi qu'il faut prononcer ce mot
qui chez Freytag est بَلَخِيَّة, car c'est l'arbre de
Balkh, الخلاف البَلَخِي le saule de Balkh; voyez
Bait. I, 167 c, 183 b.

بلاختة (esp. pleita) clayon, éclisse, moule d'osier à
égoutter les fromages, Alc. (cincho para esprimir);
au mot «encella,» qui a le même sens, il prononce
بِلَختة.

بلَختة C'est ainsi qu'il faut prononcer le nom de cette
plante, qui chez Freytag est بِلَختة; voyez Bait. I,
167 b, qui épelle le mot.

بَلَخش, aussi بلاخاش, rubis balais (cf. Gl. Esp. 233—
4), vient du mot balakhchân, qui est employé souvent pour désigner la province de Badakhchân, Maml.
II, 1, 71; Bat. III, 59: الياقوت البدخشي والعامة
يقولون البلخش ⁂

بلد I. Le Voc. donne non-seulement بَلاد, mais aussi
بُلود comme n. d'act. de بَلَدَ.

II c. a. rendre indolent, apathique, Voc., Bait. I,
209, en parlant de la pomme: يبلّد ويُكسل (le techdid dans A). — Obduro أَبَلّدُ وأَفحم, L.

IV. ما ابلدك que tu es indolent! 1001 N. Bresl.
I, 179, 2.

V, en parlant d'un cheval, manquer d'énergie, Auw.
II, 550, 18; aussi devenir docile, ibid. II, 543, 3. — En
parlant d'une épée, être émoussé, P. Abbad. II, 78, 2.

VI caliner ou se caliner, prendre ses aises, être
indolent, Bc.

X c. على s'endurcir au crime, au vice, Bc.

بَلَد champ, pièce de terre, Burckhardt Arabia I,
122, II, 209 n. (pl. بُلْدان). — Le pl. بلاد canton,
Bc. — Le pl. البُلْدان a quelquefois le sens de
البَلَديون, les habitants des villes, p. e. 1001 N. I,
704: الأعراب والبلدان. En Espagne البلدان est aussi
le synonyme de البلديون, mais dans le sens de: les
Arabes de la première invasion, par opposition à ceux
de la seconde invasion, les Arabes de Syrie, p. e.
Akhbâr 45, 7: الشام والبلدان. — L'expression لله
بلاد, Akhbâr 94, 5, semble signifier «Dieu donne
le pouvoir selon son bon plaisir.» — ابن بلد, pl.
أولاد بلد, citoyen, bourgeois, Bc. — ابن بلاد compatriote; هو ابن بلادي «c'est mon compatriote,» Bc. —
ابن البلاد indigène, Bc.

بَلْدَة. En astron. بلدة الثَعَالبِي est: cette partie
du ciel qui se trouve entre le second قَرْن (la première
et la seconde étoile de Pégase) et le signe des Poissons, Alf. Astr. I, 145.

بَلَدِيّ (de بَلَد dans le sens de «grande étendue
de pays, province»), en parlant d'hommes, regnicole,
l'opposé de غَريب et de بَرّاني, «étranger,» Gl. Esp.
232—3, Carteron 175: «Toute la population indigène
de l'Algérie se divise en deux classes, celle des
«Beldis» et celle des «Berranis.» Les premiers sont
les Arabes qui ne quittent pas leur pays et restent
à cultiver dans leur douar natal. Les Berranis sont
les Arabes qui changent de pays et vont chercher
la fortune ou du travail dans les villes ou hors de
leur tribu;» — en parlant de monnaies, celles qui
ont été frappées dans le pays même et non pas à
l'étranger, Gl. Esp. 233; — en parlant de plantes,
indigène, l'opposé d'exotique; un grand nombre de
noms de plantes sont composés avec cet adjectif, p. e.
le gingembre baladi, qui est l'aunée, Gl. Esp. 233;
Bc: indigène (qui croît naturellement dans un pays);
du pays, qui est production du pays; قطن بلدي
béledin, coton du Levant, Bc; en Syrie المَعَز البلدي
et البقر البلدي sont les meilleures espèces de chèvres
et de bœufs, Ztschr. XI, 477. — (De بلد dans le
sens de «ville») citoyen, bourgeois, Voc., Bc.

بَلَدِيَّة *nationalité*, Bat. IV, 329. — *Possessions territoriales*, Macc. II, 142, 15.

بَلْدَاء au pl. بَلْدَاء, Voc., Bc, et بُلْد, Voc.

بلر

بَلُّور, nom d'unité ة. Golius avait considéré comme une transposition de βήρυλλος; il lui avait attribué la signification de *béryl* ou *aigue-marine*, et en citant Pline H. N. XXXVII, 5, il avait expliqué comment ce mot avait reçu le sens de « cristal. » Lane n'admet pas le sens de *béryl*, et il semble regarder la ressemblance de بَلُّور avec βήρυλλος comme fortuité; mais ce qui prouve que Golius avait raison, c'est qu'Alc. traduit «beril piedra» par بَلُّور. — *Cristal*, Voc., Alc. (cristal piedra preciosa), Abbad. I, 40, 6 a f. et 87, n. 79, 1001 N. I, 119, 8 a f. Aujourd'hui on prononce بلُّور en Algérie, Hbrt 173, Ht, Daumas V. A. 170.

بَلُّورَة *coupe en verre*, Prax R. d. O. A. VI, 290.

بَلُّورِي *cristallin*, Voc.

بَلُّور *cristal*, Voc.

بَلُّور *ornement de femme*, voyez Lane M. E. II, 404.

بَلُّورِي *cristallin*, Voc. (بَلُّوْرِي), Bc. — سندروس بلّوري *copal*, gomme d'une odeur agréable qui entre dans le vernis, Bc.

بلرج voyez بلارج.

بلس II c. a., V et تَأَبْلَس, Voc. v° *diabolus*.

IV c. a. *éloigner*, Voc.

VII *s'éloigner*, Voc.

بَلَس *long poignard*, Burton II, 8. — (Voyelles incertaines) *sorte de poisson*, Yâcout I, 886, 2.

بَلَسَة pl. بَلَس *figue*, Voc. 2ᵉ partie; dans la 1ʳᵉ *figuier*.

بَلَس aujourd'hui *tapis de Nedjd grossièrement tissu*, Palgrave II, 19. Cf. J. A. 1849, II, 321, n., l. 6 a f., 323, n., l. 4; dans ce passage, Quatremère, J. A. 1850, I, 270, veut à tort changer la leçon.

بِلِيس vulg. pour إِبْلِيس, Gl. Esp. 238—9.

بِليس expliqué par كُرَّات الكَرْم, Ibn-al-Djezzâr.

مُبَلَّس *possédé, tourmenté du démon*, Alc. (demoniado).

مُبَوَّس même sens, Alc. (diabolico, endemoniado o endiablado).

بَلْسَان *sureau*; بلسان صغير *hièble*, Bc. — حَبّ البلسان Selon Bait. I, 140 e, les droguistes entendent sous ce terme le fruit du bachâm; mais probablement il s'agit de la liqueur qui découle du bachâm; voyez Lane sous ce dernier mot.

بلسطين *sorte d'oiseau*, Yâcout I, 885, 8; chez Cazwînî بلطين.

بَلْسَقِيَّة (φλασκιν) *bouteille*, Fleischer Gl. 72.

بَلْسَكَة *giberne* (boîte aux cartouches), Bc (Barb.), *cartouchère* des Kabyles, en cuir de différentes couleurs, Cherb.; *porte-pistolets*, Carette Kab. I, 289.

بلسكى = بلسك (*grateron*, Bc), Bait. II, 440 a, où il renvoie à la lettre B, c.-à-d. à I, 169 c.

بَرْسَم et بَلْسَم, I et II, Voc. v° *mutus*.

بَلْسَم pl. بَلَاسِم *baume*, Bc. — *Balsamine*, Hbr 50; chez Bc بلسم زهر. — بلسم اسرائيل *baume de Judée*; بلسم ابيض *opobalsamum*; بلسم التعقيبية *baum de Copahu*; بلسم ماتع *stacté* (myrrhe stactée); بلسم فندى *baume du Pérou*, Bc.

بَلْسَمِي *balsamique*, Bc.

بِلْسَام (بَرْسَام) écrit *mutisme*, Voc.

مُبَرْسَم et مُبَلْسَم *muet*, Voc.

بَلْسَمِينَة *balsamine*, Bc.

بلش I, aor. *i*, c. ب *enticher* (faire adopter une opinion); بلشد ب *infatuer* (prévenir excessivement en faveur de ce qui ne le mérite pas), Bc. — بلشد فى *jeter, mettre dans l'embarras*; aussi بلشة; بلشد بلشة *laisser un os à ronger*, susciter *un embarras*; بلش فى *se trouver dans l'embarras*, P

VII c. ب *se coiffer de, s'engouer de, s'entêter de, s'infatuer, se passionner pour*; حب *s'amouracher*, Bc. — *Se trouver dans l'embarras*; بلش فى بلشة عظيمة « il est tombé dans une affaire fâcheuse, dans un grand embarras, » Bc.

بلش *espèce de roseau*; voyez sous قَصَب (Mos

بلشتيرة — 111 — بلط

بلش embarras, affaire fâcheuse, Bc; cf. بلش I et VII.

بلاش vulg. pour بلا شىء, gratis, pour rien; aussi بالبلاش, Bc.

بلاش et بلايش = حَرْمَل, Most. sous ce dernier mot.

بَلَش pl. بَلَالِش grand panier où l'on garde le pain, la farine, etc., Alc. (nassa para trigo, sera de esparto).

بَلْشَتِيرَة (esp. ballestera) embrasure, créneau, meurtrière, ouverture pour le canon et autres armes, Voc.

بَلْشُون et بَلْشُم, héron, sont formés d'un mot copte, qu'on trouve écrit, avec l'article, ⲡⲉⲗϫⲟⲩ, ⲡⲉⲗϫⲱⲃ et ⲡⲉⲗϭⲱⲃ, Ztschr. für ägypt. Sprache u. Alt., 1868, p. 56, 84. L donne honocrotalus بلشون, et l'on pense que ὀνοκρόταλος est le cormoran.

بلص I, aor. o, faire une avanie à quelqu'un, rançonner (exiger plus qu'il ne faut), Bc, opprimer, vexer, Ht, Hbrt 210, M, Amari Dipl. 207, 5.

بلص avanie, vexation, Hbrt 210, Bc, M, taxe, contribution, Ht. — Outil d'orfévre; c'est آلة محفورة تطبع عليها رقاقة الذهب او الفضة لكي تتشكل بشكلها, M.

بَلْصَة pl. بلص, بلصات et بَلَاصِص, même sens que le premier بلص, Hbrt 210, Bc (aussi concussion, exaction, extorsion, maltôte), Bg, de Sacy Chrest. III, ١٣٩, 2, Ztschr. XI, 438, n. 2.

بَلَّاص exacteur, maltôtier, Bc. — Pl. بَلَالِيص cruche, Bc, sorte de jarre qui se fabrique dans le Ça'îd, où l'on met l'huile et d'autres liquides, Descr. de l'Eg. XVIII, part 2, 416, XII, 433, 471; aussi: une mesure d'huile, ibid. XVII, 230, 232.

بلضم I embaumer, Payne Smith 1320.

بلظم I bredouiller, parler d'une manière peu distincte, sans articuler, Bc.

بلظم beau diseur, beau discoureur, qui affecte de bien parler, Bc.

تَبَلْظُم bredouillement, Bc.

مُبَلْظِم bredouilleur, Bc.

بلط II fouler, battre, aplatir, Prol. II, 320, 10, 321,

5. — Louvoyer, aller tantôt d'un côté et tantôt de l'autre pour profiter du vent, Bc, Ht, Hbrt 130. — Dans le Voc. sous via et sous inverecundus.

V (dénominatif de بَلْط) s'enfuir, Gl. Belâdz. — Dans le Voc. sous via et sous inverecundus.

VI faire le diable (enfant), polissonner, Bc.

بَلْط et بَلَط Dans la phrase: كان يلقب البلط لشدته وصلابته, Berb. I, 43, dern. l. (cf. 333, 10, 336, 4), il faut traduire hache (voyez Lane), et non pas «pavé,» comme l'a fait de Slane, qui a cru à tort que بلط est l'équivalent de بلاط.

بَلَط pl. أَبْلَاط route, chemin, Voc.

بلط, Bc, وَلَدْ بَلَط ou بلط, M, démon, enfant vif, pétulant, Bc.

بَلْطَة pl. بلط hache, Hbrt 84, Bc, M. — خلطة بلطة barreau (sorte de barre), Bc. — خشب pêle-mêle, Bc.

بَلْطِى (cf. Lane) voyez le Gl. Edrîsî; Bc: barbue (poisson plat du genre du turbot) et turbot; Vansleb 72: «Le "Bulti" qui après le Variole est le meilleur poisson du Nil, et celui-là a des écailles;» cf. Browne I, 101—2, Seetzen III, 274. Chromys nilotica Cuv., Ztschr. für ägypt. Sprache u. Alt., mai 1868, p. 55.

بَلْطِى effronté, Voc.

بَلْطِيَّة = le poisson nommé بَلْطِى, Bc, 1001 N. Bresl. X, 232, 259.

بَلْطَجِى (turc بَلْتَجِى) sapeur, Bc, M.

بَلَاط (palatium) palais ou tente impériale, Maml. II, 1, 278, Akhbâr 5, l. 5, 12, 1, 21, 6. — (B. lat. baletum) pl. ات et أَبْلِطَة galerie couverte, Gl. Edrîsî; nef couverte, comprise dans une mosquée, ibid. Le بلاط الوليد semble avoir été une des nefs dont se composait la grande mosquée de Damas, bâtie par le calife omaiyade al-Walîd, mais les Bédouins désignaient cette mosquée par ce nom, de Slane Prol. I, 360, n. 3. — حجر بلاط grès (pierre qui sert à paver), Bc.

بُلُوط espèce de laurier, Alc. (mostajo arbol). — زعرور متاع (de) بلوط fruit de l'aubépine, Alc. (majuela fruta de cierta yerva).

بَلِيط pl. بُلَطَاء effronté; espiègle, lutin (enfant

بلط

ولد بليط bruyant), *démon* (enfant vif, pétulant); ولد بليط *enfant diable, enfant turbulent*, Bc.

بَلاَطَة *effronterie*, Voc. — *Herbe aux mites*, Bc. — Dans un autre sens, voyez sous مَطْفَحة.

بَلاَطُو (esp.) pl. بلاطوس *plat* (sorte de vaisselle), Alc. (plato).

بَلاَطِيَة (b. lat. poletum, poleticum, gr. πολύπτυ-χον), en Sicile, *rôle de serfs ou vassaux appartenant à une même seigneurie ou à un même monastère*, J. A. 1845, II, 319, 9, 336.

بَلِيطَة *manteau de femme*, Roland (cf. بَلُّوطَة).

بَلُّوط (*gland*). Le pl. ات, Abd-al-masîh al-Kindî 36. Le Voc., qui prononce بَلُّوط, donne le n. d'un. ة et le pl. بَلاَلِيط, qui se trouve dans le Gl. Manç. v° فرزجة et chez Roland (بلاليط). — بلاط *boutons de fleurs*, Roland. — بَلُّوطَة العين *pupille, la prunelle de l'œil*, Domb. 86.

بَلُّوط pl. بَلاَلِيط *casaque d'homme*, Alc. (sayo de varon).

بَلُّوطَة pl. بَلاَلِيط *jupe de femme*, Alc. (saya de muger). Il paraît que c'est l'esp. « pellote » (cf. Gl. Esp. 304, 3—5). Cf. بَلِيطَة.

بَلُّوطِي (βαλλωτή) *Ballota nigra*, Bait. I, 166 c, II, 64 e.

بَلاَلِيط *pavage*, Roland. — *Fossés creusés dans les champs pour l'écoulement des eaux*, Ibn-Loyon 3 v° dans le texte العماق بالبلاليط, avec cette note marginale: البلاليط تسمى السياجات وهي الحفر المستطيلة لينزل الماء اليها ☙

تَبْلِيط *carrelage, pavage, pavement*, Bc. — *Autel*, Ht.

تَبْلِيطَة *soubassement*, espèce de piédestal continu servant de base à un édifice, Bc.

مبلط comme synonyme de جاحظ et pour expliquer le syriaque محصصها, Payne Smith 1425.

مُبَلِّط *carreleur, paveur*, Bc.

مَبْلَطَة *chênaie, lieu planté de chênes*, Voc.

بلعم

مَبْلَطَة *grande route pavée*, Voc., Macc. I, 124, 2 a f.

بُلْطَار (esp.) pl. ات *palais* (partie supérieure du dedans de la bouche), Alc. (paladar de la boca).

بلطح.

مُبَلْطَح vulgaire pour مُفَلْطَح, M (sous ce dernier mot).

بلظ.

بُلَيْظَة *ivoire*, Ibn-al-Djezzâr: على هو البليظة وهو عظم الفيل. M. Simonet, qui m'a fourni ce passage, croit que c'est *pulido* (politus).

بلع I *absorber*, Hbrt 174, Bc. — *Submerger*, Ht. — *En tenir, être dupe*, Bc. — Chez Alc. « paladear el niño; » Nebrija donne: « paladear el niño quando mama, lallo, » et il prend lallo dans un autre sens que nos dict. latins, car il le traduit par « mamar, o apoyar las tetas. » — *Se rendre coupable de concussion*, Alc. (cohechar). — بلع ريقه *respirer, prendre haleine, avoir quelque relâche*, Bc, Macc. I, 825, 3 a f., avec la note de Fleischer Berichte 258. — بلع المرّ *avaler la pilule, faire ce qui répugne*, Bc. — بلع بعينه *dévorer des yeux, regarder avec attention*, Bc.

VII *être avalé*, Voc.

بَلْع *trait* (ce qu'on avale d'une gorgée), Bc. — *Gloutonnerie*, Alc. (garganteç, tragonia). — *Concussion, exaction injuste*, Alc. (cohecho, cohecho de juez).

بَلْعَة *grand repas*, Alc. (comida grande).

بَلُوع *pilule; bol* ou *bolus* (petite boule composée de drogues médicinales), Bc. — *Hameçon*, Hbrt 77.

بَلِيع *englouti*, Gl. Badroun.

بَلاَّع *concussionnaire*, Alc. (cohechador). — ارض بَلاَّعة *terres absorbantes*, Bc.

بالوعة pl. بلاليع *tourbillon d'eau*, Alc. (remolino de agua).

بالوعة *lunettes* (ouverture ronde des latrines), Bc.

مُبَلِّع *tourbillon d'eau*, Alc. (remolinado de agua).

مُبْتَلِع *glouton*, Hbrt 245.

بلعم

بُلْعُوم Le pl. بلاعيم, Diw. Hodz. 191, vs. 50.

بلغ

I (ellipse de غَايَتَه) *faire tous ses efforts pour*, فِى
Bidp. 239, 9: وذلك (cf. 211, 2: وابلغ لك فى الكرامة
بمعنى من كثير ممّا اريد ان ابلغه من كرامتك).
(Aussi par ellipse) *parvenir à de grands honneurs*,
Akhbâr 25, 3 a f.: شرف وبلغ. — (Aussi par ellipse),
en parlant de choses, *être en assez grande quantité
pour être sujettes à l'impôt*, Gl. Maw. — C. ب p.
élever quelqu'un aux honneurs, Akhbâr 82, 5.

II (par ellipse) *faire parvenir à sa destination*,
Gl. Bayân, Akhbâr 76, 11. — (Par ellipse) *transmettre des traditions*, P. Macc. II, 663, 16 et 18. —
Répéter les paroles de l'imâm (cf. مُبَلِّغ), Maml. II,
2, 72, l. 2; Lobb al-lobâb 252, où le mot المُكَبِّر
est expliqué par المُبَلِّغ تكبير الامام, mais il faut prononcer المُبَلِّغ; de même Koseg. Chrest. 119, 10:
وكان القاضى يُبَلِّغ عند التكبير prononcez يُبَلِّغ.
Dicter une lettre, Hbrt 107. — بلغم الامر *référer,
faire un rapport*, Bc. — بلغ للحاكم شيئًا *dénoncer,
faire connaître à l'autorité*, Bc.

III *exagérer*, Bc; بالغ فى وصف الشى *charger, représenter avec exagération*, Bc; dans le même sens
وله مناقب كثيرة, Nowairî Espagne 448: بالغ فى شى
بالغ اهل الاندلس فيها حتّى قالوا يشبه بعمر بن عبد
العزيز. — بالغ فى الثمن *payer un prix excessif*, Haiyân-
Bassâm dans mes Notices 181 n., l. 5 a f. وهو أوّل
مَن بالغ الثمن بالاندلس فى شراء القينات; afin qu'on
ne soit pas tenté de lire بالغ فى الثمن, j'observerai
que le man. B n'a pas فى, et que le Voc. (v° excedere) donne aussi la constr. avec l'accus.

بَلَغ *mal vénérien*, Palgrave II, 31.

بَلْغَة, pl. ات Voc., ou بُلَغ Bc, ou بَلَاغِى Domb.,
au Maghrib *sandale faite de sparte*, Voc. (avarca
d'espart); Ibn-Abd-al-melic 166 r°, dans son article
sur Ibn-'Ascar, l'historien de Malaga (né vers 584,
mort en 636), cite des vers de ce savant فى صفة
النعل المتّخذة من الحَلْفَا والتى يسمّيها اهل الاندلس
ومن صاقبهم من اهل العدوة بالبُلْغَة (sic) وهى من قصيدة
طويلة فى مدح المامون ابى العلاء بن المنصور من بنى
عبد المومن. Dans le poème on trouve le vers:

لتبليغها المضطرّ تُدعى ببُلْغَة (sic)
وان قست بالتشبيه شبّهتها نَعْلا

Aujourd'hui ce mot est encore en usage au Maghrib
et en Egypte. On le prononce بُلْغَة, Ouaday 598,
Bc, mais plus ordinairement بَلْغَة, et il désigne une
espèce de chaussure qui ressemble, soit à nos souliers
(l'imâm de Constantine: وامّا البلغة فهى تقرب من
النعل الرومى, Dict. berb., Ouaday 598, Prax 4, 7,
bottine, Bc), soit à des pantoufles ou babouches (Sandoval 308, Pflügl LXVII, 6, Descr. de l'Eg. XVIII,
part. 2, 388).

بَلَاغ *maturité*, Bc, de Sacy Chrest. II, ۱۹, 11. —
Puberté; بلاغ السن *âge mûr, nubilité*, Bc. — بلاغات
des nouvelles, Cout. 44 r°: بلغت الوزراء واكابر الناس
عنه بلاغات منكرة.

بَلِيغ *ferme, énergique* (style); *pathétique*, Bc. —
Grave, profond (blessure), 1001 N. I, 82, 4; بليغًا
grièvement, mortellement, Bc.

بَلُوغَة *cigogne*, Aboû'l-Walîd 786, 11; c'est une
autre forme de بُلُوجَة (voyez).

بالغ *esclave de quinze ans, et au delà*, Burckhardt
Nubia 290; cf. d'Escayrac 506. — جرح بالغ *blessure
profonde*, Bc. — بالغ شديد *intense*, Bc. — بالغ
chose finale, Alc. (final cosa); بالغ القاصر *pour conclure*, Alc. (en conclusion).

الا بالغى (turc) *truite*, Bc.

أَبْلَغ *plus expressif*, Bc. — ابلغ غاية *le dernier
degré*, Bc.

تَبْلِيغ = تَعْرِيف *notification, visa* d'un fonctionnaire, Bat. III, 407. — Figure de rhétorique par
laquelle on indique qu'un poète a employé un mot
oiseux à cause de la rime, Gl. Badroun.

مَبْلَغ *action* (somme, effet de commerce), Bc.

مُبْلَغ *celui qui a été averti, qui a reçu un ordre*,
Bat. III, 427, où je crois que la traduction: « par
crainte que l'individu averti ne nie d'avoir reçu l'ordre, » est bonne; mais dans ce cas il faut prononcer
يُنْكِر المُبْلَغ, au lieu de يُنْكِر المُبْلِغ.

مُبَلِّغ لِلْحَاكِم *référendaire*, Bc. — *Dénonciateur;* *indicateur* (qui fait connaître un coupable), Bc. — *Celui qui* (le fonctionnaire qui) *écrit son visa*, Bat. III, 407. — *Un fonctionnaire attaché à une mosquée, et qui répète, d'une voix sonore, une partie des paroles destinées à annoncer la prière, et qu'a prononcées l'imâm ou le khatib*, Maml. II, 2, 79; cf. Descr. de l'Eg. XII, 228, Burton I, 298.

مُبَالِغ *exagéré* (qui exagère); — *amplificateur; déclamateur qui exagère;* — *recherché* (opposé à naturel), Bc.

بلْغَارِى *cuir de Bulgarie, cuir de Russie*, Vêtem. 156, n. 1, J. A. 1850, II, 195, n. 2; dans B de Baït, sur la marge de l'article خلنج: ودهن الروسى الذى يدهن به البلغارى مستخرج من عذه الشجرة *

بلغرى (ital. pellegrino) *pèlerin*, Gl. Djob.

بلْغَم I *cracher, pousser dehors la pituite*, Voc., Alc. (escopir gargajos, gargajear).

II Voc. v° fleumaticus.

البلغم forme au pl. بَلَاغِم, Alc. (gargajo). — الغليظ *gourme* (maladie, mauvaises humeurs), Bc.

بلغوظة *nom d'une plante à Barca et à Cairawân*, Baït. I, 4 b (AB).

بلفك *tour, tromperie, surprise*, Bc.

بلق II c. a. et V, Voc. sous variare et sous ocrea.
IV *fermer la porte*, Abou'l-Walîd 97, 14 et 15.
بلوقة *variété de couleurs*, Voc.
بُلُقى pl. بَلَالِيق *botte* (chaussure), Voc.; anc. port. *baluga* et *balegoens*, Simonet 283.
بلِيق pl. بَلَالِيق *espèce de poème populaire comique et licencieux*, J. A. 1839, II, 164, l. 10, *ibid.* 1849, II, 249, 1001 N. Bresl. I, 161, 7.
البُلْقى أَبْلَق Les jours dits بُلْق sont au nombre de quarante, dont vingt sont avant les « nuits noires, » 22 novembre—11 décembre, et vingt après ces nuits, 21 janvier—9 février, Calendr. 28, 107. — *Sorte d'oiseau*, Yâcout I, 885, 5. — العَيْن البَلْقَاء *impudence et indocilité*, M.

114

ابيلنق. « *D'autres épiciers préparent l'aloès avec des écorces du bois qui est appelé* الابيلنق (un peu bigarré de blanc et de noir), » J. A. 1861, I, 10.

بُلْقَار (esp.), pl. ات, Voc., ou بَلَاقِر, Alc., *pouce* (le gros doigt de la main), Voc., Alc. (dedo pulgar). — *Orteil* (le gros doigt du pied), Alc. (pulgar de pie o mano). — *Pouce, mesure, douzième partie du pied*, Alc. (pulgada medida). — Le قَضِيب (voyez) *quand il est court, c.-à-d., une sorte d'instrument fait en forme de grue, dont les laboureurs usent pour mesurer les terres et fossés.* — *Foie de chèvre*, Most.: كبد الماعز يراد بكبد الماعز الزيادة التى فيها وهى التى تسميها العامّة بالبلقار ومعناه الابهام; la voyelle est dans N; La بالبلقان, ce qui est une faute; le juif qui a ajouté des notes espagnoles au man. L, traduit: pulgarejo de cabras de asadura.

بُلْقُون (esp. pulgon) *tigre, liset, petit insecte qui ronge la vigne*, Auw. man. de Leyde 123 r° (dans l'édition de Banqueri, I, 509, une dizaine de pages manquent): قال ع تنقّى للغفان بعد الزبير من نشرها الیابس فان فيه يتكوّن الدود والبلقون *

بلك. بلك *sorte de poisson*, Yâcout I, 886, 6.

بُلُك (turc بولك) pl. ات *corps de troupes;* — *intermédiaire* (صغير), M.

بُلْكبَاشِى (turc) *commandant d'infanterie*, M.

بَلْكَكه ou بَلْكِى (turc) *peut-être*, Bc, M.

بلم I, aor. *a*, *abrutir, abêtir, rendre bête*, Bc.
IV ما ابلمك *que tu es bête!* 1001 N. Bresl. IV, 267, 12 (mal expliqué dans la note).
VII *s'abêtir, devenir bête*, Bc.
بلم *bête, stupide, sans* ة *en parlant d'une femme* 1001 N. Bresl. IX, 217, 4 a f.: وكانت التجارية بلم عشيمة *

بَلَمة *brochet*, Hbrt 70.

بلمى *sorte de sycomore*, Baït. I, 256.

بَلَام *caveçon*, Bc; dans M الثور كمام.

بليم *osier*, Ht.

بَلَم et بِيلَم *osier*, Domb. 69.

أَبْلَمْ *bête, stupide*, 1001 N. Bresl. XI, 105, 3 a f., 141, 10.

أَبْلَمَة. Voyez sur l'expression شَقّ الأبلمة les auteurs cités Abbad. III, 99, 1—3; elle se trouve Abbad. I, 248, 12 (corrigé III, 98, 3 a f.), Berb. I, 362, et il faut lire de même, avec notre man. 1350, II, 42, 4 a f.

بُلْمُطْ *vin*, Voc.

بلم sorte de poisson, Cazwînî II, 119, 18.

بلن

بُلَان (ou بُلِين? bulin) *aubin, blanc d'œuf*, Alc. (clara de huevo).

بِلانَة *l'art de laver les femmes dans le bain et de tresser leurs cheveux*, 1001 N. IV, 482, 8 (cf. la trad. de Lane).

بَلَّان (*bain chaud*, ne vient nullement de la racine بلّ (Freytag, Lane), mais de βαλανεῖον), *garçon de bain*, se trouve 1001 N. I, 244, 409, 693, Bresl. IV, 352, 353. Le fém. بَلَّانَة, 1001 N. I, 425, IV, 482, Lane M. E. I, 244, II, 53; *coiffeuse; dame d'atours*, Bc. — (βάλανος) *gland de mer, pouce-pieds* (coquillage), Bc.

بَلَّان nom d'une plante, Bait. I, 169 b (qui épelle le mot), selon Rauwolf 287 *hippophaë* Diosc.; selon M, qui prononce بُلَّان, n. d'un. ة, *épithyme*; il ajoute que le vulgaire le nomme شوشَة البلّان.

بَلّينَة (esp.) pl. بَلَالِين *baleine*, Voc., Alc. (vallena de la mar).

بَلْنَبِينَة (esp. palomina, pour palombina) *colombine, fiente de pigeon*, Voc.

بَلَنْتَايِن (esp.) *plantain*, Alc. (llanten yerva), Auw. II, 321, 3; dans le Voc. أَبْلَنْطَايِن.

بِرِنْجَاسِف = بِالْمَنْجَاسِف, Bait. I, 170 b, 283 h, II, 113 b.

بَلَنْط C'est ainsi qu'Abou'l-Walîd, 84, 28 et suiv., prononce le nom de cette pierre, qui s'appelle selon Freytag بَلَنْط.

بليط

I. بلهان comme nom d'action, 1001 N. I, 276, dern. l. — Au lieu de بَلَدْ, le Voc. (sous ebetare) a بَلَدْ, avec le nom d'action بُلُوقَة.

II *abêtir, rendre bête*, Voc., Bc.

V *devenir imbécile, stupide*, Voc., Alc. (bovear, enbovecerse), *s'abêtir, devenir bête*, Bc.

VI. تَبَالَهْنَ بِالْعِرْفَانِ لَمَّا عَرَفْتَنِي « elles feignirent de ne pas me connaître, » P. Aghânî 84, 10.

بَلَة *bêtise, folie, démence*, Alc. (boveria, modorria o boveria, locura), Athîr X, 404, 7 a f.

أَبْلَه *imbécile, idiot, stupide, fou*, Alc. (bovo, bavoso, bausan, loco como bovo, modorro o bovo), Bc.

بلو et بلى II c. a. dans le Voc. sous tribulari, par conséquent = IV dans les dict.

IV c. a. *donner à des feuilles de papier l'apparence de la vétusté*, Prol. II, 198, 10.

VIII. الْمُبْتَلَى بِهَا = *l'amant de sa femme*, Becrî 33, 3 a f.

أصحاب البَلَاء. بَلَاء *les lépreux*, Ztschr. XX, 493, souvent dans le R. N.; cf. مُبْتَل.

بَلْوَى *pauvreté*, P. Macc. I, 633, dern. l. — Dans les Prol. ce mot a souvent le sens de حَاجَة, *besoin, ce qui est nécessaire*, p. e. II, 1, dern. l.: وما تعمّ بِهِ البَلْوَى في معاشِهِم ومعاملاتِهم, 202, 1, 213, 4, 240, 12, 266, 3. — Sorte d'oiseau, Yâcout I, 885, 16; chez Cazwînî بلبو.

بَلِيَّة *aventure galante, intrigue amoureuse*, Aghânî 64, 13. — أهل البلايا *ceux qui ont des maladies*, Edrîsî Clim. III, Sect. 5.

بَالٍ *périssable*, Bc.

مُبْتَل *lépreux*, Bc, 1001 N. III, 424, 6 a f. La forme du passif, مُبْتَلٍ, serait plus correcte, et l'on pourrait prononcer ainsi le مبتلى de Bc; mais dans les 1001 N. c'est مبتلي, et le vulgaire (voyez Lane) dit اِبْتَلَى pour أَبْتَلَى. — *Vérolé* (qui a la vérole), Bc.

بلوطار *thrincia tuberosa*, Prax R. d. O. A. VIII, 279.

بَلَابِيط (ب chez Alc.) (esp. poleadas), pl. ات et بَلَابِيط,

espèce de bouillie qu'on mangeait avec de l'huile, Voc. (pultes), Alc. (puchas), Macc. II, 204, dern. l.

بَلْيَاق = حلياثا *erysimum*, Payne Smith 1282.

بَلْيَان expliqué chez Ibn-al-Djezzâr par سايسرج ou سانبيرج; s'il faut lire شاغترج, c'est *fumeterre*.

بليبطش, en Espagne, *blette* (*amaranthus blitum*), Bait. I, 154 b.

بَلْيُوَل *mantelet, petit manteau*, L (mantica). C'est évidemment *palliolo* (le dimin. de *pallium*; l'ancien esp. avait encore *pallio*; voyez le Glossaire que Sanchez a ajouté au 2e volume de sa Coleccion), et le témoignage de L est fort important pour corriger le texte de Macc. I, 252, 3 a f. On y lit qu'Ordoño portait un vêtement qui, dans les man., est nommé بليون, بلوان ou يلبيوال dans l'éd. de Boulac. Il faut lire بَلْيُوَل; c'est le dimin. esp. en *elo*.

بَلْيُون (esp. pailon, augmentatif de paila) pl. بَلَايِين *seau, baquet*, Cherb., Ht. — (Fr. ou ital. billione) *billion, mille millions*, Bc.

بليبنجى *tonnelier*, Roland (du premier بليون avec la termin. turque جى).

بَمْبَة (ital. bomba) coll. بَمْب *bombe*; ضرب بمب *bombarder*; ضرّاب البمب *bombardier*, Bc.

بن I c. a. a une signification qui m'est inconnue R. N. 31 rº, où on lit que بَنَانَة, en parlant d'une femme mariée, signifie: التى تبنّ ولد غيرك عندك
II dans le Voc. sous *sapidus*.
V c. ب p. *adopter* selon de Sacy, *être attaché à* d'après Fleischer, Gl. Abulf. — Dans le Voc. sous *sapidus*.
X *savourer*, Roland.

بن *saumure de carpe*, le مَرَى (voyez) du poisson dit بُنِّى, selon le Gl. Manç. sous ce dernier mot; il a aussi cet article: بن هو مرى لحوت يتّخذ من حوت مُعَفَّن وملح وعصير العنب ويترك فيصير كالحقر لونا وقواما ويسخن جدًّا ولا يسكر. On prépare donc le «bonn» avec du poisson pourri, du sel et du moût, qu'on laisse reposer jusqu'à ce que la saumure ait acquis la couleur et la consistance du حقر (?). Golius n'avait pas bien compris le sens de ce mot, mais du moins il n'était pas tombé dans la singulière erreur de Lane, qui a confondu deux significations, celle de *saumure*, et une autre entièrement différente, celle de *fève du cafier*, en une seule. — Non-seulement *fève du cafier* (pl. أَبْنَان, Bc), mais encore *café* (liqueur), Hbrt 12; aussi dans le Yémen, Niebuhr B. 52. بن حِجازى *moca* (café de Moca), Bc.

بنّة الرجل *orteil, doigt du pied*, avec بنان comme coll., Domb. 86. — *Saveur, goût*, Hbrt 14 (Alg.), Roland.

بنّة *saveur, goût*, Voc., Hbrt 14 (Alg.). — بنّة coll. بن *coque ou peau couverte de piquants, qui enveloppe la châtaigne et le gland*, Alc. (erizo de castaña o de bellota).

بُنِّى (cf. Gl. Edrîsî, Bruce V, 211) est en bon nouen le nom général des poissons, Denham I, 260 سمكة بنّيّة 1001 N. Bresl. IV, 325, 4 a f. = بنّى ibid. 324, 10.

بَنَان *orteils, doigts des pieds*, Voc.

بَنُّون *dessert*, Hbrt 16 (Alg.), M (Maghrib).

بَنِين, fém. ة, pl. بنَان *agréable au goût, délicat, savoureux, exquis, excellent, succulent*, Prol. III, 412 2 a f., avec ma note dans le J. A. 1869, II, 208 Voc. (sapidus); je crois devoir attribuer la même ser à ce mot dans un passage des 1001 N. I, 730, où on lit que deux ermites ne se nourrissaient qu' متجرّدين عن المال ومن البنين «en renonçant à l'argent et aux mets délicats,» car il me semble qu'on ne peut pas tradui ici: «et aux fils.» — *Gracieux*, Alc. (gracioso). *Véné, qui commence à se gâter et à sentir* (viande Alc. (manida asi como gallina).

بُنَيْن *souci* (fleur), Pagni MS.

بَنُّون pl. ات *vexillum*, Voc. Ce mot doit apparter nir à un dialecte espagnol qui avait la forme *penn* = fr. pennon, prov. peno, penon (Raynouard I 409 a), ital. pennone, a. cat. panó, esp. pendon.

بَنَانَة voyez sous la Ire forme du verbe.

بُنْبَة (esp.) *pompe* (machine pour élever l'eau), Alc. (bonba para agua); chez Lerchundi بومبة.

BENBAZAR *mousseline de Smyrne*, Daumas Sahara 199.

بَنبَس (esp. pampano) *pampre, branche de vigne avec ses feuilles*, Ibn-Loyon 15 r°: وغرس قضبان الدوالى الأحسن منها الذى يقال فيه البنبس من الدوالى، البنبس هو الذى يخرج id. 25 r°: فى العود البالى من الدالية ويقال له النبوط ولكثير الشنابل (?) ※

بَنْتَفِيلُون (πενταφυλλον) *tourmentille* (plante), Alc. (sieteenrama yerva).

بَنْتَم I c. على *menacer*, Voc.

بَنْتُومَة (Most. L) ou بَنْتُومَة (Most. N), en Espagne, *gui*, plante parasite qui naît sur les branches de certains arbres, de l'olivier, de l'amandier, du grenadier, etc., Bait. I, 180 c, 471 c, II, 222 f, Most. in voce, Ibn-al-Djezzâr.

بنج II c. a. *mettre du bendj dans un mets*, 1001 N. IV, 171, 4: وعملت من جملة ذلك طبقا صينيا فيه حلاوة — ووضعت فيه البنج وبَنْجَتْه — C. a. *appeler des oiseaux*, V.

V *s'enivrer avec le bendj*, Mong. 126 a, Voc., 1001 N. III, 278, 5 a f. — *Être appelé* (oiseau), Voc.

بَنْج, le pl. بُنُوج dans le Voc. — *La pâte ou la liqueur extraite de la plante bendj*, Mong. 126 a. جاورس السودان, en Ifrîkiya, *millet*, Gl. Manç. v°.

بَنَج (b. lat. panicium, esp. panizo) *panis, panicum, espèce de millet*, Voc.

بَنْجَة (lat. vinacia, prov. vinaci), pl. ات et بَنَجَات, *vinasse, marc de raisin*, Voc., Alc. (pie de uvas pisadas). — *Marc en général, ce qui reste des fruits pressés*, Alc. (burujo de algo).

بُنُوج, n. d'un. ة, *sorte de pêche dont la chair se détache aisément du noyau*, Alc. (prisco como durazno).

بنجاك *le cheviller du luth*, Descr. de l'Eg. XIII, 227.

بنجر *betterave*, Bc, Hbrt 48, Ht, Vansleb 100.

بنجيرة *nom d'un arbre inconnu dans le nord-ouest*

de l'Afrique, mais qu'on trouve dans les montagnes de Grenade, Gl. Manç. v° غبيرا.

بَنْجَنْكُشْت et بَنْجَكُشْت (pers.) *vitex, agnus-castus*, Bc.

بند II Voc. sous *vexillum*. — Voc. sous *balista*.

V Voc. sous *vexillum*.

بَنْد *cordon* (tresse, ruban), Bc. — *Courroie pour chaussures*, Bc. — *Ceinture*, Not. et Extr. XIII, 295. — بند السيف *baudrier*, Hbrt 134. — *Au jeu des échecs*, *pion mené à dame*, البيدق اذا صار فرزانا M; autrement chez Lane. — بنود الرمح *les manœuvres avec la lance*, J. A. 1848, II, 201, Catal. des man. orient. de Leyde III, 297, 4 a f.; بنود seul a le même sens, J. A. l. l. 202.

بَنْدَة مُصَلَّبَة *baudrier*, Alc. (vinda vanda al traves; dans mucâlaba, il faut mettre une cédille sous le c).

بَدَنِيَّة, pour بَنْدِيَّة, *grande pierre de taille*, M.

بَنَادَة (?) *légion* (?), Gl. Fragm. (leçon incertaine).

بَنّاد *porte-étendard*, Voc.

بَنَادَة (esp.) pl. بَنَادِيد *pâté, sorte de pâtisserie qui renferme de la chair ou du poisson*, Alc. (enpanada de carne, de pescado).

بَنْدَارِيَّة (pers.) *draperie, rideau*, Gl. Esp. 70—1.

بَنْدَر *chef-lieu; place* (lieu de commerce, du change de la banque), Bc.

بَنْدَق I *tirailler* (tirer d'une arme à feu souvent et sans ordre), Bc; — c. على p. *fusiller*, Bc. — En parlant d'une femme, *mettre au monde un bâtard* (بُنْدُوق), M. بَنْدَق او تَبَنْدَقَ الشيء او الأمر *la chose, l'affaire a mal tourné*, M.

II *être mis, formé, en petite boule, en pilule*, Voc. — Voyez sous I.

بُنْدُق *aveline*, aussi (شجرة البندق pour) *coudrier, noisetier*. Dans les 1001 N. Bresl. VII, 112, 9, où il est question d'une femme qui était fâchée contre une autre, on lit: ولبستها لباسا من خشب البندق وقميصا من الشعر «elle lui fit mettre un caleçon de bois de coudrier et une chemise de poil.» Je pense qu'il s'agit des branches fendues du coudrier, dont on fait de petits paniers très-fins et dont à la rigueur on peut faire aussi des vêtements. — Non-seulement *balle* en terre, en verre ou en métal, qu'on lançait au moyen de l'arbalète, mais aussi (pour قَوْس البُنْدق) *arbalète*, J. A. 1848, II, 218 (cf. Mong. 291 b, 292 a, et chez Lane بُنْدُقانِى). — Comme après l'invention de la poudre, le nom de plusieurs armes à jet jusqu'alors en usage passa aux armes à feu qui les remplacèrent, بندق, « arbalète, » a reçu le sens de *fusil* et de *pistolet*, J. A. l. l., Rutgers 189, 3; cf. بُنْدقية. — En général *boules de toute sorte qui sont de la grosseur de l'aveline* (Lane; cf. Djob. 272, 5, 6 et 8, Gl. Esp. 72), spécialement *pilules*, Voc. (بُنْدقة), Gl. Manç. v° بندق الدواء تصييره على هيئة بندقة est البُنْدق. — *Fascicule*, Voc. (بُنْدَقى).

بُنْدُقى *sequin de Venise*; cette petite monnaie d'or a cours au Maroc, où elle vaut fr. 9, 60, Hay 37, Pflügl LXIX, 22.

بُنْدُقِيَّة coll. بُنْدُقى *fusil*, Bc, Ztschr. XXII, 126, n. 1, Rutgers 138; بُنْدقية مفرد *fusil à un coup*, Bc; بُنْدقية مجوزة *fusil à deux coups*, Bc; aussi بُنْدقية بروحين, Burton II, 104.

بُنْدُوق, pl. بَنَادِيق, fém. ة, *bâtard*, Bc (Syrie), Hbrt 30, M.

بنداقى *tireur* (militaire, celui qui tire des armes à feu), Bc; chez Lyon 303 « bendag. »

بَنْدَيْر ou بَنْدِير (esp.) pl. (Voc.) بَنَادِر *tambour de basque*, Voc., Alc. (pandero para tañer), Hœst 262, Dict. berb., Adams 119, Daumas Mœurs 285, Salvador 41, Descr. de l'Eg. XIII, 511.

بَنْدِيرة (esp. *bandera*; cf. Lane sous بند) *pavillon, étendard*, M.

بنديكستى *pentecôte*, M.

بنزهير *bézoard*, Bc; حجر البنزهير, Lane M. E. I, 395.

بنس. بنيس pl. بَنانيس *vase*, Voc.

بنش. بَنْش pour بنى, Abd-al-wâhid 40, 7; chez Cont. 42 r° بنس (mais c'est une faute): قسم له البنس الذى دعا به ليشربه قات. Dans le premier passage, toutefois, je serais tenté de lire بيش (aconit, napel).

بُنْش et بَنِيش, dans M بنش et بُنْش, (du turc « binmek, » « monter à cheval; ») c'était donc dans l'origine un habit que l'on portait quand on était à cheval) robe de drap, à manches longues et fendues, que les hommes mettent par-dessus la « djobba, » ou qu'ils portent au lieu de ce dernier habit, Vêtem. 88—90, Bc v° manteau et robe. — (Même origine) بنيش *cavalcade*, Bc.

بَنْصَر n'est pas le quatrième doigt chez Alc. (بِنْصَر), mais le petit doigt (dedo meñique).

بُنْط (ital. *ponte*) *pont*, t. de mer, *tillac*, Bc. — *Bassin d'un port de mer*, Bc. — بُنْط (esp.) pl. أبْناط *point* (qui termine une phrase), Alc. (punto que cierra la sentencia).

بَنْطة (esp.) *hôtellerie, cabaret isolé pour les voyageurs*, Alc. (venta taverna en el camino).

بَنَفْسِج (Voc.) بَنَفْسَج. Les poètes comparent le duvet qui naît sur les joues à une violette; c'est une espèce de ressemblance entre la couleur de ce duvet et celle de la violette qui a autorisé l'emploi de cette métaphore, J. A. 1839, I, 171—2. — جدر بنفسج *serpentaire* ou *vipérine de Virginie*, Bc. — قرم بنفسج *iris*, Bc.

بَنَفْسَجى (Voc.) بنفسجى *violet* (couleur pourpre tirant sur le bleu foncé), Voc., Bc, Ibn-Iyâs 88: قباء بنفسجى. — *Violat* (où il entre de la violette), Bc. — خشب بنفسجى *palissandre*, Bc.

بنق II. Khatîb 113 v°: وفى المقدّمة مشاهير زاناتة ولفيف الخشم بالرايات المصبّغات والاعلام المنبقات, et dans le Holal 54 r°, où l'on trouve le même passage, الاعلام المنبقية. Un tel mot m'est inconnu, et comme بَنيقة (voyez) signifie « raie, » il faut peut-être lire المُبَنَّقات dans le premier texte, المُبَنَّقَة dans le second, et traduire: « des drapeaux rayés. »

بَنِيقة pl. بَنَائِق, au Maghrib: réseau de forme ronde, fait de toile et brodé sur le devant de soie de couleur, dont les femmes enveloppent les cheveux, Vêtem. 90—2, Gl. Esp. 64, Voc. (بَنِيقة *capellus* mulierum). — Espèce de vêtement de dessus, porté par les hommes, Cout. 17 r°: خرج اليد كلب من دار ‏ يجاور مقبرة قُرَيْش فقبض على بنيقة مَحشو مَروق كان يلبسه فخرقه (sic, au masc.; cf. sous محشو); dans la suite du récit, cette banica est nommée un ثوب. — Raie d'une chemise, Barth V, 704. — Lé (largeur d'une étoffe entre ses deux lisières), Macc. II, 711, 14 et 15, où il faut substituer deux fois بنيقة (Boul.) à نبيقة. — T. de charpenterie; voyez Gl. Esp. 64.

بنقاجة belette, Voc. C'est, comme me l'apprend M. Simonet, un mot aragonais, *paniquesa*.

بنك V النعيمَ, النعمَ, النعمان, *amasser des richesses*; aussi *en jouir*; voyez les exemples que j'ai donnés J. A. 1869, II, 153-4, et ajoutez-y Khatîb 141 r°: ومتبتك (ومتنبتك l.) الترف ‏

(esp.) *banc* (long siége), Alc. (banco, escaño de assentar); il écrit sous banco en arabe: bánco, pl. bancuît, c.-à-d. بَنْكُ, pl. بَنْكَوَات; mais sous escaño il a banq, pl. bonuq, c.-à-d. بُنُك, et bancuît, *canapé*, Martin 13; بنك رمل *banc de sable*, Mc. — *Condition* (état de l'homme quant à la naissance), Bc. — *Guise* (manière, façon d'agir), Bc. — بنك للخادمين *livrée* (habits des valets), Bc. — Quant à *nascaphthon*, chez Freytag بَنْك, dont il est question Bait. I, 180 b, ce mot est écrit بُنْك dans le Gl. Manç.

بِنْكَة (vinca pervinca chez Pline, esp. pervinca) *le grand liseron*, Gl. Esp. 72; il faut lire ainsi (au lieu de نبكة) Auw. I, 31, 2 (où le man. de Leyde a البنكة), II, 321, 11 et 13.

بنى I *relever, rétablir ce qui était tombé en ruine*, Bc, Abd-al-wâhid 256, 4, en parlant d'un cloître: فهدما المسلمون وبنوه مسجدا, Bayân II, 127, 6 a f. — ‏ الزمه أبو موضعا من داره وبناه عليه ولم يترك منه الا موضع بنى أمرَه على — يُدخل منه الطعام والشراب اليه *résoudre, arrêter, décider, former un projet, régler que, arrêter, décider que*, Bc; aussi بنى على seul, Beert 64, 2. — بنى الامرَ على ان *compter sur, faire fond sur* (comme en hollandais: hij bouwde er op, dat), Abd-al-wâhid 93, 3 a f.; de même منذ ان بناء,

Abbad. II, 38, 14. — C. على *poser, établir pour véritable, pour constant un fait*; بناء على ذلك *cela posé*, Bc. — بناء عليه *à ces causes, partant, par conséquent*, Bc. — بناء على ان *attendu que*, Bc. — *Se cabrer* (cheval), Daumas V. A. 190.

VII *être bâti*, Voc., Mohammed ibn-Hârith 317: عظيمات الاشياه ممّا تنبني به للخلافة وتقوم به الامارة ‏

VIII معد ان *convenir, faire une convention, se mettre d'accord de*; aussi ابتنوا *ils convinrent de*, Bc. — *Diffamer*, L (traduco (infamo)); s'il n'avait pas ابتني, avec toutes les voyelles, on serait tenté de lire ابتنى, car Alc. donne ثنى II en ce sens.

بنية *filiation* (relation des fils au père), Bc.

بنيان *ce qui est bâti en pierres* (par opposition à طين, *ce qui est bâti en mortier*), J. A. 1849, II, 279, dern. 1. — بنيان الله *le corps humain*, Abrégé du Thimâr al-coloub de Tha'âlibî 5 r°.

بنّاء forme aussi au pl. بنّاأت, Edrîsî ٩١, 3, ١٠, 12. — *Tente*, Gl. Badroun, Gl. Bayân (aussi chez Lane); ayant négligé de consulter ces glossaires, Fleischer a voulu changer à tort le texte dans Amari 487, 13. — *Délibération, résolution*, Bc.

بنّاء *édifice*, Voc. — *Architecture*, Alc. (edificacion la mesma arte).

بنّى البحر بنى *lupins*, Lane M. E. II, 18, qui explique l'origine de ce nom.

بَنْوَة *batiste de Madras et de Surate*, Burckhardt Nubia 286.

بنوة الذخيرة *adoption*, Bc.

بُنَيَّة *édifice*, Voc. — بُنَيّات الطريق (cf. Lane et Djob. 302, 15), au fig., *les sectes nouvelles et hétérodoxes*, Djob. 76, 5, 251, 6, Macc. I, 536, 2.

بُنَيْتة *petite fille*, Voc., Alc. (hija pequeña, moça).

بَنّا *celui qui a l'inspection des bâtiments*, Domb. 104. — بنا كركر *nom d'un oiseau indien*, Tha'âlibî Latâïf 125, 4; je présume que c'est l'expression arabe-persane وكاركر بنّا, qu'on trouve chez Richardson et qu'il traduit par « builder and workman. »

بناى forme au pl. بناي, Gl. Badroun, et بناى, Nowairî Espagne 468.

ابن الاَبْنَاء, de même que الوَلَد (voyez), *les infants*, *les princes mérinides*, souvent Berb., p. e. II, 509, 4. — ابنه فى الاعتراف *pénitent* (qui confesse ses péchés à un prêtre), Bc.

ابن ابيه *bâtard*, Ztschr. VI, 314 n.

— اوادم *qui est d'une honnête naissance*, Bc.

— بلاد *compatriote*, Bc.

— بلد *bourgeois*, Bc.

— الجيل *séculier* (mondain, laïque), Bc.

— حُرّة *homme d'honneur*, Bc.

— حرام *bâtard*; — *chenapan* (vaurien), *coquin* (voleur, fripon), Bc.

— الحوت *baleinon* (petit d'une baleine), Bc.

Ben-drag, *pourpier*, Prax R. d. O. A. VIII, 283.

ابن الذخيرة *adoptif*, Bc.

— زنا *bâtard*, Bc.

— الزوج *beau-fils*, (celui dont on a épousé le père), Bc.

— السمّان sorte d'oiseau, Yâcout I, 885, 10.

— ساعته *instantané* (qui ne dure qu'un instant, qui est produit à l'instant même), Bc.

— عشرة *homme aimable en société*, Bc.

— المعودية *filleul*, Bc.

— فكه *vert galant* (vif, alerte et robuste), Bc.

— المدينة *citadin*, Bc.

— المرعة sorte d'oiseau, Yâcout I, 885, 10; var. dans Cazwînî المرغة.

— ناس voyez ناس.

— يومه *éphémère*, Bc.

ابناء العصر *génération* (peuple), Bc.

بنو الكتّاب est dans L. *filii institutorum*. Il prend *institutor* à peu près dans le sens de notre *instituteur*, car sous le *i* il l'explique par *doctor*. Le terme *filii institutorum* semble donc signifier *écoliers*, et si on les appelait par dérision *fils des mouches*, la langue hollandaise offre une expression tout à fait analogue, car elle désigne par le nom de *naaimuggen*, littéralement « cousins ou moucherons qui cousent, » les petites filles qui sont à une école où elles apprennent à coudre.

ساسان — voyez ساسان.

سليمان — *huppes* (oiseaux), ainsi nommées parce qu'on croit que Salomon les a reçues d'Ophir et d'autres pays lointains, Buckingham I, 233.

بِنْت *reine au jeu de cartes*, Bc. — *Rejeton au pied du dattier femelle*, Prax R. d. O. A. V, 214. — البنات *la queue de la grande Ourse*; aussi *la queue de la petite Ourse*, Bc. — البنات nom qu'on donnait dans l'île de Sawâkin aux *écueils*, Bat. man. de M. de Gayangos 102 v°; l'édition (II, 163) porte النبات.

بنت الاذن *parotide* (glande au-dessous des oreilles), Bc.

— خيالة — espèce de dattes, R. d. O. A. N. S. I, 311.

— الرمل — expliqué de différentes manières par les scoliastes: *serpent* — *biche sauvage* — *gazelle* — *biche de l'espèce nommée par les Arabes vache sauvage*, de Sacy Chrest. II, 385.

— السبع — espèce de dattes, Niebuhr R. II, 215.

— المعودية — *filleule*, Bc.

غذاء —, suivi du gén., en poésie, *nourrisson de*; p. e. le vin est بنت غذاه الكرْم, une jeune fille بنت غذاه الكلّة, Gl. Mosl.

— الكتاب — *écolière*, Bc.

بنات الادب *muses* (belles-lettres), Bc.

— الرعد —. Les *champignons* portent ce nom, parce que l'on croyait qu'ils sortaient de terre par l'effet du tonnerre, Bait. I, 181 c: لان الارض تنشقّ عنها بالرعد.

— الافكار —. On emploie cette expression quand il s'agit d'un texte qu'on peut interpréter de différentes manières, Tantâwî dans Ztschr. Kunde VII, 200.

— اللهو — *les plaisirs*, Gl. Mosl.

— الليل — *épinyctide*, pustules fort douloureuses qui s'élèvent pendant la nuit sur la peau, et se dissipent avec le jour, Sang.

— نعش —. Dans les expressions نعش الصغرى et الكبرى chez Freytag, il faut lire النعش, comme chez Bc.

مَبْنى pl. مَبَانى *fondement* (fondation, base), Bc. — *Edifice*, Voc., Weijers 54, 4 et 194, n. 349. — *La construction d'un poème ou d'un vers*, Abbad. I, 315, 15, Abd-al-wâhid 53, 13.

مِبَنّى «Si les laines proviennent de la tonte de l'animal vivant, elles sont dites *mabenna*,» Godard I, 209.

بنجار (esp. *puñal*), au Maghrib, *poignard*, M.

بهت I c. a. Voc. sous *obstupescere*.

بهت I, chez Lane *regarder d'un air étonné*, chez Bbayer, *regarder la bouche béante en contemplant*, se construit avec فى, P. Macc. II, 391, 3 a f.: quand celle que j'aime est absente, بهت فى الكاس لست اشربها

ou avec إلى, Koseg. Chrest. 95, 9: هو اليها باهت. — *Feindre*, Bc. — Le pass. se trouve dans L sous *conpungur* (c.-à-d. *compungor*), qu'il prend en plusieurs sens, car il traduit: اخشع واحزن وابهت واتوجع. Il a aussi بهت *conpunctio (stimulus)*, et بهتة *conturbatio*. — بهت اللون = ضعف, M.

III (cf. Lane) simplement *calomnier*, de Sacy Chrest. II, ١.٢, dern. l., Macc. II, 127, 5 (aussi dans Boul.).

IV *étonner, stupéfier*, Gl. Djob., Macc. II, 299, 6 a f.

بهت, aussi بهتة et باهت, est une pierre qu'on trouve dans l'Océan Atlantique, et qui était renommée dans l'Afrique occidentale, où elle se vendait à très-haut prix. Sa couleur ressemble à celle de la marcassite, et les Orientaux lui attribuaient des qualités merveilleuses; voyez Edrîsî ٢٨, dern. l. et suiv., Cazwînî I, 211, 2 a f. et suiv., 213, 10 et suiv. On dit que c'est l'*aétite* ou *pierre d'aigle*, Bait. I, 294 b (la bonne leçon dans A). — Voyez sous I.

بهتة voyez بهت. — Voyez sous I. — *Feinte, faux-semblant, grimace* (dissimulation), *mine* (mouvements de visage, gestes affectés), *momerie* (jeu joué, affectation, déguisement de sentiments), *parade* (vain semblant, étalage plein de fausseté), *simagrée*; — *chattemite*, qui a l'air doux, humble, flatteur pour tromper; عمل البهتة *faire la chattemite*; — صاحب بهتة *grimacier, hypocrite*, Bc.

بهتان *grimacerie, dissimulation*, Bc.

باهت voyez بهت. — *Pâle, de couleur matte*, Hbrt 81, Bc; نبيذ باهت اللون *vin paillet* (qui est rouge pâle, faible), Bc.

بهثن I c. على *être arrogant*, Voc. — C. على *menacer*, Voc.

بهج

بهج est le nom d'une espèce d'*orchis*, qui s'appelle aussi مستعجلة (voyez), Bait. I, 182 b (AB).

بهجة *cortége*, 1001 N. I, 369, 2 a f., 558, 5 a f.

مبهج *pittoresque*, Bc.

بهدل I *insulter, outrager, traiter ignominieusement, bafouer, dégrader, gourmander, gronder, honnir, malme-* *ner, maltraiter, tancer, vilipender*, Bc, Hbrt 242, Bg, Cherb. B, M, Vêtem. 272, n. 10, 1001 N. Bresl. IX, 376, 385, XI, 23.

بهدلة *insulte, outrage, injure, infamie, honte, sévices, vilenie*, Bc, Hbrt 242, Ht, Vêtem. 273, n. 10, 1001 N. Bresl. IX, 298, 385.

بهر I c. من p. *remporter la victoire sur* quelqu'un, Abd-al-wâhid 220, 8.

VII *être beau, admirable*, Matmah 64 r°: الاحتفال الذى اشتهر ذكره وانبهر امره ۞

بهرور *très petit charbon ardent* (جمرة), M.

بهار ne signifie pas ordinairement au Maghrib « *buphthalmum* » ou « œil-de-bœuf, » plante qu'en Espagne les botanistes nommaient مغراجة (esp. *magarza*) et le vulgaire خبز الغراب (Bait. I, 181 f), mais *narcisse, narcissus tagetta* L., Prax R. d. O. A. VIII, 279; *jonquille*, Roland; Macc. II, 198, dern. l.: بهار وهو, 465, 15; النرجس وهو البهار عند الاندلسيين النرجس; l'esp. *albihar* est chez Nuñez « narcisse » et aussi « *buphthalmum*, » chez Nebrija et Victor seulement « narcisse. » — Voyez بهار — بهار اربيان *chrysanthemum*, Bc.

بهار *sac fait de peau de veau*, ou selon d'autres, *sac fait de la peau du cou du chameau*, Badroun 137, 6 et 7; *peau de bœuf qui contient deux ardebs, mesure d'Egypte*, Macrîzî cité par Quatremère Becrî 230. Cf. Lane. Aujourd'hui encore c'est le nom d'une mesure de capacité (420 (anciens) livres de Hollande) pour différentes espèces de marchandises, telles que le fer, l'acier, le café, les épiceries, Niebuhr B. 208-210 (prononcé à présent, mais incorrectement, بهار), Quatremère l. l. — *Epiceries, drogueries*, Quatremère l. l., Bc, Hbrt 18, 77, Amari Dipl. 186, 2 a f. et ailleurs, 1001 N. Bresl. IV, 45, 9, Macn. II, 684, dern. l. Dans le même sens بهارات, Bc, Hbrt 77 (incorrectement بهارت), 1001 N. I, 579, 13, II, 67, 1, Bresl. III, 369. On prononce incorrectement بهار — *Poivre*, Hbrt 18 (بهار). — *Les droits de douane*, de Sacy Chrest. III, 379, n. 159, 383, 11, 384, 2; cf. Quatremère l. l. — Quant au poisson بهار, voyez Edrîsî trad. Jaubert I, 134.

بهور, aussi البهور, لعب *astiludere*, et لعب البهور *astiludium*, Voc.; de l'esp. *bofordo* ou *bohordo*, qui désignait une lance courte que les chevaliers jetaient, dans les tournois, contre une espèce de charpente, que l'on pouvait renverser si on la frappait fortement et avec adresse (ce qui s'appelait: lanzar á tablado); le verbe est *bofordar, bohordar;* voyez le dict. de l'Acad. esp., et Catálogo de la Real Armería, Glosario p. 15, 64.

بَهَارَة *marinade, sauce de sel, vinaigre et épices,* Bc.

أَبْهَرَتَا الدِماغ *carotides, les deux artères du cerveau,* Bc.

Mebouher, ne voyant pas clair la nuit (cheval), Daumas V. A. 189.

بهرج I *altérer, falsifier,* Maml. II, 2, 269, Voc. (falsare), c. على r., Gl. Maw. — En parlant de témoins, proprement *les déclarer de mauvais aloi, les déclarer suspects, corrompus, subornés,* Macc. III, 201, 14:

فقام بالوظائف وصدع بالحق وبهرج الشهود فريف منهم ما يُنيف على سبعين — C. a. *orner, parer,* Voc. — *Brillanter, semer de faux brillants,* Bc.

II *être altéré, être de mauvais aloi,* Maml. l. l., Voc. — En parlant d'une femme, *se parer avec excès, se livrer à une coquetterie pleine de hardiesse,* Maml. II, 2, 269, Voc. — *Se donner des airs de grand seigneur,* Chorb. C. — C. ب r. *être fier de,* Les oiseaux et les fleurs 14, 3 et 6; c'est la traduction de Garcin de Tassy; elle est bonne, et Freytag n'aurait pas dû proposer de la changer.

بَهْرَج *un métal altéré, de mauvais aloi,* Maml. II, 2, 269, Abd-al-wâhid 125, 12; au fig., *la fausse monnaie de l'érudition,* Prol. I, 34, 9.

بَهْرَجَة *concetti, pensées brillantes, mais fausses,* Bc.

بَهْرَجَان *clinquant, oripeau, similor,* Bc.

بَهْرَجَانِي *ouvrier qui prépare le clinquant d'or,* Descr. de l'Eg. XVIII, part. 2, 403.

بَهْرَج = بهرج, Payne Smith 1111.

تَبَهْرُج *faux-brillant,* Bc.

بهرم

بَهْرَمَان, de même que بَهْرَام, *carthame,* Bait. I, 183 c, Abou'l-Walîd 228, 32.

البَاقوت البَهْرَماني بَهْرَماني *escarboucle,* 1001 N. II, 131, de même qu'on dit ياقوت بهرمان, 1001 N. Bresl. V, 312.

بَهْرَامَج *jasmin sauvage* (ظيان), Auw. I, 312, dern. l.,

où le man. de Leyde porte الهرامج, au lieu de الهواج; je lis البهرامج.

بهش

بَهْش *espèce de chêne,* Bait. I, 132 f, 183 d; voyez ce que j'ai dit sous برينس, dont c'est le synonyme. — L'autre sens (voyez Freytag) est indiqué par Bait. I, 183 d, en ces termes: والبهش ايضا عن ابى حنيفة وهو رطب المقل قال الزبير بن بكار المقل اذا كان رطبا ولم يدرك فهو البهش

بهظ (pour بهض) I, c. a. p. et ب r., *surcharger,* en parlant d'impôts excessifs, Berb. I, 57: بهضوهم باقتضاه المغرم, II, 198: بالتكاليف

بَهَط chez Freytag, est dans le Gl. Manç. (in voce) *بهطه* (sic).

بهض I voyez بهظ.

بهق II c. a., V et VII, Voc. sous morphea.

بَهَق (*vitiligo alba*) voyez Niebuhr B. 128, 130 n.; بَهَق أَبْيَض وأَسْوَد « *lichen blanc et noir;* c'est, à vrai dire, un certain état de la peau chez les lépreux, laquelle varie de couleur entre le blanc et le brun,» Sang.; Gl. Manç.: بهق اسود هو بقع سود فى سطح الجسم غير نائبة ولا خشنة ، بهق ابيض هو بقع بيض فى سطح الجلد رقيقة اقل من الوضح

أَبْهَق *sorte d'oiseau,* Yâcout I, 885, 6 et 20.

مَبْهُوق *celui qui a l'espèce de lèpre nommée* بَهَق, Voc.

بهل III. Comparez avec Lane le Gl. Belâdz.

IV *éblouir, surprendre l'esprit par une apparence brillante,* Bc.

VII *bayer, regarder la bouche béante en contemplant,* Bc.

أَبْهَل *fou, idiot,* 1001 N. III, 424, 7, où Bresl. IX, 207, 12 a la même leçon. C'est évidemment une transposition de أَبْلَه.

أَبْهَل (cf. Lane) *sabine,* Alc. (sabina yerva conocida), Bc, Sang., Bait. I, 5 d, Gl. Manç.: بهل هو شجر من جنس العرعر موجود بالمغرب, Auw. I, 16, ابهل *même sens,* Payne Smith 1159.

بهلل

بَهْلَلَة *pasquinade, raillerie satirique*, Bc. — *Imbécillité*, Hbrt 239.

بُهْلُول (proprement celui qui rit beaucoup et souvent) *réjoui* (personne de bonne humeur), *Roger-bontemps* (qui ne songe qu'au plaisir), Bc. — *Pasquin* (bouffon), *paillasse* (mauvais bouffon), Bc. — *Idiot*, Prol. I, 201, 4, 202, 6 (cf. l. 9), *benêt* (niais, sot), *dadais* (nigaud), Bc. Le fou de Hâroun ar-Rachîd, qui était un homme d'esprit, s'appelait بُهْلُول دانَه («fou-savant»), Niebuhr R. II, 286.

بَهْلَوَان (pers. پ) *héros*, Ht (پ), 1001 N. II, 619, 1 et 13, 622, 10, 654, dern. l. — Chez les Persans et les Turcs *lutteur*, Not. et Extr. XIII, 180; *athlète*, Bc. — Pl. ات (Alc., Bc) ou بَهْلَوِيّين (Bc, Not. et Extr.) *bateleur qui danse sur la corde, fait des tours de passe-passe, ou montre la lanterne magique*, Not. et Extr. XIII, 181, Alc. (boltejador, trepador en cuerda, engañador con aparencias), Hbrt 89, Bc, Browne I, 136, Lane M. E. II, 121. — *Tours de passe-passe*, Alc. (juego de passa passa). — عَكَّاز البَهْلَوان *échasses*, Bc.

بَهْلَوانِيَّة *l'art du funambule*, Not. et Extr. XIII, 131, *batelage*, métier, tour de bateleur, Bc.

پَهْلَوِى (pers.) *héros*, Ht.

بهم IV *hébéter, rabêtir, rendre bête et stupide*, Bc.

VII c. على p. (pour) *être douteux, incertain, obscur*, 1001 N. I, 346, 13: ورأَيْتُه قد اختفى وكثر تحوُّلُه ورِقّ الى ان صار كالخلال وانبهم عليها امره فلم تتحقَّق انه هو

X. اِسْتِبْهام *obscurité, défaut de clarté du discours*, Bc.

بَهام pl. ات *pélican*, L (pelicanus), Alc. (pelicano ave). — *Chouette*, L (ulula هام وبَهام).

بَهِيم *animal, bête, nigaud, homme stupide, grossier, sot*, Bc, Hbrt 238. — *Ane*, Pagni 60, Prax R. d. O. A. VIII, 348, Richardson Mor. I, 219. — *La lie du peuple*, Gl. Bayân.

بَهامَة *bêtise, sottise*, Bc, Hbrt 238. — *Brutalité*, Bc.

بَهِيمَة *brute, pécore, stupide, sot*, Bc. — Le pl. البَهَائِم *gros bétail*, Hœst 293, Alc. (ganado mayor), cf. ganadero de ganado mayor صاحب بهائم.

بهو

باهِم الرجل *orteil, gros doigt du pied*, Bc.

أبْهَم ما يكون *bête comme un pot, très-bête*, Bc. — Fém. بَهْماء, Becrî 16, 4: فى بهماء تلك الصحارى «dans une partie inconnue de ce désert» (de Slane).

أبْهام *amphibologie*, Bc.

مُبْهَم *une tradition provenant d'un rapporteur dont on ne connaît que le nom*, de Slane Prol. II, 484.

مُبَهَّم *imbécile, sot, stupide*, Ht.

بَهْمَن. بَهمن ابيض et بَهمن احمر, *béhen rouge et béhen blanc*, voyez Bait. I, 182 c, Rauwolf 288. Dans le Most. on lit que, selon quelques médecins, c'est ce qu'on nomme en esp. البوطانية; mais c'est une erreur, de même que «escorçonela» (scorzonère), terme par lequel le juif, qui a ajouté des notes au man. L du Most., traduit le mot arabe. Le fait est que, selon le Gl. Manç., le béhen rouge et le béhen blanc étaient inconnus à cette époque au Maghrib aussi bien qu'en Orient, et qu'on y substituait d'autres plantes médicinales.

بَهْمَن = بَهْمان, Bc.

بُهْمُوت pl. بَهَامِت *fosse profonde*, Voc., Domb. 99.

بُهْنانَة voyez l'explication de ce mot dans Macc. I, 630, 3 et 4.

بهو III c. ب *être fier de*, Abbad. I, 244, 13, 266, n. 46, Müller 20, 6 a f.

IV (vulg.) *embellir*, P. Prol. III, 421, 2.

VI *se pavaner*, Bc. — Dans la signification ordinaire, c. ب r., de Sacy Chrest. II, 18, 9 a f.: ويتباهَى الملوك من الاعاجم بلبس هذه الجلود — C. ب *être fier de* (= III), Müller 20, 6 a f.; *faire parade de*, Bc. — C. ب *affecter, faire un usage fréquent et prétentieux de*, Bc.

بَهْو pl. أبْهاء est (cf. Macc. I, 361, 21, Becrî 24, 6 et 7) le synonyme de بَلاط, et désigne, comme ce dernier: *une galerie couverte*, Macc. I, 232, 6, 236, 14, 251, 4 et 10, 253, 7 et 14, 254, dern. l., III, 348, 10, Ibn-al-Khatîb, man. 11 (1), 20 r°: وفى المَسْقَف, et ensuite, عن يسار الداخل البهو المطل على البلد, وبهذا البهو كان مُنْزل السلطان يوم الكائنة 20 v°: Lafuente, Inscripciones de Granada, 128, 12, ou *une nef couverte, comprise dans une mosquée*, Becrî 24,

7, Macc. I, 361, 20 et 21, 370, les 3 dern. l., Haiyân-Bassâm I, 9 v° (où il est question d'une mosquée): فدخل من باب السوزراء الـغربـى — فاستقبلـه اصحابه وقدّموه الى بهو (بهو l.) السابـاط فـجـلس هـنـالـك على لسواه الّا تصلح لا مرتـبـة على. — Nom propre d'un palais, Macc. I, 380, 12. — *Château, forteresse*, Müller 34, 4 a f.: وحبينا بها بَهْوَ خيران, c.-à-d., « le château de Khairân, » قلعة خيران, Macc. I, 102, 1. — *Flamant* (oiseau), Guyon 219.

بَهَاء *balsamine*, Domb. 72, Hbrt 50 (Alg.); chez Roland بَيّة.

باب *riche, magnifique*, Bc.

باهيّة *espèce de dattes*, Prax R. d. O. A. V, 212.

بو *mannequin, figure d'homme en osier, en bois*, Bc.

بو (pers. بُوى) *odeur*, P. Macc. II, 815, 15 (cf. Add. et Corr.). — بو الما *cardamome*, Most. v° قاقلة.

بوأ

مُتَبَوَّأ pl. ات *endroit où l'on demeure, demeure, maison*, P. Müller 40, 8, Gl. Edrîsî.

بوب II. بوّب الدار *garnir une maison d'une porte*, Gl. Belâdz., de Jong. — باب مبوَّب من خشب *une porte faite de bois*, Gl. Belâdz. — *Diviser en chapitres* (Fr., Lane); on dit: وذكرت الاسماء على الحروف المبوبة « j'ai placé les noms des hommes illustres dans l'ordre des lettres de l'alphabet, dont chacune forme un chapitre, » Khatîb 4 v°. C. على, Prol. II, 396, n. 12: بوبوا على كلّ واحد منها « c'est sous ces divers titres qu'on a classé les traditions; » Abbad. I, 202, 9: وربّما اجرينا ذكر احدهم غير مبوّب عليه « parfois j'ai fait mention de quelques-uns d'entre eux sans leur consacrer un chapitre spécial. » — *Estimer, présumer*, Voc.

V *être divisé en chapitres*, Voc. — Quasi-passif de *estimer, présumer*, Voc.

عقد لاق للحسين على مجانبه وفوض اليه فيما باب وراء بابه « le sultan nomma Abou-'l-Hosain son hâdjib et lui confia le gouvernement du palais, » Berb. I, 469, 2 a f., 542, 8. — *Défilé* (passage étroit), Gl. Fragm.; cf. Sev. Voy. to Barb. 32 n.; *petit défilé*,

Daumas Sahara 154. — *Forteresse dans un défilé*, Gl. Fragm. — باب من السّحر *une opération de magie* (Lane), 1001 N. I, 97, 4 a f.: وحفظت منه (من السحر); on dit: فتح عليه بابًا *tâcher d'enchanter quelqu'un par une opération magique*, 1001 N. I, 100, 14: وكلّما افتـح عليه بابا يفتح على بابا الى ان فتح على باب النار. Quand il s'agit de *manières de faire la guerre, ruses de guerre* (Lane, Gl. Bayân, 1001 N. II, 111, 12 et 13), on emploie aussi le verbe فتح, Müller L. Z. 35, 2 et 3, c. على p., *ibid.* 27, 3 et 4. — *Catégorie* (Lane); بابه *catégoriquement, à propos, avec précision*, Bc. — *Sujet, matière sur laquelle on écrit*, Khatîb 31 r°: رايت في ذلك البرق اوهامًا تدلّ على عدم شعوره بهذا الباب; في هذا الباب *à ce sujet, à ce propos*, Bc.; في باب فرط القسوة, *à peu près* =, Abbad. I; 242, 5 a f. — *Classe d'articles d'un compte* (Lane); en ce sens, en parlant d'un roi: ومَن ورث العلى بابًا, P. Calâïd 54, 6 a f. — Au fig., واستندت في « les portes se fermèrent devant moi, » c.-à-d., je n'étais plus en état de faire mon devoir; cette phrase a donc le même sens que celle qui précède: وقد غاب عنّى الصواب, Koseg. Chrest. 73, 2. — *Ouverture, proposition*; فتح له بابًا *faire des ouvertures à quelqu'un*, Bc. — *Condition, état de domesticité*; فتّش على باب *chercher une condition*, Bc. — Voyez sous باب السعر. باب لكذا *propre à*, Voc.; cette prononciation, باب, prouve qu'Alc. a en vue le même mot quand il traduit « conveniente » par « bîba. » — الباب *la cour, la résidence d'un souverain avec sa suite*, Gl. Fragm. — Duel البابان *la vie présente et la vie future*, الدنيا والآخرة, Prol. II, 136, 3. — Pl. الابواب *la sublime Porte, la cour de l'empereur des Turcs*, Hist. Tun. 104. — الباب الاعلى *la cour*, Bc. — باب انتصار ou نصر *arc de triomphe*, Bc. — باب الرزق *gagne-pain*, Bc. — باب سرّ *porte secrète*; — *dégagement* (issue secrète), Bc. — باب السعر. Quand le courtier met une jeune esclave aux enchères, il dit: من يفتح باب السعر في هذه الجارية « qui est-ce qui fera la première offre pour cette jeune fille? » 1001 N. II, 217, 2; *ibid.* III, 78, 6 a f.: جاء التجار وفتحوا باب سعرها وتزايدوا فيه; dans le

بوب

même sens الـبـاب فـتـح, ibid. II, 217, 3, I, 291, dern. l., ou بابها فتح, ibid. I, 291, 13: فقتح بابه ; الـمـنـادى اربعة آلاف دينار وخمسمائة Bc donne la même phrase et il traduit: «le crieur ouvrit les enchères sur la mise à prix de 4,500 dînârs.» Quand la chose mise à l'enchère est adjugée au plus offrant et dernier enchérisseur, on dit: الباب على عقيب وقف 1001 N. Bresl. X, 262, 3 a f.: بلغني ان النجار تزايدوا في الجارية الى ان بلغ ثمنها ١٥٠ دينارا ووقف الباب على البيع وتوقف, où l'éd. Macn. porte: الباب على عقيب السلطان باب , la cour, Gl. — الايجاب والقبول على —, باب كبير grand état de maison, Bc. — باب كاذب fausse porte, Bc. — الكُمّ باب avant-manche, L (antemanica, cf. Ducange), Mohammed ibn-Hârith 224: فقَوَّمـتُ هكذا (واشار ابن لَبَانَة فجمع باب كُمّه على كُوعه ولم يُكْشَف لها ذراع); l'anus, Voc. — باب نصر voyez انتصار — الله باب على ou على à la grâce de Dieu (sans provisions, sans argent), d'Escayrac 450, au hasard, Bc, 1001 N. III, 446, 4; à la bouleue (vaguement), Bc. Cette expression, comme me l'a fait remarquer M. Amari, a passé dans l'italien, langue dans laquelle « a la baballà » ou «alla babballà» signifie: inconsidérément, négligemment, imprudemment. — الباب في qui a le pied à l'étrier, qui est sur le chemin de la fortune, Bc. — حسنا بابا له فتح ouvrir à quelqu'un une belle carrière, lui fournir une belle occasion de, Bc. — اولى باب من à plus forte raison, Bc. — الثقة باب من de confiance, par confiance dans la discrétion, la probité de quelqu'un, Bc. — الكرم باب من à titre de grâce, comme une grâce, Bc.

بابَة, de même que باب, catégorie, classe, P. Macc. I, 559, 9 (cf. Add. et Corr.): لستُ مِن بابة اهل البلد «je n'appertiens pas à la catégorie des Baladis.» — (Esp.) bave, salive qui coule de la bouche, Voc., Alc. (bava, cf. bavear, escopetina que se sale). — (Même orig.) limaçon, Alc. (limaza o bavaza o bavosa).

بابا et بابى valet, Maml. I, 2, 194—5, 1001 N. Bresl. II, 187, 9.

بُوَيْبَة guichet (petite porte dans une grande), Bc. — بويبة خفيفة في قلعة poterne (porte secrète dans un fort), Bc. — بويبات coup d'essai, premier essai, Bc.

بوح

بَيْبَاب désert, P. Cartâs 251, 9 a f., 252, 8 a f.

بَوَّاب au pl. gardes du Bey, qui se tiennent constamment auprès de sa tente, Richardson Mor. II, 216. — البواب عنق côlon, le deuxième des gros intestins, Bc.

بَوَّابة fausse porte, petite porte par laquelle on ne passe pas ordinairement, Müller L. Z. 121. — Partie d'une porte, selon Quatremère Maml. II, 2, 138, panneau de porte, mais c'est une erreur; Müller l. l. a prouvé que c'est: portail, ornements d'architecture autour d'une porte. — Porte d'une ville ou d'une rue, Bc, Müller l. l. — الـمـدينة بوابات les barrières d'une ville, Bc.

مُبَوَّب (cf. بابة) baveux, Alc. (bavoso).

بوج II louvoyer, Bc (Barb.), Ht. — Se diriger, Roland.

بوجة (hindostani بوجا) palanquin, Alc. (andas para bivo), la Torre, Bat. III, 386, IV, 308 (cf. la note III, 464; le témoignage d'Alc. lève tout doute sur la signification de ce mot). — عَجَلَة على بوجة char dont on se servait dans les combats ou dans les courses, Alc. (carro para pelear o correr).

بوجى cabestan, Hbrt 128 (Barb.), Ht. — T. de marine, arrive, ou va sous le vent, J. A. 1841, I, 588.

بوح I, révéler, n. d'act. aussi بَوْحَة, Gl. Mosl.; بَاح بـ, non-seulement c. الى p., mais aussi c. ل p., Abbad. I, 67, 3 a f.

IV révéler, c. ب r., 1001 N. I, 8, 5 a f., c. ب r. et ل p., ibid. l. 2 a f. — C. ل p. et acc. r., ou c. d. a., permettre à quelqu'un de faire usage de quelque chose, Macc. I, 473, 15: الكتاب له اباح (= il lui prêta le livre); Abbad. I, 45, 7; ibid. 44, 2 a f. (hémistiche): والنهدا الخَدّ طيفُها لطيفى اباح (permit de baiser ses joues et son sein). — C. a. p. permettre à tout le monde d'accuser quelqu'un, Cout. 36 rº: فلمّا تكرَّرت الشكوى به بعث فيه واباحه. — C. d. a. permettre à quelqu'un de piller une ville, etc., Gl. Fragm.; الاباحات له اباح il lui accorda la permission de mettre tout au pillage, Akhbâr 31, 3. — فلان دَمَ اباح il permit de le tuer sans forme

بوخ — 126 — بورانى

de procès, de Sacy Chrest. I, ٥⁴, 2 et 3. — Voyez ci-dessous اباحة.

X *prendre une ville, s'en rendre maître par la force des armes*, Khaṭīb 172 r°: استنباح المدينة وربضها عنوةً وحلجأ اهلها الى قصبتها المنيعة ❊

اباحة dans le sens de باحة, *haute mer*, 1001 N. III, 39, 14. — *Privilége*, Bc. — رمى اباحة عليه ب (ou فى) *porter un défi à quelqu'un*, Bc.

اباحى *celui qui croit ou qui enseigne que tout est permis*, de Sacy Chrest. II, ۱۹, 1, cf. 96.

مُباح, *en parlant de fruits, etc., ce qu'on peut prendre et manger sans qu'il en coûte rien*, Cazwînî II, 234, 3; الثمار المباحة يعيش بها الفقراء; dans le passage correspondant de Thaʿâlibî Laṭâïf 112, 2 a f.: الثمار التى هى مبذولة للجميع يتعيش اقناء الفقراء; Khallic. I, 671, والغرباء باجتنائها وجمعها وبيعها; dern. l.: وقال لخادمه اجمع لى المباح فجمع له فاكله ثلثة ايام ❊

استباحة *privilége*, Bc.

بوخ.

بواخ *vapeur*, Bc, Hbrt 166. — *Transpiration*, Bc.

بود.

بَوْد *moucheron*, Voc. (bibio, moscaleo de vino; chez Isidore: bibiones, qui in vino nascuntur; cf. moscalho dans Raynouard).

بادّة, en Omân, *réservoir*, Niebuhr B. 148.

بوداق. ديش بوداق (turc) *frêne*, Bc.

بَوْدَقة pl. بَوادِق, *de même que* بوطقة, *creuset*, Bc, Bg, M, Edrîsî Clim. I, Sect. 8: (sic) وهم يسبكونه فى البوادق ويها (ارمينية), Ibn-Chihna man.: بنار ارواث البقر بحيرة تعرف ببحيرة كنودان بها تراب يتخذ منه البوادق التى ينسبك فيها, 1001 N. IV, 5, l. 8, 11 et 13. — *Scorificatoire, tête ou écuelle à scorifier*, Bc. — *Noix de pipe, bout de pipe dans lequel on met le tabac*, Bc.

بَوْذَر I c. a: *blâmer*, Voc.

II *être blâmé*, Voc.

بوذارِزبج (N) ou بوذارِزبح (La) = لخشخاش الاحمر, Most. sous ce dernier mot.

بوذَة (cat. boga et boga, sard. buda, Simonet 288) *sagette, glaïeul, flèche d'eau*, Voc., Alc. (espadaña yerva). Dans le Voc. c'est «boa,» et boa (voyez p. 97 sous خيس) «est herba similis iunco.»

بوذى et بوذيان = خشخاش ابيض, Most. sous ce dernier mot.

بور I *ne pas trouver d'acheteurs à cause de son abondance*, Becrî 6, l. 10.

II *mettre une terre en jachère*, Voc.; le part. مبور *qui est en jachère*, Most. v° نمّام: وقيل ان من النمام نوع ثالث ينبت فى المواضع المبورة (ainsi dans les deux man., pour نوعا ثالثا). — Dans le Voc. vincere (in verbo), ce qui semble signifier *vaincre dans la dispute*. — *Discréditer*, Bc.

V Voc. sous incultum; *être en jachère* (terre), Auw. I, 89, 3 a f.; — *devenir stérile*, Alc. (esteril hazerse). — *Tomber en discrédit*, Bc.

بار même sens que بائر, بَوْر et بُور Gl. Belâdz.

بور *terre élevée entre deux sillons*, Alc. (loba entre sulco e sulco), avec le pl. ابوار, qu'Alc. donne aussi sous «erial tierra non labrada,» et qui est pour ابوار. — *Rebut*, Bc.

بُورى forme au pl. بوربات, Voc., ou بوارى, Cartâs 17, l. 17. *Poisson en général*, Alc. (pece pescada generalmente = حوت).

بَوّار = خَرَاب, Gl. Belâdz., Gl. Fragm. — دار البوار («orcus» chez Freytag) est le nom qu'Ibn-Haiyân 105 v° donne à Bobastro, la résidence d'Ibn-Ḥafçoun. — *Déchet, diminution d'une chose en qualité, en valeur*, Bc. — *Rebut*, Bc.

بوراك *petit pâté*, Martin 79.

بُورانِيَّة et بُورانى. L'esp. alboronia, qui en dérive désigne: un mets composé d'aubergines, de citrouilles, de pommes d'amour et de piment; voyez Gl. Esp. 73, 388; aussi باذنجان بوران «aubergines à la Bourân,» dans un vers chez Maçoudî VIII, 395; Daumas V. A 251: «El beraniya. Poitrine de mouton coupée en morceaux, accommodée avec du beurre, des œufs des artichauts sauvages, du fromage pilé et beaucoup d'épices. On fait cuire avec du feu dessus et dessous; c'est très-bon. » — بوراق espèce de *meloukhia*, Mehren 25.

بورمة (turc) *culasse*, fond d'une arme à feu, Bc.

بوز II *faire la moue, la mine, témoigner du mécontentement, bouder*, Bc, M. — *Discréditer, tarer, causer du déchet, de la tare*, Bc. — *Distribuer les coquilles ou petits cailloux dans les trous ou cases de la mancala*, Lane M. E. II, 56.

V *tomber en discrédit, se décréditer*, Bc.

بُوز (pers. بُوز) pl. أَبْوَاز *mufle, groin, hure, museau*, Payne Smith 1101, Bar Ali éd. Hoffmann, n° 4056, Hbrt 61, Ht, Bc, M. — *Glace*, Hbrt 167, Bc. — *Obus*, Bc (Barb.).

بُوزَة. En divers lieux et temps, on s'est servi, pour préparer cette boisson enivrante, de millet, d'orge noir, de gruau de seigle, de houblon, de dattes, etc.; voyez J. A. 1850, II, 67, Lyon 172, Hornemann 88, Burckhardt Nubia 132, 201, Richardson Central II, 141. Chez Bc: *bière blanche, dans laquelle entre du millet*, et *zythum* (boisson d'orge). La manière dont les Egyptiens préparent aujourd'hui cette liqueur a été décrite par Lane trad. des 1001 N. I, 134. — *Partie de plaisir où l'on boit de la bouza*, Burckhardt Nubia 302. — *Cabaret où l'on boit cette bière*, 1001 N. Bresl. IX, 267, dern. l.; voyez sous بوظة.

بواز *fretin, choses, êtres de rebut*, Bc.

تَبْوِيز *moue* (grimace en allongeant les lèvres), Bc. — *Rebut*, Bc.

تَبْوِيزَة *moue; humeur, petite bouderie*, Bc. — *Racaille, chose de rebut*, Bc.

مَبْيُوز *affreux, maussade*, Ht; مبوز لحال «le temps est affreux,» Delap. 30, Roland 598.

بُوزَيْدَان «inconnu au Maghrib; ceux qui pensent que c'est l'orchis se trompent gravement,» Gl. Manç.; cependant on semble avoir cru assez généralement que c'est l'orchis, et Alc. (satiriones yerva) traduit de cette manière le terme arabe; cf. Bait. I, 183 f.

بوس II *baisotter, baiser souvent*, Bc.

VI *se baiser, s'entre-baiser*, Bc, 1001 N. I, 211, Bresl. III, 241.

بُوس voyez sous بوص.

بُوسَة *baiser*, Bc, 1001 N. Bresl. VII, 61.

بَوَّاس *baiseur* (qui baise volontiers), Bc.

بُوبْسِر I c. a. Voc. sous *emoreydas*.

II *avoir des hémorroïdes*, Voc.

بُوسَلِيك (pers.) *mode de musique*; on dit aussi بوسريك, M.

بُوسنون (dans N; dans La la première lettre est sans point) *menthe*, Most. v° نعنع.

بوش II *empeser, mettre de l'empois*, Bc. — بوش القماش *catir, donner le cati*, Bc. — *Mettre au pacage*, M.

بوش *empois*, Bc. — *Cati, apprêt des étoffes pour les lustrer, les affermir*, Bc. — *Drap rouge*, Barth V, 713 (au lieu de بوش, Vêtem. 92, il faut lire بُشْت; voyez ce mot). — *Petit tonneau*, Domb. 93, M (Eg.); cf. Gl. Esp. 74. — *Troupeaux mis au pacage*, M. — بوش دربندى est le nom d'un cataplasme qu'on tire d'Arménie et qu'on applique sur les enflures. On dit que c'est une plante qu'on réduit tout entière en pâte; mais selon d'autres ce sont les feuilles d'un arbre qu'on broie; voyez Bait. I, 184 b, Ibn-Djazla. — كلام بوش على البوش *en pure perte*, Bc; أمز بوش *parole en l'air, billevesée, calembredaine*, Bc; بوش *chose vaine, inutile*; en ce sens c'est le turc بوش, M.

بُوشة *chaudron*, Mehren 25.

بُوشِيَّة (شملة) *pièce d'étoffe* qu'on roule autour de la tête, M.

بَوَّاش *empeseur*, Bc.

تَبْوِيش *empesage*, Bc.

بُوشاد est écrit avec le *dzâl* dans les deux man. du Most. et expliqué par السلجم البستاني.

بُوشُونْت (esp.) pl. ات *bute, butoir*, outil de maréchal pour couper la corne superflue, Alc. (puxavante de albeytar).

بوص.

بُوص *fondrière, mare*, Alc. (pecina de barro, bâuç). Je crois que ce mot est d'origine espagnole: *pozo, puits, poza, mare*.

بُوص coll., nom d'unité ة, «nom applicable à tous les *roseaux*, mais plus particulièrement à l'*arundo* ægyptiaca, qui fournit de « kalams » à bon marché les écoles de l'enfance, » J. A. 1848, I, 274; *roseaux*, Descr. de l'Eg. XII, 283, 400; *cannes, roseaux à nœuds*, Bc; Antâki v° قصب: والقصب امّا الخيزـ او قش ; وهو المعروف بالبوص تنسج منه البواري 1001 N. II, 600, 1; وبوصها قصب السكّر ; de Sacy Chrest. I, 276, 15. Ecrit بوز Ztschr. XXII, 134. — (B. lat. bussa, buza, etc., Ducange I, 822, a. esp. buzo, a. fr. buse, busse, ital. buzo, buzzo) pl. أبْواص espèce de très-grand navire à trois mâts, Voc. 2de partie; dans la 1re بوس

بوصي *marin, homme de mer*, Gl. Mosl.

بُوصِلَة (ital. bossola, bussola) *boussole*, Bc. — *morceau de papier sur lequel on a écrit quelque chose, mémoire*, M.

بوط

بُوط (pers. بُوتَه), pl. أبْواط Auw., أت Alc., *creuset*, Alc. (crisol de platero; sous fusor para fundir, il donne gôt, avtât, mais il faut lire: bôt, butât), Auw. II, 409, 13. — (B. lat. butta, butis, buttis, cat. embut, esp. embudo, Simonet 291) *entonnoir*, Voc.

بُوطَة (pers.) pl. بُوط *rond, rosace sur une étoffe*, M. — *La rétribution que les joueurs donnent à celui qui tient un jeu*, M.

باطِيَّة pl. بَوَاطٍ *vase de terre, de porcelaine ou de cristal, dans lequel on sert le vin*, Catal. des man. or. de Leyde I, 303, 4, 1001 N. I, 578, 8 a f., II, 283, 3, IV, 714, 11, Bresl. III, 123, 12, IV, 360, 12, cf. le texte dans Fleischer Gl. 65, 3 a f. des notes, ou qui contient une eau de senteur, 1001 N. III, 449, 11.

بُوطانِيَة. Ce nom de la couleuvrée noire est souvent donné comme un mot de la langue espagnole, حميية (Most. v° عزارجشان, Bait. I, 190 e, II, 243 b, Auw. I, 454, dern. l., où il faut restituer le mot, II, 384, 9), qui semble l'avoir perdu; selon Vullers (Dict.) c'est βατανούτα, que Dioscorides donne comme un des noms de cette plante. Les Arabes l'avaient adopté, comme le prouve ce passage du Gl. Manç. v° فاشرشتين (فاشرشتين بالمغرب): الكرمة السوداء وتسمّى بالمغرب البوطانية والميمونة عند العامّة

بُوطَقَة (*creuset*) forme au pl. بَوَاطِق, Bc, Gl. Esp. 188, 1, Gl. Manç. v° اقليميا: هو خبث لطيف يُحَبَّب على جوانب البواطق عند سبك الذهب والفضّة

بوظ V *être de mauvais débit* (marchandise), M. بُوظَة, 1001 N. III, 456, 10: ونشرب بوظة est l'espèce de *bière* qu'on appelle ordinairement بوزة (voyez), et l'édit. de Bresl. IX, 268, 4 porte en effet en cet endroit بوزة. — *Cabaret où l'on boit cette bière*, 1001 N. III, 456, 7: وقُلْ له زمان ما اجتمعتُ بك في البوظة, où l'éd. de Bresl. IX, 267, dern. l. porte البوزة. Le pl. بُوَظ, Maml. II, 2, 164: وابطل للخمامير والبوظ ; mais Quatremère n'a pas saisi le sens de ce mot, car il traduit: « il supprima les cabarets et les lieux de prostitution. »

بوع II c. a. et V, Voc. sous pasus (passus).

بَاع pl. aussi أت, Bc. — *Un pas*, Voc., Lettre à M. Fleischer 81, 17; en parlant d'un chien de chasse, طويل الباع, *qui fait de grand pas, qui court vite*, Müller 31, 8; cf. chez Lane 275 b باع et تبوّع = مدّ ابواعه. — رحب الباع et طويل الباع ne signifient pas seulement *généreux*, mais aussi *puissant*, M (مقتدر), le premier chez Bc: *qui a les bras longs, qui a du pouvoir, du crédit*; قصير الباع, ou ضَيّق الباع, *non-seulement avare, mais aussi faible* (قاصر), M; le premier chez Bc: *qui a les reins faibles qui manque de moyens*.

بُوع *poignet, jonction du bras et de la main*, Bc

بوغاز (turc) pl. بَوَاغِيز *bras de mer, détroit*; — *embouchure d'un fleuve*, Bc.

بوغاضة *lessive*, Bc. (Barb.).

بوق I *sonner de la trompette*, Hbrt 97.

II *sonner de la trompette, corner, sonner d'un cornet*, Voc., Bc, Aboû'l-walîd 326, 15, 1001 N. Bresl. IV, 337, 1; — *trompetter, publier à son de trompe*, Bc

باق (Daumas MS) *poterie*, Daumas V. A. 488.

بُوق vient sans doute du latin buccina (cf. βυκάνη), mais il n'en est pas moins vrai, quoique M. Simonet (83, 282) soit d'un autre avis, que les Espagnols orreçu leur *alboque* des Arabes, et que, par conséquent, Engelmann avait raison de le noter dans le Gl. Esp. Description de cet instrument de musique Prol. II, 353, dern. l. et suiv.; بوق شامِيّ, Bait. I, 269 c: وله زهر — يشبه افواه الابواق الشامية — *Porte-voix*, Bc. ضرب البوق *emboucher la trompette, prendre le ton sublime*, Bc. — *La coquille du limaçon*, parce qu'elle ressemble à l'instrument de musique, M.

باقَة *fagot*, Hbrt. 196, Ht. — *Girande, girandole, amas de jets d'eau, de fusées réunies*, Bc. — *Bouquet* est باقة زَهْر, Hbrt 50, Bc, et باقة seul, Ht. — باقة سلاح *trophée, assemblage d'armes arrangées avec art pour servir de monument, d'ornement de triomphe*, Bc.

بُوقة (esp.) *œil* (nom d'un poisson), Alc. (boga pescado), Domb. 68, man. de l'Escurial 888, n° 5, Cartâs 17, l. 17, mais la leçon y est incertaine, et l'éditeur (trad. p. 25, n. 18) a noté ces variantes: الشبوقة، المشتوقة، المسوقة; elles font penser plutôt au mot esp. *besugo*, qui désigne un autre poisson, le rousseau; cependant ce dernier porte un autre nom arabe chez Alc.

بَوَّاق *un trompette, un homme qui sonne de la trompette, un corneur*, Voc., Alc. (alboguero, tañedor de trompeta), Hbrt 97, Bc, 1001 N. Bresl. IV, 336, 12, 13, 337, 7, 2 a f. — *Joueur de harpe*, Alc. (harpador). — Espèce de *chat sauvage*, qu'on nomme ainsi parce qu'il précède le lion comme un trompette, Pagni 135; c'est donc *caracal*.

بَوَّاقَة, pl. ات et بَوَاوِيق, *trompette, cor de chasse, clairon*, Voc., Alc. (trompa o trompeta de derecha, trompeta de bueltas), Müller L. Z. 16, 12, où il faut lire ainsi avec le man. (cf. la note p. 121); le témoignage du Voc. ne laisse aucun doute à cet égard; il donne aussi ضرب البواقة *sonner de la trompette*.

باقَعَة أَطْلَعَ *dire des choses qui sont pénibles, fâcheuses, humiliantes pour quelqu'un*, Akhbâr 26, 10.

مبيق, pl. ات et مبيق, ذنب مبيق مُبِيق seul, *péché mortel*, Alc. (mortal pecado, pecado mortal).

مُبَوَّقة *fenêtre ronde*, M.

بوقاهين *cousins* (moucherons), Payne Smith 1167.

بُوقَسْطة (esp. avucasta, de avis casta, comme avutarda de avis tarda, Simonet 288) pl. بوقسط espèce de canard gris, Alc. (abucasta ave).

بوقشرم (berb.), à Bougie et dans les environs, nom d'une plante, Bait. I, 191 b, qui épelle le mot.

بَوْقَلَة II et بَوْقَل, Voc. sous columba. Dans la 1re partie il a بوقلة columba; M. Simonet (274) en a conclu que ce mot signifie cela, et il propose de le dériver d'*avicula*. Mais dans la 2de partie, dont l'autorité est bien plus grande, la 1re n'étant qu'une espèce d'index, le Voc., après avoir donné deux mots pour columba, ajoute: بوقل اتبوقل يتبوقل. Selon la méthode de ce lexicographe, cela indique ce que fait le pigeon, c.-à-d., *roucouler*, et بوقل est le n. d'act., *roucoulement*.

بَوْقَل pl. بَوَاقِل *cruche*, Voc.; cf. sous بقل.

بوقنيار. Ce mot singulier, que Freytag a trouvé chez Hœst 303 comme le nom d'une espèce de raisin, signifie, à en croire Gråberg 109, qui écrit *bu-cniar*, « grosses têtes »[?]. Serait-ce le même que « puculiâl, » qu'on trouve chez Alc. (moscatel uva), avec le sens de « raisin muscat? »

بوقبر *espèce d'oiseau aquatique*, Gl. Edrîsî.

بوكا

باتكة pl. بَوَاتِك *aujourd'hui en Syrie grand magasin*, M, Ztschr. XI, 498.

بول I. بال على نفسه *pisser dans ses culottes*, 1001 N. IV, 166, 14.

V dans le Voc. sous mingere.

بال Le pl. ابوال chez Saadiah, comment. sur ps. 73. — *Etat, condition*, etc. (Lane). On dit: ما بال هذا *que signifie ceci?* R. N. 43 r°: فدفع اليه الصُرّة فقال له الشاب ما بال هذه الصرة « que signifie cette bourse? » cf. Akhbâr 32, 3. — De même que حال, dont بال est le synonyme, chez les mystiques *extase, ravissement d'esprit*, Koseg. Chrest. 57, 8 a f., où il faut lire بالبال. — Chez Lane ليس هذا من بالى « cela m'importe peu; » dans le même sens: ما على بالى, Bc; كان من السلطان على بال « le sultan faisait cas de lui, » Freytag Chrest. 135, 8 a f.; ما على باله من شى *insouciant*, Bc. — *Attention* (Lane), aussi ديران بال, Bc; *faire attention à*, ألقى بالا الى chez Lane, est aussi: الغى بألّا لـ, Akhbâr 26, 7, Macc. I, 465, 11; رمى بالّـه لـ .Voc; اعطى بالّـه لـ, Hbrt 225, Bc; خلّى بالّد لـ, 1001 N. Bresl. IX, 264, 7: للباب حتى اتعرى faites attention à la porte pendant que je me déshabille, » c.-à-d., regardez vers la porte, tournez votre visage du côté de la porte, التفتّ الى جهة الباب, comme porte l'éd. Macn. ردّ بالاً, Hbrt 225; جعل بالّه على, pour ادار بالّه على, Bc; فتفقّدتها وجعلنتها متّى الشىءَ ببال, Bait. II, 17 a: et enfin: جعله من باله, Akhbâr 44, 2; Mohammed ibn-Hârith 274: انظروا الى واجعلوني من بالكم R. N. 71 v°: فجعلت ذلك الرجل من بالي وطلبتـه بكلّ حيلة فلم اقدر عليه, aussi: s'occuper d'une chose, s'y appliquer, R. N. 77 r°: ceux qui avaient des disputes venaient les lui exposer afin qu'il les mit d'accord فجعل من بالي حفظ ما يطلبه كلّ واحد منهم وما يجتمى بـه. Par ellipse, le verbe ayant été supprimé: بالك attention! gare! Rijn-Acker 15, Fréjus 57, Dan 391, Aranda 30, Afgest. I, 338, Ormsby 27, Bc, Bg; بالك والفرس « prenez garde à ce cheval! » Bc; بالك ثمّ بالك من انك تعمل « gardez-vous bien de faire, » Bc; بالك ثمّ بالك من انك لا تعمله « ne manquez pas de faire cela, » Bc. Autre ellipse: على بال je fais attention, je fais bonne garde, Ali Bey I, 14: une sentinelle crie toutes les cinq minutes: assássa عسّاسة, et une autre lui répond: alabála. — Souvenir, mémoire, Bc, Ht. — Idée, pensée, Ht, Bc; ما بالك حين « quelle était votre pensée lorsque, » etc., Gl. Badroun. — بال لـه considérable, important, Nowairî Afrique 48 v°: فاجمعوا له شيئا له بال; dans le passage correspondant, Ibn-al-Athîr IX, 427, 4 donne صادَفَ مددًا اتاهم من لـه قدر; Hist. Tun. 118: ارضا لـه بال; on dit aussi: بـه لا بال لـه ou بـه peu considérable, de peu d'importance, Auw. I, 47, 3, Amari 385, 1, 623, 8. — بالي عندك j'étais inquiet de vous, Bc. — منه لباله de son propre mouvement, spontanément, Bc.

بالة (esp., pl. انت et بَوَائل, pelle de bois à remuer les grains, Voc. (pala), Alc. (pala para traspalar, pala de grandes dientes; cf. traspalar; Bc (Barb.).

Grande cuiller de bois, Alc. (hataca para mecer). — (Ital.) balle, ballot, M. — بالة جوخ pièce de drap, Bc.

بَوْلَة l'action d'uriner, Alc. (meada de meados, cf. Victor), ou, comme synonyme de بَوْل (qu'Alc. donne aussi comme le coll. de بولة), urine, Alc. (meados las orinas, orina).

بَوَّالة vessie, Hbrt 4 (Alg.), M (Maghrib).

مَبْوَل pl. مَبَاول pissoir, lieu destiné pour pisser, Alc. (meadero donde mean).

مَبْوَل vase de nuit, Hbrt 203.

مَبْوَلَة vessie, Alc. (bexiga de la urina), Bc.

مَبْوَلَة cathéter, sonde creuse de chirurgie, Gl. Manç. in voce: الآلة المسمّاة بالقثاطير تدخل فى القضيب لدفع حجر او نحوه. — Vessie, Hbrt 4.

بولاد (ou ذ) rasoir, M.

بُولَال (p) chez Alc., n. d'un. ة, papillon, Voc., Alc. (mariposa); L le donne comme un mot roman, car il a: aviceule الفرش أعنى بها البَوْلَالة بالأعجَمى est pour الفراش. M. Simonet m'a communiqué cette note: «D'après le P. Lerchundi, les Marocains donnent le nom de paulilla, بوليلة, au papillon qui, à l'état de chenille, était ver à soie.» C'est une corruption de papilio.

بَوْلَق I c. a., Voc. sous osciari (otiari).
II ne rien faire, fainéanter, Voc.

بُولِيس (βολίς) sonde pour connaître la profondeur de l'eau, Bc, Fleischer Gl. 71, la Torre.

بُولِيصَة (ital. polizza), pl. بَوَالِص et بَوَالِيص, effet de commerce, lettre de change, Bc.

بُولِيطِى (βουλευτής) sénateur, Amari 167, 4.

بُولِيموس (βούλιμος) boulimie, grande faim avec défaillance, Bc.

بوما دورا (roman) pomme dorée, pomme d'amour, Bc.

بُومْبَة (ital. bomba) obus, petite bombe, Bc.

بون sorte d'oiseau, Yâcout I, 885, 14.

بونائى fleur de farine d'épeautre, Payne Smith 1014.

بو۔

بوّ hulotte, espèce de hibou, Bc.

بو pouf, mot qui exprime le bruit sourd d'un corps qui tombe, Bc.

بويه caméléon, Shaw I, 267 (bouia); chez Bg أمّ البُوَيْه; chez Hœst 248, 299 بوّة; chez Marmol I, 29 d « El Lebuya.» — پويه (pôya) petit pain, Alc. (bollo).

بيبرو poireau, Domb. 60, Bc (Barb.).

بيبط vanneau, Domb. 63, Tristram 402, Daumas V. A. 430. Chez Cherb. بيبيط.

بيبن (Voc.; بَيْبِس chez Freytag est une faute) est la transcription du latin « vimen, » auquel il correspond dans le Voc., le v et le m ayant été changés en b; en Espagne, toutefois, vimen, de même que l'esp. mimbre, qui en dérive, ne signifiait pas « branche d'osier,» mais osier, l'arbrisseau même. بيبن avait le même sens; voyez Bait. I, 122 d, 381 b: بادامك وهو المعروف عند عامّة الاندلس بالبيبن ☆

بيبونج = بابونج, Voc.

بيت I dormir, Gl. Fragm. — Faire la garde pendant la nuit, Ibn-Abd-al-melic 30 r°: وحُكى عنه أنه كان ايّام الفتنة بالقفة ربّما طلب بالمبيت فى السور او نحو ذلك ممّا يجمع الناس اليه فكان لا يغارى كتابه ولا يفتر عن درس دولته Comparez sous بَاتَتْ. Aussi: faire la ronde pendant la nuit, Alc. (rondar).

II dans le même sens que la Ire, coucher, passer la nuit dans un endroit, Bc. — C. a. faire coucher, Voc., Bc; بَيَّتَه برّا faire découcher quelqu'un, Bc. — Mettre de l'eau rafraîchir au serein, Alc. (serenar poner al sereno).

V c. فى ou عند passer la nuit dans, chez, Voc.

X. استبات الرَّأي dormir sur une affaire, prendre du temps avant de former une résolution, consulter le chevet, Kâmil 527, 8.

بيت maison, établissement de commerce, compagnie, Bc. — Ordre de chevalerie, Maml. I, 2, 25. — Appartement, ensemble de pièces de suite, Bc. — Ermitage, habitation d'un ermite; de là اهل البيوتات, بيتنة (pl. de بيتنة voyez), نوو اهل البيتنات, اهل البيوتات, اصحاب البيوتات, ارباب البيوتات, ارباب البيوت, البيوتات ermites, anachorètes, Abd-al-wâhid, Préface xx, Haiyân 9 r°: كان يتفقّد اهل البيوتات والشرف بعطائه, Bat. IV, 346, Cartâs 143, 2, où je crois devoir ajouter والبيتات, 275, 10, où il faut lire (اهل بيتنات) comme Quatremère a donné, Maml. II, 2, 33, 2 a f., au lieu de من البيوتات, 277, 8 a f. — Cachot, Miss. hist. 71 a (deux fois et b, 84 b, 231 a, 473 a, 556 a, etc., Berb. II, 557, 8. — Quand on parle de moulins, on nomme chaque moulin un بيت, Cartâs 395 de la trad. lat., 9 a f.: من الارحاء ثمان بيوت. — Lieu où les guêpes, les abeilles, les frelons construisent des gâteaux et des alvéoles, Auw. I, 633, 16, où le man. de Leyde porte: وعلى ثبوت بيوت (l. الزنابير); بيت الزنابير chez Bc guêpier; de même بيت النحل والدير fourmilière, Bc; cf. Lane 280 b à la fin. — Alvéole, cellule de l'abeille, Bc. — Alvéole, cavité où est la dent, Bc. — Famille noble, voyez Lane 280 c; بنت بيت fille de bonne maison, Bc. — Epouse, Aboû'l-Walîd 92, 8 et 9. — En poésie: بيت d'une stance, موشحة, Prol. III, 390, 8, 9, 11; le duel بَيْتان = المَوالِيا, quatrain, Prol. III, 429, 12, avec la note de M. de Slane. — Etui, fourreau, gaîne, Bc. — Petite bourse de cuir pour le tabac, le briquet, la pierre à fusil et l'amadou, Barth V, 19, 705. — Figure carrée dans le tissu d'une étoffe, Gl. Fragm. — Carré d'un champ, Gl. Fragm. — Carré en termes de guerre; c'est le centre d'une armée, Gl. Fragm. — Carré en termes de jardinage, 1001 N. I, 877, 4 a f.: بيوت الاشجار; spécialement: butte s'élevant avec un plan incliné faisant face au soleil, couche en ados, Auw. II, 215, 14 et suiv.; cf. Clément-Mullet II, 208, n. 1. — Carré, case de l'échiquier, Macc. II, 673, 1, 1001 N. Bresl. XII, 140, 4 a f.; de la zâyirdja, Prol. I, 214, 9 et suiv.; de la mancala, Lane M. E. II, 56, et d'autres tableaux sur lesquels on joue, ibid. 60. بيت بنائه, en parlant d'une pièce de l'échiquier, signifie: la place qu'elle occupe au commencement du jeu, Macc. I, 882, 3. — Case d'un pot, d'une boîte, etc., Macc. I, 655, les deux dern. l. — En parlant d'une حلقة, c.-à-d., d'une enceinte que formaient des chasseurs, pour enfermer ainsi une multitude d'animaux sauvages, le mot بيت désigne: *la partie de cette enceinte qu'occupe chaque chef de chasseurs*, 1001 N. I, 31, 2: واذا بالغزالة دخلت لبيت الملك « On ne peut pas traduire ici: «la tente du roi,» car il n'a pas été question de tentes, et il n'est nullement vraisemblable que le roi soit allé à la chasse avec des tentes. — *L'espace situé entre la poignée et les extrémités de l'arc*, J. A. 1848, II, 208. — T. de musique, *degré du son* (= مقام), Descr. de l'Eg. XIV, 37, n. 1. — بيت الابرة *boussole*, Bc, Niebuhr R. II, 197. — بيت الادب *lieux d'aisances*, Bc. — بيت الاكل *salle à manger*, Bc. — بيت انس *élément, au fig., chose, lieu, etc., qui plaît le plus*; هو فى بيت انسه «il est dans son élément,» Bc. — بيت اول *le premier des appartements chauds d'un établissement public où l'on prend des bains; en hiver on s'y déshabille*, Lane M. E. II, 45. — بيت بارود *giberne, boîte aux cartouches*, Bc. — بيت البزر *capsule, ce qui renferme la graine des plantes*, Bc. — بيت التحف *musée*, Bc. — بيت الحرس *corps de garde, lieu où se tiennent les soldats de garde*, Bc. — بيت الحوت *coquille*, Lyon 128, 249. — بيت الاخبار *télégraphe*, Bc. — بيت الخدمة *sacristie*, Bc. — دكة coulisse, *rempli pour passer un cordon, une ceinture de caleçon, etc.*, Bc. — بيت الرهن *mont-de-piété*, Bc. — بيت الراحة *latrines*, Alc. (*necessaria o privada, privada*), Hbrt 191, Bat., man. Gayangos, 9 v°, où l'édit. (I, 63) a le synonyme بيت الخلاء. — بيت صنم *pagode, temple d'idole*, Bc. — بيت طيور *volière*, Bc. — بيت عقد *appartement voûté en pierres*, Bc. — بيت عكس *mauvais lieu, maison de débauche, tripot*, Bc. — بيت العين *orbite, cavité dans laquelle l'œil est placé*, Bc. — بيت فساد *bordel*, Bc. — بيت الفواكه *fruitier*, Bc. — البيت المقدس *sanctuaire, le lieu saint, lieu où est le maître-autel*, Bc. — بيت القعود *salon*, Bc. — بيت القمار *loterie*, Bc. — بيت مال *était une certaine somme d'argent très-considérable*, Macc. I, 373, 15: فكان مبلغه ١٥ بيت مال; comparez بيت المؤنة *cellier*, Bc. — خزنة. — بيت النار *serre*, Bc. — بيت للثيات nom d'un artifice qu'on suspend à une plaque clouée sur un très-grand bouclier; c'est un moyen de combustion; voyez Reinaud F. G. 37; — *chambrette inférieure du four, servant à recevoir le combustible*, J. A. 1830, I, 319. — اهل بيت *les Bédouins, l'opposé de* اهل حيط «les citadins,» Burton II, 113.

بَيْتَة *famille noble*, Macc. II, 432, 6 avec la note de Fleischer Berichte 50, I, 816, 4, II, 588, 16, Cout. 23 v°: ولم يزل بنو نادر يسفلون حتى انقطعت بيتتهم (voyelles du man.), Cartâs 14, 8 a f., J. A. 1852, II, 221, 2 a f., 223, 3. من بيتة *de bonne maison, d'une haute naissance*, Voc. — اهل البيتات *ermites*; voyez sous بيت au commencement.

بَيْتِى *domestique, de la maison*, Bc. — *Domestique, privé* (animal), surtout en parlant des pigeons, حمام بيتى, Alc. (*paloma duenda o çorita, paloma çurana*), 1001 N. II, 66, dern. l.

بَيْتُوتَة *famille, famille noble*, Voc., Gl. Edrisî (où est donné à tort comme un pl. de بيت), ابنا مهلب من بيتوتات البرابرة بكورة Haiyân 23 v°: البيرة, Haiyân-Bassâm III, 142 r°: بيدر لاول وقته بعداوة الاحرار وتنقص الفضلاء والميل على اولى البيتوتات بالاذى, Berb. I, 161, 1, 164, 2 a f.; aussi: *haute naissance*, Voc.

بَيْتُوتِى *d'une haute naissance*, Voc. — *Domestique, privé* (animal), Bc.

بَيَات. On dit بيات الروم «attaquer, surprendre les Grecs pendant la nuit,» Amari 224, 6.

بُوِيتَة *serrure*, Bc (Barb.).

بَيَّات *cabaretier*, Casiri I, 145, n. a.

بُوَيتَة = بيوت, 1er sens chez Lane, M.

باثت *réchauffé*; طبيخ باثت *mets réchauffé*; كلام باثت *réchauffage, vieux propos donnés pour du neuf*, Bc. — Pl. ة et بَيَّات *soldat ou agent de police, qui fait la garde pendant la nuit* (cf. sous la Ire forme du verbe), L (*excubitor* (*vigilator*)), Alc. (*escuchas del campo*), Haiyân 71 v°: اسرى من مدينة استجة عبد الله ليلا — وارسل اصحابه لافساد مضرب الامير عليه وكم يكن فيها ليلتئذ غير الباتية (الباتتة. l.) من الغلمان ورماة المماليك, Macc. I, 135, 11, Müller L. Z. 16, 6 (pl. بَيَّات, comme chez Alc.).

باتتة *gîte, le lieu où l'on couche ordinairement*, Macc. I, 830, 10.

مَبِيتة *de trois nuits*, Alc. (*tres nochal cosa*).

مَبِيتَة pl. مَبَايِت soirée, nuitée où l'on se divertit ur des chants et des danses. Ces sortes de fêtes étant données que par des femmes de mauvaise vie, s hommes y sont admis, Cherb., Barbier Vocab. et 19, Roland, Maltzan 35 (nbita).

بيبر nom d'une plante, Daumas V. A. 381. Serait- e une altération de ابو براص ?

ب I s'entabler (se dit du cheval dont les hanches evancent les épaules), Bc.

بَيْدَا Le Voc. donne le pl. بَيَادِي.

بَيْد est interim dans le Voc., tandis, pendant, en ttendant, Alc. (en tanto, en tanto que, entre tanto, mientras o mientras que).

بَيْدَر «pendant la saison où ils battent أَيَّام بَيْدَرِهِم le grain,» P. Tha'âlibî Latâïf 6, 3. — Meule, mon- ceau, pile de blé fauché ou de paille, Bg.

بَيْدَر = بادستر castor, Bc.

بَيْدَق ou بَيْدَق II. De même que, dans le langage du jeu d'échecs, on a formé فُرْزَان, تَفَرَّزَن «deve- nir firzân,» Ibn-al-Habbârîya a formé de بَيْدَق «pion,» le verbe تَبَيْدَق, devenir pion, apud Khallic. VII, 109, 7:

واذا البيادق فى الدست تفرزنت
فالرأى ان تتبيدق الفرزان *

بَيْدَق ou بَيْدَق (pion), le pl. بياذيق P. Macc. I, 882, 3. — (Autre forme de بودقة, etc.) creuset, Gl. Djob.

بَيْدَر hydromel, L (idromelum).

بَيْر crème cuite, Bc.

بَارِز = بَيْرِ, Payne Smith 1275.

بَيْرَق (pers.) porte-enseigne, porte-drapeau, Bc.

بَيْرَم est en persan (voyez Vullers) le nom d'une étoffe de coton; Bat. IV, 2: ومائة ثوب بيرمية وڡ‍ من القطن. Aujourd'hui on donne le nom de بَيْرَمَة à une chemise

de femme, faite de coton et teinte en indigo, Ztschr. XXII, 94, n. 15.

بَيْرَمُون vigile, veille de fête, Bc, aussi بَارَامُون, M.

بَيْرُو bière, Bc.

بَيْرُواسه semble le pers. باروجه ou هاروجه, vase dans lequel on porte de l'argile ou de la terre, Ztschr. XX, 497, n. 2.

بَيْرُون vendange, Voc.

بَيْز

بَيْز alène, Roland. — بيز السفرة nappe, linge dont on couvre une table, Bc.

بَيَّاز (de باز) fauconnier, Voc., Daumas R. d. O. A. N. S. III, 240.

بَيَّازِى fauconnier, Alc. (halconero).

بَيْزَخ voyez بُرْزَخ.

بَيْزَر chasser avec le faucon, Voc.

بَيْزَرَة fauconnerie, Voc.; Ibn-al-Khatîb écrivit un livre de fauconnerie intitulé البيزرة, Macc. III, 655; اصحاب بيزرته ses fauconniers, Berb. I, 412.

بَيْزَرِى fauconnier, Voc.

بِيس espèce de poisson de rivière, man. de l'Escurial 888, n° 5. M. Simonet, qui m'a fourni ce renseigne- ment, croit que c'est l'esp. pez.

بَيْسَار voyez بيصار.

بَيْسُوس pl. بَيَاسِيس espèce de candélabre, Bat. II, 263, 294.

بِيش «plante inconnue au Maghrib; cependant on dit que c'est celle qu'on connaît dans les montagnes de Grenade,» Gl. Manç, c'est-à-dire l'aconit ou napel, Bc; cf. Mendoza Guerra de Granada p. 27 éd. Baudry. Chez Abd-al-wâhid 40, 7, il faut peut-être lire بيش, au lieu de بنش. Cf. Bait. I, 120 a, 199 b, Belon 216. — ترياق البيش antore ou antitoré, Bc. — Creux qu'on fait dans la terre quand on plante, M. — Frange, M.

بِيشة (esp.) membre viril, Alc. (pixa).

بَيْشُون héron, Hbrt 184; c'est = بَلْشُون بَلْشُوم (voyez).

بِيسَار، فَيسَار، ou بَيْسَار aussi بِيصَار, n. d'un. ة, *fèves cuites avec du beurre et du lait*, Voc. (بَيْسَار et فَيْسَار), avec le n. d'un., faba cocta, fresa), Alc. (manjar de havas, payçar), Daumas V. A. 252 (auquel j'ai emprunté ma définition; il écrit: bissar); Mehren 25: «بِيسَار mets composé de meloukhia, de fèves et de viande;» Mokaddasî 183, 18 (بِيصَار); Nowairî Afrique 19 v°, فمن ذلك انه بلغ امّه جلاجل ان اخته عامر ٢٠ ابن نافع قالت والله لاجعلن جلاجل تطبخ القول بصارا فلمّا ظفر ابنها زيادة الله بالغيروان امرت جلاجل (sic) ببصارا (sic) بفعول قطبخ بصارا il faut lire deux fois; R. N. 62 v°: وخرج ليلةً ليتوضّا فوجد بعض الزوّار طبخ بيسارا وغرفه في صحفة وجعله في سطح ليجمد لاه ثم به جبلة فوجده قد جمد فقال مساكين جمد لاه فصبّ فيه الماء من ابريق كان معه ثمّ مضى فجاء القوم فقالوا منْ افسد علينا قيصارنا .... فيه الماء فقال لم جبلة انا فلا تظنّوا الّا خيرا ظننت انه فسد قيصارنا, au lieu de عليكم فارّدت ان ازيدكم فيه الماء (distinctement dans le man.) il faut lire فبصارنا ou بيصارنا; après ce mot on lit les lettres واو, qui sont biffées; puis il y a un blanc, qu'on pourrait remplir en ajoutant وصبّ. L'auteur raconte cette anecdote afin de prouver que Djabala était trop occupé de la vie future pour faire attention aux choses de ce monde.

بيصمون nom du *bendj* chez le vulgaire en Espagne, Most. v° بنج: وتنقل له العامّة البيصمون.

بيّض II *blanchir, plâtrer* un mur (Lane sans citation), Voc., Alc. (enessar como encalando, enluzir pared o otra cosa, enxalvegar, encaladura تبييض), Cartâs 32, 5 et 8, 1001 N. I, 634, Martin 7; بيّض السقف *plafonner*, Bc. — *Etamer, enduire d'étain* (Lane sans citation), Bc. — عرض احد بيّض وجه احد ou *blanchir, justifier, faire paraître innocent*; بيّض وجهه *s'excuser, se justifier*, Bc. — بيّض لخاطر *dessoler, ôter la sole*, Alc. (despalmar las bestias).

V *être blanchi, plâtré*, Voc. — *Etre mis au net* (un brouillon), Voc.

IX *être affecté d'une taie* (œil), R. N. 104 v°: وكان

وابيضّت (بِيَاض voyez), et ensuite: عيناها وكانت لا تبصر ۞

بَيْض *pante, temps de pondre, œufs pondus*, Bc. — *Le cœur* d'un chou, Bait. II, 361: بيضة الذى يسمّى جمّارة — واذا طُبِخ بيضه الذى هو ثمره — لاٰن. — في بيضه نفخة. — *Semence, liqueur séminale, sperme*, 1001 N. II, 65, 6 a f. et suiv. (4 fois), 66, 1; Freytag a بَيْظ dans cette acception. — *Bourse, peau des testicules*, Bc.

بَيْضَة الرِيح بَيْض *œufs non fécondés, œufs stériles*, Auw. II, 716, 14 et suiv. — بيض الدجاج espèce de *raisins* rouges, ainsi nommés parce qu'ils ont la grosseur d'un œuf de poule, Richardson Morocco II, 171; mais selon Hœst 303 (où Reïd est une faute d'impression, pour Beïd), ils ne sont pas plus gros qu'un œuf de pigeon. — بَيْض حمام espèce de *dattes*, ainsi nommées parce qu'elles ont la forme d'un œuf de pigeon, Pagni 150. — Chez les alchimistes, بَيْضَة, *œuf*, signifie: *le composé tiré de l'animal*; voyez Prol. III, 205, 14 et suiv. — Au fig., *ville natale*, Macc. I, 113, 21. — *Vessigon* (tumeur molle au jarret du cheval), Daumas V. A. 190. — Dans le sens de *testicule*, pl. بَيْض et بَيْضَات, Bc.

بَيَاض. حصان يشرب في بياضه *cheval qui boit dans son blanc*, Bc (se dit d'un cheval qui a le tour de la bouche blanc, et le reste d'une autre couleur). — *Toileries, marchandises de toiles*, Bc. — لبس البياض *prendre les habits blancs*, dans le sens de: *se dévouer à la mort*; ce symbole signifie le dévouement à la mort, parce que les linceuls dont on se sert pour ensevelir les morts, doivent être blancs; voyez Hamaker, Takyoddini Ahmedis al-Makrizii Narratio de expedit. a Græcis Francisque adversus Dimyatam susceptis, p. 127, de Sacy Chrest. I, 499. On dit aussi امره بلبس البياض, quand on a résolu de mettre quelqu'un à mort, de Sacy Chrest. I, 52. — بياض الارض *pays qui n'est ni cultivé, ni habité*, chez Lane en ce sens le pl. بياضات, Bait. I, 37 b; الارض الرملة وفي البياضات من الجبال. — *Transcription, mise au net*, en général *livre, exemplaire*, Mong 4 et suiv. — *Blanc de chaux*, eau dans laquelle on a délayé de la chaux, et dont on peint les murailles, Cartâs 35, 16: سم لبسوا عليه بالجصّ وغسل عليه بالبياض وذلك فنقصت تلك النقوش كلّها وصارت

بِيَاضْ, Holal 78 v°: فتناولتُ بياضًا من بقايا جِيار (sur une muraille). — بياض سُلطاني, 1001 N. I, 210, 3 a f., est encore aujourd'hui au Caire le nom de la meilleure espèce de plâtre; voyez la trad. de Lane I, 424. — بياض الوجه *craie blanche*, Domb. 102. — *Céruse*, aussi بياض جلوي parmi le vulgaire en Espagne, Gl. Esp. 70, Calendr. 101, 2, L (cerussa النساء لتعطيل البياض). — *Taie sur l'œil*, certaine tache blanche et opaque qui se forme quelquefois sur l'œil; en parlant d'un cheval: البياض على عينه «il a une taie sur l'œil,» Daumas V. A. 190; cf. Auw. II, 569, 19 et suiv., I, 532, 3 a f.; Bait. I, 43 a: فرضتُ R. N. 80 r°: تقلع البياض من العين قلعًا حسنًا بالجدري فاتَى على بصره وطلع عليه بياض فكنت لا ترى قليلًا ولا كثيرًا; Calendr. 83, 6; voyez aussi sous la IX° forme du verbe. — على بياض *en blanc, sans écriture*; ورق مختوم على بياض *blanc-signé ou blanc-seing*, Bc. — يا بياض من يوم *quel beau jour que celui-ci!* وا بياض وابن عبّاد زائرى «quel beau jour que celui-ci, puisqu'Ibn-Abbâd vient me rendre visite,» Abbad. III, 89, 4 a f., 91, n. 79; cf. Bc. sous أبيض. — بياض البردي *la substance blanche qui se trouve sous l'écorce du papyrus ou du jonc, et compose la tige*, J. A. 1850, I, 245. — بياض مقارب *premier plan ou dessin, ébauche*, Alc. (il donne ce terme sous falso assi, et le mot qui précède est: falso dezidor كاذب; l'expression arabe ne peut pas signifier cela, et l'article qui suit est falsa traçadura مبيّض; je crois donc qu'il faut placer l'article « falso (falsa) assi» après falsa traçadura). — بياض القلب *candeur, pureté d'âme*, Bc., بياض اهل المدينة ou بياض الناس ou البياض, ou بياض العامّة *ceux qui sont à leur aise, qui ont de l'aisance, qui ont une fortune suffisante pour se procurer les commodités de la vie*, Gl. Bayân. — اكل بياض *manger du laitage et des œufs, ne pas faire maigre rigoureusement*, Bc. — Par antiphrase (per contrarium, comme dit le Voc.), *charbon*, Voc., Cartâs 358 de la trad. n. 3: كانت امطار عظيمة ببلاد المغرب وثلوج كثيرة فعدمت فيها البياض وللطب فبيع بمدينة فاس درهمين للرطل, Amari 348, 4: le roi d'Aragon permettra qu'on importe dans les pays musulmans الحديد والبياض والخشب وغير ذلك; cf. sous أبيض. — Aussi par antiphrase, *poix*, Voc., Bc.; *brai*, sorte de goudron, Bc.

بُيُوض dans le Voc. sous ovum, avec l'explication «posta,» qui semble venir de ponere (ova), fr. pondre; faut-il donc traduire *œufs pondus*?

بياضة العين *conjonctive, membrane, le blanc de l'œil*, Bc. — *Taie sur l'œil*, Daumas V. A. 425; — بياضة في العين *cataracte, humeur, tache sur le cristallin de l'œil*, Bc.

البَيَاضى *les cultures qui n'ont besoin d'aucun arrosement jusqu'à la récolte sur les terres qui ont été inondées par le Nil*, Descr. de l'Eg. XVII, 17.

بَيَّاض *l'ouvrier qui fait cuire la soie*, Prax R. d. O. A. IX, 215. — بَيَّاضَة *pondeuse (qui pond)*, Bc.

أبيض. ابيض القلب *candide, franc, libre, sincère, loyal*, Bc. — En Egypte صباحكم ابيض ou نهارك ابيض *bonjour*, Bc. — كتيبة بيضاء voyez Lane; en ce sens بيضاء seul, P. Akhbâr 163, 6. — ابيض substantivement et par antiphrase: *charbon*, Hbrt 196 (Barb.); le pl. بياض, Hœst 222; بياض à la fin. — بيضاء seul et substantivement: *lèpre*, de Jong; — la petite pièce de monnaie appelée *blanca* en espagnol; ces blancas sont aussi nommées الفرود البيض, Gl. Esp. 62; le pl. بيض *pièces d'argent*, Harîrî 374, 1; — *anthyllis cytisoides*, arbrisseau rameux dont les feuilles sont blanchâtres, Gl. Esp. 62.

أبيضاني *blanchâtre, tirant sur le blanc*, Bc.

تَبييض *étamage*, Bc.

مبيضة *blancherie, blanchisserie, lieu où l'on blanchit*, Bc.

مبيّض *blanchi avec de la céruse*, Alc. (alvayaldado). — *Premier plan ou dessin, ébauche*, Alc. (falsa traçadura).

مبيّض *celui qui blanchit une muraille avec de la chaux*, 1001 N. I, 634. — مبيّض النحاس *étameur*, Bc.

مبيضة *transcription, mise au net, en général livre, exemplaire*, Mong. 4 et suiv. Chez Lane c'est مبيضة; la prononciation que j'ai donnée est dans le Voc. (v° nota, et بيّض *notare*).

بيضنجان بادنجان *mélongène, aubergine*, Bc. — بيضنجان قوطة *pomme dorée, pomme d'amour*, Bc.

بيع I c في p. (*vendre à*), Akhbâr 45, 9 (où il faut lire: وببيعهم), 10; c. على p., Gl. Maw., Ztschr. XX, 509, 5; c. a. p. et ب r., ibid. 510, 9. — باع

بيع

من نفسه الله *il fit à Dieu le sacrifice de sa vie*, Bat. IV, 30, 196, Berb. I, 127, 128, ou simplement باع من الله, P. Berb. II, 289, 8 a f.; chez Bc: حمل حملةً مَنْ باع نفسه بأخس ثمن *il chargea l'ennemi en désespéré.* — يُباع *aliénable, vendable*; لا يُباع *inaliénable, invendable*, Bc.

II *vendre, aliéner*, Ht. — *Concéder, approuver*, Voc. — *Canoniser*, Alc. (canonizar). — *S'humilier*, Roland.

III c. على p. *faire un complot avec* (مع) *d'autres personnes contre quelqu'un*, Bidp. 242, 4.

IV c. الى p. *vendre à*, Amari Dipl. 207, 1 et 2.

VIII *vendre*, J. A. 1844, I, 411.

بَيْع. Le pl. du pl. بيوعات, Formul. d. Contr. 2: اشتراه منه بثمن كذا بيعا صحيحا قاطعا سلك به ما جرت عادة المسلمين في بيوعاتهم. — *Loyer* (Lane), cf. Gl. Belâdz.

بَيْعَة *une vente*, Bc. — *Forfait*, marché à perte ou à gain, Bc. — *La chaîne d'une toile*, Voc. — Le mot بيعة, *église*, se prononçait en Espagne بِيعَة, Voc., Alc. (iglesia); il signifiait aussi *synagogue*, Alc. (sinagoga ayuntamiento de judios).

بيعة البيعة المقدسة *l'Église, l'assemblée des fidèles*, Bc.

بِيَاعَة *commission, ce qu'un commissionnaire perçoit pour son salaire*, M.

بَيَّاع *regrattier, petit marchand*, Bc; dans le même sens que بَيَّاع (voyez), *celui qui vend des légumes, du poisson en saumure*, etc., 1001 N. Bresl. I, 193, 5 et 6, où il n'est pas nécessaire de changer بَيَّع (voyez aussi Lane) en بَيَّاع, comme le veut Fleischer Gl. 30.

بَيَّاع *marchand, débitant, vendeur, revendeur*, Voc., Bc, Hbrt 102, *marchand en détail*, Hbrt 100, Macc. I, 687, 12. On ajoute souvent le nom de la chose que débitent ces marchands en détail, p. e. بَيَّاع الأرز, 1001 N. III, 129, بَيَّاع الحشيش, ibid. II, 66, بَيَّاع الماء = سَقَّاء, Ztschr. XI, 513, بَيَّاع الجلاب, ibid. 515; et une foule d'exemples chez Bc. Spécialement: *celui qui vend des légumes, du poisson en saumure, du fromage, des câpres, des olives*, etc., Fleischer Gl. 30. — *Commissionnaire, qui trafique par commission*,

بيلقانية

Bc. — *Espion*, Hbrt 140, Ht (qui prononce بيّاع).
— Le fém. بَيَّاعَة chez Bc; بَيَّاعَة قشطة *crémière*.

متاجر بائعة. بائع *des marchandises qui trouvent aisément des acheteurs*, Gl. Edrîsî.

مَبَاع *l'endroit où l'on vend quelque chose*, Gl. Belâdz.

مَبِيع *une vente*, Hbrt 102.

بيك (turc), *bey*, forme au pl. بَيْكَوات, Bc, M, et بَيْكَات, M.

بِيك *outil de maçon à deux têtes pointues pour tailler les pierres*, M, qui dit que c'est en persan بيك; je crois que c'est le français *pic*.

بيكاسون *bécassine*, Bc.

بَيْكَر I *compasser, bien proportionner*, M.

II quasi-pass. de I, M.

بَيْكَار (*guerre, combat, campagne*) forme au pl. بَيَاكِير, Maml. I, 2, 18.

بِيكار, de même que پركار, pers. پرگار, *compas*, Bc, M, 1001 N. III, 91, 5, Bresl. I, 249, 3; قاس بالبيكار *compasser*; على البيكار *par compas et par mesure*, au fig., *avec beaucoup d'exactitude*; مشى على البيكار *compasser ses actions, les bien régler*; نظره على البيكار *avoir le compas dans l'œil, mesurer juste à la vue seule*, Bc.

بيكارى *compassé, bien proportionné*, M.

بَيْكَارِيَّة pl. بَوَاكِير *plaque*, comme traduit Quatremère, Maml. II, 2, 70, 7 a f., 6 a f., 71, 6 et 9; peut-être cette plaque a-t-elle été nommée ainsi, parce qu'elle avait la figure d'un cercle décrit avec le compas.

بِيلْسَان *sureau*, Bc (= بلسان), Hbrt 183, qui donne aussi بيلاسان

بيلقانية. Dans l'éd. de Bresl. des 1001 N., I, 149, 8, on trouve nommé parmi les pâtisseries: ومشبك بيلقانية; l'édit. de Maen. et celle de Boul. n'ont pas le second mot, et comme le masc. مُشَبَّك ne s'accorde pas avec la forme du fém. de l'autre mot, je serais tenté de lire بَيلقانية. C'était peut-être une pâtisserie qui tirait son nom de la ville de Bailacân, dans la Grande Arménie.

بِيلَة (Alc. et Lerchundi ب) (esp.) *le bassin d'une fontaine*, Alc. (pila de agua; Wright, Gl. Djob., a traduit pila par «auge,» comme il a trouvé dans le dict. de Nuñez; mais Victor donne «un bassin de fontaine;» en ital. pila a la même acception), Macc. I, 126, dern. l. et toute la page 127, Djob. 50, 14, 199, 15. Dans le Cartâs 36, 8 a f.—37, 14 (cf. 41, 15) on trouve la description d'une خَصَّة et d'une بِيلَة. Chez Alc. ces deux mots sont synonymes; il traduit l'un et l'autre par «pila de agua.» Defrémery (Voyages d'Ibn Batoutah dans l'Asie-Mineure p. 49) a dit que khaçça désigne le bassin supérieur d'une fontaine, et que bîla en indique le réservoir ou le bassin inférieur; mais c'est, de son propre aveu, un *lapsus calami*, et c'est le contraire qu'il a voulu dire; en effet, on lit dans le Cartâs (37, 1 et 2): «Quand la bîla est pleine, l'eau descend dans la khaçça.» — *Fonds baptismaux*, Alc. (pila de bautizar). — *Poisson* (الحُوت), M.

بِيلُور *sorte de terre argileuse dont on se sert au bain, comme de savon*; cimolie, Bc.

بِيلِيك مَرْكَب بِيلِيك *vaisseau de guerre*, Bc.

بير I, dans le sens de *se manifester*, etc., aor. *a* chez Bc, et le n. d'act. بَيْنُونَة, Haiyân 78: كان مع بسالته شاعرا محسنا قديم البيوتة (l. البَيْنُونَة) مكانه في المصاف بعهد الامير محمد ۞

II *spécifier; — vérifier; — convaincre*, Ht. — Chez Alc. aprovar; c'est dans le sens de *prouver* (Nebrija, Victor), car telle est la signif. du verbe arabe; Lane: بَيَّنَهُ *he proved it*; Voc. probare. — بَيَّنَ حُكْمَهُ *faire claquer son fouet, faire valoir son autorité*, Bc. — بَيَّنَ دَعْوَى *plaider une cause*, Bc. — بَيَّنَ صُورَةً *rendre, représenter une figure*, Bc. — بَيَّنَ اللَّفْظ *articuler, prononcer nettement*, Bc.

III c. من *contraster, faire un contraste*, Bc. — *Distinguer le vrai et le faux*, Mohammed ibn-Hârith 334: كان القاضى شديد المباينة للحقّ قليل المدارات فيه. — C. a. *surpasser*, Gl. Maw. — C. ب r. *montrer, manifester*, Haiyân 69 r°: باين سعيد بن مستنّد ثم باين اخر ذلك كله ۞ r° 69, بخلعان الامير عبد الله بالانتكاث وجاهر بالخلعان ۞

IV avec عن نفسه *plaider sa cause*, R. N. 73 r°, en parlant d'un cadi qui avait été arrêté: اباين عن نفسه وكشف عن الشبه المرفوعة عليه ۞

V *se distinguer, se signaler, se produire, se faire connaître, ressortir, produire de l'effet par contraste*; avec من غيره *marquer, être marquant*, Bc. — *Paraître à travers un corps transparent*, Alc. (trasluzirse). — *Être prouvé*, Voc. — *Être expliqué*, Voc. — C. a. *apercevoir, voir, voir distinctement, découvrir*, Gl. Edrîsî, Becrî 121, 4, Most. v° سندروس: ويقال ان اهل الهند يفرغونه على موتاهم ليتبيّنوا منهم (مَن قُمْ l.) فى كلّ وقت; chez Badroun ٦٦, 3 (cf. notes 54) on peut traduire simplement *voir*.

VI c. من *contraster, faire un contraste*, Bc. — بَيْنَ بَيْنَ مكّة بين البصرة الى مكّة «*entre Baçra et la Mecque*,» Gl. Abulf. — بَيْنَهُمْ بِالبَيْن ou لبين, ou avec ل, ou avec مع, est dans le Voc. *ad invicem*, synonyme de بين البينين *entre deux*, Bc. — بَعْضَهُمْ لِبَعْض.

بائن *intervalle*, Ht.

بَيْنَة (esp.) *peine, châtiment*, Alc. (pena).

بَيَان *distinction, explication*, Bc. Quand un mot est écrit indistinctement dans un man., on le répète sur la marge, en ajoutant: بيان. — *Compte, récit, rapport*, Bc. — *Document, preuve, renseignement, adresse, mémoire, état, inventaire, factum, mémorial, placet*, Bc, Gl. Belâdz. — *Programme*, Bc. — *Tableau, ouvrage contenant la description d'un pays, d'un art, d'une science*, Bc. — بيان البيت ou بيان *adresse, indication du domicile*, Bc. — بيان المطرح المختصر *relevé, t. de finance, de commerce, extrait des articles*, Bc. — بيان كتاب *tarif*, Bc. — بيان الاسعار *prospectus*, Bc. — بيان علم *inventaire*, Bc. — علم بيان الدفع *bordereau*, Bc.

بَيَانِى *caractéristique*, Bc.

بَيُّونى (de Bayonne) *galion, sorte de vaisseau de haut bord*, Alc. (galeon).

بَيِّنَة dans le sens de *témoignage*; le quasi-pl. بَيِّنِين dans le Voc. — *Témoin*, Voc., Mohammed ibn-Hârith 238: زِدْنِى بَيِّنَة «citez un second témoin.»

تَبَايُن *contraste*, Bc.

تَبْيِين *spécification*, Bc.

مُبَايَنَةٌ حرف الْمبَاينَة adversatif, particule adversative, qui marque l'opposition, la différence, Bc.

متباين ۔ متباينون des souverains indépendants (de Slane), Berb. I, 442, 2. — عدد متباين , t. de mathém., aliquante, nombre qui n'est pas exactement contenu dans un autre, Bc.

بينب C'est ainsi qu'il faut prononcer ce mot que Freytag écrit بَيْنَبٌ; Bait. I, 468 a, l'épelle. C'était en Espagne la δάφνη ἀλεξανδρεία et aussi la chamædaphne de Dioscorides. Chez Bc thymélée, lauréole, garou; sous lauréole il a aussi les voyelles que donne Freytag.

بينباشي chef de bataillon, Bc.

بيه (turc) pl. ات bey, Bc.

ت

تا, abréviation de حتى, afin de, afin que, Bc.

تابل الحوت centaurea fuscata Desf., Prax R. d. O. A. VIII, 281. — Huile faite d'olives vertes, Jackson 85 (tabaluht).

تابان, en pers. un adjectif, « brillant, » est employé à Damas comme un substantif, le brillant d'une lame, Ztschr. XI, 520, n. 43. On y dit aussi: « une lame de tâbân, » dans le sens de: un vrai damas, ibid. 485.

تابوت reliquaire, Alc. (reliquario), cf. Djob. 102, 16; — endroit où l'on garde les reliques, Alc. (sagrario secreto del templo). — Hune, gabie, Alc. (gavia de la nave). — Poupe, arrière de vaisseau, Alc. (popa de nave o navio). — Petit monument oblong et en bois, qu'on élève sur la voûte d'un tombeau, Lane M. E. I, 359. — Espèce de machine hydraulique, Lane, M. E. II, 31.

تَابُوتٌ lucellum, L, mot que Ducange explique par feretrum.

تَاخْتَجْ (pers.) sorte d'étoffe qu'on fabriquait à Naisâbour, de Jong.

تَارْشَتَةٌ (Daumas MS) vermicelle, Daumas V. A. 252 (tarecheta).

تَازُوتْ (berb.) sorte de poisson au Maghrib, Bat. II, 217.

تَازَرْدِيَّة (berb.) raton de l'Atlas, Cherb.; sans le préfixe, زَرْدِي, raton, Roland; zerdi, Herpestes Numidicus Cuv., the Numidian ichneumon, Tristram 383; zordani, mus Barbarus Linn., the striped mouse, id. 385.

تَازِي est le mot berb. pour maison, Becrî 157, 1; taskha, maison, Lyon 315; tezaka, cabane, Daumas Kabylie 22; teschka, chambre aux provisions, Barth V, 712.

تَاسَرْغَنْت (berb.) la racine du telephium imperati L., qui croît spontanément dans l'ouest de l'Algérie et principalement dans le Maroc, et qui entre dans la composition des parfums, Bat. IV, 394, Léon 774 (tauzerghenta), Marmol III, 21 d (tansarguent), Prax 4, 21 (serghin) et dans la R. d. O. A. V, 20, VI, 341, ibid. XIII, 85 (serghrin), Carette Géogr. 94 (serrin), Tristram 155 (s'rrhine), Daumas Sahara 285 (acerr'ïa); Bait. I, 124, en parlant du البربر: بخور البربر; وبالبربرية اوسرغنت ويقال سرغنت ايضا leçon de B; A أوسغند; II, 11 c, où il faut lire avec A: سرغنت بخور, nom berbère du البربر, وسرغند ايضا ويقال اسرغنت. On trouve تاسرغينت comme le nom propre d'une femme, Berb. II, 239, 11. Capell Brooke II, 86, 87: « a root called tasserint; it is employed in washing hayks and woollen stuffs; being collected and dried it forms an article of some considerable trade. It is also, I believe, used by the Moorish women for the purpose of rendering themselves plump; and is sometimes mixed with the kouskousu for this purpose. The root is something like horseradish. »

تَاسْكْرَة (berb.) platane, Cherb. — Une carduacée mangée par tous les bestiaux, Prax R. d. O. A. VIII, 280 (teskra); carduus sphærocephalus, Pagni MS (tesekăra).

تَاسْلْغَة (berb.) globularia alypum L., turbith, Prax R. d. O. A. VIII, 281.

تَاسْممْت (berb.). C'est ainsi qu'il faut lire, à ce qu'il semble, au lieu de تسممت chez Golius et Freytag; c'est du moins la leçon de nos deux man. de Bait. I, 202 d.

تَاسُومَة pl. تَواسيم, chez Alc. تَواسِن (pour تَناسم) comme

تاسى السمـن (ainsi chez Quatremère et dans la trad. de M. de Slane, où le texte de Becrî, 182, 17, porte تاسى النسمـن, ou انسمـن الـتـاس (ibid., dern. l.), chez Prax R. d. O. A. IV, 135 (Tougourt), timchemt: « La pierre qui entre dans les constructions est tendre; c'est un sulfate de chaux terreux qui, par la cuisson, donne le plâtre gris appelé timchemt; » cf. ibid. V, 68; Tristram 155: « timschund, powder of a limestone, in which there is much chalk and very little sulphate of lime. » Longue dissertation sur « le timchemt ou calcaire saharien, » Carette Géogr. 271 et 272. On y lit: « Il en existe une carrière assez considérable dans la montagne voisine du village de Bou-Noura, » ce qui peut servir à corriger le nom propre dans le passage de Becrî: وفى بـونـو معـدن للتاس انسمـن ايضـا ۞

تاغنْدَسْت (berb.) (pyrèthre) (cf. de Goeje sur Edrîsî p. 14) s'écrit aussi تبغنطست; l'auteur du Gl. Manç. dit que le عاقرقرحا est inconnu au Maghrib, et que beaucoup d'auteurs se sont trompés en pensant que c'est التبيغنطست. La forme تغندس, qui est donnée par le Most., se trouve aussi chez Alc. (tagândeç sous pelitre rayz conocida). Gantâs chez Carette Géogr. 255, قنْطُس chez Cherb.

تاغَرت (berb.) grès, Cherb.

تافسيا thapsia, voyez تافسيا.

تاغْفَة (berb.) espèce de chardon, Daumas V. A. 381.

تاغْوت (berb.) carduncellus pinnatus, Prax R. d. O. A. VIII, 281.

تاقَثـرة pl. تَواقر vas, Voc., boîte, petite boîte, Alc. (buxeta, têqra, pl. tequêr). M. Simonet pense que c'est un dimin. de theca, thecula ou thecella.

تاك celle-là, Bc (Eg.).

تاكسافهر pierre à aiguiser, Most. v° حـجر المسنّ: ومنه ما يسمّى تاكسافهر وهو نـوع من هـذه دانس La la première lettre est ب; leçon de N;

تاكوت (berb.) a les voyelles تاكُوت dans N du Most. (فربيون), dans le Gl. Manç. (même article) et dans B de Bait. II, 248 b; écrit تكوت, Inventaire, تَكُّوت A de Bait. II, 249, تِيكُّوت, B de Bait. ibid. Proprement euphorbe, Becrî 152, 6 a f., Most., Gl. Manç., Bait. I, 201 c, بالمغرب الاقصا), II, 248 b (où il faut lire avec AB التاكوت, au lieu du اليالور de Sonth.), 249; cf. Tristram 155: « another dye, a purple, peculiar to Guerrara, is the seed of the tak'ouit, a desert plant, which I was unable to identify; » mais dans l'Inventaire, où on lit: ومن تكوت قنطار ونصف, ce mot doit avoir un autre sens, car le فربيون y est nommé dans un autre endroit. En effet, on a appliqué ce terme à d'autres substances dont on se sert pour tanner ou pour teindre; Bait. I, 14: بعض اطبّاء المغرب حبّ الاثل اليوم فى زماننا هو تاكوت الدبّاغين الاثل حبّ le porte ce ; لانّه يستعمل فى دباغ للجلود nom au المغرب الاوسط, id. I, 201 c; Godard I, 215: « le takahout, teinture noire de Tafilet, provenant d'une galle de la mimosa. » Chez de Jong van Rodenburg 286, takaöet est « une teinture jaune. » Je ne sais si Guyon 211, n. 3, a en vue le même mot, quand il dit que les Arabes font de la Reaumuria vermiculata un mélange avec du shée, auquel ils donnent le nom de t'gout.

تالسَب (grec) jon-thlaspi (fleur), Bc.

تالغُودَة nom d'une plante, Daumas V. A. 380.

تالمَة espèce de scorsonère, Daumas V. A. 382; salsifis sauvage, ibid.

تالَة podospermum resedifolium, Prax R. d. O. A. VIII, 343.

تأم. pl. اتْوام jumeau, jumelle, Bc. توم

تيمان double, Ouaday 632 (« teyman » ou « tymân »).

تامجانت (berb.) espèce d'arbre, Becrî 156, 2.

تامشاورت (berb.) (meum) est écrit ainsi dans A. de Bait. I, 202 c; Sonth. س; B تامساورت.

تامكسود (berb.) = قديد en arabe, Chec. 195 v°: اللحم الذى يُتّخذ بالملح وبعضهم بالملح والتابل والخلّ ويجفف للشمس ويُرفع ونسمّيه نحن القديد ۞

تَانْبُول bétel, Bc.

تَانْغَث (?) expliqué par شِبرم, Ibn-al-Djezzâr.

تَانْغِيمْت (berb.), chez Golius et Freytag, est écrit de cette manière dans A de Bait. I, 201 b; B تَانْقِيت, Sonth. تَانْغِيت (sic).

تَانْقُولْت (berb.) *cuivre*, Gl. Esp. 348.

تَبَّ X. On dit: استَتَبَّ لَه ذَلِك, dans le sens de: « il trouva une occasion favorable, » Berb. I, 615, 5, cf. II, 134, 4 a f.; استَتَبَّ لَه الامر قليلًا « son entreprise eut d'abord quelque succès, » Prol. I, 286, 16.

تَبِيب *huppe* (oiseau), Cherb., Jackson 70, id. Timb. 334, Tristram 398, Pagni 66 (qui, en expliquant ce mot par «chirurgien,» le confond avec طَبِيب); souvent le *pic-vert*, J. A. 1850, I, 395.

تَمَاتِحَة *tablier que portent les serruriers*, Domb. 96.

تَبْر

تَبُّور = تَبَّار de la langue classique, Voc. (écrit تُبُور).

تَبْرِنَة (roman) *taverne, auberge*, Hbrt 188, Ht.

تَبْرُورِي *grêle*, Hbrt 166 (Afrique), Bc (Barb.), Barbier, Cherb., Ht.

تَبْرَاق, تَبْرَرِق = الخَتِم *sceau*, Payne Smith 1162.

تَبْرَة *pierre à bâtir*, Ht.

تَبَس

تَبَّاسِي ou طَبَّاسِي *plat*, Martin 79, pl. تَبَاسِي, Bc; *assiette*, تَبَّسِي, Ht, qui écrit le pl. تِيبَاسِي. Cf. sous le ط.

اتَّبَّس *à peine*, Ht.

تَبِع I *dépendre, être dépendant, en parlant d'une chose; ressortir à, être du ressort, de la juridiction de*, Bc. — *Compéter, appartenir à*, p. e. لَه ما يخص « tout ce qui compète et appartient dans la succession;» يتبعني مِنه النصف « il m'en appartient une moitié, » Bc. — *Accompagner le chant*, p. e. انا اغنى وانت اتبعني « je chanterai, accompagne-moi, » Bc. — *Côtoyer, aller le long de*, p. e. البَرّ et جَانِبًا, Bc. — *S'accommoder à, se conformer, se soumettre, se rendre conforme à*, Bc, Alc. (convenir a otro). — C. a. p. *éclairer, épier la conduite*, Bc. —
Dans le Voc. *inducere*, synonymes أدّى et استَقرى

— L'expression تبع العشرين من سنَه, dans mes Notices 181, note, l. 3, semble signifier: « il comptait environ vingt ans;» les mêmes leçons dans le man. de M. de Gayangos.

III *se conformer, se soumettre à* (cf. sous la Ire), Bidp. 86, 1, 206, 7, où il faut lire المتابعة, au lieu de المبالغة, cf. les notes crit. — C. فِي r. *continuer à faire une chose*, Haiyân 13 v°: وتَبع في تَعليل الحُمى والطافه حتّى افاق من عِلَّته ۞

V *poursuivre, continuer ce que l'on a commencé*, Bc. — Dans le sens d'*observer*, etc., ce verbe se construit ordinairement c. a. p., mais aussi c. على p, p. e. كان البر ديوان التوقيع والتتبع على العُمَّال, Gl Fragm. — *Revoir, corriger*, Notices 20 et suiv.

VI. Biffez chez Freytag la 1re signification, qui appartient à la IIIe forme, Gl. Belâdz.

VII *s'accommoder, s'accorder*, Alc. (abenirse, convenirse con otro).

VIII dans le sens de la Ve, Haiyân 91 v°: رحل العسكر متبعا اوطان المخالفين. — *Obtenir, impétrer* Alc. (conseguir).

تَبَع. On dit: لِتَبع مَن هذه الفرس « à qui appartient cette jument?» تَبعي « elle m'appartient, » Bc.

تَبع *accessoires*, v. d. Berg 48. — *Subordination; subordonnement, en sous-ordre;* جعله تبعًا على التبع subordonner, Bc. — *Suivant, selon, à proportion*, p. e. تبع ما يقول لي « c'est suivant ce qu'il me dira, » Bc. — *Remise, renvoi au lendemain*, Alc. (entrepostura de dia).

تَبعِي *servile, littéral*, Bc.

تَبعِيّة *suite, ce qui suit*, Bc. — *Dépendance*. — *Subordination*, Bc. — *Servilité, exactitude servile*, Bc. — *Vasselage*, Bc. — بالتبعية *conséquemment; accessoirement*, Bc. — تبعية اسم لاسم *apposition*, Bc.

تَبَّاع *consécutif*, Gl. Manç. in voce: معناه متتابع اى متَوالٍ ۞

تبغ

تَبُوع, epithète d'un chien de chasse, *qui poursuit vivement le gibier*, Diwan d'Amro'lkaïs ٣٣, vs. 14.

تِبَاع امَّهِ *amant de servantes*, Kâmil 516, 15; تِبَاع صِغَار *pédéraste*, 1001 N. Bresl. VII, 54, 2. — تِبَاع الشمس *helianthus annuus L.*, Prax R. d. O. A. VIII, 283.

تَابِع *domestique, valet*, Gl. Belâdz., Haiyân-Bassâm III, 142 r°; pl. اتْبَاع *gens, domestiques mâles*, Bc. — *Ecuyer*, Voc. — *Satellite, suppôt*, Bc. — *Vassal*, Bc. — *Accessoire, secondaire*, Bc. — *Immédiat*, Bc. — *En sous-ordre, subordonnément*, Bc. — C. ل *mouvant, qui relève d'un fief*, Bc. — *Succursale, petit établissement fait pour aider au plus grand*, Bc.

تَابِعَة pl. تَوَابِع *appartenance, ce qui appartient à, ou dépend d'une chose, d'une terre*, Bc, Gl. Maw. — *Corollaire, conséquence tirée d'une proposition*, Bc. — *Démon d'une femme, voyez sous* قرينة. — *Satellite, petite planète qui se meut autour d'une grande*, Bc. — *Queue* (de quadrupède), Hbrt 58 (Alg.).

اتِّبَاع *usages établis*, Roland.

تَتْبِيع *terme technique que l'on emploie quand un poète, au lieu de nommer un objet, le fait connaître par l'énumération de quelques-uns de ses attributs*, Gl. Badroun.

مُتَابِع *une tradition qui correspond à une autre, soit pour le sens, soit pour les expressions; mais elle ne reçoit pas cette désignation à moins que les deux traditions ne proviennent du même Compagnon*, de Slane Prol. II, 482.

تبغ

تبغ *tabac*, M.

تبل

تَبَال = تَبَّل, Diw. Hodz. 30, vs. 19.

تبول *assaisonnement;* تبول فلفل *poivrade*, Bc.

تَابِل Le pl. تَوَابِيل dans le Voc., et اتابل chez Bait. I, 85, 1: يبيعه البقال مع الاتابل. — *Coriandre*, Bc, Pagni MS, Prax R. d. O. A. VIII, 345. — *Sorte d'achillea, dont la feuille bouillie est bonne à manger, et dont la graine forme une pâtée très-nourrissante, qu'on emploie pour donner de l'embonpoint aux filles à marier*, Pellissier 347. — التابل الرومي هو بزر الجدر (الجزر ا) البرى, Ibn-al-Djezzâr.

تبليونة

تَبْلِيُونَة *nom d'une plante*, Daumas V. A. 380.

تبن

تبن II (de l'esp. *tapon*, «bouchon») *boucher une bouteille, etc.*, Voc.

V *être bouché* (bouteille, etc.), Voc.

تِبْن ou تَبْن *forme au pl.* اتْبَان, Maml. I, 1, 120. — Le تبن مَكّة *est le* الاخر *andropogon schoenanthus*, Bait. I, 202 f; on l'appelle aussi تبن حَرَمي, Most. ٢° الاخر. — طريق التبن *voie lactée*, Bc.

تَبَّان *bourrelier*, Prax R. d. O. A. VI, 276. — *Grenier à foin*, M.

تَبُّون pl. تَبَابِين *clepsydre*, Voc.

تِبَانَة. التبانة (ou درب) درب *voie lactée*, Hbrt 161, Bc, M.

توبان = تبان, Payne Smith 185.

تَبُّودَك, aussi avec ذال, *celui qui vend les tripes des poulets*, M, qui dit que c'est persan.

تَتَرِي et تَتَر *courrier*, Bc, M.

تَتَرِيَّة *un kabâ, fait à la façon tatare; il était composé de soie unie et garni de bordures d'étoffes d'or*, Notices et Extr. XIII, 213.

تتن

تتن *tabac*, Bc, M.

تجر

تجر III c. a. p. et في r. *commercer, trafiquer*, Gl. Edrisi, Voc., Bc, Valeton ۱۰, 3 (où il faut ajouter الله, voyez p. 100) et 19, n. 6; يتناجر فيه *commerçable*, Bc. — C. a. p. *lésiner avec quelqu'un*, Berb. II, 42, 7 a f.: والله لقد تاجرنى فيما اهديت اليه حطًّا للقيم «Par Dieu! il a lésiné avec moi et a voulu déprécier mon cadeau» (de Slane).

تِجَار Vers de Ferazdac dans de Sacy Chrest. I, 256, 1:

ان الشباب لرابح من باعه   والشيب ليس لبائعه تجار

«Certes, celui qui achète la jeunesse fait une heureuse spéculation; mais à acheter les cheveux blancs, il n'y a rien à gagner.»

تِجَارَة *forme au pl.* تَجَائِر, *marchandises*, Gl. Edrisi. — En parlant d'une personne en pouvoir d'autrui, *le pouvoir de disposer de son pécule*, v. d. Berg 32.

تِجَارِيّ *commercial, mercantile*, Bc.

تَاجِر en Espagne particulièrement: *bijoutier, joaillier*, Alc. (joyero que vende joyas); — en Egypte: *marchand drapier*, et aussi: *marchand d'habits, d'armes, etc.*, Lane M. E. II, 16.

مَتْجَر pl. مَتَاجِر *marché*, Gl. Edrîsî. — *Pacotille, petite quantité de marchandises*, Bc.

مَتْجَر *marché*, Abdarî 117 v° (Oran): وفي موسى تلمسان واقطارها ومتجر تلك النواحى; les voyelles sont dans le man.

نجه.

نُجَاهَة *vis-à-vis*, Voc.

تحت adv. خرج من تحته *se mettre hors d'atteinte*, faire en sorte qu'un autre ne puisse vous atteindre, Koseg. Chrest. 69, 5. — تحت الليل *à la faveur de la nuit*, Bc. — Comme on dit: تحت فلان فلانة «un tel a une telle pour épouse,» on dit aussi, mais improprement: مات تحتها زوجان «deux époux, qu'elle avait eus, étaient morts,» Bat. IV, 143. — من تحت *en cachette, en-dessous, sous main, secrètement*; ضحك من تحت لحين *rire sous cape*, Bc. — فوق تحت *à l'envers, le dessus dessous*, Bc. — Subst. *parties honteuses*, 1001 N. IV, 485, 12, 486, 10. — *Le milieu et le devant d'un vaisseau*, Burton I, 168 n.

تحتى, avec l'article, *le doigt annulaire*, Domb. 86.

تحتاني *subalterne*, Bc. — *Couvert, dissimulé*, Bc.

— هذا الغرض له تحتاني «il y a dans cette affaire un dessous de cartes,» Bc. — Nom d'un vêtement qu'on portait sous un autre, Aboulf. Ann. V, 344: تحتاني اطلس اصفر. En comparant les paroles *ibid.* V, 80 et 294: قباء اطلس اصفر تحتاني, je serais porté à croire que c'était une espèce de *kabâ*. Cf. تحتانية.

تحتانية nom d'un vêtement qu'on portait sous un autre, Vêtem. 94—5. Cf. تحتاني.

تحف II *enjoliver*, Bc.

مَتْحُوف *donné en cadeau*, Voc.

تحن ضاعت تحانته *perdre contenance*, Bc.

تخ I *pourrir* (bois, etc.), Bc.

تِخَاخ *lambeau, partie détachée d'une chose usée*, M.

تَخِن *pourri*, Bc.

تَخاريص pour دخاريص chez Bar Ali éd. Hoffmann n° 4242.

تخت II Voc. sous *tornum*. — *Parqueter, mettre du parquet dans un lieu*, Bc.

تخت *bois de lit, chalit, couche* (le seul bois de lit); *couchette* (petit lit), Bc, Hbrt 203. — *Echafaud pour placer des spectateurs*, Bc. — *Arbre de pressoir*, Alc. (viga de lagar); aussi: *pressoir*, Voc., Alc. (lagar de viga, prensa, torno para prensar), Domb. 96. — *Gros, épais*, p. e. رجل تخت *gros homme*, Bc. — تخت رمل *tablette de géomancien*, 1001 N. I, 866, 2 et 3, II, 237, les 3 dern. l. (2 a f. التخت الرمل; ضرب لفلان aussi تخت *seul*, *ibid.* II, 46, 5. On dit ضرب تخت رمل, *faire pour quelqu'un une opération de géomancie*, *ibid.* II, 122, 6, 237, dern. l., III, 222, dern. l.

مَتْخُوت *triste*, Voc.

تَخْتَبُوش (pers.), *en Egypte, une des pièces du rez-de-chaussée*, Lane M. E. I, 21, II, 225; elle sert de salon pour les hommes, Burton II, 195.

تَخْتَج (pers. تخته) pl. تخاتج *planche*, M, Abou'l-Walîd 649, n. 76.

تَخْتَرْوَان pour تختروان, *litière* (Lane sous تخت), 1001 N. IV, 611, 4 (= Boul.) et constamment dans ce récit.

تخم II *causer une indigestion*, Voc. — *Borner, aborner un champ, une route*, L. (termino (finio)), Alc. (deslindar heredades, mojonar camino, deslindador (مُتَخِّم), Abou'l-Walîd 122, 1.

IV *causer une indigestion*, Voc.

VIII *souffrir d'une indigestion*, Voc.

تخم *district*, Bc. — *Chaos*, L (kaos وظلمة).

تُخْمَة *pituite*, Domb. 87. — *Tristesse*, Voc.

مَتْخُوم *triste*, Voc.

تَدّ pl. تُدُود *mamelle*, Voc.

تر.

تَرّ بين التَرّ والفَرّ *périnée, espace entre l'anus et les parties naturelles*, Bc.

تَراخ severelle (poisson), Burckhardt Syria 166.

تَرا (lat.) dans une charte sicilienne, *seigneurs terriers* (*terrarii*), *vassaux*, J. A. 1845, II, 318, 2 a f., 319, 7; cf. 334.

تَرا (Daumas MS), faucon, le plus grand des oiseaux de race, Daumas R. d. O. A. N. S. III, 235 (terakel); terakell = عَارِم, femelle du lanier grande espèce, Margueritte 176; Guyon 221 écrit *tarkli*.

تَرَّب II *crépir, enduire de mortier* (un mur), Alc. (enbarrar). — *Être réduit en poussière*, M.

IV *enrichir*, Voc.

تُرْبَة, que de nos jours on prononce quelquefois تَرْبَة, *argile qui remplace le savon*, Alc. (greda para adobar paños = طَفْلَة), Daumas Sahara 243 (terba). — *Terre blanche qu'on substitue au plâtre*, Carette Kab. I, 307. — *Terre grisâtre, spécifique des maladies syphilitiques*, d'Escayrac 92 (tereba), Ghadamès 351. — تُرْبَة بَرْقَة (terre de Barca) espèce de terre qui est d'un blanc tirant sur le jaune; il s'en exhale une odeur sulfureuse, Auw. I, 97, 7. — تُرْبَة العَسَل est un des noms de la *garcinia mangostana*; on l'a appelée ainsi, surtout dans l'est de l'Espagne, parce qu'elle servait à faire fermenter le miel; Most. v° هو تربة العسل وهو حب كالحمص ابيض : جوز جندم الى الصفرة ــــ وهي التربة التى ينبذ بها العسل فيشتد Becrî 5, l. 15; Chec. 217 r°: c'est dans l'est de l'Espagne qu'on emploie تُرْبَة العَسَل pour faire fermenter le miel; Bait. I, 274 b, où l'on trouve aussi التربة seul dans le même sens. — *Mausolée* ou *mosquée construite sur un tombeau*, Vêtem. 330, n. 6, Ryn-Acker 25, Thévenot I, 298, Djob. 42, 10 etc., très-souvent chez Bat., *mausolée*, Bc.

تُرَبِي *fossoyeur*, Bc, Hbrt 215, Lane M. E. II, 295 n.

تُرَاب *mélange de chaux et de sable, mortier*, Gl. Bayân 30. — تُرَاب أَرْمِي *bol d'Arménie, pierre arménienne*, Bc. — التراب السلقى *terre de Thessalonique* (Clément-Mullet), Auw. I, 97, 3 a f. — تُرَاب الشارِدَة (AB) *terre d'ach-Chârida*, qui est le nom d'une île près d'Iviça (je suppose que c'est Formentera); cette terre sert à tuer les sangsues, Bait. I, 208 b. — تُرَاب صَيْدَا *terre de Sidon*; on la tire d'une caverne qui se trouve près d'un village du territoire de Sidon, et l'on s'en sert dans le traitement des fractures,

Bait. I, 207 c. — تُرَاب الفَخَّار *argile, glaise*, Bc. — تراب الهالك, chez Freytag et Bc, est une faute contre la grammaire; il faut التراب الهالك, Bait. II, 57 h, 104 b.

تُرَابَة حَمْرَاء *rocou* ou *roucou*; — *rubrique, sorte de terre rouge*, Bc.

تُرَابِي *terreux, mêlé de terre*, Voc., Bc. — *Gris*, Ht. — اصحاب الاعمال الترابية *les géomanciens*, Bait. II, 15.

تُرَيْبَة *espèce de terre laxative*, Pallme 121.

مُتْرَب pl. مَتَارِب *terroir, cru, terre considérée selon ses qualités*, Alc. (terruño linage de tierra).

مترَبَة chez Macc. I, 515, 2, pour مضْرَبة, *marteau*, Lettre à M. Fleischer 62.

تِرْبَاغَة *la chaussure d'été du voyageur*; elle consiste en une semelle de peau de bœuf ou de chameau, fixée par quatre ou cinq bouts de ficelle noués sur le pied, Carette Géogr. 181, Sandoval 311.

تُرْبِد (le تَرْبَد de Freytag n'est pas correct; le syriaque a l'*i* long) *convolvulus turpethum*, voyez Vullers et Payne Smith 1452. — تربد معدنى *turbith, minéral, précipité jaune de mercure*, Bc.

تَرْبَس I = دَرْبَس (voyez) *barrer, fermer avec une barre par derrière, bâcler*, تربيس البَاب, Bc, 1001 N. I, 322, 4 a f.; — *barricader* une porte, une fenêtre, Bc.

ترباس *verrou*, Bc.

تَرْبِل *œdème, enflure des membres et autres parties du corps, par suite de mauvaises digestions, d'hydropisie, etc.*, Sang. — *Médicament purgatif* = تَرْبِيد, Sang.; *torboul, drogue*, Descr. de l'Ég. XVII, 394.

تَرَبِنْتِينَا ou تَرَبِنْتِينَة *térébenthine*, Bc, M.

تَرَنْتِيك *outil pour tailler les pierres*, M.

تَرْتَن I *bredouiller*, Ht. — En Syrie, *s'enfler* (chair), M.

تَرْجَم I. ترجم الكتاب *diviser un livre en chapitres*, Voc. — *Intituler* un livre, un chapitre, avec بـ du titre, Gl. Badroun, Prol. II, 296, dern. l., 401, 13, 14 et 15.

تَرْجَمَة, *traduction*, a le pl. تَرَاجِيم chez Abou'l-Walîd 703, 13 et ailleurs. — *Les lignes qui se trou-*

vent en tête d'une lettre et qui contiennent le nom de celui qui l'a écrite, ainsi que le nom de celui à qui elle est adressée, ترجمة عنوان الكتاب, Macc. I, 237, 3. — *Trait de plume*, Alc. (caso de letra, que Nebrija traduit par ductus litteræ). — *Editio* ترجمة ووضع, L. — *Epitaphe*, Alc. (petafio). — *Enigme?* Macc. I, 503, 6, en parlant d'un Soufi: وكان صالح الفكرة في حل التراجم. — *L'emploi de drogman*, Amari Dipl. 143, dern. l., 203, 8 (le premier ترجمة). — *L'argent qu'on donne au drogman pour ses services*, Amari Dipl. 106, 9, 203, 7, 8 et 9.

تَرْجُمَان. Le Voc. donne comme pl. تَرَاجِمَة et تراجم, Bc. تراجمين — *Dictionnaire, glossaire*, Bc.

مُتَرْجِم. Bien que l'on dise: ترجم فلانا, « écrire un article biographique sur quelqu'un » (Lane, Macc. I, 547, 14, 582, 7, Meursinge ٣, 2 et 125), on dit cependant: المترجم به, pour exprimer: *celui dont traite cet article*, Khatîb 30 r°, 33 v°, 36 v°.

ترح I est employé par Saadiah pour נפל (Niphal de נפל, *recessit*) dans ps. 78, vs. 57, et ps. 129.

تُرَاح est الماعز الجبلي, Man. Escur. 893 (cf. Casiri I, 319 a).

تُرْدَة (esp. tordo) *grive* (oiseau), R. N. 48 r°: وفتح الجراب فاخرج منه منديلا فيه اثنتا عشرة تردة ما (sic) رايت مثل بياض شحومها وهي مسلوقة, C'est dans ce récit le synonyme de زرزور ابيض, et chez Alc. *tordo* est زرزور. Cf. l'article qui suit.

تُرْدلَّة (esp.) pl. تَرادل espèce de *grosse grive*, Alc. (tordencha. l. tordella ave) conocida). Cf. l'article qui précède.

ترز. تراز *dessert*, Ht.

تَرْزَازُو (berb.) *guêpe*, Pagni MS, où l'on trouve Ferzēsu, mais il faut changer le F en T, car dans le Dict. berb. guêpe est أرزاز, تَرْزَازْت.

ترس I, n. d'act. تُرْوس, c. على, doit signifier: *être accoutumé à* dans ce passage d'Edrîsî Clim. V, Sect. 1: ومرساها تُرْس الا عن معرفة وترس على ركوب البحر. J'ignore comment ce verbe a reçu ce sens, mais tous les man. (ABC) sont d'accord.

II c. ب *bloquer*, Berb. II, 146, 7, où le man. 1350 a la même leçon; mais je soupçonne qu'il faut lire عرس, comme porte ce man. dans le passage II, 155, 5, et comme on lit dans le texte II, 279, 5.

تُرْس تُرْس *barre d'une porte*, Abou'l-Walîd 113, 1 et 2; chez Lane (sous مِتْرَس). — تُرْس *Fantassins*, Martin 23.

تُرْس. تُرْس الغدر (le bouclier de perfidie); ce bouclier, que le guerrier attachait à son cou, était percé par le milieu, et l'on pouvait y faire passer le fût d'une arbalète. L'archer tenait le bouclier dressé devant lui, et au moment où son adversaire s'y attendait le moins, il lui décochait un trait, J. A. 1848, II, 223. — *Un mantelet*, une sorte de machine composée de plusieurs madriers, derrière laquelle on se mettait à couvert des traits et des pierres, Freytag Chrest. 131, 11; cf. sous طارقة. — سمك الترس *raie*, poisson de mer plat; — *turbot*, Bc.

تُرْسَة *tortue*, Ht; « poisson rond comme un bouclier, et qui mange les petits du crocodile, quand il peut les attraper, » Vansleb 79; Seetzen III, 502, IV, 518; Ztschr. für ägypt. Sprache u. Alt., mai 1866, p. 55, et juillet p. 83. *Trionyx œgyptiaca* Geoffr.

تريس *infanterie*, Hbrt 138.

تَرَّاس pl. تَرَّاسَة *fantassin*, Bc (Barb.), Hbrt 43, 138, Cherb., Barbier, Ht, Roland Dial. 566, Delap. 177; Poiret I, 147: « deux Déras, ou soldats Maures. » — Pl. ون *charretier*, qui conduit une charrette, une charrue, Bc. — *Celui qui se sert d'un levier pour soulever des fardeaux, chargeur et déchargeur de marchandises*, Fleischer Gl. 74, n. 3.

مَتْرَس pl. مَتَارِس *barricade* (aussi متراس), Bc. — *Barbacane*, Burton I, 374. — متراس وراني *retirade*, t. de fortification, *retranchement derrière un ouvrage*, Bc; cf. Rutgers 166, 7 et 10. — *Levier*, Fleischer Gl. 74, n. 3 (aussi متراس). — Au pl. *bastingages*, Ht.

مُتَرَّسَة *rempart*, Bc.

مِتْرَاس pl. مَتَارِيس *fléau, barre de fer mobile derrière une porte, verrou*, Bc, Fleischer Gl. 74, n. 3. — *Boulevard, rempart, retranchement, épaulement*, Bc, *retranchement, redoute*, Hbrt 143; au pl. *ligne, retranchement, circonvallation*, Bc; Barth I, 37: « Die Reste einer Befestigungsmauer, Namens Mátarís. » نصب متاريسه *dresser des batteries, prendre des mesures pour*, Bc. — Voyez deux fois sous متراس

ترس, l'ital. *darsena*, voyez Gl. Esp. 205—6.

ترسن *mullus barbatus* (poisson), Bait. II, 159 c, où A et B portent: طرستوج الغافقى ويقال ترستوج.

ترسانة Les Egyptiens ont altéré de cette manière l'ital. *darsena*, qui vient de دار صناعة, *arsenal*, Gl. Esp. 205—6.

ترشم ou ترشم (ܬܶܫܡ) nom d'un remède purgatif, Payne Smith 1453.

ترش pl. تروش *écueil*, Gl. Edrîsî, Ht.

ترشى (pers.). Thévenot II, 181: « Ils (les Persans) font encore du Torschi ou confiture en vinaigre avec cette graine (graine de térébinthe), dont ils mettent les grappes toutes entières à confire dans le vinaigre; » Ouaday 576 (Tripoli): « du tourchy de Bâdindjân, c.-à-d. des pommes tomates confites dans le vinaigre; pour les Tripolitains c'est un mets fin et recherché; » Ten Years 89: « tarshia, a dish made of red pepper, onion, oil, and greens; » *cornichons*, Roland.

تراش (pers.) *couteau*, M; قلم تراش *canif*, Hbrt 112.

ترشر espèce d'arbre épineux, Burckhardt Syria 393.

ترسم voyez ترسم.

ترغل (aussi درغل) et ترغلة *tourterelle*, Hbrt 66 (Alg.), Bc, *biset*, *ramier*, Bc.

ترغ.

ترغد *cassolette*, comme traduit de Sacy Chrest. I, 179, 1.

ترفاس, qu'on prononce ترفلس (Léon 772, Marmol III, 1 d, Hœst 308, Lyon 37, Jackson 80, Carette Géogr. 259, Prax R. d. O. A. VIII, 283), ترفس (Hbrt 18) et ترفس (Domb. 61, Tristram 170), *truffes*, est un mot d'origine berbère, Bait. I, 208 d.

ترفس *s'empiffrer*, manger beaucoup, devenir extrêmement replet, Bc.

مترفس *rebondi*, arrondi par embonpoint; مترفس الوجه *mouflard* ou *moufle*, qui a le visage gros et rebondi, Bc.

ترق.

ترقوة pl. تراقى *anse* d'un vase, Voc.

ترك I exprime encore autre chose que l'idée de « cesser de; » ترك العمائم, Macc. I, 137, 12, est: *ne pas porter le turban*. — *Abroger, mettre hors d'usage, abolir*, Bc. — Dans le sens de جعل (Lane) aussi: *mettre, placer, ou croire*; جعل = ترك بفعل كذا, Gl. Fragm. — C. فى *confiner dans, reléguer dans* un lieu, Bc. — ترك نفسه *se négliger, n'avoir pas soin de soi*, Bc. — ترك من باله *perdre de vue, cesser de suivre* une affaire; — *s'étourdir sur, se distraire de*, Bc.

VII quasi-passif de la Ire, Voc. in *dimitere*, Abou-'l-Walîd 516, n. 99.

ترك pl. *terak*, *anneaux d'oreille*, dont la partie inférieure est ornée de ciselures, Cherb.

تركى *blé de Turquie, maïs*, Pellissier 345 (incorrectement *terki*). — Mode de musique, Hœst 258.

تركية *blé de Turquie, maïs*, Domb. 60.

تراك = تروك, Wright 79, 9.

التراك. تريكة sont les six ou sept œufs que l'autruche abandonne sans les couver, Calendr. 90, dern. l.

تارك *nonchalant, négligent par paresse, mollesse*, Bc. — On nomme une femme فاعلة تاركة, *faisant et ne faisant pas*, pour donner à entendre qu'elle est variable dans ses résolutions, Macc. II, 541, 13.

متروك *isolé, à qui personne ne s'intéresse, négligé*, oublié, méprisé, Bc.

متاركة *armistice, trêve*, Bc, Ht; cf. Lane sous la IIIe forme et Amari 203, 7.

تركاش (pers.) (تركش) pl. تراكيش *carquois*, Maml. I, 1, 13, Nowairî, man. 273, p. 637: بالقسى والتراكيش.

تركمانية nom d'un vêtement de femme, 1001 N. Bresl. X, 355, 9, 361, 7.

تركك ou تربك (pers.) pl. ترابيك en Syrie: *gilet ou camisole à manches, corset à manches*, Bg 799, 806; — en Egypte: *soulier de maroquin sans talon, chausson en peau*, Bg 727, 799, Bc, Hbrt 21.

ترم.

تَرْم, Ht, تُرْم, Roland, تُرْمَة, Cherb., *anus*.

شالة ترما بقَبْجَة ترما et تَرْما. *châle de cachemire*, Bc.

تَرْماخِيَة se trouve 1001 N. Bresl. IX, 270, 2, où l'éd. Macn. porte بوّابة, *portière*.

تَرْمِبَة (ital. tromba) *pompe*, Bc.

ترمس.

تُرْمَسَة *pastilles*, synonyme de اقراص الملك (voyez), Sang.

تَرْمُوس, n. d'un. ة, *lupins*, Voc.

تَرْمِنان *eupatoire*, Bc.

تَرْمِنْتِين *térébenthine*, Bc; chez Alc. (trementina) et Ht avec le ة.

ترن.

تَرِين (نظير), *semblable, égal*, M.

تَرْنَج. Une variété de ce fruit porte le nom de تَرْنَج سُلْطاني, 1001 N. Bresl. I, 147, dern. l.

تَرْنَجي adj. de ترنج, Voc. sous *citrinum pomum*. — *Canari, serin*, Bc. — Espèce de grandes dattes, Pagni 136 (trungi); p. 149 parmi les dattes: «*trurg* (sic), cioè cedri, lunghi, rossi, oscuri, grassi, e saporiti.» وهو باذرنجبه: تَرْنَجان, Most. v° تَرْنَجاني adj. de ترنجان للصيف الترنجاني ٭

تَرْنَجْبِيل *genêt d'Espagne*, à fleurs jaunes, odorantes, Bc. — = ترنجبين, Payne Smith 1471.

تَرْنَجِيل *citronnelle, mélisse*, Alc. (torongil yerva abegera). C'est proprement تُرْنَجان, qui en val. est devenu *tarongina*, en esp. *torongil*; cette dernière forme a été adoptée par les Maures de Grenade.

تَرْنِشان *aubifoin, bluet*, Bc.

تَرْنَكَر (l'esp. *atracar*?) *aborder un vaisseau, y monter par force*, Bc (Barb.).

تَرْنَكِيت (esp. *trinquete*) *mât de misaine*, Hbrt 127 (Alg.).

ترە.

تَرْقَة = تُرُوقَة, Voc. (fabula).

تَرْهُلَة plante qu'on employait au Maghrib à la place du غافت, avant qu'on eût reconnu cette dernière plante, Gl. Manç. v° غافت. Dans le Most. le nom berbère du غافت est ترهلان (Lm) ou ترهلان (N).

تِرْياق *rance*, Alc. (rancio); il donne dans le même sens: قليل *calil*, *atatariôq* et مُتَرْيَق; le verbe *atariâq* est chez lui *rancir* (enranciarse) et *faire devenir rance* (enranciar otra cosa).

تِرْياق خَمْسِيني, dans le Voc. sous *triaca*, semble signifier: *une thériaque composée de cinquante ingrédients* (cf. Lane). — تِرْياق الأربعة *diatessaron*, Bc; le Voc. a تِرْياق اربع sous *triaca*. — تِرْياق العِراق est le grand antidote dont on se sert intérieurement aussi bien qu'extérieurement, Burton II, 108. Chez Bc: الى ان يجى التِرْياق من العراق يكون الملسوع مات «celui que le serpent a touché mourra avant que la thériaque arrive de l'Irak;» Bâsim 53: il nous tuera وبين ما يجى التِرْياق من العراق يكون الملسوع فاري c.-à-d., nous nous repentirons trop tard de notre imprudence. — التِرْياق العَسْكَرِي tire son nom de la ville d'Ascar-Mocram en Perse, Gl. Manç. v° تِرْياق.

تِرْياقي *thériacal*, qui a la vertu de la thériaque, Bc. — *Celui qui prend habituellement des thériaques*, 1001 N. Bresl. VII, 43, 9.

تَرْيال pl. ات *tambour de basque*, Voc. M. Simonet pense que c'est le cat. *trillo*, qui signifie: carillon, battement de cloches à coups précipités, avec une sorte de mesure et d'accord. On aurait donc appliqué ce nom au tambour de basque, à cause du bruit que font ses grelots.

تَرْم (tezem), Ht, تَرْمَة (tezma), Delap. 77, *bottes*.

تَسال *fil de fer*, Ht.

نَسْتَرِيَة (de Toster) la plante dite ظُقُر (hieracium pilosella, selon Sonth.), Bait. I, 177 a, où il faut lire ainsi avec le man. B, car on trouve dans le man. 13 (3) sous طغرة: وتسمّى التسترية لانّها كثيرا ما توجد ببلاد تستر ٭

نسع II *nonupler, répéter neuf fois*, Bc.

تَساعيّ شاش تُساعى, Aboulf. Ann. V, 80, 294, 304, *un châch de neuf coudées* (cf. ثُلاثيّ chez Lane et عُشاريّ). — *Un chameau qui fait le trajet de neuf jours en un seul*, Jackson 40. — تساعيات *des traditions qui ont été transmises successivement par neuf traditionnaires*, Macc. I, 844, 4 a f., Hâdjî-Khal. II, 286, Abdarî 28 v°: وبعض احاديثه التساعية.

تِشْرين, ou au pl. تَشارين, *automne*, Gl. Fragm. — Le plur. *les feuilles de mûrier avec lesquelles on nourrit les bêtes de somme dans cette saison*, M.

تِشْمِيزج (pers.) *des grains noirs qui viennent du Yémen et dont on se sert pour guérir les maladies des yeux*, Bait. I, 208 g, 282 a, II, 351 j (la bonne leçon dans B). Altéré en تشمريخ, Gl. Manç. in voce: حبّة سوداء تُجلب مع الكافور وتوجد بالاندلس ويسمى حبّة: le même v°: نباتها عندم الدبس بفتح الدال وقد تقدّم ⁂ هاعنا الشّونيز وقد يُسمى بذلك التشمريخ: سوداء.

نطلوس, un pl. تطلسات, etc. M. Wright m'apprend qu'il a trouvé ces formes, = طيطلوس (voyez), τίτλος.

نعب I *labourer, avoir beaucoup de peine*, Bc.

II c. a., dans le sens de la IVᵉ, Voc. sous laborare.

IV *molester, vexer, tourmenter*, Alc. (molestar), Macc. I, 591, dern. l., 592, 2. — *Travailler, tourmenter, causer de la peine, incommoder, gêner*, Bc. — *Surmener, excéder une monture par une marche forcée*, Bc. — اتعب جهده *s'intriguer, se donner beaucoup de peine pour réussir; — se battre les flancs, faire beaucoup d'efforts inutiles*, Bc. — اتعب بالتكاليف *charger d'impôts*, Bc. — اتعب السرّ *peiner, causer de l'inquiétude*. — اتعب سرّه *déranger quelqu'un, l'importuner, le détourner de ses affaires*, Bc.

تَعَب pl. أتعاب *exercice, peine, fatigue, labeur, veilles (grande et longue application au travail d'esprit)*, Bc. — *Incommodité, malaise, mal-être*, Bc. — *Sujétion, assujettissement, assiduité gênante*, Bc.

تَعِب *laborieux, difficile, pénible*, Voc., Bc. — c. على *onéreux*, Bc.

مُتْعِب *dur, difficile, incommode, pénible, rude, laborieux*, Bc.

مَتْعُوب. Cette forme, que les lexicographes arabes désapprouvent, se trouve dans le R. N. 58 r°, dans le Voc. et dans Alc. (fatigado).

نعنبط *espèce de pigeon sauvage*, Man. Escur. 893.

تعتع I *broncher, faire un faux pas*, Macc. I, 147, 10, où il faut lire تَعْتَعَ, cf. Lettre à M. Fleischer 20.

II *être ébranlé, remué, s'ébranler*, Bc.

تَعْرو *sorte de bête de somme dans le Khorâsân, qui s'engraisse en voyage*, Fakhrî 70, 10.

نعس.

تَعْس *malheur*, Hbrt 220.

عن تعس تَعَس *difficilement, à peine*, Voc.

تَعْسَة *malheur*, 1001 N. IV, 724, 12.

تعيس pl. تُعَساء *infortuné, malheureux*, Ht, 1001 N. I, 844, 13, III, 286, 7, Bresl. II, 211, 12.

مُتَعوس. Le pl. المتَعاعيس: *ceux que Dieu a fait tomber, c.-à-d. les démons*, 1001 N. I, 489, 11. — نجّار متعوس *gâte-bois, mauvais menuisier*, Bc.

تَغْتَغ I *balbutier*, Bc.

تغر.

تِغار *le vase ou la fosse qui reçoit le suc de ce qu'on presse*, Abou'l-Walîd 293, n. 48.

تَغْر *espèce de poisson*, man. de l'Escurial 888, n° 5, *distinct du* بَاغر, *qui y est nommé aussi* (Simonet).

تيغار pl. تباغير (M) *grand pot de terre vernissée*, Bc; cf. طيغار.

تَغَنْدَس voyez تاغندست.

تف I *cracher*, Bc.

تِفاف (berb.) *sonchus tenerrimus* L., Prax R. d. O. A. VIII, 348, Pagni MS, Daumas V. A. 383, Bait. I, 155 e et k, 211 e, 367 b, II, 570 c.

متفّة *crachoir*, Bc.

تَغايا, *au Maghrib, espèce de mets composé de viande*,

d'assaisonnement, d'eau, d'adiante, d'huile et de sel; dans la التفايا الخَضْراء l'adiante est fraîche, tandis qu'elle est sèche dans la التفايا البَيْضاء, Lettre à M. Fleischer 155.

تفتف I *faire le fanfaron*, Alc. (fanfarrear). — *Tâtonner, être incertain*, Cherb. C. — *S'occuper de riens*, id. — *Anonner, parler, lire en hésitant*, Bc. — *Crachoter*, Bc.

تَفْتَفَة *crachotement*, Bc.

تَفْتَافِي pl. تَفَاتِفَة *hableur, fanfaron*, Alc. (deslenguado que habla mucho, fanfarron).

تَفْتِيفَة *chose de mince valeur*, Cherb. C.

تَفْتَافِي *qui s'occupe à des bagatelles*, Cherb. C.

تفح

تَفِيحَة *talisman*, ou plutôt conjuration pour chasser le démon. Cette opération consiste à prendre un mélange de miel et de farine, connu sous le nom de *thammina*, et à en parsemer la cour d'une maison en prononçant une certaine formule, Cherb.

تفاح aussi: *ornement en forme de pomme, de boule*, Cartâs 31, 6 a f. — تفاحة ابونا ادم *pomme d'Adam, éminence au-devant de la gorge*, Bc. — تفاح أرصال, Voc. — تفاح الارض *pomme de terre ou morelle tubéreuse*, Bc. — تفاح اطرابلسي *espèce de pomme douce, jaune, d'un goût et d'une odeur excellents, la meilleure au Maghrib*, Becrî 116, 10, Cartâs 23, 10—12. — تفاح اميري voyez اميري. — تفاح ايومي, Cartâs 23, 12. — تفاح جفّار, Voc. — تفاح طلحي جليانى *grande et excellente espèce de pomme, qui tire son nom de la forteresse de Djilyâna dans le district de Guadix*, Voc., Macc. I, 94, dern. l. — 95, 2. — تفاح الجنّ *mandragore*, Most. et Ibn-al-Djezzâr v° يبروح, Bait. I, 210 c, Pagnì 204, où il faut lire avec le man.: Tfâ al giàn; Bg écrit تفاح الجنه. — تفاح دامانى, 1001 N. IV, 249, 2 a f. (Bresl. دامان). — تفاح شعى = تفاح ربيعى (voyez), Gl. Esp. 352. — تفاح رخامى, Auw. I, 330, dern. l. — تفاح رياشى رومى, Auw. I, 670, 17. — تفاح رياشى, Chec. 198 r°: واما التفاح الرياشى وهو الذى نعرفه بالمريش فنه شتوى سُكَّرى — ومنه عصيرى, 1001 N. IV,

249, 2 a f. — تفاح شامى *excellente espèce et d'une odeur très-agréable*, Tha'âlibî Latâïf 95, 7 et suiv, Auw. I, 330, 2 a f. dans le man. de Leyde, où l'on trouve après وتفه: ومنه عطر يعرف بالشامى, 1001 N. I, 56, 13. — تفاح شَعْبي, Gl. Esp. 352, Calendr. 58, 2; lisez de même Auw. I, 309, dern. l. (man. L السعبى sic), 330, dern. l. (correctement dans L); *l'arbre qui donne cette espèce ne porte pas de fleurs, et ces pommes sont sans pepins, ibid.* 331, 1 et 2, 333, 13 et 14 (la bonne leçon dans L). — تفاح العشف *momordica balsamina*, Domb. 73. — تفاح عليبى (?), Auw. I, 330, dern. l. — تفاح فاحى, 1001 N. Bresl. I, 147, 4 a f. (où l'éd. Macn. a شامى). — تفاح فارسى, *dans un autre sens que chez Freytag, à savoir comme le nom d'une pomme d'hiver*, Auw. I, 670, 17, où le man. de Leyde a والفارسى (et 6 autres mots) après والرومى. — تفاح كلخى, Cartâs 23, 12. — تفاح لشى (?) *espèce de pomme d'hiver*, Auw. I, 670, 17; mais le man. L porte اللسى (sic). — تفاح ماى ou ماه (*citron*); Bait. I, 211 d, dit sur l'origine de ce nom: منسوب الى بلاد ماه, et que, par conséquent, il ne vient pas de ماه, *eau*; restituez ce mot Auw. I, 314, 14. — تفاح مِسْكى, 1001 N. IV, 249, 2 a f., Bresl. I, 147, 3 a f. — تفاح مَوْز, nommé dans le Voc. et dans le Calendr. 101, 2, est pour مَزّ, *grenade*, comme on lit Calendr. 75, 4, où je n'aurais pas dû changer la leçon. — شَرْقى التفاح, Calendr. 45, 2 (car je crois à présent avec M. Fleischer que cette leçon est bonne) *vent d'est qui souffle en Espagne depuis le 13e jusqu'au 16e avril et qui est souvent pernicieux pour les fleurs des pommiers*.

تَفِيفِيحَة *azérole*, Prax R. d. O. A. VIII, 280.

تَفْرَمَة (berb.) *la femelle du faucon*, Voc. L'esp. atahorma, qui en dérive, désigne: *une espèce d'aigle qui a la queue blanche*.

تفقف voyez sous وقف.

تفك

تفبك *bourre de fusil*, Ht.

نفل I n. d'act. تَفْلان, Niebuhr B. xxxiii.

تفل est souvent pour ثفل (voyez).

تَفِل Le pl. تَغَافِل, Dîwân d'al-Akhtal 18 r° (Wright).

تَغَلْدَان (ar.-pers.) *crachoir*, Bc.

مِتْفَال Le pl. متافيل, Dîwân d'al-Akhtal 7 v° (Wright).

تَفْلَابٍ (Daumas MS) *entorse*, Daumas V. A. 426.

تَفَك (turc تُفَنَك, *fusil*) cf. Bc sous *biscaïen* et *carabine*; تفنكة *fusil*; suivi de مَجُوز ou de جفتن, *fusil à deux coups*, Bc.

تَفَاهَة *fadeur*, Bc, *goût fade*, Prol. I, 160, 9.

تَاقَرَة voyez تَقَرَة.

نَقَسَ تَقْبِيسهُ voyez sous طَقَس.

تَقَّ, aor. *i*, *mariner, tremper dans la saumure*, Bc.

تَقَلَة *culbute*, Bc; semble une altération de تقلبة, que Bc donne dans le même sens.

تَقَنَ I, aor. *i*, *raisonner, se rendre raison de*, Bc.

IV *finir, mettre la dernière main à*, Bc. — اتقن قراءة الكتاب *lire un livre avec beaucoup d'attention*, Bidp. 3, l. 4. — *Raisonner, se rendre raison de*, Bc. — اتقن في شيء *faire très-bien une chose*, Bc.

تَقْن Pour la signification qui chez Lane est la seconde, cf. Macc. I, 488, 12 et 13.

تَقَانَة dans le sens de اتقان, Voc., *solidité*, Akhbâr 12, 5.

أتْقَن *plus habile, plus exercé*, Khatîb 27 r°: اتقن اعل عصره خطًّا

اتْقَان *justesse, précision exacte;* — *réflexion, méditation sérieuse;* — من غير اتقان *à la légère, inconsidérément*, Bc. — *Le fini*, terme d'arts, Bc, Prol. II, 339, 9, 341, 14, 342, 2, 343, 3 a f.

مُتْقَن *étudié, fait avec soin*, Bc.

مُتْقِن *possédant des connaissances solides*, de Sacy Chrest. I, 114, 9.

مَتْقُون *raisonné, appuyé de raisons;* — *réfléchi, fait ou dit avec réflexion;* — *étudié, fait avec soin*, Bc.

تَقَى

تَقِيَّة proprement *prudence*; de là: *cacher sa religion par prudence et feindre qu'on en a une autre*; cf. Becrî 136, 4: يُظْهِر ديانة الاسلام ويُسِرُّ الذى; عهد البه به ابوه خوفًا وتقيةً, *se conformer extérieurement à l'islamisme, comme font les Chiites, les Druses*, etc., Palgrave II, 366, Burton I, 66, Gl. Fragm.

تَقَوَى *pieux*, Bc.

تَكَّ I *faire tic tac* (montre), M.

تَكَّة voyez Vêtem. 95—99. — *Tic tac*, M.

تَكْبِينِت *testudo*, L (sans voyelles).

تَكْتَكَ I *pétiller, décrépiter, éclater avec un bruit réitéré comme le sel dans le feu*, Bc, Ht. — *Frémir* (eau prête à bouillir), Bc.

تَكْرَنِينَة (berb.) *chardon d'Espagne*, Gl. Esp. 346.

تَكْرُورِي en Afrique, en Orient حَشِيش, *espèce de chanvre bâtard, qui, comme l'opium, possède des vertus somnifères, et que l'on fume avec le tabac*, R. d. O. A. IV, 78, 136, Daumas Sahara 128, d'Escayrac 225, Cherb. 541, col. 1, id. Dial. 14. تَكْرُونِى, chez Richardson Sahara I, 316, semble une faute.

تَكْفُور (armén. tagavor). Les écrivains arabes désignent par ce titre, qui signifie *roi* en arménien, non-seulement les rois de Sis ou de la petite Arménie, mais aussi les empereurs grecs de Constantinople et ceux de Trébizonde, Not. et Extr. XIII, 305, J. A. 1850, II, 171, Bat. II, 393, 427.

تَكَلَ

تَكْلَى *espérance*, Alc. (esperança de algun bien).

تَكَلَاوَات (? plur.) *genre de vêtement porté dans l'Inde et en Egypte par les émirs*, Not. et Extr. XIII, 213. Dans les man. la première lettre est sans points.

تَكْنَة *baquet*, Ht. — A Baçra, *espèce de navire*, Niebuhr R. II, 203, 204 n.

تَاكُوت voyez تَاكُوت.

تَكِيَّة pl. تَكَايَا *couvent où l'on reçoit aussi ordinaire-*

ment des voyageurs pauvres ou des personnes recommandées, qui y trouvent l'hospitalité gratuite, Niebuhr R. II, 283, B. 21, Descr. de l'Eg. XVIII, part. 2, 319, Ht (hospice), 1001 N. II, 87, 4 a f., Ztschr. XVI, 654, Burton I, 84, 408: « La تكية de l'Inde, de la Perse et de l'Egypte ressemble à la زاوية d'Afrique, » Hist. Tun. 132: ومنها التكيتين الشهيرتين لمأوى الفقراء والمساكين. Selon Fleischer, dans Gersdorf's Repertorium 1839, p. 433, ce mot vient de أتكا, et il ajoute qu'il faut le prononcer, non pas تكيّة, mais تَكْيَة. Ce qui montre que cette opinion est erronée, c'est le pl. تكايا, qu'on trouve dans un passage cité par Reiske Aboulf. II, 424, car on sait que cette forme du plur. appartient aux féminins de la forme فَعيلَة qui viennent d'une racine défectueuse, tandis que تكيّة ne peut pas donner au pl. تكايا.

تَلّ I, dans le sens de *tradere* (cf. Lane), se construit c. ب et على, Voc. — *Traîner, tirer après soi*, Haiyân 4 v°: فارجلون وتلّون نحوه, Haiyân-Bassâm I, 174 v°: وامر بتلّه الى محبسه, Berb. I, 363, 8 a f.: تل الى مصرعه, 463, 7, 490, 10, 529, 2, 539, 6, etc.

تَلّ *haut plateau*, Berb. I, 4, l. 7. — *Terre élevée entre deux raies ou sillons*, Alc. (lomo entre sulco e sulco). — *Rigole pratiquée entre deux raies ou sillons*, Voc. (aqueductus), Alc. (cavallillo entre sulco e sulco).

تَلّة *monticule, hauteur, tertre*, Bc. — *Haut plateau*, Berb. I, 32, 7. — *Tissu fin et brodé dont se couvre la nouvelle mariée*, M.

تليل, en Egypte, espèce d'oiseau, Ztschr. für ägypt. Sprache u. Alt., mai 1868, p. 56, et juillet, p. 84.

تَلْتَل pl. تَلاتِل *collier*, Voc.

تَلّي *lama*, Lane M. E. II, 94.

تلّب *calomnie, crime, perte*, Ht.

تَلْتَل. تَلْتَل pl. تَلاتِل *babil, caquet*, M.

(تَلِيتِلي) « *petits grumeaux de pâte que* les Mauresques pétrissent avec leurs doigts et qui ressemblent aux pâtes d'Italie. On mange le *tlitsli* avec le potage ou avec les ragoûts, » Cherb.

تَلْتِي *panthère*, Bc (Barb.), *tigre, léopard*, Hbrt 64, Domb. 64 (تَلْتِي); chez Ht خَلْتِي.

تلج IV, que Golius a noté dans le sens de *réjouir*, ne doit pas être changé en اثلج, comme propose Freytag, mais en اتلج; voyez Lane sous ثلج IV et Abd-al-wâhid 114, 8 et note *a*.

تلد.

تُلَد *bien, fortune*; لا له ولد ولا تلد « il n'a ni enfants ni biens, » Bc.

تلس.

تَلّيس, lat. trilicium (trilix), ital. traliccio, esp. terliz, fr. *treillis*, espèce de grosse toile dont on fait des sacs, et dont s'habillent les paysans, les manœuvres, etc., Abou'l-Walîd 805, 4. De là, avec le pl. تَلاليس ou تلاس, *sac*, « long sac fait de crin et de laine, à rayures jaunes et noires, » Carteron 57, cf. Wingfield I, 195, sac noir, ou à raies blanches et noires, fait de poil de chèvre, dont les paysans se servent pour porter leur blé au marché, Burckhardt Prov. 68, 97, sac en laine et en lanières de palmier, Daumas Sahara 96, 136, sac tissé en feuilles de palmier, id. 198; « double sac dans lequel on met le grain et quelquefois le charbon; contenance, deux sacs; le tellîs se compose d'un carré long dont les deux petits côtés sont cousus sur le milieu de la pièce; on obtient ainsi deux fourreaux qui ont chacun une extrémité fermée; l'étoffe est une laine rayée, » Cherb. — *Sac de blé*, certaine mesure de blé, Burckhardt l. l. — *Tapis grossier à diverses couleurs*; « lorsque l'Arabe n'a plus à se servir du tellîs comme sac, il le décout et en forme un tapis long, » Cherb. Cette espèce de tapis, en copte ⲑⲁⲗⲓⲥ, sert aussi de *caparaçon* ou de *courte-pointe*, Gl. Esp. 349, 350. Le tellîs était encore un habit de deuil, Bat. II, 35, et les ermites s'en habillaient quelquefois, Cartâs 178, 7 a f.

تَلْبيسة, *sac*, était déjà en usage du temps du calife abbâside al-Mançour, Gl. Belâdz. — *Tapis* (cf. تليس), Jackson Timb. 23.

تلع 151 تم

تَلْبِيسِي («du sac») espèce de dattes, Prax R. d.
O. A. V, 212, qui écrit telsîn.

تلغ

تَلَع pl. تلاليع nuage de poussière, M.

تَلْغُود racine qui ressemble passablement à la pomme
de terre, mais dont le goût est peu agréable; les
Arabes bédouins s'en nourrissent dans les temps de
disette, Cherb.; *bunium ferulæ-folium* Desf., Prax
R. d. O. A. VIII, 344.

تلف

تَلَف I n. d'act. تَلَاف, Abd-al-wâhid 94, 3 a f., Macc.
I, 133, 10, Amari Dipl. 71, 3. — *Tomber, dégénérer,
se perdre, se débaucher, tourner mal, devenir mauvais;* — *s'éventer, se gâter à l'air*, Bc. — *Gâter;
détraquer, dérégler, déranger une machine*, Bc.
II *faire périr*, P. Prol. III, 363, 4. — *Perdre,
égarer*, Ht. — *Gâter, endommager*, Hbrt 194.
VII *s'égarer, se perdre*, Voc., Alc. (errar andar
perdido, errar de lugar, herrar el camino, perderse
como en camino), Ht. — *Vaciller, chanceler*, Alc.
(desatinar). — *S'embarrasser, se troubler, se brouiller*,
Alc. (enbarvascar, qui est, je crois, pour enbarbas-
carse, car les signif. de l'actif embarbascar ne peuvent
convenir à تلف). (انتلف).

تَلَف *dégénération*, Bc. — *Prodigalité*, Ht.

تَلْفَان *vicié*, Bc.

تَلَاف *perte; — dégât; — perversion; — tort; —
consomption, état des choses qui se consument par
le feu*, Bc, cf. Aboû'l-Walîd 358, 11, 773, 7, 803, 20.

تَلَّاف *prodigue*, L (prodigus). تلاف صنعة *gâte-
métier*; تلاف ورق *gâte-papier*; تلاف الاولاد *gâte-
enfant*, Bc.

مُتْلِف متلف البيت *gâte-ménage*, Bc.

مَتْلُوف *perdu, égaré, errant*, Voc., Alc. (descaminado, erradizo, mestenco o mostrenco), Roland,
Aboû'l-Walîd 773, 8, P. Prol. III, 425, 8. — (Egaré)
= *le lion*, Margueritte 144.

تلم

تَلْمَة *thymus inodorus* Desf., Prax R. d. O. A.
VIII, 281.

تلمذ

تلمذ II c. لـ p. *devenir le disciple de*, Fakhrî 306, 1.

تلميذ est très-souvent un collectif chez Ibn-Khaldoun, *disciples, élèves*, Prol. II, 378, 2, 8, 9, 10,
12 et 15, 379, 1, III, 7, l. 7, 3 a f., Berb. I, 237,
12 et 13, 268, 4 a f., 300, 2 a f., Autob. 195 v°,
208 r°. — *Novice, qui a pris nouvellement l'habit
de religieux dans un couvent*, Bc. — تلميذ للعماد
catéchumène, celui que l'on dispose au baptême, Bc.
— تلميذ الكاهن *pénitent, qui confesse ses péchés à
un prêtre*, Bc.

تلو

تَلْوَة *marc de café*, Roland; chez Bc تَفْوَة.

تَلَى *fil d'or ou d'argent*, Bc.

تَال, تَالِي, *suivi du gén., après*, Gl. Abulf.

تم

تَمّ I, en parlant d'un arbre, *avoir toute sa croissance*,
Mohammed ibn-Hârith 221: غرس ذلك الرمّان حتى علق
وثمر وأثمر. — *Avoir lieu, arriver*, Bc, Ztschr. XX,
510, 16 et dern. l. — *Rester*, Bc, Amari 633, 3 a f.,
1001 N. I, 344 (Boul. مكث), 345 (Boul. استمرّت),
Bresl. VII, 295, 6 a f., lisez de même 314, 3 a f.,
X, 333, 2, 341, 2 a f.; تمّ موضعك «restez à votre
place;» تمّ على حاله *se maintenir dans le même état,
se conserver, ne point vieillir ou se gâter;* تموا على
خير ou تموا في حراسة الله *adieu;* تمّ لغدا «l'affaire
est remise à demain;» يتمّ يسكر «il ne fait que
s'enivrer;» تميت على ايش (pour تممت) «décidément,
que voulez-vous?» Bc. — (Arithm.) *additionner*, Bc,
Hbrt 122.

II *approuver complétement*, de Sacy Dipl. IX,
486, 3 a f.

VI (voyez Lane et Gl. Belâdz.) *non-seulement* c.
ب p., *mais aussi* c. على p., Haiyân-Bassâm I, 11 r°:
لم تنتشر له son règne avait duré 47 (l. 49) jours
فيها طاعة ولا تتامّت عليه جماعة *

تمّ *sur les monnaies poids parfait*, Ztschr. IX,
833. — تمّ *ici*, Bc (Barb.), pour ثمّ.

تمّ pl. أتمام *bouche, gueule*, Bc, Hbrt 2, 63, Burckhardt Syria 40; تمّ ملوق *grimace*, Bc; سلم تمّك (pour
يسلم الله) *bravo!* Bc.

تَمّة *addition, première règle de l'arithm.*, Bc, Hbrt
122. — *Totalité*, Bc.

تَمَأْنَتْ 152 تَنْبَقِيَّة

تَمْلَم *inauguration, consécration d'une église*, Alc. (dedicacion de yglesia). — صَكَّه تمام *en plein, directement vis-à-vis*, Bc. — في وقته تمام *à point nommé*, Bc.

تَمِيمَة « ornement pour la tête et en même temps une amulette protectrice. Chaque tamymeh a ordinairement un petit grelot qui bruit lorsque la femme marche, remue ou tourne la tête, » Ouaday 335. — *Collier*, Voc.

تَمَامِى علَّة تَمَامِية *cause finale*, Bc.

تَمَّام. « Le Scheik choisit dans chaque famille des auxiliaires, nommés Tammann (l. m), pour l'instruire, le renseigner sur tout ce qui se passe et faire exécuter ses ordres et ses condamnations, » Carteron 442 (Kabyles).

أَتَمّ *comparatif*, Cartâs 33, 7 a f.: بأحسن شراء وأتمّ ثمن ھ

تَتَمّم est chez Bc تَتِمَة.

تَمَأْنَتْ dans le Voc. sans explication; *tomate?*

تَمْتَم *bégayer, balbutier, bredouiller*, Bc, Ht.

تَمَاتُر *tomate*, Hbrt 55, Bc.

تَمْر II *étriller, panser* un cheval, Bc, 1001 N. IV, 713, 11. Selon le M, la véritable orthographe est طَمْر (voyez).

تَمْر البَبَر تَمْر *les dattes du Soudan*, Burckhardt Nubia 263. — تمر حنة *réséda*, Bc.

تَمْرَة *gland, l'extrémité de la verge*, M.

تَمْرِى *fait de dattes* (vin), Gl. Mosl. — Espèce de raisin rouge qui a la grosseur d'une datte amincie à chaque bout, Auw. I, 646, 13 et 14, où il faut lire avec le man. de Leyde أو العذارى مثل الاسود او التمرى الاحمر وهو فى قدر التمر محدود الطرفين. — Espèce de نبيذ, Burton I, 388. — Espèce de médicament composé contre les maladies de l'estomac, Gl. Manç: تمرى دواء مركّب من ادوية المعدّة.

تامرور sorte de ماعز جبلى, Man. Escur. 893 (cf. Casiri I, 319 a).

مَتَمَّر *nom d'une étoffe*, Maml. II, 2, 77; Quatremère croit que c'était une étoffe sur laquelle étaient représentées, en broderie, des dattes.

TAMARZOUGA *salvia verbenaca* L., Prax R. d. O. A. VIII, 279.
TEMOURDI *verbena nodiflora*, Prax R. d. O. A. VIII, 283.

تَمْسَح I *devenir insensible comme le crocodile* (parce qu'il est couvert d'écailles), M.

حبقة التمساح تِمْسَاح dans le Voc. pl. ات. — *calament* (plante), Bc.

تَمْغَرة *repas, festin*, Voc.

تَمَقّ.

تُمَاقى (طوماق) *turc* *botte de cavalier*, Bg, Ht, Cherb., Daumas Sahara 299, Mœurs 262, Pflügl LXVII, 7, Bat. II, 127.

تَمَكّ.

تمك *expliqué par anis sauvage*, Auw. II, 261, 16; synonyme de ابرة الراعى (terme qui désigne deux plantes différentes), Bait. I, 10 e: يسمى بهذا الاسم نبات يقال له الجحلق وهو نوع من التمك, et de حربث, Bait. I, 304 d, où التمك est la leçon de ACDEL; Clément-Mullet II, 251, n. 1: «Chald. תמכא, qui, entre autres interprétations, reçoit celle de *gingidium*, suivant Sprengel, *daucus gingidium*, et suivant M. Fée, *daucus visnagæ*, l'herbe aux cure-dents, fenouil annuel.»

تَمَن.

تَمْنَة *vase à lait*, Mehren 26.

تَمَان et تَمِين espèce de *geranium*, Bait. II, 232 b: والنوع الأول منه يعرف بثغر الاسكندرية بالتمان وبالتمين ايضا بالتصغير سمعته من عرب برقة وهو بظاهر الاسكندرية من غربيها بالحمامات وغيرها ھ

تِيمِسِنْدَة, variante تَمِيسِنْدَة, *nom d'un ustensile*, Bat. III, 252.

تَنَن.

تِنِّين. Le pl. ات dans le Voc. — *Trombe, colonne d'eau et d'air mue en tourbillon par le vent*, Bc.

تَنْبَاك *tombac, métal composé de cuivre et de zinc, similor*, Bc; « c'est le malais تنباك, *cuivre*, qui est d'origine hindoue, » Devic 221.

تَنْبَقِيَّة *bonnet sans poil, rembourré de coton*, Bc.

تَنْبَل (pers.) *paresseux* et *stupide*, M, *ganache, au fig., qui a l'esprit lourd*, Bc.

تُنْبُر (esp. atambor, tambor) *tambour*, Gl. Esp. 375.

تَنْبُول *bétel*, Bat. I, 247, 366, II, 184, 204, Not. et Extr. XIII, 208.

تَنْتَواس *sorte de pierre*, voyez Becrî 182, 4 a f.

تُنُج. تُنُج, et plus communément دار التُّنُج, *lupanar*, Cherb.

تَنْجَرَة *marmite*, Bc, Ht, M (cf. sous le ط).

تَنَد *coriandre*, Most. v° كزبرة (distinctement dans les deux man.).

تَنْدُو *le fruit de l'ébénier*, Bat. III, 127.

تَنَر.

تَنُّور *tuyau de fontaine, orifice*, Gl. Esp. 210—212, Abdarî 53 v°: وعلى البئر تنور من رخام, Auw. I, 656, 20. — *Une grande lampe ou plutôt un grand vase qui contient plusieurs lampes et dont on orne les mosquées*, selon l'explication de Silv. de Sacy (cf. Wilken Gesch. der Kreuzzüge I, 296), de Sacy Druzes I, CCCXLIV, CCCLXV, Athîr X, 192 bis, 6 = Khaldoun Tornberg 11, 2 a f., Macc. I, 341, 16, Bat. III, 251 (où la traduction doit être changée), Khallic. VIII, 35, 14 et suiv. En syriaque ce mot a aussi cette acception. — *Cuirasse*, de Goeje dans la Revue critique de 1867, p. 404.

تَنْبِير *long tuyau de coton ou d'autre chose, dont on se sert pour donner de l'air à celui qui creuse un puits*, M; il dit que c'est une altération de تَنِّين (?).

تَنُّورَة, dans le sens de تَنُّور, *four pratiqué dans le sol*, Ztschr. XI, 516, n. 41. — *Pagne*, Bat. IV, 23, où le man. de M. de Gayangos porte مِئْزَر, M, cf. Vullers.

تَنُّورِي. قادوس تنوري, Cartâs 41, signifie un قادوس qui ressemble au البئر تنور, comme le prouve ce passage Auw. I, 656, 20: قواديس مثل تنور البئر.

تَنُّورِيَّة *espèce de mets*, Djauzî 145 v°, 147 v° (sans autre explication). — *Pagne*, M.

تَنْسُوخ *pastille du sérail*, Bc.

تَنَك (تَنَكَّة) (turc) *fer-blanc*, Bc, Hbrt 85; — « *le tének jaune ou cuivre jaune en feuilles,*» Ouaday 339.

تَنْكَة (pers.) *nom d'une monnaie persane, dont le poids, en dînârs du Maghrib, est de deux dînârs et demi*, Bat. I, 293, III, 187.

تَنْكَة = تَنَك, *fer-blanc*, Hbrt 171.

تَنْهَة (cf. pers. تنها) *se retirer à la campagne pour s'amuser et manger*, M. — *Salon de réception*, Hbrt 192, Humbert Arab. anal. ined. 118.

تَنْوَة *marc de café*, Bc; chez Roland كلوى.

تَنْهَتَ *anonner, parler, lire en hésitant, balbutier, bégayer*, Bc, Hbrt 8.

تَنْهَرَج *espèce de grenade*, de Jong.

تَهَم I (= اتّهم) *soupçonner*, Voc. — C. a. p. et ب r. *accuser*, Bc, Hbrt 211.

VI *s'entr'accuser*, Bc.

تُهْمَة *imputation, accusation sans preuves*, Bc, Hbrt 211, Roland.

تَهَّام *soupçonneux*, Voc.

مُتَّاهَمَة *récrimination, accusation, reproche pour en repousser un autre*, Bc.

توا *tout à l'heure, il n'y a qu'un instant*; « توا راح *il vient de partir, il est parti tout à l'heure*;» توا طلع « *il ne fait que de sortir, il vient de sortir*;» لبرا « توا كان هون *il était ici à l'instant, il n'y a qu'un moment,*» Bc (Syrie).

توب II *convertir*, Voc., Bc.

IV c. a. p. et عن r. *corriger une personne d'une mauvaise habitude*, Bc.

تَوْبَة c. من *faire pénitence pour*, Koseg. Chrest. 20, 7 a f. — *Indulgence, rémission de la peine due à un péché*, Alc. (indulgencia de pecado). — التوبة ما « التوبة اني عدت اكذب بقيت اكذب *je jure bien de ne plus mentir,*» Bc.

تَوَّاب *pénitencier*, Alc. (penitenciario que la da).

تُوت « *espèce de mûre petite et blanche, Morus alba L.; elle est d'un goût agréable et doux, mais un peu*

insipide,» Richardson Sahara I, 136. — *Sycomore*, Alc. (higuera moral). — *Verrues*, Bait. II, 51 c: التى يقال لها بالبونانية ثوموا (θύμος) وتسمّيها الاطبّاء بالعربية التوت; de la paupière, Sang., Auw. II, 580, 5 a f. et suiv. (avec la note de Clément-Mullet II, part. 2, 119, n. 2), 585, 24; du milieu interne du sabot du cheval, le *crapaud des auteurs français*, II, 634, 22 et suiv. (Clément-Mullet II, part. 2, 174). —
توت السبّاج أرضى *fraise*, Bc. — *mûre sauvage, le fruit de la ronce*, Ztschr. XI, 524, n. 47. — توت شامى n'est pas seulement le nom de la mûre noire et douce (Lane, Ztschr. XI, 524), mais aussi celui d'une espèce de mûre amère, man. de Leyde d'Ibn-al-Auwâm après I, 292, 19 du texte imprimé: من التوت حلو ومنه مرّ يعرف بالشامى; cf. Djauzî 143 v°. — توت عَربِى *la mûre blanche*, synonyme de فِرصاد, Bait. II, 255 b, Auw. I, 289, 7 et 8; — *mûre amère*, Pagni MS: «tutharbi, mora acida;» il a aussi, mais sans doute par erreur, «harbi» seul, «morus, arbor ferens mora.» — توت فِرنجى ou افرنجى *fraise*, Hbrt 182, Bc, Ztschr. XI, 524, n. 47. — توت القع *fraise*, Ht.

توتل II *vaciller, chanceler*, Ht.

توتيا, *tutie*, aussi توتيبة et توتيبة زَرقَاء, Bc. — توتيا البحر *châtaignes de mer, oursins*, hérissons de mer, coquillages couverts de pointes, Bc; توتيا بصروية — توتيا محمودى *voyez sous vitriol blanc*, Most. v° توتيا محمودى; ومنه صنف يقال له التوتيا البحرى منسوب الى البحر ومنه التوتيا المحمودى يكون بالشام وافريقية والاندلس. — حجر التوتيا *calamine*, pierre calminaire, Bc. — روح توتيا *marcassite*, Burckhardt Nubia 271.

توج تاج, selon la définition que l'on trouve Alf. Astr. V, 182: couronne qui va d'une oreille à l'autre en forme de demi-cercle. — Ornement de tête des dames, décrit par Lane trad. des 1001 N. I, 424, n. 29. — Bonnet haut et rouge, étroit sur le front, mais qui s'élargit en s'élevant; en haut il est plat, mais composé de douze plis, selon le nombre des Imâms; du milieu du sommet s'élève une sorte de tige étroite et roide, ayant une palme de longueur. Ce bonnet était en usage en Perse sous le règne des Sofis, Vêtem. 100—4. — *Guirlande, couronne, feston de fleurs*, Alc. (alguirnalda). — تاج البابا تاج *tiare*, Bc. — تاج, ou تاج seul, *mitre*, ornement de tête d'évêque, Alc. (mitra de obispo), Bc, Bg. — تاج عامود *chapiteau*, haut de colonne posé sur le fût, Bc.

توج (pers.) *bronze*, mélange de cuivre, d'étain et de zinc, Hbrt 171, 1001 N. Bresl. VII, 110, 6; chez Bc توج ثلاثة معادن; — *fonte*, mélange de métaux, Bc.

متيجة *la plaine de la Métidja; lieu de ceinture*, Roland.

متيّج pour متوَّج, Alc. (leon coronado اسد متيّج).

توجدة, au Maghrib, *cacalia*, Bait. I, 156 b v° بقلة سمعت ذلك ببعض بوادى افريقية عند العربان: الاوجاع توجدة; A leçon de B اسمٌ للنباتِ المسمّى بالمغرب توجدة.

تودرى (A) = تودرَيج ou تودرَيج (BS), Bait. I, 217 b, le second, Payne Smith 1051; aussi تودرج, تلدرج, تودرى, *ibid.* 1440.

تور.

تور pl. أتوار *chandelier*, Lettre à M. Fleischer 235—6, Gl. Fragm.; dans le Voc.: candelabrum modicum; Selecta ٣۴, 2 a f., ٣٠, 1.

تورزى espèce d'arbre dans le pays des nègres, Becrî 179, 7 a f.

توز II *voyez sous* تور.

توز (pers.) est selon le dict. persan de Richardson: «the thin bark of a tree, like the papyrus, which is wrapped round bows by way of ornament, or to make them more smooth,» et selon le Borhân câti, cité par Quatremère J. A. 1850, I, 244: «l'écorce d'un arbre avec laquelle on recouvre les flèches, les selles de chevaux» (cf. Vullers). Cet arbre est, selon Hamza Ispahâni 197, dern. l., le خدَنك, c.-à-d. (selon Richardson), le *peuplier blanc*. Dans le man. B de Bait. on trouve une note marginale sur l'article يحكى انه شجر, où on lit, entre autres choses: حلنج عظام وقشر التوز الذى يعمل على القسىّ لحاوة est certain qu'en parlant du خلنج, l'auteur de cette note a eu réellement en vue le خدَنك. Selon Bait. I, 340 g, توز est, dans un certain dialecte, le nom du خور رومى (voyez), terme qui désigne le *peuplier blanc* selon quelques-uns, et selon d'autres le *peuplier*

noir; puis il ajoute: ولـه قشر اصغر تُبَطَّنُ به القُسِيّ.
Je ne sais si l'arbre dont il s'agit est réellement une espèce de peuplier, mais ce qui est certain, c'est que de ce mot توز on a formé le verbe تَوَّزَ *recouvrir un arc de cette écorce;* Gl. Manç.: صمغ هو صمغ الخور; dans le Voc. تَوَّزَ القوس est: *balistam nervare vel pingere.* — Dans un certain dialecte = خور رومى; voyez plus haut. — Le توز, probablement l'écorce dont il a été question, se trouve aussi nommé parmi les substances employées comme combustibles, J. A. 1850, I, 243—4.

تَوَزِىَ chez Freytag doit être changé en تَوَّزِىّ, et le nom de la ville dont il s'agit est تَوَّز ou تَوَّج; voyez les dict. géograph. et le Lobb-al-lobâb الثياب التَّوَّزِى, Tha'âlibî Latâïf 110, 2; تَوَّزِى تَوَّج, *ibid.* 132, 12.

توس *sorte de* ماعز جبلى, Man. Escur. 893 (avec سـ) (cf. Casiri I, 319 a).

ذُوفَالْنَت *thapsia villosa* L., Prax R. d. O. A. VIII, 280.

توق I. Dans le Voc., mais seulement dans la 1re partie, تَوَّق est «*desolari.*» Je soupçonne que c'est une faute pour «*desiderare.*»

II *faire désirer*, Gl. Djob.

V chez Lane; un exemple dans le Gl. Djob.

تَوْق pl. أتْواق *désir de voir quelqu'un*, Bc.

تَوْقَة *crampon*, Bc.

تائِق *preparatus*, L, synonyme مُعَدّ.

مُتَّوِق *delicatus*, L; il a le *fâ*, mais c'est une faute; synonyme ناعم.

تَوْلُول *rossignol*, Voc.

نوعـع (θύμος ou θύμον) *thym*, Payne Smith 1391; Alc. (tomillo yerva) écrit *tôma*.

نومون (θύμον) *thym*, Most. v° حاشا; le mot est plus ou moins altéré dans les deux man., et ce que l'auteur ajoute prouve qu'il ne connaissait pas la véritable orthographe, qui cependant est certaine.

تون = تنّ *thon*, Domb 68, Yâcout I, 886, 5.

تُونِسِى (de Tunis) *toile de lin*, Alc. (olanda lienço), ainsi appelée parce que celle qu'on fabriquait à Tunis était la meilleure, Vêtem. 180, n. 2, De Reyse naer Africa, Tunis, Algiers etc. (Haarlem 1650), p. 11.

تُونِيبَة (χιτών, χιτωνία, χιτώνιον) pl. تون *aube, vêtement en toile pour les prêtres, soutane, surplis*, Bc.

توه I, chez Bc aor. *a, i* et *o*, تاه عن الطريق, comme تاه seul, *perdre le chemin, s'égarer;* aussi: *s'égarer, se perdre* (chose), Bc.

II. توّه عن الطريق, comme توّه seul, *faire perdre à quelqu'un sa route*, Bc.

توه *pouah!* interj. qui marque le dégoût; توه عليك في! Bc.

تُوهَة (بنت) *fille*, M.

تُوِيزَة (berb.) «*corvée* qui consiste à faire labourer pendant un jour les charrues d'une tribu au profit du câïd; ce même droit est en usage pour tous les propriétaires ou locataires de terrains; elle variait du temps des Turcs suivant les localités,» Martin 139, n. 2; de même chez Cherb.; en Algérie, sous la domination des Turcs, «la *touiza* était une corvée que chaque charrue devait à l'Etat, et qui faisait partie de la contribution,» R. d. O. A. XI, 107; cf. Sandoval 322 (thuiza), Daumas Kabylie 58, 66; — *tribut, impôt*, Barth V, 701 (téussit); impôt qu'on payait au câïd à l'occasion d'un mariage, d'une circoncision, etc., Sandoval 283 (thaussa). Sans le préfixe, *eussa*, impôt, Daumas Sahara 9, 45, 162.

تُوِينِغَة et تُوِينِبَة *bec-figue* (oiseau), Bc.

تيّبت I. *Teibêt* est chez Alc. «calar lo cerrado,» c.-à-d., ouvrir avec un couteau ou un autre instrument une chose qui est fermée, y faire une fente, un trou; surtout en parlant du melon, le sonder, l'entamer, pour le goûter. Le verbe arabe a-t-il été formé de تابوت?

تير, تيم *poutre*, forme au pl. تيرات, Payne Smith 1408, Bar Ali éd. Hoffmann n° 4117.

تَيّار Le pl. ات, Abou'l-Walîd 700, n. 67, et chez Saadiah ps. 43 et 88. *Torrent*, au fig., en parlant des affaires, des passions, *tourbillon*, au fig., Bc. — Voyez طيّار.

تيبرأنتى (esp. tirante) *bretelles*, Delap. 77.

نيس II c. a., Voc. sous *ignorare*, probablement: *déclarer que quelqu'un est un ignorant, un imbécile*.

تَيِّس *ignorant*, Voc., *godiche, niais, nigaud*, Bc, *bête!* Hbrt 238. — تيس جَبَلى *chevreuil*, Bc.

تَيْسَنَة *niaiserie, nigauderie*, Bc.

تيع.

تِيعْ تِيعْ *cri pour appeler les poules*, M; il prétend que c'est pour تعالَ, ce qui est fort improbable.

تَيْعون *plante à plusieurs tiges et à feuilles lancéolées, qui, pour la forme et l'odeur, ressemble un peu à la verveine*, Palgrave I, 253.

تيبغنطمست *voyez* تاغندست.

تيكوت *voyez* تاكوت.

تيل pl. تيلان *ganse de soie*, Cherb.

تَيْل pl. أت *corde de métal, fil de métal, d'or, d'argent, de fer*, Bc, Hbrt 86; *corde de laiton dans les instruments de musique*, Descr. de l'Eg. XIII, 228, n. 3, où l'on trouve تلّ *tell*; cf. تال sous تيل. — *Filasse de chanvre*, Bc.

تيلار pl. أت *instrument sur lequel on coud la reliure d'un livre*, M.

تيمسندة *voyez* تيمسندة.

تيمق et تيمط, *en Espagne et au Maghrib al-akçâ, crocodilium* Diosc. (III, 10), Bait. II, 253 b: المعروف بالتيمق والتيمط ايضا بلا شكّ ببلاد الاندلس والمغرب الاقصى.

نافيقة *laurier*, Sang.

نافسيا *thapsia asclepium*, Bait. I, 225 b; le Most. a ce mot sous le ت, mais il ajoute: ادخله الرازى فى باب الثاء (distinctement dans N); dans le Gl. Manç. sous le ث: ويقع فى كثير من الكتب بالثاء المثناة; il a les voyelles نافسيّا.

تين. Sur les différentes espèces de figues on trouve ce passage dans le Most., que je publie tel qu'il est dans le man. L, en ajoutant les variantes de N: ابو حنيفة اجناس التين كثيرة منها الخلداسى (كج N) وهو اسود شديد الحلاوة، ومنه القلارى وهو ابيض ويابسه اصفر، ومنه الطيار وهو اكبر تين رآه الناس كميت، ومنه (وهو N) الفلجانى (العبلجانى N) وهو اسود يلى الطيار فى الكبر، ومنه الصدى على فعل (فَعْلى ou بَعْلى N) وهو ابيض الظاهر اكحل الجوف، ومنه الملاحى وهو تين صغار، ومنه الوحشى وهو ما تباعدت منابته، ومنه الازغب وهو اكبر من الوحشى عليه زغب. *Autres espèces:* سَبْتى (*de Ceuta*), Cartâs 23, 8; — ساجزى (*de Sidjistân*), Tha'âlibî Latâïf 121, 5 a f.; — شَعْرى *voyez sous ce mot*; — قوطى (*des Goths*), Macc. I, 123, 5, où on lit que cette espèce était propre à Séville, de même que le شعرى; l'une et l'autre sont nommées par Aviñon, Sevill. Medic. (cité par Colmeiro 232): «y aquí en Sevilla hay muchas maneras de figos, ca hay figos xaharies y doñegalos y brevales y coties;» — مالقى (*de Malaga*), Macc. I, 123, 7. — *Tin et tin luggudŏni, figue sèche*, Pagni MS. — *Noms du fruit du sycomore:* التين الاحمق et النبن الذكر, Most. v° جميز. — *Noms du cactier, raquette, figuier d'Inde*, selon Sang.: تين الرقع (aussi dans La du Most. sous تين, où N porte تين الرفع), تين فندى ,صرفندى (Bc *mangle*).

تِبْانىّ Voc. dans la 1re partie *vendeur de figues*, dans la 2de *celui qui achète des figues*.

تيه V Voc. sous *perplexus*.

تيه *dédale, labyrinthe*, Bc. — *Indifférence, état d'une personne indifférente*, Bc.

ث

ثال.

ثَال *petit palmier;* — *délire qui n'a pas de suites, folie passagère*, Sang.

ثالل I c. a. Voc. sous *veruca*.

ثَأْلولة *verrue, poireau*, Bc.

تَوْلُولَة verrue, Bc, durillon, cor, Ht.

pl. تَوَالِيل verrue, Voc.

ثَبَت I. On ne dit pas seulement ثَبَت بِالمَكَان (Lane), mais aussi ثَبَت مَكَانَهُ, tenir bon, résister, Bc. — ثَبَتَ il l'attendit, Akhbâr 71, dern. l.; aussi فَصَلُحَ عَلَى البُعد Mohammed ibn-Hârith 277; عَلَى Etre — .بِالعَجَمِيَّة كَلَّمُوا القَاضِي يُثَبَّتُ عَلَى أَكْلَ écrit, Abbad. I, 220, 9; cf. ثَابِت. — Avec صِفَة و صُورَة, Djob. 142, 2 a f.: زَوَى وَجْهَهُ لِلْحَيْنِ عَنْهُمَا مَخَافَةَ أَن تَثْبُت لَهُ صَفَةٌ فِي أَعْيُنِهِم «il détourna aussitôt d'eux son visage, de peur que sa figure ne fût constante dans leurs yeux,» c.-à-d., de peur qu'ils ne gardassent de sa figure un souvenir distinct; id. 143, 2: (il regretta) عَلَى أَنَّهُ لَم تَثْبُت لَهُ صُورَةٌ فِي نَفْسِهِ «que la figure de cet homme ne fût pas devenue constante dans son âme,» c.-à-d., qu'il n'eût pas gardé de sa figure un souvenir distinct; le لَه se rapporte à l'autre personne.

II soutenir, assurer que, affirmer, Bc. — Prouver, avérer, vérifier et prouver la vérité de, justifier, prouver la bonté, la solidité d'un avis, la vérité d'un fait; ثَبَّتَ أَنَّهُ كَانَ مَوْجُودًا فِي مَوْضِعِ آخَر «prouver l'alibi,» Bc; prouver aussi chez Roland. — Sceller, fixer dans un mur avec du plâtre, etc., plomb fondu, Bc. — Cautionner, répondre pour, Alc. (sanear la cosa). — Chez les chrétiens, confirmer, donner la confirmation, le sacrement de l'Eglise qui confirme dans la grâce du baptême, Bc, Hbrt 154. — T. de couture, Prol. III, 309, 13, où de Slane traduit: faire un surjet. — ثَبَّتَ عَلَيْه convaincre un accusé, Bc. — Intransit. c. فِي persister; tenir bon, tenir ferme, faire bonne contenance, montrer de la résolution; c. لَه ou قُدَّام tenir tête à quelqu'un, lui résister, s'opiniâtrer, Bc. — Etre bien en selle, être affermi dans son poste, Bc.

IV constater, montrer, démontrer, prouver, avérer, vérifier et prouver la vérité de, Bc; أَثْبَتَ دَيْنَتَه prouver sa créance, Inventaire: les créanciers réclamant ce qui leur était dû, l'héritier تَرَافَعَ مَعَهُم لِمَجلِس الشرعِ العَزِيز فَكَلِّفُهُم الشَرعُ بِاثبَاتِ دِيُونِهِم فَاثبَتُوهَا حَقَّهُ; أَثْبَتَ se faire valoir, soutenir sa dignité, ses droits, Bc; أَثْبَتَ الصِنعَة عِند القَاضِي il fit valoir auprès du cadi les droits qu'il avait sur cette

terre,» Akhbâr 128, 2 et 3; أَثْبَتَ مَسْأَلَة soutenir une thèse, Bc; أَثْبَتَ شَرعًا valider, rendre valide; أَثْبَتَ عِندَهُ persuader, déterminer à croire, Bc; أَثْبَتَ عَلَيه convaincre un accusé, Bc, Domb. 122 (أَثْبَات convincere). — Lancer des flèches avec justesse, Gl. Badroun. — Frapper le but auquel on vise, P. Berb. I, 393, 12. — Ranger en bataille, Macc. I, 317, 14: أَثْبَتُّ جَمعَكَ لَنَا «rangez vos troupes en bataille contre nous.» — C. a. voir distinctement, Lettre à M. Fleischer 31. — C. a., aussi أَثْبَتَ مَعْرِفَةَ عَيْنِه et مَعْرِفَةَ connaître, connaître personnellement, ibid. 30, 31. — C. a., aussi أَثْبَتَهُ et مَعرِفَةَ صِفَتِه, reconnaître, ibid. 31, Fragm. hist. Arab. 414, 10. — أَثْبَتَ قَولَه approuver ce qu'un autre a dit, Abdarî 90 r° et v°: je lus sous sa direction les Séances de Harîrî, sur lesquelles il faisait de bonnes critiques وَذَاكَرتُهُ فِيهَا بِمَواضِعَ عَدِيدَة أَثْبَتَ النُون. — كُنتُ انْتَعَقَبُهَا فَاَثْبَتَ قَولِي وَاستَحسَنَه donner le noun de l'aoriste au verbe, dire يَفعَلُون, comme dans la langue classique, et non pas يَفعَلُوا, comme dans la langue vulgaire, Abdarî dans le J. A. 1845, I, 406 (trois fois). — Chez Mohammed ibn-Hârith 261 on trouve l'expression singulière: هَذَا الرَجُلُ أَثْبَتُهُ عَلَى أَعدَائِكَ كَأَنِّي أَرَاهُ قَد صَارَ فِي عِدَدِهِم, ce qui doit signifier: vous vous êtes fait un ennemi de cet homme (le هـ est dans le man.). — Liquider, rendre clair, Bc.

V c. فِي, expliqué par Lane; cf. Macc. I, 884, 11: كَانَ مُتَثَبِتًا فِي فِقهِه لَا يَستَحضِرُ مِن النَقلِ الكَثِيرِ وَلَكِنَّهُ يَستَحضِرُ مَا يَحتَاجُ إِلَيه; Mohammed ibn-Hârith 268: تَثَبُّت — . C. فِي ou لَ examiner une chose avec soin, Berb. I, 608, 8 a f., II, 119, dern. l.

VII Voc. sous afirmare.

ثَبَت document, témoignage écrit, Gl. Belâdz. — Inventaire, Gl. Fragm., de Sacy Chrest. I, ٥٣, 8; ثَبَت خُرُوج mémoire des dépenses qu'on a faites, Fakhrî, 344, 6 et 7.

ثَبَّات signature, de Sacy Dipl. IX, 486, 10: كَمَا التَزَمَ لَهُ المَلِكُ المُكَرَّمُ مِن ذَلِكَ مَا أَحكَمَ رَسمَهُ بِالثَبَّات. — بِثَبَات efficacement, Alc. (eficacemente).

ثبّات assoupissement long et profond, Bc.

ثُبُوت fixation, t. de chimie; — fixité, propriété de n'être point dissipé par le feu, Bc.

ثابِت écrit (partic. d'écrire), Abbad. I, 391, 5, Inventaire, en parlant des créanciers: واقٍ كلّ واحد منهم بعقده ثابتًا بحكم الشرع (tribunal). — En parlant d'une graine, bien saine, Auw. I, 23, 3.

أَثْبات preuve, Roland.

تَثْبيت sanction, Bc. — Confirmation, sacrement de l'Eglise qui confirme dans la grâce du baptême, Bc, M.

مُثْبِتات blessures graves, Berb. II, 341, 3 a f.: — وصابرَ السلطان مثبتَه الى اخر النهار ثم قضى رحَه Celui qui tient à la doctrine de ceux qui enseignent la prémotion physique, sans nier tout à fait le mérite des actions, de Sacy Chrest. II, 471—2.

مُثْبَت pour مُثْبِت, Gl. Abulf.; constant, certain, indubitable; — réglé, décidé, jugé, Bc.

ثَبْثَب.

ثَبْثَب pl. ثَبَاثِب qui consedit firmius aliquo loco (cf. Freytag), P. Abbad. I, 320, 5.

ثَبَج.

ثَبَج. كان على ثَبَج من faire une chose, cultiver une science, avec un grand empressement, Prol. I, 24, 17, III, 92, 16, où il faut substituer ثبج à نهج; comparez dans la trad. III, 128, n. 4; toutefois ce n'est pas le nom d'action du verbe ثَبَج (qui est ثُبوج), comme l'a pensé de Slane, mais le substantif ثَبَج, dans le premier ou le second sens chez Lane, proprement: être sur le dos, le sommet de.

ثبر II c. على pervertere veritatem, synonyme de ردّ عن الحقّ, Voc. — C. على attribuer, Voc.

III مُثابِر se dit d'un Soufi qui est continuellement en extase, Djob. 286, 21. — C. a. disputer avec, Voc.

ثبط V, avec بالمكان, rester où l'on est, et de là متثبّط celui qui tarde, qui diffère à faire quelque chose, Gl. Mang.: هو ضدّ العَجُول من تثبّط بالمكان اذا متثبّط آلم به, Koseg. Chrest. 107, 5: وكان كارهًا للخروج فيه (ومتثبّطًا l.) c. عن r., Cartâs 217, 4.

مَثْبُوط qui a l'estomac surchargé par une trop grande quantité d'aliments, Alc. (ahitado).

ثجّ. Le nom d'action, ou, si l'on veut, le subst. ثَجَاجة Macc. I, 371, 13.

ثجل VII = انسع, Ibn-Doraid (Wright).

ثخب n'existe pas, mais on trouve: مِثْقَب pour مِثْخَب, tarière, J. A. 1849, II, 312, n. 1, l. 3.

ثخن II épaissir, rendre épais, Voc., Bc; répaissir, Bc. — Grossir, rendre gros, exagérer, Bc. — Condenser, Bc.

تَخَخُّن. Comparez sur le vers d'al-'Adjdjâdj, cité par Lane, la note sur Tha'âlibî Latâïf 22, n. c.

تَخْخِين son bourdonnant (de Slane) d'un instrument de musique, Prol. II, 354, 3.

ثَخَانة عقل stupidité, Bc.

ثدى. ثَدْى. Le pl. أثْداء, voyez sous حَجَر, et ثَدايا Abou'l-Walîd 703, n. 95. A en croire Hœst 224, ce mot ne s'emploie au Maroc qu'en parlant des mamelles d'une nourrice.

ثر. أثرار épine-vinette, Bait. I, 16 c.

ثرب. ثَرْب épiploon, membrane qui couvre les intestins; ثرب الصفاق péritoine, membrane souple qui revêt intérieurement le bas-ventre, Bc; — intestins, Gl. Fragm.

ثَرْبة pl. ثراب bottine de femme, Alc. (botin de la muger).

ثرد II dans le sens de I, 1, Voc. (ofas facere); voyez un exemple sous مَلْبَق.

VII Voc. sous ofas facere.

ثُرْدَة pl. ثُرَد bottine de femme, Alc. (botin de la muger).

ثَرّاد Voc. sous ofas facere.

مُثَرَّد plat, Daumas V. A. 317 (metred), grand

plat d'argile, Mehren 35 (مترد), R. N. 58 rº: quand il eut préparé une كنافة, افرغ عليها الزبد والعسل. — مَثَارِد (sic) الكثير فى مترد كبير *petites tables en bois*, Carette Kab. I, 481, 484 (mtâred).

ثرو IV *enrichir*, Voc.

— V *être grand*, *abondant*, *riche* (héritage), Berb. II, 463, 12.

ثَرْوَة *opulence*, Voc., Bc, Abd-al-wâhid 152, 5, 216, 13, Amari 328, 4 a f., où il faut lire والثَرْوَة au lieu de والسَّرَاوة, et non pas والسَّرُوة, comme le veut Fleischer dans les Annot. crit. On dit aussi: غلام من ثروة اهل البلد « un jeune homme appartenant à une des familles les plus riches de la ville,» Prol. III, 405, 15.

ثَرَاوَة *opulence*, de Sacy Chrest. II, 36, 5 a f.

ثُرَيَّا, aussi ثُرَيَّة, pl. ثُرَيَّات, *lustre*, sorte de chandelier de cristal, etc., suspendu, Bc (cf. Lane), se trouve: Gl. Bayân, Gl. Djob., Voc., Bait. I, 402, en parlant de la fleur de la cassia fistula: وهو متدلى بين تضاعيف الاغصان كانّها ثريا مسروجة Ictifâ 163 vº: ayant enlevé les cloches des églises, امر ان تركب تلك النواقس تربات (sic) وتنوقد فى جامع بلنسية, Macc. I, 360, 10, 361, 5, 362, 13, 14, 15, 17 et 2 a f., 363, 2, 367, 6, 368, 2, Khatîb 143 rº, en parlant de la mosquée de l'Alhambra: واحكام انوار ابداع ثراها (ثرياها I.). Bat. II, 263, Cartâs 30, 14, 38, 19, 279, 7 a f., 280, 13, 1001 N. Bresl. VII, 317. — *Comète* (ثرية sic), Ht. — Chez les botanistes andalous (شجّارو الاندلس), *senecio vulgaris*, Bait. I, 102 c. — مرفق الثريا *l'étoile* γ *de la constellation de Persée*, Dorn 47, Alf. Astron. I, 37 (autrement chez Freytag sous مرفق). — رقيب الثريا *étoile de la constellation du Cocher*, ainsi appelée parce qu'elle se lève sur plusieurs endroits en même temps que les Pléiades, Cazwînî I, 33, 11. — مُعَصَّم الثريا *étoile de la constellation de Persée*, Dorn 47, Alf. Astron. I, 37. — عايق الثريا *étoile de Persée*, Dorn 47. — مَنْكِب الثريا *la 21e étoile de Persée*, Alf. Astron. I, 37.

ثرى VII Voc. sous *rigare*.

ثَرَى comme *terre* dans le sens de *sépulture*, Gl. Badroun, Bc, qui donne aussi l'expression: طاب ثراه « que la terre lui soit légère!»

ثعب ثُعْبَان avec l'art. *le Dragon*, constellation, Bc. — Nom d'un superbe collier, Berb. II, 116, 7. — ثعبان, Bc, ثعبان البحر, Hbrt 70, سمك ثعبان, Browne I, 101, ثعبان الماء, Vansleb 72, *anguille*.

ثعلب ثَعْلَب. La plus noble espèce du renard est, selon Bait. I, 227 f, الثعلب الجزرى; leçon de A; B الجرزى. — الثعلبيات = الهُلْبَة, nom de plusieurs étoiles de la grande Ourse, Cazwînî I, 30, 13.

مُتَعَلِّب *prudent*, *fin*, Alc. (recatado).

ثغر III, en parlant de guerriers, *se tenir sur les frontières*, Macc. II, 699, 4, 705, 4 a f., 706, 5, Amari Dipl. 165, 2, 181, 2, 210, 1, 221, Prol. I, 298, dern. l.; il faut lire de même Berb. II, 334, 6, 335, 9.

ثَغْر *gencive*, Voc. — *Place frontière*, Bc, Gl. Belâdz.; *place*, *ville de guerre*, *forteresse*, Bc. — الاربعة الثغور *les quatre points cardinaux*, J. A. 1848, II, 196, n. 1.

ثَغْرِى *homme de la frontière*, Voc.; de là vient le nom des Zegris, qui est bien connu par les romances mauresques, et celui des Tagarinos, c.-à-d., des Mauresques d'Aragon.

ثغو ثاغٍ (cf. Lane). Ibn-al-Khatîb 29 rº dit en parlant d'un imposteur: تبعه ثاغية وراغية من العوامّ.

ثُفَّا *cresson de fontaine*, *Sisymbrium Nasturtium*, Sang., Bait. I, 228 b, 299 b, Most. sous حرف: واهل الحجاز يسمّونه الثفا

ثفر ثَفَر *bât de l'âne*, Mehren 26 (ثفر).

ثفل ثُفْل s'écrit très-souvent, نُفْل, p. e. Voc., Bc vº *drèche*, Prol. III, 204, 1, (ثفل) chez Lane M. E. I, 383); Quatremère, dans le J. A. 1850, I, 226, a même cru que cette orthographe était la bonne, mais

ثفى

Rœdiger, dans le Ztschr. V, 395, a observé qu'il s'est trompé. Au pl. أَثْفَال, Voc., Cartâs 16, 14, J. A. l. l. — *Ordure des intestins*, Mehren 26 (ثفل). — ثِـفـل *scorie du fer*, Voc. — ثفل الشَّحْم *cretons*, *résidu de la graisse de porc fondue*, Voc.

ثفن

مَثْفُون *piqué à la rotule* (cheval), Daumas V. A. 190.

ثفى.

ثَفاية *foyer*, Hbrt 196.

أُثْفِيَّة *voyez sous* اثف.

ثقب

ثَقْب I n. d'act., Abbad. I, 267, n. 51. — *Greffer par térébration* (cf. تَثْقِيب), Auw. I, 19, 14, 406, 2 a f., où le man. de Leyde a المعب, c.-à-d. الثقب après التركيب 407, 1, où il faut substituer الثقب à النقف. — ثقب القحف *trépaner*, Bc.

ثَقْب *marque de petite vérole*, Hbrt 34. — *Anus*, 1001 N. I, 260, Bresl. XI, 442, 450.

ثُقْبة *anus*, 1001 N. Bresl. II, 56. — Dans la greffe *la térébration de Columelle* (IV, 29, 13), Auw. I, 19, 10.

ثَقَّاب *qui perce souvent ou beaucoup*, Voc.; ثَاقِب أعين *oculiste*, Wright 105, 2 a f.

ثاقب الحاجِز *polypode*, Bait. I, 227 c.

مِثْقَب *trépan, instr. de chir.*, Bc.

مُثَقَّب *poreux*, Becrî 156, 8 a f.

مِثْقَاب *gros fil d'archal*, que le faiseur de tuyaux de pipe introduit dans le tuyau, Descr. de l'Eg. XII, 486.

مُثَقَّب *est chez* Alc. *cavadiza cosa*, ce qui se dit du sable qu'on tire en creusant.

ثقف

ثَقِف I. De même qu'on dit: ثقف الشيء « *être habile dans une chose* » (Lane), on dit ثَقَافَةَ البَحْر *entendre bien la navigation*, Prol. II, 34, 2, 3, 7.

II s'emploie aussi en parlant de *kalams*, de Sacy Chrest. II, ١١٩, 8: أَعْدِدْ من الأقلام كلَّ مُثَقَّف « *choisissez d'abord des kalams bien dressés* » (de Sacy). En parlant de poèmes, مثقفة الاطراف *polis*, Berb. I, 24, 8. — ثقف حاله *se corriger, s'amender, régler sa conduite*; ثقف سيرته *rectifier sa conduite*; ثقف

ثقف

الاخلاق *réformer la conduite, les mœurs*, Bc. — N. d'act. تثقيف et ثقاف, *mettre en bon état*, p. e. un pays, ou *mettre en état de défense*, en parlant d'une forteresse ou de ses portes, de frontières, etc., Cout. 6 v°: وامر كلثوم بتثقيف امر افريقية فثقفها جَهْدَه. Haiyân 85 v°: حصن قصبتها وثقّفها وشحنها بالاقوات. Çalât 2 v°: يسيرون طول ليلهم على الاسوار ويتثقفون وينظر, id. 47 v°: ابواب المدينة بالثقاف طول النهار في تثقيف جباية وانتظارها ريث ما وجّه لها مَن اختاره. وتركًا (السيّدان) في, id. 70 v°: لحمايةِ ديارها واقطارها. البلاد المفتتحة من الموحّدين والامنة مَن ثقفها وضبطها. ثمّ تفقّد البلاد واحكم تثقيف ثقافها, Khatîb 68 v°: للامر العزيز, Macc. I, 250, 18, Berb. II, 114, 9 a f., 118, 11, 140, 6 a f., 171, 6, 257, 11, 283, 8 et 10, R. N. 102 v°, en parlant de la police pendant la nuit dans une ville: وكان مَعَدّ قد ثقف البلد تثقيفا شديدا بالعسس وكرس والرصد الشديد (Ma'add est le nom du calife). — *Arrêter, empêcher d'avancer, de se mouvoir*, Bc; *arrêter, faire prisonnier, emprisonner*, n. d'act. تثقيف et ثقاف, Abbad. I, 152—4, II, 15, Gl. Bayân, Gl. Djob., L (truserat سُجِّن وثُقِّف), *le part. pass. abstrusum, convinctus*, Voc. (includere), Alc. (encalcelar), Recherches I, Append. LI, 7, LXVII, 4 a f. et n. 13, Macc. II, 451, n. s, 562, 20, 741, 3, Khallic. X, 28, 10 Wüst., Abou'l-Walîd 403, 12, Cartâs 49, 16, 52, 11, 99, 9, 103, 8 a f., 197, 5, 262, 3, 264, 8, 268, 10 a f., 270, 15, 271, 3. — *Séquestrer, mettre en séquestre*, Cout. 29 v°: quand il fut mort, وجب على القاضى تثقيف المال وتحصينه.

III *manier les armes* (Lane), voyez J. A. 1869, II, 155.

V *être emprisonné*, Voc. — *Être séquestré, être mis en séquestre*, Amari 393, 2 (biffez, dans les Annot. crit., la note de l'éditeur, qui n'a pas remarqué que le ثقف de Bc est pour تثقف).

ثِقاف *adresse* (cf. Lane), Haiyân-Bassâm III, 3 v° (dans B, car dans A il y a une lacune): فارس — البسالة والثقاف. — *Circonférence, circuit, enceinte*, p. e. d'un faubourg, Becrî 103, 3 a f. Dans le Calendrier, chaque jour du mois a son جَدْوَل, et l'introduction et la conclusion, qui se trouvent au commencement et à la fin de chaque mois, sont ما لم يدخل في, 16, 1, لا يدخل في ثقاف جدوله

ثقاف الأيام, 24, 8, 32, 8, etc. — آلة ثقاف *ce dont on se sert pour lier*; ainsi des menottes sont un آلة ثقاف, Abou'l-Walîd 799, 17. — — *Prison*, Abbad. I, 153, Abou'l-Walîd 786, 16.

ثَقَافَة *acidité* du vinaigre, Auw. I, 586, 20. — *Adresse*, Macc. I, 617, 6; de là اهل الثقافة *ceux qui font des tours d'adresse* (en combattant contre des bêtes féroces), Notices 232, 2 a f. — ثقافة مكان الحصن *signifie que l'endroit où se trouve la forteresse a été choisi fort ingénieusement*, Gl. Edrîsî.

تبيقاف *figure de géomancie, dont la forme est celle-ci*: ⁝⁝; *on dit qu'elle représente l'intelligence*, M.

ثقل I. Le n. d'act. ثَقُولَة dans le Voc. — *Accabler, surcharger*, Bc.

II. ثقل البدن *rendre le corps lent et pesant*, Gl. Fragm.; ثقل على الحمل *surcharger, charger trop*, Bc.; ثقل عليهم التكاليف *fouler, opprimer, surcharger d'impôts*, Bc; — ثقل اللسان *empâter la langue*, Bc; — ثقل المرض *envenimer un mal, une plaie, les rendre difficiles à guérir*, Bc. — C. على p. *charger, peser sur, accabler, surcharger, outrer, surcharger de travail*, Bc. — C. على p. *peser, être à charge, déranger, gêner, importuner, ennuyer*, Lettre à M. Fleischer 192, Voc. (tedium facere). — *Honorer*, L (honesto اوقر وأثقل), *le part. pass. honestatus*).

III *contre-peser, contre-balancer, servir de contre-poids*, Bc.

IV c. على *trouver* une chose *incommode*, Cartâs 217, 3 et 4. — *Honorer*, L (honesta أَثْقَال).

V *s'appesantir, devenir plus pesant*, Bc.

VI *être grave, sérieux*, Mohammed ibn-Hârith 307: وكان عمرو بن عبيد الله وقورا ساكنا متثاقلا واستعمل النوم. — *Etre dans la torpeur*, Becrî 184, 3 a f. : والتثاقل حتى كأنه مغمى عليه. — *Etre de mauvaise humeur*, Calâïd 199, 333, 2 a f., 1001 N. Bresl. IV, 145, 3 a f. — C. عن p. *trouver* quelqu'un *importun et se détourner de lui*, Aghânî 54, 8, Nowaïrî Espagne 466: يتثاقل عنك ابراهيم; c. عن r. *trouver* une chose *incommode*, Cartâs 145, 10 et 11; aussi c. على p., Haiyân-Bassâm I, 128 r°: وشكا القاسم أمره الى البرابرة فتثاقلوا عليه وحبّوا التصريح بينهما, et c. على r., Cartâs 217, 2, où il faut lire avec d'autres man. فتثاقلوا, au lieu de ثثاقلوا. — C. على p. *ennuyer* quelqu'un, 1001 N. I, 175, 14, 302, 16.

X c. a. p. *trouver qu'un homme a peu d'esprit, le trouver ennuyeux; avoir de l'aversion pour quelqu'un*, Becrî 46, 4, Macc. I, 137, 4 et 7, 473, 12, 511, 16, II, 506, 11. — تستثقلوني *vous suis-je suspect?* Bc.

ثِقْل pl. أَثْقَال *charge, ce qui nécessite une dépense*, Bc.

ثَقِل *pesant, lourd*, Voc.

ثِقَل *gravité, importance des choses*, Bc.

ثُقْل *objets précieux*, Koseg. Chrest. 117, dern. l.: تسع نوق مجنونة مزينة بثقل. — Le pl. أَثْقَال *ce dont on a besoin dans la guerre, les armes, etc.*, Abbad. I, 285, n. 144. — أثقال *semble signifier affaires d'Etat* chez Mohammed ibn-Hârith 292: تولى الكتابة واضطلع بالاثقال ۞

ثَقَل .ثقل اللفظ *hiatus*, Bc.

ثَقْلَة تعب ثقلة *endosse, le faix, la peine d'une chose*, Bc. — ثقلة اللسان *empâtement de la langue*, Bc. — *Dérangement, importunité, incommodité*; حمل ثقلة عنه *débarrasser quelqu'un, cesser de le gêner*. Demande: « Pourquoi ne venez-vous point chez nous? » Réponse: حامل ثقلة « c'est pour ne point vous être à charge, » Bc.

ثِقَال *contre-poids, balancier, perche de danseur de corde*, Alc. (apesgamiento, contrapeso para saltar).

ثَقِيل *accablant, fatiguant*, Bc. — *Exigeant, qui exige trop*, Bc. — *Dur, sans grâce, lourd, empesé, guindé*; عقله ثقيل *il a l'esprit épais*, Bc. — *Lourd, ennuyeux, qui a l'esprit pesant, fâcheux, importun, gênant, incommode, trouble-fête*, Voc., Bc, Macc. I, 531, 17—19, Khallic. I, 384, 16 Sl.; *ennuyeux est aussi* تثقيل الروح, Voc., Alc. (enojoso a otro), et ثقيل الدم, Bc. — *Pataud, grossièrement fait, villageois grossier*, Bc. — *Laid*, Bassâm III, 6 v°: اذ وطلعة ثقيلة ۰ لحية طويلة. — *Malsain*, Bat. III, 126, en parlant de l'ombrage d'un arbre qui est trop feuillu pour que l'air puisse y pénétrer. — *Grave, important, de conséquence, sérieux*; امر ثقيل *affaire de conséquence*; رجل ثقيل *homme d'importance, de qualité, de savoir, de capacité*, Bc, *d'importance*, 1001 N. Bresl. II, 138, 1, IV, 376, 6, *honestosus*, L; من الثقال *huppé, apparent, considérable*, Bc. — *Grand, nombreux* (armée), Haiyân 78 r°: ركب الى قرطبة في سرية ثقيلة, Nowaïrî Afrique 33 r°: فنهض بالعساكر

التَّقِيلَة, 1001 N. II, 61, 2 a f. — *Profusément orné d'or*; quelquefois on ajoute الذهب ou ذهبى, Lettre à M. Fleischer 200—1. — *Buis, instrument dont les cordonniers se servent pour différents usages*, pl. ات, Alc. (box de çapatero). — *Boulet, boule de fer dont on charge un canon*, Domb. 80. — التَّقْفِيل الأَوّل *espèce de mélodie*, P. Macc. II, 634, 9. — تَقْفِيل *fessu*, Bc. — تقيل على الخاطر *choquant*, Bc. — جانب التَّقْفِيل, dans le قانون, *la partie de la corde la plus éloignée du chevalet*, Deser. de l'Eg. XIII, 308.

تَقَفُّل *gravité, pesanteur*, Bc. — *Dureté, manière de peindre sèche, sans grâce*, Bc. — *Importunité*, Bc. — *Lest* (t. de marine), Ht (qui écrit سِقَالَة).

تَقَّالَة *pendule, poids d'une horloge*; السَّاعَة تَقَّالَة *balancier, pièce d'une pendule*, Bc. — خَيط التَّقَّالَة *fil à plomb*, Auw. I, 148, 8 (où il faut insérer خَيط, qu'on trouve dans le man. de Leyde), 14, Ibn-Loyon 4 v°: وعليه خيط تقالة فإن وقف خيط التَّقالة على الخط الذى فى وسط المرجيقل الخ, ibid.: وعلى ذلك الخط خيط فى طرفه تَقَّالَة (le = est dans le man.).

أَتْقَل est le comparatif de تقيل dans presque toutes ses significations, p. e.: *plus nombreux*, 1001 N. II, 61, dern. l. Il signifie: *de très-mauvais augure* chez Macc. I, 532, 20.

مُتَقَّلَة *fardeau, calamité*, Gl. Mosl.

ثَل

ثَل pl. ثَلَل et ثُلَّة pl. ثُلَل dans le même sens que ثَلَّة, *troupeau de brebis, ou de brebis et de chèvres*, Gl. Belâdz. p. 99.

ثلب

ثَلِب, en parlant d'un chameau, est du genre commun et n'a pas le ة du féminin, selon un scoliaste; au pl. on dit مَثَالِيب. Voyez le Diwan d'al-Hâdira p. ٢, dern. l., p. ٥, l. 1 éd. Engelmann (à la p. ٢, l. 2 a f., il faut substituer بأَتْيَقَ, comme porte le man., à بأَيْنَقَ).

ثَلِب (?) *nom d'une plante*, Bait. I, 228 c; leçon de DLS; ABE ثلث.

مَثْلَبَة *endroit où l'on dénigre* (ثلب est *dénigrer* chez Bc), *où l'on cherche à diminuer la réputation de quelqu'un*, de Slane Prol. I, p. LXXV, col. 1, 2 a f.

مَثَالِيب voyez sous ثلب.

ثلث

ثَلَّث II *tiercer, donner aux terres le troisième labour, la troisième façon*, Alc. (sous barvechar il a عبر, et ثَنَّى ثَلَّث, c.-à-d.: *donner aux terres le premier, le deuxième et le troisième labour*; *terciar barbecho, terciazon de barvecho* (تَثْلِيث), Auw. II, 128, 23. — ثَلَّث بالأَمير عبد الله «Abdallâh fut le troisième émir sur lequel il composa des poèmes,» Haiyân 31 v°.

V *être triplé*, Voc.

ثُلُث (?) *nom d'une plante*, voyez ثلب.

ثُلُث *lettre capitale*; قلم ثلث *majuscule*, Bc; قلم الثلث *écriture en lettres très-grosses*, Macc. II, 705, 19, 1001 N. I, 94, 10.

ثُلْثِى *panthère*, Ht, M (en Ifrîkiya); d'autres écrivent ثِلْثِى (voyez).

ثُلْثِى pl. ثَلَاثِى *galiote, petite galère*, Alc. (galeota pequeña), Bat. IV, 92: ويتبع كل مركب كبير منها ثلاثة النصفى والثلثى والربعى ۞

ثَلَاث ثَلَاث الرَفَاع *mardi gras, du carnaval*, Bc. — ثَلَاثَة فى ثَلَاثَة ou ثَلَاثَة فى مثله *le carré de trois*, Bc.

ثُلَاثِى *un chameau qui fait le trajet de trois jours en un seul*, Jackson 40. — ثُلَاثِيَّات *des traditions qui ont été transmises successivement par trois traditionnaires*, Abdarî 98 r°: قرأت عليه ثلاثيات البخارى (cf. نَسَائى), etc.).

ثَلُوثِيَّة *Trinité* (un seul Dieu en trois personnes), Voc.

ثَالُوث زهرة الثالوث *pensée* (fleur), Bc.

تَثْلِيث *triangle*, Payne Smith 1511, 1516. — «Chez les astrologues il y avait quatre trigones ou triplicités, dont chacun se composait de trois signes du zodiaque, éloignés de cent vingt degrés l'un de l'autre; التَّثْلِيث *le trine ou trine aspect*, c'est quand une planète est éloignée d'un astre du tiers du zodiaque. Le التَّثْلِيث الأَيْسَر, *le trine sinister*, est celui dont les degrés se comptent en suivant l'ordre des signes; le التَّثْلِيث الأَيْمَن, *le trine dexter*, en est le contraire,» note de M. de Slane sur Prol. II, 186.

تَثْلِيثِىّ *qui croît à la Trinité*, M.

مُثَلَّث, dans le sens de *triangle*, forme le pl. ون, ات, Voc.; Bc مساحة المثلثات *trigonométrie*. — المثلث *Triangle*, constellation; l'étoile qui est au sommet du Triangle se nomme رأس المثلث, Cazwînî I, 35, Dorn 51, Bc, Alf. Astron. I, 13, où ce mot est altéré en « alcedeles. » — *Liqueur*, boisson qui a pour base l'eau-de-vie, l'esprit de vin; *rossolis* (liqueur), Bc. — *La chaîne* d'une toile, Voc. — *Tragopogon crocifolium*, Bait. II, 160 a, 329 h. — الحَبّ المثلث *pilules composées d'aloès, de myrrhe et de rhubarbe*, M.

مُثَلَّث synonyme de مُثَلَّث dans le sens d'*espèce de parfum composé* (cf. Macc. II, 221, 2 et 3), Bait. I, 57 a: والاظفار القرشية تدخل في الغدود والاعواد والمثلثة, II, 145 a, en parlant du صمغ الضرو: والبرمكية والمثلثة. — *Plat composé de riz, de lentilles et de froment*, Payne Smith 1174. — Chez les astrologues *trigone, triplicité*, Prol. II, 186, Gl. Abulf.; cf. sous تَثْلِيث.

قسم مثالات تَمثِيل *tiercer, séparer une chose en trois*, Bc.

مُثَلَّثة *lime ou instrument en bois à trois côtés*, M.

ثلج II *neiger*, Bc. — *Refroidir par la neige*, Auw. II, 75, 5: وينبغى ان لا يزرع العدس في الارض المثلجة ولا الحارة; je crois devoir lire المثلجة. — *Glacer, congeler*, Bc; ماء مثلج *de l'eau glacée*, Prol. I, 25, 6; عنبرى مثلج *glace, liqueur glacée*, Bc. — *Glacer ou se glacer, se prendre par le froid*, Bc. — Cf. مثلج.

ثَلْج *glace, eau durcie par le froid*; بحر الثلج *la mer Glaciale*; سرداب الثلج *glacière, lieu où l'on conserve la glace*; قطعة ثلج *glaçon*, Bc. — ثلج صينى ou ثلج الصين (la neige de Chine) *la fleur de la pierre Assios, le salpêtre*, Bait. I, 42 c, 229 c, 293 f; cf. Reinaud F. G. 14; Quatremère dans le J. A. 1850, I, 222, veut lire ملح, au lieu de ثلج, « ce qui, » dit-il, « répond parfaitement à l'expression persane نمك صينى, » et Sontheimer semble avoir trouvé ملح dans son man. de Bait. I, 42 c, où nos deux man. portent ثلج; mais ce qui prouve que ثلج est la leçon véritable, c'est que Bait. a placé l'article ثلج صينى sous le ث.

مُثْلِج *neigeux, chargé de neige*, Bc.

ثلج مَثْلج du taureau = موضع خثيه, Abou'l-Walîd 726, 11.

ثلج I *herser, passer la herse dans un champ*, Bc.

ثلج *herse, instrument de laboureur*, Bc.

ثلم I c. a. *porter atteinte à, blesser*, p. e. ثلم الأخيّة « porter atteinte à, blesser l'amitié, » ثلم الصيت « blesser l'honneur, décréditer, faire tort à, ternir la renommée de quelqu'un, » Bc.

VII. انثلم الصيت « sa réputation a été blessée, a reçu une atteinte; » انثلام الصيت « brèche à l'honneur, » Bc.

ثَلْم *sillon*, Ht.

مَثْلوم. المثلوم était dans l'Irâc un dînâr dont on avait coupé un petit morceau et qui avait cours dans le commerce, de même que ce morceau qui s'appelait قراضة, Khallic. I, 621, 4 a f. Sl.

ثمّ.
ثمّ ou ثمّا *il y a*, Bc (Barb.).
ثمّ a un sens particulier dans le n° XL des diplômes publiés par Amari; l'éditeur pense que c'est *parfois*, ce qui semble bon.
ثمّا voyez ثمّ. — ثمّاك *là*, Bc (Barb.).
ثمّة = ثمّ *là*, Macc. I, 917, 21, II, 52, 11.
ثامد *espèce d'arbre*, J. A. 1853, I, 165.

ثمد.
ثَمّاد « *puits peu profond, qui donne de l'eau quand les pluies sont abondantes*, » Prax R. d. O. A. VII, 271, 278; Djob. 64, 7: وهذا الماء ثماد يحفر عليه في الارض فتنسمح به قريبا غير بعيد ٭

ثَمودَة *truie*, Domb. 64.

اثمد. *Un poète nomme ainsi les larmes* (= الكحل بالدمع), Gl. Mosl.

ثمر II *posséder*, P. de Sacy Chrest. II, ١٨٠, 3: وما أثمر من مال ومن ولد ٭

— *mthmr* بانواع الفواكه IV c. ب r., Djob. 151, 2: *Faire qu'un arbre porte des fruits*, P. Abd-al-wâhid

81, 1. — *Croître*, en parlant d'un arbre, Alc. (arbolecer).

ثَمَر, *arbres*, semble, de même que اغصان, « *branches*, » le nom d'une division dans les poèmes dits موشّحات, Bassâm I, 124 r°: ويضع عليها الموشحة دون ثمر فيها ولا اغصان. Le mot est écrit indistinctement et sans points. — ثَمَرَة *produit, rapport de la terre*, Gl. Belâdz.

ثَمَرَة *fruit*, Alc. (fruto de cada cosa).

ثَمَارَة *fruit*, au propre et au fig., Alc. (fruto de cada cosa, fruto razonal).

ثِمَار pl. ثَمَارَة *arbre fruitier*, Alc. (frutal arbol de fruta).

مثمر *olive noire*, Auw. I, 686, 9, 687, 20.

مَثَامِر *fruits*, Cartâs 108, 10 a f.

ثمل II c. a. et V, Voc. sous *temulencia*.

ثَمَل *fondations*, Ht.

ثَمْلَة *crapula*, L, *temulencia*, Voc.

مَثْمُول *ivre*, Voc.

ثمن II *apprécier, évaluer, estimer, fixer la valeur de, priser, mettre le prix à une chose*, Bc, Amari Dipl. 206, 9; لا يثمن *inappréciable, impayable*, Bc. — *Faire compte de quelqu'un, l'estimer, l'avoir en quelque considération*, Alc. (hazer cuenta de otro). — *Enchérir, rendre plus cher*, Voc. — ثمن لابيات *faire une glose en octaves sur la pièce d'un autre auteur*, Macc. I, 917, 22 (cf. Lettre à M. Fleischer 146).

IV c. ب r. *tirer un grand prix de*, Gl. Belâdz. — *Estimer, évaluer, apprécier*, Ht.

ثَمَن *nom d'une pièce de monnaie, proprement* ثمن الدينار, Berb. II, 138, 3; Mocquet 179: « Chaque *tomin* vaut demy reale; » Laugier 251: *temin* ⅛ du pataca chica, 29 aspres (à Alger); *huitième du rial pacéta*; — *pièce de 25 cts.*, Cherb.

ثُمْنِيَّة *huitième du* مَنّ, Ztschr. XI, 479, n. 6.

ثُمْنِيَّة pl. ثَمَانِي *cruche, pot*, Alc. (cangilon vaso de barro, cantarillo). C'était sans doute, dans l'origine, une mesure pour les liquides, qui contenait la huitième partie d'une autre mesure, de même que l'esp. « *azumbre*, » qui vient de الثُّمْن, désigne la huitième partie d'une « *arroba.* »

Tomina semoule grossière, grillée dans une casserole en terre et plongée dans du beurre et du miel bouillants, Daumas V. A. 253.

تَثْمِينَة *évaluation, estimation*, Bc.

تَثْمِينِي *estimatif*, Bc.

مُثَمِّن *estimateur*, Bc.

ثنط

اِثْنَاط dans le Voc. est une faute; voyez اِنْتِنَاط sous l'*élif*.

ثنى I. ثَنَى لغلام بسادة est une marque de politesse envers celui qui nous rend visite, et on le fait afin qu'il puisse s'asseoir plus commodément, Khallic. X, 108, dern. l., 131, 5, cf. Koseg. Chrest. 133, 8 et 9. — *Rendoubler, replier une étoffe pour la raccourcir, la mettre en double; remplir, faire un rempli; plisser, faire des plis à du linge*; ثنى كعب الصرمة *éculer, plier les quartiers d'un soulier en dedans*; ثنى حافية برنيطة *retaper, retrousser les bords d'un chapeau sur la forme, le remettre à neuf*, Bc. — *Se courber, se tourner vers* (الى), Abbad. I, 57, 3. — C. ب r. *faire une chose pour la seconde fois, la répéter*, Abbad. II, 103, 2 a f., cf. III, 206; Lane n'a que la IIe forme en ce sens, mais dans ce vers c'est la Ire, comme le montre la mesure.

II *donner aux terres le deuxième labour, la deuxième façon*, Alc. (arar vinando, barvechar, cf. sous ثَلَث II, cavar segundario), Auw. I, 66, 14, II, 128, 23. — C. ب r. *nommer une chose en second lieu*, Macc. II, 204, 3 a f. (l'opposé de بدا dans la ligne précédente; cf. ذكر dans la l. 20). — C. ب p. *traiter quelqu'un de la même manière qu'un autre*, Freytag Chrest. 122, 4: le sultan avait déjà tué un de ses deux prisonniers d'un coup de sabre, et l'autre له — . فكان اوّل من يشقّ (يشقّ ل.) فى انه يثنى به السوزارة *il lui donna le titre de Dzou'l-wizâratain*, Haiyân-Bassâm I, 192 r°: كان له بسليمان اتصال فثنى له الوزارة مثنى. — *Diffamer, diminuer la réputation*, Alc. (enfamar de buena fama). — C. a. dans le Voc. sous *lascivire*.

IV c. ب p.? Haiyân 49 v°, 50 r°: فكان اوّل من

اظهر للخلعان بها وائنى باهل المعصية وسعى فى تفريق
الكلمة كُرَيْب بن عثمن بن خلدون . — *Avoir une
bonne réputation*, Voc.

V Voc. sous duale.

VII *grimacer*, faire des faux plis, Bc. — Voc.
sous lascivire.

تَنِيَة *pli*, endroit où le ثَنِيَة الركبة او الذراع *pli*, endroit où le
genou, le bras se plient; *repli*, pli redoublé; *rempli*,
pli fait à une étoffe, etc., pour la rétrécir, la raccourcir; *rebord*, bord élevé et ajouté, Bc.

ثَنَا *réputation*, renommée, Voc., Bc.

ثَنِى *entrant dans la seconde année* (poulain), Wetzstein dans le Ztschr. XXII, 74, 9. — *Ayant deux
dents*, Voc.

ثَنِيَة «est un mot que nous avons traduit par col,
quoiqu'il exprime plus généralement le point de passage d'une route sur une crête,» Daumas Kab. 316;
«*steep ascent* (= عَقَبَة), *winding*, since the rapidity
of the hill-rise renders a corkscrew arrangement of
the path often necessary,» Palgrave I, 346. Les *ports*
(البرتات ou البرتات) des Pyrénées, c.-à-d., les points
les plus bas qui servent de passage de l'Espagne en
France et dont la hauteur moyenne est de 2,766ᵐ
au-dessus du niveau de la mer, sont les ثنايا de cette
chaîne de montagnes, Prol. I, 119, 2 a f., Khaldoun
Tornberg 9, 7 a f. (l. غربًا et المُقْتَضِين) et 6 a f. (l.
الثنايا au lieu de البقايا). — *Chemin, route*, Hbrt
41 (Alg.). — Le pl. ثنايا *dents de devant et dents
de lait, premières dents*, Bc.

ثُنَائِي الاسناد حديث ثنائى الاسناد *une tradition qui a
été transmise sur l'autorité de deux séries de traditionnaires*, Abdarî 28 vº: قرأت عليه بعض الاحاديث
الثنائية الاسناد من حديث مالك

ثَنى *de son côté*, Gl. de Habicht sur les 1001 N.
III, p. 32 (au lieu de 336, lisez 386). — *Opposé*,
en parlant de la rive d'un fleuve, etc., 1001 N. III,
56, 14 et 15: الساقية الثانية «la rive opposée du
ruisseau,» I, 771, 5 a f., 772, 5, 795, dern. l.:
حتى وصل الى البر الثانى , IV, 674, 10 et 11: البر الثانى
الجهة الثانية. — ثانى حشيش *regain, second foin*; —
ثانى عمارة *reconstruction*; — ثانى مرّة *derechef, de nou-*

veau; ثانى نبيذ *piquette*, petit vin, méchant vin; —
ثانى يوم وثانيه *journellement*, Bc. — قرأ ثانيا *lire jusqu'au bout*, Alc. (leer hasta el cabo).

ثَانِيَة, pl. ثَوَانٍ et ثَوَانِى, *seconde*, soixantième partie
d'une minute, Bc, M; dans un traité sur l'astrolabe,
qui est antérieur au 7ᵉ siècle de l'Hégire, man. 591 (3)
(Catal. III, 98): وتنقسم دوائرها الى دقائق وثوانى;
Macc. I, 765, 11 (cf. Add. et Corr.).

اثْنِينِيَّة *dualité*, Prol. III, 75, 11.

تَثْنِيَة t. de chir.; c'est, lorsqu'après avoir arrêté
le sang qu'on tire par l'ouverture de la veine, on
recommence la saignée un peu plus tard, sans ouvrir
de nouveau la veine, Gl. Manç.: تثنية هو المُعَاوَدَة (sic)
والمراد بها فى الفصد وهو ان يقطع اخراج الدم قبل
استيفاء الغرض ثم يترك ساعة او يومًا ثم يحل الموضع
من غير تكرار بضع ثم يرسل الدم

مَثْنَى, يوم مثنى , le jour de redoublement, Berb.
II, 395, 5 a f., «doit signifier le 30 de Dzou'l-hiddja,
mois qui, dans les années embolimiques, compte un
jour de plus que dans les autres années,» note dans
la trad. IV, 245, n. 1. — المَثَانِى , quand on parle
du Coran, comparez avec Lane: Prol. III, 323.

مُثَنَّى, Haiyân-Bassâm I, 114 vº: فتسمى بالوزارة فى
ايامه منفردة ومثَنَّبة ارذل الدائرة (gardes) واخابث النُظَّار
ce qui signifie qu'ils prirent le titre de vizir et celui
de Dzou'l-wizâratain; cf. ثنى II.

مثنية *demi-pièce d'une étoffe*, Hœst 269.

اسْتِثْنَاء *prescription*, manière d'acquérir la propriété ou d'exclure une demande en justice; extinc-
tion d'une dette à défaut de demande de son payement dans le temps fixé, Bc.

ثوب I *retourner, revenir*; on dit: ثابت الحال ودالت الدولة
«l'ancienne situation retourna,» on se retrouva dans
l'ancienne situation,» Macc. III, 680, 5. De même
qu'on dit: ثمرّم على القتل شباب اهل البصائر,
Haiyân 56 rº, on emploie ثاب seul dans le sens de
retourner au combat, Haiyân 61 rº: وكاد البلاء باهلها
يعظم لولا ان ثاب اهل البصائر من رجال السلطان,
Macc. I, والنجمَيْنِ بينهم وبين الفسقة حرب عظيمة,

228, 8. — De même qu'on dit: ثاب اليه عقله (Lane, de Sacy Chrest. II, 382, 3 a f.), on dit: ثاب اليه نفسه «son esprit revint à l'état naturel,» Bat. IV, 284, ثاب له لب, Abou Nowâs I, poème 5, vs. 8 éd. Ahlwardt, et aussi: ثابت قمته *se remettre, reprendre courage,* Macc. II, 13, 4; ثابت نفسه *se remettre, revenir du trouble,* Hist. Tun. 139: les grands, qui avaient été frappés de stupeur par la mort subite du Pacha: ثابوا; aussi اجتمعوا حين ثابت نفوسهم للشورى لانفسهم, Abbad. II, 198, 9 (cf. III, 233): ثم ثاب العسكر من المسلمين لانفسهم وحملوا على محلّة الادفنش حملةً صادقةً. L'expression ثابت نفسه signifie aussi simplement: *prendre courage,* Macc. I, 142, 14; de même ثاب اليه ثقته *prendre confiance,* Macc. I, 160, 16. — ثابت له همّة ملوكيّة «une ambition, digne de son illustre naissance, s'éveilla en lui,» Macc. II, 389, 10. — C. نحو *venir vers,* P. Macc. I, 633, 10. — *Se présenter,* Macc. II, 16, l. 18 (cf. Add. et Corr.): ثابت له غرّة فى اليمانيّة «l'occasion de surprendre les Yéménites se présenta à lui;» ibid. I, 231, dern. l.: ما ثاب الى فى امر الخشب «ce qui se présente à mon esprit pour ce qui concerne le bois.» ثاب له رأى فى *concevoir le projet de,* Berb. I, 62, 9, II, 522, 3 a f., Macc. I, 257, 16, 277, 7; aussi ثاب اراءهم فى *nazara,* Berb. II, 430, 6 et 7, et ثاب نظره, Macc. II, 719, 13. — C. على p. semble signifier: *se tourner contre quelqu'un et le vaincre,* P. Macc. I, 582, 18.

IV *se remettre et retourner au combat,* Haiyân 103 r°: ثم أناب اصحاب السلطان وكرّوا على الفسقة فهزموهم.

ثَوْب, en Egypte: robe ample et flottante; la largeur de ses manches égale à peu près la longueur de la robe elle-même; elle est faite de soie et ordinairement de couleur d'œillet, de rose ou de violette. Quand les dames veulent sortir, elles se revêtent d'abord de cette robe, pour former le تَنُّورة, c.-à-d. le costume qu'elles mettent par-dessus leurs autres habits quand elles se montrent en public. Quelques femmes du peuple portent aussi un ثوب de la même façon, mais en lin, Vêtem. 106. Chez les Bédouins du Hidjâz: chemise ou blouse de coton bleue, qui leur tombe de la tête aux pieds, Burton II, 114;

les femmes de ces Bédouins portent aussi un tel ثوب, mais il est plus large, *ibid.* 115. A Médine: chemise blanche de femme à manches énormes, qu'on porte sur la صَدَيْرِيّة, id. II, 15. Dans l'intérieur de l'Afrique: grande chemise ou blouse de coton, ordinairement bleue, ou bleue et blanche, à manches très-amples; portée par les hommes et par les femmes, Vêtem. 107, Voyage au Darfour trad. par Perron 206, Richardson Central I, 315, 317, id. Sahara II, 207. — *Froc,* habit de moine, Alc. (mongil vestidura de monge); chez Bc ثوب الراهب. — *Voile* ou *rideau de brocart,* dont ou couvrait la Ca'ba en hiver, du temps d'Othmân, Burton II, 236. — *Dépouille,* peau de serpent ou de ver, Bc; la dépouille du serpent s'appelle aussi ثوب الحنش, Bc, et ثوب الحنش, Pagni MS. — ثوب الثعلب *pimprenelle,* Bait. II, 62 c (AB). — ثوب الفرس *robe d'un cheval,* son poil, sa couleur, Bc. — ثَوَّاب. L'expression قلم يكثر ثوابه, Tha'âlibî Latâïf 30, 10, signifie: «sa peine fut presque inutile.» — *Œuvre pie, charité,* Bc.

ثَوَّاب *rémunérateur,* qui récompense avec justice (Dieu), Bc.

مَثَابَة *manière, façon,* Macc. II, 641, 18. — مَثَابَة est *quantum* dans le Voc., *comme,* de Sacy Chrest. II, ١٣٢, dern. l., ١٣٣, 5, Mâwerdî 390, 3 a f., souvent dans les Prol.

ثور I *se lever,* en parlant d'un chameau (Lane), exemple: 1001 N. I, 181, 5, où il faut substituer ثار à ثار (éd. Boul. I, 66, 9 a f. ثم يثم). — Dans le sens de *se jeter* sur quelqu'un, non-seulement c. ب p., mais aussi c. على p., Gl. Fragm. — *S'emporter, s'abandonner, ne pouvoir plus être retenu,* Bc. — *Déborder, sortir hors du bord,* Bc. — *Détonner, s'enflammer avec éclat,* Bc. — C. على *se déchaîner, s'emporter contre,* Bc. — *Se révolter,* c. على p. *contre quelqu'un,* constamment chez les auteurs maghribins. — Avec ou sans بنفسه, *régner en prince indépendant;* les petits rois de l'Espagne arabe au XIe siècle sont appelés très-souvent الثُوَّار (pl. de ثائر), Gl. Edrîsî. — ثار للحرب «la guerre s'alluma;» — ثارت فيه الحميّة «la moutarde lui monte au nez, il s'échauffe;» — ثارت فى راسه النخوة «il fut piqué d'honneur,» Bc.

III c. على p. (Freytag) ou c. a. p. (Lane), exemples de l'une et de l'autre construction dans le Gl. Fragm.

X. Par une faute d'impression, Lane renvoie à la Ire forme, au lieu de renvoyer à la IVe; exemples de *déterrer, exhumer*: Gl. Belâdz. — C. على p. *se jeter sur quelqu'un*, Gl. Fragm.

ثَوْرٌ *fougue, ardeur, impétuosité*, Bc. — *Explosion, détonnation*, inflammation subite avec éclat, Bc. — *Haut rang*, Cout. 12 v°: كان له ثورة وسيبادة فى القسطنطانية ٭.

ثَوَرَان *éruption* d'un volcan, Bc. — ثوران صفرا *débord, débordement de bile*, Bc.

ثِبَار *tumulte*, Berb. I, 397, dern. l.

ثَائِر *bouillonnant*, Bc. — Surnom qu'on avait donné à un personnage, parce qu'à cause de ses talents précoces il avait été admis parmi les الفقهاء المشاورين فى الاحكام, quoiqu'il ne fût pas encore en âge, Haiyân 6 v°.

ذَكْرة *bourrasque, caprice, mauvaise humeur*, Bc.

مُتَثَوّر *urine dans laquelle se trouvent des substances étrangères*, Gl. Manç. in voce: يريد به من البَوْل الذى يتحرّك فيه اشياء غريبة عنه مداخلة له من غير اتّصال والصواب ان يكون من صفة الاشياء المتحرّكة لأنّه من ثار يثور اذا تحرّك ٭.

ثَوَّل VII, non-seulement c. على, mais aussi c. الى p., Abbad. I, 324, 8. — انتَثْوَل *demeurer stupéfait*, M.

ثُوم est, selon le Most. (in voce) et Bait. I, 233 b, le ثوم الحيّة, terme qui signifie *ail serpentin*, Bc. A l'article بستانى, le Most. dit que c'est الثوم الكرائى et الربعى (leçon de La); N الثوم الريفى; — ثوم حلو *rocambole*, espèce d'ail doux, Bc; منه برى ومنه بستانى ومنه اجر كبير للحب ويسمّى المقشطنولى ومنه الصفاقى والكرائى والسباني; l'espèce dite المقشطنولى est aussi nommée ibid. 201, 18, 202, 8, 3 a f. — *Froment* (cf. Lane),

Most. (v° حنطلة) d'après Abou-Hanîfa: الحنطلة الغوم وزعم بعض الثقات انها الثوم ايضا ببدل الفاء ثاء ٭.

ثُومَة *globule au sommet de la bombe du casque*, Ouaday 424, cf. 431. — ابو ثومة (à tête d'ail) *sabre à pommeau en sphère d'argent*,» Ouaday 340, d'Escayrac 374: «La forme du sommet de la poignée est celle d'une croix. Cette croix se termine en général par une sphère de plomb ou d'argent, de la grosseur d'une forte gousse d'ail, d'où le nom d'abou-thoum donné aux armes de cette nature.»

ثُومى *voyez sous* حشيشة الثومية.

ثُومِيّة = ثوم برى, *ail serpentin*, Most. sous ce dernier mot.

مُثَوَّم *plein d'aulx*, Alc. (ajado lleno de ajos).

مَثْوَمَة *terrain semé d'aulx*, Voc.

مُثَوَّمَة est chez Alc. «almodrote;» Victor: «almodrote de ajos y queso, une sorte de sauce blanche faite avec des aulx et du fromage; aucuns veulent que ce soit un tourteau fait de plusieurs matières, comme de farine, lait, vin, fromage et herbes; mais en effet c'est une sauce crue, et non pas cuite, comme serait un tourteau;» Nuñez: «almodrote, sauce faite avec de l'huile, de l'ail, du fromage, etc., pour les aubergines.» Le pl. مُثَوَّمات Macc. II, 204, 4 a f.; il paraît que l'espèce dont il y est question, est une sauce, faite avec (de l'ail et) du fromage, pour un poulet gras.

نُومِس est chez Bait. (in voce) le nom grec du *thym* (θύμος); Alc. (tomillo yerva) écrit *tôma*.

ثَوَى I. Le nom d'act. مَثْوَى dans le Gl. Belâdz.

IV *enterrer, mettre en terre un mort*, P. Badroun 226, 10.

ثَوِىّ *aubain, étranger non naturalisé*, Bc.

نَبِيل

ثَال *fil de fer*, Ht; chez d'autres تيل (voyez).

ج

جَأَرَ I (cf. Lane). On dit en parlant du peuple, quand il est ému par les paroles d'un prédicateur: ضجّ الناس بالبكاء وجأروا بالدعاء, Macc. I, 376, dern. l., et en parlant d'un prédicateur qui fait la prière pour le sultan: جَأَر بالدعاء للسلطان, Berb. I, 428, 12.

جَارْكُون (pers. جَارْكُون) macis, écorce intérieure de la muscade, Most. v° بسباسة, Bait. I, 238 d.

جَارُوت instrument qui sert à aplanir la terre et qu'on fait tirer par des bœufs, Ibn-Loyon 3 v°: الآلة التي تعدل بها الارض آلة تسمى الجاروت تجرها البقر وهى معروفة عند اهل الفلاحة قال ذلك ابن بصّال ٭

جَافَ. جَافٌ = جَوْفٌ, voyez ce qui suit ici.

مُجَجَّافٍ dépourvu d'esprit, imbécile, Abou'l-Walîd 90, 4, où il dit: وهو الذي كانه لا قلب له فى جَجَّاف لضعف عقله ولجَّاف مثل الجوف

جَالِيش, aussi شَالِيش (ancien mot turc ou du persan چَالِش, guerre, bataille?) grand drapeau, surmonté d'une touffe de crins. Les sultans turcs, p. e. les sultans mamlouks d'Egypte, lorsqu'ils se préparaient à faire un voyage ou une expédition, avaient la coutume de suspendre cet étendard, quarante jours avant leur départ, à l'édifice appelé « tablkhânât, » Maml. I, 1, 225—6, 253. Aujourd'hui les différents ordres de derviches en Egypte donnent ce nom à leurs bannières. Ce sont des perches longues de vingt pieds et surmontées d'un ornement de cuivre large et conique, Lane M. E. II, 250, 272. — Avant-garde, par extension, parce que ce drapeau, lorsque le sultan se mettait en campagne, était constamment en tête de l'armée, Maml. I, 1, 226, Vie de Saladin 105, 189, 190, 194, mais Schultens n'est pas coupable de la lourde bévue que lui attribue Freytag (I, 295 b), car il n'a pas traduit le terme en question par « sagitta, » mais par « sagittarii, » ce qui, jusqu'à un certain point, est bon, car il résulte de plusieurs passages que ces soldats de l'avant-garde étaient réellement des archers. — Porte-drapeau, M, qui a aussi lancier et protecteur.

جَالِيشِي, aussi شَالِيشِى et شَالِشِى, celui qui est à l'avant-garde, Maml. I, 1, 227, 253, Vie de Saladin 68, Freytag Chrest. 120, 1.

جَام. On lit dans le Gl. Manç. que, suivant l'auteur du Mohcam, c'est un vase d'argent, mais que Rhazès l'emploie pour indiquer un vase de verre ماء الزجاج dans le man., mais lisez إناء. — جَامَات les formes qui reçoivent le sucre quand il est cuit, Gl. Manç.: قوالب الجامات aussi طبرزذ هو قلوب الجامات Auw. I, 393, 15—17: man. L) يعاد الى الحليج حتى يبقى

يذهب) منه الربيع ثم تُملى منه قوالب الجامات معولة pièces de verre, vitres, 1001 N. Bresl. XI, 445, 1: جامات من فخّار ومسقف لخمام بجامات ملوّنة من — جام للحجامة ventouse, vaisseau que l'on applique sur la peau pour raréfier l'air, attirer les humeurs, Bc.

جَامَكِيَّة (cf. Freytag 307 a) (pers. جامگى, de جامه « habit, » proprement « argent pour la garde-robe »), pl. جَوَامِكى et (Bc) جَمَاكى, paye, solde, traitement, appointements, gages, Bc, Rutgers 127, Fleischer Gl. 87, Descr. de l'Eg. XI, 508, Maml. I, 1, 161, Nowairî Egypte, man. 2 n, 24 r°: ولم يساخذ جامكية ;جوامك المدارس, Macc. I, 694, 13: ولا ليس تشريفا honoraires d'un professeur, Abd-al-wâhid 172, 12. Donner des appointements, des gages, s'exprime au moyen des verbes: اطلق له, Bc, عمل له, اعطى له Fleischer l. l., قرّر له, وصل, Rutgers l. l.

جَامُوس. جَامُوسِيّ الالبان الجاموسية du lait de buffle, Bat. I, 60; جلد جاموسى buffle, son cuir, Bc.

جَامِيلُون (grec) chamæmelum, Most. v° بابونج.

حَانِتْ قِبْطَه (lat. centum capita, chardon-roland, cent-têtes). Most. sous اطريقوس سطر ومند (aster atticus): الجنّتن ;leçon de La; N نوع يعرف الجانتن قبطه ;قبطلة id. sous وقيل هو الجانتن قبطه غيبره قال فو ;ليس به ;même variante dans N.

جَانْدَار (pers. écuyer, celui qui porte les armes »), aussi جَنْدَار, pl. جَنَادِرَة et جَاندَارِيَّة. En Egypte, sous les Mamlouks, et au Maghrib, sous les Mérinides, les djândâr étaient huissiers de la porte, valets de pied et bourreaux; voyez Maml. I, 1, 14, Prol. II, 14, 3 et suiv.

جَانْطِيَان gentiane, Bc.

جَاوَدَار seigle, Bc.

جَاوَرْس = جَاوَرْش, Most. sous ce dernier mot: الزعراوى رأيته بالشين وبالسين ٭

جاوْرى *impératoire*, benjoin sauvage, Bc. Voyez جاوى et جُوْرى.

جاوُر (turc) *massier, officier qui porte une masse en certaines cérémonies*; جاوُش الآى *héraut d'armes*, Bc. Cf. جاويش.

جاوْر (pers. جَاوْشير) *panaces Heracleon, ferula opopanax*, Bait. I, 235 b; — *opopanax, la gomme de cette plante*, Bc, Bait. II, 388 c: صمغ يشبه الجاوشير.

جاوُوش voyez جاويش.

جاوى *benjoin*; c'est proprement لَبان جاوى « encens javanais, » appelé aussi بَخُور جاوى « parfum javanais, » c.-à-d., encens ou parfum de Sumatra, car les Arabes donnaient à cette île le nom de Java, et c'est elle qui produit le benjoin le plus blanc et le plus beau; voyez Gl. Esp. 239; — *impératoire, benjoin sauvage*, Bc.

جاويش ou جاوُوش (turc), pl. جاويشية. En Égypte, sous les Mamlouks, les جاويشية, au nombre de quatre, étaient des soldats de la milice, distingués par leur courage, et qui avaient l'emploi de chanter devant le sultan, dans ses marches solennelles. Ils se partageaient en deux chœurs, dont chacun répétait un refrain différent. Aussi: un officier d'un rang inférieur qui était chargé de missions de plus d'un genre, Maml. I, 1, 136.

جبّ.

جَبّ *vase qui sert à puiser de l'eau*, Descr. de l'Ég. XVIII, part. 2, 416.

جُبّ, *puits*, a chez Bc le pl. جِبَب. — *Basse fosse, cachot obscur et profond, prison*, Gl. Esp. 125, Bc; le pl. جُبُوب chez Bat. IV, 47. — Avec le pl. أَجْباب *arbrisseau*, Hbrt 51; M: ويطلَق عند العامّة على لحشّد المنفردة من النبات كالآس ونحوه ۞

جَبّة pl. جباب *poche*, Ht, Mc; cf. Gl. Esp. 127.

جَبّ dans le dialecte de l'Égypte pour جُبّ.

جُبَّة voyez Vêtem. 107—117.

جَبَّانة *sot, fou*, Voc.; dans la 1ᵉ partie جَبَّانة.

جَبَّاب *fripier*, Gl. Esp. 144.

جَبّاً.

جَبّ *sommet, cime*, Booms 54, 73 (djeb).

M, لم يستأنس به II, fig. et vulg., قطعة عتقة من الهشيم est جَبّاجب M; je ne sais pas bien comment il faut traduire.

جبح.

جُبْح (Voc., Alc.), *ruche*, forme aussi au pl. جِباح, Voc., Alc. (colmena, corcho de colmenas), Akhbâr 28, 9, Macc. II, 10, 2; il faut donc substituer جِباح à جناح chez Auw. II, 722, 5 (lisez aussi تسميها), 723, 1 et 3, comme partout dans ce passage جبح à جنح, et اجباح à اجناح. En outre, le témoignage de cet auteur montre que ce terme appartient à la langue vulgaire et qu'il désigne *une ruche faite de liège*, ce qui est aussi le sens de « corcho de colmenas » chez Alc. (Victor, Nebrija: alveus, alvear). — Pl. جِباح *bouchon de liège*, Alc. (tempano de corcho; dans les ruches *tempano* est le bouchon de liège rond qui les ferme par en haut, Acad.). Le sens propre de جُبْح semble donc être *liège*.

جَبّاح *gouverneur de mouches à miel*, Voc., Alc. (colmenero).

مَجْبَحَة pl. مَجَابِح *endroit où il y a des ruches*, L (alvearia), Voc., Alc. (colmenar).

جبح II avec الخَدَّيْن *frapper les joues*, Voc. V quasi-pass. de II, Voc.

جَبَابِيح pl. جَبَابِحَة, Voc. sous percutere genas. Chez Alc. chupáka, pl. chupák, signifie: *le son qui se fait avec la bouche quand elle est remplie de vent*, comme lorsqu'on dit: pouf (buchete sonido, cf. Victor). — Avec le pl. جَبَابِيح *écume*, Voc.

جبخانة (turc طوپخانه) *munition de guerre*; — *parc, endroit où l'on place l'artillerie, les munitions*; — جبخانة مركب *sainte-barbe, t. de mer, endroit où l'on met la poudre*; — حطّ الجبخانة في محلّ *parquer, mettre l'artillerie dans un parc*, Bc.

جبدلى *veste, gilet*, Ht (جَبْدَلى); « djabadoli, gilet soutaché d'or ou d'argent, » Michel 109, 76 (190 par erreur djaboli); chez Roland جَبَضُولى

جبذ I (ordinairement avec le *dâl* dans la langue vulgaire, de même que les mots qui en dérivent) *tirer une épée de son fourreau*, Voc., Prol. III, 416, 9. — *Attirer*, L (adtraxi), p. e. quand on attire l'ennemi dans une embuscade, Cartâs 243, 2. — *Fléchir, courber, tendre l'arc* pour tirer la flèche, Alc. (frechar arco). — *Provigner* Alc. (acobdar vides). — Dans L *traicio* (transfero, infero). — Dans L *carpit* يَكْسِرُ وَيَفْتَتُ وَيَجْبِذْ وَيَرْبِرْ. — *Ouvrir la bouche, bâiller*, Alc. (boquear). — Dans le Voc. on trouve: يَحْبَذْ, avec le sens de: *il est à l'agonie*; mais comme un tel verbe n'existe pas, je crois devoir substituer un *djîm* au *hâ*. — Rayer, Daumas V. A. 152.

III *tirer, serrer*, Prol. III, 363, 9.

VII *être tiré du fourreau* (épée), Voc.

جَبْذ رَسَن جَبْذ *maquerellage*, le métier de débaucher et de prostituer des filles, Voc.

جَبْذَة n. d'un. de جَبْذ (l'action de tirer), Vêtem. 59. — *Provin de vigne*, Alc. (mugron o provena de vid, provena o mugron de vid, rebite). — *Paquet*, Be (Barb.).

جَبَّاد dans le Voc. sous trahere. — «Ces *djebbâd* ou pauvres hères qui tirent l'eau des puits et la jettent dans les rigoles d'arrosage,» Ousaday 556. — Pl. جَبَابِيد *ceinture*, Alc. (cincho como ceñidura, cinta o cinto). — *Brayer, bandage* destiné à contenir les hernies, Alc. (tirabraguero). — *Corset en laine sur la chair*, Godard I, 149 (djabad). — Pl. جَبَائِد *croc d'une arbalète*, Voc. — *Alfonsin*, instr. de chir. pour tirer les balles, Bc. — جَبَّاد رَسَن *maquereau*, celui qui débauche et prostitue des filles, Voc.

جَابِذ pl. جَوَابِذ semble signifier proprement: une charrue et une paire de bœufs qui la tirent; — *charrue*; — *paire de bœufs*; — charrue dans le sens de: *l'étendue de terre qu'on peut mettre en valeur avec une charrue*; — une redevance annuelle que paient les Arabes pour les terrains qu'ils cultivent; en Algérie elle est de 25 francs par huit hectares, c.-à-d., ce que peuvent labourer deux bœufs, Gl. Esp. 292—3.

مُجْبَذ *subductus*, L.

مُجْبُون *brodé*, Roland; شغل المجبون *travail en or, brodé en or*, Delap. 93.

جبر I, au fig. جبر كَسْرَه *rétablir une personne dans* l'état où elle était auparavant, *la dédommager des pertes qu'elle a faites*, Freytag Chrest. 38, 2. Chez Tha'âlibî Latâïf 3, l. 12, il faut lire: وَيَجْبِر مَن, au lieu de وَيَجْبِر, «des livres plus beaux que celui-ci et qui corrigeront les fautes que celui-ci renferme.» جبر القلوب المنكسرة *consoler les affligés*; جبر خاطرَه ou جبر قَلْبَه *consoler*, n. d'act. جبران, جَبَرَان *consolation*; جبر خاطرَه est aussi: *contenter, apaiser quelqu'un par un don*, Bc, M. On dit encore: جبر الله كل غريب الى وطنه «que Dieu rende à son pays chaque personne qui en est absente!» Djob. 340, 3 a f. — *Suppléer*, جبر الكيس «il suppléa l'argent qui manquait dans la bourse,» Macc. I, 261, 12 (cf. 269, 18—20, même histoire); Cout. 30 r°: ارى للامير ; اصلحه الله ان يجبر هذا من بيت المال de Copenhague 35: après une déroute, le calife ضَاعَفَ لَشْتَدَّ id. 63: ولم جَبَرَ ما تلف فى حربه من اسلحته عزم الناصر لدين الله على جَبْر الآلات واقامته اضعافها فجَبَّرت الجنانيق والاكبش والسلاليم على اضعاف ما كانت. — *Rendre, restituer*, l'anonyme de Copenhague 41: الى أن فتحها المنصور عنوةً وجبرها للاسلام بحَدَّ الحسام c. a. r. et على p., Cout. 30 r°: وجبر محمد الامير; وجبر الله عليهم احواله, Çalât 31 r°: المال على الايتام الّتى انتهبت. — *Trouver, rencontrer, retrouver*, Voc., Høst 182, Domb. 127, Prax 15 n., Ht, Bc (Barb.). — Dans les 1001 N. II, 66, 1: كان عندى وجبر doit signifier: *je l'avais, mais je ne l'ai plus*. — C. على *être orgueilleux envers* quelqu'un, Voc. جبر الحصان *étriller*, Bc. — يوم جبر البحر *le jour où l'on coupe la digue du canal*; voyez Lane M. E. II, 292.

III. مجابرة dans le sens de l'italien «conforto,» *consolation, soulagement, confort*; — جابَرَه *avoir des bontés pour quelqu'un*; مجابرة *des bontés*, Fleischer Berichte 252 et 309 sur Macc. I, 769, 14. — *Trouver*, 1001 N. Bresl. IV, 374, 2 a f.

IV *recouvrer*, acquérir de nouveau une chose qu'on avait perdue, Voc., où la construction est: c. a. et c. على, Alc. (cobrar lo perdido).

V. On dit: تجبَّر نفسه *être orgueilleux de soi-même*, Tha'âlibî Latâïf 13, 2 a f.; — تجبَّر *impé-*

رieusement, avec hauteur, Bc ; — تَجَبُّر *inflexibilité*, Bc.

VII c. ل *recouvrer*, Voc. — *Se trouver, se rencontrer*, Bc (Barb.).

جَبْر *force, contrainte*; جَبْرًا وقَهْرًا *de force, par contrainte, violemment*, Bc. — *Orgueilleux*, M.

جَبْر *holosteum umbellatum* chez les botanistes andalous, Bait. I, 98 e, 243 b. — *Etrille*, Bc. — الجَبْر *algèbre*, Alc. (algebra arte).

جَبْرِي *algébrique, de l'algèbre*, Bc.

جَبْرِيَّة *dédommagement, indemnité, argent qu'on donne à quelqu'un pour le dédommager de la perte qu'il a faite*, Rutgers 150, 16; cf. la note p. 151 à la fin.

جَبْرَتِي *algébriste*, Bc.

جَبِيرَة (cf. Lane) *éclisse, bâton plat pour fixer les fractures*, Bc (aussi جَبَار); — *attelle, bande pour maintenir une fracture*, Bc; «djebira, bandage inamovible, composé d'attelles en bois, de la longueur du membre, lesquelles sont réunies parallèlement entr'elles par des fils de laine ou bien appliquées et fixées sur une pièce de laine ou de cuir,» Ghadamès 344. — (Formé de جيب, poche, et de la terminaison portugaise «eira») *sac en cuir, giberne, que le cavalier suspend à l'arçon de sa selle, et qui tombe librement comme la sabretache*, Gl. Esp. 125—6; — *portefeuille*, ibid. 127, Dunant 64: « Le Secrétaire du bey porte le titre de Saheb-el-Djebira (Porteur du portefeuille). »

جُبَيْرَة *portefeuille*, Gl. Esp. 127.

جَبَّار Le pl. aussi جَبَابِير, Kâmil 347, 6. — *Inflexible*, Bc.

جَابِر *chirurgien renoueur*, Alc. (concertador de guesos).

جُبُورَة *espèce de poisson*, Gl. Belâdz.

تَجْبُور *espèce de kouskoussou inférieure au* مَحْور, Cherb. — « Le réal madjbour, monnaie d'Alger, » Prax R. d. O. A. IV, 137.

اجْبَار *voyez sous le* ا.

جَبْرَاس *le dessin sur la poitrine du vêtement nommé* عَبَاءَة, M sous شرب. Ce mot semble d'origine turque; dans cette langue on donne le nom de جَبْرَازَر aux carrés de l'échiquier.

171

جَبَر I (?). 1001 N. Bresl. IV, 139, 2: فحطّ الطَّبَّاخ قدّامه الطعام فأكل حتى جبر الجميع وحس الزبدية où جَبْز الجميع doit signifier *manger tout*; mais comme je n'ai jamais rencontré ailleurs un tel verbe, je doute que la leçon soit bonne.

جَبَس II *plâtrer, replâtrer*, Voc., Alc. (enessar cobrir de yesso), Hbrt 191, Bc. — *Sceller*, t. de maçon, 1001 N. II, 104, 9; تَجْبِيس *scellement*, t. de maçon, Bc.

جَبْس pl. جُبُوس, dans le Voc. = جِبْس *gypse, plâtre*; L: gipso جَصّ وهو الجِبْس.

جِبْس سُلْطَانِي *plâtre pulvérisé; il est très fin et très blanc*, Descr. de l'Eg. XII, 402. — جِبْس الفَرَانِين, *en Ifrîkiyah, espèce de gypse blanc, mais tirant sur le rouge*, Bait. I, 242 b (AB), 249 f (AB).

جِبْس, à Alep, *pastèque*, Hbrt 48, Bc, Ztschr. XI, 523, n. 46.

جِبْسِي *gypseux*, Bc.

جَبَّاس *plâtrier, qui fait, qui vend le plâtre*, Bc, Abbad. II, 233, 10, Cartâs trad. 50, n. 1.

جَبَّاسَة *plâtrière, où l'on fait le plâtre; carrière d'où on le tire*, Bc. — *Meule pour broyer le plâtre*, Burckhardt Prov. n° 106 et n° 502. — *Four à plâtre*, Descr. de l'Eg. XVIII, part. 2, 139. — *Le quartier des fours à plâtre*, Descr. de l'Eg. XII, 401.

تَجْبِيس *plâtrage, ouvrage en plâtre, replâtrage*, Bc. — Voyez sous la IIᵉ forme.

مُتَجَبِّس *ressemblant au plâtre*, Bait. II, 161 b.

قِطْعَة جِبْسِين جِبْسِين, *plâtras, débris de vieux plâtres, de vieux murs*, Bc.

چَبَقَن (turc چاپقون) *amble, sorte d'allure du cheval*; — *ambleur, cheval qui va l'amble*; — راح چبقن *ambler, aller l'amble*, Bc.

جَبَل I *pétrir de la terre, etc.*, Bc, M, Freytag Chrest. 63, 8.

II et V Voc. sous montuosus.

جَبَل نَار *volcan*, Bc.

جَبَلِي (pour خِنْزِير جَبَلِي) *sanglier*, Gl. Esp. 288.

— Espèce de datte, celle qu'on mange ordinairement, Burckhardt Arab. II, 212, Burton I, 384.

جَبْلِيَّة substance qui ressemble à l'encens ou au benjoin, et dont les Africains se servent pour faire des fumigations, Jackson Timb. VII.

ضرب عليه جبلته جبلة traiter quelqu'un avec orgueil, M.

مَجْبَل endroit où l'on pétrit l'argile, M.

مُجْبِل montagneux, Voc.

مَجْبُول monceau d'argile récemment pétrie, M.

جبلين (esp. cebollino) ciboulette, civette, Auw. II, 192, 1.

جبن II cailler, coaguler, Bc, M; حليب مجبّن lait caillé (sans feu), Bc; — Voc. sous caseus.

V devenir lâche, Amari 207, 5, où la leçon du texte est confirmée par nos man. 12 b et 783 du al-Fath al-Cossî.

VII même sens, Abou'l-Walîd, 297, 33.

X c. a. p. déclarer que quelqu'un est lâche, l'accuser de lâcheté, Abbad. I, 256, dern. l.

جبن النور et جبن القريش espèces de fromage, Mehren 26.

جَبَّن cimetière, Gl. Bayân.

أَجْبَان et جُبُن ,جَبَنة forme au pl., Voc.

جُبَيْنَة caseux, de la nature du fromage, Bc.

ما كتب على الجبين جبين destinée, Bc.

جَبَّانة fromagerie, Bc.

مُجَبِّنة ce dont on se sert pour coaguler le lait, M. — Le temps de l'allaitement, M.

مُجَبَّنة espèce de beignet fait avec de la farine et du fromage, Gl. Esp. 172; dans le Voc. « caseata. »

جبناجوية pouliot (plante), Bc.

جبه VII من الماء craindre l'eau, M.

جَبَّاه qui traite un autre d'une manière indigne, Gl. Mosl.

جبى I quêter, demander et recueillir des aumônes, Bc. — Extorquer, Bat. IV, 198.

IV c. a. et VII Voc. sous reditus.

VIII c. a. p. choisir quelqu'un pour compagnon, Voc.

جِبًا (حِلْيَة), ornement, M.

جِبْيَة quête, Bc.

جِبَايَة la gratification que recevaient les guerriers nomades qui levaient, dans les provinces éloignées de la capitale, les impôts pour le gouvernement; cette gratification s'élevait ordinairement à la moitié de la somme perçue, Berb. II, 406, 5, cf. la trad. IV, 262 n.; cependant de Slane n'a pas traduit exactement ici, parce qu'il a mal à propos coupé une phrase en deux. Les paroles: واستكثر جبايتهم فنقصهم الكثير منها signifient: « Jugeant que la gratification qu'ils recevaient comme collecteurs était trop considérable, il la réduisit beaucoup. » — Payement d'une dette, 1001 N. I, 208, 1 (où il faut lire ainsi avec l'édit. de Boul. et celle de Bresl.). — Répartition dans une chasse aux esclaves, Ouaday 471. — Payant tribut, Berb. II, 225, dern. l.: وصار بنو راشد خولا للسلطان وجبايته ☆

جَابٍ pl. جُبَاة receveur des contributions, collecteur, Gl. Badroun, Bc. — Quêteur, Bc. — Archer, Ht.

مَجْبِى pl. مَجَابِي non-seulement tribut, imposition, Bat. I, 49, etc., mais aussi revenu, Voc. (reditus), Bat. I, 71, en parlant de l'hôpital au Caire: ويذكر أن مجباه ألف دينار كل يوم. — Espèce de four pratiqué dans le sable, Burckhardt Arab. II, 115: « Our guides bought a sheep of them, and roasted it in the Medjba, a hole dug in the sand, and lined with small stones, which are heated; » dans l'index مجباه.

جتر ne signifie pas: tente (Freytag), mais parasol, Mong. 206 et suiv.

جثّ.

جُثَّة Le pl. ات, Payne Smith 1365. ذو جثّة corpulent, 1001 N. Bresl. IV, 26, 7.

جَنَاثِيق = جَنَاثِليق, M.

جثم I, au fig., جثم على المدينة بعساكره, Berb. I, 615, 2 a f., et simplement جثم على المدينة, 622, dern. l., 639, 14.

IV = II, P. Kâmil 223, 5.

جُثْمَان Le pl. ات, Abou'l-Walîd 127, 23.

جاجم . Exemple du pl. جُثُوم (Lane): P. Kâmil 527, 1, P. Abd-al-wâhid 227, 7. — En parlant de montagnes, *très-grand, de grandeur démesurée*, Berb. I, 81, 1, 625, 4.

جَاجَع I c. a. Voc. sous baburius (sot, fou).

جَاجَعَة *sottise, folie*, Voc.

جَاجَعُون *sot, fou*, Voc.

جحـ .

أَجَحّ, fém. جَحّاء بطن جَحّا *bedaine, gros ventre*, Bc.

جحد I *abjurer, renoncer à une fausse religion, une erreur, une opinion*, Bc, Hbrt 157, Ht. — *Dissimuler, cacher, céler ses sentiments, sa pensée*, Alc. (disimular en cobrir lo que es, retener secreto). — Voyez sous جحود.

IV *cacher, céler*, Alc. (encubrir).

VII c. من , عن et في, Voc. sous negare.

جَحْدَة *négation*, Alc. (negacion). — بجحدة *secrètement* Alc. (escondidamente, et دخل بجحدة *entrar escondidamente*).

جُحُود, P. dans les Fragm. hist. Arab. 239, 7, ne signifie pas: avare recusans, comme on lit dans le Gloss., car ce sens ne conviendrait pas, mais *ingrat*. On dit جحد النَّعْمَة dans le sens de *être ingrat*; voyez le Voc. sous ingratus et ingratitudo. جُحُد est le pl. de ce جَحُود, ou bien de جاحد, voyez le Gl. Fragm.

جَحَّاد *qui nie souvent ou beaucoup*, Voc.

جاحد pl. جُحَّد *renégat*, Hbrt 157, Bc, Gl. Mosl.

مجحود *caché, secret*, Alc. (escondida cosa, secreta cosa), عمل مجحود *enemigo privado*, مجحود *hechos privados*).

جحدب nom d'une plante, Bait. I, 243 d.

جحر IV *forcer quelqu'un à se retirer dans* (cf. Lane), Haiyân 61 v°: فهزموا للحبيت كَرِيبًا واصحابه واجحروهم ثم استظهر: 85 v°, فى المدينة وغلق ابوابها على نفسه اهل العسكر عليهم فقصروم (فقضّوم l.) واجحروهم ونصبوا عليهم المنجنيق, ibid.: وغلبهم على ربض الحصن فاجحروم,

داخله, 87 v°, 91 v°. Dans ces passages le man. porte par erreur احجروا; la même faute se trouve Berb. I, 26, 7 a f., 61, 8 (la conjecture présentée par l'éditeur sur ce dernier passage, dans l'errata joint au second volume, n'est pas bonne).

VII *se retirer dans*, proprement en parlant d'animaux qui se cachent dans leur caverne, L (conpulit in urbe انجحر فى المدينة, avec un petit hâ sous le grand), Gl. Mosl., Abou'l-Walid 222, 29, Çalât 60 v°: فكلّما مرَّ الموحّدون بمدينة من مدائنه او حصن من حصونه انجحر الاشقياء الذين يضبطونها, 58 v°: وفرّ الى مرسية وانجحر, فيها انجحار الثعالب; dans ce dernier passage, le man. porte par erreur انحجر; la même faute se trouve Haiyân-Bassâm III, 143 r°: فانجحر فى وكره الى ان نزل فيها مهزوما, et Hist. Tun. 98: وفرّ محمد اغما الى صاحبه بامان على اسوء حال فانجحرا بالقصبة.

مَجْحَر. Freytag et Lane donnent مَنْجَحَر dans le sens de *lieu où l'on se retire, asyle*. Chez Nâbigha, apud de Sacy Chrest. II, ١٢٢, 3 a f. (cf. 440), on trouve مَنْجَحَر en ce sens, mais je me tiens persuadé que c'est une faute et qu'il faut lire مَجْحَر.

جحش .

جَحْش. Le pl. أَجْحَاش (voyez Lane) aussi dans le Voc. — Au fig., *ignorant*, Bc. — Pl. جُحُوش et جُحُوشة *tréteau, pièce de bois étroite portée sur quatre pieds*, Bc, M.

حاكف IV. Lane a bien le sens: « he imposed upon him that which he was unable to do, » mais il faut y ajouter la constr.: c. بـ p., Abbad. III, 150. — اجحف المصنف فى ترجمته جدًّا, Macc. I, 600, 2 a f., dans le sens de: il ne lui a pas du tout donné les louanges qu'il mérite. — Ce verbe ne m'est pas clair Berb. I, 518, 15, où أحجف, qui n'existe pas, est une faute d'impression. Peut-être faut-il lire فأحْجَم.

جَحْفَة. « Djaafa, chaise en osier recouverte de peaux et de châles du Soudan, du Caire et de Timbouctou, » Denham I, 31; on place ces chaises sur des chameaux et les dames s'en servent en guise de palanquins; voyez Barth V, 122, avec la gravure.

Ce terme africain se trouve aussi dans le man. d'Ibn-Batouta que possède M. de Gayangos, là où l'édit., III, 376, dern. l., et 386, 2, porte جَعْفَل. Je crois que جَعْفِل est la véritable leçon, et je considère محفل comme une glose.

جعفل

جَعْفَلَة armée, Voc.

جدلق = ابرة الراعى, Bait. I, 10 e; leçon de BDE; حَجَلِق AC; حليف L.

جحم

جَحِيم chez les chrétiens aussi tombeau, M.

مُتَجَحِّم, cuit ou rôti à la poêle, se trouve chez Freytag; mais il aurait dû citer de Sacy Chrest. I, ٦٨, 6 a f. et suiv.

جَاحْمُومَة (berb., voyez Ztschr. XII, 179) merle, Bc (Barb.), Roland.

جَخّ I avoir du faste, du luxe, Hbrt 219, égoïser, parler trop de soi, faire figure, jouer un rôle brillant, faire le monsieur, faire l'homme d'importance, se panader, se carrer, marcher avec ostentation, piaffer, se prélasser, affecter un air de dignité, Bc, M.

جَخّ vanterie, Bc.

جَخّة luxe, faste, Hbrt 219, emphase, faste, ostentation, parade, piaffe, pompe, représentation, Bc, M.

جَخَّاخ fastueux, Hbrt 219.

شخشور voyez جَاخْجُور.

جَخْجَدَن I dénominatif de جُخْدُن (voyez), Voc.

جُخْدُن pl. جَخَاذِين grenouille, Voc., Alc. (rana). Aussi جُخْضُون, Voc. part. 1.

جُخْضُون voyez ce qui précède.

جَخْنَة femme stupide, M (وعند العامة للحمقاء التي لا خير فيها).

جدّ I. On dit: جَدّ هذا منى ceci me paraît grave, important, Macc. I, 216, 18, où la correction de Fleischer (Add. et Corr.) est confirmée par Boul. — Au lieu de جَدّ في أن, tâcher de, on dit aussi جَدّ أن, Macc. I, 432, 9. On dit encore جدّ السير, hâter le pas, presser sa marche, pour جدّ في السير ou أَجَدّ السير, Nowairî Afrique 45 r°: وجدّ السير id. Espagne 449: جَدّ سيره, Cartâs 195, 15, 196, 11 a f., 197, 9 a f., 203, 10 a f., 233, 12 et dans beaucoup d'autres endroits de ce livre. — Amplifier, augmenter, Ht. — C. في est dans le Voc. « loqui per alium; » mais je soupçonne que c'est une erreur, ou que l'explication latine a été altérée par le copiste, car جدّ في كلامه signifie: parler sérieusement (v. Lane).

II. جدّد له ثوبا il lui fit présent d'un habit neuf, Vêtem. 329; — جدّد للخيل remonter, donner de nouveaux chevaux, Bc; — جدّد له زادا il lui fournit de nouvelles provisions, Cartâs 6, l. 9 et 10; جدّد الزاد والذخائر ravitailler, remettre des vivres, des munitions dans une place, Bc; جدّدنا فيه الماء والحطب والزاد, Djob. 32, 9. — Recommencer à boire, P. Prol. III, 409, 14. — Chez Alc. cette forme, ou peut-être la IIIe, a le sens de « batallar por la lei, » combattre pour la loi, ce qui peut s'entendre de plus d'une manière.

III. جادّه القتال il le combattit énergiquement, Gl. Fragm. — Voyez sous la IIe forme, à la fin.

V c. لـ r. faire des efforts pour, Haiyân-Bassâm I, 9 v°: وانكر الوزراء المدبرون قرطبة أمره فتجدّدوا لطلبه وطلب دعاته وسجنوا.

X. استجدّ قصيدة il composa un nouveau poème, Abd-al-wâhid 101, 10; — استجدّ النساء في زمانه الطرحة « de son temps, les femmes adoptèrent l'usage de la tarba, » de Sacy Chrest. II, 269. — استجدّ في فتة appliquer son esprit, son attention à quelque chose, Abbad. II, 251, 10. — Il faisait cela, يستجدّ له بذلك خلالا pour le pousser à acquérir des talents, Berb. II, 151, 2 a f.

جَدّ (vulg. جِدّ, M) grand-oncle, Alc. (tio hermano de aguelo, de aguela). — Généalogie, Alc. (abolorio).

جد البقر limace, limaçon, Voc.

جدّ (vulg. جِدّ, M) بجدّ efficacement, Alc. (efficacemente). — من جدّ sérieusement, Bc.

جدب

جَدَّة grand'tante, Alc. (tia hermana de aguelo, de aguela).

جِذْقى sérieux, Bc.

جَدَّتَة nouveauté, Bc. — Fraîcheur, vivacité, nouveauté de coloris, Bc.

جَدِيد novice, Alc. (novicio). — Nouveau venu, nouvellement arrivé dans un pays, Alc. (nuevo en la tierra). — Au fig., en parlant du visage, du front, pur, sans tache; voyez Gl. Mosl. — Nom d'une monnaie de cuivre; on appelle ainsi les pièces de cuivre qui furent fabriquées, soit sous al-Moaiyad pour servir d'appoint aux dirhems dont il avait élevé le titre, soit à une autre époque pour suppléer à la rareté de la monnaie d'argent, Descr. de l'Eg. XVI, 299; «monnaie de cuivre; douze أجداد valent un parât," ibid. XVIII, part. 1, 104, n. 1; «le djadid vaut neuf paras," M; dix de ces pièces valent un نصف فضّة, Lane trad. des 1001 N. III, 526, n. 56; 1001 N. III, 461, 3, IV, 688, 3. Le pl. est أجْداد (voyez plus haut), et جدد, 1001 N. Boul. II, 347, 3, qui se prononce régulièrement جُدُد, mais ordinairement جُدَد, M, selon Lane, l. l., جِدَد. Aujourd'hui cette monnaie n'a plus de cours, Lane l. l. — Sac que portaient les Bohémiennes et qui renfermait les matériaux de leur divination, Vêtem. 260, n. 7. — Nom d'un impôt = هلالىّ, Mehren 26.

جَدِيدَة nom d'une pièce de monnaie, Palgrave II, 178.

جدائد (pl.) sillons, Abou'l-Walîd 123, 9.

جادّ distingué, illustre, Roland.

جادّة réformation, Alc. (reformacion).

مُجَدَّد nouveau, neuf, inexpérimenté, novice, Bc.

مُتَجَدِّدات choses arrivées récemment, ce qu'il y a de nouveau, Freytag Locm. 52, 1: يطالعه بالمتجدّدات جميعها ❊

جدب I c. فى dire du mal de, Daumas V. A. 165, 167.

جَدْباء، أَجْدَب femme stupide, M.

جدب

تَجْدَب vulg. pour تَجْدُب.
مَجْدُوب, fém. ة, stupide, M.

جدر.

جَذْرِىّ farcin, sorte de gale, de rogne qui vient aux chevaux, Daumas V. A. 189.

جدار Le pl. ات, Abou'l-Walîd 125, 17. — La terre autour de la maison, M (ولجدار عند العامّة) (حول البيت من الأرض).

جَدارى voyez جَوْذَر. — Espèce de serpent, Zamenis florulentus, v. Heuglin dans le Ztschr. für ägypt. Sprache u. Alt., mai 1868, p. 55.

جَدْوار voyez sous درونج. — جدوار هندى zédoaire, Bc.

مُجَدَّرة riz avec des lentilles, pilau aux lentilles, Bc, Burckhardt Arab. I, 64, M; ce mets, disent-ils, porte ce nom, parce que les lentilles dans le riz ressemblent à un visage marqué de petite vérole. — المجدّرة البيضاء grains de porcelaine blanche avec des taches relevées en bosse, Lyon 152.

جدس.

جَدَاس feu Saint-Antoine, espèce de maladie, Alc. (huego de San Marçal).

جدف II sacrer, jurer, blasphémer; جدف على الله blasphémer, Bc.

تَجْديف sacrilège, action impie, Bc.

تَجْديفى blasphématoire, Bc.

مُجَدِّف sacrilège, celui qui commet une action impie, Bc.

جدل I tresser, Hbrt 22, Bc, 1001 N. II, 256, dern. l. — Tricoter, Bc.
III c. a. p. combattre un ennemi, Abbad. I, 324, 1: جادلهم بالسيف, Nowairî Egypte 2 o, 116 r°: فما زالوا يجادلونهم ويقاتلونهم ❊

جَدْل tricot, ouvrage tricoté, Bc.

جَدَلٌ جَدَلًا par le simple plaisir d'argumenter (de Slane), Prol. II, 332, 16.

جِدَال argument, Alc. (argumento).

جَدْوَل colonne d'un livre (Lane), Voc., Hbrt 110,

Bc, Amari 695, dern. l., Prol. III, 107, 10, cf. I, 214, 8. Dans le Mosta'înî, *l'article sur chaque plante, qui est divisé en cinq colonnes, porte le nom de* جَدْوَل; voyez le Catalogue des man. or. de Leyde, III, 248, 1 et suiv. — *Tableau, écrit dont les pages, ou dont quelques pages sont divisées en plusieurs colonnes*, Catal. des man. or. de Leyde, III, 82, 83, Khatîb 33 v°: وله بمصر بصناعة التعديل وجداول الابراج («tableaux des signes du zodiaque»). Dans le Calendrier de Cordoue, le tableau qui contient les remarques sur chaque jour du mois porte ce nom, quoiqu'il ne soit pas divisé en colonnes, et les remarques générales qu'il donne à la fin de chaque mois, y commencent pas ces mots: وفي هذا الشهر ممّا لم يَنْتَظِم على الجدول ولم يدخل في تأليف الأيام; dans l'ancienne traduction latine: «ex eis que non applicantur ad tabulas.» — Comme les tableaux talismaniques sont écrits en colonnes, جَدْوَل a reçu le sens de *talisman, amulette*, Daumas Kab. 290. De là عِلْم الجَدْوَل *la science des tableaux talismaniques*, qui se font avec des caractères arabes, syriens, etc., Berbrugger 35. Dans les 1001 N. I, 423, 2 a f., الجَدَاوِل seul a ce sens, ou peut-être celui d'astronomie, d'astrologie, ou bien encore de l'art de composer des calendriers (voyez plus haut). On applique aussi le nom de جَدْوَل à des talismans d'un autre genre, qui sont chargés de caractères, p. e. à une petite main en or ou en argent, qui représente la main droite de Mahomet; on y trouve des caractères et on la porte suspendue au cou en guise d'amulette, de Jong van Rodenburg 170, 276. La barbe et les griffes du lion servent aussi de جَدْوَل ou amulettes, id. 171. — *Ecriture cursive, calligraphie*, Gräberg 171. — *Cordeau, corde pour aligner, ligne*, Bc, Hbrt 83. — *Niveau, instrument pour connaître si un plan est horizontal*, Bc. — *Equerre*, Bc. — جدول ذهب *compartiment, dorures à petit fer sur un livre*, Bc. — جدول لقياس الزوايا *alidade, règle mobile pour mesurer les angles*, Bc. — J'ignore quel sens il faut attribuer à ce mot dans les 1001 N. IV, 260, 4, où les cuisses d'une belle jeune fille sont comparées à الجداول الشامية.

جَدْوَل I (dénom. de جَدْوَل) جَدْوَلَ *creuser un canal*, de Sacy Chrest. II, ١٢, 6. — *Diviser la page d'un livre en colonnes*, Voc. — *Marger, compasser les marges d'une feuille d'un livre*, Bc.

Le pl. أَجْدِلَة, Kâmil 238, 10. — Des tentes من ثياب الكتان وجُدُل القطن, Berb. I, 435, 5 a f.; de Slane traduit *cordes*, mais la construction semble indiquer que جَدِيل a ici un autre sens et qu'il faut penser plutôt à la matière dont ces tentes étaient faites. — D'après Tebrîzî, le جَدِيل était proprement un وِشَاح en lanières de cuir tressées, dont les femmes esclaves seules se servaient, et non pas les femmes arabes; quelquefois, cependant, on donnait ce nom au وِشَاح de ces dernières, Vêtem. 117.

جَدِيلَة pl. جَدَائِل *tresse, tissu plat de fil, etc., entrelacé*, Bc; dans les 1001 N. I, 904, 3 a f., 907, 10, les جَدَائِل الشعر sont des tresses de soie avec lesquelles on attache les cheveux; dans l'édit. de Breslau III, 284, 8, خيوط الشعر. — *Tresse, cheveux tressés*, assujettis sur trois brins de soie, M; Burton II, 16, en parlant des femmes de Médine: «The hair, parted in the centre, is plaited into about twenty little twists called jadilah.»

جِدَالِيّ *polémique, qui appartient à la dispute littéraire et morale*, Bc.

جَدَّال *tricoteur*, Bc. — الجَدَّال, par transposition pour الدَّجَّال, *antéchrist*; — بابا جَدَّال *antipape, faux pape*, Bc.

مِجْدَل *bandoulière*, Burton II, 115. Dans l'Inventaire il est question de مجادل حرير أحمر.

مِجْدَال (cf. Lane) «des midjdâl ou sortes de pierres de taille,» Ouaday 712 n. — *Glane d'oignons*, etc., M.

مَجْدُول *petite tresse de cheveux*; Burton II, 115, en parlant des femmes des Bédouins: «The hair is twisted into majdul, little pig-tails.» — Baudrier, Barth V, 713.

مُجَدْوَل *réglé, compassé*, Bc.

جدم.

كَنَم *cheville du pied*, Domb. 87.

مُجْذَامَة *lézard*, Hbrt 69 (Alg.).

جدن II *aviver, rendre plus frais, plus net*, Bc.

جدو IV, dans le sens de *donner*, c. على p. et بـ r., Zauzanî, dans son Commentaire sur le 4e vers de la Moallaca d'Amrolkais: ولا يجدى على صاحبه بخير.

جَــدْوى profit, gain, avantage, Bat. II, 399. — Signifie aussi *pluie*, quoi qu'en dise le TA (chez Lane), Gl. Mosl.

جدل voyez sous جدل.

جدي.

جَدْي En Espagne le peuple prononçait ce mot جِدِي, Voc., Alc., et il désignait en général: les jeunes bêtes à quatre pieds qu'on mène paître, Alc. (hijo de animal manso). — جدى الوَعِل *daguet, jeune cerf qui est à sa première tête*, Alc. (enodio hijo de ciervo). — الجَدْى, proprement le *Chevreau*, l'étoile α de la petite Ourse, appelée ordinairement l'étoile polaire, a servi à marquer le *septentrion*, Reinaud Aboulf. cxciv, J. A. 1848, II, 196, n. 1.

جادى, safran, s'écrit, selon Bait. I, 239 a, avec le *dâl* et avec le *dzâl*.

جذب I. Le n. d'act. جُذُوب, Koseg. Chrest. 106, 10, où il faut prononcer de cette manière, et non pas جَذْب. — *Allécher, attirer par la séduction*, Bc. — *Ebranler, étonner, toucher*, Bc. — يَجْذِب *piquant, qui plaît, qui touche vivement* (avec le *dâl*); — *électrique*, Bc. — جذب أحدا الى *résoudre quelqu'un, le déterminer à*, Bc. — جذب المركب *donner, au moyen du gouvernail, une autre direction au vaisseau*, 1001 N. III, 55, 3. — جذب القلب *charmer*, Bc. — جذب الهوا *aspirer, attirer l'air avec la bouche*, Bc. — جذب بصبعه proprement *tirer quelqu'un par le bras*, en parlant d'une personne qui est par terre et qu'on veut remettre sur pied; au fig., *tirer quelqu'un de l'obscurité et l'élever à de hautes dignités*, Abbad. I, 346, n. 117, Lettre à M. Fleischer 96, Tha'âlibî Latâïf 121, dern. l. — جذب للطريقة *faire venir à son point, à l'état qu'il convient*, Bc.

II *tirer* l'épée du fourreau, 1001 N. Bresl. IV, 153, 2: سيوف مجذبة.

V voyez plus loin le n. d'act.

VII *se laisser attirer*, Cazwini I, 239, 2 a f., Nowaïri, man. 273, p. 138: quand on aime, رقّت القلوب واجذبت للخواطر. — *Tressaillir*, Bc; voyez plus bas le n. d'act.

جَذْب, chez les Soufis, *attraction par Dieu*, M (عبارة عن جذب الله تعالى عبدا الى حضرته). — La danse, les gestes, etc., du مجذوب (voyez), parce qu'on croit que c'est une espèce de catalepsie, Berbrugger 278. — جذب القلب nom d'une maladie, يَسْـخُـسْ , M. صاحبها كأنّ قلبه يُجْذَب الى اسفل.

جَذْبَة n. d'un. du n. d'act. جَذْب, Gl. Badroun. — *Convulsion, tétanos*, Payne Smith 1152, où il faut lire ainsi, au lieu de حذبة; جذبة من الرحمن *proprement* « attraction par Dieu »; on dit اخذته جذبة من الرحمن, 1001 N. II, 370, 6 a f., *tomber en extase et en convulsion*, parce que l'exaltation religieuse cause des convulsions; voyez مجذوب. — Dans le même sens que مجذوب, *benêt, bêta, bête, butor, idiot, niais*, Bc (avec le *dâl*). — جذبات *appâts*, Ht.

جانب pl. جَوانب *appas, attrait; attrayant, appas, attraits*, Bc. — *Epispastique, vésicatoire*, M.

جاذِبي *attractif;* — *sympathique*, Bc.

جاذبيّة *attraction;* — *sympathie;* — جاذبية تظهر فى الاجسام عند دعكها *électricité, propriété d'attraction des corps frottés;* — جاذبية المغناطيس الانسانية *magnétisme animal*, Bc.

تَجَذُّب *convulsion, tétanos*, Payne Smith 1152, où il faut lire ainsi, au lieu de تحذّث. — *S'étirer, étendre les membres pour en rétablir la souplesse, quand on se repose ou qu'on se réveille*, M, qui dit que le vulgaire emploie التجذّب, avec le *dâl*, pour التمطّى, dans le sens de التجذّب.

مجْذَب pl. تجاذِب *attrait*, P. Macc. I, 832, 21.

مجذوب pl. مَجَاذيب, chez les Soufis, *celui que Dieu a élu et qui obtient sans aucune peine tous ses bienfaits*, M; — «*convulsionnaire*, l'individu qui tombe, sous l'empire de certaines circonstances, dans un état qui rappelle tout à fait celui des convulsionnaires de Saint-Médard,» Berbrugger 100. En général, un مجذوب est un fanatique qui a des extases, qui croit avoir des apparitions, des inspirations, ou un aliéné, un fou, un idiot, et l'on sait que, pour les Orientaux, les aliénés sont des inspirés et des saints; le mot se trouve: Lane M. E. I, 347, II, 193, Ztschr. VII, 23, n. 4, 1001 N. II, 369, 7 a f., 371, 1, III, 419, 2 a f., 427, 3 a f. De là: *benêt, bêta*, *bête, dadais, hébété, imbécile, jocrisse, niais*, Bc (à une seule exception près, avec le *dâl*), Hbrt 239.

اِجْذِاب *entraînement; — gravitation; — tressaillement, mouvement soudain et convulsif des nerfs*, Bc.

جذر

جَذْر *souche, le bas du tronc et les racines, tronc, la tige d'un arbre sans les branches*, Bc (avec le *dâl*). — *Eteule*, Edrîsî ٩, 6 a f. (avec le *dâl*). — *Poutre*, Voc. (جَذْر). — *Exposant, t. de mathém.*, Bc (avec le *dâl*). — جذر نفسم *serpentaire ou vipérine de Virginie, racine diurétique*, Bc (avec le *dâl*). — جذر العقرب « *racine du scorpion; on peut, après l'avoir placée dans la main, y mettre un scorpion, il restera immobile et comme étourdi, on n'aura pas à en redouter la piqûre*,» d'Escayrac 85.

جِذْر *souche*, Ht; *racines*, Martin 105.

جِذْرَة *poutre*, L (trabem, avec *dâl*). — Pl. جُذَر *souche de vigne qui a peu de rejetons*, Alc. (vid sin braços; cf. Victor).

جُذُورَة (n. d'un du pl. جذور; cf. Gl. Edrîsî 353) *souche*, Ht.

جَوْذَر *espèce d'arbrisseau épineux, dont le fruit porte le nom de* طَمْخ (voyez) *et dont on trouve la description chez* Bait. I, 274 c, II, 178 c. Cette description montre que cet arbrisseau est le même que celui qui porte le nom de « *ajdaree* » chez Richardson Central I, 37. « L'ajdaree » dit-il, « est un buisson épineux, qui, vu à distance, rappelle tant soit peu l'aubépine d'Angleterre. Quand on en approche, on trouve que les feuilles sont ovales et en forme d'avelines. La baie, appelée *thomakh*, a presque la grosseur de la cénelle, mais elle est aplatie aux côtés; on en fait usage comme d'un médicament, car c'est un puissant astringent dans la diarrhée.» Ailleurs, p. 180, il écrit «jadâree.» Prax, R. d. O. A. VII, 263, dit que cet arbre « donne un fruit de la grosseur d'un petit pois, qui devient noir en mûrissant. Ce fruit est mangé par les Arabes. On voit sur l'écorce de la racine de cet arbre des excroissances, d'où sans doute lui vient le nom de *djedâri*, qui signifie couvert de boutons. [La manière dont Bait. écrit le mot, prouve que cette étymologie est erronée]. L'écorce de la racine du *djedâri* est employée, par les Arabes, pour teindre en noir la soie bleue, et pour le tannage des peaux de mouton qu'elle colore en rouge.» Pellissier 161: «*djedri*, espèce du genre *mespilus*, dont la racine teint en rouge.» Espina R. d. O. A. XIII, 147: «*djedêri*, le lentisque de la Provence et de l'Algérie.» Chez Barth I, 144 «el djederia.» — Ce qui précède explique pourquoi «*gedâry*» désigne aussi une «drogue pour la teinture,» Descr. de l'Eg. XII, 126.

جذع I (voyez Freytag sous le n° 5) s'emploie réellement pour جدع, Valeton 12, n. 8.

جِذْع *tronc de palmier*. On attachait les criminels, pour les faire mourir, à des troncs de palmiers; Berb. I, 603, 11 et 640, 11: صلبوه في جذوع النخل; P. 1001 N. I, 627, 8: si tu dis cela encore une fois, لأصلبنّك في جذع من الشجر. De là vient que le mot جذع a reçu le sens de *croix*, Gl. Bayân, Athîr VIII, 302, 17, Macc. I, 666, 18, II, 11, l. 13, Berb. I, 540, 6, II, 325, 3 a f., Cartâs 168, dern. l.

جَذَع *le chameau de trois ans*, Daumas R. d. O. A. N. S. I, 183, *de cinq ans*, Prax R. d. O. A. V, 219. — Avec le pl. جُذْعَان *brave*, Bc, *fort, solide, vaillant*, Ht.

جَذَعَة *poulain, jeune cheval*, Domb. 64, Ht.

جَذْعَنَة *bravoure*, Bc.

جذف

جَذَّاف *rameur*, Bat. IV, 59, Maml. I, 1, 142, 3 a f.

جَذِل I, *se réjouir de*, se construit c. ب, Becrî 188, 4.

جذم II c. a. p. *rendre quelqu'un lépreux, éléphantique*, Voc., R. N. 75 r°: وذلك ان امرأة سقت زوجها شيئًا فجذمته; l'ensemble du récit ne laisse aucun doute sur ce sens.

V *devenir lépreux, éléphantique*, Becrî 148, 4 a f., R. N. 75 r°: فاذا تجذّم نقب حسنه.

جِذْم *tribu*, Berb. I, 86, dern. l.

جُذْم *lèpre*, Voc.

جَذْمَة *dartre*, Bc.

جُذَام *feu Saint-Antoine, espèce de maladie*, Alc. (huego de San Anton).

جُذَام *dartre*, Bc.

جُذَامِى *dartreux*, Bc.

أَجْذَم *lépreux*, Voc.

مُجْذَام pl. ون et مَجَاذِم, *lépreux*, Voc., Alc. (leproso).

جَرْ *exclamation pour chasser un chien*, Mehren 24.

جَرَّ I *tirer*, *l'or, l'argent*, Bc. — *Charrier, porter des glaçons, en parlant des rivières*, Bc. — *Remorquer, prendre à la remorque*, Gl. Esp. 291. — كان له ما جَرَّ مِن إِلَى *son territoire s'étendait depuis — jusqu'à*, Becrî 130, 1. — C. إِلَى *tirer sur, avoir quelque rapport, quelque ressemblance avec*, Auw. I, 42, 10: أَرْضًا حَمْرَاءَ تَجُرُّ إِلَى السُّكْنَةِ *dans le man. de Leyde*; داسجى je crois devoir lire تَجُرُّ. — خَرَجَ يَجُرُّ لِلْجَيْشِ «il se mit en marche à la tête d'une armée,» Koseg. Chrest. 103, 1. — جَرَّ رِجْلَهُ ou رِجْلَيْهِ *traîner la jambe, se traîner, marcher avec grande peine et très-lentement, en parlant d'un malade, d'un homme estropié, ou d'une personne qui va quelque part contre son gré*, Gl. Fragm., Ztschr. XXII, 83, dern. l. (où Wetzstein traduit: «mühsam seine Füsse schleppen»), Macc. III, 135, 11: فقام يَجُرُّ رِجْلَهُ كَأَنَّهُ مَبْطُول. Dans le même sens يَجُرُّ أَطْنَابَهُ, R. N. 63 vº: le cadi Ibn-'Abdoun ayant reçu une forte réprimande, مَضَى وهو يَجُرُّ أَطْنَابَهُ. — بِرِجْلِهِ جَرَّ رَجُلَ فلان ou proprement «tirer quelqu'un par la jambe,» signifie: *tirer quelqu'un dehors, le mettre dehors, le forcer à quitter l'endroit où il est*, Gl. Fragm. — جَرَّ يَسَاقَهُ *écarquiller, tortiller les jambes en marchant*, Alc. (çancajoso, çanqueamiento, çanqueadora cosa). — جَرَّ رَسَنَهُ, proprement «traîner son licou,» *agir en toute liberté, faire tout ce qu'on veut*, Abbad. III, 10. — جَرَّ يَدَهُ عَلَى *passer la main sur*, Cartâs 120, 17 et 3 a f.: جَرَّ يَدَهُ عَلَى الأَسَدِ وَسَكَّنَهُ «il passa la main sur le dos du lion, le caressa de la main, et l'apaisa.» De même وجَرَّ بِيَدِهِ عَلَى, R. N. 82 vº: جَرَّ بِيَدِهِ عَلَى, 104 vº: كان يَجُرُّ عَلَى كل انسان منهم رَاسَهُ وَدَّ لَهُ بِيَدِهِ فَيَبْرَأُ ☼.

IV. أَجَرَّ الرَّوَاحِلَ جَرِيرَ *mettre aux chameaux le* جَرِير c.-à-d., le cordon qui leur passe sur le nez (voyez Lane à la fin de l'article جرير), pour les empêcher de ruminer, Gl. Belâdz. — بِالإِجْرَارِ *successivement*, Alc. (subcessivamente).

VII c. إِلَى *se traîner vers*, Mohammed ibn-Hârith 241: فلما بصر به الشاهد وهو في مرضه وكربه يعالج الموت انجَرَّ إِلَى — . الموت جَثَا عَلَى رُكْبَتَيْهِ وجَعَلَ يَنْجَرُّ إِلَى البَيْد ورا *se retirer en arrière, reculer*, Bc. — انجَرَّ بِنَا الكَلَامُ إِلَى *l'entretien nous entraînait vers*, Macc. I, 47, 19; cf. Add. et Corr., et Fleischer Berichte 157. — وَانْجَرَّتْ عَلَى جَيْشِ الغَرْنَاطِي الهَزِيمَةُ «l'armée de Grenade fut mise en fuite,» Khatîb 92 rº.

VIII. اجْتَرَّ نَفْسَهُ *soupirer*, Amari 194, 10.

X *traîner après soi, entraîner*, p. e. l'ennemi qu'on attire dans une embuscade, Nowairî Egypte, man. 2 o, 115 rº: انهزم المسلمون أمامَهم الى جهة المدينة استجرارا لَهُم; dans la suite on lit que les ennemis tombèrent en effet dans une embuscade; Haiyân-Bassâm I, 8 rº: استجرتهم (ال.) البرابرة حتى اذا تمكنوا منهم عطفوا عليهم ☼.

جَرَّة (*cruche*), le pl. aussi جُرُر chez Bc. — *Trace*, Roland (Cherb. جَرَّة, Bc sans voyelles), *trace, marque que laisse une voiture*; جَرَّةُ المَرْكَبِ *sillage, trace du vaisseau en naviguant*; أَتْبَاعُهُ رَاحُوا فِي جَرَتِهِ «ils furent tous renversés par le contre-coup de sa disgrâce,» Bc. — (Esp. *cerro*) pl. ات et جَرَّ, *quenouillée de laine ou de filasse, la quantité de laine, de filasse, nécessaire pour garnir une quenouille*, Alc. (cerro de lana o lino; cf. Victor); dans le Voc. «linum.» Ce mot est encore en usage au Maroc, où l'on dit proverbialement: "جَرَّوْا يَغْزِلُوا مَا" عَيْنَيْن بَرَّهُ (Lerchundi).

جَرَّة *trace, piste*, Cherb.; voyez جَرَّة.

جَرِير. Le pl. جُرُر, Kâmil 112, 11.

جَرَارِي (pl.) *instruments qui tiennent lieu de charrues*, Ouaday 380.

جَرَاتِرِي *épithète d'une espèce de melon qui a été nommé ainsi parce qu'il ressemble à une* جَرَّة *jarre*, Auw. II, 223, 4 a f.

جَرَّار. Un جَيْش جَرَّار *se compose, selon Masoudî, d'au moins 12,000 hommes*, Mong. 250. — *Rapide* (torrent), Voc., Mong. 250. — *Abondant* (source), Mong.

جرا 180 جرب

250. — شهرا جرارا pendant plus d'un mois, Gl. Belâdz. — ناس جرار escrocs, Burton I, 119. — Tiroir, M. Timon, pièce d'une voiture, Bc. — جراز المدفع affût, machine pour soutenir et mouvoir le canon, Bc.

جرارة. On trouve cette espèce de scorpions à 'Ascar Mocram, Bait. II, 454, et en général en al-Ahwâz, Tha'âlibî Latâîf 107, 5 a f. — Traineau, Alc. (narria o rastra).

جارور (cf. Freytag), جارور الباب gond, Bc. — Tiroir, M. — Targette d'une fenêtre, M.

جارورة morceau de bois qu'on attache au نور et avec lequel on le tire, M.

مجرّ armée, Aboû'l-Walîd 374, 5 (عسكر). — Pl. آت torrent, courant d'eau, Alc. (raudal venage del agua). — Cassette, Domb. 93.

مجرّ trait, longe avec laquelle les chevaux tirent un carrosse, Bc.

مجرّة, comme almanjarra en port., qui en dérive: la poutre d'un moulin ou d'une machine hydraulique, à laquelle on attache la bête, qui la fait tourner, Auw. I, 146, 3 a f., 147, 1 (le man. de Leyde a la bonne leçon).

جرأ جرو I c. على p. oser résister à quelqu'un, Gl. Fragm., de Sacy Chrest. II, ٧f, 3.

IV c. a. p. et على r. exciter quelqu'un à, Abbad. I, 254, 13, cf. III, 104.

V. Bc (oser) a la construction c. ب. — Empiéter, entreprendre sur les droits de quelqu'un, Bc.

VI être hardi, Koseg. Chrest. 20, 3, 1001 N. I, 73, dern. l.

VII Voc. sous audere.

VIII c. على p. oser résister à quelqu'un, Gl. Fragm., Abbad. I, 51, 11. Le Voc. (sous iniuriari, c.-à-d. iniuriare) a la constr. c. ب et على.

X oser, p. e. ما يستنجرى يمشى بالليل « il n'ose marcher de nuit, » Bc.

جرأة hardiesse, audace, Abbad. II, 158, 7, cf. III, 219.

جرىء Le pl. أجرئاء (voyez Lane): Abou-Hammou 88: dans cette forteresse vous établirez أجرئاء أجنادك. — جرىء اللسان qui a la parole haute, qui parle avec arrogance ou avec hardiesse, Bat. IV, 158 (où le texte porte par erreur جرى, et la traduction, « éloquent »).

جرأة courage guerrier, Bc.

اجتراء licence, liberté trop grande, contraire au respect, Bc. — باجتراء criminellement, Bc.

جرابوح nom d'un fruit; voyez Burckhardt Syria 282.

جراسيا (κεράσια, pl. de κεράσιον, b. lat. cerasea) cerise, Gl. Edrîsî 353, 3; Most.: جراسيا هو جراسيا بالجيم Bait. I, 247 d: القراصيا المعلبى عند اهل صقلية; II, 282 b, il atteste de nouveau que les Siciliens disent جراسيا pour قراصيا, et il ajoute qu'à Damas les cerises se nomment قراصيا بعلبى; Ibn-Loyon 8 v°: القراسيا (sic) والجراسيا بالجيم حبّ الملوك ٭

جرافن (esp.) gerfaut, oiseau de proie, Alc. (girifalte, halcon girifalte).

جرب II c. a. rendre quelqu'un galeux, Voc.; cf. مجرّب. — La tribu des Mkhâlif, qui se livre au brigandage, est nommée: Mkhâlif el djerb, les Mkhâlif galeux, Carette Kab. I, 46. — جرب اللتان كشوث, Most. sous ce dernier mot.

جربة جربة المدافع batterie, Niebuhr R. I, 403.

جربة gale, rogne, Voc., Alc. (sarna), Bc.

جربى On fabrique dans l'île de Djerba des tissus de laine et de laine et soie: burnous, haiks, djobbas, couvertures, châles, ceintures, etc., qui sont très-fins, très-blancs et très-moelleux; ils sont les plus renommés de la régence de Tunis et ils ont même une grande réputation dans tout l'Orient; voyez J. A. 1852, II, 171, Berb. I, 576, 5 a f., d'Arvieux IV, 19 (où il faut lire « brenis » برانس, pl. de برنس, au lieu de « bremis »), Blaquiere II, 139 n., 183, Carette Géogr. 219, Prax R. d. O. A. VI, 348, Ewald 112, Pellissier 173, Barth Wander. 260, de Gubern. 118. Le mot جربى, de Djerba, est donc devenu le nom d'une étoffe; جبة جربية Vêtem. 118 (dans ce passage il faut lire (يحلّ), ونصيرها ونصيرها et (يجبّر); le mot que Marmol, cité p. 119, écrit « gerivia, » est (جلّابية); Daumas Sahara 265: « des haik, nommés djerbi ou figuigui فيكيكى, voyez), teints à raies rouges, avec du kermès. » Tristram 94 donne « djerbi » dans le sens de *couverture de lit*. Chez Hœst, 266, on trouve que le lit a deux couvertures, la كتيفة [lisez قطيفة] et la شَرْبِيَّة, et un peu plus loin, 267, il dit que ces deux mots signifient des tapis de laine; mais je pense qu'il a mal écrit ce mot, ce qui lui est arrivé souvent, et qu'il a eu en vue جَرْبِيَّة.

جَرْبى *psorique, de la nature de la gale*, Bc.

جَرْبِيَّة voyez جَرْبى à la fin.

جَرْبان *plante épineuse*, M.

جِرَابَة voyez جِرَابَة.

جِرْبَان cette large pièce d'un vêtement qui couvre le derrière, *les fesses*, Khallic. VII, 68, 6—9, où ce mot est expliqué.

جِرَاب. Pl. أَنْت, Bc, et جُرْبان, Burckhardt Nubia 264. — جِرَاب الرَّاعى *guêtre*, Bc. — جِرَاب للرِّجْلَيْن *le troisième estomac d'un animal ruminant*, M (sous قَبّ).

جَرِيب. Le pl. جُرْب, Kâmil 238, 11.

جُرَابَة (Cherb.) ou جِرَابَة (Hbrt), forme moderne de جَوْرَب, *bas, chaussette*, Bc, Cherb., Hbrt 21, Bâsim 112: أنَّه ليس جرابانه فى رجليه. Chez Cherb. aussi جرَابَة.

جَرَّاب *expert*, Ht.

تَجْرِبَة *tentation*, Bc. — *Tribulation, croix, affliction envoyée par le ciel*, Bc. — *Epreuve, feuille tirée d'une planche, d'une estampe pour en corriger les fautes*, Bc. — على تجربة *à l'épreuve, qui résiste*, Bc. — *Examen*, Alc. (esamen, profesion en algun oficio). — تجربة الرهبان ou فى الرهبنة *noviciat*, Bc.

تَجْرِبى *expérimental*; — طب تجربى *empirisme*, Bc.

مُجَرَّب *examiné*, Alc. (professo en algun oficio). — *Galeux, rogneux*, Alc. (roñoso lleno de roña, sarnoso lleno de sarna).

مُجَرِّب *examinateur*, Alc. (esaminador). — علم المجرِّب *empirisme*, Bc.

مُجْرُوب, pl. ون et مَجَارِب, *galeux, rogneux*, Voc.

جَرْب I c. ل p. *tromper*, Merx Archiv I, 183, n. 6.

جربندى semble signifier: *sac, valise, portemanteau*,

1001 N. III, 464, 13: رأى حاويا معه جراب فيه عايبين وجربندية فيها امتعته ۞

جِرْبُوز = يَرْبُوز *blette*. On trouve cette forme dans le dict. persan de Richardson et dans l'Ibn-al-Baitâr de Sontheimer I, 154 b, 247 c, où nos man. portent جرموز (B par erreur avec le *râ*).

جَرْبُوع = يَرْبُوع *gerbo, gerboise, loir*, Berb. I, 551, 1, Ztschr. XII, 184, Hbrt 64, Bc.

جرثم.

جُرْثُومَة. Comme ce mot signifie proprement «racine,» le chef des rebelles, Omar ibn-Hafçoun, est appelé جراثيم الضلال, Haiyân 107 r°; de même جرثومة من البربر, Berb. I, 137, 1, dans le sens de رؤس النفاق من العرب, qui précède, «les boute-feux de la sédition.» — *Noble origine*, Voc. — On dit: ركب الجراثيم الصعبة, Abbad. I, 221, 1 (cf. III, 77), ce qui semble signifier proprement: «traverser sur sa monture des chemins raboteux,» au fig.: «affronter toutes sortes de périls.»

جرج.

جَرَج et مُجَرَّج voyez sous شرش.

كُرْكَاع *noix*, Domb. 71.

جُرْجَانى *étoffe de soie qui tire son nom de la ville de Djordjân*, Gl. Edrîsî; on la fabriquait aussi à Almérie, Macc. I, 102, 6.

جَرْجَر I *bavarder*, Hbrt 239. — *Tirailler, tirer à diverses reprises de côté et d'autre*, Bc.

جَرْجَر الجَرْجَر المصرى *lupin*, Most. v° ترمس (les voyelles dans N).

جَرْجَار *olive très-mûre et qui n'a plus rien d'amer*, M.

جَرْجُور *bavard*, Hbrt 239 (Alg.).

جَرْجُور *fenouil*, Most. v° رازيانج. — Dans l'île de Sawâkin, *sorte de millet*, dont le grain est très-gros, Bat. II, 162.

جِرْجِير *cresson*, Ht; chez Bc جرجير الماء — « Girgir Sukarra,» *eruca sylvestris lutea*, Pagni MS. — Dans le passage de la Chrest. de Silv. de Sacy, cité par Freytag, I, ٥٥, 7 a f. de la 2e édit., on ne trouve pas, comme il dit: الجرجير التوكلى, ce qui serait contre la grammaire, mais le second mot a la copulative; ce sont donc deux plantes différentes, et جرجير a ici son sens ordinaire, celui de «roquette.»

جرجر préparation à la roquette, Auw. II, 410, 12, 414, 20 et suiv.

جرجرينج trèfle, Payne Smith 1159.

جرجس, chez Freytag, est dans le Gl. Manç., جَرَاسِيس pl. جَرَاسِيس, aussi Payne Smith 1167.

جَرْجَقَ nom d'un arbre d'où l'on tire une sorte de miel, Burckhardt Nubia 437.

جرجم I décharner un os, M.

جَرَاجِم amygdales, Domb. 84.

جرج II rosser, battre violemment, Alc. (aporrear). — Appeler d'un jugement, Alc. (apelar, تجريج apelacion).

VII recevoir une blessure, être blessé, Voc., Bc, Abou'l-Walîd 103, 32, 104, 1, 1001 N. I, 82, 4.

X c. الى p. se rendre odieux à, Cout. 32 v°: قد استبلغا فى الاستخراج الى محمد فى رضى طروب ۞ . Le pl. أجرح, Abou'l-Walîd 104, 1, et le pl. du pl. جُرُوحات, Bc, Most. sous شلدير: يبرى حشيشة تجبر للجروحات. — حشيشة الجرح اليمنى l'ulcère du Yémen, Burton I, 373.

جَرْحَة, pl. جَرْح, جِرَاح et جُرُوح, blessure, Voc., Abou'l-Walîd 453, 23. — Envie, jalousie, L. (libor (zelus ut invidendo)). — Pl. جِرَاح bube, petite élevure sur la peau, pustule, bourgeon qui vient au visage, Alc. (buva). — On trouve nommés les جرحات et les اعصان comme les parties, les membres, dont se compose le genre de poème nommé مُوَشَّح, J. A. 1839, II, 163, 3 a f., 164, 4 a f. Je ne sais si la leçon est bonne.

جُرْحَة conduite blâmable par laquelle on se rend indigne de remplir un emploi, de succéder à la couronne, etc., Müller 44, 6, Çalât 39 r°: وعند الانصراف منها فى الطريق ظهر من جرحة محمد المخلوع ما وجب (اوجب .l) عليه اثر ذلك لخلع وذهب فى جانبه الصلح من شرب الخمر المحرمة وظهور السكر عليه وذلك ولما تمادى ..., id. 40 r° et v°: انه تقبيعا على ثيابه

المرض امير المومنين رضّه باسقاط محمد الذى كان ولى العهد من لحطبة — وفهم الناس ان للجرحة الموصوفة بسببها» قد قضى بها, أُسْقِطَ بن لخطبة, Prol. I, 389, 2 (de Slane, dans sa trad., a cru à tort que ce terme a dans ce passage le sens de تجريح).

جِرَاح (voyez Freytag) blesser ou être blessé, Vie de Timour II, 366, 4, Koseg. Chrest. 87, 2 a f., Auw. I, 599, 1, où il faut lire ainsi (man. de Leyde الجراح).

جِرَاحَة.علم للجراحة chirurgie, Bc.

جَرِيحَة pl. جَرَائِم chose étrange, M.

جِرَاحى chirurgical, Bc.

جَرَّاح qui blesse souvent ou beaucoup, Voc.

جَارِح pl. جَوَارِح carnassier, rapace, vorace; طير جارح oiseau de proie, Bc.

جارحى chirurgien, Ht.

جَوَارِحِيَّة sorte de jeu d'échecs sur un tablier de $7 \times 8 = 56 + 12 = 68$ cases, van der Linde, Geschichte des Schachspiels I, 108.

جرخ II s'emploie quand on invite un homme à faire une chose et qu'il ne la fait pas, M.

جَرْخ pl. جُرُوخ une arbalète avec laquelle on lançait, soit des flèches, soit le naphte, Mong. 285, J. A. 1848, II, 213, 1850, I, 254, Amari 206, 8, 334, 1. — Roue, Bc. — جرخ فلك cheval de frise, Bc. — جرخ الشمس hélianthème, Bc.

جَرْخِى arbalétrier, Mong. 285, Amari 107, 12, Bat. IV, 92.

جرد I. جرد القوم il les mena tous en avant, jusqu'au dernier, M.

II seul déchausser, ôter la chaussure, de même que جرد السباط, Alc. (descalçar). جرد السلاح désarmer, ôter les armes, Alc. (desarmar). — Dépouiller, dévaliser, Voc., Alc. (despojar robar). — ويجرد العشب عنـه on arrache les mauvaises herbes, Auw. I, 311, 8. — Détacher, mettre séparément pour quelque dessein, Bc. — Rassembler des troupes, Hbrt 137, لفلان contre quelqu'un, Fragm. hist. Arab. 243, 5; dans ce

جرد 183 جرد

passage on peut aussi traduire: *envoyer un détachement de cavalerie* (une جَرِيدة) *contre quelqu'un*, car Freytag a جَرَّدَ لِفُلَانٍ en ce sens; mais je crois qu'en tout cas le Gloss. attribue à tort à cette expression le sens de: « tirer l'épée contre quelqu'un. » — *Abstraire*, considérer séparément les choses réellement unies, Bc; يُجَرِّدُ مِنْهَا صُوَرًا أُخْرَى «leur donne, par abstraction, d'autres formes » (de Slane), Prol. II, 364, 14. — جَرَّدَ كِتَابًا مِنْ كِتَابٍ آخَرَ *extraire un livre, en faire un abrégé, un sommaire*, Meursinge 22, 12. — *Consacrer, dévouer, destiner*, employer quelque chose à un certain usage, Abbad. I, 243, 14: جَرَّدَ نَهَارَهُ لِإِبْرَامِ التَّدْبِيرِ وَأَخْلَصَ لَيْلَهُ لِتَمَلِّي السُّرُورِ « il consacrait ses jours à la conduite des affaires publiques, et ses nuits au plaisir. » — Le calife Omar II ôta au gouverneur de l'Ifrîkiya le droit de nommer celui de l'Espagne, وَجَرَّدَ إِلَيْهَا عَامِلًا مِنْ قِبَلِهِ « et envoya dans ce dernier pays un gouverneur nommé par lui-même, » Macc. I, 156, 11. — L'expression جَرَّدَ القُرْآنَ a été notée par Lane; on dit: عَلِمْتُ القُرْآنَ مُجَرَّدَةً, Amari 180, 10, 331, 2 a f. (cf. Annot. crit.), ce qui semble signifier: j'avais appris par cœur le Coran, mais sans y joindre l'étude des traditions juives ou chrétiennes. Le verbe جَرَّدَ seul s'emploie aussi en ce sens, 1001 N. Bresl. III, 170, 3, en parlant d'un enfant qui était à l'école: خَتَمَ وَجَرَّدَ. — *Exercer un cheval, le mettre en haleine*, Bc. — (Dénominatif de جَرِيدة, voyez) *inventorier*, Cherb. Dial. 206. —

جَرَّدْتُ لَهُ عَنْ سَاعِدِي *préparer*, Voc. — Voyez مُجَرَّد.

V. تَجَرَّدَ فِي عَسَاكِرِهِ «il partit en détachement avec ses troupes, » Bat. III, 257, comme on dit سَارَ تَجْرِيدةً, de Sacy Chrest. II, 55, 4 a f. — C. عَنْ ou مِنْ r. *quitter, abandonner, renoncer à*, 1001 N. I, 730, 1, en parlant de deux ermites: ils ne se nourrissaient que de mouton et de lait de brebis, مُتَجَرِّدِينَ عَنِ المَالِ وَالبَنِينِ « en renonçant à l'argent et aux mets délicats » (cf. sous بَنِين); تَجَرَّدَ عَنِ الخِدْمَةِ *quitter, abandonner le service, se retirer du service*, Bc (aussi c. مِنْ); تَجَرَّدَ عَنِ الدُّنْيَا *quitter le monde*, embrasser *la vie religieuse* (aussi تَجَرَّدَ لِلْعِبَادَةِ, Lane, Macc. III, 109, 20), *aller vivre dans la retraite et la pauvreté*, Bat. III, 159: تَجَرَّدَ عَنِ الدُّنْيَا جَمِيعًا وَنَبَذَهَا; R. N. 19 r°: كَانَ مُتَجَرِّدًا مِنَ الدُّنْيَا زَاهِدًا فِيهَا; ibid. 19 v°: تَجَرَّدَ. تَخَلَّى مِنَ الدُّنْيَا وَتَجَرَّدَ مِنْهَا seul a le même sens, Macc. I, 583, 7. Selon les paroles qu'on trouve chez Macc. III, 164, 2, التَّجَرُّد est: se détacher de tout, excepté de Dieu, que l'on considère comme son seul ami. On y lit qu'il y a quatre preuves de l'amour de Dieu; la première est الإِفْلَاس, « la pauvreté, » et c'est التَّجَرُّدُ إِلَّا عِنْدَ الخَلِيلِ. Quand en voyage on ne porte rien avec soi, c'est un signe qu'on est un véritable مُتَجَرِّد, Macc. I, 939, 21. Le terme التَّجَرُّد a donc le sens de *pauvreté*, mais seulement quand il est question d'un homme pieux qui renonce de son plein gré aux biens de ce monde, p. e. Macc. I, 911, 20: خَرَجَ مِنَ الأَنْدَلُسِ عَلَى طَرِيقَةِ الفَقْرِ وَالتَّجَرُّدِ, et dans la ligne suivante: وَأَظْهَرَ الزُّهْدَ وَالعِبَادَةَ; aussi comme synonyme de فَقْر chez Macc. I, 583, 3 a f.; الفُقَرَاءُ المُتَجَرِّدُونَ, Bat. I, 107, 176, Macc. I, 583, 17. Un مُتَجَرِّد passe sa vie dans le célibat, et dans certains passages on peut même traduire ce terme par *célibataire*, Bat. II, 90, en parlant de fakirs attachés à une zâwia: مِنْهُمُ المُتَزَوِّجُونَ وَمِنْهُمُ الأَعْزَابُ المُتَجَرِّدُونَ; ibid. 261, IV, 319: وَكَانَ مُتَجَرِّدًا عَزَبًا لَا زَوْجَةَ لَهُ; cf. Defrémery Mémoires 151. On donne souvent aux Soufis le titre de مُتَجَرِّد, Macc. I, 5, l. 9, 583, 5, Autob. 202 r°: العَالِمُ الصُّوفِيُّ المُتَجَرِّدُ أَبُو عَبْدِ اللّٰهِ, ce qui signifie ordinairement: celui qui a quitté le monde; mais quelquefois aussi: celui qui a dégagé son âme *des entraves corporelles*, car tel est le sens de تَجَرُّد chez les mystiques, Prol. I, 206, 4. Enfin on dit encore: كَانَ قَائِمًا عَلَى قَدَمِ التَّجَرُّدِ, dans le sens de كَانَ مُتَجَرِّدًا ou تَجَرَّدَ, Bat. IV, 23. — C. عَنْ p. *quitter quelqu'un*, p. e. en parlant d'un général qui quitte l'ennemi sans l'attaquer, Akhbâr 97, dern. l.

VII quasi-passif de جَرَدَ dans le sens de *radere* et dans celui de *rodere*, Voc. — *Se détacher*, Gl. Manç.: خُرَاطَةٌ هُوَ مَا يَنْجَرِدُ مِنَ المَعَى عِنْدَ الاسْتِرْسَالِ. — *Se mettre en haleine* (cheval), Bc.

جُرْدٌ est à Bengazi le nom du *barracân*, Hamilton 12 (longue description). — *Raclure, ratissure, ce qu'on ôte en raclant, en ratissant*, Alc. (raedura). — *Terrain élevé et fort éloigné de la mer*, M. — جاءَ القومُ جَرْدًا ou جَرْدَ العصا *ils vinrent tous et sans qu'un seul restât en arrière*, M. — Le pl. جُرودٌ *troupes de soldats*, M. — خصوة الجرد *castoréum, matière tirée du castor*, Bc.

جَرْدَةٌ *raclure, ratissure*, Alc. (rasura o raedura).

جَرادٌ. *Espèces de sauterelles*: جراد , جراد احمر, جراد سمان, جراد خَيفان, مُكُّن (aussi chez Lane), جراد نجديّات ou طيار , جراد عصفور, جراد نحّاف, Burckhardt Syria 238, Bg 703; جراد البقل, Casiri I, 320. Les sauterelles ont leur sultan, سلطان الجراد, Jackson 51, 55. — جراد البحر. De même qu'on donne en espagnol le nom de «langosta de la tierra» à la sauterelle, et celui de «langosta de la mar» à la langouste, جراد البحر signifie: *langouste, écrevisse de mer*, Alc. (langosta de la mar, langostin pescado de la mar), Bc, Bait. I, 246 c; — *poisson volant*, Niebuhr B. 167, Burton I, 213. — جراد ابليس *est, dans le Hidjâz, la plus petite espèce de sauterelle*, Burton II, 116 n. — *Bourse*, Hbrt 103.

جريد *bâton, canne, espèce de javelot sans pointe*, Bc; — *zagaie*, Ht. — A Tripoli d'Afrique et à Morzouk, espèce de *barracân*, celle qui est la plus fine, Vêtem. 120.

جُرادَة *racloir, ratissoire, instrument pour racler, ratisser*, Alc. (raedera para raer).

جريدَة *bâton, canne, espèce de javelot sans pointe*, Bc, M. — (Cf. Lane sous جريد) *taille, bois pour marquer par des entailles ce que l'on fournit ou reçoit*, Bc. On dit: vendre ses marchandises بالجريد ou بالجريد, *à la taille, à crédit*, Gloss. de Habicht sur le IIe volume de son édit. des 1001 N. — *Liste, tableau, état, inventaire, registre, tarif*, M, Cherb. Dial. 82, 204, Martin 136, Ht, Prol. I, 325, 11, 326, 3, Ztschr. XX, 494, 3 a f., Ghadamès 19: الجريدة الملصقة بهذه الشروط «le tarif ci-annexé;» c'est dans une pièce de vers, publiée par de Sacy Chrest. I, 281, que Freytag a trouvé l'expression: جرائد معروضة de Sacy traduit: «des registres ex-posés à la vue des coupables.» جريدة العسكر *le rôle des soldats*, Fakhrî 165, 1. جريدة الخراج *le registre de l'impôt foncier*, 1001 N. II, 397, 4 a f. — رجال الجرائد dans une charte sicilienne publiée par Noël Des Vergers J. A. 1845, II, 318; l'éditeur observe (*ibid.* p. 334): «Il restera encore à déterminer une classe particulière d'hommes désignés dans notre diplôme par رجال الجرائد, *les hommes des chartes*, car le mot جريدة répond à la signification des mots charte ou instrument dans tous les documents arabes que je possède. Ne pourrait-on pas supposer qu'il s'agit ici des *cartularii*: «Servi, dit Ducange, per chartulam seu epistolam manumissi?» Amari MS: «Des Vergers s'est trompé: (اهل) الجرائد رجال signifie *villani* ou serfs de la glèbe. Du reste, جريدة, dans les chartes arabes de la Sicile, signifie aussi bien *Platea des villani* (Ducange: *platea, ager cum mansione, seu domo*), que description des confins d'une propriété.»

— جريدة *sans bagage, sans pages, sans suite*, Athîr VII, 350, dern. l.: كتاب ابيه ابراهيم بأمره بالعود الى الافريقية فرجع اليها جريدة في خمس قطع شوانى (au lieu de بامره, le texte porte بأمر; j'ai corrigé d'après Amari, qui a publié ce passage); id. IX, 10, l. 13: فجرد الفرنجى عسكر من اثقالهم وسار جريدة Freytag Chrest. 98, 2 a f.: وصل جريدة وتخلف (l. وتخلف); cf. 117, 2, 120, 10, 126, 2, 12 et 8 a f., 136, 15. — بده يرمى قدامك جريدة *il veut parvenir à se faire honneur, il veut se faire un mérite, auprès de vous*, Bc, M: ومن كلام الموّلدين ضرب فلان قدام فلان جريدة اى فعل له فعلةً حسنةً ۞

جرادى *sorte d'oiseau*, Yâcout I, 885, 5.

جُرَيِّداتٌ (pl.) *petites sauterelles*, Abou'l-Walîd 777, 7.

جَرّاد *étranger qui vient dans une ville pour y faire des achats*, M.

اجرودىّ vulg. pour أجرَد, *ras*, M.

تجريد = تجرّد *quitter le monde, embrasser la vie religieuse, aller vivre dans la retraite et la pauvreté*; chez Bat. IV, 23, deux man. (voyez p. 453 des notes) portent: كان قائمًا على قدم التجريد, tandis que d'autres donnent التجرّد; la même expression dans le Cartâs 98 de la traduction, n. 10; hémistiche chez Macc. I, 50, 15: ورَّضْتُ النفس بالتجريد زهدًا: Khatîb 78

جرد

v°: وَانْقَطَعَ اِلٰى تُرْبَةِ الشَّيْخِ اَبِى مَدْيَنَ بِعَبَّادِ تِلْمِسَانَ مُؤْثِرًا لِلْخُمُولِ — ذَاهِبًا مَذْهَبَ التَّجَلَّةِ (؟) مِنَ التَّجْرِيدِ. وَالْعُكُوفُ بِبَابِ اللّٰهِ. Quelquefois on peut traduire *célibat* (voyez sous جرد V), Defrémery Mémoires 151. Dans d'autres passages, surtout quand il est question de Soufis: *se délivrer de la conscience de sa propre individualité*, ce qui, d'après leur système, est nécessaire pour rendre possible l'union de l'âme avec la divinité; voyez la note de M. de Slane, trad. d'Ibn-Khallic. II, 155, n. 4, dans le texte I, 417, 5. Dans le passage des Prol., III, 144, 11, le même savant traduit: *le dépouillement des sentiments mondains qui préoccupent l'âme.* — Ce terme doit avoir un tout autre sens chez Macc. I, 693, 5, où on lit qu'au Caire un homme pauvre peut faire tout ce qu'il veut مِنْ رَقْصٍ فِى وَسَطِ السُّوقِ اَوْ تَجْرِيدٍ اَوْ سُكْرٍ مِنْ حَشِيشَةٍ اَوْ عَجْبَةِ مُرْدَانٍ; évidemment il s'agit ici d'un plaisir, d'un divertissement. — عِلْمُ تَجْرِيدِ الْوُجُودِ *ontologie*, Bc.

تَجْرِيدَةُ عَسَاكِرَ *détachement*, troupe de soldats, Bc; سَارَ تَجْرِيدَةً *il partit en détachement*, de Sacy Chrest. II, 55, 4 a f.; *armée*, Hbrt 137. — *Expédition*, entreprise militaire; *campagne*, suite d'opérations militaires pendant l'année ou moins, Bc. — *Dyssenterie*, M.

تَجْرِيدِىٌّ *abstractif*, Bc.

مُجَرَّدٌ *racloir*, *grattoir*, Alc. (rascador para rascar). — *Herse*, Auw. I, 32, 14, II, 389, 2, 457 à la fin et suiv., avec la figure, 459. — *Espèce de plaque sur laquelle on cuit le pain*, Payne Smith 1515.

فَيْلَسُوفٌ مُجَرَّدٌ *gymnosophiste*, Alc. (filosofo desnudo). — الَّذِى جُرِّدَ عَنْ ثِقْلِهِ est النَّبِيذُ الْمُجَرَّدُ وَاَدْرَكَ, Gl. Manç. v° نَبِيذٌ, *du vin dégagé de la lie et qui a pris du corps*. — Dans le sens de مُتَجَرِّدٌ, *qui a quitté le monde*, etc., Macc. I, 621, 9: وَكَانَ زَاهِدًا مُتَوَرِّعًا حَسَنَ الطَّرِيقَةِ مُتَدَيِّنًا كَثِيرَ الْعِبَادَةِ فَقِيهًا مُتَعَفِّفًا مُجَرَّدًا. — *Pauvre*, en parlant, non pas de celui qui l'est volontairement (cf. جرد V), mais de celui qui l'est par la force des circonstances, Macc. I, 693, 3 et 9. — On dit: بِمُجَرَّدِ النَّظَرِ اِلَيْهِ *à vue d'œil*, *à la simple vue*, *à la seule vue*, Bc; لَا يَصِحُّ «لَمْ مِنِ اسْمِ الْيَهُودِيَّةِ اِلَّا مُجَرَّدُ الْاِنْتِمَاءِ فَقَطْ le nom de juifs ne leur convient qu'en raison de leur origine,»

185

de Sacy Chrest. I, ۱۰۹, dern. l.; cf. I, ۱۰۴, 1, Hamâsa 20, 19, Prol. I, 8, 2 a f., 9, 4, 248, 17, Cartâs 364 des notes, 4 a f., Fakhrî 376, 8. — بِمُجَرَّدِ مَا *aussitôt que*, Bc. — مُجَرَّدًا *métaphysiquement*, Bc. — مُجَرَّدًا فَقَطْ *purement et simplement*, Bc.

مَجَرَّدَةٌ pl. مَجَارِدُ *herse*, Voc.

مُتَجَرِّدٌ *en haleine*, *en exercice* (cheval), Bc. — مُجَرَّدٌ عَلَى السَّفَرِ *habitué à voyager*, M. — *Ustensile en fer pour porter le feu*, M.

جَرْدَقٌ et جُرْدُقَةٌ et جَرْدَقَةٌ, pl. جَرَادِقُ et جَرَادِيقُ, cf. Harîrî 138, 7 et 8 du Comment. A Fez les جَرَادِقُ étaient ce qu'on nommait فَطَائِرُ à Tunis, وَالْفَطَائِرُ رَغَائِفُ رِقَاقٌ تَطْبَخُ فِى التَّنُّورِ :Cabbâb 78 v° وَتُسَمَّى عِنْدَنَا الْجَرَادِقَ. Bat. III, 123, en parlant de Moultân: وَخُبْزُهُمُ الرِّقَاقُ وَهُوَ شِبْهُ الْجَرَادِيقِ. A Damas on donne le nom de *djardaca* à une pâtisserie de froment, qui est mince, puisqu'elle est à peine de l'épaisseur du dos d'un couteau, grande, ronde, cuite dans de l'huile d'abricots et arrosée de *dibs* tirant sur le brun; on ne la mange qu'au mois de Ramadhân, Ztschr. XI, 517—8.

جَرْدَمَ I *décharner un os avec les dents*, M.

جُرْدُونٌ pl. جَرَادِينُ, aussi avec le *dzâl*. Ce terme existe, quoi qu'en dise Freytag. *Rat de Pharaon*, *gros rat des champs*, Hbrt 64, Bc, M, 1001 N. Bresl. VIII, 8: جردون اى فأر.

جرذ.

جُرَذَةٌ fém. de جُرَذٌ, Abou'l-Walîd 227, 8.

جُرْذَانَةٌ *souris*, L (mure). C'est le n. d'un. formé à la manière vulgaire de جُرْذَانٌ, pl. de جُرَذٌ.

جرز II *avaler*, Voc.

جُرْزٌ *verge de fer*, *d'or*, Bc.

جَرِزٌ *audacieux*, *hardi*, Ht.

جُرْزَةٌ *gerbe*, *faisceau de blé coupé*, Bc; حَطَبٍ *fagot*, *fascine*, Hbrt 196, Bc, qui donne le pl. جِرَازٌ; جُرْزَةُ اَقْلَامٍ *faisceau de calams*, R. N. 70 r°.

جَرَازَةٌ *gloutonnerie*, *voracité*, L (voracitas, glubie, ingluvies), Voc. (ingluvies).

جَرْزُون chez les Egyptiens par transposition pour زَرْجُون, sarment, Hbrt 196.

جَرْزِيَانُوا aloë americana, Domb. 74.

جرس I voyez sous la IIe forme.

II *promener ignominieusement, promener un criminel par la ville*, Maml. I, 2, 50, Bc, Macc. I, 135, 6, 1001 N. IV, 233, 7 a f., 493, 4, Bresl. IV, 146, 4. Quatremère (Maml. I, 2, 106) a soupçonné que, lorsque l'on promenait ignominieusement un criminel, il était précédé d'une sonnette, جَرَس, au son de laquelle on proclamait la faute qui avait attiré sur ce malheureux la vengeance du prince, et que cette circonstance a motivé l'emploi de ce verbe. Mais il n'en est pas ainsi; le fait est qu'on attachait des sonnettes, جَرَس, au bonnet haut dont on couvrait la tête du criminel qu'on promenait en public; c'est par suite de cet usage que جَرَّس a reçu le sens dont il s'agit. C'est ce qui résulte d'un passage de Masoudî, cité J. A. 1847, II, 420, où on lit qu'un personnage fut promené ignominieusement, ayant la tête couverte d'un bonnet haut, garni de bandes et de sonnettes, جَلَاجِل. Tavernier (cité *ibid*. 421) atteste aussi que le supplice ordinaire pour ceux dont on a découvert la tromperie, est de leur mettre sur la tête un bonnet haut, avec une clochette pendue au cou. Quelquefois, mais abusivement, on emploie la Ire forme, nom d'act., جَرْس, 1001 N. Bresl. IV, 160, 6: انا الذى امرت جعفر البرمكى بضرب المشايخ وَجَرْسِهِم. — *Pilorier*, mettre au pilori, Bc. — *Diffamer, noircir, tympaniser*, décrier quelqu'un hautement (le *hâ* est une faute d'impression); جَرَّس نفسه, *se noircir, se rendre infâme par quelque méchante action, se prostituer*, Bc. — *Placarder* quelqu'un, l'attaquer par des critiques injurieuses, Bc. — *Faire un esclandre*, quereller, Bc.

IV. On dit اللِجَام المُجْرِس « une bride qui rend un son, » Calâïd 96, 17, parce qu'on attachait des sonnettes aux brides des chevaux.

جَرَسَة voyez جرس.

جَرَس *cloche d'une église chrétienne*, Voc., Hbrt 156, Berb. I, 392, 11. — *Timbre, cloche frappée par un marteau*, Bc.

جَرَسَة *décri, perte de la réputation; scandale*, éclat que fait une chose honteuse à quelqu'un, Bc (sans voyelles), 1001 N. IV, 465, 3 (où Bresl. X, 447, 5, a جرس) et 7 (où Bresl. a aussi جَرَسَة). — *Esclandre*, accident qui fait de l'éclat avec honte, Bc. — *Insulte, outrage*, Hbrt 242 (جَرْسَة), Bc; *infamies*, paroles injurieuses, Bc.

جَرَسَة *campanule ou gantelée* (plante), Bc.

جَرَاسِيَا voyez plus haut p. 180 b.

جَرَّاس dans la 1re partie du Voc., sans explication; *carillonneur*?

مَجْرِس *herse*, Ht. Je crois que c'est une faute de l'auteur, ou peut-être du peuple; le mot véritable est مَنْجَرَد (voyez).

مُجَرَّس *infâme, flétri par la loi, l'opinion, déshonoré, repris de justice*, Bc.

جرش II *piler grossièrement*, Voc.

V quasi-passif de la IIe, dans le sens qui précède, Voc.

دَقّ جريشا ‏.‏جَريش *piler grossièrement*, Bc.

جَرِيشَة espèce de mets, Palgrave I, 73.

جَارُوشَة et جَارُوش, pl. جَوَارِيش, *moulin à bras pour le blé*, Bc, M.

جَوَارِش. Gl. Manç.: جوارش معناه الهاضم اسم اعجمى وقد نطق به بعض اللغويين جوريش وعلى السنة اللغويين فى اثناء الكلام الجوارش بفتح الجيم وترك النون فلعله جمع جورش هذا العرب على قلة استعماله. On trouve جَوَارِشَات chez Chec. 182 r°, 188 v°. — *Légumes, graines qui viennent dans des gousses*, M. — جوارش sorte de sucrerie, M.

جرص II pour جَرَّس, *promener un criminel par la ville*, Bc. جَرَص pour جَرَس, Payne Smith 1141.

جرط

جُرْط *ornement*, Voc.

جرع I dans le Voc.: *bibere amaritudinem in inferno*.

V vulg. pour تَجَرَّع, M.

VII Voc. sous *bibere*.

هو جرعة عسل ‏.‏جرعة طريف فى الغاية, M.

جَرْعًا ou جَرْعَاء, pour جَرْعَاء, *contrée*, *terrain*, P. Macc. II, 447, 2 (cf. Add. et Corr.), *plaine* (de Slane), P. Prol. III, 371, dern. l. (voyez la correction de ce vers dans la trad.).

جرف I *râteler*, ôter les ordures avec le râteau, amasser avec le râteau, Bc. — جرف الارض *houer*, Bc. — N. d'act. جريف, *disperser*, Mehren 26.

V *se laisser émier?* voyez Gl. Edrîsî.

جُرْف ou جُرُف semble signifier proprement (cf. Lane): *pente roide*, *le penchant* d'une montagne, d'un précipice, *le bord escarpé* d'un torrent, d'un fossé; mais on a appliqué ce mot à ce qui est au-dessous et au-dessus de la pente, de sorte qu'il a reçu le sens de *ravin* ou *fossé*, et celui de *falaise* ou *rocher escarpé*. — Dans le premier sens: Athîr VIII, 412, 4 a f.: ووصل المنهزمون الى جرف خندق عظيم كالحفرة يريد شلديره Most. v°: فسقطوا فيها من خوف السيف; Bait. I, 42 a: ينبت في مواضع خشنة واجراف قائمة وهو تنبت كثيرا على اجراف النسواق والسياحات; c'est la traduction d'un passage de Dioscorides, IV, 144, dont le texte porte: Φύεται ἐν τραχέσι τόποις καὶ κρημνώδεσι; dans le Voc. *ripa*. — *Ravin* ou *fossé*, Gl. Edrîsî 277, 387–8; R. N. 85: Abou-'l-Fadhl ayant été tué dans la bataille, اخذت ابا الفضل رميته في جرف وردمته عليه خوفا ان يظهروا عليه فيشتفوا منه — *Falaise*, *rocher escarpé*, *hauteur*, *colline*, Gl. Edrîsî; « *djeref*, haute falaise, » Pellissier 175; «*djerf*, escarpement,» Carette Kab. II, 400; «*djerf* désigne non-seulement les falaises du bord de la mer, mais tous les escarpements ou la colline qui les présente,» Renou 221; l'expression الاجراف عيون est rendue par *fontes rupium* dans l'ancienne traduction d'une charte sicilienne chez Lello 19, Amari MS; on trouve comme nom propre رأس الجُرْف ou الجُرْف طَرَف, et c'est, dit Barth W. 258: «ein hochfelsiger Kap;» certaine montagne est nommée par un auteur «Djerf-el-Gueléah,» et par un autre, «Djebel-el-Klie,» R. d. O. A. VII, 296; R. N. 97 v°: فقلت له هل رايت الشيخ ابا للحسين فاشار الى جرف على شاطى البحر وقال هو تحته يصلى Athîr X, 409, 8 a f.; Auw. I, 46, 7 a f. — *Quai* construit pour s'opposer aux empiétements du fleuve, *digue*, de Sacy Chrest. I, 230, Koseg. Chrest. 121, 5, Akhbâr 114, 5; lisez de même Djob. 83, 16 et Auw. II, 556, 4 a f.; l'explication que Rousseau a donnée de ce mot dans le J. A. 1852, II, 169, est erronée, mais il résulte de ce qu'il dit que مجاز الجرف signifie: «le passage de la digue.» — *Alluvion*, accroissement du sol par le dépôt latéral des eaux, pl. جروف, Bc; je crois que ce mot a ce sens chez Bait. II, 177 b, où on lit qu'une plante croît في الجروف الساحلية; peut-être l'a-t-il aussi dans le passage d'Ibn-Haucal, cité Gl. Edrîsî 277. — جرف رمل *banc de sable*, Bc.

جُرْفَة *rocher*, Becrî 113, 11.

جُرْفَة *alose*, Léon 552, en parlant du lac de Bizerte: «Post mensem Octobrem genus quoddam piscis capitur quod apud Afros *Giarapha* appellatur; eundem piscem esse crediderim, qui Romanis *Laccia* appellatur: tum enim pluvialis aquæ accessione, aut fluminis aqua dulcis efficitur, qualem maxime huiusmodi pisces amare dicunt.» Edrîsî llo, 2 nomme un poisson de ce lac, dont le nom est dans les man. جَرَجَة, حرجه ou جوجة; peut-être faut-il lire جَرَفَة.

جرفى sorte de raisins, Hœst 303.

جَرَّاف *miraillet*, *raie*, *lisse*, Pagni MS (geràf, occhiata). — *Creux*, Ht.

جُرَافَة = زرافة *giraffe*, Hbrt 63.

جَرَّاف *râteleur*, Bc.

جَرَّافَة pl. جَرَارِف *traîneau*, sorte de grand filet pour prendre du poisson, L (retia, sagena (retia), tragum), Voc. (sagena). Ce mot s'est conservé en esp., *algerife*, et en port., *algerive*; corrigez ce que j'ai dit sur leur origine dans le Gl. Esp. 124. — جَرَّافَة سلطانية *nettoyage des canaux*, travail du serf, Mehren 26.

جارف. الطاعون الجارف *la grande peste noire* qui désola l'Asie, l'Afrique et l'Europe en 1348 de J. C., Prol. I, 51, 3 a f., Berb. I, 78, 270, 476, 7 a f., II, 366, 2 a f.

مَطَر جاروف aussi en parlant de la pluie, جاروف, Payne Smith 1141. — *Ratissoire*, Bc.

أجْرَف sorte d'herbe, Burckhardt Arab. II, 396.

مَجْرَفَة *pelle*, Bc, Hbrt 178, 197, Mehren 26, Auw. I, 108, 9 a f, 5 a f. — *Houe*, Bc, 1001 N. Bresl. III, 259 (où l'éd. Macn. I, 889, a فأس).

جرق.

جَرْقَة *mode de musique*, Salvador 32; c'est peut-être جرك (voyez).

جَرَاكِي créature, protégé, homme qui doit sa fortune à un autre (= شِرَاكِي), Bc.

جرك

جَرَكَة chanterelle, corde la plus déliée, la plus aiguë d'un violon, Bc.

مُجَرْكَل brodé, Hbrt 83; c'est peut-être une faute pour مُجَرْكَش, qui a ce sens.

جَرْكَش = زَرْكَش broder d'or, Fleischer Gl. 49, 50, Bc.

جرم I mettre à l'amende, Bc, Hbrt 214, M. — جَرَّمَ désosser, M. — c. على dans le Voc. audere; probablement: oser résister à quelqu'un, ainsi que جَرُو على, qu'il donne sous le même article. — = جَرَن battre le blé avec la machine النورج, Mehren 26. II c. a. p. imputer un crime à quelqu'un, M.
V commettre un crime est dans Lane; exemple: Bayân II, 284, 13.

جَرْم. Beaucoup de voyageurs parlent de cette espèce de barque, dont on se sert en Egypte. Belon 231, qui écrit par erreur « gerbes », dit que, sur le Nil, ces barques sont de trois ou quatre sortes, et il les décrit; Coppin 169 («germe»): «barque plate et découverte, comme celles qui portent le sel sur le Rhône;» d'Arvieux I, 183: «germes; ils n'ont point de pont; ils sont longs à peu près comme ceux qui apportent le bois à Paris;» Vansleb 106: «germes, très-longues barques, faites pour décharger les vaisseaux et pour les tirer hors des bancs de sable;» Turner II, 307: «the boat was a large three-masted jerm, without covering, as usual in these vessels, but with a large capacious deck;» voyez aussi Ghistele 189, 235, Schweigger 256, Mantegazza 82 et ailleurs, Browne I, 51, Fesquet 60, v. Richter 7, Amari Dipl. 424, n. aa.

جَرْم محذوف projectile, corps lancé, Bc. — Proprement corps, s'emploie dans le sens de volume, l'étendue, la grosseur d'un corps, Haiyân-Bassâm III, 49 r°: صخم عظيمة الجرم, Abd-al-wâhid 182, 14. — Le pl. أجرام gros blocs de pierre, Prol. II, 206, 2; — vastes édifices, Prol. II, 201, 2 a f., 319, 13, 323, 11. Dans les 1001 N. III, 29, 5 il est question d'un monstre qui avait deux oreilles مثل الجرمين; je crois que cela signifie: «comme deux gros blocs de pierre;» Lane, qui avait la même leçon sous les yeux, car elle se trouve aussi dans l'éd. de Boul., traduit « mortier;» mais جرم n'a jamais ce sens. — جرم seul, sans فَلَكِي, a aussi le sens de: corps, globe, disque des planètes, Bc; جرم البرية, dans un vers, en parlant du roi de Perse, semble signifier: celui qui, parmi les mortels, est le corps céleste, le soleil; voyez notes sur Badroun 45. — حسن جرم grave, bas et profond (ton), Bc.

جُرْم audace, Voc.; dans L abstinatio (pour obstinatio) (pour قَسْوَة) قَسْوَة الأجرام s'encanailler, Bc.

جُرْمَة truells, Hbrt 83, Ht.

جُرْمَة grand vase dont se servent les vinaigriers, Descr. de l'Eg. XII, 437.

جُرْمِيّ (de جُرْم avec la termin. esp. «ero») audacieux, Voc.

جَرِيم audacieux, Voc.

جَرَامَة audace, Voc.

جَرِيمَة سجن الجرائم la prison pour les crimes, pour ceux qui ont commis des crimes, Khallic. I, 107, dern. l., 108, 1. De Slane, dans une note sur la trad. de ce passage, soupçonne que cette prison a été nommée ainsi pour la distinguer du مُطْبَق ou prison d'Etat. — Tort qu'on fait à quelqu'un, Voc. (iniuria). — Accusation, Roland. — Amende, Quatremère dans le J. d. S. 1843, 397—8, Hbrt 214, Bc, M, Macc. II, 159, 4 (cf. Add. et Corr.).

الفواكه الجرومية semble signifier les fruits à pepin, Edrîsî, Clim. II, Sect. 6: الفواكه الجرومية من الموز والرمان والتين والعنب ونحو ذلك

جَرِيمَة queue, Domb. 66, Bc (Barb.).

أجْرَم le plus criminel, Abbad. I, 51, 3 a f. (cf. III, 21).

تَجْرِيم. On a vu, par le témoignage de Vansleb, que les barques nommées «djerm» servent à décharger les vaisseaux, et je crois que تَجْرِيم signifie proprement: transporter à terre, sur des djerm, les marchandises qu'on a retirées du vaisseau; mais dans Amari Dipl. 132, 4 (cf. 424 aa) ce terme signifie: l'argent qu'on paie pour ce transport, de même que تفريغ qui suit, proprement «décharger les marchandises,» a ici le sens de «l'argent qu'on paie pour décharger les marchandises;» les expressions من أجْر زِيادة غير et معتاد ne laissent aucun doute à ce sujet.

مُتَجَرِّم gueux, vagabond, coquin, Bc. — Forçat, galérien, Bc. — Dans L distinctement *brocc*, que je ne comprends pas. Scaliger en a fait *brocus*; mais je ne vois pas comment le mot arabe aurait reçu le sens qu'a le latin broccus, brocchus, etc.

جرمز

جَرَامِيز, جَرْمُوز, جَمَعْتُ جَرَامِيزِي de Sacy Chrest. II, 419, 16, où l'éditeur traduit: «je me hâtai de ramasser tout ce que je possédais;» جمع لها جراميزه, Berb. II, 93, 7, où de Slane traduit: «il prit ses mesures en conséquence.» — Voyez جربوز.

جَرْمَشَق «espèce de bois; je crois que c'est *érable*,» Lane M. E. I, 201.

جرمقاني (?) espèce de *gentiane*, Bait. I, 260 b; leçon de A; dans CEL la première lettre est un ح, et dans BD un خ. — Espèce de *sauterelle*, Casiri I, 320 a.

جرن

جُرْن bassin, pierre creuse (= حوض), *auge*, pierre creusée, auge de puits, Bc; Bait. I, 42, dern. l.: on fait de cette pierre (lapis Asius) des bassins, اجران, dans lesquels les goutteux mettent les pieds pour adoucir leurs souffrances; Macc. I, 655, 3: il avait un jardin où il se divertissait et où il y avait un grand bassin de marbre, fait d'une seule pièce. Il paraît que جرون s'emploie, dans le sens de *sarcophage*, comme un singulier, Masoudî II, 379, Abou-'l-mahâsin I, 43, 8. جرن المعودي fonts baptismaux, Bc. — *Bassinet*, partie creuse d'une arme à feu, où est l'amorce, Bc. — *Fosse*, Ouaday 87 (déjà cité dans le Gl. Edrîsî, mais il n'est pas nécessaire d'attribuer aussi à ce terme le sens de *puits*, car dans le passage d'où nous avions conclu, M. de Goeje et moi, qu'il avait cette signification, il peut fort bien avoir celui de *bassin* ou *auge*). — *Grange*, bâtiment où l'on serre les gerbes, Bc. — *Mortier de bois*, Ztschr. XXII, 100, n. 35, avec les pl. جرون, اجران et جران, Bc, Bg. — *Moulin à café*, Mehren 26.

جُرْنِيَّة (esp. cherna) espèce de *turbot*, Alc. (merino pescado); Lerchundi écrit جَرْنِيَّة.

جروبا

جُرَان, n. d'un. ة, *grenouille*, Hbrt 68 (Barb.); Pagni MS, Daumas V. A. 432; *crapaud*, Ht.

جَرُّون voyez جُرن.

جرابس sorte d'oiseau, Yâcout I, 885, 13; chez Cazwînî جوبس.

جُرَانَة est dans la 1re partie du Voc. «brandola,» et dans la 2e «brandar;» *brandon*, *torche*.

جُرَيْنَة endroit où l'on vend le blé, M.

جُرْوَان magasin de blé, Mehren 26.

جُرَان houe à longue manche, Barth V, 263.

جُرُّون (esp.) pl. جَرَارِين sorte de bordure découpée, au bas d'un habit, Alc. (giron de vestidura).

جرنوب (جربوب =) (AB, 8) الطريق الاملس, Bait. I, 247 b.

جَرَنْبَر nom d'une plante, Daumas V. A. 380, *carlina gummifera*, Prax R. d. O. A. VIII, 280.

جَرَنْبَط *genette*, espèce de civette dont la peau s'emploie en fourrures, Gl. Esp. 276.

جرة

جَرَاهِيَّة *publiquement*, Diw. Hodz. 72, vs. 9.

من كان رسول II c. على r. *oser*, M, Bâsim 65: جرهم شرع قديم ابقيه وزيد في جامكيته ومن كان طارى على الشرع اسفقه علقة وجرصه (وجرَّسه =) في بغداد حتى لا يبقى احد ينجرهم على الشرع

جرو

جَرَا *poire à poudre*, Domb. 81, Ht.

جَرْو Le pl. جَرَوات dans Bc. — Espèce de chien qui ressemble au basset, Gräberg 131. — Avec le pl. أجراء, *le fruit du* خشخاش أبيض, Most. sous ce dernier mot.

جَرَاوَة *sachet*, espèce de giberne, où l'on renfermait les balles qui servaient à tirer l'arbalète, Maml. II, 1, 76, cf. Mong. 285 b.

كرُونش *nasturtium aquaticum*, Domb. 74.

جَرُوبِيَا *chervis*, *chiroui*; c'est l'esp. chirivia, qui vient de كراويا, Gl. Esp. 254.

جَرَى I *trotter*, Alc. (trotar). — Ce verbe s'emploie en parlant, non-seulement d'un vaisseau, mais aussi des personnes qui se trouvent dans un vaisseau, *naviguer*, Gl. Edrîsî, Tha'âlibî Latâïf 73, 8, où il faut prononcer نَجْرِي, et non pas نَجْرِي, comme l'a fait l'éditeur. — En parlant du vent, *souffler*, Gl. Edrîsî. — *S'introduire* (usage), Bc. — *Valoir*, v. d. Berg 71, n. 1. — جَرَى فِى أَمْرٍ *sollicitations, soins, démarches, diligences pour le succès d'une affaire*, Bc. — أَخَذَ يَجْرِى عَلَى قَانُونِ النَّحْوِ *il commença à parler selon les lois de la grammaire*, Macc. I, 137, 4 — مَنْ جَرَتْ عَلَيْهِ الْمُوسَى *celui sur le visage duquel le rasoir a passé*, c.-à-d. *celui qui a atteint l'âge de puberté*; — مَا جَرَى عَلَيْهِ الْكَيْلُ *ce qui a été mesuré*, Gl. Belâdz.

II, comme la Ire, *courir*, Alc. (correr cavallo, correr otra cosa). — جَرَى الْأَرْضَ *faire des incursions dans un pays*, Voc. (cf. تَجْرِيَة). — جَرَّى لَهُ أَبُوهُ وِلَايَةَ الْعَهْدِ *il nomma son fils son successeur au trône*, Bat. IV, 309; mais la leçon est incertaine et semble mauvaise; voyez la note. — *Couvrir*, spécialement en parlant d'une maison qu'on couvre de tuile, d'ardoise, etc., Lettre à M. Fleischer 183—4.

III. جَارَاهُ الْكَلَامَ *entrer en conversation avec quelqu'un*, Gl. Fragm.

IV signifie *faire courir*, en parlant d'un cheval; mais on dit, par suite d'une double ellipse: أَجْرَيْنَا خَيْلَنَا قَرْمُونَة, Cartâs 233, 13, dans le sens de: أَجْرَيْنَا خَيْلَنَا إِلَى قَرْمُونَة «nous fîmes courir nos chevaux vers Carmone.» — *Donner cours*, Bc. — C. عَلَى p. (cf. Lane) *pourvoir aux besoins, à la subsistance de quelqu'un*, Tha'âlibî Latâïf 78, 8 (où les paroles فَيَجْرِى عَلَيْهِنَّ sont l'équivalent de فَيَجْعَلُ صَدَقَتَهُ لَهُنَّ, qu'on trouve chez Khallic. IX, 134, 4 et 5 Wüst.), 1001 N. III, 204, 4 a f.; *assigner un traitement*, p. e. أَجْرَى عَلَى ... مِنْ بَيْتِ الْمَالِ كِفَايَتِى وَزِيَادَة «il m'assigna sur son trésor un traitement plus que suffisant pour mon entretien;» نَجْرِى عَلَيْكَ الْجِرَايَاتِ «nous vous assignerons un traitement,» Fleischer Gl. 86. — أَجْرَى زَيْدًا مَجْرَى عَمْرٍو *il traita Zaïd de la même manière qu'Amr*, Hamâsa 45, 6. — Dans le Holal 33 v°, où il est question des démêlés de Yousof avec les juifs de Lucéna (cf. mon Histoire des musulmans d'Espagne IV, 255):

أَجْرَى مَسْأَلَتَهُمْ مَعَهُ عَلَى وَجْهٍ تَرَكَهُمْ فَفَعَلَ «jugea le différend que ces juifs avaient avec le monarque en ce sens qu'il leur permettrait de rester où ils étaient; ce qu'il fit.» — *Faire valoir*, v. d. Berg 71, n. 1. — *Atténuer* les humeurs, Bc. — *Couvrir* (comme la IIe, voyez), Lettre à M. Fleischer 183—4. — أَجْرَى الْحَقَّ *faire droit à chacun, rendre la justice*, Bc. — أَجْرَى ذِكْرَ الشَّىْءِ *faire tomber la conversation sur quelque chose*, Bc. — أَجْرَى الرِّيقَ *faire venir l'eau à la bouche, exciter en parlant le désir d'une chose*, Bc. — أَجْرَى الطَّبِيعَةَ *faire aller à la selle, procurer des selles*, Bc. — أَجْرَى عَادَةً *introduire un usage*, Bc.

V dans le Voc. sous *predari*.

VI. Chez Meursinge 23, 2: لَمَّا كُنْتُ بِمَكَّةَ تَجَازَيْتُ مَعَ بَعْضِ الْفُضَلَاءِ الْكَلَامَ فِى الْمَسْأَلَةِ; comme la VIe forme de جرى ne présente pas ici un sens convenable, je lis تَجَارَيْتُ, en comparant l'expression جَارَاهُ الْكَلَامَ (voyez sous la IIIe), et je traduis: «j'entrai en conversation avec un savant sur cette matière.»

جَرْىٌ et جُرْىٌ (vulg.) *foire, cours de ventre*, Lettre à M. Fleischer 224, dans le Voc. جَرْىُ الْبَطْنِ; جَرْىُ الدَّم *dyssenterie, espèce de flux de sang*, Alc. (lluvia sangre).

جَرْيَة *carrière, lieu destiné à la course*, Alc. (carrera o corrida, corrida o carrera).

جِرْيَان (pour جَرَيَان) *dyssenterie*, M.

جَرَيَان *accident*, Voc.

جِرَايَة *draperie de canapé en brocard*, Ht. — Dans les 1001 N. Bresl. X, 433: وَجِرَايَة وَقُمَاش فَاخِر يُنْقَل إِلَى الزُّلَال, ce terme semble être à peu près l'équivalent de قُمَاش.

جَرَّاء *polissoir*, instrument pour polir, Alc., qui donne: polidero para polir, jarrí; je pense que c'est pour جَلَّاء, qui peut fort bien avoir ce sens; *ll* a donc été changé en *rr*.

جَرَّايَة *roulette*, Cherb.

جَارٍ *traitement, appointements*, Fleischer Gl. 86, Gl. Maw., Gl. Belâdz.

أَجْرَاء *traitement, appointements*, Djob. 38, 5 (où

il faut lire جميع في به, comme porte le man.), 46, 13 et 15, 273, dern. l., 274, 3 et 4.

تَجْرِيَة *incursion, course de gens de guerre en pays ennemi*, Voc., Alc. (rebato); cf. جرى II.

مَجْرًى, avec ou sans ماء ou الماء, *fil, courant d'eau, ruisseau d'eau vive, rigole, aqueduc*, Bc, Hbrt 174, Ht, Gregor. 36. — *Cloaque, égout*, Voc., Alc. (albañar de casa, alvañar, caño o albañar), مجرى الاقذار Abbad. I, 306, 7. — *Saignée, ouverture faite à un canal*, Alc. (espiradero de agua, sangradera de agua cogida). — *Canal, conduit dans le corps; couloir, canal de la bile; vaisseaux, veines, artères, petits canaux*; مجرى البول *urètre, canal par lequel sort l'urine*; مجارى الريّة *bronches, vaisseaux du poumon qui reçoivent l'air*; مجارى الليمون *veines lactées, veines qui contiennent le chyle*, Bc. — *Coulisse, rainure de châssis ou volet pour le mouvoir en glissant*, Bc. — مجرى الدخان *tuyau de cheminée*, Bc. — *Carrière, lieu destiné à la course, hippodrome*, Abbad. I, 172, 3 a f., Becrî 42, 14. — مجارى السحب *les endroits où se meuvent les nuages*, Berb. I, 295, 12. — Le مجرى *d'un navire, c.-à-d. l'espace qu'il parcourt en un jour, est de cent milles*, Djob. 31, 11. — مجرى المراكب *port*, L (portus). — *Fait, événement*, Bc, 1001 N. I, 235, 3 a f.; *mésaventure, accident malheureux*, Bc. — مجرى الخطاب *la nature de la matière, du sujet sur lequel on parle*, Cartâs 112, 18. — *Métropole, capitale*, Alc. (madriz de las cibdades).

مَجْرِي *piqueur, en termes de manège*, Gl. Fragm. — *Allant, qui aime à aller*, Bc. — *Solliciteur*, employé à solliciter les procès, les affaires d'autres, Bc. — مجرى القيح *suppuratif*, Bc.

مَجْرَآء *coureur, léger à la course*, Bc.

مَجْرَى = مَجْرَاة *carrière*, P. Kâmil 486, 7; *conduit*, Fakhrî 371, dern. l., 372, 2 et 4.

مَجْرَاة est l'équivalent de مَدْفَع *ressort*, J. A. 1848, II, 214, n. 2, Machâri' al-achwâc 97, 11 éd. de Boulac: القوس المركبة على المجراة; de là vient que ce terme a servi à désigner une espèce d'*arbalète*, l'arbalète à ressort, dont on trouve la description J. A. l. l.

جريوات *courges*, Martin 101.

جز VII *être tondu*, Voc.

جُزّ nom d'une étoffe de soie, dont la matière première est teinte de quatre ou cinq couleurs différentes, Bat. IV, 2.

جِزَّة *les restes des feuilles de mûrier, ce que les vers à soie n'en ont pas mangé*, M.

جُزَازَة *petit morceau de papier, sur lequel le voyageur note dans son auberge les mets et les boissons qu'il désire avoir*, Harîrî 282—3.

جَزَّاز *tondeur*, Voc., Alc. (tresquilador de ganado), Bc.

جَازّ et جَازَّة *couteau de cordonnier*, Payne Smith 1134.

جزأ II *doser, mettre les doses*, Bc.

X. ما يستنجزأ به *ce dont on peut se contenter*, Abou'l-Walîd 58, 14, 308, 12.

جُزْء *acte, partie d'une pièce dramatique*, Bc. — Le pl. أَجْزَاء *matériaux pour composer un ouvrage*, Bc. — Chez les chrétiens, *matines, première partie de l'office divin*, Alc. (maytinadas). — جزء من غنم *troupeau de gros bétail*, Alc. (manada de ganado mayor). — الجزء الكلّى, chez les alchimistes, semble signifier: *la réunion des éléments formant le sujet sur lequel on opère*, de Slane, note sur Prol. III, 205, 2. — جزء كلمة *syllabe*, Bc.

جُزْئِي *de peu d'importance*, M; أمور جزئية *moyens secondaires* (de Slane), Prol. I, 182, 1. — قضية جزئية *du particulier au général*, Bc.

جُزْئِيَّة *échantillon*, Macc. I, 572, 1.

جُزْوِي ٠ شيء جُزْوِي *bagatelle, babiole, chose puérile*, Bc.

أَجْزَجِى, ou avec le suffixe turc أَجْزَخَانَة, *droguiste*, M.

أَجْزَخَانَة *boutique de droguiste*, M.

جُزْدَان (pers., composé de l'arabe جزء et du pers. دان) *portefeuille*, Hbrt 112, Bc; dans le M جزدان.

جزر.

جَزَر. Dans le Cartâs 105, 5 a f. on trouve le barbarisme جُزُور, pour جَزَائِر, *îles.*

جزر *ivette* (plante), Alc. (pinillo yerva conocida). — جزر الشيطان *nom d'une plante*, Bait. I, 2 b.

جُزَار canari, serin, Hbrt 66, Bc.

طَلَامٌ لِلْأَجْزُرِ جَزُورٌ est une expression poétique pour indiquer un homme généreux, hospitalier, parce qu'afin de régaler ses amis et ses hôtes, il fait tuer beaucoup de chameaux, Badroun 138, 4, 139, 3 et suiv.

جَزِيرَة, avec ou sans النَخْل, oasis, Gl. Edrîsî, Becrî 16, dern. l., Lyon 345. — ارض الجَزائر voyez

جَزِيرِيّ

والتربة الجَزِيرِيَّة تكون مِن Auw. I, 95, 3: بـ الانهار الكبار (dans le man. de Leyde on trouve تكون بمقربة après); Clément-Mullet veut lire, avec raison je crois, الجَزِيرِيّة, et traduire: terres d'alluvion, en comparant II, 19, 3 a f.: ارض الجَزائر الّتي تركيها الأميّاه من الانهار الكبار, mais dans ce cas, je crois devoir lire de même Auw. I, 94, 13, où l'édit. et le man. de Leyde portent الجَزِيرِيّة, et où l'on trouve l'explication: du sable fin, mêlé de beaucoup de terre végétale, 272, 6 الجَزِيرِيّة (édit. et man.), 295, 6 (éd. الجَدِيدة), man. الجَرِيدة, 12 (éd. الجَدِيدة), man. الجَرِيدة), 325, 6 (éd. الجَدِيدة, man. الجَرِيدة).

جَزَّع I. أَنفَه, جَزَّع, au fig. briser la puissance de quelqu'un, Berb. I, 2, l. 1 et 2.

II proprement: orner des couleurs du جَزَّع, de l'onyx, c.-à-d., de noir et de blanc (voyez Lane sous جَزَّع); dans le Voc. « variare;» chez Djob. 149, 5 a f, il est question d'une chaire couverte d'une كِسْوَة مُجَزَّعة مُختلفة الالوان. En parlant d'un cheval, مُجَزَّع signifie, à ce qu'il semble, tigré, tavelé et moucheté à peu près comme un tigre; L donne à la fin, parmi les noms des chevaux de telle ou telle robe: musuco مُجَزَّع. Mais en parlant de viande, مُجَزَّع signifie entrelardée, mêlée de gras et de maigre, Gl. Manç.: لحم مجزّع هو الّذي يخالطه الصنف من الشحم المسمّى عند العرب سمينًا, de même sous مُجَزَّع. En parlant de bois c'est veiné, qui a des veines, Becrî 177, 7 a f. En parlant de marbre, il a quelquefois le même sens, Djob. 92, 7, où il est question de cinq colonnes de marbre, dont trois étaient rouges et deux vertes: في كلّ واحدة منها تجزيع بياض — كأنّه فيها تنقيط elles étaient donc veinées de blanc, ou plutôt, comme l'indiquent les dernières paroles, tachetées de blanc;

cf. 86, 8—10 et 47, 10; dans ce dernier passage il est question de deux drapeaux noirs نهما تجزيع الرخام المُجَزَّع بياض « tachetés de blanc.» De même chez de Sacy Abdallatif 227, col. 1, dern. l. Mais ordinairement, comme le dit Sprenger dans le Ztschr. XV, 409, le terme الرخام المُجَزَّع signifie: du marbre blanc incrusté d'arabesques de marbre d'une autre couleur, et cette mosaïque n'est pas seulement tracée sur le sol des appartements, mais aussi sur des colonnes et sur des moulures. Chez Bc مُجَزَّع بالاحجار الملوّنة est orné de mosaïques. Ztschr. XV, 411 à la fin: ومن اعجب شيء فيه تاليف الرخام المُجَزَّع كلّ شامة الى اختها. Chez Djob. 85, 7 et 8, تجزيع est le synonyme de ترصيع, mosaïque. L'expression الرخام المُجَزَّع se trouve encore: Djob. 41, 2 a f. (avec البديع الترصيع), 80, 2 dern. l., et ailleurs, Nowairî Espagne 468, Bat. I, 310, 317, II, 434, III, 53, 1001 N. I, 369, 6 et 7.

جَزَّع agate, L (achates وهو الجَزَّع بزادي ياقوتة). — Pavé, L (pavimentum).

جَزَّعة conque de Vénus, Bc.

مُجَزَّع voyez sous جَزَّع II. — Sorte de poisson, Yâcout I, 886, 10.

مُجَزَّعة faux onyx, Gl. Edrîsî.

جَرَف III ne parler d'une chose que par conjecture, Aghânî 29, 6 a f.: فلمّا ادراكه دولة بنى العباس فلم يَرْوِه احد سوى ابن خرّدادبة ولا قاله ولا رواه عن احد وانّما جاء به مُجَازَفَة Khallic. I, 287, 6 a f. Sl.: وكان اذا سُئل عن عمره يقول انا اعيش في الدنيا مُجَازَفة لأنّه كان لا يحفظ مولده; je crois qu'il faut traduire: «Quand on lui demandait quel âge il avait, il répondait par conjecture, car il avait oublié l'année de sa naissance: « Je suis au monde depuis tant ou tant d'années»; » Prol. II, 195, 2 a f.: c'est une pièce forgée à plaisir, car elle ne renferme pas une seule prédiction qui soit vraie, à moins qu'on ne l'interprète d'une manière allégorique, ainsi que font les gens du peuple, او يجازف فيه من ينتحلها من الخاصّة «ou qu'on ne l'explique au moyen de conjectures, à l'exemple des gens haut placés, qui y attachent de l'importance» (de Slane). Aussi, de même que la VIe, Macc. II, 93, 4 a f., en parlant de savants, et surtout de traditionnaires: *ne pas distinguer le vrai d'avec le faux, les traditions authentiques d'avec celles qui ne le sont pas, soit par légèreté, soit par un manque de discernement et de critique, soit par mauvaise foi*, Macc. I, 5, l. 15, II, 95, 1, Meursinge ۱۳۹, 12. Au pass., جوزف في حساب *se laisser tromper sur un compte*, Mâwerdî 375, 8.

VI voyez la IIIᵉ, à la fin.

جزل I Voc. sous *magnanimus*.

II c. a. Voc. sous *magnanimus*.

IV. *Combler quelqu'un de biens, de faveurs*, est aussi اجزل العطاء عليه, Bc, et اجزل عليه بالعطاء de Sacy Chrest. I, ۳, 5. — *Faire festin*, L (epulor).

X. مستجزل الثمر *portant des fruits en abondance*, P. Abbad. II, 51, 2 a f.

جَزِل. Dans le Voc. جَزِل, pl. جِزَال, *magnanime*. — Dans le sens de جَزْلُ الرَّأْي chez Lane, *qui a le jugement solide, sain*, Khatîb 17 r°: وكان جزلا قويَّ القلب شديد للحزم فقال الصيد بغراب ابيس فاتخذ الليل جملا ☥

جزل pl. أجزال *traitement, honoraire, salaire*, Payne Smith 1421.

جَزَالَة *magnanimité*, Voc.

جَوْزَل, par extension, *le petit de chaque oiseau*, Aboû'l-Walîd 131, 6—9.

مُجْزَل (chameau) = أجْزَل (de جزل), Diw. Hodz. 208, 19.

جزم VII *passer le pas, faire malgré soi*, Bc.

جَزْمَة *tronc*, Voc.; — *madrier*, Cherb. — (Turc چزمه), pl. جزم ات et جزم, *botte*, Bc, Hbrt 21, Cherb., Bg, M, Ztschr. XXII, 76, 15.

جزماتي *bottier*, Bc, Hbrt 78.

جازم *décidé, d'un caractère ferme*, Bc. — Dans le sens de جزم chez Lane, جازمًا أمرًا *comme une chose décidée, arrêtée*, Amari Dipl. 209, 5, 217, 6, 229, 2, car c'est ainsi qu'il faut lire trois fois, au lieu de حازما.

جزمازج C'est ainsi qu'il faut écrire le nom du fruit du tamaris, que Freytag a écrit par erreur avec le

rá, Payne Smith 1159. Chez Bait. I, 13 b (AB) جزمازى et aussi كزمازك (cf. Freytag sous le ك). Ce mot est d'origine persane, كزمازك, aussi avec le ك.

جزن.

جزينة *marc de raisin*, Bc.

جَزْوِيرَة pl. جَزَاوِر (altération de l'ital. *giustacuore*?), dans le dialecte de Malte, *petit jupon en toile à raies bleues et blanches et à petits plis; il est ouvert d'un côté, et attaché avec de petits rubans*, Vêtem. 121.

جزى I. جُزِيتُم خَيْرًا, formule de politesse dans le sens de: *non, je vous remercie*, Gl. Badroun.

II, comme la Iʳᵉ, *récompenser, rémunérer*, Alc. (galardonar); dans le J. A. de 1869, II, 168, j'ai dit que la IIᵉ forme se trouve avec cette acception dans le vers Prol. III, 228, 12; mais il vaut mieux prononcer: أَتَى أَجْزِى; — *payer une dette*, Alc. (satisfazer por la deuda). — *Prendre à ferme, à cens*, جَزَّى قاعَة الدار, Voc. (conducere, et sous census: جَزَّى أرضا *demander une terre en concession*, et اصحاب التجزية متاع الارض *les concessionnaires de terrain*, Cherb. Dial. 36, 37, 42.

V *être concédé*, en parlant de terrains, Cherb. Dial. 33.

VI *être récompensé*, Bc.

VIII c. ب, Voc. sous *suficere*.

جِزْيَة. Les Bédouins, et même les chefs dans les villes, appliquent ce terme à *l'argent qu'on extorque aux voyageurs, sans en excepter ceux qui sont musulmans*, Burton I, 227.

جَزَاء *cens, redevance en argent que certains biens devaient annuellement au seigneur du fief dont ils relevaient*, Voc. — *Prime, prix pour encourager le commerce, l'importation, la fabrication*, Bc.

جَزَائِى *rémunératoire*, Bc.

جس I *faire tinter les cordes*, Descr. de l'Eg. XIII, 322 n., جس اوتار العود, Macc. II, 516, 14, العود 1001 N. Bresl. I, 182, 13 et 14, cf. ibid. 173, 11, et جس seul, Macc. II, 84, 15: وامره بالغناء فغناه ثم اندفع فغناه; selon Habicht, dans le Gloss. sur le Iᵉʳ volume de son édit. des 1001 N., *préluder*.

On dit aussi: تجسّ بنائه لَحْنًا, P. Macc. II, 516, 6.

II *tâter, toucher, manier doucement une chose*, Voc., Bc. — تجسيس *espionnage*, Bc, Aboû'l-Walîd 664, n. 34.

IV c. d. a. *faire toucher*, Aboû'l-Walîd 368, 22.

V, *épier, espionner*, se construit c. على p., Voc., de Sacy Chrest. II, ٥١, 10 et 11, R. N. 63 r°: تجسّا صاحب المخفرس بتجسّس عليه Aussi c. ب, Voc.

جسّي *tactile*, Bc (le *hd* est une faute d'impression).

جاسوس *sentinelle*, Hbrt 143. — لخشخاش الزبدى = *papaver spumeum, gratiola officinalis*, Bait. I, 238 c, où جاسوس est la leçon de ACDELS, tandis que B porte جاسيوس, et où l'auteur renvoie à I, 370 b.

تجسّ *tact, sens du toucher*, Bait. I, 1: وهو في الجسّ الى الخشونة ما هو ☆

مجسّ *sonde, instrument pour sonder les plaies*, Bc.

تجسّست *tact, sens du toucher*, Macc. II, 799, 7.

جسا **I.** Le n. d'act. est écrit جَسَاوَةً dans notre man. du Kâmil 816 (éd. 716, n. a).

جَسَّاد = جَسَا *safran*, Sang.

جَسَاء *induration des paupières, sclérophthalmie*, Sang.

جست est un mot persan qui signifie *recherche, investigation, disquisition*; mais c'est aussi le nom d'une science, d'une branche de la controverse, Khallic. I, 669, 1 Sl.: كان اماما في فنّ لخلاف خصوصًا الجست وهو اوّل من افرده بالتصنيف ومن تقدمه كان يمزجه بخلاف المتقدمين ☆

جسد **II** *corporifier, donner un corps à ce qui n'en a pas*, Alc. (encorporar hazer cuerpo). — *Teindre avec du safran*, Gl. Mosl. — *Teindre de sang*, Gl. Mosl.

جَسَد, *corps*, semble avoir le sens de *boule, pelote*, chez Bait. I, 51 a: الاشنة في طبعها قبول الرائحة من كلّ ما جاورها ولذلك تُجعل جَسَدًا في الذرائر اذا جُعلت فيها في تطيب في الثوب ce qui signifie, je crois: « Une propriété de la mousse, c'est qu'elle prend l'odeur de tout ce qui l'avoisine; pour cette raison on la met comme une pelote [comme une boule que l'on fait avec de la mousse pressée] dans les parfums pulvérisés, et quand on fait cela, ces parfums ne tachent pas les habits. » — Chez les alchimistes, *le corps sur lequel on projette l'élixir*, Prol. III, 192, 8. — Avec le pl. جسود, *matière, substance*, Edrîsî, Clim. III, Sect. 5: حبال الليف والدسر ويوصل بينهما بالجسود الماسكة — عيد الجسد *Fête-Dieu, fête du Saint Sacrement*, Bc.

جسدان vulg. pour جزدان (voyez), *portefeuille*, M.

تجسيد *sang*, Gl. Mosl.

جسر **I** a aussi le n. d'act. جَسْر, Abd-al-wâhid 45, 7 a f., Edrîsî, Clim. VI, Sect. 1, en parlant de l'Océan: والقوم الذين يسلكونه لهم به معرفة وجسر على ركوبه dans le Voc. جسر (pour جَسْر), *audace*. — Voyez sous la IIe forme à la fin.

II. En disant que ce verbe se construit c. a. p., les lexicographes ont oublié d'ajouter: et c. على r., Voc., Abbad. I, 256, 5 a f. et suiv., III, 167, 9, Haiyân-Bassâm 141 r°: وجسر (ل.) هشامًا على العلميين بالفتك. En parlant d'un livre: *inspirer à quelqu'un le désir de connaître ce livre*, Macc. I, 828, 17: وهو الذى جسر الناس على مصنّفات ابن مالك. — Dans le sens de la Ire, *oser*, Bc. — *Construire un* جسر, *une chaussée, une digue*, Maml. I, 2, 153, où Quatremère dit que c'est la IIe forme; mais je crois plutôt que c'est la Ire, qui signifie aussi: « construire un جسر, un pont » (Freytag, Lane).

V c. على ou ب *avoir la hardiesse de*, Bc.

VI *s'émanciper, prendre trop de liberté*, Bc. — C. ب *se permettre de, prendre la liberté de*, Bc. — C. على *attenter à*, Bc, Ht, p. e. تجاسر على القصد بقتل احد « attenter aux jours de quelqu'un, » Bc.

جَسْر. Quelquefois, comme l'a observé de Sacy, Chrest. I, 69, il y a entre جسر et قنطرة cette différence, que le premier mot signifie *un pont de bois ou de bateaux*, et le second *un pont de pierres, formé d'arches*; ibid. 68, dern. l.: لا يصل عدوك اليك الّا على جسر او قنطرة فاذا قطعت الجسر او اخربت القنطرة لم يصل اليك عدوك; mais ordinairement ces deux mots sont synonymes, Macc. I, 96, 18: المعروفة بالجسر, et جسر signifie très-souvent *un pont de pierres, formé d'arches*; voyez Hamaker Fotouh Miçr 161. — Dans le sens de *chaussée, digue, levée*, le pl. est aussi جُسُورَة, Bc, Amari 616, 7 et dern. l., 617, 1. — *Poutre*, Hbrt 191 (جِسْر), *sommier*, Ztschr. XI, 479, n. 5 (جِسْر), avec le pl. جُسُورَة.

جَسْرَة *attaque, agression*, عَلَى فُلَان, Abbad. I, 322, 4 a f.

جَسَّار. La signification de *homo audax* (Lane TA) est aussi dans le Voc. — *Ouvrier qui fait des chaussées, des digues*, Gl. Belâdz., Voc.

جسم

جِسْم. اِسْم مِنْ غَيْر جِسْم *fictif*, Bc. — *Tige*, Ht. — Espèce de *ver qui attaque les plantes*, Auw. II, 88, 17, 23. Banqueri a entendu dire que, dans l'arabe vulgaire, ce terme a encore ce sens. Clément-Mullet (II, 86, n. 2) croit que c'est la transcription de l'hébreu גזם, mais ce mot serait devenu جذم ou جزم en arabe, et en outre il a un autre sens, puisqu'il désigne une espèce de sauterelle.

جِسْمِيَّة *anthropomorphisme*, Berb. I, 358, 5 a f.

جِسْمَانِى *corporel*, Voc., Bc. — *Anthropomorphite*, Gl. Abulf.

جاسيم *aunée* (plante médicinale), Bc.

تَجْسِيم *relief, ouvrage relevé en bosse*, Bc. — T. de chimie, *corporification*, action de rendre le corps aux esprits, Bc.

مُتَجَسِّم *en relief, en bosse*, Bc, الاشكال المجسّمة « des figures en relief, » Prol. II, 321, 8 ; mais dans les 1001 N. I, 373, 9, les صُوَر مجسّمة, dans lesquels se trouvent des instruments de musique qui rendent des sons harmonieux lorsque le vent vient à les frapper, semblent être *des statues*. — T. de mathém., *solide, corps à trois dimensions*, Bc; pl. ات, Prol. III, 102, 2; مجسّم زائد قطع زائد *hyperboloïde*, solide; مجسّم مكافئ قطع مكافئ *paraboloïde*, solide formé par la parabole; علم قياس المجسّمات *stéréométrie*, science de la mesure des solides, Bc.

جشأ II *causer un rot*, Bait. I, 109 à la fin : نفع المعدة الباردة الرطبة وهضم الطعام الغليظ ويجشى جشآ طيّبا (les voyelles dans A), où Sontheimer traduit avec raison : « et cause un rot agréable. »

VI c. a. p. et ب r. *accabler* quelqu'un *de*, Payne Smith 1293 : الصيف يتجاشا خاصمه بالباطل.

جشر.

جَشْر pl. أَجْشَار, Beert 153, 11, a le même sens que مَجْشَر ; voyez ce mot; L : *compitum (vicus)* قَرْيَة ; جَشْر وَمَجْشَر, *predium (possessum)*.

جَشَار, pl. ات, et جشير ne signifient pas *troupeaux* (Freytag) et encore moins *une écurie* (Quatremère Maml. I, 1, 201). Ces deux mots ont le sens que جَشْر a dans la langue classique (voyez Lane), car ils désignent : *des chevaux et des bœufs qui sont habituellement au pacage, sans retourner à l'écurie pendant la nuit*. C'est ce qui résulte de plusieurs passages cités par Quatremère, mais surtout de celui de la Vie de Saladin, que Freytag a noté, car on y lit (p. 157) : قيل له ان طرابلس قد خرجوا جشارهم وخيلهم الى مرج هناك وابقارهم ودوابّهم وانه قد قرّر مع عسكره قصدهم فخرج على غِرّة منهم وهجم على جشارهم فاخذ منهم من الخيل اربع مائة راس ومائتَين من البقر. Afin de faciliter la prononciation, on dit aussi دشار (voyez).

جِشَار, pl. جُشُر, a le sens de مَجْشَر ; voyez ce mot. Pour adoucir la prononciation, on dit aussi دشار (voyez).

جشير voyez جشار.

مَجْشَر. L'étymologie montre que ce mot a signifié dans l'origine : lieu où l'on mène paître les bestiaux, pacage; mais on entend sous ce terme : *une propriété où il y a des serfs, des bêtes de somme, des bœufs, des moutons*, etc., *une métairie, un hameau*. Dans le Voc. « mansio » est دَوَّار, دِشَار — mots qui ont le sens que je viens d'indiquer — et جَشَّار (pl. جُشُر) et مَجْشَر ; ce dernier mot est expliqué dans une note par « locus in quo fit mansio, » mais je crois que cette note n'a été ajoutée que pour expliquer la forme du mot, et qu'il a le même sens que les autres. L donne : *predium (possessum)* جَشْر وَمَجْشَر, *prediolum* مُجَيْشَر, *parrociis* مَجَاشِر. Dans le Cartâs 195, 2 a f. : عمارة القرى والمجاشر للخلائق, où deux man. donnent

جشر

le synonyme ادفع البـ لــمحشر. Cout. 16 v°.
(الجشر ل.) الذى على وادى شَوش وما فيه من البـقر
سلم البـ ; chez Macc. I, 169, 14: والغنم والعبيد
للجشر الذى لنا على وادى شوش بما لنا فيه من العبيد
والدواب والبقر وغير ذلك, mais il faut lire الجشر,
comme porte l'édition de Boulac. Mohammed ibn-
Hârith 283: حكم عمرو بن عبد الله على هاشم بن
عبد العزيز فى مجشر (sic) كان فى يده بجانب جيّان;
Macc. III, 132, 4, Cartâs 192, 7, Bat. III, 400, 401
(deux fois), 402, Berb. II, 464, 4 a f. Dans les documents espagnols du moyen âge on trouve souvent
ce mot sous la forme « machar. » Dans un diplôme
d'Alphonse X, publié dans le Memorial histórico español I, 300, on lit: « un villar que le dicen Muchar
(l. Machar) Aluchar; » on voit donc que « machar »
désignait un hameau ou village. Dans une donation
faite par le même monarque au conseil de Séville,
qui a été publiée en 1630 par Espinosa, Historia de
Sevilla, t. II, fol. 16 v°, et en 1851, comme si elle
eût été inédite, dans le Memorial hist. esp., t. I,
p. 13 et suiv., on trouve mentionnés plusieurs ha-
meaux ou métairies, dont les noms sont composés
avec ce « machar, » p. e. Macharaxarifi (variante:
Asarafy), Machar Abelnohemen, var. Aben Noomen
مجشر ابن النعمان, — Machar Abnelget مجشر
ابن الجـدّ, nom d'une famille bien connue à Séville,
— Macharalhausen, var. Machar Alhanseni, mais il
faut lire Alhauseni, الهوزنى; c'est aussi une noble
famille sévillane, — Machar Azubeydi الزبيدى.
Dans le Repartimiento de Sevilla, qu'Espinosa a fait
imprimer au commencement de son second volume,
ce mot est très-fréquent, mais quelquefois il est altéré en « macar; » voyez fol. 2, col. 1, fol. 4, col. 3
(Macar Alcorahi, l. Machar Alcorachi, مجشر الغزشى),
fol. 5, col. 2, 3 et fol. 6, col. 4 où il faut changer
Malharapcadi en Macharalcadi, مجشر القاضى, fol. 9,
col. 4, fol. 10, col. 1, fol. 16, col. 2 et 3, fol. 24,
col. 4. Le mot أجشار a le même sens que مجشر,
car on lit chez Becrî 153, 11: وهو بلد واسع يسكنه
قصر un est un village قبائل مصمودة فى قصور واجشار
de Cabyles entouré d'une muraille (cf. Gl. Edrîsî),
et c'est à peu près comme on trouve dans le Cartâs

جشم

192, 7 et 195, 2 a f.: الـقرى والمجاشر. Enfin, on
pourrait se demander si le mot « masserie, » dont on
se sert en Barbarie selon quelques voyageurs et que
j'ai identifié (Gl. Esp. 384) avec le bas latin « mas-
saria, » n'est pas plutôt ce مجشر. Il a le même sens,
et Lambrechts, p. 36, le donne même dans son acception primitive, car il dit qu'il signifie: le lieu où
l'on mène paître les bœufs et les moutons (« een
Massereij, of veeplaats van runders en schaapen »).
Cependant la terminaison ie devrait être expliquée,
et comme je ne suis pas en état de le faire, je n'ose
pas décider cette question. Remarquez encore qu'afin
de faciliter la prononciation, on dit aussi مذاشر,
au lieu de مجاشر, du sing. دَشْرة (voyez).

جشـع.

جُشَّع qui satirise, Diw. Hodz. 259, vs. 2 et l. 6
(lisez ainsi avec le man.).

أجشَع voyez Lane; un exemple chez Chanfarâ
dans de Sacy Chrest. II, ۱۳۰, 4 a f.

مجشَّع satirisé, Diw. Hodz. 259, vs. 2, l. 6 et 7.

جشم I. Le Voc. a sous « compescere » les verbes كظم,
سام et جشم, Ire et IVe forme; mais comme
les deux derniers ne signifient rien de semblable, je
crois qu'ils ne sont pas à leur place et qu'il faut les
mettre sous « conpellere, » qui précède. — جشم مـؤونة
éprouver des inconvénients, de la peine, Haiyân 27 v°:
quand l'émir était entré par la porte de la mosquée
et qu'il se rendait à la Makçoura, les fidèles devaient
se lever, — فيجشم ضلحاوڡ من ذلك مـؤونة — جشم
causer à quelqu'un de la peine, du على قلب فلان
chagrin, Haiyân 41 v°: فارتفع من هذا الوقت ذكر
سوار وبعد صيته وجشم على قلوب اعدائه أقل الحاضرة
وأخَذ بمخنقهم ۞

IV voyez sous la Ire.

V s'exposer à des inconvénients, des difficultés,
p. e.: je me rendrai vers vous, ولو تجشَّمت بين
الطين والماء dussé-je m'exposer à des inconvénients
(en marchant) entre la boue (de la route) et l'eau
(qui tombe du ciel), » P. Macc. II, 520, dern. l. —
C. a. r. supporter, souffrir avec patience, P. Tha'âlibî
Latâîf 36, 10: تجشموا ألم العيون للذّة الآذان, ils
supportent patiemment le mal que la vue de sa lai-

deur fait aux yeux, afin de faire jouir les oreilles de la beauté de ses vers et de son chant;» Abbad. II, 238, 2 (cf. III, 245): ولم يتحشم المشقّة إليهم « et il ne prend pas la peine d'aller chez eux. » — C. a. *prendre la peine de*, Macc. II, 516, 15, corrigé par Fleischer Berichte 82 (cf. Lettre à M. Fleischer 219): ولا اتحشم تكليفه الدخول في تلك المسالك, où Fleischer traduit: « und ohne dass ich mich der Mühe unterzog, ihn zum Eingehen auf diese Weisen zu nöthigen. » Chez Macc. I, 245, 16: nous résolûmes de passer devant cette porte, لنرى تحشّم للخليفة ; si le pronom dans له se rapporte au chaikh Abou-Ibrâhîm, le sens est: « pour voir la peine que le calife s'était donnée pour lui;» telle semble avoir été en effet l'idée de l'auteur; mais il s'est exprimé incorrectement, car selon la grammaire, le pronom se rapporte au mot باب (porte).

ششم voyez چشم.

ششمة voyez چشمة.

جشامة *homme gros et gras, lourd*, Ztschr. XII, 72, 2, cf. 80, n. 20.

چشمك (pers. چشمك) *des grains noirs* dont on se sert pour guérir les maladies des yeux, Bait. I, 208 g, 249 e (AB).

جشو pour جشأ dans le Voc.

جشا et جشوة *rot*, Voc.

حص

حصّ *terre sèche et dure*, M.

حصّى *de plâtre*, Bat. I, 306.

حصّاص *plâtre*, Most. v° جبسين.

حصطن I dans le Voc. sous « cadere, » mais avec l'accus., d'où il résulte que c'est un verbe actif, et sous « proicere, » *jeter*. M. Simonet y voit avec raison une corruption des formes romanes de *iactare*: getar, gitar, gettare, gittare, jeter, echar (pour jechar).

II quasi-passif de I, Voc.

حضّ I vulg. pour ضمّ, M.

حضّة vulg. pour ضجّة, M.

حطرية (lat. citrea, mala citrea) *citron*, Ibn-al-Djezzâr v° اترج.

جعب

جعبة *étui*, Ht, Bat. IV, 224, *coffret*, Bat. II, 436. — *Tube, tuyau, canal*, Bc (Barb.), Cartâs 41, 18. — *Canon de fusil*, Cherb., Bc (Barb.), Ht.

جعجع I c. ب p., dans le sens de *jeter quelqu'un dans l'embarras*, a le n. d'act. جعجاع, Abbad. I, 258, 3, III, 128, 8 a f. — *Brailler, gueuler, parler haut, crier*, Bc. — C. على p. *appeler*, Voc.

جعجعة *vociférations; — monotonie de sons; — pathos*, Bc.

جعجاع *braillard, brailleur, gueulard, crieur*, Bc.

جعد

جعد. جعد *ce qui est dur*, ما لا يلين, Müller 47, 8.

جعد *frisé*, Bc.

جعدة *polium*. Le Most. (in voce) en nomme trois espèces: 1° الجعدة الخرانيّة, 2° الجعدة الجبليّة, 3° مسك الجنّ. Le Gl. Manç. en nomme deux: la grande, dite الخرانيز, et la petite qu'on appelle عشبة النمل, Bc (Barb.), Domb. 59 (staphylinus). — *Anacyclus*, Prax R. d. O. A. VIII, 284. — جعدة القنا *Adianthum Capillus Veneris*, Bait. I, 126 b (pas dans nos deux man., mais chez Sonth.), 250 c (AB). Chez Freytag الجعدة قنا, ce qui est peut-être une faute.

جعدى. لوف الجعدى *serpentaire* (plante), Bc.

جعيد *populace*, Ht.

جعيدة (جعيدة?). Dans le man. N du Most. on lit qu'à Saragosse la première espèce de la جعدة, الجعدة الجبليّة, portait ce nom.

جعيدى (cf. de Sacy Chrest. III, 369) *gredin, gueux, grigou, maroufle, homme de néant, va-nu-pieds, polisson, savoyard*, Bc; جعيدى selon M, comme nom relatif de Djo'aid. Ce Djo'aid, ajoute-t-il, était un Egyptien. Coiffé d'un bonnet haut avec des sonnettes, il improvisait des panégyriques en vers, qu'il chantait en s'accompagnant d'un tambour de basque et en demandant une petite récompense. Beaucoup de personnes suivirent son exemple; on les appela الجعيديّة, et dans la suite on donna à ce mot une signif. plus générale.

جعر

جعيدية canaille, gueusaille, populace, Bc.

أجْعَد. اجعد الشعر crépu, Voc., Bc, Cartâs 28, 1; L: cincinni (il veut dire: cincinnatus) أجْـعَـدْ
مَقْتُول مُكَسَّر

جعر I, parmi le vulgaire, pour جأر, mugir, Gl. Fragm.; — bêler, Ht.

جَعَّار aboyeur, Gl. Fragm.

جغرافيا (grec) géographie, Macc. II, 124, 6, 125, 6; Fleischer (Berichte 278) veut substituer un ghain au 'ain; telle est en effet la leçon de Boul. et elle est plus correcte; mais la leçon des man. de Macc. ne doit pas être changée, car au Maghrib on écrivait réellement ce mot avec un 'ain; voyez plus loin. صورة الجعرافيا planisphère, Prol. I, 87, 2 a f., et جعرافيا seul dans le même sens, ibid. 88, 1; de Slane (trad. I, 105, n. 1) veut lire ce mot avec un ghain, mais notre man. 1350 a le 'ain, avec un petit 'ain au-dessous, afin qu'on ne le change pas, et le Voc. a

جَعْرَفِيَّة, avec le 'ain, «mapa mundi.» Chez Amari 158, n. 4, on trouve جغرافية, avec un ghain, dans le sens de planisphère.

جعز I. جَعَز vulg. pour جَهَز, M.
VII vulg. pour انزعج, M.

جعس

كلب جعاسى dogue, chien à grosse tête, Bc.

جَعَّس VII se coucher sur le côté, 1001 N. Bresl. IX, 386, 6, où l'éd. Macn. porte اضطجع, qui a le même sens.

قرد جعاسى جعاسى magot, gros singe, au fig., homme fort laid, Bc.

مَجْعُوس qui est couché sur le côté, 1001 N. Bresl. IX, 384, 4 a f., 386, 8; dans le premier passage l'éd. Macn. porte متكى, et un peu plus loin on trouve dans les deux éditions مضطجع comme synonyme de مجعوس.

جعفر

جَعْفَرِي. Epithète d'une étoffe de laine et soie, Macc. I, 231, 4: بجالس سروجها خز جعفرى عراقى — Epithète d'une espèce d'or, Auw. I, 578, 4: الذهب الخالص الجعفرى

جعفل

جعفيل orobanche, Bc, Bait. I, 48 b (A), 250 b (AB), 309 c (AB), 344 c (AB), 420 e (AB), II, 568 c (A).

جعل I réduire en, changer en, résoudre une chose en une autre, Bc (cf. Lane 430 b à la fin), Khallic. I, 177, dern. l. Sl. — Promettre, Abd-al-wâhid 84, 6 et وجعل لهم اموالا عظيمة ان يوازروه على امره 7: «il leur promit des sommes considérables s'ils voulaient aider au succès de son affaire,» id. 86, 6; dans ces deux passages on pourrait aussi traduire donner (Lane 431 a au commencement), mais le sens de promettre est certain par les passages qu'on trouve Abd-al-wâhid 67, 15, Akhbâr 72, 8. — Poser, supposer un cas hypothétique, Bc. — Fonder, instituer, donner des fonds pour un établissement, Bc. — Faire, joint avec des infinitifs, p. e. اجعلك يعطيك «je vous ferai donner par lui,» Bc. — Feindre, faire semblant, 1001 N. I, 4, l. 3: اجعل انك مسافر للصيد والقنص انت جعلت ibid. 47, 3; II, 79, 7: واختفى عندى جعل نفسه انه نائم ibid. 6 a f.: نفسك ميتا ibid. 342, 5: جعل نفسه حكيما «il feignit d'être (il se donna pour) un médecin.» — Inciter, pousser, exciter, Alc. (incitar). — C. الى p. et acc. r. confier une chose à quelqu'un, la commettre à la fidélité, au soin, à l'habileté de quelqu'un, Abd-al-wâhid 82, 2 a f.: جعل اليه جميع امورها خارجها وداخلها, Bidp. 264, 9, Nowairi Espagne 475, 476. — C. على p. imposer une marchandise à quelqu'un, le forcer de l'acquérir au prix qu'on lui fixe, Haiyân-Bassâm III, 140 v°: فوصل اليه منها بعض اسباب من نخائر وثياب وجرت على الناس بها خطوب وجعلها على اهل اليسار واعيان التجار بقيمة سعرت — جعل له عهدا ان il s'engagea envers lui à, Bidp. 240, 2 et 5.

II (dénominatif de جُعْل, voyez) payer une amende, Alc. (lastar pagar pena, penar en dinero).

IV déposer, confier à quelqu'un, lui remettre, Alc. (deponer fiando de otro).

VII c. على est dans le Voc. concitare; c'est peut-être le passif, être incité, excité contre.

X demander, exiger une récompense (?), Gl. Fragm.

جُعْل. Le pl. أجعال, Abou'l-Walîd 409, n. 92, Payne Smith 1421. — Même pl. imposition, impôt, *tribut*, Alc. (imposicion). — *Forfait, traité pour un ouvrage à un prix convenu*, Alc. (destajo a hacer).

جَعَل *peine pécuniaire, amende*, Alc. (pena de dinero).

جَعَل pl. أَجْعَال *peine, châtiment*, Alc. (pena generalmente); *jugement, sentence qui prononce une peine*, Alc. (censura el juyzio); *peine pécuniaire, amende*, Alc. (penal cosa de dinero). — *Ver luisant*, L (cicindela وهو ابو جُعْرَان).

جَعَالَة *gratification, récompense surérogatoire*, 1001 N. III, 593, 4 a f. — *Bonne action*, Ht.

جاعل حِجَارَة *lapidifique, se dit des substances propres à former les pierres*, Bc.

مَجْعُول *salaire*, M.

جعلس.

جَعْلُوس *étron*, Bc.

جَعْلَك *bouchonner, chiffonner, froisser du linge*, etc., Bc.

جَعْلَل *se balancer*, Ht.

جعم.

مُجَعَّم *maigre*, Voc. — *Galeux*, Alc. (sarnoso animal).

جعمص I *se pavaner*, Mehren 26.

جعمص *pitaud, paysan lourd et grossier*, Bc.

مُتَجَعْمِص *rogue, fier, arrogant*, Bc.

جعو VII *s'accroupir d'une manière irrespectueuse*, M.

جغاجغ.

جَغَاجِغ pl. جُغْجُوغَة *cheveu*, Voc.

جَغْرَاف *géographe*, Bc, M.

جَغْرَافِي *même sens*, M, *et géographique*, Bc.

جَغْرَافِيَة et جَغْرَافِيَا *géographie*, Bc, M; comparez جعرافيا.

جغل مغل *tripes, nom d'un mets*, Mehren 26.

مُجَغْلِل *grassouillet*, Bc.

جغم.

جَغْمَة *gorgée*, Ht.

جغن.

جَغَانَة *nom d'un instrument de musique*, Khallic. IX, 37, 7 a f. C'est une espèce de masse ou de sceptre, auquel sont attachées trois cymbales, qui produisent une sorte de musique quand on les met en mouvement; voyez dans les dict. persans جَغَان et جَغَانه.

جَغْنُوق *bavard*, Mehren 26.

جف I *se construit avec* عن, Bait. II, 118 d: يَنْبِت كَثِيرًا بِبِرْكَة الفِيل اِذَا جَفَّ عَنْها الماء. — On dit: جَفَّ القَلَم بِما هو كائِن, Badroun 177, 14 et 15, dans le sens de: Dieu a décidé ce qui arrivera, — Dieu sait ce qui arrivera, je ne puis pas encore vous dire ce que je ferai. — جَفَّ s'emploie en quelque sorte comme un verbe transitif et se construit alors avec على, Prol. I, 198, 7: حين يَجِفّ عليه الهواء, proprement: quand l'air le sèche, quand il se dessèche par l'action de l'air. — ثوبه يَجِفّ عليه = son habit est trop long pour lui, de sorte qu'il traîne, M.

II *éponger, nettoyer avec une éponge*, Voc. (sicare cum spongia), Alc. (esponjar coger con sponja algun liquor), تَجْفِيف وحُكِىَ لنا esponjadura, Cout. 25 r°: ان عبد الرحمن بن الحكم احتَلَم بمدينة وادى الحِجارة وهو غازٍ الى الثغر فقام الى الطُهْر فلمّا تقضى طُهْره والوصيف يُجَفِّف رأسه دعا الخ ☙. Ce qu'on appelle en hébreu מַהְפֶּכֶת, c.-à-d., «lignum duplex, cui collum, manus pedesque captivi ita inscerebantur, ut curvus sedere cogeretur et neque collum tollere, neque manus pedesque movere posset» (Gesenius), se nommait en Espagne جِفّ, Abou'l-Walîd 781, 22.

جَفَّة *nom d'une plante*, Jacquot 183 (jeffa, sans autre explication).

جِفَاف. جَفَاف فى دِماغه *un dérangement dans le cerveau*, de Sacy Chrest. I, ٩٩, 5; de Sacy (p. 204) observe que c'est proprement *sécheresse*, et que les Persans disent de même خشك سر ou مغز خشك pour *fou*. — *Veille*, M.

جَفَافَة (pl. ات dans le Voc., chez Alc. jaffêif, mais c'est peut-être une faute pour jaffêfif) *éponge*, Voc.,

Alc.; ce mot se trouve dans l'Evangile Mozarabe selon saint Jean (man. de Madrid), dans le récit de la passion, là où les rédactions orientales ont اسفنجة (Simonet); — سطح التجفاف *pavement de salle fait de petits carreaux peints, comme ouvrage de marqueterie, ou damasquinés et émaillés de plusieurs couleurs, appelé ainsi parce qu'on le torchait régulièrement*, Gl. Esp. 145—6.

تجفاف. Quatremère dans le J. A. 1850, I, 268, veut que dans un passage d'un livre sur l'art militaire, le mot تجافيف désigne: *des pièces de feutre, bien rembourrées, dont on doublait les cuirasses des cavaliers et les caparaçons des chevaux*.

مجفّف *spongieux, plein de petits trous comme l'éponge*, Alc. (espongiosa cosa).

جفت (du pers. جفته « *courbé, incliné?* »), que Freytag a noté comme le nom d'un instrument de chirurgie, mais en doutant de la leçon, est bon; on le trouve comme le nom d'un instrument dont se servent les jardiniers, chez Auw. I, 639, 6. L'édition porte en cet endroit الحمس (sic); mais dans le man. de Paris on lit, selon Clément-Mullet, الجفت, et dans celui de Leyde je trouve الجفت. Il paraît que cet instrument est identique avec celui qui, à la ligne 3, est appelé un منقار لطيف « *un instrument ou une pointe de fer mince*. » — تفنكة جفت *fusil à deux coups*, Bc.

جفتنا, pl. جفتات ou جفتيات, *palissade*, Mong. 287 b, 288 a, Amari 207, 10, Athîr XII, 4, l. 3 (en publiant le même passage, Amari 313, 3, faute d'avoir connu la note de Quatremère, a donné une mauvaise leçon; Fleischer, dans l'Appendice d'Amari 30, montre aussi qu'il ne l'a pas connue), Amari 338, 2 (où il faut lire الجفان).

جفتاه. On donnait le nom de الجفتاه à deux pages roux, vêtus d'une robe de soie jaune, avec une bordure d'étoffe d'or, et un bonnet de même étoffe. Ils étaient montés sur des chevaux blancs, qui portaient un ornement de cou semblable à celui qui parait le cheval du prince, et précédaient le sultan dans ses marches solennelles. Ils tenaient des bandes d'étoffes d'or, dont les extrémités enveloppaient le prince, dans la crainte qu'il ne se rencontrât quelque trou qui fît broncher le cheval du sultan, Maml. I, 1, 135.

جفتلك (turc) *ferme, domaine, bâtiments loués à ferme*, Bc.

جفر I (cf. Lane 432 c, à la fin). « Vers le milieu du printemps passe le rut du فحل (chameau) » يجفر, R. d. O. A. N. S. I, 181.

جفر *dur*, M (الجاسي).

جفير *fourreau d'une épée*, 1001 N. I, 668, 11, III, 315, 2.

جفارة « (*pourtour, circonférence*) *plaine*, » Prax R. d. O. A. VII, 261.

مجفر *écheveau de coton*, M.

جفص, en parlant d'un homme, l'opposé de لين, لين العريكة, M.

جفل I, n. d'act. جفل, *s'ébrouer, ronfler par frayeur, souffler avec force, en parlant d'un cheval*, Bc. — IV. اجفال dans le sens de *terreur*, Maml. II, 2, 146.

جفلة est donné dans le sens de *fuite* par Quatremère Maml. II, 2, 145. Je ne sais si ce terme a ce sens dans le premier passage qu'il cite, mais dans le second il semble avoir plutôt celui de *frayeur*, indiqué par Lane.

جفلة *taille, bois pour marquer par des entailles ce que l'on fournit ou reçoit*, Bc.

الجفلى. On dit: برز اليها الجفلى من اهل البلد Berb. I, 429, 10, ce qui signifie: *tous les habitants de la ville, sans distinction d'âge ni de rang*.

جفول *ombrageux* (cheval), Bc.

جفيل *peureux*; — *ombrageux* (cheval), Bc.

جافل, pl. جفل, جفال (que Quatremère prononce à tort جفل) et جفلة, *un fugitif, un émigré*, Maml. II, 2, 145.

جفلاطة pl. جفلاط *coup dans l'eau*, Alc. (çapatazo en el agua). Sur l'origine voyez Simonet.

جفن II *clignoter, remuer fréquemment les paupières*, Alc. (parpadear con los parpados). — *Mettre dans un vaisseau* (جفن), *embarquer*, Amari 175, 7 (bonne correction de l'éditeur).

جَفْن (paupière). En chirurgie قَطْعُ الجَفْنِ est ce qu'on appelle تَشْمِير, c.-à-d.: couper une partie de la paupière supérieure quand elle a trop de cils, Gl. Manç. in voce (voyez le texte sous تَشْمِير). — Pl. أَجْفَان et جُفُون, navire, vaisseau, Gl. Bayân, Gl. Djob., Voc.; on dit dans le même sens أَجْفَانُ المَرَاكِبِ Amari Dipl. 34, 2 a f. — L'enceinte, l'espace qui est clos, entouré, d'une ville, Edrîsî, Clim. V, Sect. 2: وهي مدينة عامرة لَجفنِها راتقة لحسن كثيرة المياه والاشجار de là جفن المدينة ou جفن البلد, dans le sens de la ville, Abbad. II, 6, dern. l., 24, 11, 174, 12, 187, dern. l.; ou l'enceinte d'un château, d'une forteresse, l'anonyme de Copenhague 48: ولَمَّا رأَوا جنود الله ما لا قِبَل لَهم بِهِ أَلْقَوْا بِيَدِ الاستسلام صَاغِرِينَ, id. وأنْ يَتَخَلَّوْا عن جفن للحصن مُجَرَّدِين 52: وركب من الغد (الغد l.) ومشى الى حصن الفرج فأَعْجَبَ بِصورِهِ وصِفهِ واحتفالِ بنائه ورجع من جفنه الى الجامع الكبير. — Ville, par opposition à la forteresse, au château, qui la domine, deux passages d'Ibn-al-Khatîb, cités Abbad. II, 6, n. 22, Abbad. III, 186, Khatîb 147 v°: فدخل جفنها واعتصم مَنْ تَأَخَّرَ أَجَلُهُ بقصبتها. — Espèce de chaussure rustique couverte de morceaux de laine, Sandoval 312.

جَفْنَة (cf. Lane sous جَفْن), pl. جِفَان (aussi Saadiah ps. 78, vs. 47, ps. 105), selon le Most., sous كَرْم, le synonyme de ce dernier mot (de même Aboû'l-Walîd 143, 11), signifie souche de vigne, Auw. I, 13, l. 13, 182, dern. l., 183, 3, 185, 23, 186, 4, 12 et 13. On dit جفن العنب la vigne en souches, par opposition à العرائش, la vigne montante, ibid. I, 185, 20. — Comme Freytag donne l'explication: « scutella lignea, » je ferai observer que cette espèce de plat n'est pas toujours en bois; Daumas Kabylie 203: « djefana, énorme plat en terre; » Ibn-Iyâs 386: طلب جَفْنة فيها نار. — Pl. جِفَان, vaisseau de guerre, Bc (Barb.). — Nom d'une plante, Carette Géogr. 137, gymnocarpos decandrum Desf., Prax R. d. O. A. VIII, 282.

جَفْنِي naval, Alc. (naval).

جفو I c. a. se détourner de, s'éloigner de, abandonner, quitter, notes de Fleischer sur Macc. II, 77, 11, dans les Add. et Corr., et dans les Berichte 273—4. Les Arabes disent, comme l'a prouvé Fleischer: جَفَتْ جُفُونِي النَوْمَ « mes paupières ont abandonné le sommeil, » quand nous disons: « le sommeil a abandonné mes paupières; » on peut donc prononcer chez Macc. II, 195, 7, comme le veut ce savant (dans les Add. et Corr.): جَفَا جَفْنِي المَنَامُ; mais جَفَا المَنَامُ, comme j'ai fait imprimer (« le sommeil a abandonné mes paupières ») est bon aussi, car on trouve dans un vers Prol. III, 398, 13: جَفَا جُفُونِي النَوْمَ; le dhamma est dans notre man. 1350, et sans doute le poète a prononcé ainsi, car autrement il aurait écrit جَفَتْ. — On dit جَفَا الرَقَادُ dans le sens de جَنَّبَهُ عَنِ الفِرَاش (chez Freytag et Lane), 1001 N. II, 101, 5. — Blâmer, Voc.

II (cf. Lane) signifie réellement, comme l'a dit Golius: iniuria afficit, duriter et inique tractavit; traiter quelqu'un durement, Bc; ce sens est classique; on le trouve dans un vers de الأَعْشَى, cité Khallic. I, 136, 2 Sl., où le man. de Leyde porte فَتَجْفِي; voyez aussi Gl. Mosl.

III traiter quelqu'un avec rigueur, maltraiter; rudoyer; جَافَتْهُ être cruelle, en parlant d'une maîtresse qui est cruelle pour un amant, Bc.

VI se déranger, changer de position, Becrî 159, 4. — C. عن r. se détourner de, s'abstenir de, Macc. I, 55, 11, 75, 2, 634, 2, II, 164, 8, 273, 4, 434, 12, Khatîb 24 r°: لم يكن من أهل من نباهة ووقع لابن عبد ذلك في المُلك نقَل كان حَقَّد التَجافي عنده لو وُفِّق Prol. I, 160, 16, 229, 6, Berb. II, 64, 8, 128, 8, 316, 7 a f., 318, 13, 323, 5, 334, 2 a f., Amari 687, 8. Quelquefois: ne pas vouloir, Abdarî 58 v°: j'avais loué une maison à la Mecque, mais elle était encore occupée par des Tunisiens, فتجافيت عن التضييق عليهم في السكنى معهم وانتظرت خروجهم, Berb. I, 12, l. 16: — c. عن p. s'abstenir de faire du mal à quelqu'un, de le molester, de lui nuire, Ḥaiyân-Bassâm III, 50 r°: فتجافي الكفرة عنهم وخرجوا يريدون مدينة منشرون (leçon de B, A فتنحى, mais la V forme n'est pas en usage), Berb. I, 105, 9, 524, 5 a f., II, 103, 7 a f., 295, 3 a f., Macc. II, 63, 2 a f.; — تجافى عن ذمه il s'abstint

جفى

de lui ôter la vie, il épargna sa vie, Berb. I, 597, 10, II, 22, 9. — C. عن *s'éloigner de, quitter, abandonner,* Berb. I, 649, 14, II, 181, 12; تجافى عن ملك الحضرة «il abandonna la possession de la capitale, il renonça à la possession de la capitale,» Berb. I, 657, 3 a f.; تجافى عن الامارة «il renonça au pouvoir, il abdiqua,» Berb. I, 620, 6 a f. — C. ل p. et عن r. *céder quelque chose à quelqu'un,* Bayân II, 283, 11, Berb. I, 552, 11, 581, 11, 583, 3, 595, 10, II, 98, 10, 124, 4 a f. et ailleurs, Bat. III, 340. — C. عن r. *avoir de l'aversion pour,* Berb. I, 367, 11; وضمن هو تخريب المساجد لتاجافيهم عنها 488, تجافى بام المنبت عن الحضارة 5, II, 179, 1, 192, 6; والامصار والامصار عن بعض الشى «ils étaient peu disposés par leur origine à rester dans des villes et à séjourner dans des établissements fixes» (de Slane), Prol. I, 298, 9 et 10. — C. عن p. ou r. *pardonner,* de Sacy Gramm. I, 78, 11, Commentaire sur Harîrî 413, 7, Berb. I, 42, 8; c. ل p. et عن r., Badroun 296, 6 (où il faut lire ainsi; voyez les notes p. 127—8). — C. ب *éloigner, écarter,* Gl. Mosl.

X c. a., en parlant d'un versificateur, *penser qu'il est dur et sec, qu'il n'est pas* حلو المنزع, Macc. II, 560, 19.

كانت جفوة بين *brouillerie, mésintelligence,* السلطان وبين خالد, Berb. II, 185, 5 a f.

اعضّته جفاة *cruauté, rigueur, d'une maîtresse;* الجفاة *elle est cruelle, elle le traite avec rigueur, elle le regarde d'un air de rigueur,* Bc.

جافية على العاشق *dur, inhumain, insensible;* جاف *maîtresse cruelle pour un amant,* Bc. — *Lourd,* p. e. en parlant de bâtiments de transport, de quartiers de pierre, d'armes, Gl. Edrîsî. — *Stupide,* Voc. — *Ennuyeux,* Voc. — الأمّ الجافية *dure-mère,* membrane extérieure qui enveloppe le cerveau, Bc.

مجفو *laid, difforme,* Macc. I, 306, 1: انسان رث الهيئة مجفو الطلعة ✱

جفى

جفى *épaisseur,* M.

حقّ.

حقّة *aigrette,* Bc.

حقّة *boyau, tripe,* Bc.

حقحقو

حقحقة لسان *bavardage,* Hbrt 239 (Syrie).

جل

حقم *orner,* Voc.

جقشير (turc, جقشير, ou mieux جاقشر) *pantalon de drap,* Vêtem. 121—2. Comparez شخشور.

جقل II Voc. sous *cicada.* — En parlant du chacal, *marcher avec peine pour avoir trop mangé,* M.

جقل (pers. شغال) *chacal,* M.

جقالة (roman), en Espagne, *cigale,* Voc., Alc. (cigarra, chicharro), Bait. II, 128 d (v° صرصر): الجقالة عند اهل الاندلس بالجيم والقاف وفى الريز ايضا

جقم.

جقم *têtu, obstiné,* Bc.

جقمق (turc, چقمق) *chien, pièce d'un fusil,* Bc.

جكّ I, t. de maçon, جعل فيه جكّ البناء لحائط جكّا, M; voyez ce qui suit ici.

جكّ, t. de maçon, est تفعير يكون فى الحائط كالزاوية المفرجة فيميل بها الى الخارج منحرفا عن مسامتة الباقى منه وعكسه الرخ, M. — Pl. جكوك *nom d'un instrument de musique,* comme جوك et جوزى, M.

مجكّ *fourchette,* Domb. 93.

چكال (pers. شغال) *chacal,* Bc.

جكر I *se mettre en colère,* M.

III *taquiner, faire pique à quelqu'un, asticoter, faire enrager, pointiller,* Bc, 1001 N. Bresl. III, 198, 2 a f.

VI quasi-passif de la IIIe, Habicht Gl. III.

جكر *taquin, mutin, contrariant,* Bc.

جكارة *taquinerie, caractère mutin, contrariant, action de taquin,* Bc, Antar 15, 8; *dépit;* جكارة فيك *pour vous faire dépit, exprès pour vous faire pique,* Bc.

جاكر *taquin, mutin, contrariant,* 1001 N. Bresl. III, 235, 11.

جلّ I *être grand, haut (prix),* Macrîzî, man. II, 358: ما يجلّ اثمانها ✱

II. Lane a l'expression: سحاب يجلّل الأرض بالمطر; chez Badroun 221, 8, السحب المُجَلِّلة indique les drapeaux noirs des Abbâsides.

IV c. a. p. et عن r. *honorer trop* quelqu'un *pour*, Abd-al-wâhid 142, 16: اجلّ ابا حفص هذا عن الوزارة «il honorait trop cet Abou-Hafç pour lui donner l'emploi de vizir,» Macc. II, 110, 13. — C. a. p. et عن r. *éloigner*, Voc.; l'auteur (ou le vulgaire) a donc confondu ce verbe avec أَجْلَى.

V c. a. *s'envelopper de*, Macc. II, 431, 2 a f. (cf. Fleischer dans les Add. et Corr., et Berichte 49, 50). — En parlant d'oiseaux, *voler au-dessus de* (cf. Lane sous la IIe), c. a., Macc. I, 501, 4, c. على, Djob. 97, 15.

جَلّ nom d'une plante dans le Sahara, Carette Géogr. 55 (djel). — الجلّ من الارض *enclos*, M.

جَلّ بجَلّ ليس (proprement: pas assez) *non-seulement*, suivi de ولكن *mais encore*, Ztschr. I, 157.

جلّة *embonpoint excessif*, Alc. (gordura).

جَلَل est aussi un adjectif, *grave, formidable*, لحادث الجلل, P. Berb. I, 337, 4 a f. (car c'est ainsi qu'il faut lire, au lieu de للخلل), مَعَرّف جلل, P. Abbad. II, 51, dern. l. — *Clarine*, clochette pendue au cou des animaux, Bc. — Selon Marmol III, 5 b, *gelel* signifie: *de l'or très-fin*.

جَلال. Cf. avec les dict. Abou'l-Walîd 134, n. 86: وتقول العرب بجلال هذا الامر اى بسببه ومن اجله ⸗, جلال, pl. de جُلّ dans la langue classique, est un sing. dans la langue moderne, *couverture en laine plus ou moins ornée de dessins, très-large, très-chaude*, et enveloppant le poitrail et la croupe du cheval; — *ornement de soie que l'on étend sur la croupe des chevaux aux jours de fête*; — *bardelle, sorte de selle de toile et de bourre*, Gl. Esp. 278.

جَلِيل pl. جَلَال *charnu, gras*, Alc. (carnudo o carnoso, gorda cosa). — الصخر الجليل *de grosses pierres de taille*, Becrî 17, 7, 8, 47, 4, 52, 14 et 15, 56, 9 et 10, 143, 2 a f., 145, 3 a f., où de Slane remarque: «Nous savons que les anciennes constructions de cette ville sont en grosses pierres, régulièrement taillées.» — *Solennel, pompeux*, Bc. — *Glorieux, qui jouit de la gloire céleste*, Bc.

جَلالَة *solennité, cérémonie, pompe*, Bc, *splendeur*, de Jong. — *Solennité, qualité de ce qui est solennel*, Bc. — *Majesté*, Bc. — *Gloire, béatitude céleste*, Bc — *Révérence, titre d'honneur*, Bc.

جَلَالاتى *fabricant et vendeur de couvertures de cheval*, M.

جُلَّى s'emploie comme un adjectif, de même que جَلَلْ, جلّى الامور, P. Abbad. II, 57, 7.

جَلّة = جَلَّاية *boue, limon*, Mehren 26.

حلاو

«Des graines de جلاو,» dans une lettre chez Richardson, Sahara I, 319, qui avoue qu'il ignore le sens de ce mot.

جلب

I. جلب بضاعة الى *importer*, faire venir des marchandises du dehors, Bc, Vêtem. 127, 11, particulièrement des esclaves, Amari 197, 4. انا اجلب مماليك dans le sens de: *je suis un marchand d'esclaves*, 1001 N. Bresl. III, 306. — *Faire venir* quelque chose *d'un autre endroit*, Nowairî Espagne 468, en parlant d'un jardin: جلب اليها انواع الفواكه; Khaldoun man. IV, 8 v°: جلب نباتا — جلب اليها الماء *naturaliser une plante exotique dans un pays*, Bc. — *Mêler?* R. N. 100 v°: هذه رائحة المـاورد (sic) به المجلوب للكافور, mais la leçon est peut-être altérée.

II *sauter, franchir, enjamber*, Bc. — *Cabrioler, faire des cabrioles*, Bc. — *Arroser d'eau rose* (جلّاب), 1001 N. Bresl. II, 180, 7.

IV dans le sens de la Ire, Voc. (aportare). — C. على *faire des incursions dans*, Berb. I, 12, 52, 60, 68, 79 etc.; aussi c. فى, ibid. I, 137. — C. على r. *s'emparer de, se rendre maître de*, Gl. Belâdz.

V. Lane a déjà observé que la signification attribuée à cette forme par Golius ne se trouve dans aucun lexique. Le fait est que la Ve forme n'existe pas du tout. On la trouve bien dans l'édit. des Berb. et dans celle des Prol., mais c'est une faute pour تحلّب (voyez), avec le *hâ*.

VII *s'assembler, se réunir*, Gl. Edrîsî, Djob. 122, 16, Çalât 33 v°: وجدّد ما وفّ هنالك واجلب اهلها اليها, واجلب اليه الطلبة من كلّ مكان r° 42, فى اقرب مدّة

VIII *importer*, Vêtem. 128, 10; اجتلاب بضائع *importation de marchandises*, Bc. — *Faire venir*

جلب 204 جلب

quelque chose *d'un autre endroit*, Nowairî Espagne 463: اجْتَلَبَ المَاءَ العَذْبَ الى قرطبة. — *Raconter*, Akhbâr 85, 2. — جرى فى اجتلاب المحبّة *chercher à se faire aimer*, Bc. — دواء لاجتلاب دم الحريم *hémagogue, remède pour provoquer les règles et le flux hémorroïdal*, Bc.

X *attirer*, Voc. — *Attirer, gagner par des bienfaits*, Maml. I, 1, 198. — Dans le sens de جلب نفسه et de اجتلب (voyez Lane sous la Ire forme), *s'attirer* (comme on dit: s'attirer une méchante affaire), *s'exposer sans nécessité à une opération dangereuse*, Gl. Fragm. — O. ل *se laisser attirer vers*, Ztschr. XX, 491, n. 1: فاستجلب له خلق كثير. — *S'approprier*, Djob. 76, 10.

جَلَب *étranger*, que l'on tire du dehors, Bc. — Le pl. أَجْلَاب (cf. Lane) *marchands d'esclaves*, Notices XIII, 287. — Onzième mois musulman, Roland; mais voyez sous جلد. — Grande cérémonie chez les nègres d'Algérie, décrite par Rozet II, 145 et suiv.

جلبا *jalap*, racine purgative, Bc.

جَلْبَة *traite, transport de marchandises d'un pays à un autre*, Bc. — Pl. جلب, *bande, lien plat et large de fer*, Bc. — *Cerceau*, Bc. — Pl. جلاب, جلب et جلبات, *grande barque ou gondole*, faite de planches jointes avec des cordes de fibres de cocotier; on en fait usage dans la mer Rouge, Gl. Djob., Bat. II, 158, Gl. Esp. 276. — Nom d'une drogue, Descr. de l'Eg. XVII, 394 (galbah), probablement *jalap*, chez Bc جلب et جلابا.

جلبى *espèce de datte*, Burckhardt Arab. II, 213.

جَلبى (turc) جلى المزاج *dégoûté, difficile, délicat*, Bc.

جُلْبَان (cf. Lane sous جُلُبَّان), n. d'un. ة, *haricot*, Alc. (fasola legunbre). — « C'est une espèce de gesse (*lathyrus sativus*), que l'on sème, comme le trèfle et le fenugrec, sur les terres que l'inondation a couvertes, » Descr. de l'Eg. XVII, 88.

جُلْبَان (*pois*) est la forme qu'on trouve dans le Voc., qui donne le n. d'un. ة et l'expression جُلْبَان الحَبَشِ. — Dans l'Irâc *épeautre*, J. A. 1865, I, 200, 201.

جلابا *jalap*, racine purgative, Bc.

جَلِيبَة *un troupeau de gazelles*, R. d. O. A. N. S. I, 305. — ابو الجَلائِب *onzième mois musulman*, Domb. 58; mais voyez sous جلد.

جُلْبَانَة vulg. = جُلْبَان, M.

جَلَّاب *celui qui importe des marchandises*, p. e. *des drogues, dans un pays*, Bait. I, 191 a ويذكر, 205 b له (الجلّابون), *marchand*, Gl. Edrisî, particulièrement *marchand d'esclaves*, ibid. — Nom d'un vêtement qui s'appelle proprement جَلَّابِيَّة (voyez).

جُلَّاب *l'eau dans laquelle on a laissé tremper les raisins secs*, M.

جِلِّبَذ nom d'un vêtement qui s'appelle proprement جَلَّابِيَّة (voyez).

جَلَّابِيَّة doit signifier, soit un vêtement que portent les جَلَّاب, les marchands d'esclaves, soit un vêtement que ceux-ci font porter aux esclaves; si cette dernière explication est la véritable, on peut comparer l'esp. *esclavina*, qu'Alc. traduit par جَلَّابِيَّة et qui signifie *robe de pèlerin*, mais qui, dans l'origine, désignait un vêtement dont les Slaves, ou les esclaves, faisaient usage (cf. Ducange, v° *sclavina*, et le Dict. de l'Acad. esp., v° *esclavina*). Dans le Voc. جَلَّابِيَّة est *capa*. Chez l'anonyme de Copenhague 114: واشترى ببعضها (يعنى ببعض الدنانير) جلابية وكان عنده اخرى يلبسها. Selon les voyageurs, c'est une sorte de chemise ou plutôt de sac, fait de laine ou de toile grossière, et que l'on porte ordinairement sur la peau nue. Il est brun, ou à raies brunes et blanches, ou noires et blanches, et il n'a point de manches (d'autres disent qu'il a des manches courtes et étroites), mais des trous en haut et aux côtés pour y passer la tête et les bras. Il descend, soit jusqu'à la ceinture, soit jusqu'aux genoux; il est garni d'un petit capuchon, et c'est l'habit des pauvres dans le nord de l'Afrique. Voyez Vêtem. 123, l. 19 jusqu'à la fin de la p. 124, car les passages que j'y ai cités se rapportent à la جَلَّابِيَّة et non pas au جِلْبَاب; ibid. p. 119, où le *gerivia* de Marmol est une légère altération de جَلَّابِيَّة prononcé à la manière espagnole (Alc. écrit gelibia et l'on trouve chilivia dans la Miss. hist.); ailleurs (II, 148 c) le même auteur écrit *giribia*, et chez les auteurs portugais on trouve aussi un *r*, au lieu d'un *l* (algerevia, algeravia, aljaravia; voyez Sousa, Vestigios da lingoa

Arabica em Portugal, augment. por Moura, 46); Jackson Timb. 200 n. (jelabea); Davidson 12 (jelábíyah); Buchser. C'était dans le Maroc le vêtement des esclaves chrétiens, Miss. hist. 71 b, 73 a, 360 a etc., 614 a.

Ce mot a été altéré en جَلَّابَة, car Shaw (dans mes Vêtem. 123) écrit *jillebba*, et Daumas, Sahara 47, 242, Mœurs 370, *djellaba*. Chez Carette Géogr. 109 on lit que la *djellâba* est la première blouse des Touareg qui en portent trois. «Elle est,» dit-il «rayée de blanc et de rouge, brodée en soie verte;» cf. ibid. 217, R. d. O. A. N. S. X, 538, Jacquot 207, Jackson Timb. 29. Enfin ce mot a été altéré encore davantage, car on trouve aussi جَلَّاب. Le Dict. berb. donne: *chemise de laine* أَجْلَاب, et *petite chemise de laine* تَجْلِبَيْت. De même chez Löwenstein 128 (gelab). Hay écrit aussi ordinairement *gelab* (p. e. p. 3), mais une fois (p. 53 b) *jelabea*. Voyez aussi Barth IV, 449.

جَالِب *celui qui importe des marchandises dans un pays*, Müller 10, 4.

تَجْلِيبَة *cabriole, saut léger*, Bc.

مِجْلَب *fouet*, 1001 N. Bresl. I, 179, 13; cf. Fleischer Gl. 84 n. Comme les Coptes en ont fait τμκλαβι, on semble avoir prononcé مَجْلَب.

مَجْلُوب *exotique, étranger*, Bc.

مِجْلَبَة *pupitre*, Bc, mais sous *lutrin* c'est مِنْجَلِيبَة.

جَلْبَارَة *castagnette*, Bc.

جَلْبَرَة *poisson du Nil chez Edrîsî*, mais chez Cazwînî on trouve حَلِّبُوث, Gl. Edrîsî.

حلبط

جُلْبُط *le petit d'un oiseau avant qu'il ait tout son plumage*, M.

خَامْهَنْك (pers. جَبَرْ آقَنَك, جَلْبَهْنَك, etc., chez Vullers «semen fruticis spinosi زرد خَار dicti, cuius radix nomine تربد زرد nota est»). Selon le Gl. Manç., le جَلْبَهَنْك (sic) est une plante inconnue au Maghrib, et la divergence d'opinions chez les botanistes maghribins prouve que cet auteur a raison. D'après le Most., c'est le جوز الفَقِيّ (article sur ce dernier mot), et dans l'article كَنْجِر il dit que c'est *artichaut*. Chez Bait. I, 252 c, qui donne toutes les voyelles, Sonth. traduit *reseda mediterranea*; cf. I, 370 b à la fin,

où il faut lire de même avec le man. A. Ailleurs, II, 57 f, Bait. dit que c'est le synonyme de سِمْسِم بَرِّيّ, et Sonth. traduit *cerbera manghas*. Enfin Ibn-al-Djezzâr (in voce) croit donner le nom esp.: بِالعَجَمِيَّة اروقَة ‡.

جَلْجَل pl. جَلَاجِل *balayures, crotte, boue*, Alc. (cazcarrias).

جُلْجُل *loriot, bouton à la paupière*, Bc, M.

جَبَل الجَلَاجِلَة *le mont Calvaire*, Bc.

جَلْجَلَان est, selon le Most. (v° سِمْسِم), un mot indien qui signifie *coriandre* (كِزْبَرَة). — *Sésame*; mais on donne aujourd'hui d'autres voyelles à ce mot; Prax R. d. O. A. VIII, 345: «djeldjelan, le sésame; on fait du nouga avec du miel et du sésame;» *gilgillân* chez Lyon 273 («a small pea»); «djeldjellâne, espèce de millet,» R. d. O. A. N. S. V, 231. Chez Niebuhr B. 142 n., qui explique *djildjylâri* par «sésame indien,» il faut lire *djildjylân*. — En Espagne aussi cette espèce de *condrille* que les Grecs appelaient *sesamoides micron*, Gl. Esp. 146. — *Chicorée sauvage*, Bc. — Ce qui chez Freytag est جَلْجَلَان حَبَشِيّ est chez Bait. I, 254 d (AB) جَلْجَلَان الحَبَشَة

حلج I *animosus fuit*, Payne Smith 1352. — Bâsim 39: أمس جلحت للحدادين واليوم جلحتنا; l'ensemble du récit montre que ce verbe doit signifier *empêcher quelqu'un de travailler, d'exercer son métier*.

جَلْحَة *chauveté*, Bc.

حلحم I *être ulcéreux* (paupière), M.

جلخ I, plus ordinairement II, *aiguiser*, M.

جِلْخ *pierre à aiguiser*, M.

جلد I, en parlant d'un nourrisson, *épuiser le lait de la mamelle* (حَتَّى لا يَبْقَ غَيْر الجِلْد), M.

II *couvrir de cuir*, Voc., Alc. (encorar), Gl. Fragm.; مُجَلَّد en parlant de tours de bois employées dans les siéges, Mong. 134 a; Quatremère pense que c'est: *couvert de cuir bouilli* (imperméable au feu). — *Couvrir de croûte* une tourte, un pâté, etc., Alc. (encostrar poner costra). — La signification donnée en dernier lieu par Lane, comme celle qui est aujourd'hui en usage, est aussi dans le Voc.: *confortare* = صَبَّر

— *Geler, endurcir par le froid*, Bc. — *Prendre, se geler*, Bc. — *Se racornir, se retirer, se durcir*, Bc.

V *patienter, attendre avec patience*, 1001 N. Bresl. IV, 40, dern. l. — *Être couvert de cuir*, Voc. — *Geler, se geler*, Bc.

VII *être fouetté*, Voc.

جلد. Dans l'expression proverbiale citée par Freytag: ليس له جلد النمر, le mot البس n'est pas le prétérit de la IV° forme, comme il semble l'avoir pensé, mais l'impératif de la I°, Valeton 44, n. 5. — *Outre*; جلد دهان *une outre de beurre*, Cherb. Dial. 164. — *Une feuille de parchemin ou de papier*, Gl. Badroun. — جلد الفرس *espèce de pâtisserie*. « جلد الفرس (ou قمر الدين) est une composition de pâte d'abricots séchée, étendue et pliée en feuilles, laquelle ressemble exactement à la chose d'où elle tire son nom. Les Turcs et les Arabes s'en servent en voyage; ils dissolvent cette pâte dans de l'eau et la mangent comme une délicatesse avec du pain ou du biscuit, » Burton I, 191; Bat. I, 186, III, 425; les traducteurs de Bat. rendent ce terme par *pénis du cheval* (en forme de saucisse); je crois que c'est bon (cf. Lane) et que Burton a entendu cette expression de la même manière; mais au reste la pâtisserie dont parle Bat. se compose d'autres ingrédients, à savoir de suc épaissi qu'on fabrique avec les raisins, de pistaches et d'amandes. — جلد النّحس, nom d'une grande fête dans le Darfour; voyez Browne I, 356. —, ابو جلد nom du onzième mois musulman, lequel a été appelé ainsi d'après la personne qui, pendant ce mois, parcourt les maisons couverte de peaux crues et avec des cornes au front, Hœst 251; mais Roland nomme ce mois جلب, et Domb. 58, ابو الجلاديب.

جلد *le firmament*, Saadiah ps. 148. — Nom d'un animal à cornes, grand comme un veau, Burckhardt Nubia 439.

جلدة *coup de fouet*, Bat. IV, 52, 1001 N. I, 52, 6.

جلدة *bourse à tabac*, Bc. — جلدة الفروج nom d'un mets, Macc. II, 204, 8. — Le vulgaire dit فلان جلدة, pour exprimer: *un tel est extrêmement avare*, M. تشبيهًا له بالجلد الذى لا وسم فيه ولا ندى.

جلدة, dans le sens de *fermeté, force*, etc., chez

Müller S. B. 1863, II, 35, l. 12, est une manière d'écrire défectueuse, pour جلاد.

جلدى *cutané, de la peau*, Bc. — *Coriacée*, qui a la consistance du cuir, Bc.

جليد *gelée, grand froid qui glace*, Voc., Bc. — الدنيا جليد *il gèle*, Bc. — *Humeur aqueuse* (ou *humeur vitrée?*) de l'œil, Gl. Manç.: جليد عن الماء للجمد شبهت به الرطوبة الوسطى من رطوبة العين (جليد وحجر المها) نسيت البدر. — *Cristal*, L (cristallus ما لى جلادة حتى. جلادة je n'ai pas la force de; — je ne suis pas en train de, en humeur de, Bc.

جليدة *bruine, frimas*, Saadiah ps. 147.

جلودى *corroyeur, peaussier, artisan qui prépare les peaux*, Bc.

جلّاد *bourreau*, Bat. III, 218, 1001 N. II, 689, 691. — *Peaussier, artisan qui prépare les peaux*, Voc., Alc. (pellegero que las cura). — *Marchand de peaux*, 1001 N. I, 258, 4 a f.

جلّادة *fouet*, Voc.

أجلد *séant à un homme d'un caractère ferme*, P. Aghâni 62, 4.

تجليد *cristallisation*, Bc. — *Couverture d'un livre*, Hbrt 111.

تجليدة *reliure, manière dont un livre est relié*, Bc.

مجلّد (vulg. pour مجلّد) *fouet*, Fleischer Gl. 84 n.

مجلّد *couverture d'un livre*, Hbrt 111.

مجلّد *coriace*, Bc. — *Volume*; le pl. ات se construit avec des noms de nombre masc., Gl. Abulf. — Dans les Prol. III, 4, 1, où on lit que la doctrine des Dhâhirites a disparu du monde et qu'on n'en trouve plus rien excepté dans les الكتب المخلدة, de Slane (trad. III, 5, n. 3) lit avec un man., l'édit. de Boulac et la traduction turque المجلّدة, « *les livres reliés*, » c.-à-d. ceux dont on ne se servait plus, car les livres qu'on étudiait dans les écoles étaient toujours en cahiers détachés. — مرقة مجلّدة *gelée, suc, jus coagulé*, Bc.

جلر.

جَلَّوْز Le n. d'un. ة, Voc., Alc. (avellana).

جَلَّواز Le pl. جَلاوِزَة gendarmerie, Bc, et le pl. est aussi جلاوِز, Abou'l-Walîd 407, n. 48.

مُجَلْوِز celui qui récite les excellentes actions des Compagnons du Prophète dans les mosquées, M.

جلس I *être prêt à recevoir des visites*, R. N. 88 r°: فضيبت اليه فوجدت الباب مردودا بلا حديدة وكانت جلس على الكُرْسى — علامة جلوسه فدخلت ولم استاذن *monter sur le trône*, Bc; de même جلس seul, p. e. en parlant d'un usurpateur, 1001 N. I, 80, 8: قتل الوزيرَ والدى وجلس مكانَه. — C. الى p. (cf. Lane) *est proprement s'asseoir en se tournant vers* quelqu'un, Gl. Badroun, de Jong, Gl. Belâdz., Bat. II, 86 (deux fois), Khallic. I, 178, 20 Sl., IX, 132, 4 Wüst., Amari 652, 6, Cartâs 77, 10, J. A. 1849, I, 189, 7 a f.: جلس اليهم, en parlant du sultan qui donne audience à ses sujets, Mohammed ibn-Hârith 239: فقال لبعض مَن يجلس اليه (يعنى القاضى) ذلُّوا على — 284: وهو جالس فى ركن المسجد مع من القاضى, 285, 298, R. N. جلس اليه من اهل الحوائج والخصومات 57 r°, en parlant de deux docteurs: وكنت اجلس الى حلقتهما et ensuite: جلست اليهما على سبيل العادة. — C. الى r. جلس الى الطعام *s'asseoir pour dîner*, Gl. Badroun, جلس الى الارض *s'asseoir par terre*, ibid. — C. عن, Chec. 187 r°: جلس عن التبرّز سبعة أيّام «il fut sept jours sans aller à la garde-robe.»

II *asseoir*, M, Voc., Alc. (asentar, asentar a otro), Auw. I, 188, 21: ويدرس باليد ويُجلِّس تجليسا جيدا معتدلا (Banqueri: «aquella tierra, la qual apretada y asentada regularmente con la mano;» Clément-Mullet: «tout étant assis d'une manière stable et de niveau»), 688, 3. — جلّس فى منصب *installer, mettre en possession d'un office;* تجليس اسقف *intronisation, installation d'un évêque*, Bc. — *Verser d'un vaisseau dans un autre*, Alc. (enbrocar como vaso). — *Rendre un bâton droit*, M. — *Toucher, donner contre un écueil, sur le sable, en parlant d'un navire*, Alc. (encallar la nave, مُجَلِّس encalladura de nave (échouement)), Bat. II, 235, 1, où il faut prononcer مُجَلِّس,

comme le prouvent le témoignage d'Alc. et l'emploi de la Ve forme (voyez), au lieu de مُجَلِّس, comme on lit dans l'édit. — جلّس بزر القزّ *les œufs des vers à soie tardèrent en partie à éclore*, M.

IV *introniser* un évêque, Bc.

V *toucher, donner contre un écueil, sur le sable, en parlant d'un navire*, Bat. IV, 186. — *Etre en bon état* (affaire), M.

جَلْس pl. أجْلاس *leçon d'un professeur*, Meursinge 22, 7.

جَلْسَة est ce qu'on appelle un «nom d'une fois,» et جلسة الخطيب est l'action de s'asseoir du khatîb entre les deux parties de la khotba. Comme elle est de très-courte durée, on emploie proverbialement cette expression pour indiquer *un moment très-court, un instant*, Djob. 204, 10: جلسة للحكماء المضروب بها المَثَل فى السرعة, Macc. II, 312, 8 (cf. l. 5), 426, 12 avec la note de Fleischer Berichte 48—9. — *Session, séance d'un corps délibérant*, Bc. — *Leçon d'un professeur*, Macc. Introduction, p. c, l. 8. — *Droit d'occupation*, Ht; Dareste 130: «Le habous est de sa nature inaliénable; mais si l'immeuble dépérissait entre les mains de l'usufruitier, si la ruine des bâtiments était imminente, sans que le possesseur actuel pût faire les dépenses exigées, la vente, ou plutôt l'aliénation avec un titre spécial, était décidée et autorisée par une délibération du *midjelès* (réunion du mufti et des kadis). Le contrat de vente qui intervenait alors au profit d'un tiers portait le nom d'*ana* [عَنَاء] ou *djelça*. Il emportait obligation pour l'acquéreur de faire les améliorations exigées et de payer à perpétuité une rente annuelle qui prenait la place de l'immeuble dans les transmissions successives dont il pouvait être l'objet, et continuait de grever la propriété dans quelques mains qu'elle résidât.»

جُلُوس *avénement* à une dignité suprême, Bc. — جلوس اسقف *intronisation, installation d'un évêque*, Bc. — *Séance, droit de prendre place dans une assemblée*, Bc.

جَلِيس, à Grenade, *marchand de soie*, Gl. Esp. 275—6.

جَلِيسَة *fille d'honneur, près des princesses*, Bc.

جَلّاس pl. جَلاليس *espèce de siége de nattes de sparte*, Alc. (posadero). — *Lampe*, Bat. II, 263,

Bâsim 11: واوقد شمعتي واشعل للجلاس والسراج 22, 23: واخذ سيرج للجلس وزيت للسراج, 24, etc. —
Pot de chambre, Domb. 92 (جُلَّاس).

جالس pl. جُلَّاس *assistant*, qui est présent en tel lieu, Bc. — *Droit*, qui n'est pas courbe, M.

جوالس *grémil* (plante), Bc.

جواليس *mortier de boue*, Mehren 27.

مجلس *conseil municipal*, Palgrave II, 330, 378. — En Algérie, *le tribunal d'appel formé par les cadis et les muftis*, Berbrugger 11, Carteron 83, comparez sous جَلْسَة. — *Palais*, Voc. — *La salle où un professeur donne ses leçons, où il fait un cours*, Macc. I, 473, 6. — *Leçon d'un professeur, et ce qu'il dicte pendant une leçon*, Macc. I, 244, 21, 245, 11, Khatib 21 v°: ودرس الاحكام الجربية (كذا avec وعرضها (sic, وسمعت منه مجالس في مجلس واحد, Abdarî 19 r°: وقد املى عدة, من كتاب التيسير, Meursinge ٣١, 14: On dit aussi مجلس العلم, Macc. I, 483, 1. — Chez les Druzes, *chapelle où se réunissent leurs* عُقَّال, M. — *Un acte complet de ce qu'on appelle un* ذِكْر, Lane M. E. II, 212. — Le pl. مجالس *les fondements d'un édifice*, Ibn-Loyon 4 v°: ميزان الأزر الذى بايدى البنائين لاخراج الماء من المجالس عند رمى السطوح. — *Titre, certaine qualification que l'on donne par honneur, comme nous disons* Son Excellence, sa seigneurie, *p. e. en parlant d'un ambassadeur*, Rutgers 167, 13 (cf. 172): المجلس السامى حسنا, جاوش, *de même* Amari Dipl. 219, 1; en parlant d'employés du gouvernement, المجالس السامية, *ibid.* 214, d'un négociant, *ibid.* 212, 2. — La dernière signification que donne Lane est bonne, car on trouve dans le Gl. Manç. (*in voce*) كناية عن الدفعة الواحدة للبراز, et chez Bc: «*selle*, terme de médecine, évacuation faite en une fois;» mais le sens de «latrines,» que lui attribue Freytag, repose, je crois, sur un malentendu. — مجلس السرج *la partie de la selle sur laquelle on est assis*, Macc. I, 231, 1 et 4. — مجلس النظر *réunion de savants qui discutent*, Macc. I, 485, 2, et مجلس *seul discussion*, *ibid.* 505, 12. — امير مجلس était le titre d'un employé à la cour des sultans mamlouks; il avait sous sa dépendance les chirurgiens, les médecins et autres, et il tirait son nom du droit qu'il avait de s'asseoir durant les audiences que donnait le sultan. Sa charge était désignée par le mot de امرة مجلس, Mami. II, 1, 97.

— صاحب المجالس était en Espagne le titre d'un employé qui indiquait aux hôtes de son maître les chambres qu'ils devaient occuper, Nowairî Egypte, 2 o, 114 v°: Les musulmans, assiégés par les Espagnols dans la forteresse de Tiscar, conclurent la paix avec eux, à la condition que les deux parties belligérantes demeureraient en commun dans le château. Par conséquent, le châtelain musulman invita les Espagnols à lui envoyer à minuit cinq cents de leurs meilleurs chevaliers; mais فلما دخلوا الحصن فرق صاحب المجالس وتنلم عن اخرهم ولم يشعر بعضهم ببعض *

مُجَلَّس *reposé*, p. e. en parlant d'eau qu'on a laissé reposer quelque temps parce qu'elle était trouble, Alc. (*reposada cosa como agua*).

مُجَالِس, à la cour de Maroc, *celui qui a le droit de s'asseoir en présence de l'empereur*, Hœst 181. Du temps de ce voyageur, ces personnes étaient au nombre de cinq.

كَلْسِين ou كَلْسِين *espèce de carpe*, Seetzen III, 496, IV, 516.

جلط I *érafler*, écorcher légèrement, Bc.
II est dans le Voc. *radere*, avec la note: *enpeguntar* (marquer les bêtes à laine avec de la poix) ho (ou) *espalmar* (chez Victor: «espalmar, c'est donner une couche de suif au bas du vaisseau par dehors, afin qu'il glisse et coule mieux sur l'eau;» à peu près de même chez Nuñez; mais selon le Dict. de l'Acad. française, espalmer signifie: «nettoyer, laver la carène d'un bâtiment, d'une embarcation, avant de l'enduire de suif ou autre matière»).

جَلْطَة *érafture*, Bc. — Morveau, M.

جَلْطَة pl. جَلْط, جلطة دم *caillot*, masse de sang caillé, Bc.

ابو جليط *le troisième estomac* d'un animal ruminant, M. sous قب.

جلعد.

جَلْعَد. Le pl. جلاعيد, P. Kâmil 141, 18, 143, 18 et suiv.

جلغ

جَلْغ = جَلْخ pierre à aiguiser, M.

جَلاغَة strasse, bourre ou rebut de la soie, M.

جلف V semble être en usage; Haiyân-Bassâm I, 143 r°: il fit pour la seconde fois le pèlerinage de la Mecque malgré le mauvais état de sa santé وعلى ناضِهِ فى تحلف (sic); je crois devoir lire تَجَلَّف et traduire: « et quoiqu'il eût fait de grandes pertes d'argent. » — Dans le passage Amari 121, 11, il ne faut pas lire تجلّف, comme le propose l'éditeur, mais تَخَلَّف; voyez sous خلف V.

جَلْف Tristram 341: « Les récoltes sont ici très-précaires par suite de la sécheresse, et les Arabes les appellent djelf, ou champs abandonnés à la grâce de Dieu » [?].

جِلْفَة grumeau, portion de sang, de lait caillé, Bc (sans indication de voyelles).

جَلْفَة excellente race de chevaux qui tire son origine du Yémen, Ali Bey II, 276 (djelfé; cf. le dict. persan de Richardson).

جَلْفى yelek à longues manches, Lane M. E. II, 95.

جِلْفى dans le sens de جِلْف, stupide, sot, Gl. Fragm.

جَلِيف dans le sens de lolium (زوّان), voyez Bait. I, 255 b. — Dans le passage du Câmous, cité par Freytag, il faut lire كالأرز (« comme le riz »), au lieu de كالارزن, leçon de l'édit. de Calcutta.

جِلْف la boucle de cheveux qui couvre la tempe, Lane M. E. II, 95.

أَجْلَف = جِلْف, rustique, grossier, etc., Gl. Mosl.

جَلَفْت (les voyelles dans L) pomme acide, Most. v° تفاح: وللجلفت التفاح الحامض وهو دخيل فى شعر لابن الرومى كانما عض على جلفت ❊

جلفط

جَلْفاط calfat, celui qui calfate, Djawâliki 49, 3 a f. Pl. جَلافِطة Bat. IV, 293.

جلق I mal élever un garçon, le gâter, M.

جلو

جُوَلِق pl. جَوَالِق coffre, Voc. (arca, cax). — Grand sac pour les grains, la farine, Bc. — Sur l'arbrisseau qui porte ce nom, on peut voir Gl. Esp. 371—2; ajoutez Edrîsî chez Bait. I, 408, qui dit en parlant du جُوَلِق: وهو نوع من انواع الجوالق دارشيشعان. جُوالِق. Dans Berb. I, 502, 2, on trouve un duel جوالبقان; mais notre man. 1351 porte correctement جوالقان.

جلك

جَلِبَكَة altération du mot turc يَلَك (voyez), Gl. Esp. 291.

جلم

جَلَم (ciseaux), le pl. أَجْلام, Voc., Bc.

جُلَّنار, n. d'un. ة, Abbad. I, 89, n. 86. شجرة الجلنار est le balaustier ou grenadier sauvage, le grenadier à fleur double qui ne porte point de fruit, et جلنار est la fleur double de ce grenadier, Bc, Auw. I, 280, 14 et suiv. — Tournesol, Alc. (tornasol yerva) qui prononce (جُلْنَار) = جِلْنَار الارض (écrit جلنار) هيوفسطيداس (voyez), Gl. Manç. sous ce dernier mot.

جَلَنْك, aussi شَلَنْك (turc), aigrette d'argent qui se porte à la guerre sur le turban, comme récompense de la valeur, Bc.

جلو I. جلا فى الخدمة « il se distingua dans l'administration, » Berb. I, 401. — C. a. p. faire la toilette d'une femme, la parer, Koseg. Chrest. 143, 10. — En médecine purger, Bait. I, 24 c, en parlant de l'eau de riz: قوتها تجلو وتُحلّل, 28 c: يجلو جلاء حسنا.

II mettre dans son jour, dans la situation la plus favorable, Bc. — Chez Moslim: Quand ils cherchent un refuge dans une forteresse, جَلَّى بتخوّف عليهم, ce que le scoliaste explique par طلع عليهم بتخوف اى خوف اى جلّى البازى فيه حاصره. L'éditeur compare l'expression chez Lane.

IV montrer, Voc. (ostendere), manifester, rendre manifeste, c. عن r., Rutgers 175, 6 a f., où les voyelles doivent être corrigées de cette manière: أَجْلَت هذه الحروب عن عزيمة ابن السيّد. — Comme la Ire, *polir*, Voc. — C. a. p. et من r. *priver quelqu'un de*, Mohammed ibn-Hârith 237: اِنْ لم يَجِدْ سَبِيلًا الى تجريحهم طلب أَذاهم في غير ذلك حتى يُجَلِيهم من أموالهم; les voyelles sont dans le man.

V *se manifester*, Bc. — *Se montrer parée*, en parlant d'une épousée, de Sacy Chrest. I, 243, 3, al, 4. En parlant de fleurs fraîche écloses, on dit والازهار قد تَجَلَّتْ من كمامِها, Calâïd, man. A I, 157. — Comme verbe actif, *lever son voile*, en parlant d'une femme, P. Abd-al-wâhid 173, 7. — Pour تَجَلَّل, *se couvrir, s'envelopper*, P. Macc. II, 546, 9; cf. la note dans les Add. et Corr.; la leçon du texte est aussi celle de l'édit. de Boulac.

VII *se dérouiller, se polir*, Voc., Bc. — *Se manifester, se montrer*; on dit: فانجلت الهزيمة على يغموراسن, Hist. des Benou-Ziyân 95 r°, انجلت الهزيمة عليه ibid. 98 r°. — *Aller en exil*, Macc. II, 364, 13, Abou 'l-Walîd 773, 10. — *Se modérer, se contenir*, Alc. (mesurarse).

VIII, dans le sens de *regarder, considérer*, se construit aussi c. في r., Abbad. III, 5, l. 12.

مَطْلِع ابن جَلا (voyez Lane); ابن جَلا *l'endroit où se lève le soleil, l'orient*, Macc. II, 101, 14.

جَلْو pl. ات *apparition*, Alc. (aparecimiento).

جَلاء *sorte de poisson*, Yâcout I, 886, 6.

جَلْوِيّ Selon le Most., le peuple en Espagne donnait le nom de جلوى à بياض à la céruse, Gl. Esp. 70; comparez دَوَاة جَلَّاء chez Lane et plus loin notre article جَلَّاء.

جَلْوِيّ pl. جَلاوِي *voile de femme*, Voc.

جَلِيَّة جلية خبر *lumières, éclaircissements, indices*, Bc. جلية لخبر *renseignements certains*; ما وقعت له على جلية خبر «je n'ai pu en avoir de nouvelles positives,» Bc, cf. Gl. Fragm. — بجلية خبر ou على جلية خبر *en connaissance de cause*, Bc.

جَلَّاء *qui rend luisant, faisant luire*, Bait. I, 187 c: وهو ملح يُحَرَّق جَلَّاء قَطَّاع. — *Celui qui décape ou blanchit*, Descr. de l'Eg. XVI, 466, n. 1. — *Polissoir*, voyez جَرَّاء sous جرى.

جَلَال, *émigré*, a aussi le pl. جُلَّاء, Bassâm III, 1 v°: فاصبحوا طرائد سيوف، وجلاء حتوف. En Espagne on semble avoir dit أرباب الجالي dans le sens d'*émigrés*. Ibn-al-Khatîb, 186 v°, raconte qu'Ibn-Mardanîch avait ordonné de confisquer les biens de ceux qui se permettraient de quitter l'endroit où ils demeuraient. Or, il arriva qu'un homme de Xativa, qui avait été ruiné par l'impôt, s'enfuit à Murcie, où il reçut la nouvelle que ses enfants étaient en prison et que son champ avait été confisqué, parce qu'il avait enfreint la loi qui défendait l'émigration, وأُخِذَتْ الضيعة من ايديهم في رسم الجالي. Après plusieurs aventures fâcheuses qui lui arrivèrent, cet homme voulut retourner à Murcie (187 r°), فقيل لى عند باب البلد كيف اسمك فقلت محمد بن عبد الرحمن فاخذني الشرط وحملت (الى ajoutez) القابض بباب القنطرة فقالوا هذا من كتبته من ارباب الجالي بكذا وكذا دينار فقلت والله ما انا الا من شاطبة وانما اسمي واكشف ذلك الاسم ووصفت له ما جرى على فاشفق وضحك متى وامر بتسريحي. Cependant je ne suis pas sûr que أرباب الجالي signifie *émigrés*, et comme après tout on avait pris cet homme pour un autre, rien ne nous force à traduire ainsi. Peut-être l'expression dont il s'agit signifie-t-elle: *ceux qui devaient payer la capitation*, la جالية. — T. de médec., جَلَاء chez Lane, M. — *Accident*, Voc.

جالية جالية ببابل *la captivité de Babylone*, de Sacy Chrest. I, ٩٠, 10: كانوا وقت عودهم من الجالية ببابل الى بيت المقدس ينصبون الخ — *Non-seulement capitation* (Bc, note Maml. II, 1, 132), mais aussi: *contribution, taxe, livraison de denrées imposée par l'ennemi lors d'une invasion, d'une conquête*, Bc.

تَجَلٍّ *transfiguration, changement d'une figure en une autre*; se dit de Jésus-Christ, Bc.

مَتَجَلّى, pl. مجال, est *catedra* dans le Voc., et sous ce mot latin il faut entendre ce qu'on appelle aussi en arabe مِنَصَّة, c.-à-d. *le siége élevé et orné, sur lequel l'épousée se montre dans sa parure et sans voile à son époux* (تَنْجَلِى على زوجها), car se trouve en ce sens dans le Mi'yâr ٥, 11 et ٢٨, 3 a f. (où il faut prononcer الْمَجْلَى, au lieu de الْمُجْلَى).

مَاجَلِى mesuré, grave, modeste, Alc. (mesurado).

الْجَلَا, de même que تَجَلِّي, épiphanie, Alc. (aparicion fiesta).

مَنَاجِلِيه lutrin, Bc, mais sous pupitre c'est مَنَاجِلِيب.

جَلِينَس espèce d'éponges, Pellissier 364 (gelines).

جم

جَمّ, substantivement, multitude, grand nombre, Bidp. 238, 4: اعوانى جم غفير وجموع جم غزير, Bc: «amas considérable de peuple.» Pl. أَجْمَام, cohortes, bataillons, Çalât 30 r°: فتقطعت في حافات. — En parlant d'eau douce, les poètes disent ذلك الوادى اجمامُه العَذْبُ الجِمَام, P. Macc. II, 184, dern. l., P. Prol. III, 370, 2 (corrigé dans la trad.).

جُمَّة a dans le Voc. (coma) le pl. جِمَم, pour جِمَام, à ce qu'il semble, car la forme du pl. فِعَل n'appartient qu'à la forme فُعْلَة du sing. — Chez Alc. ce mot signifie: cheveux du haut du front, toupet (cabellos sobre la frente, copete de cabellos) et cheveux de derrière attachés avec un cordon et couverts d'un ruban roulé tout autour (coleta). Chez Ht, qui prononce djemma, chignon de femme. — Touffe, assemblage de branches; Lane soupçonne avec raison que tel est le sens de ce terme, et non pas «bouton,» comme le Kenz al-logha donne à entendre; ce qui le prouve, c'est un passage d'Ibn-al-Auwâm où il est question du pin, mais qui est gravement altéré dans l'édition, I, 286, 9—13; il faut le lire ainsi avec le man. de Leyde: فاذا انبعث فليُقلَّم اغصانه في كلّ عام فى زمن الربيع حتى يرجع اعلاها الى جمّة صغيرة ويعظم شجرها يكبر التدبير بهذا فان. — Houppe, assemblage de plusieurs filets de laine, de soie, etc., liés ensemble de manière à former une touffe, un flocon, Alc. (flocadura). — Fronteau ou frontal, cette partie de la têtière qui passe au-dessus des yeux du cheval, Alc. (frontal de frente cavallo). Le fronteau a reçu ce nom parce qu'il était garni d'une houppe,

جَمْجَم I c. على r. faire allusion à (tecte indicavit rem), Gl. Badroun.

جَمْجَم chez Freytag, جُمْجُم dans le Dict. pers. de Vullers, qui donne l'explication: soulier de derviche, fait de coton et dont la semelle consiste en une vieille pièce d'étoffe. Defrémery, Mémoires 325, cite un passage de l'opuscule d'Albert Bobowski, publié par Th. Hyde, où on lit: «gjemgjema vel naalin, i. e. calopodia altiora vel depressiora.» Dans le Fakhrî, 361, 13, c'est la chaussure d'un homme du Sawâd.

جُمَاجِم (les voyelles dans A et B) racines qui viennent de la Chine et dont la forme ressemble un peu au gingembre. Quelques médecins disent que c'est le bóhen blanc, et la vertu de ces deux plantes est en effet à peu près la même, Bait. I, 259 b (mal traduit par Sonth.).

جَمْجَمَة réticence, figure de rhétorique, chose omise à dessein dans le discours, Bc. — Au lieu de جُمْجُمَة, crâne, Voc.

جُمْجُمَة (proprement crâne) cône, fruit des pins, Auw. I, 285, 7, Most. v°: حبّ: يراد هنا حبّ الصنوبر: الصنوبر الكبير المعروف بصنوبر الجماجم. Aussi le fruit de l'arbre appelé خَلَنْج, Fleischer Gl. 65, n. **. — Le pl. جَمَاجِم consoude (plante), Bc.

جُمْجُومَة merle, Hbrt 67 (Alg.).

جمح II Voc. sous efrenis.

جَمْحَة. Dans les 1001 N. I, 68, 8, on lit جَمْحَة قطعة من الثلج, ce qui doit signifier: une boule de neige, comme porte l'édition de Boulac (I, 28, 6 a f.); mais je ne conçois pas comment جَمْحَة pourrait avoir ce sens, et comme le man. de Maillet, cité par Fleischer Gl. 65, n. **, porte en cet endroit جُمْجُمَة خَلَنْج, ce qui donne un sens raisonnable, quoiqu'entièrement différent, je crois que le ثلج de جَمْحَة de l'édit. Macnaghten n'est qu'une corruption de cette leçon.

جَمُوح. Le Voc. donne le fém. ة et le pl. irrégulier جِمَاح. — Au figuré, p. e. جموح الى العليا حرون عن الدنس «un homme qui s'élance vers tout ce qui est noble et qui se révolte (se cabre) contre tout ce qui est vil,» P. Macc. II, 543, 11; «il كان جموح الامل se laissa emporter par l'ambition» (de Slane), Berb.

جمد

وكان جموحا للرياسة طامحا الى الاستبداد I, 454, 2 a f.; ibid. II, 93, 4.

جمد I *se refroidir*, Alc. (resfriarse). — C. على r. *persévérer dans*, Berb. I, 300, 7 a f. — جمد الرصد *l'enchantement est défait, brisé*, 1001 N. Bresl. III, 364, 1. — جمد *être stupéfait*, M.

II *refroidir*, Alc. (refrescar enfriar, resfriar a otra cosa).

V *s'engrumeler, se mettre en grumeaux*, Bc.

VII *se cailler; — se congeler;* — الجماد *figement, — cristallisation*, Bc.

جمد *refroidissement*, Alc. (resfriamiento). — *Glaçon, morceau de glace suspendu aux gouttières*, Alc. (cerrion de carambano). — جمد الدم *apoplexie*, L (apoplexia).

جمدة *rafraîchissement*, Alc. (refrescadura). — T. de médec., *engourdissement général*, M.

مجمد اللفظة dans le sens de جماد اللفظة Abou'l-Walîd 308, n. 59. — *Coagulation*, Bc. — *Suie de la cheminée*, Voc., Cherb.

جُمَاد pour جُمَادى chez le vulgaire, qui dit جماد الآخر et جماد الأول, M.

جمودة *refroidissement*, Alc. (resfriamiento). — *Fraîcheur*, Alc. (frescor o frescura).

جميدة est le عقيد (voyez) quand il est séché sans être cuit, Burton I, 239 n.

جمودية *consistance, épaississement*, Bc.

جَمَّاد t. de médec., *engourdissement général*, M.

جامد *tiède*, Alc. (tibia cosa). — جامد الظهر qui a bon dos, qui est riche, capable de supporter, Bc. — موضع جامد pl. جمّاد, *lieu pour rafraîchir*, Alc. (enfriadero lugar).

دواء مجمّد مجمّد *remède incrassant, qui épaissit le sang, les humeurs*, Bc.

منجمد. البحر المنجمد *la mer Glaciale*, Bc.

جمدار, mal expliqué par Freytag et par M, qui l'a copié, est le persan جامه دار ou جامدار, et signifie proprement: *maître de la garde-robe*, de Sacy Chrest. I, 135, II, 185, 186, Fleischer Gl. 50, 51. Ce terme existe encore aujourd'hui, p. e. dans les Etats de l'Imam de Mascate, où il signifie *commandant*, et dans le Beloutchistan, Maml. I, 1, 11.

جمدان (pers. جامدان) *portemanteau, valise*, Bc, 1001 N. Bresl. X, 429.

جمر II *embraser, brûler, réduire en braise*, Alc. (abrasar). — *S'embraser*, M.

V *s'embraser*, Alc. (abrasarse).

جمرة voyez جمر.

جمرة. Au figuré, خمدت جمرتهم, mot à mot: «leur charbon fut éteint,» dans le sens de: «ils perdirent entièrement leur puissance,» Maml. I, 1, 41. — Sur الجمرات الثلاث voyez Lane; selon le calendrier de Cordoue, la première tombe le 8 février, la seconde le 14, la troisième le 21; celui que Hœst a traduit (p. 252—3) donne la première sous le 7 février, la seconde sous le 17, et la troisième sous le 21. — *Carboncle, pustule*, Hbrt 37, *tumeur pestentielle*, Jackson 281—2; فرخ جمر *charbon, gros furoncle, tumeur pestilentielle*, Bc.

أجامر. ياقوت جمري جمري *escarboucle*, Bc. — Pl. أجامر *homme turbulent*, Mong. 226—7, où Quatremère avoue qu'il ignore l'origine de ce terme; je crois qu'il faut le dériver de جمر, le collectif de جمرة, «charbon,» et qu'il signifie proprement «boute-feu.»

جامور voyez جمور.

جميرة. Le pl. جمائر *aromates*, Bargès 423.

جمّار, proprement *palmite*, signifie par extension: *parenchyme*, moelle, pulpe des fruits, des plantes, Bc; جمّارة *la masse blanche et tendre du chou-fleur*, qui sert d'aliment, Bait. II, 361, en parlant du chou-fleur: وبيضه, et plus loin: جمارته النانشئة فى وسطه

الذى يسمّى جمارة ۞

جامور, pl. جوامير et ات, est dans la 1re partie du Voc., où ce mot est écrit جمّور, *sumitas*, et dans la 2e, *turris*. Chez Alc. *chapiteau* (chapitel). Cf. Bat. II, 13 (dans la trad. *corniche*), 406 (trad. *chapiteau*); Abdari 39 r°, en parlant du phare d'Alexandrie: وفى اعلاه جامور كبير عليه اخر دونه وفوق الاعلى قبّة ملجخ; dans un ouvrage d'Ibn-al-Khatîb, man. 11 (1), 21 r°: الطعان فى نَحْر الجوّ بالجامور الهائل.

جمز عود الجمر ،بجمر‎ *bois de senteur*, Gl. Edrîsî.

مَنْجَمَر = مَنْجَمَر‎, L (turubulum (et turibulum)).

جمز I *sauter* (gazelle), Ztschr. XXII, 362, M.

VII est *complere* dans le Voc.

جَمَّاز, fém. ة. Je crois que dans le passage des Fragm. hist. Arab. p. 481, qui a embarrassé l'éditeur (voyez le Glossaire) et où on lit: وكان محمد بن عبد الملك الزيّات يتولّى ما كان أبوه يتولّاه للمأمون من عمل الغساطيط وآلة الجمّازات, le dernier mot a son sens ordinaire, et qu'il faut traduire: « l'équipement de ces chamelles qui portent le nom de *djammâzât* » (voyez sur ces chamelles un passage curieux et important chez Thaʿâlibî Laṭâïf 15, 11 et suiv.; chez Ht et chez Hbrt 60, ce mot est rendu par *dromadaire*); mais dans l'explication من آلات الجمّال, que Lane dit avoir trouvée dans le TA, il doit y avoir une faute que ce savant n'a pas réussi à corriger.

جمّيز الحمير، جمّيز‎ sorte de sycomore qui a de gros fruits, Bc. جمّيز باط‎ espèce de figue, Mehren 26.

جَمَّاز dans le Câmous, جُمّاز chez Djauharî, *veste ou camisole en laine*, Vêtem. 125; Ibn-as-Sikkît 527:

الجَمَّازة درّاعة قصيرة من صوف. J'ignore pourquoi Lane a omis ce mot, qui est classique.

جمس.

جمَاس est le nom de l'espèce syrienne du doronic; mais Zahrâwî dit qu'il ignore si la première lettre de ce mot est un *djîm*, un *hâ* ou un *khâ*, Most. v°درونج‎.

جمسعم chez Freytag d'après Avicenne, est une mauvaise leçon dans l'édition de cet auteur; il faut y substituer l'article qui suit.

جمسفرم (pers. جَمَسْفَرِم) *basilic giroflé*, Sang., Bait. I, 258 c.

جمش.

جمَاش *sédiment*, M.

جَمْشَك = شَمْشَك (voyez).

جمع I, dans le sens de *réunir*, *assembler*, *convoquer*; construction incorrecte c. ب p., au lieu de l'accus., Cartâs 80, 10 a f. — Par ellipse (on ajoute quelquefois الجموع‎), *réunir des troupes*, *une armée*, Abbad. I, 283, n. 135, Gl. Badroun, Gl. Belâdz., Gl. Fragm. *Contre un ennemi* ou *contre une ville* s'exprime par ل, Gl. Belâdz., Akhbâr 36, dern. l., ou par الى, Abbad. I, 283, n. 135, Amari 218, 4, où Fleischer a eu tort de changer الى en على; cette dernière préposition ne s'emploie pas dans cette locution. — Peut-être y a-t-il une ellipse de la même nature dans le passage Abd-al-wâhid 116, 2 a f., où on lit en parlant du Prophète: «فلقد صلح بتوحيده، وجمع على وعده ووعيده». J'ai changé ce جمع en اجمع, comme l'avait fait Hoogvliet (135, 3), qui traduit (p. 140): « Etenim in clarissimâ luce collocavit Dei unitatem, et statuit id quod credendum est de promissis eius minisque; » mais اجمع على‎ ne peut pas signifier cela. Peut-être جمع‎ est-il ici pour جمع الناس, et l'on pourrait traduire: « il a réuni les hommes en leur faisant connaître les promesses et les menaces de Dieu. » — En arithmétique, *additionner*, Bc, Hbrt 122, Abd-al-wâhid 116, 11. — جمع بَيْنَهُم‎ *aboucher*, rapprocher des personnes pour conférer, Bc; جمع بين وبين‎ *amalgamer*, mélanger, et aussi: *confronter*, mettre en présence pour interroger, Bc. — جمع حواسّه‎ *reprendre ses esprits*, se recueillir, rappeler ses sens, ses idées, Bc. — اجمع خاطرك, dans la même acception, Bat. III, 250 («خاطرك‎ sois tranquille!»). — جمع درام نقد‎ *réaliser sa fortune*, changer ses propriétés contre de l'argent, Bc. — كنّا جمعنا رأينا على ان‎ *nous étions convenus de*, Bidp. 260, 7; — جمع الآراء‎ *aller aux voix*, Bc. — جمع القرآن‎ *savoir par cœur tout le Coran*, Gl. Fragm.

II *compiler*, faire un amas de choses lues dans les auteurs, Bc; je crois que ce verbe a ce sens Prol. III, 226, 9: التحليق والتجميع وطول المدارست. — جمع الجمعة‎ *présider au service*, *aux prières publiques*, *le vendredi*, Holal 65 v°: فبنى الخليفة عبد المؤمن بدار الحجر مسجدا جمع فيه الجمعة ۞

III, dans le sens de: *avoir un commerce charnel avec*, ne se construit pas seulement avec l'accus., mais aussi avec مع, Edrîsî, Clim. III, Sect. 5: فان الرجل ينعظ انعاظا قويا وجامع مع ما شاء; dans le chapitre d'Alc. intitulé: Del pecado de la luxuria: فى الوقت الذى نجامع مع امرأتك ۞

IV, comme la Ire, *additionner*, *réunir*, Ht. — *Cueillir*, p. e. des olives, *récolter*, *moissonner*, Alc.

(ordeñar como azeituna, coger fruto, اجْمَاع encogimiento). — *Passer des soldats en revue*, Alc. (alardear). — *Rimer*, avoir la même consonnance, Alc. (consonar una letra con otra). — Dans le sens de *résoudre d'un commun accord de*, on disait anciennement: اجمعوا أَمْرَهم على, p. e. Bidp. 184, 9: زعموا ان جماعة من الكراكى لم يكن لها ملك فاجمعت أمرها على ان يملّكن عليهن ملك البوم, 249, 10: فلمّا اجمعوا أمْرهم على ما ائتمروا به; chez Bc on trouve en ce sens par ellipse اجمعوا على; mais plus tard on a dit اجمع أمره على, p. e. Abd-al-wâhid 65, 3: اجمع امر أهل اشبيلية واتّفق رأيُهم على اخراج محمد والحسن عنها. De même la phrase ancienne اجمعوا رأيَهم على (très-rarement c. ب r.), qui a la même acception, Gl. Fragm., est devenue plus tard: اجمع رأيه ورأيَهم على, p. e. Cartâs 34, et même رأيَهم على, Abd-al-wâhid 162, 20 et 21. Le scoliaste de Moslim construit اجمع بالشيء, comme أَزْمَعَ بالشيء, Gl. Mosl.

V, en parlant de l'eau qui se congèle, Abou'l-Walîd 202, 5.

VII *se rassembler*, Voc., Abou'l-Walîd 791, 21; le n. d'act. *agrégation*, association, assemblage, Bc. — Dans le Voc. sous plurale. — *Ramasser, rassembler*, Alc. (allegar algo). — *Se détourner de* (cf. Lane), Macc. I, 315, dern. l.: فاجمعت عن عليّ النفوس وتوالى عليه الدعاء. — *Devenir* ou *être austère* (par ellipse; c'est proprement *se détourner*, et il faut sous-entendre: du monde, des plaisirs), Macc. II, 227, 8, Meursinge 22, 7 (l'explication que propose ce savant, p. 30, n. 91, me paraît erronée).

VIII *se pelotonner*, Bc. — *S'ameuter*, se réunir séditieusement, Bc. — Dans le sens de *rencontrer* quelqu'un, *faire la connaissance de* quelqu'un, aussi c. على p., 1001 N. III, 12, 8 a f., 39, 1, Tantâwi dans le Ztschr. Kunde VII, 54: اجتمعت على غيره بسيد «par l'entremise de Fresnel je fis la connaissance d'autres Francs.» — C. ب p. *s'allier*, s'unir, *se coaliser*, Bc. — اجتماع بين وبين confrontation, action de confronter des témoins, des accusés, Bc. — C. على *comprendre*, *renfermer en soi*, Gl. Edrîsî. — C. على ou في *convenir*, reconnaître une chose, en demeurer d'accord; ـ لا بدّ من الاجتماع في ان « il faut

convenir que,» Bc. — اجتمع قلبه *son cœur resta inébranlable* (de Slane), Becrî 123, 15. — اجتمع للوثبة *se ramasser*, se replier sur soi-même pour s'élancer, Bc. — اجتمع وجهه dans le même sens que اجتمع seul chez Lane («he attained to his full state of manly vigour, and his beard became full-grown»), Notices 181, note, l. 2 (où le man. B. porte aussi: اجتمع وجهه). — مدينة مجتمعة الكور *une ville dont dépendent plusieurs districts*, Gl. Edrîsî.

X. Le n. d'act. dans le sens de *force, vigueur, énergie* (cf. chez Lane la phrase استجمع الفرس جريا), وهذا الخطب لها آلات Mohammed ibn-Hârith 217: واستجماع. — *Reprendre ses esprits, rappeler ses sens* (cf. sous la Ire جمع حواسّه, جمع خاطره, et l'allemand *sich fassen*), Abbad. I, 66, 5 a f. — استجمع للأمار *être assez âgé pour exercer le pouvoir*, Berb. I, 598, 7 a f. (cf. la VIIIe dans le sens de: avoir l'âge viril). — C. a. *réunir*, Gl. Belâdz., réunir en soi, Berb. I, 599, 3. — C. a. *achever*, p. e. فتح مصر, «la conquête de l'Egypte,» Gl. Belâdz. — C. a. *résoudre de*, p. e. الرّحلة, «de se mettre en voyage,» Berb. 1, 597, 8 a f.

جَمْع *addition*, première règle de l'arithmétique, Bc, Prol. III, 95, 11. — الجمع *la concentration de ses pensées*, le recueillement, Prol. I, 199, 5, dans le même sens que جَمْع الهِمّة, ibid., l. 3 et 4. — L'expression جَمْعًا جمعًا, que de Slane a omise dans sa traduction, ne m'est pas claire, Berb. I, 625, 9 et 10: وهذا الزاب وطن كبير يشتمل على قرى متعدّدة متجاورة جمعا جمعا يعرف كل واحد منها بالزاب. — Sous le règne des Almohades on donnait le nom de الجموع aux troupes qui recevaient une solde et qui étaient en garnison à Maroc sans jamais quitter cette capitale, Abd-al-wâhid 248, 12 et 13.

جَمْع *coup de poing*, L (alapa), Alc. (puñada herida de puño).

جُمْعَة الجمع *les cérémonies des vendredis pour les morts*, 1001 N. II, 467, dern. l., avec la note de Lane dans sa traduction, II, 633, n. 3. — جمعة الأربعين *le vendredi qui complète ou qui suit la période de quarante jours après les funérailles*, Lane trad. des 1001 N. II, 633, n. 3. — جمعة الآلام *le vendredi saint*, Bc. — خادم الجمعة voyez جَمْعِى.

جمع 215 جمع

جَمْعِيّ *cumulatif*, Bc.

جَمْعِيّ ou جَمْعَةٌ, خادم الجُمْعَة, *semainier*, celui qui est de semaine pour officier dans un chapitre, Alc. (semanero).

جَمْعِيّة *assemblée, cercle, comité, communauté, corps, diète, réunion, société*; جمعيّة اهل بلد *commune, corps d'habitants d'un village, des bourgeois d'une ville*, Bc. — *Addition, première règle de l'arithmétique*, Bc, Hbrt 122.

جُمْعِيّة *réunion qui a lieu chaque semaine ou chaque vendredi*, M.

جَميع *espèce de datte*, Burckhardt Syria 602.

جَماعَة. Le pl. جَمائع *troupes*, Gl. Abulf. — Sous le mot الجَماعَة on entend *les décisions concordantes des docteurs musulmans du temps des premiers califes*. Ces décisions sont, pour les orthodoxes, la troisième source de la jurisprudence, après le Coran et la Sonna; mais les Chiïtes les rejettent, parce qu'ils nient la légitimité des trois premiers califes dont les décisions forment la plus grande partie de la djamâ'a. De là vient que *la doctrine orthodoxe* s'appelle مَذْهَب السُّنَّة والجَماعَة, Bat. II, 12, ou simplement السُّنَّة والجَماعَة, Becrî 97, 15, 147, 5 a f., Cartâs 18, 14, 76, 4, 8 a f., 85, 7, tandis que *les orthodoxes* portent le nom de اهل السنة والجماعة, Bat. II, 61. — الجَماعَة, par abréviation pour جَماعَة المسلمين, Macc. I, 359, 14, est proprement *la communauté musulmane*, p. e. Abbad. I, 222, 5 a f.: ومالت نفوس اهل قرطبة الى نصبه اماما للجماعة, « imâm de la communauté musulmane, » c.-à-d. calife; Berb. I, 98, 5: وأنّ « et que دعوة هذا الرجل قادحة فى امر الجَماعَة والدولة les entreprises de cet homme portaient atteinte aux intérêts de la communauté musulmane et à ceux de la dynastie. » Mais الجَماعَة امر signifie aussi *l'unité de la communauté musulmane, de l'empire*, p. e. Berb. II, 48, 7 a f.: ولما افترق امر الجَماعَة بالاندلس واختلّ et رسم للخلافة وصار الملك فيهم طوائف seul a le même sens, p. e. Fragm. hist. Arab. 2, l. 7; Haiyân 2 r°: المستمسكين بالجَماعَة; 14 v°: il était mع اظهار الانحراف الى الجَماعَة وطاعتة للامير très-rebelle; Abbad. I, 224, 4, 244, 3. On dit aussi dans cette acception سلطان الجَماعَة, Haiyân 38 r°: قوينت طماعيتة فى عدم سلطان الجَماعَة, Abbad. I, 252,

5 a f. Pour désigner les partisans de l'unité de l'empire, on dit: اتّفاق, اهل الجَماعَة, Haiyân 1 v°: اهل الجَماعَة بالاندلس عليه لحين انتشار المخالفين له باكثروها. Le califat de Cordoue est souvent appelé الجَماعَة, par opposition à الفتنة, c.-à-d. au règne des petits princes qui, après la chute du califat, se disputèrent ses débris, p. e. Abbad. I, 220, 4 a f.: المتّصل الرياسة فى الجَماعَة والفتنة, Berb. II, 30, 2 a f.: ولما افترقت الجَماعَة وانتثر سلك الخلافة; cf. ibid. 53, 5: ولما انتثر سلك الخلافة بقرطبة وكان امر الجَماعَة للطوائف. En général, الجَماعَة est *l'état d'unité et de paix intérieure*, tandis que الفتنة est *l'état de troubles, de séditions*; voyez Belâdz. 413, 3 a f., 424, dern. l., et 425, 1, Fragm. hist. Arab. 21, 4. — الجَماعَة est particulièrement: *la communauté musulmane réunie pour prier en commun, la communion des fidèles*, p. e. Haiyân 16 v°: واقبل على التنسّك والعبادة وحضور الصلوات فى الجَماعَة والاذان والصلاة باعلى حصنه عند, R. N. 88 r°: كنت فى حلقة الدينورى يوم الجمعة حتى قمت الشمس تغيب فقام لينصرف فقلت فى نفسى لبّثت لو قعد حتى يصلّى المغرب فى جماعة ثم ينصرف وهو يعلم ما جاء فى فضل الجَماعَة. Dans le Cartâs 124, 8, on lit que les députés de Séville étaient restés un an et demi à Maroc sans pouvoir obtenir une audience du calife, lorsqu'enfin ils le rencontrèrent dans le Moçallâ le jour de la fête des sacrifices; فسلّموا عليه سلام جماعة, c.-à-d., « ils le saluèrent avec toute la communauté; » ثم بعد ذلك دخلوا عليه فسلّموا. On dit جماعة صلّى, *prier en commun*, Bc; شهد الصلوات جماعة, « il assistait aux prières que l'on faisait en commun, » Fragm. hist. Arab. 270, 8, où la leçon du man. ne doit pas être changée, comme l'a fait l'éditeur. L'endroit où l'on prie en commun s'appelle مسجد الجَماعَة, Ibn-Cotaiba, Kitâb al-ma'ârif, 106, 13; cf. Amari 38, 6 a f.: بها مساجد للجماعات; mais il semble qu'il faut entendre sous ce terme plutôt *une chapelle* qu'une grande mosquée, car le مسجد الجَماعَة à Coufa, dont parle Ibn-Cotaiba, était dans le palais du gouvernement, et le mot جَماعَة seul s'emploie dans le sens de *petite mosquée, chapelle*, Gl. Edrîsî. — *Paroisse, quartier d'une ville*, Alc. (collacion de ciudad; le synonyme est رَبَض), جماعة الجَماعَة, pour اليهود, *le quartier des juifs*. Les Espagnols, quand

ils se furent emparés de plusieurs villes musulmanes, ont aussi donné ce nom au quartier habité par les Maures, Gl. Esp. 144—5. — *Conseil municipal,* pour جماعة المشيخة, « la réunion des anciens, » Gl. Esp. 144, Alc. (ayuntamiento concejo, concejo). — A Cordoue, sous les Omaiyades, *le conseil d'État,* Haiyân-Bassâm 157 r°: après la chute de cette dynastie, le peuple de Cordoue voulut donner le pouvoir à Abou-'l-Hazm ibn-Djahwar, وأبى من ذلك فأتحدوا عليه حتى أسعفهم شارطًا اشتراك الشيخين محمد بن عباس وعبد العزيز بن حسن أبى عمه خاصة من بين الجماعة فراوا مشورتهما دون تأمير, Abbad. I, 248, 5. — Chez les Almohades, *les dix premiers partisans du Mahdî Mohammed ibn-Toumart,* Abd-al-wâhid 135, 5 et 6. Leurs fils s'appelaient ابناء الجماعة, في Çalât 52 v°: جملة من اعيان رجال الموحدين اعلام الله وابناء الجماعة كابى يحيى بن الشيخ المرحوم ابى حفص, 73 r° et v°; aussi ابناء اشياخ الجماعة, 74 r°; une fois je trouve: ابناء شيوخ الجماعة, 73 r°, mais sans doute il faut lire الجماعة. — *Tribunal,* Poiret I, 21 (jument). — *Ordre,* corps qui composent un état; *ordre,* compagnie, confrérie, Bc; *corporation,* si je ne me trompe, dans Freytag Chrest. 134, 3 a f.: رجل حلبى تجار من اهل باب الاربعين يقال له يعقوب وكان مقدم الجماعة. — *École, secte, doctrine,* Bc. — *Suite,* ceux qui suivent, qui accompagnent, qui vont après ou avec quelqu'un, Bc. — *Monde,* les domestiques ou ceux qui dépendent de quelque famille, Bc. — En arithmétique, *somme,* Berb. I, 163, 6. — Chez Alc. *pujar.* Ne trouvant pas un tel substantif dans les dict., j'ai consulté M. Lafuente, qui m'a répondu ceci: « Je crois que ce ne peut guère être autre chose que ce qu'on appelle en Andalousie *peujar* et en Castille *pegujal,* ce qui veut dire *les semailles* et aussi *la récolte.* » Ce serait alors *récolte;* cf. Alc. sous la IVe forme. — En géomancie, le signe ☰, M. جماعة بيت *maisonnée,* tous les habitants d'une maison, Bc. — علم الجماعة, Berb. II, 10, l. 10, est l'an 44 de l'hégire (661—2 de J. C.), quand, après les guerres civiles, tous les peuples de l'islamisme se trouvèrent de nouveau réunis sous l'autorité d'un seul calife, Moâwiya, de Slane dans sa trad. III, 192, n. 1. — قضى الجماعة voyez sous قضى.

جَمَاعِى *orthodoxe, catholique,* L (ortodoxus, katholicus (universalis)).

جَمَاعِى *vénérien,* Bc.

جِمَاع « *nattes avec lesquelles on construit des bordigues* sur la plage de Sfax, » Espina R. d. O. A. XIII, 145 (djema). Ces bordigues semblent avoir reçu ce nom, parce qu'elles *rassemblent* et retiennent les poissons. — جماع عسكر *recruteur,* Bc. — جماع العلف *fourrageur,* Bc.

جَمَّاعَة *qui fait une collection,* p. e. de livres, جماعة للكتب, Macc. I, 249, 2 a f., III, 272, 15, Berb. I, 366, 5 a f.; جماعة للمال *qui amasse de l'argent,* Berb. I, 502, 7 a f. Mais ce mot s'emploie aussi absolument et signifie alors: *qui amasse beaucoup de connaissances,* Abdarî 108 r°, en parlant d'un savant: جماعة راوية, Khatîb 26 v°: جماعة نزاهة. Il doit avoir un autre sens Berb. I, 227, 7, où on lit en parlant d'un prince: كان جماعة مولعا بالبناء; probablement: *qui rassemble des objets rares, excellents, un curieux.*

جامع *compilateur,* Bc. — *Lieu de réunion,* Beerî 112, 12 (où de Slane traduit à tort « mosquée »). — الجامع, en parlant d'un Soufi éminent, Macc. I, 586, dern. l., semble signifier: *réunissant toutes les vertus, toutes les qualités excellentes.* — *Mélanges,* pièces de prose ou de poésie que l'on recueille en un même volume; *recueil,* réunion d'écrits, de pièces, Bc; جامعة فنون *miscellanées,* Bc. — *Concis, qui fait entendre beaucoup de choses en peu de mots,* Djob. 40, 17: وخطب للخطيب بخطبة بليغة جامعة. Lane ne donne pas جوامع seul dans le sens de جوامع الكلم, mais Freytag a eu raison de le faire; voyez Abbad. I, 207, 2 a f.; جوامع الحلال dans le même sens, Berb. I, 388, 12 et 13. — جامعة, t. de marine que je ne connais que par le portugais; dans cette langue le mot *chumeas, chimeas* ou *chimbeas* désigne: *pièces de bois qu'on cloue au mât quand il s'est fendu,* Gl. Esp. 256—7. — صلى الجامع doit signifier: *le service est fini,* R. N. 82 v°: Allant à la mosquée un vendredi, je rencontrai un chaikh, فقلت له يا شيخ هل صلى الجامع فقال نعم صلينا الجمعة فانصرف; c'était le diable qui voulait me détourner de mes devoirs religieux, car ayant continué ma route et étant entré dans la mosquée, je vis que l'imâm n'était pas encore en chaire. — جامعة الصلاة نادى et البدآء بالصلاة

جَامِعَة; c'est lorsque l'imâm appelle tout le monde à la prière, ce qu'il ne fait que dans les occasions solennelles, p. e. pendant les fêtes, les éclipses, ou lorsqu'il a à faire au peuple une communication importante, Gl. Belâdz., Gl. Fragm. (mais pour ce qui concerne le second passage qui y est cité, voyez sous جَمَاعَة), Bayân I, 55, 16, Djob. 161, 5.

جَامِعَة voyez sous جَامِع.

جُوَيْمِع ermitage, Alc. (ermita).

أَجْمَع parfait, qui a beaucoup de qualités, Tha'âlibî Latâïf 75, 12: ولم يكن فى بنى مروان اشجع ولا جامع ادب ولا احلم ولا اجمع — Comparatif de جامع dans le sens de qui réunit, Macc. I, 512, 6: كان ابن حزم اجمع اهل الاندلس قاطبةً لعلوم الاسلام ❊

اِجْمَاع convocation, Bc. — Unanimité, Bc. — Récapitulation, Alc. (recapitulacion).

مَجْمَع. On dit مجمع سوق dans le sens de marché, la réunion de ceux qui vendent et qui achètent dans le marché, Becrî 49, 4 a f. — Caisse, comme traduit Quatremère Maml. I, 1, 13, l. 6 et 10 des notes; — espèce de boîte, distribuée en plusieurs compartiments, pour y mettre séparément différents objets, Ztschr. XX, 497, dern. l.; — écrin rond, M; — écritoire en faïence ou en marbre, distribuée en quatre et quelquefois en six compartiments pour recevoir les encres de différentes couleurs, Cherb. — Cloche, Voc. (parce qu'elle sert à rassembler le peuple); aussi مَجْمَعَة. — Dans le sens de جامع, menottes, fers qu'on met aux poignets d'un prisonnier; dans le Voc. c'est مَجْمَع, pl. مَجَامِع, chez Alc. (esposas prision de manos, prision de manos) مَجْمَع, pl. مَجَامِعات; on trouve مجامع dans Abou'l-Walîd 799, 18. — Le pl. مجامع, t. de marine, les dernières varangues d'un vaisseau, où les pièces de bois se rapprochent le plus les unes des autres, parce que la proue va en s'arrondissant, Gl. Esp. 171. — مجمع البطنين, t. de médec., M (sans explication). — مجمع الحواس sensorium, partie du cerveau réputée le siège de l'âme; organe de la sensibilité, Bc. — مجمع النور est, suivant le M, ملتقى عصبتين مجوفتين اودعت فيه القوّة الباصرة. Notre professeur d'ophthalmologie, M. Doijer, auquel j'ai traduit cette définition, m'a dit qu'elle est un non-sens, mais que le terme arabe signifie peut-être ce qu'on appelle la *macula lutea*. — اخذ بمجامع, comme بجمع ثيابه chez Lane, Gl. Fragm.; فاخذ بمجامع ثيابه, Freytag Chrest. 39, 11. Au figuré: اخذت محبّته بمجامع قلبى, ce qui signifie وقد وجدت لكلامها عذوبة بجميع اجزائه, Gl. Fragm.; وقد اخذ بمجامع قلبى قد غلب, 1001 N. I, 84, 4; ابن عمّار على نفسه‘ واخذ بمجامع انسه, Bassâm II, 113 v°.

مُجَمَّع pièces de rapport, unies et arrangées sur un fond; اجزاء مجمّعة pièces rapportées, Bc.

مُجَمَّعَة cloche; voyez تَجَمُّع.

مَجْمُوع, en parlant d'un village, d'une ville, semble avoir le sens de جامع, grand, bien peuplé, Abdarî 81 v°: وفى 117 v°, وقف قرية مجموعة عامرة. — بُلَيْدَة مجموعة Ramassé, trapu, vigoureux, Bc. — مجموع حشائش يابسة herbier, Bc.

اِجْتِمَاع conjonction, rencontre apparente des astres, Bc, Gl. Abulf.; avec l'article: la conjonction du soleil et de la lune, de Sacy, Chrest. I, ٩١, 4 a f.; استخراج الاجتماعات ب «trouver les conjonctions des astres au moyen de,» Bc. — Incorporation, Alc. (encorporadura de colegio). — Synagogue, Alc. (sinagoga). — En géomancie, le signe ⁚, M.

اِجْتِمَاعِيَّة société, assemblage d'hommes unis par la nature et les lois, Bc.

مُجْتَمَع réunion, assemblée, Gl. Edrîsî.

جُمْقْدَار (composé du turc چوماق et du persan دار) porte-massue. Sous le règne des sultans mamlouks, il se tenait, pendant les marches de cérémonie, près du sultan, du côté droit, ayant la main élevée, et portant une arme semblable à une massue, dont l'extrémité était grosse et dorée. Il avait les yeux fixés sur ceux du sultan, et ne les détournait sur aucun autre objet, jusqu'au moment où le prince quittait son audience, Maml. I, 1, 138.

جمل I récapituler, Bc. — C. فى envelopper, comprendre dans, Bc.

II sommer, faire la somme, additionner, Voc., Alc. (contar sumando, montar en suma, numerar o contar, sumar en la cuenta). — Rendre, rapporter, produire tant de revenu, Alc. (rendir por rentar).

IV. L'expression اجمل عشيرته ou عشيرته semble signifier: *il le traita avec bienveillance*, Haiyân-Bassâm III, 3 v°: Beaucoup d'émigrés de Cordoue allèrent se fixer à Valence, فالقوا بها عصى التسيار واجمل عشيرتهم وبنوا (فتبووا B) بها المنازل والقصور; mais ce qui rend ce passage obscur, c'est que le verbe اجمل (la voyelle dans le man. B) y manque de sujet; Haiyân 67 r°: les habitants de Pechina, menacés d'être attaqués par Sauwâr, demandèrent la médiation des Ghassânis, وهم اقدر على اصلاح ما يقع بينهم والرغبة اليهم فى الانصراف عنهم وموافقتهم على اجمل عشيرتهم اجمل موعدة. — فاسعفهم الغسانيون بذلك. — L'expression signifie: *il lui fit de belles promesses*, Recherches I, App. XLI, 3 (où il faut biffer la note 3), Haiyân-Bassâm I, 120 r°: اجمل مواعد, ibid. 127 v°: واحسن تلقى الناس واجمل مواعيدهم ☆

V proprement *s'embellir, se parer*. On emploie تجمل en parlant d'une armée *pourvue de toutes les choses qui lui sont nécessaires, bien équipée*, Weijers dans Valeton 77, n. 4, qui cite Aboulf. IV, 304, 8: وضعفت نفوس الفرنج بما شاهدوا من كثرة عساكر الاسلام وعسكره فى غاية التجمل, 336, 10: ajoutez Maml. I, 1, 34, 2 a f. Ce nom d'action se prend aussi dans le sens de *pompe, luxe, faste, magnificence*, Weijers l. l., qui cite Aboulf. IV, 622, 11: وكان يذبح فى مطبخه كل يوم اربعمائة راس غنم وكانت سماطته وتجمله (وتجمله l.) فى الغاية القصوى, Fragm. hist. Arab. 361, 16: وكان اذا راى تجمله وكثرة دنياه. De là: يقول ال... تجملات *objets de luxe*, Macc. I, 656, 6: ثيابه وحلى نسائه وفرش داره وغير ذلك من التجملات, Amari 312, 3 (lisez de même Athîr XI, 273, 12). — *Se distinguer*, Macc. I, 302, 11: j'ai rassemblé une superbe bibliothèque, لاتجمل بها بين اعيان البلد. — C. ر. ب. *se faire honneur de, se tenir honoré de*, Berb. I, 521, 2: كان يتجمل فى المشاهد بمكانه من سريره, «dans les cérémonies publiques, le sultan se faisait honneur d'avoir ce prince près de son trône.» — *Être courtois, civil, gracieux*, et تجمل *courtoisie*, R. N. 71 r°: وكان من ذوى التجمل والانفس الشريفة. — C. ل p. *envers* quelqu'un, Haiyân 30 v°: Abdérame était mécontent de son grand-père qui lui avait donné un cadeau moindre que celui qu'il lui avait promis; mais il sut cacher son dépit, ou comme il dit: تجملت له (لتجدى) باظهار المسرة للعطية (le man. porte par erreur un *hâ*, au lieu d'un *djim*). Dans le dicton: اذا ذهب اهل الفضل مات التجمل, Valeton ٣٨, 2 a f., qui a embarrassé Weijers (ibid. 77, n. 4) et qui en effet est ambigu, ce mot a peut-être ce sens, que Weijers n'a pas connu. Aussi: *courtoisie feinte* (cf. la III° forme chez Lane), Diw. Hodz. 136, 8, Haiyân-Bassâm I, 23 r°: فانقلب سريعا عن التجمل الذى كان يظهره لاهل الاندلس, ibid. 192 r°: وكان اول امره مجاملا لابن عمه منذر بن يحيى التجيبى يظهر موافقته ويكاتمه من حسده اياه ما لا شئ فوقه حتى خدله تجمله. — Comme quasi-passif de la II°, dans le sens d'*additionner*, Cartâs 37, 3 a f. et dern. l. — *Être réuni*, Abou-Hammou 82: le ministre des finances يعرفك بما تجمل وتنصير من ماليك.

جَمَل nom d'une pièce qu'on a ajoutée, dans le grand jeu d'échecs, aux pièces du jeu d'échecs ordinaire; chaque camp en avait deux, Vie de Timour II, 798, 2 a f.; voyez sur leur marche van der Linde, Geschichte des Schachspiels I, 111. — جمل الله *girafe*, Lyon 127. — جمل البحر *pélican*, Vansleb 102, Bruce I, 80. — جمل الحرباء *caméléon*, Macc. I, 901, 11. — جمل مصر المثل المضروب a passé en proverbe, جمل مصر, Abd-al-wâhid 120, 14; mais de même que Hoogvliet (p. 147), je dois avouer que ce proverbe m'est inconnu. — جمل اليهود *caméléon*, Man. Escur. 893, Payne Smith 1368; le جمل اليهود de Freytag est une faute. — ذكر من التجمل انه *effleurer une matière*; يعرف من التجمل انه *il n'en connait que la superficie*, il n'en a qu'une légère connaissance, Bc. — شوك الجمال *chardon à chameau, leucacanthe*, Bc.

Gêmal. C'est ainsi qu'Alc. écrit un mot qui signifie: *tasco de lino*. *Tasco* est *taille, pignon*, ce qui se détache du chanvre qu'on espade.

جُمَل. Dans le Gl. Edrîsî, nous avons dit, M. de Goeje et moi, que le mot جمل est employé comme un singulier dans le sens de جُملة, *quantité, grand nombre*, mais qu'à défaut de témoignages, nous ne pouvions décider avec quelles voyelles il faut le prononcer. Il paraît que c'est جُمَل, car dans l'excellent man. de Mohammed ibn-Hârith, je trouve, p. 294, avec toutes les voyelles: وَمَعَهُ جُمَلٌ مِنَ النَّاسِ قَدْ رَكِبُوا مَعَهُ. Il faut donc admettre que le mot جُمَلٌ, plur. de جُمْلَةٌ, a été employé comme un singulier. Autres exemples: Bat. III, 316, Haiyân 2 r°: وَصَفَ جُمَلًا مِنْ مَحَاسِنِهِ. — جُمَلًا جُمَلًا pièce par pièce, Prol. III, 110, 2, avec la note du traducteur.

جُمْلَةٌ chamelle, Voc.

جُمْلَةٌ. On dit: كَانَ مِنْ جُمْلَةِ أَصْحَابِهِ, comme nous disons: du nombre de, parmi. De là: suite, cortége, p. e. كَانَ فِي جُمْلَةِ المَنْصُورِ. Aussi dans le sens de أَهْل, habitants, p. e. مِنْ يَكُونُ فِي جُمْلَةِ القَصَبَةِ, où un autre auteur écrit: مِنْ أَهْلِ القَصَبَةِ, Gl. Fragm. — Série, suite d'objets, Bc; جُمْلَةُ الصَّالِحِينَ catalogue des saints, Voc. — Système, réunion d'astres, de parties, Bc. — Ensemble, réunion, harmonie, Bc. الجُمْلَةُ الفَاضِلَةُ comme titre honorifique qu'on donne à un fakîh, Müller 42; peut-être dans le sens de: celui en qui sont réunies toutes les qualités excellentes. — En Egypte, nom d'une mesure pour la farine, comme كَارَةٌ (voyez) à Bagdad, Khallic. IX, 94, 13. — Addition, première règle de l'arithmétique, Bc. جُمْلَةٌ صَغِيرَةٌ on entend cette valeur des lettres d'après laquelle ا est 1, ى 10, ق 100, غ 1000, tandis que dans la جُمْلَةٌ كَبِيرَةٌ on commence par le ى, de sorte que ى est 1, ك 2, et ainsi de suite, Ztschr. XII, 190. — Le pl. جُمَل parties, chapitres d'une science, جُمَلٌ مِنَ الفِقْهِ, Abd-al-wâhid 170, 15. — جُمْلَةً en commun, en société, de compagnie, ensemble; aussi جُمْلَةً suivi du génitif, de compagnie avec, l'anonyme de Copenhague 24: وَمَشُوا جُمْلَةَ المُجَاهِدِينَ. — جُمْلَةً en bloc, sans compter, Bc; chez Mc بِالجُمْلَةِ; chez Alc. شَرَى بِجُمْلَةٍ acheter en bloc (mercar en uno). — جُمْلَةً وَاحِدَةً entièrement, Abd-al-wâhid 225, 5; aussi عَلَى الجُمْلَةِ, Berb. I, 416, 7 a f. — فِي الجُمْلَةِ en tout, tout compris, Bc. — بِالجُمْلَةِ en général, généralement, Bc; — entièrement, de Sacy Chrest. I, ١٣٠, 3; — enfin, finalement, Koseg. Chrest. 97, 9. — فِي الجُمْلَةِ en gros, Bc; — avec la copulative, en un mot, de Sacy Chrest. I, 114, 12.

جُمْلَةٌ turban, Dunant 201 (djémala), Michel 76, 181 (djemala).

جُمْلِيًّا sommairement, Amari 157, 2.

جُمْلُونٌ, dans M aussi جَمْلُونٌ et جِمْلُونٌ, pl. ات et جَمَالِينُ, toit en dos d'âne, voûte en ogive, Maml. II, 1, 267, Gl. Esp. 288, M: سَقْفٌ مُحَدَّبٌ مُسْتَطِيلٌ فَإِنْ كَانَ مُسْتَدِيرًا فَهُوَ قُبَّةٌ وَهُوَ مِنِ اصْطِلاحِ العَامَّةِ وَيُطْلِقُونَهُ et جَمْلُونٌ مِنْ سُيُوفٍ; عَلَى بَيْتٍ مِنْ الخَشَبِ أَيْضًا تُغْنَاهُ voûte d'acier, au fig., sabres, fusils croisés de deux rangs de soldats, Bc; جَمْلُونٌ pignon, mur d'une maison terminé en pointe, et qui porte le haut du faîtage, Bc; حَوَانِيتُ الجُمْلُونِ, Ztschr. VIII, 347, n., 2 a f., où Fleischer traduit: « les boutiques de la basilique.»

جَمَالُ الظَّهْرِ. جَمَالٌ échine, partie de l'animal depuis le milieu des épaules jusqu'au croupion, Bc; j'ignore si la voyelle de la première lettre est réellement un fatha.

جُمَّالٌ câble, 1001 N. Bresl., XII, préface, p. 86.

جَمِيلٌ. L'esp. «jamila,» qui en dérive, signifie: l'eau qui découle des olives amoncelées, Gl. Esp. 290. — Bien, services, bienfaits; bienfait, des bontés, Bc.

جَمَّالَةٌ caravane composée exclusivement de chameaux, Espina R. d. O. A. XIII, 150 (djemela). Faut-il considérer ce mot comme un pl. de جَمَلٌ, chameau?

جَمِيلَةٌ bonté, politesse, 1001 N. III, 442, IV, 482. — Sorcière, Werne 45.

إِجْمَالٌ relevé, t. de finance, de commerce, extrait des articles, Bc.

إِجْمَالِيٌّ tradition se rapportant à plusieurs choses, de Slane Prol. II, 482.

تَجَمُّلٌ pl. ات voyez sous la Ve forme.

مُجْمَلٌ sommaire, extrait, précis, Bc.

مُجَمَّلٌ nombreux, Alc. (numeroso).

جملح nom du galéopsis en Espagne, Bait. II, 229 c (Sonth. لِلْجَمْلَحِ, mais dans les man. بِجَيْمَيْنِ (الجِلْمِ); Bc a aussi ce mot. Ibn-Djoldjol donne جملجوا comme le nom latin, avec l'épithète arabe المُنْتِنُ (le puant).

جمن

جَمَنٌ ou جُمُّونٌ nom d'un fruit, djambou, Eugenia Jambu, Bat. II, 191, III, 128, IV, 114, 229.

جمهر.

جُمْهُور république, Bc, Ht.

جُمْهُورِي républicain, Bc, M.

المُجَمْهَرات sont sept cacîdas, qui tiennent le second rang après les sept Mo'allacât. Elles ont été composées par an-Nâbigha ad-Dzobyânî, 'Obaid ibn-al-Abraç, 'Adî ibn-Zaid, Bichr ibn-Hâzim, Omaiya ibn-abî-'ç-Çalt, Khidâch ibn-Zohair et an-Namir ibn-Taulab, M.

جن I, dans le sens de *devenir fou*, est chez le vulgaire, non pas جُنّ, comme dans la langue classique, mais جَنّ, M, Bc; pour exprimer un haut degré de folie, le vulgaire dit جَنّ وَقِنّ, M; جَنّ est aussi chez Bc: *sauter aux nues*, *s'emporter*; جن بحب *idolâtrer*, *aimer avec passion*; c. على p. *être fou de quelqu'un*, *l'aimer beaucoup*.

II *transporter*, *mettre quelqu'un hors de lui-même*, Bc.

جِنّة dans le Voc. sous «ludere;» مَلْعَب «locus ludi,» précède.

جِنِّيَّة *déesse*; *fée*; *nymphe*; *sirène*, Bc.

جِنان بنظم الشعر *extravagance*, *folie*, *fureur*; *métromanie*, Bc.

جِنان, le plur. de جَنَّة dans la langue classique, est dans la langue moderne un singulier, *jardin*, Bc, Cherb.; R. N. 53 r°: دخلت الى جنان فيه نمر قد طاب (mais plus loin comme un plur.: دخلت هذه أجمع, 98 v°, ولا تأخذ مزروعا ولا جنانا, 95 v°, الجنان الفقي الاخضر من جنانك واحمله الى الغدامسي Khatîb 149 v°, دفن في الجنان المتصل بداره, charte sicilienne, où l'ancienne traduction latine, *apud* Lello 23 et *passim*, porte «vinea,» Hist. Tun. 127: للجنان الجامل diplôme chez Ali Bey I, Plate VII: انعنا على خديمنا. Le plur. جنانات Cherb., Ibn-Batouta, man. de M. de Gayangos, 281 v°. — *Forêt*, L (nemus [silva opaca]).

Pré, L (pratum جنان ومرج).

جنون الصبا «les folies de la jeunesse,» Berb. II, 243, 1. — جنون النبات *végétation abon-*

dante, M. — مرض الجنون *l'épilepsie*, Daumas V. A. 421.

علق الجنينات pl. جَنَائِن *jardin*, Bc. — جَنِينَة *ver de terre*, Bc. — Chez Lane c'est le diminutif جُنَيْنَة, que le vulgaire, dit-il, prononce جِنَيْنَة; mais Bc, à en juger par le pl. جَنَائِن, semble donner جَنِينَة. Dans le M c'est جُنَيْنَة, pl. ات, *jardin où l'on cultive des arbres fruitiers et des fleurs*.

جَنَيْنَاتِي *jardinier*, M.

جَنَّانِي *jardinier*, Bc.

جَنَّان *jardinier*, Voc., Cherb., Macc. I, 446, 12, 581, 11, 586, 18, II, 328, 17, Ibn-Loyon 9 v°.

مَجِن (pour مَجْنُون), que les puristes condamnent, se trouve dans L (arepticius, ce qui est = dæmoniacus, voyez Ducange).

مَجَّن *épileptique*, Jackson 153.

مَجَنَّة *tapis*, dans la 1re partie du Voc., mais dans la 2e c'est مَجَنَّة.

جناريو *janvier*, Amari 168, 8.

جنب I. جنب له الجياد *il lui donna des chevaux de main*, *il les lui envoya en cadeau*, Berb. I, 435, 7 a f., II, 230, 10, 267, 13, 391, 6 a f., 431, 12; aussi c. الى p., Berb. II, 292, 13. — *Remorquer*, *prendre à la remorque*, Berb. II, 386, 2 a f. — *Border*, *garnir le bord*, *être sur le bord*, Bc.

III *s'avancer*, Ht; probablement: *s'avancer le long de*, *en côtoyant*, comme جانب البر, *border la côte*, chez Bc.

V c. عن *se mettre à l'écart*, *s'écarter*, *se garer*, Bc.

VI تجانبوا *s'éviter*, Bc.

جَنْب *aile*, *côté d'une armée*, Bc. — جَنْب *à côté*, *joignant*, *contre*, *près*, *auprès*; جنبى «à côté de moi;» قعد جنبه «il s'assit près de lui;» بيتي جنب بيته «ma maison est contre la sienne;» جنب بعضهم *côte à côte*, *près l'un de l'autre*; — *le long*, *sur les bords*, *en côtoyant*, Bc. — على جنب *à l'écart*; — *à part*, *séparément*, Bc. — خلى عن جنب *mettre à l'écart*, Bc. — جنب *en comparaison de* (Lane d'après le TA), Freytag Chrest. 55, 5, R. N. 58 v°: فقال لى فانها صغيرة حقيرة mes péchés sont énormes,

وكان ;فى جنب عفو الله وكرمه — aussi: *qui est à côté de, qui vient en même temps que,* Bidp. 244, 7: من — .محتملا لكلّ ضرر فى جنب منفعة تصل البك *de part en part, d'outre en outre,* Bc. الجنب للجنب

جَنْبَة. 1001 N. II, 101, 1: اشترى لك جنبة ياسمين, où Lane traduit *panier.* — جنبات, si la leçon est bonne, doit avoir un sens qui m'est inconnu chez Bait. I, 65, 1: ويستاخرج عصارته بلولب وجنبات c'est la leçon de A; dans B la première et la troisième lettre n'ont pas de points; dans Boul. وخشبات.

جَنْبِيَّة, mot dont les Mecquois se servaient déjà du temps d'Ibn-Batouta, *poignard recourbé,* Gl. Esp. 290, Buckingham II, 195. — Pl. جَنابى, *pente d'une colline ou montagne, côte,* Alc. (ladera de cuesta).

جَنَاب. جناب الجبل *versant de montagne,* Roland. — *Portion,* Roland. — Comme titre d'honneur: *seigneurie,* Roland, *excellence,* Ht, Bc, *sérénissime,* Bc, *altesse,* Ht; on donne ce titre aux employés du gouvernement, de Sacy Chrest. I, ۱٥۸, 1, Amari Dipl. 214, à la mère du calife, Djob. 224, 16, etc. On dit aussi جنابك « votre seigneurie, vous, » p. e. حاشا جنابك من البخل « loin de moi l'idée que vous soyez avare, » Bc. الجناب العالى *altesse,* Bc. En parlant de Dieu, p. e. جلّ جنابه تعالى عن ان « la majesté divine est trop grande pour que, » Bc. Au figuré: جناب الشريعة محترم « la majesté de la loi divine était respectée, » de Sacy Chrest. II, ۹۶, 11. غضّ من جناب *manquer au respect que l'on doit à quelqu'un,* Hist. Tun. 97: فلمّا قدم على شعبان انف من الغيام له وغضّ من جنابه فكان ذلك سبب العداوة de même 104 et 118.

جَنْب. Dans le Voc., avec le pl. جنب, *cui accidit* (accidit) *pollucio.* — Au duel, الجنوان, *les deux faîtières d'un palanquin,* les deux perches en forme d'arc qui sont au haut d'un palanquin et qui se croisent au milieu pour soutenir la toile, Ztschr. XXII, 157, 4.

جَنِيب. On avait la coutume de conduire derrière le sultan plusieurs chevaux de main, جنائب, superbement équipés, Maml. I, 1, 192, Amari 448, 4 a f., de Sacy Chrest. I, ۷٥, 7. — Le pl. *chevaux, cavaliers,* Calâïd 190, 3 a f.: فلمّا اصبح (l. أصبحت) عقد

كتائب، وقائد جنائب، وصاحب الزينة. — *Ayant* une chose à *son côté;* جنيب عكاز « ayant un bourdon à son côté, » Müller 50, 3.

جَنَابَة *impureté,* ce qu'il y a d'impur, de grossier, d'étranger dans un corps, Bc.

جَنَابِى. Dans de Sacy Chrest. I, ۱۴۳, 9, للحضرة الجنابية semble au premier abord un titre d'honneur, « son altesse; » mais pensant à d'autres mots dérivés de cette racine, l'auteur a employé par antiphrase le mot جنابى dans le sens d'*impur.*

جَنّاب *le fâcheux qui, pour manger à son aise, se fait une plus large place en jouant des coudes,* Daumas V. A. 315.

الجنابيات جَنابِيَة sont les pierres posées de champ sur les deux côtés de la tombe, et qui en forment l'encadrement latéral, Brosselard, Mémoire sur les tombeaux des émirs Beni-Zeiyan etc. 19.

جانب *aile, côté d'une armée,* Bc. — *Quartier, partie latérale d'un soulier, d'un sabot,* Bc. — Au duel, الجانبان *les deux parties intéressées,* Macc. II, 230, 18. — Pour ce qui concerne le sens de *tractus, regio,* etc., il faut remarquer l'expression: انطلق لجانبه *il passa son chemin, il continua sa route,* Bidp. 274, 7. — Quant à l'expression نخاف جانبكم (chez Freytag), comparez Amari Dipl. 24, 9: وخوفناه من سوء فعالهم جانبكم وعقوبتكم لما على. — Dans le sens de *partie, portion* (cf. Lane), surtout *une grande partie,* voyez Fleischer dans Gersdorf's Repertorium 1839, p. 433 (où il cite de Sacy Chrest. III, 380, 4 a f. et Bc sous « partie ») et dans son édit. des 1001 N., XII, préface, p. 93, où il a corrigé ce qu'il avait dit dans son livre de Gloss. Habicht. 87; ما فى ملكه الا جانب « partie de marchandises; » بضائع منه « il ne le possède qu'en partie; » *partie, somme d'argent due,* وفى جانبا « acquitter une partie; » مضى من الليل جانب *à-compte,* Bc; جانب من المبلغ Freytag Chrest. 44, 4 a f.; Meursinge 24, 9, Berb. I, 148, 2, 196, 5 a f., II, 121, 1, 1001 N. II, 66, 7 a f., 577, 12, 627, 7 a f., III, 195, 218, 3 a f.; là où l'édit. de Bresl. IV, 372, porte من جانب الجبس, l'édit. de Macn. a بعض من الجبس. On dit aussi: اقطعوهم جانب الوداد والموالاة ils leur conservèrent une certaine apparence d'amitié et d'attachement» (de Slane), Berb. II, 128, 6; كان من الكرم, pour exprimer: il était très-généreux, très-libéral, 1001 N. Bresl. VII, 259; كان والعطا على جانب عظيم, 1001 N. Bresl. VII, 259; «il était dans un grand embarras, على جانب من الحيرة» de Slane Prol. I, p. LXXV a. — *Honneur* (cf. Lane), Djob. 60, 7: وكان يحافظ على جانب هذا. De là وقع فى جانبه, *blâmer quelqu'un*, Akhbâr 144, 2, ou (même histoire) Bayân II, 105, 5 a f. — *Titre d'honneur* (comme جَنَاب), *excellence*, *altesse*, etc., الجانب الكريم, Amari Dipl. 106, 4 (où l'ancienne traduction latine, p. 306, porte: dominus rex), ibid., 2 a f., الجانب العلى, 108, 4. — بجانب *à côté*, *auprès*, Bc. — على جانب n'est pas seulement à *côté de*, mais aussi *autour de*, 1001 N. I, 60, dern. l.: — عملت لفضرة على جانب الحرة. فاموا ان يصعدوا *à l'égard de*, Amari 389, 9: المنابر فيتكلموا فى جانب الموحدين بسوء. Aussi pour فى, *dans*, Koseg. Chrest., préface, p. XIII (où le pronom se rapporte aux mots «chevaux et dromadaires»): وصار يسوق عليها فى جانب الاقطار. De même فى جوانب, Berb. II, 249, 5: علك فى جوانب تلك الملحمة, 281, 15.

أَجْنَب. *Un Arabe donne le nom de* اجنب *à celui qui n'est pas de sa famille*, p. e. Bat. IV, 388: والنساء هنالك يكون لهن الاصدقاء والاصحاب من الرجال الاجانب «dans ce pays, les femmes ont des amis et des camarades pris parmi les hommes étrangers à leur famille.» — *D'un autre genre*, Auw. I, 102, 12, après avoir parlé de la fiente de pigeon: واما زرق غيرها من الطيور الاجانبة (الاجانب ١). ❀

أَجْنَبِيّ. *Un Arabe donne le nom de* اجنبى *à celui qui n'est pas de sa famille*, p. e. Bat. IV, 389: «les وكذلك للرجال صواحب من النساء الاجنبيات hommes, de leur côté, ont des compagnes qu'ils prennent parmi les femmes étrangères à leur famille;» 1001 N. I, 245, 4 a f.: فانى اخاف ان تدخل على. — امراة اجنبية فتروح روحك. — *Accessoire*, Bc. — C. *n'appartenant pas à*, كلام اجنبى عن العقد v. d. Berg 42. — *Un tiers, une troisième personne*, v. d. Berg 70, n. 1.

مُجَنَّبَة *tapis, dans la 2e partie du Voc., mais dans la 1re c'est* مُجَنَّب; *comparez* مِجْنَب *chez Lane.*

مُجَنَّب n'est pas seulement *aile d'une armée*, mais aussi: *aile d'un édifice*, R. N. 97 rº (en dehors d'une mosquée): أَخَذَ عصاه وجاء الى العمود الذى فى الاجنبة; *côté d'un bassin*, Macc. I, 374, 6; فاقبل يطعن فيه بعصاه *aile, appendice*, Maml. II, 2, 70, 7 a f.

جَنْبَذَ ou جُنْبَذَ I, *verbe dénominatif, remplir une mesure de capacité de telle manière que le contenu forme une* جُنْبَذَة, c.-à-d., *une espèce de voûte ou coupole.* Al-Cabbâb, 118 rº, cite cette décision de Mâlik: لا يطفف ولا يجلب فان الله تعالى قال ويل للمطففين (83, 1) فلا خير فى التطفيف ولاكن يصبّ عليه حتى يجتبد; *ensuite il donne cette remarque du cadi Abou-'l-Walîd ibn-Rochd*: وقع فى الرواية حتى يجتبد ولم يمسك والصواب يجنبذ فاذا اجنبذ قال بعض اهل اللغة الجنبذة المكان المرتفع من الارض وانّما قلنا هو الصواب لان الاجتباد هو الجلب الذى منع منه. *Se fondant sur ce passage, de Goeje (Gl. Fragm.) a dit que le verbe dénom. est* اجْنَبَذ; *je crois qu'il s'est trompé, mais il faut observer ceci: le texte de Mâlik porte* يجتبذ *et* اجتبذ, *la VIIIe forme de* جبذ *ou* جبد; *c'est une faute, dit Ibn-Rochd, qui cite les premiers et les derniers mots du passage en question (cf. Abbad. I, 18, n., l. 6), car cette VIIIe forme de* جبذ *signifierait*: «faire en sorte que la mesure soit rase,» *et c'est justement ce que Mâlik défend. Il faut donc lire, dit-il,* يَجْتَنِبذ *et* فاذا جَنْبَذَه, — *car il me semble que dans le* فاذا اجنبذ *du man., l'élif est de trop et que cette lettre provient de la fausse leçon* اجْتَبَذ *du texte de Mâlic.*

جُنْبَذ (pers. كُنْبَذ), *en Perse, temple du feu; voûte, coupole; — chapelle sépulcrale*, Gl. Fragm.

جُنْبَذ, *proprement le même mot que celui qui précède, au fig., calice d'une fleur qui n'est pas encore éclose*, Gl. Fragm., Bait. I, 265 e, où il faut lire avec nos man.: جنبذ الرمان (B avec le *dâl*), Most. vº زهر الرمان, *le pl.* ات, Abou-'l-Walîd 570, 29 et 30.

جُنْبَذَة, *moins correctement* جَنْبَذَة, *édifice voûté*, Gl. Fragm. — *Colline*, plus haut sous le verbe.

مُجَنْبَذ *voûté, en forme de voûte*, Gl. Fragm.

جنبل et جنبر *voyez sous* شنبر.

جنست اوربة‎ centaurée, Ibn-al-Djezzâr v° غافت‎.

جنست قبطة‎ voyez جانىت قبطه‎.

جنتيان‎ voyez شنتيان‎.

جنم‎ coup sur la tête, Domb. 90 (كَنَكْ‎).

جنجباسة‎ est reptile dans le Voc. (seulement dans la 1re partie); c'est millepieds, scolopendre, Zahrâwî 228 r°: لدغة العقرب التى تسمى العقربانا وتسمى اربعة واربعين وتسمى عندنا بالجنسبباسة وهى دابّة لها ارجل كثيرة صغار متقاربة‎ (sans points diacritiques dans le man.). Alc. a sans doute en vue le même mot, quand il donne « çubcipīcha » sous « cientopies serpiente » (millepieds), et je crois que ces deux formes sont des altérations de l'esp. cientopies.

جنجر‎ (pers. جنجر‎) dipsacus fullonum (Sonth.), Bait. I, 265 f, qui épelle le mot.

جنجق‎ I c. a., aussi شنشف‎, déchirer, Voc.
II être déchiré, Voc.

مجنجق‎ vêtu de haillons, de guenilles, Alc. (pañoso vestido de remiendos; il a munchêncheq, mais je crois que le n est de trop).

جنجل‎ humulus lupulus (Sonth.), Bait. I, 265 c. — = جلجل‎ loriot, bouton à la paupière, M.

جنجلين، جنجليل، جنجلى‎ chez Alc., altérations de جلجلان‎ (voyez).

جنم‎ I. Dans le vers chez Macc. II, 776, 11, où Fleischer lit فيجنم‎, ce verbe serait, selon ce savant (Berichte 194), un dénominatif de جَناح‎ et signifierait demeurer à côté de, c. a.
II c. a. courber, Voc. — Saigner un cheval au flanc, Auw. I, 34, 7 a f., II, 672, 15. — Séparer quelques pièces d'un troupeau pour les voler, Alc. (atajar ganado, et تجنيم‎ atajo de ganado).
IV, au passif, en parlant d'un vaisseau, de même que la Ire, demeurer à sec, Gl. Belâdz.

جنم‎ ténèbres, Voc.

جنحة‎ crime, M.

جناح‎ Pl. أجناح‎, Voc., Alc., Abou'l-Walîd 799, 36, جنم‎, Bc. Pour indiquer la vitesse d'un cheval, on dit en parlant du cavalier: طار بجناح‎, Calâïd 192, 12. — Pl. أجناح‎, troupe, nombre plus ou moins considérable de gens assemblées ou d'animaux; بعث جناحا من جيشه‎ « il envoya un détachement de son armée, » Müller L. Z. 50, 8; جناح من خيل‎, « un détachement de cavalerie, » Alc. (escuadra batalla; il a aussi ce terme sous « atajo de enemigos, » et peut-être faut-il entendre sous ces mots espagnols: un détachement ennemi qui coupe le chemin); جناح من بقر‎ « troupeau de vaches, » Alc. (hato de vacas), جناح من ضان‎ « troupeau de moutons, » Alc. (hato de ovejas), aussi جناح من غنم‎, Alc. (manada de ganado menudo), et جناح‎ seul, Alc. (rebaño de ganado). — Pan d'un bournous, de Slane, note sur Becrî 159. — Pl. أجناح‎, morceau d'un vieux fer de cheval, Alc. (callo de herradura). — Pl. أجنحة‎ crochet, Gl. Edrîsî. — Pl. أجناح‎, nom d'un instrument de musique, harpe, Alc. (harpa instrumento), manicordion, Alc. (monacordio); جناح من عشرة اوتار‎ instrument de musique à dix cordes, Alc. (diez cuerdas instrumento musico). — En anatomie, le pl. أجنحة‎ les os qui sont à côté des vertèbres, Gl. Manç. v° سناسن‎. — Pl. أجناح‎ aunée (plante), Alc. (ala yerva conocida, enula yerva o ala), Most. sous راسن‎: بالعجمية الة‎ « c'est ce qu'on nomme en espagnol ala, » Gl. Manç.: راسن هو النبات المسمى بالجناح‎, Bait. I, 266 c: والجناح مطلقا عند عامة الاندلس هو الراسن‎ « le mot djanâh seul désigne l'année chez le vulgaire en Andalousie » (Sonth. a traduit ces paroles d'une manière ridicule), 476 b, Auw. II, 313, 6, 11, Bc; جناح شامى‎ aunée, Sang. L'expression الجناح الاحمر‎ signifie peut-être arbousier, car l'auteur du Most. dit sous قاتل ابيه‎, qui signifie « arbousier: » — ورايت انه الجناح الاحمر جناح السمك‎ nageoire, Bc (cf. Lane). — جناح طاحون‎, volant, aile de moulin, Bc (cf. Lane). — جناح النسم‎ ne signifie pas seulement cynara scolymus, Bait. I, 266 c, mais aussi: le froment de Barbarie, Shaw I, 213, Rozet I, 209. — جناح الهيكل‎ est chez Alc. « velo de templo » (pl. أجناح‎); جناح‎ semble donc avoir le sens de voile, Berb. II, 85, dern. l., 203, 4. Chez

Bc جَنَاحُ الهَيْكَل est *pinacle, la partie la plus élevée d'un édifice, comble en pointe*.

جُنَاح *peine, difficulté*, Calâïd 192, 12.

جَانِح *aile*, M.

جَانِحَة Le pl. جَوَانِح *nageoires*, Ht.

نَاقَة مُجَنَّحَة الجَبِينَيْنِ, Dans l'expression que Lane donne d'après le TA, je soupçonne qu'il faut substituer الجَنْبَيْنِ, « les deux flancs, » à الجَبِين. — ثِيَاب مُجَنَّحَة *des vêtements à grands pans*, Becri 159, 7, avec la note de M. de Slane.

جند II. جَنَدَ أَرْضًا et جَنْدَ *faire d'une province un djond*, c.-à-d., *une division militaire*, Gl. Belâdz. — *Mobiliser les soldats d'un djond ou division militaire, les envoyer en expédition*, Akhbâr 56, 9: ثُمَّ لَمَّا جَنَّدَ جُنْدَ قِنَّسْرِين صَارَ الصَّمِيل فِيه ✿

V *s'engager, s'enrôler, entrer dans l'armée*, Gl. Maw.

جُنْد. جُنْدِي ou جِنْدِي *s'applique à présent en Egypte exclusivement à un cavalier, par opposition à عَسْكَرِي, fantassin*, » Burckhardt Nubia 482, M.

جَنَد *crocus*, Most. sous زَعفَرَان: وَقِيلَ هُوَ جَنَد.

جُنْدِي *cavalier, voyez sous* جُنْد. — *Titre d'un employé chargé de prendre soin de tout ce qui concerne les caravanes*, Browne I, 295 (gindi).

جُنْدِيَّة *armée*, Gl. Fragm. — *Le service militaire*, Voc., Macc. I, 709, 18 et 19, Haiyân 21 r°: فَصَار لِلخِدمَة لِلجُنْدِيَّة (comme بِالمَصَاف بِقُرْطُبَة وَتَصَرَّفَ فِى الجُنْدِيَّة), ibid. 21 v°: (وَتَصَرَّفَ فِى الخِدمَة لِلجُنْدِيَّة), Khaṭîb 114 r°: الَّذِى بِأَنْوَاع الجُنْدِيَّة. — *Harnais, couverture de cheval*, Alc. (guarnicion de cavallo, paramentos de cavallo فَرَس بِجُنْدِيَّة cavallo encobertado).

جَنَّادَة (*défenseurs, milices?*) *est le nom que reçurent les membres d'une société qui avaient adopté les pratiques religieuses d'un réformateur*, Berb. I, 97, 3 a f., avec la note dans la trad. I, 154.

مُتَجَنِّد *soldat*, Abbad. I, 322, 3 a f., II, 159, 3 a f., Macc. III, 366, 10, l'anonyme de Copenhague 32, 90, 95, 107, 115.

جُنْدُب chez le vulgaire, *sorte d'oiseau qui saute beaucoup, qui ressemble à la sauterelle, et qu'on appelle aussi* قَبُّوط, M.

جُنْد بَادَسْتَر. C'est ainsi qu'Alc. (cojon de castor animal) *prononce le nom du castoréum*; chez Bc جَنْد بَادَسْتَر; dans le Voc. جُنْد بَأَسْتَر. — *Le castor même*, Macc. I, 122, 5, mieux chez Bc حَيَوَان جَنْدبَادَسْتَر c.-à-d. *l'animal qui donne le castoréum*.

جندل.

مُجَنْدَل *pierreux*, Voc.

جنر

جِنَارَة (κινάρα) *artichaut*, Bc.

جُنَّار, pour جُلَّنَار, *balauste, fleur du grenadier sauvage*, Bc.

جنز II. جَنَّزَ المَيِّتَ, *en parlant d'un prêtre chrétien, prier pour un mort quand on l'enterre*, M.

جَنَاز, comme جَنَازَة, *convoi*, Bc.

جَنَازَة Prov.: المَيِّت الكَلْب والجَنَازَة حَامِيَة « *il y a beaucoup de bruit pour peu de chose*, » Bc.

جَنَازِيّ *funèbre, mortuaire*, Bc.

جنزبيل, pour زَنْجَبِيل, *gingembre*, Bc.

جنزر I (cf. زَنْجَر) *effleurer, tomber en efflorescence*, Bc. — *Enchaîner*, Bc, Hbrt 142.

جَنْزَرَة *efflorescence, t. de chimie, enduit salin, semblable à de la moisissure, qui se montre à la surface des métaux*, Bc.

جِنْزَار (pour زِنْجَار) *vert-de-gris, verdet*, Bc, Hbrt 171, Ht, M.

جِنْزِير (pers.) pl. جَنَازِير *chaîne*, Bc, Hbrt 142, M, Habicht Gloss. sur les tomes I et II de son édit. des 1001 N. — *Cordon, bord façonné autour d'une pièce de monnaie*, Bc.

جنس II. Abou'l-Walîd emploie bien la construction indiquée par Lane, c. a. et بِ, 418, 649, 684, 699, mais il a aussi جَنَّس بَيْنَه وَبَيْن, 412, 6.

III c. a. est dans le Voc. *asimilare*. On emploie en effet cette forme dans le sens de la seconde: *assimiler une chose* (acc.) *à* (بِ) *une autre*, Macc. II, 646, 21, où il faut lire مُجَانَسَت, au lieu de مُحَاسِن, voyez Fleischer Berichte 161.

V *être homogène*, Abou'l-Walîd 191, 3, mais un autre man. a la X⁰.

VI. مُتَجَانِس *homogène, similaire*, Bc. — حسن تَجَانِس اللفظ *parallélisme, symétrie d'expression*, Bc. — كيف تَجَانَس مع المَتَجَانِسين Si Alî est Dieu, «comment a-t-il pris la nature humaine?» Ztschr. III, 303.

X voyez sous V.

جِنْس Le pl. جُنُوس *nations*, Roland. — طريدة من جنسين *galère à deux bancs*, Alc. (galea de dos ordenes); طريدة من ثلاثة أَجْنَاس *galère à trois bancs*, Alc. (galea de tres ordenes).

جِنْسَة *gentiane*, Alc. (genciana yerva).

جِنْسِى *sexuel*, Bc.

جِنْسِيَّة *homogénéité*, Macc. I, 882, 8.

جِنْسِيَانَة *gentiane*, Bc.

DJENGRON espèce de *grand panier* servant à renfermer des poissons ou des fruits, Espina R. d. O. A. XIII, 145.

جنفس *moire, satinade*, Bc, *taffetas*, Hbrt 203.

جنفص . جِنْفِيص et جُنْفِيص (κάνναβις) *canevas, serpillière*, Bc, M.

جِنْفَاصَة et جِنْفِيصَة *banne, grosse toile qui couvre un bateau*, etc., Bc, M.

جنقل .

جَنْقَل (pers. جَنْكَل, *croc, crochet*) *croc-en-jambe*, Daumas V. A. 361.

جَنْقَلَة *alcyon, goëland*, Bc.

جنك II *marcher sur des mules ou pantoufles*, جَنَّكَ Alc. (chanquear). — (Formé du pers. جَنْك, *guerre, combat*) *être en colère*, M.

جَنْك ou جَنْك (*harpe*), au pl. جُنُوك, M, Maml. I, 2, 68. — جَنْك (pers. جَنْك) *guerre, combat*, M.

جَنْك *classe de danseurs publics, jeunes gens et garçons, ordinairement Juifs, Arméniens, Grecs et Turcs. Leur costume est en partie celui des hommes, en partie celui des femmes, et ils portent les cheveux longs et tressés*, 1001 N. IV, 694, 9 a f., avec la note de Lane dans sa trad. III, 730, n. 22. Le nom d'unité est جَنْكِى, *musicien*, Vie de Timour II, 876, 10, *danseur*, Bc. Dans la Descr. de l'Eg. XIV, 182, on trouve cette explication: «des femmes juives qui enseignent à danser, et qui quelquefois, montées sur des ânes, suivent le cortège des noces en jouant du *rebâb* ou du *târ*.»

جَنْكَة (esp.) pl. جَنَاك *mule, pantoufle*, Voc. (sotular), Alc. (calçado, chinela calçado). M. Lafuente m'a expliqué le mot esp. *chanco* de cette manière: «C'est proprement un soulier avec une semelle de bois; mais en Andalousie on dit communément: «andar en chancos,» ou «en chanqueta» dans le sens de: porter des souliers ou pantoufles sans talon, ou avec le talon doublé.» Chez Alc. جَنْكَة est aussi «xostra de çapato,» terme que M. Lafuente explique ainsi: «C'est une semelle de bois, de même que chanco, et je crois même que, dans quelques districts, ce mot signifie simplement semelle.» Cf. Müller L. Z. 96. Au Maroc on emploie encore جَنْكَة dans le sens de «vieux soulier fort usé, savate» (Lerchundi).

جَنْكَنَا pl. جَنْكَان *jongleur, bohémien*, Ht.

جَنْنُونِى . بنات الجَنْنُونِى, expression dont j'ignore l'origine, mais qui semble signifier *fesses*, Bâsim 68: فصربوب علقة على بنات الجَنْنُونِى

جِنَّة (du nom propre Chine), au Maghrib, *orange*, M; cf. جِينَة.

جَنَوِى (berb.; أَجَنْوِى) *sabre*, Dict. berb.; adjenéwi, *coutelas*, Venture 434; adjenowee, *sword*, Vocabulaire berb. dans Hodgson 85) *sabre très-long*, R. d. O. A. N. S. X, 551; — *couteau*, Domb. 81, Jackson 191; le pl., Inventaire: ومن الجَنَوِى أفلامينك ١٨ طرزينة «18 douzaines de couteaux hollandais» (le négociant hollandais a ajouté à la traduction de Schultens l'explication: messen).

ورق جنوى . جنوى *papier très-fin*, Bc.

جَنَوِيَّة pl. ات *palissade*, Mong. 288 a, Freytag Chrest. 131, 11.

جنى I semble signifier aussi, comme la IV⁰, *faire cueillir, rendre propre à être cueilli*, Abbad. I, 308, 11, où le pronom de la 2⁰ personne se rapporte à la

terre: جَنَى ثِمَارك; dans la note p. 344, n. 101, j'ai soupçonné que c'est la IIᵉ forme, mais je n'ai pas rencontré cette dernière ailleurs avec cette signif.
— De même qu'on dit شَرًّا جَنَى (cf. Lane), on dit جَنَى حَرْبًا «causer une guerre,» Badroun 151, 3 a f., جَنَى صَجَرًا «causer de l'ennui,» P. Macc. II, 550, 19.

II? voyez sous la Iʳᵉ. — جَنَى اَحَدًا جِنَايَةً imposer une amende à quelqu'un, Fakhrî 187, 13.

IV, avec deux accus., faire cueillir, notes de Fleischer sur Macc. I, 700, 17 (Berichte 241), II, 188, 6, Lettre à M. Fleischer 171, Abbad. I, 62, 3 (cf. III, 25), Macc. II, 442, 10. — Voyez sous مجن.

V c. على p. et ر., accuser quelqu'un de, lui imputer une chose digne de blâme, Berb. I, 439, 9 a f., 478, 9 a f., II, 369, 4 a f.

VII être cueilli, Voc.

جَنَى. Le nom de l'arbouse est الحَبَّةُ الأَحْمَرُ (voyez), mais on trouve الجَنَى الأَحْمَرُ dans le Most. (v° قاتل ابيه) et chez Bait. I, 265 d, sous le djîm.
— جَنَى الوَرْدَة, qu'il traduit par «enfant [fruit] de la fièvre,» enflure du foie, Werne 43.

جَنَى embryon, Domb. 76.

جَنَاء cueillette, récolte annuelle des fruits, Bc.

جِنَايَة. Le pl. fruits, dans ces paroles du Prophète citées Auw. I, 2, l. 1: اطلبوا الرزق فى جنايا الارض, où le man. de Leyde porte جنايات. — Une amende imposée à des gens que l'on veut punir, Maml. I, 1, 199; mais dans le dernier passage qu'on y trouve cité, et peut-être dans d'autres, il faut lire الجبايات, avec le bâ, qui signifie «impôts;» Fakhrî 187, 13, 16, 365, 6 a f.

مُجِن malfaiteur, homicide, sacrilège, Voc. (sous peccare), Alc. (maleficio hazedor de mal, malhechor, omeziano que mato padres, omiziano de qualquiera, sacrilego).

جهاركاه (pers.) le quatrième mode de musique, M.

جهازكى. Ce mot qui en apparence est persan, mais que je ne trouve pas dans cette langue, est expliqué de cette manière dans le Gl. Manç. (in voce): عروق

علّل, Je lis فى الشُّفَتَيْن تُفْتَصَد فى حِلَل الفَمِ au lieu de حِلَل, et je traduis: «Ce sont des veines dans les lèvres que l'on saigne dans les maladies de la bouche.»

جَهْبَذ, aussi جِهْبَذ (pers. كَهْبَد), composé de كَدّ, creuset, et de بَدّ, sanscr. pati, seigneur, directeur, proprement: directeur du creuset), pl. جَهَابِذَة, celui qui examine les pièces de monnaie pour séparer les bonnes des mauvaises, essayeur, vérificateur, changeur; — en général, celui qui discerne le bon du mauvais, le vrai du faux, p. e. تاجر جهبذ, un marchand qui discerne les bonnes marchandises des mauvaises, Macc. I, 372, 4, un homme qui connaît à fond les affaires et qui en pénètre les circonstances les plus subtiles, un critique judicieux, Gl. Fragm.; les auteurs qui y sont cités ont corrigé les fautes de Moninski, de Freytag, etc.; Macc. I, 47, 8, 465, 13, 590, 14, Prol. I, 355, 12, II, 344, 9, 404, 1, III, 19, 15, Berb. I, 654, 6, Khatîb 30 r°: مقدّم فى جهابذ الاستاذين

جَهْبَذَة la perception et l'administration des revenus ou des taxes publiques; كاتب الجهبذة le ministre des finances (= صاحب الاشغال الخراجية), Fleischer, Beiträge zur arabischen Sprachkunde p. 96, 97 (note sur de Sacy Gramm. I, 18, l. 17 et 18), qui cite Abou-'l-mahâsin II, 174, dern. l., et Macc. I, 134, 7 (cf. l. 9). Mais dans le passage du Traité de Rhétorique par Ibn-al-Athîr, cité Maml. I, 1, 199: للجهبذة والصدقات والجوالى وستّر وجوه للجبايات (l. للجبايات), ce terme doit désigner un genre d'impôt.

جهجندم espèce de blé comme le froment, qui s'appelle en persan گَنْدُم, Payne Smith 1509.

جهد I c. ب p., ou c. على p., insister auprès de quelqu'un, Koseg. Chrest. 107, 11: فجهدت به اَلَّا يخرج; R. N. 77 r°: جهد حقَّه. — فجهدوا عليه فأبى insister sur son droit, Gl. Belâdz.

II c. a p. et على r., forcer quelqu'un à faire une chose, Cartâs 91, 9, où il faut lire, je crois, avec le man. de Leyde: وجهدهم على بناء مسجد فيه.

III maintenir, Ht.

IV encourager, animer, Alc. (esforçar a otro). — اجهد نفسَه faire tous ses efforts, Gl. Belâdz., Bidp.

جهر

25, 1; اجهد بدنه فى العمل *fatiguer excessivement le corps par le travail*, Bidp. 279, 4 a f.; اجهد رأيه = اجتهد رأيه, que Lane a sous I, Gl. Maw.

V, Diwan d'Amro'lkaïs ۱۳, vs. 11: ان تجهّد عدوه où M. de Slane traduit: « cum urgebatur cursus eius. » — *Se livrer à des pratiques de dévotion, de piété*, Cartâs 224, 14; peut-être faut-il lire مجتهد dans ce passage, mais cette leçon ne se trouve que dans un seul man.

VIII *se livrer à des pratiques de dévotion, de piété*, Cartâs 180, 13. — اجتهد برأيه et اجتهد seul = اجتهد رأيه, que Lane a sous I, Gl. Maw.

جهد *manque de vivres*, Gl. Bayân. — *Grande faim*, Bait. I, 47 d.

جهيد بكلّ جهد جهيد *à peine, ou à grand' peine*, Bc.

جهادى nom d'une monnaie d'or turque, M.

مجاهد ابو المجاهد titre d'un roi musulman du Bengale, J. A. 1823, II, 274, 288.

مجاهدة *poursuite, soin pour le succès*, Bc. — Avec l'article, ou مجاهدة النفس, Macc. I, 585, 13, *le combat spirituel, le combat qu'on livre à soi-même*, en se détachant de tout excepté de Dieu, Ztschr. XX, 41, n. 56, Khallic. I, 417, 5, Bat. IV, 63, Cartâs 180, 6, Macc. I, 568, 12, III, 679, dern. l., Prol. II, 163, dern. l., III, 61, 3, 4 et 5, 62, 8 et 17, 63, 13, Khatîb 86 r°, المجاهدات (ajoutez نذوى) وارباب المعاملات — أضبّر الناس على مجاهداته وأدومهم صاحب المجاهدات — على عمل وذكر الخ titre du sultan Baber sur une médaille, J. A. 1823, II, 288.

اجتهاد. الاجتهاد فى الشرع; les jurisconsultes de cette classe ont le droit d'interpréter le Coran et les traditions, et ce droit n'appartient qu'aux compagnons du Prophète (صاحب), à leurs disciples (تابع) et aux six imâms; الاجتهاد فى المذهب est l'autorité dans l'école, et الاجتهاد فى المسائل est le droit de décider certains points de jurisprudence; voyez v. d. Berg 7–9.

مجتهد, en Perse, *le chef de la doctrine chiïte, le chef de l'Eglise persane*, Defrémery Mémoires 411, n. 1, Fraser Khorasan 483.

جهر I. جهر *être nyctalope*, Richardson Sahara I, 322,

qui donne جهر dans le sens de *nyctalopie*, mais il faut جهر.

II *éblouir, priver de la vue* (البصر) *par trop d'éclat*, Bc, Hbrt 162, Ht.

IV *éblouir*, Hbrt 162.

V *être ébloui*, Bc, Hbrt 162.

VI c. ب r., *faire une chose blâmable en public, sans se gêner en aucune manière*, Vêtem. 274, n. 14.

جهر ou شهير, ou selon un autre بريشهير, *tour, machine dont se servent le tourneur et le potier*, Payne Smith 1453 (deux fois), 1513.

جهر *nyctalopie*, Avicenne I, 350; cf. sous la Ire forme.

جهر dans le sens de جهير (cf. Lane), *haut, clair, sonore*; بصوت جهر عال « à haute et intelligible voix, » Bc (sans voyelles).

جهرة, dans le sens de جهر et de جهارة, *aspect*, Haiyân 27 r°: جميل الرواء حسن الجهرة.

جهرة *petite mouche dans l'intérieur de l'Afrique, dont la piqûre est très-dangereuse pour le bétail*, Pallme 74 (johara).

جهرى *nyctalopie*, Auw. II, 577, 4, avec la note de Clément-Mullet II, 2, 115, n. 2. Le Voc. donne cette forme sous « cecus. »

جهرى semble avoir chez Ibn-al-Khatîb le sens que le TA (chez Lane) attribue à جهور, *audacieux*. Dans un passage de cet auteur, cité par Macc. I, 859, 4, on lit: وكان شديد البسط مهيبًا جهوريًا مع الدعابة والغزل, et dans un autre (chez Macc. III, 757, 26): بدويًا فتحًا جهوريًا ذاهلًا عن عواقب الدنيا والآخرة الخ.

جهورية *être clair, net, aigu*, en parlant de la voix, Khatîb 61 r°: جهورية الصوت وطيب النغمة. — *Audace* (cf. l'article qui précède), Khatîb 177 r°, en parlant de Mohammed Ier de Grenade: هذا الرجل كان آية من آيات الله فى السذاجة والسلامة والجهورية جنديًا تغربيًا شهمًا الخ.

جهرم II *se targuer, se prévaloir*; c. على p. *braver, narguer*, Bc.

جَوْزَمَة *bravade, action, parole par laquelle on brave quelqu'un,* Bc.

جهز II, en parlant d'un cadavre, voyez Lane, Cartâs 277, 5 a f., Berb. II, 116, 7 a f., 153, 7 a f., etc.; on emploie جَهَاز dans le sens d'un n. d'act., Koseg. Chrest. 44, 10: فَحَضَر غَسْلَه وجَهَازَه ورَقْعَه. — De même qu'on dit جَهَّز مَرْكَبًا, on dit جَهَّز عَسْكَرًا *armer un vaisseau, l'équiper,* Bc (لِلْحَرْب), Bat. II, 236, Cartâs 153, 15 et ailleurs. — En parlant d'un cheval, *harnacher,* Bat. II, 311, IV, 221; voyez aussi sous جَهَاز. — *Apprêter, préparer,* Bc, Hbrt 11, p. e. des mets, 1001 N. I, 65, 7 a f.; جَهَاز comme n. d'act., dans le sens de *se préparer,* Cartâs 145, 5 a f.: وَأَمَرَ المُوَحِّدِينَ وَسَائِر الأَجْنَادِ بِالحَرَكَة وَالجَهَازِ إِلَى الجِهَاد; on dit aussi: جَهَّز شَغْلَه «il a bien arrangé son affaire,» Bat. III, 413. — *Envoyer quelqu'un, après l'avoir pourvu des choses nécessaires,* ou simplement *envoyer,* Alc. (espedir), 1001 N. I, 81, 7 a f.: جَهَّزَنِي جَهَّزَ, de Sacy Chrest. I, ٦٨, 5: أَيْ فِي سِتَّةِ مَرَاكِب, Nowairî Egypte, man. 2 k, p. 99: ضَرَبْتُ بِالعَسَاكِر — عِنْدَه وَجَهَّزْتُ رَأْسَه إِلَى البِلاد. — *Dépenser,* Alc. (espender, synonyme de اَنْفَقَ).

IV, au fig., *décider,* Khatîb 18 r°, en parlant d'un excellent cadi: وَحَّى الاِجْهَازَ فِي فَصْلِ القَضَايَا.

V. يَتَجَهَّز بِالعَسْكَر إِلَى *marcher à la tête de l'armée vers,* Calât 81 v°. — *S'approvisionner,* Abdarî 49 r°: وَمِنْهُ يَتَجَهَّزُ مَنْ نَقَصَهُ شَيْءٌ مِنْ زَادِهِ إِلَى مَكَّة «c'est à Yanbo' que les pèlerins auxquels il manque quelque chose de leurs provisions, s'en procurent pour se rendre à la Mecque;» cf. sous la VIII°; Amari Dipl. 20, 2, où la traduction de l'éditeur est inexacte.

VIII? *s'approvisionner,* Abdarî 48 r°, après avoir dit que les marchands d'Egypte et de Syrie apportent beaucoup de blé à Aila pour le vendre aux pèlerins: (مِنْ أَيْلَة) وَكَثِير مِنَ الحُجَّاج مَنْ يَجْتَهِز مِنْهَا (c.-à-d.); mais comme je n'ai jamais rencontré ailleurs la VIII° forme de ce verbe et que la V° a en effet ce sens (voyez), je crois devoir lire يَتَجَهَّز.

جَهَاز pl. ات *harnais,* Bat. III, 222, Holal 9 r°: وَسَبْعُون فَرَسًا مِنْهَا خَمْسَة وَعِشْرُون مُجَهَّزَة جَهَازٍ مُحَلَّى بِالذَهَب. — *Provision de blé,* Abdarî 48 r°: وَقَدْ كَانَ كَثِير مِنَ النَّاس رَجَوْا رُخْصَهَا لِرُخْصِ الشَّام فَلَم يَكْمُلُوا جَهَازَهُم مِنْ مِصْر فَلَمَّا أَتَيْنَاهَا (أَتَيْنَاهَا l.) بَلَغَت بِهَا وَبِيعَة الدَّقِيق الخ. — *Marchandises,* Gl. Edrîsî.

جَهَاز pl. ات *bassin de chaise percée, pot de chambre,* Alc. (bacin pequeño, potro para orinar). Le Voc. a sans doute en vue le même sens, quand il donne ce mot, avec le pl. أَجْهِزَة, sous «latrina.»

جَهَازِيَّة سَفِينَة جَهَازِيَّة *navire marchand,* Gl. Edrîsî.

جَاهِز *prêt, préparé,* M.

مُجَهَّز مَدَافِع مُجَهَّزَة *batterie, plusieurs canons réunis et disposés pour tirer,* Bc.

جهش I. جَهَشَ بِالبُكَاء *fondre en larmes,* Berb. II, 139, 10, 215, 2.

IV. أَجْهَشَ بَاكِيًا *fondre en larmes,* Ibn-al-Abbâr, man., 64 r°.

جهل I *s'engourdir, devenir pesant et paresseux,* Alc. (entorpecerse). — جَهِلَ نَفْسَه *se méconnaître, oublier ce que l'on a été, ce qu'on doit de respect à,* Bc. — En parlant de vin pur, on dit جَهِلَت, c.-à-d., *être très-fort;* quand on y a mêlé de l'eau, c'est حَلَمَت, Gl. Mosl.

IV *engourdir, hébéter,* Alc. (entorpecer).

V dans le Voc. sous *ignorare; feindre d'ignorer,* Gl. Mosl.

VI *ne faire semblant de rien, cacher son dessein,* Bc. — *Devenir obscur, caché, peu connu* (homme), Holal 69 r°, en parlant d'Ibn-Hammâd qui avait été dépossédé et emmené à Maroc par Abd-al-moumin: تَجَاهَلَ وَتَجَاهَلَ وَاشْغَلَ نَفْسَه بِالصَّيْد.

X, au passif, *être inconnu,* Gl. Mosl. — Au fig., اِسْتَجْهَل فِي الحَرْب *être, en temps de guerre, brave jusqu'à la témérité,* Gl. Mosl.

جَهْل (proprement *ignorance*) *ne pas reconnaître la différence entre le bien et le mal,* Haiyân-Bassâm 28 v°, en parlant d'un homme qui avait tué sa mère: وَالأَخْبَار شَاعَت عَنْ جَهْلِه وَفَظَاظَتِه. — *Engourdissement, lenteur, pesanteur d'esprit, stupidité,* Alc. (entorpecimiento, torpedad o torpeza). — *Folies*, *excès, écarts de conduite*; ذنوب الجهل *péchés de jeunesse*, Bc; = الصبا, Gl. Mosl. — Au plur. أجهال ou جهول, mais chez Chanfarâ أجهال, *passions, désirs insensés*, de Sacy Chrest. II, ٢٢١, 1, 386, n. 64, 388, l. 1—4.

جهالة الصبا. *fredaine, folie de jeunesse*, Bc; *folies de jeunesse*, Haiyân-Bassâm III, 28 v°: — فأجده الصبا على الجهالة وقواة الشيب على المعصية *Amour illicite, coupable*, 1001 N. Bresl. XII, 215, 9.

جاهل. Le pl. جَهَلَة, Diwan d'Amro'lkaïs 112, 13, Kâmil 218, 20, Abou'l-Walîd 350, n. 66. — *Lourd, gauche, stupide*, Alc. (torpe cosa). — *Jeune, étourdi, évaporé*, Bc. — *Idolâtre*, Daumas Sahara 110, 120. — Chez les Druzes, *laïque*, v. Richter 132.

جاهلى (cf. Lane) *existant du temps du paganisme, avant l'islamisme*, p. e. une ville, une muraille, un torrent, un puits, etc., Ztschr. XV, 384—5.

تجاهُل المعارف, t. de rhétor.; c'est quand celui qui parle demande une chose qu'il sait, comme s'il ne la savait pas. Ce vers en est un exemple: «Dites-moi, je vous en conjure, ô gazelles de la plaine: Ma Lailâ est-elle une gazelle comme vous, ou bien appartient-elle au genre humain?» M (sous سرق).

مجهل. Il fut tué quelque part dans ces ravins et ces montagnes, وصار ذلك سبب مجهل مصرعه «et c'est pour cette raison qu'on ignore où (l'endroit précis où) il fut tué,» Haiyân-Bassâm I, 172 r°.

مجهلة *une chose que l'on ignore*, Prol. I, 44, 4. — Dans le sens de مجهل, *désert* etc., Gl. Djob.; on lit المفازى المجهلة Berb. II, 80, 2 a f.

مجهول *obscur, caché, peu connu* (homme, vie, naissance), Bc. — مجهول الاسم *anonyme, auteur qui ne s'est pas nommé*, Bc. — صيغة المجهول *la voix passive*, Bc.

جهم V. On dit تجهّم في وجه فلان *regarder quelqu'un d'une manière austère, le regarder en fronçant le sourcil*, R. N. 73 v°: وابو الغصن يتجهّم في وجه الشاب. Ce verbe s'emploie aussi en parlant du visage, تجهّم وجهه, Abbad. II, 40, 9 et n. 10.

جهم *un homme laid, désagréable à la vue*, 1001 N. Bresl. VII, 162, 13, où il est question d'un nègre.

لجهنم جهنم *cela m'est égal*, employé pour témoigner qu'on ne regrette pas la mort d'une personne, son départ, la perte d'un objet quelconque, Bc. — حَجَر جهنم *basalte*, Burton II, 74.

جهى II *prélever, lever préalablement une certaine portion sur le total*, Bc.

جو فانتهوا الى جو *un espace vide*, Prol. II, 209, 9: بين الحائط الظاهر وما بعده من الحيطان; dans le Voc. *spacium*; chez Bc *vague, le milieu de l'air*.

جوّا, vulgairement pour جوّة, p. e. à Médine: «le *juwwa* et le *barra*, la ville et les faubourgs,» Burton II, 18; comme adverbe: *dedans*; دخل الى الجوّا *s'enfoncer, pénétrer plus avant*; انسل وفات الى الجوّا «il se glissa dans l'appartement;» لجوّا *avant, profondément*, Bc, cf. M.

قطع جواة حافر الدابّة (أجْوِنَة) جُوّانة, *dessoler, ôter la sole*, Bc.

جواشير = جاوشير, *opopanax*, Bc.

جوانبيرة (?). C'est ainsi que M. Wüstenfeld (Yâcout V, 218) veut lire avec un man. dans Yâcout II, 837, 20, et ce mot, composé des termes persans جوان *jeune* et پير *vieille*, signifierait *sorcière*. Cette composition, jeune-vieille = sorcière, serait assez étrange; il faudrait prouver d'abord que les Persans l'ont eue; leurs dict. ne la connaissent pas.

جوب II *répondre*, Ht; c. على p., Rutgers 189, 18; c. على p. et ب r. *ibid.* 197, 12 et 13.

VII *se fondre* (neige), Gl. Fragm.

X *sonner, rendre un son*, Voc.; الرعد يستجيب *il tonne*, Voc.

جابا *gratis*, Bc, Burckhardt Arabia I, 51 (djebba).

جَوْبَة *marais*, Gl. Edrîsî et p. 388.

جواب *seul, dans le sens de* جواب الشرط (cf. Lane), *la proposition corrélative* qui vient après une proposition suppositive exprimée par لَوْ, إنْ, etc.; on dit p. e. que cette proposition corrélative est جواب لَوْ, le جواب de لو, Lettre à M. Fleischer 17. — Comme *réplique* en français: *les sons de l'octave supérieure*, Descr. de l'Eg. XIV, 125.

جوابير (composé de جَواب et de la terminaison esp. ero) *celui qui répond*, Voc.

جوبان

ذاهِبًا وجائبًا جائب continuellement, Berb. I, 607,
2 a f.

مجابة solitude aride, désert, Gl. Edrîsî.

مجيب défendeur, opposé à demandeur, Bc.

مجيبة transport, Ht.

مجاوب réciproque, Ht.

مجاوبة défenses, réponses en justice, Bc.

جوبان pl. جوابنة Dans Freytag Locm. 68, 6 et 7,
un émir des Turcomans dit: انا اكسرهم بالجوابنة الذين
معى وكان عدتهم سبعين الف جوبان غير الخيالة من
التركمان C'est le mot turc چوبان, berger, pâtre.

جوناريّة vase dont on se sert dans la haute Egypte
pour faire nicher les pigeons, Descr. de l'Ég. XVIII,
part. 2, 416.

جوج

جاجة pour دَجاجة, à Damas et au Maghrib, M;
جاجة قرنبيط et جاجة الحرش bécasse, Bc.

جوجة poisson du lac de Bizerte, Edrîsî 110, 2;
mais peut-être faut-il lire جَرَّة (voyez).

جوجان serviteur, domestique, Hbrt 221.
جوجانة servante, Hbrt 221.

جَوْجَح I balancer avec une balançoire, brandiller,
balancer dans une brandilloire; aussi جوجح, Bc.
II se balancer avec une escarpolette, se brandiller,
se balancer avec une corde, Bc.

جَوْجَح voyez l'article qui précède.

جوجحانة balançoire, brandilloire, Bc.

جوجل c. مع est dans le Voc.: habere secretum.

جوجلة chez le vulgaire au Maghrib, boucle d'oreille,
Abou'l-Walîd 793, 32; cf. ce qui suit.

جوجن

جواجن boucles d'oreilles, Domb. 82; cf. ce qui précède.

جوجو I piauler ou pépier, Alc. (cantar piar).

جَوْجُو merle, la Torre, Lerchundi.

جوجذر 1001 N. Bresl. VII, 83, 2 a f.: Entendant

جود

qu'on frappait à la porte, Alâ-ed-dîn dit à Zobaïda:
«Peut-être ton père أرسل الى الوالى او الجوجذر
Dans les dict. pers. on trouve چوكى دار, officier du
guet, et je crois que ce جوجذر en est une altération.

جُوخ II مجوخ formé de جاخت bandes, Maml. II, 2,
71, l. 3 et 9.

جوخ pl. أجواخ (turc چوقه) drap, Bc, Hbrt 19,
M, Macc. I, 692, 2 a f., de Sacy Chrest. I, 87, II,
267, 12, Amari Dipl. 187, 6.

جاخة bande, Maml. II, 2, 71, l. 3 et 12. Je
crois qu'il faut lire de même dans les 1001 N. Bresl.
II, 34, 8.

جوخة nom d'un vêtement de drap. Macrîzî rapporte que, dans sa jeunesse, le drap n'était porté
habituellement que par les Maghribins, les Francs,
les habitants d'Alexandrie et quelques personnes du
menu peuple de Miçr; les hommes distingués ne portaient une djoukha que les jours de pluie. Plus tard,
ajoute-t-il, la cherté des autres étoffes contraignit les
gens des hautes classes à se servir de drap et l'usage
en devint général en Egypte; voyez Vêtem. 127—131.
Veste en drap, Bc. Chez Cañes (cité Vêtem. 131):
«vêtement de drap ressemblant à une redingote;»
par-dessus chez Woltersdorff («ein Rock den die
Türcken über alle Kleider anlegen, und welcher das
eigentliche Kleid ausmacht»); la djobba en drap,
comme on la porte en hiver, Bg 800; «à présent on
désigne par tchoukha le par-dessus à manches pendantes que portent les Persans; mais jadis ce mot
s'appliquait spécialement à l'habit de moine,» de
Khanikof dans le J. A. 1865, I, 317; cf. Ztschr.
XXII, 79, 5, où Wetzstein traduit manteau rouge.

جوخى drapier, fabricant, marchand de drap, Bc,
Hbrt 82, Vêtem. 127.

جَوَّاخ même sens, M.

جود I, dans le sens de donner libéralement, c. على p,
Voc., c. a. p. et a. r., Müller 21, 16. En parlant
d'une femme, جادت بالوصل accorder ses faveurs, Bc.
II. جود الأكل manger copieusement, 1001 N. I,
273, 10. — Exprimer ses sentiments d'une manière
distincte, élégante, Abbad. I, 43, dern. l.: وقد ردّدت
الطير شاجوها، وجودت طربها ونهوها — Lire bien,
distinctement, Voc. — Lire ou réciter le Coran en

psalmodiant, *le chanter* (comme c'est la coutume), Abd-al-wâhid 263, 3, Macc. I, 583, 6, 597, 14, Bat. II, 3 (deux fois), Khatîb 28 v°: اليمَ انتهت الرياسة تجويد r°: 30, بالاندلس فى صناعة العربية وتجويد القران معرفة بكتاب الله وتحقيقا, *ibid.*: القران والامتياز بحمله جوّد لحقّه واتقاناه لتجويده ومثابرة على تعليمه seul a le même sens; التجويد seul signifie par conséquent: *l'art de réciter le Coran en psalmodiant*, Burton I, 83 n. (« Koran chaunting »), Macc. I, 550, dern. l., III, 40, 15, et celui qui possède cet art est un مجوّد, Macc. I, 896, 11, Bat. I, 358. — *Chanter des chansons*, Cout. 48 v°: فخاطب جاريته بريعة المعروفة بالإمام وكانت واحدة زمانها فى التجويد بأن تغنّى ـــ فاندفعت وغنّت après quoi on trouve le vers qu'elle chanta.

III *chiffonner*, Ht.

IV ياكل ويجيد *il mange copieusement*, Badroun 221, 11.

V dans le Voc. sous *meliorare*.

X *choisir avec grand soin* (cf. Lane), Berb. I, 502, 1, 609, 8 a f.

جود *service*, assistance, bons offices, Bc. — *Petite outre dont le cavalier se sert en voyage*, Ztschr. XXII, 120.

جَوْدَة, chez les Druzes, *l'état des initiés* (عقّال) *quand ils sont absorbés dans les choses de la religion*, M.

جوّدة *générosité*, libéralité; عمل معه جودة عظيمة « il lui a rendu un grand service, » Bc.

جَواد. Mehren 27 renvoie à ترجيل, où il a *souliers de paysan*.

جَوّاد dans le Voc., pour جَواد, *généreux, libéral*.

جويد, fém. ة, pl. اجاويد, chez les Druzes, *l'initié qui est absorbé dans les choses de la religion*, M.

جيّد *bon*, dans le sens de *grand, considérable*, Abdari 48 v°: وعن يمينه فى ناحية البحر على مسافة جيدة احساء اخر غزيرة « à une bonne (grande) distance. » — En Algérie, avec le pl. جَواد, *noble, membre de la noblesse d'épée*, Daumas V. A. 150,

Sahara 83, 214, 215, 256, Kabylie 460, Mœurs 24, Sandoval 266, 272.

اجاد, اجاد الماء *veine d'eau, petite source qui court sous terre*, Alc. (vena de agua). Il écrit: « Ijéd almí, » ce qui ne peut être autre chose que اجاد الماء; mais je ne comprends pas de quelle manière il faudrait mettre ce terme en rapport avec la racine جاد, et je ne vois pas non plus à quelle autre racine il appartiendrait.

أَجْوَد *coursier*, Cartâs 159, 5, de même que جَواد, comme portent d'autres manuscrits.

تجويد voyez sous la II° forme.

مجوّد voyez sous la II° forme.

مجواد *coursier rapide, noble*, Gl. Mosl.

جُوذَاب. Comparez avec Lane (395 c) cet article du Gl. Manç.: جوذابة للجوذاب صنوف من الاطعمة تتخذ من الارز ومن رقاق للخبز وشبههما ويتخذ ببقل وبغير بقل وبسكر وبغير سكر ويعبأ كلها ان توضع فى تنور الـ.... (lacune) ويعلّق عليها حيوان كالاوز ولجدا والخرفان وتشوى فيقطر دهنها عليها لا بدّ منها وأنّ فليست بجوذابة. Chez Djauzî 146 r° on lit: جوذاب التخيّر ينفع الشعال, et un peu plus loin: جوذاب للخشخاش.

جور I c. على *entreprendre sur*, usurper; جار على ارض غيره *empiéter*, usurper sur le terrain d'autrui, Bc. — Prov.: الجار ولو جار « il faut ménager son voisin, quand même on aurait à se plaindre de ses procédés, » Bc.

II c. الى *cingler vers*, de Sacy Chrest. II, 56, 3; c. عن, جور عن عدن *il évita Aden*, ibid. l. 8. — *Creuser*, Bc, Hbrt 178, Ht.

III. جاور الكذب *inventer, débiter des mensonges*, Bidp. 20, 4 a f.

V = I, *être injuste*, etc., Gl. Maw.

X c. ب ر., *s'appuyer sur un témoignage*, Abd-al-wâhid 141, 3 a f. — *Déclarer injuste, tyrannique*, استجور Haïyân 54 v°: قامت عليهم القيامة واستجوروا سلطان الجماعة وتشوّقوا الى الفتنة, Abbad. I, 169, 3 a f. (j'ai corrigé le texte et la traduction de ce passage, III, 30 et 31).

جَـار. Voyez un proverbe sous la Iʳᵉ forme du verbe. — جَار مُحْيِى الدين, « le voisin de Mohyî'd-dîn, » est le nom que *les cornichons* portent à Damas, parce qu'on les confit à Çâlihîya, où Mohyî'd-dîn ibn-al-'Arabî, le célèbre Soufi et le plus grand saint des Turcs, a son mausolée et sa mosquée; ce saint et les cornichons sont donc voisins, Ztschr. XI, 520. — جَار النَّهْرِ *épi-d'eau* (plante), Bc, Bait. I, 238 b, II, 43 b.

جُور Le pl. أَجْوار dans le Voc.

جِوَار *voisinage*, 1001 N. I, 9, 1.

جَوْرَة *voisinage*, Voc. — *Creux, cavité, trou en terre*, Bc, Hbrt 178, *fovea* chez Castel, *fossa* chez D. Germ. de Siles., 1001 N. Bresl. IV, 275, 4, Auw. I, 200, 7, où le man. de Leyde porte الجُورَة, mais peut-être faut-il lire الجُوخَة; *cave, caveau*, Ht. — *Poêle*, Mehren 27.

جَوْرِى *attentatoire*, Bc. — Epithète du bois de sandal blanc, voyez قصر مقاصرى sous بَخُور جورى *benjoin*, Bc.

جُورِى adj. rel. de جُور (pers. گور), nom d'une ville en Perse, qui reçut plus tard celui de Fairouzâbâd. Elle était si renommée pour ses roses rouges الورد الجورى وهو اجود اصناف الورد وهو الاحمر الصادق Yâcout II, 147, 11, et pour l'eau qu'on en tirait par distillation, Aboulfeda Géogr. 325, qu'on l'appelait « la ville des roses, » بلد الورد, Lobb al-lobâb v. b. De là chez Bc: ورد جورى *rose rouge de Damas*, et aussi جورى *incarnat*, adj., et لون جورى *incarnat*, subst., Bc, Hbrt 81.

جُورَان *empiétement*, Bc.

جُورَابَة *mouchoir de mousseline blanche, brodé d'or ou de soie*, Bc.

جِوَار, au fig., جوار المُظَافَرَة *la proximité du triomphe, le prochain triomphe*, Berb. II, 262, 1; الجِوَار seul dans le même sens, Berb. I, 549, 7, où il faut lire ainsi, au lieu de الجَوَار, avec notre man. 1351, les man. de Paris 74² et 74³, le man. de Londres et l'édit. de Boulac. — جُوَار *à côté de*, Voc.

جَائِر *despote; — despotique; — usurpateur*, Bc. — T. de cordonnier, *grande forme en bois pour les souliers*, M. — (*Irrésolu* chez Ht est une faute; il faut حَائِر, avec le *hâ*).

لجمير *mauve*, Daumas V. A. 381.

مُجَاوِر. A Médine on donne aujourd'hui le nom de مُجَاوِرُون à ceux qui habitent cette ville sans y être nés, Burton I, 360, II, 7. — *Gardien du tombeau d'un saint*, Burton I, 95 n.

جَوَّز I (proprement *être permis*) doit se traduire quelquefois par *mériter*, p. e. Macc. I, 142, 8: كان ينظم ما يجوز كتبه, il composa des vers qui méritent d'être rapportés. »

II *traverser, percer, transpercer*, Alc. (atravesado, passar con tiro o herida). — *Ficher, faire entrer par la pointe*, Alc. (hincar traspassando). — *Eprouver, mettre à l'épreuve*, Alc. (tentar). — Dans l'Eglise chrétienne, *donner, conférer les ordres*, Alc. (ordenar de orden sacro, مُجَوَّز, ordenado de orden sacro, synonyme de فقيه; aussi: graduado por ordenado). — *Canoniser, déclarer saint, inscrire au catalogue des saints*, Alc. (canonizacion تَجْوِيز, canonizado مُجَوَّز). — *Subir un examen* pour obtenir un emploi ou pour être reçu dans un corps de métier, Alc. (profession hazer en algun officio). — جَوَّز عَقْدًا *passer un acte*, Delap. 7. — Par transposition pour زَوَّج, *accoupler, marier*, Bc.

III. La signification que Freytag attribue en dernier lieu à cette forme: « aufugit ex periculo, c. مِن, » est peut-être empruntée au passage Bidp. 177, 8: ما أراـنا نجاوز عقبة من البلاء الا صرنا فى أشدّ منها; mais dans ce cas elle doit être biffée, attendu que مِن dépend de عَقَبَة, et non pas de جاوز, verbe qui a ici son sens ordinaire.

IV, *permettre*, aussi c. a. p. et r. (il lui permit de), Gl. Abulf. — Dans le sens de la Iʳᵉ, *passer, traverser*, Abbad. II, 10, 5, 196, 7. — Ce verbe ne s'emploie pas seulement quand un poète ajoute un second hémistiche au premier hémistiche d'un autre poète (Freytag), mais aussi quand un poète ajoute lui-même un second hémistiche au premier, dans un poème de sa composition, Abbâr 86, 6 a f. (cet auteur a copié Ibn-Haiyân, 94 rᵒ). — Des exemples de l'expression incorrecte اجاز على جَرِيبِه, pour أَجْهَزَ, se trouvent dans le Gl. Belâdz.

V, *employer un mot figurément*, se construit c. بـ, Baidhâwî II, 48, 3 a f. — *S'exprimer d'une manière impropre, dire ce qui n'est pas strictement vrai*, Abbad. I, 317, 4 (cf. III, 158). — *Détourner le sens d'un mot*, Gl. Manç.: dans trois passages du al-Kitâb al-Mançourî le n. d'act. الانحجاب ne signifie rien autre chose que الايلاد, ce qui est contre l'usage, فـفيه تحريف. — Par transposition pour تزوّج, وَنَتَجَوَّزُ غَيْرُ مُتَعَارف *se marier*, Bc.

VI, dans le sens de *dépasser, outre-passer*; on dit: il fit jeter en prison ces deux personnages وتجاوزهما الى نفر غيرهم (غيرهما l.) « et en outre quelques autres, » Haiyân-Bassâm I, 10 v°. En parlant du serment de fidélité prêté à un sultan qui vient de monter sur le trône: ثم دعا الناس الى البيعة فابتدروها مسارعين, وتجاوزت خاصتهم الى العامة, Haiyân 3 r°, pour indiquer que ce serment fut prêté, non-seulement par les grands, mais aussi par le peuple en général. لا يتجاوزهم هذا الصناعة, Becrî 149, 1, dans le sens de: « d'autres n'exercent pas ce métier. »

X c. a. p. *prier quelqu'un ou lui ordonner de réciter le second hémistiche d'un vers, après qu'on en a soi-même récité le premier*, Berb. I, 432, 9. — C. ل *vouloir pénétrer jusqu'à*, Gl. Bayân.

جاز, par transposition pour زاج, *vitriol, couperose*, Bc.

جَوْز *nœud de la gorge*, Alc. (nueç del cuello). — جوز أرقم est la plante qui, chez les Berbères, porte le nom de الاكشار, Bait. I, 275 d. — جوز أرمانيوس *nux Abyssinica*, Bait. I, 273 c. — جوز بوّا (*muscade*); on trouve aussi dans les man. جوز بَوّا, de Jong, et جوز بَوّا, Most. La (où N a بَوّا) (pers.) جوز جندم (جُنْدُم) *mangostan*, Bait. I, 274 b, qui atteste que le djîm du second mot se prononce avec le *dhamma* (جوز كندم chez Freytag est une faute); aussi جوز عندم Bait. ibid., Most., et جوز الحبشة, Most. *nux Abyssinica*, Bait. I, 272 e. — جوز الحلق *pomme d'Adam*, éminence au-devant de la gorge, Bc. — جوز حنّا synonyme de اذخر, Most. sous ce dernier mot; جوز الخمس — رايت الطبري قد سماه جوز حنّا nom d'une noix indienne, décrite Bait. I, 271 e. — جوز رب synonyme de جوز مائل, Bait. I, 269 c. —

جوز الرُّقَع *Elcaia iemanensis* Forsk., Bait. I, 271 b. — جوز الريح nom d'un fruit décrit Bait. I, 272 c; leçon de AB (S المريح), qui est peut-être bonne, car on lit dans cet article: نفع من القولنج الريحى. — جوز مائل, synonyme de جوز مائل, Gl. Manç.: جوز مائل الزنم *muscade*, — جوز شرك. — نبات معروف يسمى جوز الزنم Pagni MS. — جوز الشرك *nux Abyssinica*, Bait. I, 272 e. — جوز صنوبر *pomme de pin, cône*, Bc. — جوز عبهر nom que portent certains grains ronds et rouges, qui ressemblent aux fruits du myrobolan emblic; voyez Bait. I, 271 d. — جوز عندم voyez جوز جندم. — جوز الفزّ *cocon, coque de ver à soie*, Bc. — جوز القطا, synonyme de جوز الأنهار, *sedum cepœa*, ainsi nommé parce que les oiseaux qui portent le nom de katâ aiment à manger les fruits de cette plante, Bait. I, 272 b et d. — جوز كندم voyez جندم. — جوز الكَوْثَل *noix d'une plante indienne*, voyez Bait. I, 273 b; dans le dict. pers. de Richardson: *the physic-nut*, c.-à-d. *la semence de Curcas purgans*, espèce d'euphorbe. — جوز مائل, synonyme de جوز مائل; Most.: جوز مائل هو جوز مائل بالام عن, ابن الجزّار في كتاب السمائم — ;Bait. I, 269 c *colchicum ephemerum*, Most. sous ابن جلجل: سورنجان — الأبيرمارون هو جوز مائل. synonyme de جوز ماهر, Bait. I, 269 c (AB). — جوز الأنهار, *sedum cepœa*, Bait. I, 272 d. — Au lieu de جوز الهند, *coco, fruit du cocotier*, on dit aussi جوز هند, Bait. I, 275 b, et جوز هندى, Bc. Pagni MS donne ce dernier terme dans le sens de *muscade*. — جَوْز لقاحة *couleur fauve*, Alc. (leonado color). — Par transposition, pour زجّ, avec le pl. أجواز, *couple, paire; pair; mari*, Bc. ضرب اجواز *ruade*; ضرب جوز *lancer des ruades*, Bc.

جازة *mariage*, Bc.

جَوْزة *noyer (arbre)*, Bc. — *Flocon, houppe*, Alc. (bivos de toca). — *Noix de l'arbalète*, Voc.; le b.-lat. (nux, voyez Ducange) et les langues romanes (ital. noce, esp. nuez, cat. nou) avaient le même mot en ce sens, et selon le Dict. de l'Acad. franç. *noix* signifie: *la partie du ressort d'une arbalète, où la corde est arrêtée quand elle est tendue*; comparez J. A.

جَازَ. Voyez un proverbe sous la Ire forme du verbe. — جَارُ مُحْيِى الدِّين, « le voisin de Mohyî'd-dîn, » est le nom que *les cornichons* portent à Damas, parce qu'on les confit à Çâlihîya, où Mohyî'd-dîn ibn-al-'Arabî, le célèbre Soufi et le plus grand saint des Turcs, a son mausolée et sa mosquée; ce saint et les cornichons sont donc voisins, Ztschr. XI, 520. —
جَارُ النَّهْرِ *épi-d'eau* (plante), Bc, Bait. I, 238 b, II, 43 b.

جُورٌ. Le pl. أُجْوَارٌ dans le Voc.

جَارَةٌ *voisinage*, 1001 N. I, 9, 1.

جُورَةٌ *voisinage*, Voc. — *Creux, cavité, trou en terre*, Bc, Hbrt 178, *fovea* chez Castel, *fossa* chez D. Germ. de Siles., 1001 N. Bresl. IV, 275, 4, Auw. I, 200, 7, où le man. de Leyde porte الحُورِ, mais peut-être faut-il lire الخُوذَةِ; *cave, caveau*, Ht. — *Poêle*, Mehren 27.

جُورِيّ *attentatoire*, Bc. — Epithète du bois de sandal blanc, voyez مَقَاصِرِى sous قَصَر. — بَخُور جُورِى *benjoin*, Bc.

جُورِيّ adj. rel. de جُورَ (pers. كُور), nom d'une ville en Perse, qui reçut plus tard celui de Fairouzâbâd. Elle était si renommée pour ses roses rouges, الوَرْد الجُورِي وهو اجود اصناف الورد وهو الاحمر الصادق Yâcout II, 147, 11, et pour l'eau qu'on en tirait par distillation, Aboulfeda Géogr. 325, qu'on l'appelait « la ville des roses, » بلد الورد, Lobb al-lobâb v. b. De là chez Bc: ورد جورى *rose rouge de Damas*, et aussi جورى *incarnat*, adj., et لون جورى *incarnat*, subst., Bc, Hbrt 81.

جَوْرَان *empiétement*, Bc.

جُورِيَّة *mouchoir de mousseline blanche, brodé d'or ou de soie*, Bc.

جِوَار, au fig., جِوَار المُظَافَرَة *la proximité du triomphe, le prochain triomphe*, Berb. II, 262, 1; الجِوَار seul dans le même sens, Berb. I, 549, 7, où il faut lire ainsi, au lieu de الحُوَار, avec notre man. 1351, les man. de Paris 74⅔ et 74⅗, le man. de Londres et l'édit. de Boulac. — جُوَار *à côté de*, Voc.

جَائِر *despote; — despotique; — usurpateur*, Bc. — T. de cordonnier, *grande forme en bois pour les sou-*

liers, M. — (*Irrésolu* chez Ht est une faute; il faut حَائِر, avec le *hâ*).

مُجِيرُ *mauve*, Daumas V. A. 381.

مُجَاوِر. A Médine on donne aujourd'hui le nom de مُجَاوِرُون à ceux qui habitent cette ville sans y être nés, Burton I, 360, II, 7. — *Gardien du tombeau d'un saint*, Burton I, 95 n.

جَوَّزَ I (proprement *être permis*) doit se traduire quelquefois par *mériter*, p. e. Macc. I, 142, 8: كان يَنْظِم ما يجوز كُتْبه « il composa des vers qui méritent d'être rapportés. »

II *traverser, percer, transpercer*, Alc. (atravesado passar con tiro o herida). — *Ficher, faire entrer par la pointe*, Alc. (hincar traspassando). — *Eprouver, mettre à l'épreuve*, Alc. (tentar). — Dans l'Eglise chrétienne, *donner, conférer les ordres*, Alc. (ordenar de orden sacro, جَوَّز ordenado de orden sacro, synonyme de فَقِيه; aussi: graduado por ordenado). — *Canoniser, déclarer saint, inscrire au catalogue des saints*, Alc. (canonizacion تَجْوِيز, canonizado أَجْوَز). — *Subir un examen* pour obtenir un emploi ou pour être reçu dans un corps de métier, Alc. (profession hazer en algun officio). — جَوَّز عَقْدًا *passer un acte*, Delap. 7. — Par transposition pour زَوَّج, *accoupler, marier*, Bc.

III. La signification que Freytag attribue en dernier lieu à cette forme: « aufugit ex periculo, c. مِن » est peut-être empruntée au passage Bidp. 177, 8: ما أَرَانَا نُجَاوِزُ عَقِبَةً مِن البَلاءِ إِلَّا صِرْنَا فِى أَشَدَّ مِنْهَا mais dans ce cas elle doit être biffée, attendu que مِن dépend de عَقِبَة, et non pas de جَاوَز, verbe qui a ici son sens ordinaire.

IV, *permettre*, aussi c. a. p. et الى r. (il lui permit de), Gl. Abulf. — Dans le sens de la Ire, *passer, traverser*, Abbad. II, 10, 5, 196, 7. — Ce verbe ne s'emploie pas seulement quand un poète ajoute un second hémistiche au premier hémistiche d'un autre poète (Freytag), mais aussi quand un poète ajoute lui-même un second hémistiche au premier, dans un poème de sa composition, Abbâr 86, 6 a f. (cet auteur a copié Ibn-Haiyân, 94 r°). — Des exemples de l'expression incorrecte اجاز على جَرِيمِ, pour أَجْهَزَ, se trouvent dans le Gl. Belâdz.

V, *employer un mot figurément*, se construit c. بِ, Baidhâwî II, 48, 3 a f. — *S'exprimer d'une manière impropre, dire ce qui n'est strictement vrai*, Abbad. I, 317, 4 (cf. III, 158). — *Détourner le sens d'un mot*, Gl. Manç.: dans trois passages du al-Kitâb al-Mançouri le n. d'act. الانْتِجَابِ ne signifie rien autre chose que الابْدَال, ce qui est contre l'usage, فَفِيهِ تحْرِيف. — *Par transposition pour* تَــزَوَّجَ, وَتَــجَوَّزَ غَيرَ مُتَعارَف *se marier*, Bc.

VI, dans le sens de *dépasser, outre-passer*; on dit: il fit jeter en prison ces deux personnages وَتَجَاوَزَهُمَا (l. غَيرَهُمَا) الى نَفَرٍ غَيرِهِمْ « et en outre quelques autres, » Haiyân-Bassâm I, 10 vº. En parlant du serment de fidélité prêté à un sultan qui vient de monter sur le trône: ثم دعا النَّاس الى البيعَة فَابْتَدَرُوهَا مُسَارِعِين, وَتَجَاوَزَت خَاصَّتُهُم الى العامَّة, Haiyân 3 rº, pour indiquer que ce serment fut prêté, non-seulement par les grands, mais aussi par le peuple en général. لَا يَتَجَاوَزُهُ هَذَا الصِّنَاعَة, Becrî 149, 1, dans le sens de: «d'autres n'exercent pas ce métier.»

X c. a. p. *prier quelqu'un ou lui ordonner de réciter le second hémistiche d'un vers, après qu'on en a soi-même récité le premier*, Berb. I, 432, 9. — C. لِ *vouloir pénétrer jusqu'à*, Gl. Bayân.

جَاز, par transposition pour زَاج, *vitriol, couperose*, Bc.

جَوْز *nœud de la gorge*, Alc. (nueç del cuello). — جَوْز أَرْقَم est la plante qui, chez les Berbères, porte le nom de الْكِشَار, Bait. I, 275 d. — جَوْز ارمانيوس *nux Abyssinica*, Bait. I, 273 c. — جَوْز بَوَّا (*muscade*); on trouve aussi dans les man. جَوْز بَوَّا, de Jong, et جَوْز بَوَّا, Most. La (où N a بَوَّا). — جَوْز جَنْدَم (pers. كَنْدَم) *mangostan*, Bait. I, 274 b, qui atteste que le djîm du second mot se prononce avec le *dhamma* (جندم chez Freytag est une faute); aussi جَوْز كَنْدَم Bait. ibid., Most., et جَوْز عَنْدَم, Most. — جَوْز الحَبَشَة *nux Abyssinica*, Bait. I, 272 e. — جَوْز الحَلْق *pomme d'Adam*, éminence au-devant de la gorge, Bc. — جَوْز حِنَّا synonyme de اذْخِر, Most. sous ce dernier mot: جَوْز الخَمس — رأيتُ الطبري قد سَمَّاه جَوْز حِنَّا nom d'une noix indienne, décrite Bait. I, 271 c. — جَوْز رَبّ synonyme de جَوْز مائل, Bait. I, 269 c. —

جَوْز الرُّقَع *Elcaia iemanensis* Forsk., Bait. I, 271 b. — جَوْز الرِّيح nom d'un fruit décrit Bait. I, 272 c; leçon de AB (المريح), qui est peut-être bonne, car on lit dans cet article: نَفَع مِن القَولَنج الرِّيحى. — جَوْز مائل, Gl. Manç.: جَوْز مائل synonyme de الزُّنْم. — جَوْز شَرْق *muscade*, نباتٌ معروفٌ يُسَمَّى جَوْز الزُّنْم, Pagni MS. — جَوْز الشَّرْك *nux Abyssinica*, Bait. I, 272 e. — جَوْز صَنوبَر *pomme de pin, cône*, Bc. — جَوْز عَبْر nom que portent certains grains ronds et rouges, qui ressemblent aux fruits du myrobolan emblic; voyez Bait. I, 271 d. — جَوْز عَنْدَم voyez جَنْدَم. — جَوْز القَزّ *cocon, coque de ver à soie*, Bc. — جَوْز القُطْنا, synonyme de جَوْز الأنْهار, *sedum cepœa*, ainsi nommé parce que les oiseaux qui portent le nom de katâ aiment à manger les fruits de cette plante, Bait. I, 272 b et d. — جَوْز كَنْدَم voyez جَنْدَم. — جَوْز الكَوْثَل noix d'une plante indienne, voyez Bait. I, 273 b; dans le dict. pers. de Richardson: *the physic-nut*, c.-à-d. *la semence de Curcas purgans*, espèce d'euphorbe. — جَوْز مَاثَا, synonyme de جَوْز مائل, Most.: هو جَوْز مائل باللام عن جَوْز مائل, ابن الجَزَّار فى كتاب السَّمائم, Bait. I, 269 c; — *colchicum ephemerum*, Most. sous ابن جَلجَل: سورنجان. — جَوْز مَاثَر synonyme de الافيرمارون هو جَوْز مَاثَا. — جَوْز الأنْهار, Bait. I, 269 c (AB). — *sedum cepœa*, Bait. I, 272 d. — Au lieu de جَوْز الهِنْد, *coco, fruit du cocotier*, on dit aussi جَوْز هِنْد, Bait. I, 275 b, et جَوْز هِنْدى, Bc. Pagni MS donne ce dernier terme dans le sens de *muscade*. — لِقَاحَة جَوْز *couleur fauve*, Alc. (leonado color). — Par transposition, pour زَوج, avec le pl. أَجْوَاز, *couple, paire; pair; mari*, Bc. — ضَرْب جَوْز ضَرْب أجْوَاز *ruade; lancer des ruades*, Bc.

جَازَة *mariage*, Bc.

جَوْزَة *noyer (arbre)*, Bc. — *Flocon, houppe*, Alc. (bivos de toca). — *Noix de l'arbalète*, Voc.; le b.-lat. (nux, voyez Ducange) et les langues romanes (ital. noce, esp. nuez, cat. nou) avaient le même mot en ce sens, et selon le Dict. de l'Acad. franç. *noix* signifie: *la partie du ressort d'une arbalète, où la corde est arrêtée quand elle est tendue;* comparez J. A.

1848, II, 208. — جَوْزَةُ الحَلْق *pomme d'Adam*, M
(cf. sous جَوْز). — Par transposition, pour زَوْجَة
épouse, Bc.

جَوْزِي *fait de noix*; حَلَاوَة جَوْزِيَّة *nougat*, Bc. —
Fauve, Alc. (leonado color). — Espèce de datte, Niebuhr R. II, 215 (deux fois).

جَوْزِيَّة *sauce pour le poisson, faite de noix et d'épices*, Alc. (nogada salsa).

جَوْزَة = جَوْزَاني, la meilleure espèce de raisins, M.

(où جوز والّا فرد والّا فردوك جوزوك, aussi جوزوك est pour زوج), *pair ou non*, t. de jeu, *pair ou impair*, Bc.

جِبِيز *nymphe, premier degré de la métamorphose des insectes*; — *fève, nymphe de ver à soie*, Bc.

جِبِيزَة, pour جَائِزَة, pl. جَوَائِز, *solive*, Voc.

جِبِيز, par transposition pour زِيجَة, *mariage*, Bc.

جَوَاز «أَعْطِي خُبْزًا بِالجَوَازِ «donne-moi du pain avec quelque chose pour le faire passer,» Daumas V. A. 351. — Dans les actes notariés, جواز أمر *capacité de contracter*, J. A. 1840, I, 381, 1, de Sacy Chrest. II, ۸۳, 2, Amari Dipl. 109, dern. l., Gregor. 42: وقبل ذلك من بعضهم قبولا (قبيلا l.) طوع وجوان (وجواز l.) أمر. C'est le synonyme de شَرْع, «الحَالَة الجَائِزَة شَرْعًا, «l'état voulu par la loi» (voyez sous جَائِز). Le mot جواز seul s'emploie dans le même sens, Macc. III, 122, 4, Amari Dipl. 96, 2 a f., 180, 1, Formul. d. Contr.
اشهد على نفسه فلان بن فلان وهو بحال الصحّة :2
ibid.: اشهدني فلان بن فلان, والطوع والجواز والرضا انه
3, 5, 7, 8. وهو بحال الصحّة والجواز والرضا بانه
Chez Ht *légalité*.

جَوَاز *examen*, Alc. (esamen). — Chez Alc. ce mot signifie aussi: «comunalia mediana;» s'il faut lire «medianía,» qui est en effet le synonyme de «comunalía,» le sens est: *modération, retenue, mesure*.

جُوَيْز *solive*, L (laquearia, tignum (trabes tecti, ut stipes), trabes). Je soupçonne que cette forme irrégulière, qu'il donne trois fois avec toutes les voyelles, est une altération du pl. جَوَائِز.

جَائِز ،جَائِز مَن حَاكِمِ لِي *mon décret est valable, j'ai plein pouvoir*, Gl. Fragm. الحَالَةُ الجَائِزَةُ شَرْعًا *l'état voulu par la loi, la capacité de contracter*, J. A. 1843, II, 219, 6 (comparez sous جَوَاز); aussi الحَال, الحَائِزَة, Amari Dipl. 149, 2 a f.

جَائِزَة *solive*; les dict. ne donnent en ce sens que la forme جَائِز; mais جَائِزَة est beaucoup plus usité chez les auteurs du moyen âge de la littérature arabe, Gl. Edrisi, Voc., Alc. (viga), Domb. 90.

إِجَازَة ذكر انّ الموصل كانت اجازة لشاعر طائي
«que le gouvernement de Mossoul avait été donné à,» Khallic. I, 180, 2 Sl. — *Examen*, Alc. (esamen, profesion en algun oficio). — *Canonisation*, Alc. (canonizacion).

أَجْوَز *plus permis*, Gl. Maw., Abou'l-Walîd 62, 8.

تَجْوِيز *clergé, l'ordre ecclésiastique*, Alc. (clerezia orden). تجويز في علم الشعر *licence, liberté poétique*, Bc.

مَجَاز est rendu par *vadum* ou *locus* dans la traduction latine d'une charte sicilienne *apud* Lello p. 9 et passim. — *Galerie, allée de communication*, Alc. (portal para passear), Bc. — *Passage, péage, droit qu'on paie sur un vaisseau, une barque*, Alc. (passage de nave o barca). — *Baie, golfe*, Ht.

مَجْوَز, vulg., par transposition pour مِزْوَج, *double*; تفنكة مَجْوَزة *fusil à deux coups*, Bc.

مُجَوِّز *examiné*, Alc. (professo en algun oficio). — *Passager sur un navire, une barque*, Alc. (passagero de nave o barca).

مُجَوِّز *examinateur*, Alc. (esaminador).

مُجَايِزَة J'ai soupçonné, Gl. Esp. 172, que le terme esp. almojaya, *pièce de bois saillante fixée par une extrémité à un mur*, est une altération de المَجَايِزَة proprement «la saillante.»

جُوَيْزِنَق forme au pl. ات, Becrî 158, 5 a f.

جَوْش, t. de marine, *amure*, J. A. 1841, I, 588.

جَوْشِير = جَاوْشِير, *opopanax*, Most. sous le dernier mot.

جُوشِيصِبا (?) nom d'un arbre et de son fruit dont il est question Bait. I, 375 g (AB), où on lit que, selon Edrisi, c'est un mot persan.

جوط

جُوطْ *ver luisant*, Voc.

جوع

II n'est pas seulement جُوَّع, mais aussi جِيَع dans le Voc.

جُوعان. Le pl. جواعنة dans Bc.

جِيْعان qui a faim, *affamé*, Voc., Bc, 1001 N. Bresl. III, 374, 3.

مُجَوَّع qui a faim, *affamé*, Alc. (hambriento).

مَاجُواع est *avarus* dans le Voc., et dans une note: *multum cupidus*.

جوف

II et V dans le Voc. sous venter.

جَوْف *estomac*, Alc. (estomago), Pagni MS. — جوف الجَفْن *sentine, fond de cale*, Alc. (sosota de navio; chez Victor ce mot est sota de nave). — *Nord*, Gl. Edrîsî, Voc.

جَوْفِيّ *septentrional*; signification très-fréquente chez les auteurs maghribins; ريح جوفي *vent du nord*, Voc. — *Sombre, obscur*, Alc. (sombria cosa).

جَوْفانِيّ *gourmand*, Ht; *le glouton envieux et maussade qui voudrait être seul à table pour tout dévorer*, Daumas V. A. 315.

أَجْوَف. عِرْق اجوف et وريد اجوف أسقل وأعلى *veine-cave inférieure et supérieure, les deux plus gros vaisseaux du sang*, Bc.

تَجْويف pl. تَجَاوِيف *cavité*; — *ventricule*, cavité dans le cerveau, le cœur; — تجويف الاذان *labyrinthe, cavité de l'oreille*, Bc.

جوق.

جَوْق dans le sens de جَوْقَة *bande, troupe*, Dict. de Richardson, avec le pl. أَجْواق, M, Fleischer Gl. 72, n. 1, Abou'l-Walîd 628, 30, 629, n. 73, Saadiah ps. 22. — A la Mecque, *morceau de musique que les jeunes gens chantent en chœur et en frappant des mains*, Burckhardt Arab. I, 399, II, 39.

جَوْق *instrument de musique*, = طنبور, M.

جَوْقَة, *bande, troupe*, forme au pl. جُوَق; dans un passage d'Ibn-Iyâs, cité Maml. II, 2, 212, on lit: الشقق للحرير التى كانت تدخل على جُوَق المغربيّن

جَوْقَة كلاب; والوُطاط *meute de chiens*, Payne Smith 1384. Spécialement: *une bande ou troupe de chanteuses*, 1001 N. Bresl. VIII, 289, 7, 290, 2; au plur. جُوَق, ibid. IV, 156, 1: ثلاث جوق مغاني جوار, II, 180, 13.

جَوّاق *flûte*, Hbrt 97 (Alg.), Daumas V. A. 374, *flageolet*, Martin 35; voyez Salvador 13, 40.

جوك.

جَاك *craie blanche*, Hbrt 172 (Alg.).

جَوْك *partie de jeu*, M.

جُوك est aussi dans le M le nom d'un instrument de musique (= جَلّ et جَوْق); mais dans les passages que Freytag a en vue, il a un tout autre sens (cf. Ztschr. VIII, 617), car il y signifie: *une sorte de génuflexion, usitée chez les Mongols, et par laquelle les inférieurs témoignaient à leur supérieur leur soumission et leur respect*; on dit ضرب له الجوك, Mong. 322, Maml. I, 2, 109, cf. le Dict. pers. de Vullers. — (Du cat. et val. soca, fr. souche, selon Simonet) *tronc, souche*, Alc. (tronco de arbol, chuq, pl. chuqît, tronco pequeño, chucayâq, pl. it). D'après le P. Lerchundi, جُوك s'emploie encore en ce sens, mais rarement, au Maroc.

جُوكان (pers. جَوْكَان) *crosse, bâton courbé par le bout pour pousser une balle, une boule, bâton crochu par un bout pour ramasser le djérid*, Bc, Maml. I, 1, 122 et suiv., 1001 N. I, 27, 11 a f. et 6 a f.

جُكُنْدار (pers.), جَوْكَنْدار, ou جوكندار, *l'officier qui porte le djoukân (voyez) du sultan*, de Sacy Chrest. I, 279, 504, Maml. I, 1, 121–2.

جَول I, dans le sens de *parcourir*, se construit parfois avec l'accus., au lieu de la construction ordinaire avec فى, Haiyân 104 v°: وجال العسكر الساحل كُلَّه, Khatîb 34 r°: وجال العسكر تلك الجهات كلَّها, r°: جال الاندلس ومغرب العدوة.

II *aller en pèlerinage*, Alc. (peregrinar a qualquiera cabo), et مُجَوِّل *pèlerin*, Alc. (peregrino mucho tiempo, romero; l'un et l'autre = حاجّ).

III. جاوَلوا لَهْوًا «ils s'exercèrent à des combats simulés,» Khatîb 65 r°. — C. a. p. *combattre quelqu'un*, Berb. II, 536, 3 a f.

جون

V *errer çà et là, traverser un pays en tout sens*, Gl. Edrîsî. On dit تَجَوَّلَ بالبلاد, Gl. Djob., Abbad. II, 82, 2, ou في البلاد, Djob. 13, 2 a f., Haiyân 102 v°: فصار بارض التَجْوِيف وتَجَوَّل في بلاد البرابر هناك, ou على البلاد, Voc., Holâl 32 r°: Yousof passa en Espagne pour la quatrième fois يَرْتَسِم التجوُّل عليها ولمَّا جال في والنظر في مصالحها (un peu plus loin: في بلادها). Mais تَجَوَّل seul a le même sens, Abbad. II, 141, 5, Djob. 11, 3 a f.

X. استجال بفرسه حول العسكر *il fit à cheval le tour du camp*, Ibn-Hichâm 441, 4.

جَوْلَة *combat*, Berb. I, 49, 5 a f., 51, 16, 69, 1, 80, 12, 620, 4, II, 31, 4; *lutte* (dans un palais), I, 346, 2. Je ne sais si ce mot a le même sens chez Haiyân 17 r°: واجتهد في الدفاع عن نفسه حتى غَرَّتْهُ الدولة وانقشعت عنه للجولة فألقى بيده ونزل الى الخليفة عبد الرحمن, — مَشَى لجَوْلَة, *sortir pour un besoin, faire ses besoins*, Voc. (egerere et mingere).

جَوَّلان *qui coule*, et subst., *eau courante*, Gl. Mosl.

جَوَالَة *impôt*, Bc, M (ce mot est peut-être une altération de جَوَال, le pl. de جَالِيَة).

جَائِل دساتير جَائِلَة *chevilles tournantes* (d'un instrument à cordes), Prol. II, 354, 8.

مَجَال, pl. ات, *l'étendue de pays qu'une tribu bédouine parcourt habituellement*, Berb. I, 16, 8, 18, 6, 31, 2 et 3, 45, 9, 47, 6 a f., 53, 5 a f., 55, 6 a f., etc. — Employé comme n. d'act. de la Iᵉ forme du verbe, Gl. Edrîsî, Gl. Belâdz., Berb. I, 35, 5, 64, 6, Müller L. Z. 3, 4 a f. — *Circonférence, étendue*, Gl. Edrîsî. — *Galerie, portique ou vestibule*, à ce qu'il semble, Amari 390, 4: المجال الذى يجامع طرابلس من جهة جوفه ❊

مُتَجَوِّل *pèlerin*, voyez sous la IIᵉ forme.

جومطريقى et جومطريقا (gr.) *géométrie*, Man. Escur. 535.

جون II *circumfodere*, Voc.; *approfondir, rendre plus profond, creuser*, Bc. — *Enfiler, engager dans la perte; enjôler, cajoler; attraper, tromper, duper*, Bc.

V dans le Voc. sous circumfodere. — *S'enfoncer*, Bc, *pénétrer bien avant vers le fond, vers l'extrémité*, Fleischer dans son édit. des 1001 N. XII, Préface, p. 93, p. e. *s'enfoncer dans une caverne*, 1001 N. Bresl. IV, 107, 8. En parlant de la mer, *s'enfoncer dans la terre*, c.-à-d. *former un golfe*, Gl. Edrîsî. On dit aussi, en parlant du territoire d'une forteresse: وقد تجوَّنَت نواحيها واقطارها, Abbad. I, 55, 9 (cf. III, 13), pour indiquer que ce territoire est d'une grande étendue (cf. III, 23). Figurément, *s'enfoncer dans la débauche, s'y donner tout entier*, de Sacy Chrest. I, ١٠١, 4 (mal expliqué par l'éditeur, p. 471). *Pénétrer, approfondir, avoir une connaissance profonde; s'enfiler, s'enferrer, se nuire à soi-même; se tromper* (Kasraouan), Bc.

جَان *airain, cuivre rouge*, Hbrt 170.

جُون pl. أَجْوان *golfe*, Voc., Bc, M (جُوْن), Gl. Edrîsî; جَوْنًا *en côtoyant le golfe*, Gl. Edrîsî. — Avec l'article, *l'étoile ε de la grande Ourse*, Cazwînî I, 30, 6, Dorn. 43.

جَوْنَة *petit vallon entre deux montagnes*; au fig., *l'orbite, la cavité de l'œil*, Gl. Manç. (in voce): جَوْنَة ٣. — الوهدة بين الجبلين استعارها لنقرة العين *Ansc, petit golfe, baie, cale, abri pour les vaisseaux*, Bc.

جوان (pers.) *jeune homme*, 1001 N. Bresl. VII, 291, 6 et 12; cf. l'article qui suit.

جوين *profond*, Bc. — Dans les 1001 N. Bresl. VII, 283, 3, ce mot signifierait, selon Habicht, « un homme qui a été trompé, » parce qu'il a trouvé dans Bc le verbe جون avec le sens de « tromper; » mais Fleischer, dans Gersdorfs Repertorium 1839, p. 433, observe avec raison qu'on ne peut pas former un فَعيل de جون; il pense que جوين est plutôt une forme arabe ou un diminutif du persan جوان, *jeune homme*, qu'on trouve 1001 N. VII, 291, 6 et 12. Au reste, je crois qu'il faut lire aussi جوين, au lieu de حزين, 1001 N. VII, 284, 9.

جوينة *cygne*, Hbrt 66.

جاون Ibn-Khallicân emploie ce mot en parlant de Zamakhcharî, I, 279, 16 Sl.: وهو يمشى في جاون خشب لان احدى رجليه كانت سقطت من الثلج et de même dans un autre passage, VIII, 80, 9 a f. Wüst. L'emploi de la prép. في ❊ fait penser qu'il s'agit d'une *jambe de bois*, et non pas d'une *béquille*; je crois aussi que si l'auteur avait voulu désigner une béquille, il se serait servi d'un mot plus ordinaire.

تَجْوِين *renfoncement*, Bc.

جوه

جاه honneur, Voc. — Faveur, bonnes grâces, Bc. — Force, violence (quand on force quelqu'un à payer une contribution), Macc. I, 687, 3 a f. — Étoile polaire, J. A. 1841, I, 590.

جَوْهَرَ I orner de pierreries, Vêtem. 96, n. 2, Abd-al-wâhid 80, 3 a f., 1001 N. III, 109, 249, 360. — Avec l'accus. et الشَّرَابَ est *gaudere* dans le Voc.

C. a. = صَيَّرَهُ جَوْهَرًا, M.

II = صَارَ جَوْهَرًا, M.

جَوْهَر d'une épée, voyez Lane; selon Wetzstein, dans le Ztschr. XI, 520, n. 43, le جوهر d'une chose est *son essence;* on taille un diamant brut حتى يطلع جوهره «jusqu'à ce que son جوهر, c.-à-d. son éclat, se montre,» et l'on polit une lame jusqu'à ce que son جوهر apparaisse. — Acier ondulé, 1001 N. IV, 728, 8; وكان له سيف قصير من الجوهر cf. la traduction de Lane, III, 732, n. 35. — Chez Rhazès, *tout le corps,* sa substance et sa forme, Gl. Manç.:

جوهر كل شي أصله والمراد هنا جملة البدن المولفة من مادة وصورة — *Parenchyme,* moelle, pulpe des fruits, des plantes; جوهر المعى *parenchyme,* substance propre de chaque viscère, Bc. — Imago مثال وصورة, L. — جوهر الدر *perle,* Domb. 83; mais je crois qu'il faut dire الجوهر الدر. — جوهر جملة الجوهر *fausse perle,* Domb. 83. — جملة الجوهر, chez Rhazès, *l'action qu'exerce la nature d'une chose, nature qui lui est propre et qui ne provient pas d'une cause connue,* Gl. Manç.: جملة الجوهر كناية عن الفعل الواقع عن طبيعة الشيء المختصة به لا عن سبب معروف. — Le n. d'un., au fig., *la perle des hommes,* le meilleur des hommes, Bc; — *substance,* Voc.

جَوْهَرِيّ *substantiel,* Bc. — *Sacramental,* au fig. (mot), *essentiel, décisif,* Bc.

جَوْهَرِيَّة dans le Voc. sous *gaudere;* cf. sous la Ire forme.

جَوَاهِرْجِي *oailletier, bijoutier,* Bc, M.

جَوَاهِرْجِيَّة *bijouterie, commerce de bijoux,* Bc.

جَوَاهِرِيّ *diamantaire,* Bc.

جبا

جَوَاهِرِيَّة *joaillerie, pierreries, art du joaillier,* Bc.
جَوَاهِرْجِي *bijoutier, diamantaire, lapidaire,* Bc.
جَوَاهِرْجِيَّة *joaillerie, pierreries, art du joaillier,* Bc.

مجوهر, en parlant de pois chiches, *qui ont été grillés jusqu'à ce qu'ils aient reçu la couleur jaune et brillante qui leur convient, les petits points obscurs et le goût fin,* Ztschr. XI, 520, n. 43.

جوى.

جَيِّدَة *puanteur,* M.

جبا. جَاءَ I se construit avec من, de même que دَخَلَ, اطلع من المكان الذى جئت منه 1001 N. I, 86, 7: — *Venir bien, croître comme il faut, réussir* (arbre), Auw. I, 320, 11, où il faut lire وجيى avec le man. de Leyde. — C. acc. *monter à, se monter à,* Gloss. de Habicht sur le IVe volume de son édition des 1001 N. — *Remplir, occuper,* p. e. جاء الصندوق قياس للحاصل سوا بسوا «il se trouva que le coffre remplissait exactement l'espace du magasin,» ibid. — جاء في بطنه «il le *blessa* au ventre,» Cartâs 268, 4 a f. — جاء الحديث عليه «ce fut son tour de raconter,» Koseg. Chrest. 71, 3 a f.; الآن جاء لك في قطع حبائلى «à présent c'est pour vous le moment de faire tous vos efforts pour briser mes liens,» Bidp. 224, 4 a f. — جاءت طريقهم على تلك الدار «leur chemin les mena vers cette maison,» 1001 N. I, 67, 8. — مهما جاء عليهم انا اوزنه عنه «quelle que soit sa quote-part de la dépense, je payerai pour lui,» 1001 N. I, 60, 5 a f. — C. على *aller à, convenir, être juste à,* p. e. ما تجى عليك هذه البدلة «cet habit ne vous va pas, il n'est point juste à votre taille,» Bc. — جاء على ميله *être du goût de quelqu'un, lui plaire,* Bc. — C. على et ب *coûter,* p. e. en parlant d'un objet qu'on a acheté: جاء على بكذا «il m'a coûté tant,» Voc. — جاء له من *valoir, rapporter du profit;* ابش قد يجيك من وظيفتك «combien vous vaut votre place?» يجى لك من دا ايه «quel profit vous reviendra-t-il de cela?» Bc. — جاءت نفسه *revenir à soi, reprendre ses esprits,* Aghânî 52, 7. — جاء من قدرك ان تتكلم بهذا الكلام «vous convient-il de parler ainsi (osez-vous bien)?» Bc. — خذ متى على ما يجيك «je te la garde bonne,» Bc.

جِئَةً وجاى «من اليوم وجاى جِئَةً à compter de ce jour et en avant,» de Sacy Dipl. IX, 471, 5 a f.

جيب I c. accus. Dans la langue vulgaire on a formé ce verbe de جاء suivi de la préposition ب, et il a les mêmes significations que ce dernier: *amener, apporter, porter, rapporter, produire (arbre), faire venir, produire des témoins* (شهودًا), *donner, valoir, rapporter du profit, mettre bas, faire des petits*, Bc. On le trouve déjà dans le R. N.; voyez les passages de ce livre que je cite sous بركة et sous حاشَكْ. Mais le peuple a plus ou moins oublié l'origine de ce verbe; de là vient qu'on trouve chez Bc les expressions suivantes: c. ل *procurer, causer des désagréments, etc*.— c. ل *représenter, exhiber, mettre une chose sous les yeux*; — جاب على باله *repasser dans sa mémoire*; — جاب على نفسه *se cotiser*; — جاب العيب عليه *s'en prendre à quelqu'un, lui attribuer le tort, le rendre responsable de*; — جاب فى عقله *représenter, offrir l'image, l'idée*; — جاب للطريقة *ranger à la raison, mettre à la raison, réduire à la raison, au devoir*; — جاب مغيبته *parler mal de quelqu'un en son absence, médire*.

II *appeler*, Voc.

V *être appelé*, Voc.

جَيْبَة, pl. جيب et جياب, *poche*, Bc, M.

جيم.

جَيَّاب, *lâche*, Daumas V. A. 102, Mœurs 141 n.

جير II *faire de la chaux*, Voc. — Le sens que Lane donne d'après le TA se trouve aussi chez Alc. (encalar con cal; تَجْييرة encaladura).

جير, *chaux, plâtre*, est proprement un mot vulgaire, car on lit dans le Gl. Manç. جيار هو الكِلْس المسمى عند العامة بالجير. Cependant on le trouve chez de bons auteurs: Becrî 56, Most. v° جيارة مشوية, Bait. I, 293 e, II, 387 b, Bat. IV, 393, Auw. I, 97, 10, R. N. 69 v°, Cartâs 39, 6 a f. (car c'est ainsi qu'il faut lire, voyez 55, n. 9), 5 a f.; cf. Müller S. B. 1861, II, 99. Le pl. أجيار dans le Voc.

جير بَلَدى *chaux ordinaire*; جير سلطانى *la chaux du plus beau blanc*, Descr. de l'Eg. XII, 400. — جِير *pierre calcaire*, Bc.

جيرى *giroflée*, de même que خيرى. L'auteur du Most. dit (sous le *djîm*) qu'il a trouvé ce mot écrit avec le *hâ*, le *khâ* et le *djîm*.

جَيَّار *chaufournier, ouvrier qui fait la chaux*, Voc, Bc, Hbrt 190, Abbad. II, 233, 11, Macc. III, 137, 16, Çalât 9 r°.

جَيَّارة *four à chaux*, Descr. de l'Eg. XVIII, part. 2, 139.

مُجَيَّر, en parlant d'un terrain, *plein de cailloux*, Alc. (aguijeño), Auw. I, 240, 11.

جيس.

جيس *pet*, Bc.

جيبوس *pistacia vera*, Bait. I, 276 b; leçon de BCDELS; A جربوس.

جَيْسُوان ne signifie pas, comme on lit chez Freytag, une excellente espèce de palmier, mais c'est le nom que porte dans l'Irâc une espèce de datte très-mûre et très-molle, Most. v° بسر: بسر النخل يُعرف بالعراق (بسر) الجَيْسُوان, Lm الجيسوان (N), Bait. I, 139 c: بسر الجيسوان وبسر السكر وما اشبههما من البسر المنتهى فى النضج الشديد الهشاشة ❊

جيش I. جاش الشعر فى خاطره *entrer en verve* (poète), Bc. — Dans le sens de la II°, *rassembler des troupes contre* (على) *quelqu'un*, Akhbâr 44, 11: فجاشوا عليه ما لا طاقة له به ❊

II. On dit: جيَّش عليهم صقليين «il enrôla (et envoya) contre eux des soldats de Sicile,» Amari 172, 10; cf. 174, 3 et 175, 3 a f.; mais aussi, dans le sens de *faire une expédition*, جيّش مع الصقليين ibid. 168, 3, et جيّش سلطان افريقية برًا وجرًا, 169, 5 a f. — *Mettre des troupes dans une place pour la défendre*, Alc. (guarnecer de gente).

X c. a. p. *demander du secours à quelqu'un*, Haiyân 63 v°: فاستجاشوه على جَعْد (contre Dja'd), 90 v°: ils se soumirent à lui, car رغبوه لاستنجاشته الغوغا والسفلة. Aussi c. ب p., Ibn-Khaldoun, man. 1350, IV, 19 v°: استجاش بابن ادفونش.

جَيْش *bande de partisans, de maraudeurs*, Barth

جيف   239   حب

I, 139. — Le pl. جُيُوش *échecs, les pièces avec lesquelles on joue aux échecs*, 1001 N. Bresl. X, 98, 11. — *Bruit, grand bruit*, M.

جَيْشِيّ. On trouve nommés des دنانير جيشية Maml. I, 2, 201.

جيف II *étouffer*, Bc (Barb.), Ht, *étrangler*, Hbrt 215. Chez Jackson Timb. 338, «m'jeefah» (مْجَيّفْ), *étranglé*.

جِيفَة; Chez Bc (sous *cadavre*) le pl. est جِيَف, dans le Holal هلكوا جوعًا حتى اكلوا جِيَاف, 62 rº: — لِلجِيَاف. *La viande de bêtes mortes de mort naturelle*, Alc. (carne mortezina), Hist. des Benou-Ziyân I, 139. — Le pl. جُيُوش

حتّى اكلوا الجِيفَة والحَشَرَات 96 rº: جِيفِى *cadavéreux*, Bc.

جِيل, *les individus de race nomade*, l'opposé de الحضر, « *les citadins*, » Berb. I, 1, dern. l. — *Ordre de chevalerie*, p. e. l'ordre du Temple, Gl. Edrîsî, p. 335, l. 11. — ابن الجِيل *séculier, mondain, laïque*, Bc. جِيلِى *séculaire, qui se fait de siècle en siècle*, Bc.

جَيْلَكَة (turc يَلَكْ) *camisole* (Barb.), Bg.

جِينَة (du nom propre Chine) *oranger*, J. A. 1843, II, 220, 5; cf. جَنَة.

ح

ح, plus exactement خ, pour الخ, etc., Macc. I, 855, 14 et 16 (aussi dans l'édit. de Boulac), avec la note de Fleischer Berichte 261.

حَا *haïe, cri des charretiers pour animer les chevaux*, Bc.

حَارُون *castor*, Most. vº جندبادستر, Bait. I, 278 e.

حَاسرين *espèce de jasmin et d'églantier*, Auw. I, 313, 4 et suiv. (cette leçon, qui est celle du man. de l'Escur., est aussi dans le man. de Leyde).

حَاشِيش est, selon le dict. pers. de Richardson, *une espèce d'euphorbe*. Selon Bait. I, 277 b, c'est un remède persan dont l'essence est une noix qui est plus forte que l'euphorbe. Chez Sonth. c'est aussi حاشيش; dans mes man. AB et dans Boul. حاسيس. Selon le M c'est un remède arménien.

حَامَا أَقْطِى (χαμαιάκτη) *sambucus ebulus*, Most. in voce (dans N une fois حامى).

حَامَالُون (χαμαίμηλον) *camomille*, Most vº بابونج

حَانِبَة pl. حَوَانِب. A Tunis on donne ce nom à des spahis d'élite attachés en tout temps à la personne du bey et qui ont des fonctions analogues à celles des corps de la gendarmerie en Europe, Hist. Tun. 99, en parlant du dey Mohammed Tâbâc: فَاخْتَصَ بَجْمْعِ من الترك اسكنهم معه بالقصبة واعصوصب بهم ولقّبهم

بالحوانب, Ten Years 27, 32, 38, 125, 138, 161, 259 etc. (hampers), Afgest. II, 102 (hambi comme pl.), 169 (hamba comme sing.), etc., R. d. O. A. III, 318, VIII, 9, Pellissier 53, 376 etc., Dunant 76.

حَبّ I *jouer, folâtrer en amour, caresser et embrasser*, Alc. (retoçar; cf. Victor).

II *rendre amoureux*, Alc. (enamorar a otro). — *Grener, produire de la graine, beaucoup de grains*, Voc., Bc, Auw. I, 646, 2 a f.; حبّب للجلد *greneler, faire paraître des grains sur le cuir*; مُحبَّب *bien grenelé*, Bc.

IV, dans le sens d'*aimer*, se construit quelquefois avec في, au lieu de l'accus., les auteurs ayant pensé à رغب plutôt qu'à أحبّ; voyez Macc. II, 247, dern. l. et note f, Lettre à M. Fleischer 123. — أحبّه على غيره *il le préféra à un autre*, Freytag Chrest. 76, 4 (Lane a la Xº forme construite de cette manière).

V c. ل p. *se faire aimer par quelqu'un*, Voc.

X *se faire aimer*, Alc. (ganar amor de otro).

حَبّ. Le pl. du pl. الحُبُوبَات *les grains*, le blé, l'orge, etc., Bc. — *Pilules*, nom d'unité ة, pl. حُبُوب; حب المعدة *pilules cholagogues*; حب الصفراء *pilules stomachiques*; حب النساء *pilules hystériques*, Bc. — *Siphilis, vérole, maladie vénérienne*, Bc (par abréviation pour حب فرنجى). — *Cerises et cerisier*, Alc. (guindal arbol et guinda fruta) (par abréviation pour

شجرة الحبّ — .(حبّ الملوك); dans le *Voc. cerisier* est حبّ الملوك. — Le pl. حُبُوب nom d'un mets qu'on prépare au Caire le jour d'Achoura et dont on trouve la description chez Lane M. E. II, 186. — حبّ بَرَد *grêlon*, grain de grêle, Bc. — حبّ البَرَكَة nom d'une graine petite et noire, Ztschr. XI, 519; dans la Descr. de l'Eg. XVII, 382 ;حبّ البَرَكَة; cf. sous بَرَكَة — حبّ البلسان voyez sous بلسان. — حبّ التفّاح *hydromel*, L (idromelum) — حبّ الرَّأس (بيوت ثمّ حبّ التفّاح). — حبّ الرَّأس *staphisaigre, herbe aux poux*, Gl. Esp. 31. — حبّ الرَّشاد voyez Lane sous ce dernier mot. — حبّ رشيد signifie, selon Prax R. d. O. A. VIII, 346, la même plante que le terme qui précède, à savoir *lepidium sativum L.*, *cresson alénois*. — حبّ الزّلم *les racines du souchet comestible, amandes de terre*, Sang., Alc. (chufas specie de juncia), Rauwolf 63, Bait. I, 279 c et d, 536 d, Most. in voce, Gl. Manç. sous زلم. Au Maghrib on prononçait حبّ الزُّلم, car la première voyelle est un *dhamma* dans les man. du Most. et du Gl. Manç., et un *u* chez Alc. — حبّ السُّلطاني *cerises*, Hœst 305; cf. حبّ الملوك. — حبّ السَّمنة *cannabis sativa*, Bait. I, 279 e, de Sacy Chrest. I, ۸۴, 4. — حبّ الصبيب *cornouille*, Bc. — حبّ الشوم synonyme de حبّ الرَّأس, *staphisaigre, herbe aux poux*, Most. sous ce dernier mot. — حبّ الصنوبر *pignon*, amande de la pomme de pin, Bc. — حبّ الطاهر *les graines du vitex ou Agnus-Castus*, Bc. — حبّ العبّ sorte d'ornement de femme, M (sous عبّ). — حبّ العرعر *genièvre*, graine du genévrier, Bc. — حبّ العرق *le bouton de la sueur*, Daumas V. A. 425. — حبّ عزيز, moins bien حبّ العزيز, *les racines du souchet comestible, amandes de terre*, Léon 580, Marmol II, 288 c, Rauwolf 63, Voyage dans les Etats barbar. 170 (où il faut lire « habbazis, » au lieu de « halbazis »), Pagni MS, Descr. de l'Eg. XII, 170, Prax 24, Ztschr. XI, 524, Bait. I, 279 d (où il faut biffer l'article, qui n'est pas dans AB). En sicilien Cabbassisa. Le terme Babbagigi, que la Crusca donne, d'après les Voyages de Targioni, comme le nom d'une racine que l'on apporte à Chypre de Damiette et que l'on mange rôtie au four avec des pois chiches, est une altération du même terme arabe. — حبّ الغُول

les fruits du storax; en Syrie on en fait des rosaires, Bait. II, 86 k, 182 b. — الفرنجى ou حبّ فرنجى *siphilis, maladie vénérienne*, Sang. M. — حبّ القَفْد ou, comme prononce Bait. II, 260 c, الفَقَد, ne désigne pas seulement *les graines du vitex ou Agnus-Castus*, Bait. I, 282 c, Bc, mais aussi l'arbuste même qui porte le nom d'*Agnus-Castus*, Bc. — حبّ الفَهِم *anacarde*, Sang. — حبّ الفَنا *les baies du solanum;* ainsi chez Antâkî; chez Bait. I, 283 b, A porte العِنَا, B حبّ الفِنا, DLS الغِنا. — حبّ القَرع, chez Bc *vers cucurbitains;* on les a appelés ainsi parce qu'ils ressemblent aux graines des courges, Gl. Manç. in voce: هو صنف من دود البطن قصير عريض يشبه حبّ القرع ينزل بيه الاسم وتعورف ; Bait. I, 7 a, 49, 52, où اخرج حبّ القرع est la traduction des paroles de Dioscorides: ἄγει ἕλμινθα πλατεῖαν; Chec. 199 rº: وخاصّة الجوز النفع من حبّ القرع; Bayân I, 295, 3 a f.—296, 3. — حبّ القرمز *coccus* ou *kermès*, Bc. — حبّ القَلْب *datte d'un petit palmier*, Sang. — حبّ القَلَت (et non pas القَلْت, comme chez Sang., car Bait. I, 282 i, dit que le *lâm* a le *fatha*) *sorte de vesce ou ers, haricots de l'Inde*, Sang., Bait. I, 282 i. — حبّ الفلفل. Dans son article sur ce terme, Bait. I, 282 g, ne dit nullement ce que Sonth. lui fait dire, mais il se borne à renvoyer au ن, c.-à-d. à l'article فلفل (II, 312 e). — حبّ الكُلى, chez le vulgaire en Egypte, *le fruit de l'anagyris ou boispuant*, Bait. I, 83 c, 279 b, 355 e (où le « Elhalâw » de Sonth. doit être changé en حبّ الكلى, leçon de AB), II, 132 g. Aussi cette plante même, Bc. — حبّ الكوكلان *genièvre*, graine du genévrier, Bc. — حبّ اللهف *le fruit du coquert ou alkekendje*, Bc; mais dans nos man. de Bait. la dernière lettre de ce mot est constamment, si je ne me trompe, un *wau*, et non pas un *fâ*; il dit que c'est un terme de la langue vulgaire de l'Espagne ou en général du Maghrib, I, 281 e, II, 182 c, 339 e (où il n'est pas question d'Arabes, comme chez Sonth., mais de عامّة المغرب). — حبّ مُسْك *muscadin*, pastille musquée,

Bc. — حبّ المُسْكِ ambrette, petite fleur, *Hibiscus Abelmoschus* L.; nous disons « ambrette, » mais la dénomination arabe est bonne aussi, car cette fleur sent l'ambre et le musc, mêlés ensemble, Gl. Esp. 31. — حبّ الملك voyez ce qui suit. — حبّ الملوك est au Maghrib le nom des *cerises*, L (cerasus), Voc., Most. sous قراسيا: وهـو لحبّ الملوك (الملك N) الذى عندنا, Macc. I, 121, 16, II, 409, 16, Bat. I, 186, II, 391, Auw. I, 20, Bait. I, 282 b, II, 282 b, Calendr. 58, 1, où l'on trouve للحبّ الملوك, comme dans le Most., au lieu de الملوك حبّ; c'est comme on dit الماء الورد (p. e. 1001 N. Bresl. II, 98, 6). On dit aussi حبّ الملك, Auw. I, 133, 5 a f., Shaw I, 223, cf. la leçon du man. N dans le passage du Most. que j'ai cité, comme on dit حبّ السلطان, Hœst 305, non pas, comme le prétend ce voyageur, parce que le sultan seul a ces fruits, mais parce qu'ils sont exquis et délicieux, un manger de roi, Ibn-Loyon 8 v°: القراسيا حبّ الملوك ويقال حبّ الملوك si- حبّ الملوك. Le terme لانه يلاك فى الفم لرطوبته gnifie en outre: *l'amande du grand pin à pignon*, Bait. I, 282 b, Auw. I, 269, 4. Chez les médecins en Orient, *Euphorbia Lathyris*, Bait. I, 282 b, II, 459 b. Nom d'une *graine purgative*, Descr. de l'Eg. XII, 136. — حبّ المُنتن nom d'un médicament composé et purgatif, dont Rhazès donne la recette, Gl. Manç. — حبّ النعام, parmi le vulgaire au Maghrib, *les fruits de la smilax aspera*, Bait. II, 256 b. — حبّ النيل ne signifie pas « scammonée, » comme on lit chez Freytag, car Bait. I, 279, l. 6 et l. 14, l'en distingue, mais *indigotier*, comme traduisent Sontheimer (Bait. I, 278 f II, 184 c) et Clément-Mullet (Auw. II, 307, 20). Alc. donne: maravillas حبّة النيل; en espagnol *maravilla* désigne un grand nombre de plantes. — حبّ الهال *cardamome*, Bc, Burckhardt Nubia 261. — حبّ هان même sens; aussi: *graine de paradis*, Sang. — Termes dont l'orthographe est incertaine: حبّ الميسم dans AB de Bait. I, 280 c, chez Sonth. حبّ البشم (il traduit: *Amyris Opobalsamum*), chez Ibn-Djazla, man. 576, حبّ المعسم (sic); — *Habelcudùl, pariétaire*, Pagni MS; — *Habel mickenes, les petites baies de la Cassia Monspeliensium*, Rauwolf 288.

حبّ = زبير *vase à lait*, Mehren 27. — حُبّ, aussi الصبيان, حُبّ الصبيان, en Espagne *galium*

aparine, Bait. I, 170 a, comme Φιλάνθρωπος en grec (Diosc. III, 94). — حبّ العبّ (aussi حَبّ) ornement en or dont se servent les femmes, M.

حُبّ. Avec l'article, *les amours*, *l'objet aimé*, Bc. — حبّ الصبيان voyez l'article qui précède. — اصحاب الحبّ *ceux qui ont un amour passionné pour Dieu*, Macc. III, 675, 23.

حَبّة est l'équivalent de *pièce*, dans le sens de *chacun, chacune*, comme on dit: « ces oranges coûtent vingt-cinq centimes la pièce, » Gl. Edrîsî, Berb. II, 138, 4. — Nom d'une très-petite monnaie, Tha'âlibî Latâïf 31, 10. Prov. محبّة بلا حبّة ما نساوى حبّة « l'amour sans un liard ne vaut pas un grain de blé, ne vaut rien. » C'est ainsi que ce proverbe se trouve au commencement des 1001 N. (j'ai négligé de noter la page); on le rencontre aussi chez Freytag Proverb. III, 89, n° 529, mais écrit d'une manière incorrecte. Le duel حبّتان, Becrî 62, 13. — Nom d'un ornement de femme; c'est une sorte de grain de chapelet en or et ayant la forme d'un cube auquel on a coupé une partie de chaque angle, Lane M. E. II, 409. Davidson 96 traduit le mot par *coquille*, et il parle d'une petite « habba » qui consistait en une pièce ronde d'agate. حبّة جديدة *des grains de chapelet noirs et ovales, avec des lignes circulaires blanches ou d'un bleu clair*, Lyon 152. Cf. حبّة القلادة من شعره (= ام القلادة) = la plus belle partie de sa poésie, Gl. Mosl. — *Peste*, Domb. 89, Ht. — *Baisement*, Daumas V. A. 357. — حبّة البركة voyez sous بَرَكَة, et sous ثَدي. — حبّة الثدى *bouillie*, Payne Smith 1251. — حبّة الحلوى (Freytag omet mal à propos l'article du premier mot, Gl. Edrîsî), *anis*, est, selon Bait. I, 281 g, un terme dont on se servait en Espagne. — حبّة حلاوة même sens, Bc (Barb.). — حبّة السمنة « plante inconnue au Maghrib, » Gl. Manç. in voce; c'est *cannabis sativa*, voyez sous حَبّ. — حبّة السّنة *bouton d'Alep*, sorte de maladie éruptive, Guyon 241. — حبّة سوداء, ou الحبّة السوداء, ne signifie pas seulement *nielle, herbe aux épices*, mais c'est aussi le synonyme de بَشْمة et de تشميزج (voyez ces mots); il désigne par conséquent: *des grains noirs* qui viennent du Yémen et dont on se sert pour guérir les maladies des yeux, Bait. I, 282 a, II, 351 j, cf. le passage du Gl. Manç. que j'ai cité sous تشميز. Aussi: *la semence de la fleur du fenouil*, Lane M. E. I, 383 n., II, 308. — حبّة العين est le synonyme de ششم (voyez), Sang. Ouaday 332; — *prunelle ou pupille*, Bc, M. — حبّة قنيدية *Coccus cnidius*, Bait. I, 282 e (AB), cf. II, 488 f. — حبّة الملوك *épurge* (plante), Bc. — حبّة النيل voyez sous حَبّ. — على حبّة *sur la pointe d'une aiguille, sur rien*, Bc.

حبّة. Selon Lampriere 383, les femmes au Maroc se servent, afin de prendre de l'embonpoint, d'une graine qu'elles nomment, dit-il, «Ellhouba;» elles la réduisent en poudre et la mangent avec le couscoussou.

حبّى *amical; — charitable; — sentimental*, Bc.

حبّة *collier qui descend jusqu'aux pieds*, Hbrt 23.

حبب *écume*, Voc.

حبيب, pl. حَبائِب, Bc. — حبيبة pl. حَبائِب, *ami*, Bc. Le Voc. traduit *bruxa* par حبيبة (amante), قرينة (compagne) et كابوس (incube selon les dict.). Il est donc évident qu'il prend *bruxa*, non pas dans le sens de *sorcière*, que *bruja* a en espagnol, mais dans celui de *succube*, démon qui, comme on a cru longtemps, prend la forme d'une femme, pour avoir commerce avec un homme.

حَبابة *écume*, Voc.

حبوبة *bubon, bouton de peste*, Hbrt 37. — *Peste*, Bc (Barb.), Hbrt 36, Roland, Daumas Mœurs 55. — حبوبة الكرش *diarrhée*, Daumas V. A. 426.

حَبّاب *marchand de blé*, car selon Burton I, 374, سوق الحَبّابة signifie «marché au blé,» et dans cette expression حَبّابة est le plur. de حَبّاب, littéralement «le marché des marchands de blé.»

حبّابة *esclave favorite, concubine*, Barth III, 359.

تحبيب *granulation qui survient à la partie intérieure de la paupière du cheval*, Auw. II, 581, 13.

محبّ *aimant Dieu, pieux*, Djob. 249, 11, Macc. I, 588, 19, 939, 16, II, 666, 11. C'est surtout aux Soufis qu'on donne ce titre. — المحبّان (les deux amants)

nom de deux étoiles de la queue du Capricorne, Cazwînî I, 37, 20, Alf. Astr. I, 79 (amantes).

بيسر محبّتك فيك et محبّتك فيك *à votre santé*, Bc. — محبّة النفس *moi* (subst.), *le moi humain*, Bc. — بمحبّتك *familièrement*, Alc. (familiarmente). — على محبّتك *par votre bonté, grâce à votre bonté*, 1001 N. II, 120, 8 (dans la trad. de Lane: «through thy kindness»).

محبّب *grenu, plein de grains*, Bc, Auw. I, 323, 4, Most.: قلاح الورد هو بزر الورد وهو الذى فى وسط الورد الاصغر للمحبّب; ainsi dans le man. La; dans le man. N: وهو الصغرة للمحبّبة التى فى وسط الوردة. Chez Bat. III, 11, l'expression الرمان المحبّب semble signifier: une espèce de grenade qui contient une très-grande quantité de grains. Les traducteurs (III, 454) en ont donné une autre explication, mais elle me paraît inadmissible. — En parlant d'un mors, لزمة محبّبة, peut-être *mors à bossettes*; voyez sous لزمة.

محبوب ou زر محبوب, pl. محابيب, *sequin, monnaie d'or au Levant*, Bc, Hbrt 218, *sequin d'Egypte*, 5 fr. 58 c., Roland.

الاعداد المتحابّة, متحابّة, *les nombres amiables*, sont 220 et 284; on leur attribue des vertus merveilleuses dans l'art talismanique; voyez Prol. III, 129, 13 et suiv., avec les notes de M. de Slane.

مستحبّ (l'opposé de مستحقّ, «ce qui a été ordonné par une loi») *ce qui est devenu une coutume générale, ce qui a été adopté généralement, sans avoir été commandé par une loi*, Vêtem. 174, n. 7.

حبّورة *coquelicot*, Voc., Alc. (hamapola, en arabe happapâvra, coll. happapâvr), Ibn-al-Djezzâr, Zâd al-mosâfir: شقيق النعمان وهو الحبّورا. Je rétracte ce que j'ai dit dans le Gl. Esp. 284 avant de connaître le Voc. et l'article d'Ibn-al-Djezzâr; je crois à présent que les Arabes d'Espagne ont formé ce mot du latin *papaver*, en y ajoutant un *ha* au commencement, peut-être par l'influence de l'arabe حبّ. Les trois *p* d'Alc. plaident pour une origine latine; mais il n'en est pas moins vrai que les formes esp. doivent leur origine à la forme arabe. Lerchundi écrit حبيبورة, et Domb. 73, qui traduit *bluet*, حبيبور.

حبحب

خَبْخَبَ I. العنقود حبحب‎ *cueillir les raisins d'une grappe un à un*, M.

خَبْخَب‎, dans le Hidjâz et notamment à la Mecque, *pastèque, melon d'eau*, Ztschr. XI, 523, n. 46, XVIII, 555, l. 1.

حُبَاحِب‎, proprement *ver luisant*, est devenu (Bait. II, 318 a) le nom de la plante appelée en espagnol *colleja*, chez Colmeiro *Silene inflata Sm.*, qui est très-proche des Lychnides, et que les auteurs plus anciens désignaient par le nom de Lychnis. La λυχνίς, dont le synonyme est λαμπάς chez Dioscorides, a reçu ce nom parce que « sa fleur luit presque comme une flamme » (Dodonæus 271 a), et c'est aussi pour cette raison que le nom de *ver luisant* lui a été appliqué.

حبكر

حَبْكَر‎ *volvulus*, passion iliaque, colique de miséréré, Bc.

حبر II. حَبَّر الكلام‎ *polir le style*, le rendre clair, Bc. Avec ou sans complément, ce verbe signifie: *écrire avec élégance*, ou simplement *écrire*, voyez ma note dans l'édition que Lafuente a donnée de l'Akhbâr 81, n. 1; Mohammed ibn-Hârith 281: كتب بطاقةً وحبّرها‎ (plus loin: وقد احكم البطاقة‎, حَبَّر خُطْبَة‎, Djob. 77, 11, Macc. I, 241, 3 a f., Mâwerdî 171, 7, où il faut lire ولم يجز ان يجبر به حكمًا‎, au lieu de يجبر‎; cf. Macc. I, 54, 19. Le nom d'act. التحبير‎ est le synonyme de الانشاء‎, Macc. I, 385, 3 a f., et le partic. مُحَبَّر‎ de مُنشىً‎, Calâïd 210, 16.

V *être orné*, Voc.

حِبْر‎ *sépia*, Bait. II, 74 b, qui dit en parlant de la matière colorante que répand la sèche: وقد يُكْتَب به كالحبر ولذلك يسميه قوم الحبر‎; peut-être مِدَاد الحِبْر‎ a-t-il le même sens chez Auw. I, 645, 7. — *Prélat*, Hbrt 150 (qui l'écrit avec le *kesra*, cf. Lane), Bc; *pontife*, Hbrt 150, Bc; الحبر الأعظم‎ *le souverain pontife, le pape*, Hbrt 150, Bc; aussi الحبر الأكبر‎, Hbrt 150.

حَبَر‎ nom d'une étoffe, de même que حَبَرَة‎, R. N. 21 v°: وكان لبلس البهلول قلنسوة حبر الح‎ 39 v°: قلنسوة حبر‎, Descr. de l'Eg. XII, 170: « Etoffe habar de Mehalleh. »

حِبْرَة‎ *pontificat*, dignité de grand pontife, de pape, Bc.

حَبَرَة‎. Dans la langue classique, ce mot, comme Freytag (Einleitung, 310 et 311) l'a observé avec raison, n'est pas le nom d'un vêtement, comme on l'a dit et comme on trouve aussi chez Lane, mais celui d'une *étoffe rayée qu'on fabriquait dans le Yémen*; voyez Azrakî 174, 1, où il est question de la Ca'ba: فكساها الوصائل ثياب حبرة من عصب اليمن‎; cf. les 3 dernières lignes de cette page et 176, 1, 177, 9, 180, 8, Ibn-Hichâm 1012, 11, 1019, 9. La meilleure espèce venait d'al-Djanad, Azrakî 175, 9 et 10 (où Wüstenfeld a eu tort de prononcer al-Djond). Pour le sens moderne de *grand voile ou manteau, en soie, en taffetas ou en châle, dont les femmes se couvrent quand elles sortent*, voyez Vêtem. 135—6. On trouve ce terme avec cette acception dans les 1001 N. IV, 319, 4 a f., Bresl. IX, 263, où l'édit. Macn. a le synonyme إزار‎. En Algérie il a le même sens, de Jong van Rodenburg 170, et chez Bg on trouve sous *voile*: حبراءة‎ voile noir ou de couleurs obscures, dont les pauvres femmes chrétiennes se couvrent quand elles sortent. » — حَبَرَة‎ *taffetas*, Hbrt 203, Bc.

حِبْرَقِي‎ *qui appartient à un savant juif*, M. — *Pontifical*, Bc.

حُبَارَى‎ pl. حُبَارَى‎ *outarde*, Bc.

حَبْرُوقِي‎, vulg. pour حِبْرَقِي‎, *qui appartient à un savant juif*, M. — قدّاس حبروقي‎ *grand'messe*, Bc.

حُبَارِي‎ *aubère*, mot qui dérive du terme arabe et par lequel on indique un cheval dont le poil est couleur de fleur de pêcher, entre le blanc et le bai. On l'appelle حبارى‎, moins à cause de la ressemblance de sa couleur à celle du plumage de l'outarde, qu'à celle de la chair de cet oiseau quand elle est cuite, Gl. Esp. 286.

حَبَّار‎ *fabricant d'encre*, Descr. de l'Eg. XVIII, part. 2, 403.

مُحَبَّر‎. Chez Ibn-al-Athîr, X, 410, 6, on trouve le nom propre berbère تاجرزت‎, et Nowairî (Afrique), qui a copié ce passage, observe: وتاجرزت بنطق بها‎

حبرمان   244   حبس

، بَجِيمٍ مَحِيرَةٍ (sic) بَيْنَ الثَّاءِ وَالجِيمِ وَكَذَلِكَ اجاديرِ ce qui signifie qu'il faut *prononcer* le *g* berbère en lui donnant un son qui tient le milieu entre le ج et le ك.

مُحَيِّرَةٌ sorte de poisson, Cazwînî II, 119, 3 a f.; chez Yâcout مُخَيِّرَة.

حِبِرمانٌ، رُمّانٍ, 1001 N. Bresl. II, 87, 98, est pour حَبٌّ

حبس I. Au figuré *rendre stupéfait*, comme on dit en latin: *tenet me spes, cupiditas, teneri metu*, de Jong. — *Occuper* un défilé, Çalât 57 v°: وحبسَ مضيقاً فِي الطَّرِيقِ عَلَيْهِمْ لَا يُمْكِنُهُمُ الجوازَ فِيهِ إلَّا بَعْدَ مُقارَعَةٍ *Isoler*, p. e. les lépreux, les séparer de la société d'autres personnes, leur assigner un quartier qui leur est propre, Gl. Fragm. — *Soutenir*, Voc. (tenere et sustentare), Alc. (sostener). — Ce verbe se construit avec على de la personne à laquelle le legs est destiné, Gl. Edrîsî. — C. على p., pour حبسَ نَفْسَهُ, s'attacher à quelqu'un, poète populaire Prol. III, 422, 13: وَيَا قَلِيلَ مَنْ عَلَيْهِ تَحْبِسُ وَيَحْبِسُ عَلَيْكَ il y a bien peu de belles à qui tu puisses t'attacher et qui s'attachent à toi; de Slane traduit: « se confier à, avoir confiance en, » mais je crois qu'il se trompe. — حبسَ دَمْعَهُ se claquemurer, Bc. — retenir, dévorer ses larmes, Bc. — حبسَ الدَّمَ étancher, arrêter l'écoulement du sang, Bc. — حبسَ فِي دَيْرٍ cloîtrer, Bc; حبسَ نَفْسَهُ se cloîtrer, entrer dans un monastère et y prendre l'habit, Becrî 36, 15 et 16, Prol. I, 420, 8, Edrîsî, Clim. III, Sect. 5 (Jérusalem): بُيُوتٌ كَثِيرَةٌ مَنْقُورَةٌ فِي الصَّخْرِ وَفِيهَا رِجَالٌ قَدْ حبسوا أَنْفُسَهُمْ فِيهَا عِبَادَةً — حبسَ نَفْسَهُ عَلَى فُلَانٍ s'attacher, se dévouer entièrement à quelqu'un, Bokhârî, man. II, 168 r°: فَحَبَسَ أَبُو بَكْرٍ نَفْسَهُ عَلَى النَّبِيِّ — المأخذ الذي حبسوا أَنْفُسَهُمْ لِصُحْبَتِهِ le pré qu'ils ont occupé, » car c'est ainsi qu'il faut lire dans le Mem. hist. VI, 116, 5, comme le montre le *fac-simile* de ce diplôme. — حبسَ نَفْسَهُ *retenir son haleine*, Bc.

II se construit avec على de la personne à laquelle le legs est destiné, Gl. Edrîsî. — *Emprisonner*, Gl. Fragm., Khatîb 52 r°: فَامَرَ بِتَحْبِيسِهِ, mais il faut corriger بِتَحْبِيسِهِ.

IV se construit avec على de la personne à laquelle le legs est destiné, Gl. Edrîsî. — Dans le sens de la Ire forme, *retenir*, de Sacy Chrest. II, 461, 2, Nowairî Afrique 23 r°: فَأَحْبَسْتُ لَنَا سِتَمَائَةِ دِينَارٍ et ensuite: وَإِنَّمَا أَحْبَسْتُ هَذَا المالَ حَتَّى أُحَاسِبَهُمَا.

V dans le Voc. sous stabilire.

VII. احتباسُ البَوْلِ *rétention d'urine*, Bc.

VIII, au figuré, *rester stupéfait*, comme on dit en latin: *teneri metu*, de Jong. — *Tarder, aller lentement*, Voc. (tardare), synonyme de أَبْطَأَ, Bidp. 211, 5. — *S'attacher, saisir*, Alc. (asirse). — *Tenir*, v. n., en parlant d'une chose collée sur une autre, Gl. Mosl. — C. ب dans le Voc. sous sustentare. — C. عن et s'abstenir de, Voc. — احتباسُ اللَّبَنِ se trouve chez Alc. sous « retesar las tetas. » En espagnol, *retesarse, s'endurcir*, se dit des mamelles des animaux, surtout lorsqu'elles sont trop chargées de lait. — احتبسَ لسانُهُ *devenir ou être bègue*, Voc.

حَبْسٌ. حَبْسُ العُرُوقِ *engourdissement, spasme, contraction, retirement de nerfs*, Alc. (envaramiento de nervios); حَبْسٌ seul dans le même sens, Alc. (encogimiento de nervios). — حَبْسُ الغِذَا *diète, l'action de se priver d'aliments pour rétablir sa santé*, Voc.

حَبْسٌ, dans le sens de *fantassins, soldats à pied*, voyez Gl. Belâdz., p. 27, l. 6 et suiv.

حِبَاسٌ. On donne ce nom à deux bandes de laine noire, dont on attache l'une sous le genou, l'autre au-dessus de la cheville du pied, quand on a été mordu par un serpent, Burton II, 108.

حَبِيسٌ, pl. حُبَسَاءُ, chez les chrétiens, *hermite, anachorète*, Bc, Hbrt 151, M.

حُبَيْسَةٌ *chaîne qu'on porte au cou*, M.

حَبَّاسٌ *celui qui retient*, Wright 109, 5, 131, n. 25, xvi, dern. l., xvii, 1.

مَحْبِسٌ *réservoir*, Alc. (lugar en que algo se recibe, retenedero), Becrî 30, 3; *bassin*, Ht; *cuve, baquet*, Cherb., Martin 123. — *Vase, pot*, Voc., Ht Auw. I, 187, 12, où il faut lire avec le man. de Leyde القَصَارِي وَالحَابِيسِ وَالقُدُورِ, 439, 19, 485, 1, où il faut lire avec notre man. مَحْبِسٍ, au lieu de

مجلس; مجبس النوار pot de fleurs, Roland, et مجبس seul dans le même sens, Dict. berb. — Etable (Lane TA), Abou'l-Walid 686, 11. — Cage, à ce qu'il semble, محابس للعقاب, 1001 N. II, 179, 5. — Pincettes, Voc. — Anneau, bague sans chaton, jonc, bague unie, Bc, Hbrt 22, M.

مَحْبُوس cloîtré, vivant dans un monastère, Edrîsî, Clim. III, Sect. 5 (Jérusalem): رجال (الكنيسة) وفيها ونساء محبوسون يبتغون بذلك اجر الله سبحانه محبوس العروق, aussi محبوس seul, engourdi, celui qui a un spasme, une contraction, un retirement de nerfs, Alc. (encogido de nervios, envarado de nervios). — محبوس اللسان bègue, Voc., Alc. (ceceoso (cf. cecear), tartamudo).

مَحْبِيسَة vase de nuit, Ht.

اِحْتِباس t. de médec., constipation, M.

حبش

حَبَش pastèque, melon d'eau, Ztschr. XI, 523, n. 46.

حَبَشِيّ, للحبشي المعدل éthiops, mélange de mercure et de soufre, Bc.

حَبَشِيَّة espèce de haricot tacheté de noir et de blanc, de la grosseur d'un œuf de pigeon, Auw. II, 64, 15.

حَبَشْنَة serin, oiseau jaune des Canaries, Bc.

أحبوش synonyme de حَبّ القلقل, car le Most. dit sous ce dernier mot: وهو الأحبوش (la voyelle dans N).

أحابيش Abyssins, Macc. III, 683, 10.

حبض

مُحَبِّض joueur de farces, Lane M. E. I, 250, II, 123.

حَبَط I, manger trop, ne s'emploie pas seulement en parlant d'animaux, mais aussi en parlant d'hommes, Tha'âlibî Latâîf 108, 10.

حبق I. Celui qui veut témoigner son mépris pour ce qu'un autre vient de dire, lâche un pet, حبق حبقة عظيمة, Athîr X, 186, 4 et 5; de là l'expression حبق لفلان, Macc. II, 470, 5, ou على فلان,

ibid. l. 6, qui répond à l'expression espagnole: « peer en desfavor de otro. »

حَبَق, n. d'un. ة, Bc, basilic, Alc. (albahaca, qui est formé par transposition du mot arabe), Bc. — Menthe d'Arabie ou menthe sauvage, Gl. Esp. 339, l. 9. — Laurier-rose, Most. v° دفلى: ابو حنيفة عن حبق بستاني. — بعض الاعراب يسميه للحبق menthe, Most. v° نمام. حبق ترنجاني, car c'est ainsi qu'on lit dans AB Bait. I, 283 l, ne signifie pas seulement mélisse ou citronnelle, mais aussi une autre plante, car à la fin de cet article, AB portent: وقد ذكروا حبقة. — ايضا نوعا اخر من الريحان يسمى بذلك التمساح calament, Bc. — حبق التجسور, par plaisanterie, les parties naturelles de la femme, 1001 N. I, 63, 12. — حبق ريحاني. Dans AB de Bait. on trouve après I, 283 n, cet article qui manque chez Sonth.: حبق ريحاني هو للحبق الرقيق الورق. الكرماني et للحبق الصعتري (cf. Lane), Most. v° ويقال له بقرطبنة للحبق الصعتري ويقال: شاهسبرم — للحبق العجيب synonyme de حَبّ للحبق الرمّاني النَبِل (voyez), Auw. II, 307, 21 et 2 a f. — Le nom de la marjolaine diffère dans les man. de Bait. I, 283 f. On trouve حبق القنا dans E, mais A porte القنا, S القتا, BD الغنا, L الفتا, الفتى L'autre nom de cette plante, حبق الفيل (car c'est ainsi qu'il faut lire I, 283 g), semble à Bait. une altération (تصحيف) de celui qui précède. — Habkdelzèl, mercurialis, Pagni MS. — سَقَى الحَبَقَة boire, boire beaucoup de vin, se mettre en pointe de vin, se griser, godailler, boire avec excès, se mettre en goguettes, en belle humeur, Bc.

حَبِيقَة, chez le vulgaire en Espagne, pariétaire, Bait. I, 308 c.

مِحْبَقَة pot de fleurs, Domb. 75.

حَبَقَالَة, composé de l'arabe حَبَق et de la terminaison diminutive espagnole ela, signifiait pariétaire chez le vulgaire en Espagne, de même que حُبَيْقَة, Bait. I, 308 c, qui dit formellement que c'est le diminutif de حَبَق (تصغير حبق).

حبك

حبِكَ I *border* une robe, une jupe, Voc. (suere, et dans une note capzar; le catalan capsar répond au castillan cabecear, qui a le sens que j'ai donné), Prol. III, 309, 12.

II *entrelacer*; حبّكَ الخيطَ *mêler du fil*, de la corde, etc., Bc.

V *se mêler*, *s'embrouiller* (fil, etc.), Bc.

VII *être bordé* (robe, jupe), Voc.

VIII. مُحْتَبِك *entrelacé*, Bc; *se mêler*, en parlant d'étoiles, *scintiller*, P. 1001 N. I, 21, 8, parce que la scintillation, c.-à-d. la rapidité d'agitation qu'on observe dans la lumière des étoiles, surtout lorsque l'atmosphère n'est pas tranquille, produit l'illusion d'un mélange d'étoiles. Le synonyme اشتبك s'emploie de la même manière. — *Être plein, rempli*, p. e. احتبك السوق يسأتر اجناس الجواري, 1001 N. I, 291, 6; aussi absolument: *être plein de monde*, ibid., l. 9, I, 20, 8.

حبك *tissu*, petit ouvrage tissu, Bc. — Voyez حَبكَة.

حَبكَة *passement*, Bc. — *Reliure*, manière dont un livre est relié, Bc. — Selon Burton I, 232, on donne le nom de *habak* à des cordons de soie cramoisie qu'on passe sur l'épaule et qui portent l'épée. C'est peut-être حَبكَة, pl. de حُبكَة.

حِباكة *tissu*, petit ouvrage tissu, Bc. — صنعة حِباكة الكتاب *passementerie*, Bc. — *nervure*, parties élevées sur le dos d'un livre, Bc.

حَبَل I, *être enceinte*, a aussi le n. d'act. حَبَالَة, Voc.; chez Alc. et Bc comme substantif, *conception*.

II *engrosser*, Alc. (enpreñar a hembra), Bc. — C. acc. dans le Voc. sous funis, probablement: *faire des cordes*.

V dans le Voc. sous funis, probablement quasi-passif de la IIe dans le sens qui précède. — *S'enchevêtrer* (cheval), Bc.

حَبْل. Le pl. حَبائل (cf. Lane) chez Bc sous *lien*. — *Cordage*, assemblage de cordes pour la manœuvre d'un vaisseau, Bc. — حبل الثوم *glane d'oignons*, Alc. (ristra o riestra de ajos). — حبل السرّة *cordon ombilical*, Bc. — حبل لؤلؤ *collier de perles*, Bc. — حبل المساكين *le grand liseron*, proprement « corde des pauvres, » de même qu'une espèce de clématite s'appelle en français « herbe aux gueux, » parce que les mendiants se servent de ses feuilles pour faire paraître leurs membres livides et ulcérés, Gl. Esp. 72; ajoutez Bait. II, 299 b; *lierre*, Bc. — Au figuré, وصل حبله بحبل فلان ou وصل حبله بفلان, *lier amitié avec quelqu'un*, de Jong. — حَبْل طويل *homme lent, lambin*, Bc.

حَبْلَة *cordage, corde; amarre*, cordage pour attacher; *longe de corde ou de crin; laisse*, corde pour mener les chiens, Bc. — طول الحبلة *tirer en longueur une affaire*, chercher à la prolonger, Bc.

حَبْلَة *conception*, Alc. (concepcion en la hembra), Bc.

حِبَالَة, le pl. حِبال dans la rime, Gl. Mosl. — *Captivité*, Berb. I, 57, 7.

حَبَّالَة *corderie*, lieu où l'on fait les cordes, art de les faire, Bc.

مُحَبَّل est chez Alc. « rebuelto, » et Victor explique ce dernier mot par: *enveloppé, révolté, mêlé, embrouillé, brouillé, troublé, embarrassé*.

حبن

حَبِن, *oléandre*, est un mot du dialecte d'Omân, Bait. I, 281 d (AB).

حيهان, pour حبّ هان, *cardamome*, Bc, 1001 N. II, 66, 6 a f.

حبو III. La première signification chez Freytag est bonne, car Bc donne aussi: حابى أحدًا *faire acception de personnes*. — C. a. p. et r., comme la Ire, *favoriser, gratifier quelqu'un de quelque chose d'avantageux, l'en doter*, P. Abd-al-wâhid 112, 9.

VI, avec مع, *faire acception de personnes*, Bc.

حلّ وقاره = حلّ حبوته، حبوتَه *faire disparaître la gravité de quelqu'un, le rendre sot*, voyez Gl. Mosl.

حتّ I *casser des noix, des amandes*, Becri 41, 3.

حتّة pl. حتن (ainsi dans M; voyez Lane; Bc n'a pas de voyelles), en Egypte (M), *déchiqueture, taillade; tranche; — mie*, particule négative = لا; — le pl. حتن *débris*, restes d'un pâté, d'un repas, et comme adverbe (pour حَتَّنًا) menu, en petits morceaux, Bc. (Comme ces significations se laissent dériver aisément de la racine حَتَّ, je rétracte la conjecture que j'ai proposée Gl. Esp. 267, dern. l.—268, l. 5; je ne crois pas non plus avec M que c'est pour حُتْرَة).

حُتَّات débris, restes d'un pâté, d'un repas, Bc.

حَتَّى, dans le sens de: afin que, est quelquefois suivi d'un n. d'act., au lieu d'un aoriste, p. e. Berb. I, 530, 8: ثم جمع الايدى حتى قطع تخيلهم واقلاع شجراتهم (lisez واقتلاع, avec notre man. 1351) «ensuite il réunit un grand nombre d'individus, afin qu'ils abattissent les palmiers et les plantations de ses ennemis.» — Dans le sens de même, on dit aussi حتى, p. e. حتى الاولاد «même les enfants, jusqu'aux enfants,» Bc. — Avant que, Gl. Badroun. — Après une proposition négative, au contraire, Macc. I, 238, 2 a f.: ولم يكل ذلك الى القوّاد والاجناد٬ حتى باشَرَكم بالمهجة والاولاد, Mâwerdî 24, 6, 38, 5. — Et surtout si, Prol. III, 198, 3 a f.: واعلم ان فى هذه الطبيعة اذا حلّ لها جسد من قرابتها على ما ينبغى فى الحلّ حتى يشاكلها فى الرقّة واللطافة انبسطت فيه «sachez que, si un corps ayant de la parenté avec cette nature se dissout dans elle d'une manière convenable, et surtout s'il lui ressemble par la ténuité et la subtilité, elle s'étend dans ce corps» (de Slane). — Après une proposition négative, et encore moins, Prol. III, 193, 10: Quelques traités sur l'alchimie portent le nom d'al-Ghazzâlî, mais on les lui attribue à tort, ان (لأنّ .l) الرجل لم تكن مداركه العالية لتقف على خطاء ما يذهبون اليه حتى ينتحله «la haute intelligence de cet homme aurait été incapable d'adopter les doctrines erronées des alchimistes, et encore moins de les professer» (de Slane). — Suivi de ولا, pas seulement; ولا شفته حتى «je ne l'ai pas seulement vu;» ما عملت هذا حتى ولا افتكرت فيه «non-seulement je n'ai pas fait cela, mais je n'y ai pas même pensé,» Bc. — Après la particule négative ما, à peine — que, p. e. ما لحق حتى شربه وقع «à peine l'avait-il bu, qu'il tomba,» Bc; ما جاء الليل حتى الخ, Nowairî Espagne 450. — Dans le sens de أنّ, R. N. 78 r°: بينما هو جالس وعنده بعض اصحابه حتى أتته, 79 r°: فبهم فى اليوم الثانى جالسا ثلاث رواحل تمر

(جالس .l) فى الجامع حتى رأى رجلاً من أهل منزله فهم فى العقد جلوس حتى انام الرجل, ibid.: يُدَوِّر عليه et très-souvent dans ce livre.

حَتْحَتَ (réduplication de حَتَّ) déchiqueter, découper par taillades, émincer, couper par tranches minces, Bc.

II c. على r. persévérer dans, M.

حَتْرَب.

حِتْراب synonyme de جَزَر بَرِّى, Most. sous ce dernier mot.

حَتْرُوج bouc, Hœst 293; chez Cherb. et Ht عَتْرُوس fém., Abbad. II, 159, 7.

حَتَكَ.

pl. مَحاتِك مَحْتَك lieu où les animaux se frottent et se grattent, lieu où on les frotte et les lave, Alc. (rebolcadero, rebolvedero, estregadero para estregar las bestias). Ce mot, qui dans le Voc. est مَحْتَكَل, est évidemment une altération de مَحْتَكّ, le partic. passif, dans le sens d'un nom de lieu, de la VIIIe forme de حَتّ.

حَتَمَ I trancher, décider hardiment, avec présomption; — dogmatiser, parler par sentences; — c. على r. déterminer de ou se déterminer à, Bc.

II. مُحَتِّم tranchant, qui décide hardiment, Bc. — مُحَتَّمَة imposés, Roland.

IV dans L prefinitio (sic) وتحديد, اِحْتِام, tandis qu'il a sous prefinitus: محدود محتوم.

حَتْم coercition, Bc. — حَتْمًا décisivement, indispensablement, Bc, Bat. III, 409:

فانت الامام الماجد الاوحد الذى
سجاياه حَتْمًا أنْ يقول ويفعلا

Ce vers, que les traducteurs n'ont pas compris, signifie: «Car tu es le chef illustre, l'unique, dont le naturel est indispensablement de faire ce qu'il dit.» — بتًّا حتمًا expressément, formellement, Bc.

حَتْمِى coercitif, — décisif, — impératif, Bc.

حَتَّام dogmatiseur, Bc.

حَاتِمَةٌ *le jugement, le décret de Dieu*, Catal. des man. or. de Leyde IV, 246.

حْتَمِل vulg. pour حْتَفِل, M.

حتى.

حَتَى (cf. Lane) est, selon Bait. I, 283 o: *cette partie du fruit du palmier nain que l'on mange et qui entoure le noyau*, هو الذى يُوكَلُ من المُقْلِ المَكّى وداخله العجم ❊

حَاتِيَةٌ *mesure à Ouârgela et dans l'Ouad Mezâb*, Carette Géogr. 207—8, Jacquot 270.

حث I *se construit aussi* c. الى r., حَثَّ الى الشَّرِّ *instigation, sollicitation à faire le mal*, Bc. — حَثَّ السَّيْرَ *presser sa marche*, Gl. Bayân. Le verbe seul s'emploie dans le même sens, P. Macc. II, 373, 12, *aller vite, trotter*, en parlant d'hommes, 1001 N. Bresl. XII, 267, 3, ou d'animaux, Macc. I, 557, 7. — Quand l'objet de ce verbe est « le vin, les coupes, » etc., il signifie: *les présenter rapidement*, de sorte que les coupes se suivent avec vitesse, Weijers 48, 5, avec la note p. 169, l. 1 et suiv., note de Fleischer sur Macc. I, 457, 3, dans les Berichte 188, Gl. Mosl., Macc. I, 663, dern. l., II, 558, 5 a f., Haiyân-Bassâm III, 50 v°: la jeune fille ayant commencé à chanter, فصار من الغريب ان حَثَّ شريبه هو ممَّن دينه حَثَّ, ibid. 142 r°: عليه واظهر الطرب منه الكَاسِ ❊

VIII *exciter les captifs (les esclaves) au travail*, Nowairî Egypte, man. 2 o, 114 r°: فكان المسلمون يحتاجون فى كل يوم لقوت الاسرى وقوت مَن يحتثّهم. — En parlant de coupes, etc., = I (voyez), Gl. Mosl.

X *inviter, exciter quelqu'un à se rendre quelque part*, Berb. II, 351, 6 a f.; *exciter quelqu'un à venir*, يستحثّه بالعسكر («avec l'armée»), Haiyân 55 v°. — En parlant de vin, de coupes (cf. sous la Ire forme), *être présenté rapidement*, P. Macc. II, 508, 15.

حثحث

حُثْحُوثِي et حُثْحُوث *très-avare*, M.

حنو et حمى I *verser beaucoup d'argent, le donner à pleines mains*, Prol. II, 150, 5, 151, 4.

حج I. حَجَّ عن فلان *faire le pèlerinage comme remplaçant d'un autre*, R. N. 92 r°: وقلت له يوما أنّى لا اعلم اسم المرأة التى احجّ عنها وذلك عند الاحلال فقال لى اهل (sic) بسم الله وقُل الهم عن ميمونة. On voit que la dernière expression est elliptique: احجّ عن ميمونة. — Prov. حتّى يحاجّوا الفيقان, « trois jours après jamais, » « la semaine des trois (quatre) jeudis » (jamais), Bc. — Le passif حُجَّ *se laisser convaincre*, Prol. I, 350, 15.

III. حاجّهم عنه *il cherchait à le défendre contre ceux qui l'accusaient, à le disculper*, Berb. II, 551, 4 a f.

V *chercher midi à quatorze heures, chercher des difficultés où il n'y en a pas*, Bc. — تَحَجُّجِي *alibiforain, propos qui n'a pas de rapport à la chose dont il est question*, Bc.

VI *verbaliser, dire des raisons*, Bc.

VIII c. عن dans le Voc. sous disputare. — *S'excuser*, Alc. (escusarse); c. على r. *s'excuser sur*, Bc, Hbrt 115. — C. على *exciper de*, Bc. — C. على *alléguer pour motif que, motiver*, Bc. — احتجّ بحُجَّة ou حُجَّة se couvrir d'un prétexte; احتجّ فى فعله على ان *prétexter*, Bc.

حَجّ et حِجّ, qui est proprement l'hébreu חַג, *fête*, se trouve encore en ce sens dans حج الاسابيع *la fête des semaines, de la Pentecôte*, chez les juifs, de Sacy Chrest. I, ٩, 3. — *Pèlerinage*, dans le sens de *lieu où un pèlerin va en dévotion*, Gl. Edrîsî. — حج الشَّمّ *la caravane de la Mecque*, Bc. — حَجّ vulg. pour حَاجّ, M.

حَجَّة. L'expression حَجَّة اَلله, que Lane a mal traduite, signifie: *la visite à Dieu, c.-à-d., à la maison de Dieu*, Gl. Fragm. — Le nom du dernier mois, ذو الحَجَّة ou ذو الحِجَّة, est aussi chez les écrivains de la décadence: 1° ذو حَجَّة, sans article, Bayân I, 273, 6, Cartâs 5, l. 3; 2° الحَجَّة seul, Rutgers 174, Ztschr. XVIII, 556, n. 1, Macc. I, 876, 17, II, 800, 12, 808, 18; 3° حَجَّة, sans article, Ztschr. XVIII, 556, n. 1, Hist. Tun. 95, 2, 96. — Vulg. pour حَاجِكَة, M.

حَجَة voyez ce qui précède.

حَاجَّة titre, acte qui établit un droit, Bc, Gl. Fragm.; contrat, convention notariée, Bc, acte notarié, J. A. 1843, II, 218 et suiv., 1001 N. I, 427, 5, II, 82, 13, 473, 4 a f., III, 426, 6 a f., 661, 2 a f., IV, 197, 13 et 15, 233, 2 a f., Macc. III, 656, 1, contrat de vente, M; حَجَّة تَوْكِيل compromis, soumission à l'arbitrage, acte qui la contient, Bc; حَاجَّة المعْمُوديّة baptistère, extrait baptistaire, Bc; صُورَة حَجَّة ampliation, double d'un acte, expédition, copie d'un acte, Bc. — Excuse (Hbrt 115), prétexte, défaite, détour, faux-fuyant, subterfuge, Bc. — Cassade, mensonge pour rire ou pour s'excuser, Bc. — Masque, au fig., apparence, Bc. — Incident, mauvaise difficulté dans les disputes, Bc. — Acte, décision juridique, Bc, sentence légale du cadi, Descr. de l'Eg. XI, 512; حَجَّة البَحْر est le nom du document écrit par le cadi et dans lequel il atteste que, l'eau du Nil étant devenue assez haute, on a ouvert le canal; ce document est envoyé à Constantinople, Lane M. E. II, 295. — Procès, Meursinge 26, 1 (cf. 42, n. 174). — Affaire, Alc. (hazimiento por negocio, negociacion; il traduit aussi ces deux mots par شُغْل). — En parlant d'un homme pieux, كَانَ وَرْعًا حُجَّة, Khallic. I, 299, 12 Sl., où de Slane (trad. I, 587) observe que les hommes pieux sont appelés ainsi, parce que Dieu les présentera le jour du jugement dernier, afin de réfuter les pécheurs qui prétendraient qu'ils n'ont connu personne qui leur donnât l'exemple de la sainteté; il compare I, 295, 10 et 11: أَنَّنِي لَأَحْسَبُ يَا حُجَّة بَسَفِينِ الثَّوْرَى يَوْم الْغَيْمَة حُجَّة مِن الله على الخلق يُقَال لهم لَم تُدْرِكُوا نَبِيَّكُمْ — فَلَقَدْ رَأَيْتُم سَفِينَ الثَّوْرَى الَّا اقْتَدَيْتُم بِهِ. — Chez les traditionnaires, celui qui connaît 300,000 traditions avec tout ce qui s'y rapporte, à savoir leur texte, leur isnâd, le degré de confiance que méritent leurs rapporteurs et le temps où ils ont vécu, M. — Chez la secte des ultra-Chiites qui portent le nom de المَأْذُونُون, السَّبْعِيَّة quand il n'y a pas d'imâm, M.

حِجَاج pèlerinage, Voc. (écrit حِجَاز.).

I

الحَاجِبَاجَة ou أُمّ حَاجِبَاجَة hirondelle (سنونو), nommée ainsi parce qu'elle fait le pèlerinage de la Mecque, M; cf. l'article qui suit; l'hirondelle de Syrie est plus petite que la nôtre.

حَاجّ. On donne aussi ce nom aux chameaux qui ont transporté les pèlerins à la Mecque, Relation of a Journey begun An: Dom: 1610, p. 124: « All are called Hadges: and so call they their Camels, hanging as many little chaines about their forelegs, as they have been times there. » — Nom d'un oiseau qui est appelé ainsi parce qu'il accompagne les caravanes qui vont à la Mecque, et qui, pour cette raison, est considéré comme sacré. Il est à peine aussi grand qu'un merle, et son plumage est de couleur cendrée. Il se nourrit d'escarbots et d'autres insectes, Gl. Esp. 138, cf. l'article qui précède. — Nom d'une plante, Bait. I, 179: شَجَر الحَشِيش المُسَمَّى لِلْحَاجّ, voyez sous شَجَر لِلْحَاجّ.

كَرْنَب الْحَاجِّ voyez sous حَاجِّي.

مَحَجَّ endroit vers lequel on se rend, Müller 5, l. 10. — Rue, route, Domb. 97. — Place publique, Ht.

مَحَجَّة route, a dans le Voc. le pl. irrég. مَحَائِم.

مَحْجَا pl. مَحَاجِي retirade, t. de fortification, retranchement derrière un ouvrage, Rutgers 166, 7 et 10.

حَاجَب I, en parlant d'un prince, le tenir renfermé, le séquestrer de la société des hommes, le soustraire à tous les regards, Maml. I, 1, 10.

VII dans le Voc. sous velare; être caché, Aboû'l-Walîd 545, 24, Kalyoubî 44 éd. Lees. — Être retenu, c. عن p., Aboû'l-Walîd 296, 22: فلا ينحجب عنك الغيث, 325, 23.

VIII c. ب r. se couvrir d'une cuirasse, d'un casque, Cartâs 149, 8.

حِجَاب. حِجَاب البُكُورِيَّة hymen, membrane, pellicule au col de la vulve des vierges, Bc.

حَاجَاب vulg. pour حَجَّام, M.

مُحَجَّب invulnérable, Bc.

مُحْجَبَة vulg. pour مَحْجَبَة, M.

اِحْتِجَاب invulnérabilité, Bc.

حجر

حجر

جَرَّ I c. a. et على, Voc. sous tutor testamentarius (cf. Lane). — C. على r. *se réserver l'usage de*, Içtakhrî 42, 8. — جرّ على موضع *interdire au public l'entrée d'un lieu*; جروا على انابرهم «ils fermèrent leurs greniers,» Bc.

II. La constr. n'est pas seulement جَرَّ حَوْلَ أَرْضِهِ (Lane), mais aussi على أرضه, Gl. Maw. — C. a. et على dans le Voc. sous tutor testamentarius. — C. على p. et في r. *ôter à quelqu'un la faculté de disposer de quelque chose*. Dans le Formul. d. Contr., p. 6, on trouve deux وَثِيقَةُ التَّحْجِيرِ. Le premier est conçu en ces termes: جرّ فلان — على زوجته — في جميع مالها — وماله هو ومنعها من البيع والشرا والهبات وجميع انواع التصريفات فانه جرّ عليها تحجيرا يمنع لها التصرف. Dans le second on lit aussi: وجرَّه تحجيرا صحيحا —.

رَسْمُ التحجير *saisie, arrêt*, Roland. — *Pétrifier, convertir en pierre*, car Bc a تحجير *pétrification, changement en pierre*, et مُتَحَجِّر *pétrifiant*; il a aussi

تحجير *lapidification, formation de pierres*. — *Paver*, Alc. (enpedrar). — تحجير الطريق *encaissement d'un chemin*, Bc. — *Lapider*, Voc. — Voyez مُتَحَجِّر.

V c. على = VIII, 2ᵉ signif. chez Lane, Gl. Maw. — Dans le Voc. sous lapidare. — *Se cristalliser*, Bait. I, 187 c.

VIII, en parlant de copies du Coran, dans lesquelles il n'y avait ni points-voyelles, ni points diacritiques, فتَحَجَّر «en sorte que la lecture en fut limitée,» de Sacy Chrest. I, 234, n. 11.

حَجَر. Chez Ht ce mot, qu'il prononce «hhedjer,» est *genou*, et chez Roland on trouve «hédjeur,» *genoux*, au pl. L'explication de cette signification, qui paraît assez étrange au premier abord, se trouve chez Paulmier, qui donne: «Sur les genoux (un enfant),» حجرٍ على. On voit donc que ce terme ne signifie pas *genou*, mais qu'il a son sens ordinaire, celui de *giron*. Un enfant dort sur les genoux de sa mère = dans le giron de sa mère.

قطعة نسيج مربّعة يعلّقها كاهن الروم على حَجَر M. بجانب مذبحه الايمن وقت التقدمة.

حَجَّر. On trouve ce mot employé comme fém. là où il a le sens d'un n. d'un., Gl. Abulf. — Le pl. أَحْجَار *les pierres de la tombe*, Gl. Mosl. — *Meule*, et aussi *moulin*, Gl. Esp. 110, 111. — *Pierre précieuse*, de Sacy Chrest. I, 245, Amari Dipl. 150, 4. —

Pièce du jeu des échecs, 1001 N. IV, 194, 195; chez Bc on trouve بيت حجارة السطرنج *case*, t. de jeu, place pour poser un pion; حجر دامة *pion*, petite pièce du jeu de dames, Bc. — *Un boulet*, parce que, lorsque les canons prirent la place des balistes, les premiers jetaient des boulets de pierre, J. A. 1850, I, 238. — Joint à un autre mot, ce terme, comme *Stein* en allemand et *pierre* en français, s'emploie pour désigner *un château*, p. e. حجر أبي خالد «le château d'Abou-Khâlid,» حجر النسر, qu'on traduirait en allemand par Geyerstein, Lettre à M. Fleischer 213—4. — الحَجَر *la grêle*, lorsque les grains sont gros, Martin 171. — En Egypte, *pipe* (pour fumer le tabac), M; cf. sous حَجَرَة.

حجر ارمنى *lapis Armeniacus*, Bait. I, 292 f; dans le Most. (sous اللازورد) on lit que حجر ارمينى est le grec ارمنياقون et que ce terme signifie *lapis-lazuli*.

الاسفنج — *cystéolithe, pierre d'éponge*, Bait. I, 288 c.

افريقى — *lapis Phrygius*, Bait. I, 286 b.

الالماس — *diamant*, Bc.

اناخاطس — voyez Bait. I, 289 h (AB).

بارق — voyez Bait. I, 293 d.

بحرى — *la coquille du hérisson de mer ou oursin*, Bait. I, 292 c. Sonth. écrit à tort البحرى, avec l'article, qui n'est pas dans AB, et il a mal traduit la fin du passage. Le texte porte: وهذه صفة القنفذ البحرى وهى خزفه يرمى بها البحر وقد تتناثر شوكها وتذهب ما فى جوفها من اللحم وهى كثيرة فى ارض المغرب ⁂

البرام — voyez ce dernier mot.

البسر — voyez Bait. I, 293 b (il l'épelle).

البقر — *concrétion pierreuse, qui se forme quelquefois dans la bile du taureau; cela constitue une espèce de bézoard*, Bait. I, 291 f, Sang.

بلاط — *grès, pierre qui sert à paver*, Bc.

البلور — *cristal*, Bait. I, 289 g.

البهت — voyez ce dernier mot.

بولس — *lapis Pauli*, voyez Bait. I, 291 c.

التوتيا — *calamine, pierre calminaire*, Bc.

الاثداء — *lapis mammarum*, Bait. I, 288 e.

ثراق — *lapis Thracius*, Bait. I, 287 c; ainsi dans D, altéré dans les autres man.

الجُدَرى — *pierre qui guérit la variole*, Sang.

حَجَر الجَقَاف *pierre ponce*, Bait. II, 332 e, où les premiers mots sont: هو الفينك وهو الحجر للجقاف.

حجر جهنّم *basalte*, Burton II, 74.

— خَبَشيّ *lapis Thyites*, Bait. I, 285 b. *Jais*, Most. v° حجر السَّبَج.

— حديدي *synonyme de* خماهان, Bait. I, 289 i.

— الحاكوك *pierre ponce*, Bc.

— محلّ *pierre de touche*, Bc.

— الحَمَّام *espèce de pierre qui se forme dans les baignoires*, Bait. I, 291 e. — *Pierre ponce*, Alc. (esponja piedra pomez). — *Espèce de râpe, faite d'argile cuite, avec laquelle on frotte la plante du pied du baigneur*; voyez Lane M. E. II, 50.

— الحوت *est quelque chose qui ressemble à une pierre et qu'on trouve dans la tête de certains poissons*, Bait. I, 292 b هو شبيه بالحجر يوجد في رأس ❊ حــوت ❊.

— الحَيَّة *serpentine*, Bc, Bait. I, 289 b, Monconys 362: « pierre grise et toute peinte, en ronds ou chalumeaux; on la nomme *Agar* et *Haye* (l. *Agar el Haye*), qui veut dire pierre de serpent. »

— حيواني *sur le dos de l'écrevisse de mer*, Most. in voce.

— خُراسان *tripoli, pierre tendre servant à polir*, Bc.

— خَزَفي *lapis luteus*, Bait. I, 288 d.

— الدمّ *hématite, sanguine*, Bc, Most. sous حجر الشاذنج (seulement dans le man. N), Bait. I, 293 h, Sang.

— الدّيك *concrétion pierreuse qu'on trouve dans le corps du coq*; voyez Bait. I, 290 c.

— الرَاسُختج *antimoine*, Bc.

— رَصاصي *lapis plumbeus*, Bait. I, 289 d (Sonth. donne par erreur الرصاصي; l'article n'est pas dans AB).

— حجر الركني voyez sous le second mot.

— الأزرق *béryl ou aigue-marine, pierre précieuse*, Bc.

— حجر الزناد *pierre à briquet, silex*, Sang., Bait. I, 291 b, où il faut lire ainsi, avec AB, au lieu de حجر الزياد ❊.

— السَّبَج *voyez ce dernier mot*.

حجر السَّحَّر *pierres qui ont la forme de membres du corps humain et dont on se sert dans les opérations magiques*, Marmol I, 31 b, d'après Ibn-al-Djezzâr.

حجر الرّوم — *marbre*, Bait. I, 293 g (سرطيط AB); leçon de CE; A شطريط; L سطريط; BD شطوط; man. 13 (3) et Antâkî حجر الشريط.

— السَفَناجة *cystéolithe, pierre d'éponge*, Bc.

— الأَسَاكِفَة *lapis calceolariorum*, Bait. I, 286 c.

— سُلَيْماني *calamine, pierre calaminaire*, Bc.

— السلوان voyez Bait. I, 287 a.

— حجر السلوقي *nommé* Bait. I, 290 a, l. 1; leçon de DE; B سلوفي; A صوق.

— حجر مسن (et مَسَن) *pierre (meule) à aiguiser; — grès*, Bc.

— السُّنُونُو *pierre qu'on trouve quelquefois dans le nid des hirondelles et qui est bonne contre la jaunisse*, M.

— سيلان *grenat, pierre précieuse rouge*, Bc.

— الشبّ *alun*, Bc.

— شَجَري *corail*, Bait. I, 294 c (l'article chez Sonth. est de trop), Aboû'l-Walîd 345, 15, nommé ainsi لانّه شجر يتحجّر بعد اخراجه من الماء.

— شَقَاف *pierre ponce*, Bait. I, 293 c (AB).

— مُشَقَّق *lapis schistus*, Bait. I, 284 c.

— الشُّكُوك *pierre de scandale*, Bc.

— شَمْسى *girasol, pierre précieuse*, Bc.

— الصاعقة *céraunias, pierre de foudre*, Bc.

— حجر الأصمّ *pierre à briquet, silex*, Bait. I, 291 b.

— حجر صوان *granit; — silex*, Bc.

— الطالقون voyez le second mot.

— طاحون *meule*, Bc.

— طرابلس *tripoli, pierre tendre servant à polir*, Bc.

— الطور *hématite, sanguine*, Most. v° حجر الشاذنج, Bait. I, 293 h.

— عثرة *pierre d'achoppement*, Bc.

— اعرابي *lapis Arabicus*, Bait. I, 287 d.

— عِرَاقي voyez Bait. I, 290 b.

— عَسَلي *lapis melitites*, Bait. I, 284 b.

حَجَر   حَجَر

حَجَرُ العُقَابِ aétite ou *pierre d'aigle*, Bc, Bait. I, 73 b, 294 a.

— عَيْنُ الشَّمْسِ belle espèce de *spath calcaire*, Burckhardt Syria 394.

— غَاغَاطِيس *lapis Gagates*, Bait. I, 288 b; dans les deux man. du Most. avec deux 'ain.

الفَتِيلَةِ — *amiante*, Bc.

الأفرُوج — voyez Bait. I, 292 d.

الحَجَرُ الَّذِى يُجْلَبُ مِنْ بِلَادِ مورمعنار فروعيوش est Most. in voce.

الفَلَاسِفَةِ — *grand-œuvre, la pierre philosophale*, Bc.

قَبْرِىّ — voyez sous قبر.

قُبْطِى — *lapis morochtus*, Bait. I, 284 d. — Espèce de pierre très-grande et très-forte, Gl. Esp. 311.

القَمَرُ — الحَجَرُ القَمَرِى *sélénite*, Bc, Bait. 285 d; aussi Bait. I, 144 f.

الحَجَرُ الأَكْبَرُ — *grand-œuvre, la pierre philosophale*, Ztschr. XX, 502.

الكَرِيمُ — même sens, Bc.

المُكَرَّمُ — même sens, Bc, Ztschr. XX, 502, Prol. III, 229, 14.

حَجَرُ الكَرَكِ voyez Bait. I, 289 j; A donne parfois الكُرك, avec le *rá*, et cette leçon se trouve constamment dans B.

الكَلْبُ — voyez Bait. I, 287 b.

الكَوْكَبُ — *astroïte*, Bc.

الكَىّ — *pierre infernale*, Bc.

اللَّبَنِ — *galactite ou pierre de lait*, Bc; aussi حَجَر لَبَنِى Bait. I, 284 a.

المَاسَكَةِ —, en Égypte, la pierre dite بَهَت (voyez), Bait. I, 294 b.

المَطَرِ — voyez Mong. 429 b.

مَنفى — *lapis Memphites*, Bait. I, 289 c.

المَهَا — *cristal*, L (cristallus). — *Saphir*, L (saffirus).

النَسْرِ — *aétite* ou *pierre d'aigle*, Bc, Sang., Bait. I, 73 b, 294 a.

النَشَابِ — *bélemnite, pierre de lynx*, Bc.

النَارِ — *pierre à briquet, silex*, Bait. I, 291 b.

النُورِ — *pierre de Cologne, phosphorique*, Bc.

حَجَرُ النَوْم voyez le Most. p. 54.

الهِرّ — *pierre du chat*, Hbrt 172.

الهَشّ — *pierre ponce*, Bc.

هِنْدِى — *lapis Indicus*, Bait. I, 289 c.

الوِلَادَةِ — *aétite, pierre d'aigle*, Bc, Sang., Bait. I, 73 b.

يَمَانِى — *agate*; — *hyacinthe*, Bc.

يَهُودِى — *pierre judaïque*, Bc, Sang., Most. in voce, Bait. I, 285 c.

ظَفَر حَجَر — *sardoine*, pierre précieuse, Bc. — فَحَم حَجَر *charbon de terre*, Bc. — كَحَل حَجَر *antimoine*, Bc. — حَجَارَةُ البَحْرِيَّةِ (telle est la bonne leçon) *pierres de la mer Morte*, voyez Bait. I, 286 d. — الحِجَارَةُ المَصرِيَّةِ chez Bait. I, 293 d, où on lit que le حَجَر بَارِق a la forme de المَصرِيَّة الحِجَارَةُ. J'ignore si ce sont les grosses pierres qu'on appelait *mazari* ou *ladrillo mazari* en Espagne (voyez Gl. Esp. 310, 311). — حَجَارَةُ المَاس *girandole*, assemblage de diamants, Bc.

حَاجِرَة (*jument, cavale*, cf. Lane sous حَاجِم) se trouve Koseg. Chrest. 80, 2 a f.

حُجْرَة d'une mosquée. On lit dans le Cartâs, 43, 5, qu'un khattb s'assit فِى حُجْرَةِ الجَامِعِ, où il attendit le moment où les moëddzins allaient annoncer l'heure de la prière, lorsqu'il monta en chaire. Ailleurs, 35, 5 a f., la «hodjra» de la mosquée est nommée encore une fois, mais notre man. porte حَاجِر, c.-à-d. حَاجِر, au pl. Enfin on lit, 38, 1, que les حُجْر de la mosquée pouvaient contenir environ 1500 personnes qui priaient. Je ne sais pas au juste comment il faut traduire ce mot. — *Petite maison*. Dans une charte arabe-sicilienne, il est question d'une حُجْرَة qui se composait d'un بَيْت, d'un سَقِيف, d'une قَاعَة, d'un puits et de deux غُرْفَة, et M. Amari observe: «Sans doute c'est la χούτζρα d'une charte grecque de 1170, *apud* Morso, Palermo antico, p. 386, où l'explication «petite maison» suit dans le texte. Le ح est rendu constamment par τζ.» — *Caserne*, Bc. — A Bagdad et en Égypte il y avait auprès de l'hôtel du vizir un lieu très-grand qu'on nommait الحُجَر, «les chambres.» C'était là que demeuraient les jeunes esclaves attachés particulièrement au service des califes et qu'on nommait الْحُجْرِيَّة الصِّبْيَان, ou الغِلْمَان الحُجْرِيَّة (Khallic. VIII, 43, 11), «les jeunes gens des chambres;» voyez de Sacy Chrest. I, 156, n. 37. Chez Khallic. I, 516, 19, ils portent le nom de صِبْيَان الحُجَر, ce qui revient au même; on y lit que chacun d'eux était pourvu d'un cheval et d'armes, et qu'il était obligé d'exécuter sans hésiter chaque ordre qu'il recevait. Cet auteur les compare aux templiers et aux hospitaliers. — *Le rebord, le bord élevé* d'un astrolabe, Dorn 19, 27, Alf. Astron. II, 261: «alhogra, la armella que es sobre la tabla mayor dell astrolábio.»

حَاجَرَة *pierre*, Bc. — *Masse de sel*, Barth V, 26. — حَاجَرَة البَرِق *aventurine*, pierre précieuse semée de paillettes d'or, Bc. — حَاجَرَة للرسم *crayon*, Bc. — حَاجَرَة القَدَّاحَة *la pierre du briquet*, Bc. — حَاجَرَة القَصَبَة *noix de pipe*, bout de pipe dans lequel on met le tabac, Bc; cf. sous حَجَر.

حَاجَرَة pl. أَحْجَار *basque, queue traînante* d'une robe, etc., Alc. (haldas).

حَاجَرِي *pierreux*, Bc. — *Rocailleux* (style), Bc.

حَاجَرِي voyez sous حَاجَرِيَّة; الحَاجَرِيَّة chez Freytag est une faute.

حَاجَرِيَّة *mélange de chaux, de petits cailloux et de sable*, qu'on étend sur les terrasses des maisons; on l'aplatit, on le fait sécher et il devient dur comme le roc, M.

حَاجَار *mouchoir*, Roland.

حَاجَارِي *de pierre*, Gl. Edrîsî.

حَاجَار *tailleur de pierres*, Bc, Maml. I, 1, 140. — *Celui qui lance des pierres, à l'aide des machines*, Maml. l. l.

حَاجِر Le pl. حَوَاجِر chez Baït. II, 32 c: فَإِن الوَرْل يَأْوِي في البَرَارِي والحَوَاجِر où ce mot peut avoir un des sens que Lane donne sous حَاجِر. — Dans le passage Belâdz. 347, 6, ce terme signifierait, selon le Gloss.: *chemin pavé*, depuis la porte de la mosquée jusqu'à la chaire; mais une telle signification est plus que douteuse, et je crois devoir lire, avec le man. A, حَاجِز (voyez ce mot).

حَنْجُورَة *larynx*, Domb. 85.

تَحَاجِيرَات (pl.) *poudres pour noircir les bords des paupières au-dessus et au-dessous des yeux*, Bait. II, 110 c: وهو إذا أُحْرِق يدخل في كثير من أكحال العين الجَالِيَة وفي كثير من شياقانها وأدويتها وتَحْجيراتها ۞

مَحْجَر pl. مَحَاجِر *carrière, lieu d'où l'on tire la pierre*, Bc. — *Terrain pierreux*, Burton II, 70; le pl., de Sacy Chrest. II, o, 7 a f.

مَحْجَرَة pl. مَحَاجِر *endroit où il y a beaucoup de pierraille, lieu pierreux*, Alc. (cascajal lugar de cascajo, pedregal lugar de piedras).

مُحَجَّر *pierreux*, Alc. (pedregoso), Roland, Djob. 189, 12 (où Wright a eu tort de changer la leçon du man.), Auw. I, 90, 7, 97, 9 (où il faut lire المُحَجَّر avec le man. de Leyde), 295, 7 (même observation). — *Squirreux*; ورم مُحَجَّر *squirre, tumeur dure sans douleur*, Bc.

مَحْجَر *environs*, Ht.

مَحْجُور *pupille*, Alc. (pupilo menor de edad); *orphelin*, Domb. 77 (fém. ة), Ht.

حَاجَرِيس *petits cailloux*, Delap. 161.

حَاجَر I. L donne: compello (cogo) اِحْجُر وانحى واطلع.

VII c. عن *abandonner* (Lane TA), exemple dans le Gl. Mosl.

VIII *se défendre* (Lane TA), exemples dans le Gl. Mosl.

حُجَر كتاب *quittance*, Gl. Mosl.

حُجَّة, L'expression أخذ حُجَّرَته (au propre chez Ibn-Hichâm, 227, 8) n'a pas seulement au figuré le sens qu'on trouve chez Lane, mais aussi celui de *retenir, empêcher*, qu'on trouve très-souvent dans l'Hist. des Berb.; mais dans la première partie de ce livre, de Slane a fait imprimer à tort ce mot avec un *râ*, au lieu d'un *zâ*, p. e. II, 117, 7 a f., 126, 10, 127, 4, 150, 4, 158, 11, 159, 1, 160, 5, 251, 8 a f., 259, dern. l., 260, 5; dans la suite on trouve le mot avec un *zâ*. Aussi أخذ حُجَزَاتِهِ, Prol. I, 165, 8, et بِحُجَزِهِم, Macc. I, 4, l. 5. Cette expression, prise en ce sens, est quelquefois suivie de عن; comparez أخذ بِأَحْيَالِهِ عن, Berb. II, 292, 12.

حَاجِزِي espèce de raisins ronds et doux, mais insipides, Burton I, 387. — Mode de musique, Descr. de l'Eg. XIV, 23. — *Fabricant d'entraves de chameaux*, Prol. I, 241, 1, avec la note de M. de Slane. —

بَنْ حِجَازِي *moca*, café de Moca en Arabie, Bc.

حَاجِزِ pl. حَوَاجِزِ *cloison*, séparation en planches, en briques; — *garde-fou*, balustrade (cf. Belâdz. 347, 6, où la leçon du man. A me semble la véritable, et où ce terme désigne: *un passage entre deux rangées de balustres*); *parapet*, mur d'appui sur un pont, une terrasse, un quai; *plat-bord*, garde-fou autour du pont d'un vaisseau; — *pale*, pièce de bois pour retenir l'eau d'une écluse; *vanne*, espèce de porte dont on se sert pour arrêter l'eau d'un canal; — *levée*, digue, chaussée; — *valvule*, membrane dans les vaisseaux; — *enclave*, limites, bornes; — *frein*, au fig., ce qui retient dans le devoir; — حَاجِزِ للنار *garde-feu*, حِجَابِ حَاجِزِ, حَاجِزِ للهوا *paravent*; — حَاجِزِ *diaphragme*, Bc. — الحَاجِزِ *les Pyrénées*, Macc. I, 82, 17 et 19, 83, 4.

حِجَّزِ *barrière*, Hbrt 181, Bc. — = מצודה *filet*, Saadiah ps. 18, 66, 71, 91.

حجف

حَجَف sorte de poisson, Yâcout I, 886, 4.

حجل

حَجَلَ I *danser*, Bc.

حَجَلَ (?) coll. حَجَلَة (?) *balzane*, marque blanche aux pieds des chevaux, Bc.

حَجَلَة pl. حِجَالَ رَبَّاتِ الحِجَالِ *les dames*, Djob. 299, 11, Müller 18, 1, cf. Lane sous حَجَلَ. — *Chambre*, Hbrt 192 (Eg.). — *Entrave* d'un cheval, Daumas V. A. 190.

حِجَالَ *anneau d'argent que les femmes se mettent au-dessus de la cheville du pied*, Voc.

حَجْلَق voyez حَلَق.

حَجَمَ IV *ventouser*, Voc.

حَجْمَ *volume*, étendue, grosseur (cf. Lane à la fin), Voc. (*corpus*, où il faut lire ainsi, au lieu de حَجْمِ), Macc. I, 95, 1, Fakhrî 275, dern. l., 1001 N. III, 54, 6, J. A. 1853, I, 262, n. 2 (cf. 263, l. 1), Bait. II, 389: ابن سينا ومن الكمثرى فى بلادنا نوع

اطرية, Antâkî sous يقال له شاه امرود كبير الحجم; un حجم ذوان صغر قتلها فى حاجم الشعير فهى الشعيرية livre est كتاب كبير الحجم, Bc («un gros volume»), ou au contraire لطيف الحجم, Meursinge 14, 13.

حِجَامَة *ventouse*, Alc. (ventosa medicinal), Bc; chez ce dernier aussi الحِجَامَة جَام.

مِحْجَمَة, pl. de مَحَاجِم, *ventouse*, était le nom que l'on donnait en Espagne à la plante qu'on appelait ailleurs مُخَلَّصَة (voyez), Bait. II, 491 d, parce qu'elle a des fleurs bleues et renversées qui ont la forme de ventouses, نوارا ازرق منكوسا كأنه فى شكل المحاجم, ibid. e.

حجن

VIII *être retenu, arrêté*, Gl. Mosl.

حَاجِنِي *épithète d'une espèce de basilic*, Auw. II, 289, 6, 290, 18.

حجو

حَجَا, *intelligence*, a dans le Voc. le pl. أَحْجِيَة.

حَاجِي I. Dans les 1001 N. I, 102, 2, les paroles: حَجَّيتُ على راسي doivent signifier, comme Torrens a traduit: «je répandis de la poussière sur ma tête.» Dans l'édit. de Boulac (I, 41, 8) on ne trouve pas cette phrase, et dans celle de Bresl. (I, 257, 13) on lit: حَجِّيتُ على راسى. Le verbe ordinaire est حَثَا ou حَثَى; le peuple l'aurait-il changé en حَجَى?

حدّ

حَدَّ I, en parlant du sanglier, *aiguiser les défenses*, Alc. (aguzar el puerco). — *Fixer*, Nowairî Espagne 476: الوقت الذى حدّه له; *prescrire*, Bayân II, 217, 6 a f.: واحدّد فى ما حدّ له من محاصرتها. C. على *déplaire*, Voc.

II c. a. *calculer par approximation*, Macc. II, 771, 2 et 3. — Dans le Voc. «ferar» (ferrar, herrar), qui peut signifier *ferrer*, garnir de fer, ou *ferrer*, mettre des fers aux pieds des chevaux, ou *marquer avec un fer chaud*. — *Enchaîner*, Ht. — *Repasser* du linge, etc., passer un fer chaud sur le linge, Delap. 101.

V dans le Voc. sous acuere et sous terminare.

VII dans le Voc. sous les verbes: acuere, difinire, punire et terminare.

VIII. احتدّ كلامه, ou احتدّ فى كلامه, *s'animer*

en parlant, parler avec feu et avec colère, *parler avec aigreur*, Bc.

حَدّ spécialement *la loi qui règle la peine applicable aux adultères*, Alc. (ley que pena los adulterios). الحُدُود sont, selon Vincent, Etudes sur la loi musulmane, p. 63: *les peines définies, déterminées par la loi, dont elle a fixé elle-même le mode et la mesure, de telle sorte qu'il est interdit au magistrat de les modifier, d'y rien ajouter ni d'en rien retrancher.* — *Règlement*, Alc. (regla que da alguno); حدود, ou للحدود seul, *les règlements de l'étiquette*, Prol. II, 10, 3 a f., 11, 1, 14, 6. — Dans le sens de *borne, limite;* on trouve: فن وقف عليه فليقف عند حدوده «quiconque en aura connaissance devra s'y conformer exactement,» de Sacy Dipl. IX, 487, 3 et 4. On dit aussi: أخرّب المدينة خرابًا محكمًا الى حدّ بيوتها «il détruisit entièrement la ville, les maisons y comprises,» sans en excepter les maisons, Rutgers 149, dern. l.; cf. 151, 11—13, où Weijers cite d'autres exemples de cette locution; mais elle s'emploie aussi dans un autre sens. Ainsi on dit: ضربوهم الى حدّ الموت «ils les frappèrent, jusqu'à ce qu'ils fussent près de mourir,» Ztschr. V, 65. De même انا فى حدّ الموت, p. e. «j'étais aux portes de la mort;» حلب فى حدّ التلف «Alep était sur le point de périr,» ibid.; حصل فى حدّ الجنين «il est presque un embryon,» ibid. 72. Aujourd'hui on dit لـحَدّ, dans le sens de *jusque*, ibid. 78. — *Le lit d'une rivière*, Alc. (madre de rio). — En logique. «Selon les logiciens arabes, on désigne une chose par le genre et la différence les plus proches, ou par la différence la plus proche, soit seule, soit jointe au genre le plus éloigné, ou par le genre le plus proche joint à une propriété, ou par une propriété, soit seule, soit jointe à un genre éloigné. La définition تعريف de la première classe s'appelle *définition parfaite*, الحدّ التام; celle de la deuxième classe, *définition imparfaite*, الحدّ الناقص; celle de la troisième classe,» etc., de Slane Prol. III, 154, n. 4. حدّ اكبر *le grand terme*, حدّ اصغر *le petit terme*, حدّ اوسط *le moyen terme*, Bc. — En astrologie. «Les astrologues partagent les degrés de chaque signe du zodiaque entre les cinq planètes. La portion assignée à chacune s'appelle *le terme* de cette planète, parce qu'elle marque la partie du signe où cet astre exerce toute son influence,» de Slane Prol. II, 221, n. 1. — *Période*, Bc; حدّ البلوغ *âge nubile, puberté*,

Bc; حدّ التكليف et فى حدّ الرجال est dans le Voc. *adultus*. — L'expression... حدود ou فى حدود سنة ... سنة, qui de nos jours n'est plus en usage, a donné lieu à une discussion littéraire entre plusieurs savants; voyez Ztschr. V, 60—79, IX, 823—832. Il en résulte, je crois, qu'elle signifie chez quelques auteurs: *aux environs de, près de, vers* (cf. mon Catalogue des man. orient. de Leyde II, 280, et le Voc. où حدود est *circiter*), et chez d'autres: *dans l'espace de, dans l'intervalle de, dans* (cf. Macc. I, 642, 10 et n. *h*, où Macc., en copiant les paroles d'Ibn-al-Khatîb: وروقاته يتونس فى احواز ٧٨٥, ce qui ne peut signifier que «dans l'année 685,» a changé احواز en (حدود). C'est donc une expression ambiguë, de même que الى حدّ. Quant à حدود dans le sens d'*environ*, on trouve aussi: عسكر طاهر حدود اربعة الف فارس «l'armée de Tâhir se composait d'environ 4000 cavaliers;» مكث فى الوزارة حدود خمسين يوما, Ztschr. V, 65, Fakhrî 164, 3 a f., 333, 8, 334, 9. — Le pl. حدود *la partie de l'arc où pose la flèche, et qui répond à la poignée*, J. A. 1848, II, 208. — Dans le style religieux des Druzes, حدود signifie, par une allégorie fondée sur le Coran, *les principaux ministres qui forment la hiérarchie religieuse de cette secte*, de Sacy Chrest. II, 242. — (Pour حادّ) *aigre* (style, discours), Bc.

حِدّة *limitation*, Bc. — *Cresson*, Bc (Kasraouan). —
كسر حدّ *neutraliser*, rendre neutre un sel, Bc.

حَدّى *pénal*, Bc. — (Pour أَحَدى) *dominical*, Bc.

حِدّية *promptitude*, colère, emportement, Bc. — *Plage, rivage*, Ht (qui écrit: hhadia).

حَدِيد «اصحاب الحديد من الكَحّالين «les oculistes qui, dans leurs opérations, se servent d'instruments de fer, des opérateurs oculistes,» Ztschr. XX, 498. — *Coin, morceau d'acier gravé en creux, dont on se sert pour marquer de la monnaie*, Gl. Belâdz. — Avec le pl. حدائد, *fer d'une flèche*, Alc. (caxquillo de saeta); *sorte de trait ou de flèche mince et très-aiguë*, Alc. (vira specie de saeta); *flèche*, Alc. (sacra, mais il faut y substituer saeta); *trait d'arbalète*, Alc. (passador tiro de ballesta).

حِدَادَة *taillanderie*, art, ouvrage des taillandiers, Bc; dans le sens de: *art des taillandiers* aussi dans le Voc. (comme chez Lane), mais dans la 2e partie il faut lire « ferraria, » au lieu de « feraria, » et dans la 1re il faut substituer « fabraria » (= ars ferraria, voyez Ducange) à « fabra. » صنعة لْحَدادة *serrurerie, art, ouvrage du serrurier*, Bc.

حَدِيدَة *outil en fer*, Bc; souvent chez Auw., p. e. I, 473, 1, 488, 19; *scalpel*, Formul. d. Contr. 5: quelqu'un a une شَجَّة, et le chirurgien ضرب عليها بحديدة ; *serpette*, Domb. 96. — *Baguette de fer*, Bat. IV, 146. — *Barre de fer*, Bc; pour fermer une porte, R. N. 88 r°: فوجدت الباب مردودا بلا حديدة وكانت علامة جلوسه فدخلت أستاذى — *Coin, morceau d'acier gravé en creux, dont on se sert pour marquer de la monnaie*, Gl. Belâdz. — En Espagne et en Afrique, *cuivre brûlé, oxyde de cuivre*, Gl. Esp. 132. — Le pl. حَدَائِد *entraves en fer*, Daumas V. A. 167; — *fers à repasser*, Roland. — حديدة شُبَّاك *espagnolette, ferrure de fenêtre*, Bc. — حديدة النار *pelle*, Hbrt 197. — نَقْش حديدة *des figures de stuc qui imitent la dentelle*, Afgest. I, 334 (il écrit nuksch).

حَدادى *épithète d'une espèce de pigeon*, Man. Escur. 893.

حديدى *ferrugineux*, Bc. — *Gris*, Hbrt 81. — *Sidéritis, crapaudine*, Bait. I, 295 b. — بقم حديدى *bois de fer*, Bc. — أَحْمَر حديدى *alezan, de couleur fauve*, Alc. (alazan color de cavallo).

حَادّ *rigide, sévère*, Hbrt 212. — *Dur, difficile*, en parlant du temps, R. N. 63 r°: Dans un temps où les orthodoxes étaient persécutés, Djabala faisait le vendredi les prières ordinaires dans sa mosquée, tandis que le moëddzin annonçait le commencement du service divin dans la cour de cet édifice. Ce dernier lui proposa de le faire dans l'intérieur, « car, » dit-il, « le temps est dur, » فإن الوقت حاد, mais Djabala lui répondit: « Tu le feras dans la cour, et si quelqu'un veut nous empêcher de faire nos prières, nous lui décocherons des flèches. » — *Prompt, colère*, Bc. — *Querelleur*, Voc. — الجانب الحاد, en parlant du قانون, *la partie de la corde la plus proche du chevalet*, Descr. de l'Eg. XIII, 308. — Le fém. حَادّة

En portugais *alhada*, qui semble l'adjectif الحادّة, «la piquante,» employé substantivement, signifie: *mets assaisonné avec de l'ail*, Gl. Esp. 132. — Plante amère dont on fait la sauce pour le بُرِّين ou عصيد, Richardson Sahara II, 283, 287 (hada); en comparant l'article عصيدة, on verra que c'est *sonchus chendriloïdes*.

احدّ قَلْبًا أَحدُّ *plus courageux*, Bidp. 193, 7.

محدَّد *pointu, qui se termine en pointe*, Becrî 146, 8 (montagne), Djob. 83, 13 (قُبَّة).

محدَّد *juge du marché*, Pflügl, t. 67, p. 29 (où il faut changer « Emhabded » en « Emhadded. »)

محدود signifierait *qui se laisse aisément déterminer*, c.-à-d. *bref, court*, en parlant d'un espace de temps, dans le passage Müller S. B. 1863, II, 9, l. 14, s'il fallait en croire l'éditeur, p. 22, n. 9. Mais comme il s'agit d'un temps de peste, je serais plutôt porté à croire que محدود y a le sens de *malheureux, désastreux*, que donne Lane. De même Abdallatîf 122, 2 a f., 242, 11, cf. la trad. de Silv. de Sacy 250, n. 70; Khallic. VIII, 42, 6 a f., où un livre est محدود, c.-à-d., qu'il porte malheur à celui qui le possède, وهذا الكتاب من الكتب المحدودة ما ملكه احد الا وتعكَّست أحواله; 123, 6: Abou-'Obaida violait de propos délibéré les règles de la grammaire, car, disait-il: النحو محدود, « l'observation de ces règles porte malheur. » Dans Akhbâr 144, 4, le traducteur n'a pas compris les paroles: وانه لم يزل محدودا فى امره; elles signifient: « il a été constamment malheureux dans ses entreprises. » — *Pointu*, Alc. (agudo), محدود الرأس, Edrîsî ٧٠, 6.

محدودة *mélange de sucre brûlé, de noir de fumée et d'huile, ou de coquilles de noix brûlées et d'huile, avec lequel les femmes en Algérie se teignent les sourcils*, Ztschr. V, 283 (mheudda).

مُستحدّ *fer à aiguiser*, Bg (v° ceinture).

حِدأ X. Gl. Manç.: الاستحداء هو الاسترخاء والانكسار.

حِدأ حدأة voyez sous حدى.

حدب V dans le Voc. sous gibosus.

حَدَب Le pl. أحداب (cf. Lane) Diw. Hodz. 181, vs. 3; *gibbus* d'une colline, trad. latine d'une charte sicilienne *apud* Lello p. 21.

حدث 257 حدث

خَدَبَة bosse; le pl. حَدَب chez Bc. — *Tubérosité, éminence sur un os*, Bc. — *Convexité*, Bc. — حَدَبَة الكبد *la partie convexe (supérieure et antérieure) du foie*, Abou'l-Walîd 692, 2.

حَدَبِيّ *bossu*, Ht.

خُدُبَة *bosse*, Voc.

حَدَبَة *bosse*, Voc., Alc. (corcoba).

حَدَبِى *bossu*, Alc. (corcobado).

أَحْدَب انف احدب *busqué* (chanfrein), Bc.

تَحْدُوب (vulg.) *bossu*, M.

حدث II. On trouve chez Freytag que ce verbe se construit c. ب r. et aussi c. عن r.; mais ces deux constructions ont un sens différent, comme on peut le voir en comparant Abd-al-wâhid 72, 16. Il résulte de ce passage que حدّث عن شىء signifie: *ne parler d'une chose que par ouï-dire*, et حدّث بشىء: *parler de ce qu'on a vu, entendu ou éprouvé*. — La signification: «*librum exposuit* c. ب r.,» chez Freytag, est bonne, car ce verbe signifie en effet: *expliquer un livre, l'enseigner*, c. ب du livre. Ainsi on trouve chez de Sacy Chrest. I, 119, 6 a f. et 5 a f., que Macrîzî composa un ouvrage en six volumes sur les descendants du Prophète et sur toutes les choses qui étaient à son usage, et qu'il l'enseignait à la Mecque, وحدّث به فى مكة. — C. a. p. et ر r. *suggérer, inspirer, mettre dans l'esprit de quelqu'un*, Bc. — حدّث نفسه بشىء *se flatter de l'espoir de faire ou d'obtenir une chose*, Gl. Bayân, Gl. Fragm. (où on lit que cette expression signifie aussi: «sibi proposuit rem, intendit, ausus est;» mais je crois que l'explication que j'ai donnée s'applique à tous les passages qui y sont cités), Abd-al-wâhid 18, 5 (= Nowairî Espagne 471), Prol. II, 177, dern. l. et 178, 1, Berb. I, 2, l. 8, Bat. IV, 160. Dans le même sens on dit: حدّثته نفسه بشىء, Berb. I, 152, 13, ou avec أنْ, Abd-al-wâhid 85, 10; mais chez Bc حدّثتنى نفسى بأن est: *quelque chose me dit que*. Dans le passage Athîr V, 199, 5 a f., où il faut prononcer وحدّثت, et non pas حدّثت, comme l'a fait l'éditeur (car alors il faudrait وحدّثته بشىء), حدّث نفسه بشىء signifie *s'inquiéter d'une chose* (le نفسى qui suit, est altéré; en comparant Fragm. hist. Arab. 120, 12 et 13, je propose de lire: وحدّثت نفسى بأمر هذا الرجل). Dans Berb. I, 249, 6 a f., حدّث نفسه بطاعته signifie: *il jugea prudent de se soumettre*, et dans les Prol. I, 35, 9, حدّث نفسه ب est *soupçonner*.

III c. a. *raconter*, Voc.

IV. أَحْدَثَ حَدَثًا *faire quelque chose*, Nowairî Espagne 476: امرهم ان لا يحدثوا حدثا حتى يامره «il leur recommanda de ne rien faire avant qu'il ne leur en eût donné l'ordre;» R. N. 99 v°: un jeune homme s'était enfui d'al-Monastîr, parce qu'il craignait d'être trahi par al-Ghadâmesî qui l'avait vu baiser un garçon, et, étant allé à Sousa, il y rencontra quelques personnes qui arrivaient d'al-Monastîr; alors سأل رجلا منهم هل احدث الغدامسى من بعده حدثا او ذكر عنده شيئا «il demanda à quelqu'un d'entre eux si al-Ghadâmesî avait fait quelque chose après son départ, ou s'il avait dit quelque chose à son sujet.» Aussi: *se révolter*, Gl. Belâdz., Nowairî Afrique 18 v°: لا أُحْدِثُ حَدَثًا. (On lit dans le Gl. Belâdz. que احدث مغيلة, Belâdz. 173, 4 a f. et suiv., a le même sens, mais cette expression signifie plutôt: *causer du dommage*). Et encore: *commettre un péché*, Fragm. hist. Arab. 45, 1. — C. ب, dans le sens de *mettre au monde, enfanter*, au fig. en parlant de la guerre qui donne des ennemis morts au vainqueur, تُحْدِثُ له بالقتلى, Gl. Mosl.

V, dans le sens de *converser, s'entretenir, parler avec quelqu'un*, se construit aussi c. مع p., Bc, de Sacy Chrest. I, ١٥٣, 9. — *Discourir*, ne dire que des choses frivoles, Bc. — C. فى ou على *avoir l'inspection, l'autorité, la juridiction sur une chose*, Maml. II, 2, 108, cf. I, 1, 18, 27, 169, 203, de Sacy Chrest. II, ٩٩, 2, 5 a f., 182, 1, 188, 5 a f., 189, 3.

VI. تحادثوا, vulg. pour حدّثوا, *ils racontèrent, ils déposèrent en justice*, Catal. des man. or. de Leyde I, 154, 2 a f.

حدث *événement*, Gl. Fragm. — *Phénomène*, tout ce qui apparaît d'extraordinaire, de nouveau dans le ciel, dans l'air, Bc. — *Innovation, introduction de quelque nouveauté dans le gouvernement, dans l'administration*, Fragm. hist. Arab. 398, 3 a f. (= Bayân

I 33

I, 99, 2 a f. et Nowairî dans la traduction de l'Hist. des Berbères I, 414, où de Slane a donné un sens trop restreint à ce mot, en disant qu'il désigne: les impôts qui ne sont pas autorisés par la loi). — *Trouble, révolte*, voyez sous la IVᵉ forme, où l'on trouvera les différentes significations de أَحْدَثَتْ حَدَثًا. De là الأَحْدَاث, وَالِي, en Orient (car je n'ai jamais rencontré ce terme chez les auteurs maghribins) *préfet de police*, proprement: celui qui est chargé de faire cesser les troubles et de punir ceux qui les excitent; aussi صَاحِب الأَحْدَاث; on dit: كَانَ عَلَى اِحْدَاث البَصْرَة « il était préfet de police à Baçra; » وَلَّاه الأَحْدَاث « il le nomma préfet de police; » aussi ضُرِفَتْ الأَحْدَاث البَلَد « il fut nommé, » etc. (Athîr VI, 27, 1); عَزَل عَنْ اِحْدَاث البَصْرَة; voyez Gl. Belâdz. et cf. Gl. Fragm., Khallic. I, 272, 18 Sl. Des passages mal compris ont fait dire à de Slane que الأَحْدَاث signifie « les recrues, » et Reinaud (J. A. 1848, II, 231) a aussi dit à tort que c'étaient « les gardes nationales du moyen âge. » Ce ne sont pas des personnes, mais des choses; l'expression d'Ibn-al-Athîr, qui dit en parlant d'un personnage chargé de la police sur la route qui conduisait à la Mecque et à la Mecque même, pendant la fête: عَلَى وَالِي الطَرِيق وَاحْدَاث المَوْسِم, ne laisse aucun doute à cet égard. De Slane s'est trompé également quand il a conclu des paroles d'Ibn-al-Athîr (VI, 6, l. 18): كَانَ عَلَى الأَحْدَاث والجَوَالِي que الشَرَط et الأَحْدَاث désignaient, والشَرَط بِالبَصْرَة, de même que الجَوَالِي, des espèces d'impôts. Le fait est que les préfets de police étaient chargés quelquefois de la perception des impôts, ou de certains impôts (Belâdz. 82, 6: كَانَ عَلَى الجِبَايَة والأَحْدَاث), et même des affaires religieuses (cf. Lane sous شُرْطَة, Belâdz. 82, 3: وَلَّاه الصَلَاة والأَحْدَاث, l. 4: وَلَّاه الأَحْدَاث والصَلَاة). — *Péché*, Gl. Belâdz., Gl. Fragm. — حَدَث seul, dans le sens de رَجُل حَدَث, *jeune homme*, pl. أَحْدَاث, *jeunes gens*, Voc., Bc, Khatîb 136 rº, en parlant de Mohammed VI: كَانَ كَلِفًا بِالأَحْدَاث مُتَغَلِبًا عَلَيْهِم فِي الطُرُق. — *Apprenti*, celui qui apprend un métier, Khatîb 14 vº: وَالغِنَى بِمَدِينَتِهِم فَاشٍ فِي الدَكَاكِين الَّتِي يَجْتَمِع صِنَاعَتُهَا كَثِير (كَثِيرًا l.) مِن الأَحْدَاث كَالخَفَّافِين وَمِثْلِهِم. — الأَحْدَاث *les gens du bas peuple*, Gl. Belâdz.;

je crois qu'il faut traduire de la même manière les paroles citées Maml. II, 1, 124, l. 3 des notes: اِسْتَنْفَر عَلَيْهِ اِحْدَاث حَلَب, que Quatremère me semble avoir mal rendues par: « il souleva contre lui les jeunes gens d'Alep; » Freytag Chrest. 116, 15: اِجْتَاز بِحَلَب فَعَرَّى عَلَى اِحْدَاثِهَا مَلًا. Peut-être était-ce dans l'origine: les jeunes gens, les gamins, et par extension: la canaille.

حَدَثِيّ *épisodique*, Bc.

حَدَثَان, qui, selon Lane, s'emploie comme un sing. et comme un plur., et qui signifie proprement: « accident, événement, » a reçu le sens de *prédiction* « faite par un devin, par un astrologue ou par un homme que l'on regarde comme un favori de la Divinité, qui annonce, soit le prochain établissement d'un empire ou d'une dynastie, soit les guerres qui doivent avoir lieu entre une nation et d'autres peuples, soit enfin la durée d'une dynastie et le nombre de souverains dont elle se composera et dont on se hasarde même à donner les noms, » définition d'Ibn-Khaldoun Prol. II, 177, 2 a f.—178, 3; mais c'est en général: *prédictions* d'un devin, d'un astrologue, etc., Macc. I, 142, 16 (= Ictifâ 127 rº), Abbad. II, 120, 4, Prol. I, 290, 7, II, 50, dern. l., 176, 3 a f., comme un sing. Prol. II, 178, 13, 193, 6. أَقْوَل الحَدَثَان *les devins*, Prol. I, 214, 2 a f.; كُتُب الحَدَثَان *les livres qui contiennent des prédictions*, Prol. II, 40, 12, Haiyân-Bassâm, I, 7 vº: وَكَانَ هِشَام يَقُول بِرُمُوز المَلَاحِم وَكُتُب الحَدَثَان (De Sacy (Chrest. II, 298) et de Slane prononcent حَدْثَان; je crois que حَدَثَان est préférable, parce que ce mot s'emploie réellement comme sing. et comme plur.). — *Deliramentum* dans le Voc.

حَدَثَانِيّ adjectif formé de حَدَثَان dans le sens de « prédictions, » Djob. 49, 21, 76, 18, Prol. II, 178, 12.

حَدِيث *ce que quelqu'un dit*, Bidp. 263, 7: صِدْق حَدِيثِك « la vérité de ce que vous dites, » Koseg. Chrest. 95, 8: وَصَارَت تُشَاغِلُه بِحَدِيثِهَا. — *Langage*, Ht. — *Négociation, conférence*, p. e. اِنْقَطَع الحَدِيث « la négociation fut rompue, » أَنَا مَا لِي مَعَك حَدِيث « je n'ai aucune affaire avec toi, » Maml. II, 2, 109. — *Autorité, juridiction*, Maml. II, 2, 109, Imâd-ed-dîn ibn-al-Athîr, 'Ibra oul'l-abçâr, man. de M. de

حدر

Gayangos, 138 r°: استبدّ المَلِك العزيز بمُلك حلب. — *Bulletin*, ‏ترفع يَدَ الاتابك عن الحديث في المملكة. — Ht. حديثُ النَّفس ou حديثُ النَّفس signifie, selon le Gl. Manç. (sous ce dernier terme): كُلُّ ما يُحَدِّث ‏به الانسان نفسَه من خير وشرّ; il se prend donc dans le sens d'espoir et dans celui de crainte, inquiétude; exemples de la dernière signification dans le Gl. Fragm. et dans le Gl. Mosl. Le Gl. Manç. ajoute: وخُصّ الاضطراب ‏به التحدّث بالوسواس الموحش للنفس الذي يكون في ابتداء المالنخوليا, et on le trouve dans le sens de *mélancolie* dans les Fragm. 561, 10.

حَديثَة événement étrange, Vêtem. 239, 10.

حَديثيّ oral, Bc.

حادث accident, malheur, Bc, de Sacy Chrest. II, fv, 2 a f., 1001 N. I, 50, 10. — *Epidémie, maladie contagieuse*, Müller S. B. 1863, II, 28, 11 et 13, 31, 4. — *Phénomène*, Bc. — *Episode*, Bc. — حادث في الجوّ *météore*, Bc.

حادثة *phénomène*, Bc.

سوء الاحدوثة عن فلان, أُحْدُوثة *médire de quelqu'un*, de Slane Prol. I, p. LXXV b.

مُحدِث seul, *homme nouveau, parvenu, enrichi*, Bc. ou رجل مُحدِث. نصّاب مُحدِث un chevalier d'industrie qui ne connait pas encore son métier, 1001 N. IV, 691, 8 a f. — Nom du 16e mètre, qui porte aussi le nom de المُتَدارَك, M, Freytag Arab. Verskunst 142.

مُحدِث. Exemples de la signification *celui qui a commis un péché ou un crime* dans le Gl. Belâdz.

مُحدَّث *celui dont les visions et les suppositions sont toujours justifiées par l'événement*, Hariri 601, Prol. I, 200, 4.

مُحدِّث *récitateur*, Descr. de l'Eg. XIV, 230.

حدر II rouler, faire avancer en roulant, Voc.

خدر, syr. مسحودنا, est يقال من دوران الصلوات ما من سنة الى سنة, Payne Smith 1206.

خدر *nœud*, Voc.

خُدور débordement de pituite, M.

خُدُور pente, descente, Domb. 97, Ht.

حَدَّار colporteur, Bc.

تَحديرة pente, Bc.

حدس I c. على r. *deviner, parvenir à découvrir par voie de conjecture*, Berb. I, 528, 10: يحدس على المرض. — واحسن المُداواة. — *Ecacher, écraser*, Bc.

حَدْسيّ conjectural, Bc.

حدش

حِداشة petit bât de chameau, Bc.

حدق II. On dit: كلّ عين الى وجهه مُحَدِّقة "tous les yeux étaient fixés sur son visage," Macc. II, 175, 15 (dans l'édit. il faut lire le partic. au passif, et ensuite مُحَلَّقة). — *Donner à une chose une forme ronde*, Macc. II, 87, 16. — *Parafer*, Alc. (parrafar); L a la IVe en ce sens, car il donne: paragravi أحْدَقَتْ وحَوَّقَتْ, et Alc. a le subst. حَدْقة sous "caso de letra," expression qui, selon Nebrija et le Dict. de l'Acad. esp., édit. de 1791, signifie *ductus litteræ*. Il faut penser à la signif. d'entourer, que le synonyme حوّق a aussi. حدق est *parafe, marque faite d'un ou de plusieurs traits de plume qui entourent une signature*. La IIe et la IVe forme du verbe signifient par conséquent: *entourer sa signature d'un tel parafe*.

IV *parafer*, voyez ce qui précède. — *Fixer, regarder fixement*, Ht. — *Interpositio* احْداق وازاحة, L. — *Arefacio* احْدِق وأيْبِس, L.

VI *s'observer mutuellement avec défiance*, de Sacy Chrest. II, vf, 2.

حَدْقة *parafe*, voyez sous II.

حَدَقة. L'expression في مثل حدقة البعير, expliquée par Lane, a chez Macc. I, 238, 11, une signification tout à fait opposée à celle qu'il donne, car on y lit: حتّى صرتم في مثل حدقة البعير من ضيق الحال ونكد العيش والتغيير. On voit qu'elle signifie *être à l'étroit*, parce que la prunelle du chameau est petite. — Le pl. حَدَقات *environs*, Mi'yâr 4, l. 6. —

(بهار), أَخْدَاقُ المُرْتَضَى buphthalmum ou œil-de-bœuf, Bait. I, 18 b.

حدق hyacinthus orientalis, Bait. I, 97 b (où la première phrase de l'article, qui donne l'explication de ὑάκινθος et à laquelle Sonth. n'a rien compris, est: تَأْوِيلهُ لِلحَدَقِ فيما زعم بعض التراجمة, II, 16, 9 a f. (où il faut lire للحَدَقِ avec le man. A).

On dit حَديقَة بُسْتَان dans le sens de حَديقَة, jardin entouré d'une muraille ou d'une haie, Djob. 177, 3, 254, 4. De même حَدَائِق رِياضها ses jardins, Vie de Timour II, 968, 7. — حَديقة الرَحْمَن était le nom d'un jardin du faux prophète Mosaïlima, mais quand il eut été tué dans son voisinage, on l'appela حَديقَة المَوْتِ, M.

حَدَّاقة, en parlant d'une femme mariée: *celle qui dit à son époux en le regardant fixement: « une telle a reçu des robes de son mari; telle autre a reçu des bijoux du sien et il a couché avec elle; »* ce qu'elle fait pour engager son époux à en faire de même, R. N. 31 r°: التى تنظر بعينها ثم تقول فلانة كساها زوجها وفلانة حلاها زوجها ومنع بها فهى تجبره (dans le man. تجبير).

حادِق, M. حَدَّاقى vulg. pour

حدل I *frotter la terrasse d'une maison avec une* مِحْدَلَة, c.-à-d., avec une pierre qui ressemble à un morceau d'une petite colonne, M.

V *porter une épaule plus haut qu'une autre*, Auw. II, 681, 7.

مِحْدَلَة voyez sous la Ire forme.

حدو et حدى V. Les significations de ce verbe sont assez difficiles à saisir, et les explications données par Reiske (Aboulf. Ann. II, 302), de Sacy (Anthol. 39), de Slane (Prol. I, 190, n. 3), de Goeje (Gl. Mosl.) et Lane, ne me paraissent pas suffisantes. Dans le sens de *rivaliser avec* (Lane), on le trouve chez Baidhâwî I, 2, l. 2, qui dit en parlant du Coran: فتَحَدَّى بأَقْصَر سورة بن سوره مصاقع لخطباء من العرب العرباء; mais il faut observer qu'il est permis de supprimer le nom de la personne avec laquelle on rivalise. Ainsi Lane donne ces paroles empruntées à une tradition: تحدّى العَرَبَ بالقرآن, « Mahomet rivalisa avec les Arabes au moyen du Coran; » mais on trouve aussi: القرآن الذى تحدّى به النبى, Aboulf. Ann. II, 296, 10, où العَرَبَ est sous-entendu. De même: قوله مسجدًا من القواقع التى يتحدّى بها, Abbad. I, 386, 3 (= Macc. II, 484, 9), où il faut sous-entendre الشُعَراء (« il rivalise avec les meilleurs poètes »). Le sens de *défier quelqu'un, porter un défi*, conviendrait encore mieux à ces passages, bien que Lane ne le donne pas, et les paroles dans de Sacy Anthol. ٣٩, 6 a f.: تحدَّى للحواريون عيسى عمّ بأن يستنزل لهم دعاما من السماء, ne peuvent signifier rien autre chose que: « les apôtres défièrent Jésus de leur faire descendre de la nourriture du ciel. » — مَنْ تحدَّى بالقرآن, Baidhâwî I, 11, 7, est l'équivalent de: الناس الذين تحدَّاهم النبى بالقرآن; cf. I, 12, 3 et 11. Au reste, les paroles de Modjâhid, que Lane donne à la fin, sont citées d'une autre manière dans le Fâïk I, 222, où on lit: مجاهد كنت تحدَّى القرآن فاقرأ اى تعمَّدَم. — التحدَّى والتحرَّى بمعنى. — En théologie, *annoncer préalablement un miracle*, c. ب; selon de Slane (Prol. I, 190, n. 3), cette annonce est « jointe à un défi par lequel le prophète somme les infidèles d'opérer un miracle semblable; » mais dans les passages, Prol. I, 169, 1 et suiv., III, 78, 9 et suiv., 134, 6, 136, 9, Macc. I, 40, 18, 714, 14, le verbe n'a pas d'autre signification que celle que je lui attribue, et le Voc. donne aussi ب تحدّى *prophetare*. C. a. p. et ب r. dans ce vers de Moslim (p. 10, vs. 38):

يَغْدُو فَتَغْدُو المَنَايا فى أَسِنَّته شَوارعًا تَتَحَدَّى النَاسَ بالأَجَل

L'explication du scoliaste n'est pas exacte, et celle du Gloss. n'est pas meilleure; mais M. de Slane (Khalic. IV, 223) a traduit avec beaucoup d'exactitude et d'élégance: « In the morning, he marches forth, bearing death on the points of his lances which, when couched, announce to the foe that his last hour is come. »

حِدَأ, pl. أَحْدِيَة, forme vulgaire pour حِدَأَة, *milan*, Voc. (avec le *dzâl*), Alc. (milano); Bc a حِدا sous *vautour*.

حَدْو *le chant du chamelier*, Burckhardt Nubia 318.

حِدَاة *le chant de l'avant-coureur de la caravane*, Ztschr. XXII, 95, n. 21.

حَدَاوَةٌ *le chant des cavaliers, des guerriers*, Ztschr. XXII, 96, n. 21.

حِدَأَيَةٌ *milan*, Bc; aussi حَمْرَاء حداية, Tristram 392.

حذر I, *éviter*, se construit aussi c. عن, Bc. — اِحْذَرْ *prenez garde à vous!* Bc.

II *admonéter, faire une réprimande en justice, à huis clos*, Bc.

V se construit aussi c. عن, Voc. sous *cavere*.

VIII c. من *se défier de*, Bc.

حَذَر et حِذر *défiance*, Bc. — Dans le Voc. *aparatus*. — اخذ حذره كان *prendre ses précautions*; على حذر *être sur ses gardes*, Bc.

حُذَرَة *celui qui est très-bien sur ses gardes*, Gl. Belâdz.

حَذُور dans le Voc. sous *cavere*.

تَحْذِير *admonition*, Bc.

حذف I التخيل حذف *couper la queue aux chevaux*, et خيل محذوفة *des chevaux qui ont la queue coupée*, Gl. Belâdz. — حذف الشَّعْر *abréger un poème, en omettre quelque chose lorsqu'on le récite ou qu'on le chante*, Aghânî 33, 7. — حذف في الصلاة *réciter vite la prière*, Gl. Belâdz. — C. الى *confiner dans, reléguer dans un lieu*, Bc. — C. من *imputer*, t. de finance, *appliquer un payement à une dette*, Bc. — *Jeter, lancer au loin, ruer, jeter avec impétuosité*, Bc, Antar 56, 5 a f. (lisez ainsi); حذف بالحجارة *lancer des pierres à quelqu'un*; حذف بالمقلاع *fronder, jeter avec une fronde*; جرم محذوف *projectile, corps lancé*, Bc; dans le sens de *jeter, lancer*, c. ب r., Koseg. Chrest. 64, 12. — *Rejeter, renvoyer à un autre article, placer ailleurs*, Bc. — حذف الشيء الى (وقت ou زمان) (ou غير يوم) *ajourner, renvoyer une affaire à un autre temps*, Bc.

VI. تحاذفوا بالحجارة *ils se lancèrent des pierres*, Vie de Saladin 81, 10 a f. (Freytag a confondu par mégarde cette VIe forme avec la IIe).

VII dans le Voc. sous *excludere*. — *S'élider*, Bc. — *Se jeter, se précipiter, se ruer sur* (على), Bc.

حَذْفَة *jet, projection, action de jeter*, Bc.

حَذَفَة *épée*, Voc.; dans la 2e partie *ensis*, dans la 1re: «حَذَفَة *ensis, lignea*.» J'ignore ce que fait ici ce *lignea*, qui ne peut appartenir à *ensis*, puis-

que ce mot est masculin; mais si حَذَفَة est *épée*, on pourrait se demander s'il ne faut pas lire le pl. الحَذَف (le Voc. a le pl. ات) dans ce passage des 1001 N. Bresl. XII, 317, 7: واذا بالملك قد تقدّم يعفرده وتقدّم معه بعض خواصه وهم الجميع مشاة ومليسين لا يبدو لهم غير حمائلين للحرق. Le dernier mot semble bien devoir signifier *épées*, et حُرَّقة signifie *tranchantes, en parlant d'épées*; mais حرق n'a pas ce sens, et en outre un tel mot, emprunté à la vieille langue et employé substantivement, ne conviendrait pas à la simple prose des 1001 N.

أحْذَف *élidant plutôt* (une lettre), Mufassal 197, 7 éd. Broch.

حذق II *rendre habile, adroit*, Voc. (subtiliare), Alc. (intricar por hazer agudo = نَيَّس). — *Rendre sur, acide*, Voc.

V *devenir habile*, Alc. (entricarse).

حِذْق = حاذِق, Payne Smith 1381.

حَذاقة *esprit, génie*, Alc. (engeño naturaleza, ingenio fuerça natural; بحذاقة *entricadamente*). — *Perspicacité*, Bc (avec le *dâl*). — *Discrétion*, Ht.

حاذِق *qui apprend facilement, ingénieux*, Alc. (enseñable, ingenioso).

أحْذَق *le plus ingénieux*, Macc. I, 798, 12.

حذم I *fendre*, Alc. (hender).

حذو et حذى I. حذى للحصان *ferrer, mettre des fers à un cheval*, Bc.

III *orienter* القلع *les voiles*, Prol. I, 94, 10.

V = VIII, *imiter*, etc., Aboû'l-Walîd 136, n. 14.

VIII se construit aussi c. ب r., Hoogvliet 49, 14, où il faut lire avec le man. de M. de Gayangos: واحتذائك انتعاله, le synonyme de احتذى, qui suit. — احتذى على تاريقته *imiter quelqu'un*, Koseg. Chrest. 40, 3 a f., où il faut substituer un *dzâl* au *dâl*.

حَذْوَ حَذْوَ *est iuxta* dans le Voc. Il donne aussi (حَذْوَ؟) حَذْوَ *circiter*.

حَذْوَ *chaussure de fellâh*, Mehren 27.

حـر

بِحذاه est iuxta dans le Voc.

حِذايةٌ ferrure, action de ferrer, Bc (avec le *dâl*).

حرّر II, chez Alc. (previlegiar, مُحَرِّر escusadora cosa, مُحَرَّر escusado por privilegio, esento, previlegiado) *exempter de la règle commune, donner un privilège*, s'emploie principalement en parlant d'impôts, *en exempter une personne ou un endroit*, Bat. II, 410: محرّر من المغارم, IV, 52, en parlant d'une ville: محرّرة من المغارم والوظائف, 359. Le verbe حرّر seul se prend aussi dans le sens d'*exempter de tout impôt*, Bat. II, 410: حرّر له ذلك الموضع, III, 75, Macc. II, 537, 5, 702, 17, Cartâs 122, 5 a f., 124, 12, Ibn-Abdalmelic 133 r°, en parlant d'Alî ibn-Yoûsof ibn-Téchoufîn: فأجاز عليها (القصيدة) بتنزيه كريم وكتب صكّ بتحرير أملاكه كما ابتغى, Khatîb 107 v°, dans un diplôme: وأن يجمل على المجرى (التحرير l.) فى جميع أملاكى (أملاكه l.) بالكور المذكورة — — لا يلزمها وظيف بوجه ولا يكلف منها كلفة على كلّ حال, 126 v°: Hafça récita ces vers au calife (cf. Macc. II, 539):

امنن علىّ بصكّ يكون للدهر عدّة
تخطّ بيمناك فيه الحمد للّه وحدَهُ

قال فمن عليها وحرز (وحرّر l.) لها ما كان لها من ملك. Aussi: *dispenser quelqu'un de travailler*, Alc. (jubilar (cf. Victor), مُحَرَّر jubilado suelto del trabajo). Dans la religion catholique, علم التحرير *le jubilé*, indulgence plénière et générale, Alc. (jubileo año de remission). — *Corriger*. Quand il y a une faute dans un livre, on écrit فلْيُحَرَّر, «cette faute doit être corrigée,» Macc. I, 855, 12, et très-souvent sur la marge d'éditions qui ont paru en Orient. — حرّر مكتوبًا *écrire, faire une lettre, une missive*, حرّر الكتاب *dresser un contrat*; حرّر أسمه *signer, mettre son seing, sa signature à une lettre*, Bc, محرّر القضايا *écrivain de jugements*, Roland; M: والعامّة تستعمل التحرير بمعنى الكتابة. — *Assaisonner*, Hbrt 15 (Alg.) — C. على *examiner avec soin, regarder de près, examiner sévèrement, scruter, passer par l'alambic, éplucher, rechercher les défauts avec malice ou avec grand soin,*

Bc. — C. على *ajuster, diriger contre, coucher en joue, viser, pointer*, Bc, 1001 N. II, 113, 3 a f.: ضرب الاكرة بالصولجان وحرّرها على وجه الخليفة «en poussant la balle avec la raquette, il la dirigea contre le visage du calife;» 1001 N. Boul. I, 62, 13: حرّر المدفع على القلعة «il pointa le canon contre le château.»

IV *réchauffer*, Auw. I, 176, 8 et 9.

V *recouvrer la liberté*, Voc., Alc. (ahorrarse, deliberarse de servidumbre, librarse de cativo). — *Être écrit*, de Sacy Dipl. XI, 45, 11: تحرّرت هذه الفصول المذكورة فى يوم الاحد الخ, Amari 342, 2.

X *estuare* dans le Voc., et sous *calefacere* il a: الانسان يستحرّ. — En parlant du foie, *devenir sec par suite de la soif ou de la tristesse*, Gl. Mosl.

حرّ comme adj. *chaud* (cf. Lane sous حارّ), اليوم حرّ «il fait chaud aujourd'hui,» الشمس حرّ اليوم «le soleil est bien chaud aujourd'hui,» Bc. الارض الحرّة, dans le sens de الحرّة (voyez ce dernier mot chez Lane), Berb. I, 437, 9 et 10 (au lieu de السود qui suit, il faut lire, avec notre man. 1351, السوداء), II, 84, dern. l.

حرّ, *vulve*, a le pl. اتّا dans le Voc.

حرّ *homme d'honneur*, aussi ابن حرّة, Bc. En Espagne *franc, privilégié*, Alc. (franco previlegiado). En Afrique *un blanc*, Pflügl t. 67, p. 6; الاحرار *les gens de race, les blancs purs*, par opposition aux sangs mêlés, Daumas Sahara 78, 280, 287, 323. A Maroc اولاد الاحرار, «les fils des blancs,» sont les serviteurs de la cour qui tiennent en bon ordre les armes du sultan, et qui, munis de courroies, tiennent la populace à distance pendant les audiences; ils peuvent être considérés comme une garde particulière du sultan, Pflügl t. 69, p. 5. — En parlant d'animaux, *de race, de bonne race*: dromadaires أحرار, Burton II, 16, البزاة الاحرار, Macc. II, 711, 16; aujourd'hui طير الحرّ est en Barbarie *l'oiseau de race, le faucon*, Domb. 61, Hbrt 68 (Barb.), Bc (Barb.), Daumas Sahara 258, mais je crois que c'est proprement الطير الحرّ; le fém. حرّة *jument de race*, Cartâs 159, 6. — إرادة حرّة et اختيار حرّ *libre arbitre*, Voc. — *Joue*, Voc., Harîrî 129, 2, pour الوجه حرّ (voyez). — Nom d'un animal qui habite le Sahara et qui ressemble un peu à la gazelle; son dos et sa tête sont d'un rouge pâle et son ventre est d'un beau blanc, Jackson 32, Timb. 512 (l'étymologie du mot « bézoard, » donnée par ce voyageur, est inadmissible).

— Le fém. حُرَّة, qui dans le Voc. et chez Alc. a le pl. أَحْرَار, *femme chaste et honorable*, Alc. (casta muger, muger casta e onrrada) (Bc: امْرَأَة حُرَّة *femme vertueuse*), *dame*, Voc. (domina, pl. حَرَائِر et أَحْرَار), *princesse, reine, impératrice*, Gl. Esp. 287, Holal 80 rº: وكانت أمّ حرّة عبد الوادية, dans les épitaphes des princesses de la famille des Benou-Ziyân, publiées par Brosselard (Mémoire sur les tombeaux, etc., p. 26, 28, 42, 70, 90, 119, etc.), celles-ci sont appelées constamment حُرَّة; — espèce de *datte de seconde qualité*, R. d. O. A. V, 210, XIII, 155—6, d'Escayrac 11, Michel 272, Dunant 89, Pagni 149 (« sbiancati, crespi, ed asciutti, ma gustosi »). — حُرّ المَال, Abd-al-wâhid 153, 5 et 6, semble signifier: *de l'argent qu'on a acquis d'une manière tout à fait honorable*. — حُرّ الوَجْه, proprement *pommette, partie haute, éminente de la joue*, Bc (cf. Lane), s'emploie dans le sens de *joue*, Bayân I, notes, p. 118. —

أَسْنَان الأَحْرَار *dents de devant*, Domb. 86, mais je crois qu'il faut ajouter l'article, الأَسْنَان القَلِيب. — للّٰه *la préparation ou culture énergique, le système de culture qui comprend trois labours et plus*, Auw. II, 10, dern. l., 11, 3 et suiv., 37, 16, 38, 22. —

حُرّ شَكَاة *maladie inflammatoire*, Lettre à M. Fleischer 182. الحَرّ *inflammation dans l'estomac des enfants, qui cause dans la bouche des espèces d'aphthes*, M. En espagnol *alhorre*, qui est l'arabe الحَرّ, signifie *croûte de lait, maladie des enfants nouveau-nés*. مَذَاكِير الفَرَس *espèce de tubercules ou excroissances charnues sur le pénis du cheval*, Auw. II, 624, 20 et suiv. En portugais *alforra*, qui est aussi الحَرّ, a le sens de *nielle, maladie des grains*. Jusqu'ici j'avais prononcé (Gl. Esp. 116 et Lettre) حَرّ, conformément à l'étymologie (الحَرّ, *chaleur*); mais le témoignage du M et les formes esp. et port. montrent qu'on a changé le *fatha* en *dhamma*.

حُرّة. Comparez avec l'explication de Lane celle de Burton I, 403: « حُرّة is the generic name of lava, porous basalt, scoriæ, greenstone, schiste, and others supposed to be of igneous origin. It is also used to denote a ridge or hill of such formation. »

حُرّ، حُرّة voyez حَرّ.

حُرِّيّ *libre*; بِلَاد حُرِّيَّة « pays libre, » Bc.

حُرِّيَّة *indépendance*; بِحُرِّيَّة *librement, sans égard, sans circonspection*; حُرِّيَّة الأَدْيَان *liberté de conscience*; البَرِّيَّة حُرِّيَّة *licence, abus de la liberté*; exp. prov., *à la campagne on est libre* (on n'est point assujetti à l'étiquette), Bc. — *Privilége, franchise, exemption*, Alc. (escusacion por previlegio, essencion, franqueza por previlegio). — *Chasteté*, Alc. (castidad de la muger). — *Excellence, degré éminent de perfection*, Bassâm III, 5 vº: على أنّ أبيه كانت هجرة اولى البقيّة وذوي الحرّيّة من هذه الطبقة الأدبيّة القرطبيّة

حَرِير *chaud*, pl. حِرَار, دُمُوع حِرَار «de chaudes larmes, » Hoogvliet 105, 4. — *Espèce de tobe* (ثَوْب, voyez) *de soie*, Barth IV, 449, 466.

حَرَارَة *chaleur (échauffement) du sang*, Hbrt 35; *inflammation, ardeur aux parties échauffées du corps, phlegmasie*, Bc, Gl. Badroun, Khallic. I, 353, 3 Sl., Abdallatif 8, 4 a f. éd. de Tubingue. — *Chancre*, Daumas V. A. 424. — (Pour بَيْت الحَرَارَة) *l'appartement intérieur et principal des bains*, Lane M. E. II, 47. — *Vivacité*, Bc. — *Esprit, vivacité d'imagination*, Lettre à M. Fleischer 100, 101. — حَرَارَات *des aliments, des remèdes échauffants et excitants*, Gl. de Habicht sur son IVe volume, 1001 N. Bresl. VII, 331, 11, Macn. II, 67, 1.

حَرِيرَة *morceau de soie*, Auw. II, 570, 16, 4 a f. — Le pl. حَرَائِر *soierie, marchandise, commerce de soie*, Bc, M. — « Sorte de bouillie qui correspond assez aux crèmes européennes, » Ouaday 401; cf. Bat. III, 131.

حَرُورِي. Le fém. est une épithète du vin dans un vers de Moslim (p. 32, vs. 15), *fort, généreux*, par allusion à la bravoure des Khâridjites connus sous le nom de Harourites.

حَرِيرِيّ ou الأَرْض الحَرِيرِيَّة التَّرْبَة الحَرِيرِيَّة? voyez sous جَزِيرِيّ.

حَرَّار *tisserand en soie*, Alc. (texedor de seda, texedor

حرّ

son muchos lizos), Ht, Cartâs 41, 12. En sicilien *careri,* tisserand (communiqué par M. Amari).

حارّ. Le Voc. donne le pl. خِوار. — *Inflammatoire,* Bc; on dit مرض حارّ, «maladie inflammatoire,» Lettre à M. Fleischer 182. — *Ingénieux, spirituel,* Lettre à M. Fleischer 100, 101. — *Acrimonieux,* Bc.

زيت حارّ, J. A. 1849, II, 319, n, l. 4, signifie, comme l'a expliqué Quatremère J. A. 1850, I, 262—3, *l'huile que l'on extrait du lin.* — الفول الحارّ, 1001 N. II, 186, 2 a f., signifie, selon Lane dans sa traduction (II, 405 n.): *des fèves trempées dans de l'eau pendant quelque temps et ensuite bouillies.*

حارّة *cresson alénois,* Sang., Cherb. — *Moutarde sauvage,* Daumas V. A. 383. — Freytag traduit ce mot par *quartier* d'une ville; c'est حارّة, de la racine حور (chez Freytag sous حيير); cependant on trouve un pl. حرّات en ce sens dans le Cartâs 277, 9 a f.

تحرير pl. ات *privilége, exemption d'impôts,* Abou-Hammou 164: يا بُنيَّ عليك بإكرام العلماء والصالحين والتحريرات للمرابطين. — Pl. تحارير *dépêche,* Bc, M, Ht. — *Tir,* ligne suivant laquelle on tire le canon, Bc. — تحرير المحلّ *pointage,* t. de mer, désignation sur une carte du lieu où l'on est, Bc. — تحرير عاجلة *cursive,* Bc. — فردة التحرير ou مال التحرير *impôt établi pour remplacer les avanies arbitraires,* Descr. de l'Eg. XI, 495, XII, 61.

محرَّر *soyeux, fin et doux au toucher comme de la soie,* Alc. (sedeña cosa en seda), Bait. I, 273 c: وقد أَعلاه القضيب زهر اسمانجونى محرر من ناحية. Chez Macc. I, 123, dern. l, l'étoffe dite مُلبَّد, qui doit avoir été une espèce de feutre, est comptée parmi les المحرّرات; ailleurs, II, 711, 5, l'étoffe à laquelle on donne l'épithète محرّر, est de laine: أحرام البرانس والأكسية المحرّرة et الصوف المحرّر, Macc. II, 711, 4, et il est certain que les manteaux dits *kisâ* et *bornos* étaient ordinairement de laine. Il est permis de conclure de tout cela que cet adjectif ne signifie pas «fait de soie,» mais *fin et doux au toucher comme de la soie.* Aujourd'hui il a un autre sens, car Bg 372 donne خطايى محرر *taffetas à fleur.* — Comme substantif, nom d'une étoffe, Macc. II, 88, 10, III, 138, 11: كان قد بعث الى محرر pl. ات; ومحرر لا بعث به الى من يعرضه للبيع, Macc.

حرب

II, 711, 3. Il paraît que c'était une étoffe de laine ou de feutre fine et douce au toucher comme de la soie; peut-être était-elle mêlée de soie. — Dans le vers chez Macc. I, 280, 20: وحاكمتكم للسيف حُكَّما محرَّرا, le dernier mot ne m'est pas clair.

محرور *celui qui a un tempérament chaud* (l'opposé de مبرود, celui qui a un tempérament froid), Bait. I, 7 a: ولا يُستقاه للمحرورات من النساء ولا الضعيفات. 12 a: حماس الاترج بشفى الطعام للمحرورين. الاسافل وعند الأطباء من غلبت. Autrement dans le M, qui a: على مزاجه حرارة غريبة فأخرجته عن الاعتدال ¶

حرب III *attaquer, assaillir,* Ht. — *Escarmoucher,* Alc. (escaramuçar). — *Jouter,* au fig. *disputer,* Bc. — *Tourmenter,* 1001 N. Bresl. II, 69: le père demande: «le bossu n'a-t-il pas couché avec toi?» et la fille répond: بشّ تحاربى بالأحدب «cessez de me tourmenter avec votre bossu et que Dieu le maudisse!»

IV c. acc. ou c. على *faire la guerre à,* Rutgers 126, 6 a f. et 128.

VI c. مع *jouter,* au fig. *disputer,* Bc.

حرب نادى بالويل والحرب, Becrî 181, 2, où de Slane traduit: «Malheur! malheur! aux armes!» — *Escarmouche,* Alc. (escaramuça). — دار الحرب pour دار الحرب (cf. Lane), p. e. تجار الحرب «les négociants européens,» Berb. II, 257, 2. — مركب حرب *vaisseau de guerre,* Mc.

حرب *fou, qui a perdu l'esprit,* expliqué par مسلوب العقل, Tha'âlibî Latâïf 131, 5 et n. c.

حربة lame de poignard, Ht. — حربة في رأس التفنكة *baïonnette,* pl. حِراب, Bc. — Par synecdoche, comme autrefois *lance* en français, *soldat armé d'une lance,* Gl. Fragm. — *Lonchitis* ou *lonkite,* plante appelée aussi *lancelée,* Bc. Ibn-al-Baitâr, dans son article ميسم, renvoie à son article حربة; mais je ne le trouve pas dans son livre, et Ibn-Djazla, qui l'a, s'est trompé, selon Ibn-al-Baitâr.

حربة pl. حِرَب *méchanceté, malice,* Alc. (ruyndad).

حربى *guerrier, qui appartient à la guerre, militaire; belliqueux,* Bc. — Comme subst., *guerrier, sol-*

حرب

dat, *militaire*, Ht, Caillié I, 82, 88, n. 1 (qui prononce „harabi"), Amari 452, 5, où je crois devoir lire الحَرْبِيِّين. — *Brigand*, Prol. I, 288, 9 (de Slane traduit „soldat," mais ce sens ne convient pas à ce passage). — مَرْكَب حَرْبِيّ *vaisseau de guerre*, Gl. Edrîsî; chez Amari 444, 11, il faut lire مَرْكَب حَرْبِيّ, comme j'ai trouvé dans le man. que l'éditeur indique par la lettre A, au lieu de مَرْكَب جَرْيِ. — حَرْبِيّ seul, dans le même sens, Athîr VII, 349, 9 a f. (où حَرْبِيّ est pour حَرْبِيَّا, comme l'a observé Fleischer dans sa note sur Amari 246, 3), Amari 436, 5 a f., où il faut lire: في ثلاثين حَرْبِيّا, car telle est la leçon du man. qui n'a pas مَرَاكِب, quoi qu'en dise l'éditeur, 459, 5 a f. Le pl. حَرْبِيَّة, *vaisseaux de guerre*, Athîr VII, 350, 7 a f. — *Mode de musique*, Hœst 258.

حَرْبِيَّة *balistique*, l'art qui enseigne à se servir des armes de jet, Voc. — حَرْبِيَّات (pas en usage au sing.) *vaisseaux de guerre*, Gl. Edrîsî, Amari 454, 6 a f., 3 a f.

حِرْبَاء, *caméléon*, pl. حِرْبَاوَات dans le Voc. On dit en parlant d'une contrée très-chaude: للحرباء بعراتها مصلوب „même le caméléon y est brûlé," Mi'yâr 9, 7, et au contraire en parlant d'une contrée où il y a beaucoup d'ombre: لا تتأتى للحرباء حياة „le caméléon ne peut pas y vivre," Müller 36; cf. Harîrî 504, 519.

حَرْبَايَة *caméléon*, Bc, M. — *Harpie*, femme criarde et méchante, Bc.

حَرْبَانِيَّة *la saison depuis le commencement de décembre jusqu'au milieu de février*, Descr. de l'Eg. XVII, 327.

حَرْبِي *guerrier, martial*, Bc.

حِرَابَة *brigandage à main armée, commettre des crimes sur les grandes routes*, Bat. IV, 340, Prol. II, 97, 15 et 16, 98, 1, Berb. II, 97, 11, 346, 5 a f., Amari Dipl. 20, 2 a f., Cartâs 168, 3 a f., Edrîsî, Clim. V, Sect. 1: وبها خيل ورجال حرابة يغيرون على من جاورهم, scoliaste sur Moslim 11, dern. l. (mal expliqué dans le Gloss.). — Si la leçon est bonne, ce mot doit avoir un autre sens chez Ibn-Haiyân 95 r°, qui dit en parlant d'un traître et faux dévot: مستحق

بالحرابة على أهل القبلة, ce qui semble signifier: „méritant d'être traité en ennemi par les vrais croyants." — *Affaire*, *combat*; عمل حرابة مع *livrer bataille*, Bc.

حَرَابِيّ pl. (le sing. n'est pas en usage) *vaisseaux de guerre*, Gl. Edrîsî.

حَرُوبَة *mode de musique*, Hœst 258.

حَرَّابَة pl. (le sing. ne semble pas en usage) *brigands*, Djob. 122, 1, 180, 18; dans son Gloss., M. Wright a cru à tort que, dans ces deux passages, ce mot a le sens que je donne en second lieu; il y a celui que Lane a noté d'après le TA. — *La garde noire de l'émir de la Mecque*, ainsi nommée parce que les nègres qui la composaient étaient armés de lances („harba"), Abbad. II, 127, dern. l. (où ce mot peut cependant aussi avoir l'autre signification), Edrîsî, Clim. II, Sect. 5: l'émir de la Mecque n'a point de cavalerie, mais un corps de fantassins, وتسمى رجالته الحَرَّابة, Djob. 96, 7, Bat. I, 381.

محارب *jouteur*, Bc; mais comme „jouter" est chez lui حَارَب, et „joute" مُحَارَبَة, je soupçonne que c'est une faute et qu'il faut lire مُحَارِب.

مِحْرَاب *appartement d'une dame, sa chambre à coucher*, Aghânî 143, 4 a f. — *Petit oratoire*, avec une niche qui indique la direction de la Mecque, Bidp. 237, 3 a f.: من قتل الناسك في محرابه, Müller 49, 6 a f., en décrivant une hôtellerie: يشتمل على مأوى الطريد، ومحراب المريد, 1001 N. Bresl. III, 88, 11: فبكت الصغار في مكانتها والعبّاد في محاريبها والنساء في بيوتها (pour محاريبها), Macn. I, 124, dern. l.: ونظرت المكان فإذا هو معبد ومحراب وفيه قناديل معلّقة موقودة وشمعتان وفيه سجّادة مفروشة وعليها شاب جالس — وقدّامه ختمة مكرسة (au lieu de مكرسة, lisez مَكْرَمة, Fleischer Gl. 10), Djob. 175, 1: وقد نصبت فيه محاريب يصلّي الناس فيها (dans ce passage c'est un *pavillon* qui sert d'oratoire, et on le trouve dans le sens de *pavillon*, que Lane a noté, chez Djob. 149, 13, 151, 6, 153, 5). Dans le cimetière à Delhi il y avait un tel oratoire près de chaque tombeau qui n'avait pas de „cobba" ou chapelle funéraire, Bat. III, 149. Dans les 1001 N. II, 13, l. 14, on lit que deux personnes trouvèrent sur une montagne

حرب 266 حرث

une source d'eau courante, un grenadier et un oratoire, «mihrâb,» et dans sa trad. (II, 239, n. 97) Lane observe: «On voit souvent, dans les pays musulmans, un petit oratoire avec une niche qui indique la direction de la Mecque, et qui se trouve à côté d'une source, d'un puits, d'un réservoir ou d'une grande jarre que l'on remplit d'eau chaque jour à l'usage des voyageurs. Quelquefois il est aussi destiné à être un lieu de repos, puisque c'est une petite chambre couverte d'un toit et ouverte vers le nord.» — *Autel*, Ht; Bc donne aussi ce mot sous «autel,» mais en ajoutant: «lieu qui correspond à l'autel, dans une mosquée, lieu où se place l'iman.» — On lit chez Djob. 81, 12, qu'il y a sur des rideaux, صفات محاريب أشكال محاريب, sur une muraille 85, 1, cf. l. 11, 86, 7, 265, 3. Ce sont des figures qui ont la forme d'une niche; cf. Lane trad. des 1001 N. II, 247, n. 143: «Dans quelques maisons arabes, on forme ou on peint, dans un ou dans plusieurs appartements, une niche dans ou sur une des murailles, afin d'indiquer la direction de la Mecque. Mais plus ordinairement on la remplace par un tapis à prier, dont le patron offre la forme d'une niche, avec la pointe tournée vers la Mecque;» voyez aussi مَحَارِيبِىِ — *Titulus* رَشْمٌ ومِحْرَابٌ, L.

مُحَارِب *brigand à main armée, celui qui commet des crimes sur les grandes routes,* Gl. Maw., Prol. II, 97, 16, 98, 2 et 4, Berb. I, 97, dern. l., Macc. III, 437, 5 a f., R. N. 44 v°: فبينا أنا على ذلك اذا بقوم محاربين قد خرجوا علينا واحاطوا بنا واخذوا كل شيء كان معنا وعروا من ثيابنا واخذوا دوابنا وكتفت فيمن كتف (السلابة), (plus bas il les nomme) Barth I, 465, les 2 dern. l.; dans un autre endroit, I, 384, ce voyageur a cru à tort que le mot est مَحَارِي; ce qu'il ajoute sur l'émir Hâmedou n'a rien à faire avec le terme en question, et il est clair qu'il n'a rien compris au fragment de la lettre de cet émir, fragment qu'il a fait imprimer d'une manière extrêmement incorrecte, mais dont il est facile de corriger le texte. — *Jouteur*, voyez sous محرب.

مَحَارَبَة *brigandage,* Gl. Maw. — *Joute,* Bc.

مَحَارِيبِي, خِلْعَة محاربي signifie, selon Bat. III, 402: *un vêtement d'honneur qui porte sur le devant*

et au dos la figure d'une niche, مِحْرَاب; voyez sous ce dernier mot, à la fin.

حَرْبَث. Article chez Bait. I, 304 d; c'est, dit-il, le synonyme de نجم (voyez ce mot). Le nom espagnol (بجمجية الأندلس) est ببرور dans A, بندور chez Sonth. et de même dans B, mais sans points, Boul. بيزور.

حَرْبَق. الخريق الأملس, chez les botanistes en Espagne, *mercurialis annua,* Bait. I, 318 b. Sonth., qui traduit «ellébore,» a lu خربق, mais c'est une erreur, car Bait. dit que c'est المهملة بالحاء, et Antâki: ويسمى حربق بالمهملة املس.

حُرَيْبِيل pl. ات *autour,* Voc.

حرث

مَحْروث chez Freytag, qui dit que Sprengel écrit محروث. On le trouve avec le *thâ* dans La du Most., dans AB de Bait. I, 84 c, dans A de Bait. II, 226; mais avec le *tâ* dans N du Most., dans B de Bait. II, 226, et Ibn-al-Baitâr II, 491 b, dit formellement que c'est le *tâ* «avec deux points.»

حَرَثَ I. Le n. d'act. حِرَاث, Abou'l-Walîd 45, 2, Payne Smith 1388. — *Echouer*, donner contre un écueil, sur un bas-fond, Bc, Hbrt 130, Roland Dial. 588.

II même sens, Bc, Roland. — *Faire échouer, jeter sur la côte,* Hbrt 130.

VII dans le Voc. sous *arare*.

حَرِث *cultivable; meuble* (terre), *aisée à remuer, à labourer,* Bc.

حَرْثَة، حَرْثَة نَهَار *journal de terre, ce que peut labourer une couple de bœufs en un jour,* Alc. (jugada de tierra, vebra [= huebra] obra de un dia).

حَرْثَة *labourage, culture,* Ht.

حَرَّات, à Damas, par plaisanterie, *flâneur,* Djob. 267, 2 a f., proprement: celui qui «laboure» les rues, les places publiques, etc.

تَحْرِيث *naufrage,* de Sacy Chrest. III, 341, n. 42, Hbrt 131.

مَحْرَث pl. مَحَارِث *charrue,* Belâdz. 8, 4 a f. (dans le Gloss. ce محارث est considéré à tort comme le

pl. de مَحْـــرَات, car ce dernier mot forme au pl.
(محاريث), Ht.
مَحْرُثَة *champ labouré*, Alc. (arada).

مَحْرَاث pl. مَحَارِيث, dans le sens de *charrue*
(Lane), Abbad. II, 151, 4, Auw. I, 66, 13, 308, 4,
521, 2 a f., Prol. I, 258, 1, 1001 N. IV, 703. Aussi
dans le Voc. et chez Alc. (arado); signalé comme un
mot vulgaire par Abou'l-Walîd 419, 27.

حرج I *se fâcher, se mettre en colère*, Voc., Alc. (cor-
rerse de lo que le dizen (cf. Victor), enbravecerse,
encenderse en ira, enojarse con ira; sous ensañarse
il a la IIe forme, mais c'est sans doute une erreur),
1001 N. Bresl. XII, 113, 6: اغتمّ غمًّا شديدًا وحرج
حَرَجَا قويًّا ; Fleischer (Préface, p. 17) veut lire حَرِجَ,
mais comme le peuple disait حَرَجَ (Voc., Alc.), et
non pas حَرِجَ, il a formé régulièrement le nom d'act.
حُرُوج; plus loin on en trouvera un autre exemple.

II c. على p. semble signifier, en parlant du cadi,
défendre à quelqu'un de porter plainte, Mohammed
ibn-Hârith 312, en parlant d'un juge qui donne tort
à un accusateur: فحرّج على القرشيّ ودفعه عنه (dans
le man. فخرج), 320: je voulais intenter un procès
contre un tel, mais on me calomnia auprès du cadi:
فحكّمت اذا اتيت مجلسه حرّج عليّ امام الناس. — C.
على r. *défendre de, prohiber*, Hbrt 209, Bc. — C. على
p. *adjurer, commander au nom de Dieu de faire*, Mohammed ibn-Hârith 261: حرّجت عليك بالله العظيم الّا
اذا متّ فاذهب الى قرطبة ثمّ الح (toutes les voyelles
dans le man.). Je crois que ce verbe a le même sens
dans cette expression que donne Bc: وصّاه في دعوى
وحرّج عليه, et qu'il traduit par: «recommander fortement une affaire à quelqu'un;» c'est proprement:
«et il l'adjura» (d'en prendre soin); le M explique
حرّج c. على p. par شدّد. — C. في r. *persévérer dans*,
M. — C. a. p. *mettre quelqu'un en colère*, Voc., Alc.
(correr a otro, enojar a otro, ensañar a otro, molestar enojando, provocar a yra). — En parlant d'une
marchandise qu'un huissier-priseur vend en public,
atteindre son plus haut prix, M.

IV c. a. p. *rendre quelqu'un triste*, Djob. 221, 3. —

Mettre quelqu'un en colère, Macc. I, 302, 14, 320,
5, 376, 3, 586, 9, II, 511, dern. l. (où il faut lire
فاحرجت, cf. Add. et Fleischer Berichte 79), 1001
N. I, 214, 5 (où il faut substituer un *hâ* au *khâ*).

V *s'abstenir d'une chose, comme d'un crime, ne
se construit pas seulement* c. من r. (Lane, Abdarî
111 v°), *mais aussi* c. عن r., Macc. I, 556, 20,
Berb. II, 191, 8, 334, 2 a f. (où il faut substituer
un *hâ*, comme dans notre man. 1350, au *khâ*). —
Se fâcher, se mettre en colère, Alc. (ayrarse, enbravecerse).

حرج *garniture, ameublement*, Cherb.; *matériaux*,
Cherb. Dial. 64, 200; جميع حرج الطريق «tout ce
qui est nécessaire pour la route», Martin 129.

حرج vulg. pour حاجز, M.

حرج *prohibition*; المجانين ما عليه حرج «on passe
tout à un fou,» Bc. — *Chose indécente*, Becrî 18,
12. — *Colère, et aussi promptitude à se fâcher*, Voc.,
Alc. (ayramiento, alteracion enojo, braveza, despe-
cho, enojo ira subita, enojo ira que dura, enojo que
hombre recibe, furia o furor, molestia, saña, saña
con causa), Mohammed ibn-Hârith 279: وكان الاعرج
ضيق الخلق شديد الحرج, Macc. II, 49, 4, 555, 9,
Abbad. II, 204, 1. — Pl. حرجان (comme بَلَد de بُلْدَان
etc.), Prol. I, 240, dern. l.; il résulte de ce passage
que c'étaient des objets composés de pièces de bois;
comparez Lane à la fin; de Slane traduit «des bâts
de chameau.»

حرج, pl. ون et حرجى, *en colère, courroucé, fâché*, Voc., Alc. (ayrado enojado, alterado, corrido,
despechado por enojado, enojado, irado subitamente,
sañudo), Abbad. II, 119, 3 a f., 1001 N. Bresl.
XI, 29, 12, où il faut lire: وخرج الملك وهو حرج
غضب, au lieu de برج; par l'éd. Macn. IV, 486,
4 a f.: وهو ممتنز بالغضب, ce qui revient au même.
— *Terrible, cruel*, Alc. (terrible con crueldad).

حَرْجَة *colère, haine, aversion*, Gl. Bayân; ajoutez
Alc. sous enconamiento.

حَرَّاج Comparez avec de Sacy, déjà cité par
Freytag: Macrîzî, man., II, 355: وينادى فيه على
الثياب بحراج بحراج حراج, 1001 N. Bresl. IV, 347, 7:
ونادوا عليه حراج من يشترى صندوق بمائة دينار
Aranda 16: «criant Arrache, arrache, ce qui veut
dire: Qui offre le plus?» Lane M. E. II, 16, Ztschr.

XI, 492. — *Crée*, proclamation de vente d'un bien, *encan*; بَيْعُ حَرَاجٍ *vendre à l'encan*, Bc; selon M, الحَرَاجُ est quand la marchandise que l'huissier-priseur vend en public, a atteint son plus haut prix, et سُوقُ الحَرَاجِ est سُوقُ الدَّلَالَةِ.

خُرُوجُ العَيْنِ خُرُوجٌ est quand un œil est tourné en dedans, Alc. (entortadura de un ojo, cf. Victor). Comparez chez Lane, sous la Ire forme, خَرَجَتِ العَيْنُ, et voyez, pour ce qui concerne le nom d'act. خُرُوجٌ, ce que j'ai dit moi-même sous la Ire forme.

خَرَّاج *triste*, *mélancolique*, Alc. (malenconico). — *Enclin à la colère*, *cruel*, *terrible*, Alc. (bravo).

خَرَّاجٌ pl. خَوَارِجُ *en colère*, *courroucé*, *fâché*, *furieux*, Alc. (enojado, furioso).

تَخْرِيجِيّ *prohibitif*, Bc.

بِضَاعَةٌ مُخْرَجَةٌ مُخْرَج *contrebande*, Bc.

خرجل

خَرْجَل espèce de *sauterelle*, Bait. I, 304 b, Aboû'l-Walîd 258, 6, Payne Smith 1367.

خُرْجُول même sens, Payne Smith 1367, Man. Escur. 893, où ce mot est écrit correctement, pas جرجول comme donne Casiri I, 320 a.

خرح

خَرِيح *lascif*, L (lascivus, libidinosus).

خَرَاحَة *impudicité*, *luxure*, L (inpudicitia, luxuria).

— *Saleté*, L (squalida وحَرَاحَة مَرَّقَة).

خَرْحَر I *s'échauffer*, Ht.

خَرْحَر الصَّخُور pulmonaire, espèce de mousse qui vient sur les chênes, sur les pierres, Bc.

خرد

خَرَدَ II *crier et tempêter*, L (baccare (c.-à-d. bacchari) تَحْرِيد وتَشْدِيد).

IV, c. a. et على, semble le causatif de حَرَدَ على فُلَان, «être fâché contre quelqu'un,» et signifie par conséquent: *exciter*, *animer* quelqu'un contre un autre, Amari 175, 4 a f.: وَأَحْرَدُوا السُّلْطَانَ عَلَى طَيْرَمِين, Bayân II, 183, 4 a f.: ils avaient commis des crimes أَحْرَدَتْهُ عَلَيْهِم. Ceci peut servir à corriger ce que j'ai dit dans le Gl. Bayân; dans le premier passage qui y est cité (I, 26, dern. l.), il y a une faute,

car au lieu de احرد, il faut lire, comme dans Athîr IV, 409, 15, أَجَرَّهُ.

VI. مُتَحَارِد *passionné*, Payne Smith 1300.

حُرْدَة. Chez Hbrt 83 on trouve *fripier* traduit par بَائِع حُرْدَة et par عَتَقِي. Je ne comprends pas comment la première expression pourrait avoir ce sens, mais *tripier* conviendrait fort bien, car حُرْدَة (voyez Lane) signifie « tripe.»

حَرِيد *iratus* dans L; حَرِيد النَّفْس *fougueux*, *prompt à s'échauffer*, Mohammed ibn-Hârith 309: كَانَ قَوِيًّا أَخْرَدَ = — .جَلْدًا حَرِيد النَّفْس مَعَ كِبَرِ السِّنّ (*sordidus*, *vilis*), Gl. Mosl.

خَرَد = تَخْرِيد, *maladie dans les pieds du chameau*, Gl. Mosl.

مَخْرُود L: *sevus* شَرِير ومَخْرُود.

حردب

خَرْدَبَة vulg. pour حَدْبَة, M.

حَرْدَبَة et خَرْدَبَة *la bosse du chameau*, M.

حَرْدَمِيَان = عَنْبَر, Most. sous ce dernier mot (les voyelles dans N).

حَرْدُون chez Alc. (camaleon animal como lagarto) *caméléon*.

حُرَيْدِن diminutif de حَرْدُون, voyez sous حَنَيْشَة.

حرز

I *valoir*, être d'un certain prix, avoir un prix; كُلّ شَيْء يَحْرِز ثَمَنًا «chaque chose a son prix;» مَا تَحْرِز *grave*, *important*, *de conséquence*, *sérieux*; هَذَا شَيْ مَا يَحْرِز (le tâ en deux endroits différents) ou cela n'en vaut pas la peine; شَيْ مَا يَحْرِز *minutie*, *bagatelle*, Bc.

II *fortifier* une ville, Gl. Belâdz.

IV. La signification de «préserver, garder, prendre soin de,» s'est modifiée, car ce verbe s'emploie aussi dans le sens de: *regarder fixement*, Berb. II, 146, 3: وَأَقَامَ عَلَى ذَلِكَ أَرْبَعَ عَشْرَةَ سَنَةً وَعَيْنَيْن لِلْخُطُوب تَحْرِز وَالآلَامُ تَسْتَجْمِع لِحَرْبِه (le Malheur avait les yeux fixés sur lui). — *Acquérir*, *gagner*, *obtenir*, p. e. l'argent, les armes, etc., qui se trouvent dans le camp d'un ennemi qu'on a vaincu, Fragm. hist. Arab. 420, 4 a f., ou un pays dont on a vaincu les défenseurs, Gl. Belâdz. Calâïd 209, 8: أَحْرَزَ مِنَ الْبَلَاغَةِ مَا أَحْرَزَ. Voyez aussi Lane sous حَصَّلَ. A la fin de son article sur حرز IV, ce lexicographe cite incorrectement un proverbe qui n'a rien à faire avec cette IVe forme, et qui doit être placé sous le substantif حِرْزٌ, qui manque chez Lane. Cette faute a été corrigée dans le Gl. Belâdz.

V. تَحَرَّزَ عَلَى نَفْسِهِ *prendre ses précautions*, Gl. Abulf. — *Se fortifier dans un poste, s'y retrancher, y faire des dispositions qui mettent en état de tenir contre l'ennemi*, Gl. Fragm. — تَحَرَّزَ فِي نَقْلِ النُّسْخَةِ *faire une copie avec beaucoup de soin et d'attention*, Abdal-wâhid 220, 4 a f.

VII dans le Voc. sous *custodire*.

VIII c. عَنْ *éviter*; احْتِرَازٌ *circonspection*, مُحْتَرِزٌ *circonspect*, Bc.

حِرْزٌ, *amulette*, forme au pl., non-seulement أَحْرَازٌ (Lane, Voc., Cartâs 168, 5 a f.), mais aussi حُرُوزٌ, Voc., Alc. (*nomina*), Ht, Cherb. Dial. 107. Selon Ouaday 703, „*hourouz*" ne signifierait pas proprement amulettes, mais les étuis cylindriques dans lesquels ils sont placés; c'est une erreur, car ces étuis ont d'autres noms; cf. p. e. Koseg. Chrest. 73, 4 a f.:

وَكَانَ مَعَ سِتِّي قَصَبَةٌ فِضَّةٌ فِيهَا حِرْزٌ كَتَبَهُ لَهَا الْحَكِيمُ دَقْيَانُوسُ.

On attache des amulettes à tout ce qu'on aime, à des animaux, à des choses inanimées (Hœst 223, où il faut substituer حرز à حرش), et surtout au cou des chevaux; voyez Jackson 247, Riley 485; de là vient que Hœst 118 donne «hers» dans le sens d'*ornements au cou du cheval*. Bc, sous *amulette*, prononce حَرْز, pl. حُرُوز, et Davidson 96 écrit aussi: „*horse*, a leather charm*.*" اعطيتُه هذا فِي حِرْز مِثْلَهُ «je lui ai donné cela en prenant en gage un objet de même valeur», Bc.

حَرَزٌ voyez l'article qui précède.

حَرَزٌ, mal expliqué par Freytag (»*omne id quod cavetur*«), signifie: *tout ce qu'on obtient*, Gl. Belâdz., où l'on trouve des détails sur l'hémistiche que récitait Abou-Becr et qui a passé en proverbe: يَا حَرَزَا وَأَبْتَغِي النَّوَافِلَا. Lane l'explique, mais en le citant d'une manière inexacte, sous la IVe forme du verbe.

حَرْزَةٌ (حُرْزَةٌ), pl. حَرَزٌ et آت (حُرْز). En parlant d'une plante, حُرْزَةٌ مِنْ تُرَابٍ *motte, la portion de terre qui tient aux racines des plantes, quand on les lève ou qu'on les arrache*, Auw. I, 170, 4 a f., 172, 12 (2 fois), 179, 6, 184, 20 et 21, 215, 4 a f., 250, 18, 268, 9. Peut-être faut-il lire le pl. حُرَز, qui aurait alors le sens de *tas, monceau*, dans Khallic. IX, 31, 7 a f.: عبد الى خرز عظيم اتخذها من الحجارة.

خَرْز. ونَصَبَ بَعْضَهَا اِلَى بَعْضٍ فِي البَحْرِ المَالِحِ. La leçon est, selon M. de Slane (trad. III, 486, n. 16), celle de tous les man.; mais il doute qu'elle soit bonne et je suis du même avis.

حِرَازٌ *custodia* dans le Voc.

حَرَّازٌ *celui qui écrit des amulettes*, Voc.

أَحْرَزُ *plus fortifié, très-bien fortifié* (lieu), Bidp. 240, 3 a f. (corrigé dans les notes critiques, p. 106). — *Celui qui, dans l'hippodrome, remporte le plus souvent la victoire*, Bassâm III, 99 r°: احرز كل ميدان.

مَحْرَزَةٌ *mode de musique*, Hœst 258 (*mohárza*).

مَتْحَرِّزٌ *en bon état* (cheval), Daumas V. A. 184 (qui écrit mal à propos un *khâ*, au lieu d'un *hâ*).

حَرْزَقَ I. Exemple: P. Badroun 132, 4.

حَرْزَوْنٌ, pour حَلَزُونٌ, *limaçon*, Voc.

حَرَسَ I *faire la garde, faire sentinelle*, Bc; c. على de la personne ou de la sûreté de laquelle on veille, Amari 187, 3. Aussi c. acc. p., mais alors ce verbe a un double sens, à savoir celui de *veiller à la sûreté de quelqu'un, le garder*, et celui de *surveiller quelqu'un* (Bc a ce verbe sous *surveiller*), p. e. l'ennemi qui médite une attaque. On le trouve d'abord avec le premier sens et ensuite deux fois avec le second, dans un passage du R. N., 63 r°, où on lit: Quand Obaidallâh le Chiite se fut rendu maître de l'Ifrîkiya, Djabala quitta le Caçr at-toub et vint s'établir à Cairawân, فَقَبِلَ لَهُ اصلحك الله كنت بِقَصْرِ الطُّوبِ تَحْرُسُ المسلمين وتُرَابِطُ فَتَرَكْتَ الرِّبَاطَ وَالجُلُوسَ وَرَجَعْتَ الى هاهنا فقال كُنَّا نحرس عَدُوًّا بَيْنَنَا وَبَيْنَهُ البَحْرُ فَتَرَكْنَاهُ واقبَلْنَا نحرس الذي قد حَلَّ بِسَاحَتِنَا لَأَنَّهُ أَشَدُّ عَلَيْنَا مِنَ الرُّومِ (j'ai corrigé deux fautes dans ce passage, car le man. porte ولاته et علومنا). — *Sauver, éviter, parer un coup*, Bc.

II c. ں prémunir, précautionner contre, Bc.

V faire la garde, faire sentinelle, Cartâs 172, 16. — C. ں se défier de, Bc. — C. ں éviter, Bc.

VI faire la garde, en parlant de plusieurs personnes, Kâmil 693, 6: فمكثوا اياما على غير خنادق يتحارسون ۞

VIII agir, parler avec circonspection, Weijers 45, 8 a f. — Se mettre en défense, Bc. — Faire la garde, faire sentinelle, Cartâs 218, 8 a f.

X c. ں se défendre, se tenir en garde, se garantir; aviser à, prendre garde à, parer à, se précautionner contre, se prémunir, se défier de; من الشرّ «prévenir le mal;» — c. على garder, conserver; على حماية se ménager une protection, se la procurer, l'avoir en réserve, Bc.

حَرْس. Biffez dans Freytag: « sæculum, tum tempus opportunum, Vit. Tim. ed. Mang. I, 282, » car dans ce passage c'est حَرَس, gardes, comme Manger a traduit. — Circonspection, précaution; حَرَس studieusement; عظيم حرس précieusement, avec grand soin, Bc.

حَرَسِيّ pl. حَرَسِيَّة un soldat destiné à garder une place, Maml. I, 1, 33, de Sacy Chrest. II, v, 2. — Agent de police, Voc. (avec حَرَس comme pl.), Daumas V. A. 402.

حُرسان rougeole, Bc.

حُرّاس gardien, Gl. Maw.

حَريس réservé, circonspect, prévoyant, soigneux, Bc.

حارس agent de police, pl. حُرّاس, Palgrave II, 331. — Garde des bois, garde forestier, Alc. (saltero o montaraç). — Garde des jardins, Domb. 104. — Dans les bains publics: le maître garçon, Lane M. E. II, 52. — الحارس l'ibis, de Sacy Chrest. II, 15.

أحرس plus sûr, plus en sûreté, Gl. Maw.

مَحرِس pl. مَحارِس une enceinte fermée de murs et assez grande pour loger une petite garnison, où les zélés musulmans se réunissaient pour faire la guerre aux non-musulmans, Gl. Edrîsî, Athir VII, 196, 7, Aghlab. 49, 2 a f., 55, 2 a f., Amari 239, 5, Léon 581, où c'est un nom propre: « Machres castellum nostris temporibus ab Afris eam ob causam ad fretum Cabes conditum, ut regionem illam ab hostium incursionibus tutam servarent. » — Caserne,

Gl. Edrîsî. — Un bâtiment destiné à loger les étudiants, les moines, les voyageurs et les pauvres, Gl. Edrîsî. Je crois devoir restituer ce mot dans les 1001 N. IV, 314, 10, où il est question des rues et des مخارس d'une ville; dans l'édit. de Bresl. X, 344, 3 a f., on lit مخارس, ce qui est bon si l'on change le khâ en hâ. — Une échauguette, une guérite en un lieu éminent dans une place forte pour découvrir ce qui se passe aux environs, ou bien un beffroi, une tour, d'où l'on fait le guet, Gl. Edrîsî. —

Au Maroc, مَحرَس garde ou escorte, Barth I, 384.

مَحرُوس celui qui fait sentinelle, qui guette, Alc. (atalayador).

حَرسَنة nom d'une plante dont on mange la racine, M.

حَرْش I, n. d'act. حُروش, déterrer, exhumer, retirer un corps de la sépulture, Alc. (desenterramiento de muerto حرش).

II agacer, irriter, Ht. — حرّش للخلق ameuter, soulever, attrouper le peuple, Bc.

III voyez plus loin مُحارَشة.

V harceler, Aboû'l-Walîd 144, 17: مِن تَحرّش, آتتك في فتيتك cf. n. 27.

VI c. على p. harceler, provoquer, et harceler, fatiguer par des attaques; — c. في p. faire une niche à quelqu'un, Bc.

VIII c. ب se jouer à quelqu'un, l'attaquer inconsidérément, Bc.

حِرش voyez حَرش.

حَرش, pl. أحراش et حُروش, bois, forêt, futaie, Bc, Hbrt 55, M, Fâkihat al-kholafâ 2, l. 10; «حرش ou حيش, forêt, mais en Syrie on applique souvent ce terme à des endroits où les arbres sont à vingt pas l'un de l'autre, » Burckhardt Syria 266. — دجاجة الحرش bécasse, Bc (pour دجاجة). — Le pl. حُروش des plaines couvertes de roches basaltiques, Jackson 69, 78 n., 108 (qui écrit «harushe»). — Melon, Bc; en ce sens c'est peut-être حِرش.

حَرِش, rude, âpre au toucher, Bc, se prononce aujourd'hui en Afrique حَرش, chez Ht raboteux, rugueux; Jackson 38 donne comme un des noms du rhinocéros: « boh girn el harsh, the father of the

حرشف

hard horn » (ابو القرن الحرش). — Petite verroterie verte, ou bleue, ou jaune, Ouaday 336 (harich); Browne II, 95, écrit « hersch » et dit qu'on la fait à Jérusalem.

حُرْشَايَةٌ grès, Cherb.

حَرِيش espèce d'arme qu'on lance (?), voyez Ztschr. IX, 547, 592, n. 129.

حَرَاشَةٌ aspérité, rudesse, dureté, Bc.

خُرُوشَةٌ âpreté, rudesse, Voc., Alc. (aspereza), Ht, Haiyân-Bassâm I, 173 v°.

حِرِيشَة linge fin, Domb. 83 (horicha), Ht (harrîcha), Hœst 269 (harîcha).

حَارِش pustules sur la langue, Bait. II, 438 v°; cette leçon, qui est sans doute la véritable, se trouve dans le man. E; dans les autres la dernière lettre est un sîn.

أَحْرَش âpre, rude au goût, Alc. (aspero al gusto). — Intolérable, L (intolerabilis لا احرش شديد الذي) (يحتمل). — L donne: calvaria أجرد أحرش; probablement (جرد l'indique), comme calvero en esp. (cf. calveta chez Ducange), terrain stérile. — شاشيذ خَرْشَاء coiffure grossière de fabrication européenne, Ghadamès 42. — الخَرْشَاء la femme qui passe pour porter malheur, Daumas V. A. 176. — خَرْشَاء roquette, Sang.; = خردل برّى, Bait. I, 244 b. — Le pl. خُرْش doit désigner une certaine classe de serfs, Gregor. 36, où une autre classe de serfs est nommée مُلَّس (voyez sous أَمْلَس).

تَخْرِيشَة dessert composé de fruits secs, Cherb.

مُخَرِّش provocateur, Daumas Mœurs 313, où il faut substituer « mehharechine » à « mecherahhin » (Daumas MS).

مُحَارَشَةٌ R. N. 83 v°: وكان بينه وبينه محارشة « ils se harcelaient sans cesse, » Abou'l-Walîd 143, n. 27.

حَرْشَف artichaut; voyez sur cette orthographe Gl. Esp. 86, 1–3.

حرص I, désirer ardemment une chose, se construit aussi avec فى, Ibn-Batouta, man. de M. de Gayangos, 28 r°: حرصت المرأة فى تزوجه (l'édit. I, 175, 1, porte: فرغبت فى تزوجه). — S'appliquer, Delap. 114, à une chose, y apporter beaucoup d'attention, de soin, de zèle, c. فى ou c. على r., Voc. — Pour la dernière signif. chez Lane, voyez Gl. Mosl.

II c. a. p. et فى ou على r. exciter quelqu'un à s'appliquer à, Voc.

حِرْص, âpreté, qualité de tout ce qui est âpre, Bc.

حَرِيص. Le pl. حُرْص, Payne Smith 1181. — C. فى assidu à, Voc. — Intéressé, attaché à ses intérêts, Bc. — Désireux de faire le bien, Alc. (codicioso de bien). — Avide de plaisirs, Bidp. 203, 2, Valeton II, 5; tel est le sens que Valeton attache à cet adjectif dans ces deux passages, mais peut-être y signifie-t-il plutôt: avide de richesses, ou d'honneurs.

حرّص II, exciter à, se construit aussi c. الى r., Abbad. I, 224, 2. Ce verbe s'emploie aussi d'une manière elliptique, sans qu'on nomme la personne, ou les personnes, qu'on excite à faire une chose, Lettre à M. Fleischer 67. — Défier, harceler, Ht.

V dans le Voc. sous monere.

حِرْصَةٌ = حَاجِر مَرَار البَقَر, Most. sous ce dernier terme.

حرطوج ? Formul. d. contr. 1, en parlant d'un mulet: قميص الحرطوج سالم من العيوب

حرف I. حرف المزاج déranger la santé, Bc. On dit: حرف على فلان déranger la santé de quelqu'un, Ztschr. XX, 509, 15 et 18 (à sous-entendre المزاج).

II. Les paroles qu'on trouve Prol. II, 195, 3 a f.: لم يصحّ منها قول ألّا على تأويل تحرّفه العامّة, doivent signifier: « ce poème ne renferme pas une seule prédiction qui soit vraie, à moins qu'on ne l'interprète d'une manière arbitraire, ainsi que font les gens du peuple »; mais bien que l'auteur ait voulu dire cela, il me semble qu'il s'est exprimé incorrectement en disant حرف تأويلا. — حرّف المزاج déranger la santé, Voc. — Facetter, tailler à facettes, Alc. (arrebañar تحريف arrebañadura), Bc (محرّف taillé à facettes). — Détourner, soustraire avec fraude, voler, L (abstuli أنزع وأحرّف), Alc. (apañar robar, hurtar), surtout du bétail, Alc. (hurtar ganado, تحريف الغنم hurto de ganado), ou des choses sacrées, Alc. (تَحْرِيف) hurto de lo sagrado). — Dans le Voc. c. a. sous artificium et sous indignari. — Dans L: arto (c.-à-d. arcto) أَضَيِّقُ وأَحْرِفُ. — Voyez sous III.

III c. a. p. et بـ r. *donner à quelqu'un une récompense, une rétribution*, 1001 N. I, 60, 10: هل معك شىء تُحارِفنا بـه «avez-vous quelque chose (de l'argent) pour nous récompenser?» — C. a. p. *chercher à plaire à une femme, se montrer galant envers elle*, 1001 N. Bresl. XI, 363, 4; en ce sens le nom d'act. حِرَاف, ibid. 347, 5, où je lis ما لكِ, en deux mots: ما لكِ بالحراف «pourquoi te mêles-tu d'intrigues galantes?» Mehren 27 donne حرف et حازِف dans le sens d'*aimer, caresser*. — *Tromper, duper, jouer un tour à quelqu'un*; Bc donne مُحارَفَة sous *biaisement, détour pour tromper*, et sous *adresse, ruse*; M: المُحارَفَة فى المعاملة الاحتيال طمعًا *dupe, qui est trompé*, Ztschr. XX, 494, 5 a f.; mais حِراف se prend dans le sens d'*être dupe*, Ztschr. XX, 494, n. 2, 495, 5 et n. 1.

V. تَحَرَّفَ المِزاج *la santé s'est dérangée*, Voc.

VI c. على p. *biaiser, employer la finesse, enjôler, cajoler, subtiliser, tromper subtilement, jouer un tour à quelqu'un*, Bc; M: احتال تَحارَف عليه فى البيع وغيره.

VII *décliner, en parlant des astres*, Bc. — *Biaiser, aller de biais*, Bc; بانحراف *de biais, obliquement*, Auw. I, 531, 10, où il faut lire avec le man. de Leyde: وليكن ترتيبهم واحدا امام واحد بانحراف. الحراف signifie *s'éloigner du juste milieu*, Prol. I, 159, 4; أَحْرَف seul s'emploie dans le même sens et le nom d'act. peut se traduire par *les extrêmes*, comme l'a fait de Slane; voyez Prol. I, 148, 12 (où المنحرف est l'opposé de المعتدل), 149, 12, 150, 3, 151, 7, 152, 14, 158, 15, etc. Chez Macc. I, 152, 12: منحرفة الطِباع des troupes de Berbères خارجة عن الاوضاع «d'un naturel singulier et qui s'écartaient des usages reçus.» انحراف *singularité, manière extraordinaire d'agir, de parler, qui prête au ridicule*, Macc. II, 509, 3. — Voyez انحراف.

VIII *s'ingénier, chercher dans son esprit des moyens de succès*, Bc.

حَرْف *plage, rivage de mer*, Bc. — على حرف للحانوت *sur le devant de la boutique*, Martin 32. — *Syllabe*, Alc. (silaba). — Chez les algébristes, حُرُوف *signes de notation*, Prol. III, 96, dern. l., avec la note dans la trad. III, 134, n. 2. — عِلْم الحرف, *science de la lettre*, est un procédé cabalistique, consistant à disposer les lettres de l'alphabet arabe d'une certaine manière, dans des carrés magiques, J. A. 1865, II, 382, 1866, I, 313. — Pivot, Edrîsî ٨٣, 6, Ibn-abî-'c-Çalt, Traité de l'astrolabe, man. 556 (2), chap. 1: حرف العَضادة الذى تستعمله فى جميع الاعمال هو حرفها المارّ بمركز الاسطرلاب المنطبق على كلّ واحد من الخطّين المتقاطعين على ظهره; de même dans le traité de Bîrounî sur le même sujet, man. 591 (4), qui emploie aussi l'expression العَضادة لِحَرْفة. — Doit avoir chez les fabricants de cordons de soie un sens qui m'est inconnu, voyez sous سُنْبُلَة.

حَرْف *cresson*. On lit dans le Gl. Manç.: le بابلى est le rouge, qui est le meilleur; quant au blanc, la plupart des modernes pensent que c'est le حرف السُطوح, et ils l'identifient avec le بابلى [ainsi chez Bait. I, 301 b], ce qui est une erreur. حرف السُطوح *thlaspi bursa pastoris*, Bait. l.l.; حرف مشرقى *lepidium draba*, Bait. ibid. c; حرف الماء *cardamine pratensis*, Bait. I, 302 b.

حَرِيف = حَرْف, Payne Smith 1384.

حِرْفة *corporation*; اهل لِحَرْف *les artisans*, Bc; il semble prononcer حُرْفَة, attendu qu'il donne le pl.

حِرفة الأدب, *proprement le malheur de la correction*, c.-à-d. *la leçon du malheur*, est une expression que Tha'âlibî emploie dans sa Yatîma, quand il dit en parlant du poète Abou-Faras ibn-Hamdân: «il reçut *la leçon du malheur* et fut fait prisonnier par les Grecs.» On s'en sert aussi dans le sens d'*une mort prématurée*, de Slane trad. d'Ibn-Khallic. II, 45, n. 6. Dans le vers 1001 N. I, 22, 1, il faut lire, je crois, حِرْفَة الدَّقّ, au lieu de حُرْفَة.

حَرْفِى موصول حرفى *particule conjonctive*, Bc.

حِرَفِى *artisan*, Voc.

حَرِيف *chaland, acheteur*, Ht, R. N. 28 r°, وصاحب الحانوت انما هو بالمُحترفه فاذا جاءك حريفك اليوم ولم يجئك — *Amant*, Mehren 27, استبدل بك غيرك

حرفش

1001 N. Bresl. XI, 142, 1, 151, dern. l., XII, 400, 3, 4, 5.

حِرَافَة, âcreté, est حَرَافَة, et non pas حُرَافَة, comme chez Freytag et Lane, dans le très-bon man. d'Ibn-al-Djauzî, qui dit en parlant de vieux fromage: وكلّما اشتدّت حرافته كان أضرّ, et dans A de Bait. I, 2 b.
— Au fig., en parlant de l'odeur, Gl. Manç. in voce. — L'âcreté et l'ardeur qui surviennent aux parties du corps excessivement échauffées, inflammation, Chec. 187 v°: وكان خلط هذا الورم يقتضى الحدّة والحرافة
209 v°: الحادث عن حرارة وحرافة. La première lettre a constamment un kesra dans cet excellent man. — Adresse, dextérité, Bc.

حُرُوفَة = حِرَافَة, Payne Smith 1384.

حَرَّاف voleur, Voc.; l'éditeur (p. xxviii) a eu tort de vouloir changer ce mot; Alc. a aussi حَرَّاف الغَنَم voleur de bétail (hurtador do ganado) et comparez sous la IIe forme.

أحْرَف le plus grand niais, Ztschr. XX, 495, 10, où M. de Goeje avait traduit ce mot par hals, qui, en hollandais, signifie niais; mais le rédacteur du journal, qui ne le comprenait pas, l'a changé en «Betrüger» (trompeur), ce qui donne un contre-sens. Fleischer (ibid. XXI, 275) a corrigé cette erreur, mais sans en connaître l'origine.

حَرْف. voyez sous مُحَرَّف

مُحْرِف réfringent, qui cause une réfraction, Bc.

أُحِرَاف dérive, détour de la route, t. de marine, Bc. — انحراف الشعاع réfraction, réfrangibilité, Bc.

انحرافى indirect, Bc.

مُنْحَرِف ou شبيه بالمنحرف trapézoïde, figure de quatre côtés dont deux sont parallèles, Bc. — ساعة العضادة المنحرفة cadran vertical, Bc. — est l'alidade ou règle mobile de l'astrolabe, dont on a coupé une partie du métal des deux côtés, Wœpcke, Ueber ein in der königl. Bibl. zu Berlin befindliches arab. Astrolabium, p. 3.

حرفش.

حَرْفَشَة la grossièreté, l'état d'un homme de la plus basse classe, Maml. I, 2, 197.

حرق

حَرْفَشَة et حَرَافِيش, pl. حَرَافِشَة, un homme de la plus basse classe, Maml. I, 2, 195—7; حَرَافِيش canaille, Bc; Bat. I, 86, IV, 318. Il faut restituer ce mot chez Khatîb 135 v°: كان شيطانا ذميما لخلق lisez: دميم لخلف حرفوشا, et dans les 1001 N. Bresl. IV, 138, 4, 5 et 14, 139, 1; la bonne leçon se trouve 139, 12, 140, 1, 2, etc. Habicht a écrit sur ce mot une note ridicule (Gloss. du t. IV, p. 28), que Fleischer n'a pas corrigée. Chez Alc. c'est «roncero,» terme qu'il emploie dans un sens que je ne trouve pas dans les dictionnaires, à savoir dans celui de vagabond, car il traduit aussi «roncero» par زلّاع, qui, chez lui, est également «mostenco o mostenco» (= مَتْلُوف), «vagabond.»

حرق I incendier, brûler, mettre le feu à, Bc, فى العسكر «mettre le feu au camp,» فى نواحى المدينة, Gl. Belâdz., où on lit que la IIe forme s'emploie en ce sens, mais je crois que c'est la Ire. On emploie حَرِيق comme nom d'act., Catal. des man. or. de Leyde I, 154, dern. l.: واتّفقوا على حريق ما يقدرون (pour يقدرون): — Rôtir, brûler (soleil), عليه من اماكن المسلمين, brouir, Bc. — Hâler, rendre basané, Bc. — Cuire des briques au feu, Becrî 50, 7, où il faut substituer un ḥâ au khâ. — Cuire, causer une douleur âpre et aiguë, p. e. عينى تحرقنى «l'œil me cuit,» Bc. — حرق القلب faire mal au cœur, causer du déplaisir, Bc.

II attiser, Ht. — Ruiner; حَرَّق il est bas percé, presque ruiné, Bc.

IV havir, dessécher, Bc. — أحرق الدم inflammer le sang, l'échauffer, Bc. — أحرقها للجوع «la faim lui causa une douleur âpre et aiguë,» 1001 N. I, 416, 7. — Tirer un feu d'artifice, J. A. 1850, I, 256—7.

V au fig., brûler, désirer ardemment, Djob. 330, 14: en entendant parler des lieux saints يذوب شوقا وتحرّقا. — Être rongé par le chagrin, Kâmil 746, 13.

VII brûler, v. n., Bc.

VIII. On dit احترى للحريق l'incendie commença, se déclara, Catal. des man. or. de Leyde I, 155, 13, 156, 1. — احترق بالشمس se hâler, être noirci par le hâle, Alc. (enbaçar hazerse baço). — Se brûler,

Bc. — *Se passionner*, s'emporter, Bc. — *Brûler de zèle*; de là احتراق *zèle*, Liber Josuæ p. 12 éd. Juynboll.

حَرِّى خَرِقَ الشَّمْسِ feu, supplice, Bc. — hâle, Bc.

حُرْقَة *brûlure*, Bc, Ht, Daumas V. A. 425; ce mot s'emploie souvent par imprécation, Bc. — *Incendie*, Ht. — *Feu*, au fig., chaleur, ardeur; بحرقة *ardemment*, *passionnément*; تكلّم بحرقة *parler avec vivacité*, ou *avec feu et colère*, Bc.

حُرْقَة, le pl. حُرَق, Abbad. III, 200. — Avec le même pl., *contrition*, *regret qu'on éprouve d'avoir péché*, Voc. — *Affection*, *amour*, L (affectus حُرَقَ (وقوّاءً وشفاعة ومحبّة). — حُرَقَ dans les 1001 N. Bresl. XII, 317, 7? voyez sous حَلْقَة.

حَرَق *espèce de scorie*, Most. v° خَبَث الفضّة; leçon de N, Lm avec le *khâ*.

حَرَقان *cuisson*, douleur du mal qui cuit, Bc.

حُراق. حُراق الجلد *engelure*, Bc.

حَرِيف *brûlure*, Ht. — *Douleur*, Domb. 88, Ht. — Voyez sous la Iʳᵉ forme. — *Ulcères*, L (ulcera).

حُرّاقَة *incendie*, Ht. — حراقة نفط ou حراقة بارود *feu d'artifice*, J. A. 1850, I, 256—7; aussi حراقة شنلك et حراقة seul, Bc.

حُرّاقَة, t. d'orfèvre, signifie الفضّة الخارجة من احراق للخيوط الملبسة بها, M.

حَرِيقَة *incendie*, Bc, Hbrt 165, Ht. — *Feu d'artifice*, Bc. — *Brasier*, Ht.

حَرّاق *vésicatoire*, adj., Bc. — Pl. حَرَارِيق et ات, *barque*, pour حَرّاقَة, Voc., où ce mot est écrit avec un د, ce qui est une faute. — حرّاق اصبعه *cancer*, M.

حُرّاق, *mèche*, *assemblage de chiffons demi-brûlés et préparés pour prendre facilement feu*, terme qui est signalé comme vulgaire, fait au pl. حَرَارِيف, J. A. 1850, I, 229, où Quatremère a donné une fausse explication de ce mot, M; حراريف دهن « *des mèches imprégnées d'huile*, » Catalogue des man. orient. de Leyde I, 156, 3.

حُرَيْف, n. d'un. ة, au Maghrib, *ortie*, Voc., Alc.

(hortiga yerva, زيت الحريق azeite de hortigas); Gl. Manç.: الانجرة هو النبات المسمّى بالمغرب بالحريف; les mêmes voyelles dans A de Bait. I, 181 d; Most. sous الاجم et sous بزر الانجرة; Pagni MS (horreg et hurreha), Hbrt 47 (Alg.). — حُرَيْق المَلْسا *pariétaire*, Domb. 74.

حَرّاقة *vésicatoire*, subst., Bc, M. — *Sorte de fusée*, qui est employée surtout dans les siéges, M.

إحراق, t. de chimie, *distillation*, M.

مُحَرِّق, t. de médec., *remède caustique*, M.

مُحَرَّقة *holocauste*, Bc. — *Feu d'artifice*, Ht.

مُحَرَّقات *des bombes*, Macc. II, 806, 1.

مُحَرَّقة *laine brûlée*, celle qui, ayant perdu son suint, est devenue sèche et jaune, Hœst 272.

مَحْروق *cretons*, résidu de la fonte du suif et de la graisse des animaux, Voc. — زاج محروق *colcotar*, résidu de l'huile de vitriol, Bc.

إحتراق, t. d'astron.: c'est quand le soleil et une planète se trouvent dans le même degré du zodiaque, M.

مُتَحَرِّقات *du rôti*, *de la viande rôtie*, Djauzî 145 v°: فصل في ذكر المطبوخات والمتحرقات والنواشف ينفع (تنفع .l) الذين في معدتهم بلغم ۞

حرقص I *cuire de la viande*, etc., M.

حَرْقوص = حَلْقوص (χαλκός) (voyez) *cuivre brûlé ou calciné*, *avec le soufre et un peu de sel marin*, Sang., Most v° حلقوص.

حَرْقوص *petit morceau de viande cuite*, M.

حرك I *se remuer*, se donner du mouvement pour réussir, Bc. — *Sucer*, Ht (?).

II *exciter*, *animer*, *aiguillonner*, Bc; حرّك الناس «émouvoir le peuple, l'exciter à la révolte,» Bc; *exciter*, *faire naître*, *provoquer*, *irriter*, حرّك الاشتهاء «irriter, stimuler l'appétit,» Bc; محرّك الشهوة *aphrodisiaque*, qui excite à l'amour, Bc; محرّك الشرّ *promoteur d'une querelle*, qui l'excite, Bc; — *exciter* à c. الى r., Bc, الى الشرّ «tenter, solliciter au mal,» Bc; c. ل r., Haiyân 99 r°: فدعاهم الى اقامة الجهاد

على r., Abd-al-wâhid 101, 16; c. في r., Mohammed ibn-Hârith 322: والفتى يحركه في المجاوبة — *exciter contre* c. على Bc. — *Pousser un cheval, le faire galoper à toute bride,* Haiyân 100 r. (voyez sous حركة); R. N. 22 v°: le gouverneur Ibrâhîm حرك دابّته, le cadi ne le suit pas et dit plus tard pour s'excuser: حركت دابّتك ; Bc: حرك حصانه ; ولو حركت دابّي سقطتن قلنسوتي نحو العدى «*pousser son cheval contre l'ennemi.*» Ce verbe s'emploie aussi absolument en ce sens, Macc. I, 166, 3. — *Agacer, provoquer, attaquer,* Bc. — حرك القتال *engager le combat,* Nowairî Egypte, man. 2 o, 113 v°: وخرج من الفريقين فرسان يحركون القتال ; chez Bc حرك الشطّ. — حرك قطعة *Au jeu des échecs, jouer une pièce,* Macc. I, 481, 4. — *En musique,* c. a., *jouer d'un instrument,* Gl. Badroun; aussi: *frotter fortement toutes les cordes à la fois avec le plectrum et en mesure,* Descr. de l'Ég. XIII, 389, 390. Dans les 1001 N. Bresl. XII, 63, 12, on trouve حركت اذان العود, expression qui ne m'est pas claire parce que j'ignore ce qu'il faut entendre sous اذان العود, et ailleurs, Bresl. III, 144, 8, Macn. IV, 173, 1, on lit: عركت اذان العود, avec le 'ain. — *Toucher, mettre la main sur quelque chose,* R. N. 97 v°: فوجدته قائما يصلّي لمجلست انتظره وطوّل في صلاته وذلك من الضحى الى صلاة الظهر فلمّا حانت الصلاة حرّكت طرفه وقلت اصلحك الله حانت صلاة الظهر («je touchai une de ses extrémités»); Cout. 36 v°: dans une année de disette, le préfet de la capitale ne veut pas que le sultan lève la dîme; celui-ci insiste, mais le préfet répond: لا والله لا تقلّدت تحريك حبّة واحدة منه. — *Entr'ouvrir une porte,* R. N. 79 v°: انهب الى باب حجرته فان وجدتّه غير مطبق (l. مطبقًا) فارجع — فحرّك الباب وان وجدتّه مطبق. *Eveiller, faire cesser le sommeil,* Akhbâr 126, 10, Mohammed ibn-Hârith 309: خطرت عليه آخر جمعة عشاها فحركته للرواح فخرج معى الى الجامع; Haiyân 88 v°: وفي هذه المجلّة علك محيلا حرّك عند الرحيل فوجد ميتًا. — *Déranger quelqu'un, le détourner d'une occupation, de ses affaires, etc.,* Mohammed ibn-Hârith

اتى هممت بالرجوع اليك عشيّة امس غير اني 325: — C. a. p. et ب r. *avancer, élever quelqu'un à quelque dignité,* Cout. 31 r°: فكان اوّل كرّهت تحريكك. — حرّك الاسواق — ما حرّكه له ولاية خزائنة المال *faire aller le commerce sur les marchés, le rendre animé,* Haiyân-Bassâm I, 157 v°: فملوا المساجد والاغنبة. — وحرّكوا الاسواق *Faire travailler son argent, lui faire produire intérêt,* Mohammed ibn-Hârith 327: il lui confia cinq mille dînârs وقال له حرّكها واتّجر بها لنفسك. — *Remuer, agiter une liqueur, brasser,* Alc. (mecer, rebolver por mecer algo, batir liquor); بالبيد *brasser, remuer avec les bras, mélanger,* Bc. — حرّك الشرّ مع *prendre l'offensive,* et aussi: *ramasser le gant,* Bc. Absolument حرّك مع فلان *chercher noise à quelqu'un,* Meursinge 26, 19. — حرّك القلب *toucher, émouvoir;* حرّك الشفقة فيه *faire pitié; intéresser, toucher, émouvoir; absolument: émouvoir quelqu'un, lui causer de l'émotion,* Bc. — حرّكوا له جوار المظافرة ou bien الجوار seul, *ils lui annoncèrent la proximité du triomphe, le prochain triomphe;* voyez sous جوار.

V *se remuer, se donner du mouvement pour réussir,* Bc; Khatîb 64 v°: cet homme était encore obscur تتحرّك ; chez Meursinge 26, 20 الّا انّه شهم متحرّك peut se traduire par *tentative.* — *Remuer, tenter d'agir, exciter des troubles,* Bc. — *Se mettre en route,* Djob. 3, l. 9 (où il faut lire فتحرّك). — En termes de guerre, *s'ébranler, se mettre en mouvement,* Bc, Nowairî Espagne 480: تحرّك بالجند, Cartâs 129, 8, etc. Aussi: *manœuvrer, faire la manœuvre,* Bc. En parlant d'un marché, on dit qu'il est متحرّك quand le commerce y est animé, Gl. Edrîsî; cf. Delap. 130: يتحرّك السبب «le commerce se relèvera.» — *Commercer, faire le commerce,* Cartâs 195, 3 a f.: تحرّكت للخيرات وتحرّكت النجار. — *gagner, obtenir les bonnes grâces de quelqu'un,* Haiyân 30 v°: تحرّكت حاله عند فلان حاله عنده حتى. — *S'émouvoir, se sentir ému, s'agiter,* Bc, *tressaillir* (de Slane), Prol. III, 395, 8; aussi en parlant d'un Soufi qui tombe en extase, R. N.

96 r°, où on lit qu'un قَوَّال récita un vers pieux dans une mosquée, فتحرَّك محمد بن سهل الصوفي ثمَّ استغرقه لحال فما بقى فى المسجد احد الَّا وبكى لصدق تحرَّكت فيه. On dit aussi: ذلك الرجل فى حركته الشفقة فتتقدَّم اليه, « par un mouvement de compassion, il s'avança vers lui, » Bc. — *Exciter*, Ht.

حَرِك *remuant*, qui remue, qui s'agite sans cesse, Bc. — *Industrieux*, qui a de l'industrie, de l'adresse, Bc.

حَرَكَة *mouvement*, peine que l'on se donne, Bc. — *Geste*, Bc. — *Mobilité*, Ht. — *Impulsion*, Ht. — حركة المرض, t. de médec.; c'est quand il y a un changement dans la maladie, soit qu'elle augmente, soit qu'elle diminue, M. — Proprement, « la force de se mouvoir, » s'emploie dans le sens de *force* et comme synonyme de قُوَّة, 1001 N. III, 20, 2: ولا أَجِدُ لى قُوَّة ولا لى حركة, I, 52, 7: قُوَّة ولا حركة الى الصعود عليها ادفعها عن نفسى « je n'ai pas la force de me défendre contre elle. » — *Marche*, Ht, *expédition militaire*, Bat. III, 109, 192, Khatib 44 v°: اذ كان يصحبه فى حركاته وبمباشر معه لحرب, 53 r°, 55 r°. On dit حَرَكَة اقام حَرَكَة *faire une expédition*, Cartâs 69, 5 a f., etc. — حركة العساكر *évolution*, *mouvements de troupes, changements de postes, marches et contre-marches d'une armée*, *manœuvre*, *mouvement combiné de troupes*, Bc. — *Pas de charge*, Jackson Timb. 139. — Nom d'un exercice des cavaliers marocains. Ils font galoper leurs chevaux à toute bride pendant quelques minutes, jusqu'à ce qu'ils arrivent près d'une muraille; alors ils déchargent leurs fusils, et arrêtent brusquement leurs chevaux en leur faisant faire demi-volte, Jackson 45. Déjà chez Ibn-Haiyân on trouve quelque chose de semblable, 100 r°: فلمَّا قرب من قبته عمز فرسه فحركه حركة جافية غير محكمة ثم امسكه. — Au jeu des échecs, *un coup*, Macc. I, 481, 5 et 6, Prol. II, 367, 15. — *Cause*, *motif*, *raison*, 1001 N. III, 49, dern. l. — *Événement grave*, 1001 N. I, 127, 14. — *S'élever successivement d'une dignité à une autre*, Haiyân-Bassâm I, 30 r°: وعب محمَّد بن ابى عامر وقَّت حركته فى دولة الحكم. — *Manœuvre*, *conduite dans les affaires*, Bc. — *Manœuvre*, *ce qui se fait pour le gouvernement d'un vaisseau*, Bc. — *Procédé*, t. d'arts, *méthode pour une opération*, Bc. — *Machine*, *instrument propre à faire mouvoir quelque chose*, Holal 66 r°, dans la description de la grande mosquée bâtie à Maroc par Abd-al-moumin: وكيفية هذه المقصورة انها وُضعَت على حركات هندسية ترفع بها لخروجه وتخفض لدخوله وذلك انه صنع عن يمين المحراب باب (باب l.) داخله المنبر وعن يساره باب داخله دار فيها حركات المقصورة والمنبر وكان دخول عبد المومن وخروجه منها فكان اذا قرب وقت الرواح الى الجامع يوم الجمعة دارت الحركات بعد رفع البسط عن موضع المقصورة فتطلع الاطلاع (فتصلع الاضلاع? l.). Chez Bc. فى زمن واحد لا يفوت بعضها بعضًا بلحقيقة عدَّة الحركة *est mécanique*, *structure d'un corps qui se meut*. — *Promptitude d'esprit*, Mohammed ibn-Hârith 280: وكان لقنًا ذكيًّا من اهل النظر والحركة, 276: وكان وقورا ساكنا: 307, وكان شيخا من اهل الحركة متثاقلا وكان سليمن فى ضدّ هذه الصفة كانت به حركة وخفَّة بدن (تكن ل. يكن l.) له :318, هشاشة وحركة, (اليقضة l.) من الحركة فى الفم ولا من اليقضة فى الامور وكانت له حركة وفيه: Haiyân 102 v°, ما كان لاخيه شراسة. — *Adresse*, *dextérité*, Notices 182, n., l. 5. — حَرَكَة *Émotion*, agitation, *mouvement dans l'âme*, Bc; حركة النَّفْس *sentiment*, affection, passion, *mouvement de l'âme*, Bc, Hbrt 226. Chez les Soufis cette *émotion* est le commencement de l'extase, voyez sous la V° forme. — *Syllabe*, Alc. (silaba). — Le pl. حركات *manières*, façon d'agir; — *mouvements dans l'art oratoire*, figures pathétiques et propres à exciter les grandes passions; — *fonctions des viscères*; — حركات *procédure*, Bc. — حركة نعمة *onction*, *mouvement de la grâce*, *consolations du Saint-Esprit*, Bc. — حركة وليافة بشرية *raisons et convenances humaines*, *respect humain*, Bc.

حَرَكِى *inquiet*, Voc., Alc. (inquieto). — *Celui qui inquiète*, *inquiétant*, Alc. (inquietador).

حُرَاكِى (si c'est ainsi qu'il faut transcrire le horâqui d'Alc.) *escroc*, *filou au jeu*, Alc. (tranposo).

حَرَاتِكَى *négociant*, Alc. (negociador).

حَسَارِك « *altera* (altura?), trad. lat. d'une charte

sicilienne *apud* Lello, p. 10, et ensuite *alta montis*, et p. 11 *terterum*. Le mot *altera* est donné p. 15 pour رَبوة, et شرف,» Amari MS.

خَوْرك = حارك *garrot*, Bc.

تَحَرُّث, suivi de الاسنان, *ébranlement des dents*, Bait. I, 14. Aussi تحريك الاسنان, J. A. 1853, I, 344.

تَحْرِيك voyez ce qui précède.

تَحْرِيكَة pl. تَحَارِيك *l'action de remuer la queue*, Alc. (coleadura con la cola).

مُحَرِّك *garrot*, Bc. — Au Maroc: cavalier d'un corps de cinquante hommes, qui portaient les ordres du sultan aux officiers. Ils allaient autour du camp et des escadrons, avec un bâton à la main, pour rallier la cavalerie, et si quelqu'un fuyait ou manquait à son devoir, ils avaient le droit de le tuer, Marmol II, 100 a et d, copié par Torres 317—8. On trouve aussi ces personnages auprès des sultans de Grenade; Baeza (dans Müller L. Z. 71, 6) leur donne le nom d'*alharriques* (pour *almoharriques*) et les compare aux «ballesteros de maza» ou massiers des rois de Castille.

مِحْراك, suivi de القِدْر, *ustensile de cuisine servant à remuer les mets qu'on prépare dans un pot*, Chec. 193 v°: ولذلك امر ان تكون محاريك القدور من قضيبان التين. — *Boute-feu, celui qui excite des discordes*, M.

حَرَكْرَك *remuant, qui remue, qui s'agite sans cesse.* — على التحركرك *chatouilleux, susceptible, qui s'offense aisément;* — *ric-à-ric, avec une exactitude rigoureuse*, Bc.

حَرْكَش I (vulg. pour حَرَّكْت, M) *remuer, farfouiller*, Bc; M: والعامّة تستعمله بمعنى اثاره.
II c. ب p. تَعَرَّض له, M.

حرل

حَرْلى, syr. سَقَنْقُل, *vesce*, Payne Smith 1373.

حَرَالَّة *paroisse*, Voc. Comme il traduit aussi ce mot par حَارَة, il est clair que le terme en question est composé de حَارَة et de la terminaison diminutive espagnole *ela*.

حرم I c. من r. *exclure, priver de*, Bc, de Sacy Dipl. XI, 46, 6 a f. — *Anathématiser*, Bc, Hbrt 157, *excommunier*, Alc. (محروم *descomulgado*), M, Bc, qui a aussi le part. pass. dans le sens d'*interdit*, celui qui est en état d'interdiction.

II. حَرَّم الشيءَ على نفسه *se priver de*, Bc. — *Excommunier*, Voc., Alc. (descomulgar), Amari 421, les 2 dern. l. — C. a. dans le Voc. sous *pallium*.

IV c. d. a. *dénuer, priver, dépouiller de*, Bc. — Dans le sens de: *dire: «Dieu est grand,» au commencement de la prière* (voyez Lane sous la II° forme): Becrî 139, 7, Macc. I, 544, 3, II, 533, 11, R. N. 60 v°, 74 r°. De là: أحرم بالصلاة *commencer la prière* (Lane a la V° forme construite de cette manière), R. N. 77 v°: فقـال السلام عليك واستقبل الغيلة. أحرم بالصلاة واحرم بالصلاة. Dans le même sens: Cartâs 179, 14, 1001 N. Bresl. XI, 445, 8 et 9, et أحرم في الصلاة, Voc. — En parlant de la Ca'ba, on dit: أُحْرِمَتِ الكعبةُ. Le أُحْرام avait lieu le vingt-septième jour du mois de Dzou-'l-ca'da. On relevait alors les rideaux qui la couvrent à la hauteur d'environ une brasse et demie, et cela sur ses quatre faces, afin de garantir ces voiles contre les mains qui auraient voulu les mettre au pillage. A partir de ce moment, l'on n'ouvrait plus la Ca'ba qu'après l'accomplissement de la station d'Arafa, c.-à-d., douze jours plus tard, Djob. 166, 6 et suiv., Bat. I, 395. Aujourd'hui cette expression signifie que la Ca'ba est sans rideaux, ce qui dure quinze jours, car le vingt-cinquième jour de Dzou-'l-ca'da on ôte les rideaux, et le dixième jour de Dzou-'l-hiddja on les remplace par des rideaux neufs, Burckhardt Arabia I, 255, Ali Bey II, 78.

V. De même qu'on dit: تَحَرَّم بالصلاة «*commencer la prière*» (Lane), on dit: تَحَرَّم بالطواف *commencer à faire le tour de la Ca'ba*, Badroun 282, 7. — *Voler, faire le métier de voleur*, 1001 N. Bresl. VII, 291, dern. l.; *faire le métier de pirate*, de Sacy Dipl. XI, 41, Amari Dipl. 194, dern. l. — Dans le Voc. sous *pallium*.

VII dans le Voc. sous *proibere*.

VIII. Lane a corrigé la faute de Golius et de Freytag qui donnent à cette forme le sens d'*être respectable*, et il a observé que c'est أُحْتُرِمَ, au passif; mais en Espagne le peuple disait *mohtarim*, au lieu de *mohtaram*, dans le sens de *respectable, honorable*; voyez Alc. sous les mots: magnanimo en las honrras, matrona muger onrrada, matronal cosa, noble, onrrado. — De même que *respecter* en français, ce verbe signifie figurément: *épargner, ne point endommager*, p. e. Bat. III, 291: Ce souverain punissait les petites fautes, comme les grandes; il n'épargnait (وكان لا يحترم احدا) ni savant, ni juste, ni noble; IV, 88. — Freytag a fait une bévue grossière en disant que J.-J. Schultens a noté sur la marge de son Golius que ce verbe signifie: „abstinuit honorare.» Schultens lui avait attribué deux significations, que Freytag a confondues en une seule, celle de *s'abstenir* et celle d'*honorer;* voyez Weijers dans Rutgers 154; et ce verbe signifie en effet *s'abstenir d'une chose par respect, se priver de l'usage de quelque chose par respect,* p. e. Rutgers 153, 24: Les Arabes qui habitaient ces contrées s'abstenaient de couper quelque chose de cet arbre, كانت يحترمون ان يقطعوا شيئًا منها, parce qu'ils croyaient qu'il servait de demeure aux *djinns*; Macc. I, 688, 8: Quoiqu'il y ait deux ponts, les hommes et leurs montures passent le fleuve dans des barques, لان عنيهن الجسرين قد احترما, „car on s'abstient (on évite) de passer sur ces deux ponts," attendu qu'ils sont situés dans l'enceinte du palais du sultan; cf. l. 9: احتراما لموضع السلطان „par respect pour l'endroit où se trouve le sultan.» احترام اللحم *s'abstenir de manger de la viande, faire maigre,* Voc. — *Etre privé de,* de Sacy Chrest. II, ۸۳, 5 a f.: احترم الافادة من جميع الحدود „il sera privé des avantages qu'il aurait pu recevoir de tous les ministres (de la religion unitaire).»

تَحَيَّم *voler, faire le métier de voleur,* 1001 N. Bresl. VI, 199, 2, XI, 395, 6 et 9.

حُرْم *interdit, censure ecclésiastique,* Bc, M.

حُرْمَة, dans le sens de *respect* ou *honneur:* عمل *respecter,* Alc. (acatar onrra). On dit: حاشا حرمة السامعين „sauf le respect de la compagnie,» et حاشا حرمتك من ذلك „vous n'êtes point capable d'une semblable action (d'une mauvaise action),» Bc. Chez Alc. on trouve l'idée de *respect* modifiée, car il traduit *horma* par *faveur* (favor), حرمة الجماعة *la faveur du peuple* (favor del pueblo); cf. L.: *privilegium* حرمة وتقدم. Aussi: *marques d'honneur,* Alc. (insignias de honrra), *trophées,* Alc. (insignias de vencimiento), et *noblesse,* Alc. (nobleza). — *Asyle,* Domb. 99, Ht. — Dans le sens indiqué par Lane 555 b (= ذمّة), remarquez la construction Koseg. Chrest.

31, 5 a f.: je ne la vendrai pas pour toutes les richesses du monde, لحرمتها في „à cause des liens sacrés qui m'attachent à elle.» — *Une dame, une femme respectable,* Koseg. Chrest. 92, 10; يا حرمة *madame!* 1001 N. II, 427, 8. — بحرمة *au nom de,* par, en considération, Bc. — حرمة ou لحرمة *à cause de;*

حرمة فش *pourquoi?* Voc.

حَرَمَى الأنخر للحرمى est une espèce de schénante qui porte ce nom parce qu'elle croît dans le Hidjâz, Bait. I, 19 d.

حُرْمان *dénuement, privation,* Bc.

حُرْمانِيَّة *privation,* Bc.

حَرَام *malhonnête,* Bc. — *Usuraire,* Bc. — *Incestueux,* Bc. — *Vol,* action de celui qui dérobe, Bc, 1001 N. I, 233, 1, III, 475, 15, Bresl. VI, 235, 8. — *Malédiction, anathème,* Ht, *excommunication,* Alc. (descomunion). — حرام et حرام pour أحرام (voyez), *pièce d'étoffe de laine blanche;* ce sont surtout les Maghribins qui en font usage; pendant le jour ils s'en enveloppent le corps, et elle leur sert en outre, soit de couverture pendant la nuit, soit de tapis; ce sont eux qui importent les „*herâms*» en Egypte, et cette couverture a reçu ce nom, parce qu'elle ressemble à l'*ihrâm* des pèlerins; voyez Lane trad. des 1001 N. III, 570, n. 21 (dans le passage auquel se rapporte cette note, حرام, dans l'édit. de Boulac, est une faute pour حزام, comme on lit dans l'édit. Macn. IV, 166), M. E. I, 227, II, 8, Bc, Descr. de l'Eg. XII, 128, pl. ات, ibid. XVII, 300, Defrémery Mémoires 153, Pananti II, 66; — *un châle qui couvre la moitié du visage,* Barth V, 270, cf. IV, 349. — ابن حرام *enfant naturel, adultérin, bâtard,* Bc, Hbrt 30, 1001 N. I, 178, 15; — *garnement, vaurien, gueux,* Hbrt 220, *coquin, chenapan,* Bc; — اولاد الحرام *vauriens, voleurs,* 1001 N. I, 772, 10 et 11.

حَريم *anathème; excommunication,* Bc.

حَريم pl. حَرائم *famille,* Voc. — Pl. ات *les harems* de plusieurs personnes, 1001 N. II, 474, 475.

حَرامة, chez Freytag, doit être biffé, Fleischer, note sur Macc. I, 468, 5 et 6, dans les Berichte 189.

حَرامى *coquin, voleur, brigand, bandit,* Bc, Ht, M, Djob. 303, 20, Koseg. Chrest. 74, 7 a f., Breitenbach 115 v°, Davidson 64, Burton I, 242, II, 101;

même sens dans le passage de la Vie de Timour, cité par Freytag. — *Bâtard*, Hbrt 30 (Alg.), Roland, Daumas V. A. 101. — En Ifrîkiya et en Syrie, *jasmin sauvage*, Auw. I, 310, 4, si la leçon est bonne. حَرِيمِي لِلحُسْنِ *la beauté féminine*, Djob. 219, 12 (= Bat. II, 101).

أَحْرَمُ *pire*, Alc. (peor).

إِحْرَام, pl. أَحَارِيم (Bat. IV, 116) et أَحَارِم (Voc., Macc. II, 711, 5), *le costume du pèlerin*. Il consiste en deux pièces de toile ou de laine, préférablement blanches, longues de six pieds et larges de trois et demi. L'une, qu'on appelle le رِدَاء, couvre la partie supérieure du corps; l'autre, le إِزَار, va depuis la ceinture jusqu'aux genoux; voyez Burckhardt Arab. I, 160 et suiv., Burton II, 133. C'était l'ancien costume arabe (voyez, p. e., Hamâsa 81), et aujourd'hui encore, dit Burton, les gens du peuple qui demeurent à l'ouest de la mer Rouge n'en portent pas d'autre. — *Le costume de bain*, qui est le même que celui du pèlerin, Niebuhr B. 345 n. — Au Maghrib, *espèce de voile, porté par les hommes et qui couvre la tête et les épaules, ou les épaules seules*, Gl. Esp. 109, 110, Ibn-Abd-al-melic 116 v°: Quand l'Almohade Almançor eut fait frapper les grands dînârs qu'on nomma dès lors les Ya'coubî's, il en fit offrir deux cents à un savant, enveloppés dans un morceau de papier, فلمَّا صار القرطاس بيده جذب طرف أحرامه الذى كان عليه وافرغ القرطاس فيه (cf. Bat. I, 18, dern. l., 19, 1). — Voyez حَرَام.

مَحْرَم, en général, *parent*, qui est de même famille, même en parlant d'un parent assez éloigné pour qu'on puisse l'épouser, de Jong. — *Sorte d'étoffe*, Maml. II, 2, 71, l. 11, 12, 18 et 19; mais la leçon est incertaine, voyez p. 76.

مَحْرَمَة pl. مَحَارِم *mouchoir*, Maml. II, 2, 76, Mehren 35, Woltersdorff, Burton II, 115, Ht, M, Ghadamès 42, Ztschr. XI, 503, etc.; — *serviette; toilette*, toile garnie, étendue sur une table, Bc. «*Maharma-foum-hezam*, fichus de soie rayés aux extrémités, portés par les femmes sur les épaules,» Prax R. d. O. A. V, 24.

مَحْرَمِيَّة *confidence*, Ht.

مَحْرَم *cette partie de la tente qui sert de demeure à la famille*, Ztschr. XXII, 100, n. 31.

مَحْرُوم *banni de la société*, Abbad. III, 45, 12, 66, n. 44. — *Excommunié, anathème*, Alc. (descomulgado), Hbrt 157.

مُحْتَرَم *favori*, homme en faveur auprès d'un prince, etc., Alc. (privado de gran señor). — *Lieu privilégié*, Alc. (previlegiado lugar).

حَرْمَدَان (pers.); en arabe on trouve aussi ce mot avec le *khâ*, mais plus ordinairement avec le *hâ*) *sac de cuir qu'on porte au côté et dans lequel on tient ses outils, ses papiers, son argent, etc.;* particulièrement *trousse de barbier*, Fleischer Gl. 51, cf. son édit. des 1001 N. XII, Préface, p. 92, Maml. II, 1, 41, 1001 N. Bresl. IX, 259, 10 (avec le *khâ*), Mehren 27.

حرمقانى (?) voyez جرمقانى.

حرن I se construit avec عن, P. Macc. II, 289, 1. — *S'obstiner*, Hbrt 240.

III *être rétif*, Payne Smith 1360.

حرن doit avoir un sens qui m'est inconnu dans les 1001 N. Bresl. IX, 270, 1.

حَرِن = حَرُون, Payne Smith 1375.

حَرَّان *rétif*, Daumas V. A. 190.

حَرُون = حَارُون *rétif*, Bc.

حرى V c. a. *avoir soin de*, Bat. I, 334: والنّاس يَتَحَرَّون كَنْسَهُ «le peuple a soin de balayer cette route tous les jours.» — *Observer, faire attention à* Bat. I, 387: كان يَتَحَرَّى وَقْتَ طوافهم «il observait le moment où ils faisaient leur tournée,» et, ce moment venu, il se joignait à eux; Edrîsî, article sur Rome, en parlant de Dieu: يَتَحَرَّى المَظَالِمَ; *le véritable but de l'histoire*, Prol. I, 50, 13. Ayant à expliquer les paroles de Tounisî: ولا يجوز بيع البشماط الا مَعْنَا ذلك ان يَتَحَرَّى مقدار, Cabbâb dit, 78 v°: تَحَرِّيا «ما يدخل كلّ واحد منهم من الدقيق» il faut faire attention à la quantité de farine qui,» etc. Aussi: *observer, se conformer à*, يَتَحَرَّى فيها طُرُق الاستدلال «on s'y conforme à la méthode démonstrative,» Prol.

حر

III, 26, 13. — C. a. p. et ب r., *chercher quelqu'un pour lui donner quelque chose*, p. e. se donner de la peine pour découvrir des pauvres qui se livrent à toute l'austérité des pratiques de la vie religieuse, afin de leur faire l'aumône. Pour éviter cette circonlocution, on peut traduire تَحَرَّى فلانًا بِشَىء par *faire présent à quelqu'un de;* voyez Abd-al-wâhid 12, l. 15 et 16, 209, 1, et comparez dans le Catal. des man. or. de Leyde III, 246, 6 a f.: «celui qui possède des connaissances ne doit pas les cacher; au contraire, il est de son devoir أَنْ يَتَحَرَّى بِهِ أَهْلَهُ d'en faire part à ceux qui en sont dignes.» — C. مِن ou عن *s'abstenir de*, Voc., Cartâs 33, 14, 35, 5; *s'abstenir par respect de toucher à une chose, faire conscience d'y toucher*, Cartâs 25, 10 a f.

تَحَرَّى. بِالتَحَرَّى *à peine, difficilement*, Voc. (vix, dificilis), Macc. II, 115, 3 et 4: وبِالحَرَى أَنْ يَسْلَم مِن «à peine échappe-t-il à,» Haiyân 96 v°: وبِالحَرَى أَنْ تدرك منه فرصة فجد عنه وجَّهَك «vous trouverez difficilement l'occasion de le surprendre;» — *à plus forte raison*, Bc, qui a aussi: كَمْ بِالحَرَى *à combien plus forte raison; — au plus, tout au plus*, Bc (Barb.).

(?) حَراوِينة *capsule, silique*, Auw. II, 268, 5 (à la l. 6, il faut lire بزر, au lieu de نور; voyez Clément-Mullet II, 258, n. 1).

الحَارَى (?) حار *pion, pièce du jeu d'échecs*, Hœst 112.

حر

حَرّ, 1re signif. chez Lane, pl. حُرُوز, Bc. — T. de médec.; c'est تَفَرُّق اتصال يكون في وسط العضلة عرضًا, M.

حَرَّة *les vicissitudes de la fortune*, P. Prol. III, 379, 2 a f.

حِرَّة pl. حِرَر, à Malte, *le caleçon avec la تَكَّة ou ceinture*, Vêtem. 139. — *Morceau d'un melon, etc., coupé en long*, M.

حَرَّة pl. حَرَر *lacet pour attacher le pantalon*, Abbad. III, 233. حَرَز الدرع *le lacet pour attacher la cuirasse*, s'il faut lire ainsi Abbad. II, 198, 4 a f., comme je l'ai soupçonné III, 233. — *Pli*; Ht, *troussis, pli pour raccourcir une robe*, Alc. (alforza, alhorza), *bord d'un vêtement*, Alc. (borde del vestido). — *Nœud*, Voc.

حَزاز *crasse de la tête*, Bc. — Vulg., *dartres*, Gl.

حزب

Manç. sous تسميها العامّة الحَزَاز: قَوَابِى, Chec. 205 v°; nom d'un. ة, avec le pl. حَزَائِر, Alc. (enpeyne), Domb. 89, Hbrt 36, Roland. — حَزَاز الصَّخْرِ *hépatique* (plante), Bc, Bait. I, 183 e, 304 e (lisez ainsi avec AB), 545 c. Les deux man. du Most. (in voce) portent حَزَاز, et le terme en question signifie proprement: *dartres des rochers*, parce que le lichen qui croît en forme de croûte sur les rochers ressemble à la maladie de la peau qui porte le nom de dartre. Golius, suivi par Freytag, a prononcé حَزَاز الصَّخْر et traduit «perforator petræ;» mais si cette manière de prononcer, qu'on trouve aussi chez Lane, est bonne, l'interprétation ne l'est pas, car dans ce cas حَزَاز n'est qu'une autre forme de حَزَاز; cf. plus loin حَزَازَة.

حَزَازَة voyez ce qui précède.

حَزَاز voyez.

حَزَازَة *dartres*, L (impetigo), Voc. 1re partie (*berbol*, mot catalan qui est l'équivalent de impetigo et de l'esp. empeine; voyez le Dict. catalan d'Esteve); — *gale*, Voc. 2e part. (scabies), avec le pl. ات et حَزَائِر, qui est proprement le pl. de حَزَازَة (voyez sous حَزَاز).

مُحَزَّز *dartreux*, Alc. (enpeynoso).

حزب II. Le Voc. (sous distribuere) a dans une note: *disentire*. — حَزَّبَهم اليه *il les attira vers soi* (ضَمَّهُم), M.

III. Le Voc., sous distribuere, a مُحَازَبَة على.

V *comploter*, 1001 N. III, 460, 8. — C. مع p. *faire cause commune avec*, Haiyân 38 r°: وتَحَزَّبت المسالمة مع المولَّدين (le man. porte par erreur وتَحَزِّيب), 1001 N. I, 380, 3 a. f.

VIII = V, Gl. Mosl.

حِزْب. Chez un poète, apud Abd-al-wâhid 136, 7: حِزْب له النصر «il compte la Victoire parmi ses partisans» = la victoire se déclare constamment pour lui. — *Ordre religieux;* ceux qui en sont membres s'appellent أَصْحَاب الأَحْزَاب, Lane M. E. II, 326—7. — عمل حِزْبًا dans le même sens que la Ve forme, *comploter*, 1001 N. Bresl. IX, 274, 13. — لَه حِزْب

من السليل, Khatîb 16 v°, dans le sens de: كان يَقْرأُ حِزْبَه من القُرآن كُلّ ليلة, si la leçon est bonne. — *Prière, litanies.* Ainsi la prière que les enfants récitent chaque jour en quittant l'école, s'appelle un *hizb*; Lane, M. E. II, 424—5, en a donné la traduction. Beaucoup d'autres prières, composées par des chaikhs renommés, portent ce nom; voyez Hâdji Khal. III, 56, 3—60, 3. La plus célèbre est le حِزْب البَحْر, *les litanies de la mer*, qu'on appelle aussi الحزب الصغير (H. Kh. III, 57, 4). C'est une prière composée, en 1258 de J. C., par Abou-'l-Hasan ach-Châdzilî, et destinée à apaiser la colère de Dieu, à détourner la tempête, à demander une navigation heureuse; voyez H. Kh. III, 56, 11 et suiv., Bat. I, 40, 105, Ztschr. VII, 25, Burton I, 206. On en trouve le texte dans Bat. I, 41—44.

حِزْبة *parti, faction, troupe,* Ht.

حازِب. Le pl. حُزَّاب *lecteurs du Coran,* Roland.

مُحْزَب pl. مَحازِب *réunion d'hommes,* Cartâs 113, 6.

حزر I. On dit: أَنْ صدَقَنِى حَزْرِى «si mes conjectures ne me trompent point,» Bc, Koseg. Chrest. 91, 6: اِنْ صَدَقَ حَذَرِى (حَزْرِى l.) اَنْ هذا العبد سَيَكُونُ لَه شَأْن, 1001 N. Bresl. III, 102, 1 et 2, 194, 3 (où l'éd. de Boul. et celle de Macn. ont par erreur حذرى). — *Acculer, pousser dans un coin, dans un endroit où l'on ne peut reculer,* Bc.

VII *s'acculer, se retirer dans un coin,* Bc.

حَزيران, et même حَزيْبَر, vulg. pour حزيران, *juin,* M.

حَزَّار *devin,* Hbrt 157.

حَزُّورة *énigme,* Bc, M.

تَحْزيرِىّ *divinatoire,* Bc.

حزط

حِزيط *malheureux,* Bc (Eg.).

حزق I. حزقه البول «il éprouva un pressant besoin d'uriner,» 1001 N. Bresl. VII, 176, 5, où l'édit. Macn. a ضايقى حصر البول.

II, en parlant du pis, *être fort rempli de lait,* M.

حَزْق *ténesme, épreintes, envies continuelles, douloureuses d'aller à la selle,* Bc.

281

حَزْقة *étreinte,* Bc. — *Epreinte, douleur du ventre,* Bc. — *Hoquet,* Bc. — حزقة للحَرّ *le plus fort de la chaleur,* M.

حِزَقّة *colérique et qui ne peut cacher ce qu'il a sur le cœur,* M.

حَزاق pl. حَزائِق, suivi de الكَلْب, *collier de chien armé de pointes de fer,* Alc. (collar con carrancas).

حَزُوقة, Bc, et حازُوقة, M, *hoquet.*

حزك II *flâner ou lambiner,* M.

حزم I حزم *fagoter,* Bc. — حزم البضائع *emballer,* Bc; de même حزم القماش, 1001 N. II, 74, 5.

II *ceindre d'une ceinture, sangler,* Alc. (abarcar, ceñir, cinchar alvarda, reatar otra vez), Bc, Ht, Belâdz. 238, 3 a f. — *Ceindre l'épée à quelqu'un, le faire chevalier,* Voc. — *Retrousser son habit sous le bras,* Alc. (sobarcar). — حزّم البضائع *emballer,* Bc. — *Donner à quelqu'un de la fermeté, du courage,* Bidp. 117, 4 a f.

IV *terme de marine?* voyez خرم IV.

V. Dicton moderne: "حَزَّم وزَمْزَم وجَاءَ للبَلاء مَتْحَزِّم, «il revient frais et dispos pour faire le mal,» J. A. 1858, II, 597.

VII *porter une ceinture,* Ibn-Batouta, man. de M. de Gayangos, là où l'édit. II, 264, 3, porte la Ve forme. — *Etre emballé,* 1001 N. II, 69, 7.

حَزْمة *bouquet, assemblage de fleurs,* Abd-al-wâhid 268, 4 a f. De là le terme injurieux dont on se sert en parlant d'une femme qu'on méprise الحَزْمة الذَفِرة, *le bouquet puant,* 1001 N. I, 603, 8 et 9, parce qu'on compare ses charmes flétris à un bouquet dont les fleurs se sont depuis longtemps fanées, de sorte qu'elles répandent une mauvaise odeur.

حَزْمى, aram. חֲזָמָא, *hedysarum alhagi,* Payne Smith 1003.

حِزام, *ceinture,* forme aussi au pl. ات, Bc, أحْزِم et حُزوم, Voc. Sur l'espèce d'écharpe ou de fichu appelé *hizâm,* qui sert habituellement de ceinture aux hommes et aux femmes, voyez Vêtem. 139 et suiv. Bc: ceinture de soie, avec deux plaques en argent ou en or, qui se ferme par le moyen d'un crochet, garnie quelquefois de pierreries, à l'usage des dames en Orient. — *Galerie du milieu*, comme la *ceinture du phare*, Gl. Edrîsî. — *Mur qui entoure la ville entière, enceinte de murailles*, Gl. Bayân, Haiyân 88 v°: عليهم الجند على الحزام الأول وضمّوه الى القصبة, Cartâs 181, 10 a f., Müller L. Z. 38, 2 a f. — *La bande de brocart noir, ornée d'inscriptions en or, dans la partie supérieure de la couverture de la Ca'ba*, Lane M. E. II, 271, Burton II, 235. — *Clayon, éclisse à égoutter les fromages*, Alc. (cincho para esprimir).

حَزَّامِتِى *ceinturier, qui fait et vend des ceintures*, Bc.

حَزَّام, suivi de البضائع, *emballeur*, Bc; الحَزَّامون, *etc*, 1001 N. Bresl. VII, 57, où l'éd. Macn. a الذين يحزمون القماش.

تَحْزِمَة pl. تَحَازِم *ceinture*, Alc. (ceñidura, cinchadura, cintura).

مِحْزَم, vulg. مَحْزَم, *tablier*, Bc, Hbrt 199, qui sert à tenir lieu, dans les bains publics, du caleçon dont on fait usage en Europe, d'Escayrac 115, Lane M. E. II, 47. — *Jupon, courte jupe de dessous*, Bc. — *Peignoir, linge que l'on endosse quand on se peigne*, Bc. — *Essuie-main avec frange effiloquée*, Bc.

مِحْزَمَة, vulg. مَحْزَمَة, *ceinture de cuir, où l'on met les armes*, Several Voyages to Barbary, Append. 125, Daumas Mœurs 345, Dict. berb.

مَحْزَمَة *bouquet, assemblage de fleurs*, P. Macc. II, 67, 11.

مَحْزُوم *prompt, agile*, Domb. 107.

حزن I *prendre le deuil*, Alc. (enlutar poner luto), c. على p., Bc.

IV. Le nom d'act. *soin*, Roland.

X. استحزن صوت trouver qu'un صوت est حَزِين, Kâmil 505, 4 (voyez صوت حزين dans Lane).

حَزَن, Le pl. حِزَّان, Diw. Hodz. 214, dern. l., 215, 2. Comme adj., بلدة حَزِنة أرض حزنة en parlant d'animaux, *qui a le train rude*; en parlant d'un homme, *qui n'est pas* للخلف, Gl. Mosl.

حُزْن *seul, de même que* ثوب (ثياب) الحُزْن, *deuil*, Alc. (luto por el muerto, luta vestidura), Bc, Roland.

حَزْنان *qui est en deuil*, Bc.

حَزَائِنَة *cérémonie pendant les 40 ou 60 jours de lamentations publiques qui suivent les funérailles des grands*. « Le *hazène* dure 2 ou 3 heures chaque jour, dans l'après-midi. Toutes les femmes de la tribu ou de la fraction se réunissent dans la tente du mort; là elles pleurent, se lamentent et rappellent dans un chant de deuil les vertus et qualités du défunt. Cette cérémonie est présidée par la femme aimée du chef décédé, » Margueritte 206. — *Deuil*, Ht.

حَزُونَة *sol raboteux*, Gl. Mosl.

حَزَائِنِى *mortuaire*, Bc.

مَحْزَنَة *sol raboteux*, Gl. Mosl.

النغمة المُحْزَنَة *t. de musique, ce qui rend triste ou convient à la tristesse, comme* أصفهان الحجاز, M.

مُحْزَن *qui est en deuil*, Alc. (enlutado, enxergado por luto, lutado cubierto de luto).

حَزَنْبِل *mille-feuille*, Sang.; cf. Bait. I, 306 b, où A porte حُرْنْبِل (avec le *râ*), et B حُزْنْبِل.

حزو et حزى I. حَزَى *décharger son ventre*, M.

حَزَّى, حَزَاءُ, حَزَى (Bait. l'épelle), *noms de plantes, sur lesquelles on peut consulter* Bait. I, 304 f, 305 b et c, 467 c (l. الحَزَا avec A). Dans le Gl. Manç.: « حَزَاة *plante inconnue au Maghrib*. » Caillié I, 59: « *haze, un holcus, dont la graine ressemble beaucoup à notre millet; il croît naturellement, sans culture, et on le mange*. » — الحَزَى *les gros excréments*, M.

حَزَّاء *astrologue*, aussi Berb. I, 301, 9.

حَزَّاز, pl. irrég. حَزِي, Berb. I, 299, 1, 569, 10, 581, 5 a f., II, 167, 2 a f. (man. 1350 الحَزَى), 282, 10.

حس I c. ب *ressentir, sentir, éprouver; se ressentir de; s'apercevoir de; avoir vent de; se douter de; juger, conjecturer, prévoir*; حس في قلبه ب *pressentir*; حس حاله *se trouver, sentir, éprouver que l'on est dans un certain état*; حس بالشوكة *avoir la puce à l'oreille*, Bc. — C. على r. *tâter*, 1001 N. II, 231, 14, Bresl. III, 270, 13, 16, 271, 3, 4, 6. — Chez Alc., qui a aussi la VIIIe forme en ce sens, « hornaguear, » verbe que Victor explique par *brûler la terre pour faire du charbon*, et Nuñez par *creuser, fouiller, pour extraire le charbon-de-terre*.

283

II *tâter*, Bc. — *Tâtonner*, Bc, 1001 N. III, 31, dern. l. — *Epier, guetter*, Alc. (espiar). — *Faire du bruit*, en parlant d'une chose qui se casse, Alc. (sonar quebrando). — *Eveiller*, M.

IV ما احسّ ّالّا ورجل داخل عليه «tout à coup il voit entrer un homme,» Bc.

VIII voyez sous la Ire.

X *prévoir, deviner, soupçonner*, Alc. (barruntar). — *Epier, guetter*, Alc. (assechar, le partic. actif acechador, aguaitador, le partic. passif acechado, le n. d'act. acechança). — *Faire du bruit*, Alc. (sonar quebrando, sonar como quiera).

حِسّ, جمع حِسَّ, الى حِسَّ ou رجع حِسَّه, *revenir à soi, reprendre ses esprits*, p. e. après un évanouissement, Becrî 184, 2 a f.; Cartâs 247, 11, où un homme dit en se remettant du trouble, de la crainte qu'il éprouvait: الآن طابت نَفْسي ورجعتُ الى حِسّي, car c'est ainsi qu'il faut lire, au lieu de حسبي, comme le prouvent le sens et la rime; Nowaïrî Egypte, man. 2 m, 69 v°, en parlant d'al-Mo'addham qui s'était désenivré: ولمّا انقضى مجلس الشراب ورجع المعظّم حِسَّه. — *Tact*, au fig.; صدق الحِسّ *avoir le tact sûr*, Abbad. I, 245, 1, لطف الحِسّ *avoir le tact fin*, Abd-al-wâhid 210, 18, 218, 1; قليل الحِسّ *indiscret*, qui n'a pas de discrétion, de prudence, Bc. — *Pressentiment*, Alc. (barruntamiento), Bc. — *Son des instruments de musique*, Prol. III, 381, 15 (corrigé dans la trad.). — *Voix*, Hbrt 10, avec le pl. حُسُوس, Ht, 1001 N. Bresl. III, 254, 3, Koseg. Chrest. 95, 9: خافتت حِسَّه (= il gardait le silence). — *Bruit* en général, c.-à-d. aussi *grand bruit*, Fleischer Gl. 53 n., 104—5, Alc. (ruydo por estruendo), p. e. le bruit qu'on fait avec les pieds, Alc. (estruendo de pies), حِسّ أشقاف «le bruit que font les pots de terre, etc., qui se cassent en tombant,» Alc. (roydo de cosas quebradas). — *Bruit, nouvelle*, Alc. (fama de nuevas).

حِسِّي *physique*, adj., v. d. Berg 39. — *Vocal*, qui s'exprime par la voix, Bc.

حُسُوس *sentiment; sensation; délicatesse*, sensibilité excessive, Bc.

حَسِيس لا حِسّ ولا حَسِيس *aucun son, aucun bruit*, 1001 N. Bresl. IV, 82, 3; aussi لا حِسّ حَسِيس, Macn. II, 321, 4 a f., IV, 582, 8 et 9.

حَسّاس *sensible*, Voc., Bc, *sensitif*, Prol. III, 207, dern. l.

حاسّ *sensitif*, Bc.

حاسّة ذو حاسّة *sensible*; عديم الحاسّة *dur, inhumain, insensible*; لمّ حواسّه (ou جمع) *reprendre ses esprits*, Bc.

حاسّى القوّة الحاسّيّة *sensitif; la vertu sensitive*, Bc.

حاسّيّة *sentiment; sensibilité; pressentiment*; عدم الحاسّيّة *insensibilité, aridité*, Bc.

تحسيسى تحسيسيّا *dogmatiquement*, d'après la raison et l'expérience, Bc.

مِحَسّ (cf. Freytag) *étrille*, Payne Smith 1474.

مَحْسُوس, au fig., *palpable, fort évident, fort clair*, Bc.

مُسْتَحِسّ *sensible*, Alc. (sentible cosa), qui donne le sing. sous la forme active, et le pl. sous la forme passive; l'un ou l'autre est une faute.

حسب

حَسَبَ I c. a. r. et على p. *porter une chose en compte à quelqu'un*, R. N. 88 r°: فرمى السلطان على القطّانين — قُطْنًا كان عنده وحسبه عليهم بدينارين القنطار. C. a. et على, *réserver une chose pour*, حسبها على العظائم dans le Dîwân des Hodzailites, avec l'explication du scoliaste نخزنها, «réservons les chameaux pour les grandes occasions!» Reiske Aboulf. I, 332. — *S'arrêter à*, avoir égard à; لا تَحسب كلامه شيئًا «ne vous arrêtez pas à ce qu'il dit,» Bc. — *S'aviser de*, penser à; ما حسبت هذا الحساب «je ne m'en suis pas avisé,» Bc; cf. Fakhrî 270, 2. — حسب حسابًا *s'attendre à une chose*; — *avoir égard à*, Bc. حسب له حسابًا *faire compte de quelqu'un*, l'avoir en considération, Bc, Antar 5, 5 a f. — *Deviner, prédire l'avenir*, Voc.

حَسِبَ *penser*, Bc, 1001 N. Bresl. IV, 152, 6: وهو يحسب ويقول فى نفسه والله ما انا الّا امير المومنين — *Estimer*, faire cas de, Alc. (estimar en mucho, tener en mucho); حسب ما *compter pour rien*, Alc. (estimar en nada); seul ou avec في روحه, *se vanter, se glorifier, avoir une bonne opinion de soi*, Alc. (preciarse de si, presumir de si mesmo).

III, على نفسه, *se ménager, s'observer, se donner de garde, éviter, se précautionner*, Bc.

IV *deviner, juger par conjecture*, Alc. (divinar por instinto).

V *faire les opérations nécessaires pour prédire l'avenir*, 1001 N. II, 690, 4 a f. — *Craindre*, M. — = VIII dans l'expression احتسب بكذا اجرا عند الله, M.

VI c. مع p. *faire (régler) ses comptes avec quelqu'un*, Voc., Bc.

VII *être compté*, Voc.

VIII. Lane aurait dû donner comme la première signification (ce que du moins il n'a pas fait assez clairement): *compter, penser, croire, attendre*, voyez Hariri 322, 6 a f. et des exemples J. A. 1836, II, 138 (dans cette note de Quatremère il y a de la confusion et des malentendus). Avec l'accus., *compter sur une chose*, J. A. ibid., ou *compter pour*, ibid., chez Bc *regarder comme, réputer*, ou *porter en compte*. En ce dernier sens: احتسب ولّده عند الله, etc., J. A. 139, cf. Lane, aussi الى الله, Hamaker Pseudo-Wâkidî, notes, 190, 8 a f., et par ellipse, احتسب ولّده, etc. On dit aussi: احتسب نفسه في سبيل الله, dans le sens de *sacrifier sa vie pour la cause de Dieu, dans l'espoir d'obtenir une récompense dans la vie future*, J. A. 139, et les étudiants en théologie sont nommés المحتسبون في ذات الله, Macc. I, 244, 3 a f., c.-à-d., ceux qui, pour mériter une récompense de Dieu, se dévouent à l'étude de la théologie; cf. le passage du Mocaffâ J. A. 140, où les derniers mots واعلمها بما في كتابه احتسابا, que Quatremère a mal traduits, signifient: « celui qui, pour obtenir une récompense dans la vie future, a étudié avec le plus de soin ce qui est écrit dans le livre divin. » Par un fréquent usage, ce verbe a perdu sa force. Ainsi احتسب نفسك, Macc. II, 36, 15, ne signifie rien autre chose que: «Dites adieu à la vie!» Chez Ibn-Bassâm II, 76 r°, on lit en parlant d'un homme qui avait été nommé cadi: فاحتسب فيه جزءاً من عنايته « il consacra à cet emploi une partie de ses soins. »

C. ب r. *faire entrer en ligne de compte* (cf. Lane), Belâdz. 144, 3, Berb. II, 41, 6 a f.: احتسب بثمن الوزارة التي حظي بها عن رتبي « il a fait entrer en ligne de compte ce titre de vizir avec lequel il n'a fait que me dégrader » (Sl.). — L'expression احتسبت عليه بالمال se trouve réellement dans l'Asâs, de sorte que le doute de Lane est mal fondé; mais je crois qu'elle a été mal expliquée par le lexicographe qu'il cite, et qu'elle signifie: *je lui demandai compte de l'argent*. On trouve ce verbe en ce sens, mais c. a. p. et ب r., Berb. I, 617, 6: ولا يحتسبون بغارم الاراضي « on ne leur demandait pas compte de l'impôt territorial. »

حَسْب. كان حسبهم اعتصامهم بالزاهرة « ils se contentèrent de se retrancher dans az-Zâhira, » Nowairî Espagne 476. Quand on veut terminer une discussion, on dit فحسبك *cela suffit, c'est assez*, n'en parlons plus, Badroun 201, 1. حَسْب s'emploie sans complément et adverbialement dans le sens de *seulement, rien de plus, pas davantage*, de Sacy Chrest. II, 445, 2, Aboulf. Hist. anteislam. 50, 15: فانّما كان له الرياسة ببيت المقدس حسب لا غير ذلك (la note de Fleischer sur ce passage, p. 210, a été corrigée par de Sacy dans le J. d. S. 1832, 415). Aussi فحَسْب, de Sacy Chrest. I, ۴v, dern. l.: Les derniers califes abbâsides ne possédaient plus que l'Irâc, فحَسْب « pas davantage, » et حَسْبًا, p. e. لا تكون الفائدة لك حسبًا ولكن لامثالكم « l'utilité ne sera pas pour vous seulement, mais aussi pour vos semblables, » passage cité par Fleischer l. l. — *Talent de deviner*, Haiyân-Bassâm I, 30 v°: فعالم عيسى بعض ذلك لقوّة حسبه.

حَسْب. بحسب الطاقة « autant qu'il était possible, » de Sacy Chrest. I, ۱۱٥, 1; حسب الكفاية اكلوا على « ils mangèrent autant qu'il était nécessaire pour se rassasier, » Koseg. Chrest. 71, 6 a f. بحسب, على حسب, *suivant, selon*, Voc., حسب العادة « suivant la coutume, » de Sacy Chrest. II, ۷۱, 2. Dans les diplômes: حسب المرسوم الشريف, Amari Dipl. 183, 7 (cf. p. 435, n. 6, où l'éditeur prononce à tort حسب المرسوم الأصلي), حَسْب, car c'est ainsi qu'il faut lire ibid. 209, dern. l., *pour copie conforme*. Dans les traductions de la Bible: حسب يحيى « selon saint Jean, » حسب التوراة « selon la loi » (Simonet). حسب, d'après, imité de, Bc. هذا بحسب « cela revient à peu près au même, » de Sacy Chrest. I,

اِن حَسْبًا *comme si*, Bc. — *Estime*, هذا حَسَبي منك «est-ce là l'estime que vous avez pour moi, le cas que vous faites de moi?» Macc. I, 558, 15. — Au XIVᵉ siècle لَه حَسَب, «il a reçu un *hasab*,» signifiait à la Mecque qu'une personne avait reçu des deux émirs de cette ville, en présence du public, un turban ou une calotte. C'était une marque de protection pour cette personne, et elle ne cessait d'en jouir tant qu'elle restait à la Mecque, Bat. I, 354. — حَسْبِك انا فى je vous en supplie, Bc.

حَسْبَة *somme*, Cherb. Dial. 122. — *Partie*, article d'un compte, Bc.

حِسْبَة. شىء من المال لى عنده حِسْبَة, c.-à-d., M.

حُسْبَان, le pl. ات *comptes*, Maml. I, 1, 203. — قوس حُسْبَان ou حُسْبَانيَّة était une espèce d'arc, dont il est déjà question chez Moslim, qui vivait au VIIIᵉ siècle. Je crois avec M. de Goeje (Gl. Mosl.) que le scoliaste s'est trompé en disant que le terme vient du nom d'un homme ou d'un pays, حُسْبَان, et qu'il vient au contraire de l'espèce de flèches qu'on appelle ainsi (voyez Lane). Plus tard c'est devenu le nom d'une arbalète d'un genre particulier, qui fut mise pour la première fois en usage par les Persans, dans le cours de leurs guerres contre les Tartares, vers le milieu du XIIIᵉ siècle. On en trouve la description J. A. 1848, II, 214—5.

حُسْبَانيَّة voyez ce qui précède.

حِسْبَنْجِى *chiffreur*, Bc.

حِسَاب, pl. ات, Alc. (cuenta), Khallic. XI, 92, 5 a f. — En astrologie, *calculer la destinée* de quelqu'un, 1001 N. III, 605, 12. — *Décharge de compte, escompte, rabais*, Alc. (descuento). — *Précaution, ménagement, prudence, égard, considération, circonspection*; قَلِيل الحِسَاب *indiscret*, qui n'a pas de discrétion, de prudence, Bc; Müller L. Z. 16, 5, en parlant de généraux qui se laissèrent surprendre par l'ennemi: لم يعملوا حساب للحرب. — *Inquiétude*, Ztschr. XXII, 82, 15; صار عنده حساب «il devint inquiet,» ibid. l. 11, على بنته «pour sa fille,» ibid. 79, 17. — بحساب: *moyennant*, Bat. III, 1. انا فى هذا الحساب *je pensais à cela*, 1001 N. I, 87, 6. — ما كان لى هذا حساب *je ne m'attendais pas à cela*, Bc.

حَسِيب *prévoyant*, Bc. — Sous les Almohades les حُسَبَاء étaient ceux qui recevaient une pension, parce

qu'ils étaient d'une famille royale, Macc. II, 284, 20—22.

حَسَّاب *chiffreur*, Bc.

حَاسِب *calculateur d'observations astronomiques*, Amari 595, 4, 669, 12. — *Devin*, Voc., Alc. (divinadero, pronostico), Macc. III, 23, 4, 1001 N. I, 866, 5; c'est proprement: le devin qui opère en jetant par terre des cailloux ou des noyaux, Prol. II, 177, 13.

حِيسُوبِى *arithméticien*, Voc.

مَحْسَب *pensif*, Bc.

مَحْسُوب c. p. على, ils vous sont dévoués, Roland; 1001 N. I, 300, 15: il le remercia et lui dit: نحن صرنا محسوبين عليك (dans la trad. de Lane: «we have become dependent upon thee»). Mais on dit aussi, en parlant d'une chose, qu'elle est محسوب على, dans le sens de: *j'en suis responsable*, Jackson Timb. 233.

مُحَاسِب *financier*, Bc. — *Jeton*, Alc. (contante para contar).

مُحَاسَبَة *comptabilité*, Bc. — *La cour des comptes*, Çalât 62 rº: رفعته ايامه بتلوينه فى المحاسبة; chez Becri 30, 13, cette cour est nommée دار المحاسبات. — *Discrétion, circonspection, retenue, mesure, prudence, prévoyance, réserve*, Bc.

اِحْتِسَاب *la police commerciale*, Maml. I, 1, 114. — اِحْتِسَابات *nommés parmi les revenus de l'Etat*, J. A. 1862, II, 173, *les droits de police*, Maml. I, 1, 114, 9 a f.

مُحْتَسِب, *inspecteur des marchés et des poids et mesures;* une foule de renseignements sur cet emploi ont été rassemblés par Behrnauer, J. A. 1860, II, 119—190, 347—392, 1861, I, 1—76. — *Général d'armée et inspecteur de tout ce qui concerne la guerre*, Maml. I, 1, 114.

حَسْتَك I *flâner*, Bc.

حَسْكَس I *patiner, manier indiscrètement; tâtonner*, aussi au fig., procéder avec timidité, incertitude, Bc; c. على p. est تلمّسه بيده ليهتدى الى مكانه, M. — *Baragouiner*, parler mal, confusément, Bc.

حسد I *haïr*, Gl. Mosl.

VII *être envié*, Voc.

حَسَد *médisance*, Delap. 24.

حَسّاد, P. Kâmil 121, 6.

محسدانى *jaloux*, Payne Smith 1488.

مَحْسود *aimé*, Payne Smith 1554; c'est un syriasme, de ܚܣܡ, hébr. חָסַד.

حسر II c. a. p. et على r. dans le Voc. sous *contritio*, probablement: *faire éprouver à quelqu'un un grand regret de ses péchés*. Dans les 1001 N. I, 590, 8: حسّرك الله على شبابك semble avoir le sens de: « Que Dieu vous fasse regretter d'être venu au monde! »

V *soupirer*, 1001 N. I, 96, 2 a f. — *Se plaindre, se lamenter*, Hbrt 33; على نفسه, 1001 N. IV, 326, 14. — *Avoir du regret*, J. A. 1848, II, 245, 6; c. على *de*, Bc, p. e. de ses péchés, c. على ou ل, Voc.; c. على *regretter*, être affligé d'une perte, d'un manque de succès, Bc, Pseudo-Wâkidî Syrie 36: يقرض أسنانه متحسّراً على ما فاته منه; c. على *soupirer pour une chose que l'on n'a pas*, Bc, Koseg. Chrest. 64, 6.

VII *se retirer* (rivière), rentrer dans son lit après un débordement, Bc, Auw. I, 54, 16, de Sacy Chrest. I, 228, 4, 231, 8 a f. L'emploi de cette forme en ce sens est condamné par quelques puristes, mais approuvé par d'autres; voyez Gl. Belâdz. — انحسر الشتاء *l'hiver est passé*, Gl. Belâdz. — C. من p. *se fâcher contre* quelqu'un, Bc.

حَسْر *brisement*; au fig. *vif repentir, attrition*, Bc.

حَسْرَة *repentance*, Bc, *contrition, regret qu'on éprouve d'avoir péché*, Voc. — بحسرة *à contre-cœur*, Bc. — حسرة شي فلان *un tel soupire pour une chose qu'il n'a pas, il désire ardemment de la posséder*, 1001 N. III, 315, 7, IV, 326, 6 a f.

حسير. L'expression أرج حسير, P. Tha'âlibî Latâïf 109, 10, semble signifier *une odeur douce, suave*. — *Instigatio*, L. — حَشْراء حَسْناء *polypode*, Most v° حَسْرى semble pour بسبابى.

حاسر. On dit حاسر من مفاستنده *sans cuirasse*, Abbad. I, 57, 10.

تَحاسير (cf. Freytag), *malheurs*; J.-J. Schultens a trouvé ce mot dans la Hamâsa de Bohtori, man., p. 39, où le scoliaste l'explique sur la marge par الدَّواهى ۞

مُتَحَسِّر c. من p. *qui est fâché contre* quelqu'un, c. r. de quelque chose على; انا متحسّر على ذلك cela me perce le cœur, m'afflige extrêmement, Bc.

حسف

حَسيفَة *vengeance*, Roland, Daumas Mœurs 266.

حسك II. حَسَّك الشي *garder une partie d'une chose pour le temps où l'on en aura besoin*, M.

حَسَك, nom d'un. ة, se trouve dans le Voc. sous « compes, » mais je soupçonne que l'auteur de ce livre s'est trompé dans le choix du mot latin et qu'il a eu en vue le sens de *chausse-trape* (murex, tribulus). Ce mot a aussi ce sens dans le passage du livre sur l'art de la guerre cité dans le Gl. Edrîsî, où l'explication qui en a été donnée est inexacte. — Au Maghrib حَسَكة signifie *candélabre*, Gl. Edrîsî, Martin 76, de cuivre, Voc., mais aussi de cristal, Ibn-al-Khatîb, man. 11 (1), 21 r°: ودارت بالبركة الصحّونيّة ll من حسك البلور والشبه ما تقصّر عند ديار الملك a sans doute reçu ce nom à cause de ses branches ou pointes, d'où il s'ensuit que l'orthographe de Golius, de Dombay et de Cherbonneau, حسكة, n'est pas bonne. — *Pointes de cuivre adaptées au mors du cheval*, Auw. II, 541, 6; حسك اللجام, ibid. 553, 11, 557, 16. — *Arêtes*, Bc, Hbrt 69. — Le n. d'un., *écharde*, épine, éclat de bois, Bc. — Le n. d'un., *morceau d'argent ou d'or, taillé en rond comme une pièce de vingt sous, que l'orfèvre intercale entre les perles des boucles d'oreilles*, Cherb.

حسل

حسل *espèce de thym à longues feuilles*, Baït. I, 308 b. Quant à l'orthographe et la prononciation de ce mot, on lit dans le man. 13 (3) qu'il signifie aussi ولد الضبّ, ce qui est le sens ordinaire de « hisl. » — *La farine qu'on tire du fruit du palmier nain*, Baït. I, 461 b: وهو سويقه وهو الحسل (AB).

حَسَالة *criblure, reste du grain criblé*, Alc. (ahechaduras).

حسم I c. من *décompter, rabattre sur une somme*, déduire, *défalquer, précompter,* compter par avance et déduire, *imputer,* appliquer un payement à une dette, Bc. — Nom d'act. حَسْم et حُسُومَة, *sécher devant le feu,* Voc.

II *sécher devant le feu,* Voc. — *Torréfier, griller, rôtir,* Voc.

V quasi-passif de la IIe forme, Voc.

VII. Prol. I, 163, 2: Quand on prive l'homme brusquement de toute espèce d'aliment, حينئذ ينحسم المعا. De Slane traduit: « alors les intestins se ferment tout à fait. »

حَسَم. Le pl. ات dans le Voc.

حُسُوم. Selon Haedo, 17 a et b, la période appelée « Asom » commence le 25 février et dure sept jours; on croit qu'avant et après ce temps il y aura des tempêtes, et pour cette raison on ne va pas sur mer pendant quinze jours. Dans le calendrier que Hœst a traduit, on lit, p. 253, que le « Hasúm » commence le 27 février et dure jusqu'au 4 mars. *Equinoxe,* Chorb., Martin 172.

حُسُومَة *sécheresse, aridité* d'une terre, Auw. I, 54, dern. l.

مَحْسُوم *sec, aride* (terre), Auw. I, 122, 17; L a aussi ce sens, car il donne: stirelis [c.-à-d. sterilis] (infecundus) عَقِيم ومَحْسُوم; mais il offre en outre: *succina* محسومة ثم محروقة, ce qui m'embarrasse, car je ne vois pas ce que ces mots auraient de commun avec le succin.

حسّن I *aller chaque jour de mieux en mieux,* Alc. (mejorar cada dia). — يَتَحَسَّن بِهِ ذلِك *cela lui sied;* يَتَحَسَّن بِهِ أَنْ *il lui sied de,* de Jong. — Aor. *a, pouvoir;* ما أحسن امشي «je ne puis marcher,» Bc. Dans la langue classique on emploie la IVe forme en ce sens.

II *améliorer le vin, en le laissant devenir vieux,* Gl. Mosl. — Dans le sens d'*approuver* (Lane sous la Xe, Gl. Belâdz., le n. d'act. chez Bc *approbation, applaudissement),* se construit c. a. r. et على ou ب p., Mohammed ibn-Hârith 238: « Vous m'avez dit: « Le célibat est nuisible à ma santé; je veux donc acheter une jeune esclave; » حَسَّنْتُ ذلِك لَك, Badroun 182, فذاكرتها أمري — — فإن الله يحسن عليك ذكره 5: (dans le Gloss. j'ai dit à tort que c'est la IVe forme). —

Raser, Domb. 120; il donne, 105, le partic. act. dans le sens de *rasé,* mais ce doit être le partic. pass. — Comme verbe neutre, *rabonnir, devenir meilleur,* Bc.

IV. *Savoir* (Lane), et comme *savoir* en français, *avoir le pouvoir, l'habileté de faire* quelque chose, p. e. Bidp. 276, 3 a f.: لا أُحْسِن الرَّقَى «je ne sais pas la magie;» Koseg. Chrest. 56, 9: انتَحَسِن مِثل هذا فقلت أُحْسِن خيرًا منه «pouvez-vous réciter quelque chose de semblable? Je puis réciter, répondis-je, quelque chose qui vaut bien mieux;» Gl. Mosl. — أحْسَنَ أَمَلَ فلان *justifier l'espoir de quelqu'un,* Berb. I, 530, 12.

V *croître, augmenter, renchérir,* Maml. II, 2, 134. — C. ب *se vanter de,* Kâmil 118, 3. — En parlant d'une femme qui n'est pas belle, *tâcher de le paraître* (تكلّفت التَحَسُّن تصنُّعًا), M.

X. Sous *trouver bon,* Bc a bien استَحْسَن شيئًا, mais aussi: استَحْسَن معنى الكلام. — استَحْسَن عندي شي؟ *prendre une chose en bonne part,* Bc.

حَسَن ساعة. *plante qui porte des fleurs jaunes et rouges; elles s'ouvrent une heure avant le coucher du soleil et se flétrissent après son lever,* M, probablement *belle-de-nuit.* — حَسَن يُوسُف, *fard, rouge,* Bc.

حَسَّن حُسْنًا قبل قبولا *agréer,* Bc. — En parlant d'une tradition, *passable,* une tradition offrant un léger défaut auquel on peut remédier à l'aide d'autres renseignements, de Slane Prol. II, 484. —

حَسَنًا *agréablement,* Bc. — أَقْرِضْ حَسَنًا, P. Berb. II, 289, 14, par ellipse pour l'expression coranique أَقْرِضُوا اللَّهَ قَرْضًا حَسَنًا, *faire à Dieu un prêt généreux.*

حَسَنَة. Pour *aumône* on dit aussi حَسَنَة لِلَّه, Bc. — قرض حَسَنَة *commodat, prêt gratuit,* Bc. — Ce mot s'emploie, au sens moral, à peu près comme *ornement* en français, p. e., en parlant d'un prince: حَسَنَة الأيّام, « l'ornement de son siècle, » Macc. II, 699, 8, de même que جمال الأيّام, II, 700, 2; وهو من حَسَنات بني مَرْوان *il était l'ornement de la famille des* », etc., II, 399, dern. l.

حُسَنَى *double,* espèce de monnaie d'or, en espagnol *dobla hacen,* Alc. in voce. Sans doute ces pièces ont été nommées ainsi d'après le prince qui les a fait battre.

حُسَيْنِيَّة espèce de dattes, Prax R. d. O. A. V, 212.

حُسَيْنٍ pl. ات est le nom de *la deuxième et de la sixième corde du luth*, qui en a sept; voyez Alc. sous *cuerda*; c'est aussi celui de *la première corde de la vielle*, Alc. (prima en la vivela). — الحُسَيْن mode de musique, Salvador 33, qui nomme aussi صَبَا الحُسَيْنِ, 54, chez Hœst 258 صاق حُسَيْن; ce dernier, *ibid.*, nomme encore حُسَيْن عَجَم.

حُسَيْنِي, en musique, *le sixième son*, Descr. de l'Eg. XIV, 18; M: لحنٌ من ألحان الموسيقى متفرّع من السدوكاه على الأصح لا أصل برأسه. — Sorte d'oiseau, Yâcout I, 885, 4.

أَحْسَن *mieux;* يعرفه أحسن منك «il le sait mieux que toi;» المريض كل يوم يصير أحسن «le malade va chaque jour de mieux en mieux;» أحسن وأحسن *beaucoup mieux*, Bc.

إِحْسَان *cadeau, présent*, 1001 N. II, 85, 2 a f.

تَحْسِين *toilette*, Ht.

تَحَسَّن est dans le Voc. « litera;» mais c'est un malentendu; voyez l'article تَحْسِين dans Lane; l'auteur du Voc. a eu en vue le pl. de ce mot, تَحَاسِين.

مُحَسَّنَة *chanteuse*, Gl. Mosl.

مَحَاسِن *traits, beaux endroits d'un écrit*, Bc. — *Belles et bonnes choses*, Gl. Edrîsî. — *Beaux édifices*, Macc. II, 714, 4.

حسو

حَسْو a dans le Voc. le pl. أَحْسَاء. — حسو البيض *des œufs mollets*, des œufs cuits de manière que le blanc et le jaune restent liquides, Gl. Edrîsî 307, 8—10.

حش II et V dans le Voc. sous *festuca*.

حَشّ *fauchée*, ce qu'un faucheron coupe en un jour, Bc.

حَشِيش « *Axix el Hamsa* (hoc est: herba cauterii), *hedera*,» Pagni MS.

حَشَاشَة نَفْسَه أَقْلَتْ (نَجَا) ou بِحَشَاشَتِه حَشَاشَة ou se dit en parlant d'un homme qui, par une prompte fuite, se dérobe à grand'peine à la poursuite des ennemis. Abbad. III, 85, Gl. Belâdz., Becrî 121, 10. — Pour exprimer que son fils est ce qu'il a de plus précieux et de plus cher, le père l'appelle حَشَاشَة كبدي, 1001 N. I, 12, l. 14, p. 15, l. 7; c'est proprement: le dernier reste de mon foie, de mes entrailles. — الحَشَاشَة لطيف, Müller 49, 4 a f. semble signifier *civil, honnête, poli;* mais je ne comprends pas comment cette expression aurait reçu ce sens, et je serais presque tenté de croire que الحَشَاشَة est un *lapsus calami* du copiste ou de l'éditeur, pour الهَشَاشَة.

حَشِيشَة. Comme ce mot signifie, entre autres choses, *une paille, un fétu, un petit brin de paille* (*festuca* dans le Voc.), on l'a employé dans le sens de *touche*, petit brin de paille, dont les enfants qui apprennent à lire touchent les lettres qu'ils veulent épeler, Alc. (*paja para leer, puntero para señalar*). — En Egypte, *chanvre*, Bait. II, 328 b (AB). على الحَشِيشَة *en belle humeur*, Bc; c'est comme on dit « être en pointe de vin,» parce qu'on se sert du chanvre pour s'égayer et pour s'enivrer. — En Egypte, de l'article, *gaude, herbe-à-jaunir, reseda luteola L.*, Bait. I, 167 d, II, 314 a: وَالحَشِيشَة عندهم اسم لِلبِيرُون — En Barbarie, *séné*, Prax 20, Richardson Sahara I, 210. — الحَشِيشَة المغربية, ou العُشبة المغربية, plante qu'on tire du Maghrib et qu'on emploie contre la syphilis, M.

حَشِيشَة الأَسَد *orobanche caryophyllea*, Bait. I, 309 c.

حَشِيشَة البَرَص — *la plante que les Berbères nomment* أطريلال (voyez), et aussi une autre plante, *Thelephium* Diosc., Bait. I, 309 h (mal traduit par Soth.).

حَشِيشَة البراغيث — voyez sous برغوث.

حَشِيشَة المباركة *benoîte*, Bc.

حَشِيشَة البَزّاز *lampsane*, ou herbe aux mamelles, Bc.

حَشِيشَة الثُومِيَّة *alliaire*, Bc, Bait. I, 233 b, II, 102 e.

حَشِيشَة الجُرْح plante qu'on emploie pour guérir les blessures, et qui s'appelle aussi حَشِيشَة الذَهَب, M. لرغب في أقفية ورقها يشبه الذهب.

حَشِيشَة الحَجَل — *fritillaire*, Bc.

حَشِيشَة الحَلِيب — *glaux*, Bc.

حَشِيشَة الحَمْرَة — *Bella-Dona* ou Belle-Dame, Bc.

حَشِيشَة الخُرَاسَانِيّة *absinthe de Khorâsân*, Bait. II, 581 b.

حشيشة الخطاطيف éclaire, Bc.

— الدبّ — vulnéraire, Bc.

— الداحس — polycarpon tetraphyllum, Bait. I, 309 b.

— الدخّان — tabac, Bc.

— الدهن — grassette, Bc.

— الدود — tanaisie, herbe aux vers, Bc.

حشيشة الدوديّة scolopendre ou langue-de-cerf, Most. v° اسفولوفندريون, Bait. I, 309 g.

حشيشة الدينار houblon, Bc.

— الذهب — cétérac ou doradilla, Bc. — Plante du Liban, «que les naturalistes appellent *baras*;» elle luit comme la lumière d'une chandelle, mais seulement pendant la nuit, Roger 418—9, qui donne beaucoup de détails. — Voyez sous حشيشة الجرح.

— الريّة — achillée, espèce de jacobée; *pulmonaire*, herbe aux poumons, Bc.

— الزجاج — pariétaire, Bc, Most., Bait. I, 308 c.

— السعال — tussilage ou pas-d'âne, Bc, Bait. I, 309 d, II, 23 c.

— السلحفاة —, en Syrie, *alyssum*, Bait. I, 1.

— السلطان —, en Egypte, *lepidium à larges feuilles*, Bait. I, 357 c.

— الاسنان — dentaire, Bc.

— السواح — onagra, Bc.

— الشقوقة — cimbalaire, Bc.

— الشوكى — scrofulaire, Bc.

— الصليب — croisette, Bc.

— الطحال — cétérac; — epipactis, Bait. I, 309 e.

— الطوع — prêle ou queue-de-cheval, Bc.

— عبد المسيح — herbe de Saint-Christophe, Actée à épis, Bc.

— العقرب —, en Egypte, *heliotropium europæum*, Bait. II, 118 d (AB). — *Pallenis spinosa*, Prax R. d. O. A. VIII, 343.

— العلف — anagallis, Most. v° اناغاليس, Auw. II, 594, 12. On l'appelle ainsi parce que les sangsues en meurent.

— المعالق — cochlearia, Bc.

— الفرع —. C'est ainsi que je crois devoir lire chez Pagni MS, qui donne: *Chrysanthemum Mycone*, *Hacist el fegiarha*, h. e. *planta timoris*.»

— الافعى — galium aparine, Bait. I, 309 f (AB).

حشيشة القبال cucubale, Bc.

— القرعان — pétasite, herbe aux teigneux, Bc.

— القزاز — pariétaire, Bc.

— القطّ — cataire ou herbe-au-chat, Bc.

— القنطريّة — centaurée, Bc.

— الكافور — camphrée, Bc.

— الكلب — marrube, Bc.

— الملاك — angélique (plante), Bc.

— اللجاة —, en Syrie, *alyssum*, Bait. I, 1.

— اللبن — mercuriale ou foirole; *phyllon*, Bc.

— الميّة — nummulaire, herbe aux écus, herbe à cent maladies, Bc.

حَشَّاشِي et حَشِيشِي celui qui s'enivre souvent au moyen du hachich; — Ismaélien, parce que les membres de cette secte avaient la coutume de s'enivrer de cette manière, Gl. Esp. 207, Mong. 123 b.

حَشَّاشِي fumeur de hachich ou tecrouri, Cherb., Daumas V. A. 103.

حَشَّاش, dans le sens de *fumeur ou mangeur de hachich*, se trouve de Sacy Chrest. I, 282, 5. De là حَشَّاشِين *des hommes bruyants et turbulents*, Lane M. E. II, 40, 41. — Celui qui vend le hachich, Mong. 125 b. — Faucheur, Bc; de là *fourrageur*; Freytag a emprunté ses citations de la Vie de Saladin à Schultens, mais il aurait dû les placer sous le sing. حَشَّاش, et non pas sous le pl. حَشَّاشَة. — Celui qui travaille dans les boucheries et qui porte le sang, les entrailles, etc., des animaux abattus au fumier, 1001 N. II, 153, 4 et 5. — Celui qui fait des cloaques, Voc. (*factor cloace*); peut-être aussi *vidangeur*. — Morceau de fer en forme de faucille et taillé en pointe aux deux bouts, avec un manche au milieu, qui remplace dans le Kordofan tous les instruments aratoires; *bêche* ou *pelle*, qui a la forme d'un petit croissant dont la partie concave offre un trou dans lequel pénètre le manche en bois de l'instrument. Le mot espagnol «aciche,» qui en dérive, signifie *hachette de carreleur*, Gl. Esp. 37.

حَشِيشِي voyez حَشَّاشِي.

مَحَشّ faux, faucille, Bc, Hbrt 179, Domb. 96.

مَحَشَش café où l'on fume le hachich, d'Escayrac 233.

مَحَشَشَة même sens, Lane M. E. II, 40; *tabagie*, Bc.

حشد I enrôler; «حشد كور الاندلس il enrôla les conscrits des différents districts de l'Espagne,» Nowairî Espagne 466. حَشْد enrôlement, Nowairî Egypte, man. 2 o, 115 v°: وكان الفرنج فى الحشد الاول قد خافوا على هذه البلاد المجاورة للمسلمين C'était sous les Obaïdites une véritable chasse aux hommes, et quand on avait attrapé les réfractaires, on les liait deux à deux; voyez R. N. 93 r°; dans ce récit on trouve ces mots: وجّد معه عسكرًا لحشد البحرين والزويلبين لحشد من تونس وباديتها وصفورة — خلقًا عظيمًا. C. ب p. se ranger du parti de quelqu'un, M.

IV réunir, rassembler des soldats, Gl. Bayân. — Mettre des troupes dans une place pour la défendre, Alc. (guarnecer de gente).

VII s'assembler, se réunir, Gl. Djob., Abbad. I, 64, 2 a f.

حَشْد pl. حُشُود armée, Alc. (real de gentes armadas = جَيْش). — Les conscrits sont appelés الحشود et وصل الصقلبى الى المهدية, R. N. 93 r°: وليس معه احد من الحشود فقال لهُ (l. له) السلطان وابن الحشد فقال الصقلبى حشدتُ خلقًا عظيمًا فلما قربت السبج ❊

حَشّاد: voyez ce qui suit.

حاشد Le pl. حُشُد, P. Kâmil 776, 10. — Pl. حُشّاد, et sing. حَشّاد, enrôleur, recruteur, R. N. 92 r°: وقال لى ابو رزين حَشَّدَنى حاشد السودان قديمًا الى رقادة فبذل اهل البلد للحاشد دينارَيْن نيتركى فأتى بكل حيلة فاخذنى ومضى الى رقادة وابو معلوم الكتامى سَحَرُو (sic?) الناس من المحشودين فلما قربت منه نظر الىّ وقال مَن آمَرَكم ان تُجيبوا هذا وهو لا يعرفنى فقال جيبوا دواة وقرطاس (sic l.) وكتب يا معشر الحشّاد لا تعرضوا لاى رزين عدا فى اى بلاد كان واُطلقنى وامر بالحشّاد ان يعلق (l. يُعَلَّقى) ويُضْرَبَ فانطلقت وانا اسمع صياحَهُ من الضرب ❊

مَحْشُود où il y a beaucoup de monde, Harîrî 472, 2; autre exemple sous مَحْفَل.

حشرج
نَحَشَّد employé dans le sens d'un pl. de تَحَاشد, Diw. Hodz. 121, vs. 2.

حشر I enrôler, Gl. Belâdz. — Fourrer, au fig., faire entrer dans une affaire; fourrer, insérer mal à propos; c. فى mettre en jeu; mêler à l'insu dans une affaire; mêler, comprendre dans, fourrer dans; حشر حاله فى كل شى «fourrer son nez partout, s'insinuer indiscrètement partout,» Bc. — Serrer le bouton à, au fig., presser vivement sur une chose, Bc.

VII être rassemblé (Lane), Abou'l-Walîd 615, 28. — Ressusciter, revenir de la mort à la vie, Voc. — C. فى se fourrer, s'immiscer dans, se mêler indiscrètement de quelque chose, mettre le nez, ou son nez dans, emboucher, entrer dans, Bc.

حَشْر. Au lieu de يوم الحشر, le jour de la résurrection, on dit aussi الحشر seul, de Sacy Chrest. I, 281, dern. vers, et ce terme, de même que son synonyme القيامة, s'emploie pour exprimer l'idée de trouble, effroi, consternation, Maml. I, 1, 96. — ديوان الحشر le bureau d'administration, chargé du recouvrement et de la gestion des successions dévolues au fisc, faute d'héritiers; dérivé du verbe حشر, rassembler, réunir, parce que les biens de ceux qui décédaient sans laisser d'héritiers, étaient recueillis par le trésor, Maml. II, 1, 133. — Presse, foule de personnes qui se pressent, M.

حَشْرى celui qui meurt sans héritiers; المواريث الحشرية, الاموال الحشرية, الترك الحشرية, les successions dévolues au fisc, faute d'héritiers, Maml. II, 1, 133; pour l'étymologie, voyez ce qui précède.

حِشْرى celui qui se mêle de ce qui ne le regarde pas, M. — شَبِق شديد الطباشة est حصان حشرى, M, un cheval libidineux et qui s'agite beaucoup, s'il faut traduire ainsi. Chez Niebuhr B. 78 on trouve haschâri, dans le sens d'étalon qui a déjà sailli des cavales.

حَشّار receveur des contributions, Gl. Maw.

حاشر enrôleur, recruteur, Berb. I, 442, 12, II, 30, 9, 195, 4.

حشرج I. Pour râler, en parlant d'un agonisant, on dit حشرج الموت, Mohammed ibn-Hârith 308: سليمن يَحَشْرِج الموت وما اظنه يبلغ وقت الجمعة حتى يموت ❊

حَشْرَج râle, Bc.

حشف V se dessécher, Bait. I, 213 a: أجوّده للحديث الطرى الذى لم يذبل ولم يتحشّف ٭

حَشَف les fruits secs du palmier nain, Bait. I, 461 b. — Ecueils, Gl. Mosl.

حَشْقِيقَل (comme en syriaque) = شقاقل, Payne Smith 1406.

حشك I, en parlant d'un homme, est نار مندفعًا, M. — حشك الوعاء remplir une boîte en pressant fortement les choses qu'on y met, M.

حَشْكَرِيشَة (ἐσχάρωσις) croûte, plaque plus ou moins dure qui se forme sur la peau, par la dessiccation d'un liquide sécrété à la surface, Gl. Manç. in voce: في القشور التى تكون على حرّى النار والقروح الحادّة الخلط, Bait. I, 6, 15, II, 56 b; aussi avec le khâ, p. e. Payne Smith 1029, 1030.

حشم I c. a. p. traiter quelqu'un poliment, avec respect, M.

II c. a. p. parler poliment à quelqu'un, pour lui inspirer du respect, si tel est le sens de l'explication جملته بكلام يدعو الى الاحتشام, M.

VIII. Un exemple de la constr. c. a. p. se trouve Selecta ١٩, 2 a f.: Quand vous aurez dépensé cet argent, فلا تحتشمنا, « n'ayez pas honte de nous en demander davantage. » — Être honnête, poli; chez Bc le n. d'act. est honnêteté, politesse, civilité, et le partic. civil, honnête, poli. Dans le M le n. d'act. est respect (مَهابة).

حَشَم était le nom d'une espèce de garde que le sultan almoravide Yousof ibn-Téchoufîn forma dans l'année 470, Holal 12 r°: وضَمّ هذه السنة من جزولة وطلطة وقبائل زناتة ومصمودة جموعا كثيرة وسمّاه بالحشم ٭

حَشِم honnête, conforme à la bienséance, Bc.

حِشْمَة. La signification de timidité (Lane) se trouve Valeton ١٩, 11, où il faut prononcer ainsi. — Modestie, Jackson Timb. 141; décence, honnêteté extérieure, Bc, M; عليه الحشمة « il a un extérieur modeste, honnête, » 1001 N. I, 67, 4 a f. — Gravité,

Bc. — Politesse, Bc. — Avec l'article, compliments d'usage en société, formules de civilités, Bc. — ثوب الحشمة والذماتة aube, vêtement de prêtre, L (poderis).

حشمى décent, Bc.

حَشْم pl. حَشَاشِم les parties sexuelles de la femme, Alc. (coño), chez qui la dernière lettre de ce mot est un n; ailleurs il écrit aussi n pour m, à la fin des mots.

مَحَاشِم (sans sing.) les parties de la génération, Bc, 1001 N. I, 604, 16, III, 464, 5. — كبر لحاشم sorte de hernie, Sang.

احتشام avec l'article, compliments d'usage en société, formules de civilités, Bc.

مُحْتَشِم, proprement: respectable, vénérable, était le titre que portaient chez les Ismaéliens les commandants de province, et en particulier celui du Kouhistân, Defrémery Mémoires 225, n. 2.

حشن.

حَشَانَة rejeton transplanté (du dattier), Prax R. d. O. A. V, 214.

حشو I est حشى dans la langue vulgaire, Voc., Bc, nom d'act. حَشَايَة, Voc., et se construit c. d. a. ou c. a. et ب, p. e. Nowairî Espagne 479, en parlant d'un cadavre: حشى بعقاقير. — Empiffrer, faire manger excessivement; حشى روحه se farcir, se remplir l'estomac avec excès, Bc. — Fourrer, insérer mal à propos, Bc. — Interpoler, Bc. — C. في englober, Bc. — حشى للحساب ouater, Bc. — حشى قطنا enfler la dépense, Bc. — حشى حاله في امر غيره aller sur les brisées de quelqu'un, Bc.

II c. في interpoler, Bc.

IV a dans la langue vulgaire le même sens que la Ire, farcir, remplir, Voc. — Entonner, verser une liqueur dans un tonneau à l'aide d'un entonnoir, Alc. (enbudar).

V c. d. a., comme la Ire, farcir, remplir, Gl. Fragm.

VII s'embarquer, au fig., s'engager dans, Bc. — Se fourrer, se couvrir d'habits chauds, Bc.

VIII c. ب ou في, se fourrer, s'immiscer dans, se mêler indiscrètement de quelque chose, s'y ingérer, Bc.

حَشَا, *viscères, entrailles,* souvent au fig., parce qu'on les regarde comme le siége des passions, les organes de la sensibilité morale, p. e. طَأْمِنْ حَشَاك « ayez le cœur tranquille, tranquillisez-vous, » Koseg. Ohrest. 108, 1; بَرِّدْ حَشَاكَ « rafraîchis ton cœur, » c.-à-d. chasse ta douleur par le vin et l'amour, Harîrî 123, 6. — حَشًى pl. أَحْشِيَة, en général *ce qui est farci, rempli de farce,* et en particulier *du pain rempli de sucre, d'amandes, etc.,* Gl. Manç.: أحشية جَمْعُ حَشًى بِمَعْنَى مَحْشُوّ وهو كلُّ ما يُحْشَى بغيره والمراد به هنا ما حُشِيَ من الخبز بالسكَّر واللوز ونحو ذلك ه

حَشْوٌ signifie en général: *ce qui est fourré, introduit, dans une autre chose,* voyez Koseg. Ohrest. 121, 5 a f. et suiv. — Lane n'aurait pas dû expliquer ce mot par « coton, » mais par *ouates;* cf. sous la Ire forme; Bc a en ce sens le n. d'unité حَشْوَة قُطْن; الثياب ذوات للحشو « des vêtements ouatés, » Macc. II, 88, 13. Au fig., en parlant des femmes: الغَدْرُ حَشْوُ ثيابهن 1001 N. I, 6, 3 حَشْوَ dans l'édit. est une faute). — *Hachis,* viande hachée, Bc; Roland a en ce sens le n. d'unité: *farce, viande hachée.* — *Sorte de pain fait de farine, de miel, de sésame et d'épices,* Gl. Esp. 59. — *Discours prolixe, prolixité,* Maml. I, 2, 105; cf. حَشْوِيّ.

حَشْوِيّ voyez l'article qui précède.

حَشْوِيّ et حَشَوِيّ. Quatremère, Maml. I, 2, 105, a tâché de prouver que ce mot signifie: *un parleur inconsidéré,* et il semble avoir ce sens dans quelques-uns des passages qu'il cite; mais dans d'autres il ne l'a pas, car لحشوى ou اهل لحشو y est le nom d'une secte. On n'est pas d'accord sur l'origine de ce nom, ni sur les opinions que professait cette secte; voyez Gl. Edrîsî. — Le Voc. a حَشْوِيّ sous ora; c'est proprement de la racine حشى.

حَشَّاء التِّبْنِ حَشَّاء *empailleur,* Bc.

حَشِيَّة *hors d'œuvre, digression; cheville,* tout ce qui, dans les vers, n'est que pour la mesure ou la rime, Bc. Pour d'autres significations, voyez sous la racine حشى.

أَحْشَائِيّ *viscéral,* Bc.

تَحَشِّي (vulg. تَحَشَّى) *hors d'œuvre,* Bc.

مَحْشُوّ مَبْطُون (ثوب). — مَحْشُوّ *doublé,* L (diploide Une *étoffe doublée,* Cout. 17 r°: خرج البيه كلب من دار تاجاور مقبرة قريش فقبض على بنيقة محشو مروق كان يلبسه فخرقه; l'emploi du pron. masc. étonne dans un man. aussi correct; peut-être l'auteur a-t-il pensé à محشو dans le sens qui suit, plutôt qu'à بنيقة; *Manteau doublé,* L (diplois (sagum, mantum, vel clamis) لحاف ومَحْشُوّ).

مَحْشِيّ *farci,* voyez l'article *cuisine* dans Bg, M; ورق محشِيّ *des feuilles de vigne, de laitue ou de chou, qui enveloppent un mélange de riz et de viande hachée,* Lane M. E. I, 217.

مَحْشِيّ *sorte de pain fait de farine, de miel, de sésame et d'épices,* Alc. (alfaxor; il écrit mohxî, mais c'est la prononciation grenadine pour mohxâ; le partic. pass. de la IVe forme, laquelle, dans la langue vulgaire, a le même sens que la Ire).

مَحْشِيَة, en Espagne pour مَحْشَاء, *sorte de tunique ou de vêtement de dessus,* Gl. Bayân 32, n. 2, Gl. Esp. 163.

حَشَى I. حَشَى dans la langue vulgaire, au lieu de حَشَا; voyez حشو I.

II c. من *excepter de,* Voc.

III. Dans un vers, Abbad. I, 385, 8: s'ils avaient fait cela, حاشاهم منك خزيًا وعارًا « cela les aurait préservés des justes reproches que vous avez à présent le droit de leur faire. »

V, *s'abstenir de,* non-seulement c. من, mais aussi c. عن, Voc. — Dans le Voc. *elongare se,* et il donne aussi cette forme sous ora.

حاش *chameau de trois ans,* Daumas Mœurs 310 n.

حاشا *thym; serpolet,* espèce de thym; *ache,* Bc. — حاشا لله عن حرمة السامعين à *Dieu ne plaise;* حاشا جنابك من *sauf le respect de la compagnie;* حاشا البخل *loin de moi l'idée que vous soyez avare;* حاشا حرمتكم من ذلك *vous êtes incapable d'une semblable action;* حاشا من التشبيه *sans comparaison,* expression employée par civilité et par respect, lorsqu'on indique un rapport entre deux êtres disproportionnés;

حشى

وكَلَّا حَاشا Dieu m'en préserve; m'en garde! Dieu me préserve d'en avoir l'idée (je n'ai point commis cette faute); حاشا وكلّا ان يخطر فى بالى شى كذا, *loin de moi une semblable pensée*, Bc. On dit حـاشـاك, *sauf votre respect*, quand on est obligé de parler de sang, d'ordures, d'un maquereau, d'une entremetteuse, d'une prostituée, d'un traître, d'un juif, etc., Jackson Timb. 315—6; aussi « quand on parle d'une femme et de tout ce qui la regarde, comme étant au-dessous de la dignité de l'homme, » Martin 111; ainsi on dit dans le dialecte de l'Algérie: كنت غائب ولاكن حاشاك قبلتها منه الّى « j'étais absent, et c'est ma femme (sauf votre respect) qui les a reçus, » Cherb. Dial. 171.

حَاشِيَة *liserage*, broderie autour d'une étoffe avec un cordonnet, Bc. — *Chaîne d'étoffe*, Ht. — *Ruban*, Bc (Barb.), Hbrt 21 (Alg.), Ht, Ghadamès 42. — *Rive*, bord d'une rivière, d'un lac, de la mer, Alc. (ribera de qualquier agua, ribera de rio, orilla de la mar). — *Retraite, diminution d'épaisseur qu'on donne à un mur*, Alc. (relex de edificio). — *Post-scriptum*, Bc. — *Les alentours* d'une ville, Gl. Belâdz. — *Alentours, ceux qui vivent habituellement avec quelqu'un; cour, suite d'un grand seigneur, d'un prince*, Bc, de Jong. Le meilleur pain en Espagne était le خبز الحاشية, *le pain de la cour*; on le cuisait dans le palais du sultan de Grenade, en se servant de la meilleure espèce de fleur de farine, Chec. 191 r°. Dans l'Inde الحاشية étaient *les domestiques*; voyez Bat. III, 433. — Quand on dit d'un homme qu'il est رقيق الحاشية ou رقيق الحواشى, cette expression ne se prend pas dans plusieurs sens, comme l'a pensé de Slane (trad. d'Ibn-Khallic. II, 651, n. 3, III, 148, l. 1). Chez les auteurs elle signifie toujours, comme on trouve chez Lane, *gracieux, courtois, affable*, p. e. Khallic. I, 345, 5 a f., 664, 5 Sl., VII, 104, 9 Wüst. Mais l'explication de Lane: « courteous to his associates, » implique l'idée que حاشية a dans cette locution le sens figuré d'*entourage*, tandis qu'il a son sens propre, celui d'*extrémité*. Ce qui le prouve, ce sont des expressions comme celles-ci: رقيق حاشية الطبع, Abbad. II, 71, dern. l., رقيق حواشى اللسان (« courtois dans ses paroles »), Abd-al-wâhid 169, dern. l., رقّة حواشى كلامه Haiyân-Bassâm I, 49 r°, et c'est proprement: celui dont les extrémités sont fines. Chez le vulgaire رقيق الحاشية signifie aujourd'hui *qui a peu d'argent*, M. —

293

حصب

رقّة الحاشية, Prol. II, 360, 8, dans le sens de عيش رقيق الحواشى chez Lane, *bien-être, existence agréable et commode*. — Pour d'autres significations, voyez sous la racine حشو.

حصّ I *rogner, retrancher, ôter des extrémités* (Lane); au fig. حصّ جناحه *rogner les ailes à quelqu'un, lui retrancher une partie de sa puissance*, Berb. I, 320, 6 a f., 580, dern. l., où le texte porte par erreur حصر et notre man. 1351 يحصّ, lisez يحصّ, II, 222, 3 a f., 338, 1, 414, 4 a f.; Schultens cite Ispahânî, man., 99: حصّ جناح الكفر. Aussi حصّ من جناحه, Berb. II, 88, dern. l. et 89, 1, mais c'est le *min* partitif, et il ne faut pas dire, comme l'a fait de Slane (trad. III, 310 n.), que ce verbe se construit avec *min*.

حُصّ pl. حُصوص *petit morceau de citron ou d'oignon, pomme de pin*, M. اعطاه حصّه « il lui donna sa part du bien, » Bc.

حِصّة *un bout de*, une petite partie de, Bc, qui donne le pl. حصص, ce qui suppose le sing. حُصّة, forme inconnue dans la langue classique. — *Action, somme, effet de commerce*, Bc. — حصّة زمن *moment*, Bc; اصبر حصّة, 1001 N. Bresl. IX, 342, 5, 6 et 7, où l'édit. Macn. a مدّة, « attendez un moment!» 346, 7: حصّة, chez Macn. مدّ; Macn. IV, 513, 3 a f.; Bresl. IX, 340, 1 et 373, 3 a f.; حصّة الظهر, où l'édit. Macn. porte وقت الظهر. — *Troupe de soldats, corps*, voyez ma note J. A. 1844, I, 401; les passages du Cartâs que j'y ai cités se trouvent dans l'édit. p. 195, 7, 14, 196, 8 a f., 154, 6 a f.; ajoutez: 234, 4, 242, 11, 7 a f., Bat. III, 239, Macc. II, 804, n. *a* (aussi dans Boul.), Berb. II, 174, 8 a f., 247, 4, 251, 1, 300, 8 a f., 334, 6 et 11, Ibn-Khaldoun, man. 1350, IV, 36 r°: وكانت معه حصّة من جند السلطان ابن الاحمر, Abdarî 45 v°, l'anonyme de Copenhague 81, 120. *Garnison*, Alc. (guarnicion de gente), qui donne le pl. حصّات, mais chez les auteurs on trouve constamment حصص. — Vulg. pour حاصّة, M.

محصّة *quote-part*, Alc. (rata parte proporcional).

حصب

حمّى حصبينة *scarlatine* (fièvre), Bc.

حَضْحَاص *gravier*, Diw. Hodz. 177, vs. 8; aujourd'hui encore حَضْحَاص à ce sens en Barbarie, Hbrt 172 (Alg.), Bc (Barb.).

مُحَضْحَض *formé de gravier*, Voc., Bait. I, 73 a: أنّما يكون فى الجبال والارضين لحصحصة والقليلة التراب telle est la leçon de B, et c'est la véritable; A الحَصْحَصَة.

حصد I *couper des rognures de branches pour les planter*, Auw. I, 305, 10, 3 a f. — *Ereinter, rompre les reins*, Alc. (derrengar, deslomar, et le partic. pass. sous derrengado et deslomado). — حَصَدَ, au fig., *avoir le jugement sain et solide*, Gl. Mosl.

VII dans le Voc. sous metere.

حَصْدَة *rupture des reins, tour de reins*, Alc. (derrengadura, deslomadura).

حِصَاد *moisson, récolte*, Bc. — (Collectif) *des champs cultivés*, Gl. Edrisî. — حَصَاد *gerbe ou javelle de blé*, Alc. (messorio en que cogen espigas; Nebrija et Victor ont les mêmes mots sous messoria, et j'ai suivi l'explication qu'ils donnent).

حَصَّاد *mode de musique*, Descr. de l'Eg. XIV, 29.

حَصِيد. L'expression coranique قائم وحصيد (XI, 102) s'emploie dans une phrase négative dans le sens de *personne*, Abbad. I, 241, 4 a f. (corrigez ma note p. 259, n. 2). — Une autre expression coranique (XXI, 15), où le mot en question est un collectif, a donné naissance à la phrase حَصِيدًا مِنَ الْقَتْلَى, Berb. I, 383, 7, « une foule de guerriers moissonnés par la mort » (Sl.). On trouve aussi اصبحوا حصائد سيوفها « ils furent moissonnés par l'épée de leurs ennemis, » Berb. II, 5, l. 10. — *Paille*, Alc. (paja para la cama). — *Eteule, chaume*, pl. حصائد, Alc. (rastrojo o restrojo). — *Rognures de branches qu'on plante*, Auw. I, 304, 4 a f., 305, 9 et dern. l., 309, 4.

حَصِيدَة *moisson, récolte*, Bc.

مُحَصَّد. رَأْى مُحَصَّد *jugement sain et solide*, Gl. Mosl. — لمحصد pour المُحْصَد لِلْخَيْل, ibid.

مَحْصُود *éteule, chaume*, Voc., qui l'explique par « restallo; » en catalan « restoll » ou « rostoll » est le même mot que « réstolh » en provençal (Raynouard VI, 4 a) et « restrojo » en espagnol, « éteule, chaume. »

رجل مستحصد الرأى مُسْتَحْصَد *un homme dont le jugement est sain et solide*, Gl. Mosl.

حصر I *comprimer, presser avec violence, oppresser, presser, gêner, renfermer, restreindre*, réduire dans des bornes, *serrer, presser* (Barb.), Bc. — *Modifier, restreindre*; c. فى *réduire à, borner, restreindre à*, Bc. — حَصْر البلد se dit quand ceux qui se trouvent dans une ville en ont fermé toutes les issues; j'ai trouvé quelque part: une barque avec vingt pirates chrétiens était arrivée à Bone, وقد حصر البلد حتى قطع الدخول والخروج. — Pour la signification de *compter* (pas dans Lane), voyez de Sacy Chrest. I, 355, 1, Vie de Saladin 13, 8 a f.

III ne signifie pas seulement *assiéger*, mais aussi: *soutenir un siége, tenir dans une place assiégée, résister*, Bc. — L donne cette forme sous *vasto*; il a en outre: vastator (latro, omicida) مُحَاصِر (sic), et vastitus مُحَاصَرَة (sic) وغارة وانتهاب.

IV *serrer, presser*, Alc. (tupir recalcando). احصر « il fit couler l'eau de la source par un tuyau, » Cartâs 41, 9.

V *être en peine, être embarrassé, être embarrassé de répondre*, 1001 N. Bresl. VI, 323, 12.

VI *être assiégé*; يَنْحَاصِر *attaquable*, Bc.

VII *être comprimé*; Bc donne le n. d'act. sous *compression*, et l'aor. sous *compressible*. — Dans le sens d'*être restreint*, on dit: احصرت الامور كلّها تحت قبضته, ce qui signifie: « lui seul conduisait toutes les affaires, » Gl. Bayân. — C. فى *se réduire à, se renfermer dans, se restreindre à*, Bc. — *Etre en peine, être embarrassé, être embarrassé de répondre*, R. N. 50 r° (après une longue dispute): فلما كان عند صلاة المغرب انحصر اليهودى وانقطع عن الحجّة وظهر عليه ابن سحنون بالدلائل الواضحة والحجّة البالغة. On dit: انحصر برياقة الماء dans le sens de: « il éprouva un pressant besoin d'uriner, » 1001 N. II, 72, 14, et ce verbe s'emploie isolément dans la même acception, ibid. III, 164, 12. — *S'enfermer, entrer dans une place pour la défendre, rester*, Bc. — انحصار من الشيطان *obsession, état des personnes qu'on croit obsédées du malin esprit*, Bc.

VIII *vérifier*, Alc. (le n. d'act. averiguamiento). — Dans le Voc. sous obsidere.

حَصْر *oppression*, état de celui qui est opprimé, Bc. — *Modification*, restriction d'une proposition, Bc; Cairawânî, man. 628: ولم يرد بانّما الحَصْر « en employant le mot انّما, il n'a pas voulu indiquer une restriction;» اداة لحصر *une particule restrictive*, c.-à-d. un mot tel que انّما, فقط, ليس الّا, Macc. I, Add. et Corr. civ a; on trouve: المنفرد بالسبق في تلك الميادين باداة لحصر, Macc. I, 48, 4, dans le sens de: *lui seul est un tel homme*. — *Tristesse*, M. — حصر فكر *tension*, grande application d'esprit, Bc. — بالحصر *intimement*, Bc.

حَصْر البول, «il éprouva un pressant besoin d'uriner,» 1001 N. II, 147, 11, et dans le même sens حصل له حصر البول, ibid. I, 595, 10.

حَصَر *détresse*, péril, embarras, peine d'esprit, Bc; *embarras*, *timidité*, Badroun 273, 13.

حَصِر *forcé*, gêné, Bc.

حُصْر *logement d'une armée*, Alc. (assentamiento del real).

حُصْران *constipation*, Daumas V. A. 424. — حصران البول *rétention d'urine*, Domb. 90, Daumas V. A. 425. — *Siége* d'une ville, Voc.

حِصار *mode de musique*, M.

حَصير. Le pl. حَصَار dans le Voc., qui donne aussi حضير عبّادى, sans explication. — حَضَر رصاص *couverture en plomb*, Edrîsî, Clim. III, Sect. 5: جعل باعلى السقف حصر رصاص محكمة التأليف وتبقف الصنعة والماء يصل اليها في قنوات رصاص ❊

حَصيرة coll. حَصير *raie*, poisson de mer, et aussi *un poisson qui tient le milieu entre la raie et le squale*, Alc. (raya pescado de los llanos, raya medio lixa).

حصارى *sorte d'oiseau*, Yâcout I, 885, 14.

حَصّار *ouvrier en sparte, nattier*, Gl. Esp. 357, n. 1, Voc. — *Calculateur*, Prol. III, 96, 13.

حاصر *maréchal général des logis*, Alc. (assentador del real).

محصرة *natte*, 1001 N. Bresl. V, 5, 3 a f., où l'éd. Macn., I, 337, 7, a حصيرة.

متحصّر, suivi de من الشيطان, *obsédé du démon*, Bc.

متحاصر voyez sous III.

انحصار *dévolution*, Roland.

منحصر *dévolu*, Roland.

حصرم I *ne pas vouloir mûrir* (fruit), M.

حَصْرُم est la prononciation maghribine, pour حِصْرِم, Voc. (pl. حَصارم), Alc. (agro por madurar, agraz), Domb. 60. Chez Bg حُصْرُم.

حصف.

أَحْصَف *plus serré, plus compacte*, Bait. I, 178, 10.

حصكة chez Golius, mieux حسكة (voyez).

حصل I c. على r. *acquérir, gagner, obtenir, se procurer*, et aussi, *avoir*, Bc, M, de Jong, Bat. IV, 56, etc.; *rattraper, recouvrer*, Bc. — C. في *gagner, arriver à*, Bc. — C. من *résulter*, Bc. — *Mettre dans le magasin* (حاصل), *emmagasiner*, M.

II dans le sens d'*acquérir*; au lieu de حصّل علمًا, Holal 6 r°, حصّل كثيرا من الحديث, Macc. I, 499, 6, etc., on emploie حصّل seul, *acquérir, amasser des connaissances, étudier*, p. e. Khatib 23 r°: اجتهد وحصّل. De là متحصّل *étudiant, disciple*, l'opposé de معلّم, *professeur*, Aboulfaradj 118, 3 a f., *savant*, Macc. I, 583, 9, 884, 9, surtout *celui qui connaît beaucoup de traditions*, Macc. I, 526, 1; تحصيل *études, connaissances, savoir*, Macc. I, 859, 2, 884, 10, II, 520, 6, J. A. 1853, I, 268; aussi متحصّل, Khatib 32 v°: ممّن يقصر محصّله عن مدى اجتهاده « il était de ceux qui ne croient jamais avoir amassé assez de connaissances;» ذو التحصيل *un savant*, Abd-al-wâhid 164, 7; اهل التحصيل *les sages*, Djob. 169, 12, 205, 2, 242, 2 a f.; بغير تحصيل *sans intelligence, follement*, Ibn-Tofail 5, l. 7. — *Récolter, dépouiller, recueillir les fruits de la terre*, Bc. — *Recouvrer*, Bc. — *Mettre par écrit*, Calâïd 174, 19. — *Placer ou décrire une chose en un certain endroit d'un livre*, Edrîsî, Clim. I, Sect. 6: هذا البحر لنحصّل في هذا الجزء. — *Décrire une chose de manière qu'on puisse se la figurer*, Djob. 37, 18. — *Compter, calculer*, Macc. I, 231, 3 a f., 232, 1, 373, 15, 374, 14, Djob.

222, 21, Mohammed ibn-Hârith 325: فلما توقّ حضرتُ, Haiyân-Bassâm I, تحصيل تركته فبلغ نحو ثلثين الخ حكى وَرَاقه حَصَّلْنا قبل مقتله بسنة فبلغت: ro. 174 ; المجلّدات فى التحصيل اربعمائة الف *indiquer exactement le nombre des années*, Gl. Abulf. — *Décrire ou raconter brièvement, en supprimant les détails* (l'opposé de كَيَّفَ), Gl. Edrîsî. — C. ل p. et acc. r. *procurer, faire obtenir, ménager;* حصّل فى عقله خَلَلٌ *aliéner l'esprit, rendre fou;* كلام يحصّل لهيئة *paroles insinuantes*, Bc. — Voyez aussi محصّل et تحصيل.

V s'emploie dans plusieurs des significations qu'a la Ire: *arriver, venir*, Abbad. I, 46, n. o. On trouve ما تحصّل استخراجه «*des contributions qui ont été payées*,» Gl. Fragm.; يتحصّل من هذا الجوش فى كلّ شهر مبلغ الخ «*ce terrain produisait chaque mois une somme de*» etc., Maml. I, 1, p. VIII; ما يتحصّل من التجار «*les droits qu'on lève sur les marchands*,» ibid. p. 18; وبقى لنا ان نذكر بلادا تحصّلت فى هذا الجزء «*qui appartiennent à, qui doivent être décrits dans cette partie*,» Edrîsî, Clim. V, Sect. 2. — *Être compté, calculé*, Djob. 46, 7. — *S'ensuivre, dériver, procéder de*, Bc; — «*le* تحصّل ما الخ أن *résultat de notre discours fut que*,» Macc. I, 485, 2 a f.

مَنْجَل حصيد حَصِيل *serpe*, Alc. (hocino para segar).

حُصَالَة, *reste, rebut*, pl. حَصَائِل, Alc. (desecho).

حَصَّالَة *tire-lire, vase pour serrer de l'argent; tronc, pour recevoir l'argent des aumônes*, Bc.

حاصل ou للحاصل والحاصل *pour abréger, enfin, au bout du compte, bref, en un mot, en définitif;* والحاصل venez au fait; والحاصل ايش هو *que faut-il en conclure?* Bc. — Pl. حواصل, *dépôt, lieu où l'on dépose, entrepôt*, Bc, *magasin*, Bc, Hbrt 100, Ht, M, cf. Fleischer Gl. 88—9, Macc. I, 367, 14, Maml. II, 2, 72, l. 4, 1001 N. I, 300, II, 74, 109, 236, 416, III, 52, 78, 82, Bresl. III, 266, IV, 319, Amari Dipl. 206, 8 (l'éditeur n'a pas compris ce mot); *dépôt de bois*, Ztschr. XI, 511, n. 37; حاصل عين الماء *château d'eau*, M. — Même pl., *pri-*

son, Bc, Burton I, 116. Cf. pour ces deux dernières signif. Lane sous حَوْصَلَة.

حَوْصَلَة ou حَوْصَلَّة, proprement *poche, jabot d'oiseau*, est le nom qu'on a donné à un oiseau aquatique, au *pélican* ou au *cormoran*, à cause de la vaste poche qui pend de sa mandibule inférieure, de Jong (le passage de Bait. que cite Damîrî se trouve I, 341 g), J. d. S. 1871, 447. Le pl. حواصل désigne une espèce de *fourrure*, c.-à-d. la peau et les plumes de la poche de cet oiseau, de Jong, Bait. l. l., ou bien la peau et les plumes qui couvrent la poitrine et le ventre des vautours, Gl. Manç.: حواصل للحواصل فى اللغة جمع حوصلة الطائر والمراد بها هنا جلود صدور النسور وبطونها بما عليها من الريش الزغبى ويتخذ منها فراء خفافًا (خفاف l.) مدتئة طبيعة الريح وهذا فى التشبيه علمى بعيد. Exemples chez de Jong; Rhazès dans Bait. II, 265 b: الفنك والقاقم والحواصل معتدلة فى الحرارة وفى مع ذلك خفيفة حوصلة. — Au fig. le mot حوصلة, *poche, jabot*, signifie: *la faculté de comprendre*, Prol. I, 327, 3; pl. حواصل, Berb. I, 130, 11.

تَحْصِيل *sagesse, modération, retenue, respect pour les convenances*, Ibn-Bassâm cité dans le Tohfat al-'arous, man. 330, 158 r°, en parlant de Wallâda: على أنها اطرحت التحصيل واوجدت الى القول فيها السبيل, «*Notices* 131, 9 et 18, Djob. 224, 3 a f. — Voyez sous la IIe forme.

مُحَصَّل. «*des règles bien connues de*,» قوانين محصّلة عند Prol. I, 94, 12. — هذا الكلام لا يحصل له «*est sans valeur*,» Prol. I, 157, 9. — *Mal criblé* (grain), Alc. (grançoso lleno de granças). — *Indiquer d'une manière indirecte le mot d'un logographe*, p. e. dans ce logographe sur le nom عباد: جمال وحسن والتفات ورقّة وعطف ولطف واكتمال هيئته تزيد على كل الملاح شمائلا وفى عدّ ما بيّنت وصف صفاته où عد donnent عماد, M. — Voyez sous la IIe forme.

مُحَصِّل *receveur*, Bc; *employé de la douane*, Bg 336; *directeur de la douane*, Burckhardt Syria 653. — *Gouverneur d'une ville*, Browne II, 251, 261. — Voyez sous la IIe forme.

مَتَحَصِّل. Le pl. ات *productions*, Bc. — *Avoir*

ce que l'on possède de bien, Bc. — *Obtention, action d'obtenir,* Bc.

مُتَحَوْصِل est chez Alc. « papudo de papo, » ce qui signifie, en parlant d'oiseaux, *qui a un gros jabot,* et en parlant d'hommes, *goîtreux.*

مُتَحَصِّل *recouvrable,* Bc. — *Résultat,* Bc.

حصن II *mettre en sûreté* des hommes, des animaux, des choses, Gl. Belâdz., Abdarî 54 v°: ادخلوا دوابّهم C. من — . في مقبرة وحصنوها داخل الروضة على المقابر *préserver de,* Bait. I, 120 a: le bézoard pris d'avance, par précaution, قاوَمَ السموم القتالة وحصّن من مضارّها. — *Fermer avec une serrure,* Macc. II, 24, 17.

IV *mettre en sûreté,* Gl. Belâdz.

V. On trouve: وختم بالدعاء وتحصّن واستعان بالله, 1001 N. I, 819, dern. l. — *S'abstenir, se priver,* Ht.

VIII dans le Voc. sous *castrum,* Abou'l-Walîd 449, 16: المحصور المحتصن في الحصون والقلاع.

حِصْن *redoute,* Bc. — *Village entouré d'une muraille,* Djob. 208, 20 et dern. l. — *Les fortifications qui entourent une ville, une enceinte de murailles,* Gl. Edrîsî 286, 388, 1001 N. II, 141, 4 a f.

حِصان, pl. أَحْصِنَة et أت, Bc. Le peuple prononce حُصان, *cheval,* Alc. (cavallo), Niebuhr B. 78, Burckhardt Nubia 215. — حصان البحر *hippopotame,* Bc.

تحصين *défenses, ce qui met les assiégés à couvert, fortification, ligne, retranchement, circonvallation,* Bc.

مُحَصَّن. Biffez chez Freytag (et Lane) les mots: « et frænum ipsum, » qui ne se trouvent pas chez Schultens. Ce dernier donne: « ferramentum quoddam in freno equino, » après quoi il cite Ibn-Doraid, *de freno,* 15; c'est dans l'édit. de Wright 9, 1.

حصو et حصى. حصى I, vulg. pour la IV°, *nombrer, compter,* Bc.

IV c. على p.: هذا فيما أُحْصى على *« cet objet est un de ceux qui m'ont été portés en compte, »* Tha'âlibî Latâïf 87, 9.

حَصى. حصى الحديد, Berb. II, 272, 2 a f., cf. Reinaud F. G. 74, *du gravier de fer, c.-à-d. mitraille.* — Chez Alc. (estrangaria de orina) *strangurie* est « dilhaçâ » et « adilhaçâ; » je ne comprends pas bien ce que c'est que cet « adi » ou « di. »

حَصْوَة *caillou,* Bc, pour jouer le مَنْقَلة, Lane M. E. II, 56. — *Place couverte de gravier dans une mosquée* = صحن, Burton I, 295; حصوة التحريم (*des femmes*), le même II, 154 n. — *Gravelle, maladie de la pierre,* Hbrt 37, Bc.

الحصبة الحمراء *sorte d'oiseau,* Yâcout I, 885, 11.

حَصَوي *calculeux, graveleux,* Bc.

حضن I *faire enrager, faire endêver,* Hbrt 113.

VII dans le Voc. sous *monere.*

حضيض *périgée, lieu d'une planète le plus proche de la terre,* Bc.

حضاضة *inclination, disposition,* c. في, Mi'yâr 28, 10.

حضر I *se rendre,* Hist. des Benou-Ziyân 95 v°: من فاس الى تلمسان — Avec الكتّاب *aller à l'école,* R. N. 70 r°: فسأل أبي عمّي أن كنت احضر الكتّاب فقال له أبي نعم *« il demanda à mon père si j'allais à l'école. »* — C. على p. *suivre le cours d'un professeur* (cf. سمع على), Macc. I, 842, 21; aussi c. عند p., Meursinge 21, 10 a f.; on dit حضر على فلان كتابًا, Tantâwî dans Ztschr. Kunde VII, 51, 1, 4 et 5; لم احضر نحوًا *« je ne suivis point de cours de grammaire, »* ibid., l. 7; حضرت في النحو والفقه, ibid., l. 3 a f; Bc donne la construction c. ل. — Avec اثانين في chez Lane cf.: حضرني كذا شي *« me permettez-vous de dire une chose qui m'est venue dans l'esprit? »* Gl. Badroun. حضر شي signifie aussi: *avoir envie de faire quelque chose,* R. N. 48 r°: ثم نهض للقيام وقال مَن حضره الزيارة (sic) لواصل (nom pr.) فليقم ثم خرج من فوره وخرج معه احابه. — C. a. p. et ب r. *apporter quelque chose à quelqu'un,* Akhbâr 19, 2. — C. في *parler de,* ونحضر فيهم كلّ يوم مَحْضَرنا *« nous parlons d'eux chaque jour de réunion, »* Amari Dipl. 2, l. 1. — *Être bien peuplé, fleurir,* Gl. Edrîsî.

II *faire comparaître,* Voc., Bc, Gl. Fragm., Fakhrî 167, 12, où il y a deux fautes à corriger: فلما

بعُدْنا عن بغداد حَضَرْنا (حَضَّرْنا) السلطان (السلطان ل.). — فلاكو يومًا بين يديه. — *Apprêter, préparer, disposer*, Bc, Hbrt 11.

III. Les mots استعماله لمحاضرة الفهم, Macc. I, 597, 21, signifient: «la peine qu'il se donnait pour aiguiser l'esprit de ses auditeurs.» — C. ب r. *citer une chose, un témoignage, à l'appui de son assertion*, Notices 103, 4, Tha'âlibî Latâïf 121, 5; de Jong, dans son Glossaire, n'a pas compris ce passage, et il a négligé de comparer 133, 6, où ce verbe a le même sens; — *citer, alléguer, rapporter, raconter*, Yâcout II, 391, 8.

IV. احضر كتابا بغيره *comparer un livre avec un autre*, Gl. Abulf.

V *s'apprêter à, se préparer, se disposer, faire ses dispositions pour c.* ل; *se pourvoir, se fournir*, Bc. — *Etre bien peuplé, fleurir;* — en parlant de personnes, *prospérer, posséder ce dont on a besoin*, Gl. Edrîsî.

X, au pass., *être sur le point de mourir*, Prol. I, 367, 5. — *Avoir des passages présents à l'esprit*, de sorte qu'on peut les citer de mémoire, Macc. I, 884, 11, II, 517, 1, 520, 7. — استحضر لنفسه *recueillir ses esprits*, 1001 N. Bresl. VI, 199, 6.

حَضَر, avec l'article, *les habitants, les citoyens d'une ville*, J. A. 1849, I, 189, 5; 1852, II, 217, 3. — Sous les Almohades les طلبة الحضر ou أشياخ الحضر étaient les savants théologiens de différentes provinces, que ces sultans avaient réunis dans leur capitale, Abd-al-wâhid 144, 4 a f., 207, dern. l., 248, 2 a f.—249, 2; souvent chez Çalât.

حَضْرَة *résidence d'un prince*, Abbad. I, 18, 11 a f., 73, n. 7. — Comme titre d'honneur, *Excellence, sérénissime*, حضرة سيدي *Monsieur;* Adam est appelé حضرة آدم, Bc; *Sa Majesté*, حضرة الملك 1001 N. I, 95, 3 a f., Abbad. II, 189, n. 14; تعظيم الحضرة *monseigneuriser*, Djob. 299, 3. — *Conversation*, Jackson Timb. 233. — *Festin* ou *les apprêts d'un festin*, 1001 N. I, 211, 2 a f., 333, 6, 334, 12, 770, 2 a f., Bresl. XI, 376, 3 a f., très-souvent dans Bâsim, mais le mot y est parfois altéré en حضوم. — Nommé parmi les fêtes de famille, Barbier 19. — Chez les Soufis الحضرة العمائية, le plus haut degré de l'échelle des manifestations divines; الهبائية, la manifestation par laquelle Dieu crée les choses avec la matière abstraite, qu'il convertit en substance par l'adjonction de la forme; voyez de Slane Prol. III,

99, n. 3 et 5. — حضرات الحس *ces manifestations de la divinité dont l'homme ne s'aperçoit qu'au moyen de son sens intérieur*, de Slane sur Prol. III, 75, 12.

حَضَرِيّ *bourgeois, citoyen d'une ville*, J. A. 1849, I, 194, 3 a f. — اللسان الحضري *le dialecte* (corrompu) *des villes*, voyez Prol. II, 270, 14 et dern. l., 271, 6 et 14. — الآداب الحضرية *civilisation*, Bc.

حضراوية *civilisation*, Bc.

حِضَار *école*, Voc., Mohammed ibn-Hârith 238: فقد علمت أنه جمعني بك المنشأ والحضار وطلب العلم. — *Rhumatisme*, Bc (sans voyelle).

حضور *présence d'esprit*, l'opposé de غيبة, Maml. II, 2, 100, Macc. I, 569, 22 et 23, Cartâs 42, 7 a f. — ملائكة الحضور *les anges de la mort*, R. N. 100 v°: ولما حضرت وفاته قال اوقدوا السراج للاضياف الذين عندنا فقلن انه راى ملائكة الحضور.

حَضَارة *état prospère, brillant*, indiqué par la richesse de la parure et des vêtements, la beauté des jardins, des édifices, la splendeur des festins, etc., voyez Müller 8, Abd-al-wâhid 261, 2, 263, 11.

حضاري *rhumatismal*, Bc.

حضوري *intuitif*, Bc. Schultens connaissait cette signif. et il en cite deux exemples.

حاضر الجواب. On ne dit pas seulement حاضر الجواب (Lane), *qui a la répartie prompte*, mais aussi حاضر بالجواب, Bc; de même حاضر النادرة (Lane avec ب), Macc. II, 633, 6. الجواب الحاضر *répartie prompte*, Bassâm III, 135 v°, 1001 N. I, 823, 10. Pour la signif. de *prêt, disponible, prompt*, voyez aussi Gl. Fragm. قلب حاضر *qui a de la présence d'esprit*, Bc. السعر الحاضر *courant du marché, le prix actuel des denrées*, Bc. — بالحاضر *comptant, en espèces*, Bc. — *De bon cœur, volontiers*, Bc, 1001 N. I, 308, 3 a f.: حاضر اقليم لكم, où l'éd. de Bresl. porte حاضرًا. — *Les environs, le territoire d'une ville*, Gl. Belâdz., Selecta l, 5 a f., Freytag Locm. 61, 3: وجفل اهل الحاضر ومن كان خارج المدينة, واعتصم للخوارزمية بحاصرها خارج المدينة, 66, 16: البلد, Aboulf. Ann. III, 244, 2, Recherches II, Append. p. LXXXIII, 12, LXXXV, 11, Djaubarî 30 v°: يخرجون الى ظاهر المدينة الى الحاضر الذى لها.

حاضِرَة *grande ville, capitale, résidence,* Gl. Bayân, Mohammed ibn-Hârith 203: في الحاضرة العظمى قرطبة Haiyân *passim,* Becrî 110, 1, Cartâs 70, 7. — *Cette partie d'une vallée qui va en pente,* Burckhardt Syria 666.

حاضُور semble *invitation,* 1001 N. Bresl. XI, 390: الطُفَيلي الذي يدخل على الناس بلا دستور ولا حاضور

أَحضَر, comparatif de حاضر, dans le sens de *prêt, disponible, prompt;* Schultens cite Sent. Ar. Gol. 92: من أنفع الكتب احضر الناس جوابا Prol. III, 86, 14: فيه واحضرها c.-à-d. qu'on peut se procurer avec le plus de facilité; de Slane veut lire à tort واحضرها.

مَحضَر بمحضر من فلان *en présence d'un tel,* Gl. Abulf. — *Assemblée, réunion de personnes en société,* Macc. I, 136, 17, Abd-al-wâhid 105, 16, 1001 N. II, 68, 5, Bresl. IX, 216, dern. l. (où l'édit. Macn. a جملة); جميل المحضر «l'ornement de la société,» P. Amari 675, dern. l. (cf. Annot. crit.). Un vizir envieux et qui n'aimait personne, est appelé محضر سوء, 1001 N. III, 590, 6; Lane traduit: «of inauspicious aspect,» mais je crois que c'est plutôt: «une réunion, un lieu de réunion, de tous les vices,» c.-à-d. un homme qui réunit en soi tous les vices. De là vient le sicilien *machadàr,* que je trouve chez Abela, Descrittione di Malta, p. 258, qui le traduit par «radunanza di gente.» — *Ecole,* Voc. — Les paroles وكنت يومئذ بمحضر من الامر Bidp. 193, 5, doivent signifier: «j'avais alors beaucoup d'influence dans le gouvernement.» Le man. de Leyde porte: وكنت منه بمكان. — *Avis,* de Sacy Chrest. I, ٢٧, 12 (= 1001 N. Bresl. VII, 256): وكان احسنهم محضرا من قال, où l'éditeur traduit avec raison: «ceux dont l'avis était le plus modéré voulaient que.» محضرا — *comptant, en espèces,* de Sacy Dipl. IX, 470, 6 a f.; aussi بمحضر, Amari Dipl. 174, 1, 2.

مُحضِر *huissier près d'un tribunal* (= رسول القاضي), 1001 N. II, 86, 7.

مَحضَرَة *assemblée, réunion de personnes en société,* Amari Dipl. 2, l. 1. — *Ecole,* Gl. Djob., Voc., Alc. (escuela donde deprenden), R. N. 70 r°, dans la suite du récit dont j'ai copié une phrase sous la Iʳᵉ forme: فقال لابي لعل ابنك بمحضرة على قارعة الطريق ☆ اسكت الدنيا محضورة بمحضر، «taisez-vous, on nous écoute,» Bc.

مُحاضِر *provisoire, rendu, ordonné par provision; provision,* ce qu'on adjuge préalablement à une partie, en attendant le jugement définitif, Bc.

مُحاضَرَة *provisoirement, par provision,* Bc.

مُحَضرَم II? Macc. I, 351, 17; Boul. comme dans les Add. et Corr.; le sens ne m'est pas clair.

حضن I *prendre quelqu'un sous sa protection,* Belâdz. 339, 5 (où il ne s'agit pas d'un enfant).

II c. a. ou على, *couver,* Voc., Alc. (echarse las aves sobre los guevos), un man. du Kâmil dans un vers, 245, n. *e,* Aboû'l-Walîd 153, 11, Calendr. 33, 1, Prol. I, 164, 14 et 16. — *Soigner,* L (curat).

III (cf. Lane) مُحاضَنَة *embrassement,* Hbrt 236.

V et VII dans le Voc. sous fovere, — qu'il prend dans le sens de *couver.*

حضن قبله بالحضن *recevoir quelqu'un à bras ouverts,* Bc. — اخذ من كل واحدة حضنا *il embrassa chacune d'elles,* 1001 N. I, 64, 2 a f. — *Giron,* M.

حَضنَة *couvée,* Bc.

حِضنَة *brassée,* Bc. — *Embrassade,* Bc.

حَضّانَة, t. de maçon, *la dernière assise,* qu'on pose en saillie, afin qu'elle empêche l'eau de pluie de dégoutter sur les murailles; on l'appelle aussi دمس (où دمس est pour دمص), M.

حاضِن. L: curator. حاضن وَوَال.

تَحضِين *inégalité,* Cartâs 36, 4, en parlant d'un pavé: واشترط على نفسه الّا يبقى فيه تحضين ولا رقدة. Les verbes حضن et رقد signifient l'un et l'autre *couver;* les mots تحضين et رقدة semblent donc avoir reçu le sens d'*inégalité* parce que les poules déposent leurs œufs dans un petit creux quand elles veulent les couver.

مَحضُنَة *œuf couvé,* Alc. (enpollado guevo).

حضو

حَضاى et حاضي *jardinier,* Domb. 103, 104.

حط I a reçu le sens de *mettre* (وضع) et s'emploie dans une foule d'expressions qu'on trouve chez Bc et dont celles-ci sont les principales: حط ابزيم *bou-*

حط

cler, mettre une boucle; — حط بهارا *apprêter*, *épicer*; — حط تحت النبوت *bâtonner*, donner des coups de bâton; — حط رسمال *masser*, faire une masse au jeu; — حط رسمال في اللعب *caver*, t. de jeu, faire fonds d'une certaine somme; — حط ريش *remplumer*, regarnir de plumes; — حط السلاح *désarmer*, poser les armes, cesser la guerre; — حط السيف *sabrer*; — حط شويطبا *galonner*; — حط الصواري *mâter*, garnir un navire de ses mâts; — حط الطاى طاقين *doubler*, donner ou mettre le double; — حط العدد *chiffrer*, marquer par des chiffres; — حط علاما (علامة) على *marquer*, mettre une empreinte, une marque sur une chose pour la distinguer; *noter*, faire une marque; — حط عينه على *avoir en vue une chose*, avoir des vues sur une chose, se proposer de l'obtenir; et avec على غير شى *changer de visée*, de desseins; — حط عنوانا على *étiqueter*; — حط قزاز *vitrer*, garnir de vitres; — حط القيمة على *apprécier*, évaluer; — حط كتفا *prêter l'épaule*, aider; — حط وجده في *prendre à cœur*, s'intéresser vivement à; — حط الشى بالمزاد *emmancher*, mettre un manche; — حط الشى بالمزاد *mettre une chose à l'enchère*; — حط في راسه *se buter à*, se mettre obstinément dans la tête, fourrer dans l'esprit; — حط في ظهر *mettre sur le dos*, accuser de. De même حط الرحل, dans un autre sens que chez Lane, et en sous-entendant, non pas عن الظهر, mais على الظهر, *mettre la selle sur le dos d'un chameau*, *seller*, Gl. Belâdz. — En parlant d'une tente, *la coucher par terre*, en arrachant les piquets qui la soutiennent, Gl. Edrîsî. — En parlant d'un vaisseau, حط sans complément, qui serait القلاع «les voiles», signifie *caler*, *amener*, *baisser les voiles*; c'est l'opposé de اقلع «déployer les voiles, mettre à la voile,» et l'expression حط واقلاع signifie, en parlant de vaisseaux, *partir et arriver*. On dit aussi حط المركب عليها, Gl. Edrîsî, Amari 293, 11 (où la soi-disant correction de Fleischer ne doit pas être admise). — حط البنديرا *baisser pavillon*, Bc. — Le sens de *donner* une pièce à son adversaire, dans le jeu des échecs, que Freytag a noté, se trouve Vie de Timour II, 872, 3 a f.: كان يحط له بيدقا ويغلبه, *ibid*. 2 a f. فرسنا. — *Diminuer*, réduire quelque chose, *en retrancher une partie*, p. e. اعطياتهم «leurs traitements, » Gl. Belâdz. — T. d'arithm., *réduire une fraction*, M. — *Payer* (cf. Lane), 1001 N. II, 82, 8 a f. حط المال *contribuer*, payer les contributions,

300

حط

Bc; حط كل واحد منا على قدر ماله «ils se cotisèrent chacun suivant ses moyens,» Bc. — حط قدره *rabaisser*, déprécier le mérite, estimer au-dessous de la valeur; حط قيمة الشى *dénigrer*; — حط seul *mésestimer*, Bc, Auw. I, 47, 21, où محطوط est le synonyme de مذموم. — حط عن المغلم *dégrader*, Bc. — *Céder*, se relâcher, *se courber*, plier, céder à la volonté d'un autre, *fléchir*, s'abaisser, se soumettre, *lâcher la main*, céder de ses prétentions, Bc. — C. على p. *imposer un tribut à*, Gl. Fragm., Aboû'l-Walîd 291, 4; — par ellipse de الاقداح (mettre les coupes devant quelqu'un) *faire boire* quelqu'un, 1001 N. Bresl. III, 309, 2 a f.; — *calomnier*, *diffamer*, Maml. II, 2, 247, Macc. I, 586, 6, 613, 20, 829, 21. — C. عن p. et acc. r. *remettre*, faire grâce à une personne d'une contribution qu'on était en droit d'exiger d'elle; aussi sans complément حط عنهم «il diminua le tribut qu'ils avaient à payer,» Gl. Belâdz. Deux exemples prouvent que, dans ce sens, on a aussi construit ce verbe c. d. a., ce qui est assez singulier: Belâdz. 67, 14: واحضروه كتاب عثمان بما حطه (حطه l. جملة; Abbâr 252, 5: حطهم من الخلل خراج ضياعه. — C. في r. *entrer dans*, se mêler d'une chose, *tremper*, participer, être complice, Bc. — C. ل p. *baisser pavillon devant quelqu'un*, au fig.; c. ل p. et في r. *céder*, se reconnaître ou être reconnu inférieur, vaincu, Bc.

VII *se baisser*, Djob. 299, 8. — *Diminuer en qualité*, en valeur; Bc a le n. d'act. sous déchet. — الاحتطاط القوى *prostration*, perte des forces, Bc. — *Cesser d'être présomptueux*, Alc. (desbincharse). — C. ل ou الى p. *céder à l'avis de quelqu'un*, Macc. I, 474, 16, Haiyân-Bassâm III, 3 v°: لدمائة خلقه واحتطاطه لصاحبه في سائر امره ⊕

VIII *diminuer en valeur*, Mohammed ibn-Hârith 239: اختططت لدى «tu as baissé dans mon estime.»

حَطّ *posage*, travail et dépense pour poser certains ouvrages, Bc.

حَطّة *mise*, ce qu'on met au jeu; dans une association; — *pause*; — *station*, pause de peu de durée en un lieu; — *abaissement*, humiliation, Bc.

حطّاط *camper*, Rutgers 179, 21.

حطيطة, avec l'article; c'est quand le créancier remet au débiteur, qui paye difficilement, une partie de la dette, v. d. Berg 114. — En Egypte, «un

حطب

revenu en argent ou en nature sur un fonds de terre, ou le fonds de terre lui-même; ces possessions ne payent aucune sorte d'imposition,» Descr. de l'Ég. XI, 491.

حَاطِط mettant, posant, 1001 N. Bresl. IV, 32, 2; حَاطِط ابنه في مدرسة « il tient son fils dans un collége,» Bc. — Cantonné, Bc. — حَاطِطا قوس tirer à la posée, Bc.

مَحَطّ endroit où l'on met quelque chose; voyez Bc sous bobèche. — محط العسكر lieu de campement, cantonnement, Bc. Le plur. مَحَاطّ, Rutgers 165, 2 a f., 171, 175, 6, me semble signifier postes, lieux où les soldats sont placés par leurs chefs, soldats placés ou destinés à être placés dans un poste, et non pas «machines de guerre,» comme l'a pensé l'éditeur. — Cadence, terminaison d'une phrase harmonique, Bc. — Repos, césure dans les vers, Bc.

مَحَطّة étape, halte, Bc, Burton II, 66. — Position, point occupé par une armée, un corps, Bc. — Situation, assiette, position d'une ville, etc., Bc.

مُسْتَحَطّ في مستحطّه à propos, convenablement au temps, au lieu, etc., Bc.

حطب II et V dans le Voc. sous lignum.
VIII couper des vignes, Berb. I, 26, 13, des arbres, ibid. l. 16.

حطب. Le pl. حُطْبَان dans le Voc. — حطب اللّتا osier, Bc. — حطب القدّيسين gaïac, Bc. — دين الحطب par mépris et par allusion à la croix des chrétiens, la religion chrétienne, Daumas V. A. 105.

حَطْبَة bûche, Voc., Bc.

حَطَبِيّ قرفة حطبيّة casse aromatique, Bc.

حَطَّابَة chantier, magasin de bois en pile, Bc.

مَحْطَب pl. مَحَاطِب le terrain où croissent des arbres dont le bois sert de bois de chauffage, bois taillis, Ztschr. XVIII, 531.

مُحْتَطَب même sens, Gl. Belâdz., Amari 41, dern. l., Edrîsî, Clim. IV, Sect. 3: جزيرة حسنة فيها مرسى ومحتطب — Bois de chauffage, Becrî 26, 4 a f.

حطرج

حَطَارِج pl. حَطَارِج sot, fou, Voc.

حَطْرَجَة et حَطْرَشَة sottise, folie, Voc.

حَطْرَل sot, fou, Voc.

حط

حطم I, briser, au fig., comme le synonyme كسر, mettre en fuite, Gl. Fragm. — Pousser un cheval, le faire galoper à toute bride, 1001 N. Bresl. XII, 175, 10; cf. dans Lane المال يحطم.

II se presser les uns contre les autres, Abdarî 59 r°: فأجفل الناس وحطّم بعضهم بعضًا ورحلوا على اوڨ. Le ° est dans le man.; Lane a la Ire en ce sens. — حطّم النبات sécher de l'herbe, Voc.
V être séché (herbe), Voc.

حَطْمَة, comme' le synonyme كَسْرَة, fuite, déroute, Berb. I, 250, 14, Haiyân 90 v°: خرجت عليهم خيل الاخابث فجرت على الجند حطمة☼

حُطْمَة pl. حُطَم caduc, cassé, vieux, Bc.

حُطَام foin, Voc., avec le nom d'un. ة; paille, Alc. (paja para la cama); l'un ou l'autre Becrî 172, 5. — Chaume, éteule, Alc. (rastrojo o restrojo). — Le chaume ou la jachère, le terrain qui l'année précédente a fourni une récolte et qu'on a laissé reposer un an pour le cultiver l'année suivante. Si le sol a porté deux ans de suite, il est dit حطام بارد, comme si le sol eût été refroidi par ces cultures successives. Voyez Auw. II, 10, 2 a f. et suiv., avec la note de Clément-Mullet II, 11, n. 2.

حَطِيم, à la Mecque. Sur l'origine et la signif. primitive de ce mot on peut consulter mon ouvrage Die Israeliten zu Mekka p. 182. Plusieurs voyageurs du moyen âge l'emploient pour indiquer les macâms des quatre imâms, que Buckhardt a décrits, Gl. Djob., Bat. I, 374.

حظّ VII être bien-aise, Bc. — S'amuser, 1001 N. II, 87, dern. l. — C. ب être charmé de, se réjouir de, Bc. — C. من prendre plaisir à, Bc, 1001 N. Bresl. IX, 378, 2.

حَظّ part, Alc. (suerte por parte, parte), p. e. الحظّ العاشر «la dixième part,» Alc. (decima parte). — Part à la faveur de, faveur, Khatîb 177 r°: il était فظًّا في طلب حظّه «dur pour ceux qui briguaient sa faveur» (il haïssait les intrigants et les flatteurs); كان له عندي حظّ, Macc. I, 136, 9 et 10, 137, 7, cf. 134, 3; de Sacy Chrest. II, 420, 4 a f.: quand il sera arrivé, فليس لاحد منه (من المَلِك) حظّ سوآء «il n'y aura plus de faveur pour aucun autre que

حظر

lui;» Ibn-Hazm, Traité sur l'amour: حظ رفيع ومرتبة سريّة ودرجة عليّة. Le pl. حظوظ, Berb. I, 469, 1: وكان بن حظوظ كرامته عند الطاغية أنّ الخ aussi suivi de الى ان, Haiyân 63 v°: وله الى عمر حظوظ وصانعه. — Argent qu'on donne chaque jour à un domestique pour sa nourriture ou ses gages, Alc. (asignacion, racion de palacio, synonyme de نصيب et de راتب). — Plaisir, ébat, passe-temps, Bc, M, 1001 N. I, 275, 2 a f., 768, II, 23, 25, III, 14, et en plusieurs autres endroits. — في حظى ma foi, par ma foi, expr. adv. pour affirmer; في حظى وبختى sur ma parole, manière d'affirmer, Bc.

أحظّ. Il était (احظّ الناس) في هوى نفسه, Haiyân-Bassâm I, 10 r°, c.-à-d. «il avait plus d'amour-propre qu'aucune autre personne.»

محظوظ content, satisfait, Hbrt 226, bien-aise, Bc, M.

محظوظيّة plaisir, Bc.

حظر II, comme la Ire, faire un enclos, Gl. Fragm. — Dans le Voc. حظر الحائط est bardare, c.-à-d. couvrir un mur avec des ronces, des pierres ou de la paille cimentée avec de la terre, pour le conserver. — C. على r. défendre l'importation d'une marchandise, Beert 52, 7; aussi c. a. r., R. N. 98 v°: قال أحقّ أخى على ليهود أتى بها من الاندلس وكانت اليهود محظّرة لا يخرج بها احد وقد سجن فى المهدية على أن يقتل

حظر clandestinité, Bc.

حظر enclos de murailles, Akhbâr 63, 4 a f.

حظير enclos, parc, Auw. I, 509, 15, où il faut lire فى حظير avec le man. de Leyde, 1001 N. III, 28, 6 a f., où il faut substituer ce mot à حصير.

حظيرة. Pour le sens: murus depressior, lorica (Gol.), voyez Edrîsî ۱۴۶, 4 a f. — Chaperon de mur fait de ronces ou de paille cimentée avec de la terre et des pierres, Voc. — Encadrement, Cherb. (il donne خطيرة; mais je crois que c'est une faute).

حاظر enclos, parc, Macc. I, 689, 3 a f.; aussi dans Boul.; Fleischer veut lire حظار.

محظر. اهل المحظر de Sacy Chrest. I, ۱۰v, 3, où

حف

l'éditeur traduit: les gens d'une vie scandaleuse. — Clandestin, Bc.

حظى I. حظى, dans le sens d'acquérir, obtenir (Bc) n'est pas du dialecte vulgaire, comme le dit Lane, car on le trouve chez Ibn-Haiyân, dans mes Notices 181, l. 5 de la note; aussi Berb. I, 468, 6 a f, où il faut lire avec notre man. 1351: وحظوا له من الطاغية حظًا. Dans ces deux passages la constr. est c. a. r.; Bc donne c. ب r. et (sous parvenir) c. على r.

V c. a. prendre pour concubine (حظيّة), Bait I, 67: وكانت له جارية قد تحظّاها وجعلها سريّته = مقصد بزم, épouser la veuve de son frère, Payne Smith 1542.

حظو haute dignité, Mohammed ibn-Hârith 203: لما كان القاضى اعظم الولاة حظوًا بعد الامام, les voyelles dans le man., qui porte par erreur خطوا.

حظوى vulg. pour حظوة, M.

محظيّة pl. محاظى, concubine (cf. Lane), se trouve chez Bc et dans Koseg. Chrest. 9, l. 13.

متحظّظ concubinaire, qui a une concubine, Bc.

حفّ II raser, Voc., Domb. 120, Bc (Barb.), Ht. — Farder, Bc. — تحفيف toilette, Ht.

V faire sa barbe, Voc., Bc (Barb.). — Se farder, Bc. — Dans le passage cité par de Jong, la leçon me semble altérée.

VII dans le Voc. sous circumdare.

حفّة. Burton II, 81: «The Sherifs generally wear their hair in haffah (حفة), long locks hanging down both sides of the neck and shaved away about a finger's breadth round the forehead and behind the neck.»

حفّى. الثياب الحفيّة, nom d'une étoffe que quelques-uns, comme l'atteste Yâcout II, 296, 1—3, dérivent d'al-Haffa, nom d'un district à l'ouest d'Alep, mais qui, selon Yâcout lui-même, vient de cet instrument de tisserand qui porte le nom de حفّ et qui sert exclusivement à la fabrication de cette sorte d'étoffe. Du temps de Tha'âlibî, on la fabriquait à Naisâbour et on l'appelait نيسابور حفيّات ou نيسابور; voyez les passages cités par de Jong, qui s'est trompé en plaçant ce mot sous la racine حفى

حَفَّاف barbier, Bc, Mc, Roland, Prax R. d. O. A. IX, 157.

مِحَفَّة, t. d'archit., Abou'l-Walîd 619, 5, qui l'emploie pour expliquer le terme hébreu גֻּלָּה, globus, globulus in columnarum capitulo.

مِحَفَّدار l'officier qui a le soin de la litière (مِحَفَّة) du sultan, Maml. II, 1, 151. Au Maroc on l'appelle مولى المحفّة, Hœst 153.

حفد

حَفِيد. Le pl. aussi أَحْفَاد, Voc. Ce mot, dont le fém. est حَفِيدة (Voc., Alc.), indique différents degrés de parenté: neveu, fils du frère, Alc. (sobrino hijo de hermano), Hbrt 29 (Alg.), Daumas V. A. 436; neveu, fils de la sœur, Alc. (sobrino hijo de hermana); gendre, Hbrt 26 (Alg.); le fém. tante, Alc. (tia).

حافد gendre, Bc, Hbrt 26.

مَحْفُود, en parlant d'un hospice, où l'on est bien servi, voyez sous مَحَلّ.

حفر I trépigner, gratter des pieds en terre (cheval), Alc. (patear la bestia). — Sculpter, ciseler, graver, Gl. Edrîsî, Hbrt 87, Macc. 397, 14 et 15. — Voyez حَفِير à la fin. — Decerpo, أَحْفُر L, ce qui est étrange; peut-être faut-il penser à decerpere virginitatem.

II dans le Voc. sous fodere.

V dans le Voc. sous fodere; comme actif, Diw. Hodz. 107, 4 a f., comme quasi-pass., Payne Smith 1348.

VIII c. على inivit feminam, Gl. Belâdz.

X c. d. a. أَسْتَحْفَرَهُ بِئْرًا il lui demanda la permission de creuser un puits, Kâmil 90, 9.

حُفْرَة tombeau (cf. Lane), Khatîb 115 v°: المقصود للحفرة المحترم التربة. — Puisard, puits pratiqué pour recevoir les eaux, Bc. — Bassin, réservoir en forme de bassin, Prax R. d. O. A. VII, 273. — Bassin, vaste plaine entourée de montagnes ou de collines élevées; la ville de Morzouk se trouve dans une telle « hofra, » et tout le district s'appelle ainsi, Barth I, 176. — Tranchée, fosse, fossé pour se couvrir lors d'un siége, Bc.

حَفِير fosse, trou en terre, Voc., Bc (Barb.). —

Fossé, Gl. Edrîsî, surtout fossé autour d'une forteresse, Alc. (cava de fortaleza), Cartâs 181, 10 a f., 242, dern. l., Müller 4, l. 3. — Bassin, réservoir en forme de bassin, Becrî 26, 16 (= ماجل). — Abreuvoir, Werne 53. — Cannelure, petit canal ou sillon creusé du haut en bas à la surface d'une colonne, Gl. Edrîsî. — Comme n. d'act. du verbe حَفَر, fossoyage, l'action de faire des fosses, Alc. (ahoyadura, cavazon, cavazon de viña).

حَفِيرَة. Le pl. حَفَائِر, Gl. Belâdz.

حَفَّار non-seulement fossoyeur, mais en général celui qui creuse en terre, Gl. Belâdz., Gl. Fragm., Bait. II, 16, dern. l.: (l. حفّارون) ياخذونه حفّارون الكروم فياكلونه. — Graveur, Hbrt 87.

حافر, comme collectif: chevaux, mulets et ânes, Belâdz. 61, dern. l. — En Nubie, un cheval, Burckhardt Nubia 215. — الحافر ou الحافر الاحمر, était le nom d'un rubis, qui avait la forme d'un sabot de cheval et que le sultan almohade Abou-Ya'coub avait reçu de Guillaume II, roi de Sicile. Ce sultan en orna la copie du Coran faite par le calife Othmân; voyez Abd-al-wâhid 182, 5; Holal 71 r°, en parlant de ce Coran: وكان من اغرب ما فيه الحافر الاحمر من الياقوت الذي هو على شكل حافر الفرس. — Espèce de moule (mollusque bivalve), Bait. I, 293 b: على شكل الصدف المعروف بالحافر; Sontheimer traduit Klauenmuschel. حافر المهر Colchicum autumnale, Bait. I, 277 d.

حافِرَة. Voyez Lane; aussi رجع في حافرته, Kâmil 161, 14 et 15.

مِحْفَر ciseau de graveur, Hbrt 87.

مِحْفَر. خيط محفر؟ Maml. I, 1, 219; Quatremère traduit: fil tordu.

مَحْفُورَة. البسط المحفورة, Prol. I, 324, 2, طنفسة حفورية, Payne Smith 1490; de Slane pense que ce sont des tapis couverts de dessins en relief. — اللفت voyez sous لفت.

مَحْفَارَة glaisière, M.

حفز I = חפז, Saadiah ps. 48. — Le Voc. donne ce verbe, c. على, n. d'act. حَفْز et حِفَازة, sous sagio, et dans une note congregare reditus regis.

IV, dans le sens de la Ire, hâter, faire dépêcher, Macc. II, 701, 11 (cf. Add. et Corr.); Boul. a la Ire.

V *s'apprêter, se dresser à se lever*, Harîrî 17, 1, Macc. II, 413, 4: فاحْفِز المجلس للدخول وقاموا جميعا لي, où l'édit. de Boul., de même qu'Ibn-Bassâm, a تحرك. — *Se hâter*, J. A. 1852, II, 221, 9, où Cherbonneau a eu tort de changer la leçon du man.; تحفّز y a le sens de *promptitude*; c. الى *se rendre en hâte vers*, Chroniques de la Mecque éd. Wüstenfeld, II, 242, 5 a f., où il faut lire تحفّرون, comme l'a observé de Goeje Mém. d'hist. et de géogr. orient. I, 45, n. 2.

VII *se presser, se hâter, se dépêcher*; le n. d'act. aussi *inquiétude*; *se hâter de partir*, Lettre à M. Fleischer 51—3, Voc., Aboû'l-Walîd 104, 10, 241, n. 37, 569, n. 61, Saadiah ps. 104.

حَفْز pl. حَافز, en Espagne, *agent de police*, Voc. (sagio), Chec. 206 r°: Quand je fus arrivé à Grenade, le vizir وجّه الى الحافز ابن عبد العظيم في شأن مرض أصابه

حفش.

حفش *maire noir* (poisson), Burckhardt Syria 166.

حفظ I, dans le sens de *préserver quelqu'un de*, se construit aussi c. على p. et acc. r., Haiyân 30 r°: le sultan dit à son petit-fils, dont le mulet s'était enfui: Pourquoi n'as-tu pas d'eunuque à ton service يحفظ عليك مثل هذه الصيرة من زوال دابّتك. — *Garder, observer*; حفظ ايام الاعياد «observer les fêtes;» حفظ الناموس «garder la bienséance;» même expression avec l'adj. الظاهر «garder les bienséances, le décorum, sauver les apparences;» mais la première expression signifie aussi: «conserver sa réputation,» Bc. — *Etudier*, Hbrt 112. — *Savoir* une langue, Djob. 32, 10. — C. a. p. *honorer, respecter*, Gl. Edrîsî, R. N. 84 v°: on conseille à quelqu'un de répudier sa femme qui était d'une humeur acariâtre, mais il répond: حفظتها في والدها «je la respecte à cause de son père,» après quoi il énumère tout le bien que son beau-père lui avait fait. — حفظ سرعه *tenir en bride, dans le devoir*, Bc. — حفظ عهد ou حفظ *garder fidélité à*, Bc; c'est comme on dit حفظ له ذماما, Koseg. Chrest. 73, 4, où il faut lire ainsi, au lieu de رمه. — حفظ الغذاء *faire diète, être à la diète*, Voc. — حفظ قلبه *soutenir le courage*

304

de quelqu'un, Bidp. 259, 1. — حفظ لسانه *retenir sa langue;* حفظ اللسان *retenue dans le discours*, Bc.

II. De même qu'on dit, à la Ire forme, حفظ لسانه, «retenir sa langue,» on dit: كان محفّظا للطرف لا ينظر الى شي, Fragm. hist. Arab. ١٣٩, 7, proprement: *il retenait ses regards*, c.-à d. *il ne se permettait pas de regards indiscrets.*

III *défendre, garder*, c. قلعة, une forteresse, Bc; *protéger* une personne, Bayân I, 163, 2.

V c. ب r. *garder* une chose, Gl. Badroun. — C. a. p. *épier* quelqu'un, pour l'attaquer, le voler, Gl. Maw.

VII dans le Voc. sous *custodire*, *être gardé*, Merx Archiv I, 186, n. 2.

VIII c. من *se garder de*, Voc. — احتفظ الغذاء *faire diète, être à la diète*, Voc. — C. على p. *ménager, traiter avec ménagement*, Antar 53, 3.

X dans le sens donné par Lane, mais c. على et acc., Fakhrî 153, 12: انه ممّا يحفظه للخليفة في قبره. — C. على r. ان يستحفظ على الناس رجلا صالحا, *choyer, ménager une chose*, Bc.

حفظ *sûreté*, Bc. — آيات الحفظ sont les versets du Coran qui servent d'amulettes; on les trouve énumérés dans Lane M. E. I, 377.

حفاظ *garnison*, Haiyân 3 v°: اقتل اقلّ الحفاظ. — Le pl. احفظة. — الحفاظ اعنى جند حضرته قرطبة *étuis ou enveloppes*, Macc. I, 403, 2, 4 a f. Je n'ai pas rencontré ce mot au sing., mais peut-être ce sing. est-il حفاظ, de même que le synonyme اموية est du sing. صوان. — *Lange*, M. — *Suspensoire, bandage pour prévenir les descentes*, Bc; M.

حفاظ pl. ات *bandage, bandes de linge, de cuir*, etc., *pour fixer*, Bc.

حفيظ ملاك حفيظ *bon ange*, Alc. (angel bueno).

حفّاظ *gardien*, Roland.

حافظ *gouverneur*, Cartâs 166, 6 a f., 192, 11 a f., Berb. I, 454, 4 a f. — Les حفاظ, qui étaient les صغار الطلبة, formaient la cinquième classe dans la

hiérarchie des Almohades, Holal 44 v°. — حَافِظ
حَافِظُ المَوِزِ et الأَجْسَاد, en Espagne, *teucrium scordium*, Bait. I, 233 b, II, 102 c, où AB ne portent pas الابذان, comme chez Sonth., mais الاجساد.

حَافِظَة, avec l'article, pour الـقُـوَّة الحَافِظَة, *la faculté retentive, la mémoire*, Bc, Prol. I, 176, 3 et 5, Macc. I, 476, 7, 569, 17. — *Portefeuille*, M.

مَحْفَظَة pl. مَحَافِظ *sac*, Voc. (pera). — *Bourse*, Gl. Djob., Macc. III, 754, 23. — *Ecrin*, 1001 N. III, 551, 12. — *Vase long et étroit en roseau ou en bois pour le cohl*, Prax R. d. O. A. VI, 342. — *Portefeuille*, Bc, Hbrt 112, Ht.

مَحْفُوظ. نِسبة محفوظة signifie *juste proportion* chez Ibn-Tofaïl 89, 1, et peut-être محفوظ signifie-t-il, en parlant de l'or, *dont l'alliage est en juste proportion*, Khatîb 15 r°: وَضَرَبَ فَضَّة خَالِصَة وَذَهَب إِبْرِيز طَيِّب محفوظ. — En parlant d'une tradition, *bonne à apprendre par cœur*, celle de deux traditions *désapprouvées* qui l'emporte en valeur sur l'autre, de Slane Prol. II, 482.

مَحْفُوظِيَّة *mémoire*, Bc.

مُحَافِظ *gouverneur* d'une ville, Burton I, 19, II, 10. — محافظون *garnison*, Bc.

مُحَافَظَة *garnison*, Ht. — محافظة القوانين *régularité*, Bc.

مُسْتَحْفِظ *commandant* d'une forteresse, *gouverneur*, Athîr X, 49, 3 a f. (= Aboulf. Ann. III, 222, 3 a f., Aboulfaradj 347, 4 a f.), Freytag Chrest. 97, 12, Aboulfaradj 400, 12.

حفل II *amplifier*, Bc.

V c. ب r. *faire des efforts pour*, Amari 394, dern. l. (cf. ann. crit.).

VII *congregatus est*, Damîrî man. (Wright).

VIII, comme la Ve, en parlant d'un *madjlis*, quand il est fort fréquenté, quand il y a beaucoup de monde, Bassâm III, 36 v°. — احتفل بالسلام عليهم *il les salua très-poliment*, Abdarî 5 v°. — C. ل r. *se préparer avec soin pour*, Gl. Belâdz., Berb. II, 337, 3 a f. — Dans la phrase ما احتفل به, Bc donne فيه, au lieu de به, *ne point faire accueil à quelqu'un, ne pas faire attention à quelqu'un, le dédaigner*. La constr. c. ل p., donnée par Lane, se trouve chez Abd-al-wâhid 93, 8, où la leçon du man. doit être conservée. — C. في dans le Voc. sous *solemnitas*.

حَفْل *solemnitas* dans le Voc.

حَفْلَة *réunion de nobles personnes*, Haiyân 100 v°: فانكر اهل العسكر قبح ما صنعه في مثل تلك الحفلة. — *Solemnitas* dans le Voc.

حَفِيل *considérable (forteresse)*, Gl. Edrîsî.

حَافِل. Chez Bat. *magnifique, superbe* (marché, ville, mausolée, académie, festin, tapis). — Avec le compar. أَحْفَل *délicat, agréable au goût*, Gl. Edrîsî.

مَحْفِل *assemblée, réunion*; on trouve مَجَالِس لِلْمَحَافِل, Abbâr 97, 7 a f. (= Haiyân 21 v°). — *Synode*, Bc. — محفل يهود *synagogue*, Bc. — *Cortége*, Bc. — *Le cercle que les femmes forment autour des cavaliers qui font la fantasia*, Martin 109. — *Pompe*, Bc.

اِحْتِفَال *cérémonie, manière honorable de traiter*, Bc.

حَفْلَاجِي *vannier*, Ht.

حفن

حَفْنَة *(poignée)*; on emploie comme pl. أَحْفَان et حِفَان, Gl. Mosl.

حفو et حفى I. حَفِيَ *s'émousser* (épée), Bc, (couteau), Voc., (plume), Macc. I, 394, 16.

II *déchausser*, Voc., Bc. — *Emousser*, Voc.

V *se déchausser*, Voc., Ht. — *Se déferrer* (cheval), Alc. (desherrarse la bestia), Bc. — *Se faire mal aux pieds* à force de marcher, Alc. (despearse el que anda). — *S'émousser*, Voc.

حِقَاء, حَفَا. Selon Daumas, Mœurs 367, qui écrit *haffa*, « ce sont de véritables brûlures que les sables font aux pieds de ceux qui marchent sans chaussures. »

حَفْيَان *déchaussé, nu-pieds*; — *qui n'est pas ferré* (cheval), Bc.

حَافٍ *pas ferré* (cheval), Martin 97; en ce sens بردون حافي الخُفّ, Freytag Locm. 38, 16, où il faut lire ainsi, au lieu de الحَلقي. — *Emoussé, pas affilé*, Roland, Martin 48.

حق I. حَقَّ عَلَيْهِم القَوْل *Les paroles*, Berb. II, 252,

3, dans lesquelles il y a une allusion à un passage du Coran (36, 6), signifient à peu près حقَّ عليهم القضاء (voyez Lane).

II *certifier, témoigner, assurer,* Alc. (certificar), Bc. — *Accomplir, effectuer,* Bc. — حقّق علمَه *perfectionner ses connaissances,* Amari 616, 1. — حقّق القتال ou الحَمْلة, ou للخصومة, *combattre vigoureusement,* Gl. Belâdz., Gl. Fragm.; aussi par ellipse حقّق على فلان, Haiyân 100 v°: فلمّا حقّق المسلمون عليهم.

III c. a. p. *traduire quelqu'un en justice,* Nowairî Espagne 470: حُوقِقَ وطُولِبَ بألف مائة دينار.

V *se perfectionner,* Macc. I, 494, 4: لزم ابن عبد الحكم للتفقّه وتحقّق به والمرّ, où ب est: *sous la direction de.* — C. ب r. *connaître à fond une science, un art,* Haiyân-Bassâm III, 112 v°: ماتحقّقها بصنعة الكتابة, Abd-al-wâhid 133, 9, 170, 2 a f., 172, 2 et 3, 217, 6 et 7. Je crois que تحقّق بالرئاسة Weijers 53, 4, signifie de même: «connaître à fond les devoirs qu'impose la dignité de prince,» car تحقّق ب ne signifie pas, comme l'a pensé l'éditeur (p. 189, n. 340), «être digne de.»

X *réputer digne, tenir pour digne,* Alc. (desfiar tener por digno). — *Garder; garder en dépôt,* Amari Dipl. 32, 5; *garder pour soi une chose à laquelle on n'a point de droit,* Djob. 75, 19: جعلوه سببًا الى استلاب الاموال واستحقاقها من غير حلّ. — *Valoir,* p. e. اشتريه بالثمن الذى يستحقّه «je l'achèterai pour le prix qu'il vaut,» Bc. — يستحقّ *il faut,* Bc (Barb.).

حَقّ, *sur les monnaies, rectitude (du poids),* Ztschr. IX, 833. — إحياء حقّ فى الله et قام فى حقّ semblent avoir eu un sens particulier chez les orthodoxes qui avaient à souffrir de la persécution des Obaïdites, R. N. 82 v°: وذكر انه قام فى حقّ فى وقت الغدوات فنقم عليه وشهد عليه انه قذف السلطان فحبس بعض يوم ورميت عليه خمسون دينارا قال يا بُنَىّ فقمتُ فى السجن فصلّيتُ ركعتين ودعوتُ اللّه عزّ وجلّ وقلتُ اللّهمّ ان كنتَ تعلم انما خبستُ على إحياء حقّ فيك فخلّصني فلا والله ما تمّ دعائى حتى نودى فى فخرجتُ بلا غرم والحمد لله ; c'est peut-être: *faire la prière selon le rite orthodoxe.* — Dans le sens de *droit, prix, rétribution, présent,* etc.: *dot,* Voc.; حقّ بابوج *paraguante, présent fait en reconnaissance de quelque service,* Bc; — حقّ البرنس *le présent que les fonctionnaires devaient donner à Abd-el-Cader, à cause de l'investiture,* Gl. Esp. 286; — حقّ الطريق, *frais de voyage chez* Bc, spécialement: *paye pour ceux qui sont envoyés afin de porter des ordres dans un village,* Descr. de l'Eg. XI, 496; — حقّ كشف الوجه *cadeau en argent que l'épouse doit donner à la nouvelle mariée, avant d'ôter le châle qu'elle porte sur la tête,* Lane M. E. I, 257. — اوجب له الحقّ على وزراء دولته «il lui permit de commander aux vizirs du royaume» (de Slane), Berb. II, 206, 3 a f. — حقّى منه (ou خُذ اخلص) *vengez-moi de lui!* 1001 N. II, 3, 6 a f., 16, 2 a f. — حقوق *les accessoires qui accompagnent nécessairement le principal,* v. d. Berg 48. — أهل الحقوق *ceux qui ont ensemble quelque différend,* de Slane Prol. I, p. LXXV b. — صاحب الحقّ *créancier,* Bc. — حفظ حقّه *garder fidélité à,* Bc; — بحقّ *par, quand on jure, conjure;* بحقّ اقسم *jurer par,* Bc; اسألك بحقّ «je vous en conjure par notre amitié,» Bc; 1001 N. I, 53, 8 a f., où c'est proprement: *par la vertu de,* de même que 100, 8: اخلص بحقّ الحقّ وبحقّ اسم اللّه الاعظم فى صورتك الأولى «par la vertu du nom de la Vérité et par la vertu du très-grand nom de Dieu.» — وبحقّ *par,* servant à protester, Bc, Koseg. Chrest. 80, 9 a f., 1001 N. I, 48, 95. — بحقّ *sur le compte de, au sujet de, à l'égard de, envers,* Bc, Bidp. 136, 3, 223, 7, de Sacy Chrest. I, 247, 2 a f., II, 189, 10, ١٢٤, 5. C'est souvent l'équivalent de فى, de même que قاموا بحقّ تعظيمه de Sacy Chrest. II, ٣٩, 6, est l'équivalent de قاموا بتعظيمه. — فى حقّها *à point nommé, au temps fixé,* Bc. — من حقّ, et vulg. حقّا من, *tout de bon, sérieusement,* Bc. — حقّ حقّ *passablement,* Hœst 113. — Au Maghrib, *bâton,* M.

حقّ *le mahari de deux ans,* Daumas Mœurs 364; *le chameau à quatre ans,* le même R. d. O. A. N. S. I, 183, Davidson 92. — مستحقّ للعقوبة *qui mérite d'être puni,* Abou'l-Walîd 213, 29.

حُقّ, comme sing. (cf. Lane sous حُقّة), *boîte,*

pot, écrin, etc., est dans le Voc., dans Alc., et se trouve fréquemment chez les auteurs du moyen âge; voyez Gl. Badroun, Macc. I, 305, 18, 655, 3 a f.; cf. Ztschr. XI, 515 à la fin, 516, n. 41. — حقّ الذخيرة ostensoir, pièce d'orfévrerie dans laquelle on expose la sainte hostie, Bc. — Poignet, Alc. (muñeca parte del braço). — حقّ الفخذ ischion, Bc.

حقّة hanche, Ht. — (Esp. haca) haquenée, Alc. (hacanea); le pl. en s, comme en espagnol.

حقّة gobelets de joueur; باز حقّة joueur de gobelets, Bc. — Le corps de l'instrument nommé كمنجة, voyez Lane M. E. II, 74. — حقّة البزر capsule, ce qui renferme la graine des plantes, Bc.

حقّى véridique, L (verax (veridicus)). — Sévère, L (severus قاهر للتجبّر بالحكم القويم حقّى).

حقّى véridique, Voc.

حقّيّة sévérité, L (severa دون التوراة في الحقّ).

حقيف «substance dont nous ignorons le nom en français,» Carette Géogr. 253.

حقيقة véridicité, Bc. — Avec l'art., proprement l'essentiel, c.-à-d. le soufisme, par opposition à الشريعة «la connaissance de la loi» (Macc. III, 675, 13: جمع الله له علم الشريعة والحقيقة), Khallic. I, 173, 10 Sl., Macc. I, 571, 10, II, 437, 4. أقلّ للحقيقة les Soufis, Macc. I, 568, 12. Dans un sens plus spécial: le troisième et dernier degré du soufisme; c'est lorsque le Soufi a trouvé Dieu en soi-même et qu'il sait qu'il est une partie de la divinité ou Dieu même; voyez Ztschr. XVI, 243. — الحقيقة المحمّدية chez les Soufis, le plus haut degré de l'échelle des manifestations divines, Prol. III, 69, 12.

حقيقى réel, effectif, intrinsèque, véritable, positif, propre; قصد حقيقى ferme dessein, Bc.

تحقيق assurance, certitude, certification, confirmation, légitimation, Bc. — Affirmation, t. de logique, opposé à «négation;» حرف تحقيق particule affirmative, Bc. — Finesse d'esprit, pénétration, Macc. I, 940, 16. — مجلس تحقيق, Ghadamès 67: «il y a à Tripoli un medjelès thakik (d'information) qui fait l'office de juge d'instruction au criminel, et d'après l'avis duquel le medjelès supérieur applique les canons.» — ديوان التحقيق, en Sicile, semble l'administration des domaines, Gregor. 34, 36. — Avec l'art., le soufisme, Macc. I, 576, 2, 577, 6, 583, 10, 596, 9.

تحقيقى affirmatif, Bc.

محقّق, à peu près synonyme de شيخ, docteur; la différence est indiquée dans ce passage, Macc. III, 678, 28: وسئل عن الحقّ والشيخ فقال الحقّ من شهدت له ذاتك بالتقديم وسرّك بالاحترام والتعظيم والشيخ من هداك باخلاقه وأيّدك باطراقه وأنار باطنك باشراقه. Dans l'édit., comme dans le man. de Leyde, on lit الحق, mais c'est sans doute une faute.

محقّق, compacte, serré, ferme, s'emploie aussi en parlant du ventre, 1001 N. I, 173, 5 (aussi dans Boul. et Bresl.).

محقّق certificateur, Bc. — Le Soufi qui est arrivé à la connaissance des grandes vérités, Macc. I, 496, 8, Prol. I, 173, 3, III, 72, 7, mon Catal. des man. or. de Leyde I, 87, 3; notre man. 1515 contient entre autres opuscules: مدارج السالكين ومنهج المحققين في علم التصوف. — قلم المحقّق espèce d'écriture en grands caractères, 1001 N. I, 94, dern. l.

محقّقة un bon soufflet, Gl. Maw.

استحقاق dette, Fakhrî 289, 2 a f.: كان قبل الوزارة يتولّى بعض الدواوين فعزل عنه وله به استحقاق مبلغ ألف دينار. — Dévolution, acquisition d'un droit dévolu, Bc. — الاستحقاقات les diplômes des récompenses, Maml. I, 1, 204.

استحقاقى méritoire, Bc.

مستحقّ obligatoire, commandé par une loi, Vêtem. 174.

حقب VIII emporter, porter une chose avec soi, emmener, p. e. des présents qu'on a reçus, Macc. I, 227, 18, de l'argent et des armes, Berb. II, 52, 2, un sultan, ibid. 380, 4 a f., des femmes, ibid. 197, 11 (où il faut prononcer ce verbe au passif).

X. احتقب له به est سلّم له به M.

حقب. «Les classes plus pauvres (chez les Arabes de la plaine de Dhafâr) portent seulement le foutah (pagne ou caleçon), attaché à une ceinture de cuir proprement tressée, ouvrage des jeunes filles bédouines, et appelée *akab*, qui est étroitement serrée autour des reins,» Haines cité par Defrémery Mémoires 154.

حَقْحَق I voyez Lane; on dit حَقْحَقَ السَّيْرَ, Kâmil 138, 15.

حَقَد I se construit c. acc. r. ou c. ب r., حقد عليه امرًا ou بأمر, Gl. Fragm. On trouve aussi حقد له ذلك, Cartâs 56, 7 a f.

II c. acc. dans le Voc. sous rancorem tenere.

VIII se construit de la même manière que la Ire, احتقد له امرًا ou بأمر, ou احتقد عليه امرًا, de Jong. — Dans L *decipio* اخلع واحتقر; mais lisez احتقد et comparez ce qui suit ici.

حَقْد. L: *dolus* حَقْد وكَيْد ومَكْر.

حَقُود *dolosus*, L.

حَقَر I, chez les chrétiens, en parlant de l'évêque, *faire cesser la consécration*, p. e. celle du calice, M.

IV, dans Golius-Freytag, n'existe pas, Fleischer sur Macc. II, 100, 5 Berichte 277.

V *être dans un état très-misérable*, Prol. III, 144, 14.

VI. Bc n'a pas seulement l'expression تحاقرت نفسه البه, qu'on trouve chez Lane, mais aussi عليه, *perdre sa propre estime*.

VII dans le Voc. sous contemnere.

اِحْقَرَّ voyez sous بَيْن.

حَقَرَة pl. حَقَر *mépris*, Alc. (menosprecio); cf. Lane.

حقل.

حَقْل, pl. حُقُول et أَحْقَال, *champ, terre labourable*, Voc., Bc, Hbrt 177, Fleischer Gl. 74, Ibn-Loyon 38 r°: الفدّان المزرعة وهو الحقل والحقلة والجمع احقال, Haiyân 29 r°, en parlant d'un jardin: بما حولها من احقالها المحيطة بها, Edrîsî, Clim. III, Sect. 5 (Jérusalem): الحقل الذى يدخن فيه الغرباء وهو ارض اشتراها السَّيِّد (Jésus), Abou'l-Walîd 213, 330, 697, Auw. I, 47, 5, 210, 20, II, 26, 10, 1001 N. Bresl. III, 327, 11. — *Colonne* d'un livre, Hbrt 110; M. — الحقل *caille*, Bg.

حَقْلَة *champ, terre labourable*, Ht, Ibn-Loyon sous le mot qui précède, Auw. II, 25, 12, Formul. d. contr. 5: حقلة كانت بموضع كذا. — دجاجة حقلة *caille*, Hœst 296.

حَقْلَة est *tarditas* dans la 2e partie du Voc. et dans la 1re sous le *há*; mais sous le *'ain* la 1re part. a عَقْلَة, et l'étymologie montre que c'est là le mot qu'il faut. حقلة est une faute ou une mauvaise prononciation.

حَقَن I *avoir besoin d'uriner*, R. N. 74 r°: فلمّا سار عن المنزل قليلًا عرض له حَقَن فمال الى ناحية, 1001 N. II, 296, 10, III, 411, 10.

II c. a. et ب dans le Voc. sous constipare. — *Clystériser*, Voc., Bc, Hbrt 37.

IV, V et VIII, c. ب et من, dans le Voc. sous constipare.

حُقَن *clystère*, L (sacis, cf. Ducange).

حَقْنَة *bouchon*, Ht.

حَقْنَة *constipation*, Voc.

مُحَقَّان *étang*, M.

حقو.

حَقْو *ceinture de cuir* que les Bédouins et leurs femmes portent sur le corps nu; elle consiste en quatre ou cinq courroies entrelacées et qui forment une corde d'un doigt d'épaisseur, Burckhardt Bedouins 28; cf. Burton II, 114.

حقوق.

مُحَقَّوَق *rond en forme de couronne, creux au milieu*, Bc.

حَكّ I *effacer des mots avec un grattoir*, Lettre à M. Floischer 78 et suiv. — *Polir avec la pierre ponce*, Alc. (esponsar con piedra sponja). Dans les 1001 N. Bresl. VII, 333, 5 a f., il est question d'un عود (luth) محكوك. — *Essayer*, éprouver, au propre, Bc. — *Stimuler*, Bc. — *Démanger*, avoir la démangeaison, Bc. — حكّ الشرّ مع *s'attaquer à quelqu'un*, Bc.

VII dans le Voc. sous fricare et sous scalpere.

VIII *se vautrer, se rouler sur la terre* (âne), Voc., Alc. (rebolcar). — C. ف p. *se frotter*, s'attaquer à, se jouer à quelqu'un, l'attaquer inconsidérément, Bc.

حَكّ *l'action de se vautrer*, Alc. (rebuelço). — Une

effaçure faite avec un grattoir, Lettre à M. Fleischer 78. — حَكّ المَعدِن essai pour juger le métal, Bc.

حُكّ aiguille aimantée, M.

حَكّاك frotteur, celui qui frotte les baigneurs, Voc. — حكّاك المَعادن essayeur, Bc.

حَجَر الحَاكوك pierre ponce, Bc.

مَحَكّ ratissure, raclure, les petites parties qu'on a emportées de la superficie de quelque corps en le raclant, en le frottant, Most.: تجبر ماليطيطش معناه العَسَل لانّه اذا حُكَّ منه محَكّ شبيه بالعسل Bait. I, 289 h: وذلك ان يُؤخَذ منه فيحَكّ فيخرج اذا حُكّ على 394 b: مَحَكّ أحمر يشبه الدم فى الحمرة وان 460 f.: المِسَنّ يخرج محَكّه أصفر كَلَوْنِ الزرنيخ سُقِيَ من محَكّه أو سحَالته شارِبُ السمِّ نفعَه بعض النفع. — Polissure, Alc. (esponjadura). — Comme nom de lieu, Abou'l-Walîd 240, 24: محَكّ البحّار اى حيث تحُكّ امواجُها يريد ضفقتها وحاشيتها وساحلها ❊

مِحَكّة étrille, Hbrt 180. — Gratte-poux, spatule en bois que portaient en route les cavaliers turcs pour se gratter le dos et se débarrasser de la vermine sans descendre de cheval, Cherb.

مُحَكِّك stimulant, Bc.

مُحْتَكّ voyez مَحَكّ sous حتك.

حَكَرَ I. حَكَرَ العقارَ جعله حَكرًا est M, voyez sous حكر. — C. a. r. est حقّق عليه وضبطه, M.

II, comme la Ire et la VIIIe, accaparer, p. e. le sucre, Maml. II, 1, 4.

IV même sens, de Sacy Chrest. I, 239, 8.

VIII aussi simplement emmagasiner, L (condo), Prol. II, 125, 10, Berb. II, 132, 6. — احتكر العقار est اتّخذ حَكرًا, M, voyez sous حكر.

حَكر, à en juger par la définition donnée par un savant de Damas, Ztschr. VIII, 347, n. 1, semble signifier à peu près emphytéose, bail, redevance emphytéotique, bail qu'on peut renouveler sous les mêmes conditions. Lane M. E. I, 441, quit-rent (hekr). Martin 139, n. 1: حُكر imposition en argent. Cherb. 546: contribution en argent, l'opposé de عُشور (en nature). Bibesco dans la Revue des deux mondes, avril 1865, p. 962: hocor, loyer de la terre (impôt). Duvernois 150: « le hockor, loyer de la terre, qui, dans certaines parties de l'Algérie, surtout dans l'est, est perçu au lieu et place de l'Achour. » Dareste 84: Hokor signifie fermage; distinct de l'achour, tient lieu du zekkat; dans la province de Constantine le territoire, sur lequel la tribu n'a que le droit de jouissance, en est grevé. حُكر droit sur les moissons, Roland. حكر البيوت droit sur l'emplacement des maisons, Bc. M: المُحْكَر احتباس الوقف من العَقار تحت مرتّب معيّن ❊

حَاكُورة. Le pl. حَوَاكير jardins plantés de myrtes dans la Ghouta de Damas, Ztschr. XI, 477.

حكش I. حكش السراج faire sortir la mèche de la lampe avec le محكاش, qui est une espèce de clou ou un morceau de bois pointu, M.

مِحْكاش voyez ce qui précède.

حكل VIII c. الى avoir besoin de, M.

حُكْلة besoin pressant, M.

حكم I c. على subjuguer, soumettre, réduire, Amari 168, 5, 170, 8, Macc. II, 691, 11 (où il faut lire ainsi avec Boul., Fleischer Berichte 170). — Tomber dans ou sur, فى, 1001 N. Bresl. IX, 281, 5 a f., 282, dern. l.; échoir, en parlant d'un terme qui échoit ou d'une lettre de change; حكم الوقت le temps est venu; حكمه عارِض il lui est arrivé une aventure; حكم ورسم il vint une tempête, Bc. — dogmatiser, parler par sentences, Bc.

II c. a. faire, Voc. — C. a. p. donner à quelqu'un le droit de souhaiter, de choisir ce qu'il veut, Gl. Fragm. — Enseigner, instruire, Hbrt 109. — Imprimere colorem dans le Voc. — Crier لا حَكَّم الّا لله ou لا حَكَّم الّا الله, comme font les non-conformistes, Gl. Fragm. — C. ل approprier, conformer à, rendre propre à, Bc. — حكّم الدّم élaborer, t. de médec. préparer, perfectionner le sang, Bc.

IV bien connaître, bien comprendre un livre, Autob. 208 r°: كان هو وقد أحكم ذلك الكتاب عن شيخه الأُبّلى — il acquit sous sa direction des connaissances très-solides, Meursinge 19, 2 et 93 à la fin. — C'était un homme incomparable معرفةً

بالهيئة واحكاما للآلة الفلكية « par sa connaissance de l'astrologie et par la manière habile dont il se servait du télescope, » Khatîb 33 rº. — احكم رسمًا *confirmer un acte*, de Sacy Dipl. IX, 486, 10. — *Raisonner, se rendre raison de*, Bc.

V *être arbitraire*, Prol. I, 319, 3 a f., 320, 6 ; le n. d'act. *assertion gratuite*, II, 342, 3 a f. — *S'élaborer* (sang), Bc. — متحكّم *sentencieux*, يتحكّم *sentencieusement*, Bc. — Dans le Voc. sous *facere* et sous *imprimere colorem*. — Suivi de الله, *prendre Dieu pour juge, s'en référer au jugement de Dieu*, R. N. 72 rº: les prisonniers m'écrivirent une lettre يذكرون لى ما ثمّ فيه من الجوع والضيق وسوء على الله — Suivi de الله, يتحكّمون الله عزّ وجلّ *défier Dieu*, Haiyân 96 vº: وفتحان فى يوم تحكّم على — C. من p. *vaincre, réduire, dompter*, 1001 N. I, 74, dern. l.: فلمّا تحكّم الشراب منّا ; corrigez *ibid.* 63, 1, منّا, au lieu de معه.

VIII *déclarer ce que l'on souhaite, de quelqu'un*, على, Gl. Fragm. — Dans le sens du syriaque ܚܟܡ, *connaître une femme, avoir avec elle un commerce charnel*, Payne Smith 1473.

X implique l'idée de totalité, p. e. de Sacy Chrest. II, 37, 9: استحكم غرق هذه الارض باجمعها « la submersion totale de cette contrée ; » Bat. II, 192: الزنوج المستحكمهم السواد « qui sont tout à fait noirs. » — *Devenir chronique* (maladie), M. — Dans le Voc. sous *imprimere colorem*.

حكم *influence*, Bc. — Cartâs 58, 7: il le pria de lui donner ce morceau d'ambre gris, على أن يرضيه عنها بحكمه « en promettant de lui payer le prix que l'autre fixerait ; » Tornberg n'a pas compris ce passage. — الحكم *le gouvernement*, M. — حكم الرعاء *assemblée que tiennent tous les ans* (chez Victor, tous les mois) *les maîtres des troupeaux et les bergers*, Alc. (mesta). — وال للحكم الشرعى *celui qui a le droit et l'autorité de juger*, Macc. I, 134, 15. — احكام النجوم *l'astrologie judiciaire*, Khatîb 34 vº: احكام له تدرّب فى احكام النجوم seul *jugements astrologiques*, Prol. II, 188, 3, 193, 17 ; العلماء بصناعة الاحكام *les astrologues*, Khatîb 5 rº. — على

حكم الناجوى « pour la contribution dont il s'agit, » de Sacy Chrest. I, 140, 2 a f.

حكّم voyez sous لَعِبَ.

حِكْمَة *manière de faire une chose*, p. e. *de bâtir*, Bat. III, 212. — *Médecine* (art), Bc, M. — *Moralité, réflexion morale*, et *moralité, sens, but moral ; précepte, sentence*, Bc ; surtout au pl. حِكَم *sentences, apophthegmes, maximes qui renferment une belle moralité*, Gl. Badroun. — *Motif, sage motif, principe*, Prol. I, 352, 9 et 10, II, 97, 3, 300, 14. — قلم الحكمة, chez les médecins, *des pastilles de soufre et de salpêtre*, M. — طين الحكمة *lut, enduit pour boucher les vases mis au feu*, Bc, M.

حِكْمِى *philosophique*, Bc, qui ne donne pas de voyelles, mais le mot doit être dérivé de حِكْمَة ; الكتب الحكمية *les livres de philosophie et de médecine*, Aboulfaradj 250, 5 a f. — *Dogmatique, sentencieux*, Bc (sans voyelles).

حُكْمِى *adjudicatif ; — inflictif, qui est ou doit être infligé ; — prévôtal*, Bc. — كتاب حكمى *plainte, l'exposé qu'on fait en justice du sujet qu'on a de se plaindre*, Vie de Saladin 10, l. 11 a f., 11, 1, citée par Schultens. En disant que ce savant explique ce terme par « iuridicus, » Freytag s'est trompé, car Schultens donne كتاب حكمى *libellus iuridicialis*, comme son père avait traduit.

حُكْمَة *adjudication*, Bc. — *Chambre du conseil*, Daumas Kabyl. 158. — الحكمة *le gouvernement*, M. — Le pl. ات *attributions*, Ht.

حُكَيْمَة *sciolus*, Voc.

حاكم *l'officier chargé de surveiller l'administration judiciaire et de faire exécuter les sentences prononcées par les cadis ; il indiquait aussi à ces derniers les personnes dont le témoignage pourrait être reçu au tribunal*, de Slane Prol. I, p. LXXVI b. — En Ifrîkiya, *préfet de police* (=الشرطة صاحب), Prol. II, 30, 13. — *Commissaire de police*, Gräberg 211. — *Gouverneur d'un district*, Hay 23. — *Commandant, gouverneur, préfet*, Bc.

تَحْكِيم *exactitude, précision, régularité*, Bc. — تحكيم الكيلوس *chylification*, Bc.

مَحاكِم pl. مَحْكَم *tribunal*, Voc.

مُحْكَم étroit, strict, Bc. — *Raisonné*, appuyé de raisons, Bc.

مُحْكَم *précis*, fixe, déterminé, arrêté, *régulier*, Bc.

مُحْكُوم *bien serré* (les points d'un soulier), Delap. 91. — Suivi de بـ *déterminé, statué, fixé, et attribut*, ce que l'on affirme ou nie d'un sujet, Bc.

حكى I, *raconter*, vulg. c. على r., Voc., Koseg. Chrest. 71, 3 a f.: فأخذ يحكى لهم على ما جرى له, 1001 N. I, 74, 10: وقالت كلّ واحد منكم يحكى على حكايتنا. — حكى له عن *entretenir quelqu'un de*, Bc. — *Parler*, Bc, M, suivi de بالعربي ou de عربي, « *parler arabe*; » c. مع p. *parler avec quelqu'un*; aussi *s'expliquer avec quelqu'un*; حقّ في *parler mal de quelqu'un*, Bc. — *Jaser*, causer, babiller, Bc.

II (vulg.) *contrefaire, imiter par contrefaçon*, Alc. (contrahazer, le n. d'act. sous contrahazimiento, remedamiento, le part. sous contrahazedor), Ztschr. XX, 509, 5. Aussi *contrefaire* les gestes, les actions, les expressions de quelqu'un, dans le dessein de les tourner en ridicule, et de là *se moquer de quelqu'un*, Voc., Alc. (abusar, arrendar contrahazer, representar contrahazer, le n. d'act. sous escarnecimiento, escarnio, le part. sous escarnecedor).

IV (vulg.) *raconter*, Voc., Alc. (novelas contar).

V (vulg.) *se contrefaire*, Voc., Alc. (contrahazerse).

VI (vulg.) *causer de choses et d'autres, de choses indifférentes; conférer*; c. مع *converser*; تحاكوا مع بعضهم « ils ont eu une conversation ensemble, » Bc.

حكي صغار حكي *contes de ma mère l'Oie*, Bc. — الحكي *le style de conversation*, le langage familier, Bc.

حكاية على تلك الحكاية *selón ce modèle*, Macc. I, 560, 15. — مثل حكايتك حكاية *comme toi*, Bc. — حكاية *lézard*, Bc (Barb.); chez Domb. 66 حكاية الصلا الصلا.

حكّاى *raconteur*, Bc.

حكّاية voyez sous حكاية.

تحكيك *appeau*, sorte de sifflet avec lequel on contrefait la voix des oiseaux pour les faire approcher, ou pour les attirer dans quelque piège, Alc. (reclamos para aves).

محاكاة *conversation*, Bc.

حلّ I, *délier, détacher, dénouer*, constr. incorrecte c. في

311

حل

r., R. N. 91 v°: فاذا بامرأة مع رجل قد امكنته من نفسها وهو يحلّ في سراويله. — *Déchaîner un captif* est حلّ عن فلان, Gl. Edrîsî, حلّه من وثاقه, Gl. Bayân. — *Démêler une affaire, débrouiller, éclaircir, dénouer*, Bc. — Dans le sens de *résoudre un problème*; on dit: حلّ اقليدس « il résolut les problèmes d'Euclide, » Fakhrî 260, 3. — *Payer*, comme *solvere pecuniam* en latin, Formul. d. contr. 7: وامتنع له من ان يغرم له دَيْنَه فألّا حلّ ذلك استدعاه الى العامل. — *Délier*, au fig., *absoudre*; c. من *absoudre*, remettre les péchés; حلّ احدًا من *relever quelqu'un de*, le dispenser d'un engagement contracté, Bc. — *Atténuer* les humeurs, Bc. — *Délayer, détremper dans un liquide*, Bc. — *Broyer des couleurs*, Alc. (moler colores). — Ce verbe seul, dans le sens de حلّ المرساة, *désancrer, lever l'ancre*, Bc, Hbrt 128, *déployer les voiles*, Hbrt 127. — *Déteindre, se déteindre, perdre sa couleur*, Bc. — حلّ الوقت *le moment, le temps, est venu*; حلّ وقت الرواح « il est l'heure de se retirer, » Bc; dans le Voc. *præsto esse.* — حلّ ذنوبه على معصية *commettre un péché*, R. N. 57 r°: ما حللت ذنوبي على معصية قط ولا اكلت مال يتيم ولا شهدت (يعنى بغير الحقّ). — حلّ السحر ou من السحر *désenchanter*, Bc; aussi حلّ الطلسم, Alc. (desencantar lo encantado). — حلّ الصدر *déboutonner, dégrafer, déboucler*, Alc. (desabrochar). — حلّ اللون *déteindre*, ôter la couleur, Bc. — حلّ عن نفسه, Macc. I, 384, 20, semble signifier: *déposer ses armes et se déshabiller*. — حلّ وتره *contenter son désir de se venger*, Gl. Belâdz. —

حلّ وربط (*délier et lier*) *administration des affaires publiques*; ربط وحلّ *refuser ou donner l'absolution*, Bc. — حلّك البركة (بقدومك) *soyez le bien-venu*, Bc. — ما حلّ له يجى *il ne peut pas encore être venu*, Bc.

II, comme la Iʳᵉ, *deviner une énigme*, Bc (sous Œdipe). — *Sasser*, au fig., discuter, examiner, ramasser, Bc. — *Pardonner, faire grâce*, Alc. (perdonar por regalo), Bat. III, 33: قد حلّلته ولا اطلبه بشى « je lui pardonne et je ne lui réclame plus rien. » Cf. sous تحليل. — *Caresser, flatter, attirer par des caresses*, Alc. (halagar, regalar halagando, rogar halagando, atraer halagar; le n. d'act. halago, regalo halagando; le part. halagueño, halaguero, halagando, halagadora), Dict. berb. (caresser), Voc. (alicere), *adoucir*, Roland. Ce verbe semble avoir subi le même changement de signification que l'esp. *regalar*. Ce dernier (voyez Diez) vient du latin *regelare*, et signifie dans l'Alexandre *fondre* (aussi chez Nebrija et chez Alc. qui le traduit par ذَيب et par حلّ), de même que حلّ, mais l'un et l'autre ont reçu le sens de *caresser*. — *Intercéder*, Ht. — *Licencier*, Ht. — *Tuer un animal selon les rites musulmans*, Burton I, 248.

III c. a. p. *déclarer quelqu'un innocent* (فى حلّ), Gl. Fragm. — C. a. p. *pardonner*, 1001 N. Bresl. XII, 332, 3.

IV *pardonner, absoudre*, Gl. Badroun, Gl. Bayân — احلّ الناس عن بيعته «*il délia ses sujets de leur serment*,» Gl. Fragm.

V *devenir permis, licite*, Voc. — C. a. p. *demander pardon à quelqu'un*, Gl. Fragm. — Quasi-passif de la IIe dans le sens d'*attirer par des caresses*, Voc.

VII *se détendre* (arc), Bat. III, 326, (membre viril), 1001 N. II, 466, 5. Au fig. احلّ عزمه, chez Bc *chanceler dans sa résolution*, Athîr X, 375. انحلال فى جسد *faiblesse, langueur*, Alc. (floxedad en el cuerpo). — *Fondre, diminuer d'embonpoint*, Bc. — *S'éreinter, se donner un tour de reins* (bête de somme), Bc. — *Rompre un engagement*, Çalât 48 r°: وارتبط لهم ثمّ انحلّ. — *Périr*, Alc. (perecer); الارض المنحلّة «ce monde périssable,» Macc. I, 372, 12; cf. Add. et Corr., et aussi 375, 10. — انحلّ من الخطايا *être absous de ses péchés*, Bc.

X, avec النساء, الفروج, المحارم, *regarder comme permis de violer les femmes*, Gl. Bayân. — *S'approprier le bien d'autrui, quand on n'y a aucun droit*, Gl. Bayân. — C. a. p. *demander pardon à quelqu'un, demander l'absolution, solliciter de quelqu'un la remise de la vengeance qu'il aurait droit d'exiger*, de Sacy Chrest. II, 150, n. 7, Gl. Fragm., de Sacy Chrest. II, ٢٢٣, 4, Bat. I, 174, Recherches 279, 3 a f., 1re édit., où استحلّه لابيه semble signifier: «il (al-Modhaffar) demanda pardon à Piedra seca pour son père,» c.-à-d. pour Almanzor, le père d'al-Modhaffar, qui avait fait emprisonner Piedra seca. Aussi c. من p., Bat. I, 173.

حَلّ *faiblesse, langueur*, Alc. (floxedad en el cuerpo). — Schultens (voyez Freytag) donne: *solutio, i. e. expositio, interpretatio*, en citant Aboulfaradj 78, dern. l.; mais c'est le n. d'act.

حِلّ *absolution des péchés prononcée par un prêtre*, Hbrt 154, chez Bc حلّ — أخذ حلّ. حلّ من الخطايا *se faire relever de ses vœux, les faire déclarer nuls*, Bc. — جعله فى حلّ *acquitter, absoudre, pardonner*, 1001 N. I, 592, 1, c. من r., ibid. II, 400, 2: اجعلنى فى حلّ ممّا اغرانى به الشيطان, ailleurs, III, 660, 14, une mère dit à son fils: Si tu ne fais pas ce que je t'ordonne, لا اجعلك فى حلّ من لبنى; Lane traduit: «I will not hold thee lawfully acquitted of the obligation that thou owest me for my milk». انت فى حلّ من الشىء *tu es libre de prendre telle chose*, je te permets de la prendre, Bidp. 195, 3: فقال ايّها السارى انت فى حلّ ممّا اخذت من مالى ومتاعى 1001 N. IV, 181, 1 et 2 (où Lane s'est trompé en traduisant, III, 556: «thou art absolved of responsibility with respect to it»). — T. de maçon, est ما بين الاجريس المتلاصقين فى الحائط, M.

حُلّة (cf. Lane) *chaudière, marmite, pot*, de terre ou de cuivre, Hbrt 198, Ht, Savary 350, Bc (qui semble prononcer حَلّة, puisqu'il donne le pl. حِلل), 1001 N. II, 106, dern. l., Bresl. X, 456, 2 a f. — *Décousure, endroit décousu*, Alc. (descosedura).

حِلّة *tribu*, Marmol I, 36 d, II, 171 c, 223 a (heyla), Berb. I, 437, 4, II, 185, 8 a f., 472, 4 a f., 474, 6 a f., 490, 6 a f., etc. — *La tente avec tous les ustensiles*, Ztschr. XXII, 117. — *Propriété urbaine*, Amari MS. — *Ville considérable*, Werne 24, 110. — *Absolution*, Ht, *absoute, absolution publique donnée au peuple*, Bc.

حُلّة a, comme le nom d'une étoffe, un sens très-vague, voyez Lane. Chez Edrîsî c'est une étoffe de lin, ordinairement brochée d'or, Gl. Edrîsî. Dans le Voc.: «purpura, cendat» (c'est cendal, chez Victor: sorte d'étoffe de soie fort délicate, taffetas rouge fort délié). — *Dalmatique; ornements, habits sacerdotaux*, Bc. — *Dais*, poêle en ciel de lit, Bc.

حلّى *analytique*; — *absolutoire*, Bc.

حُلَليّة *large pièce d'étoffe de laine brune foncée dont se servent les femmes dans les parties méridio-*

حل ‍   313   حل

nales de la Haute-Egypte, et surtout au-delà d'Akhmîm. Elles s'en enveloppent le corps, et attachent les pans d'en haut l'un à l'autre sur chaque épaule, Lane M. E. 68—9.

حَلَال, ابن حلال (voyez Lane et Fleischer Gl. 79) signifie aussi *reconnaissant*, Hbrt 234. — الحَلَال, *le droit*, était le nom d'un droit sur les marchandises, que les négociants chrétiens devaient payer à l'empereur de Maroc, Charant 49. — *La famille et les troupeaux*; en général *propriété*, Ztschr. XXII, 117. — *Usufruit*, Formul. d. contr. 8 et 9: وبيقة حلال وسلامة اشهدت فلانة بنت فلان — انها جعلت اخويها (sic) او عمها فلان فى حلال وسلامة فى نما ما ورثتها من اللد من ابويها او جعلت ما اكل من غلات نصيبيها من متروك ابويها حلالا بطيب نفسها وسلمت له فى غلال الدمنة ونمائها فى الماضى (l. الماضى) والمستقبل الا (l. الى) ان دفعت البه واى وقت احتياجهما (l. جها) الى ذلك

حُلُول, avec l'art., *la croyance selon laquelle la divinité s'établit* (حَلَّ) *dans un être humain*, Prol. I, 358, 3, II, 164, 6, Macc. III, 654. — عيد حلول الروح القدس *pentecôte, fête des catholiques en mémoire de la descente du Saint-Esprit*, Bc. De même الحلول *la descente des esprits, quand le magicien les appelle*, Macc. III, 23, 6. — *Commencement, ouverture*, Ht.

حَلَالَة *cabane en feuillage où l'on dévide la soie*, Bc, Bg 720.

الحَلِيلَة *les agents de police*, 1001 N. Bresl. XI, 323, 2.

حَلَالِى *fils légitime*, Domb. 76. — Voyez حَلَائِلِى.

حَلَائِلِى *étoffe de coton à longues raies de soie blanche*, Burton I, 278. Barth écrit *helâli*, I, 437, IV, 175, 199, 466.

حَلَّال *celui qui s'établit* en un endroit, Wright 109, 10. — حلال المشكلات *casuiste*, Bc; — حلال الغزل *dévideur*, Bc. — Fém. ة, *flatteur*, Alc. (lisongero, roncero, lisongera, halagadora vieja lisonjera); cf. sous la IIe forme. — *Bouffon, fou de cour*, mon Catal. des man. or. de Leyde II, 88, 3 a f. — *Voleur*, Voc.

أُحْلِيل *en général orifice, ouverture*, J. A. 1849, II, 273, n. 1 (où il faut lire بسد, avec notre man. 499; le n° 92 n'a pas de points). — *Par synecdoche, membre viril*, 1001 N. Bresl. IV, 373, dern. l., 374, 3, 8.

I

تَحْلِيل *résolution d'une tumeur*, Bc. — *Dispense, exemption, privilége qui exempte*, 1001 N. I, 417, 16: وانا عندى (السلطان) حاجة وهو ان يُكتَب لى تحليل فى الديوان بأن لا يُؤخذ متى مكسا (مَكْسا) (il faut — تحليل من الخطايا *absolution des péchés prononcée par un prêtre*, Bc.

مَحَلّ *hospice*, Voc., Abdarî 45 r° (mausolée de Nafîsa, fille d'Ali, au Caire): عليها رباط مقصود ومعلم مشهود ومحل محفود محشود ibid. (mausolée d'as-Châfi'î):" عليها رباط كبير ومحل اثير. — *Place, la dignité, la charge, l'emploi qu'une personne occupe dans le monde*, Abbad. I, 303, 9, 336, n. 65, Freytag Chrest. 55, 10, Ibn-Cotaiba 319, 13 Wüst., *qualité*, Gl. Badroun. — *Endroit* d'un livre, de Sacy Chrest. I, 114, 8. — *Sujet, exposé souvent à tel inconvénient*; الانسان محل النسيان «l'homme est sujet à l'oubli,» Bc. محل الاعتقاد *croyable*; محل العفو *pardonnable*, Bc. — *Opinion, si ce mot a réellement ce sens dans Badroun 201*, dern. l. — *Point, instant, temps précis*; فى محل *à point nommé; opportun*, Bc.

مَحَلَّة *étape*, Akhbâr 139, 11, 156, 3. — *Village, hameau*; en Sicile رجال للمحلات, *burgenses*, J. A. 1845, II, 318 (cf. 329, 3 a f.), 334. — *Quartier* d'une ville, Bc, Bat. IV, 88, 397, Abd-al-wâhid 13, 1, Prol. I, 395, 8 (où de Slane s'est trompé). En Afrique le mot المحلة, qu'on prononce Mellah ou Millah, désigne *le quartier des juifs*, dans les villes, ou *même village juif isolé*, comme il en existe dans l'Atlas; mais plusieurs voyageurs se sont trompés en pensant que ce terme vient de la racine ملح et qu'il signifie «terre salée ou maudite;» voyez Riley 364, 367, 440, 458, 470, 546, Jackson 122, 124, 128, Hœst 77, Gräberg 41, 88, Davidson 27, 40, Renou 29, Barth W. 36, Rohlfs 6, 61, Cotte 138. — Au Maghrib, *corps, portion d'armée*, Bc (Barb.), de 400, 500 ou 600 hommes, Haedo 10 d, 12 d, 13 a, 39 d, de 1000 hommes, Jackson 40; Khatîb 160 v°, Holal 57 v°, J. A., 1851, I, 60, 8; pl. irrég. أَمْحَال, voyez sous محل. — *Escorte*, Pflügl t. 68, p. 9. — *Siége* d'une place, Alc. (sitio por cerco de lugar). — محلة الغزل *dévidoir*, Bc. — محلة للوحش *parc*, Macc. I, 380, 17.

مَحَلِّى *local, qui a rapport au lieu*; — avec l'art., *le maître de la maison*, Bc.

مُحَلِّل guide qui sert de mari nominal pendant le pèlerinage, voyez Burckhardt Arabia I, 359. — Menstrue, t. de chimie, Bc. — Pour مُحَيِّل, industrieux, Alc. (industrioso).

هذا محلول من قول الشاعر مَحْلُول, proprement détaché de, c.-à-d. emprunté à, Bassâm I, 143 v°, 150 v°, 154 r°. — محلول الظهر ou محلول seul, éreinté, qui a un tour de reins, Bc.

اِنْحِلَال décomposition, Bc. — Impuissance, incapacité d'engendrer, Bc. — اِنْحِلَال الظَّهْر tour de reins, Bc.

مُسْتَحِلّ = مُحَلِّل dans le sens qui, chez Lane, est le premier, et chez Freytag le second, Lane M. E. I, 272, 1001 N. II, 82, 6, 13, avec la note dans la trad. de Lane II, 322, n. 40. — Douaire, don du mari à sa femme s'il prédécède, Bc. — Vache à lait, personne dont on tire beaucoup d'argent, de parti, Bc.

حلب I. Traire, tirer le lait (aussi c. d. a., Gl. Abulf.), comme l'esp. ordeñar, mais aussi, comme ce dernier verbe, en parlant d'olives, les presser pour en tirer l'huile (Victor), Alc. (ordeñar como azeituna). — حلب روحه se masturber, Bc.

II, P. Kâmil 106, 21.

V s'emploie comme en français l'expression proverbiale: l'eau vient à la bouche, cela fait venir l'eau à la bouche, Berb. I, 557, 6: وتحلّبت الشفاه (car c'est ainsi qu'il faut lire, au lieu de السغاه بايديهم) « ce qu'ils possédaient faisait venir à la populace l'eau à la bouche, » excitait la convoitise de la populace; de même ibid. II, 254, 3, 265, 3, 410, 6 a f.

X. اِسْتِحْلَاب الذَّكَر pollution, masturbation, Bc.

حَلَب الكُرُوم ou حَلْب الكَرْم, vin de dattes; حَلَب العَصِير ou حَلَب, vin, Gl. Mosl. — Terrine pour traire les vaches, les brebis, etc., Mehren 27.

حَلْبَة (en Egypte حِلْبَة), fenu grec; prov. en Eg.: « heureux sont les pieds qui marchent sur la terre où est semée la Helbe, » Vansleb 101. Sur le mets qui porte ce nom, voyez Lane M. E. II, 307. — Vigne, Most. v° كرم.

حلبانة = الميعة السائلة, storax, Abou'l-Walîd 785, 3.

خُلَيْب mercurialis annua, Bait. I, 247 b, 318 b, 373 b, Antâkî.

حُلَيْبِيب nom d'un remède indien qui ressemble au Colchicum autumnale, Bait. I, 315 c.

حَلِيب الذِّبّ. حَلِيب euphorbia helioscopia L., réveille-matin, Prax R. d. O. A. VIII, 279, mais p. 342 el-diba (de la louve). — حليب البزور voyez sous مستحلب . — حَلِيب العَجُوز sorte de boisson, M (sous عاجز). حَشِيشَة الحَلِيب glaux (herbe), Bc.

حَلَب = العَوسَج الصغير, le petit lyciet (Clément-Mullet), Auw. I, 139, 6 a f.

حَلَّاب terrine pour traire les vaches, les brebis, etc., Alc. (ordeña cabras), Domb. 92. — Pot de nuit, Domb. 92, Ht. — حَلَّاب الزَّيْتُون pot dans lequel on presse les olives pour en tirer l'huile, Alc. (ordeña azeytuna). — Vendeur de lait, Ztschr. XI, 516. — Nom d'une plante décrite Bait. I, 316 b (les voyelles dans A).

حَالِبِي aster amellus, ainsi appelé parce qu'il يشفى من ورم الحالب, Bait. I, 277 e, 362, dern. l.

مَحْلَبَة (pour مِحْلَبَة) pl. مَحَالِب terrine pour traire les vaches, les brebis, etc., Alc. (herrada o tarro para ordeñar, tarro en que hordeñan), Payne Smith 1274, Mehren 35.

مَحْلَبِيَّة, en Espagne dans le sens de مُحَلَّب, Most. sous ce dernier mot.

مُحَلَّبَة gelée mince de lait, de riz, d'amidon et d'un peu de parfum, Burton I, 78, II, 280.

مُحَلَّبِي crème, Ht.

مُحَلَّبِيَّة espèce de gelée, Burckhardt Arab. I, 213.

مَحْلُوب vulg. pour مُحَلَّب, M.

مُسْتَحْلَب émulsion, potion rafraîchissante, blanche; suivi de اللوز, lait d'amande; suivi de اللوز والبزور المبرّدة orgeat, Bc, cf. M, qui ajoute que حليب البزور s'emploie dans le même sens.

حلبلاب voyez Bait. I, 320 b. Le vulg. dit حَلَبْلُوب, M.

حَلَبُوة sorte de poisson, Yâcout I, 886, 9.

حَلْبِيثَا euphorbia peplis, Bait. I, 315 b.

حلتم voyez خَنْتَم.

حلج I *carder*, Voc., Domb. 121, Ht. — Vulg. pour حجل, M.

II *nettoyer le coton avec le* دولاب, *espèce de rouet*, Bc.

VII *être cardé*, Voc.

حلحل I *endommager*, en parlant de pierres qu'on avait lancées contre la Ca'ba, Gl. Belâdz.

حلاحل et حلاحل *bulbus esculentus*, Bait. I, 320 c: حلحل وحلاحل وهو بصل الزبير فيما زعموا

خُلْحَال, au Maghrib, *lavandula stœchas*, Gl. Manç. v° اسطوخدوس, Antâki v° اسطوخودوس, Pagni MS, Daumas V. A. 381, Prax R. d. O. A. VIII, 346

حَلْدَة (esp. halda) *gros sac de serpillière* Alc. (saca, saco grande).

حَلْزُوم, pour حَلَزُون, *limaçon*, L (limax), Voc.

حَلْزُومَة pl. حَلَازِم *limaçon;* — *nœud*, Voc.

حَلَزُون, n. d'un ة, aussi حَرَزُون, *limaçon*, Voc. درج حلزون *escalier en limaçon*, Bc.

حلزوني, Payne Smith 1277.

حلس.

حلس. نفضت بك الاحلاس «apud te homines, patria relicta, ephippia excutiunt, i. e. devertunt (حَلُوا), et quidem ut apud te maneant (نفض اقامة), Gl. Mosl. Sur la variante نفضت بك الآمال أحلاسى الغنى, dont le sens revient au même, voyez *ibid*.

أحْلَس pl. حُلْس *ras*, qui a le poil fort court, Bc, M; on dit هو احلس امل, et au fém. حلساء ملساء, M.

حلش I, au Liban, *arracher*, p. e. حلش الشعير et بطرس حلش دقن يوسف Evangeliarium Hierosolymitanum ed. Miniscalchi, p. 14 du Lexicon.

حلط.

حلاطجى *brodeur*, Bc (Barb.).

أحْلَط *qui n'a point de poil sur le corps*, M, qui suppose que c'est pour أحْلَس.

315

حلف

حلف I c. على p. *adjurer*, Voc., Bat. II, 87: حلف على «il m'adjura de rester.» Aussi c. a. p., R. N. 88, ٧٠: فقلت لـه سألتك بالله يا بابا سليمان وبحقّ ما بيننا من الاخوّة مَنْ هذا الذى كان يحدّثك فقال لا تحلفى فأعدت عليه السؤال بالله فقال من الذى وقع C. — بقلبك فقلت للخضر فقال نعم هو والله كان معى على p. *inviter*, Delap. 127.

V dans le Voc. sous *iurare;* chez Bc le n. d'act. *jurement*.

VI بالصلبان «sur la croix,» Cartâs 150, 3.

VIII = VI (Lane), exemple: Rutgers 155, 11, cf. 157.

حَلِف s'emploie dans le sens que Lane indique sous حَلِيف, p. e. احلاف الضرورة *les indigents*, Abbad. II, 159, 5, حلف صياح *celui qui crie*, P. Macc. I, 664, 18 (cf. Add.), حلف النوى *celui qui est absent*, P. Macc. II, 279, 4.

حَلْفَة, ou حَلْفَاء, ou حَلْفَاء, voyez Maml. I, 2, 16 (*jonc, roseau;* — *espèce de canne à sucre*, plutôt حَلْفَة; — *le sainfoin épineux*), Gl. Esp. 100 (*stipa tenacissima, arundo epigeios, macrochloa tenacissima, sparte*, aussi dans le Voc.: حَلْفَة *spartum*). — حلفة مَكَّة *jonc odorant, Andropogon Schœnanthus* (= اذخر), Sang.

حَلْفَاء et حلفاء voyez ce qui précède.

حَلْفَان pl. ات *jurement, serment, protestation* (على شى); كتير للحلفان *jureur*, Bc.

حَلْفَاوِى *celui qui vend des objets faits de* حَلْفَة ou حَلْفَاء. Marmol, II, 90 a, nomme à Tunis *El Halfauin*, la rue où demeurent ceux «qui font des chapeaux de paille ou de feuilles de palmier, et des rouleaux de sparte en forme de brosses, dont on se sert pour panser les chevaux;» le quartier *el-Halfaouin*, *les fabricants de sparterie*, Prax R. d. O. A. VI, 276.

حَلُوف *arbusti* dans la trad. d'une charte sicil. apud Lello p. 23.

حَلْفَاء الحُجَّاب حَلِيف, Koseg. Chrest. 107, 7 a f., 109, 3 a f., est, je crois, une faute; il faut حَلْفَاء, voyez sous خَلِيفَة.

خَلُّوف (berb. ايـلـف) pl. خَلَالِيف et خَلَالِف, en Afrique, *sanglier*, Jackson 34, 179, Daumas Sahara 260, Richardson Mor. II, 166, 183, Barth I, 16. Aussi *cochon, porc*, Domb. 64, Hœst 294 (qui donnent خنزير pour *sanglier*), Bc (Barb.), Ht. Appliqué par les Kabyles, comme terme injurieux, aux soldats français, Lamping I, 56, 186, II, 7, 21, 122. قَلُّوفي chez Golius-Freytag est une faute.

خَام خَلُّوفي *la qualité grossière du calicot de Malte*, Espina R. d. O. A. XIII, 152.

حَالِف *assermenté, juré*, Bc.

مُحَلَّف, ou مُخَلَّف, en Espagne, sous les Omaiyades, *un employé chargé de prendre connaissance de toutes les choses qui pouvaient intéresser le monarque et de le renseigner là-dessus*, Gl. Esp. 175—6; mais voyez sous مستخلف, avec le *khâ*.

مَحْلُوف *un juré, celui qui a prêté serment*, Alc. (jurado el que juro).

مُتَحَالِف *fédéré*, Bc.

مُسْتَحْلَف *un juré*. En Sicile, *un employé du roi, chargé d'interroger les étrangers qui abordaient dans l'île*. En Espagne il y avait plusieurs sortes de *mostahlaf*; on donnait p. e. ce nom à des personnes nommées annuellement par le chapitre et par le conseil municipal, et chargées de veiller à ce que le pain et le vin se vendissent selon la juste mesure, à ce que le tarif de la viande, du poisson et du salaire des ouvriers fût observé, et enfin à garder les vignes; — *inspecteur des soieries*; — *peseur de laine*, Gl. Esp. 175—7. J'avoue toutefois que L a ébranlé ma conviction au sujet de l'orthographe de ce mot; voyez sous مستخلف, avec le *khâ*.

حلق I *cerner, entourer une place*, Reinaud F. G. 69: فاخذ في حلقها ونشر للحرب عليها (les remarques de Quatremère sur ce passage, dans le J. A. 1850, I, 255, ne me semblent pas heureuses). — حلق ماله *dépenser son argent*, Gl. Fragm.

II *faire un détour ou des détours*, Gl. Edrîsî, Voc., Djob. 69, 4, 302, 16. — *Ceindre, entourer, cerner, et de là enceindre, clore, enclore*, Voc., Alc. (cercar de vallado, cercar en derredor, cerrar en deredor, cerrar de seto), Bc, Djob. 213, 16 et 21, Prol. III, 418, 1. — *Prendre, envelopper dans des rets, dans des filets*, Alc. (enredar en redes). — Exemple remarquable de حلق على اسم فلان (Lane d'après le TA): R. N. 83 r°: un homme pieux dit après avoir fini sa prière: يا بنى اخاف ان يحلق على اسمى فقلت يا سيدى كيف يحلق على اسمك قال انظر الى السلطان اذا بدا بالعرض فيقال ايش فلان ابن فلان فيقال هذا هو فيقول يا مولاى انا لازم بالباب وتائم بالخدمة فيعده بالاحسان فينادى ايش فلان بن فلان فيقال ما رايناه بالباب فيقول ما لنا به حاجة حلقوا على اسمه اطردوه فانا اخاف ان يحلق على اسمى واطرد (il craignait que Dieu le ferait). — *Se ranger en cercle, se réunir autour de quelqu'un*, Mam. I, 2, 199, Alc. (estar en derredor). — *Présider une halca*, c.-à-d. une réunion d'étudiants, *faire un cours*, en parlant d'un professeur, voyez ma note J. A. 1869, II, 167, Ibn-Abdalmelic 136 r°: وكان يحلق بالجامع اثر صلوات الجمع فتتلى عليه آى من كتاب الله عز وجل فياخذ في تفسيرها. C. ب *enseigner une science*, J. A. l. l. — *Se resserrer, s'étrécir*, en parlant d'une rivière lorsqu'elle passe par un endroit étroit, Alc. (ahocinarse).

V c. على *s'entortiller autour*, Bait. I, 180 c: وهو ... يصر بها جدا كمثل الكشوت بما يتحلق عليه 380 b: يتحلق على الكتان. — *Etre ceint, entouré*, Voc.

حَلْق pl. حُلُوق chez le vulg. *bouche*, M. — *L'embouchure d'une rivière*; — *un passage serré entre les montagnes, gorge de montagne, détroit* (Alc. garganta de monte); — *passage étroit qui fait la communication entre deux mers*; — حلوق *des baies*, qui forment ensemble un golfe; — *ouverture d'un pont*, Gl. Edrîsî. — *Voix*, Alc. (boç), Ht. — *Clôture, mur d'enceinte*, cf. Gl. Djob. avec Gl. Esp. 263, Khatîb 110 r°: وقد ذهب أثر المسجد وبقى القبر بجف به خلق (حلق ١). يا باب .ال — *Pendants d'oreilles*, Bc (pl. حلقان), (pl. حَلَائِق). — *Comme nom d'une plante*; Sonth., Bait. I, 314 b, soupçonne que c'est *vitis hederacea*. — Nom d'un mets qu'on prépare de cette plante, Bait. I, 315 a: هو نوع من الكشك يعمل من حشيشة باليمن حامض جدا. — Chez Daumas Kabylie 270: espèce de roseau; au fig. *sornettes, hâbleries*. — حلق الفم *gourmette*, Bc.

حلق

المماليك لِلْحَلق 1001 N. Bresl. IX, 226, 12 et 13, où l'édit. Macn. a المماليك لِلْحَلبق.

حَلْقَة, حَلَقَة. Sur la signif. *les armes et les cottes de mailles* (cf. Lane), voyez Gl. Abulf., Gl. Belâdz., Mâwerdî 293, 3 a f.: اللَّلْقَة وفي السلاح — *Boucle d'oreilles*, Bc, Lane M. E. II, 404, 1001 N. I, 40, 15. — حلقة شعر *anneau, boucle de cheveux*, Bc. — *Rouelle, tranche ronde (de veau, de saumon), dalle, tranche de poisson*, Bc. — *L'armilla suspensoria de l'astrolabe*, Dorn, Alf. Astr. II, 261: *alhelca* i. e. *armella*. — ذات الحَلَق *sphère armillaire*, Prol. III, 105, 15 et dern. l. — *Crampon*, Bg. — *Réunion d'étudiants autour d'un professeur; de là cours, suite de leçons; aussi la salle où un homme en place tenait des réunions, des conférences, où un professeur donnait ses leçons*, Maml. I, 2, 198—9, Alc. (lecion el lugar donde se lee حَلَقَة). — *Un corps de troupes qui entourait le prince et composait sa garde*, Maml. I, 2, 200—2. — *Enceinte que formaient des milliers de chasseurs pour enfermer une multitude immense d'animaux sauvages; former une telle enceinte est ضرب حلقة*, Maml. I, 1, 246, I, 2, 197—8, 1001 N. I, 30, dern. l. — *Enceinte de circonvallation, ligne de blocus*, Maml. I, 2, 198; ضرب حلقة البلد *investissement*, Bc. — *Enclos*, Bc. — *Carrière, lice, lieu fermé pour courir*, Bc. — *Maison d'asile*, Maml. I, 2, 200. — *Encan, vente publique à l'enchère*, Amari Dipl. 51, 7, 76, 5, 103, dern. l., 405, n. c; aussi dans le passage cité Maml. I, 2, 198, l. 22. — دار الحلقة *caracoler*, Bc. — *Jeu qui ressemble aux dames, et qu'on joue avec de la fiente de chameau ou des noyaux de dattes, dans des trous qu'on fait dans le sable*, Lyon 52 (helga).

حَلْقَة pl. حِلَق, suivi de الخِيَاطَة, *dé à coudre*, Voc.; aussi حلقة الخَيَّاط, Djob. 195, 2, Macc. II, 562, 16, et حلقة seul, Alc. (dedil o dedal, dedal para coser), Macc. II, 429, 8, Domb. 96, chez ce dernier حَلْقَة, mais dans le Voc. et chez Alc. حِلْقَة.

ضرب حلقية البلد *blocus;* حلقية على بلد *investir une place*, ضرب حلقية العدوّ *envelopper l'ennemi*, Bc.

حِلَاق *diarrhée*, Daumas V. A. 426.

المماليك لِلْحَليف 1001 N. III, 434, 10, où l'édit. de Bresl. a المماليك لِلْحَلف.

حَلَقَة, pl. حَلَائق, dans le sens de حلقة (voyez la colonne précédente, l. 12—17), Alc. (lecion el lugar donde se lee; شى من الحَلَاقة escolar cosa de escuela). — حلاقة شماس *tonsure;* كار لِلْحَلاقة *barberie*, art de raser, Bc.

حُلَيْقَة *petite boucle ronde*, Alc. (hevilleta redonda).

حَلَّاقَة *rasoir*, Abou'l-Walîd 136, n. 18.

حَالِق. Le pl. حَلَقَى, Abou'l-Walîd 136, 9 (?). — حالق الشعر *bryonia dioica*, Bait. I, 278 d.

مُحَلَّق *enclos, jardin entouré d'un mur*, L (consitus محلقات). — (مشتبك ومُحَلَّق وغَبْضَة وغَلَّق للثمار *pièces de monnaie*, M.

حلقم

حَلْقُوم *ouverture d'un pont*, Haiyân 102 vº: حلاقيم القنطارة. — *Goulot, cou d'un vase*, Bc. — راحة لِلْحَلقوم *espèce de sucrerie qu'on avale facilement*, M.

حَلْقُوس ou حَلَقُوس, aussi خالقوس et حرقوص, au Maghrib, *cuivre brûlé ou calciné*, Most. in voce, qui ajoute: «on dit que c'est un mot berbère;» mais c'est une erreur, car c'est le grec χαλκός; Gl. Manç.: روستختج هو النحاس لِلْحرق بالكبريت المسمَّى بالمغرب حلقوسا ❊.

حلم

حلك II *noircir, rendre noir*, Voc. p. 48 b (et حنك, تحنّك, p. 337, en sont des altérations).

V quasi-passif de la IIᵉ, Voc.

حَلَك. Le pl. أَحْلَاك P. Macc. II, 171, 3.

أَحْلَك *plus noir, très-noir*, Bayân I, 291, dern. l.; Alc. traduit «mas escuro» par «ahtâq,» mais il faut lire «ahlâq.»

حلم II c. a. dans le Voc. sous sompniare et sous polui in sopniis.

V *feindre d'être*, حَليم, Mohammed ibn-Hârith 307: فاطرق عمرو بن عبد الله واستعمل الحلم والأخذ بالفضل فقال له سليمن وتتعامل ايضا وتتحلّم كأنّا لا نعرفك ❊

VIII c. ب p. *rêver de* quelqu'un, Tohfat al-'arous, man. 330, 156 vº: il faisait une razzia en Galice وكانت بقرطبة جارية يهواها فاحتلم في بعض الليالي بها (يهواها) dans le man. B, l'autre a par erreur بها.

حُلْم *songe*, le pl. aussi حُلُومات, Bc, Abou'l-Walîd 228, n. 42. — *Délire*, L (deliramentum).

حلن   318   حلو

خُلَمَة lithospermum callosum, Prax R. d. O. A. IV, 196.

خُلَمِى qui se rapporte aux songes, Alfîya éd. Dieterici 114, 5, 7 et 8.

حَلوم indolent, Prol. II, 359, 3 a f. — Anchusa, Most. in voce.

حالوم Thévenot I, 495: « du fromage salé qu'ils (les Egyptiens) appellent dgibn halum; » Coppin 221: « gibethalum (l. gibenhalum), du fromage salé. » Le vulg. dit حَلّوم, M. — Anchusa, Bait. I, 278 c.

حالُومَة certains mots barbares que l'on prononce avant de s'endormir, et qui amènent une vision par laquelle on apprend ce qu'on désire savoir, Prol. I, 190, 15 et suiv.

حلن

خلونبة nom d'une plante au Maghrib; le Gl. Manç. dit que ماميران est une plante chinoise, واكثر الشجّارين بالمغرب يزعمون انه للحلونبة معروفة عندنا وفى ذلك نظر ۞

حلو

I. حَلِيَتْ نَفْسُهُ être sur le point de tomber en défaillance, M.

II amincir, rendre plus mince, Voc., probablement en parlant d'une étoffe, voyez حَلاوة.

V devenir doux, Alc. (endulçarse). — Devenir mince, Voc. — Manger des sucreries, 1001 N. I, 109, 634, 647, Bresl. II, 188.

VI manger des sucreries, 1001 N. Bresl. IV, 111. — على احد lanterner, importuner quelqu'un de propos impertinents, Bc.

VII dans le Voc. sous dulcorare.

X (Lane) cf. Lettre à M. Fleischer 122, Aboul-Walîd 398, 12; dans le Voc. sous dulcorare.

حُلو (doux) se dit de l'or et du cuivre, Gl. Edrîsî. — Qui tourne facilement autour du doigt (bague), M. — Confiture, Bc. — Par antiphrase, fiel, Voc. — Mince, Voc. — حلو مرّ douce-amère, vigne sauvage, solanum, Bc. — Le pl. fém. حُلْوات, Rozet III, 239: « Alouet, grand saucisson brun avec des amandes au milieu; c'est de la pâte de blé au milieu de laquelle on enferme, en la pétrissant avec la main, un cha-

pelet d'amandes crues enfilées dans un morceau de gros fil, et que l'on fait cuire ensuite dans du jus de raisin. » Dans le R. N. c'est قرص سميد بعسل, 91 r°: وقال ابو على انا اشتهى قرصا من سميد بعسل ‎_ ثم أتى بقرص سميد بعسل طيب وقال كلّ بابا على عيد الحلوات. — يا صاحب الحلوات la fête Pourim des juifs, Daumas V. A. 486.

حَلْوَى عَجَمِيَّة extrait de miel avec du raisiné, J. A. 1860, II, 386.

حَلْوِى confiseur, Alc. (confitero, melcochero).

حُلْوان المفتاح « la gratification pour la clef, » se donne quand on loue une maison ou une chambre, 1001 N. IV, 540, 3 a f., avec la note dans la trad. de Lane III, 668, n. 4.

حَلْوانِي, confiseur (Freytag), se trouve Bat. II, 283, III, 274, 1001 N. I, 56, Bc.

حَلْوانِى espèce de très-grand raisin, Ztschr. XI, 479.

حَلُو. Le fém. حَلْوَة espèce de datte très-douce, Pagni 151 (où le man. porte Kalūa), d'Escayrac 11, Prax R. d. O. A. V, 212, ibid. N. S. I, 311, Burckhardt Arab. II, 212, Burton I, 384.

حُلْوَة, par antiphrase, fiel, Voc.

حليّة datte très-petite et qui a été nommée ainsi à cause de sa douceur extraordinaire, Burckhardt Arab. II, 212 (heleya). Chez Burton I, 385, « hilayah, » mauvaise espèce de datte.

حَلاوة القمح espèce de sucrerie qu'on ne trouvait qu'en Egypte, Macc. I, 694, 16. — Galanterie, gentillesse, grâce, agrément, charme, attrait, Bc, J. A. 1852, II, 222, 2 (le mot qui précède doit être lu بذاكتِه). — Finesse d'une étoffe, Voc. (tenuytas in panno). — Douceur, gratification, don, libéralité, Ztschr. XX, 509, 20, 1001 N. II, 120, 1, Bresl. IX, 352, 8. حلاوة السلامة gratification quand on revient sain et sauf d'un voyage, quand on relève de maladie, etc.; on donne alors un festin à ses amis, 1001 N. II, 93, 3, avec la note dans la trad. de Lane II, 324, n. 57; Bresl. IV, 188, 2 a f. حلاوة المفتاح = حُلْوان المفتاح (voyez), 1001 N. Bresl. XI, 344, 1.

خْلَاوِىٰ mode de musique, Hœst 258. — Espèce de datte, Niebuhr R. II, 215.

خْلَاوَاتِى confiseur, Bc.

خْلَاوِيَات douceurs, friandises, sucreries, Bc.

حيليبوة *doucet*, Bc.

مُحَـالاة *mignardise*; — lanternerie, fadaise, discours frivole, Bc.

حَلُوسِيَا = كَثِيرَاء, Most. sous ce dernier mot (le commentateur juif traduit *tragacante*), Bait. I, 320 e (Sonth. *astragalus verus*).

حُلُوقَارِس (proprement « aigre-doux, » car le *sîn* est pour le *çâd*) espèce de grenade, Voc.

حلى I *damasquiner*, Bc. — حَلِىَ شَعْرُه *ses cheveux tombèrent*, M.

II *flatter*, peindre en beau, Bc.

IV *débander une arbalète*, Alc. (desballestar).

V, *s'orner de*, ne se construit pas seulement avec ب, mais aussi avec l'accus., Fleischer sur Macc. I, 626, dern. l., dans les Berichte 208.

VIII ع ب *s'orner de*, Gl. Mosl.

حَلَا (cf. Lane) *aphtes*, petites ulcères dans la bouche; — *efflorescence*, éruption sur la peau, Bc.

حَلِيبَا *fer-blanc*, Hbrt 171 (Alg.), Ghadamès 42; chez Ht حليبة.

حَلِيَّة *ornements*, *choses précieuses*, Haiyân 58 v°: وجمع حليته وثيابه وفرشه في بيت من القصر — *Costume*, 1001 N. I, 43, 12: le roi غير حليته « changea de costume. » — *Titre*, p. e. ceux qui sont composés avec « ad-dîn, » tels que Nour ad-dîn, 'Alâ ad-dîn, Djob. 242, 21. — *Housse, caparaçon, couverture de cheval*, Alc. (paramentos), Koseg. Chrest. 108, 11: وعلى الفرس سرج مغرق; فوق فرس; احمر حلية جديدة Haiyân-Bassâm III, 140 r°: دون مراكب الملوك بحلية مختصرة, mais dans ce passage c'est peut-être plutôt *harnais, tout l'équipage d'un cheval de selle*, comme dans l'Hist. du Yémen, man., p. 62: أمر ولد مولانا صاحب السعادة الامير حسين للامير عبد الله بحصان عليه حلية كاملة. — *Ardillon, pointe de fer faisant partie de la boucle d'une ceinture, et servant à arrêter la courroie que l'on passe dans la boucle*, Alc. (hierro de cinto, rejo de cinto). —

En musique, *ton*, Alc. (tono en la musica), *accord*, Alc. (acordes consonancia). — *Fer-blanc*, voyez l'article qui précède.

حَلَّا? *joaillier*, Macc. I, 403, 5.

حَال *orné de pierreries* (épée), Macc. I, 251, 11.

مُحَلِّل *musicien*, Voc.

نرجس محلا زمانه *narcisse jaune*, Bc, mais j'ignore à quelle racine appartient ce mot.

مُحَلَّى *harnaché, richement harnaché* (cheval), Alc. (cavallo enparamentado, paramentado cavallo), Notices XIII, 184.

حلبائا (syr. ܚܠܒܢܐ) *erysimum*, Payne Smith 1282.

حم II c. a. dans le Voc. sous balneare. — *Laver* (formé de حَمَّام), M.

V *se baigner, prendre le bain d'étuve*, Voc. (« in balneis tantum, » et la X° forme « ubique »), Bc et M (V et X dans le même sens).

VII *avoir la fièvre*, Voc., Bc.

VIII *être chaud*, Abou'l-Walîd 783, 14.

حَمَّ لا يَنْصُرُون حَمَّ, comparez avec Lane le Gl. Belâdz.

حُمَّة *certain oiseau du désert*, Daumas R. d. O. A. N. S. III, 239.

حَمَم *suie de la cheminée*, Cherb. J. A. 1849, I, 541, col. 1.

حَمَام مَكِّى et حَمَام أَبْيَض *tourterelles domestiques*, Pagni 87; حَمَام تُرْكِى *pigeons qui ont les yeux et les pieds rouges*, ainsi appelés parce qu'ils sont venus de Turquie, Pagni 89; حَمَام رُومى *pigeons blancs avec des plumes aux pattes*, ainsi appelés parce qu'ils ont été apportés de pays chrétiens, Pagni 87. — لعب بالحمام semble signifier: *se servir de pigeons pour transporter des messages*, voyez Gl. Fragm.

حَمُوم *du blé gâté par l'humidité dans un silo*, Daumas V. A. 255.

حَمَامِى *appartenant à un pigeon*, Payne Smith 1580. — حَمَامِى أَشْهَب se trouve dans L, à la fin, parmi les noms des chevaux, storno albo.

حُمَّى بَارِدَة *fièvre précédée de frisson*, Bc; —

حمّ ثالثة fièvre tierce, Burton I, 369; — حمّى حادّة fièvre aiguë, qui se termine en peu de temps par la mort ou la guérison, Gl. Manç.; — حمّى مُحرِقة fièvre chaude, Gl. Manç., Voc., Bc; — حمّى خفيفة fièvre hectique, Voc., car je crois devoir lire « hectica, » au lieu de « natica; » — حمّى دقّ fièvre étique, Voc., Bc, Gl. Manç.; — حمّى دَمويّة chez Rhazès, fièvre continue, Gl. Manç.; — حمّى دائرة مطردة fièvre d'accès; fièvre périodique, réglée, حمّى دائرة غير مطردة fièvre intermittente, Bc; — حمّى دائمة fièvre continue, Bc; — حمّى ربع fièvre quarte, Gl. Manç., Voc., Bc; — حمّى مُرعدة fièvre précédée de frisson, Voc.; — حمّى الرّوح fièvre produite par une vive émotion, Sang.; — حمّى مطبقة fièvre continue, Gl. Manç., Voc.; — حمّى مطردة fièvre périodique, réglée, Bc; — حمّى عفونة fièvre putride, Voc.; aussi حمّى عفنيّة, Bc; — حمّى غِبّ fièvre tierce, Gl. Manç., Voc., Bc; — حمّى لازمة fièvre continue, Bc; — حمّى التهابيّة fièvre inflammatoire, Bc; — حمّى نافضة fièvre précédée de frisson, Bc; — حمّى نهائيّة fièvre quotidienne, Bc; — حمّى وِرد fièvre quotidienne, Gl. Manç.; Voc.; — حمّى واظبة fièvre quotidienne, Bc; — حمّى يَوم fièvre qui ne dure qu'un jour, quelquefois deux ou trois jours, Gl. Manç., Voc.

حُمّى fébrile, Bc, s'il faut prononcer ainsi le mot qu'il écrit حمى.

حمّام grande cuve poreuse servant à rafraîchir l'eau, Browne I, 237. — خجر لحمّام, voyez خجر. — علاج لحمام lavement, remède liquide qu'on introduit par l'anus dans les intestins, L (enema [cf. Ducange] حقنة وهو علاج الحمّام).

حمّوم viande choisie de l'autruche, cuite dans la graisse de cet animal, Daumas V. A. 389.

حامّة au Maghrib = حمّة, Lettre à M. Fleischer 236.

حامّيّة fièvre, Alc. (fiebre o calentura), surtout fièvre tierce, Alc. (terciana calentura); حاميّة مثلّثة fièvre double-tierce, Alc. (terciana doble).

محمّ pl. محامّ baignoire, Bc.

حمَأ:

مُحمّى Muhâmi, bourbeux, fangeux, Alc. (limoso lleno de limo).

حماملون et حمأملس camomille, Most. v° بابونج, حمأملاس, corruption de حبّ الآس, graine, petit fruit de myrte, Bc.

حمّاحم I s'acharner, Ht.

حمّاحم II garrio dans L, murmurare dans le Voc.

حمّاحم ocimum basilicum, Bait. I, 326 g, aussi ريحان الحمّاحم ibid. I, 283 i (AB); ibid. I, 434 c: دهن الحمّاحم وهو فقاح الحبق العريض الورق (AB). الحبق الحمّاحمي ocimum basilicum; c'est ainsi qu'il faut lire Auw. II, 289, 5, 290, 4, 309, 6.

حمد I. شى يَحمَد chose favorable, Alc. (favorable cosa).

IV, dans le sens de la Iʳᵉ, louer, Alc. (loar o alabar, lisongear); — remercier, Alc. (dar gracias).

X c. الى p. tâcher de mériter l'approbation de quelqu'un, Akhbâr 157, 2, Haiyân 18 v°: وارسل رأسه الى ابن حفصون فانفذه ابن حفصون الى الامير عبد الله بقرطبة مستحمدًا اليه بكفاية شأنه ۞

حمد souhait qu'on fait pour le succès de quelqu'un, Alc. (favor con voto). — Témoignage, Alc. (testimonio). — Pl. محامد hymne, cantique en l'honneur de la Divinité, Alc. (ino en alabança de Dios).

حمدان mode de musique, Hœst 258.

حمادة = حلتيت assa fœtida, Most. sous ce dernier mot.

حمادة occasion propre, opportunité, Voc.

الحميديّة nom d'une race de chevaux, nommée ainsi d'après les Beni-Homaid qui les élevaient et qui demeuraient dans le pays des Ghomâra, non loin de Ceuta, Becrî 108, 4.

حمّادة grand plateau rocailleux et stérile, Berbrugger 16, 152, Rohlfs 67, Barth I, 143, 148, 431, Richardson Central I, 31, 192, II, 60, Prax R. d.

O. A. VII, 259, Colomb 49, Berb. I, 121, 437, II, 85. Ce mot ne semble pas seulement en usage en Afrique, car Burckhardt, Syria 94, parle d'un désert sablonneux nommé الحَمَّاد; cf. 667.

حَامِد celui qui fait des souhaits pour le succès de quelqu'un, Alc. (favorecedor con voto). — *Témoignage*, Alc. (testimonio).

تَحْمِيد *harangue, discours*, Alc. (oracion razonamiento).

مَحْمَد وعَلى مَحْمَد *pois de senteur*, Roland.

اليَوْم المُحَمَّدى *jour qui*, selon quelques Soufis, a commencé le jour de la mort du Prophète, et qui ne se complétera qu'à l'expiration de mille ans, Prol. II, 167, dern. l. et suiv.

مَحْمُودَة *scammonée*, Alc. (escamonea medicina), Bc, Sang., Rauwolf 54 (corrompu en *Meudheudi*), Most. v° سقمونيا, Bait. II, 27 b, et 491 c, Auw. I, 640, 13, Bayān I, 313, 5, Çalât 23 r°. — Espèce d'euphorbe qui a les mêmes effets que la scammonée, Bait. II, 599 a. — مَحْمُود السُدُور = ماهوبدانَة, en espagnol طُراطُقَة (cf. mon article طُلْرَطَقَة), *euphorbia lathyris*, Gl. Manç. sous le second terme.

مَحْمُودِي *cotonnade blanche*, Ghadamès 40.

حمر II الوَجْه *farder*, Bc; — on dit: احمر الله لك وجهك «que Dieu te rougisse la figure!» quand on veut souhaiter du bien à quelqu'un d'une manière générale, parce que les Arabes attribuent aux couleurs éclatantes, au rouge principalement, des idées de joie et de bonheur, Daumas V. A. 518. — *Rissoler, rôtir pour donner une couleur rousse, rôtir, faire rôtir*, Bc, p. e. en parlant de poulets, دَجاجات مُحَمَّرة, 1001 N. I, 579, 12, فِراخ مَحَمَّرة III, 205, 6 a f.; cf. مُحَمَّر. Dans Antar 70, 3 a f, en parlant d'amandes, حَمِّر اللَوز. — حَمِّر الكَرْم *calfater les vignes*; voyez sur cette opération Bait. II, 309 d, ou la traduction de ce passage donnée par de Sacy, Abd-allatif, 274—5; cf. Thévenot II, 62.

V dans le Voc. sous *rubescere*.

IX *rougir, avoir honte*, Alc. (demudarse de verguença), Bc.

حُمَّر (vulg.) *rougeur*, poète populaire Prol. III, 407, 13, où il faut lire ainsi.

I

حَمَر = دِفْلَى, Most. sous ce dernier mot: ويُسَمى الحَمَر ايضا

حَمْرَة *hypericum*, Prax R. d. O. A. VIII, 345, chez Pagni MS « *hamûra* ». — رَاس حَمْرَة *calendula sicula*, Prax l. l. 282.

حَمْرَة *rougeole*, Gl. Esp. 115; L donne: *carbum* [= *carbunculus*?]; دَمَّل وداء الحَمْرَة ايضا; il a aussi داء الحَمْرَة sous *eresipila*. — *Le rougeau*, maladie qui attaque l'althéa, Auw. II, 298, 6. — *Craie rouge*, à ce qu'il semble, Macc. I, 687, 17. — *Fard*, Bc. — L'arbre غَرْقَد, auquel on a donné ce nom parce qu'il porte des fruits rouges, Burckhardt Syria 474. — Le pl. حُمَر *pétéchies*, espèce de pourpre ou taches sur la peau dans les fièvres, Bc. — En géomancie le signe ≡, M.

حَمْرَة *caravane composée exclusivement de mulets*, Espina R. d. O. A. XIII, 150 (*hamara*).

حَمْرَة *rouge-gorge*, Pagni MS. — *Arbousier*, le même.

حَمْرِيَّة *ânerie*, Bc. — Sans voyelles, *rougeur*, Bc.

حُمْرانى *rouge*, Voc.

حَمْرايَة (les rouges) espèce de dattes, Prax R. d. O. A. V, 212.

حَمْرَنَة *ânerie, balourdise*, Bc.

حِمَار, *âne*, signifie *buveur d'eau* parmi les musulmans qui ne se soucient pas beaucoup des préceptes du Coran, Burton I, 130. — Sans voyelles, *rougeur*, Bc. — *La fin d'un siècle*, Tha'âlibî Latâïf 30, dern. l. — *Machine dont on se sert pour tirer du navire dans un port*, L (*pulvini* [« *machinæ, quibus naves deducuntur et subducuntur in portum*, » Ducange d'après un ancien Glossaire] الحِمَار الذي تُجَرُّ بها قَصيب. — (المَراكِب الى المَرْسى) (voyez) quand il est long, c.-à-d., une sorte d'instrument fait en forme de grue, dont les laboureurs usent pour mesurer les terres et fossés. — حِمَار الوَحْش *zèbre*, Alc. (zebra).

حَمَر *asphalte*, Bc. — (?) espèce de *myrte*, Auw. I, 248, 14.

حُمْرَة *rougeur*, Voc. — *Carmin préparé, dont se fardaient les femmes*, Alc. (alconcilla).

41

حمرق

حَمْرِيّ asphalte, Edrisi, Clim. II, Sect. 5: وصف الصحراء بها جبّ حمْبريّ

حَمُّورَى espèce de dattes très-rouges, Pagni 151; p. 152 il nomme l'espèce « Hamura Bixeri. » — Certaine pierre précieuse, voyez Niebuhr B. xxxv.

حُمَيْر جَدَّة cloporte, Domb. 66, Bc.

حُمَر lonchophora capiomontiana Dr., Prax R. d. O. A. VIII, 282. — Hypericum, Pagni MS.

حُمَر vulg. pour حُمَر, bitume de Judée, M.

حَمّار manœuvre, mauvais artiste, Bc.

حُمَيْرا, en Espagne, anchusa, Bait. I, 327 a, II, 108 e, où A a le techdîd; cf. Freytag sous شنجار.

حَمّاتِر fard, Cherb., Roland.

حَمامير mamelons, Daumas V. A. 166.

رَأْس احمر احمر اَحْمَر esclave abyssin, Ztschr. XVI, 674.

بنو الحَمْراء ou الحَمْراء affranchis (cf. Lane), est le nom que les Arabes donnaient aux Espagnols; voyez mes remarques Ztschr. XVI, 598. — لحم احمر viande sans graisse, Gl. Manç. — Dînâr, pièce d'or, 1001 N. Bresl. IX, 250, où l'éd. Macn. a دينار; le pl. حُمُر, P. Macc. I, 464, 17. — Farine, Voc. الاحمر une pierre rouge, espèce de sanguine; elle sert de remède et l'on en fait de l'encre rouge, Caillié I, 108 (lahméré). — Sorte d'oiseau, Yâcout I, 885, 14. — الاحمر Mars (planète), L (à la fin); المَلِك الاحمَر Mars, le dieu de la guerre, Bc.

اَحْمَرانِى rougeâtre, Bc.

مُحَمَّر de la viande hachée et rissolée, 1001 N. Boul. I, 79, 1, Macn. II, 258, 5 a f., avec la note dans la trad. de Lane II, 495, n. 13.

مُحَمِّر, t. de médec., épispastique (subst.), M.

حمرق

حَمْرَقَة la chaleur de la colère, M.

حمز

حَمِيز âcre, piquant, Bc.

حَمَس II (pour حَمَص) torréfier, Voc.
IV exalter, Bc.

حمص

V (pour تَحَمَّص) être torréfié, Voc.

حَمِس orgueilleux, M.

حَمَّاس enthousiasme, transport, Bc. — Doronic de Syrie, Most. v° درونج, mais « az-Zahrâwî dit qu'il ignore si ce mot s'écrit avec un hâ, un khâ, ou un djîm, » ibid.

حَمِيس ragoût de mouton aux tomates et aux légumes, Daumas V. A. 251 (hhamiss), Kennedy I, 101 (hamis); « sorte de fricassée de mouton fortement épicée et acidulée par le hermès, abricot du sud séché au soleil, » R. d. O. A. N. S. VII, 246 (hamiss).

حَمَاسَة exaltation; — veine, génie, talents, esprit poétique, Bc.

قصيد شعر حماسى . حَمَاسِى poème épique, Bc.

حمش

حَمَّاش caracoleur, Daumas V. A. 184.

حمص II torréfier, griller, rôtir, Bc, note J. A. 1850, I, 230—1, de Sacy Chrest. I, ٨١, 1, Chec. 210 v°, 211 r° et v°, 213 v°; cf. sous حمس II (cette signification, qui manque chez Freytag et Lane, se trouve chez Golius).

V voyez sous حمس V.

حَمِيص le tabac qu'on coupe en morceaux quand il est encore vert et qu'on fait sécher au soleil, M.

حَمْصِيص chez Freytag, voyez حمصيص.

حِمَّص, proprement pois chiche, a reçu le sens de pois en général, Clément-Mullet dans sa trad. d'Ibn-al-Auwâm II, 89, n. 2. — حمّص الامير, chez le peuple en Afrique et en Espagne, tribule (حسك), Bait. I, 307 b, 324 b, Most. et Gl. Manç. v° حسك, Sang. — حمص جبلى « qui sont les pois chiches des montagnes, dit (sic) ainsi parce qu'il (sic) ressemble à des pois, » Vansleb 101. — حمّص مَحَجَّر des pois chiches qui ont été grillés jusqu'à ce qu'ils aient reçu la couleur jaune et brillante qui leur convient, les petits points obscurs et le goût fin, Ztschr. XI, 520, n. 43. — حمّص خَزَائِنِى se mangent au dessert, 1001 N. Bresl. I, 149, 2.

حَمْصَة (Bc حِمْصَة, mais je crois que حِمَّصَة,

comme nom d'un. du mot qui précède, serait plus correct) *cautère, ulcère artificiel*, Bc, Hist. Tun. 111: فَاتَّفَقُوا عَلى سَمل عينيه فَسْمَلْنَا وَدَاوَاه الطبيب وَأَسَرَّ لَه ‏. حُصُول العَافية وفتح له بعضدِه حِمْصَة تَنْدَفع لها المَّدة, ‏وَضع الحِمْصة, ou ‏كَى لِلحِمْصة *Appliquer un cautère est* نَـة, Ztschr. XVI, 668, n. 1.

Hammousis, pain d'épice dans lequel entre la farine de pois chiches, Descr. de l'Eg. XII, 432.

حِمَص *endroit où l'on brûle le café*, Bc.

مَحْمَصَة *poêle où l'on brûle le café*, M, Burckhardt Prov. 40; dans le Ztschr. XXII, 100, n. 35.

مَحْمَاصَة.

مُحَمَّصَة *kouskoussou à gros grumeaux*, Cherb. Barth I, 339, Rohlfs 162; chez Daumas V. A. 252: *soupe avec des boulettes de pâte au citron;* incorrectement « hamza » chez Richardson Mor. II, 275. Ce mot semble venir de حِمَّص, car Bg 264 dit en parlant du kouskoussou: « il y entre aussi des pois chiches. » Ce que dit Daumas ferait penser plutôt à مَحْمَضَة.

مَحْمَاضَة voyez مَحْمَضَة.

حمض II *rendre aigre, aigrir, aciduler*, Voc., Bc, Gl. Manç. v° مَصَاير: ‏يَسْتَعمل مُحَمَّضًا بالتخَلّ, le même sous كَشك. — Chez le vulg. = حَمَّص, M.

V quasi-passif de la II° dans le sens qui précède, Voc.

حُمُوضَة *acidité*, Gl. Edrîsî, Gl. Manç. v° حَرَافَة, qui ajoute qu'on emploie ce mot au figuré en parlant d'une odeur. — *Chose qu'on désire*, Abou'l-Walîd 234, 25.

حَمِيضِص. Le Câmous donne en effet, comme le dit Freytag, le mot حَمِيصِيص ou حَمِيضِيص sous la racine حمص; mais chez Bait. I, 326 d, II, 295 g et dans Golius, on trouve حُمَيضِيص, *oxalis corniculata*, et l'étymologie semble indiquer que cette orthographe est la véritable; l'auteur du Câmous dit aussi que c'est une بَقْلة حَامضة.

حَمُوض *désiré*, Abou'l-Walîd 234, 29 et 30.

حَمَاضَة *aigreur*, Bc. — *Impudence*, Voc. (1re part.).

حُمُوضَة *aigreurs, rapports que causent quelquefois les aliments mal digérés*, Alc. (azedia de estomago). — *Pédérastie*, 1001 N. I, 618, 7 (cf. Lane sous la II° forme).

حُمُوضِيَّة *acidité, aigreur*, Bc.

حُمَّاض. حُمَّاض البَقَر *oseille sauvage*, Bait. I, 260 b, 326 e. — حُمَّاض الأَرْنَب *cuscuta epithymum*, Most. v° كَشُوث, Bait. I, 326 c. — حُمَّاض السَوَاق voyez Bait. I, 326 f. — حُمَّاض المَاء *rumex aquaticus*, Bait. I, 326 b.

حُمَيِّض = حُمَّاض *oseille*, Alc. (azedera), Bc, Hbrt 47. شَرَاب الحُميِّض *espèce de sorbet fait d'oseille*, Lane M. E. I, 224. — *Nom d'une fleur jaune*, Mehren 27 (sedum ou ranunculus?). — *Arisarum*, Rauwolf 115 (homaidt).

حَمِيضَة *oseille*, Alc. (azedera), Domb. 75, *oseille sauvage*, Daumas V. A. 380, Payne Smith 1306; chez Roland حَمَيضة قُرَيضَة, *oseille*.

حَامِض. لَبَن حَامِص est du lait très-épais qu'on a rendu aigre en le faisant bouillir et en y ajoutant un fort acide, Burckhardt Arab. I, 60. شَرَاب حَامِص *sirop fait de vinaigre et de miel*, Alc. (oxizacre de agro con miel); شَرَاب حَامِص بلبن *boisson faite de vinaigre et de lait*, Alc. (oxizacre de agro con leche); شَرْبة حَامِضة الرُمَّان *sirop fait de sucre et de vinaigre*, Alc. (oxizacre de agro con açucar). Dans ces trois articles, la première lettre est un *khâ* chez Alc. Peut-être خَامِضة a-t-il un sens analogue dans le vers Macc. I, 800, 8. — Espèce de *grenade*, Voc.

حمط V c. لـ p. *nourrir une haine secrète contre* quelqu'un, M.

خَمَاط *espèce de sycomore*, Bait. I, 327 b.

حمق I se trouve chez Alc. sous « enlevar, » et feu M. Lafuente m'a écrit que ce dernier verbe peut' se prendre dans le sens de « enlevarse, » *devenir orgueilleux, vain* (cf. la V° forme; même changement de signification dans le verbe سَخُف). — *Se fâcher*, Mc, Ht. — *S'affliger*, Ht, 1001 N. Bresl. XI, 23, 7.

II *faire devenir fou*, Alc. (enloquecer a otro); حَمَّق نَفْسه *s'infatuer*, Gl. Fragm.

V *être orgueilleux* (= تَعَاظَم), Berb. I, 485, 4. — *Se fâcher*, Mc.

VI *être fou, furieux, de colère*, 1001 N. Bresl. III, 103; c. عَلى p. *se fâcher, s'emporter contre*, Antar 80, 1.

VII *s'emporter*, se mettre en colère, Bc, 1001 N. Bresl. X, 460, 11; *se fâcher contre* quelqu'un, c. من p., 1001 N. Bresl. IV, 184, 4, *de quelque chose*, c. عن r., ibid. et l. 12, 13.

حَمَق *rage, fureur*, 1001 N. Bresl. IX, 386, 8 (éd. Macn. حَدَّة), 12 (Macn. غَيْظ), mais en ce sens le peuple prononce حُمُق, car le M dit: والعَامَّة تستعمل الحُمَق بمعنى سرعة الغضب. — *Fou à lier*, Alc. (loco de atar).

حُمْقَة *colère*, Barbier.

حُمَيْقِيَّة *folie*, Voc.

حَمَّاق pl. حُمَّق *qui rompt un armistice, tricheur, déloyal*, Alc. (cascatreguas; sous caxcatreguas il donne le pl. حُمْق).

حَمْقَاق pl. حُمَقَاء *fou*, Alc. (loco como quiera).

حَمَّاقَات *pièces satyriques*, voyez J. A. 1839, II, 164, l. 11, 1849, II, 251.

حَمَاقَة *brutalité; fatuité, impertinence*; عبروا الى الحَمَاقَة *en venir aux gros mots*, Bc.

حَمَاق البَرَابِر nom d'un instrument de musique, Macc. II, 144, 4.

حُمَيْقَى vulg. = la maladie حُمَّى, M.

أُحْمُوقَا *folie, sottise, radoterie*, mot formé par plaisanterie de même que أُخْرُوفَا. Comme Abou-Amir ibn-Garsia avait, dans sa Risâla, loué les عجم (les Grecs, les Romains, etc.), parce qu'ils avaient inventé l'arithmétique et la géométrie, et qu'ils s'étaient distingués dans الاوطيقى والبوطيقى, un de ses contradicteurs lui répond (man. de l'Escur. 535): واما الانوطيقى واللوطيقى (sic) فهناك جاءت الاُحْمُوقَا والاُخْرُوفَا☞ (sic).

حَمَقْمُوق vulg. = la maladie حُمَّى, M.

حَمَك (?). « حمج sorte d'arbre, syr. ܚܡܚܡܐ, Payne Smith 1303; mais la leçon est douteuse, attendu qu'un dict. donne حمل, et Bar Ali éd. Hoffmann n° 3728 حمك. Je crois que le mot syriaque, avec le k dur, doit faire penser à حُمْك » (Wright).

حمل I, en parlant d'une femme, *porter* une chose *dans le vagin*, Bait. I, 21 b, 28, dern. l. (seulement dans B); cf. Lane sous la VIII° forme, que l'on trouve en ce sens Bait. I, 6 à la fin, 15, 88 (deux fois), 89, dern. l., 94. — *Emmener, mener avec soi*, Akhbâr 69, 4, 1001 N. I, 74, 12. — *Transporter*, p. e. قَصَّار يَحمل ثيابَه على حمار Bidp. 213, 7 a f. Par ellipse, *transporter des marchandises*, Bat. IV, 244, Berb. I, 265, 7 a f. (où على est *au moyen de*). — *Contenir, comprendre dans certain espace, dans certaine étendue*, de Jong. — C. a. p., non-seulement: « *donner un cheval à quelqu'un* » (sur حمله على دابّة etc., voyez plus loin), mais encore, en parlant d'une personne qui est assise sur une bête de charge: *permettre à une autre personne d'y monter aussi*, Zauzanî, Commentaire sur la Mo'allaca d'Amrolkais, 2, 3 a f. éd. Hengstenberg: لا نقال لعنيزة يا بنت الكرام لا بُدّ لكِ من أن تحمليني وألحقت عليها صواحبها أن تحمله على مقدم هودجها فحملته. Onaiza permit donc à Amrolkais de monter sur le chameau sur lequel elle était assise. Aussi en parlant d'une personne qui a un vaisseau à sa disposition, *permettre à une autre personne d'y entrer pour faire route*, Koseg. Chrest. 55, 13 et 14, Gl. Abulf. — *Superposer*; كل بناؤها يلبنى حمل بعضه على بعض « *des briques posées l'une sur l'autre*, » sans mortier, Gl. Belâdz. — *Gagner*, en parlant du sommeil, حمله النوم « *le sommeil le gagna*, » Bidp. 280, 4. — *Vexer*, Djob. 306, 18: وكل ذلك يرفق وتودد دون تعنيف ولا حمل. — *Soutenir, appuyer*, Cartâs 54, 7: يحمل الطابع على. — *Traiter, agir avec quelqu'un de telle ou telle manière*, Akhbâr 123, 5: je veux أن يحملني يتحمّل عامة اهلي « *qu'il me traite de la même manière que les autres personnes de ma tribu* » محمل est (n. d'act.); Gl. Belâdz. حمله على أن « *il le traita de manière que*. » — *Etre reconnaissant pour*, 1001 N. IV, 482, 6 a f.: حمل جميلته, où Lane traduit: « he was grateful for his kindness. » — *Payer à titre de tribut, de contribution*, Mong. 241, Aghlab. 33, 4, Haiyân 62 v°: وخطب البيع (الى الامير) ولاية اشبيلية على أن يحمل من فصل جبايتها بعد اقامته لسائر نفقاتها سبعة آلاف دينار, 63 r°: ووالى حَمْل مال المفارقة, 97 v°: وفارقه النجيبى على ضريبة من المال يحملها الى ستقلم على ما ibid.: الامير من جباية البلد كل سنة.

حمل

التزمه من حمل مال المفارقة الى ان عليك. — *Ordonner, ranger, disposer*, Alc. (ordenar regir). — *Admettre une accusation*, Amari Dipl. 193, 1. — *Se mettre en marche*, par ellipse, 1001 N. I, 357, 12, 461, 1 et 3, l'anonyme de Copenhague 47: وهبطوا من البلد. — *Posséder des connaissances*; يحمل العِلْمَ, Nawawî 22, 7 (où العلم est une faute), 11 et 12, Haiyân-Bassâm III, 112 v°: وكان ;مع ذلك بحمل قطعة وافرة من علم الحديث وانواع الفنون cf. sous حَامِل. — *En parlant d'une rivière, grossir par suite des pluies*, M. — *Se dit du gibier qui a été atteint, qui fuit et qui tombe*, M. — حمل مثبتة *avoir des obligations*, Bc. — حمل نَفْسَه *se jeter*, Berb. I, 69, 1. — C. الى, *conduire à*, en parlant d'un chemin, Gregor. 36, 9; aussi c. على, Amari MS: الى الزقاق بحامل عليه من البحر المالح الى فسحة باب السراج. — C. الى p. *envoyer à quelqu'un des troupes* ou *des vaisseaux*, Akhbâr 7, l. 9. — C. ب p., en parlant d'une chamelle, *porter*, Gl. Fragm., où de Goeje soupçonne, à cause des variantes, que ce verbe, construit ainsi, indique une certaine manière de marcher. — C. على p., dans le Voc. *iniuriari*; *se déchaîner contre quelqu'un*, Prol. III, 75, 6, Berb. II, 71, 2 a f. — C. على p. *imposer un tribut à quelqu'un*, Gl. Belâdz., par ellipse pour حمل على فلان حِمْلًا, Aghânî 52, 4 a f., où on lit ces mots suivis de شديدا, dans le sens de: *imposer de lourdes contributions à quelqu'un*. Au passif, قد حمل عليهم فوق طاقتهم «on exigea d'eux des contributions qui surpassaient leurs moyens,» Gl. Belâdz. — C. على p. *extorquer de l'argent à quelqu'un*, Tha'âlibî Latâïf 13, 11, Çalât 22 r°: تشكّى اهل العدوة بعُمال عبد السلام من حملة على اوقع الرعية وظلمها, l'anonyme de Copenhague 22: الخليفة بعبد الرحمن بن يحيى المشرف بمدينة فاس لما صحّ عنده من خيانته وحملة على الرعية واذايته. — C. a. p. et على, حمله على دابّة *donner une monture à quelqu'un*, *lui en faire cadeau*. Publiant un passage de Macrîzî dans sa Chrest. II, ٣١, 13, où on lit: حمله على فرسين, de Sacy a traduit: « il lui donna le droit d'avoir deux chevaux de main,» et dans une note, p. 136, il a observé ceci: « L'expression employée ici est fréquente dans Macrîzî. Il paraît que plus les khalifes fatémites voulaient honorer un de leurs officiers, plus ils faisaient conduire de chevaux de main sellés et enharnachés, devant lui.» Mais cette expression n'a pas ce sens; elle signifie simplement: *il lui donna une monture*, ou, au plur., *des montures*. Ainsi on lit chez Ibn-Badroun 246, 11: حمله على مركب سرىّ «il lui donna un cheval magnifique;» dans les Fragm. hist. Arab. 509, 4: حمله على بغل ومركب «il lui donna un mulet et un cheval;» *ibid.* 329, 4 a f.: حمله على مراكب «il lui donna des chevaux.» Un passage de Tha'âlibî, Latâïf 132, 4 a f., est surtout décisif, car on y lit: وحَمَلَني على عتاق البادية وجَنائب الحجاز وبراذين طبخارستان وحمير مصر وبغل بردعة. (Il faut donc biffer dans le Gl. Fragm., p. 32, l'article ركب, car ni dans l'un ni dans l'autre passage des Fragm., le mot مركب n'a le sens de «selle»). — C. a. p. et على r. *attribuer une chose à quelqu'un*, Abd-al-wâhid 22, 2 a f.: s'il n'avait pas eu l'habitude de plaisanter, لَتُحْمِل على التصديق فى كلّ ما يأتى به «on l'aurait cru véridique dans tout ce qu'il disait.» — C. a. et على, *appliquer à*, Prol. II, 296, dern. l., après la citation des paroles du Prophète: « Une telle chose (un soc de charrue) n'entre jamais dans une maison sans que l'avilissement y entre aussi:» وحمله البخارى «Bokhârî a entendu cette parole comme étant dirigée contre une trop grande application à l'agriculture» (de Slane). — C. على r. *tenter, entreprendre*, Mohammed ibn-Hârith 281: شاوَرَ كاتبَه فى امر نفسه وما يحمل عليه فى السبب الذى دار عليه. — C. على r. *s'appuyer sur*, Gl. Belâdz., Gl. Fragm. — حمل على خاطره, sans همًّا qu'on trouve quelquefois ajouté, *être triste*, 1001 N. Bresl. X, 141, 1. De même حمل على قلبه, Macc. II, 772, 19. — حمل المال على نفسه *se charger de payer l'argent*, Tha'âlibî Latâïf 74, 7, R. N. 69 v°: l'argent qu'Ibn-Dja'd avait destiné pour la construction du château étant épuisé avant que le château fût achevé, Ibn-'Obâda lui dit: النفقة تجزّت وقد بقى كذا وكذا فلا حمل. — تحمل على نفسك وقد يسرع اقوام فى تمامه الشىء على خير *prendre une chose en bonne part*, Bc. — C. a. r. et عن p. *se charger de payer une chose pour quelqu'un*, Akhbâr 30, 5, Haiyân 34 r°: وكان مُلْحَقًا فى الديوان فكان الغزو يلحقه فيَحْمِل القائد احمد بن محمد بن ابى عبدة كُلَّ السفر عنه

حمل 326 حمل

وبقيم بمونته ذاهبا وجائبًا « il avait la coutume de se charger de payer pour lui tous les frais de l'expédition. » — C. عن p. *avoir appris de*, Auw. I, 100, 10: وحمل ذلك على (عن l.) قوم من الفلاحين « il avait appris cela de quelques agriculteurs. » Spécialement: *avoir étudié, appris des traditions, des livres, sous la direction de tel ou tel professeur, et avoir reçu de lui la permission de les enseigner à d'autres personnes*, Khatîb 23 r°: وكان للشباب يحمل عن ابى بكر بن ثابت الخطيب وغيره, Macc. III, 184, 5, en parlant d'un livre: عنه حمله فى له وأذن. — C. من , par ellipse, en parlant d'un canal, *tirer son eau de*, p. e. نهر يحمل من دجلة « un canal qui est alimenté par les eaux du Tigre, » Gl. Fragm. — حمل أمامه فى الحفر قدر ثلاثة مساحى *avoir à travailler à la houe un espace de la largeur de trois fers de houe*, Auw. I, 530, 2 a f., cf. 531, n. * et l. 15. — Au passif, *être assez vraisemblable*, Berb. II, 519, 7: اباغ من ذلك ما حمل ولم يتحمل « il ajouta plusieurs renseignements, les uns assez vraisemblables, les autres indignes de foi » (de Slane). — متحمل s'emploie comme nom d'act., Gl. Belâdz., Akhbâr 123, 5, Bat. II, 380.

II, t. de musique dont le sens m'est inconnu, 1001 N. Bresl. VII, 78, 8: وحملت تحميلة جليلة. — أن حمله *il le chargea de*, Mohammed ibn-Hârith 243: حملى محمد بن بشير ان اسئل له ابن القاسم عن مسائل وحمل ايضا ذلك محمد بن خالد. — *Rendre une femme enceinte*, Abbad. III, 126, n. 103, à moins que ce ne soit la IVe forme. — C. d. acc. *assujettir quelqu'un à*, Bc. — حمله ديونا *obérer*, endetter, Bc. — C. a. p. et على r. *obliger* quelqu'un à faire quelque chose, Voc., Bc. — C. a. p. et على alt., *exciter une personne contre une autre personne*, Bidp. 115, 4, 240, 5. — C. a. p. et من r., *laisser à quelqu'un la responsabilité de quelque chose*, Prol. II, 219, 4. — Le nom d'act. a un sens qui ne m'est pas clair dans le Formul. d. contr.; voyez ce passage sous حولة.

III c. a. p. *se jeter sur* quelqu'un, Tabarî I, 42, 1 éd. Koseg.

V *souffrir, tolérer, permettre ou être propre à*, Gl. Edrîsî. — *Emporter*, Becrî 64, 6: وقد تحملوا ما خف من امتعتهم, Fragm. hist. Arab. 185, 2 et 3, où le texte ne doit pas être changé, comme l'éditeur a voulu le faire dans les Add. et emend. p. 116; corrigez aussi le Glossaire. — *Se charger de faire* ou

de payer, Gl. Belâdz., Berb. II, 252, 1. — *Se charger de la responsabilité de* quelque chose; j'ai noté Prol. II, 218, 5, mais il doit y avoir une faute dans cette citation. — *Excuser*, Bc. — Dans le Voc. sous *compellere*. — تحمّل الشهادة *servir de témoin*, de Slane Prol. I, p. LXXIV a et b. — تحمّل متّه *avoir des obligations à* quelqu'un, Abbad. I, 224, 3 a f.; cf. Bc sous la Ire forme. — C. ب r. *subsister de, vivre et s'entretenir*, R. N. 26 v°: ذلك أن اسد (أَسَدْ l.) نقدت نفقته اذ كان يطلب العلم بالمشرق ولم يبق معه ما يتحمل به فى انصرافه الى أفريقية une personne qu'il en avait informée, lui répondit: j'en parlerai au prince héréditaire, فارجو ان يصلك بما تتحمل. — C. عن. به الى بلدك وتتقوى به على ما انت بسبيله p., dans le sens de عن , روى *avoir appris des traditions sous la direction de tel ou tel professeur, et avoir reçu de lui la permission de les enseigner à d'autres personnes*, Macc. III, 204, 20; تحمّل comme synonyme de رواية, Prol. II, 405, 11, Macc. III, 183, 20, 201, 20, 323, 3 a f. — تحمّل بفلان على فلان *employer l'intercession d'un tel auprès de tel autre*, p. e. تحمّل عليه بابيه; inexactement chez Lane 647b med., Gl. Mosl.

VI *se rendre, se transporter*, Fragm. hist. Arab. 181, 11, Bait. II, 15: le maître doit appeler son chien quand ce dernier est attaché à cette plante, فان الكلب اذا جذبه متحاملا نحّو صاحبه قلعه C'est à tort que de Goeje, dans le Gl. Fragm., a attaché à ce verbe l'idée de « *magna cum molestia*; » ce qui prouve, entre autres choses, qu'il ne faut pas le faire, c'est l'expression تحامل على وجهه , *fuir à toutes jambes*, Gl. Bayân, et تحامل seul dans le même sens, Gl. Fragm. — *Assister, aider*, Çalât 52 v°: ذكر حركة السيد الاعلى الى حفص اخيه السيد ابى سعيد على معنى التحامل والتناصر والتواصل والتعاون. — *Braver la douleur*, Bat. II, 299, Mohammed ibn-Hârith 307, en parlant d'un homme qui était très-malade: فلمّا كان من الغد تحامل واتى يتهادى بين اثنين حتى خطب بكلمات مختصرة *Etre partial*, Macc. I, 694, 7; *prendre parti pour* quelqu'un, c. الى , ibid. l. 8, ou c. ل, Mohammed ibn-Hârith 229: ما الذى يحملك ان تتحامل لبعض رعيتك

; على بعض contre quelqu'un, c. على, comme dans l'exemple qui précède; aussi Macc. II, 15, l. 20, Cout. 9 r°: واظهر الصُميْل التحامُل على الفحطانية.
— C. على p. et r., *se reposer sur quelqu'un de quelque affaire*, Macc. I, 473, 18: comme il était très-avare, il ne voulait pas acheter lui-même les choses dont il avait besoin, mais il كان يتحامل فيها على اقل معرفته ☜.

VII dans le Voc. sous portare.

VIII, c. a. p. et مع, *emmener, mener* quelqu'un avec soi, Hist. des Benou-Ziyân 98 v°: احتمل معه.

أَحذ الانصارى. — *Pouvoir supporter*, Gl. Belâdz.: صامد على احتمال الارض من الخراج. — *Pouvoir contenir*, Gl. Edrîsî. — *Exiger*, Gl. Edrîsî 297, 2 a f. et n. 1. — *Remplir*, Macc. I, 274, 13: اخبارها تحتمل « rempliraient des volumes, » III, 133, 13: مجلدات, 134, 2: واخبار الابلى واسمعتى منه تحتمل كتابا. — واخبرنى ابن شاطر عندى تحتمل كراسة. Quasi-passif de la Ire, *être porté*, Abbad. I, 61, 2. احتمالاً ان *parce qu'il était possible que*, 1001 N. I, 17, 10 a f.

X *durer, souffrir longtemps, endurer, supporter avec patience*; استحمل البهدلة « *dévorer un affront*, » Bc.

حَمْل, pl. حُمُول, *l'envoi qui était fait au souverain du produit des revenus d'une contrée*, et, par suite, *la somme elle-même qui était portée au trésor du prince*, Mong. 240. حمل الرحيل voyez sous طائلة. — *Panier*, Macc. I, 315, 16 et 18 (= Haiyân-Bassâm I, 23 r°). — *Sac pour les grains*, Daumas Mœurs 270. — Dans le cortége d'un enfant qu'on mène à la circoncision, le *heml* est porté par un garçon barbier; c'est une espèce de buffet dont on trouve la description chez Lane M. E. I, 78—9 (cf. Fesquet 50), mais qui n'est rien autre chose que l'enseigne du barbier. — *Tapis*, Bc (pl. حمول). — « La poudre d'or est quelquefois fondue en lingots, tirés ensuite en fils que l'on appelle el *kamel*, » Daumas Sahara 301.

حِمْل, proprement *charge d'une bête de somme* (carga de bestia, Alc.), forme aussi au pl. حِمال, Vêtem. 82, n. 1, que Freytag et Lane donnent seulement pour حَمْل, et s'emploie dans le sens de *grande quantité*, Haiyân-Bassâm III, 141 r°: مع حمل من.

مرصاص وحديد كان جمع من خرابات القصور السلطانية, حِمْل مُسْتَطْع — Sur l'espèce de litière nommée حِمْل voyez Lane M. E. II, 198, Burton II, 65. — *espèce de candélabre à six lampes*, voyez Lane M. E. I, 244 n.

حَمَل. حمل الله *agneau pascal*, N.-S. Jésus-Christ, Bc. — En astr. الأَحْمُل est un des noms de la constellation du Corbeau, Cazwini I, 41, 4.

حَمْلة *charge, fardeau*, Ht, 1001 N. III, 4, 5 a f., 4 a f., 2 a f. « Le bois se vend à la charge, qu'on appelle *hamleh*, » Descr. de l'Eg. XII, 461, cf. 464; chez Bc حملة حطب *voie de bois*, mesure de bois, charretée. — *Bagage*, Bc, Ht. — *Objets volés*, 1001 N. Bresl. XI, 331, 1. — *Produits, productions, fruits*, Edrîsî, Clim. II, Sect. 5: ثمارها, Clim. IV, Sect. 5: لم ثمار كثيرة, وحملتها غير حسنة. — حسنة الحملة وافرة للخيرات — *Droit sur les fermes*, Bc; les droits que les *moultezim* imposaient sur les consommations de leurs villages, Descr. de l'Eg. XII, 191. — *Fluxion*, Domb. 88. — *Tempête*, L (procella).

حَمْلى *porteur d'eau*, voyez Lane M. E. II, 22.

حَمُول pl. ات *suppositoire*, M.

حميل *la corde qui, posée sur le bât, longe les deux sacs, en passant par dessous, pour les tenir liés l'un à l'autre*, Prax R. d. O. A. V, 221; je crois à présent que ce mot a ce sens Prol. III, 367, 14 (cf. mes remarques sur ce vers dans le J. A. 1869, II, 178; c'est donc = الحوايا (وقووا شدّاد حميل).

حِمَالَة, et plus communément au pl., حَمَائِل, *cordon servant à porter l'étui qui renferme un livre ou un amulette*; aussi *l'amulette* même, qui est suspendu au cou avec un cordon, Gl. Esp. 347. Le pl. signifie aussi: *scapulaire*, pièce d'étoffe qui fait partie de l'habit de divers religieux, morceau d'étoffe bénite, Bc. — Dans l'Inde ضربوا عنقه حمائل, « ils lui coupèrent le cou, à la manière des baudriers, » signifiait: ils lui tranchèrent la tête avec un bras et une portion de la poitrine, Bat. III, 300. — Le pl. *branches d'une tribu*, Ztschr. XXII, 115.

حَمُولة *charriage*, action de charrier, salaire du voiturier, Bc. — حمولة المركب *charge d'un navire*, Bc. — حمولة *sommier, cheval de somme*, Bc; de même حمولة, Khatîb 99 r°: بغال للحمولة, مركب حمولة *navire de charge*, Bc. — *Tribus*, Burckhardt Syria 383.

حمل pl. حَمَائِل ceinture composée de plusieurs brins de laine rassemblés de distance en distance par des fils d'or ou d'argent, à l'usage des femmes bédouines, Cherb.

حَمَّال celui qui soulève, qui remue des fardeaux avec un levier, Alc. (palanquero el que sopalanca, vellaco, c.-à-d., comme chez Nebrija et Victor: palanquero, vellaco de la palanca). — Cafileur, celui qui loue ses chameaux, ses chevaux ou ses mulets, pour le transport des marchandises, des bagages des voyageurs, etc. En Andalousie alhamel signifie: un homme qui se loue pour transporter des fardeaux sur son cheval, et aussi cheval de somme, Gl. Esp. 135. — مراكب حَمَّال, pl. حَمَّالة, vaisseau de transport, Gl. Edrîsî, Amari 333, 6 a f. — Support, ce qui soutient une chose, ce sur quoi elle porte; tasseau, support d'une tablette, Bc. — حمل أذى souffre-douleur, Bc. — Fructueux, Auw. I, 182, 8, 10. — Rapide (torrent), Voc.

حميل اسا souffrant, endurant, patient; endurance, Bc.

حَمَّالة vaisseau de transport, Gl. Edrîsî. — Crochet de porte-faix, Bc. — حَمَّالات الكاروصة soupentes, fortes courroies qui soutiennent le corps d'une voiture, Bc.

حامل, enceinte. كنت حاملة فيك «j'étais enceinte de toi,» Bc; كانت حاملا على ليالیها «elle approchait de son terme,» Koseg. Chrest. 72, 5 a f. — Support, ce qui soutient une chose, ce sur quoi elle porte, Bc. — «Les hâmel sont les esclaves, ayant été déjà la propriété d'un maître autre que les individus faisant partie d'une سلطنة, et qui se sont échappés,» Ouaday 477. — حامل الغول opopanax, Most. v° جاوشير. — حامل المراكب navigable, Bc. — De même qu'on dit حملة القرآن, on dit حملة العلم, les savants, Badroun 283, 8, Nawawî 22, 4, et حملة الشريعة les jurisconsultes, Nawawî 237, 6; cf. sous la I ͬ ͤ forme. — حملة الأقلام les employés civils, Haiyân-Bassâm I, 172 v° (deux fois). — حامل رأس الغول la constellation de Persée, Cazwînî I, 33, 3; chez Alf. Astr. I, 37: hanul (l. hamil) raz alguol. — A la demande: «Pourquoi ne venez-vous point chez nous?» on répond: حامل ثقلة, «c'est pour ne point vous être à charge,» Bc.

حاملول الكتّان, dans le dialecte de l'Egypte, nom d'une plante qu'on a confondue avec la cuscute, mais qui en diffère et qui s'entortille autour du lin, Bait. II, 4 e, 380 b.

حامولة pl. حواميل torrent grossi par les pluies, M.

أحمل plus propre à porter, Gl. Fragm.

تحميل, pl. تحاميل suppositoire, M. — تحميلة de musique: ما يُصنّف الى الاشغال (اى الاغاني) المختلفة الالحان من اشغال تواثيق لحانها كلّ واحد بحسبه كتحاميل اسق العطاش ونحوه, M.

متحمّل comme nom d'act., voyez sous la I ͬ ͤ forme à la fin. — Manière d'entendre une chose, Macc. I, 572, 1: ses vers ont un sens caché لا يُقصد ظاهرُه محامل اللسان; cf. 582, 2. — وانما له محامل تليق به l'esprit de la langue (de Slane), Prol. III, 311, 3 a f.

مَحْمَل ou مِحْمَل, vulg. مَحْمِل, panier, non-seulement dans le sens restreint indiqué par Freytag et Lane, mais en général, p. e. panier d'un portefaix, 1001 N. I, 212, 8. — Pupitre, Djob. 195, 14, Macc. I, 404, 19 et 3 a f., II, 219, dern. l., Bat. III, 252. Peut-être le discus du Voc. doit-il être entendu en ce sens; on ne peut pas le prendre dans celui de plat ou assiette, parce que «discus ciborum» forme un autre article; cf. Ducange et l'anglais desk. — Trébuchet, petite balance pour peser l'or, 1001 N. Bresl. II, 35, dern. l. — Brancard, civière, M.

محمول attribut; محمول عليه sujet, t. de logique, Bc. — Les édifices mêmes, par opposition à la maçonnerie qui leur sert de base, الموضوع, Mi'yâr 23, 6 a f. — محمول السلامة adieu, dans la bouche de la personne dont on prend congé, Bc.

متحمّولات (pl.) suppositoires, M.

I. On dit لم حملق عينيه, 1001 N. I, 66, 7 a f.

حملقة était en Orient et dans la première moitié du VII ͤ siècle de l'hégire, le nom qu'on donnait à certaines sucreries, Gl. Manç. v° زلابية.

متحمّلق qui est en colère, irrité, Hbrt 242.

حمن

حمونية dartre, Bc.

حمو et حمى، حمى، دمى I. On ne dit pas seulement حمى

على et عن الناس من المكان (Lane), mais aussi عن الناس, المكان من الناس Gl. Belâdz. (cf. Gl. Abulf.); حمى المكان لخيل كان يحمى أملاكهم, المسلمين ibid. — « il ne levait pas d'impôts sur leurs propriétés territoriales, » Amari 445, 3. — حمى فى اللعب *se piquer au jeu*, s'opiniâtrer, s'entêter à jouer, Bc.

II *protéger, aider, favoriser*, Alc. (favorecer). — *Chauffer*, الفــرن, le four, Bc. — *Animer, stimuler, exalter*, pousser à l'enthousiasme, Bc. — *Baigner*, Bc (confusion avec la racine حَمّ).

III *être sur la défensive*, Bc. — *Résister*, selon le Gl. Mosl., mais dans le vers qui y est cité, le verbe se trouve dans la rime. — C. عن p. *plaider pour* quelqu'un, Bc. — C. ل p. *prendre le parti d'un autre*, Bc. — Freytag a noté: « fugit hominum adpropinquationem, » signification qu'il n'a pas trouvée dans Golius; peut-être l'a-t-il empruntée à un passage de Baidhâwî, cité dans de Sacy Chrest. I, 340, 4, où حمى III, c. a. p., signifie *fuir l'approche de* quelqu'un; mais alors il s'est laissé tromper par une fausse leçon, car dans ce passage il faut lire deux fois la VIe forme, comme dans l'édit. Fleischer I, 604, 24, au lieu de la IIIe.

IV *protéger, défendre* (cf. Lane sous la Ire), Voc., Alc. (amparar), c. ب p., Akhbâr 41, dern. l. — Dans le sens de *chauffer* c. على r., Djob. 343, 4 et 5.

V *s'établir dans* un حمى, Wright 77, 14 et 15.

VI, dans le sens ordinaire, se construit aussi c. p., Edrîsî ٣١٣, 11. — يتحامى عنه *soutenable*, Bc.

VIII *se fortifier, se défendre*, Macc. I, 913, 3 a f., avec la note de Fleischer dans les Add. et Corr., Nowairi Espagne 447: بلغه انه احتمى بواد — *Prendre la défense de*, Alc. (bolver por otro), cf. Macc. II, 402, 2; *plaider pour*, Alc. (defender en juyzio); يحتمى *défendable*, Bc; c. مع *protéger, aider, favoriser*, Voc. — C. الى *se réfugier, se sauver dans*; c. ب *s'abriter*, Bc; c. من *être (se mettre) à couvert de, se garantir de*, Bc, Gl. Fragm. — Diète n'est pas seulement احتمى من الطعام, mais aussi احتمى عن الطعام, Bc; le Voc. donne la constr. c. ب. — احتمى عن الافراط *se modérer*, Bc. — Dans le Voc. sous calefacere. — *Être irascible, s'emporter facilement*, Akhbâr 55, 4 a f.

حمو *calorique*, principe de la chaleur, Bc. — *Érésipèle*, Bc (حمو). — حمو *pustules dans la bouche*

chez le vulgaire; les médecins disent بثور الفم M. — حمو النيل, en Egypte, *la gale sèche*, Sang.

حموّ *échauffaison*, Bc.
حموى *érésipélateux*, Bc.

حمى *parc, lieu planté d'arbres*, de Sacy Chrest. III, 154; *vaste enclos de jardins et de vergers*, Edrîsî ١٠٩, 8 a f. et suiv. — *Le lieu qu'habite l'objet aimé*, de Sacy Chrest. III, 154, P. Khallic. I, 62, 4 a f. Sl. — Chez les mystiques *le ciel*, parce que Dieu, l'objet de leur amour, y demeure, de Slane, trad. d'Ibn-Khallicân, I, 123. — *Abri*, Bc. — *Franchise, droit d'asile*; دار للحمى *asile*, Bc. — *La période pendant laquelle il était défendu de se servir des eaux*, Gl. Esp. 138. — *El-hema*, animal inconnu en Europe, qui ressemble à l'aroui, voyez R. d. O. A. VII, 39.

حَمِيَة Aboû'l-Walîd, 157, 9, dit qu'il faut prononcer ainsi, et que cela signifie أَنَف; il a donc en vue le mot حِمْيَة (voyez Lane), comme porte l'édition 249, 30.

حَمِيَة désigne spécialement une qualité des Arabes païens, à savoir l'attachement illimité aux intérêts de la tribu à laquelle on appartient; c'est le synonyme de عصبية et l'opposé de ديانة, Haiyân 52 v°: فتعارضت الشهادات وظهرت الحميات وعطلت الديانات, 53 r°: واحب خيار كل قوم ان يظهر سفهاؤهم حمية تشيّعًا لم يكن له اصل, Abbad. I, 301, 10: جاهلية الا شوم للحمية ولوم العصبية. — En parlant de chrétiens: l'intérêt religieux qui unit les uns aux autres, Ictifâ 126 v°: Mousâ dit à Julien dont il se méfiait: وبينك وبين مليك حمية للجاهلية واتفاق الدين Amari 429, 1. — *Chaleur, ardeur*, au propre, Edrîsî ٥, 3; au fig., *ardeur, ferveur, fougue, enthousiasme, pétulance, véhémence, verve*, Bc; اخذته الحمية ou ثارت فيه الحمية *s'échauffer*, se mettre en colère, Bc. — على حمية *en sûreté, sans être inquiété*, 1001 N. Bresl. X, 358, 3 a f., 362, 4 et 10; dans l'éd. Macn. على حماية ⁕

حَمَاوَة *véhémence*, Bc.

حَمَايَة (pour حَمَاة) *belle-mère*, Bc.

حَمَايَة *protection, faveur*, Alc. (favor). — على حماية *en sûreté, sans être inquiété*, 1001 N. IV, 321, 8 a f.,

323, 13; dans l'éd. de Bresl. على حميّة. — *Un droit qu'on levait sur des terres ou sur des marchandises* (on l'appelait ainsi à cause de la «protection» que l'on était censé, à ce prix, accorder aux possesseurs de ces objets), Maml. II, 2, 129 (Quatremère semble avoir voulu substituer cette note à celle qu'il avait donnée I, 1, 251). Dans les 1001 N. Bresl. IX, 238, 13, c'est le droit que paye une cabaretière au wâlî pour avoir la permission d'exercer son métier; au lieu des mots على حماية, l'éd. Macn. porte en cet endroit: فجعل الوالى على قانونا. — *Celui qui s'est fait naturaliser dans un autre pays*, M.

حميان *animé*, Bc.

حامي *échauffant; — pétulant; — spiritueux; — véhément; — fort (tabac)*, Bc; — *vif, actif*, Bc, Hbrt 223. — اخذ بالحامي *rudoyer, traiter, mener rudement*, Bc. — عمل لحامى والبارد *employer le vert et le sec*, *employer tous les moyens de succès*, Bc. — الحامية *les soldats*, l'opposé de الرعية, Prol. III, 273, 1, Berb. I, 1, 28, 34, 107, 186, 198, etc., Haiyân 86 r°, Khatîb 7 r°; aussi اهل الحامية, Berb. I, 1.

أحمى *qui se défend mieux* ou *le mieux, plus ou le plus brave*, Macc. II, 402, 2.

محميّة *colère*, Haiyân 53 r°: فغضبت العرب عند هاجت r°: 64, ذلك وازدادت حقدا والتفظت محمية محمبّته, 64 v°.

محكام *clôture, terrain avec une enceinte de murailles*, Alc. (coto). — *Le convive qui prend la viande dans ses mains, la tripote et l'accapare pour que ses voisins ne puissent pas y toucher*, Daumas V. A. 315.

محامات *plaidoyer*, Bc.

محامية *défense, plaidoyer*, Bc.

حن I. حن الدم على الدم «la force du sang se fit sentir en lui,» Bc.

II. تحنّان *gémir, soupirer, en parlant du bruit que font les machines hydrauliques*, Macc. I, 652, 4 et 12, comme حنين l. 7; chez Macc. I, 62, 11, Fleischer veut lire تحنين dans le même sens (voyez Add. et corr., et Berichte 174). — *Se gâter (fromage)*, M. — *Alignare (?) dans le Voc.*

V c. الى p. *supplier*, Abou'l-Walîd 577, 10, 13. — Dans le Voc. sous alignare (?).

حنّة *suavité, douceur*, Alc. (suavidad).

حنّة dans le Voc. *pietas*, et cette forme, de même que حنّا, *aligna (?)*.

حن pl. ون حنن *pius* dans le Voc.

حنّان *pietas* dans le Voc.

حنون *compatissant, humain, pitoyable, sensible, tendre*, Bc, Payne Smith 1315; fém. ة, 1001 N. Bresl. IX, 358, dern. l. — حنون الطعم *rance, chanci*, syr. سيّمه, Payne Smith 1315.

حنين *voyez sous la IIe forme*. — Pl. حنان *doux, suave*, Alc. (suave cosa al sentido); قارى حنين, Alc. (letor dulce e suave, où le pl. est hunêni); en parlant d'un chameau, حنين البُعام, P. Macc. I, 833, 3 (excellente correction de Fleischer dans les Add. et corr.).

حنانة *sensibilité*, Bc.

حنانى *argent, monnaie*, Bc.

حنينى *semble être le nom d'un vêtement*, 1001 N. Bresl. XII, 399, dern. l.: اخرجت من البقجة التى كانت معها قميص وسراويل وحنينى فوقانيّة ☼

حنينيّة *pâte faite de pain, de beurre et de dattes mêlés ensemble*, Ztschr. XXII, 104, n. 41.

حنتيّة, suivi de الدم, *force du sang, voix du sang*, Bc.

حنين *rance, chanci*, Payne Smith 1315.

حنّانة *machine hydraulique, parce qu'elle rend un son plaintif*, M; cf. sous la IIe forme.

حنّا.

حنّاء ليلة لحناء *nom d'une des nuits qui précèdent le mariage*, voyez Lane M. E. I, 250. — الحناء ou الجنونة, *en Espagne*, Most. sous وسمه (distinctement dans N); Bait. I, 340 d, sous حنا مجنون (AB), renvoie à وسمه; sous ce dernier mot, II, 589 c: الغافقى ومنها الوسمة المخصوصة بهذا الاسم وهى المعروفة ببريبينكة, I, 129 d; عندنا بالاندلس بالحنا المجنون (verveine), B sur la marge avec صح: من الناس من يسمى الحنا المجنون الاحمر. — يسمّيه الحنا المجنون ويقال له العظلم

arbouse, Bc, Bg, Hbrt 53. — الحنا الغول, orcanète, Bc. — حنا قريش, hépatique Bc, est un terme dont on se sert en Egypte, Bait. I, 304 e, 340 c. — حطب الحنا osier, Bc. — شجر الحنا troène, Bc; le henné porte aussi le nom de troène d'Egypte.

حنب.

مَحْنَب pl. مَحَانِب trappe, piége, Voc.

مَحْنَاب même sens, L (laqueus, pedaca, mais lisez pedica).

حنبشار voyez Macc. II, 56, 15, mais selon toute apparence ce mot n'a jamais existé.

حَنْبَل, au Maghrib, couverture ou tapis à mettre sur un banc ou sur un marchepied, tapis à raies de couleur, Gl. Esp. 101–2, Voc.

حَنْتَف sauterelle (vivante), P. Aghânî 21, 6 a f.

حَنْتَفَة dans le M, mais son explication ne se distingue pas par la clarté: الاحتنفة عند العامّة شدّ الحرص على الشيء اللطيف من البخل او التعنّت الشديد في الامور.

حنتم terre à potier dont on fait des vases, des plats, etc., que l'on vernit en dedans (cf. l'article qui suit), Auw. I, 142, 1: في صحفة حنتم جديدة (où Banqueri veut à tort changer le texte), II, 647, 5, 674, 3 a f.: زير حنتم, car c'est ainsi qu'il faut lire avec le man. de Leyde, II, 419, 21 et 22: انبية حنتم; voyez aussi sous قادوس. Dans la 1re partie du Voc. حَلَنْتَم est figulus, dans la 2de fictilis (= مِن فَخَّار).

مُحَنْتَم vernissé en dedans (vase), Bait. I, 91 a: اناء محنتم اى ممزجى الداخل d'Edrîsî, Gl. Manç.: برنية من اناء فخّار مُحَنْتَم.

حنتيت (pour حلتيت) assa-fœtida, Bc, Bg, M, Prax R. d. O. A. VIII, 347.

حنث II faire qu'un autre se parjure, Alc. (perjurar a otro).

V. Cf. avec Lane le Gl. Fragm. — Se parjurer, Alc. (perjurar).

حَنَّاث periurus (perfidus), L.

مُحَنِّث parjure, Gl. Fragm.

حناجر, en Ifrîkiya, Virga Pastoris (= عصى الراعى), Most v° نرشيان دارو.

حناجل II danser, Bc.

حَنْجَلَة danse, Bc; dans le M ce n'est pas cela, mais démarche affectée: فى المشى التبختر والتصنّع; من ذلك قولهم انّ الرقص حناجلة وهو مثل يضرب — En parlant de chevaux, = التحاجيل, M. لمن يبتدى بالقليل ثم ينتهى الى الكثير

مُحَنْجَل vulg. pour مُحَجّل, M.

حناحن I hennir, Hbrt 59 (Alg.) — Être gâté (noix), M.

مِنْ حِنْدَاكَ, vulg., composé de حِين et ذَاكَ, dès lors, Voc.

حَنْدَرُوس seigle, dans le Most. sous le ḥâ, chez Bait. sous le khâ.

حندس.

حَنْدُوس cuivre jaune, laiton, Voc. (auricalculum, cuprum, es, c.-à-d., œs), ou cuivre mêlé d'argent, Voc. — Monnaie de cuivre, que le sultan Hafcide al-Mostancir fit frapper vers le milieu du XIII° siècle, Berb. I, 434, 10.

الدراهم الحندوسية. حَنْدُوسِيّ sont nommés dans le Bayân I, 265, 6 et 7, sous l'année 444 de l'hégire.

نوء حنديس = 17 novembre, fin de la navigation, Calendr. 106, 1.

حندق.

حَنْدَقُوقَا بَرّى trigonella elatior (Sonth.), Bait. I, 335 d.

حندل I اكل حتى حندل il a mangé tant, que son ventre s'est enflé, M.

تَحَنْدَل متوركًا, la démarche d'un petit homme, M.

حندوقس اسفيذاج (?) de la céruse brûlée, Most. v° سندوقس La leçon de N.

حَنْزَقْ بُنْرُقْ narcisse jaune, Domb. 72.

حنش II حَوَّلَ فلان, servir, Voc.

حَنَش. Le pl. حِنَاش, Voc., Alc. (culebra), Edrîsî,

Clim. I, Sect. 7: pour attirer les poissons, ils mettent dans leurs filets حنش الطين, trad. d'une charte sicilienne *apud* Lello, p. 9, 19 et *passim* (dans des noms de lieux, *serpentes*), Amari MS. Le pl. حُنُوش, Jackson 57. — *Anguille*, Pagni MS. — En Espagne le peuple a changé ce mot en حَيْش, que l'on trouve dans le Voc. à côté de حنش, et chez Alc. (culebra, trois fois et une fois le diminutif; pl. une fois حُبيّوش, deux fois حِنَاش; cf. hollejo de culebra et rosca de culebra).

حَنَشَة *bourse*, Domb. 83, Ht; c'est sans doute le même mot que „kunshah" chez Jackson 194 n., qui traduit *sac ou peau*.

حَيْشِيَة (pour حَنَشِيَة) *serpentaire* (plante), Alc. (dragontia yerva).

حَنَيْشَة *feu volage*, sorte de dartre, Alc. (culebrilla enfermedad). — حنيشة الجَنَّة au Maghrib, *lézard gris, lézard de mur*, Alc. (lagartija animal), Bat. III, 103, Most. v° كبد السقنقور, en parlant du scinque (seulement dans le man. N) وهو صغير الجرم في قدر الحريدن (c.-à-d. للحَرْذُون) الذى نسميه حنيشة الجنّة.

أحنَاش sorte de poisson, Cazwînî II, 119, 19; chez Yâcout avec le *sîn*.

حنص

حنصة *hépatique*, Bc.

حنط

حِنْطَة. حنطة سودآء *sarrasin*, blé noir, Bc.

حَنَّاط *celui qui embaume*, Payne Smith 1320.

حنطى = قصير, Diw. Hodz. 59, vs. 22.

حنظل II *devenir amer comme la coloquinte*, P. Mâwerdî 99, 3 a f., où il faut lire تَحَنْظَلْت, au lieu de فَحَنْظَلْت.

حنف V بلا وثان, *idolâtrer*, Bc. — C. في r. *faire une chose avec beaucoup de finesse, de délicatesse*, M.

تحانف الرَّجُل في مشيه VI., Rasmussen Additam. 14, 10, dans le sens de la V° (Lane sous la I° à la fin); mais peut-être faut-il lire la V°.

حَنَفِيَّة *robinet*, pièce d'un tuyau de fontaine, de tonneau pour écouler, Bc, M.

حَنِيفَة *la religion véritable*, P. Berb. II, 289, 7 a f.

حَنِيفِى *purus in lege* dans le Voc.

حنفش I *sentir l'aiguillon de la chair* (هاجت به الغُلمَة), M.

حنق II c. a. p. *remplir de haine, de colère* (على contre), Abbad. II, 117, 7, cf. III, 209, 4 a f., mais je crois à présent que la II° forme est bonne, car le Voc. la donne, c. a., sous irasci.

V *se fâcher contre*, على, Voc.

حنق بلا حنق *simple, sans malice*, Alc. (simple sin malicia).

حِنَاق = حصص, Most. et Bait. sous ce dernier mot. — *Trigonella elatior*, Bait. I, 335 d, dans BS, A. حباق.

حنك II, en parlant de la sage-femme, *frotter le palais de l'enfant nouveau-né avec de l'huile d'amande, de l'eau de grenade, etc., avant qu'il commence à sucer*, M. — *Saigner le cheval au palais*, Auw. II, 677, 7. نزع التراب للحنّب — حنَّك الحُفرَة, t. de maçon, est (حلّك, M. — (Pour) في اسفل حائطها حتى استوى *noircir, rendre noir*, Voc.

V dans le sens donné par Reiske: Voc. c. ب *instruere*; Haiyân-Bassâm I, 9 r°, copié par Ibn-al-Abbâr 165, 1. — تَحَنُّك في الكلام *s'appliquer à parler bien*, M. — (Pour تَحَلُّك) *devenir ou être noir*, Voc.

VIII. Cf. avec Lane le Gl. Mosl.

حَنَك *mâchoire*, Domb. 85, Ht; *ganache, mâchoire inférieure du cheval*, Bc. — *Bouche*, Burckhardt Syria 598, Bc, *gueule*, Bc. — *Lampas, enflure au palais des animaux*, Alc. (hava de bestia). — Chez Alc. „dentera de bestias;" peut-être prend-il „dentera" dans un autre sens que celui d'*agacement des dents*, le seul que donnent Nebrija, Victor et Nuñez.

حَنْكَة (pour حُلْكَة) *noirceur*, Voc.

حَنَكِى. حرف حنكى *consonne palatale*, Bc. — (Pour حلكى) *noir*, Voc.

حنكش ؟ 1001 N. Bresl. VII, 75, 3.

حنو et حنى IV *courber*, Voc. — أَحْنَاء قَوْس *arcade*, Gl. Edrîsî.

V. نظرة التَّحَنِّي *des regards langoureux*, Lettre à M. Fleischer 110.

VII c. على r. *s'adonner à une chose, s'y appliquer avec chaleur*, de Jong. — احنى عليه بالدرّة او بالعصا *il le menaça avec son fouet, son bâton*, Kâmil 220, 15; 256, 14.

حُنُوّ *tendresse*; حنو القلب *commisération*; الحنو الوالدى *amour paternel*, Bc.

حَنْوَة *hypéricum*, Most. v° هيوفاريقون (seulement dans N).

حَنِيّ *courbe*; احجار حنيات « *des blocs de pierre qui forment le cintre*, » Gl. Edrîsî. — Pl. حَنَايَا, *arche, voûte de pont*, Bc.

حَنِيَّة *arc, voûte, arcade*; l'aqueduc de Carthage portait le nom de الحَنَايَا, Abdarî 18 r°. — En Espagne, *alcôve, chambre à coucher*, Gl. Esp. 135, Voc. (camera, où le pl. حنى est une forme incorrecte pour حَنَى).

حَنَايَة semble une autre forme du mot qui précède; dans L *contignatio* et *cuple*. — *Arceau, arc en voûte*, Bc.

حَانُوت est aussi chez le vulgaire *le métier de boutiquier*, M. — Semble avoir eu le sens d'*arche*. On lit dans la Miss. hist. 650 a que la prison des esclaves chrétiens à Mequinez se composait des vingt-quatre arches du pont, « qu'on appelait *canutos*. » De là vient que cette prison s'appelait *canot*, Voyage pour la Rédempt. 146, 163, 165, 168, 180, 182, 199, 200, 202, Voyage dans les Etats barbaresques 55.

مَحْنَى dans le sens d'un n. d'act., *courber*, P. Mufassal éd. Broch 175, 4.

مَحْنِيّ *courbe*, Alc. (corva cosa).

مَحْنِيَّة *courbée*, en poésie pour *arc*, Abbad. I, 67, 5, III, 28.

حُو interjection dont on se sert quand il fait très-froid, M.

حوت II *pêcher*, Roland.

حُوت *baleine*, Bc; — *poisson du Nil*, « *sans écaille, et dont la chair n'est pas trop agréable au goût, à cause de sa mollesse et graisse*, » Vansleb 72; c'est le poisson qui porte aussi le nom de قَرْمُوط (voyez), Seetzen III, 275; — *espèce de petite perche*, Guyon 228. — حوت البرّ *scinque*, Tristram 406. — حوت الأجر sorte de poisson, Yâcout I, 886, 7. — حوت سليمان *saumon*, Bc. — الحوت الشمالى la 24e étoile de la constellation des Poissons, Alf. Astron. I, 83. — حوت موسى nom d'un poisson que décrit Becrî 106, 7—11, nommé Hœst 298. — حوت يونس *baleine*, Bc.

حُوتَة. حوتة الرجل *mollet de la jambe*, Domb. 86.

حَوَّات *pêcheur*, Voc., Alc. (pescador de peces, pescadero que los vende), Domb. 104, Hbrt 76, Bc (Barb.), Bat. IV, 365.

حَوْتَك I (cf. حتك) *lambiner, être irrésolu*, 1001 N. Bresl. II, 60, 6. — *Flâner*, Bc; M donne (sous حتك): الحَوْتَكَة مشية القصير والتردّد الفارغ وهذه عامية ؟

حوج II, c. a., dans le Voc. sous *indigere*.

IV. احوجته الى ذلك « *vous l'avez nécessité à faire cela*, » Bc.

V *se pourvoir de ce dont on a besoin*, absolument, 1001 N. Bresl. III, 309, 7, ou avec l'acc., 1001 N. Macn. I, 17, 8 a f.: فتحوّجنا البضائع الواجبة وجهّزنا للسفر; je présume qu'en disant que تحوّج signifie chez le vulgaire تبضّع, le M a eu en vue le même sens, *se pourvoir de marchandises* (= تحوّج البضائع).

VIII. Exemples de la constr. avec l'accus. (Lane d'après le TA): Voc., Djob. 247, 9 et 10, 317, 17 (dans les Add. 37, Wright a douté à tort de la leçon), Auw. I, 282, 17, 304, 10, 319, 5 (où le man. de Leyde ajoute الى), 523, 3, 4, 5, 6, 536, dern. l., 573, 1, II, 249, 17 et 18, R. N. 100 v°: خذ هذا الكافور فقال له الشيخ ما احتاجه ؟

حَاجَة, en poésie, *un objet dont on ne peut se passer*, c.-à-d., *une amante*, Gl. Mosl. p. xxxii et suiv. — Le pl. حَوَائِج *les objets qui servent à l'usage d'un homme, ses ustensiles, ses meubles*, Maml. I, 2, 138, Gl. Esp. 133, M, chez Bc *effets, meubles, hardes*, surtout *hardes, habits*, Vêtem. 303, n. 1, Gl. Esp. 118, 1—3. Aussi: *les provisions destinées pour la cuisine et la table du prince*, Maml. I, 2, 138. — *Joyau, bijou*, Alc. (joya generalmente, joyas de muger proprias). — *Jouet d'enfant, joujou*, Alc. (trebejo de niños). — *Chose, objet*, Bc, Ht, Barbier. — Les femmes emploient aujourd'hui ce mot pour *pantalon*, M. — حاجة لي عندك « j'ai une prière à vous faire, » Bc. — *Assez, c'est assez*; حاجتي « j'en ai assez, » Bc. — من غير حاجة *sans avoir atteint son but*, Gl. Edrîsî. — حاجة بَّالَكْ *zéro, homme sans crédit*, Bc. — حوائج خاناه حاجة الطبيعة *besoin naturel*, M. — *le magasin qui renfermait les provisions destinées pour la cuisine et la table du prince*; حوائج كش *l'officier préposé à la garde de ce magasin*, Maml. I, 1, 162, I, 2, 138 (sur كاش voyez sous le ك). — حاجات (Daumas MS) *bourses (peau des testicules)*, Daumas V. A. 426.

حاجِّي. Dans les Prol. الضروري signifie *les choses indispensables*, الحاجي, *celles d'une nécessité secondaire*, et الكمالي, *celles qui sont de luxe*.

Haoudja, le fruit du بطم, R. d. O. A. XIV, 162.

حويجي (vulg.) *se trouvant dans le besoin*, P. Prol. III, 378, 3.

حوجي *va-t-en!* (de Slane), P. Prol. III, 431, 8.

حوذ II *suivre, accompagner*, Alc. (seguir acompañando).

حاذ « plante épineuse de la famille des chénopodées, très-recherchée par le chameau, » Ghadamès 331 (El-Had); *anabasis*, Prax R. d. O. A. IV, 196, VII, 264; cf. Richardson Sahara I, 368, d'Escayrac 577, Barth I, 265, 313, 591.

حُوذان est la plante nommée كفّ الهرّ, Bait. II, 383 b, où il faut lire ainsi avec B (A حودان).

حوّاذ *suite*, Alc. (seguimiento).

حور VI, c. ب, *faire usage d'un mot dans la conversation*, Abdarî dans le J. A. 1845, I, 407, 5.

حَور, n. d'un. ة, *hêtre*, Voc. (fagus); *orme*, Alc. (olmo arbol); *peuplier blanc*, Rauwolf 58, 111. — حور فارسي, de même que حور رومي, *peuplier d'Italie, noir*, Ztschr. XI, 478, n. 5. Bc a رومية *aune (arbre).* — حور الرجراج *tremble (espèce de peuplier)*, Bc.

حُور, proprement pl. de حَوْراء, s'emploie comme un sing., *houri*, Gl. Esp. 287.

حَوَر *basane, peau de mouton tannée pour la reliure*; جلد حور *mouton, peau de mouton préparée*, Bc.

حارة *rue*, Bc. — *Village* (de Slane), Becrî 115, 8.

حورة pl. حُور, *cordouan blanc, peau de brebis préparée*, Bc.

عمل سغردية وحورية *danser*, Voc.

حُورية *houri*, Voc., Bc, Gl. Esp. 287. — Chez le vulg. pour حورية, M.

حرورية *morceau de terre dont le sable est blanchâtre*, M.

حَوَّار *craie blanche*, Hbrt 172, R. N. 52 v°: فرأيت في جدار بيته القبلي حوارا وفي الخطوط فقلت له أصلحك الله ما هذه الخطوط التي في الحائط — فقال هذه سبعة عشر الف ختمة ختمتها لله على قدمي ☆

حَوَّارة *craie blanche*, Hbrt 172, Bc. — *Tuf, terre blanchâtre et sèche*, Bc.

حَوَّاري. On a formé cet adjectif de حَوَّارى, qui, pris substantivement, signifie *la meilleure espèce de fleur de farine*. R. N. 58 v°: رأيت أنا وأبا هارون شوا وحلوا وجردقا حواريا فاشتهيناه جميعا خبز حواري.

مِحْوَر *axe de l'astrolabe*, voyez Gl. Esp. 164.

مَحارة *coquille*, a aussi le pl. مَحَائِر, Mehren 35, et ce dernier désignait en Egypte *une sorte de poids*, déterminé d'après une coquille. De ce pl. on a formé à la manière vulgaire le n. d'un. مَحَائِرة; voyez Payne Smith 1131, où مجايز et مجايزة sont des fautes. — L a محارة الكحل sous *citicula*, qui est pour *cisticula*.

مَحْوَر *espèce de kouskoussou blanc et fin*, Cherb.

مَحْوَرة *endroit où il y a beaucoup d'arbres appelés* حَوَر, M.

مَحَائِرية voyez sous مَحَارة.

مَحَائِري *celui qui vend les litières dites* مَحَائِر, Macrîzî, article sur les marchés.

حوز et حبز I, n. d'act. حبازة, *enterrer?* Cf. Macc. I, Add. et corr. 819, 19, avec Lettre à M. Fleischer

حوز

128. — Dans le sens de حَزَّ, *couper*, Abbad. I, 111, n. 207, Gl. Bayân, Auw. I, 433, 19, 461, 14, où il faut lire وتَنْحَاز, dern. l., où le man. de Leyde porte وللحور, lisez الْمَحُوز 462, 6 (lisez يَنْحَاز), 467, 16 (lisez وَيَحُوزها), 3 a f., 470, 3 (à corriger), 6 (l. تَحَاز), 474, 12 (man. L بحار, l. تَنْحَاز).

II حَوَّز *dissiper, faire disparaître*, Alc. (desvanecer a otro). — حَوَّز et حَيَّز *marquer les bornes, les limites*, Voc.

III حَاوَز *chasser, renvoyer*, Cherb. C.

IV, dans le sens de la Iʳᵉ, *prendre possession de*, Müller 24, 2 a f., si la leçon est bonne.

V تَحَوَّز *disparaître*, Alc. (desvanecer); — dans le Voc. sous *terminare*. — تَحَيَّز, c. عن ou من, *se séparer de, être séparé de*, et مُتَحَيِّز *isolé*, Gl. Edrîsî; *s'isoler*, Athîr IX, 426, 1 (où Nowairî, Afrique, 48 rº, a تَحَازُوا); une substance est الْمُتَحَيِّز *l'isolé*, J. A. 1853, I, 262, où il faut corriger la traduction. C. إلى, *se rendre vers, se joindre à*, Abbad. I, 210, n. 57, II, 121, 12, Berb. I, 16, 39, 40, 41, 53, 126, etc.; spécialement *passer du côté de* l'ennemi, Becrî 94, 10, Berb. I, 19, 27, 45, etc.

VII. Khatîb 64 vº: s'étant brouillé avec son souverain, احْتَاز بما لديه من البلاد والمعاقل (il les gouverna pour son propre compte). — لا يَنْحَاز *incompressible*, Bc.

VIII احْتَاز c. عن, *séparer, isoler de*, de Sacy Chrest. I, ١٣١, dern. l.; احْتَاز *être isolé*, Akhbâr 28, 9. — Dans le sens de احْتَزَّ, *couper*, Gl. Bayân.

حَوْز *refuge, asile*, Gl. Belâdz. — *Le territoire* d'une ville, J. A. 1844, I, 387; *confinium*, Voc.; *tenimentum* dans la trad. d'une charte sicil. *apud* Lello, p. 9 et 12, et p. 19 *juridiction territoriale*. — *Enceinte*, حَائِط حَوْز الْمَبَانِي, Lello 9. — *Vignoble*, Alc. (pago de viñas o viñedo, viñadero lugar de viñas). — فِي حُدُود سَنَة ... احْوَاز سَنَة, dans le sens de ... (voyez), Macc. I, 642, n. *h*.

حِيز est chez le vulgaire الْخَطُّ الْمُسْتَقِيم فِي الشَّيْء, M. حَازَة = حَوْزَة *contrée, district, territoire*, Rutgers 183, 7, 184, 185.

صَعْتَر حَوْزِي voyez sous صَعْتَر.

حَوْزِيَّة *banlieue*, Prax R. d. O. A. VII, 170.

حَوَاز est chez Alc. *desvanecimiento*, que Victor explique par *évanouissement, vanité, défaillance*.

حَيْزَة *crâne*, Ht.

حَيِّز pl. أَحْيَاز *contrée, district, territoire*, Voc., Haiyân 38 rº, 62 rº, 83 vº. — *Bord, extrémité d'une chose*, Djob. 193, 20; كانت في حيِّز الانقطاع « elle était sur le point de cesser, » Djob. 52, dern. l.; في حيِّز الأموات « presque mort, » 1001 N. Bresl. IV, 37; في حيِّز المجانين « presque fou, » 1001 N. Macn. III, 19. — هديتكم صارت في حيِّز القبول « votre présent a été bien reçu, agréé, » Bc.

حِيَازَة *digue*, Weijers 23, 8, 83, n. 66.

مَاحُوز voyez sous محز.

الْمُتَحَيِّزَات *les choses qui sont dans un lieu* (حيِّز) (de Slane), Prol. III, 66, 13 (cf. l. 6), 67, 2.

حوزر

مُحَوْزَر est vulg. pour مَحْزُور, M.

حوس

I *aller çà et là*, Ztschr. XXII, 159, *rôder, errer çà et là*, Bc. Ce verbe s'emploie en parlant du loup, quand il attaque les moutons, Ztschr. XII, 160. On dit aussi حَوَّسَتِ الْمَرْأَةُ فِي بَيْتِهَا pour indiquer *les allées et venues d'une femme qui s'occupe des détails du ménage*, M. — حَوَّسَ يَحُوسُ *frapper de la lance dans l'obscurité*, Ztschr. XXII, 160.

II *troubler*, Alc. (turbar). — *Voler, prendre furtivement*, Voc. — *Se promener*, Bc (Barb.), Ht, Hbrt 43 (Alg.), Martin 70.

V dans le Voc. sous *predari*.

حَاس ? *maladie des abeilles, fausses teignes*, Auw. II, 727, 18, avec la note de Clément-Mullet II, 2, 264, n. 2. — Interj., 1001 N. II, 78, 9, où Lane traduit *loin d'ici!* Ce sens convient aussi dans les passages Bresl. IX, 280, 281, mais non pas dans Bresl. IX, 199, 2, où l'éd. Macn. a احضروا. Dans le M: سقط الرجل فما قال حاس, c.-à-d., il mourut à l'instant.

حَوْس *butin*, Voc. — Avec l'art., *le pillage des silos*, Daumas V. A. 359.

حَوْسَة *la suite* d'un homme, M.

حَوْسَلَى, en Mésopotamie, *nom d'un arbre*, Bait. I, 275 g; leçon de A; dans B la première lettre est un *djîm*.

خَوَّاس voleur, Alc. (robador), Djob. 303, 20, l'anonyme de Copenhague 83: وكان هذا رجلا حواشا (حواسا l.) وتحت يده جماعة كبيرة من ارذال الناس — فكان يقطع بهم الطرقات. — Avec l'article, *le loup qui rôde autour des troupeaux*, Ztschr. XXII, 160. — *Voyageur*, Martin 64.

أَحْوَس *coureur, léger à la course*, Ztschr. XXII, 160.

تَحْوِيس *promenade*, Bc (Barb.).

تَحْوِيسَة *promenade*, Ht.

مَحَاس *l'endroit où l'on va çà et là; la contrée que parcourent les nomades*, Ztschr. XXII, 159.

حوش I *détenir, garder, retenir*, يد «*retenir la main de quelqu'un,*» نفسه «*se contenir,*» دموعه «*dévorer ses larmes,*» *arrêter, mettre aux arrêts, constituer quelqu'un prisonnier, intercepter* une lettre; c. عن *empêcher de*, Bc, Gloss. de Habicht sur le IV° volume de son édit. des 1001 N.; ajoutez Bresl. IV, 61, 7, IX, 212, 4, 235, 2 a f. (Macn. حجزم عنده), Macn. I, 398, 11.

II *trouver, retrouver*, Bc (Alep).

VII c. الى *se joindre à quelqu'un, lui être obéissant et fidèle*, Voc. (accedere), Abd-al-wâhid 138, 4 a f., Bayân I, 282, 7, Cartâs 54, 12, Berb. I, 44, 47, Cout. 2 r°, en parlant des fils de Witiza: فلما اصبحوا انحاشوا بمن معهم الى طارق فكان سبب الفتح. — *Etre détenu, retenu, arrêté*, 1001 N. Bresl. IV, 123, dern. l. Bc: محاش *détenu, prisonnier; retenu, destiné et arrêté*.

VIII c. الى *se joindre à*, Voc.

حَوْش, *enclos, cour; comparez avec* Lane Maml. I, 1, p. VII et suiv., et Descr. de l'Eg. XVIII, part. 2, 297—8: «vaste cour fermée, sur le derrière, de certains groupes de maisons; on n'y passe point; les immondices y sont déposées; on y rassemble les chameaux et les animaux malades, et les plus pauvres habitants y demeurent dans des cahutes;» حوش الفراخ *basse-cour*, Bc; حوش عرمط *la cour du roi Pétaud*, lieu de confusion, Bc. — Dans le Hidjâz, *un khan*, Maml. I, 1, p. VIII. — En Barbarie, *ferme, métairie*, Bc, Daumas Kabylie 316, Bârth I, 37, 47, Maltzan 150. — *Cloître*, Breitenbach 115 v°. — *Maison*, Ten Years 365. — *Château*, Werne 16. — *Rétention*, t. de palais, réserve, Bc. — *Haro*, clameur pour arrêter, Bc. — *Tonsure*, Ztschr. XVII, 390; mais d'après le M c'est au contraire *la touffe de cheveux qu'on laisse sur le sommet de la tête* شعر يرخى فى قمة (الراس). — *Paçant*, manant, Bc.

حَوْش *populace*, Bc; dans le M c'est *un ramassis d'hommes de différentes tribus ou de différents pays*.

حَوْشَة *arrestation, détention, recommandation*, opposition à la sortie d'un prisonnier, faite à la requête de quelqu'un, Bc. — *Amende pour une gageure*, Bc.

حَوْشَاكَى dans l'Agriculture nabatéenne et dans les passages qu'en a copiés Ibn-al-'Auwâm (p. e. II, 47, 18 et suiv.) = χόνδρος, *triticum dicoccum* L.

حوص I *être inquiet* (تَضيّق وقَلِق), M.

حوّاص nom d'un oiseau en Egypte, Becrī 58, 2 a f., où de Slane observe ceci: «le mot n'est pas connu en Egypte; l'oiseau dont il s'agit est sans doute le grèbe.»

حَوائِصِى *vendeur de ceintures*, Maml. I, 1, 31.

حوض I *être disposé en carreaux* (terrain), Auw. I, 178, 6, mais c'est peut-être le passif de la II° forme.

II c. a. et V dans le Voc. sous *aureola orti*.

حَوْض, *abreuvoir*; c'est un bâtiment supporté par des colonnes de marbre; voyez Descr. de l'Eg. XVIII, part. 2, 339, 340. — *Bassin, cuvette, baquet*, Gl. Fragm., Amari 303, 2 a f. — *Baignoire*, Bc, Wild 192, Gl. Bayân (le passage de Bat. qui y est cité, se trouve dans l'édit. II, 106), Chec. 217 v°: وانما حوض للغسيل, الاستحمام فى الابزن وهو لخوص *lavoir*, Hbrt 199. — *Bassin, pièce d'eau, étang*, Bc, Domb. 99, Edrîsî ٩٨, 9, ١٩٨, dern. l., Haiyân 67 v°. — *Grande contrée qui a la forme d'un bassin entouré de montagnes*, Barth V, 544; *bas-fond enceint de dunes*, Ghadamès 128. — *Catafalque*, Djob. 194, 7 = Bat. I, 264; ce que chez ces voyageurs est un حوض, est un catafalque chez Burckhardt Arab. II, 173. — *Fossé fait autour d'un arbre pour y retenir les eaux*, Alc. (escava de arboles). — *Carreau, couche, planche*, dont les bords relevés facilitent la retenue des eaux dans les irrigations, Voc., Alc. (era de ajos o cebollas, era como quiera), Auw. I, 128, 1 et 3, 151, 3 et suiv.; *fosse dans laquelle on plante*, p. e. la garance, Cherb. Dial. 17. — *Mesure agraire, dont la surface est de douze coudées sur quatre*, Auw. I, 11. — Nom que porte, dans le Sa'îd, la machine hydraulique appelée شادوف, Descr. de l'Eg. XVIII, part. 2, 543. — *Outre, peau accommodée pour mettre l'eau*, Gl. Fragm.

الحَوْضَة *le bassin*, la partie inférieure du tronc humain, Bc.

حوط et حيط I, dans le sens de *prendre soin de*, se construit avec على, Gl. Edrîsî. — C. acc. *entourer* (en parlant d'une muraille qui entoure une ville), Gl. Edrîsî. — *Bloquer, garder*, Ht. — C. على et ب dans le Voc. sous *circumdare*. — C. على p. et acc. r. *épargner quelque chose à quelqu'un*, Bat. I, 47.

II حَيَّط dans le Voc. sous *paryes* et sous *circumdare*; c. على *enclore*, Bc. — حَوَّطْنَكَ بالله *Dieu vous ait en sa garde!* M.

III *obséder, être assidu auprès de quelqu'un*, Bc.

IV c. ب *circonscrire, mettre des limites*, Bc. — C. على ou ب, *saisir, confisquer*, Maml. I, 1, 52, de Sacy Chrest. I, ٢٣, 7. — احاط به علمًا, *non-seulement comprendre, mais aussi prendre connaissance de quelque chose*, Bc.

V تحيَّط dans le Voc. sous *paryes* et sous *circumdare*.

VI *entourer*, 1001 N. Bresl. II, 184, 2.

VII dans le Voc. sous *circumdare*.

VIII c. على p. *arrêter quelqu'un, le faire prisonnier*, R. N. 74 r°: فوجّه في طلبه خيلا فوجدوه واحتاطوا عليه; c. على r. *saisir, confisquer*, Maml. I, 1, 52. — احتاط به علمًا *prendre connaissance de*, Macc. I, 626, 8, cf. Fleischer Berichte 159.

X, Saadiah ps. 7.

حَيْط pl. حُيُوط = حائط *mur, muraille*, Voc., Ht, Bc, M, Burckhardt Prov. 13, 1001 N. IV, 684, 7, Bresl. IV, 378, 380. اهل حَيْط *citadins et villageois*, l'opposé de اهل بيت, Burton II, 113, Descr. de l'Eg. XII, 31.

حَوْطَة, comme nom d'act., *protéger*, Bat. I, 410. — C. على *les précautions que l'on prend pour s'assurer d'une personne ou d'un objet qui se trouve sous la main de l'autorité, garder à vue, saisir, confisquer*, Maml. I, 51–2, Nowairî Egypte 2 m, 127 v°: عزله عن الوزارة وامر بالحوطة على امواله واسبابه وذخائره *Le chef du bureau des biens confisqués au profit de l'Etat s'appelait* كاتب الحوطات, Catal. des man. or. de Leyde I, 154, 6 t. a. — *Jardin de palmiers*, Burckhardt Syria 662.

حَيْطَة *muraille*, Bc, 1001 N. Bresl. IV, 377, 12, où l'éd. Macn. a حائط.

في حيطة تصرّف. حَيْطَة «*en la disposition de*;» خارج عن حيطة البشر «*au-dessus des forces, de la portée de l'homme*,» Bc.

حَياطي, pl. ات et حَياطى, *natte ou bande d'étoffe qu'on applique contre le mur pour permettre de s'y appuyer*, Voc., Alc. (*estera delgada de pared, manta de pared*), Cherb.; cf. حائطى. — *Devant d'autel*, Alc. (*frontal de altar*).

حواط *forfait, marché à perte ou à gain*, Bc.

حَوَاطَة *l'emploi de* حَوَّاط (voyez), *et aussi son salaire*, M.

حُيَيْطَة (petite muraille) *tas de pierres surmonté de chiffons en forme de drapeaux sur les tombes de marabouts auxquels on n'élève pas de cobba*, Colomb 16.

حَوَّاط dans le Voc. sous *custodire*. — حوّاط البلد *celui des habitants d'un endroit qui est chargé de lever l'impôt, de loger les étrangers, etc.*, M.

حائط *battant* (*chaque partie d'une porte qui s'ouvre en deux*), Gl. Edrîsî. — *Littoral*, Gl. Edrîsî. — Dans le sens de حَيْطَة (voyez) ou حائطى, Macc. II, 711, 7. — En esp. *alhetas* désigne *les deux pièces de bois courbées à l'extérieur de la poupe d'un vaisseau;* c'est peut-être le pl. الحيطان.

حائطى = حَيْطى (voyez), Voc.; on trouve ce mot signalé comme maghribin chez Macc. III, 345, les 3 dern. l., où on lit que ce sont ces أستار (ستور) مذهبة d'une *cobba*.

أَحْوَط *plus à portée*, Macc. I, 245, 5.

تحَيِّطَة *maisons (ou tentes) rangées en cercle*, M.

مُحِيط, *chez les traditionnaires, celui qui connaît cent mille traditions*, M.

مَحْوَطَة *mur devant la maison*, M.

حوف I dans le Voc. sous *precipitare*, L *in preceps* — يحُوف لحُوف به — الرسم *l'acte ci-contre, comme traduit Bargès*, J. A. 1843, II, 223. — *Entretenir quelqu'un, lui fournir les choses nécessaires à sa subsistance*, M.

II *précipiter, jeter dans un lieu profond*, Voc., Alc. (*despepitar a otro*).

V *se jeter dans un précipice*, Voc., Alc. (despe-
pitarse).

حَافَّة, pl. ات حَوَافٍّ et حَوَائِف, *précipice*, Gl.
Edrîsî; le précipice au midi de Santarem, qu'Edrîsî
nomme une حَافَّة et dans lequel les Maures avaient
la coutume de précipiter les condamnés à mort, porte
encore le nom d'*alháfa* (Sousa, Vestigios etc., p. 47
éd. Moura, Santa Rosa, Elucidario, v° alhanse; l'étymologie que donnent ces deux auteurs est erronée).
Ajoutez: Voc., Ht, Hay 89 (où il faut lire *haffeh*,
au lieu de *haffer*); cf. Tobler, Nazareth in Palästina,
p. 287. — *Rocher escarpé*, Gl. Edrîsî 290 et 388,
Voc., Berb. I, 280, 9, 306, 5 a f. (= Khatîb 114 r°,
Holal 59 v°), Holal 47 r°: لِأَنَّ الطَّرِيقَ مَصْنُوعَةٌ فِي
نَفْسِ الجَبَلِ تَحْتَ رَاكِبِهَا حَافَاتٌ وَفَوْقَهُ حَافَاتٌ ف. —
حَافِيَّة *tranche* كِتَابٍ حَافِيَّة *bord, rebord*; *bord
rogné d'un livre*, Bc. *Sous lèvres, il écrit*,
حَاقِبَةُ الجُرْحِ, *bords d'une plaie, avec un techdîd.*

الحُوفِي (dans notre man. 1350)? espèce de
mewâlîd, Prol. III, 429, 5; mais l'édit. de Boulac
porte القلم, et il y avait réellement une espèce de
mewâlîd qui portait ce nom; voyez J. A. 1839, II,
165, 7 a f. et suiv., 1849, II, 250 vers la fin.

حَوَّقَ II *entourer*, L (circumducens), دَوَّرَ وَحَوَّقَ, *circum-
flectus* (يَتَحَوَّقُ وَيَعْوَجُّ). Ce que le Câmous a:
حَوَّقَ عَلَيْهِ عَوَّجَ عَلَيْهِ الكَلَامَ تَحْوِيقًا, *est au fond la même
signif.* — C. على p. *mettre quelqu'un dans l'embarras*
(ضَيَّقَ عَلَيْهِ), M. — *Parafer, c.-à-d., entourer sa
signature d'un ou de plusieurs traits de plume*, L
(voyez sous خَنْدَقَ II); le M a aussi: حَوَّقَ على
الشَّيْءِ جَعَلَ حَوْلَهُ دَائِرَةً. — C. a *raturer, effacer
ce qui est écrit, en passant quelques traits de plume
par-dessus*, M. — *Tirer, aligner au cordeau*, Voc.
حَوَّقَ *Guigner, regarder du coin de l'œil entr'ouvert*;
بِعَيْنِهِ *bornoyer, regarder avec un seul œil pour
aligner*, Bc.

V *être tiré, aligné au cordeau*, Voc.

تَحْوِيقٌ *enclos, enceinte*, L (claustra).

مَحْوَقٌ pl. مَحَاوِقٌ *cordeau*, Voc., Alc. (plomada
para reglar).

حَوْقَلَ I c. على p. *guigner de l'œil en regardant quel-*

qu'un, afin qu'il fasse ce dont on a besoin (لَحَظَهُ),
(فِي قَضَاءِ حَوَائِجِهِ), M.

حَوَّكَ.

خَوْكِي *tisserand qui fabrique des haïks*, Cherb.,
tisserand en coton et laine, Roland.

رَتَّدَ فِي حِيَاكَتِهِ ou حِيَاكَةٌ. حَبَّاكَةٌ *réseau, sorte
de tissu à jour*, Alc. (randa).

حَائِكٌ *faiseur de filets*, Alc. (redero que las texe).

مَحْوَاكٌ *navette, instrument de tisserand*, Macc. II,
137, 21.

حَوَّلَ et حَبَّلَ I, *dans le sens de changer*, v. n.; on
dit proverbialement: الْمَالُ مَالٌ وَالْحَالُ حَالٌ, dans le sens
de: *j'ai perdu ou dépensé mon argent et la fortune
m'a tourné le dos*, 1001 N. I, 16, 13; aussi مَالٌ قَدْ
حَالَ, *mal o hacienda ya trocada*, ibid. III, 8, l. 11 et 12, ou
bien حَالٌ حَالِي وَقَلَّ مَالِي, Roman d'Antar, man. 1541,
15 v°; حَالَ لِحَالِهِ «la fortune lui a tourné le dos,»
Akhbâr 101, 2 a f. — *Fuir, tourner le dos à l'ennemi*, Akhbâr 89, 7, 90, 6. — L'expression حَالَ
عَلَيْهِ الْحَوْلُ semble signifier chez Djob. 35, 19 et dern.
l., non pas précisément *être vieux d'un an*, mais en
général *être vieux*, par opposition à «être neuf». — C.
مِنْ *empêcher de*, Akhbâr 121, 4. — Les mots وَكَانَتْ
عَجُوزًا قَدْ حَالَتْ عَنْ عَهْدِهِ semblent signifier: «elle
était trop âgée pour qu'il pût l'épouser,» Gl. Belâdz.
— Le nom d'act. حَوْلٌ dans le sens de *loucher*, Voc.

حَوَّلَ II *transplanter*, Auw. I, 68, 7, 152, 5 a f,
199, dern. l., 200, 4. — *Tourner le dedans en dehors*,
Alc. (bolver lo de dentro afuera), حَوَّلَ على الْبِطَانَةِ,
Alc. (bolver assi). — *Tourner le haut en bas*, Alc.
(bolver lo de arriba abaxo, trastornar, trastornar vaso).
— *Traduire d'une langue* (من ou عن) *en une autre*
(إلى), Gl. Badroun, Gl. Belâdz. — En parlant d'un
maître et de son disciple, *faire passer d'un chapitre*
(من) *à un autre*, R. N. 22 r°: دَخَلْتُ عِنْدَهُ أَنْ ابْنَهُ
دَخَلَ عَلَيْهِ وَقَدِ انْصَرَفَ مِنَ الْمَكْتَبِ فَسَأَلَهُ عَنْ سُورَتِهِ
فَقَالَ لَهُ الصَّبِيُّ حَوَّلَنِي الْمُعَلِّمُ مِنْ سُورَةِ لِحَمْدٍ (soura 1)
فَقَالَ لَهُ اقْرَأْهَا فَتَقَرَّأَهَا فَقَالَ لَهُ تَهَجَّجْهَا قَالَ فَتَهَجَّاهَا فَقَالَ
لَهُ ارْفَعْ ذَلِكَ المَقْعَدَ فَرَفَعَهُ فَإِذَا تَحْتَهُ دَنَانِيرُ كَثِيرَةٌ. —
Charrier, voiturer, Bc. — *Faire dériver des eaux,*

حول

Bc. — *Détourner*, soustraire avec fraude, Bc. — *Mettre pied à terre, descendre de cheval*, عن الفرس, Bc, M. — *Transmettre*, céder, faire passer sa possession, ses droits à un autre, *transporter*, céder juridiquement, Bc. — *Déléguer*, assigner des fonds; c. على *assigner*, placer un payement sur un fonds; حَوَّلَه على *donner une assignation à quelqu'un sur*, Bc. Dans le Fakhrî 192, 7, la constr. est c. a. r. et على p.: ولمّا فرضت حاسَبَ الـقُوَّدَ بما كان حُوِّل عليهم لعمارتها — C. بين *interposer*, Bc. — C. على *renvoyer*, adresser à une autre personne, Bc. — C. عن *esquiver*, Bc. — حَوَّل الاحمال *décharger*, Bc. — حَوَّل القريّة *revirer*, t. de mer, tourner d'un autre côté, *virer*, tourner d'un côté sur l'autre, virer de bord, Bc. — حَوَّل ماله الى *substituer*, appeler quelqu'un à une succession après un autre héritier, ou à son défaut, Bc. — حَوَّل وَجْهَه *passer à l'ennemi*, Gl. Badroun. — حَوَّل يَدَه الى السيف *porter la main à l'épée*, Akhbâr 75, 12.

حَيَّل *changer*, Bat. III, 361. — *Inventer, fabriquer*, Alc. (engeniar o fabricar, hazer arte). — C. على p. *tromper*, Voc., Burckhardt Nubia 409 n.

III حَاوَل *réfléchir à une chose, en peser les conséquences*, Berb. I, 406, 8. — *Trouver le moyen de, faire réussir*, Bat. I, 179, 427, Berb. I, 649, 3 a f.: يتحاول أسباب المُلْك «il espérait trouver les moyens de se rendre maître de l'empire,» Autob. 225 r°: اطلقنى فى محاولة انصرافه عنّا, Cartâs 193, 8. — *Chercher à, employer tous ses efforts pour*, c. على, Berb. I, 615, 5: حاول على ملكها «il chercha à s'emparer de la ville,» Autob. 224 v°; اوكد علىّ فى المحاولة على استخلاصه بما امكن «il me recommanda d'employer tous mes efforts pour effectuer la délivrance de son frère,» Abou-Hammou 162; Amari 385, 4 a f.: استمرّت المحاولة فى قتال الحصن où Rousseau traduit: «on tenta tous les moyens possibles pour réduire le château;» cf. 386, 2, Cartâs 91, 4 a f. De là ملكها بايسر محاولة «il s'en empara très-facilement,» Macc. I, 132, dern. l. Aussi c. فى, Berb. II, 131, 10: حاول فى الاستيلاء على العمالات, Cartâs 172, 14. Dans le Voc. c. a., فى et على, *conari*. — *Chercher à conclure la paix*, Khatîb 64 v° Ibn-Hamdîn l'envoya comme ambassadeur au roi de Castille لمحاولة الصلح بينه وبين ابن حمدين. — *Chercher à tromper*, chez Bc: circonvenir, tromper par des détours, se jouer de

quelqu'un, *tourner autour du pot, user de détours, tournoyer, trigauder, sophistiquer, tergiverser*, Abou-Hammou 157: فوجدناه على ما تفرَّسنا فيه من المكيدة والتطمع ، والمحاولة والخدع , 158, 160, 161, 162. — C. a. p. *désirer, rechercher l'amitié de* quelqu'un, Gl. Edrisî, Macc. III, 50, 1. — C. a. p. *chercher à nuire à* quelqu'un, Gl. Edrisî 291 et 388, Macc. I, 658, 16. — *Chercher à gagner* quelqu'un, Berb. II, 216, 11: بعث مولاه سعادة لمحاولة العرب فى التخلّى عن أبى حمّو (pour les détacher d'A. H.; de Slane, III, 486, n'a pas compris cette phrase). — *Surprendre une ville*, Berb. II, 335, 6. — *Explorer*, p. e. un pays, Bayân I, notes, 109; محاولة *talent de reconnaître (et de choisir)* (de Slane), Prol. III, 329, 12. — *Exercer un métier*, Abd-al-wâhid 228, 11. — *Apprêter, préparer*, p. e. des mets, Becrî 186, 5, Ibn-Abd-al-melic 162 r°: فلمّا كان فى بعض الطريق اخرجوا حوتا واخذوا وقعت تهمتُ لبعض, Chec. 186 r°: يحاولون أمر الغداء الناس فى خادمه فى بعض ما أحاوله من الطبيخ, Prol. III, 235, 7. — *Se procurer*, p. e. des vivres, Müller 47, dern. l. — *Entourer*, Ht. — *Eluder, éviter avec adresse, fuir*, Bc. — *S'alambiquer*, s'épuiser l'esprit par une recherche obstinée de subtilités, Bc. — *Payer les droits de douane en marchandises*, à ce qu'il semble, Amari Dipl. 107, 3 a f., cf. annot. 416, n. o, l'anonyme de Copenhague 104: les Génois arrivèrent à Ceuta تجاراتهم (l. محاولة) فى رسم محاولة. — *Avec deux accus. changer en*, Gl. Badroun, Abbad. II, 173, dern. l. — C. على p. *agir en faveur de* quelqu'un (de Slane), Berb. I, 340, 11. — C. على r. *prendre des précautions pour*, Prol. II, 280, 1. — C. على r. *se fonder sur*, Prol. 209, dern. l.: الـظـن والتخمين الذى يحاول عليه العرّافون

حايل *amadouer, enjôler, flatter*; c. على p. *cajoler*, Bc.

IV احال *convertir, résoudre, réduire, changer en, transmuer*, Bc, Becrî 138, 6. — *Décolorer*, Voc. — *Combattre les symptômes d'une maladie*, Müller S. B. 1863, II, 3, l. 9. — *Renvoyer*, adresser quelqu'un (acc.) à (على) une autre personne, Bc, Macc. II, 139, 23, 506, 7 et 18, 547, 3. — *Rejeter la faute sur* (على) un autre, Macc. I, 471, 11, Fakhrî 73, 10. — C. على p. *se référer à* quelqu'un, s'en rapporter à lui, Amari Dipl. 19, 4: واحالوا عليه فى انهاء رغباتهم. — *Donner une assignation à* quelqu'un (acc.) *sur* (على),

خول

Bc, v. d. Berg 124, n. 1 (مُحَال celui qui possède une assignation, مُحِيل celui qui la donne), Bidp. 281, 4: احال عليهم اصحاب المركب بالبياق « il donna des mandats sur eux aux propriétaires du bâtiment, pour ce qu'il redevait du prix de son acquisition » (de Sacy); cf. Bat. III, 436. — *Transférer une créance* (فِي) à (acc.) une autre personne, Bat. III, 441. — احالوا السيف على جميعهم « ils les passèrent tous au fil de l'épée, » Amari 378, 4, correction de Fleischer; cf. chez Lane احال عليه بالسوط, etc. — *Détailler*, Roland. — Le sens de ce verbe ne m'est pas clair Formul. d. contr. 8: وثيقة التحوّلة احال فلان بن فلان مع فلان بجميع الامانة التى له عليه ان يدفعها اليه من غير مطل ولا تاخير ورضى الحال والتحميل ۞

V. نشوف كيف يتحوّل الامر « nous verrons quel cours prendra cette affaire, » Bc. — Ce verbe s'emploie en parlant de marchandises que l'on fait sortir d'un navire pour les transporter ensuite par terre, ou de personnes qui quittent le navire pour continuer leur route par terre, Gl. Edrisî. — *Voyager*, Abbad. II, 162, 2 a f., III, 222, Haiyân 95 v° (bis), 98 v°. — C. عن *quitter*, Berb. I, 438, dern. l. — C. من ou عن *s'écarter d'un usage*, Gl. Edrisî. — C. على *monter sur une autre bête de somme*, Macc. II, 36, 14.

تحيّل *traduire*, Abd-al-wâhid 224, 9.

VI تَحَايَل dans le Voc. sous *conari*. — تحايُل *finasser*, *s'intriguer*, *ruser*; c. على p. *circonvenir*, *enjôler*, *patelinier*; c. على r. *s'efforcer*, *tâcher*; avec لنفسه *s'ingénier*, *chercher dans son esprit des moyens de succès*, Bc.

VIII, dans le sens de *machiner contre* quelqu'un, ne se construit pas seulement c. على, mais aussi c. ل p., Gl. Belâdz., Bidp. 10, 5 a f., 229, 10. — Dans le sens de *chercher le moyen de*, c. ل r., Gl. Belâdz. On dit aussi احتالوا لسيوفهم « ils tâchèrent de cacher leurs épées, » ibid. — C. على r. قتله — C. في r. « machiner la perte de quelqu'un, » Bc. — C. في r. *trouver un expédient pour*, Bat. II, 331. — S'emploie en parlant de celui qui touche l'argent d'un mandat, v. d. Berg 124, n. 1.

احتُوِيَ dans le Voc. sous *mutare*. — En parlant d'animaux, *mourir*, Voc.

340

حول

اتَّاحَل, c. على et ب, sous *substituere* dans le Voc., qui donne aussi sous ce mot حال IV et X.

X *se décolorer*, Voc. — C. ع p. *changer d'opinion à l'égard de* quelqu'un, dans le sens de *lui devenir hostile*, Haiyân 67 v°: استحال الغسّانيّون عليهم وانفوا من استطالتهم (ils devinrent hostiles à leurs anciens alliés); je crois à présent que ce verbe a le même sens Bayân I, 240, 11. — C. على dans le Voc. sous *substituere*.

حَال. Chez les Motazelites et chez quelques docteurs de l'école acharite le terme احوال, *états*, désigne *les universaux*, de Slane Prol. III, 158, n. 1. — Synonyme de مال, *argent*; le pl. احوال *richesses*, Lettre à M. Fleischer 222: من لا حال له « ceux qui sont sans ressources, » Bat. IV, 273. — Pl. اتّ et احوال, *extase*, Djob. 286, 21, Prol. I, 201, 1, 2 et 6, II, 164, 1, Bat. III, 211, Nowaïri Egypte 2 o, 113 v°: فعنّد ذلك حصّل للشيخ ابى سعيد حال اخرجه عن عقله. — *Temps*, disposition de l'air (Barb.), Bc; حال ذيب « beau temps, » Hbrt 163 (Alg.). — *Maladie grave*, M. — *Berceau*, *matrice*, Prol. III, 222, 13, selon de Slane; mais la comparaison de la l. 15 me fait douter de cette signification. — حَال suivi du génitif, *en*, *lorsque*, p. e. حال قل لى رواحه واحد « en partant, lorsqu'il partit, il me dit, » Bc, حال وقومهم, Rutgers 153, 21, cf. Weijers ibid. 154. — سلّمت اليها حائتها « je lui permis de faire ce qu'elle voulait, » 1001 N. I, 50, 9. — تَكلّم حالا *parler d'abondance*, sans préparation; ترجم حالا *traduire à livre ouvert*, Bc. — تغيّرت احواله *changer de visage*, pâlir ou rougir, Bc. — حال بعد حال *peu à peu*, Tha'âlibî Latâïf 50, 4 a f. — حَالَمَا *aussitôt que*, Bc. — اش حال *combien* (Barb.); باش حال *combien*, lorsqu'on donne le prix (Barb.), Bc. — راح الى حال سبيله *il passa son chemin*, Bc, انذهب الى حال سبيلك Freytag Chrest. 52, 2. — حَال *comme* (Barb.), Bc. — *quelquefois*, Auw. I, 39, 5. — والحال *comme en effet*, p. e. (vulg.) ان كان رجل صالح والحال هو كذا « s'il est homme de bien, comme en effet il l'est, » Bc. Aussi: *cependant*, *mais la vérité est que*, p. e. يشبهوا بعضم فى الظاهر والحال بينهم فرق بعيد (vulg.): « ils se ressemblent en apparence, et cependant il y a entre eux une différence bien grande, » Bc. —

حول

ما لم يَقُم ما لم يَكُن بحالٍ « il n'est pas en état de se lever, » Bc. — في حاله coi, tranquille; قعد في حاله « se tenir coi, » Bc. — (l. العمل؟) في حال الملل en flagrant délit, sur le fait, Bc. — في ساعة لحال aussitôt, Bc, Koseg. Chrest. 90, 8. — ما بقى له حال n'en pouvoir plus, Bc. — عرض حال adresse, lettre à un supérieur, pétition, Bc. — لسان لحال langage muet, gestes, regards, Bc. — ما زال مشى لحال il est tard (Barb.); كيف (ايش) لحال il n'est pas tard (Barb.), Bc. — ما في حاله شى comment vous portez-vous? في حاله شى il ne se porte pas bien (Barb.), Bc.

حَوْل . « pendant toute une année, » 1001 N. I, 49, 8. — حول من كل tout autour, Ibn-Bachcowâl, man. de l'Escurial, article sur Ahmed ibn-Sa'îd ibn-Cauthar de Tolède: مجلس قد فرش ببسط الصوف مبطنات والحيطان باللبود من كل حول. M. Simonet, qui m'a communiqué ce passage, m'assure que telle est la leçon du man. — En chronologie, indiction, J. A. 1845, II, 318, 1, cf. 329, Gregor. 42. — Fraude, Roland. — حَوْل suivi du génitif, près de, Hist. Tun. 83: فدفنوه حول سيدى 88: ودفن بزاويته حول حوانيت الغار 84: أحمد سقا وكانت وقعة 89: وتبعه الى الحضرة وهزم ثانيا حوليها بين المسلمين والكفار حول باب البنات

حِيَل voyez sous la racine حيل.

حالة extase, de Sacy Chrest. I, ۱۰۹, 7, Prol. II, 372, dern. l., 373, 6, 374, 10, 12 et 14. — حالات lunes, fantaisies, caprices, Bc.

حولة dans un sens qui ne m'est pas clair; voyez le passage du Formul. d. contr. sous la IVe forme du verbe. — حَوْلَة détour, circuit d'un chemin, arpentage du XVIe siècle: «la háula de Huécar, que quiere decir la vuelta de Huécar.»

حِيلة, astuce, etc., a chez Bc le pl. حِيَل. — Manière, 1001 N. I, 87, 16, Haiyân-Bassâm I, 30 v°: وان جندها لا تخالف حيلة.

حالاتى capricieux, journalier, lunatique, volage, fantasque, Bc.

حَوْلِىّ annuel, Bc. — رسم حولى vestige presque effacé, Gl. Edrîsî. — Mouton, Domb. 64; selon Jackson, 184, c'est en ce sens un mot berbère. — En

خيل

Afrique, couverture de laine oblongue, synonyme de barracân et de haik, Defrémery Mémoires 155, Richardson Central II, 151, le même, Sahara, I, 51, 433 n., II, 126, Ztschr. XII, 182, J. A. 1861, II, 370. A Constantinople on donne le nom de حولى ou حاولى, dérivé de حاو, « l'état du drap, lorsqu'étant neuf il est couvert de poils, » à un court essuie-main de coton qui est velu d'un côté, Ztschr. IV, 392. J'ignore s'il faut dériver le mot africain de ce terme turc, ou bien de حولى dans le sens de « mouton. »

حبلى cajoleur, patelineur, Bc.

حِبَال le rideau qui sépare les tentes en deux parties, Daumas V. A. 303, Mœurs 61.

حِبَال pl. أت astuce, finesse, ruse, artifice, feinte, Alc. (arte por arteria, arte engaño, artificio, fingimiento, industria, maña). — حِبَال artistement, Alc. (fabricadamente). — Même pl. machine pour bâtir, Alc. (engeño para edificar). — Même pl. crochet, rossignol pour crocheter les portes, Alc. (ganzua). — Même pl. instrument avec lequel on bandait l'arbalète, Alc. (armatoste).

حيول rusé, astucieux, Payne Smith 1378. — Rapporteur, dénonciateur, ibid. 1520.

حَوَالَة = حَوَالَة changement, Gl. Mosl., Mohammed ibn-Hârith 350: ما رأيتُ أحدًا من عقلاء اخوانه يلومه في حوالة ولا يعذله في تغير. — Assignation, Ht, Bc, mandat, ordre, billet à payer par un tiers, Bc, v. d. Berg 124, n. 1, délégation, acte qui donne pouvoir à une personne de recevoir une somme d'une autre, Bc; aussi حوالة, ورقة حوالة, Bc, 1001 N. I, 292; اعطاه ورقة حوالة على « donner une assignation à quelqu'un sur, créditer quelqu'un sur, lui donner une lettre de crédit, » Bc; اعطاء حوالة ب ordonner, donner un mandement de payer, Bc; حوالة ثانية ماكنة réassignation, assignation sur un autre fonds plus sûr, Bc. — Délégué, porteur d'une délégation, Bc. — Commission, droit prélevé, Bc. — Commissaire nommé par le gouvernement pour terminer une affaire spéciale, Bc. — Garnison, gens qui gardent une maison, des meubles saisis, Bc. — Garnisaire, homme en garnison chez un débiteur, Bc, M. — حوالة للحوالات l'indemnité revenant aux messagers dépêchés dans les villages pour prévenir les contribuables du paiement qu'ils ont à faire, Descr. de l'Eg. XI, 499, XII, 60. — Citadelle, Rutgers 130, 11 et 134. — حوالة الأسواق

حول

la fluctuation du cours du marché, Prol. II, 84, 5 et 18, 99, 5, 247, dern. l., 248, 7, 249, 2, 274, 16, 277, 6, 301, 4, حوالة السوق من الرخص الى الغلاء, 297, 14. — صاحب الحوالة est *operarius* dans le Voc., qui a aussi ce terme sous *conducere*.

حوالي *alentours, banlieue, environs*, Bc. — اسم الله حواليك «que le nom de Dieu t'entoure!» c.-à-d. «que la puissance de Dieu te défende!» 1001 N. I, 841, dern. l., cf. la traduction de Lane I, 327, n. 65.

حوالىّ *garnisaire*, homme en garnison chez un débiteur, M.

حائل. رسم حائل *vestige presque effacé*, Gl. Edrîsî. — *En chaleur, en rut*, Bc. — حائل للنار *écran*, Bc. حائلة *laine de deux ou trois ans*, Hœst 272.

احالة *une allusion à un fait historique, qui se trouve dans un poème*, Gl. Badroun.

أحول *louche d'un œil*, Alc. (tuerto de un ojo). — *Celui qui n'a qu'un œil*, Alc. (ombre de un ojo). — *Aveugle*, Ht.

أحيل *détaillé* [?], Roland, qui prononce *ahil*.

تحولة pl. تحاول *champ, pièce de terre*, Voc. — *La couverture d'une maison qui avance pour rejeter la pluie loin du mur*, Alc. (ala de tejado).

تحوّثى *élastique*; قوة تحويّة *élasticité, ressort*, Bc.

تحويل *changer de religion*, Cartâs 223, 12. — تحويل المواد *révulsion, retour des humeurs dont le cours est changé*, Bc. — *Charriage, action de charrier; salaire du voiturier*, Bc. — *Revirement*, t. de banque, Bc. — تحويل بوليصة *ordre, cession, transport d'une lettre de change*, Bc. — *Moyen d'échapper à un danger*, Cartâs 191, 3. — حول être *louche*, Gl. Mosl., Alc. (entortadura de un ojo).

تحويلىّ *dérivatif, qui sert à détourner les humeurs*, Bc.

محال, en parlant du قانون, *le tire-corde*, Descr. de l'Ég. XIII, 309.

محالة *absurdité*, Bc.

محالى *absurde*, Djob. 298, 17.

محيل *presque effacé* (vestige), Gl. Edrîsî.

حوم

محيل *presque effacé* (vestige), Gl. Edrîsî.

متحوّل *révulsif, qui détourne les humeurs*, Bc.

متحوّلة *dévidoir*, Voc.

محيّل *fabriqué*, Alc. (fabricada cosa por arte).

محيّل *rusé, astucieux*, Alc. (artero, mañero o mañoso). — *Artificiel*, Alc. (artificial). — *Ingénieux*, Alc. (ingenioso cosa de ingenio), surtout en parlant d'un architecte, Alc. (engeñoso para edificar). — *Ingénieur*, Alc. (engeñero). — *Artiste, artisan*, Alc. (artista en oficio).

محاول *alambiqué, trop subtil, trop raffiné*, Bc. — *A contre-poil, à rebours*, Alc. (apelo o pelo ayuso, apospelo, reves); محاول لفوق *le ventre en haut*, Alc. (papa arriba, cf. Victor).

محاولة *affection, amitié*, Gl. Edrîsî. — *Raisonnable*, Alc. (razonable cosa); محاولة *raisonnablement*, Alc. (razonablemente). — سلع المحاولات ou المحاولات *les marchandises qui se vendent pour le compte du gouvernement*, Amari Dipl. 108, 1 et 4 a f., cf. annot. 416, n. o.

حوم II, comme la Ire, en parlant d'oiseaux, *décrire des cercles dans les airs*, Abd-al-wâhid 211, 1; aussi au fig. *tourner autour de* (على), Abbad. II, 156, 3 a f. (cf. III, 217), Prol. I, 30, 8, 66, 8; حوم *seul, tourner autour d'un sujet* (de Slane), Prol. I, 65, dern. l.

III c. a. et على dans le Voc. sous *conari*.

حومة *volée, bande d'oiseaux qui volent*, Bc; «voir, au moment du départ pour la chasse, une *haouma*, réunion de corbeaux qui décrivent en l'air des cercles concentriques, — excellent présage, signe infaillible de succès,» Margueritte 214. — *Quartier, partie d'une ville*, Bc (Barb.), Hbrt 187, Ht, Domb. 97, Prax R. d. O. A. VI, 275, Cherb. Dial. 98, Bayân I, 279, 2 a f. (corrigez le Glossaire), Macc. II, 45, 14, Cartâs 15, 7 et 8, 103, 15, J. A. 1843, II, 220, l. 2, Hist. Tun. 83: لسكنهم بالريض الملاصق للقصبة وعرف; restituez ce mot chez Ibn-Badroun 303, 4. — *Métairie, hameau*; dans une charte bilingue de Tolède de l'ère 1176, بالحومة correspond à *pago*; dans une autre de l'ère 1229 on lit: حومة أليش, et Olías est un hameau qui est appelé aussi اوليش قرية; dans une troisième de l'ère 1171: بحومة بنال من عمل طليطلة, et dans une quatrième qui porte le titre de « carta de viña de Almuradiel: » من حومة المرطال من احواز مدينة طليطلة. — « Espèces de خرز en argent, creux, et dans lesquels sont enfermés de petits cailloux, » Ouaday 336 (hoûmeh).

حومانة psoralea bituminosa, Bait. I, 336 à la fin, 341 f, 474 g (où il faut lire ainsi, avec le man. 13 (3), au lieu du « hazanbal » de Sonth.), II, 158 b.

حوى I, c. على, n. d'act. حواية, tromper, Voc.; dans le M. c. a. p. — Escamoter, Bc.

II et V dénom. de حاو (voyez), Voc. sous efeminatus.

حوايّة magie blanche ou naturelle, Bc.

حوايّة, comme subst., dans le Voc. sous efeminatus; voyez حاو.

حوّاة = حاو dans le premier sens que j'indiquerai sous ce mot, Payne Smith 1184 (= رقاء مشعبذ). — Selon Lane, qui cite Cazwînî, la constellation dite serpentaire s'appelle الحواء والحوية. Cette leçon se trouve en effet dans quelques man. de cet auteur (voyez l'édit. de Wüstenfeld I, 33, n. o), mais d'après d'autres Wüstenfeld (ibid., l. 14) a fait imprimer والحية; de même chez Dorn 49, Alf. Astr. I, 13: venator serpentum, en arabe alhace (sic) valhaya, 41 alhoue alhaye.

حاو non-seulement psylle, celui qui attire et manie les serpents, mais aussi sorcier, Hbrt 157, joueur de gobelets, escamoteur, Bc. — Pl. حواة catamite, Voc. (efeminatus), Alc. (puto que padece). — حاوى العلوم encyclopédie, Bc.

حى II. On dit حيّا يكنّس, quand on parle de celui qui boit à la santé d'une autre personne, en se servant de la formule حبّاك الله « que Dieu vous donne une longue vie! » Aussi c. ب r., souhaiter une chose à quelqu'un, quand on boit à sa santé, Abbad. I, 367–8. — Suivi de بالملك, saluer, proclamer roi, empereur, Bc.

IV. De même qu'on dit أحيا ليلته فى الصلاة, le poète Moslim dit: أحييت نجوم الليل فى القوافى c.-à-d., j'ai passé la nuit en faisant des vers. Il dit aussi احيا البكا ليله « les larmes l'ont fait veiller, » Gl. Mosl.

V (cf. Freytag) dans le Voc. sous salutare. — Ressusciter, revenir de la mort à la vie, L (revibo, c.-à-d., revivo).

X ressusciter, revenir de la mort à la vie, Alc. (rebibir, ressucitar a si mesmo), Abbad. II, 14, dern. l. De là عيد الاستحياء pâques, Alc. (pascua de resurrecion). استحييت منك لكثرة احسانك الى « je suis confondu de toutes vos bontés, » Bc. — Le vulgaire dit: استحيت المرأة « elle couvrit son visage pour le cacher aux hommes, » M.

حى, en parlant d'une mer, où il y a flux et reflux, l'opposé de « mer morte, » Edrisî, Clim. IV, Sect. 3, en parlant de Tarente: مرسى فيه بحر حى et ensuite: يحيط بها البحر الحى والبحير. — Pour l'expression حىّ زيد « Zaid lui-même, » etc., voyez Mufassal éd. Broch 41, 5 a f. et suiv. — الحىّ والميت. Alc. donne sous satiriones yerva: hay cuyméit, mais c'est une faute ou une corruption; il faut الحُصى والمميت, ophrys ciliata Biv.; cette orchidée a des tubercules à la racine; il y a le tubercule vivant et le tubercule mort; selon les Arabes, le dernier frappe d'impuissance celui qui en mange, tandis que le premier a une vertu aphrodisiaque, Prax R. d. O. A. VIII, 342. — حى عالم joubarbe ou jombarbe (plante), Bc; — algue, fucus, varec, Alc. (ova que nace en el agua); — lotier corniculé, Prax R. d. O. A. VIII, 348.

حيّة, dans le sens de ver (Golius), p. e. للحيات فى الامعاء, J. A. 1853, I, 347. — حية البحر anguille, Hbrt 70. — حية زرزورية ou حية طيّار, espèce de serpent, voyez Niebuhr B. 167. — حية سوداء ou لحيات aspic, Bc. — حية شمس ملك lézard, Bc. — حية الماء hydre, natrix, Bc. — سمك حية ou سمك الماء anguille, Bc.

وحياتك, حياتك je vous en assure, en vérité, Bc. — وحياة محبتك par votre amitié (le par qui sert à protester), Bc. — وحياة رأسى ventre-bleu, ventre-saint-

.gris, Bc, 1001 N. I, 31, 6. — شَجَرُ الْحَيَاةِ thuya,
Bc. — ماءُ الْحَيَاةِ eau-de-vie, Alc. (agua ardiente); —
eaux vives, grandes marées, Alc. (aguas bivas).

حَيَوَان désigne à Tomboctou toutes les espèces de
biens meubles, Barth IV, 454 n. — Ce mot doit avoir
chez les alchimistes un sens spécial, Prol. III, 199,
2, où de Slane avoue qu'il n'en connaît pas la signification. — حيوانات الخمس semble désigner cinq sortes
d'insectes malpropres, nuisibles et incommodes, comme
sont les poux, les puces, les punaises, etc.; voyez
sous فاسق.

روح حيواني; حَيَوَانِي chez les médecins, voyez le
passage du Gl. Manç. sous بَطْن. — قُوَّة حيوانية sen-
sualitas, Voc., c.-à-d. (voyez Ducange) la faculté de
sentir.

حُوَيِّن pl. ات animalcule, Bc.

تَحَيُّون s'abrutir, Ht.

لَيْلَةُ المَحْيَا, مَحْيَا, la nuit de la vie, est chez les
Chiites le 27 du mois de Redjeb, Bat. I, 417.

Mhhaya, eau-de-vie, Daumas V. A. 298.

مُسْتَحَيَا confusion, honte par modestie, honte, timidité, Bc.

مَسْحِيَّة sensitive (plante), Bc.

حيث.

حَيْثَ بَيْثَ = تَرَكُوا البِلَادَ حَيْثَ بَاثَ, Mufassal éd.
Broch 70, 3.

مِنْ حَيْثُ comme, puisque, ou que; بِحَيْثُ حيث ان
comme, en tant que; dès que, puisque; حيث
دَيْت dès-là, cela
étant; من حيث كذا en ce cas, Bc.

حَيْثِيَّة point de vue, Weijers 55, 5 des notes, cf.
195, n. 354.

حَيِدَ I c. عن se démentir, s'écarter de son caractère,
Bc. — C. عن est dans le Voc. cavillare; mais puisqu'il donne رَاغَ عن comme synonyme, il semble que
c'est عن حاد dans le sens ordinaire, se détourner de.

II mettre de côté, M.

IV c. عن dévier, écarter de la route, Bc.

VI c. a. vulg. pour III, M.

حَيْد aiguille de montre, M.

حَيْدَة déviation, Bc.

حَيُود lâche, sans courage, Gl. Fragm.

حَائِد. مَنْ حَائِد en s'éloignant (de Sacy), de Sacy,
Chrest. II, ١٠, 3 a f.

أَحْيَد pl. حِيد lâche, sans courage, Gl. Mosl.

مَحْيَاد pl. مَحَايِيد même sens, Gl. Mosl.

حَيِرَ I balancer, être incertain, Bc, être en suspens,
Bc, Hbrt 44.

II embarrasser, empêcher, Alc. (enbargar estorvar,
estorvar, حَيَّر enbaraçado, et ocupado por lugar enbaraçado, impedir). — Surcharger, fatiguer l'estomac,
donner une indigestion, Alc. (enpachar el estomago).

V être dans l'incertitude, irrésolu, Bc, être en
suspens, Bc, Hbrt 44.

VIII être perplexe, en stupeur, de Sacy Chrest. II,
٩٩, 8, s'embarrasser, hésiter, Bc.

حَيْر forme au pl. حِبَار, Gl. Belâdz. — Dans le
sens de jardin, Calâïd 173, 19 et 22 (corr. d'après
Macc. I, 419), 174, 3.

حَيْرَة embarras, empêchement, Alc. (embaraço, en-
bargo o estorvo, estorvo, inpedimiento), de Slane Prol.
I, p. LXXV a. — Perplexité, Voc., Bc. — Enchantement, ravissement, Bc. — Indécision, incertitude, Bc.

حَيْرى = خيرى, Most. sous جيرى. — On trouve
معدن الزجاج الخيري chez 'Alachi, ce que Berbrugger
(121) traduit par «une mine de verre noir,» mais
en ajoutant qu'il ignore ce que cela signifie.

حَيْرَان est حيران dans Bidp. 270, 4, qui est en
balance, irrésolu, chancelant, embarrassé, éperdu, incertain, Bc.

حَائِر irrésolu, Ht (chez lequel il faut lire ainsi,
au lieu de جَائِر). — Fainéant, Daumas V. A. 237. —
Dans le sens de réservoir, étang, le pl. حَوَائِر, Berb.
I, 413, 11 (l. 13 lisez حَائِر), 414, 3, II, 400, 14,
car c'est ainsi qu'il faut lire dans ces trois passages.
— Clôture, mur, Gl. Belâdz. — Enclos, jardin,
hameau, ibid.

تَحْيِير suspension, fig. de rhétorique, Bc.

مَحْيَر mode de musique, M.

مَجابِر jardins, l'anonyme de Copenhague 101, où il est question d'une grande réjouissance: وخرجوا الى مجابر (sic) للحصرة وذلك على ترتيب الاسواق واهل الصنائع؛ مَخْبِيار chez Chanfarâ, dans de Sacy Chrest. II, ۱۳۷, 1, cf. 360, l. 1 du t. ar., où de Sacy traduit مُحبيار الظلام par: «âme sans énergie que les ténèbres saisissent d'effroi.»

مُسْتَحْبِر étang, Diw. Hodz. 190, vs. 46.

حيش.

حَيْش pour حِرْش (voyez), forêt. — Pour حَنَش (voyez).

حَيْشَة balle, Bg.

حيشية voyez sous حنش.

حيص V être en fuite, en exil, Berb. I, 598, 2.

حيض.

حَيْض sperme, Alc. (esperma del hombre). — Pollution, écoulement involontaire de semence, Alc. (polucion de noche o dia).

حَيْضَة chauffoir, linge de propreté pour les femmes, Bc.

حِيَاض الموت les affres de la mort, Bc.

حَيْطَلِيَّة espèce de brouet ou bouillie, cuite jusqu'à la consistance d'une gelée, ensuite coupée en tablettes carrées ou oblongues, édulcorées avec du dibs, et aspergées avec de l'eau-rose, Bg 268, Lyon 350 (atila).

حَيْطَلاني celui qui vend ces tablettes, Bg 269.

حيعل.

الحَيْعَلتان les deux formules حَيّ على الصَّلاة et حَيّ على الفلاح, Bat. II, 247.

حيف I c. على ravager, piller un pays, Lettre à M. Fleischer 32.

IV c. على traiter avec violence, de Sacy Chrest. II, ۸۵, 2 a f.

V c. a. affaiblir peu à peu, de Jong; nuire à, diminuer, Gl. Belâdz., Abbad. I, 66, 14; c. على, P. Amari 107, 2 a f. — C. a. traiter avec violence, Abbad. I, 172, 4 a f., Prol. I, 51, 2 a f., II, 37, 12, Berb. I, 392, 7 a f., 631, dern. l., 646; dern. l., II, 267,

8, 542, 5. — Piller un pays, des ennemis, ravager un pays, Lettre à M. Fleischer 33.

حَيْف c'est dommage; يا حَيْف عليه ou يا حَيْفه aussi que je le plains! حيف على تعبنا «c'est dommage de nous être donné tant de peine;» يا حيف على تعبك «c'est peine perdue,» Bc; يا حيف على الذهب الذى ما اخذت الذهب «quel dommage que je n'aie pas accepté l'or!» 1001 N. Bresl. IV, 328, 2 et 4.

حائف voleur nocturne, Ztschr. XXII, 103, n. 38.

حيق I, c. فى p., en parlant d'un poison, pénétrer dans le corps, Badroun, notes, 67.

II assaisonner, Bc.

حياق assaisonnement, Bc.

حيك II tisser, Hbrt 78, Bc, tramer, Bc.

حَيْك, pl. حَيَاك (Cherb. Dial. 225), et حائك, en Afrique, grand manteau de laine, ordinairement blanc, qui sert de vêtement pendant le jour et de couverture pendant la nuit, Vêtem. 147—153.

حيل I être en chaleur (jument, etc.); une telle jument est حائل, M.

حَيْل, proprement force, بِحَيْل vigoureusement; بكُلّ حيله à bras raccourcis, de toute sa force, Bc; ضربت بحيلي وقوّت بين عينيه, 1001 N. Bresl. IV, 281, 4. De là le milieu du corps, les reins, attendu que les reins sont regardés comme le centre de la force du corps, p. e. شدّ حيلك. On dit قعد على حيله, نهض على حيله, قام على حيله, se placer de façon qu'on est bien ferme sur ses reins, Fleischer dans le J. A. 1827, 232, et dans le Gl. 51—2. Chez Bc: حيل séant, posture d'un homme assis dans ou sur son lit; على حيله droit, debout; قام على حيله «il se mit sur son séant.»

حيلك amarrez, J. A. 1841, I, 588.

حَيْلُولَة (formé comme قَبْلِيَّة) le sommeil à la fin du jour, Ztschr. XVI, 227.

حين V. Un tel تحيَّن signifie il a acquis de l'argent, M.

X. استحين الشى est استضبنه, M. — C. على p. (استحين) avoir pitié de (أسف له), M.

حان, dans l'Adzerbaidjân, *enclos, hameau, jardin*, Gl. Belâdz.

الى حين وقتنا هذا حين. On dit , Gl. Edrisi. لحينيما *en attendant que*, Bc.

خ

خاخام (חכם) *rabbin*, Bc.

خارصيني *zinc*; — *toutenague*, Gl. Esp. 294—5.

خاصّكى (composé de خاصّ, «intime,» de la terminaison diminutive ـك en persan, et du suffixe persan ى, qui sert à former le n. d'un.), pl. خاصّكيّة, ne signifie pas *page*, comme l'ont pensé de Sacy (Chrest. I, 133) et Freytag (493 b), mais sous les sultans mamlouks, on appelait ainsi ceux qui restaient constamment auprès du sultan, dans les moments où il cherchait la solitude et où il était oisif, ce qui leur assurait des avantages importants; voyez pour plus de détails Maml. I, 2, 158.

خاقا ياقوت خاقا *hyacinthe* (pierre précieuse), Bc.

خاقان. Un passage que j'ai publié Abbad. III, 2 et 3, montre que le surnom d'Ibn-Khâcân, qu'on a donné à al-Fath, le célèbre auteur du Calâïd et du Matmah, était un sobriquet injurieux, un terme d'une malhonnêteté choquante et qu'il ne faut pas employer pour désigner cet écrivain. Mais je me suis trompé en pensant que c'est *pédéraste*; la pédérastie était à cette époque un vice trop commun parmi les Arabes, pour qu'ils se le reprochassent les uns aux autres. M. de Goeje m'a fait remarquer que c'est *bardache*, et que ابن خاقان a reçu ce sens, parce que les jeunes Turcs, les fils des khâcâns, qu'on élevait à la cour de Bagdad, servaient à satisfaire les passions infâmes des seigneurs de cette capitale. Cette explication est sans doute la véritable; comparez p. e. ce qu'on raconte au sujet de la mort d'al-Fath (l. l.): وجد فى فندق بحضرة مراكش قد ذبحه عبد أسْوَد خلا معه بما اشتهر عنه وتَرَكه مقتولا وفى دُبره وتَدٌ.

خاقونية *espèce de voile*? 1001 N. I, 426: فتـزيّنـت باحسن الزينة وأرَخَت على عينيها خاقونية Cette phrase manque dans Boul. et l'édit. de Habicht ne donne pas cette longue histoire.

خالْقوس (χαλκός), au Maghrib, *cuivre brûlé ou calciné*; voyez sous خَلْقوس.

خامرك *sorte d'oiseau*, Ztschr. für ägypt. Sprache u. Alt., juillet 1868, p. 84.

خانقة (peut-être mieux خانقاة) = خانقاه, *cloître*, Djob. 291, 15, Bat. I, 71 (où le man. de Gayangos a l'autre forme).

خبّ I *trotter*, Bc. — *S'enfoncer dans* (فى) *le sable, la boue*, M. — *Être creux* (sol), p. e. en parlant d'une caverne, qui résonne quand on la frappe, M. — C. على p. *quereller, réprimander* quelqu'un *d'une manière terrible*, M. — *Ronfler*? 1001 N. Bresl. X, 394, dern. l.: وهو نائم يخب فى نومه; mais la leçon est incertaine, car dans l'édit. Macn. on trouve le verbe خطّ, qui signifie en effet *ronfler* et qu'il faut peut-être substituer à خبّ.

IV, au fig., اخبّ فى ذلك وأوضع, dans le sens de *prendre une part très-active à*, Berb. I, 78, 5 a f., II, 200, 8 a f., 536, 3.

خبّ *artichaut sauvage*, plante qui sert de nourriture aux chameaux et aux vaches, Burckhardt Syria 281, 333.

خبّة synonyme de جبّة, c.-à-d.: une pièce d'étoffe dont les femmes se servent pour couvrir toute la tête, sauf le milieu, la figure et les deux côtés de la poitrine, et qui a deux trous à l'endroit des yeux, Ibn-as-Sikkît 526. — *Sisymbrium polyceraton*, Bait. I, 217 b, 348 b; — *ormin*, Bc.

خبب *trot*, Bc. — Nom du 16ᵉ mètre, المتدارك M 357 a et in voce, Freytag Arab. Verskunst 124. — Nom d'un autre mètre inventé par un poète de Murcie, nommé Alî ibn-Hazmoun, qui florissait vers la fin du VIᵉ siècle de l'hégire. Ce mètre se compose de ces pieds:

–∪∪–∪∪ | –∪∪–∪∪   –∪∪–∪∪ | –∪∪–∪∪

خبا

Voyez Abd-al-wâhid 213, Abdarî 25 v°, Abou-Hammou 5 et 10.

خبا, vulg. خَبَى, II *enterrer*, Bc.

IV *cacher, céler*, Gl. Fragm., Voc., Alc. (asconder, esconder). — *Refuser*, Alc. (negar lo pedido).

V *se cacher ou être caché*, Voc., Bc, Ht, Macc. I, 161, 2 (cf. Add.), Payne Smith 1530.

VII *être caché*; عرف المنتخى *connaître le dessous des cartes*, Bc.

VIII *conserver, mettre en réserve*, Gl. Fragm.

X *cacher*, Alc. (solapar). — *Se cacher*, Gl. Fragm., Alc. (esconderse), 1001 N. Bresl. VII, 15.

خُبْيَة *jarre*, Voc.

خَبِيَّة *cache, lieu secret pour cacher quelque chose*, 1001 N. Bresl. IX, 208, 4.

خِبَاء. Le خباء dans un navire, 1001 N. Bresl. VII, 131, 2, semble être une espèce de tente, où l'on se met à couvert du soleil pendant le jour et du serein pendant la nuit, car on lit chez Mantegazza 156: «Entrammo dunque sotto al Chibo di detta Zerma [جرم], per noi soli apparecchiato, acciò il Sole di giorno, e il sereno di notte non c'offendessero; è questo Chibo il nome d'un' poco di coperto, che è nella nave à somiglianza di quella parte di nave, che da nostri barcaruoli è chiamata temo,» et chez d'Arvieux I, 223 (Egypte): «Nous fîmes faire à l'arrière du bateau une cabane couverte de doubles nattes qu'on appelle *Kib*, dans laquelle nous étions commodément à couvert du soleil, de la pluie et de la rosée.» — Avec ou sans سرير, est ce qu'on appelait autrefois *pavillon* et ce qu'on appelle aujourd'hui *couronne*, c.-à-d., un tour de lit en forme de tente et suspendu au plancher, ou attaché à un petit mât vers le chevet, Gl. Esp. 187. — خباء قبة semble l'équivalent de قبة, Macc. II, 711, 14: قبة وخباء للخباء — كبيرة. — وقبة اخرى *nom de quelques étoiles de la constellation dite le Cocher*, Cazwînî I, 33, 8.

مخبأ. Le pl. مخابى *jarres*, Gl. Edrîsî.

مخبأة *cache, lieu secret pour cacher quelque chose*, *cachette, niche, réduit dans un appartement, une maison*, Bc. — Vulg. pour مَخْبَأَة, pl. مخابى, *trésor enfoui*, M, Bc. — *Trappe, piège dans un fossé*, Bc. — باب مخبأة *trappe, sorte de porte au niveau du plancher, son ouverture*, Bc.

خبر

خبث I c. على dans le Voc. sous *callidus*, o. في et على ibid. sous *dolosus*; c. على p. *se servir de ruses à l'égard de quelqu'un*, Ztschr. XX, 509, 13.

II c. a. dans le Voc. sous *callidus* et *dolosus*.

V dans le Voc. sous *dolosus*.

VI *dissimuler*, Prol. III, 265, 15.

VII c. على et في, dans le Voc. sous *callidus*.

خُبْث *dissimulation*, selon l'explication qu'on trouve de ce mot Prol. III, 265, 2. — *Hypocrisie*, Bc. — *Goguenarderie, mauvaise plaisanterie*, Bc.

خُبْث, dans le sens d'*impuretés*, forme au pl. أخباث, Voc. — *Calliditas* dans le Voc.

خبيث *hypocrite*, Bc. — *Goguenard, mauvais plaisant*, Bc. — ابن الخبيثة, comme ولد الزنا, *vaurien*, Gl. Abulf.

خبائث *des méchancetés, des plaisanteries malicieuses*, Bc.

خبيثة. Le pl. خبائث *folies, excès, écarts de conduite*, Bc.

خبيثى et خبائى *rusé, trompeur* dans le Voc.

خبر I c. ب *informer*, Bc.

IV c. a. p. et ب r. *réciter et enseigner* un poème à quelqu'un, Autob. 197 v°: اخبرنى بالقصيدتين عن الحج

X c. عن *s'enquérir*; c. من p. et عن r. *s'informer à quelqu'un de quelque chose*, Bc; c. a. p. et عن ou في r. *interroger*, Voc.

خَبَر. له خبر في *se connaître en*, Bc.

خَبَر شى ما تحت خبر (vulg.), *chose de peu d'importance*, Bc. — قامت تبصر خبر الباب «elle alla voir ce qu'il y avait à la porte,» 1001 N. I, 67, 4. — L'énoncé d'un fait; l'expression d'une volonté ou d'un désir s'appelle انشاء, de Slane Prol. III, 265, n. 1.

صاحب الخبر ou صاحب الاخبار était le nom d'un officier que les princes tenaient dans leurs chefs-lieux d'arrondissement et qui était chargé d'informer le souverain de toutes les nouvelles tant soit peu importantes, de lui annoncer tous les étrangers qui arrivaient, etc.; cette fonction était souvent remplie par le maître de poste; voyez les auteurs cités dans le Gl. Fragm., Maml. I, 2, 94, II, 2, 89, Fakhrî *passim*, Nowairî Afrique 44 r°, en parlant de Temîm ibn-al-Mo'izz († 501): وكان له فى البلاد اصحاب اخبار; يطالعونه باخبار الناس لئلّا يظلموا l'empereur Frédéric II les avait aussi, Amari 517, 2.

خُبْرَة forme au pl. خِبَر, Voc.

خَبْرَة. اهل خبرة connaisseur, expert, Bc. — (Esp. cobre) cuivre, Inventaire: un des créanciers reçoit ومن النحاس: ومن قيمته نحاس خبرة ، مثقال 561 *ibid*.: لخبرة تسعة قناطير الخ

خَبَرِيّ énonciatif, Bc.

خَبَرِيَّة bruit, nouvelle, Bc. — Anecdote, Hbrt 96.

خِبار sorte de poisson, Yâcout I, 886, 4; mais la leçon est incertaine, car les man. de Cazwînî ont حبال ou جبال.

خَبِير ne se construit pas seulement avec ب, mais aussi avec فى, Bc. — Guide, le guide principal de la caravane, Browne I, 295 n. et suiv., 370, II, 2, Burckhardt Nubia 160, 346, d'Escayrac 591, Werne 29, 52, Daumas Mœurs 337—8, Carteron 368, de Jong van Rodenburg 217.

خابور la grande espèce du sureau, Bait. I, 393 b, où le texte porte: ويسميه قوم للخابور. — خَابُور خُبْز، gros morceau de pain, Bc.

أخْبَر compar. de خبير بالمعنى: صاحب الكلام اخبر « l'entente est au diseur, » Bc.

أخْبارِيّ (voyez sous خَبَر) = صاحب لخبر, Gl. Fragm.

الاخْبارِيّة secte des Imâmiya, M.

مُخْبِر = صاحب لخبر, Gl. Fragm.

مُخْبِر avant-coureur, Bc. — Gazetier, Bc.

مُخْبَر dont on a fait l'épreuve, c.-à-d. qu'on a trouvé bon, Prol. II, 347, 17; mais je ne sais si ce mot a aussi ce sens dans les 1001 N. Bresl. III, 385, 7, où il est question de poulains.

اخْتِبار examen, Alc. (esamen). — Question, torture, Alc. (question de tormento).

اسْتِخْبار montre, échantillon, Alc. (muestra de mercaduria).

خَبَز II cuire, faire du pain, Voc., Bc.

V dans le Voc. sous *panis*.

خُبْز forme au pl. أخْباز, Voc. — Même pl. une portion de terrain, qui était concédée à un émir, ou à quelque autre membre de la milice, et dont le revenu servait à sa nourriture et à son entretien; apanage, Maml. I, 2, 159—161. — خبز لحاشية voyez sous ce dernier mot. — خبز مَيْمُون ou خبز الدُّبّ cyclamen, pain-de-pourceau, Pagni 32. — خبز الأرامل espèce de sucrerie, 1001 N. Bresl. I, 149, 2. — خبز المَشَايخ biscuit, Bait. I, 354 b. — خبز رُومي en Ifrîkiya, cyclamen, pain-de-pourceau, Bait. I, 123 b, 354 d (AB). — خبز الغُراب, chez le peuple en Espagne (عامّتنا ببلاد الاندلس), *buphthalme, camomille jaune* ou de Valence (بهار), Bait. I, 181 f; — pastilles = اقراص الملك (du nom dudit fruit), Sang.; — le M donne: وخبز الغراب الكشلة وفطر يخرج اقراصًا كالخبز كشلة il n'a pas sous le ك et j'ignore ce que ce mot signifie. — والعامّة تسميه خبز الغاني, خبز القُرُود en Ifrîkiya, cyclamen, pain-de-pourceau, Most. sous خبز مريم, au Maghrib, Gl. Manç. sous le même mot; — en Espagne, grande espèce d'arum, Bait. I, 354 c. — خبز القرائنة dans La du Most., خبز القرطبيه (sic) dans N, ammi (ناخاه). — خبز مَيْمُون voyez sous خبز الدب.

خَبْز boulangerie, art, métier de boulanger, Bc.

خُبْزَة morceau de pain, Bc. — Fournée, le contenu d'un four à pain, Bc.

خَبِيز est employé par le vulg. comme n. d'act., M.

خُبَيِّز dimin. de خُبْز, Gl. Belâdz.

خَبَّازَة boulangerie, art de boulanger, Alc. (panaderia arte dello).

خُبَيْزَة pain mollet, Alc. (bodigo).

خَبَّاز. الملوخيا فى لخباز القرطبى Ibn-Loyon 43 v°.

خَبَّازِي. خبازى الملك malva arborea, et avec *maklûba*, malva sylvestris maior, Pagni MS.

خُبَّيْزَة mauve, Voc, Bc, M; une grande espèce, qui vit fort longtemps, s'appelle خبيزة افرنجية, M.

خبش   349   خبط

مَخْبَز *boulangerie*, lieu où le pain se fait, Bc, Payne Smith 867. — *Boulangerie, art de boulanger*, Alc. (panaderia arte dello). — مخبز السُّلْطان *paneterie*, lieu où l'on distribue le pain chez le roi, Bc.

مُخْبِز *boulanger*, J. A. 1860, II, 371.

خبش I *égratigner*, Hbrt 36; n. d'act. خُبَاش, Domb. 134.

II *égratigner*, Ht.

خُبَاش *gale*, Ht.

خبص I c. ب *appliquer en guise de cataplasme*, Bait. I, 348 a (Edrîsî): اذا طبخ ورقه بالماء وخبص به على الخماميل والاورام التي يحتاج الى تفجيرها وتحليلها فتحها. — واخرج ما فيها من المواد *Ecacher, écraser*, Bc, p. e. des raisins, aussi à la IIᵉ forme, M. — *Embarrasser*, rendre obscur, embrouillé, *embrouiller*, Bc. — *S'embarrasser* خبص في اعماله تورّط فيها (جَهْلَة), M.

II *brouiller*, mettre pêle-mêle, *tripoter*, Bc. — *Barbouiller*, faire grossièrement, *cochonner*, faire mal, salement, grossièrement un ouvrage, *gâcher*, faire mal, salement, *massacrer*, gâter, mal travailler, Bc. — *Faire des cochonneries*, Bc. — *Gargouiller*, Bc. — En parlant d'un malade, prendre ce qui lui est nuisible, M. في الأدوية في الاكل *manger salement*, Bc. — في الطين *droguer*, donner trop de médicaments, Bc. — *barboter*, marcher dans la boue, *patauger*, Bc, Ht. — في الكلام *parler mal*, incorrectement, Bc.

VII. اختبصت المسئلة est فسدت, M.

خَبْص *brouillamini*, désordre, *embrouillement*, remue-ménage, dérangement de meubles, *tripotage*, Bc.

خَبْصَة *pâté*, choses mêlées, *pot-pourri*, mélange de viandes, légumes, etc.; au fig., discours mêlés, morceaux sans ordre, *salmigondis*, mélanges confus de diverses choses, Bc. — *Chaos*, confusion, cour du roi Pétaut, maison pleine de confusion où chacun commande, *gâchis*, Bc. — *Imbroglio*, intrigue, embarras fâcheux, Bc. — *Tracasserie*, rapport qui tend à brouiller, Bc. — *Cochonnerie*, Bc.

خبيص forme au pl. أَخْبِصَة, Gl. Belâdz., Payne Smith 1182. Expliqué de cette manière dans le Gl. Manç.: صنف من الحلوى يقرب من الاطعمة يُتَّخذ من فتتات رقاق ويُتَّخذ من لباب القمح ولبنيته ويطبخ بالعسل او القبر حتى يصير في قوام المربيات. — *Espèce de figue*, Auw. I, 88, 4 a f.

خَبِيصَة, pl. خَبَائِص, Payne Smith 1183, espèce de gelée composée de moût et de farine, *compote*, Bc; de l'amidon et de l'eau avec du raisiné, cuits ensemble jusqu'à la consistance d'une gelée, Bg 266. — *Rapsodie*, mauvais ramas de vers, de prose, Bc.

خَبَّاص *brouillon*, remuant, tracassier, turbulent, Bc. — *Homme inconsidéré, étourdi, imprudent*, M. — *Rapsodiste*; كاتب خبّاص *écrivailleur*, écrivassier, mauvais écrivain, Bc.

تَخْبِيص *bousillage*, ouvrage mal fait, Bc.

مُخَبَّص *médicament qui a été mêlé ou pétri de la manière dont on mêle la gelée appelée* خبيص, Gl. Manç. in voce: هو الدواء المُعَجَّن على هيئة عجين الخبيص.

مُخَبَّصَة voyez مُخَبَّصَة.

مَخْبُوص *en compote*, trop bouilli, meurtri, Bc. — *Mat*, en parlant d'une broderie trop chargée, Bc. — كلام مخبوص *discours confus*, obscur, Bc.

خبط I. خبط على يديه *rapprocher et frapper l'une par l'autre les deux mains*, en signe d'étonnement ou de frayeur, 1001 N. III, 475, 13; — *battre, remuer le lit*, Delap. 71; — c. في *heurter*; خبط براسه في الحائط «donner de la tête contre un mur,» Bc. — *Fouler*, donner un apprêt aux étoffes, Bc. — *Déranger* (ou *déchirer?*) ses habits, 1001 N. I, 114, 5 (= Bresl. I, 283, 2 a f.). — *Jeter par terre*, L (elido (prosterno) اخبط واسرع, qui est pour أصرع; sous elisus il a ساقط). — *Blâmer*, reprendre, Alc. (castigar reñir). — *Se tromper*, Macc. II, 115, 5 (cf. Add. et corr.); Fleischer, dans sa note manuscrite sur ce passage, cite le commentaire de Maidânî sur le quatrième proverbe de la lettre Elif: هذا مَثَل يُخبط في تفسيره كثير من الناس; mais Quatremère, en publiant ce texte (J. A. 1838, I, 5), a fait imprimer la Vᵉ forme. — *Se débattre comme un animal égorgé*, Bc; تَخَبَّط *pantelant*, qui palpite étendu sans connaissance, Bc; 1001 N. II, 33, 14, en parlant d'un homme qui avait été jeté dans la mer: خبط بيديه ورجليه, Bresl. III, 356, 12 et 13, XI, 170, 5 (où Fleischer a fait imprimer يَخْبِط, à la IIᵉ forme).

II *battre*, 1001 N. Bresl. IV, 16, 10; *battre à la porte, frapper*, Ht. — *Fouler*, donner un apprêt aux étoffes, Bc. — *Se tromper*, Bait. II, 450 d: وهـذا تخبيط وعدم تحقيق فى النقل, II, 542 a: cet article d'Ibn-Djazla doit être biffé لِما لا فائدة فيها من اشتمالها عليه من كثرة تخبيط وعظم تشويش وعدم تحقيق ۞

V *se remuer*, Daumas V. A. 87, *se débattre, ibid.* 500, Müller 30, 7. — *Se tromper*, J. A. 1838, I, 5, Gl. Manç. sous شكاة: كثر تخبط الناس فى هذا الدواء, Bait. I, 73 b: فى كتاب المنهاج فى هذا الدواء تخبط, Abdarî 79 rº: وكـلـمـتـه فى اشياء تخبط فيها وتعسّف (On trouve aussi ce verbe 1001 N. I, 94, 1, mais c'est une faute; il faut y substituer لَتَخْبَط, comme dans l'éd. de Bresl. I, 240).

VII dans le Voc. sous *percutere*, sous *verberare*.

VIII c. فى *se heurter contre*, 1001 N. Bresl. IV, 101, 13. — *Se débattre comme un animal égorgé, se démener*, s'agiter, Bc; خــتــبـط *pantelant, qui palpite étendu sans connaissance*, Bc; 1001 N. I, 39, 3 a f., II, 341, 9. — *Être en émoi, être livré à la confusion, à l'anarchie* (pays), Freytag Locm. 61, 2, Amari 445, dern. l.

خَبْطَة *meurtrissure*, contusion livide, Bc. — *Choc, heurt d'un corps contre un autre corps*, 1001 N. Bresl. IV, 101, 13. — *Apoplexie*, L (apoplexia). — خبطة الريّة *pneumonie*, L (pleripleumonia (pulmonum vitium), mais parmi les mots qui commencent par *per*).

خِبَاط. فى عقله خِباط *bizarrerie, travers*; خباط *bizarre*, Bc.

خُبَاط dans le Voc. sous *percutere*, sous *verberare*.

مخبِطة *fouloire*, Bc.

اِخْتِباط *commotion, ébranlement*, Bc. — *Anomalie*, Bc.

خبل I. خَبَلَ العِمَّةَ *décoiffer, défaire la coiffure*, Bc.

II *entreprendre, embarrasser, rendre perclus un bras*, Bc, M. — *Déranger, mêler, embrouiller, désajuster*, p. e. les cheveux, Voc. (turbare), Alc. (despeynar lo peynado, descabellado, مخبّل الشعر, descabelladura, desmelenado, enhetrar, enhetramiento, entricar o enhetrar, entricada cosa, entricamiento, intricar por enhetrar, turbador, turbada cosa, descompuesto, descompostura, desaliñar, desconcertar, desaparejar por desataviar, desigualar lo ygual), des fils, des habits, etc., Fleischer Gl. 64, Ht; مخبَّل المشى, en parlant du corbeau qui, en essayant sans trop de succès d'imiter la démarche de la perdrix, avait presque oublié la sienne, de sorte qu'il marchait d'une manière embrouillée, Macc. I, 701, 14; — au fig., *déconcerter quelqu'un, démonter, interloquer, embarrasser, étourdir*, causer de l'étonnement, *troubler, étonner, intimider*, Bc. — *Désaccorder un instrument de musique*, Alc. (desacordar en sones). — *Tourner, retourner*, Alc. (rebolver). — *Débrouiller ce qui est confondu, mêlé*, Alc. (desenbolver, desenboltura de lo enbuelto).

V dans le Voc. sous *turbare*; = فَسَدَ, Payne Smith 1177; *perdre la carte, se troubler, se confondre, se brouiller, se troubler en parlant, perdre contenance, se déconcerter, s'embrouiller, être étourdi, perdre la tramontane*, Bc, 1001 N. I, 806, 16. — Sur l'expression تخبّلت ايديها (Freytag) voyez Fleischer Gl. 64.

VII voyez sous خبل VII.

خَبلة *embarras, irrésolution, trouble d'esprit*, Bc.

خَبَلان *turbatio* dans le Voc.

خَبَّالة *dérangement, trouble*, Alc. (descompostura, enhetramiento, turbacion).

تَخْبِيل *vertige*, L (vertigo).

مُخَبَّل *engourdi par trop de sommeil*, M.

خِبيارى *caviar*, Bc, M.

ختب pl. أَخْتَاب *jarret*, Ht.

ختر I, *choisir*, verbe que le peuple en Espagne a formé de اِخْتَار, Alc. (elegir, escojer, entrecoger; مَخْتور eleto para dinidad (= مُخْتَار), escogido entre muchos).

خُتْرة *choix*, Alc. (elecion = خِيرة et اِخْتِيار escogimiento).

تَخْتَانِير لِجِسم *habitude du corps*, son air, son maintien, Bc.

ختر ف I *rêvasser*, Bc.

ختل I n. d'act. aussi خُتْلة, Gl. Mosl. — C. عن signifie peut-être *prétexter* une chose, Haiyân 59 rº: وذكروا

اِنَّكم على طاعَتِكم غير خاتلِين عنها, si la leçon est bonne.
III *faire patte de velours*, Bc.
V *rôder*, Ht.
VIII = I, Gl. Mosl.

خَتَل *chacal*, Shaw I, 262 n.

خُتَّل (Lane TA), Diw. Hodz. 149, 4 a f.

خَتَم, خَتَم أَعْناقَ الذِّمَّةِ, خَتَم في رِقابِ الذِّمَّةِ, خَتَم I. أَيدِى الذِّمَّةِ; ces expressions s'employaient dans les premiers siècles de l'islamisme, lorsque le gouverneur mettait aux tributaires un collier qui était fermé au moyen d'un sceau de plomb ou de cuivre, ou bien lorsqu'il marquait leurs mains avec un fer chaud, Gl. Belâdz. — خَتَم كلامه ب « *conclure un discours par*, » Bc; خَتَم ب est l'opposé de ابتدأ ب, de Sacy Chrest. I, ۱۵۸, 8. خَتَم الأَمرَ خيراً « il a réussi dans cette affaire, » Bc. On dit: اختم بنا نَشرب dans le sens de: « buvons pour la dernière fois! » 1001 N. Bresl. IV, 146, 8. Ce verbe ne s'emploie pas seulement en parlant du Coran (v. Lane), mais aussi quand il est question d'autres livres, p. e. du Çahîh de Bokhârî, Macc. I, ، p. ،, 1, du livre de Sîbawaih, Macc. II, 562, 7, Khatîb 21 v°. En parlant de mets ou de boissons qu'on a préparés, خَتَم ب signifie: *y mettre la dernière main en y ajoutant encore quelque chose*, 1001 N. I, 190, 3: خَتَم الزُبديَّة بالمِسك والمَاوَرد, et un tel mets ou une telle boisson s'appelle مَختوم ب, 1001 N. Bresl. II, 98, 5, 101, 13. — *Se cicatriser, se fermer* (plaie), Bc. — خَتَم وقَلَب *jeter en moule, faire d'un seul jet*, Bc.

II *cicatriser, consolider* une plaie, Bc, Bait. I, 258 d: النَجْبارُ يَختم القُروح.

IV *marquer*, *mettre une empreinte, une marque sur une chose pour la distinguer*, Alc. (consignar, qu'il traduit aussi par رَشَم et طَبَع). — *Se cicatriser*, Bc.

VII dans le Voc. sous complere; *être terminé* (livre), Payne Smith 1409. — *Se cicatriser*, Gl. Manç. sous واكثرُ ما يُعنى به الاطبَّاء في الجَرح خاصَّة الاندمال الاختتام. — *Se fermer*, Kalyoubî 3, 2 a f. éd. du Caire.

VIII, en parlant du turban, dans le sens que Lane donne sous la V°, Müller 25, dern. l. — اِختِتام *consolidation, état d'une plaie qui se cicatrise*, Bc.

خَتْم, *empreinte du cachet, d'un sceau, estampille*, forme au plur. أَختُم et خُتُم, Bc. — *Scellé*, *sceau* apposé sur des portes, des armoires, etc., Bc. — *Griffe, empreinte d'un nom*, Bc. — Pl. خُتُم *une cérémonie, dans laquelle on faisait une lecture complète du Coran, et qui avait lieu près du tombeau d'un personnage marquant*, Maml. II, 1, 139, 1001 N. I, 591, 5 a f.; pl. du pl. خُتُومات, 1001 N. Bresl. V, 10, 4 et 12, 10.

خَتْمَة. Voyez sur les récitations du Coran qui s'appellent ainsi, la traduction de Lane des 1001 N. I, 425—6. Aussi, avec le pl. خُتَم, *récitation d'une partie du Coran*, R. N. 75 v°: رَأَيتُ في آخر الليل كأَنَّ قائلاً يقول لى ترقد با هذا وابو محمد بن الغنمى خَتَم الليلة خَمس خُتَم فانتبهتُ فاتيتُه واعلمتُه بالرُؤيا فتبسَّم وقال هو كذلك قراتُ الليلة النصف الاخير عشر مَرَّات. — *Dans le sens d'exemplaires du Coran* (Lane): Macc. II, 710, 8 (où الختمات الشريفة est l'équivalent de مصاحف شريفة, l. 4), Cartâs 40, 6 a f. (l. واعطانا avec notre man.), 1001 N. I, 125, 8. — *Séance dans laquelle un disciple récite à son précepteur tout le Coran ou une partie de ce livre*, Autob. 197 v°: قرأت عليه القُران العظيم بالقراءات السبع المشهورة افراداً وجمعاً في احدى وعشرين خَتمة ثُمَّ جمعتها في خَتمة واحدة اخرى ثُمَّ قراتُ برواية يعقوب خَتمة واحدة — قرأتُ عليه القران في خَتمة لم اكملها 198 v°: *nom d'une des nuits du mois de Ramadhân*, Macc. I, 361, 13 et 15.

خَتمِى, dans l'Inde, *lecteur du Coran*, Bat. III, 432.

خَتمِيَّة, pour خَطمِيَّة (voyez), *guimauve*, M.

خِتام, *clôture, conclusion, dénouement, fin, issue*, Bc.

خاتِم, *anus, bout du rectum*, Bc, M. — Pl. خَواتم et خَواتيم, *figure d'une mosaïque*, Gl. Djob. — خاتِم الرُوس = طِين رُومى, si le texte est correct dans Auw. I, 97, 4 a f. — خاتِم سُليمان. Quand on lit dans les 1001 N. I, 57, 4 a f., que la bouche d'une belle jeune fille ressemblait au خاتِم سُليمان, je crois avec Torrens que cela signifie: « petite et ronde comme la bague de Salomon, » et que les explications proposées par Lane dans sa traduction, I, 212, n. 11, sont erronées; — *nom d'une plante, genouillet, gre-*

nouillet, *sceau-de-Salomon*, Bc; — ver noir qui ressemble à une bague quand ses extrémités se rencontrent, M; — nom d'une étoile à six pointes, Lane trad. des 1001 N. I, 212, n. 11; — *la charpente au-dessus de la lanterne dite* ثُرَيًّا, *d'où pendent six lampes*, Lane M. E. I, 244 n. — خَاتَمُ الْمَلِكِ *terre sigillée*, ainsi nommée parce qu'elle est marquée du sceau du roi, Most. sous طِين مختوم.

خَاتِمَة *signature*, *caractère*, Ht.

خَاتَم. لِخَوَاتِيم sont, chez les devins qu'on appelle أَقُلُّ الْجَفْر, les sept lettres qui ne se lient pas à celle qui suit, à savoir ادفرززل, M.

خُوَيْتِمَة *nom d'une plante*, M.

مُخَتَّم *parqueté*, *incrusté*, *formé de briques ou de petits panneaux*, de manière que cela ressemble à de la mosaïque sur une grande échelle, Gl. Djob. En parlant d'une étoffe, *bigarré*, p. e. consistant en figures blanches quadrangulaires et octogones sur un fond bleu, Gl. Djob., Macc. I, 123, dern. l., II, 711, 3, من الثياب ما تقاطعت فيه خطوط مستقيمة من غير لون رقعته فاحدثت بينها بيوتًا مربعة وهو من اصطلاح المولّدين. — *Cotonnade*, Ghadamès 42.

مَخْتُوم *doué de*, Ht. — المختوم الحجاجى *nom d'une mesure de capacité*, qu'on appelait en Irâc شابُرقان et qui portait aussi le nom de قَفِيز, Gl. Belâdz. — ملح مختوم *sel gemme*, Bc.

ختن I s'emploie aussi quand il est question d'arbres fruitiers; Bait. I, 256, en parlant du sycomore: وليس يحتاج الى ان يُخْتَن ولا يقوّر بل ينضج ويطيب ويحلو من ذاته.

VI dans le Voc. sous *afinitas* et sous *gener*, Abou'l-Walîd 256, 28: التخاتن والمصاهر.

خَتَن *nouvel époux*, Bc, *nouveau marié*, Hbrt 25.

خَتَنَة *bru*, *belle-fille*, Voc.

خَتْو «semble être la même chose que خُتُو dans le dict. pers. de Vullers,» de Jong.

خثر II *rendre l'eau trouble*, Diw. Hodz. 53, 11.

خاثر. عَاقِل خَاثِر *celui qui a atteint le plus haut degré de sagesse*, en parlant des عُقَّال chez les Druzes, M.

مُخَثَّر *fricassée de poulet avec des pois chiches*, Daumas V. A. 50, 251.

ختْرف chez Bait. I, 354 e, ختْرى chez Bc, *absinthe*.

ختج I *trotter*, Bc. Cf. خَزّ.

خَجَّة *trottade*, Bc.

خَاجة *trot*, Bc.

خَجْداش (pers. خواجه تاش) pl. خَجْداشِين, *aussi* خوشداش, خشداش, خوجداش, *un Mamlouk qui avait été avec un autre au service d'un personnage important*, circonstance qui perpétuait entre ces hommes des liens de confraternité, d'amitié et de dévouement réciproques, Maml. I, 1, 44, J. A. 1847, I, 156. Fém. ة, *une camarade, une compagne d'esclavage*, Maml. ibid.

خَجْداشِيَّة *la position d'un homme qui a été conjointement avec un autre au service d'un même maître*, Maml. ibid.

خجل I. خَجِلْتُ منك لكثرة احسانك الىّ «*je suis confondu de toutes vos bontés*,» Bc. — *Faire honte*, Bc. — *Tressaillir*, en parlant de chair vive, Voc. (*tremere, quando caro tremit in uno et non in alio loco*), Alc. (*tenblar la carne biva*, cf. *tenblor de carne biva*.)

II dans le Voc. sous *tremere*.

VII, Payne Smith 1306—7.

خَجَالَة *honte*, *trouble causé par l'idée du déshonneur*; — *confusion*, *honte par modestie*, Bc.

خَجَالى *cheveux en bandeau*, Roland.

خدّ.

خدّ *face d'une solive*, Gl. Edrîsî. — En parlant d'une forteresse, اضرعوا خدّه بالتراب «*ils renversèrent ses murailles à terre*,» Berb. II, 301, 10, comme on lit ailleurs, II, 267, 2: اضرع بالتراب اسوارها. — حدود الباب *le chambranle d'une porte*, Abou'l-Walîd 190, 4, 236, 28. — حدود الأخفاف *les quartiers des bottines?* Auw. I, 457, 1, où le man. de Leyde porte: شبه اشفا الصراب لحدود الاحفاف; faut-il lire: شبه اشفا الصراب لحدود الاخفاف؟

خَدَّة Statice Bonduelli, Margueritte 253, Daumas V. A. 382, 392.

خَدِّيَّة *oreiller*, Voc.

خَدِّينَة *chevet, traversin*, Bc.

خُدَيْدِيَّة *traversin, oreiller*, Hbrt 204, *coussinet*, Bc.

مِخَدَّة, au Maghrib presque toujours مُخَدَّة, Gl. Esp. 172, Voc., et le peuple y employait, au lieu de مَخَاذِن, le pl. مَخَايِد, Voc., Alc., J. A. 1851, I, 57, 8, et مَخَادِد, Voc. — *Une taie d'oreiller, le linge qui sert d'enveloppe à un oreiller*, Alc. (funda de almohada), comme *almohada* en espagnol.

مُخَيِّدَة *oreiller*, Voc.

خدج I. Dans le Voc. le nom d'act. est aussi خَدْج. — *Trembler*, Voc.

IV *corumpere* dans le Voc.; c. في *nuire à, porter atteinte à*, Prol. II, 304, 12. — *Piquer un âne au cou, ou un bœuf au pied*, Voc.

VII dans le Voc. sous *abortiri* et sous *corumpere*.

مَخْدَجَة *atteinte* (de Slane), Prol. II, 305, 15.

خدر II *faire languir un arbre*, Auw. I, 219, 17. — *Turbare*, Voc.

V Voc. sous *turbare*.

VII dans le Voc. sous *paraliticus*.

IX *s'engourdir*, Bc.

خَدَر *paralysie*, Voc.

خدران *engourdi*, Bc.

خُدَّارَة *torpille*, car ce poisson, comme me l'a fait observer M. Amari, en citant Dawy, Observations on torpedo, dans les Philosoph. Transactions 1834, p. 542, s'appelle en maltais *haddayla*, ce qui, par le changement de *r* en *l*, est خَدَّالَة; cf. Avicenne I, 255, article رعادة: روى السمك المخدرة, Bait. I, 498 c: وفعلها فى تخدير يد ماسكها كفعل رعاد مصر.

تَخْدِير *narcotisme, affection soporeuse*, Bc.

مُخَدِّر pl. ات *narcotique*, Bc.

مَخْدُور *engourdi*, Ht. — *Paralytique*, Voc.

خدش II c. a. *voler, prendre furtivement*, Voc.

III. تفرّقت الظبى على خداش , les glaives se tournèrent les uns contre les autres,» Recherches II, Append., p. XII, dern. l.

V *être égratigné*, Payne Smith 1371.

VI *s'égratigner le visage*, Wright 121, 3 a f.

خَدْش *tranchée, ouverture, excavation (grande ou petite) dans la terre*, Gl. Mosl.

خَدْشَة *écorchure*, Bc; pl. خدش, Auw. II, 25, dern. l., خَدَشَات *stigmata*, L.

خَدَّاش *voleur*, Voc.

مَخْدُوش *défectueux*, Prol. III, 317, 4.

خدع I c. a. et عن *enlever frauduleusement* quelque chose à quelqu'un, Gl. Badroun. — *Séduire, faire tomber en faute, corrompre, abuser, débaucher*, Bc. — *Amortir, attirer par des choses qui flattent*, Bc.

III *flatter*, Hbrt 245; *blandiri infantem* dans le Voc., de même que la IIe.

خِدَاع *flatterie*, Hbrt 245.

خِدَاعَة *fraude, ruse*, Abbad. I, 352, n. 151.

خِدَاعِى *insidieux (chose)*, Bc.

خَدِيعَة *friponnerie*, Hbrt 248. — *Flatterie*, Hbrt 245. — *Séduction*, Bc.

خَدَّاع *flatteur*, Hbrt 245. — *Séducteur*, Bc.

مَخْدَع pl. مَخَادِع *sentier qui raccourcit le chemin qu'on a à faire, petit chemin de traverse*, Voc. (semita), Alc. (atajo de camino, camino como vereda, senda o sendero, vereda), Cartâs 172, 10 a f. (où Tornberg traduit à tort «insidiæ»); L a le dimin.: *trames* (mite) [il veut dire: semita] مُخَيْدَع وطريق ضيق وسبيل مُخَالِف. De ce substantif on a formé le verbe مَخْدَع, *pratiquer, ouvrir des sentiers*, Alc. (senderar).

مُخَادِع *flatteur*, Hbrt 245.

خدل I *engourdir, s'engourdir, stupéfier;* ذراعه se détordre, Bc.

II مُخْدِل *stupéfactif*, Bc.

VII *s'engourdir*, Bc. — *S'étonner*, Alc. (maravillarse).

خَلْدَة *détorse*, Bc. — خَنْذَلَة *étonnement*, Alc. (enbaçadura).

مَخْذُول *étonné*, Alc. (enbaçado maravillado, maravillado).

خدم I *servir le roi, l'Etat, être dans quelque emploi pour le service du roi, de l'Etat, administrer*, Alc. (administrar), Haiyân-Bassâm I, 23 v°: وَاسْتَخْدَمَنِ, Maml. I, 1, 18; *servir dans un navire, en parlant de marins et de guerriers*, Bat. IV, 91. — *Travailler*, Voc., Alc. (afanar, obrar, trabajar), Ht, Djob. 48, 1, Macc. I, 360, 3, 373, 8, Bat. II, 71, III, 268; خدم في الباطل «*travailler en vain, faire en vain*,» Alc. (hazer en vano); dans le Dict. berb. يخدم صناعة «*exercer une profession, un métier*. — C. a. *cultiver la terre, les plantes*, Gl. Edrîsî, Voc., Bc, Ht, Calendr. 117, 4, Auw. II, 164, 11, Bat. III, 296; au fig., خدم العلم, *cultiver la science*, Meursinge 4, 6 a f.; et aussi figurément, comme *cultiver* en français, en parlant des relations, des sentiments qui lient les personnes entre elles, *conserver, entretenir, augmenter*, P. Hoogvliet 102, 6:

هل تذكر العهد الذي لم أنسه وَمَوَدَّتِي مَخْدُومَةٌ بِصَفَاءٍ

et 104, 7:

نَصِيبِي مِنَ الدُّنْيَا مَوَدَّةُ مَاجِدٍ أُقِيمُ بِهَا سِرًّا وَأَخْدِمُهَا جَهْرًا

— *Exploiter une mine*, Gl. Edrîsî. — خدم العشب *fourrager, couper et amasser du fourrage*, Bait. I, 490 c: كنتُ أخدمُ العشبَ; mais le man. B porte الـعـشـب. — *Réparer les routes*, Martin 184. — *Conduire un chariot*, Bat. II, 361. — C. a. p. *donner, par un acte de politesse, un témoignage de soumission; en parlant d'un sujet à l'égard de son prince, lui offrir son hommage; en parlant d'un inférieur à l'égard de son supérieur, lui donner un témoignage de respect, d'une politesse pleine de soumission*, p. e. سَلَّمَ وخدم برأسه «*faire un salut de la tête*,» خدم بيده الى الارض خمسة مرات «*il salua, et montra sa soumission, en abaissant cinq fois sa main vers la terre*,» Maml. I, 1, 64, II, 1, 119, Pseudo-Wâkidî éd. Hamaker 27, 8, et la note p. 57, Koseg. Chrest. 9, 1, 1001 N. I, 61, 6, 66, 11, 67, dern. l., 68, 10. — C. a. p. et ب r. *témoigner son respect à quelqu'un, en lui offrant quelque chose, offrir un présent à quelqu'un*, Maml. II, 1, 120, Macc. I, 655,

8, Bat. III, 98, 1001 N. I, 62, 2 a f. — C. a. p. et ب r. *offrir*, c.-à-d. *dédier un livre à quelqu'un*, Ibn-Loyon 2 r°: اين يصال له كتاب في الفلاحة خدم به المأمون

II *faire travailler*, Voc., Bat. II, 71, III, 267 (où je crois qu'il faut substituer la IIe à la IVe forme). — *Prendre à son service*, Cartâs 167, 17.

V dans le Voc. sous operari. — *Se cultiver*, Cherb. Dial. 16.

VII dans le Voc. sous servire.

VIII *cultiver*, Auw. I, 194, 6.

X *prendre à son service, enrôler des soldats ou un homme qui exerce une profession quelconque*, Maml. I, 1, 160, 1001 N. I, 80, 15. En parlant de vaisseaux, *les louer* (de Slane), Berb. I, 208. — *Attacher quelqu'un, par un emploi quelconque, à son service, ou à celui d'un autre*, Maml. l. l. — *Admettre un soldat ou un officier dans la classe de ceux à qui le sultan accordait un bénéfice militaire* اقطاع *ou le grade d'émir*, Maml. I, 1, 161. — *Employer, se servir de*, Ht, Edrîsî ۱۳۹, 5, Amari 190, 4. — *Faire travailler*, Ht. — اسْتَخْدَمَ نَفْسَه *s'offrir pour travailler*, Djob. 73, dern. l. — C. a. p. et ب r., comme la Ire, *témoigner son respect à quelqu'un, en lui offrant quelque chose, offrir un présent à quelqu'un*, Cartâs 214, 10 a f.

خَدَمَ العَسْكَرَ. خَدَم, *paye des soldats, nom d'un impôt*, Descr. de l'Eg. XI, 495.

خِدْمَة *le service du roi, de l'Etat*, Haiyân-Bassâm III, 3 r°: فدخلا على الوزير عبد الرحمن بن يسار (c.-à-d. à Valence), *charge, office, dignité, emploi, fonction, ministère*, Bc, *administration*, Alc. (administracion); suivi du génitif, *le poste d'inspecteur de*, Haiyân-Bassâm I, 10 r°: خدمة المباني; de même خدمة المدينتين الزهراء والزاهرة et beaucoup d'autres expressions semblables, *ibid. Le service militaire*, Khatîb 110 v°, et parlant d'un général: كان له للخدمة مكان كبير وجاه عريض. — *Travail*, Gl. Badroun, Voc., Alc. (labor como quiera, obra el trabajo que alli se pone trabajo), Ht, Djob. 310, 11, Macc. I, 135, 2 a f. Bat. II, 321, 438, IV, 216; خدمة نهار *journée d manœuvre*, Alc. (obrada cosa por guebras, peonada en cavar, peonada obra de un dia). — *Commission, charge donnée à quelqu'un de faire quelque chose*, Bc. — *Cultiver, culture*, Gl. Edrîsî, Bc, Auw. I, 251, 8. — *Hommage, salutation respectueuse*, Maml. II, 1, 119, Nowairî Egypte, man. 2 o, 46 rº, 51 rº, man. 19 b, 135 vº, 137 rº; c'était en Orient كنايه عن السلام, Djob. 299, 5. On dit وقف فى خدمته « il se tint debout pour lui témoigner son respect, » Ztschr. XX, 503. — *Présent, cadeau*, Maml. II, 1, 120, Macc. I, 655, 9 (= خُفَة, l. 10), 1001 N. IV, 680, 4 a f., Bâsim 84: اذا اعطاك خدمتك اتركه وروح به (= ورحٌ ولا تحصص), Sandoval 295. — *Fossé fait autour d'un arbre pour y retenir les eaux*, Alc. (escava de arboles). — لخدمة suivi du génitif, à *l'usage de*, Edrîsî ٥٩, 6 a f.; — *pour prendre soin de*, Macc. I, 236, 4: il les envoya à la rencontre des ambassadeurs حمل الشىء. — خدمة اسباب الطريق, فى خدمة الخليفة « il offrit respectueusement une chose au calife, » Fakhrî 389, 11. — خدمة القداس *liturgie, office*, Bc.

خِدْمَتْكَار pl. يَه (de خدمة et de la partie. pers. كار, qui, jointe à un subst., sert à former le nom d'agent) *domestique*, Bc.

خُدْمِى (Ht), خُدْمِى (Voc., Alc.), خُدُمِى (Domb., Hbrt, Barb., Daum.), pl. خَدَامِي (Voc., Alc., Hbrt) ou خَدَامَا (Car., Ht, Delap.), *couteau*, Voc., Alc. (cuchillo), Domb. 94, Daumas Mœurs 312, V. A. 92, Barbier, Ht, Hbrt 201, Delap. 57; Carette Kab. I. 265: « *Khedâma*, les beaux sabres longs, droits, effilés, appelés par les Kabiles *khedâma*, et par les Français *fliça*, du nom de la fabrique. » Ce mot, qu'on trouve dans le Dict. berbère sous *poignard*, أَخْدَمِى, appartient-il à cette langue? C'est possible; mais dans ce cas le terme a passé avec la chose en Arabie, car en parlant de poignards, Burton, II, 106, dit: « le *gadaymi* du Yémen et de Hadhramaut est presque un demi-cercle. » C'est évidemment le même mot, car il n'y a pas de racine غدم.

التخدمين *decuriones*, L.

خُدُوم *ouvrier*, Voc.

خديم *esclave mâle*, Carette Kab. I, 49. — *Soldat*, J. A. 1844, I, 400. — *Concubine*, Jackson 151 (kadeem), mais c'est peut-être une faute pour خادم.

خدم خدامة صادقة. خدامة « *servir quelqu'un fidèlement*, » Bc.

خَدِيمَة *labourage, travail des champs*, Ht (pour خِدْمَة).

خَدَّام *laquais, valet, domestique*, 1001 N. II, 98, Bresl. VII, 96; fém. ة *servante, suivante*, Bc, 1001 N. I, 704, 713. — *Ouvrier, journalier*, Voc., Auw. I, 530, 17, 531, 3. — خَدَّام الديوان *douanier*, Bc.

خَدِيم vulg. pour خديم, M.

خَدَّامَة *pot de chambre*, M (cf. l'esp. servidor, bassin de chaise percée).

خادم, en général *serviteur*, mais spécialement *esclave noir, nègre*, de Slane Prol. III, 291, n. 1. — En Afrique, *négresse, ibid.*, Barbier, *concubine noire*, Lyon 289. — *Ouvrier*, Cartâs 89, 11. — *Archer*, Mouette, à la fin. — خادم المَسْجِد, *serviteur de la mosquée*, titre que les pèlerins peuvent acheter à la Mecque, Burckhardt Arabia II, 76. — خادم العجل *bécasse*, Hbrt 185. — خادم القداس *acolyte*, clerc promu à un ordre mineur, Bc.

مَخْدُوم كتاب مخدوم *livre sur lequel on a écrit beaucoup de commentaires*, M. — طريق مخدومة *chemin frayé*, Domb. — *Echéance de six mois, de trois mois, etc.*, Cherb. (cf. J. A. 1850, I, 395); راه دفع فى المخدوم الأول « il m'a payé le premier semestre, » Martin 45.

اِسْتَخْدَام *se dit du magicien qui prend le démon à son service, pour un certain temps et sous certaine condition*, M.

خدن

خَدِن *délateur*, M.

خَدِينَة *amie*, Mi'yâr 20, 1.

خَدَنْكَ (pers. خَدَنْكَ) *peuplier blanc*, de Jong, Hamza 197, dern. l.

خدف

خَدْفَة *jet de pierre*, Diw. Hodz. 54, 3 a f.

خلل I *scandaliser, donner du scandale*, Voc., avec le n. d'act. خُلَّان, Badroun 211, 6.

II dans le sens indiqué par Lane, mais c. في p., Müller L. Z. 21, 2.

III *tâcher d'affaiblir*, Macc. I, 240, 9.

VI c. عن p. *s'abstenir d'aider* quelqu'un, *de combattre pour lui*, Nowairî Espagne 477: قد تخاذل عنه الناس ✱

VII dans le Voc. sous scandalizare. — *Mollir, faiblir, fléchir*, Alc. (afloxar en esfuerço).

X? dans Badroun 179, 6, mais la leçon est incertaine.

خَذْل *manque de courage*, Alc. (poquedad de animo).

خَذُول pl. خُذُل (pour خُذْل) *craintif*, Gl. Mosl.

خَذَى, en Barbarie pour أَخَذ, *prendre*, Bc.

خَذَين, à Samarcand, *grande dame, princesse*, Gl. Belâdz.

خر

خَرَّار fém. ة *chieur, foireux*, Voc., Alc. (cagon et cagona).

خَرَّارَة *cloaque*, Bc, *sentine*, Hbrt 128, chez Bc خرارة مركب ✱

خَرِى I, *chier*, est dans le Voc., خَرَا يَخْرُا خَرْوٌ وخَرْيَة chez Bc خَرَى يَخْرِى, comme dans Freytag Chrest. 109, 12.

II c. a. et V dans le Voc. sous egerere.

خَرْءٌ, fig. et bassem.: أَنَّك خَرْء ابن خَرْء 1001 N. I, 330. — خَرْء الحَمَّام *garcinia mangostana*, Bait. I, 274 b, 363 c. خَرْء العَصَافِير *espèce d'alcali*, Bait. I, 53 b.

خَرَا *gadoue, matière fétide, merde*, Voc., Alc. (camaras, estiercol de onbre, merda), M, Bc (pl. خَرَاوَات); خَرَا دَجَاجَة *merde*, interj. de mépris, Bc. — خَرَا فِى ذَقْنَك *arenaria media*, Prax R. d. O. A. VIII, 283.

خَرْيَة *caca*, Voc., Alc. (cagada, estiercol de onbre), Bc, Freytag Chrest. 109, 12; يَجِيك خَرْيَة *merde*, interj. de mépris, Bc. — *Cacade, folle entreprise*, Bc. عامل نفسه خَرْيَة كبيرة *premier moutardier du pape, homme qui se croit important*, Bc.

خَرْيَان *merdeux*, Bc.

خَرَّا chieur, de Jong, Bc.

مَخْرَى dans le Voc. sous egerere.

مَخْرَى *merdeux*, Alc. (merdoso).

خَرَابْشتِى *cureur, vidangeur*, Bc.

خُرَاسَانِى *ciment, mortier*, Hbrt 191, Bc.

خرب I c. a. p. *couler une personne, la ruiner*; aussi خرب بيته; — خرب الدُّنْيا *faire un grand bacchanal, mettre tout en confusion, faire le diable à quatre, s'emporter, faire du vacarme*; خربوا الدنيا *ils ont fait un dégât épouvantable*; *faire rage, commettre des désordres extrêmes*; *remuer ciel et terre, employer toutes sortes de moyens*; — خرب نظاما *dérégler, mettre dans le désordre*; خرب النظم *désajuster, désorganiser, pervertir, troubler l'ordre*, Bc. — يَخْرَب, خَرِب c. في et على, dans le Voc. sous dolosus; chez Alc. (burlar a otro, engañar apartando) خَرَب, *tromper*.

II. تَخْرِيب النَظْم *désorganisation*, Bc.

V *se détruire, tomber en ruine, être bouleversé, aller en mal, se gâter, dépérir*, Bc.

VII *se détruire*, Voc., cf. Payne Smith 1362.

X *ne pas se soucier de la ruine, de la destruction*, M.

خَرِب *diruta edificia*, trad. d'une charte sicil. *apud* Lello 10.

خَرْبَة *ruine, masure*; mais en Algérie, notamment dans la province de Constantine, on l'emploie pour désigner *une étable*, parce que les locaux affectés à cet usage sont, généralement, des dépendances de maisons en ruines, ou en état de vétusté, Cherb. Dial. 31 n. De même chez Martin 41, qui prononce خُرْبَة.

خُرْبَة *cour, espace à découvert enfermé de murs ou de bâtiments, basse-cour, poulailler*, Alc. (corral lugar no tejado, corral de gallinas, gallinero donde se crian las gallinas).

خَرْبَة voyez خُرْبَة. — Pl. خَرْب *tromperie*, Alc. (engaño).

خَرْبَان *désolé*, Bc.

خَرْبَانَة *perte, destruction*, Ht.

خُرْبِى *vieux routier, rusé personnage, fin matois*, Alc. (encallecido en astucias); — *un serviteur rusé, astucieux*, Alc. (siervo matrero).

خُرْبِير est *dolus* dans la 1re partie du Voc. et *dolositas* dans la 2de; mais comme la termin. est en ero (esp.), je pense que ce mot signifiait *rusé*.

خُرُوب voyez sous خَرْبَة.

خَرَاب, comme subst., pl. ات, Haiyân-Bassâm III, 141 r°: حمل من رصاص وحديد كان جميع من خرابات يزرع القصور السلطانية Most v° بُوْنَرْنْج (pavot rouge). — في المدن وينبت في الخرابات والبساتين Comme adjectif, *ruiné, abandonné*, ce mot ne prend pas de terminaison féminine, Gl. Edrîsî.

خَرَاب *masure*, Bc, 1001 N. I, 32, 5 a f., 66, 6.

خَرَّاب *destructeur, dévastateur*, Bc.

خَرُّوب, خَرْنُوب, خَرْنُوب, قرن خروب *caroube*, Bc. — *anagyris fœtida, bois-puant*, Bait. I, 83 c, 355 e, II, 132 g; chez Bc خرنوب للخنازير. — خرنوب النبطي = الخرنوب الشوك Bait. I, 355 c — خروب مقبيدسى ou صندلى espèce de caroubier dont les fruits sont plus petits et plus doux que ceux du caroubier ordinaire, M. — خرنوب مصرى ou قبطى *mimosa nilotica*, Bait. I, 355 d, où nos man. portent خرنوب نبطى, خرنوب المعز = خرنوب مصرى وقبطى Bait. I, 355 c, où B porte خرنوب المعرى, A peut-être المعزى, mais il semble qu'il faut lire المعز, comme sous البنبوت = الخرنوب النبطى. Most. sous ce dernier mot, Bait. I, 355 c; le fruit de cette plante, Gl. Manç. v° بنبوت — الخروب الهندى *cassia fistula*, Most. v° خيار شنبر, Bait. I, 355 b, Pagni MS. — خَرُّوب *cosse, silique*, enveloppe de certains légumes, Bc. — خَرُّوب ou خَرُّوبى *astucieux*, P. Macc. I, 629, 22; cf. Lettre à M. Fleischer 91—2. —

خَرُّوبَة, pl. خَرَارِيب, nom d'une très-petite monnaie de cuivre, pièce de 3 centimes 87½, Roland; cf. Abdal-wâhid 148, 4, R. N. 90 v°, 94 v° ($\frac{1}{16}$ dirhem), Laugier 251, Blaquière II, 147, Ewald 125, Michel 80; écrit خَرُوبَة, Amari 169, 7. — خَرُّوبَة *fraction d'une tribu*, Daumas Kabylie 47—8; — le sens qu'indique le M en ces termes: وفي اصطلاح العامة حديدة تدخل في ثقب لا ينفذ من حائط او غيره لتمنعه عن الخروج منه, ne m'est pas clair.

خَرَابَة *trou rond dans une pierre, auquel on attache une bête de somme*, M.

خَرُّوبِى *noir comme le caroube*, Bait. II, 120 a (Edrîsî): cette composition صبغ الشعر وغير الشيب تغييرا خروبيًا ۞

مَخْرُوب *cour*, Alc. (corral lugar no tejado).

خُرَيْزِ, t. de charpentier, espèce de *vrille*, M (sous خر), qui pense que c'est une onomatopée.

خَرْبَش I *faire tourner*, Voc. — *Gratter, égratigner*, Alc. (escarvar), Hbrt 36, Bc. — *Griffonner*, écrire mal, Bc; M: خربش الصحيفة اى كتب فيها خطًّا مشتبكًا. — *Rechercher, scruter, sonder*, Alc. (escudriñar). — *Oter la besace de dessus une bête de somme, dérober, voler, piller, dévaliser*, Alc. (desalforjar, cf. Victor).

II dans le Voc. sous *revolvere*.

خَرْبَشَة *égratignure*, Hbrt 36, Bc.

خَرْبِيش. خرابيش الدجاج *les figures que font les poules avec leurs ongles dans la terre, quand elles la grattent pour chercher de la pâture*, M. — *Petite tente*; — *tente pour les nouveaux mariés*, Ztschr. XXII, 105, n. 44.

تَخَرْبَش *égratignure*, Alc. (escarvadura). — *Griffonnage, gribouillage*, Bc. — *Recherche, enquête*, Alc. (escudriñamiento).

خَرْبَص I signifie dans la langue vulgaire le contraire de ce qu'il signifie dans la langue classique, car خربص الخيوط est *brouiller, mêler du fil*, de telle sorte qu'on ne puisse pas aisément le séparer, M.

خَرْبَط I *abymer, gâter, délabrer, déranger, détériorer, détraquer*; خربط كيف *mettre en mauvaise humeur*; — الـة مخربطة *patraque, machine, montre, personne usée, de peu de valeur*, Bc.

II *aller mal, se détériorer, se démancher, se gâter, se renverser*; تخربط كيف *prendre de l'humeur*, Bc.

خَرْبَطَة *désarroi*, Bc.

خَرْبَق I *cribler, percer comme un crible*, Bc. — عمامته في عنقه laisser tomber sur le cou la longue pièce d'étoffe qui sert à former le turban, M.

خَرْبُوقَة (syr.) *boutonnière*, Payne Smith 1366.

خَرْبَنْدَج (pers. خَرْبَنْدَه) *moucre*, comme disent les Francs en Syrie (de مُكار), celui qui loue des montures aux voyageurs, Bar Ali éd. Hoffmann n° 3944.

خَرَتَ I *atterrer, ruiner, accabler, affliger*, Bc.

خرج

خَرِتٌ sauvage, désert, inculte, Bc.

خَرِّيتٌ des génies ou lutins, qui affrontent les brûlantes ardeurs du soleil de midi, et se tiennent alors sur les routes pour nuire aux voyageurs, les tourmenter, les faire mourir, Ouaday 639.

خرج I *être donné, promulgué* (ordre), de Jong, Amari 428, 2, J. A. 1845, II, 318, Macc. I, 244, 18: خرج الأمر فيك «l'ordre a été donné de vous faire venir,» cf. Mâwerdî 370, 13. — *Paraître, être publié* (livre), Renan Averroès 449, 2 a f. — *Résulter*, Macc. I, 384, 12: خرج من هذا «il résulte de ceci.» — *Finir, se terminer*, Calendr. 22, 7. — *Débarquer* (à ب), Macc. II, 814, 1, 2 et 4. — En parlant de papier, *boire*, Alc. (espanzirse el papel). — C. الى p. *se présenter à* quelqu'un, Macc. I, 900, 3. — الخروج الى الله faire *une procession*, Macc. I, 376, 15 (comme البروز الى الله, l. 14). — C. الى *être traduit en*, p. e. en parlant d'un livre, خرج الى العربي «il a été traduit en arabe,» Gl. Abulf. — C. الى p. et عن r. *faire part à* quelqu'un *de quelque chose, la lui communiquer*, Abbad. I, 256, 9; aussi c. الى p. et عن r., Abbad. II, 162, 6. — C. الى ou ل p. et من ou عن r., *céder une chose à quelqu'un*, Gl. Fragm., Macc. I, 278, 4, 288, 11, 1001 N. III, 187, 3 a f., Khaṭîb 177 r°: من له خرج الأمر واعطاه بيعته. — C. ل p. *porter* un défunt *hors de la maison*, R. N. 91 v°: فغسل وكفن وخرج به. — C. على p. *éclater, s'emporter en injures, blâmer avec force*, Bc, Cout. 17 r°: وقد انتهروا وخرج عليه. — C. على p. *se montrer à* quelqu'un, Tha'âlibî Laṭâïf 6, 5 a f., Djob. 32, 2. — C. عن p. *devancer* quelqu'un, Gl. Badroun. — خرج الأمر عنه *le pouvoir lui échappa, il le perdit*, Nowairî Espagne 475: خرج الأمر عنه. — خرج من الصف *exceller*, Alc. (desigualarse). — خرجت من ثيابها *elle déchira ses habits*, Koseg. Chrest. 27, 2. — خرج ليولد *ressembler à son père pour ce qui concerne le caractère*, Voc. (patrisare). — خرج من يده *être en état de* (أن), *pouvoir*, 1001 N. IV, 690, 4: الذي يخرج من يدك افعله, où Lane traduit: «What thou hast in thy power, do!» *Ibid.* IV, 465: كان يخرج من يده ان يصبغ سائر الالوان, où Lane traduit: «he was able to dye all colours,» et où l'édit. de Bresl. porte: ينخرج من يده سائر الالوان; cf. IV, 472, 5 a f., 587, 4 a f.

II *faire sortir*, Amari 384, 6 a f. — La IIe et

خرج

la IVe forme, *extraire*, en parlant de traditions extraites d'un livre; ce verbe se dit aussi de traditions qu'on a recueillies et publiées pour la première fois; on peut le rendre par *reproduire, publier*, de Slane Prol. II, 158, n. 2 (texte II, 142, 15); cf. texte II, 143, 3, 144, 9, 146, 2 et 3 (c. ل p. *citer des traditions fournies par* quelqu'un), 15, 147, 10 et 12, etc., Macc. I, 507, 7, 534, 20, Khallic. I, 377, 12 Sl., Bat. I, 74, Meursinge 5, 6 a f., cf. Hâdjî Khalfa II, 249, 250; c. عن p. *publier des traditions sur l'autorité de* quelqu'un, Macc. I, 506, 6, Amari 665, 3, de Sacy Chrest. I, ١٣٠, 5. — En parlant d'une mesure, *la rendre juste*, Macc. I, 811, 3, avec la note de Fleischer Berichte 256. — *Distiller; chez* Bc تخريج *distillation*. — C. a. r. et عن p. *extorquer* de l'argent à quelqu'un, Macc. I, 490, 18, où le man. d'Oxford de Mohammed ibn-Hârith (Khochanî) a les voyelles لأُخْرِجَنَّه. — تخريج الفروع على الاصول «l'investigation des maximes secondaires qui dérivent des principes fondamentaux de la science» (de Slane), Prol. III, 347, 5.

III *pressurer?* Gl. Bayân.

IV voyez sous la IIe. — *Porter* un défunt *hors de la maison*, Tha'âlibî Laṭâïf 13, 1, 1001 N. I, 156, 590, II, 467, Bresl. IV, 172, 180, XII, 116; avec الى قبره, R. N. 44 r°, et ensuite simplement اخرجه. — *Dépenser*, Bc, Gl. Fragm. — *Publier* un livre, Macc. I, 250, 8, Abdarî 111 r°; avec الى الناس, Macc. I, 579, 4. — *Ouvrir* un édifice *au public*, Edrîsî, Clim. III, Sect. 5: ces bains étaient auparavant la propriété d'un prince, فلما مات اخرج الى الناس عامّةً, leçon de AC; BD: اخرج وجعل للناس عامة. — *Montrer*, Macc. I, 911, 3 a f., Mohammed ibn-Hârith 246; les habitants d'Ecija ayant demandé un cadi à l'émir, فاخرج الامير كتابهم الى قاضي الجماعة وامره ان ينتخير لهم من يراه اخرج اليهم الكتاب — *il lui prêta le livre*, Macc. I, 473, 15; tel est évidemment le sens que cette expression a dans ce passage, et peut-être faut-il l'expliquer de la même manière dans celui que j'ai publié Abbad. I, 234, n. 49, quoiqu'elle puisse aussi signifier *montrer*, comme j'y ai dit. — *Traduire* un livre (cf. sous I), Catal. des man. or. de Leyde III, 212: اخرجه من اللغة الرومية الى اللغة العربية Saadiah: اللغة المخرج اليها. — *Etendre* une muraille, *la porter sur un point plus éloigné*, Haiyân 57 v°: voulant faire une forteresse d'un quartier de la ville,

خرج

اخرج سرره ومدّه من الحج . — *Définir* un objet, Valeton ۳۸, 7 a f. (je ne saurais approuver la note p. 76, n. 1), Ibn-Loyon 4 v°: الآلات المتّخذة لاخراج وطأة الارض ووزن المياه فى جلبها اربع آلات , Bc. — *Distiller*, Bc. — اخرج اسم فلان *composer une énigme* (احجية 645, 2 a f.) *sur le nom de quelqu'un*, Macc. II, 646, 2. — اخرج دمّا *se faire saigner*, R. N. 102 v°; اخرج له دما *saigner quelqu'un*, 1001 N. I, 240. — اخرجه الى ذلك *il le rendit tel*, Auw. II, 542, 5 a f. et suiv. — C. عن *excepter*, Bc. — اخرج من الخاطر *effacer de son souvenir*, Bc. — اخرج يدا عن طاعة *désobéir, se révolter*, Haiyân 62 v°: il jura ان لا يخرج يدا عن طاعة ولا يلمّ بشىء من المعصية ⚘.

V dans le Voc. sous eycere (eiicere).

X *extraire*, en parlant de vers, de traditions extraites d'un livre, etc., *les reproduire*, Macc. I, 603, 4 a f. et dern. l., 613, 17, Mohammed ibn-Hârith 278: وجدت فى تسمية (ل. التسمية) المستخرجة من ديوان قاضيه موضوع مع جملة اسماء قضاة 279: القُضاة انه الخ الجماعة المستخرجة فى التسمية من الديوان . — *Tirer, extraire par distillation*, Bc, *distiller*, Hbrt 93. — *Extorquer de l'argent* (acc.) à (من) quelqu'un, aussi c. ب de la somme, Gl. Fragm., Tha'âlibî Latâif 11, 4, Haiyân-Bassâm I, 172 v°: فامر جميعا ليستخرج منه, III, 3 v°: يستخرجانها (جبايتهما) باشدّ العنف من كلّ صنف حتى تساقطت الرعية وجلّت اوّلا فاولا (d'après le man. B, car dans A il y a une lacune). — *Inventer*, Tha'âlibî Latâif 4, l. 7, Prol. I, 204, 11, Gl. Abulf. (où Fleischer a mal prononcé). — *Calculer*, 1001 N. Bresl. XII, 51, en parlant d'un écolier: تعلّم القران العظيم والخطّ والاستخراج , c.-à-d. *l'arithmétique*. — *Dépenser*, Haiyân-Bassâm I, 174 r°: ولا يستخرج من عنده الّا فى سبيل الشهوات ; *de même dans un passage altéré de cette page, où* Khatîb (51 v°) *donne:* لا يستخرج منها شيئا لفرط بخله . استخرج C. الى p. *examiner la conduite de*, Mohammed ibn-Hârith 301, en parlant d'un cadi et de son prédécesseur: ولـمـّا ولى عمرو بن عبد الله المرّة الثانية

استخرج الى سليمن بن أسود وتعقّب عليه بعض اقضيته ولنظر عليه نظرا وقفه به موقف الضيق ⚘.

خَرْج . *importation et exportation*, Gl. Edrîsî. — Aujourd'hui en Oman, *impôt territorial, y compris les impôts sur les troupeaux, les produits et d'autres choses semblables*, Palgrave II, 384. — *Louer, prendre à louage*, Voc. (conducere), p. e. دار خَرْج «une maison louée,» Mohammed ibn-Hârith 297: le mari ayant déclaré qu'il ne possédait pas de maison, le cadi dit au père de l'épouse: ولا كرامة لك ان تخرج ابنتك من دارها الى دار خرج مع زوجها فتمشى بفراشها الى (على l.) عنقها من دار الى دار فتهتك سترها . — *Fait, ce qui convient à quelqu'un*; ما هو خرجى «cela n'est point mon fait;» ان كان هذا خرجك «si cela te convient, prends-le;» خذ هذا المنصب ما هو خرجه «cette charge ne lui convient pas;» خرج المشنقة *gibier de potence, pendard*, Bc; خرج الزمان *ce qui est en vogue, à la mode*, mon Catalogue des man. or. de Leyde I, 305, 8; خرج سفر البحر «ce qui convient pour un voyage de long cours,» 1001 N. Bresl. IV, 22, 9; aussi خرج البحر ibid. 49, 1; ibid. IX, 263: فقال كلّ من فتح ضبّة من غير , ce qui signifie, comme on lit dans l'éd. Macn.: مفتاح يبقى خرج للحاكم . — Pl. خُرُوج *on* تأديبه للحاكم , M.

خَرْج *décrit* Ztschr. XXII, 92, n. 5; le pl. أخراج Akhbâr 103, 12, et خُرُوج , d'Escayrac 601.

خَرْجَة *sortie, attaque faite par les assiégés*, Bc. — *Saillie, sortie impétueuse avec interruption*, Bc. — *Sortie, dure réprimande, brusquerie, emportement contre quelqu'un, boutade, saillie*, Bc. — *Ressaut, avance, saillie, entablement*, saillie du mur sous le toit, Bc, M; خرجة شبّاك *balcon*, Bc. — *Le tribut en nature*, Descr. de l'Eg. XI, 489. — *Ce que le maître paie aux ouvriers*, Alc. (comensalia). — *Enterrement, funérailles, pompe funèbre*, 1001 N. I, 156, 326, II, 467, Bresl. IV, 174, XII, 235.

خُرَيْجِيَة *argent pour la dépense*, Bc, Bâsim 82: واخذ ورقة وحطّ فيها عشرين درم خرجية ⚘.

خَراج *forme au pl.* أت , Djob. 268, 11. — *Cadastre, l'opération qui consiste à déterminer l'étendue et la valeur des biens fonds*, M (عند العامة مسح).

خرج

— (الارض لاجل ترتيب الاموال السلطانية عليها). En parlant d'une terre, *sujet au kharâdj*, *obligé à le payer*, Gl. Maw.

خُرَاج forme au pl. ات, ce que Freytag a noté p. 473 a; Gl. Manç.: بثور في للخراجات الصغار ;— *poulain*, t. de médec., sorte de mal vénérien, tumeur dans l'aine, Bc.

خُرُوج *décharger son ventre*, M. — Pl. ات *furoncle qui vient à la tête*, *loupe*, *espèce de tumeur*, Alc. (hura de cabeça, lobanillo en el cuerpo, en la cabeça).

— خروج الملبع من الحمّام *lupin* (plante des champs, qui a des fleurs amarantes, pareilles à celles du pois de senteur), Cherb.

خَرَّاج خرّاج العنبري *distillateur*, Bc.

خُرّاج *grand furoncle*, M.

خارج *les environs d'une ville*, *le terrain cultivé autour d'une ville*, Ztschr. XX, 617, Macc. I, 306, 12, Bat. IV, 368, Khatîb 9 v°: فصل فيما اشتمل في الخارج — عليه خارج المدينة من القرى والجنّات *à la campagne*, 1001 N. I, 403. — خارج الخبر *la superficie des renseignements* (de Slane), Prol. III, 243, 14. — *Résultat* d'une division, d'une addition (arithm.), Prol. I, 212, 6. — *Escalier extérieur?* Macc. I, 560, 11; la même leçon dans Boul. et le changement de Fleischer (خَرَج) me semble un peu téméraire. — *Forcé*, *outré*, Bc. — *Gaillard*, *drôle*, synonyme de خَلِيع, 1001 N. Bresl. IV, 141, 5 a f.; شويه خارج *gaillard*, *un peu libre*; كلام خارج *discours graveleux*; *indécent*, Bc; M: والخارج عند العامّة ما تجاوز الحدّ او الأدب — خالف الخوارج من الناس *chez le vulgaire*, *les esprits forts* (الزنادقة), M.

خَارِجة *courtisane*, Hbrt 244, Ztschr. XI, 438, n. 1, où Fleischer n'a pas compris ce mot.

خارجي *gamin*, *polisson*, Ht.

خارجيّة *être placé en dehors du commandement et des honneurs*, *et être privé d'égards et de considération*, Prol. I, 248, 5, 334, 9; lisez de même, avec le man. d'Ibn-Bassâm, dans mon Catalogue I, 227, 7 a f. — الخارجية *les relations extérieures*; مأمور للخارجية *le ministre des relations extérieures*, M.

خرد

اِخْرَاج pl. ات *dépense*, Fakhrî 336, 6.

تَخَارِيج pl. تخاريج *recueil qui contient des extraits des traditions*, Meursinge ۳۰, 7; cf. sous la IIe forme.

مَخْرَج *source* au fig., *l'origine de quelque chose*, Macc. I, 465, 15, Mohammed ibn-Hârith 267: فكرت في مخرج عـذه الحكاية فاسترجتها. — Ce mot, quand il s'agit des temps anciens, ne signifie pas *latrines*, mais *un endroit en plein air où l'on satisfait les besoins naturels*, Gl. Belâdz. — *Anus* (Lane), Gl. Bayân, de Jong, Macc. I, 909, 8; المخرجان *les deux orifices naturels*, Prol. II, 334, 10. — *Raison pour justifier*, Macc. I, 847, 3 a f., Prol. II, 406, 7. — *Son articulé*, Prol. I, 54, 2 a f., 55, 13, II, 221, 10, 356, 9, Berb. II, 8, l. 4, 5, 11 et 13; aussi مخارج الحروف, Prol. II, 358, 4, Macc. I, 563, dern. l., 896, 10; cf. M. Sur مخارج الحروف dans la magie on trouve un passage obscur Prol. III, 128, 3 a f.

مخْرَج حساب مدخول البلاد ومخرجاتها *budget*, Bc.

مخرّج *qui a l'esprit cultivé*, Bc.

مخرّج *le chaikh ou agent des chameaux*, Burton I, 224.

مخارج L: *callidus* خبيث فاجر ماكر.

اِسْتِخْرَاج استخراج الطالع *thème céleste*, t. d'astrol., Bc.

مُسْتَخْرَج *les reliquats ou arriérés des agents*, *qu'on leur extorque par la bastonnade et par les tourments*; ديوان المستخرج *le bureau du produit de l'extorsion*, Bat. III, 295, IV, 298, cf. Maml. I, 2, 58.

مُسْتَخْرِج *percepteur des contributions*, L (*exactor*, *publicanus*); *l'employé chargé de percevoir l'arriéré*, Bâsim 81: فقال باسم ما بي بلي جهّز المال ودعنا نطلع قبل ما يقوم المستخرج ولا نلحق مولانا الصاحب

خرخر

خُرْخُرَة t. de médec., *le bruit qui sort du poumon quand il y a trop de pituite*, M. — *Le bruit de l'eau qui coule*, M.

خرد

خُرْدَة (pers. خُرْدَه) *grenaille*, *menus grains de mé-*

tal; *petit plomb pour la chasse*, Bc. — *Quincaillerie*, Bc, M, Descr. de l'Eg. XVIII, part. 1, 322. — *Mercerie*, Bc. — *Ce que le cordonnier met entre la semelle et la doublure*, M. — *Contribution qui se percevait sur les spectacles publics, les baladins, etc.*, Descr. de l'Eg. XII, 181. — *La plus petite monnaie dans le Nedjd*, Palgrave II, 179.

خُرْدَجِى *quincaillier*, Bc, Lane M. E. II, 17. — *Colporteur, mercier*, Bc; chez Hbrt 82 خُرْضَاجِى, et c'est ainsi que prononce le vulgaire, M.

خُرْدَاجِى *marchand de vieille ferraille*, Cherb.

خُرْدَق (pers. خُرْدَه), n. d'un. ة, *grenaille, menus grains de métal; petit plomb pour la chasse*, Bc, M.

امر مُخَرْدَن *affaire embrouillée*, M.

عنب مُخَرْدَن *raisins dont les pepins sont aussi petits que du plomb pour la chasse*, M.

خردل I *corrumpere* (in fructibus), Voc.

II dans le Voc. sous le même mot.

خَرْدَل. خَرْدَل برّى espèce sauvage de la *brassica eruca*, Bait. I, 244 b; — selon quelques auteurs = لَبْسان (voyez), ibid. 357 b. — خردل رومى. Dans Bait. I, 357, le man. B n'a pas l'article *b*, mais entre *c* et *d* il offre l'article خردل رومى, où on lit la même chose que sous l'article *b* du man. A; *moutarde turque*, voyez The Athenæum de 1844, mars, p. 272. — خردل فارسى espèce de lepidium à larges feuilles, Bait. I, 357 c, qui renvoie à l'article *thlaspi*; mais comme il ne l'a pas, c'est à حرف السطوح (I, 301 b) qu'il aurait dû renvoyer.

خرز I *forer, percer, perforer*, Bc. — *Brocher d'or, d'argent, en parlant de cuir*, Macc. II, 711, 8 et 11. — *Raccommoder les vieux souliers*, Alc. (remendar çapatos).

II. خَرَز الشَّاجَر est quand les vers ont fait des trous dans le tronc d'un arbre, M.

VII dans le Voc. sous *suere* (in corio).

خَرَز *jais, espèce de verre*, Bc. — *Khorz el Adi, petits grains de verre opaque*, Lyon 152. — Pour خَرَزَات الملك: *les rois, dont il est question dans les dict., sont ceux de Himyar*, M.

خَرَزَة pl. خَرَز *collier*, Voc., Bait. II, 4 c (Edrîsî): مَنْ لبِس منه (السبج) خَرَزَة او تختم به دفع عنه عين العائن. — *Pressoir pour l'huile*, Voc. — *Sac*, Voc. (part. 1). — *Cicatrice*, Hbrt 141 (Alg.). — *Plante*, Voc.

خَرَزَة بْثْرَ *margelle* ou *mardelle, bords d'un puits*, Bc, M, 1001 N. III, 46, 14. — خَرَزَة البَقَر (cf. Freytag) est le nom que cette pierre porte en Egypte, Bait. I, 291 f; chez Belon 453 *haraczi*, pierre dans le fiel des bœufs; « Avicenne a décrit sa vertu par le menu; » les juifs l'emploient contre la mélancolie. — خَرَزَة الرَّقَبَة *pomme d'Adam*, éminence au-devant de la gorge, Bc. — خَرَز زُقَاء *anneau de verre bleu servant d'amulette*, Bc.

خَرِيز *douleurs piquantes qu'on éprouve dans certaines maladies, comme dans la goutte*, M.

خَرَّاز *cordonnier*, Bc, Prol. II, 308, 8; — *savetier, qui raccommode les vieux souliers*, Alc. (remendon çapatero), Bc (Barb.).

مَخْرَز? Dans une charte sicil.: الى الحجر الشَّابتة المَخْرَز, où l'ancienne traduction, *apud* Lello p. 19, porte: « ad petram plantatam quae est quasi charassata. » Amari (MS) compare Ducange sous *charaxare* (?).

مُخَرَّز *vase de terre, qui n'a ni anse, ni bec*, M.

مِخْرَاز pl. مَخَارِيز. Cette forme vulgaire (Lane; Bc: *alêne, perçoir, poinçon, vilebrequin*) se trouve chez Auw. I, 472, 18, où il faut lire ainsi (et avec notre man. يَضْرَف, au lieu de يضرب).

خَرْزَل ? *rave sauvage*, Bait. I, 363 j; leçon de D; H خزرل, E خَرُولِى, L خَرَوْلِى, B خَرْوَلِى, A خَرْدَلِى.

خَرْزَمة, *préparation dépilatoire, en turc* خَرْزَمه, qui est la transcription de χρῖσμα, Devic 198, art. *rusma*. Ecrit *rusma*: Belon 435, Coppin 240, Werne 66.

خرس I. On dit خَرِسُوا عن اجابته « ils restèrent muets sans lui répondre, » Bassâm III, 5 r°. — خَرِس البَارُود se dit quand le bruit des coups de feu est tellement étourdissant, qu'on ne l'entend plus, M.

V dans le Voc. sous *mutus*.

VII dans le Voc. sous *mutus, devenir muet*, Saadiah ps. 39, Yepheth ben Eli sur Isaïe 53, vs. 7.

خُرْس *chien de fusil*, Ht.

خُرْسَان *muet*, P. Macc. II, 653, 22, avec la note de Fleischer Berichte 162, Bâsim 6: نقعد عندك خرسان طرشان ٭

خُرُوس *muet*, P. Kâmil 236, 7.

خَرَاسَة *mutisme*, Payne Smith 1388.

بزر خريسانة et خريسانة *barbotine, semence, poudre contre les vers, santoline, semencine*, Bc.

أَخْرَاس, pl. اخاريس, Dîwân d'al-Akhtal 11 v° (Wright), proprement *muet*, mais aussi, quand il est question d'un étranger, *ne sachant pas parler l'arabe ou le parlant mal*; les mamlouks de Hacam Ier, p. e., s'appelaient الْخُرْس لِعُجْمَةِ أَلْسِنَتِهِم, Nowairî Espagne 456; cf. Calâïd 96, 3.

مَخْرُوس اللّسَان *muet ou parlant avec difficulté*, Voc.

خُرِسْتَان, aussi خُرِسْتَانَة (1001 N. I, 73, 8), pl. ات, *armoire, buffet*, Bc, Hbrt 201, M; ce sens convient à 1001 N. I, 85, 3; mais dans d'autres passages de ce livre, p. e. I, 73, 8, Bresl. I, 333, 15, 334, 8, ce terme doit désigner *un cabinet, une petite pièce d'un appartement*, qui cependant n'est pas cachée par un rideau (Freytag), mais qui se ferme au moyen d'une porte (1001 N. I, 73, 8). A mon avis (et il a été approuvé par un grand connaisseur de la langue persane, M. Vullers), ce mot est composé du persan خور, *mets*, et de la terminaison ستان, qui indique le nom de lieu; c'est donc proprement *garde-manger, dépense, lieu où l'on serre des provisions et différents objets à l'usage de la table*. Les dict. persans n'ont ce mot que sous une forme corrompue, car le خورستار de Richardson, qu'il traduit par *réfectoire*, est une altération de خورستان, puisqu'il n'y a pas de suffixe ستار. L'autre forme qu'il donne, خورسار, est bonne, le suffixe سار étant l'équivalent de ستان.

خرش

خَرَاشَة *sorte de métal mélangé*, ⅔ or, ⅓ argent, que les anciens appelaient ήλεκτρος, ήλεκτρον, *electrum*. L donne: electrum نقب وفضة مخلوط (electrum (aurum et argentum) خَرَاشَة; electrus خُرَاشَة.

خَرْشَف *chardon*, Bc, *artichaut*, Gl. Esp. 85—6; mieux خَرْشُف.

خُرْشُوف, n. d'un. ة, pl. خَرَاشِيف, *cardon, artichaut*, Gl. Esp. 85—6, Voc., Bc.

خَرْشَم I *paumer la gueule, donner un coup de poing sur le visage*, Bc.

خَرْشُوم vulg. pour خيشوم, M.

خرص

II c. a., dans le sens de la Ire, Voc. (existimare). — *Raccommoder un plat cassé en y pratiquant des trous dans lesquels on passe du fil*, M.

V et VII, avec الغَلَل, dans le Voc. sous existimare.

خُرْص *pierre saillante d'un mur, avec un trou auquel on attache une bête de somme*, M. — *Petite chaîne en or, etc., à laquelle on attache une boucle d'oreille*, M.

خُرْص *boucle d'oreille*, forme au pl. أَخْرَاص, Voc., Daumas Mœurs 283, et خِرَاص, Formul. d. Contr. 4: وما في اذنيه (الذنيها) من الخراص, de même que de قرط on forme قراط, qui suit. — Dans le sens de *lance* (Freytag), le pl. est خُرْصَان, Hoogvliet 103, 10.

خُرْصَة *boucle d'oreille*, Domb. 83; cf. Hœst 119 (chérsa). — Avec la négation, *rien*, Gl. Belâdz. — خُرْصَة الباب *la poignée de la porte*, Daumas V. A. 109.

خَرَّاص, dans l'Inde, *meunier*, Bat. III, 380.

خُرْضَة, خُرْضَاجِي, voyez خُرْدَة, خُرْدَجِي.

خرط

خرط I, dans le sens de *tourner, façonner au tour* des ouvrages de bois, est assez ancien; voyez Gl. Edrîsî, de Jong. De là عود الْمَخْرُط, *du bois qui sert aux tourneurs*, Becrî 83, 6 et 7, et non pas « du bois écorcé, » comme traduit de Slane. — *Polir des pierres taillées*, Bait. I, 460 f, en parlant de la malachite: يخرطه للخراطون, ou du verre, Ibn-Haucal (Arménie): الزجاج المخروط النفيس. — *Couper, trancher*, Hbrt 76, M. — *Gasconner, hâbler*, Bc.

II *arrondir, tourner au tour*, Ht, Alc. (torneadura الخريطة).

VII *être façonné au tour*, Voc. — انخرط على شكله

خرط

se mouler sur quelqu'un, Bc. — *Devenir étroit, se rétrécir*, Gl. Edrîsî.

خُرْط *tour*, machine pour façonner en rond le bois, etc., J. A. 1866, II, 424 (Cazw. II, 251, 4 a f., 270, 17), Mc. — *Hâblerie, vanterie, jactance*, Hbrt 240, *charlatanisme*, Bc; M: والـعـامّـة تستعمل الخَرْط بـمـعـنـى الـكـذب الـكـثـيـر مأخوذًا من خَرْط القَرَع ونحوه عـنـدهـم وهـو تقطيعه قطَعًا كبيرة يقولون للواحدة منها خِرْطَة ♦.

خَرْطَة *bouchon de bois qui sert à boucher les trous qui se font spontanément dans une outre remplie de liquide et pour l'empêcher de fuir*, Alc. (botana). — *Gasconnade, hâblerie, cassade, mensonge pour rire ou pour s'excuser, colle, lourde menterie, craquerie, hâblerie, paquet, tromperie, malice*, Bc, qui n'a pas de voyelles; cf. le M sous خَرْط.

خِرْطَة *tranche*, M (voyez sous خَرْطَة); خِرْطَة سنبوسق «une tranche de pâté,» Hbrt 15.

خُرْطَة *nom d'une plante dont se servent les tanneurs*, Palgrave I, 253.

خِراط *tour*, machine pour façonner en rond le bois, etc., Payne Smith 1513.

خِراطَة *tournure, ouvrage des tourneurs; tabletterie*, métier, ouvrage du tabletier; — *moulure, ornement d'architecture; nervure, parties saillantes des moulures*, Bc. — *Charlatanerie*, Bc. — T. de médec., *les intestins qu'on perd par suite d'une dyssenterie chronique*, Gl. Manç. in voce: هـو مـا يـنـجـرد من المعى; M: وخِراطَة الامعاء عند الاطبَّاء ما عـنـد الـاستـرسـال من المُزمن في الاسهال تقطعها يخرج (idée inexacte des anciens médecins).

خُرَّاطَة *sorte d'oiseau*, Yâcout I, 885, 18.

خَريطَة *spécialement le sac ou portefeuille qui contient la liasse du cadi*, Macc. I, 472, 3, Mohammed ibn-Hârith 237, 278, 283. — *Sachée, plein un sac*, Bc. — صاحب الخَريطَة à Tunis, *le trésorier*, Marmol II, 245 a. — *Une seule tournée à la Mecque (sans retourner à Médine)*, Burton II, 52.

خَرَّاط *tabletier*, qui fait des ouvrages comme des échiquiers, des trictracs, Bc. — *Polisseur de pierres*

خرع

taillées, voyez sous la Ire *forme.* — *Charlatan, gascon, fanfaron, hâbleur, menteur*, Bc, Hbrt 250.

مَخْرَط *tour* (de tourneur), Mc.

مَخْرَطَة pl. مَخَارِط *tour* (de tourneur), Voc., Alc. (torno para tornear), Bc. — *Guillotine*, Bc.

مَخْرَطَة *de forme conique*, Bg, M, Bat. I, 81, III, 380, Maml. I, 1, 122. — Dans Antar 53, 9 a f., هو من الفروسية مَخروط semble signifier: il excellait dans les exercices chevaleresques.

مُنْخَرِط *conique*, Cazwînî I, 267, 15.

خُرطال, n. d'un., ة, *avoine*, Alc. (avena), Bc, Aboû'l-Walîd 779, 6, *folle avoine*, Cherb., est خُرْطَلّ dans la 2e part. du Voc., كُرْطان chez Hœst 309.

خَراطب pl. خَرانب *encre*, Voc.

خرطش I *barrer, raturer, biffer, rayer*, Bc.

II. Après avoir énuméré des mots qui signifient *salir, être sali*: ولما يقال على الخطّ والكتابة يقال تخرطش Payne Smith 1528.

خرطم.

خُرْطمان, جاء الامر على خُرْطمان عقله, c.-à-d. à *souhait, selon ses désirs*, M.

خُرْطمانى *qui a le nez long*, Kâmil 136, 6.

خُرْطُوم *groin*, Voc., Hbrt 61. — *Les défenses du sanglier*, Alc. (navaja de javalín); خرطوم الشَّفا, avec le pl. خَراطم, *se trouve dans le Voc. sous* dens. — Sorte d'oiseau, Yâcout I, 885, 9.

مُخَرْطَم *qui a les dents longs*, Voc. (dentatus). — مُخرطم بالذهب *broché d'or*, Abbad. II, 130, 3 a f.

خَرْطيط *rhinocéros*, Bc, Ouaday 140, 643; — *cornes de rhinocéros*, Burckhardt Nubia 279, 280.

خرع I *émerveiller*; خرع. *romantique*, Bc.

III et VI = خَالَع et تَخَالَع, Fleischer Gl. 95.

VII = انخلع, Fleischer Gl. 95. — *S'émerveiller, être ravi en extase*, Bc.

VIII *controuver, inventer une fausseté pour nuire à quelqu'un*, Bc.

خرف ‎ خرق

خُرُوعُ الصِّبْيَانِ *croton tiglium*, Most. N sous خُرُوع (sous خروع les deux man. ont وهو لخروع الصبيان :دَنْد ورأيت خروع صبيى هو الزند بالزاي، mais c'est une erreur), Bait. I, 427 d.

خِرْوَعٌ = خَرُوعٌ *ricin*, Domb. 73, Abou'l-Walîd 634, 29, et n. 73.

خِرِيع nom d'une espèce d'artichaut, Bait. I, 364 b.

أَخْرَعُ *plus gaillard, plus gai, plus joyeux*, 1001 N. Boul. I, 117, 15, où Lane traduit: « more frolicksome. » L'éd. de Macn. et celle de Bresl. portent en cet endroit أجرع, mais l'autre leçon est la véritable, car اخرع est = أَخْلَعُ, comme خَرِيع est = خَلِيع (Fleischer Gl. 95).

مُخَرْوَعٌ *gaillard, gai, joyeux*, M.

خرف VIII *radoter*, Bc.

خَرْفِيَّة *fruits d'automne*, Domb. 71.

خُرْفَان fém. ة *radoteur, rêveur*, Bc, 1001 N. I, 143, dern. l., Bresl. IV, 184, 3 et 11.

خَرُوف. Le fém. ة, Alc. (borrega, cordera), le pl. خِرَاف, M, Khallic. IV, 89, 3 Wüst., Abou'l-Walîd 787, Saadiah ps. 114, 1001 N. Bresl. II, 325, 4; Bc (*mouton*) le donne comme pl. de خَارُوف, et il l'a aussi sous *brebis*, chrétiens sous un pasteur.

خَرِيف *la seconde moisson de la dorra*, Niebuhr B. 146 n., où Chatif est une faute d'impression, pour Charif, car la première moisson s'appelle وَسُمِيّ (cf. Lane). — *Pain sans levain*, Alc. (pan cenceño). — لِلْخَرِيفِ الْعَقْل *radoteur, rêveur*, 1001 N. I, 718, 15.

خُرَافَة forme au pl. خَرَافَات, Alc. (habla de novellas, novela o conseja). — *Prétention ridicule*, Abdarî 59 r°: ولَقَّفَ مَطَالِبَ مِنْ خَرَافَاتٍ. — *Radoterie*, Bc. — *Discours frivoles, sots discours*, Bâsim 90: وما قدرت ان ابطله ولا ليلة واحدة عن خرافته. — *Peu*, Voc. (parum).

خَرِيفِي *automnal*, Voc., Bc.

خَرَّاف *conteur*, Daumas V. A. 262.

خَرْفَى et خَوَارِيف pl. خَارُوف, *agneau, mouton*, Bc, M.

أُخْرُوفَا *folie, sottise, radoterie*, mot formé par plaisanterie, voyez أُحْمُوقَا.

تَخْرِيف *délire, déraison, rêverie*, Bc.

تَخْرِيفَة *sornette, discours frivole*, Bc.

مُخْرِف *romanesque*, Bc.

مُخَرْفَة. مَخَارِف حِكَايَات *des récits romanesques*, 1001 N. I, 694, 14.

خرفش I, suivi de فى الكلام, *parler mal*, incorrectement, Bc, M.

خَرْفَش *pierre ponce*, Bc.

خَرْفَشَة *sornettes*, Prol. III, 300, 11.

خُرَيْفِش *ustensiles de nulle valeur*, M. — *Cartes à jouer sans valeur*, M.

خِرْفَع *l'intérieur cotonneux du fruit de l'Asclepias gigantea*; on s'en sert pour en emplir des matelas et des coussins, et même pour en faire des vêtements, J. A. 1853, I, 164. C'est de la mèche pour les Bédouins حُرَاق, وهو حُرَاق الْأَعْرَاب, cf. Lane sous حراق, et le coton s'appelle aussi خِرْفَع, Bait. I, 363 i, où il faut lire ainsi (AB; Sonth. a traduit fort mal cet article).

خَرْفَق est à Damas et aux environs de cette ville le nom du خَرْدَل فَارِسِي (voyez), Bait. I, 357 d.

خرفن I c. a. et II dans le Voc. sous desipere (formé de خرف, ou plutôt de l'adj. خَرْفَان).

مُخَرْفِن *fou*, Voc., Alc. (atreguado loco, desvariado).

خرق I. Le n. d'act. مَخْرُوقَة, dans le sens de *traverser un pays*, Ztschr. V, 494, 5, dans celui de *mentir*, Tha'âlibî Latâïf 35, 7, Abbâr 199, 10, Prol. II, 284, 5. — *Faire brèche à un mur*, Bc. — *Percer un isthme*, Prol. I, 78, 9. — *Creuser un canal*, Amari 211, 8; mais on dit aussi خرق البحر إلى تونس, Amari 526, 3, J. A. 1852, II, 69, n. 1, « il fit creuser un canal afin d'amener les eaux de la mer jusqu'à Tunis. » — *Couper, rogner*, Auw. I, 376, 4 a f. — *Couler bas des navires*, Bat. I, 110. — *Quitter l'armée, se disperser* (soldats), Akhbâr 150, 8. — خَرَمْتُه خرق *déshonorer, perdre quelqu'un d'honneur*,

Bc. — موضع حُرْمة خرق *violation d'un lieu sacré, violer un asile*, Bc. — خرق العادة *être au-dessus de l'ordinaire, être miraculeux* (cf. Lane sous (خَارِق), Bat. II, 68, Baidhâwi I, 11, l. 11. خرق seul s'emploie dans le même sens, 1001 N. Bresl. IX, 392, 8 (إذ dans l'éd. Macn.), et dans celui de *faire des choses extraordinaires, extravagantes, déraisonnables,* Haiyân-Bassâm III, 140 v° (d'après le man. B): ومعاظم الامور يدبّرون بجهله وخرقه واعتسافه وتهوّر خرق في تدبير سلطانه واعتسف الامور واساء 142 r°: النميرة والتدبير — dans le Voc. خرق العادة est *abusio* (= خلاف العادة), et chez Bc خرق العادة ou عادته est *se désaccoutumer, se défaire d'une coutume.* — خرق الناموس *quitter la voie légale,* Macc. I, 131, 16; خرق ناموس *déchirer, médire de quelqu'un, faire tort à la réputation de quelqu'un,* Bc. — Dans le sens de كمن, qui signifie *cacher ou dresser une embuscade,* M.

II *corrompre,* Alc. (corronper, corronpimiento تخريق). — *Serpenter,* Alc. (rodear).

IV. اخرق البحر *creuser un canal pour les eaux de la mer* (comme la Ire), Amari 178, 9, R. N. 5 v°: واخرق حسّان البحر فاحتفره وجعل دار الصناعة عليها. — C. ب ف. *punir,* Maml. I, 2, 105. واخرق البحر اليها.

V. تخرّق في ماله *donner de l'argent avec profusion,* Fakhri 222, 4 a f. — *Couler, serpenter,* Koseg. Chrest. 64, 5.

VII *être traversé, sillonné par des cours d'eau,* Gl. Edrisî. — *Faire eau, avoir une voie d'eau* (vaisseau), ib. — بلد منخرق, Müller 9, 3 a f., semble signifier: « une ville dont les maisons sont éparpillées » (= منقطع منفرق, qui suit). — *Se corrompre,* Gl. Edrisî. — *Être prodigue,* Gl. Djob. — اخرق العادة dans le Voc. sous abusio.

VIII, *traverser, passer par,* se dit particulièrement des rivières ou des ruisseaux qui traversent un pays; mais en ce sens ce verbe s'emploie aussi sans régime, *couler, serpenter,* Gl. Edrisî. — *Creuser,* ibid.

خُرْق *cul, postérieur,* Alc. (culo, rabo por el culo), Hbrt 3. — *Aqueduc,* Voc. — *Pourpier,* Sang.

خُرْق *folie,* Voc.

خِرْقة *pourpier,* Bait. I, 363 g. — Voyez plus loin خَرْكاه.

خِرْقة, dans le sens de *pièce d'étoffe, lambeau,* pl. aussi خُروق, Voc.; عين للخروق, *fons pannorum,* trad. d'une charte sicil. apud Lello 18. — La *khirca* (vieux manteau déchiré et rapiécé) des Soufis s'appelle خرقة التصوّف, Athir XII, 66, Bat. I, 126, ou خرقة المتصوّفة, R. N. 85 r°, ou خرقة المباركة ibid., ou خرقة التبرّك Mong. p. cxxxi. Elle se transmet d'un maître à son disciple, et celle que portent les novices s'appelle خرقة الارادة, Mong. ibid. Quelquefois un Soufi porte deux *khircas,* Khallic. I, 256, 4, R. N. 61 r°: وعليه خرقتين, ce qui indique que deux chaikhs de la secte lui ont légué leurs *khircas,* leur science et leur autorité, de Slane trad. d'Ibn-Khallic. I, 502, n. 5. Dans un passage du Gulistan de Sadi (p. 64 éd. Semelet), le mot خرقة est employé pour désigner le *turban* (دستار) du Soufi. — *Maillot, langes,* Vêtem. 153, n. 1, 437, Alc. (culeros pañales, pañales para criar niños), avec le pl. خُروق, que L a aussi (voyez sous أقمطة). — *Bourse* (Reiske chez Freytag), Bat. III, 234, R. N. 57 r°: il dit: je n'ai pas d'argent pour retourner dans ma patrie فمدّ ابو هرون يده الى خرقة مصرورة فدفعها اليّ وقال لي أنفق منها حتى تتصل ان شاء الله تعالى اخرج الشيخ ابو هرون من جيبه خرقة r° 58, خرقة شريف — .متخرّقة cf. حلّها واخرج منها دينارين (sic, pour شريفة) est la *borda* du Prophète, qui, selon les Turcs, a été emportée d'Égypte par le sultan Selim, et qui est devenue l'oriflamme des Ottomans, Burton I, 142. — خرقة النسا est dans L *sciasis;* mais c'est à mon avis une faute pour عرق النّسا (voyez), qui signifie *goutte sciatique.*

خرق *espèce de scorie,* Most. v° الفضة خبث; leçon de Lm, N avec le *hâ.*

خريقة *fosse, l'endroit que l'on creuse en terre pour y mettre un corps mort,* Cartâs 183, 10 a f., où un man. porte حفرة.

خراقة *brèche,* Bc. — Pl. خرائق *pièce, morceau,*

Bidp. 4; 2. — Kosegarten soupçonne que ce mot signifie *terreur* dans le passage qu'il a publié Chrest. 110, 1.

خَرُوتِيّ *celui qui vend des pièces d'étoffe ou lambeaux*, خَرْق, خُرُوق, Vêtem. 153, n. 1.

خَرِيقَة *brèche*, Hbrt 145.

دَوَاء خَرَّاق, t. de médec., *remède qui pénètre dans les pores, comme le vinaigre*, M.

أَمْر خَارِق pl. خَوَارِق, *par ellipse pour* خَارِق لِلْعَادَة (cf. sous la Ire forme et Lane), *miracle*, Prol. I, 165, 10, 168, 13, 169, 4, 11, 14, 15, 16, 17, etc., 359, 15, III, 138, 1. — Même pl. *homme extraordinaire*, Berb. I, 129, 8. — *Généreux au plus haut degré*, M.

شَيء خَارِق *marchandise de première qualité*, Bc. — خَوَارِق *traditions fausses*, Prol. II, 163, 3 a f.

يَوم أَخْرَق, P. Tha'âlibî Latâïf 113, dern. l., semble signifier: *une journée pendant laquelle le temps varie continuellement.* — Le fém. خَرْقاء, proprement *inexpérimenté*, est chez les poètes une épithète du vin pur, parce qu'on le compare à une vierge intacte et sans expérience, Gl. Mosl.

تَخْرِيقَة *lambeau*, Alc. (raça del paño).

مَخْرَقَة *bourse*, Alc. (bolsa, burjaca). — *Jonglerie, charlatanerie, tour de passe-passe*, Bc, Cartâs 65, 6; lisez de même, avec notre man. 1350, Berb. II, 41, 8 a f.; Djaubari 5 v°: أَوْرَاق المُخْرَقَات. — Dans Payne Smith 1493 synonyme de ضَلَال. — Pl. مَخَارِق *délices*, Voc.

مِخْرَاق t. du jeu des échecs; il y a, p. e., le مِخْرَاق الرُّخ c'est lorsque chaque joueur a une seule tour; le مِخْرَاق الأَقْبَال, le مِخْرَاق البَيَادِق, etc.; voyez Bland dans le Journal of the R. Asiatic Society, XIII, 30, 31.

اِخْتِرَاق *pénétrabilité*, Bc.

خَرَقْطَان (pers.) *lierre*, Bait. I, 364 a.

خَرْقَن (formé de خِرْقَة).

مُخَرْقَن *déguenillé*, Bc.

خَرْكَاه (Freytag) est le pers. خَرْكَاه. Cette espèce de tente, dit Ibn-Batouta (II, 299, cf. III, 30), qui écrit خَرْقَة, se compose de morceaux de bois, réunis en forme de coupole, et sur lesquels on étend des pièces de feutre. Ecrit حَرَكَات (sic) Nowairî Egypte, man. 2 m, 171 r° et v°. Selon le M la forme arabe est خَرْقَاهَة.

خَرْكُوس (pers. خَرْكُوش) *plantain*, Most. v° لِسَان الجَمَل (où le *hâ* est une faute), Bait. I, 363 b.

خرم I *créneler*, Bc. — En médec., *couper ce qui est entre une fistule et l'anus*, Gl. Manç. in voce: c'est أَن يَقْطَع مَا بَين النَّاصُور والشَرَج لِيَتَمَكَّن مِن عِلَاجِه. *Omettre*, Gl. Fragm. — *Différer, être dissemblable*, Gl. Fragm. — خَرَم فِي وَعْدِه *ne pas tenir sa promesse*, M. — هَذَا الأَمْر لَا يَتَخَرَّم *il n'y a rien à changer à cette affaire*, M.

II *moucheter, faire de petits trous*, Bc. — *Vider, évider, creuser*, Bc. — *Percer à jour*, Gl. Edrîsî. — *Ciseler, sculpter*, ibid., Voc. — *Treillisser*, ibid. — *Canneler*, ibid. — أَوْرَاق مُخَرَّمَة, Prol. II, 296, 7, où de Slane traduit: *un cahier d'écritures, tout froissé et usé*; mais peut-être faut-il lire مُخَرَّمَة = مَخْزُومَة, voyez sous خزم I.

IV = I *percer*, Gl. Abulf. — T. de marine, Beerî 113, 14: وَإِذَا أَخْرَمَت المَرَاكِب من أَشِيرِتال بِالرِّيح الشَرْقِيَّة لَم يَكُن لَهَا بُدّ من البَحر المُحِيط, où de Slane traduit: *se laisser pousser au large*; mais les points diacritiques sont incertains; Edrîsî, Clim. I, Sect. 6, en parlant d'une île déserte: وَرُبَّمَا سَقَطت إلى هَذِه الجَزِيرَة مَن أَخْرَم إِلَيْهَا مِن بِلَاد اليَمَن أَو مِن مَرَاكِب القُلْزُم أَو مِن مَرَاكِب الحَبَشَة فَيَسْتَغِيثُون بِهَا; leçon de CD; B أَحْرَم; A أَخْرَم.

V *être sculpté*, Voc.

VII, en parlant de livres, dans le sens indiqué par Lane, Haiyân-Bassâm I, 173 r°: وَكَانَ مِن جَهْلِه المَأْثُور أَن قَال يُومِضُ لِلَّذِين يَحْمِلُونَه إِلَى بَادِيس اللَّه اللَّه فِي حُمُولِي قُولُوا لِأَبِي مَنَاد بَادِيس بِالحِفَاظ عَلَيْهَا لَا تَنْخَرِم فَإِن فِيهَا قِطْعَة دَفَاتِير لَا كَفَاء لَهَا (c'est ainsi qu'il faut lire ce passage qui est altéré dans le man.). — *Etre séparé de*, مِن, 1001 N. I, 681, 15. — اِنْخِرَام العَقْل *dérangement de l'esprit*, Bc.

VIII. الأَوْرَاق المُخْتَرَمَة لِلْحَوَاشِي « *des feuilles de pa-*

pier dont les marges sont rongées (par la vétusté)», Prol. II, 281, 4.

خرم (?). « Le *khram*, c.-à-d. *les influences morbifiques de la contrée*, » Pellissier 33.

خُرْم est selon Rhazès *aster atticus*; selon d'autres c'est *lychnitis*, mais à en croire Edrîsî, c'est une plante dont ne parle ni Dioscorides ni Galien, Bait. I, 362, où cet article, que Sonth. a confondu avec celui qui précède, commence l. 2 a f. — (Pers.) = انقراقون, Bait. I, 92 a; leçon de SD; ACEL حرم, B حـــزم.

خُرَامَة vulg. pour خُرَابَة, *trou rond dans une pierre, auquel on attache une bête de somme*, M (qui considère aussi خُرْم, *trou d'une aiguille*, comme la forme vulgaire de خُرْب).

خارمى التين للخارمى *espèce de figue noire, grande, et dont la pelure est mince*, Becrî 41, 6.

تَخْرِيم *jour, vide, ouverture*, Bc. — *Ciselure, sculpture*, Alc. (entalladura, maçoneria, talla de entallador). — *Cannelure, creux le long du fût des colonnes*, Bc. — *Bord*, Alc. (borde).

تَخْرِيمَة *dentelle*, Bc, Bg. — *Sculpture*, Alc. (esculpidura).

مَخْرِم *gouffre très-profond, abîme*, Abbad. II, 7, 1.

مَخْرَم *pavé de mosaïque*, Alc. (losado de arte musica). — *Grille, plaque trouée sur une râpe; jalousie, treillis, volet à claire voie, persienne, treillage*, Bc.

مَخْرِم *sculpteur*, Alc. (entallador, esculpidor).

مَخْرَم *inornatus*, L.

خرمدان voyez حرمدان.

خرمدانة *trousse*, Bc.

خرمش I *égratigner*, Bc, Hbrt 36, vulg. pour خمش, M. II c. فى *s'agriffer*, Bc.

خَرْمَشَة *égratignure*, Bc, Hbrt 36. — *Saleté*, Payne Smith 1528.

تَخْرِمْش *coup de griffe d'un chat*, Bc.

خرمقانى (?) *espèce de gentiane*, voyez جرمقانى.

خَرْمَندِيَة vulg. pour خَرْبَندِيَة, *les moucres (ceux qui louent des montures aux voyageurs) et les bateliers*, M.

خَرْنَبَاش (pers.) *origanum maru*, Bait. I, 363 e (c'est ainsi qu'il faut lire avec A).

خَرْنَتى *hermaphrodite*, Bc.

خَرْنَج = خلنج *bruyère*, Alc. (breço).

خَرْنَق (c'est ainsi qu'on prononçait en Espagne) *jeune lapin, lapereau*, L (lepusculus (lepuscellus)), Voc., Alc. (gaçapo de conejo).

خرود I *troubler l'eau*, Roland.

خروسانثيمون (grec) *chrysanthème*, Payne Smith 1013.

خروص II *se gâter*, Bc (Barb.).

خرى et ses dérivés, voyez sous خَرِىَ.

خَزّ I *trotter*, Ht; c. ب *faire trotter*, Martin 96. Cf. خجّ.

خَزّ *lentille d'eau*, M.

خَزَّة الكَلْب *le trot du chien*, espèce de pas gymnastique, Daumas V. A. 378.

خَزِّى *fait de soie*, Voc.

خَزَز *trotteur (cheval)*, Daumas V. A. 184.

خَرَج (= خَزّ) *soie*, Voc.

خَزْخَز I, en parlant de l'eau, est quand elle est couverte de lentille (اذا علتـه خضرة) et que son goût est altéré, M.

خزر I. En parlant d'une personne haïe, on dit: خَزَرَتْه العيون, Macc. I, 279, 4, Berb. I, 478, 11 et 12.

خَيْزُران *cardamome*, L (cardamomum). — *Brusc ou brusque (plante)*, Alc. (juzbarba yerva). — *Houx-frelon*, Clément-Mullet sur Auw. I, 16. — *Héliotrope*, Domb. 72. — خَيْزُران بَلَدِى, en Espagne *myrte sauvage*, Bait. I, 41 b, 404 d (où il faut ajouter le mot بلدى, qui se trouve dans nos man.).

خزع.

خِزَاعِى *d'une statue colossale*, M.

خَزَف *terre à potier, terre argileuse*, Tha'âlibî Latâïf 43, 1, 55, 16, 87, 14, Auw. I, 57, 3, 7, 11, 68, 9, 79, 2 a f., Prol. III, 345, 7, Bait. I, 43 b: الّتى

خزف. — Pl. خُزُوف brique, Most.: خَزَف هو خُرف (أَى نوع كان N ajoute) (le man. التنور وهو شقف الفخّار ; جميع الفخروف, et ensuite: خزف الفراميد : منافع sous Bait. I, 364: خزف التنور. — Comme sing. et comme coll., n. d'un. ة, coquille, Gl. Manç.: خَزَف هو الفَخّار حقيقةً وهو المُراد فُنا وخزف الحيوان منقول منه وهو اغطية الصدف Bait. I, 246 c (passage d'Edrîsî sur le cancer cammarus): وله فيما (مما B) يلى رأسه خزف عليه وهذه صفة c: 292, صدفى ونصفه الذى لا خزف عليه, 427 c: القنفد البحرى وفى خزفه يرمى بها البحر وخزفتها (وخزفها B) التى فى باطنها هو لسان البحر وتستعمل منها فى الطبّ خزفتها التى فى: II, 14 a باطنها, وفى للخزفة المعروفة عند الاطبّاء بلسان البحر 74 b, 581 c, Most. r°: زبد البحر et شيبيبا.

خَزَفى argileux, Auw. I, 68, 7.

خَزَق I empaler, Ht. — Déchirer, Hbrt 82, M.

IV, comme la Ire, percer, Haiyân 78 r°: أحزقوه بالنشاب (sic).

خَزَق, n. d'un. ة, la fiente des volailles, Voc., Alc. (cagada de ave, gallinaza estiercol de las gallinas).

خَزَقَة pal, Ht.

خَازُوق échalas, Bc, pieu, Hbrt 144, 1001 N. Bresl. IV, 264, dern. l., piquet, petit pieu fiché en terre, Bc. — Le pl. خوازيق palissade, Hbrt 144. — Portemanteau, morceau de bois attaché à la muraille et où l'on suspend des habits, Bâsim 23: قلع ثيابه وعلقها فى الخازوق. — Au fig., membre viril, 1001 N. I, 65, 2.

خزل VIII. اختزل من بيت المال « il s'appropria une partie de l'argent du trésor, » Tha'âlibî Latâïf 11, 1 et 3. — En parlant d'un prince qui permettait à tous ses sujets de lui présenter leurs plaintes: فلا يختزل دونه حاجتهم ولا يحاجب مظالمهم عنه, Haiyân 28 r°. On voit bien ce que l'auteur veut dire, mais je ne sais quelle est la traduction littérale de cette expression.

اى يَتَخَزَّل مالَه لِمَولاه, Diw. Hodz. 159, 6: خَزَّال, يَقْطع له بَعْض مالِه بمعنى جِزَال, dont c'est une variante.

خزم I, en parlant d'une lettre, voyez Lane; il résulte de son témoignage que la leçon du texte Prol. II, 56, 5, 12, 13, 15, 16, p. 57, 8, est bonne, que par conséquent de Slane a eu tort de la changer dans sa traduction, et qu'il faut lire de même dans le Fakhrî 130, 9. الدفاتر المخزومة chez Macc. II, 359, 2 a f., car c'est ainsi qu'il faut lire, sont ce que nous appelons des brochures. — Comprimer des factieux, Bc.

II c. a. dans le Voc. sous funis. — Voyez sous خرم II.

V dans le Voc. sous funis.

خُزَمَة ficelle de palmier, Roland.

خُزَمَة pl. خُزَم corde de sparte, Voc., Alc. (tomiza cuerda de esparto), Auw. I, 683, 4 a f.; Espina, R. d. O. A. XIII, 145, nomme parmi les sparteries khezma, espèce de cordage.

خُزَام tulipe, Bc.

خُزَامَى = خُزَامَة (voyez), Domb. 72, Bc, P. 1001 N. I, 58, 1.

خُزَامَى, lavande, est aussi خزامى مبرومة, Prax R. d. O. A. VIII, 345, et سنبل خزامة Bc. — Jacinthe (Alep), Bc, et sous zacinthe خزامة صفراء. — Suivi de a'îata (?), une labiée, Prax l. l.

خزن IV remplir des magasins, Çalât 32 r°: أتصل اخزان المخازن المذكورة من جميع الاقوات فيها من عم ٥٧ الى عم ٥٧١٣ ☼.

VII dans le Voc. sous cellarium.

خُزْن, var. خزان, chambre d'un canon, Berb. II, 272, dern. l.

خُزْنَة pl. خُزَن comptoir, Bc. — Une caisse carrée qui contient l'argent pour payer les frais du pèlerinage qui sont à la charge du gouvernement, Lane M. E. II, 276. — L'argent pour payer les soldats de Bagdad, Thévenot II, 101. — Une certaine somme d'argent; « cinq Casenats, qui valent 1,200,000 écus, qui font six millions d'or, » Monconys 186; « 1200 bourses qui sont trente millions de maidins, » Thévenot I, 512; 1000 bourses, £ 5000, Lane M. E. II, 421; 6000 غرش, M. — Chambre d'une arme à feu, Bc. — La partie supérieure de l'instrument de musique appelé كمنجة, Lane M. E. II, 75. — خزنة شخوص médaillier; — خزنة الفرش garde-meuble, Bc; aussi خزنة seul; c'est une énorme armoire dans laquelle on serre pendant le jour tout ce qui compose le lit, von Kremer, Culturgeschichte des Orients I,

132; — خِزَانَةُ الغُنُونِ musée; — خِزَانَةُ كُتُبٍ bibliothèque; — خِزَانَةُ المَالِ trésorerie, Bc.

خُزَّانٌ voyez خَزَّانٌ.

خَزِينٌ armoire, Domb. 94. — المَاءُ الخَزِينُ eau conservée dans des puits, M. — خَزِينُ المَلِكِ trésorier du roi, M.

خِزَانَةٌ garde-robe, Alc. (recamara). — Boutique de libraire, Alc. (tienda de libros). — Tente, Domb. 99. — Sacristie, Alc. (sacristania). — Avec l'art., pour خِزَانَةُ السِلَاحِ, arsenal, magasin d'armes, Gl. Fragm. — Une certaine somme d'argent (cf. خُزَيْنَةٌ), 1001 N. I, 357: اعدى له سبع خزائن من المال. Ce mot doit avoir le même sens dans les Selecta ٣٠, l. 2 a f., car il est impossible que ce soit le nom d'une espèce de navire, comme Freytag l'a pensé; mais dans la ligne qui précède, il faut substituer السفط, « écrins, » à السفن. — خِزَانَةُ البُنُودِ — خِزَانَةُ البَدَلَاتِ sacristie, Bc. au Caire. Dans cet établissement, qui avait été fondé par le calife fatimide az-Zâhir, trois mille ouvriers fabriquaient des armes, des machines de guerre, etc. C'était aussi une prison, Khallic. I, 197, 7 et 8, avec la note dans la trad. de M. de Slane I, 388, n. 9. — خِزَانَةُ الطِبِّ وَالحِكْمَةِ pharmacie, magasin de médicaments, Haiyân-Bassâm I, 10 r°, parmi les emplois de la cour, خِدْمَةُ خِزَانَةِ الطِبِّ وَالحِكْمَةِ. — خِزَانَةُ العِلْمِيَّةِ la bibliothèque du sultan almohade, Khatib 27 r°, en parlant de l'Almohade Abou-Ya'coub: ألزَمَهُ خِدْمَةً لِخَزَائِنِ العِلْمِيَّةِ وَكَانَتْ عِنْدَهُم مِنَ الخُطَطِ خِزَانَةُ الفُنُونِ. — الَّتِي لَا يَتَعَيَّنُ لَهَا إِلَّا كِبَارُ أَهْلِ العِلْمِ musée, Bc. — خِزَانَةٌ مَقَدَّسَةٌ sacristie, Alc. (sagrario). — صَاحِبُ الخِزَانَةِ chambellan, Alc. (camarero de gran señor).

خِزَانَةٌ = خَرِيْنَةٌ, Kalyoubî 4 éd. Lees (Wright); dans l'édit du Caire de 1865, p. 5, l. 12, c'est خِزَانَةٌ.

خِزَانَتِي espèce de grenade, Auw. I, 273, 16.

خَازِنٌ qui garde, Diwan d'Amro'lkaïs ٣١, vs. 17. — Sommelier, Bc.

خَازِنٌ forme aussi au pl. خُزَّانٌ, et ce terme signifie aussi les anges, Gl. Badroun. — خَازِنُ الفِضَّةِ

celui qui a la charge de la vaisselle d'argent, Alc. (repostero de la plata).

تَخْزِينٌ magasinage, Bc. — Accaparement, Bc.

مَخْزَنٌ, pl. مَخَازِينُ, Aboû'l-Walîd 637, 5, magasin en général, mais spécialement magasin d'armes, arsenal, Alc. (almazen de armas), et magasin d'huile, Alc. (almazen de azeite). — Garde-robe, Alc. (recamara). — Sommellerie, Alc. (botelleria), Bc. — Ecurie, Ht, Delap. 173. — Petit réservoir, Djob. 211, dern. l. — Bureau, Ht. — Trésor public, Maml. I, 1, 10, Bat. III, 262, IV, 42, 97, 120, Çalât 32 v°: أَخَذَ مَالَهُ لِلْمَخْزَنِ, تَقْيِيدُ أَمْوَالِ المَخْزَنِ, Khatîb 186 v°: Marmol Reb. 64 c: « pecheros del magazen del Rey » (en Afrique). Sous les Almohades, les عَبِيدُ المَخْزَنِ ou esclaves du trésor semblent avoir été un corps de nègres qui formaient la garde du sultan et qui étaient payés par le trésor; on les trouve nommés Cartâs 174, dern. l., et Holal 62 v° (prise de Maroc par l'armée d'Abd-al-moumin): وَدَخَلَتْ صَنْهَاجَةُ وَعَبِيدٌ.

المَخْزَنُ مِنْ بَابِ الدَبَّاغِينَ. Aujourd'hui المَخْزَنُ signifie les cavaliers du gouvernement, Daumas Sahara 130, 197, 254, Sandoval 102, 286, 321, 424, Hirsch 72, officiers et cavaliers choisis pour la rentrée des impôts, Roland, soldats irréguliers, R. d. O. A. VI, 132; Pellissier 152: « une tribu du makhzen, c.-à-d. une tribu qui, moyennant certains avantages, tient tous ses cavaliers à la disposition permanente du gouvernement. » — Impôt, contribution, Abou-Hammou 87: فَإِنْ كَانَ زَمَانَ رَخَاءٍ وَخَيْرٍ، فَتَيْسِيرُ فِيهِمْ أَحْسَنُ سِيَرٍ ; dans les temps de disette: تَعَدَّلَ فِي مَخَازِنِهِمْ عِنْدَ الغَرَامَاتِ ; Amari Dipl. App., p. 6, l. 8, فَتَرَفَّقَ بِهِمْ فِي المَخَازِنِ وَالمَجَالِي où cependant ce terme peut signifier aussi droit de magasinage, ce que l'on paye pour le magasinage, comme traduit l'éditeur. — La cour d'un prince, Alc. (corte de gran señor), Chénier D. III, 165. De là دَارُ المَخْزَنِ le palais, Pflügl t. 69, p. 5, et مَخْزَنٌ seul dans le même sens, Alc. (palacio real). — Demeure, Alc. (estança donde alguno esta). — Le gouvernement, Daumas Kabylie 193, Cherb. B et Dial. 24, Amari Dipl. 131, 5 (où l'éditeur, p. 422, n. 17, veut à tort changer la leçon), 174, 7. — « Les tribus du gouvernement et, par extension, toutes les dépendances de l'autorité, » Daumas Kabylie p. IX.

نَصَارَى المَخْزَنِ les esclaves chrétiens qui sont la propriété de la ville, de la communauté, Haedo 42 c.

مَخْزَنَة‎ boîte, R. N. 100 v°: وقال له ايتنى بالمخزنة‎ ; التى فيها الكافور‎ ; dans la suite on trouve encore deux fois ce mot.

مَخْزَنِى‎ ce qui a rapport au مخزن‎, c.-à-d. au trésor public; الاشغال المخزنية‎ les finances, les revenus de l'État, l'anonyme de Copenhague 67 : وكان باشبيلية‎ ينظر فى بعض الاشغال المخزنية والسهام السلطانية‎ ; lisez de même Amari 382, 8; المغارم المخزنية‎ les contributions qui ne sont pas prescrites par le Coran et la Sonna, Cartâs 81, 6 a f. (où Tornberg, p. 111, veut à tort changer la leçon), appelées aussi الوظائف المخزنية‎, الالقاب المخزنية‎, Cartâs 108, 7 a f., 275, 11, et Prol. II, 300, 12. — Cavalier qui est payé par le مخزن‎, c.-à-d. par le trésor public, car les soldats des tribus ne reçoivent pas de solde, Sousa Vestigios 157; Marmol, II, 96 d, traduit : « escuderos de los alcaydes; » II, 101 b : « escuderos de la guardia; » III, 6 d : « soldados; » cavalier, Scott 68, Tristram 110, Daumas Mœurs 283, Barth W. 13; gendarme, Pellissier 320; sorte d'agent de police qui tient le milieu entre le gendarme et l'espion, Curé 24; cf. de-Gubern. 202, qui les compare aux sergents de ville. On écrit aujourd'hui مخازنى‎, Hist. Tun. 136 : ابطال جنده واعيان‎ فانتعم الامير جنده من فرسان المخازنية‎ 137 : مخازنيته‎. — Ce qui appartient au مخزن‎, c.-à-d. à la cour du prince, Khatîb 33 v° : تعلّق بسبب هذه المنخلات‎ بابطال الدول‎ — فنال استعمالا فى الشهادات المخزنية‎ courtisan, Alc. (cortesano, palaciano de palacio real, et de gran señor); employé, serviteur du palais; toutes les personnes attachées au service du souverain portent ce nom à Maroc, Hœst 181 (مكاسى‎), Chénier III, 166; المخزنية‎ la cour, tous les gens de la cour, Ramos 301; Hugonnet 266 traduit serviteurs de l'État. — Homme politique, diplomate, Cherb. B, qui écrit مخازنى‎, comme on le fait actuellement.

مَخْزَنْجِى‎ garde-magasin, magasinier, Bc.

مَخْزُون‎ enfoui, Roland.

مخزنى‎ voyez deux fois sous مخزى‎.

مَخْزِين‎ cabinet secret, retiré, Alc. (retraymiento o retrete).

تَمَخْزُن‎ politique, finesse, Roland.

خَزَنْدار‎, écrit خازندار‎, 1001 N. I, 55, 6 a f. — Caissier, payeur, Bc.

خزو‎.

خزو‎ courte honte, Bc.

خَزِى‎ IV désarçonner, confondre dans une dispute, Voc., Bc. — Désappointer, Bc.

VII se déconcerter, se troubler, Bc.

VIII dans le Voc. sous confundere alium.

مَخْزِى‎ ignominie, honte, Abbad. II, 200, 7. Le Voc. a مُخْزًا‎ confusio.

المَخْزِى‎ = le diable, M.

مَخْزَاة‎ pl. مَخَازِى‎ calamité, Gl. Fragm.

مَخْزِنَة‎ confusio, Voc.

خس‎ I décroître, désemplir, v. n., et se désemplir, perdre, diminuer de valeur, Bc, M.

II rendre très-vil, Voc. — Appeler quelqu'un vil, Gl. Belâdz. — Diminuer, Hbrt 123.

V s'avilir, devenir vil, Voc., Alc. (avellacar, mais je crois qu'il faut avellacarse).

خَس‎. Le n. d'un. ة‎ dans le Voc., où ce mot est écrit avec un çâd. Vansleb 101 donne Chás melieh comme le nom de la laitue. — خس البقر‎ plante sauvage qui ressemble en tout à la laitue et dont se nourrissent les bœufs, M. — خس الحمار‎ sonchus oleraceus, Bait. I, 211 e, 367 b, II, 570 e; dans le dernier article, il dit que ceux qui prétendent que c'est شنجار‎, sont dans l'erreur. — خس الكلب‎, Bait. II, 435 e, qui soupçonne que c'est dipsacus.

خُسّة‎ = خَصّة‎ (voyez), réservoir, bassin. Ce mot se trouve écrit de cette manière dans le man. de M. de Gayangos d'Ibn-Batouta, où l'édition, II, 297, a l'autre forme, dans les notes de Tornberg sur le Cartâs, p. 367, dans le Gl. Djob. — Jet d'eau, Bc (Barb.), voyez encore خَصّة‎.

خِسّة‎ paresse, fainéantise, Alc. (haragania). — Avarice, Hbrt 245.

خَس‎ déficit; diminution, Bc.

خَسِيس‎ forme aussi au pl. خِسّاء‎, Alc., Bc. Les fakîhs donnent ce nom à celui qui sert les tyrans, quoiqu'il soit au reste un honnête homme, M. — *Lâche*, *mou*, *paresseux*, Alc. (floxo en el animo, haragan, perezoso). — *Avare*, *chiche*, *crasseux*, *ladre*, *pince-maille*, Bc, M, Hbrt 245, Mc. — *Méconnaissant*, *ingrat*, Bc. — *Ingrat*, *stérile*, Bc. — *De peu de valeur*, comme le pain et la viande, l'opposé de نفيس, M.

خَسَاسَة *insolence*, L (insolentia). — *Mollesse*, *paresse*, Alc. (floxedad en el animo).

خُسَيْسَة *fourberie*, *friponnerie*, Alc. (vellaqueria).

خُسُوسِى *vil*, Alc. (astroso).

خُسَّاس *fretin*, *menu poisson*, Gl. Manç. v° هازل (voyez).

خُسَيْسَة vulg. = la plante خُسّ البقر, M.

خَسَا I. خَسَى, sans *hamza* chez le vulgaire, *être frustré*, M.

خَسْتَناوِى épithète d'une espèce de dattes, Niebuhr R. II, 215.

خستك.

مُخَسْتَنَك *incommodé*, un peu malade, *indisposé*, Bc.

خَسِرَ I. مَنْ يَخْسَر على هَذَين الشيخَيْن « qui veut perdre en achetant ces deux chaikhs? » Akhbâr 45, 12 et 13. — *Etre battu*, *vaincu*, *perdre la partie*, *succomber*, Bc. — *Se corrompre*, Bc. — *Sacrifier*, abandonner un ami, etc., par un intérêt, Bc.

II *détériorer*, *gâter*, *corrompre*, Alc. (desconpasar, desmedrar, estragar; le n. d'act. estrago, estragamiento). — *Démoraliser*, Bc. — *Gâter par trop d'indulgence*, *caresser trop*, Bc. — *Profaner*, faire mauvais usage d'une chose précieuse, Bc.

V dans le Voc. sous amitere, Payne Smith 1340. — *Dégénérer*, Alc. (enpeorarse en linaje).

X. اسْتَخْسَر التَعَب *plaindre sa peine*, la prendre à regret, Bc. — اسْتَخْسَر عليه الشيء *reprocher*, donner comme à regret, Bc.

خِسَر *scélératesse*, Bc.

خَسْران *perdant*, qui perd au jeu, Bc.

خُسْران *détérioration*, Bc. — *Avarie*, Alc. (daño recebido en la mar). — *Perdition*, état d'un homme hors la voie du salut, dans le vice, Bc. — *Coquinerie*, *scélératesse*, Bc.

خُسْرَوان, adj. formé à l'ancienne manière persane de خُسْرَو, *de Chosroës*, *royal*, *magnifique*, Fleischer Berichte 82 sur Macc. II, 516, 20.

خُسْرَوانِى, dans le même sens, joint comme adj. à ديباج, Macc. II, 430, 13; à نشيد (chant, chanson), Macc. II, 516, 20.

خَسَارَة, chez Alc. خِسَارَة, pl. خَسَائِر, *dommage*, Alc. (daño por uso de alguna cosa), Bc, Hbrt 194, *dégât*, *désavantage*, *détriment*, *échec*, *perte*, *préjudice*, *sacrifice*; يا خسارة *c'est dommage, tant pis*, Bc; *avarie*, Alc. (daño recebido en la mar). — *Profanation*, Bc. — هو خسارة فى القتل, 1001 N. III, 243, 2 a f., où l'éd. de Bresl. porte: ما يستاهل القتل « il ne mérite pas d'être tué. »

خاسِر, pl. خُسَّار et خُسَّر, *corrompu*, *vicieux*, *vilain*, *misérable*, *très-malhonnête homme*, *coquin*, *garnement*, *maraud*; — ولد خاسر *enfant gâté*, Bc.

خسع.

خَسِع *faible*, M; *ruineux*, *qui menace ruine* (édifice), 1001 N. III, 423, 10: واعلمْ انَّ لى بيتاً كبيراً خَسِعاً, dans l'éd. de Bresl., IX, 205, قديماً خسع.

خَسَف I. Dans le Cartâs, 172, 8, la construction est avec ب, خسف بالقمر «la lune s'éclipsa.» Le verbe كسف se construit de la même manière dans ce livre.

خِسَاف *cuir pour les souliers*, M. — خساف الميزان *contre-poids*, M; il dit que l'un et l'autre sont pour خصاف.

خَسِيف *triste*, Mehren 27.

تَخَسُّف *diminuant de valeur* (ناقص), M.

Chaskanît. C'est ainsi que Barth, I, 427, écrit le nom du *Pennisetum distichum*, plante dont les graines, qui sont recouvertes d'une enveloppe épineuse, gênent fort le voyageur dans l'Afrique centrale; il la retrouve partout, s'y pique à chaque instant et ne peut s'en débarrasser. Chez d'Escayrac 421 c'est *kaskanit*.

خسل.

خَسَل *rebut*, Diw. Hodz. 226, vs. 8.

خَشَّ I *sonner en frappant l'un contre l'autre* (écus, monnaies), Bc, vulg. pour خَشْخَشَ, M.

خَشِيش du serpent est quand il se cache sous le bois sec, etc., M.

خَشَايَة petite cabane de jonc pour les vers à soie, M.

خَشَب I *piocher, travailler durement*; *trotter*, faire bien des courses; *valeter*, faire beaucoup de démarches, prendre beaucoup de peine, Bc.

II *boiser, lambrisser, latter, parqueter*, Alc. (enmaderar casa, maderar), Bc. — *Devenir comme du bois*, M. — Je me suis trompé en disant dans le Gl. Bayân que ce verbe signifie *crucifier*. M. Defrémery a observé dans le J. A. 1862, II, 387: «Dans le second passage, il doit plutôt signifier: ayant les pieds retenus dans une espèce de bloc ou billot de bois, analogue au كُنْدَة des Persans.» Le fait est qu'il a ce sens dans tous les passages que j'ai cités. Cf. Ouaday 325: «Pour ceux qui sont condamnés à une réclusion perpétuelle, on leur met à chaque pied une entrave dont les deux extrémités sont percées d'un trou et fixées l'une contre l'autre par un clou, dont ensuite on lime et rive les deux bouts. Ces entraves restent ainsi maintenues jusqu'à la mort du condamné; alors seulement on les retire en les coupant avec la lime.» Le M donne: خَشَب الوالي الأجرم, c.-à-d., le wâlî mit les mains du criminel dans un instrument de bois et l'envoya à un autre endroit pour y être emprisonné. — C. على r. *faire une conjecture sur*, M.

V. مُتَخَشِّب من البرد *roide de froid*, Bc.

خَشَب, *bois*, forme aussi au pl. أَخْشَاب, Bc. — Le pl. الخُشُب, de même que الأَعْواد, *le brancard sur lequel on porte un mort au cimetière*, P. Akhbâr 49, dern. l. — خَشَب الإنسان *la charpente du corps, les gros os*, M. — خَشَب الأنبياء *gaïac* (arbre), Bc.

— ابو خَشَب espèce de dirhem, M.

خَشَبَة, pl. ات, ou خَشَب ou أَخْشَاب ou (Voc.) خَشُوب, *un morceau, une pièce de bois, chevron*, Bc. — *Tronc d'arbre*, Vêtem. 283, Prax R. d. O. A. V, 214. — *Pieu*, Vêtem. 283. — *Mât*, Djob. 33, 11. — *Poutre, solive, poteau*, Vêtem. 284, Voc., Bc.

L'arbre du pressoir, Vêtem. 284, خَشَبة المعصرة, Voc. — *Bâton*, Abbad. II, 235, 7 et n. 43, Gl. Badroun. — *Coup de bâton*, 1001 N. II, 208. — *Barre de bois, barreau*, Bc, Macrizî, man. II, 358: فائدة عمل على

— بابه المذكور خشبة تمنع الراكب من التوصّل اليه

Traverse, pièce de charpente en travers, Bc. — *Pale*, pièce de bois pour retenir l'eau d'une écluse, Bc. — *Croix, gibet*, Vêtem. 284, Gl. Badroun, Gl. Fragm.

— *Planche*, Vêtem. 284. — Le pl. خَشَب *pont-levis*, Vêtem. 285. — *Porte*, Vêtem. 285. — *Caisse de bois*, Amari 4, l. 5 a f., p. 5, l. 2. — *Bière ouverte*, espèce de brancard, Bc. — *Petite chambre de bois*, Vêtem. 285. — *If* (arbre), Alc. (texo arbol conocido). — Au fig., *souche, sot, stupide*, Bc. — خَشَبة المجنى *tille de vaisseau*, Alc. (tilla en la nave). — خَشَبة المدفع *affût*, Bc. — خَشَبة السرج *arçon*, Bc.

خَشَبِي *ligneux, boiseux*, Bc.

خَشَّاب *endroit où l'on tient les planches*, Alc. (madereria, où l'on trouve ce mot avec le pl. ín; sous cillero de tablas il ne donne que ce pl.).

تَخْشِيب *lattis, lambrissage, parquetage*, Bc.

تَخْشِيبَة *boiserie, lambris, parquet; échafaud*, assemblage de bois; *pan de bois, ouvrage de charpente*, Bc.

مُخَشَّب *celui qui a la charpente solide, qui a les os gros*, M.

خَشْت (pers. خَشْت) pl. خَشْوَت *pique* (arme), Bc.

خُشْتَاشَة, 1001 N. Bresl. XI, 322, 2 a f., semble formé, de même que خَجْدَاش (voyez) ou خُشْدَاش, du persan تاش, خواجه تاش «camarade d'école;» mais dans le passage des 1001 N., c'est un collectif qui signifie *camarades, compagnie*.

خُشْتَانَكَة, 1001 N. Bresl. V, 312, 7, me semble une faute pour خَشْكَنَانَكَة (voyez).

خَشْتَنَك vulg. pour خَشْتَنَق, M.

خَشْخَانة *armoire, buffet*, 1001 N. III, 470, 9; le pl. ات Bresl. VII, 117, 10. C'est à mon avis le pers. خيشخانه ou خس خانه, dont le sens s'est modifié en arabe.

خَشْخَش I *sonner en frappant l'un contre l'autre* (écus, monnaies); — et خَشْخَش في ذهباته له بالذهب «faire sonner ses écus,» Bc. — *Se dessécher* (plante), M.

خَشْخَش *ornement en or qui sonne quand on le remue*, M.

خَشْخَاش dans le Voc., خَشْخَاش chez Alc. (dormidera yerva). — برّق خشخاش *coquelicot*, Bc. — خشخاش زبدى *papaver spumeum*, Bait. I, 238 c, 370 b. — خشخاش مُقرن *papaver cornutum* Diosc. (IV, 66), *glaucium luteum*, Bait. I, 369 b. — خشخاش منثور *papaver Rhœas* (Diosc. IV, 64), Bait. I, 369, où l'article qui porte ce titre et que Sonth. a confondu avec celui qui précède, commence l. 9; 503 b.

أرض خشخاش — *terrain rocailleux*, M.

خشخاشة *édifice où l'on enterre les morts et qu'on ferme au moyen d'une grande pierre*, M.

خشخاشى espèce d'étoffe fabriquée dans le Djordjân, de Jong.

خشداش voyez جداش.

خشر.

خَشَر. L donne: papirio خَشَرٌ وَمَحَاذَاةً, ce que je ne suis pas en état d'expliquer. Papirio est peut-être pour papilio (Scaliger a lu ainsi, mais le man. a très-distinctement un *r*), et ce dernier mot peut avoir plusieurs sens (voyez Ducange).

خشرم.

خَشْرَم *fourmis*, de Sacy Chrest. II, 364, n. 37.

خشع I *être sensible, être aisément ému, touché, attendri*, Macc. I, 829, dern. l.: كان فيه خشوع, car il pleurait quand il entendait réciter le Coran ou des poésies érotiques; souvent chez Djob., p. e. 154, 9, 203, 11. Aussi c. الى صداقه للخشوع «être ému, touché, par sa piété sincère,» Abbad. II, 157, 6.

II (dans le Voc. sous *devotio*), avec ou sans النَفْس, *émouvoir, toucher, attendrir, exciter la componction du cœur*, Djob. 94, dern. l., 135, 2, 142, 7, 150, 6, 151, 20, 161, 9.

خشعة *abattement, tristesse*, Abbad. I, 258, 2.

خشف.

خِشْف forme aussi au pl. أخْشَاف, Voc., Alc., Calendr. 49, 7, et signifie *jeune cerf*, Voc., Alc. (cervatillo), Calendr., ou en général *jeune bête sauvage*, Alc. (hijo de animal fiero).

خشف *individu*, Ht.

خشفاء (? la leçon est incertaine) nom d'un animal dont la crinière et la queue servent à en faire des éventails; on en met aussi au bout des drapeaux, de Jong.

خُشَاف (pers. خوش آب) *eau de raisin, d'abricots, de prunes*, Bc, Lane M. E. I, 219, Ztschr. XI, 515, dans M خِشاف.

خُشَافَاتى *celui qui vend le* خُشَاف (voyez), Ztschr. XI, 515.

خشق I, aor. *o*, *errer, aller çà et là*, M.

خاشوقة *cuiller*, Bc, M.

خشك II c. على *invectiver contre*, Bc.

خُشْكَار (pers.) *farine de froment grossièrement moulue et criblée*, Gl. Manç. in voce: هو الدقيق الذى لم يُسْتَنْقَصْ طحنُهُ ولا نخله; cf. Gl. Belâdz. 33 et Gl. Esp. 170; le vulg. dit خِشْكَار, M.

خشكاشة voyez خوشكاشة.

خَشْكَريشة voyez حشكريشة et cf. Add. et Corr.

خشكلان (pers. خُشك نان) *pain ou biscuit en forme de croissant*, Macc. I, 675, 11 et 12.

خُشْكَنانج *espèce de pain préparé avec du beurre, du sucre, des amandes ou des pistaches, et qui est en forme de croissant*, Gl. Manç. in voce, où la dernière syllabe est بج, mais c'est une faute, car c'est le même mot que celui qui précède et celui qui suit (voyez), à savoir le pers. نانه خُشك, «biscuit;» correctement chez Payne Smith 1164.

خُشْكُنانك (ces voyelles chez Djauzî, pers. خُشك نانه) *biscuit*, Djauzî 146 r°, Maml. I, 1, 162. Dans les 1001 N. Bresl. V, 312, 7, où l'on trouve la description d'une belle jeune fille, on lit: ولسان يحكى خشتانكة كسماط سلطان; je crois devoir corriger: ولسان يحكى خشكنانكة بكسماط سلطان. Le mot بكسماط, خشكنانكة, et est le n. d'un. de خشكنانك, et est = بقسماط (παξαμάδιον), que j'ai donné plus haut p. 103 a et qui signifie également *biscuit*. L'un de ces deux mots est la glose de l'autre, qui s'est introduite dans le texte.

خُشْكَنْجَبِين (pers.) *espèce de miel sec qui vient des montagnes de la Perse*, Bait. I, 370 c.

خشم I *être téméraire, brutal*, Ht.

خَشْم. Selon Lane, ce mot ne signifie plus *nez* dans l'arabe moderne, mais *bouche*. En Barbarie, toutefois, il a conservé le sens de *nez*, Bc, Cherb. 541, Hbrt 2, et aussi en Syrie, où l'on dit كسر خشم فلان (sic) = *rabattre l'orgueil de quelqu'un*, M. — خشم القربة *le trou d'une outre*, Burckhardt Nubia 386. — خشم الكلب *le museau d'un chien*, Barth I, 11. — خشم الكلام. « Les Ouadayens appellent tout interprète خشم الكلام, c.-à-d. la bouche du langage, de la conversation, » Ouaday 64.

خَشْمَة *témérité, fureur*, Ht.

خِشْم, comme en syriaque, = أَرْزٌ, Payne Smith 1405.

خَشُومِيَّة *tabac à priser*, Cherb.

خَيْشُوم. Le pl. خَيَاشِم (aussi Kâmil 274, 9) et خَرَاشِم dans le Voc., *foramina naris*. — *Le museau d'un chien*, Abd-al-wâhid 127, 2. — *Chanfrein*, devant de la tête du cheval, Bc.

خشن I. Le Voc. donne aussi خُشْن et خِشْن comme noms d'act. — *Grossir, devenir gros*, Bg. — *Être grossier, stupide*, Ht.

II *grossir, rendre gros*, Voc., Bg; en parlant de la chevelure, *la rendre épaisse*, Auw. I, 252, 6, 18. — C. ل p. *brusquer, offenser par des paroles rudes, brutaliser*, Bc. — *Approcher de l'âge de la puberté*, M. — *Essayer un vase*, M.

IV. Les habitants de la campagne في المُتَخَشِّنُون العيش, « dont la vie est dure, » Prol. I, 160, 11. — ما أخشن البرد « que le froid est rude! » P. Becrî 67, 7.

VI *montrer de la rudesse*, l'opposé de تَلَاطَف, Sadi Gulistan 124, 1 éd. Semelet.

خشن pl. أَخْشَان *balourd, personne grossière, stupide*, Bc. Chez Djaubarî ce sont les gens du peuple qui se laissent tromper, qui sont les dupes des charlatans, des astrologues, etc.

grosseur, épaisseur, Alc. (gruesso en hondura, gordura en cantidad; ajoutez un *n* à la fin du mot arabe).

خِشْن s'emploie dans presque toutes les acceptions qu'a notre mot *gros*, p. e. جمع خشن « une grosse armée, » صوت خشن « une grosse voix. » Aussi *grossier*, p. e. en parlant de vêtements, et *épais* (pl. خِشَان), voyez Gl. Edrîsî.

خَشِن *brusque, vif et rude*, Bc.

خَشِنِي *grossier; pataud, grossièrement fait, villageois grossier, rustre; barbare; balourd, personne grossière, stupide; brusque, vif et rude*, Bc.

خَشُون *inégal, dur, grossier*, Ht.

خَشِين pl. خِشَان *grossier*, Voc, Mc, Aboû'l-Walîd 805, 4, *épais, brutal, rude*, Ht; *laid*, Jackson 189, Haiyân-Bassâm I, 172 r°, en parlant des piétons noirs: وكانوا قطعًا خشينة يقاربون للمسمائة

خَشَانَة *grossièreté, caractère de ce qui est grossier, manque de délicatesse, de civilité*, Bc. — *Brusquerie*, Bc.

خُشُونَة *grossièreté, caractère de ce qui est grossier, manque de délicatesse, de civilité*, Bc. — *Brusquerie*, Bc. — *Barbarie, état sauvage*, Bc. — Chez les médecins, *raucité dans la gorge*.

خَشِينَة *raucité, enrouement*, L (raucedo).

خُشُونِيَّة *balourdise*, Bc.

خَشِّينَة vulg. pour la plante dite خَشْنَاء, M.

تَخْشِين *dureté de cœur*, Ht.

مُخَشِّن *dessiccatif*, Bc, M.

خشى I. Le n. d'act. aussi خَشِيَة, P. Kâmil 111, 13.

V. مُتَخَشِّيًا *en se tenant sur ses gardes*, Cartâs 172, 13; mais la leçon n'est pas certaine.

VIII, vulg. *craindre*, P. Prol. III, 407, 10, où la leçon est douteuse, mais en ce sens dans le M sous جبه VII, sous حسب V.

خص I c. a. p. et ب r. *gratifier quelqu'un de quelque chose*, Becrî 18, 11, Haiyân-Bassâm I, 174 r°: جَمَّاعًا للدفاتر مُغَالِيًا فيها نَفَّاعًا مَنْ خَصَّه منها il était (l. بِشَيْءٍ) شَيْءٌ, où Khatîb, 51 v°, donne: خصَّه بالسلام *il le salua*, Voc. — Dans le sens d'appartenir, etc., ce verbe ne se construit pas seulement c. ل p. (Lane, Bc *compéter*), mais aussi c. a. p.; Bc a خصَّه sous *échoir*; ما تخصَّه الشى *incompétent*; c. a. *concerner, intéresser*; ايش

خَصَّصَك انت «de quoi vous mêlez-vous?» 1001 N. IV, 481, 6 a f.: واخذ كل واحد منهم ما تخصّه «chacun d'eux prit ce qui lui tomba en partage.» — Comme dénom. de خُصّ, خُصًّا من قصب خَصَّ على قصره «il entoura sa demeure d'une haie de roseaux,» Gl. Belâdz. — Au Maghrib, *manquer, faire défaut, être dû*, Voc. (deficere), Alc. (faltar, marrar o faltar), Bc (Barb.), Ht, Mc qui donne l'exemple: خصَّصَنا الفلوس «l'argent nous manque,» Hist. des Benou-Ziyân, en parlant de poires: فوجدها قد نقصت من كمال عددها فقال للجمّان واين الذي خصّ فقال يا مولاى اكله الصبى ابى dans le man. de Vienne; le nôtre a عدَّها; après خصّ, le man. de Vienne a de plus (منها).

II *personnaliser*, appliquer des généralités à un individu; — *consacrer un mot*; — c. لـ *destiner*; — تخصيص كنيسة باسم قدّيس *dédicace*, consécration d'une église, Bc.

III c. a. p. *accorder comme une faveur à quelqu'un*, de Sacy Dipl. XI, 15, 6 a f.

V *être un homme distingué*, *un* مخصّص, Djob. 48, 21, Haiyân-Bassâm I, 30 v°: وحدَّثه ان رجلا يعرف بابن الفارج الوزّان كان متخصصا من العامّة وله بالولد ابى بكر عشام المذكور اتصالٌ. — *Être délicat*, soit sur le manger, soit sur ce qui touche à la probité, *scrupuleux*, Gl. Edrîsî, Khatîb 33 v°: آويًا الى تخصيص وسكون ودماثة وحسن معاملة, mais je crois devoir lire تخصّص.

خَصّ *petitesse, peu, petite quantité*, Alc. (poquedad).

خُصّ *haie ou enceinte en roseaux*, voyez sous la Ire forme, Auw. II, 228, 13. — Le pl. خِصاص et أخْصاص *broussailles*, Berb. I, 106: بيوت من الخصاص, Djob. 73, 11: بيوت من الاخصاص والشجر. On trouve un pl. irrég. خصائص chez Becrî 3, dern. l.: ينزل حولها مزائنه ولولائنه خصائص, où de Slane traduit: «des huttes de broussailles.»

خُصَّة *contingent*, Bc; le pl. خصص, Cartâs 229, 3, 269, dern. l. — *Cultura* (propriété, terrain), trad. d'une charte sicil. apud Lello, p. 9 et 12. — Pl.

خِصاص et خَصاص, *réservoir, bassin*, Gl. Edrîsî, Daumas V. A. 498, Macc. III, 131, 8 et 14 (où ce mot est écrit par erreur avec un *hâ*, de même que dans notre man.). On écrit aussi خَسّ (voyez). — *Jet d'eau*, Bc (Barb.) (خَسَّة).

خُصَّة pl. خُصَص *anneau*, Voc. — *Voisin*(?), Voc., mais seulement dans la 1re partie.

خُصَاصَة, n. d'un. ة, *les petites grappes que les vignerons ont négligé de cueillir*, Aboû'l-Walîd 521, 28 et suiv.

خُصوص. تخصوص *concernant*; وخصوص المادّة الفلانيّة اقول ان «pour ce qui concerne telle chose, je dirai que;» — ومن خصوص *quant à;* — قلّة خصوص *incompétence*, Bc. — *Convenance*, Ht.

خصيص *ami intime*, Maml. I, 1, 44: كان خصيصا به; fém. ة, 1001 N. Bresl. II, 173, 11: وفي خصيصة عندها.

خَصَاصَة *faim*, Voc. (1re part.).

خَصِيصَة pl. خَصائص *attribut*, Bc.

خُصوصيّ *spécial;* حق خصوصي *privilége;* — *endémique*, particulier à un pays, Bc.

خُصوصيّة *délicatesse de sentiments*, Khatîb 71 v°: كان من اهل السّتر وللخصوصيّة والصمت والوقار.

خَصَّاص *habitant dans une cabane faite de broussailles*, Berb. I, 150, 9, II, 38, 5 a f.

خاصّ. ناظر الخاصّ *l'inspecteur du domaine particulier du sultan*, Maml. I, 1, 26. Van Ghistele 166, qui écrit «Nader Casse,» le compare au chancelier.

خاصّة *chose qui peut être profitable pour les plantes en éloignant tous les accidents fâcheux* (aussi خاصيّة), Auw. II, 328, 17 et suiv. — *Intimité*, Mohammed ibn-Hârith 313: فادخله (الاميرُ) وقرّبت منه خاصّته, 321: غيّر ان بعض جيراننا كانت له خاصّة من الفاصى. — *Propriété*, la chose qui appartient en propre à quelqu'un, M. — = ما لا شريك فيه, M. — *Compétence*, droit de connaître, Bc. — خاصّة suivi du

خصب

génitif, *en qualité de*, خَاصَّة سردار « en qualité de général,» Rutgers 131, 5 et 136. — خَاصَّة *seulement, pas davantage,* Voc. (tantum), Prol. II, 232, dern. l., Edrîsî, Clim. VI, Sect. 6: ومقدار هذا الحوت الذى يكون جرمه من ذراع الى شبر خاصة ولا زائد عليه ذو الخاصة, t. de médec., *spécifique, remède propre à quelque maladie,* M. — على خاصة s'emploie, comme le synonyme على زيادة, quand il est question d'une *augmentation de solde,* p. e. وفرض لخمس مائة مقاتل على خاصة عشر دنانير, Gl. Belâdz. — Le pl. خَوَاصّ *hypostase,* t. de théol., *personne,* Alc. (persona divina, synonyme اقنوم). — لِلخَواصّ *ceux qui jouissent de la protection spéciale de Dieu,* 1001 N. I, 520, 2. — ناظر للخواصّ الشريفة *l'inspecteur du domaine particulier du sultan,* de Sacy Chrest. I, ١٠., 4 a f.

خاصى, pl. en ون et خَوَاصّ, *courtisan,* Voc. خَاصِّيَّة voyez sous خَاصَّة.

خَوَّاصّ *propriétaire,* Alc. (proprietario de propriedad).

أخَصّ *plus intime (ami),* Bc, de Sacy Chrest. I, ٣١, 6. — *Principal,* Bc. — بالأخصّ *notamment, particulièrement, principalement, surtout,* Bc.

اختصاص *destination,* Bc.

مُختَصّ *les propriétés territoriales d'une ville,* Cartâs 170, 3 a f., Müller 10, 3, Berb. II, 472, 3 a f. (de Slane n'a pas compris ce mot dans sa trad., IV, 326).

خصب II dans le Voc. sous fertilis (cf. Lane); تخصب *fécondant,* Bc.

IV *fertiliser, féconder,* Bc, Roland. — *Pourvoir abondamment de blé,* Mi'yâr 13, 5 a f.

V et VII dans le Voc. sous fertilis.

خصب. خصب البدن *embonpoint,* Gl. Edrîsî.

خِضَاب *espèce de datte,* Niebuhr R. II, 215.

خَصِيب *forme au pl.* خِضَاب, Voc. (fertile), P. Prol. III, 379, 9 (*abondant*). — الناعم البدن الخصيب *est qui a de l'embonpoint, corpulent,* Gl. Manç. v° خصب.

— خصيب المبيد *libéral, généreux,* Voc.

أخصَب *vivant dans l'abondance, très-riche,* Gl. Belâdz.

خصر

خصبة الأرداف. *En parlant d'une femme, aux larges hanches,* P. Abbad. I, 39, 10.

خصر II. Lane doute de l'existence de ce verbe, mais on l'emploie en parlant d'une sandale; voyez Diw. Hodz. 131, vs. 5, où l'on trouve le n. d'act., tandis que le commentaire a l'impératif.

III *saisir quelqu'un,* Gl. Fragm.

VIII *être simple, sans ornements,* ou en parlant d'une personne, *être simple dans ses habitudes, sans affectation,* mais je ne trouve en ce sens que le part. et le nom d'act., Mohammed ibn-Hârith 255: فلما صرنا الى العشاء قدّم من الادام شيئًا مختصرا (مختصرا l.), فقلت له وما هذا واين نعيم قرطبة, Haiyân 4 v°, 28 r°, 29 r°, Djob. 96, 8, 9, 155, 2, 5, 198, 6, 2 a f., 229, 7, Macc. II, 483, 10, III, 679, 23, Abdarî 49 r°: ويه مسجد مختصر مليح, J. A. 1849, I, 189, 2, Khatîb 72 r°: الملبس (مختصر l.) مختص, Auw. II, 396, 8. — مختصر الخصر *à la mince ceinture,* P. Abbad. I, 393, 14 (cf. III, 178). —

اختصار للحساب *est chez Alc.* cassacion de cuenta, ce que Victor traduit par *cassation de compte, effacement, rayure,* tandis que « cassar la cuenta » est chez lui: « arrêter, examiner et casser un compte, faire fin de compte.»

خصر *langue de terre étroite,* Müller 58, 4.

خاصرة. وجع الخاصرة *colique,* Alc. (colica passion).

أخصَر *plus concis?* C'est ainsi que de Slane veut lire, au lieu de أخضر, dans les Prol. III, 86, 14.

مُخَصَّر s'emploie aussi en parlant d'habits, p. e. أقبية اسلامية مخصرة الاوساط, « serrés au milieu du corps,» Not. et Extr. XIII, 213.

خصل II *disciplinare* dans le Voc., et dans une note bene nutrire; مُخَصَّل *morigeratus,* idem. — C. a. p. *donner à quelqu'un une mauvaise qualité, une mauvaise coutume,* M.

V dans le Voc. sous disciplinare. — Holal 70 r°: قد كملت فيهم الصفات التى ربّاهم عليها وتخصّلوا بالخصال الحميدة, « et ils ont pris des habitudes louables.»

خَصَل, *au fig., succès, victoire,* Weijers 28, 1 et 95, n. 115, Abbad. I, 37, 10 et 74, n. 13.

خَصْل (Freytag) se trouve aussi chez Moslim, Gl. Mosl.

خَصْلَة *une chose;* quelquefois on peut traduire aussi *condition*, Gl. Badroun, Gl. Fragm. — *Bonne action*, 1001 N. IV, 695, 8 a f. (où Lane traduit: *good deed*). — *Mauvaise action*, Alc. (malhecho). — Au fig., *succès*, *avantage*, *victoire*, Cout. 46 r°: قال له بابا حفص خصلتين (l. خصلتان) فى نهار واحد نحكم على الله واستقلال لما انعم الله. — *Dérangement, désordre, erreur*, Alc. (desconcierto desbarato, desvario como error).

خُصْلَة *grapillon, petite grappe*, Bc, M من العنقود ; امراة صاحبة خصلة وعنقود, *femme qui est dans ses plus beaux atours, femme très-parée*, Bc. — خصلة من النهر *petit canal d'une rivière*, M.

خَصِيل, mieux قَصِيل, *orge en vert que l'on donne aux chevaux*, Bc.

خَصَّال *malfaiteur*, Alc. (malhechor).

خصم I *soustraire*, t. d'arithm., Bc, Hbrt 122. — *Déduire, rabattre*, Bc. — *Tenir en échec*, Bc. — C. من *précompter*, Bc.

III c. a. p. et على r. *disputer* une chose à quelqu'un, Bc. — Quand ce verbe signifie *plaider*, il se construit avec الى du juge devant lequel on plaide, Gl. Belâdz. — *Assiéger*, Gl. Fragm.

VI s'emploie en parlant d'une seule personne, Bc sous *démêler;* تخاصم معه على شى ; aussi c. مع r. *disputer, entrer en procès avec*, Bc; L a de même *causidicus* متخاصم.

خَصْم *adversaire* quand on joue aux échecs, *celui contre lequel on joue*, Vie de Timour II, 876, 2, 3. — *Procureur*, Mohammed ibn-Hârith 296: فقال لم تفقدوا لى احد للخصوم — فلما سلّم وجد القومة قد احضروا برجل من الخصوم فقال انا اشهدكم انى قد وكلته على مناظرة ابن عمى ; cf. نخاصم. — *Soustraction*, règle d'arithm., Bc, Hbrt 122. — *Décompte*, déduction sur une somme à payer, Bc.

خِصْمانات, aussi avec le ة, *espèce de briquet ou de boute-feu*, Reinaud F. G. 35, J. A. 1849, II, 318, n. 2, 319 n., l. 6.

خِصَام pl. انت *procès*, Alc. (lid en el pleyto).

خُصُوم *soustraction*, règle d'arithm., Hbrt 122. — *Imputation*, déduction d'une somme sur une autre, Bc.

خِصَامَة *procès*, Formul. d. Contr. 7: deux personnes تراضيا ان يكون كلامهما وخصامتهما عند الفقيه الاجلّ الخ.

مُخَاصِم *procureur*, Alc. (procurador en los pleytos).

خصن.

خَصِين, *petite hache*, est le syriaque ܚܨܝܢܐ, Payne Smith 1350.

خصى IV (cf. Lane) *châtrer*, Voc., Alc. (capar o castrar, castrar); Bc a اخصاء *castration*.

VII *être châtré*, Voc.

خُصْوَة (chez Lane, sous خُصْيَة) *testicules*, Voc.; خصوة للجرد *castoréum*, Bc.

خُصْيَة. خصى الثعلب; on confond cette plante avec le جفتافريد, voyez Bait. I, 251 a. — خُصَى الديك *espèces de baies rondes et blanches, qui ressemblent à de grosses cerises*, Bait. I, 373 c. — خصى الذئب *nom d'une plante*, Bait. I, 54 c. — خصى هرمس, *en Espagne, mercurialis annua*, Bait. I, 318 b, 373 b.

خَصِى *forme aussi au pl.* اخصياء, Khatîb 70 r°: فتى من اخصياء فتيان المستنصر, — *Chapon*, R. N. 100 r°, où سمنّاه خصى «un chapon que nous avions engraissé,» est le synonyme de فرّوج.

خَاصِى pl. انت est dans le Voc. *vestimentum et linteamen (de lana)*.

خض I *secouer*, *agiter* l'eau de manière à la troubler, Bc, 1001 N. III, 444, 5 a f. et suiv., 446, 7 a f. خض الماء est aussi *barboter*, agiter l'eau avec les mains, et خض *brasser, remuer avec les bras*, mélanger; خض اللبن ou اللبين *baratter*, remuer le lait pour former le beurre. يخض هذا الحصان «ce cheval secoue beaucoup,» Bc. — *Effrayer, épouvanter*, Bc.

VII *s'épouvanter*, Bc.

VIII *être secoué*, 1001 N. III, 352, 3 a f.

خَضَّة secousse, Bc; dans les 1001 N. IV, 674, 3 a f., ce mot semble signifier secousse dans le sens de violente attaque d'une maladie. — Epouvante, peur, Bc.

خضب VII être teint, P. Prol. III, 420, 4.

خِضَاب forme au pl. أَخْضِبَة, Bait. I, 267: وهو من اخضبة الملوك ¤

مُخَضَّب, en parlant d'un cheval, qui a les pieds blancs, Voc.

خضد I. شَوْكَتَه خضد, au fig., affaiblir la puissance de quelqu'un, Abbad. II, 158, 4 a f., Berb. I, 39, 4 a f., 94, 5 a f.

خَضِيد flexible, Gl. Mosl.

خضر II revendre en détail, Alc. (regatonear, où le ḥâ doit être un khâ; cf. sous regaton).

V dans le Voc. sous virere.

IX, en parlant d'un homme qui jeûnait beaucoup, كان يصوم حتى يَخْضَرّ, Macc. I, 894, 4 (cf. Add.). — اخضرّت عذاراه ou اخضرّ seul, « ses joues devenaient noirâtres, » signifie: son visage devenait austère, sévère, Abbad. II, 41, 7, 120, 2, III, 195.

خضر. أَخْضَار verdure, Roland.

خُضَرَة. Ce n'est pas seulement le pl. خُضَر qui s'emploie dans le sens de légumes, herbes potagères (Lane), mais aussi le sing. خُضَرَة, Alc. (ortaliza), Martin 100, Cartâs 277, 15. — Verdure, herbes, feuilles d'arbre vertes, Bc, 1001 N. I, 60, dern. l., 66, 13, 85, 4. — Gazon, pelouse, Bc. — La plante appelée نَمّام, thymus serpyllum, Most. sous ce dernier mot. — Espèce de datte verte, Pagni 152. — Lividité, Gl. Belâdz.

خُضَرِي vert, Voc. — Vendeur de légumes, Voc., M.

خُضَرِي vendeur de légumes, Lane M. E. II, 17. — Fruitier, qui vend des fruits, Bc.

خُضَارِق vulg. pour l'oiseau خُضَارِق, M.

خُضَراوي espèce de datte, Niebuhr R. II, 215.

خضراوها, Bait. II, 366, où Sonth. traduit grüner Lauch.

خُضَرْجِي vendeur de légumes, M.

الـخَضْرَيْرَات. Il chad rairât (sic), le temps où le Nil est vert, « et pour lors on souffre beaucoup en Egypte, à cause qu'il est corrompu, ses eaux insipides et fades, » Vansleb 49.

خُضَار verdure, Bc.

خُضَير légumes, M. — Fiente de vache fraîche, M. — Sorte d'oiseau, Yâcout I, 885, 6; chez Cazwînî avec le ḥâ.

بَنُو خُضَيْر mulâtres, Palgrave I, 458.

خُضَارَة = خُضْرَة, Macc. I, 126, 13 (cf. Add.). — Marché aux herbes, Alc. (havacera).

خُضَارِي des légumes, Hist. des Benou-Ziyân 97 v°: سائر الاقوات والخضاري ¤

خُضَارِي nom d'un oiseau, voyez Lane. Chez Alc. on trouve kâdarrây, çumaya pastor ave, c.-à-d. fresaie, espèce de chat huant. J'ignore si c'est le même mot.

خُضَيْرَة verdure, Voc., Hbrt 46 (Alg.), Ht, M.

خُضَيْرا daphne oleoides, Bait. I, 468 b; dans le Most. v° مازريون, c'est خُضَيْرا.

خُضَيْرَة voyez ce qui précède.

خُضَيْرَة nom de la Meloukhia, Mehren 27.

خُضَيْرِي des pommes de pistachier, Carette Géogr. 259.

خُضَيْرِيَّة mulâtres, Palgrave I, 458; — espèce de datte ainsi nommée parce qu'elle conserve sa couleur verte, même quand elle est parfaitement mûre, Burton I, 384. — سوق الخضيرية marché aux herbes, Burton I, 374.

خَضَّار le jardinier qui prend soin du potager, Alc. (ortelano de ortaliza), Hist. des Benou-Ziyân 97 v°. — Revendeur en détail, Alc. (regaton). — Le fém. ﺓ herbière, vendeuse d'herbes, Alc. (bercera).

خَضَّارَة marché aux herbes, Alc. (havacera).

أَخْضَر. En parlant de chevaux, « chevaux verts; les Arabes considèrent comme vert le cheval que nous appelons louvet, surtout quand il se rapproche de l'olive un peu mûre, » Daumas Mœurs 287; — cœur de more, Bc, Ztschr. XVIII, 324, 2 a f., 327, n. 3. — Pas assez cuit, Daumas V. A. 254. — Sorte d'oiseau, Yâcout I, 885, 6. — عمل له عرقا أخضر gagner, se rendre quelqu'un favorable, Bc. — الـخَضْراء pour الكتيبة الخضراء (voyez Lane), Gl. Fragm.; — pignon amande de la pomme de pin, Auw. II, 613, 18; — عِنْدَهُ صَبْوَةٌ signifie M, avec ces vers: فلان نَفْسُهُ خَضْرَاء

بَخِدّ الحِبّ رَيْحَانٌ نَضِيرٌ لأَسْطُرِه حُرُوفٌ لَيْسَ تُقْرَا
فَرَاعَيْتُ النَظِير وقُلْتُ بِدْرِى عِذَارُكَ أَخْضَرْ والنَفْسُ خَضْرَا

تَخْضِيرُ فِرِنْد السيف *faire paraître son* فرند *à force de le fourbir*, M.

خضع I *révérer, vénérer Dieu*, Alc. (reverenciar a Dios). — C. ل p. *faire une révérence à quelqu'un*, Bc. — L donne: خَضَعَ ومَنَعَ وأَبْعَدَ eiecit; un tel verbe n'existe pas, et خضع en ce sens m'est inconnu.

VI, Saadiah ps. 10.

VII *se baisser*, Prol. III, 416, 15.

خُضُوع *l'action de s'agenouiller*, Alc. (arrodilladura). — *Révérence, mouvement en se baissant pour saluer*, Bc.

خَيْضَعَة *casque*, L: *galea* (cassis) بيضة للحديد وفي الربيعة والمغفر والكَيْضَعَة

مُنْخَضِع *chien couchant*, au fig., *capon*, Bc.

خضف

خَضْفَةُ الجَمَلِ = ضَرْطَةُ الجَمَلِ, P. Kâmil 671, 1 et 2.

خضل

خَضِل pl. أَخْضَل = خَضِل, Gl. Mosl.

خط

I. Il sortit du palais, appuyé sur les bras de deux serviteurs, ورجْلاه لا يَخُطّان الأرض « et pouvant à peine mettre un pied devant l'autre » (de Slane), Berb. I, 446, 4 a f. — خَطّ الصليب *faire le signe de la croix*, Macc. II, 441, 11 (cf. Add.). — *Sillonner*, L (sulco), Voc., Bc. — خَطّهُ الشَيْبُ *grisonner*, Bc. — خَطّ الخُطّة (voyez Lane sous la VIIIe) se trouve p. e. Bat. I, 269: خَطَّها لى رسول الله « il s'agit d'un terrain qui m'a été assigné par l'envoyé de Dieu. » — Chez les tireurs d'arbalète, *faire la* خَطّ (voyez ce mot), Maml. II, 1, 74. — خَطّ عِذَارُه *sa barbe commençait à pousser*, M, Macc. II, 643, 6, 1001 N. III, 250, 5 a f. — خَطّ فى نَوْمِهِ *ronfler, faire en dormant un bruit de la gorge et des narines*, 1001 N. I, 835, 14, 836, 6 a f., II, 547, 6 a f., IV, 339, 8, I,

45, 5: وصِرْتُ أَخُطّ كَأَنَّى نائم, car c'est ainsi qu'il faut lire, au lieu de أَخْطُر, Bresl. IV, 148, 11; nom d'act. خَطِيط, Macn. II, 291, dern. l. C'est pour غَطّ, de même que la racine خَفَرَ est devenue غَفَرَ; comparez aussi (dans Lane sous خَطَرَ I) et غَطَرَ, etc.

II *sillonner*, Alc. (asulcar, sulcar hazer sulco, sulcar arando). — خَطَّهُ بِهذا السَنَدِ « en lui écrivant, il lui donna ce titre, » Macc. I, 134, 4; خَطَّطَ بِما يَنْبَغِي « en écrivant son nom, il y ajouta les épithètes honorifiques auxquelles il avait droit, » Lettre à M. Fleischer 80, 4, cf. l. 6 et 7. — *Canneler, creuser des cannelures sur une colonne*, Bc; Prol. II, 325, 7: التخطيط فى الأبواب والكراسى, où de Slane traduit *appliquer des moulures*. — En parlant d'une femme, *teindre ses sourcils avec du* خَطُوط (voyez), M.

V dans le Voc. sous lineare et sous scribere. — *Se peindre les sourcils*, Bc. — C. ب r., J. A. 1849, I, 207, dern. l.: ثم ارتحل الى بجاية فسكن بها وتخطَّط فيها بالعدالة « étant venu à Bougie, il travailla dans cette ville, auprès du cadi, en qualité de *'âdil* (assesseur). » — Comme ܐܣܟܠܝ en syriaque, *effossus est*, Payne Smith 1245.

VII dans le Voc. sous lineare.

VIII c. a. *prendre possession de*, p. e. d'un palais, Akhbâr 12, 6; aussi اختطّه لنفسه, ibid. 21, 7; on trouve encore: اختطّ القصبة لنفسه والمدينة لاصحابه « lui-même prit possession de la citadelle, et il donna la ville à ses soldats, » ibid. 14, 11 et 12.

خَطّ *formule religieuse, écrite par les tolbas*, qu'on porte comme talisman sur différentes parties du corps, ou qu'on brûle, pour qu'on puisse en absorber la cendre délayée dans certaines boissons, Daumas V. A. 132. — *La géomance ou géomancie* (cf. Lane sous la Ire forme), Hist. Tun. 92: وكان اشار له بها (بالولاية) أيّام خمولِه — لعلم عنده من الخطّ *Magie*, M. — *Filets ou filaments qui sont dans l'urine*, Alc. (hilazas que parescen en el urina). — خَطّ شريف *autographe impérial, brevet*, Bc. — *Sillon*, L (sulcus خَطّ, lisez خُطّ), Voc., Alc. (sulco de arado, sulco en lo sembrado), خَطّ لِجَرْى المَاء *sulco para sacar el agua*), Hbrt 178, Bc, Auw. I, 197, 6, 306, 4, 356, 11 et

12. — Nom d'une singulière espèce de détention, voyez Ouaday 328—9. — خطّ الأُدَيب *arbousier*, Bg, *arbouse*, Bc; corrompu dans Pagni MS: « Arbutus, Vtiladib. »

خطّ mot dont on se sert pour chasser un chien, *va-t'en!* Alc. (exe como lo dezimos al perro, kitt; Nebrija traduit en latin exi).

خطّ pl. خُطوط *arrondissement, district*, Bc; *kakem* (l. حَاكِم) *el kott*, « chef de canton, » Fesquet 25. — Au Caire, *quartier*, Lane M. E. II, 261.

خُطّة *arrondissement, district, province*, Abbad. I, 223, 16, II, 163, 3, Becrî 172, 9, Berb. II, 84, 5, Haiyân 29 v°: ce prince dont le règne fut rendu si pénible بتـوسّـع فتـاى الفتنة وتصديق نطاق للخطة — , « le jeu de la *khitta*, » a lieu lorsque des oiseaux ont été abattus à la chasse. Voici en quoi il consiste: les tireurs se réunissent pendant la nuit chez celui d'entre eux qui occupe une position honorable. Il leur fait apporter des confitures, des friandises ou des fruits secs. Le tout est déposé auprès d'un des tireurs. Celui-ci en détache successivement une petite portion, qui est placée au milieu de l'enceinte, à côté des oiseaux morts. Auprès des confitures ou des friandises, on pose un vase rempli d'eau. Les tireurs s'asseient en cercle autour des oiseaux et des confitures. Chacun d'eux tient à la main un *nedb* de balles. On en prend autant que l'on veut, on compte les personnes présentes, et on fait la division en proportion de leur nombre. Celui à qui échoit la confiture, la mange, et celui qui est à ses côtés boit l'eau. Quelquefois, une même personne obtient deux ou trois fois une part de friandises, et une même personne boit l'eau deux ou trois fois; ce qui excite dans l'assemblée des ris prolongés et une vive allégresse, Maml. II, 1, 74.

خُطّة *cause, procès*, Müller 2, l. 3, 12, dern. l. — *Charge, emploi, dignité, administration*, L (ministratio (et subministratio et ministerium)), Voc. (dignitas), Gl. Mosl., Haiyân-Bassâm I, 88 r°: وَلَمَّا 107 r°: ولى الامـر بعـد والـد نـوة به واسى خطّته وصِهـره وزيـره بحضرته الاثيرة اشبيلية وجمع له اعظم وأقرَّ يحيى اصحاب الخطط 128 v°: خطّطهـا العلَيـة على مراتبهم Prol. I, 20, 9; خطّة الوزارة la dignité de vizir, » Haiyân 76 v°, Haiyân-Bassâm I, 128 v°; خطّة القضاء, Macc. I, 134, 12, Prol. I, 48, 8, ou خطّة القاضى, Macc. I, 134, 4 a f.; خطّة الاحتساب « l'emploi de mohtasib, » Macc. *ibid.*; خطّة السوق « l'emploi de, » Haiyân 39 v°, خطّة, صاحب السوق « l'emploi de, » Haiyân 39 v°, خطّة ولاية المدينة, Macc. I, 135, 9; خطّة الطواف بالليل, Haiyân-Bassâm I, 107 r°; Bassâm II, 76 r°: وهو اليوم فى وقتنا قد اصبار اليه اهل قاعدة لبلة فولّوه خطّة sur; خطّة الشورى, والقوا اليه مقاليد الفتوى « القَطع voyez sous قَطيع. De Sacy, Chrest. I, ۱۴۱, 2 a f., 410, n. 63, a cru qu'il faut prononcer خُطّة, et que ce mot signifie proprement *une place*, dans le sens d'un emploi; mais L et le Voc., qui donnent خُطّة, ne confirment pas cette opinion. — *Titre, qualification que l'on donne par honneur*; les titres de Çadr ad-dîn, Chams ad-dîn, etc., sont des خُطَط, Djob. 298, 10. — Je ne comprends pas bien ce que ce mot veut dire chez Macc. I, 884, 2 a f., où c'est l'opposé de صفة (lisez فلا, avec Boul. et L, au lieu de ولا). — خطّة على امك « ta mère est *dangereusement malade*, » 1001 N. Bresl. XII, 352, 4.

خِطّى. الاصطرلاب الخطى, *l'astrolabe linéaire*, Khallic. IX, 24, 4 a f.

خِطّى et خَطيّة *lance*, Voc. (cf Lane sous خَطيّة).

خُطَاط *poudre*, Bait. I, 28 d: quand on brûle ce bois, la cendre en est noire, ويتخذونه خطاطا للحواجب (la voyelle dans B).

خُطوط *poudre avec laquelle les femmes dans les villes se teignent les sourcils*, et qui est faite ordinairement de fumée d'encens, M.

خُطَّي *linéaire*, Bc.

خطّاط *écrivain, maître à écrire*, Bc, Hbrt 111.

خطّاطيّة *une femme qui excelle dans la calligraphie*, Bassâm III, 86 r°: فنّ الآن — ادبيّات خطّاطيّات تدلّ على ذلك لِمَن جهلهنّ الدواوين الكبار الّتى ظهرت خطوطهنّ

تخطيط *rayure, cannelure*, Bc. — Un rayon d'un certain nombre de lieues autour d'une ville, Amari 390, 5: بُرج الأسَد طالع تخطيط المهديّة. — Le pl.

تَخَاطِيط les contours d'une personne (de Slane), Prol. II, 355, 2 a f.

خطى V, pour la IIe, تَخَطَّأَتْ نَوْمَهُ عَنْهُ « elle l'a privé de sommeil, » Gl. Mosl. (Ce qu'on trouve dans ce Gloss. au sujet de la IVe forme est une erreur; il faut prononcer: وَيَتَخَطَّى جَهْدُ « les efforts de etc. manquent le but »).

خَطِيَّة et خُطَيْئَة. 1001 N. I, 590, 11: انَّ خَطِيئَتَهَا فِي ذِمَّتِكَ وَعَنَقِك « c'est toi qui es responsable du crime de l'avoir tuée » (dans la trad. de Lane: the crime of destroying her). — خَطِيَّة c'est dommage; aussi: il y a conscience, c'est conscience, vulg. خَطِيَّة, Bc.

— Amende, Ht, Sandoval 321—2, Hist. Tun. 129: وَجَعَلَ عَلَيْهِم خَطِيئَة أَرْبَعِينَ أَلْف رِيَال.

خِتَائِي (proprement: de Catay, c.-à-d., du Nord de la Chine; la première voyelle selon Bat. IV, 294) nom d'une espèce de soie; Yâcout, I, 822, nomme cette étoffe parmi celles qu'on fabriquait à Tebrîz; Nowairî Egypte, man. 2 m, 171 r°, en parlant de la vaste tente de Berekeh-Khân: مَسْتُورَةٌ مِنْ دَاخِلِهَا بِالصَّبِيدَات وَالخِتَائِي مُرَصَّعَة بِالجَوَاهِرِ وَاللُّؤْلُؤ aussi chez les écrivains persans, p. e. chez Mirkhond, Hist. des Seldjoukides, 11, 5 éd. Vullers.

خَاطِي (vulg. pour خَاطِئ), pécheur, forme au pl. خَطَاة, Bc. — خَاطِيَّة une pécheresse, c.-à-d. une femme de mauvaise vie, de Sacy Chrest. I, 335, 3.

مُتَخَطِّيَة, pl. ات et مَتَخَاطِي, prostituée, Voc.

خطب I. Moâwia envoya Abou-'d-dardâ vers l'Irâc, خَاطِبًا لِزَيْنَب عَلَى ابْنِهِ يَزِيد « afin qu'il demandât Orainib en mariage pour son fils Yezîd, » Gl. Badroun. — Fiancer son fils ou sa fille, Alc. (desposar al hijo o hija); خَطَبَ بِنْتَهُ لِأَحَد accorder une fille en mariage à quelqu'un, fiancer, Bc; aussi c. بِ p., 1001 N. Bresl. III, 339, 11 et 15, ou c. فِي p., ibid. 340, 7, Voc., ou c. عَلَى p., Voc. — Ambitionner, désirer, demander, synonyme de طلب, Maml. I, 1, 7, Abbad. II, 162, 8, cf. III, 221, Berb. II, 351, 1, Ictifâ 154 r°: plusieurs ambassadeurs arrivèrent auprès d'Almanzor, وَكُلُّهُم يَخْطُبُ أَمَانَةً وَيَطْلُبُ أَنْ « بِجَاشِي مِنْ مَعْرَّتِهِ مَكَانُهُ » c. الى p. et a. r. demander une chose à quelqu'un, Haiyân 62 v°: خَطَبَ الى — C. بِ p. faire l'éloge de, السُّلْطَان وِلَايَة اشْبِيلِيَة, Macc. I, 742, 22, cf. Fleischer Berichte 247; spécialement, c. بِ p., faire l'éloge de quelqu'un dans la préface d'un écrit (الخُطْبَة), qu'on lui dédie, Macc. II, 470, 1, cf. Fleischer l. l.

II dans le Voc. sous predicare. — خَطَّبَ البِنْتَ لِ fiancer, promettre en mariage, Bc.

III c. a. et عن, et VI, dans le Voc. sous epistola.

VIII se fiancer, Alc. (desposarse).

خِطْبَة les arrhes que donne un homme qui demande une femme en mariage, M.

خُطْبَة, prône, signifie aussi un endroit où l'on fait le prône, c.-à-d. une mosquée, Khatîb 13 v°: وَقَدْ ذَكَرْنَا أَنَّ أَكْثَر هَذِهِ القُرَى أَمْصَار فِيهَا مَنَابِر ou خُطْبَة النِّكَاح. — Chez les juifs, خَمْسِين خُطْبَة seul: la prononciation de la formule du mariage par le prêtre, la bénédiction des fiançailles, de Sacy Chrest. I, 365, 4, 6, 368. — Dans les diplômes, la formule préparatoire أَمَّا بَعْد الحَمْدُ لله, ou حَمْد الله, suivie parfois de quelques autres mots; voyez Maml. I, 1, 202. — Dédicace, Bc. — Accordailles, fiançailles, Bc, mariage, Alc. (matrimonio); — bague de fiançailles; رَجَّعَ الخُطْبَة « rompre les fiançailles, renvoyer la bague, » Bc.

خُطَبِي oratoire, qui appartient à l'orateur, Bc.

خُطْبَان, n. d'un. ة; dans le Most. v^o حَنْظَل, un peu autrement que chez Lane (sous أَخْطَب): des pommes de coloquinte déjà passablement grandes, de sorte que leur couleur verte est mêlée de jaune.

عِيد الخِطَاب chez les juifs, la fête de la Pentecôte, de Sacy Chrest. I, ٩٨, 5; « ce nom était sans doute donné à cette fête, comme qui dirait la fête de l'allocution, parce qu'en ce jour Dieu avait parlé aux enfants d'Israël, » ibid. 321, n. 38.

خَطِيب fiancé, Alc. (esposo de alguna), Bc.

خَطَابَة la rhétorique, Voc., aussi عِلْم الخَطَابَة, Prol. I, 62, 4, cf. 65, 2 a f., 244, 2 a f., 245, 4, et صِنَاعَة الخَطَابَة, Badroun 18, 5.

خَاتِمُ الْخُطُوبَة‎ alliance, bague de mariage, *bague de fiançailles*, Bc.

خَطِيبَة‎ *épousée*, Alc. (esposa de alguno). — *Fiançailles*, Ht.

خِطَابِي‎ *rhétoricien*, Voc.

خَاطِب‎, fém. ة‎, *marieur, faiseur de mariages*, Alc. (casamentero, casamentera); une خَاطِبَة‎ est une femme dont le métier est de s'entremettre pour assister des hommes qui veulent se marier, Lane M. E. I, 235.

مُخَطَّبَة‎ (voyez Lane) se trouve Diw. Hodz. 35, 15.

مَخْطُوب‎ *fiancé*, Alc. (esposo), Roland, c. ل‎ p., Bc; fém. ة‎ *épousée*, Alc. (esposa).

الْمُخَاطَبَة‎, Amari 576, 10; l'éditeur, dans le J. A. 1853, I, 268, traduit *la propriété du langage*.

خَطْخَط‎ II, en parlant d'une femme, *se teindre les sourcils avec du* خُطُوط‎, poudre qui est faite ordinairement de fumée d'encens, M.

خطر‎ I *passer*; خَاطِر‎ *un passant*, Gl. Edrîsî; L (pertranseo, pretereo, preteriens, خَاطِرًا‎), qui preteriebant (الَّذِينَ كَانُوا يَخْطُرُونَ‎, sic), transiliens (خَاطِل‎), transibimus, transitus (خُطُور‎, transmeat); Mohammed ibn-Hârith 223: نظر الى معوية بن صالح خاطرا فى القنطرة‎ Macc. II, 558, 10, III, 28, 13 (le second خَاطِر‎), Bat. IV, 294, Cout. 32 r°: وان واحدا منّا لا يخطر‎, فى طريق ولا يمرّ بجماعة الّا قال الناس الخ‎ P. Prol. III, 391, 2 a f., Abdarî 80 v°: ولكنّها فى عين المجتاز‎ — c. ب‎ p. *passer près de*, Gl. Edrîsî, Mohammed ibn-Hârith 207: بقى الناس بلا قاض حتّى خطر بهم يوما زرياب راكبا الى البلاط‎, Cout. 17 r°: 33 r°: خطر يوما يؤدّب الصبيان‎, كيف تخطر بباب ابن طروب واعوانه وحفدته بحضرته‎ فبينما هو‎ :R. N. 20 v°: خطر بدار الرهائنّ‎ 39 r°: يوما جالسا (جالس) اذ خطر به الشاب وتحن ثوبه‎ طنبور‎. J'ai eu raison de traduire خطر بفلان‎ par *se loger chez quelqu'un*, dans le passage du Bayân ('Arîb), I, 171, 6 a f., et c'est à tort que j'ai rétracté cette traduction dans le Gl. Edrîsî; voyez plus loin خَاطِر‎.

Aussi c. ب‎ p. *rendre visite à quelqu'un*, Mohammed ibn-Hârith 330: تخطر بالقاضى للحبيب فى صدر النهار‎ — C. على‎ aussi فامره بالمقام حتّى حضرت المائدة‎ *passer près de*, Macc. II, 550, 15, J. A. 1852, II, 211, 4 a f., Çalât 75 r°: وخطر على اشبيلية‎, l'anonyme de Copenhague 114: وخطر على الجماعة وغيرها‎, Abdarî 14 v°: حين خطر على قسنطينة راجعا من‎, خطرنا على مدينة سفاقس ونحن ننظر‎ r° 82, المشرى‎ فى خطرنا على‎ — v° 82, اليها — ولم ندخل بلدا منها‎ من ادخلها‎ مدينة للحمامات‎; aussi dans le sens de *venir près de*, Gl. Edrîsî (où il faut biffer la citation Cazwînî II, 297, 10, car au lieu de خطر‎, on doit y lire يخظر‎), et dans celui de *rendre visite à quelqu'un*, Mohammed ibn-Hârith 309: خطرت عليه‎ اخر جمعة عاشها فحرّكته للرواح فخرج معى الى الجامع‎ ماشيا‎. — *Faire mal au cœur*, Ztschr. XX, 497: القدح فى خاطر‎ « les paroles injurieuses me font mal au cœur. » خطر له‎ *il changea d'avis*, M.

II dans le Voc. sous transire.

IV. اخطر ذكره‎ *il fit mention de lui*, Akhbâr 142, 6.

V *parier*, Ht. — Dans le Voc. sous transire.

VI (cf. Lane) *parier*, Bc (Barb.), Hbrt 218 (Alg.), Ht, Delap. 24.

خَطَر‎ « لم فى انفسهم اخطار وفى الناس ils étaient très-nobles selon leur propre opinion, et aussi selon l'opinion publique, » Akhbâr 25, dern. l. — *Grande valeur*, Gl. Edrîsî.

خَطِر‎ *grand, considérable*, Abbad. II, 193, 1 et n. a.

خَطْرَة‎ *voyage*, M.

خَطَرَى‎, si la leçon est bonne, doit avoir un sens que je ne connais pas R. N. 92 r°: لمّا عطف فى الى‎ الركن خرج اليه رجل بيده خطره (sic) فضربه به (sic) للراس فصرعه وهو ميت‎ ۞

خَطَّار‎ *convoi de marchandises*, Cherb.

خَطَّارَة‎ *passage, lieu par où l'on passe*, Alc. (passadera por do passa algo). — *Petit pont de bois*, Alc. (ponton puente de madera). — *Fers aux pieds*, 1001 N. Bresl. IX, 366, 9, où l'éd. Macn. a قَيْد‎.

خَطَّار‎ pl. خطاطير‎ *bascule pour puiser de l'eau*; c'est une longue pièce de bois; à l'un des bouts pend le seau, et à l'autre bout est une pièce de bois ou une pierre pour faire le contrepoids; dans la basse latinité *ciconia* (voyez Ducange), en espagnol *cigoñal*

خطر

ou *cigüeñal;* voyez, outre les passages cités dans le Gl. Edrîsî: Voc. (ciconia putei), Barth I, 351, III, 116, V, 427, Mohammed ibn-Hârith 260: فنظر بعض خواص الامير الى يحيى بن معمر وهو فى جنان له يستقى الماء بخطّارة ويسقى بقل الجنان ٭ pl. خُطَّار خاطِر passant, voyez sous la Ire forme; *étranger, visiteur,* Bc, M: الخاطر الى البلد عند المولّدين «ont-ils beau-coup de monde?» Martin 22. — Même pl., *hôte,* qui est logé, Bc, Ztschr. XXII, 86, 7, 154. — *Esprit;* حضور الخاطر «présence d'esprit,» Abbad. I, 245, 1. — اقول مع خاطرى *je dis en moi-même,* Macc. II, 517, 8. — *Humeur,* Bc, Ht; طيّب خاطرك «de la bonne humeur,» de Sacy Chrest. I, 462; مكسور الخاطر *triste,* M. — *Talent poétique,* Abbad. I, 297, 10. — *Affection,* Ht. — *Disposition, sentiment à l'égard de,* Bc. — *Complaisance,* Ht. — *Souvenir,* Bc; peut-être ce mot a-t-il ce sens chez Macc. III, 751, 14, où une personne qui se trouve en danger, dit en invoquant un saint: يا سيدى ابا العبّاس خاطرك «souviens-toi de moi, viens à mon secours!» — *Envie, désir, fantaisie, disposition, volonté,* Bc, *intention,* Ht, M: ‎ليس لى خاطر فيه p. e. مشيئة, و خاطر فى كذا; خاطرك *avoir en tête,* Bc; خاطر ان لة *être en humeur de,* Bc; 1001 N. I, 405, 3: فى خاطرى زيارة بيت المقدس «j'ai envie de visiter Jérusalem;» *ibid.,* l. 5 a f.: خاطرى شى من اللحم المشوى «j'ai envie de manger un peu de viande rôtie.» — *Gré, guise, plaisir, volonté,* Bc; على خاطرى *à mon gré,* Bc; على خاطرك *comme vous voudrez,* Bc; cette expression et بخاطرك اعمل هذا *faites cela comme vous voudrez,* Ztschr. XXII, 136; من شان خاطر لاجل, خاطر فى, خاطر على *à cause de,* Bc, *pour,* en considération de, Bc (Barb.); 1001 N. I, 47, 3 a f.: لولا انى اخشى على خاطرك «si je ne craignais pour vous,» je détruirais la ville; Bresl. I, 54, 2: خاطرك «à cause de vous, pour vous plaire;» Macn. I, 907, 13: راحت العجوز من اجل خاطركم «la vieille partit pour plaire à la princesse;» III, 206, 13: cette mule fait en un jour le trajet d'un an, ولكن من شان خاطرك مشين على مهلها «mais à cause de vous (pour ne pas vous effrayer), elle a marché lentement.» Quand on a longtemps contesté sur le prix d'une marchandise et que le vendeur se décide enfin à la céder, il dit: من شان خاطرك «je le fais en votre considération,» Ztschr. XI, 506; على خاطر

خطس

Daumas Mœurs 283 n. لخاطره *pour lui plaire,* Ztschr. XXII, 136. اكراما لخاطرك *par égard pour vous,* Bc. — بخاطرك *à votre santé,* Bc (Barb.). — بالخواطر *par compère et par commère, par faveur, recommandation,* Bc. — على خاطر *à la merci de, à la discrétion de,* Bc. — خاطر اخذ *amadouer, caresser pour attirer à soi, apaiser une personne irritée, choyer quelqu'un, complaire, chercher à se raccommoder avec quelqu'un,* Bc, 1001 N. I, 334, 4 a f., 403, 15 et 16, 445, 6 a f., 453, 8 a f., IV, 21, 14, Bresl. XII, 361, 13; en parlant de deux personnes, اخذ خواطرها, Macn. III, 225, 3. Aussi خاطره اخذ *apaiser une personne irritée,* 1001 N. I, 451, 9. — خاطر اخذ, ou جبر خاطره اى طيّب قلبه, *consoler,* Bc, M: خاطره, وتلاقى ما فات من امره ومنه قولهم على الله جبر الخواطر فى اخذ خاطرك *faire compliment de condoléance à quelqu'un sur,* Bc. — خاطر اخذ *prendre congé,* Bc; اخذ خاطره *il prit congé de lui,* 1001 N. I, 647, dern. l., II, 88, 8 et 9, 109, 6 a f., 471, 2 a f., 477, dern. l., 478, 10, III, 223, 3 et 4, 550, 3. Aussi خاطركم, خاطرك بخاطر II, 471, 7. — منه خاطره اخذ على *se fâcher, se choquer de,* M. — من خاطره اعطى *il donna spontanément,* Ztschr. XII, 136. — خاطره راعى *avoir des égards pour quelqu'un;* صاحب خاطر *personnage à qui l'on doit des égards;* لازم و واجب الخاطر et خاطره *de conséquence* (personnage), Bc. — خاطرك كلّف «ayez la bonté de me donner l'encrier, la plume,» Bc.

رجال خاطرها *personnages à qui l'on doit des égards,* Bc.

أخْطَر *plus noble, très-noble,* Weijers 25, 2, 38, 11, Abbad. I, 3, l. 16.

مَخْطَر dans le Voc. sous *transire;* — *lieu de réunion,* Gl. Djob.

مُخْطَر *fois,* Hbrt 122.

مخاطرة *(vente où l'on court des risques) mohatra,* (contrat, marché) par lequel un marchand vend très-cher à crédit ce qu'il rachète aussitôt à très-vil prix, argent comptant, Bc; cf. Gl. Esp. 316.

خطرف I. L: *excedit* يَخْطرفُ وايضا يَعْجَزُ. — *Faire des éclairs,* Voc.

II voyez Diw. Hodz. 195, vs. 68.

خطس I *se plonger dans l'eau,* Alc. sous *çabullirse,*

خطف

qu'il traduit aussi par تَـغَـطَّـسَ; confusion du *khd* et du *ghain*; cf. sous خطّ I, à la fin.

خطف I. الأرماش يخطف « il est plus vite que le coup d'œil,» Daumas V. A. 185.

II c. a. *courir*, Voc.

III c. a. *rivaliser de vitesse avec* quelqu'un, en parlant d'un éclair, P. Abbad. II, 131, dern. l.

V c. a. p. *arracher à* quelqu'un *ce qu'il possède*, à ce qu'il semble, Abd-al-wâhid 141, 2. — تَخطَّف لونه *changer de couleur*, Bc.

VII dans le Voc. sous *rapere*. — اِخْتَطَف بالروح *être ravi en extase*, Bc.

خَطْفَة *impétuosité, violence, élancement, effort impétueux*, Alc. (impetu). — *Surprise, escarmouche, combat*, Alc. (rebatina, cf. Victor); on trouve «khrotefa» dans le sens d'*incursion, razzia,* chez Daumas Mœurs 311. — خطفة البرق *rapide comme l'éclair*, Djob. 183, 10; خطفة شمس *un rayon de soleil*, Djob. 178, 11. — T. de musique, est: لمحة من نغمة أخرى :يتناولها المغنّى في وسط النغمة الّتى يترنّم بها, M.

خُطْفَة *agrafe* d'argent avec laquelle les femmes attachent le *haik* sur la poitrine, Hœst 119, où il faut lire ainsi, au lieu de ختفية.

خَطُوف *qui enlève*, Payne Smith 1248.

خَطِيفَة *jeune fille enlevée par son amant*, M.

خَطَّايفَة *hirondelle*, Cherb, Ht, Daumas V. A. 432; le même mot suivi de *el-meqaouss*, *martinet* (oiseau), Cherb.

خُطَّاف, *hirondelle*, n. d'un. ة, Voc., Alc. (golondrina). — Ancre, 1001 N. IV, 643, 7 a f. (aussi dans l'éd. de Boulac).

خطيف *martinet*, sorte d'hirondelle, Bc.

مَشَى بالخُطّافى *courir*, Voc.

ذئب خاطف *loup-garou*, Bc.

مَخْطَف *ancrage*, Ht.

مِخْطَف (vulg. مُخْطَف, Voc.) pl. مخاطف *crochet*, L (creagra مخاطف حديد, Voc., Auw. II, 545, 7. — *Ancre*, Hbrt 128 (Barb.), Ht.

مِخْطَاف, ordinairement مُخْطَاف, *crochet, harpon,*

خف

main de fer, harpeau, grappin, croc, gaffe, L (canicula (sic), avec le synon. فَتَّاشَة, fibula, uncinus), Alc. (cloque garfio de nave, garavato, garavato para sacar carnes, garfio), Bat. IV, 73, Amari Dipl. App. 7, 1 (cf. l'ancienne trad. ital. p. 312, où il faut lire *mohtaf*, au lieu de *molitaf*). — *Hameçon*, Alc. (anzuelo garavato). — *Houlette, bâton de berger*, Alc. (cayado de pastor, gancho de pastor). — *Ancre*, Domb. 101, Hœst 187, Bc (Barb.), Hbrt 128 (Barb.), Ht. — *Aviron*, Hbrt 128.

مَخْطُوف *altéré, devenu jaune* (couleur), M.

خطم I *frapper un éléphant sur la trompe* (خرطوم), Gl. Belâdz.

خِطْمِيَّة *guimauve*, Bc, Ht. — Espèce de peuplier, Rauwolf 62. — خطميّة الجنّة *vésicaire*, Bc.

خِطَام *frontail, ornement de la têtière du harnais*, composé d'anneaux, ou de petites plaques métalliques, qui font un cliquetis quand le cheval remue la tête. On place aussi de ces écailles sonores à la partie antérieure de la bride, et on en suspend à la gourmette, Maml. I, 1, 253. — Au fig., اتّخذوا اللّثام خطامًا «ils se voilaient la figure avec le *lithâm*» (espèce de bandeau qui sert à couvrir la figure au point de n'en rien laisser paraître excepté les yeux), Berb. I, 235, 13.

خطو I, vulg. خطى, *franchir, passer au delà*, Bc.

V *passer par une ville pour se rendre dans une autre*, Abbad. II, 159, 12.

خَطْوَة *chemin*, L (callis خَطْوَة وطريق).

خَطّايَة الصلاة *lézard*, Domb. 66.

خفّ I. معد خفّ ما *ce qu'il pouvait transporter*, Freytag Locm. 61, 6 a f. — كلّما خفّ موضع « chaque fois qu'un endroit ne contenait plus que peu de dinârs,» Thaʿâlibî Latâïf 74, 2 a f. — يرحم من زار وخفّ « que Dieu accorde sa bénédiction à celui qui a fait visite et n'a pas été long,» Daumas V. A. 65. — C. على p. *déverser sur* quelqu'un *le poids des affaires* (de Slane), Berb. I, 472, 8 a f., cf. 5 a f. — C. ل *être très-aimable envers* quelqu'un, Djob. 203, 21; خفّ للزائر كرامة وبرًّا — . خفّ رجله *presser le pas*, Bc. — خفّ يد *écrire vite*, Bc. — خفّ رجليه ou

يديه se dépêcher en marchant ou en travaillant des mains, Bc.

II alléger, surtout الجزية, «le tribut,» et simplement خفّف عنهم «il diminua le tribut qu'ils avaient à payer.» Ceux qui jouissent d'un tel privilége s'appellent اصحاب التخافيف, Gl. Belâdz. — Éclaircir, diminuer le nombre, Voc., Bc, Haiyân-Bassâm III, 49 vº: أمر اصحابه ببذل السيف فيهم لتُخفّف من اعدادهم, ibid.: بَعْدَ مَنْ خُفّفَ منهم بالقتل وهلك في الزحف. — S'éclaircir, devenir moins dense, moins épais, Alc. (ralear hazerse ralo). — Diminuer, Bassâm III, 36 vº: j'ai abrégé للتطويل. — تخفيفا Abréger, p. e. un poème dont on omet des vers, Aghâni 33, 6. — خفّف صلاته prier vite, afin d'avoir bientôt fini, R. N. 78 rº: comme il allait faire la prière du soir, قالت له نفسه تجل قليلا تفطر على تو حلال فعاتب نفسه بان قال لها (ajoutez اما استطعت الصبر عن خمس مرات حتى امرتنى ان اخفف صلاتى من اجلهن. — Exténuer, t. de pratique, Bc. — Éviter d'incommoder quelqu'un par une visite (l'opposé de تخفيف est تثقيل), Macc. II, 550, 18. — خفّ عن جسمه, Macc. I, 472, 10, ou خفّف من لباسه, partic. مخفّف ou نفسه, se dégarnir, se vêtir légèrement, et spécialement mettre des vêtements de nuit, Vêtem. 160; خفّفوا ما عليها من الملبوس «on mit à la nouvelle mariée ses vêtements de nuit,» ibid. 161.

— Chez Alc. مُخَفّف est «apitonado,» et تخفيف «apitonamiento,» tandis qu'on trouve chez Victor: apitonado como cavallo, qui appète quelque chose, qui a quelque ressentiment de ce qu'il a auparavant vu ou goûté, furieux, furibond, transporté de désir excessif, et: apitonamiento, ressentiment, appétit de la chose auparavant goûtée, furie, transport de désir.

V être agile, Mohammed ibn-Hârith 307: Solaimân étant dangereusement malade, Hâchim lui écrivit يسئله ان كان به نهضة للصلاة بالناس والا فيعلم بذلك لينتظر فيمن يقوم بالخطبة والصلاة فكتب سليمن الى هاشم انا متخفف وفي اكثر من نهضة, Haiyân 75 vº; وتخيير للساقة حماة اتجاذ من ابطالهم خلفهم مع 76 rº: نفسه فلما سلكت الاثقال ومقصرو الرجال ولم يبقى من

. الناس الا المستقل المُخَفّف الخ — Dans le Voc. sous rarefacere. — Se dégarnir, se vêtir légèrement, et le part. en négligé, Bc (cf. Lane), R. N. 104 rº: فدخلت دارى فتخفّفت وتغدّيت — Mettre une تخفيفة, un turban léger, M. — C. ب p., comme la Xe, mépriser, Haiyân-Bassâm I, 128 rº: فر سلك (التخفف l.) في التحقق والدهن سبيل يحيى. بالقَرْشيّة C. على et عن dans le Voc. sous aleviare.

X mépriser; on trouve مستخفّ sans régime, dans le sens de méprisant tout, Bat. I, 180. — Réjouir, donner de la joie, du plaisir, R. N. 73 rº: ils apprirent que le cadi, leur oppresseur, avait été déposé et que l'ordre avait été donné de le jeter en prison, فاستخفّ ذلك الى ان قالوا نسير اليد في مجلس قضائه فنشتمه ونشفى صدورنا منه. — Trouver quelqu'un agréable, Gl. Fragm. — Aimer à disputer, être querelleur, contentieux, L (contensiosus مُمارى مستخفّ).

خفّة agrément, qualité par laquelle une chose plaît, de Jong. — فكان له في ذلك غناءا وخفة على مخدومه «il fut bientôt en état d'apporter un grand soulagement au souverain dans l'expédition des affaires» (de Slane), Berb. I, 472, 5 a f.; cf. sous la Ire forme. — Rareté, Voc., Alc. (raleza). — خفّة دم accortise; خفّة روح ou الذات ou خفّة الدم amabilité, Bc; aussi Voc. (placencia). — ذو خفّة impatient, qui ne souffre pas patiemment, L (inpatiens ذو خفّة غير محتمل).

خُفّان pierre légère et poreuse, M; je pense que c'est pierre ponce, comme le mot qui suit ici.

خَفّاف pierre ponce, Pagni MS (kaféf); cette pierre, qui est en effet extrêmement légère, est nommée الحجر الابيض الخفيف dans Amari 2, l. 7.

خفيف léger, vain, étourdi, Ht, Alc. (liviana muger خفيفة); aussi خفيف العقل, Alc. (liviano onbre). — Adroit, Hbrt 89. — Clair, rare, peu compact, Voc., Alc. (adrada cosa rara, rala cosa rara). — Reposé, délassé, Alc. (descansada). — خفيف على agréable à, Haiyân 4 rº: واقتصر على مكان بدر الوصيف اللصيق بنفسه للخفيف عليها. — Proprement «léger,» par antiphrase plomb, Hœst 223, Domb. 101, Hbrt 171. Le Voc. a ضرب للخفيف sous sortilegus (plumbo), car jeter du plomb fondu dans de l'eau était une des opérations des sorciers, témoin ce que dit Saadiah

خفت — 386 — خفض

(de Fez) (dans Abou'l-Walîd 790, 27), qui explique les paroles d'Ezéchiel (21, vs. 26) רָאָה בַכְּבֵד de cette manière: هو الرماص الذى يصبّونه اولائك المجانين فى الماء من انواع الزجر والسحر وربّما سمّوء مجانين عصرنا تفاولًا بضمّ اسمه. En Europe on pratique aussi cette façon de deviner l'avenir, surtout en Ecosse. — N. d'un. ة, *citrouille*, M. — Le pl. خُفَاف *beignets*, Roland. — خفيف الدَّم *accort, aimable*, Bc, M; aussi خفيف الرُّوح, Voc., M. — خفيف السمع *qui a l'oreille fine*, Bc. — خفيف اليد *voleur*, M. — مرحلة خفيفة *une journée faible*, Gl. Edrîsî. — اعمل خفيف *dépêche-toi*, Bc (Barb.).

خُفَافى *portatif*, Bc. — *A la légère*, avec de légers vêtements, Bc.

خُفَّاف *liége*, Hbrt 132 (Alg.).

تَخْفِيفَة *déshabillé, négligé*; خفيفة حريم *casaquin*, *déshabillé court de femme*, Bc. Mais ordinairement تخفيفة seul a le sens de تخفيف الراس, que Bc traduit par *bonnet de nuit*, et signifie *un turban léger*, par opposition au turban gros et volumineux (عمامة) que portaient les gens de loi, Vêtem. 161—2, mon Catal. des man. or. de Leyde I, 155, 6, 1001 N. Bresl. XII, 148, 11, Kalyoubî 183 éd. Lees, M: عمامة صغيرة وكذلك التخفيفة للمرأة وفى ملاءة صغيرة تغطى بها راسها ❊

مُخَفَّف *déshabillé, négligé*, Aghâni 144, 1, où il faut lire ainsi, au lieu de محقق — مخفّفات semble désigner, de même que خفاف (voyez sous خفيف), une espèce de mets, R. N. 91 r°: وقال ابو ابرهيم اشتهى انا قمحا مقلوًا — ثم اذ بقمح مقلوا (l. مقلو). وقال كلّ بابا ابرهيم يا صاحب المخفّفات; dans le man. le mot n'a pas de points diacritiques.

خَفَتَ I. خَفَتْ *être faible par suite de la faim*, M.

IV *réduire au silence*, Gl. Badroun.

VI, dans le sens donné par Lane (TA), *se concerter secrètement pour* (أن), Berb. I, 390, 1, où il faut lire يتخافتون avec notre man. 1351.

خَفَقَان خفتان من الجوع *mourant de faim*, Bc, M. — Sur le vêtement qui porte ce nom, voyez Vêtem. 162—8; pl. خفاتين, Gl. Fragm.

خفم

خَفَم *graine de moutarde* (لسان ADEL), Bait. I, 377 b; leçon de BDEL; A خفم نسخة خفش; HS خفش. Dans H et S لسان.

خَفَر I *protéger, escorter un voyageur durant sa route*; on dit aussi خفر الطريق ou البلاد *maintenir la sûreté des routes, des cantons*, Maml. I, 1, 207. — *Se faire payer le tribut nommé* خَفَارَة (voyez); on dit خفر فلانا et aussi خَفَرَ البَسَاتِين, Gl. Fragm. — خَفَّرْنَا ذِمَّتنا dans le sens que la IV° forme a chez Lane, Abbad. II, 130, 4.

II *protéger, escorter un voyageur durant sa route*, Maml. I, 1, 207, *convoyer*, Bc.

خَفَر *convoi*, Bc, M.

خَفِير *protecteur*, surtout celui qui escorte et défend les voyageurs pendant leur route, Maml. I, 1, 207—8; — *sentinelle, garde, défenseur*, Ht; خفير السوق 1001 N. I, 202, où l'éd. de Boul. porte حارس السوق.

خَفَارَة pl. خفائر *la protection que l'on accorde soit à des personnes sédentaires, soit à des voyageurs*, Maml. I, 1, 208, Berb. I, 205. — *Un impôt qu'on lève, en récompense de la protection qu'on accorde aux habitants d'un lieu, ou à des voyageurs*, Maml. ibid., Berb. I, 148, II, 406, 6, 440, 3 a f., Prol. I, 289, 3; mais dans des temps de troubles on exigeait cet impôt sans aucune compensation, Gl. Fragm.

خَافُور *espèce d'origan* (مَرْو) à larges feuilles, qu'en Espagne on cultivait dans les maisons, Bait. I, 346 g. — En Egypte, *folle avoine*, ibid.; en Syrie plusieurs espèces de folle avoine portent ce nom, Ztschr. XXII, 92, n. 7.

خَفَس I *s'affaisser, s'écrouler, tomber*, Bc, vulg. pour خسف, M.

VII *se défoncer, perdre son fond*, Bc. Dans les 1001 N. Bresl. III, 331, 13, où il est question d'un vieillard cassé, on trouve: خدوده تغر (l. تغور) مخفسات; peut-être faut-il lire منخفسات; مغورات.

خفض II. خَفِّضُوا عليكم chez Macc. I, 633, 16, signifie *modérez-vous!* (ne louez pas tant ce poème, car il est de moi). — C. من, mais c'est proprement le من partitif, *modérer*; voyez Fleischer dans mes notes sur Ibn-Badroun, p. 126.

خفق

VI, Saadiah ps. 10.

VII *se baisser, se coucher*, Saadiah ps. 10, cf. M. T. de médec., *être faible* (pouls); — *diminuer* (fièvre), M.

خَفْض, dans le sens de *terre basse*, forme au pl. خِفاض, Gl. Belâdz.

خَفْض *tranquille* (vie), Abbad. II, 161, 10, cf. III, 221.

أخْفَضُ *plus bas, inférieur*, l'opposé de أعْلَى, Gl. Maw. — *Très-déprimé*, Auw. I, 148, 14; dans le passage 150, 10, le man. de Leyde porte الاخفض, au lieu de الاسفل de l'édition.

خَفَقَ **I** *sonner, rendre des sons* (trompette), Cartâs 213, 2, *battre*, v. n. (tambour), Cartâs 216, 2, Haiyân-Bassâm I, 172 r°: فلم يرعه الّا رجّة القوم راجفين. خَفْق (l. زاحفين); اليد تخفق طبولَهم nom d'act. Badroun 90, 15 (luth). — C. ب r., en parlant de la langue de celui qui prie, semble signifier *prononcer avec émotion* un mot, p. e. le mot *amen*, Djob. 95, 10: وعند ذكر صلاح الدين بالدعا تخفق الالسنة بالتامين عليه, 102, 10. — Dans le sens de *palpiter* (cœur) et dans celui de *briller* (éclair), le Voc. donne aussi le nom d'act. خُفُوق. — خفق الطعام est اذا ضرب بعضه في بعض شديدًا, M.

II c. a. dans le Voc. sous *fulgurare* et sous *cardica pasio*. — خفق حائطًا *ravaler*, t. de maçonnerie, crépir un mur du haut en bas, Bc.

V dans le Voc. sous *cardica pasio*.

خَفَّاق *palpitant avec violence* (cœur), Weijers 24, dern. l., Abbad. II, 223, dern. l. — *Louangeur*, M (الذى يهرف في كلامه). خَفَّاقة, en parlant d'une femme mariée, est *celle qui, ayant faim le matin, demande différents mets*, R. N. 31 r°.

خافقى *ciment, mortier, stuc*, Bc, Hbrt 191.

خافقية *grand plat* (sorte de vaisselle), M, 1001 N. I, 224, dern. l.

خفو

خَفْوة *le temps entre le dernier et le premier quartier de la lune*, M (محاق القمر).

خَفِى **I**, aor. *i*, *cacher*, Bc.

خفى

IV *supprimer*, de Sacy Chrest. I, ١.٢, 13: ils rédigèrent, pour interpréter la Michna, un livre qu'on nomme le Talmud, اخفوا فيه كثيرا مما كان في تلك المشنا, « dans lequel ils supprimèrent beaucoup de choses que contenait la première Michna, » et ils ajoutèrent de leur chef de nouvelles ordonnances. En parlant de l'amour, *l'éteindre*, et en parlant d'une personne, *la faire mourir*, significations qui au fond sont les mêmes; Weijers 48, 12:

عليك متى سلام الله ما بقيت صبابة بك تخفيها فتخفينا

« Je prie Dieu de te bénir, tant que tu auras de l'amour pour moi; éteins-le, et en même temps tu me feras mourir; » Macc. II, 195, 12:

اخفيت سقمى حتى كاد يخفينى

« J'ai caché ma maladie (mon amour), jusqu'à ce qu'elle fût sur le point de me faire mourir. » — *Refuser*, Alc. (negar lo pedido).

V *se déguiser, se travestir, se masquer*, Bc, Gl. Fragm.; متخفى *incognito*, Bc.

VII dans le Voc. sous *abscondere*. — *Dissimuler*, Ht.

VIII c. الى p. *se cacher auprès de, chercher un refuge auprès de*, Berb. I, 587, 7 a f. — *Être tout à fait changé*, 1001 N. I, 346, 12: ورأته قد اختفى, où l'éd. de Boulac porte: تغيّر حالُه, et celle de Bresl. (V, 25): وكان رئيته قد اختفيت عليها.

X *se déguiser, se travestir*, 1001 N. Bresl. VII, 94, 2, Gl. Fragm.; le partic. qui se trouve dans les deux premiers passages qui y sont cités (chez de Goeje « clam aliquid fecit »), peut se traduire par *incognito*; cf. sous la V° forme.

خُفْيَة (cf. Lane sous la I°° forme) *clandestinité*; في الخفية *furtivement*; خفية في *à la dérobée*; للخفية *en tapinois*, Bc.

خَفِيَّة pl. خفايا *recoin*, repli du cœur, Bc. — *Manteau?* Vêtem. 168, mais peut-être Ker Porter a-t-il eu en vue un autre mot en écrivant « kaffia. »

تَخْفِيَة *déguisement*, Bc.

متخفّية pl. متخافى, est *vas* dans le Voc., chez Beaussier *sorte de pot et jarron* (Tunis), ce qui prouve que Dombay et la Torre ont eu raison d'écrire ainsi et que le مَعفية de M. de Gayangos est une faute, de même que le موفية de Sousa; voyez Gl. Esp. 171.

De là l'esp. *almofia*, sorte de plat ou d'écuelle. C'est un mot maghribin.

خَلّ I *appliquer un séton*, Bc.

II *calfater un vaisseau*, Gl. Djob. — *Confire dans du vinaigre, mariner*, Bc (cf. Lane), Auw. I, 22, 6 a f., 685, 1, 12, 688, 2 a f., Ztschr. XI, 520.

IV c. بـ, dans le sens d'*omettre* (Lane), est fréquent, p. e. Aghânî 39, 5, Macc. I, 341, 14, et ce verbe a au fond le même sens chez Khallic. I, 37, 13 Sl.: Jamais je n'ai rencontré un homme plus poli: quand je sortais de chez lui, il ne disait jamais: « Page, donnez-lui la main! » mais : « Page, sortez avec lui! » فَكُنتُ انتقدُ هذه الكلمة عليه فلا يَخِلّ بِها, ce qui signifie, je crois: « Je lui dis à plusieurs reprises que c'était une expression insolite; cependant il ne manquait jamais de s'en servir, » et non pas, comme traduit de Slane (I, 72): « I look on this expression as free from alloy, and (though he uttered it), he will not be the poorer. » L'expression لم يَخِلّوا بانفسهم signifie: « ils n'ont rien omis de ce qu'ils avaient à faire, » Gl. Belâdz. — *Déparer, rendre moins beau*, Macc. I, 171, 2 a f.

V c. a. et بـ *entrelacer de*, Abbad. III, 43, 10, Bassâm III, 2 r° (où le pronom se rapporte à « ses poésies »): يَخلّلها بشكوى أحرّ من الجمر. — *S'épingler*, Daumas V. A. 184. — *S'aigrir, tourner au (en) vinaigre*, Voc., Bc (cf. Schultens dans Freytag), Auw. II, 420, 15, 20.

خَلّ *jus de limon*, Chec. 198 v°. — خَلّ العَرَب *tamarin*, Most. v° تمر هندى.

التَّخَلّ est lorsque les arbres d'un jardin n'ont pas porté de fruits cette année, M.

خَلَّة *trait, action qui a quelque chose de remarquable*, Bidp. 223, 4 a f.: فإن الكريم تنسيه الخلّة الواحدة من الإحسان الخِلَال الكثيرة من الإساءة, 246, 7. — Le pl. خِلَال *talents*, Berb. I, 448, 8, 532, 2 et 2 a f., II, 151, 9 a f. — On dit على خَلَّتَين quand il y a une alternative, une option entre deux choses, p. e. Koseg. Chrest. 99, 9: فأعطنا الأمان على خاصّتين أمّا أنّك قبلتَ ما أتينَاك به وأمّا سترت واَمَسَكتَ عن أذانا حتى نَخرُج من بلادك راجعين (l'é-diteur a eu tort d'écrire ce mot avec un *dhamma*). — *Bas-fond, terrain bas et enfoncé*, M.

خَلَّيّة *acidité, aigreur*, Voc.

خَلَل *séton, petit cordon passé à travers les chairs pour faire couler les humeurs*, Bc. — خَلَل العَقل ou خَلَل فى العقل *aliénation de l'esprit, démence*, Bc, de Sacy Chrest. II, ١٥, 9. — بِخِلال ما *pendant que*, Bat. I, 309.

خَلَلى *cellulaire* (partie du corps, membrane), Bc.

خِلَال, dans le sens de *fente*, forme au pl. خُلُل, comme Fleischer prononce dans Macc. I, 240, 4. — *Epingle*, Gl. Esp. 114. — « Les *khelal* sont des broches avec boucles qui servent à tenir le haïk sur les épaules des femmes, » Prax 28 n.; cf. le même R. d. O. A. VI, 339. — Dans le sens de *cure-dent*, ce mot forme le pl. en ات, Bc. On dit صار رقّ كالخلال, 1001 N. I, 334, 11, dans le même sens que *ibid*. I, 346, 13, ou simplement صار كالخلال I; 548, 13, IV, 61, 3, « il devint aussi mince qu'un cure-dent. » — *Séton, petit cordon passé à travers les chairs pour faire couler les humeurs*, M. — *Fausset*, brochette pour boucher, Bc. — *Les ordures entre les doigts du pied*, Niebuhr B. p. xxxIII. — *Jonc odorant*, Sang., qui cependant n'indique pas de voyelles.

خَلَالَة *aigreur, rapports que causent quelquefois les aliments mal digérés*, Alc. (ahito con azedia, azedia de estomago, azedura). — Nom d'un mets ou d'une boisson, R. N. 79 r°: فقال لى ذات يوم اشترى (اشتَرِ .l) لى خَلَالَه (sic) فاشتريتها من قوم الخ — فقال لى أن هذه الخلاله (sic) ما طابت نفسى لها أخرجها عنّى.

خُلُولَة *acidité, aigreur*, Voc.

خَلَالَة *anneau dont se servent les femmes pour attacher leur habit*, Barth V, 706.

أُخَلَّة *tribule* (plante), Bc, en Egypte, Bait. I, 2 b (où il faut lire ainsi avec A, et dans ce qui précède: النبات الذى, 4 b (lisez ainsi avec A), 140 d.

تَخليلة *robe*, Bc (Barb.), *tunique*, Ht; — *châle qui couvre les épaules*, Daumas V. A. 488.

مُخَّلَّل celui qui a l'estomac surchargé, embarrassé par une trop grande quantité d'aliments, ou par une mauvaise nourriture, Alc. (ahitado). — *Fruits confits dans le vinaigre*, Bc, pl. ات, Auw. I, 685, dern. l., 1001 N. Brosl. II, 325, 6. — Au Maghrib المُخَلَّل était le nom ordinaire du سِكْبَاج, *mets aigre, fait de viande avec du vinaigre, de la coriandre, du sel et de l'huile*, Gl. Manç. v° سكباج, Chec. 196 r°: السكباج وهو المعروف عندنا بالمخلل وهو لحم وتابل وملح وزيت. — Ce mot semble désigner aussi une sorte d'étoffe, Formul. d. contr. 4, parmi les objets du trousseau: ومرقوشتين من نسج اليهود والمخلل وملحفة من الكتن. Chez Ibn-Iyâs 103, on trouve dans une liste de présents: عشرين حمل مخللات.

مُخَلِّل *le convive qui se cure les dents avec les doigts*, Daumas V. A. 314.

مُخَلَّلَة *acétolé, solution médicinale, faite avec le vinaigre distillé*, Sang.

مُخَلِّل *le chameau lorsqu'il est sevré*; proprement *percé, troué*, parce qu'on perce une des narines du petit chameau avec un bois pointu qu'on laisse dans la plaie, afin qu'il pique sa mère et qu'il soit repoussé par elle, lorsqu'il veut téter, Prax R. d. O. A. V, 219.

مُخْتَلَل *chimérique*, Bc.

مُخْتَلَل *fiction, mensonge*, Bc.

خلب I *détendre une arbalète*, Voc. — *Escrimer, faire des armes*, Voc. — *Attirer*, Voc. — *Lier*, Mehren 27.

IV et VII dans le Voc. sous decipere.

VIII *griffer*, Bc.

خِلْبَة *corde de fibres de palmier*, Mehren 27.

خِلْبٌ, خَلوبٌ *un langage enchanteur*; en parlant d'un homme qui charme par ses paroles, on dit qu'il est خلوب الكلام, Lettre à M. Fleischer 64.

خِلْب pl. ات, au fig., *déception, tromperie*, Gl. Fragm.

خَلَّابَة *charmant, enchanteur*, Lettre à M. Fleischer 63. — L: *fallacia* خَدِيعَة وخَلَّابَة.

مِخْلَب *croc, comme celui dont se servent les bouchers pour y pendre la viande*, Djaubart 85 r°: ثم اخرج صنارة على مثال مخالب القصاب ثم علف بها — مخلب العُقاب الأبيض, *orobus tuberosus*, Bait. I, 37 c. — ذيل الصبى.

pl. مخاليب *griffe, serre*, Bc, Bidp. 157, 8; — *éperon, ergot de coq ou d'autres oiseaux*, Alc. (espolon de ave macho).

خلبيص voyez خلبص.

خلبص I *coïonner, dire des coïonneries*, Bc. — *frotter un aliment (ou peut-être pétrir le pain) d'une manière dégoûtante*, M عركه عركا تتقزّز (النفس منه).

II *polissonner, turlupiner*, Bc; chez Cherb. C, qui l'écrit avec sîn, *faire des pasquinades*.

خَلْبَصَة *arlequinade, bouffonnerie, coïonnerie, polissonnerie, tabarinage, turlupinade*, Bc.

خَلْبُوص, pl. خَلابيص et خَلابِصَة, *le serviteur des almées, qui est souvent le bouffon*, Lane M. E. II, 302; *arlequin, bouffon, histrion, paillasse, pantalon, polisson, saltimbanque, tabarin, turlupin*, Bc, Mehren 27, Descr. de l'Eg. XIV, 179, 1001 N. III, 466; Cherb. C écrit ce mot avec un *sîn*, *celui qui fait des pasquinades*.

خلج V *s'en aller, s'éloigner*, Gl. Mosl.

VI c. a., en parlant de plusieurs personnes, *tâcher de s'arracher une chose*, Gl. Fragm.

VIII même sens, ibid. — *Se soustraire, se délivrer de* (من), ibid. — On dit لم يختلج الشكّ dans le sens de: *il ne douta point*, Bayân II, 242, 8; chez Lane on trouve un exemple de la III° forme employée de cette manière.

خليج *bras de rivière*, Barth V, 470. — الخليم, ou الخليم الكبير, ou خليم مصر, *est le canal qui baigne le Caire*, de Sacy Chrest. I, 223. Couper la digue de ce canal pour l'inondation périodique du Nil, s'appelle كسر الخليم, Koseg. Chrest. 121, 4.

مختلِج. L donne: *salisvator* مختلج. Un tel mot n'existe pas; j'ignore s'il faut lire مختلم, et si salisvator est pour salivator.

خلخل I, *orner une femme d'un anneau au-dessus de*

la cheville du pied, s'emploie aussi en parlant d'un chien auquel on met un anneau à la patte, Bidp. 174, 4, et en parlant du fût d'une colonne qui est entouré d'anneaux, Gl. Djob. — Le nom d'act. signifie: le manque de cohésion dans les particules dont les différents corps sont composés, de sorte qu'on trouve des vides, des intervalles entre ces particules, Gl. Manç.: خَلْخَلَةٌ هُوَ عَدَمُ تَضَامِّ الاجزاءِ كَأَنَّ فى الشىءِ مَنَافِذَ وَفُرَجًا. Ainsi on dit خَلْخَلَةُ الأَرض, Auw. I, 515, 14, quand on rend une terre moins compacte, plus meuble, plus légère, quand on l'ameublit au moyen de la charrue, etc., afin que les plantes puissent y prendre racine. Le partic. point serré, Baït. I, 30 f: اغصان عناقيد مخلخلة, 71 f: دَقَّا جِدًّا مُتَخَلْخِلَةَ الوَرق. — Raréfier, Voc., Prol. I, 155, 14: On a constaté que la chaleur dilate l'air et la vapeur, مخلخلها, « les raréfie, » et en augmente le volume. Aussi raréfier l'air d'un endroit, Prol. I, 59, 7: ceux qui se font descendre dans des puits ou dans des souterrains d'une grande profondeur, y meurent instantanément, parce que l'air y est échauffé par des miasmes. — وَهُوَ تَدَاخَلَهَا السَّرِيَاحُ فَتَخَلْخَلَها. Détacher, p. e. la terre des racines, Baït. II, 15: فيزعمون انه لا يمكن قلعه الا بأن يُرَبَّطَ اذا خُلْخِلَ ما حوله من التراب ولم يبق الا على عروق رقاق فى عنق كلبى الجذع. — Ebranler, compromettre la solidité d'un édifice, Cherb. C; en parlant des vents qui ébranlent les arbres, Auw. I, 199, 3. Chez Bc le partic. pass. مُتَخَلْخِلٌ branlant, vacillant.

II être poreux, spongieux, perméable, point serré, l'opposé de تَلَزَّزَ et de اكتنز (M), Auw. I, 53, 2, 54, 12, 55, 4, 195, 16, 402, 1, Most. v° قَيْشُورا: حجر متخلخل للجسم, Gl. Manç. v° ثُفْلٌ: la pierre ponce est ويشبّه بها الاطبّاء اللحوم الرخوة المتخلخلة التى لا ليف لها طاهرًا كلحم الثدى والضرع الخ, le même v° شَفِيفٌ: الجسْم المتخلخل الكثير الفَرْج, le même v° سَخَافَةٌ: واذا تأمّلت الأبدان من, Chec. 183 r°: جهة الكثافة والتخلخل, ibid. 190 r°: l'eau des puits dans les pays très-chauds n'est presque jamais froide, parce que هناك متخلخلة الأرض, 218 r°; cf. Payne Smith 1269, 1270, 1271. — Se raréfier, Voc. — Se démonter, se désassembler, se disjoindre, Bc, Gl. Bayân;

se détacher, en parlant de la terre qui se détache des racines, Auw. I, 189, 5, 8 et 21; se débander (armée), Bayân II, 53, 4 a f., Cout. 14 r°, R. N. 21 v°. Branler (dent), Bc.

خَلْخَلٌ paturon, Daumas V. A. 191.

خَلْخَلٌ. Les anneaux qu'on met aux pieds des chevaux, des chameaux, etc., portent aussi ce nom, Bat. passim.

خلد I. خَلَدَ الأَرضَ fouiller la terre, comme fait la taupe (التخلّد), M. — خَلَدَ persévérer dans le bien, Alc. (perseverar en bien).

Il se construit avec deux accus., laisser quelqu'un perpétuellement dans un endroit, Athîr X, 402: خَلَّدَ الأيام صحائف أعماركم فخلّدوها; Valeton II, 3: السِّجن; أحسن اعمالكم; c'est ainsi qu'il faut lire avec les trois man., et c'est à tort que Weijers, ibid. p. 22, n. 1, et p. 100, qui, de son propre aveu, ne connaissait pas cette construction avec deux accus., a voulu changer la leçon. Le sens est: les jours sont les feuilles de papier sur lesquelles s'écrit la vie de l'homme; faites donc en sorte que vous perpétuiez seulement de belles actions sur ces feuilles. — خَاتَم للتخليد bague avec laquelle le roi de Perse scellait le diplôme, quand il donnait une terre en fief, Gl. Belâdz.

V se perpétuer, Voc., Bc, s'immortaliser, Bc, Aboul-Walîd 803, 26.

خُلْدٌ, taupe, a chez le vulg. le pl. خُلُودٌ, M. — Même pl. maladie qui fait gonfler les épaules et les jambes des chevaux, Cherb., écrouelles, Bc.

خَلَدَةٌ taupe, Bc, Aboul-Walîd 227, 8, Payne Smith 1276.

خُلْدِى pl. خَلَادِى taffetas, Voc., Macc. II, 711, 2.

خالد بن جعفر, خَالِدٌ espèce de datte, Pagni 152 (où il faut lire, d'après le man., Kalt ben Giafer); chez d'Escayrac 11, khaled seul.

خَالِدِىٌّ espèce de figue, Hœst 304.

خلس VII se dérober, quitter une compagnie sans être vu; on peut ajouter ces exemples à la note de Hamaker citée par Freytag: R. N. 97 v°: وكان الشيخ ابو الحسين ربّما انخلس فلا يوجد فى الشعرا ولا فى

فلما كانت الليلة الآتية اخلس من القصر: v° 98 , القصر وبات برّا ✱

VIII *détenir; usurper;* le nom d'act. *brigue, poursuite vive;* اختلاس *subrepticement;* اختلاس شي‌ء باخفاء الحقّ *obreption, surprise, réticence d'un fait vrai;* مختلس باخفاء الحقّ *obreptice,* obtenu en taisant la vérité, Bc.

طعنةٌ خَلِيسٌ = طَعَنَهُ خَلِيساً chez Lane, Gl. Mosl.

خلص I *être pur,* aussi en parlant de la prière, si tel est le sens chez Haiyân-Bassâm I, 23 v°: وأمّا ــ خالصتْ فيه الناجوى وتوالى عليه الدعاء نظر الله الى عباده. ــ On emploie le nom d'act. خلوص là où nous mettrions un adverbe, p. e. Bidp. 138, dern. l.: celui qui attend des hommes la récompense du bien qu'il fait, mérite d'être désappointé, car il se trompe في خلوص العمل لغير الله «en ceci, que ses actions sont tout à fait pour un autre que pour Dieu» (explication de Weijers). — *Se sauver,* faire son salut, Bc. — خلص لا له ولا عليه *retirer son enjeu,* sortir d'une affaire sans perte, Bc. — *Expirer,* au fig., *finir, être fini,* Bc, Delap. 92, 94; خَلَصَ ou وخلصنا *c'en est fait,* tout est fini, Bc; خَلَصَ *c'est assez,* Ali Bey II, 181; M: والعامّة تستعمل خلص بمعنى فرغ وتارةً بمعنى انتهى. — A la IIe forme (voyez), *il a payé;* mais خَلَاص, nom d'act. de la Ire, signifie aussi *payer,* Bat. III, 412, 423, de Sacy Chrest. II, ٦٧, 11, Amari Dipl. Gloss. — A la IIe forme (voyez), *il a arraché;* mais خَلَاص, nom d'act. de la Ire, signifie aussi *arracher,* Koseg. Chrest. 82, 12: ارادوا خلاصها منه «ils voulaient la lui arracher.»

— C. الى p., يخلص الي ما *ce qui ressort à mon esprit,* Auw. I, 227, 6. — C. ل p. *appartenir à,* J. A. 1843, II, 222, 6 a f.: خالصت (خلصت) للجنّة «le jardin appartient en toute propriété à celui qui l'a acheté;» Nowairî Espagne 468: خلصت له جميع الاندلس, Berb. I, 69, 4. Aussi c. الى p., Formul. d. contr. 2: درك له يرفع. — C. الى *se libérer,* الاستحقاق في ماله للخالص اليه *s'acquitter,* خلصت منه *j'en suis quitte,* Bc.

II *corroyer les peaux,* Alc. (çurrar cueros). — *Sauver,* procurer le salut éternel, Bc. — *Se sauver,*

M. — *Laisser* quelqu'un *tranquille,* ne pas le tourmenter; خَلِّصْنِي *laissez-moi, laissez-moi tranquille,* Bc, Khatîb 17 r°: les gardes voulaient donner des coups à cet homme, mais le prince امر بتخليصه. — *Accomplir, achever, finir, terminer,* Gl. Edrîsî (ajoutez aux articles d'Alc. que j'y ai cités: hazer hasta el cabo, et à ceux de Bc: *consommar,* où je crois qu'il manque un *techdîd*), Voc., Delap. 8, Ht. — *Faire éclore* des œufs, Gl. Edrîsî; au fig., Macc. I, 940, 16. — *Définir, déterminer,* Alc. (difinir o determinar). — *Délibérer,* Alc. (deliberar en algo). — *Acquitter, payer; payer* quelqu'un, c. a. p.; Alc. (desquitar, cf. Victor), Bc (Barb.), Amari Dipl. Gloss., Hbrt 106, Delap. 82, Roland Dial. 609, M, Bat. III, 411, 412, 427, IV, 159, Inventaire: اوصى صهره ان يخلص الديون التى عايه لاربابها *ibid.:* l'héritier a été mis en possession de tous les biens على ان يخلص الديون منه التى على موسى بن يحيى; le Voc. a aussi la constr. c. a. et من. — *Arracher,* 1001 N. II, 25, 16: خلّصتُ العصا من يديه, Bresl. IV, 320, 2: il trouva dans son filet le cadavre d'un chien, ورمى فخلّصه. — C. a. r. et من p. *tirer de quelqu'un l'argent qu'il doit,* Bc (خلّص منه حقّه), de Sacy Chrest. II, 182, 10: خلّص منهم المال شيئاً بعد شي‌ء, 1001 N. Bresl. IX, 199, 14. — *Racheter,* dans le sens de: acheter ce qu'on a vendu, et dans celui de: délivrer, payer le prix de la délivrance, Bc. — *Retraire,* retirer un héritage vendu, Bc. — هذا ما يخلّصنى *cela ne m'accommode pas,* je n'y trouve pas mon avantage, Bc. — C. من *relever* quelqu'un *de,* le dispenser de, Bc. — *Examiner,* L (examino واخلّص (امتحن. — خلّص ثارَهُ *se revancher,* rendre la pareille, Bc. — خلّص الحساب *arrêter un compte,* le régler, Bc. — تخليص حقّ *redressement;* action de redresser des torts; خلّص حقّه بيدِه *se faire justice;* خلّص من احد *repousser une injure,* s'en venger, *avoir satisfaction, se satisfaire soi-même,* tirer raison d'une offense, tirer vengeance; خلّص له حقّه *venger* quelqu'un, Bc. — خلّص ذمّته *décharger sa conscience,* Bc.

IV c. ل *consacrer à,* dévouer son temps à, Abbad. I, 243, 15: اخلص ليله لتملى السرور.

خلص 392 خلص

V c. عن *se tirer* d'un sujet difficile, *s'en bien tirer*, Abd-al-wâhid 218, 1. — *Solder, liquider un compte*, Amari Dipl. Gloss.; par ellipse, car c'est proprement تخلّص من محاسبته, « se tirer d'un compte qu'on a à rendre, » 144, 4, 158, 5, Voc. sous persolvere c. عن. — *Délivrer, recouvrer*, Gl. Fragm.; *délier*, Ht. — *Être purifié*, Voc. — *S'exprimer avec pureté et élégance*, Macc. II, 52, 2, Haiyân-Bassâm III, 5 v°: ce prince était un critique extrêmement sévère, ثمّ لا يفوز المتخلّص من مضماره على الجهد لديه بطائل، ولا يحظى منه بنائل،، فأقصر الشعراء لذلك عن مدحه; dans le man. B المختلص, mais c'est une faute. — *Être éclos* (œuf), Gl. Edrîsî. — *Finir*, v. n., *prendre fin*, Voc., Alc (acabarse, fenecerse); *s'accomplir*, Recherches, 1re édit., I, 185, 14: حتّى تخلّصت القضيّة « jusqu'à ce qu'un événement extrêmement grave s'est accompli. » — C. الى *venir auprès de*, de même que la Ire, Abbad. III, 209, cf. Macc. I, 403, 11 et Gl. Abulf. — C. ل p. *avoir le pouvoir de faire quelque chose contre quelqu'un*, Badroun 131, 11.

X. De même qu'on dit لنفسه استخلصه dans le sens indiqué par Lane, on dit استخلصه لدولته, Berb. I, 92, 12 et 13, et استخلصه seul, Mohammed ibn-Hârith 231, Haiyân 95 r°, Haiyân-Bassâm I, 128 v°, Weijers 20, 11, Berb. I, 39, 1, 60, 5 a f., 364, 11. — *Arracher*, Berb. I, 68, 14. — *Recouvrer*, Koseg. Chrest. 78, 3, Khatîb 67 v°: تخاطبته في سبيل استخلاص املاكى بالاندلس. — *Recouvrer, se faire payer une dette, un tribut*, Bat. III, 437, Amari 385, 5 a f., Amari Dipl. 132, 1. — C. a. r. et عن p., comme la IIe, *tirer de quelqu'un une somme d'argent*, Holal 33 r°: فيذكر انه استخلص منهم جملة مال بسبب ذلك. — *Confisquer*, Abbad. II, 161 (non pas « être confisqué, » comme j'y ai dit; dans les deux passages il faut prononcer le mot avec les voyelles du passif), Prol. II, 12, 3 a f., Berb. I, 658, 8. — *Racheter*, acheter ce qu'on a vendu, Bc. — C. ف *appartenir exclusivement à*, Haiyân 64 r°: les Mowallads ayant été presque extirpés, Séville appartient désormais aux Arabes seuls, واستخلصت من يومئذ اشبيلية وانفردت فيهم.

خلاص est proprement le nom d'act. de la Ire forme; mais employé comme nom d'act., ce mot a quelquefois le sens du nom d'act. de la IIe forme. On l'emploie aussi substantivement, et plusieurs des significations qui suivent, sont dérivées de la IIe forme, et non pas de la Ire. — *Pureté d'une chose*, de Jong. — *Délivrance*, Alc. (desenpacho, espedimiento de lo enpedido, librança). — *Accouchement*, 1001 N. II, 67, 9. — *Arrière-faix*, tunique qui enveloppe le fœtus, Alc. (pares de muger que pare, red en que nace el niño), Bc, 1001 N. I, 353, 7, 399, 4. — Excellente espèce de dattes, Palgrave II, 172—3. — *Achèvement*, Alc. (acabamiento, difinicion acabamiento, fenecimiento, hechura hasta el cabo), Bc. On dit: مالى خلاص, « mon argent est dépensé, » 1001 N. Bresl. VII, 274, 7, chez Macn. ما عندي مال, « je n'ai pas d'argent. » خلاص الحساب arrêté de compte, règlement définitif, Bc. — *Décharge*, acte par lequel on décharge d'une obligation, Bc. — *Quittance*, aussi ورقة خلاص, Bc, Amari Dipl. Gloss. — *Rachat*, Bc; *rédemption*, rachat du genre humain par J. C., Bc, Hbrt 148. — خلاص حقّ *réparation*, satisfaction d'une injure, etc., Bc. — خلاص نبه *franchise*, Bc. — كلّ واحد يعرف خلاصه *chacun suit ce qui lui est avantageux*, Bc.

خُلُوص *amitié*, Bc.

خَلَاصَة *purgatoire*, Voc. — *Restes*, Voc.; mais dans la 1re partie خلاصة.

خُلَاصَة *résumé*, M, de Sacy Chrest. II, ٢٣, dern. l.: هذه خلاصة اخبارهم, Macc. I, 485, 2 a f., 11, 695, 18. — T. de médec., *quintessence*, M. — *Ami intime*, Berb. I, 162, 9. — خلاصةً *nettement*, franchement, Bc.

خَلَّاص *corroyeur*, Alc. (çurrador de cueros).

خَالِص *indépendant, libre*, Bc. — *Fini, achevé*; هو مجنون خالص « c'est un fou achevé, » Bc. — *Quittance, quitte*, Ht; كتب في التذكرة خالص « écrire dans la note quitte, » Delap. 106. — *Fleur de farine*, Domb. 60. — فاء خالصة le *fâ*, par opposition au معقدة, *pâ*, Bat. II, 43.

خَالِصَة *ami intime*, Amari 600, 1, Berb. I, 88, 360, Haiyân-Bassâm III, 141 r°.

مُتَخَلَّص *échappatoire, expédient, issue, porte de derrière*, faux-fuyant, *subterfuge*, Bc. — T. de rhétor., dans le sens de تخلُّص (cf. Freytag, et Mehren, Die Rhetorik der Araber, 145), *la transition* d'un poème; quand le poète passe de l'introduction au sujet de sa pièce, Ztschr. XX, 592, n. 4.

خلط

مُخْلِص *ami*, Voc.

مُخَلِّص, chez les chrétiens, *rédempteur* (J. C.), Hbrt 148, M. — *Rond, franc, sincère; gaillard, hardi, éveillé; leste, peu délicat sur les convenances; ingambe*, Bc.

مُخَلَّصَة (les voyelles d'après B de Bait. II, 491 e) nom d'une plante que Sonth. soupçonne être *l'orchis*, Bait. I, 274 a, II, 491 e, 527 d; chez Bc *linaire*.

مُسْتَخْلَص, comme adj., البساتين المستخلصة *les jardins qui appartiennent au domaine particulier du sultan*, Gl. Bayân 13, 2 a f. — Comme subst., *le domaine particulier du sultan*, Gl. Bayân, Macc. I, 130, 9, 245, 3 a f., III, 436, 22, Mi'yâr 10, 1 (où il faut lire ainsi; voyez Müller 63), Khatîb, man. de l'Esc., article sur مومل مولى باديس: lorsque Yousof ibn-Téchoufîn se fut emparé de Grenade, قدّم مومل على مستخلصه وحصل بيده مفاتيح قصره, plus loin il est nommé عبد امير المسلمين وجابي مستخلصه; Ibn-Abdalmelic 133 rº: ثم اعيد الى غرناطة ناظرا فى المستخلص و استمر نظره على المستخلص بها 133 vº: l'anonyme de Copenhague 57: وعلى المستخلص بالشرف بها الى ان توفى (dans l'Axarafe, près de Séville). — *Le revenu du domaine particulier du sultan*, Becrî 55, 11: ومستخلصن بونة غير جباية بيت المال عشرون الف دينار.

خلط I. خلطه بنفسه *il l'admit dans son intimité*, Gl. Belâdz. On dit aussi خلطه بأوليائه *il l'admit parmi ses amis intimes*, Berb. I, 634, 12. — *Nuer, nuancer, assortir différentes couleurs*, Alc. (matizar en la pintura; les radicaux sont chez lui ktl, mais c'est خلط par transposition, car le synonyme qu'il donne est عكر I, et sous mezclar il a خلط I et عكر II).

II, absolument, *mettre tout en désordre*, Abd-al-wâhid 27, 16. — En parlant d'un malade, *manger ou boire ce qui est nuisible*, M. — Aussi en parlant d'un malade, خلّط فى كلامه *délirer*, M. — *Etre changeant, variable, faire tantôt ceci, tantôt cela*, Haiyân-Bassâm III, 5 vº: ثم أكثر التخليط, car tantôt il s'adonnait à la dévotion et à l'étude, tantôt au plaisir et au vin; cf. Fakhrî 283, 4 a f.; aussi en parlant de la manière de s'habiller, Fakhrî 306, 2. Chez Macc. II, 159, 2, التخليط est *acquérir de l'argent d'une manière licite ou illicite*. — *Faire le mal*, Mohammed ibn-Hârith 273—4: quand ce personnage fut devenu صاحب الصلاة, il dit à ses subordonnés: انما بلغتنى عنكم اشياء فاتقوا الله واستقيموا واعينونى على الحق والله لئن وجدتُ احدا منكم قد خلّط لاجعلنّه نكالا ثم قال انظروا الى واجعلونى من بالكم فان رايتمونى اخلط فانتم فى سعة من التخليط وان رايتمونى اريد الحق فاعينونى ولا تجعلوا الى انفسكم سبيلا. — *Intriguer*, Ht. — De même qu'on dit: خلّط بين خلّطوا الشرّ بين الرؤساء (voyez Lane), on dit: القوم « ils firent naître du désordre, ils suscitèrent des dissensions, entre les princes, » Abbad. I, 224, 10. — C. فى, خلّط فى اجناس النساء « il fit entrer dans son harem des femmes de différentes races, » Abbad. I, 245, 9. — C. فى *s'occuper d'un art chimérique*, p. e. de l'alchimie, Autob. 204 rº: كان له كلف بعلم الكيميا تابعا لمن خلط فى مثل ذلك من امثاله.

III c. a. *fréquenter*, Ht, Baidhâwî I, 11, l. 10: الامّى الذى لم يخالط الكتاب « qui n'a jamais fréquenté l'école. » — C. a. *s'occuper de, s'appliquer à, étudier*, Prol. III, 293, dern. l.: مخالطة اللسان « étudier la langue. » — C. بـ *en venir aux mains*, Becrî 185, 7: خالطه بالعدوّ. — En parlant d'un pieux docteur, il était قليل المخالطة لاوقاته, Macc. I, 621, 10. Le sens ne m'est pas clair.

IV *entremêler*, Alc. (entremezelar; le n. d'act. sous entremezcladura). — اخلط بين الناس *exciter les hommes les uns contre les autres*, Voc. — اخلط وجهه فى قفاه *il lui tordit le cou*, Koseg. Chrest. 87, 8.

VII *être mêlé*, Voc.; dans un passage des Prol. chez de Sacy Chrest. I, 39, 6, mais l'édit. (I, 404) a la VIIIe forme.

VIII *s'embrouiller*, Bidp. 271, 4 (en mêlant les deux manières de marcher; cf. la note). — *Etre d'une origine suspecte (propriétés)*, Becrî 166, 10, 169, 11. — C. مع *contracter, former des liaisons, fréquenter, avoir un fréquent commerce avec*, Bc. — اختلاط الظلام (cf. Lane) *crépuscule*, Voc.

خَلْط *discours frivole, vains discours*, M. — مَلْط *pêle-mêle*, Bc.

خِلْط (voyez la première signif. chez Lane) doit

خلط

se traduire par *substance*, *ingrédient*, M, Masoudi III, 10: دفن يعمل من اخلاط وعقاقير , Bait. I, 51 a: خُلْبَة , Most. v°, وقد يقع في اخلاط ساير الادهان
وبذلك يسمى التفوع الذي يتخذ منها ومن التمر ومن اخلاط اخر , Bat. IV, 41, 199, 1001 N. II, 131, 3: un miroir fait من اخلاط « de différentes substances. »
— *Sorte, espèce*, Ictifâ 127 v°: un miroir que Târic trouva à Tolède كانت مدبرة من اخلاط احجار وعقاقير.
— *Mets composé de plusieurs ingrédients*, Bait. I, 48 d: وقد يتخذ الادامين بالشام منه اخلاطا باللبن. — الأَخْلَاط *les quatre humeurs* (le chaud, le froid, l'humide et le sec), Prol. III, 198, 11. — *Abcès, apostème*, Alc. (postema). — خلط بلط *pêle-mêle*, p. e. hommes et femmes réunis, M.

خُلْطَة *chaos, confusion, désordre*, Bc, Ht; *pêle-mêle*, aussi بلطة خَلْطَة , Bc. — *Mets composé de* كشك , *de fèves, de riz, d'oignons, etc.*, Lane M. E. II, 282.

خِلْطَة *mélange, mixtion*, Alc. (mezcladura, mezcla); de Sacy Chrest. I, ٨٣, 11: le chenevis est ردى للخلطة , c.-à-d. qu'il vicie les humeurs en s'y mêlant.

خَلْطِي *humoral*, Bc.

خِلْطِي *compagnon, camarade*, Voc.

خِلْطَة *miscibilité*, Bc.

خِلَاط espèce de mets qui est âcre au goût et qui excite la soif; c'est peut-être une espèce de *pot pourri* ou *salmigondis*; voyez Gl. Edrîsî, plus haut les art. بازار et خِلْطَة , plus bas l'art. مخلوطة et Lane sous خليط ; le M dit seulement والاخلاط طعام عند بعض اهل الشام. — T. de charpentier, *planches qu'on met entre les poutres qui soutiennent le toit*, M.

خلاطية *les sangs mêlés*, Daumas Sahara 78.

خلّاط *brouillon politique*, Roland Dial. 571, *intrigant*, Daumas V. A. 101; *malveillant*, Roland Dial. 568.

تَخْلِيط *confusion, erreur*, Berb. I, 161, 9. — Dans le Voc. sous *complices*, mot qu'il semble prendre dans le sens de *compagnons* (cf. Ducange).

مُخَلِّط *brouillon, intrigant*, Roland.

مَخْلُوط *du vin vieux dans lequel on a mis du moût*, Alc. (remostado vino). — مخلوط للحواجب *qui a les sourcils joints*, Alc. (cejunto).

مَخْلُوطَة *pot pourri, mélange de viandes, légumes, etc.*, Bc, *mélange de lentilles, de riz (ou de borghol, voyez) et de pois chiches*, M; au fig., *discours mêlés, morceaux sans ordre; salmigondis, mélange confus de diverses choses; pastiche, tableau rempli d'imitations; composition mêlée*, Bc.

مُخَالِطِي *compagnon, camarade*, Voc.

خلع

خلع I. Le n. d'act. خُلْعَان , Abbad. II, 158, n. 15. — *Débotter, disloquer un os, démettre*, Bc, Gl. Manç. خلع هو خروج راس العظم من نقرة الاخر من عظمي المَفْصِل . On dit aussi خلع الباب , 1001 N. I, 642, 16, *ouvrir une porte en la haussant un peu*, car en Orient les portes sont très-souvent faites de façon que cela peut se faire; voyez la note dans la trad. de Lane, I, 617, n. 69. — *Desceller, détacher ce qui est scellé en plâtre*, Bc. — *Peler*, p. e. *des graines de sésame*, Bait. I, 444 c. السمسم المخلوع — *Epurer*, p. e. *de l'huile de sésame*, Bait. I, 445 a. الشيرج المخلوع . — *Perdre la raison*, M. — خلع امرأته voyez Lane; le nom d'act. est aussi خُلُوع , v. d. Berg 134; c'est lorsque la femme, en divorçant d'avec son mari, lui rend toute la dot, c.-à-d. tout ce que son mari lui avait donné en l'épousant, Formul. d. contr. 4. En parlant d'une femme qui divorce de cette manière d'avec son mari, on dit خلعت منه ou عنه , Tha'âlibî Latâïf 68, 3 a f. (je crois que l'éditeur s'est trompé en pensant que le verbe est au passif). — C. a. p. et r. *spolier*, — خلع العذار (cf. Lane) *dépouiller toute honte*, Bc; le vulgaire emploie en ce sens خلع seul, M. — اخذ الثار وخلع قليب , خلع قليب , *venger un affront*, Bc. — وخلع العار Koseg. Chrest. 37, 4 a f., proprement: « il lui enleva le cœur, » dans le sens de: *il le frappa au cœur, lui perça le cœur*.

II *démantibuler, rompre, mettre hors de service*, Bc. — C. a. dans le Voc. sous *potare ad ebrietatem*.

III c. a. p. *folâtrer, badiner*, Fleischer Gl. 95; *restituer* chez Macc. I, 693, 24, comme je l'ai dit dans ma Lettre à M. Fleischer 107.

IV, au lieu de la Ire, *démembrer*, Alc. (desmenbrar).

خلع 395 خلف

V *se démantibuler; se disloquer;* تَخَلُّعُ العَظْمِ *luxation*, Bc.

VI تخالعوا *folâtrer ensemble*, Fleischer Gl. 95.

VII c. من *se soustraire à*, J. A. 1849, I, 193, 10: اِخْتَلَعَ مِنْ طَاعَةِ مَوْلًا. — C. من *se démettre de*, Nowairî Espagne 476: اِخْلَعْ لَكَ مِنَ الأَمْرِ. — *Renoncer au monde*, Aghlab. 58, 6: اظهر التوبة والاخلاع 60, 8. — *Folâtrer*, Bc, Fleischer Gl. 95. — Chez Ht *effrayer*, mais je crois qu'il faut *s'effrayer*, voyez Lane et Beaussier.

VIII. اِخْتَلَعَ مِنْ وَطَنِهِ *être enlevé à sa patrie, être exilé*, Abou'l-Walîd 392, 34.

خَلْع *hémiplexie*, M.

خُلَاع *paralysie*, Hbrt 39, Ht.

خَلِيع, *vieux, usé*, forme au pl. خُلُع ou خُلْع (cf. de Sacy Gramm. ar. I, 360, 5 a f., et le mot خُلْعَى qui en dérive, chez Lane), Fakhrî 342, 1, où l'éditeur a fait imprimer خُلْع, mais la forme فَعِيل n'a pas ce pl. — *Habit qui a été porté*, quoiqu'il ne soit pas vieux, M. — خَلِيعُ الرَّسَنِ, Khatîb 136 r°, est synonyme de خَلِيعُ العِذَارِ. — *Homme sans aveu, vagabond*, Bc. — *Buveur, grand buveur*, L (potulentus (vorax, insatiabilis)), Voc., avec le pl. خُلَّع, qui est proprement celui de خَالِع. — *Gaillard, homme plaisant, bon compagnon, drôle*, Fleischer Gl. 95, Lane trad. des 1001 N. II, 377, n. 2, Macc. I, 120, dern. l., II, 516, 4, Ibn-Iyâs 16, 1001 N. I, 65. — الخَلِيع ou الخَلِيعُ مِنَ اللَّحْمِ ou اللَّحْمُ الخَلِيع seul, *viande de mouton, coupée par morceaux; on la lave, on la sale, on la fait tremper dans l'huile, puis on l'expose aux ardeurs du soleil qui la durcit comme du bois; ordinairement on s'en sert seulement comme ressource dans un cas pressé ou quand on est en expédition*, Daumas V. A. 165, 252. Selon Cherbonneau (dans le J. A. 1850, II, 64), qui a consulté un cuisinier tunisien, c'est une certaine quantité de morceaux de bœuf coupés menus, que l'on fait mariner trois jours au moins dans un bain de sel, d'ail, de coriandre et de carvi pilés ensemble. Ensuite on met cette préparation devant le feu et, quand elle est arrivée à bouillir, on la retire et on la laisse tremper dans de l'huile et de la graisse fondue. Voyez aussi Haedo 19 b, Hœst 189

(qui écrit à tort خَلَا), Nachrichten I, 562, R. d. O. A. N. S. I, 190, Bat. III, 2, IV, 138, 139.

خَلَاعَة *boire jusqu'à l'ivresse*, Voc. — *Folie, propos gais, gaîté, gaillardise, abandon, négligence aimable*, Bc, de Sacy Chrest. I, ٨٠, 3, Macc. I, 100, 5, Prol. III, 410, 13 (*joyeux ébats*, de Slane).

خَلَاعِي *enjoué, folâtre*, Bc.

خَلِيعِي = خَلِيع *drôle, homme plaisant, gaillard*, 1001 N. II, 252, 6.

خَالِعُ العِذَارِ = خَلَّاعُ العِذَارِ, P. Calâïd 62, dern. l.

مُخَلَّع *déhanché, disloqué;* — *dandin, sans contenance, dégingandé*, Bc. — *Paralytique*, Hbrt 39.

مَخْلُوع *fou, gai, badin, gaillard*, Bc.

خَلَفَ I *se reproduire par la génération*, Bc. — هذا الفَاسِقُ يَخْلُفُكَ عَلَى زَوْجِكَ « ce mauvais sujet remplace ton mari auprès de toi, » Becrî 184, 14.

II *laisser, léguer, transmettre, faire passer à ses enfants, à la postérité*, Bc, نَهَبَ المَالَ المُخَلَّفَ عَنْ سُلَيْمَانَ « il pilla les trésors que Salomon avait laissés, » Gl. Abulf. — *Produire, donner naissance, engendrer*, Bc, M. — Par ellipse, car c'est proprement خَلَّفَ النَّاسَ, « laisser les autres derrière soi, les devancer, » *avancer*, Alc. (passar adelante), Mohammed ibn-Hârith 333: فَكَنْتُ إِذَا أَتَيْتُ مَجْلِسَهُ بَعْدَ ذَلِكَ وَقَدْ كَثُرَ النَّاسُ فِيهِ قَالَ خَلَّفَ إِلَى هَاهُنَا فَيُدْنِينِي وَيُكْرِمُنِي. — *Traverser une rivière*, c. a., Gl. Mosl., dans le Voc. (transire) c. على, Cout. 12 v°: فَتَخَلَّفَا فَأَتَوْهُ يُعْلِمُونَهُ أَنَّهُ قَدْ, 46 r°: النَّهْرَ إِلَى دَارِ الصَمِيل خَلَّفَ وَادِي شَنِيل. *Traverser la mer*, Cout. 8 v°: ils quittèrent l'Espagne وَخَلَّفُوا إِلَى طَنْجَةَ. — Chez Alc. dans le sens de la IIIe: *contredire, contrarier* (contradezir, contrariar); — خَلَّفَ الدِّينَ *manquer de foi, manquer à sa promesse* (quebrantar fe). — Dans le Voc. sous malus.

III. وَعَّدَ ou خَالَفَ قَوْلَهُ *manquer de parole, manquer à sa promesse, faire faux bond*, Bc. — *Retourner, tourner d'un autre sens*, Alc. (bolver por el contrario). — C. a. p. *dédommager quelqu'un, lui* rendre *l'équivalent du dommage souffert*, Macc. II, 28, 8. — C. a. p. et الى l. *marcher vers un endroit en l'absence, à l'insu de quelqu'un*, Quatremère J. d. S. 1847, p. 175—6, Akhbâr 32, 9: نخالفهم الى قراهم وذراريهم « pendant qu'ils sont ici, nous irons surprendre, » etc., 86, 7, 92, 2 a f., Berb. I, 140, 241, 350, 2, 378, 2, 383, 3, etc., Bat. IV, 238 (où la traduction n'est pas bonne), Athîr IX, 428, 9 a f., Amari 334, 12, 376, 10 (cf. Fleischer), Haiyân 42 v°. خالف الطريق *il prit secrètement la route qui conduisait vers le vaisseau*, Bidp. 280, dern. l. — C. a. et الى خالف الموضع الى ناحية اخرى *il quitta cet endroit pour se rendre vers un autre*, Gl. Fragm. — C. a. et الى خالفهم الى طاعة بنى مرين *il abandonna son parti pour embrasser celui des Merinides*, Berb. I, 364, cf. II, 39, 8, 108, 7 a f.: خالفهم الى الموحدين « il abandonna leur parti pour embrasser celui des Almohades. » — Il forma de ces 72 personnes 36 couples, وخالف بين اسباطهم « en sorte que les individus de chaque couple fussent d'une tribu différente, » Abulf. Hist. anteislam. 56, 3.

IV *remplacer quelqu'un*, Bc. — *Rattraper le temps perdu*, Macc. II, 285, 3 a f. (cf. Add.). — *Dédommager*, Voc. (c. على), Alc. (reconpensar). — *Satisfaire, payer*, Alc. (satisfazer por la deuda). — *Venger, se satisfaire soi-même*, Alc. (vengar; le partic. sous vengador; le n. d'act. sous emienda satisfacion). — *Multiplier*, Alc. (multiplicar). — *Hériter, imiter ses parents dans leurs vertus ou leurs vices*, Bc. — *Tromper l'attente, l'opinion, l'espérance de quelqu'un*, Tha'âlibî éd. Cool 39, 10. Aussi اخلفت البلاد الغيوث « les pluies trompèrent l'espérance des terres » (il n'y eut point de pluie), Müller 27. — *Mentir*, Bc.

V, t. de procéd., *manquer à comparaître, à se trouver à l'assignation donnée en justice*, Formul. d. contr. 8: فان تخلّف عن الدعوى فليعرم ما جرت به العادة ibid.: وثيقة التخلف تخلّف فلان بن فلان على الدعوى الذى (التى pour) دعاه فلان بن فلان الى العامل — وجبت على تخلّفه عنها كذا وكذا درهما. — Le n. d'act., t. de médec., *digestion lente et difficile*, Gl. Manç. in voce: التخلّف التأخّر ومعناه فى الهضم والنضج النقصان والتأخّر عن وقته. — *Rester inerte* (de Slane), Prol. III, 137, 7. Le nom d'act. *paresse, nonchalance*,

Haiyân-Bassâm I, 114 r°: فتسمى بالمستكفى بالله وعبد الله العبّاسى أوّل من تسمى به وافقد فى وهنه وتخلّفه وضعفه (c'est ainsi qu'il faut lire; dans le man. les mots وعبد الله manquent, et il porte: افقد ووهنه), ibid.: لم يزل معروفا بالتخلّف والركاكة مشتهرا بالشرب والبطالة. — *Être niais, stupide*, Macc. I, 679, 19, II, 222, 3 a f. (synonyme تغفّل), Haiyân-Bassâm I, 155 r°: كان ساذج الكتابة بيّن الجهل والتخلّف Amari 121, 11 (cf. les Add.), où il faut lire ainsi. — *Se livrer au plaisir*, Mi'yâr 15, 6, et aussi *se livrer à la débauche*, Gl. Badroun, Berb. I, 267, 5 (lisez ainsi; synonyme فسوق), Khatîb 97 v°: فجرى Le طلق الجروح فى التخلف حتى كبا لغيه ويكبه Voc. a cette forme sous *malus*. — *Laisser, laisser derrière soi*, Abbad. II, 158, n. 12, Gl. Djob., Boerl 131, 135, 167, Macc. I, 333, 17, 625, dern. l., 640, 14, Recherches I, Append., VII, 3, Berb. I, 110, 129, 199, 259, Auw. I, 75, 13 et 19, Cout. 2 r°, 31 r°, Haiyân-Bassâm III, 50 r° (d'après le man. B). — *Nommer quelqu'un son lieutenant*, Mohammed ibn-Hârith 336: وكان امير المومنين كثيرا ما يتخلّف اسلم بن عبد العزيز فى سطح القصر اذا خرج فى مغازيه.

VI, avec العادة, dans le Voc. sous *abusio*.

VII *être dédommagé, recouvrer ce que l'on a perdu*, Voc., Alc. (cobrar lo perdido).

VIII, dans le sens de *différer, avoir une opinion différente*; on dit اختلف بين كذا وكذا, p. e.: وقد on اختلف فى نسب خزاعة بين المعدية واليمانية diffère sur l'origine des Khozâ'ites, à savoir s'ils appartiennent aux Ma'addites ou bien aux Yéménites, » Gl. Abulf. — *Se confondre, se mêler*, Abbad. III, 136, 7 a f., en parlant de deux cavaliers qui étaient à côté l'un de l'autre: اختلفت اعناق دوابنا ce qui signifie que le cou d'une monture était sur ou sou celui de l'autre monture. — C. على p., اختلف على كلامه *j'avais des doutes sur ses poésies, je ne savais pas si elles étaient de lui ou d'un autre*, Abd-al-wâ hid 219, 9. — C. على p. *résister à, faire opposition à*, Gl. Fragm. — C. عن p., *comme la V*[e] *forme, rester en arrière de, ne pas suivre quelqu'un*, Gl. Fragm.

X. Freytag a eu tort d'attribuer le sens de *su*

céder à l'actif, car c'est اِسْتَخْلَفَ, au passif, qui signifie aussi *devenir calife*, Gl. Belâdz.

خَلَفَ. On dit كُتِفَ الى خَلْفِ, *on lui lia les mains derrière le dos*, Gl. Edrîsî. On dit aussi: رَجَعْتُ الى خَلْفِى, *je retournai en arrière*, 1001 N. I, 48, dern. l. — Pl. أَخْلَاف, *vaurien*, Voc. (malus) qui donne خُلُف, mais je crois que c'est inexact, voyez Lane, Abd-al-wâhid 62, 16, Berb. I, 431, 14, II, 353, 6 a f., Müller 12, 7, Khatîb 136 rº: ce sultan était: (l.) مَأْلَفًا للذَّعَرَةِ والأَخْلَافِ والسُّرَّار (والشُّرَّار). — وَأَوَائِل الرِّيبِ. — Pl. خُلُوف *rejeton*, *nouveau jet*, Bc; selon Auw. I, 264, 11, c'est proprement *bouture*; branche coupée à un arbre et qui, étant plantée en terre, y prend racine: العِنَاب يُغْرَس منه خَلْوفه في الانتقَال تَنْشَقَقْ على قربٍ من شجره (corrigé d'après notre man.), cf. 260, 15 (où il faut lire ainsi avec le man. de Leyde), 268, 5, 269, 13.

خَلَف. Remarquez l'expression Abulf. Hist. anteislam. 144, 12: il s'éleva tant de poussière dans ce combat, que le soleil s'obscurcit, وظهرت الكواكب في أَخْلَافِ جِهَةِ الغُبَار « et qu'on pût voir les étoiles dans ces parties du ciel que la poussière ne cachait pas. »

خَلْف *hérésie*, Bc.

خَلَف *restitution*, Alc. (restitucion). — *Payement d'une dette*, Alc. (satisfacion de la deuda). — *Ce que quelqu'un donne à son tour quand il a reçu un présent*, Alc. (retorno de presente). — Pl. أَخْلَاف *successeur*, Bc. — *Neveux, descendants, postérité*, Bc. — خَلَف موصى *legs*, Bc.

خَلْفَة espèce de canne à sucre, Maml. I, 2, 16.

خَلْفَانِي *de derrière*, Bc.

خِلَاف chez les anciens poètes dans le sens de بَعْدَ, *après*, Diw. Hodz. 44, vs. 9, 142, vs. 38, Kâmil 267, dern. l. — *Excepté, hormis*, Bc. — خِلَاف ذلك *outre cela*, Bc. — خِلَاف, suivi du gén., *contrairement à*, de Sacy Chrest. I, ١.٣, 5: les Rabbanites font cela خِلَاف القَرَائين, « contrairement à ce que font les Karaïtes; » — *au mépris*, sans avoir égard à, Bc. — *L'exception ou la contradiction ex-*

primée par إلَّا, si de Sacy a raison, Chrest. II, 460, n. 50. — *La controverse, la dispute qui a pour objet des points de foi*, Hâdjî Khalfa III, 169, Abd-al-wâhid 229, 5 a f., Macc. I, 479, 14. — ماء الخِلَاف *la liqueur parfumée que l'on extrait des fleurs du saule égyptien*, Notices XIII, 177, 1001 N. I, 68.

خِلَافَة *hérédité, droit de succession*, Bc. — *L'action de donner naissance*; on dit aussi خَلِيفَة, M.

خَلِيفَة. M. de Goeje, dans le Gl. Fragm., avoue qu'il n'est pas à même d'expliquer le titre de خَلِيفَة que portaient certains employés. Je crois que, dans tous les passages des Fragm. qu'il cite, ce terme a son acception ordinaire, celle de *lieutenant* d'un général, d'un gouverneur, etc. Mais en Espagne, à la cour des Omaiyades, il désignait *les Slaves qui servaient dans le palais du monarque*, car on lit chez Macc. I, 250, 19: وأول ما أخذ البيعة على صقالبة قصره الفتيان المعروفين بالخلفاء الاكابر; cf. Matmah 66 rº: فقال (منذر بن سعيد) للرسول وكان من خواص خلفاء الصقالبة (c'est ainsi qu'il faut lire, comme il résulte de la comparaison des man P et L); Cout. 20 rº: وقد كتب التحكم كتابا مع أحد الخلفاء وأمره ان يدفعه الى الوزراء, 28 vº, 30 rº, 32 rº: dans une réunion des Slaves du palais se trouvait فتى من الخلفاء, 32 vº, à la même occasion: وكان من الخلفاء يكنى بأبي المفرج, اثنان قد استنبلغه في الاستخراج الى محمد في رضى طروب, 35 vº, 41 rº. Les خُلَفَاء الحُجَّاب (car c'est ainsi qu'il faut lire), à la cour des Abbasides, Koseg. Chrest. 107, 7 a f., 109, 3 a f., étaient peut-être des Slaves au service des chambellans. — Parmi les Soufis on trouve aussi des خلفاء, Macc. III, 676, 2 a f.: فقال علومى أحد وسبعون علما وأمّا مقامى فرابع للخلفاء. — Voyez sous خِلَافَة.

خَلَّاف *désobéissant*, de Sacy Chrest. II, ٦٨, 1.

خَالِفَة. الخَوَالِف *douleurs après l'enfantement*, M.

تَخْلِيف *reproductibilité*, Bc.

مُخَلِّف *lieutenant*, Becrî 92, dern. l.; cf. la 1re sign. que j'ai donnée sous la IVe forme.

مُخَلَّف *reproductible*, Bc. — مُخَلَّفَات *hérédité*,

biens laissés en mourant, Bc. — مُخَلَّفاتُ النَّبِي *les reliques du Prophète;* on les trouve énumérées chez Lane M. E. I, 379.

مِخْلَاف *forteresse,* selon Edrîsî, Clim. I, Sect. 6: وَلِمَكَّة, Clim. II, Sect. 5: العَرَبُ تُسَمِّى لِلْحِصْنِ مِخْلَافًا مَخَالِيفَ وَهِى لِلْحُصُونِ ۞

مَخْلُوف *pic,* M.

مُخَالِف *défaillant,* qui ne comparait point sur l'assignation, Bc. — *Parfait,* Roland. — سَبِيل مُخَالِف *sentier qui raccourcit le chemin qu'on a à faire, petit chemin de traverse,* L (j'ai donné son texte sous مَخْدَع). — الجَانِبُ المُخَالِف, t. de médec., *le côté opposé du membre malade, duquel on saigne pour attirer vers lui les mauvaises humeurs;* ainsi, quand l'œil droit est chassieux, la main gauche, de laquelle on saigne en ce cas, est الجَانِبُ المُخَالِف, M. — مُخَالِفُ والدِّيك *pied-d'alouette* (plante), Delphinium, Bc.

مُخَالَفَة *défaut,* manquement à une assignation, Bc. — *Abolition d'une loi,* Alc. (quitamiento de ley).

اخْتِلَاف = خِلَاف (voyez) *la controverse,* Macc. I, 607, 1.

مُخْتَلِف. Ce terme sert à désigner deux traditions qui semblent se contredire, mais qui peuvent se concilier, de Slane Prol. II, 484. — *Les arbres fruitiers, à l'exception du mûrier et de l'olivier,* M.

مُسْتَخْلَف. L donne ce mot sous *suffectus,* qui signifie, selon Ducange: qui pro alio substituitur, et il a aussi: *procuratores;* مُسْتَخْلَفُون. Le terme *procurator* s'emploie également pour *lieutenant, substitut;* mais il signifie aussi *agent, inspecteur, intendant,* etc., et le b. lat. *almostalaf,* l'esp. *almotalafe,* etc., dont j'ai traité Gl. Esp. 175—7, en les dérivant de مُسْتَخْلَف avec le *hâ,* pourraient bien être les مُسْتَخْلَف, avec le *khâ,* de L. Dans ce cas le مُسْتَخْلَف d'Ibn-Haucal (81, 2) deviendrait aussi مُسْتَخْلَف.

خَلَقَ I. خَلَقَ *être vieux,* se dit aussi en parlant d'un arbre, Auw. I, 511, 5 (où il faut lire وَخَلَقَتْ avec notre man.). — خَلَقَ *être fait,* Alc. (hecho ser), Gl. Mosl.; — *renaître,* Alc. (nacer otra vez); — *naître après un autre* (بَعْدَ آخَر), Alc. (nacer sobre otro que nacio, où il faut substituer le passif, qu'il a sous l'aor., à l'actif); — *croître spontanément, sans être semé,* Bait. I, 106: مزدرع بالقدم وهو يُخْلَقُ بأرضها (leçon de A; B يتخلق), 107: مِن غير أن يزرع الآن وتَخْلُق بها ويبقى على أصل منبتِه الى الآن (dans les deux man.).

II dans le Voc., c. a. et suivi de خُلُق, sous *conformare;* c. a. et ب sous mos. — *Aromatiser,* Bc. — Alc. a cette forme sous sossacar, et le nom d'act. sous sossacamiento, qu'il traduit aussi par دُخُول فى الراس. Chez Nebrija ce verbe sossacar est *seduco,* chez Victor *soustraire, séduire, débaucher,* mais je ne comprends pas comment خَلَّق aurait reçu ce sens.

IV. De même que خَلِيق est suivi de ب, on dit ما أَخْلَقَكَ بِ, *combien vous êtes digne de trouver* (cf. Lane), Calâïd 118, 5: وما كان اخلقك بملك يُدْنِيكَ.

V *se former* (pierres, etc.), Prol. III, 194, 6. — *Croître spontanément, sans être semé* (voyez un exemple sous la Ire forme), ce qui au fond est la même signification. — C. ب *se former,* p. e. sur un modèle, Prol. I, 24, 14: تَخَلَّق بأمثال هذه السيَر, s'était formé sur de tels modèles;» ibid. 2 a f.: تَخَلَّق بالمَحَامِد واوصَاف الكَمَال «il s'était formé le caractère en s'appropriant toutes les habitudes honnêtes, toutes les qualités estimables» (de Slane); Macc. II, 380, 11: تَخَلَّق بالركوب والادب «il se forma en apprenant l'équitation et en étudiant les belles-lettres;» cf. I, 113, 3. Aussi *s'approprier* une qualité, Mohammed ibn-Hârith 292: استشعر الحَذَر وتَخَلَّق بالحزم فبلغ من. — *Avoir des manières agréables, douces, polies,* Macc. III, 680, 7, Ibn-Abdalmelic 160 v°: كان حليمًا متخالفًا لا يضيع عنده حقٌّ لأَحَد, Khatîb 66 v°: (l. متخالفًا) كأن فاضلا متخلفا, 67 r°: يبرز السلطان الى لقائهما ابلاغا فى التَّجَمُّل واحتشادًا, 88 v°: دَمِثٌ متخلِّق متنزَّل, 71 v°: فى ثمَّة التَّخَلُّق. — En parlant d'un Soufi, Macc. I, 5, l. 9: دون متخلِّق منجَّرد تصوف; متخلِّق بأخلاق الأولياء; c'est quand on se conforme entièrement aux volontés de son chaikh, de sorte que, sur son commandement, on se jette dans l'eau, on sacrifie sa fortune, etc.; voyez le Catal. des man. or. de Leyde V, 31. — *Etre usé*, Cartâs 22, 13 a f., 25, 10 a f. (lisez ainsi), 38, 8 a f., 40, 7. — *Se mettre en colère, s'emporter*, Bc, M.

VII *être créé*, Voc., Payne Smith 1274.

خَلْق *quantité* de personnes, d'animaux, Nowairî Espagne 461: 479, خلق من الناس والدواب; 481: خلق من العامّة, 480: خلق من الوزراء كثير من اصحابه ۞

خَلَق *uni, poli, lisse*, fém. ة, Abou'l-Walîd 227, 8, en parlant de la peau de la taupe, comme مَخْلوق (voyez). — Dans le sens d'*usé*, on fait usage du fém. خَلَقة, ce qui n'est pas classique (voyez Lane), Bat. man. 286 r°, ليس ثيابا خلقة, Kalyoubî 15 éd. Lees, 1001 N. I, 47, 16, et ce fém. seul signifie *vêtements usés, haillons*, 1001 N. I, 17, 5 a f.: جارية عليها خلقة مقَتَّعة, où l'édit. a ces voyelles. Bc a خَلَق, *guenille, haillon*, mais sans voyelles. — خَلَق *chemise de toile bleue*, que portent ordinairement les paysannes, Bg 807, Barth III, 338, qui donne خَلَق, pl. خُلْقان. — Espèce de mouchoir dont on se couvre la tête pendant la nuit, 1001 N. III, 162, 6: restez chez moi, ôtez vos habits, والبس هذا الثوب الاحمر فانه ثوب النوم وقد جعلت على راسه خلقا من خرقة كانت عندها ۞

خُلْق ou خُلُق. En parlant d'un excellent guide, «il flairait les différentes natures de la route,» استاف اخلاق الطريق, Djob. 115, 15. — *Bile*, au fig., *colère, vivacité*; طلع *se mettre en colère*; طلعة *vivacité, humeur, boutade, caprice, orage, reproches, emportement*, Bc.

خِلْقة *naissance*, *bonnes* ou *mauvaises qualités avec lesquelles on est né*, Bc. — *Ce qui est un produit de la nature* (l'opposé de factice), Ztschr. XX, 501, 504; خِلْقَة والا صنعة «est-ce naturel ou factice?» Bc. — *Proportion*, Alc. (proporcion). — *Créature, être créé*, Voc., Bc, p. e. en parlant d'un très-grand poisson, خِلْقَة شريفة, «une magnifique créature,» 1001 N. Bresl. IV, 324, 3, 12, 325, 13.

خُلْقى *emporté, impétueux, violent*, Bc.

خُلْقاني *colère* (adj.), *emporté, violent*, Bc.

مَنْ لا خَلاقَ لَه. خَلاقى a encore un autre sens que celui que Lane a donné, car cette expression signifie aussi: *celui qui ne vaut pas grand'chose*, Gl. Edrîsî, Fragm. hist. Arab. 126, 3 a f., Djob. 69, 13. Dans un vers chez Macc. II, 496, 14: ليس لهم عندنا خلاق «ils ne jouissent parmi nous d'aucune considération.»

خَلوق *aromate*, Bc. — Le mot valencien *haloch*, qui semble dérivé de ce mot arabe, désigne le *bupleurum*; voyez Gl. Esp. 284.

خَليق. Burton II, 67: «khalik ma el Badu, friendly with the Bedouins, is a favourite saying among this people, and means that you are no greasy burgher.» — *Usé*, Antar 24.

مَشْهَد خَلاقة, Calâïd 329, 1, semble signifier *réunion de débauchés*; si le mot n'était pas dans la rime, on serait tenté d'y substituer خَلاّف.

خَليقة. Ibn-Khaldoun dit par pléonasme أقَلّ لِخَليقة *les hommes*, Prol. I, 44, 11. — سنة لخليقة *telle année après la création*; c'est ainsi qu'il faut lire d'après le man. chez Gregor. 48, 2.

خَلوقى *ayant la couleur du parfum nommé* خَلوق c.-à-d. *rouge-clair*, Gl. Edrîsî, Gl. Esp. 184; lisez de même chez Auw. II, 300, dern. l., où ce mot indique la nuance du safran délayé dans l'eau.

أُخْلوقة *mensonge*, Abbad. II, 128, 11 et n. 8.

مُخَلَّق *usé*, Burckhardt Prov. 18. — المُخَلَّق nom d'une colonne dans la mosquée de Médine; elle a reçu ce nom parce qu'ayant été souillée, elle a été frottée avec le parfum nommé خَلوق, Burton I, 322.

مَخْلوق *naturel, qui est tel que la nature l'a fait*, Most. v° نفط: يسمّى بالرومية قطولا وتاويله دهن الحجر والمَخْلوق يخرج من عود اسود ثم يصعّد فيبيّض وهو (au lieu de قطولا, lisez فطرلا, *pétrole*); le même: قلبمارك يصنع من الكبريت والزيبق الزهراوي فاوّلها الرباحى وهو المخلوق, Bait. II, 334: ومنه مخلوق ولونه احمر ملمّع ثم يصعّد هناك فيكون منه الكافور الأبيض. Le sens de ce mot étant certain par ces passages, je crois qu'il faut aussi le lui attribuer dans Becrî 111, 7 a f.: ويستندير بالمرسى من ناحية الجوف

خلقن ، جسر مِن حجارة مخلوقة ، où de Slane traduit « pierres de taille. » — *Usé* (vêtement), Bc. — *Uni, poli, lisse*, Payne Smith 1276, en parlant de la peau de la taupe (cf. خَلَقٌ); Becrî 159, 8: العنبر المخلوق ، où Quatremère traduit « poli, » et de Slane « moelleux au toucher. »

خَلْقَن I *rompre*, Voc.

II Voc. sous *rumpere*.

خَلْقِينَة *chaudron*, Hbrt 198.

مُخَلْقَن *déguenillé*, Bc.

خَلَنْج comme nom d'une espèce d'arbre, voyez la note de Manger sur la Vie de Timour, I, 468—9, et Frähn, Ibn-Foszlan, 107 et suiv., 252—3. Wild, 93, atteste que le bois de cet arbre a une odeur forte et agréable, et qu'on en fait des chapelets (« olle lingue [?], welches die Türcken nennen Callengue, davon werden ihre wolriechende Pater noster gemacht, wenn man dieses Holtz in der Hand erwarmen lest, so reucht die Hand ein ganze Stund starck darnach »). On fait aussi des tables de ce bois, 1001 N. Bresl. V, 99: مائدة من الخلنج اليمانى ، et une autre orthographe du mot est خولنج ، 1001 N. Macn. I, 537, II, 258. — En Espagne et chez Bc, *bruyère* (erica), Bait. I, 278 b, 380 b; chez Alc. (breço) خَرِنج . — M: وقول الموّلدين جديد خَلْنج مبالغة (?).

خَلَنْجى *fait du bois de l'arbre appelé* خَلَنْج , Vie de Timour I, 468, 5. — *Ayant la couleur du bois de l'arbre appelé* خَلَنْج (cette couleur est mêlée de rouge et de jaune, voyez Manger l. l.), Bait. I, 422 c, en parlant du platane: ولون خشبه اذا شقّ احمر خَلَنْجى . — *Espèce de* fourrure, Masoudî dans de Sacy, Chrest. II, 18, l. 15. De Sacy (*ibid*. p. 19) pense que c'est une fourrure mouchetée, parce que Saadias (Gen. 31, vs. 10 et 12) a employé ce terme pour le mot hébreu בְּרֻדִּים, et il soupçonne que ce genre de fourrure a quelque rapport, pour la couleur, avec la fleur de l'arbre appelé خَلَنْج , laquelle est mêlée de rouge, de jaune et de blanc. J'aimerais mieux penser à la couleur du bois de cet arbre; ce bois est de deux couleurs, et خَلَنْج signifie, selon le Dict. turc de Kieffer et Bianchi: « de deux couleurs, blanc et noir, cheval de cette nuance. » C'est donc peut-être: une fourrure de deux couleurs, blanc et noir, et ce qui confirme cette manière de voir, c'est qu'Aboul-Walîd dit en expliquant בְּרֻדִּים (112, 5): خَلَنْجِيَّة وهو لون مخطط بسواد ودخنة ۞

خَلَنْجَان a dans le Voc. les voyelles خَلَنْجان

خَلَنْدَرَة (pers. خَلَنْدَر , *origan*) *serpolet*, Bc.

خلو I, dans le sens d'*avoir de quelqu'un une audience particulière*, se construit aussi c. a. p., Aghânî dans de Sacy Chrest. II, 419, 1: فان انت خلوته واعجبته ، فانت مصيب منه خيرا . La leçon est bonne; elle se trouve aussi dans l'édit. de Boulac, IX, 176, 8, et l'Asâs donne également cette construction: واستخليت . — C. مِن *manquer de*, p. e. *des commodités de la vie*, Macc. I, 138, 11, *des connaissances nécessaires*, Berb. I, 518, 13. — C. مِن *se détacher de*, Berb. I, 52, 5. — C. مِن *être à l'abri de*, Macc. II, 406, 16: كلامه هذا لا يخلو من الانتقاد « n'est pas à l'abri de la critique. »

خلا وجهه *avoir son temps libre, n'avoir point d'occupation obligée*, Gl. Fragm., Becrî 120, 6 a f. C. لِ *être délivré de*, Abbad. I, 283, n. 133. C. لِ *être libre pour*, Bidp. 197, 3: la femme fut remplie de joie en pensant que son mari partirait, وتخلو وجهها لتخليلها « et qu'elle serait libre pour (recevoir) son amant; » Abbad. I, 324, 7 a f.: وخلا وجه قرطبة بعد ذلك للمعتمد وعاد البيد ملكها ۞

II *laisser, quitter, ne pas emporter, oublier*, Bc. — *Laisser, léguer, transmettre, faire passer à ses enfants*, Bc. — *Se défaire d'une chose, la vendre*, 1001 N. I, 17, 11: وخليت ما عندى من المال وكل ما كان عندى من البضائع « je vendis les propriétés que j'avais et toutes mes marchandises. » — خلّى عند *laisser, mettre en dépôt, confier*, Bc. — خلّى *laisser derrière*, dans le sens de *transporter derrière*, 1001 N. I, 97, 3 a f.: اخلى حجارة مدينتك . — خلّف *Laisser aller sur le vif*, sur le gibier qui fuit, Margueritte 180. — *Laisser*, p. e. خلّينى افوت « laissez-moi passer; » ما اخلى يوم يفوت الا واكتب لك « je ne laisserai pas passer un jour sans vous écrire, » Bc; خلّوه يكتب « laissez-le écrire, » 1001 N. I, 94, 1, dans le sens de *permettre de*, Gl. Fragm.; خلّينى *laissez-moi, laissez-moi tranquille*, Bc;

خَلِّينَا *laissez!* c'est assez, Bc. C. a. p. et من r. خَلِّينَا من هذا الكلام *c'est assez parler de cela*, Bc. On dit خَلِّنِي من *ne me parlez pas de*, Macc. II, 264, 21, de Sacy Chrest. I, ٨٠:

ودَع المعتَزل للسرور وخَلِّي من حُسنى ظنِّ الناس بالمتنسِّك

vers que l'éditeur n'a pas bien rendu et qui signifie: « Laisse là les dévots qui proscrivent et bannissent la joie, et ne me parle pas de la bonne opinion que les hommes ont de ceux qui affectent des vertus qu'ils n'ont pas. » — *Laisser faire*, permettre que l'on fasse ou dise, ne pas empêcher, Bc, Macc. I, 120, dern. l.: il aimait à boire, et son hôte «خَلَّاه وما أَحَبّ » «le laissait faire ce qu'il aimait,» le laissait boire. Chez Bc يَخلِّى. Dans un sens obscène, 1001 N. Bresl. III, 272, 1 et 2. — C. a. r. et لـ p. *laisser, céder une chose à quelqu'un*, Bc, Gl. Fragm. — *Epargner une chose, l'employer avec réserve*, Bc. — *Faire*, joint avec des infinitifs, p. e. «أَخَلِّيك يُعطيك» «je vous ferai donner par lui,» Bc, 1001 N. I, 109, 10: «خَلِّيت أبى يُكافئك» «je vous ferai récompenser par mon père.» — Dans le sens de أخذ, *prendre, retenir*, 1001 N. Bresl. IX, 219, dans un récit dont le style est très-mauvais: وقالت له أنا ناخذ هذا المصاغ على مشورة الذى يَعجبها خَلَّوا وتاتى لك بثمنه وخَلِّى عندك; dans l'éd. de Macn. (III, 430): وقالت له أنا آخذ هذا المصاغ على المشاورة فالذى يعجبكم ياخذونه وآتى اليك بثمنه وخُذْ هذا الوند عندك. — خَلَّى ما بينهما, aussi خَلَّى بَينَهما, *il leur permit de s'aboucher, de conférer ensemble*, Abbad. I, 67, 13. — خَلَّى بينه وبين الشىء *permettre une chose à quelqu'un*, Gl. Belâdz., Abd-al-wâhid 14, 6 a f. — خَلَّ وشانَه, ou وشانِه خَلَّاه وشانَه, *laisser faire quelqu'un*, Berb. I, 441: il consulta ses ministres فى تخليتهم وشانِهم من النُّزول بالسَّاحل او صدّهم عند «sur la question de savoir s'il serait mieux de laisser l'ennemi effectuer son débarquement ou de s'y opposer» (de Slane), et ensuite: وخَلَّوا وشانَهم من النُّزول. — خَلِّ *restez!* 1001 N. Bresl. IX, 316: خَلِّيكم عندى «restez auprès de moi» (Macn. اقيموا عندى); 388: خَلِّيك واقف «restez où vous êtes» (Macn. قِفْ انْتَ هنا);

Macn. III, 210, 9: خَلِّيك بعيدًا عنى (trad. de Lane: keep far from me). — خَلِّ بالَك *sois attentif!* 1001 N. II, 108, 2 a f. (dans la trad. de Lane: be mindful). On dit aussi خَلِّى بالَه لـ *faire attention à*, voyez sous بال. — خَلِّى فى الحَيرة *tenir en haleine, en incertitude*, Bc. — خَلَّى مَنْزِلًا للناس *tenir auberge pour tout le monde*, Macc. II, 635, 16, où un poète écrit à une dame: O vous qui avez un millier d'amis et d'amants,

— اراك خَلَّيتِ للنا س منزلًا فى الطريق

C. عن r. *se défaire de, se désaccoutumer de*, Bc. — C. عن r. *faire trêve à, cesser*, Bc. — خَلّ عنك الشىء *cesser de*, Bc, 1001 N. I, 38, 11: خَلّ عن جَنب هذا الكلام «cessez de parler ainsi!» — خَلَّاه يُعاند *mettre à l'écart, écarter*, Bc. — *opiniâtrer, rendre opiniâtre, obstiner*, Bc. — اللهِ يَخَلِّيك *de grâce, je vous en prie*, Bc.

IV, dans le sens d'*être seul avec quelqu'un*, exemple de la constr. c. a. p. (Freytag, Lane), Bidp. 249, 2 a f. On dit aussi: أَخْلَاه نَفْسَه *il lui accorda un entretien secret*, Akhbâr 72, 4, 128, 7. — أَخْلَتْهُمَا *elle les laissa seuls*, Gl. Fragm., où la citation, 76, 11, a été oubliée. — *Evacuer une place, une forteresse*, Calâïd, man., I, 101: وقع الاتّفاق على أَخْلَاه حِصن جُملَة, Khatîb 182 v°, Holal 20 v°. — *Nettoyer*, p. e. un puits, Alc. (mondar como pozo). — *Ravager, désoler, dévaster, ruiner, piller, saccager*, Voc., Alc. (assolar). — *Faire rétrograder*, Haiyân 76 r°, en parlant de deux officiers pendant un combat: فأَخلَبَا كان بازائِهما. — *Chasser, mettre dehors*, Alc. (echar de fuera). — C. a. p. et من r. *priver quelqu'un de*, Macc. II, 290, 1. اخلى من اللوازم *dépourvoir, dégarnir de ce qui est nécessaire*, Bc. — *Décocher une flèche, tirer de l'arc*, Alc. (desfrechar arco, deslatar o desparar, desparar tiro, echar tiro).

V c. عن *être privé, spolié de*, Djob. 345, 2 a f. — C. عن *se priver de, refuser, ne pas accepter*, Macc. I, 601, 3 a f.: cet homme pieux كان متخلِّيًا عَمَّا فى ايدى النَّاس (car c'est ainsi qu'il faut lire avec l'éd. de Boul.), ce qui signifie, comme la suite le montre, qu'il n'acceptait pas de présents ou d'aumônes. — C. عن *quitter un endroit*, Haiyân-Bassâm

خلو

III, 4 v°: "الجلاء عن مشواهم والتتخلّى عن قرائهم". — C. عن p. *retirer à quelqu'un sa protection, l'abandonner à son sort*, Koseg. Chrest. 90, 2: قد اعطيته "نمامى ولا ابقى اتخلّى عنه ولو ان روحى تطير قدّامهى" — C. لـ p. et عـن r. *céder, laisser à quelqu'un, résigner, se démettre d'un office*, etc., en faveur de quelqu'un, Bc, Abbad. I, 283, n. 138, Haiyân 104 v°: ل حصنه عن تخلّى. Aussi c. من r., Akhbâr 72, 10: يتتخلّى لى من هذا الامر C. عن et من dans le Voc. sous dimitere. L'expression تخلّيت عن نفسى, 1001 N. III, 39, signifie: *je ne songeais plus à sauver ma vie*. — *Aller souvent à la selle, avoir la diarrhée*, Payne Smith 1442.

VI *chuchoter*, Ht.

VII et VIII dans le Voc. sous vacuare et sous depopulari.

VIII *se retirer à part, s'enfermer*, Bc. — C. ب p. *être seul avec une femme*, Antar 4, l. 12. — Voyez sous la VIIe.

خَلَا à *l'exception, excepté*, Bc.

خِلْو, suivi de مِن, *manquant de, dépourvu de*, p. e. *de bonnes qualités, n'ayant aucune connaissance d'un livre, d'une science*, Prol. III, 220, 13 (où de Slane veut à tort changer la leçon), 264, 12, Berb. I, 433, 5, II, 93, 5 (où il faut lire خِلْو, au lieu de خلف), 366, 1; I, 508, 6 a f.: وابقى خطة الحجابة خِلْواً عمّن يقوم بها, ce qui signifie qu'il ne nomma personne à l'emploi de hâdjib. — *Espèce de contrat d'arrentement perpétuel d'un immeuble, moyennant lequel celui qui a arrenté ledit bien, et payé une fois le prix du contrat, ne peut plus être dépossédé, ni lui ni ses héritiers, et n'est tenu qu'à acquitter, chaque année, une certaine redevance fixée par le contrat*, Ztschr. VIII, 347—9. خِلْو نَسّاءٍ *qui aime beaucoup les femmes*, Kâmil 352, 4.

خُلُو, *vide, espace vide*, Bc, de Sacy Chrest. I, 224, 11. — *Ruines, débris*, Prol. II, 380, 6: وامّا خُلُوُّ الجبال: الفقه عندهم فرسم خلو واثر بعد عين, *indifférence, insouciance*, Bc.

خَلَاة. على خلاة à *loisir*, Bc.

خَلْوَة. منه على خلوة الاسد اتى, "il vint trouver le lion lorsqu'il était seul," Bidp. 105, 10. — *Cellule, retraite, petit appartement, cabinet, boudoir* (Bc), Vêtem. 160, n. 1, Lane M. E. I, 372, II, 53, Daumas Mœurs 306, Bat. IV, 28, 38, Prol. I, 420, 9, Berb. II, 138, 5 a f., 1001 N. I, 87, 5, 90, 8 a f., Bresl. XII, 292. — *La chambre nuptiale*, Vêtem. 160, 161 n. — *Pavillon dans un jardin*, Vêtem. 161 n. (= Macc. I, 472, 7). — Chez les Druzes, *ermitage*; les plus pieux parmi les 'occâl font construire ces habitations sur les sommets des plus hautes montagnes, et ils y vivent tout seuls, Ztschr. VI, 395, M; *chapelle* des Druzes, Burckhardt Syria 202, qui donne خلاوى, p. 304, le pl. — *Besoin naturel*, Macc. I, 597, 3: خرج الى موضع بخارج المدينة برسم خلوة. — *Coït*, Vêtem. 161 n., Bat. IV, 156. — ليلة الخلوة *la nuit des noces*, M. — *Pédérastie*, Macc. II, 427, 15, Djaubarî 15 v°: تنين الخلوة مع الموردان, Haiyân-Bassâm I, 154 r°: الخلوة. Aussi عهر الخلوة, Macc. I, 799, 3, où le man. d'Ibn-Bassâm porte عهد. La même faute se trouve chez Haiyân-Bassâm I, 174 v°: il avait cinq cents femmes dans son harem (l. بعهر) واتهم على ذلك بعهد. الخلوة للذى شهر به من قلّة الجماع *Un pédéraste s'appelle* عاهر الخلوة, Haiyân-Bassâm I, 114 r°: اسير الشهوة عاهر (l. عاهر) الخلوة. — *Opportunité, occasion favorable*, L (oportunitas). — (خَلْوَة وامكان). — *Inquiétude, sollicitude*, Ht.

خَلَوِى *champêtre*, Bc. — *Espèce de faucon*, Marguerittte 176 (El-Kreloui). الحمام الخلوى *pigeon sauvage*, Domb. 62.

خَلْوِيَّة chez les Druzes = خَلْوَة (voyez), v. Richter 132 (Chalwieh).

خَلَاء *campagne, champs*, Bc; باب الخلاء « porta della campagna,» Grâberg 40. — *Désert inhabitable*, d'Escayrac 18. — *Ruine d'une habitation, d'un village, d'une ville*, Alc. (asoladura de lo poblado). — *Inquiétude, sollicitude*, Ht. — بيت الخلاء *commodités*, Bc.

خَلَائِى. البيوت الخلائيّة *les latrines*, Djob. 275, 3.

خَلَاوِى *agreste, rustique; — forestier*, qui concerne les eaux et forêts, Bc.

خَلَاوَاتِى *rural; campagnard*, Bc.

خلوع

خَلَايَة أحل ruche, Bc. خَلَايَة.

خَلِى البال indifférent, insouciant, Bc. خَلَى.

خَلِيَّة, ruche, pl. خَلِيَّات dans un vers, 1001 N. III, 226, 2 a f., mais l'éd. de Bresl., IX, 379, dern. l., a une autre rédaction, dans laquelle on trouve le pl. ordinaire, خَلَايَا.

خَال ayant certain vice dans le cou (cheval), Auw. II, 497, 19.

تَخْلِيَة, t. de jurisprud., *mise en possession*, v. d. Berg 45. — *Défection*, Bc. — على التخليَة est le synonyme de رَوِيَّة, *d'un promontoire à l'autre, en ligne directe*, Gl. Edrîsî.

خَلُوع I (cf. sous la racine خلع) *déboîter, disloquer, démantibuler*, Bc.

II *se disloquer, se démantibuler*, Bc.

مُتَخَلِّع *déhanché*; — *dandin, sans contenance*, Bc.

خلى

مِخْلَى dans le Voc. = مِخْلَاة, *sac*.

مِخْلَايَة, forme moderne de مِخْلَاة, *musette*, sac qu'on suspend à la tête d'un cheval pour le faire manger; — *panetière*, petit sac où les bergers mettent leur pain, Bc.

خُلَيْدُونِيُون *chélidoine*, Bc.

خَمّ I *brifer, manger avidement, friper, manger goulûment*, Bc. — ذهب فلان يخم البلاد *il est allé explorer le pays*, M.

II *penser, croire, juger*, Bc (Barb.), Voc. (existimare = خَمَّن), Cherb. Dial. 29, *penser, réfléchir, deviner*, Ht, Martin 43, Domb. 128; من غير تخميم *étourdiment*, Roland.

V dans le Voc. sous existimare.

خَمّ pl. خُمُوم *cru*, Voc. (crudus) (pour خَام).

هو خَمّ نَوم .خَمّ *il dort beaucoup*, M. — En parlant d'une femme qui ne digère pas bien (المرأة الوخيمة), on dit هِى خَمّة, M.

خمر

خُمّ, en Egypte, *caverne que creusent certaines personnes pour y habiter*, M.

خُمَّة *goulée, grosse bouchée*, Bc.

خَمَّام *brifeur, grand mangeur*, Bc.

تَخْمَام *idée*, Barbier.

خمادريوس (gr.) *chamédrys*, Bc, Payne Smith 1449.

خما قسوس (gr.) *chamécisse, lierre terrestre*, Bc.

خماهان (pers.) espèce de pierre, *santalum*; voyez Bait. I, 289 i, 394 b et les dict. persans.

خَمِج I *se moisir*, Voc. — *Se pourrir*, Alc. (podrecerse del todo), Bc (Barb.), Auw. I, 21, 6, 127, 7 a f., 612, 16.

II *moisir*, Voc. — *Pourrir, altérer, gâter*, Alc. (podrecer a otra cosa).

V *se moisir*, Voc.

خَمَج *mousse, moisissure*, Alc. (lapa, moho de pan o vino). — *Putréfaction*, Alc. (podrecimiento).

خَمَجَة *mousse, moisissure*, Alc. (moho de arbol o fuente).

خَامِج *gâté*, Roland.

مُتَخَمِّج *moisi*, Voc., Alc. (mohoso). — *Pourri*, Alc. (podrido).

خَمْخَم I, en parlant d'un vase, etc., est quand son odeur est devenue mauvaise, M.

خِمْخِم voyez sur cette plante Bait. I, 394 c.

خَمَد I *se refroidir, perdre de sa première ardeur*, Alc. (afloxar en el esfuerço), Cartâs 158, 4: خمد الناس; عند قتلهما *s'abattre, perdre courage, se décourager*, Bc; *s'engourdir*, Bc.

II *éteindre*, Voc.

IV *décourager, engourdir l'esprit, le courage*, Bc.

V et VII *s'éteindre*, Voc.

خُمُود *découragement, engourdissement*, Bc.

خَامِد خامد اللون *de couleur mate, d'une couleur qui n'a point d'éclat*, si Wright (dans les Add.) a eu raison de lire ainsi chez Macc. I, 91, 8. L'édit. de Boulac a جامد, comme dans le texte.

خَمَر II *pétrir*, Domb. 122, Ht. — C. على p. *tromper*

quelqu'un, *lui jouer un tour*, 1001 N. Bresl. IX, 362, 3; Alc. (tranpa por engaño) a le nom d'act. تخمير dans le sens de *tromperie, fourberie*.

III c. على p. *chercher à tromper*, 1001 N. Bresl. III, 199, 10: وانت الاخر تخامر على « toi aussi, tu cherches à me tromper; » chez Macn. تخادعنى; — *colluder, tromper un tiers par collusion*, Bc; — *trahir son maître, abandonner son parti*, Maml. I, 1, 206, M, Macc. II, 571, dern. l., Fakhrî 389, dern. l., 390, 1 et 3, 1001 N. I, 76, 6 a f., Nowairî Afrique 41 v°: ان الوزير تخامر عليك مع تيم — C. الى p. *embrasser le parti de quelqu'un*, Maml. I, 1, 207: الذين خامروا السيد بن عند ابى يزيد « ceux qui s'étaient attachés à lui, après avoir quitté Abou-Yezîd. »

IV *enivrer*, Voc.

V dans le Voc. sous *fermentare; fermentavit*, Saadiah ps. 73. — *Tromper, jouer un tour*, Alc. (burlar a alguno, engañar, engañar apartando; le partic. engañador, engañoso, tranposo); dans le Voc. c. ب *deridere*; le premier article d'Alc. peut aussi avoir ce sens.

VI c. على *colluder*, tromper un tiers par collusion; — *trahir en secret*, Bc.

خُمْرَة, *petit tapis*, forme au pl. خُمَر, Gl. Edrîsî.

خُمْرى *vineux*, qui sent le vin, qui en a la couleur, Bc. — Au Maghrib, *brun, brun foncé, brun qui tire sur le noir*, Lettre à M. Fleischer 166, Auw. II, 323, 10, Bait. II, 203 b: وازهرت زهرا خمرى اللون; aussi en Syrie, car le M a: الاسود الضارب الى الحمرة كلون الخمر الاسود. En parlant de marbre, c'est peut-être ce qu'on appelle, en termes techniques, *la brèche africaine antique*, qui se compose de fragments gris, rouges et violets réunis par une pâte calcaire noire, Lettre ibid. — En Afrique, *mulâtre*, ibid.

خِمار *mouchoir*, p. e. un mouchoir dont on se couvre l'œil quand on souffre d'une ophthalmie, Vêtem. 170, n. 1, ou un mouchoir qui sert de tamis, Chec. 199 v°: وينتخل على خمار صفيق.

خُمار *dérision*, Voc.

خُمور *pâtisserie*, Ht.

خَميرَة. Le pl. خمائر Voc. — *Pâte*, Bc. — عمل خميرة *mettre le levain dans la pâte*, Alc. (rezentar hazer reziente). — *Ancien trésor*, M. خميرة النبات

champignon à la racine d'une plante, M. — T. de médec., poudre de fleurs avec du sucre, p. e. خمير البنفسج « *poudre de violettes*, » M.

خَمّارة, pl. ات et خمامير, *cabaret, taverne, guinguette, cantine*, Bc, Hbrt 188, Ht, Maml. II, 2, 164, de Sacy Chrest. I, ١٥٦, 8, Macc. II, 530, 17, 1001 N. I, 173, II, 111. Chez Freytag خمارات est une faute d'impression pour خمّارات.

خَامَرجى *pâtissier*, Bc (Eg.).

تخمير *voyez sous la IIᵉ forme*. — T. de médec., *laisser tremper des substances, qu'on veut distiller, dans un liquide, afin qu'elles lui communiquent leur essence*, M.

مُخامر *perfide*, Bc.

مُخامَرَة *trahison*, Bc.

مُخْتَمِر *pain fermenté*, Alc. (pan leudo).

خمس II. Cette forme s'emploie dans le même sens que la Iʳᵉ, 1ʳᵉ signif. chez Freytag et Lane, Alc. (quitar el quinto), Bayân I, 38, 6 a f.: وارادت تخميس البربر, Akhbâr 23, 10 (où le *techdîd* est dans le man.). — *Composer un poème dit* تخميس *ou* مخمس (voyez), *un quintain*; celui qui le fait est un مُخمِّس, Macc. II, 517, dern. l. — *Cultiver une terre en se réservant le cinquième de la récolte*, Cherb. C.

خِمْس *fièvre qui revient tous les cinq jours*, Gl. Manç. v° *ورد الحمى في الخامس: سدس*.

خُمْس *corps*, portion d'armée, Badroun 193, 17, 19 et 20, où on lit qu'un général en chef nomma des officiers chargés de commander le خمس des Becrites, celui des Abd-al-caïs et celui des Benou-Temîm; cf. plus bas خميس. — *Certaine partie d'une tribu*, Sandoval 269, Daumas Mœurs 16. — *Les terres, dans les pays conquis, qui sont devenues la propriété de l'Etat. Ce mot, qui signifie proprement cinquième partie, a reçu ce sens parce que l'Etat avait le droit de s'approprier la cinquième partie des terres des vaincus*. Le pl. أَخْماس, Macc. I, 215, 12, 231, 10; mais بنو الاخماس, de même que الاخماس, signifie aussi: *les paysans qui cultivaient les terres de l'Etat et qui donnaient au trésor la troisième partie des productions*; voyez mes Recherches I, 79.

خَمْسَة. الـخَـمْـس chez Macc. I, 71, 6: دَامَـت; peut-être: فضائلُه محروسةٌ بالسبع المثاني معوَّذة بالخمس; cinq chapitres du Coran qui servent de préservatifs contre les maladies, le mauvais œil, etc.; cf. Lane M. E. I, 377. — الخَمْسَة les parents du meurtrier, Burton II, 102: «the khamsah or aamam [اعـمـام], blood relations of the slayer.» — خمس جنوب espèce de grains de verre, Burckhardt Nubia 269. — أَقَلْ مَذاهب للخمس (sic), nom qu'on donne aux Zaidites du Yémen, parce qu'ils prétendent que leur secte est la cinquième parmi les sectes orthodoxes (qui ne sont qu'au nombre de quatre), Burckhardt Arabia I, 432.

خَمْسَة pl. خماس petite main, Alc. (manezilla).

خَمْسُون. C'est à tort que les voyageurs européens donnent le nom d'el-khamsin à la période d'environ cinquante jours, qui, en Egypte, commence en avril et continue pendant le mois de mai, car les Arabes l'appellent constamment الخَماسين, ce qui est le plur. vulgaire de خَمْسِين, Lane M. E. II, 281 n. Cette saison commence, à proprement parler, le jour qui suit immédiatement celui de Pâques, et finit à la Pentecôte, de sorte qu'elle comprend 49 jours. Elle est très-malsaine, par suite des vents du sud très-chauds qui soufflent pendant ce temps; voyez Lane l. l. et I, 3, Coppin 354 (qui écrit assez bien: le Cammessin), Thévenot I, 519, Bruce I, 95 n., Burckhardt Nubia 315, d'Escayrac 29, R. d. O. A. VI, 108. — الخَمْسِينات, de Sacy Chrest. I, ١٨, 1, est le nom que les Arabes donnent à la partie correspondante du calendrier juif, et dont le dernier jour s'appelle الخَمْسِين, Lane M. E. II, 281 n. — Le pl. vulgaire الخَماسين, dont il a été question plus haut, signifie aussi Pentecôte, Hbrt 154. — أَقَلْ خَمْسِين, chez les Almohades, les cinquante compagnons du fondateur de cette secte et leurs descendants; ils forment la seconde hiérarchie, la première étant celle des dix, Abd-al-Wâhid 135, 6, 139, 3 a f. et dern. l., 246, 15, 248, 4 a f., etc., Calât 73 v°, l'anonyme de Copenhague 17. — ايام للخمسين Pentecôte, Hbrt 154.

خَمْسِيَة, la cinquième secte, c.-à-d. la cinquième secte orthodoxe (cf. sous خَمْسَة), est le nom qu'on donne aujourd'hui au Beni-Mzab, Daumas Sahara 55, Richardson Sahara I, 275, Tristram 6, 140, 203, Prax R. d. O. A. VI, 356. Chez Berbrugger 51 خَمْسِى, pl. خَوَامِس.

خَمْسِينِى (formé de خَمْسِين, vulg. pour خَمْسُون), ayant cinquante coudées dans sa circonférence, Macc. III, 347, 4: الـقُبَّة للخَمْسِينِيَة اى التى فيها خمسون ذراعًا بالعمل ❊

للخَمْسِينِوت quinquagenitas, Payne Smith 1313.

خَمْس doronic, mais Zahrâwî avoue qu'il ignore si ce mot doit s'écrire avec un há, un khá ou un djîm, Most. v° درونج.

خَمِيس corps, portion d'armée, de même que خُمْس (voyez). Au Maroc un tel corps se compose de 500 hommes, car Hœst, 184, atteste qu'un caïd commande un corps de 500 hommes, et un pacha une division de 2500 hommes, qu'on appelle chams chamés (خميس cinq).

خَمِيسَة main, Voc.

خُمَاسَى figure de cinq angles, Alc. (figura de cinco angulos).

خَمَّاس, pl. خَمَّاسَة (Ouaday 716) ou خَمَامَسة (Cherb. Dial. 57), mercenaire à cinquième, travailleur au cinquième, celui qui, pour prix de son travail, a droit au cinquième de la récolte, semences prélevées, tandis que le maître prend le reste, Ouaday 716, Sandoval 229 n., 271, 321, Daumas Mœurs 21, Carteron 280, et voyez surtout R. d. O. A. VI, 67 et suiv. Ordinairement on traduit ce mot par fermier ou métayer (Mc, Ht), mais Duvernois (R. d. O. A. N. S. VI, 298) observe avec raison que cette traduction est inexacte.

تَخْمِيس ou مُخَمَّس quintain; c'est lorsqu'on ajoute à chaque hémistiche d'un ancien poème quatre hémistiches nouveaux, afin d'en développer la pensée ou de la modifier. Le premier mot est fréquent; le second se trouve p. e. Prol. III, 361, 14.

مُخَمَّس voyez ce qui précède. — Espèce de rhythme, rhythme égal ou dactylique chez les Grecs, Descr. de l'Eg. XIV, 186. — Figure magique qui contient vingt-cinq petits carrés, M. — Grande machine de fer pour soulever des fardeaux, M.

خمش

خَمَاشة estafilade, Bc.

خمس

خَامِشْة, à Jérusalem et dans le voisinage de cette ville = الشيطرج الشامي, *dentelaire de Ceylan*, Bait. I, 347 d (mal traduit par Sontheimer).

خمص II dans le Voc. sous *atenuare*.

IV *évacuer*, Mâwerdî 402, 16: قد ارهب عمر بن — الخطاب امرأة فاخمصت بطنها فالقت جنينا ميتا. — *Amincir, rendre plus mince*, Voc.

V dans le Voc. sous *atenuare*.

خِمَاص. Le Voc. a خِمَاص الزَّرْع sous *atenuare* et comme l'équivalent de أَمَرّ الزَّرْع; voyez l'explication de ce dernier terme chez Lane sous ضَرَّ IV.

خَمَاصَة. On dit خماصة البطن, c.-à-d. ضمور, Gl. Manç. in voce; voyez Lane sous la Ire forme.

خُمَاصِيّ, dans le sens de خميص (voyez Lane sous ce dernier mot), 1001 N. IV, 260, 3, dans la description d'une belle jeune fille: بطن خماصيّ; de même 272, 6 a f. L'éd. de Bresl. (X, 232, 260) porte خماسية, mais c'est une faute.

مُخَمَّصَة (pour مُخَمِّصَة, à ce qu'il semble; cf. la racine خمص) est chez Alc. *hormigos de massa*, expression qu'il traduit aussi par *couscoussou*.

خمط I doit avoir une signification qui m'est inconnue 1001 N. Bresl. XI, 106, 2: اعود اليها وانسج لها واخمط غزلها (dans un sens obscène). C'est peut-être pour خيط.

V «pro تخبّط sensu transitivo, proprie *calcavit*, hinc *invasit, insiluit*, et *peragravit*,» Gl. Mosl.

خَمْط, à Tâïf *figue*, Bat. I, 359.

خمع I vulg. = خلع, p. e. خمع وركه, M. II dans le Voc. sous *claudicare*.

خمل I *s'énerver*, Bc. — سقط في خمل فلان بكذا est M. — ارتكابه. — خمله الله est وقع في ورطة, M.

II est dans le Voc. c. a. *abreviare*, et dans la note *succingere*, vel *congregare ad unam partem servas*; aussi *succingere (vel abreviare)*. — *Nettoyer*, Alc. (*desenbargar, desenbaraçar*, le n. d'act. تخميل *desenbargo por alimpiamiento, desenbaraço*); *ramoner*, Alc. (*deshollinar*); *desservir, enlever, faire le ménage*, Ht; *faire le ménage, faire des réparations*, Roland. — *Renfermer*, Martin 130.

خمن

IV, pour اخمل نفسه, *se cacher*, Diwan d'Amro'lkaïs ۴۰, vs. 13, cf. la glose p. 121. — *Enerver*, Bc.

V dans le Voc. sous *abreviare*, sous *succingere*.

VI *devenir obscur, tomber en discrédit*, Holal 69 r°. تخامل وتجاقل واشغل نفسه بالصيد ۞

VII même sens, Voc. — الخمل من النوم vulg. pour الخبل, M.

خَمْل *velouté, surface, intérieur de l'estomac, des intestins, etc., semblable à du velours*, Bc; M: خَمْل المعدة خشكريشة في باطنها تمسك الطعام خشونتها الى ان ينهضم فاذا تملست حدث عن ملاستها المرض المعروف بزَلَق المعدة ۞

خَمْلَة = خَمْل *les poils d'une étoffe*, Gl. Fragm. — *Très-grande étourderie, tomber dans le malheur*, M (الذهول الشديد والوقوع في ورطة عظيمة).

خَمْلِيّ *muqueux*, Bc.

خَامِل *énervé*, Bc.

أَخْمَل *plus dégradant*, Kâmil 73, 6.

مُخْمَل, comme adj., expliqué par Lane. Selon Tha'âlibî, Latâïf 125, 5, les الثياب المخملة viennent de l'Inde; Edrîsî, Clim. I, Sect. 6, les nomme parmi les produits de la Chine. — Comme subst., *velours*, Bc, Hbrt 20 (Syrie), 1001 N. Bresl. IV, 358, 9. — مخمل انثى *panne, étoffe de soie, de fil, de laine*, etc., dont les poils sont longs, Bc. — Le mot que Freytag a prononcé مُخْمِل et qu'il a expliqué, sur l'autorité de Reiske, par *æquabiliter carnosus et pinguis*, est مُخَمَّل; on le trouve dans un vers de la Hamâsa, 556, 1, où le scoliaste explique ainsi l'origine de cette signif.: فكأنّ اللَّحْم جُعِل لها خَمْلاً. Dans le Kâmil, 414, 7, où ce vers est cité sans la copulative, c'est مُخَمَّل.

مُخَمَّل voyez ce qui précède. — *De moyenne stature*, Voc.

مُخَمَّلَة pl. ات *tapis de coton velu*, Bat. IV, 233 Payne Smith 1504.

مُخَمَّلِيَّة *amarante; œillet d'Inde; tagétès* (plante), Bc

خملدون *chardonnette, espèce d'artichaut sauvage*, Bc

خمن II *penser, croire, se persuader*, Bc, M (= ظنّ

خمى 407 خندريس

لا تَخْمِن «ne croyez pas, ne pensez pas,» Burckhardt Nubia 409 n.; *existimare* dans le Voc.; *être d'avis*, Ht, Macc. I, 75, 6: وبعد ان خمنت اتمام هذا التصنيف «lorsque je fus d'avis de terminer cet écrit.» C. على r. *estimer, priser*, M; il a aussi: المُخَمِّن الذى يقدّر قيمة الاشياء ومقاديرها واثمانها والعامّة تقول المُقَدِّر والمُثَمِّن ٭

V dans le Voc. sous *existimare*; *penser, réfléchir*, Ht.

خُمَان, *sureau, hièble* (Bc), est خُمَان dans B de Bait. I, 71 b, et chez Alc. (yezgo); chez ce dernier (sauco arbol), *sureau* est aussi خُمَان suivi de *xaziri*.

تَخْمِين *opinion*, Ht.

خَمى ou خَمى ? *mousse, moisissure*, Alc. Au premier abord on serait porté à croire que c'est une faute d'impression pour خَمّ, qui a ce sens; mais il n'en est pas ainsi, car Alc. traduit moho de arbol o fuente par kamî et aussi par خَمَجَة, et ensuite il donne de nouveau: mohoso desta manera, balkamî.

خن

خُنّ *galetas*, logement misérable, *taudis*, Bc. — Le *rhumb* de la boussole, J. A. 1841, I, 589. — خن المركب *cale* ou *fond de cale*, Bc, Hbrt 128. — خن الفراخ *poulailler*, Bc (خُن), voyez, a le même sens; dans la langue classique c'est (خُمّ). — خن الورك *aine*, Bc.

خُنُونَة *morve*, Domb. 87, Roland.

مخانة *celle qui exhale une odeur fétide*, Daumas V. A. 183.

خنبل

خُنْبُل *liqueur tirée de la civette*, Daumas V. A. 172.

خنث II *efféminer*, Voc., Bc; تَخْنِيث *naturel efféminé*, Tha'âlibî Latâïf 30, 3 (corrigez le Gloss.).

X *coïonner, se moquer de quelqu'un*, Bc.

خُنْث *naturel efféminé* (de Slane), Prol. II, 279, 1. — *Coïonnerie*, bassesse de cœur, lâcheté, Bc.

خَنِث *doux, suave*, P. Abbâr 177, 15; خَنِث الكلام; aussi en parlant d'une odeur, Bait. I, 167 c:

لطيف النسيم خنث الرائحة لطيفَ, leçon de AC; B رخفث, D خفث, E حبث; dans un autre traité de botanique (man. 13 c): وهو طيب الرائحة ذكى مع خناثة ليس ٭

خُنْثى aussi dans la 1re partie du Voc.; dans la 2e خُنْثى, pl. خُنْثَيَات. — *Efféminé; coïon*, poltron, lâche; رجل خنثى *femmelette*, homme efféminé, Bc. — *Asphodèle*, doit se prononcer ainsi, comme Lane l'a fait avec raison, et non pas خُنْثى, comme chez Golius-Freytag; les deux man. du Most. ont aussi خُنْثى; selon Bait. I, 132 j, c'est un terme maghribin.

خَنِيث pl. خَنَاث *efféminé*, Voc.

خَنَاثَة *douceur, suavité* d'une odeur, voyez sous خنث.

مَخْنَث *coïon*, poltron, lâche, Bc. — *Enfant mal élevé, impudent*, M.

المَخَانِثَة *derisores in triumpho*, chez Freytag, n'est pas bien expliqué. Il a sans doute eu en vue le passage qu'il a publié dans son livre Locmani Fabulæ etc., 37, 4 a f., où les مخانثة servent à cet usage; mais le mot ne signifie rien autre chose qu'*efféminé*. C'est, de même que مَخَانِيث, le pl. de مُخَنَّث; cf. de Sacy Gramm. ar. I, 375, § 879.

خَنْجَر (coutelas) poisson dans la mer Rouge, de la longueur d'une palme et demie, qui a deux têtes pourvues d'yeux et de bouche, dont il fait usage alternativement, Edrîsî, Clim. II, Sect. 5. — Voyez l'article qui suit.

خَنْجَل pl. خَنَاجِل, pour خَنْجَر, *coutelas*, Alc. (terciado puñal). — *Défense du sanglier*, Alc. (colmillo de javali); c'est aussi pour خَنْجَر.

خَنْجِى *l'homme du khân, le portier du khân*, 1001 N. Bresl. XI, 7; chez Macn. بَوَّاب.

خَنْدَرُوس (χόνδρος) *triticum romanum*; chez Bait. sous le khâ, dans le Most. sous le hâ.

خَنْدَرِيس *vin grec*, Alc. (vino greco). — *La plante du chanvre*, Mong. p. cxxxiv b.

خندس

خَنْدَس I être capot, honteux, Bc.

مُتَخَنْدِس tâteur, irrésolu, Bc.

خَنْدَق I faire des fondrières, des ravins, dans la terre (torrent), Alc. (abarrancar).

خَنْدَق ravin, vallée (Lane TA), Gl. Edrîsî, Gl. Fragm., Voc. (vallis), M, trad. d'une charte sicil. apud Lello 9 et passim, Becrî 63, Athîr VIII, 412, 3 a f., Bait. II, 602 b, Macc. I, 91, 2, Amari 440, 6 et 9, Auw. I, 261, 6, 342, 13, 351, 3, Müller L. Z. 13, 3 (où l'éditeur change à tort la leçon), 1001 N. Bresl. XI, 218, 219. — Torrent, L (torrens سَيْل وخَنْدَق).
— Egout, Pellissier 53, Cherb. Dial. 204.

خَنْدَل I c. a. p. ébranler quelqu'un dans sa résolution, M.

II quasi-pass. de I, M.

خَنْر IV pourrir, se pourrir, Bc (Barb.).

خَنْزَى espèce de datte, Niebuhr R. II, 215.

خَنْزَر I rendre gras à lard, Bc.

II devenir gras à lard, Bc.

خِنْزِير espèce de poisson, Burckhardt Syria 166. — Ouverture pratiquée dans un barrage par la force des eaux, affouillement, Cherb. C (Bou Saada). — خِنْزِير الماء capivert, animal amphibie, Bc.

خِنْزِير porcher, gardeur de cochons, Alc. (porquero o porquerizo).

خِنْزِيرَة a le même sens que خِنْزِير, écrouelles, scrofules, Alc. (lamparones, puercas como lamparones). — Moyeu, partie de la roue dans laquelle entre l'essieu, Alc. (maça de carreta).

خِنْزِيرِى une des deux espèces de nymphœa lotus (بشنين), Bait. I, 141 c (AB).

خَنَازِيرِى scrofuleux, Bc.

خنس V reculer, Voc.

VII entrer, Voc.

خَنَس de خَنَس الأنف = خُنْسَة, Diw. Hodz. 283, 9 (خنسة dans l'édit. est une faute; le man. a la bonne leçon).

خُنُس, pl. ات خَنِيس, et خَنَانِيس pl. خُنَّس, jeune pourceau, Voc.; cf. Lane sous أخنس et plus loin خُنُوس. خَنِيس sournois, Bc.

خَانِس. Le pl. الخُنَّس, les planètes. C'est peut-être ce mot qu'Alc. a en vue, lorsqu'il traduit (señal de la palma) les lignes de la paume de la main par kunce ݣُنْصُور et par ضُورَة hunce. On sait que la chiromancie avait de grands rapports avec l'astrologie.

خَنْشُوش visage difforme, Domb. 84.

خنص

خَنُوص est chez Alc. (lechon) خَنُوس, pl. خَنَائِس, mais ailleurs (marrano por cochino de año, puerco) il donne, après le même sing., le pl. خَنَانِيس. Chez Domb. 64 خَنُّوص. Cf. خُنُوس.

خِنْصَر, en Syrie خُنْصُر (M), ordinairement doigt auriculaire, petit doigt, a chez Alc. (dedo del coraçon) qui prononce خِنْصَر, le sens de doigt du milieu (cf. Lane). Les Orientaux, lorsqu'ils comptent au moyen des jointures des doigts, expriment le nombre un en baissant le doigt auriculaire (cf. Macc. II, 405, 13). C'est ce qui explique ces vers qui ont été composés sur le second fils de Yousof ibn-Téchoufîn et qu'on trouve dans le Holal, 32 rº:

من كان فى الاسنان يَحْسُب ثانيا على تقى العلياء يَحْسُب أوّلا
ذلكم الايدى سواء بنانها وتختص فيهن للخناصر بالجلا

De là aussi l'expression, qu'on trouve chez Lane, لن الا تُثنَى عليه للخناصر, plus souvent تُثنَى به للخناصر طُوى عليه bâr 238, 3, Macc. II, 292, 17; aussi للخناصر, Khatîb 30 rº: ممَّنْ — هذا ابو جعفر كان نابنه 248 vº: تُطوى عليه للخناصر معرفةً بكتاب الله مهيرة تُضْرَب يَذكره فيها الامثال وتطوى عليه للخناصر et encore: عُقِدت على كماله للخناصر, Macc. II, 86, 12. Une autre expression, qui semble avoir un sens analogue, est: يُعَدّ فى الفضائل بالوسطى والخِنْصَر, Macc. II, 594, 14. — خِنْصَر, pl. خَنَاصِر, petite bouteille, Bc.

خنطار, aussi قنطار, espèce de datte, Niebuhr R. II, 2

خنع I *faire la révérence bien bas*, Macc. I, 253, 18, 255, 7, à quelqu'un, c. لِ p., ibid. 255, 1, c. الى p., Voc.; L donne: *procido* أَخْنَعُ وَاسْجُدُ; sous *adclinis* et sous *pronus* il a خَانِع مَايِل. — *S'humilier devant Dieu*, Voc.; n. d'act. خِنَاعَة; dans la trad. des canons, man. de l'Escur., les mots أَقَالَة et قَبُولَنَة («réconciliation» dans le sens que les Catholiques attachent à ce terme) sont expliqués ainsi: وفي الخِنَاعَة بِالاوَقْشِبا (Simonet). — *Subcumbo (et subcubeo, vincor)*, L.

II c. a. et الى, et VII, c. الى, dans le Voc. sous *inclinare*.

خنف.

خَنِيف et خَنِيفَة, au Maghrib et c'est peut-être un mot d'origine berbère, *peau d'agneau*; — *manteau de laine ou de poil de chèvre*, Gl. Esp. 263—4.

خَنْفَج *thlaspi*, Bc.

خنفر I *ronfler*, Bc, Mehren 27.

خُنْفُرَة *gros nez, nez ridicule par son énormité*, Cherb.

تَخَنْفُر *ronflement*, Bc.

مُخَنْفُر *qui a un nez énorme*, Cherb.

خنفس.

خُنْفُس pl. خَنَافِس *bupreste (insecte)*, Bc, Man. Escur. 893: شَحْمَة الأرض التي تسميها العامّة الخنافش وتسمى معاء الارض (sic).

خُنْفُسَة, pl. خَنَافِس *Khatîb* 77 v°, *escarbot*, Bc; *coléoptère*, Daumas V. A. 432. — *Paraphe du cadi malékite*; *signature*, Roland.

خُنْفُس *arbousier*, R. d. O. A. N. S. V, 226.

خَنْفُوفَة *mufle, extrémité du museau*, Domb. 65, Bc (Barb.).

خنق I. خنق البندِيرة (نكسها) *mettre le pavillon sens dessus dessous, en signe de deuil*, M.

II. تخنيق الشرانف *exposer les cocons à la chaleur du soleil ou à la vapeur de l'eau bouillante, pour faire mourir les vers des coques*, M. — خَنَق القِثَّاء *remuer la terre et en couvrir les racines des concombres*, M.

III c. a. p. *quereller, disputer, gronder*, Bc, Hbrt 241, Antar 5, l. 11, 1001 N. Bresl. IV, 78, 10.

VI *se quereller, disputer* (c. مع), *chamailler, se chamailler*, Bc, Hbrt 241, M, 1001 N. Bresl. IV, 140, 3 a f.: فتماسكا وتقابضا وتخانقا.

VIII. En parlant d'une figure qui représentait un lion, Macc. II, 515, 1: شرب على صهريج فاختنق الاسد الذي يرمي بالماء, ce qui signifie que l'eau ne coulait plus de sa gueule.

خَنْق *gosier*, L (gula). — خَنْق ou خَنَق *défilé, gorge, passage étroit entre des rochers*, Berbrugger 6, Colomb 54, 55, 57, Martin 20, Carteron 328, Carette Géogr. 134. — خَنَق *certaine maladie des enfants*, Palgrave II, 33, qui soupçonne que c'est *les aphthes*. — خَنْق البَوْل *stranguria*, L.

خَنَقَة البِلَد *un bois*, Pellissier 65, 70. — خَنَقَة *carpe, poignet*, Bc.

خِنَاق (proprement n. d'act. de la IIIe forme) *querelle, chamaillis*, Bc, 1001 N. III, 431, 15; le M dit qu'on l'emploie dans le sens d'un n. d'act. de la VIe forme.

خِنَاقَة *querelle, dispute, démêlé, rixe, brouillerie*, Bc, Hbrt 241. — *Poissonnerie, marché au poisson*, Voc., Alc. (*pescaderia donde los venden*).

خُنَاقِيَة *morve, maladie des chevaux*, Alc. (*muermo de bestia*).

خُنَّاق, pl. خَنَانِيق et خَوَانِيق, *angine*, Bc; les médecins disent خَوَانِيق, M. — *Pêcheur* (cf. Lane), et le pl. خَنَّاقِين (pour خَنَّاتَاقِين) سُوق المخَنَّاتَاقِين *poissonnerie, marché au poisson*, Voc.

خُنَاق vulg. pour خُنَّاق, M.

خَنَاقَة doit avoir eu le sens de *carcan, collier d'or, de perles, etc.*, car le sicilien *hannaca*, qui en dérive, signifie cela. On le trouve chez Abela, Descrittione di Malta, p. 258, qui le traduit par «monile.» M. de Goeje m'a fait remarquer qu'on rencontre ce mot chez Mokaddasî 396, n. *g*.

خَانِقَة, pl. خَوَانِق et خَوَانِيق (Payne Smith 1324), *esquinancie, angine*, Gl. Manç.: خَوَانِق جَمْعُ خَانِقَة وهي ورم يكون في الحلق وربما قتل☙

مُخْتَنَف (pour مُخْتَنَف) pl. مَخَانِف potence, Voc. —
Le pl. مَخَانِف défilés, Müller L. Z. 12, dern. l., l'anonyme de Copenhague 31: وارصدوا لغرارم بالمضايف
وقبيص على اكثرُم بتلك المخانف ❊
مُخْتَنَف. أُخِذَ مِنْهُ بِالْمُخْتَنَف, en parlant d'un agonisant, avoir le râle de la mort, Gl. Belâdz.
مُخْنَفَة collier de clous de girofle, Daumas Mœurs 304, V. A. 173. — Potence, Bat. I, 182, où il faut lire comme dans la note (cf. مُخْتَنَف).
مخنفى qui jette sa gourme (cheval), Daumas V. A. 189 (mekhangui).
مَخْنُوق L: lemures (umbre suggillatorum [lisez strangulatorum] nocturne) المَخْنُوقِين والملهوبة. Le dernier mot est écrit distinctement, mais je ne sais qu'en faire.
مُخَانَفَة crierie, gronderie, Bc.
اخْتِنَاق, اخْتِنَاق الرَّحِم, t. de médec., angine, M. —
t. de médec., convulsions causées par suppression de règles, M, J. A. 1853, I, 350, où il faut corriger la traduction.
خَنْقَطِيرَة sorcellerie, art surnaturel; se dit aussi d'une invention merveilleuse, Cherb.

خنكر I c. a. deliciari, Voc.
II c. ب et فى, Voc. sous deliciari.
خُنْكَار le sultan des Ottomans, Maml. I, 1, 67.

خنى
خَنَا chose honteuse, dans le sens de sodomie, P. Tha'âlibî Latâîf 63, 12; dans celui de commerce illicite avec une femme, 1001 N. I, 698, 7, Bresl. III, 279, où une femme dit: دخل علىّ ولدك الاسعد وجرّد سيفه علىّ وطلب مِنىّ لخنا, mais le vulgaire prononce خِنِى, car le M donne: والعامّة تقول طلب من المرأة
ولد الزنا, Macn. I, 400: الخنى اى طلب ان يفسف بها
وتوريبة لخنا. — Bordel, Voc.
خَوَاجَة, pl. ات (M), est marchand, négociant
dans les 1001 N., le synonyme de تاجر. — Ecrivain, secrétaire, Haedo 16 b, Daumas Kabylie 265, 286,

Mœurs 337, Sandoval 294, 321, 324. — Maître d'école, Wild 184, où on lit aussi: « Die Imam Hotscha, die ihnen in den Kirchen vorbeten. »
خَوَاجِكِى riche négociant (voyez Meninski), Amari Dipl. 212, 2.

خوب.
خُوبِى épouvantable, Alc. (espantable cosa).
خُويْشَة forfait, Mehren 27.

خوت I. خَوِتَ pour خُوِّتَ, qu'on emploie aussi, mais rarement, être timbré, fou, M.
خَوْتَة vertigo, caprice, fantaisie, grain de folie, Bc.
خَوَات, pour خُوَات, même sens, M.
رأس أَخْوَت tête timbrée, Bc.
مَخْرُوت écervelé, Bc.

خوث voyez خوت.

خوج
خُوجَة, en Espagne, creuset, Abou'l-Walîd 313, 2.
خَوَاج faim, mot ancien et classique, mais très-rare; voyez Khallic. VII, 37, 4 a f., 2 a f.
مُخَوَّج bien mis, Bc (Barb.). Je soupçonne que ce mot est dérivé de خَوَاجَة, et que, par conséquent, il signifie proprement: habillé comme un monsieur.
خوجداش ou خُوجْدَاش voyez خجداش.
خوخ V devenir creux, Bait. II, 2 b: التى قدمت وتخوّخت اصولها ❊
خَوْخ .الْخَوْخ الأَقْرَع, appelé aussi الشَّتْرِى et المَصْرِى, Auw. I, 338, 23, 24, est, selon Clément-Mullet, le brugnon. D'après Bait. I, 167 c, الخوخ الأقرع s'appelle en Egypte الزُّهْرِى, que l'on trouve aussi nommé Most. (v° خوخ, voyelles dans N) et 1001 N. Bresl. X, 215; mais selon Auw. I, 339, 4, cette dernière est une autre espèce. الخوخ الشَّعْرِى, Auw. I, 338, 2 a f, est, selon Clément-Mullet, la pêche ordinaire. الخوخ المِسْكِى est la meilleure espèce, Djauzî 143 v°. En outre je trouve nommés الخوخ السُّلْطَانِى, 1001 N. IV, 251,

et خول علماني, *ibid.* I, 56, mais l'éd. de Boulac porte en cet endroit عماني, et celle de Bresl. خلالي. — En Syrie ce mot ne signifie pas *pêche*, comme en Egypte et dans d'autres pays, mais *prune*, Bc, Hbrt 52. — خوخ الدب *la prune de l'ours*, dont les grains sont très-rafraîchissants, Burckhardt Syria 45, semble *cormier*, cf. sous قراسيا. — خوخ أَمْلَس *nux Persica*, Pagni MS.

خَوْخَة *vasistas*, petite partie mobile d'une porte, d'une fenêtre, Bc. — L'expression باب الخوخة, que je trouve chez Becrî 62, 8, 76, 17, Khatîb 103 v°, semble signifier au premier abord, comme l'a cru Bargès, p. 174, *la porte au guichet*; mais il n'en est pas ainsi; c'est *une porte qui a issue dans un passage* (خوخة), *qui donne dans une ruelle*. C'est ce qui résulte des 1001 N. où on lit, IV, 314, 7 a f.: وافتح باب الكنيسة الذي فيه للخوخة التي توصل الى البحر (Bresl. X, 345: وافتح باب الكنيسة الذي على), 315, 7 a f.: ومشى الى, 5 a f.: (الخوخة التي يخرج منها الى البحر), الى باب للخوخة التي توصل الى البحر, الباب وفتحه وخرج من تلك الخوخة وراح الى البحر *Battant de porte*, Ht. — *Ecluse* dans une muraille, qu'on lève pour faire entrer l'eau et faire sortir les ordures, Amari 432, 2 a f., cf. 233, 5. — Sorte d'oiseau, Yâcout I, 885, 12.

خوخا ? 1001 Bresl. X, 305, 2 a f.: وضع بين ايديهما سفرة خوخا اشكيلاط مقصبة. Peut-être faut-il lire جوخا, dans le sens de جوخ (voyez), *drap*.

خَوْخَة, en Espagne, *lysimachia vulgaris*, Bait. II, 445 d.

مُتَخَوِّخ المواضع *creux*, Abou'l-Walîd 784, 14: المتخوخة من الجبال (ravins). — *Fou, imbécile, sot*, Alc. (atreguado loco), Domb. 105, Hbrt 239 (Barb.), Ht.

خوذ

مُتَخَاذَة ? voyez sous خشر.

خور I, *mugir*, s'emploie aussi en parlant du bruit que font les flots de la mer ou les torrents, quand ils sont violemment agités, et a le n. d'act. خَوِير, خَبِير, الماء, Voc. — *Ronfler*, L (sterno أخور وأعطس; le dernier ne signifie pas sterno, mais sternuo ou sternuto; خار, au contraire, peut bien signifier *ronfler*, mais non pas *éternuer*). — Dans le sens d'*être ou devenir faible*, le n. d'act. est aussi خَوْر et خُؤُور et dans la tradition d'Omar, citée par Lane, il faut lire لَنْ تَخْوَر قُوَى, Gl. Fragm. — C. من, n. d'act. خَوْر, *craindre*, Voc., Macc. II, 232, 3. — *Baigner dans son sang*, 1001 N. Bresl. XII, 135, 2 a f.: خور في دمه انقلب, s'il ne faut pas lire خوض, qui a ce sens (cf. Bc sous خوض I et Lane sous la II° forme de ce verbe).

II *rendre doux, perméable*, Auw. I, 40, 8 (lisez avec notre man. وخورها, cf. l. 16), 41, 14. — Dans le Voc. sous mugire. — *Epouvanter*, Voc. خور من الجوع, خورت الأرض *succomber à la faim*, M. — se dit d'un terrain dont les pluies fréquentes ont emporté le sable, M.

V dans le Voc. sous terrere.

خور. Comparez avec Lane le Gl. Belâdz. et Niebuhr R. II, 213. Teixeira 71: «Aux rivières peu considérables on donne le nom de Kor ou de Wed.»

خَوْر et خُورة *pêche* (fruit), Ht (pour خَوْخ?).

خَوْرَة a le même sens que خَوْر, à savoir celui de *faiblesse*, Gl. Manç. v° الضعف والانكسار. — بقرة في الخور *vache en chaleur*, Alc. (torionda vaca que se para).

خُورى, pl. خَوَارِنة est, selon Seetzen IV, 35, une abréviation de χωρεπίσκοπος, «vicaire d'un évêque à la campagne,» *curé*, ibid., Bc, Hbrt 150, M.

خُورى *curial*, qui concerne une cure, ou le curé, Bc.

خُورية *cure*, bénéfice, fonctions d'un curé, Bc. — *La femme du curé*, M.

خُوار على أمّه *un veau qui mugit après sa mère*, si l'explication d'un vers, donnée dans le Gl. Fragm., est bonne. — *Craintif, peureux*, Voc.

خَوَّارة *brebis* (de Slane), P. Prol. III, 363, 7.

مُتَخَوِّر *affamé, qui succombe à la faim*, M.

خُورُس, plus souvent avec le س (χορός), *chœur d'une église*, M.

خوريزيدلة *roquette* (plante), Bc.

خوز III *colluder, tromper un tiers par collusion*, Bc. — C. عن ou على vulg. pour خادع, M.

VI c. على même sens, et *trahir ouvertement*, Bc.

خُوز collusoire, Bc.

NB. Ces mots, que l'ancienne langue n'a pas, semblent formés du nom propre الخُوزِى, habitant du Khouzistân. Les habitants de ce pays étaient considérés comme le rebut du genre humain, et leur nom était devenu synonyme de voleur, trompeur, etc.; voyez Gl. Fragm. 19.

خُوزَق I (cf. خُزق) empaler, Bc, M; كلام الـمُتَخَوزِقين discours insensés, parce que celui qu'on a empalé déraisonne, M.

II être empalé, M; تَخَوْزُق empalement, Bc.

خَوَس VIII s'approprier, Bc.

خَوش V avoir des soupçons, soupçonner, Bc, Hbrt 241. — M explique منه تَخْوش par احتسب; je ne vois pas bien en quel sens il prend ce mot.

خُوشان rubania feei, Prax R. d. O. A. VIII, 281.

خُوشداش voyez حَدَاش.

خُوشَق, ورق خوشق papier brouillard, Bc.

خُوشَك (pers. خوشَك, dimin. de خوش (doux), avec le pl. arabe en ات) sucreries, friandises, bonbons, 1001 N. I, 57, 4.

خُوشكار = خُشكار farine de troisième qualité mêlée de son, Bc.

خُوشكاشة, aussi خَشكاشة, ménagère, celle qui a soin du ménage, 1001 N. I, 58 et souvent dans la suite de ce récit. Ce mot est d'origine persane: كش (voyez), dont كاشة est le féminin, est pour خواجه, et le premier mot est selon M. Vullers, que j'ai consulté, كوشك ou كُشك, « palais. » C'est donc proprement « dame du palais, » ou « majordome, » si ce mot pouvait s'employer pour désigner une femme.

خُوشكانة (pers. de كوشك خانه, proprement: chambre du palais) semble armoire ou cabinet, 1001 N. I, 68, 6 a f.

خُوص III considérer, examiner, peser, Koseg. Chrest. 113, 10.

خُوص = وديس, Most. sous ce dernier mot; = بردى papyrus, Bait. I, 127 b. — Osier, Bc (خوص).

412

وبنا حينئذٍ الغرفة التي Cartâs 32, 11: ؟ خُوصة البيت, qui biffez ; على بابها البيت للمؤذنين ولخُوصة est de trop et que notre man. n'a pas; le dernier mot, dont Tornberg (p. 371) a proposé une explication inadmissible, ne s'y trouve pas non plus.

خاص I, au fig., parcourir un pays, Koseg. Chrest. 102, 14: اقبل تخوص البلاد حتى صار الى افريقية, Akhbâr 5, dern. l.: خُضها بالسرايا « faites parcourir, explorer ce pays par des détachements de cavalerie » (plus loin, 6, 3: اختبره بالسرايا). On dit aussi improprement خاص فى تيه الضلالة « s'enfoncer dans le désert de l'erreur, » de Sacy Chrest. II, ٤٨, dern. l., et خاص حشى الداء, en parlant d'un chirurgien, « pénétrer (avec le scalpel) dans les intestins d'un malade » (proprement d'une maladie), Abbad. I, 57, 4 a f. Aussi خاص فى ظلام الليل « s'enfoncer dans l'obscurité de la nuit, » P. 1001 N. I, 21, 7, et خاص الليل الى « s'enfoncer dans la nuit pour se rendre vers, » c.-à-d. partir pendant la nuit, Berb. II, 318, 12. — خاص فى عرقه être trempé, baigné de sueur, Bc. — Manier, pétrir, fouler, secouer, Alc. (sovajar; cf. Victor).

II remuer الماء l'eau, l'agiter et la troubler, Bc (Barb.); troubler, Voc., Alc. (enturviar, turvar lo mesmo que turbar; مُخَوَّص turbio lo mesmo que turbado). — Chez Alc. baratar, que Victor explique par: changer, troquer, trafiquer, prendre et emprunter argent à gros intérêt pour payer une dette qui est à moindre; Nuñez: prendre ou donner une chose pour un prix inférieur à la valeur réelle; — vendre très-cher à crédit ce qu'on rachète aussitôt à très-vil prix, argent comptant, Alc. (mohatrar); — chez Alc. trafiquer; Victor: trafiquer, brouillasser, brouiller, embrouiller, prendre argent d'une personne pour en payer une autre; — escroquer, emprunter sans intention de rendre, Alc. (trampear).

V devenir trouble, Voc., Alc. (enturviarse).

VII. ينخاص guéable, Bc.

خواص. Alc. donne kaguád pour botarse el color se déteindre, en parlant d'une couleur. Je soupçonne que c'est un quadrilittère, formé d'un verbe trilittère par l'insertion d'un élif de prolongation entre la deuxième et la troisième radicale. Ces verbes expriment le passage d'un état à un autre, etc.; ils répondent aux couleurs, et on pourrait les considérer comme une altération de la IXe forme des verbes

خوط

trilittères; voyez Cherbonneau dans le J. A. 1855, II, 557, qui en donne quantité, p. e. بياض, blanchir, حمار, rougir, شيبان, maigrir, قدام, vieillir.

خَوْص gué; haut-fond, place où la mer est peu profonde, Bc. — Dérivé de الحديث, خاص القوم فى الحديث des discours, Gl. Fragm.: انى اسمع من خوض الناس — Perles (Freytag n'a que le nom d'un.), ما لا تسمع Borb. II, 492, 4: امتلأ من خوض اللسان نظمه ونثره.

خَوْضَة troubler, rendre trouble, Voc. — Mohatra, Alc. (mohatra).

خَوَّصِيّ escroc, Alc. (tranposo).

خِياص théorie, Bc.

خاوِص trouble, Martin 33.

مَخوِص foncé (urine), Martin 146.

مَخاضَة Le pl. مخائض (voyez Lane) aussi dans le Voc. et chez Alc. (vado).

مَتَخَوِّض = مخاوِص, Auw. II, 426, 5; lisez de même II, 424, 9.

خوط

خُوط = خُوطان rameau etc., 1001 N. I, 116, 5.

خوف I. Craindre que quelquefois sans أن, P. Abd-al-wâhid 219, 15: خافت توالى الجود يَنْفد ماله «il (le soleil) craignait que la générosité continuelle de ce prince épuiserait ses trésors.» — Etre infesté par des brigands (route), Cartâs 165, 8 a f.: خافت الطريق — les brigandages sur les routes, ibid. 166, 8 a f.

II c. d. a. empêcher quelqu'un par la peur de faire une chose, Gl. Fragm. — Menacer, Domb. 128.

خَوْف la crainte de Dieu, P. Khallic. I, 672, 11 Sl. — Avec l'art., la partie de la route qui n'est pas sûre, qui est infestée par des brigands, l'opposé de الآمن, Djob. 303, 20; الخوف فى الطريق «les dangers que présentait le chemin,» Bat. I, 19.

خَوَّاف peureux, poltron, Alc. (medroso, pavoroso medroso), Bc, Roland, Hbrt 228, Burckhardt Nubia 241, Daumas V. A. 102, Hist. des Benou-Ziyân 100 v°: ومن لا يفعل ذلك فهو خواف على نفسه ان يقع عن الفرس من جهله بالفروسية.

خون

خُوَيِّف peureux, trembleur, craintif, timide, méticuleux, Bc, poltron, Hbrt 228.

تَخْوِيفَة épouvantail, intimidation, Bc.

مَخاف dangers; dans le passage Bat. I, 19, où l'éd. porte فى الطريق, le man. de Gayangos offre المخاف بالطريق.

مَتَخَوَّف pl. مَخاوِف crainte, Voc.

مَخافَة pl. مَخاوِف danger, Bc, Abbad. III, 166, 11, R. N. 80 r°: كنت بسوسة منذ اربعين سنة فجاءت مخاوف من العدو ومشوا فى البحر

خول V accepter des présents, Macc. II, 709, 6.

خَوَل un danseur, Lane M. E. I, 260.

خَوْلِى préposé à l'arpentage et à la subdivision des propriétés, Descr. de l'Eg. XI, 480, XII, 67, Fesquet 25 (cf. Lane TA). — Jardinier, M, qui a le pl. خَوْلِيَّة, 1001 N. I, 145, 5, 8, 298, 3, 633, 7 a f, 636, 5 a f., 877, 4, etc., II, 241, III, 171, IV, 255, 2 a f. Chez Bait. II, 182 c je trouve خَوْلى, jardiniers: عبب هو اسم لشجرة الكاكنج ويعرف بذلك بالقاهرة ايضا سمعته من الخولى ببستان الكافورى حين سألته — Métayer, Bc. — Gardien, p. e. d'une ساقية, 1001 N. Bresl. XI, 381, 7. — Collecteur, Vansleb 291 (chouli).

خُولِى Facteur, commissionnaire, Ht (خُولى).

خَوْلِيَّة le salaire du jardinier, M.

خَوْلان succus lycii, Bait. I, 4 c, 400 b. comme le nom d'une drogue, Descr. de l'Eg. XII, 137. عود للخولان pyxacanthe, lycium, Bc.

مُخَوِّل qui ressemble à son oncle maternel, M.

خوم

خام voyez sous خيم.

خون I. خانت زوجها فى نفسها tromper son mari, lui être infidèle (épouse), 1001 N. I, 905, 8. — Trahir son maître, Koseg. Chrest. 109, 4. — خان اليمين trahir son serment, Bc. — C. a. p. déceler, découvrir une personne cachée, Bc. — خان فى وظيفة malverser, commettre des malversations, Bc. — خان السبيل

infester les routes, y commettre des brigandages, Koseg. Chrest. 70, 3 a f.: قطعتِ الطريقَ وخُنَتْ كانوا يقطعوا الطريق ويخونوا السبيل, Bâsim 122: السبيل. — Aujourd'hui خَوّن *voler*, Cherb. C, Daumas V. A. 99; cf. خائن.

II *se défier de*, Bc. — *Tromper*, Bc. — خَوّن النجّات البلاطة signifie *il y traça une ligne*, M.

X اِسْتَخْوَن *croire quelqu'un coupable de perfidie, de malversation*, Gl. Bayân; *se défier de, suspecter*, Bc, Hbrt 240—1.

خانة *case, place pour poser un pion*; — خانة زُقْرة *gargote, cabaret sale*; — مهتر خانة *musique de régiment*, Bc. — عند المحاسبين المنزلة (فارسية) M. — قطعة يُرفع بها الصوت اكثر ممّا تليه T. de musique, — وممّا يليها — *Hémistiche d'un de ces poèmes qui portent le nom de* الموالِيَّات, M. — *Grain de beauté, signe*, Ht.

خاني *le propriétaire d'un khân ou caravansérail*, 1001 N. Bresl. II, 251, 11; dans la 1ʳᵉ partie du Voc. *stabularius*, mais «stabulum» signifie aussi chez lui «caravansérail», car le premier mot par lequel il le traduit dans la 2ᵈᵉ partie est فُنْدق.

خانيّة *soie blanche*, Prax R. d. O. A. V, 19, et aussi *soie de couleur*, le même, *ibid.*, IX, 218.

خانجي *aubergiste*, Bc.

خَوْنَة *trahison*; خونة مطرح *guet-apens*, Bc.

خوانة *piperie, tromperie au jeu, fourberie*, Bc.

خواني معجار خواني؟, 1001 N. Bresl. XII, 348, 9.

خوان *méfiant*, Bc. — *Imprévu*, Ht.

خيانة *iniquité, méchanceté*, Alc. (maldad). — *Médisance*, Alc. (maldezimiento).

خُوّان *traître*, Bc.

خائن, *infidèle*, a chez Bc le pl. خَين. — *Méchant, pervers*, Alc. (maldadoso). — *Voleur*, Voc., Martin 114, Daumas V. A. 101. خيان *maraudeurs*, Cherb. Dial. 194. Il se peut que le pl. خُوّان ait réellement le sens de *brigands* dans le passage Abbad. I, 242, 4, comme je l'ai dit 261, n. 12, et peut-être n'aurais-je pas dû rétracter cette note, III, 113. — L'expression dans un vers, Khallic. I, 17,

14 Sl.: الّذى ببياضه استعلى علوّ لخائنى, pour indiquer une très-grande blancheur, m'est obscure; l'explication qu'en a proposée M. de Slane (trad. I, 33) et d'après laquelle لخائنى signifierait «l'œil,» me semble inadmissible.

خائنة. «لَه خائنة فى دم مع فلان, «il était complice d'un meurtre,» Berb. II, 351, 5.

خُوَنْجَة ou خُوَنْجًا (pers. خوان avec la termin. dimin. turque) *petite table sur laquelle on pose les plats, plateau de bois ou de métal, sur lequel on met ou présente les plats, les coupes, etc.*, Maml. I, 1, 2, Fleischer Gl. 11, 12; cf. Bat. IV, 69.

خُوَنْد *maître, seigneur*; avec ou sans ة *princesse*, Maml. I, 1, 64 et suiv., où Quatremère tâche de prouver que ce terme ne vient pas du pers. خداوند, mais qu'il appartient à la langue des Turcs orientaux. — Au Liban, celui qui est au-dessous de l'émir, mais au-dessus du مُقَدَّم, qui à son tour est au-dessus du chaikh, M.

خوى I *être faible*, 1001 N. Bresl. III, 245, 6: قد خوى من الجوع والعطش والتعب, où l'éd. de Boulac porte ضعف.

II *évacuer*, Voc.

III (dérivé de أخ, *frère*) *fraterniser*, Bc.

IV *évacuer*, Voc. — L donne: adnullo أجرى واستوعب; mais il faut lire أخوى, car il a aussi: exinanio أخوى واستوعب ✱

VI (même dériv. que la IIIᵉ) *fraterniser*, Bc.

خوّة (pour اخوّة) *fraternité*, Bc.

خَوَاء *concavité, le creux de quelque chose, vacuité*, Alc. (oquedad). — *Chaos*, Bc. — *Cauma* dans L; mais je soupçonne que c'est une faute, car les signif. que Ducange attribue à cauma (1º chaumière, 2º grande chaleur) ne conviennent pas. — خواء الرُكبة *pli du jarret*, Alc. (corva de la pierna). — خواء القَرْمَد *subgronde, séveronde, saillie d'un toit sur la rue*, Alc. (socarren del tejado).

خَى vulg. pour أخى, dimin. de اخ, M. — Interj. qui exprime la joie chez le vulgaire, M.

اخينة = خينة *ganse, cordonnet de soie, d'or, lacet*, Bc.

خاو *spongieux*, Alc. (hongosa cosa). — *Clair*, qui

خيب

n'est pas bien serré (toile), M. — *Ayant les mains vides*, Jackson Timb. 87.

خَاوِيَة *chaos*, Bc.

بلَا تخوى ،تخوَى *massif*, Alc. (maciço).

تخاوى *sorcier*, Hbrt 157.

خيب I. خاب عن المقصود *il a manqué son coup*, Bc; c. من r., Voc.

II c. a. et على *détacher* quelqu'un *du parti de*, Berb. I, 52, 11: وكان السلطان — حين كان يجلب على اوطان الموحدين ويخيب عليهم اولياؤم من العرب ٭

V dans le Voc. sous *frustrare*.

خَيْبَة. Les insensés ذهبوا بالخيبة *agissent sans but et sans suite* (de Slane), Prol. I, 202, 11.

خَائِب forme au pl. خُيَّب, Voc. ضربة خائبة *faux-coup*, Bc.

خَيْبَرِى *juif*, Alc. (judio). C'est proprement: un descendant des juifs de Khaibar, nom d'un canton au nord-est de Médine, qui comprenait plusieurs châteaux habités par des juifs, et qui empruntait son nom à Khèber ben-Séphatja ben-Mahalaléel, un frère de l'Amarja qui s'est nommé Néhémie XI, 4. Il s'y était fixé avec les siens lors de la conquête de Jérusalem par Nabuchodonosor; voyez mon ouvrage Die Israeliten zu Mekka 134—7. Vaincus par Mahomet, les descendants de ces juifs furent exilés de l'Arabie par Omar Ier; mais grâce à leur long séjour en Arabie et à leur ancienne alliance avec la grande tribu bédouine de Ghatafân, dont ils avaient été voisins, ils étaient considérés par les musulmans comme les premiers en rang parmi les juifs et ils jouissaient de certains priviléges. C'est ce qu'on voit par un passage de Khallic. IX, 12, l. 13. Il raconte que, lorsque le calife Fatimide al-Hâkim publia en 402 H. une foule d'ordonnances humiliantes et vexatoires relatives aux chrétiens et aux juifs, il en excepta les Khaibaris (l'ordre des mots dans l'éd. de Boulac: النصارى واليهود الّا الخيابرة, est meilleur que dans l'éd. de Wüstenfeld. M. de Slane, qui n'a pas reconnu dans *khayâbira* le pl. de *khaibarî*, a eu la malheureuse idée de proposer une autre leçon, qui serait inadmissible; voyez sa trad. III, 454, n. 5). Le petit article d'Alc. (qui a aussi « yahôdi » et « izraili » pour « judio ») prouve que même vers la fin du XVe siècle les Khaibaris formaient encore une classe à part parmi les juifs. — *Homme rusé, trompeur*, parce que les juifs de Khaibar passaient pour l'être, M (sous خيبر).

خبر

المُخَايَبَة بين III *choisir avec soin*, Asâs, Préface: متداولات الفاظهم ومتعاورات اقوالهم ٭

VI, en parlant de deux ou de plusieurs personnes, *avoir l'option*, v. d. Berg 65.

VII dans le Voc. sous *eligere*.

VIII. الله يختار لك يخير لك dans le sens de الله (Lane sous la Ire), Voc. v^o *benefacere*.

X. Ce qu'on appelle الاستخارة, et à Médine التخيرة, est un ensemble de pratiques religieuses par lesquelles on consulte Dieu sur les choses qu'on veut entreprendre, ou au sujet de l'issue d'une entreprise. On se purifie, on fait la prière d'obligation (صلاة), ou une prière nommée صلاة الاستخارة et consistant dans ces mots: اللهمَ استخيرك بعملك, on récite une oraison surérogatoire (ذكر), après quoi on se couche, et on voit en songe ce qu'on doit décider. Ou bien on récite trois fois le 1er et le 112e chapitre du Coran et le 59me verset du 6e, après quoi on ouvre le Coran au hasard et on tire une réponse de la 7e ligne de la page qui est à droite. Le rosaire, enfin, sert au même usage. Voyez Lane M. E. I, 398, Berbrugger 3, Burton II, 22, J. A. 1866, I, 447. الاستخار est aussi *consulter un devin*, M.

خَيِّر. Voyez sur les أخيار dans la hiérarchie des saints, Lane trad. des 1001 N. I, 233. — قل لكم في خير أن «nous permettez-vous de,» de Sacy Chrest. II, 348, 5 a f. — لا خَيْرَ في veut dire chez les jurisconsultes qu'une chose n'est pas permise; exemple sous جنبذ. — كثّر الله خيرك *merci*, je vous remercie, rép. وخيرك, Bc. — «ايش اسمك بالخير *quel est votre nom, s'il vous plaît?* » Bc. — خير الله il *y a longtemps*, Domb. 109, Bc, p. e. ما خير الله شفناك «il y a longtemps que je ne vous ai vu,» Bc (Barb.). — خير الله *buplèvrum* ou *oreille-de-lièvre, perce-feuille*, Bc. — خير من خير من الف دينار ou الف, *pimprenelle*, voyez sous ألف.

الخيرة. خَيْرَة *les blés*, Cartâs 231, 9. — الخيرات *la peste*, Jackson 54, 273.

خَيْرُونَ ou خَيْرُو voyez sous la Xe forme. —

(*optio*) a le pl. خِيَر, Gl. Mosl. — على خيرة الله à la grâce de Dieu,» Bc.

خِيْرِى est خِيْرِى dans le Voc. (viola). — *Ayant la forme de la giroflée*, Bait. I, 169 b: يزهر زهرا فرفيرى اللون خيرق الشكل.

خِيْرِيَّة tant mieux; خيرية من شانك ان «bien vous a pris de;» ان خيرية heureusement, Bc.

خِيْرَة voyez خِيْرُورَة.

خِيْرُونَة *pluvier* (oiseau), Tristram 400 (kheeroona, Norfolk plover).

خِيَار. Aux explications données par Lane, il faut ajouter que خيار التروي est le nom sous lequel on comprend le خيار المجلس et le خيار الشرط, v. d. Berg 65. — *Bien, c'est bien*, Domb. 109. — Dans le sens de *concombre*, n. d'un. ة, Cartâs 64, 2 a f., 1001 N. IV, 184. خيار أقلامى ou قلامى voyez sous قلم. Au lieu du premier terme, qu'on trouve 1001 N. I, 56, 14, l'éd. de Bresl. porte خيار راتلامى, faute de copiste à ce qu'il semble, et celle de Boul. خيار نيلى. — Espèce de myrte, si la leçon est bonne chez Auw. I, 248, 6; dans notre man. le mot est sans points diacritiques. — خيار العجب *balsamine*, Pagni MS.

خِيْرَة *libéralité, générosité*, Bar Ali éd. Hoffmann n° 4146, Payne Smith 1437; mais chez ce dernier, 1439, خِيْرُورَة.

خِيْر *bienfaisant*, qui aime à faire, qui fait du bien, *bienveillant, affable*; — *bienfaisant* (chose), qui soulage, Bc.

أَخْيَر *plutôt*; أخير ما تعمل عذا «plutôt que de faire cela,» Bc.

مُخَيَّر chose, action *indifférente*, Bc. فعل مخير. — *Camelot; moire*, Bc; Belon 451: «camelot ou Moncayar;» Rauwolf, 98, 216, nomme parmi les étoffes: «Türckische Macheyer;» cf. Devic 166, article *moire*, qui cite Richardson et Meninski, et qui compare l'anglais *mohair*, l'ital. *mocajardo* ou *mucajardo*.

مُخَيَّر *volontaire*, qui sert volontairement dans les troupes, Bc.

مَخْيَرَة sorte de poisson, Yâcout I, 886, 7; mais chez Cazwini c'est محبرة.

اِخْتِيَار. الاختيارات la doctrine *des élections*, qui traite de la manière de trouver le temps convenable pour échapper à un malheur dont on se voit menacé, ou pour s'embarquer dans une entreprise dont on désire la réussite, de Slane sur Prol. II, 190, 11. — (Turc) pl. يَة ou ات, *vieillard, barbon, vieil*, Bc, Hbrt 30, M, 1001 N. II, 69, 70, 72, 81; comme collectif, *les vieillards*, I, 896; Hist. Tun. 102: il fut nommé dey كان كبير الاختيارات ثم صار كاهية اغا القصبة (président du conseil).

اِخْتِيَارِى *spontané, volontaire, arbitraire*, Bc.

مُخْتَار. On ne dit pas seulement انت بالمختار, mais aussi انت المختار بين «je vous offre l'alternative, je vous donne le choix,» Bc. فعل مختار chose, *action indifférente*, Bc. — الفاعل المختار, Prol. I, 168, 3 a f., *l'agent qui a le libre arbitre*, c.-à-d. Dieu; voyez de Slane Prol. I, 189, n. 2. — Chez les Soufis il y a trois مختارون ou *élus* dans chaque génération, Ztschr. VII, 22.

مُتَخَيَّر, si la leçon est bonne, nom d'une étoffe comme تخير, Gl. Edrisi.

خَيْرَجَل *flegmon*, tumeur pleine de sang, Bc.

خيرجلى *flegmoneux*, Bc.

خَيْرَبُوز *mousse, moisissure, pellicule ou mousse qui se forme sur la surface du vin*, Alc. (lapa de qualquier cosa, lapa de vino, moho de arbol o fuente).

خِيس I. خاس dans le sens de مبلغ الكمال نقص, est vulgaire pour خاص, M.

II *diminuer, amoindrir, endommager*, M (نقّص).

V *transformer*, Voc.

خَيْس *sagette, glaïeul, flèche d'eau*, Voc.

خِيش II *brocher, passer des fils de côté et d'autre*, Bc. — *Ficher, faire entrer par la pointe*, Bc.

خَيْش *canevas*, Bc, Fesquet 137; *linon; serpillière; treillis*, grosse toile à faire des sacs, Bc; *toile à tente et qui sert aussi à faire les sacs*, Descr. de l'Eg. XII, 446; «les Arabes du désert portent le nom d'*Arabes Kheych*, ou Arabes des tentes: *kheych* veut dire *canevas*,» ibid. 31; *toile d'emballage*, ibid.

XVII, 214. — *Sac, habit de pénitence*, Bc. — Pl. خُيُوش *des ventilateurs faits de canevas*. On prend un morceau de canevas de la grandeur d'un tapis, un peu plus grand ou un peu plus petit selon les dimensions de la chambre, et on le rembourre avec des objets qui ont de la consistance et qui ne plient pas facilement, par exemple avec du sparte. L'ayant ensuite suspendu au milieu de la chambre, on le fait tirer et lâcher doucement et continuellement par un homme placé dans le haut de l'appartement. De cette manière il fait beaucoup de vent et rafraîchit l'air. Quelquefois on le trempe dans de l'eau de rose, et alors il parfume l'air en même temps qu'il le rafraîchit, Gl. Esp. 342, n., d'après le Gl. Manç.; cf. Tha'âlibî Latâïf 14 et 15, et le Gl. p. XXVII. Aussi مُرَوَّحَة لِلْخَيْش, Harîrî 473, 8, avec l'explication 474, 13 et suiv., Khallic. VII, 66, 14 et suiv. — *Espèce d'étoffe de soie fabriquée à Damiette et dont on fait des voiles noirs à l'usage des femmes*, Descr. de l'Eg. XVII, 223.

خُيَيْشَة, n. d'un. du mot qui précède, *un morceau de canevas*, Gl. Esp. 342 n., Fleischer Gl. 71, l. 6, R. N. 58 r°: في خُيَيْشَتَيْن je partis pour la Mecque وعليه اتّزرت باحدهما (sic) وارتديت بالاخرى, ibid.: — Pl. خِيَش. — خَيْشَتان موتَزِر بواحدة مرتدى بالاخرى *sac*, Hbrt 75, *grand sac de crin pour la paille*, *etc.*, Bc, *grand sac de poil de chèvre*, qui contient justement un عِدْل, c.-à-d. une demi-charge de chameau, Ztschr. XI, 497. — *Torchon*, Hbrt 199 (Alg.).

خايشى (?) *épithète d'une espèce de melon*, Auw. II, 223, 16.

خَيْشَفُوج (pers.) *graine de coton*, Most. v° حبّ القطن, Bait. I, 404 c (A), II, 306 a (A).

خيط II *passer du fil par le trou d'une aiguille*, Voc. — *Régler, tirer des lignes avec la règle*, Voc.

V *prendre la forme de fils*, Gl. Djob. — Dans le Voc. sous lineare.

VII *être cousu*, Voc.

X c. d. a. *donner à quelqu'un un habit à coudre*, Gl. Fragm.

خَيْط *forme aussi au pl.* خِيْطَان, Bc, M, 1001 N. I, 21, 2; voyez aussi plus loin. — مِن الخَيْط للمِخْياط *de fil en aiguille, d'un bout à l'autre, par suite*, Bc. — Le pl. خِيْطان *cordons qu'on tresse avec les cheveux*, Lane M. E. II, 408, qui écrit قَيْطان; le pl. خُيُوط من الشعر se trouve en ce sens 1001 N. Bresl. III, 284, 8 (chez Macn. جدائل الشعر). — *Le cordon d'une porte*, R. N. 68 r°: فضرب على أبي عثمان الباب فقال من هذا فقال فلان اصلحك الله فرفع للخيط. — A Constantine, *les cordelettes en poil de chameau, dont les Mozabites se forment un turban*, Cherb. Voyage d'Ibn-Bat. en Afr. 21; note de Llaguno Amirola sur la Cronica de Don Pedro p. 562: «los cordones de 4 varas de largo, y cerca de una pulgada de grueso, que traen rodeados á las cabezas los Moros de Tremecen.» — *Cordon de choses enfilées, collier de perles, de corail ou de pierres précieuses*, Gl. Esp. 132—3. — خَيْط قُطُون *bracelet*, Voc. — *Chapelet, grains enfilés*, Alc. (sartal de cuentas). — *Petit bijou de peu de prix*, Alc. (joyel). — خَيْط البَنَّا *cordeau, la petite corde dont se servent les maçons pour tracer des lignes droites*, Voc. — خُيُوط *franges*, Auw. II, 533, 9. — خَيْط من ماء *courant d'eau, filet d'eau, source*, Alc. (corriente venaje de agua). — Pl. خُيُوط *vrilles, des pousses en spirale avec lesquelles la vigne et d'autres plantes s'attachent aux corps qui sont près d'elles*, Auw. II, 577, 2 a f.: وفي طرف كلّ ورقة ثلث خيوط الكرم, Bait. I, 252 b; خيوط ملتفّة كخيوط الكرم.

خِيَاطَة *couture, façon de coudre*, Bc, Vêtem. 44, n. 11. — *Ce qui a été cousu*, Vêtem. ibid. — *Suture, couture d'une plaie*, Bc. — *L'infibulation, opération à laquelle on soumet, dans le Soudan, les filles avant l'époque de leur puberté et qui consiste dans l'ablation des grandes lèvres de la vulve, le rapprochement et la réunion des bords de la plaie, qui arrivent à fermer entièrement le vagin, sauf une ouverture d'un faible diamètre, ménagée pour le passage des urines. Cette pratique a pour but de venir en aide à la chasteté des filles jusqu'à l'époque de leur mariage; une matrone rouvre alors, à l'aide d'un rasoir, la plaie cicatrisée*; voyez d'Escayrac 403 (qui écrit incorrectement kheïtat), Werne 25 et suiv.

العَضلة الخِيَاطِيَّة *le muscle couturier*, Bc.

خَيَّاطَة *verbena nodiflora L.*, Prax R. d. O. A. VIII, 347.

مُتَخَيِّط *infibulée* (fille), Burckhardt Nubia 296—7, d'Escayrac 403.

مخياط voyez Bc sous خَيْط.

خيل I c. على *aller à, convenir, être juste à, assortir et s'assortir*, Bc.

— II *faire penser, faire croire*, Abbad. I, 39, 2, 82, n. 52; c. الى p. *faire accroire à quelqu'un*, Becrî 101, 14. — *Effaroucher, épouvanter*, Ht. — خَيَّل الفَرَس *manier bien un cheval*, Bc; le M l'explique par اركضه.

— V, dans le sens de *sembler*, aussi c. الى (à) p., Gl. Belâdz. — تَخَيَّل في عَقْلِه *se représenter*, Bc; — *se forger des chimères, se mettre des chimères en tête, se faire des fantômes, des illusions*, Beaussier, 1001 N. Bresl. IV, 158, 8, 168, 12. — C. مِن p. *avoir des soupçons au sujet de quelqu'un*, Macc. II, 60, 13. — *S'effaroucher*, Ht. — *Désirer*, Alc. (antojar اختَتَيَل, antojo apetito تَخَيُّل, antojadizo مُتَخَيِّل). — *Devenir un cavalier*, M (صار خَيَّالًا).

— VI. تَخَايل في عقله ان *s'imaginer*, Bc.

— X, *en parlant de la pluie, être supposée d'être contenue dans un nuage*, Wright 25, dern. l., où السَحَاب الذي يستخيل فيه مَخيلة المَطَر est expliqué par

خال *tache sur le marbre*, Djob. 92, dern. l.

خَيْل خيل البحر *hippopotames*, Bat. IV, 425.

خَيْلي *malin*, Daumas V. A. 154. — Au Maghrib, خَيْلي pour خِيري ou خِيبِيري, *giroflée*, Gl. Esp. 98.

يَمْشي لِلخَيْلا *il marche d'une manière orgueilleuse*, Voc.

خَيَال, la seule forme correcte (voyez Lane), est constamment خَيَّال chez Alc.; dans le Voc. (fantasma) خَيال et خَيَال. — Pl. ات (aussi Abou'l-Walîd 214, 7 et 8) *idée, vision, chimère*, Bc. — Même pl. *épouvantail*, Alc. (espantajo), Bc. — *Nom d'un instrument de musique à Séville*, Macc. II, 143, dern. l. — الخَيالات, t. de médec., *petites taches comme des mouches qu'on croit voir voler dans l'air*, M. — خَيال الظِلّ, ou خَيال *seul, les ombres chinoises*; de petites figures plates, ou bien des marionnettes, qu'on fait remuer derrière un morceau de toile blanche, à l'ombre de la clarté de plusieurs chandelles; — *la lanterne magique*, Lettre à M. Fleischer 180. — نقاب الخيال *qui contrefait les gestes d'autres personnes, bouffon*, Alc. (momo contrahezedor).

خَيَالَة *équitation*, Bc. — *Un tour d'adresse*, Maml. I, 1, 153.

خَيَالي *imaginaire, idéal, fantastique, chimérique*, Bc.

خَيَّال pl. ة *homme de cheval, cavalier*, Bc, 1001 N. I, 513, 3 a f., 597, 5 a f., Berb. I, 66.

أَخْيَل (1ère sign. chez Fr.), le pl. أَخَايل comme nom d'une tribu, Berb. I, 15, 3.

تَخَيُّل *imagination inventive*, Gl. Abulf.

تَخَيُّلي *imaginaire*, Bc.

القَضَايا التَخَيِيلية تَخَيِيلي *les raisonnements qui se tirent de l'imagination* (de Slane), Prol. III, 112, 2.

مَخِيلة *une sotte femme*, Jackson 177.

مُسْتَخيلة *tour de passe-passe*, Djauharî 5 r°: كان يعمل المخاريق وكان خبيرا بالمخيلات 9 r°: الكَذَّاب. — بن المخيلات *Equitation*, Bc.

مَخْيول *évaporé, étourdi*, Bc.

مُخايل *celui qui montre les ombres chinoises*, Maml. I, 1, 153.

خيم I *être vain, inutile, sans résultat*, Müller 129, 10. — C. a. p., Berb. I, 405, 10: خامهم الرعب *la crainte les fit renoncer à leur projet*.

— II. Dans le vers, Abulf. Hist. anteislam. 118, 5 a f.:

لا تقصد الناس الّا كائن ذى يزن ان خَيَّم البحر للاعداء احوالا

Fleischer traduit: «quando mare ingressus est, hostibus suis perniciem ut strueret;» mais la leçon me paraît plus que douteuse, et rien ne justifie l'accus. احوالا. Chez Ibn-Hichâm 44 (qui a ربّم في البحر) et chez Masoudî III, 171, la rédaction de ce vers est tout autre. — Dans Berb. II, 137, 1: خَيَّمَتْ على الابواب بسدادها, il faut corriger حَتَّمَتْ «elle ordonna de fermer les portes;» cf. Lane sous حتم I.

خَام brut, non travaillé (diamant), Hbrt 172, M (pierre, bois, etc.). — *Verdelet*, un peu acide, Bc. — *Calicot qui n'a pas été blanchi*, nommé aussi Mâlti, Barth IV, 528; *calicot de Malte*, Espina R. d. O. A. XIII, 152; *toile de coton, percale, toile de coton blanche*, Bc, خَام باس, *toile d'Osnabruck*, Hœst 270; pl. خامات, Tha'âlibî Latâïf 72, 10, أخْوام, M. Cf. Gl. Esp. 134 et Gl. Mosl. Le n. d'un. ة *tunique faite d'une telle étoffe*, ibid. — *Pur* (eau), M. — *Flegme cru*, Gl. Manç.: هو من البلغم الصنف الغير البعيد من النضج, Bait. II, 489 b: البلغم المسمى خاما, cf. I, 237 a, Chec. 192 r°: وهو (التخبز الغطبي) يولد السدد. Comme maladie des chevaux, Auw. II, 615, 15, 616, 9. — حصان خام *cheval qui n'est pas en haleine*, Bc. — عنفير خام

ambre gris, Bc, Sang., Djauzî 148 v°, 1001 N. III, 66.

خَيمَة, *tente*, a dans le Voc. le pl. خَوائم et chez Bc خِيَم. — Toute habitation qui n'est pas en pierres, M. — *Banne*, grosse toile qui couvre un bateau, Bc. — *Souche, famille*, Roland. — خيمة للمطر *parapluie*, Bc.

خامي المادّة للخامية *flegme cru*, M.

خِيمى transcription du grec χήμη dans la trad. de Dioscorides, *chame* ou *came*, genre de coquilles bivalves, de Sacy Chrest. I, 148, 2, où le man. porte خثمى, ce que l'éditeur veut changer en خمى, mais l'èta doit avoir été rendu par i long.

خَيمَامَة *hutte, cabane*, Voc. — *Cuisine, cheminée*, Ht, *cuisine*, Delap. 172.

د

دا, fém. دِى, pour ذا, *ça*, Bc.

دَأَب I c. على r. *faire assidûment* une chose, Voc., Cartâs 231, 6 a f. — دَأْب ما كان له داب الا كذا *il n'avait rien de plus pressant à faire que de*, Fleischer Gl. 52. Un peu autrement chez Bc: ما لى داب الا انى شقلته على كتفى «je n'eus pas d'autre moyen que de le prendre sur mes épaules;» ما له داب الا انه رضى بذلك «il fallut qu'il en passât par là.» دَأْبًا *habituellement, ordinairement*, de Jong, Berb. II, 454, 6 a f.; — *aussitôt, sur-le-champ, bientôt*, Alc. (luego; il a aussi: luego encontinente, min dîbe xuay, et dîbe est encore chez lui: rato a en tiempo, qu'il traduit aussi par قبيلا et ساعة), Hœst 139 داب يجى «er kommt gleich»), P. Becrî 63, 5 (où le *dzâl* est une faute, et où de Slane traduit à tort: en même temps). دَأْب = vulg. دوب يا دوب عمرى «ô quelle manière de vivre!» Mehren 28.

دَائِبًا *habituellement, ordinairement, continuellement*, Gl. Edrîsî, Macc. II, 516, 17, où l'éd. de Boul. a cette leçon, au lieu du دَائِمًا de l'éd. de Leyde.

دَأْبُولِى *étoffe fine de soie et de coton, rayée de diverses couleurs, qui se fabrique à Damas*, Descr. de l'Eg. XIV, 144 (de Sacy).

داد *père nourricier*, Voc., Alc. (ayo o amo, amo que cria, criador; il écrit: did, didd, didd et dède). — *Papa*, nom que les enfants donnent à leur père, Alc. (taita padre de los niños).

دَادَا, à Ghadamès, *père*, Richardson Sahara I, 271. — Titre d'honneur parmi les Berbers, Berb. II, 5: قال أوصى دادا يغمراسن لدادا عثمان ودادا 131, حرف كناية عن غاية التعظيم بلغتهم, où notre man. 1350 a constamment دَادَا.

دَادَا et دَادَة *nourrice*, Voc., 1001 N. I, 624, Bresl. I, 154, 1; *bonne, gouvernante d'enfant*, Bc, Hbrt 27; nom qu'une dame donne à sa négresse, R. d. O. A. N. S. VII, 244.

دَاد الدّاد الوحيد est le nom que le peuple au Maghrib donne au *chamœleon albus*, Bait. I, 48 c (AB); la comparaison de 19 b et de 51 b semble montrer que c'est le mot berbère دادا.

دَاذِى (cf. Freytag 69 a) *goudron*, ou selon d'autres, *goudron épuré*, Most. in voce et v° قطران. — *Millepertuis, hypericum*, aussi داذى رومى. A Bagdad on broyait ses graines, qui sont amères, et on les jetait dans le vin de dattes, afin de le rendre plus fort et plus odorant, Most. in voce, Bait. I, 409 b et c, Auw. I, 326, 4 et suiv. — *Le vin de dattes dans* lequel on a infusé les graines du millepertuis, Auw. I, 326, 16.

دارانى. مَلِح اندرانى دارانى = مَلِح Sang., Bat. II, 231, où le man. de Gayangos porte درانى.

دَارْسِنَة la darse; c'est une altération de l'ital. darsena, qui vient de l'arabe دار صناعة Gl. Esp. 206, n. 1.

دارشك épine-vinette, Most. v° حمّاص منه :ويقال للاجبلى دارشك وقيل هو الزرشك ۞

دَارْشِيَان (N), دارسيان (La), virga pastoris, Most. v° نرشيان دارو.

دَارْشِيْشَعَان, aspalathe, Bc, Bait. I, 408, lisez ainsi chez Freytag.

دَارصوص cannelle de qualité inférieure, Bait. I, 404 e: الدارصينى الدُّون وهو الدارصوص المعروف, Most. sous le même mot.

دَارصِينِى (الدارصينى) cannelle, Bc, Edrîsî, Clim. I, Sect. 6. La véritable s'appelle دارصينى الصين, Bait. I, 404 e. Cf. l'article qui précède. — Aloès, L (aloen vel aloes).

دَارْفَلْفَل poivre long, Bc, Edrîsî, Clim. I, Sect. 6 (الدارفلفل).

دَارفيل dauphin (poisson), Bc.

دَارقيطون = لوف, Most. sous ce dernier mot; dans Bait. A دراقيطون; c'est une altération de dracontia, voyez Bait. II, 446.

دَارْكِيسَة (pers.), en Syrie, macis, Bait. I, 137 a, 409 e, II, 147, 2 a f.

دَارما espèce d'origan marum, Bait. II, 503.

دَارهرم réglisse, Most v° سوس: عروق دارهرم ۞.

دَاروخ (N) ou داروح (La) virga pastoris, Most. v° نرشيان دارو.

دَاغ voyez sous دوغ.

دَاغْدَان (pers. de داغ et de دان) fourneau, J. A. 1849, II, 273, n. 1.

دَاكى, pour ذاك, celui-là, Bc (Eg.).

دَالانى voyez دلاق.

420

دَامْجَانَة voyez دَمجانة.

دَامِيثَا arbre en Perse qui produit de la gomme, صَمغ داميثا, Bait. II, 134 d.

دَان vulg. pour اذن, oreille, duel دانين; دانين للجدى, bétoine, Bc.

دَانَج أبرونج espèce de graine que les droguistes en Irâc nommaient poivre blanc; on l'appelait aussi carthame indien, Bait. I, 409 f; chez Ibn-Djazla دانج; دانج أبرنج: chez Vullers أفرونك.

دَانُون pheliposa lutea et niolana, Daumas V. A. 382; le même, Mœurs 120: « le danoum qui vaut les navets.» Danoun, nom de tous les phelipœa, dont on mange la racine crue ou cuite, Guyon 211.

دَاوُد (David). داود باشا boulette, petite boule de chair hachée, d'oignon et de persil, Bc; cf. Bg 261, M (sous دون).

دَاوُدِى chantre (proprement: celui qui chante les psaumes de David), Edrîsî, Clim. V, Sect. 1, où les داوديون sont nommés avec les prêtres, les moines et les diacres.

دَاوداوة (Daumas MS) arbre et fruit, que l'on pétrit en galette et qui, séché au soleil, a, dit-on, goût de viande, Daumas Sahara 332 (daoudaoua); Richardson Central I, 296: « doua doua, round black balls of a vegetable composition, eaten with various dishes as seasoning; it is very abundant in Soudan;» beaucoup de détails chez Prax 23 (daoudoua) et chez le même dans la R. d. O. A. VIII, 6 n.

دَايَة accoucheuse, sage-femme, Bc, Hbrt 27, M, Payne Smith 1575, Lane M. E. I, 244. — ذات دايات, on parlant d'une femme mariée, est celle qui reçoit chaque jour la visite d'une autre femme et qui s'excuse en disant: c'est ma nourrice, ou c'est ma tante, R. N. 31 r°.

دَبّ I c. على p., dans un sens obscène, Ztschr. X, 502. — دَبّ السمّ «le poison gagne, pénètre,» P. II ramper, Hbrt 68, Ht. — Aiguiser, Bc.

دَبّ, lézard, chez Freytag, est pour ضَبّ.

دُبّ, ours, au fig., ours, animal, homme stupide, automate, personne stupide, balourd, benêt, bête *brute*, *butor*, *oison*, Bc. — Le fém. دُبَّة, *ourse*, forme au pl. دِبَب, Bc. — دبّ البَحْر *lamantin*, animal amphibie, Bc. — دبّ الوَرْد, nom d'un. ۶, *vers qu'on trouve sur les roses*, Alc. (gusano de rosas).

دَبَّة. Comparez avec Lane ce passage de Burckhardt Syria 476: « We travelled over a wide, slightly ascending plain of deep sand, called El Debbe, a name given by the Towara Bedouins to several other sandy districts of the same kind. » — (Turc) *descente*, *hernie*; ابو دبّة *qui a une descente*, Bc.

دِبَّة = دُبَّة *flacon, bouteille*, M.

دِبَاب *l'action d'aiguiser un couteau*, Alc. (amoladura de cuchillo). — *Pointe d'un couteau*, Cherb.

(دَبَاب). — *Mentha sylvestris*, Bait. I, 411 d.

دَبِيب *reptile*, Bc, Hbrt 68, mais c'est un collectif, *reptiles*, Auw. I, 601, 15, 602, 5 a f., 603, 5, 9, 16, 680, 7 (lisez ainsi), 681, 11 (lisez ainsi), Payne Smith 1264, 1279; — *serpents*, Werne 6.

دَبَّاب *reptile*, Hbrt 68; جراد دباب ou دباب seul, *sauterelles rampantes*, Payne Smith 1115.

دَبَّابَة. C'était une espèce de tour, où se plaçaient des soldats destinés à attaquer les murailles d'une place; cette machine avait quelquefois quatre étages, le premier de bois, le second de plomb, le troisième de fer, et le quatrième de cuivre; elle était posée sur des chariots, Mong. 284 b. — Nom d'une pièce qu'on a ajoutée, dans le grand jeu des échecs, à celles du jeu des échecs ordinaire, Vie de Timour II, 798, dern. l. Chaque camp en avait deux qui marchaient d'abord comme le roi, mais qui, plus tard, sautaient comme les cavaliers, van der Linde, Geschichte des Schachspiels, I, 109. — *Boulette de viande crue*, M. — دبَّابَة الانبيق *serpentin*, tuyau d'étain ou de cuivre étamé qui va en spirale depuis le chapiteau d'un alambic jusqu'au bas, et qui sert à condenser le produit de la distillation, Auw. II, 409, 22, 410, 2, 6; Clément-Mullet (II, 397, n. 1) veut lire ذنابة, ce qu'il traduit par « queue, » mais la comparaison du mot fr. *serpentin* avec la racine دبّ et ses dérivés suffit pour montrer l'inutilité de ce changement.

دَبَّايَة *vers*, Bg.

دابَّة *reptile*, R. N. 62 v°: دخلت على جبلة بين العشائيين وهو يأكل بطيخا فقلت له ان رائحة هذا تُخرج الدواب يعني للحبّاب (الحَبَّيَّات) فقال انّها مرسولة (envoyés par Dieu, ils ne viennent que lorsque Dieu le veut). — Chez le vulgaire, qui prononce دَابَة (sans *techdid*) ou دُبَّة, soit *monture en général*, soit *âne en particulier*, M. — دابّة البَحْر *baleine*, Voc.

دُوَيْبَّة *insecte*, Bc, Hbrt 70.

دبج II *exprimer sa pensée avec élégance*, Macc. II, 362, 17.

V *s'orner de vêtements de soie de différentes couleurs*, Lettre à M. Fleischer 58—9. — Au fig., c. مع p., *orner son esprit en communiquant à un autre les traditions que l'on connaît soi-même, et en apprenant de lui celles qu'on ne connaît pas*, Fleischer sur Macc. I, 507, 3 a f. Berichte 193, Lettre à M. Fleischer 58—9; cf. مُدَبَّج.

دِبَاجَة *fabrique de* ديباج, Voc.

دَبَّاج *fabricant de* ديباج, Voc.

دِيبَاج dans le Voc. *purpura* (cendat). — Au fig., Macc. II, 430, 13: وهذا من بارع الاجازة وكم لاهل الأندلس من مثل هذا الديباج الخسرواني « cette manière brillante. » — S'emploie, de même que ديباجة, en parlant des veines dans le bois et dans les pierres dures, Gl. Edrîsî.

دِيبَاجَة, au fig., *le poème que quelqu'un a composé*, Prol. III, 357, 10. — *Pureté, élégance de style*, Khallic. I, 178, 8: كان واحد عصره في ديباجة لفظه, Macc. III, 30, 3: لم يَصِف احدُ النَّهْر بارق ديباجة, Haiyân 34 r°: وكان مسطبوط, ولا اطرف من هذا الامام انيق, Khatîb 73 v°: سلس القائد حسن الديباجة الديباجة. — Voyez l'article qui précède.

مُدَبَّج *élégant, beau*; une belle jeune fille a un بطن مدبَّج, 1001 N. I, 57, 2 a f. — Chez les traditionnaires (cf. la V° forme) c'est: رواية القرينين او M. المتقاربين في السنّ واسناد احدهما عن الآخر.

دبح

دبح *barbe-de-bouc* (plante); *scorsonère*, Bc.

دبد

دابد, *compas*, est pour ضابط (voyez).

دبدب I, en parlant d'un petit enfant, *marcher à quatre pattes*, marcher sur les pieds et sur les mains, M. — *Trépigner*, Bc. — C. ة *balbutier, hésiter à*, Ht.

دَبْدَبَة *tintamarre*, Cherb. (qui écrit incorrectement ضَبْضَبَة).

دبدوبة *pointe*, Bc.

مُدَبْدَب *étourdi, écervelé*, Ht.

دبر II, en astrol., *régir* un climat (planète), Macc. I, 88, 6, 8, 10, 13; *présider, présider aux événements, en avoir la direction* (planète), Prol. II, 189, 10 et 16. — دبّر أعواد الشاه *jouer aux échecs*, Macc. I, 480, 3 a f., et simplement التدبير en ce sens, 481, 5. — *Exploiter* une mine, Edrîsî, Clim. II, Sect. 5: وفى تَرَوَّيْتَه اذا دبّرت استخرج منها ذهبٌ صالحٌ. — *Préparer* des médicaments, Bc. — *Conseiller, engager*, Ht. — قلّة تدبير *excès, manque de mesure*, Alc. (desmesura; بلا تدبير *desmesurado*). — C. فى r. *chercher le moyen de faire une chose*, Nowairî Espagne 480: انا دبّر فى قتله عشرة منهم, 1001 N. I, 25, 4: — C. على p. *chercher le moyen de nuire à quelqu'un, ou de le punir*, Khaldoun IV, 7 v°: فداخله فى التدبير على اهل طليطلة. — *Être blessé sur le dos par la selle* (bête de somme), *avoir au dos des ulcères* (دَبِر) *causés par le frottement de la selle*, Alc. (matarse la bestia). Cette signif. conviendrait mieux à la V° forme qu'à la II°, et me fondant sur le Voc., qui les donne toutes deux sous pustula, mais en indiquant que la II° se construit avec l'accus., je serais tenté de penser que la véritable signification de cette dernière est: *blesser une bête de somme au dos, lui causer des ulcères au dos*, en parlant de la selle.

V *s'arranger, accommoder ses propres affaires, aviser à ce que l'on aura à faire*, Bc. — Voyez sous la II° forme, à la fin.

X. مستديرًا *à rebours*, Berb. I, 486, 2: ثمّ جعل استديره يَسهم — على بردون مستديرًا *il lui tira une flèche dans le dos*, Kâmil 337, 3.

دبر pl. دبار *écueil*, Bc.

دبرة *ficelle*, Ht.

دَبَّرَة *toux, coqueluche*, Alc. (pechuguera).

دبار *postérité*, Amari MS: كأنّهم وعلى اولادهم وكبيرهم وصغيرهم ودبارهم واخوتهم ۞ et دبر القبْلة, en Sicile *le nord*, Amari MS; cf. دَبُورِيّ.

دُبَارَة *ficelle*, Bc, Hbrt 79.

دبورة *bosse, élevure par suite de contusion*, Bc.

دَبُوريّ en Sicile *septentrional*, Gregor. 36, 10: الحدّ الدبوري, où ce mot ne peut pas signifier « occidental, » car الغربى est nommé dans la ligne suivante; lisez de même Gregor. 40, 6.

دبّور pl. دبابير *bourdon, grosse mouche, frelon*, L (fucus), Alc. (tavarro especie de abispa), Bc, M, 1001 N. Bresl. XII, 274. — *Reine-abeille*, L (costrum مَلك). — (النحل وهو الدبّور تلتقط شعيرك يا دبّور). *clignemusette*, jeu d'enfants, dont l'un ferme les yeux, les autres se cachent, pour être découverts et pris par lui, Bc.

دَبُّورة *instrument pour tailler les pierres*, M.

دابر t. de marine, *sous le vent*, J. A. 1841, I, 588.

دبّيران *nom d'un.* ة, *guêpe*, Voc.

تَدْبِير *regimen animi et vitæ*, Gl. Abulf. — *Diète, régime de nourriture*, M, Müller S. B. 1863, II, 11, dern. l., 17, n. 4, pour تدبير الأكل, comme on trouve chez Bc. — *Traitement d'une maladie*, M: وعند الاطبّاء التصرّف فى العلاج باختبار ما يجب ان يُستعمل. — (Dérivé de دبر) *lavement, clystère*, M. — علم تدبير المنزل, ou الحكمة المنزليّة, est: la science qui enseigne ce qu'il faut observer dans une demeure pour y loger convenablement une famille, les parents et les enfants, les maîtres et les domestiques, M.

تَدْبِيرة *statut, ordonnance*, Alc. (estatuto o ordonacion).

تَدْبِيرِيّ *administratif; économique*, Bc.

مُدَبَّر. الماء المدبّر, t. de médec., *tisane*, eau dans laquelle on a fait bouillir certaines substances pour en composer un breuvage que le malade doit prendre plusieurs fois par jour, comme l'eau d'orge, M. الحمودة المدبّرة, t. de médec., scammonée qu'on *a rôtie dans un morceau de pâte ou dans une pomme, afin de détruire ses qualités nuisibles*, M; cf. Dodonæus 698 b.

مُدَبِّر, *chez les moines, celui que consulte le général de l'ordre*, M. — *Patron d'une barque*, M. — *Ingénieur*, Descr. de l'Eg. XVI, 48.

مَدْبُور *infortuné, malheureux*, 1001 N. IV, 185, 3 a f.

دبرك *mail, massue*, Bc.

دبز

دَبْزَة *poing et coup de poing*, Domb. 87, Cherb., Ht, Daumas V. A. 295.

دبوز العرب *senecio*, Prax R. d. O. A. VIII, 280.

دِبيزي *sorte d'étoffe fabriquée en Arménie*, Bat. I, 163; mais la leçon n'est pas certaine, voyez note p. 433.

مُدَايِزي *querelleur, batailleur*, Cherb.

دبس I *pousser, repousser, écarter avec force*, Alc. (enpuxar a lexos).

دبس II, en parlant d'une alêne, est quand sa pointe se met en boule et s'émousse, M. — En parlant de raisins, *devenir aussi doux que le dibs*, M. — En parlant de moût qu'on fait bouillir, *devenir du dibs*, M. — *Faire devenir du dibs*, M.

VII *se courber*, Voc.

دِبْس *mélasse*, Bc. — *Thymélée, garou, trentonel*, Alc. (torvisco mata conocida). Chez Hœst 309, c'est le nom d'une herbe avec laquelle on teint le maroquin en jaune.

دِبْسَة et دُبْسَة *noirceur*, Voc.

دبسى (plante) = دوسر, Payne Smith 860.

دَبُّوس *massue casse-tête, longue d'environ deux pieds et terminée par une tête revêtue de fer, qui a environ trois pouces de diamètre*, Ouaday 111; cf. Maml. II, 1, 137; — *massue incrustée de nacre et de coquillages que les négresses tournent sept fois autour de la tête des femmes malades pour les guérir*, Cherb. (دَبُّوس); — بالدبّوس *par contrainte*, Bc. — *Épingle*, Bc, Hbrt 82, M, Ht, Barbier.

أَدْبَس *noir*, Voc.

دبش.

دَبْش, n. d'un. ة, *gravois, menus débris de murs démolis*, Bc, M.

دَبْش *gros*, M.

دَبْشَة *fourré*, M. — *Motte, petit morceau de terre détaché*, Bc.

دَبُوش *bagatelles, babioles*, Alc. (baratijas).

دبع.

دَبُّوع *ciron, très-petit insecte*, Bc.

دابع n'existe pas à vrai dire, mais à cause de la ressemblance du son on l'ajoute à تابع, et l'on dit التابع والدابع dans le sens de *tout le monde*, Gloss. de Habicht sur le IIIe volume de son éd. des 1001 N. Dans l'éd. de Macn. التابع والمتبوع.

دبغ I *fortifier l'estomac*, Djauzî 143 v°, 144 r°: الكرفس للخصوم يدبغ المعدة ويقوى البدن, 145 r°: يدبغ المعدة, Bait. I, 24, 78 e, 210 a: فان كان يريد دبغ المعدة, 212 a, II, 6 a, 380 b: وهو الّتى ضعفت من الرطوبة دابغ للمعدة لمرارته وعفوصته; *fortifier, en parlant de l'action exercée par la chaleur solaire sur la peau du végétal*, Auw. I, 176, 9, 20. — *Se tacher*, M.

V *se tacher*, M.

دَبغ *tache*, M.

دَبْغَة *tache*, Roland.

دَبَاغَة *mélange de tan et de goudron*, Aïachi, Berbrugger 92 (debbara).

دِبَاغى « *Si les laines sont séparées des peaux par la chaux, aux tanneries, elles s'appellent deblaghia* » (sic), Godard I, 210.

دَبَاغَة *tannerie*, Bc, M.

أَدْبَغ *plus fortifiant*, Bait. I, 164 a: ولا شىء أدبغ للمعدة منه

دَنّ المُدَبِّغين *jarre du tanneur*, Descr. de l'Eg. XII, 473.

مَدْبُوغ Alc. donne: sahornado de sudor, madbok. Ce terme esp. signifie (voyez surtout Victor): celui qui, par suite d'un échauffement ou d'une longue marche, s'est écorché en suant les pieds ou la partie du corps entre les cuisses; et comme مدبوغ ne conviendrait en aucune manière, je pense qu'Alc. a confondu ici comme ailleurs le خ et le غ; cf. le passage d'Auw. que j'ai cité sous I.

دبق II, c. a. p., au fig., *attraper une personne*, 1001 N. Bresl. IX, 222, 4. — *Enduire de glu*, Hbrt 184; يدبّق *gluant*, Bc; *poisser*, salir avec quelque chose de gluant, Bc.

دبق *pipeaux*, branches enduites de glu pour prendre les petits oiseaux, Bc. — *Sébestier*, Bait. II, 4 b.

دَبيقى = دَبيقى, Antar 2, dern. l.

دَبوقة *une esclave qui a la poitrine potelée, dodue*, Richardson Central II, 203.

دبك I, aor. o, n. d'act. دَبْك, et II *piétiner, remuer les pieds, faire du bruit avec les pieds*, Bc, Cherb., M, *trépigner, trémousser et se trémousser, tracasser*, Bc. — I دبك الوعاء *remplir une boîte en pressant, en serrant avec force*, M. — دبكه على الأرض *il le terrassa, il le jeta de force par terre*, M.

دَبْكة *piétinement*, Cherb., *bruit des pieds de personnes qui sautent, courent, trépignement, trémoussement, tracas*, Bc; dans le M نوع من الرقص.

دبوك *comme épithète d'un chameau*, 1001 N. Bresl. XII, 224, 3 a f.

دبل I c. a. p. *ennuyer quelqu'un et lui procurer la maladie dite* الدُّبْلة, M.

دَبْلة pl. دَبَل *anneau, bague sans chaton*, Bc, Hbrt 22, Lane M. E. II, 407. — *Virole*, petit cercle de métal autour du manche, Bc.

دَبْلة pl. دَبَل *carafe ou bouteille*, Voc. (fiala). — (Esp. *dobla*) pl. دبلاش *double* (monnaie), chartes grenadines.

دبلى *mitraille*, Cherb.

دَبلون (esp. *doblon*) *doublon* (monnaie), Bc, M.

دَبيلة. Le Gl. Manç., après avoir donné la signif. de ce mot dans la langue classique, ajoute qu'il désigne chez les médecins: *un ulcère dont le pus est ichoreux, à quelque endroit du corps qu'il se trouve; dans* L *apostema*. — *Anxiété, tristesse*, Voc.

دَبْليس, *anneau*, Hœst 120, semble une altération de دمليج (pour دَمْليج).

دبن. دَبّان voyez ذَبّان.

دبى I *ramper*, Bc.

دَبا *à présent*, Bc (Barb.); peut-être pour دَأبا (voyez). دَبى et داب *rampant, bas, vil*, Bc.

دبيدباريا (A; de même dans B, mais sans points) nom d'un légume indien, Bait. I, 410 c.

دنأ. دَقْنى se trouve chez Lane sous دَقْنى, dont c'est le synonyme, et dans le Calendr. 62, 4, comme le nom de la pluie qui tombe vers le 10 juin.

دنر I. Le n. d'act. دَنْر dans le Voc.
II *abriter*, Alc. (abrigar).
IV *faire disparaître, effacer*, Abbad. I, 38, 10.
V *s'abriter*, Alc. (abrigarse).
دَيْثور *figues précoces*, aussi ديفور, M.
تَدَنُّر *abri*, Alc. (abrigo).

دج.

دج *perdrix*, Bait. I, 414 b. — *Grive*, Bc (Alep), Hbrt 184 (Alg.). — *Pinson*, Bc. — دج الأمير *amarante*, Bait. I, 415 c (mal traduit par Sonth.).

دَجاج. دجاج هندى *dinde*, Bc, Roland, Pagni MS; aussi دجاج مصرى, Pagni MS. — دجاج الأرض *bécasse*, Bc; aussi دجاجة الغابة, Bc, دجاجة عمشاء, Alc. (gallina ciega ave), دجاج قرنيبا, Hbrt 184. — دجاج الماء *plongeon*, oiseau aquatique, Alc. (somorgujon ave); *foulque*, poule d'eau, Bc. — الدجاج البحرية *nommés* Calendr. 59, 2. — دجاجة الذهب بأولادها, nom d'une capitation que chaque juif au-dessus de treize ans paye annuellement dans l'empire du Maroc et qui s'élève à quatre francs. Autrefois les juifs payaient ce tribut en nature, en donnant une poule avec ses poulets, Gråberg 219.

دَجّاج *celui qui prend soin des poules*, Alc. (gallinero que cura las gallinas, pollero que los cura).

دجل ‎. Le pl. دَبَاجِيج، Mufassal éd. Broch 174, 1.

دجن

دَجَّانَة race de nains, Prax R. d. O. A. VI, 287, n. 1.

دجن II dans le Voc. sous tributum; voyez مُدَجَّن.

V devenir Mudéjar (voyez مُدَجَّن), Gl. Esp. 322; dans le Voc. sous tributum.

دَجْن ou الدَّجْن أَقَلّ الدجن seul, les Mudéjares (voyez مُدَجَّن).

دَجَن est employé par Saadiah dans le sens de l'hébreu דָּגָן, blé, Merx Archiv I, 51, n. 2.

شَقّ بدجانة بدجانة carrefour, l'endroit où se croisent deux ou plusieurs chemins ou rues, Alc. (encruzijado).

دَاجِن pluie, Diw. Hodz. 125, vs. 5. — Pigeon privé, Khatîb 12 v°: وقصاب للحمائم والدواجن مائلة.

مُدَجَّن, d'où vient l'esp. Mudéjar, désigne celui (le musulman) auquel on (le vainqueur chrétien) a donné la permission de rester là où il est, à la condition qu'il paye un tribut; c'était le terme par lequel on désignait les Mauresques qui vivaient sous la domination chrétienne, et qu'on appelait aussi أهل الدَّجْن ou الدَّجْن tout court, Gl. Esp. 321—2, 425. Dans le Voc. مُدَجَّن est tributarius.

دجنبر décembre. Les voyelles sont chez Djob. 139, n. b, دُجَنْبِر, chez Ibn-Loyon 8 v°: نُجَنْبِر, dans le Voc. أُجَنْتَبَر.

دح

دَحّ, n. d'un. ة, tessons, M. — Parole caressante dont on se sert en parlant à un petit enfant الشىءَ, (الظريف يخاطبون به الاولاد الصغار), M.

دحدر II, descendre, aller en pente, Bc.

دحديرة calade, terrain en pente, descente, Bc.

دحرج

دُحْرَيْجَة roulette, jeu de hasard, Bc.

دُحَيْرِيجَة petite graine qui se trouve parmi le froment, M.

دحس I c. a., II et VII dans le Voc. sous pugnus.

دُحْس, pl. ات et دَحَاسِي, poing, Voc.

دُحَاس cal, durillon, callosité, cor; engelure, Bc.

دَحِيس L a: opacus سَفِينٌ دَحِيسٌ.

دوحَاس vulg. pour دَاحِس, paronychia, M.

دحش I, aor. a, n. d'act. دَحْش, fourrer, faire entrer dans une affaire, glisser, insinuer, Bc, M.

VII s'ingérer, se fourrer, Bc, M, Bâsim 112: ووقف في جملة العشرة البلدارية اصحاب النوبة واندحش بينهم وانت من انت حتى تجسست قصرى واندحشت مع بلداريتى 117: ☟

دحض II rejeter un livre, en nier l'autorité, l'exactitude, Macc. II, 52, 17.

دحو I faire des jardins, Macc. I, 304, 18. — Pétrir, Macc. I, 533, 15. — L a أَدْحُو sous dimergo et mergo.

III voyez Diw. Hodz. 215, vs. 8.

VI chez al-Fâkihî (Wright).

VII = V, Saadiah ps. 36, 62.

أُدْحَى. ادحى النعام nom de neuf étoiles de la constellation de l'Eridan, Cazwînî I, 39, 2.

أُدْحِيَّة nid d'un oiseau, Bidp. 10, 1 = عُشّ, l. 3.

مِدْحَاة. Le passage du Diw. Hodz. cité par Freytag se trouve dans l'édit. 216, 1 et 2.

دخ interjection, P. Prol. III, 431, 9, où de Slane traduit chut! ce qui ne convient pas trop bien.

دخر et ses dérivés, voyez sous ذخر.

دخس II c. a. dans le Voc. sous claudicare, où l'on trouve aussi مُدَخَّسَة.

دَخَس voyez Auw. II, 640, 18, où Clément-Mullet traduit ulcère en pince au boulet.

دُخَس, دَخَس dauphin, chez Niebuhr B. 168; selon Djauharî 8 v°: ce poisson portait ce nom à Baçra: سمكة يقال لها الدخس (l. الدخس) في البصرة وفي مصر تُسمَّى الدرفيل ☟

دخسيسا (AB) nascapthon (البنك) et oleum balsami, Bait. I, 416 b.

.دخش

المُداخَشَة commerce, liaisons, rapports que les personnes ont les unes avec les autres, M.

دخل I. Pour *entrer par une porte*, on trouve دخل على الباب, Cartâs 38, 7 et 8. — *Être profond* (blessure), Alc. (entrar hondo la herida). — دخل تحت اسم, *s'insinuer dans l'esprit de quelqu'un, enjôler*, Bc. — ان ليست تدخل من تحت طريقة زوجها , «si une femme ne veut pas se conformer à la façon de vivre de son mari,» de Sacy Chrest. II, ٨٦, 2. — C. على p., en parlant du temps (cf. Fr. et Lane), p. e. Macc. II, 102, 2 a f.: دخل على سنة شهر رمضان, Cartâs 180, 13. — C. على p. *en faire accroire, tromper*, Bc. — C. على r. *consentir à*, Amari 511, 9. — C. على r. *s'approprier une chose*, Macc. I, 417, 8: موشحة دخل فيها على اعجاز نوبة ابن زيدون — et r. *arracher une chose à quelqu'un, l'en priver*, Bidp. 269, 2. — On emploie même دُخِلَ dans le sens de أُخِذَ, *être arraché, volé*, Cartâs 39, 3 a f.: دُخِل جميع ما فيه من اموال الاحباس, où un man. porte اخذ. — دخل فى عرضى *il a attaqué mon honneur*, Journal of the R. Asiatic Society XIII, 37. — دخول, t. de mus., *chant*, 1001 N. Bresl. VII, 95, 10: Que dites-vous فى دخول عذه للجارية, où l'éd. Macn. a صوت; cf. أدْخَل. — دخول فى الراس est chez Alc. sossacamiento, mais le sens de ce terme ne m'est pas clair; cf. sous خلق II.

II *mettre, cacher dans son sein*, Alc. (meter en el seno).

III. داخلنا من الخبز شيء, «nous commençâmes à soupçonner un peu l'origine de ce pain» (nous commençâmes à douter s'il était bien حلال, et si, par conséquent, il nous était permis d'en manger), R. N. 83 v°. — C. a. p. *parler avec quelqu'un pour lui conseiller une chose*, etc., Khatîb 91 v°: lorsqu'il fut venu à la cour de son cousin pour lui rendre l'hommage, داخله بعض ارباب الامر محذرا ومشيرا بالامتناع. — C. a. p. et r. *parler avec quelqu'un, le consulter sur une affaire*, Abd-al-wâhid 40, 3 a f., Ibn-Khaldoun IV, 7 v°: فداخله فى التدبير, داخلهم فى الخلع, على اهل طليطلة, ibid. — C. a. p. *courtiser, faire la cour à quelqu'un par intérêt*, Bc,

Abbad. I, 46, 8: il cherchait à s'emparer de Cordoue مداخلة اقليها, «en courtisant les citoyens de cette ville,» Khatîb 64 v°: فداخله حتى عقد معه صهرا على بنته. — *Être curieux, indiscret*, Bc. — Vulg. pour la IVe, Catal. des man. or. de Leyde I, 155, 9.

IV *introduire dans la religion des nouveautés, des hérésies*, Gl. Fragm. — *Enfoncer les rangs, les percer, les renverser en y pénétrant*, Cartâs 158, 2 a f. — *Tracer*, Bat. III, 59: نقوش مبانيها مُدْخَلَة باصبغة اللازورد, où la trad. porte: «les peintures de ses édifices, tracées avec de la couleur d'azur.» — ادخل بين الناس dans le Voc. sous *diseminare*, dans le sens, à ce qu'il paraît, de زرع الشر بين الناس qui précède, et de اغرى بين الناس qui suit (avec «concitare» dans une note), *exciter les hommes les uns contre les autres*. — ادخل رأيا على فلان *consulter ensemble sur quelqu'un*, Voc.

V c. على p. *prier, demander par grâce*, Bc, 1001 N. I, 18, 6 a f., 38, 13, 271, 5, 8, Bresl. II, 160, 7, *prier quelqu'un* (على) *de* (أن) فى, Macn. II, 691, 9, (بأن), Bresl. II, 80, 12; le M donne cette explication: والعامّة تقول تدخّل عليه اى توسّل اليه بقوله انا دخيلك اى مُتَرام عليك. — C. a. p. *excuser quelqu'un, donner des raisons pour disculper quelqu'un d'une faute*, 1001 N. Bresl. III, 129, 5, où l'éd. Macn. porte اعتذر عن.

VI c. فى *entrer dans, se mêler de, s'immiscer, s'intéresser, s'interposer, intervenir, se fourrer, se mêler indiscrètement de quelque chose*, Bc. — C. على p. *prier, supplier*, comme la Ve, 1001 N. II, 688, 15, III, 80, 11, Bresl. XI, 396, 6.

VII dans le Voc. sous *introducere*; *se perdre dans la foule*, بين الناس, Berb. I, 3, l. 8, dans, فى, *une autre tribu*, ibid. 22, 10.

دَخْل, *importation*, l'opposé de خرج, *exportation*, Gl. Edrîsî. — الدُّخَّل *les personnes qui sont dans l'intimité d'un prince, ses confidents, son entourage*, Haiyân 58 r°: وبادر امية الصعود الى اعلى القصر فيمن دَخَّل. — خلص معه من غلمانه ودخوله de grâce, je vous en prie, supplie, Bc.

دَخْلَة *entrée, l'action d'entrer*, Alc. (entrada), Bc, Cartâs 71, 10 a f., 5 a f., 209, 10. — جد فيهم الدخلة *il parvint à se former un parti parmi eux* (de Slane), Berb. II, 95, 8 a f. — أَقِلْ دَخْلَتَهُ, en parlant d'un prince, *les personnes qui sont dans son intimité, ses confidents, son entourage*, Gl. Edrîsî, Müller L. Z. 28, 2, Abou-Hammou 83: ثُمَّ تدعو إلى دَخْلَتِهِ أشياخ الدخول, autres exemples sous دَخْلِيُون et sous ساقَة. Le mot دَخْلَة s'emploie isolément dans le même sens, Gl. Edrîsî, Berb. I, 508, 3 a f. (Tunis): كان مقدَّمًا على بطانة السلطان المعروفين بالدَخْلَة, 518, 9, Abou-Hammou 80: يَنْبَغِى لك ان تَتَخَذ دَخْلَة من لَحْمَاة الاَعَاد. Dans le Voc. *familia*.

الدَّخْلِيُون Holal 12 r°, en parlant de Yousof ibn-Téchoufin dans l'année 470: وضمَّ طائفةً أخرى من اعلاجه واهل دَخْلَتَه وحاشيته فصاروا جمعا كثيرا وسمَّاهم الدَخْلِيِّين.

دُخُول *la consommation du mariage*; — *la noce*, Maml. I, 2, 23.

دَخِيل *protégé, celui qui est sous la protection d'un autre* (cf. Lane), p. e. دَخِيلَك يا شيخ, Burton II, 97 («I am thy protected»), cf. 113, Bat. III, 336, Cartâs 156, 11, 247, 8, 270, 15. — *Intrus*, Bc; دُخَلاء لجند *les intrus dans l'armée*, c.-à-d. ceux que le hasard a fait soldats, qui n'étaient pas destinés à l'être, Haiyân-Bassâm III, 142 r°. — *Prosélyte*, Bc, Hbrt 160. — دَخَلاء عليه في *le priant de* (de Slane), Berb. I, 616, 4 a f. — دخل عليه الدخيل من فلان, *être trompé par quelqu'un*, 1001 N. Bresl. XI, 330.

دَخَالَة *ration, portion journalière*, Macc. I, 372, 3 a f., 384, 3 a f. — *Présent au delà du prix convenu, pot-de-vin*, Gl. Esp. 40. — *Robe de dessous*, Dunant 202 (dakéla).

دَخْلَة est *familia* dans le Voc., de même que دَخْلَة.

دَخِيلَة, *confident*, a le pl. دَخَائِل, Kâmil 792, 9.

دَخَّل. نوبة الدخَّل *bande de musiciens*, M.

دَخَّل. Le Voc. a سَيْف دَخَّل, *ensis*. C'est: une épée qui cause des blessures profondes. — دَخَّال بَيْن النَّاس *celui qui excite les hommes les uns contre les autres*, Voc. — دَخَّال الأُذُن *millepieds, scolopendre*, Payne Smith 1554.

داخِل. المَدِينة الدَّاخِلَة *la ville intérieure, la cité*, par opposition à المَدِينة البَّرَّانِيَّة, Haiyân-Bassâm III, 49 r°, Athîr X, 432, 10. — *Importation*, l'opposé de خَارِج, *exportation*, Gl. Edrîsî. — داخِل النَّهَار est *l'heure du déjeuner*, Mohammed ibn-Hârith 330: وكان السوقىُّ قد اخرج فى كُمِّ من بيته خُبْزًا يتغدَّاه فى حانوته فى داخِل النَّهَار.

داخِلَة semble signifier *embarras, affaire fâcheuse* chez Macc. I, 558, 1: ولكنك تَدْخُل علينا به داخِلَة فان أعفيتنا منه فهو احبّ إلينا.

داخِلِيّ *intérieur, interne*, Bc.

أَدْخَل *entrant plus*, Mufassal éd. Broch 188, dern. l. — *Plus apte à entrer*, Abou'l-Walîd 350, 26. — *Chantant mieux*, 1001 N. Bresl. VII, 95: ان زُبَيْدة كانت أَدْخَل منها, où l'éd. Macn. (II, 97) a احسن صوتًا; cf. sous la I™ forme du verbe.

مَدْخَل pl. مَدَاخِل *entrée, occasion, ouverture*, Bc. — *Appartenance, dépendance, accessoire*, Alc. (pertenencia). — *Les éléments d'une science*, Notices 182, n, l. 4. — J'ignore comment il faut traduire ce mot chez Djob. 296, 16: وتحت الغارب المستطيل المسمَّى النسر الذى تحت هاتين القبتين مدخل عظيم هو سقف للمقصورة.

مَدْخُول *controuvé, supposé*, Prol. I, 16, 12, II, 196, 2 a f., Mohammed ibn-Hârith 267: وفيما ارى حكاية مدخولة, pl. أت, Bc; — *recette*, Bc; — *émolument*, Bc.

مُدَاخِل *courtisan, qui cherche à plaire, assidu par intérêt*, Bc. — *Curieux, indiscret*, Bc.

مُدَاخَلَة *intervention*, Bc. — *Curiosité*, Bc.

مُتَدَاخِل *interpolé*, Berb. II, 3, l. 6. — عدد مُتَدَاخِل *aliquote* (partie), t. de mathém., nombre contenu juste dans un tout plusieurs fois, Bc.

دخن I. دَخَّن على البقِّ *chasser ou faire mourir les punaises par la fumée, les asphyxier*, Gl. Fragm.; mais je crois qu'il faut prononcer دُخِّنَ; voyez Lane sous la II° forme à la fin.

V *fumer, jeter de la fumée*, Abou'l-Walîd 552, 34.

دُخْنَة = دُخْن, *millet*, Voc.

دُخْنَة *fumée*, Hbrt 197 (دُخْنَة), *bouffée, masse de fumée*, Bc; *fumées, vapeurs qui s'élèvent au cerveau*, Bc.

دُخَان, *fumée*, forme au pl. دَخَاخِين, Voc., de Sacy Chrest. I, 68, 5. — *Suie, matière noire et épaisse que la fumée laisse en son passage*, Most. in voce, où on lit que c'est ce qu'on nomme en espagnol سلمين, c.-à-d. *hollin*, Bait. I, 415 e, de Sacy Chrest. I, 252, 7, cf. 250, 20. — De même que دُخْنَة, *parfum, encens, substance dont on se sert pour faire des fumigations*, Gl. Edrisî. — *Des beignets à l'huile*, Gl. Edrisî. De là le nom d'un marché à Fez, سوق الدخان, Cartâs 41, 11. Tornberg, qui a traduit (p. 57) « le marché à tabac, » semble avoir oublié qu'il ne peut être question de tabac dans un livre qui a été écrit longtemps avant la découverte de l'Amérique, et Léon, dans sa description de Fez, p. 299, parle du même marché en ces termes: „Post hæc locus est, quem illi a fumo, fumosum appellitant: hîc panem oleo frictum reperies illi persimilem, qui apud Romanos melleus dici solet. Huius maxima quotidie venditur copia" etc. — دخان للمضغ *chique, tabac à mâcher*, Bc. — Dans l'Asie Mineure, *demeure d'un chef*, Gl. Belâdz. 32 à la fin.

دُخَّانَة pl. دَخَاخِين *cheminée*, Alc. (chimenea).

دُخَّانِيّ *enfumé*, Nowaïrî Egypte, man. 2 m, 192 r° (= Maml. I, 2, 63, l. 2): شاش دخانى عتيق. — *Celui qui vend des beignets à l'huile*, Gl. Edrisî.

داخن *sombre*, Hbrt 256.

داخون *cheminée*, M.

مَدْخَن *cheminée*, Voc. — *Maisonnette fortement échauffée au moyen d'un four, où la chaleur et la fumée font éclore les œufs des vers à soie*, Bg 718, M.

مُدَخَّن *saur* (hareng), et سمك مدخن مُدَخَّن *seul hareng saur ou fumé*, Bc.

مَدْخَنَة pl. مداخن *cheminée*, Domb. 80, Bc, Hbrt 196, M, Ht, Delap. 85, Martin 105.

ددى III *mitonner, dorloter, cajoler*, Bc.

در IV *rendre abondant, donner en abondance*, Gl. Belâdz., Abbad. I, 243, 9, Calâïd 54, 3 a f.

X *demander qu'il* (un bienfait) *soit grand*, Amari Dipl. 14, 2 a f.

دُرَّة pl. دُرَر *natte fine dont on couvre la muraille d'une chambre*, Alc. (estera delgada de pared). —

حُمَّى الدَّرِّ *fièvre de lait, celle qui vient aux femmes dans les premiers jours de leurs couches*, M.

دُرَّة *la perruche à collier couleur de rose, Psittacus Alexandri L.*, Les oiseaux et les fleurs 173, déjà cité par Fr.; *perroquet*, Alc. (papagayo), Gl. de Habicht sur le Ier vol. de son édit. des 1001 N., M.

دُرِّيّ comme adj. formé de دُرّ, « perles, » Hist. des Benou-Ziyân 96 v°.

دُرِّيَّة nom d'une labiée, Prax R. d. O. A. VIII, 283.

درار voyez درار.

دَرُور = درير *rapide*, P. Kâmil 672, 8 et n. j.

درور العروق, t. de médec., *enflure des veines*, M.

درّار سكك *batteur de pavé*, Bc.

مُدَرَّر. اطلس مدرر, 1001 N. Bresl. I, 332, 1; Habicht traduit dans son Glossaire *orné de perles;* l'éd. Macn. (I, 132) a مزرّر.

دَرَاسَج (pers.) signifie *lierre ou liseron*, selon le Dict. pers. de Richardson; chez Bait. I, 419 d, on trouve que c'est, selon quelques-uns, *la chondrille*, et selon d'autres, *le petit liseron*.

درابيل *espèce d'eryngium*, Bait. I, 419 c; c'est la leçon de BEL, et l'ordre alphabétique semble montrer qu'elle est la véritable; AD دارابيل, H دارابيل.

درانج *doronic*, Bc.

درب I *étudier*, درب العلم, Abbad. I, 201, 14, et l'on trouve le n. d'act. دُروب en ce sens, ibid. 203, n. 39, comme si le verbe n'était pas دَرِبَ, mais دَرَبَ. — Le Voc. a دَرَبَ, c. ى, *savoir*. — C. على r. *être exercé à*, voyez Lane, de Slane Prol. I, p. LXXIV, col. 2: كتاب قد دربوا على أملاه الدعاوى, Haiyân-Bassâm III, 3 v°: دربوا على الركوب.

II *instruire, enseigner*, Khatîb 29 v°: فذَّنَ وأَسْمَعَ ودرَّب (où la bonne leçon واسع se trouve dans

درب

le man. B; G porte وَلَمْ أَرَ فِى متصدّرى :v° 87, (واستمع منذ بلدى أَحْسَنَ تدريبا) chez Macc., qui cite ce passage III, 202, تَدْرِيسـا. — Cette forme, c. a., se trouve dans le Voc. sous porta, où on lit dans une note: quando claudit vicum. C'est donc: *fermer les portes du quartier*. — *Barricader*, Freytag Chrest. 100, 8: امرُهم ان يجعلوا النساءَ فى المغاير ودربها, Ho-lal 35 v°: فاحتلّ بخارج قرطبة فغلقوا ابوابها ودربوا. مواضع من حاراتهم واستعدّوا لقتال L'expression درب على نَفْسـه signifie *se barricader dans sa maison*, Haiyân 56 r°: فألفاه فى عصابته متمنعا فى داره قد درب على نفسه ومنع جانبيه. Les barricades remplaçaient les murailles quand une ville n'en avait pas, Freytag Locm. 61, 5 a f., où il y a un mot que l'éditeur n'a pu lire: .... اهلها, ثم رحلوا الى منيع وقد Haiyân 67 v°: بالسور ودربوا المواضع التى لا سور لها وجاء الى بجانة وهى مدربة لم يضرب بعد عليها سورها. V c. على r. *s'exercer à*, Bc, quelque part chez Macc.: تَدَرَّبَ على الرُكوب. — C. ب p. et ر. *s'instruire sous la direction de* quelqu'un *dans* un art, une science, Meursinge 21, 2 a f.: تَدَرَّبَ بفلان فى النظم. — Le nom d'act., suivi de ب, *connaissance*, Khatîb 33 v°: له تدرّب فى أحكام النجوم. — الدُّروب. En Espagne on donnait le nom de *دروب* aux *Ports*, c.-à-d. aux *défilés des Pyrénées* par lesquels on se rend d'Espagne en France, Macc. I, 145, 4 et 5, 209, 17, 223, 9: الدروب التى تُسمّى البُرْت, 227, 15. Par extension, *les Pyrénées*. Aussi la chaîne de montagnes qui s'appelle *la Sierra de Guadarrama*, Akhbâr 38, 8; pour la distinguer des Pyrénées, on l'appelle الدرب الآخر, *la seconde chaîne de montagnes*, 62, 6, car درب s'emploie aussi dans le sens de *chaîne de montagnes*, p. e. Macc. I, 92, 13: comme il n'y a pas de درب entre les musulmans et les chrétiens, ils se font continuellement la guerre. — *Route, grande route*, M: والمولّدون يستعملون دروب ainsi الدرب مؤنثًا للطريق مطلقا ويجمعونها على dans les exemples cités Maml. II, 1, 147 (où l'explication de Quatremère, « chemin étroit, » ne convient pas), Aboulfeda Géogr. 119, 3 a f., Macc. II, 709, 9, Ztschr. XI, 494, XXII, 75, 3, 120. — En Espagne. Abou'l-Walîd 222, 25—27, dit ceci: القصير

حائط قصير يكون دون السور نحو الستارة ويقال لمكان avec O) للمكان (l. الذى يحتوى عليه عندنا درب). Voilà donc le mot dont les Espagnols ont fait *adarve*, terme qui signifie dans leur langue *l'espace qui règne dans le haut des murailles*, et sur lequel s'élèvent les *créneaux*, et par extension *muraille d'enceinte*. Changez par conséquent ce que j'ai dit Gl. Esp. 41—43. — A Constantine, une cour intérieure qui communique avec la rue par une allée ou ruelle fermée à ses deux bouts et sur laquelle ouvrent quatre, cinq ou six maisons d'une même famille: c'est ce qu'on appelle à Paris *cité* et à Londres *square*. Le palais bâti à Constantine, en 1833, par Ahmed-Bey et habité aujourd'hui par le commandant supérieur de la province, contient plusieurs corps de bâtiments, formant un quartier distinct et séparé du reste de la ville avec laquelle il ne communique que par une seule avenue, fermée autrefois à ses deux extrémités; aussi les indigènes l'ont-ils appelé *derb*, Cherb. — دروب *barricades*, Berb. II, 56, 1. — *Labyrinthe*, L (lauerintus). — Synonyme de آثار, *traces*, d'Escayrac 594. — Mesure d'eau courante, Gregor. 44; «le mot *darbo* dans cette signification a été conservé dans le système métrique de la Sicile jusqu'à nos jours,» Amari MS.

دُرْبَة, non-seulement *long usage*, mais aussi *expérience, connaissance des choses, acquise par un long usage*, Edrîsî ١٩٨, 9, Khatîb 64 v°: il l'envoya comme ambassadeur auprès du roi de Castille, ثِقَة بكفايته ودربته وجمة لسانه. — Dans le Voc. *industria* (= سياسة).

دُرَيْب التبّانة. دُرَيْب *voie lactée*, Bc.

دَرّاب. Les درّابين en Espagne étaient proprement ceux qui gardaient les portes, درب, des rues ou quartiers, que l'on fermait à la tombée de la nuit. Il y avait dans chaque rue un درّاب armé; muni d'un flambeau et accompagné d'un chien, il devait veiller à la sûreté des habitants; voyez Macc. I, 135, 10.

دَرّابَة d'une boutique. Quand la porte d'une boutique est partagée en deux, dans le sens de la largeur, chacune de ces deux parties s'appelle درابة M (ودَرّابَة); الدكّان احد مصراعى بابه اللذين ينطبق الاعلى منهما (على الاسفل), موٽلّد; le pl. est درابيسب, Catal. des

درج 430 دربز

man. or. de Leyde, I, 155, 11: فانبسط احدهما الى الدكان والقى كعكة ثانية بين الدراريب ❊

دَرْبٌ pl. دَارِب soldat qui sert dans les expéditions contre les Grecs, Gl. Maw.

تَدْرِيب politesse, élégance de manières, Macc. II, 516, 2.

تَدْرِيبَة, suivi de ما تنفذ, cul-de-sac, Bc.

مُدَرِّب instructeur, qui montre l'exercice, Bc.

مِدْرَبَة matelas, Bc (Barb.); chez Hœst 266 مداريه; c'est pour مَضْرَبَة.

دربز I, avec الباب, est اغلقه واسنده بما يمنع فتحه من الخارج; M; cf. دربس.

دَرْبُوز balustrade, garde-fou composé de balustres, galerie de bois, balcon, Alc. (varandas), Ht, Paulmier. C'est une altération de درابزين.

دَرْبُوزَة pl. دَرَابِز fers que l'on met aux pieds des prisonniers, Cherb.

درابزين (τραπέζιον) balustrade, garde-fou, rampe, balustrade à hauteur d'appui, Bc, Bg, Mc, Ztschr. XI, 501, XXIII, 275, n. 1, Abou'l-Walîd 544, 21, al-Fâkihî: وفى هذا الشق درجة يصعد منها الى دار درابزين (Wright); الأمارة درجات من رخام عليها درابزين خارج طاقة balcon, saillie d'une fenêtre avec balustrade, Bc.

مُدَرْبَز trapu, gros et court, M.

دربس I verrouiller, barrer, barricader une porte, une fenêtre, Bc; barricader, Ht; cf. دربز I.

دِرْبَاس pl. دَرَابِيس verrou, Bc, Hbrt 193; barre pour fermer une porte, Bc.

دَرْبِيس gloire, prééminence, souveraineté, Cherb.

دربك. دربكة خيل piétinement de chevaux, 1001 N. II, 156, 8. دربكة القران charivari, bruit confus de chaudrons, avec cris, lors du deuxième mariage d'une veuve âgée parmi le peuple, Bc. — دربكة الماء cascade, Bc.

درابكة (syr. أَرْبَصْا), ou دَرْبُكَّة, chez Mehren 28 pl. دَرَابِك, tambourin, Bc, Hbrt 98 (Alg.). La meil-

leure espèce est faite de bois, la plus ordinaire de terre cuite. L'extrémité la plus large est formée par une peau sonore, l'autre est ouverte. Voyez Lane M. E. II, 88, Lyon 63, Ten Years 28, Cherb., Daumas Kabylie 401, Ouaday 60, 367, 396, Pallme 40, Carteron 494, R. d. O. A. XIII, 155, Niebuhr R. I, 175, Descr. de l'Eg. XIII, 528. — دَرْبُوكَة litière, véhicule, Domb. 97 (شْ), Ht; cage en bois dans laquelle on transporte, le jour des noces, une jeune fiancée de la maison paternelle à la maison conjugale, Cherb.

دربل.

دَرْبَلَة tambourin, M, 1001 N. I, 244 (de même dans l'éd. de Bresl. II, 240).

الزَّبِيب الدَّرْبَلِي espèce de raisins secs, qui sont longs et extrêmement gros; ils tirent leur nom d'un endroit appelé Dirbal, M.

دَرْبَالَة vêtement usé, Domb. 83.

دَرْبَنَة grande bourse remplie d'argent, qu'on envoie scellée d'un endroit à un autre, M.

دَرْبَنْد (pers.) barre pour fermer la porte d'une boutique; le vulgaire dit دَرْوَنْد, M; le persan a aussi cette dernière forme.

دَرْبُون chien sauvage (de couleur noire), Burckhardt Syria 664.

دُرْبِين (دُور بِين pers.) longue-vue, lunette, Bc.

دَرْت (pers. دَرْد) mouvement, peine que l'on se donne, Bc.

درج I. درج من عُشّه, en parlant d'un jeune oiseau, sortir du nid; au fig., en parlant d'un jeune homme ou d'une jeune fille, quitter la maison où l'on a été élevé, Berb. I, 641, 1. On dit aussi درج من عُشّ فلان, Prol. I, 20, 15 et 16. — درجت فى الكتاب n. d'act. دَرْج, est expliqué par أسرعت فيه, et signifierait, selon Quatremère, Maml. II, 2, 222 à la fin, j'ai écrit rapidement le livre; mais je crois que c'est j'ai lu rapidement le livre, car chez Ht درج est lire couramment. — درج فى الغناء fredonner, faire des fredons en chantant, Bc; cf. Lane sous la IVe forme.

II graduer, diviser, augmenter par degrés, Bc. Indiquer les degrés d'une chose, Auw. I, 100, 3—

درج

بالتدريج ou على تدريج ou بتدريج, de même que على التدريج, *par degrés, graduellement, petit à petit*, Gl. Edrîsî, Bc. L'opposé est دون تدريج *tout à coup*, Gl. Bayân. — *Bâtir en guise d'escalier, bâtir en étages, disposer en gradins*, Gl. Edrîsî, Becrî 31, 12;

باب مُدَرَّج *une porte par laquelle on entre après avoir monté quelques marches*, Cartâs 38, 9, 46, 5; cf. 138, 6 a f.

V *se promener*, Calâïd 57, 17: فاقام فيها ايامًا يتدرج فى مسارحها. — تدرَّج *progrès*, Hbrt 116. — *Etre formé en escalier*, Prol. III, 405, 7. — *S'agglomérer* (de Slane), Prol. I, 82, 11; dans le Voc. sous atrahere.

VIII dans le Voc. sous plicare.

X c. a. *attirer*, Voc. (atrahere), en parlant de ceux qui attirent l'ennemi dans une embuscade, Macc. II, 749, 3.

دَرْج, vulg. دُرْج, M, expliqué par Lane, forme au pl. دُروج, et كاتب الدرج signifie *un écrivain qui transcrivait les actes auxquels le genre de papier nommé* درج *était consacré*, Maml. I, 1, 175, II, 2, 221. — *Cornet, papier roulé en cornet*, 1001 N. I, 243, 13: فاحضرت له درج فى جانبيه ند وعود وعنبر ومسك, mais au lieu du 3e et 4e mot, il faut lire avec l'éd. de Boul.: درجًا فيه; dans l'éd. de Bresl., II, 238: ثامرت له بدرج فيه الخ. — A Constantine, *cinq minutes*, Martin 196.

دَرَج, pl. أدراج et مَدارج, *degré*, Voc., Alc. (escalon de escalera, estado grado en que esta cada uno, grada et grado para subir), Bc; درج بدرج *par degrés, petit à petit*, Alc. (grada a grada); aussi *degré en astron.*, Mi'yâr 22, 4. — *Le dernier degré, basse condition*, Alc. (estado baxo); aussi درج اقل (*ibid.*). — *Escalier*, Gl. Edrîsî, de Jong, Gl. Fragm., Bc, Burton II, 167. — *Instant, moment*, Alc. (punto de tiempo). — *Amble*, sorte d'allure du cheval; *aubin*, allure qui tient de l'amble et du galop, Bc. — *Fredon*, roulement dans le chant, *roulade*, passage de plusieurs notes sur une syllabe, *roulement*, t. de musique, bruit uniforme et continu, Bc. — *Tiroir*, Bc, Hbrt 201, dans M دُرْج. — درج الزبينة *crédence*, petite table des burettes, Bc.

دَرْجَة *écrin*, Koseg. Chrest. 118, 3, où l'éditeur prononce le pl. دَرَجات.

431

درج

دَرَجَة. Le pl. دَرَج *gradins, bancs au-dessus les uns des autres*, Bc. — Selon Lane *quatre minutes*; c'est donc ainsi qu'il faudrait entendre ce mot dans les exemples cités Maml. II, 2, 216—7, où Quatremère traduit *un petit espace de temps, une minute*; cependant Bc donne aussi *instant, moment*. — *Harpe, pierre d'attente qui sort d'un mur*, Gl. Esp. 41. — Suivi de الى الماء, *lancer à l'eau*, Autob. 213 r°: واركبى للحراقة يباشر درجتها الى الماء بيده اغرابًا فى اهل الجفر والمساعدة. — *Certaine lettre chez* M. الفصل والمساعدة, وارباب علم التكسير.

دُرَيْج (chez Ht pl. de دَرَجَة) *escalier*, Domb. 90.

دُرَج *francolin*, Bc.

دَرَّاج dans le Voc. sous plicare. — Ce mot doit avoir signifié au Maghrib *cardeur* ou *foulon*, car Bait. I, 466 b dit sous ديبساقوس: هو شوك الدراجين, عند اهل المغرب ويعرف ايضا بمشط الراعى, et dans le Most. on lit sous le même mot: — هو شوك الدراجين وهو المستعمل عند الدراجين. Or on sait que *dipsacus* est *chardon de foulon, carduus fullonum*, et aussi *virga pastoris* (Dodonæus 1241 b). Le terme شوك الدراجين se trouve aussi Bait. II, 114 d (AB), 518 b: وهو شوك الدراجين عند عامّة اهل المغرب والاندلس, Auw. I, 24, 11, II, 103, 9 (lisez ainsi).

دارج *espèce de poème* = مُوَشَّحَة, Descr. de l'Eg. XIV, 209. — الكسر الدارج, t. d'arithm., *fraction qui n'est pas décimale*, M.

دُرَيْج = أدْريق طريق, *route*, Macc. I, 199, 4 a f. (cf. Fleischer dans les Add.).

أدراج dans un vers, est quand un mot est divisé entre deux hémistiches, p. e.: وِلم يبق سوى العدوا ن دنّام كما دانوا M.

تَدَرُّجَة. Freytag aurait dû prononcer ainsi et traduire *faisan*; il avait donné تَدْرُج en ce sens t. I, p. 187 a.

تَدْريجى *graduel*, Bc.

مَدْرَج. مدرج السيل *le lit d'un torrent*, Abbad. III, 168, 1. — *Degré*, Voc. — Le pl. مَدارج *escalier de pierre*, Alc. (escalera de ladrillo o piedra); — *levée de pierres contre les inondations*, Gl. Esp. 299. — *Chez les Syriens, morceau de leurs litanies en*

درد

دَرْد (pers.) *mouvement, peine que l'on se donne*, Bc; ما دَرْدك يا فلان = ما خطبك *que faites-vous?* M.

دُرْد *lie du vin*, Hbrt 17 (Alg.).

دَرْدِى *lie*, forme au pl. دَرَادِى, Voc., Alc. (hez).

— *Poison*, Bc.

دَرْدَة (esp.) *dorade (poisson)*, Alc. (dorada pescado).

دب

I *rouler, faire avancer en tournant*, Voc., Alc. (rodar, rodar otra cosa). — *Précipiter, jeter de haut en bas*, Alc. (derribar despeñando, despeñar o despepitar). — *Faire du bruit*, Cherb. C.

II *se précipiter*, Alc. (derribarse).

دَرْدَب, en Egypte, la plante épineuse qu'on nomme aussi مرار, man. 13 (3).

دَرْدَبَة *divertissement des nègres accompagné de danse et de musique*, Cherb. C, Maltzan 35.

دردر

I *parsemer*, Ht, M.

II *être parsemé*, M.

دَرْدَر dans les traductions de la Bible = בַּרְבַּר, *tribulus*, Thesaurus de Gesenius 356 a, Merx Archiv I, 177, n. 2.

دَرْدَر pl. دَرَادِر *circonférence inférieure en terre* (dans les demeures), Ouaday 268.

دَرْدِيبَة, dans le Diyâr-Beçr, la plante épineuse qu'on nomme aussi مرار, Bait. II, 501 c; leçon de BEHKS; A دردية, L دردينة.

دَرْدَار, écrit دردار dans L, dans le Voc. (nom d'un, pl. دَرَادِر) et dans le Gl. Manç (v° لسان العصافير) ne désigne pas seulement *l'orme* (Bc, Hbrt 56), mais aussi *le frêne*, Most. (v° لسان العصافير) qui dit que cet arbre est celui qu'on appelle en espagnol فراشنه, c.-à-d. *frezno*, L (fraxinus), Voc. (fraxinus), trad. de chartes sicil. apud Lello 19, 21, 23, Cherb., Carette Kab. I, 255, cf. Clément-Mullet I, 372, n., et Müller L. Z. 110, n., *le hêtre*, Alc. (haya دَرْدَال, voyez), Carette Kab. II, 90, *le pin*, Auw. I, 557, 19, et *une espèce de chardon*, Müller l. l., que paissent les chameaux, M.

دَرْدُور forme au pl. أنت, Edrîsî, Clim. II, Sect. 6

دَرْدُورَة (طَبَق صغير من القش), *petit panier de paille* M

درخش

vers, M. — مدرج الديباج ou d'autre chose, *rouleau, ballot*, M; voyez R. N. sous طاشير. — صَنْتَر, مَتْرَج *grand plateau de cuivre*, M.

مُدْرَج (*interpolé*) une tradition dans laquelle se trouve une observation ou glose insérée par un des premiers rapporteurs, soit Compagnon, soit Tâbi', et cela dans le but d'éclaircir une expression ou de fixer le sens d'un mot, de Slane Prol. II, 483. — مُدْرَجَة et مُدْرَجَة, pl. مَدَارِج, *l'incluse, la lettre enfermée dans une autre lettre*, Voc. مُدْرَجَة *epistola (celula (l. cedula) que ponitur in literis sicut anima)*, Autob. 228 r°: وفى طىّ النسخة مدرجة نصها الح 240 v°: فى طيّه مدرجة, Macc. III, 68, 2, Amari Dipl. 26, 2 a f.; Wright (dans Macc. I, 236, 2 a f.) a eu tort de prononcer مَدْرَجَة, qui a un autre sens; voyez ce mot; dans les man. on trouve aussi مُدْرَجَة (Autob. 240 v°, Mohammed ibn-Hârith 252) et مَدْرَج (Çalât 68 v°). — السبت المدرج *vers qui contient un mot divisé entre les deux hémistiches*, M.

مَدْرَج *escalier de pierre*, Burton II, 202. — *Sentier en escalier*, Bat. I, 298. — *La jachère dans laquelle on a cultivé des légumes l'année précédente*, Auw. II, 11, 4 a f.; j'ignore si Banqueri et Clément-Mullet ont eu raison de donner au mot ces voyelles. — *Clerc*, L (clericus), Edrîsî, Clim. III, Sect. 5 (Jérusalem): وفى اخر البستان مجلس الغدا للقسيسين والمدرجين. — *Cheveux sur le front des femmes*, Bc, الطُرَّة من الشعر تُرسَل مقصوصة على جبهة الغلام: M — *Polygone*, M.

مَدْرَجَة pl. مَدَارِج *la lettre qui enferme une autre lettre*; le M, en citant Harîrî 214 avec le commentaire, prononce ainsi.

مُدْرَجَة voyez مُدْرَج.

مُدَارَجَة, مُدَارَجَة *gradation, augmentation successive*; مُدَارَجَة *progressivement*, Bc.

درخ

II *provigner* une vigne, M.

VII, en parlant d'un malade, *être couché sur le côté comme s'il est en défaillance*; quelques-uns disent اندرخ, M.

دَرْخَش pl. دَرَاخِيش *fente, ouverture à une porte, à un mur pour regarder, trou*, Bc.

دَرْدَرَاى sorte d'oiseau, Yâcout I, 885, 5.

دَرْدُوس turdus, Cherb. C.

دَرْس I tâtonner, Ht.

دَرْدَش I bavarder, Hbrt 239. — Balbutier, Bc. — Extravaguer, Bc.

دَرْدَشَة bavardage, Hbrt 239.

دَرْدَاش bavard, Hbrt 239.

دردق.

دَرْدِيف tapage, tintamarre, Cherb.

دردل.

دَرْدَال disait le peuple en Espagne pour دَرْدَار (=), Voc. (fraxinus) avec le pl. دَرَادِل, Alc. (haya), Ibn-Loyon 21 v°: والـدردار تــسـمّــيـه العامّة الدردال.

دردم I, comme طرطم et دمدم, gronder, murmurer entrer ses dents, Payne Smith 1515.

مُدَرْدَم sphérique, Ouaday 336.

درز VII, c. ب, être mis en possession de, de Sacy Chrest. II, 230, 4.

دَرْز pl. دُرُوز suture, jointure des os du crâne dont les inegalités s'engrènent, Bc, Gl. Manç. in voce: هو اسم منقول لفاصل عظام الراس متعارف; beaucoup de particularités dans M.

درس I, n. d'act. aussi مَدْرَسَة, L (conculcatio), fouler aux pieds, Voc. (conculcare), Auw. I, 65, 17, 18 (lisez درس, au lieu de دوس), 80, 4 (بالأَرْجُـلِ), R. N. 64 r°: السلطان وجّه الى بامرڠى ان آمر بدرس هذا فقفزوا عليه حتى مات, et ensuite: الشيخ حتى يموت — Piler, broyer, écraser, Voc., Alc. (majar con maça o maço, majar con majadero, moler, quebrar desmenuzando). — Dévaster, ravager un pays, Akhbâr 110, 2 a f.

II fouler, marcher dessus, Voc., Alc. (cocear hollar, hollar, holladura) تَدْرِيس, pisar con pies, rehollar). — Broncher, se heurter, Alc. (trompillar) contre, على, Edrîsî, Clim. III, Sect. 5: le fond de ces navires est plat et peu profond, afin qu'ils puissent supporter beaucoup de charge ولا تُدرَس على كبير ترش ☆

V dans le Voc. sous conculcare. — تَدَرُّس et تَدْرِسَة heurt, bronchade, Alc. (trompilladura).

VII être usé, Voc. — Etre foulé, Voc. — Etre pilé, broyé, Voc. — Etre étudié, Voc.

دَرْس le broiement des couleurs, Alc. (moledura de colores). — Leçon, cours, Bc, Macc. I, p. xcix, 14, c, 8, 39, 5 et 14, 137, 2, Meursinge 5, l. 13, Ztschr. Kunde VII, 51, 7.

دَرْسَة l'action de fouler aux pieds, Alc. (holladura). — Broiement, Alc. (machucadura, majadura).

دَرِيس vieux, effacé, ruiné, forme au pl. دُرْس, P. Abd-al-wâhid 214, 13, P. Berb. I, 392, 12. — Foin, Hbrt 179. — Phelipea lutea, Prax R. d. O. A. VIII, 182. — دريس التنعشرى ou دريس, un jeu avec deux fois douze petites pierres ou coquilles de deux couleurs différentes sur un damier. L'art du jeu est d'empêcher son contre-joueur de placer trois de ses pièces les unes immédiatement après les autres, aux coins opposés des carreaux, Bg 513; cf. M, Carteron 416, 456, 479; chez Niebuhr R. I, 166 دريس التسعة et الثلاثة; selon le M (sous le ق) c'est le nom moderne du jeu qui s'appelle proprement قِرْق.

دَرَّاس batteur en grange, qui bat le blé, Alc. (batido(r) de mies), Bc (suivi de القمح). — Broyeur, Alc. (majador); broyeur de couleurs, Alc. (moledor de colores). — Dans le Voc. sous studere.

دَرْوَاس dogue, Bc.

دَرِيس est un mot berbère; on trouve aussi أدريس, Bait. I, 19 c, ou أدرييس, comme porte le man. B, et أدريـاس, Bait. I, 225 b; les voyageurs écrivent drias, driâs, dries. Nommé comme un purgatif, mais qui serait un poison pour les habitants des villes, Prol. I, 164, 8; petite plante qui est un poison, Carette Géogr. 160; plante funeste aux chameaux et qui a l'apparence d'un jeune pied de carotte, R. d. O. A. VII, 286. Thapsia, Most. sous ce dernier mot: وقال ابن جلجل التافسيا ينبت فى بلاد البربر, Bait. I, 19 c, 225 b (où le man. B ajoute qu'on trouve cette plante près de Fez et qu'elle ressemble au كلخ), Pagni MS. Selon le Dr. Guyon, apud Berbrugger 206, cf. 311, c'est le silphion des Grecs, le serpitium des Romains; chez Barth W. 468—9, c'est aussi silphion. Voyez encore Prax R. d. O. A. VIII, 281, Hamilton 27.

دَرِيس voyez أدرِيس, أدرِييس, أدرِياس.

مُدَرِّس *herse*, Ht.

مَدْرَسَة *chaire, charge de professeur*, Bc. — En Perse c'était ce qu'on appelle au Maghrib une زَاوِيَة (voyez), c.-à-d. une université religieuse et une auberge gratuite qui a beaucoup d'analogie avec le monastère du moyen âge, Bat. II, 29, 30, 32. — En Espagne ce mot ne signifiait pas *collège*, car il n'y en avait pas, l'enseignement étant donné dans les mosquées (Ibn-Sa'îd *apud* Macc. I, 136, 6), mais *bibliothèque*, Alc. (libreria de originales). C'est donc peut-être ainsi qu'il faut traduire chez Khatîb 131 v°, où on lit que Ridhwân, le hâdjib († 760), fonda la première *madrasa* à Grenade, et chez Macc. III, 656, où l'on trouve que le sultan donna, à titre de *wacf*, un exemplaire de l'Ihâta, par Ibn-al-Khatîb, à une des *madrasas* de la même ville; mais il se peut aussi que, dans ces deux passages, ce terme signifie réellement *collège*, car on peut en avoir fondé après l'époque où écrivait Ibn-Sa'îd. — *Aire, place pour battre le grain*, Auw. I, 32, 5: وَفِيهِ مَعْرِفَة وَقْتِ الْحَصَاد وَاخْتِيَارِ مَوَاضِعِ الْبَيَادِرِ وَالْمَدَارِسِ وَالزَرْعِ (dans notre man.: الْاَنْبَار لمدارس lisez الْمَدَارِس الزَرْع).

مَدْرَسِيّ *académique*, Bc.

درسوانق = كركم, *curcuma*, Most. sous ce dernier mot.

درسيم *foin*, Hbrt 179.

درش

الدِّرْشَة (comme porte le man.) est d'après le scoliaste de Moslim p. 89, vs. 23, un terme qui signifie chez les marins de la Méditerranée *bouliner, louvoyer*. M. Simonet en a trouvé l'origine: c'est l'esp. *á orza*; on dit *andar (navegar) á orza* et *orzar*, comme en français *aller à orse, orser*, pour: aller à la bouline, louvoyer, et aujourd'hui encore les marins d'Afrique ont ce mot, puisque Mc donne pour *bouline* ورسا et اورسد.

دارش (pers.) *fil d'archal*, Hœst 270.

درع II *admonéter, exhorter*, Alc. (apercebir amonestar). VIII, au fig., *se protéger*, de Slane Prol. I, p. LXXIV b.

دَرَعِيّ excellente espèce de *laiton* qui tire son nom de la province de Dara, dans l'empire de Maroc, Marmol III, 5 b.

الدَرْعِيَّات, titre que porte une partie du Dîwân d'Abou-'l-Alâ, parce que les poèmes dont elle se compose contiennent principalement la description de la cotte de mailles; voyez Rieu, De Abul-Alæ vita et carminibus, p. 62 et suiv.

دِرَاعَة, au Maghrib, *le grand voile ou manteau qu'on appelle aussi izâr*, Vêtem. 177.

دَرِع *celui qui porte une cotte de mailles*, Haiyân-Bassâm III, 49 r°: فَدَخَلَ الْكَفَرَةَ الْمَدِينَةَ الْبُرَائِيَّة فى درع (dans le man. B درع), Khatîb 160 r°, en parlant des archers anglais: كلهم درع.

دُرَّاعَة. Aux détails que j'ai donnés Vêtem. 177—181 et à ceux qu'on trouve chez Lane, on peut ajouter ceci: c'était un vêtement arabe, comme le قباء était un vêtement persan; voyez une anecdote chez Mehren, Die Rhetorik der Araber, p. 122; l'explication du passage d'Ibn-Khallicân, que j'ai donnée p. 178, est donc la véritable. — Le sens d'*epomis, seu amiculum quod humeris inicitur*, donné par Golius, est bon, car on lit dans le Voyage au Darfour, tr. par Perron, p. 206: «Les jeunes filles se cachent la poitrine avec une petite serviette appelée *dourrâah*, et qui, pour les filles des riches, est en soie, ou en ilâdjéh, ou en calicot; parmi les pauvres, elle est en *tékaky* ou toile de coton;» p. 258: «le *dourrâah* est une pièce d'étoffe blanche que les négresses se mettent sur la poitrine en la passant sous les aisselles, en la serrant presque comme une ceinture et la ramenant sur l'épaule gauche. Cette pièce d'étoffe leur couvre aussi le corps, au moins jusqu'aux genoux.» Cf. Cazwînî II, 337, 4 a f.

تَدَارِيع (pl.) *cottes de mailles qu'on mettait aux chevaux*, Abou-Hammou 150: التَفَاخُر بِالْخَيْلِ وَالعُدَّة والتداريع وآلة الحرب.

مِدْرَع. مِدْرَع عَشِيرَته *le plus noble de sa tribu*, Kitâb al-alfâdh, man. 1070, 16 v°.

مُدَرَّع, en parlant d'un cheval, *couvert d'une cotte de mailles*, Bat. III, 231; mais chez Alc. فرس مدرع est «cavallo de la brida,» et chez Victor on trouve: cavallo de brida o saltador, *un cheval qui manie bien, qui saute bien haut, qui va par haut*. — مدرع القحف

qui porte un morion, armé d'un casque, Alc. (encapacetado).

مِذْرَعَة, chez les juifs, vêtement de lin que le grand pontife portait dans le tabernacle, M.

درغ VII voyez درخ VII.

دَرْغَل I c. a. dans le Voc. sous *pigrescere, tardare.*

II *être lent, paresseux*, Voc.

دَرْغَل (aussi تُرْغَل) *biset, espèce de pigeon, tourterelle*, Bc.

دَرْغَلَة *paresse*, Voc.

مُدَرْغَل *paresseux*, Voc.

درف II c. a. p. *renvoyer, congédier, chasser*, M (اصرفه).

دَرْف *patronage*, Ht.

دَرْفَة *aiguillon, pointe, alêne*, Ht. — Altération de دَفّة, dans le sens de *battant* d'une porte, dans celui de *contrevent, volet,* etc., Gl. Esp. 48—9, M. Comparez sous دَرْقَة.

دَرْفَش. L'explication de Golius est confirmée par celle que donne Bat. I, 95.

دَرْفِيل *marsouin*, Bc, *dauphin;* voyez sous دُخَسّ; 1001 N. I, 651, 5, IV, 674, 3.

درق I *cacher*, Martin 136.

II *couvrir d'un bouclier, prendre un bouclier, le passer au bras*, Voc. (avec le ب), Alc. (adaragar, enbraçar como paves, escudar; le partic. pass. adaragado, broquelado, escudado; le n. d'act. enbraçadura como de paves). — *Protéger*, Bc (Barb.), Ht, *abriter*, Bc (Barb.), *mettre à l'abri, défendre*, Ht; مدرق *à l'abri*, Ht, *en embuscade*, Bc (Barb.); *se protéger*, l'anonyme de Copenhague 37 (attaque d'une place): وكمن لهم (للموحّدين) رجالة الاشقياء مع معارج الرّدوم ودرقوا بمقابي السّور. — C. على p. *tourner le dos à,* Daumas V. A. 167.

V *s'abriter, se réfugier*, Hbrt 42 (aussi تندرّك);

تدرّقت الشّمس « le soleil s'est mis à l'abri, se cache, » Delap. 40; لازم لنا نشوفوا فاين نتدرّقوا خير من نتشمّخوا, « il faut chercher un abri plutôt que d'être mouillés, » ibid.

دَرْقَة *cuirasse*, Ht. — *Raie;* ce poisson a été nommé ainsi parce qu'il ressemble jusqu'à un certain point à un bouclier, Pagni 70. — *Raquette du figuier de Barbarie*, Cherb. — *Battant*, chacun des deux côtés d'une porte, 1001 N. I, 57, 12 et 15 (= Bresl. I, 150, 12), Bresl. IV, 25, 3. Dans ce dernier passage, l'éd. de Macn. (III, 28) et celle de Boul. portent ضرفة, ce qui est pour دَرْفَة, altération de دَقّة, et l'on serait tenté de lire partout دَرْفَة, que Bc et le M donnent en ce sens, si le témoignage formel d'un Egyptien ne s'y opposait. Ce témoignage se trouve chez de Sacy, Abdallatif 385, où on lit: « Le sens propre du mot خوخة est, suivant M. Michel Sabbagh, le *guichet* pratiqué dans un des deux battants درقتان d'une porte cochère; » cf. aussi ce que Lane donne en dernier lieu.

دَرْقِيّ *ayant la forme d'un bouclier*, Djob. 177, 6.

دَرّاق *celui qui fait des boucliers*, Alc. (escudero que hace escudos). — Pl. دَرَارِيف *mantelet pour se mettre à couvert dans l'attaque des places*, Alc. (manta para combatir). — Voyez ce qui suit ici.

دَرّاق (abréviation de دَرّاقِن), en Syrie, *pêche*, Bc, Hbrt 52; le M prononce دَرّاق; il ajoute qu'on dit aussi دُرّيف et que la meilleure espèce est الدّرّاقي الزّهري.

دُرّيف voyez ce qui précède.

دُورَق doit avoir un sens qui m'est inconnu 1001 N. Bresl. VII, 278, 6: فدخل الدّلال فى دورق على شير.

تَدْرِيف *pavesade*, toile ou étoffe qu'on tendait en dehors autour des bords d'une galère, le jour d'un combat, pour dérober aux ennemis la vue de ce qui se faisait, de ce qui se passait sur le pont, Alc. (pavesada de armados).

دَرْقَاوِى pl. دَرْقَاوَة, en Afrique, *puritain de l'islamisme* en révolte perpétuelle contre l'autorité du sultan et contre la hiérarchie sociale. C'est une société secrète, politique et religieuse, Cherb., Daumas Kabylie 68, R. d. O. A. XV, 274 et suiv. Le nom vient, dit-on, d'un chaikh de Masrata, qui mourut il y a une centaine d'années, Hamilton 258; beaucoup d'autres étymologies se trouvent chez Daumas V. A. 472 et chez Godard I, 98.

درقع

دَرْقاوَة *révolte*, Daumas V. A. 249.

درقع

دَرْقاعَة (Lane soupçonne que c'est une altération du pers. دَرْكاه) cette partie d'une chambre dont le sol est plus bas, de six ou sept pouces, que le reste. Dans une belle maison, elle est pavée de marbre et en mosaïque, avec une fontaine au milieu, Lane M. E. I, 14, le même dans sa trad. des 1001 N. I, 212, n. 12, Fesquet 108, 1001 N. II, 104, 8.

درقل

دَرْقَلِي dit le vulgaire pour دَرْقَل, et il applique ce mot à une étoffe de soie à figures de couleur entrelacées, M.

درك

II c. a. et بِ *ajouter*, Voc., Alc. (añadir mas, hinchir lo que falta). — C. d. a. *charger* quelqu'un de la garde de, p. e. دَرَّكَهُ الْبِلَادَ, Maml. I, 1, 170. — C. a. p. et بِ r. *rendre* quelqu'un *responsable des conséquences* d'une affaire جعله تحت درك اى (تبعته), M.

III *subvenir*, *pourvoir*, *suffire à*; الْأَمْرَ *pourvoir*, *donner ordre à quelque chose*; *obvier*, *prendre les précautions nécessaires pour empêcher un accident*, Bc, دارك الأمرَ بادر الى البه قبل فواته M.

IV *concevoir*, *entendre*; يُدْرَك *compréhensible*, Bc. — *Apprendre* une langue, Bidp. 271, 7. — Par ellipse, *acquérir des connaissances*, *devenir savant*, فقد كان نسيج وحده ادراكا وتفنّنا, Khatîb 24 v°: له تصانيف مفيدة تدلّ على ادراكه واشرافه 27 v°: يُدْرَك عليه شىء 28 r°, 38 r°. — *on lui reproche une chose*, Cout. 5 v°: ولم يكن لسليمن فى خلافته ولى يُدْرَك عليه غير ما فعله بموسى — Marcotter, L (*propagu* (= *propago*) أدْرَك وأكْيَس).

V dans le Voc. sous *addere*. — Amari 342, 4: وكتبوا خطوطهم على النسخة التى بالعربى وتدركوها حتى يتوجّهوا الى مخدومه; l'éditeur (Vespro 591, l. 4) traduit *prendre*. — C. من *obvier*, *parer à*, *se prémunir*, *se précautionner*; تدرّك الأمرَ *parer à*, *pourvoir*, *donner ordre à quelque chose*, Bc; aussi أدْرَك, Bc.

VI, chez Bc تدارك et ادّارك, comme dans la langue classique. — *Avoir le temps de faire une chose*, p. e. فلم يتدارك ان يتحرّك ويركب حتى وافته الخيل, Gl. Fragm. — *Obvier*, *prendre les précautions nécessaires pour empêcher un accident*, *conjurer*, *détourner par prudence*, c. a. r. *parer à*, *se précautionner contre*, Bc, Chec. 207 v°: une personne a la diarrhée, فان لم يتدارك الأمر والّا كان للخارج منه فى ثيابه. On dit aussi تدارك بالعلاج *traiter* un malade, ou une maladie, *médicamenter*, Auw. I, 326, 2 a f., Baït. I, 177 a: فان لم فيتداركوا بالقى بماء العسل, *ibid.*: يتدارك بالعلاج هلك فى يومين 243 a, 264. De même en parlant d'une plante: elle se dessèche الّا ان يُتدارَك بالسقى بالماء, Auw. I, 86, 15. — Suivi de ل *faire ses préparatifs*, Bc. — C. بِ r. *faire promptement* une chose, Mohammed ibn-Hârith 308: Solaimân est à l'agonie, فتدارك بالكتاب الى الامير «écrivez donc promptement à l'émir!» — C. a. p. et بِ r. *envoyer promptement* une chose à quelqu'un, Haiyân-Bassâm I, 121 r°: فتدارك بكتاب يثنيه فيه عن حربه.

VII dans le Voc. sous *atingere*.

X. Dans le sens de *réparer* une omission, une faute, Bc n'a pas seulement la constr. c. a., mais aussi c. على. — استدرك على ما فاته, استدرك الضرر *remédier à un inconvénient*, Bc. — استدرك الأمر *prévenir un événement*, Bc. — استدرك النوم *rattraper le sommeil*, Djob. 261, 12. — استدرك رأيه *changer d'avis*, Mohammed ibn-Hârith 263: عزل سعيد ابن سليمن ساعة من نهار ثم استدرك الامير عبد الرحمن رحه رايه وامر بإثباته, c. على p., *au sujet de* quelqu'un, Berb. I, 247, 6 et 7. — *Recommencer ses dénonciations* (de Slane), Berb. I, 301, 8.

دَرَك *utilité*, *profit*, *intérêt*, Relation des voyages, éd. Reinaud, II, 100, 11: «Maintenant, nous croyons devoir te renvoyer sa tête, اذ لا درك لنا فى حبسه vu que nous n'avons aucun intérêt à la garder.» Aussi dans l'exemple chez Lane: بكّر ففيه درك (l'explication donnée par ce lexicographe est loin d'être claire). — ضمان الدرك *la garantie* (cf. Lane), Relation des Voyages, éd. Reinaud, II, 36, 4: «Quand un navire arrive du dehors, les agents du gouvernement chinois se font livrer les marchandises, les serrent dans certaines maisons, وضمنوا الدرك الى ستة اشهر, et les garantissent pour un espace de six mois.» Ni Reinaud (I, 34), ni Quatremère (J. d. S. 1846, p. 524) n'a compris ce passage. Chez les Malékites الدرك seul signifie *la garantie*; on en compte deux espèces principales: درك العيب, *la garantie des vices de la chose*, et درك الاستحقاق ou درك الاسلام, *la garantie de la revendication*, J. A. 1840, I, 382; على سنّة المسلمين في بياعاتهم ومرجع دركهم, *ibid.* 380, 3 a f., cf. 1843, II, 224, 6; Formul. d. contr. 1: وابرأ منه المبتاع وتأصّل للمبتاع درك, *ibid.*: تأصّل فيه درك الاستحقاق اشتراه منه بثمن كذا بيعا صحيحا — ورفع 2: الاستحقاق البه, *le le درك الاستحقاق في ماله لخالص*, *ibid.*: la somme a été payée en notre présence تأصّل وابرأ منه ذمّته فيه الدرك (sic). Haiyân-Bassâm III, 4 v°: يحسبان انهما نالا ذلك بالاستحقاق وأنّ لهما على الأيام درك. Le mot درك, pris isolément, a aussi le sens de *responsabilité* (chez Lane ضمان الدرك), 1001 N. Bresl. XI, 329, 6. Chez les Hanifites الـدرك est: *quand l'acheteur reçoit du vendeur un gage du prix qu'il a payé, de peur de revendication de la chose vendue*, J. A. 1840, I, 382—3. — Pl. أدراك *le soin que l'on prend d'une personne ou d'une chose, la surveillance que l'on exerce*, Maml. I, 1, 169, Selecta ۵۱ه, 5, Macc. I, 654, 15 (cf. Add.), 1001 N. III, 416, 443; cf. Prol. I, 176, 12: لتخلّص من درك القوّة, où de Slane traduit: «afin d'échapper à la force qui la retient (dans le monde sensible).» *Police, ordre établi pour la sûreté, la tranquillité d'une ville*, Bc; مقدّم الدرك, 1001 N. II, 101, 9, où Lane traduit *chief of the watch*; les أرباب الأدراك sont nommés parmi les employés du gouvernement à Alexandrie, Amari Dipl. 214. Les أصحاب الدرك (*watchmen, overseers*) forment une classe de *welîs*; voyez Lane M. E. II, 352. دركة الشركة دركة «prendre un associé c'est se donner des soucis,» Bc.

دريكة *faisceau de lanières de cuir de buffle avec lequel on bat la grosse caisse*, Descr. de l'Eg. XIII, 527.

أدرك *moral*, Roland.

أدراك *connaissance, l'exercice de cette faculté par laquelle l'âme connaît et distingue les objets*, 1001 N. I, 395, 10. — *Débet, reliquat, déficit d'un compte*, Alc. (alcance en la cuenta, alcançamiento).

تدارك *attirail*, Ht.

عند الفقهاء هو الذى ادرك الامام بعد est مُدْرِك تكبيرة الافتتاح, M.

اسْتِدْراكات *des suppléments d'auteurs, de livres*, Khatîb 35 v°.

أمر مُسْتَدْرَك *une chose qui ne vous échappe pas* (لا يفوت), M.

المُسْتَدْرَكَة *secte des Naddjârîya*; voyez Chahrastânî 62 et suiv., M.

دَرْكاه. En persan دَرْكاه signifie *cour devant un palais, vestibule, portique, porte*, etc. On lit Maml. I, 2, 44: «Pour arriver dans ce palais, on entre d'abord dans un édifice دركاه placé sur un pont établi au-dessus de la rivière.» Le pl. est دركاوات, 1001 N. Bresl. III, 277, 8: فاتاه للخادم وهو في دركاوات القصر. Dans les deux passages de la Chrest. de Silv. de Sacy, cités par Freytag (I, ۳۸, 8 et ۴۰, 2 a f. de la 2e éd.), الدركاه السُلْطانية, ou الدركاه seul (aussi Fakhrî 167, 12), désigne *le sultan des Mogols*.

دركاوى *volante*, en parlant d'une fusée, J. A. 1849, II, 319, n., l. 9, 324, n., l. 2; chez Bc *fusée volante*.

دركب I *rouler*, v. a., M; cf. دركل.

دركل I *rouler*, v. a., mais on dit plus ordinairement دركب, M.

II *rouler*, t. de marine, être agité par les vagues, Bc.

درمس.

تَرْمُس = دَرْمُس *lupins*, Payne Smith 1016.

Dermissa. «Les irrigations de nuit se mesurent par le *dermissa*, qui a généralement une durée quintuple de celle du faneur,» Ghadamès 110.

دَرْمَك *du froment ou de la farine de première qualité*, Gl. Esp. 41; dans le Voc. *farine*.

درمونة (δρομάδιον) *espèce de navire*, Fleischer Gl. 71.

درمين pl. درامين *autre forme du mot qui précède*, Aboû'l-Walîd 606, n. 35.

درن.

دَرَن, n. d'un. ة, pl. أدران, t. de médec., *tumeurs*

درنج

dures sur le corps, qui proviennent ordinairement de l'atrabile, comme dans la lèpre, M, cf. sous ضرور.

درنىّ R. N. 15 r°: il mourut parce qu'il avait mangé حيتانا درنيًّا وشرب لبنا — وكان قبل ذلك يخوّف الناس من اكل الحيتان مع اللبن.

درين, en Afrique, *Aristida pungens*, Tristram 301, Desor 23, Cherb. C; *sparta alata*, Ghadamès 288, mais *aristida pungens* 330; *stipa barbata* Desf., Prax R. d. O. A. VIII, 281, Daumas V. A. 382, n. 1; *arthratherum pungens*, Colomb 23. — Renard, Ht.

دارانى voyez plus haut.

درنج *doronic*, Bc.

درنوق, درنيك, درنياك, dans le Voc. C'est une espèce de tapis jaune et vert, à poil court, Djawâlîkî 68. — Comme nom d'un vêtement, c'est dans le Voc. «*diploys*, espatles,» et diplois, διπλοΐς, est chez Ducange *læna duplicata*, surtout *doublé*; espatla (espatlla) est la forme catalane de l'esp. *espalda*, et signifie, comme ce dernier: 1° épaule, 2° la partie de l'habillement qui répond à l'épaule. Chez Alc. (vestidura remendada) c'est *un vêtement rapiécé*, et en ce sens on le trouve chez Ibn-al-Khatîb 115 v°, qui dit en parlant des Soufis: وقد خلعوا خشن ثيابهم ومرقّعات قباطيهم ودرانيكهم. Remarquez que dans le Voc. *diploys* est aussi قبطيّة.

درنوخ se trouve dans M à l'article خراقة (emplâtre vésicatoire) et semble signifier *taffetas*, car il dit que لزقة تُعمَل من الدرنوخ وتلصَّق على الجلد est خراقة; sous الذباب الهندى (voyez) il écrit ce mot avec un *hâ*.

درّ II, dans l'Inde, un créancier درّ *attaqua* son débiteur, Bat. III, 411, 412, ce qui semble dérivé de la locution تَروَّقى السلطان «ô ennemi du sultan!» voyez *ibid*. 412.

VII c. على *blâmer*, Voc. (vituperare).

درهم

درهم الدرهم الاسود, au Caire, valait trois درهم ناصرى Macc. I, 694, 9; nommé Khallic. VIII, 21, 1, Ztschr. XX, 498. — A Maroc on avait le درهم كبير qui valait huit maravedis, et le درهم صغير qui en valait quatre, Torres 83. — *Drehem*, étoffe soie et coton,

درى

Ghadamès 40. Je soupçonne que c'est دراهم et que ce mot désigne une étoffe à figures rondes, qui ressemblent aux dirhems; voyez مدرهم et chez Lane la Ire forme.

مُدَرْهَم. مدرهم درامٍ de *l'argent monnayé*, par opposition à un payement en nature, Gl. Belâdz. — *Orné de figures rondes qui ressemblent aux dirhems*, P. Macc. II, 559, 12. — *Ayant la forme d'un dirhem, c.-à-d. rond* (cf. Lane sous la Ire forme), Bait. I, 71 f: حشيشة ذات ورق مدرهم; cf. Auw. I, 473, 5: وهى مثل الدرهم المستدير. — *Brillant comme des dirhems*, P. Macc. III, 27, 4 a f.: والزهر بين مدرهم ومتدرّم.

درو. دروة *écran*, Bc.

دروز. دَرْوازة (pers. درواز) *mendier*, Macc. I, 135, 3 a f.; dans le Voc. *mendier* est طَرْوَزة, cf. sous le ط. — *Cachotterie, manière mystérieuse d'agir, de parler*, Bc.

مُتَدَرْوِز *derviche*, Ztschr. XX, 493.

درويش II *se faire derviche, revêtir l'habit de derviche*, M.

دَرُونج (La) ou دَرُونج (N), *doronic*, Most.: on en trouve deux espèces: le Khorâsânî, qui est le meilleur, et le Châmî, qui porte aussi le nom de جدوار et celui de حماس; mais Zahrâwî avoue qu'il ignore si ce dernier mot doit s'écrire avec le *hâ*, le *khâ* ou le *djim*, et il ajoute que c'est la fleur du grenadier qui croît dans les jardins; le véritable درونج, toutefois, est le جدوار. Cf. Bait. I, 417 b. Dans le Gl. Manç. on lit que ce sont des racines qu'on importe de l'Inde. Cf. Dodonæus 782 b.

درونند (pers.) pl. ات *barre d'une porte*, Payne Smith 1408, Bar Ali éd. Hoffmann n° 4117; cf. درينك. *Abat-vent, auvent*, Bc.

درى. Cherchez sous درى les mots qu'on ne trouve pas sous cette racine.

II, comme la IVe, *faire savoir*, Voc. — *Filer*, parlant d'un navire, Roland.

III. Lane a noté et expliqué l'expression عن

الامـر. On trouve dans le Cartâs, 155, 14: le roi chrétien, lorsqu'il eut appris que le sultan s'était emparé de Séville, أدْرَكَهُ لِخَوْفٍ فبادر الى المدارات عن نـفـسـه وبلاده, c.-à-d. « il tâcha de capter les bonnes grâces du sultan, afin d'écarter le péril qui le menaçait ainsi que ses états. » — دارى خاطر ه *capter les bonnes grâces de quelqu'un*, Bc. — دارى الناس *louvoyer, ménager, ne pas heurter les esprits*, Bc. — *Chercher à se raccommoder avec quelqu'un*, Bc. — *Gouverner, soigner, avoir soin de* (p. e. الـولـد, d'un enfant), Bc, Gl. Fragm., p. e. انّى أدارى أمرى وسابلغ ما فيه الصلاح « je saurai bien avoir soin de mes affaires et arriver à mes fins. » On emploie دارى seul dans le même sens, *ibid*. — *Celer, cacher*, c. عن, Bc, c. على, Ztschr. XI, 679, 7. Dans les 1001 N. I, 134: داريت بطرف ازارى من الناس, il faut sous-entendre وَجْهِي. *Abriter*; دارى بالباطل *pallier; plâtrer, cacher le mal sous de fausses apparences, sauver les apparences, ne faire semblant de rien, cacher son dessein*, Bc; *dissimulo*, L. — *Flanquer*, t. de fortification, Bc.

IV. وما أدْرَاكَ, façon de parler elliptique, empruntée au Coran: *qu'est-ce qui vous a appris? qu'en savez-vous? c.-à-d.*: vous n'en savez rien, car la chose est si grave, si terrible, ou si admirable, qu'on ne peut s'en former une idée, p. e. Macc. I, 130, 2 a f.: حتى انهم دخلوا مدينة حلب وما ادراك وفعلوا فيها ما فعلوا (cf. Add.), Müller 10, 2 a f.: جنّة السيّد وما ادراك بها, 36, 6. En parlant d'un homme admirable, Macc. I, 744, 11, 866, 10. On trouve aussi ما يُدريكم dans le sens de: *qu'en savez-vous?* Prol. II, 181, 3 a f. et suiv.

V dans le Voc. sous *docere*.

VI c. a. p. dans le sens de la IIIe, Gl. Fragm., si la leçon est bonne.

درا *abri*, Bc. — دَرى *hangar*, Bc. Peut-être pour ذَرى.

درايا *taffetas*, Bc. *Doráyeh*, étoffe de soie dont les fellâh se font des turbans, Descr. de l'Eg. XVIII, part. 2, 382, 411.

درايَة *notion, connaissance, idée d'une chose*, Bc, M. — عِلْمُ الفقه واصول الفقه عِلْمُ الدراية est M. — *Prédiction, horoscope*, Gl. Bayân.

مِذْرى par transposition pour مِزْرى, voyez Lane sous ce dernier mot à la fin, ou مِزْرَى, voyez Gl. Belâdz. 44; mais les articles d'Alc. que cite de Goeje ne se rapportent pas à ce mot, mais à مِذْرى. *Perche des marins*, Descr. de l'Eg. XIV, 240 (medreh). Je crois avec Lane que ce mot a aussi ce sens dans les 1001 N. II, 116, 2 a f., et non pas celui de « boute-hors, » que lui attribue de Goeje.

مُدارى شوية مُدارى *palliatif*, Bc.

مُداراة, chez Bc, de même que مداراة للخاطر, *ménagement, égard, précaution*; c'est *posséder l'art de traiter les hommes avec ménagement, avec égard, de manière à ne point offenser, à ne point déplaire*, dans l'expression لم عقل ومداراة, citée dans le Gl. Fragm. — *Ménage, économie*, Bc.

ديزج voyez plus loin sous *dâl* suivi de *yâ*.

دزدار (pers.) *gouverneur d'une place*, Rutgers 163.

دزدق I *faire de la musique*, Voc.

دَزْدقى pl. دَزادقَة *musicien*, Voc.; d'autres mots qu'il donne sous *mimus in instrumentis* désignent les *bohémiens*, et probablement celui-ci a le même sens. M. de Goeje, dans les Verslagen en mededeelingen der kon. akademie van wetenschappen, II^{de} Reeks, V, 72, le dérive du pers. دزد, *voleur*, nom qui convient parfaitement à cette sorte de vagabonds.

دزدينق = دستينج, pers. دَسْتِينَه, *bracelet*, Ztschr. XIII, 707, n. 2.

دزكين (turc دزكين) *bride, guides, rênes*, Bc.

دزى *suffire*, Ht.

دس I, *couler, mettre adroitement en quelque endroit, parmi quelque chose, fourrer, glisser, insinuer, introduire adroitement*, Bc; p. e. quand en comptant de l'argent, on coule quelques pièces fausses parmi les autres, ou quand en livrant des marchandises, on glisse furtivement quelques mauvaises parmi les bonnes, دسّها فيها, Gl. Belâdz. — *Rentraire, coudre bord contre bord, en sorte que la couture ne paraisse point*, Alc. (*surzir o coser*). — *Intriguer, faire des intrigues*, Bc. — C. a. et الى *envoyer quelqu'un secrète-*

ment vers un autre, p. e.: s'il a dit la vérité, دَسَّتْ
اليه مَنْ يَقْتُلُه, Gl. Badroun, Berb. I, 564, 5 a f.;
aussi c. a. et على, Abd-al-wâhid 35, 11: دَسُّوا عليه
aussi c. a. et على, Nowairî Espagne 491: في, مَنْ قتله غيلةً
مَنْ قال نصيحةً - C. a. et الى remettre
secrètement une lettre à celui à qui elle est adressée,
Khaldoun IV, 7 r°: ودَسَّ خادمَ للحاكم كتابَهُ الى
عروس. — Ce verbe signifie en effet, comme on trouve
chez Freytag, qui toutefois n'allègue pas d'autorité,
clam dixit alicui rem, ut eam coram altero dicat,
mais en ce sens il se construit aussi c. a. p., Berb.
I, 457, 3 a f. — دَسَّ بتَخْبيرِه الى avertir quelqu'un
de quelque chose, Berb. I, 608, 15. — C. الى et ب
في ou أنْ, *exciter, animer quelqu'un à faire une chose*,
Gl. Badroun, Berb. I, 585, 4: فدَسُّوا الى السلطان
بالقدوم عليهم, Khaldoun Tornb. 10, 2: دَسَّ الى الفرنج
— Berb. I, 626, 3: بالخروج الى الشام
في الفتك به, 605, dern. l.; — Berb. I, 503, 12:
ودَسَّ حمزة الى اخيه مولانا ان يَزْحف بالعسكر (le
texte a été corrigé dans la trad.). Aussi c. ل p. et
acc. r., Macc. II, 726, 12: كان كثيرا ما يدسُّ لاقاربه
- الملوك القيام على صاحب الامر. — *Toucher, tâter*, Hbrt
9, M (cf. Freytag n° 3).

II *exciter, instiguer*, Mohammed ibn-Hârith 264:
دَسَّسَ امرأةً من مَوالِيه فوقفت للقاضي على طريقه ثم
قالت له يابنى لَخِلافك ذلك سببا لعزل ابراهيم
Akhbâr 142, 4. — *Exciter quelqu'un à commettre un
meurtre*, Haiyân-Bassâm I, 128 r°: les trois Slaves
qui avaient assassiné Alî ibn-Hammoud اقَرّوا لِجريمتهم
(l. بِجريمتهم) ونفوا عن جميع الناس المواطأة والتدليس
(l. والتدسيس), cf. Djob. 342, 10. — *Toucher, tâter*,
Voc., Alc. (tañer por tocar, tocar con mano); *tâtonner, chercher en tâtant*, Alc. (atentar a tiento, buscar
a tiento). — J'ignore comment il faut traduire ce verbe
chez Mohammed ibn-Hârith 292: فلمّا نَجَمَ وظهر فضل
ادبه وتولَّى الكتابة واضطلع بالاثقال وخاطب ونبّه وعارض
في الامور ودَسَّسَ بالرفع ولم يَرْضَ ان يكون تابعا لغيره الخ

V dans le Voc. sous *palpare*; le nom d'act. *attou-
chement, tâtonnement*, Alc. (tocamiento con mano, toque tocamiento, tiento para atentar); au fig., *circonspection, prudence*, Alc. (tino yendo o haziendo).
VII *se glisser, s'insinuer, se couler doucement
sans être vu*, Bc, Voc., Cartâs 12, 8, 1001 N. Brosl.
II, 254, 11.

دَسّ. بالدَسّ *en cachette, sous main, à la sourdine*;
في الدَسّ *furtif*, Bc.

دَسيس *ruse, intrigue, cabale*, Gl. Fragm. — Comme
coll., *émissaires*, Nowairî Afrique 24 r°: نخاف ان يكونوا
دَسيسا عليه من ابيه ※

دَسيسَة *avis secret*, Berb. II, 37, 2 a f., Nowairî
Afrique 38 v°: دَسّ اليهم دساءِس; دساءِس من الباطل
des indications fausses, Prol. I, 3, 1. — دَسيسَة
التشيُّع للعلوية *partialité secrète pour les Alides*, Prol.
I, 36, 1. — *Cabale, commerce, intrigue, machination,
manigance, menée*, Bc, M; le pl. دساءِس *pratiques,
sourdes menées*, Bc.

دَسّاس. Ce serpent est l'*Eryx iaculus* des naturalistes, Ztschr. für ägypt. Sprache u. Alt., mai 1868,
p. 55.

دَسّاسَة *clystère*, Voc.

دَسّيس pl. دَواسيس *espion*, Voc., Alc. (espia). —
Voleur qui se sert d'une échelle pour voler, Alc. (la-
dron escalador).

مَدَسّ (ainsi dans le Voc., mais sans explication)
dard, Alc. (dardo) qui donne le pl. أمداس, comme
si le mot venait d'une racine مدس (cf. sur ces cor-
ruptions Gl. Djob. 25, v°, سيل, et Abbad. II, 178,
n. 107), et ce pl. se trouve Khatîb 14 v°: وسلاح
جمهورهم العصى الطويلة المُثَنّاة بعصى صغار ذوات عُرى
في اوساطها تُرْفَع بالانامل عند قذفها تُسَمَّى بالامداس
— *Poignard*, Domb. 81.

مُدَسَّس *interpolé, falsifié* (livre), Ztschr. XX, 4,
3 a f.

مَداس (pl.) مداس الطُّرُق *sentiers*, Gl. Maw.

دَسْت (je suivrai autant que possible l'ordre des significations tel qu'il se trouve chez Lane) *cette partie du
divan qui est au fond de la chambre et qui est la*

دست

place d'honneur; les secrétaires ont reçu le nom de كاتب الدست ou مَوقّع الدست, parce qu'ils s'asseyent sur une estrade, en présence du sultan, dans la maison de la justice, lors des grandes audiences, pour lire les placets; voyez pour plus de détails Maml. II, 2, 239 et suiv. Le mot دست signifie aussi *trône*, *ibid.* 237. — *Tapis*, si M. de Slane a bien rendu le passage qu'il cite dans sa trad. de Khallic. III, 126, 2 a f. — Synonyme de مَجْلِس dans le sens de *salle où un professeur donne ses leçons*, ou bien *où l'on discute des questions littéraires ou scientifiques*, Khatîb 30 r°: طويل الصمت الاّ في دست تعليمه, Calâïd 59, 15:

قَدَم هَكذا يا فارس الدست والوَغى
— لتطعن بالاقلام فيها وبالقَنا

Puissance, *autorité*, voyez Maml. II, 2, 236. — *Partie, au jeu*, surtout *une partie d'échecs*, Athîr VII, 116, 15; 1001 N. I, 375, 14; Bresl. I, 246, 6 et 7, XII, 140, 7. Aussi *un tour de lutte*, 1001 N. I, 364, 13 et 16, 365, 10, 12 et 16. — *Echiquier*; Quatremère (Maml. II, 2, 239) a attribué ce sens au mot dans l'hémistiche: واذا البيادق في الدست (Khallic. VII, 109, 7 Wüst.), où il signifie plutôt, comme dans l'hémistiche cité par Lane, *parties d'échecs*; mais je crois que ce terme signifie réellement *échiquier* chez Ibn-Abdalmelic 124 v°: لاعْبَنَّ الزمان في دست الحدثان فضربي في طرة لجَمان شاهُ مات, et chez Macc. I, 882, 3: il est bien triste que, etc., وأَن بيبادِيقِ الجوانب الجوانب فرزنت ولم يَبقَ رُخّ الدست بَيْت بنائه.

— Ce mot doit avoir encore un autre sens au jeu d'échecs, car ce qui précède ne convient pas à ce vers, 1001 N. I, 375, 9:

كأنّما الشاه عند الرُخّ موضعه   وقد تفقّد دستًا بالفرازين

— يا دست nom d'un jeu, M. — *La pompe, l'appareil qui accompagne le souverain ou son ministre*, Maml. II, 2, 236; Fakhrî 353, 7, *les grands, les courtisans qui accompagnent un prince*, Fleischer Gl. 13. — *Un plat*; Fleischer, Gl. 13, a eu tort de dire que ce mot n'a jamais ce sens; Quatremère (Maml. II, 2, 238—9) en a donné plusieurs exemples, et Bat. (I, 187) atteste que les plats portent ce nom à Ba'albec; Fakhrî 131, 11: أكَل معه دستا من الخبز السميد. — *Bol dans lequel on sert à boire*, Fleischer Gl. 14, Maml. II, 2, 239, l. 4 de la note. — *Tinette, petite cuve*; دست للغسيل *cuvier, cuve pour la lessive*, Bc.

دَسْتَة *certain nombre* (p. e. *une douzaine*) *de cuillers*, M. — دستة ورق *main de papier*, Bc, Hbrt 112.

دَسْتَى. دَسْتى (leçon de B); sous le nom de البقول الدستية on entend tous les légumes qui viennent sans culture, البقول البرّية كلّها, Bait. I, 155 k; le mot semble donc formé de دَسْت dans le sens de *désert*, et en persan دشتى signifie en effet *sauvage, qui n'est pas cultivé*. Chez Auw. I, 136, 5, دستى est expliqué par *épinards*.

دَسْتِيَة pl. دساتي *cuvier*, Gl. Edrîsî.

دَسْتان t. de musique, *touche*, Bc, Descr. de l'Eg. XIII, 253 n.; voyez Ztschr. IV, 248.

دَسْتَنبويَة (pers.) voyez sur cette espèce de melon Bait. I, 149 a, où il faut lire ainsi, et 420 c, où AB portent par erreur دستنبميه.

دَسْتَج (pers. دَسْتَه) *pilon*, Gl. Manç. in voce (où est une faute), Bait. I, 491: وتُدَقّ بدستج خشب, Auw. II, 316, 14: بشكل شكل دستج (l. دستج) الهاون. — *Anse, poignée, manche*, Payne Smith 1547. — *Rabot*, Payne Smith 1026.

دَسْتُر I c. a. et II dans le Voc. sous clavila ligni.

دَسْتُر pl. دَساتر *cheville de bois*, Voc., Alc. (savina (l. sovina) clavo de la madera, tarugo clavo de madera), Prol. II, 321, 4, 325, 9, 354, 8, Auw. I, 555, 20, où Banqueri veut à tort changer la leçon, lisez de même 557, 10, et lisez دساتر 561, 18 et 575, 3 a f. — *Cheville du pied*, Voc., mais seulement dans la 1re partie, où c'est peut-être une faute; dans la 2e il a l'autre signif. — *Languette, aiguille de balance*, Alc. (fiel de la balança, fiel del mesmo peso).

دَستَرة (pers.) *scie à main*, 1001 N. III, 426, 2 (de même dans l'éd. de Bresl.).

دَستُوائى sorte d'étoffe de soie, qui tire son nom de la ville de Dastowâ dans l'Ahwâz; voyez le Lobb al-lobâb avec le supplément; Edrîsî: à Damas l'on fabrique انواع من ثياب الحرير كالخزّ والديباج — ومصانعها

دستور ; في كلّ ذلك مجيبة — تقارب ثياب دستر ; ainsi dans les quatre man., mais il faut lire دستوا ; le même, en parlant d'Antioche: ويجعل بها من الثياب المصمتة الجياد والعتاق والدستري (والدستوائي ۱). والاصبهاني وما شاكلها ۞

دَسْتُور règle, Abou'l-Walîd 357, 22. دستور العمل *formulaire,* Bc. — *Congé,* Freytag Chrest. 124, 4 : واعطا العساكر دستورا وساروا الى بلادهم. — Dans le sens de *permission,* Abou'l-Walîd 689, n. 13 ; دستوره في يدم *libre,* indépendant, Bc. — *Signe, indice,* Chec. 189 : واعلم ان الوزن في الماء من الدستورات المنجحة في تعرّف حال الماء. — *Jet d'eau,* Macc. II, 172, 4 a f., 173, 1.

دَسْتِينَق = دَسْتِينَج *bracelet,* Ztschr. XIII, 707, n. 2.

دسس I c. على *machiner, faire des menées secrètes contre,* Bc.

دَسْدَسَةً بالدسدسة *en cachette, secrètement,* Bc.

دسر I. دَسَر الورق, au Maghrib, *percer la feuille* d'une lettre, Prol. II, 56, 17, 2 a f., 57, 1, où de Slane remarque : « il paraît, d'après cette indication, qu'en Mauritanie et en Espagne, de même qu'en Europe, au XIIIe siècle, on fermait quelquefois les lettres en les pliant d'abord plusieurs fois, puis on y pratiquait une incision qui servait à faire passer par tous les plis un lacs ou une bandelette de parchemin dont les bouts étaient arrêtés sous le sceau. »

دَسْرَة pl. دُسَر, vulg. pour دِسَار, *clou,* M.

دِسَار *filet fait de sparte,* Gl. Esp. 44.

دَوْسَر, comme nom d'une plante, *ægylops ovata,* Sontheimer Bait. I, 461 d (à corriger la traduction des mots في اضعاف اعرابي اخبرني من اهل الشراة *et* (الزرع, *bromos,* Bc, *seigle* (aussi دوسرو), J. A. 1865, I, 212. Voyez plus loin, sous *dâl, wau,* les formes espagnoles دَوْصَل et دَوْشَر avec leur signification.

دسم

دَسَم. Le pl. ادسام, Saadiah ps. 22.

دَسِم *huileux, gras,* Bc ; — *résineux,* Gl. Edrîsî, Bait. II, 46 a : وتصير كالقار الدسم ; — *gras* (terre), Bc ; — *succulent,* Bc ; — *moelleux, rempli de moelle,* Bc.

دَسِيم *gras,* Voc.

دَسَامَة *onctuosité,* Bc.

دَسُومَة (Freytag) aussi Abou'l-Walîd 704, 16.

مُدَسَّم *gras, fertile* (terre), L (uber fertilis, habundans)).

دَسْمَأْلَك (pers. دَسْتَمَال, *serviette, mouchoir*) mouchoir rayé de rouge et de jaune, dont les Arabes du désert et les Wahabis se couvrent la tête, Defrémery Mémoires 155, Bg 802.

دسو

دَوَاسِي *corde amarrée aux deux bouts et servant à recevoir le* تَعْلِيف (voyez ce mot), J. A. 1841, I, 588.

دِسْبِيرِيْغِي *sorte d'étoffe de différentes couleurs,* Fleischer Gl. 106.

دش. NB. Comme le *djîm* suivi du *chîn* est difficile à prononcer, on l'a changé en *dâl.* Ainsi جشّ est devenu دشّ, pour جشأ on a dit دشأ, ou دشا dans la langue vulgaire, et جشر est devenu دشر ; cf. sous دشو.

دشّ I *Moudre à la main, grossièrement,* Bc, 1001 N. II, 118, 9. — *Briser, fracasser,* Bc. — *Jaser,* Bc. — *Voir ;* لا يبصر فلان لا يدشّ, M.

II *frotter une chose contre une autre et la fracasser,* Alc. (fresar uno con otro), notamment en parlant de fèves, etc., Voc., Alc. (fresar havas ; le part. pass. fresada cosa).

V dans le Voc. sous fresare.

دَشّة *contusion, meurtrissure,* Bc.

دَشِيش (et جشيش) et دَشِيشَة (dans la langue classique) *blé grillé, simplement écrasé, que l'on fait bouillir avec un peu de beurre et de l'ache,* Gl. Esp. 98, Daumas V. A. 254, Bait. I, 249 d, qui commence son article جشيش par ces mots : جلينوس المسمى بهذا الاسم اعني الدشيش, 420 d. On prépare aussi ce mets avec des fèves concassées, car dans le Voc. الفول est *fresa.*

دَشَّاش, suivi de النار, *étincelle,* Domb. 79.

دَشَّاش *brise-raison,* qui parle sans suite, *jaseur,* Bc.

دَشَاخ pour دوشاخ (voyez), J. A. 1849, II, 270, n. 1.

دَشْبِذ (pers. دَشْبيذ) *substance osseuse que les chirurgiens appliquent sur un membre fracturé, afin de faire cesser la solution de continuité*, Gl. Manç. in voce دشبذ est une faute): هو شيءٌ عظمى يُبْنَى على موضع الكسر وبه يلتئم جُزْءاه ☼

دَشْت *fatras, amas confus*; دشت ورق *des paperasses*, Bc; d'après le M دشت signifie السَّائِب, *ce qu'on laisse traîner, ce qu'on ne serre point.*

دشدش *écarbouiller, écraser ;* — *meurtrir*, Bc.

دشر est une prononciation adoucie de جشر, voyez sous دش.

I, aor. o, n. d'act. دشار; دَشَرَ الكَرْمَ *est quand une vigne est abandonnée par son propriétaire au public, après que les raisins ont été cueillis et lorsque le peu qui en reste ne vaut pas la peine d'être gardé*, M. — En parlant d'une femme, *elle fait ce qu'elle veut, puisque personne ne s'y oppose*, M.

II *laisser paître un cheval où il veut*, M. — *Laisser de côté, laisser à l'abandon, planter là*, Bc; synonyme de تَرَك, Ztschr. XXII, 162, M. — *Laisser traîner une chose*, Bc. — *Renvoyer, mettre à la porte*, Bc, *renvoyer, expulser, chasser*, Hbrt 115, M, p. e. دشر للخدمتكار «*donner congé à un domestique,*» Bc. — *Rendre la liberté à un prisonnier*, M.

دَشْرَة, *en Afrique, métairie, hameau, village*, Domb. 99, Cherb., Jackson Timb. 90, Graberg 36, Booms 20 n.: «Quelques douars forment la dachera ou commune, quelques communes la tribu.» *Fraction de tribu*, Daumas Kabylie 48. Le pl. est chez Cherb. دُشَر, mais ordinairement مَداشِر (comme مَواجِد de وَجْد, «extase,» etc.), Prol. I, 67, 16, 222, 13, 273, 1, II, 234, 13, 237, 1 et 10, deux man. dans le Cartâs 195, 2 a f., Hist. Tun. 129: ما بين مداشر وقرى, et plus loin le sing. دشرة, ou مداشير, Berb. II, 193, 3 a f. Comparez plus haut l'article مَجْشَر, dont ce mot est une altération.

دِشار, pl. دُشر (Voc.) et دَشائِر (Bc), au Maghrib, *métairie, hameau, village*, Voc., Bc, Rohlfs 8, Rojas 62 v°: «tiene por aquellas sierras ynfinitos hadixares de Barbaros, ricos de ganado.» — *Pays de montagnes*, Alc. (serrania tierra montañesa). — *Rebut, rogaton*, Bc.

نُشار. أمير آخور النُشار *ne signifie pas l'émir âkhor des étables de chameaux*, Maml. I, 1, 120, mais *l'émir âkhor des chevaux et des bœufs qui sont habituellement au pacage, sans retourner à l'écurie pendant la nuit*, car نشار *est la prononciation adoucie de* جشار; voyez ce mot.

دُشْمان (pers.) *ennemi*, Bc, M.

دشن II c. a. r. *se servir le premier d'un habit ou d'autre chose; quelques-uns disent* خشن, M.

داشِن pl. دواشِين *don*, Payne Smith 957.

دشو est une prononciation adoucie de جشا, voyez sous دش: M: تدشى تحريف تجشَّا والدَشْوَى تحريف للجَشاء.

II *revenir (aliments), causer des rapports*, Voc., Bc.

V *roter, faire des rots*, Voc., Alc. (regoldar, regoldando echar), Bc, M, Bâsim 64: وشرب القدس واتدشا وقال (وقاء l.) فى لحية للخليفة ☼

دَشَا *rot*, Voc.

دَشْوَة *rot*, Voc., Alc. (regueldo, où il faut lire dexue, au lieu de dexne), M. — *Monceau de pierres et de cailloux, qu'un fleuve, quand il s'enfle, jette sur la rive*, M.

تدشاية et تدشاية *rot*, Bc.

دعب III *vexer*, M.

دُعَابَة *naturel badin, caractère enjoué*, de Sacy Chrest. I, ١٣١, 2.

دعبس I c. على *chercher*, Bc.

دعبل I c. a. r. *mettre en boule*, M. — *Bouchonner, chiffonner*, Bc.

دعبلة *grimace, mauvais pli*; — *indisposition, maladie légère*, Bc.

دَعْبولة *boule*, M.

مُدَعْبَل *rond, formant une boule*, Bc, M; — *ramassé, trapu, vigoureux*, Bc.

أدعثر (expression irrég.) *buter, broncher, chopper*, Bc (formé de عثر).

دعت. دَعْت *malveillance*, Roland.

دَعْثَر I trépigner, battre des pieds contre terre, Alc. (patear hazer estruendo, trapalar).

II broncher, chopper (تَعْثَر), M.

دعج.

دَعِج noir, 1001 N. I, 116, 4.

دعدر.

دعرورة voyez دَعادير.

دَعْدَع I secouer, ébranler, Voc., Cherb. C, qui donne l'exemple دَار مُتَدَعْدِع « maison qui n'est pas solide. » Dissipo, L.

II être secoué, ébranlé, Voc., être ébranlé sur sa base, Cherb. C.

دعر.

دَعِر grossier (homme), M.

دَعَر et دَعَرَة = دَعْرَة, Gl. Fragm. Voyez du reste sous le dzâl, car dans cette racine le peuple a substitué cette lettre, et ensuite le zâ, au dâl.

دعرورة petite tumeur dure sous la peau (الدَّرَنَة الصغيرة تحت الجلد), M, Pallme 118, 120; durore, abcès au cou. Sous le dzâl le M donne encore le pl. دَعادير, en ajoutant que quelques-uns disent دَعادير.

دَعَس I fouler, presser, écraser, Bc; fouler aux pieds, Hbrt 140, M, c. a. et c. على, Bc; je crois devoir lire de même 1001 N. Bresl. IV, 275, 4, où il est question de raisins qu'on foule pour en faire sortir le jus, et où l'édit. porte دمسناه برجلينا; toucher avec les pieds, 1001 N. Bresl. XII, 287, 8. — Avaler, Mehren 28.

دَعْسَة l'action de fouler aux pieds, M. — دَعْسَة العنز = les parties naturelles de la femme, M.

مَدْعُوس méprisé, M.

دَعْفِيلا orobanche cariophyllea, Bait. I, 420 e (AB).

دَعَق I faire entrer avec force, M. — L: clamitat (يَدْعَق, يَدْعَف وَيَصِيح), obstrepit. Je crois que c'est pour صعق, lancer la foudre, au fig., fulminer, car il a aussi intonat (يَدْعَق ويَرْعَد).

دَعْقَة est quand un homme est constamment auprès de son camarade (كثرة ملازمة الرجل لصاحبه), M. — L: tumultus (ثورة وصياح وضوضاء وعويل ودَعْقَة), turbo (عَجَاج ودَعْقَة وقَوْل وعَصار). Il me semble que c'est pour صَعْقَة = صَاعِقَة.

دَعْقَاق est dans L cicbalum, entre « cicatrices » et « ciedela, cicendela. » Un tel mot n'existe pas; Raphelengius a lu ou corrigé cimbalum; mais ce dernier mot se trouve une demi-colonne plus loin.

دَعِيقَة الطَيْر sorte de petit oiseau, M.

دَعَك I frotter le linge en le lavant, Bc. — Au fig., rompre, exercer, dresser, dégourdir, façonner une personne, Bc.

II friper, chiffonner, gâter, Bc.

III c. a. r. s'appliquer à (مارس الأمر ومرن عليه), M.

دَعْكَة mêlée, combat corps à corps entre plusieurs hommes, Bc.

طريق داعك ou داعكة chemin frayé, M.

ثوب مُتَدَعّك habit usé et sale, M.

دَعَم II. Le peuple en Espagne employait cette forme au lieu de la Ire, car le Voc. traduit fulcire par la IIe forme, et non pas par la première; Alc. donne aussi (estribadura) تَدْعِيم et (estribadora cosa) مُدَعِّم; le techdîd dans Müller, L. Z. 39, 3, est donc bon.

V quasi-passif de la IIe, Voc.

دَعِيمَة (pour دَعَامَة) étai, Voc.

مُدَعَّم étai, Gl. Mosl.

دَعْمَش (formé de عمش) I c. a. dans le Voc. sous lipposus, où l'on trouve aussi la IIe forme; dans M: عين مُدَعْمَشة œil dont les paupières sont malades et se crispent, ou qui est couvert de chassie.

تَدْعِيش chassieux, Voc.

دَعِي et دَعْو I. Au lieu de dire simplement: هذا دَعْك, on emploie la périphrase: الى هذا الامر, p. e. الى ان دعا للسكر داع, دعاه داعي الاشر الى ما فعل, pour دعاه الاشر, Gl. Mosl. — Dans le sens de désirer, demander, se construit c. الى r., p. e. « il demanda la paix » دعا الى السلم, Haiyân 82 rº, ou الى الامان, ibid. 85 vº, دعوا الى

تامينةٍ, Haiyân-Bassâm III, 49 rº, الى معاودة الطاعة Haiyân 98 vº, ou دعا الى الطاعة, « désirer à rentrer dans l'obéissance, » ibid. 81 rº, 85 rº, 87 vº, 90 vº; حين دعا الى المدينة « lorsqu'il désira s'emparer de la ville, » Akhbâr 16, 1 (où الىه est un lapsus calami de l'éditeur; le man. a correctement المدينة). — C. à p. chercher à séduire une femme, Abd-al-wâhid 7, 6.

— (Pour دعا اللة) jurer, faire des serments sans nécessité, par emportement, Bc. — دعا لفلان, proprement et par ellipse دعا اللة لفلان, « prier Dieu pour quelqu'un, » a reçu le sens de nommer quelqu'un dans la prière publique, embrasser son parti, le reconnaître pour souverain, de Sacy Chrest. II, ١٣, 2 a f., Haiyân 41 vº (دعوا للمولّدين والعجم « ils se déclarèrent pour »). Dans le sens de دعا لنفسه (Freytag), vouloir se faire reconnaître pour souverain, on trouve aussi دعا الى نفسه, de Sacy Chrest. I, ٥٧, 6. — دُعى فأجاب, proprement: « il fut appelé (par Dieu) (Dieu l'appela à lui) et il obéit, » signifie il mourut de mort naturelle, Tha'âlibî Latâïf 85, 13 (même texte chez Badroun 301, 3). — Citer quelqu'un devant le juge, Voc., Alc. (requerir que hagan justicia); dans le Formul. d. contr. 7, la construction est c. ف p. (vulg. pour l'accus.) et الى حضرة القاضى; dans le Voc. on trouve sous citare دعوت القاضى, mais je crois que c'est une erreur.

III. داعى عليه فى الشرع poursuivre, agir en justice contre quelqu'un, Bc.

IV dans les 1001 N. et encore aujourd'hui en Égypte au lieu de la Ire, Fleischer dans le J. A. 1827, II, 228.

VI. L'opposé de عليه تداعوا, « ils se réunirent contre lui, » est تداعوا عنه, ils n'osèrent pas l'attaquer, Gl. Mosl. — Porter plainte l'un contre l'autre, p. e. تداعى الزوجين, de Sacy Chrest. II, ٥٥, 5 a f. — De même qu'on dit تداعى البنيان, expression que Lane a expliquée, on dit فسقط عن دابّته فتداعت أركانه « il tomba de sa monture et se cassa les extrémités, » Macc. III, 138, 4 a f. (cf. Lane sous ركن). — Dans des phrases comme تداعت الشيطان للخراب la constr. c. الى, au lieu de ل, qu'improuvent les puristes (voyez Lane), se trouve Berb. I, 141, 2 a f., 170, 8 a f.

VIII, dans le sens de réclamer, revendiquer, se construit aussi c. فى r., Abd-al-wâhid 219, 6, Holal 12 vº: وصل الينا من عظيم الروم كتاب مدّع فى المقادير وأحكام العزيز القدير, et même c. على r., si la leçon du man. dans le Bayân I, 296, 3 a f., est bonne. — C. ب s'attribuer, s'approprier; — avancer, mettre en avant, proposer comme vrai; — trancher du, contrefaire, Bc. — S'élever d'orgueil, comme traduit de Sacy Chrest. II, ١.٢, 2 a f., Voc. (iactare), faire le gros dos, faire l'homme important, faire l'entendu, le capable, Bc. — ادّعى فى نفسه s'en faire accroire, présumer trop de soi, Bc. — Citer, assigner, appeler devant le juge, Voc., Alc. (citar para juizio, enplazar a tercero dia, enplazar como quiera); c. على p. intenter, commencer une action, un procès contre, et le n. d'act. demande, action en justice, Bc. — Adorer Dieu, Alc. (adorar con palabras). — C. ل p. se vouer à quelqu'un, le reconnaître pour son patron, pour son maître, en parlant d'un jeune homme lorsqu'il faisait sa première partie de chasse, et qu'il avait tué d'un coup d'arbalète une pièce de gibier, Maml. II, 1, 75.

X, dans le sens d'appeler quelqu'un, le faire venir en sa présence, aussi c. ب p., Bidp. 5, 1, Macc. II, 332, 11. — C. a. r. se faire apporter une chose, Maml. I, 1, 13, l. 3 des notes. — C. a. r. et من p. demander une chose à quelqu'un, Abd-al-wâhid 109, 3: pendant sa captivité, cette grande dame ألجِئَت الى ان تستدعى غزلا من الناس تسكّ بأجرته بعض حالها (corrigez dans l'édit. le premier mot comme je l'ai fait ici), Khaldoun IV, 2 vº: استدعى منه اهلُ استدعى أهل المدينة الى تسليمها. — الأندلس والیّا sommer une ville, Bc. — C. a p. maudire quelqu'un, Macc. II, 24, l. 20.

دعو présomption, suffisance; بغير دعو sans prétentions, Bc.

دَعْوَة prière, Voc., Akhbâr 90, 7. — Il est fort difficile d'indiquer exactement le sens que ce mot a chez les chroniqueurs. Quelquefois on peut traduire parti ou nationalité, mais dans d'autres passages on est obligé de se servir d'une périphrase et de traduire prendre parti pour, c. ل, se déclarer pour, combattre pour, ou quelque chose de semblable. En voici quelques exemples: التمسّك بدعوة السلطان, Haiyân 50 rº: دخلوا فى دعوة السلطان, Holal 6 rº: الثبات على دعوة السلطان, 50 vº: فى دعوة عبد الله بن ياسين وغزوا معه سائر قبائل

رَجُلًا مَيْلًا اهل طليطلة اليه :Cout. 19 v°; الصحراء, « le sultan Hacam espérait que للدعوة التى هو منها les habitants de Tolède seraient bien disposés pour 'Amrous, parce qu'il était de la même nationalité qu'eux » (il était Espagnol, Mowallad, comme eux); « le عُمَر بن حفصون صاحب دعوتهم :r° 44 Haiyân chef de leur parti; » 53 r°: وكان جلّ اهل السند الذى اسندوا اليه من اول (أُولى .l) دعوتهم من نَحْكم « leurs partisans; » 50 v°: وجميعهم من دعوة اليَمَنِ, ibid.: فارسل اليهم :r° 55, واكثرهم من دعوة حضرموت الذين :r° 41, جيشا من فرسان العرب من دعوة مُضَر يدعو بدعوة المُولَّدين :r° 45, دعوتهم للمولَّدين والمسالمة ثار :r° 45, أوَّل لَحارجين بالبراجلة بهذه الدعوة :v° 40 — Ci- أوَّل الثُّوَّار بالدعوة العربيَّة :r° 48, بدعوة العرب tation devant le juge, Voc., Alc. (citacion a tercero dia), Formul. d. contr. 7: وثيقة الدعوة دعا فلان بن فلان لفلان بن فلان الى حضرة القاضى لتفصل (ليفصل .l). اشهدكم :Bat. IV, 416, بينهما بما يجب الشرع الحنيف « soyez mes ان منسى سليمان فى دعوى الى رسول اللَّه témoins que je prends à partie Monsa Solaimân et que je le cite au tribunal de l'envoyé de Dieu; » dans le Voc., انت فى الدعوة (فى دعوتى) للحاكم où ل est pour الى. صورة دعوة Procès, Bc, Ht, Hbrt 211. procès-verbal, Bc. — Affaire, chose, Bc, Ht, Delap. 10. — Dans le sens de festin: on a donné le nom de دعوة الاسلام au festin donné par le calife abbaside Mamoun à l'occasion de son mariage avec Bourân, pour indiquer que c'était le festin le plus magnifique qu'on eût vu pendant la durée de l'islamisme. Plus tard, toutefois, il y eut un festin encore plus splendide et auquel on appliqua le même nom: c'était celui que le calife Motawakkil donna à Bercowâzâ à l'occasion de la circoncision de son fils Mo'tazz. Voyez Tha'âlibî Latâïf 72—75.

دَعْوَى صار صار المُلْك دعوى dans le sens de: tous les nobles prétendaient à l'empire, Abbad. I, 51, 7 et 8. — Citation devant le juge, Alc. (citacion a juyzio, enplazamiento); plainte, procès, cause, Bc, Hbrt 211;

اهل التَّدْعِيات plaideur, Bc; صاحب دعوى Akhbâr 95, 3, de même que اهل الدعوات ibid. 94, 2 a f., les plaignants. — Affaire, Bc. — Orgueil, jactance, Voc. — Vocation, inclination pour un état, Bc. — Dans la R. d. O. A. XV, 117 on trouve ces signifi-

cations: invocation, épigramme, action de bénir, de maudire, de prophétiser.

دَعْوِيَّة écho, Bc.

دَعَاقِى déprécatif, Bc.

دَعَايَة Berb. II, 197, 4 a f.: وانا مقيم بسكرة فى دعايته où de Slane traduit: afin de remplir une mission dont il m'avait chargé.

دَعَّايَة bavard, Daumas V. A. 168.

دَاعِيَة désir, intention, Ht. — Nom d'intensité de داع celui qui invite, etc., Gl. Fragm.; avec le génitif, partisan de, Berb. II, 39, 7, 106, dern. l., 351, 7 a f., 528, 7; c. ل celui qui soutient la cause de quelqu'un, Berb. II, 35, 6 a f.

أَدْعَى exigeant plus, Gl. Maw., Dorrat al-ghauwâs 7.

دَعْدَشَة teigne, Cherb.

دَغْدَغ I chatouiller, Gl. Manç. in voce, Delap. 165. — دغدغ اوتار الآلة بانامله pincer les cordes d'un instrument, Bc.

II être chatouilleux, Bc.

دَغْدَغَة t. de médec., est lorsqu'un malade sur son séant ne peut pas tenir le cou droit et le laisse pencher, M.

تَدَغْدِيغ chatouillement, Ht.

دَغَر IV ادغر له البنج mettre furtivement le bendj dans la coupe de quelqu'un, 1001 N. Bresl. VII, 14 (où l'éd. Macn. porte: وضعت له البنج فى قدح), IX, 238.

دُغْرِى ou دُوغْرِى (دُوغْرُو ou دُوغْرِى turc) , en Egypte et en Syrie, droit, direct, Hbrt 41, Bc, M; directement; franchement, en vérité, aussi الدُّغْرى, la vérité; voyez le Gloss. de Habicht sur le IVᵉ volume de son édit. des 1001 N. et Fleischer Gl. 91.

دَغَس

دُغَيْس barque, L (barca, carina (parva navis), caupilus). Dans le Voc. دُغَيْس.

دَغَش IV ادغشت الدنيا il fait obscur (se dit après le coucher du soleil), M.

VII bouillir, L (bullio, ebullio).

دَغْشَة ثَقَبَ دَغْشَة se mettre en route pendant l'obscurité *au commencement de la nuit;* quelques-uns disent دَغْش, M.

دَغْشَش I *éblouir*, Bc.

دَغَص.

دُغَيْص pl. ات barque, Voc. Dans L دَغَيْص.

دَغَل I c. a. p. *se glisser vers, se couler doucement et sans être aperçu*, Ztschr. XXII, 124. — *S'envenimer (blessure)*, aussi à la IVe forme, M.

IV voyez I.

دَغَل (العَقْد المَكْتَتَم), M, *perfidie*, Haiyân 82 r° et v°: فكتب اليه يوبّخه على ذلك من مكره ودغله, Abbad. I, 54, 5, *dol, tromperie*, Bc. دَغَل السريرة *mal intentionné*, Abbad. III, 89, 2 a f.

دَغْلَة *buisson, touffe d'arbrisseaux, hallier, taillis*, Bc, 1001 N. Bresl. VI, 338, 339.

دَغُول. فلان قليب دَغُول *il nourrit de la haine*, M. — تَحْمَد دَغُول *sa blessure s'envenimera vite*, M.

دَغِيل, Abbad. II, 102, 3, signifie peut-être *intrigue*.

دَغِيلة *l'action de se couler doucement et sans être aperçu*, Ztschr. XXII, 124.

دَغَم III. مداغمة للحروف *contraction, réduction de deux syllabes en une*, Bc.

VII dans le Voc. sous *introducere (verbum in verbo, vel literam in litera)*; souvent chez Aboû'l-Walîd, p. c. 128, 140, 409.

دَغَم pl. أَدْغَام *faces, ailes-de-pigeon*, cheveux qui tombent sur les tempes, Alc. (aladar).

دَغْمَش I c. على = دَنَّس, M.

دُغْمُوس *euphorbier*, arbrisseau de Mauritanie, Jackson 81 et Timb. 74, Gråberg 33, Davidson 167. *Apteranthes jussomania*, Daumas V. A. 383. Chez Guyon, 185, 211, c'est le fruit du نَغَل (*nitraria tridentata*).

دَغَى *murmure*, Bc.

دَغِيا *promptement*, Bc (Barb.).

دَفّ II c. على a p. *protéger*, Voc., qui a aussi cette forme sous *tinpanum* et sous *porta; jouer du* دَفّ, Saadiah ps. 68. — *Boiser, garnir de bois*, Bc.

V dans le Voc. sous *porta*.

دَفّ pl. دُفُوف *ais, planche de bois, bardeau*, petit ais, *douve, planche, tableau*, Bc, Hbrt 191, M, Ztschr. XI, 478, n. 5; *comme t. de reliure, les* دُفُوف sont *les cartons d'un livre*, Payne Smith 1462: كتاب مجلّد بغير دفوف.

دُفّ. Le pl. أَدْفَاف, Alc. (sous *pandero*), et دَفَاف, Voc., Saadiah ps. 81, 149, 150.

دَفَّة, en Espagne دُفَّة, pl. دِفَف et دَفَاف, Gl. Esp. 49, Voc., *planche*, Gl. Esp. 48, *bardeau, petit ais*, Bc. — *Battant* d'une porte, Gl. Esp. 49, L (valbe, c.-à-d. valvæ). — *Porte*, Gl. Esp. 49, Voc. — *Porte posée horizontalement sur une ouverture, à rez-de-chaussée, c.-à-d. trappe*, Gl. Esp. 49. — *Contrevent, volet*, Gl. Esp. 49. — *Gouvernail*, Gl. Esp. 49, M. — *Echafaudage*, Ht. — *Page* d'un livre, Ht. دَفَّة الصامتة *damier*, Bc.

دُفُوف *un penchant*, Roland.

مُدَفَّف, en parlant d'une étoffe, est ما كان في وشيه بُقَع كبيرة, M.

دَفَى I, vulg. دَفَّى, *s'échauffer, se réchauffer*, Bc.

II *tenir chaud, chauffer, échauffer, réchauffer*, Alc. (escallentar), Bc. — *Se chauffer*, Ht.

III. Caussin de Perceval, Essai sur l'hist. des Arabes, etc., III, 367: «La nuit vint, et avec elle un froid piquant. Le crieur de Khâlid proclama dans le camp un ordre ainsi conçu: دافّوا اسراكم. Ces expressions, suivant la différence des dialectes, pouvaient signifier, « Tuez vos prisonniers, » ou, « Vêtez-les chaudement. » Elles furent interprétées dans le premier sens. » C'est aussi le seul que donne Lane.

دَفَى. دَفِيَّات للحمّام *étuve de bain*, Alc. (sudadero en el baño lugar).

دَفَّة *casaque des Bédouines*, Bg 803 (dèffé).

دَفِيّة *grande chemise en bouracan noir*, Vêtem. 183.

دَفْيَان, vulg. pour دَفْآن, M; *tiède*, Hbrt 163; انا دافي et انا دافي انا دفيان *j'ai chaud* (j'ai une chaleur convenable); رجلي دَفِيانة « j'ai les pieds chauds, » Bc.

دَافِي *tiède*, Domb. 108, Hbrt 163. Voyez ce qui précède.

دفترخوان (en pers. خوان signifie *lecteur*) *celui qui lit les defters devant les rois et les grands*, Macc. I, 660, 1.

دفر I chez le vulg., en général = دفع, M.

Défré ou *difrey*, plante aquatique qui se rapproche du riz, voyez Ouaday 685.

دقرار ? voyez sous دقرار.

دَيْفُور, n. d'un. ة, *figues précoces*, Bc, aussi دَيْفُور, M.

دفس I *heurter*, Ht.

دُلْفَاس et دُقَّاس, pl. ات et دَقَافِيس, aussi pl. دَلَافِس, espèce de vêtement grossier et rapiécé que portaient les derviches, les prestidigitateurs et autres vagabonds, et qui ressemblait à l'*abâā*, c.-à-d. à une espèce de manteau court, fait de laine, ouvert sur le devant et ayant des trous par lesquels on passe les bras, Lettre à M. Fleischer 75, Voc.

دفسين espèce de poisson, Edrîsî de Jaubert I, 159; c'est la leçon de BD; dans C avec le *chīn*; A دفسى.

دفش I *chasser, pousser en avant*; بكوع *coudoyer*, Bc; M, دفع =.

II بكوع *coudoyer*, Bc.

دَقَّاش espèce de navire, M.

دفع I, dans le sens de *repousser quelqu'un, l'éloigner de soi*, aussi c. ب p., Bidp. 153, 6: وليس فى عدل الملوك الدَفَّع بالمظلومين ومَن لا ذنب له بل المُنَاحَاصِمة — عَنِّف فلان دفع فى صدر فلان *donner à quelqu'un un coup de poing dans la poitrine*, au fig., *repousser, rejeter ses conseils*, Abbad. I, 376, n. 265. — دفع المركب, 1001 N. III, 54, 3 a f., dans le sens de *pousser un navire, faire en sorte qu'il s'éloigne du rivage*, دفع المركب من السبر, ibid. 59, 2 a f. — *Jeter en avant avec force, lancer*, Akhbâr 151, 8: دفع رُمْحَه. — Par ellipse, pour دفع عن نفسه, *se défendre devant le juge, plaider*, Macc. I, 558, 18; voyez aussi sous مَنْدَفِع. — *Refuser de croire une chose, dire qu'elle n'est pas vraie, la nier*, R. N. 104 r°: on me dit qu'il était mort, فجعلت ادفع ذلك. — *Envoyer*, Berb. I, 375, 10: فدفع وادافع مَن يقوله لجريدة الشيخ ابا حفص, 492, 14 et 15; 516, 4; 519,

3. — دفع الى شى *on lui confia la direction de*, Berb. I, 395, 7; 516, 6; 518, 5 a f.; 520, 7: فقام بما دفع اليه من ذلك احسن قيام, 598, 9, etc. — *Se mettre en marche*, Fragm. hist. Arab. 152, 9: il resta en prison حتى بلغ يزيد بن خالد دفع مروان للطلب بقتل الوليد. — *Pousser son cheval, le faire galoper à toute bride, se lancer en avant*, Bayân I, 227, 5: quand il fut arrivé près de la ville ennemie, دفع اليها. — *Se lancer en avant contre l'ennemi, charger, marcher vers l'ennemi et l'attaquer avec impétuosité*, Alc. (acometer en mal, arremeter, cometer uno a otro), Cartâs 149, 9: cette cavalerie ennemie دفعت نحو عسكر المسلمين, ibid. l. 15 et 6 a f., Bat. IV, 253, l'anonyme de Copenhague 116: وامرهم السعيد ان يدفعوا بجملتهم دفعة واحدة فدفعوا C. على p., Cout. 41 v°: فدفع عليهم موسى بن موسى, بمَن معد فالقام فى الوادى, Cartâs 149, 18; 218, 7. — Au lieu de دفع من عَرَفَات (Lane 891 a), on dit aussi دفع بالنفر, Bat. I, 399. Aujourd'hui دفع من s'emploie encore dans les parties septentrionales de la mer Rouge dans le sens de *partir de*, en parlant d'un navire, Burckhardt Nubia 424 n. De même, en parlant d'un fleuve, يدفع من الجبل, *déboucher d'une montagne*, Berb. I, 83, 5; 370, 7. C. الى *couler vers*, Berb. I, 372, 2 a f., et c. فى *se jeter dans*, Gl. Belâdz. — C. a. *quitter un endroit*, Djob. 311, 4: واجمعوا على دفع البلد والخروج منه. — *Donner*; au lieu de la constr. c. الى p., on trouve aussi c. c. p., Freytag Chrest. 34, 1, Cartâs 170, 9 a f., Nowairî Egypte, man. 2 m, 22 r°: دفع الثوبين للمرأتين. — De là *payer, rembourser*, Bc, Ht, Djob. 167, 15, 287, 11 (c. ل p.), Macc. I, 602, 7 et 8, 728, 21, 1001 N. III, 82, 7; c. عن p. *avancer de l'argent pour payer pour quelqu'un*, Bc, 1001 N. III, 71, 7 a f. — *Offrir une certaine somme*, p. e.: le marchand me demanda sept dirhems, فدفعت له خمسة «et je lui en offris cinq»; ou bien دفعت للوالى كذا «j'offris une certaine somme au gouverneur», s'il voulait faire pour moi telle ou telle chose, M. — *Employer l'argent*, Edrîsî, Clim. II, Sect. 5: le prince de la Mecque reçoit cette contribution فيدفعه فى ارزاق اجناده الى منافعه قليلة, leçon de ACD; B فينفقه. — *Comme v. n., pousser, v. n. (bouture)*, en parlant de l'accroissement qui a lieu dans les arbres et dans les

دفع

plantes, Auw. I, 180, 8, 202, 4. — *S'écrier*, Cout. 32 r°: فدفعوا كلّهم بلسان واحد « tous s'écrièrent d'une seule voix. » — Dans le sens de la IIIe, *différer, tarder*, Gl. Fragm., si la leçon est bonne.

III c. a. p. *contredire* quelqu'un, voyez un exemple tiré du R. N. sous la Ire forme. — C. a. p. et ب r. signifie évidemment *envoyer, remettre*, Berb. II, 45, 3 a f.: ولحق بفاس فامتنع عليه اهلها ودافعوه; je crois donc qu'il faut aussi lui attribuer ce sens dans d'autres passages d'Ibn-Khaldoun, p. e. Berb. I, 436, 8: ودافعوه على البعد بطاعة عرضة فتقبلها (de même II, 143, 13), 602, 1: دافعهم بالمواعد « il leur donna des promesses, » 622, 2 a f., Aghlab. 24, 10.

V. Un exemple de cette forme dans le sens indiqué par Lane (TA) sous la VIe, en parlant d'un torrent, se trouve P. Abd-al-wâhid 157, 3 a f., où il faut biffer ma note.

VI *se renvoyer mutuellement une accusation*, Akhbâr 136, 7: une des bourses manqua, فتدافعوا فيها كلّ يتّهم بها صاحبه. C. a. r. (cf. Lane TA) *se renvoyer mutuellement* une tâche, Berb. I, 492, 15: وفاوضهما فيمن يدفعه اليها فاشار عليه بالحاجب منصور ابن مزنى واشار منصور بالحاجب وتدافعها ايّاما حتّى دفعهما جميعا اليها. — Dans le sens indiqué par Lane (TA), en parlant d'un torrent: Abbad. II, 115, 7, Mi'yâr 16, 2 a f., Khatîb 156 v° السيل المتدافع.

VII *plonger dans l'eau* (nageur), Bat. I, 235. — *Survenir, arriver inopinément*, Chec. 187 v°: اندفع له الامر دفعة « le mal (la maladie) lui était survenu subitement. » — C. على. *s'élancer sur* quelqu'un, Bc, 1001 N. III, 229, 6, 285, 6 a f., 319, 3. — En parlant d'un torrent, dans le sens indiqué par Lane (TA) sous la VIe, cf. Abdarî 106 v° (au Caire): لا يمكنه تأمّل شىء فى السوق لأنّ الخلق يندفعون فيها مثل اندفع السيل; *erumpo*, L; en parlant des vagues de la mer, 1001 N. I, 488, 2 a f. — Dans le sens de *commencer*, non-seulement c. فى (Lane), mais aussi c. ب, Djob. 96, 15 et 20, Bat. I, 379, R. N. 75 v°: اندفع بالبكاء والانتحاب, Auw. I, 311, 2 a f., en parlant d'une plante; اندفع باللقح, où notre man. porte فى اللقح. Aussi avec l'aoriste, p. e. اندفع يقول Gl. Fragm. *Commencer à réciter*, Gl. Fragm., Badroun 115, 3, Haiyân 26 v°: واندفع فوصل البيتين. — Com-

mencer à raconter des histoires, Badroun 273, 3 a f. — Quasi-passif de la Ire, *être donné*, Voc., Djob. 293, 15. — يندفع *payable*, Bc. — عطش لا يندفع *soif inextinguible*, Bc.

X, à peu près dans le sens de la Ire, *repousser, écarter*, Abd-al-wâhid 193, dern. l., Baidhâwî II, 48, 21, Macc. I, 273, 2 a f., Haiyân-Bassâm I, 7 v°: مواخذ فى استدفاع ذلك جهدك فلم يغنه شيئًا.

دَفْع *plaidoyer*, ce qu'on dit pour *réfuter devant le juge* les arguments de la partie adverse, M.

دَفْعَة *véhémence, fougue*; دفعة الماء *la force de l'eau*, Bc (sans voyelles). — دَفْعَة *charge, attaque impétueuse*, Alc. (cometimiento), Cartâs 149, 17. — *Réaction*, Bc. — *Payement*, Bc, M. بالدفعات *souvent, parfois*, Roland. — دَفْعَة *carrière, lieu destiné à la course*, Alc. (carrera o corrida). — دَفْعَة *subitement*, Voc., voyez un exemple, tiré de Chec., sous la VIIe forme; l'excellent man. a les voyelles que j'ai données.

دَفُوع *défendant, protégeant*, P. Abbad. I, 304, 8.

دِفَاعِي *défensif*, Bc.

دَفَّاع, avec بالماء, *faisant jaillir l'eau*, Gl. Edrîsî. — *Celui qui charge, qui attaque avec impétuosité*, Alc. (cometedor). — *Contribuable, payant, payeur*, Bc.

دَافِع, t. de médec., *remède expulsif*; les médecins disent aussi القوّة الدافعة, M.

مَدْفَع *nom d'act.* (Freyt. et Lane) de la Ire forme, dans le sens de دفع عن نفسه, *se défendre devant le juge, plaider* (cf. sous la Ire forme), Mohammed ibn-Hârith 232: اباح له المَدْفَع (les voyelles sont dans le man.) « le cadi permit à l'accusé de se défendre; » ensuite: عجز عن المدفع. — *Moyen de défense*, Mohammed ibn-Hârith 270: deux personnes ont témoigné contre vous, فإن كان عندك مَدْفَع فهاتِه (les voyelles sont dans le man.), Akhbâr 13, 3 (où l'éditeur a eu tort d'ajouter au *fâ* un *techdîd*, qui n'est pas dans le man.) = Bayân II, 13, l. 16 (où je n'aurais pas dû donner un *kesra* au *mîm*).

مِدْفَع, vulg. مَدْفَع, M. « C'est en l'année 792 (1383), que le mot مدفع se trouve, pour la première fois, employé en Égypte pour désigner *un canon*, » Quatremère J. A. 1850, I, 237. En ce sens: Macc. II, 802, 13, 807, 4 a f. et dern. l., 808, 17, 1001 N. I,

171, 3 a f., II, 117. Au commencement, ce mot a signifié autre chose, et selon Reinaud, J. A. 1848, II, 215, la filiation des significations est celle-ci: 1° petit tube de fer, auquel venait aboutir la flèche de l'arbalète, *pousse-flèche*, *ressort*, l'équivalent de مجرى (Reinaud, *ibid.*, 214, n. 2); 2° le cylindre creux dans lequel on fait glisser le boulet de canon; 3° le canon [non pas le fusil, voyez Quatremère J. A. 1850, I, 237]. — *Pet*, Bc.

مدفوع *rapide* (torrent), Mi'yâr 9, l. 11, où je crois devoir lire ainsi.

دفق I, *répandre*, c. ب بالماء, Macc. II, 636, 13. — *Vomir*, M. — دفق عليه الضحك *rire de tout son cœur*, *à gorge déployée*, M.

VI à peu près dans le sens de la V°, Fleischer Gl. 65, n. 1.

VII *répandre*, c. ب, Cartâs 34, 8.

دفقى *répandant de la pluie*, Tahmân (Wright).

دفل. Dans le Voc. le nom du *laurier-rose* est écrit دفل, دفلة et دفلى.

دفن I *enfouir des brins qu'on recouche*, Auw. I, 410, 20; cf. 411, 7, où il faut lire avec notre man.: قصيب تريد دفنه

دفنة *inhumation*, *sépulture*, Bc.

سر دفين *sacramentum*, L.

دفينة *mets composé de viande*, *de choux et d'épiceries*, Gl. Esp. 43. — L donne: *propositio* وضع ودفينة, ce qui est étrange.

دفّان *fossoyeur*, Voc., Alc. (enterrador de muertos).

دفانة, t. d'agriculteur, *pierre cachée sous le sol*, *sur laquelle se brise parfois le soc de la charrue*; de là le proverbe الدفانة تكسر السكة pour indiquer une intention cachée et dangereuse, M.

مدفون للحرير المدفون; cette expression, que de Jong n'a pu expliquer, se trouve chez Tha'âlibî Latâif 127, dern. l., mais il faut y lire avec le man. 903: للحرير المدفون الذي تخفى فيه النّشر وتظهر, « dans laquelle les figures se cachent et se montrent. » Il s'agit du *damas*; tantôt on en voit les figures (les fleurs, etc.), tantôt on ne les voit pas.

مدفونة = دفينة, voyez plus haut, Gl. Esp. 43; *mets composé de légumes et de riz*, M.

دفى. دفى voyez plus haut.

دق I *s'aplanir*, *devenir plane et uni*, *s'amoindrir*, en parlant d'une chaîne de montagnes, Gl. Edrisî. — *Battre les métaux*, Macc. I, 602, 2, où il faut lire la Ire forme, comme je l'ai dit Lettre à M. Fleischer 83. — *Battre le blé*, 1001 N. Bresl. VI, 210, 3. — *Battre le tambour*, Bc, Hbrt 98, Maml. I, 173–4; au fig., دق الطبل *bavarder*, Hbrt 239. — *Sonner* la cloche, Bc, Hbrt 156–7, M, Payne Smith 1561 (دق الجرس); *sonnailler*, *sonner souvent et sans besoin*, Bc. — *Sonner*, indiquer, *marquer un son*, Bc. — *Sonner*, v. n., *rendre un son*; دقت البوقات « les trompettes sonnèrent; » دقت الساعة « l'horloge sonna, » Bc. — دق نوبة *sonner des fanfares*, Bc. — *Ficher*, *enfoncer un pieu*, Bc, 1001 N. I, 21, 3. — دق المراسى *jeter l'ancre*, 1001 N. II, 30. — *Battre*, v. n., *éprouver un mouvement d'agitation*, Bc. — *Tatouer*, Bc, Lane M. E. II, 121. — C. على *toucher*, t. de musique, *jouer*, Bc. — C. فى *saisir*, prendre tout d'un coup avec vigueur, Bc; — *raccrocher*, arrêter et inviter les passants à entrer; se dit des femmes publiques, Bc. — دق المعاملة *monnayer*, Bc. دق الكيميا *fabriquer de la fausse monnaie*, Bc.

II *affiner le lin*, *le chanvre*, Bc. — *Raffiner*, *subtiliser*, Bc; Khatîb 55 v°: من اهل المعرفة بصناعة; Macc. I, 569, 18: لـه الطب وتدقيق النظر فيها. تدقيق فى التصوف. Voyez aussi plus bas sous تدقيق. — *Quintessencier*, Bc (lisez ainsi, au lieu de دقق).
— C. على r. *passer par l'alambic*, discuter avec soin, éplucher, examiner avec soin, regarder de près; c. p. *scruter la conduite de quelqu'un*, tenir quelqu'un sur la sellette, lui faire subir des questions, Bc. — *Enfariner*, *poudrer de farine*, Alc. (enharinar).

IV. ادق فى عرضه *attaquer l'honneur de quelqu'un*, Asâs sous ولغ.

V *s'enfariner*, Alc. (enharinarse).

VII. الباب يندق « on frappe à la porte, » Voc. Bc. — C. فى *se cogner*, *se heurter contre*, Bc.

X *être étroit* (chemin), Gl. Belâdz. — *Etre facile à porter* (chose), *ibid.*

دق *tatouage*, Lane M. E. I, 56. — دق موزون *mouvement*, *manière de battre la mesure*, Bc. — دق

دق 451 دق

النَّبْض *pulsation*, battement du pouls, Bc. — دي nom du 16° mètre, المُتَدارِك, lorsque le pied est constamment changé en فَعَلْنْ, comme dans ce vers: M. ما لى مآلّ ألّا درقمْ او برنُّونى ذاك الادقمْ se prononçait en Espagne دِقّ, Voc., Alc. — دقّ السُّكَّر du sucre qui a été brisé en petits morceaux; on dit دَقّ et دِقّ, M. — دَقّ الفحم *poussier*, poussière de charbon, Bc, Catal. des man. or. de Leyde I, 155, 5, 1001 N. I; 114; on dit دَقّ et دِقّ, M. — Au lieu de الدِّقّ حُمَّى, *fièvre hectique*, on dit quelquefois الدِّى seul, mais c'est presque un barbarisme, Gl. Manç. in voce; Niebuhr, B. p. xxxiv, donne aussi دى seul en ce sens. — دى حمار *petit âne comme ceux de Sardaigne*, Alc. (sardes, c.-à-d. sardesco). — Nom d'une étoffe très-fine. Chez Tha'âlibî Latâîf 97, 11, c'est une étoffe de lin; mais دقّ الطرز, ibid. l. 8, doit désigner une espèce de brocart, et en ce sens on trouve دقّ المطرق, 1001 N. Bresl. III, 281, 7, et دقّ المطرقة seul, Vêtem. 392. — J'ignore ce que ce mot signifie Ztschr. XX, 507, 6.

دَقَّة *coup*, Bc. Peut-être ce mot a-t-il ce sens dans l'expression, qui est devenue proverbiale: دقّة بدقّة ولو زدت لزاد السّقاء, 1001 N. II, 400, 6. Dans ce cas il faudrait traduire: « coup pour coup, si j'avais fait davantage, le porteur d'eau en aurait fait de même.» A l'endroit cité, l'origine de cette expression est racontée. Dans l'éd. de Bresl. VIII, 216, le dernier mot est الشَّقّات. — زَوّل الدَّقّات *ôter les bosses à des vases de métal*, Alc. (desabollar, verbe que Victor explique ainsi: « relever les bosses qui sont dans des vaisseaux de cuivre ou d'étain, que l'on a enfoncés à force de coups ou de chutes, les redresser et débossuer »). — *Tatouage*, M. — دقّة الكرش mélange de curcuma, de poivre, de clou de girofle, de cannelle, de carvi et de cumin, avec lequel on assaisonne les tripes de bélier, M. — هذا فن دقّة ceci est un objet très-élégant, M. — دقّة *exactitude*; دقّة للحرف *littéralité*, attachement scrupuleux à la lettre en traduisant, Bc; *application, attention*, Ht. — *Pureté de dessin*, Bc. — دقّة شغل semble signifier *un petit travail*, 1001 N. IV, 618, 9:

توجّه الى دكّانه فجاءته دقّة شغل فاخذها واشتغلها فى بقيّة النهار.

دُقّة mélange qui se compose ordinairement de sel et de poivre, Lane M. E. I, 200.

دَقِّى *pulsatif*, Bc.

دقِّى *menu*, Bc.

دَقَاق *farine*, Gl. Esp. 51, Auw. I, 257, n. 5, surtout *farine de lupin*, dont on se sert en guise de savon, Lane, trad. des 1001 N. II, 377, n. 4; c'est ce qui explique des passages comme ceux-ci: 1001 N. I, 109, dern. l.: غسلت جسده غسلا جيدا بدقاق, 408, 3 a f.: واشترى له سدرا ودقاقا وقال, ودلكته, 409, 1. اغسل لك جسدك

دَقِيق, *farine*, a dans le Voc. le pl. دَقَائِق. — الدقيق est chez les médecins *le troisième intestin*, M. دقّاق الاجراس ou دقّاق للجرس *carillonneur, sonneur*; دقّاق ساعة *timbalier*; ساعة دقّاقة *montre à répétition*, Bc; le M donne l'expression الساعة الدقّاقة. — *Tamis très-fin pour séparer la partie la plus fine de la farine*, Bc.

تَدْقِيق *finesse d'esprit*, Macc. I, 940, 16. — *Exactitude*; بتدقيق وتحقيق *exactement; précision, scrupule*; بالتدقيق *minutieusement*; بالتدقيق *strictement*; على التدقيق *étroitement, à la rigueur, au pied de la lettre*; على وجه التدقيق *régulièrement*; تدقيق اللّغة *purisme*, défaut de celui qui affecte trop la pureté du langage, Bc.

مِدَقّ *pilon*, Gl. Manç. v° دستج. — *Baguette de fusil*, Ht (chez Domb. et Bc avec le ك).

مِدَقّة *pilon*, Bc. — *Macque, instrument propre à briser le chanvre*, Bc. — *Sonnette*, Payne Smith 1561. — *Petit flacon*, M.

مُدَقِّق *sagace, pénétrant*, Roland. — *Régulier, rigide, scrupuleux, strict, formaliste*, Bc. — مدقِّق فى اللّغة *puriste*, Bc. — *Docteur qui appuie les preuves* مُحَقِّق *sur de nouvelles preuves*, de Slane Prol. I, 196, n. 1.

مُدَقْفَتْ *boulette, petite boule de chair hachée, d'oignon et de persil*, Bc.

مَدْقُون *bœuf* (nommé ainsi parce que les musulmans, au lieu de le châtrer, *écrasent ses testicules entre deux morceaux de bois*), Höst 293, Gräberg 124.

دَقَات, دَقَاد, pl. دَقَادَش; c'est ainsi qu'on trouve le mot *ducat* écrit dans des chartes grenadines; Alc. (ducado de oro) a ducât.

دَقَس I c. على *chercher avec le plus grand soin*, M.

دَقْدَقَ I *frapper à une porte*, Bc (في الباب), Cherb. B, Ht, Delap. 50. — En parlant de vers à soie, *devenir دَقْدُوقًا*, c.-à-d., *faible et maigre*, M.

دَقْ دَقْ est une onomatopée dont on se sert pour exprimer le bruit qu'on fait en frappant à une porte. De là le vers qui a passé en proverbe:

اغلقوا بابكم مخافة واش الف دَقْ دَقْ ولا سلام عليكم

ce qui signifie: mille personnes doivent frapper successivement à la porte et attendre qu'on ouvre, mais personne ne doit trouver la porte ouverte et entrer à l'improviste, M. (Burckhardt Prov. nº 1: الف دقدقى ولا سلام عليك « A thousand raps at the door, but no salute or invitation from within.» This is said of a person's fruitless endeavours to become intimate with another). On dit aussi par allusion à ce proverbe: حدّثته بالقصّة من الدَقْدَقى الى السلام عليك, c.-à-d., depuis le commencement jusqu'à la fin, M.

دَقْدُوق, en parlant de vers à soie, *faible et maigre*, M.

دَقْدِيق *coup que l'on frappe à la porte*, Roland.

مُدَقْدَق *raffiné*; c'est ainsi qu'il faut lire 1001 N. Bresl. VII, 282, 1, car دَقْدَق est la réduplication de دَقْ, qui signifie à la IIᵉ forme *raffiner* (Bc), et l'éd. Macn. porte مُكَرَّر, qui a le même sens.

دَقَر I *barricader*, Ht. — *Toucher*, Bc, M. — *Heurter*, Mc. — C. a. p. ou دَقَر خَاطِرَهُ *choquer, fâcher*, M.

II est chez Alc. *aporcar* (le n. d'act. aporcadura), et ce verbe signifie selon Victor: *faire des sillons en une terre, la labourer et assillonner, couvrir des herbes sous le rayon*, et selon Nuñez: *buter, enchausser les plantes pour les faire blanchir*. — *Retenir,*

empêcher, M (عوّقه وأخّره). — دَقَر الباب *fermer une porte au moyen d'une دَقْرَة* (voyez), M.

VII c. على *toucher*, Bc.

دَقْر pl. دَقُور *barre pour fermer une porte*, Bc, M; au fig., *obstacle*, p. e. كيفما توجّهت يكون لى فلان دَقْرًا, M.

دَقْرَار ? Most. sous ابهل: قيل هو العرعر الذكر وقيل; هو حب الدَقْرَار ورأيت حب العرعر هو حب الدَقْرَار ainsi dans Lm; N الدَقْرَار.

دَقْرَارَة *podagra*, L.

دَقْرَة *sorte de fermeture de bois que l'on met aux portes et qui s'ouvre sans clef, espèce de loquet*, M; c'est le زلاج de la langue classique, M sous ce dernier mot, où il écrit دَقْرَة.

دَقْوَرَة *baisser les yeux, regarder en bas*, M.

دَاقُور pl. دَوَاقِير *appui, étai, soutien*, Hbrt 194.

على قمّة est اضطرّ ان يأتى على مدقّر راسه مُدَقّر راسه, M.

دَقَس .

المُدَاقَسَة voyez sous دقس VI.

دَقْشَشَ I *frapper, heurter des cornes*, Alc. (topar topetando con cuerno).

دَقْف III *se chamailler*, Ht; M: والعامّة تقول داقفه مداقفة اى قاومه وتعرّض له ه.

دَقْفَت *echiochilon fruticosum* Desf., Prax R. d. O. A. VIII, 282.

دَقَل

دَقَل, nom d'un s. Dans la langue classique, *la plus mauvaise espèce du palmier et de ses fruits*, et chez Pagni, 151, je trouve aussi que ce terme désigne la plus mauvaise espèce de dattes. Mais aujourd'hui il désigne au contraire « le roi des dattiers » (d'Escayrac 10), et les dattes de la première qualité (Richardson Mor. II, 285, le même Sahara I, 423, Pellissier 149, Dunant 89), appelées en France *muscades* (Espina R. d. O. A. XIII, 156). Espèces: 1º دَقَلَة نُور, la meilleure de toutes, Cherb, Tristram 79, Carette Géogr. 196, 224 (qui a l'article avant le second mot), Pagni 149 (aussi avec l'art.) qui dit qu'elles sont sèches, rondes, dures, et qu'elles fondent dans la bouche comme du sucre. L'origine du nom est expliquée par Prax, R. d. O. A. V, 212 n., de cette manière: « Noura est une sainte musulmane enterrée à El-Harihira, village dépendant de Tougourt. Les Arabes racontent que cette dame ayant fait ses ablutions pour la prière, un dattier naquit sur le lieu ainsi arrosé. Ses dattes, de l'espèce degla, furent appelées *deglet-nour*. 2° دقلة بيضاء, longues, sèches et très-dures, Pagni 149, d'Escayrac 11. 3° دقلة حَسَن, petites, tendres et jaunes, Pagni 152 (où il faut lire hassên, avec le man.). 4° دقلة حَمْراء, d'Escayrac 11. 5° دقلة عائشة, Prax l. l. 6° دقلة مأمن, Prax l. l. — Dans le sens de *mât* le pl. est دقال et أدقال, Gl. Djob.

دقم I c. a. p., à Damas, *donner un coup de poing à quelqu'un*, M.

دُقم et دَقم, pl. أدقام, *bouche*, Voc., Alc. (boca); دقم المعدة *le creux de l'estomac*, Alc. (boca de estomago, estomago la boca del); دقم القنديل *lamperon, tuyau du chandelier où l'on met la chandelle*, Alc. (mechero de candil); لِعَاب الدقم *jeu de mots*, Alc. (juego de palabras).

دُقماق et دَقْمَق (طوقمق ou طوقومق turc) *maillet, marteau de bois à deux têtes*, Cherb., Bc, Martin 129, Fleischer Gl. 104, Maml. II, 2, 51. — *Casse-noisette*, Bc.

دَقنو *boisson en usage dans le Soudan; c'est de l'eau contenant du millet concassé, mêlé avec une petite quantité de miel ou de lait aigre*, Bat. IV, 434.

دك I *exciter des querelles*, M.

دك I *cacher*, Voc. (abscondere); *glisser, couler adroitement*, p. e. un soporifique dans un aliment que va prendre une personne qu'on veut endormir, Ztschr. XX, 508. — *Charger, bourrer une arme à feu*, Bc, Ht, M. — *Altérer, falsifier* une substance, Ztschr. XX, 495. — C. a. r. et على p. *escamoter, escroquer* une chose à quelqu'un, Ztschr. XX, 501, 495, où je crois que les paroles: دك عليك ألف دينار signifient: «il vous a escroqué mille dinârs.» — A Damas, en parlant d'un maçon, دك اللبن *placer les pierres les unes sur les autres, entre les poutres*, M.

II. دكّك السراويل, pour تكّك, on dit aussi دككّ, *passer le lacet (تكّة) dans la coulisse du pantalon*, M.

VII *être caché*, Voc.

دَكّ *jouer des gobelets*, Ztschr. XX, 487, 2 a f., 507, 1, Macc. II, 146, dern. l., 179, 4, III, 23, l. 30.

دَكّة *plancher*, p. e.: واتّخذ il combla les puits عليها دكّة ثم انشأ للحصن عليها. Aussi une espèce de plancher élevé sur l'eau et contigu à la maison, Gl. Belâdz. — Espèce de *brancard* sur lequel on place la bière avant de la porter au tombeau, Burckhardt Prov. n° 18. — *Rang*, Payne Smith 1466: تقعّد. دكّة حطب — *chantier, magasin de bois en pile*, Bc. — مراتب دكات رسوم دكّة في الكلام *bourrade, répartie vive*, Bc.

دَكِّيّات (pl.) *tours de passe-passe*, 1001 N. IV, 173, 15.

دَكّاك dans le Voc. sous abscondere.

مِدَكّ = مِدَقّ, Abou'l-Walîd 779, 19. — Pl. أت *baguette de fusil, refouloir*, Domb. 80, Bc (chez Ht avec le ق). — *Aiguille à passer, grande aiguille dont on se sert pour passer le lacet (تكّة) dans la coulisse du pantalon* (cf. sous II), M.

مَدَكّ *endroit où le sol a été aplati par les pieds des hommes et des animaux*, Gl. Mosl. — *Imposture*, J. A. 1848, II, 244, 6 a f.; dans le Voc. *calliditas et dolus*. — *Tour de passe-passe*, Ztschr. XX, 488, 1.

مَدَكّير (composé du mot qui précède et de la termin. esp. ero) est dans le Voc. *dolosus (incantator)*.

مَدْكوك *enroué* (voix), M.

دكج.

دَكاكيج pl. دَكوجة *petite jarre*, Bc, 1001 N. II, 258, 3 a f.; cf. دَكوشة.

دكدك I *chatouiller*, Bc. — دكدك الحائط *faire entrer des coins entre les pierres d'une muraille dont la partie inférieure menace de se fendre, afin de l'empêcher de tomber*, M. — دكدك الدلو *boucher les trous d'un seau*, M. — Voyez sous دك II.

II *être chatouilleux*, Bc.

دكر

ذَكْدَكْ housse, Ht.

دَكْدَكَة = دَكْدَقَة, Koseg. Chrest. 60, 9. Comme دَكّ signifie la même chose que دَقّ (Lane), je n'oserais pas changer la leçon.

ذكر voyez دكر.

دَكُور pl. دَكَاكِير, dans la langue des nègres, idole, fétiche, Becrî 172, 175, 176, 183.

دكرميات mouchoir de soie dont on se ceint le milieu du corps, Bg (sous moucher).

دَكّ I éperonner, piquer des deux, Bc; écrit دكس, 1001 N. Bresl. II, 155, 12; dans son Gloss., Habicht cite la Conquête de l'Afrique, par le Pseudo-Wâkidî. — Ecrit aussi دكس, pousser une porte pour l'ouvrir, 1001 N. Bresl. XI, 376, 8. — دكر على شى pousser quelqu'un pour l'avertir en cachette de quelque chose, Bc.

دكس I c. على, comme synonyme de حثا (Câmous), répandre de la poussière sur sa tête, ses vêtements, quand on est plongé dans la tristesse, quand on a une vengeance à exercer, etc., Koseg. Chrest. 80, dern. l.; وقد دكس عليه كأنّه طالب ثأر l'éditeur a prononcé le verbe au passif, mais je crois que l'actif est préférable; نفسه على est نفسه عليه — Voyez l'article qui précède.

VII, pour انتكس, en parlant d'un malade, avoir une rechute, M.

دَكْسَة rechute, M.

دكش III c. a. p. et فى r. troquer, Bc, Hbrt 104, M.

دكش fourgon, perche pour remuer la braise dans un four, M.

دكش chose désagréable, M.

دَكُوشَة petite jarre, M; cf. دَكُوجَة.

دكش troc, échange, Bc.

داكش, أنْدَكَش fém. دَكْشَاء, pl. دُكْش, qui a la vue faible, M.

دكل

دَكَلَة foule, multitude de personnes qui s'entre-poussent, M.

دكم II faire entrer, presser une chose dans une autre,

ou en quelque lieu, quelquefois à force de coups de pied, Alc. (atestar, calcar recalcar, costreñir estribar, costribar, enbutir otra vez, recalcar, recalcar acoceando, tupir recalcando; chez lui la dernière lettre est un n, qui, dans son livre, est souvent à la place du m, à la fin des mots).

V. Le nom d'act. l'action de faire entrer, etc. (cf. ce qui précède), Alc. (recalcadura).

دكن

دُكَّان, banc, le pl. aussi أت, Voc. — Un gros quartier de pierre, Gl. Esp. 46; ce que j'y ai dit est confirmé par L, qui donne دَكَاكِين sous pavimentum. Abdarî, 38 v°, se sert de ce mot, comme Ibn-Batouta, en parlant de la colonne d'Alexandrie; en outre il dit (ibid.), en parlant du phare: قد أحاط به البحر شرقا وغربا حتى تأكل حجره من الناحيتين فقعم منها ببناه وثيقى اتصل الى اعلاه وزيد دعما بدكاكين متسعة وثيقة وضع اساسها فى البحر. — Alcôve, Martin 77. Peut-être ce mot a-t-il ce sens Akhbâr 126, 7, où une concubine de Hacam Ier raconte que, s'étant éveillée au milieu de la nuit et ne sentant pas le prince à ses côtés, elle alla à sa recherche, et le trouva en prière فى دكان الدار. L'éditeur traduit antichambre. Chez Ibn-Badroun, 253, 13, 254, 1, il est aussi question du دكان القصر, mais à la rigueur ce terme pourrait y signifier, comme à l'ordinaire, un long banc de pierre élevé contre le mur du palais, en plein air.

دُكَّانَة, comme دُكَّان, banc, estrade, Hbrt 181 (Alg.), Cartâs 34, 5, Bat. II, 108, 174, 189, 425, 427, etc.; espèce de banc large en maçonnerie, couvert de marbre, placé au milieu du bain, au-dessus du feu qui chauffe la salle, Martin 122. — Alcôve, Cherb.

دُكَّانْجِى et دُكَّانِى boutiquier, M.

دكها celle-là, Bc (Eg.).

دل I, dans le sens de guider, accompagner quelqu'un pour lui montrer le chemin, aussi c. ب p., Abdarî 18 r°: à Tunis je rencontrais souvent des personnes que je ne connaissais pas, فأسأله عن الطريق الى ناحية منها فيقوم ماشيا بين يدى يسل الناس عن الطريق ويدل بى الى طريقى, Berb. II, 218, 2: دل بام الطريق وقد اولاد, Autob. 225 r°: القفر

سِباع. — Dans le sens d'*indiquer*, دَلَّ عليْنا الْعَامِلَ «il indiqua au gouverneur l'endroit où nous étions,» Akhbâr 53, 8. — C. على r. *présager*, marquer une chose à venir, Bc. — *Prouver*, Ht. — Pour *connaître le chemin* (Lane), on emploie aussi دل seul, Gl. Edrîsî. — Dans le sens de *coqueter*, on trouve la constr. c. مع p. dans un fragment du Roman d'Antar publié par Koseg. Chrest. 93, 5, où l'édit. de Caussin porte على. — *Flatter*, Ht. — La signif. *he favoured with, or conferred, a gift*, est peut-être le على que la Voc. a sous *tradere*.

II *choyer*, veiller avec grand soin à la conservation d'une personne, Bc; — *flatter, caresser*, Bc, *gâter son enfant*, Bc, Hbrt 28. — *Vendre à l'encan*, Voc., Alc. (almonedear, publicar bienes), 1001 N. II, 109; 9, c. على r., *ibid.* III, 78, 6 a f. — *Etre* دَلَّال *censal, courtier*, Amari Dipl. 76, 5.

IV c. على p. *prendre des libertés avec quelqu'un, agir avec lui sans façons, en user familièrement avec lui*, Fleischer Gl. 53, Nowairî Espagne 469: اَنْ عَلَيْكَ اَدْلالَ الْعُلَمَاءِ على المُلوكِ الحُكَمَاءِ, Koseg. Chrest. 85, 3 a f.; le Voc. exprime cette idée d'une manière un peu obscure par *confidere* et *facere ex confidencia alterius*; le n. d'act. *familiarité*, Bc. — C. ب r. *s'enorgueillir de, être vain de*, Akhbâr 19, 4 a f., Macc. I, 278, 20, II, 451, 5, où le Matmah L porte اَدْلالُكَ بِآدَابِكَ, Djob. 330, 16, Çalât 21 r° et v°, Prol. I, 229, 8, 230, 7 et 8, Berb. I, 345, 493, 6 a f., II, 90, 6 a f., 97, 9 a f., 439, 12; dans Abbad. I, 322, 2 a f., je crois devoir lire بِبَاْسِمِهِ, comme on trouve dans quelques-uns des passages que je viens de citer, au lieu de بِقَلْسِهِ.

V, dans le sens de *coqueter, faire des coquetteries à quelqu'un*, c. على p., Bc. — *Minauder*, Bc. — C. على p. *en user familièrement avec quelqu'un*, Bc; le n. d'act. *familiarité*, Bc. — C. على p. *flatter*, Bc. — تدلل على أمه *faire le câlin auprès de sa mère*, Bc. — *Se choyer*, Bc. — *Faire le renchéri*, Bc. — Le n. d'act. *cri du crieur public, quand il annonce la vente d'une marchandise*, Alc. (pregon del pregonero).

X *demander qu'on montre* un endroit, Mohammed ibn-Hârith 255: وقف وقوف الجاهل بالمكان المستدل. — الاستدلال على نزول الغيث في الشتا *observer les phénomènes qui font présager que l'hiver sera pluvieux*, Auw. I, 33, 6. — C. ب *se diriger d'après*, p. e. en parlant d'une haute montagne, qu'on voit de très-loin et qui sert de guide aux voyageurs, اِسْتَدَلَّ بِالْجَبَلِ, Becrî 46, 1; استدل بالنجوم *se diriger d'après les étoiles, les prendre pour guides* dans son voyage, Djob. 70, 18 et 19, Edrîsî, Clim. II, Sect. 5: وربما اخطأ بها الدليل الماهر وأكثر الاستدلال بها بالنجوم ومسير الشمس. Mais cette dernière expression signifie aussi *chercher à connaître l'avenir par l'inspection des astres*, Abbad. II, 197, 4. — اِسْتَدَلَّ على الله dans le Voc. sous *dirigere*, mais sans explication.

دَلَّ ما *que! combien!* Bc.

دَلَّة (à Damas دَوْلَة) pl. دِلال *cafetière en cuivre étamé*, Ztschr. XXII, 100, n. 35, cf. p. 143.

دَلِّيَّة *l'habitude ou le droit d'agir sans façons avec* (على) *quelqu'un*, Fleischer Gl. 53.

دَلال *minauderies, mines et manières affectées pour plaire*, Bc. — *Familiarité*, Bc. — *Grâce, agrément, élégance*, synonyme de ظرف, 1001 N. I, 812, 2 a f.: وتوفّر الزمان كل يوم يزداد حسنا وجمالا، وظرفا ودلالا, 813, 3, 836, 5 a f., 842, 10, 872, 15, 906, 10, II, 310, dern. l.; يا راخى الدلال «ô toi qui fais tout avec une gracieuse nonchalance!» Ztschr. XI, 683. — *Délicatesse*, mollesse, Bc, 1001 N. I, 811, 15: le fils du roi fut élevé في العزّ والدلال, de même 903, 1, cf. II, 470, 7 (aussi avec العزّ). — *Orgueil*, 1001 N. I, 837, 6: elle dit: والله انت حبيبي وتحيني, aussi avec التيه, *ibid.*, ولكن كأنك تعرض عنّي دلالًا, 2 a f. et 896, 3 a f. — *Chevelure, celle du front*, L (antia ناصيه ووقره ودلال), Voc. (coma, crinis), Prol. III, 414, 7.

دَلِيل dans le sens de *preuve*, p. e. قولُه بدليل «la preuve en est dans ce mot du Prophète,» de Sacy Chrest. II, 249, 1. — En philos., *argument par analogie, induction*, tandis que برهان est argument direct et positif, J. A. 1853, I, 260, n. 1. — *L'action de guider, de montrer le chemin*, pl. دلائل, Alc. (guia por el mesmo guiar). — *Le guide et chef de la cavalerie légère qui court le pays ennemi*, Gl. Esp. 40. — *Capitaine de corsaires*, Alc. (principe de cosarios). — *Pilote*, Gl. Edrîsî, M. — En astrol., *le significateur*, c.-à-d. la planète qui tient le premier lieu dans le zodiaque selon l'ordre des signes, de Slane Prol. II, 219, n. 1. — *Celui qui sonde*, pl. دلائل et أَدِلَّة, Alc. (calador que cala). — *Sonde, instr. de chir.*, pl. أَدِلَّة, Alc. (calador de cirugiano), Daumas V. A. 115. — T. de médec., *symptôme*, Bc, M.

دَلَالَة *signe*, Bidp. 128, 3. — *Signe, miracle*, Pseudo-Wâkidî de Hamaker 138, 3 et p. 185 des notes. — *Indication*, Bc, Prol. II, 348, 3. الدِلَالَة اللُغَوِيَّة *indiquer, exprimer ses pensées et ses sentiments par des mots, le langage*, Prol. II, 338, 3. On dit en parlant d'un chercheur de trésors, معه دلائل, ce que Burckhardt, Syria 429, traduit par: « he has indications of treasure with him. » — *Preuve (de*, على), Abbad. I, 243, 5, 263, n. 24. — *Présage, augure, pronostic*, Bc. — دلائل الخيل *maquignonnage, métier du maquignon*, Bc. — *Mise, enchère*, Bc. — *Vente publique*, Ht. — دلالات أم صبيتم espèce de pâtisserie ou de sucrerie, 1001 N. Bresl. I, 149, 9.

دَلَالَة *l'action de raisonner par induction*, J. A. 1853, I, 260, n. 1.

دَلِيلَة *artificieuse, frauduleuse, intrigante*; c'est aussi un sobriquet qu'on donne souvent à une femme, 1001 N. I, 598, avec la note dans la trad. de Lane I, 614, n. 44.

دَلَالِي *démonstratif, indicatif*, Bc.

دَلِيلِي *symptomatique*, Bc.

دَلَّال, proprement *censal, courtier (commissaire-priseur*, Prax R. d. O. A. VI, 350 et ailleurs), signifie quelquefois *marchand*; كان دلال يبيع الكنانيش Cartâs 123, 5 a f.; *fripier, revendeur de vieux habits*, The adventures of Hajji Baba, t. I, chap. 17; *marchand de vieilles étoffes et friperies*, Descr. de l'Eg. XVIII, part. 2, 421; *marchand d'esclaves*, Barth II, 393; دلال الخيل *maquignon, revendeur de chevaux, qui les troque, etc.*, Bc; دلال للكتب *libraire*, L (bibliopola). — *Un crieur qui annonce et décrit les objets qui ont été perdus*, M. — *Panier de sparte*, Alc. (fiscal de esparto).

دَلَّالَة *courtière*, Lane M. E. I, 236; port. *adela*, fripière.

دَال, t. de médec., *symptôme*, M.

دَالَّة *familiarité, privauté*; اخذ دالة على *prendre des privautés, se familiariser*, Bc; *l'habitude ou le droit d'agir sans façons avec* (على) *quelqu'un*, Akhbâr 116, dern. l., Macc. I, 657, 21, III, 680, 6, Berb. I, 40, 2 a f., II, 166, 8, 210, 8, 219, 5, 291, 7. — *L'abus qu'on fait de cette habitude ou de ce droit, insolence, présomption*, Gl. Belâdz., Valeton 25, 1 (ajoutez un *techdîd* et corrigez la traduction), Prol. I, 20, 3 a f., 21, 13, 22, 2 et 4, Berb. I, 527, 3, 597, dern. l., II, 164, 1, 362, 4 a f.

دَالِيَّة *l'habitude ou le droit d'agir sans façons avec* (على) *quelqu'un*, Fleischer Gl. 53, Aboulf. Ann. II, 110, 5.

أَدَلّ *le plus évident (preuve)*, Djob. 130, 10. — *Ce qui est évidemment le mieux*, Cartâs 179, 7.

تَدْلِيل *caresse*, Bc.

مُدَلَّل *délicat, efféminé*, Bc.

مُدَلِّل *coquet;* — *câlin*, Bc.

دَلَاتِي *spahi, cavalier turc*, Bc. Le M (sous دلس) dit que الدَلَاتِيَّة était autrefois un corps de soldats qui portaient un bonnet haut et ressemblant au طرطور. Il ajoute que le mot est formé irrégulièrement du pers. دَالَّة, qui, à l'en croire, signifierait دَلِيل(?).

دلب. En Afrique on prononce autrement, car je trouve *deleib*, Browne II, 40, *deleyb*, d'Escayrac 72, *dhelêb*, Werne 33, *delêb*, Barth V, 682.

دَلِيبَاش (turc دلى باشى, *capitaine de cavalerie légère*) pl. دليباشية *cavalier*, Ztschr. XI, 481, 494.

دَلَبُوث *gladiolus Byzantinus*, Bait. I, 26 c, 423 b, *glaïeul*, Bc (avec le ت).

دلج.

دَوْلَج *cabale, intrigue, menée*, M.

مِدْلَج *qui court (cheval)*, Diwan d'Amrolkaïs ١٣, vs. 9.

دلح I c. a. r. *baisser, abaisser* (دَلَّ); aussi *baisser comme v. n.*, p. e. en parlant d'une femme, حسنها *sa beauté diminue*, M.

طُرْبُوش الدَلْغ long tarbouch qui descend du derrière de la tête jusqu'au cou, M.

دَلْغ, à Jérusalem, *heracleum sphondylium*, Bait. I, 424 b (lisez ainsi, il l'épelle).

دَلْق II *déborder* (vase), M (sous دلق).

مُدَلْنَق *inconsidéré, étourdi*, M.

دلس I *lisser, unir*, Ht.

II *falsifier, altérer* une substance *par un mauvais mélange*, Voc., Alc. (mezturar, mezclar con engaño; le partic. act. contrahazedor falsario, falsario; le part. passif مدلس زيت azeite contra hecho, contra hecho falsado, falsada cosa, falsa cosa), L (qui a مُدَلَّس et كَذَّاب sous fictor (falsator et fictor) et sous fictor (mendax)), Gl. Manç. v° بلسان: comme le bois du كثيرا ما يجلب ressemble fort à celui du بلسان بشام وتُرِيحَا, مع حطب البلسان تدليسا Bait. I, 205 b: les médecins modernes ayant parlé fort inexactement, dans leurs livres, de cette plante, وجد المدلسون السبيل الى تدليسه بغير ما نوع من الكلوخ ومن المدلسون يجعلون, Ibn-Loyon 45 r° البيتوع وغير ذلك لربع من الجنا نصف ربع من زريعة الكتان; *falsifier de la monnaie*, Berb. I, 434, 11. — دَلَّس على الخطوط *contrefaire une écriture*, Bat. III, 175. — دَلَّس في المال *soustraire de l'argent, se l'approprier par fraude*, Mohammed ibn-Hârith 302: ونُسِب اليه تدليس في الديوان (registre); 305: لو دلَّست في مال مستودع — في هذا المال لما ابقيت ذكره في الديوان *Trahir*, Çalât 10 v°: ووصله لخبر بغدر الفسقة اصحاب ابن قمشك مدينة قرمونة بتدليس الشقي عبد الله بن شراحيل فيها. — C. على p. *chercher à tromper* quelqu'un, Abbad. I, 57, 7, Gl. Mosl., 1001 N. III, 416, 1. — *Se déguiser, feindre*, Bc. — *Couvrir de chaume ou de dis*, Cherb. Dial. 72 n.

III *se déguiser*, Bc.

V c. على p. *tromper*, M (sous بطن V).

تَدْليس *l'action de lisser* (comme دَلْس), M.

دَلْس *fraude*, Voc., Alc. (falsedad).

دُلْسَة *fraude*, forme au pl. دُلَس, Voc.

I

التَدْليس, chez la secte des Sab'îya, *feindre d'être d'accord avec ceux qui occupent le premier rang dans les choses spirituelles et temporelles*, M.

مُدَلَّس *jeton*, Alc. (tanto o contante para contar); c'est proprement une pièce de monnaie fausse (voyez sous la II° forme); aussi Alc. traduit-il le même mot par dînâr de cuivre.

مُدَلِّس *falsificateur*; voyez sous la II° forme.

دلع I c. a. *gâter* un enfant, M.

VI *polissonner*, dire ou faire des polissonneries, Bc.

VII *être gâté* (enfant), M.

دلع *doucereux*; — ولد دلع *enfant capricieux, gâté*, Bc.

دَلْعَة *l'action de gâter un enfant*, M.

دَلاعَة *façon, afféterie*, Bc.

دَلْعَة pl. دُلَع est dans le Voc. *citrulla* (citrouille); je crois toutefois que c'est le même mot que celui qui suit et qu'il désigne le même fruit, car Ht écrit aussi دلعة pour دلاّعة.

دَلاّع, nom d'un. ة, au Maghrib, *pastèque, melon d'eau*, Alc. (sandia), Bc, Becri 121, 2 a f., notes de Tornberg sur le Cartâs 364, 3 a f., Edrîsî Î¹, 12. C'est, dit l'auteur du Most. (in voce), le melon d'Inde البطيخ الهندي وهو السندي (d'où vient le mot esp. sandia, cf. Gl. Esp. 339; dans le Calendr. 83 الدلاع, où l'ancienne trad. porte: adulaha, et est sandia), appelé aussi de Palestine, et selon Zahrâwî, de Syrie. Alc., Shaw (I, 217) et Domb. (71) prononcent dillâ'; d'autres: dellâ', delâa, etc. Selon Richardson (Central II, 87), ces melons sont petits et amers; Hœst, au contraire, les loue (p. 309), et Jackson (Timb. 114) atteste que l'espèce qu'il nomme «dilla Seed Billa,» est extrêmement douce.

دالِع *alouette*, Bc, Hbrt 67.

دَوْلَعَى = أَدْلَعَى chez Freyt, si la leçon chez Macc. I, 727, 15, est bonne (Boul. كرأس زيرني).

دلف I. Le n. d'act. دلاف Gl. Badroun. — I, n. d'act. دَلَف, et IV, en parlant d'un toit, *avoir une fente par où passe l'eau*, M.

دَلْف *bonnet* rouge en forme de sac, dont le bout

دلفاس

retombe en arrière (en usage chez les Maronites), Bg.
— fém. دَلْفاء pl. دُلْف, *ayant le nez plat*, Voc.

دُقَاس pl. دَلَافيس voyez دَلْفاس.

دِلْفِين est chez Alc. (golfin).

دلق I *répandre, verser un liquide*, M, 1001 N. I, 47, 4, III, 445, 11, 643, 13.

VII. اندلقت ساقُه *il se démit la cuisse*, Becrî 127, 15. — *Être répandu, versé* (liquide), M.

دَلَق. Non-seulement *belette*, mais aussi *fourrure de belette*, Bait. I, 424 o: دَلَق هو في الفرا كالسمور هو في جميع حالاته البَالِسِى هو اضعف حرًّا من السمور واثقل جَلّا السمّ (Sontheimer n'a rien compris à cet article). — Comme nom d'un vêtement: dans le Voc. (بُخْتُمًا), pl. أَدْلَاق, *vestimentum religiosi*. — (Syr. *ver luisant*, Payne Smith 910.

دلك I *polir, rendre uni et luisant, à force de frotter*, Voc., p. e. un enduit de plâtre qu'on a appliqué sur une muraille, M, Djob. 195, 10 (n. d'act. دَلْك). La II° forme a le même sens, Voc., Cartâs 32, 10 (notre man. a le *techdîd*), 35, 16 (notre man. a toutes les voyelles, comme dans l'édit.), Prol. II, 321, 2 (le *techdîd* est dans notre man. 1350). Aussi en parlant de papier, مَدْلُوك, *poli, luisant*, Domb. 78.

II *se masturber*, Harîrî 498, 5 a f.
VII quasi-pass. de la I°, Voc.

دَلَكَة sorte de *pommade* dans laquelle il entre divers ingrédients, entre autres du mahaleb et la râpure ou la poussière de petits coquillages, et avec laquelle on se fait frotter la peau pour la polir et la nettoyer. Tel est le sens que Werne, 23, et Pallme, 33, 42, 51, assignent à ce mot; mais selon d'Escayrac, 414, il désigne le massage qu'on pratique avec cette pommade.

دَليك *tresses de cheveux*, Burton II, 77, 136.

دَلُوكة *petit nombre de coups de fouet*, Alc. (açotes pocos).

مِدْلَك *polissoir, instrument pour polir*, Alc. (polidero para polir), M.

مَدْلَكَة même sens, M.

دلو

مَدْلُوك. Le vulgaire donne le nom de المَدْلُوك (AB) à la plante dite كفّ الهرّ, parce qu'elle est luisante et que ses fleurs sont lisses, Bait. II, 383 b.

دلم.

دُلَم, coll., n. d'unité ة, *ramiers, pigeons sauvages*, Alc. (çurana paloma, paloma torcaza, torquaza), Be, Auw. I, 122, 13, où Banqueri n'aurait pas dû changer la leçon, qui se trouve aussi dans notre man.

دَوْلَم pl. دَوَالِم *roue à auges d'un moulin à eau*, Alc. (rodezno de molino). Ce mot me semble une altération de دولاب.

دلن.

دَلْن (δόλων) pl. دَلَانين nom d'une voile dans les navires du moyen âge; voyez Gl. Djob. et Ducange v° dalum.

دلو II. دَلَى العَيْنَيْن est chez Alc. encapotar los ojos (le n. d'act. encapotadura de los ojos), c.-à-d., selon Victor: *cligner les yeux et faire semblant de ne pas voir une chose, froncer les sourcils, se renfrogner et regarder fièrement quelqu'un, rechigner*.

IV. ادلى من الارض *hisser* quelqu'un, Abdarî 54 r°: فاذا ادلوا شخصًا من الارض تعلّق به آخرون فتراهم — سلسلة (l.) اوّلها في الكعبة واخرها في الارض. Au lieu de ادلى بحجّة (Lane), on dit aussi ادلى بحجّة الى القاضى *devant le juge*, P. Macc. II, 198, 8. — C. ب r. et الى p. *communiquer une chose à quelqu'un*, Berb. II, 523, 10.

V *se laisser glisser jusqu'à terre*, بحبل *au moyen d'une corde*, Berb. II, 214, 11, Haiyân-Bassâm III, 49 v°: وجعل كثير منهم يتدلّون بالحبال من ذرى السور.

VII. اندلى لكلب *il se baissa pour montrer un chien* (de Slane), Becrî 184, 10.

دَلْو. Le pl. أَدْلاء dans le Voc., أَدْلِيَة, Kalyoubî 40, dern. l. éd. Lees. — *Machine hydraulique, décrite* Descr. de l'Eg. XVI, 16; = شادوف, *ibid.* XVIII, part. 2, 543. — ارماها دلوَيْن, 1001 N. Bresl. III, 278, 8 et 9, doit signifier *il la coupa en deux*; mais je ne puis expliquer l'origine de cette expression, et j'ignore si la leçon est bonne.

دلوانی alouette huppée, Casiri I, 319 b.

دلّاى fabricant de seaux, Domb. 102.

دالّ Verseau (signe du zodiaque), Dorn 56 n.

دالِيَة, dans le sens de cep de vigne (vitis, Voc., trad. d'une charte sicil. apud Lello 14), n'est pas classique, Gl. Manç. v° دوال, M. — دالية سوداء clématite, Bc. — Le sens de varice, dilatation d'une veine (Freyt.), est aussi dans Bc et dans M. — Le pl. دوال les courroies des étriers, 1001 N. Bresl. IV, 59, 2. — Biffez chez Freytag la dernière signification, car le mot qu'il a eu en vue appartient à la racine دلّ, comme Fleischer, Gl. 53, a observé avec raison.

دلالات chaînes d'argent pendant de la tête, Mehren 35.

دم

دم voyez ce qui suit.

دمة, dans le sens de chat, est un mot éthiopien (d'mat, Dillmann Lexicon Æthiop. p. 1086). Vers la fin du XVIe siècle, il était en usage dans le Yémen, car un chroniqueur de ce pays, qui écrivait à cette époque, se sert du pl. دمم, dans Rutgers 165, 18. Damîrî le donne sous la forme دمّ (ce que Rutgers dit p. 170, 2 a f. est inexact).

دمث

دمث pur, L (inlibatus نَقِى دَمِيث).

تَثْوِيب الحَشْمَة والدَّمَاثَة aube, vêtement de prêtre, L (poderis).

دمج I c. على p. se précipiter sur, 1001 N. I, 81, dern. l. — Lisser, unir du fil, le rendre égal, en ôter les inégalités, M. — دمج سطرا écrire très-droit, M.

III c. a. entrer dans, Diw. Hodz. 267, 12.

VII c. مع se familiariser avec des personnes, Bc.

مُنْدَمِج. Le Voc. donne sous litera l'expression خَطّ مُنْدَمِج, mais sans l'expliquer.

مَنْدَمُوجَة mets composé de beignets (اسفنج) concassés et de dattes également concassées, avec du beurre, de la graisse ou de l'huile, Pagni 153.

دَمَاجَانَة dame-jeanne, grosse bouteille, Bc; elle contient environ vingt bouteilles ordinaires, Niebuhr R. I, 205, et elle est revêtue d'osier ou de jonc, Bg (qui écrit دامَاجانة, de même que Mc). Le M donne les formes دَمَنْجانَة, دامَاجانَة et دَمَنْجانَة, en ajoutant que c'est un mot persan; mais jusqu'à présent on ne l'a pas retrouvé dans cette langue et son origine est incertaine. Je vois par le livre de M. Cuervo (Apuntaciones críticas sobre el lenguaje bogotano, p. 443), qui cite Marsh, Lectures on the English Language, Lect. VI, qu'on veut le dériver du nom propre Dâmeghân, ville dans le Tabaristân qui était célèbre par ses verreries; mais cette étymologie est peu satisfaisante.

دمدم I gronder, murmurer entre ses dents, Bc, Payne Smith 1515, 1001 N. Bresl. III, 359, 3, 360, dern. l., 362, 2 a f. — Gronder (animal féroce), Bc, Antar 5, l. 8: يهمهم ويدمدم كالسباع; de même dans un autre passage de ce livre, publié par Koseg., Chrest. 88, 11, où notre man. 1541 porte: فسمع تهمهم وتزمجر — Gronder (tonnerre), M. — Chanter à voix basse, M.

II, syr. ܐܶܬܕܰܡܕܰܡ, se souiller de sang ou se vautrer dans le sang, Payne Smith 911.

دُمْدُمان de l'eau légèrement rougie de sang, comme celle qu'on obtient quand on lave de la viande, M.

دَمْدى nom d'une plante, Daumas V. A. 381 (sans autre explication).

دمر et ses formes, souvent pour ذمر; cette incorrection se trouve presque constamment dans l'édition que M. de Slane a donnée de l'Hist. des Berb.; voyez Lettre à M. Fleischer 143; le M a noté: دمر V vulg. pour ذمر V.

II c. a. دمّر عليه الشيء il lui gâta la chose, Hoogvliet 49, 13, cf. 70, n. 57. — Dissiper, prodiguer, gaspiller, Voc., Alc. (despender mucho, desperdiciar, disipar bienes, gastar en mal; le n. d'act. desperdiciadura, desperdicio, dissipacion de bienes; le part. act. desperdiciador, dissipador; le part. pass. desperdiciado).

V être détruit, ruiné, Bayân I, 206, 16. — Dépérir, s'affaiblir, se ruiner, Bc. — Etre dissipé, gaspillé, Voc.

دَمْر dissipation, action de dissiper son bien, Voc.

دَمْرِيَّة (semble formé du roman dama; cf. fr. dameret, esp. damería, ital. damerino) demoiselle, fille d'une famille honnête, Bc.

دَمُور (turc دمور dèmur ou دمر dèmir, fer; دَمُور آلَاتي outils de fer) instrument en fer ou en cuivre, dont se servent les cordonniers pour aplatir et pour lisser le cuir, Cherb.

دَمِيرَة la saison de la crue du Nil, Lane M. E. II, 33.

الدَّمِيرِى les cultures dans des terres basses, quand le Nil commence à croître, Descr. de l'Eg. XVII, 17, 81.

دَمُور toile de coton assez grossière, qu'on fabrique en Nubie; les habitants de ce pays s'en font des chemises, etc., et elle leur sert aussi de monnaie, Burckhardt Nubia 216, d'Escayrac 415.

دَامِر (selon M du turc طومار, qui, dit-il, signifie bât de cheval (?)), pl. دَوَامِر, habit qui va jusqu'à mi-corps et que l'on met sur ses autres habits, M.

تَدْمُرِى vulg. = دُومْرِى avec la négation, personne, M.

دمس I se trouve 1001 N. Bresl. IV, 275, 4, dans le sens de *fouler* des raisins pour en faire sortir le jus, mais je crois devoir lire دعس, qui a ce sens. — C. a. p. *tuer clandestinement, assassiner*, M. — *Cuire*, Mehren 28.

دَمْس pl. دِمَاس *voûte*, Cherb.; voyez دَامُوس.

دَمَّس vulg. pour دَمْس. On dit لست من دمس فلان, من رتبته ونسبه, M.

دَمَسَة *être éteint* (œil), Abou'l-Walîd 308, n. 58.

دَمَاسَى pain cuit, Mehren 28.

تَمُوس pl. تَمَامِيس *cave*, Bg; voyez دَامُوس.

دِيمَاس, دَيْمُوس, دَامُوس. Ces mots, qu'on retrouve aussi dans d'autres langues sémitiques (l'hébreu rabbinique a דימוס, chez Buxtorf *paries, murus, strues, series structuræ*), sont à mon avis, de même que d'autres parmi ceux qui précèdent, d'origine grecque, et viennent de δημόσιον. L'adjectif δημόσιος signifie *appartenant au peuple, à l'Etat*, et τὸ δημόσιον

est, entre autres choses, *la prison d'Etat*. En arabe le sens est aussi 1° *prison, cachot*; دَامُوس, Hbrt 214, Becrî 182, 10, R. N. 54 r°: وَخَرَجَ الَّذِينَ حُبِسْتُمْ فِى الدَّوَامِيسِ مِنْ أَهْلِ تُونُسَ L'autre forme, دِيمَاس, Hbrt 214, Ht, Hist. Tun. 128: وَاخْفَوْا فِى دِيمَاسٍ; dans la suite, p. 129, يُدْخَلُ لَهُ طَعَامُهُ وَشَرَابُهُ مِنْ كُوَّةٍ, cet endroit est appelé مَحْبِس. Mais on entend aussi en général sous ces termes: 2° *un édifice public*. Dans la collection arabe des canons (man. de l'Escurial), le mot *capitole* est expliqué par الدَّيْمُوس الجَامِع. Dans l'Hist. Tun. 94, on lit que les *dawâmîs* d'al-Mohammedîya étaient une maison de plaisance d'un dey de Tunis. En outre c'est: *voûte, édifice voûté*, par conséquent 3° *bains, thermes*, دِيمَاس, comme *dimôs* dans l'hébr. rabbin. (voyez Buxtorf), Cazwînî II, 344, 4 a f., Berb. II, 136, 6 a f. 4° *réservoir*, Edrîsî III°, IIIA, dern. l., où il dit qu'à Alexandrie les eaux du Nil passent sous les voûtes des maisons et que les *dawâmîs* y sont contigus les uns aux autres; les paroles de Léon, 675, expliquent fort bien ce passage, car il dit en parlant d'Alexandrie: « Cuique fere civitatis domui, ingens cisterna concamerata, crassisque innitens columnis et fornicibus substructa est: in quas exundans Nilus per aquæductum demittitur. » R. N. 54 r°: وَهَذِهِ الدَّوَامِيسُ الأَوَّلِيَّة الَّتِى فِى وَسَطِ المَدِينَةِ تَجْرِى إِلَيْهَا سَاقِيَةٌ مِنْ بِرْآ المَدِينَة (dans le man. par erreur: وَهَذَا الدَّوَامِيس وَالأَوْلِيَة). Au figuré, ces mots désignent un endroit où l'on se cache (voyez Freytag); ainsi *dâmous* signifie *grotte* où les moineaux se retirent pendant la nuit, Pagni 99. En Afrique on donne aussi aujourd'hui le nom de *dâmous* à *une meule de foin ou de paille* (Dict. berb. sous meule), probablement parce qu'elle a la forme d'une voûte. — A mon sens, la soi-disant racine arabe دمس, qui exprime l'idée de *cacher, couvrir, être obscur*, etc., a été formée de ces mots, parce qu'une voûte cache, couvre, est obscure, etc.

تَدْمِيس voyez l'article qui précède. — *Taxation avant d'imposer un impôt*, Bg (v° impôt). Au Liban, nom d'un tribut fixe, invariable, M. Dans l'hébreu rabbinique, *dimôs* signifie, entre autres choses, *ærarium publicum, tributum, quod ad fiscum pertinet*, voyez Buxtorf, n° 6 et 7; c'est de nouveau τὸ δημόσιον.

Doumasi, étoffe en lin, de Tombouctou, Daumas Sahara 301.

فُول مُدَمَّس‎ *fèves bouillies*, Mc, Burckhardt Arabia
I, 58, Burton I, 178, avec du vinaigre, du sel et
de l'huile, M. Ce mot a la même origine grecque,
comme le prouvent ces paroles de Lane, M. E. I,
200: « فول مدمّس‎, or beans, similar to our horse-
beans, slowly boiled, during a whole night, in an
earthen vessel, buried, all but the neck, in the hot
ashes of an oven or a bath, and having the mouth
closely stopped. »

دَمسيسة‎ (cf. Freyt.), en Egypte, espèce d'absinthe,
Bait. I, 59 b (AB).

دمشق‎ I *dégrossir* quelqu'un, lui faire perdre sa rusticité et lui faire prendre des manières polies et élé-
gantes; formé du nom propre دمشق‎, proprement:
donner à quelqu'un les manières de Damas, M.

II quasi-pass. de I dans le sens qui précède, M.

دمشقيّة‎ *damasonium* (plante); *elléborine* (plante), Bc.

دمع‎ II et IV *faire pleurer*; II dans le Voc., c. acc.;
IV يدمع العين‎ *larmoyant*, qui fait verser des larmes de douleur, Bc.

V (aussi dans le Voc.), en parlant du sol, Auw.
I, 65, 15: on ne cesse d'introduire les vaches et le
menu bétail, et de les faire aller et venir حتى يتدمع‎
ترابها وتلين لينا كثيرا‎, où Clément-Mullet observe:
« litt. *pleure*, c.-à-d. que le piétinement du bétail
fasse apparaître l'humidité à la surface. »

دَمْع‎, *larmes*, a le *kesra* chez Mehren 28. — T. de
médecine vétérinaire, *le suintement (sanguin)*; c'est
une fissure à la peau du paturon, et quand le cheval
court, le sang en suinte, Auw. II, 656, 8, 12, où
il faut substituer un *'ain* au *ghain*, et non pas changer le mot comme l'a fait Banqueri.

دَمْعَة‎ *goutte*, Bc, Bâsim 28: وتبصروا هذه في بطنة‎
النبيذ واني ما اسقيكم منها دمعة‎. — Comme n. d'act.
de la Ire forme, *pleurer*, كان سريع الدمعة‎, Cartâs
43, 13. Dans le même sens, ou dans celui de *larmes*, 1001 N. Boul. I, 19, 4: ان الملك يقول لك ما‎
ادخرت دمعى الّا لشانك‎, si la leçon est bonne; celle
qu'on trouve dans l'éd. Macn. (I, 40, 5) ne présente
aucun sens. — *Larmoiement considérable et continuel*,
Gl. Manç. in voce, J. A. 1853, I, 342, Sang.

مُدْمِع‎ *plein de larmes, éploré, larmoyant, fondant
en larmes*, Alc. (lagrimosa cosa).

دمغ‎ I c. a. p. *tourner, troubler la cervelle* à quelqu'un,
troubler son esprit, sa raison, Ztschr. XX, 510, 10. —
دمغ فلانا‎ se dit de celui qui, en rendant le bien
pour le mal, fait qu'un autre soit confus et honteux,
M. — *Briser*, Auw. II, 5, l. 12: آلة دامغة‎, un
instrument qui sert à casser les mottes d'un champ.

— (Formé de دَمْغَة‎, voyez) *marquer un esclave ou
un animal avec un fer chaud*, M; *timbrer, marquer
d'un timbre*, Bc.

II *briser la cervelle*, Voc.

V quasi-passif de la IIe, Voc.

دَمْغَة‎ (turc طَمْغا، تَمْغا‎) *marque imprimée aux
esclaves ou aux animaux avec un fer chaud*, M; *coin,
poinçon pour l'argenterie, sa marque, contrôle*, marque sur l'argenterie qui a le titre, qui a payé les
droits, *marque, empreinte, timbre*, marque imprimée
au papier; صاحب الدمغة‎ *contrôleur d'argenterie*, Bc.

دَوَّر دماغه‎ *retourner*, faire changer d'avis, Bc.

دِمَاغى‎ *cérébral*, Bc.

دَمّاغ‎ *timbreur*, Bc.

دَمّاغة‎ pl. دَمامغ‎ *herse*, espèce de grille ou de
treillis à grosses pointes de bois ou de fer, qui est
ordinairement placée entre le pont-levis et la porte
d'une ville, d'un château, pour en défendre l'entrée,
et qui se lève et s'abat selon les occasions, Alc.
(conpuerta de fortaleza; cf. Victor).

دَيْمُوغ‎ *cerveau*, Voc.

أَدْمَغ‎, en parlant d'une pierre qu'on jette, *brisant
fortement la cervelle, la tête*, Macc. I, 49, 7, avec
la note de Fleischer dans les Add.; cf. دامُوغ‎ chez
Freytag et Lane. Lisez de même وادمغ من الصخر‎,
Vêtem. 314, 3 a f., et corrigez ma traduction de ce
passage.

دمق‎ II. دمّقت السماء بالمطر‎ *il tombe une petite pluie*, M.

دَموقى‎ *sot, imbécile, niais*, Domb. 108, Ht.

دمك‎ I *appuyer*, Ht.

دَمَك‎ = دَميك‎, *neige*, Dîwân d'al-Akhtal 15 rº
(Wright).

دمل‎ II *apostumer, se former en apostème*, Bc; dans le
Voc. c. a. *ulcerare (bestia)*.

III c. a. *guérir* une blessure, Berb. II, 371, 5.

V *apostumer, se former en apostème, abcéder*, Bc; dans le Voc. l. l.

VII *abcéder, venir à suppuration*, Bc; dans le Voc. l. l.

VIII *abcéder*, Bc.

دَمْلَة pl. دَمَال *ulcère, tumeur, abcès*, Ht. — Dans le Voc. *carpentaria*, c.-à-d. *charpenterie, l'art de travailler le bois*, car ce mot est traduit aussi par نَاجِر; mais je ne comprends pas comment دَمْلَة peut avoir ce sens.

دَمْلَة *abcès, bouton, furoncle, pustule, charbon, apostème*, Bc.

دَمَالة *furoncle, abcès*, Domb. 88, Daumas V. A. 425.

دمن II *engraisser, fumer une terre*, Becrî 18, 10; التربة المدمنة est la terre près d'endroits habités et à laquelle s'est mêlé le fumier des bestiaux, Auw. I, 91, 4 a f. et suiv.; lisez de même, avec notre man., 318, 2.

IV, *continuer à faire une chose sans interruption*, se construit communément c. على, Gl. Fragm., Voc., de Sacy Chrest. I, 152, dern. l.

V *s'endurcir*, Bc; متدمّن *calleux*, Bc.

X *s'exercer, se mettre en haleine* (homme), Bc.

دِمْنَة *vestiges, ruines* d'une forteresse, d'une ville, Maml. II, 1, 215; دِمْنَة دار « les ruines d'un palais,» Macc. I, 328, 16; cf. 330, 6 et dern. l., 331, 6. — *Champ, pièce de terre labourable;* tel est le sens que ce mot a dans les quatre derniers passages que cite Quatremère, Maml. II, 1, 215, et ce savant a eu tort de lui attribuer celui de « maison ou collection de maisons, hameau;» Autob. 215 r°: وقدمت بالم الى الحضرة بعد ان عيّنتُ لهم المنزل والبستان ودمنة الفلح وجعل لها; Formul. d. contr. 3: وسائر ضروريات المعاش ذلك في ماله ودمنته كانت عامرا أو غامرا سهلا أو وعرا ساقيا أو بعلا الخ (j'ai corrigé plusieurs fautes dans ce texte); ibid. 9 (division d'un héritage entre une veuve et son fils): ونصب للحدود في جميع دمنتهما; ibid.: رهن واخذ كل ذي سهم حقّه من تلك الدمنة فلان لفلان — جميع دمنته أو قطيعته من الارض في الدَين الثابت له بيده — وشرط الراهن على المرتهن بالشركة فيعتقدهما بحال الدمنة المرهونة على الانصاف

; Gregor. 46, 10: النصف للراهن والنصف للمرتهن (lisez ainsi, au lieu de ودمنهما) في اموالهما ودمنتهما Macc. II, 204, 3. — *Le territoire* d'une ville, Maml. II, 1, 215. — *Limite, confins*, si la trad. *finis*, charte sicil. apud Lello 23, est bonne.

دَمَان, Bc, دَمَّان, M, *cor, durillon aux pieds, cal, callosité*, Bc, M. — *Mouton* « d'une espèce particulière à l'Afrique; ils n'ont point de laine, mais un poil très-ras; leur queue très-grosse et très-large traîne à terre; on les appelle el a'deman; leur chair est très-estimée,» Daumas Sahara 136. Becrî, 171, 6—8, parle de ces animaux, qu'il nomme الكبش الدمانية, mais son traducteur, M. de Slane, à en juger par sa note sur ce passage, ne connaissait pas le sens de cette expression. Ce mouton a été décrit aussi par Léon, 753 (adimain) et par Marmol, I, 28 a (Adim Mayn), 31 (Demniet), mais ce dernier s'est trompé en disant que c'est une sorte de vache. —

دَمَان اسرائيل *espèce de lapin*, Shaw II, 105, Bruce I, 241; ces voyageurs disent que ces mots signifient « agneau d'Israël,» mais qu'ils ignorent pourquoi on a donné ce nom à cet animal.

دَمَان (esp. *timon* ou turc دومن) *gouvernail*, Hbrt 128 (Barb.), Ht (دَمَّان).

دَمَان voyez دَمَانِي.

أَدْمَان *exercice*, Bc.

دَمَنْجَانَة voyez دَمَجَانَة.

دمى I, aor. *a* et *i, saigner*, au fig., en parlant du cœur vivement affligé, Bc. — *Aboutir, crever* (apostème); *suppurer*, Bc.

V *être ensanglanté*, Voc.

دَم. Le pl. أدماء, Diw. Hodz. 155, 4 a f., أدميّة, Voc. — حسن الدم على الدم *la force du sang se fit sentir en lui*, Bc. — دمى في عنقك *vous êtes responsable de ma vie*, Koseg. Chrest. 100, 8. — دمى عند فلان *un tel a versé mon sang*, Cairawânî, man. 1193, p. 620. — وَلاة الدم في العمد *ceux qui poursuivent la réparation de l'homicide intentionnel*, Cairawânî 620. — En parlant de jeunes filles, P. Hamâsa 573, 13 (= Koseg. Chrest. 47, 13): يقتلن الرجال بلا دم « *elles tuent les hommes sans qu'elles* aient une vengeance à exercer sur eux, » comme Tebrîzî explique ces mots. — سعى على دمه عند فلان *il fit son possible pour engager un tel à mettre son prisonnier à mort*, Haiyân-Bassâm I, 174 v°. — De même que le traducteur, j'ignore quelle a été la pensée de l'auteur de l'Akhbâr, quand il dit, 56, 10, en parlant de Çomail: ودخل الاندلس لسبب دم اصحابه. — الـدِّمَاء *meurtres et blessures*, Cairawânî 620. — حَبْسُ الدم, Nowairî Espagne 454, est la prison souterraine pour les criminels d'Etat du premier ordre, Palgrave I, 397. — اصحاب الدم *les condamnés à mort*, 1001 N. I, 250. — ماتوا على دم واحد *ils moururent tous à la fois*, Djob. 311, 3, Macc. II, 766, 17, Freytag Chrest. 135, 15. — نجا بدمه, Berb. II, 488, 11, dans le sens de l'expression ordinaire نجا بذمّته (avec le *dzâl*); mais quoique cette leçon se trouve aussi dans notre man. 1350, je crois que c'est une faute. — دم التنّين *sang-de-dragon* (substance résineuse), Bait. I, 426 b. — دم الرُعَاف (mieux الرُعاف) grain de verre d'un rouge de sang; il se fabrique en Europe, Ouaday 336. — دم العفريت *étoffe de coton rouge*, M.

دَمَا (sing.) *sang*, Bc.

دَمِي *sanguinolent*, Voc.

مُدَمَّى *sanguinolent*, Voc.

دن. Le pl. أَدْنَان, de Sacy Chrest. I, ١٩٦, 10.

دن من اشكاله ونظرائه, c.-à-d. لست من دن من فلان *je ne ressemble pas à un tel*, M.

دنبق voyez طنبف.

دَنْبَل (pers. دنبلة, qui est devenu en arabe دُمَّل) pl. دنابل *apostème*, Bc.

دنج.

دُنْج *le résidu de la cire*, M.

Dennedsje, nom d'une herbe qui vient naturellement dans le Yémen et dont on fait de petites cordes, Niebuhr B. 142.

دَانِج (الشديد الحَصب), M.

دُنَج Voyez Bait. I, 427 d, où Sonth. traduit *croton*

tiglium. Selon l'auteur du Most., c'est ce qu'on appelle en espagnol طارتفه, c.-à-d. *tartago*, mot que Victor traduit par *les cinq doigts Notre-Dame*, et Nuñez par *catapuce*, *épurge*. Puis il ajoute que c'est le ماوىدانه, mais selon Bait. c'est une erreur. Enfin on trouve dans N seul que c'est الخروج الصبيى, comme chez Bait. (AB), mais sous خروج on lit dans les deux man. que خروج صبيى est le زنك.

دندف.

دَنْدَف et دنديف *vaurien*, Mehren 28.

دَنْدَق I *user d'épargne*, être d'une épargne sordide, Bc. (formé de دَنَق).

دَنْدَقَة *épargne*, Bc.

دندل II *pendre, descendre trop bas*, Bc, M.

دَنْدَل *esplanade*, Barth I, 177; *promenade*, lieu où l'on se promène, *ibid*. V, 440.

دِنْدَال (syr. דִּנְדָּל) *millepieds, scolopendre*, Payne Smith 1554.

مُدَنْدَل *avalé*, qui pend un peu en bas, *pendant*, Bc.

دندن *gazouiller*, Daumas V. A. 72; *préluder*, Bc; *chanter*, surtout en parlant du chant des marins, Voc. — *Carillonner sur les cloches*, Alc. (repicar con campanas). — *Battre sur l'enclume*, Alc. (herir en la yunque). — *Se lamenter*, M.

دَنْدَنَة pl. دَنَادِن *le chant des marins*, Voc. — *Lamentations*, M.

دندان *espèce de poisson*, 1001 N. IV, 507, dern. l, mais Lane, dans sa trad., pense que c'est un mot forgé.

دندنش *breloque, bijou*, Bc.

دنر II c. a. dans le Voc. sous *maculosus*; cf. le part. pass. — C. a. *couvrir un endroit de dînârs*, Calâïd 113, 13: les narcisses couvraient la vallée comme de dînârs.

V dans le Voc. sous *maculosus*.

دِنَّوْرَة *chardonneret*, Bc.

دنانير بيض دينار, que Freytag semble avoir bien expliqué, se trouve p. e. dans sa Chrest. 118, 5. — دنانير جَيْشِيَّة *dînârs qui servaient à la paye de l'armée et qui avaient plus de poids que les dînârs ordinaires, Ztschr. IX, 608 n. — دِينَار دَرَاهِم *dinâr d'argent* qui équivalait à un quart de dînâr du Maghrib et qu'on peut évaluer à environ trois francs, Lettre à M. Fleischer 12. — دينار من صُفر *jeton*, Alc. (tanto o contante para contar). — دَنَانِير الصَّلَاتِ, de Sacy Chrest. III, 50, 1 (où ce savant n'a pas compris cette expression), dînârs pour cadeaux, que Saif ad-daula fit frapper et qui, outre son nom, présentaient aussi son image; chacun d'eux valait dix dînârs ordinaires, Ztschr. Kunde II, 312 et suiv. Selon M. de Slane (Berb. trad. II, 252) le terme دِينَار عَشْرِيّ, qu'on trouve quelquefois chez les auteurs maghribins, a le même sens; Berb. I, 355, Khatîb 26 r°: كتب البه ان المنهوبي من ملء يعدل اربعة الاف دينار عشرية (l'abrégé de Berlin omet le mot en question), l'anonyme de Copenhague 114: فاعطى لابن المعلمة خمسين وباعها منه دينار عشرية, charte grenadine de 888 H.: بثمانية دنانير فضة عشرية. — *dînârs de Tyr*, dont on se servait en Syrie et dans l'Irâc au temps des croisades, et qui avaient plus de poids que les dînârs ordinaires, étaient les *besantii saracenati*, souvent cités par les chroniqueurs occidentaux. Les plus anciens trahissent une imitation servile de la monnaie des Fatimides; plus tard, sous le pontificat d'Innocent IV, la fabrication de cette monnaie s'arrête devant la réprobation du clergé et les menaces d'excommunication. A partir de cette époque, le besant arabisé, sans perdre le type originaire, se transforme et traduit en langue arabe diverses formules chrétiennes. Voyez Lavoix, Monnaies à légendes arabes, frappées en Syrie par les Croisés, qui estime qu'on peut faire honneur de l'invention de ces pièces aux Vénitiens; il cite à ce propos différentes chartes qui prouvent que ces habiles trafiquants avaient un atelier monétaire à Tyr et à Saint-Jean d'Acre. — Espèce d'ornement, voyez Djob. 238, 3 a f., où il est question d'ornements en or, دَنَانِير, grands comme la main. — ألف دينار, *pimprenelle*, voyez sous ألف. ورق ديناري *carreau*, signe du jeu de cartes, Bc.

دِينَارَوَيْه « plante inconnue au Maghrib, » Gl. Manç.; Bait. I, 467 c (où il faut lire avec A الطُرا), est aussi dans l'incertitude.

مُدَنَّر *truité*, marqué de petites taches rousses, Bc; cf. M: والثوب المدنّر عند الموحّدين ما كان فيه نقش

Brillant comme des dînârs, P. Macc. III, 27, 4 a f.: والزُّقْرِ بين مُذَرَّم ومدنَّر.

دنس II *profaner*, traiter avec irrévérence les choses sacrées, Bc.

دَنَس *fausse monnaie*, Ht.

دَنِس *crapuleux; impudique*, Bc. — *Profane*, Bc. — *Fripon*, qui a l'air coquet, éveillé, *grivois*, éveillé, Bc. — *Normand*, fin, adroit, Bc.

دَنْسَة (esp. danza), دنسة الشيخات *sorte de danse avec des épées nues*, Alc. (dança de espadas); — ضرب الدنسة *frapper la danse* = se promener sans motif, Daumas V. A. 99.

دَنِيس *phelypée*, Jacquot 80.

دُنَيْس (dans la rime = دَنِس, sale) *tas d'ordures*, versicules chez Shaw I, 28.

دَنَاسَة *crapule, impureté*, impudicité, Bc. — *Profanation*, Bc. — *Supercherie, malice, manigance*, intrigue, petites manœuvres, Bc; dans le sens de *manigancer, tramer des intrigues*, 1001 N. I, 628, 3. — *Pantalonnade*, fausse démonstration, subterfuge ridicule pour se tirer d'embarras, Bc.

دَنْطَال (esp.) pl. دَنَاطِيل *collet de charrue*, Alc. (dental del arado).

دَنْطَلَار Léon 329 (à Fez): « Ubi puero dentes adventare vident, convivium a parentibus paratur, itidem pueris, quod Latino vocabulo *dentillare* vocant. »

دنف II *rendre malade*, Voc.

V quasi-passif de la IIᵉ, Voc.

دَنْفِيل *dauphin, marsouin, souffleur*, Domb. 69, Roland.

دنق I *manger goulument et avec excès, bâfrer*, Voc., Alc. (glotonear, golosear). — دَنَق, aor. *a*, n. d'act. دَنْق et دَنِيق, *mourir de froid*, M. — دَنَق c. عند de la femme, *devenir amoureux de*, M.

II c. a. *faire manger goulument*, Voc.

V = I, Voc.

دَنَق *gloutonnerie*, L (a gula).

دَنَقَة *gloutonnerie*, L (glubie).

دَنُوق *glouton, goulu, gourmand, celui qui dépense son argent pour acheter des friandises*, Voc., Alc. (gloton, goloso, gastador en golosinas).

دَنِيق *même sens*, Voc.

دَنَاقَة *gloutonnerie, gourmandise*, Voc., Alc. (codicia de golosinas, glotonia, golosina, gula).

دَنْكَايَة, *à Alep, coiffure antique et très-volumineuse*, Bg 805.

دنكر I *baisser les yeux*, M.

دَنْكَلَة *héron*, Bc, Hbrt 184.

دنو I. دَنَا, aussi دَنَى, Voc., et se conjugue quelquefois, même chez de bons auteurs, comme un verbe dont la dernière radicale est ى, Bidp. 188, 12 et 14.

II *avilir, dénigrer*, Ht (il donne la Ire, mais c'est sans doute une erreur). — *Courir, galoper*, Ht.

IV. ادنى فلانا من نَفْسِه *accorder à quelqu'un un entretien secret*, Koseg. Chrest. 99, 7 et 8. — C. ب p., Cartâs 188, 4: فادنى بالم ذلك الى القصور.

VIII. Un exemple dans un vers, Recherches I, App. LVII, 4.

الدنيا غَضْدْ دَنْيَا *toute la nature souriait*, comme traduit M. de Slane dans Khallic. X, 44, 8. *Plaisirs mondains*, ou simplement *plaisirs*, Weijers 23, 9: « vos plaisirs, دنياك, vous ont fait oublier votre fidèle amant, » ou comme on lit dans le vers suivant: « les badinages qui vous amusent l'ont chassé de votre mémoire. » — *Les biens de ce monde*, *richesses*; l'exemple que cite Freytag, se trouve Macc. I, 570, 20; autres exemples, *ibid.* 792, 16, 807, 18. — رياسة الدنيا voyez sous le premier mot. — وعلى الدنيا السلام *adieu*, c'en est fait de; وعلى انكسرت القنينة السلام *adieu la bouteille, elle est cassée*, » Bc. — *Ciel, temps*; الدنيا صحو « *il fait beau*; » دنيا جليد « *temps noir, triste*; » مغيمة « *il gèle*, » Bc; الدنيا موسّخة « *il fait sale*, » Delap. 40. — ايش وقت الدنيا « *quelle heure est-il*? » Bc. — الدنيا *beaucoup, abondamment*; aussi *tout*, Gl. Esp. 50.

دنية (pour دُنْيَا؟) فى دنية اخرى *qui a l'esprit absent, distrait, effaré*, Bc.

دُنْيَاوِىّ *est dans L canopicus*, qui doit alors avoir un autre sens qu'*égyptien*, le seul que donne Ducange.

دُنْيَاتِى *riche*; dans le R. N. 58 un اهل الدنيا est nommé plus loin الرجل الدنياىى, mais il faut lire دنباىى, car on trouve ensuite: يُقدم دنباييا على الرجل الدنباى 98 r° (sic); فقير.

دَنِى *mauvais*, Voc., Hbrt 14; — *servile, bas, rampant*, Bc; — *mercenaire, intéressé*, Bc.

دَنِيَّة *maladie que les chevaux ont au boulet*, Cherb.

دَنَاءَة *abjection, bassesse*, Bc, Ht, *infériorité, lâcheté*, *action basse, petitesse, servilité*, Bc.

أَدْنَى ادْناه ci-dessous; وضع اسمه ادناه *soussigner*, Bc.

مُدْنِيَات *les femmes qui invitent les amies de l'épousée à l'accompagner au bain et à prendre part à un festin qu'on donne à cette occasion*, Lane M. E. I, 245.

ده *ce* (Eg.), *ceci* (Eg.), *cela* (Eg.), *celui-ci* (Eg.); النهار ده *aujourd'hui*; واخر ده *au bout du compte*; بعد كل ده *après tout*, Bc. — ده *interj.* dont on se sert pour faire marcher (زجر) *un cheval*, M.

دهج.

دَهْجَة *chose grave et à laquelle il faut songer à tête reposée*, M.

دهدار.

دَهْدار *sorte de tissu peint*, M.

دهدك

II *fuir avec tant de précipitation qu'on perd ses forces*, M (sous دهك).

دهدك I c. a. *écraser la tête à quelqu'un*, Akhbâr 49, 4.

دهر.

دَهْر. الى دهر الدهور *aux siècles des siècles*, Bc.

دَهْرِى *épicurien*, Voc.

دَهْرُوخِس (La; N ح). Ce mot, qui est peut-être d'origine grecque, se trouve dans le Most., où il est expliqué de cette manière: « Il est de plusieurs sortes. Ainsi il y en a une qu'on fait de marcassite. On place la marcassite dans un four et on la fait cuire pendant un certain nombre de jours, comme on fait avec la pierre à chaux, jusqu'à ce qu'elle ait pris la couleur de la rubrique. On le fait aussi de mine de cuivre. Enfin, il y en a une troisième sorte qu'on ne trouve qu'à Chypre, où on la tire d'un puits, après quoi on la brûle. »

دهس

دَهْس, dans un vers دَقَس, pl. دِهَاس, *du sable dans lequel on enfonce jusqu'à la cheville du pied*, Gl. Edrîsî. — دهس الشاجر *brisées*, t. de chasse, branches rompues, éparses, servant d'indices, Bc.

دَهَس, en parlant de sable, *dans lequel on enfonce jusqu'à la cheville du pied*, Gl. Edrîsî.

دَهَسَة *buisson*, Cherb., qui ajoute: « On appelle une nuit très-obscure ظُلْمَة دَهَسَة, une obscurité impénétrable comme un buisson. »

دِهَاس *du sable dans lequel on enfonce jusqu'à la cheville du pied*, Gl. Edrîsî.

دَهَّاس *fouleur, qui foule le raisin*, Bc (semble pour دَعَّاس).

دهش I *étonner* (comme la IVᵉ), Bc.

IV *atterrer, ruiner, accabler, affliger*, Bc.

VII *s'étonner, rester stupéfait*, Bc, Hbrt 100, 227, 1001 N. I, 95. — *Frémir*, Hbrt 228.

دَهْشَة *étonnement, surprise, trouble, éblouissement, consternation, stupeur, souleur, peur, saisissement*, Bc. On dit, p. e., للدّاخل دهشة, Badroun 273, 8, Valeton I., 12 (cf. 20, n. 4 et Fâkihat al-kholafâ 211, 10, 15 et 18), ce qui signifie que celui qui entre chez un personnage considérable ou chez une dame, éprouve une émotion, un certain trouble, un certain embarras. Mais ce mot se prend aussi dans le sens de *consternation, grand'peur, terreur panique*, p. e. Haiyân-Bassâm I, 31 rº: لحق كثيرًا من اعله دهشة et cette peur extrême eut pour effet que, pour ne pas être massacrés, ils se jetèrent dans le fleuve, où ils se noyèrent; cf. Müller L. Z. 25, 5 a f.

الدهشة الأميّنة à Damas, Catal. des man. or. de Leyde I, 155, 7; ce mot a peut-être le même sens que دهيشة (voyez).

دهيشة (cf. دهشة à la fin) désigne une sorte d'édifice splendide, peut-être un portique. Il y en avait un à Hama, qui avait été bâti par al-Melic al-Mo-waiyad Imâd-ed-dîn, et un autre au Caire, dont al-Melic aç-Çâlih avait été le fondateur en 745, Macrîzî II, 212, 9 et suiv. éd. Boul.

مَدْهَشَة *cause de confusion, d'embarras*, Gl. Mosl.

دَقْفَش (chez Freytag) peut se traduire par *conter des fleurettes*, et devrait se trouver Aghânî 71, 5 a f., où on lit deux fois دَفَشَة, ce qui est une faute, pour دَقْفَشَة.

دهق I *opprimer*, car L donne: *oppressus* مظلوم ومدهوق. — S'emploie au passif en parlant d'un animal mort, p. e. d'un cerf ou d'un âne, *qui est porté par deux hommes au moyen d'une perche qu'on a passée entre ses pieds, après les avoir liés les uns aux autres*, Fragm. hist. Arab. 324, 3 a f.: وقد شدّ الاعوان بيديه الى رجليه وحمل على خشبة يدهق كما يحمل الحمار المبيّت. C'est M. Wright qui a fait observer à M. de Goeje, que, dans ce passage, ce verbe doit avoir ce sens, et que c'est un dénominatif de دَهَق, dont le pl. دُهوق, dans le sens de *vectes*, a été noté par Golius, qui cite Exode XXV, 14, où ce mot désigne en effet les *barres* dont on se servait pour porter l'arche. (En ce sens, comme l'a noté J.-J. Schultens, il se trouve aussi dans d'autres passages de la trad. ar. de la Bible, p. e. I Rois VIII, 7). M. Wright remarque encore que ce mot se trouve aussi dans Aboul'l-Walîd, 81, n. 27, 367, n. 16, et que Payne Smith, 827, donne également دَهْضًا et le pl. دُهوق dans le sens de *vectis*.

IV. L a *repressit* أَدْهَقَ وأَخَذَ. — Dans L *afficio* أَدْهَقُ (il donne constamment un *fatha* à la 1ʳᵉ personne de l'aor. de la IVᵉ forme). — *Comprimer les pieds d'un criminel entre deux pièces de bois* (دَهَق), Bayân II, 146, 15: وفيها خميس حزمير القسومس وعذّب وأدهق حتى مات, car le man. d'Arîb porte ادهق, pas ارهق. — *Rendre rauque, enroué*, Voc.

VII *s'enrouer*, Voc.

دَهَق pl. دُهوق voyez sous la Iʳᵉ forme.

تَدْهِيق *mortificatio*, L.

مَدْهوق *rauque, enroué*, Voc.

دهقن

دهقن II c. a. p. *empêcher* (عَوَّقَهُ), M.

V *être empêché*, M.

دَقْقَنَةٌ دهقنن *finesse, subtilité, sagacité*, Gl. Edrîsî, Gl. Fragm.

دهقان subst. *un savant*, Gl. Badroun; — adj. *fin, subtil, sagace*, Berb. I, 180, 12, Macc. III, 22, 6, Abou-Hammou 88 : اعلمْ يا بُنَىَّ انه ينبغى لك ان تكسون يفظانا ماهرا حازما دهقانا ضابطا لامورك *Fils*, Voc.

دهك I *dissiper* son bien, M. — *Consumer* (maladie), M.

VII *tomber en consomption, dépérir*, M.

دهاكة *fièvre hectique ou consomptive*, Sang.

دهل chez Bc constamment, selon l'usage égyptien (cf. Fleischer Gl. 14), pour دخل et ses dérivés; voyez sous cette dernière racine.

دَهَل *forêt*, n'est pas une faute, comme Freytag l'a cru; voyez Merx Archiv I, 52, n. 1. — (Pers. دهل) *timbale*, Maml. I, 1, 173, où l'on trouve aussi طبلخين دهل et طبول دهول.

دهلز

دهليز *proprement vestibule*; de là, au fig., *préambule*, Bc. — *Chambre, salle*, Maml. I, 1, 191, ou peut-être plutôt *antichambre*, comme chez Lane. — Lorsqu'il s'agit d'un campement, *la partie antérieure des tentes, ou la première tente, celle où le sultan se tenait d'ordinaire pour donner ses audiences. Et surtout dans les expéditions militaires, qui exigeaient au plus haut point la célérité, on se contentait souvent de placer cette tente unique, sans y joindre cette suite de tentes de différents genres, qui accompagnent ordinairement la résidence du souverain*, Maml. I, 1, 190. — *Corridor, allée, passage entre deux murs parallèles*, Bc, M. — *Souterrain*, Martin 42; *cave*, Alc. (bodega, cueva); *fossa* dans le Voc. (aussi avec le *sin*), mot qu'il prend sans doute dans le sens de *silo*, car il le traduit aussi par مطمور, qu'Alc. donne également sous cueva.

مُدَهْلِز *endormeur, enjôleur*, Bc.

دهلق

دَهْلَقَة *dissolution, dérèglement de mœurs*, M.

دهم

دَهْمَة (pers. دَخْمَه) *édifice rond sur le sommet duquel les adorateurs du feu placent les cadavres de leurs coreligionnaires*, Hamza Ispahânî 46, 11 : والنفوس تعرف القبور وانما كانت تغيب الموتى فى الدخمات والنواويس. L'origine de ce mot a été indiquée par Fleischer dans Gersdorf's Repertorium 1839, p. 435.

دَهيم *malicieux, malin*, Cartâs 150, 2, où Alphonse est appelé اللعين الدهيم (dans la rime); cf. دَهِم chez Lane.

أَدْهَم حصان ادهم اخضر *cheval cap de more*, d'un poil rouan, dont la tête et les extrémités sont noires; احمر ادهم *bai-brun*, اشقر ادهم *alezan brûlé*, Bc. — *Mulet noir*, Alc. (mohino animal; cf. Victor). — Le pl. دُهْم est souvent une épithète qu'on joint au mot «malheurs,» خطوب, نوائب. — Substantivement, le pl. دُهْم *fers, chaînes*, Abbad. I, 68, 4; — *navires, galères*, Abbad. I, 61, 2.

دَهْمَسْت (pers.) *laurier*, Auw. I, 245, 8. — *Graines de laurier*, Most. in voce, Bait. II, 228 b. — *L'arbre appelé* عرمض, ou bien *une espèce de* سدر, Zahrâwî cité dans le Most.

دهن I, n. d'act. دَقْن et دقان, *vernir*, Gl. Edrîsî. — *Peindre*, Gl. Edrîsî, Voc., Djob. 195, 14. — *Enjôler, cajoler*, Bc.

III c. a. p. *être indulgent pour ceux qu'on aime ou qui occupent un rang élevé, conniver avec eux, conniver au mal qu'ils font* (cf. le Ta'rifât dans Freytag sous مداهنة), Macc. I, 468, 7, en parlant d'un cadi : ولا داقنَ ذا مرتبة ولا اغضى لأحد من اسباب وكان عبد Nowairî Afrique 61 v°, السلطان واهله الموتى لا يداقن فى دولته ويأخذ الحق من ولده اذا وجب عليه, Berb. II, 58, 9, 99, 3 a f., Amari Dipl. 21, 2.

IV c. a. فى r. *conniver à*, et le n. d'act. seul *connivence*, Haiyân 57 r° : وأنَّتَقَى امية بن عبد الغافر فى الظاهر من المشايعة على قَتل عبد الله او الادهان فيه, Prol. I, 36, 1, Berb. I, 69, 9, II, 45, 4, 156, 5.

VI et VII dans le Voc. sous ungere.

دَقْن pl. أَدْهَان *peinture*, Gl. Edrîsî.

دُقْن, n. d'un. ة, chair blanche, comme celle de la queue de mouton, M.

دُقْن baume, Bc. — Résine, Bc. — Emplâtre pour faire croître les cheveux, Alc. (enplasto para criar pelos). — دهن الآجر de l'huile d'olive, dans laquelle on fait éteindre des fragments de brique incandescents. On lui fait ensuite subir au feu, avec ces morceaux de brique pulvérisés, d'autres modifications, Sang., Bait. I, 446 c. Cette huile s'appelle aussi الدهن المُبارَك, et elle porte encore un troisième nom, qui est écrit de différentes manières dans les man. de Bait. (l. l.); ADH portent دهن المُنفد, L المُنفد, B المُنقد (sic), E المُبقل. — دهن الأفيون laudanum, Bc. — دهن الروسي huile avec laquelle on frotte le cuir de Russie; elle est noirâtre et d'une odeur très-forte, note marginale dans le man. B de Bait., article خلنج.

— دهن صيني vernis; c'est celui dont se servent les peintres, هو دهان الزَّوَّاقِين, et qui se prépare avec la sandaraque et la graine de lin, Gl. Manç. — دهن ناردين huile de nard, est un médicament composé, qu'on nomme ainsi d'après une de ses substances, Gl. Manç. — شمعة دهن chandelle, Bc.

دُقْنَة couche, enduit, Bc.

دُقْنِي graisseux, Bc; oléagineux, M. — شمع دهي chandelle, Bc.

دُقْنِيَّة suivi de بزيَّتْ القَطْرَان, vernissure, Alc. (enbarnizadura).

دَقَّان beurre, Cherb. Dial. 164, Daumas Sahara 278; beurre fondu, Dict. berb.; beurre rance, Daumas R. d. O. A. N. S. I, 187.

دَقَّان graissage, action de graisser, Bc. — Onguent, liniment, Bc. — Enduit, Bc. — Pommade, Bc. — Rouge, fard, Bc. — Vernis, Bc, Hbrt 86, plus haut sous دهن صيني. — Pl. أنت peinture, Gl. Edrisi.

دَهُون onguent, liniment, M.

دَهِين oléagineux, Auw. I, 70, dern. l. — Enduit, cirage, Bc. — دهين بشمع encaustique, Bc.

دَقَّان préparateur et vendeur d'onguents, Voc. —

Apothicaire, Voc. — Vernisseur, Bc, Hbrt 86, Most. v° سنذروس: بستعلونه الدهانون. — Peintre, Gl. Edrisi, Voc., Prol. II, 266, 9, 308, 13.

مَدَاهِن pl. مُدْهَن peinture, Gl. Edrisi.

مُدَّهِن peintre, Gl. Edrisi.

مَدْهُون, ou دقيق مدهون, مَدْهُون tout court, sorte de farine de froment, Gl. Esp. 169; farine dans le Voc. — كلام مدهون discours emmiellé, Bc.

مُدَاهِن simoniaque, Bc.

دَهْنَج (pers. دَهْنَه) malachite, Bait. I, 460 f. — Selon quelques-uns, jaspe, Bait. II, 603 a. — Emeri, Bc.

دهو et دهى. دهى I, aor. i, abasourdir, stupéfier, Bc.

VI c. على p. tromper quelqu'un, Becrī 187, 7 a f., 188, 5 a f., Macc. I, 193, 1.

VII être abasourdi, stupéfait, 1001 N. Bresl. I, 310, 9.

دَهْو stupéfaction, Bc.

دَقْوَة alarme, épouvante subite, Bc.

مدهى éperdu, Bc.

دَقَّن II être abasourdi, stupéfait, Alc. (le n. d'act. tedehun atronamiento). — Délirer, Alc. (desvariar, le n. d'act. tedehun desvario como locura).

مُدَقَّن abasourdi, stupéfait, Alc. (atronado). — Qui délire, Alc. (desvariado).

دَوْ (pour دَوْغ) petit-lait, Bc.

دَوَأ

دَآء. Le vulgaire entend sous ce mot une maladie incurable, comme la phthisie, M. — Cause d'une maladie, 1001 N. IV, 485, 12. — Blessure, Koseg. Chrest. 58, 12. — Tic, habitude ridicule, Bc. — داء الأسد mal caduc, épilepsie, Bc. — داء léontiasis, l'éléphantiasis tuberculeux de la face, Sang. — داء المُبارك mal vénérien, Bc. — داء البَطْن boulimie, Bc. — داء البقر diarrhée, Auw. II, 620, 24 et 25. — داء الحَيَّة ophiasis, espèce d'alopécie, Sang. — داء المسمار, la maladie du clou, dans l'œil du cheval; on lui donne ce nom, parce que, si on relève la paupière, on trouve sur le blanc de l'œil une tache rouge, ou bien sur le noir une tache blanche, Auw. II, 575, 2; cf. sous مِسْمَار. — داء الشَّوْكَة, Bait. II, 97 c, 449 b; dans le premier passage Sontheimer traduit *schuppichte Krankheiten*, dans le second *hystricatio, ichtyosis cornea*, Alibert. — داء الصُّفْرَة *mal vénérien*, Bc. — داء الكَبْش. Le Voc. a sous *fornicari*: فُلَان بِدَاء الكَبْش, et sous *coytus*: بِدَاء الكَبْش. Si c'est le mot داء avec la prép. ب (et je ne trouve pas d'autre explication), l'expression داء الكَبْش, *la maladie du bélier*, dans le sens de *lasciveté*, *lubricité*, le bélier étant considéré comme un animal très-lascif, peut être comparée à داء الذِّئْب (la maladie du loup, c.-à-d. la faim). — داء الكَلْب *faim canine*, Bc. — داء المُلُوك *goutte*, Bc, Hbrt 34.

دَوَادَار dans M 692 et دُوَيْدَار, mais 701 دَوَادَار et دَوِيدَار (composé de دَوَا, vulg. pour دَوَاة, *écritoire*, et du pers. دَار, proprement *porte-écritoire*), pl. دَوَادَارِيَّة. Sous la dynastie des Mamlouks on donnait ce titre à des personnages qui avaient la fonction de faire arriver à leur destination les lettres émanées du sultan, de lui faire parvenir les placets, et d'introduire les ambassadeurs et autres personnes aux audiences, Maml. I, 1, 118, Prol. II, 10, dern. l. et suiv.

دوب I *s'user*; دَائِب *usé*, Bc.

II *user*, Bc.

دُوبَيْت (composé du pers. دُو, *deux*, et de l'arabe بَيْت, *distique*), pl. ات, Bâsim 35, *quatrain, en arabe* رُبَاعِي, parce que le *doubait*, qui est d'origine persane, mais que les Arabes ont imité, se compose de quatre hémistiches. Il est de trois sortes: 1° tous les hémistiches riment; 2° trois hémistiches riment, le 1er, le 2e et le 4e, et alors on l'appelle أَعْرَج, *boiteux*; 3° les quatre hémistiches riment, mais la rime doit être مَرْدُوف (voyez), c.-à-d. qu'avant la lettre qui forme la rime, il doit se trouver un ا, un و, ou un ى. Un *doubait* مُسْتَزَاد ou *augmenté*, *doublé*, se compose de huit hémistiches, dont le 1er, le 3e et le 7e riment ensemble, de même que le 2e, le 4e, le 6e et le 8e. Voyez J. A. 1839, II, 163, dern. l. et suiv., Freytag, Arab. Verskunst, 441 et suiv.

دُوبَيْتِي adj. formé du mot qui précède, Khatîb 73 r°: وله مقام فى علم العروض الدوبيتى.

دوج.

دُوج (ital. *doge*) *doge*, le chef de la république de Venise, et celui de la république de Gênes, Amari Dipl. Gloss.

دُوَاج et دَوَّاج *grande pièce d'étoffe qui sert de couverture de lit*, Defrémery Mémoires 326, Gl. Fragm., *et aussi de manteau, pour les hommes*, Koseg. Chrest. 116, 11 et 13, *et pour les femmes*, Tha'âlibî Latâïf 109, 9.

دوح II. Verbe actif, *faire en sorte qu'une branche ait un feuillage touffu, épais*, Calâïd 217, 6: كان دَوَّحَ ذلك الفرع. — *Emonder, tailler les branches*, Auw. I, 11, 10, où on lit que التدويح est à peu près la même chose que التقليم. — Verbe neutre, *recevoir ou avoir un feuillage touffu, épais, en parlant d'un arbre ou d'une branche*, Bait. I, 408: l'aspalathe ressemble au رِتَم, إلَّا أنه يدوح ولا يقوم على الأرض أكثر; Khatîb 68, en parlant des Hafcites: من ذراع ونصف; الفرع الذى دَوَّح بها (بأفريقية) من فروع الموحدين بالمغرب Weijers 26, 4 (= Calâïd 83, 15), où il faut lire et prononcer: دَوَّحَ "ونوَّر عمره قد صَوَّح, وغصن سنه قد دَوَّح cf. sous صوح II; la seconde phrase signifie: son âge ressemblait alors à une branche qui a un feuillage touffu, c.-à-d. il était dans la vigueur de l'âge; Macc. I, 482, dern. l.: قضيب ما دَوَّح «une branche qui n'avait pas encore un feuillage épais.» De là التدويح *feuillage épais*, Djob. 303, 18, *en parlant d'un grand chêne*: متسعة التدويح.

V *avoir un feuillage touffu, épais*, Bait. I, 5 b: هو شجر عظيم متدوّح, 13 b: شجر يعلو فوق القامة ويتدوّح, 83 b, 169 b, 229 c, 278 b, 422 c, Auw. I, 87, 11, 234, 8.

VII *s'étendre*, انبسط متسّع, *comme dit le* M *en citant les vers d'Ibn-ar-Roumî qu'on trouve aussi chez* Macc. I, 533.

دَوْح .شجر كثير الدوح *branches*, Bait. I, 30 f.

دَوْحَة *groupe d'arbres*, Berb. I, 413, 9.

أَدْوَح, fém. دَوْحَاء, *ayant beaucoup de branches*,

Bait. I, 27 c, dans A: شائكة دوحاء وفي, tandis que B donne ذات فروع, au lieu de دوحاء.

مَنْدُوخ L: *cavus* مَحْفور مُنْدُوخ.

دوخ I *être étourdi*, Bc, Ht. — *Avoir mal au cœur, avoir envie de vomir*, Bc. — *Se tromper*, Cherb. Dial. 57.

II *étourdir*, Bc, Ht, *abasourdir*, Bc. — *Entêter, faire mal à la tête;* يدوّخ *capiteux*, Bc. — *Affadir le cœur, faire mal au cœur, soulever le cœur;* يدوّخ *nauséabond*, Bc. — دوّخ راسه *rompre la tête à quelqu'un, l'importuner*, Bc. — دوّخ نفسه *tracasser, se tourmenter, s'agiter pour peu de chose*, Bc. — Dans le sens de la Ire, à ce qu'il semble, *avoir le vertige*, chez Macc. I, 209, 22, où je crois devoir lire ainsi avec Boul.; cf. Lettre à M. Fleischer 21. — *Avoir le mal de mer*, Roland Dial. 590. — *Repousser*, si la conjecture de M. de Slane sur Prol. III, 367, 8, est bonne.

V *être repoussé*, si l'on admet la conjecture de M. de Slane sur Prol. III, 367, 9.

VII اندوخ *s'étourdir, s'entêter de*, Bc.

دَوْخَة *vertige*, Bc, M, Martin 145, Sang., 1001 N. II, 469, 4, IV, 250. — *Etourdissement*, Bc. — *Affadissement, mal de cœur*, Bc.

دَوْخان *vertige*, 1001 N. Bresl. VIII, 319, où Macn. a دوخة.

نَوَاخ *nausée, envie de vomir*, Bc.

دود II *produire des vers*, Alc. (gusanear a otro).

V s'emploie en parlant de vers qui naissent dans une plaie, Edrîsî, Clim. II, Sect. 6: فلا تزال عشّها تربو وتتزايد الى ان تتفقّح وتتدوّد ۞

دود *taon, grosse mouche à aiguillon*, Alc. (moscarda). — دود الصبّاغين *la cochenille du chêne vert*, nommée aussi *Kermès*, Bait. I, 463 d; دود seul signifie aussi *cochenille*, Descr. de l'Eg. XVIII, part. 2, 387, Ht. — دود فرعون Chez van Ghistele, 15, on lit *Pedoettis Pharaonis* (oe en flamand se prononce comme ou en français); c'est une espèce de vers qui mordent; la morsure s'enfle et on la guérit avec du jus de limon. — الدودة المتوحّدة *le ténia* ou *ver solitaire*, Sang. — دود قَرْعِي et دود القَرْع *ascarides*,

Sang., Bc, cf. حبّ القرع دود sous حبّ القرع. — دود القَلْب *mal de cœur*, Bc.

دُودَة *ver-coquin*, au fig., caprice, fantaisie, Bc; passion, désir, Ht. — دودة أَحْمَر *ponceau, rouge très-vif*, Bc; d'après le M on entend sous les excréments d'un ver (زبل دودة), qui servent à teindre en rouge très-vif, et il ajoute que cette couleur s'appelle الدودي.

دودي *voyez ce qui précède*.

دُوَادِي *noble*, qui appartient à une famille dans les mains de laquelle s'est maintenu, depuis plusieurs siècles, le commandement d'une contrée ou d'une tribu, Cherb.; cf. Daumas Mœurs 24, Sandoval 266, 272. Cherb. écrit le plur. « دواودي, *douaouda;* » je crois que c'est dans l'origine le nom de la tribu des الدَّوَاوِدَة, dont il est souvent question dans l'Hist. des Berb. par Ibn-Khaldoun.

دُوَيْدَة espèce de *vermicelle* en farine de blé, roulé dans les mains, et cuit dans du beurre, Daumas V. A. 252, Shaw I, 340, Lyon 50, R. d. O. A. V, 16.

دودح

مُدَوْدِح *pendu, qui se meut dans l'air*, M.

دُودَم (سادروان) et دَوادِم دُوادِم, dans le Gl. Manç. (v° دَوْدَام). — دوادم et *mousse (plante)*, Ht.

دور I c. على *faire la ronde de plusieurs châteaux*, R. N. 82 r°: كان مع سعدون لخولاق في الدور الذي يدور على الحصون (l.الحصون) كنّا ندور على الحصون حتى الخ (avant كنّا il semble manquer quelque chose, mais c'est bien الحصون qu'il faut lire, car dans la suite ce دور est nommé *une expédition*, سفر); *ibid.:* وبلغ عبيد الله ان سعدونا يجتمع اليه خلق من الناس يخرج لهم بهم (l. الى الدور فخاف عبيد الله منه وقيل له انّه يَخْرج عليك). — *Valser*, Aghânî 51, dern. l., 52, 5; *pirouetter*, Hbrt 99. — *Se promener*, Bc; دار دَوْرَة *faire un tour de promenade*, Bc. (On trouvera plus loin cette expression dans un autre sens). — T. de mer, *revirer, tourner d'un autre côté*, Bc, *virer*, J. A. 1841, I, 589. — C. a. *parcourir*, p. e. دار المدينة كلّها «il a parcouru toute la ville,» Bc. — C. على *chercher*, Bc. — *Avoir cours* (marchandises), التجارات

« الّتى تدور بين ايديهم les marchandises qui ont cours parmi eux, » Gl. Edrîsî. — En parlant de paroles, à peine « لم تدُرْ بينهما كلمتان حتى امر بالقبض عليه eurent-ils échangé deux paroles, qu'il » etc., Abd-al-wâhid 201, 4. — Arriver, en parlant d'un événement, Koseg. Chrest. 112, dern. l.: واظهر الاسف لما دار فى امر المقتدر, Macc. I, 241, 3 a f., autre exemple sous la Xe forme. — يدور الحمام le bain est en action, en train, c.-à-d. on a mis en mouvement les courants d'eau chaude et d'eau froide, 1001 N. IV, 479, dern. l. — Rester, demeurer dans un certain état, p. e. en parlant de l'Espagne: دارت جوعى « elle resta en proie à la famine pendant les années 88, 89 et 90, » Akhbâr 8, l. 8, avec ma note. Le Voc. a دار sous tardare. — C. ب ou حَوْلَ servir, Voc. — كما يدور tout autour, parfois avec حَوْلَ, pour donner plus de force à cette préposition, p. e. حفر الخنادق حول السورين كما يدوران, Gl. Fragm.; Haiyân-Bassâm III, 4 r°: « des matelas brodés tout autour, كما تدور, de siglaton de Bagdad. » Dans le même sens كما يدور, p. e. دار ما يدور على البحيرة من قرى وخيل, Gl. Fragm. كما دار ما et دائرًا ما à l'entour de, autour, Bc. — يدور chacun à son tour, Gl. Fragm. (dans le premier et dans le troisième passage qui y sont cités, car dans le deuxième c'est tout autour). — دار حلقة caracoler, Bc. — دار دورة se détourner, prendre un chemin plus long que le chemin ordinaire, Bc. (Voyez plus haut cette expression dans un autre sens). — دار فى الكلام périphraser, Bc. — C. مع se ranger sous la bannière de quelqu'un, Bc. — دار وراء prendre en grippe, en vouloir à quelqu'un, Bc. — J'ignore ce que ce verbe signifie chez Ibn-al-Khatîb 134 v°: بنا المسجد فى المرية ودار فيه من جهاته الثلاث المشرق والمغرب والجوف. دار, aor. i (vulg. pour ادار) دار بالم على faire attention à, tenir la main à, soigner, faire exécuter, veiller à; دير بالك soyez attentif, prenez garde à vous, Bc.

II tourner, façonner au tour, Alc. (torneada cosa al torno مُدَوَّر). — Aller autour, Alc. (rodear). — Faire la ronde, 1001 N. II, 32, 7 a f. — Tournoyer, errer çà et là, 1001 N. I, 31, 11. — دور بجحلة faire le moulinet, tourner rapidement sur soi-même, Bc. — Se trouver autour, Alc. (estar en derredor). — T. de mer, virer, 1001 N. IV, 316, 3 a f.; chez Bc دور

المركب revirer. — C. على chercher, Bc, R. N. 79 r°: فهو فى اليوم الثانى جالسا (جالسٌ .l) فى الجامع حتى رأى رجلًا من اهل منزله يدور عليه, 1001 N. I, 665, 6 a f., III, 130, 4, Bresl. IV, 309, 6, XII, 296, 10, Ztschr. XXII, 75, dern. l. — دور الحمام mettre le bain en action, en train, c.-à-d. mettre en mouvement les courants d'eau chaude et d'eau froide, 1001 N. IV, 478, 6 a f. — Prendre dans des rets, dans des filets, Alc. (enredar en redes). — Retarder quelqu'un, Alc. (engorrar a otro, où il écrit par erreur la Ve forme, retardar a otro, où il a correctement la IIe). — Suivi d'un nom d'action, se mettre à quelque chose, s'en occuper, 1001 N. IV, 473, 2 a f.: دور الصبغ فيها « il se mit à les teindre, » 478, 9: دوروا فيه « ils se mirent à y bâtir. » دور دماغه retourner, au fig., faire changer d'avis, Bc. — دور راسه tourner la tête à quelqu'un, lui faire adopter ses opinions, Bc. — دور ساعة monter une montre, Bc. IV c. a. et عن écarter, 1001 N. I, 57, 13: ادارت النقاب عن وجهها. — En parlant de coupes remplies de vin, porter ces coupes à la ronde, en porter à tous les convives, suivant le rang dans lequel ils sont assis; c'est l'échanson qui le fait, et c'est pour cette raison qu'on l'appelle الساق المدير ou المدير seul, Abbad. I, 41, 9, 46, 1, 90, n. 94. — ادار الرياسة gouverner, régir les affaires publiques, administrer un Etat, Abbad. I, 46, 10 et 11; cf. plus loin مدير. — ادار خدمة المعاونة il a rempli les fonctions d'aide, Bc. — T. de mer, ادار سفينة ou مركبا revirer, tourner d'un autre côté, Bc, Becrî 20, 16. — Faire qu'une chose ait lieu, qu'elle arrive, Cartâs 272, 5: il fut proclamé sultan بادارة كتاب اخيه ووزرائه « grâce aux efforts des » etc. (Tornberg, p. 345, n. 9, veut à tort changer la leçon); Akhbâr 8, 6, en parlant de Sisebert et Oppas: عما رأس من ادار عليه الانهزام « ce furent eux principalement qui causèrent la déroute de Roderic. » — Mettre en action, en train; ainsi on dit: ادار المصبغة, dans le sens de: faire commencer le travail dans un atelier de teinture, 1001 N. IV, 473, 6 a f. — Par ellipse, pour ادار الامر (cf. Lane sous la IIe), réfléchir à une affaire, Akhbâr 73, 9: لم ازل فى ادارة

«je n'ai pas cessé d'y réfléchir.» — C. a. p. et على (cf. chez Lane الأمر على اِدارة), Abbad. I, 223, 6: ادارهم على رهون تكون بيده il chercha à obtenir d'eux des otages.» — C. على p. et a. r. *machiner une ruse*, etc., *contre quelqu'un*, Gl. Mosl. — أدار بالله على surveiller, Bc. — أدار رأسه séduire l'esprit de quelqu'un, tourner la tête à quelqu'un, lui faire adopter ses opinions, Bc. — أدار عقله كما يريد *manier l'esprit de*, *mener quelqu'un*, Bc.

V *pirouetter*, Hbrt 99. — *Se retourner, prendre d'autres mesures*, Bc. — *Tarder*, Voc., Alc. (engorrar o tardarse, retardarse); *être différé au surlendemain*, Alc. (trasmañana differirse).

VII *se tourner, se retourner, se tourner dans un autre sens*; — *rebrousser chemin*; — *tourner, se mouvoir à droite ou à gauche*; — *se mettre à*, Bc.

X, en parlant d'une décision, d'un jugement, *être prononcé*, R. N. 14 v°: فدار بينها وبين رجل من اهل القيروان خصومة واستدار الحكم لها على خصمها

دار. Le pl. دُور dans le Formul. d. contr. 7. — *Salle*, Gl. Edrîsî, Fakhrî 375, 14, Berb. II, 153, 4, 479, 3 et 5, 1001 N. I, 373, 7 (lisez ainsi avec l'éd. Boul.), 374, 3 a f. — Au pl. *la partie principale du palais*, celle qu'occupent l'empereur et le harem, Lempriere 198 (douhar). — *Case*, chacun des carrés d'un échiquier, etc., Lane M. E. II, 60. — دار البطيخ *l'endroit où l'on vendait des fruits*, Fakhrî 299, 7. — دار الخاصة, chez les princes, *la salle de réception pour les grands*, Prol. II, 102, 11; دار العامة *la salle de réception pour le peuple*, Prol. II, 14, 6, 102, 11, Koseg. Chrest. 107, 4 et 14; chez Ibn-al-Athîr, VII, 16, 1, il est question du trésor public qui se trouvait dans cette dernière salle. Mais دار العامة peut signifier aussi *la maison de ville*; Alc. (ayuntamiento) donne عامة seul en ce sens. — دار صنعة, ou الصناعة, ou الصنعة, ou صنعة, *maison de construction, fabrique*, mais surtout pour la construction de tout ce qui est nécessaire à l'équipement et l'armement des vaisseaux, *arsenal*, Gl. Esp. 205—6.

دَوْر *ronde*, visite qui se fait la nuit autour d'une place, etc., pour observer si tout est en bon état, voyez sous la Ire forme, R. N. 80 v°: فانا ذات ليلة في ذلك نحرس وقد علونا في المحارس وأرى اهل الدور يمشون في نور السرج. *L'officier de ronde* s'appelle قائد

, Gråberg 211. *Faire la ronde* est مشى الدور الدور, R. N. 90 r°: رأيتنا ومشينا الدور. *Chemin de ronde*, dans les anciennes fortifications, s'exprime par بين السور والدور, Alc. (ronda lugar por rondar). — En astron., *l'espace de temps dans lequel un point quelconque du ciel fait une révolution complète autour de la terre*. Le *daur* d'une planète, c'est son orbite ou le temps qui s'écoule depuis qu'elle part d'un point du ciel jusqu'à ce qu'elle revienne au même point, de Slane Prol. I, 248, n. 3. — En astrol., دور القران ou عود القران, *la révolution ou le retour de la conjonction*, Prol. II, 187, 2 (corrigé dans la trad.). — Chez les Druzes الأدوار, *les périodes*, signifie *le temps auquel les autres religions ont été en vigueur*, de Sacy Chrest. II, ٨٧, dern. l., 250, n. 87. — *Cercle vicieux*, faux raisonnement où l'on donne pour preuve ce qu'il faut d'abord prouver, *pétition de principe*, Bc. — *Tour*, Bc, 1001 N. I, 178, 5 a f.; دورك انت et اعمل دورك *c'est votre tour*; دور بالدور *tour à tour*, Bc. — دور السخونة *accès*, Bc, cf. M; السموم دور السخونة «c'est aujourd'hui jour d'accès,» Bc. — *Fois*, p. e. قرات الكتاب دورا «j'ai lu le livre une fois,» M. — *Temps limité pour arroser*, dans les endroits où l'eau d'arrosage appartient au commun, Gl. Esp. 47. — دوينة *voie d'eau*, deux seaux, Bc. — *Partie, jeu*, Bc. — *Strophe, couplet*, en parlant d'une *mowachaha* ou d'un *zadjal*, Bc, Freytag Arab. Verskunst 418, Descr. de l'Eg. XIV, 208, Ztschr. XXII, 106 n., M. Dans l'édit. de Maccari qui a paru à Boulac, les strophes sont indiquées par le mot دور, ainsi dans la pièce qu'on trouve dans l'éd. de Leyde I, 310 et 311, les lignes 18 et 19 constituent le مطلع; à la ligne 20 commence le premier دور, et au-dessus de toutes les autres strophes l'éd. de Boul. a ce mot, au lieu des chiffres que M. Wright a fait imprimer. — *Ronde*, chanson de table, Bc. — دور العجلة, pl. أت, *roue d'une charrette*, Alc. (rueda de carreta).

Etage, Bc, R. N. 69 v° (construction d'un caçr): قلت كمل السفل عمر بالناس قبل ان تسركب ابوابه ثم لما كمل الدور الثانى عمر ايضا وبقى تمام القصر والابراج للطابقة الثالثة; puis, la somme qu'Ibn-al-Dja'd avait destinée à l'édifice étant épuisée, فتبرى قوم للنفقة فيه وقال ابن الجعد لا ينفق احد معى فيه شى (شيئا l.). 1001 N., حتى يتم الدور الثانى وابراج الدور الثالث

III, 443, 10. — En musique, Aghânî 8, 4: وفيه دور كبير اى صنعة كثيرة «on a composé sur ces paroles *un grand nombre d'airs.*» — Dans l'opération sur la زايرجة, *certains nombres au moyen desquels on se guide en faisant le tirage des lettres dont les mots de la réponse doivent se composer*, de Slane Prol. I, 248, n. 3. — دور حولى *espèce de lis sauvage, gladiolus Byzantinus*, Bait. I, 464 i (AB), II, 379 a. — Comme prépos., *autour*, Voc.; بدور, *à l'entour*, Ht.

دَيْر. Le pl. دُيُور, Voc., ديار, de Sacy Dipl. IX, 469, 12, أَدْيِرَة, de Sacy Chrest. I, 182, n. 62, pl. du pl. ديارات, Gl. Belâdz. — *Cimetière*, L (cimiterium). — *Bercail, bergerie*, Payne Smith 1464. — *Taverne, cabaret*, Voc.

دَارة *bercail, bergerie*, Payne Smith 1464. — *Maisonnette*, M. — دارة الشمس *soleil* (fleur), Roland. — دارة الدار *jeu d'enfants*, Mehren 27.

دَوْرَة *circonvolution*, Bc. — *Spire, un tour de spirale*, Bc. — *Caracole, mouvement en rond ou demi-rond que l'on fait faire à un cheval*, Bc. — *Tour, mouvement en rond ou autrement*, Bc. — *Tour, promenade*; دار دورة «faire un tour de promenade,» Bc. — *Tour*; دورة *à mon tour*, Burckhardt Prov. n° 56, Aboû'l-Walîd 453, 28. — *Tournée, voyage en plusieurs endroits, voyage annuel et périodique*, Bc. — *Virevolte, tour et retour*, Bc. — *Détour*, Bc, Ztschr. XVIII, 526; درنا دورة كبيرة «nous avons fait un long détour,» Bc. — دورة فى الكلام *circonlocution, périphrase*, Bc. — *Procession, cérémonie religieuse conduite en ordre par des prêtres*, Bc. — *Pli, tournure d'une affaire*, Bc. — *Accès de fièvre*, Ztschr. XI, 486. — *Passe-passe, filouterie, tour d'adresse*, Bc. — *Volée de la balle au jeu de paume*, Alc. (bolea de pelota, cf. Victor). — *Roue*, Alc. (rueda qualquiera). — دورة الحبل, t. de mer, *retour pris avec une corde pour l'empêcher de filer*, J. A. 1841, I, 589. — Comme prépos., *autour*, Voc. — En Eg., *à présent, pour une seule fois, surtout*, Burckhardt Prov. n° 56.

دَوْرَة *vulg.* pour دَوْرِي, M.

دَيْرَة *boussole*, Niebuhr R. II, 197, J. A. 1841, I, 589.

دَيْرَة *arrondissement, banlieue*, Bc, M, Ztschr. XXII, 75, 1, 115.

دَوْرِى *circulaire*; — *périodique*; — *alternatif*, Bc.

دُورِى, formé de دور, pl. de دار (maison), *domestique* (animal), l'opposé de برى, voyez sous بَرْطَل; عصفور دورى *moineau domestique*, Sang.; Bg; aussi دورى seul, *passereau, moineau*, Bc, Yâcout I, 885, 7. — كرنب دورى voyez sous le premier mot.

دَوْرِيَة, suivi de للمعتاود, *étable pour les boucs*, Alc. (chibital de cabrones). — دَوْرِيَة est employé par Saadiah, ps. 84, vs. 4, pour l'hébreu דְּרוֹר, qui désigne *l'hirondelle* ou un autre oiseau.

دَيْرِى *claustral, conventuel*, Bc.

دَيْرِيَة *conventualité, état d'un couvent*, Bc.

دَوَرَان *l'action de se tourner*, Alc. (bolvimiento). — *Révolution, retour d'un astre au point de son départ*, Bc. — *Procession, cérémonie religieuse*, Bc. — دَوَرَان بال *attention, précaution, soin*, Bc. — دَوَارَة *colportage*, Bc. — دوار هوا *girouette*, Bc.

دَوَيْرَة *cellule, chambre, petit appartement*, Bat. II, 56, 297, 438. — حبس الدويرة nom d'une prison à Cordoue, Cout. 23 r°, et 36 r° الدويرة tout court.

دُوَيْرَة, au Maghrib, au lieu du dimin. دُوَيْرَة. Chez Domb. 91 دُوَيْرِيَة, *domuncula*. Alc., qui écrit دُوَيْرِيَة, donne دُوَيْرِيَة للمعز, *étable pour les boucs* (chibital de cabrones). Chez Jackson, Plate 11, *dwaria* est un pavillon contigu au palais de l'empereur. A Tomboctou les *duarias* sont des édifices dont chacun comprend deux chambres; ils se trouvent à l'entrée des maisons et servent à recevoir les visites, Jackson 253. Dans un autre livre (Timb. 230), ce voyageur dit que *dwaria* est un appartement qui n'a que trois murs, le quatrième côté étant ouvert et porté par des colonnes. Dans le Voyage pour la Rédempt., 154, on trouve que *doirie* est la chambre où le roi se lave.

دَوَّار *errant, rôdeur*, Bc; Richardson Sahara II, 96: «What's that fellow *douwar* (i. e. go about seeking).» — *Batteur de pavé, oisif, vagabond*, Bc. — *Coureur, qui va et vient, jeune libertin, vagabond*; امراة دوارة *guenipe, coureuse, prostituée*, Bc. — *Colporteur*, Bc. — Pl. دواوير *campement de Bédouins, dont les tentes sont rangées en cercle avec les troupeaux au milieu*. Ce mot, qui est aujourd'hui d'un si fréquent usage en Afrique, se trouve déjà, comme je l'ai observé Gl. Esp. 47, chez Edrîsî et chez Ibn-Batouta. On le rencontre aussi dans le Voc. (mansio), chez Abdarî 5 v° et chez l'anonyme de Copenhague 106 (lisez ainsi), 114. Bc donne دوار, sans *techdîd*, avec le pl.

اندوار, sous *village*. — *Bercail*, *bergerie*, Payne Smith 1464. — دوّار الباب *gond d'une porte*, Payne Smith 1204. — دوّار الشمس *héliotrope*, *soleil ou tournesol*, Bc. — دوّار الماء *tourbillon*, *tournant*, Bc.

دير وأدير ب الدُوَّار. دُوَّار est *dolere* dans le Voc.

دبّار *cabaretier*, Voc.

دَوَّارة pl. دَوَاوِير (dans les trois premières signif. qu'on trouvera ici) *rondeur*, Alc. (redondez). — *Figure sans angles*, Alc. (figura sin angulos). — *Roue*, *poulie*, Voc., Alc. (rodaja instrumento para rodar). — دوّارة الباب *gond d'une porte*, Payne Smith 1204. — *Petite pièce de terre*, presque aussi large que longue, M. — Je ne sais pas bien quel sens il faut attribuer à ce mot dans Bâsim 74: فكتب له وصولا على انسان حلوانى — وهو معامل الدوّارة ولخدم ولجوار الذى للخليفة واخذ منه ورقة بان يحضر ومعه خمسة آلاف درهم الذى عليه ۞ من جهة الدوّارة ومن جهة لخاص ثلاثة آلاف ۞

دوّارى *espèce de grenade*, Auw. I, 273, 14.

دائر *périodique*, Bc. — *Bordure*, *ce qui borde*, Bc, *bord*, p. e. d'un casque, Koseg. Chrest. 68, 5 a f., d'une chemise, 1001 N. Bresl. III, 186, d'un caparaçon, Nowairî Egypte, man. 2 o, 116 v°: زنارى اطلس بدائر اصفر, d'un rideau, 1001 N. II, 222, 3; *cadre*, sorte de bordure de bois, autour d'un tableau, Bc. — *Enceinte*, *clôture*, *circuit*, Bc. — *Boussole*, Niebuhr R. II, 197. دائر السور *parapet*, Bc. دائر الفص *chaton*, Bc. دائر المدينة *boulevard*, allées d'arbres autour d'une ville, Bc. دائر ما دار, comme prépos., *autour de*, Gl. Edrîsî; دائر ما دار *autour*, *tout autour*, ibid.; دائر سائر *autour*, Ht. — على الدائر *le long*, Bc.

دائرة *rondeur*, Alc. (redondez). — *Roue*, L (rota), Voc., Auw. I, 147, 2; le pl. *les roues des moulins*, à ce qu'il semble, Cartâs, trad. 359, 11. — *Couronne* (de fleurs), dans la partie de Macc. qui a été publiée par moi-même, mais je ne puis retrouver le passage. — *Tambour de basque*, Bc, M, Descr. de l'Eg. XIII, 511. — *Planisphère*, Amari 18, 6 a f. — *Sangle*, en parlant d'une selle, Bat. III, 223. — *Corde de jonc dont on entoure le marc de raisin sous le pressoir*, Gl. Esp. 44. — *Chambranle*, *moulure*, Gl. Esp. 209. — *Tourbillon*, Bat. II, 160. — Au Maroc, *manteau en drap bleu et à capuchon*, Hœst 63, 102. — دوائر بيت *les sofas qui se trouvent le long des murs d'une chambre*, 1001 N. Bresl. I, 118, 5. — *La garde* d'un prince, M, Haiyân-Bassâm I, 10 r°: جنده ودائرته, 10 v°: ce prince avait fait de grands honneurs à quelques cavaliers berbères, فاتنج لذلك الدائرة وقالوا للعامّة نحن قهرنا البرابرة وطردناهم, عن قرطبة وهذا الرجل الخ, ibid. encore quatre fois, 11 r° (deux fois), 114 v° (deux fois), Cartâs 140, 7, 159, 20. On l'appelle ainsi, parce qu'elle *entoure* habituellement le souverain, Cartâs 158, 3 a f.: وركبة الروم بالسيف حتى وصلوا الى الدائرة التى دارت على افضل دائرة الامير الناصر من العبيد ولخشم. Aussi Cartâs 141, 4. — دوائر الشام *corps de troupes composé de Turcs*, 1001 N. I, 498, 12 et 13; cf. 487, 8 et 9, où ce corps est appelé عسكر الترك. — *Milice auxiliaire du makhzen*, Roland. — الدائرة, comme coll., Abbad. I, 323, 1, ou الدوائر, Recherches II, App. p. xxv, 2, proprement *rôdeurs*; c'étaient des soldats qui faisaient des razzias, se livraient au brigandage et commettaient toutes sortes de crimes. Au XI° siècle ils étaient le fléau de l'Espagne, comme les *routiers* ou *Brabançons* étaient plus tard le fléau de la France. — L'occasion de nuire à quelqu'un; on dit: يتربص به الدوائر «il épia les occasions de lui nuire,» ou «de secouer son joug,» Bat. I, 354, III, 48, Berb. I, 552, 3 a f., 650, 4. — *Biens*, *revenus*; on dit: فلان عنده دائرة واسعة له املاك, c.-à-d., M. دائرة معاملة وحاصيل كثيرة. — *légende*, inscription autour d'une pièce de monnaie, Bc. — دائرة *période*, Bc. دائرة الموسيقى *gamme*, Bc. كلام

دائروى *orbiculaire*, Bc.

ادارة (de ادار الأمر فى), voyez Lane sous la II° forme) *idée*, Cartâs 193, 15: كان حسن الادارات «il avait de belles idées.» Le Voc. a حسن الادارة *industrius*.

تدوير, chez les lecteurs du Coran, *tenir le milieu entre le* ترتيل *et le* حدر, M.

تدويرة *circonscription*, *rondeur*, *sphéricité*, Bc.

مَدار *pivot*, *cheville ouvrière*, au fig., *principal agent*, Bc, p. e. Becrî 36, 15: يكون مدار النعم عليه «sur lequel roule la direction de la communauté» (de Slane); de même Macc. I, 243, 16; cf. Gl. Abulf.: مدار. — *Tropique*; ومدار مذهبهم التعصّب للروحانيين مدار السرطان *tropique du Cancer*, مدار الجدى *tropique du Capricorne*, Bc. — *Centre*, Gl. Edrîsî. — Pl. ات *moulin dont une bête de somme fait tourner la meule*, Bc.

مُدَار espèce de *mortier*, Ztschr. XI, 515.

مُدِير *échanson* (cf. sous la IVᵉ forme). — *Gouverneur*, d'Escayrac 437 (cf. sous la IVᵉ forme), *préfet-commandant d'une place*, Fesquet 203, *gouverneur ou préfet, auquel est confiée l'administration agricole*, le même 25, cf. M. — مدير الحرم *le trésorier en chef de la mosquée de Médine*, Burton I, 324, 356.

مُدَوَّر *vers dans lequel le dernier mot du premier hémistiche appartient en partie au second*, M. — شطرنج مدور voyez sous le premier mot.

مدار *jeu d'enfants*, Mehren 35.

مَدْوَرَة *cette partie du sol qui est plus basse que le reste et sur laquelle tourne la porte quand on l'ouvre et qu'on la ferme*, M.

مُدَوَّرَة *tente ronde*, Maml. I, 1, 192, 1001 N. I, 400, 2 a f. — *Coussin rond et couvert de velours ou de cuir brodé*, Lane trad. des 1001 N. II, 399, n. 10, 1001 N. Macn. I, 107, 2 a f. (où l'éd. de Bresl., I, 271, a مخدّة, car c'est ainsi qu'il faut lire), 266, 3 a f., II, 163, dern. l., IV, 278, 8 et suiv., Bresl. III, 269, 11, X, 389, 1 (où l'éd. Macn. a مخدّة). Dans Macn. IV, 255, 4, ce mot semble avoir un autre sens, car on y lit: متكئًا على مخدّة محشوّة بريش النعام وظهارتها مدورة سنجابية «et le dessus de ce coussin était une *modauwara* de petit-gris;» mais je crois que le mot en question est ici de trop. C'est à mon avis une variante de مخدّة, laquelle a passé de la marge dans le texte. Dans l'éd. de Bresl. (X, 221) la difficulté n'existe pas, car il y est question de deux coussins: وبجانبه مخدّة محشوّة قطن ملكي واتّكى على مدورة سنجابية. — *Mouchoir que les femmes roulent autour de la tête; beaucoup d'entre elles en portent deux*, Woltersdorff.

مَدَارَاتِي *meunier d'un moulin dont une bête de somme fait tourner la meule*, Bc.

مِدْوَار *trapu, gros et court*, Voc.

مَدَاوِر *celui qui vole dans les douârs des Curdes, des Turcomans et des Arabes, en jetant des gâteaux aux chiens*, Ztschr. XX, 504.

مُسْتَدِيرَة *lambris de petits carreaux*, Alc. (alizer).

دُورْبِين (pers.) *longue-vue, télescope*, Bc.

دَوْزَن I *accorder un instrument de musique*, M. — *Mettre en ordre, arranger*, M, qui dit à tort que ce verbe est d'origine persane; il est d'origine turque: دوزن *ordre, méthode; accord, concert*; le verbe دوزمك dans les deux signif. que وزن a dans l'arabe moderne.

دَوْزَان *l'action d'accorder un instrument*, M.

دَوس I *violer un territoire*, ارضًا, Bc, Abd-al-wâhid 205, 15, Edrîsî ١٣٣, 3 a f. (corrigez le Gloss.), Becrî 143, 5: داس حريم الديار. — C. على *marcher sur*; c. p. على *marcher sur le ventre, terrasser, vaincre*, Bc.

II *se disputer*, Ht.

VII *être violé* (territoire), Bc.

دَوْسَة. C'est quand un certain nombre d'hommes se couchent à plat ventre par terre, et qu'un chaikh, à cheval, passe au pas sur eux tous; voyez Lane M. E. II, 221 et suiv., Ouaday 700. — دوسة الحمار *tussilage, ou pas-d'âne, plante bonne contre la toux*, Bc.

دَوَّاس *enchanteur*, Roland.

دَوَّاسَة, t. de tisserand, *la pédale du métier*, M.

مِدَاس. Le pl. ات, Bg, Maml. II, 2, 13.

مَدَاسَة = مداس, Bg. — *Sole* (poisson), Pagni MS.

دوسنطاريا *dyssenterie*, Man. Escur. 893, art. خنزير et ailleurs.

دوش.

دَوْش M: حجر كالرغيف يرمى به حجر كالليمونة ليتدحرج، وهي لعبة للصبيان (مولَّدة).

دوشة *carillon, tapage*, Bc.

دُوشَاب (pers.) *sirop de dattes*, Gl. Manç. in voce: هو عسل التمر والدوشاب هو النبيذ المتّخذ منه, Bait. II, 548 b. — *Vin de palmier*, Bait. I, 389, 464 f.

دوشابى *vin de palmier*, voyez ce qui précède.

دُوشَاخ (pers.) *qui a deux cornes ou deux rameaux, un instrument à deux branches, une fourche*, J. A. 1850, I, 250.

دُوشَر, pour دوسر, *blé, graine des Canaries, phalaris, alpiste*, Alc. (triguera yerva) qui écrit dauxîr. Le Most. N a sous le dâl دَوْسَر, mais La دَوْشَر.

دُوشَك (pers., selon d'autres turc, aussi توشك) *matelas sur lequel on s'assied*, M.

دَوْص (pers.) *l'eau dans laquelle on plonge le fer chauffé au rouge*, Most. in voce (les voyelles que j'ai données dans La; N دَوْض, Bait. I, 295 a, 464 g; dans le dernier passage il ajoute: « quelques-uns prétendent que c'est le mâchefer. »

دَوْصَل, chez le peuple en Espagne pour دَوْسَر, nom d'une, pl. دَوَاصِل, *ivraie*, Voc. (zizania); *blé, graine des Canaries, phalaris, alpiste*, Alc. (triguera yerva); Ibn-Loyon 34 r°: الزوان — والعامّة تسمّيه الدوصل.

دوغ II *empreindre*, Bc.

داغ (pers.) (Freytag 1 b), *empreinte*, Bc, M, forme au pl. داغات, Maml. II, 1, 15, II, 2, 119 (*des empreintes faites avec un fer chaud*); داغ المُذْنب *flétrissure, marque d'un fer chaud sur l'épaule d'un criminel*, Bc; au fig., داغ واحد على هم, c.-à-d. هيئة واحدة, M.

دوغ, *petit lait*, Hbrt 12, est دُوغ dans les deux man. du Most., chez Chec. 195 v° et chez Bc. Comme adj. chez Bait. I, 48 d: اللبن الدوغ الخامض

دوغباج (pers. دوغبا) *lait caillé*, de Jong.

دُوغْرى voyez دُغْرى

دوف.

مَدَاف *boîte de cristal et à compartiments, qui est destinée à contenir différentes espèces d'huiles parfumées*, Macc. I, 655, 3 a f., 656, 4 (cf. Add.).

دُوق (δαῦκος) *panais, pastenade*, Alc. (çanahoria silvestre); cf. le mot qui suit.

دَوْقُوا (δαῦκος). « Ce que de notre temps on appelle ainsi, est la semence de la carotte sauvage, » Bait. I, 464 h (l'élif est dans nos deux man.); Most., où le juif a noté: « daucus, semilla de çanahoria montesina; » *daucus creticus, carotte sauvage*, Bg 846.

دوكى

دوك (vulg. pour ذاك) *celui-là*, Bc.

دُوك (esp.) *duc*, Alc. (duque).

دُوكا (ital. duca) *duc*, M.

دُوكَة = قَصبة, M.

دُوكَة *basse, les tons les plus bas*, Bc.

دُوبَك *pot de terre avec un goulot et deux anses*, Bc.

دُوكَاتي (le pl. ital. ducati) *ducats*, 1001 N. Bresl. VII, 129, 3 a f.

اللحن الثاني من اصول الانغام الموسيقيّة وهو M: دُوكاه اصل عظيم يتفرّع منه نحو اربعين نغمة

IV. دَالَتْ لَهُ الدَّوْلَةُ I. دَوَل « ce fut son tour, » Berb. I, 59, 15. — Ce verbe semble être aussi un dénominatif de دَوْلَة, dans le sens de *régner* ou de *tâcher de rétablir une ancienne dynastie sur le trône*; voyez Abbad. III, 98.

IV. الغرامة ادالة بينهم, c.-à-d. que chacune de leurs tribus devait recueillir l'impôt à son tour et le garder pour elle, Berb. I, 59, 14. — *Remplacer une chose*, accus., *par*, ب, *un autre*, Abbad. II, 163, 3 a f., Fleischer sur Macc. I, 901, 18 Berichte 266; aussi c. d. a., Fleischer ibid.; *remplacer quelqu'un*, من, *par*, ب, *un autre*, Berb. I, 12, l. 11, 71, 9.

V, au passif, *être commenté*, Renan Averroès 438, 1, où le man. a وتَدَوَّلَتْ, avec les voyelles, et c'est ainsi qu'il faut lire.

VI *régner chacun à son tour*, Haiyân-Bassâm I, 72 r°: فازدلف الى الامراء لمتد اولي (l. المتداولين) بقرطبة. — من آل حمود ومَن تلاهم. — C. a. *venir à différentes reprises dans un lieu*, Bidp. 221, 2: وكان الصيّادون كثيرًا يتداولون ذلك المكان يصيدون فيه الوحش والطير — C. a. *faire un fréquent usage de*; à l'exemple cité par Freytag on peut ajouter: de Sacy Chrest. II, ١٢٥, 2; en parlant de vers, *les réciter, les chanter souvent*, Bassâm III, 85 r°: سمعت القوّالين يتداولونها — *conférer, parler ensemble d'une affaire*, تداول على امر — لعذوبتها *concerter une entreprise avec*, تداول معه على الأمر, Bc.

VIII أدّال *arriver, avoir lieu*, Amari Dipl. Gloss.

دول ces (Eg.), *ceux-ci*; دول ودول *le tiers et le quart, tout le monde*; اخذ من دول ومن دول « prendre de toutes mains, » Bc.

دَالّة *tour*, Roland, M (نوبة). — اخذ دالاته *il prit les choses qui lui appartenaient*, M.

دَوْلَة. Dans L: *sors* دَوْلَة وَدَوْلَة. — *Tour*, voyez sous la Ire forme, Macc. III, 677, 8: فاخذ قرعة ودولة

القراءة٭ صاحب الدولة فى « celui dont c'était le tour.» — *Leçon que donne un professeur* (parce qu'un professeur donne ses leçons dans des temps fixes et réglés), Voc., Alc. (lecion del que lee), Macc. III, 201, 2 a f., Abdarî 18 v°: وسمعت عليه دولا من , 33 r°: صحيح مسلم وقد سمع جميعه على القاضى الخ , ولما حضرت تدريسه مر لم فى دولة التفسير قوله تعالى الخ , 83 r°: le professeur me promit de lire avec moi le Çahîh de Bokhârî, وبطل لاجلى اكثر الدول puis, comme les disciples se plaignaient d'être privés de leurs leçons, le professeur leur dit: cet homme est notre hôte; attendez donc jusqu'à ce qu'il ait terminé l'étude du livre, فترجعوا الى دولتكم وانتم مقيمون 83 v° (deux fois), 85 r°. Aussi *la leçon qu'un disciple doit apprendre, le chapitre d'un livre qu'il doit étudier*, voyez un exemple sous بيت I, Abdarî 109 r°, où c'est un disciple qui parle: قد نزل على بعض معارفى من اهل شاطبة فشغلنى عن مطالعة دولتى من المدوّنة. — *Dans les endroits où l'eau d'arrosage appartient au commun, le temps qui s'écoule entre le commencement et la fin de l'arrosage, chaque champ en ayant eu successivement sa part,* Gl. Esp. 50. — *Troupeau de gros bétail appartenant à différents particuliers, que mène paître un homme payé par la communauté,* Gl. Esp. 50, *troupeau,* Daumas V. A. 349, 368 (doula). — Non-seulement *le temps pendant lequel règne un sultan*, mais aussi *le temps pendant lequel un vizir est en charge,* Haiyân 5 r°, où sont énumérés les vizirs du sultan Abdallâh: ابرهيم بن خمير وكانت فى دولته ادالات استوزر فى بعضها محمد بن امية, Macc. III, 64, 8 a f.; *le temps pendant lequel un cadi exerce ses fonctions*, Mohammed ibn-Hârith *passim*, Khatîb 18 v°. — *Avec l'art. le sultan,* Berb. I, 491, 1, 541, 1, 1001 N. IV, 230, 3. — Comme titre d'honneur qui se donne à un prince, مولانا دولة *son altesse notre maître*,» Tha'âlibî Latâïf 3, 5 a f. — *Gouverneur*, Niebuhr R. I, 275, 284, etc. — Dans l'Inde ce mot signifie en effet *palanquin* (cf. Freytag à la fin), Bat. III, 304, 386, 415, IV, 73, 146, 169, 188. — A Damas, pl. ات, *cafetière* en cuivre étamé (= دلة), Ztschr. XXII, 143, cf. 100, n. 35, M.

رجل دولتى *dépensier, qui aime trop la dépense;* دولتى *milord, homme riche,* Bc.

مُداوَلة *conférence;* — *usage*, expérience, habitude, Bc.

دَوْلَب I *faire tourner circulairement,* p. e. un moulin, des métiers servant pour la soie; دولب مطبخ سكر «garnir de machines un établissement destiné à la cuisson du sucre;» دولب السكر ou دولب طبخ السكر «s'occuper de la manipulation et de la cuisson du sucre;» دولب زراعة القصب واعتصارة وعمل القند سكرا «employer des machines pour l'arrosement des cannes, pour les presser et pour convertir le *kand* en sucre,» Maml. II, 1, 3. — Ce verbe est employé d'une manière étrange 1001 N. Bresl. XI, 20, dern. l.: اربع جوار علّمم صاروا بآلات ودولب بحسن عقله pour دَوْلَبَهم, il semble qu'il faut traduire: «quatre jeunes filles auxquelles il donna des leçons, de sorte qu'elles devinrent d'excellentes filles de bain, et qu'il dressa à ce métier, grâce à son esprit subtil.» Le M donne en effet فلانا دولب dans le sens de دَوَّر الى مراده ٭

دَوْلَبِيَّة. زَكاة الدولبية *un impôt qu'on levait sur tous ceux qui, soit pour l'irrigation des terres, soit pour le dévidage de la soie, soit pour la fabrication du sucre et autres objets, employaient les machines* دَواليب, Maml. II, 1, 2 et suiv.

دَوْلاب, proprement *roue hydraulique*, s'emploie aussi en parlant d'autres espèces de roues; *roue* en général, Bc; — *roue d'une horloge*, Maml. II, 1, 3, M; — *roue à auges d'un moulin à eau*, Alc. (rodezno de molino, où l'on trouve دَوْلَم, ce qui me semble une altération de دولاب); — *espèce de rouet pour nettoyer le coton*, Bc, *machine à filer le coton*, Bc; — *rouet, dévidoir*, Maml. II, 1, 3; — *machine pour fabriquer le sucre, ibid.;* — le pl. *instruments mathématiques,* Ztschr. XVIII, 326, 7. — *Endroit où il y a un ou plusieurs* دَواليب: *le terrain qui est arrosé par une roue hydraulique*, Maml. l. l.; *atelier*, Descr. de l'Eg. XVIII, part. 2, 137; دولاب قتّال *filature de soie, ibid.* 382; دولاب بياض القطن *l'endroit où l'on blanchit le coton, ibid.* 383; *laboratoire*, Bc; 1001 N. IV, 476, 8 a f., où Lane traduit *workshop*. Je crois que dans les 1001 N. Bresl. II, 129, 5, les mots وهو صاحب دولاب signifient *il avait un atelier* ou *une fabrique*, et non pas «c'était un homme sensé,» comme Habicht traduit dans son Glossaire, car l'ivrogne dont il est question dans ce récit ne se comporte nullement en homme sensé. — *Tour*, armoire ronde tournant sur un pivot, *buffet*, armoire pour le linge, la vaisselle, etc., Bc, *armoire*, Ht, énorme armoire dans laquelle on serre pendant le jour tout ce qui compose le lit, von Kremer, Culturgeschichte des Orients, I, 132, *dépense*, office, lieu où l'on serre la garniture et la fourniture de la table à manger, Bc, Hbrt 201, 1001 N. I, 326, IV, 632, 7 a f., 634, 7. — *Une évolution militaire qui se faisait en suivant une marche circulaire*, Maml. l. l. — *Détour, subtilité, ruse, tour*, Bc, M. — فلان دولاب *un tel est expéditif*, M.

دولابي *ayant un mouvement de rotation*, Maml. II, 1, 3.

مُدَوْلِب *celui qui avait la fonction de mettre en jeu le balancier et les autres machines employées pour la fabrication des monnaies*, Maml. II, 1, 3.

دَوَّم II dans le Voc. sous durare. — دوَّم العصا *faire pirouetter un bâton* (جعل رأسها مدوّما كالدوَّامة), M.

دام (fr.) pl. دامات *dame* (titre qu'on donne à une femme de qualité), Maml. I, 2, 273.

دَوْم *les feuilles du palmier nain*, Auw. I, 439, 21. — *Les fruits* (نبق) *de l'arbre appelé* السدر الضال Bait. II, 5 f (cf. Lane). — *Alizier*, Bc.

داما *jeu de dames*, M.

حجر دامة *pion, petite pièce du jeu de dames*, Bc.

دَوْمَة *alize*, fruit de l'alizier, Bc. — Par comparaison avec le fruit du palmier nain, *tubérosité artificielle un peu en arrière de l'oreille, bosse du courage*, Ouaday 58, 631.

دَوْمِي dans le Voc.: « palma (qui operatur), » c.-à-d., je pense: *celui qui tresse les feuilles du palmier nain*.

دومات est dans L sous confrequentationibus.

دِيمَة *nuage*, Voc.

دَيْمُوم. On trouve l'expression دام الدَيموم 1001 N. Bresl. X, 249, dern. l., 342, 2, mais j'ignore ce qu'elle signifie.

سوق دائمة دائم *un marché qui tient chaque jour*, Gl. Edrîsî.

مُدَوِّم *permanent*, Bc.

دومورجة *tétanos*, Bc.

دون I. دان, aor. يدون, *damner, maudire*, Ht (formé du fr. damne?).

II *écrire*, M.

V *être inscrit sur le diwân ou liste des soldats*, Haiyân 18 rº: كان جُنْدِيًّا متدوِّنًا عند العامل. Dans le Voc. sous conpilare.

دون, dans le sens d'un compar. ou superl. (cf. Lane), Bidp. 21, 4 a f.: أن في دون ما كلمتك به نهاية مثلك « les choses les moins importantes que je vous ai dites, suffisent déjà pour un homme tel que (aussi intelligent que) vous; » Macc. I, 135, 3: le boucher n'ose pas vendre sa viande بدون ما حدّ له المُحتسب في الورقة « au-dessous du poids indiqué par le mohtesib sur le morceau de papier, » il faut que la viande ait le poids déterminé (cf. l. 5). — دُون, dans le sens d'*avant*, دون غيره *préférablement, privativement*; انا متعجِّب من فضلك دون علمك « j'admire plutôt ta vertu que ta science, » Bc; — *sans*, Voc., Macc. I, 137, 18: دون عمامة « *sans turban*, » ibid. 2 a f., Akhbâr 135, 3 a f., Bat. IV, 380, Nowaïrî Espagne 488: دخل قرطبة دون مانع; — بدون أن *sans que*, de Slane Prol. I, p. xxxviii, n. 1, où il faut lire avec l'éd. de Boulaq: كان اكثرها يصدر عنّي بالكلام المرسل بدون أن يشاركى احد ممَّن ينتحل اخر دا ودونه — الكتابة في الاسجاع لصعب لضعب انتحالها *au bout du compte*, Bc; — فدونك وإيّاه, 1001 N. II, 323, 3 a f., où Lane traduit: « therefore seize him; » mais cette traduction ne me semble pas appropriée à l'ensemble du passage, et je traduirais plutôt: « faites avec lui ce que vous voudrez, ce que vous jugerez convenable, » comme on dit دونك وما تريد, Koseg. Chrest. 80, 5 a f.

دُونِي *mauvais, méchant*, Ht, Bc, Hbrt 243, Delap. 129.

دُوَيْنِي *certain arbrisseau qui a presque un pied de hauteur et qui est vert pendant toute l'année*, Burckhardt Syria 501.

ديوان. ديوان البرّ *bureau établi par Alî ibn-Isâ, vizir du calife abbâside Moctadir. Dans ce bureau on* administrait les revenus provenant de certains domaines, que ce vizir avait convertis en *wacf*, et ces revenus servaient à l'entretien des places frontières ainsi qu'aux besoins des deux villes saintes, Fakhrî 315, 6—8. — ديوان الخاتم, *le bureau du sceau*, fut établi par le calife Mo'âwia afin d'empêcher les fraudes, un personnage considérable l'ayant trompé en changeant un nombre dans un mandat qu'il lui avait donné et qui n'était pas scellé. Les employés de ce bureau recevaient chaque pièce émanant du calife et la fermaient en la pliant d'abord plusieurs fois, puis en y pratiquant une incision qui servait à faire passer par tous les plis un lacs ou une bandelette de parchemin dont les bouts étaient arrêtés sous le sceau du chef du bureau. Ce dîwân a existé jusque vers le milieu du règne des Abbâsides. Voyez le Fakhrî 130, Prol. II, 56, Tha'âlibî Latâïf 12. — ديوان التـرتيـب, الـخـراج, Khallic. IX, 38, 10. — ديوان التـرتيـب Khallic. VII, 64, 8, où M. de Slane observe (trad. III, 90, n. 1): «Je suis porté à croire que c'était le même bureau que le *diwân ar-rawâtib*, où tous les traitements étaient réglés et payés.» — ديوان الزمام voyez sous le dernier mot. — ديوان العزيز *le gouvernement du calife de Bagdad*, et, du temps de Saladin, *le calife lui-même*; voyez l'Index sur le IIIe volume de la trad. angl. de Khallic. — ديوان المقاطعات voyez sous قطع III. — ديوان الكشف voyez sous le second mot. — ديوان التوقيع voyez sous le second mot. — الدواوين العلميّة *les recueils de traditions, de renseignements historiques, d'explications du texte coranique, de notes philologiques, de poésies et de notions de tout genre enseignées dans les écoles*, de Slane Prol. II, 406, n. 3. — *Grand édifice où l'on paye les droits de douane* (cf. Gl. Esp. 47), *où logent les marchands étrangers*, *principalement les marchands chrétiens, et qui sert en même temps d'entrepôt pour leurs marchandises et de bourse, de lieu où ils traitent d'affaires*, Djob. 306, 9 (à Saint-Jean-d'Acre): «on nous conduisit vers le dîwân, qui est un *khân* (caravansérai) destiné à servir de logement à la caravane; l. 15 il dit que les négociants y déposèrent leurs bagages et qu'ils s'installèrent dans la partie supérieure de l'édifice; Clénart fol. III v°: «Poteram agere in urbe vetere (Fesa) inter nostrates, hoc est, Christianos mercatores, quibus locus est in ampla quadam domo, quæ vulgo dicitur Duana;» Marmol II, 32 c (Maroc): dans l'Alcayceria «esta la casa del aduana, donde se recogen los mercaderes Christianos de Europa con sus mercadurias, y alli es la mayor contratacion de la ciudad;» Miss. hist. 79 a (Maroc): «De el un colateral de estos Palacios salia el Aduana, que era una Lonja capacissima, donde se recogian los comercios de los forasteros, que iban de la Europa;» Matham 59 (Saffi): «ende is voort naer ons logement gebracht, genaemt de Duwaen;» Mocquet 176 (Maroc): «la douane où logent les chrestiens;» de même 188. — *Impôt* (en général), Barth III, 513. — En Sicile, *le domaine royal*, J. A. 1845, II, 318, cf. 338, Gregor. 34. — ديوان المفرد voyez sous le dernier mot. — *Salle, salon*, Bc, Hbrt 192. — Lane donne d'après le TA: *Writers* [*of accounts or reckonings*]. On trouve le pl. en ce sens chez Elmacin 145, 4 a f.: نكـتـب الـوائـف بـاللّه دواوينه وكتـابـه واحـل مـنهـم امـوالا عظيـمـة ※

ديوانيّ *préposé de la douane*, Ten Years 40, 174, où ce mot est écrit dugganeer.

«دواوين *Scribæ*, Elmac. p. 145, 204,» chez Freytag, doit être biffé, car un tel mot n'existe pas. Dans les deux passage d'Elmacin on trouve دواوين, qui est le pl. de ديوان; dans le premier (voyez plus haut) il signifie *les employés dans les bureaux de l'administration*, et dans le second (l. 6) il a sa signification ordinaire de *bureaux du gouvernement*.

أدون (cf. Lane) est réellement en usage, Macc. II, 254, 16, Bait. I, 528: وقـد يكـون مـنـه أبـيـض وهـو أدون اصنافه ※

مـدوّن *célèbre, renommé*, en parlant d'une forteresse, Rutgers 154, 8 a f., cf. 156.

مـدوّنـة est chez Alc. *décrétale, loi* (decretal ley). Probablement ce mot a reçu ce sens, parce que le grand et célèbre recueil des dispositions de la loi, composé par Sahnoun, porte le titre de الـمـدوّنـة.

دونـنـما (turc دونانمه) *flotte, escadre*, M.

دونيس *sorte de poisson*, Yâcout I, 886, 3.

دوى I. دوى, aor. *i* (Voc., Alc., Martin), *a* (Bc), *sonare*, Voc.; *résonner*, Bc; *bourdonner* (abeille), Alc. (cantar o zunbar el aveja); *gronder* (tonnerre, canon), Martin 171.

II c. a. dans le Voc. sous *mederi*.

IV *faire du bruit, du vacarme*, Alc. (roydo hazer gente armada, roydo hazer con ira, sonar rio o ayre, trapala hazer); *donner de l'écho;* صَرَخَ صَرْخَةً ادوت لها الجبال, « il poussa un cri qui fit retentir les montagnes, » Bc.

V dans le Voc. sous *mederi*.

VI. يَتَدَاوَى *réparable*, Bc. — V. n. *guérir, recouvrer la santé*, 1001 N. I, 344, 1.

دَوَا, vulg. pour دَوَاةً, *écritoire*, Voc. (pl. أَدْوِيَة), Alc. (escrivanias).

دَوَاء, *remède*, spécialement, comme *médecine* en français, *remède qu'on prend pour se purger*, Calendr. passim. — *Dépilatoire* qu'on applique dans le bain aux parties velues du corps; il est composé de 72 drachmes de vif-argent et de 9 drachmes d'orpiment en poudre, Bg 87, 1001 N. IV, 484, 5 a f., avec la note dans la trad. de Lane III, 616, n. 12. — *Poison*, Freytag Locm. 39, 2 a f., où il faut lire: الى ان قتله غلامه بالدواء, II, 34, 6, où il est question d'une espèce de trompette dont se servent les Chinois, on lit: وهو مطلى بدواء الصينيات. Reinaud traduit: « on l'enduit de la même manière que les autres objets qui nous viennent de Chine. » Quatremère, en parlant de ce passage dans le J. d. S. 1846, p. 523, dit d'abord que ce mot signifie *couleur, vernis*, comme φαρμάκον et *Assyrium venenum* chez Virgile; mais ensuite (p. 524) il veut lire دهان. Je n'oserais pas changer la leçon. — دواء الحِنْطِيَّة (AB) *gentiane*, Bait. I, 464 e. — دواء شريف *panacée* que préparaient les moines chrétiens de Mequinez, Jackson 128. — الادوية الكبار, terme qu'on trouve chez Bait. I, 129 c, mais que je ne suis pas en état d'expliquer. — دواء مسك espèce de sucrerie ou confiture; pour la préparer on fait bouillir le *hachîch* desséché et réduit en poussière dans une faible quantité d'eau que l'on remplace par du beurre frais à mesure qu'elle s'évapore, on y ajoute un peu de miel, et lorsque le tout présente une consistance pâteuse et que le mélange est bien homogène, on le retire du feu, d'Escayrac 226—7. — دواء الوَرْد *unguentum rosaceum*, Pagni MS.

دَوِى, adj., *très-fort* (son), Prol. II, 354, 3. — داء دَوِى *maladie très-grave*, Prol. I, 44, 9.

دَوَايَة, vulg. pour دَوَاةً, *écritoire, encrier*, Alc. (escrivanias, tintero), Bc. — *Pipe*, tuyau avec un godet pour fumer le tabac, Bc.

دَوَائِى *médicamenteux, médicinal*, Bc.

دوايا اغربا nom d'une espèce de jonc, voyez Bait. I, 461 c.

أَدْوَى *maxime noxius*, Reiske chez Freytag; on trouve ce mot en ce sens ou dans celui de *le plus difficile à guérir* chez Macc. II, 84, 21.

الارض المداوية chez Auw. I, 191, 10, pour المُدْوِيَة (voyez Lane).

ديات pour ايديات, pl. de يد; سلّم دياتك *bravo;* aussi *merci* (à quelqu'un qui vous présente quelque chose); réponse وديّاتك, Bc (Syr.).

دياخيلُون dans le Gl. Manç., دَيَاخِيلُون dans le Voc. (διὰ χυλῶν), *diachylon*, emplâtre considéré comme résolutif, et dans lequel il entre des substances mucilagineuses. Ordinairement on dit مَرْهَم دياخيلون Gl. Manç.

دياسوس *les fruits du lycium, quand ils ne sont pas encore mûrs;* mais selon Abou-Hanîfa, ce mot désigne *le bois tendre de cet arbrisseau*, Most. v° ضع (la bonne leçon dans N).

دياقن (διάκονος) *diacre*, Fleischer Gl. 106; Alc. a *diácono*, pl. *diaconiîn*, sous *diacono*, et *diaconâdo* sous *diaconado*.

دياقودا (AB) nom d'un électuaire dans lequel il entre de l'opium, *opiat*; il est de deux sortes, simple ou composé, Bait. I, 467 b, où le man. A porte: صنفان سادج وغير سادج وهو شراب رمّان للاشتخاش, mais le mot رمان (que Sonth. avait aussi devant les yeux) n'est pas dans B.

دياقبون (διάκονος) *diacres*, Edrîsî, Clim. V, Sect. 1 (Compostelle).

دياكُونُس (διάκονος) *diacre*, M.

دَيْسَاقوس (les voyelles dans Most. N; δίψακος) *chardon à bonnetier*, ou *à foulon*, Most., Bait. I, 466 b.

ديث.

دَيُوث *séducteur* d'une femme, 1001 N. Bresl. XI, 222. — طير الدَيُّوث *fauvette*, Bc.

دَيْدَب I *reconnaître les lieux*, les observer, les remarquer, Bc, Merx Archiv I, 40, 173.

دَيْدَحَان ,ذَيْنَحَان (M) (cf. Freytag 17 a, 75 b); pers. (دِيده بان) pl. دَيَادِبَة sentinelle posée sur une hauteur, Merx Archiv I, 173. — Inspecteur de marchandises aux douanes, Bc. — Chez Payne Smith 1516, la forme syriaque du latin *tribunus* est expliquée par دَيدبان المراكب pilote, M. — *Espèce de tour mouvante* sur laquelle monte le général afin d'observer le combat, et d'où il donne ses ordres, Gl. Bayân. — *Chaumière, cabane*, Voc. (tugurium), pl. ات.

دَيْدَاب est employé par le vulgaire pour دَيْدَان, *coutume, habitude*, et l'on dit: فلانٌ دَأْبُهُ ودَيْدابُهُ كذا, M.

دَيْدَحَان *lilas* (arbre), Cherb.

دِيدى *geranium*, Cherb. — *De couleur de mûre, violet foncé*, Alc. (morado color escuro, morada cosa deste color), *couleur amarante, pourpre*, Beaussier, *charte grenadine*: قَيْطان دِيدى واخضَر.

دِير.

دِيرى *espèce de datte*, Niebuhr R. II, 215. — Espèce de grenade, d'après la leçon de notre man. Auw. I, 273, 14.

دِيرَج *cendré*, comme دِيزَه en persan, Bait. I, 527 b, en parlant de l'arsenic: فمنه الاصفر والاحمر والديرج والاغبر, car c'est ainsi qu'il faut lire dans A, au lieu de الديرح (lacune dans B).

دِيس.

دَيس nom d'une plante qui produit des grains noirs dont on se sert pour guérir les maladies des yeux; voyez sous تَشْمِيزَج.

دِيس (et non pas دَيس, comme chez Freytag), n. d'un. ة, pl. أَدِيَاس, espèce de jonc à feuilles plates, dures et coupantes, dont on se sert pour faire des nattes et des cordages, pour couvrir les maisons, et pour nourrir les bestiaux, Gl. Edrisî, Carteron 242, R. d. O. A. VI, 68, VIII, 279. On en tire aussi une espèce d'huile, car Alc. (azeite de juncos) donne زيت الديس. Noms botaniques: *Arundo festucoïdes* Desf., *Ampelodesmos tenax* Link., Guyon 205, *Imperata cylindrica*, de Jong van Rodenburg 232.

دِيس *fesse-mathieu*, *usurier*, Bc.

مَدْيَسَة *endroit où croît le jonc*, Voc.

دِيسانطريا (grec) *dyssenterie*, Bc.

دِيش III *troquer*, Bc (Barb.), Hbrt 104 (Barb.).

دِيش بوداق (turc) *frêne*, Bc.

دِيف.

العَوْد النُّبَاطى variante de العَوْد الدِّيَافِى («le chameau nabatéen») dans le Diwan d'Amro'lkaïs ٢v, vs. 12 (Wright).

دِيفَال ou دِيقَال, mot dont l'orthographe est incertaine, mais qui est l'épithète d'une espèce de figuier, Auw. I, 93, 8 a f.: التّين الدِّيقَال (aussi dans notre man.), 95, 15: التّين الدِّيفَال (dans notre man. sans points); ce terme est altéré dans l'édit. I, 612, 16, où il faut lire avec notre man.: ويتأخّر نَضجه أَلا الدعال (sic). فانه يعرض لاصوله للحمع والدود فيهلك لذلك سريعا. Dans notre man. c'est aussi l'épithète d'une espèce de poirier, car après le mot والرومى de l'édit. I, 670, 17, on y lit: والفارسى ومن الكمّثرى الدِّعَال (sic) والدار والقوع (والقرى l.). والرومى.

دِيك. Le pl. دَيَّاكَة dans le Voc. — A Algeziras en Andalousie, *polypodium dryopteris*, Bait. I, 420 b (ABDEHL). — *Chien*, pièce d'un fusil, Bc. — (Du pers. دِيك, à ce qu'il semble) المُثَلَّث المرصوص من دِيك بر دِيك, M. — حبّ الرُّمَّانة nom d'un remède composé, sublimé et caustique, qui corrode la chair et les ulcères. Ce nom, qui est persan, signifie *pot sur pot* (قِدْر على قِدْر), par allusion aux pots ou chapiteaux, dont on se sert pour sublimer, et qui, étant ouverts par leurs parties supérieure et inférieure, s'emboîtent les uns dans les autres, de manière à former un tuyau; Gl. Manç., Bait. I, 467 d (mal traduit par Sonth.), qui écrit ديكبرديك en un seul mot, de même qu'Ibn-Djazla. — دِيك برّى *faisan*, Bc. — دِيك للحبش *coq d'Inde*, Hbrt 184. — دِيك أعْوَر et أبو دِيك est la plante حسك, *tribule*; en espagnol, selon le Most. (v° حسك), غالة جبيقة c.-à-d. selon La *gallo ciego* (أعمى), mais selon N, *gallo chico* (صغير). — دِيك الغَبَط, *coq de jardin*, espèce de poule que Thévenot trouva dans le Delta, et qu'il décrit longuement, II, 17. — ديك الكرم sorte d'oiseau, Yâcout I, 885, 9. — ديك المروج francolin, Gl. Manç. v° دراج.

دويك (formé du pers. ديك) *petite jarre,* M. — دويك الجبل, بخور مريم, *la fleur du* M.

ديكمروديك voyez l'article qui précède.

ديكها *celle-là,* Bc (Eg.).

دَيْلَمَ II *être oisif,* Voc., qui donne aussi la Ire forme c. a.

ديم

دِيَامَة (esp.) *diamant,* Alc. (diamante).

دَيْمَان t. de mer, *écoute,* J. A. 1841, I, 588.

دِيمَاه (pers.) *le mois de mars,* Auw. I, 477, 17, 484, 2, 664, 8, 665, 12. Notre man. remplace ce mot par مارس ou مَارِس.

دين I n. d'act. دَيْنُونَة, Abbad. III, 83. — C. ب *reconnaître, admettre une chose comme vraie,* Prol. I, 359, 2 a f.: أدين بأن ذلك دين حق, et par conséquent, *s'y soumettre,* Aboulfeda Ann. I, 314, 10: اني اما قاتلتهم ليدينوا بحكم كتاب الله *je ne les combats qu'afin qu'ils reconnaissent la décision du livre de Dieu et s'y soumettent.* » دان له بالطاعة *se soumettre à quelqu'un,* Khaldoun Tornberg 9, l. 7; aussi دان بطاعة فلان, Berb. II, 127, 7 a f., 273, 7; دانوا بالتباعد والانقياد اليه, Prol. I, 42, 8. — C. ب *admettre une chose comme permise,* Haiyân 38 r°: فعادوا للجاهلية وتسافكوا الدماء ودانوا بالاستباحة. C. ب *se prescrire* une chose, Djob. 74, 5: من يدين بحب اهل البيت; *s'en faire une habitude,* Djob. 282, من 288, 6: يدينون بالفتوة وبامور الرجولة كلها 14: يدينون بالعجز والتسريف. — Au lieu de l'expression proverbiale كما تدين تدان, un poète a dit par inversion: كما تدان تدين, Badroun 59, 8, et notes p. 47.

II *endetter, charger de dettes,* Alc. (adeudar), Bc. — *Prêter de l'argent,* Hbrt 104.

V employée d'une manière étrange dans Meursinge ٢٧, 3, où il est question d'un mufti qui était un descendant d'Alî. Ce personnage avait coutume de dire: « Je suis de la secte des Zaïdites, mais en donnant des *fetwas,* je me conforme à celle du sultan » (celle d'Abou-Hanîfa). Puis la même idée est exprimée en ces termes: انا أفتي بمذهب ابي حنيفة تديّنا وتخبّرا ومذهب زيد تدينا. Il s'ensuit que تديّنا doit être l'opposé de تخبّرا (en apparence), mais je ne sais comment il faut traduire, car la traduction « en réalité » ne serait pas justifiable.

VII اندين *contracter des dettes, s'endetter, s'obérer,* Bc.

X se construit c. من p. et a. r., استدنت من التجار ملا « je m'étais endetté envers des marchands d'une somme, » Bat. III, 408.

دَيْن. Le pl. أديان, Diw. Hodz. 155, vs. 15, Kâmil 277, 13.

دين *sanctuaire,* p. e. la Ca'ba était le دين des anciens Arabes, Gl. Abulf. — *Idole,* objet de passion, Bc. — En parlant d'un cheval, كثير الدين, *doux, docile,* comme on dit en allemand « ein frommes Pferd, » Formul. d. contr. 2: طويل العنق كثير *le jugement dernier,* Hbrt 149, Cartâs 2, l. 9.

دينيّ *religieux,* Bc.

دَيَان (esp.) *doyen,* Alc. (dean dignidad eclesiastica).

دِيَانَة الديانات *ce qu'on dit ou fait par respect pour la religion,* voyez sous حميّة. — *Secte religieuse,* Gl. Bayân. — Chez les fakîhs, *pureté de mœurs,* M. — *Doyenné,* dignité de doyen, Alc. (deanadgo).

دَيِنَة بنت دينة *fille honnête,* Roland.

دَيَّان dans le Voc. sous lex. — *Religiosus* نَاسِك, دَيَّان, L. — *Débiteur,* Ht.

مُدين *religieux, pieux,* Lettre à M. Fleischer 183.

مُدَيّن *même sens,* Hbrt 147.

مَدْيَان *devitos* dans L; corrigez *devotus.*

مَدَايِنيّ pl. مدائنية *créancier,* Bc.

ديودار (pers. ديو دارو) *pinus Indica,* comme traduit Sontheimer, Bait. I, 464 j, et comme on trouve dans les dict. persans.

الديوية *les Templiers,* Amari 345, 2 a f.

ن

ذاب. Sous *de cetero* le Voc. donne les expressions: مِنْ ذَابْ لِبَعْدِ et مِنْ ذَابْ لَامِمْ ،مِنْ ذَابْ لَقُدَّامِ، ذَابْ اِذَا, et sous *modo* ذَابْ الْآنَ.

ذَأَبْ.

ذِئْبْ, *loup*, forme aussi au pl. ذِئَابَة, Bc. — Au Maghrib, *chacal*, Gl. Esp. 45, et aussi en Asie, car Belon 362, 446, atteste qu'*adil* (faute d'impression pour *adib*) est une bête entre loup et chien, et la description qu'il en donne prouve qu'il s'agit du chacal. — ذِئْبْ بَحْرِي *loup-marin* (poisson), Bc.

ذِئْبَة, deuxième signif. chez Lane, pl. ذِئَبْ, Kâmil 469, 2. — *Croup*, nom vulgaire de l'espèce d'angine qui attaque les enfants et que les médecins appellent ذِئْحَة, M.

والريح تثنى ذَوَائِبَه *aigrette, houppe*, P. Bat. I, 57: ذَوَائِبَ القصب «les vents recourbent les aigrettes des roseaux.» *Un bouquet de plumes*, comme celui qui orne la tête de la huppe ou puput, Cherbonneau Voy. d'Ibn-Bat. en Afr. 42. — *Bourse* (de chanvre), Gl. Edrîsî. — النجم أبو الذوائب *comète*, Cartâs 202, 4 a f.

ذَأَلْ.

ذَؤُولْ (Lane TA), Kâmil 347, dern. l.

ذبّ II dans le Voc. sous *flabellum*.

ذُبَابْ. الذباب الأزرق *insecte* qu'on trouve dans la terre quand on la creuse et qui plane sur les tombeaux, de sorte qu'on en trouve partout où il est; de là vient que, lorsqu'on menace de tuer un homme de manière que personne ne sache ce qu'il est devenu, on dit: اتى لا أدع الذباب الأزرق يعرف اين قبره, M. — الذباب الهندي *taffetas vésicatoire*, emplâtre de *cantharides* الدرنوج الذى تعمل الاطباء منه للحرّاقات (التى تقرح الجلد), M. — ذَبّانْ, vulg. pour ذُبَابْ, *mouche*, Voc., Most.: ذَبَّابْ هو الذى تعرفه العامَّة الذبَّان; aussi avec le

dâl; n. d'un. ة, Voc., Gl. Edrîsî 353; ذُبَانَة الحمار dans le Voc. *cinomia, musca asini*; — *cinomia* ذُبَابْ, ذُبَانَة الهند Bc, ذُبَّانْ هِنْدِي — L; وهو ذُبَّانْ الكِلَاب Domb. 67, *cantharide*.

ذُبَا espèce de *sauterelle*; ainsi dans le Man. Escur. 893, pas زِيَّا comme chez Casiri I, 320 a.

ذبح I. ذبح الحلق *enrouer*, Bc. — انذبح حلقه VII dans le Voc. sous *decollare*. — انذبح صوته *s'égosiller*, Bc. — *s'enrouer*, Bc.

ذَبْحَة = ذَبَحِيَّة, Payne Smith 1324.

ذُبُوحْ *esquinancie*, Alc. (esquinancia).

ذَبِحَة = ذَبْحَة, Payne Smith 1386.

مَذْبَحْ *autel*, Voc., Hbrt 160.

مُذْبَحْ *victime*, Ht.

مَذْبُوحْ, suivi de الصوت, *enroué*, Bc.

ذَبَّتْ pour ضَبَطَ (voyez), ذَابِطْ pour ضَابِط (voyez).

ذبذب.

ذَبْذُوبَة *touffe de plumes d'autruche attachée à la lance*, Ztschr. XVII, 391.

ذبل I. ذَبَلَ avec le n. d'act. ذُبَالْ dans le Voc. — Chez Alc. la racine ذَبَلْ avec ses dérivés est constamment, sauf une seule exception (انْذَبَالْ) marchitura), بَذَلْ, par transposition.

II *flétrir, faner*, Voc. — *Rendre phthisique*, Voc. — ذَبَّلَ الطَّيْرَ *faisander*, faire acquérir du fumet au gibier, Bc. — ذَبَّلَ اللَّوْنْ *décolorer*, Bc. — ذَبَّلَ فِي الجَيْبْ *pocheter*, porter dans sa poche pendant quelque temps, Bc.

IV, au fig., اذبل أمره *ruiner sa puissance*, Berb. II, 235, 12.

VII *se flétrir*, Voc., Alc. (le n. d'act. marchitura). — *Devenir phthisique*, Voc.

ذَبْلَة *mèche*, Ht; chez Domb. 92 cette forme et ذَبِيلَة.

ذَبْلَانْ *fané, flétri*, Bc. — *Maigre*, Hbrt 32, 1001

N. Bresl. IV, 124, 1. — *Cerné*, battu (en parlant des yeux), Bc. — *Languissant;* عين نبلانة *œil mourant, langoureux, passionné*, Bc.

نبول, t. de médec., *exténuation, dépérissement, étisie*, J. A. 1853, I, 345: الذبول الكائن عن تأكّل جسم ويُطلَق الذبول على بعض الريّة; cf. le M qui ajoute: اقسام البحران ويقال له الذّوبان ايضا وعلى اقسام حمّى الدقّ ❀

نابل *langoureux;* نظر نابل *« un doux regard, regard langoureux, »* Bc. — *Pliant*, docile, Bc.

تَذْبِيل, t. de tailleur de pierres, *tailler* une pierre, M.

مذبال *flétri, fané*, Voc. — *Phthisique*, Voc.

مذبول *flétri, fané*, Alc. (مبدول, par transposition, marchito, mustia cosa, cedicio cosa lacia, lacio); *qui peut être fané, flétri*, Alc. (marchitable cosa). — *Maigre*, Voc. — *Phthisique*, Voc.

نجنبر voyez نجنبر.

ذحف.

نَحّاف *dévorante* (sauterelle), Burckhardt Syria 238, Bg 703.

ذحل.

نَحْل. De même qu'on dit عنده نَحْلى (Lane), on dit: طلَب عندَه نَحْلَه (ou قبلَه) *« il tâcha d'exercer sur lui sa vengeance, »* Gl. Mosl.

ذخر I. Alc. donne: trasluziente cosa [chose transparente, diaphane], xêy yadkâr, pl. axitt yadkâru. Une telle signif. de ce verbe est fort étrange.

II, dans le sens de la Ire, *reponere, tesaurizare*, Voc. — *Munir*, pourvoir du nécessaire pour la défense ou la nourriture, Bc; *approvisionner*, Hbrt 143. — *Amorcer* une arme, Bc.

V *se ragréer*, t. de marine, Bc.

VIII *adopter*, Bc.

ذخر *récompense dans la vie future*, Badroun 182, 5: ويُتَجْبَل (الله) به ذخرك, où d'autres man. donnent les synonymes ثوابك et اجرك.

نَخّر dans le Voc. sous tesaurizare.

نُخْرِي *employé à la trésorerie* (?), Amari Dipl. 219, 1, 224, 6.

نَخِير *amorce de fusil*, Ht, Bc, M.

نَخِيرَة *munitions*, Ht, Bc; *convoi*, provisions pour un camp, une place, Bc; نخيرة اكل *munitions de bouche*, Hbrt 143; نخيرة للحرب *munitions de guerre*, ibid.; dans le M نخيرة. Lorsque les chroniqueurs emploient نخيرة ou نخائر seul, il semble que c'est plutôt *provisions de bouche*, voyez Rutgers 160, 13 et la note p. 162. — *Relique*, ce qui reste d'un saint, Bc. — *Ornement qu'on porte au cou et qui contient une relique;* mais on applique aussi ce mot à un tel ornement quand il ne contient pas de relique, M. — نخائر الله, chez les Soufis, est une certaine classe de saints, qui, de même que les reliques, ont le pouvoir de détourner les calamités, M. — *Amorce, poudre dans le bassinet du fusil*, Bc, J. A. 1849, II, 310, n. 1, cf. 1001 N. I, 171, 3 a f.; بيت الذخيرة *bassinet, partie creuse d'une arme à feu, où est l'amorce*, Bc. — ابن الذخيرة *adoptif*, Bc.

نَخّارة *caisse profonde faite du bois du peuplier noir*, Ztschr. XI, 478, n. 5.

اُذخِر *schœnanthum*. Quand on bâtit des maisons à la Mecque, on mêle cette plante au mortier, Burckhardt Arabia II, 414 n.

مذخّر *poire à poudre*, Bc.

ذر II c. a. et على *saupoudrer* de la viande ou des poissons avec des épices, Voc.

IV. اذرّها et اذرّرها, formé de ذرّية, *il épousa la veuve de son frère*, Payne Smith 1542.

ذرار *poudre, poussière*, Bc (Barb.); *sable, poudre pour l'écriture*, Ht, Delap. 114. — ذرار *vertige*, L (vertigo).

ذرور *poudre, médicament ou poison sous la forme de poudre*, Becrî 121, 6 a f., Macc. I, 657, 5 a f., 1001 N. Bresl. I, 337, 6. *Poudre de senteur*, p. e. ذرور السورد وزهر البيجان, Macc. II, 87, 4 a f. — « Cendres de dzurore ou djedêri (le lentisque de la Provence et de l'Algérie). Ces cendres sont employées dans la fabrication du savon liquide, » Espina R. d. O. A. XIII, 147.

ذُرُور (pl.) *poudres*, Prol. II, 330, 9.

ذَرِيرَة pl. ذَرَائِر *poudre de senteur*, Voc., Bait. I, 51 a: الاشنة فى طبعها قبول الرائحة من كلّ ما جاوَرَها ولذلك تجعل جسدًا فى الذرائر اذا جُعلَت جسدًا فيها لم تتلع فى الثوب. — En Egypte, *arum arisarum*, Bait. II, 447 (B; A sans points).

ذَرَّار *maître d'école* (de ذُرِّيَّة *enfants*), Cherb.

مَـذْرُورَة *poudre, substance réduite en poudre*, Gl. Maw.

ذرع.

ذَرَّاع, etc. Aux différentes formes de ce mot on peut ajouter ذَرْبِرِيم, que donne le Gl. Manç.

ذرع II *mesurer*, Voc., Macc. I, 124, 3 a f.

IV. Pour exprimer l'idée de: *ils firent un grand carnage des ennemis*, on dit: اذرعوا القتل فيهم Haiyân 46 rº, ou اذرعوا فيهم بالقتل, Akhbâr 9, 2.

ذَرْع ذرع المكحلة *les mâchoires du chien du fusil*, Domb. 81.

ذَرْعَة *puissance*, Amari Dipl. 113, 3.

ذِرَاع. Le duel est الاذرعين dans le Voc. (brachium, ulna). Le pl. est aussi أَذْرُعَ, Bc. — Chez le vulgaire, *main*, M. — *Bras de mer*, Aboû'l-Walîd 360, 1. — Comme nom d'une mesure: ذراع بلدى *pic*, mesure turque de 25 pouces; ذراع هاشمى *coudée*, Bc. — ذراع خيط *écheveau*, fil, soie, etc., pliés et repliés, Bc. — *Tige* de chou, de laitue, Alc. (penca de berça o lechuga), Auw. II, 162, 6, 163, 3, 4. — الاذرع sont *les branches des vignes qu'on ne coupe pas et qui portent les raisins*, voyez sous قَرْن. — Proprement: *pièce de bois en forme de bras*, Djob. 145, 6, *traverse*, Djob. 101, 1, 152, 11, 13 et 19, 215, 4, Prol. II, 320, 8, où l'on trouve le pl. du pl. أَذْرُعَات. Le pl. *les pièces de bois ou bâtons qui soutiennent la toile d'un palanquin*, Djob. 63, 11. — ذراع الظرف *peau de la jambe, qui, dans les outres, sert de goulot*, Alc. (pielgo de odre). — أَذْرُع داوودية *brassards*, Hbrt 133. — Astr. ذراع الكلب *nom d'une étoile*, Amari 117, dern. l. — En Algérie, *plateau*, de même que ايغيل, en berbère, signifie *bras et plateau*, Carette Kab. I, 57; Daumas Sahara 132 traduit le nom propre ذراع القمل par *le mamelon des poux*; Prax R. d. O. A. VII, 277, donne le nom propre Dra'a-Djouâbez, et il ajoute: « on dit *dra'a*, parce qu'il y a un passage sur un monticule. »

ذَرِيعَة, *moyen* de, ordinairement c. الى, mais aussi c. ل, Berb. I, 53, 2, II, 256, 2 a f.; *prétexte* pour, الى, Bat. III, 339, Haiyân 22 vº: جعلوها (الابيات) ذريعة الى قتله. — *L'abus que l'on fait d'une chose*, de Sacy Chrest. I, ١٧٧, 5.

ذِرَاعِى *brachial*, Bc.

مُذْرَعَة *brassière ou collier que l'on porte au bras, au-dessus du coude*, Ouaday 337, cf. 344.

ذرف I. ذرفت عيونه بالدموع *fondre en larmes, pleurer, verser des larmes*, Bc, P. Macc. I, 283, 1, 1001 N. I, 87, 4 a f. (lisez ainsi).

IV. c. a. العين اذرف *il laissa ses yeux verser des larmes*, P. Macc. II, 91, 16, cf. Add. et Fleischer Berichte 275.

ذرق.

ذَرْق. ذرق الطير *gui* (plante), Bait. I, 180 c, 471 c (lisez ainsi avec A; dans B cet article manque).

ذَرِق *fientant* (oiseau); ce mot se trouve dans un vers chez de Sacy Chrest. I, 146, 4, où l'éditeur a prononcé ذَرْق, qu'il a pris dans le sens de ذَرْق; mais après فاضحى (car فاضحى est une faute d'impression), il faut un adj. et non pas un subst.

ذرو et ذرى I *se rouiller*, Voc.

II, dans le sens de la IV e, ذَرَّى الدموع, *répandre des larmes*, comme il faut lire chez Macc. II, 81, 22, ainsi que l'a observé Fleischer Berichte 165. — *Rouiller, produire de la rouille*, Voc.

IV *vanner*, Voc. (à la p. 10 ticterare doit être changé en triturare), Alc. (despajar el trigo). — *Se rouiller*, Voc., Alc. (مُذْرِى oriniento, dezluzido).

V dans le Voc. sous pulverizare.

VII *être vanné*, Voc.

ذُرْأَة *rouille*, L (aurigine, urigo), Voc., Alc. (orin de hierro). — *Grande fourche à deux fourchons*, Alc. (horcajo palo de dos braços).

ذُرَا, écrit ذرا, Auw. I, 24, 1 (aussi dans notre man.), ذُرَة et ذرا chez Bc; — ذرا بَيْضاء *mil*, *millet*, Bc; — الذرة العربية ذرا شامى *maïs blanc*, Bc; — était souvent dans le royaume de Grenade, selon Ibn-al-Khatîb 15 r°, la nourriture des pauvres à la campagne et des laboureurs pendant l'hiver; il ajoute que c'est مثل اصناف القطانى الطيبة; comparez sous قطنية; — ذرا مصرى *maïs jaune*, Bc. — ذرا النَّجْمَة *hyoseris radiata*, Prax R. d. O. A. VIII, 343.

ذَرو pour ضَرو, *lentisque*, Voc.

ذَرَى Bc donne ذَرَى (avec le *dâl*), *hangar*; c'est peut-être pour ذَرِى. — ذرا للنبات *serre*, lieu où l'on serre les plantes, Bc.

ذَرَى *rouille*, L (aruginis, aurugine, erugo).

ذُرَى sorte de *perdrix* dont le corps et le bec sont plus grands que ceux de la perdrix ordinaire, Man. Escur. 893.

مِذْرَى, *fourche à deux fourchons*, Alc. (horca de dos gajos); *pelle de bois à grands fourchons pour remuer les grains*, Alc. (pala de grandes dientes, horca para rebolber las miesses). On y compare les mains monstrueuses des '*ifrît*, 1001 N. I, 23, 11, 98, 8, 831, 14, où ce mot est écrit avec le *dâl*. — Van, *crible*, Alc. (aventadero de pan), Ht; مذرى صغير *vannette*, sorte de corbeille pour vanner, Bc.

مَذَارَاة pl. المَذَارِى *cheville* d'un instrument à cordes, Gl. Mosl.

ذِرْيَاج, s'il faut lire ainsi chez Khallic. IX, 106, 1 (cf. de Slane III, 603, n. 4), semble une altération de تِرياق, *thériaque*, comme ذِرْيَاق chez Freytag.

ذعر. La VII° forme de ce verbe est donnée par Lane sur l'autorité du TA; mais dans une foule de passages où elle semble se trouver, il faut y substituer le verbe ابذعر, comme je l'ai observé J. A. 1869, II, 154.
NB. Le vulgaire disait ذاعر pour داعر, et Harîrî (dans de Sacy Anthol. ٣٩) a déjà signalé cette faute. Dans d'autres mots dérivés de la racine دعر, il a également substitué le *dzâl* au *dâl*. On trouve, par conséquent:

ذَعَارَة = دَعَارَة. اهل الذعارة, ذوو الذعارة *vauriens*, *scélérats*, Gl. Bayân, de Sacy Chrest. II, ٣٩, 9, Edrîsî, Clim. I, Sect. 7: فم اهل ذعارة وجدعة, car ils exercent souvent la piraterie, etc.

ذَعَرُورَة (pl.) voyez ذَعَارِير.

ذَاعِر, *vaurien*, *scélérat*, pl. ذُعَّار, de Sacy Chrest. II, ٣٩, 9, Gl. Fragm. p. 27, et ذَعَرَة, Khatîb 163 r°, en parlant d'un prince de mœurs dissolues: كان مَأْلَفًا للذعرة.

ذعلب.

ذَعَالِب *guenilles*, Mufassal éd. Broch 175, 7 a f.

ذعلت.

ذَعَالِت *guenilles*, comme le mot qui précède, Mufassal éd. Broch 175, 8 a f.

ذعن IV se construit c. الى r., Nowairî Espagne 452: لم يذعنوا الى الطاعة, 459: حتى اذعنوا الى طلب الامان, le même, Egypte, man. 2 o, 116 r°: اذعن من يسلم, ou c. ل r., Abbad. I, 223, 5: من النصارى الى الاسار لطاعته. الاذعان — V. a., c. a. p., Badroun 56, 7: وهو الذى يُذْعِننا بالطاعة لهم «c'est lui qui nous humilie en nous forçant à leur obéir.»
X *se soumettre*, Gl. Mosl.

ذفر.

ذَفَر, *puanteur*, forme au pl. أَذْفَار, Mi'yâr 7, 1.

ذفرى (A) ou ذفرا (BS) *rue sauvage*, Bait. I, 472 b.

ذفار الخروف *réséda sauvage*, Cherb.; *queue*; ذَفَار.

ذقن.

ذَقَن غصبا عن ذقنه «à la barbe de quelqu'un, en sa présence et par bravade;» — اعطى ذقنه بيد «se laisser gouverner par quelqu'un,» Bc. — ذقن الشيخ *absinthe*, Bc.

مذقن *barbu*, Bc.

ذكر I c. a. *penser à quelque chose*, *former le dessein de faire* quelque chose, Gl. Badroun. — C. a. p. et ب r. *louer* les bonnes qualités de quelqu'un, ذكر بالشجاعة «il loua sa bravoure,» Koseg. Chrest. 79, 6.
II c. a. et ب *faire penser quelqu'un à*, P. Abd-al-wâhid 217, 12. — *Retracer*, *décrire le passé*, Bc.

— En parlant de dattiers, le تذكير est l'action du cultivateur qui secoue le régime des fleurs mâles sur les fleurs femelles, afin de les féconder, Burton I, 386, Shaw I, 219, Pellissier 150. En parlant de figuiers, c'est la *caprificatio* des anciens, c.-à-d. qu'on suspend quelques fruits du figuier mâle ou sauvage au figuier femelle, afin d'empêcher que les fruits tombent avant la maturité, ou s'abâtardissent, Shaw I, 219, Alc. (cabrahigar, le n. d'act. cabrahigadura). Par extension, ce terme s'emploie aussi en parlant de plusieurs autres arbres fruitiers, pour indiquer les procédés à l'aide desquels on les rend plus productifs, ou qui font acquérir plus de qualité aux fruits, Auw. I, 7, 1, 20, 18, 562, 20 et suiv., 572, 8 et suiv. —

ذَكَّرَ الطَّعَامَ *saler* une chose à manger, *l'assaisonner avec du sel*, Voc. (au lieu de: asobosar de sal, lisez: asaborar).

III c. a. p. et a. r. *parler d'une chose avec quelqu'un*, Gl. Fragm., Badroun 182, 4; aussi c. بـ r., de Jong, Abdari 90 r° et v°: je lus sous sa direction les Séances de Harîrî, sur lesquelles il faisait de bonnes observations critiques, وَذَاكَرْتُهُ فِيهَا بِمَوَاضِعَ عَدِيدَةٍ كُنْتُ اسْتَعْقَبْتُهَا فَأَثْبَتَّ قَوْلِي وَاسْتَحْسَنَهُ r., Gl. Fragm. En parlant d'un professeur et de son disciple, ذَاكَرَ signifie: *le professeur fit une question à son disciple*, Aboulfeda Ann. III, 24, 3 a f. En parlant de savants ou d'hommes de lettres, ce verbe signifie *conférer, raisonner de quelque point de doctrine, disputer, argumenter pour ou contre sur un sujet donné*, Voc. (disputare) c. a. p., p. e. ذَاكَرَ الفُضَلَاءَ, Meursinge IV, 15, de Jong في الفقه, Bat. IV, 235, في الأدب, Badroun 2, 4 a f. Enfin ذَاكَرَ فُلَانًا signifie encore: *réciter des vers à quelqu'un ou lui raconter des histoires, des anecdotes*, Gl. Badroun.

IV. Au lieu de la constr. c. d. a., on trouve c. a. p. et مِن r. dans un vers chez Weijers 41, 7, cf. la note p. 140, n. 225.

VI *conférer ensemble sur* c. a., p. e. الصُّلْح *sur la paix*, Gl. Belâdz., العِلْم, Aghânî 56, 9 et 10. Le Voc. donne sous *disputare* la constr. c. مع, et l'on trouve chez Macc. I, 485, 18: تَذَاكَرْتُ مَعَ شَيْخِنَا حَدِيثَ أَبِي تَعْلِبَةَ ۞

VII dans le Voc. sous recolere.

ذِكْر *un souvenir, ce qui rappelle la mémoire de quelque chose*, Bidp. 15, 1, 26, 4, Abbad. I, 12, l. 15. — *Texte d'un sermon*, Macc. II, 103, 2, 6. — Pl. أَذْكَار *oraison surérogatoire*, Berbrugger 3, Prol. II, 372, 14, III, 145, 11, 347, 6. — Même pl. *appel à la prière, fait par le moëddzin*, Mi'yâr 22, 8, où il faut lire: وَتُنَاغِي أَذْكَارُ الْمَآذِنِ بِأَسْحَارِهَا نَغَمَاتِ الْوُرَى; cf. ce que j'ai dit Ztschr. XVI, 595, et Müller 69. — *Cérémonie dans laquelle plusieurs personnes (ordinairement des derviches) récitent, en forme de psalmodie, à intervalles variés, la formule* لَا إِلٰهَ إِلَّا اللهُ, *les différents noms et attributs de Dieu, des invocations à la Divinité, etc. Ces exercices sont souvent accompagnés de musique et de danse*, Lane M. E. I, 371, Ouaday 699, d'Escayrac 159, Kennedy I, 136. — ذِكْرُ اللهِ *tourterelle*, Domb. 62.

ذَكَر, dans le sens de *fort, courageux, ardent*, n'est pas seulement l'épithète d'un homme (Lane), mais aussi d'un cheval, Gl. Mosl. — *Dattier mâle*, Prax R. d. O. A. V, 214. — T. d'agriculteur, *l'extrémité du bois de la charrue qui entre dans le soc*, M. — ذَكَر في أُنْثَى et ذَكَر في أُنْثَى voyez sous أُنْثَى. — الأَظْفَارُ الذُّكْرَانُ voyez sous ظُفْر.

ذَكَرِيّ *viril*, Bc.

مَرْأَة ذَكَرَانِيَّة. ذُكْرَانِي *virago*, Voc.

ذَكُور *qui garde* une chose (لـ) *dans sa mémoire*, Gl. Maw.

ذَكِير. *L'acier* s'appelle حَدِيد ذَكِير, Bg, et aussi ذَكِير seul, Most (v° حَدِيد), Alc. (azero), Mc, Barbier, Dict. berb., qu'on écrit souvent avec le *dâl*.

ذُكُورِيَّة *virilité*, Voc., Gl. Maw.

ذَكَّار, n. d'un. ة, *arbre mâle*, p. e. ذَكَّارُ الفُسْتُقِ *pistachier mâle*, Auw. I, 267, 19, ذَكَّارُ التِّين *figuier mâle, figuier sauvage, caprifiguier*, Auw. I, 419, 10 et 11. Ordinairement le mot ذَكَّار seul désigne ce dernier arbre et son fruit, L (caprificus, erienos (sic)), Voc., Alc. (cabrahigo, arbol y fruta), trad. d'une charte sicil. apud Lello 21 et 23, Auw. I, 16, 1, 20, 19, 93, 21 (substituez un *dzâl* au *dâl*), 302, 2 a f. (lisez ainsi avec notre man.), 573, 7. On se sert du fruit de cet arbre pour la fécondation ou *caprification*, تَذْكِير, du figuier femelle, car on enfile les fruits du caprifiguier et l'on suspend cette sorte de collier aux branches du figuier, à proximité des petites figues qui s'y trouvent; voyez Auw. I, 573. C'est ce qui explique ces vers qu'on trouve dans le Holal, 76 v°, et qui ont été composés par un prince qui avait fait pendre beaucoup de ses sujets:

أقل الخرابة والفساد من الرى يغزون فى التشبيه للذكار
فـساد .... الصلاح لغيره بالـقطع والتعليق فى الاشجار
ذكارهم ذكرى اذا ما أبصروا فوق الجذوع وفى ذرى الأسوار

(dans le 2e vers il y a une lacune dans notre man., mais le sens en est clair: leur ruine est le salut des autres; peut-être faut-il lire: فـفـساده فيه الصلاح). — *La fleur du palmier*, Pagni 148 (dokar).

ذَكِير celui qui prend part aux cérémonies religieuses appelées ذِكْر (voyez), Lane M. E. II, 212. — *Devin*, Payne Smith 1558.

ذَكَارِي المُعَذَّبِين boia, L., c.-à-d. (voyez Ducange) *fers, chaînes, ceps*.

ذَاكِر القوّة الذَّاكِرَة *la mémoire*, Voc.

تَذْكِرَة *réminiscence, ressouvenir*, Bc. — *Admonition, sermon*, Djob. 150, 16, 151, 14. — Pl. تَذَاكِر *billet, bulletin*, Bc, Hbrt 107, M; *acte, rescrit, émané du prince*, Maml. I, 1, 188; *passeport*, Burton I, 18 n., dans M تذكرة الطريق *billet d'exportation*, Pellissier 324, Crist. e Barb. 50, Blaquiere II, 266; *certificat que recevaient les esclaves chrétiens quand ils avaient été remis en liberté*, Laugier 285; *bordereau*, Bc; *acquit-à-caution*, Bc; تذكرة النكاح *contrat de mariage*, Burckhardt Nubia 305.

تذكار الاموات *le jour des morts*, Hbrt 154.

تذكارى *commémoratif*, Bc.

تَذْكِيرَة pl. تَذَاكِير *mémorial*, Voc.

مُذَكِّر *prédicateur*, Valeton ٣٣, 12. — Synonyme de المُعَقِّب, *le nomenclateur, sorte de chambellan*, Bat. II, 346 (cf. 363).

مَذَاكِر *génitoires*, Bc; *testicules*, Voc., Alc. (cojon).

ذكو II *aiguiser l'esprit, rendre l'esprit plus prompt, plus pénétrant* (chez Lane, qui toutefois n'allègue pas d'autorité), Voc. (subtiliare), Mi'yâr 19, 9: وسواوفا

يـذكّى طبع البليد. — *Rendre un mets appétissant, savoureux*, Voc.

IV. On ne dit pas seulement اذكى عليه العيون mais aussi اذكى له العيون, de Sacy Chrest. II, ٣٨, 9.

V *être aiguisé* (esprit), *rendu plus prompt*, Voc. — *Etre appétissant, savoureux* (mets), Voc.

ذَكْوَة = רשפ, *oblation pour le péché*, Saadiah ps. 40.

ذَكَاة *saveur*, Voc.

ذَكِيّ *appétissant, savoureux*, Voc.; Alc., en donnant ce mot (suave, suavemente), ajoute un *r* à la fin. — Comme épithète d'une certaine espèce de poire, *la poire muscade*; voyez Gl. Esp. 215. — Dans le sens de *brûlant* (Freytag), P. Macc. I, 241, 10.

ذَكَاوَة *vivacité, brillant, pénétration d'esprit, clarté de l'esprit*; ذكاوة العقل *esprit, vivacité d'imagination*, Bc. — *Fumet, odeur*, Bc.

ذلّ I *mépriser*, Voc., Alc. (menospreciar). — *Dompter, subjuguer*, Alc. (sopear sojuzgar).

IV *soumettre quelqu'un* (acc.) à (ل) *un autre*, Gl. Belâdz.

V *être dompté*, Voc.

VII dans le Voc. sous vilipendere. — *S'avilir, se dégrader*, Alc. (envilecerse).

ذَلُول. Le Voc., sous mansuetus, donne le fém. ة. — *Dromadaire*, Gl. Mosl., Ztschr. XXII, 75, 3, 120. — *Mépris*, Nowairî Espagne 454, en parlant des rebelles de Cordoue que Hacam I er avait vaincus: فخر من بقى منهم بعد ذلك مستخفيا وتحملوا على الصعب والذُّلُول (le man. a toutes les voyelles).

ذَلَائِل *les troupes qui sont montées sur des chameaux*, Ztschr. XXII, 120.

ذلف.

ذَلَف *bon, fin, très-exercé* (oreille), Müller 31, 4, en parlant du gibier: كلّ ذلف المسامع.

ذَلِيف = ذَلَف, *tranchant, en parlant de la pointe d'une lance*, P. Abbad. I, 59, 8.

ذم I, c. الى *de la personne auprès de laquelle on blâme, on noircit quelqu'un*, Haiyân 99 r°: وذمّ اليهم اسامه عبد الله امير الجماعة.

ذمى

II c. a. p. *il le fit jurer sa foi* (حَلَّفَه بِذِمَّتِه), M. — V, proprement *se blâmer soi-même*, c.-à-d. *avoir honte, être honteux*, Abbad. III, 179, Mohammed ibn-Hârith 240: فلمّا ايقن الرّجل انّه القاضى تذمّم واعتذر. — *Se rendre, se soumettre*, Alc. (darse el vencido, someterse á otro ser sugeto), Cartâs 244, 2. — *Se déshonorer*, Cartâs 156, 10. — C. ب p. *se placer sous la protection de* quelqu'un, Berb. I, 20, 67, 71, Khatîb 67 v°: فخاطبته وانا يومئذ مقيم بتربة جيرتهم. — *Jurer sa foi*, M. ابيه متذمم بها.

VII dans le Voc. sous *vituperare*.

X. Autre exemple de la dernière sign. chez Frey-tag et Lane: Haiyân 67 r°: فاخرج وجوه البحرين اصحابه الى العرب الغسّانيين جيرانهم يستخدمون بذمّة جيرتهم ❊

ذِمَّة est ذُمَّة chez Bc (*clientelle*) et chez Roland, qui donne aussi ذُمَّة. — Dans le sens de *responsabilité*. L'expression ابرى ذمّتى, «tenez-moi quitte de ma responsabilité,» s'emploie en parlant à une personne qu'on sait ou craint d'avoir offensée; le maître et le serviteur s'en servent aussi, quand le dernier quitte volontairement le premier, ou qu'il est renvoyé, Lane trad. des 1001 N. I, 519, n. 31, III, 237, n. 36. — *Conscience*, Bc, Hbrt 249, *âme*, Bc; فى ذمّتى ou على ذمّتى *sur mon âme, en conscience*, sur ma conscience, *en vérité, sur mon honneur, sur ma parole, ma foi*, Bc (في) على ذمّتى وديني *ma foi, je vous jure*, Bc. بالذمّة *à dessein*, Bc (Barb.), *exprès*, Roland; بلا ذمّة *involontairement*, Roland. — في ذمّته الى *devoir, avoir des dettes*, Bc; M: لى في ذمّته دَين. — قلّة الذمّة .اى لى عليه اى عنده ذمّة او دين *improbité*, Bc. — الذمّة مستغرقة, Macc. I, 467, 8, ne m'est pas clair.

الذِّمِّيَّة secte parmi les Chiites outrés; on les a nommés ainsi parce qu'ils ont *blâmé* (ذَمُّوا) Mahomet, M; voyez Chahrastâni 134, 6.

مُذَمَّم. Comparez avec Lane le Gl. Mosl.

ذمى.

ذَمَّا, نَجَا بِذَمائه, Abbad. III, 85, Berb. I, 357, 15, II, 91, 2, افلتَت بذمائه نفسه, Berb. I, 327, dern. l., *sauver à grand'peine sa vie, se sauver d'un danger, chercher son salut dans la fuite*. Dans l'Hist.

489

ذهب

des Berb. ce mot est souvent écrit avec un *dâl*, mais l'éditeur a corrigé cette faute dans sa traduction, III, 483 n.

ذنب II c. a. dans le Voc. sous *peccare*.

X *criminaliser, rendre criminel*, Bc.

ذَنَب *colle de poisson*, Alc. (pexcola l. pexcola) cola de caçon). — ذنب الثعلب *plantain*, Sang. — ذنب الحدّاء (AB), en Espagne, *scolopendre* (plante), Bait. II, 272 b. — ذنب الخروف *reseda duriœna* Gay., Prax R. d. O. A. VIII, 279. Selon Bait. I, 473 e (fort mal traduit par Sonth.), la plante qui porte ce nom dans l'est de l'Espagne est une autre que celle qu'on appelle ainsi en Ifrîkiya et en Syrie. — ذنب الخيل, Bait. I, 81 a, 472 c, «cauda equina, licet a nostra diversa,» Pagni MS. — الأذناب = الأَنْثَى *hypocistis*, Most. sous le dernier mot de la lettre ه, Bait. II, 432 b. — ذنب العقرب *scorpioïde, chenille, chenillette*, Bait. I, 473 b, Bc. — ذنب الفأر espèce de caroubier, Auw. I, 246, dern. l. — ذنب القطّ, en Espagne, *chrysocoma*, Bait. I, 473 d. — ذنب السبع = ذنب اللبوة *circium*, Bait. 1, 473 c.

ذَنْبِى *criminel*, Bc.

مُذَنَّب espèce de *sauterelle*, Casiri I, 320 a, avec le *dâl*, et le man. a en effet المذنَّب, mais je crois que c'est une faute.

ذَنْتُول *dentale*, poisson de mer qui a de grosses dents, L (dentile). C'est le catalan qui a la forme *dentol*; en castillan on dit *denton*.

ذه, interjection, ذه ذه *fi, fi donc!* 1001 N. I, 64, 10.

ذهب I. Le n. d'act.: ذَهَب, أَمْعَان هو, Gl. Manç.: الإِبْعَاد فى الذهب, si la leçon est bonne, mais le man. est assez correct et il a toutes les voyelles. — L'impératif اذهب sert à faire des exhortations, etc., comme *allez!* en français, Gl. Maw. — *Périr*, Cout. 7 r°: فدارت بينهم حرب عظيمة ذهب فيها كلثوم, Nowairî Espagne 457: وعشرة الآف من الجيش مجاعة, Gl. Bayân 15, 7. De même: ذهب فيها خلق كثير, dans le sens de: «ce qui ne peut être décrit,» Berb. II, 45, 4 a f. — ذهب عند ممّا يذهب فيه الوصف,

ذهب

échapper à, Macc. I, 241, 6: إذا للصنيعة مَذْهَب عند «une récompense ne peut lui échapper,» nous ne pouvons manquer de lui donner une récompense. — *Sortir du camp pour aller faire ses nécessités,* n. d'act. وكان جميل إذا مَذْهَب (voyez Lane). On trouve: أراد للحاجة أبعَدَ في المَذهَب Koseg. Chrest. 141, 3 a f., et أبعَدَ المذهبَ, Berb. I, 607, 5 a f. — *S'étendre,* en parlant de la réputation que quelqu'un se fait, قال مَعْبَد غَنَّيْتُ فاتجِيني غنائي واتجب Aghânî 44: الناس وذهب لي به صَوت وذِكر. — *Pénétrer* dans, في, p. e. en parlant de plantes, في ما لا يذهب عروقها في الأرض «dont les racines ne pénètrent pas dans le sol,» Auw. I, 194, n. *, 290, 18, où il faut lire avec notre man.: لأنه ليس له اصل ذاهبٍ في الأرض. On dit aussi ذاهب في الهواء ou في السماء, dans le sens de *très-élevé,* ذاهب في العرض *très-large,* Gl. Edrîsî, ذاهب في العُمق *très-profond,* Gl. Manç. v°, et عُور ذاهب seul semble être le synonyme de كثير, p. e. شجر تين ذاهب «beaucoup de figuiers,» Gl. Edrîsî. Le mot قاطع signifie *fort,* en parlant de vin, de levain, etc., et le M (sous قطع) explique دواء قاطع «remède fort,» par ذهبت قوّته عليه. — ne signifie pas seulement *cela lui est échappé de la mémoire* (Lane, cf. de Jong), mais aussi *cela a échappé à son attention,* comme dans Nawawî 81, 2, cité par de Jong: ورأى علم كان يذهب على الشافعى pour exprimer qu'as-Châfi'î avait étudié toutes les sciences. — Suivi de l'aor., *se mettre à, commencer à,* Gl. Fragm., Aghlab. 16, 10. — *Avoir l'intention de, former le dessein de, se proposer de,* c. أن, Mohammed ibn-Hârith 294: فيذهب صاحب المدينة أن بأمر بزجره; c. الى, Haiyân 57 v°: وذهب الى ادخال المسجد للجامع: اجتمع بنو خلدون — *ibid.:* ما لانكار, معه من قصبته et il faut ajouter الى dans Haiyân-Bassâm I, 46 v°: فعرفناه مَن كرم من وراءنا لاجتيازه, وذهابهم (الى) التمرس به, Prol. II, 44, dern. l., Müller 8, 4, Amari Dipl. 234, 7; c. الى أن, Haiyân 57 v°: وذهب امينة بن عبد الغافر الى ان ياخذ بالحزم في حراسة نفسه ودولته. — c. الى, *penser à,* Bat. II, 368: ذهب الامير الى راحتي «l'émir pensa à ma commodité.»

— c. مع *être d'accord avec,* Berb. I, 608, 16, II, 165, 3.

ذَهَب pl. اذهاب *écu d'or, pièce d'or,* Bc, Hbrt 103, 1001 N. Bresl. IV, 323 et suiv., IX, 200, XI, 14, chartes grenadines: وثلاثة ذهب جشطلوش (gastos, frais), ذهب قشطليانه وريقى (la monnaie d'or nommée castellano et enrique). — ذهب أبيض *platine,* Bc. — ذهب المساكين («l'or du pauvre») *grains de porcelaine noirs à taches jaunes,* Lyon 152. — من ذهب *d'or,* au fig., *bon et avantageux;* مساوق من ذهب *marché d'or, très-avantageux;* كلام من ذهب *parole d'or, très-précieuse,* Bc.

ذَهَبِي *oripeau,* Voc. — Nom d'une espèce de *ver,* à ce qu'il semble, Auw. I, 630, 5.

ذَهَبِيَّة espèce de *barque* sur le Nil, à l'usage des voyageurs. Elle n'a pas de pont, mais par derrière une grande cabane avec des chambres où six voyageurs peuvent s'asseoir et se coucher. Sa voile latine est d'une envergure démesurée. Voyez Burton I, 29, Fesquet 59, 60, et surtout van Karnebeek dans la Revue hollandaise intitulée de Gids, année 1868, t. IV, p. 128. — Mets fait d'aubergines cuites avec des miettes de pain, M.

ذَهَبان 1001 N. Bresl. IX, 359: كانوا ذهبانين (sic) الجوع «ils mouraient de faim;» dans l'éd. Macn. ضعيفين.

ذَهاب *dissipation,* action de se dissiper, Bc.

ذَهَاب c. ب r. *emportant,* P. Chahrastânî 438, 13.

أَذْهَب suivi de مع, *plus en harmonie avec,* Calâïd 118, 9: si vous cessez de faire cela, نكن النيق بك, وأذهبَ مع حسن مذهبِك. — *Plus apte à être élidé,* Mufaṣṣal éd. Broch 87, 4.

تَذْهيب pl. تذاهيب *objet doré,* Macc. I, 91, 5.

مَذْهَب *lieu de refuge,* Gl. Badroun. — *Excursion, expédition,* Berb. I, 250, 3, 359, 4, 617, 11. — Le bézoard est دقيق المذاهب, *très-volatil,* Bait. I, 119 b. — *Opinion* en général, non-seulement quand il s'agit de la religion, Macc. I, 97, 15, II, 381, 3, Berb. I, 280, 2. — *Plan, intention,* Recherches 286, 2 de la 1re édit.: وقد أعدّ المعتضد له النزل والصياقة هنالك ومذهبَ القبض عليه وعلى نعمته.

مُذْهِب الكَلْب *alyssum*, Bait. II, 494 d (les voyelles dans B).

المُذَهَّبَات nom de sept poèmes composés avant Mahomet, et qui tiennent le second rang, le premier appartenant aux Mo'allacât, M.

ذهل. Chez Bc la première lettre de cette racine est constamment *dâl*, selon l'usage égyptien (cf. Fleischer Gl. 14).

I *rester stupéfait*, Abbad. I, 360, n. 202, Djob. 202, 20, 205, 6, 224, 3 a f. — *Ebranler, étonner, toucher, émerveiller, stupéfier*, Bc.

II *faire oublier*, Voc.

IV *étonner, stupéfier, ravir d'admiration, enchanter; consterner*, Bc, Hbrt 227, Abbad. I, 360, n. 202, Aboulfeda Géogr. 119, 5 a f., Cartâs 12, 3 a f., Liber Josuæ 14 éd. Juynboll.

V dans le Voc. sous *obliviscere*.

VII *s'étonner, s'émerveiller, rester stupéfait, s'ébahir, s'extasier, tomber des nues*; le n. d'act. *stupeur, engourdissement, suspension du sentiment et du mouvement*, Bc; 1001 N. I, 42, 13.

مَذْهُول *extasié*, Bc.

انْذِهَالِي *extatique*, Bc.

ذَهْلَل II *s'étonner, rester stupéfait*, M.

ذهن. ذِهْن et ذَهَن *idée*; في الذِهْن ou ذِهْنًا *existant dans l'idée, idéal*, Prol. II, 52, 15, 53, 1, 10. — على ذِهْن *par cœur, de mémoire*, Bc, Hbrt 112.

ذو = ذو ثَلث حَبَّات voyez sous ألف. — ذو ورَقَة, Bait. I, 474 d. — ذو ثَلث شوكَات = شَكاعَا, زَعرُور, Bait. I, 474 f. — ذو ثَلث ألوَان *triphyllon*, Bait. I, 474 f. — ذو ثَلث ورَقَات est le nom de plusieurs plantes, à savoir: des deux espèces du *trèfle*, de la *psoralea bituminosa* (lisez حَوِمانة avec le man. 13 (3)), de la *luzerne*, et d'une sorte de *satyrion*, Bait. I, 474 g. — ذو الاثنى عشر *duodenum*, le premier des intestins grêles, Bait. I, 279 a. — ذو خمسَة أَجْنِحَة ou ذو خَمسة أَقْسَام *quinquefolium*, Bait. I, 475 c. — ذو خَمسَة أصَابِع *vitex agnus castus*, Bait. I, 475 b. — ذو مائَة شَوكَة ou ذو مائَة رَأس *eryngium*, Bait. I, 475 d.

Le fém. ذَات. Dans le Holal (Abbad. II, 183, 4) on trouve ذَات employé comme un pl.: الوَقَائِع ذَات (leçon de tous les man.). — ذَوَات d'une ville, son territoire, Haiyân 39 r°: استندى صاحب بطليوس من الامير عبد الله تجديد الاستجال له على ما بيده صاحب غرناطة, Abbad. II, 193, 13: منها ومن ذَوَاتِها, variante وأعمَالها. — الذَات dans le sens de ذات اليَد et comme synonyme de المال, *possessions, richesses*, Abbad. II, 161, 5 (cf. III, 220). — *Majesté*, Alc. (majestad). — بِذَاتِه *identité*; بِذَاتِه *identique*; ذَات *personne, même*; كان هو ذاته «il était en personne (lui-même)»; رَأيتُ الامير ذاته «j'ai vu le prince lui-même», أروح أنا بِذَاتِي «j'irai moi-même», Bc, M. — *Talent, don de la nature, disposition et aptitude naturelle*, par opposition aux أدوَات ou connaissances qu'on acquiert par l'étude, Abd-al-wâhid 172, 6 a f., Khatîb 18 v°: ترشَّح بذَاتِه de بذَاتِه. — وباهَر ادواتِه الى قضَائه المَعْدِن النَّبِيهَة *toute son âme, entièrement*, Abbad. I, 58, 3: منغمس في اللَذَّات بذَاتِه — *en particulier, à part, séparément des autres*, de Sacy Chrest. I, 335, 1 et 2: ils se séparèrent donc d'avec eux, وجعَلوا لهم كَنائس بذَاتِهم وكَهَنَة بذَاتِهم «et eurent leurs synagogues et leurs prêtres en particulier.» — قَائم بذَاتِه *indépendant*, Bc, Gl. Edrîsî 373; *isolé*, Gl. Edrîsî l. l.; mais aussi en parlant d'une ville ou d'un marché, *considérable*, ainsi que قائم الذات, ibid. Le mot ذات semble avoir le sens de *nombre, quantité*, dans ce passage d'Edrîsî, Clim. I, Sect. 8: أقَلُّهم في ذَاتِهم طَبعَه دَائِمًا بِذَاتِه — *égal*; بذَاته قلَّة وفي انفسهم أذَلّ «son caractère est égal,» Bc. — من ذاته *de son chef, de lui-même, de son propre mouvement*, Bc, Macc. I, 237, 21, 252, 5, II, 340, 18. — ذات الله. Cette expression est employée d'une manière remarquable dans Hoogvliet 49, 4 a f., mais il faut y corriger le texte et la traduction (p. 71, 5). Ecrivant à un vizir dont il était fort mécontent et qu'il avait destitué, Motawakkil dit: ومَن أسأل اللَّه التوفيق له في ذَاتِي ان حرَمَه في ذَاتِي. Les voyelles de حرمه que j'ai données se trouvent dans Ga, et il faut lire في avec B, Ga, G et l'édit. de Paris du Calâïd (46, 17), au lieu de من ذاقي. Le sens est: «Je prie

Dieu qu'il vous accorde le succès dans ce que vous faites pour son service, puisque vous en avez été privé dans ce que vous avez fait pour le mien. » — ذات الانسان moi, le moi humain, Bc. — ذات الجنب البارد. Cette expression se trouve Bait. I, 179, où Sontheimer traduit le *véritable point de côté*. — ذات الحجاب *pleurésie, point de côté*, Gl. Manç. — ذات الحَلَق *armillæ*, nom d'un instrument astronomique inventé par Ptolémée, Alf. Astron. II, 1 (lisez «det» pour «der»). — ذات الأَعْيُن, en Espagne, *lonicera periclymenon*, Bait. I, 120 c. — ذات الكبد *hépatite*, Bc. — ذات الكُرْسي ne désigne pas seulement la constellation nommée *Cassiopée*, mais aussi *globe céleste*, Dorn 65, 142 b, Alf. Astron. I, 153: « ell ordenamiento dell espera á que dizen en aráviguo vet (l. det) alcorcy, que quier tanto dezir cuemo la espera que está sobre la siella; » cf. sous كرسي. — ذات النَفْس *persuasion intime, intime conviction*, Berb. I, 473, 8: اظهر لهم ذات نفسه الى استعماله الحاجة. Dans Bidp. 165, 8 et suiv. ذات النَفس est l'opposé de ذات اليد; le premier terme y désigne *les sentiments d'amour, de tendresse, d'amitié*, et le second *les choses palpables que l'un donne à l'autre et qui peuvent être une preuve d'amitié, mais qui ne le sont pas toujours*. — ذات البَيْن voyez ce qui précède immédiatement. Dans le sens ordinaire de *richesses*, on dit aussi حبّ الذات ذات ايديهم, Abbad. I, 224, 11. — حفظ الذات *amour de soi, désir de sa conservation*, Bc. — الذات *amabilité*, Bc. — Le pl. الذوات *les personnes de condition, les gens de qualité*, M.

ذاتيّ, t. de philos., *intelligible par soi-même*, Prol. II, 371, 11. — ذاتيّا *personnellement*, Bc.

ذاتيّة, suivi de مشابهِن *identité*, Bc.

ذوب I *être en fusion*, en parlant des vapeurs qui s'élèvent dans les déserts lorsque la chaleur est excessive, P. de Sacy Chrest. II, ???, dern. l. — En parlant d'un homme qui a reçu quantité de coups à la tête, ذاب شَوْق, ذاب قفاه من الضّك, 1001 N. I, 63, 11. — *brûler de désir*, Djob. 330, 14, Calâïd 193, 10. — De même qu'on dit: فلان يذوب طرفًا (Freytag), on trouve: يذوب طلاقة وبشرًا, Djob. 203, 21.

II ذَيَّب *fondre*, Voc., Alc. (hundir metal; le part. pass. derretida cosa corronpiendose); *préparer un verre de sorbet*, Bâsim 78: قدح كبير شربة (sic) فذوبوا بماء النوفر ورشّوا عليه ماورد ومسك ※

V تَذَيَّب *se fondre*, Alc. (le n. d'act. derretimiento).

ذَوَبان *fusibilité*, Bc. — T. de médec., *exténuation, dépérissement*; de là الاسهال الذَّوَبانيّ, M.

ذائب *en marmelade*, en morceaux, trop cuit, Bc.

مُذَوَّبِل. Dans la 2e partie du Voc. on trouve مُذَوْبِل, ainsi que le verbe ذَوْبَل c. a. et la IIe forme de ce verbe, sous *incompositus*, qui a dans ce livre le sens d'*indisposé, malade*. Dans la 1re partie, مُذَوَّبِل est *maigre, phthisique*, mais dans la 2e c'est le mot مَذْبُول qui a cette signification.

ذود.

ذَوْد *troupeau de bœufs*, Voc., *de chevaux*, Abbad. II, 161, 2, *de moutons*, L (obile). الرِجال الذَادَة ذائد *berger*, Berb. I, 3, l. 9. — *la garde* d'un prince, Abbad. I, 243, 9.

مَذْوَد *crèche*, mangeoire des bœufs, etc., est chez Bc مُذْوَد, avec le *dâl*, qu'il traduit aussi par *bedaine*, gros ventre.

ذُوشطاريا (grec) *dyssenterie*, Chec. 183 r°, 203 v°.

ذوق I. Le n. d'act. ذَوْقان dans le Voc. — ذاق روحه *se connaître, se juger soi-même*; ذاق نَفْسه *sentir ce que l'on est*; ما يذوق روحه *il n'a pas de tact*, il ne s'aperçoit pas qu'il fait des impertinences, Bc.

ذاق (Daumas MS) *miel*, Daumas V. A. 488.

ذَوْق *savoir-vivre*; عديم الذوق est un homme qui manque de savoir-vivre, 1001 N. IV, 594, 7, 12, 621, 3. — *Essai*, petite portion d'une chose à manger, qui sert à juger du reste, Alc. (muestra de cosa de comer).

ذَوَاقَة *dégustation*, essai, Bc.

ذَوَّاق dans le Voc. sous *gustare*.

الذَّاقَّة *gustation*, Bc.

مذاقات (pl.) *mets*, Payne Smith 1496.

ذول.

العَضَلَة الذّالِيَّة deltoïde (muscle), Bc.

ذيك celle-là, Voc.

ذيل.

ذَيْل في ذيله au bas de cet écrit, Bc. — Dans le sens de queue d'un manteau, d'une robe, etc., au fig., جرّر اذياله في الصبا se livrer entièrement au plaisir, R. N. 58 v°. — A Malte, jupon de toile ou de coton blanc, porté par les paysannes, Vêtem. 187. — Ligne de pêcheur, aussi ذَيْل, خَيْط من ذَيْل Alc. (sedal para pescar). — Bourdon, la corde la plus grosse qui sert de basse dans les instruments de musique, Alc. (cuerda de arriba o bordon). — الذَّيْل mode de musique, Salvador 30; voyez aussi mon article ذَيْل الفرس — رَصْد prêle, queue-de-cheval, « mais qui diffère de la nôtre, » Pagni MS. — ذَيْل القِطّ reseda duriæna Gay., Prax R. d. O. A. VIII, 279.

مُذَيِّل. مُذَيَّل الأُذُنَيْن qui a les oreilles lâches et pendantes, Alc. (encapotado de orejas, cf. Victor). مذيل العَيْنَيْن renfrogné, rechigné, qui regarde fièrement quelqu'un en fronçant les sourcils, Alc. (encapotado en los ojos, cf. Victor).

ر

رَآ la lettre râ. Par allusion à la forme de cette lettre, ce mot désigne ce qui est courbe, P. Macc. I, 454, 3, cf. Fleischer dans les Add. et Berichte 188, P. Macc. I, 530, 19, cf. Fl. dans les Add. — Saumon, aussi راي et رى, Gl. Edrîsî. — Abréviation de رَحِم utérus, P. Macc. II, 200, 8, cf. Fleischer dans les Add. et Berichte 284. — Voyez sous روى.

راتِيْبانَج, Bait. I, 488 c (AB), راتينا, Most. L, ou راتينا Most. N = راتِيْبِنتَج, résine.

رَخْتَج ou رَخْتَج nom d'une étoffe qui se fabriquait à Naisâbour, Lettre à M. Fleischer 29.

رازبانَج (pour رازيانَج) fenouil, Mehren 28.

رازيانَج. الرازيانَج الرومي anis, Most. v° أنيسون; aussi الرازيانَج الشامي, Bait. I, 488 b.

رَأْس II voyez روس II.

III c. a. dans le Voc. sous principari.

V voyez روس V.

VI dans le Voc. sous principari.

رَأْس commencement, principe, origine (cf. Lane), p. e. الفقر رَأْس كل بلاء « la pauvreté est l'origine de tous les maux, » Bidp. 171, 8, cf. 243, 10. — La première place, de Sacy Chrest. II, 188, 3 a f.: للجلوس رَأْس ميسرة السلطان « prendre séance à la première place à gauche du sultan. » — Chapiteau, la partie supérieure d'un alambic, Auw. II, 393, 6. — Le balanus, la tête du membre viril, Alc. (rezmilla del genital miembro). Chez Macc. II, 634, 5, رَأْس الذَّكَر; aussi كَمَرَة, Gl. Manç. v° — . رَأْس الأَيْر têtière, la partie supérieure de la bride, qui passe derrière le toupet du cheval et qui soutient le mors, 1001 N. Bresl. IV, 59, 2. — Tête, pièce, non-seulement en parlant de bétail (pièce de bétail, chacun des animaux, comme mouton, bœuf, etc., qui composent un bétail), mais aussi en parlant d'esclaves, dont chacun est un رَأْس, Gl. Belâdz., Becrî 13, 7, Burckhardt Nubia 292. Un رَأْس أحمر est un esclave abyssin, Ztschr. XVI, 674. Aussi en parlant de plantes potagères, dont chacune est un رَأْس, p. e. رَأْس من كُرُنْب un chou, Alc. (llanta de berça o col), رَأْس لفت une rave, Hbrt 48, رَأْس ثوم un ail, ibid., et enfin en parlant d'autres objets, p. e. رَأْس جُبْن un fromage, Hbrt 11. — Ce qu'il y a de plus reculé, éloigné. En parlant du temps et des choses qui ont de la durée, la fin, le terme. En parlant d'autres choses, bout, extrémité, fond, ce qu'il y a de plus éloigné de l'entrée, p. e. رُؤُوس الثياب « le bas des robes, » على رأس الطريق « à l'extrémité de la route, » في رأس الزقاق « au bout de la rue, » رأس الجبل « l'extrémité de la montagne » (ailleurs: le sommet), Gl. Edrîsî, de Jong, Djob. 234, 17, 278, 1 (var. أخر). — Base, ce qui soutient le fût de la colonne, Alc. (basa de poste), Djob. 88, 13, 99, 18, Macc. II, 156,

2. — *L'arbre* ou *mât* d'une tente, à ce qu'il semble, Akhbâr 103, 3: ارفع رأس قبّتك على باب قرمونة; plus loin, l. 6: فلما نظر الى القبّة مضروبة على باب المدينة. — *Bulbe,* oignon de plante, Bc. — *Bouton* de rose, Auw. I, 643, 4 a f., 644, 4. — *Queue* d'un fruit, d'une feuille, Bc. — *Gros morceau de sel,* Barth V, 25, 26, 568. — رأسًا *tout à fait* (Freytag), Prol. II, 52, 16. — رأسك *gare!* Bc. — رأس برأس *troc pour troc,* l'un pour l'autre, Bc; Meidânî dit de même sous l'expression proverbiale يَضْرِبُ: دَعْنِي رأسا برأس لَمَن طلبتُ اليه شيئًا فطلب منك مثلَه (je donne ce texte parce qu'il a été cité d'une manière inexacte par Reiske Aboulf. II, 334; cf. l'édit. de Freytag I, 482), et je pense que رأس برأس signifie proprement: *une pièce de bétail pour une pièce de bétail,* p. e.: Pierre demande à Paul un mouton, et Paul lui répond: je vous le donnerai, mais donnez-moi un autre à votre tour; nous troquerons. Cette expression, toutefois, a reçu un sens un peu différent, car on l'emploie pour indiquer l'égalité, la parité, et en parlant de deux personnes qui sont d'un mérite égal, on dit qu'elles sont رأس برأس. Ainsi on lit que les habitants de Damas demandèrent au théologien an-Nasâî de leur communiquer quelques-uns des فضائل de Moâwia, c.-à-d. des traditions qui montreraient que ce prince était d'un mérite supérieur. Indigné de cette demande, car Moâwia avait toujours été d'une orthodoxie suspecte, ce théologien leur répondit: أما يرضى معاوية أن يخرج رأسا برأس حتى يفضَّل: C'est ainsi que ces paroles sont données par Ibn-Khallicân (I, 29, 4 a f. Sl., I, 37, 5 Wüst.); chez Abou-'l-mahâsin, II, 198, 2, et Yâcout IV, 777, 18, on trouve: لا يرضى رأسا برأس حتى يفضَّل, et chez Aboulfeda, Ann. II, 330, 3: ما يرضى معاوية أن تفضّل يكون رأسا برأس حتى يفضَّل (car dans l'éd. est une faute). Le sens est: Moâwia n'est-il pas content d'être réputé un homme ordinaire, un homme comme il y en a tant (ce qui est déjà beaucoup pour lui)? Veut-il même être préféré aux autres, loué plus qu'un autre? Un second exemple se trouve chez Ibn-Khallicân I, 25, 15—17 Sl. (Wüst. I, 31, 2 a f.). On y lit qu'un homme pieux, nommé Soraidj, qui ne savait pas l'arabe, mais seulement le persan, vit en songe le Créateur, qui lui parla longtemps et qui finit par lui dire: كُنْ طلب سريع يا, «ô Soraidj,

fais un souhait!» (et non pas «cherche,» comme on lit dans la trad. de M. de Slane; voyez طَلَبْ كُرْدَنْ, dont كُنْ est l'impératif, dans les dict. pers.), paroles auxquelles Soraidj répondit par celles-ci: يا خدا سَرْ بسَرْ, ce qui, dit Ibn-Khallicân, signifie en arabe: يا ربّ رأس برأس كما يُقال رضيت أن اخلص رأسا برأس. Le sens est donc: ô mon Dieu, je serai content si je fais mon salut comme le commun des hommes, je ne désire pas de faveur spéciale. (Les courses de chevaux, auxquelles a pensé de Slane dans sa trad., I, 48, n. 5, n'ont rien à faire avec cette locution). Enfin on se sert aussi de cette expression pour dire: *sans rien gagner et sans rien perdre;* cf. le Fâïk dans le Gl. Mosl. p. LXIII, 8 a f.: يقال لبْيتَى انجو منك كفافًا لا عليَّ ولا لى اى رأسا برأس لا أرزأ منك ولا تَرْزَأ منى. En ce sens elle se trouve dans ce vers que cite Meidânî I, 482:

دعوني عنكم رأسا برأس قنعت من الغنيمة بالايابِ.

Le second hémistiche, qui est aussi devenu proverbial (Meidânî I, 537), est emprunté à un poème d'Amralkais (Diwan ٣٣, vs. 9 Slane, avec رضيت pour قنعت), et le vers signifie: Laissez-moi vous quitter sans avoir rien gagné et rien perdu; j'aurai assez gagné si je retourne sain et sauf auprès des miens. Allusion à ce vers chez Bîrounî 19, 11. — برأسه, en parlant de personnes et de choses, *sui iuris, qui n'obéit pas à un autre, qui ne dépend pas d'un autre, indépendant, à part, sui generis,* Gl. Fragm., فنٌّ برأسه «une science *sui generis,*» Prol. II, 400, n. l. 3, III, 113, 4, Gl. Manç. v°: نافض: c'est un tremblement qui précède la fièvre, mais quelquefois il n'est pas suivi de fièvre, et alors c'est une maladie برأسه. — على رأسه, proprement en parlant d'un personnage qui est assis et qui est entouré d'autres personnes qui sont debout; de là: *en sa présence, devant lui,* Voc.: وقف على رأس فلان astare (c.-à-d. *adstare*), Freytag Chrest. 73, 7: فذهب اليه الرسول فاذا على رأسه من القهارمة والحجّاب والحفدَة; ما لا يوصَف على رؤوس الناس *en présence de tout le monde, en public,* Gl. Mosl. On dit يُضرب الطبل على رأسه «on frappe le tambour devant lui,» Bat. I, 423, Edrîsî p. xv et p. 390. — على السواس ou على رأسه

راس 495 راس

précipitamment, Hist. Joctanidarum 162, dern. l.: كان السَّيْلُ ينحدر من اعلى الجبل هابطا على راسه حتى يهلك الزرع, Macc. II, 554, 8. — (اتى) على راسه venir en personne, Macc. I, 680, 3 a f.; peut-être خرج على راسه, Hist. Joctanidarum 104, 7, en ce sens. — على راسى et على الراس والعين oui-dà, avec plaisir, volontiers, Bc; la seconde expression 1001 N. I, 60, 2 a f. — مِن راسه de mémoire, « حسب من راسه calculer de mémoire, » Cherb. Dial. 57, انشد من راس راسه Macc. II, 506, 17 (لا ورقة فى يد). — لراس tête à tête; aussi *tout du long*, depuis le commencement jusqu'à la fin, Bc. — من تحت راس à cause de, p. e. وكان كل يوم ياكل قتلة من تحت راس هذا الصبى « tous les jours il était battu à cause de cet enfant, » Bc. — وراسك je vous en prie, Bc (Barb.). — راس الانف bout du nez, Hbrt 2. — راس المثلّث l'étoile qui est au sommet de la constellation nommée Triangle, Bc. — راس الجبل promontoire, Domb. 97; dans M راس seul. — راس الجعبة le couvercle du carquois, Gl. Fragm. — راس الجرّى murène, Ztschr. für ägypt. Sprache u. Alt., 1866, p. 55 et 83. — راس اخنش carduncellus ceruleus, Prax R. d. O. A. VIII, 280. — راس الدوّاء diète, régime de nourriture, Voc. — راس الرصيف en Ifrîkiya, *ocimum minimum*, Gl. Manç. v° شاهشبرم. — راس المركّب la proue, Hbrt 128. — راس التسبيح file de jetons pour faire un compte, Alc. (contal de cuentas)... — راس سكر un pain de sucre, Bc. — راس الشيخ, en Espagne, *onopordon acanthium*, Bait. I, 70 b. — راس الصابون = اوّل ما voyez ce dernier terme. — راس العين source, Bc; aussi راس النبع, M; de même راس النهر « la source du fleuve, » Bat. II, 87, cf. Descr. de l'Eg. XI, 341. — راس الافعى vipérine, ou langue de bouc, échium, Bc. — راس قرنفل clou de girofle, Hbrt 18. — راس القنفذ spina alba, Bait. I, 536 c. — راس الكنائس cathédrale, Bc. — راس مال (aujourd'hui رسمال) prix coûtant, le prix qu'une chose a coûté, Ztschr. XI, 506, 1001 N. Bresl. III, 264, 13. — راس المول môle, jetée, Ht. — راس نوبة lieutenant, grade au-dessous de capitaine, Bc. — راس الهدهد espèce d'orchis, Bait. II, 491 e. — راس الهرّ chanvre bâtard ou galéopsis, Bc. — قائد راسه celui qui a le titre de cāïd, mais qui n'en exerce pas les fonctions,

Hœst 180. — الروس الاثنى espèce de colocasie, Mehren 28.

رَاسَة sorte d'étoffe (englische Sempiternen), Hœst 269; dans l'Inventaire avec un *chin*: ومن الراشة شقّتان زرقا

راسية tétière, partie de la bride, Bc.

رُوسِيَّة. رَوسِيَة d'un promontoire (رأس) à l'autre, en ligne directe, Gl. Edrîsî. — Coup sur la tête, Domb. 90 (écrit رَسبَة). — روسيّات les deux pierres droites, rectangulaires ou à sommet arrondi, qui se posent perpendiculairement, l'une à la tête, l'autre aux pieds du défunt, Brosselard, Mémoire sur les tombeaux des émirs Beni-Zeiyan 19.

روسى grand, principal, important; خطية روسية péché capital, Bc.

رئيس, Le pl. رؤساء chez Bc. — Docteur, Bc. — Supérieur de tous les Soufis, ou *le plus distingué par son mérite entre tous les Soufis du Hidjâz*, de Sacy Chrest. I, 451, n. 17. — Dans l'Inde, *le mohtesib*, Bat. III, 184. — Dans le royaume de Grenade الروساء étaient les parents du premier Ibn-al-Ahmar, Prol. I, 298, 17. — A Médine الروساء sont les moëddzins, Burton I, 358. — Chez les Samaritains الرئيس الكبير était *le grand prêtre*, de Sacy Chrest. I, 335, 2. — رئيس البقول épinards, Auw. II, 160, 4.

رئيسى capital, principal, Bc.

رياسة, رئاسة doctorat, Bc. — رياسة الدنيا والدين M. de Slane (trad. de Khallic. I, 55, n. 1) a cru d'abord que cela signifie *l'emploi de professeur en chef et celui d'imâm*; mais trouvant plus tard chez Khallic. XI, 118, 9: جمع بين رياستى العلم والدنيا, il a pensé (trad. IV, 398, n. 1) que رياسة الدين ou العلم est plutôt: *l'emploi de chef de la secte orthodoxe à laquelle on appartient*, et que رياسة الدنيا signifiait peut-être, dans le langage de l'école, *l'emploi de premier cadi*. Chez les auteurs maghribins je n'ai pas trouvé ces expressions. — Amirauté, état et office d'amiral, Alc. (almirantadgo). — Art nautique, navigation, Edrîsî, Clim. III, Sect. 5: لا يدخل بينها الّا الربانيون أُولُو المعرفة بالبحر والتمهّر فى طرقاته (les écueils). — الرياسة فيه العالمين Episcopat, dignité d'évêque, Alc. (obispado).

رِياسَتِي doctoral, Bc. — Souverain, Bc.

رَئِيس capitaine, commandant d'un navire; — رئيس المواعيز capitaine du port; — رئيس المباشرين lamaneur, pilote pour l'entrée d'un port; — surintendant, Bc.

رَئِيس capitaine de vaisseau, Gl. Esp. 199. — Amiral, Alc. (almirante).

مَرْؤُوس subordonné, Hist. des Benou-Ziyân 98 r°: وهو مرؤوس تحت حكم قائد الجيش, Khatîb 114 r°: مرعوس لاخيه

راسان aunée, Bc.

رَاسُخْت (pers.) antimoine, J. A. 1861, I, 33; chez Bc حجر الراسخت; — cinabre natif, Burckhardt Syria 487; — cuivre brûlé, ou calciné, avec le soufre et un peu de sel marin, Sang., Bait. I, 508 b.

رَاشَة voyez راسة.

رَأف V, c. على ou ب, avoir pitié de, Payne Smith 1573; lisez de même, au lieu de la VI°, 1314.

رَأفَة douceur de caractère, Bc.

رَؤوف bénin, clément, Bc.

الأراف .الجناب الأراف est un titre qu'on donne à la mère du calife, Djob. 224, 17.

رَافرِياء menthe, Most v° نعنع.

رَأل.

الرَّئَال Voyez sur les étoiles qu'on nomme الرئال, Cazwînî I, 39, 5.

رَئِمَ être accoutumé à, Prol. I, 255, dern. l., 256, 11.

رِئْم Cet animal est décrit par Colomb 43, et par Daumas dans la R. d. O. A. XIII, 163, où il faut substituer rime à rinne. — Daim, Alc. (gamo). — Rhinocéros, à en croire Jackson 38, mais voyez le Thesaurus de Gesenius sous רֵם.

رَانْدانْغات ou رَانْدكَانات, chez Payne Smith 1549, semble signifier, à en juger par les gloses, les chevilles dont la roue d'un moulin est dentée. M. Vullers, que j'ai consulté parce que ce terme me semblait d'origine persane, est d'avis que la première forme est la bonne, et que c'est le partic. pass. رَانْدَ du verbe رَانْدَن, pousser en avant, avec deux terminai-

sons du pl., dont l'une est persane, رَانْدْكَان, l'autre arabe, ات. Ce serait donc proprement pulsi, propulsi, c.-à-d., par l'eau.

رَاهْدار (pers.) pl. رَهَادِرَة. Chez Ibn-al-Athîr الرهادرة est le nom d'un quartier de Bagdad, et chez Edrîsî celui d'un quartier de Lorca; voyez Gl. Edrîsî p. 309. Thévenot, II, 124, nomme les « Rahdars, garde-chemins » sur les frontières de la Perse et aussi de chaque khanlik ou province, « pour tenir les chemins sûrs. » Mais رهادى a peut-être un autre sens; serait-ce = رهدن, que je donne sous رهدن?

رَاهُونِي la meilleure espèce du حجر البزادى, Most. sous ce dernier mot, وهو المارينيج La المارينيج, N.

رَاوَنْد rhubarbe (Lane 1185 b), Most., Bait. I, 478, Bc, Gl. Manç.: la meilleure est la chinoise, puis la persane; la syrienne est mauvaise et ne doit pas être employée. راوند ذكر rhapontic, Bc.

رَاوَنْدِي. Le chaikh Mohammed, surnommé ar-Râwendî, c.-à-d. le vendeur de rhubarbe, était un pauvre homme à Damas, qui s'est rendu célèbre par ses plaisanteries piquantes et effrontées, car il reprochait sa pauvreté à la Providence. Son surnom est devenu proverbial: on le donne à tous ceux qui lui ressemblent, M (sous رود).

رَأَى I. Le n. d'act. رُؤْيَا, de Sacy Chrest. I, ۸۱, 5 a f. — Dans le Coran, suivant les interprètes de ce livre, savoir, quand il est question de Dieu; de même Bidp. 285, 10: الحمد لله الذي علّمكما مما رأى — Comme visum est ei en latin, p. e. فرأى أعمال لخيلة, et même approuver, permettre, consentir à, Gl. Edrîsî. — رأيت الوحوش التي كنت تأكلين اما كان لها آبآء وأمّهات « que pensez-vous des bêtes que vous aviez coutume de manger? N'avaient-elles pas, » etc., Bidp. 268, 6, Fakhrî 74, dern. l.: ترى هذا النجّاب الى اين يمشى في هذا الوقت « que pensez-vous de ce courrier? Où va-t-il si tard? » (j'ignore pourquoi l'éditeur a fait imprimer تَرَى), comme on dit في ما ترى, Weijers 31, 2, Nowairî Espagne 477: ما ترى فيما نحن فيه, et كيف رأيت عظم حبيلتى, Bidp. 11, 7: كيف رأيت أرأيت. — Bien examiner, Bat. III, 46: مع صغر جثّتى « as-tu bien examiné ce qui arrivera s'ils se joignent à lui? » — *Délibérer, tenir conseil*, Gl. Edrîsî. — رَأَيْتُ رَأْيًا *j'ai imaginé, trouvé un expédient*, Koseg. Chrest. 100, 8 et 9. — رأى عجيبا *admirer*, Bc. — اَلَا تَرَى الى فعْلِه « avez-vous jamais vu quelque chose de pareil? » De même: ما ترى طيبَ عذه الليلة « avez-vous jamais vu une nuit aussi belle? » et جاءَتْ به ما ترى, où ما est = أَمَا, Gl. Fragm. — يَا تَرَى, أَتَرَى, تَرَى (pour رَأَيْتَ), يا ريت, يا هل ترى, ريت. Ces expressions s'emploient dans la langue vulgaire, p. e. souvent dans les 1001 N., Antar 34, 10, comme des adverbes exclamatifs. Elles indiquent une interrogation, à laquelle est joint le plus souvent un désir, p. e.: ترى منى يرجع « ah! quand est-ce qu'il reviendra? (et puisse-t-il revenir bientôt), » يا ابن اخى ترى يجمع الله شملنا وشملك « ô fils de mon frère, quand est-ce que Dieu nous réunira? (et puisse-t-il nous réunir bientôt), » Caussin Gramm. ar. vulg. § 330, Fleischer Gl. 76. L donne: وأَنْتَرَا *an* (*numquid*), أَمْ وتُرَى *ergone* (*numquid*), هل وتُرَى, وَلَعَلَّ, estne, اَتْرَا *num* (*numquid*), لَعَلَّمَا, وأَنْتَرَاهَا *putasne*, et le Voc. a تَرَى sous *nunquid*; ils ont donc le *dhamma* sur le ت, comme dans le Fakhrî, probablement d'après le man., 371, 7 et 8: يُقَالَ انه ملأَ بركةٌ من الذهب فرآها يوما وقد بقى يَعُوزُهَا حتى تمتلئ وتفيض شيءٌ يسير فقال تُرَى أَعِيش حتى املأُهَا فات قبلَ ذلك ويقال ان المستنصر شاهَدَ هذه البركة فقال تُرَى أَعيش حتى أُفنِيها وكذلك فعل. Dans Freytag Chrest. 74, 9, il faut lire كيف حالَه يا ترى, au lieu de نرى que l'éditeur a changé mal à propos en بى; le sens est: comment se porte-t-il? Bien, j'espère. Chez Bc يا ترى *c'est à savoir, savoir si*, exprime le doute; ياريتنى, بارِيْت *plât à Dieu*; كنتُ اعرف ان « que je voudrais savoir si... »

IV, *faire voir, montrer*; au lieu de la constr. ordinaire c. d. a., on trouve c. a. r. et ل p. dans Bidp. 140, 1: اريد ان اريها لصديقى.

V. تَرَيَّا مع *consulter, délibérer avec*, Voc.
VIII *examiner*, Prol. III, 228, 8.

رَأْى, رَأْى العَيْنَ *coram* dans le Voc. — *Idée, projet*, فقال الرأى ما رأيت « votre idée me plaît, j'adopte votre plan, » Cartâs 6, l. 7; surtout *bonne idée, sage projet*, Berb. II, 274, 2: وشَاوَر فى ذلك كبار التابعين وأَشرافِ العرب فراوْه رأيا « ils trouvèrent que ce projet était bon. » — Dans le *fikh* (théologie et jurisprudence), *la déduction analogique* (cf. Lane). Les docteurs de l'Irâc, qui possédaient peu de traditions, en firent un grand usage; aussi les nomma-t-on اصحب الرأى, اهل الرأى. Le chef de cette école fut Abou-Hanîfa. Dans le Hidjâz au contraire, Mâlik ibn-Anas et ach-Châfi'î, avec leurs disciples, étaient *les gens de la tradition*, et les Dhâhirites, qui condamnaient entièrement l'emploi de la déduction analogique, l'étaient encore davantage; voyez Prol. III, 2 et suiv. Les décisions des anciens docteurs de l'Irâc, qui étaient fondées sur la déduction analogique et qu'on avait rassemblées, formaient une science *sui generis*, appelée الرأى, 623, Macc. I, 622, 12: كان فقيهًا فى الرأى حافظًا له روى للحديث كثيرًا, Haiyân 27 r°: كان عالمًا بالرأى 5: وطالع الرأى. Il faut encore observer que le mot الرأى, dans la bouche des Mâlikites, des Châfiîtes et des Hanbalites, désigne quelque chose de plus que le terme القياس, qui est proprement la déduction analogique. Ils accusaient les docteurs hanifites de pousser beaucoup trop loin leur prédilection pour le *kiyâs*, et de sacrifier l'autorité du Coran, de la Sonna et des anciens imâms à leur *propre jugement*, رأى, à la spéculation; voyez Khallic. I, 272, 7, avec la note de M. de Slane dans la trad. I, 534, n. 1. — الرأى والمَشُورة. Dans le Cartâs, 114, 15, on lit que le Mahdî donna le premier rang dans sa hiérarchie aux *dix*, et le second aux *cinquante*, وجعل للخمسين الرأى والمَشُورة, ce qui signifie qu'il en fit ses conseillers. Chez Becrî, 165, dern. l., cette expression a un autre sens, car le fakîh Abdallâh ibn-Yâsîn exerçait en réalité le commandement suprême sur les Berbères dont il y est question, et qui, lorsqu'ils furent devenus mécontents de lui, عزلوه عن الرأى والمَشُورة. On peut supposer qu'il donnait ses ordres sous la forme de conseils, afin de ne pas blesser leur susceptibilité. — اعطى الرأى والامان للجميع *amnistie*, p. e. رأى وامان « accorder une amnistie, » Bc. — رأى, aussi راى et رى (copte ⲣⲏⲓ; voyez Ztschr. für ägypt. Sprache u. Alt., 1868, p. 55, 83) espèce de *saumon*; il y en a de grands, qui pèsent quelquefois trois livres, et de petits, qui sont d'un blanc brillant, avec l'extrémité de la queue rouge; ce sont ces derniers que les habitants du Caire salent et qu'ils nomment صير; voyez les auteurs cités dans le Gl. Edrîsî; chez Bc *sardine*. — Transcription de l'espagnol *rey* (roi), Bat. III, 318; cf. Windus 75. — Transcription de l'indien *raïa* ou *râdja* (roi), Bat. III, 318; ailleurs, IV, 58, راى et dans un man. الرا; dans le Mesâlik al-abçâr (Notices XIII, 219).

رَايَة. Dans les courses de chevaux on plantait un drapeau, un étendard, au bout de la lice. De là vient que رَايَة est le synonyme de غَايَة, *le bout de la carrière*, p. e. Bassâm III, 1 v°: Cordoue était ولم نظمْ مُنْتَهَى الغَايَه وَمَرْكَز الرَايه, Calâïd 58, 14: ونثَر ما قَصَّرا عن الغايه، ولا قَصَّرا عن تلقى الرايه. — أهل الرايَه. On donnait ce nom à un ramassis d'Arabes de diverses tribus, qui étaient réunis sous la même bannière. Ils s'établirent derrière le Caire. Voyez Ibn-Khallicân I, 386, 5 a f. et suiv. Sl. — ذوات الرايات étaient, au temps du paganisme, *les prostituées*, parce qu'elles indiquaient leurs demeures par un drapeau, Fakhrî 144, 5. — *Raie* (poisson), Roland.

رويَّة. Au souhait: ليلتكم سعيدة « *bonne nuit,* » on répond: بروياكم, Bc.

رويَّة est *aurora* dans la 1re partie du Voc., mais *aurugo* (la jaunisse) dans la 2e. — *Idée*, Bc. — *Mine*, air, apparence, Bc.

رثَاء. Chez Abdarî, 58 v°, l'expression فعل ذلك رثَاء وسمعَة a un tout autre sens que chez Freytag et Lane, car il dit: ils voulaient absolument faire la station au mont Arafat *le vendredi* (qui n'était pas le jour véritable; فيبطلون حجَّهم رثاء وسمعَة); elle signifie donc chez lui *manifestement*.

مَرْأى. مراى العقل *idée*, Bc.

مُرِى (*index*), aussi مُرِيّ, dans l'astrolabe, *le petit fil* qu'on attache au grand et qui se meut en partant du centre; — *aiguille* qui ressemble à une aiguille de montre; — en latin *ostensor*, *index*, *calculator*, petite éminence dans le zodiaque, entre le Capricorne et le Sagittaire, nommée aussi مرى رأس الجَمل « l'indicateur de la tête du Capricorne, » Dorn; *elmuri*, Alf. Astr. II, 235.

مراء, pour مرآء, *hypocrisie*, Amari 121, 4 a f.

مرأة, pour مرآء, *pharisaïsme*, Bc.

مرآة, *miroir*, est du genre commun chez Edrîsî, Gl. Edrîsî; — écrit مِرَات, pour مرآة, P. Macc. II, 284, 1, cf. Fleischer Berichte 297; — dans le Voc. et chez Alc. (espejo) مِرَا, pl. أمرِيَة; ce pl. se trouve aussi chez Aboû'l-Walîd 796, 13: ואת השדרונים الامرية التى تنظر بها النساء وجوهن. — *Lunettes*, Bait. II, 4 c: واذا اتُّخذ منه (السبج) مراة نفع من ضعف البصر للحادث عن الكبر وعن علة حادثة وازال للخيالات ويبدّد نزول الماء. Alc. donne le pl. vulg. أمرية en ce sens (antojos, espejuelos antojos). — مراة هنديَّة, مراة الهند, voyez sous هند.

مرئى *visible*, Bc.

مَريَّة *une tour d'où l'on fait le guet*, Gl. Edrîsî.

مرآية, pl. ات et مَرى, *glace*, cristal pour se mirer, *miroir*, Bc. — *Miroir magique*, Burton I, 370.

مُراآة, pour مُرَاآة, *imposture*, *papelardise*, Bc.

مراياتى *miroitier*, Bc.

رب II *résonner comme le rebâb*, Descr. de l'Eg. XIV, 228, n. 2.

رَبّ. Dans Koseg. Chrest. 73, 2, un homme dit en ces termes qu'il céda à la tentation de la chair: وقد غاب عنى الصواب، واستفتَّت فى وَجْهى الأبواب، لمَّا تَضَاربت الأرْباب. La dernière phrase (dans laquelle les voyelles sont de l'éditeur) ne m'est pas claire, et peut-être le texte est-il altéré. — Dans l'Inde on donnait le nom de الأرباب, « les seigneurs, » à un grand nombre de personnages qu'on trouve énumérés chez Bat. III, 432—3. — Voyez sur رب dans le sens de *ou صاحب*, fém. رَبَّة, Lettre à M. Fleischer 65, p. e. رَبّ شكاية = شكى, « un homme de plume, » رَبّ قلم, رَبّ ظنّ, celui qui croit une chose, ربَّة الحسن « belle dame, » etc. — ربّ الحقّ *créancier*, Voc. — أرباب الأحْوال (Bc). — *ceux qui ont des extases*, *les Soufis*, Macc. III, 675, 24. — ربّ الضأن *maître berger*, Gl. Esp. 327. — أرباب القلوب *les Soufis*, Macc. I, 568, 16.

رُبّ. رُبَّما *peut-être*, Bc, Hoogvliet 137, 2 a f. et

149, n. 180, Badroun 201, dern. l., etc.; *il paraît que*, Prol. II, 378, dern. l. — قُرَيْبًا *ce serait fort bien, à la bonne heure*, P. Khallic. I, 385, 2 Sl.

رُبّ الشَّمْسِيّ *le rob du soleil*, c.-à-d. qui se fait par l'action seule de cet astre (sans employer le feu); on le nomme aussi الرب الجلالي, *rob au julep*; c'est le meilleur de tous les robs; voyez Auw. II, 412, 12 et suiv.

رِبَّة *nourrice*, Voc. — *Achores*; ce sont des pustules qui s'élèvent sur la tête et le visage des enfants, Bait. II, 326 b: البثور التي تطلع في روس الاطفال وجوههم التي تسميها النساء (B الرِّبَّة) وعند الاطباء السَّعْفَة: 186 و في تنفع عندها من الربة التي تكون في روس الصبيان, M. — *Trèfle* (plante), Bc.

رَبَاب, Le الشاعر رباب *est monté d'une seule corde*, le رباب المغنّي *de deux*, Descr. de l'Eg. XIII, 356.

رَبِيب Epithète de la gazelle (voyez Lane), P. Macc. II, 209, 3, 210, 2 a f.; = *gazelle*, dans de Slane Prol. I, p. xxxix, vs. 8. — Dans le sens de *beau-fils*, le pl. أرْبَاب chez Alc. (hijastro). — رَبِيب *le Malurus de Numidie*, Tristram 396. —
رَبِيب الحَجَل *veronica hederæfolia L*, Prax R. d. O. A. VIII, 279.

رَبِيبَة *belle-mère*, seconde femme du père, Voc.

رَبَابِيّ *joueur de rebâb*, Voc.

رَبَّانِيّ *transcendant*, Prol. III, 347, 5 et 8. — *Devin*, Alc. (sage casi divino). — حِكْمَة ربّانيّة *providence*, Bc. — القدرة الربّانية *sympathie*, 1001 N. Bresl. III, 86, de même que السر الربّاني (voyez sous سِرّ).

إلهام ربّاني *inspiration céleste*, Bc.

رَبَّانِيَّات *cantiques à la louange du Seigneur*, Prol. III, 339, 10.

مَرَبّ. En parlant d'un désert: فهي مرب للوحوش « c'est une contrée où il y a beaucoup de bêtes sauvages, » de Sacy Chrest. II, 436, dern. l.

مَرَبَّة *confiture, conserve*, Bc.

ربا I c. ب et عن. Comparez pour l'usage de ce verbe Macc. I, 136, 3: يربأ بنفسه أن يرى عالة على الناس « il est trop fier pour vivre dans l'oisiveté et pour être à charge à ses concitoyens; » Abd-al-wâhid 140, 16: أربأ بلفظي عن ذكرها « je respecte trop mes paroles pour parler de ces choses; » ibid. 142, 16: ربأ بقدره عن الوزارة « il pensa que cet homme avait trop de mérite pour n'être que vizir. »

الذي يَرْبَأُ = رَبْأً, Diw. Hodz. 34, vs. 4, et le commentaire p. 35, Mufassal 48, 9.

رِبِّيثَا, dans l'Irâc, espèce d'*obsonium* fait de petits poissons avec des herbes et du vinaigre, Bait. I, 489 b, Fakhrî 212, 5 et dern. l.

ربح I. Vulg. رِبِح c. a. *gagner, acquérir, obtenir*, Alc. (ganar, impetrar, impetrar sacrificando, le part. pass. ganada cosa), p. e. ربح راتبًا *recevoir une solde*, Alc. (ganar sueldo), ربح ثنا *acquérir du renom*, Alc. (acaudalar nombre), ربح الدرهم خمسة دراهم « le dirhem en gagna cinq, » c.-à-d.: ce qui avait coûté un dirhem en rapporta cinq, 1001 N. I, 229, 2, où l'éd. de Bresl. (II, 193) porte: كسب الدينار خمسة. *Obtenir les faveurs* d'une femme, P. Prol. III, 413, 6; le Voc. traduit un peu crûment رَبْح, n. d'act. رِبِح, par *deflorare*. — *Prendre, enlever* une chose à (من) quelqu'un, 1001 N. I, 382, 14: انتم ربحتم منّا مركبًا.

II c. a. dans le Voc. sous *lucrari*.

III *prêter à intérêt*, Bc. — *Agioter*, Bc.

رِبْح, *gain*, forme au pl. أرْبَاح, P. Abbâr 205, 10. — *Intérêt*, Bc, Abd-al-wâhid 42, 2 a f. — *Impétration, obtention*, Alc. (impetracion).

رَبَاحِيّ. L'explication d'après laquelle cette espèce de camphre tirerait son nom d'un roi (indien) nommé Rabâh, se trouve aussi dans le Most., chez Bait. (II, 334) et chez Antâkî; mais ce dernier et d'autres auteurs donnent aussi une autre leçon, à savoir رِبَاحِيّ (voyez).

أرْبَح *plus lucratif*, Abbad. I, 172, 9.

مَرْبَح pl. مَرَابِح *profit*, Gl. Edrîsî.

مربوح, dans le sens du part. act., *celui qui gagne, obtient*, Alc. (impetrador ganador). — *Prospère*, Roland.

مُرَابَحَة *intérêt*, Bc.

ربخ

رِبْخ, t. de mer, *largue (la corde ou l'amarre)*, J. A. 1841, I, 589.

ربد

مُرِيد. I. donne *nisus (conatus)* مُعزِم مُرِيد. Je ne comprends pas comment ce mot aurait reçu le sens d'effort.

ربذ

رَبَذِى *rapide*, Kâmil 195, 18.

رِبْرِب n'est pas *un troupeau de buffles*, comme on trouve chez Freytag, mais *un troupeau d'antilopes* (بقر الوحش Kâmous), et forme au pl. رَبَابِز, Voc.

مُربَرَب *dodu, potelé*, Bc, 1001 N. I, 361, 1, II, 250, 7, IV, 91, 6, 208, 6 a f.

رَبرَق. C'est dans le Yémen que le *solanum* porte ce nom, Bait. I, 489 d.

ربز I *toucher* quelqu'un بيده *de la main*, 1001 N. Bresl. III, 349, 1.

رَابُوز *soufflet, instrument pour souffler*, Domb. 95, Ht; chez Cherb. رَبُوز, pl. رَوَابِز, *soufflet de cheminée*; dans le Dict. berb. أَرَابُوز *petit soufflet*.

ربش

رِبِيشا *espèce de poisson*, Man. Escur. 893.

ربص I. ربص التراب فى العقب «l'eau a déposé au fond du vase la terre qu'elle contenait,» Bc.

II = I ou V chez Lane, P. Kâmil 595, 16. — *Enduire*, Mong. 368 b, 369 a. — *Munir de* تَرَابِيص *de préservatifs contre le feu*, Ztschr. XX, 499; en ce sens c'est aussi proprement *enduire*. — تَرَبِيص الكمين *dresser des embuscades*, J. A. 1848, II, 195, n. 2.

V. Dans le sens d'*attendre* le Voc. (expectare) donne la constr. c. على. — *Différer une chose, la remettre à un autre temps*, Alc. (sobreseer), c. a., Berb. II, 139, 10 (lisez أنّما avec notre man. 1350, au lieu de انّا); c. ب, Freytag Chrest. 98, 8 a f, Auw. II, 21, 11: وتربيص بها أربعة أيام «on les laisse en cet état pendant quatre jours,» R. N. 100 v°: le personnage que le défunt avait chargé de faire la prière à son enterrement به أنذر الناس بموته وتربص الاربعا والخميس, c.-à-d. «il différa son enterrement pendant le mercredi et le jeudi.» تربّص بالملك, Abd al-wâhid 167, 1, بالدولة, Prol. III, 225, 8 (car c'est ainsi qu'il faut lire, voir la trad.), *attendre et souhaiter la chute de l'empire, de la dynastie*.

رِبص, *la semence d'été, celle qu'on sème après que la terre a été arrosée artificiellement*, M.

رِبَاص (esp. rapaz) pl. رَبَابِيص *laquais, estafier*, Alc. (rapaz de escudero, moço de espuelas), charte grenadine: شبه الرباص, ce qu'on traduirait en espagnol par: «un sayo para el rapaz.» — *Petit garçon qui sert les messes dans un couvent de moines*, Alc. (monazillo de clerigos, le dimin. monazillo de monjes).

تَرَابِيص *préservatifs contre le feu*, Ztschr. XX, 499, n. 1.

ربض

رَبَض *paroisse*, Voc. — ربض القحاب *le quartier qu'habitent les prostituées*, Alc. (mancebia puteria, puteria).

رِبضَة *terre basse*, M.

رَبُوض *cheval qui, ayant son cavalier sur le dos, se couche à terre ou dans l'eau claire*, selon l'explication que donne Auw. II, 549, 1.

ربط I *attacher à*, الى, Bc, Gl. Badroun. — *Attacher autour de la tête*, p. e. يربطون الكرازى, Gl. Edrisi. — *Attacher les chiens en laisse*, Alc. (atraillar). — ربط وحلّ *lier et délier, refuser ou donner l'absolution*, Bc. — *Panser, appliquer sur une plaie les remèdes nécessaires à sa guérison*, R. N. 48 v°: comme il s'était blessé en tombant, غسلوا الدم وربطوا راسه. — *Arrêter*, Hbrt 211. — *Jeter l'ancre, mouiller*, Bc. — *Ensorceler* (cf. sous ربط), *duper, tromper*, Ztschr. XX, 491, n. 1, en parlant d'un homme qui se donnait pour Jésus: ربط جماعة من كبراء البلد. — C. ل p.

ربط

attendre quelqu'un *dans une embuscade, faire sentinelle,* attendre, guetter; ربط له الطريق *s'embusquer;* ربط الطريق *voler sur les grands chemins,* Bc. — C. مع p. *convenir, faire une convention,* Bc, Voc. (pascisci), 1001 N. Bresl. IX, 331 (= أتـفـق معه Macn. III, 204), de Sacy Dipl. IX, 486, 12: جميع ما يربطه مع فلان «tout ce à quoi il s'engagera envers un tel;» أنت رابط معه «vous vous entendez avec lui,» Bc; ربط الامر مع *concerter une entreprise avec,* Bc; cf. de Sacy Dipl. XI, 9, 3: سـواء وتعادلا فى ربطه والمعاقدة *ibid.* 10, 5: هــذه الـمهادنـة والـمعاقدة المربوطة *ibid.* 16, 15: — الصلح المربوط المشدود — Avec مع, *garder pour soi,* ربط حقّه معه «il garda nécessaire, l'argent que cette vente avait rapporté,» 1001 N. Bresl. IV, 93.

II dans le Voc. sous *ligare.*

III c. a. l., Gl. Belâdz.

V *s'embusquer;* c. ل p. *attendre* quelqu'un *dans une embuscade, le guetter,* Bc.

VI c. على *comploter,* Bc.

VIII *être attaché, lié à,* ب, Gl. Badroun. — *Être attaché à* quelqu'un, *avoir pour lui de l'affection,* Abbad. I, 312, 7. — *Se contenir, se modérer,* Calâïd 58, 10: كـان لا يرتبط فى مَجْلِس مُدامه Macc. II, 590, 17. — *S'engager, s'obliger, promettre,* de Sacy Dipl. XI, 9, 8: ما وقع الارتباط عليه «ce à quoi il s'est engagé,» *ibid.*, l. 13: ما ارتبط الرَّسل المذكور عنه وعن مرسليه «ce à quoi le susdit ambassadeur s'est engagé, tant pour lui que pour ses commettants.» C. ل p. et ب r., Çalât 24 v°: وارتبطوا له بما ارتبط به «ils s'engagèrent envers lui à la même chose à laquelle il s'était engagé envers eux,» 48 r°: ارتبط لهم C. مع p. Voc. (pascisci); c. مع p. et على r., Abbad. II, 27, 6: وقد عاهدتم وارتبطت معهم على ايقانهم; cf. plus bas ارتباط. — C. ل s'astreindre à, Abdarî 52 v°, en parlant des Mecquois: وفق اصحابها — C. على p. بعض حفا (جفاء l.) وقلّة ارتباط للشرع *se laisser duper par un joueur de gobelets,* Ztschr. XX, 503, 9: كدت ان ارتبط عليهم 504, 2, Khatîb, article sur Abou-Dja'far Ahmed ibn-az-Zobair, man. de Berlin: وحصلت وَحْشَة بين المتغلّب وبين ابى جعفر أكذها السُعاة المرتبطين (المرتبطون l.) على

المشعود التخيّل. — ارتبط, en parlant d'un prince, *équiper à ses frais un corps de cavalerie, qui a ses écuries dans le voisinage du palais,* على باب القصر, *et qui est toujours prêt à exécuter les ordres du prince,* Nowaïrî Espagne 453, 456, Ibn-Khaldoûn, man. IV, 7, Abbad. I, 243, 8, Berb. I, 395, 13, cf. Akhbâr 129, 3 a f. — *Avoir des lions, des éléphants,* etc., *dans sa ménagerie,* Fakhrî 27, 6 a f.

ربط pl. رباط *entraves,* Bc. — Pl. ربوط *traité, convention entre souverains,* Voc. (pactum), Cartâs 245, 9, Holal 32 v°: توثيق ربوطها, de Sacy Dipl. IX, 486, 11; le pl. aussi *conditions d'un traité,* de Sacy Dipl. IX, 469, 8: ما داموا محافظين على ربوض هذا الصلح — ربط الذَّكر, *nouement d'aiguillette,* Bc. — ربط الأسـحـار *ensorcellement,* Alc. (ligadura de hechizos).

ربْطَة pl. رِبَاط *lien, ligature,* Alc. (reatadura, aussi travazon de edificio), Bc, Hbrt 181, Ht. — *Paquet,* p. e. de papiers, *liasse,* Alc. (enboltorio como de letras), ربطة ورق *liasse,* Bc; *botte de légumes,* Ht; ربطة بجل *bouquet,* Bc; ربطة زهر *paquet de radis,* Bc; ربطة من شعر *touffe de cheveux,* 1001 N. Bresl. I, 346, 6; ربطة من دراهم *un sachet qui contient des dirhems,* Macc. III, 160, dern. l.; cf. Abou'l-Walîd 619, 24 et 25, qui a le pl. ربط. Spécialement, en parlant d'étoffes, *une balle,* 1001 N. III, 177, 8, R. N. 72 r°: وكان يشترى الكتان ويجعل فى كل ربطة رطلا ويجعل مع الربطة درهما ويخرج الى بيوت الارامل والضعفاء والمستورات فيدفع الى كلّ بيت ربطة وصرة حتى يعم كلّ من يعرف, Richardson Central II, 237: « he also stated that twelve rubtas of raw silk sold for,» etc. — *Coiffure en forme de turban,* Bc; on appelle ainsi *l'ensemble de la coiffure des dames,* Descr. de l'Eg. XVIII, part. 1, 113, Lane M. E. I, 59, II, 396. — *Conjuration, complot,* Ht.

رِباط, dans le sens de *lien,* pl. أنت, Voc. — Même pl. *bande, long morceau d'étoffe,* Bc, cf. Gl. Esp. 335. — Dans l'instrument de musique appelé كَمَنْجَة, *double bande de cuir* autour du cou de cet instrument et sur les cordes, un peu au-dessous de leur jonction avec les cordes de boyau, Lane M. E. II, 75. — رباط الرأس *bande autour de la tête,* Ztschr. XXII, 147, 7. — *Jarretière,* Hbrt 21, avec le pl. رباط, chez Bc et Bg. — رباط للساق *Appareil que l'on met* sur une blessure, emplâtre, bandage, Bc. — T. de maçon, longue pierre qu'on place sur des pierres plus petites afin de les lier, M. — Pl. اربط ligament, muscle qui lie, Bc, M, Gl. Manç.: رباط هو جسم أبيض عديم الحس منذ ما ينبت باطراف العظام ليربط بعضها ببعض ويسمى رباطا بالاسم العام وخص بالعقب وتسمية العرب عَصَبًا ولا تعرف العصب الحقيقي ومنه ما ينبت من وسط العظم لمعنى آخر وهو ربط المفصل بالعظم ويسمى رباطا ولا تعرفه ايضا العرب, Bait. I, 454 b: بلغ من المَفاصل والرِباطات والاعصاب, Khatîb 65 r°: عبثه فيهم احراقهم بالنار — واخراج الاعصاب والرباطات طهوري (من B) — Caserne, Renou 26; « les ribâts étaient primitivement des casernes fortifiées qu'on construisait sur les frontières de l'empire. Outre les troupes qu'on y entretenait, des gens pieux s'y rendaient pour faire le service militaire et obtenir ainsi les mérites spirituels qui sont attachés à la guerre faite contre les infidèles: la pratique de la dévotion y occupait leurs moments de loisir, et bientôt les mœurs et les habitudes du couvent prenaient la place de celles de la caserne,» de Slane dans le J. A. 1842, I, 168. — Camp, Renou 26.

ربط qui n'est pas en haleine (cheval), Bc. — Prisonnier, Ztschr. XXII, 121.

رباطة ligament, muscle qui lie, Gl. Manç. v° وثن. — Couvent, Cartâs 27, 8 a f.

رباطية cabale, complot, ligue, Bc.

رباط طريق dans le Voc. sous ligare. — voleur de grand chemin, Bc.

رابط, comme رابطة copule, mot qui joint l'attribut au sujet, Macc. II, 521, 10.

رابطة pl. روابط Gl. Belâdz., guet à cheval, troupe de cavalerie chargée de faire le guet pendant la nuit, R. N. 103 r° (celui qui parle traverse la ville pendant la nuit, pour se rendre à sa demeure): فمرت برحبة ابن ابي داود فاذا رابطة وعسّاسة وكلاب بها كَلَمَنِي احَدٌ بكلمة ولا نبح عليّ كلب. — Caserne, Edrîsî ١٧٠, 3. — Un endroit où l'on vit retiré du monde et où l'on se livre à des œuvres de dévotion,

un ermitage ou un couvent; aussi: une mosquée hors d'une ville, Gl. Esp. 328.

مَرْبَط relais, le lieu où se trouvent les chevaux qui doivent en remplacer d'autres, Bc. — Endroit où les voleurs se mettent en embuscade pour dévaliser les passants, d'Arvieux II, 266. — Botte, assemblage de choses liées ensemble, Bc. — Bouquet, Bc. — En espagnol marbete signifie marque, étiquette qui indique le prix, l'aunage, la qualité d'une étoffe. — مَرابط semble signifier tours de passe-passe chez Macc. II, 146, dern. l.

مِرْبَط. Selon Buckingham, I, 7, on donne le nom de maraboot à des fers et des chaînes avec lesquels on attache le cheval pendant la nuit, et qu'on fiche en terre dans les plaines où il n'y a pas d'arbres; c'est sans doute مَرابِط, pl. de مِرْبَط, qu'il a en vue. — Corde pour attacher une tente, Macc. II, 711, 15. — Ceinture, ce dont on ceint le milieu du corps, Voc. — T. de charpenterie, grosse pièce de bois carrée, qui sert à former le plancher et qui se joint à ce qu'on appelle en espagnol les pares ou alfardas, Gl. Esp. 157.

مربوط celui qui, à la guerre, se dévoue à une mort presque certaine, en se chargeant d'une entreprise désespérée, Berbrugger 112. — تاء مربوط est ت, et تاء مَحْدود est ت, Prol. II, 390, 11. — Pour مربوط الذَّكَر (voyez sous ربط), ne pouvant consommer le mariage par suite d'un maléfice, Niebuhr B. 36. — Le cinquième appel à la prière publique, qui se fait une heure et demie après le coucher du soleil, s'appelle le dernier marabut, selon Ten Years 15. — Espèce d'oiseau de nuit, Ten Years 166.

مُرابِط ermite, Alc. (ermitaño), Ht. — Marabout, Bc, les voyageurs passim. — Saint, Ht. « On dit que la cigogne est Mrabt, c.-à-d. sainte, Pagni 62. مرابط (poisson saint) agus, galeus, Pagni MS. المُرابطون étaient à Médine les descendants des soldats turcs, qui formaient la garnison de cette ville, Burckhardt Arabia II, 279.

ارتباط enchaînement, Bc. — Engagement, obligation, promesse, Bc.

ربع I galoper (cheval), M.

II croiser, mettre à quatre marches une étoffe, Bc.

– رِجْلَيْهِ رَبَّعَ *croiser ses jambes*, Martin 79; قَعَدَ مُرَبِّعًا *s'asseoir les jambes croisées*, comme les tailleurs, Bc. — Comme la Ire, *s'approprier la quatrième partie des possessions d'un peuple qu'on a vaincu*, Alc. (cuartear quitar el quarto). C'est ce que firent les Almohades lorsqu'ils s'emparèrent de l'Espagne, voyez le Cartâs 122, 4 a f., où on lit que Xerez se soumit à la domination de ces conquérants, et que, pour récompense, حَبَّرَتْ أَمْوَالَهُمْ فِلَيْسَ فِى أَمْلَاكِهِمْ رَبَاعَةً وَجَمِيعَ بِلَادِ الْأَنْدَلُسَ مُرَبَّعَةٌ. — Formé de رَبِيع, *mettre un cheval au vert*, Maml. I, 1, 16. — *Manger les herbes vertes dans le printemps*, M, Voc. (herbare). — رَبَّعَ بِالْمَكَانِ vulg. pour رَبَعَ بِالْمَكَانِ, M.

III. Dans les 1001 N. Boul. I, 373, on lit: il crut que le mieux serait de rester chez le jardinier هَلْ تَقْبَلِى ويَجْعَلُ عِنْدَكَ مُرَابَعًا ; il lui demande donc: عِنْدَكَ مُرَابَعًا. Lane traduit: *devenir son aide pour un quart du produit*. Quand on consulte son dictionnaire, on serait plutôt porté à croire que le sens est: *travailler sous lui pendant la saison nommée* رَبِيع; cependant il est difficile de choisir entre ces deux explications, et dans l'éd. Macn. (I, 877) on lit: هَلْ تَقْبَلِى عِنْدَكَ لِأَجْلِ الْمُرَابِعِ فِى هَذَا الْبُسْتَانِ, où le mot مُرَابِع m'est obscur. — *Galoper*, Bc (Alg.); Ht, Delap. 150.

رَبْع *quartier d'une ville* (Freytag *vicus*, mais sans citation), Haiyân 51 v°: رَجُلٌ مِنَ الْبَرْبَرِ مِنْ بَعْضِ أَرْبَاعِ قُرْمُونَةَ, Abd-al-wâhid 208, dern. l.: وَقَدْ قَسَمُوا مَدِينَةَ مَرَاكُشَ أَرْبَاعًا أَرْبَاعًا En Orient أَصْحَابُ الْأَرْبَاعِ *quartiniers; c'étaient les gardes de nuit*, Macc. I, 135, 9. — *Champ, pièce de terre labourable, cultura*, trad. d'une charte sicil. *apud* Lello 9 et 12, *terræ laboratoriæ, ibid.* 18, « voyez aussi Abela *apud* Burmannus, Thes. antiq. Siciliæ, t. XV, p. 74. Plusieurs Rabá à Malte, » Amari MS., Amari 31, 4 a f.: حِصْنُ يَتَّصِلُ رِبَاعُ طَبَيْنَةَ, 37, dern. l., 42, 12: بِهِ رَبْعٌ (l. رَبَّعَ) عَامَرَ الْمَزَارِعِ, 43, 2, Cartâs 33, 18: غَلَّاتُ الرِّبَاعِ وَالْأَرَضِينَ 170, 3 a f., 197, 11, où l'éd. a le pl. أَرْبَاع, mais notre man. رِبَاع, 208, 15, Bat. I, 235, J. A. 1851, I, 56, 9 (le traducteur, p. 68, n'a pas compris ce passage), Gregor. 34, 9, 36, 2, 7 (lisez رِبَاعُ avec le man.). Il est vrai que dans quelques-uns de ces passages on pourrait aussi traduire le plur. par *maisons*; c'est qu'il a le sens général d'*immeubles*, que donne le Voc. En Sicile, الرَّبْعُ الدِّيوَانِىُّ, Gregor. 34, 6 et 7, الرِّبَاعُ الدِّيوَانِيَّةُ, Gregor. 36, 5, *les terres appartenant au domaine*. — الرَّبْعُ الْمَعْمُورُ *la terre habitable*, Bc. — الرَّبْعُ *la tribu à laquelle on appartient, les contribules*, Ztschr. XXII, 119. — *Rondelet*, qui a un peu trop d'embonpoint, Bc.

رَبْع, mesure pour le lait, le quart d'une مَحْلَبَة, Mehren 28. — « A Ouârgela mesuré pour le beurre; c'est un pot en terre cuite qui contient quatre *ratl*, » Carette Géogr. 208. — *Un quart du Coran*; voyez sur cette division Ouaday 718. — *Quartier de mouton*, aussi رَبْعُ شَاةٍ, souvent dans le R. N. — *Impôt sur l'industrie, impôt du quart*, qui se perçoit sur toutes les boutiques louées au commerce de détail et sur les professions industrielles, Pellissier 322—3. — *Partie d'une tribu*, Sandoval 269 (ruabá), Daumas Mœurs 16 (rouabaa). — « Une fable ridicule veut que, dans le Cordofan, les femmes des Hassanin aient une nuit sur quatre à donner à leurs amants ou aux voyageurs: c'est ce qu'on appelle le roub (quart), » d'Escayrac 294. — « *Rba'a-el-moudjib*, le quart de cercle horodictique, instrument d'une grande simplicité, dont on fait usage pour connaître l'heure par la hauteur du soleil, » Berbrugger 260.

رَبْعَة. Au lieu de رَبْعَةُ قُرْآنٍ ou رَبْعَةُ مُصْحَفٍ, *coffret du Coran*, qu'on emploie dans le sens d'*exemplaire du Coran*, Djob. 298, 8 (= Bat. I, 245), Macc. II, 641, 11, Khatîb, man. de l'Escurial, article sur Abdallâh ibn-Bologguîn ibn-Bâdîs: حُسْنُ الْخَطِّ كَانَتْ بِغَرْنَاطَةَ رَبْعَةُ مُصْحَفٍ بِخَطِّهِ فِى نِهَايَةِ الصَّنْعَةِ وَالْإِتْقَانِ, on se sert aussi du mot رَبْعَة seul, Bat. I, 246, IV, 400, Cartâs 39, 2 a f. — *Le Coran divisé en trente parties*, voyez Ouaday 718.

رَبْعِى *espèce de petit vaisseau en Chine*, où chaque vaisseau était suivi de trois autres: le نِصْفِى, moyen, le ثُلْثِى, *celui du tiers*, et le رَبْعِى, *celui du quart*, Bat. IV, 92.

رَبْعِيَّة *la maîtresse de ce qu'on appelle en Egypte un رَبْع*, c.-à-d. *des appartements au-dessus des boutiques ou des magasins*; elle loue ces appartements, 1001 N. Bresl. XI, 343, 4 a f., 344, 1 et suiv.

رُبَيْعَة *bouton-d'or* (plante), Bc.

ربيع *herbe en général*, Voc. (de omnibus herbis), avec le n. d'un. ة et le pl. رَبَائِع, Alc. (yerva comunmente), Domb. 39, 75. Aussi *foin*, Alc. (almear de heno من ربيع كُدْس). — *Un champ couvert d'orge, de trèfle, et autres plantes, encore en herbe, et dans lequel on laisse les chevaux paître en liberté*, Maml. I, 1, 16, Ztschr. XI, 477, n. 3, Barth I, 97; فى الربيع *au vert, dans la prairie*, Bc. — Ce mot m'est obscur dans le vers chez Macc. I, 893, 14. — ربيع الخُطَّاف *éclaire*, Alc. (yerva de golondrina, où le *bâ* doit être changé en *fâ*).

رِبَاعَة *société, compagnie*, Cherb.

رِبَاعَة *la quatrième partie des possessions d'un peuple qu'on a vaincu, et que le vainqueur s'approprie*, voyez sous la IIe forme.

رَبِيعَة, dans l'Arabe orientale, *la protection qu'on achète d'un Bédouin*, Burton II, 113. — *Danthonia forskali*, Daumas V. A. 382.

رُبَيْعَة *cadran*, Alc. (cuadrante de astrologia).

رُبَاعِى *quaternaire, nombre de quatre unités*, Bc. — Synonyme de دُوبَيْت (voyez), *quatrain, parce qu'il se compose de quatre hémistiches*, J. A. 1839, II, 164, 1, 1001 N. I, 70. — Pl. ات, *nom d'une petite monnaie d'or, quart de dînâr, qui vaut environ quatre francs*, Gl. Djob., Amari Storia II, 457—8; cf. Abdarî 48 ر: فكان حساب الوبيعة قريبا من ثلاثة ارباع الدينار. *En Egypte le robâ't valait un demi-dînâr, car on lit dans les 1001 N. Bresl. II, 155, 11:* واخذت معى رباعى يجى نصف دينار *Aujourd'hui c'est encore le nom d'une pièce de monnaie, mais qui ne vaut que 45 centimes*, R. d. O. A. N. S. XII, 397 (rebeïa). — *Nom d'une mesure pour les liquides; selon Pellissier 367, 64 rebaias (sic) font un* مَطَر (voyez). — *Sept et demi*, Alc. (siete y medio). — *L'espèce la plus délicate des beignets qui portent le nom de* قطائف, Bait. II, 309 a, d'après Ibn-Djazla: Ibn-القطائف لحشوه أجوده الرباعى المختمر النصيبى; Djazla en donne la recette sous قطائف محشو.

رَبِيعِى *printanier, vernal*, Bc.

رَبَّاع *jardinier*, Domb. 103.

رابع, avec l'art., *le quatrième signe du zodiaque*, c.-à-d. *le Cancer*, Prol. II, 187, 10, avec la note dans la trad.

الأَرْبَعَة. ارْبَع *les mains et les pieds*, 1001 N. I, 89, 8. — اربعين واربعين *scolopendre, millepieds*, Bait. II, 32 a, Payne Smith 1554, voyez sous جنجباسا. — يوم الاربع *mercredi*, Bc.

أَرْبَعَة pl. vulg. ارابع, M.

الأربعين، جمعة الأربعين, ou الأربعين seul, *le vendredi qui suit les quarante premiers jours après les funérailles*, Lane M. E. II, 343. — صوم الاربعين *carême*, Bc. — يوم الاربعين *le quarantième jour après le mariage*, Lane M. E. II, 305.

أَرْبَعِينِيَّة *les quarante jours les plus froids de l'hiver, le cœur de l'hiver*, synonyme de الليالى السود (voyez sous ليل), Bait. II, 34, en parlant du scinque dans le Faiyoum: واكثر ما يقع صيده عندهم فيما زعموا فى ايام الشتاء فى الاربعينية منها وهو اذا اشتد عليه برد الماء خرج منه الخ ٭

أُرْبُوع pl. أَرَابِيع *semaine de quatre jours*, Gl. Manç. sous اسابيع et ارابيع.

تَرْبِيعَة *quartier de pierre*, Cartâs 31, 9 a f., où d'autres man. (voyez la trad. p. 45) portent تربيعة.

تَرْبِيع pl. تَرَابِيع *carré, surface plane et carrée d'un roc, qui peut servir de banc*, Koseg. Chrest. 143, 5: فرايت صخرة عظيمة ملساء فيها تربيع بقدر ما يجلس عليها النفر كالدكة. — *Quartier de pierre, à ce qu'il semble*, Cartâs 34, 6. — *Salle ou chambre de compagnie, ordinairement carrée*, Alc. (cuadra de casa), en espagnol *tarbea*. — *Assemblage de boutiques dans un emplacement rond ou carré, ou bien sur une seule ligne*, Delaporte dans le J. A. 1830, I, 320, Cartâs 26, 7. On emploie تربيعة dans le même sens, Cartâs 41, 12, où il faut lire avec notre man. تربيعة السَّقَّازِين. — *Cadran*, Alc. (cuadrante de astrologia). — *Quartier de la lune*, Auw. I, 223, 7. — *Cadastre*, Bc. — ميزان التربيع *niveau, instrument pour connaître si un plan est horizontal, etc.*, Alc. (nivel).

رَبع

تَرْبيعَة voyez sous تَرْبيعَة et sous تَرْبِيع.

مَرْبَع prairie, Bc. — *Pièce d'étoffe*, Hœst 269.

مَرْبَع *ciseau*, Voc. (مَرْبَع vulg. pour مِرْبَع).

مُرْبِع Le pl. مَرابيع expliqué par الابل التى لا تَرِد الماء الّا ربّعًا ويقال الّنى تأكل الرَبيع, Diw. Hodz. 251, 2 a f.

مُرَبَّع مربع القّد *de moyenne stature*, Voc., Formul. d. contr. 1, en parlant d'une esclave: القد مربعة ; de même en parlant d'une mule, مربعة الاقامة (pour القامة), ibid. — *Rondelet*, qui a un peu trop d'embonpoint, Bc. — حجر مربع *pierre taillée en carré qui sert d'assise aux autres*, Alc. (sillar piedra). — *Salle ou chambre de compagnie, ordinairement carrée*, Alc. (cuadra de casa). — Aussi, à ce qu'il semble, comme تربيع et تَرْبِيعَة, *assemblage de boutiques dans un emplacement rond ou carré, ou bien sur une seule ligne*, R. N. 22 v°: فلمّا صاروا جميعًا الى مربع الساط الّذى يُؤخذ منه الى السفنطين الخ — *Vase carré*, Hbrt 198 (Syrie). — *Le jeu des échecs indien quadrangulaire* ($8 \times 8 = 64$ cases), van der Linde, Geschichte des Schachspiels I, 108. — الآلة المربّعة *le grand jeu des échecs arabe quadrangulaire* ($10 \times 10 = 100$ cases), ibid. — *Quatrain*, c.-à-d. quand on ajoute à chaque hémistiche d'un ancien poème trois hémistiches nouveaux, afin d'en développer la pensée ou de la modifier, de Slane Prol. III, 405, n. 3. — « *Corail mrabba*, gros échantillon, pour parures, » Prax 28.

مُرَبَّعَة *quartier de pierre*, Cartâs 31, 14 et 19. — *Salle ou chambre de compagnie, ordinairement carrée*, l'anonyme de Copenhague 98: وكان يسكن بـدار مـن دبار القصر وكان جلوسه غدوًا وعشيّا فى مربعة الدار للنهى والامر. — *Quartier, partie d'une ville*, Veth, Lobb al-lobâb, Supplément p. 84. — *Cédule, patente*, Maml. I, 1, 161, 203, nommée ainsi à cause de sa forme carrée, car on trouve المراسيم المربَّعة, ibid. 219. — *Espèce de fichu carré que les femmes portaient sur la tête*, R. N. 94 v°, en parlant d'un homme qui était très-simple dans son habillement: وكان يجعل على رأسه مربعة زوجته و خرقة لتليفة. — *Bocal*, Bc. — J'ignore quel sens il faut attribuer à ce mot dans un passage publié dans le J. A. 1852, II, 213, 5 a f., où il est question des Merinides qui avaient été battus et où on lit: ورجعت بنو مرين مشاة بالمربعات الى المغرب. M. Cherbonneau traduit (ibid. 226): « les Beni-Merin s'étaient dispersés à cheval dans la direction du Maroc; » mais بالمربعات ne peut pas signifier « à cheval, » et le mot مُشاة (car c'est ainsi qu'il faut écrire) indique justement le contraire: ils étaient à pied, l'ennemi leur ayant enlevé leurs chevaux.

مَرْبَع *l'endroit où l'on passe le printemps*, P. Prol. III, 369, 13.

مَرْبُوع pl. مَرابيع *ciseau*, Voc., Domb. 96, Ht.

مُتَرَبَّع *l'endroit où l'on passe le printemps*, P. Koseg. Chrest. 144, 6.

ربك.

ربيك. En portugais *arrebique, arrabique, rebique* signifie *rouge, fard*.

ربل II *produire sa tige* (herbe) (Victor), *pousser des rejetons* (Nuñez), Alc. (tallecer yerva); *pousser des boutons, des fleurs, pour la seconde fois*, Alc. (echar las plantas otra vez). — تَرْبيل *labour, façon donnée à la terre*, Alc. (cohechazon de barbecho).

رَبَل Voyez sur cette plante Bait. I, 489 c; Vansleb, 99, 333 (rabl): « herbe odoriférante et huileuse, qui croît sur les montagnes et dont l'odeur est semblable à celle de la menthe; les Arabes la mangent avec plaisir. »

رابل *pierraille, gravier*, Alc. (caxcajo arena con piedras).

تَرَبُّل, t. de médec., *enflure, comme celle qui est produite par l'hydropisie*, M.

ربن.

رابنة (esp. *rabano*) *rapistre, raphaniste*, Alc. (ravano silvestre); *raifort qui a plusieurs racines, radis fendu* (Victor), Alc. (ravano gagisco o magisco).

ربو I. Dans le sens de *monter* on ne dit pas seulement رَبَت (Lane) (en place de رَبَأ), mais aussi رَبِيت, et dans celui de *croître* le رَبِيت du Câmous est bon (cf. Lane), tandis que رَبِيت appartient à un dialecte, Gl. Mosl.

II; *élever, cultiver*, au fig. dans le sens de: *il a formé une union durable*, de Sacy Dipl. IX, 486, 8. — L: *demulcet* يهدئ وبرّبى

III *prêter à usure*, Bc, M.

IV, dans le sens d'*augmenter* et de *surpasser*, c. على, de Jong; dans le dernier sens aussi de Sacy Chrest. I, 252, 1, Abbad. I, 46, 5, Badroun 173, 5, Abd-al-wâhid 215, 15. ما يكفيها ويُرْبى, *et même plus*, par ellipse pour ويْرْبى على ما يكفيها, Gl. Edrisi. — C. ب p. et عن r. *croire quelqu'un trop grand pour*, Macc. II, 110, 14. — *Prêter à usure*, Alc. (dar a logro).

رِبًا, Aux expressions données par Lane il faut ajouter ربا النسيئة (= ربا النساء chez Lane) et ربا القرض, sur lesquelles on peut consulter v. d. Berg 94—5.

رِبْوَة, *myriade* (Abou'l-Walîd 659, n. 63, 661, n. 82), a le pl. ات, ibid. 662, 1.

رَبِيبَة, ربيبات القصر وخوله *les belles servantes qu'on élève dans le palais* (de Slane), Berb. I, 483, 11 a f.
— *Tumeur dans la* أربيّة, qui provient de l'enflure d'une blessure au pied; elle produit une fièvre violente et cause de la douleur quand on la touche, M.
— *Tumeur sous l'aisselle, qui provient d'une blessure à la main*, M.

رَبَايَة *éducation*, Bc.

رِبَانَة *anacyclus tomentosus*, Prax R. d. O. A. VIII, 343 (rabiâna).

رَبَايَة *nourrice*, Domb. 76.

رَبِيعَة *dactylis repens* Desf., Prax R. d. O. A. IV, 196, VIII, 281.

تَرْبِيَة *soin*, Roland. — *La culture de l'esprit*, Autob. 208 v°: شيخ وقته وتربيّة وعلّما. — On emploie ce mot dans le sens d'*ordre, arrangement, disposition*, et dans des phrases où l'on s'attendrait plutôt à trouver le mot ترتيب, p. e. 1001 N. I, 367, 11: فلمّا اقبلتم لم ار تربيتكم تربيّة ملوك وانّما, Macc. I, 133, 12: لئلّا يدخل راينتكم طوائف مجتمعين الخلل الذى يقضى باختلال القواعد وفساد التربيّة وحلّ الاوضاع; dans ce dernier passage, l'éditeur, M. Wright, a changé التربيّة en الترتيب, mais tous les man. et l'éd. de Boulac s'y opposent. — *Jeunesse*,

Alc. (mocedad). — *Enfant, garçon* et aussi *jeune fille*, pl. تَرَابِى, Alc. (moço de pequeña edad, niño o niña), Domb. 77 (infans). Dans les Extraits du Roman d'Antar, 6, l. 11, Antar dit à un esclave: وَيْلَك ولد الزنا وتربيّة الأمة اللخنا. — *Ragoût de mouton aux œufs et aux tomates*, Daumas V. A. 251.

تَرْبَايَة *éducation*, Bc.

مَرْبًى *éducation, le temps où l'on reçoit son éducation, jeunesse*, Autob. 231 v°: وكان فى قلبه نكتة من الغيرة من لدن اجتماعنا فى المربى مجالس الشيوخ فكثيرا ما كان يظهر شغوف عليه وان كان انس متى (le man. a les voyelles que j'ai données), Prol. I, 332, 9, 334, 4, II, 248, 14, 260, dern. l., 261, 2, Berb. I, 547, 2 a f., 586, 5 a f., 597, dern. l., II, 151, 8, 1001 N. II, 68: جعل مرباه فى طابق, «il le fit élever dans un souterrain.» — *Confiture*, a chez Bc le pl.

مربّوات *électuaire*, Voc.

مُرْبِيَّة, هو مربية تحت طابق مربيّة «il fut élevé dans un souterrain,» 1001 N. Bresl. VII, 46, 47.

مُرَابَاة *intérêt, profit qu'on retire de l'argent prêté*, Payne Smith 1449.

رَبِيس I c. a. et II dans le Voc. sous *scabies (in canibus)*.

رت

رَتّ = ר, *jeune taureau*, Saadiah ps., Abou'l-Walîd 583, n. 60.

رَتَّة *la noisette indienne*, Bait. I, 56 d, 178 b, 489 c, Ibn-Djazla, «inconnue au Maghrib,» Gl. Manç.

رتب I. On dit رَتَب الرَّجُل, *il se tint debout*, en parlant d'un homme qui est sur le point de partir pour la guerre sainte, d'entreprendre le pèlerinage de la Mecque, ou de s'acquitter d'autres devoirs religieux qui demandent des efforts, Gl. Belâdz. — C. على r. *faire assidûment une chose*, Macc. I, 566, 1: كان راتبا على الصّوم; cf. Lane sous رَاتِب.

II *établir, installer, placer, mettre*, p. e. des ouvriers dans (في) un certain endroit, des navires dans (ب) un port, des soldats dans une embuscade, une tribu sur une terre, mais surtout des soldats dans une place, Gl. Belâdz., Gl. Fragm., Abd-al-wâhid 47, 6 a f., Cartâs 222, 3, 231, dern. l., Berb. I, 502, 4; رتّب

عليه لخيس « il plaça auprès de lui des gardes, » soit pour lui faire honneur, soit pour l'empêcher de fuir, Berb. I, 491, 12, 567, 6, 572, 5, Khatîb 132 r°. — C. a. l. mettre garnison dans une place, Khatîb 131 v°: وعبرها بالحماة (.l ورتبها بالمرابطة). — Rédiger, Bc. — Assigner un traitement (راتــبًــا) à (لـ) quelqu'un, Voc., Calâïd 215, dern. l., Macc. I, 570, 20, Amari 658, 11. Aussi c. a. p. salarier quelqu'un, Djob. 280, 21, et le part. pass. salarié, Djob. 40, 2. Assigner des wakf à (عــلى) une mosquée, Macc. II, 710, 11. — Enrôler, Bat. III, 202. — Nommer quelqu'un à un emploi, à une charge, à une dignité, Abd-al-wâhid 6, l. 12, Maml. I, 1, 10: رتبه في اشراف الديوان « il le nomma surintendant du bureau; » spécialement nommer quelqu'un professeur, Macc. I, 477, 3, 523, 3 (= Khallic. I, 532, 12 Sl.). — Conduire, commander des gens de guerre, Alc. (acaudillar, capitanear gente). — Gouverner, Alc. (governar regir, regir; le n. d'act. regimiento et regimiento de cibdad). — Faire une estrade, Alc. (estrado hazer). — رتب الغنا moduler, former un chant d'après les règles de la modulation, Bc.

V s'établir, se fixer, Hbrt 45; تــرتّــبـوا الناس على مراتبهم «chacun se plaça suivant son rang,» Bc. — Etre assigné (traitement, salaire), Voc., 1001 N. Bresl. IX, 195. — Exemple de تــرتّــب عــلــيــه (voyez Lane) dans de Sacy Chrest. I, ١٥٣, 8. — Remplir des emplois, Khatîb 19 v°: ترتشح الى ترتّب سلفه. — Régler du papier, Alc. (reglar papel o otra cosa).

رَتْبَة réunion de 60 ou 100 silos rapprochés les uns des autres, et confiés à la surveillance d'un gardien, رَتَّاب, Cherb., Pellissier 135.

رُتْبَة proprement degré de mérite, mérite, Calâïd 118, 6. — Station (pour la poste), Bat. III, 95. — الرُتَب les stations de la lune, 1001 N. Bresl. XI, 120. — Garnison, Rutgers 197, 6 et 200 et suiv. — L'endroit où sont postés des soldats chargés de veiller à la sûreté de la route. Ces soldats devaient aussi lever les droits d'entrée ou de passage établis sur les marchandises; pour cette raison ce terme a reçu le sens de péage, droit pour le passage, Gl. Esp. 335—8; dans le Voc. pedagium et leuda. — Commandement, de Sacy Chrest. II, 178, 5 a f. — Discipline, Ht. رُتْبِي, que le Voc. donne sous pedagium, signifiait sans doute soldat-douanier chargé de veiller à la sûreté de la route et de percevoir le péage; cf. l'article qui précède.

رَتَّاب gardien d'un certain nombre de silos, voyez رَتْبَة.

راتِب, امام راتب imâm ordinaire, Lane M. E. I, 115, cf. Djob. 279, 21: الامــيــن الــراتــب فيها برسم الامامة; de même en parlant d'un moëddzin, Djob. 196, 7: المؤذّن الراتب في المسجد; chez Becrî 175, 9, on lit والمولّدون والراتبون, mais je soupçonne que la copulative avant le second mot est de trop. — Pl. رُتَّب les soldats qui sont en garnison dans une place, Gl. Belâdz. — Soldat-douanier chargé de veiller à la sûreté de la route et de percevoir le péage. A mon avis le Voc. indique ce sens, quand il traduit (sous asiduare) le mot رُتْبَة (voyez) par leuda, et, immédiatement après, راتب, par qui acipit, c.-à-d., je crois: qui accipit leudam. — Pl. رواتب traitement, salaire, solde, Alc. (salario, sueldo en la guerra), Fleischer Gl. 87, n. 2, 1001 N. I, 30, 7. Suivi de الفقهاء, prestimonie, fonds ou revenu affecté à l'entretien d'un ecclésiastique, sans qu'il y ait érection en titre de bénéfice, Alc. (prestamo o prestamera). Prébende, Alc. (racion de yglesia); صاحب الراتب prébendé, qui jouit d'une prébende, Alc. (racionero que la tiene). — قطع الراتب condamner à l'amende, Alc. (multar penar en dinero). — Même pl. rente foncière, rente qui provient d'une terre, Alc. (encenso o renta de hazienda, encenso de tierra, renta, renta trayda). — Même pl. ration, pitance, Voc. (porcio, et dans la note ratio), Alc. (racion de palacio), Bc, Maml. I, 1, 161, 162, 1001 N. I, 113, 2 a f. — الحزب الراتب la portion du Coran qu'on doit lire chaque jour, Berb. I, 303, 10 a f. Le pl. رواتب les prières et les louanges de Dieu que les fakirs ou moines sont obligés de réciter certains jours et à de certaines heures, de Sacy Chrest. I, ١٤٧, dern. l.: الفقراء المشتغلون بالرواتب من الاذكار والمديح على طريقتهم; ceux qui le font s'appellent ارباب الــرواتــب, Khallic. I, 611, 2 Sl.: le prince faisait distribuer, dans les deux villes saintes, de l'argent على المَحاويج وارباب الرواتب, aux indigents et aux moines. »

رَاتْبَة rang, de Sacy Dipl. IX, 493, 13.

ترتيب statut, ordonnance, règlement, Alc. (estatuto

o ordenacion), Bc. — *Gouvernement*, Alc. (governacion). — *Clergé, l'ordre ecclésiastique*, Voc. (ordo religionis), Alc. (clerizia orden). — تَرْتِيبٌ *médiocrement (ni trop, ni trop peu)*, Alc. (medianamente). — غَيْرُ تَرْتِيبٍ *incontinence*, Alc. (incontinencia) et parmi les adverbes (incontinente); — *injuste*, Alc. (injusta cosa). — بِلَا تَرْتِيبٍ *irrégulièrement*, Alc. (irrigularmente).

تَرْتِيبِيّ *systématique*, Bc. — عَدَدٌ تَرْتِيبِيّ *nombre ordinal*, Bc.

مَرْتَبٌ pl. مَرَاتِبٌ *estrade*, Alc. (estrado).

مُرَتَّبٌ *méthodique, régulier*, Bc. — غَيْرُ مُرَتَّبٌ *incontinent*, Alc. (incontinente). — *Statut, ordonnance*, Alc. (establecimiento). — Pl. ات *traitement, salaire, solde*, Gl. Bayân, Gl. Djob., Macc. II, 537, 3, Bat. I, 72, 167, 205, 206, 278, 293, etc., Cartâs 143, 15, 199, 5, 7, 222, 14, 259, 15, 280, 6 a f., 281, 11, le man. B dans Haiyân-Bassâm III, 140 v°, où le man. A a le synonyme رَاتِبٌ, Hist. Tun. 92: le dey augmenta l'armée de mille hommes وَزَادَ فِي الجِبَايَةِ — *Ration*, 118: وَتَفَرَّقَ العَسْكَرُ لِعَدَمِ المُرَتَّبِ, *pitance*, Macc. I, 373, 1, charte grenadine: فِي مُرَتَّبِ القَصِيدَة ✻

مُرَتِّبٌ *gouverneur*, Alc. (governador, regidor).

مَرْتَبَةٌ *les siéges dans l'antichambre des califes abbâsides, où ceux qui se présentaient pour l'audience s'asseyaient chacun selon son rang. C'est un usage établi par Mançour*, De Jong. — *Estrade formée de matelas ou coussins*, Alc. (estrado de almohadas), p. e. مَرْتَبَةُ العَرُوسِ, M. — *Siège de pierre ou de bois en forme de banc (recouvert de tapis); banc*, Bc. — *Trône*, Alc. (trono del rey, silla real). — *Lit nuptial*, Gl. Edrîsî, Macc. I, 251, 3. — *Assemblée, réunion, société*, Gl. Edrîsî. — *Poste, lieu où un soldat, un officier est placé par son chef*, Haiyân 3 r°: le sultan était inquiet à cause du général Ibn-abî-Othmân et de son corps, اِذْ كَانَ قَد تَخَلَّفَ عَنْهُ فِي مَرْتَبَتِهِ أَمرَهُ بِالاِسْتِعدَاد لِلحَرْب v°: 61, مِن حِصَار اِبن حَفصُون وَأَمَرَ الأَمِيرَ — بِإِنزَالِ العَسكَر v°: 72, وَإِقَامَةُ مَرَاتِبِهَا, Haiyân-Bassâm I, 171 v°: عَزَمَ عَلَى القِتَالِ فَأقَامَ مَرَاتِبَهُ وَنَصَبَ, Khatîb 113 v°: وَاضْطَرَبَتْ كَتَائِبُهُ فَلَمَّا تَرَاءَى الجَمْعَانِ, mais lisez المَرَاتِبَ, Berb. I, فَخَلَّتْ وَرَتَّبَتِ المَرَاكِبَ

500, 6 a f. — Dans l'Inde, مَرَاتِبُ الأَمِيرِ, ou المَرَاتِبُ *les honneurs, les insignes d'un émir;* ce sont des drapeaux, des timbales, des trompettes et autres instruments de musique, Bat. III, 106, 110, 180, 230, 417. — *Tour, rang successif;* en valencien *martava* a ce sens. — En algèbre, *puissance*, J. A. 1834, I, 436, Prol. III, 97, 10. — *Pension*, Hbrt 222; chez les auteurs c'est مُرَتَّبٌ qui a ce sens. — *Groupe de traits de plume, qui, selon les points diacritiques et les voyelles qu'on ajoute, donne tel ou tel nom*, Yâcout III, 286, 7, synonyme de قَرِينَةٌ, cf. V, 33.

مُتَرَتِّبٌ. المُتَرَتِّبُ لَنَا مِن عُلُوفَتِنَا «ce qui est échu de nos appointements,» Bc.

رتج II *faire une penture de porte*, Voc.

V quasi-passif de la II°, Voc.

رِتَاجٌ, pl. ات et أَرْتِجَةٌ, *penture de porte*, Voc., Alc. (quicio o quicial de puerta); peut-être en ce sens Cartâs 34, 4; pl. أَرْتَاجٌ *gond*, Ht.

رُتَيْبَرَةٌ = رُتَيْلَةٌ *araignée*, Voc.

رتع I *brouter, manger sur place les végétaux*, Bc. — *Être en repos*, Cherb. Dial. 12.

II = IV *laisser paître les chameaux en liberté;* au fig. en parlant de vers satiriques, Gl. Mosl. — *Entraver, mettre des entraves*, Voc. (conpediro).

V quasi-passif de la II°, Voc.

رَتَعٌ pl. أَرْتَاعٌ *un pieu auquel on attache une bête*, Alc. (estaca para atar bestia). — *Entraves*, Cherb., Martin 130. — *Espèce d'arbre dont on fait du charbon*, Daumas Sahara 226, Carette Géogr. 137.

رَتْعَةٌ *entraves*, Voc.

رِتَاعٌ pl. أَرْتِعٌ *entraves*, Voc.

رَاتِعٌ et رِتَاعٌ dans le Voc. sous conpedire.

مَرْتَعٌ *paissant sans se disperser*, Ztschr. XXII, 135.

مُرْتَعٌ = مَرْتَعٌ, Diw. Hodz. 149, 3 a f.

مُرْتَعٌ *licou*, Gl. Esp. 159, 160.

رتفل, pl. ات et رَتَافِلُ, en Espagne, *espèce de coiffe, faite en forme de réseau*, Alc. (alvanega de red, capillejo de muger, randa). Je crois avec M. Simonet que c'est, comme رَتْوال dans L, une altération du lat. *retiolum*, dimin. de *rete*.

رتل II *psalmodier*, Bc, Hbrt 155; dans le Voc. *legere cum cantu*; — *chanter*, Hbrt 155, *chanter dans les églises*, Bc; — *chanter, en parlant de la cigale, des insectes*, Bc. — L: *depromit* يَجْتَلِب وَيُرَتِّل.

V dans le Voc. sous *legere cum cantu*.

رَتْلَة *araignée*, Alc. (araña).

تَرْتِيلَة *labour de bonne coordination à raies rapprochées*, Auw. II, 11, l. 11, 38, 3 a f.

رَتَيْلَة *araignée*, Voc., Alc. (araña), M, aujourd'hui en Afrique رَتَيْلَة, Domb. 67, Ht; chez Jackson 185: *ertella b'hairie*, *araignée venimeuse*.

رَتَيْلَاء *phalange (sorte d'araignée)*, Bc; — *tarentule*, Bc. — Quant à la plante qui porte ce nom, voyez Bait. I, 490 b.

رَتَّل *chantre*, Bc, Nowairî Espagne 479: وَكَانَ ذَلِكَ كُلَّهُ عَلَى أَيْدِي عَشَرَةِ رِجَالٍ حَجَّامِينَ وَجَزَّارِينَ وَحَاكَةٍ وَرَتَّالِينَ وَهُمْ جُنْدُ ابْنِ عَبْدِ الْجَبَّار.

تَرْتِيل *chant d'église*, Bc; عِنْدَ المُوَلَّدِينَ التَلحين. M. فِي تِلَاوَةِ الصَّلَوَاتِ وَهُوَ مِنْ اصْطِلَاحِ النَّصَارَى.

مُرَتِّل *chanteur dans l'église*, *chantre*, Hbrt 155.

رتم II *pétrir la pâte avec les poings*, Alc. (heñir).

رَتَم *la tache blanche que certains chevaux ont entre les deux narines, au-dessus de la lèvre*, Berbrugger 72.

رتن II *rendre paresseux*, Voc.

V *être paresseux*, Voc.

رَتُّون *paresseux*, Voc.

رَتْوال *réseau dont les femmes enveloppent les cheveux*, L (retiolum). C'est évidemment le dimin. de *rete*. Aujourd'hui les Espagnols disent *redecilla*. Cf. رتل.

رَتِينَج = رَاتِينَج *résine*, Payne Smith 933.

رث II *pluviner*, *pleuvoir à petites gouttes*, *bruiner*, Alc. (lloviznar).

رَثّ Le Voc. a رَثّ, رَثَّة sous *vetula*, et رَثَّة, pl. رَثَّات, *balbus*.

رَثَّة *pluie*, Voc.

رَثَى IV, dans le sens de la Iʳᵉ, Voc. (sous *lamentari*), *chanter les louanges d'un défunt sur son corps*, Alc. (endechar), *pleurer un défunt*, Alc. (llorar a los muertos).

VIII dans le Voc. sous *lamentari*.

رَثَائِي *élégiaque*, Bc.

أَرْثَاء *élégie*, *chant funèbre à la louange d'un mort*, Alc. (elegia como endecha, elegiaca cosa deste cantar).

مَرْثَيَة vulg. pour مَرْثَاة, M.

رج I. رَجَّهُ بِالْأَحْجَار *jeter des pierres à quelqu'un*, Bc.

VIII c. على *être stupéfait*, Voc.

رَجَّة *agitation*, *branle*, *fracas*, *tumulte*, *tempête*, *trouble*, *sédition*, *calamité*, Bc, Abbad. I, 58, 7, 135, n. 369, II, 17, 2, Cout. 41 v°: فَقَامَتْ فِي الْقَصْرِ رَجَّةٌ, Haiyân-Bassâm I, 172 r°: فَلَمْ يَعْلَمْ إِلَّا رَجَّةَ, Bassâm I, 201 r°: الْقَوْمِ رَاجِفِينَ (زَاحِفِينَ l.) البَيْدَ, وَسَمِعَ بَادِيسُ الرَّجَّة *le juif avait été tué dans le palais* Abdarî 58 v°: وَقَعَتْ رَجَّةٌ فِي الرَّكْبِ نَفَرَ لَهَا الْكَبِيرُ R. N. وَالصَّغِيرُ إِلَى قِتَالِ أَهْلِ مَكَّةَ بِأَمْرِ صَاحِبِ الرَّكْبِ, Khatîb 43 v°: فَكَانَ مِنْ ذَلِكَ بِالْقَيْرَوَانِ رَجَّةٌ عَظِيمَةٌ 94 r°: رَجَّةٌ كَاذِبَة; — وَوَقَعَتِ الرَّجَّةُ وَسُلَّتِ السُّيُوف *fausse alarme*, Bc. — *Secousse*, *violente attaque d'une maladie*, Bc.

رَجِّي *tumultuaire*, Bc.

رَجُّوج *grand tambour*, M.

أُرْجُوجَة *sorte d'oiseau*, Yâcout I, 885, 12; chez Cazwînî l'avant-dern. lettre est un *hâ*.

رَجَا IV. أَرْجِنِّي ثَلَاثًا *laissez-moi attendre encore trois jours*, Berb. II, 139, 7 (leçon de notre man. 1350).

رجب.

رَجَبَة pl. رِجَاب *le fond d'une vallée où l'eau se rassemble*, Aboû'l-Walîd 663, 19–21.

الرَّكْبُ الرَّجْبِي *forte caravane qui partait du Caire pour la Mecque au mois de Redjeb*, Bat. IV, 324.

رجح I. رَجَحَ لَهُ شَيْءٌ *il trouva bon de faire une chose*,

Rutgers 149, 4 a f.: رجم لمولانا صاحب السعادة عمارة عمران اليمن, « le pacha trouva bon de rebâtir la ville d'Imrân dans le district d'al-Boun. » Je crois que Weijers (voyez *ibid.* 151) a eu raison de prononcer et de traduire de cette manière, et que Rutgers (161 à la fin) s'est trompé en changeant les voyelles et la traduction de son collègue. Aussi avec لدى p., Rutgers 168, 14, où il faut prononcer: يَذكر فيه انه رَجَمَ لديه الاجتماع بمولانا. Cf. sous la Vᵉ.

II c. بين *mettre deux ou plusieurs choses, ou opinions, ou personnes en balance, les examiner en les comparant,* Amari 18, 11, Prol. II, 279, 2 a f. et suiv., III, 2, 2, Haiyân 11 rᵒ: فى ترجمه بين التّمر والبلوط. — C. a. et على *préférer* une personne, une chose à une autre, Voc., Bc, Macc. I, 596, 16, 805, 2, II, 58, 2, Vie de Saladin 219, Abdarî 14 vᵒ: question: faut-il faire le pèlerinage de la Mecque lorsque les routes ne sont pas sûres? وكان اللخمى رجم خروج الإسهال, مائلًا الى ترجيح التّرك, Chec. 207 vᵒ: فرجح المفتى كلام الإمام, Bc: فى ثبابه «le mufti décida en faveur de l'imâm.» — *Approuver,* Rutgers 159, 18: وطلب الإذن منه فى الاقتفاء إن رجم ذلك (l'éditeur, p. 161, veut à tort changer إن en أنّ, et il a mal traduit le passage), 167, 8 a f.: وقال الرأى والبركة فيما رآه ورجّحه صاحب السعادة ۞

III *mettre en balance,* examiner en comparant, Bc.

IV. ارجح بفلان *semble signifier il le déclara l'égal d'un tel,* Haiyân 6 vᵒ: فألحقَ بهؤلاء المشجة الجلّة وأرجح بكثير منهم وصيّر فى جملة الفقهاء المشاورين فى الأحكام ولمّا يكتهل فى سنّه ۞

V. ؟ ترجّح عنده شى *il trouva bon de faire une chose* (cf. sous la Iʳᵉ), Khatîb 68 vᵒ: وشرع فى الإياب الى المغرب وترجّح عنده تقديم أبى محمد بن أبى حفص المصنوع له بإفريقية على ملكها ۞

X c. a. p. *déclarer une chose ou une personne excellente, préférable aux autres, ou bien très-sage*; voyez, outre le passage de la Hamâsa 216, 17, déjà cité par Freytag: Macc. I, 166, dern. l., 214, 4, Freytag Chrest. 41, 11: استرجم عَقْله, Haiyân 97 vᵒ: ولمّا الأمير عند ذلك بـ... واسترجم جهاد

Haiyân-Bassâm I, 10 rᵒ: وكان قد استرجحه خاصّة الناس وذوو اللحاجا منهم فى القبض على هؤلاء الوزراء ۞

رَاجِح *prépondérant,* Bc, comme رَاجِح; 1001 N. IV, 247, 7: انت فى الخسن رجح. Aussi comme *excellent, élégant,* 1001 N. I, 44, 5 a f.: رجو شاب مليح، بقدّ رجح ۞

رَجَاحَة العَقْل, رَجَاحَة, Cartâs 119, 8 a f. (lisez ainsi), semble signifier proprement: *la prépondérance de la faculté intellectuelle sur les autres facultés de l'âme,* et رجاحة الأحلام, Macc. I, 195, 14, *la prépondérance de la modération, de la clémence, de l'indulgence.* Le mot رجاحة seul s'emploie, soit dans le sens de *sagesse, sagacité,* Abbâr 169, 2, 239, 9, mon Catalogue des man. or. de Leyde I, 227, 14: لخلال الفاضلة من الرجاحة والدهاء والمعرفة والرجولة والرأى, Macc. II, 545, 21, Recherches II, App. p. LIII, 4 a f., soit dans celui de *modération, indulgence,* Abbâr 189, 7: وقد جرى له مع أبى بكر فى معنى الدعابة والمطايبة ما احتمله بفضل رجاحته. En parlant d'une contrée, *excellence, fertilité,* Amari 37, 4: قطرها واسع المساحة، شريف المنافع والرجاحة (corrigez la note 3, car B a la leçon du texte, et A porte والرجاحة).

أرجح proprement *pesant plus,* mais dans le sens de *plus ferme, tenant plus fixement,* p. e.: quand même les plus braves fuyaient saisis de crainte, j'étais ارجح من ثبير «plus ferme que Thabîr» (nom d'une montagne près de la Mecque), P. Abd-al-wâhid 110, 16. — ارجح عَقْلًا *le plus sage, le plus sensé,* Cartâs 18. Aussi ارجح وزنًا, Macc. I, 169, 17: كنت أظنّك ارجح وزنًا «je vous croyais plus sensé.» — *Le plus excellent,* Recherches II, App. p. LIII. — *Plus profitable,* Abbad. I, 172, 8 (lisez ainsi), synonyme de أرجم dans la ligne suivante. — *Gagnant plus,* Gl. Badroun. — *Préférable à,* من, Macc. II, 719, 10, Prol. II, 280, 1. — وارجح بقليل, Amari 658, 7, ou وارجح قليلًا, Auw. II, 169, 3, *et un peu plus.*

أرجوحة *balance,* Voc.

مُرجِح *erroné,* l'opposé de راجح, Macc. II, 822, 6, Prol. I, 13, 1, 32, 6, 403, 3, Berb. I, 115 II, 5, l. 5.

مَرْجُوحَة *berceau suspendu, espèce de hamac,* M.

مَرْجِحَة pl. مَراجِح balançoire, Bc. — Bascule, jeu d'enfant, *tapecu*, *bascule*, Bc. — *Berceau suspendu*, espèce de hamac, Bc, Hbrt 27.

رجر

رَجِيرة boisson faite de fromage et de dattes, Barth V, 702.

رجرج

الحُور الرَجراج رَجراج *tremble*, espèce de peuplier, Bc. En poésie رجراج seul s'emploie en ce sens, Macc. I, 841, 18: غُصْن على رجراجِ. — En parlant de l'eau, ce mot semble signifier *trouble*, Bait. II, 102 a (passage d'Edrîsî): quand on fait cela, فانّه تُوجَد الشقائق قد عاد (sic AB) ماء رجراجا أسود اللون يُخضب به الشعر خضابًا على المشط.

رجز I *trembler* (de colère, de crainte, etc.), Abou'l-Walîd 663, 19—21, Saadiah ps. 4, 18, 77, 99.

IV *irriter*, *courroucer*, Hbrt 242.

VIII *trembler*, Abou'l-Walîd 663, 30.

رجس II *salir*, Payne Smith 1484; au fig., *couvrir d'opprobre*, Abou'l-Walîd 135, 31. — *Regarder avec attention*, *considérer*, *épier*, *guetter*, Alc. (atinar, considerar, mirar muy bien, otear por mirar); cf. sous تَرْجِيس. — *Ramasser*, *faire revenir*, Ht.

V *devenir ou être sale*, Bar Ali éd. Hoffmann n° 1879.

VIII, en parlant d'une armée, dans le sens indiqué par Lane d'après le TA, exemple dans le Gl. Fragm.

رجس, comme adj., *sale*, Gl. Bayân, Bar Ali éd. Hoffmann n°s 4268 et 5804, Payne Smith 1485, 1490.

تَرْجِيس *circonspection*, *prudence*, Alc. (atino, tiento para atinar, tino yendo o haziendo; بلا ترجيس desatinado; قلّة ترجيس desatino). — بترجيس *de niveau*, Alc. (niveladamente).

رجع I. Quand un auteur revient à son sujet après une digression, il écrit: رجع الخبر, رجع الحديث, etc. Dans son édition du Kitâb al-aghânî (28, 17), Kosegarten avait écrit رَجَعَ الخَبَرِ, mais le chaikh Tantâwî, dans une note sur ce passage (voyez p. 261 des notes), veut qu'on écrive رَجْعُ الخَبَرِ. Il est vrai que cette manière de prononcer est bonne; cependant j'ose affirmer que l'autre l'est aussi. Ce qui le prouve, c'est qu'on lit dans l'excellent man. d'Ibn-Abdalmelic, 2 v°, après une digression: رَجَعَ, avec toutes les voyelles et avec صح. Chez Ibn-al-Khatîb, 69 v°, on trouve après une digression: عاد الحديث, ce qui met l'usage du prétérit hors de doute. Comparez aussi Akhbâr 67, 1: ورَجَعَ هاقُنا شيءٌ من حديث ثمّ رَجَعَ, et *ibid.*, dern. l.: عبد الرحمن بن معاوية (l'omission de l'article, qui est dans le man., est une faute de l'éditeur). Aujourd'hui on dit de même, à l'aoriste: يرجع الكلام الى القاضى, Bâsim 66, يرجع مرجوعنا الى, Zeitschr. XXII, 81, 12. — *Retourner à sa demeure*, avec ellipse de الى دار, Vêtem. 84, dern. l. — *Revenir à l'obéissance*, avec ellipse de الى الطاعة, Akhbâr 101, 4 a f. — *Revenir à ce qui est bon*, avec ellipse de الى الصواب, Amari 673, 11. — *Revenir*, *se réconcilier*, *s'apaiser*, Bc. — *Devenir* (comme عاد et أتى), Gl. Edrîsî 268; رجع أزرق *bleuir*, *devenir bleu*, Bc. — C. الى p. *se réconcilier avec quelqu'un*, R. N. 94 v°: وغضب على الشيخ مدّة ثمّ رجع اليه بعد ذلك. — C. الى *avoir égard à*, Gl. Fragm., cf. Lane (TA) 1038 a, à la fin. — C. الى *avoir recours à*, Bidp. 278, 2 a f., Nowairî Espagne 466: auparavant les Omaiyades déposaient chaque année cent mille dînârs dans le trésor, فلمّا امتنع اهل مدن الاندلس من أداء الخراج اليهم رجعوا الى تلك الذخائر فنفقوها, Khatîb 26 v°: ومرجوعه اليه في كثير من مهمّات بلده, cf. Lane (TA) 1038 a, à la fin. — C. الى p. *se fier à*, *accorder sa confiance à*, Gl. Fragm. — C. الى *embrasser une religion*, *une doctrine*, Gl. Badroun. Aussi c. الى p. *embrasser la doctrine*, *la secte* de quelqu'un, R. N. 65 r°, où le Chiîte 'Obaidallâh dit: أناظركم في قيام رمضان فان وجبت لكم الحجّة رجعنا اليكم وأن رجع الى نفسه — وجبت لنا رجعتم الينا, *rediit ad se*, en parlant d'une personne qui est hors de soi, qui est violemment agitée par quelque passion, Gl. Badroun. Chez Alc. رجع seul est *redevenir sage*, en parlant d'un homme qui a été fou (tornar en su seso el loco). — C. الى *être compris dans*, *faire partie de*, *appartenir à*, Macc. I, 134, 12: وهذا راجِعٌ الى تغلُّب الاحوال وكيفيّة السلطان, de Sacy Dipl. IX, 500, 7: Don Martin, roi d'Aragon, وما يرجع الى سلطنته *on lui obéissait*; aussi المواضع والحصون. — رجع الى قوله, Gl. Fragm. — C. a. p. et ب, 1001 N. III, 162, 11: لا ترجع حاملَ هذه المكاتيب بكلمة «n'adressez pas une seule parole au porteur de cette lettre!» — C. على *reprendre, continuer quelque chose qu'on avait interrompu*, Bc. — C. على *revenir sur quelqu'un, exercer contre lui une action en garantie*, Bc. — C. على p. *attaquer quelqu'un, se tourner contre quelqu'un en le blâmant et en l'accusant*, Gl. Fragm. Peut-être aussi en ce sens R. N. 74 r°: des cavaliers avaient, sur l'ordre du prince, arrêté un saint; ils le virent prier toute la nuit, فرجع اصحاب الخيل بعضُهم على بعض وقالوا هذا رجل من اولياء الله — الرأي ان رجعت الحرب عليه — نخلو ونقولوا ما وجدناه «ils *éprouvèrent une déroute*», Haiyân 85 r°, 91 v°. — رجع على رُكَبِه *fléchir les genoux*, Voc. — C. عن *se départir, se désister*, Bc. — C. عن *se corriger d'un défaut*, Bc. — C. على *laisser un écrit inachevé*, Meursinge 6, 5. — C. على *revenir sur, relire et corriger ce que l'on a dicté*, Bidp. 28, 1. — رجع فى الذى قال *se rétracter*, Voc.; رجع فى كلامه *se rétracter, se dédire, revenir sur ce qu'on a dit, changer d'opinion*; Alc. (desdezirse) donne رجع seul en ce sens. — رجع فى وعد *revenir sur une promesse, s'en dégager*, Bc. — C. لـ *se soumettre à*, الرجوع للقدر «*se soumettre aux décrets de la providence*,» P. Prol. III, 421, 8. — رجع لوراء *empirer, aller de pis en pis, devenir pire*, Alc. (enpeorar de mal en peor). — رجع من التخيير *devenir mauvais*, Alc. (enpeorar de bien en menos mal). — رجع من كلامه *se dédire*, Bc.

II *présenter la coupe à différentes reprises*, Recherches I, 524 de la 1re éd. — *Renvoyer, réfléchir, répercuter le son*, Bc. — C. الى *reporter, porter la chose où elle était*, Bc. — رجَّعه الى منصبه «*rétablir quelqu'un dans sa place*,» Bc. — C. الى *convertir, faire changer de croyance*, Bc. — C. عن *déconseiller, désentêter, détourner, dissuader*, Bc. — رجَّع ازرق *bleuir, rendre bleu*, Bc. — رجَّع الخطبة *rompre les fiançail-*

les, renvoyer la bague, Bc. — رجَّع بوليصة على الضامن *protester, faire un protêt*, Bc.

III c. a. r. *retourner à*, p. e. الطاعة، الاسلام, «*à l'islamisme, à l'obéissance*,» Gl. Belâdz. — *Revenir à une opinion qu'on avait abandonnée*, Meursinge 5, dern. l., et 17, n. 37. — C. a. p. *chercher à se réconcilier avec quelqu'un*, Abbad. I, 257, 12, Akhbâr 42, dern. l. Le n. d'act. *réconciliation*, Gl. Belâdz. — C. a. *rengainer une épée, la remettre dans le fourreau*, Akhbâr 61, 4: اغمد سيفك وراجِع سيفَك —

— *Rester chez soi, ne pas venir quand on a été mandé*, Abbad. II, 193, 13 (biffez dans la note 25 le passage qui y est cité, car le verbe y a le sens de *consulter*). — C. فى r. *revenir sur un projet*, Bayân II, 279, 3. C. a. p. et فى r. *tâcher de faire revenir quelqu'un sur un projet*, Berb. I, 110: راجعوه فى ذلك «ils le prièrent de revenir sur son projet,» Macc. I, 154, dern. l.: لم يقدروا على مراجعته الله «ils ne purent lui faire abandonner son projet.» —

يراجِع ب *se convertir*, Voc.

V dans le Voc. sous *redire*. — Comme la Xe, *dire* اِنَّا لِلَّهِ واِنَّا اِلَيْهِ راجعون, Becrî 73, 6 a f, Mohammed ibn-Hârith 293: ثم تَرَجَّع وتعجَّب الناس مِمَّن شهد عليه بذلك.

VI dans le sens de *rétrograder*; on dit تراجع طبعُه «son génie, son talent baissa, diminua, s'affaiblit,» Abbad. I, 297, 10, 313, 13. — *Revenir à soi, reprendre ses esprits*, Koseg. Chrest. 147, 6 a f.; de même تراجعت نفسُه, Haiyân-Bassâm I, 121 r°: تراجع الامر, et فتراجعت نفس زاوى *se remettre*, Tantâwî dans le Ztschr. Kunde VII, 53, cf. Ztschr. IV, 243. — De même qu'on dit تراجعوا الكلام فى الكلام (Lane), القبْح, Macc. I, 485, 2 a f., on dit: فما زال التراجع بينهما بالكلام حتى قام الخ , Mohammed ibn-Hârith 261. — تراجعا لـ *irrévocable*, Bc. — سلام عليكم لا يتراجع *en retour de*, de Sacy Dipl. IX, 500, 9: تراجعنا لسلامكم *ibid*. 501, 1, où je crois devoir lire والسلام تراجُع سلامكم, au lieu de يراجع.

VIII *refluer, refouler, refluer en abondance*, Bc. — C. عن *se convertir, changer de mœurs*, Bc. — ارتجع الشىء من فلان *il lui redemanda l'objet qu'il lui avait prêté*, Gl. Badroun. — *Restituer*, Gl. Abulf.

رَجْع, dans le sens de *barrage, barrière qui ferme une rivière*, forme au pl. أرْجَاع, Berb. II, 194, 11.

الرَّجْعَة رَجْعَة *la doctrine du retour;* selon quelques mystiques, le monde reprendra son premier état quand une certaine période de temps sera écoulée, et tout ce qui s'y est déjà passé aura lieu de nouveau, de Slane Prol. II, 196, n. 5. — *Reprise, continuation après l'interruption*, Bc. — *Réintégration*, Bc. — *Reconciliatio*, L, أَقَالَة ورَجْعَة; c'est *réconciliation* dans le sens que les Catholiques attachent à ce terme: l'acte solennel par lequel un hérétique est réuni à l'Eglise, et absous des censures qu'il avait encourues; cf. sous إقالة. — *Réaction*, action d'un corps frappé sur celui qui le frappe, Bc. — *Réaction*, au fig., vengeance, Bc. — *Contre-révolution*, Bc.

Pl. رَجْع *récépissé, reçu*, Bc, M. — رَجْعَة بدراهم المشتري *souscription, reçu du prix de la souscription*, Bc.

رَجْعَى *les fruits qu'un arbre porte pour la seconde fois dans la même année*, M.

رُجُوع *rappel*, Bc. — *Restitution*, Bc. — رجوع على *restaur, recours des assureurs les uns contre les autres, ou contre le maître du vaisseau*, Bc. — رجوع فى *retour*, t. de pratique, droit de reprendre, Bc. — رجوع على الضامن *protêt*, acte de recours contre les endosseurs d'un billet, Bc.

رَجَّاع dans un autre sens que celui que Lane a indiqué, Baidhâwî I, 53, 18, où l'épithète de Dieu الرجّاع على عباده بالمغفرة est expliquée par التوّاب.

راجع pl. روَاجع *antenne, vergue*, Bc, Hbrt 127, *palan stationnaire qui sert à hisser la vergue*, J. A. 1841, I, 588, 1001 N. IV, 317, 1. — *Mur mitoyen*, M. — *Support d'une muraille*, M.

تَرْجِيع *remboîtement*, Bc.

مَرْجِع *centre, lieu où les choses tendent naturellement*, Bc. — *Recours, droit de reprise, action en dédommagement par voie légale*, له المرجع على فلان *«avoir son recours contre quelqu'un,»* Bc. — المرجع اليه فى هذه المادة «il faut aller à lui» (s'adresser à lui pour cela); المرجع الى الاطبّاء *«la chose est de la compétence, du ressort, des médecins, il faut s'en rapporter là-dessus aux médecins;»* المرجع فى ذلك الى

«je m'en rapporte à ma dernière lettre, je vous y renvoie,» Bc. — Au Maghrib, où l'on prononce مَرْجَع, nom d'une mesure agraire, Voc. (ager), Gl. Djob., qui contient dix pieds de terrain, Alc. (tornadura medida de tierra; cienvebras de tierra, (مائة مرجع من أرض), cinq pas cinq huitièmes, ou huit coudées un tiers, Maml. II, 1, 277, à Sfax six mètres carrés, Espina R. d. O. A. XIII, 150, cinq ares vingt centiares, Clément-Mullet II, 50, n. 2, cf. Lerchundi, Rudimentos del árabe vulgar que se habla en el imperio de Marruecos, p. 378, n. 1 («es un cuadrado que tiene 64 cañas cuadradas, ó bien 384 kalas cuadradas»). C'est de ce mot que dérive le terme grenadin *marjal*, qui désigne la neuvième partie d'une *fanega* de terrain (Banqueri II, 109, n. *); il faut l'ajouter au Gl. Esp. A Grenade on avait une mesure agraire qu'on nommait المرجع العلى, Khatîb 13 v°, 12 v°: ينتهى ثمن المرجع منها العلى (l.العلى) الى ٢٥ دينارا من الذهب العين لهذا العهد, chartes grenadines: وفى من سبعة واربعين مرجعا عليها بحساب تسعة دنانير من الذهب والفضة للمرجع الواحد, et: على أنّا فى التكسير من سبعة مراجع علمية قبضها الباقع بجملته (sic) وصارت بيده ۞

مُرَاجَعَة *représentation, objection, remontrance respectueuse, douce*, Bc. — من غير مراجعة *prévôtalement, sans appel, en dernier ressort, irrévocablement*, Bc.

مُرَاجَعَات (pl.) *réponses, lettres qu'on écrit pour répondre à d'autres lettres*, Ibn-Abdalmelic 125 v°: وكانت بينه وبين جماعة من أدباء عصره من أهل مالقة وغيرهم مفاتحات ومراجعات نظمًا ونثرًا ۞

رجف I *trembloter*; رجف من البرد *«trembloter de froid,»* Bc.

II *faire trembler, inspirer la crainte*, Bc.

IV c. a. p. *faire peur à quelqu'un*, Voc., Hbrt 228, 1001 N. I, 92, 9; يرجف *épouvantable*, Bc. — C. ب p. *se révolter contre quelqu'un*, Gl. Belâdz., Gl. Fragm.

VIII *frémir, trembler, tressaillir, frissonner*, Voc., Bc, Hbrt 36, 228, 1001 N. I, 99, 8, Bresl. II, 57, 9, III, 339, 6.

رَجْفَة *alarme, alerte, épouvante, sursaut, tressaillement de crainte, frisson, tremblement, effroi, hor-*

reur, Voc., Bc, Hbrt 36, 228, 1001 N. Bresl. XI, 388, XII, 411. — رجفة قَلْب palpitation, Bc.

رَجَفان tremblotant, Bc.

أَرْجاف alarme, Bc; اراجيف fausses alarmes, Gl. Fragm.; صاحب اراجيف alarmiste, Bc; perturbateur, qui cause des troubles, turbulent, Bc.

رجقنو centaurée, Prax R. d. O. A. VIII, 281.

رجل IV décharger, Voc. (exhonerare). — Soumettre (?), L (subicere ورياضة ارجال). — Chez Auw. I, 673, 15: ماء مغلى شديد الحرارة قد أرجل على النار (de même dans notre man.), où ce verbe semble signifier *faire bouillir dans un* مرجل *chaudron*, comme la VIIIe.

V, suivi de عن الفرس, عن دابته, *descendre de cheval, mettre pied à terre*, Gl. Fragm. Chez Alc. ترجل seul a ce sens (apearse). C ل ou ال p. *en l'honneur de quelqu'un, ce qui est un signe de soumission*, Gl. Fragm.

VIII descendre de cheval, mettre pied à terre, Voc. — Baisser la tête, Voc. — Décharger, Voc. ارتجال en parlant de mots radicaux, l'opposé de اشتقاق, Berb. II, 7, 4 a f.

رِجْل pied d'une montagne, M. — Jambage, ligne, barre d'une lettre ou autre chose, Bc. — Pilastre; pl. du pl. أَرْجِلات; Gl. Edrîsî; Haiyân 102 v°: وفيها واقف بنهر قرطبة سبيل عظيم اعتمضت به (اغتمضت ل). — Gouvernail, حلاقيم القنطرة وتتلَّم بعض ارجلها. Voc., Gl. Djob., Gl. Mosl. رجل الأسد *pied-de-lion* (plante), Bc. — رجل البقلة *pied-de-veau*, plante, Arum, Bc. — رجل الحجر, t. de maçon, *le côté inférieur d'une pierre*, M. — رجل التأنوف *pied-de-chèvre, levier de fer, dont une des extrémités est faite en pied de chèvre*, Domb. 95. — رجل الدجاجة en Ifrîkiya, *camomille à fleurs blanches*, Bait. I, 106 b. — رجل الأرنب *pied-de-lièvre*, plante, Lagopus, Bc, Bait. I, 492 c. — رجل الزرزور *coronopus*, Bait. I, 492 g. — رجل الزاغ, en Syrie, *coronopus*, Bait. I, 490 c. — رجل العصفور *ornithopode ou pied d'oiseau* (plante), Bc. — رجل العقاب *coronopus*, Bait. I, 492 g (AB). — رجل العقعق *coronopus*, Bait. I, 492 g. — رجل الغزال, *cerfeuil, corne de cerf*, Bc. — رجل الغراب Vansleb 101: «roïet gassal ou pied de cerf, dit ainsi à cause que ses feuilles sont tout à fait semblables au pied de cet animal; est huileux.» Je pense que ce terme doit être corrigé comme je l'ai fait. — رجل الفروج (A), chez le vulgaire en Espagne, *salsola fruticosa*, Bait. I, 492 f. — رجل القط *pied-de-chat* (plante), Bc. — رجل الوز *patte d'oie* (plante dangereuse), Bc. — رجل اليمامة *pied-d'alouette*, plante, Delphinium, Bc. — أرجل الجراد nom d'une plante qui porte aussi ceux de الفلنجة (voyez) et de زرنب, Bait. I, 525 b (le pl. أرجل dans AB). — قام رجله *sauter le pas*, mourir, Bc. — نبيذ الأرجل, *le nabîdz des pieds, est le vin, parce qu'on le prépare de raisins qu'on foule avec les pieds, tandis que* نبيذ الأيدى *est le nabîdz proprement dit*; voyez Lettre à M. Fleischer 196. — رجع على رجله *retourner dès qu'on est arrivé et avant qu'on se soit assis*, M.

مُرَجَّل Le pl. رِجال signifie *des hommes distingués par leur savoir et leur piété*, Djob. 45, 7. Chez les Soufis *les hommes distingués par leur avancement dans la vie spirituelle*, Prol. III, 63, 1, Ztschr. XVI, 236, n. 4. — Dans le R. N. 94 r°: دخل عليه عمرون «il était de ses amis, c.-à-d. الفقيه وكان من رجاله, Dieu et les saints, 1001 N. IV, 689, 2 a f., 694, 2 a f., avec la note dans la trad. de Lane III, 729, n. 17. — تعاطى ما ليس من رجاله «il se mêla de ce qui ne le regardait pas,» Bat. IV, 358. — رجال الحديث *tous les rapporteurs dont les noms sont cités dans les isnâds*, de Slane Prol. II, 483; aussi الرجال seul, Macc. I, 492, 11: كان بصيرا بالحديث والرجال, 501, 3 a f. — Le pl. رجالات *les personnages haut placés, les grands de l'empire*, de Slane Prol. II, 18, n. 2, cf. J. A. 1869, II, 158—9, Amari 328, 7 a f. رجل خُنْثَى *femmelette*, homme efféminé, Bc. — رجل وَحْشى *orang-outang*, Bc.

رَجْلَة *sauterelle*, Gl. Maw.

رَجْلى *fantassin*, Berb. I, 302, 6 a f.

رَجْلِيَّة *virilité*, Voc.

رَجَالَة *âme virile, courage viril*, Rutgers 155, 5 et 156.

رَجِيلَة pourpier, Alc. (verdolaya yerva), Ibn-al-Djezzâr (Zâd al-mosâfir): البقلة الحمقاء وهى الرَّجِيلَة.

رِجَالِىّ viril, Bc.

رَجَّال fantassin (cf. Lane), Cartâs 149, 2 a f., mais notre man. porte رَاجِل, qui est le mot ordinaire. — Brave, homme de cœur; رجال الدهر «le héros de son siècle,» Bc.

رَجَّالَة Les gardes d'un prince s'appellent رَجَّالَة الدَّائِرَة, Haiyân-Bassâm I, 114 v°, ou simplement الرَّجَّالَة, ibid. 11 r°, en parlant d'un calife: بعض الرَّجَّالَة القَائِمِينَ على رأسه. — Agent; dans le R. N. 91 r° un cadi donne un ordre à ses رَجَّالَة. — Même pl., valet de pied, J. A. 1869, II, 159. — Même pl., courrier, Payne Smith 1426. — Même pl. et aussi رَجَّالَة, ouvrier, Voc., J. A. 1869, II, 159, Gl. Fragm.; dans Auw. I, 531, 4, notre man. a un passage qui manque dans l'édit. et qui commence ainsi: والبيد هو القطيع الذى يقطع من الكرم الرَّجَّالَة; le mot الرَّاجِل y est donc le synonyme de الرَّجَّال. — الخَدَّام dans la l. 3; R. N. 97 r°, où un maître d'école très-orthodoxe, qui avait reçu dix dînârs du calife 'Obaidite Ma'add, dit ceci: هذه إنما اخذتها لاستعين بها على هدم قصرهِ يُعْطَى لكُلّ راجل رُبْعْ درهم قتال وكان يسأل عن الصرف فاذا اخبروه انه زاد ربع درهم فرح وقال زاد لى فى الهدّامين راجل. — Synonyme de رَجُل, homme, Alc. (ombre varon).

ارجَالَة (esp. orchilla) orseille, ibn-Djoldjol: الارجَالَة التى يصبغ بها.

تَرْجِيل chaussure, soulier, sandale, M, Mehren 25, 1001 N. I, 87, 11, 14 et 16, synonyme de مَرْكُوب, l. 8, Bresl. XII, 368, 3, où l'éd. Macn. (III, 187) a نَعْل.

مِرْجَل Le pl. مَرَاجِيل, P. Kâmil 315, 11, cf. l. 15.

مُتَرَجِّل, dans le sens d'homme d'une âme virile (Reiske chez Freytag), Abbad. I, 225, 1. — امْرَأَة مُتَرَجِّلَة une femme qui ressemble à un homme, femme hommasse, de Sacy Chrest. I, vi, 3 a f.

مَرْجِلِيَّة virilité, Bc.

مَرْجُولِيَّة âge viril, Hbrt 28.

امْرَأَة مُسْتَرْجِلَة amazone, hommasse (femme), virago, Bc.

رجم I. كان يُرَجَّم فيه الوقوف على الحدثان «on croyait qu'il était en état de prédire l'avenir,» Berb. II, 412, 5. رجموا الظنون فى «ils firent des conjectures diverses sur,» Gl. Bayân, Gl. Djob., Berb. I, 527, 4.

II dans le Voc. sous lapidare. — Faire des conjectures, Gl. Belâdz.

V dans le Voc. sous lapidare.

VIII dans le Voc. sous lapidare.

رَجْم, باب الرجم, t. de magicien, faire tomber des pierres de l'air, sans qu'on voie celui qui les jette, M. — T. d'orfévre, jeter le borax, etc., dans le creuset où l'on fond l'argent, etc., M.

رَجْم «témoin, tumulus de forme conique de deux à trois mètres d'élévation. Quelques-uns sont des tombeaux très-anciens; d'autres sont des monuments commémoratifs de faits remarquables, ou indiquent le lieu où des guerriers en renom ont été tués,» Margueritte 110; «tas de pierre expiatoire» (où un événement tragique est arrivé), Jacquot 40; «tas de pierres ou pyramide grossière, qui forme une borne,» Palgrave II, 131, 134.

رَجْمَة, en général, grand tas de pierres, M.

الرَّجِيم grand tambour adoré au Zanguebar, Edrîsî, Clim. I, Sect. 7.

رِجِّيم (esp. racimo) pl. رَجَاجِيم grappe de raisin, Voc.

رَجَّامِيل (dimin. de l'esp. racimo) pl. رَجَّامِيل grappe de raisin, Alc. (grumo de uvas); dans le Voc. رُجَيْمَال. Alc. (gajo de uvas, grumito de uvas) donne aussi رَمِيَاجِل, qui est une transposition du dimin. رُجَيْمِجِل.

رجن

رَجَّان Elæodendron Argan, Bait. II, 443.

رَجِينَة, chez le vulgaire au Maghrib, résine, Bait. I, 488 c (عند عامة اهل الاندلس), Gl. Manç.: راتينج هو صمغ الصنوبر المسمى عند العامة رجينة مغيرًا من ذلك (mais ce n'est pas une altération de راتينج); c'est la transcription du latin et de l'esp. *resina*), Alc. (resina de pino, cf. tea de cedro alerze, رَجِينَة بَيْضَاء, pez blanca de pino), Domb. 80, Ht.

رَاجِن Le pl. رَوَاجِن, Diw. Hodz. 157, 4 a f., Dîwân d'al-Akhtal 6 v° (Wright).

رجو I. رجا بالله *espérer en Dieu*, Bc. — C. a. *espérer de s'emparer d'*une ville, Akhbâr 16, 1: وفي مَدِينة ليس بالاندلس احصن منها ولا ابعد من ان تُرْجَى بقتال او حصار. — *Prier, demander par grâce*, Bc; c. a. p. رجا الله «prier Dieu,» Macc. I, 745, 13, avec la note de Fleischer Berichte 248.

V, dans le sens de *prier*, c. a. p., 1001 N. I, 595, Bc: اترجّاك تقضي لي حاجة «je vous prie de me rendre un service.» — *Réclamer*, implorer avec instance, Bc. — *Se recommander*, Bc.

VIII c. a. p. *mettre sa confiance dans* quelqu'un, Prol. III, 415, 2 a f., 416, 5. — *Se confier en Dieu*, Alc. (confiar en Dios). — *Donner de la confiance, de l'espoir*, Alc. (afuziar).

X *espérer*, 1001 N. I, 305, 11 (aussi dans les autres édit.).

رَجَا Le pl. أَرْجَاء *les environs d'*une ville, Gl. Edrisî.

رَجَاة *ce que l'on espère*, Gl. Fragm. — *Confiance*, Alc. (fuzia, synonyme de تَوَكُّل). — *Prière, requête*, رجا «لي عندك رجا j'ai une prière à vous faire;» *instance*, sollicitation pressante, *prière instante, pressante*, Bc.

أَرْجَى *inspirant plus d'espoir*, 1001 N. I, 418, 8.

رحب II *faire place*, Voc. Chez Auw. I, 185, 22: اذا كانت الكروم كثيرة الترحيب «quand il y a de grands vides dans les vignes.» — *Disposer, arranger*, 1001 N. I, 115, 3 a f. (= Bresl. I, 290, 1).

V *quasi-passif de la II*e, dans le 1er sens que j'ai donné, Voc. — C. ب p. *bien accueillir*, Bc, Roland, 1001 N. I, 15, 5.

X c. ب p. *bien accueillir*, Bc.

رَحْب «تلقّاه بالرحب il les accueillit fort bien,» Akhbâr 69, 8.

رَحْبَة *place, lieu public entouré de bâtiments*, Voc., Alc. (plaça lugar donde no ay cosas), Bc, Ht, Hbrt 186 (Barb.). — *Marché*, Ht, Cherb. Dial. 170, Martin 93, 100, De-Gubern. 127, Becrî 56, spécialement, pour الزرع رحبة, Bat. III, 149, *marché aux grains*, Daumas V. A. 484. — *L'arène où l'on combat les taureaux*, Alc. (corro del toro, cosso do corren el toro).

مَرْحَبًا بك مَرْحَب *avec plaisir, volontiers*, Bc. — أَلْف مَرْحَبًا *soyez le bienvenu; réponse*: مَرْحَبتَيْن, Bc.

رَحْدَب *gélinotte*, Hbrt 185.

رحرح II, comme la I re, *parler d'une manière obscure et ambiguë*, Gl. Badroun, Payne Smith 1357.

مُرَحْرَح *plat, pas creux* (assiette), M.

رحس.

مَرْحُوس *qui a des bleimes* (cheval), Daumas V. A. 190.

رحض I. Au fig., رحض العار, «comme nous disons laver une tache, une injure, un outrage,» Abbad. III, 113. — رحض الدرن *laver ses péchés*, au fig., les pleurer, Bc.

II. Le partic. pass. *lavé souvent, et par suite usé*, Kâmil 559, 1: عليهم قمص مرحَّضة.

VIII *se laver*, Aboû'l-Walîd 261, 23.

مِرْحَاص *cloaca*, L.

رحقين, dans le Khowârezm, *espèce de saumure qui ressemblait au* مُرِّي *de Merw*, Tha'âlibî Latâïf 129, 3.

رحل I *aller et venir*, R. N. 88 v°: il faisait déjà nuit وانا خائف عليه لأنّ الرحل والمشى قد انقطع وغلق ابوابهم الناس. — *Déménager*, Alc. (casa mudar), Roland.

III c. a. p. *accompagner*, Voc.

VI c. مع p., même sens, Voc.

رَحْل *la charge d'un chameau, cinq quintaux*, d'Escayrac 574, 579. — *Marchandises*, 1001 N. Bresl. II, 170, 2 a f. — *Chameau* (cf. Lane 1054 a), Hamâsa 421, 12 a f., Abbad. II, 157, 6. — *Troupeau*, pl. أَرْحَال, L (grex, obile; sous tous les deux ذود comme synon.), Alc. (hato). — *Bergerie*, L (caulis أَرْحَال), Voc. — *Maison hors d'une ville, terre, métairie, hameau*, Gl. Esp. 328. — *Les ingrédients d'un cuisinier*, la viande, l'huile, la graisse, etc., 1001 N. I, 202,

15, Bresl. II, 127, dern. l. — الرَحَل الاندلسي *les navires de transport qui entretenaient la communication entre l'Afrique et l'Espagne* (de Slane), Berb. I, 401.

رَحِل, comme épithète d'un vêtement, = مُرَحَّل, Gl. Mosl.

رَحْلَة, de même que رَحْل, *selle de dromadaire*, Ztschr. XII, 182. — De même que رَحْل, *bagage*; dans le récit qu'on trouve chez Macc. I, 555, 15, Mohammed ibn-Hârith, 235, a رَحَلَتِى, au lieu de رَحْلِى. — De même que رَحْل, *chameau*, Abdarî 59 r°: il y avait encore à la Mecque beaucoup de pèlerins, environ quatre mille رَحْلَة (il les compte par chameaux).

رَحْلَة *voyage*, dans le sens de *relation d'un voyage*, M. — *Journée*; une رَحْلَة de cheval est 35 milles d'Angleterre, une رَحْلَة ordinaire est 30 milles, Jackson 22 (erhella).

رَحْلَى *charogne, cadavre de bête*, Voc.

رَحِيل *déménagement, transport des meubles d'un logis à l'autre*, Bc. — *Bagage*, Alc. (repuesto, ropa qualquiera), Haiyân-Bassâm III, 141 v°: رحيل الى. — Pl. أَرْحَال, comme رَحْل, قصر السلطان باهله ورحيله *troupeau*, Alc. (hato).

رَحَّالَة *assemblage de tentes, camp*, Barth V, 712. — *Assemblage de cabanes que les bergers voyageurs dressent pour y passer la nuit*, Gl. Esp. 330–1. — Le pl. رَحَائِل, en Sicile, *domaines, dépendances*, J. A. 1845, II, 318, 3 a f.

رَحَّال *chamelier*, Tha'âlibî Latâïf 15, 11. — Coll. رَحَّالَة *nomades, Bédouins*, Gl. Esp. 331.

رَحَّالَة *sorte de selle dont l'assiette est concave, le dossier large et haut, le pommeau élevé, mais échancré de sa base à son sommet*, Daumas Mœurs 364 (rahhala).

تَرْحِيل *marche*, Prol. III, 428, dern. l.

مُرَحَّل *l'endroit vers lequel on se retire*, P. Kâmil 290, 13.

مُرَحَّلَة est *mandra*, dans l'anc. trad. latine d'une charte sicilienne apud Lello 11, 12, 17, « dans la signification latine et sicilienne d'*étable*, ou plutôt de bâtiment rural pour les pâtres, » Amari MS.

رحم VIII dans le Voc. sous misereri.

رَحْمَة الكبيرة *l'attaque la plus grave du choléra-morbus*, Burton I, 367. — ورحمة أبى *ma foi, je vous jure, en vérité*, Bc.

رَحْمَى *clémence, miséricorde*, Voc., Abbad. II, 76.

رَحُوم *humain, sensible à la pitié*, Bc.

رَحِيم Le pl. رَحَمَاء dans le Voc.

تَرْحِيم, suivi de على الأموات, *libéra, prière pour les morts*, Bc.

مَرْحُوم *melon*, Cherb., « espèce particulière de melons qui se vendent à Constantine, » Martin 104.

رحو et رحى I *moudre*, Bc, Ht. — *Aiguiser*, Ht, Hbrt 84; *repasser un rasoir*, Delap. 77.

رحا الحجّام — رِحَا ou رَحَا est dans le Voc. *pierre à repasser*, Domb. 94; chez Ht رحا seul, pl. رَحَاوِي. — En médecine, nom d'une maladie de l'utérus, Gl. Manç.: رَحَى منقول عند الاطبّاء لعلّة فى الرحم تشبه للحبل شبّهوها بالرحى فنقلوا اسمها اليها وتعارفوه ⁂

رَحَاة *moulin*, J. A. 1844, I, 413, où il faut lire avec le man. de Vienne: فى رحاة عيون الاخر, Payne Smith 1549.

رَحَوِيّ et رَحْوِيّ *meunier*, Voc., Domb. 103, Hbrt 74, Ht, J. A. 1844, I, 413.

رَحِيبَة *colonne de monde*, Roland.

رَحْوَان *ambleur, cheval qui va l'amble, cheval d'allure*, bidet qui va l'amble; مشية الرحوان *amble, traquenard*, Bc; رَحْوَان *amble*, Ouaday 457.

رَحَاوِي *meunier*, Alc. (molinero). — *Qui doit être moulu*, Alc. (molinera cosa para moler).

رَحَايَة *meule*, Bc.

رخ I c. a. p. *tomber sur quelqu'un et le frapper*, M. — V. n. *baisser la tête ou se baisser*, M.

زَخّ (السرشاش من المطر) petite pluie, M; il ne faut pas confondre ce mot avec زَخّ (voyez), *avalasse*, *ondée*, *averse*, et dans les 1001 N. Bresl. IX, 348, 2, il faut substituer زخ à رخ.

رَخّ, t. de maçon, voyez sous جَلّ.

رَخّ, Le pl. رُخُوخ, 1001 N. Bresl. IV, 79, dern. l. *Condor*, le plus grand des oiseaux, Bc. — أمير الرَّخّة *grand fauconnier*, 1001 N. I, 30, 3 a f. — *Char, chariot*, L, qui donne: *currus* رخ, *quadriga* رخّ ذو اربعة أفلاك Voc.: *currus*, pl. أرخاخ et رخاخ, et en note *roc de scas* (la tour dans le jeu des échecs); — *conducteur d'un char, charretier*; L donne sous *auriga*, qu'il prend d'abord dans le sens ordinaire, et ensuite dans celui de charron: رخّ ثمّ صانع الرخ. Ces témoignages sont importants pour l'histoire du jeu des échecs: ils détruisent l'explication ordinaire, mais fort peu vraisemblable, du mot *rokh*, en esp. *roque*, par lequel on désigne la pièce que nous appelons *la tour*, et qui signifierait un très-grand oiseau plus ou moins fabuleux. Cet oiseau n'a rien à faire avec le jeu des échecs. On sait aujourd'hui (cf. mon article شطرنج) que ce jeu est modelé sur l'armée indienne, qui se composait d'éléphants (فيل, le fou), de chevaux, de piétons et de chars, et l'on a reconnu les trois premiers; à présent on a aussi le char: en Espagne *rokh* était le mot ordinaire pour *char*, et l'étymologie qu'a proposée Sir William Jones — il dérive *rokh*, comme terme du jeu des échecs, de l'indien *rat'h*, en bengali *rot'h*, qui signifie *char*, — est sans doute la véritable.

رَخّبين, chez Freytag, est رُخّبين dans le Gl. Manç.; cf. مرخفين.

رَخْت II لِلحصان, *caparaçonner*; حصان مرخّت *cheval richement harnaché*, Bc.

رَخْت (pers.) *meubles*, Maml. I, 1, 253. — Pl. رخوت, *riche caparaçon d'étoffe de soie* (y compris un harnois), Bc, M. — *Ceinture de soie, garnie de galons d'argent, dont se servent les dames en Asie*, Cafies.

رَخْتَجْ ou راخْتَجْ nom d'une étoffe qui se fabriquait à Naisâbour, Lettre à M. Fleischer 29.

رُخْتوانيّة (formé des deux termes persans رَخْت et بان)

ceux qui avaient le soin et la garde des meubles, Maml. I, 1, 162.

رَخْد (pour رَخْت) *housse*, Bc.

رَخْرَخ II *mollir, manquer de force, céder trop aisément*, Bc.

رَخْرَخة *mollesse, excès d'indulgence*, Bc.

مُرَخْرَخ = اللِّين الطرى, M.

رَخَص *zinc*, Cherb.

رَخَص II *faire baisser le prix*, Ht. — *Attendrir, rendre tendre, bon à manger*, Bc. — Dans le Voc. sous *largitas* et *teneritudo*.

III *desserrer, rendre lâche*, Ht.

IV في الله والنبيّ *dispensare*, Voc.

V dans le Voc. sous *largitas* et *teneritudo*.

VI *cagnarder, vivre dans la paresse, s'acoquiner, s'abandonner à l'oisiveté, caliner* ou *se caliner, prendre ses aises, être indolent, nigauder, s'amuser à des choses de rien*, Bc.

رَخْص, *tendre, aisé à cuire*, a chez Alc. le pl. رُخْص (cochio cosa alvar, cozediza cosa, cozedizo en agua). — العظم الرَّخص, chez le vulgaire, *tendron, cartilage, partie du corps plus dure que la chair, et moins que les os*, Gl. Manç., Voc., Alc. (ternilla en gueso o carne), qui donne le pl. رُخَص. — عظام رُخَص *Abondance*, Bc, qui écrit ce mot avec le *fatha*, mais رُخَص serait plus correct.

رُخْص *tendreté*, qualité de ce qui est tendre, Alc. (ternura). — *Douceur, façon d'agir douce et éloignée de toute sorte de violence*, Bidp. 117, 2, Khatîb 61 r°: استعمل في السفارة من الملوك لرخص (الرخص) ل. السخائم واصلاح الامر, *trop grande douceur, relâchement*, de Sacy Chrest. I, ١٣٩, 6, *largitas* dans le Voc.

رِخْصَة *bœuf d'un an*, Alc. (eral de un año).

رُخْصَة et رَخْصَة *traité où l'on prouve que tel ou tel art* (p. e. la musique, la poésie) *n'est pas défendu par la religion*, Aghânî 5, 1. 18 et p. 221 des notes. — *Pouvoir, droit, faculté d'agir, acte qui constate cette faculté*; رخصة كليّة *plein pouvoir*, Bc.

رَخيِص libertin, débauché, M.

رَخامَة cagnardise, Bc.

مُرَخّص plénipotentiaire, Bc.

رخف VIII se desserrer (dents), Daumas V. A. 501.

رَخْفَة négligence, Martin 192. — Pierre ponce, Bc.

رَخْبين = رُخَيبين petit lait, Bar Ali éd. Hoffmann n° 4340, Payne Smith 1519.

رخم II paver en marbre, Hbrt 187, M. — Lambrisser, Bc.

V quasi-passif de la IIe, Voc. (apocopare).

رَخْم t. de cordonnier, quartier de soulier, M.

رَخَم coll. n. d'un. ة, pélican, Domb. 62, Hbrt 184, Bc.

رَخِم, en parlant d'un tapis, doux, moelleux, M. Peut-être aussi tendre, en parlant de bois, si dans Auw. I, 440, 2 a f., où le texte porte: لأن عودها وحم يـوذيـه الهـواء بسرعة, il faut substituer رخم, comme porte notre man., à وحم.

رَخَم orfraie, Alc. (quebranta guessos ave).

رُخام porphyre, Alc. (porfido piedra preciosa). — رُخام الحَيَّة ophite ou serpentin, Bc. — Marbrier, L (latomus (cesor lapidum); il a deux fois ce mot avec les voyelles رُخَّام), Memor. hist. esp. II, 397, 5, VI, 324, Macc. I, 365, 9, où l'éditeur a fait imprimer à tort رَخّام. — رخامة banc en marbre, Delap. 164; —cadran solaire, Dorn, Catal. des man. or. de Leyde III, 141; رخامة للسحق molette, morceau de marbre en cône pour broyer des couleurs, Bc.

رُخامِى marbrier; l'éd. de Boulac a الرخاميون dans le passage de Macc. I, 365, 9 de l'éd. de Leyde.

تَرْخيم lambrissage, Bc.

مُرَخَّم pendant (moustache), M.

رخو et رخى I lâcher, cesser, Ht, lâcher, laisser échapper ou aller, filer, lâcher peu à peu, relâcher, faire qu'une chose soit moins tendue; رخى السرع lâcher la bride à, cesser de retenir; رخى الشعر défriser, défaire la frisure; رخى كتافه plier, baisser les épaules; رخى الدركين rendre, lâcher

la bride à un cheval; رخى الهلب mouiller, jeter l'ancre; رخى ودنه baisser l'oreille, être humilié, Bc.

II amollir, rendre mou, mollifier, rendre mou et fluide, Bc; affaiblir, amollir, Ht; dans le Voc. sous largitas.

III c. a. p. laisser quelqu'un en repos, Abbâr 121, 5 a f., Amari 513, 2 a f., où M. Fleischer veut lire يُرْخى, au lieu du يُرخى de l'édit.

IV détendre, débander une arbalète, un arc, Alc. (desenpulgar vallesta o arco). — أرخى الشيء lâcher prise, Bc, M. On dit أرخى السمك, quand on laisse tomber les poissons dans le poêle à frire, 1001 N. I, 40, 12. — Se démentir, démordre, se dessaisir, desserrer, Bc. — Larguer, t. de marine, Bc. — أرخى الحزام dessangler, Bc. — أرخى الأزرار déboutonner, Bc. — أرخى عينه baisser les yeux, Bc. — أرخى القبطان délacer, Bc. — أرخى نفسه بلطافة من se couler, se laisser glisser le long de, Bc. — أرخى الهلب jeter l'ancre, Bc.

V dans le Voc. sous largitas. — Plier, reculer, céder, Bc.

VI. تراخيتم علينا vous avez été négligent à notre égard, Roland. — Le n. d'act. impossibilité, Ht.

VIII mollir, faiblir, fléchir, Aboû'l-Walîd 802, 27. — Pendre, descendre trop bas, Bc.

رَخْو lâche (ventre), trop libre, Bc. — Lâche, variant et mou (temps), Bc. — Clair, peu épais, Bc. — Nonchalant, cagnard, paresseux, fainéant, Bc. — رخو fouet de feuilles de palmier, Burckhardt Prov. 202.

رَخِى détente, action du ressort d'une arme à feu, pour le faire partir, Bc.

رَخاء السعر bas prix, bon marché, Djob. 327, 5, 339, 13.

رَخاوا mollesse, qualité de ce qui est mou, Bc.

راخى الشعر chevelu, Bc.

مُرَخِّى lent, tardif, Alc. (espacioso como perezoso). — Engourdi, Ht. — Faible, Alc. (flaca cosa sin fuerças, floxa cosa en el cuerpo); رجل مرخى impuissant, incapable d'engendrer, Bc. — ودن مرخية oreille basse, humiliation, fatigue, Bc. — Epithète d'une espèce de sucrerie, 1001 N. Bresl. I, 149, 10.

إرْتخاء faiblesse, Alc. (floxedad). — Relâchement,

état de celui qui se relâche du travail, Bc. — *Relâchement*, disposition du temps à s'adoucir, Bc.

اِسْتِرْخاء maladie de la vigne qui semble avoir une grande analogie avec l'*oïdium*, Auw. I, 593, 21 et suiv.; cf. Clément-Mullet I, 557, n. 1.

رد I. Le n. d'act. رداد, dans cette expression proverbiale: حبيبك وقتن الاستقراض وعدوك عند الرداد «ami au prêter, ennemi au rendre,» Bc. — *Conjurer*, au fig., détourner par prudence, Bc. — *Rétracter*, désavouer ce qu'on avait dit, Bidp. 17, 4. — *Remettre un membre disloqué*, Gl. Badroun. — *Remettre en grâce*, Alc. (restituyr a la gracia). — رد seul et في عملا رد *réagir*, en parlant d'un corps qui agit sur celui dont il vient d'éprouver l'action, Bc. — *Vomir*, Voc. — T. de jurisprudence, *redhibere*, v. d. Berg 74, n. 1; بَيْعَة بَيْعَة *rédhibition*, action pour faire casser la vente d'une chose défectueuse, Bc. — Suivi de l'acc. et de عن الحق, *pervertere veritatem*, Voc. — فلم يردّ لا يرد *irrévocable*, Bc. — فلم يردّم رد الى *rien ne les arrêta jusqu'à ce qu'ils arrivèrent à*, R. N. 93 r°. — V. n. *retourner*, Fakhrî 68, 4, 1001 N. I, 67, 3 a f. — V. n. *reculer*, et رد اصحابه *se rejeter sur ses compagnons*, J. A. 1849, II, 324, n. l. 5 a f.; cf. la traduction de Quatremère ibid. 1850, I, 272. — رد للايمان *conversion*, changement de foi, Bc. — رد الصباح *rendre le bonjour*, Bc. — رد المظالم *redresser les griefs, réparer les injustices*, Bayân I, 125, Athîr VII, 196, 9 et 10, Amari 452, 3, Cartâs 143, 3; cf. sous رد. — رد كلام *contredit*, Bc. — C. على p. *riposter*, t. d'escrime, frapper en parant, Bc. — C. على *revenir à la charge*, au combat, après avoir plié, Bc. — C. رد عليه, par ellipse, pour رد عليه السلام *rendre le salut*, R. N. 58 r°: فسلم فلم يرد r° 63: وجلس فرد عليه الحجّام وقال ردّ بالك عليه: عليه فقال له *ayez-en bien soin*, Bc (Barb.). — رد من بعض الحديث على بعض *compléter une tradition par une autre*, Gl. Belâdz. — C. عن p. *défendre*, Bc. — C. عن r. *dissuader*; رد عن المنكر *convertir*, faire changer de mal en bien, Bc. — C. في *critiquer*, Abdarî 90 r°: وقرأت عليه مقامات الحريري وكان يرد فيها رداً حسنا وينقدها نقداً محققاً. — C. J p. *répliquer, répondre*, Bc.

V, dans le sens de *fréquenter*, visiter souvent, aussi c. على p., Bc. — متردّد *fréquent*; بتردّد *itérativement*, Bc. — *Aller souvent à la selle, avoir la diarrhée*, Payne Smith 1442. — C. على p. *insister auprès de* quelqu'un, Akhbâr 128, 2 a f., 148, 4. — C. على p. *avoir des soins bienfaisants pour* quelqu'un, Bc. — C. J p. *s'adresser à* quelqu'un, de Sacy Chrest. II, ٣٢, 6 et 7. — *Hésiter*, Ht, Berb. I, 449, 2 a f., 503, 8, II, 133, 2 a f.: تردد في القميص ايامًا «il hésita quelques jours s'il le ferait arrêter ou non,» c. بين, 210, 7, 520, 7, في حياة الرجل او موته «ne sachant si cet homme était mort ou vivant,» Djob. 142, 15, 325, 15 (بين ان — او). *Hésiter à croire*, Prol. III, 290, 11. — تردّد على, en jurisprudence, se dit quand il y a plusieurs opinions sur un fetwâ, v. d. Berg 6, n. 2. — *Résister*, Domb. 129.

VI *se rendre mutuellement* les otages, Gl. Belâdz.

VIII c. عن *être repoussé, séparé de*, Abbad. I, 65, 3. — *Réfléchir*, v. n., rejaillir, être renvoyé (lumière), Bc. — *Se ralentir, se relâcher dans le bien*, Alc. (afloxar en el bien). — ارتد للخير ou للشرّ *changer en bien ou en mal*, Alc. (convertir en bien, en mal).

X *être rendu, restitué*, Moslim ٩٩, vs. 9. — *Recouvrer*, Abbad. II, 14, dern. l., III, 166, 1, Djob. 36, 16.

رَدّ, *la pareille que l'on donne*, comme les étrennes, Alc. (retorno de presente, l'explication fr. est de Victor). — الرَّدّ, pour رد المظالم, *le redressement des griefs*, Mohammed ibn-Hârith 316: ولّاه الامير الشرطة والرّدّ. Le cadi qui à cet effet était armé de pouvoirs extraordinaires s'appelait صاحب الرد, Recherches I, 284, n. 2 de la 1re édit. — Le pl. ردود *des machines de guerre*, J. A. 1869, II, 212. — اصحاب الردود. On appelait ainsi en Palestine ceux dont les ancêtres, après avoir quitté leurs terres par crainte des musulmans, y étaient retournés à la condition qu'ils leur payeraient le tribut qu'ils avaient payé auparavant aux Byzantins, Gl. Belâdz. — جاء بمائة رد *environ*, Voc.

رَدّة *refus*, Bc. — *Son, partie grossière du blé*, Bc. — *Fois*; في الردّة الاولى «pour la première fois», Gl. Bayân. — Pl. رداد *ondée*, ردة من شتا Alc.

ردا

(nuvada de lluvia); de même رِدَاد المطر ondées, Rutgers 164, 11, ce que l'éditeur, p. 170, l. 1 et suiv., n'a pas bien compris. Il me semble que ce pl. رِدَاد est une altération du sing. رَزَاذ, car dans la 2de part. du Voc. pluvia est رَزَاذ, et dans la 1re — ردى. رَزَاذ contre-coup, Bc.

رِدَّى révocatoire, Bc.

رِدِّى chez les Khâridjites, *celui qui connaît la vérité, la doctrine véritable, mais qui la cache*, c.-à-d. celui qui est Khâridjite, mais qui n'ose l'avouer, Kâmil 573, 1.

رَدِيد *réponse à une lettre*, M.

رَدَادَة *ce qui reste dans le crible après qu'on a criblé*, M.

رَدَّاد dans le Voc. sous iterare, sous recusare.

رَدَّادَة *la femme qui chante le répons chaque fois que la pleureuse se tait*, M.

رَادُودَة sorte de *loquet*, M. — رادودة المروج est حديدة يربط بها, M.

مَرَدّ *retour*, Voc. — *Refrain*, Bc, Ztschr. XXII, 106 n.

مَرَّة *fois*; صلبهم جميعا بمردة واحدة «il les fit crucifier tous à la fois,» Gl. Bayân. — *Usufruit*, Macc. II, 672, dern. l., où Fleischer, dans les Add., cite les Ta'rîfât p. 150 éd. Flügel.

مَرْدُود une tradition provenant d'un rapporteur dont l'autorité est faible, et qui contredit une autre tradition digne de foi, de Slane Prol. II, 484.

مِرَادّة فكر réflexion, Bc.

مُرْتَدّ *déserteur, transfuge*, Alc. (enaziado o tornadizo).

ردى V *devenir ou être mauvais*, Voc.

X *trouver pernicieux*, Berb. II, 497, 9.

رِدْى appui, soutien, العسكر ردى للسرية, Becrî 32 (lisez ainsi), « le corps de l'armée étant l'appui des détachements. »

رَدِىّ. Le pl. رَدَايا dans le Voc. — *Funeste, sinistre*, Bc.

ردع

رَدَاوَة الاخلاق *malignité, méchanceté, noirceur*; *immoralité*, Bc.

ردج II *peigner les cheveux*, Voc. — *Serancer, peigner le chanvre, le lin*, Voc., Alc. (rastrillar lino).

رَيْدُوج pl. رَوَادِيج *peigne*, Voc. — *Râteau pour nettoyer le grain sur l'aire*, Voc. (rastrum), Alc. (rastro para arrastrar pajas; sous le *t*, après trocha o rastro: rastro de paja o yerva). Saadiah (de Fez) (dans Aboû'l-Walîd 800, 12) dit à propos du mot קלשון, que Gesenius explique par « *instrumentum* quoddam rusticum tres cuspides habens, probabiliter furca tridens, qua foenum, mergites, stercus similesque res prehendere et tractare solent:» آلة يجمع بها التبن والزبل يسمّونها عندنا ريدوج ۞

ردس

السَّمَرْدُوس les jeunes sauterelles, Hœst 300, Grâberg 117.

ردع I. رَدَعَ رَدْعَة semble signifier *éprouver un échec*, Macc. II, 35, dern. l.: les Yéménites dans l'armée d'Abdérame se dirent en parlant de leur chef: هذا فتى حديث السنّ تخشه جواد وما نأنّس من أول ردعة يردعها أن يطير منهزما على جواده — *Tailler la vigne d'une certaine manière*, man. de Leyde d'Ibn-al-Auwâm, 119 v°; dans l'édition (I, 509) il manque plus de neuf pages.

IV *brider, réprimer*, Voc. (refrenare).

VIII *être rejeté, repoussé*, Haiyân 89 r°: حرب ثمّ كانت لهم 103 v°: ارتدع الناس بها الى الاخبية, كرّة — على اهل العسكر ارتدعوا لها ففلّ منهم الخ Aboû'l-Walîd 222, 29.

ردع «ركب العدو ردعهم l'ennemi les talonna de près,» Haiyân 101 r°.

رَدْعَة échec, perte considérable que fait un corps de troupes dans un combat, voyez sous la 1re forme, Bayân I, 171, 14, Cout. 45 v°: فقال لجبيل لعلّ وقعت عليه هناك ردعة: Haiyân 56 r°: ردعة او هزيمة ووقعت عليهم 76 r°: شديدة فاضطرّ الى ان ترجّل ووقعت على 90 r°: ردعة بعد ردعة ثبتوا لها ساعة 103, احتساب السلطان ردعة تلاقاها القائد ابو العباس وكانت على اهل العسكر ردعة شديدة قتل فيها r°: جماعة منهم ۞

ردغ VIII *être fou*, Gl. Badroun.

ردف II, c. a., dans le sens de la IVe, *faire monter quelqu'un derrière soi sur une bête de somme*, Voc. (trosar).

VI. اسم مترادف على *dénomination qu'on emploie pour désigner plusieurs peuples*, Prol. I, 152, 18.

رِدَاف *rideau*, Hbrt 204 (Alg.).

رَدِيف *lieutenant*, Berb. I, 67, 70, 72, 77, etc. — *Le soldat qui appartient à la réserve*, M. — *Pièce d'étoffe que les habitants du Yémen portent sur le bras pendant le jour, et dont ils se couvrent pendant la nuit*, Ztschr. XII, 402. — Pl. رَدَائِف *anneaux de pieds*, Ht.

رَوَادِيف *est le nom que portaient les subordonnés et les esclaves des habitants d'al-Djordjouma dans le Liban, soit parce qu'ils étaient inclus dans le traité accordé à leurs maîtres, soit parce qu'ils étaient montés derrière leurs maîtres, lorsque ceux-ci se rendirent au camp des musulmans*, Gl. Belâdz.

أَرْدَف pl. أَرَادِف *cygne*, Bc.

أَرْدِيف *bracelet de pied*, Hbrt 22 (Alg.).

مُرْدُوف *celui qui est monté derrière un autre sur une bête de somme*, Ztschr. XI, 477. — مَرَادِيف *des brigands arabes qui sont montés deux à deux et dos à dos sur des dromadaires*, v. Richter 210. — مردوف, *en parlant d'une rime, comme* مُرْدَف, *dans laquelle il y a* رِدْف, *c.-à-d., un* ا*, un* و *ou un* ى *avant la lettre qui forme la rime*, J. A. 1839, II, 164, 4, 165, 9. — *Un* مردوف مُخَمَّس *est un quintain dont le quatrième vers a une autre rime que celui qui précède et celui qui suit*, M.

ردق

رَوْدَقَة pl. رَوَادِيق *perche, gaule*, Alc. (percha, varal vara grande).

ردم I *combler*, Bc (Barb.), *l'embouchure d'une rivière*, Maml. I, 1, 140, 2 a f., *un fossé*, Berb. I, 256, 10 a f., l'anonyme de Copenhague 47: يردمون خندق المدينة (*d'une ville qu'ils assiégeaient*), *un terrain marécageux, en y jetant du sable, des décombres, etc.*, Amari 616, 7 (lisez ردم), dern. l., *un terrain que couvre l'eau, le conquérir sur la mer*, البحر من, Becrî 30, 9, 14. — *Encombrer, embarrasser de décombres*, Bc, Edrîsî ٩٩, 4 a f. — *Ensevelir sous des décombres*, Roland Dial. 564. — *Aplatir la terre avec les pieds, la battre avec la hie*, Alc. (pisar con pison), Gl. Bayân p. 30, où l'on trouve: يَرْدَم عليه التراب, *ce qui est la constr. ordinaire, mais aussi*: ردموا فوقها (النَّقْبَة), Becrî 176: يردم حوله بالتراب, c. a. Macc. I, 370, 13, Auw. I, 189, dern. l. (l. فيردم), 562, 15 (l. واردمه), 1001 N. I, 107, 6 a f. — *Démolir, détruire*, Hbrt 144.

IV = I *fermer une porte*, Payne Smith 1502: أبواب مغلقة أبواب مردمة ☆

VIII *être comblé*, Voc., Becrî 82, 2, Auw. I, 85, 4 a f., 625, 14.

رَدْم pl. رُدُوم *décombres, plâtres*; ردم بيت *débris*, Bc, Hbrt 194, l'anonyme de Copenhague 37, en parlant de l'assaut d'une place: وصعدوا على الردم للبلد, فسربت خنادقهم بالردوم 48: قصدين, 1001 N. I, 326. — *La terre amoncelée sur les bords d'un fossé qu'on a creusé*, Berb. II, 161, 4, *digue*, Djob. 108, 9. — *Ce qu'on jette sur un terrain marécageux afin de le rehausser*, Amari 616, dern. l.

رَدِيم *abatis, bois, maisons abattues*, Bc.

رَدَّام *dans le Voc. sous* inplere (combler).

ردن I *filer* (chat), *faire un certain bruit continu, semblable à celui du rouet*, M.

II *faire un fuseau*, رَدَّانَة (voyez), Voc.

رَدَن Le pl. أَرْدَان, au fig., en parlant de fleurs délicates, qui semblent tissues de filoselle, ou spécialement de leurs étamines, auxquelles le zéphyr arrache des parfums, Fleischer Berichte 243 sur Macc. I, 719, 7 a f.

رَدَّانَة pl. رَدَّانِيس *le fuseau de fer dont se sert le fileur de laine*, Voc. (tornum), Alc. (torno de hilar), Descr. de l'Eg. XVIII, part. 2, 380.

أَرْدَن *ingrat*, Voc.

مِرْدَن *le fuseau de fer dont se sert le fileur de laine*, M, Descr. de l'Eg. XVIII, part. 2, 380.

مِرْزَنَة, t. d'orfévre, est ما يُصَبُّ فيه القالب الذى
قد طُبِع له فى الرمل كالخاتم وغيره, M.

رَدْوَل (esp.) *turbot*, Alc. (rodavallo pece conocido).

ردى I. Le n. d'act. تَرْدَاءً, Diw. Hodz. 143, 3. — C.
ب p. *fouler aux pieds*, Gl. Belâdz.

IV. ارداه عن فرسه *il le fit tomber de son cheval*, Gl. Fragm.

V c. من *quitter* une ville, J. A. 1852, II, 220, 9.

VIII *tomber*, 1001 N. I, 49, 5.

رَدَاءَة. Chez Lane on trouve la remarque de quelques grammairiens que ce mot est masc., et qu'il n'est pas permis d'en faire un féminin. Cette remarque donne à penser que quelques auteurs l'emploient néanmoins comme un fém., car sans celà elle serait inutile, et je trouve en effet chez Cout. 39 v°: لولا هذا النظام وامثاله وقصرِنا ايدى الظلمة والمتعدّين
لَسُلِبَت رداءك من دارك الى الجامع. — *Portière, rideau devant une porte*, Alc. (antepuerta, paramento delante).

ردل II c. a. dans le Voc. *deteriorare*, et aussi sous *malus*; *avilir, bafouer, dégrader*, Bc; ترذيل 1001 N. IV, 476, dern. l., où Lane traduit *contemptuous treatment*; — *prostituer*, avilir sa dignité, son talent, Bc; — *détremper*, ôter l'énergie de l'âme, Bc; — *rabattre*, abaisser, réprimer l'orgueil, Bc.

V dans le Voc. sous *deteriorare* et sous *malus*; *s'avilir, se dégrader, se ravaler*, Bc.

VI *faire, dire des polissonneries*; c. مع p. *tenir une conduite indécente, être grossier, malhonnête envers* quelqu'un, *faire des impertinences, dire des insolences à* quelqu'un (فى الكلام), Bc.

VII *être vil*, Payne Smith 828, 1546.

رَذْل. Le pl. رَذَال dans le Voc. — *Lourd, ennuyeux*, Bc. — Pl. أَرْذَال *malotru*, Bc. — *Pataud*, Bc.

رَذَلَة *faute*, Cherb. Dial. 5.

رَذَالَة *lourderie*, faute grossière contre le bon sens, la bienséance, Bc. — *Platitude* (dans les écrits, discours), Bc. — *Polissonnerie*, Bc. — *Gros mots, paroles déshonnêtes, ordure, paroles sales*, Bc.

رَذِيلَة *abomination*, Ht.

رز I c. a. p. *donner à quelqu'un des coups de poing violents ou beaucoup de coups de poing*, M.

رُزّ, *riz*, a chez Bc. le pl. أَرْزَاز.

رِزَّة pl. رِزَز (Bc رُزَز) *gond*, Alc. (visagra de mesa), Bc, *penture*, Bg, *crapaudine*, Bc, *piton*, Ht (*pilon* est une faute d'impression), Auw. I, 150, 16 (cf. Clément-Mullet I, 133, n. 2), *piquet de fer*, Bc. — En Afrique, *turban* plissé comme une pelotte de coton, à l'usage des cadis et des mouftis, Bc, Hbrt 21, Defrémery Mémoires 155, Pflügl LXVII, 6; de là رزة اربعين *quarante docteurs*, J. A. 1851, I, 83, n. 18. Mais au Maroc ce turban n'est pas particulier aux gens de loi, car en dérivant l'uniforme des cavaliers réguliers, Godard, I, 149, nomme « le rza, turban qui entoure la partie inférieure du bonnet.»

مِرَزز. Le Voc. a مرزز أو مغزز sous *violencia*.

مِرَزَّة. M. Devic, 168, en dérive l'esp. *mortaja* et le fr. *mortaise*.

رزأ II et V dans le Voc. sous *infortunatus* et *lascivire*.

مَرْزُوء *infortuné*, Chanfarâ dans de Sacy Chrest. II, ۱۳۱, 7; cf. sous رزى.

رزب.

مُرْزَبَّة ou مِزْرَبَّة *bâton court et gros*, M.

رزح I se dit d'un malade qui est encore trop faible pour se lever, ou de celui qui s'est beaucoup fatigué en marchant, M.

رَزْطَبَل, n. d'un. ة. Alc. donne: abispon [dans les dict.: frelon, guêpe], raçtábala, coll. raçtabal. Je pense que c'est un mot composé et contracté. Raç me semble d'origine berbère, car dans le Dict. de cette langue je trouve pour *frelon* et pour *guêpe* أَرْزَاز, et dans *tabal*, je crois reconnaître اصطبل, la forme arabe bien connue de *stabulum*. C'est donc proprement *le frelon de l'étable*, l'insecte qui tourmente de ses piqûres les bœufs, les chevaux, etc. c.-à-d., *le taon*. Alc. a sans doute pris *abispon* en ce sens. Nebrija donne: «abispon o tavarro, crabro,» et dans son dict. lat.-esp.: «crabro, el tabarro, o moscarda,» mots qui signifient *taon*.

رزع I, aor. *a*, *assener, porter un coup violent, rosser* Bc, *battre*, Hbrt 115.

رزق VIII *accepter des présents*, Macrizi II, 31, 6 et 7

(cité par M. Defrémery dans son article sur le Tha'â-
libî de M. de Jong, p. 18, n. 1 du tirage à part):
وامره العزيز بالله ان لا يرتفق اى يرتشى ولا يرتزق
يعنى انه لا يقبل هدية

رِزْق revenant-bon, profit, bonne fortune, bonheur
imprévu, Bc. — Bien, fortune, propriété, richesse,
Bc, Ht, Macc. I, 302, 13, 14 et 16. — La richesse
générale, l'abondance de toutes choses, Carette Kab. I,
81. — Domaine, biens, fonds, Bc. — Nourriture, Gl.
Edrîsî. — بِرِزْق fertilement, abondamment, Alc. (fer-
tilmente). — باب الرزق gagne-pain, p. e. الشبكة باب
رزقك «le filet est ton gagne-pain,» Bc.

رِزَق pl. رَزْقَة donation ou fondation religieuse destinée à l'entretien des mosquées, Descr. de l'Eg. XVIII,
part. 2, 319.

رَازِقَة portion (certaine quantité d'aliments), Payne
Smith 1498.

رَازِقِى Les raisins qui portent ce nom sont petits,
blancs et à très-petits pepins, Burton I, 387. — Lis
blanc, et الرَازِقِى الدَقْن (cf. Gl. Fragm.) l'huile qu'on
en tire, Bait. I, 432 d, 488 f; mais selon l'auteur
du Gl. Manç., رازق est huile de jasmin, qu'on appelle
aussi رازقى. Il ajoute que l'origine de ce mot,
qu'on emploie, dit-il, en parlant de raisins, de verre
et de toile de lin, lui est inconnue.

أَرْزَق, رَازِقِيَّة nom d'une étoffe de lin, synonyme de رَازِقِيَّة
à ce qu'il semble, Vêtem. 261.

رزم I est farcire dans le Voc., et peut-être ce verbe
signifie-t-il affirmer une marchandise en la pressant
dans la balance chez Cabbâb 118 r° et v°: وسئل
مالك عن الرزم والتحريك فى الكيل مثل ما يصنع اهل
المغرب اترا ذالك فقال ما ارا ذالك وتركه أحبّ الىّ
قيل له فكيف يكال قال يملأ الوعبة من غير رزم ولا
تحريك ثم يمسك الكيال على راسها ثم يسرح يده فهو
الوفاء

II réunir des rames de papier, Gl. Esp. 334. —
Envelopper, Martin 120.

VIII dans le Voc. sous farcire.

رَزْم pl. رِزْمَة ballot, Gl. Esp. 333. — Paquet ou
faisceau quelconque, p. e. faisceau de fouets ou cra-
vaches, faisceau de cuirasses, paquet enveloppé dans
du papier, paquet, lettres sous enveloppe, ibid. —
Ballot de papier, rame, Gl. Esp. 334, Voc., l'auteur
du Inchâ chez Quatremère Mong. p. cxxxv b: «Vingt-
cinq feuilles du papier Mançourî composent une main
دست, et la rame الرزمة est formée de cinq mains,»
Ibn-Abdalmelic 183 r°: فذكرت ذلك لأبى رحمه الله
كاغد واشتغلت بكتابة الحديث (sic) رِزْمَة فى اشتريت
Cahier, Khallic. VII, 54, 8: رزمة العلم 6 .l = الكتاب
R. N. 88 r°: وكان ربيع القطان فى اول عمره شديد
الطلب للعلم كثير الحرص فلما تفقّه اقبل على العبادة
وترك دراسة العلم — — راى رزمة (sic) المُدَوَّنة فقال
واشار اليها لقد طال ما شغلتنى عن الله عزّ وجلّ
96 v°: avant de commencer sa leçon, un professeur
voulait attendre l'arrivée d'un de ses disciples, mais
comme il attendait en vain, quelqu'un lui récita un
vers dont le second hémistiche était: جوع الجماعة فى
انزلوا الرزمة; alors le professeur dit: انتظار الواحد
واقرءوا. On voit qu'au lieu de rizma, on dit aussi
rozma. — Rôle des contributions, M.

رَزْمَة voyez l'article qui précède. — Grosse, douze
douzaines, Bc.

رَزْمَانِيَّة rôle des contributions, M; cf. رَسْمَانِيَّة.

رَزَّامَة pilon, Cherb.

رَزِيمَة camomille, Ht.

رزن.

رزن (رزين?), comme رَزِين, rassis, grave, réfléchi, Bc.
Le pl. رِزَان dans le Voc. — حزين رزين se
dit, على سبيل الاتباع, pour fort triste, M; souvent
dans Bâsim, p. e. 39: رجع الى طبقته حزين رزين.

رَوْزَنَة est aujourd'hui: une espèce de lucarne, qu'on
ouvre quand on va ôter la poussière, et qu'on re-
ferme quand la besogne est achevée, M.

أَرْزَن pl. أَرَازِن gourdin ou aiguillon, Payne Smith
1151.

رزنامه (composé des mots pers. روز, jour, et نامه, livre)
almanach; — contrôle, registre de vérification d'un
rôle, d'un registre, Bc.

رزنماجى (composé du mot qui précède et de l'affixe turc) *contrôleur*, Bc.

رزى مُرزّى, pour مرزّأ, *infortuné*, Voc., Ibn-Hazm, Traité sur l'amour, 101 v°.

رسّ I voyez Gl. Mosl.

رسّ pl. رِساس *mine* (معدن), Gl. Mosl.

رسب II causatif de I, M sous أحراق.

IV *faire descendre* une corde dans un puits, 1001 N. Bresl. VI, 288, 11.

V = I *déposer, laisser, former un dépôt* (en parlant de liquides); مترسّب *féculent, chargé de lie*, Bc.

رُسوب. On trouve رُسوب (cf. Golius, Lane) dans le Gl. Manç. (sous le mot même et sous تعلّق), où on lit que c'est proprement un n. d'act.; puis: وعند الاطبّاء ما يسفل فى البول من الثفل وقد يسمّون ايضا به المتعلّق فى الوسط والطافى ايضا اصطلاحا متعارف ۞

راسب *dépôt, sédiment, précipité*, Bc.

رستامية *soutane, habit long des prêtres*, Bc.

رسح مَرسَح pl. مَراسِح *endroit où l'on joue et l'on danse; — réunion pour tout autre objet*, M.

رسخ I *s'arrêter sans pouvoir aller plus loin*, Prol. I, 177, 8. — *S'obstiner*, Alc. (ostinar).

II *affermir*, Voc. — *Attacher* (avec un clou), M (sous بجّن).

III. مراسخ فى الشرّ et فى الخير, *habitué au mal, au bien*, Alc. (envejecido en mal, en bien).

IV *graver, imprimer fortement dans la mémoire, dans le cœur*, Bc.

VIII *s'affermir, prendre racine*, Voc., de Sacy Chrest. II, 323, 3 a f.

رسّخ. Pour indiquer quatre degrés ou manières dans la doctrine de la métempsycose, on a formé, à côté de نسخ et مَسخ, deux mots nouveaux, à savoir فَسخ et رَسخ, Chahrastânî 133, 2 a f.

راسخ *obstiné*, Alc. (ostinado).

رسراس *asphodèle*, voyez sous أشراس. — *Poudre pour colle*, Descr. de l'Eg. XII, 130 (risrâs).

رساط ? est chez les Arabes (عند العرب) *l'espèce de gelée, qui s'appelle en Orient* فالوذج, *et au Maghrib* صابونجة, Gl. Manç. v° فالوذج.

رسع II *construire*, Voc.

رسل II, dans le Voc. sous epistola, signifie *écrire des lettres officielles en prose libre*, c.-à-d. sans rimes, ou avec peu de rimes, selon la définition qu'on trouve Prol. III, 324, 12; mais c'est aussi souvent *écrire des lettres officielles en prose rimée*; cf. Abbad. I, 6, n. 23, Gl. Bayân, Haiyân 35 v°, Berb. I, 429, 2 a f., 445, 2, 541, 7 a f. De là الترسيل *le talent d'écrire de ces lettres*, Berb. I, 430, 12.

IV. *Envoyer chercher un tel* est ارسل عن فلان (cf. sur cet emploi de عن ma Lettre à M. Fleischer 38), Haiyân-Bassâm I, 10 r°: وكان قد بادَرَ فى الإرسال عن جماعة من وزرائه, 30 v°. — *Lancer, débucher* une bête fauve, en parlant d'un chasseur, Gl. Fragm.

V *s'envoyer des ambassadeurs*, Macc. I, 511, 2 a f. — Même sens que celui que j'ai indiqué sous la IIe forme, Voc. (epistola), Abbad. I, 7, n. 23, Fakhrî 388, 12, Meursinge 6, l. 14, Nowairî Afrique 30 r°: تعلّم للخطّ والترسّل ۞

VI c. مع *entretenir commerce de lettres avec*, Bc, dans le Voc. sous epistola.

X. مسترسلًا *négligemment*, Macc. II, 417, 3 a f. — C. فى *se laisser aller, s'abandonner à*, Macc. II, 800, 21: قد استرسل فى اللذّات وركن الى الراحات, cf. 832, 10, Prol. II, 260, 1: الانهماك فى الشهوات يسترسل فى اطلاق عنان, والاسترسال فيها Khaṭîb 18 v°: — C. على et فى *persévérer dans*, Voc. — *Avoir la dyssenterie*, Gl. Manç.: خراطة هو ما ينجرد من المعى عند الاسترسال ۞

رَسل et رُسل, pl. أرسال et رُسول (Voc.), *messager, ambassadeur*, Lettre à M. Fleischer 73—4.

رَسلة *peu à peu, lentement*, Voc.

رَسول *apôtre*, Bc. — *Un sergent chargé d'exécuter les arrêts*; il y a aussi de ces officiers subalternes attachés aux *medreseh*, Maml. II, 1, 136; رسول تحكّم *huissier*, Bc.

رَسيل *collègue*, Bayân II, 270, 2 a f.

رِسَالَةٌ *présent que l'on porte à quelqu'un*, R. N. 57 v°: « Veux-tu me vendre ces deux poissons? — Non, pas même pour un dinâr, لِأَنَّها مَعِي رِسَالَة. — Pour qui? — Pour Abou-Hâroun al-Andalosî. » *L'emploi de* رَسُول, *de sergent chargé d'exécuter les arrêts*, Bâsim 68: فقَبَّل القَاضِي صنعتَك حَدَّاد ومن اين لك الرِسالة فقال له من امس عبرت للرسالة.

رَسِيلَة *servante*? 1001 N. Bresl. XI, 376, 11.

رَسُولِي *apostolique*, Bc.

رَسُولِيَّة *apostolat*, Bc.

حَمَام رَسَاقِي *pigeons messagers, pigeons destinés au transport des dépêches*, Maml. II, 2, 116.

رُسَيل, pl. رَسَاسِيل, *en Espagne, orgelet, petit bouton qui se forme sur le bord de la paupière*. Alc. traduit *orçuelo que naçe en el ojo par* ruçal, pl. raciell. Il faut lire ruçâl, qui est une altération de l'esp. *orzuelo*.

إِرْسَالِيَّة *envoi, expédition*, Bc.

الكَلَام المُرْسَل. مُرْسَل *prose simple et libre, sans rimes*, Prol. III, 322, 9 et 10, Djob. 2, l. 16, Macc. III, 436, 17, de Slane Prol. I, p. xxxvIII. — T. de maçon, *en parlant d'une muraille*, *longue et isolée, comme celle d'une ville*, M. — Le pl. مَرَاسِل *lettres*, Autob. 211 v°: انشاء مخاطباته ومراسله. — مرسل عوض *retrait, t. de commerce, envoi en retour*, Bc. —

مُرْسَلَة *en gros*, Gl. Edrîsî.

مُرْسَال *commissionnaire, messager, envoyé, exprès*, Bc, M, 1001 N. IV, 631, 3. *Sous commission (prix d'une)*, Bc a: والمُرسال خالِص الأُجرة « *la commission est payée*. »

مُرَسُّل *messager, ambassadeur*, Alc. (enbaxador, enbiado). — *Apôtre*, Calendr. 66, 4.

مُرَاسَلَة *se dit de ce qui ne se fait pas en un coup, mais successivement*, M.

رسم I *écrire* (Lane), Lettre à M. Fleischer 126. — *Décrire, tracer*, Bc, *describere*, Voc., *tracer*, Alc. (traçar), *tracer une carte*, Prol. I, 87, 2 a f., *tracer le plan d'une ville à bâtir, etc.*, Nowairî Afrique 41 v°: ورسم ابن السبع المَدينة والصناعة والميناء (sic) وأمر الناصر من ساعده بالبناء. وموضع القصر واللؤلؤ, Hist. Tun. 89: ورسم الكفّار قَلعةً خارجَ باب البَحر (*le bastion*). — *Proprement décrire*. On dit: Ibn-Hazm était d'abord attaché aux doctrines d'ach-Châfi'î حتى رُسم به ونُسب إليه, c.-à-d. qu'on lui donnait le nom de Châfîîte, Haiyân-Bassâm, I, 41 v°. *L'expression* مَرسُوم ب *s'emploie dans la même acception que* ب موصُوف, Khatîb 58 r°: مرسوما بصداقته; Abbâr 180, n. 3: بِبلدِه المَرسُوم بِوِلَايَة والدِه, c.-à-d. « qui portait le nom de son père, » *comme on lit ibid. dans le texte*, l. 4: السَّهلة المنسُوبة إلى بني رزين. — *Dans le sens de prescrire, ordonner*, aussi c. r., Vêtem. 270, 5. — *Inscrire sur un registre*, Abbad. I, 427, 2 a f. et suiv.; *de là* رسمه في خدامته *il l'admit à son service*, Berb. I, 472, 6 a f. — *Intituler un livre, avec* ب *du titre*, Abbad. I, 216, n. 65. — *Crayonner, dessiner, ébaucher, esquisser, tracer, tirer, faire le portrait de quelqu'un*, Bc, Domb. 122, Hbrt 96, Ht, Prol. I, 267, 16: رسم التماثيل. — *Broder*, Djob. 148, 11. — رسم بالذهب *dorer*, Djob. 163, 16. — *Imposer un tribut*, Macc. I, 130, 7: الأموال المَرسُومة. — *Consacrer ou sacrer un évêque, un prêtre*, *ordonner, conférer les ordres de l'Église*, Bc, Hbrt 154, M. — *Tonsurer*, Bc. — *Dédier, consacrer au culte, inaugurer, dédier*, Bc.

II *décrire, donner la forme de*, Reinaud F. G. 37, n. 2, 38, n. 1, 41, n. 1, n. 3. — C. على p. *faire garder quelqu'un à vue*; aussi c. على et acc., p. e. « رسّم عليه عشرين علوكا *il le fit garder à vue par vingt mamlouks*. » *On dit encore* جعل عليه بالترسيم, *où* ب *est* للمجاز. Voyez Fleischer Gl. 16—8, Freytag Chrest. 51, dern. l., Vêtem. 271, 1: ولا يزالوا مُرَسَّمين على بابه حتى ياخذوا منه ما قررو عليه « *ils restèrent postés devant sa porte, jusqu'à ce qu'ils eussent reçu la somme qu'ils exigeaient*. » Cf. ترسيم. — *Garnir*, J. A. 1849, II, 319, n., l. 6 a f.: مُرَسَّم « *une lance garnie de deux côtés de feutre rouge;* » cf. 321, n., l. 9: رماحَهم بالبارود, *où Reinaud traduit aussi garnir*.

V. ترسّم بالعِلم *avoir la réputation de savant*, Koseg. Chrest. 119, 4 a f. — *Être posté quelque part, afin de garder un prisonnier*, Fleischer Gl. 17, Khallic. I, 214, 11 Sl.

رسم

VIII *être écrit*, Auw. I, 193, 3 a f. — Proprement *être décrit*; مرتسم ب s'emploie dans le même sens que موصوف ب ou متّسم ب, Djob. 280, 3: وهو كان أبو جعفر متّسم بالخير ومرتسم به, Khatîb 52 v°: ابن عطية من الرجالة مرتسماً بالرمايّة. — *Être inscrit sur un registre, un rôle*, Abbad. I, 37, 10, 74, n. 14, 427, 3 a f., 428, 3, Macc. II, 589, 3, Cartâs 44, 2 a f., Berb. I, 501, 6, Khatîb 33 r°: ولديه ثبّت الإحسان المقرّبين بغرناطة, Calâïd 64, 14: وارتسم. — De là: *obtenir un emploi*, Abbad. I, 7, n. 23, Berb. I, 548, 5 a f., Khatîb 64 v°: ولما ولي يحيى قرطبة ارتسم لديه برسم. — C. ب *prendre, porter le titre de*, Abbad. I, 221, 4: المرتسمون بالوزارة, 6 a f.: ارتسم باسم القضاء, Haiyân-Bassâm I, 106 v°: المرتسم بالكتابة «qui portait le titre de câtib,» Haiyân 99 r°: الذي قدّمنا ذكره وارتسامه بالرباط لتكرّره في الثغور وترغيبه للجهاد c.-à-d. qui portait le surnom de مرابط, Djob. 243, 1, 329, 1. — C. على p. *être posté* quelque part *pour garder* un prisonnier, 1001 N. Bresl. IX, 228, 12. — *Être consacré prêtre*, Bc, M; ارتسم كاهن *prendre les ordres*, Bc, *être ordonné prêtre*, Hbrt 155; ارتسم شمّاس *être ordonné diacre*, Bc.

رَسْم *écriture*, Djob. 106, 2. — رَسْم pour الرَّسْم المُصْحَف, Macc. I, 550, 14 et dern. l., Prol. III, 260, 14. — *Description*, Voc. — *Scénographie*, t. de mathém., représentation en perspective, Bc. — رسم *cosmographie*, رسم السماء *uranographie*, Bc. — *Inscription*, Djob. 107, 17. — *Trait*, ligne tracée avec la plume, Bc, Prol. II, 338, 2, Berb. I, 654, 5, Macc. I, 364, 5. — *Lettre* d'un dictionnaire, Gl. Manç v° وقد تقدّم في رسم النّاء في رسم لحم مجزوع التجزيع (cet article تجزيع manque dans notre man.). — *Article* d'un dictionnaire, voyez le passage du Gl. Manç. qui précède, Bait. I, 155 m: وقد عرض 233 b: الغافقي بذكرها في حرف الالف في رسم الأفيون, وقد ذكرته في حرف الشين المعجمة في رسم شقرديون, Ibn-Abdalmelic 2 r°: اجاز له المشرقيون في رسم ابي, الطاهر احمد بن علي. — *Partie, division* d'un livre, synonyme de فصل, Ibn-Abdalmelic 2 v°: وكتاب

منهاج الكتّاب انشدت رسائله وبوّبته على خمسة عشر بابا ورتّبته على ثلاثة رسوم فصل الى من هو فوقك وفصل الى من هو مثلك وفصل الى من هو دونك. — *Paraphe*, synonyme de عَلَامَة, Alc. (signatura de baxo). — *Apostille* qu'on écrit sur le dos d'un billet et dans laquelle on énonce le montant de la somme qu'on a touchée, Bat. II, 91. — *Acte, note officielle*, Ht, Ghadamès 19, dern. l., J. A. 1843, II, 223, 1851, I, 62, 12, 1852, II, 213, 2 a f., Macc. II, 352, 2 a f., III, 438, 8, de Sacy Dipl. IX, 486, 10. — *Mot, parole*. Après avoir donné la définition des termes كَمّيَّة et كَيْفِيَّة, l'auteur du Gl. Manç. ajoute: ولا حاجة لنا بذكر ما في هذين الرسمين من الخلاف عند المنطقيين. — *Charme*, Vansleb 414. — *Auspice*, L (auspicuum sic) (تَفَوُّل ورَسْم ايضاً). — *Croquis, esquisse, ébauche, dessin, plan figuratif*, Bc, Hbrt 96, Alc. (debuxo en escorte; رَسْم صورة *figura de traços*), Djob. 197, 1. — *Canevas, dessein, plan* d'un ouvrage, Bc. — *Projet*, Bc. — *Compartiment*, dessin, partie disposée symétriquement avec d'autres, Bc. — *Linéament*, trait, Bc, Djob. 39, 10; ainsi *linéaments, traits*, Abbad. I, 244, 2 a f., 267, n. 49. — *Caractère, marque, empreinte*, Bc. — *Bordure*, Djob. 81, 9 et 12, 181, 13, 193, dern. l., 229, 20, Macc. II, 439, 19. — *Costume*, Soyoutî dans de Sacy Chrest. II, 267, 11: واما قاضي القضاة الشافعي فرسمه الطرحة وبها يمتاز, Martin 117. — *Usage, coutume*, de Sacy Chrest. I, 275, Vêtem. 387, 8 a f.; رسوم المملكة *les usages de la cour*, de la royauté, de Sacy Chrest. II, 183, 4 a f., Berb. I, 557, 6 a f., 598, 9 a f. et 3 a f., II, 246, 9, Nowairî Espagne 462—3: اقام ابهة المملكة ورتّب رسومها. De même Berb. I, 631, 5 a f.: اجرى الرسم في الخدمة على مناني علمه (de Slane: «pour se conformer au cérémonial prescrit, il fit,» etc.). On dit رسم الدعوة, quand la reconnaissance d'un souverain se borne à le nommer dans la khotba, Berb. I, 568, 3. L'expression اقام رسمها signifie *se conformer à une coutume*, de Sacy Chrest. II, 183, 4 a f., Tha'âlibî Latâïf 13: Abdalmelic ibn-Merwân fut le premier qui fît graver des lettres arabes sur les monnaies, وكتب الى الحجّاج في اقامة رسمه. — *Impôt*, Bc, Hbrt 210, M, Freytag Loem. 41, 8, Macc. I, 130, n. g, Nowairî Espagne 477: وقرى كتاب

، اخر من محمد باسقاط رسوم جارية وقبالات مُحْدَثة
Edrîsî, Clim. II, Sect. 5: معلوم شيء وجانيبها ولوائبها
وامّا رسوم: Khatîb 186 v°, ورسم ملزوم على المراكب
غريبة فكانت قبالاتها والملاح، الاعراس — .°r 187
sing. et au pl., *traitement*, *appointements*, Koseg.
Chrest. 123, dern. l., de Sacy Chrest. I, cf., 5, 1001
N. II, 252, 13, 261, 7 a f. — *Poste, emploi, charge,
fonctions, devoirs d'une charge*, Abbad. I, 7, n. 23,
II, 160, 4, Prol. II, 20, 3, Berb. I, 473, 1, Khatîb 23 v°: وقام بالرسم المضاف — تقدم قاضيا بغرناطة
الى ذلك وهو الامامة بالمسجد الاعظم منها ولخطابة
بقلعتها الحمراء. L'expression اقام الرسم signifie ordinairement *remplir provisoirement un emploi*, Berb. I,
518, dern. l., 532, 7 a f., 536, 1; mais لم رسم اقام
الحجاب، 574, 10, semble simplement: « il remplit auprès de lui le poste de hâdjib, » comme 576, 5, où
de Slane traduit toutefois « vice-chambellan; » cf. II,
166, 9 a f.: اقام كاتبه بباب السلطان على رسم النيابة
Macc. III, 767, 19: رسمه من لخدمة لاقامته, man. B
dans Khatîb 39 r°: واقام الرسم بها يسيرا « il remplit
pendant peu de temps le poste de secrétaire à Grenade, » 78 r°: مقيمين لرسم الكتابة, Autob. 217 r°:
Je fis accompagner l'émir par mon frère حافظا للرسم
où de Slane (Prol. I, p. XLVII) traduit avec raison:
« que je chargeai de remplir, par intérim, les devoirs de cette charge. » — *Demeure*, *domicile*, Macc.
I, 363, 5. — *District*, *province*, Antar 52, 1: ان
الملك قيصر ملك الروم، صاحب انطاكية وتلك الرسوم
— *Inauguration*, Bc. — *Ordination*, Bc. — Dans un
sens très-vague, presque dans celui de امر, Khatîb
100 v°: واستولى على مُلك المغرب فاقام به رسما عظيما
برسم — واموا جسيما, suivi du génitif, *pour*, *à
cause de*, *destiné à* (cf. Freytag à la fin), M, Bidp.
28, 5 a f., Maml. I, 1, p. VIII, p. 13, Djob. passim,
p. e. 38, 10, Cartâs passim, etc.

رسم *marchant avec rapidité*, Abbad. I, 96, n. 125.

رَسْمَة *inscription, acte, enregistrement*, Ht. — *Tonsure*, Bc.

رَسْمَة pl. رَسْم, *tache et raie*, Diw. Hodz. 64, 8 et 9.

رَسْمِي *ce qui fait loi, autorité, ce qui sert de règle*,
M. — العلم الرسمي *la théorie*, Ghazâlî, Aiyohâ

'l-walado 4, 2 6d. Hammer. — *Scénographique*, Bc.
— *Inaugural*, Bc.

رَسّامِيَّة *inventaire*, Ht; cf. رَسّامِيَّة.

رَسَّامَة *projection*, représentation d'un plan sur un
corps, Bc. — *Consécration* d'un prêtre, Bc, M.

رَسَّام *peintre*, Macc. I, 403, 6, Macrîzî, man., II,
354: عدّة حوانيت للرسّامين — رسّام الارض *géographe*, Bc.

راسم *dessinateur*, Hbrt 96.

ترسيم *l'ordre par lequel on donne à quelqu'un des
gardes qui doivent l'empêcher de s'enfuir; — la condition de celui qui est gardé*, Fleischer Gl. 16; *consigne, punition militaire, défense de sortir*; جعل
تحت الترسيم *mettre à la consigne, aux arrêts*, Bc;
cf. Macc. I, 693, 1, Meursinge 26, 16, Rutgers
189, 14. — لوح الترسيم *planche à dessiner*, Amari
18, 9, 19, 1.

مرسوم, en parlant d'une lettre, est celle qu'on
écrit, mais qu'on ne prononce presque pas, Fleischer
Gl. 12. — *Broché, broché d'or*, Vêtem. 378, n. 5. —
Pl. مراسيم et مراسم, *commandement*, *ordre* d'un
prince, surtout *ordre écrit*, Fleischer Gl. 16, M, Hbrt
205, Bat. III, 199, Berb. I, 631, 6 a f., II, 535,
8. مرسوم بالتشييع *lettre de congé*, *passe-port*, Autob.
215 r°, 2 a f. — Chez Ibn-Khaldoun le sens du mot
مراسم varie. On trouve Prol. II, 295, 3 a f.: المراسم
الشرعية *les préceptes de la loi*, Berb. II, 485, 5 a f.:
مراسم الاسلام *les préceptes de l'islamisme*. Mais il
signifie aussi: *les honneurs d'usage*, Prol. II, 295, 13,
Berb. I, 398, 16 et 17, II, 113, 14 et 15, 497, 1.
مراسم الملك *les usages de la cour*, Berb. II, 142, 3
et 7, 228, 8 a f. مراسم لخدمة *les emplois de la cour*,
Berb. I, 532, 4 a f. مراسم الجهاد *les emplois militaires*, II, 390, 8.

ارتسام, dans la religion chrétienne, *les ordres*,
Hbrt 154.

رسمل I *capitaliser*, Ht, 1001 N. Bresl. XI, 5.
II et V dans le Voc. sous *capitale*.

رسمال (formé de رأس مال), dans le Voc. رَسْمال,
pl. رَسامِل, *capital, fonds, mise, principal*, Voc, Bc;
رسمال اللعب *cave, mise au jeu, enjeu*, Bc. —

رس

رِشْمَال prix coûtant, le prix qu'une chose a coûté, voyez sous رَأْس.

مترسمل capitaliste, Bc.

رسن

رسان nom d'une sorte d'étoffe, Holal 9 v°: الـ شقّة من الرسان; telle est la leçon des trois man.; chez Macc., II, 711, 4, on trouve الرصان.

رسن (esp. rocin) pl. رساسين bidet, petit cheval, Alc. (haca pequeño cavallo).

رَأْسَن, الراسن المصرى, Payne Smith 1013.

رسى et رسو I, mouiller, jeter l'ancre, se construit c. على, près de, p. e. على جزيرة, على مدينة, Bat. IV, 62, et 1001 N. I, 93, 15, III, 18, 10; على البرّ aborder, prendre terre, Bc; aussi c. فى toucher, aborder, Bc.

IV. Dans le sens de mouiller, jeter l'ancre, on dit aussi ارسى بالمركب, Nowairî Espagne 438, et ارسى seul, Fleischer Gl. 19, Hœst 187, المخطاف, de Sacy Chrest. II, 56, 7, Djob. passim. — Jeter le filet, Edrîsî, Clim. VI, Sect. 6: انّ الصيّاد اذا ارسى شبكته وتعلّق بها هذا السمك (leçon de B; A ارمى بشبكته). — Tirer un vaisseau de l'eau, Alc. (naves sacar del agua). — Lester un vaisseau, Alc. (alastrar la nave, lastrar la nave).

رسى crabe ou autre crustacé qui lui ressemble, Gl. Manç.: رسى هو صنف من حيوان الماء صغير وقيل انّه القمرون والاشبه انّه غيره ولا يبعد ان يكون من جنسه ۞

رَوَاسى t. de mer, poulie, J. A. 1841, I, 588.

مَرْسَى ancre, Voc., Gl. Djob., Hbrt 128.

مِرْسَاية ancre, Bc, Hbrt 128.

رسيفون la casse, Laurus Cassia, Sang.

رش I. Le n. d'act. رَشَاش dans le Voc. — C. على saupoudrer; رش دقيقا على et رش بدقيق enfariner; رش لبّة خبز على paner, couvrir une viande de pain émietté, Bc; le M donne de même: رش الملح وحوه. — (ذَرَّه =) رش الكحل فى العين et رش على الطعام Lancer des projectiles légers, Quatremère J. A. 1850, I, 252—3.

I

VI s'arroser l'un l'autre, Vêtem. 271, 3.

VIII dans le Voc. sous aspergere.

رشّ, cendrée, petit plomb pour la chasse, Domb. 81, Bc (رش رصاص), Quatremère J. A. 1850, I, 253.

رَشَّة filet, petite quantité, quelques gouttes; ondée; رشّة مطر مع برد giboulée, Bc.

رَشَاش petite pluie, pluie douce, Aboû'l-Walîd 783, 32.

رَشَاش la saison des pluies, Ouaday 285.

رشاشة goutte; — pluie, de Jong. — Arrosoir, Bc.

رشاشى La coudée رشاشى, ou مكّى, avait trois empans, Gl. Edrîsî.

رَشَّاش dans le Voc. sous aspergere.

مَرَشّ arrosoir, Ht, Hbrt 181 (Alg.); pl. ات fiala, Voc.; 1001 N. Boul. I, 25: مرش ماء ورد على عنّك.

مَرَشَّة vase de verre pour arroser, Gl. Esp. 158; — flacon d'argent à goulot étroit et long, avec bouchon percé de plusieurs trous, Bc.

رشأ

رَشَأ, au fig., adonis, très-beau garçon, Bc.

رشا pl. رشاء راشا faon, Bc.

رشب

راشبند (esp. raspa) plane (outil), Ht.

رشت

رِشْتَة (pers.) espèce de macaroni, Bait. I, 55 j, نقلته: 208 r°, الرشتة وهى الاطرية عندنا: Chec. 192 v°, Antâkî الى اكل الرشتة مصنوعة فى طبيخ اكرع لحما sous اطرية. Ecrit رشتا Bat. II, 366. M: الرُشْتَا طعام يعمل من العدس تلقى فيه قدد من رقاق العجين ۞

رِشْتَان gale, Voc.

رشح I s'infiltrer, passer comme par un filtre, Bc, Hbrt 174.

II. رشّح نَفْسَه se justifier, Weijers 42, 2 a f. des scolies. — رشّح نَفْسَه لشىء se préparer à une chose, y aspirer, l'ambitionner, Belâdz. 151, 14; c'est l'équivalent de ترشّح لشىء; voyez sous la Ve. — المرشّحون للوزارة, proprement pour ceux qui sont élevés pour remplir un jour les fonctions de vizir et qui parfois les remplissent provisoirement, cf. Berb. II, 389, 3: المرشحون للوزارة ببابه 398, 8 a f., 348, 8: من رجالات السلطان المرشحين. — رُدَفاء الوزارة Souvent aussi, dans un sens plus large: les grands fonctionnaires, les notables, Berb. II, 166, 11, 234, 6 (où il faut lire ainsi avec notre man. 1350), 358, 4. — المرشَّحون les princes du sang, Berb. II, 342, 2, 344, 6, 355, 3 a f., 452, 3 a f., 467, 5 a f. et dern. l., 469, 9 a f., 541, 4 a f. — Tâcher d'élever quelqu'un à de hautes dignités, le favoriser, Macc. I, 645, 4, lui donner des emplois, lui confier de hauts commandements, Berb. II, 434, 8 a f., 521, 8 a f.; c. ل le nommer à un emploi, Macc. I, 866, 21; peut-être dans le même sens chez de Slane Prol. I, p. LXXV a, comme synonyme de مرتّب, si c'est ainsi qu'on doit lire un des mots qui précèdent. ترشيح la faveur qu'on accorde à quelqu'un, Berb. II, 206, dern. l. — Déclarer quelqu'un son successeur, Berb. I, 474, 10. — Elever quelqu'un au trône, Prol. I, 334, dern. l. (le texte a été corrigé dans la trad.). — ترشح être digne de régner, Berb. I, 532, 1 et 2 a f., 599, 3, II, 348, 6 a f., 475, 7. Les droits au trône, II, 153, 5 a f., 557, 12; les droits à un emploi, II, 560, 11. — Inspirer, suggérer, Prol. I, 18, 8: رشّح ابن الزبير قراءة ذلك « c'est la leçon adoptée par Ibn-az-Zobair qui leur inspira cette explication. »

V filtrer, couler, Bc. — C. ل ambitionner un emploi, une dignité, Mohammed ibn-Hârith 307: le çâhib aç-çalât était dangereusement malade وكان سليمن بن, 308: ابرهيم بن قلزم مترشحًا للصلاة اسود يعلم شدة شهوة ابن قلزم فى الصلاة وترشحه لها (plus loin كان يشتهى الصلاة), Akhbâr 157, 9, Prol. I, 239, 8 (où la trad. de M. de Slane n'est pas exacte). — C. الى s'élever à un emploi, une dignité, Khatîb 18 v°: ترشح بذاته وباهر ادواته الى — ترشح الى ترتّب سلفه, 19 v°: قضاء المُدن النبيهة. Attraper un rhume, s'enrhumer, Bc, Hbrt 35.

رَشْح الحَجَر était un sobriquet qu'on donnait au calife omaiyade Abdalmelic à cause de son avarice. Selon Tha'âlibî, Latâïf 25, dern. l., 26, 5 et 6, on voulait indiquer par là qu'il était impossible d'obtenir de lui des bienfaits, car, dit-il, les Arabes disent « la sueur de la pierre, » comme ils disent « la laine du chien, le lait des oiseaux, » etc. — Sécré-

tion, filtration et séparation des humeurs; رشح المواد excrétion, sortie naturelle des humeurs, Bc. — Rhume de cerveau, M, Bc (sans voyelles), رشّح chez Hbrt 35. — Filet d'eau, Abdarî 17 v° (Tunis): وأما الساقية المجلوبة من ناحية زغوان فقد استأثر بها قصر السلطان وجنانه الّا رشحًا يسيرًا شرب (سُرِّب .l.) الى جامع الزيتونة يترشّف منها (sic) فى انابيب من رصاص ويستقى منها الغرباء.

رَشَّاح dans le Voc. sous resudare. — Excrétoire, sécrétoire, Bc.

ترشيح voyez sous la IIe forme.

مُرشَّح voyez sous la IIe forme. — Enrhumé, Bc.

رَشَد I donner un conseil, Voc. — Ramener, reconduire, Alc. (tornar a otro guiando). — Etre pubère, Voc.; راشد pubère, adulte, Voc.; غَيْر راشد mineur, en tutelle, Alc. (menor de edad so curador).

IV. Si la signification tetendit ad aliquem, c. الى p., que Freytag donne sous cette forme, est empruntée à Bidp. 12, 3 a f., c'est une faute, car dans ce passage il faut prononcer au passif أُرشِدَ. — Disposer, préparer un endroit pour y bâtir, Holal 3 v°: ذكر السبب فى اختطاط مدينة مراكش وبنيانها وارشاد موضعها ومكانها. — Parvenir à l'âge de raison, M. — أرشد فى coucher en joue, Bc. — ارشد ابيه المكحلة il recommanda pour cela son fils, Haiyân 19 v°.

رُشْد justesse d'esprit, connaissance, exercice de la faculté de distinguer les objets, raison, son juste emploi, bon sens, sens, faculté de comprendre les choses et d'en bien juger, Bc. — On dit فى والرشد يَلْد, en parlant d'un prince qui régnait sans avoir des droits au trône, Haiyân-Bassâm I, 192 v°. — Générosité, libéralité, Voc. — Directeur de conscience, Alc. (guia espiritual).

رَشاد générosité, libéralité, Voc.

رَشيد qui est dans son bon sens, R. N. 56 v°: il dit au cadi: ان كنت حربتنى (حربتنى .l.) وانا عندك سفيه غير رشيد فقد اخطات اذ خيرتنى وان

رشرش

كُنْتُ عِنْدَكَ رشيدا غير سفيه فقد اخطات فی حجری
علی — *Généreux, libéral,* pl. رُشَداء et رِشاد, Voc.
رَاشِد *directeur de conscience,* Alc. (guiador espiritual). — Voyez sous la Ire forme.

تَرْشِيد *émancipation,* Roland.

مُرْشِد *directeur de conscience,* Burton I, 206. — *Celui qui a la permission d'admettre des novices dans un ordre religieux,* Burton I, 14.

رشرش I *couler,* Prol. III, 411, 14, où il faut lire تَرْشرش, cf. la trad.

II, suivi de بِدَم, *s'inonder de sang,* Ouaday 439.

رَشْرَش *gouttes de pluie,* Barth V, 676.

رُشْرُش *ceinture ornée de perles,* M.

رشف IV *faire sucer,* Abbad. I, 45, 7.

رَشْفَة *baiser,* Abbad. II, 137, 8, Macc. I, 428, 5. — *Gorgée,* 1001 N. III, 446, 6 a f.: شرب رَشْفَة. Je crois que dans l'édit. de Bresl. IX, 247, 1, il faut ajouter le verbe شرب et lire: شرب مِنْهُ رَشْفَة, au lieu de وشف منه. Je pense qu'il faut lire de même, 250, 4: شرب منه رشفة, au lieu de وشف منه.

رَشَافَة *espèce de mets composé de millet et de lait,* Barth III, 525.

رَشَّاف *celui qui mâche et avale avec force et avec bruit, de manière à être entendu des voisins,* Daumas V. A. 314.

رشق I *ne se construit pas seulement c. a. p. et* ب *de la flèche, mais aussi c. d. a.,* رَشَقَهُ سَهْمًا, P. Macc. II, 198, 15. — *Ficher,* Delap. 9, *ficher, jeter,* Roland, *ficher, planter,* Ht. — *Toucher, atteindre le but,* en parlant d'une flèche, Gl. Djob., Khatîb 68 rº: ورشَقَتْ مَن معه السِهامُ السِلمُ الراشقُ, 1001 N. I, 674, 2 a f. — *Sauter, bondir,* Voc., Alc. (brincar). — *Retrousser,* 1001 N. I, 596, 3 a f.

II *faire sauter,* Voc. — C. a. *vibrare,* Voc.

V dans le Voc. sous *vibrare.*

رَشَق .رَشَقَ *sans interruption,* p. e. ضَرَبْتَهُ مائَةَ رَشَقَة مُتَتَابِعَة دَفْعَةً وَاحِدَةً c-à-d. سوط رشقا واحدا, M.

رَشِق *agile,* Bc, M.

531

رَشْقَة حَجَر .رَشْقَة *un jet de pierre,* Bc.
رَشْقَةُ القصب .رَشْقَة *roseau à écrire,* Domb. 78.
رَشْقَة *perspicacité, sagacité,* L (acumine حَدَّة ورَشْقَة).

رَشِيق *élégant* (taille), Bc, Macc. I, 657, 2: القوام الرشيق, (ciseaux), Tha'âlibî Latâïf 111, 5 a f., (poésie), Abd-al-wâhid 73, 7. — *Léger,* p. e. قلم رشيق «plume légère,» Bc. — *Adroit,* Hbrt 89. — Pl. رِشاق *accort, aimable,* Voc. (placidus, synonymes لبق et خفيف الروح).

رَشَاقَة *élégance* (de la taille), 1001 N. Bresl. I, 24, (d'une pièce de vers), Abd-al-wâhid 104, 17. — *Agilité,* Bc, *vitesse, adresse,* Bat. IV, 412, 1001 N. Bresl. I, 277, Ztschr. XX, 506, dern. l., 507, 1. — برشاقة *doucement, délicatement,* Bc. — *Fourche à trois pointes,* Gl. Esp. 201, Abou'l-Walîd 636, n. 1.

رَشَاقَة *patère en bois peint,* Beaussier, Roland.

راشقة (aussi روشكة = كشوت), Most. sous ce dernier mot.

رشكب *grive,* Hbrt 184.

رشكين *érésipèle,* Bc.

رشم (autre prononciation de رسم) I *tracer,* Alc. (debuxar, traçando), Roland. — *Marquer, mettre une empreinte, une marque sur une chose pour la distinguer,* L (signo (designo vel significo), Alc. (asinar, consignar, imprimir, notar, señalar, فضة مرشومة *plata marcada,* Bc (Barb.), Daumas V. A. 115, Auw. I, 474, 20, 21, II, 225, 3; — *marquer avec un fer chaud,* Voc., Alc. (herrar ganado, herrar otra cosa, señalar con huego); — رشم الصليب *se signer,* faire le signe de la croix, Bc. — *Sceller,* Alc. (sellar).

VIII dans le Voc. sous *signare.*

رَشْم et رَشَّم. L donne ces articles: *astericus* رَشْم, *caracter* طابع ورشم وعلامة, *signum* (vel signaculum) رشم وعلامة وآية وأمارة وطابع, *titulus* (indicium, significatio vel signum) رشم وكتاب وصحيفة, *titulus* ومحراب, *vexillum* (signum belli expeditionis vel victoria [l. victoriæ]) رشم وعلامة. — Pl. رشوم *marque avec un fer chaud,* Alc. (señal de hierro con fuego). — رشم الحافر, *le marquage du sabot, nom d'un jeu,*

رشن

« Il consiste à lancer un cavalier à fond de train devant soi, puis, quand il a suffisamment pris l'avance, de courir à sa poursuite, et, à la distance de 20 ou 30 pas, de tirer à balle sur le sabot de la jambe postérieure gauche du cheval. Il faut alors que la balle frappe le sol au moment où le pied du cheval vient de le quitter, » Margueritte 277. — رشوم الزِمام *les chiffres employés dans l'enregistrement et qui sont formés de monogrammes ou abréviations des mots arabes qui servent à la numération;* رشوم الغُبار *chiffres qui ont un grand rapport avec les chiffres indiens;* voyez Prol. I, 214, 5, 6 et 7, III, 162, 9 et 13, avec les notes dans la trad.

رِشْمَة *joli licol avec des ornements d'argent ou d'or qui pendent sur le chanfrein du cheval*, Bc, M. — *Tonsure*, Bc. — رِشْمَة مِن كاغَد *rame de papier*, Alc. (rezma de papel). L'esp. *rezma* vient de l'arabe رِزْمَة, mais il est retourné dans l'arabe sous la forme رُشْمَة.

رَشّام *celui qui fait une marque, ou celui qui scelle*, Alc. (impressor, sellador).

مَرْشَم *un fer chaud*, Alc. (hierro para herrar); mieux مِرْشَم. — *Marque qu'on met aux marchandises à la douane*, Gl. Esp. 301.

مَرْشوم *tonsuré*, Bc. — *Déchiré*, Martin 160.

رشن

رَشِينَة (esp. resina), *chez le peuple en Espagne, résine*, Bait. I, 488 c (AB).

رَوْشَن Le pl. رَواشِن (Abou'l-Walîd 778, 17) *balcon*, Hbrt 194.

رشو

رشو III *mitonner, prendre grand soin de la santé, des aises*, Bc.

IV dans le Voc. sous *munus*.

رَشَا, en poésie pour رَشَأ, *jeune gazelle*, Macc. II, 321, 7, 382, 15.

راشٍ *pourri*, Bc (Barb.).

رص

رص I *ranger, mettre en ordre*, Bc, 1001 N. II, 22, 13; — *stratifier*, t. de chimie, arranger par couches dans un vase. Bc; — *empiler*, Bc; — *caser, arran-

رصد

ger les pions*, Bc; — رص الطَعام et الاواني *dresser un buffet, une table*, Bc. — *Frapper des olives avec une pierre*, M.

II *plomber, vernir la poterie avec de la mine de plomb*, Bc; *étamer*, Gl. Manç.: ترميص الاناء هو طَلْيُه بالرَصاص القَلعي

V *quasi-passif de la II*ᵉ *dans le sens qui précède*, Voc.

رَصّ خَشَب *lattis, arrangement des lattes*, Bc.

رَصّة *môle, jetée forte, muraille dans un port*, Bc. — *Par couches*, Mehren 28. — *Ulcère au pied*, M.

رَصِص *massif, pesant, épais*, Bc.

رَصاص ou بَنْتاء *niveau, plomb*, Alc. (nivel en el edificio, plomo de albañir). — Terme technique chez les alchimistes, voyez Prol. III, 207, 3 a f.

رَصاصَة pl. رَصاص *balle de plomb, balle de fusil*, Domb. 81, Bc, Ht, M.

رَصاصي *plombé, de couleur de plomb*, Bc.

رَصاص *plombier, ouvrier qui travaille en plomb*, Bc.

مُرَصَّص *nivelé*, Alc. (nivelado al plomo).

رصد I. رصد الكواكب *observer les astres*, Bc; رصد seul *faire des observations astronomiques*, Prol. I, 83, 16, Cazwînî I, 31, 16; ارباب رصد *astronomes*, Mirkhond Seldj. 112, 7 a f. éd. Vullers; رصد لفلان *consulter les astres pour quelqu'un*, Bc. — *Enchanter; mettre une chose sous la garde d'un talisman* (على فلان *pour quelqu'un*); *conjurer un démon*, Bc, Lane M. E. II, 184, 1001 N. II, 121, 4 a f., 316, 4, 474, III, 203, IV, 488, Bresl. III, 363, 3 et 5. — *Barrer, raturer, biffer, rayer*, Bc.

II c. ل *aposter, mettre quelqu'un dans un poste, pour surprendre*, Bc; *ponere insidias* dans le Voc. — Dans le Voc. sous *aspicere*.

IV *enchanter*, 1001 N. IV, 704, 2 a f.

رَصَد pl. ارصاد *observation astronomique*, Bc, Prol. III, 106, 1. — T. de négociant, *clore un compte en écrivant ce qui reste après la soustraction, et biffer ce qui en est écrit*, M. — (Pers. راست) *mode de musique*, الرَسَد, المَقام الاوّل من الانغام, M; chez Hœst 258 *rasd-edzeil*, autre mode de musique, Salvador 34, ce que M. Barbier de Meynard (J. A. 1865, I, 563) écrit رأس السَذيل, mais c'est sans doute une erreur, car chez Hœst l. l. c'est رصد اديل

رَصَد, ceux qui font des observations astronomiques, astronomes, M. — Observatoire, M, Khallic. I, 671, 2 a f. Sl., Amari 669, 5. — Pl. أَرْصَاد chez les auteurs, chez Bc رُصُود, talisman, Bc, charme, enchantement, Macc. I, 121, 11, 152, 11, 153, 17, 154, 11, 1001 N. III, 202, 203, dern. l., IV, 667, 2: انْفَكَ عَنْهُمَا رَصَدُ السِّحْرِ, 713, 7 a f., Bresl. III, 364, 2; M: والعَامَّةُ يَزْعُمُونَ أَنَّ الرَّصَدَ شَخْصٌ سُخِّرَ أو غيرُه لحراستها — Le mot أَرْصَاد est obscur dans un passage chez Valeton ٣٤, 5 a f., où on lit que le vizir du calife Mo'tadhid écrivit à Ahmed ibn-Touloun: "اِتَّقِ اللهَ في الأَرْصَادِ، فإنَّ اللهَ بالمِرْصَادِ". La voyelle fatha se trouve dans le man. de Leyde et dans celui de Saint-Pétersbourg (voyez p. 105). Weijers (p. 67, n. 2) veut prononcer الإِرْصَاد; mais l'explication qu'il propose n'est nullement satisfaisante, et je crois qu'il serait téméraire de s'écarter des man. A mon avis رَصَد, pl. أَرْصَاد, a ici le même sens que مَرْصَد, pl. مَرَاصِد, qui, comme on le verra plus loin, signifie: un poste de soldats-douaniers chargés de veiller à la sûreté de la route et de percevoir le péage, et de là: péage, droit pour le passage. Le vizir recommande donc au gouverneur de ne pas pressurer les voyageurs en exigeant d'eux des péages trop considérables, et de se rappeler que Dieu voit toutes nos actions.

رَصَّاد et رَصَدِيّ. La comparaison du mot qui précède, de رَاصِد et de مَرْصَد me fait soupçonner, quoique Lane soit d'une autre opinion, que Golius a eu raison d'expliquer ces termes comme il l'a fait (cf. plus haut رَاهْدَار).

رَصِيد, t. de négociant, ce qui reste après la soustraction, M.

رَاصِد pl. رُصَّاد, soldat chargé de veiller, à la frontière, à la sûreté de la route et d'interroger tous les voyageurs, Cartâs 5, dern. l.: وجعل الرُّصَّادَ في أطراف البلاد والقبائلِ فلا يمرّ بهم أحدٌ من الناس حتى يعرفَ ويعلمَ مِمَّنْ نِسْبَتُهُ وحالُه ومِنْ أين قدم وإلى أين يسير

— Pl. رَصَد, la troupe chargée de faire le guet ou la ronde pendant la nuit, le guet, voyez sous ثقف II un exemple tiré du R. N.; plus loin, 103 r°, on lit dans la même anecdote: ثم باديت الى ناحية سوى — ابن هشام وعنده رصد وكلاب ما كلمى منهم أحد. Astronome, et, ce qui au moyen âge était souvent la même chose, astrologue, Abbad. II, 60, 11.

مَرْصَد poste de soldats-douaniers chargés de veiller à la sûreté de la route et de recevoir le péage, Becrî 19, 6 a f., en parlant d'Aïn az-Zaïtouna: مرصد عليها للجبايةِ افريقية. — De là: péage, droit pour le passage, Macc. I, 130, n. f, R. N. 74 v°, où un saint dit à 'Obaidallâh: لو كنتُ أميرَ المؤمنين ما أمرتُ بسبّ السلف واظهرت للخمر والقبائلات والمراصد وقبائلة السند (النبيذ l.). بمرصد منتى observatoire, Bc. — مرصد الكواكب — à ma vue, en ma présence, Voc.

مُرْصَد l'argent que le locataire d'une boutique qui appartient à une fondation pieuse, dépense, avec la permission du directeur de cette fondation, pour l'entretien et l'amélioration de cette boutique, de sorte que cette somme reste مُرْصَدًا له على الحانوت, c.-à-d. qu'il a le droit de la revendiquer, Ztschr. VIII, 347 n.

مُرْصِد celui qui fait le guet (au haut du beffroi), Gl. Edrîsî. — Lion, Gl. Mosl.

مِرْصَد affût, t. de vénerie, lieu où l'on se cache, Bc.

مِرْصَاد a le pl. مَرَاصِيد, Gl. Mosl.

رصع, I morfondre, refroidir, transir, pénétrer et engourdir de froid, saisir de froid; — transir, v. n., avoir un grand froid, être pénétré de frayeur; — se morfondre, au fig., s'ennuyer à attendre, perdre du temps à, Bc.

رَصَّعَ I, dans le sens de inivit feminam, n. d'act. تَرْصِيع, 1001 N. I, 5, l. 9. — Rompre ou aplatir, 1001 N. Bresl. II, 58, 9. — Sertir, t. de lapidaire, enchâsser, Bc.

II incruster, Djob. 41, 2 a f., 58, 2 a f., 85, 7. De ترصيع dérivent les mots esp. ataracea, atarace, taracea, marqueterie, mosaïque, ital. tarsia, avec le verbe intarsiare. — Ce verbe semble signifier aussi garnir de clous, 1001 N. Bresl. IV, 345, 6: وكان عنده مطرق مرصّع فيه أربعين مسمار

رصف

رَصَّاع, *l'ouvrier qui aplatit*, Descr. de l'Eg. XVI, 486, n. 1.

رصف I *paver*, Hbrt 187, Bat. I, 238. — Aor. *a*, *briller, reluire*, L (emicat, lucet, mico (promico), nitesco (luceo), promicat, rutilo (luceo)); cf. ترصيف.

II *paver*, Voc.

V *être pavé*, Voc.

رَصَفَة *rotule, os mobile sur le genou*, Bc.

رَصِيف *massif (de maçonnerie)*, Bc. — Pl. رُصفان *chaussée, c.-à-d. levée qu'on fait au bord d'une rivière, digue, quai, et aussi chaussée, levée qu'on fait pour servir de chemin de passage*, Gl. Edrîsî, Gl. Esp. 198, le second sens dans M, L (strata) et le Voc. — *Trottoir*, Bat. I, 238. — *Point central, point de réunion et de départ*, Gl. Edrîsî. — *Rivage de la mer, côte*, Hbrt 176 (Eg.).

قَلَنْسُوَة رَصافِيَّة *était un très-haut bonnet*, qu'on appelait aussi الطَّويلة, *et que portaient les califes abbâsides, ainsi que les autres membres de cette famille. On disait aussi par ellipse* الرَّصافِيَّة, Gl. Fragm. (les deux passages d'Imrânî qu'on y trouve cités, avaient aussi été notés par J.-J. Schultens), Khallic. I, 155, 17 Sl., cf. l. 19. — رَصافِيَّة *épithète du vin, c.-à-d., qui vient de* رصافة هشام, Gl. Mosl.

تَرْصِيف *splendeur, éclat*, Mehren 25; cf. sous la Iʳᵉ forme.

رصن

رِصان *nom d'une étoffe*, Macc. II, 711, 14; dans le Holal رسان (voyez).

رض II *meurtrir, faire une contusion*, Alc. (magular carne).

VII *être brisé*, Abou'l-Walîd 146, 9.

رَضَّة *froissure*, Bc.

رضخ IV est dans le Voc. *addere*, c. ل, في et من على; ارضخ له في العطاء *il augmenta sa solde*, Berb. I, 18, 15, Macc. I, 257, 20, cf. Macc. II, 703, 22, où il est aussi question de soldats: وارضخنا لهم في النوال ما نرجو به ثواب الآخرة ❊

رضرض رَضْرَضَة *froissement*, Bc.

رضع I *allaiter*, Alc. (amamantar).

II *allaiter, donner à téter, nourrir*, Voc., Alc. (amamantamiento), (ترضيع), Bc, Hbrt 27, Payne Smith 1608, 1609.

رَضيع, *nourrisson*, au pl. رَضائِع, Bc; pl. رِضاع, لخراف الرضاع *les agneaux de lait*, 1001 N. Bresl. II, 325. Au fig., رضيع الأدب *nourrisson des muses*, bon poète, Bc.

رَضّاع *nourrisson*, Alc. (mamanton o mamon, cf. Victor). — رَضَّاعَة *nourrice*, Domb. 76, Ht, J. A. 1851, I, 55, dern. l. — رَضَّاعَة البقر *le lézard à taches rouges*, ainsi nommé parce qu'il suce le lait des vaches, Jackson 66 (erdara el bukkera), Hœst 293, cf. 302 (erdât elbegrî).

راضع, *dans les filatures de soie, la petite machine* (دولاب) *qu'on emploie avant la grande*, M.

مُرْضِع. Le pl. مَراضِع, au fig., = *nuages*, Diw. Hodz. 251, vs. 22.

رضم VIII. J'ignore si cette forme existe réellement, mais je trouve chez Ibn-Haiyân, 50 rº: فلما ارتضم اهل الكُور حوله في الشقاق وتنابعوا في المعصية سما الى مناغاتهم ❊

رَضُومَة (esp. redoma) *bouteille de verre, fiole*, Domb. 91.

رضى I c. ل p. et ب r. *autoriser à, permettre de*, Bc. — الله يرضى عليك *je vous en prie*, Bc.

II *employer la formule* رضَى الله عنه, Maml. I, 2, 113, Gl. Djob.

III *chercher à contenter*, Bc. — C. a. p. *chercher à se raccommoder avec quelqu'un*, Bc.

IV. ارضى للسلطان جملة *il procura à beaucoup de gens la faveur du sultan*, Macc. III, 680, 7, où il faut lire ainsi, avec le man. de Leyde, au lieu de جمله.

V c. عن *employer la formule* رضَى الله عنه, Maml. I, 2, 112.

VI c. ل p. *être d'accord pour donner le comman-*

رطب

dement, *la souveraineté à* quelqu'un, Tha'âlibî Latâïf 27, 8: تراضى اهل البصرة لسعيد الله — وبايعوه على الامارة ; aussi c. على p., تراضوا عليه, Akhbâr 5, 2 et 3. X c. a. p. *contenter* quelqu'un, Abbad. I, 173, 8.

رضى je vous conjure au nom de Dieu, Bc. — برضا الله عليك je vous conjure au nom de Dieu, Bc. — انت عندى رضا *vous me plaisez,* Akhbâr 27, 3 a f. (où عند est une faute de l'éditeur).

رَضِيَّة *scorie,* Gl. Manç.: خبث الحديد رضية تسيل منه عند الحمى الشديد ❀

رِضْوان *paradis,* Ht.

رَضْيان c. على p. *content de* quelqu'un, Bc.

أرضى *qui contente plus,* Gl. Maw.

مراضاةً *de gré à gré,* à l'amiable, Bc.

رطب II. رطب الدم *rafraîchir le sang, le rendre plus calme par les remèdes,* Bc. — رطب القلب *rafraîchir le sang,* au fig., *faire plaisir, calmer les inquiétudes,* Bc.

V *s'imprégner d'humidité,* Bc.

رَطْب خبز رطب *pain mollet,* Alc. (mollete pan muelle). — رطب العنان *se laissant facilement conduire, docile* (cheval), Djob. 72, 10. — رطب العينين *souffrant d'épiphora,* 1001 N. Bresl. VIII, 225. — رطب اللسان بشكره Berb. II, 273, 13; Lane (sous أرطب) a رطيب en ce sens. Le superlatif chez Abdal-wâhid 243, 10: ارطب الناس لسانًا بذكر الله.

رُطْبة *Trèfle* est aussi رطبة الاقداح, Most. v° فصفصة.

رُطوبة *fraîcheur,* p. e. الهواء, de l'air, Cartâs 15, 1. — *Fraîcheur, maladie causée par un froid humide,* Bc. — رطوبات *vapeurs,* Prol. II, 125, dern. l., 126, 6. — رطوبات *humidités, sérosités, pituites,* Bc. — رطوبة النساء *fleurs blanches, maladie des femmes,* Bc. — رطوبة السرج *coussinet qu'on met sur la croupe du cheval pour lui faire porter la malle,* Alc. (coxin de silla).

أرطب voyez sous رَطْب.

مُرَطَّب هواء مرطب القلب *temps gai,* serein et frais, Bc. — مرطبات *remèdes rafraîchissants,* M.

مُرَطْبان voyez-le à sa place sous le *mim*.

مَرْطُوب *d'un tempérament humide,* M, de Sacy Chrest. II, 19, 2.

رعب

رُطْبال, pl. ات, dans la 2ᵉ partie du Voc., رُطْبَل dans la 1ʳᵉ, *herse;* semble le latin *rutabulum, rotabulum,* qui peut bien avoir eu ce sens en Espagne.

رطرط I *foisonner, abonder,* Bc.

مرطرط *commun, qui se trouve en abondance, à la douzaine, très-commun,* Bc.

رطـ:

رَطْر *se dit de celui qui, lorsqu'il veut s'asseoir, se laisse tomber soudainement à terre,* M.

II *chatouiller,* 1001 N. Bresl. VII, 319, 3 (dans l'éd. Macn. عرك).

V dans le Voc. sous *libra.*

رِطْل *livre, monnaie de compte,* Alc. (libra moneda).

رَطْلِيَّة *pinte,* Bait. II, 102 a (passage d'Edrîsî): واذا ملئت منه رطلية زجاج ❀

رُطْلاى nom d'une plante, Daumas V. A. 380.

تَرْطِيل *impôt sur la soie à Grenade;* dérivé de رِطْل, *livre,* parce qu'on levait huit maravédis sur chaque livre, Gl. Esp. 350.

رطن III c. a. p. *parler avec* quelqu'un, quand il est question d'un calomniateur, de Slane Prol. I, p. LXXV b, où il faut lire ainsi avec notre man.

VI avec ب de la langue qu'on parle, Berb. II, 1, l. 7. — تراطنوا فى الامر *ils parlèrent ensemble de l'affaire en l'improuvant, en la blâmant,* M.

رطن *jargon,* Ht.

رَطَنة *dialecte,* Berb. II, 1, l. 8, 71, 10, 101, 3 a f., 244, 11. Aujourd'hui *toute espèce de dialecte berbère,* note de M. de Slane dans la trad. IV, 30 n.

رعب IV (cf. Lane sous la Iʳᵉ) *alarmer, effrayer, épouvanter, faire trembler, faire peur à,* Bc.

VI, Ibn-al-Athîr chez ad-Damîrî, article زبزب, man. Diez de Berlin (Wright).

رَعْبَة *timor* dans le Voc., *alarme, transe, frayeur, horreur,* Bc.

رعبون = عربون *arrhes,* Bc.

رعاب *le cri de l'autruche,* Bc.

الرواعب (pl.) *espèce de pigeons,* Man. Escur. 893.

مَرْعَبة *perturbatio,* L.

رعث.

رَعْثَة, Le pl. رُعُث, Kâmil, mais j'ai oublié de noter la page (Wright).

رعد I. رعد بِصَوْتِه, monter sur ses ergots, élever la voix avec chaleur, Bc.

II tonner, Voc. — Faire trembler, Voc. — Menacer, L (comminor اهْدَّد وازجر وارْعَد).

رَعَد, Le pl. رعاد, P. Kâmil 510, 4. — Petite outarde, otis tetrax, poule de Carthage, Shaw I, 274, Pagni 184, Poiret I, 267, Richardson Morocco II, 246, Tristram 400, Daumas V. A. 432.

رعَّاد œufs mollets, œufs à la coque, Gl. Manç. in voce: المراد به البيض المطبوخ نصف طبخ بحيث يبقى يرتعد إن نقر وهو النيبرشت, Bait. I, 197.

رعّادة, pl. chez les auteurs ات, dans le Voc. aussi رعاعد, machine à lancer des pierres ou des projectiles incendiaires, Abbad. II, 202, 264 (les passages de Bat. qui y sont cités se trouvent dans l'édit. III, 148, 238), Cartâs 106, 9 (lisez ainsi avec notre man.), 129, 153, 5 a f., 209, 10 a f., 223, 8, 263, 6; on trouve souvent dans l'édit. رعدات, et aussi dans notre man. On a cru que ce mot signifie proprement les tonnantes; mais quoique cette opinion soit fort spécieuse, je pense toutefois que, dans l'origine, ce n'est rien autre chose qu'une transposition de عَرَّاد, qui a absolument la même signification, car dans le Voc. machina est عَرَّاد (qu'il écrit incorrectement عَرَاضة) et عرّاد, et Ibn-Khaldoun (Berb. II, 272, 2 a f.) écrit المجانيق والعرّادات, comme d'autres auteurs écrivent المجانيق والرعّادات. Au reste, le bruit que produisaient ces machines en lançant des projectiles incendiaires et qui ressemblait à celui du tonnerre, a sans doute influé sur la transposition des lettres.

راعدة torpille (poisson), Bc.

تَرْعِيد lire le Coran d'une voix tremblante; c'est défendu, M.

رعرع I rafraîchir le sang, au fig., faire plaisir, calmer les inquiétudes, Bc.

رَعْرَعَة rafraîchissement, recouvrement des forces, Bc. — Fleur, fraîcheur, velouté, lustre, Bc.

رعراع أيّوب, رَعْراع, inula Arabica; cette plante s'appelle ainsi parce que Job, à ce qu'on dit, se frotta avec elle afin de recouvrer la santé, Lane M. E. II, 282.

تَرْعَرَع rafraîchissement, recouvrement des forces, Bc.

رعز.

مِرْعِزَّى, etc., est l'araméen עֲמַר עִזָּא et signifie proprement laine de chèvre. Cf. sur cette étoffe Gl. Esp. 300.

رعش.

رَعْشَة (tremblement), au fig., grande crainte, Bc. — Légèreté, étourderie, M.

رَعّاش trembleur, Bc.

رَعّاشة tremblante, espèce d'anguille électrique, Bc.

أرْعَش pl. رُعْش tremblant, P. Abd-al-wâhid 218, 5 a f.

مَرْعوش tremblant, Bc. — Pl. مراعيش sorte de pigeons, Casiri I, 319 b; cf. مرعش dans les Dict.

رعص I, aor. a, frétiller, s'agiter vivement, trémousser et se trémousser, se remuer d'un mouvement vif et irrégulier, grouiller et se grouiller, fourmiller, se remuer (aor. o), Bc.

رعف I. السيوف ترعف بالدماء « les glaives ruissellent de sang, » Cartâs 213, 6 a f. = رعف انف على غضبًا, اشتدّ غضبه على, Dorrat al-ghauwâs 19.

VIII dans le Voc. sous sanguis.

X. استرعف السمر الطوال « faites en sorte que les longues lances ruissellent de sang, » P. Macc. II, 169, 18.

رُعاف, عام الرعاف, « l'année des saignements de nez, » est la 24ᵉ année de l'hégire, qui fut en Arabie d'une chaleur insupportable et pendant laquelle beaucoup de personnes eurent des saignements de nez violents, Weil, Geschichte der Chalifen, I, 156, n. 1.

رعل.

مرعول الجن? nom d'une plante ou d'un remède, Bait. II, 504 d; leçon de B (texte) EKLS; B (marge) مرعود الجن. مرغول الجن A, مرّ غول الجن, Boul. ﻣرﻏﻴل الجن H

رعن, أَرْعَنُ *simple, qui se laisse facilement tromper*, Macc. I, 135, 2. — *Variable, incertain, sujet à varier*, en parlant du temps (cf. Lane à la fin), يوم أرعن, Tha'âlibî Latâïf 113, 3 a f.

رعو

عَوِيل (عَوْلَة) رعوين, رعوين *provisions de voyage*, Bc (Barb.). C'est la *rouîna*, dont il est souvent question chez les voyageurs; mais chez Beaussier ce mot est رُوَيْنَة.

رعى I s'emploie aussi en parlant d'abeilles, Baït. II, 411 b: الراعى من النحل « les abeilles qui butinent » sur les fleurs. — رعى الزرع *laisser manger les blés par les chevaux*, Cartâs 203, 5, 3 a f., 2 a f. — *Dévorer* (cf. 1001 N. I, 32, 2 a f.), *consumer, détruire, ronger*, au fig., *consumer, miner peu à peu*, Bc. — رعى شيبا من *rogner*, Bc. — *Démanger*, p. e. يدى تـرعانى « la main me démange, » Bc, M. — *Passer l'automne*, Alc. (otoñar tener otoño), mais peut-être faut-il traduire *mener paître le bétail dans certains lieux pendant l'automne*; cf. sous مَرْعًى. — قد رعيتُ ما يَرعى الصديقُ من اخيه « vous avez observé ce qu'un ami doit observer à l'égard de son ami, » c.-à-d., vous avez agi comme il sied à un ami, R. N. 63 r°. — Dans le même sens que رعى عليه حُرْمَةً (Lane), on dit رعى له حرمة, de Jong. — C. a p. *honorer, avoir des égards pour* quelqu'un, Voc. (honorare), Calâïd 56, 3. — رعى منه ذلك, et aussi رعى له ذلك, *il lui en sut gré*, Maml. I, 2, 134.

II *faire paître*, Voc.

III c. a. p. *avoir de la condescendance pour* quelqu'un, *déférer, céder*, Bc. — C. a. p. *faire bon marché à* quelqu'un, *lui vendre à un prix modique, accommoder, traiter bien un acheteur*, Bc. — راعى الجميل *être reconnaissant*, Bc. — راعى خاطره *complaire, avoir des égards pour* quelqu'un, *entretenir l'amitié de* quelqu'un, *ménager* quelqu'un *dont on a besoin*; راعى شى *avoir de la condescendance pour* quelqu'un, Bc. — = I *paître l'herbe?* voyez Gl. Mosl.

رعى الابل *pastinaca sativa*, Baït. I, 3, dern. l, 77 b, 497 c (AB). — رعى الحمام *verveine*, Bc (qui écrit لحمام رعى), Baït. I, 75 b, 122 h, 498 b, II,

244 l. — رعى الحمير, en Espagne (فى بعض),(بوادى الاندلس) *crocodilium* Diosc. (III, 10), Baït. II, 253 b.

رَعْى (cf. Lane) *bétail*, car Bc donne دخل الرعى فى الزرائى sous *parquer*.

رَعِيَّة. Bc a le pl. رَعَايَا comme un sing., *raya*, sujet non mahométan du Grand Seigneur. — *Démangeaison*, M.

رِعَايَة *honor* dans le Voc., *considération, égard pour* quelqu'un, p. e. رعاية لكم « à votre considération; » *déférence, condescendance*; رعاية خاطر *égards*, Bc. — *Démangeaison*, Bc, M. — *Cancer*, Bc.

راع, راعى الحمام *bardane, glouteron* (plante), Bc; cf. Most. v° قسطوريون.

مَرْعًى *vaine pâture*, terres dont la pâture est libre, où tous les habitants d'une commune peuvent conduire leurs bestiaux, Alc. (dehesa concegil). — *Lieu où l'on mène paître le bétail pendant l'hiver*, Alc. (estremadura, mot qu'il traduit aussi par ساحل, tandis que ce dernier est encore chez lui *envernadero*, lequel a le sens que j'ai donné).

مَرْعِى, en parlant d'un traité, *qui doit être observé*, Amari Dipl. 231, 7. Mais العلوم الأدبية المرعية chez Macc. II, 211, 1, est une expression singulière et je ne sais pas trop bien ce qu'elle veut dire. La leçon semble certaine; j'ai déjà dit que je l'ai trouvée dans cinq man., et elle est aussi dans l'édit. de Boulac. Peut-être faut-il traduire *qui mérite d'être honoré*, mais comparez l'article qui suit. — مرعى الجنب *protégé*, Gl. Edrîsî.

مُراع *excellent, parfait*, Alc. (estremada cosa). Je ne vois pas comment le partic. de la IIIe forme de رعى peut avoir reçu ce sens, mais Alc. écrit *muráây*, ce qui ne peut guère être autre chose. Peut-être a-t-il eu en vue مَرْعِى, et s'il en est ainsi, l'emploi de ce terme chez Macc. (voyez plus haut) serait expliqué.

مُراعاة (pour مُراعاةً), suivi de لـ, *à cause de*, Voc.

رغب I c. الى p. *désirer, rechercher l'alliance de* quelqu'un, Bidp. 23, 1: رغبتُ اليـه الملوك. — C. الى p.

رغب

chercher à apaiser la colère de quelqu'un, Badroun 102, 4. — رغب فى بنت *rechercher une fille en mariage*, Bc. — C. فى *s'intéresser à, prendre intérêt à, embrasser les intérêts de, prendre à cœur*, Bc. — C. a. p. et فى r. *prier, supplier quelqu'un de faire une chose*, Alc. (suplicar), Beert 112: رغبة فى الخروج — C. ل p., dans le même sens que c. الى p., Abbad. I, 67, 12 et n. *w*, Çalât 22 v°: وصنع له الشاجنان قردة .في فروج جعل فيها سمّا ورغب لعبد السلام أن ياكلها — رغب بنفسه عنه (cf. Lane), Macc. I, 165, dern. l.: des chrétiens étant enfermés dans une église et le général musulman leur ayant laissé le choix entre la soumission et la mort, ils ne voulurent pas se rendre et se laissèrent brûler vifs, غيرو ان العلج امیرہم رغب بنفسه عن بليتهم — ففرّ عنهم وحده «mais leur chef, qui voulait échapper lui-même à la calamité qui allait frapper les siens, prit seul la fuite.»

II *attacher, appliquer, lier par quelque chose qui plaît*; يرغّب *attachant, qui fixe l'attention; — intéresser, inspirer de l'intérêt; — encourager; —* c. فى *exhorter, encourager à*, Bc.

IV c. a. p. *donner du courage à quelqu'un, faire en sorte qu'il ose une chose*, Gl. Fragm.

V c. فى, dans le sens de la Ire, à ce qu'il semble, Voc. (sous amare).

VIII c. ل *exaucer*, Voc.

رغب *avide*, Payne Smith 1613.

رغبة, c. فى, *recherche, poursuite pour obtenir*, Bc, p. e. اهل الرغبة فى الدنيا «ceux qui recherchent les biens de ce monde,» Macc. I, 490, 15. Mohammed ibn-Hârith, 205, dit par ellipse et dans le même sens اهل الرغبة. — *Demande, prière, oraison, prière faite à Dieu, litanie*, Voc. (preces), Alc. (ruego, suplicacion, pregaria por ruego, letania, oracion rogando a Dios, où il a رغبة). — Pl. رغائب *procession*, Alc. (procession generalmente). — *Curiosité, désir d'apprendre*, Bc; peut-être ce mot a-t-il ce sens chez Macc. I, 502, 5: فسمع عمر من النسائى ومن احد ابن جماد رغبة — رغبة (sic), c. فى, *attachement, grande application*; رغبة فيه *intérêt que l'on prend à quelqu'un*, Bc. — C. ورمى بالرغبة عن دينه, عن on l'accusa de vouloir abandonner sa religion,» Berb. I, 366, dern. l. — رغبة ورهبة *bon gré mal gré*, Abbad. II, 97, 10.

رغبة *voyez l'article qui précède.*

رغابة *avidité*, Payne Smith 1613.

حقّ الرغائب .رغيبة *boîte aux hosties*, Alc. (ostiario donde se guardan).

راغب *celui qui prie beaucoup*, Alc. (rezador). — *Curieux, qui a l'envie de savoir, d'apprendre*, Bc.

ارغب *excitant plus le désir*, Gl. Maw.

رغد II *multiplier*, Voc.

IV *rendre abondant, donner, fournir en abondance*, Djob. 132, 11: يُرغدون معایش اهل البلد, Macc. I, 255, 11: ارغاد المعاش «abondance de vivres,» Autob. 225 r°: ارغد له من الزاد والعلوفة, Berb. I, 635, 4: ارغد نزله, II, 494, 11: ارغد جائزته. Aussi ارغدوا البلد *ils fournirent à la ville des provisions en abondance*, Djob. 165, 1. ارض مُرغّدة بالماء *terrain bien mouillé*, Auw. I, 322, 5.

V c. فى et ب dans le Voc. sous multiplicare; *être dans l'abondance*, Cartâs 232, 6.

رغد ,رغد, *abondant*. On a oublié que ce mot doit rester invariable (voyez Lane) et on dit رغدة, Gl. Edrisi. — Ce mot doit avoir un autre sens 1001 N. Bresl. IX, 270, 1.

رغدة *mare*, Alc. (llanura de agua).

ارغد *plus abondant*, Bat. II, 26.

رغف

ارغف, pl. رغائف et dans le Voc. aussi رغيفة *tourte*; dans le Minho, notamment à Oporto et à Braga, on donne le nom de regueifa à des pains blancs en forme d'anneau, Gl. Esp. 330; ajoutez Aboul'l-Walîd 786, 24, 25 et 27. — *Invitation à dîner*, Alc. (suplicacion de comer).

رغل I. رغل النحاس *appliquer des feuilles d'or ou d'argent sur le cuivre, le dorer ou l'argenter*, M.

رغلة *ce qui sert à dorer, à argenter*, M.

ارغيل et ارغل *voyez sous l'élif*.

رغم I c. عن ,من ,رغمًا *en dépit de*, Bc.

IV *dépiter, causer du dépit*, Bc

رغو

مَرْغوم dans le sens de مَرْغوم, P. Abd-al-wâhid 226, dern l.: وآنف للأسدين رغيم — *Désapprouvé, haï*, Calendr. 39, dern. l. — *Sonchus maritimus*, Prax R. d. O. A. VIII, 283 (raghim).

مَرْغوم *pressé, serré*, l'opposé de مَروّح, Auw. I, 471, 3 (au lieu du dernier mot de la l. 2, lisez avec notre man.: وتدخل تلك) et ailleurs. Le Voc. a تحم مرغوم sous *caro*; c'est probablement *de la viande pressée*.

رغو et رغى I *mugir* (vague), Daumas V. A. 368. — *Jaboter, babiller*, Bc. — *Mousser, écumer*, Ht.

II. رغى المعادن *scorifier*, réduire les métaux en scorie, Bc.

رَغْوَة Le pl. رَغاوٍ dans les 1001 N. Bresl. IV, 138, 8, où il faut lire رَغاويه, au lieu de رَغاوية. — *Écume de nitre*, Alc. (espuma de salitre). — *Bulle d'eau*, Alc. (ampolla burbuja del agua, burbuja del agua). — رغوة البَحْر *pierre ponce*, Bc; — *os de sèche*, Auw. II, 571, 4. — رغوة الحجّامين *éponge*, Most. اسفنجي. Bait. I, 499 e. — رغوة القمر *sélénite*, Bait. I, 144 f, 499 d.

رف I, n. d'act. رفيف, *être ému*, Mehren 28. — Même n. d'act., *devenir aigre* (lait), *ibid*.

رف *corniche*, ornement en saillie au-dessous d'un plafond, Bc. — *Étagère, rayon, tablette, serre-papiers*, tablettes en compartiments, Bc. — *Claie de roseaux*, Alc. (cañizo de cañas, çarzo de vergas, çarzo de cañas); رفوف, *des claies d'osier ou des planches sur lesquelles reposent les ruches*, Auw. II, 721, 7, avec la note de Clément-Mullet II, 2, 257. — رف من طيور *bande, troupe d'oiseaux*, Alc. (vanda de aves). — Voyez aussi Payne Smith 110l.

رفّ *partie de la toile de la tente, qui, n'étant pas tendue, est facilement mise en mouvement par le courant d'air, et qui, dans les nuits chaudes, est l'endroit le plus frais pour dormir*, Ztschr. XXII, 107, n. 46.

رُفَيْفَة dimin. de رفّ, M.

رفأ IV *coudre, rentraire*, Alc. (curzir o coser).

VIII dans le Voc. sous *resarcire*.

رفف

رقّاء Le fém. رقّابة *ravaudeuse, remplisseuse*, qui raccommode des dentelles, Bc.

رفت I c. a. = رفض, dont c'est peut-être une altération, M.

فى اصطلاح ارباب السياسة مرتّب يوخذ :M رفتن على البضاعة عاجلاً ويسمّى الصكّ الماخوذ عنه رفتنة ويقابله الآمد وهو ما يوخذ عليها آجلا ويسمى صكّه أمديّة.

رَفْتِيّة voyez ce qui précède.

رفج I et IV. نتنا اذا وارفج العجين رفع تقول العامّة وجهه ومال الى الحمص, M.

مَرْفَج et رافج أي متقبّض ومرفج رافج رغيف. M.

رفد I. Un scoliaste dans de Sacy Chrest. II, 461, n. 52, ne donne pas seulement le n. d'act. رَفْد, mais aussi رَفْدة et رِفْد. — *Supporter, soutenir*, Voc. (sustentare, ut paries tectum, sustinere), Alc. (sufrir como pesa). — En parlant de maisons, مرفودين على الثاني *élevées jusqu'au second étage, élevées d'un étage*, Cherb. Dial. 27. — *Lever, hausser*, Bc (Barb.). — *Hisser, arborer*, Hbrt 129. — *Lever l'ancre*, Hbrt 128 (Alg.). — *Lever, ôter, retirer*, Bc (Barb.), *lever, porter, emporter*, Ht, *porter*, Hbrt 88 (Barb.), *ôter, emporter*, Hbrt 195 (Barb.), Cherb. Dial. 93: كيف ترفد كجى «lorsque vous viendrez prendre, chercher الشجر متاعك vos arbres.»

VIII c. على et ب dans le Voc. sous *sustentare*.

رفد a peut-être le même sens que رفادة (1re signif. chez Lane) dans les 1001 N. Bresl. XII, 136, 4:

رايت العباس والدم على رفوده كاكباد الابل ۞

رفادة pl. رفائد *soutien*, Voc. (sustentamentum).

رَفّاد dans le Voc. sous *sustentare*.

قطع جميع روافده عنه رافدة *il avait rompu toute liaison avec lui*, Gl. Badroun.

رفرف I *revoler, voler de nouveau*, Alc. (rebolar). — Ce verbe doit avoir un sens particulier quand il est question d'un joueur de gobelets, Macc. II, 179, 12. — *Palpiter*, Ht. — رفرف عينه *bander les yeux*, Bc.

رفس

II *décrire des cercles dans les airs* (oiseau), Payne Smith 1443.

رَفْرَف *feston, guirlande,* voyez Gl. Edrîsî 370, 2 a f. et suiv.

رَفْرَف *auvent,* petit toit en saillie, Bc, M.

رَفْرُوف, pl. رَفَارِيف *bandeau qui couvre les yeux,* Bc.

رَفْرَفَة *friandises qu'on sert avant l'entrée du Ramadhân,* Mehren 28.

تَرَفْرُف *tire-d'aile,* battement d'aile prompt et vigoureux, Bc.

رَفَس I *régimber, ruer,* au fig. *résister,* Bc. — Comme v. a. *pousser un cheval,* ou peut-être comme v. n. *courir,* Gl. Fragm. — *Fouler aux pieds,* Hbrt 140. — *Pétrir,* Daumas V. A. 319. — *Être assis sur ses fondements* (édifice), M.

رَفْس *d'un pont, support, ce sur quoi le pont pose des deux côtés,* M.

رَفِيس *pâtes légères coupées en petits morceaux, baignant dans le beurre avec des dattes pilées; le tout mélangé avec du sucre,* Daumas V. A. 252, 409.

رَفِيسَة *même sens,* Pagni 154.

رَفَّاس *âne qui rue,* Gl. Fragm., Burckhardt Prov. n° 315.

رفش

أَرْفِيش *espèce d'arbuste,* Barth I, 152.

مَرْفَش *van,* Bc, comme chez Golius.

رفص (pour رفس) I *ruer,* Bc, 1001 N. III, 12, 3 a f.; c. a. *donner un coup de pied contre,* 1001 N. I, 38, dern. l., 85, dern. l.

II *régimber, ruer,* au fig. *résister,* Bc.

رفض I *abjurer,* Hbrt 157. — *Récuser, rejeter un juge, des témoins,* Bc. — رَفَضَتْ بِالكَرْش *elle a conçu,* Hbrt 26 (Alg.).

V *être de la secte des Râfidhites,* Macc. I, 799, 4.

VIII dans le Voc. sous *abiicere.*

IX, en parlant d'une fleur, *se déployer en sortant de son calice,* Abd-al-wâhid 116, 15.

رَفْض *attachement très-fort à une secte, accompagné d'une grande aversion pour d'autres sectes,* M. — *Grande propreté dans les habits, etc.,* M.

رفع

رَفْضَة, les *Râfidhites,* Nowairî Afrique 36 v°: جماعة فسأل عنهم فقيل هؤلاء رفضة والذين قتلهم (l. قَبْلَهم) سُنَّة فقال واي شيء الرفضة والسنة قالوا السنة يترحمون عن ابى بكر وعمر والرفضة يسبونهما ⁂ رَفَّاص dans le Voc. sous *abiicere.*

رَافِضَة. Voyez sur l'origine du nom de cette secte Prol. I, 357, 14 et suiv.

رَافِضِيّ *renégat,* Hbrt 157.

أَرْفَاض les *Râfidhites,* Bat. I, 130, 1001 N. Bresl. VII, 63. Bc. (*hérétique*) donne ce mot comme le pl. de رَافِضِيّ.

رفع I *exalter, vanter,* Bc. — C. a. p. *témoigner de l'estime à quelqu'un,* Gl. Badroun, R. N. 84 v°: وكان Valeton ۳۸, يفعل معى جميلا ويرفعنى ما يقدر عليه 4 a f. Cette expression, comme je l'ai observé dans le Gl. Badroun, signifie proprement *faire asseoir quelqu'un à la place d'honneur,* et elle est l'équivalent de رفع محلّه, ou رفع مجلسه. Aussi c. ب p., R. N. 101 v°: فخرج ابو القاسم الى الاندلس فوصل الحكم فرفع ابوه به وادناه. — *Se lever?* Akhbâr 81, 7: فرفع عثمان فضرب بالكتاب وجهه خلد. — *Lever l'ancre,* Høst 187, Amari 163, 8, 164, 8 et 9. — *Porter, transporter,* Bat. man. 69 r°: جمال لرفع الزاد. — Comme *efferre* en latin, *porter un défunt au tombeau et l'enterrer,* Koseg. Chrest. 44, 11. — *Conserver, garder, mettre en réserve, en cave* (Lane TA), voyez les exemples que j'ai donnés dans le J. A. 1869, II, 165, Gl. Badroun, Gl. Edrîsî, Gl. Mosl., Bidp. 240, 3 a f., *reponere* dans le Voc., R. N. 96 v° (où le second رفع a ce sens et où le pronom dans جميعها se rapporte aux livres que cet homme avait copiés): لما توفى رفع جميعها الى سلطان الوقت فاخذها ورفعها فى القصر ومنع الناس منها; *déposer, laisser une chose en quelque endroit,* R. N. 86 v°: Ayant acheté des habits très-simples, je les déposai (جعلتها) chez un صَبَّاغ; j'arrivais alors avec des habits riches, que j'ôtais dans la boutique de cet homme ولبست الثياب الآخر المرفوعة عنده. — Quand il s'agit de traditions, voyez Lane 1122 a; cf. Macc. I, 220, 7: حَدَّثَنِى

رفع

مالك فى خبر رَفَعَهُ; aussi quand il est question de variantes dans une tradition, comme dans l'exemple que j'ai cité dans le Gl. Badroun: — صَقَّ لنا النبى Quant à la constr. c. d. a., que j'y ai notée aussi, elle me paraît étrange et douteuse. — *Partir, se mettre en route,* voyez plus loin sous رفع راسه. — نَعَوْتُه مرفوعةً *on continuait à le reconnaître pour calife,* Abbad. I, 250, 4, en parlant du pseudo-Hichâm II: ودعوته على ذلك كلّه مرفوعة — عندَ مَن أتتنسى بالمعتضد من امراء شرقى الاندلس C. a. et الى *présenter une chose ou une personne à quelqu'un* (cf. Lane 1122 a), Abd-al-wâhid 212, 13: Ayant été désigné par mes concitoyens pour porter la parole devant le sultan, فرفعْتُ اليه «on me présenta à ce prince;» 101, 9: رفع اليه اشعارًا قديمًا. Aussi c. ل, au lieu de الى, Ibn-Loyon 4 v°: رفع الْتَغْنَرِيّ هذه الفلاحة لامير بلده غرناطة ابى الطاهر تميم — وذلك على يدى قاضى غرناطة اذذاك ابى محمد الـخ. De là *dédier un livre à quelqu'un*. Dans la suite du passage que je viens de citer, on lit: وذَكَرَها أوّلَ الكتاب, ce qui semble indiquer une dédicace, كتابا الى فلان à ce sens chez Bassâm I, 201 v°. — C. a. r. et الى p. *payer une contribution à,* رفع الزكاة الى الوالى, Gl. Belâdz. — C. على p. *accuser quelqu'un auprès du prince ou du juge,* الى, Gl. Bayân, Gl. Belâdz. — رفع على فلان شيئًا *ébruiter, divulguer une chose qui doit rester secrète,* Akhbâr 67, 3 a f. — C. عن *lever le siège,* voyez plus loin sous رفع المحلّة. — C. a. p. et عن *déposer, destituer,* Rutgers 165, 3 a f.: رفعه عن سردارية الـمـخـيّم «il lui ôta le commandement du camp;» De a en ce sens رفع الشىء عند المنصب — *il le dispensa de faire une chose,* R. N. 95 v°: Accosté par un mendiant, il lui donna sa djobba, وبقى عريانا فى خلق ممـزر صوف فقلت له هذا مرفوع عنك انت فى فاقة وليس لك من كل تاجر — مرفوع, Amari Dipl. 4, 3 a f.: الدنيا شىء؟ عند الواجب واللازم فى امرها. De même Becrî 170, 10: رفع الضرب عن ذلك الرجل «il dispensa cet homme des coups de fouet qu'il avait ordonné de lui administrer.» — C. فى p. et عند du prince ou du juge, *accuser quelqu'un auprès de,* Freytag Chrest. 60, 7: رَجُل رُفع فيه عند المنصور وقالوا ان عنده — رفع الأمرَ للسلطان — وداقع واموالا وسلاحا لبنى اميك (Lane 1122 b), Voc. (apellare). — رفع الى السـلـطـان, ou فى الامر, الى السلطان الأمر, *présenter une requête au sultan,* Gl. Belâdz., Ibn-Abdalmelic 156 v°: منعه (المنصور) من تلك الصلة التى كان يترقّبها ويتطلّع اليها رفع اليه فيها فلم يُعطه اياها. Aussi simplement *rfع الى السلطان,* Gl. Fragm., Macc. I, 259, 19, Mohammed ibn-Hârith 246: رفعوا الى الامير يستعلونه قاضيا au moyen d'une requête, كـتـاب, 281: فوالله لَـتَـْن رفع رَجُلَ, Haiyân 51 v°: رفعت الى الامير تستعفيه من اهل استيجة — الى الامير — يسله بناء حصن — رفع باسمه — بقرية شنت طرش avec la somme, *il déclara lui avoir payé telle somme,* Tha'âlibî Latâïf 12, 4: فلما ورد زياد على معاوية لِيرفع حسابَه رفع — رفع بذكره. — باسم عـمـرو مائتى الف درهم *faire l'éloge de quelqu'un,* Macc. I, 566, 14. — رفع المَـجْـلـس *lever la séance,* Bc. رفع مجالس الحكمة (chez les Druzes) *supprimer les conférences de la sagesse,* de Sacy Chrest. II, v°, 9 et 10. — رفع من الجُمْلة, *prélever, lever préalablement une certaine portion sur le tout,* Bc. — رفع المَحَلّة *lever le siége,* Alc. (descercador رافع المحلة, descerco رفع المحلة). Le verbe seul avec عن en ce sens, Gl. Bayân, Amari Dipl. 3, l. 3. — رفع رأسَه, *partir, se mettre en route,* Akhbâr 55, 6. Le verbe seul en ce sens, Djob. 246, 2, avec من de l'endroit que l'on quitte, Djob. 246, 4, Macc. II, 811, 2. — رفع به رأسًا *avoir égard à* (Lane), p. e. Amari 163, 8: فلم يـرفع عَطـاؤُ بكتاب موسى راسا. Aussi *avoir égard à la demande de quelqu'un, la lui accorder,* Valeton ٣٨, 4 a f.: ولا الى كم يرفعنى الوزير بى راسا راسا, où l'éditeur traduit avec raison: «Quousque me (honore) extollet Wezîrus, et dedignabitur (tamen) rogationi meæ annuere?» — رفع السَّيْف *cesser le carnage;* c. عن p. *épargner la vie de,* Gl. Badroun. رفع السلاح *poser les armes, faire la paix;* رفْع السلاح *suspension d'armes,* Bc. — رفع المانع

رفع 542 رفع

trancher la difficulté, Bc. — رفع نسبَه الى *faire remonter sa généalogie jusqu'à*, Holal 4 v°: يرفعون الى. Aussi رفع فى نسبهم الى النّبي. أنسابَهم الى النّبي — Abd-al-wâhid 134, 5 a f. — رفع وجهه حرّا *déclarer son esclave libre*, Formul. d. contr. 2: اعتق عَبْدَه ورفع وجهه حرّا لوجه الله الكريم. — رفع يد *main-levée, permission de disposer d'un bien saisi*, Bc; — رفع يَدَه *retirer sa main*, Bc; — رفع يده من دعوة *se retirer d'une affaire, s'en laver les mains, se décharger de toute responsabilité, de tout reproche*, Bc; — رفع يده عن الشيء *enlever, ôter* une chose à quelqu'un, Ibn-al-Athîr, Commentaire sur le poème d'Ibn-Abdoun, man. de M. de Gayangos, 138 r°: استبقّ الملك العزيز بمملكة حلب فرفع يَدَ الاتابك عن الحديث فى المملكة — رفع له الشى *la chose se présenta à ses yeux, il la vit de loin* (Lane TA); voyez des exemples dans le Gl. Belâdz. et chez de Jong. Aussi: *il vit cela par intuition*, Prol. I, 200, 9; la même leçon dans notre man. 1350, et je crois que M. de Slane a eu tort de préférer وقع. — رفَع *maigrir*, Bc.

II *louer, donner des louanges*, Müller 12, 8. — *Aiguiser, rendre plus subtil, subtiliser*, Bc.

V. ترفَّع عن الثمن *impayable*, Mi'yâr 11, 10. — ترفّع برجْله عن الأرض *bien lever les pieds en foulant la terre*, dans le sens de *fouler doucement la terre, marcher avec précaution*, P. Hoogvliet 51, 2 a f., où il faut lire avec les man. G et Ga: ترفّع برجلك.

VIII *commencer à pousser* (semence), Becrî 151, 6 a f. — C. a. *être plus haut que*, Berb. II, 379, 3 a f. — *Prendre la hauteur des astres*, Prol. I, 204, 11, si l'on adopte les corrections que M. de Slane a proposées sur le texte de ce passage. — Dans le Voc. sous reponere (cf. sous la Ire forme). — C. الى *monter sur*, p. e. الى جبل, Edrîsî ٦v, 4 a f. Aussi *se rendre vers* quelqu'un, Mohammed ibn-Hârith 294: فارتفع اليه, ibid.: فخذ بعنانه وتامره عَنِي ان يرتفع الىَّ — ان شئتَ طوعًا وان شئت كرهًا *S'avancer vers une des premières places* d'une assemblée, Prol. III, 395, 9, R. N. 58 r°: quand on se fut salué, le barbier dit au riche: ارتفع يا سيدى, ibid. 73 v°:

quand il se fut assis à l'endroit où l'on déposait les sandales, le maître de la maison lui dit: لِمَ لَمْ ترتفع. — فقال انا عبد مولى والعبد لا يتخطّى رقاب مواليه ارتفع له الشى *la chose se présenta à ses yeux* (cf. sous la Ire forme à la fin), Gl. Belâdz.

X *faire ôter, lever* les plats, les bouteilles, les verres de dessus la table, Abd-al-wâhid 218, 9. — استرفع قصص المتظلمين *il demanda qu'on lui présentât les placets de ceux qui avaient des réclamations à faire*, Maml. I, 1, 236. — *S'enorgueillir, se vanter*, L (iactans مسترفع متعجّب).

رفع *hauteur, colline*, Kâmil 607, 12. — Pl. ارفاع *moisson, récolte*, Mohammed ibn-Hârith 276: رسانى عن رفعه فى ذلك العام فقلت له رفع القاضى سبعة — Kh.kh. ما بقى من رفعى: 277, امداء من شعير الخ, Aboû'l-Walîd 552, 8, 637, 18, Auw. I, 42, 2 a f., 559, 17, 628, 4. — *Placet, requête, pétition*, Voc. (epistola), Bat. III, 289, 411. — *La réduction des fractions*, p. e. le مرفوع de $\frac{15}{4}$ est $3\frac{3}{4}$, M.

رفع pl. ات *placet, requête, pétition*, Voc. (epistola).

رفعة n'est pas, comme le dit Freytag, l'équivalent de رفعة, c'est seulement un *nomen vicis*, Fleischer sur Macc. II, 504, 19 Berichte 78.

رفعة *hauteur, grandeur d'âme, de courage*, Bc.

رفاع *carnaval*, Bc, Hbrt 153; ايام الرفاع *jours gras, les derniers du carnaval*, Bc; ثلاث الرفاع *mardi gras*, Hbrt 153. — Ce mot m'est obscur dans Haiyân-Bassâm III, 142 v°: فغسلوه فى قصرية سمّاك بسوق الحوت ونصبوه تحت العليقة التى أعدّت لرفاعه (A لرفاعها) فصار عبرة للمتأمّلين.

رفوع pl. ات *placet, requête, pétition*, Alc. (peticion demanda, suplicacion), Çalât 47 r°: ووزير ادريس — لرفع الرفوعات والمسائل.

رفيع Le pl. رفاع chez Bc, رفوع chez Alc. (linda cosa). — *Précieux*, Voc. — *Spirituel, ingénieux*, où il y a de l'esprit, Bc. — عقل رفيع *esprit délicat*, Bc. — *Insinuant*, qui a l'adresse de s'insinuer, Bc. — *Raffiné*, fin, rusé, Bc, rusé, fin, Hbrt 245 (Eg.). — *Mince* (دقيق), p. e. en parlant d'un fil, M. — *Grêle*,

رفع

aigu, faible (voix), صوت رَفِيع; aussi *voix perçante, claire et aiguë*, Bc.

قاعدة *délicatesse, finesse, raffinement, subtilité*, Bc, *ruse, finesse*, Hbrt 245 (Eg.).

رَفِيعَة *ce que l'on conserve, garde, ce que l'on met en réserve, en cave*, Gl. Mosl.

رِفَاعِيَّة *sorciers* (le nom dérive du chaikh Rifâ'a), Ouaday 702; cf. Ztschr. XX, 491 (mangeurs de serpents et de charbons ardents).

رَافِع *celui qui fait remonter jusqu'au Prophète des traditions dont on ignore la filiation*, si M. de Slane a bien expliqué le passage Prol. II, 154, 4. — Dans le Voc. sous elevare.

مَرْفَع pl. مَرَافِع *assiette (vaisselle plate)*, cf. Tha'âlibî Latâïf 74, 11 (où l'éditeur a changé à tort la leçon des man.) avec Bat. III, 378. — *Buffet, dressoir, armoire pour la vaisselle*, L (arca), Voc. (reservatorium), Alc. (almario, aparador, vasar), M, *étagère*, Delap. 163, Martin 120, *tablette*, planche pour mettre quelque chose dessus, Bc (Barb.), *tablette en bois*, Ht. — Peut-être ce mot a-t-il l'un des deux sens qui précèdent dans ce vers qu'on trouve chez Ibn-al-Abbâr 71, 4:

أخٍ كان إن لم يرع الناس اصبحت مواقب للناس وهي مَرَافِع

Le poète semble avoir voulu dire: «Si les hommes n'avaient pas été dans l'abondance, les dons de mon frère auraient été pour eux des assiettes toujours pleines,» ou bien «des buffets bien garnis;» mais dans ce cas, l'expression dont il s'est servi n'est pas trop logique. — Chez Alc. ce mot signifie aussi «tablado como ventana.» Faut-il traduire *fenêtre*? —

مَرْفَع اللَّحْم *carnaval*, Hbrt 153; aussi مَرْفَع seul, ibid., Bc; dans M المَرَافِع.

مَرْفُوع semble avoir le sens de رَفِيع, *fin, précieux*, dans les 1001 N. Bresl. IV, 360, 13: زجاجات

مَرْفُوع — زُقَاق مَرْفُوع semble signifier: une ruelle fermée à ses deux bouts, ou peut-être une impasse, sur laquelle ouvrent plusieurs maisons. Les habitants de ces maisons la possèdent en commun, et aucun d'entre eux ne peut apporter un changement à l'extérieur de sa demeure sans le consentement des autres. Voyez les passages cités dans le Gl. Maw. —

رفق

مَرْفُوعَة *la lettre* ط, opposée au ص, qu'on appelle مَسْفُوطَة ضاد, Gl. Bayân. — Voyez sous رَفَع.

مِرْفَاعِي, chez le vulgaire en Espagne, *xanthium strumarium*, Bait. II, 382 b; il dit que cette plante porte ce nom parce qu'elle s'attache aux habits de ceux qui la touchent.

اِرْتِفَاع est chez Alc. encarnadura, mais c'est une faute d'impression; il faut lire encaramadura; ce n. d'act. a donc son sens ordinaire. — Pl. ات *talent supérieur*, Fakhrî 365, 3: فَبَانَ فِي مُدَّة ولايته عليها عبيد — يعنى قوّة وجلادة وارتفاعات نامية وحلوم دارَّة الاِرْتِفَاع *l'ascension, fête des chrétiens*, Bc.

اِرْتِفَاعِي *ascensionnel*, Bc.

مُرْتَفِع *excellent, très-beau, superfin*, Macc. I, 229, dern. l. — بَغْلَة مُرْتَفِعَة, J. A. 1849, I, 194, 5, semble signifier: *une mule avec une selle très-haute*, de même qu'on dit en ce sens حِمَار عَال (voyez sous عال). — *Avantageux, présomptueux*, Bc.

رفغ

رَفْغ Le pl. رُفُوغ *canaille*, Gl. Fragm.

رفق

I c. ب ou على *soutenir un homme fatigué*, Voc.

III لأَجْل لَحِمَايَة *convoyer*, Bc. — *Accompagner* le chant, Bc. — C. a. p. et ب r. *donner gracieusement à quelqu'un la permission de faire une chose*, Recherches 174, 7 de la 1re édit.: فَطَيِّر الراضي حكمًا إلى ابيه بذلك فرافقه بتركه والانتحال عنها إلى رُنْدَة ❊

V سَيَّرَ في *marcher lentement*, Lettre à M. Fleischer 117. — C. ب r. *ménager une chose, ne l'employer qu'avec réserve, l'épargner*, P. Calâïd 54, 7: — تَرَفَّقْ بِدَمْعِك لا تَغْنَه فَبَيْن يَدَيْك بكاءٌ طويل *Chercher son profit*, Djob. 323, dern. l.

VIII *s'approvisionner*, Cartâs 242, 11 a f. — C. a. r. *se servir d'un objet en guise de* مِرْفَقَة, c.-à-d. *de coussin sur lequel on appuie le coude*, Berb. I, 291, 10. — *Accepter des présents corrupteurs*, Tha'âlibî Latâïf 112, 7, cf. l'article de M. Defrémery sur cette publication, p. 18 du tirage à part.

X *chercher son profit*, Djob. 220, 7.

رفل   544   رق

رِفْقَة *l'argent qu'un voyageur paye à un Bédouin pour obtenir sa protection*, Burton II, 113.

رَفِيق Le pl. رُفَقْ, Diw. Hodz. 30, 4 a f. — سَيْرٌ رَفِيقٌ *une démarche lente*, Abd-al-wâhid 249, 16, Macc. II, 272, 9. — رَفِيق القَلْب *compatissant*, Bc.

— Dans le sens de *compagnon*, *camarade*, pl. أَرْفَاق, Alc. (conpañero en trabajos), Bc (camarada); — *collaborateur*, Bc; — *compère*, Alc. (conpadre), et le fém. *commère*, Alc. (comadre). — *Amant*, Browne II, 101. — Le fém. *maîtresse, femme entretenue*, Burckhardt Nubia 201, où رَفِيقَة est sans doute pour رُفَيْقَة. — *Le Bédouin dont le voyageur a acheté la protection*, Burton II, 111, 113. — *Pantalon des enfants*, Bg 799; رَفِيقَة *caleçon*, ibid.; «les femmes donnent le nom de رَفِيق au caleçon, » M.

رَافِقَة *vol* (nuée d'oiseaux), Roland.

رَافِقَة *les siens*, ceux qui sont de son parti, Bc.

تَرْفِيق, chez les Soufis, *appuyer la tête sur les genoux*, Bat. I, 37; mais je crois qu'il faut lire تَوْرِيق, avec le man. de M. de Gayangos, voyez sous زيق II.

مَرَافِق *denrées, vivres*, Bat. I, 69, etc., Djob. *passim*, et très-souvent chez d'autres auteurs. — *Cette partie de l'armure qui couvre le coude ou le bras*, 1001 N. Bresl. IX, 260, dern. l. — *Dossier du lit, chantourné*, pièce du lit entre le dossier et le chevet, Alc. (cabecera de cama).

مُرْفِق *celui qui a le superflu*, M.

مِرْفَقَة *dossier du lit, chantourné*, pièce du lit entre le dossier et le chevet, Alc. (cabecera de cama).

مُرَافَقَة *assortiment*, Bc.

مُرْتَفِق *présent corrupteur*, Haiyân-Bassâm I, 10 r°: لا قبضوا مرتزقًا ولا نالوا بها مرتفقًا. On trouve ارتزق et ارتفق réunis de la même manière dans le passage de Macrîzî cité par M. Defrémery (voyez sous la VIII° forme).

مُرْتَفَق, et مُسْتَرْفَق M., *lieux d'aisances*, *latrines*, Fleischer Gl. 92, Payne Smith 1442.

رفل I. De même qu'on dit يرفل فى ثيابه on dit يرفل فى القيود, Cartâs 270.

VIII comme synonyme des verbes كَبُر، نَبُل، عَظُم، Payne Smith 1628.

أَرْقَل (pour أَرْقَى), fém. رَقْلَاء *ayant les oreilles molles, mollasses*, au propre en parlant d'un âne, au fig. en parlant d'un homme, M.

مَرَاقِيل *crinière du lion, de l'hyène*, Werne 30. A la p. 83 il traduit ce mot par *hyène*, ce qui semble une erreur.

رفه I c. عن r. *être trop accoutumé à la mollesse pour faire telle ou telle chose*, Berb. I, 413, 3 a f., où il faut lire وَتَرَفَّه avec notre man. 1351.

II *enrichir*, Voc. (ditare), Alc. (enriquecer a otro), Abbad. II, 146, 7 du texte arabe. De là مُرَفَّه *riche, prospère*, Voc., Alc. (abonado en hazienda, abondoso, prospera cosa, rico), et تَرْفِيه *richesse*, Djob. 38, 19.

— *Laisser tranquille*, Tha'âlibî éd. Cool n° 86, eu (même texte) Valeton ٣٩, dern. l.

V *s'enrichir* ou *être riche*, Voc. (sous ditare), Alc. (enriquecerse, abondar).

رَفَه = رَافِه, Edrîsî, Clim. VI, Sect. 1.

رَفَاه (s'il faut écrire ainsi ce mot qui chez Alc. est rafêh et refêh) *abondance, prospérité, richesse*, Alc. (abondamiento, hazienda o riqueza, prosperidad, riqueza).

رُفَيْهَة *espèce de danse guerrière*, décrite par Burton II, 247.

أَرْفَه *comparatif de* رَافِه، رَفِيه, Gl. Edrîsî.

رفو et رفى. Le n. d'act. رِفَايَة, dans le Voc.

رَفِيَّة *reprise, raccommodage à l'aiguille*, Bc.

رق I, en parlant de plantes, *s'étioler*; on dit رق النبات وضعف, Bc. — C. عن r. *être trop faible pour, n'être pas en état de*, Gl. Fragm.; il faut lire de même dans un vers cité par Hamaker, Spec. Catal. 33, 1, et que je corrigerai sous مَقْطَع. — Dans le sens d'*avoir pitié de*, ce verbe ne se construit pas seulement c. ل, mais aussi c. على, Abbad. I, 419, 13 et 17. Le Voc. donne également sous *conpati*: رَقَّ قَلْبِى c. ل et على. — Comme v. a., *dégrossir, diminuer*; رق المعادن وعلها صفائح *laminer, donner à une lame de métal une épaisseur uniforme*, Bc.

II *épurer* le vin, Gl. Mosl. — *Aiguiser*, Alc. (aguzar). — *Doler, aplanir* un morceau de bois, Alc. (dolar). — *Attendrir, toucher, émouvoir*, Bc. — *Rendre perplexe*, Voc.

IV. ارقّوا الاغذية *ils préparèrent des mets fins, exquis*, Haiyân-Bassâm I, 23 r°. — *Chercher à attendrir* quelqu'un, Haiyân-Bassâm III, 143 r°: ولم يبقَ معه الّا اربعة غلمان — يرقّون مَن دنا منهم ويستعينون الناسَ لاستنقاذهم ۞

V *devenir plus mince*, Voc. (sous atenuare), Gl. Manç.: أخذ النجوم في الترقّق شيئًا قليلا الخراط est — *Être perplexe, être à l'étroit*, Voc. — بتدريبي. — *Subtiliser, rendre subtil, délié* Alc. (sotilizar, le part. act. sotilizador). — C. ل p. *chercher à émouvoir, à attendrir* quelqu'un, Abd-al-wâhid 89, 12.

X *être maigre* (homme), M. — Dans la 1re partie du Voc. *indurare* (?).

رقّ غزال رقّ *parchemin vierge*, la peau préparée des petits chevreaux ou agneaux mort-nés, Alc. (pargamino virgen). — *Carte*, plusieurs papiers collés, carton, Bc.

رقّ *petit tambourin*, Lane M. E. II, 84, Descr. de l'Eg. XIII, 512.

رقّة L'expression اهل الرقّة désigne: *les hommes pieux et sensibles, qui sont aisément touchés, qui pleurent facilement*; R. N. 83 v°: وله اخبار ومجالس عندنا بسوسة v° 87, مع اهل النسك والرقّة ; رجال صالحون من اهل الرقّة اخذوا في النياحة وفي البكاء حتى هجّم. — الصبح رقّة البصر, *vue perçante, subtile*, Alc. (agudeza de la vista). — رقّة للحاشية *voyez sous le second mot.*

رقّة, pl. رقاف, en Sicile, est l'italien *rocca*, qui signifie *forteresse, château*, car dans la traduction d'une charte sicilienne, رقّة est rendu par *rocca* et par *castellum*. Ce terme a le même sens dans les passages d'Edrîsî cités dans le Glossaire sur cet auteur p. 308, où il a été mal expliqué; cf. Amari Append. 5 et 6.

رقّى *servile*, Bc.

I

رقّى *panis in brases*, Voc.; pl. ات sorte de pâté ou de gâteau, Hbrt 15; رقّة *gaufre*, Bc.

رقيق *très-pur* (vin), Gl. Mosl. — *Celui qui subtilise*, Alc. (sotilizador); il écrit raquîq, et l'on serait porté à croire que c'est رقيق prononcé à la manière grenadine, car ordinairement il rend de cette façon la forme فعّال; mais ce qui s'y oppose, c'est qu'il donne رقاق comme le plur. — *Helianthemum sessiliflorum*, Colomb 22. — رقيق البيض, *le blanc de l'œuf*, Voc. (albugo ovi), Edrîsî ٣, 12 (l'explication donnée dans le Gloss. sur cet auteur n'est pas la véritable, car elle est en contradiction avec le Voc.). — رقيق الحاشى ou الحاشية, *voyez sous le second mot.* — رقيق الفقرش *se trouve dans le Voc. sous* debilitare. — الامّ الرقيقة *pie-mère*, t. d'anatomie, Bc.

رقيقة *semble signifier exhortation qui attendrit les auditeurs* dans ce passage du R. N. 51 r°: وكان يميل الى الرقائق والمواعظ ويختم مجلسه بها اذا فرغ من المسائل والكلام عليها ۞

رقّاق *est un nom de métier* (Macc. I, 304, 4, nomme le رقّاقين à Cordoue), mais qui a plusieurs acceptions, car il signifie: *fabricant de parchemin*, Voc.; — *pâtissier*, Hbrt 75; — *planeur*, Descr. de l'Eg. XVI, 462, n. 1.

مرقوق, n. d'un. ة, *pâtisserie*, Hbrt 75, M.

مراقبة, mais ordinairement مراقبة pour faciliter la prononciation, t. de médec. formé de مراق, pl. de مرق, sorte de mélancolie, qui a pour effet que le malade s'imagine des choses impossibles et absurdes, p. e. qu'il est d'argile et qu'il doit éviter le contact des murailles afin de ne pas se casser, M.

متّرقّف est l'équivalent de اهل الرقّة. متّرقّقون (voyez), R. N. 89 r°: وكان يصنع الشعر ويجيده على معاني اهل النسك والمتّرققين ۞

رقعاء (plante), voyez sous رقا.

رقّانس (ὄρχις selon Vullers) = جفت آفريد, Bait. I, 499 h; leçon de Boul. et de Vullers; AB رقاس, Sontheimer رقاص.

69

رقب

رَقَبَ I coucher en joue, viser à quelque chose pour l'obtenir, Bc. — Calomnier, Alc. (calunïar).

II garder, surveiller un prisonnier, Abbad. II, 118, 2 a f., Djob. 36, 2, Bayân II, 301, 15. Le Voc. a cette forme sous sagio (agent de police). — Faire une certaine incision à la branche pour l'insertion, quand on greffe les arbres, voyez sous بُرْقَيْبَة.

IV. Cf. avec Lane le Gl. Mosl.

V être sur ses gardes, de Sacy Chrest. II, ١٣٣, 3 et 6, ١٣٤, 4, Macc. I, 138, 11. — C. ل p. surveiller, épier, 1001 N. I, 76, 5 a f. Le Voc. a cette forme sous sagio (agent de police).

VI dans le Voc. sous aspicere.

رَقَب bonne espèce de dattes, Palgrave II, 173.

رَقَبَة courageux, Daumas V. A. 514.

« هو على رقبتي » « il est à ma charge, il vit à mes dépens; » — « وبال هذا على رقبتك » « c'est vous qui en serez coupable, » Bc. — Pl. أَرْقَاب pièce de soie jaune, brochée en or, de la grandeur du cou du cheval, et dont on affublait celui que devait monter le sultan. Il prenait au-dessous des oreilles, et se prolongeait jusqu'à l'extrémité de la crinière. Ce genre d'ornement devait son origine aux Perses, Maml. I, 1, 135, II, 2, 21, J. A. 1849, II, 319, n., l. 10. — « La poudre d'or est mise dans un sac en peau de chameau; c'est la peau du cou de cet animal qu'on prend à cet effet; aussi ce sac porte-t-il le nom de Rokba, » Prax 12. Rakaba serait plus correct. — Chapiteau de pilastre, Gl. Edrîsî. — رَقَبَة الحَمَام (gorge de pigeon), au Caire, étoffe noire dont la couleur reflète une nuance rougeâtre miroitante, Ouaday 395. — Emphytéose, bail à perpétuité, Bc; M. de Goeje, Gl. Belâdz. (cf. Gl. Mosl.), traduit رَقَبَة الأَرْض par dominium soli, l'opposé d'usufruit; cf. v. d. Berg 35, n. 3, qui a noté مِلْك الرَقَبَة dans le même sens; رَقَبَة الدَّار, pl. رَقَاب المَال, Mohammed ibn-Hârith 324. — رَقَبَة المَال capital, et en général, somme d'argent, Gl. Mosl. —

قَصِير الرَقَبَة ingrat, Voc.

رَقَبَى Cf. avec Lane le Gl. Mosl.

رَقِيب espion, a chez Alc. (espia) le pl. رُقَبَاء. Agent de police, Voc. — Rival, Ht. — رَقِيب الشَّمْس tournesol, Bait. I, 499 j;. — espèce d'euphorbe, ibid.

رُقَيْبَة courage, Daumas V. A. 496.

رقد

رَقَّاب explorateur, courrier, Margueritte 239.

رَاقِبَة culot, dernier éclos d'une couvée, Bc.

بُرْقَيْبَة؟ تَرْقِيبَة voyez.

مُرَقَّب monticule, Daumas Mœurs 394 (qui a confondu ce mot avec مَرْكَب, ce qui lui a fait ajouter: « dont l'aspect rappelle la forme d'un navire »), Barth I, 88, Berb. II, 113, 4.

مُرْتَقَب l'avenir, Voc.

رقد

رَقَدَ I se coucher, s'étendre de son long, Bc, Nowairî, man. 273, p. 638: وزعم قوم انه اذا استكلب ورآه, 1001 N. I, 79, 14: الاسد رقد له حتى يبول في اذنه خوفا منه — على البيض couver, Bc.

II endormir, Voc., Alc. (adormecer a otro), Bc, P. Müller 17, 3 a f. (= Macc. II, 630, 6). — Assoupir, suspendre, adoucir la douleur; رَقَّدَ المَادَّة assoupir une affaire, en empêcher l'éclat, Bc. — Coucher, dans le sens de mettre au lit, et dans celui d'étendre de son long, Bc. — Fermer les paupières, Ibn-Dihya 9 v°: لها لَحْظٌ تَرْقُدُ لأمّ (Wright).

III c. a. coucher avec une femme, Voc., Khatîb 186 r°: واتخذ جملة من الجواري فصار يراقد منهن, 1001 N. I, 342: جملة تحت لحاف واحد.

V dans le Voc. sous dormire et sous iacere dormiens.

X engourdir, rendre comme perclus, endormir une partie du corps, en sorte qu'elle soit presque sans mouvement et sans sentiment, Alc. (atormecer, entormecer; le n. d'act. atereciemiento, atormecimiento; le part. pass. aterido, atormecido); voyez aussi plus loin اسْتَرْقَاد.

رَقْدَة le premier somme, car le Voc. donne ce mot sous nox, et il ajoute dans une note prim son, qui a ce sens en catalan comme en provençal (cf. Raynouard V, 257 b). — Inégalité dans un pavé, Cartâs 36, 4; j'ai expliqué l'origine de cette signification sous تَحْصِين.

رُقُود. Le pl. رَقَدَة, Diw. Hodz., mais j'ai oublié de noter la page (Wright).

رَقَّاد, رَقَّادَة couveuse, Bc. — الرَّقَّادَة فَرْخَة sorte de devins dans le pays des Ghomâra sur lesquels il faut consulter Becrî 101, dern. l., 102. — رَقَّاد sorte d'oiseau, Yâcout I, 885, 17.

رقد

راقد Le pl. رُقَّاد, Kâmil 511, 1, 669, 13.

مَرْقَد مرقد لَلخنزير étable à cochons, Alc. (pocilga o çahurda de puercos).

مُرْقِد opium, Bait. II, 512 c, Most.: هو افيون. — Potion الابيون وهو المرقد وهو لبن للخشخاش البرّى préparée avec de l'opium, L (diacodion, que Ducange explique par: potio ex papavere). — Chez le vulgaire au Maghrib, dature, Bait. I, 269 c, II, 512 c.

اسْتِرْقَاد est chez Alc. calanbre, c.-à-d., selon Victor: *une roideur de nerfs qui fait tenir le cou comme si le menton était attaché à la poitrine, et le chignon du cou à l'épine du dos, ce qui est une sorte de maladie, la goutte-crampe.*

رقرق

رَقْرَقَ I *chanter, crier*, en parlant des grillons, Alc. (cantar el grillo, grillar cantar el grillo). — *Commencer à mourir*, Alc. (començar a morir).

رَقْرَقَة *pitié*, Payne Smith 1222. — = دَمْع مترقرق Gl. Mosl.

رَقْرَاق. قرراق الدماء *des flots de sang*, P. Macc. II, 381, 18. — *Marc, ce qui reste des substances bouillies*, Bc. — *Eau basse dans la mer*, M.

رُقَيْرِقَة *petit morceau d'un tissu ou d'une lame*, M.

رقس

رَقُوس *anneau que les femmes portent au bras*, Hœst 120, mais je ne sais si ce mot est écrit correctement.

رَقَّاس pour رَقَّاص (voyez), *courrier*.

رقش

رقشة الرقشة الزرقاء للحمراء et الرقشة *sortes d'oiseaux*, Yâcout I, 885, 9 et 10.

أَرْقَش. رَقْشَاء *basilic*, Alc. (basilisco).

مَرْقُوشَة *nom d'une étoffe*, Formul. d. contr. 4: ومرقوشتين من نسيج اليهود ❊

رقص

رَقَّصَ I حواجبه *sourciller, remuer le sourcil*, Bc, 1001 N. II, 426, 15.

VI *danser*, 1001 N. I, 54, 11. — En parlant de larmes, كانت تترقّص في عينيه «elles roulaient dans ses yeux,» 1001 N. Bresl. III, 345, 1.

رَقْصَة *valse;* — *contre-danse*, Bc; — Roger 265:

رقص

«Etant toutes assemblées pour faire les cérémonies et lamentations, qu'elles appellent *Raquase*, elles se mettent en une salle, ou en une cour, et quelquefois en un lieu éminent et spacieux hors la maison, et se disposent toutes en rond, comme si elles voulaient danser sans se tenir les mains. Après quoi une vieille femme, qui est louée pour ce badinage, se barbouille de noir la face, la poitrine, les mains et les bras avec le noir de leurs poêles et marmites, et à son imitation les femmes du défunt, leurs sœurs et filles se noircissent de même, toutes échevelées, n'ayant rien que leurs chemises qui sont ouvertes jusques au nombril. Cette vieille noircie se met au milieu de la danse, et commence à dire toutes les prouesses et actions de remarque du défunt en forme de litanie, et à chacune elle fait une pause, pendant que les autres répètent avec un air funeste et lugubre, dansant d'un pas égal. Les parentes qui se sont barbouillées de noir, se frappent la poitrine et les joues avec les paumes des mains, tant qu'elles ont les joues toutes bouffies, et continuent cette cérémonie de danse sans intervalle, jusques à ce qu'on porte le corps au tombeau.»

رَقِيصَة pl. رَقَائِص *levier*, Alc. (palanca para sopalancar).

رَقَّاص pl. رَقَّاصِين, *au Maghrib, courrier qui porte les lettres, poste, ou qui conduit les voyageurs, messager*, Voc.; Alc. (correo que lleva cartas, enbaxador faraute, mandado a quien se dize, mensajero, portero de cartas), Domb. 104, Bc (Barb.), Hœst 278, Gräberg 158, Richardson Morocco I, 135, Sandoval 311, Daumas Mœurs 264, Macc. I, 557, 9 et 10, où on lit que ce mot est maghribin et qu'en Orient on dit ساع, Çalât 5 r°, 5 v°, 10 r°, Khatîb 120 v°, Ztschr. XVIII, 567. L'auteur du Dict. berb., Carette, Géogr. 178, et Barth, V, 488, écrivent ce mot avec le *sîn*. Chez Mohammed ibn-Hârith c'est رَقَّاس, 242, 255; dans le premier passage on trouve la même anecdote que chez Macc. I, 557, cité plus haut. — *Compagnon maçon*, qui travaille sous la direction d'un maître maçon, Nowairî Espagne 468: la ville d'az-Zahrâ, quand on eut commencé à la bâtir, fut achevée en douze ans par mille maîtres maçons, مع كلّ بَنَّاء اثنا عشر رَقَّاصا. — *Balancier de pendule*, Ht, chez Bc et dans M رقّاص السَاعَة. — *Aiguille de montre*, Ht, Delap. 44, Roland Dial. 596. — رقّاص

زنادُ البُنْدُقِيَّة *détente*, pièce du ressort d'une arme à feu, pour le faire partir, Bc. — Partie d'un moulin produisant du bruit par le mouvement de la meule, Mehren 28. — *Signet d'un livre*, Domb. 78, Cherb. — *Bal*, Ht. — Sorte de poisson, Yâcout I, 886, 9.

مَرْقَص *air de danse, chanson de danse*, Khatîb 38 r°: مِن شعرِه مِمَّا يَجري مَجرى المَرقَص; *la chanson dont il s'agit se trouve aussi chez* Macc. II, 554, 21.

رقط II cf. Lane; le part. pass. *tacheté*, Bc; Most. v° أبرنج: هو حبّ صغير مُرَقَّط بسوادٍ وبياضٍ, leçon de N et aussi dans le texte de Lm, mais sur la marge de ce dernier man. on trouve: صوابه مُنَقَّط; c'est le synonyme du mot dont il s'agit, mais il n'est nullement nécessaire de changer la leçon. Dans Bait. I, 129 c, le man. A porte aussi: البِرنج بالفارسية, et le man. B منقّط, حبّ صغير مرقّط بسواد وبياض. Aujourd'hui on emploie رَقَّط dans le sens de *nieller*, Cherb. C.

رَقْطَة, pl. رِقَط, *tache*, Abou'l-Walîd 209, 16.

رُقَيْطَة *espèce d'herbe*, Ztschr. XXII, 75, 6.

أَرْقَط اللوف الأرقط *serpentaire* (plante), Bc. — ريح رَقْطاء dans le Calendr. 69, 2 a f., où j'ai dit que ce mot me semblait altéré. M. Fleischer ne partage pas cette opinion; il croit que cette expression signifie: «ein scheckiger Wind, d. h. ein Wind der die Atmosphäre durch den von ihm aufgetriebenen Staub scheckig färbt.»

رقع I *baiser*, t. bas et popul., *jouir d'une femme*, Bc. — II *rhabiller, tâcher de justifier, de raccommoder*, Bc. — *Decorare* dans le Voc. — تَرْقِيع, chez le vulgaire en Espagne, *greffer en écusson*, Calendr. 41, 1 (cf. رُقْعَة). — C. a. dans le Voc. sous *inverecundus*.

V *être rapiécé*, Voc. — Dans le Voc. sous *decorare*. — Dans le Voc. sous *inverecundus*.

VI *pateliner, agir en patelin*, Bc. — *Vétiller, s'amuser à de petites choses*, Bc.

رَقِع, *fat, impertinent, sot; — patelin, patelineur; — vétilleur, qui s'amuse à des vétilles, vétilleux*, Bc.

رَقْعَة, *contrée*; *aussi étendue, en parlant d'un pays ou d'une ville*, Gl. Edrîsî. — رقع الروض *parterres de fleurs*, P. Macc. I, 928, 13. — Proprement *pièce, petit morceau d'étoffe qu'on met à un habit pour le raccommoder lorsqu'il est troué*; au fig., *ce qu'on dit ou fait pour cacher quelque chose, de même qu'une pièce cache le trou d'un habit*, M. — Pl. رِقَع, t. de jardinage en Espagne, *écusson*; رُقْعَة, *morceau d'étoffe*, exprime bien la forme de l'écusson,» Clément-Mullet I, 437, n. 1; Auw. I, 19, 7, 8, 9, 243, 3 a f., 434, 1, 436, dern. l (lisez ainsi dans tous ces passages), 459, 3, 490, 3, 6, etc. — Au lieu de رُقعة الشطرنج *échiquier*, on emploie aussi رُقعة, seul, Macc. II, 745, 6. شطارنج الرقعة *les pièces de l'échiquier*, Müller 25. L'expression dans les 1001 N. II, 178, 11: رجال, ... يلعبون بالشطرنج والرقاع, est singulière. رقعة الضامة *damier*, Bc. — *Manteau*, L (bibla vel pallium, رُقعة المَنْكِبين *superhumerale*). — Le pl. رقع *petits plateaux en fer ou en cuivre*, Mehren 28. — الرقعة الصخرية, en Espagne, *aspidium lonchitis*, Bait. II, 442 a. — Selon Bait. I, 499 k, رُقعة, est un nom générique servant à désigner tous les médicaments qui guérissent les fractures quand on le boit. Parmi ces médicaments il donne un mot composé dont la leçon est fort incertaine. A la p. 227 b du Ier volume, ACL portent الطلميرية (sic); E الطلمرية, BD الطليمنة, الرقعة الطلبيّة de Talavera?); à la p. 499 k, A الطالبية, B طابعة الرقعة, L الطلبية, le man. 13 (3) المطلبية. — الرقعة الفارسية, en Espagne, espèce de *gui*, Bait. I, 180 c (ويعرفونه أيضا بالرقعة الفارسية). Alc. donne *rracaá* dans le sens de *gui de chêne* (muerdago yerva).

رَقْعَة, Voyez sur ce grand arbre Bait. I, 271 b.

رَقْعاء = سَرْخَس *fougère*, Bait. I, 499 i, Alc. (helecho yerva, racaá); le Most. dit sous سرخس que c'est l'espagnol فلجه, c.-à-d. *helecho*, après quoi il ajoute: ورأيت في بعض التراجم انه الاجذان الابيض; وهو الرقا; écrit ainsi dans les deux man. — *Hièble, petit-sureau*, Bait. I, 393 b, Most v° شل: وقيل هو البكّده بالعجمية وهو الرقعا (الرقعى N) *yezgo*.

رَقْع. Dans le Most. sous جوز القَيّ (noix vomique): وقيل هو الرقاع وانكر ذلك الرازي; comparez Bait. I, 271 b.

رَقِيع *cromaticus* dans L, c.-à-d. (voyez Ducange): qui non confunditur, nec colorem mutat (de χρῶμα, couleur); *inverecundus* dans le Voc., et peut-être cet adjectif a-t-il le sens d'*impudent, effronté, impertinent*

رقع

(cf. رُقَاعَة) chez Khatîb 126 v°: فقال ما صاحب عذ — Pl. رِقَاع, الرُّقَعَة إلَّا الزُّقيعَة (l. الرُّقيعَة) حَفْضَة beau, Voc.

رقَاعَة inverecundia, Voc., *fatuité*, impertinence, Bc, *effronterie*, Ibn-Sa'îd cité dans le Tohfat al-'aroûs, man. 330, 158 v°: امرأة مشهورة بالجمال والرقعة; l'anecdote qu'on y trouve confirme pleinement cette acception; «dans le passage de Harîrî: فعجبت مما أبدى, les commentateurs expliquent رقاعة par من براعة مجونه برقاعة لِلحمق او صلابة الوجه وقلَّة الحياة M. — *Plaisanterie effrontée, hardie jusqu'à l'impudence*, M sous رود: وكان فقيرا وله نُكَت ورقاعات كثيرة — *Beauté*, Voc., وتبسَّمات على الباري تعالى لفقر Khatîb, man. de Paris, 112 v°: ولا خفاء ببراعة هذ الاجازة ورقاعة هذا الادب, vers dans un poème populaire Prol. III, 411, 4 et 5, qu'il faut lire ainsi, comme je l'ai dit dans le J. A. 1869, II, 203:

وكيف ولش موضع رقاعًا الّا ونسرح فيه النَّاجل

et traduire: «Comment ne serions-nous pas joyeux, quand il n'y a pas de bel endroit sur lequel nous ne puissions laisser errer nos yeux» (ceci peut servir à corriger ce que j'ai dit dans le J. A.). — *Patelinage*, Bc, M: ويستعملها اكثر المولّدين بمعنى المجاراة خبثا ودهاء

رُقْعَة, pl. رِقَاع, pour رُقْعَة dans toutes ses significations, à savoir: *chiffon, haillon, guenille*, Voc., Alc. (trapo); — *mouchoir de poche*, Alc. (sonadero de mocos); — *terrain*, Cherb. Dial. 15; — *billet, pétition, requête*, Haiyân 28 v°: وفتح للعامَّة بابًا ينادى متظلّمهم ومستضعفهم من قبله فيسرع اجابتهم ويأمر بأخذ رقائعهم — *remède*, Alc. (remedio).

رقاعى, قلم الرقاعى *écriture pour lettres*, 1001 N. I, 94, 4.

رَقَّاعَة *ravaudeuse*, Delap. 75.

مَرْقَع L: *remedium* وفرج.

مَرْقَع *ravaudeur*, Alc. (remendon). — *Savetier*, Alc. (remendon çapatero).

مَرْقَعَة, suivi de القلوع, *voilerie*, lieu où l'on raccommode les voiles, Bc. — *Patelinage*, Bc.

549

رقم

مَرْقَعِيَّة *haillon, guenille*, Ht.

رَقَلَ I *subir l'action du* رَقْل, *hallucination du désert*; voyez à ce sujet une dissertation de d'Escayrac dans la R. d. O. A. N. S. II, 287 et suiv.

IV c. عن *quitter à la hâte*, Berb. II, 341, 5 (lisez ainsi avec notre man. 1350).

رَقَل voyez sous la Ire forme.

رقم I *coudre*, Voc. — *Broder*, Gl. Esp. 320, 329. — *Chiffrer*, Hbrt 122. — Avec ou sans بالنار, t. de médecine vétérinaire, *appliquer des pointes de feu*, Auw. II, 654, dans les notes 10 a f., 655, 3 a f., dern. l., 662, 9, 13.

VIII dans le Voc. sous suere.

رَقْم Le pl. رُقُوم *signes tracés*, Prol. III, 242, 3 a f.; *ornements, figures*, Macc. I, 367, 7. — Pl. أرقَام *chiffre*, Bc, Hbrt 122, M. — علم الرقم الهنديّ et الرقم *arithmétique*, Hbrt 122. — *Nom d'une plante*, voyez sous رَقْمَة.

رَقْمَة *morceau de peau de poisson* collé sur une partie du luth et du cânoun, Lane M. E. II, 78, cf. 81, Descr. de l'Eg. XIII, 228, M. — *Noms de plantes*: *fumaria agraria; Koniga maritima; erodium moschatum; erodium malacoïdes; erodium guttatum* (aussi *raquem*), Prax R. d. O. A. VIII, 280, 282.

رَقَّام *couturier*, Voc. — *Brodeur*, L (polimitarius), Alc. (bordador), Amari 668, dern. l.

أرقَم, رَقْمَاء *espèce de mouton*, Bruce V, 164, qui a confondu ce mot avec رخمة.

أرقَمَة *convolvulus althœoïdes* L, Prax R. d. O. A. VIII, 343 (ergâma).

مِرقَم, t. de médecine vétérinaire, *instrument à faire des pointes de feu*, Auw. II, 655, dern. l., 662, 13.

مَرقوم pl. مَراقيم *tapis rayé*, Gl. Esp. 320. — Mentionné, Roland, susdit, nommé ci-dessus, M.

مَرقومَة *tapis rayé*, L (polimuta (cf. chez Ducange polymitus), iaguintina (que Scaliger a considéré comme une altération de hyacinthina; c'est alors un adjectif employé substantivement; cf. læna hyacinthina chez Perse)).

رقمَال, pl. رقمال ات et رقمال *grappe de raisin*, Voc., voyez رجمال.

رقن

رقْن؟ *le pistachier mâle?* Telle est la leçon de notre man. dans Auw. I, 267, dern. l., où l'édit. porte البرقن.

رقو

رقوة, Mot obscur, employé en parlant d'un puits, Auw. I, 147, 6 (où il faut insérer, avec notre man., مـمّـا avant (يمنع); Clément-Mullet (I, 130 n.) a cru devoir le traduire par *rampe*, mais la leçon est incertaine, car au lieu de انقبال الرقوة, notre man. porte انتقال الوقوة.

تَرَقَّى voyez sous ترقى.

رقى I. الخبير السيد رقى comme البيد لخبير تـرقّـى chez Lane, Gl. Fragm. — En Espagne cette forme avait quelquefois, mais rarement à ce qu'il semble, le sens de *jeter, mettre*, etc., qu'y avait la IV° (voyez), car le Voc. (proicere) donne رَقَّى, رَقِّي dans la langue classique) comme le synonyme de ارقاء, et رقى للشماتة est chez Alc. *pendaison* (enpicotadura).

II. أن البيد رُقِّى *on lui rapporta, raconta que*, Gl. Fragm. — منزلته رقى *il lui donna un poste plus élevé*, Haiyân 4 v°: فرّقا منزلته وولّاه الوزارة. — T. de mathém., *élever un nombre à une puissance supérieure*, M.

IV, dans le sens de la I°, *enchanter, ensorceler par la magie*, Voc. — En Espagne, mais seulement chez le vulgaire, car je ne connais cette signification que par le Voc. et Alc., et je ne crois pas qu'on la trouve chez les auteurs, *jeter*, Voc. (proicere), *jeter sur une autre chose*, Alc. (echar sobre otra cosa, echar en algo o sobre algo), *poser, mettre*, Alc. (poner como quiera), *imposer* (= جعل), Alc. (imponer). Ce verbe entre dans un très-grand nombre d'expressions qu'on trouve chez Alc., à savoir: ارق في البقوطة *attacher à la potence* (enpicotar); — ارق تحت حكمه *subjuguer* (sujuzgar); — ارق الثمن *prix mis par un acheteur, un enchérisseur* (postura en precio); — ارق خلاصا *parier* (apostar); — *prendre soin* (recaudo poner, ce qui chez Nebrija est curam adhibeo); — ارق شلقا *donner le croc-en-jambe*

رقى

(armar çancadilla); — مرقى للشماتة, proprement *exposé à l'infamie*, a le double sens de *portant le bonnet en forme pyramidale qu'on met sur la tête de certains criminels* (encoroçado) et *d'attaché à la potence* (enpicotado puesto en picota); — ارق في الشنظورة *mettre, cacher dans le sein* (ensenar poner en el seno); — ارق عروة *boutonner*, passer le bouton dans la boutonnière (abotonar); — ارق العلف *panser les animaux* (penssar bestias); — ارق علامة *signer, souscrire* (firmar); — ارق ملزما *appliquer un emplâtre* (enplastar); — ارق مغرة *teindre avec la terre appelée rubrique* (almagrar). Par ellipse on emploie ارق seul dans ces acceptions: *mettre, cacher dans le sein* (meter en el seno; plus haut sans ellipse); — *intercaler un jour* (entreponer dia); — *lester un navire* (lastrar la nave).

— T. de mer, comme ارق et ارسى السفينة, *faire approcher un navire du rivage* (p. e. ارقوا الى الساحل *et y jeter l'ancre* (بالساحل), Gl. Belâdz., de Jong. Je serais tenté de croire que ارق, comme terme de mer, est proprement *jeter l'ancre*, et que le substantif a été retranché. S'il en est ainsi, ce verbe se construit fort bien avec الى et avec ب; mais alors il faut admettre aussi que les Arabes ont oublié l'origine de cette signification, puisque, pour exprimer que des navires sont à l'ancre, ils disent السفن المرقاة et ترقى السفن; ce qui revient à dire qu'à strictement parler l'expression ارق السفينة est incorrecte.

V est quand un zéro est ajouté à un nombre, en sorte que 1 devient 10, 10, 100, 100, 1000, M.

VIII *être haut*, Gl. Edrîsî. — *Ensorceler*, Payne Smith 1185, 1386.

رقية, رقية النملة voyez sous le second mot.

رقية *charme*, Payne Smith 1388.

رَقِيّ pl. ات *bâton*, Voc.

راق pl. رقاة *celui qui monte*, Abbad. I, 119, n. 256.

ترقية *ajouter un zéro à un nombre*, en sorte que 1 devient 10, 10, 100, 100, 1000, M.

مَرْقَى pl. مراق signifie réellement *escalier*, comme Schultens a noté, Voc., Djob. 295, 8. — *Echelle, port, mouillage*, Gl. Edrîsî 270, Gl. Belâdz., Berb. I, 441, 8, 637, 7, II, 268, 6, 272, 7 a f., 280, 8 a f.,

293, 6 a f., 3 a f., 294, 3, 314, 4 a f., 318, 10, 389, 7, etc., Çalât 11 r°, Djob. 306, 2 a f. (changé à tort par l'éditeur.)

مَرَكَّة station, Gl. Edrîsî. — Chaire d'un orateur, Macc. I, 237, 21, 240, 2 a f. — Levée de pierres contre les inondations, Gl. Esp. 299.

مَرَقَى serviteur d'une mosquée, Lane M. E. I, 119.

رَكَّ I ranger les pierres les unes sur les autres; on dit رَكَّ البِنْيَة, M.

II dans le Voc. sous vilescere. — رَكَّكَ الاَخْلَاط subtiliser les humeurs, Bc.

V dans le Voc. sous vilescere.

VIII chanceler, n'être pas ferme, assuré, vaciller, au fig., Bc.

رَكّ essentiel; شَىءٌ عَلَيْهِ رَكٌّ عَلَيْهِ essentiellement; principal; رَكِى لله عَلَى العَشَا الَّذِى عَلَيْهِ الرَّكّ «mon principal repas est le souper,» Bc.

رَكَّة les pierres qu'on range les unes sur les autres, comme lorsqu'on pose les fondements d'un édifice, M.

رُكَّة (vieux allemand rocco, aujourd'hui Spinnrocken, esp. rueca, pg. roca, ital. rocca), pl. رُكَك (Alc., Voc.), quenouille, Voc., Alc. (rueca para hilar, copo de lino o de lana, mais dans ce dernier article le mot arabe est défiguré par des fautes d'impression, car on y trouve: rucâta, pl. raqâquir), Bc, Bg, Hbrt 79. عِلْم الرُكَّة la science de la quenouille, c.-à-d., des femmes; ce sont des charmes qui ne sont fondés ni sur la religion, ni sur la magie, ni sur l'astrologie, Lane M. E. I, 391.

رَكِيك chancelant; كَلَام رَكِيك style faible, lâche, languissant, Bc.

رَكِيك vilis dans le Voc. — رَكِيك المِزَاج dégoûté, difficile, délicat, Bc. — كَلَام رَكِيك style faible, lâche, languissant, Bc.

رَكَاكَة vilitas dans le Voc., Macc. II, 514, 4 a f.; Haiyân-Bassâm I, 114 r°: وَلَمْ يَكُنْ مِمَّنْ تَلْحَقَهُ الاِعْتِقَل, et plus loin ibid.: لَمْ يَزَلْ مَعْرُوفًا بِالتَّخَلُّف, لِرَكَاكَتِه; رَكَاكَة الرَّاى vacillation, Bc. — وَالرَّكَاكَة مُشْتَهِرًا بِالشِّرْب وَالبَطَالَة

رَكَبْخَانَاه ou رِكَابْخَانَاه la maison où on déposait tout le harnachement des chevaux, Maml. II, 1, 115.

رَكِبَ I s'emploie en parlant de la mer qui couvre une île ou autre chose, Gl. Edrîsî, Berb. I, 119, 13. — Dominer, en parlant d'une forteresse qui domine une plaine, Haiyân 79 r°: حِصْن بِلَاىْ الرَّاكِبْ لِقَنْبَانِيَّة قُرْطُبَة. — C. a. p. être sur les talons de quelqu'un (Lane). On trouve souvent, en parlant de cavaliers qui poursuivent les ennemis: رَكِبُوهُم بِالسُّيُوف «l'épée à la main,» Cartâs 96, 7, 158, 3 a f., 161, 17. رَكِبَ اَكْتَافَه signifie aussi être sur les talons, presser, suivre de près, Bc, Gl. Belâdz., Haiyân 71 v°. — C. a. p. vaincre son adversaire dans une partie d'échecs, Vie de Timour II, 872, dern. l. — Jouir d'une femme, Alc. (cavalgar la muger, hazerlo a la muger (onesto), رُكُوب cavalgadura de muger, رَاكِب cavalgador de muger), M, d'un garçon, Alc. (hazerlo el honbre al otro), Macc. III, 23, 17: وَنَادَيْتُ فِى القَوْمِ الرُّكُوبَ فَأَسْرَعُوا فَرِيقٌ لِنِسْوَانٍ وَقَوْمٌ لِذُكْرَانِ — Se joint à des noms d'act. ou des subst. pour exprimer l'idée propre à ces derniers, p. e. رَكِبَ الاِسْتِكْبَار devenir orgueilleux, Hoogvliet 50, 4 et 5; رَكِبَ الفِرَار prendre la fuite, Müller S. B. 1863, II, 35, 7 a f.; رَكِبَ عَزَائِمَه il prit une ferme résolution, Berb. I, 492, 11. — رَكِبَ المَوْت courir à la mort, aller chercher la mort dans le combat, P. Hamâsa 327, 7, cité dans le Gl. Belâdz. — C. عَلَى surmonter, Bc.

II c. d. a. simplement faire monter quelqu'un sur une bête de somme, R. N. 74 r°: فَجَعَلُوا فِى رِجْلِه قَيْدًا وَكَبَّلُوا وَرَكَّبُوه دَابَّة مِنْ دَوَابِّهِم, 1001 N. III, 214, 5 a f. — Appliquer un fer au pied du cheval, Auw. II, 563, 1. — Enter, greffer, spécialement greffer en écusson, L (insitor مُرَكِّبُ الشَّجَر), Alc. (enxerir como quiera, enxerir de escudete; le part. act. enxeridor como quiera, enxeridor de escudete; le part. pass. enxerida cosa), Bc, Bait. II, 521, Auw. I, 14, 1, 18, etc., Calendr. 20, 3; cf. تَرْكِيب. — Fabriquer (dans un sens défavorable), M: العَامَّة تَقُول رَكَّبَ. — C. عَلَى braquer, Bc, رَكَّبَ المِدْفَع il braqua le canon, 1001 N. Boul.

ركب

I, 63, 13. — ركب تختنا *dresser un lit*, le monter, Bc. — ركب قزازا *vitrer*, garnir de vitres, Bc. — ركب قفلا *poser une serrure*, Bc. — ركب الكلام *construire*, arranger les mots, Bc. — ركب بالمينا *émailler*, Bc.

III *aller à cheval avec une escorte et avec pompe*, Macc. I, 472, 4. — C. a. p. *s'attacher aux pas de quelqu'un et l'importuner par ses demandes*, M.

V c. من *consister*, être composé, formé de, Bc, de Sacy Chrest. I, ٨١, 4 a f. — *Augmenter, s'augmenter*, Cartâs 267, 4: لم تزل العداوة تتركب بينهما الى ان الـخ

X *faire monter à cheval*, Berb. II, 267, 9, 332, 6, 385, 2 a f. (où il faut prononcer le verbe au passif); *faire de quelqu'un un cavalier*, Berb. II, 246, 6 a f. — *Prendre et entretenir à son service une troupe de cavalerie*, Berb. I, 521, 1, 547, 11, II, 91, 3, 99, 3, 145, 6 a f., 345, 7, 359, 3 a f., 412, 13, Aghlab. 64, 5, Macc. I, 333, 19. — C. a. p. *être sur les talons, presser, suivre de près*, Ztschr. XXII, 116.

رَكْب, pl. du pl. اراكيب, Diw. Hodz. 201, 1, *caravane*; «la réunion des pèlerins du Maghreb pour aller à la Mecque,» Ouaday 546; «the *rakb* is a dromedary Caravan, in which each person carries only his saddle-bags,» Burton II, 50; Khatîb 24 rº (où il est question d'une grande peste): خرجت جنازته شيخ الركب — في ركب من الاموات يناظر الآلاف *chef de la caravane*, Daumas Sahara 299. — *Cortége, cavalcade*, Khatîb 45 vº: بعد المنام الركب السلطاني ببلده

— Du temps d'Ibn-az-Zobair on donnait le nom de الركب à dix chefs des Arabes de Syrie, qu'on trouve nommés Aghânî 17, 6 a f. et suiv., et dont an-No'mân ibn-Bachîr était le principal. — T. de musique; c'est

برْكَبِى M; cf. لحن متفرع من الدوكاه

رَكْبَة *promenade à cheval, cavalcade*, Haiyân 28 vº, Haiyân-Bassâm I, 173 vº. A Abyâr on donnait le nom de الرَكْبَة يوم le *jour de la cavalcade*, au jour où l'on observait la nouvelle lune de Ramadhân, lorsque le cadi montait à cheval, de même que les principaux personnages de la ville, pour se rendre à un endroit élevé, situé hors de la ville et appelé l'Observatoire de la nouvelle lune, Bat. I, 54, 55.

رَكْبَة *tenue*, assiette à cheval, Bc.

هَزّ رَكْبَه رَكْبَة *gambiller*, remuer sans cesse les jambes, *gigotter*, Bc. — Pl. رَكْب *coin*, Alc. (esquina); il donne pl. أَرْكَان, رُكْن, comme synonyme). — *Ennuyeux*, Voc.

رَكْبَة (sans voyelles dans les man.). A al-Colzom on appelait ainsi les coquilles auxquelles on donnait aussi le nom de صَدَف البواسير, Bait. II, 128 b (AB).

رُكْبَى *mode de musique*, Descr. de l'Eg. XIV, 23; cf. ركب à la fin.

رُكَيْبَة *coup de genou*, Domb. 90.

رُكْبَان *cortége, cavalcade*, Khatîb 41 rº: ايام مقامي عائشة عند توجهي حديقة الركبان السلطاني. Le *fatha* se trouve dans le man.

رِكَاب, *étrier*, le pl. ات, Bc, et أَرْكُب, Alc. (estribo de silla). L'expression مشي في ركابها, 1001 N. III, 214, 5 a f., ne peut signifier rien autre chose que: «il marcha à côté de l'étrier de sa mère,» comme Lane traduit aussi («he walked by her stirrup»), c.-à-d., à côté de la monture de sa mère. On ne peut pas traduire: dans son cortége (voyez plus loin), car il n'est question dans ce passage que d'une mère et de son fils. L'expression قام في ركابه وقعد signifie *être dans une continuelle, une grande agitation*, voyez sous قام. Au fig., *le point d'où l'on prend son départ*, Berb. I, 73, 5, 80, 3 a f., 81, 2; les passages II, 104, 11, 112, 2, prouvent que c'est proprement *étrier*. Aussi *point d'appui*, Gl. Esp. 203—4. De là *poutre perpendiculaire qui sert de point d'appui au toit*, ibid. — صاحب الركاب *écuyer* (comme ركبدار et ركابي), Macc. I, 605, 13, Koseg. Chrest. 111, 4, où l'éditeur a fait imprimer à tort ركاب. — ركاب القوس (Voc.) ou الركاب للرجل (*l'étrier du pied*) espèce d'anneau à l'extrémité supérieure du fût de l'arbalète, J. A. 1848, II, 208. Dans la basse latinité on l'appelait aussi *étrier, streps* (1re partie *striboria*) *balistæ* dans le Voc., de même qu'en espagnol (*estribo*). Le Voc. donne le pl. أَرْكُب. — En parlant de la greffe, Auw. I, 450, 14—16: وقيل يعمل البرية على الصفة المذكورة باعلاها شبه ركاب يترك على العظم, où Clément-Mullet traduit: «il en est qui veulent que la greffe soit façonnée dans la partie supérieure de la taille en forme d'étrier, *épaulement*, qu'on laisse au bois; 457, 19 et 20, où il faut lire avec notre man.: ينزل سركاب على العود نزولا جيدا ان كان قد عمل فيه

ركب

زِركاب; Clément-Mullet traduit de nouveau *épaulement*.
— Pl. أَرْكُب *selle*, Voc. Les expressions أَبْغَل عَالِيَة
الرِّكَاب et بِغَال الرِّكَاب, Macc. I, 231, 3, signifient *des
mulets avec des selles très-hautes*, comme on dit dans
le même sens جَمَار عَال (voyez sous عَل). — *Tire-pied*,
Cherb. — *Cortége, cavalcade*, Rutgers 201, Koseg.
Chrest. 89, 9, 90, 4, Berb. I, 317, dern. l., Müller
27, 2 a f., Bat. IV, 376 (où il faut corriger la traduction), Nowairî Egypte, man. 2 o, 110 r°: فَلَما
علموا بوصول ركاب السلطان ٭

رَكُوب *caravane*, Ht.

رَكِيب *celui qui jouit d'une femme*, Alc. (hazedor
(marido con muger)) ou *d'un garçon*, Alc. (hazedor
(hombre con hombre)). — *Espèce de garniture d'habit*,
voyez Gl. Esp. 201.

رَكُوبَة, رَكُوبَة خَيل *remonte*, chevaux qu'on donne
à des cavaliers pour les remonter, Bc. — سَلَّم رَكُوبَة
et حَجَر الرَّكُوبَة *montoir*, grosse pierre, etc., dont on
se sert pour monter plus aisément à cheval, Bc.

رِكَابِى. Au lieu de l'explication de l'expression
زَيْت رِكَابِى (lisez ainsi chez Bait. I, 555 d), qu'on
trouve chez Freytag et Lane, Zahrâwî seul, dit Bait.
(I, 556 a), en donne une autre; ce serait الزَّيْت
الأبيض المغسول وقَد سُمِّى ركابيا لأنه بمنزلة الركاب قابل
نقى ساذج لأنه الأدوية لقوى. Le Most. (v°) زيت
donne en d'autres termes la même étymologie, en
disant que c'est celle d'un «grand nombre de médecins»
هو الزيت المغسول بالماء حتى ابيض وانسلخ من
لونه ورائحته ثم يصرف في سائر الأدهان فصار ركابا لها.
Le mot ركاب aurait donc le sens de *point de départ,
l'essentiel*; mais j'avoue que cette étymologie me paraît peu probable. — *Ecuyer*, Torres 316: «il y a
aussi à la cour d'autres gentilshommes comme ordinaires, ou de la garde à cheval, qu'on nomme *Ri-
queues*, qui sont de l'étrier du roi ou écuyers, et
ont leurs chevaux dans son écurie;» Maml. I, 1, 132:
«Macrizî nomme parmi les fonctionnaires attachés aux
écuries du sultan الرِّكَابِيَّة العَرَب.» — *Courrier, celui
qui porte des dépêches*, Fakhrî 363, 1, Payne Smith
1426. — سَيْف رِكَابِى, dans l'Inde, *épée suspendue à
la selle*, Bat. IV, 9. — حَجَر الرَّكَابِى *pierre ponce* ou
une autre pierre qui lui ressemble et qui vient de
Sicile; voyez sous قِيشُر.

رَكِيبَة *sorte de litière pour les dames, quand elles
sont montées sur des mulets*, Voyage for the Red.
of Capt. 108 (racabia).

رَكَّاب (Daumas MS) *coureur*, Daumas V. A. 386.

رَكِيب, suivi de الخَيل, *piqueur*, celui qui monte les
chevaux, Bc.

رَاكِب *le madrier qu'on place sur la muraille en
forme de frise*; — *tout ornement en forme de frise*,
Gl. Esp. 203.

رَاكُوب الكَرْم *treille*, M.

تَرْكِيب *charpente, structure du corps, d'un ouvrage*,
Bc, Voc. (complexio). — تَرْكِيب الطَرب *partition,
t. de musique*, Bc. — *Tournure de phrase*, Bc. —
Le pl. تَرَاكِيب *ajustement, parure*, 1001 N. I, 131,
9: حَلَى ومَصَاغ وتَراكى. — *Acabit*, qualité bonne
ou mauvaise, Bc. — En parlant d'un salon, قَاعَة
ذَات تَرَاكِيب, 1001 N. I, 58, 9. Le sens précis
m'est inconnu; Quatremère (Maml. II, 2, 79) traduit dans ce passage: *un appendice ajouté à un bâtiment*. — تَرْكِيب الغَزَال, en parlant d'un cheval,
il a le redressement de la gazelle — *bouleté*, Daumas V. A. 190. — *Greffe*, Auw. I, 18; espèces:
رُومِى *la greffe entre l'écorce et le bois, greffe en
couronne*, 449, dern. l.; أعْمَى *la greffe à l'aveugle*,
19, 16, 426, 16, 484, 5 et suiv.; فَارِسِى *la greffe en
flûte*, 459, 3; aussi تَرْكِيب القَنُوط et تَرْكِيب الأنْبُوب
(voyez sous قَنُوط; قُوطِى (lisez ainsi avec notre
man., et dans la suite القُوط) *la greffe par térébration*, 476, 19; نَبَطِى *la greffe en fente*, 451, 2;
يُونَانِى *la greffe en écusson*, 469, 4. — تَرَاكِيب *arbres greffés*, Auw. I, 191, 17. — Dans un sens qui
m'est inconnu, Inventaire: ١٩ ومن تَراكيب السِّمر
زوجة ٭

تَرْكِيبَة *charpente, structure du corps, d'un ouvrage*, Bc. — *Greffe*, spécialement *greffe en écusson*,
Alc. (enxerto como quiera, enxerto lo que se en-
xiere, enxerto de escudete). — تَرْكِيبَات *plaisanteries, facéties*, Macc. II, 108, 2: من النوادر والتنكيتات
والتركيبات وأنواع المضحكات. — *Une bordure d'une
étoffe différente appliquée sur une robe*, Maml. II,
2, 78. — *Un petit monument oblong, formé de pierres ou de briques, qu'on élève sur la voûte d'un tombeau, et qui porte à la tête et aux pieds une petite*

colonne, ou une pierre posée perpendiculairement, Maml. II, 2, 79. — *L'embouchure d'une pipe*, ibid.

مَرْكَب, dans le sens de *navire*, est féminin chez Amari 340, 1 (cf. annot. crit.), 347, 2. — مَرْكَب السُّخَّجَر *galères*, punition des malfaiteurs, Bc. — J'ignore comment il faut traduire ce mot chez Macc. II, 236, 18, où il est question d'une baignoire de marbre: عليه مركّب فى صدره انبوب اخر برسم الماء البارد.

مَرْكَب *inné*, Macc. I, 152, 13 et 19, 394, 2 a f., II, 546, 1. — Ceux qui se mêlent de prédire l'avenir disent p. e., après avoir fait leurs opérations: سَعْدَك مركّب على سعدى, ce qui signifie: *votre fortune l'emportera sur la mienne*, 1001 N. Bresl. IX, 261, 292; dans ces deux passages l'édit. Macn. porte مركّبات — غالب t. de musique. « Chaque mode peut recevoir par accident quelques-uns des sons propres aux autres modes, et ces sons alors se nomment مُرَكَّبات » Descr. de l'Eg. XIV, 126.

مَرْكُوب pl. مَراكيب *monture*, Bc, Rutgers 146, 8 a f., et Weijers, ibid. 149, Hoogvliet 52, 2 a f. — *Bon* (cheval), Daumas V. A. 184. — En Egypte et en Syrie, *soulier* en maroquin rouge, Vêtem. 191, Bc, Bg, Hbrt 21, Hamilton 13, Darfour p. LX, M.

مَراكيبى *batelier, marinier, matelot, marin*, Bc, Ht, 1001 N. II, 415, 2 a f.

وشاقد مُرْتَكِبات *crimes, forfaits*, Khatîb 72 v°: منه بعضهم ما يمنعه الشرع من المرتكبات الشّنَعَة (le man. porte par erreur الشعة); (المرتكبات الشعة); comparez l'expression ارتكب ذنبا « *commettre un crime*. »

رِكاْبَخانَاه voyez رِكَبْتَخانَاه.

رِكَبْدار = رِكاْبْدار، رِكاْبْدار *écuyer*, Bc; écrit رِكَنْبْدار dans un man., Maml. I, 1, 132.

رَكَح X. موضع استركاح, de même que مُسْتَرْكَح, *point d'appui*, Bayân II, 200, 13, 202, 6.

رَكَد I فى الصلاة *prononcer lentement la prière*, Gl. Belâdz.

راكِد. Le pl. رُكُود, Diw. Hodz. 255, vs. 12. Par ellipse pour ماء راكد *étang*, Weijers 22, 8.

رَكَز II c. عن r. *mettre beaucoup de lenteur dans*, *indéterminé, irrésolu*, Bc. مَرْكُوز M.

رَكَز I *fouler avec des pilons*, Prol. II, 320, 11: فيه التراب مختلطا بالكلس ويبلط بالمراكز المعدّة لذلك, ibid. l. 15, Macc. I, 124, dern. l., Cartâs 39, 6 a f.: حفر ارضه وركز بالتراب والجير, où M. Tornberg (p. 55, n. 9) a eu tort de préférer la leçon وركّن, mais la construction avec l'accus., au lieu du ب, serait plus correcte. — *Se poster*, Bc; cf. sous la II° forme. — *Se rasseoir*, se remettre de son trouble, Bc. ركّز التراب فى العقب *l'eau a déposé au fond du vase la terre qu'elle contenait*, Bc. — C. إلى *graviter, tendre et peser vers un point*, Bc. — ركّز عند السلطان est dans le Voc. *comendare* (laudare, vel dominus laudat te).

II, au passif, *être cantonné, occuper un poste*, Maml. I, 2, 200: ومنهم مَن هو يَجرى يركز بالقلعة المنصورة ومنهم من يركز فى غيبة السلطان بمراكز معيّنة بمصر والقاهرة. C'est peut-être la I° forme, qui, chez Bc, signifie *se poster*; mais il se peut aussi que ce soit la II°, comme Quatremère l'a pensé puisqu'il a ajouté le *techdîd*, car on trouve مُرَكَّز dans le sens de: *étant à l'ancre* (galère), qui au fond est le même, dans Amari 340, 5 et 6.

III. Le n. d'act. semble avoir le sens de *combats d'avant-postes* chez Rutgers 183, 4: ووقعت هنالك حروب ومراكزة مدّة أيّام بين عسكر على يحيى وبينهم.

رَكْز *gravité*, la qualité d'une personne grave, M.

رُكْز *piqûre*, Alc. (punçadura). — Pl. رُكُوز *estoc*, épée longue et étroite qui ne sert qu'à percer, Alc. (estoque). — *Coup de poing*, Domb. 90. — *Pause*, Bc.

رَكِيزة *trésor*, Bc. — *Echalas de vigne*, Alc. (rodrigon para vid). — *Barre pour fermer et assurer une porte*, Voc., Alc. (tranca de puerta). — *Perche, poutre*, Domb. 90, Hbrt 194 (Barb.), Ht, Auw. II, 124, 22; *montant d'une tente*, Martin 129; M: وعند المعانة عمود دقيق من الخشب يدعم به للخصّ ونحوه, والركائز فى صناعة البناء اعمدة غليظة تبنى فى الزوايا يعتمد عليها السقف المعقود بالحجارة.

مَرْكَز proprement *poste*, lieu où un soldat, un officier est placé par son chef; par extension, de même que *poste* en français, *emploi*, *fonction*, Berb. I, 411, 5: ورتّب جُنُدًا كثروا الموحّدين وزاحَومْ فى مراكزِم من الدولةِ; cf. 637, 5. — مراكز البَريد *relais de poste*, Notices XIII, 209, Maml. II, 2, 88. Aussi en parlant de la poste aux pigeons, Maml. II, 2, 117: « Ces pigeons ont des relais مراكز dont chacun est, à l'égard de l'autre, à la distance de trois relais de la poste aux chevaux, ou plus. Aussitôt que l'oiseau arrive au relais qui lui est destiné, on prend la lettre, que l'on attache sur un autre pigeon. » — *Résidence* d'un gouverneur, M. — *Reposoir*, autel provisoire où le Saint-Sacrement s'arrête lors d'une procession, Bc. — *Appui*, ou *point d'appui*, centre du mouvement, Bc. — *Point*, *endroit fixe*, Bc. — مركز الدولاب *moyeu*, partie de la roue dans laquelle entre l'essieu, Bc. — مركز الاوتار *sillet*, t. de luthier, morceau d'ivoire, de bois sur le manche, qui porte les cordes, Bc. — Ce mot a un sens particulier quand il s'agit des poèmes nommés *mowachahât*, comme il résulte d'un passage d'Ibn-Bassâm I, 124 r° et v°, où il se trouve plusieurs fois, avec le pl. مَراكِز; malheureusement ce passage est inintelligible à cause d'un grand nombre de fautes de copiste. — *Poutre* ou *pieu*, Çalât 45 v°: القنطرة العظيمة الهندسيّة الممسوكة بالمراكز الموسّسة لعبور الناس عليها. Je crois que dans les Prol. II, 322, 15, مراكز الخشب a le même sens, et que la traduction de M. de Slane («les endroits où les solives entrent dans les murailles») n'est pas la véritable. — *Le gros bout* d'une lance ou d'une longue perche, Alc. (cuento de lança o vara, regaton de lança), Macc. I, 106, 10.

مِرْكَز *pilon de bois* avec lequel on foule la chaux et la terre pour en former un seul corps, Hœst 264, Prol. II, 320, 11, 321, 5.

مِرْكاز se trouve dans le Cartâs 123, 7: سَنَةَ ٥٤ فتح عبد المومن مدينةَ فاس بعد الحصار الشديد وقطع عنها النهر الداخل اليها بالالواح والخشب والبناء حتى احتبس الماء فوقها فى الوطاء فوصل الى مركازه ثم خرقوه فهبط الماء عليهم دفعةً واحدةً فهدم سورها وهدم من دورها ما يزيد على الفى دار الخ, et semble signifier *digue*, car je crois que le sujet de وصل est الماء, et que le pronom dans مركازه s'y rapporte également, et que le sujet de خرق est Abd-al-moumin («il fit couper la digue»). Je suppose que مركاز est un nom de lieu, comme on en forme quand ces noms appartien-

nent à des racines dont la première lettre est un و ou un ى; que par conséquent ce mot signifie proprement *l'endroit où l'on fiche en terre* les planches, les poutres, etc., dont l'auteur a parlé précédemment, et par suite *amas de bois*, etc., pour servir de rempart contre l'eau, c.-à-d. *digue*.

ركس.

مَرْكَس pl. مَراكِس, au Maghrib, *saucisse*, *andouille*, *boudin*, Voc., Alc. (longaniza), Mc, Gl. Manç. v° مركاس. Aussi هو الادام المسمّى بالمغرب المَرْكَس لغالق الخنزير, Alc. (morcilla). C'est peut-être une altération du grec μάζης κρέας, qui a le même sens.

ركض I *galoper*, Hbrt 183. — *S'agiter*, en parlant de la sève qui s'agite dans une plante, man. de Leyde dans Auw. I, 447, 16, où l'édition a la VIII° forme.

II *galoper*, mettre un cheval au galop, *faire courir* un cheval, Bc, Becrî 120, 2 a f.

IV même sens, M sous خيل II.

VIII. La phrase ارتكضوا فى الخليفة est bien expliquée par Lane, comme le prouve l'expression ميدان ارتكاض dans Müller 6, l. 10. — Dans le Voc. sous calcitrare. — *S'agiter*, en parlant de la sève qui s'agite dans une plante, Auw. I, 447, 16, où le man. de Leyde a la I° forme.

رَكْضَة *coup de pied*, L (je crois qu'il a voulu dire cela en donnant ce mot sous calcis, le génitif de calx), Alc. (acoceamiento, coçe herida con el pie), Voc., où l'on trouve aussi l'expression لعب الركضة *donner un coup de pied*.

رَكّاض *ruade*, l'action de donner des coups de pied, Voc., Alc. (coceamiento de coçes).

رَكّاض même sens, Voc.

رَكّاض *coureur*, léger à la course, Bc. — *Courrier*, voyez sous رقّاص. — *Celui qui donne des coups de pied*, Voc., Alc. (acoceador, coceador el que tira coces). — L donne: velites الرَكّاضون.

رَكّيض *coureur*, léger à la course, Bc.

ركع I. L'expression que Freytag a notée et qu'il a trouvée chez Maccarî (voyez l'édition de Leyde I, 799, 2), فلان يَرْكَع لغير صلاة, ne signifie pas, comme il l'a cru, «scorti causa conclave adit,» mais elle s'emploie en parlant d'un garçon qui se prête aux désirs d'un pédéraste, selon l'explication donnée par Maccari, ou plutôt par Ibn-Bassâm qu'il cite; comparez ce que j'ai dit sous خَلْوُو. On dit dans le même sens يركع لغير السجود, Macc. I, 798, 2 a f.

II dans le Voc. sous inclinare.

رَكْعَة, *génuflexion*, le pl. ركع dans Bc.

ركف. Selon le man. A de Bait. I, 123 b, on donne en Syrie le nom de الركف au خور مريم ou *cyclamen*. Je crois que cette leçon est bonne, car Bg, 846, traduit aussi *cyclamen hederæfolium* par خور مريم, et رقف. Le man. B porte الذنف, et Sontheimer a الولف, de même que Freytag sous خور مريم; et Bc sous *cyclamen*; mais ce dernier a peut-être suivi Freytag.

ركل III c. a. *marcher sur une robe qui traîne*, Dîwân des Hodzailites, man., fol. 149 v°:

وكنّ يراكلْنَ المروط نواعمًا يمشّين وسطّ الدار في كل منعل

où le commentateur explique le dernier mot par مرط طويل تطوّه المرأة فيصير لها نعلًا ۞.

VIII c. في dans le Voc. sous calcitrare.

رَكْلَة, *ruade, coup de pied*, Voc., Hbrt 242, Daumas V. A. 480.

رَكْلَة *même sens*, Domb. 90.

رَكَّال *celui qui donne souvent des coups de pied*, Voc. — (Vulg.) *poireau* ou *porreau*, Kâmil 498, 13 et 14.

مِرْكال pl. مَراكيل *chevalet sur lequel on donne l'espade au chanvre*, Alc. (cavallillo de espadador).

ركم VI *engraisser, prendre de l'embonpoint*, Abou'l-Walîd 571, 5: يقال تعكّم الرجل اذا تراكم.

VIII. ارتكموا الناس عليه *on se rassembla, se pressa en foule autour de lui*, Bc.

ركن I, *se fier*, non-seulement c. الى, mais aussi c. ل p., Bc. — *S'apaiser*, p. e. ركن البحر «la mer s'est apaisée;» ما يركن «il ne reste jamais tranquille,» Bc. — *Se rasseoir*, se remettre de son trouble, Bc. — C. ل p. *ne pas gronder* quelqu'un, Bc.

II *affirmer*, Payne Smith 1296. — *Rasseoir, replacer, mettre à sa place*, Bc. — C. a. dans le Voc. sous angulus; cf. مركّن; *mettre, jeter dans un coin*, Lerchundi (arrinconar).

III. راكنني الى عهد, Abbad. II, 162, 7, semble signifier *il me garantit une chose par écrit*. — Le n. d'act. signifie peut-être *confiance*, ou quelque chose de semblable, dans Amari Dipl. 116, 2 a f.: وطلبتم منّا المهادنة والموانسة والمراكنة لمَن يفدُ من تلكم البلاد الى بلادنا ۞.

IV *remercier, renvoyer, destituer*, Bc.

V c. ل et الى dans le Voc. sous angulus.

VIII c. الى est dans le Voc. = I c. الى, *accedere*.

X c. ل p. *se cacher à quelqu'un dans un coin*, 1001 N. Bresl. III, 84, dern. l., comme استخى في موضع مظلم, 85, 5.

رُكْن, proprement *coin*, de là *golfe*, Amari 21, 6: حولها اركان وفي اجوان, car c'est ainsi qu'il faut lire avec les man.; l'éditeur a omis par mégarde le mot وفي. — *Facette, petite face*, Bc. — اركان الانسان est expliqué par Lane; sur تعديل الاركان voyez le même sous عدل II, Fleischer dans le Ztschr. VIII, 617, qui cite Caspari, Enchir. Stud. f°, 14, avec la note; de même dans cette phrase, Ztschr. XI, 432: وناءمر الاركان الاربعة — باقامة الصلوة في اوقاتها باركانها واحبابها *les quatre éléments*, Voc., M. — ركن الكرم *des vignes alignées*, L (antes).

رَكْنَة *coin*, Daumas Sahara 260. — (Sans voyelles) *réforme, congé donné à un invalide*, Bc.

رُكْنِي *anguleux*, Voc.

رُكَيْنَة *petite tablette dans le coin d'une chambre*, M.

أرْكَن *très-porté vers, à*, J. A. 1852, II, 215, 6 a f.

مُرَكَّن *solide, solidement bâti* (homme), M. — الدراهم المركَّنة, proprement *dirhems anguleux*, sont des dirhems carrés, que le Mahdî, qui fonda l'empire des Almohades, fit frapper, Cartâs 168, 2, avec la note de Tornberg, p. 434. — *Taillé à facettes*, Bc; cf Djob. 58, 1.

ركو V c. على p. *se décharger sur quelqu'un d'une corvée*, M.

رَكْوَة *cafetière*, M.

رم.

رَمَّة cadavre, charogne, Bc, Hbrt 39, Haiyân 3 وقال لو علمتُ ان المنيّة تخترمنى دونه لما خلفتُ: رمة اخرى اميرى موطئًا لأقدام اهل الشرك والخلعان, Prol. III, 370, 12 (corrigé dans la trad.), 1001 N. I, 730. — Dans la langue du moyen âge, ce mot, de même que رِمّة, ne signifie pas, comme dans la langue classique, «corde vieille et usée,» mais simplement *corde*, Hbrt 79, Berb. I, 541, 4, Mi'yâr 13, 1 (lisez الرمم), *câble*, Hbrt 128, Voc. qui a رُمّة (sic, pour رِمّة), pl. رِمَم, sous *nauta*.

رِمَّة voyez l'article qui précède.

مَرَمَّة cadre, châssis, Ht. — Métier de tisserand, Voc., Bat. IV, 391. — مَرَمَّة (lèvre etc.) a le pl. مَرَام, Gl. Mosl.

رمث.

رمث caroxilon articulatum, Colomb 27, cf. Bait. I, 505 c.

رمج.

رمج. Selon le Most., le خور مريم ou *cyclamen* porte ce nom en Syrie (leçon de N; La رميج). Le nom syrien que donne Ibn-al-Baitâr est tout autre; voyez sous رَكَف.

رمح I *galoper, courir ventre à terre* (cf. Lane), Bc, Ht; lisez ainsi 1001 N. Bresl. III, 386, 8.

II c. a. est *lanceare* dans le Voc.

V dans le Voc. sous *lanceare*.

رَمْح galop, Hbrt 183, Bc.

رَمْح الله, *la lance de Dieu*, nom donné par Omar à Coufa, parce que les habitants de cette ville étaient, pour ainsi dire, des armes contre les ennemis de Dieu, Ztschr. V, 180; — cette expression a un sens qui ne m'est pas clair dans un passage du Formul. d. contr. que j'ai cité sous برح II.

رَمْحة galopade, Bc.

رَمْحة cavalcade, Bc.

مُرَمَّح à longues raies (étoffe), M.

رمخ.

رَامِخ datte une fois formée, mais encore verte, Bc.

رمد I *mettre des olives dans les cendres*, afin qu'elles deviennent douces; ce sont alors des زيتون مرمود, M.

II *se réduire en cendres*, M.

V dans le Voc. sous *incinerare*.

رَمَد ophthalmie, Bc.

رَمَدى ophthalmique, Bc.

رَمَاد cendre, a dans le Voc. les pl. رَمَدان et أَرْمِدَة. — Espèce de ver? Auw. I, 630, 4 (notre man. a la même leçon). — طباشير = رماد الحيّة, Most. sous ce dernier mot.

رَمَّادة cendre, Payne Smith 1435. — (Esp. *armada*) *flotte*, de Slane Prol. II, 37, n. 4.

رَمَادى cendré, couleur de cendre, gris cendré, Bc, gris, Ht, Delap. 149. — رَمَاديّة Bohémiens, Maml. I, 2, 5.

رَمَّاد factor cineris, Voc.

مَرَمَّدة pain cuit sous la cendre, Alc. (pan cozido so la ceniza).

مرمد salaud, sale, malpropre, Bc.

رمرم I caréner, radouber, réparer la carène d'un bâtiment, Bc.

رَمْرَمة réparation, Hbrt 194.

رَمْرام Voyez sur cette plante Bait. I, 505 d, qui dit que c'est *carthame sauvage*. Selon le Most. (v° بقلة يهوديّة, mais seulement dans N), c'est *pourpier*. Prax, R. d. O. A. VIII, 281, donne *chenopodium murale* L.

رمز I *indiquer indirectement, à mots couverts*, l'opposé de صرح, Macc. I, 604, 7; de là قصيدة مرموزة, *un poème où des personnes ou des choses sont indiquées à mots couverts*, Macc. I, 608, 12. On dit de même الصنعة المرموزة, c.-à-d. *l'alchimie*, Khatîb 55 v°. — Dans le Voc. sous *alegoria*. — Chiffrer, Hbrt 122.

رَمْز geste, signe, Ht. — Allusion, Bc. — Allégorie, Voc., Alc. (estilo de dezir por figura), Bc; figure allégorique, devise, fig. allég., accompagnée de paroles, pour exprimer une pensée, un sentiment, em-

blême, Bc, cf. de Sacy Chrest. II, ٩١, 6 a f.; رَمـزًا,
mystiquement, Bc. — *Chiffre*, Hbrt 122.

رَمْوَزِيّ *allégorique*, *figuratif*, *mystique* (allégorique),
symbolique, Bc.

رَمْوَزِيّ *emblématique*, Bc.

مَـرْمَز *orge qui n'est pas encore mûre*, Cherb. On
en apprête la farine avec de l'eau ou du lait, un
peu de viande salée et du beurre, et l'on en forme ainsi
une bouillie qui porte le même nom, Daumas V. A.
255.

رمس

رَمْس, *tombeau*, a aussi le pl. أَرْمُس, Gl. Mosl.

رميس من *agneau*, Bc, 1001 N. I, 754: صغار اولاد الغنم
d'agneau Le pl. رَمْسَان a le sens de *chair
d'agneau* et se trouve construit comme un masc. sing.
dans les 1001 N. Bresl. XII, 91, 5: الرمسان الشَوِى.

رَامُوس *bac*, Burckhardt Nubia 47, 314, qui le
décrit.

رمس *radeau*, 1001 N. III, 352.

رَمَش I, avec العَيْن, *ciller, fermer les yeux, les paupières, et les rouvrir tout de suite, cligner les yeux,*
Bc; M: والعامّة تقول رمشت عينُه اى رفّت قليلا
Dans un poème populaire رَمْش العيون, comme n.
d'act., Ztschr. XII, 341.

رَمْشَة عَيْن *clin d'œil*, Bc.

ارماش *même sens*, Beaussier, Daumas V. A. 185
(ourmach).

رُمَشْكَل pl. ات *le mâle de la baleine*, Voc., qui a *cete*
(*masculus cete*); مشكل semble bien le latin *masculus*,
mais رُ est plus difficile à expliquer.

رمع

رَمْعَان *de la cendre dans laquelle il y a encore un
peu de feu*, M.

رمق V est *convalescere* dans le Voc., qui ajoute dans
une note *meliorari in diviciis*.

VIII *regarder*, Voc.

رمل

رَمَق, نجّى بالرمق *sauver à grand'peine sa vie*,
Berb. I, 637, 7 a f. — L'expression مَنْ فيه أَدْنَى
رمق, qui signifie proprement *celui qui a le plus faible
reste de vie*, s'emploie dans le sens de *celui qui a
le plus faible reste de vertu*, Abbad. I, 255, 14 (cf.
III, 26—7).

مَرْمُوق *considéré, estimé*, Amari 13, 1: واهلها قوم
مرموقون من بين من جاورَهم بنظافة الاعراض والثياب
والاحوال, Berb. I, 536, 6 a f., 537, 7.

رمك

رَمَّاك *celui qui garde les juments*, Voc., Alc. (yeguarizo que las guarda), ou *qui les fait couvrir*, Alc.
(yeguarizo que echa garañon).

رمل II *sabler, couvrir de sable*, Bc; *répandre du sable
sur l'écriture*, avec على de l'écriture, ou avec على de
la personne pour laquelle on répand le sable, Maml.
II, 2, 165, Hbrt 112; c. a. de l'écriture, M.

IV. Lane n'a pas la construction ارمل من الزاد
والماء, Djob. 188, 9, 207, 20.

V *devenir veuf ou veuve*, Alc. (biudar), M; تَرَمُّل
veuvage, Bc. — Dans le Voc. sous *arenare*. تَرَمَّلَ,
*remuer les épaules comme si l'on marchait dans du
sable*, est l'un des deux pas pour les trois premières
courses autour de la Ca'ba, Burton II, 191.

رَمْل, الرمل (*le sable*) *la vaste plaine de sable qui
s'étend à l'orient de l'Egypte vers l'Arabie et la Palestine*, Maml. I, 1, 20. — *La pierre, l'amas de
sable et de gravier qui se forme en pierre dans les
reins, dans la vessie, etc.*, Gl. Manç. v° حجر الانسان:
ضرب الرمل *géomancie*, Bc. — ويعرف بالحصاة والرَمْل
— رمل الجَفْن signifie chez Alc. (faron para las naves) *fanal, grosse lanterne de vaisseau*, et aussi (nauchel de nave) *nocher, pilote*. Il écrit râmal.

رَمَل *modes de musique*, رمل صافى et رمل المايَة,
Hœst 258—9; M: الرَمَل لحن من الحان الموسيقى
يبتدئ بالنَوى ويبقى فى العراق.

رَمِل *sablonneux*, Gl. Edrîsî, Baît. I, 37 b: ينبت
فى الارض الرملة.

رَمْلَة *endroit couvert de sable*, dans une mosquée
= حصن, Burton I, 295. — *Locus arenosus*, Voc.,

grande plaine sablonneuse, Gl. Edrîsî, *grève, plage sablonneuse*, Bc, *désert*, Ht. — *Sablière, lieu d'où l'on tire le sable, sablonnière*, Bc. — *Banc de sable*, Gl. Edrîsî.

رَمْلَة, *veuvage*, M.

رَمْلِى, *sablonneux*, Bc. — *Géomantique*, Bc.

رَمْلِيَّة, *poudrier, boîte qui contient la poudre pour mettre sur l'écriture fraîche*, Bc. — *Sablier, sorte d'horloge*, Bc, Domb. 92, Hbrt 256, Daumas V. A. 246.

رَمَلانِى, *mode de musique*, Hœst 258.

أَرْمَل *veuve*, Voc. — *Veuf*, et أَرْمَلَة *veuve*, M.

أَرْمَلِيَّة *veuvage*, Voc.

ارميل sorte d'oiseau, Yâcout I, 885, 18.

مُرَمَّل *sablonneux*, Ht, Alc. (حَجَرمرمل *piedra arenisca*). — *Terre sablonneuse*, Alc. (tierra arenisca). — *Grenu, liquide figé en grains*, p. e. عسل مرمل « miel grenu, » *grumeleux*, Bc.

مُرَمَّلَة *poudrier, sablier*, Hbrt 112, Bc.

مَرَاميل *morceau de porphyre employé par les cordonniers pour affiler le tranchet*, Cherb.

رَمْلَكَة (esp. remolque) *remorque, cordage*, Bc (Barb.).

رَمْلَكَر (esp. remolcar) *remorquer*, Bc (Barb.).

رمن

رُمَّان, *grenade*, le pl. رَمَامِين dans le Voc. Dans la liste des espèces, que Freytag a donnée d'après Casiri, mais qui est celle que l'on trouve dans Auw. I, 273, 13 et suiv., il y a sans doute des fautes, comme Lane l'a soupçonné. Je ne puis en corriger qu'une seule, mais en donnant ces noms dans l'ordre alphabétique, j'indiquerai les variantes de notre man. d'Auw.: — التَّرجيحين, sans points dans notre man., excepté sur le *noun*; الدلوى est dans notre man. الدبرى (sic); — الرَّصَافى = السَّفَرِق (voyez), Macc. I, 305; — السكى est dans notre man. العمحى (sic); — السَّفَرِق, cf. Cartâs 23, 7, grenades dont les grains sont carrés, nommées d'après Safr ibn-'Obaid al-Kilâ'î, qui était un contemporain d'Abdérame Ier et qui en avait planté le premier dans son jardin; voyez Gl. Esp. 358. Selon Auw. I, 274, 1—3, le nom de ce personnage était Safr ou Mosâfir; mais d'après une autre étymologie donnée par cet auteur, I, 273, 20 et suiv., le mot en question dériverait de سفر, *voyage*, parce que cette espèce de grenade était venue d'un autre pays, une sœur d'Abdérame Ier, qui se trouvait en Orient, la lui ayant envoyée. Ahmed ibn-Faradj, dans un vers que cite Macc. I, 305, 20, fait allusion à la même étymologie, mais elle me paraît peu probable; — الشعرى, lisez السفرى et voyez ce qui précède; — العدسى est dans notre man. المقدسى; — المُخَتَّب voyez sous ce mot; — المُرْسَى, Auw. I, 273, 15, aussi المرسى الباقوق, *de Murcie et couleur de rubis*, Bat. IV, 366 (à Malaga), qui dit qu'elles n'ont leurs pareilles dans aucun autre pays du monde; — المَرْوَنى est dans notre man. (qui porte ولونه احمر قانى) الرُّمَّان الذكر *balauste, fleur du grenadier sauvage*, Auw. I, 273, 19, 280, 14 et 15. — عصير الرمانَّين (شراب) se trouve dans le Calendr. 83, 5, 89, 5; le traducteur latin donne « succus duorum granatorum » et « sirupus de duobus granatis. » Peut-être cela signifie-t-il: « de deux espèces de grenades. »

رُمَّانة *cadenas*, Roland. — رمانة الفخذ *la tête du fémur*, Gl. Manç. in voce: طرف الراس المستدير فى عظم الفخذ يدخل فى حقّ الورك فيكون من ذلك مفصل الورك. — رمانة الكتف *acromion, le haut de l'épaule*, Bc.

رمى I *rendre, rejeter par les voies naturelles*, Bc. — *Lancer un bâtiment à l'eau*, Maml. I, 2, 89. — رمى لفلان *apprendre de quelqu'un à tirer de l'arbalète*, Fakhrî 370, dern. l.: ورمى بالبُنْدُقى ورمى له ناس كثيرون. Les autres phrases qui se trouvent dans ce passage montrent que cette expression a ce sens. — *Jeter des pierres dans le jardin de quelqu'un*, au fig., prov., *l'attaquer indirectement*, Bc. — *Placer un jeune homme comme commis, comme garçon, chez* (عند) *un marchand, voyez un exemple sous* رَعادنذ. — C. a. p. et ب r. *accuser quelqu'un de* (cf. Lane 1162 a), Maml. I, 2, 168—9, où l'on trouve aussi: كان يُرْمَى بامراة « on l'accusait d'entretenir une intrigue avec une femme. » — C. الى p. et ب r. *remettre une chose à quelqu'un*, p. e. رمى باليد بالمقاليد « il lui remit les clefs de la ville, » c.-à-d. il le m[it] en possession de la ville. Au fig., رمى البيد بمقاليده *se livrer entièrement à quelqu'un, n'agir que d'après ses conseils*, Abbad. I, 258, 7, 294, n. 209. رمى اليد بامور*, il lui abandonna ses affaires*,» Abbâr, man., 62 v°. — C. على *commander, être élevé au-dessus, dominer, être plus haut, donner sur, avoir vue sur*, Bc. — C. على p. et a. r. رمى عليهم تكاليف *grever, charger d'un impôt, imposer des contributions*, Bc, Nowairî Afrique 18 r°: ترمى على كلّ زوج يحرث به ثمانية دنانير فأزل ذلك عن رعيتك, tu as imposé huit dînârs sur chaque paire de bœufs,» etc. De même R. N. 82 v°: فخميس بعض يوم ورميت عليه خمسون دينارا «on lui imposa une amende de cinquante dinârs.» — C. على p. et a. r. *imposer une marchandise à quelqu'un, le forcer de l'acquérir à un prix excessif que l'on a fixé soi-même* (de même que طرح, qui est le synonyme de ce verbe), Amari Dipl. 192, 2, R. N. 88 r°: فرمى السلطان على القطّانين قطنا كان عنده وحسبه عليهم بدينارَين القنطار وكان يسوى دينارا ونصف القطن الّذى طرحته عندى; dans la suite: أين عليك — C. فى p. *desservir quelqu'un, lui nuire, médire de lui auprès de ses supérieurs*, Bc. — رمى أو فى, *porter un défi à quelqu'un*, Bc. — رمى مدافع السلامة *il fit tirer les canons pour annoncer son heureux retour*, 1001 N. II, 117. — رمى الذهب على الفضة والفضة على الذهب semble signifier *dorer et argenter*, 1001 N. IV, 300; l'éd. de Bresl. a فى, au lieu de على. — رمى راسه *il lui coupa la tête*, 1001 N. Bresl. III, 277; aussi رمى رقبته, Bc, Burckhardt Nubia 409 n., 1001 N. I, 320, 860, et رمى عنقه, ibid. I, 6, 10 a f. De même رمى اجنحته *il lui coupa les ailes*, ibid. I, 31, 6 a f. — رمى طفلا فى سكّة *exposer un enfant, le laisser dans la rue*, Bc. — رمى طاعة لـ *rendre obéissance, prêter obéissance à*, Bc. — رمى الفتنة *cabaler, former des cabales, semer la zizanie;* رمى الفتن *brouiller les cartes, désunir, causer des divisions;* رمى الفتنة بين *brouiller deux personnes, les mettre en mauvaise intelligence;* رمى الشقاق بينهم *aliéner le cœur, désunir, diviser, semer la discorde;* aussi رمى بين *commettre, brouiller deux personnes*, Bc. — رمى لحمه *amaigrir, devenir maigre*, Bc. — رمى نفسه على *se jeter à la*

tête de, *faire trop d'avances*, Bc. — رماه الزمان *le malheur l'a poursuivi, accablé*, Koseg. Chrest. 85, 2 a f. Il paraît que c'est par ellipse; on peut sous-entendre بالدواهى (cf. Lane 1162 a, au milieu). — رماه بالبهتان *calomnier*, Bc. — رماه بالرأي. On dit اشار بالرأى ورماك *il vous a donné un excellent conseil*, Gl. Fragm. — رمى فى الخطيئة *surprendre, abuser, induire en erreur;* aussi *séduire, faire tomber en faute*, Bc. — رمى للايأس *désespérer, réduire au désespoir*, Bc.

IV *tirer de l'arc, de l'arbalète, décocher une flèche*, Alc. (assaetear, ballestear, desparar tiro, soltar tiro). — *Congédier, renvoyer un domestique*, Alc. (despedir al que sirve). — *Exposer un enfant*, Alc. (enechar como a la yglesia). — *Avorter, accoucher avant terme*, Alc. (abortar, mover la muger; le part. pass. abortado, movediza cosa mal parida). — *Pousser, repousser, en parlant des plantes*, Alc. (retoñecer los arboles); أرمى الاغصان *pousser des branches*, Voc. — *Mouvoir les bras*, Alc. (bracear). — *Débander une arbalète*, Alc. (desballestar), *une machine à lancer des pierres*, Alc. (desarmar trabuco). — *Assaillir, attaquer*, Alc. (acometer). — *Brigander, voler sur les grands chemins*, Alc. (robar salteando), avec ارمى فى الطريق (saltear a alguno). — ارمى فى العار *faire honte, faire rougir*, Alc. (envergonçar).

VI. ترامى الى الطاعة *se soumettre*, Akhbâr 28, 6. Dans le même sens ترامى الى فلان, ibid. 115, 2 a f. — C. الى *ambitionner*, Berb. I, 636, dern. l.: ترامى على الموت بنفسه *exposer sa vie*, Abd-al-wâhid 99, 2 a f. — C. على p. *implorer le secours de quelqu'un*, M, Macc. I, 900, 1. — C. بـ *s'abandonner à*, Khatîb 136 r°: مترامبا للخساسة.

VIII *se jeter, se lancer*, Alc. (arrojarse); ارتمى على رجليه *se jeter aux pieds de quelqu'un*, Bc. — C. ب *lancer*, Calâïd 53, 10. — *Éblouir*, c. ب, Djob. 85, 2: تقبّ ترتمى بالابصار شعاعه, mais dans les autres passages de cet auteur, 153, 16, 270, 7, 296, 3, la constr. est avec l'accus. الابصار, et M. Wright a fait imprimer de même 90, 4, 144, 3, où le man. porte للابصار; cf. Macc. I, 241, 10 (corrigé dans ma Lettre à M. Fleischer 31). — C. الى *ambitionner*, Macc. I, 261, 2 a f, de même que la VI°.

رمى *avortement, fausse couche*, Alc. (abortadura, movedura de muger).

رميّة *l'action de débander une machine à lancer des*

رن

pierres, Alc. (desarmadura de trabuco). — *Attaque imprévue*, *surprise*, Alc. (rebato).

زَمِيّة *réimposition, rejet, réimposition de ceux qui payent les non-valeurs*, Bc.

زَمِيّة *portion de blé ramassé, qu'on bat de temps en temps*, Mehren 28.

رَامٍ *arbalétrier*, Voc. — رُمَاةُ الدِّيار *nom d'un corps de cavalerie en Espagne*, Nowairî Egypte, man. 2 o, 113 r°: فخرج البهم جماعة من فرسان الاندلس المعروفين بِرماةِ الدِّيار. — رُمَاةُ المماليك *nom d'un corps de troupes en Espagne*, Haiyân 71 v°, en parlant d'Ibn-Hafçoun: وارسل اصحابه لافساد مضرب الامير عبد الله ولم يكن فيه ليلتئذ غير الياتبية (الباتنة l.) من الغلمان بورماة المماليك — رُمَاةٌ semble signifier *meurtrières*, comme مَرَام, dans le Cartâs 220, 10 a f.: فاحتضن الروم بالاسوار والرماة ⚹

مَرْمًى نزع الى مرامية *adopter les projets de quelqu'un* (de Slane), Berb. I, 470, 1; la métaphore est empruntée aux courses de chevaux, cf. *ibid.* I, 472, 8. — مَرَام *meurtrières*, Nowairî dans Quatremère Mong. 254 a.

مَرْمِى *tare, la partie des marchandises que l'on rejette, c.-à-d. les barils, pots, etc., qui les contiennent; le poids de ces barils, etc., que l'on déduit quand on pèse les marchandises*, Gl. Esp. 313.

رن I *résonner, retentir, renvoyer le son*, Bc, 1001 N. I, 63, 16.

II c. a. *chanter*, Voc.

V dans le Voc. sous *cantare*. — = I, II et IV, *pousser des cris plaintifs*, Gl. Mosl.

رَنٌّ *son ou chant plaintif*, Abbad. I, 130, n. 336, III, 23.

رَنَّة *chant*, Voc. — *Résonnance, retentissement*, Bc. — *Pompe, style relevé*, Bc.

رَنَّان *sonnant, sonore, résonnant*, Bc, Diw. Hodz. 216, vs. 17.

رنب

اَرْنَبِيّة *nom d'un mets*, M.

561

رنم

رنج

رَانِج *noix de Madagascar*, Bc.

رَنْجِس *vulg. pour* نرجس, M.

رنح

رَنَّح *vertige*, Auw. II, 222, 13.

رَنَّح II c. a. *mouiller* (pluie), M.

V *être mouillé* (par la pluie), M.

رند

رَنْد في حِباكة (esp.) *réseau, sorte de tissu à jour*, Alc. (randa).

رَنْدَة *chapelle bâtie sur le tombeau d'un marabout*, Mouette 358. *Ronda* en esp. n'a pas un tel sens.

رَنْدَج (pers. رَنْدَه) *rabot*, Bc; le زد dans Hbrt 84 est une faute d'impression; Abou'l-Walîd 642, n. 69, Payne Smith 1270.

رنس

رُنَاس *garance*, Bc.

رنف

jasmin sauvage, Most. v°: والبرق منه يعرف بياسمين ظيان ورنف ⚹

رنق

رَنَق Le pl. أُرْناق, Bassâm III, 2 r°: ولم يزل يترشف أُسّار ثِمادها وارناقها ⚹

رَوْنَق est *amenitas* dans le Voc., de même que رَوْنَق

رنك

رَنْك pl. رُنُوك (pers. رنگ, *couleur*), en Egypte, *armoiries, bannière, marque distinctive*, Maml. I, 1, 2, I, 2, 153, II, 1, 14. — (Esp. *arenque*, ital. *aringa*) *hareng*, Hbrt 69, chez Bc رنكة.

رنم II, n. d'act. aussi تَرْنَام, et V *fredonner*, Gl. Mosl. مِرْزَق رَنِم, مترنم = رنم chez 'Alcama dans The Divans of the six poets ed. by Ahlwardt, p. 113.

تَرْنِيم *cadence, harmonie d'un vers, d'une période*, Bc.

تَرْنِيمَة *récitatif*, M.

زنبق 562 رهص

رَنْبَيْق I c. a. dans le Voc. sous *flere* et *vagire*, de même que رَبْنَق.

II *flere*, *vagire*, Voc.

رهب I, *craindre*, se construit réellement c. من, comme Lane l'a supposé, Voc.

رَقْبَة semble signifier *la crainte de Dieu* chez Macc. I, 376, 13. — رَغْبَةً وَرَهْبَةً *bon gré mal gré*, Abbad. II, 97, 10.

رَهِيب = مَرْهُوب, Saadiah ps. 54.

رَقِيب *moinillon*, Bc.

راهِب, Le pl. رُقَّاب, Payne Smith 1589. — Hermite, Alc. (ermitaño). — Le fém. راهِبة, pl. رَواهِب *religieuse*, *moinesse*, Voc., Bc, J. A. 1838, II, 496. — Sorte d'oiseau, Yâcout I, 885, 5. — T. d'architect., *le voussoir qui soutient la voûte là où elle touche au mur*, M.

راهِبي *monastique*, Bc. — Mets composé de viande, d'oignons (ou, ce qui vaut mieux, de suc d'oignons), de miel, d'eau rose et de coriandre, avec beaucoup de safran et un peu d'amandes cuites, Chec. 196 r°.

تَرْهِيب *menace*, Bc.

رهبن II *prendre l'habit, le voile, se faire religieux, religieuse*, Bc.

رَهْبَنَة *religion, état religieux*, Bc, Payne Smith 1589.

رَهْبَنِي *monastique*, Bc.

رَهْبَانَات *religieuses* (cf. Freytag), Voc.

رَهْبَانِي *cénobitique, monacal*, Bc.

رهج II *effrayer, épouvanter*, Bc.

IV *danser*, Bat. II, 34, 1001 N. I, 302, 4 a f. (= رقص 7 a f.), 303, 1, Bresl. VII, 317, 9, Bâsim 54: فنظر الرشيد الى الطبقة ترهج بالأنوار, 86: ثم اوقد لجميع فارهج المكان بالنور, 97: الرشيد الى المكان وهو يرهج ازيد من كل ليلة.

رَهْج *poussière*. On dit فيه كثر الرهج فلما, «quand il se fut élevé des tourbillons de poussière à cause de lui», c.-à-d. quand la sensation qu'il avait faite fut devenue très-grande, Ztschr. XX, 491, n. 1; ce passage a été corrigé et expliqué par M. Fleischer, ibid. XXI, 275. — Arsenic; رَهْج أَبْيَض *arsenic blanc*;

رَهْج الغار, au *orpiment*; رَهْج أَحْمَر *réalgal*; رَهْج أَصْفَر Maghrib, *réalgal* ou *réalgar, arsenic rouge*, Gl. Esp. 332, M, Bait. II, 57 h, 568 c, *venenum* dans le Voc. — *Des instruments de musique*, Notices XIII, 188.

رَقْجَة *turbatio* dans le Voc.

رَهْجِينة, pl. ات *des instruments de musique*, Notices XIII, 188.

رهدل II *être arrogant*; c. على *morguer, braver*, Bc.

رَقْدَلَة *arrogance, morgue*, Bc.

رهدن II c. على p. *se moquer de*, M.

رَقْدَنَة *raillerie, moquerie offensante*, M.

رَهَادِنَة signifie selon Mokaddesî, 30, dern. l., *vendeurs d'étoffes de lin et de coton*. On l'employait aussi au Maghrib, car on lit dans le R. N. 91 v°: قال رمَتْني والذَّتي عند رجـل من الرهادنة وانا صبى وكان عنده صبيان وكان يعطيهم سلع الناس يبيعونها ولا يعطيني انا من تلك السلع شيئًا الخ. On trouve aussi dans ce livre, 29 v°, الرهادنة comme le nom d'un quartier à Cairawân. L'origine de ce mot m'est inconnue; quand on pense à بزادرة, جنادرة, رهصادرة, etc., on serait tenté de le considérer comme le pl. du persan راهدان; mais ce terme ne signifie rien autre chose que «guide.»

رهرط مرهرط *flasque, mou, mollasse*, Bc.

رهز I, dans le sens donné par Freytag, 1001 N. II, 250, 7 a f.; c. a. p. *inivit* mulierem, ibid. IV, 525, 2 a f.

رهش II c. a. *faire trembler*, Voc.

ارتهاشات se trouve Maml. I, 1, 135, où Quatremère traduit *bandes*.

رهص II *former*, Alc. (formar).

رَقْص, dans le Voc. aussi رِقْص, pl. أَرْقاص, *manière, façon, forme*, Voc. (modus), Alc. (manera, في رقص من الأرقص *en alguna manera, forma o manera, forma de materia*, cf. formado de dos maneras et los six articles qui suivent, condicion natural, guisa, hechura de obra); *manière de dire*, Alc. (estilo de dezir); رقص الدالية *espèce, qualité des vignes*, Alc. (vidueño de vides).

مَرْقَصْ‎ formel, Alc. (formal cosa de forma).

رهط

رَهْطْ‎ Le pl. رُهُوطْ‎, Voc. — فلان رَهْطْ‎ un tel est un ferme appui, M.

رهف

I. رَقَفَ‎ جاء الفارس رَقْفًا‎ le cavalier est venu à l'amble, (خَبَبًا)‎ M.

رَهِيفْ‎ frais, p. e. فطير رهيف‎ «pain frais,» Mehren 28.

رهق

II. رَقَّقَ‎ expliqué par كان فيه حُمْقٌ‎, être fou, sot, Diw. Hodz. 289, 2. — C. a. dans le Voc. sous fugare.

III. La signification primitive et véritable de cette forme est approcher de, p. e. Recherches I, 583, 10 de la 1re éd.: عسكر يراهق عشرين ألف مقاتل‎ «une armée qui comptait à peu près vingt mille combattants;» de même dans l'expression que Lane donne en dernier lieu راهقت العشرين‎, et dans celle que l'on trouve dans le Gl. Belâdz. v° لحم‎: رُوهِقَ في القتال‎, proprement: «on approcha de lui pendant le combat,» c.-à-d. on l'entoura, on le cerna de toutes parts. La seule signif. que donne Freytag, et que Lane donne aussi en premier lieu, approcher de l'âge de puberté, est une façon de parler elliptique, pour راهق الحُلُمَ‎ ou راهق الإدراكَ‎.

IV être sur le point d'atteindre, d'attraper en chemin, de joindre la personne qu'on poursuit, Gl. Mosl., Macc. II, 509, 15. — Suspecter, Berb. I, 416, 7 a f.: أرْهَقَ في عَقْدِهِ دَرْمِي بالكفر‎ «on suspecta sa foi et on l'accusa d'incrédulité;» cf. Lane sous مَرْهَقْ‎, et plus loin رَقَقَ‎. — Mettre en fuite, Voc. — Cerner, entourer (?), L (indagine أرهاق‎).

V et VIII dans le Voc. sous fugare.

رَهَقٌ‎ a été mal expliqué dans le Gl. Belâdz.; voyez Lane et Weil dans les Heidelb. Jahrb. 1867, n° 1, p. 8. — Soupçon, croyance désavantageuse, Haiyân-Bassâm I, 107 r°: فلا يلحقه فيه تقصير ولا يخشى رهقا‎. Surtout رهق في دينه‎, expression qui s'emploie proprement quand la foi, l'orthodoxie d'un homme est suspecte, mais qui a reçu le sens d'incrédulité, Macc. II, 264, 2: أتَّهَمَهُمْ برهق في دينه‎,

رهن

Ibn-Abdalmelic 74 v°: وكان يُنْسَبُ إلى رهقٍ في دينه‎. De même رَهَقٌ‎ seul, Macc. II, 376, 8: وجدت له مقالات رديّة، واستنباطات مرديه،‎ «نُسِبَ بها اليه رهقٌ »‎.

مُرَهَّقٌ‎ expliqué par أَحْمَقٌ‎, fou, sot, Diw. Hodz. 289, 1.

رهك

مِرْهَكَةٌ‎ moulin à bras qui sert à broyer le grain, Werne 55, d'Escayrac 408, 417, 425. Chez Pallme 28 c'est la cabane dans laquelle on broye le grain.

رهم

مُرَهَّمٌ‎, suivi de الغرب‎, populéum (onguent), Bc.

رهن

I رهنَ الشيءَ عند‎ hypothéquer, donner pour hypothèque, Bc.

III c. d. a. donner quelqu'un en otage à une troisième personne, Abbad. I, 223, 7; chez Macc. II, 264, 11 (cf. Add.) simplement donner une chose à quelqu'un.

IV hypothéquer, Alc. (ipotecar).

VI. تراهنَ معهُ على‎ gager que, parier, Bc (en parlant d'une seule personne). — En parlant de plusieurs personnes, c. في‎, disputer sur, Freytag Chrest. 35, 5 (cf. l. 8).

VIII c. في‎ se rendre garant de, répondre de, Macc. I, 645, 5. — C. ل‎ dans le Voc.: obligare (obligare ad pacem faciendam). — Exécuter (?), Alc. (esecutar).

X prendre en gage, p. e. en parlant d'un agent de police qui, lorsqu'une pièce de bétail a causé du dommage, la prend en gage jusqu'à ce que son maître ait payé l'amende, Alc. (prender por pena, cf. Victor). — Donner en gage, Voc. (pignorare alium), Abd-al-wâhid 100, 3 a f. (part. pass.).

رَهْنٌ‎ hypothèque, chose hypothéquée, Alc. (ipoteca prenda de rayzes), Bc. — Pl. رُهُونٌ‎ otage, Bc. — Enjeu, mise au jeu, Bc; لعب بالرهن‎ «jouer pour de l'argent,» de Sacy Chrest. I, ١٥١, 7 a f.

رِهَانٌ‎ gageure, pari, Bc.

رَهِينٌ‎ مهما يلزم من لحم رهين الاعلام‎ «si vous avez des commissions à me donner, disposez de moi,» Bc.

رهو

رَهِينَة pl. رَهَائِن otage, Bc; الرَهَائِن corps de troupes dans l'armée d'an-No'mân; c'étaient les otages que ce prince s'était fait donner par les différentes tribus, et qui après un certain temps étaient échangés contre d'autres, Kâmil 277, 16 et 17. —

لَهُ حَقّ عَلَى الرَهِينَة hypothécaire, qui a droit d'hypothèque, Bc.

رَاهِن قَيْد الحَيَاة. رَاهِن celui qui est en vie (l'opposé de «défunt»), Müller 11. — Solide, p. e. en parlant d'un fondement ou d'un argument, M.

مَرْهُون. Lane n'a pas bien compris l'expression proverbiale: الأمور مرهونة بأوقاتها, car elle signifie: il y a temps pour tout, Bc.

اِسْتِرْهَان gage, Alc. (represarias, dans le sens de prenda).

رهو

رَهْو tranquille (Freytag, Lane TA); dans le passage Djob. 316, 1: والبحر في أثناء ذلك وهو ساكن il ne manque pas un mot, comme l'a cru M. Wright, mais il faut changer وهو en رَهْوًا — وهو رَهْوًا laisser la porte ouverte, R. N. 68 r°: فضرب على أبي عثمان الباب فقال مَن هذا فقال فلان اصلحك الله فرفع الخيط وقال له ليج واتركه رهوا فلما دخل الحج ...

رَهْوَة grande somme d'argent, M.

رَهْوَانَة haquenée, jument qui va l'amble, Bc.

رَقَاوِيق mode de musique, Descr. de l'Eg. XIV, 23, du nom de la ville الرَقَّا, c.-à-d. Edesse ou Orfa; il attire les djinns, M.

رَهْوَن I (formé de رَهْوَان) aller l'amble (cheval), aussi رَقْوَنَة, يَمْشِي M, Ibn-al-Athîr chez ad-Damîrî: يجعل يرهون في مشيه (Wright).

رُو مِنْ بِنْتْ (esp.) rhapontic, grande centaurée, Alc. (ruypontigo).

روب V se coaguler, Bc. Le Voc. a تَرَيَّب sous lac, car dans la langue vulgaire la seconde lettre de cette racine est un yd.

روب sorte d'oiseau, Yâcout I, 885, 13, chez Cazwînî avec le zd.

روبة bourbier, Bc.

رَيِّب dans le Voc. (lac) pour رَائِب.

مَرْوِبَة le vase dans lequel on laisse le lait se cailler, M.

روبص I affiner, rendre plus pur un métal, Bc.

رُوبَاص, suivi de المعادن, affinage, action d'affiner, de purifier les métaux, Bc; dans un ouvrage arabe dont je ne puis consulter le texte, on trouve un passage que M. Behrnauer (J. A. 1861, I, 33) a traduit ainsi: « Il y a des hommes qui teignent l'argent d'une teinture dont le corps ne se dissout qu'après la fonte dans le creuset (الروباص).»

رُوبِيَان dans des livres de médecine pour أَرْبِيَان (voyez sous l'élif), Gl. Manç. in voce. Dans Bait. I, 489 b, Sontheimer a le second mot (aussi dans A, mais les points sont incorrects), et B le premier. Man. Escur. 893.

روث V être fumé (terre), Auw. II, 6, l. 19, où il faut lire وتتروث.

روث C'est sans doute par erreur que, dans la 1re. partie du Voc., ce mot a, entre autres significations, celle de vestis.

رَوْثَة herbe dont on tire la meilleure espèce de soude, Burckhardt Nubia 419.

روج I être débité, se débiter, Bc.

II débiter, vendre, Bc. — En parlant de la monnaie, l'accepter comme ayant cours, Gl. Belâdz. — Avancer, faire aller plus vite, Bc. — Expédier, dépêcher, hâter l'exécution de, Bc. — روّج va vite, Bc (Kasraouan); dans le Voc. ce verbe, avec في, est aussi festinare; le M l'explique par اِسْتَعْجِل, et cite ces vers:

من يَبْرُدْ ضعفا مروّج فليبادِرْ يتنزوَج
عن قليل ستراه احدب الظهر معوَج

— روّج على احد في faire quelque chose avant quelqu'un, Bc (Kasraouan).

V être valable (vente), Gl. Fragm. — En parlant de la monnaie, l'accepter comme ayant cours, Gl. Belâdz. — C. في dans le Voc. sous festinare.

رَوْجَة aller vite, M.

رَوَاج débit, vente, Bc.

الــكلام الرَّاوِج ‏راوِج *la langue ordinaire, vulgaire*, Tantâwî dans Ztschr. Kunde VII, 197.

رائِج, *sur les monnaies, ayant cours*, Ztschr. IX, 833; حسب رائِج سِعْرة «*d'après le cours fixé par le tribunal de commerce*,» Ztschr. XVII, 390. — De même qu'on emploie ce mot en parlant d'une marchandise (*d'un bon débit, de bonne défaite*), on l'emploie en parlant d'un métier, 1001 N. IV, 466, 4 à f.: وصنعتنا في ايدينا رائجة في جميع البلاد — *Perceptible* (*impôt*), Bc.

تَرْويج *débit, vente*, Bc.

روح I, dans le sens de *marcher pendant la nuit*, n. d'act. aussi مَراح, Gl. Mosl. — *Partir, repartir, s'en aller*, Bc, 1001 N. I, 59, 7, ل ج l., 1001 N. I, 31, 4. راح من البال «*échapper de la mémoire,*» Bc. راح في حال سبيله «*il passa son chemin,*» Bc. *Se perdre, s'évanouir, se dissiper*, Bc; راحت عيني «*j'ai perdu un œil,*» 1001 N. I, 100, 9. *Périr, mourir*, 1001 N. Brosl. III, 284, 13. Chez Bc: *adieu*, c'en est fait de, p. e. راح الفنجان «*adieu la tasse*;» ماتت الحمارة راحت الزيارة «*l'ânesse est morte, adieu le pèlerinage.*» — *Aller, être sur le point de*, p. e. راح يموت «*il va mourir,*» Bc; un peu autrement, راح يضربهم «*il alla les frapper,*» Gl. Abulf. — *Rester, séjourner*, Koseg. Chrest. 75, 10: ونـزل عليه وراحا عنده ساعةً — من النهار «*sa peine a été infructueuse,*» Bc. راح نَفْسَه *au lieu de la IVe forme, se reposer*, Cartâs 180, 14: وقد قيل له ذات ليلة لو رحت نفسك قليلاً واعطيتها حظها من النوم الخ ۞

Aor. *i puer*, en parlant de viande ou de poisson, Voc. (au lieu de la IVe).

II, dans le sens d'*éventer*, non-seulement c. على p., mais aussi c. a. p., Macc. II, 404, 8. — Au lieu de la Ve, *s'éventer*, M. — *Renouveler l'air*, Auw. I, 145, 13, 146, 7. — روّح الشجر *faire, à l'entour des arbres, des découvertes ou déchaussements, opération qui s'appelle* التروّيح, Auw. I, 518, 2 à f., 545, 2 à f., 546, 2 à f., II, 107, 3. — C. a. et عن *alléger*, Voc. — Comme causatif de راح dans le sens de «*partir, s'en aller,*» M, اتلف ماله وروّحه بالاسراف «*il a consumé son bien en prodigalités*;» روّح البقعات *détacher, ôter les taches*; روّح اللون *déteindre*, Bc; en parlant d'un vase, *laisser échapper quelque chose de ce qu'il contient*; en parlant d'une femme, *faire une fausse couche*, M. — *S'en aller*, M. — *Rendre aigre*, Voc.

رَيَّح *délasser, rafraîchir, rétablir par le repos, reposer, procurer du repos*; رِيَّح البال *tranquilliser*; رِيَّح قليلاً *pallier, guérir en apparence*, Bc. — *Se courber* (bois), M.

III. راوح القتال *commencer le combat dans la soirée*, Badroun 141, 5 (l. يغادون).

IV c. a. p. et من *délivrer quelqu'un de*, de Jong. — أراح نَفْسَه *se reposer, se remettre, se délasser*, Gl. Fragm. — *Donner des chameaux* (acc.) *à quelqu'un* (cf. Lane à la fin), Berb. II, 230, 11, 267, 13: أراح عليهم الف ناقة ۞

V *se reposer, se délasser*, Voc., Alc. (*descansar, holgar*, qui signifie aussi *se divertir, reposar*), Auw. I, 66, 6 à f. (l. تَتَرَوَّح avec notre man.). — *Se récréer, se divertir*, Alc. (*holgar* (cf. ce qui précède), *recrear, respirar*), Mohammed ibn-Hârith 233: خرج متنزّهاً الى جهة المدور — قد خرج للتروّح — فقضى من خرج في زمان الخريف على ما كانت 260: تروّحه وطرّاً — لخلفاء تلتزمه من التروّح الى اشبيلية وساحل البحر *Lâcher de l'eau, pisser*, Alc. (*espaciarse*, synonyme de طيّر ماء, ce qui prouve qu'il faut traduire comme je l'ai fait). — *Devenir aigre*, Voc.

VIII. يرتاح درْعُها «*sa tunique se meut vivement, gaiement*» (au milieu du corps), en parlant d'une femme à mince ceinture, P. Weijers 40, 6, cf. 137, n. 214. — ارتاح فكره ou ارتاح قلبه على شيء, *se tranquilliser*, Bc. — *Se récréer, se divertir*, Voc., Weijers 22, 13. — C. الى r. *chercher un délassement dans une chose*, Abbad. I, 270, n. 70.

X. Vulg. استريح, Bc. — *Se récréer, se divertir*, Alc. (*respirar*), Abbad. I, 157, n. 499, Macrîzî, man. II, 348: على سبيل الاستروح والتنزّه — C. الى r. *chercher un délassement dans une chose*, Abbad. l. l., Gl. Fragm. — C. من r. *chercher à soulager sa douleur*, Abbad. l. l.; c. ب r. et الى p., *en déclarant à quelqu'un les sujets de douleur que l'on a, décharger son cœur*, Berb. II, 27, 2 à f.: استراح الى النجند باقوال, c. ل p. et ب r., Abbad. I, 67, 14 في فلان *en déclarant les sujets de plainte qu'on a contre quelqu'un*, Abbad. II, 112, dern. l. Aussi استراح في ذلك مع فلان *il déchargea son cœur en parlant de cette affaire avec un tel*, Gl. Badroun, Haiyân-Bassâm I, 30 r°: sa mère désapprouva ce

واستراح فى الامر مع عيسى فصرّحه له وامضاه mariage, بها الملك عبد بينا. — *Reprendre haleine*, Gl. Edrîsî. — *Guérir, se remettre, reprendre sa santé*; J.-J. Schultens a noté علّة من استراح, mais par ellipse le verbe seul a le même sens, Voc., Alc. (convalecer de dolencia), Bc, Abd-al-wâhid 209, 3 a f. — *S'enrhumer* (اِسْتَرْوَحَ), Hbrt 35 (Alg.), Ht.

روح *bonne odeur, parfum*, Lettre à M. Fleischer 103.

روحى *ma chère âme* (expression de tendresse), Bc. — *Esprit*, t. de chimie, fluide très-subtil, Bc, M. — *Gaz*, Bc. — *Quintessence*, Bc. — Chez les alchimistes, *la pierre philosophale*, Prol. III, 192, 8. — *Canon* d'un fusil, Burton II, 104. — روح توتيا *marcassite*, Burckhardt Nubia 271. — روح الحيوة *oxygène*, Bc. — روح الكلام *sens, signification*, M. — روحه فى مناخيره *qui a la tête près du bonnet, qui s'irrite aisément*, Bc. — عمل روحه *faire semblant, feindre de*, Bc; dans le Voc. — طويل الروح *endurant*, M. — قلّة الروح *lâcheté; manque de courage*, Alc. (poquedad de animo). — من حلاوة الروح 1001 N. III, 10, 9 et ailleurs (Lane traduit: « induced by the sweetness of life ») *pour conserver sa vie*.

ريح est quelquefois masc., comme dans Koseg. Chrest. 89, 4 a f. et chez le Pseudo-Wâkidî. Le pl. du pl. اراييح est dans le dialecte des Benou-Asad, Gl. Manç. in voce. Le pl. رييح devient par abréviation ريح (comme le sing.), Fleischer sur Macc. II, 533, 3 Berichte 87. — *Evaporation*, Bat. IV, 381: « ils remplissent leurs outres d'eau et y cousent tout autour des tapis grossiers خوف الريح par crainte de l'évaporation. » — *Rhumatisme*, Daumas V. A. 425. — *Ardeur martiale*, Macc. I, 882, 13. — ريح السبل = سَبَل (certaine maladie des yeux), Lane sous ce dernier mot, Auw. II, 582, 2 a f. — الرياح السوداوية *vapeurs*, maladie de nerfs, mélancolie, Bc. — الريح الأصفر le choléra, Burton I, 367, Daumas V. A. 426. — ريح الميد le vertige, Djob. 295, 13. — Sur les termes de médec. ريح البواسير، ريح الشوكة، الريح الغليظة، كاسر الرياح et رياح الأفيسة، ريح الرحم، ريح الكلى

voyez le M. (= الخولنجان) — منار الريح *lanterne*, L (lanterna, et laterne مناور الريح).

راحة: On dit: برز الى مناجزة عدوّه لاحدى الراحتين « il alla à la rencontre de l'ennemi pour (obtenir) l'une des deux délivrances, » c.-à-d., bien résolu de vaincre ou de mourir, Berb. I, 241, 9 et 10, II, 50, 6 a f. — *Aisance*, facilité, Bc. — *Récréation, divertissement, plaisir*, Alc. (desenhado (cf. Victor), espaciosa cosa para holgar (= فرجة), holgança (de même), holgura), Abbad. I, 170, 7 (cf. III, 31), II, 7, l. 7 (l'explication de ce passage que j'ai donnée III, 87, n'est pas la bonne; je crois à présent que le sens est: « il ne prenait pas plaisir aux réunions où l'on buvait, ni aux chansons qu'on y faisait entendre, » c.-à-d., il s'y enivrait, mais en conservant sa sombre humeur), Haiyân-Bassâm I, 46 r°: المسارعة لقضاء للذّاته والانهتاك. On dit: الراحات والبطالات, Çalâïd 20 v°: فى طلب راحته, صاحب راحة *un homme de plaisir*, Bat. III, 76, حركة راحة *un voyage d'agrément*, Abbad. II, 223, 1, موضع راحة *un lieu d'amusement*, Macc. II, 305, 21 (lisez avec Boul. ألا ما فيه راحة). — *Partie de plaisir*, Çalâïd 174, 8 (= فرجة), 328, 16. — *Respiration*, Alc. (respiracion). — *Opportunité, temps, occasion propre, favorable*, Alc. (oportunidad, براحة oportunamente). — *Guérison, recouvrement de la santé*, Alc. (convalecimiento en dolencia, mejoria de dolencia), Bat. III, 188. — *Poignée, contenu de la main*, Gl. Manç. in voce: ملء الكف من الشىء المغترف. — M. راحة الأسد *Leontice Leontopetalum*, Bait. II, 534 f. — راحة الحلقوم (*le plaisir du gosier*), familièrement راحة seul, espèce de confiture, Burton II, 280, M. — راحة الخبّاز *la planche sur laquelle le boulanger range les pains quand il les met au four*, M. — راحة الأرواح يبتدى غالبًا بالصبا او بالحجاز قليلًا mode de musique — راحة القدم *la plante du pied*, L (planta). — مشى لراحة *aller aux commodités*, Voc.; cf. بيت الراحة (voyez sous le premier mot) *latrines*. — بلا شى est تركته على أنفى من الراحة M.

روحة Je ne sais que penser de ce passage de d'Arvieux, III, 255: « Ils campent sur le sommet des collines, qu'ils appellent *Rouhha*, c.-à-d., bel air. »

ريّحة *odeur* (bonne ou mauvaise), Voc. (odor malus), Alc. (olor como quiera, olores de cosas secas, olores de unguentos liquidos), *odeur*, *parfum*, Bc; aussi au fig., *réputation*, Bc.

رِيحَة suivi de الــعْجِين, certaines substances aromatiques, telles que semence de nielle, semence d'anis, etc.; voyez Lane, trad. des 1001 N. III, 641, n. 6.

رُوحِى *spirituel*, Bc. — *Gazeux*, Bc.

رِيحِيَّة *ventosité*, Bc. — Espèce de cruches très-blanches et très-fines, que l'on fabriquait à Tunis, Becrî 40, 2 a f. — Chaussure en peau de mouton mince et façonnée, que les femmes portent dans l'intérieur des maisons, et que les hommes mettent en guise de chaussons dans leurs souliers. Celles des hommes sont rouges et jaunes; les femmes en ont de toute couleur, notes de l'imâm de Constantine et de M. Cherbonneau. Ce dernier le dérive de رَاحَة, dans le sens de « repos, bien-être, » et il donne le pl. رَوَاحِى, qu'on trouve aussi chez Pflügl, t. 67, A. B. 8 (*roahe*, *pantoufles de femme*). Alc. (peal) écrit *rihîa*, mais aussi (escarpin) *rikîa*, avec le *khâ*, ce qui est une faute. Torres 86: « des escarpins qu'ils appellent *reyas*. » Jackson 138: « les *Rayahat* ou pantoufles rouges » des femmes de Maroc (cf. 152). Dunant 201: « *rihîea*, petites pantoufles de dessous en peau. » Chez Prax, R. d. O. A. VI, 349, *rahia*; chez Bg, sous *chausson*, رِيحِى (en Barbarie).

رَيْحَان *basilic* (plante); les poètes y comparent la barbe qui naît sur la joue, J. A. 1839, I, 173. — *Origan*; espèces: مِسْكِى, هِنْدِى, شَامِى, قُدْسِى, et *Asciekrihân*, « ou l'origan aimable, » Vansleb 100. — Au Maghrib et ailleurs, *myrte*, Gl. Esp. 199, Voc., M. Dans les Prol. III, 395, dern. l.:

والما يجرى وعَمّ وغريف من جنى الريحان

où M. de Slane remarque: « Les poètes comparent aux feuilles de myrte les rides qu'un léger zéphyr forme sur la surface d'un lac. » — *Airelle*, trad. d'une charte sicil. apud Lello 9 (*mortella*). — رَيْحَان بَرِّى *clinopodium*, faux basilic, Bc. — الرَيْحَان الأَبْيَض شِيْبِيْنَة (voyez), Bait. II, 116 b. — رَيْحَان الحَمَاحِم *ocimum basilicum*, Bait. I, 283 i (AB). — رَيْحَان سُلَيْمان *basilic girofté*, Sang., Bait. I, 258 c, 509 b. — رَيْحَان الشُّيُوخ *origanum maru*, Bait. I, 283 i. — رَيْحَان الكَافُور *basilic girofté*, Sang. — رَيْحَان فَارِسِى

laurus camphora, Bait. I, 509 c. — رَيْحَان المَلِك *ocimum basilicum*, Bait. I, 509 d. — قَلَم الرَيْحَان sorte d'écriture, 1001 N. I, 94, J. A. 1839, I, 173, où l'on trouve aussi un vers où الرَيْحَان seul est employé en ce sens, car قَلَم الرَيْحَان est proprement: la plume qui trace cette écriture, laquelle, selon l'explication de Torrens (trad. des 1001 N.), est courbée comme la feuille du basilic.

رُوحَانِى (Alc.), رَوْحَانِى *spirituel*, Alc. (espiritual cosa), Bc. — اِبْن رُوحَانِى *filleul*, Alc. (ahijado espiritual); وَالِد رُوحَانِى *filleule*, Alc. (ahijada assi); بِنْت رُوحَانِيَة *parrain*, Alc. (padrino de bautismo); aussi *paranymphe*, Alc. (padrino de boda); أُمّ رُوحَانِيَة *marraine*, Alc. (madrina de bautismo). — *Métaphysique*, Bc. — عِلْم الرُوحَانِى *cabale*, art prétendu de commercer avec les esprits, Bc; aussi الرُوحَانِى seul, Lane M. E. I, 402, 1001 N. I, 423, 2 a f., II, 593, 3, 691, dern. l., III, 474. — *Spiritualiste*, Gl. Abulf.

رُوحَانِيَة *esprit*, vertu, puissance surnaturelle qui opère dans l'âme, Bc; رُوحَانِيَة الكَوْكَب « l'esprit d'un astre, » Berb. I, 287. — *Incorporalité*, *spiritualité*, Bc. — *Religion*, état des personnes engagées par des vœux dans un ordre religieux, Alc. (religion; synonymes عِلْم الرُوحَانِيَة et طَرِيقَة مَذْهَب) — (cf. l'article qui précède) *cabale*, art prétendu de commercer avec les esprits, Ztschr. XX, 486, 488, 8.

رَيْحَانِى *odoriférant*. De là: épithète d'une espèce de myrte qui a une très-bonne odeur, Voc., Auw. I, 248, 2 a f., 249, 4, 1001 N. I, 56, 14; de vin pur et qui a une odeur aromatique, Gl. Esp. 331; aussi substantivement, Bait. I, 509 e: رَيْحَانِى هُو الشَرَاب الصِرْف الطَيِّب الرَائِحَة. A Cordoue *rehani* désigne encore aujourd'hui *une figue d'une excellente espèce*, Gl. Esp. 331.

رَوَاح *air*, *vent*, L (aura), Voc., Alc. (ayre viento). — كَلَام مِن رَوَاح *des paroles vaines*, Alc. (hablado vano, habla en esta manera). — *Catarrhe*, Domb. 88.

رَوْبَحَة. En expliquant ce mot par *promtitudo in agendo*, Freytag semble avoir eu en vue un passage qu'on trouve dans de Sacy Chrest. I, 462: وَإِنَّمَا يَحْصُل بِه نَشَاط وَرَوْبَحَة وَطِيب خَاطِر, et où de Sacy traduit *une plus grande liberté pour agir*; mais on peut conserver la signification ordinaire que Lane a indiquée sous راحة.

رِبَاح pl. ات *corde d'une tente*, M. — ابو رياح *joujou d'enfant*, Mehren 28.

رِبَاحَة *fenêtre*, Alc. (ventana la tabla, rayâha), Hœst 265 (riáha), Jackson 191 (rechâha, a light hole or window); cf. تَرْوِيحَة. — رِبَاحَة *flatulence*, Auw. II, 619, 16 et 20 (ajoutez deux fois l'article).

رِبَاحَى pl. ات *soufflet, coup du plat de la main*, Alc. (bofetada); chez Beaussier رِبَاحَاى.

رِبَاحَى. C'est ainsi que quelques auteurs, p. e. Djauzî 143 r°, appellent une espèce de camphre, que d'autres nomment الرياحى (voyez). Selon Antâkî, elle a été nommée ainsi لتصاعده مع الريح; cf. Bait. I, 509 c: وزهر هذه الشجرة وورقها يدخنان روائح الكافور الرياحى القوى الرائحة اذا شم او فرك باليد يابسا كان او رطبا؛

كنت رائح *à la veille, sur le point de*; كنت رائح من هلك اطلع «j'étais sur le point de sortir,» Bc. — من اليوم ورائح *à l'avenir, désormais, dorénavant*; ورائح *à partir d'aujourd'hui*, Bc.

تَرْوِيح voyez sous la II° forme.

تَرْوِيحَة *fenêtre*, Becrî 44, 1; cf. رِبَاحَة. — *Courant d'air*, Cherb. Dial. 132. — بِتَرْوِيحَة *enrhumé*, Alc. (romadizado).

مَرَاح, comme on prononce aujourd'hui, mieux مُرَاح, *parc, enceinte où l'on met les chameaux*, Ht; *l'espace vide au milieu du douar*, Daumas Mœurs 61, 62, J. A. 1851, I, 83, n. 14. — Synonyme de منزل, *lieu de repos pour le voyageur*, Ztschr. XXII, 121.

مَرَاح *vivacité, activité*, Gl. Mosl.

مَرْوَح pl. مَرَاوِح *ventilateur*, Gl. Esp. 342 n., Most. (v° ريح), en parlant du poumon: وهو مروح القلب. — مَرَاوِح *instrument de musique dont les Coptes se servent dans leurs églises; c'est un disque en argent et quelquefois en vermeil, autour duquel sont attachés des grelots*, Descr. de l'Eg. XIII, 553.

مَرْوَحَة *chambre haute où l'on prend l'air*, Abou'l-Walîd 645, 22.

مَرْوَحَة voyez sous خَيْش. مَرْوَحَة لِلخَيش.

مُرَوَّح *reposé*, Alc. (reposado). — *Dégagé, libre, l'opposé de* مرغوم, «*pressé, serré*,» Auw. I, 471, 4 et ailleurs.

مُرَوِّح *chasseur de mouches*, Alc. (mosqueador).

مُرَيِّح *flatueux, qui cause des flatuosités, venteux*, Bc. — Chez Daumas V. A. 315 on trouve: *merihh, le convive qui trempe son pain dans le plat pour en puiser la sauce*.

مِرْيَاحَة = انقراقون, Bait. I, 92 a.

مُرَوَّاح *retour*, Ztschr. XXII, 158, 5, 1001 N. Bresl. IX, 250, 2 a f. — *Van (pour nettoyer le grain)*, Abou'l-Walîd 670, 29.

مِرْيَاح *venteux, où il fait de grands vents*, Voc., Alc. (ayrosa cosa). — *Qui a une maladie de poitrine*, Edrîsî, Clim. III, Sect. 5: bains chauds où se rendent اهل البلايا مثل المقعدين (المقعدين l.) والمفلوجين والمرياحين واصحاب القروح; c'est peut-être le même mot que «meriohheu» chez Daumas V. A. 191, *qui a une maladie de poitrine (cheval)*.

مُرْتَاح *tranquille*; ارض مرتاحة *jachère, terre en labour qui se repose*, Bc.

مُسْتَرَاح comme adj. *sûr, en parlant d'une rade*; comme subst. *rade, lieu de retraite pour les navires*, Gl. Esp. 155.

روحن I c. a. dans le Voc. sous spaciari. — *Spiritualiser, donner un sens pieux*, Bc.

II *se récréer, égayer l'esprit*, Voc.

متروحن *mystique*, Bc.

رود I *picorer, butiner*, Bc.

Aor. *i* vulg. pour اراد, *vouloir*, Bc.

III. راودها فى امر الزواج «son père tâcha de lui persuader de se marier,» 1001 N. I, 824, dern. l. — راودتنى الى كفلك 1001 N. I, 365, 8, semble signifier: *vous avez tourné mes désirs vers*. — Dans le sens de *chercher à séduire* on dit aussi راودها على نفسها Becrî 124, 3 a f., et راود seul, avec l'accus., 1001 N. I, 275, 2.

رود 569 روض

IV se construit aussi sans أنْ, si la leçon est bonne dans Rutgers 164, 7 a f.: فلم يريدوا يغزوا بَعْدَها, où l'éditeur soupçonne qu'il faut ajouter انْ. Dans les excellentes explications de Lane, l'objet de ce verbe est une chose, mais quelquefois c'est aussi une personne. Ainsi on trouve souvent dans le R. N. اراد اللهَ, et 104 v° on lit: سمعت ابا اسحق يقول كلٌ لخلق يريدون اللهَ ولكن انظر مَن يريده اللهَ تعالى C. a. p. c'est aussi *vouloir posséder quelqu'un, l'avoir chez soi, jouir de sa présence*, Macc. II, 278, 12, ou *vouloir posséder une femme, jouir de ses faveurs*, Ztschr. XX, 510, 1.

صارت رودة منك رودة *vous avez poussé la chose trop loin*, Bc.

رويْدَك رويْد *courage!* comme traduit M. de Slane dans le vers Berb. II, 455, 1.

رياد *picorée*, Bc.

رِيادة *expédition pour chercher des pâturages*, Lane M. E. II, 140.

مَراد *endroit où l'on peut faire tout ce que l'on veut*, Abbad. I, 120, n. 268. Avec des noms d'act., *endroit où l'on peut admirer ou se réjouir tant qu'on veut*, Djob. 212, 20, 215, 16.

مَرْوَد *cure-oreille*, Auw. I, 641, 10. — *Poutrelle* (poutre divisée en deux ou en quatre parties), Prax R. d. O. A. V, 214 (merôud).

مُريد *disciple*, Pachalik 200 n., Macc. II, 748, 15. — *Aspirant, qui aspire à une charge*, Bc. — Chez les Soufis, المتمرّد عن ارادته, ou *celui qui a détaché son cœur de tout excepté de Dieu*, ou *celui qui connaît la volonté de Dieu*, M. Abou-'l-Câsim Ahmed ibn-al-Hosain ibn-Casî, un Soufi espagnol et un des premiers chefs qui profitèrent de la chute imminente de l'empire almoravide pour prendre les armes et se déclarer indépendants, donna à ses partisans le nom de المريدون, Abbâr 199, 13, Prol. I, 286, 15, 287, 2 (lisez ainsi et voyez la trad.); Ibn-al-Khatîb, 25 v°, nomme parmi les écrits d'Abou-'l-Motarrif ibn-'Amîra: اقتضابه السبيل (?) في ثورة المريدين, et chez Macc. I, 201, 15, ce livre est nommé اختصار نبيل من تاريخ ابن صاحب الصلاة. — *Prêtre des Yézidis*, Pachalik 200 n.

رَوْدَقَة voyez sous ردق.

روز

رَوْز pl. أرواز *riz*, Voc.

روزنامه (pers.) *calendrier*, Bc, M.

روس II (pour رأس), proprement *décapiter, couper les graines du millet ou d'autres plantes*, Voc. — *Boutonner* (rose), Auw. I, 624, 4, 6, 643, 12, 644, 20, II, 105, 4 a f.; sous رأس on trouvera la signification de *bouton de rose*.

V quasi-passif de la IIe forme dans le 1er sens, Voc.

رُوسِيَّة (esp.) *gris-clair* (cheval), Alc. (rucio como cavallo).

رَوَّاس = جرجير الماء, Bait. I, 508 a (les voyelles dans A).

رَوَّاس *celui qui coupe les graines du millet ou d'autres plantes*, Voc.

مَروس (pour مَرأس) *pointu*, Bc. — Pour distinguer la lettre fâ de « sa sœur, » le câf, on l'appelle الفاء المروّسة, Bait. I, 132 a, 357 d, 533 c.

مِروَس pl. مَراوس *flèche*, Voc.

روساختنج = راساختن *cuivre brûlé ou calciné*, voyez sous حلقوس, Bait. I, 508 b, II, 102 a, 551 a et b.

روش

مَروشة *nom d'une plante*, Bait. II, 186 c (AB), voyez عديسة.

روشككة = كشوث, Most. sous ce dernier mot.

روشنايا signifie en persan *objets lumineux, brillants*, et s'applique à des collyres composés qui donnent beaucoup d'éclat aux yeux, Sang.

روض I. راض نَفْسَه *cultiver son esprit*, Badroun p. 77 des notes. — راض نَفْسَه على *supporter*, p. e. des privations, Berb. I, 237, 4 a f. — C. a. p. et على r. dans le sens de كذا على راوضه chez Lane, Gl. Fragm.

II. روّض سيرته *se corriger*, Bc. — C. على *accoutumer*, Hbrt 114.

روض

V s'exercer, Bc. Dans le Voc., qui a تَسْرِيضْ, de même que رِيَّض, sous exercitare et sous domare.

VI. تَرَاوَضُوا الأَمْرَ بَيْنَهُمْ ils se disputèrent le pouvoir, Akhbâr 57, 3 a f. — Se concerter, conférer ensemble pour préparer l'exécution d'un dessein, Çalât 9 r°: والمشاورة معاً والتراوض حيث يكون البناء المذكور المأمور به من الجبل

VIII c. في et ب s'exercer, Voc., Bassâm III, 98 v°: ارتاض في طُرقها (de son art) مُعيدًا ومُبْدِئًا, Haiyân-Bassâm I, 41 v°: dans la logique il contredit Aristote مخالفة من لم يفهم غرضه ولا ارتاض في كتبه — Se livrer à des exercices de piété, Macc. III, 679, dern. l.

روض comme sing., jardin, note de Weijers 85, n. 73. — Parterre, carreau ou compartiment de fleurs, Khatîb Paris.: روض نرجس, là où Macc. I, 639, 8, a بساط نرجس.

رَاضَة relâche, repos; بَراضَة posément, Bc.

رَوْضَة Le pl. du pl. رياضات, Gl. Edrîsî. — Cette partie de la mosquée de Médine qui se trouve entre le tombeau de Mahomet et la chaire (cf. la tradition chez Lane 1187 b), Bat. I, 262, 263, Burton I, 296, 300. — Mausolée, Voc. (cimiterium (tumulus magnus), sepulcrum (magnum cum testudine)), Alc. (sepultura rica), Marmol Reb. 7 b: rauda, capilla real donde tenian sus enterramientos,» Haiyân 3 r°: تربة لخلفاء المعروفة بالروضة, Abbad. II, 127, Djob. 42, 1, 43, 2, 44, 3, 49, 3, 125, 9, 198, 11, etc., Bat. I, 246, 415 et suiv., II, 99, 108, III, 429, Macc. I, 252, 13, 406, 3, 566, 15, III, 369, 4, Müller 131, dern. l., 133, 8 a f., 134, 4 a f., Rohlfs 94 («Grabstätte»), Barth V, 58. Ces exemples prouvent que Quatremère (Mong. p. CLXIX) s'est trompé lorsqu'il a cru que ce mot n'a reçu ce sens qu'en passant dans la langue persane. — Parterre, carreau ou compartiment de fleurs, Prol. III, 391, 15; le pl. du pl. رياضات, Auw. I, 154, 8. — En astr. الرَّوْضَة, le jardin du ciel, est cette partie du ciel où les étoiles sont si petites qu'on ne les voit pas; voyez Alf. Astron. V, 176, où il faut lire Arrauda, au lieu de Arranda.

رياض, qui est proprement le pl. de رَوْضَة, est devenu un sing., non-seulement dans la langue parlée, mais aussi dans les livres, jardin, Gl. Esp. 201, Prol. III, 417, 3 a f., Khatîb 100 v°: واشتغل بما يشتغل

روض

به الملوك من تفخيم البناء كبنيان رياض السيد الذي على ضفة الوادي بالقنة المعروف باسمه — Parterre de fleurs, Ht, Delap. 145, 173, Rohlfs 10.

رياضة, proprement n. d'act., dompter par l'exercice, par la discipline; dompter ses passions. La رياضة consiste à s'appliquer à la prière et au jeûne; à se garder, toutes les heures du jour et de la nuit, contre ce qui entraîne dans le péché et mérite le blâme; à fermer la porte au sommeil et à éviter la fréquentation du monde, de Slane Prol. I, 217, n. 2. Les dévots qui s'imposent ces mortifications s'appellent اهل الرياضات; voyez Prol. I, 162, 15, cf. 2 a f., 190, 14, cf. 191, 1, II, 372, 14 et suiv., Macc. I, 568, 12, 897, 13, Bat. IV, 36, 40. Les moines entendent sous رياضة: passer plusieurs jours dans la solitude, pendant lesquels on se voue à des pratiques de dévotion particulières. Chez les magiciens c'est: passer plusieurs jours dans la solitude, pendant lesquels ils mortifient leur chair et invoquent les démons par des formules et des fumigations. رياضة العروس est ceci: le magicien vit pendant quarante jours dans la solitude; il ne prend chaque jour d'autre nourriture qu'un petit pain avec des raisins secs; il récite ses formules et fait ses fumigations jusqu'au quarantième jour; alors des fantômes épouvantables lui apparaissent; il ne s'en soucie pas, mais enfin il voit une épousée (عروس) très-belle et superbement parée, qui se met à danser, à chanter et qui tâche de l'embrasser. Il s'y oppose, et quand elle voit que ses efforts sont inutiles, un esclave vient la frapper avec un fouet et lui ordonne d'ôter sa parure et ses habits. Elle implore sans succès le secours du magicien, obéit enfin, se dépouille de sa parure et de ses habits, et alors le magicien obtient plein pouvoir sur elle et sur l'esclave, de sorte que dorénavant ils exécutent tous ses ordres, M. — Moyen de mortification de la chair, de Sacy Chrest. II, ۴۸, 11. — Exercice, Bc, M, mouvements par lesquels on exerce le corps, Prol. II, 336, 2 a f. et suiv., 337, 10, Most.: وسخ الصراعين هو ما يجتمع على ظهور الصراعين من كثرة الرياضة والنَّصَب والغبار. — علم الرياضة gymnastique; محل رياضة gymnase, Bc. — Promenade, action de se promener, Bc. — فلسفة الرياضة philosophie morale, Alc. (moral filosofia). — Aise, commodité, aisance, Ht. — رياضة المريض convalescence, M.

رياضي mathématique; العلوم الرياضيات les mathématiques, Bc. — *Gymnastique*, Bc. — *Pratique*, Bc. — *Moral*, Alc. (moral cosa de costumbres); فيلسوف رياضى *celui qui s'occupe de philosophie morale*, Alc. (moral filosofo).

رَيِّض *facile, doux, complaisant*, de Sacy Chrest. I, vi, 10.

مُرَيَّض *moral*, Alc. (moral cosa de costumbres).

اِرْتِيَاض *expérience*, Haiyân-Bassâm III, 10 r°: اذا حنكه ومعرفة وارتياض وتجربة ❊

روط I *chanceler comme un homme ivre*, M.

رُوط *longue branche détachée d'un arbre*, p. e. d'un peuplier, M.

رُوطَة (anc. esp. *rota*, voyez dans la Collecc. de poes. castell. de Sanchez les glossaires sur les tomes II, III et IV) *nom d'un instrument de musique en usage parmi les Arabes d'Espagne*, Macc. II, 143, dern. l., Khatîb 38 r°: ومعلم معبن (مغنٍ) بروطة. Ce mot est d'origine celtique, *crwth* dans la langue du pays de Galles, dont les Anglais ont fait *croud* (Spenser) ou *crowd* (Butler, Hudibras). La « chrotta Britanna » est déjà nommée par l'évêque de Poitiers Fortunat (VIe siècle); voyez le passage dans Ducange in voce. Dans la basse latinité *rocta, rota, rotta* (voyez Ducange), prov. *rota*, anc. franç. *rote*. C'était un instrument à cordes servant à accompagner le chant; voyez Diez, la poésie des troubadours, trad. et ann. par de Roisin, p. 40. — (Lat. *ruta*, esp. *ruda*), en Espagne et dans le Maroc, *rue* (plante), Gl. Esp. 204—5, Voc.

روع I *émouvoir quelqu'un, lui causer de l'émotion*, Bc.

IV *épouvanter*, Voc.

VIII *s'émouvoir*, Bc.

رَوْعَة *émotion*, Bc.

روغ I, n. d'act. رَوَاغ, Saadiah comment. sur ps. 78, تَرْوَاغ, P. Kâmil 648, 13. — En parlant d'un cheval, *ne point suivre la ligne droite, ce qui est un défaut*, Auw. II, 540, 17. — Dans le Voc. *deviare* (*inclinare se propter lapidem venientem*), ce qui semble signifier *se détourner pour éviter un coup de pierre*. — *Se soustraire, se dérober, s'en aller secrètement, à la dérobée*, Bidp. 201, 4; رَوْغَة Nowairî Espagne 441, en parlant d'un chef de rebelles contre lequel le sul-

tan s'était mis en campagne: فلم يَقِفْ له رواغ فى الجبال فكان اذا امن تبسط واذا خاف صعد للجبال حيث يصعب طلبه ❊

II Dans le Voc. sous *deviare*. — Dans le Voc. sous *spuma*.

III. راوغ السلطان بالطاعة *chercher à tromper le sultan par une feinte soumission*, Berb. II, 28, 6: كثير الاضطراب على الامويّة والمراوغة لهم بالطاعة aussi المراوغة فى الطاعة, I, 615, 7 a f., et عن الطاعة, I, 632, 7. De même dans ce passage, I, 646, 13: وهو الآن مقدّمها يعطى طاعة معروفة ويستندى العامل للجباية ويراوغ عن المصدوقة وانغلب والاستيلاء, où M. de Slane traduit: « Yousof est actuellement en possession du pouvoir; il obéit ostensiblement au sultan et invite régulièrement l'agent du gouvernement à venir recevoir l'impôt. Il dissimule ainsi ses véritables sentiments et son désir d'indépendance. » Littéralement c'est: *il cherche à tromper sur*, et المصدوقة est pour مصدوقة الطاعة, comme on lit I, 643, 3. —

T. de marine, راوغ المَرْكَب *louvoyer*, Djob. 315, dern. l.

IV. Le n. d'act. semble signifier *ce que l'on cherche, désire, poursuit*, chez al-Fath apud Macc. II, 433, 11: Ce fut à Dénia qu'il atteignit le but de ses souhaits; là il trouva le loisir de se vouer à la science, وتفرّد بتلك الاراغة «et de consacrer tout son temps à ce qu'il désirait.» Dans un autre passage du même auteur, cité par Macc. I, 424, cf. n. e et Add. (de même dans l'édit de Paris du Calâïd 210, 16), on lit qu'un prince appela à sa cour tous les hommes marquants de la Péninsule, et qu'un vizir, qui y est nommé, كان مدير تلك الاراغة ومدبّرها; ici le n. d'act. semble signifier *le désir d'avoir quelqu'un chez soi*, et par suite *invitation*. Dans le Cartâs 111, 8 a f.: ومعه عبد المومن فى خدمته مريع بامانته, ce qui ne donne pas de sens; mais si l'on change le 'ain en *ghain*, les dernières paroles signifient peut-être: *invitant* (les hommes) *à le reconnaître pour imâm*.

VI dans le sens que j'ai indiqué sous la IIIe, Berb. I, 643, 3: زبونًا على صاحب الحضرة وتراوغًا عن مصدوقة الطاعة ❊

رَوَّاغ *qui ne suit point la ligne droite* (cheval), ce qui est un défaut, Auw. II, 540, 17. — *Inconstant*, M.

روق I *être convalescent*, Ht; راق مزاجه *se remettre, reprendre sa santé, se rétablir*, Bc; راقت الامور بعد ما

«le calme n'est pas encore rétabli,» Bc. — راق من غضبه se défâcher, Bc. — Calmer, apaiser, adoucir, Ht.

II couler, passer à travers une étoffe, Bc. — Soutirer, travaser une liqueur d'un tonneau dans un autre, Bc. — Ecumer, ôter l'écume de ce qui bout sur le feu, Alc. (espumar quitar la espuma). — Ecumer, jeter de l'écume, Alc. (espumar hazer spuma). — Dépurer, Bc, p. e. le sang, Ztschr. XI, 515; دواء مروق dépuratif, Bc. — Entrer en convalescence, M; ما راق من مرضه il n'est pas encore bien rétabli de sa maladie, Bc. — Dans le Voc. sous tectum.

IV c. على p. verser, donner à boire, Djob. 287, 4: حكم القاضى باراقة دمه — اراق عليهم من النبيذ le cadi déclara qu'on pouvait le tuer sans commettre un péché (de Slane), Prol. II, 200, 14. — اراق الماء lâcher de l'eau, pisser, 1001 N. II, 24, 7, Bresl. III, 302, 1.

V dans le Voc. sous tectum. — تـرَوَّق et تـرويـق prendre un très-léger déjeuner, M.

راق pl. ات couche, se dit des choses mises par lit, lit, couche d'une chose étendue sur une autre, Bc.

رَوق corne, le pl. aussi ارْوقَة, Voc.

رواق rideau, rideau de lit, Alc. (cortina o corredor, corredor de cama). — Dais, pavillon, Macc. I, 150, 20, Bat. II, 424. — Salle, salon, Bc, chambre, au centre, Hbrt 192. — Cloître (où se trouvent des milliers de fakîrs), synonyme de رباط, Bat. II, 4; Bc donne le pl. رواقات, en ce sens, cloître, galeries avec cour au milieu. — اصحاب الرواق les stoïciens (c'est la traduction littérale du terme grec, car رواق répond à στοά, portique, galerie), Prol. III, 90, 8 (l'auteur confond ces philosophes avec les péripatéticiens), Müller 52, 10.

رواقة arcade, Bc. — Netteté, au fig., Bc. — Paix, silence, calme, sang-froid, sérénité, Bc. — Loisir; على رواقتك doucement, à loisir, à tête reposée; فى رواقتك à vos heures perdues, à vos moments de loisir, Bc.

الرواقيـون le Portique, les stoïciens, M; cf. sous رواق. — Secte juive qui croit à la prédestination et à la métempsycose, M.

رائق paisible, serein, Bc. — Voyez sous ريق. — رائق الضحى au lever du soleil, Mehren 28. — M, ما يصفى عنده من الماء الذى نقع فيه الطرطير.

اراقة urine (هـراقة chez Alc.), 1001 N. Bresl. XI, 214, 13 et 14.

تـرويـقة déjeuner, M.

مروق écumeux, plein d'écume, Alc. (espumosa cosa llena de espuma).

مروقة doit signifier une espèce de vase pour le vin, une bouteille. Dans les 1001 N. II, 313, 5, il est question de deux مروقة de nabîdz qu'on achète pour un dînâr chez un chrétien. Ailleurs, Bresl. XI, 454, 1, on lit: وصفوا المروقات والبواطى والاوانى والسلاحيات. Dans un autre passage, une dame achète pour un dînâr chez un chrétien مروقة زيتونية, selon l'éd. de Macn., I, 56, 10, et celle de Bresl., I, 147, 8. S'agit-il ici d'olives? On serait porté à le croire quand on consulte l'édit. de Boulac, I, 25, 5, où la dame achète مقدارا من الزيتون «une certaine quantité d'olives;» mais alors le mot مروقة n'a pas de sens, et en outre il ne peut pas être question d'olives, d'abord parce que la dame en achète plus tard chez un autre marchand, du moins selon l'édit. de Breslau, 148, 12, ensuite parce qu'ici il doit s'agir de vin. En effet, la dame se procure tout ce qu'il faut pour préparer un festin, où le vin, dont il n'est pas parlé dans les autres emplettes qu'elle fait, ne peut pas manquer, et la circonstance qu'elle achète la مروقة chez un chrétien fait supposer aussi qu'il s'agit de vin, la vente de cette liqueur étant défendue aux musulmans. Cette opinion est confirmée par l'édition des deux cents premières Nuits qui a paru à Calcutta en 1814 (voyez t. I, 154, 7), et où il n'est fait aucune mention d'olives, mais bien de deux مصرب ou bouteilles (voyez sous مصرب) «remplies de vin pur.» Il faut donc traduire les mots مروقة زيتونية par une bouteille couleur d'olive, une bouteille noire verdâtre, car l'adjectif زيتونى a réellement ce sens (voyez Lane et Beaussier). Il s'ensuit que l'éditeur de Boulac n'a pas compris le texte et qu'il l'a changé d'une manière bien malheureuse. Au reste j'ignore quelles voyelles il faut donner à مروقة; M. Fleischer a fait imprimer un techdîd sur le wau.

روك I, n. d'act. روك, déterminer, régler par une opération cadastrale la valeur des terres ou autre objet, p. e. راك ارض مصر «il fit le cadastre des terres de l'Egypte,» Maml. II, 2, 65.

رَوْل cadastre, Maml. II, 1, 132, II, 2, 65, Bc. — مَال الرَوْل biens communaux, Bc. — رَوْكِي communal, Bc.

رول II se hâter, Ht.

رول مَرْوَال. Alc. (abotonado) donne «marguâl,» pl. ìn, dans le sens de *boutonné*, ce qui est assez étrange.

روم I se construit c. a. p., رامه أَنْ désirer de quelqu'un qu'il fasse une chose, Badroun 304, 7; رامه فى ذلك il chercha à lui persuader une chose, ibid. 294, 12. — وروم على الذلّ لهم اعتياد بالمغرم, Berb. I, 272, où M. de Slane traduit: «ils ont à subir bien des humiliations.» — لا يُرام بَبْتٌ ولا يَحْل «on ne peut lui reprocher ni lenteur ni précipitation,» Abbad. I, 51, 2 a f.

روم rum, esprit tiré du sucre, Bc.

رُومِي «Le melon roumy» à Sfax, Ouaday 580, 604. — «Sorte d'oiseau, Yâcout I, 885, 15. — Les Arabes d'Espagne donnaient le nom de رُومِيَّة aux jeunes filles chrétiennes qui, ayant été prises à la guerre, étaient devenues leurs esclaves et qui avaient embrassé l'islamisme. Elles recevaient d'autres noms que les Mauresques, et chacune d'elles portait celui de *Romia* comme une espèce de surnom. Ces renseignements se trouvent dans un passage intéressant de Hernando de Baeza apud Müller L. Z. 63—5. Ils expliquent pourquoi رُومِيَّة se trouve dans le Voc. sous *captivus*. Comparez aussi Chec. 187 v°, où on lit que quelqu'un s'aperçut de cette manière de la cause de sa maladie: وَقَعَ على أَنّ الرومِيَّة كانت تَخْرَج لَه الماء في القرع الصيّقة الأفواه بِدَم الحَيْض وهو لم يعلم من ابتداء مرضه الى ذلك اليوم فضرب الرومِيَّة — ضَرْبًا وجيعًا وكسر القرع التي كان يبرد فيها الماء رُومِيَّة espèce de haricot blanc tirant au jaune, Auw. II, 64, 16.

رُومَانَة = رُمَّانَة romaine, peson, Lane sous ce dernier mot, Bc.

رُومَانِي papiste; الكنيسة الرومانية l'Eglise romaine, catholique, Bc.

رون

رُونِيَّة espèce de sac fait de sparterie, Espina R. d. O. A. XIII, 145.

رَوَّان, au Maroc, les toiles dites *rouenneries* (de Rouen en France), Hœst 269.

رُوِينَة rouina, farine de blé grillé qu'on détrempe dans l'eau pour la manger, Beaussier; souvent chez les voyageurs.

رَوَّانِي mode de musique, Hœst 258.

رَوَّانِي Dans l'Inventaire je crois devoir lire للجلد الرَوّانى, au lieu de الزوانى. Il y a des tanneries à Rouen.

رَونْد. روند صيني rhubarbe chinoise, est altéré chez Alc. (ruibarbo) en ravdecêni.

روى I comprendre, concevoir, Hbrt 223.

II remplir d'eau, de Sacy Chrest. I, 224, 3: فلما روى بالنشا. — جرى ماء النيل فيه روى البركة empeser, Bc. — Dans le sens qui chez Lane est le dernier, ce verbe ne se construit pas seulement c. فى, mais aussi c. a.; Abbad. I, 109, n. 197; le Voc. a aussi sous *previdere*: c. a. et c. فى. — Montrer, Bc; c'est pour أَرْوَى, qui est pour أُورَى, et ce dernier est pour أَرْأَى.

IV satiavit potu aliquem, c. d. a., Gl. Mosl. — Dire, faire des contes, Alc. (novelas contar). — Montrer, Bc; c'est pour أَرْوَى, qui est pour أَرْأَى, et ce verbe a proprement le sens de *montrer* dans ces expressions, qu'on trouve chez Bc: اروى الطريف tracer le chemin, au fig., donner l'exemple; اروام الامر بوجه حسن il a donné un bon tour à l'affaire; اروتك je te rangerai à ton devoir; الله لا يرونا قبمتك وقدرك Dieu nous garde d'un pareil malheur!

V. Lane a supposé avec raison que cette forme a aussi la signification qu'il a donnée en dernier lieu sous la II°; voyez v. d. Berg 65, Macc. II, 156, 15; le Voc. l'a aussi sous *previdere*.

VIII comprendre, concevoir, Hbrt 223.

رَأَى étancher la soif, L. Il donne: refectio شَبْعَة رَأَا, et ce mot doit être formé irrégulièrement de la racine ردى, car il a aussi: reficio اَعْدَ وَأَرْوَى.

رى (aussi رأى et رَاء) saumon, Gl. Edrîsî.

رَوِّي, en Egypte et en Nubie, grande *outre* plate et carrée, faite de peau de bœuf, Ouaday 332, Lane M. E. II, 21, Burckhardt Nubia 284, Pallme 157, Descr. de l'Eg. XVIII, part. 2, 388 (rayyeh). — *Pluie*, M.

رِيَّة الخَمْر *medusa*, Bait. I, 508 e (le *techdîd* dans A).

رَوِّي mode de musique, Descr. de l'Eg. XIV, 29.

رِواء, en Espagne, pl. أَرْوِيَة, رِواء, en Afrique, *grande écurie couverte pour les chevaux et les mulets*, Voc. (stabulum (domus magna stabuli)), Alc. (cavalleriza, establo de bestias, أتبد الروا establero), Torres 317, St. Olon 75, Miss. hist. 420a, Rojas 61 r°, Hœst 153, Domb. 91, Barbier, Cherb. Dial. 75, Martin 41.

رِوَايَة *prédiction*, Akhbâr 50, 2 (lisez ainsi avec le man.), 51, 5, 54, 2 a f.

رِوَايَي *narratif*, Bc.

رَيَّان, fém. ة, Saadiah ps. 52, pl. رَوِن ps. 92. — رَيَانة, en parlant d'une terre, *où il y a beaucoup d'eau*; lisez ainsi chez Auw. I, 138, 12.

رَاوِ *porte-crosse de l'imâm*, Roland.

رَاوِيَة *gelée blanche*, Bc (Barb.), Domb. 54.

رُوَيْبِنِيسَة (esp.) *raiponce, espèce de petit navet*, Alc. (ruyponce).

رِيَالاَتْبَك (turc) *contre-amiral*, Bc.

رَيْب I c. a. p. *voir de quelqu'un ce qui inspire des soupçons et ce qu'on désapprouve*, M.

II c. a. *ponere alium in dubio*, Voc. — C. a. et ب *conscienciare*, Voc.

V c. ب et مِن dans le Voc. sous conscienciare.

VIII, *douter de*, se construit aussi avec l'accus., Abbad. III, 37, 4 et n, c (cf. sous la X°). — C. a. *désapprouver* (استنكر), Gl. Mosl.

X, *douter de, soupçonner*, se construit aussi, de même que la VIII° (voyez), c. a. p., Gl. Fragm., et c. a. r., Mohammed ibn-Hârith 267: فَكَرْتُ في مُخرج هذه الحكاية فاسترَبْتُها ☜

رَيْب *scrupule, restes de doute, de difficultés après la discussion, l'explication*, Bc. — تحت الريب *incertain*, Bc. — اولو الريب, اهل الريب, *les individus*

mal famés, Prol. II, 31, 6, Hist. Tun. 96, Haiyân 9 r°: وكان فصما (فظًّا .l) على اهل الريب قامعا لاهل, Khaṭîb 136 r°: كان مالفا للذعرة والاخلاق والشرار, الشرّ ses *intimes, ses mignons* مَكَاسِعْ رَيْبه — واولى الريب (dans un sens obscène), Berb. II, 478, 1 (où il faut lire ainsi avec un man. cité dans la trad. IV, 370, n.; cf. sous مَكْسَع).

نائب رَيْبَة *celui qui est chargé de la police des filles publiques*, Descr. de l'Eg. XI, 500.

رَيْبى *ambigu*, Bc.

رَيْبَان (fr.) *ruban*, Bc, M (sous رين). — *Fil d'argent ou de laiton*, M.

مُراب *louche, équivoque*, Bc.

مُرايِ *fesse-mathieu, usurier*, Bc.

رِيمَاس *rhubarbe groseille (Rheum Ribes)*, Most. in voce, Bait. I, 508 c. — *Groseille et groseillier*, Hbrt 52 (Eg.), Bg 873.

رِيبُول *espèce de Rhamnus*, Bait. II, 521 b: العسيج الذى يعرف بالريبول وهو العسيج الاحمر, si c'est ainsi qu'il faut lire; dans B le mot est sans points; dans A c'est الرتبول. Bat. III, 150, 276, 383, nomme un arbuste, رَيْبُول, dont les fleurs, qui portent le même nom, sont de couleur blanche; les traducteurs soupçonnent que c'est بيل, رأى بيل *jasminum zambac*.

رَيْتَة, dans le Yémen, *fruit séché d'une plante, qui, lorsqu'on le remue dans de l'eau froide, donne une écume qui ressemble au savon; on s'en sert pour laver les vêtements et les métaux*, Niebuhr B. xxxxi.

رِيتِينِج = راتِينِج *résine*, Payne Smith 933.

رَيْث I se construit aussi c. عن p., راث عنه التخبّر Gl. Belâdz., et c. a. p., Gl. Mosl.

رِيش I c. a. p., en parlant d'une maladie, *amaigrir et rendre léger comme une plume*, Gl. Mosl.

II *commencer à avoir des plumes, à se couvrir de plumes*, en parlant des oiseaux, Alc. (encañonar), M. — *Se remplumer*, au fig., *rétablir ses affaires, sa santé*, Bc, M. — *Peindre ou sculpter des arabesques qui représentent des plumes*, Gl. Edrîsî. — *Plumer*, Ht. — C. ب *agiter la queue*, Daumas V. A. 490.

ريصال ·

ريف ·

V *commencer à avoir des plumes, à se couvrir de plumes*, en parlant des oiseaux, L (plumesco), Voc., Alc. (enplumecerse, encañonarse las aves).

ريش *grains d'agate* qui viennent de Bombay et dont on se sert jusque dans l'intérieur de l'Afrique, Burckhardt Arabia I, 70, et Nubia 269, 270, 285, cf. Ouaday 334.

ريش spécialement *plumes d'autruche*, Davidson 112. — ريش ناعم *duvet*, menue plume, Bc. — En parlant d'un poisson, *nageoires* (qu'en allemand aussi on appelle Flossfeder), Bait. I, 245 c: ليس له فصوص ولا ريش — ريش للحوت *fanon*, barbes de baleine, Bc. — *Le fer de la flèche*, Ouaday 436. — ريش العيّن *les cils des paupières*, M.

ريشة *aigrette*, sorte de panache, Bc. — *Plectrum*, Lane M. E. II, 79, 82; ريشة النفس le *plectrum*, s'il est de plume d'aigle, Descr. de l'Eg. XIII, 228. — *Aigrette de diamants enchâssés dans de l'or ou de l'argent*, Lane M. E. II, 401; جواهر ريشة *aigrette*, léger bouquet de pierres précieuses, Bc. — *Rayon, rais d'une roue*, Alc. (rays de rueda). — Nom d'une maladie interne des mulets, qui ressemble à celle qu'on appelle العيد chez les chameaux, Gl. Mosl. — M. Simonet m'écrit qu'il a trouvé ce mot chez des médecins arabes-espagnols, notamment chez Ibn-Wâfid, dans le sens de *fistule lacrymale*, et il l'identifie avec l'esp. *rixa (rija)*, qui a le même sens. Cette observation est très-juste; les paroles d'Ibn-Wâfid sont (man. de l'Escurial n° 828): دواء نافع للناصور الذي في الآماق والذي يسمى الريشة, et je trouve aussi ce terme dans le Traité de médecine d'Ibn-al-Khatîb, man. 331 (1), qui le signale comme un mot vulgaire, 19 r°: الغرب خراج فيما بين الماق والانف تدعوه العامة ريشة — ريشة فصادة *lancette*, Bc, M. — ريشة القلب *le creux de l'estomac*, Martin 146.

رياشي *épithète d'une sorte de pomme*, Chec. 198 r°: واما التفاح الرياشي وهو الذي نعرفه بالمريش فمنه شتوى ومنه عصيرى ⁕

مريش. الشبوب المريش, Becrî 15, 4, où M. de Slane traduit: « de l'alun sous la forme de plumes. » — Épithète d'une sorte de pomme, voyez l'article qui précède.

ريصال *conserve*, confiture de fruits, d'herbes, de fleurs, de racines, Bc.

ربط ·

ربطة. J'ai critiqué ailleurs (Vêtem. 192–3) l'explication que Freytag a donnée, dans son Dict., du passage de Harîrî, p. 254. Il a tâché de la justifier dans son Einleitung in das Studium der Arab. Sprache, p. 308; mais, comme tant d'autres choses qui se trouvent dans ce livre, ce qu'il y dit ne mérite pas une réfutation sérieuse, et M. Lane a suivi, comme je l'avais fait moi-même, l'explication donnée par le scoliaste. Elle est confirmée par un vers sur les Almoravides et leur *lithâm*, qu'on trouve chez Nowairî, Afrique 50 v°:

اذا التثموا بالربط خلّت وجوههم أزاهر تبدو من فتوق الكمائم

Dans ce vers ربطة signifie aussi *une pièce d'étoffe de laine dont on se sert en guise de turban*; comparez, p. e., Ouaday 516: « Le Toubou avait le *lithâm* sur la face, c.-à-d. qu'une partie de l'étoffe de son turban était ramenée, par le bout, du côté de la figure, dont elle faisait le tour deux ou trois fois d'avant en arrière, de manière à ne laisser apercevoir absolument que les yeux. »

ربع I. رغد بالعصا *il le frappa avec un bâton*, M.

ريف ·

ريف. « Dans l'Egypte, et surtout chez les chrétiens, *l'Egypte inférieure*, attendu que cette partie présente les plaines les plus vastes et les plus fertiles. Mais chez la plupart des historiens et des géographes, *les campagnes*, et surtout les campagnes qui s'étendent sur les deux rives du Nil, et qui constituent la seule partie fertile de l'Egypte, » Maml. II, 2, 209. « En Afrique, les contrées qui bordent la mer; il sert aussi de nom propre à cette partie du royaume actuel de Maroc qui s'étend depuis Tetouan jusqu'au Molouïa, » de Slane trad. de l'Hist. des Berb. I, p. cı. — *Le nord*, Werne 101. — *Bord d'une rivière*, Auw. I, 400, 7, où il faut lire avec notre man. ارياف; *ibid.* l. 12 (même observation): ويصلحها الارياف لأنها الكثير من شجر الارياف; *rivage de la mer*, ريف البحر, Maml. II, 2, 206, 4 a f., où Quatremère veut à tort changer la leçon.

ريفى *villageois, rustique*, Maml. II, 2, 209. — *Croissant sur le bord de l'eau*, Auw. I, 399, 10, où il faut lire avec notre man. ريفى, au lieu de ربيعى. De là الشجر الريفى *le noisetier*, Auw. I, 349, n. **, où il faut lire avec notre man.: وهو الشجر الريفى

زابَف

moneda de plata), Bc, M, chartes grenadines, Hist. Tun. 129; — رِيال أبو مدفع piastre à colonnes, colonnade, Bc; — رِيال أبو طاقة piastre avec une couronne de fleurs, Bc.

رِيالَة bave, Bc, 1001 N. I, 826, IV, 85.

رِيوال même sens, Bc.

رِيالَة = كشوت, Most. sous ce dernier mot; leçon de N; endommagé dans La, mais semble رِيولہ.

مرْيُول amoureux, coureur de femmes, Daumas V. A. 163, 186.

ريم II écumer, jeter l'écume; en parlant de la mer, moutonner, écumer, blanchir, Bc. — Faire que chaque brebis nourrisse l'agneau d'une autre, Alc. (ahijar ganado).

رِيم, n. d'un. ة, sorte de petit poisson, le hareng, l'anchois, la sardine ou le célerin, Alc. (alache pece), Domb. 68 (halex), Mc (anchois, qu'il traduit aussi par سردين, hareng), Ht (hareng).

رِيمَة écume, Bc.

رِيما l'art du joueur de gobelets, Ztschr. XVI, 226 et suiv.

رين

ران (sorte de chaussure) pl. ات, Kâmil 627, 14.

راِنَة. Ce mot est employé, Abou'l-Walid 180, n. 71, pour expliquer l'hébreu צִין chez Ezéchiel 23, vs. 24, dont l'existence est plus que douteuse (voyez le Commentaire de Hitzig), et signifierait une espèce d'arme, ضرب من السلاح, ce qui ne convient nullement au passage d'Ezéchiel. Je ne le connais pas.

رَيْنَق I c. a. dans le Voc. sous flere et vagire, de même que رَنْبَق.

II flere, vagire, Voc.

رَيْهقان safran, dans un dialecte arabe, Dict. de Vullers, Bait. I, 530 g, où il faut lire ainsi avec A.

ريف

وقيل انه فى بعض لحصون الجوفية على ريف بعض الاودية⁕

رِيافَ villageois, Maml. II, 2, 209.

رَيَّق I (vulg. pour راق موينه (أراق ماء faire de l'eau, lâcher de l'eau, Bc; n. d'act. رِيّاقَة الماء 1001 N. II, 72, 14.

II, avec ماء, même sens, Bc.

IV voyez sous روق IV.

V voyez sous روق V.

رَيَّق الرِيق أجرى faire venir l'eau à la bouche, (fig.), exciter en parlant le désir d'une chose, Bc.

رِيَّقَة panier flexible, Ouaday 401.

رِيقى salivaire, Bc. — دينار رِيقى monnaie d'or du roi de Castille Henri IV, dont la valeur fut diverse sous différents rois, Alc. (castellano moneda, enrrique moneda de oro); beaucoup de renseignements chez Saez, Valor de las monedas etc. (Madrid 1805). Dans les chartes grenadines elle s'appelle ذهب رِيقى.

رِيقان, corruption de يَرَقان, jaunisse, Bc.

رائق clair, ayant peu de consistance, n'étant point propre à la génération (sperme), 1001 N. Bresl. VII, 42, 12 et 13, 43, 2 a f.

اراِقَة voyez sous روق.

مرِيّق ptyalagogue, qui provoque la salive, Bc.

رِيكَة (esp. rica) femme toujours mise richement, qui mène un grand train, Beaussier. A Tunis prostituée, Michel 191, 228.

ريل I écumer, Hbrt 63.

II baver, Bc (= رَوَل).

رِيال écume, Hbrt 63. — Pl. ات réal, écu, piastre forte, piastre d'Espagne, monnaie d'argent, Alc. (real

ز

زأب

زَأب savon, L, qui a: isopo زَأب وغاسول Isopo et sapo; l'autre forme, صابون, sont des altérations de زاب; est σάπων.

زابق

الزِئبَق الحلو mercure doux, calomel, Bc. — تراب الزِئبَق هو الزِئبَق المقتول

وهو ان يُسْتَحَقّ الزئبق مع بعض الأدوية الترابيّة بالتخّل حتى تغيّب عيونه, Gl. Manç. L'expression الزئبق المقتول se trouve aussi dans Bait. II, 104 b, et le Gl. Manç. a: موت الزئبق هو ان يُستحَقّ حتى تغيب عيونه ۞

زاد

فلمّا مَزْوود terrible, rempli de terreur, Çalât 26 r°: اصبح الله بالصباح من تلك الليلة المزوودة ۞

زأر

زَئير dans un sens spécial, voyez.

زَوَائر pour l'hébreu שַׁאֲגָה, rugissements, cris, Saadiah ps. 22 et 32.

زَرْقون voyez زارقون.

زاز

زاز. فتصّ بالزاز de force, Bc (Barb.). — émailler, Bc (altération de بالزجاج).

زان nom d'un arbre, Becrî 54, 3 a f., Macc. II, 685, 9, Cartâs 64, 16, Berb. I, 164, 10, II, 44, 4. Ibn-al-Baitâr ne semble pas avoir connu cet arbre; il dit, I, 515 b, que, selon quelques-uns, c'est le مُرّان, mot que Sontheimer traduit par frêne. Dans le Voc., qui donne le n. d'un. ة, c'est térébinthe, et chez Bc et Hbrt 55 hêtre; mais tous ceux qui ont été en Algérie attestent que c'est une espèce de chêne à feuilles caduques et dont le gland n'est jamais employé; voyez de Slane sur Becrî et Berb., Carteron 201, R. d. O. A. VI, 222, N. S. III, 228, IV, 286, Carette Kab. I, 163, 166, 167, 168, 186, 323, Cherb. Dial. 79.

زاوش pl. زواوش, en Barbarie, moineau, Bc (Barb.), Hbrt 66 (Alg.), Roland, Daumas V. A. 102, Tristram 393 (Spanish sparrow, passer salicarius); corrompu en bsuisc chez Pagni 99; dans Pagni MS c'est bsuix.

زاويت (Daumas MS) espèce de graminée, Daumas V. A. 383.

زايرجة pl. زيارج (Prol. III, 184, 3, 191, 6), proprement زايرجة العالم (tableau circulaire de l'univers), espèce de tableau dont on attribue l'invention à un Soufi maghribin de la fin du VIe siècle de l'hégire, nommé Abou-'l-Abbâs, de Ceuta. Il a la forme d'un grand cercle qui renferme d'autres cercles concentri-

ques, dont les uns se rapportent aux sphères célestes, et les autres aux éléments, aux choses sublunaires, aux êtres spirituels, aux événements de tout genre et aux connaissances diverses. On s'en sert pour prédire l'avenir. Voyez pour plus de détails Prol. I, 213 et suiv., M 903, Léon 338, Marmol I, 63 c, Lane M. E. I, 396, Berbrugger 78 (علم الزايرجة). Ce mot est une altération du pers. زَايِجَّة; cf. chez Lane زائِجَة sous زيج.

زايرجي celui qui opère sur ce tableau, Marmol I, 63 c, et non pas comme chez Le Blanc II, 177: « zairagia, enchanteurs qui conjurent les tempêtes, bruines, grêles et les autres météores qui portent dommage aux fruits. »

زبّ II friser, crêper, boucler les cheveux, Alc. (encrespar hazer crespo, encrespar los cabellos; le part. pass. crespa cosa de cabellos); — hérisser, dresser les cheveux, Alc. (erizar; le part. pass. erizada cosa); — friser, relever le poil du drap, Alc. (frisar paño); le part. pass. à contre-poil, à rebrousse poil, Alc. (pelo arriba).

V. Le n. d'act. frisure, l'action de friser, et l'effet de cette action, Alc. (encrespadura).

زَبّ chez Freytag doit être changé en زُبّ (voyez).

زُبّ, membre viril, le pl. زُبوب chez Alc. (natura de macho), زباب chez Bc, أَزبَّة dans le Voc. — زبّ البحر Mentula marina, Pagni 70; il faut prononcer ce mot avec le dhamma, comme il le fait, et non pas avec le kesra, comme chez Freytag, car Pagni dit que les Arabes donnent à la Mentula marina le même nom peu honnête que lui donnent les Latins. — زبّ الحوت baleinas, membre de la baleine, Bc. — زبّ رباح ou زِبَاح a au Maghrib un autre sens que celui que Lane donne sous l'un et l'autre de ces mots, à savoir celui de hypocistis, Most. sous le dernier mot de la lettre ة, طراثيث dans le Gl. Manç. sous ce dernier mot et chez Bait. II, 158 a, que Bg 855 traduit aussi par hypocistis. Dans le man. N du Most. cette plante est nommée aussi زبّ الأرض, ce qui est l'équivalent de ذَكَر الأرض chez A. R. 173. Chez ce dernier auteur la première lettre de زبّ رباح est par erreur un rà, et le M donne fort mal, sous طرثوث, رَبّ الارض ورَبّ الرياح ۞

زبانطوط proprement *raisins secs*, ensuite *tous les fruits secs à l'exception des dattes*, Bait. I, 515 e. Espèces de raisins secs: تهامى, 1001 N. I, 56, 3 a f.; خراسانى Djauzî 148 r°; دمشقى, Rauwolf 37, 105; طائفى Tha'âlibî Latâïf 119, 2 et suiv., Djauzî 147 v°; عبيدى, Sang.; عسلى, Macc. I, 123, 7; منكّى (d'Almuñecar), *ibid.* — Espèce de vin ou de sorbet, fait de raisins secs, Lane M. E. I, 134 n., 224. Dans le Voc. *vinum de perases*, mais je crois devoir corriger: *de pasas*. — Espèce de conserve enivrante, Lane M. E. I, 224 n., faite de raisins noirs qu'on fait cuire, Léon 434 (deux fois). — زبيب الجبل *staphisaigre*, herbe aux poux, Most. v° حب الراس, Gl. Manç. v° ميوبرج, Bait. I, 281 c, 517 b. Bc donne زبيب الفيل en ce sens, mais c'est peut-être une faute.

زبيبة *frisure en manière de crêpe*, Alc. (crespa de cabellos). — Flocon de laine, aussi زبيبة الملف Alc. (flueco de la lana). — عكس الزبيبة *à contrepoil*, Alc. (pospelo).

زبيبى *de couleur de mûre* (proprement de raisin sec), *violet foncé*, Alc. (morado color escuro).

أزب L, chez qui la forme أفعل est constamment أزبّ, donne: *birrus* برنس وشركة. Le mot برنس semble indiquer que *birrus* doit se prendre dans son acception ordinaire (cf. Ducange), sorte de vêtement; mais je ne connais ni أزب ni شركة en ce sens.

زبانطوط voyez زبانطوط.

زبج disait le peuple en Espagne pour سبج (voyez). Aussi dans la 1re partie du Voc., mais sans explication.

زبوج = زبّج *olivier sauvage*, Gl. Esp. 32; *zeboudja* dans Daumas V. A. 118.

زبد I. العَربى فى زبد *suer*, Voc. II *faire du beurre*, Voc. — *Babiller*, Payne Smith 1009.

زبد Le pl. زبود dans le Voc.

زبد *sueur*, Voc. — *Quintessence, substance, suc*, ce qu'il y a de plus substantiel dans un livre, Bc.

زبد البحر «*espèce d'alcyon*, production marine.

Dioscorides en indique plusieurs espèces sous le nom d'alcyon, ἀλκυόνιον, V, 136, que la version arabe rend par *zebed al-bahr*,» Clément-Mullet II, 2, 110, n. 2; — *liqueur que répand la sèche*, Bc. — زبد البحيرة *adarca*, écume salée qui s'attache en forme de laine aux herbes et aux roseaux durant la sécheresse, Bait. I, 519 b. — زبد البورق *aphronitre*, Bc. — زبد القمر *sélénite*, Bait. I, 144 f, 499 d. — Aujourd'hui pour زباد, *civette*, Cherb.

زبدة *beurre frais*, Hœst 108, Constant, Bilder aus Algier p. 190, Bc.

زبدة عن غير زبد *sans succès*, Freytag Chrest. 114, 8.

زبدة *civette*, Voc., قطوط الزبدة, Cartâs 64, 16.

زبدى *de couleur de crème* (زبد), en parlant de porcelaine, Tha'âlibî Latâïf 127, 2 a f. — Substantivement: *un vase fait de cette sorte de porcelaine* (cf. l'article qui suit); mais dans le seul passage où je trouve ce mot, Rutgers 169, 9, il semble désigner *une certaine mesure pour les grains*.

زبدية pl. زبادى (زبادى, en trois syllabes, dans un vers chez de Sacy Chrest. I, ١٨٨, 4, est une licence poétique) est proprement un adj. fém. qui signifie *de couleur de crème*, en parlant de porcelaine (voyez l'article qui précède), mais s'emploie substantivement pour désigner *un vase fait de cette sorte de porcelaine. Tasse, écuelle* (de porcelaine), Hbrt 202, *écuelle* (en terre), *assiette, plat*, Bc, pour le lait, Mehren 28, *espèce de terrine*, Descr. de l'Eg. XVIII, part. 2, 416, Gloss. de Habicht sur le t. II de son édit. des 1001 N., note de Rutgers 173, Aboû'l-Walîd 640, n. 38, Ibn-al-Athîr, Commentaire sur le poème d'Ibn-Abdoun, man. Gayangos, 138 v°: مائة الف زبدية وثلثين الف حقّ حلاوة, Nowairî Egypte, 2 k (2), 155: ومن الآلات مثل الزبادى, Ibn-Iyâs 30: والسقاة تسقيهم القمر فى الزبادى.

زبادة *civette*, Voc.

زبر I, n. d'act. زبر et زبير, *tailler, émonder la vigne, les arbres, tailler les extrémités des branches pour les empêcher de s'emporter* (comme זמר en hébreu), L (carpit), Voc., Alc. (podar vides o arboles; منجل الزبير podadera hoce; cf. podazon tiempo de podar)

Domb. 132, Hbrt 54, 181, M, Auw. I, 11, l. 11, 19, 3 a f. et suiv., 186, 15, 437, 18, 500, 18, Macc. I, 632, 6, Calendr. 20, 3, 25, 5, Ibn-Loyon 19 r°: زبير العنب التقصيب والتقنيم والتقنيب ✱

II *émonder*, الكروم *ébourgeonner*, Bc.
VII *être taillé, émondé*, Voc.

زَبْر *cri de guerre*, Diw. Hodz. 92, 4 a f. (= 167, 5):

انا ابن انمار وهذا زبرى

expliqué par صباحى, qui a souvent ce sens.

زِبْر *verge, le membre viril*, Bc; c'est une altération de زُبّ; Ht donne la prononciation algérienne, *zebr* et *zebb*; dans M *zabr*.

زُبْر *extrémité d'une branche qu'on taille pour l'empêcher de s'emporter*, M. — *Verge, le membre viril*, M (cf. زِبْر).

زَبَّار *celui qui émonde, élagueur*, Voc., Alc. (podador de viñas), Bc, Bg, Khatîb 57 v°: ثم قُمْنا الى زبّارين يصلحون شجرة عنب ✱

(؟ زنبور) زبور) disait le vulgaire en Espagne pour الزنابير جمع زنبور, *guêpe*, Ibn-Loyon 19 v°: وهي التي تسميها العامة الزبور

زَبَّارَة *serpe*, Alc. (hocino para chapodar arboles), Domb. 95.

زِنبور voyez l'article زَنبير.

زَوْبَر *serpe*, M (sous زَأبر).

مِزْبَر pl. مَزابر *serpe, serpette, faucille*, Voc. (podadora, falx), Alc. (cazcorvo, hocino para leña; ce cazcorvo, qu'on ne connaît plus en Espagne, a certainement eu le sens de serpe, serpette; dans la Colombie il signifie *cagneux* (voyez Cuervo, Apuntaciones críticas sobre el lenguaje bogotano, p. 344, 2ᵉ édit.); c'est un sens figuré, qui s'explique aisément par la forme de cet instrument; l'étymologie est: caput curvum), exemple sous قربال. — *Cognée, hache*, Hodgson 85 (axe).

مِزْبَرَة pl. مَزابر *serpe, serpette*, Alc. (hoce podadera), Domb. 96, Bc (Barb.), Dict. berb.

مَزْبور = مَذكور M; الثمن المزبور *ledit prix*, J. A. 1843, II, 222, 6 a f.; de même 224, 1.

زَبَرْبور nom d'une plante, Daumas V. A. 381, *raisin sauvage*, Beaussier.

زَبَرْجَد Le n. d'un. ة dans le Voc.

زَبَرْقان est le nom d'une bête féroce dans un passage de Nowairî, man. 273, p. 638, où on lit que l'animal nommé بَبْر est engendré du زَبَرْقان et de la lionne.

زَبَرَك (؟) *épine-vinette* selon Abou-Hanîfa, Most. v° اميرباريس; leçon de N; Lm زَبَرَك; chez Payne Smith 1162 زَبَرَك.

زَبَرَيْدة *enclume*, Bc (Barb.). C'est un de ces mots hybrides comme il y en a tant dans le Voc., car il est formé de l'arabe *zobra* (enclume) et de la terminaison esp. *era*.

زَبَرْبين nom d'un mets au Maghrib, Macc. II, 205, 1, Chec. 193 r°, « hormigos de massa » chez Alc., qui traduit aussi ce mot en arabe par « couscoussou; » chez Victor « hormigo » est « pain émié et broyé avec du safran, » et chez Nuñez « hormigos » est « ragoût composé d'avelines pilées, de pain râpé et de miel. » En Afrique ce terme a depuis longtemps perdu sa première lettre, car on y dit بَزِين ou بَزِينَة. Léon 562: « farinæ massam aquâ optime coctam in alio quodam vase pistillo quodam agunt, atque oleo aut carnium iure madidam vorant potius quam edunt: cibum hunc *Besin* vocant; » cf. 572. Richardson Sahara I, 61: « The ordinary food of the people is *bazeen*, a sort of boiled flour pudding, with a little high-seasoned herbal sauce, and sometimes a little oil or mutton fat poured on. It is generally made of barley-meal, but sometimes flour. This is the supper and principal meal of the day; » cf. 277—8; le même Central I, 71, 308. Cherb. C: « بَزِينَة bouillie faite avec de la farine, du beurre et du sucre (Tunis). » Voyez aussi Marmol II, 241 c, 285 a, 305 c, Pagni 45, 12 t, Hamilton 172, Lyon 21, 22, etc., 49, 50, Pananti II, 31, Blaquiere II, 40 n., Ten Years 78, 89, 105, Della Cella 8, Testa 7, R. d. O. A. V, 16, Barth I, 24, 44, 112.

زبط II, en parlant d'une femme, *mettre au monde un enfant*; en parlant d'un homme, *procréer*, M.

زبط *démon, enfant vif, pétulant*, Bc.

زبع pl. زباط رَباطَة grappe de dattes, régime, rameau de palmier avec les fruits, Bc.

زبع

زُوباع est الصعتر الدقيق, M.

زبق I couler, glisser doucement, en parlant de choses solides, Bc. — Se faufiler, se glisser, Bc.

II crier, rendre un son aigre par le frottement, Bc.

VII s'esquiver, Bc.

زبل I bafouer, Ht.

II, engraisser, fumer la terre, Voc., Alc. (estercolar el canpo), Bc, n'est peut-être pas classique (Lane), mais se trouve souvent chez les auteurs du moyen âge, p. e. Abd-al-wâhid 23, 3 (= Macc. II, 68, 1), Auw. I, 6, 3 a f., 14, 20, etc.

IV même sens, Alc. (estercolar el canpo).

زِبَل forme au pl. زُبول et أَزْبال, Voc., Auw. passim; la première forme Edrîsî, Clim. II, Sect. 6, la seconde de Sacy Chrest. I, 242, 8, Mi'yâr 6, 3 a f.

زِبْلَة fumier, Voc.

زِبْلَة fumier, ordure, excrément, fiente, Ht; — litière, paille, etc., répandue dans les écuries, Bc. — Crotte, crottin, Bc.

زنبيل cabas en feuilles de palmier. On appelle ainsi par dérision le chapeau de paille que portent les femmes européennes, Bg. — En Algérie, toile grossière qui renferme la laine d'un oreiller, d'un coussin, et sur laquelle se met une enveloppe plus riche, Cherb. qui cite Bresnier, Leçons théor. et prat. de la langue arabe, p. LVIII.

زُنَيْبِيلَة petit cabas, M.

مَزْبَلَة monceau de terre, butte, Maml. II, 2, 122. — Boîte dans laquelle on renfermait le fumier, ibid. — Tombereau, sorte de charrette, Bc.

زبلح I c. a. dans le Voc. sous baburius (sot). — Tromper, Bc (Barb.).

زَبَالِح pl. زَبْلَحَة sottise, Voc.

زَبْلَج pl. ون sot, Voc.

زبن II achalander, donner des chalands, Bc; cf. زَبُّون.

زبن rétribution que reçoivent les cavaliers après une expédition, Daumas Mœurs 320 (zebeun).

زبان (pers.) aiguillon, dard d'insectes, Bc.

زبون a souvent chez Ibn-Khaldoun le sens d'insoumission, esprit d'insubordination, ce qui s'accorde avec la signification primitive de ce mot, quand il s'agit d'une chamelle, p. e. Berb. I, 295, 6 a f.: il leur donna des fiefs لزبون استلافا بهم (اللّٰه ...) وحسما, 501, 4 a f.: وكثر بذلك, سائر غمارة باينس طاعتهم, 564, 3 a f., 643, 4 a f.: خسارة أموالهم فى زبون العرب زبون العرب واختلافهم عليه «dépenser inutilement son argent pour entretenir l'insoumission des Arabes» (de Slane), II, 190, 7 a f., 428, 12, 489, 10. Il se construit avec على, Prol. I, 36, 2 a f.: الزبون على ملوكهم, Berb. I, 511, 5, 605, 4. L'expression زبون على signifie aussi donner des embarras à quelqu'un, Berb. I, 527, 4, 643, 3, 644, 2, II, 468, 9, 494, 3, 518, 7 et 7 a f. Dans deux passages elle n'est pas claire, Berb. I, 517, 11: كان يداخل موسى ابن عيسى (على ا.) فى الزبون كل واحد منهما لصاحبه على سلطانه, et 526, 5 a f.: il y avait entre eux deux مداخلة فى زبون كلّ منهما بمكان صاحبه على سلطانه. Ce qui est obscur, ce sont les expressions بمكان صاحبه et لصاحبه, qui doivent signifier la même chose, car dans les deux endroits il s'agit des mêmes personnages. — Chaland (cf. la IIe forme), celui qui va ordinairement à des bains publics, Bâsim 21: ما تعرف تمرخ وتكيس فى الحمام وتحك رجلين الزبون وتغسل فاجا (فجاء =) الى خالد زبون :22, راسه بالصابون واللىفة فاعطاه له قبل فدخل باسم الحداد الى الحمام وخدم الزبون وغسله — وجا زبون اخر فاعطاه درهم. Non-seulement chaland, mais aussi celui qui vend ordinairement à une certaine personne; le vendeur et l'acheteur sont donc le زبون l'un de l'autre, M. Le زبون d'une femme mariée est son amant, et elle est sa زبونة; de là le verbe زَبَّن (voyez), M.

زبين fort, bien fortifié, Rutgers 187, 1 et 188.

زبنطوط et ازبنطوط pirate, Beaussier, Bc, qui a aussi زمنطوط pour bandit. Du turc selon Beaussier, mais je ne le trouve pas dans les dict. de cette langue, et je dirais plutôt: de l'ital. sbanditi, proprement un banni, un exilé; bandito, qui signifie la même chose, a reçu le sens de bandit, brigand. — Célibataire, garçon, Beaussier, chez Cherb. زبنطوط. On voit que les Africains ont fait une application fausse d'un mot étranger et dont ils ne connaissaient pas bien la signif. véritable.

زبيبذ = زراوند طويل, Most. sous ce dernier mot.

زجّ I semble dans le Voc. *donner un coup de poing*, puisqu'il a ce verbe sous pugnus.

II *émailler, recouvrir des faïences d'un enduit vitreux*, Gl. Edrîsî, Gl. Esp. 177, n. 1, Auw. I, 684, 12 (l. مُزَجَّج), Bait. I, 267: واذا مُلِّى انّهُ مُزَجِّجُهُ بِزَيْتِ عفص. Cf. sur les faïences émaillées (vidriados) Davillier, Hist. des faïences Hisp. moresques à reflets métalliques (Paris, 1861). — *Faire du verre*, Voc.

VII *recevoir un coup de poing*, Voc., qui a ce verbe sous pugnus.

زَجّ (sic) pl. زجوج *vin fait de figues*, Voc.

زَجّ pl. ات *poing*, Voc.

زَجّاج *verre*. Djob. 275, 19 nomme les espèces صُبْرُقَى et عِرَاقِى. On trouve زجاج فرعون chez Bait. I, 294 d. الزجاج الخيرى voyez sous ce dernier mot. — *Email*, Gl. Edrîsî; chez Macc. I, 403, 2 a f. الزجاج الرومى.

زَجّاجِى *verrier, qui fait du verre*, Bc. — *Vitreux*, Voc., Bc. — Sorte d'oiseau, Yâcout I, 885, 15; mais les man. de Cazw. portent رجلجى, زجاجى, رجاحى.

تَزجيج *émail*, Ht.

زجر I, dans le sens de *pousser les chameaux en avant*, se construit aussi vulg. c. ب, P. Prol. III, 432, 4.

زَجْرَة *augure*, P. Kâmil 84, 5.

مُزَجِّر. L'expression مزجر الكَلْب, qui a été expliquée par Lane, se trouve Aghânî 43, 2, et dans un autre passage que Kosegarten cite dans ses notes, p. 297—8. L'explication que Fleischer y a donnée est inadmissible, celle de Tantâwî est bonne. Voyez aussi Alfîyah éd. Dieterici 158, 3—5.

زجل.

زَجَل, pl. ordinairement أَزْجَال (aussi dans le Voc.), mais chez Alc. أَزْجُل, espèce de poème ou plutôt de chanson populaire, dont l'invention est attribuée par quelques-uns à un certain Râchid, mais par la plupart à Abou-Becr ibn-Cozmân (Abou-Becr Mohammed ibn-Isâ ibn-Abdalmelic az-Zohrî), de Cordoue, qui mourut en 555 (voyez Khatîb Paris. 48 r° et suiv.). Il est en langue vulgaire, sans désinences grammaticales. La versification en est fondée, non pas sur la quantité, mais sur l'accent, et l'on emploie différents mètres. On en a composé, non-seulement en Espagne, mais aussi en Egypte. Voyez J. A. 1839, II, 164, 1849, II, 249, Freytag, Darstellung der Arab. Verskunst 459, Macc. I, 312 (cf. Fleischer Berichte 182), II, 431, etc., Halbat al-comait, chap. 25. Dans le Voc. *cantilena*, *versus (rimes)*, chez Alc. *cancion, cantar, romance cantar*, كتاب الأزجال *cancionero*.

زَجَلِى adjectif formé du mot qui précède, Macc. II, 431, 14.

زِجْلاً *celebris* (de camela), chez Freytag, est un *lapsus calami* pour *celeris*. Le pl. زُجَل, d'après une conjecture de M. Fleischer, dans Macc. I, 624, 4, cf. Berichte 207.

زَجَّال *celui qui compose des chansons dites zadjal*, Macc. II, 262, 4, 510, 9, Prol. III, 404, dern. l.

زجّ IV = I, Abou'l-Walîd 191, 2.

VII quasi-pass. de I, Abou'l-Walîd 190, 30.

زجر I *grogner, sangloter*, Ht.

زجرج I est employé improprement dans le Mançourî, à savoir dans le sens de زرّ, Gl. Manç.

مُزَخْرَج *fou, inconsidéré, téméraire*, Alc. (loco atrevido). Il ajoute un subst. *azahzôh, locura de esta manera*.

زحطّ I, aor. *a*, n. d'act. زَحط, *glisser de haut en bas*, M; c'est سحط VII, M sous ce dernier verbe.

زحف I s'*ébranler, commencer à se mouvoir*, t. militaire, Bc. Se construit aussi c. ل (= الى), Weijers 54, 2. — *Couler, glisser doucement*, en parlant de choses solides, Bc. — Dans Abbad. I, 41, 3 a f.: فتحارب حتى زحف من مجلسه, on peut bien conserver la sign. ordinaire du verbe, comme je l'ai expliqué 92, n. 101; mais chez Macc. II, 97, dern. l., où il est aussi question de deux personnes qui sont fort joyeuses et où on lit: وزحف ابو السائب معه, وزحفت معه, il est plus difficile de le faire, et l'on serait presque tenté d'y traduire *danser*. — C. على *donner l'assaut à une place de guerre*, Freytag Chrest. 125, 2, 7 a f., cf. 126, 4. برج الزحف ou آلة الزحف (Amari 333, 4 a f.) est une sorte de tour dans la

رحل

quelle se trouvent des soldats munis d'arbalètes et de machines de guerre, et qui est placée sur un chariot que l'on pousse (بِيَزْحَف بِه) contre les murailles d'une place forte que l'on assiége; voyez Freytag Chrest. 133, 13 et 14, cf. Amari 334, 7—9.

III c. a. p. *combattre avec* (Lane TA), exemple dans le Gl. Mosl.

VI *marcher au combat l'un à l'envi de l'autre*, Abbad. I, 310, 6.

زَحْف الرمل زَحْف *ensablement, amas de sable*, Bc. — Cf. sous I à la fin.

زَحْفَى (pl.) *les estropiés*, Daumas V. A. 118 (zhhaf).

أَزاحيف pl. أَزْحَاف *changement d'un pied dans un mètre*, Ztschr. VII, 367, 9.

زَحَل I *couler, glisser*, c. عَن *de dessus*, Bc.

VII c. عَن *est removere* dans le Voc.

زُحَل (Saturne) en alchimie *plomb*, Abbad. I, 88, n. 82.

زَحِيل épithète d'un nuage, employée aussi substantivement, Wright 81, 4 a f., à peu près l'équivalent de حَبِى selon l'éditeur.

زحلط II *glisser en bas*, M.

زُحْلَيْطَة *endroit où l'on glisse en bas*, M.

زَحْلَق I *couler, glisser doucement, en parlant de choses solides, glisser*, Bc, M. — *Couler, dire doucement, adroitement*, Bc. — *Glisser, être glissant*, Bc. — (Dans les 1001 N. Bresl. IX, 263, 2, ce verbe semble signifier autre chose; mais je crois qu'il faut y substituer un *fâ* au *câf*. En effet, le sens exige le verbe زحلف, *removit*, دَفَع dans l'éd. Macn. II veut se débarrasser de la femme par une ruse).

لَعِبَ الزَّحليقة *patiner, glisser avec des patins*, Bc.

زحم I. زحم فصل الشتاء *l'hiver approchait*, Berb. II, 302, dern. l. (cf. sous la IIIe).

II dans le Voc. sous *comprimere*, et c. عَلَى *angustiare*.

III. زَاحَمَه فصل الشتاء *l'hiver approchait*, Berb. II, 314, 6. — زَاحَمَه بِفُلان *il lui donna pour collègue un tel* (de Slane), Berb. I, 473, 1. — C. a. p. *être assidûment auprès de*, Meursinge 24, 19: il se trompait fréquemment ‘ لكَوْنه لم يزاحم الفضلاء في دروسهم ’

زخر

— C. a. p. *faire concurrence à, rivaliser avec*, Mohammed Ibn-Hârith ولا جلس بينهم في مستلم وتعريسهم' فدارت في ذلك أحوال طويلة الوصف على ما 328: يكون بين الصديقين ولا ضد أكبر من المزاحمة والمنافسة في الدرجة, Prol. II, 84, 9, 87, 3 a f., 90, 1, 241, 6, Mi'yâr 8, 3. C. a. p. et على r., M, Prol. II, 249, 11. — C. a. p. *disputer l'empire à quelqu'un*, Cartâs 171, 4, cf. 166, 1. Aussi c. مع p., 165, 1 et 2.

V *être refoulé*, en parlant des eaux qu'une digue refoule, Gl. Maw.

VIII c. مع *se presser avec*, de Sacy Chrest. I, 242, 1. — *Se présenter ensemble*, Prol. III, 326, dern. l. — C. على r. *se disputer une chose*, Prol. II, 118, 7.

زَحْمَة, pl. زِحَام, Voc., *foule, cohue*, assemblée tumultueuse, Bc.

زِحَام *concours*, affluence de monde, Bc.

مُزَاحِم Le pl. مَزَاحِم Berb. I, 82, 2 a f.

مُزْدَحَم *suivi, qui attire beaucoup de monde*, Bc.

مُزَاحَمَة *affluence*, Bc.

اِزْدِحَام *concours, foule, affluence*, Bc.

زحن I *mettre une substance en poudre*, M; cf. حَن I.

زخ I. زَخَّ المَطَر *il pleut à verse*, M. — *Baisser le dos* (cheval), M.

زَخّ مَطَر, زَخّ *avalasse, ondée, averse*; lisez ainsi 1001 N. Bresl. IX, 348, 2, où le texte porte: نزلوا زَخ; قَطْر المَطَر (sic) عَلَيْه مثل رَخ المَطَر chez Macn. existe bien, mais signifie «petite pluie,» ce qui ne convient pas); cf. l'article qui suit.

زَخَّة مَطَر, زَخَّة *avalasse, torrent, chute impétueuse d'eau de pluie, averse, lavasse, ondée*, Bc.

زخر VIII *s'enfler* (rivière), M sous نَشْوَة.

زَخْرَة, comme n. d'un., *une grande vague*, Abbad. I, 301, 3 a f.

زَخِيرَة pl. زَخَائِر *vivres pour les soldats et leurs chevaux*, M; cf. ذَخِيرَة. — Je ne sais comment expliquer ce mot, même en supposant que c'est pour ذَخِيرَة dans les 1001 N. Bresl. XI, 163, 6: فقالت له يا رجل كم علينا للخبّاز وثمن زخيرة ❋

زخرف pour نَخَارُة (voyez).

زاخِر *florissant*, en vogue, en honneur, Bc.

زخرف

زَخْرَفَة *décoration, enjolivement, ornement, parement*, Bc, Gl. Fragm. — Ce mot doit avoir un autre sens chez Djob. 177, 3, où l'auteur compare l'énorme enceinte de toile, qui entoure la tente du souverain (cf. Gl. Esp. 106), au mur d'un jardin et à زخرفة بنيان, ce qui fait penser à une enceinte de murailles autour d'une réunion de bâtiments.

مُزخْرَف *orgueilleux*, Diw. Hodz. 280, vs. 5.

زخم

زَخْمَة et زُخْمَة (Lane, trad. des 1001 N. III, 520, n. 8) (pers.) *le plectrum*, mais seulement quand il est en écaille, Descr. de l'Eg. XIII, 228 ; *archet*, Ht. — *Baguette magique*, Ztschr. XX, 507, 5 et XXI, 276. — En Egypte, espèce de fouet, M, décrit Ouaday 328, 674 (avec le *dhamma*). — Pl. ات et زخم, *étrière, étrivière*, courroie qui attache l'étrier, Bc, M, Lane l. l.

زَخِيم *fort* (coup, odeur), M.

زُدَر *être enrhumé du cerveau*, Cherb. (zodeur).

زُدْرَة *rhume de cerveau*, Cherb.

زدق. Le Voc. donne sous *ponderosus* : مَزْدُوق يَزْدَق زَدَقَ زُدُوقَة وَازْدَاق نَزْدَق ك ۞

زدل.

أَزْدَل *ambidextre*, Bc.

زر I voyez sous زِرّ. — *Lacer*, couvrir sa femelle (parlant du chien), Bc. — والعامة تقول زر الرجل بمعنى النح عليه حتى أحفله, M.

II *boutonner*, M. — *Bourgeonner, jeter des bourgeons*, Macc. II, 432, 3. — Pour صَرّ, *stridere*, Voc.

V *se boutonner*, mettre ses boutons, Bc. — *Bourgeonner*, Bc.

VII voyez sous زِرّ.

زِرّ (pers. زَرّ et زُرّ, or.) زر محبوب *sequin*, Bc.

زِرّ Le pl. aussi أَزِرَّة, Voc, P. Abd-al-wâhid 106,

6. — *Bourgeon*, bouton qui renferme les branches, les feuilles et les fruits, *œil*, bouton, endroit d'où il sort, Bc, M, Macc. I, 40, dern. l., avec la note de Fleischer Berichte 156. — *Gland*, ornement qui imite le gland, Bc. — *Fistule*, ulcère, Bc. — *Porreau, durillon*, Bc. — Dans le Voc. *capicium*, ce qui doit signifier (voyez Ducange) *cette partie de l'habillement qui est autour du cou, le collet*. En effet, les autres mots que le Voc. donne sous cet article, à savoir لِبْنَة, طَوْق et جيب, ont aussi ce sens. Il semble étrange et difficile à expliquer ; je crois toutefois qu'il est permis de l'attribuer à une méprise. زر est *bouton d'habit*, et ما على الأزرار, *ce qui est au-dessus des boutons*, signifie *la figure, le visage* (voyez p. e. Abd-al-wâhid 216, 2 (lisez غصوا), Macc. I, 631, 7) ; mais il se peut qu'on ait cru que c'était *ce qui est au-dessus du collet*, et que, par suite, on ait donné le sens de *collet* à زر. Quoi qu'il en soit, le Voc. donne aussi sous capicium le verbe زرّ, comme synonyme de طَوَّق, et la VII° forme (quasi-passif) de ce verbe. — *Sacrum*, os, la dernière vertèbre, Bc. — ازرار بغدادية sont nommés parmi les étoffes, 1001 N. IV, 246, 13 (= Bresl. X, 205, 13). — ازرار غاسول et ازرار الغاسول *ficoïde nodiflore, Mesembryanthemum nodiflorum. Kali à feuilles de crassule plus petite, Kali crassulæ minoris foliis*, Sang. — زِرّ pl. زِرَار, *pot pour conserve* chez Alc. (bote de conserva), est une altération de زبير. — جاء بزرّة *il vint en personne*, M.

زُرّ pl. أَزْرَار *boulet d'un cheval, jointure au-dessus du paturon*, Bc.

زرار *tirant*, cordon qui sert à ouvrir et fermer, Bc. — Bois qui sert à lier l'une à l'autre les brides de devant sur le bât du chameau, Prax R. d. O. A. V, 221.

زريرا (syr. selon Bait.) *blette*, ou selon d'autres *pourpier*, Bait. I, 529 e.

مِزَرّ *tirant*, cordon qui sert à ouvrir et fermer, Bc.

مَزَرَّة voyez مَزْرَبَة.

مُزَرَّر ? en parlant de satin, 1001 N. I, 132, 5, si la leçon est bonne (dans l'éd. de Bresl. I, 332, 1, مُحَرَّر).

مُزَرَّب, par contraction مُزَرّ, *une serviette, formant, par les agrafes qui en attachaient les côtés, une sorte de portefeuille ou de bourse*, Maml. I, 1, 219.

زَرَافْطَى *imposteur, charlatan, faux marabout*, Cherb.

زرب I *clore de haies*, Hbrt 181. — *Mettre en fuite*, Voc.

— Seul ou زرب رُوحّه *se dépêcher, se hâter*, Cherb. Dial. 2, 191. — *Couler, en parlant d'un vase d'où le liquide sort, découler*, Bc.

II comme la Ire, *faire une clôture pour les moutons*, Voc. — *Clore, entourer de*; غيط مزرب *clos, espace cultivé, fermé de murs, de haies*, Bc; مزرب *entouré d'une haie*, Ht. — *Mettre en cage*, Mc, Ht. — Dans le Voc. sous *fugare*. — C. على p. *être insolent*, M.

IV dans le Voc. sous *fugare*.

V dans le Voc. sous *caula ovium*. — Dans le Voc. sous *fugare*.

VII dans le Voc. sous *fugare*.

زرب pl. زروب (زُرُب) dans Cherb. Dial. 194) *haie*, Bc, Hbrt 181. — *Enceinte de filets, filet*, Gl. Edrîsî, Gl. Esp. 150.

زرب *natte de jonc*, Ztschr. XXII, 153.

زربة *haie*, Voc. — Dans le Voc. sous *fugare*.

زربة, en Afrique, *agilité, vitesse*, Ht; بالزربة *promptement, vite*, Domb. 109, Bc (Barb.).

زربى *insolent*, M.

زُرَيْبَة *porte secrète* (باب السر dans l'éd. Macn.), 1001 N. Bresl. III, 224, 2 a f.

زربان *prompt*, Domb. 106, Hbrt 44, Ht.

زرابة *la récompense que le maître du khân reçoit pour les bêtes de somme qu'il loge dans l'écurie*, M.

زربية *cabane de branches de palmier*, Hamilton 192.

زاروب *rue longue et étroite*, M.

مزربة *une enceinte faite de câbles et de filets pour prendre des thons*, Gl. Edrîsî, Gl. Esp. 150.

مزراب pl. مَوازِيب *gouttière, tuyau*, Bc, Bg, Mc, Ht, Hbrt 193.

مزروب *pressé, qui a hâte*, Bc (Barb.).

زربط II *changer souvent d'avis, n'avoir aucune fixité dans les idées*, Cherb. C (formé de زربوط, *toupie*).

زربطانة pour زبطانة *sarbacane dont on se sert pour tuer les oiseaux*, Alc. (zebratana). — Au XVIe siècle, *espèce d'arme à feu*, Rutgers 138, chez Bc *biscaïen, sorte de long fusil*. — *Latrines*, Voc.

زربطاني *hors la loi*, Voc. (exlex = منافق).

زربوط *toupie*, Roland, Cherb. C, Prax R. d. O. A. V, 84.

زربون, زربول, pl. زرابيل, et زربون pl. زرابين. Le nom de cette espèce de chaussure vient de σέρβουλα, comme on nommait à Constantinople la chaussure des esclaves, selon Constantin Porphyrogénète (cité par Defrémery, Mémoires 156); mais cet auteur prétend à tort que ce mot dérive de celui de Serbes, Σέρβλοι; il vient au contraire de *servus*, comme *servilla* en espagnol (espèce de chaussure en maroquin, à une seule semelle) vient de *serva*, parce que les servantes faisaient usage de cette sorte de chaussure. Chez les Arabes aussi, c'était, à ce qu'il semble, une espèce de pantoufle que portaient les esclaves, car on lit dans les 1001 N. II, 25: «Il lui fit chausser des *zerboun*, selon la coutume des esclaves,» et, les *zerboun* étant méprisés comme ceux qui les portaient, on trouve ce mot employé comme une injure qu'on dit à un chrétien, 1001 N. Bresl. VII, 278, 13: «Zerboun, pourquoi me suis-tu?» Mais de nos jours c'est «un gros soulier,» Bc, Mehren 29, «une grande botte rouge, à tige ample, ayant la pointe tournée en haut, et qui est garnie de talons ferrés.» Aussi ce n'est plus la chaussure des esclaves, mais celle des chaikhs de village, qui en sont très-vains; Ztschr. XI, 483, n. 11.

زردك ou زرتك (pers.) *le suc du safran bâtard*, Bait. I, 529 c (A).

زرجن

زرجون est dans le Voc. et chez Alc.

مزرجن *couvert de pampres*, Alc. (panpanoso lleno de panpanos).

زرخ *sorte d'oiseau que l'auteur du كتاب الحيوان confond avec le طيهوج, mais qui est plus grand*, Man. Escur. 893 (Casiri I, 319 b, écrit ce mot avec un *hâ*).

زرد II *faire avaler*, de Jong, Voc. — *Armer de mail-*

les, *mailler*, Alc. (mallar con malla, le part. pass. mallado con malla). — *Cuirasser*, Bc. — *Boucler*, *attacher avec des boucles*, Alc. (le part. pass. hevillada cosa con hevilletas). — *Nouer une corde*, M. — *Treilliser*, Cartâs 21, 6 a f.

VII *être avalé*, Voc.

زَرَد *jabot, poche membraneuse des oiseaux*, Voc.

زَرَد *petits anneaux*, M. — *Maille de filet*, Alc. (ojo de las redes o malla). — *Zèbre*, Bc, Hbrt 62 (ils ne donnent pas de voyelles).

زَرَد pl. زَرَدة *maille*, Bc. — Même pl. *chaînon*, anneau de chaîne, Bc. — زَرَدَة (pers.) *du riz assaisonné avec du miel et du safran*, Mehren 29, Ouaday 63, 1001 N. III, 457, 1. Ailleurs, I, 582, 10, ce semble, comme Lane l'observe dans sa trad. (I, 610, n. 25), *une espèce de sorbet avec du safran*.

تَأَزْرَدى زَرَدى *raton*, voyez تَأَزْرَدِيَة.

زَرَدِيَة *instrument qui sert à faire des mailles*, M.

زَرَدِيَة *carotte*, Hbrt 48 (Alg.), Ht, Pellissier 348; *panais, pastenade*, Lerchundi.

زَرَّاد *qui avale souvent ou beaucoup*, Voc.

زَرَّادَة *cotte de mailles*, Bc. — *Défilé étroit*, M.

مُزَرَّدة *nom d'une plante*, Bait. II, 186 c (AB), voyez عَدِيسَة.

مُزْرِد *glouton*, L (ingluviosus).

زَرَدخَانَاه (de زَرَد et du pers. خَانَاه) proprement *le magasin des cottes de mailles, l'arsenal*, Maml. I, 1, 112; mais on entendait aussi sous ce mot *une maison de détention d'un rang plus élevé que la prison ordinaire*; celui qu'on y renfermait n'y demeurait pas longtemps; il était bientôt ou tué ou mis en liberté, de Sacy Chrest. II, 178, dern. l., Maml. I, 1, 14, Vie de Saladin 198, 14. Cf. l'article qui suit, car c'est le même mot écrit d'une autre manière.

زَرَدخَانَة (même origine) *arsenal*, 1001 N. Bresl. IX, 115, 2 a f. — *Prison pour des personnes d'un certain rang* (cf. l'article qui précède), 1001 N. Bresl. XI, 272, 1, Vie de Saladin 189, 15, où ce mot n'a pas le sens d'arsenal, comme on lit chez Freytag (ce lexicographe cite aussi p. 175 de ce livre, où toutefois on ne trouve pas ce terme). — *Sorte de tente*, à ce qu'il semble, 1001 N. Bresl. IV, 285, 9, cf. XII, préface, p. 94. — *Sorte de soie fine qui ressemble à du taffetas*, Bat. III, 423, IV, 404, Vêtem. 369. Aussi زَرَدخَانِى, Bat. II, 264, cf. Gl. Esp. 366.

زَرَدْك; زَرَدْقَ (Gl. Manç. in voce, Payne Smith 1155) ou (Bait. I, 529 c) (pers.) *le suc du safran bâtard*.

زَرْدَوَا *martre*, Bc.

زَرْزَارُوَنْج = عِنَب الثَعْلَب, Most. sous ce dernier mot (seulement dans N).

زَرْزَال (cf. Simonet 97) = زَرْزَوَل = زَرْزُور *grive*, Alc. (tordo, zorzal); — *merle de roche, passereau solitaire*, Alc. (solitario ave).

زَرْزَر I *boutonner*, Bc. — زَرْزَرَتْ عَيْنَهُ *son œil est devenu comme un* زُرّ, bourgeon, bouton, par suite d'une ophthalmie, *l'œil lui bourgeonne*, M.

II *se boutonner*, Bc.

زُرْزُر pl. زَرَازِر = زَرْزَور *grive*, Voc., Calendr. 100, dern. l.

زَرْزُور a son sens ordinaire *d'étourneau* quand il est question d'un oiseau qui apprend à répéter quelques mots, p. e. Macc. I, 232, 7, Holal 69 r°: وَاتَّفَقَ أن اعْدَى الْيَد فى ذلك اليوم زرزورا لا يَتَكلَّم فَتكَلَّم بأنواع الكلام; mais signifie aussi *grive*, Gl. Edrisi. — زَرْزُور et زَرْزُور *cendre allumée*, qui reste dans la pipe et avec laquelle on allume une autre pipe, Bc.

زَرْزُورِق *gris pommelé*; en employant ce mot en ce sens, les Arabes n'ont pas pensé à l'étourneau, mais à la grive, Gl. Edrisi, Bait. I, 493 c (passage d'Edrisi), en parlant du marbre: وَامَّا ما كان منه خَمْرِيًّا أو اصفَر أو اسود أو زَرْزُورِيَا الخ, 1001 N. III, 584, 10, IV, 315, 2, Bresl. X, 259, 13, 321, 2 a f. — Roux, de Jong van Rodenburg 126: «Ce couple de lions appartenaient à l'espèce rousse ordinaire: el-zarzoeri.» — الْمَعْصَرَة الزَرْزُورِيَة est un moulin à huile près duquel se trouvent beaucoup de.... Ils portent les olives dans leurs nids, mais il en tombe; on les rassemble et on en fait de l'huile, M.

زَرْزُورِيَة, pour بِغْلَة زَرْزُورِيَة, *mule pommelée*, 1001 N. IV, 186, 3.

زَرْزَق I *salir*, Roland. — Voyez زَرْنَق.

زَرْزَال, pour زَلْزَال, *tremblement de terre*, Alc. (terremoto).

زَرْزَال pl. زَرَازِل *grive*, Voc. (cf. زُرْزُل).

زرزميلة *cave*, Bc.

زَرْزُور, pour زَرْزُول, *étourneau*, Mc. — *Grive*, Pagni MS.

زرزوميبة *petit lézard*, Cherb., Pagni 23. Cf. زَرْمُومِية.

زُرْشَك (pers. زِرِشْك) *épine-vinette*, Most. v° حَمَّاض: مَسْبِيج شوك لحمص. — الزُرْشك هو الاميرباريس الهندي), Bait. I, 312.

زرع I. زرع معه جميلًا *faire du bien*, Bc; زرع *il lui fit du bien*, 1001 N. I, 139, 16 (= Bresl. I, 346; عمل معه معروفا, Bresl. II, 253, 5; زرع المعروف *semer des bienfaits*, Bc.

II *spargere* dans le Voc. — *Germer*, pousser le germe au dehors, Bc. — زرع الشيب في لحيته *la barbe commence à lui grisonner*, M.

VII *être semé*, Voc., Payne Smith 1158. — *Enraciner*, v. n., et *s'enraciner* (habitude, opinion), Bc. — C. في *prendre racine dans un lieu, y demeurer longtemps*, Bc.

زَرْع صاحب الزرع *cultivateur*, Bidp. 283, 3, 1001 N. I, 7, l. 7 et 8. — *Semis*, lieu où l'on sème des arbres, des fleurs, etc., ces arbres, ces fleurs, Bc. Dans le sens d'*arbres* ou *fleurs*, 1001 N. I, 236, 10, 576, 3, II, 599, 2 a f. — *Plantage*, plantes de cannes à sucre, de tabac, etc., Bc.

زرعة forme au pl. زِرَاع, car c'est ainsi qu'il faut lire avec les man. A et B dans Amari 38, 1. —

زرعة رز *rizière*, Bc.

زَرْعِي *vert*, Voc., 1001 N. IV, 472, 8 a f.

زِرَاع *germe*, Bc.

زَرِيع *semence*, *semailles*, Ht. — زريع الكتان *graine de lin*, Pagni MS. (zereik el kitên).

زَرِيع *petit champ*, Fakhrî 362, 3.

زَرَاعَة *ce que l'on sème, semence*, Gl. Edrîsî. — *Culture*, Hbrt 177. — *Plantation*, établissement fait dans les colonies pour la culture, Bc. — *Blé*, blé-froment, orge, blé-seigle, Alc. (pan trigo cevada centeno).

زَرِيعَة. وقت الزريعة *les semailles*, la saison durant laquelle on ensemence les terres, Domb. 56. — *Engeance, race*; — *pépinière*, réunion de jeunes gens, d'hommes destinés à, Bc. — Pour la chasse au sanglier les meilleurs chiens sont « what they call *sereet telt*, or the third race of greyhounds, which is a very strong dog, » Jackson Timb. 245; il paraît que c'est زريعة ثالثة. — زريعة أبليس *Ononis antiquorum*, Bait. II, 93 f.

زَرِيع *tout ce qui croît sans être semé*, M.

زَرَاعَة pl. زَرَارِيع *terre labourable*, est d'un emploi très-commun, Gl. Edrîsî. (Biffez ce mot dans le Gloss. de M. de Jong, car dans le passage qu'il cite c'est le n. d'act. زراعة, que Lane a noté et dont on trouve des exemples dans le Gl. Edrîsî). — *Semence*, Alc. (simiente). — كبش لزراعة *bélier*, Alc. (murueco carnero).

زَرِيعَة pl. زَرَارِيع *alouette*, Voc.; — *certain petit oiseau qui se tient dans les blés*, Alc. (triguera ave). Le mot arabe et l'esp. triguera ont la même étymologie, car زرع et trigo signifient l'un et l'autre *blé*.

زَرِيعَة pl. زَرَارِيع *semence*, Voc.; écrit aussi avec le techdîd R. N. 23 r°. — *Légumes*, M. — زريعة الحرير ne m'est pas clair, mais se trouve chez Bait. II, 291 a, l. 3: والذي يبقى منه الى سنة اخرى يتولّد le) منه ذلك الحبّ وهو بمنزلة زريعة الحرير ويكون الخ *techdîd* dans A).

مَزْرَع. مزرع قبيس *chenevière*, champ semé de chènevis, Bc. — *Camp de cultivateurs*, Burckhardt Syria 129: « Wherever the soil admits of culture, wheat and barley are sown among the rocks. If such spots are distant from a village, the cultivators pitch a few tents for the purpose of watching the seed and crop; such encampments are called Mezraa (مزرع). »

مَزْرَعَة *ferme*, Hbrt 177, M.

زرغميل *mille-pieds*, Domb. 67.

زرف II *lancer, chasser*, Roland. — C. على *passer*, p. e. زرف على الخمسين, « il a passé la cinquantaine, » Abou'l-Walîd 185, 2.

IV *lancer*, Alc. (botar alançar).

زُروف pl. زُروف et زُروفة, *soucoupe*, Hbrt 202, est pour ظَرْف. — Comme اظما en syriaque, sorte de *gale* que les Grecs nomment στίγματα, parce qu'il se forme de petites taches sur la peau, Payne Smith 1161.

زَرَافَة *girafe*; Abou-'l-mahâsin en a formé le pl. زَرَارِيف, Maml. I, 2, 273, comme si le sing. était زَرَافِف, forme que Freytag a en effet, mais par erreur, et qui n'est pas dans Lane. — Nom d'une pièce qu'on a ajoutée, dans le grand jeu des échecs, à celles du jeu des échecs ordinaire; chaque camp en avait deux, Vie de Timour II, 798, 2 a f.; voyez sur leur marche van der Linde, Geschichte des Schachspiels I, 111.

زَرَافَة est dans L *mandicum*; je ne connais pas ce mot, qui a aussi embarrassé Scaliger.

زَرَارِيف pl. زُروف *certaine manière d'arranger les cheveux*, Voc. (quidam modus aptandi pilos); — *diadème de femme orné de pendeloques*, Beaussier, Ht.

زَرْكَنْد *mode de musique*, M.

زرفن

زرفين pl. زرافين *chapiteau de pilastre*, Abou-'l-Walîd 185, 1 et 2. Ce qu'il dit prouve que Gesenius (Thesaurus 399 a) a mal compris le زرافين de Saadiah.

زرق I, *lancer*, ne se construit pas seulement avec ب, mais aussi avec l'accus. de la chose qu'on lance, Becrî 166, 9 a f.: يَزْرِقُ المَزَارِيفَ, Bait. II, 145 b (passage d'Edrîsî), en parlant du porc-épic فاذا دنا منه حيوان اجتمع بعضه في بعض ثم زرق شَوكَه (l'auteur suit ici l'ancienne erreur, d'après laquelle le porc-épic lancerait ses aiguillons à distance, tandis qu'en réalité il les hérisse seulement pour s'en faire un bouclier). — *Pousser*, Edrîsî, Clim. I, Sect. 7: زرقوا في البحر تلك الزوارق (BD), 1001 N. Bresl. IV, 245, 2 a f. (corrigé par Fleischer Gl. 54): وعسى أن يزرقنا الريح الى بلاد الصين. — *Pousser dehors*, Chec. 222 v°: الطبيعة تَزْرِق السِّهَام بعد شهور وسنين قال صاحب الفصل وقد رايت من اوقعه سهم في ظهره وخرج في اسفله بعد سبعة اعوام. — *Seringuer, pousser une liqueur avec une seringue*, 1001 N. Bresl. VIII, 288, 2 a f.: ومع الغلمان زَرَّاقَات ذهب; — *injecter, introduire avec une seringue*, Chec. 222 v°: يزرقون بها حافتى المفروشة ما يضمد به العائذة وما.

انتشب الشهاب est زرق النجم — يَزْرُق في الاحليل, في الجَوّ, M.

II *exciter, instiguer*, 1001 N. Bresl. II, 262, 2 a f.: دراج زوج الصبية زرق الطحان عليه, où Fleischer (Gl. 54) traduit: „*abiit maritus puellæ et molitorem in illum instigavit*, i. e. ut illum misere vexaret et defatigaret, incitavit.» — *Répandre de l'eau debout, pisser*, Daumas V. A. 99. — *Bleuir*, Voc., Bc.

IV, comme la Iʳᵉ, *lancer*, القوارير للحرقة والنفاطات المزرقة, Maml. II, 2, 148, où Quatremère traduit avec raison: „Les pots incendiaires, et les machines propres pour le naphte, et destinées à le lancer;» mais il s'est trompé en ajoutant que مزرق signifie «ce avec quoi on lance le naphte.» Ce n'est pas un nom d'instrument, مزرق, mais le partic. مُزْرِق, de même que مُحْمِق, qui précède.

V *être de la secte des* أزارقة, Kâmil 615, dern. l.

VII c. على *se lancer, s'élancer*, Bc. — Le Voc., qui donne cette forme *sous telum*, ajoute dans une note: *vel palmam scindere*. Je ne vois pas ce qu'il a voulu exprimer par ces mots.

زَرْق *foire, cours du ventre*, Bc. — Voyez sous زَرْقَة.

زَرَّق, chez les Sab'îya, *juger, par l'inspection des traits du visage, quelles sont les inclinations d'une personne dont on veut faire un prosélyte*, M.

زَرْقَة *coup de lance*, L (hictus), Alc. (lançada herida), Cout. 41 v°: وكان ازراق من أرمى الناس برمح, 47 v°: التزعه بزرقة فقتله, فانتزعه بزرقة لم تغذ قَدَمَه, Haiyân 23 r° (= Abbâr 84, 13), 68 v°: واقفته بزرقة, Haiyân-Bassâm I, 173 v°: من حيث لم يشعر بها أصابت مقتله (وَقَز l.) مزرقته فاخرجها في صدره. — واعتورَتْ بلفين بن حبوس بزرقات كثيرة كبَّته لوجهه. Quatremère (J. A. 1836, II, 135) a noté que زَرْق signifie *ruse, prestige*, et que ce terme a passé dans la langue persane. Je crois plutôt que c'est un mot persan, comme on trouve dans les dictionnaires de cette langue, qui l'expliquent par *hypocrisie, fraude*, et quant au mot زرق dans les deux passages arabes cités par Quatremère (تعليم الشعبذة et معرفة الزرق

(والنارنجيات ولخيل والزرق من صنعة النجوم والكيمياء), c'est peut-être un pl. de زرقة, mot que Lane a expliqué.

زَرْقَة pl. زَوَارِق saignée, rigole pour tirer de l'eau de quelque endroit, Alc. (sangradera de sulco).

زردق (zerouk') le lever du soleil, «ainsi appelé parce qu'il lance alors ses premiers rayons,» Prax R. d. O. A. VII, 152; chez Roland زُرُوقَتِ الشَّمْس lever du soleil.

زرق vipère des pyramides, echis carinata, de Jong van Rodenburg 234, Shaw I, 269, Poiret I, 285.

زُرَاق coll. زَرَاقَة matière fécale, Voc. C'est pour ذراقة.

زُرْقَة la couleur bleue, Voc.

زُرَيْقَاء Les Mowallads assaisonnent ce mets, non pas avec du lait, mais avec du vinaigre ou du sumac, et ils lui donnent aussi le nom de فَتُّوش, M. — Mélange de terre et de chaux, dont on enduit les terrasses des maisons, M.

زَرَّاق dans le sens que donne Lane d'après le TA, aussi dans le passage que cite Freytag et qui l'a embarrassé; voyez Gildemeister, Catal. des man. or. de Bonn, p. 39. — Celui qui lance le naphte, Maml. II, 2, 148, Mong. 134 b, J. A. 1848, II, 200. — زَرَّاق الماء et زَرَّاق الماء est chez Alc. aguatócho, que Victor traduit par siphon, bout de tuyau, tuyau de fontaine, et Nuñez par grosse pompe pour les incendies.

زَرَّاقَة tuyau, Maml. II, 2, 147, Gl. Edrîsî; ouverture en forme de tuyau, pratiquée dans une muraille pour donner du jour à un escalier, Gl. Edrîsî; le tube avec lequel on lançait le naphte (cf. Lane), Maml. l. l., J. A. 1848, II, 196, n. 3; seringue, Chec. 207 v°: وعلامة هذا الاسهال ان صاحبه يجد كأن مادة الاسهال ترمى بالزراقة فلا تعطى صاحبها ينفتل حتى يخرج بها 1001 فربما لطخ ثيابه قبل ان يصل الى موضع للحاجة. N. Bresl. VIII, 288, 3 a f. L'expression زَرَّاقَة الماء signifie selon Alc. escarnidor de agua y hurta agua o escarnecedor. Victor traduit le premier terme par: «horloge d'eau, chantepleure; selon quelques-uns, arrosoir,» et le second par «chantepleure, arrosoir.» Dans Amari 568, 4 a f., c'est jet d'eau, synonyme de قَوَّارَة, comme donnent d'autres auteurs (corrigez ma note Abbad. III, 241, n. 8). (Ceci était écrit longtemps avant que M. Amari publiât son appendice; cf. ibid. 51 la note de Fleischer).

زَوْرَقِيّ زورق هو العظم os naviculaire, Gl. Manç.: المقعس الذى به يكون اخمص الرجل وهو منحنى شبيه بالزورق ينسب اليه.

أزْرَق bleu. L'emploi de ce mot dans le sens de noir n'est pas un néologisme, comme on serait tenté de le croire quand on consulte Lane, car le أزرق était déjà la couleur du deuil sous les Abbâsides, Gl. Fragm., et l'on sait que sous cette dynastie les vêtements de deuil étaient noirs. — Gris (cheval), Bc, Martin 98, Daumas Mœurs 288: «Chevaux bleus; les Arabes appellent bleu le cheval gris étourneau foncé.» — Se trouve deux fois, comme nom d'un oiseau (cf. Lane), dans la liste de Yâcout, I, 885, 6 et 14. — Lapis-Lazuli, Pagni MS. — الازرق eryngium montanum, tam cœruleum quam viride, Pagni MS (luzĕrak). — الزَّرْقَاء la mer, Daumas Mœurs 301; — Herynga amethysta, nommée ainsi à cause de sa couleur bleue, de Jong van Rodenburg 258.

مِزْرَاق pl. مَزَارِيق flèche, Voc. Je soupçonne que Jackson 191 a eu en vue le même mot, en écrivant zerag et en l'expliquant par flèche.

مُزْرِق grisâtre, Bc.

مِزْرَقَة = مِزْرَاق javelot, voyez un exemple sous زُرْقَة; dans ce passage Ibn-al-Khatîb (53 v°) a مِزْرَاقَه.

مِزْرَاق décrit par Burton I, 230. «Le Kabyle prévient toujours son ennemi, et voilà comment il le fait: le gage de la paix entre deux tribus consiste dans l'échange d'un objet quelconque, d'un fusil, d'un bâton, d'un moule à balles, etc. C'est ce que l'on appelle le mezrag: la lance. Tout porte à croire qu'avant l'invention des armes à feu, le dépôt d'une lance était effectivement le symbole de trêve et de bonne amitié. Quand une des deux tribus veut rompre le traité, son chef renvoie simplement le mezrag, et la guerre se trouve déclarée,» Daumas Kabylie 35. — Le pl. مَزَارِق rayons du soleil, Ht.

مِزْرَاقِى porteur de lance, Maml. II, 2, 147.

مَـزَارقِىّ *hallebardier, lancier*, Bc, Hist. Tun. 136: وجميع المزارقية من العروش ❊

مَزَاريقَة *une ombellifère*, Prax R. d. O. A. VIII, 284.

الزرقَالَة, Hâdjt Khalfa III, 407, pour الصفيحة الزرقالية, espèce de disque en métal sur lequel étaient représentés les constellations et les principaux cercles de la sphère, et avec lequel on se livrait à des opérations astronomiques. Il a été inventé par un astronome arabe-espagnol du XIe siècle, Abou-Ishâc Ibrâhîm ibn-Yahyâ an-Naccâch, surnommé *Ibn-az-Zarkéla*, dénomination dont on fit, au moyen âge, Arzakhel. Voyez Reinaud Géogr. d'Aboulféda p. cii et les auteurs qu'il cite, Catal. des man. or. de Leyde III, 96—7.

بِزَرقَطُونَا en Espagne pour زَرقَطُونَا, Gl. Esp. 365.

زَرْقَع I, si c'est ainsi qu'il faut transcrire le verbe qui chez Alc. est çarcâà, *écarquiller, tortiller les jambes en marchant*, Alc. (canquear). Je pense que c'est le verbe esp. *zanquear*.

زرقوري = رجل الغراب *coronopus*, Bait. I, 530 c.

زَرقُون (aram. סירקון, gr. συρικὸν, chez Pline syricum, peut-être du pers. آزَرْگُون, *couleur de feu*, ou bien de زَرْگُون, *couleur d'or*) *céruse rouge, minium*, Gl. Edrîsî 312—3, 388, Gl. Esp. 225. Ce que j'y ai dit est confirmé par ces paroles que M. Simonet a trouvées dans le man. 1729 de l'Escurial: الملقّب بزرقون لشدّة حمرة كانت فى وجهه ❊

زَرَكَ I c. a. p. *presser, pousser* (زحمه وضايقه وضغطه), M.
II c. ل p. *chercher à tromper quelqu'un par des paroles qui le rendent inquiet*, M.
VII quasi-passif de I, M.

زَرْكَة *l'action de presser*, M.

زَركش *broder*, Hbrt 83, *broder d'argent*, M. — *Orner*, 1001 N. II, 46, 3, 168, 13.

زَرْكَشَة *l'art de broder*, 1001 N. IV, 300, 10. — زركشة الكلام *confusion dans le discours*, M.

زَرْكَاش *broderie*, Hbrt 83.

مُزَرْكَش *brodeur*, Hbrt 83.

زَركن I *fraudare*, Voc. — *Casser, destituer*, Ht.

زَرم II *emboucher, mettre dans la bouche*, Alc. (enbocar).

أزرم *thymélée, garou, trentonel*, Most. ازاز ٣٠ leçon de La, N ارزم.

مُزَرِّم chez Freytag d'après le Diw. Hodz. doit être changé en مُزَرَّم; voyez l'édit. 24, 1—4.

زَرمَايَة en Egypte, *souliers des femmes*, Bg. Cf. سَرمَايَة.

زَروَمُوزَة voyez سَرمُوزَة. — *Elléborine*, Bc.

زَرَامِط pl. زَرْمُوط *ver de terre*, Cherb.

زَرمُومِيَّة *petit lézard, tarentule*, Shaw I, 268; dans le Dict. berb. تزرمّمويت, cf. زرزومية.

زَرنَا, *hautbois*, et زَرنَاجى voyez sous صرنى.

زَرنب. Dans le Most.: هو رجل الغراب ويقال له رجل الجراد (N ارجل); voyez aussi Bait. I, 525 b, article que Sontheimer a traduit d'une manière ridicule, comme je l'ai montré Ztschr. XXIII, 194. Chez Rauwolf 112 c'est une espèce de saule. Ailleurs, 116, ce voyageur parle d'une herbe qu'il nomme *zarneb melchi*. Elle est d'une bonne odeur, à racines longues et blanches. Ses feuilles sont à peu près comme celles de la coriandre, et la plante ressemble assez à la troisième espèce du Daucus de Dioscorides. On en exporte les racines, dont on se sert contre le mal de dos, etc. Chez Bc زرنب est *chardon à cent têtes*, panicaut. Selon Ibn al-Djezzâr زرنب est ce qu'on nomme en espagnol فلجة, c.-à-d. *helecho, fougère*.

زَرنَبَة = زرنباد *zédoaire*, Sang., Bc.

زرنب = زرناب, Payne Smith 1157.

زرنمات *sorte de poisson à coquille*, Burckhardt Syria 501, 532.

زرنخ I c. a. dans le Voc. sous auripimentum.

زِرنيخ (avec ces voyelles dans le Voc. et chez Alc.) pl. زَرَانِخ *orpiment*, Voc., Alc. (jalde color, oropimiento o jalde). — *Dépilatoire*, Alc. (enplasto para arrancar pelos, unguento para arrancar pelos).

زِرنِيخِىّ *arsenical*, Bc.

زرنبلج (pers.) = ريباس, rhubarbe groseille (*Rheum Ribes*), Bait. I, 530 f (lisez ainsi).

زرنموري *blette*, ou selon d'autres *Coronopus*, Bait. I, 529 d (AB).

زرنفر *scolymus grandiflorus* Desf., Prax R. d. O. A. VIII, 343.

زرنشان (pers.) *émail*, Bc.

زرنف I *prostituer, livrer à l'impudicité d'autrui*, Alc. (enputecer a otra).

II *se prostituer*, Alc. (enputecerse).

pl. زرانيف *prostituée*, Alc. (carcavera puta, rameruela). D'après le P. Lerchundi, زرنيقة s'emploie encore quelquefois en ce sens à Tétouan.

زرنف I *boire en laissant couler dans sa bouche le liquide qui sort du bec d'un vase qu'on élève dans l'air*; on dit aussi زرزق, M.

زرنوقة *petite balle de coton filé*, M.

زرنك *mode de musique*, Hœst 258.

زروط I *lancer un bâton dans les jambes d'un lièvre* (terme de chasse); au fig., *renvoyer quelqu'un aux calendes grecques*, Cherb. C; cf. زربّط. — *Barbouiller, faire grossièrement*, Bc.

زروطة *bâton long de deux pieds et de trois pouces en circonférence, dont le bout est garni de fer ou de cuivre; c'est l'arme de ceux qui n'ont pas de fusil*, Shaw I, 335, Jackson 32, 62; cf. زرباط.

زرومباد, زرنباد, Payne Smith 1114.

زري I c. ب *faire honte à*, Macc. II, 799, 8, Haiyân-Bassâm I, 173 r°, où il faut lire: هذا المأبون الزاري «qui fait honte à la création.» Aussi c. على بالخليقة, Macc. II, 181, 11 (où l'éd. de Boul. a la IV forme).

IV c. ب et في *deridere* dans le Voc. — C. ب *faire mépriser*, de Sacy Chrest. II, ff, 9, Hoogvliet 46, 3 a f., 53, 3, Abbad. I, 62, 9, 392, 3, Macc. II, 583, 8 (ces exemples lèvent le doute de Lane 1229 c, l. 8–10); *faire honte à quelqu'un, lui causer de la honte*, Weijers 40, 10, Müller 10, 9; aussi

c. a., Macc. II; 182, 8, où c'est le synonyme de أخجل, qui précède.

V c. من *craindre*, Voc.

VIII. Le Voc. et Bc (*mépriser*) donnent la constr. c. ب; ce dernier aussi c. في.

X c. ب ou *mépriser*, Bc.

زري *mauvais*, Ztschr. XXII, 118, *méprisable*, M, Payne Smith 1295.

زرية *inrisio, subsannatio*, L.

زراية *derisu, exprobratio, susurratio*, L.

مزراة *objet de mépris*, Akhbâr 146, 13.

زريب I c. a. *torrere* dans le Voc., ce qui est aussi dans ce livre:

عمل زرباب. Cette sorte de mets grillé emprunte son nom à Ziryâb, le célèbre musicien d'Abdérame II et l'inventeur de plusieurs plats qui conservèrent son nom; cf. Macc. II, 88, 2: لون التقليبة المنسوبية الى زرياب ☙

زروبط I est *proiicere* (ruinare) dans le Voc.; cf. زروطة.

bâton, Voc.; cf. زروطة.

زز I *donner un coup avec le creux de la main sur le chignon*, Voc. (colafizare), Khatîb 186 r°: وكان له فتى اسمه حسن ذو رقبة سمينة وقفا كثيف عريض فاذا شرب كان يبزّه ويعطيه بعد ذلك عطاء جزلا وفي ذلك يقول كاتبه المعروف بالسالمي وكان بحصر شرابه وبخفّ أبرّ كروس المدام والزّز فقفذ ظفرنا بدولة العز ومتّع الكف من قفا حسن فانّها في لبانة التخز

Au lieu de ومتع, le man. Gayangos a وتمع; l'autre leçon se trouve dans le man. de Berlin, qui a de plus, à la fin de ce petit poème, le vers:

الزّز بزّ القفا وحلّيتها فاخلع علينا من ذلك البزّ.

On voit que ce Hasan était un صفعان, un de ces *plagipatidæ* ou *souffre-gourmades*, qui recevaient volontiers des soufflets, pourvu qu'on leur donnât en même temps un beau cadeau; aussi trouve-t-on cette note sur la marge du man. de Berlin: تنقل هذه الحكاية الى موضعها من كتاب نفع الصفع. Dans Berb. I, 273, 4 a f., on lit que cette partie des Cinhâdja qui habitaient près d'Azemmor étaient connus sous le sobriquet de الزرّ, صنهاجة الزرّ « les Cinhâdja souffre-gourmades, » « à cause des humiliations et des avanies qu'ils avaient à subir. »

VII quasi-pass. de la Ire forme, Voc.

بالزرّ زّ, زرّ *violemment*, Voc.

زرّة pl. زرّ *coup avec le creux de la main sur le chignon*, Voc., Alc. (pescoçada herida de pescueço), Domb. 90 (ictus vola in occipite).

زرّاز *celui qui donne fréquemment ces coups*, Voc.

مَزرّة *dans le Voc. sous colafizare*.

زط.

زطّ, n. d'un. زطّى, du pers. جتّ, sont *les bohémiens ou Tchinghianè*, les descendants, à en croire Hamza 54, 55, de douze mille musiciens que Behrâm Gour fit venir de l'Inde. A Damas ils portent encore ce nom, Bc, Ztschr. XI, 482, n. 9; cf. de Goeje dans les Verslagen en mededeelingen der kon. akademie van wetenschappen, II^{de} Reeks, V, 57 et suiv.

زطّة pl. زطاطى *escorte*, Renou 34; *stata ou statta, convoi*, Jackson Plate 10, 117, l. 1, 241, 242, Timb. 257, 320.

زطّاط. Dans le Voc., v° osciosus, on lit: يَمشى بَطّاط ✿ زَطّاط; mais je soupçonne que l'éditeur a eu tort d'ajouter le point et que l'expression est: يمشى زَطّاط بَطّاط, dans le sens de *battre le pavé*, *flâner*.

زطلوط voyez زعطوط.

زطم

I *fouler aux pieds*, Domb. 121, Ht.

زعب

I c. a. p. *charger quelqu'un d'injures* (ملأ شتمًا). Le subst. est زَعْبة, M.

عبوب; *corme, cormier*, Bg; selon Burckhardt Syria 275, les habitants de Damas donnent ce nom au fruit du زعرور; dans M: *sorte de زعرور à petits fruits*.

زعبج *le fruit de l'olivier sauvage*, Bait. II, 183 b (dans mes man. les points sont mal placés), Ibn-Loyon 14 r°, en parlant de cet arbre: ويسمّى زيتونه الزعبج.

I زعبر = زعبل (voyez). — C. على p. *tromper*, M.

زعبرة *tromperie*, M.

تَزَعْبُر *batelage*, Bc.

مُزَعْبِر *bateleur, escamoteur, joueur de gobelets, jongleur*, Bc, Hbrt 89, M.

زعبط

I *se débattre*, Ht.

زَعبوط *nom d'une étoffe de laine*, Descr. de l'Eg. XII, 141. — Sarrau de laine brune, ouvert depuis le cou jusqu'à la ceinture et ayant les manches larges, que les hommes du peuple portent en Egypte, surtout en hiver, Lane M. E. I, 44, Burton I, 16, Mehren 29.

زعبل I *marcher avec prétention*, Roland; زَعْبَر, et plus souvent زَعْبَل, *se balancer, se dandiner en marchant*, » Cherb. B.

II même sens, Alc. (andar con ponpa); تَزَعْبُلْ *l'action de marcher avec prétention*, Alc. (andadura con ponpa).

زَعْبولة *bourse*, Lerchundi (bolsa), *espèce de porte-monnaie en cuir qui se porte à la ceinture*, Beaussier (Mar.).

زَعْبولية *sac en cuir historié, à plusieurs poches, et de la forme d'une cartouchière; se porte en bandoulière*, Cherb.

زعت.

زعّات *menteur*, Domb. 107.

زعتر = صَعتر *origan, sariette*, Bc.

زعج I *mettre, presser une chose dans une autre*, Alc. (le part. pass. enbutido), *enfoncer un clou*, Voc. (v° clavus). — *Ecorcher, faire une impression désagréable*, Bc.

IV *fatiguer, ennuyer, importuner, rompre la tête à quelqu'un*, Bc. — *Enfoncer un clou*; Voc. (v° clavus). — ازعج السير *accélérer sa marche*, Çalât 56 v°: فازعج السير حتى اجاز الزَّعر.

VII *marcher avec précipitation, ou bien fuir précipitamment, vers*, الى, ل, *ou en quittant*, عن, Abbad. I, 272, n. 79, Fakhrî 363, 6, Cartâs 94, 2, Haiyân 78 r°: فكان ذلك سبب انزعاجه لغزوة اتاه (لغزوه اباه l.) لحصن بلاى وتجده له (peut-être mieux بحصن). Aussi فكان من quitta c. عن, Haiyân-Bassâm I, 121 v°: أن المغرب الاخبار انزعا زاوى بن زيرى عن سلطانه quitta son royaume de Grenade pour retourner en Afrique). Le n. d'act. *impétuosité*, p. e. en parlant de l'eau, Gl. Edrîsî, Djob. 237, 5; cf. 1001 N. Bresl. XI, 240, 3. — *Passer et repasser, comme fait une sentinelle,* Macc. I, 245, 17. — C. من *être chassé, expulsé de,* Voc. — C. لـ p. *entrer dans les intérêts de quelqu'un, agir avec empressement en faveur de quelqu'un,* Abbad. I, 247, 4 a f. — C. الى *désirer,* Macc. I, 174, 15. ازنعم خاطره *il ne savait plus ce qu'il disait, il était hors de lui,* 1001 N. I, 816, dern. l.: وشمّر عن ذراعيه قدام ابيه وهو فى غيظه — Comme v. a. *chasser, expulser,* Berb. I, 26, 14. وتكلّم مع ابيه بكلام كثير وانزعم خاطره

زعر I *devenir blond, blondir,* Bg. — زعور *en parlant de la couleur de la peau, plus que blanc,* Prol. I, 152, 5; de Slane: *tirer sur le blafard.*

II *écourter les cheveux,* Bc.

زَعَر pour ذَعَر, qui est pour دَعَر, *filouterie,* car je crois devoir lire ainsi 1001 N. Bresl. IX, 260, 2, au lieu de زغب. L'éd. Macn. a en cet endroit شطّار, qui a le même sens; cf. sous زاعر.

زَعِر, en parlant d'un chameau, me semble pour ذَعِر, *ombrageux;* cf. Gl. Belâdz., Gl. Fragm.

زَعَارَة *stypticité,* Auw. I, 57, 4 a f., 58, 7, 72, 4, II, 153, 21. — Pour زَعَارَة, qui à son tour est pour دعارة, *débauche,* Vêtem. 258, 7.

الزعارة من الفرو ما يبقى منه على زاعر. pl. زَعَارَة حريم M; اطراف فوق الوجه *palatine, fourrure que les femmes portent sur le cou,* Bc.

زَعِيرَة (même origine que زَعَارَة, 2e signif.) *prostituée,* Vêtem. 258, 5.

زاعر pour ذاعر, qui est pour داعر, *vaurien, filou,* pl. زَعَرَة; Khatîb 29 v°: فقال له احد الزعرة ممّن جمع زَعَر, et السّاجن بينهم, Vêtem. 259, n. 3; *synonyme de* شاطر, car là où l'éd. de Bresl. des 1001 N. porte, IX, 277, يا زعر مصر, celle de Macn. III, 461, a يا شطار مصر; même observation pour Bresl. IX, 290 et Macn. III, 468.

زعرور *même sens,* 1001 N. Bresl. IX, 284, 2 a f., où l'éd. Macn. a شاطر. — (En Espagne زَعْرُور, Voc., Alc.) *sorbier ou cormier,* et *sorbe ou corme,* Voc. (cornus), Alc. (serval), à Jérusalem الغفل, Bg,

« Azarola, Zaror Serap. c. 109, ubi interpres vertit Sorba, » Pagni MS, *azerole, petite cerise rouge et acide,* Bc (azerole vient de l'esp. acerola, qui est une légère altération du terme arabe), Prax R. d. O. A. VIII, 280. Selon Burckhardt Syria 275, c'est au Liban « un arbre qui porte un fruit comme une petite pomme, très-agréable au goût et auquel les habitants de Damas donnent le nom de زعبوب.» Ailleurs, 569, il dit que ce fruit est comme une petite cerise et qu'il a beaucoup de la saveur de la fraise. — زعرور برّانى *aubépine,* Pagni MS (oxyacantha); aussi زعرور seul, Roger 202: «zarour, qui est nostre Aubespin;» (de) زعرور متاع بلّوط *le fruit de l'aubépine,* Alc. (majuela fruta de cierta yerva). — زعرور الكَلْب *en Espagne, églantier, rosa canina,* Auw. I, 403, 18, où il faut lire avec notre man.: واما الورد الجبلي وهو المسمّى عندنا زعرور الكلب; aussi زعرور seul, Alc. (escaramujo o gavança, gavanço rosal silvestre).

أَزْعَر *sans queue,* 1001 N. IV, 513, 10 a f. (cf. 514, 2). — *Blond,* Bg (Barb.), *blond ardent, roux,* Hay 71; c'est un terme injurieux, parce qu'on croit qu'un homme roux ne mérite pas de confiance, *ibid.* 97. — Pl. زُعْر et زُعْرَان, *voleur, filou,* M.

زعرط I (Daumas MS) *ruer,* Daumas V. A. 190.

زعزع I *évincer quelqu'un, chasser brusquement,* Cherb. C. زعزوع الفرس *flandrin, fluet et élancé,* Bc. — *crinière,* Bc.

زعزوف n. d'un. ة, pour زعروف, *jujube,* Alc. (açofaifa).

زَعُوط *tabac à priser* (vulg.), Bc; c'est pour سعوط, M.

زعطط.

زعطوط pl. زعاطط *pigeon ramier,* Beaussier; chez Cherb. زطّوط, chez Daumas V. A. 431 « zaataute; » aussi زطّوط chez Beaussier.

زعف I *housser, nettoyer avec le houssoir,* Bc. زعافة *houssoir, balai de branches, de plumes,* Bc.

زعفر II *devenir jaune comme du safran,* Gl. Mosl. — *Se teindre avec du safran,* ou *revêtir un habit safrané,* Gl. Mosl.

زعف   593   زعم

زَعْفَرَان. Sortes de safran: *bélledi*, *keblaui*, *bahhari*, *saîidi*, Niebuhr R. I, 138. — زعفران الحديد *safran de Mars*, ou *tritoxyde de fer*, Sang., Bc. — زعفران شعرى *safran d'Inde*, curcuma ou suchet, Bc.

زعفرانون *pains de carthame*, Descr. de l'Eg. XVII, 96 (safranon).

زَعْفَرانىّ *de safran*, Voc.

مُزَعْفَر *fauve*, qui tire sur le roux, Bc.

زعق I *appeler* quelqu'un, Bc, c. ل p., M. — C. على p., زعق عليه وقال *il lui cria*, en parlant d'un homme qui est en colère, 1001 N. I, 74, 2, Koseg. Chrest. 86, 3 a f. Ce dernier passage se trouve aussi dans les Extraits du Roman d'Antar 6, où on lit زعق فيه, de même que dans notre man. 1541. — S'emploie en parlant du cri de la chouette et du corbeau, 1001 N. I, 47, 2 a f. — زعق بالبوق *sonner la trompette*, Hbrt 97; زعق النفير *signal de trompette*, Ztschr. XVIII, 527. Dans les 1001 N. Macn. I, 166, 9: زعقس المغانى بالمواصل, mais dans l'éd. de Bresl., II, 47, 6: الزَّعَق. — زَعَق. «زعقت المغانى المواصيل, *la frayeur*, chez les chevaux, ressemble beaucoup au caractère rétif. L'animal s'arrête tout à coup, sans vouloir avancer, et quand on l'incite il tourne sur lui-même,» Auw. II, 539, 2 a f. et suiv. — زَعِف, n. d'act. زُعُوقَة, *être laid*, *difforme*, Voc., Alc. (le part. act. diforme cosa fea, fea cosa, fiera cosa).

II *enlaidir*, *défigurer*, *déformer*, *rendre difforme*, Voc., Alc. (afear, desconponer).

V quasi-pass. de la IIe forme dans le sens qui précède.

ماء زعاق. زَعَاق *aqua fetens in inferno*, Voc.

زَعُوقَة *laideur*, *difformité*, Alc. (diformidad, fealdad, fiereza, cf. feamente).

زَعَائِق (pl.) *cris*, Haiyân 80 r°: فننظر الى وفسور ما اجتمع له من العساكر وما ارتفع من الزعائق والزماجر

مَزْعُوق *laid*, Cherb. C, Roland, Barbier, Delap. 149.

زَعْكَة, en Afrique, *derrière*, *cul*, Cherb. (Alg.); — *queue*, Bc (Barb.), Ht, Delap. 150.

زَعِل I, chez les Bédouins *être stupéfait*, dans les villes *se fâcher*, Ztschr. XII, 146. Dans le dernier sens M, 1001 N. I, 229, 13. — C. مِن *s'ennuyer de*, *se dégoûter de*, *se fatiguer de*, Bc, Hbrt 229, M, 1001

N. Bresl. IX, 363, XI, 359, 4 a f.; زعل واقف, IX, 287. Le n. d'act. زَعِيل (vulg.), P. Prol. III, 367, 12; voyez mes remarques sur ce vers dans le J. A. 1869,II,177.

II *ennuyer*, *importuner*, *lasser*, *gêner*, Hbrt 229, Bc.

IV *harceler*, *importuner*, *tourmenter*, Bc.

زَعَل *ennui*, *déplaisir*, *inquiétude*, *lassitude*, Hbrt 228, Ht, Bc.

زَعْلان *qui s'ennuie*, *ennuyé*, Hbrt 229, Bc; منه qui est de mauvaise humeur contre quelqu'un, Bc.

زعم I. Le Voc. a le n. d'act. زَعَامَة sous aserere, iactancia et baro. — زعمته النهاية, littér. *l'événement final lui parla en paroles ambiguës*, c.-à-d., il ne savait pas quel serait l'événement final, Abbad. I, 223, dern. l., cf. III, 84. — Dans le sens de *promettre*, cf. Gl. Fragm.; زعم له بـ *il lui promit de*, Berb. II, 314, 3 a f., 487, 5. — *Faire des bravades*, *des rodomontades*, Alc. (bravear). — *Vanter*, Alc. (ensalçar alabando), c. بـ r., Berb. I, 392, 2 a f.: واكثر الزعم بالتثليث «il a vanté la doctrine de la trinité.»

ليكون الامر زعم شورى. زعم «afin que la chose eût l'apparence d'une délibération régulière,» Gl. Fragm. — بِزَعْم *avec vanité*, *ostentation*, Alc. (vanagloriosamente) (cf. زعم dans Lane); كانت بزعمها تقول انه الخ «elle avait coutume de dire avec une certaine ostentation, que,» etc., Koseg. Chrest. 92, 6. — *Imagination*, Ht. — زعمًا *car*, *par exemple*, Ht.

بِزَعْمَة *orgueilleusement*, Alc. (soberviamente).

زُعُوم *fanfaronnade*, Alc. (habla de sobervias).

زَعِيم *prétendant*, qui aspire à, Bc. — *Vain*, *vanteur*, *fanfaron*, Alc. (hablador de sobervias, vanaglorioso); aussi زعيم بنفسه, Macc. I, 278, 20. — *Baron*, Voc.

زَعَامَة *fief*, Bc.

زاعِم. زاعِمًا *par exemple*, Ht.

مَزْعَم. مَزَاعِم *contes*, *fables*, Prol. I, 18, 5, Berb. I, 25, 13. — En astrol. (avec ces voyelles, ou bien مُزْعِم?), *le promisseur*, c.-à-d. la planète qui tient le second lieu dans le zodiaque selon l'ordre des signes, de Slane Prol. II, 219, n. 1.

I   75

زعن

زَعَانَة *fou, sot,* Voc.

زَعْنَفَة Le pl. زَعَائِف et زَعَانِف, Abbad. I, 355, n. 165, زعانيفة, Berb. I, 576, 6.

زغب II c. a., Voc. sous *pilus.*

V dans le Voc. sous *pilus.*

زغب الحلوف *soies, poil de cochon,* Domb. 65.

زُغْب forme au pl. زُغُوب, Alc. (vello de pelos sotiles); قيّم الزغوب *se hérisser, se dresser,* Alc. (espeluzarse, le n. d'act. espeluzos).

زَغْبَة *un poil,* Voc., Alc. (pelo como de vello).

زُغْبَى pl. زَغَابِى *pauvre,* Bc (Maroc), *pauvre hère,* Beaussier. Le sobriquet que les musulmans donnaient au sultan de Grenade que les Espagnols appelaient Boabdil el Chico (le Petit), à savoir *El Zogoybi,* terme qui, d'après Marmol (Reb. 15 b), signifie *le petit malheureux* (el desventuradillo), *le pauvre homme, le triste homme, le pauvre hère,* semble le diminutif de ce mot.

مُزَوْغَب *velu,* Alc. (encabellado, peloso, velloso destos pelos, velludo de mucho vello).

زغد

برنوس زغدانى *beurnous noir,* Roland. C'est à Mascara, ville de la province d'Oran, qu'on fait ces beaux beurnous, Daumas V. A. 229.

زغر

كَلْب زَغَارِق et زَغَر *braque ou brac, chien de chasse à oreilles pendantes, chien couchant,* Bc, M.

زُغَيْر vulg. pour صغير, *petit,* M.

زَغْرَت I *pousser les cris de joie nommés* زَغْرُوتَة (voyez), 1001 N. I, 885, 7, III, 332, 5. Chez Cherb. B: *pousser des cris de joie en se frappant les lèvres avec la main.* On dit aussi زَغْلَط, 1001 N. Bresl. III, 254, dern. l., et زَلْغَط, Bc.

زَغْرُوتَة *le cri de joie* que les femmes poussent à l'occasion de la circoncision d'un garçon, des noces d'une fille, du retour du maître de la maison, etc. En le poussant, elles font un tremblement, dans les tons les plus aigus, sur la syllabe *li,* et elles le font durer aussi longtemps que la voix le permet sans prendre haleine; après une courte pause elles répètent ce tremblement; voyez pour plus de détails Ztschr. XXII, 97, n. 24. Burton, II, 184, écrit زَغْرِيتَة, mais en ajoutant qu'en Egypte on dit ordinairement زَغْرُوتَة. Le pl. est زَغَارِيت, Burton l. l., Lane M. E. I, 245, 1001 N. I, 353, 8, II, 67, 8. A Damas زَلَغُوطَة, Ztschr. l. l., chez Bc زَلْغَطَة. Le pl. زَلاَغِيط, Bc, Ztschr. XI, 508, n. 34. Aussi زَغَالِيط, 1001 N. Bresl. III, 168, 2 a f.

زَغْزَغ I *chatouiller,* Bc.

زَغْزَغَة *susurrus,* L.

زغل I et II dans le Voc. sous *pugnus.*

زَغَل, pl. زَغَازِل et ات, *poing,* Voc.

زَغَل I *falsifier, sophistiquer,* الدراهم *altérer* la monnaie, *billonner,* Bc, Ht, M, Ztschr. XX, 495, 509, 5, 1001 N. Bresl. IV, 139. — زَغَل بِعَيْنِه *bigler,* Bc.

VI et تَزَوْغَل *tricher, tromper au jeu,* Bc.

زَغَل *tricherie,* Bc. — Grande pierre ronde d'un pressoir, qui tourne sur son pivot et qui sert à presser les olives, les raisins secs, etc., M.

زَغَل *adulteratus* chez Freytag, est زَغِل, M.

زَغِل fém. ة *brave, vaillant, courageux,* Gl. Esp. 359, Voc. (strenuus).

زَغْلَة *bravoure, vaillance, courage,* Gl. Esp. 359.

زَغْلِى *falsificateur, fabricateur de fausse monnaie,* Bc, Mehren 29; زَغْلِيَّة *tricheurs,* 1001 N. Bresl. V, 268, 8.

زَغَلْجِى *sophistiqueur; — tricheur, trompeur au jeu,* Bc.

زُغْلُول *garçon d'auberge,* Müller 50, 2 a f. — *Pigeonneau,* a chez Bc les pl. زَغَالِيل et زَغَالِيم; le dernier aussi chez Mehren 29.

أَزْغَل fém. زَغْلاَ pl. زُغْل *bigle,* Bc.

مُزَغَّل pl. مَزَاغِل, suivi de للرمى, *barbacane,* ouverture dans les murailles, Bc; Burton, I, 374, dit que les murailles de Médine «are provided with *mazghal* (or *matras*) long loopholes.»

مُزَوْغِل *tricheur*, Bc.

زَغْلَاش *têtard*, Cherb.

زغلط voyez زغرت.

زغل I. زغل النظر *éblouir*, Bc. — Dans le Voc. sous strenuus (cf. sous زغل).

زغلمت plante de couleur jaune, Mehren 29.

زَغَم dans la traduction de la Bible pour l'hébreu זַעַם, *colère*, Merx Archiv I, 189, n. 4, Saadiah ps. 78, vs. 49.

زَغْنَر pl. زَغَانِر *collier*, Voc.

زَغا I, aor. يَزْغَا, c. ل *plaire*, Voc. (aussi صَغَا).

زَغَايَة (berb.) *javelot, zagaie, lance*, aujourd'hui baïonnette, Gl. Esp. 223, Voc. (venabulum). « Le ministre de la Guerre, Saheb-el-Zaghaïa (Porteur de la lance ou sagaie), » Dunant 64.

زف

زَف *bourdonnement d'oreilles*, Daumas V. A. 425.

زَفّة *procession*, multitude du peuple, etc., en marche, Bc, *procession en l'honneur d'un nouveau marié, d'un garçon qui vient d'être circoncis*, etc., M, Ibn-Iyâs 349: امر السلطان بمنع الناس عن الاعراس والزفف — *une ronde* (pendant la nuit), Maml. I, 1, 192. — *Forte réprimande*, M.

زَقَّاف = رَعَّد, espèce d'*outarde*, Poiret I, 267.

زفت I (= II) *poisser, frotter de poix*, Bc, *calfater, goudronner*, Ht.

زَفَّت forme au pl. زُفُوت, Voc. — *Bitume* (cf. Lane), Niebuhr R. II, 203. — زفت الترمنتين *colophane*, Bc. — زيت الزفت *huile de cade*, Bc.

زفر I. Ce verbe s'emploie en parlant de l'*éruption* d'un volcan, Amari 136, 3 a f. et dern. l., 159, 8, 9 et 10.

II *engraisser, rendre sale, crasseux, graisser, salir*, Bc. — *Faire gras, manger gras*, Bc, Hbrt 153, M (sous زفر). — *Gargoter, manger, boire sans propreté*, Bc. — *Parler gras*, Bc.

V *s'engraisser, devenir crasseux*, Bc. — *Puer*, Payne Smith 1146.

زِفْر, t. de maçon, *pierre ou poutre en saillie*, qui sert à soutenir une voûte, un balcon, etc., M. — *Subgronde, séveronde, saillie d'un toit sur la rue*, M.

زَفِر *puanteur*, Abou'l-Walîd 403, 16, 606, 16. — *Faire gras, manger gras*, M.

زَفِر pour نَفِر, *puant*, 1001 N. I, 343, 10: وصارت رائحته زفرة , Abou'l-Walîd 403, 15. — الكلام الزفر, *sots discours*, M.

زَفِرة *gouliafre, glouton malpropre*, Bc. — شبة زفرة *alun, alun cristallisé*, Bc.

زَفْرَة *éruption d'un volcan*, Amari 136, dern. l., 137, 1. — Comme زَفَر, *graisse, saleté*, 1001 N. Bresl. II, 182, 4; — *saleté, parole sale, vilenie, paroles injurieuses et basses, obscénité*, Bc.

زَفَار chez Freytag d'après le Diw. Hodz. est dans l'édit. 71, 12.

زفزف

زَفْزَف, *jujube*, est un mot andalous (d'où l'esp. azofaifa), Bait. I, 535 c; lisez ainsi avec notre man. dans Auw. I, 263, 15.

زفط V c. ب et على *être arrogant*, Voc.

زَفْط *arrogance, jactance*, Voc.

زَفَّاط *arrogant*, Voc.

زَفَن *danseur*, Voc. (saltator, seulement dans la 1re partie).

زَفْن (?) *diamant*, Bar Ali éd. Hoffmann n° 4315; variante chez Payne Smith 1506 رقن; chez Vullers زفنى est certaine pierre noire, dont on se sert contre les ulcères et contre la lèpre.

زَفَانة *comedia*, L.

زَفَّان *comicus*, L, *baladin*, Daumas V. A. 102, 451; *chanteur de cantiques*, Roland.

زق I. Le Voc. a زقَّ زَقْت sous *pascua*, mais je soupçonne que cela appartient au mot *paser* qui suit, et alors ce verbe a son sens ordinaire, 1re signif. chez Freytag et Lane. — *Se becqueter, se caresser avec le bec, comme font les pigeons*, 1001 N. I, 871, 11: قبَّلتـه في فه مثل زق للحمام, III, 580, 8, IV, 265, 5, 266, 3 a f. — *Pousser, faire entrer par force,*

زقرق

Bc; زق اللجام *mettre la bride à un cheval*, Koseg. Chrest. 68, 2 a f. — زقّ بكوع *coudoyer*, Bc. — *Bourrer, porter des coups*, Bc.

II *boire*, Alc. (bever del todo), si c'est ce verbe qu'il a en vue.

زِقّ pour زِقّ, *petite outre à mettre du vin*. Chez Alc. la voyelle est *a*, comme dans le mot esp. *zaque*, qui en dérive; dans la 1re partie du Voc. زَقّ, dans la 2de seulement زِقّ.

زِقّ Le pl. du pl. زَقّات, Payne Smith 1147. — مستسقى الزقّ *ascitique*, Bc.

زَقّة *becquée, ce qu'un oiseau porte à ses petits, ce qu'il leur donne à la fois*, Bc. — *Poussée*, action de pousser, Bc.

زِقّي. Par plaisanterie, en parlant du vin زقيت الدار, « qui a une outre pour demeure, » Gl. Mosl. — استسقاء زقّي *ascite, hydropisie du bas-ventre*, Bc, Gl. Manç. sous le premier mot, Bait. I, 73 a, II, 548 a, Payne Smith 1147, Calendr. 111, 7: النفخ الزقّي.

زُقاق *rue*. Le pl. aussi ازت, Bc. — *Bivium* (due vie), L. — *Quartier d'une ville*, Voc. (vicus), *azkak el Ihoud*, quartier des juifs, Daumas Sahara 61. — أزقّة النار *les tuyaux des étuves*, Gl. Manç. v° طابق: وكذلك طابق لحمام فى حجارته التى توضع على ازقّة النار فيه ⊕.

زَقاقي. كلمة زقاقية *expression triviale*, basse, Bc.

زَقاقية et زُقيقية *chardonneret*, Bc, Hbrt 67; le dernier aussi *linote*, Bc.

زقرق I *craquer comme des souliers neufs, craqueter, crier, rendre un son aigre par la frottement*, Bc.

زَقرقة *gazouillement des oiseaux*, Ht. — *Bruit que font des souliers neufs quand on marche, une plume dont le bec est trop long quand on écrit, etc., craquement*, Bc.

زُقرُق *oiseau qu'on voit souvent dans la Haute-Egypte et qui est toujours autour du crocodile, parce qu'il se nourrit, dit-on, des restes de la viande qu'il trouve entre ses dents*, Vansleb 78, Burckhardt Nubia 23. — *Ichneumon*, petit quadrupède, Bc.

زقزون *espèce de carpe, ou bien les petits du شال ou Synodontis Schal*, Seetzen III, 496, IV, 516,

زقو

Ztschr. für ägypt. Sprache und Alt. 1868, p. 55 et 83, 1001 N. Bresl. IV, 320, 328; lisez de même Yâcout I, 886, 10, et Cazwînî II, 120, 1.

زُقروق (السرب الضيّق) *canal étroit*, M.

زُقشْتَه; nom d'une plante à Cairawân, décrite par Bait. I, 536 c (il l'épelle).

زقل

زُقلة *gourdin, bâton, rondin, gros bâton rond, tricot, bâton*, Bc.

زَقيلة (عدل) *sac*, M.

زُقلة *jabot, poche membraneuse des oiseaux*, M.

زقم

زقم *bec, pointe*; زقم حديد *coin, outil de fer pour fendre*, Bc. — M. de Slane veut lire ainsi dans les Prol. I, 324, 2, et il pense que c'est l'équivalent de

زُقم, *pâte de beurre et de dattes*.

زَقُّوم. Sur l'arbre dont Freytag et Lane parlent en premier lieu, voyez Bait. I, 535 d. Le vulgaire dit proverbialement لقمة الزقّوم, en parlant de celui qui a mangé quelque chose dont il se trouve mal. On emploie aussi cette expression au figuré. En outre on donne le nom de لقمة الزقّوم à un morceau de pain trempé dans de l'huile et sur lequel on a marmotté quelques paroles inintelligibles. On le donne à avaler à celui qui est soupçonné d'un vol, et c'est une ordalie, car on croit généralement que si cet homme est réellement coupable, il ne peut pas avaler ce morceau de pain, sans compter que, dans ce cas, il n'ose pas se soumettre à cette épreuve, M. — Sur l'autre arbre voyez Bait. I, 454 b, 536 b, d'Arvieux II, 188, où on lit: «ils sont garnis d'épines comme nos acacias, et ressemblent assez à des buissons. Ils portent des fruits comme de grosses prunes, dont le noyau est comme un petit melon à côtes relevées. On le concasse, et on tire de son amande une huile, qui est une espèce de baume parfaitement bon pour les plaies et pour les humeurs froides, contractions de nerfs et rhumatismes.»

زُقنُق, s'il faut transcrire ainsi le mot qui chez Alc. est *zoqnôq*, pl. زقانق, *tout nu*, Alc. (desnudo en cueros).

زقو et زقى I, n. d'act. زقى, زقىّ et زُقاء (non pas زَقاء, comme chez Freytag), *chanter*, en parlant du coq et

زقوقو

-aussi en parlant d'autres oiseaux, Gl. Fragm., Beerî 139, dern. l.

رَقِيَة et رَقِيَة (syr. اَعِصَا), pl. ات, *bâton*, Payne Smith 1152.

زَقَّابَة *crieur*, Daumas V. A. 168.

زَاقٍ *coq*; زَاقِيَة *poule*; pl. comm. زَوَاقٍ, Gl. Fragm.

زُقوقو *hibiscus sabdariffa L.*, Prax R. d. O. A. VIII, 283, Richardson Morocco II, 275: «*sgougou*, semence qui ressemble à la semence séchée des pommes. Les Arabes la mangent avec du miel, en plongeant leurs doigts d'abord dans le miel, et ensuite dans la semence.» — *Sgugu, pinus maritima*, Pagni MS; *sgogno, pignons du pin*, Espina R. d. O. A. XIII, 155.

زَكَّ I, aor. o, n. d'act. زَكّ, c. a. p. *affliger*, Diw. Hodz. 46, 2 a f. — *Tromper*, en parlant du vendeur qui trompe l'acheteur, M. — *Ruer*, Bc (Barb.).

II *chatouiller*, Hbrt 113.

زكب

زَكِيبَة pl. زَكَائِب *grand sac pour les grains, la farine*, Bc, 1001 N. IV, 487. 1. — Au fig., *vache, femme trop grasse*, Bc.

زُكْتَى (Daumas MS) *va-nu-pieds*, Daumas V. A. 102.

زكر

زُكْرَة *nombril*, M.

زَوَاكِرَة, mot maghribin, *hypocrites*, comme l'explique Macc. III, 328, 4, 6 et 7.

زَكْرُورَة *artère du cou*? 1001 N. Bresl. VI, 308, 4, 309, 3; ailleurs, 334, 3 a f., c'est زَكْرُوم.

زَكْرُوم et زَكْرُون, en Barbarie, *verrou, loquet*, Domb. 91, Ht.

زَكْرَكَ I *chatouiller*, Hbrt 113, Ht, M.

II *être chatouillé*, M.

زكم VII dans le Voc. sous *reumaticus*.

زُكْم *rhume*, Voc.

زُكَامَى، مَادَّة زُكَامِيَة *humeur qui découle du nez dans les rhumes de cerveau*, Bc.

زكو II *examiner les monnaies si elles sont bonnes*, R. N.

ثم دفعها (الدنانير) البنا وقال زكّوها على فوالله ٨٤ v°: — *Acquitter un prévenu*, Ht, *absoudre*, Hbrt 213. ما زَكَّيْت قبلها قط فزَكَّيْنَاها

زَكَاة, *aumône*. A Mâlli on appelait ainsi la somme d'argent que le sultan distribuait chaque année, la 27º nuit du mois de Ramadhân, au juge, au prédicateur et aux jurisconsultes, Bat. IV, 402. — *Droit d'entrée sur les marchandises*, Djob. 35, 18 et dern. l, 59, 18, 60, 4, 5 et 6, Bat. I, 112, cf. II, 374, Macc. I, 728, 21, Browne I, 86.

زَكِيّ *pur (blé)*, Mi'yâr 25, 9, (puits), ibid. 29, 4. — Pour زَكِيّ, *exquis, suave*; زَكِيّ الرّائحَة *odoriférant*, Bc; le compar. أَزْكَى, de Sacy Chrest. I, vA, 6.

زَكَاوَة, pour ذَكَاوَة, *suavité*; زَكَاوَة الشَّراب *bouquet, parfum du vin*, Bc.

زَكِيّ voyez أَزْكَى.

تَزْكِيَة, dans la religion chrétienne, *absolution*, Hbrt 154, Ht. — *Lettres de créance*, Alc. (creencia por cartas).

مُزَكَّى L: *beneplacitum*. Ducange donne ce mot en deux sens: 1º venia et consensus, benevolentia, favor, 2º desiderium, optatum, vel etiam decretum.

زَكَى I, aor. *i*, en Barbarie, *crier*, Bc (Barb.), Hbrt 10 (Alg.) Semble pour زَقّ.

زَلّ I *courir, errer çà et là*, Bc. — زَلّ النَّظَر *papilloter, avoir un mouvement involontaire des yeux, qui les empêche de se fixer sur les objets*; زَلّ النَّظَر *papillotage*, Bc. — C. ب et مع *paillarder, commettre fornication*, Voc. — زَلّ الماء *verser doucement de l'eau, afin qu'elle soit pure et que les saletés restent dans le vase*, M.

زَلّ (syr. اَلْا) الزَلّ الشَّحمى *espèce de roseau*, Payne Smith 1125.

زُلَّة *vivres qu'on emporte*; dans l'Inde c'était un demi-mouton, Bat. III, 435.

زُلَال *substantivement eau froide*, Cartâs 3, l. 9, Mem. hist. esp. VI, 116. — *Glaire*, humeur visqueuse, Bc; زُلَال البيض *glaire, le blanc de l'œuf quand il n'est pas cuit*, M. — Dans le sens de *bateau, barque*, ce mot ne s'employait, je crois, que sur le Tigre.

En effet, dans le passage du Tazyîn al-aswâc, publié par Kosegarten (Chrest. 23, 13), il est question d'une barque sur cette rivière, de même que chez Ibn-Badroun 277, 7, où l'on trouve le pl. زلالات. En Egypte (et aussi dans d'autres pays musulmans, à en juger par les fautes des man. d'Ibn-Badroun) il est inconnu, car l'éditeur égyptien du Tazyîn al-aswâc dit dans une note sur le passage cité (p. 258): قوله زلالا كأنه نوع من السفن كالزورق كما يظهر من بقية الكلام. Dans les 1001 N. Macn. IV, 359, 8 a f., où l'on trouve le même récit, le mot en question a aussi été remplacé par سفينة.

زَلِّي (de زَلّ, voyez sous la Ire forme) avec la terminaison esp. *ero*) *fornicateur*, Voc.

زَلَّال pl. زَلَّالَة *homme ambulant;* — *coureur*, qui va et vient, jeune libertin, vagabond; — *bandit;* — *hagard;* — *désespéré*, furieux, *forcené*, Bc.

مَزَلّ *endroit glissant*, Diw. Hodz. 50, 2 a f.

أَزَالِيل même sens, Diw. Hodz. 217, vs. 20.

زلب

زَلِّبَانِي *préparateur, vendeur de* زَلابِية, Macc. II, 402, 17.

زَلَابِيَة (le *techdîd* dans Chec.). Voyez sur cette pâtisserie: Gl. Manç. in voce, Chec. 192 r°, Bait. I, 536 e, J. A. 1860, II, 371—2, Daumas V. A. 253, Maltzan 130; Bc a: *beignet, gâteau feuilleté au miel et aux amandes.* En disant que ce mot signifie aussi: «sorte de fruit employé en pâtisserie,» M. Sanguinetti s'est laissé induire en erreur par Sontheimer.

زَلُوبِيَة même sens, Bc.

زلبح I, en Barbarie, *tromper*, Hbrt 246 (Barb.), Roland, Cherb. Dial. 57.

تَزْلَبْحِيَة *tromperie*, Roland.

تَزْلْبِيح *tromperie*, Hbrt 246.

زلج V *être visqueux, gluant, tenace*, Bait. II, 151, en parlant de l'aunée: يتزلّج اذا غمز يضّمد به الكسر فيلزمه ۞

زَلَّاج *graisse*, Cherb.

زُلَيْج (transcription de l'esp. *azulejo*, qui est formé de *azul*, lequel est à son tour une altération de l'arabe-persan لازورد, *lapis-lazuli*) *carreaux de faïence colorés et vernis*, Alc. (azulejo), Macc. II, 717, 10, Bat. I, 415, II, 130, 225, Cartâs 273, 10 a f. (où il faut lire ainsi avec d'autres man.), Prol. II, 233, 2 a f., Berb. II, 350, 2, Léon 157: «Omnes porticus, omnesque adeo convexitates ex lapide depicto vitreoque compositi sunt, apud illos *Ezzulleia* dici solet, cuiusmodi adhuc apud Hispanos in usu est,» Prax R. d. O. A. VI, 297: «Les potiers fabriquent des carreaux vernis appelés *zelis*, qui sont employés pour le carrelage et le revêtement des murs dans l'intérieur des maisons. Ces carreaux sont divisés diagonalement par deux couleurs, l'une blanche, l'autre noire,» Jackson 119 (ezzulia). Le n. d'un. ة, Alc.; le pl. زُلَيْج, Ht, Roland 576, Godard I, 215. Dans le Voc. avec le *techdîd*, زُلَيِّج, n. d'un. ة, *later;* aussi avec le *techdîd*, comme la mesure l'indique, dans les vers chez Lafuente, Inscripciones de Granada, 179, 182; Cherb. a le pl. avec le *techdîd*, زَلَيِّيج. Ce mot est corrompu dans les 1001 N. I, 268: مفروش ارضه بالزوالى.

زُلَيْجِي même sens, Macc. I, 124, 5.

زَلَّاج *espèce de barque*, Becrî 26, 9, cinq fois chez Macrîzî I, 178, 26—28 (comme l'a observé M. Defrémery dans le J. A. de 1869). De là le port. *azuracha* ou *zurracha*, qui désigne une barque dont on se sert sur le Douro, et que l'on fait voguer au moyen de deux rames en la gouvernant avec une troisième. Il paraît que c'est proprement: une barque qui *glisse* sur l'eau.

مُزَلَّج *fait ou orné de carreaux de faïence*, Alc. (azulejado, losado de azulejos), مزلج سطح *suelo de azulejos*.

مُزَلَّج *chansons dont les paroles sont en partie déclinées ou conjuguées d'après les règles de la grammaire, tandis que d'autres ne le sont pas*, J. A. 1839, II, 164, 11 et 12, où il faut lire معرّبة, cf. 1849, II, 249. C'est proprement: de deux couleurs, comme les زُلَيْج ou *carreaux de faïence*.

زلحف

زَلْحَفَة vulg. pour سلحفاة, *tortue*, M.

زَلِزَالْوز *noisette, aveline*, Domb. 71.

زلزل I v. n. *trembler* (terre), Alc. (hundirse la tierra),

زلط

Bc. — *Faire chanceler, glisser,* Ictifâ 127 v°: فتخذلك فكانت بينام جولات وحملات, 163 r°: اللّٰه وزلزل أقدامهم ; c. a. p. et عن r. 1001 الى ان زلزل اللّٰه قدم المشركين N. II, 324, 2 a f.

زلزال *calamité,* Gl. Mosl.

زلط I, aor. *o, avaler,* Bc, M, 1001 N. Bresl. VII, 282, 4 (Macn. ابتلع); *ibid.* 304, 5 a f. lisez زلطها au lieu de ارطلها; Bâsim 82: فبرك باسم على الثلاث دجاجات زلطهم ومسحهم فى اسرع ما يكون ٭
— II c. a. p. *dépouiller quelqu'un de tous ses habits, le mettre tout nu,* M.
— V *être tout nu,* M.
— VII *s'appauvrir,* Alc. (enpobrecerse).

زَلْط *pauvreté,* Alc. (pobreza), Dict. berb.; زُلْط chez Daumas V. A. 352. — *Nu,* pour le masc., 1001 N. Bresl. II, 272, 3 a f., et le fém., *ibid.* I, 161, 3 a f.; بالزلط *in-naturalibus, nu,* Bc, M.

زلط *douceur, agrément,* Mehren 29.

زَلْطَة pl. ات et زلط, *caillou,* Maml. II, 2, 197; Bc: زلط *pierraille, amas de petites pierres.*

زلّيط *un misérable, un homme de néant,* 1001 N. I, 693, 7 a f., 694, 4. Aussi comme coll., *canaille,* IV, 181, 11.

زلّاط pl. زلالط *baguette,* Cherb. Chez Domb. 93 زلاط *baculus.*

أزْلَط fém. زَلْطاء *nu,* 1001 N. I, 258.

مَزْلوط *pauvre,* Alc. (pobre), Dict. berb.

زلطوم *boutoir* de sanglier, groin, Bc.

زلع I *avaler,* M.
— II dans le Voc. sous rancidus.
— V dans le Voc. sous rancidus; — *se corrompre, se putréfier,* Haiyân 34 v°: وجد بعد ايام قتيلا فى بيته قد تزلع لحمه — *Dire ou faire des bouffonneries, afin de manger aux frais d'autrui,* Alc. (truhanear por comer). Chez Alc. aussi: echar el cuervo, et peut-être cette expression a-t-elle le même sens, mais Nebrija l'explique par *turpiter quæro,* et Victor par *faire une quête et levée de deniers pour cause déshonnête.*

زلف

زَلْعَة pl. زلع *amphore,* Bc, *cruche,* Hbrt 198, *jarre qui renferme la provision d'eau, à l'usage des grandes maisons* (le زير *sert à l'usage du peuple*); *zelah belady se font dans le pays* [en Egypte] *et sont en terre rouge comme les zîr; zelah moghraby viennent de Barbarie et sont de couleur blanche. Sont d'une forme arrondie et sans cou, et ont une large ouverture,* Descr. de l'Eg. XII, 473; 1001 N. II, 177, 4 a f.; Ibn-Iyâs 100: وجد له فى مكان عند حارة بنى سيس خلّف بيته زلعة فيها عين ذهب جملة مائة الف دينار — ومن الفضة الدراهم زلعتين كبار (sic) ٭

زُلَّاع pl. زلاليع *vagabond,* Alc. (mestenco o mostrenco, roncero, voyez ce que j'ai dit sous حرفوش). — *Celui qui fait métier de dire ou de faire des bouffonneries, afin de manger aux frais d'autrui,* Alc. (truhan por comer). — Chez Alc. echar cuervo (nonbre nuevo); Nebrija explique echacuervo par *quæstor turpis,* et Victor par *un certain quêteur déshonnête, un cafard, mauvais prêcheur.*

زلعطان *cancre, écrevisse de mer, crabe,* Bc; sous ces deux articles il donne le pl. زلاطعين (sic); suivi de بحرى, *homard,* Bc.

زلعم I c. a. p. *prendre quelqu'un au gosier,* M. — C. a. r. *avaler,* M.

زُلْعُم pl. زلاعيم *gosier* (formé de زلع, comme بلعم est formé de بلع), M.

زلغط et ses dérivés, voyez زغرت.

زلف IV, *rapprocher de,* من, Djob. 52, 5.

زَلَفَة, dans le sens de *coquille,* a le pl. ou coll. زلف, Bait. II, 110 c. — En Syrie زلف *est sorte de poids,* déterminé d'après une coquille, Payne Smith 1131.

زُلْفَى = التقرّب الى اللّٰه, Recherches I, Append. p. LVII, n. 1.

زلافة *écuelle, plat,* Domb. 92. — *Fonts baptismaux,* trad. des canons, man. de l'Escur. (Simonet). — زلّاف الملوك, au Maghrib, *Cotyledon Umbilicus,* Bait. II, 330 b (AB).

زُلُوف *odeur de laine ou de drap brûlé, roussi,* Cherb.

زْلِيف *tête de mouton bouillie et assaisonnée avec du vinaigre, du sel et de l'ail*, Daumas V. A. 251.

زْلَافَة *mesure de capacité qui contenait huit* modd *du Prophète*, Becrî 151, 3 a f.

مَزْلُوف *écharde, petit éclat de bois qui est entré dans la chair*, M. — *Greffe, ente*, M.

زَلَق I *glisser à dessein pour s'amuser*, Bat. man. 157
بِرْكَة مَاء قَد جَمَدَت مِن البَرد فَكانَ الصِبيَان يَلعَبُون فَوقَها وَيَزْلِقُون — *Glisser, être glissant*, Bc, Diw. Hodz. 176, 3 a f.

II. تَزْلِيق *glissement*, Bc.

V *glisser à dessein pour s'amuser*, Bc.

VIII. L: *instabilitas* جَوَلاَن وَازدِلاَق.

زَلْق: الزَلْق البَلْغَمِي ou زَلَق الأَمعَاء ou الزُلَق *seul, sorte de dyssenterie qui provient d'une surabondance de phlegme dans l'estomac et les intestins, et dont le symptôme est qu'on rend les aliments tels qu'on les a pris*, Chec. 208 v°, 202 v°, Baît. I, 79 a, L (diarria الأَمعاء زَلَق), Payne Smith 838, M, J. A. 1853, I, 346, *lienterie*, voyez sous زَلْقَة.

زَلِق *glissant*, Bc. — *Visqueux, gluant*, Fleischer Gl. 97—8.

زَلْقَة *glissade, glissement*, Bc. — زَلْقَة بَطن *lienterie, sorte de dévoiement*, Bc.

زَلاَقَة *sorte de bitume fait avec de la chaux, de l'huile, des étoupes*, Alc. (azulaque); cf. Gl. Esp. 229.

زَلاَقِي *inconstabilis*, L.

زَلَاقَة. Le pl. زَلَالِيق *dans le* Voc. (v° labi). — *Glissoire, endroit pour glisser*, Bc. — Pl. زَلَالِيق et زَلَالِيف *glacis*, Çalât 46 r°: وَابْتَنَى الزَلاَلِيق لَابواب اِشبِيلِيَة مِن جِهَة الوَادِي اِحتِياطًا من السَبِيل لِلخارِج عَلَيها, Cartâs 138, 6 a f., où il faut lire (cf. p. 186, n. 1 de la trad. et p. 422 des notes): وَبِنَا الزُلَاَلِيق وَبنَيَت الزَلالِيف ou الزَلاَليِق, 177, 12 a f.: لِلسُور — زَلَاقَة الكَنِيف بِسُورها *tuyau, le canal d'un privé* (يَزْلَق عَنها الغَائِط الى اسفَل), M.

زَلِّيقَة pl. زَلَالِيف. Sous السَرير زَلَالِيف *on entend quatre larges bandes de coton qui entourent les matelas, les draps, etc., du lit de l'enfant, afin de le rendre plus doux*, M.

زَلَم I. زَلَم العَود *tailler un morceau de bois comme une plume à écrire*, M.

V, *en parlant d'un cavalier, est* تَرَجَّل, *descendre de cheval et aller à pied*, M.

زَلَم pl. أَزلَام = صَنَم, *idole*, Saadiah ps. 115 pour עֲצַבִּים, Aboû'l-Walîd 234, n. 7.

زُلَم et الزُلُم حَبُّ *voyez sous* حَبّ.

زَلَمَة. بِا زَلَمَة *la personne; on dit* يا زَلَمَة *quand on adresse la parole à un homme qu'on ne connaît pas et qui est indifférent à celui qui parle; le pl. est* أَزلَام. *L'habitant des villes en Syrie y joint ordinairement l'idée de piéton, et quand il est question de soldats, le pl.* زَلَم *signifie l'infanterie*, Ztschr. XXII, 124. M: وَالزَلَمَة عِندَ العَامَّة الراجِل وَيُراد بِه الرَجُل. أَيضا. Bc a sous *homme*: «en Syrie on se sert quelquefois du mot زَلَم, pl. أَزلَام; il a encore: زُلَام, du sing. زُلمَة, *gens, domestiques mâles, gens de pied*, et زَلَم pl. أَزلَام *piéton.»* Pour *infanterie* Ht a زَلَمَة et Hbrt 138 زَلَمَة et زَلَمَة.

زُلَمَة *voyez l'article qui précède.*

زَلَامِي *hautbois*, forme au pl. ات, Voc. (fistula). Cet instrument est décrit Prol. II, 353, 14 et suiv.

زُلُومَة pl. زَلَالِيم *groin, museau de cochon*, Alc. (hocico como de puerco), Mehren 29; — *trompe, museau de l'éléphant*, Bc, Hbrt 63.

مَزلُوم *bouture*, M.

زَلَنج *sorte de poisson*, Yâcout I, 886, 6; dans les man. de Cazwînî les variantes زَلِيج et زَلِج.

زَلَنْطَحِي *homme sans aveu, vagabond*, Bc.

زَلَنْفَج (?) *les glands de l'espèce de chêne qui s'appelle* بَهش, *en grec* بِرِيْنُس (voyez), c.-à-d. πρῖνος. C'est ainsi que ce mot est écrit dans A de Baît. I, 183 v°, et aussi dans B, excepté que ce dernier a la troisième lettre sans point; Sonth. راسِم; Boul. راتِبِنج.

زَم I *réparer, p. e. un mur*, Voc., Cartâs 22, 16, 100, 9 a f. — *Rétrécir, un habit*, M. — *Contracter les lèvres*, M. — *Supporter, souffrir, endurer*, Voc. (sustinere (penam vel laborem)), Alc. (sufrir, suffrible o soffrida cosa شى يُزَمّ). — *Enregistrer*, n. d'act. زَمّ et زِمَام, Mohammed ibn-Hârith 237: وامر الكاتب بـزمّ فكـان اوّل قاض ضَمّ اعـل الفقه 328: اسمه ومسكنه المشيرين عليـه فى اقضيته الى ضبط فتياهم وزمام رابهم بخط ايديهم.

II *enregistrer, enrôler, inscrire, immatriculer, dresser une liste, un catalogue*, Alc. (contar gente, enpadronar, escrevir matriculando, matricular), Bc, Ht, Cherb.

C, l'anonyme de Copenhague 86: زمّم للجنود. — *Supporter, souffrir, endurer*, Alc. (soportar; il y donne: aor. nizumên, prét. zemênt, impér. zumên, et non pas, comme sous sufrir: aor. nizûm, prét. zemêmt, impér. zum; c'est donc la IIe qu'il semble vouloir indiquer).

زَمّ pl. زُمُوم *cantonnement des Kurdes;* dans chaque *zemm* se trouvent plusieurs villages ou villes, de Slane Prol. I, 133, n. 3. — *Patience à souffrir, résignation*, Alc. (sufrimiento).

زِمَام, *rêne*, au fig., *gouvernement*, Bc; — قيادة الأزمّة *le poste de général de la cavalerie*, Hist. Tun.: فـولّه قيادة ازمة الأعراب وكان من اهل الكفاية والنجدة 115. — *Registre, rôle, liste, catalogue*, surtout *le registre où se trouvent inscrits les noms des soldats, inventaire*. J'ai donné quantité d'exemples de ces signif. Abbad. I, 74 et suiv., 427, II, 263, Gl. Bayân; aux articles d'Alc. que j'y ai cités on peut ajouter: matricula de nonbres proprios, padron o matricula; aux passages du Cartâs: 44, 2 a f., et à ceux de Bat.: IV, 251, 285. Voyez aussi: Gl. Djob., Domb. 78 (catalogus), Ht (index, table de livre, catalogue), Recherches I, Append. p. LXV, 3, mon Catal. des mau. or. de Leyde I, 164, Macc. III, 161, 5, l'anonyme de Copenhague 39: وطلب منه احضار تقييدات المجبي وأزمّتها, mais il faut lire تقييدات, Prol. I, 214, 5. Chez Bc: زمام البلاد *cadastre;* زمام العقارات *terrier*, registre du dénombrement des terres; زمام الغلط *errata*; زمام الايراد والمصروف *compte de recette et de dépense*. Dans les auteurs les plus anciens c'est le registre du Dîwân ou bureau des finances, qui renfermait tous les détails du service des recettes et dépenses; cf. Mâwerdî 369, 2 a f.: كاتب الديوان وهو صاحب زمامه, car c'est ainsi qu'il faut lire, au lieu de زمامة, comme M. Enger a fait imprimer. Dans Belâdz. 464, 8, on trouve ديوان الزمام, dans Khallic. X, 72, 6 a f., et dans le Fakhrî, 347, 7, ديوان الزمام, et dans le Tenbîh de Mas'oudî (cité Maml. I, 2, 66) ديوان et دواوين الأزمّة, c.-à-d. *le bureau où l'on tient ce registre, le bureau des finances*. Aussi dans le Tenbîh: وَلِيَ الأزمّة; chez Belâdz. 464, 3, 4, 5, 12, et dans Macc. I, 134, 7, صاحب الزمام, c.-à-d. *le chef du bureau des finances, le ministre des finances*; cf. aussi le passage d'Abou-'l-mahâsin I, 435, que je cite plus loin. Mais dans des temps plus récents, le terme صاحب الزمام avait en Orient et en Egypte un tout autre sens: il désignait le personnage qu'on nommait aussi زمام الآدر ou زمام الدار, c.-à-d. *le principal eunuque du sérail*, car dans un passage de Djob., 292, 9 et 14, un eunuque noir du calife abbâside Mo'tadhid est nommé صاحب الزمام aussi bien que زمام الدار. Ce passage rend l'origine des termes زمام الدار et زمام الآدر encore plus obscure qu'elle n'était. Abou-'l-mahâsin (cité Maml. I, 2, 66) veut qu'il faudrait écrire régulièrement زمام دار, et que ce دار est le terme persan: *celui qui tient* (celui qui tient la bride). L'auteur du Dîwân al-inchâ (*ibid.*) pense au contraire que c'est une altération des mots persans زنان دار, *gardien des femmes*. De même que Quatremère, je pense que ces deux étymologies sont inadmissibles. Cet illustre savant croit que ce زمام est proprement *frein, bride*, et qu'il a signifié par extension, *celui qui tient les rênes, un directeur*. Ce serait donc *le directeur du palais*. En effet, le mot زمام signifie cela: ce n'est pas, comme le prétend l'auteur du Dîwân al-inchâ, le vulgaire qui s'imagine qu'il a le sens de *chef, général* (قائد); cette signif. est figurée et classique: Lane a noté d'après le TA: هو زمام قومه, «he is the leader of his people, or party,» هم أزمّة قومهم, «they are the leaders of their people, or party,» et Quatremère en donne des exemples, auxquels on peut ajouter ceux-ci, qui m'ont été fournis par M. Amari: Abou-'l-mahâsin I, 435: «Dans l'année 162 H. le calife abbâside al-Mahdî institua les دواوين الأزمّة, que les Omaïyades n'avaient pas eus; le sens de ce mot est que chaque dîwân a son زمام, وهو رجل يضبطه وقد كان قبل ذلك الدواوين مختلطة (les bureaux, jusque-là réunis, furent donc séparés, et chacun d'entre eux reçut son chef spécial), Macrizî I, 99, dern. l. Boul.: متولّى ديوان المجلس وهو

الاسفهسلار وهو زمام كل زمام, زمام الدواوين 403, 23: وإليه أمور الاجناد. Quant au صاحب الزمام de Djob., dans le sens de زمام الدار, je crois que, bien qu'il désigne le même personnage, il a cependant une autre origine: c'est, à mon sens, *le fonctionnaire qui tient le registre des femmes du sérail.* Au reste, on se servait aussi du mot زمام seul dans le sens d'*eunuque principal du sérail,* comme dans le Fâkihat al-kholafâ 64 et dans les 1001 N. Bresl. VII, 28, 6 (الزمام الخاص = الحاجب الكبير) dans l'éd. Macn. II, 51). — *Obligation, billet de reconnaissance d'une dette,* Voc. (cautio; cf. Ducange, cautio, n° 1). — *Une pièce de bois qui sert à en lier ou assujettir d'autres,* Gl. Esp. 251.

زميم *bourdonnement,* Ht, Payne Smith 1132. — *Souffert,* Alc. (suffrido).

زمَامَة *registre, livre de comptes,* Hbrt 100.

زِمَامِى *soldat inscrit sur la liste de l'armée,* Bat. III, 188, 193, IV, 47.

زمَامِيَّة *l'emploi du zimâm, c.-à-d. de l'eunuque principal du sérail,* Maml. I, 2, 65.

زَمَّام dans le Voc. sous sustinere. — ريح زَمَّام *vent violent,* Voc.

زَمَّامَة *ruban avec lequel les femmes attachent le caleçon au-dessous du genou,* M. — *Cordon d'une bourse,* etc., M.

تَزْمِيم *liste,* Martin 136.

مَزِم *clef d'un pays,* place forte sur les frontières, Bc, de Sacy Chrest. II, v, 1. — Pl. أنت *collier,* Voc.

مَزْمُوم *la première corde du luth,* Alc. (cuerda de laud primera). — *Mode de musique,* Salvador 30; peut-être faut-il lire de même, au lieu de مزمور, chez Hœst 258.

زمت

Dans Ouaday 334 on trouve *soumyt* parmi les verroteries; Prax 28: «*zamata maçouri* (peint de couleurs éclatantes), prismes réguliers de diverses couleurs.»

زمِيتَة, en Afrique, *pâte faite d'orge ou de froment torréfié et moulu.* «Mon Mohammed,» dit Richardson (Sahara I, 72), «écrivait سويق زميتة mais ordinairement on dit *zameetah.*» Cf. le même Central I, 215, 308 (*zumeetah*), Windus 37 (*zu-* mith), Lyon 50 (*zumeda*), Hornemann 8 (*simite*), Jackson 135 (*zimeta*), Denham I, 166 (*zoumita*), Niebuhr R. II, 355 n., Davidson 76, 198, Barth I, 230, 286. C'est un mot berbère, *zoummitah* dans le Vocabulaire de Venture (trad. franç. de Hornemann, II, 437), *azamittah* (ou.*au*), *asamotan* aux Canaries, voyez Jackson Timb. 379, 381.

زمج

زُمَّج est *falco haliœtus,* comme Sontheimer (Bait. I, 537 b) traduit avec raison; voyez Casiri I, 319 b, 2 a f.

زمر

I *emboucher (cor, trompette)* se construit c. ب, Bc, ou c. ف, Voc. — *Chanter,* L (cano أُهَلِّل وأُغَنِّي وأَزْمُر); cf. sous زامر. — C. في *gronder,* Bc. — Dans le sens de *remplir une outre,* c. ب, R. N. 102 v°: وهو يزمر بالزقّ.

VII dans le Voc. sous fistula.

زَمْر pl. زُمُور *chalumeau, flageolet, hautbois, trompette,* Alc. (instrumento para tañer), Ht, Bc, M, Descr. de l'Eg. XIII, 393, Lane M. E. II, 86, Maml. I, 1, 173, Berb. I, 440, 1001 N. II, 32. Comme coll. Rutgers 153, 1, où la note de Weijers est erronée, ainsi qu'il résulte de 199, dern. l. — زمر أربع أوتار *instrument à quatre cordes,* Alc. (instrumento de quatro cuerdas). — الألَة الزُّمَر *instrument de musique,* en général, Alc. (organo qualquiera instrumento). — زمر الخنزير *boutoir de sanglier,* groin, Bc. — زمر السلطان *liseron* ou *liset* (plante), Bc. — زمر القاضي *clochette* (fleur), Bc. — فقير الزمر? 1001 N. Bresl. VII, 43, où l'éd. Macn. (II, 66) porte فقير الحال.

زَمَر *espèce de plumes d'autruche,* Jackson 63 (*zumar*).

زَمَّارَة, avec le *dhamma,* pour زُمَّارَة (cf. Lane sous ce dernier mot), se trouve Voc., Alc. (çanpoña, pl.

زِمَار), Bc (*pipeau;* sans voyelles: *flageolet, clarinette, musette*), Lane M. E. II, 89, 90, 117, Niebuhr R. I, 174. — Par allusion à cet instr. de musique, ce mot est devenu un terme d'anatomie. Alc. a: «gargavero, zummâra, pl. zummâr, c.-à-d. *gorge, gosier,* ou *trachée-artère,* canal communiquant du larynx aux bronches, et servant au passage de l'air pendant l'aspiration et l'expiration. Il a aussi: «ervero del vientre del animal, zumârat al êyne» (je ne puis pas expliquer le second mot), et Victor donne: «ervera por donde tragamos, l'herbière ou l'herberie, le gosier ou la poche en laquelle se met ce que l'on avale; il est plus propre aux bêtes; il gosso, dove va quello, que gli uccelli mangiano.» — زمارة الراعى *alisma plantago*, Bait. I, 537 d, II, 513 b.

زامِر forme au pl. زَمَرَة, Gl. Esp. 364; ce que j'y ai dit est confirmé par L, qui donne: epitalamium غناء الزَّمَرَة, et de même sous salpista. — Nom d'un oiseau de mer, Man. Escur. 893: سرياپانس وهو الزامر; ainsi dans le man., pas سرياپس comme chez Casiri I, 320 a, qui donne cette explication: avis marina, rostro oblongo, vario et suavi cantu mirabilis.

مِزْمار *tout instrument à vent qui est percé de trous*, Prol. II, 353, 7, avec la note de M. de Slane, *hautbois*, *chalumeau*, *fifre*, *flûte*, Bc, *trompette*, Hbrt 97. — صنعة المزمار *l'art de jouer de la flûte*, 1001 N. IV, 167, 1. — مزمار الراعى *alisma plantago*, Bait. I, 23 e, 96 h, 537 d, II, 513 b.

مُزَمِّر *mode de musique*, Hœst 258, mais peut-être faut-il lire مزموم (voyez).

زَمُرَّد dans le Voc. = زَمُرُّد, *émeraude*.

زمزر I c. في *huer*, *honnir*, Ht.

زمزم I *marmotter des prières, des passages du Coran*, Amari 184, 13. — *Boire de l'eau de Zemzem*, J. A. 1858, II, 597. — زمزم الساق الكأس *est quand l'échanson boit dans la coupe avant de la présenter à celui qui l'aime*; ainsi un vers d'un *zadjal* est conçu en ces termes: هات الطلا يا ساق وزمزم الكأس, M.
II. L: *strido* اتقلقل واتزمزم.

زَمْزَم «*est devenu un nom générique pour un puits situé entre les murailles d'une mosquée*,» Burton I, 318.

زَمْزَمى *celui qui distribue l'eau du Zemzem*, Burton II, 120. A la Mecque المُوَذِّن الزَمْزَمى, qui est le chef des moëzzins, Bat. I, 377, 390.

زَمْزَمِيَّة *vase en cuir destiné à contenir de l'eau, petite bouteille de cuir, bidon, petite outre*, Descr. de l'Eg. XVIII, part. 2, 388, d'Escayrac 425, 610, Fesquet 132, Burckhardt Nubia 281, Burton I, 24.

زَمْزامة pl. زَمازِم *oie*, Voc.

زَمْزَمة pl. زَمازِم *groin*, *hure*, Cherb.

زمط I *décamper*, *s'enfuir*, Bc, M. — *Glisser*, en parlant d'une bague qui glisse du doigt, M.

زَمَّاطى *expeditus* dans le Voc.

زمع III c. الى *aller vers*, Çalât 47 v°: ولم تنزل مخاطبة الامير اليه بالاستلطاف والاستحثاث وللجواب منه بالعدة في النظر بالزماع الى ذلك الاخاء فطال نحو سنة ونصف. — IV, par ellipse, pour المسير ازمع, P. Macc. II, 302, 9 (cf. Add.).

زَمعَة *tourbillons*, Abou'l-Walîd 783, 28. زمعات الأرياح

مُزْمِع *imminent*, *prêt à tomber sur*, Bc; M: المُزْمِع الشبابت العزم على امر ولا يكون بمعنى المتعبد اصلا والمولَّدون يستعملونه بمعناه كثيرا.

زمق I. Biffez dans Freytag la signif. *ira exarsit* c. من p.; dans le passage des 1001 N. qu'il cite, il faut lire le verbe, زهق (voyez), au lieu duquel on trouve aussi زمق dans d'autres passages de l'éd. de Breslau. — *S'échapper*, *échapper*, Ht, نفذ من مضيق كالحلقة ونحوها, M.

زمك II *imprégner*, *incruster*, Maml. II, 2, 307. — الثوب *rendre un habit étroit, de sorte qu'il est bien juste*, M.

زَمْك *bien juste* (habit), M.

زَمْك *s'emploie pour désigner ce qui est très-court*; on dit proverbialement: فلان طول الزَمْك, M.

زَمَكَة = زَمْك (chez Lane), Macc. II, 254, 2 a f.

مَزْمُوك *pressé*, Roland.

زمل I *bêler*, Abou'l-Walîd 548, 1. — *Tailler* une pierre avec le ازميل, M.

II *entrer en campagne*, Daumas V. A. 156.

زَمائل et زمل *chameaux de somme*, Ztschr. XXII, 118.

زَمَلَة «Zemelet-Zohr (la petite dune de Zohr),» Ghadamès 134.

زَمِيل, fém. ة, avec le pl. زَمائل, Gl. Mosl. — Pl. ازملاء *camarade, collègue*, Bc. — Voyez ازميل.

زَمالَة «veut dire *entourage*; c'est une réunion de

tentes qui forment la garde d'un chef arabe et qui sont à son service,» Martin 132; «douâr ou village composé de tentes, où réside un caïd d'un rang supérieur avec les principaux de sa tribu,» Afgest. II, 274 et ailleurs; — *escorte*, Ht; — «vaste propriété appartenant à l'Etat, pourvue d'une maison de commandement pour le logement des officiers, d'écuries assez spacieuses pour recevoir les chevaux d'un escadron de cavalerie, et sur laquelle sont plantées les tentes arabes des spahis appartenant à l'escadron, qui vivent là en famille,» Curé 49; — en parlant de l'Algérie sous la domination turque: «zmala, pl. *zmoul*, colonies formées de familles empruntées à diverses tribus qui venaient s'établir sur des terres appartenant au domaine, soit par droit de confiscation, soit par droit de vacance,» R. d. O. A. XI, 98; — «les terres du beylick sont quelquefois concédées à des gendarmes arabes (*zmoul*),» Dareste 87 (ce sont les terres qu'il appelle ainsi). Cf. Carette Kab. I, 59, 228, pl. زمل 201, 204, 465, II, 265. Chez Quatremère, J. d. S. 1848, p. 39, il y a de la confusion. — Chez les Touâreg, *voile qui cache la figure*, Prax 16, Carette Géogr. 110 (Touâreg): «Dans le costume de voyage, on substitue au turban une longue pièce d'étoffe bleu foncé, lustrée par un apprêt gommeux, auquel le sable ne s'attache pas. Cette pièce, d'environ 15 centimètres de largeur, porte le nom de *zmâla*. Elle s'enroule à plat sur le front; et, après plusieurs tours qui ont pour objet de l'y assujettir, elle descend en spirale sur le nez, sur la bouche, couvrant tout le visage, qu'elle soustrait à l'action du sable et du vent.» — Selon Tristram 7, le turban noir des juifs porte à Alger le nom de *zemla*; chez Beaussier زملة.

زَمَلَة *cheval de selle*, M.

زَمَّال *muletier*, Alc. (azemilero), Bat. II, 115, III, 352, 353, Khatîb 112 v°.

زَمُّولَة *bec d'une aiguière*, M.

زامل pl. زوامل *cheval de bât*, *cheval de labour*, *rosse*, *haridelle*, Voc. (roncinus), Alc. (albardon cavallo, cavallo arrocinado, rocin).

زاملة *charge entière ou grande de chameau*, Burckhardt Nubia 267. — *Bagage*, Bat. II, 128, comme *adzembles* en valencien.

أزميل *ciseau de graveur*, Hbrt 87. — T. de maçon et de charpentier, instrument en fer qui sert à travailler le bois et la pierre; ordinairement on dit زميل, en retranchant l'*élif*, M.

مُزَوْمِل pl. ات *cheval de bât*, *cheval de labour*, *rosse*, *haridelle*, Alc. (cavallo arrocinado).

زملط I *glisser*, Ht; مُزَمْلَط *glissant*, M.

زملق. مُزَمْلَق *glissant*, M.

زمن I *enflammer la colère*; يَزْمَن *piquant*, *offensant*, *choquant*, Bc. — زمن الجرح *envenimer une plaie*, Bc.

IV. Pour exprimer que quelqu'un a une maladie chronique, on dit يَزْمَن بِهِ المرض, p. e. Berb. II, 219, 10 a f., Çalât 33 r°: توفي من علّة النقرس المزمنة به C. On trouve مند ازمن dans Berb. I, 488, dern. l., mais notre man. 1351 porte بِهِ. — C. عن et من *absentare* (*tardare multum sine uxore*) dans le Voc.

زَمَن النيل *le temps de la crue du Nil*, Amari 616, n. 8 (la même leçon dans le man. de Leyde 159). — الأربع ازمنة *les Quatre-Temps* (chez les chrétiens), Hbrt 154.

زَمِن *languissant*, Voc.

زَمَني *temporel*, Bc.

زمين *maior natus*, L.

زَمانة *langueur*, Voc.

علّة زمانية *maladie chronique*, Abbad. I, 250, 6.

زمنطوط *bandit*, Bc; cf. زينطوط.

زمنكة *derrière*, *cul*, Cherb.; cf. زمك, etc., dans les dict.

زمهر I *s'enflammer* (plaies, pustules), M.

ازمهرّ الفرس *s'emploie en parlant d'un cheval*, 1001 N. II, 8, dern. l. زماهير forme au pl. ات, Voc.

زن I, n. d'act. زَنّ, *bourdonner*, Bc, Hbrt 70.

زن *le grain du* دَوْسَر (voyez), car on lit dans le Most. sous ce dernier mot: حبّ دقيق اسمر (أحمر N) يختلط بالبرّ تسميه العرب الزنّ; mais dans N les voyelles sont الوُنّ.

زَنِين bourdonnement, Bc.

زَنُّونَة pl. زَنَاوِيس jarre à deux anses, Alc. (jarro con dos asas). Il paraît que c'est l'esp. zalona, sur l'origine duquel on peut consulter Gl. Esp. 362—3. Chez Cherb.: زَنُّونَة «petite gargoulette à fond étroit et dont le ventre est muni d'une espèce de robinet.» — Goulot, Roland.

زَنُّونِى stoïcien, de la secte de Zénon, Bc.

زنباقى ? espèce de légume, Bait. I, 540 e; leçon de ADL; E زنبالى, H زنبالى, B زنبا.

زنبراق ressort, loquet, Ht. Cf. زنبرك.

زنبر I se fâcher, M.

زَنْبُور (le Voc. a زَنْبُور pour guêpe) signifie aussi abeille, Ibn-Loyon 19 v°: والدبر وهى النحل تسمى ايضاً زنابير. — زَنْبُور clitoris, Bc, Cherb. (chez Niebuhr B. 76 sünbula), 1001 N. I, 63, 9, long clitoris, M.

مُزَنْبَر t. de tailleur de pierre, est ما نقش من صفائح الحجارة بالشوكة قبل ان يسوّى بالشاحوطة, M.

زَنْبَرَك ressort, morceau de métal qui réagit contre la pression, Bc, d'une montre, M; — détente, pièce du ressort d'une arme à feu, pour le faire partir, Bc. Cf. زنبراق. On dit au fig.: فلان زنبرك القوم c.-à-d., il donne à leurs pensées la direction qu'il veut, M.

زنبط I bourgeonner, Ht.

زَنْبُوط frelon, guêpe, Bc, Hbrt 71. — Pl. زنابيط brocoli, sorte de chou d'Italie, ou rejetons de choux, Bc.

زنبع I, en parlant d'une aiguière, être si pleine que l'eau s'échappe du bec, M.

زنبق Selon Bait. II, 71 a, on donnait de son temps à Damas ce nom à une espèce de lis sauvage, mais improprement, car il désigne en vérité le jasmin blanc. — Lis, Bc, Ht, qui a le n. d'un. lis blanc, Hbrt 50; زنبق أصفر lis jacinthe, Bc; زنبق خزامى lis jaune, Bc; زنبق النرجس lis narcisse, Bc. — Eau claire, Voc. — Pour زِئْبَق vif-argent, Voc.; aussi dans le Gl. Manç. v° مقتول زنبق, à moins que ce ne soit une faute de copiste.

زَنْبَقَة petit ornement que les femmes portent dans les tresses, au-dessus des dinârs, M.

زِنْبَلَك = زَنْبَرَك ressort, Bc. — Arquebuse, — mousquet, Bc; cf. زنبورك.

زَنْبُوج (berb.), n. d'un. ة, olivier sauvage, Gl. Esp. 32 Voc., qui a le pl. زنابيج. — Espèce de dard; chez Alc. زنبوجة بمنخس est sacaliña garrocha.

زَنْبُورَك pl. ات arbalète; voyez J. A. 1848, II, 211 et suiv., où on lit entre autres choses: «Suivant l'historien des patriarches d'Alexandrie, le zenbourek était une flèche de l'épaisseur du pouce, de la longueur d'une coudée, qui avait quatre faces; la pointe de la flèche était en fer, et des plumes en rendaient le vol plus sûr. Partout où ce trait tombait, il transperçait; il traversait quelquefois du même coup deux hommes placés l'un derrière l'autre, perçant à la fois la cuirasse et l'habillement du soldat; il allait ensuite se planter en terre; il pénétrait même dans la pierre des murailles.» Cf. Quatremère Mong. 285—6, qui pense que ce mot signifie proprement «la petite guêpe,» du bruit que produisait la corde au moment où on décochait la flèche. Depuis la découverte des armes à feu, ce mot désigne un petit canon portatif que l'on place sur le dos d'un chameau, Mong. l. l., J. A. l. l. et 1850, I, 237. Cf. زنبلك.

زَنْبُوج (berb.), n. d'un. ة, cédrat, espèce de citron, Gl. Esp. 363.

زَنْجُول pour زنبور, guêpe, Hbrt 71.

زنج.

زنج (= صنج) pl. زُنُوج cinbalum, Voc., petites cymbales en cuivre de six centimètres de diamètre, dont se servent les aveugles pour accompagner leurs chants, Cherb. J. A. 1849, I, 543, qui donne beaucoup de détails.

زنجى sorte d'oiseau, Yâcout I, 885, 8. — الزنجية les bohémiens, Caussin de Perceval, Gramm. ar. vulg. 161.

طَرّ مُزَنَّج instrument de percussion qui ressemble au tambour de basque, mais qui est sans peau, Alc. (sonagas o sonageros).

زَنْجَبِيل. L'aunée ou زنجبيل الشام s'appelle aussi زنجبيل راسن, Most v° راسن, Auw. II; 313, 4, et الزنجبيل البستانى, الزنجبيل البلدى, Bait. I, 540 b.

زَنْجَبِيلَةٌ nom d'une plante qui porte aussi celui de فَتَائِل الرهبان, Bait. II, 245 c.

زَنْجَر I (dénom. de زِنْجَار) c. a. rouiller, donner à un objet la couleur vert clair du cuivre oxydé à l'air, Voc. (viridis); — se moisir et prendre une teinte verte, Cherb. C. — (Dénom. de زَنْجِير) enchaîner, Bc, M.

II se rouiller, Alc. (orinar con orin). — Être enchaîné, M.

زِنْجَار = زَعْفَرَان لِلحَدِيد, safran de Mars, ou tritoxyde de fer, Bait. I, 295 a; — cuivre oxydé à l'air, qui teint en vert clair, Ouaday 355.

زَنْجِير (pers.) pl. زَنَاجِير chaîne, Bc; — chaîne de montre, Roland Dial. 596. — Bulles de vin dans la coupe, M. — Légende d'un dînâr, M. — حساب الزنجير tenue des livres en partie double, M.

زِنْجَفُور = زِنْجَفْر cinabre, Voc., Alc. (bermillon); écrit ainsi, mais sans voyelles, dans les deux man. du Most. et dans A de Bait. I, 554 (où B a l'autre forme).

زَنْجَلَان en Afrique pour جُلْجَلَان, sésame, Domb. 73, Ht.

زَنْجَبِيل sorte d'olive longue, Alc. (lechin azeytuna, cf. Victor). — Eau qui découle des olives amoncelées, Alc. (alpaechin, lisez alpechin).

زَنْخ II c. a. rendre rance, Voc. — Rancir, devenir rance, Bc.

V rancir, devenir rance, Voc.

زَنِخ ordurier, celui qui dit et fait des choses sales, M.

زَنْخَة mauvaise odeur, comme celle d'un pot qui a contenu de la viande et qu'on n'a pas nettoyé, M.

زَنَاخَة rancidité, Bc.

زَنَد I se couper (cheval), Daumas V. A. 190.

IV et VII (النار) dans le Voc. sous excutere ignem.

زَنْد زَنْد حَطَب bûche, rondin, bois à brûler rond, Bc. — Pl. زُنُود et أَزْنُد est dans le Voc. (sous excutere ignem) fogar (cf. p. xxxiii), et hogar ne signifie en esp. que foyer de cheminée, de cuisine. — Avant-bras; زَنْد أَعْلَى radius, os de l'avant-bras; الزند الأعلى والزند الأسفل le bras et l'avant-bras, Bc. — Le pl. زُنُود menottes, 1001 N. Bresl. XII, 331, 9: وجعلوا في رجليها القيود والزنود في يديها ۞

زَنْد fusil, briquet, Bc.

زَنْدَانِي rythme guerrier; c'est le mode que les Arabes africains emploient de préférence pour chanter les exploits de leurs guerriers, Cherb.

زِنَاد, حجر الزناد Alc. (pedernal), Bait. I, 291 b (AB), et زَنْد seul; briquet, Bc (pl. أَزْنِدَة), Domb. 80, Hbrt 197, Ht, Delap. 72; le dernier aussi batterie du fusil, Cherb. Dial. 9; la batterie et le chien pris ensemble, Bc. — زَنَاد العين rétine, Domb. 88.

زَنَّاد dans le Voc. sous excutere ignem.

زَنَّادِي fabriquant de briquets, Domb. 104. A Tunis Souk el-Zenaïdia, bazar des Armuriers, Prax R. d. O. A. VI, 279.

زندخ

Tezenndikh, rhume de cerveau, Daumas V. A. 425.

زندق I c. a. dans le Voc. sous hereticus.

زِنْدِيق celui qui ne respecte pas ce qu'il doit respecter et qui manque à l'amitié, M.

زنر

زُنَّار chez le vulgaire ceinture en général, M. — En Espagne, manteau grossier, porté par les paysans, Vêtem. 196—8.

زُنَّارِي, en Egypte, couverture de cheval, formée de drap, ouverte sur la poitrine, et s'étendant, en cercle, derrière la croupe, de manière que l'on ne voit pas la queue de l'animal, Vêtem. 129, n. 3, Maml. II, 2, 82, cf. 289.

زُنَّارِيّ ceinturier, Bc, M.

مُزَنِّر celui qui porte un zonnâr, c.-à-d. un chrétien, P. Amari 599, 8.

زَنْزَلَخْت acacia, Bc; — azédarac, M.

زَنْزَلَة pour زَلْزَلَة, tremblement de terre, Domb. 54.

زنط pl. زْنُوط, en Egypte, *calotte*, Vêtem. 198, Defrémery Mémoires 326, 1001 N. Bresl. IX, 249, 9, 260, 4 a f., 261, 3.

زَنْطَة pl. زنط *courroie*, Alc. (correa de cuero). — *Fouet, peine du fouet*, Alc. (açote cruel).

زنطر I c. a. dans le Voc. sous *strenuus*.

II *devenir très-brave, très-vaillant*, Voc., Beaussier.

— *Être fort orgueilleux, fort insolent* (تجبر شديد), M. — C. من *avoir une extrême aversion pour*, M.

زنطارة *caprice*, Bc.

زنطار *magnifique*, Domb. 108. — Pl. زناطير *brave, vaillant*, Beaussier.

زنطاري pl. زناطير est dans la 2de part. du Voc. *strenuus* (*de pedite*) (dans la 1re part.: *impedire, strenuus*). «Le pluriel زنطرية, dont j'ignore l'origine, désignait une classe d'habitants de Bagdad, probablement des gens remuants et amateurs de troubles,» Mong. 226, avec des exemples.

زنطارية *dyssenterie*, mot dont c'est une altération, M. — تقيّأ المريض الزنطاري se dit d'un agonisant, parce que, quand on est à l'agonie, on vomit parfois des mucosités qui ressemblent aux évacuations dyssentériques, M. — *Grand orgueil, grande insolence* (شدّة التجبّر), M. — *Charbon, gros furoncle, tumeur pestilentielle*, Bc.

مزنطر *capricieux*, Bc.

زنطيط *membre viril*, Hœst 137. C'est une altération du mot berb. اجحنيط, qui a le même sens.

زنفارة, suivi de الخلف, *groin*, Domb. 66.

زنفورة, suivi de الخنزير, même sens, la Torre.

زنفيل pl. زنافيل *négligé, dérangé*, Alc. (desaliñado, desataviado).

زنق I, aor. *a*, *i* et *o*, *acculer, pousser dans un coin, dans un endroit où l'on ne peut reculer, mettre au pied du mur*, mettre hors d'état de reculer, *presser*, approcher contre, *resserrer un prisonnier, des assiégés, serrer, mettre près à près, relancer*, poursuivre jusque dans le dernier asile, Bc, M; زنقه في حصنه 1001 N. II, 111, 3, Lane: ‹he held him tightly in his lap;› زنقنا على هذه البلد النيل ‹le Nil nous retient-il dans cette ville?› nous empêche-t-il d'en sortir? 1001 N. Bresl. X, 450, 9. — *Gêner*; زنق *se gêner*, Bc. — V. n. *être acculé, s'acculer*, Ht. — زنق الرأي c.-à-d. أحكمه, et de là الرأي الزنيف, Tha'âlibî dans le Fikho'l-loghati (Wright).

II *acculer*, Ht. — C. a. dans le Voc. sous *inverecundus*.

زنقة *pression, oppression, gêne*, Bc, M. — *Chaudepisse*, Bc.

زنقة, aujourd'hui en Afrique زنقة, le pl. chez Bc et زنق, *rue*, Voc., qui donne زنقة, mais au pl. زنقات, Bc (Barb.), Domb. 97, J. A. 1843, II, 220, 3. *Quartier* d'une ville; le quartier des juifs à Tripoli s'appelle زنقة اليهود, Lyon 12, celui des prostituées, زنقة القحاب, *ibid.* 13.

زناق *bande qu'on attache sous le menton et qui passe sur la tête*, M. — *Collier*, partie du harnais autour du cou, Bc. — زناق برنيطة *laisse, cordon de chapeau*, Bc.

زنيق pl. زناق *impudent*, Voc.

زناقة *impudence*, Voc. — Voyez sous زنقة.

مزنق *accul, lieu étroit, sans issue, pas, passage étroit*, Bc.

مزنق *pressé, serré*, Domb. 107.

مزنقة *collier*, Bc, Payne Smith 1021.

مزنوق *dru, touffu, pressé, serré*, Bc.

زنقر I c. في p. *regarder fixement*, et ordinairement en *colère*, M.

زنك.

زنك (fr.) *zinc*, M.

البريكتان = الزنكتان, M.

زنكية *étrier*, Bc. Biffez dans Freytag le sing., qui est de l'invention de Habicht, et dont on ne pourrait pas former le pl. زنكاوات, qu'on trouve dans les 1001 N. Le زنكية du M, qu'il explique, d'une manière assez ridicule, par الذي يمشي بجانب الراكب يسنده, n'est autre chose que le زنكية de Freytag, dont il n'a pas compris l'explication latine.

زانكي *voleur, filou*, M.

زنكلة *beignet, crêpe, pâte*, Bc.

زنكين (turc) *très-riche, opulent*, M.

زنم dans le Voc. sous *astutus*. — Pl. أَزْنَام = صَنَم, *idole*, Abou'l-Walîd 234, n. 7.

زنيمى fém. ة, pl. ون (Voc.) et زُنُم (Voc., Alc.), *adultérin, bâtard*, L (adulterinus, notus), Voc., Alc. (hornezino hijo de puta).

شَرَاب مُزنَّم *vin bâtard, vin doux, vin cuit, du vin qui est de raisins séchés au soleil*, Alc. (vino bastardo; j'ai suivi Victor).

مُزنِّم pl. مُزَانِم *rusé*, Voc.

زنهار est proprement un subst. persan qui signifie *protection*, mais qui s'emploie aussi comme une interjection; c'est ce qui a lieu dans les 1001 N. I, 370, 8, où un jeune homme, en voyant une belle dame ornée d'une précieuse ceinture, s'écrie: زنهار زنهار من هذا الزنار, «*gardez-moi, gardez-moi de cette ceinture!*» L'édit. de Boulac porte: واحيرتاه من هذا الزنار M: وبعض المولدين يقول صاح القوم زنهار كما يقال صاحوا المَدَد وذلك عند استعظام الشدَّة والاستغاثة منها

زنى

مُزَنَّى *mauvais lieu, maison de débauche*, Gl. Mosl.

زهب

زهبة *munition*, Bc.

زهاب *provisions de voyage*, Ztschr. XXII, 120.

زهج L'arabe n'a pas cette racine, mais L donne: زهيم التخييل *innitus* [pour *hinnitus*] *equorum*, écrit distinctement. On pourrait soupçonner que l'auteur a mal entendu le mot صهيل; mais je ne le crois pas, car sous *innio* il a أَصْهَلُ.

زهد I, *s'abstenir de*, ne se construit pas seulement avec فى et عن, mais aussi avec من, Macc. II, 96, 5, et (constr. moderne) avec l'accus.; زهد الدنيا *se retirer du monde*, Bc, 1001 N. I, 510, 4 et 10; زهد لذَّات الدنيا *mener une vie austère*, Bc. De même avec l'accus.: جميع ما تبدينه زهدته, 1001 N. I,

728, 6 a f. Chez Bc *se dégoûter de*, dans le Voc. c. فى et *haïr*. — C. فى *désirer la possession de*, Gl. Fragm.; les deux exemples qui y sont cités, sont décisifs.

زُهْد *dégoût de l'étude*, Bc.

زُهْدِى *ascétique*, Bc.

زَهَادَة *frugalité, austérité de mœurs*, Bc.

زاهدى *épithète d'une espèce de dattes*, Niebuhr R. II, 215.

زهر I pour زأَر ou زَقَّر, *rugir*, n. d'act. زهير et زهر, Cartâs 120, 15, 190, dern. l.; cf. sous زهير.

II c. a. dans le Voc. sous *lucere*. — *Fleurir*, Bc. زَهَّر الحَاسِب الدَفْتَر *est quand le teneur de livres marque d'un astérisque le nom de chaque débiteur*, M.

IV *briller, avoir de l'éclat*, Koseg. Chrest. 94, 6 a f.: وقد أَضَآءَ جبينها وأَزْهَر — *Être abondants* (fruits), de Sacy Chrest. II, ٢٠, 10.

زَهْر, Bc, M. Pl. pl. أَزَاهِر, أَزَاهِير pour أَزْهَار, Weijers 44, 1, 148, n. 244 (où ce savant s'est trompé en disant que c'est un pl. de أَزْهَر), et زُهُورات, 1001 N. Bresl. IV, 6, 2. — *Fleurs d'oranger*, Sang.; ماء زهر *eau de fleur d'oranger*, Bc; زَهْر, employé comme un collectif sing., pl. أَزَاهِير *fleur d'oranger*, Ht. — *Poison*, Hbrt 215 (Alg.). زهر النرد *les dames du trictrac*, M. — *Dé* (pour jouer), Bc, chez Ht زهَّار; cf. Gl. Esp. 224. — *Rouge clair*, M. — زَهْرَة *anthyllis; iris pseudoacorus*; — *baccharis*, Bait. I, 544 b; — *Plante, au fig., jeune personne*, Bc; — *Au fig., commencement d'une chose*, M; — *Fleur, ornement*, p. e. زهرة فلان, *il est l'ornement de la réunion par sa conversation agréable*, M; — *Lumignon, le bout de la chandelle qui brûle*, Bc, 1001 N. III, 278: تقدَّم المُحْتَضِر الى الشمع الموقود وقطف زهرته. — Le pl. أَزْهَار *reflets*, Prol. III, 199, 4. — Le pl. pl. زُهَيْرات *fleurette, cajolerie*, Bc. — Le pl. زهرات *palme, dessin au bout d'un châle, en forme de branche de palmier*, Bc. — زهر الحَجَر signifie selon quelques-uns *mangostan*, et selon d'autres *lichen*, Bait. I, 545 c. — الزهر الدائم *immortelle*, Bc. — زهر الدقيق *fleur de farine*, Bc. — زهر الربيع *primevère*, Bc. — زهر الصباغ *chrysanthemum*, Bc. — زهر العسل *chèvre-feuille*, Bc. — زهر

زهر العنكبوت phalange (plante), Bc. — زهر الكشكتبين digitale, Bc. — زهر اللؤلؤ marguerite, Bc. — زهر الملح flores salis, Most., Bait. I, 544 c. — زهر النحاس flores æris, Most., Bait. I, 545 b, où AB ont زهرة. — زهرة استنبولية ou زهرة الصليب fleur de Constantinople ou de Jérusalem, croix-de-Jérusalem, Bc. — زهرة الآلام grenadille, fleur de la Passion, Bc. — زهرة الشالوث pensée (fleur), Bc. — زهرة المدابغ mélange de cuivre et de vinaigre, qu'on employait contre la syphilis constitutionnelle, contre la gale, etc., Sang. — زهرة النيل l'écume qui surnage sur un liquide dans une cuve, M. — ابو زهرة chacal, M.

زَهْر collectif comme زَهْرَة, Fleischer sur Macc. II, 581, 7 Berichte 107.

الزُّهْرَة, en alchimie, le cuivre, Abbad. I, 88, n. 82.

زُهْرِيّ, en Egypte et en Syrie, épithète d'une espèce de pêche; voyez sous خوخ et sous دراق. — ملحفة زهيرية voyez Macc. I, 230, 6. — الزهريات les jours du printemps; — poèmes sur les fleurs et les jardins, M.

زُهَرِيّ géomancien. Ce nom, qui signifie proprement serviteur de la planète Vénus, a été donné aux géomanciens par les astrologues, «parce qu'il y a une grande analogie entre leurs procédés et la manière de reconnaître les indications par lesquelles, dit-on, cette planète guide vers la connaissance des choses cachées celui qui prend les nativités pour base de ses opérations,» Prol. I, 209. En esp. zahori. Dans des gloses grenadines de la 1re moitié du XVIIe siècle, zahara, comme mè l'apprend M. Simonet, se trouve avec le sens de sorcière (bruja).

زَهْراوِق 1001 N. IV, 233, 1: ان هذه الجارية زهراوية وكل من رآها حبها, ce qui signifie, je crois: «cette jeune fille est belle comme الزُّهْرَة,» c.-à-d., comme Fatime, la fille du Prophète.

زُهَيْر. Dans L: celeuma الملاينة البحرين où البحرين est vulg. pour البحرين, et زهير, le chant des matelots, pour زُهَيْر (cf. sous la 1re forme).

زُهَيْرِيَّة huile d'amandes douces, M. — Nom d'un instrument à vent, fait de jonc, M.

زَهَّار très-brillant, Koseg. Chrest. 57, 9.

أَزْهَر par ellipse pour النجم الزُّهَر, les étoiles brillantes, Weijers 44, 1, 149, n. 244. — Au fig., brillant, en parlant du caractère, des qualités d'une personne, Weijers 43, 6, 147, n. 239. — الزَّهْراء épithète de Fatime, la fille du Prophète. Burton I, 315, remarque ceci: «Burckhardt traduit زهراء par «bright blooming Fatimah.» Je crois que c'est le sens littéral de l'épithète; mais appliquée à Fatime, elle signifie virginem τὰ καταμήνια nescientem, car on suppose que la fille du Prophète a vécu dans un tel état de pureté. On l'appelle pour la même raison البَتُول, la Vierge, titre que les chrétiens orientaux donnent à la mère du Seigneur. La virginité perpétuelle de Fatime, même après qu'elle fut devenue mère, est un dogme de l'islamisme orthodoxe.»

أَزْهَرِيّ fleuriste, Bc.

تَزْهِير fleuraison, floraison, Bc.

مَزْهَر parterre de fleurs? Dans Auw. I, 392, 8: يبقى في تلك الاحواض حفرة مربعة على شكل مزاهر notre man. porte مزاهر. — Petit panier de feuilles de palmier, qui est étroit en bas et dans lequel on met des dattes, etc., M.

مِزْهَر, qu'on prononce مَزْهَر, tambour de basque, décrit Descr. de l'Eg. XIII, 511.

مُزْهِر fleuri, Bc.

زَهْزَق I applaudir (de زِهْ bravo), Macc. I, 833, 2, cf. Add.

مُزَهْزَق couleur éclatante, M.

زَهَق I, n. d'act. زَهْق, Voc., Alc. (escabullimiento), زهق, Müller 29, 4, et مُزْهَق, Macc. II, 376, 9, glisser, Voc. (labi), Alc. (deslizarse caer por lo liso, deleznarse, desvarar, escolarse), Müller 29, 3 et 4; cf. Gl. Mosl. — Etouffer, respirer avec peine, Bc. — S'exaspérer, Bc. — Se rebuter, se dégoûter de, Bc, والعامّة تقول زهقت روحه اى انسحقت من شدّة M: الضجر; c. من dans l'éd. de Breslau des 1001 N., où ce verbe est altéré constamment en زمق, IV, 121, 9, 376, 1. Ailleurs, IX, 285, 3 a f: (l. زهق) زمق واقف على الباب «il se rebuta d'attendre à la porte.» A la p. 224, 2, de ce volume, زهقت امك peut signifier «ta mère s'est rebutée;» mais on pourrait prononcer aussi أمك زهقت, «tu as rebuté ta mère.»

II c. a. faire glisser, Voc., Alc. (deleznar a otra cosa). — Exaspérer, Bc. — Rebuter, obséder, persécuter, importuner, *tourner la tête à quelqu'un*, Bc; cf. sous la Iʳᵉ forme à la fin.

زَهْلَف *dégoût de l'étude*, Bc.

زَهْلَفَة *glissade*, Alc. (cayda como deslizandose, deslizamiento).

زَهْلَفَان *hors des gonds, hors de soi*, Bc.

زَهْلَقِي *exaspération*, Bc.

زَهْلَقِي dans le Voc. sous labi.

زَوَاهِلِق *lubrici silices*, Freytag d'après J.-J. Schultens, qui cite le Diw. Hodz.; c'est dans l'édit. 188, vs. 39.

مُزَهْلَق n. d'act. de la 1ʳᵉ forme (voyez). — *Lieu glissant*, Voc., Alc. (deleznadero).

مُزَهْلِق, car c'est ainsi que porte le man., expliqué par الَّذِي يَصِلُ الكَلَامَ بِعَضِّ بِبَعْضِ, Diw. Hodz. 289, 2.

مُزَهْلِق *vétilleur ou vétilleux*, qui fait des difficultés, (ouvrage) plein de petites difficultés, Bc.

مُزَهْلَقَة *lieu glissant*, Voc., Alc. (deslizadero, resbaladero).

مُزَهْلَف *glissé, coulé, écoulé*, Alc. (deslizado).

زَهْلَق I c. ل p. *flatter quelqu'un jusqu'à ce qu'on l'ait en son pouvoir*, M.

زَهِم IV c. d. a. *dégoûter quelqu'un de*, Aboul-Walîd 782, 18.

V *puer*, Payne Smith 1491.

زَهَم et زَهَمَة *puanteur*, Gl. Manç. in voce, qui donne زَهَم comme n. d'act. et زَهَم comme subst.;

زَهَمَة *puanteur et vent piquant*, M.

زَهْمَة *goût sauvagin*, Bc.

زَهِيم *gras*, Voc.

زَهَامَة *graisse*, Voc.

زَهَو I *s'animer, prendre de l'éclat*, Bc. — Se trouve dans le sens de *mépriser*, dont Lane n'a pas rencontré d'exemple, Bayân II, 131, 16, mais c. ب p., et non pas avec l'acc. — *Badiner*, Ht.

II *animer, donner de la vivacité, de l'éclat, raviver*, Bc.

c.-à-d. ازْهَاهُ طُولَ نَجَاد, رِفْعَة وَإِعْلَاء, voyez IV. Kâmil 512, 2 et 3.

زَهْو *fraîcheur (du coloris)*, Bc. — *Luxe, somptuosité*, Bc. — *Recherche, affectation dans le style*, Bc.

زَهِيّ *fertile (jardin)*, Amari 16, 5.

زَهَاوَة *vivacité, force des couleurs*, aussi زَهَاوَة الأَلْوَان, Bc.

زَاهٍ *somptueux*, Bc.

مُزْهِي *endroit où le vent souffle*, Macc. I, 436, 5.

زُو Nom d'un navire, non-seulement de Motawakkil, mais aussi de Mo'tacim; voyez Gl. Fragm.

زوب

زُوبَا = زُوفَا, Payne Smith 994, si ce n'est pas une faute.

زُوبِيَة *ordures*, Ht, Daumas Sahara 260, V. A. 133; Roland le donne comme un quasi-pl. de زِبْل.

زَوبين I (formé de زَوبَيْن, voyez) زَوبَين المَرْأَة *être l'amant d'une femme mariée*; en parlant de la femme on dit زَوبَنَتْهُ, M (sous زبن).

زَوَج II, *marier, donner en mariage à*, se construit aussi c. ل, Abd-al-wâhid 7, 3, et c. مع, Bc; — c. a. et زَوَّجَ ابْنَهُ إِلَى الشَّرِيف الكَرِيم «prendre une femme pour son fils dans la famille d'un personnage généreux et d'une naissance illustre,» de Sacy Chrest. II, 474, 9 a f.; — زَوَّجَهَا مِنْ مَالِهِ *il la maria en payant lui-même la dot*, Gl. Abulf. — *Epouser, prendre en mariage*, Gl. Badroun, Gl. Djob., Haiyân-Bassâm I, 30 rº: ثُمَّ تَصَامَّ أُخْرَى إِلَى أَبِي عَامِر وَالذَّكَر مِنْ عِنْدِهِ المَكنَّى أَبَا عَامِر زَوْج أُخْت عَبْد المَلِك الصَّغْرَى مِن بَنَات المَنْصُور

IV c. d. a. بِنْتَه ازْوَجَ *donner sa fille à quelqu'un*, Bc.

VI *s'apparier*, Auw. II, 435, 16.

قَلْقَطَار est le الزَّوَاج العِرَاقِيّ ou زَاج الأَسَاكِفَة ou زَاج ou *vitriol jaune*, Most. in voce, ou selon d'autres, le *vitriol vert ou sulfate de fer*, Bait. I, 510.

مُغَلَّقِي عَلَى زَوْج, زَوْج *mari*, pl. زَوْجَان chez Bc. — *fendu en deux*, Alc. (hendido en dos partes). — Les perles sont فِي أَصْدَاف لَهَا أَزْوَاج «dans des coquilles bivalves,» Djob. 67, 4. — زَوْج قَلْع *comme nous disons une paire de tenailles*, Alc. (tenazas). — *Une paire de bœufs ou de mulets*, Alc. (junta de bueyes

زوج

o mulas), ordinairement *de bœufs* الزوج البقر, Amari 443, 3 a f.), Mohammed ibn-Hârith 275: وهو بقف, على أزواج له تحرث بفحص البلوط في ضيعته, Auw. II, 458, 3, Cartâs 257, 8 a f., Nowairî Afrique 18 r°: أمر — ان يجعل (صاحب الخراج) على كل زوج بحرث, autre exemple tiré du même auteur sous I, R. N. 35 v°: وكان قد رمى, et ensuite: جعل على كل زوج بجرث ثمانية دنانير وخفف عن الناس واسقط عنهم ما وضعته على الازواج فضى الى ازواجته وفي r°: 40, من هذه الدنانير, Bat. IV, 347: ازواج للحرث « paires de bœufs pour labourer la terre » (et non pas: « couples d'esclaves, » comme on lit dans la trad. avec un signe de doute). — *Étendue de terrain qu'une paire de bœufs peut labourer en une saison*, Macc. III, 674, 20: كريمة الفلاحة زاكية الاصابة فربما انتهت في الروح الواحد الزوج منها الى اربعائة مد كبير, mais il faut lire avec notre man., Gregor. 34. — قام بالزوج *ruer, lancer les pieds de derrière en l'air*, Voc.

زون تراكيب السير زوجة *paire*, Inventaire: *deux boutures*, Auw. I, 189, 2, où il faut ajouter زوجة او للزوجة, comme on trouve dans notre man., après الفرع (cf. 193, 10—12).

زيجة *épousailles, hymen, mariage*, Bc, de Sacy Chrest. II, v°, 2.

زاجي *vitriolique*, Bc.

زوجي *marital*, Bc.

زيجي *conjugal, nuptial*, Bc.

زواج s'emploie comme un n. d'act., *épouser*, Gl. Badroun, M.

زواج *parti, personne à marier*, Bc.

زوجة est la forme qu'on emploie en Algérie pour زوج, mais au pl. on dit ازواج. *Couple, paire*, Ht. — *Paire de bœufs, et de l'étendue de terrain qu'une paire de bœufs peut labourer en une saison*, 25 arpents, Roland, de 7 à 8 hectares, Dareste 84, mais la *zouidja* « varie considérablement en étendue, » R. d. O. A. VI, 71, cf. XII, 393.

ازوج *mariable*, Bc.

زود

تزوجي *conjugal*, Bc.

مزوج *double*, Bc.

مزوج pl. ات *sorte de poème*, Prol. III, 420, 14, 422, 9.

زوح I *s'amuser, jouer*, Ht.

II *fourrer, donner en cachette et souvent*, Bc.

زود II *fournir à quelqu'un l'argent nécessaire pour un voyage, etc.*, Alc. (dar espensas). — *Garnir, munir une place de guerre*, Alc. (guarnecer fortaleza). — *Augmenter, hausser, élever, augmenter, rehausser, enchérir, mettre enchère, passer outre, ajouter à ce qu'on a fait*, Bc. — *Charger, représenter avec exagération*, Bc. — *Paraphraser, étendre, amplifier dans le récit*, Bc.

III *supporter, souffrir, endurer*, L (tolerat يقاصى) (pour يبزاول ويزاود) ☆

X *s'approvisionner*, Gl. Belâdz.

زاد *denrée, subsistances, vivres*, Bc, 1001 N. I, 73, 6, en général, et non-seulement en parlant de provisions de voyage, comme dans la langue classique; *pain*, Hbrt 13.

زود *surcroît, surplus, retour, prix, chose en sus de l'échange pour l'égaliser*; تدقيق ou زود دقة *raffinement*; — بالزود *à l'excès, singulièrement, trop*, Bc. زودة *excès, recherche, raffinement*; صارت منه زودة *passer la mesure*, Bc.

زواد *provisions de voyage*, Ztschr. XXII, 120.

زوادة *provisions de voyage*, Bc, Hbrt 11, Ztschr. XXII, 120, Gl. Fragm. (زوادة d'après le M), Bat. II, 376, *provisions de bouche*, Maml. I, 1, 188. — *L'action de se procurer des vivres*, Maml. l. l.

زيادة *provisions de bouche*, Gl. Fragm.

ازود *au-delà, plus*, Bc.

مزود *peau, d'habitude tout entière, d'un chevreau ou d'un agneau, tannée et teinte en rouge, que l'on porte en sautoir derrière le dos et qui renferme les provisions de voyage*, Colomb 18, Carette Géogr. 180, Prax R. d. O. A. V, 211; — *peau de bouc servant d'outre, et souvent même de coussin aux gens de la campagne*, J. A. 1852, II, 509; — *peau de chèvre dans laquelle les marchands conservent la poudre d'or*, Prax 12; — *panetière de berger*, Voc. (casidile), Alc. (çurron); — petit sac à café, Bc. Dans le Formul. d. Contr. 4 on trouve un pl.: مَـزَاوِدَات — Cosse, gousse, Bait. I, 71 f: لها زهر اصغر صغير تخلفه مـزاود دقاق، بويـمـة وطست وعشرين مزاودات — وله نوار الى الحمرة تخلفه مزاود فيها حبّ، 252 b: مَحْدُورَة — مزاود صغار فيها بزر شبيه ببزر، 278 b: مَحْدُور البياض الببّاض — واذا سقط النوّار يخرج مزود فيه ثلاث حبّات، 278 f: الحلبة.

زَوْر I, زَارَ, visiter des lieux saints par dévotion, aller en pèlerinage, Bc, Hbrt 152. — Faire cadeau, Mehren 28. — زَوَّر s'engorger, se boucher, se remplir, Bc.

II falsifier, supposer, produire une pièce fausse, Bc, falsifier, altérer, Ht, كتاب مُزَوَّر عن لسان احد «fausse lettre,» Bc, Haiyân-Bassâm III, 140 r°: تلك الكُتُب المزَوَّرَة، زَوَّرَ شهادتَـهُ déclarer comme témoin ce qu'on ne sait pas, ou le contraire de ce qu'on sait, M. — Astreindre, forcer, Ht.

III c. a. p. vexer, M.

IX prendre une mauvaise direction, en parlant d'un morceau de poisson qu'on avale de travers, 1001 N. I, 203, 14: فاخذت زوجتى قطعة سمك ولقمة ودستها فى حنكه فاوَّر بعضه فى حنكه فات لوقته ۞

زَوْر gorge, gosier, Bc.

زُور faux en écriture, fausseté, Ht, بالزور calomnieusement, Bc. — حلف بالزور se parjurer, Bc. — Effort, violence, Ht, بالزور avec force, Delap. 138, par la force, Daumas V. A. 359. — Ce mot ne m'est pas clair dans le Fakhrî, 284, 4, où on lit que le vizir Ibn-Khâcân refusa d'accepter un cadeau en argent et en étoffes, qui lui avait été offert de la part du sultan d'Égypte, وأمَرَ بالمال فحُمِل الى خزانة الديوان وضحّتج بها وأخذ به زورا لصاحب مصر

زَوْرِى jugulaire, Bc.

زُورِى faux (témoignage), Abou'l-Walîd 350, 16.

زِيَارَة pèlerinage, Bc, Hbrt 152, Khallic. I, 481, 13, p. e. des chrétiens à Jérusalem, Khaldoun Tornb. 34, 11; spécialement pèlerinage au tombeau du Prophète à Médine, Burton I, 293, Cartâs 77, 4, Berb. I, 16, Prol. III, 408, 14. Sous les Almohades la ziydra par excellence était le pèlerinage au tombeau du Mahdî à Tinmallal, Çalât 38 r° et v°: واخذ فى

الحركة الى الزيارة، ذكر حركة امير المومنين رضه من — Les cadeaux qu'on apporte au tombeau d'un saint, à une zâwia, ou aux marabouts, Daumas Sahara 233, Kabylie 66, Mœurs 312, 328, Carette Kab. I, 230, Jacquot 295, R. d. O. A. N. S. XII, 398. — عيد الزيارة visitation, fête de la visite faite par la sainte Vierge à sainte Élisabeth, Bc.

زَائِر. Ceux qui venaient à la cour des califes pour recevoir des cadeaux ou demander des faveurs, étaient nommés سُوَّال; mais comme ce terme signifie aussi «mendiants,» le Barmécide Khâlid le changea en زُوَّار, Fakhrî 185, 5. — Pèlerin, Bc, Hbrt 152, spécialement celui qui fait le pèlerinage de Médine, Burton I, 293.

تَزْوِير contrefaçon, falsification, Bc.

مَزَار pl. ات lieu de pèlerinage, Bc, Bat. I, 74, III, 62, 86, 156, etc., Berb. I, 186, Abdarî 6 r°: وبه مَزَارَة كثيرة (مَزَارَات l.). — Chez les بياصمية dans l'Omân comme mosquée chez les musulmans; souvent des saints y sont enterrés, ou du moins l'on y honore leur mémoire, Palgrave II, 262.

مَزْوَر et مَزْوَرَة, pl. مَزَاوِر et مَزْوَرَات plat maigre, aux légumes, sans viande, et aussi: boisson douce et enivrante, Gl. Manç.: مَزْوَرَات هو ما يستعمله مَنْ يشرب المُسْكِر من الاشربة للحلوى اذا جالس الشرب وهو التَزْوِير وهو .... الكَذِب والزُّور هو الكَذِب وكذلك المَزْوَرَات من الطبيخ في ألوان تُتَّخَذ من الحبوب والبقول بغير لحم (il y a une lacune dans le man.). Un vers du poète persan Khâcânî, dans le J. A. 1865, I, 360, est conçu en ces termes: چون ديد حرار تر بدل در گفتا كه زاشك كن مَزْوَر M. de Khanikof traduit (p. 365): «Voyant que j'ai de la chaleur dans le cœur, il (le médecin) me dit: Prépare une tisane de tes larmes,» avec cette observation: «Dans les notes du Touhfet autographié on lit: مَزْوَر وَمَزْوَرَة بالتشديد طعام فى گوشت كه از كشنيز aliment) وامثال آن درآن كنند وبجور وبيمار دهند préparé sans viande. On y met de la coriandre ou quelque autre ingrédient de ce genre, et on le donne au malade»). Dans M: مَزْوَر signifie ordinairement chez les médecins: chaque plat sans viande qu'on donne à un malade; mais aussi un plat avec de la viande. Bait. I, 35 a: من نفعت مزور منه أتخذ واذا والشعيرية في مزاور: اطرية Antâkî v° ,للحمى الحادّ Khallic. IX, 145, 13 et suiv. الموضى, — En Algérie, *semoule*, pâte faite avec la farine la plus fine, réduite en petits grains, de Slane trad. de Khallic. III, 667, n. 21. — En Syrie, mets composé d'amandes pilées ou de pois (ماش) et de riz; on le fait cuire jusqu'à ce qu'il s'épaississe comme la عصيدة, M.

مُزَوِّر *le conducteur de celui qui visite le tombeau du Prophète*, Burckhardt Arabia II, 138, Burton I, 293.

مُزَوَّرَة est le subst. *ornatus* dans le Voc.

مُزْوَرَة *la dignité de* mizwâr (voyez), *de chef*, l'anonyme de Copenhague 107: العز مزورة الى تنقل ثم (الغزّ l.) الوزارة الى نقل ثم.

مَزْوَرَة voyez مُزْوَرَة.

مِزْوَار, pl. دون et مَزَاوِرَة et مَزَاوِير, est le mot berbère أمَزْوَار, qui signifie *premier*, et dont on a retranché l'élif initial qui est le caractère du sing. masc., Brosselard dans le J. A. 1851, I, 84; le Dict. berb. traduit *premier* par دَمَزْوَار (damezouar). On l'emploie dans le sens de *chef* et il est à peu près l'équivalent de l'arabe *chaikh*. Le Voc. le traduit par *prelatus* (*vel caput gentis*); il a aussi مزوار عشرة *decanus* ou commandant de dix hommes. Dans le Holal on lit, 89 r°: والمزاور الاشياخ ساتر وامّا Le مزوار الاطبّاء était *le chef des médecins de la cour*, Renan Averroès 452, 9 (où il faut lire ainsi, au lieu de للاطبا), et مزوار الطَّلَبَة (*ibid.*, l'anonyme de Copenhague 115, 116) est le synonyme de الطَّلَبَة شيخ chez Calât 3 r°. Le chef d'une tribu est nommé aussi *mizwâr*, Berb. I, 480, dern. l. (au lieu de وتسمى, notre man. 1351 porte ويسمى, et M. de Slane, trad. II, 418, semble avoir lu de même). La province de Dar'a était divisée en deux gouvernements et à la tête de chacun il y avait un *mizwâr*, qui était en réalité un seigneur indépendant, Marmol III, 5 a, 6 c. Des personnages moins considérables portaient le même titre, p. e. un architecte, Cartâs 281, 7, *maître maçon*, comme nous dirions. Mais dans les cours des princes africains et des Benou-'l-Ahmar de Grenade, on le donnait spécialement au chef ou prévôt des *djândâr*, qui étaient huissiers de la porte, valets de pied et bourreaux. Ce *prévôt de la police et grand chambellan* gardait la porte du souverain pour empêcher le public d'y pénétrer, introduisait les visiteurs, faisait observer l'étiquette usitée aux audiences données par le sultan dans *la maison du commun*, gardait dans les prisons les gens dont son maître avait autorisé l'arrestation, et les faisait mettre à mort sur son ordre; c'était aussi entre ses mains qu'on prêtait le serment de fidélité à l'avénement d'un nouveau monarque; voyez Prol. II, 14, 1 et suiv., Berb. I, 518, 9, II, 373, 5 et 6, trad. de l'Hist. des Berb. par M. de Slane, II, 435, Abou-Hammou 81. «C'était, pour ainsi dire, un vizirat en petit» (Ibn-Khaldoun). A Grenade, comme nous l'apprend Hernando de Baeza (dans Müller L. Z. 64, 6 a f., 71, 3 a f., 83, 1 et 13 et suiv.), les sultans confiaient ordinairement cet emploi à un nègre affranchi, qui, n'ayant pas de parents dans la société musulmane, était entièrement dévoué aux ordres du souverain. Le *mizwâr* jouissait d'une grande considération. Du temps de Léon l'Africain et de Marmol, le premier dignitaire à Tunis était le مُتَقَدّ; le second était le *mizwâr*, qui avait le commandement des troupes; voyez Léon 565, Marmol II, 244 d. A Fez c'était le lieutenant du vizir et souvent il commandait l'armée, Marmol II, 99 b. A Tlemcen c'était le premier personnage de l'Etat après le souverain. Les Benou-Ziyân qui y régnaient et qui avaient eu d'abord deux vizirs, un officier d'épée et un officier de plume, réunirent ces deux charges, vers la fin de leur domination, entre les mains d'un seul ministre à qui l'on donnait le nom d'*al-mizwâr*, Bargès 364. C'était, selon Marmol, II, 177 a, un vice-roi; comme capitaine général, il assignait la solde aux troupes, les levait ou les congédiait selon le besoin du moment, nommait aux emplois de la cour, et avait en toutes choses la même autorité que le roi. Encore de nos jours on trouve *mizwâr* comme ministre à Tougourt, Prax R. d. O. A. V, 74; mais ailleurs c'était simplement le prévôt de la police. Ainsi on trouve nommé le مزوار العدوتين ou *prévôt de la police dans les deux quartiers de la ville de Fez*, J. A. 1844, I, 402. A Alger il y avait aussi un *mizwâr* avec les mêmes attributions, et Laugier, qui en parle 243—4, nous apprend en outre qu'il avait plein pouvoir sur toutes les prostituées de la ville. Elles devaient lui payer un tribut, dont il cédait 2000 piastres sévillanes au Dey. Il les tenait renfermées dans sa maison, les divisait en classes, et les louait aux musulmans, qui étaient tenus de les ramener à l'expiration du bail, à moins que celui-ci n'eût été

زوز

renouvelé. Voyez aussi Haedo 45 b, Lambrechts 44, 55, Dan 27, 102, 334, 338, 394, etc., Nachrichten I, 636, III, 49, Rozet III, 111, 114—6, 353. Ramos, 192, compare le *mizwâr* au Meyrinho mòr des Portugals, et Thévenot, I, 554 (Tunis), au soubâcht des Turcs. Celui d'Alger existait encore à l'époque de l'occupation de cette ville par les Français, qui le conservèrent quelque temps (Algiers volgens de nieuwste berigten, Utrecht 1836, p. 95). — *Chevalet*, supplice, Bc.

زوز *cervelle*, Bc, Hbrt 1.

زوزق I *farder*, Bc.
II *se farder*, Bc.

زوزل I *châtrer* un chameau, Beaussier.
زوزال *châtré* (chameau), R. d. O. A. N. S. I, 187.

زوزوة *moineau*, Jackson 70 (zuzuh).

زوط I. زوّط عينه *fermer un œil et tenir l'autre ouvert*, M.

زواطى pl. زاطية *putain*, Bc.

أزوط *celui qui a un œil plus étroit que l'autre, ou qui a une de ses prunelles de biais*, M.

زوع II *brusquer, mener tambour battant, maltraiter*, Bc. — *Défigurer*, M.

زوعة *surprise, trouble*, Bc. — En parlant des lèvres pendantes d'un vieillard: مدليات زوعة قوعة, 1001 N. Bresl. III, 331, dern. l. — زوعة *vil, méprisé* (homme ou femme), M.

زوغ et زيغ I. N. d'act. زوغ, Abou'l-Walîd 294, n. 62, 639, n. 37, Saadiah comment. sur ps. 78. — *Dévier, s'esquiver, s'esquicher, éviter de, éluder*, c. من عن et عن, Bc; زاغ عن الضريبة *esquiver, éviter adroitement le coup*, Bc; زاغ عن البصر *échapper aux yeux*, Gl. Badroun. — *Se déboîter*, M. — *Être ébloui*, 1001 N. Bresl. IX, 388, dern. l.

II c. عن *dévier, écarter de la route*, Bc. — C. عن *esquiver, éviter adroitement le coup*, Bc, Ht. — *Escamoter*, Bc.

زائغ *inconstant*, M.

زوغل I c. على p. *tromper quelqu'un en lui vendant du faux pour du vrai*; le subst. est زوغلة, M (sous زغل); cf. زغل.

زوف

بالزواف *beaucoup*, Bc (Barb.); تعتقله «il y a longtemps que vous le connaissez?» Bc.

زوف *foison*, بالزوف *à foison*, Bc.

زوفت طغبريد = جفتافريد, Payne Smith 1146.

زوفرا est *panaces asclepium* de Diosc., Bait. I, 547 b (cf. 467 c), où Sonth. donne *echinophora tenuifolia*, avec un signe de doute. Dans le Most., dont le man. La porte زوفرا, on lit: «Quelques-uns disent que c'est le *hennâ*, et d'autres que c'est le كاشم; mais il n'en est pas ainsi; c'est منهما نوع» (ce qui n'est pas clair). Cf. Payne Smith 1146.

زوق II *farder*, aussi au fig., *flatter, peindre en beau*, Bc. — *Chamarrer, orner de broderies*, Bc.

V dans le Voc. sous *argentum vivum*.

زوق *vif-argent*, Voc.

زوقة *vif-argent*, Alc. (azogue).

زواق *peinture*, Voc., Alc. (pintura). — *Couleurs*, Hbrt 79 (Alg.). — *Chamarrure*, Bc. — *Mosaïque*, Bc. — زواق العرب *arabesques*, Bc. — *Ornement du discours, fard dans le discours*, Bc.

زواقة *peinture*, Voc., *peintures*, Bat. I, 122.

تزويق *peinture*, Alc. (debuxo). — *Nuance, assortiment de couleurs*, Alc. (matiz en la pintura).

مزوقة *figure, carte de jeu sur laquelle est peinte une figure*, Bc.

زوقرة *espèce de chalémie, ou cornemuse sans bourdon*, Descr. de l'Eg. XIII, 474 et suiv.

زول I, n. d'act. تزوال, P. Kâmil 207, 2. — ما زال en Barbarie *encore*; ما زال لحال en Barbarie *il n'est pas tard*, Bc.

II *effacer de son cœur*, Alc. (raer del coraçon). — *Se désaccoutumer*, Alc. (desabituarse). — *Oter un cadenas*, Alc. (candado quitar).

III c. a. *asiduare* dans le Voc.; لجود المزاول «une pluie continuelle,» Mi'yâr 24, 2 a f. — *Observer, étudier assidûment*, Bait. II, 463: وامّا الذى يستعمل باشبيلية فصحّ لى بالخبر وطول المزاولة ان الصالحين فيما

مَضَى ازدرعوه فى البساتين مِمَّا جُلِب البهم من السواحل الساحلى, Ibn-Abdalmelic البحرية من بزر لِلخشخاش الساحلى وكان فقيها حافظًا عاقدًا للشروط نافذا فى معرفة, 16 v°: ما يصلحها ويفسدها طويل المزاولة لها, Chec. 209 r°; رجلٌ قد قرأ العلم ولم يجد فى المزاولة, Prol. II, 166, 8: من لم يزاول علمه, Tantâwi dans Ztschr. Kunde VII, 53: فلذلك كان كثير من عامّة اهل الازهر يظنّون انّى لا اعرف الفقه وقد صدقوا فانّى بتَرك مزاولتِه تَبعّدتُ. — Supporter, souffrir, endurer, L (tolerat صبر يُقاصى (pour يُقاسى), tolerantia وبُزاوِلُ ويَزاوَلُ ومُزاوَلَة ومُقاصاة واحتمال). — La signification de *traiter* un malade, dont Lane n'a pas trouvé d'exemple, est dans le Voc., qui a زاول المريض sous *frequentare*, et زاول c. a. sous *visitare*. On dit aussi زاول مَرَضًا, *traiter une maladie*, Chec. 209 r°: وقد زاول مَرَضى اطبّاء الايوان واحدًا بعد واحد فلم ينجح منهم لواحد علاج.

IV *élaguer*, retrancher d'un écrit les choses inutiles, Bc.

V *se dérober*, Abou'l-Walîd 231, 24.

زَوْل *prise*, Ht.

L: *inmobilitas* ذبات وزالية.

زَوَال, en parlant du soleil; la définition de Freytag est critiquée par Berbrugger, p. XLVIII, qui dit que c'est *le midi;* وقت الزوال *meridies*, Voc.; cf. Lane sous la Ire forme. — *Un objet qu'on voit indistinctement dans le lointain,* 1001 N. II, 79, 14, IV, 165, 7.

زَوَال *lolium perenne*, variété aristata, Prax R. d. O. A. VIII, 282 (zouel). C'est une altération de زوان, faite par le vulgaire, Ibn-Loyon 34 r°: — الزوان وتسميه العامّة الزوال. Dans le Voc. *zizania* est زوان et زوال, Domb. 60 *alopecurus* زوان et زوال, Beaussier (Tunis) et زوان (Tunis) *alpiste*. — *Endive*, Pagni MS (zuèl, scariola).

زَوَائِل pl. زوائل vulg. pour زائلة (1ère signif. chez Freytag et Lane), M. — *Un objet qu'on voit indistinctement dans le lointain,* M.

زَوَالى *mode de musique*, Descr. de l'Ég. XIV, 29.

ذو الجُثَّة العظيمة الذى يوم منظره est ان زويل, M; باطنه عظيم كظاهره il explique aussi زَوْل (cf. Lane 1272 a, l. 17 et suiv.) par الجُثَّة العظيمة.

زَائِلَة pl. زوائل, en Barbarie, *mule*, femelle du mulet, Bc, Cherb. Dial. 93, 223, Roland Dial. 603.

زَوْم pl. أَزْوَام *le suc qui s'exprime des plantes,* M. — *L'eau dans laquelle on laisse tremper les raisins secs*, M. — *L'eau dans laquelle on cuit,* M. — *Bouillon*, Bc; *jus*, Ht. — *La quantité d'eau qu'on verse chaque fois sur la pâte ou sur du linge qu'on lave;* aussi *fois*, p. e. غسلته زَوْمًا او زَوْمَين «j'ai lavé le linge une ou deux fois,» M.

زُونِيَة (ζώνη) *ceinture*, Fleischer Gl. 71.

زِوَان, à Alep, *du froment mal réussi*, p. e. celui qui, peu de temps après les semailles, a souffert de pluies trop abondantes, Niebuhr B. 151. On dit aussi زيوان, M.

زُوَّهى *poisson du Nil*, de bon goût, sans arêtes et sans écailles; il est charnu et sa queue est rouge, Seetzen III, 498.

زوى IV أَزْوَتْنِى لجانبها elle m'attira à côté d'elle, 1001 N. I, 210, 1.

V *être anguleux*, Gl. Belâdz.

VII c. عن *se retirer du commerce des hommes*, R. N. 101 v°: كان منزويا عن الناس هاربا منهم, Abbâr 202, 7: ثمّ ترفّق وانزوى ورابط على ساحل البحر, R. N. 61 r°: وقال يا ابرهيم تركنا لك رباط الريحانة — الدنيا كلّها وانزوينا فى هذا الثغر فحجّتت توذجبنا. C. الى *accedere*, Voc.

زَاوِيَة *cubiculum*, L; c'est pour زاوية.

زَاوِيَة, proprement *angle*, et de là, comme γωνία en grec, *cellule*, car les Arabes, en empruntant aux Grecs la vie monastique, ont donné, à leur exemple, le nom d'*angle* à une cellule, Reiske Aboulf. II, 426, n. *h*, 1001 N. I, 379, 5 a f. — *Oratoire*, Burton I, 408, II, 24 n., Abou-Hammou 164: زاهدٌ فى زاويةٍ بيته. — *Chapelle dans une mosquée, oratoire*, appartement dans une mosquée où les étudiants reçoivent des leçons, où ils étudient et écrivent, où ils se retirent pour se dérober à la foule, Djob. 213, 19, 241, 9, 267, 3 et 4, 6—8, 274, 3. زَاوِيَة العُمْيَان, *la chapelle des aveugles*, est une dépendance de la mosquée d'al-Azhar au Caire, où sont entretenus environ trois cents aveugles, qui, pour la plupart, sont des étudiants, Lane M. E. I, 320, Burton I, 99. — *Cabinet, chambre*, Koseg. Chrest. 36, 9, Djob. 59, 3, 268, 1, Berb. II, 98, dern. l., 138, 4 a f. (= خَلْوَة), 153, 6, 416, 9, 479, 2 et 5. — *Demeure d'un homme pieux*, Djob. 246, 18 et 19, *ermitage*, Domb. 99. — *Chapelle, petite mosquée*, Bc, Hbrt 158, Descr. de l'Eg. XVIII, part. 2, 137, Lane M. E. II, 211, *marabout, chapelle*, Ht, 1001 N. III, 219, 7 a f. — Grand édifice que Daumas, Kabylie 60, décrit de cette manière: «Toute zaouïa se compose d'une mosquée, d'un dôme (*koubba*) qui couvre le tombeau du marabout dont elle porte le nom, d'un local où on ne lit que le Koran, d'un second réservé à l'étude des sciences, d'un troisième servant d'école primaire pour les enfants, d'une habitation destinée aux élèves et aux telbas qui viennent faire ou perfectionner leurs études; enfin, d'une autre habitation où l'on reçoit les mendiants et les voyageurs; quelquefois encore d'un cimetière destiné aux personnes pieuses qui auraient sollicité la faveur de reposer près du marabout. La zaouïa est tout ensemble une université religieuse et une auberge gratuite: sous ces deux points de vue, elle offre, avec le monastère du moyen âge, une multitude d'analogies.» Ibn-Batouta, II, 437, dit aussi: «le monastère, chez les Grecs, correspond à la zâwia des musulmans.» — *Equerre*, instrument, Bc, M.

مَزْوًا *anguleux*, Bait. I, 4 a: ساقها مزوا, 9 b.

زَى VI c. ب *se vêtir de*, de Sacy Chrest. II, ٣, 6 a f.

زِيّ (vulg. زَى, M, Bc) *harnais, tout l'équipage d'un cheval de selle*, Gl. Edrîsî, Koseg. Chrest. 120, 7. — *Equipement d'une flotte*, Cartâs 224, 3. — *Pompe, appareil superbe*, Cartâs 107, 9, 204, 6. — *Façon, manière d'agir*, p. e. على زى العرب «à la façon des Arabes,» *goût, guise;* فى زى *en guise de;* على زى الوقت *à la mode*, Bc, M; *coutume*, Gl. Abulf. — *Comme,* زَيَّك *comme toi*, Bc (Eg.), Mehren 29. — *Semblant, apparence*, Bc. — بعضه c'est *la même chose* (Eg.), *cela revient au même, c'est tout un*, Bc. — بزيه *existant, qui est en nature*, Bc.

زِيّ *coulisse, rainure de châssis ou volet pour le mouvoir en glissant*, Bc. — *Liséré, cordonnet brodé autour d'une étoffe*, Bc.

زِيب

زِيبى, vulg. زِيباوِى, *épithète d'un excellent melon qui vient du village d'az-Zîb, entre Jaffa et Haifâ*, M.

زِيبِر I c. a. et II dans le Voc. sous *bosra*, où l'on trouve aussi زِيبْرَة, coll. زِيبِر; mais au lieu de *bosra*, il faut lire *borra*, car dans la 1ʳᵉ partie بُرَّة est *bora*, c.-à-d. *bourre*, l'assemblage du poil de certaines bêtes, qui, étant raclé de dessus leur peau écorchée, sert aux bourreliers à garnir des selles, des bâts, etc. C'est le même mot que زُبِير (cf. Fakhrî 81, dern. l.), que les dict. donnent sous la racine زبر et qu'ils expliquent par «surface velue d'une étoffe.» On voit qu'on en a formé un verbe.

زِيبْرَة *voyez ce qui précède*. — Chez Abou'l-Walîd 121, n. 25, on le trouve = נֶחָה et سَحْقَة, par conséquent *endroit usé d'un habit*. — Chez Alc. *buche*, c.-à-d. *jabot, poche que les oiseaux ont sous la gorge*, et *ventricule de quadrupède*.

زِيبَق I et II dans le Voc. sous *argentum vivum*. C'est donc pour زِئْبَق.

زِيْبَق, pour زِئْبَق, *vif-argent*, Voc., M.

زِيت II *huiler*, Bc, M, Auw. I, 685, 5: اناء مَزِيت. — *Vernir*, Alc. (le part. pass. *barnizado*). — زيّت السراج *mettre de l'huile dans la lampe*, M. — زيّت الزيتون *l'olive commença à contenir de l'huile*, M. V dans le Voc. sous *oleum*.

زَيْت. Le pl. زُيُوت, Voc., M. — زيت حارّ et زيت بزر الكتّان *l'huile de graine de lin*, Sang, M. — زيت عذب *huile d'olive*, Ht, aussi زيت حلو, voyez sous la IIᵉ forme. — زيت السودان *huile d'argan, mais il y en a qui disent que c'est une autre espèce d'huile*, Bait. I, 555 c. — زيت فلسطيني *en Egypte* = زيت ركاكى, Bait. I, 556 a. — زيت الماء *voyez sous* زيتون الماء. — *Zit el-aud* (?) *huile faite d'olives mûres*, Jackson 85, 283.

زَيْتَنَة *limoniastrum guyonianum*, Beaussier, R. d. O. A. VIII, 281, XIII, 89, Colomb 49, Ghadamès 329, cf. Pagni 197; *statice monopetala*, Prax R. d. O. A. IV, 132; *muscari racemosum*, R. d. O. A. VIII, 279; *Adianthum Capillus Veneris*, Guyon 205.

زيتوني *huileux, oléagineux,* Bc. — *Vert comme de l'huile,* 1001 N. IV, 472, 8 a f. — *Tournaline jaune,* R. d. O. A. XIII, 81.

زيتون Le pl. زوانين dans le Voc. — *Graines de myrte,* Alc. (grano de arrayhan). — زيتون الأرض *camélée, olivier nain,* Bc, Bait. I, 556 c. — زيتون الجّبر *les galles de fucus,* Pellissier 107. — زيتون الحبش et زيتون الكلبة *olivier sauvage,* Bait. I, 556 b. — زيتون الماء *olives mûres,* Gl. Manç. v° — زيتون الماء *olives qui ne sont pas mûres et que l'on met en saumure,* Most. et Gl. Manç. in voce. Ces olives ne contiennent pas encore d'huile; mais improprement on donne aussi le nom de *zaitoun al-mâ* aux olives cueillies avant leur parfaite maturité qui fournissent l'huile nommée زيت الأنفاق et زيت الماء, Most. — عيد الزيتون *pâques fleuries,* Bc.

زيتانة *plante qui a un goût de sel très-prononcé,* R. d. O. A. N. S. V, 231, 232.

زيتوني Un poulain زيتوني est celui qui a été conçu dans le sein de sa mère à l'époque où les olives mûrissent, c.-à-d., en automne, M. — *Etoffe damassée de velours et de satin, qu'on fabriquait dans la ville chinoise Tseu-thoung (actuellement Thsiuan-tchou-fou), dont le nom était Zeitoun chez les Arabes,* Bat. IV, 269. *En esp.* setuni, aceituni, Gl. Esp. 340. *Chez Marmol* II, 102 c, III, 111 a, ceteni *est «rica olanda de cambray.»*

زيّاتة *cresson de ruisseau,* Domb. 74, Ht. Chez Prax, R. d. O. A. VIII, 348, on trouve زيّاتة «une ombellifère qui vient dans l'eau.»

زياق رطل زياق «probablement une altération de روطل فرط, *rotl fort,* Descr. de l'Eg. XVI, 85, 104. نصف رطل زياق *marc, demi-livre, poids qui contient huit onces,* Bc.

الدم المزيت, t. de médec., *du sang sur lequel flotte une substance oléagineuse, comme celui qu'on obtient quand on saigne un malade qui a une pleurésie,* M.

زيتار (pers.) *lie d'huile,* Bait. I, 553 b (lisez ainsi avec A), Antâkî in voce.

I

زيبج forme au pl. أزباج, de Sacy Chrest. I, ٩٠, 4, et زبجات, Badroun 13, 5.

زيح I, IV et VII avec علّة, voyez sous علّة.

I *écarter,* Ztschr. XI, 681: اذا زحت لثامك «quand tu écartes ton voile,» M. — زاح ضرورة *faire ses besoins,* Bc.

II *régler du papier,* M.

IV. ازاح البكورية *déflorer, dépuceler,* Bc. — *Effacer avec un grattoir,* L (eradit ازاح — (يزويح ويبشر *effacer de la mémoire,* Bc. — L donne: *interpositio* احداي وازاحة.

زيح *ligne droite tirée avec la règle sur du papier,* M.

زياح pl. ات *procession,* Bc. — زياح البكورية *défloration,* Bc.

زيد I *augmenter,* v. n., *s'augmenter.* Dans le Roman d'Antar on trouve la construction: زاد به الغيظ «sa colère (ou sa tristesse, etc.) augmenta;» voyez les extraits de ce roman dans Koseg. Chrest. 87, 6 a f., 90, 5, 93, 3 a f., 94, 6. — *Enchérir,* mettre enchère, Bc, زاد في الثمن Macc. I, 302, 7, زاد في الكتاب «enchérir un livre,» *ibid.* l. 8 et 13. — C. في *agrandir,* p. e. une mosquée, زاد في المسجد Gl. Belâdz. — زاد وكثر *il a été beaucoup trop loin, passer la mesure,* Bc. — C. a et في *incorporer une maison dans un autre édifice,* Gl. Belâdz., Macc. I, 359, 15, J. A. 1849, I, 189, 5.

IV *redoubler,* Bc; ازاد في الكيل *combler,* Bc.

V *augmenter ses connaissances,* Haiyân-Bassâm III, 5 v°: c'était un homme très-savant, ولم يشتغله عن التزيّد عظيم ما مارسه من الحروب. — *Se passer, arriver,* Abou-Hammou 83: ensuite, mon fils, le préfet de police sera admis auprès de toi, لتخبرك بما تنزيد في ليلتك حتى لا يخفى عليك شيء من احوال رعيتك.

VI *s'agrandir, étendre ses domaines, sa fortune,* Bc. — En parlant d'un enfant, *naître à une époque où le père est déjà vieux et craint de mourir sans postérité,* Hist. Tun. 129: وجاء البمشير من الدولة العليّة مخبّرًا بتزايد غلام للسلطان مصطفى خان بعد وتوك ابنًا تزايد له من ابنة الحج ایاس *ibid.*

78

زِيدَان mode de musique, Hœst 258, زَبْدَان chez Salvador 54.

زِيَادَة abondance, Bc. — *Enchère, offre d'un prix supérieur à la mise à prix, ou au prix qu'un autre a déjà offert*, Macc. I, 302, 7 et 10, 1001 N. III, 78, 4 a f.; السَّوزِيَادَة «qui est-ce qui offre davantage?» Jackson 132; خَمْسِين رِيَال عَلَى الزِّيَادَة «50 dollars on the increase,» Jackson, Timb. 95. — Chez les Soufis, avec l'article, *quelque chose de plus que le paradis* (الحُسْنَى), à savoir *voir Dieu*, voyez Macc. I, 584, 10 et 16 (il renvoie à 583, 15 et 16), par allusion à ces paroles du Coran, X, 27: لِلَّذِينَ أَحْسَنُوا الحُسْنَى وَزِيَادَة Macc. I, 893, 1 et 2. — زِيَادَة *excessivement*, 1001 N. III, 196; مَعَ زِيَادَة صَغَرِه «malgré son extrême petitesse,» Bc. — *Portail d'église*, Alc. (portada de yglesia). — *Portique*, Alc. (portal para passear). — Avec l'article, nom d'une porte d'une mosquée à Damas, Macc. I, 720, 3, cf. l. 5. — زِيَادَة لَحْم ou زِيَادَة لُحَيْمَة *carnosité, excroissance charnue*, Bc; زِيَادَة الحَمِير chez le cheval, voyez Auw. II, 655, 5.

زَائِد avec l'art., *l'augmentation du loyer, ce qu'il faut payer en sus de l'ancien prix*, Macc. I, 602, 5 et 8. — زَائِدًا عَلَى, Abd-al-wâhid 261, 13, et زَائِدًا إِلَى, Bat. IV, 300, *outre*.

زَائِدَة *apophyse, saillie sur un os*; suivi de عَظِيمَة *exostose, tumeur osseuse*; suivi de لُحَيْمَة *fongus, excroissance charnue*, Bc. *Grosseur qui se montre au point de jonction du canon et des péronnés, aux pieds de devant et à ceux de derrière, en français le suros*, Auw. II, 654, 6 et suiv. — ذو الزَّوَائِد *autruche*, Diwan d'Amro'lkaïs ٤٠, vs. 6.

مَزَاد *enchère, mise, surenchère*, Bc.

مَزِيد *le convive qui emporte la nourriture chez lui*, Daumas V. A. 314 (mezid).

مَزْيُود *né*, Bc (Barb.), Roland.

مُسْتَزِيد *ambitieux*, de Sacy Chrest. II, ٢٧, 5 a f. et 274.

زَيَّر II. زَيَّر الفَرَس *mettre les morailles à un cheval*, M. — *Serrer* en général, M, *serrer les dents*, Daumas V. A. 501.

زِير Le pl. est زِيَار chez Cherb., qui dit que ce mot signifie *grande cruche à fond très-étroit et munie de deux petites anses*; il donne aussi le dimin. زُوَيْر, *petite cruche portative*; cf. Fleischer Gl. 20. زِير طَبَاشِير *jarre très-volumineuse, sur le corps de laquelle on place des قُلَل à plusieurs étages*, Descr. de l'Eg. XVIII, part. 2, 415.

زِيرَة vulg. pour جَزِيرَة, *île*, M.

زِيَار pl. ات *bâillon, instrument pour empêcher de parler*, Alc. (mordaza). — *Etau*, Ht. — ou زِبَار, pl. ات, serait, selon Quatremère, Mong. 286 a, une espèce d'arc; il cite, entre autres passages, celui-ci, qui est emprunté au continuateur d'Elmacin: عَلَى كُلّ عَجَلَة أَرْبَع زِيَارَات كُلّ زِيَار فِيهِ ثَلَاثَة جُرُوخ وَخَمْس طُبُول. Ici il est donc question d'une machine de guerre dans laquelle étaient réunis trois *djarkh*, c.-à-d. trois arbalètes avec lesquelles on lançait, soit des flèches, soit le naphte. Ibn-Khaldoun, Berb. II, 321, 13, parle, sous l'année 1298, d'un engin énorme, construit par plusieurs ingénieurs et un grand nombre d'ouvriers, et qu'on appelait قَوْس الزِّيَار. La portée en était extraordinaire, et il était si grand, qu'il fallait onze mulets pour le transporter. Cette machine prodigieuse était, à ce qu'il semble, une réunion de quantité d'arbalètes, une arbalète-monstre. (La leçon du texte est aussi dans le man. de Madrid et dans l'éd. de Boulac; notre man. 1350 semble porter بَعْرِس, au lieu de بِقُوس).

تَزْيِيرَة *le costume des dames quand elles se promènent ou qu'elles vont à âne*, Lane M. E. I, 61, Descr. de l'Eg. XVIII, part. 1, 114.

زِيرْبَاج «signifie en persan: un plat de cumin; mais aujourd'hui [XIIIe siècle] c'est un mets composé de sucre, d'amandes et de vinaigre,» Gl. Manç. Chez Ibn-al-Djauzî, 145 v°, زِيرْبَاجَة, comme dans les 1001 N. I, 217, dern. l., 224, dern. l., cf. Bresl. II, 180, 6—8.

زِيرْقُون = زَرْقُون, *vermillon*, Bg.

زِيرْكَا (؟) voyez زِير.

زِيرْ, زِيرَة pl. زِيزَان, est le mot berb. أَبْزِيز (voyez), dont les Arabes ont fait aussi بَزِيز (voyez). *Cigale*, Bc, Bg, Mc, Hbrt 71, Bait. I, 555 b (lisez ainsi avec B), II, 128 d (même remarque). D'après le M c'est une onomatopée, et il ajoute que le peuple dit ordinairement جِمْز.

زِيزَة pl. زَوَائِز, en Barbarie, *mamelle, téton*, Bc (Barb.), Hbrt 3 (Alg.), Ht, R. Jehouda b. Koreich, éd. Bargès et Goldberg, p. 105, l. 12, où les éditeurs remarquent: «איז est melitense *zeiza*, italicum *zizza*, i. e. *mamma*, et arab. vernac. زيزة.»

زيزفون, en Barbarie, *muet*, Domb. 107, Bc.

زَيْزَفُون (de ζιζυφος), mot dont on se sert à Damas, espèce de غُبَيْرَاء qui ne porte pas de fruits, Bait. I, 556 d, II, 233 c; *jujubier*, Bc; c'est le *jujubier blanc*, voyez Dodonæus 1356 b; Rauwolf, qui donne aussi le nom arabe, 112, 276, a vu cet arbrisseau à Alep et au Liban. — *Tilleul*, Bc.

زِيغ

زَاغ (pers.) *corneille*, Bc, Hbrt 67, cf. de Jong et Lane.

زِيغَة *subterfuge*, Bc.

زَيف I. زَاف فِي مَلَابِسه *s'habiller avec une extrême recherche*, M.

II, au fig., en parlant d'autres choses que de monnaies, *déclarer, prouver qu'une assertion, une opinion, une preuve, un témoignage sont faux*, aussi c. a. p., Djob. 169, 6, Prol. I, 3, dern. l., 44, 1, 61, 14, II, 395, 2, III, 215, dern. l., Macc. III, 201, 14, Ibn-Abdalmelic 131 v°: كان مقتصرًا على جدال المخالفين ودفع شبههم وتزييف آرائهم. Aussi زَيَّف الرجل عند القوم *parler désavantageusement de quelqu'un*, M.

زَيَّف voyez زَاف.

زَيف *du tarbouch, bande cousue autour du tarbouch pour le préserver de la saleté*; on dit ordinairement زَاف, M.

زَيف pl. أَزْوَاف *bordure, bande, garniture mise au bas d'une robe*; — *queue trainante d'une robe*, Alc. (cortapisa, haldas, rabo de vestidura; sous halduda (l. haldada, comme chez Nebrija) cosa con haldas, il donne: be zuiff xatîn). — *Pli, creux que forment les jupes dans le giron d'une femme assise*, Alc. (regaço).

— *Essuie-main*, Jackson Timb. 231. — *Brosse*, Domb. 95.

زِيق II. Dans l'éd. de Bat., I, 37, on lit que التَّرْفِيق est un terme technique des Soufis qui signifie *appuyer la tête sur les genoux*. Dans le man. de M. de Gayangos (6 v°) c'est التَّزْيِيق, et je crois que cette leçon est la véritable, car plus loin (9 v°) on rencontre encore trois fois le verbe زَيَّق, suivi des mots: «et releva la tête.» L'édition, p. 64, a زعق, « il poussa un cri;» mais l'action d'appuyer la tête sur les genoux convient mieux à l'ensemble du récit, et un copiste aurait changé difficilement le verbe زعق, qui est fort connu, en زَيَّق. On conçoit fort bien, au contraire, qu'ayant oublié l'explication donnée par l'auteur, quelques pages auparavant, du terme technique التَّزْيِيق, il n'ait pas compris le verbe زيق et qu'il y ait substitué زعق.

زاق = زَاغ *corneille*, Bc, Hbrt 67.

زِيق, *collet*, forme au pl. أَزْيَاق; مسك من أَزْيَاقه «saisir au collet,» Bc. — *Un morceau d'étoffe*, M. — *Bord, bordure d'un habit*, Vêtem. 282, 15, Ztschr. XI, 523, n. 46, Aboû'l-Walîd 629, 22. — *Petite raie sur une étoffe*, M. — *Dé* (pour jouer), Bc. — *Le cri du rat*, de même que *mia-mia-ou* est le cri du chat, 1001 N. I, 170, 7. — *Le cri d'une porte qui tourne sur ses gonds*, M.

زَاقَة *dé* (pour jouer), Bc, Hbrt 90.

زَيَّاق *racleur, mauvais joueur de violon*, Bc.

زَيَّك II *orner en rond*, 1001 N. Bresl. (j'ai noté IV, 227, mais cette citation est fautive): صينية مزيكة بالذهب, où l'éd. Macn. porte مزركشة. — *Aller et venir plusieurs fois*, M.

زِيل

زِيل *castagnettes*, Ht, cette espèce de crotales que l'on fait résonner en les agitant seulement, Descr. de l'Eg. XIII, 495.

زين I vulg. pour وزن, M.

II *décorer une ville de tapis, d'ornements de tout genre, et de tout ce qui annonce des réjouissances publiques*, Maml. I, 1, 29; Bc a زَيَّن البَلَد *illuminer, faire des illuminations*. — زَيَّن المركب *pavoiser*, Bc. — *Raser*, Bc, Hbrt 77. — زَيَّن لنفسه المحال *s'aveugler, se tromper soi-même*, Bc.

V faire sa barbe, Bc (Eg.), Hbrt 77.

زين, comme adj. (cf. Lane), *joli, beau*, Mc, Ten Years 366, Richardson Sahara I, 134, II, 184, Jackson 189, Prol. III, 430, 3 a f., où il faut lire زَيْن, sans article, avec l'éd. de Boulac et notre man. 1350, 1001 N. III, 436, 4 a f., Bresl. XII, 137, 4 a f., où Fleischer (Vorwort, p. 19, l. 1) veut à tort changer la leçon, Ztschr. XXII, 74, 7. — *Bon*, Richardson Sahara I, 134, II, 136, 285, Lyon 316. —

زين الخَوَاتِم *doigt annulaire*, Alc. (dedo del anillo), et *doigt du milieu*, Alc. (dedo del coraçon).

زِين قَدَح زِين *arc-en-ciel*, Cherb. (Constantine et Tunis). زين الله a-t-il le même sens? voyez le passage du Formul. d. contr. que j'ai publié sous برج II.

زِينَة *les fêtes de toute espèce qui ont lieu dans les occasions solennelles*, Maml. I, 1, 29. — زينة السلاح *grande tenue* (de Slane), Berb. II, 267, 9. — أمراض الزينة sont, en termes de médecine, les maladies des cheveux, des ongles et de la peau, M.

زَيْنِي *espèce de raisin*, Ztschr. XI, 478, 524.

زينونة, suivi de الكَرْموس, *cigale*, Hbrt 71 (Alg.).

زِيان, *avarie*, Ht.

أَزْيَن *plus beau*, lisez ainsi Auw. I, 221, 22.

تَزيين est chez Alc. «cobre de bestias;» Victor explique ce terme par *étable à bœufs, chevaux ou autres bêtes*; chez Nuñez «cobre» seul est: *corde où sont attachés des chevaux, des mulets, etc., à la suite l'un de l'autre*.

مُزَيَّن *cheval sellé et couvert d'une housse*, Alc. (paramentado cavallo, cf. Victor).

مُزَيِّن, *barbier*, est en usage en Orient, mais non pas en Barbarie, Prax R. d. O. A. IX, 157. En Espagne on l'employait en ce sens, Voc., Macc. II, 328, 5 et 6, et on le trouve aussi chez Ht.

مُزَيِّان, fém. ة, *beau*, Bc (Barb.), Hbrt 7 (Alg.), Domb. 107, Jackson 185.

س

س abréviation de سُؤَال, *demande*, Bc.

سابرقان voyez sous شابرقان.

سابيزك, سابيزج, سابيرج (pers.), *mandragore*; les deux dernières formes Bait. II, 3 e, ou avec le *chîn* au lieu du *sîn* (l'une et l'autre lettre en persan), I, 492 a, II, 595 (AB). La première forme dans le Most., mais avec le *râ*, au lieu du *zâ*, comme dans quelques man. de Bait. et chez Ibn-al-Djezzâr, et Bg donne سَبْرَاح القُطْرَب.

سابورقان voyez sous شابرقان.

سابوق (ital. sabuco = sambuco) *sureau*, أشجار سابوق «arbores sabuci,» trad. d'une charte sicilienne apud Lello 10.

سابونى épithète pour une espèce de caroubier, Bait. I, 355 a (AB).

الساجية corps de cavaliers qui devait son nom à Abou-'s-sâdj Divdâd, père des célèbres Mohammed al-Afchîn et Yousof; voyez Defrémery, Mémoire sur les émirs al-oméra, p. 4 et 5.

سادة (= سادى) *uni, simple, sans ornement*; ورق سادة *vélin, papier sans vergeure*, Bc.

سادوران suc noir et sans odeur, qui provient des racines de certains arbres, notamment du grand lentisque. On le mêle aux parfumeries et en Omân il sert à teindre le bois, Most. in voce, Bait. II, 2 b, Gl. Manç. Le dernier, qui écrit incorrectement سادُروان, ajoute que ce n'est pas une gomme, et que c'est ce que les Arabes appellent دَوْدَم لَثَى ou دَوْدَم. Selon les deux premiers auteurs, ce mot serait persan et signifierait «le costume noir des cadis,» car, dit le Most., «le costume des cadis est noir en Perse, et dans la langue de ce pays, ساد signifie «noir,» et وران «les cadis.»» C'est inexact; les mots persans qu'ils ont en vue sont سِيَاه داوران. Au reste, Rauwolf, 127, s'est trompé en pensant que le terme en question désigne une espèce d'algue.

سار

سَأَرٌ.

سَائِرٌ s'emploie comme جَمِيعًا, كَافَّةٌ, p. e. تنحنى لك ظهور الملوك سائرا «de tous les rois,» Gl. Abulf.

سَارَافِيم séraphin, Bc.

سَارْدَة (esp. sarda) sorte de petit poisson de mer qui ressemble aux anguilles, Domb. 68.

سَارْسِينَا ? parmi les présents des Génois, Nowairî, Egypte 2 n, 33 r°, nomme سارسينا حَلْيَيْن.

سَارَنْجِ = اسرنج, J. A. 1861, I, 33.

سَاسَا limaçon, Most. v° حَلَزُون.

سَاسَافْرَاس sassafras, Bc.

سَاسَالِ séséli, Most. v° سَسَالْيُوس.

سَاسَالِيُوس même sens, Bait. I, 96 f (AB).

سَاسَان était, dit-on, un mendiant qui inventa une infinité de moyens pour se procurer de l'argent. De là vient que tous les imposteurs, tous les chevaliers d'industrie portent le nom de Benou Sâsân, et que leur art s'appelle عِلْم سَاسَان ou طَرِيقَة سَاسَان; voyez le M sous سوس, Harîrî 326, 4 a f., Ztschr. XX, 493, Macc. II, 549, 3, III, 21, 5 a f., 22, 11.

سَاسَانِيّ adj. dérivé du nom du personnage dont il vient d'être question, Ztschr. XX, 500, n. 1, texte qui a été corrigé XXI, 275, Macc. III, 21, 17.

سَاسِل les racines de la plante dite قِلْقِل, Most. v° مغاث.

سَاسْلِيُوس séséli, Calendr. 75, 7.

سَاسْنُو ou سَاسِنُو arbouse, Domb. 72, Hbrt 53 (Alg.).

سَاسِيم sorte de bois qui ressemble à l'ébène, Bait. I, 8 b, où A porte سيساما et B وهو الساسيم شيساما; cf. dans les dict. سَاسَم sous سسم.

سَاشِم cendrée, petit plomb de chasse, Cherb.

سَاغَرِي (turc.) جِلْد سَاغَرِى chagrin, espèce de cuir, Bc.

سَأَلَ I, demander une chose à quelqu'un, se construit aussi c. a. p. et فِى r., Badroun 290, 1: وسال الشيخ فى مُكَاتَبتِه فى مهمَّاته واخبار بلده Nowairî Espagne 465, de Sacy Dipl. XI, 42, 4. — C. a. p. *demander à quelqu'un comment il se porte*, Aghânî 35, 7. — *Demander conseil*, Alc. (demandar consejo). — *Demander, quêter, mendier*, demander l'aumône, Bc; c. a. p., Bat. II, 157. — *Mendier*, fig., rechercher avec bassesse, Bc. — *Interroger*, c. من de la personne qu'on interroge et عن de la personne au sujet de laquelle on prend des informations, Macc. II, 225, 11: قد سالتُ بنَ المُعَرِّف عنك, et dans les Add. ce passage des 1001 N.: فسالت من التاجر عن الصبية. — *Prier pour quelqu'un, intercéder pour lui*, se construit c. فى, R. N. 70 r°, dans une prière adressée au Prophète: قوم من امَّتك اتوني يسالوني فى قوم صالحين ان يُطْلَقُوا فيهم فقد سَأَلْتك فاسل اللّه فيهم; mais Bc a la constr. c. a., سال احدًا, dans le sens que je viens d'indiquer. — C. عن *se soucier de*, R. N. 47 r°: وكان له فرس وكان يطلقه فى زرع المرابطين فحوطب فى ذلك فلم يقبل ولا سال عن كلام من خاطبه. — *Etre créancier de*, Roland. — سُئِلَ عن *on lui demanda compte de*, Ztschr. V, 59, n. 1.

سُؤْل espoir, Voc. (spes). — كل منكم يحكم بِرَأيه وسُؤْلِه «chez vous chacun ne connaît de règle que ses opinions et ses fantaisies,» de Sacy Chrest. II, ١٥, 5 a f.

سُؤَال, demande, prière, question, forme au pl. أَسْئِلَة, de Sacy Chrest. I, ١٣٠, 3, dans le Voc. أَسْؤُلَة. — *de quoi s'agit-il?* Bc. — *Mendiant*, Voc. (avec ces voyelles), Cout. 16 v°: ويدخل هذا السوال فتصير من اكرامه الى حيث صرت الصعلوك a (I, 169, 19).

سُؤَالِىّ problématique, Bc. — *Rogatoire* (commission), qu'un juge donne à un autre pour faire une instruction, etc., Bc.

سُؤَالَاتِى questionneur, Bc.

سَائِل. Ceux qui venaient à la cour des califes pour recevoir des cadeaux ou demander des faveurs, étaient nommés سُؤَّل; mais comme ce terme signifie aussi «mendiants,» le Barmécide Khâlid le changea en زُوَّار, Fakhrî 185, 4.

مَسْؤُولِيَّة obligation (acte), M.

سالوس مُتَسَّىِل mendiant, Hbrt 221.

سَالُوسْ (pers.) *imposteur*, Ztschr. XX, 504. — *Imposture, tromperie*, Fâkihat al-kholafâ 77, dern. 1 (la singulière bévue de Freytag, qui, dans une note sur sa traduction (p. 57), a dit que c'était « sans doute le latin *salus*, » a été corrigée Ztschr. VIII, 617).

سَأم pl. سِقَام سَئِيم *déplaisant*, Alc. (dessabrido en costumbres).

سَامَان sorte de jonc qu'on ne trouvait que dans le voisinage de la petite ville de Baisân en Palestine, et dont on fabriquait de très-belles nattes, Edrîsî, Clim. III, Sect. 5 (Baisân): وينبت بها السامان الذي يعمل منه لخصر السامانية ولا يوجد نباته البتة الا بها وليس في سائر الشام شيء منه. Voyez des exemples dans le Gl. Fragm. et chez Khallic. IX, 13, dern. l. (en disant dans une note sur ce passage, III, 681, que ce mot se trouve chez Bait. M. de Slane s'est laissé tromper par Sontheimer; dans la phrase qu'il a eu en vue, Sonth. I, 21, 1, il faut lire avec nos deux man. (سمار). Plus loin Edrîsî dit en parlant de St.-Jean-d'Acre (*ibid.*): ويعمل بها من لخصر السمانية كل عجيبة وقليلا ما يصنع مثلها في بلد من البلاد المعروفة. Telle est la leçon des quatre man. en cet endroit, sans *élif*. Chez Bg on lit sous *natte*: « nattes fines faites d'une espèce de jonc que l'on appelle *sahamân*, حصر سليمانى, » d'où il résulte que le mot سامانى a été altéré en سليمانى. Je crois retrouver ce mot chez Alc. Il donne çamâma, pl. çamâm, sous *ensordadera*; ce dernier mot signifie *sagette*, sorte d'herbe qui vient dans les endroits humides, et plus souvent dans les ruisseaux; on en fait des siéges de chaises. Je pense que c'est une légère altération de سمان ou سامان, n. d'un. ة.

سَانِقَة (pers.) *Asplenium Ruta muraria et Adianthum Capillus Veneris*, Bait. II, 3 d, où il faut lire ainsi, Most. v° برشياوشان (même faute).

سَايَة (pers. سايه), en style de chancellerie, *ombre, protection, puissance*, M.

سَبّ I c. a. p. chez le vulgaire aussi *médire d'un absent*, M.

II. On dit: سبّب الله هذا السلطان رحمة للمسلمين dans le sens de: « Dieu a donné ce sultan aux musulmans par miséricorde, » Djob. 300, 19; سَبَّبَكَ اللهُ لى « Dieu a voulu que vous me rencontrâtes, » Djob. 292, 12; سَبَّبَ الى المدرسة الفوائد « il assigna des revenus au collége, » Khatîb 131 v°. — *Chercher, trouver un prétexte*, Djob. 74, 15. — *Aider de ses vœux*, Alc. (ayudar con voto). — *Risquer, hasarder*, Alc. (aventurar). — سَبَّبَ على روحه *gagner sa vie*, Voc. — *Commercer, trafiquer*, Ht; سَبَّبَ فى التمر « faire le commerce des dattes, » Cherb. Dial. 230.

V c. الى r. *chercher, trouver des prétextes ou des raisons pour*, l'anonyme de Copenhague 39: تَسَبَّبَ لأن, الى اخذ اموال التجار والذاية للجيران, Abbad. II, 62, dern. l. (où il faut lire avec le man. (تسببوا); aussi c. فى, Macc. I, 522, 5 a f.; c. فى *chercher une occasion pour*, p. c. فى مراده « pour exécuter son projet, » Gl. Bayân; c. الى p. *chercher, trouver des prétextes contre* quelqu'un, Macc. II, 115, 1; تَسَبَّبَ الى فلان بِمَكْرُوه *chercher des prétextes pour nuire à quelqu'un*, Amari Dipl. 22, 1. — تَسَبَّبَ فى طلب انواع المعاش *chercher à gagner sa vie de différentes manières*, Müller 43, 10. — *Travailler pour le gain, être âpre au gain*, Khatîb 38 v°: تَامَ الرجولة قليل التَسَبُّب — C. a. *causer, occasionner*, Abbad. I, 18, 6 a f.: وفى الذى تسبّبتْ عزّل تاشفين واخماله

VII *être blâmé*, Voc.

سَبَبَة *cause*, Bc (Barb.).

سَبَبَة *les jours de la semaine*, M.

سَبَب. Chez Alc. « respeto » est حُرْمَة ou سَبَب; je suppose qu'il a pensé à des expressions comme سببك « par égard pour vous. » — *Introducteur*, Fragm. hist. Arab. 271, 4: quelqu'un ayant demandé la permission d'entrer à toute heure chez le calife al-Mahdî, celui-ci lui accorda sa demande, وصيّر سليمًا لخادم سَبَبُهُ يعلم المهدى بمكانه كلما اراد الدخول, Gl. Belâdz.; انت سببى الى الامير « c'est vous qui avez été mon introducteur auprès de l'émir. » — Lane donne ce mot dans le sens d'*alliance, union par mariage*. Le pl. أسباب désigne aussi des personnes, et au premier abord on serait tenté de croire qu'il signifie *alliés, ceux qui sont joints à un autre par affinité*; mais je crois qu'il a un sens plus large et qu'il signifie *les entours d'une personne, ceux qui vivent dans sa familiarité, qui forment sa société intime;* exemples: Macc. I, 468, 8: ولا اغضى لاحد من اسباب السلطان ,وأقلّه حتى تحاموا جانبه فلم يجسر احد منهم عليه avec la variante اصحاب, Bayân II, 285, 5 a f.: وامر بالقبض عليه وعلى ولده واسبابه وعلى ابن اخيه هشام, وصُرِفوا عمّا كان بايديهم من الاعمال. Je crois que ce mot a le même sens dans les Fragm. hist. Arab. 429, 13: Ayant dit qu'ils voulaient chasser Hasan ibn-Sahl et ses employés de Bagdad, ils chassèrent deux de ces derniers, اخرجوهم وطردوا اسبابهم ,«avec leurs entours.» — *Moyen de gagner sa vie, métier* (proprement سبب المَعاش, Djob. 286, 16), Voc. (oficium, qu'il prend en ce sens, comme le prouvent les synonymes arabes qu'il donne), Bat. I, 240, Khatîb 86 v°: وكان أَمْرُهُ في التوكُّلِ عجبًا لا يلوي على سبب, ce qui signifie que, plein de confiance en Dieu et convaincu que celui-ci pourvoirait à tous ses besoins, il n'avait recours à aucun moyen de subsistance. — *Commerce*, négoce de marchandises, *industrie*, commerce, Bc, *commerce de détail, négoce*, Hbrt 100, Delap. 130, 1001 N. II, 77, 3 a f. On emploie le pl. اسباب dans le même sens, Vêtem. 271, 18, 274, n. 13; الاسباب للخوانيت «commerce intérieur,» Bc. Le pl. اسباب *effets, biens, objets meubles*, Bayân II, 121, 9, Macc. I, 626, 10, Maml. I, 1, 52, 1001 N. III, 7, l. 12, Abdari 54 v°: وجدت فيه (في مسجد) دار الندوة, اناسا نزلوه باسبابهم وهم يعملون اعمالهم, جَعَلَ الأمْرَ فيه (في الكتاب), Khatîb 60 r°: سائر الصناعات, بضرب رقابهم وسبي اسبابهم, Nowairi Egypte 2 m, 127 v°: عزله عن الوزارة وامر بالحوطة على امواله واسبابه وذخائره. Le sing. سبب s'emploie dans le même sens comme un collectif, Abd-al-wâhid 209, 4 a f., Badroun 144, 5. Le pl. اسباب désigne surtout *les effets dont on se sert en voyage, bagage* (proprement اسباب الطريق, Macc. I, 236, 4, ou اسباب السفر, 1001 N. I, 55, 5), Djob. 325, 17, 326, 6, 333, 11, Bat. III, 29, IV, 440, Macc. I, p. xcix, 3 a f., 695, 1, Abdari 58 v°: ayant l'intention de rester quelque temps à la Mecque, j'y avais loué une maison, وحصلت فلما كان من الغد بعثت ibid.: اسبابي كلها بمكّة ,ببعض اسباب بقيت معي الى مكّة. — *Marchandise*, Bc, Macc. II, 509, 14, 3 a f. (où l'on peut aussi

traduire *effets*, comme dans le passage des 1001 N. que cite Freytag). — Le pl. اسباب *affaires*, Roland, Djob. 30, 10: وكان الاجتياز على جيران لقضاء بعض الاسباب, J. A. 1843, II, 218, 3 a f.: لينوب عنه في جميع اموره كلّها وكافّة اسبابه وشـؤنه. Je crois que ce mot a le même sens dans les Fragm. hist. Arab. 500, 10. — *Chose*, Voc. (res), Mohammed ibn-Hârith 237: وكان لا يخاليه احد في مجلس نظره ولا في داره, 346: ولا يقرأ كتابا لاحد في سبب من اسباب للخصومة ,«قد عرفت محبتي لك وشجئتى بجميع اسبابك toutes les choses qui vous concernent,» 347: قلّـده اسبابَ, سببٌ ضاع, Bayân II, 314, 2: الامانات في بعض الكُبَر «nous avons perdu quelque chose» (il s'agit d'une bourse), Khatîb 31 v°: غفلته ونوكه كان هذا الرجل, من البله في اسباب الدنيا, Haiyân-Bassâm III, 140 v°: فوصل اليه منها بعض اسباب من ذخائر وثياب. — سبب واحد monosyllabe, Bc.

سَبيبيَّة *série de causes et d'effets*, Prol. II, 367, 12.

سَبيب *cavalerie*, Ht.

السَّبَّابة = السَّبَّابة *l'index*, le doigt près du pouce, P. Macc. II, 283, 3 a f.; dans L (salutarius) الاصبع السبّات ¤

سبّابَة *celui qui insulte de paroles*, Gl. Bayân.

تسبيبًا et حُكْمُ التَّسبُّبِ, تَسْبيبٌ et تَسَبُّبٌ *à titre fortuit, occasionnel*, Gl. Maw.

مَسَبَّة *injure, détractation* ou *détraction, invective, médisance, personnalité*, trait piquant, injurieux, Bc.

مُسَبِّب *commerçant*, Bc, Domb. 104, Ht, Delap. 130, Cherb. Dial. 122, 139.

مُتَسَبِّب *ouvrier*, Voc. (oficiosus; les synonymes arabes qu'il donne prouvent qu'il emploie ce mot dans cette acception); peut-être en ce sens chez Bat. IV, 373.

سبارينا *salsepareille, racine médicinale du Pérou*, Bc.

سبانغ, سباناخ, comme disent quelques-uns, pour اسباناخ, *épinards*, M.

سباهى (pers. سپاهى) *spahi, cavalier turc*, Bc.

سِمْت.

سِبْت (voyez Lane) se trouve Diw. Hodz. 129,
vs. 5, avec l'explication نَعَال مَدَ بِغْنَا.

سِبْت *bahut*, sorte de coffre, Bc, 1001 N. Bresl.
V, 104, 2 a f.

سِبْتَة *ceinture de cuir, sans poche, à l'usage des
domestiques hommes*, Bc, *ceinturon*, Hbrt 134.

سَبَّات *avoir le regard fixe et les membres roides*,
si tel est le sens des paroles du M: والسَّبَّات عِنْد
العَامَّة يُطْلَق على الشخوص والجمود. — *Terres salées
et marécageuses*, M.

سُبَات *extase*, état de maladie; *léthargie; sopeur*,
engourdissement voisin du sommeil, et qui le précède,
Bc; les médecins distinguent entre le سبات سهرى
et le سهر سباتى, voyez M.

سبوت *semaine*, 1001 N. Bresl. III, 349, 6 a f.:
ويكون عهدى معك الى كل سبوت اجى الى عندك
مرة واحدة ☜

سِبَانَة *trèfle*, une des couleurs noires du jeu de
cartes, Bc.

سُبَاتِى *léthargique*, Bc; cf. سَبَّات.

سبج.

سَبَج *jais, bijoux de deuil*, Abbad. I, 32. Dans
le Gl. Esp., 221, j'ai cité un passage du Most. où
on lit qu'en Espagne on les mettait au cou des petits enfants afin de les préserver du mauvais œil;
Edrîsî (apud Bait. in voce) dit de même: ليس من
منه خرزة او خاتم به دفع عنه عين العاين ☜

سُبْجَة est une espèce de tunique portée par les
mères de famille; elle se compose de deux pièces
d'étoffe cousues ensemble, avec des manches qui n'ont
pas plus qu'un empan de longueur, Ibn-as-Sikkît 524.

سبح I. Le vulgaire dit سبح الرجل فى الامر dans le
sens de اتَّسع وتمادى, M; c'est donc comme le سبح
de la langue classique. — سبح قَلْبُه الكلام *avoir
un sentiment comme si l'on tombait saisi de frayeur*,
M. — *Couler;* on dit سبح الماء على الأرض, M. —
Parer un trait, un coup, *l'empêcher en y opposant
quelque chose qui l'arrête*, Antar 47, 13, 67, 7 a f.

II *faire nager*, Gl. Belâdz.

سبح *litanies*, prières aux saints et à la Vierge,
Bc. — عيد السبح *dimanche des Rameaux*, Payne
Smith 1639. — Poisson dans la mer d'Oman, long
d'une coudée et ayant la face d'une chouette; il vole
au-dessus de l'eau par bonheur pour lui, car il y en
a un autre, nommé العنقريس, qui en fait sa proie,
et qui le dévore quand il tombe dans l'eau, Edrîsî,
Clim. I, Sect. 7.

سُبْحَة se dit aussi de grains avec lesquels on
joue (خرزات للعب), M.

سبوح aussi en parlant d'une autruche, Diw. Hodz.
dans Fleischer, Beiträge zur arab. Sprachkunde, IV,
288.

سبيح *nageur*, Bc.

سَابِحَة pl. سَوَابِح *funérailles, obsèques et cérémonies qui se font aux enterrements*, Alc. (essequias,
synonyme نباح; il écrit ce mot avec un 'ain, mais
c'est une erreur).

تَسْبِحَة *cantique*, Bc.

تَسْبِيح pl. تَسَابِيح *cantique*, Bc; air gai et d'une
mesure à trois temps assez vive, que chantent les
fakîhs, Descr. de l'Eg. XIV, 209. — *L'appel du
moëddzin à minuit*, M. — Chez les chrétiens, *matines*, Alc. (maytinadas), 1001 N. I, 201, 4 a f. —
Chapelet, Alc. (cuenta de rezar), Hbrt 156, Ht, 1001
N. I, 500, 5 a f. (où le djîm, au lieu du hâ, est
une faute). — رَأْس التَسْبِيح *file de jetons pour faire
un compte*, Alc. (contal de cuentas).

مِسْبَحَة (les voyelles chez Hbrt) pl. مَسَابِيح *chapelet, rosaire*, Bc, Hbrt 156, Macc. I, p. c, 5 a f.,
2 a f. (où les voyelles مُسَبِّحَة sont mauvaises), 1001
N. Bresl. VII, 16, 5.

سبخ II *engraisser des terres*, Bc, Auw. I, 405, 6,
II, 327, dern. l., 328, 1; dans d'autres passages de
cet auteur ce verbe est altéré; lisez donc I, 317, 11
والتسبيخ, au lieu de الذ ى du man. de l'Escurial;
notre man. porte والتسبيخ; de même 326, 1, 405, 7
(notre man. تسبيخ, et il a correctement وقتن, au
lieu de وقد). Cf. l'article qui suit.

سَبَخ *marécage*, Bc. — *Engrais, terreau*, fumier
pourri et réduit en terre, Bc; sebakh, espèce d'engrais; ce sont les cendres et les poussières qu'on tire

سبر 625 سبط

des anciennes habitations, et qui renferment beaucoup de salpêtre,» Descr. de l'Eg. XII, 279; ailleurs, XVIII, part. 2, 402, on trouve *sebâkh*, et ce mot est écrit en effet سباخ chez Auw. I, 436, 11.

سَبْخَة et سَبَخَة *terre nitreuse*, Burckhardt Nubia 214; «wide sheets of the tufaceous gypsum called *sab-khah*,» Burton II, 129. — *Marécage*, Bc, *marais*, Daumas Sahara 91, 98, *plaine sablonneuse, salée et marécageuse*, Richardson Sahara I, 162; *lac salé*; on en trouve beaucoup en Algérie et dans le midi de la régence de Tunis, v. Ghistele 373, Richardson Morocco II, 94, 201; *une plaine qui, en hiver, est ordinairement couverte d'eau, mais qui, dans l'été, se dessèche plus ou moins et se couvre d'une croûte de sel*, Quatremère sur Becrî 18. — *Endroit où les cochons se vautrent*, L (volutabrum).

سَبْخِي *marécageux*, Bc. — مِلْح سباخى, nommé comme une espèce de sel qu'on appelle aussi مِلْح العجمين Most. v° ملح, Bait. II, 531 e (AB), semble désigner: *du sel tel qu'on en tire des plaines, marécages ou lacs salés qu'on nomme* سَبْخَة (voyez); Edrîsî ١١٣, 3: وهو نهر ملح سبخى. En parlant d'une ville, Edrîsî, Clim. II, Sect. 5: والمدينة فى مستوى من الارض حارة سَبْخِية, ce qui paraît signifier: *bâtie sur une plaine salée et marécageuse* (corrigez le Gl. Edrîsî).

سِبَاخ *engrais*, voyez sous سَبَخ.

سَبَّاخَة pl. سَبَائِخ = سَبْخَة *marais*, Voc. (palus).

سبر II, comme la Ire, *examiner*; j'ai noté ce passage tiré d'un man., mais en oubliant d'en indiquer le titre et la page: (sic) وكان منتجّمه قد قل له فى تسبّر مولده ان عليه قطعًا فى هذا اليوم ومنعه من الركوب فلم يركب ❊

VII quasi-pass. de la Ire, Voc. sous experiri.

سِبْر *goût, manière de faire, genre*; على سبر الفرنج «dans le goût européen;» *mœurs, coutumes du pays et du temps, caractère des personnages*, كل بلاد لها سبر «chaque pays a ses usages;» *direction, manière de se conduire*, Bc, M: السبر عند العامّة العادة المصطلح عليها ❊

سِبَار, chez Freytag, doit être شِبَار (voyez).

سَابِرى aurait été formé du nom de la ville de Naisâbour, s'il faut en croire Tha'âlibî, Latâïf 116, 5 a f. On trouve سَابِرِيَّة comme le pl. de سَابِرى, *cotte de mailles*, dans ce vers que cite Nowairî, Afrique 50 v°, et qui suit immédiatement celui que j'ai donné sous رَبْطَة:

أوِ آلتَأمُوا بالسابِريَّة أبرَزُوا عيون الافاعى من جلود الارقم ❊

سبرت

مُسَبْرَت *maigre*, M.

سبس

سَبْسِى *pipe*, Bc (Barb.).

سَبُوس *gousse de froment, de riz, d'orge*, Niebuhr B. 151. — *Phalaris*, Prax R. d. O. A. VIII, 342.

سبسب I سبسب الشعر *taper, t. de perruquier, faire renfler les cheveux*, Bc.

II *friser*, v. n., *être frisé*, Bc; mais d'après le M, تسبسب الشعر se dit au contraire quand les cheveux *sont plats*, quand ils ne sont ni frisés ni bouclés (انسدل واسترسل).

سَبْسَب *chat sauvage*, Bc, Domb. 65, Jackson 36.

سَبْسَبَة, suivi de الشعر, *frisure*, Bc.

سَبَاسِيب الشعر *les bouts des cheveux qu'on laisse pendre* (اطراف المنسدلة), M.

سِمِسْتان *prune*, Hbrt 52.

سبط I سَبُوطَة, en parlant de la main, est quand les doigts sont longs et qu'on n'en voit pas les articulations; aussi en parlant d'autres parties du corps, Gl. Manç. in voce.

سِبْط, (hébr. שֵׁבֶט) pl. أَسْبَاط *sceptre*, Alc. (vara real). — Chez les Chiïtes, *imâm*, parce que Hasan et Hosain étaient les *sibt* (petit-fils né de la fille) du Prophète, Prol. I, 358, 4 a f., 3 a f., 2 a f., avec la note de M. de Slane.

سِبْط = شِبْث, *anet*, Djawâlîkî ١٢, 13, Gl. Manç. sous ce dernier mot. — *Arum*, Bc.

سَبَّاط, pl. سبابط (chartes grenadines) et سَبَابِيط, *pantoufle jaune sans talon*, et aussi *soulier rouge qui laisse le cou-de-pied entièrement à découvert*, Voc. (sotular), Alc. (سَبَّاط *calçado comun, çapato*), Dict. berb.

اسبطر 626 سبع

(sous savate), M, Hamilton 13 (c'est à lui que j'ai emprunté ma définition), Ormsby 75, Carteron 176, Dunant 201, notes de l'imâm de Constantine. Domb. 82 écrit سْبَاط. D'autres écrivent ce mot صَبَّاط (L (calige), Martin 127, Ht), صَبَّاط (Bc), صَبَاط (Bg, Hbrt 21) et صْبَات (Hbrt 21). C'est l'esp. *zapato* (fr. savate), qui est d'origine basque; voyez Mahn, Etymologische Untersuchungen auf dem Gebiete der Romanischen Sprachen, p. 16. — *Ceinture* (de cuir), 1001 N. Bresl. XI, 364, 12: فى اوساطهم سبابيط جلد, 371, 4.

سْبَابِطِى *cordonnier*, Bc (Barb.), qui l'écrit avec le ṣâd.

سْپَاطِيْر (esp.) *cordonnier*, Alc. (çapatero).

سِيبَاط vulg. pour سَابَاط, M.

أَسْبُط pl. سَبْط dans le Voc. sous capillus.

اِسْبَطَرَّ Le partic., en parlant d'une fuite, *précipitée*, Haiyân 20 r°: هزمهم هزيمة مسبطرة.

سبع I. L a ce verbe sous *capio*, je ne vois pas pourquoi. — C. a. p. *troubler, déconcerter, interdire*, M. II *faire sept fois le tour de la Ca'ba*, Gl. Badroun. X *être fasciné par le lion*, Margueritte 312.

السَّبْع، سَبْع par ellipse pour الروايات السبع (Macc. I, 885, 17), *les sept* روايات ou قراآت *du Coran*, Macc. I, 562, 2, 567, 17 et 19, 843, 14, 870, 6. —

سبع معادن *fonte*, mélange de métaux, Bc.

سَبْع، سَبْع، سَبْع *loup*, Alc. (سَبْع lobo). — *Loup cervier*, Alc. (lobo cerval). — سبع الارض كرباج البئر *adiante*, Bait. II, 4 d. — سبع البحر *loup marin* (poisson), Alc. (lobo marino pescado). — سبع الشعراء *epithym*, Bait. II, 5 b (A). — سبع الكتان *cuscuta epithymum*, Bait. II, 4 e.

السَّبْعَة، سَبْعَة par ellipse pour قراآت السبعة (Macc. I, 834, 1), *les* قراآت (du Coran) *des sept docteurs*, Macc. I, 490, 8, 828, 1. — سبعة بذراع espèce de dattes qui portent ce nom parce qu'elles sont si longues que sept d'entre elles font une coudée, Pagni 150. — سبعة وسبعين *millepieds, scolopendre*, Payne Smith 1554, ابو سبع وسبعين dans M 970 b.

السَّبْعِيَّة nom d'une secte parmi les Chiïtes outrés;

elle reconnaît sept prophètes (Adam, Noé, Abraham, Moïse, Jésus, Mahomet et Mohammed al-Mahdi), sept imâms dans chaque intervalle où il n'y a pas de prophète, sept degrés entre l'imâm et le croyant, et elle pense que dans chaque religion il doit y avoir sept personnes qui servent de modèle, M, Chahrastânî de Haarbrücker II, 415.

دَابَّة سَبْعِى، سَبْعِى *animal féroce*, Voc. — Chez de Jong van Rodenburg, 113, on trouve *zoebia*, *fosse aux lions*.

المصحف السبعونى، سَبْعُونِى *la version des Septante*, Bc.

سُبُوع *le septième jour après le commencement de la maladie de quelqu'un*, ou bien *après sa mort*, M.

سِبَاعِى *léonin*, Bc.

سِبَاعِى «esclave dont la taille est de sept empans mesurés depuis la cheville jusqu'à l'extrémité inférieure de l'oreille. Au-dessous de six empans, ils diminuent de valeur, de même au-dessus de sept, parce qu'alors, étant hommes faits, ils ne peuvent plus être employés au service des harems,» Ouaday 632, cf. d'Escayrac 506. — *Heptagone*, Alc. (figura de sieto angulos), M. — *Qui a sept lettres* (mot), M. — En parlant des poèmes dits المواليات, *composé de sept hémistiches dont les trois premiers et le septième ont la même rime;* on l'appelle aussi النعمانى, M. — En parlant d'un enfant, *qui vient au monde sept mois après la conception*, M. — Voyez sous مسبع. — *Chameau qui fait le trajet de sept jours en un seul*, Jackson 40. — سباعيات *des traditions qui ont été transmises successivement par sept traditionnaires*, Hâdji Khal. III, 574, Macc. II, 769, 12.

سُبُوعِى *climatérique*, se dit de chaque septième année de la vie humaine, Bc.

سُبَاعِيَّة *cahier de sept feuilles*, par extension, toute sorte de cahier, Bc.

سَابِع *septième*. Le septième jour après le mariage, qu'on appelle يوم الاسبوع (Lane, 1001 N. II, 374, 2 a f.), يوم السبوع (Lane) et يوم السابع (1001 N. Bresl. V, 91, 3 a f.), le mari et la femme donnent une fête, chacun de son côté; mais les gens riches en donnent une chaque jour pendant la première semaine du mariage (Lane M. E. II, 305 n.), et l'on a appliqué improprement le nom de سابع العروس aux *sept premiers jours du mariage.* C'est ce qui résulte d'un passage de Maccari, qui dit en parlant d'al-Modhaffar, I, 277, 1: «Les jours de son règne furent autant de fêtes. Ce règne dura sept ans et on leur donna le nom de السابع, par allusion au سابع العروس.» On trouve de même dans un passage d'Ibn-Batouta, I, 175, qui a embarrassé les éditeurs, que le pieux Adham, au lieu de coucher avec la fille du sultan, qu'il avait épousée à contre-cœur, se retirait chaque nuit dans un coin de la chambre pour y faire sa prière, qu'il continuait jusqu'au matin, et qu'il agissait de la sorte durant لبالى السابع «toutes les nuits de la première semaine du mariage,» car c'est ainsi qu'il faut lire, avec trois man., au lieu de سبع ليال, comme porte l'édition. — Pl. سَوَابع *octave,* huitaine, espace de huit jours consacré, dans l'Eglise romaine, à solenniser quelque grande fête, et particulièrement: le dernier jour de l'octave, qui répond au jour de la fête qu'on célèbre, Voc. (octave, aussi أسبوع), Alc. (ochavas o ochavario).

أسبوع *septénaire,* espace de sept ans de la vie de l'homme, Bc. — Octave, Voc., voyez sous سابع à la fin.

مسبع, t. de mathém., *heptagone;* quand les côtés ne sont pas égaux, on dit مسبع ذو اضلاع, M. Chez les اهل التكسير, *carré magique qui comprend 49 petits carrés;* on l'appelle aussi مربع سبعة في سبعة, قسم من المسمط, الوفق السباعى, M. — En poésie, سمط II.

مَسْبوع *effrayé par le lion;* chez le vulgaire *effrayé* en général, M.

سبغ

سِباغ. Je trouve سباغ الرحمن comme un terme injurieux dans Bâsim 59: قال له يا لقحة الزربول يا سباغ الرحمن اين الذى جبتوه انتم معكم لا كثر الله خيركم.

سابغ chez les médecins, *sueur abondante,* Gl. Manç. in voce.

سبق

سبق I. *Précédé par,* مسبوق عن, Catal. des man. or. de Leyde, I, 227, 7 a f. (cf. V, 165). — سبق اليه أن dans le sens de ظنّ أن, *supposer, penser, croire que,* Mohammed ibn-Hârith 319: «Combien coûte ce manteau?» demanda le cadi. «Il vous reviendra à dix dînârs,» répondit l'autre; فسبق الى القاضى انه ثمنه, et plus loin le cadi dit: انّما فاخرج اليه عشرة دنانير — سبق ظنّ. — ظننت ان ثمنه عشرة دنانير كما اعطيتي *prévention,* préoccupation de l'esprit, مشغول العقل مسبوق بسبق ظن *prévenu,* préoccupé, Bc. — J'ignore pourquoi L a ce verbe sous *conprimit:* (يَغمّ ويَسْبِق).

II c. a. dans le Voc. sous *precedere.* — سبق عليه فى الكلام *couper la parole à quelqu'un,* M.

III. Au lieu de la constr. c. a., on trouve aussi la constr. c. مع, Gl. Abulf. يسابق بين لخيل *il y a des courses de chevaux,* Djob. 291, 1. — C. a. p. et على r. *disputer* une chose à quelqu'un, Bc.

V, Payne Smith 1002: فى الزمان المستقبل المتسبّق.

VI c. ب, تسابقوا بالحصان *faire courir un cheval,* Gl. Abulf. — C. على *concourir pour,* être en concurrence pour, *se disputer* une chose, y prétendre concurremment, Bc.

VII quasi-pass. de la Ire, Voc. (*precedere*). — انسبق فى كلامه *parler inconsidérément,* M. — *Pisser dans sa culotte,* M.

X ظنّه *prévenir,* préoccuper l'esprit de quelqu'un, Bc.

سَبَق *une tente du roi quand il est en voyage.* On l'a nommée ainsi parce qu'elle le *précède* (سبق), car il la trouve préparée à l'endroit où il va passer la nuit, sans qu'il ait besoin d'attendre l'arrivée de celle sous laquelle il a passé la nuit précédente; voyez Khallic. X, 94, 2, 6—8.

سَبقة *avance,* espace de chemin que l'on a devant quelqu'un, Bc.

سِباق *concours pour un prix,* Bc. — *Brabium,* L, c.-à-d. victoriæ præmium (Ducange).

سبّاق *celui qui devance les autres à la course,* Voc., Abbad. I, 66, 8. — *Celui qui apporte le premier la nouvelle de l'arrivée de la caravane de Syrie,* Burckhardt Arabia II, 32.

سابق. سابق فعل فى السابق *rétroagir,* avoir un effet rétroactif, Bc. — Quand deux traditionnaires ont eu le même précepteur, et que le second traditionnaire est mort fort longtemps après ce précepteur, l'un s'appelle السابق, et l'autre, اللاحق, M. — السابق واللاحق se dit des cheveux d'une femme quand elle les coupe de telle sorte qu'ils soient courts sur le front, et que peu à peu ils deviennent plus longs en retombant sur le dos, M.

سابِقَة. اهل السوابق et أَقْلَ السابِقَة Belâdz. 450, 14 et 16, sont *ceux qui avaient été les premiers à adopter l'islamisme*. Ce qui le prouve, c'est qu'on rencontre aussi cette expression chez les Almohades, qui aimaient à se modeler sur les premiers musulmans et qui les imitaient jusque dans leur langage, car chez eux السابقات اهل مُتَابَعَة المهدى السابقون, Athîr, X, 406, 3 a f., ou مُبايَعَة, comme on lit chez Nowairî, Afrique) désignait, comme l'atteste Ibn-Khaldoun: *ceux qui s'étaient déclarés pour le Mahdî avant que sa domination fût bien établie, c.-à-d., avant la prise de la ville de Maroc*; voyez Berb. I, 358, 5 a f. et suiv., cf. 269, 6 et suiv. Les tribus qui l'avaient fait, possédaient ce qu'on appelait مَزِيَّة السابقة, Berb. I, 269, 10, ou السابقة tout court, Berb. I, 294, 12, Nowairî, Afrique, en parlant de la hiérarchie almohade: وهم دون الذين قبلهم فى الرتبة والسابقة, c.-à-d. *les priviléges que le Mahdî leur avait accordés*. On trouve aussi سابقة dans le sens de *prompte soumission*, p. e. Berb. I, 331, 5: ورعا لهم سابقتهم c.-à-d., Saladin tint compte aux émirs de Chaizar, les Benou-Monkidh, de leur prompte soumission. De même نزع اليه (الى السلطان ابى السالم) يوسف I, 365, 4: ابن سعد الله واعتقد منه ذمّة بسابقته تلك, où M. de Slane traduit «l'empressement avec lequel il courut le joindre,» ce qui revient au même. — *Anciennes relations ou anciens services*, سابقته مع النبى «les services qu'Ali a rendus autrefois au Prophète,» Masoudî IV, 428 (cf. Fragm. hist. Arab. Préface p. v), souvent سابقته عند فلان, Bat. III, 45, Abd-al-wâhid 89, 15: Quand Ibn-Ammâr se fut mis à pleurer, عطفت المعتمد عليه سابقته وقديم حرمته, Berb. I, 453, 1: واصطنعوا أَقْلَ السوابق من الرجال «ceux qui leur avaient rendu des services,» ibid. l. 4 et 12, 475, 11, 522, dern. l.: ليذكروا ما بين سلفه وسلفيهم من السابقة, 448, 10: وكانت له اثناء ذلك مداخلة للوائق سابقة له اعتدّها السلطان ابن «pendant ce temps, il entretint des rapports intimes avec al-Wâthic, fils du sultan, dont celui-ci lui tint compte comme d'anciens services,» comme d'un titre à sa faveur. — *Actions louables qu'on a faites et par lesquelles on s'est fait connaître*, Abbad. I, 223, 11: un homme de la campagne de Séville, لم تكن له نباهة مذكورة ولا سابقة, 323, 3, Khatîb 68 v°: وترجّح عنده مشهور

تقديم ابى محمد ـ مستظهرا منذ بمضاء وسابقة وحزم Abd-al-wâhid 177, 4, Khatîb 21 v°: وهم اعيان عليه ورؤساء اكابر وحجّاب وكتّاب ووزراء ونهم سابقات ومفاخر واوائل واواخر. Dans le Catal. des man. or. de Leyde, I, 227, 7 a f., اولو السابقة signifie *des hommes distingués ou renommés*. — Dans un autre sens Abbad. I, 221, 11: Ayant écarté ses collègues, انفرد بسابقته «il devint seul maître et se fraya un chemin au trône.» — Dans l'Ouest de l'Algérie, *terre sabega*, terre possédée collectivement par une tribu, qui ne peut s'aliéner, Beaussier, Dareste 83: *sabega*, dans la province d'Oran, territoire sur lequel la tribu n'a que le droit de jouissance. — ذو السابقتين est un titre dont je ne connais pas le sens précis. Le calife al-Câsim le donna à Abd-al-azîz, Haiyân-Bassâm III, 66 v°, et Almansor, roi de Valence, le portait aussi, Macc. I, 393, dern. l.

تَسْبِيق *paiement à l'avance*, Ht.

مُسْبَّق *paiement à l'avance*, M.

مُسْبُوق *celui qui arrive trop tard à la mosquée, quand la première* رَكْعَة (ou plus) *a déjà eu lieu*, M.

سبك I *couvrir une terrasse de plâtre*, سبك سطحه بالجبس, Macrîzî cité par Müller L. Z. 107, n. 2. — *Oindre, graisser*, Ht.

II, avec على النار, *mitonner, faire tremper longtemps le pain sur le feu en bouillonnant*, Bc.

V. تسبّك بالحمل *mettre une corde autour d'un fardeau et le soulever avec la main*, M.

VII. ينسبك *forgeable*, Bc. — Quasi-passif de la Ire forme, dans le sens figuré que Lane indique à la fin de son article sur celle-ci, Prol. III, 404, 2 a f. — *Se réjouir*, Voc. (gaudere).

سَبَك *légumineuse qui est employée par les tanneurs*, d'Escayrac 78. — *Graisse*, Ht.

سَبْكَة, suivi de جديد, *refonte*, Bc.

سَبِيكَة *frustum* dans le Voc., peut-être *morceau de pain*. — *Chaînon, anneau de chaîne*, Alc. (eslabon de cadena). — *Fusil, petite pièce d'acier avec laquelle on bat un caillou pour en tirer du feu*, Alc. (eslabon pedernal); aussi *fusil, batterie, pièce d'acier qui couvre le bassinet des armes à feu portatives, et contre laquelle donne la pierre qui est au chien*, Domb. 79.

سِيبِك pl. سَيَابِك *espèce d'urinal, tuyau qu'on met*

entre les cuisses d'un enfant au berceau, et qui aboutit à un pot, M.

تَسْبِيك, suivi de مِن حَدِيد, lame de fer, Alc. (lama de hierro).

مَسْبَك pl. مَسَابِك fonderie, Bc, M, Macc. II, 574, 8 (cf. Add.), مسبك للحديد chaufferie, forge où le fer se réduit en barres, Bc.

مَسْبَكَة = مَسْبَك (chez Lane), comme porte un autre man., Aboù'l-Walîd 620, 29.

مَسْبَك étuvée, viande, poisson, cuits de certaine manière; مسبك للحمّام compote, ragoût de pigeons; مسبك لحم restaurant, consommé très-succulent, pressis de viandes, Bc.

سبل I, aor. o, n. d'act. سَبْل, c. a. p., insulter, outrager, M. — Laisser pendre les cheveux, M (= IV); cf. سَبِيل.

II, donner quelque chose à quelqu'un pour l'amour de Dieu, gratuitement, se construit aussi c. a. r. et c. a. p., Voc. (v° elemosina), Çalât 70 r°: وسبّل عليهم الخَيْل بسروجها. Spécialement: donner gratuitement à boire à celui qui a soif, Ztschr. XI, 513, Lane M. E. II, 23. Voyez encore sur la signif. accorder une chose gratuitement, l'abandonner gratuitement à l'usage du public (c. ل), Maml. I, 1, 230, I, 2, 72. Dans quelques-uns des passages qui y sont cités on trouve employé ce verbe d'une manière fort remarquable, p. e.: «سبّل البيت الشريف لسائر الناس» il ouvrit à tout le monde l'entrée de la maison auguste;» تسبيل «l'action de rendre les chemins libres pour le pèlerinage;» سبّلنا حمّام للحجّام فى كلّ سبيل «nous livrâmes, de toute manière, leurs remparts à la mort;» «قصدن خروجهن تسبيل فروجهن» ces femmes en sortant avaient pour but de prostituer leur corps.» — Employer (?), Alc. (enplear). — Frayer une route, Payne Smith 954.

IV, اسبال اليَدَين, laisser pendre les mains sur les côtés pendant la prière, est un usage propre à la secte de Mâlic et aussi à celle des Râfidhites, Bat. II, 352—3.

V être donné gratuitement à, على, Voc. —

VII dans le Voc. sous coperire et sous fluere. — Se plier, s'accommoder, céder, Bc.

X, avec الموت, chercher la mort فى سبيل الله dans la guerre sainte, Gl. Bayân.

أَسْبَلَ = سَبَّلَ laisser pendre, traîner, Kâmil 27, 5, 411, 11.

سَبَل espèce de gesse, Auw. II, 69, 4, 70, 6 a f. — Maladie de l'œil (cf. Lane), anévrisme des vaisseaux de l'œil, Bc, pannicule, Sang.

سَبْلَة sorte de blouse ample et flottante, que les femmes en Egypte mettent quand elles sortent, mais par-dessus laquelle se met encore la habara, Vêtem. 199, Ouaday 395.

سَبَلَة moustache; du pl. سِبَال on a formé, comme d'un sing., les pl. سُبُل et أَسْبِلَة, Fleischer sur Macc. II, 816, 9 Berichte 202. — T. de charpentier, lime fine dont on se sert pour faire des dents à une scie, M. — سبلة النهر le courant d'un fleuve, M.

سَبُول maïs (Tunis), R. d. O. A. VII, 262 n. سبول الفار chiendent, Ht, phalaris, Prax R. d. O. A. VIII, 281. — Behrnauer, dans le J. A. 1861, I, 16, traduit saboul par carouge doux; mais je ne sais si ce passage a été bien rendu.

السبيلان. سبيل anus et penis, ou anus et cunnus, Gl. Manç.: تجان هو ما بين السبيلين من الذكور والاناث, M. — سبيل النساء les menstrues, M. — Motif, Bidp. 240, 9: جعل له على نفسه سبيلا «il lui fournit un motif pour lui ôter la vie;» raison pour blâmer ou punir, Coran IX, 92: ما على المُحْسنين من سبيل, c.-à-d., comme dit Baidhâwî: ليس عليهم جناح ولا الى معاتبتهم سبيل; de là le proverbe moderne: ما على ليس لك سبيل, expliqué par مُعارضة dans M; خُجّت تعتلّ بها على سبيل, c.-à-d., M; Harîrî 475, énigme dont le mot est ميل:

وما ناكم أُختين جَهْرًا وخُفْيَةً وليس عليه فى النكاح سبيل

expliqué par سبيلنا ان نفعل. — لا أثر عليه ولا حرج. جمال السبيل il nous sied d'agir ainsi, M. — كذا كذا les chameaux qui, dans une caravane, sont destinés à porter les traînards, Abdarî 46 r°: les cavaliers sont en avant et en arrière de la caravane pour ramasser les traînards, ومعهم جمال السبيل يحملون

سبل

هو منك بسبيل — عليها المنقطعين *il a de fréquentes entrevues avec toi*, Hamâsa 638, 15; سائر ابواب الامارة «والمُلْكُ الذى هو (السلطان) بسبيله avec lequel il se rencontre souvent,» Prol. II, 278, 10, avec la note de M. de Slane. — اخذ بسبيل *prendre, comprendre, interpréter*; لا تأخذ بسبيل المزح «ne prenez pas cela pour une plaisanterie,» Bc. — ترك سبيله *il le laissa faire*, 1001 N. I, 3, 1. — اجابه الى سبيله *il lui accorda sa demande*, Haiyân 39 r°: استدعى من الامير تجديد الاستجال له على ما بيده فاجابه الى ما بيده. — وجدّد الاستجال له على ما حال سبيله *il le laissa partir*, Freytag Chrest. 57, 12. — راح فى سبيله *il passa son chemin*, Bc, 1001 N. I, 65, 10. Aussi مضى لسبيله, Macc. I, 317, 2 a f. — فى سبيل الله. Dans les 1001 N. I, 64, 1, le portefaix qui a reçu des coups et qui craint d'en recevoir de nouveau, s'écrie: فى سبيل الله رقبتى واكتافى. C'est comme nous dirions: Mon cou et mes épaules vont souffrir (encore une fois) le martyre. Dans un autre passage, Bresl. IX, 266, 12, les paroles: فقال الا فى سبيل الله عليك, doivent signifier: «Je vous conjure au nom de Dieu, s'écria-t-il, de me dire,» car l'éd. Macn. porte en cet endroit: فقال بحق الاسم الاعظم ان تخبرنى. — لسبيل الله pour سبيل الله, Bat. II, 46: هو موقوف فى السبيل لا يلزم احدا فى دخوله شى. De là للسبيل *gratuitement, pro Deo*, Maml. I, 1, 229: عملت التوابيت لتغسيل الموتى للسبيل بغير اجرة avec d'autres exemples, Djob. 186, 4, 188, 9. On dit aussi مكتب السبيل «une école gratuite,» et de même sans article, كاتب السبيل «un écrivain gratuit,» Maml. l. l., خان السبيل, Djob. 259, 4. Enfin le mot s'emploie par catachrèse dans le sens de *fondation pieuse, objet qui, en vue de Dieu, est livré sans frais à l'usage du public*, Maml. l. l., «le *sebîl* est en général chaque offrande volontaire, faite en vue du bien public pour l'amour de Dieu et afin d'obtenir de lui une récompense, comme le sacrifice de ses biens et de sa vie dans la guerre sainte, la construction de puits ou de citernes au bord de la route dans un pays mal pourvu d'eau, d'aqueducs, de khâns dans un district mal peuplé, de réservoirs d'eau dans les rues. Ce sont surtout les derniers qu'on appelle ainsi en Syrie,» Ztschr. XI, 512, n. 38. Cf. Bayân II, 252, 13: بيت المال الذى للسبيل بداخل المسجد الجامع بقرطبة. Chez Khallic. I, 610, dern. l. Sl., c'est *une provision de vivres que l'on fournit gratuitement*, وكان يقيم فى كل سنة سبيلا

سبن

للحاج وسيّر معه جميع ما تدعو حاجة المسافر اليه فى الطريق. Dans le sens de *fontaine publique, gratuite*, Macrizî écrit سبيل ماء, mais ordinairement on dit *sebîl* tout court, Maml. l. l.; chez Burckhardt c'est: «un petit bâtiment ouvert, placé souvent auprès des fontaines, et où les voyageurs peuvent faire leur prière et se reposer,» ibid.

سَبُولَة, suivi de الذرة, *blé de Turquie*, Daumas Sahara 295. — سَبُولَة et سَبُّولِى, *au Maroc, poignard à deux tranchants*, Domb. 81.

سَبَالَة *fontaine*, Bc, Barbier, *réservoir de fondation pieuse*, Prax R. d. O. A. VI, 291, *réservoir public*, Roland, Hbrt 186 (Alg.), *grande fontaine avec bassins et abreuvoirs*, Pellissier 60, 61, سبالة الماء dans le J. A. 1852, II, 222, 9, Hist. Tun. 81: ce sultan fit construire سبالة باب ابى سعدون. — Le pl. سَبَائِل *flacons*, Cherb. Dial. 140.

سابل *public, commun, à l'usage de tous*, Gl. Maw.

أسبلان, ou, comme disent quelques-uns, مسبلان, *long bâton à deux branches, dont on se sert pour arracher de loin les épines*, M.

مُسْتَبِّل *celui qui, à la guerre, se dévoue à une mort presque certaine, en se chargeant d'une entreprise désespérée*, Berbrugger 112. C'est, je crois, par ellipse, pour مسبّل نفسه; cf. plus haut la X° forme مُسَبِّلات (pour مسبّلات انفسهن) semble avoir le sens de *religieuses, nonnes*, dans le Cartâs 237, 3, en parlant de la prise d'un château chrétien par les musulmans, l'auteur dit: اسروا ما بقى من الرجال والنساء والمسبّلات. — *Celui qui distribue l'eau d'un sebîl* (voyez), Ztschr. XI, 512—3.

اسبلان voyez مسبلان.

سبن I, en parlant d'une femme, *porter continuellement des* سَبَنِيَّة, c.-à-d., *des izârs noirs* (de Saban, village près de Bagdad), M.

II *meubler*, Roland. — *Remplir de lentes*, Voc. (cf. سِبان).

V *être rempli de lentes*, Voc.

سَبَنِيَّة, pl. ات et سَبَانِى, *pièce de lin ou de coton* (شُقَّة, selon l'explication de Motarrezî, Vêtem. 200,

سبول 631 ستر

servant à différents usages: *mouchoir de poche*, L (sodariola سَبَانِي), Voc. (sudarium), Alc. (sonadero de mocos), Bayân I, 157: وبيدها سبنية يمسح بها العرق والغبار عن وجهـم, 1001 N. Bresl. XI, 364, dern. l.; cf. Gl. Mosl.; *mouchoir de cou*, Domb. 82 (strophium); *cravate*, Ht; *toile rude pour s'essuyer au sortir du bain, frottoir*, Fleischer Gl. 71, où il faut lire ainsi, selon l'observation de M. Defrémery (J. A. 1854, I, 171—2 = Mémoires 205—6); *un morceau carré de toile doublée et de couleur, servant à envelopper des habits ou des livres*, Bat. IV, 142, 232, Recherches I, 287, 10 de la 1re édit.: كان يمسك كُتبَه في سبانى الشرب وغيرها إكرامًا لها. Je n'ose pas décider si ce mot vient du nom propre Saban (cf. Freytag) ou bien du mot grec σάβανον.

سِبْبَان n. d'un. ة = صِبيان, *lentes*, Voc. C'est pour صِبْيَان.

سبون dans les chartes grenadines pour صابون, *savon*.

سِيبَنْة = سِيقنة (sorte d'oiseau), M.

سمولو *petite ficelle, cordonnet*, Cherb.

سبى I *envahir*, Ht.

IV dans le Voc. sous *diripere*.

سِبَايَة *le convive qui tourne et retourne dans la sauce les morceaux qu'il prend*, Daumas V. A. 315.

سنبداج = اسفيداج *céruse*, Bc.

سبيدج *sèche* ou *seiche* (poisson), Bc.

ست, ستّ *dame*, Macc. II, 344, 10, est dans le Voc. et ستّ ; le pl. est chez Alc. (señora) ستنوت, et chez Bc ستات. — Pl. ستّوت *concubine, maîtresse*, Alc. (manceba puta). — Pl. ستّات et أستّات *aïeule, grand'mère*, Bc, M. — Pl. ستّوت *la sœur de l'aïeule, du bisaïeul ou de la bisaïeule*, Alc. (ermana de abuela, de bisaguelo, de bisaguela). — *Belle-mère, mère du mari*, M. — ستّ حريم امير الامراء *duchesse*, Bc.

سِتَّة et السِّتة السّوداء للصحراء sortes d'oiseaux Yâcout I, 885, 8 et 9.

سَتْبة (fr.) *assiette*, Bc, Hbrt 202.

سُتَيْتَة *demoiselle, mademoiselle*, Bc.

سُتَيْتَة *tourterelle*, Bc, petit pigeon sauvage de couleur de cuivre, qui a une voix agréable et joyeuse, Ztschr. XI, 478, n. 4, M.

ستر I, t. du jeu des échecs, comme nous disons *couvrir*, Journal of the R. Asiatic Society XIII, 37. — ستر عليها سَترًا «il la cacha derrière un rideau,» 1001 N. I, 91, 4 a f. وستر عليه الليلُ «à la faveur de la nuit,» Bc. — ستر الشىءَ عليه «il tint secrète la chose que l'autre lui avait communiquée,» Aghânî 59, 3 a f: وقد قلتُ من الشعر شيئًا أحببت ان تسمعه وتستره على, Cartâs 5, l. 17.

III *faire quelque chose en cachette, en secret*, c ب r., Haiyân-Bassâm III, 5 v°: لا يساتر بلَهْو ولا لَذّة.

V c. ب r. *faire quelque chose en cachette, en secret*, Prol. III, 131, 2 a f., Macc. II, 557, 21: تستّر بشرب الراح «boire du vin en secret;» ceux qui le font sont appelés أهل التستّر, ibid. l. 22. — C. ب et عن *se mettre à l'abri par — contre*, Prol. III, 145, 15. — Le n. d'act. تستّر *vie régulière, conduite religieuse, chaste*, Gl. Fragm., Macc. II, 90, 12; أهل التستّر ceux qui, par esprit d'humilité, se dérobent à la vue des hommes, en se réfugiant dans une retraite, ou se livrant à toute l'austérité des pratiques de la vie religieuse, Cartâs 275, 10, 277, 8 a f.

VII. ينستر *honteux, que l'on doit cacher*, Bc. — المنستِرون dans le sens que j'ai indiqué en dernier lieu pour أهل التستّر, Bat. IV, 346: المنستِرون من اهل البيوت, où un seul man. porte المستترون.

VIII c. ب r. *cacher* quelque chose, Becrî 189, 7. — أهل الاستتار dans le sens que j'ai indiqué en dernier lieu pour أهل التستّر, Mohammed ibn-Hârith 318: امرأة صالحة من اهل الاستتار.

سِتْر. با سِتر الله *Dieu me protège!* 1001 N. I, 73, 6: فقال الحمّال يا ستر الله يا ستّى لا تقلبينى بذنب غيرى. — الستر الأشرف *titre pour la mère du calife*, Djob. 224, 16 (cf. Freytag), pour مستَّرة. — *Position*

aisée, honorable, et أَقَلّ السِتر des hommes honorables, considérables, Maml. II, 2, 33; le passage de Macc. qui y est cité (et où فيه manque), se trouve I, 693, dern. l.; Berb. I, 233, 11, Bat. I, 416 (mal traduit). —
Vie régulière, conduite religieuse, et أَقَلّ السِتر *hommes religieux, pieux,* Maml. II, 2, 33, Gl. Bayân, Cartâs 67, 11. — *Bienfait,* Ht. — *Joie,* Roland. — *Estour, étoffe servant à faire des matelas, des portières, etc.,* Espina R. d. O. A. XIII, 157; est-ce سُتْر?

سِتْرَة *vêtement qui couvre les parties honteuses,* M.

بالسِتْرَة سُتْرَة *en secret,* Voc. — *Honnêteté, bienséance, décence,* Alc. (onestad, onestidad); Quatremère, Maml. II, 2, 34, cite ce passage tiré de l'Hist. des Patriarches d'Alexandrie: ما ثبت فيه من الأمانة والسِتر والمروءة. Abdarî 58 r° dit en parlant des Arabes du Yémen qui portent le nom de سَرو et qui apportent des vivres à la Mecque: والعوا فيهم قلش الا السُتره. J'ignore si ce mot signifie ici « les hommes honnêtes, ceux qui gardent la décence, » et peut-être manque-t-il quelque chose dans le texte.

سِترى *surtout court,* M.

سِتار *garde,* pièce qui entoure la détente, Bc.

سِتير *celui qui cache les péchés du prochain,* 1001 N. II, 293, 4 a f.

سِتارة *les chanteuses* que possède un homme riche; cette signif. dérive de *sitâra* dans le sens de *rideau,* car les chanteuses étaient ordinairement cachées par un rideau, Abbad. II, 40, 9 et n. 11. — سِتارة لَهو *un endroit de la maison où l'on fait de la musique et où l'on danse,* P. Macc. II, 222, 9. La *sitâra* d'un calife doit désigner quelque chose d'analogue; dans celle de Motawakkil on buvait du vin, et même immodérément, comme on peut le voir dans les Fragm. hist. Arab. 554, 3 a f. et suiv. Toutes ces choses se faisaient en cachette et derrière des rideaux. — *Espèce de pavillon* (مظلّة) *qu'on tend pour les femmes pendant les cérémonies des funérailles, lorsqu'elles pleurent un mort hors des maisons,* M. — اصحاب السَتائر *les employés du harem,* 1001 N. I, 222, 16: طائفة من الخدام الموكلين بالحريم واصحاب الستائر. — *L'endroit où l'on donne la question à un criminel,* Alc. (car-niceria lugar donde atormentan). — En Orient, *une palissade de bois derrière laquelle se mettent à couvert, soit les défenseurs d'une place, soit les assaillants,* Mong. 286—7. — *Mur extérieur, parapet, un mur faible qui couvre un homme,* comme s'exprime Becrî, c.-à-d., de hauteur d'homme, mais pas davantage, Gl. Esp. 38, 39 et 40, Voc. (antemurale), Abou'l-Walîd 222, 26, l'anonyme de Copenhague 37; *des pierres lancées sur les murs d'une ville* مبرت ستارته السفلى قائمًا صفصفا. — *Housse,* Gl. Esp. 39. — *Le grand voile blanc des femmes,* Bg.

سِتَوْري *fabricant de rideaux,* 1001 N. II, 217, 2 (cf. 220, 3).

سِتاقري. D'après Bat. III, 287, الستاقريون étaient dans l'Inde *ceux qui tenaient les montures des serviteurs à la porte du* مَشور, *de la salle d'audience.* Je soupçonne que ce mot vient de سِتار dans le sens de *housse,* et que, par conséquent, il signifie proprement *palefrenier, valet d'écurie.* Je crois aussi retrouver ce terme chez des voyageurs européens, car on lit chez Marmol II, 99 d: « Un autre alcayde qui doit prendre soin des estafiers ou valets qui marchent à pied à côté d'un cheval (moços de espuelas), nommés *citeyris;* ceux-ci sont chargés de porter les mets au mexuar du roi, d'appeler les personnes à qui le roi veut parler, et lorsqu'il désire qu'on fasse justice de quelqu'un en sa présence, ce sont eux qui, de leurs mains, exécutent ses ordres; puis, quand le roi monte à cheval, ils vont devant lui: l'un d'entre eux porte une lance levée à côté de l'étrier, un second tient la bride, et un troisième porte les pantoufles. » Torres, 168, 317, 337, 392, qui écrit *citarez, citaires, cetaires,* n'ajoute à ces détails que ceci: « Le Chérif en avait trois cents lorsque j'y étais; la plupart sont Maures noirs, ou fils de noirs et blanches. » Chez Charant 52 les *citairis* sont les sergents du cadi, de même que chez Mocquet, 179, 400 (*citeres, citeires*). Quatremère (Maml. I, 1, 51), en citant le premier passage du voyageur que j'ai nommé en dernier lieu, le rapporte au mot شاطر, et autrefois j'ai cru aussi que Torres et Charant ont eu ce mot en vue (Abbad. I, 408, n. 70). La confusion était facile, car شاطر et سِتاقري ne diffèrent pas beaucoup pour le sens; mais la manière dont les voyageurs écrivent le mot, me fait croire à présent que c'est des ستاٯرى qu'ils ont voulu parler.

يا سِتَّار سَتَّار. *Dieu! Grand Dieu! Miséricorde!* Bc. — *Recéleur, celui qui cache des choses qu'il sait être volées ou des esclaves fugitifs*, Alc. (encubridor de hurtos, de siervos).

ساتِر épithète de Dieu [comme سَتَّار]; exclamation quand une femme est en danger de laisser voir son visage par accident, ou quand un animal menace de tomber, Burton II, 128.

M., الطاق الذى تحت الملحفة est مستترة اللحاف.

مَسْتُور, pl. مَساتير et ون, *celui qui a une position honorable*, Maml. II, 2, 32. — *Un homme qui, par esprit d'humilité, se dérobe à la vue des hommes, en se réfugiant dans une retraite, ou se livrant à toute l'austérité des pratiques de la vie religieuse*, ibid. 31, Abd-al-wâhid 12, 7 a f., 209, 1. — *Celui qui n'a que le nécessaire*, M.

مَسْتُورَة, à Tunis et à Tripoli, *maïs*, ainsi appelé parce que son épi est comparable à une femme voilée, Pagni 31, Prax R. d. O. A. VII, 262, VIII, 345.

ستمر I *relâcher dans un port*, Roland.

ستن.

ستينة (roman sentina) *fond de cale*, Hbrt 128.

أُسْتُن sorte de chardon, *Onopordon Acanthium L.*; voyez sous طُوَيْنَة.

اُسْتَنَى (pour اِسْتَأْنَى, X^e forme de انى, aor. يستنى) *attendre*; — *faire sentinelle*, Bc.

ستى.

السَّتَا = السُّهَا dans la grande Ourse, Dorn 44.

سج.

سَجَّة pl. سَجَلِى *cicatrice*, Alc. (cicatriç, señal de golpe o açote, señal de herida), est pour شَجَّة. — سَجَّات *nom général pour tous les crotales qui sont du genre des castagnettes*, Descr. de l'Eg. XIII, 495; cf. زنج et صنج.

ساجع.

سَجِيع. Le pl. سَجَاج, P. Berb. I, 22, 15. —

Semble signifier *beau, excellent* dans le passage d'Ibn-Haiyân que j'ai publié dans mon Introd. au Bayân, 89, 11, mais la leçon m'est suspecte.

أَسْجَاج, t. de musique, *chanter d'une manière douce et plaintive*, M.

ساجد II c. a. dans le Voc. sous adorare.

VI dans Tabarî, mais j'ai négligé de noter la page (Wright).

بزر ساجدى, comme en syriaque, *graine de cardamome*, Payne Smith 1159.

سَجَّادَة a dans le Voc. le pl. سَواجد, dans Bat., I, 73, سِجاجد (أت, IV, 422), et dans les 1001 N., I, 622, 1, سَجاجيد. En Egypte les chefs des différents ordres de derviches portent le titre de صاحب سجادة ou *possesseur du tapis à prier* du fondateur de l'ordre, Lane M. E. I, 366—7.

مَسْجِد, *mosquée*, est employé à différentes reprises comme un fém. dans le Cartâs 25, 18 et suiv. — *Endroit en plein air où l'on fait la prière*, Browne I, 27.

ساجر II النار *attiser le feu*, Voc.

V *être attisé* (feu), Voc.

سَجَر, n. d'un. ة, *arbre*, Bc, est pour شجر, parce qu'il est difficile et dur de prononcer le *chîn* suivi du *djîm*. De même chez Alc. ساجار pour شجار (voyez).

سَجَّار *fourgon pour remuer le feu*, Voc. — *Chaleur, ardeur*, Abou'l-Walîd 369, n. 46. — Voyez l'article qui précède.

ساجور *lien d'osier ou d'autre bois, lien qui attache les gerbes, etc.*, Alc. (tramojo).

ساجس II. سَجَّس القوم *faire naître des querelles parmi les gens*, M.

سَجَس *querelle* (شغب), M. — *Turbulence*, Bc. — *Désordre, confusion*, Hbrt 241.

ساجع I, non-seulement en parlant du roucoulement des pigeons, mais aussi en parlant du chant d'autres oiseaux, Sadî Gulistân 9, 11: سَجَّع طيرها, Bassâm III, 3 r°:

ساجع البلبل ☆

II, en parlant du chant des oiseaux, P. Macc. I, 57, 19.

سَاجْعَة *ligne d'une strophe*, Ztschr. XXII, 159, 2.

سَاجَاعَة *prose rimée*, Kâmil 596, 16.

سَاجَف II. سَاجَف اللَّيْل, comme à la IVᵉ forme, *la nuit a étendu ses voiles*, Gl. Fragm. — *Border*, orner le bord avec une frange, Bc.

سَجَاف pl. سِجَاف *bordure*, Bc, Ht, *bord*, ruban, frange pour border, *parement*, Bc, *frange*, Bc, Hbrt 204, Maml. II, 2, 70, l. 3 du texte arabe.

سُجُق *boudin*, boyau rempli de sang, de graisse, *saucisse* (où le *hâ* est une faute d'impression), Bc, سُجَق *saucisse*, Hbrt 16.

سَجَل II ne s'emploie pas seulement en parlant d'un juge, mais aussi en parlant d'un prince, etc., qui accorde une chose à quelqu'un dans un diplôme, سَجَّل لفلان بكل ما سَأَل, Fragm. hist. Arab. 508, 8; le Voc. a ce verbe sous privilegium. — *Enregistrer*, *vérifier*, Bc, *vérifier*, *avérer*, Ht. — C. على *souhaiter malheur à* (de Slane), Prol. III, 331, 4 a f.

سَجِيل = سَجِّل *dur?* Gl. Badroun.

تَسْجِيل pl. تَسَاجِيل *pièce d'un procès*, Alc. (escritura contra otro, proceso en el pleyto).

سَجَم.

اسْجَم دَمْعًا أَسْجَم *répandant plus de larmes*, P. Abd-al-wâhid 173, 14.

انْسِجَام *style coulant*, M. Soyouti a appliqué ce nom aux passages dans la prose rimée qui forment des vers, sans que l'auteur l'ait voulu; voyez Mehren Rhetorik 170.

سَجَن I *encastrer*, Gl. Edrîsî. — Semble signifier *tourner* (قَلَّب dans l'éd. Macn.) dans les 1001 N. Bresl. VII, 143, 5, mais la leçon me paraît altérée.

II الماء dans le Voc. sous incarcerare.

VII *être jeté en prison*, Voc., Amari Dipl. App. 3, 1.

سَاجِن. Le pl. du pl. سَاجُونَات, Abou-Hammou 84: اهل الساجون pour السَّجُون — تَنْظُر في اهل ساجوناتك, *les prisonniers*, dans la tradition: شهدت عليَّا بالكوفة

يعرض من فيها من المسجونين, c.-à-d., يعرض السَّاجُونِ, M, Berb. II, 306, 10, 449, 2 a f. — سِجْن الغَضَب nom de la prison dans laquelle on jetait ceux qui avaient allumé la colère du prince, 1001 N. IV, 720, 4 a f. — A Fez il y avait le سِجْن الغُور, Berb. II, 557, 13, ou le سِجْن الغَدْر, comme on lit dans l'édit. de Boulac; je ne puis expliquer ni l'une ni l'autre leçon.

سَجَو II. On trouve la constr. c. على dans Mohammed ibn-Hârith 308: اضطجع سليمن وسَاجَا على نَفْسه وجعل يسوق النَّفَس كما يفعل من احتضر

سَجّ I *battre le lin*, Auw. II, 117, 6, où il faut lire انسَجّ VII quasi-pass. de I, Diw. Hodz. 213, vs. 13.

سَجّ substantivement, *pluie abondante*, comme J.-J. Schultens a noté, Voc. (pluvia), P. Abbâr 156, 13.

سَجَاج *le lin qui a été battu*, Auw. II, 117, 6.

سَحَب I *traîner un homme, le tirer après soi*, Freytag Chrest. 51, 12, Antar 6. Constr. incorrecte Ba I, 295: القليب الذي سَحَب به اعداء الله المشركون (après la bataille de Bedr); l'auteur aurait dû employer la prép. الى, comme on lit سحب الى القليب chez Ibn-Hichâm 455, 10. — *Tirer*, *retirer*, Bc, 1001 N. II, 106: فسحبت خنجرًا من حياصتها « elle tira un poignard de sa ceinture. » سحب سيفه *il tira l'épée*, Fleischer Gl. 21, M. Par ellipse le verbe s'emploie dans le même sens, *dégainer*, Bc, Hbrt 13, 1001 N. I, 48, 7 a f. = Bresl. I, 128, 13, où il n'est pas nécessaire d'ajouter le pronom, comme le veut Fleischer. Ce verbe s'emploie aussi en parlant d'une masse, bien qu'elle n'ait pas de fourreau, 1001 N. I, 31, 9: سحب الملك دبوسًا وضربها (l.) بها قلبها III, 229, 5, IV, 169, 4 a f. On dit encore: سحب ماء من بئر *tirer de l'eau d'un puits*, Bc, et le verbe seul *pomper*, épuiser avec la pompe, Bc; سحب الصائغ الشريط « l'orfèvre tire l'or, l'argent, les étend, allonge en fils déliés, » M. — *Remorquer*, traîner vaisseau par le moyen d'un ou plusieurs autres, — سحب مركبًا *touer*, faire avancer un navire tirant un câble d'un point fixe, Bc. — سحب بوليصة على *tirer une lettre de change sur*, Bc, M. — El quelqu'un (acc.) *au-dessus* (على) d'un autre, Macc. I, 869, 15: بلاغة سحبته على سحبان « il possédait éloquence qui l'élevait au-dessus de Sahbân. » سحب proprement سحب dans le sens de *tirer*; cf. la forme. — *Charrier*, porter des glaçons, en parlant des rivières, Bc. — *Filer*, s'étendre en filets, Bc.

II *nubescere* dans le Voc., cf. plus loin مُسَخَّب.

V. Khatîb 115 v°: les Cinhédjites demandèrent au sultan Bâdîs le cadavre du soldat de leur nation que ce prince avait tué de ses propres mains, et, l'ayant obtenu, ils l'enterrèrent à l'instant même; فعاجب الناس من تسحّبهم فى الاعتصاب حتى الموتى فى قبورهم Le verbe semble avoir ici le sens de *tirer*, *attirer dans*, *comprendre dans*, et le sens est que leur amour pour les hommes de leur nation s'étendait jusqu'aux morts. — Dans le Voc. sous nubescere.

VII c. على *prédominer*, Prol. II, 3, l. 11, 278, 13; cf. le passage de Macc. que j'ai cité sous la Ire forme.

سَحْبَة. خذ لك سحبة *prenez une gorgée de fumée* (de tabac), Bc.

سَحَاب *ulcère dans la cornée* (le blanc de l'œil), plus petit, plus profond et plus blanc que celui qui s'appelle قتام, M.

سَحَابَة *ondée, grosse pluie de courte durée*, Alc. (nuvada de lluvia), qui prononce سَحابَة. — *Dais*, 1001 N. IV, 302, dern. l.: ورفعوا فوق راسها سحابة, Bresl. IV, 341, 3 a f.: من حرير بعواميد من ذهب وفضة فراى الخليفة جالس وعلى راسه سحابة.

سَحَابِيّ adj. formé de سحاب, *nuages*, Djob. 148, 9: وعلى راسه عمامة شرب رقيق سحابى اللون قد علا كَوْرُها على راسه كانها سحابة مركومة⁕

سَحَاب. دواء سحاب *épispastique* (médicament), qui attire les humeurs, Bc. — سحابة الناس فى السكك *raccrocheuse*, fille qui raccroche les passants, Bc.

سَحَابَة (= جارور voyez); c'est un فَعَالَة dans le sens d'un مفعولة, M.

مَسْحَب. مسحب الهوا *un endroit d'où vient l'air, le vent*, comme le دهليز, M. — Sorte de *bâton*, que Burton, I, 230, décrit fort au long. Peut-être le pl. مساحب a-t-il ce sens dans le J. A. 1849, II, 270, n. 1, l. 5 (= قناة طويلة l. 3).

مُسْحِب *nuageux, nébuleux*, Alc. (nublado, nublosa cosa).

مَسْحَبَة *filière*, outil d'acier pour filer les métaux, Bc.

سَاكَن I *scindere* dans la 1re partie du Voc.

سُخْت est chez le vulgaire *ce qu'un homme possède*, que ce soit حلال ou حرام, M.

ساختوت *denier, liard*, Bc. — سَخْتُوت vulg. = سلحوت, M.

سَخِى II c. a., IV, V et VII dans le Voc. sous *disenteria*.

سَخَّج atteint la verge du cheval quand il couvre une jument dont la vulve est malade, Auw. II, 621, 13, où Clément-Mullet observe: « ce mot ne peut être entendu ici d'une simple *excoriation*, mais d'une *ulcération* qui ronge la peau et que lui aurait communiquée la jument. »

سَخَج *étoupe*, Voc.

سَخَاجَة pour سَخَقَة, *danse*, Ztschr. XXII, 82, 15.

سَاخَر I. La signification que Freytag donne en premier lieu (aussi chez Lane), d'après le Commentaire de Tibrîzî sur la Hamâsa, 601, 7, à savoir *dorer* l'argent, doit être biffée. Ce commentateur a mal entendu et mal compris, car le verbe n'est pas سَخَر, mais شَخَّر (voyez), et au lieu de signifier *dorer*, il signifie *purifier, affiner* les métaux. C'est ce que j'ai observé Abbad. III, 225—6; voyez aussi ma Lettre à M. Fleischer 225. — Dans le sens de *fasciner, ensorceler*, ce verbe se construit aussi avec مِن, ou bien ce *min* est le *min* partitif, Nowaïrî Afrique 30 v°: — كان ملكهم ساحرًا فسحر من عقولهم حتى جعلوه نبيًّا C. d. a. *métamorphoser* quelqu'un *en*, 1001 N. I, 13, 2: سحرت ذلك الولد عجلًا, 51, 13 et 15. — *Faire le repas appelé* سَحُور *dans le mois de Ramadhân*. La forme de versification appelée القَوْمَا, lit-on dans le J. A. 1839, II, 165, 2 a f. et suiv., a été inventée par les habitants de Bagdad, du temps de la dynastie des Abbâsides, pour le *sahour* dans le mois de Ramadhân, et elle a reçu ce nom parce que les chanteurs se disaient: قوما لنسحر قوما. C'était, je crois, le vers par lequel ils commençaient leur poème; je prononce: قُوْمَا لَنَسْحَرْ قُوْمَا, et je traduis: «Allons, faisons le *sahour*, allons!» (cf. sous قُوْمَا). Dans la langue vulgaire la Ire forme était donc l'équivalent de la Ve dans la langue classique.

II, en parlant du moëddzin, *annoncer, dans le mois de Ramadhân, le temps où l'on peut faire le repas appelé* sahour, Djob. 145, 2, 7 et 11; cf. مُسَحِّر.

IV. اَسْحَرَ اللَّيلُ *la nuit est très-avancée, le jour est prêt à paraître*, Bc. — Dans le sens de la Ire, *ensorceler*, Voc., Alc. (enhechizar, hechizar, ligar con hechizos).

VII *être ensorcelé*, Voc., Alc. (hechizarse); مُنسَحِر *enchanté*, Bc.

سَحَر *les paroles que prononce le moëddzin au lever de l'aurore*, Fakhrî 278, 1; le pl. أَسْحَار, Abd-al-wâhid 68, 9, Recherches I, Append. p. LXI, 1. — *Sahr, repas du matin*, Ouaday 718; ce serait pour *sahar*, qui serait à son tour pour *sahour* (cf. سُحَيْر).

سَخْرَة = فَخْرَة *rosée*, M sous حمر.

سَحَرِى *magique*, Bc.

سَحَرِى, en Espagne, *gelée blanche*, Abou'l-Walîd 792, 19.

سُحَيْر = سَحُور, Ztschr. XI, 519.

سِحَارَة *jonglerie*, Payne Smith 1387.

سُحَيْرَة *le temps un peu avant l'aurore*, P. Macc. II, 74, 21.

سَحَّارَة *voyez* أَسْحَارَة.

سَحَّابَة *orage*, Cherb.

سَحَّارَة pl. سَحَاحِير *coffre-fort*, Bc, M; c'est un très-grand coffre d'environ trois pieds en carré, Burton I, 121, cf. Richardson Central I, 298, Lane M. E. II, 199. Comme ce mot n'a aucun rapport avec la racine سحر, je soupçonne que c'est une corruption de زَخَّارَة, qui est pour ذَخَّارَة (voyez).

سَاحِر, *magicien*, a chez Bc le pl. اَسْحَار.

اَسْحَار *l'aurore*, Müller 11, 3: بِالعَشِى وَالاِسْحَار.

أُسْحَارَة *erysimum, sysymbrium polyceraton*, Bait. I, 48 d (AB), 217 b, où on lit qu'Abou-Hanîfa a entendu dire à un Bédouin السَحَارَة, sans *élif*, mais qu'il ignore si c'est la même plante, II, 110 e.

مُسَحِّر *le crieur qui, dans les nuits du mois de Ramadhân, annonce le temps où l'on peut faire le repas appelé* sahour, Lane M. E. II, 87, 261, Descr. de l'Eg. XIV, 232 et suiv.

مَسْحُورَة *flûte champêtre, chalumeau*, M. — *Du lait qu'on fait cailler avec de la présure, et qu'on rend doux avec du sucre*, M.

مَسَاحِرَة chez Freytag doit être biffé. Dans le passage qu'il cite (de Sacy Chrest. I, ٣٢, 7) et qui est tiré du Fakhrî, il faut substituer un *khâ* au *hâ*; c'est le pl. de مَسْخَرَة (voyez) dans le sens de *bouffon*. M. Ahlwardt, dans son édition du Fakhrî (383, 2), a donné la bonne leçon.

ساحق I. Le n. d'act. مَسْحَق, Diwan d'Amro'lkaïs ٢٠, vs. 8. — *Foudroyer*, au fig., *ruiner, renverser, mettre en poudre*, au fig., *ruiner, anéantir*, Bc, 1001 N. III, 196, 7: وَدَخَلَ عَلَيهما السَاحِق والماحِق والجِلاء اللاحِق, où Lane traduit: «ruin and destruction.»

VII. Les chrétiens disent au fig. انسحق القلب = انكَسَر وتَذَلَّل, M.

سَحَق *ce qui est pulvérisé*, Auw. I, 102, 21: خمرو الناس المختلط بسحق التراب.

سَحْقَة *danse*, voyez Ztschr. XXII, 105, n. 45.

سَحْقَة *endroit usé d'un habit*, Abou'l-Walîd 121, n. 25.

سِحَاق Macc. I, 231, 12: لا طبرزد سكّر قناطير ا. سِحَاق, ce qui semble signifier *qui n'avait pas été pilé, égrugé*.

سَحِيقَة *tribade*, Bc.

سَحَّاق *broyeur*, Bc.

ساحل *doler, aplanir*, Bc.

III *marcher le long de la plage*, Haiyân 91 v°: ورحل العسكر مساحلا مسايرا للبحر.

VI *débarquer*, Berb. I, 464, 13.

سَحْلَة *vase à boire, en cuivre*, Ztschr. XXII, 150.

سِحَالِيَّة *salamandre*; c'est ainsi que ce mot est écrit dans A de Bait. II, 3 b.

سَحُول = قطن *coton*, Most. v° حب القطن.

ساحل *un entrepôt de commerce qui a des communications faciles avec la mer, un port*, Gl. Belâdz, L (portus), Haiyân 67 v°, Amari 117, 8, 454, 11, lisez de même ibid. dern. l., 498, dern. l., Maml. I, 1, 169, 6 a f., Berb. II, 303, 4, 314, 1, 371, 12, 374, 5 et 7, 386, 6, 421, 9, Autob. 217 r°, Çalât

37 v°. — En Espagne, *lieu sur la côte où l'on mène paitre le bétail pendant l'hiver*, à ce qu'il semble, car chez Alc. c'est «envernadero» et «estremadura,» qu'il traduit aussi par مَرْعَى. — *Siroco très-fort*, Rohlfs 37.

سَوَاحِلِيّ *riverain*, Bc.

سَخْلَب, *salep*, Bc, Bg, est une corruption moderne de خُصَى الثُّعْلَب, «les testicules du renard;» ce sont les racines bulbeuses de l'Orchis mascula, qu'on a nommées ainsi à cause de leur forme.

سَحْلَفَا (pour سلحفا) pl. سَحَالِف *tortue*, Bc.

سَخم II. Le Voc., en donnant ce verbe sous nigrescere, ajoute dans une note: *vel balneare se in aqua, non in balneis*. Evidemment l'auteur l'a trouvé expliqué, dans un dict. arabe, par حَمَّ (cf. Lane), et ne comprenant pas ce mot, il a attribué au verbe dont il s'agit une signif. qu'il n'a jamais.

V quasi-pass. de la IIe, Voc. (sous nigrescere).

سَكَن

سَخِينَة forme au pl. سَخَن, Macc. I, 208, 17, Mi'yâr 29, 6 (où il faut prononcer ainsi).

مُسَخَّنَة voyez Diw. Hodz. 154, dern. l. et suiv.

أَسْخَنْفَر (cf. Freytag 291 b) *apprendre beaucoup de choses, devenir très-savant*, Haiyân 36 v°: فأخذ من أبي على القالى واستكثر واستوسع واسخنفر.

سَاخِي et سَاخُو I. Biffez le n° 4 de Freytag, car dans le passage des 1001 N. qu'il cite il faut lire سَخِيت, au lieu de سَخِين; voyez Fleischer Gl. 21 et ce que j'ai dit sous سَحَب I.

سَخَاءَة *un morceau de papier sur lequel on écrit une courte phrase, une pièce de vers*, etc., Abbad. II, 118, 10, Abd-al-wâhid 152, 13, Amari 652, 8 et 15, Macc. I, 533, 7. Chez Mohammed ibn-Hârith, 265 et 266, le man. a سَخَاءَة (trois fois) et le pl. y est سَخَيَات; il y est question du cadi Yokhâmir et ce récit commence de cette manière: طَرَح ابنُ الشِّمر بين سخيات بخامر بن عثمان الشَّعْباني سخاءة فيها مكتوب يونس بن متى والمسيح بن مريم فخرجت السخاءات الى بخامر الخ. Voyez aussi Akhbâr 162,

4 a f., où le texte est malheureusement altéré. — Dans le Voc. *custodia* (?).

سَحَايَة. On lit dans une glose sur Abou'l-Walîd, 633, n. 50, que Saadiah traduit par سَحَايَات le mot hébreu qui signifie *toiles d'araignée*.

سَخّ I. سَخّ المطر *pleuvoir*, Bc.

سَخْب.

سِخَاب pl. سَخَاب *pastille du sérail*, Bc (Barb.).

سَخْت.

سَخْتِيتِين. Le pl. سَخَاتِيتِين, Diw. Hodz. 202, vs. 40.

سَخْتِيَان *tablier*, pièce de maroquin ou de peau, que les artisans, proprement les cordonniers, mettent devant eux pour conserver leurs habits en travaillant, Bg.

سَخْتِيَان = سَخْتِبَانَة *cordouan, maroquin*, 1001 N. Bresl. III, 331, 3 a f.

سَخَر I, *se moquer de*, a le n. d'act. سُخْرِيًّا dans les Prol. I, 289, 13, et se construit avec l'accus. dans les 1001 N. Bresl. IV, 160, 3 a f.: يا عجوز الناجس انا ما انا امير المومنين انى سخرتيبى (سخرتيبى l.).

II. Pour la constr. je donne ces exemples tirés de Bc: سَخَّر ب *imposer à quelqu'un une chose fâcheuse ou difficile*; سَخَّر الى شىء *donner une corvée à quelqu'un*; سَخَّر يعمل الشىء *faire faire quelque chose à quelqu'un sans le payer*. — *Employer* un mot *dans un certain sens*, Abou'l-Walîd 800, 9.

V *être pris de corvée*, Bc.

سَخَر *moquerie, mystification*, Bc.

سُخْرَة *corvée*, Gl. Esp. 227, Gl. Fragm.; تَحْت السَّخْرَة *corvéable*, Bc; aussi *corvée* au fig., *embarras*, Bc; chez le vulgaire *tout travail, fait de gré ou de force, qui n'est pas payé*, M. — *Récompense, cadeau en argent*, Hœst 150, 152, 155, 158, 160.

القصيدة السُّخْرِيَّة titre d'un poème burlesque qui commence ainsi:
نَذَبْ وَلها سَوْفَ قَطَطْ نحَبْ نحَبْ نحَبْ M. تَصْطَاد الفار من الأوكا رتطبخ الحيط وتنقلب

تَسْخِير *moquerie, raillerie*, Ht.

مُسْخَرَة *tout ce dont on se moque*, M; *un homme*

ridicule et dont on se moque, Gl. Esp. 305, Antar 37, 1, *cocasse, ridicule, gille, niais, godiche, godichon, niais, grotesque, jouet, personne dont on se moque, dont on se joue, marmouset, petit garçon, petit homme mal fait*, Bc. — *Bouffon, baladin, farceur*, déjà au XIIe siècle, Gl. Esp. 305; le pl., ordinairement مَساخِر, est مَساخِير dans Cazwînî II, 128, 11, et dans de Sacy Chrest. I, ٣٢, 7, où il faut substituer un *khâ* au *hâ*; la bonne leçon est dans l'édition du Fakhrî qu'a donnée M. Ahlwardt (383, 2). — *Farce, faribole, pantalonnade, bouffonnerie*, Bc. — *Bagatelle, sornette*, Bc. — *Mascarade*; مَساخِر *mascarade, troupe de masques*, Bc, cf. Gl. Esp. 304 et suiv. — مَساخِر صور *colifichet, lanternes, fadaises, contes*, Bc. — مَساخِر صور *caricature*, Bc.

مَسْخَرِيَّة *bagatelle, baliverne, futilité*, Ht. — *Momerie*, Bc.

مَسْخَرَانِي *moqueur*, Bc.

مَسْخَرَوَّيَات (le sing. n'est pas en usage) *colifichet*, Bc.

مُسَخَّر. Au Maroc les مُسَخَّرون sont des serviteurs qui portent les ordres du sultan d'un endroit à l'autre et qui lui fournissent des renseignements, Hœst 181—2. On trouve aussi ce mot dans le man. d'Ibn-Batouta que possède M. de Gayangos, 214 r°: لِأَنَّ المُسَخَّرين يَكتبون الى السلطان بجميع احوالى l'édition (III, 387) porte en cet endroit المُخَّبَرون, «les nouvellistes.» Dans la Miss. hist., 246 b, 279 b, les *mensaxerles* (prononcez l'*x* comme le *khâ* arabe) sont des serviteurs ou sbires du sultan de Maroc ou de son lieutenant, et dans le Voyage pour la Rédemption, 150, où il est question d'une audience donnée par ce sultan, on lit : « Un Maure derrière lui tenait un grand parasol, et un Masgarin tenait une lance de la longueur d'environ six pieds; — tout autour environ cinquante Masgarins le fusil sur l'épaule: voilà en quoi consistait toute sa garde ce jour-là. »

سَخْسَخ I c. a. *deturpare*, Voc.

تَسَخْسَخ pl. تَسَاخِس dans le Voc. sous *deturpare*.

سَخْسَخَة *inanition, faiblesse causée par le jeûne*, Bc.

سَخَط I *déshériter*, Alc. (*deseredar por muerte* = قطع الوَرَث). — Sur les signif. *maudire, métamorphoser en* et *pétrifier*, voyez sous مَسْخُوط. — *Ecraser, surpasser*, Bc.

II c. a. et VI dans le Voc. sous *irasci*.

سَخَط *monstre*, animal qui a une conformation contraire à l'ordre de la nature, et *monstre*, ce qui est extrêmement laid, Bc. Cf. l'article qui suit, à la fin.

مَسْخُوط proprement *frappé de la colère divine*, et de là *maudit*, Alc. (*maldicha cosa*), Roland, Daumas V. A. 101. Le verbe سخط, dans le sens de *maudire*, se trouve dans le Dict. berb. Un effet de la malédiction divine, c'est que ceux qui l'ont encourue sont pétrifiés (cf. Lane), et مَسْخُوط, proprement مَسْخُوط عليه, 1001 N. Bresl. I, 316, 10, s'emploie dans le sens de *pétrifié*, Macn. I, 123, 13: وإذا هم مسخوطين وقد صاروا اجارا. Le nom de certains bains, مسخوطين حَمَّام, ne signifie ni « bains enchantés » (Shaw I, 105, Poiret I, 153), ni « bains maudits, » comme dit Carteron 217, mais « les bains des pétrifiés.» En effet, ce dernier voyageur nous apprend que, d'après la légende, « un puissant chef arabe voulant épouser sa propre sœur, toute la noce a été pétrifiée. » Oubliant l'origine de cette signif., le peuple a employé le verbe سخط dans le sens de *changer en, métamorphoser en*, avec l'accus., p. e. اجارا, « en pierres, » Macn. I, 123, 14: فوجدنا كل نزل عليهم, 127, 12: ومن فيها مسخوطا اجارا سودا. المقتن والساخط من السماء فسخطوا اجارا سودا. Enfin le verbe seul se prend dans le sens de *pétrifier*, Bresl. I, 313, 9: فرأيت المدينة كلها قد سُخطت, Macn. 128, 7: سبب سخط هذه المدينة. — *Marmouset*, petit garçon; petit homme mal fait; *mirmidon*, jeune homme de peu de considération et de petite taille; *homme rabougri*, mal conformé, Bc. Je crois que c'est proprement, de même que سَخَط dans le sens de *monstre*: «frappé de la colère divine, maudit,» les hommes mal conformés étant considérés comme tels.

سَخُف I, n. d'act. سُخْف, *être présomptueux*, Voc. (*arogare, iactare*), Alc. (*presumir de sí mesmo*), Macc. I, 137, 11, où le texte (cf. Add.) ne doit pas être changé. — سَخَف *avoir envie de*, Cherb. C.

II c. a. et V c. على dans le Voc. sous *arogare* et *iactare*.

IV *se moquer, se railler*, Abou'l-Walîd 183, n. 15: هزؤ واسخاف ۞

سخل   639   سخن

VI. Payne Smith 1124: بتساخف بنهمك فى الخطايا.

سُخْف enjouement, gaieté, humeur badine et folâtre, l'opposé de جدّ, « ce qui est sérieux, grave, » Macc. I, 899, 5: وفيه نزهات اديبة ومفاكهات غريبة ممزوج جدّها بسخفها وهزلها بظرفها, Amari 675, 5: وانما حظّه عند اهل الادب ما غلب عليه من حبّ الشراب والبطالة وايثار السخف والفكاهة, Khallic. I, 228, 6 a f.: ذو المجون والخلاعة والسخف فى شعره, Macc. I, 216, 4, II, 226, 15, de Sacy Chrest. I, vf, 7. — Présomption, Alc. (muestra de vanagloria, presuncion).

سخيف aussi en parlant de paroles ou d'une pièce de vers, insensé, qui n'est pas conforme au bon sens, Tantâwî dans Ztschr. Kunde VII, 55: الفاظ سخيفة, Mohammed ibn-Hârith 316: شعر سخيف لا تغيير معنى بعيد المعانى. Substantivement, Fragm. hist. Arab. 127, 6: انشدته اشعار العرب فلم يهشّ لها وانشدته سخيفا فطرب واستعاذنيه. — Pl. سِخاف et سُخَفاء, orgueilleux, présomptueux, Voc., Alc. (altivo, arguloso, presuntuoso).

سَخافة vanité, Macc. I, 306, 6: ويرى ان كلّ ما هو فيه من نعيم وعزّ امر سخافة كل شىء رايته غير شىء ما خلا لذّة الهوى والسّلافة ce qui revient à dire:
    Buvez, aimez, c'est la sagesse,
    Car tout le reste est vanité.

سخل.

سَخْلة = سَخْل agneau, 1001 N. II, 177, 2 a f.

سخلاط (pers.) jasmin, Most. v° باسمين (dans N le hâ est une faute, et La porte à tort سعفلاط).

ساخم II noircir, dans le sens de salir, Prol. I, 421, 2 a f.: — ولم نر ان نسخّم اوراق الكتاب بذكر مذاهب كفرهم Dans les 1001 N., I, 489, 6, 535, 14, les chrétiens invoquent Jésus, Marie et الصليب المسخّم. Je ne sais pas bien ce que cela signifie. — Diffamer, décrier, Ht. — Baiser, jouir d'une femme, Bc, violer, 1001 N. Bresl. III, 76, 12: وان فى ولد وهو شيطان ما خلى صبية فى الحارة حتى سخمها فعل بها, où Macn. et Boul. ont بها. Le M explique l'origine de cette signif. en disant que c'est proprement: noircir l'honneur d'une femme, سوّد عرضها بالسخام.

سَخِيمة a aussi le pl. ات, Gl. Mosl.

مَساخم dans un vers des 1001 N., I, 50, 2 a f. (= Bresl. I, 133, 4) est l'opposé de مَحاسن dans la l. 6 a f.

سخمط tacher, souiller, salir, faire une tache, Bc. — Barbouiller, salir, et faire grossièrement, cochonner, faire mal, salement, grossièrement un ouvrage, fagoter, arranger mal, maçonner, travailler grossièrement, saveter, gâter, mal faire un ouvrage, Bc.

سَخْمَطة barbouillage; — cochonnerie, chose sale, Bc.

سخماط barbouilleur, mauvais peintre, Bc.

ساخن I avoir la fièvre, Bc; ساخن qui a la fièvre, Bc, Hbrt 36; semble la signif. primitive, mais on l'emploie dans le sens général d'être malade, M.

II. مُسَخّن tiède, Alc. (tibia cosa); — brûlé, Alc. (aburado).

V se chauffer, Voc. (c. ب), Ht; Alc. a cette forme sous « escabullir, » qui signifie « se glisser, s'échapper des mains, » ce qui ne convient nullement à cette racine; mais il faut observer qu'il donne: escabullirse فلت, escalentarse دفى V, escabullir سخّن V, escalentar دفى II, et l'ordre alphabétique montre qu'au lieu d'escabullir, il faut répéter le verbe escalentarse, qui précède, se chauffer.

سُخْن chaud, récent; ردّها عليه وهى سخنة « il le lui a rendu tout chaud, » Bc. — Poivré, qui a été payé cher, Bc.

سُخْنان qui a la fièvre, Bc, Hbrt 36.

سُخْن chaud, Voc., Ht, Richardson Sahara I, 85. — Fortifiant, stimulant, Jackson 55, 154, l. 1.

سُخَيّن un peu chaud, Mehren 29.

سَخانة chaleur, Ht, Cartás 18, 4. — Mets que les juifs marocains mangent le dimanche; il est fait de pois cuits au four pendant environ vingt-quatre heures, avec quantité d'os moelleux de bœuf, qu'on brise en morceaux, Riley 460, 512 (skanah).

سُخُونة tiédeur, Alc. (tibieza).

سَخّان dans le Voc. sous calefacere.

سَخّانة pot de cuivre pour chauffer de l'eau, M, Payne Smith 1300.

اُسْخَان *plaisanterie*, M.

مِسْخَن, *pot pour chauffer de l'eau*, Payne Smith 1300.

مُسْخِن *badin*, *folâtre*, *burlesque*, *drôle de corps*, *drôle*, *facétieux*, *farceur*, *boute-en-train*, homme de plaisir qui excite les autres, *plaisant*, qui fait rire, et: celui qui cherche à faire rire; كلام مسخن *bon-mot*, Bc. — *Farce*, Bc.

مَسْخَنَة *lieu où l'on attiédit l'eau*, Alc. (entibiadero). — *Bassinoire*, *chauffe-lit*, Alc. (callentador para cama, escalentador). — Suivi de للرجْلَيْن *chaufferette*, Bc.

سخى et سخى I. La constr. c. على dans le Voc. sous largiri. — Dans l'expression سَخِيَتْ نَفْسى عن الشيء on emploie le n. d'act. سُخَاوَة, qui appartient proprement à سَخا, Bidp. 114, 2: سخاوة أنفسهم عن — c. على *se tourner vers*, Gl. Mosl.

II *rendre libéral*, Voc., Koseg. Chrest. 53, 2: l'amour est فضيلة تُسَخَّى كَفَّ البَخيل.

IV comme verbe d'admiration, Koseg. Chrest. 131, 5: ما كان اسخى نفسها «qu'elle était libérale!»

سدّ I a aussi le nom d'act. مَسَدّ, et se construit avec عن, قوم يَسُدُّون عن الاسلام مسدًّا «des hommes qui défendent bravement l'islamisme,» Gl. Belâdz. Mais la prép. عن après ce verbe a aussi le sens de *contre*, Haiyân 62 r°: سدّ بلاده عن ابن حفصون «il ferma son pays à Ibn-Hafçoun,» سدّ عنه سمعه «il ferma les oreilles pour ne pas entendre une chose,» Ibn-Tofail 165, 3 et 4. Dit-on سدّ المَسَامِع dans un autre sens? Djob. 56, 8: حادثة تَسُدّ المسامع شناعةً وبشاعةً et 238, dern. l.: وصاحب ذلك الحلي يسدّ المسامع. Dans ma Lettre à M. Fleischer, 219—220, j'ai cru devoir substituer le verbe سكّ à سدّ. M. de Goeje pense que سد est bon aussi, et dans le passage altéré de Macc. II, 520, 1: وأثر ممّا سدّك به السمع où j'avais proposé de lire سُكّ, il voit une double leçon: سُدّ. A son avis سد et سكّ sont synonymes,

l'un et l'autre dans le sens de سَمْعَه مَلأ (Kâmil 328, 14). Je ne décide rien; le man. de Djob. n'étant pas d'une grande autorité, il faut attendre si d'autres passages viennent à l'appui de la leçon سدّ. Remarquez encore les expressions سدّ طَرْفَه *fermer les yeux*, 1001 N. Bresl. XII, 203, 12, et سدّ جوعته *apaiser sa faim*, Bat. III, 29, Ibn-Tofail 178, 6 a f. — *Se dédommager*, Bc. — C. عن *représenter*, tenir la place de, Bc. — C. عن *dégoûter de*, faire qu'on ne trouve plus à son goût; سدّ النفس *dégoûter*, ôter le goût, l'appétit, Bc. En ce sens ce verbe s'écrit aussi avec le ص, ce que M. Fleischer (1001 N. XII, Préface, p. 91) croit plus correct.

II *mettre en bon ordre*, p. e. les affaires du royaume, Valeton ۱۹, 4 a f.; dans une note sur ce passage (31, n. 4) Weijers cite Aboulfedâ Ann. I, 362, dern. l., et II, 38, 8. C'est *reparare* dans le Voc. — تسديد الحساب *régler un compte*, M. — *Enclore*, p. e. une vigne, Voc. — *Passer*, *souffrir*, *tolérer*, Alc. (passarse sufrirse). Si ce verbe s'emploie en ce sens, c'est par ellipse, pour سدّ سمعه ou طَرْفَه; cf. sous la Ire forme. — سدّ على روحه, que le Voc. a sous victus, signifie sans doute *apaiser sa faim*; cf. sous la Ire forme. — *Apprécier*, *priser*, *évaluer*, Alc. (le n. d'act. apodamiento, apreciadura).

V *être enclos* (vigne), Voc.

VIII c. من *se dégoûter de*, 1001 N. Bresl. IV, 52, 11: واستريحت نفسى من الاكل والشرب من شدّة الخوف, واستدّت mais le man. dont Habicht s'est servi porte واستدّت, et c'est ainsi qu'il faut lire, comme l'a observé M. Fleischer (1001 N. XII, Préface, p. 91); cf. sous la Ire forme.

سدّ *écluse*, *vanne*, Gl. Edrîsî, M (kesra); *bonde*, pièce de bois qui retient les eaux d'un étang, Bc. — السدّ *le mur de la Chine*, Baït. I, 199 b (trois fois). — سدّ النفس *anorexie*, dégoût des aliments, Bc; cf. sous la Ire forme.

سُدّ = سَدّ *écluse*, Gl. Esp. 229. — *Operticulum* dans le Voc. — *Lit de repos*, *canapé*, Ten Years 151: «The Bashaw after his dinner always retires to his couch or *sedda*,» cf. 152 (on prononce donc سُدّة en Barbarie), R. N. 101 v°: وما رقد ابو سعيد

سداب 641 سدر

;(ابو اسحق .l) على عود قط (يعني سدّةً) ولا سريرا (سريرٍ .l)
en racontant le meurtre d'Alp-Arslân, les chroniqueurs (Athîr X, 49, 2 a f., 50, 3 et 4, Aboulf. Ann. III, 224, 4, cf. la note p. 692) emploient ce mot comme le synonyme de سرير. Au fig., *rang, dignité* (الرتبة والمنصب), car on dit: جلس فلان في سدّة الوزارة, M. *Par extension, l'endroit où se trouve le lit de repos, chambre à coucher,* Ten Years 252: «Before the *sedda*, where the couch or bed is for sleeping,» 143: «Four of these rooms are called *sedas* and serve for bed-chambers,» cf. 150. — Le *mimbar* ou chaire du *khatîb* ou prédicateur dans la mosquée, M. — Chaire de professeur, Fakhrî 39, 9: les professeurs étaient assis على سُدَدهم et lisaient le Coran, tandis que les fakîhs étaient devant eux. — Tribune pour les chantres dans une mosquée, Cherb. C, qui prononce aussi سدّة.

سَدَد *engorgement*, embarras dans un canal; obstruction (méd.), Bc.

سَداد *paix, concorde*, Amari Dipl. 116, 3 a f. — Payer ce qu'on a acheté, M.

سَداد, en médecine = سُدّ, *obstruction*, Gl. Manç.

سَديد certainement, sans doute, Gl. Belâdz.

سَدادة pl. سدائد *bouchon* (pour une bouteille), *tape*, Bc, Hbrt 202.

سَدادة *tampon, bouchon*, Bc.

مُسَدِّد *obstructif, opilatif*, Bc, M. — En Espagne, titre que portait le juge dans les petites villes, Macc. I, 134, 16.

مَسْدود *massif*, l'opposé de creux, Payne Smith 1483. — En géomancie, nom d'une figure, l'opposée de celle qu'on nomme المفتوح, M.

انْسِداد, t. de médec., *obstruction*, M.

سذاب voyez سداب.

سلج.

سلج pour سادج ou سانج, 1001 N. Bresl. II, 143: اخذتُ معي الف ازار سلج.

سَذاجة *simplicité, naïveté, innocence, ingénuité, bonhomie, crédulité*, Bc.

سَجَّادة pour سَذاجة *tapis à prier*, M.

سادج *azyme, qui est sans levain*, L (azimus قطير).
(سادج). — Comme synonyme de باطل, voyez Payne Smith 1043.

سدح I *différer, remettre à un autre temps*, M. — سدح الامر من باله *ôter une chose de son esprit*, M.

III c. a. p. et بـ r. *faire attendre* quelque chose à quelqu'un, M.

سدر IV *étourdir, troubler la raison*, Abou'l-Walîd 549, n. 78, Saadiah ps. 60, Bait. II, 116 a (passage d'Edrîsî):
اذا أكل مخبوزاً أسْدَر وأسْكر

سِدر. Aux détails donnés par Lane j'ajoute ceux-ci: Bc: *alizier* (en esp. *almez*); — *lotus* ou *lotos*, espèce de cerisier d'Egypte à fruit exquis; نوع سدر *micocoulier*; Burckhardt Nubia 379: «ressemble beaucoup au mélèze ou larix;» Hœst 306 *cèdre;* Jackson Timb. 6: «espèce de myrte sauvage, mais on donne ce nom à des arbrisseaux épineux de toute sorte;» Tidjânî, dans le J. A. 1852, II, 179, parle d'un gros arbre appelé السدر المصري ou *sidr égyptien*, qui est d'une espèce différente de celle qu'on a dans les environs de Tunis, son fruit étant plus gros et son parfum plus exquis, quoique peu sucré, et dans une note le traducteur, M. A. Rousseau, remarque: «Le jujubier lotos, *Ziziphus lotus* de Desfontaines; c'est un des lotos des anciens Lotophages;» après quoi il cite ce passage du Vocab. d'hist. naturelle par le docteur Lager: «Le sedra est un arbrisseau qui ne s'élève qu'à une hauteur de quatre à cinq pieds et dont les rameaux, irréguliers et tortueux, sont ornés d'épines et de feuilles alternes, petites, obtuses et à trois nervures longitudinales. A une petite fleur d'un blanc pâle, succède un fruit globuleux que les indigènes appellent un *nebek*, d'une couleur brun-clair et bon à manger;» cf. Shaw I, 222. Barth, V, 681, nomme *siddret el hoë* parmi les arbres. — *Les feuilles de certaine espèce de sidr, dont on se sert en guise de savon* (cf. Lane, Burton I, 324), 1001 N. I, 408, 3 a f., 409, 1. — Prov. يا سدر (ou عاق) خذى (ou خذى) ووتّى (ou يا مدرة) «ce qui vient de la flûte retourne au tambour,» les biens mal ou promptement acquis se dépensent de même, Bc.

سَدَر *vertige*, M, Abou'l-Walîd 549, n. 76, 683, 32, Payne Smith 1403.

سلس pl. سَدْرَى ayant le vertige, Aboû'l-Walîd 549, 26.

سدرة sendra, trad. d'une charte sicil. apud Lello p. 11, et *sinus montis* p. 22; « je doute de la leçon du latin, » Amari MS.

سلس I s'emploie en parlant de la fièvre lorsqu'elle vient tous les six jours, Gl. Manç.

II *sextupler*, répéter six fois, Bc; *réciter six fois le Coran*, R. N. 76 r°: وكان يـقـوم كل ليلة دائبًا يسدس القرآن ☙

سُدْس était à Nacour le nom d'une mesure de capacité qui contenait la moitié d'une ضَحْفَة, Becrî 91, 13, c.-à-d. (voyez ce dernier mot) six quintaux.

سُدَاسِي esclave qui a la taille de six empans, mesurés du bout inférieur de l'oreille jusqu'au talon, Ouaday 43, Richardson Central II, 202—3, d'Escayrac 506, Barth III, 339, *esclave au-dessus de onze et au-dessous de quatorze ou quinze ans*, Burckhardt Nubia 290. — *De six pieds* (vers), comme dans le mètre *ar-redjez*, M. — Voyez sous مسبّع.

سادس. Le pl. سَوَادِس, Aboû'l-Walîd 693, n. 4.

تَسْدِيس, t. d'astrol., *sextil* (aspect), Bc, Prol. I, 204, 14, 1001 N. Bresl. II, 227.

مُسَدَّس, t. de mathém., *hexagone*; quand les côtés ne sont pas égaux, on dit ذو ستّة أضلاع, M. — Chez les أهل التكسير, *carré magique qui comprend 36 petits carrés*; on l'appelle aussi مربّع ستّة في ستّة et الوفق السداسي, M. — En poésie, قسم من المسمّط M; voyez sous سمط II. — *Corde, cordeau, cordon*, Alc. (cordel, dogal).

سدف.

سَدَف s'emploie comme سَوَاد (voyez) en parlant d'une chose qu'on remarque sur l'horizon et qui ressemble à une tache noire (Lane a سُدْفَة en ce sens, car il donne l'expression: رأيت سدفة شخصه من بعد), et surtout en parlant d'un massif d'arbres qu'on aperçoit dans le lointain. Ce mot se trouve en ce sens chez Auw. I, 207, 6, mais le texte y est altéré, car au lieu de سد وشجر (notre man. سدى شجر), il faut

lire شجر سدف, et l. 5 مهبّ, avec notre man., au lieu de عنه. L'auteur dit donc: يقابل مهبّ هكفين الريحين من سدف شجر التين ☙

سُدْف *gras* (viande), Gl. Edrîsî.

سَدِيف suivi de للخنزير *lard*, Alc. (lardo de puerco).

سَدَك I مكان *rester longtemps dans* un endroit. Aussi en parlant d'une longue maladie, p. e. توفّي بعد علّة سدكت به, Lettre à M. Fleischer 219.

سَادَك *tapis*, car le Voc. traduit *matalafium* (*marfega*) par مطرح et par سادك, et il a aussi le premier mot sous *tapetum*, avec *matalaf* dans une note. Je crois que c'est le mot persan سادّه (en arabe سائن, ou avec le *dâl*), qui signifie *simple, sans ornements* ou *d'une seule couleur*, et que cet adjectif a été employé substantivement pour désigner *un tapis uni*.

سدل.

سِدِلَّة *banquette, banc rembourré, canapé*, long siège à dossier, Bc, Lane trad. des 1001 N. II, 242, n. 113. Il se peut que ce mot ait ce sens dans les 1001 N. I, 58, 10, II, 22, 11, IV, 518, 8 a f, 524, 12, car dans les deux derniers passages l'éd. de Breslau (V, 99, 110) le remplace par سرير (dans le second passage elle porte, III, 294, خرستانات ومقاصير, au lieu de سدلات). C'est au reste le même mot que سيلّي chez Freytag et Lane.

سَديل a aussi le pl. سُدُل, Gl. Mosl.

سدم I *se dégoûter*, perdre l'appétit, Bc.

II سَدَّمَ نفسه *dégoûter*, ôter le goût, l'appétit, Bc.

سدم *anorexie, dégoût des aliments, dégoût, manque de goût, d'appétit*, Bc.

سَدُوم pour سَدَّام, *sodomie*, Gl. Fragm.

سَدُومِي *sodomite*, Bc.

سدن.

سَدِن = سادن, P. Abd-al-wâhid 218, 4 a f.

سِنْدَان pl. سَدَادِين, vulg. pour سِنْدَان, *enclume*, M.

سادن ne s'emploie pas seulement en parlant des

سلو

gardiens ou bedeaux de la Ca'ba, mais aussi en parlant de ceux d'autres mosquées, Haiyân-Bassâm III, 143 rº: بعض سدنة الجامع, où il est question de la mosquée de Cordoue.

سدو et سدى II *étendre*, comme I; نبل مسدى, c.-à-d. ممدود, Gl. Mosl. — J'ignore où Freytag a trouvé que ce verbe signifierait: *cirris s. fimbriis ornavit vestem*, mais ce qui est certain, c'est qu'il n'a pas trouvé cela dans les notes de J.-J. Schultens sur Golius, qu'il cite.

IV. Au lieu de أسدى نعمةً, on dit aussi أسدى بنعمة, P. Abd-al-wâhid 25, 9, et pour exprimer le contraire, on dit أسدى البه قبيحًا, Gl. Fragm.

سدًا *inutilement*; تعبه راح سدا «il s'est fatigué inutilement,» Bc.

سداوة *ourdissage*, Voc. (ordicio), Alc. (ordienbre de tela, ordidura de tela). — *Laine fine, qui sert pour faire la chaîne*, Alc. (estanbre de lana).

مسدى *bienfait*, Gl. Fragm. — *Droit d'arrosage pendant un certain nombre de jours*, voyez Gl. Esp. 168—9.

سَذاب, suivi de التيس, *galéga* ou *galec*, rue de chèvre, Bc, qui l'écrit avec le *dâl*. — سذابة *rue*, Hœst 310 (*dâl*).

سذابرغا = فراسيون *prassium fœtidum*, Most. sous ce dernier mot.

سذبان plante inconnue, Gl. Manç. in voce.

سر I *plaire*, L (conplaceo, placeo), Alc. (plazer o agradar a otro). — *Révéler un secret*, Alc. (mesturar = أَشْهَر). — Au pass., *faire festin*, L (epulor).

IV. ب له أسرّ *il lui prédit secrètement que*, Hist. Tun. 111: وداواه الطبيب وأسرّ له بحصول العافية. — أسرّها له فى نفسه *il lui garda secrètement rancune à cause de cela*, Khatîb 44 vº; Macc. en copiant ce passage (II, 209, 8) omet له; Renan Averroès 439, dern. l.: فاستحسن ذلك فى الوقت واسرّها المنصور فى نفسه حتى جرى ما جرى, Fragm. hist. Arab. 181, 8, Berb. I, 593, 4 a f. Aussi simplement أسرّها له, Berb. I, 476, 2, 509, 7 a f. — *Réjouir*, Bc; = أحبّ, Diw. Hodz. 49, 3 a f., 50, 1.

VII *se réjouir*; c. ل *s'applaudir de quelque chose, être charmé de*, Bc.

X c. مع *habere secretum*, Voc.

أسرار سرّ, *les secrets*, signifie en Perse *le hachîch*, d'Escayrac 225. — *La nature réelle, mais abstraite, d'une chose*, de Slane Prol. III, 40, n. 2 sur III, 27, 4 du texte. — *Vertu secrète*; «أسرار القرآن les vertus secrètes du Coran,» Lane M. E. I, 389; en parlant d'un saint qui est mort, نفعنا الله بسرّه «que Dieu nous fasse profiter de ses vertus secrètes!» Hist. Tun. 81, 83, etc. — Chez les chrétiens, *sacrement*, Bc, Hbrt 155, M; سرّ تدفين *sacramentum*, L; سرّ الزيجة *sacrement, mariage*; سرّ الميرون *confirmation*, sacrement de l'Eglise qui confirme dans la grâce du baptême, Bc. — *Grâce, certain agrément dans les personnes et dans les choses*, Alc. (gracia en hermosura, gracia en hablar, gracia como quiera, donayre; بسر *graciosamente*; قلّة سرّ *desdon, desgracia en hablar*, قليل السرّ من كان *desdonado*), Khatîb 71 vº; أهل السرّ والخصوصية والصمت والوقار, Daumas V. A. 175: «Tetbessem be drafa, ou tetlok es-serr bel oukiya,» «Hhâlima - la Douce - sourit avec délicatesse, et c'est par onces qu'elle lâche les gracieusetés.» — *Plaisir*, Alc. (gozo onesto o deleyte), avec le pl. سرور. — *Bouffonnerie, arlequinade*, Alc. (truhaneria). — *Serr* nommé parmi les plantes, Carette Géogr. 137. — السرّ الربّانى *sympathie*, Bc, Habicht Gloss. sur les t. I et II de son édit. des 1001 N. — السرّ المضاعف *Arcanum-duplicatum*, sulfate de potasse, Bc. — بسرّك *à votre santé*, Bc. — كلمة سرّ *mot du guet*, mot pour se reconnaître, Bc. — أتعب سرّه *déranger quelqu'un, l'importuner, le détourner de ses affaires*, Bc.

سُرّة *les flancs* d'un animal, Alc. (ijarres de animal). — *Le poil des parties honteuses*, Voc. (pecten = عانة). — سرّة الأرض *cotylédon* ou *nombril de Vénus*, Bait. II, 14 d; chez Bc سرّة الارض أنثى.

سرّى *confidentiel*, Bc. — حبر سرّى *encre sympathique*, encre blanche qui noircit au feu, Bc.

سرّيّة, *concubine*, pl. أتى, Baidhâwî II, 1, 4 a f.

سْرُورٍ بِهِ سُرُورًا شَرِبَ boire à la joie de quelqu'un, c.-à-d. boire à sa santé; aussi شَرِبَ صَائِحًا بِسُرُورٍ «il vida la coupe en exprimant des vœux pour la joie (la santé) d'un tel,» et شَرِبَ سُرُورًا بِهِ وَلَهُ, Lettre à M. Fleischer 205. — Repas, festin, Voc.

سَرِيرٌ est spécialement chez les modernes berceau pour un enfant, M. أَسِرَّةٌ تَأْكُلُ اللَّحْمَ sarcophages, Bait. I, 43 a, traduction littérale du mot grec; on sait que les sarcophages étaient faits d'une sorte de pierre caustique propre à consumer les chairs en peu de temps. — Berceau, échafaudage, Ht. Ce mot s'emploie en effet dans le sens de treillage sur lequel on fait monter du jasmin, etc., pour former des berceaux ou des espaliers dans les jardins. Ainsi chez Auw. I, 312, 13, où le premier mot doit être وَيَتَعَرَّشُ, comme on lit dans notre man., au lieu de وَيَتَغَرَّسُ, comme porte l'édition: وَيَتَعَرَّشُ إِذَا عُمِلَتْ لَهُ أَسِرَّةٌ مِنْ الخُشُبِ وَالقَصَبِ «le jasmin forme un berceau quand on le fait monter sur des treillages de bois et de roseaux.» — De même II, 230, 2 a f. et suiv., où il est question de pastèques qu'on fait grimper à des treillages. — Chez Breitenbach, Beschreibung der Meerfahrt, le mot sarrir est expliqué par Schalck, ce qui peut signifier fripon, ou bien, dans un sens moins défavorable, bouffon. Le dernier sens est justifié par Alc., qui a سِرّ dans le sens de «bouffonnerie,» et مِسْرَار dans celui de «bouffon.» Le pl. serait سِرَار, si la leçon est bonne chez Khatîb 136 r°: كَانَ مَأْلَفًا لِلذِّعْرَةِ وَالأَخْلَافِ وَالسِّرَارِ وَأُولِي الرِّيَبِ ۞

سَرِيرَةٌ conscience, Voc, Bc, dictamen, sentiment intérieur de la conscience, Bc; أَكْلُ السَّرِيرَةِ remords, Bc. — Allegoria, L.

سُرِّيَّةٌ une esclave-concubine, Abbad. I, 245, 10, Badroun 244, 4 a f.

أَسَرُّ causant la plus grande joie, Abbad. II, 17, 5, 130, 13, Macc. I, 645, 17.

مِسْرَار gracieux, Alc. (donoso, gracioso en hablar, gracioso como quiera, salada cosa graciosa), Daumas V. A. 123. — Plaisant, gai, joyeux, Alc. (plazentera cosa, plazentero a otros). — Bouffon, jongleur, Alc. (truhan).

سَرَاقُوج pl. ات un bonnet tatar, Maml. I, 1, 235, Vêtem. 379, n. 1.

سرب II envoyer, soit secrètement, soit ouvertement, avec إِلى ou فِي de la personne à qui l'on envoie quelque chose; surtout en parlant d'un envoi d'argent, mais aussi en parlant d'un envoi d'armes, de troupes, etc., Lettre à M. Fleischer 35—6. — Mettre de la fausse monnaie en circulation, يُسَرِّبُوهَا فِى النَّاسِ, ibid. — Faire passer l'eau d'une rivière ou d'une source par des conduits ou tuyaux souterrains, Djob. 257, 20: سَرَّبَ لَهَا (لِلْقَلْعَةِ) مِنْ هَذَا النَّهْرِ مَاءً يَنْبَعُ فِيهَا, cf. 186, 2 a f., Çalât 46 r°: وَسَرَّبَ المَاءَ إِلَيْهَا مِنَ الوَادِى, Prol. II, 322, 16: تَسْرِيبُ المِيَاهِ فِى القَنَوَاتِ, autre exemple sous تَشْبِيع. Aussi: laisser écouler les immondices par des conduits ou égouts, Prol. II, 322, 7: الفَضَلَاتِ المُسَرَّبَةِ فِى القَنَوَاتِ; le Voc. a ce verbe sous cloaca. — S'en aller chacun chez soi, Bc; retourner chez soi, M.

V, en parlant de l'eau, passer par des conduits, des tuyaux, des canaux, des rigoles, Djob. 260, 2 a f.: فِى وَسَطِهِ خَرِيجٌ كَبِيرٌ عُلُوُّ مَاءٍ يَتَسَرَّبُ un grand khân تَحْتَ الأَرْضِ مِنْ عَيْنٍ عَلَى البُعْدِ, cf. 261, 6, 278, 2 a f., 215, 14: وَتَشُقُّ هَذِهِ البَسَاتِطَ أَغْصَانٌ مِنْ مَاءِ نَهْرٍ مُتَسَرِّبٍ مِنْ, 15: 214, الفُرَاتُ تَتَسَرَّبُ بِهَا وَتَسْقِيهَا الفُرَاتِ. Le Voc. a cette forme sous cloaca.

سَرَبٌ pl. سُرُوبٌ cloaque, Voc. On prononçait ainsi en Espagne, au lieu de سَرَبٌ, car l'espagnol a azarbe.

سَرَبٌ s'emploie aussi en parlant d'une troupe d'hommes, Lettre à M. Fleischer 45—6.

سَرَبٌ (cf. سَرَبٌ), pl. سُرُوبٌ, سِرَابٌ, أَسْرَابٌ, canal, conduit de l'eau, cloaque, Gl. Edrîsî, Djob. 241, 3, Bait. I, 5 c: il croit بِسَرَبِ العُيُونِ. — Chemin souterrain, Becrî 31, 7. Chez Djaubarî 90 r° les galeries dans les mines portent le nom de سُرُوب.

سِرْبَةٌ troupe de cavaliers, Ztschr. XXII, 115, est pour سُرْبَةٌ.

سُرْبَةٌ est, selon les dict. arabes, une troupe de خَيْل. Freytag traduit «de chevaux,» et Lane «de chevaux ou de cavaliers;» il faut traduire de cavaliers, car chez Alc. c'est «tropa de gente,» et aussi aile d'une armée (ala de batalla), voyez aussi l'arti-

.cle qui précède. On voit que ce mot a même reçu un sens plus large, celui de *troupe d'hommes armés, de soldats*. — *Séquelle*, nombre de gens qui se suivent, ou attachés au même parti, t. de mépris, Bc. — *Ribambelle*, longue suite, kyrielle, Bc.

سَرِيبَة *canal*, Gl. Edrîsî.

سَرَاب *curures*, ordures d'un égout, d'une mare qui ont été curés, Bc.

فَرَاسِيون = سَرِيب *prassium fœtidum*, Most. sous ce dernier mot.

سَرَّابَاتِي *cureur*, qui cure, qui nettoie, *exécuteur (maître) des basses œuvres*, vidangeur, Bc.

سَرَّاب *celui qui fait des cloaques*, Voc.

سَارِب = مَرْدَاسَنْج *argyrite*, Most. sous ce dernier mot.

مَسْرَب *cloaque*, Berb. II, 150, 8. — *Chemin souterrain*, Berb. II, 367, 7 a f.

مُتَسَرَّب *canal souterrain*, Djob. 278, 17 et 19.

مُنْسَرَب *endroit où l'eau s'écoule*, Gl. Belâdz.

سربل I. مسربل بالزرد *portant une cotte de mailles*, Antar 2, l. 7.

II c. a. *se revêtir* d'un vêtement quelconque, Vêtem. 314, 2 a f. Au fig., تسربل بِذِكْر فلان *se couvrir du nom de quelqu'un*, tirer vanité de la qualité d'ami ou d'ennemi de quelqu'un, Gl. Mosl. — *Se troubler, ne savoir que faire*, M.

سَرْبِيُون (esp.) *serpolet*, Alc. (serpol, cf. oregano serpol).

سرت سَرْت (turc). تَمَّه سرت و رأسه سرت et فَتَى سرت tabae fort, Bc.

سَرُوت *clef*, Domb. 92.

سرج I *allumer*, voyez sous ثَرَيَّا, où l'on trouvera le part. pass. مَسْرُوج

II *peindre à l'encaustique*, Alc. (le part. pass. pintado con huego). — *Rabattre*, aplatir des coutures; *surjeter*, coudre en surjet, Bc; c'est vulg. pour شَرَّج, M.

IV, par ellipse pour أَسْرَج السِّرَاج, *allumer une lampe*, de Sacy Chrest. I, ٢٢, 9, Abou'l-Walîd 527, 24, Payne Smith 995. — En parlant d'huile, يَسْرِجُون بِهِ السُّرُج *ils la font servir à l'éclairage dans les lampes*, Bat. IV, 393. — *Brûler de l'huile*, Cartâs 38, 3 a f.

VII *être sellé*, Voc.

VIII *jeter des flammes*, luire, Payne Smith 909.

سَرْج. En esp. *azarja* signifie *espèce de tour pour la soie crue*. J'ignore si السرج s'emploie dans cette acception. — سرج السِّرْوَال *les fonds d'un pantalon*, M. — سرج المُلُوك *sorte de verroterie*, Burckhardt Nubia 269.

سِرَاج. سراج الفَعَّالَة *ver luisant*, Bc; chez Hbrt 72 est *lychnis* chez Bc, *mandragore* chez Pagni MS; mais on donne ce nom à plusieurs plantes, voyez Bait. II, 14 f et suiv., et Sontheimer II, 605, n. 2 et suiv. سراج الليل et سراج القُطْرُب

سُرُوج? est nommé par Edrîsî parmi les produits de la Chine, Clim. I, Sect. 6: المسك والعود والسروج والغضار والفلفل الحَجَّ

سِرَاجَة *farcin* (maladie), Bc; dans le M سَرَاجَة (pers.) est قرحة رديئة تصيب الخيل

سِرَاجَة *surjet*, espèce de couture, Bc. — Voyez ce qui précède.

سِرَاجِي *espèce de poire*, en forme de lampe (Clément-Mullet), Auw. I, 260, 8.

سِرَاجِيَّة *nom d'une plante*, Bait. II, 132 a; leçon de BHL; AE avec le hâ.

سُرُوجِي *sellier*, Bc, M, Ztschr. XI, 484.

سُرُوجِيَّة *sellerie*, travail, commerce du sellier, Bc.

سِرِيجَة *selle d'un mulet*, Domb. 81, pl. سَرَائِج, Lerchundi.

سَرَائِجِي *traiteur*, celui qui apprête à manger pour de l'argent, voyez sous كسر I, Bâsim 79: ما بين فبعث صبيه الى 81: ،يَاجِي الغَدَا من عند السرائجي عند السرائجي وكان قد عمل لباسم ثلاثة اطيار دجاج سمان محشيات فاتى بها الصبي من عند السرائجي

سِرَاج *peintre à l'encaustique*, Alc. (pintor con huego). — En Egypte, *sergent, officier de justice*, Niebuhr R. I, 197—8.

سَارِج vulg. pour سِيرِج ou شِيرِج, M.

سَارِج *ciment*, Ht; c'est pour صَارِج.

مُسْرِج *ensellé*, (cheval) qui a le dos un peu enfoncé, Bc.

شرجب voyez سرجب.

سرح I. نظر في سرح promener ses yeux sur, Bc, Prol. III, 411, 5, vers que j'ai corrigé et expliqué dans le J. A. 1869, II, 202—3. — Comme la IIe, *nettoyer, peigner* ses cheveux, sa barbe, Abbad. III, 25. Le partic. سارح dans le passage auquel cette note se rapporte (Abbad. I, 63, 9) m'a forcé à considérer la Ire forme comme l'équivalent de la IIe, et le Lexique de Lane confirme indirectement cette opinion, non pas sous ce verbe, mais bien sous سرج, avec le *djîm* (1343 b).

II. Dans le sens d'*envoyer* quelqu'un, ce verbe se construit de la même manière que بعث (voyez Lane sous ce dernier mot), c.-à-d. qu'on emploie l'accus. quand il s'agit de quelqu'un qui se laisse envoyer, et la prép. ب (Fragm. hist. Arab. 94, 7 et 13) quand il est question d'une personne qui n'irait pas spontanément et qu'il faut faire conduire par une autre ou par d'autres. — Au lieu de سرّح العساكر, «envoyer des soldats» (pour faire une incursion), on emploie سرح seul, dans le sens de *faire des incursions*, Cartâs 202, 6: سرح في أطراف بلاده — C. على *envoyer comme gouverneur* d'une province, Akhbâr 22, 7: سرّحه على الأندلس. — *Mettre un prisonnier en liberté*, Abbad. I, 400, n. 17, Alc. (librar como quiera, soltar de prision), *délivrer, élargir, libérer*, Ht; cette signif. semble appartenir au dialecte maghribin, car Bc donne سرّح, *délivrer*, comme un verbe qui est en usage en Barbarie. — *Délier, détacher*, Voc., Alc. (soltar lo atado), *déchaîner, détacher la chaîne*, Alc. (desencadenar). — *Affranchir* un esclave, Alc. (ahorrar). — *Dépêtrer*, dégager un cheval empêtré dans son licou, Alc. (descabestrar, desencabestrar). — *Faire écouler l'eau qui arrête un moulin*, Alc. (desenpalagar como molino). — *Promener ses yeux*, Macc. II, 197, 3 a f. — *Remettre une dette*, Alc. (soltar deuda). — *Licencier des soldats*, Alc. (despedir el capitan la gente, soltar el juramento), *le camp*, Roland. — *Autoriser, permettre*, Hbrt 209, Delap. 144, Ht. — *Désunir, disjoindre, séparer*, Alc. (desuñir). — *Débrouiller*, mettre en ordre des choses qui sont en confusion, Alc. (espedir lo enpedido). — *Peigner*, apprêter le lin, le chanvre, Bc, Payne Smith 1183, 1422. — *Carder*, peigner avec la carde, Bc. — *Cautionner*, spécialement *se rendre caution pour une somme d'argent*, Alc. (fiar como quiera, fiar dineros).

V *être délié, détaché*, Voc. — *Se détacher*, Alc. (desasirse). — *Se peigner*, Hbrt 22.

X c. a. p. *demander à quelqu'un la permission de partir*; Calâïd 57, 6: se trouvant à Alméria, où il était l'hôte de Mo'tacim, et voulant retourner à Séville, Ibn-'Ammâr كتب اليه يستسرحه.

سرح, pl. سروح, Kâmil 680, n. *b*, l. 3, *troupeau*, Ztschr. XXII, 160. — باب بين المحلتين يسمى السرح, Becrî 26, 15, où de Slane traduit *la décharge*.

سرحة *tournée*, voyage en plusieurs endroits, voyage annuel et périodique. سرحة العسكر *campagne*, suite d'opérations militaires pendant l'année ou moins, Bc.

سرحان *loup*; le pl. سراح (cf. Lane) Diw. Hodz. 2, vs. 3, cf. le comment. p. 3.

سراح, dans le sens d'un nom d'act. de la IIe forme, *mettre un prisonnier en liberté*, Abbad. I, 400, n. 17, Bat. IV, 156: اطلقت سراح المرأة «je prononçai la mise en liberté de la femme» et je retins en prison l'esclave, Çalât 22 v°, où il est question d'un prisonnier: تلطّف لعبد السلام المذكور في السراح, ibid.: قد وصل الأمر بسراحك. — *Liberté*, Ht, Abbad. I, 400, n. 17, l'opposé d'emprisonnement, Weijers 20, 2 a f.: وقد أثبت من مقاله في سراحه واعتقاله ما هو الخ. *La permission de partir*, donnée à un hôte, Calâïd 57, 10: أسرقت في بر الصبا في فجد قليلا بالسراح cf. ibid. l. 13, Bat. I, 427: il est très-attaché aux étrangers, فقليلا ما يأنس لاحدهم في السراح, Macc. I, 645, 19: فرغبت له في ان يرفع الملك اني راغب في السراح الى المشرق برسم الحج. — *Dissolution, dérèglement, débauche, licence effrénée*, Alc. (desenfronamiento, soltura para mal).

سروح سروح العقل *distraction*, inapplication, inattention, Bc. — سروح الأمراض *métastase*, t. de méd., Bc.

سراحية. Dans le man. de l'Escurial 497, le verrier nomme الاباريق والسراحيات (Simonet). C'est = سلاحية (voyez), *bouteille*.

سارح *berger*, Domb. 104, Ht.

تسريح *permission*, Ht, *autorisation*, Cherb. Dial. 109. — *Main-levée*, permission de disposer de ce qui était saisi, Alc. (desenbargo libramiento). — *Passeport*, Cherb. Dial. chap. XIII passim.

مَسارِح مَسْرَح dans le sens de *troupeaux*, que Freytag a noté en citant le Dîwân de Djerîr, se trouve aussi Berb. I, 329, dern. l.: فتخرب بسائطها. ‏— واكتسح مسارحها *volière*, Macc. I, 380, 18. — مسرح للبصر *un endroit où l'on peut promener ses yeux de tous côtés, un vaste champ pour la vue*, Bat. I, 413.

مُسَرَّح *adroit, leste, habile*, Alc. (suelto cosa diestra).

سرخ I عزمه بكلّ *crier comme un perdu, de toute sa force*, Bc. C'est pour صرخ.

صاروخ ou صاروخ, pl. صواريخ, سواريخ, صواريخ, *pétard, fusée volante*, Bc, M, Reinaud F. G. 35, n. 1, J. A. 1849, II, 319, n., l. 9, 11, 12, etc., 1850, I, 257.

سرخس. Reiske (voyez Freytag) a eu raison de traduire ce mot par *filix*. Bc l'a aussi sous *fougère*; Gl. Manç.: السرخس, est la plante appelée au Maghrib كيدّار, et qu'on nomme en espagnol بلجمة بجيم معجمة, mais il faut lire بلجمة (فَلَجَةْ), comme on trouve dans le Most., car c'est l'esp. *helecho*; ce dernier ajoute: «A Cordoue on couvre des feuilles de cette plante les paniers de raisins dans la saison où les vignes ont perdu les leurs.»

سرد II *cribler le grain*, Alc. (çarandar); ce verbe est formé de سَرْنَد (voyez); dans le Voc. c'est سَرْدَن.

VII *être lu rapidement*, Voc.

سَرْد, suivi de العساكر, *revue, inspection des troupes*, Bc, Hbrt 139. — *Le fruit du peuplier noir*, Bait. I, 340 g; leçon de ACDE; L سود B برد.

سَرْد *crible à grands trous*, comme مَسْرَد, M; c'est pour سَرَنْد (voyez).

سَرْدَة *sardine*, Pagni MS.

سَرْدَة *espèce de poisson*, man. de l'Escurial 888, n° 5 (Simonet).

سَرِيدَة, t. de cordonnier, *bande de cuir dont on se sert pour les sandales*, etc., M.

سُرَيْدَة *brouillard*, M.

مِسْرَد *crible à grands trous*, comme سَرْد (voyez), M.

مَسْرُود algosus, L. Je ne comprends pas comment ce mot aurait reçu ce sens.

سِرْداب. C'est principalement à Bagdad qu'on en trouve de nos jours. Un *sirdâb* y est une chambre souterraine, haute, voûtée, et garnie d'un ventilateur qui a une grande ouverture du côté du nord, car c'est de là que vient le vent dans la saison la plus chaude. Chaque habitant un peu considérable en a un sous sa maison, où il se met à l'abri de la chaleur; voyez Niebuhr R. II, 279, Buckingham II, 192, 210, Ker Porter II, 261. — *Chemin souterrain*, M; chez Nowairî, Espagne 443, il est question d'un *sirdâb* qui se trouvait à l'extrémité de la prison et qui conduisait au Guadalquivir; les prisonniers passaient par ce chemin souterrain pour aller se laver, etc. De même chez Bat. I, 264, où il faut traduire: «Cette allée souterraine était le chemin que suivait» etc.

سَرْدَار (pers.) *général, chef d'armée*, Rutgers 130, 6. Dans le M l'explication: (turc) حافظ السّرّ, «est fausse.

سَرْدَارِيَّة *généralat*, Rutgers 165, 3 a f.

سَرْدَغُوس (στρατηγός) *général grec*, Berb. I, 148, 4 a f., Aghlab. 73, 5, 3 a f., Amari 175, 4, Gregor. 38.

سُرادِق II, en parlant de la poussière, *former un voile épais*, une espèce de سرادق, 1001 N. III, 294, 6 a f.

سُرادِق *dais* (au-dessus d'un trône), 1001 N. I, 555, 2 a f. — Ce qu'on nomme en persan سَرَابْجَة (dont سرادق est peut-être une altération) ou سَرَابَرْدَه, au Maghrib آفْراق, c.-à-d., *l'énorme enceinte de toile*, «la muraille de toile de lin,» comme s'exprime Ibn-Djobair (177, 2, 3), *qui, dans les pays musulmans, entoure la vaste tente du souverain*. — De là: *la grande tente du sultan*, Macc. I, 317, 21, Berb. II, 253, 9. — Par extension, *camp*, 1001 N. III, 313, 2. — Par allusion à l'enceinte de toile dont il a été question, *enceinte de murailles*, Berb. II, 323, 7: سرادق الاسوار; *de fossés*, Berb. II, 160, 12: سرادقات الحفائر المحيطة; au fig.: احاط بها سرادق العذاب, Ibn-Tofail 169, 4 a f., 194, 7, pour exprimer que les peines l'entourent de tous côtés. — *Chambre à coucher*. Dans les 1001 N. I, 559, 10, on lit que, la nuit venue, les eunuques ouvrirent les portes du *sorâdic*, et que l'épousée y entra; il paraît que c'est le synonyme de مقصورة l. 12. Lane traduit «the inner apartment,» et Richard-

سردن 648 سرع

son, dans son Dict. persan, donne le même sens pour سراچه. — Ce mot doit désigner aussi un animal de la peau duquel on fabriquait des fourrures, des tapis et des gants. Voyez Macc. I, 230, 9, où Ibn-Khaldoun (IV, 12 v°) a: وعشرة أفرية من على جلود الفنك ; Mohammed al-'Imrâni, man. 595, p. 60: الخراسانية وستة من السرادقات العراقية وهو متى على مخاذ خز وكان الملك لابس 1001 N. I, 31: سود وفرش السرادق كفوف من جلد السرادق.

سُرادق = سرادى dans le sens de *camp*, 1001 N. Bresl. XII, 272, 8.

سَرَّدَن I *cribler* le grain, Voc.; ce verbe est formé de سَرَنْد (voyez); chez Alc. c'est سَرَّد.

سَرْدِين (roman), aussi avec le *dzâl*, n. d'un. ة, *sardine*, Alc. (sardina pece conocido), Domb. 68, Ht, Calendr. 84, 2, Bait. II, 190 b, Mi'yâr 4, 9 a f., Bat. II, 197, IV, 149, man. de l'Escurial 888, n° 5, M.

سَرْدِينا *sardine*, Bc.

سَرادِين *guêtres, jambières en cuir*, Defrémery Mémoires 156, d'après une note man. de Cherbonneau.

سردوكى *coq*, Bc (Barb.), Pagni MS, Hbrt 65, Ht.

سرس

سرسيات (esp. *jarcias*) *haubans*; cordages qui tiennent les mâts, Bc (Barb.).

سِرِيس (σέρις) *chicorée*, Pagni MS, Cherb. C, Naggiar, Most. v°: هندبا والبستاني هو السريس, Gl. Manç. 173 r°, Chec. 199 v°, Bait. I, 166 b, II, 288 (AB), 603 c: السريس البَرّى, Auw. I, 24, dern. l., II, 140, 5 a f., 141, 18, 151, 14. Dans la traduction d'un passage de Dioscorides, Bait. (I, 72) écrit: وهو سارس, mais partout ailleurs ce mot est سريس. الهندبا

سِرْساد (pers. سَرْساد) *vitex agnus castus*, Bait. II, 14 b (la voyelle dans A).

سِرْسِلَة pl. سَراسِل pour سِلْسِلَة, *chaîne*, Marmol II, 90 b: «Bib circila, puerta de la cadena;» — *collier*, Alc. (collar que se echa al cuello).

سَرْسَلْطَة *aller*, Voc.

سرسم

سُرْسام *frénésie*, Bc, J. A. 1853, I, 341. Dans le Gl. Manç. on lit, sous le ش, que شِرْسام est la forme persane, et شِرْسام la forme arabe; c'est, ajoute-t-il, ورم حجاب الدماغ كان حارًّا او يابسا

مُسَرْسَم *frénétique*, Bc.

سِرْسُوب *le premier lait de la vache qui a vêlé*, Mehren 29.

سِرسُول pl. سَراسيل *l'épine du dos*, Alc. (espinazo, cf. uesso de espinazo); — *une voûte ou bosse entre les deux épaules*, Alc. (cerro entre las espaldas; en traduisant ce terme, j'ai suivi Victor. Le Dict. berb. a أَسْتنْسُل sous *dorsale* (épine); Domb. 86, Ht et Daumas V. A. 152 écrivent سِنْسُول, et ils donnent la même explication. Comparez sous سِلْسِلَة.

سَرَط II *s'étonner, s'émerveiller*, Alc. (maravillarse mucho).

سَرَطان Le pl. سَراطين, Cartâs 17.

تَسَرَّط *étonnement, stupéfaction*, Alc. (enbaçadura). — *Embarras causé par la honte*, Alc. (enbaraço por verguenza). — *Stupidité, imbécillité*, Alc. (enbovecimiento). — *Des tours de passe-passe, des tours d'adresse que font les joueurs de gobelets*, Alc. (enbaucamiento, cf. Victor).

مُسَرْطَن *attaqué du chancre*, Auw. II, 653, 1. — *Celui qui a un spasme, une crispation, une convulsion de nerfs*, Alc. (pasmado el que tiene pasmo en la cara). — *Étonné, stupéfait*, Alc. (enbaçado maravillado, maravillado). — *Embarrassé*, Alc. (enbaraçado). — *Imbécile, stupide*, Alc. (enbovecido).

مُسَرْطِن *celui qui étonne*, Alc. (enbaçador el que enbaça).

سرع II, suivi de الولد, *faire une fausse couche*, Payne Smith 1590. — *Procurer un avortement*, ibid.

IV في المال *dépenser de l'argent en peu de temps*, Gl. Bayân, Gl. Belâdz. — من قصر به عمله لم يسرع به تسبيه «si les œuvres de quelqu'un sont insuffisantes (pour lui faire gagner le ciel), son illustre naissance ne l'y conduira pas de sitôt,» Gl. Belâdz.

سرعسكر

رع pl. أسْراع rêne, bride, Bc, M; رج: حَلّ السرع « courir à toute bride, » Bc; écrit صرع 1001 N. I, 720, 12.

سَريع c. الى p. *prompt à punir* quelqu'un, Fakhrî 133, 3 a f.: si le calife apprenait que vous avez dit des paroles si inconvenantes, لكان اليك سريعا.

أسْرَع: فى اسرع مدّة « dans le plus bref délai, » Bidp. 4, l. 7.

سَرعَسكَر (pers. سَر عَسكَر) *général*, Bc.

سَرغَة (esp.) *halage*, l'action de tirer, de remorquer un bateau, Alc. (sirga manera de llevar varco).

سَرغِن voyez تَاسرغنت.

سرف I. نَشَأ على السَّرف «son éducation fut négligée,» Gl. Fragm.

IV اسرف نفسَه *suivre ses mauvais penchants*, Gl. Fragm., Berb. I, 528, 4. — C. a. r. *donner en abondance*, al-Faradj ba'da 's-chiddati, man. 61, 165: فجعلت مخبستَه داري واشرفت (وأسرفت l.) طعامه وشرابَه لأحرس لك نفسه.

سَرَف s'emploie surtout dans le sens de *prodigalité*, Gl. Fragm. — *Abandonnement, dérèglement excessif, prostitution*, Bc. — *Corrosion*, action du corrosif, Bc.

سرفوت, chez Freytag, doit être remplacé par سرفون (voyez).

سارِف *corrosif*, Bc.

سرفسانة nom d'une plante que décrit Bait. II, 11 b; leçon de ELS; AD avec le ى; H سانة سرى.

سرفندى = صرفندى (voyez).

سَرفوت *salamandre*, Khallic. XI, 104, 2 a f.

سَرفول (roman) *cerfeuil*, Bc.

سرق III c. d. a. = I, *voler*, Gl. Mosl. — C. a. p. *entraîner* quelqu'un *sans qu'il y prenne garde*, 1001 N. I, 637: صارت العجوز تسارقها فى الحديث الى ان اوصلتها الى القصر.

V c. على *tâcher de regarder furtivement*, M. — *Brocanter, vendre et acheter*, Bc.

VI c. a. r. *faire furtivement* une chose, Haiyân-Bassâm III, 50 v°: تسارق مَسخه, « il essuyait furtivement les larmes de la jeune fille. »

VII *se dérober*, quitter une compagnie sans être vu, Bc. — *Être volé*, Voc.

VIII c. م p. *soutirer, enlever petit à petit avec adresse* l'argent, le secret de quelqu'un, Bc.

X ما فى قلْبِك dans le Voc. sous *furari*.

سرق *maladie que contractent les melons etc. quand on laisse séjourner l'eau pendant trop longtemps à leurs pieds*, Auw. II, 228, 7.

سَرقَة *plagiat*, Bc, Haiyân-Bassâm III, 5 v°. — سرقة *furtivement*, Bc. — سرقة لعب *piperie, tromperie au jeu*, Bc. — ساعة سرقة *heure dérobée*, prise sur le temps du travail, Bc. — صاحب السرقة *celui qui a été volé*, Becrî 173.

سَرقى *regrattier*, petit marchand, Bc.

سرِيقة *vol, chose volée*, Bc.

سَرَّاق *voleur*, Gl. Fragm., Roland. — *Plagiaire*, Bc.

سَرَّاقة ou سَاروقة, t. de charpentier, *petite scie dont le manche ressemble à un couteau*, M.

سارق *espèce de poisson*; le Man. Escur. 893 porte نارق, ce qui semble سارق à M. Simonet, pas برق comme chez Casiri I, 320 a.

سَراقة voyez ساروقة.

سرقاينة (σαργάνη) *panier*, Fleischer Gl. 71.

سرقسانة voyez سرفسانة.

سَرقَسطية (de Saragosse) nom d'une plante, Ibn-al-Djezzâr: السرقسطية فى الفلواطة. M. Simonet pense que ce فلواطه est le dimin. esp. de فوليه ou *polio*, l'ital. pollezuolo, *teucrium polium*, et il cite A. R. 88, où سرقسطة est une faute.

سرقَقلش (σαρκοκόλλα = انزروت) *sarcocolle*, Most. sous ce dernier mot; N سرفعلش; de même dans Lm, mais avec le *sin*.

سرقل ? Macrîzî atteste que les prostituées portaient des سراقيل *rouges aux pieds*, ذوق ارجلهن سراقيل حمر, telle est la leçon de nos deux man., Vêtem. 203.

سرك II *fermer avec une clef*, Alc. (cerrar con llave, traspellar cerrar; le part. pass. traspillado cerrado);

cf. سَكَّر, dont c'est une transposition.

سَرْكَة terrain pierreux et où il n'y a pas de plantes, M.

سَرْكِى t. de commerce, obligation (acte), M. (Je trouve le turc سَرْكى expliqué par: espèce de tapis qu'on étend pour y compter le prêt du stipendié).

سِرْكَة perdrix (la femelle), M.

سَرِيك, suivi de المُزراق, hampe, bois d'une hallebarde, Bc.

سركل I bannir, exiler, Bc.

سرم

سَرِيمة, سَرْمايَق, سَرْمَة, سَرْمايَة, سُرْم الدِّيك, voyez ces mots sous le — ص. سَرْمَة قَطَف arroche ou Atriplex, Bc; on a donc accouplé le terme arabe et le terme persan, cf. Freytag sous سَرْمَق.

سَرْمَق = سَرْمَج, arroche, Atriplex, Bait. II, 14 c (A).

سرمد I c. a. faire perpétuellement une chose, Cartâs 189, 5 a f.: يسرمد القَوْم; lisez de même 191, 15, où notre man. porte يصرمد.

مُسَرْمَد perpétuel, Abd-al-wâhid 136, 3 a f.

سَرْمُوج, سَرْمُوجَة, سَرْمُوز, سَرْمُوزَة (pers. سرموزه) espèce de guêtre, de sandale ou de mule, qu'on chausse par-dessus la botte, Vêtem. 202, Defrémery Mémoires 327, Athîr XII, 62, 18; dans la 1re partie du Voc. sotular.

سَرْمُوزَة sotular.

سَرْمَبِيثَا myrrhis, Bait. II, 14 e (A).

سَرَن (turc) antenne, vergue, Bc, Hbrt 127.

سَرْنَايي hautbois, voyez صرناى.

سَرْنبَاق sorte de petit poisson à coquille, Burckhardt Nubia 398, *416, Bruce I, 209.

سَرْنَد pl. ات crible, Voc., Alc. (çaranda). Ce mot est persan, et on le trouve avec cette acception, que les Dict. n'ont pas, dans un passage que Lane cite sous ضَيْرَة. Voyez aussi sous سَرَد.

سَرْهَنْك Dans les 1001 N. Bresl. VIII, 212, 10, une villageoise adresse la parole au roi de Perse Anouchirvân, qu'elle ne connaît pas, en disant: يا سرهيك, mais je crois devoir lire سرهنك, car c'est à mon avis le mot persan سَرْهَنْك, général.

سرو II سَرَى عنده فيه „sa colère contre lui se passa," Akhbâr 144, 10.

سَرْو magnificence, splendeur, Abbad. I, 284, n. 143.

سَرْو aloès, L (aloen vel aloes).

سَرآة القَوْم (ainsi dans le man.) les plus nobles de la population, Akhbâr 83, 11.

سَرِيّ magnifique, superbe, splendide, Abbad. I, 107, n. 188, 284, n. 143, Gl. Badroun, Recherches I, 189, n. 3 de la 1re édit.

سارِيَة base, L (bassis وسارية, قَعَدَة).

أَسْرَى compar. de سَرِيّ dans le sens que j'ai donné, Abbad. I, 284, n. 143.

سروال

سَرْوَل, n. d'un. ة, chez le peuple au Maghrib, par l'influence de l'espagnol, qui a les terminaisons al, el (Simonet 97), pour سَرْو, cyprès, Voc., Alc. (cipres arbol), Pagni MS, Mc, Ht, Hbrt 56 (Alg.), Gl. Manç. sous سرو: تسميه العامّة السَّرْوَل بزيادة اللام Ibn-Loyon 20 v°: السرو هو الذي تسميه العامّة السرول. Aussi cèdre, Alc. (cedro arbol o alerze); dans Auw. I, 287, 4, le texte de Banqueri porte: واما غراسة الارز وهو الذي يسمّى السرو, mais dans notre man. c'est: واما غراسة السرو وهو الذي يسمّى السرول.

سَرْوَلي de cyprès, Voc.

سَرْوَال. سراويل الفُتُوّة voyez sous ce dernier mot. — سراويل الطلكوك, chez le vulgaire en Espagne, linaria elatine, Bait. I, 76 b, où B porte الطلوك ou الطلكوك, mais la leçon de A, الطلكوك (du coucou), semble la bonne.

مُسَرْوَل, en parlant d'un arbre, chargé de branches en bas, Auw. I, 289, 1, où il faut ajouter deux mots, corriger deux lettres, et lire avec notre man.: أَنَّ جمالها أن تكون مسرولة ⁂

سرى

سرى I *se communiquer à, fondre dans*, Khatîb 32 r°: فجعل فيه ملحًا وداقه على الفور قبل ان ينحلّ الملح سرى اليه ; — *Être contagieux*; ‏ويسرى فى المرقة الاولى او فيه قوة مرض له se communiquer (maladie), السريان *maladie contagieuse*, Bc. — Chez les poètes, *souffler doucement*, en parlant du zéphyr, etc., Weijers 86, n. 74, Hoogvliet 58, n. 4, Abbad. I, 3, l. 13.

سُرًى *circulation*, Bc.

سَرًا, pl. سَرَايَة, سَرَايَات, est le persan سَراى, *palais d'un sultan, d'un vizir*, etc., Fleischer Gl. 65—6.

سارٍ pl. سَوارٍ = صارٍ, *mât*, Bc, M. — الأمراض السارية *maladies contagieuses* ou *épidémiques*, M.

مَسْرِى est *exanimis* dans le Voc., qui a aussi ce mot sous *mori*.

سِرْيَاقَة (L), سِرْيَاقَة (Voc., 1re part.), سِرْيَاقَة (idem, 2de part.). L donne: *angula* سِرْيَاقَة التَّأْدِيب. C'est *anguilla*, sur lequel Ducange donne cet article: «Glossæ Isidori: "Anguilla, est qua coercentur in scholis pueri, quæ vulgo scutica dicitur." Gloss. Ælfrici: "Anguilla, vel scutica, *svipa*."» Becrî, 173, 10, parle des fouets الاسواط التى تُسَمَّى السرياقات, et qui sont faits de la peau de l'hippopotame (ce sont donc ce qu'on nomme aujourd'hui قربا ou كرباج); mais c'est qu'il faut lire. Ce mot c'est l'espagnol *zurriaga* ou *zurriago*, qui signifie *fouet pour châtier les enfants, fouet avec lequel les enfants font tourner leur sabot* et *houssine de cavalier*; on met ce terme en rapport avec les mots ital. *scuriada* et *scoreggiata*, a. fr. *escourgée*, angl. *scourge*, en les dérivant soit de *excoriata*, à savoir *scutica, fouet fait de cuir*, soit de *corrigia*; voyez Diez. — *Corde*, Voc. (funis), Amari Dipl. App. 7, 1: يعطى كل جفن سرياقا, où l'ancienne traduction ital. (p. 312) a: «uno prodese al quale dicano i Saracini per nome *surriach*,» et ce *prodese* signifiait au XIVe siècle *câble*; voyez Amari 476, n. 10. Dans les 1001 N. Bresl. IX, 276, 2 a f, 320, 3 a f, 324, 8, il est question d'un سرياق de soie; l'édit. Macn. porte قيطان.

سُرْيَانَاس sorte d'oiseau de mer, nommé aussi الزامر. Ainsi dans le Man. Escur. 893, pas سربناس comme chez Casiri I, 320 a, qui donne cette explication: avis marina, rostro oblongo, vario et suavi cantu mirabilis.

سطح

سِرْيَاقُون *céruse rouge, minium*, voyez Gl. Esp. 225.

سَسَالَى (Bait. II, 17), سَالِبِيوس (Most., Bait.), *séséli*.

سِسَرَجَة (esp.), s'il faut transcrire ainsi le mot qui chez Alc. est *cizercha*, *cicerole*, *vesce*, espèce de pois chiche, Alc. (cizercha).

سِسْنَى III *mendier*, Hbrt 221 (Alg.); semble d'origine berbère; le Dict. berb. donne يَتْسَسَّى *sous mendier*.

سَاسِى pl. سَوَاسِى *mendiant*, Hbrt 221 (Alg.), Cherb.

سطح I *se coucher*, mais on dit ordinairement اسطح, Bc. — J'ignore quel est le sens de ce verbe 1001 N. III, 453, 4, où il est question d'une dame qui se promène: فلما رأها الناس صاروا يتعشقون فيها وتوعد وتخلف (وتحلف) وتسمع وتسطح; l'édit. de Breslau a la même leçon. Peut-être est-ce: *se conduire sans honte, sans pudeur, d'une manière indécente*; car le Voc. attribue un tel sens à d'autres mots de cette racine.

II *paver*, Voc., Bat. II, 434, en parlant d'un terrain consacré: وهو شبه مشور مسطّح بالرخام; *paver de carreaux, carreler, planchéier la maison*, Alc. (solar echar suelo a la casa). — *Enduire*, Bat. IV, 393, en parlant d'une huile: ويسطحون به الدور كما تسطح بالجير. — C. a. dans le Voc. sous *inverecundus*.

IV *paver*, Voc.

V *se coucher*, mais ordinairement on dit تشطّح, Bc; *se coucher sur le dos*, M. — *Être pavé*, Voc. — Dans le Voc. sous *inverecundus*.

سَطْح, *surface*, forme aussi au pl. أَسْطَاح, Voc. — *Pont, tillac*, Bc, Hbrt 128; *poupe*, Burton I, 168 n. — سطح الجبل *plateau d'une montagne*, *sommet d'une montagne*, Bc, Freytag Chrest. 128, 8 (lisez ainsi), Cherb. Dial. 229: la plaine qui est تحت سطح المنصورى «sous le plateau du, au pied du, Mançoura.» — *Sol d'un édifice, pavé, pavé fait de tessons et de chaux, plancher*, L (ostracus (pavimentum testaceum)), Voc. (pavimentum, le pl. aussi أَسْطَاح), Alc. (solar de casa o suelo, suelo sacado a pison), سطح مُلَجَّر *suelo de ladrillos*, cf. les mots qui suivent), Becrî 44, dern. l., Bat. IV, 117, Ibn-Loyon 4 v°: ميزان الأزر الذى بأيدى البنّائين لاخراج الماء من المجالس عند رمى السطوح ديزنون به *la plante* سطح القدم et سطح الرجل. — أُزُر الدور.

du pied, Voc. — *Palais*, Cout. 36 rº: واسْتَخْلَفَهُ الأميرُ
ibid.: محمد في بعض المغازي وأبقى بعض ولده في السطح
فقال للرسول بالله الذي لا اله الا هو لئن جاوز باب
السطح حيث ولّاه ابوه لاطرحنّه في الدويرة الخ cf.;
sous مُعَرَّف.

سِطَاح (chez Freytag) est une faute pour سَطَّاح, M.

سَطِيح pl. سَطَّاح éhonté, Voc.

سَطَاحَة effronterie, impudence, Voc.

سَطَاحَة perclus, impotent de tout ou d'une partie du corps, Bc.

سَطَّاح s'étendant sur le sol (plante), Bait. II, 115 b: ونباته سطّاح يذهب على الأرض; dans le seul man. A après II, 164 c: سطاح يفشو في منابته.

مَسْطَح, ou peut-être مِسْطَح, surface, superficie, Gl. Edrisi.

مُسْطَح pour حمل مسطح (voyez), espèce de litière, Lane trad. des 1001 N. I, 607, n. 8. — Pl. ات sorte de navire, peut-être un navire qui a un pont, un tillac (سَطْح), Gl. Esp. 314—5, Fleischer sur Macc. II, 765, 15 Berichte 188, de Sacy Dipl. IX, 468, 7.

مَسْطُوح horizontal, de Sacy Chrest. II, 253, 10 a f.

سطر I aligner, ranger sur une même ligne, Abbad. I, 244, 7. — *Stipuler*, Ht.

II *rayer, faire des raies*, Bc; *régler, tirer avec la règle des lignes sur du papier*, etc., Voc., Alc. (reglar papel o otra cosa), M, Bc; *tirer, tracer*, Bc. — En parlant de celui qui lit, *passer d'une ligne à une autre*, M. — *Avoir des prétentions*, Haiyân-Bassâm I, 10 rº, après avoir dit que le faible calife rétablit tous les emplois de la cour: وهذا زخرف من التسطير وضع على غير حاصل ومراتب نَصَبَتْ لغير طائل.

V *être aligné, être rangé sur une même ligne*, Gl. Djob. — *Être réglé* (papier), Voc.

سطر. Le mot اسطار ne se trouve pas seulement 1001 N. Bresl. IV, 319, 8, que Habicht cite dans son Glossaire, mais aussi ibid. 338, 5. Dans le dernier passage l'édit. Macn. (IV, 168, dern. l.) le remplace par ساطور, mais il ne peut être question d'un «couperet» dans ces deux textes. D'un autre côté, je ne vois pas pourquoi Habicht a expliqué ce terme par «une mesure pour de petits poissons,» car dans nos textes il ne s'agit pas de mesurer les poissons, mais

de les transporter. Peut-être أَسْطَار est-il pour أَسْطَال, seaux, car dans les langues romanes le *l* du mot سَطْل est aussi devenu un *r*, esp. acetre, cetre, celtre, pg. acetere, cat. setri; ou bien c'est, comme me l'a fait remarquer M. de Goeje, le pl. de satr, que Petermann, Reisen I, 89, explique par *assiette*.

سَطْور, pl. سَوَاطِر et ون, *magnanime*, Voc. — Sorte de poisson, Yâcout I, 886, 8.

تَسْطِير (Tunis) *hacher un criminel à coups de sabre*, *la dilaniation*, proprement *couper en longues lignes ou entailles*, Ouaday 318.

مَسْطَرَة, chez les agriculteurs, *le taux auquel on vend la terre ou les plantes*, M.

مِسْطَرَة *jauge, règle pour jauger, mesurer*, Alc. (regla de carpintero). — *Equerre*, Bc. — *Racloire de mesureur de grain, radoire de mesureur de sel*, Alc. (rasero de medida). — Dans les instruments de musique appelés عود et قانون, *la partie creuse du chevillier, dans laquelle entrent les chevilles*, Descr. de l'Eg. XIII, 228 (où مستر est une faute), Lane M. E. II, 78. — *Echantillon, montre*, Bc, M. — *Férule* (plante), Alc. (palmatoria o caña hexa).

مُسْطَار pl. مَسَاطِير *moût*, Voc., Alc. (mosto, mosto del miel del lagar), Bg 864; écrit مُضْطَار, M (sous سطر), Aboû'l-Walîd 299, 7 (= תִּירוֹשׁ), 538, n. 72 (= עָסִיס), Auw. II, 415, 10 (cf. Clément-Mullet II, 402, n. 2), 416, 20, 613, 16; cf. Djawâlîkî ١٣١ et 64.

مَسْطُور pl. مَسَاطِير *écrit, acte portant promesse, convention*, Freytag Chrest. 55, 6: وقد كتبت على نفسي مسطورًا اشهدتُ فيه اللّٰه وجماعةً من المسلمين ان الارض الخ ;11 على عليه مسطور بها ,61 ,1 «j'ai de lui un écrit dans lequel il reconnaît qu'il me doit ces 500 dinârs,» Abd-al-wâhid 204, 3 a f., 205, 1.

سَطَراطِيُوطِس *Pistia Stratiotes*, Bait. II, 20; dans le Most. l'article est سَطَراطِيُس.

سَطْرَف *sorte d'oiseau*, Yâcout I, 885, 16; dans quelques man. de Cazwînî avec le *chin*.

سَطْرَنْج = شطرنج *échecs*, Bc.

سَطْرِيُون *satyrion*, Bc.

سطع I. سطع مِسْكًا *répandre l'odeur du musc*, R. N.

سطو. — دخل عليهم رَجُلٌ مُبيَّضٌ يسطع مسكا :rº 71 = سطَعَتْني رائحةُ المسكِ *je sens l'odeur du musc*, M. — *Toucher* (مسّ), M. — C. على p. et بـ r. R. N. 97 rº: le médecin Ibn-al-Djezzâr avait dit que le maître d'école, qui était malade, mourrait; celui-ci vient le trouver et crie: أَيْنَ هذا الجزَّار ابن الجزَّار الذى يقطع فى حكم الله تعالى ويسطع على بالموت, ce qui paraît signifier: «et qui décide que je dois mourir.» — وآلاتُ الطرب سُطَّاعةٌ *plectrum*, L, Bat. IV, 405: المصنوعة من القصب والقرع وتضرب بالسطَّاعة‏. — ساطع. On dit ساطع البياض, *d'une blancheur éclatante* (chez Ibn-Batouta); de là vient que le Voc. donne ساطع dans le sens de *blanc*.

سطك. سُطَّاك *mortier rougeâtre, composé de chaux et de brique pilée, pour daller les appartements*, Cherb.

سطل VII *se prendre de vin, s'achever de peindre*, achever de s'enivrer; — *être ravi en extase, s'extasier*, Bc; dans M اندهش وبهت.

سَطْل ne vient pas, comme on trouve dans Freytag, du persan سَتْل (car c'est ainsi qu'il aurait dû écrire), mais c'est, de même que ce mot persan, une altération du latin *situla*, que les Coptes prononçaient σιτλα; voyez Fleischer Gl. 74 et les notes de M. Sachau sur Djawâlîkî, p. 41. Chez Alc. (acetre) le pl. est أَسْطُل. L donne cet article: *solidum* ثُمَّ سَطْلٌ غَيْرَ ثَلَثَ دَرَقِمْ دَرْهَمْ (sic). Il prend donc *solidus* en second lieu dans son sens ordinaire (sorte de monnaie); mais en quel sens le prend-il en premier lieu, et comment سطل répondrait-il à *solidus*? C'est ce que j'ignore.

اِسْتِسْطَالِي *extatique*, Bc.

مَسْطُول voyez مَسْتُول.

سطم I *acérer, mettre de l'acier avec le fer pour le faire mieux couper*, Bc. Voyez sous صطم. Dans M جعل له سِطامًا est سَطَمَ السيف.

أَسْطَام *espèce de fer dur et d'une excellente qualité*; voyez شابُرْقَان, dont c'est le synonyme.

أَسْطَامة pl. أَساطيم *chambranle de porte*, Ztschr. XI, 478.

سطو. سَطَا *impétuosité, violence*, Fleischer sur Macc. II, 56, 11 Berichte 272; les passages sont: Macc. I, 307, 9, II, 56, 11, Abbad. I, 243, 3, Mehren Rhetorik 106, 8.

سَطْوَة *emportement (emportement de colère); caractère brusque, violent, emporté; colère*, Fragm. hist. Arab. 12, 5: وكان له سطوة شديدة ولا يتوقف اذا غضب «il était sujet à des emportements violents, et quand il était en colère, il ne ménageait rien,» Bidp. 12, 2, Abbad. I, 242, 8, 3 a f., II, 195, 9, 1001 N. II, 239, 2, 325, 4, III, 227, 14, 525, 8, 558, 10, 561, dern. l. — *Rudesse, hauteur*, le contraire de تواضع, «humilité,» Bat. II, 449, en parlant d'un docteur et imâm: il est شديد السطوة على اهل الدنيا «rude, hautain envers les riches.» Quand le sultan le visite, il ne va pas à sa rencontre et ne se lève pas devant lui. Le sultan lui parle du ton le plus doux et s'humilie devant lui له يتواضع, «et le docteur tient une conduite tout opposée.» Envers les pauvres, au contraire, ce dernier est شديد التواضع «plein d'humilité.» — *Sévérité, rigidité, rigueur*, p. e. la sévérité d'un juge, Bat. I, 89, en parlant d'un cadi des cadis: وكان شديد السطوة لا تاخذه في الله لـومـة لائم, où je traduis (autrement que l'éditeur): «il était fort sévère, et personne ne pouvait lui faire un reproche quand il s'agissait de la cause de Dieu» (c.-à-d. quand il s'agissait des lois et de ceux qui les violaient); traduisez de la même manière I, 215; bien traduit IV, 328—9; Nowairî Egypte, 2 m, 89 rº: وكان ملكا مهيبا شجاعا حازما ذا سطوة. — *Puissance*, Bidp. 7, dern. l.: فلما راى ما هـو عليه من سطوته, 1001 N. II, 365, 8: المُلْكُ والسطوةُ عبث بالرعيَّة واستنصغر أَمْرَهُ, III, 231, 6 a f.: مَمْلَكٌ عظيم السطوة. — *Majesté*, Roland. ويعلم ان سطوةٌ اعظم من سطوتِه — *Exploit, vaillantise, prouesse*, Bc. — (La plupart de ces passages sont cités dans le Gl. Fragm., mais quelquefois j'ai cru devoir les expliquer d'une manière un peu différente.)

سَطْوَى *salix Ægyptiaca*, Most. vº خلاف: ويعرف بالسطوى‏.

سعد III c. a. p. *être le compagnon de quelqu'un, lui tenir compagnie*, Abbad. I, 300, 8. — C. a. p. *être d'accord avec* quelqu'un, Voc. (concordare), Abbad. II, 48, 3. — C. a. p. et على r. *faire avec* quelqu'un la même chose, de Sacy Chrest. II, 420: «Le roi ne manquera pas de vous faire des questions au sujet de Djabala, et il en parlera mal; فَيُبَالَك أَن تُسَاعِدَ على ذلك; laissez passer ce qu'il en dira, sans l'approuver ni le contredire;» Abd-al-wâhid 173, 13: وَسَاعَدَنِى جَفْنٌ الغَمَامِ على البُكَا فَلَم أَدْرِ دَمعًا أَيُّنا كَانَ أَسْجَمَا «les nuages versaient des larmes comme moi, et je ne savais pas qui en répandait davantage.» — *Flatter*, L (blandus, part. act., adolator, de même, adolatio, n. d'act.). — ساعد الى الكلام *prêter l'oreille aux discours de* quelqu'un, *les écouter favorablement*, Rutgers 183, 4 a f.; de même ساعد الى ما ذكرنا *il accepta nos propositions*, ibid. 197, 8 et 9; le verbe seul en ce sens, ibid. 198, 10. — ساعد الى مطلبه *il lui accorda sa demande*, Rutgers 167, 1. — Dans le sens de سَعَدَ, سَعِدَ, 1001 N. Bresl. IV, 73, 9: خُذ هذا تساعد به «prenez ce présent et qu'il vous porte bonheur!»

IV. أسعده بالصباح *il lui souhaita bon matin*, 1001 N. Bresl. IV, 98. — *Etre le compagnon de* quelqu'un, *lui tenir compagnie*, comme la IIIe, Koseg. Chrest. 41, 4 a f.: فَسَأَلَانِى الاسعادَ لَهُمَا على ذلك. — C. a p. et على r. *être d'accord avec* quelqu'un, Voc. (concordare). — C. a. p. et على r. *faire avec quelqu'un la même chose*, comme la IIIe; spécialement اسعد على البكاء *pleurer avec* quelqu'un, et اسعد *son soul*, c. a. p., dans le même sens, Gl. Belâdz., Gl. Fragm., Commentaire de Zauzanî sur le 1er vers de la Moallaca d'Amrolkais, Koseg. Chrest. 59, 5.

VI, en parlant de plusieurs personnes, *s'entr'aider, se secourir*, Bc. — C. ب *s'aider de*, Bc. — *Etre heureux*, Abbad. II, 187, 4.

VII *s'aventurer, se hasarder*, Alc. (aventurarse).

سُعْدَى (les voyelles dans le Gl. Manç.) pl. سُعْدِيَّات *souchet, Cyperus*, de même que سَعْد; la meilleure espèce est celle de Coufa, qu'on appelle aussi سعدى عراقية, puis celle d'Egypte; il y en a aussi d'autres, طرسوسية دمشقية, Most., Gl. Manç., Auw. I, 140, 4 (où la leçon, que Banqueri a voulu changer, est confirmée par notre man.). (Le Most. dit avec raison que le nom esp. est بندجة, c.-à-d. juncia; Alc. a «cúdde» sous «juncia avellanada;» il a mal rendu le mot arabe (سُعْدَى), et le c, au lieu du ç, est une faute d'impression).

سَعْدِيَّة *bouteille ou carafe*, Voc. (fiala). — *Sorciers* (le nom dérive du chaikh Sa'd ed-dîn), Ouaday 702.

سَعْدَان pl. سَعَادِين *singe*, Bc, Hbrt 63, *sapajou*, Bc.

سُعُود. Peut-être faut-il lire ainsi chez Bc, qui a سعو sous *excellence, degré éminent de perfection*.

سَعِيد *espèce de datte*, d'Escayrac 12. — سَعِيد النَصِيبَة *polichinelle*, Bc.

سَعَادَة *bonheur*, quand il s'agit de la religion (voyez Lane et Djob. 342, 2 a f.); de là أهل السعادة, c.-à-d. *les musulmans*, 1001 N. II, 35, 8; يوم السعادة *le jour de la résurrection*, Djob. 77, 13. — بسعادتك *sous vos auspices, sous votre bonne fortune*, Bc. — *Seigneurie, excellence*, Ht, M; سعادتكم *votre altesse, votre majesté;* سعادة سلطان فرنسا «sa majesté le roi de France;» سعادة الأمير *monseigneur le prince*, Bc. Dans l'Histoire du Yémen, Hasan-Pacha est appelé presque constamment صاحب السعادة, Rutgers 139. — دار السعادة *cour*, résidence d'un souverain avec sa suite, Bc; à Damas c'était le nom du palais du viceroi, Vêtem. 8, n. 2; وتوجهت القصّاد بالبشائر بالنصر على الاعداء الى الابواب الشريفة السلطانية والى سدّة السعادة المرادخانية العثمانية, Rutgers 130, 6 a f.

سَعِيدَة *présence; personne; seigneurie*, Roland.

سَعَادِى فَارِس سَعَادِى *un cavalier heureux pour le butin*, R. d. O. A. N. S. I, 182.

سَعِيدِى *dattes mêlées avec de l'eau et dont on fait une sorte de gâteau en les pressant*, Hamilton 298.

سَاعِد *manche d'une cuiller*, Nowairî Egypte, 2 k 2 104: il ordonna ان يكون للمرأة شيء مثل المغرفة يساعد طويل تتناول به ما تبتاعه من الرجل; de même dans l'autre exemplaire, 2 l; *manche de l'instrument de musique appelé* كمنجة, Lane M. E. II, 75.

مُسْعِد *devin, sorcier*, Alc. (hadador; il écrit musúd je crois que c'est une faute d'impression et qu'il faut donner à ce mot la forme propre à l'autre qu'il mentionne sous cet article, à savoir مُبَخِّتْ).

مَسْعُودِى *épithète d'une excellente espèce de miel à la Mecque*, Djob. 120, 4.

مُسَاعَدَة *suffrage*, Ht.

سِعْر I (à l'actif) enrager, Voc., Bc. — Manger goulument et avec excès, báfrer, Alc. (glotonear, goloscar).
II c. a. faire enrager, Voc.
III enrager, Alc. (raviar). — Marchander, Hbrt 105.
V être taxé, Voc., Alc. (le n. d'act. apreciadura).
VII se mettre en rage, Hbrt 243.

سَعَر rage, L (rabia (vel rabies)).

سِعْر mode de musique, Hœst 258, qui prononce sär.

سِعْر. سِعْر النَّاس «le prix que paie tout le monde, le prix ordinaire,» Koseg. Chrest. 117, 9 et 10. — Maladie épidémique, M.

سَعْر الكلاب acharnement, action de s'attacher à mordre, Bc.

سَعْرَة rage, Alc. (ravia). — Gloutonnerie, Alc. (glotonia). — مَصَارِف السَّعْرِيّ dépenses accidentelles, Descr. de l'Eg. XI; 509.

سُعْرَة gloutonnerie, Alc. (garganteç).

سَعْرَان enragé, furieux, Bc.

سِعَار rage, Voc.

سَعِير enfer, Voc., Alc. (infierno).

سِعَارَة rage, Alc. (ravia).

سَاعُور jeune bouc, M.

تَسْعِير taxe, règlement pour le prix des denrées, Alc. (tassa o tassacion). — L'emploi d'inspecteur des poids et mesures, Alc. (almotacenadgo).

تَسْعِيرَة taxe, règlement pour le prix des denrées, Bc. — Prisée, prix que l'on met aux choses à vendre à l'enchère, Bc.

مُسْعَر furieux, Hbrt 243.

مُسْعِر inspecteur des poids et mesures, Alc. (almotacen).

مِسْعَر glouton, báfreur, Alc. (comilon, gloton, goloso, garganton).

سَعْرَن I enrager, faire enrager quelqu'un, lui causer du dépit, Bc.
II devenir enragé, Bc.

سَعْرَنَة rage, transport furieux de colère, et rage, cruauté excessive, Bc.

سعط I se construit aussi c. ب r., 1001 N. Bresl. V, 280, 3 a f.: سعطه بالخل «il lui fit respirer du vinaigre.»

سَعُوط Achillea ptarmica, Bait. II, 22 b. — Tabac à priser, Bc, M.

اسعف IV. En expliquant l'expression أسعفه حاجته, Lane a traduit littéralement le لم قضاها des lexicographes indigènes, mais cela ne suffit pas. Le Voc. a ce verbe, c. a. p., sous «etiam,» dans le sens de «oui;» c'est donc chez lui «dire oui à quelqu'un,» c.-à-d. consentir à ce que quelqu'un demande ou désire, p. e. Haiyân 54 vᵒ: أسعفه بما التمس, Macc. II, 89, 21: أسعفه بالبازى «il consentit à lui donner le faucon» (que l'autre lui avait demandé). Au lieu de c. ب r., aussi c. فى r., أسعفه فى ذلك, Bayân II, 129, 17. Simplement أسعفه, Khatîb 177 rᵒ: فذكر غرضه فيه فأظهر العجز عن الثمن وسأل منه تأخيرا بعضه فأسعفه. Sans pronom, أسعف فى ذلك, Bayân II, 100, 10, et le n. d'act. إسعاف consentir à ce que quelqu'un demande ou désire, Abd-al-wâhid 2, 4 a f., Hoogvliet 55, 12, Abbad. I, 12, 10.

VII. ينسعف secourable, Bc.

X. مقصده استسعف chercher à atteindre son but, Abbad. I, 418, 10.

سعف النخل le dimanche des Rameaux, Hbrt 153.

سَعْفَة سعفة الوجه désigne chez Rhazès des pustules nombreuses et rouges, qui deviennent parfois des ulcères; on les appelle aussi نبك باشنام (substituez un fâ au noun), et quelquefois elles couvrent également les extrémités, Gl. Manç.; achores, voyez sous ذربة. — Secours, aide, Hbrt 221, Bc.

سُعْفَة subside, contribution, Ztschr. XXII, 162, 5.

تَسْعِيف secours, aide, Hbrt 221.

سعل II faire tousser, Voc.

سَعْلَة toux, quinte, toux violente, Bc.

سُعَال كلبي coqueluche, Bc.

سُعَالى (cf. Lane) tussilago farfara, Bait. II, 23 c.

سَعَّال qui tousse beaucoup, Voc.

سَعَىٰ I a le n. d'act. مَسْعاة dans les signif. que Freytag donne sous les nos 4, 5 et 8, Gl. Fragm. — سعى على دمه عند فلان il fit son possible pour engager un tel à mettre son prisonnier à mort, Haiyân-Bassâm I, 174 v°. — Dans le sens d'accuser ou calomnier quelqu'un, aussi c. على p., Gl. Fragm., Prol. I, 21, 10, et c. فى p., Khaldoun IV, 12: السعاية فى أخيه عند أبيهما, auprès d'un autre, aussi c. لـ, Macc. II, 30, 16. — *Mendier*, Voc., Alc. (demandar por Dios, mendigar el pobre).

X, suivi de على الناس, *mendier*, Djob. 204, 20.

سَعْى *bestiaux, troupeaux*, Bc.

سَعِيَّة *bestiaux*, Cherb. Dial. 27, qui prononce sa″aya; cf. plus loin سَعَايَة.

سَعِيَّة *l'action de mendier, mendicité*, Voc., Alc. (demanda por Dios, mendiguez).

سَعَايَة *bétail*, Cherb. Dial. 11; on trouve en ce sens سعايا chez un poète populaire, Prol. III, 379, 14.

سَعَايَة est proprement un n. d'act., mais s'emploie substantivement, *brigue, intrigue, cabale, calomnie*, Fleischer dans Gersdorf's Repertorium 1839, p. 435, qui cite Harîrî 181, 1, Bidp. 29, 10, 158, 1; on peut y ajouter Aboû'l-Walîd 664, 8, Payne Smith 1521, Prol. I, 21, 9, Valeton lo, 6: السعايات أقتل من الأسياف ۞

ساع, chez Bc *exprès* (messager à pied), *facteur*, celui qui porte les lettres, est proprement *un coureur*. Ce furent les princes de la famille de Bouyah qui supprimèrent la poste (berîd), et établirent les coureurs, سعاة, Maml. II, 2, 89. Plus tard, toutefois, ce terme a aussi reçu le sens de *courrier à cheval*, Hbrt 108. Il est propre à l'Orient; au Maghrib on disait رقاص, Macc. I, 557, 10. ساعى باشى *le chef des messagers*, Bc. — ساعى الأخبار *mercure*, feuille périodique, Bc. — *Mendiant*, Voc., Alc. (demandador por Dios, mendigo que demanda). — القروح الساعية *les ulcères qui se propagent*, M, Baît. I, 166 a. — ساع بالفساد *perturbateur*, Bc.

ساعِيَّة *bétail*, Cherb. Dial. 30.

مَسْعَى *travail*, peine qu'on prend, Bc. — Dans le Voc. *via*; à la Mecque le chemin où a lieu la course entre aç-Çafâ et al-Marwa s'appelle en effet المسعى,

mais je doute que ce mot signifie *route, chemin*, en général. — *Pâturage*, Cartâs 185, 8: وكانت قبائل البربر اذ ذاك يسكنون الشام ويجاورون العرب في المساكن والأسواق والمراعى ويشاركونهم في المياه والمسارح والمساعى ۞

سَغْرَدِيَّة. عمل سغرديّة وحوريّة *danser*, Voc.

سف I, n. d'act. سفوف, *dévorer*, Mehren 29.

II. سَفَّه فَرَسَه et سَفَّد العنان *il mit le mors dans la bouche de son cheval*, voyez Ztschr. XXII, 138 et comparez Lane sous la IVᵉ forme.

IV c. a. p. *mettre dans la bouche*, voyez sous سَفّ. — C. الى *ambitionner*, Prol. II, 33, 4 et 5, Berb. II, 559, 2.

VII dans le Voc. sous sorbere.

سَفّ *bouchée*, Abdarî 48 r°, où il est question d'un mourant qui n'est pas en état de parler: فرفع يده واشار الى فيه أنّ سفّون (يسفّوه ١.) سفا فسمّى السفّاف ۞

سَفّ. Ce que les Orientaux racontent au sujet de ce serpent ressemble à ce qu'on racontait en Europe au sujet du basilic, Niebuhr B. xxxiii.

سَفَّة *bouchée*, Ztschr. XXII, 138.

سَفُوف *poudre*, composition médicale en poudre, pour prendre intérieurement; سفوف لولوى *diamargariton*, médicament fait avec des perles, Bc.

سَفِيف *maigret*, un peu maigre, Bc.

سَفَافَة *maigreur*, Bc.

سَفِيفَة *ruban fin et mince*, Bg. — سَفَائِف *la campane de l'espèce de baldaquin appelé* قَتَب, dont se servent les femmes, Ztschr. XXII, 157. — *Large tresse de cheveux*, Ztschr. XXII, 138. — En Syrie, ceinture tressée de fil de laine de plusieurs couleurs et large comme la main, que portent les femmes et aussi les hommes, mais ces derniers seulement quand ils sont jeunes, Ztschr. XXII, 138. — Au Maroc, bandeau des dames, appliqué sur le front et orné de perles, Pflügl t. 67, Gräberg 81; سليفة chez Hœst 119 semble une altération de ce mot.

سُفَاف voyez sous سَفّ.

مَسْفُوف *kouskousou excessivement fin*, et qui, après avoir été cuit à la vapeur comme le kouskousou au jus de viande, se prépare avec du beurre frais. Au

سفاقس 657 سفر

moment de le servir, on le couvre de raisins secs, de sucre et de grains de grenades douces, Cherb., Martin 81, n. 2, R. d. O. A. V, 86, X, 318, Dunant 210, Daumas V. A. 254.

سفاقس nom d'un instrument de musique, Casiri I, 528 a.

سفن

سَقَّوْت planche avec des trous qui porte les cylindres sur lesquels tourne la soie quand on la file (لوحة محرَّقة توضع فيها بكرات تدور عليها خيوط الحرير عند حلّه), M; cf. Bg 720. — Pl. سفافين fer pointu, Mehren 29; c'est pour سَفُّود.

سفتنا nénufar, Most v° نيلوفر.

سفج.

سَفَّاج est un nom de métier formé irrégulièrement du substantif اسفنج, préparateur et vendeur de beignets, J. A. 1869, II, 161—3, Voc. (laganum faciens).

سفح I c. ب et مع forniquer, Voc.
VII couler, Wright 23, 6 a f., 24, 4, 25, 13. — En parlant du blé, devenir مَسْفُوح (voyez), M.

سَفْحَة la condition du blé qui est مسفوح (voyez), M.

سَفُوح coulant en abondance (larmes), Gl. Fragm., pl. سُفُح, Wright 45, 4.

سافح Le pl. سُفُوح, P. Abbad. I, 315, 5.

مَسْفُوح se dit du blé quand, par suite du froid, il est devenu jaune, que son grain est menu, que ses épis sont noirs et que ceux-ci perdent peu à peu les barbes qui les hérissent, M.

سفد II rôtir, Alc. (assar).
III s'emploie réellement (cf. Lane sous la IVe) dans le sens de la VIe, s'accoupler, Calendr. 41, 9, Prol. I, 268, 3 a f.
V dans le Voc. sous veru.
VII dans le Voc. sous coire.

سفيد (pers.) blanc, candide, Ht.

سَفُّود broche. Dans le Voc. le pl. est aussi أَسَافِيد. — Essieu, Bc. — Flèche d'une tour, Macc. I, 370, 8. — Fuseau, à ce qu'il semble; dans le Formul. d. contr. 4 (sur la marge) le الصوف سفود est nommé

parmi les objets dont se compose le trousseau. — Le pl. سفافيد brochettes de viande de mouton rôti, Daumas V. A. 251.

سفر I s'emploie aussi comme verbe intransitif, être découvert, se montrer, Fleischer dans Macc. II, p. xi b, Abbad. I, 24, 1 (où il faut prononcer سَفَر, comme je l'ai dit III, 7), 174, 5, Macc. I, 61, 21, 1001 N. I, 489, 5. — La phrase que Freytag cite sous le n° 9 est empruntée à de Sacy Chrest I, ١٥٨, 4. — Être négociateur, intermédiaire; سفر عنه الى ملوك مصر «il remplit de sa part une mission auprès des souverains de l'Egypte,» Maml. I, 193; سفر الى الوزير في دار الكاتب المؤخِّر «le vizir fut mon intermédiaire auprès du sultan, pour le prier de m'accorder le palais du câtib qui avait été destitué,» Macc. I, 645, 6. — Voyager, mais particulièrement voyager sur mer, naviguer, Gl. Edrîsî.

II envoyer, expédier, congédier, Maml. I, 1, 195. — Au Maghrib, relier un livre, Alc. (encuadernar libros), Bc (Barb.), Hbrt 88 (Barb.), Roland, Macc. III, 9, 8 a f.: الى اتقان بعض الصنائع العملية كتسفير الكتب وتنزيل الذهب وغيرهما (c'est ainsi qu'il faut lire avec notre man., au lieu de كتفسير, comme porte l'édit.), Khatîb, man. de Paris, 1 v°: يُجيد تسفير الكتب; cf. مَسْفَر et تسفير, سَفّار.

V être envoyé pour une mission, Maml. I, 1, 196, Voc. sous proficisci in via.

سَفَر pl. أَسْفَار se trouve dans le Voc. sous proficisci in via, avec viaticum dans une note; il paraît donc que ce mot signifie, de même que سُفْرَة, provisions de voyage; cependant le Voc. ne l'a pas sous viaticum. — Zéro, Bc; c'est pour صفر.

سَفَر campagne, suite d'opérations militaires pendant l'année ou moins, Bc; سفر الأحمال ou السفر seul, voyez sous محل. — Partie de campagne, Djaubarî 84 v°: في السماعت وفي الأفراح وفي الأسفار وغيرها. — Chez les Druzes, la disparition de la personne sainte de Hakem et celle de l'imâm, de Sacy Chrest. II, 260, n. 98.

سَفْرَة voyage, relation d'un voyage, Bc. — Embarquement, Alc. (embarcadura). — سَفْرَة مُلُوك adonis, Prax R. d. O. A. VIII, 282.

سَفْرَة سفرة الشطرنج échiquier, Voc. Abd-al-wâhid

83, 11; aussi سَفَر seul, Alc. (escaque o trebejo, juego de axedrez, tablero para jugar), Abd-al-wâhid 83, 4 a f., 84, 5, 8, 9, 13. — *Garnison*, Carette Kab. II, 388; c'est de سَفَر dans le sens de *campagne*; en turc on trouve سَفَرْجِى et سَفَرْلُو, «*soldat*.»

سَفَرِى جَفَن سَفرى ,سَفينة سَفَرية *bâtiment de transport*, Gl. Edrîsî, Amari Dipl. App. 2, l. 8. — *Voyageur*; سَفرى الهَوا *aéronaute*, Bc. — رَمَان سَفرى voyez sous le premier mot.

سَفَّار *arthratherum floccosum*, Colomb 28, *aristida*, Ghadamès 330.

سَفَارة *ambassade*, Bc, M.

سَفيرية voyez, sous l'*élif*, اسفيريا.

سَفَّار pl. ة *voyageur*, Bc, celui qui passe une grande partie de sa vie à voyager, surtout en parlant de fakirs, de derviches, qui mène une vie errante, Fleischer sur Macc. I, 591, 11 Berichte 203. — Au Maghrib, *relieur*, Alc. (encuadernador), Domb. 102.

سَافورة *spargane* (plante), ruban-d'eau, Bc.

سافور pour l'hébreu שׁוֹפָר, *trompette ou cor*, Saadiah ps. 150.

تَسْفير pl. تَسَافير *la commission donnée à un envoyé quelconque*, Maml. I, 1, 196; — *droit, gratification que l'on allouait à ceux qui étaient chargés d'une mission de ce genre*, ibid. — Au Maghrib, *reliure*, Alc. (encuadernacion), Macc. I, 302, 6.

مُسَفِّر au Maghrib, *relieur*, Macc. I, 599, 5, Most. ومنه يُعْمَل غَرا المُسَفرين لتلصق به الكُتُب: غبار الرحا vº Bat. IV, 246 (mal traduit).

مُسافِر. المُسافِرون *les équipages* d'un bâtiment, Berb. II, 421, 5. — مراكِب مسافِرة *vaisseaux marchands*, l'opposé de مراكِب مقاتلة, Amari 334, 2.

سَفَرْنَبِيَّة *panais*, Domb. 59, Bc, cf. Gl. Esp. 224.

سَفَرْجَل. سَفَرْجَل عُثْمانِى 1001 N. I, 56, 13.

سَفَرْمادى, connu aussi sous le nom de طير الجَرَاد, petit oiseau qui cherche et tue les sauterelles, Man. Escur. 893, cf. Casiri I, 319 b.

سَفْسَارى. Edrîsî ٥٩, 14, en parlant de la ville de Noul:

وتُبَاع بها الأكسية المسمَّاة بالسَفْساريَّة. Un *kisâ safsârî* est une espèce de *haïk*, qui, comme ce dernier, sert à la fois de manteau et de couverture. Dans l'origine ce *safsâri* était un adjectif, mais il est devenu un substantif, et quelquefois, à ce qu'il semble, on en retranche l'*i* final. Prax 27, parmi les marchandises prises à Tunis et à Tripoli pour le Soudan: «Haïks très-ordinaires, appelés *safsari*, pl. *safasir*, de 6 fr. à 7 fr. 50 c. La ville d'El-Ouad expédie beaucoup de burnous et de haïks à Ghdâmes et à Ghât. Les haïks sont portés par les Touareg et par les Arabes du Soudan. Les nègres en font des couvertures;» Richardson Sahara I, 51: «Les femmes jettent parfois un barracan léger ou *sefsar* sur la tête et les épaules;» Dunant 202: «*sassari* (sic), haïk de femme;» chez Michel 103, 106, *sassari* (sic) est le grand voile des femmes à Tunis; ibid. 273: «les *sefseré* du Djerid;» Pagni 43: «ils se couchent sur un lit bien couvert de draps de laine très-lourds, qu'ils nomment *sefsèr*.» Chez Léon 564 ce mot est altéré en *setfari*.

سَفْسَط I (formé de σοφιστής) *employer des sophismes, avoir recours à des arguments captieux*, Voc. (c. على sous falacia, c. ﺑ sous sophistare), Cherb. C.

سَفْسَطَة *sophisme*, Voc.

سَفْسَطِى *sophiste*, Bc.

مُسَفْسِط *sophiste*, Voc.

سَفْسَف I *babiller, caqueter*, Voc.

سَفْسَفَة *loquacité et vanterie en paroles*, Voc. — Cette signification ne peut pas convenir aux passages Prol. I, 34, 6, 304, 1, II, 304, 14, 305, 3, où de Slane traduit *fraude, dépravation, improbité*.

سَفْساف *parleur dont la conversation est vide*, Cherb. C (il donne: *blé peu nourri*; au fig., *parleur* etc.; mais la première signif. doit disparaître; ce n'est rien autre chose que le «hordei leviora grana» de Freytag, qui s'est laissé tromper par une mauvaise leçon; voyez Lane). — «On emploie contre les maux d'yeux, à Ghadamès, une poudre (*safsaf*) que les Touaregs apportent à Ghadamès et qui est fournie par un arbre du Soudan,» Ghadamès 353.

سَقَط II. Les dict. n'ont que مُسْقَط الرَاس *celui qui a une tête comme un* سَقَط. Dans les gloses plus ou moins altérées chez Payne Smith 1475—6, تَسْفِيط الرَاس semble devoir s'entendre des sages-femmes, qui donnent à la tête d'un enfant nouveau-né la forme qu'elle doit avoir.

سَفَطِيّ *vannier*, Yâcout II, 519, 23.

سَقَّاط *vannier*, Lane (TA), Macc. II, 508, 2, mais l'éd. de Boul. a سَقَّاط.

أَسْفُوط *des cordons de paille dont on fait des corbeilles*; les idiots les attachent autour de la tête en guise de turban, Burckhardt Prov. n° 51.

مُسَفَّط *voyez sous* صفط.

سفف I. كَفّ سفف et كَفّ سفف *donner à quelqu'un un soufflet, souffleter*, Bc. — سفف فى رمها, 1001 N. II, 231, 6 a f., dans le même sens que سفف أَمْرَأَتَهُ *chez* Lane. — — *Voyez* صفف I.

II *presser ensemble*, L (stipate سَقَّفُوا). Selon M. Wright, cette forme se trouve Saadiah ps. 47.

سَفِيف, fém. ة, *jaloux*, Payne Smith 1488.

مِسْقَفَة pl. مَسَافِف *cliquette, castagnette*, L (ballematia مَسَافِف, cimbalum, idem). Alc., sous « chapas para tañer, » donne *macíquif*, c.-à-d. مَسَاقِف, ce qui est une transposition de مَسَافِق. Sous « tarreñas chapas para tañer, » il a *mabíquif*; c'est le même mot, mais le *b*, au lieu du *c*, est une faute d'impression. Enfin sous « ferremuela o chapas para tañer, » il donne مَسَاقِف, pl. ات. Je crois que le mot est مَسَاقِف, c.-à-d. le pl. du sing. مِسْقَفَة, et qu'on a formé de ce pl. le nom d'unité مَسَاقِفَة, comme on fait souvent dans la langue vulgaire. Le *dhamma* dans L et le Voc. est une mauvaise prononciation. Plus régulièrement مصفقة, pl. مصافق, Abou'l-Walîd 609, 20 et 21, 26, 33, le pl., Casiri I, 528 a. — Au Maghrib, *Cotyledon Umbilicus*, «le vulgaire l'appelle ainsi,» Ibn-Djoldjol (man. de Madrid), Bait. II, 330 b, 449 c: ورقها على الحجارة شكل ورق المسافق النابتة على الحجارة. Cette plante a reçu ce nom parce que ses feuilles, qui font souvent le godet en dessus, ont la forme de cliquettes ou d'écuelles. Pour la même raison on l'appelle en français *écuelle-d'eau*.

سفك VI (Lane TA). Un exemple chez Hayân 38 r°: تسافكوا الدماء ☼

سفل VII *être bas*, Macc. II, 495, 4 a f. (aussi dans l'éd. de Boulac).

VIII *être bas*, Auw. I, 45, 7 a f.: ما علا من الارض واستفل ☼

سفل, comme שָׁפֵל en hébreu, *vase, pot*, voyez le Thesaurus de Gesenius, p. 965 a; les paroles de Jehouda b. Koreich sont (éd. Bargès et Goldberg, p. 78): אלספל והו קצרייה (voyez sous قَصْرِيَّة).

سَفْلَة, en parlant d'une seule personne (cf. Lane), *un homme du bas peuple, un homme vil*, Macc. II, 555, 6 et 17, 1001 N. I, 274, 6. — Pl. سَفَل *pouille*, injures que se disent des bateliers qui se rencontrent, etc., Alc. (pulla).

سُفْلَى dans le Voc. = سُفْلِى. — En astron. السَّفْلِيَّة sont Vénus et Mercure, ou bien ces deux planètes et la lune, M.

العود السفالى espèce de bois d'aloès qui vient de سفالة الهند, Bait. II, 224 b.

سَافِل, *vil*, pl. سَقَال, Voc.

يمكنون الى اخذ البِّيَدِ السُّقْلِى أَسْقَل *ils le demandaient humblement*, Berb. I, 74.

أُسْفِيل *voyez sous l'élif*.

مَسْفُول ياء مسفولة *la lettre* yâ, Bat. II, 52, Ibn-Abdalmelic 3 v°, 10 r°.

سفلاة pl. سفالقة *parasite*, Bc. — *Bavard*, Mehren 29.

سفن II c. a. *appliquer un coin*, pour tuer ou pour fendre, M.

سَفَن (σφήν) pl. أَسَافِن *coin, outil de fer pour fendre*, Bc.

سَفِين ne s'emploie pas seulement comme un collectif, mais aussi comme un sing., en parlant d'un seul navire, Abd-al-wâhid 101, 6, Abbad. I, 61, 11, Berb. I, 367, 8 a f. — *Ange* (poisson de mer), Pagni MS (squadro pesce). — (Σφήν) *coin, outil pour fendre*; le M sous كدكد a le pl. أَسَافِين.

سَفِينَة La constellation dite *le navire Argo* ne

s'appelle pas seulement السفينة, mais aussi سفينة نُوح, Bc («l'arche de Noé»). — سفينة النجاة désigne chez les Druzes: les quatre ministres inférieurs à Hamza; c'est une allusion à l'arche qui sauva Noé du déluge, de Sacy Chrest. II, 272, n. 118. — *Livre plus large que long, livret oblong; chansonnier*, recueil de chansons, Bc; *album* que les copistes de profession calligraphient pour les gens de loisir, Cherbonneau dans le J. A. 1860, I, 419, 426; on emploie ce mot dans le sens de *collection, recueil, compilation*, voyez Ztschr. XVI, 217, 229.

سَفْنارِيّة *panais*, Gl. Esp. 224.

سَفَنج voyez اسفنج sous l'*élif*.

سَفَة I c. على p. *s'emporter contre* quelqu'un, Maml. II, 2, 260, 1001 N. I, 825, 5, mais en comparant d'autres mots de cette racine (voyez plus bas), je crois que la traduction exacte est: *être grossier envers* quelqu'un, *lui dire des insolences*.

II dans le Voc. sous *prodigus*. — C. a. p. *désappointer* (خَيَّبَ), M. سفه معه *faire une algarade, être grossier, malhonnête envers* quelqu'un, *lui faire des impertinences, lui dire des insolences*, Bc.

V dans le Voc. sous *prodigus*.

VI c. على p. *s'emporter contre* quelqu'un, Maml. II, 2, 260, mais voyez sous la Ire forme.

سَفَه *discours grossier, paroles injurieuses*, L (contumelia, dedecore).

سَفَه *prodigalité*, Voc. — *Gueuserie, fourberie, friponnerie*, Alc. (vellaqueria).

سَفِيه *prodigue*, Voc. — *Effronté, hardi, immodeste, impertinent, impudent, insolent, libre, licencieux, déréglé*, Bc, سفيه اللسان, de Sacy Chrest. I, ١٤٣, 13, où l'éditeur traduit *peu mesuré dans ses discours*. سفيه كلام *gros mots, paroles déshonnêtes, discours grossier, infamies, paroles injurieuses*, Bc. — *Coquin, fripon*, Alc. (vellaco). — Se dit des personnes par injure et par mépris, *chien*, Alc. (can perro).

سَفاهة *prodigalité*, Voc. — *Algarade, sortie contre* quelqu'un, *audace* (en mauvaise part), *grossièreté, parole grossière, malhonnête, hardiesse, impudence, insolence, chose immodeste, licence*, Bc. — L'expression السفاهة كَاسْمِها, dans un vers de l'Omaiyade Merwân que cite Khallic. IX, 116, 3 a f., est difficile à comprendre, et l'explication qu'en a proposée M. de Slane (III, 626, n. 20) ne me semble pas satisfaisante.

سفو et سفى.

سَفا عند له سفا *il* (le cheval) *a un cor*, Daumas V. A. 189.

سَفاية *barbe* d'un épi (comme سَفا), Voc., Alc. (raspa de espiga, cf. espiga mocha).

ساف substantivement en parlant du vent, Macc. I, 339, 12, 661, 15.

سَفيدس nom d'une plante, Bait. II, 23, 2 a f.; Sontheimer a confondu deux articles en un seul; celui sur سفيدس commence avec la citation du chérif, c.-à-d., d'Edrîsî.

سقى.

سُقَيْقِيَة *chardonneret*, Hbrt 67; Freytag a ce mot sous سقى, 331 b.

سقالة voyez اسقالة sous l'*élif*.

سَقْبَناجة nom d'un mets que Chec., 196 v°, décrit ainsi: لحم مطبوخ وبيض مضرب بتابل يعقد فى زيت قدر ; peut-être faut-il lire ما يلتصق بالطاجن et comparer le pers. شَكَنْبَه.

سَقَمُوشة (esp.) *saquebute*, sorte de trompette harmonique, Alc. (sacabuche).

سقد II *arranger*, Cherb. Dial. 6.

مُسَقَّد *droit, direct*, Domb. 107, Hbrt 41 (Alg.). Aussi avec le ك.

سقر.

أبو مِصْقار, سِصْقار vulg. pour مصقار, sorte de poisson, M sous صقر.

سَقَرْدِيُون «signifie en grec كوم برى (c'est donc σκορπίδιον ἄγριον); cependant ce n'est pas *ail*, mais حشيشة تسمى المطرقا, dont l'odeur et la vertu ressemblent à celles de l'ail,» Gl. Manç. in voce.

سَقَرس *saxifraga*, Most. v° قلب.

سقرفاج voyez اسكرفاج sous l'*élif*.

سقرندونيون acacia, Most. v° اقاقيا; leçon de N; dans Lm la quatrième lettre est un *yâ*.

سَقَس demander, Bc (Barb.); voyez sous سَقْسَى.

سقس (La) ou سقوس (N) *le cresson blanc*, Most. v° حُرْف.

سَقْسَق *trochilus*, Descr. de l'Eg. XXIV, 436, Yâcout I, 880, 11.

سَقْسَى demander, questionner, interroger, Voc. (qui écrit سَقْصَى c. a. p. et عن ou في r., interrogare), Alc. (pescudar o preguntar, preguntar), Cherb. B, Bc (Barb.). Ce verbe est berbère; le Dict. berb. donne سَقْسَى sous *demander* (interroger).

تَسَقْسُو pl. ات *demande, question*, Alc. (pescuda por pregunta, pregunta, pregunta para tentar).

تَسَقْسَى *question donnée à un criminel*, Alc. (question de tormento).

سقط I, c. ل *sur*, سقط لغيه ويديه, Haiyân-Bassâm III, 4 v°. — *Tomber, ne pas réussir*, Bc. — سقط من نظر الملك *tomber en disgrâce*, Bc (comme فلان من عيني chez Lane). — *Venir inopinément*, en parlant d'une personne, d'une nouvelle, d'une lettre, etc., Abbad. I, 252, 15, c. الى p., Abbad. I, 221, dern. l., Haiyân-Bassâm III, 115 v°: سقط الخبر البنا بذلك, et c. على p., Abbad. I, 388, 1, 57, 10: سقط عليه الخبر, Bassâm III, 50 v°: سقط عليه كتاب. — T. d'arithm., *retrancher en faisant une soustraction, soustraire*, Bc, Hbrt 122. — سقط في حقّ احد *s'échapper, s'emporter inconsidérément*, Bc. — سقط في يده. Comparez avec Lane une note de Quatremère, Maml. I, 1, 48; dans le Voc. *obstupescere dentibus*.

II. سقط النوّار *ôter la fleur*, Alc. (desflorar quitar la flor). — C. a. dans le Voc. sous *vilescere*. — سقط الرز في الموية *verser le riz dans l'eau qui bout*, Bc. — *Incruster*, Macc. II, 712, 9: وجميعها بسرج ولجم مسقطة بالذهب والفضة وبعضها سرجها وركبها كلها لحمها وكذلك ذهب. — *Damasquiner*, incruster l'or ou l'argent dans le fer ou l'acier; aussi سقط البولاد

بالذهب, Bc, Maml. I, 2, 203: تجاه مسقطة بالذهب (mal traduit). — *Faire une fausse couche*, Payne Smith 1590, 1001 N. Bresl. IX, 279, 10 et 13.

IV. اسقط الوَرَق *effeuiller, élaguer les arbres*, Alc. (le n. d'act. deshojadura de arboles). — *Congédier des employés, des troupes*, Abbad. I, 221, 10, 228, n. 21, Gl. Belâdz., Macc. II, 764, 9 (cf. Add.), J. A. 1851, I, 78, n. 3. En parlant de soldats, c'est proprement *les rayer des contrôles*, Berb. I, 400: أسقطهم من ديوانه. — *Supprimer un passage dans un écrit, biffer un article*, de Sacy Chrest. II, 267, 15: واما خلعهم وخلع الوزراء وتحويل فاسقطتها من كلام ابن فضل الله, parce qu'elles sont de soie et d'or, ce qui est contraire à la loi; Bait. II, 542 a; Macc. III, 760, 13: Lisân ed-dîn Ibn-al-Khatîb a écrit sur la marge de l'article qu'il avait consacré, dans son Ihâta, à Ibn-Farçoun: يُسْقَط هذا الساقط من الديوان, «l'article sur ce misérable doit être supprimé,» et Maccarî ajoute: ولَعلّ لسان الدين انّما امر بإسقاطه من الاحاطة لما يتّهم به من معنى بيّتية السابقين وجحتمل ان يكون لغير ذلك. Peut-être aussi *ne pas faire mention de* quelqu'un dans un écrit, voyez Macc. I, 612, 18. Dans le Voc. *excludere*. — اسقط رقّ شهادة *se déshonorer*, R. N. 95 r°: مروءته وهمّته رجل واسقطه من اجل انه كان ينزل من حانوته ويتصرّف متّزرا بميئزر عاري البدن فقال اسقط مروءته وهمّته C. a. p. *rejeter le témoignage de quelqu'un*, voyez le passage qui précède. — *Faire tomber dans l'oubli*, Haiyân-Bassâm I, 47 v°: تجاء بفتكة اسقطت كلّ مَن. — فتك قبلَه. — اسقط من نظره *disgracier*, Bc. — T. d'arithm., *soustraire*, Bc, Hbrt 122. — اسقط *commettre une faute*, P. Prol. III, 344, 3.

V dans le Voc. sous *vilescere*. — *S'estropier*, Bc.

VI *ils quittèrent un endroit, les uns après les autres*, voyez sous خرج X; c. الى p. *ils arrivèrent auprès de quelqu'un, les uns après les autres*, Berb. II, 408, 3 a f., 411, 3 a f., 413, 4.

VII dans le Voc. sous *cadere*, sous *excludere*.

X *faire une fausse couche*, Voc. — Voyez plus loin le n. d'act.

سَقَط *vil, ignoble*, Diw. Hodz. 34, vs. 2.

سَقَط *mal conditionné, éclopé, estropié, impotent*,

invalide, Bc (avec les voyelles, mais il n'en donne pas sous les mots qui suivent). — *Soustraction*, règle d'arithm., Hbrt 122. — *Fourbure, maladie aux jambes du cheval*, Bc. — *Fourbu, attaqué de fourbure*, Bc. — سقط القمح *rachitisme, maladie des blés*, Bc. — Le Voc. a ce mot sous *margarita*, mais comme il ne signifie pas *perle*, je soupçonne que c'est une faute et qu'il faut lire سفط, *écrin où l'on met des perles*.

سُقْطَى *abortif*, Bc.

سَقَطَى. سوق السقطية *triperie*, Bc.

سقاط *faiblesse*, Ht, qui l'écrit ڢار erreur avec un ت.

سُقُوط. سقوط الورق *effeuillaison, l'action de dépouiller de feuilles, d'effeuiller les arbres*, Alc. (deshojadura de arboles). — T. de médec., *épilepsie* (صرع), M. — En astrol., une planète est dans sa *déjection* ou *chute* (سقوط ou هبوط) quand elle est dans un signe où son influence est la moindre possible, de Slane Prol. II, 219, n. 7.

سقيط. سقيط في عراقيب الخيل *éparvin, maladie du jarret dans le cheval*, *jardon, tumeur calleuse au jarret d'un cheval*, Bc.

سَقَاطَة *incivilité, impolitesse, grossièreté, malhonnêteté*, Alc. (descortesia); *bassesse d'âme*, 1001 N. Bresl.

VIII, 218, 10: خسّت هذا الرجل وسقاطته voyez-vous Il a reçu de vous un cadeau de 8000 dirhems, et quand il en tombe un seul, il le ramasse, au lieu de le laisser à un de vos pages; *vilitas* dans le Voc.

سَقَاطَة. En esp. *zoquete* signifie *le morceau de bois gros et court qui reste de celui qu'on a travaillé*; c'est سَقَاطَة, *le rebut*.

سَقَّاط, suivi de الورق, *celui qui effeuille, qui élague les arbres*, Alc. (deshojador de arboles).

سُقّيط (cf. Lane). C'est dans la Haute-Egypte que les racines du souchet comestible portent ce nom, Bait. I, 279 d.

ساقط *incivil, grossier, impoli, malhonnête*, Alc. (descortes). — *Simple*, Werne 9 (*Arab saket*, einfache Nomaden). — ساقط المحتشم *sans pudeur*, Khatîb 136 r°. — *Démesuré, énorme, excessif*, Alc. (descomunal). — قول ساقط *opinion insoutenable*, Berb. I, 115. — الساقط في نسبهم *l'étranger qui s'affilie à une tribu et qui en a pris le patronymique* (de Slane), Prol. I, 239, 2 a f.

أَسْقَط *plus vil*, Fakhrî 210, 1, 5 a f., Haiyân-Bassâm I, 114 r°: On s'accorde à dire انه لم يجلس — في الامارة منذ تلك الفتنة أسقط منه ولا أنقص *Plus digne d'être supprimé, rejeté*, Gl. Maw.

إِسْقَاط *soustraction, règle d'arithm.*, Bc, M.

مُسْقَط *abortif*, Bc. — *Avorton*, Hbrt 26. — *Rejeté, mis au rebut*, Alc. (desechado). — *Qui a une descente (hernie)*, Bc. — ضاد مسقطة *la lettre* ص, *opposée au* ظ, qu'on appelle طاء مرفوعة, Gl. Bayân.

اِسْتِسْقَاط, chez Rhazès, *dépérissement*, Gl. Manç.; l'auteur observe que ce mot ne convient pas, car quand on veut exprimer سقوط القوّة, on ne peut pas employer la X° forme, qui exprimerait طلب سقوطها.

سقع I, 5 chez Freytag, aussi سكع et صقع, Fleischer Gl. 66. — *Contracter du mal aux yeux, avoir des ophthalmies*, Cherb. Dial. 131.

IV, verbe d'admiration, voyez l'article qui suit.

ساقع et سقيع. Le premier, *lâche, poltron*, Bc. — سقيع اللحية ne signifie nullement « *imberbe*, » comme Habicht a donné dans son Glossaire, ce que Freytag a copié, et ساقع n'est pas l'équivalent de صاقع, « *menteur*, » comme Lane l'a pensé dans sa trad. des 1001 N., III, 382, n. 50. Le chaikh de Lane, bien qu'il ne semble pas avoir connu l'expression dont il s'agit, était cependant plus près de la vérité lorsqu'il pensait que le terme dérive de صقيع (que Saadiah, ps. 78, vs. 47, et Cherbonneau écrivent سقيع), « *grésil, gelée blanche, glace*. » En effet, ساقع et سقيع sont des mots comme بارد, lequel signifie proprement *froid*, mais qu'on emploie dans le sens de *fou, sot*. Daumas donne مسقوع, *fou*, et là où l'édit. de Bresl. des 1001 N. porte (IV, 266, 11): يا سقيع اللحية بارد الوجه, celle de Macn. a (III, 636): يا ساقع الوجه يا بارد اللحية. Ces trois expressions sont synonymes et signifient *fou, sot*. De même Macn. II, 408, 12: يا ساقع.

صَقَاعَة, سَقَاعَة الذقن ما أسقع ذقنك. Cf. mes articles سَقَاعَة et dans Lane سَقْعَان.

سَقَاعَة *bassesse, inclinations viles*, Bc. Pour سَقَاعَة ذقنه (voyez); سَقَاعَة ذقنه *sottise, stupidité*, Bâsim 57: فقال باسم بسقاعة ذقنه وقلة عقله ه

مَسْقُوع *fou*, Daumas V. A. 164.

سقف II *plafonner*, garnir le dessous d'un plancher de plâtre, Alc. (çaquiçami hazer, techar de çaquiçami), Bc.

V *être couvert d'un toit*, Payne Smith 1469.

سَقْف *plancher*, partie haute d'un appartement, Bc, *plafond*, Alc. (techo de çaquiçami), Bc, Hbrt 193, Ht, Macc. I, 323, 14, 325, 10, 445, 16. — سقف الحَلْق, Hbrt 2, ou سقف الفم, Bc, *palais*, partie supérieure du dedans de la bouche; aussi سقف seul, Ht.

سَقِيف pl. سُقْف voyez سَقِيفة.

سَقافَة *évêché*, dans une charte de Tolède: على سقافة كرسى كنكة (Cuenca) (Simonet).

سَقِيفَة. Ce mot, que Freytag a expliqué fort mal, parce qu'il n'a pas compris le terme صُفّة des lexicographes indigènes, et que les traducteurs d'Ibn-Batouta, trompés par lui, ont souvent rendu par « banc, estrade, » ce qu'il ne signifie jamais, a déjà été bien expliqué par Quatremère dans ses notes sur Becrî, 143 et 229, par de Goeje dans le Gl. Fragm. et par Lane. Ordinairement il signifie *portique, galerie couverte*, porticus dans le Voc., portal chez Alc., Blaquière II, 26, Ten Years 16, 24, 27, 33, 98, etc., Lyon 96, Richardson Central II, 183, Rozet III, 18, 19, Barth IV, 458, V, 429, où l'on s'assied en été, Macc. I, 560, 12. Il est souvent question des *sekîfas* des mosquées, qui reposent sur des colonnes, Gl. Fragm., Aghânî 70, dern. l., Macc. I, 360, 5 et 8, 368, 13, Abdarî 66 r°: la mosquée de Médine est entourée de *sekîfas*, وأوسع سقائفه ناحية الجنوب وفيها المحراب وفي خمسة صفوف, et de celles qui sont près des portes des palais ou des villes, et qui servent de corps de garde, Fragm. hist. Arab. 580, 2 a f.: وجعل لكل باب من ابوابها دهليزًا عليه السقائف ووكّل بكلّ باب قوّادًا برجالها ٩٠٠ فارس و١٠٠٠ راجل, Bat. II, 427: فى كل باب سقائف بها رجال واسلحتهم وقائدهم; Marmol II, 31 a (Maroc): « Entre ce palais et celui du roi il y en avait un autre qu'on nommait l'*Acequife* et où se tenait la garde du roi, » 176 b : Tlemcen a cinq grandes portes, « et dans chacune il y a un acequife où se tiennent ordinairement les gardes et les percepteurs des rentes royales » (Ibn-Khaldoun, qui nomme aussi celles des portes de Tlemcen, les appelle, Berb. II, 161, 5 a f., السُقُف, qui est le pl. de *sekîf*, le synonyme de *sekîfa*). Ces gardes sont nommés quelquefois « les mamlouks de la *sekîfa*, » Richardson Morocco II, 216, et leur capitaine ou *câïd* (cf. les passages des Fragm. et de Bat., cités plus haut) porte le titre de *câïd as-sekîfa*; mais comme il résidait ordinairement dans la citadelle de la capitale, ce titre a reçu le sens de « gouverneur de la citadelle, » Marmol II, 176 b, en parlant de la citadelle de Tlemcen: « c'est là que réside ordinairement le capitaine de l'acequife avec la garde du roi; » II, 95 a: « il y a dans la vieille ville de Fez un gouverneur qu'on nomme l'Alcayde de l'Acequife, qui se tient constamment dans le château, » etc.; Ramos 120: « Alcayde da Çaquifa, que he como Alcayde do castello. » A Alger la *sekîfa* est « la partie d'une maison comprise entre la rue et la porte qui ouvre sur la cour, » Cherbonneau, Voyage d'Ibn-Bat. en Afr. 46, et au Caire ce terme désigne encore « les couvertures de nattes qu'on trouve sur plusieurs marchés et qui servent à garantir du soleil, » Lane M. E. II, 393 n.

أَسْقُفى *épiscopal*, Bc.

أُسْقُوف et أُسْقُوفِيَة dans le Voc. pour les mêmes mots sans *waw*.

مُسْقَف *la partie couverte* d'une mosquée, l'opposé de صحن, la partie découverte, Gl. Edrîsî, Djob. 265, 10, Abdarî 78 r°, après avoir dit مسجد مسقف: وهذا المسقف فى الركن الغربى الخ ❊

مُسْقَفَة même sens, Cartâs 37, 7 a f., 40, 7.

سقل

اسقالة voyez اسقالة sous l'*élif*.

مسقلة *escargot, limaçon*, Bc, Hbrt 68.

سقلط

سِقْلاطُون (cyclas), سِقْلاطُون dans le Voc., ciclas), سِقْلاطُونى sorte d'étoffe de soie brochée d'or; celle qu'on fabriquait à Bagdad jouissait d'une grande réputation. Au moyen âge ce mot avait cours dans toute l'Europe: allem. *cielât*, esp. *ciclaton*, fr. et angl. *siglaton*; flam. *cinglatoen*; voyez Gl. Bayân, Gl. Edrîsî, de Jong, Yâcout I, 822.

سقلب

سقلب I *châtrer* un homme, *le faire eunuque*, Voc.

II *être châtré*, Voc.

سقلب ou صقلب signifie proprement *un Slave*, mais comme ceux d'entre eux qui se trouvaient dans les pays musulmans étaient châtrés, ce mot a reçu le sens d'*eunuque*. Le Voc. donne سِقْلَب (ainsi, et non pas سَقْلَب), pl. سَقالِبَة et سَقالِب, sous eunucus; Haiyân-Bassâm III, 143 r°: اربعة غلمان احدهم فحل

سقم :بُجْبُوب خَصِي وهو الصِّقْلَبِي ;والثلاثة صقلب L: *eunucus*

سَقِمَ I, au fig., *languir*, *être traînant*, *languissant* (style), Bc. — سَقِمَ لِلْحِصَانِ (aor. *i*) *efflanquer*, *rendre un cheval maigre au point d'avoir les flancs creux et abattus*, Bc.

II سَقَّمَ *ranger*, Ht.

IV *défaire*, *maigrir*, *exténuer*, Bc.

V dans le Voc. sous languere.

VII *languir*, Bc.

سَقَم *amaigrissement*, *exténuation*, *langueur*, Bc. — *Enflure*, Alc. (abuhamiento).

سَقَم, chez un poète, en parlant d'une route, *dangereux*, *infesté par les courses des ennemis*, Dîwân d'al-Hâdira p. ۸, l. 5 et 7 éd. Engelmann.

سُقْمان pl. سَقامِين *seconde bottine qu'on portait par-dessus l'autre bottine (khoff)*. Elle était en usage en Egypte sous la dynastie circassienne; les émirs, les soldats, le sultan lui-même, et aussi les femmes, la portaient, Vêtem. 209, Defrémery Mémoires 327, J. A. 1861, I, 30, n. 1.

سَقَم *ficus sycomorus*, Daumas V. A. 381; il l'écrit en caractères arabes, cf. Lane sous سَوْقَم.

سَقِيم *languissant*, aussi en parlant du style, Bc.

مَسْقُوم *enflé*, *plein de mauvaises humeurs*, Alc. (abuhado). — *Malade*, Payne Smith 1660.

سقن

سُقّان pl. ات est chez Alc. (qui écrit çicân, pl. çicanti) çahon, c.-à-d. un morceau de cuir, qui, en bas, se divise en deux, et qu'on attache par derrière à la ceinture et aux cuisses pour garantir ses habits des ronces; il est en usage parmi les chasseurs et les campagnards (Dict. de l'Acad. esp.). Dans une charte grenadine, «جلون سقانات وسبابط des peaux pour les *zahones* et les souliers.» C'est grâce à M. Eguilaz (de Grenade) que j'ai pu transcrire correctement le *çicân* d'Alc. et l'identifier avec le terme de la charte.

سَقْنِي *espèce de myrobolanier*, mais qui ne porte pas de fruits, Becrî 157, 16.

سَقُولُوفَنْدُورِيُون *scolopendre*, Gl. Edrîsî.

سقى I. Le Voc. donne سَقًا comme n. d'act. sous rigare.

— *Seul*, c. a. p., par ellipse pour سَمًّا, سَقاهُ, *empoisonner quelqu'un en lui faisant boire un breuvage mortel*, Maml. I, 2, 149. — C. a. *mettre de l'huile dans une lampe*, Macc. I, 362, 17. — *Enduire*, p. e. *de graisse* (بِالسَمْن) ou *d'huile*, Djob. 68, 5. — *Tremper*, *plonger le fer, l'acier, dans une eau préparée*, Bc (cf. Lane à la fin), voyez Gl. Belâdz., Auw. I, 405, 8, Maml. II, 1, 115, l. 3 des notes. — سَقَى الماء, en parlant de navires *faire de l'eau*, *faire aiguade*, *se pourvoir d'eau douce*, Amari 134, 2 a f. — سَقى الجُقَّة *boire*, *boire beaucoup de vin*, *godailler*, *boire avec excès*, *se mettre en goguettes*, *en belle humeur*, *se griser*, *se mettre en pointe de vin*, Bc. — بِسَقِيك يا كَمُّون *je t'arroserai, cumin*, expr. prov. qui veut dire: jamais, *la semaine des trois (ou quatre) jeudis*, jamais, *je vous en souhaite*, c.-à-d. vous n'aurez pas ce que vous espérez; بِسَقِيك يا كَمُّون, *bernique*, se dit à quelqu'un frustré dans un espoir; *attendez-moi sous l'orme*, Bc.

II c. a. p., comme la Iʳᵉ, *empoisonner quelqu'un en lui faisant boire un breuvage mortel*, Voc.

IV c. a. et بِ *percutere* dans le Voc.

VII quasi-pass. de la Iʳᵉ, Voc. (vis adaquare, rigare).

VIII c. a. *épuiser*, *tarir*, *mettre à sec*, Djob. 207, 2. — *Tirer en haut*, p. e. un homme, Haiyân 73 rº: وصار باب لِلْحِصْنِ باصحابه فى انهزامِهِم فلم يجد العين منفذا للدخول عليه حتى استقاه اصحابه من فوق السور, 1001 N. Bresl. VI, 292, 6, un panier, *ibid*. l. 3. — Voyez plus loin le n. d'act. et le part.

X, *demander à boire*, ne se construit pas seulement c. مِنْ p., mais aussi c. a. p., Haiyân 93 rº: فاذا بها تُغَنِّيه وهو يَفْدِيها ويَستسقيها. — Alc. donne le n. d'act. dans le sens de *procession pour obtenir de la pluie* (procession por que llueva); on peut en trouver la description dans le Cartâs 275, 2 a f. et suiv. En Egypte, *faire des prières publiques pour obtenir une bonne crue du Nil*, de Sacy Chrest. I, ٥۹, 2. — Voyez plus loin le n. d'act. et le part.

سَقَا se trouve dans le Voc. comme le synonyme de سَقْى, *iriguum* (cequia). — السَقَا se trouve dans L sous *eliotropium*, indistinctement; on pourrait lire aussi السَنا; je ne connais ni l'un ni l'autre.

سَقِيَّة الارض بِالنَرْع *irrigation*, Bc. — سَقِيَّة

لِلحَدِيد *trempe*, manière de tremper le fer, Bc. — *Breuvage empoisonné*, Maml. I, 2, 149. — *Bassin, pierre creuse* (= جُرْن), Macc. I, 655, 12; l'éditeur veut changer la leçon, mais elle se trouve aussi dans l'édit. de Boulac.

سَقَاوَة *morve*, maladie contagieuse et mortelle des chevaux, Bc.

سَقَايَة. La signif. d'*aquarium* (cf. Gl. Belâdz.) se trouve chez Domb. 98. — سَقَايَة الحَدِيد *trempe*, manière de tremper le fer, Bc.

سَقَّاء. الشَّيْخ السَّقَّاء, dans les mosquées, *celui qui règle la distribution de l'eau pour les ablutions*, Burton I, 101, 358.

سَاقِيَة *rigole*, *fossé*, etc. De là: طَقّ السَّاقِيَة *franchir le pas*, *se résoudre enfin*, *sauter le fossé*, prendre un parti après avoir longtemps balancé, Bc; — نَطّ السَّاقِيَة *se faire turc*, Bc. — *Seau*, Gl. Edrîsî 321; de là l'ital. secchia, secchio, sicil. sicchia, Amari J. A. 1845, I, 114. — *Baignoire*, Macc. III, 752, 1: فدخل ابو العباس المطهرة وتجرد من اثوابه — فقال لى ابن الفقيه ابو العباس فقلت ها هو فى الساقية عريان 1001 N. Brest. XI, 345, 2, 3 a f. — *Roue hydraulique*, tournée par des bœufs, à puiser l'eau d'une rivière, pour arroser les champs et les jardins, Gl. Edrîsî, Shaw II, 170, Niebuhr B. p. XXXII, 148, R. I, 143—4, Werne 14, Fesquet 62, Macc. III, 131, 6 (notre man. a constamment le synonyme سَانِيَة dans ce récit). — *Un ornement de filigrane*, avec des perles etc., que les femmes portent sur le front; on l'appelle ainsi parce qu'il a la forme d'une roue hydraulique, Lane M. E. II, 403. — *Un puits d'irrigation* qui, au moyen d'un chapelet de vases généralement en terre, fait monter l'eau presque partout où il en est besoin, Gl. Edrîsî. — *Fontaine publique*, ibid. — *Jardin*, ibid. Çalât 76 v°: وكان هذا الشيخ — ينزل على ساقية — على ضفّة نهر — احسن من شادمهر،، يجعلها جداول كالصلاّل، ولا تكاد تزمقها الشمس من تكاثف الظلال،، فيستريح فيها — *Tuyau*, Gl. Edrîsî. — Dans le sens d'un n. d'act., *arroser, irrigation*; en Espagne celui qui était chargé de surveiller l'irrigation des champs, se nommait صاحب الساقية (d'où vient le pl. esp. zabacequias), et son emploi, وكالة الساقية, Gl. Edrîsî. (Dans le Gl. Edrîsî il faut supprimer le n° 8 (*arrosoir*). La comparaison de Macc. II, 459, montre que les vers de la p. 279 n'ont pas été composés sur des arrosoirs, mais sur des galères, et que, dans ce dernier passage, il faut lire السَّوَاقِي, انشوَاقِي, au lieu de (السواقي).

تَسْقِيَة *potage, soupe*, Bc (sous ce dernier mot il a un *techdîd* sur le *yâ*, mais il est de trop, car c'est proprement un n. d'act. de la II forme). — *Pieds de mouton* (mets), Mehren 26.

مَسْقًى *abreuvoir*, Alc. (pilar de aqua), Edrîsî ٢٦, 10; dans le Voc., qui ajoute le pl. مَسَاقِي, *aqueductus* (aberador), mais au lieu du dernier mot il faut lire *abrevador*, qui signifie *abreuvoir*.

مِسْقَاة *arrosoir*, Bc.

الاستسقاء مرض *hydropisie*, Berb. I, 488, dern. l., où notre man. 1351 a le n. d'act. de la X forme.

مُسْتَقَى *écuelle* pour puiser de l'eau, Bat. IV, 188. — *Hydropique*, Bg. — مستقى النهر *lit, canal d'un fleuve*, Bc.

اسْتِسْقَاء et عِلَّة الاستسقاء *hydropisie*, Voc., Bc, Bg, Mc, Sang., Gl. Manç. in voce, Khallic. I, 119, 12 Sl., Bayân I, 297, 10; trois sortes: لحمى وزقّى وطبلى; la dernière s'appelle aussi الاستسقاء الياَبِس, M.

مستسقى *hydropique*, Bc, Mc.

سك I. Lane a noté, d'après le TA, l'expression سَكّ سَمْعِي ذلك. Je ne crois plus que c'est pour صكّ, comme je l'ai dit dans ma Lettre à M. Fleischer 219—220, car M. de Goeje m'a fait remarquer avec raison qu'en Orient la VIII forme, اسْتَكَّت مسامعه, est très-ancienne (vers de Nâbigha dans l'Asâs, d'Abîd ibn-al-Abraç chez Yâcout III, 289, 7, dans une tradition Fâïk I, 559). Si صكّ était la prononciation véritable, elle ne se serait conservée qu'en Espagne, ce qui n'est point vraisemblable. Au reste, il va de soi que سكّ (= قرع) est bon aussi. — *Monnayer*, voyez ma note J. A. 1869, II, 156, Edrîsî, Clim. II, Sect. 5: مبلغ المكس على كلّ راس ثمانية دنانير من اى الذهب كان مكسورا او مسكوكا, Macc. II, 349, 12, où il faut lire avec l'éd. de Boulac: جملة من دنانير سُكَّتْ باسمه. —

Ruer, voyez صَكّ.

VIII *publicare* dans le Voc.; je ne sais s'il faut

penser à l'expression que Lane donne sous la Ire: استكاك — ما استكّ فى مسامعى مثلُه L: *stridor* وَرَعْب. — *Redolere* dans le Voc.

سَكّ *monnaie*, Alc. (moneda). — Sous قربال on trouvera nommé le سَكّ d'une serpette; je ne sais pas bien ce qu'il faut entendre sous ce mot.

سُكّ. Voyez sur ce parfum Bait. II, 38 b; les médecins l'appellent سُكّ المسك, M.

سَكّة *labour*, Auw. I, 391, 5: يعمل عشر سكك «il faut donner dix labours,» R. N. 80 r°: ces figues appartiennent كما كان, l. (sic) سخّر اهل المنزل حتى حرثوه اثنتا (حرثوا اثنى) عشر سكة فى ارض مغربة. — *L'étendue que laboure une même charrue*, R. d. O. A. VII, 293; Testa 9: «Un chameau ou un cheval, conduit par un homme, sème chaque année environ sept kilos de Constantinople d'orge et un kilo de blé; c'est ce qu'on appelle une *Sèka.*» — *Coin, outil de fer pour fendre*, Bc. — *Piquet de fer*, Bc; aux exemples cités dans le Gl. Belâdz. et dans le Gl. Fragm. on peut ajouter: Fakhrî 275, 9, Payne Smith 1489 (2 fois), 1001 N. I, 86, 7 a f., Bresl. IX, 296, 11 (où Macn. a وتد), XII, 176, 2 a f. — *Crochet de fer*, 1001 N. I, 98, 3; l'ensemble du récit exige ce sens, qui est confirmé par ce que donne Alc. — *Ancre*, Alc. (ancla de nave). — *Monnaie, argent monnayé*, Voc. (qui donne سَكَّة, parce qu'on prononce „secca,"avec le pl. سُكُوك), Bc, Macc. I, 130, 5, Berb. I, 434, 7–10, 6 a f., II, 137, 5 a f., 138, 7 a f., Nowairî Afrique 28 r°: فضرب زيدى السكّة, Formul. d. contr. 1: بكذا دينارا من السكّة الجارية اشتراها منه بكذا وكذا دينارا من: حين اشتراها الجارية الآن (mieux السكّة), J. A. 1843, II, 222, 13. On ajoute ce mot après le nom des monnaies, Amari Dipl. 51, 2: سكّة درام وسبعة, ibid. l. 5: وثلاثة درام ونصف سكّة. *L'hôtel de la monnaie se nomme* دار السكّة; il est remarquable que, dans cette expression, le second mot se met aussi au plur., دور السِّكَك, Gl. Edrîsî. السكّة seul a le même sens, comme *monnaie* en français; chez Haiyân-Bassâm I, 173 r°, il est question du السكّة متقبّل à Almérie, c.-à-d. du *fermier de l'hôtel de la monnaie*. — *Le change des monnaies d'or et d'argent*, Berb. II, 152, 14: وم اهل بيت من قرطبة كانوا يتحرّفون فيها بسكّة الدنانير والدرام. — *Route, chemin*; en jurisprudence السكّة العامّة est une route où les passants ne peuvent pas être comptés (aussi الطريق العامّة), et السكّة الخاصّة est le contraire (aussi الخاصّ et طريق الخاصّة), M. — درب سكّة *chemin frayé*, Bc. — Est quelquefois *place, place publique*, plutôt que *rue* (cf. Lane); à Séville il y avait la سكّة الحطّابين (Macc. I, 516, 4), comme à Grenade la «plaça del Hatabin» (Memor. hist. III, 47). — *Trouée*, espace vide, abatis au travers d'un bois, Bc. — Une سكّة de poste, c.-à-d. la distance d'un relais de poste à un autre (cf. Lane, Becrî 105, 3, 107, 8 et dern. l.), est de quatre parasanges, Gl. Belâdz.

مَسْكُوكَات *argent monnayé*, M.

سكب.

سكب عثمانية سكب espèce de sucrerie, 1001 N. Bresl. I, 149, 10.

سَكَب pl. أَسْكَاب *chemise de soie*, Voc. (cf. Lane).

سَكوب pl. ات, t. de médec., *médicaments qu'on a fait bouillir et qu'on verse peu à peu sur un membre du corps*, M.

ساكب. Au lieu de ساكب الماء, on dit aussi الساكب, Dorn 56.

مَسْكَب *effusio*, L. — *Bassin à laver les mains*, Abou'l-Walîd 804, 12.

مَسْكَبَة, chez Lane, est devenu en portugais *almácega*, qui signifie: un petit bassin ou étang communiquant avec un autre qui est plus grand, et servant de réservoir pour l'eau qui tombe d'une machine hydraulique ou pour celle de la pluie (Moraes). On a retranché la dernière syllabe de المسكبة: almasca, almasga, prononciation adoucie almácega. Ibn-as-Chihna 15 v°, comme me l'apprend M. de Goeje, donne le nom de مساكب aux bassins ou étangs dans lesquels on fait évaporer l'eau salée. — *Couche de terre*, Bg, en esp. *almáciga*, qui signifie: planche, couche, petit espace de terre abrité, où les jardiniers sèment les légumes pour les transplanter, quand ils seront devenus un peu grands, dans les grands carrés. C'est proprement: l'endroit où l'on verse de l'eau, que l'on arrose, car les jeunes plantes dans les *almácigas* ont besoin d'être souvent arrosées.

سكمن I. Le n. d'act. سَكْتَة dans le Voc. — Se dit aussi du tambour quand on cesse de le battre, Gl. Edrisî. — C. على r. *n'ajouter aucune observation à une tradition*, Prol. II, 144, 15 (deux fois). — C. r. *passer sous silence*, Bc. — C. ل p., انت تسكتن عن *vous le laissez faire*, Bc; de même c. عن p., 1001 N. I, 49, 6.

II *mettre le holà*, apaiser une querelle, Bc.

IV c. a. *rendre léthargique*, Voc.

V dans le Voc. sous tacere.

سَكتَن cf. Lane; aussi *pause*, M; de là هاء السكتن *le ه dans la pause*, M. — على السكتن *à petit bruit*, Bc.

سَكْتَة *chut! Motus! Paix! Silence!* Bc. — *Léthargie*, Voc., *carus*, affection soporeuse, assoupissement profond, Bc.

سَكْتى *apoplectique*, Bc.

على السكيتى et سكيتى *en tapinois; le dernier à petit bruit, sourdement, à la sourdine*, Bc.

حَرْف ساكت *lettre muette*, qui ne se prononce pas, Bc. — Le M a noté l'expression moderne ساكت بعوض; cf. plus haut 31 b sous سكوت باكل.

مَسْكوت *léthargique*, Voc.

سكتني *lapis Gagates*, Baït II, 39 b (AB).

سكم II *étayer*, Bc.

سَكْمي *fourreau*, Cherb.

سكاجة *objet commun, objet ordinaire*, Bc.

مسكمى *commun*, médiocre, qui n'est pas de première qualité (marchandise), *ordinaire, passable* (Kasrouan), Bc.

سكد

مُسَكّد *droit, direct*, Hbrt 41 (Alg.), Bc (Barb.). Aussi avec le ت.

سكر I *boire du vin*, 1001 N. Bresl. IX, 238, 3: فاكلوا وسكروا = 239, 1: اكل وشرب مداما. — *Sucer*, Ht.

II *fermer* (Lane TA), Bg, Bc, Hbrt 192, M, 1001 N. Bresl. IV, 331, encore un exemple sous V; chez Alc., par transposition, سَرَّك (voyez); cf. plus loin le n. d'act. — *Devenir comme du sucre*, M. — *Candir ou se candir*, se durcir, Bc.

IV *fermer* (la porte), Payne Smith 1502.

V *fermer*, Bc. — *Se fermer*, Bc, *être fermé*, BAsim 58: فقال له الرشيد كنت رحت الى حمام الخليفة فقال اول ما تسكر چ قال له كنت رحت الى حمام الست زبيدة قال والاخرة ايضا سكرت ٭.

سُكْر *ivresse mystique*, Macc. I, 569, 19, 580, 8, 582, 4. — *Vertu enivrante*, Most. v° دانى: يَـدَقّ ويلقى فى نبيذ التمر ببغداد سكره ويطيب رائحته (les voyelles dans N).

سَكْرَة *évanouissement, perte de connaissance*, 1001 N. I, 803, 3 a f. — *Une gorgée* (de vin), 1001 N. Bresl. IX, 238, 3: فقالت لم اقصدوا جبرى فى لقمة وسكرة فادخلتهم فاكلوا وسكروا, *ibid.* dern. l. Il faut lire de même, avec les man. (voyez p. 35, n. α), dans Tha'âlibî Latâïf 36, 2: وسكرة من نبيذ دبس. L'éditeur, qui ne connaissait pas ce sens de سكرة, lui a substitué la leçon زُكْرَة, qu'il a trouvée dans une autre rédaction de ce poème, *apud* Cool 39, 12. Elle donne aussi un bon sens, mais il n'est nullement nécessaire de s'écarter, dans cette circonstance, des man. du Latâïf. Au reste, on peut aussi prononcer سُكْرَة, et alors c'est = زُكْرَة; voyez l'article qui suit ici.

سُكْرَة = زُكْرَة, *petite outre*, Payne Smith 1147; voyez aussi l'article qui précède.

سُكْرى *ivrogne, soûlard*, Bc. — خام سكرى *la qualité fine du calicot de Malte*, Espina R. d. O. A. XIII, 152 (soukri).

سَكْران *qui est dans l'ivresse mystique*, Macc. I, 580, 9. — خميس السكارى *jeudi gras*, celui qui précède le dimanche gras, Bc.

سَكْران pl. سكارين chez Alc. (dado a vino, enbriago) pour سَكْران.

سَكْران *ivresse mystique*, Macc. I, 582, 4.

سكير *ivre*, L (ebrius).

سُكّر سكر العُشَر (cf. Freytag sous ce dernier mot) *calotropis gigantea*, espèce de gomme très-douce ou de sucre, qu'on extrait de l'arbre appelé عُشَر, *Asclepias gigantea*, et de trois autres, Baït. II, 36 b,

524 a, J. A. 1853, I, 164; « le sucre nommé Alha-sur » est décrit par Belon 334. — سكر مُمَسَّك de l'eau sucrée et musquée, 1001 N. I, 84, 4 a f. — Le pl. سَكَاكِر sucreries, Bc.

سُكَّرِيَّة serrure de bois, Hbrt 193, M.

سُكَّرِي كمثرى سكرى poire sucrée, Auw. I, 441, 21; موز سكرى, Edrîsî, Clim. I, Sect. 7.

سُكَّرِيَّة sucrerie, lieu où l'on recueille, prépare, raffine le sucre, Bc. — Sucrier, vase où l'on met le sucre, Bc.

سَكَّار ivrogne, Alc. (dado a vino o enbriago, enbriago borracho), Ht. — Ouvrier qui travaille aux digues, Gl. Maw.

سكّرى serrurier, Hbrt 85.

سكّرِقِي épicier, Ht, R. d. O. A. II, 265, Daumas Mœurs 259.

سَيْكَران hyosciamus albus L., une jusquiame dont les feuilles agissent comme l'opium, Prax R. d. O. A. VIII, 347, Ghadamès 332, Daumas Mœurs 383, Bait. I, 175 b (AB), II, 74 e. — سيكران للحوت verbascum, Bait. II, 74 f, I, 118 c: زهر سيكران للحوت 184 c: وعمّتنا بالاندلس تسميه بالبرياشكه (كوه B) باللطيفينة, II, 460 b, 527 c. — سَيْكُران الدُّور (les voyelles dans le man.) nom que le vulgaire donnait au بنج ou hyosciamus albus, Gl. Manç. v° بنج.

تَسْكِير التسكير ولبس المدید فى الدیر clôture, vœu de ne point sortir du couvent, Bc.

مُسْكِر pour l'hébreu שֵׁכָר, boisson enivrante, Thesaurus de Gesenius 1410 b, Saadiah ps. 69, vs. 13, Aboû'l-Walîd 432, n. 8.

مَسْكَرَة, à Tripoli de Syrie, moût, Payne Smith 1635. — Au Yémen, maladie des grains, peut-être rouille, Niebuhr B. xxxiv (muskure).

مُسْكَرَات sucreries, 1001 N. Bresl. I, 149.

مَسْكُور pl. مسكورة assureur, qui assure des marchandises, Bc. Il donne aussi سكور, « assurance, » qui est l'ital. sicurtà, et notre مسكور a la même origine.

سُكْرُدان, composé du mot qui signifie « sucre » et du pers. دان, signifie proprement sucrier, mais s'emploie dans le sens de vase en général, 1001 N. Bresl. II, 325, 5: سكردان من المخللات « un vase rempli de fruits confits dans le vinaigre. »

سُكْرُوجَة écuelle, Bc, Lane trad. des 1001 N. II, 495, n. 13, est une autre forme de سُكْرُجَة, et forme au pl. سكاريج, 1001 N. II, 258, 6 a f, ou سكارج, Payne Smith 1482, 1001 N. III, 107, 14.

سكس.

سكس sorte de poisson, Yâcout I, 886, 2; chez Cazwini سكسا.

سكسكة sorte d'oiseau, Yâcout I, 885, 12.

سَكْسَى demander, Bc; voyez سَقْسَى.

سَكَع I c. لِ p. ne signifie pas « se tourner vers quelqu'un, » comme Freytag l'a dit d'après Habicht, mais saluer quelqu'un en baissant la tête; on écrit aussi سكعوا et صقع, Fleischer Gl. 66; Antar 73, 3: بين يديه ۞

سكف.

سَكْفَة pl. ات = أَسْكُفَّة, Aboû'l-Walîd 775, 24.

أَسْكَافِي cordonnier, Bc.

أَسْكَفِيَّة cordonnerie, métier de cordonnier, Bc.

سكلادى castor (animal), Bc.

سكم.

سُكُوم asperge, Domb. 74, Pagni MS, Ht, Hbrt 48 (Barb.).

سكن I, dans le sens d'habiter, a aussi le n. d'act. سُكَّان; voyez un exemple sous طمن I, où le man. B a le fatha sur le sîn. — S'apprivoiser, s'adoucir, Alc. (amansarse). — C. إلى r. se contenter de, Macc. I, 244, 4. — C. إلى p. s'établir à côté de, Prol. II, 216, 11.

II apprivoiser p. e. un animal farouche, Alc. (amansar lo fiero, desenbravecer lo fiero). Aussi comme verbe réfléchi, s'apprivoiser, Alc. (desenbravecerse); mais je pense que c'est une faute et qu'il faut y substituer la V⁰ forme. — *Peupler*, Alc. (poblar). — *Donner l'hospitalité*, Hbrt 188.

III. Lane ne cite que le TA; il aurait pu y ajouter l'Asâs; exemples dans le Gl. Belâdz., Gl. Fragm., Aboû'l-Walîd 187, 17, Hist. Tun. 136: il quitta sa résidence pour une autre اِيثَارًا لِمَسَاكِنَةِ جُنْدٍ; le Voc. a aussi cette forme sous habitare.

V *se calmer, s'apaiser*, Alc. (desensañarse, pacificarse). — *S'apprivoiser*, voyez sous la II⁰.

VI c. فى, تساكنوا, *demeurer ensemble dans le même endroit*, Asâs.

VII dans le Voc. sous habitare; ينسكن *habitable*, Bc.

سَكْنَةٌ *état de repos*, Amari 16, 2: متحرقة على اختياره فى حركاته وسكناته.

سُكُون *apaisement d'un homme en colère*, Alc. (pacificacion de sañudo).

سُكُونَةٌ *douceur, bonté, bénignité*, Alc. (mansedumbre).

سُكَّان, *gouvernail*, a le pl. ات, Voc.; il y avait des navires avec *deux* gouvernails latéraux, voyez Djob. 325, 3 et le Gloss. p. 24, v⁰ رجل. — *Auberge pour le logement seulement*, Descr. de l'Eg. XVIII, part. 2, 138.

سِكِّين *dague*, Bc. — *Cimeterre, sabre*, Riley 197, Høst 117 et Planche XVII, fig. 1. — On compare les extrémités du turban, quand elles sont effilées, à des couteaux, Bat. IV, 406: على راسه شاشية ذهب مشدودة بعصابة ذهب لها اطراف مثل السكاكين رقاق et l'on a donné le nom de سكاكين ou *couteaux aux extrémités du turban quand elles sont effilées*, Athîr XII, 299, 15: le calife portait عمامة بيضاء بسكاكين حرير.

سَكَاكِينِيَّةٌ *coutellerie*, Bc.

مَسْكَن *loge, petit réduit*, Bc. — *Corps de logis*, partie de maison formant appartement séparé, Bc; مسكن شرعى est la maison ou l'appartement séparé que la femme a le droit d'exiger de son mari, Lane M. E. I, 275. — *Camp*, de Sacy Chrest. II, ٢٩, 6.

مَسْكَنَةٌ *bonhomie*, Bc.

مَسْكُون *démonique, possédé du démon*, Voc., Bc, Roland. — *Village, bourgade, habité par des étrangers*, Alc. (puebla de estrangeros).

مِسْكِين *bonasse, simple, sans malice et de peu* d'esprit, *bonhomme, bon diable, bonne pâte d'homme*, Bc.

مِسِّكِين *pauvret*, Bc.

سِكِنْجِبِيل chez Djauzî 143 v⁰, 146 r⁰, 147 r⁰, pour سِكِنْجِبِين, comme il écrit 147 v⁰, où le copiste a noté: بالنون كان فى الاصل; le Voc. a ce dernier mot avec le *fatha* sur le *sîn*.

سَكْنَسُويْسَة *plante inconnue au Maghrib*, Gl. Manç., mais je soupçonne que c'est une faute pour سَنْكَسْبُويَه, *quintefeuille*.

سَكَنْقُور = سَقَنْقُور, Bar Ali éd. Hoffmann n⁰ 4043.

سَكُورْتَا (ital. *sicurtà*) *assurance, garantie des pertes éventuelles; prime, prix de l'assurance*, Bc.

سَكُوكِيا *cyclamen*, Bc.

سَكُوقَنْجٍ (pers.) *tribulus terrestris*, Most. v⁰ حسك (حمى dans les deux man.), Bait. I, 324 b (les deux man. ont حمى).

سَكِبْنَجْ chez Freytag doit être supprimé; c'est une faute pour سَكْبِينَجْ; le M fait aussi cette remarque.

سل I *tirer du vin doucement, prudemment, afin qu'il soit très-pur* (سَلِيل), Gl. Mosl. — Aor. o, *bander, être tendu*, Bc. — Aor. a, *languir*, Bc. — C. a. *amaigrir, rendre maigre*, Voc.

II = I *tirer*, p. e. une épée du fourreau, Gl. Mosl.; dans L *subtrao*; de là *tirer, exprimer le suc des raisins*; تَسَلَّلْ *est lorsque le moût dégoutte des raisins dans le pressoir par la pression naturelle, sans l'aide des mains ou des pieds*, Gl. Mosl. — Ce verbe se trouve deux fois chez Mohammed ibn-Hârith, avec الأَمْر. Dans le premier passage, 209, il est question d'un personnage, nommé al-Khochanî, qui a été nommé cadi de Jaën, mais qui refuse obstinément cet emploi. L'émir s'en indigne et menace de le faire mettre à mort. فلما سمع ذلك الخشنى نزع قلنسوة من راسه ومدّ عنقه وجعل يقول ابيت ابيت كما أبَت السماوات والارض ابيت اشفاى‘ لا ابية عصيان ونفاق،،، فكتبوا الى الامير بلفظه فكتب اليهم ان سَلِّلُوا امره واخرجوه عن انفسكم فقال له الوزراء

تنظر في أمرك لَيلتكَ هذِه وتستخبِر (وتستخبير ا.) الله فيما نُعينتَ اليه. Dans le second passage, 308, on trouve ce récit: Solaimân ibn-Aswad, le çâhib ac-çalât, savait qu'Ibn-Colzom ambitionnait le poste qu'il occupait, et qu'il attendait impatiemment sa mort dans l'espoir de lui succéder. Or un vendredi matin qu'Ibn-Colzom venait lui rendre visite, Solaimân, qui voulait se moquer de lui, se mit au lit et feignit d'être à l'agonie. L'autre se laisse tromper par cette comédie, et court chez le ministre Hâchim pour lui apprendre ce dont il vient d'être témoin. Le ministre s'empresse d'en informer le sultan; mais ce dernier conçoit des doutes, et envoie un eunuque auprès de Solaimân avec l'ordre de s'informer de sa santé. L'eunuque le trouve qui se porte à merveille, فسَلَّل له الامر واعلمه ببعض الخبر. Solaimân se rend à la mosquée pour remplir ses fonctions, etc. Dans ces deux passages l'expression سَلَّل الأمر doit avoir, à ce qu'il semble, le même sens; mais je n'ai pas réussi à le trouver.

V voyez sous II au commencement. — *S'écarter, se détacher, se débander*, Maml. II, 2, 11. — C. على p. *s'approcher secrètement et adroitement de* quelqu'un, *pour épier ses actions ou ses discours*, 1001 N. I, 304, 11 (= Bresl. III, 131, 14), III, 474, 8; c. p. et a. r. I, 288, 15: خرج ليتسلّل عليه ما قاله الوكيل له, où l'éd. de Bresl. III, 94, 8 (qui a par erreur يتسلك) omet عليه. — *Etre lent*, Ht.

VII *maigrir, devenir maigre*, Voc., 1001 N. Bresl. XII, 411, 12.

شلّ سلّ voyez شلّ.

سَلَّة, *corbeille, panier*, a le pl. سَلَل dans le Voc., et سُلَل chez Bc; سلل Akhbâr 104, 2 a f., Abou'l-Walîd 154, 20. — *Nasse de pêcheur*, Alc. (garlito para peces, nassa para pescar). — *Grande aiguille*, Bc. — سَلَّة *sainfoin*, Cherb. C; *hedysarum coronarium* L., Prax R. d. O. A. VIII, 280; Burckhardt Syria 483, parmi les herbes odoriférantes, « *sille* (سِلَّة), peut-être le *Zilla Myagrum* de Forskâl. »

سُلُّو (esp.) *brochet* (poisson), Alc. (sollo pescado notable).

سَلِيل *filius*, a dans le Voc. le pl. سلائل.

سلالة et خيط سلالة *pelote, peloton*, Bc.
سُلَيلَة *noble cheval*, Ztschr. XXII, 142, 3.
سَلَّال (cf. Lane) est donné dans le sens de *vannier* par Domb. 104. — *Voleur de chevaux* (cf. Lane), 1001 N. I, 673, 675, 678, Bresl. X, 392, 394, Ztschr. XX, 504.

سُلّالة؟ voyez شَموسة.

مَسَلّ. Comparez avec Lane Kâmil 521, 3 et suiv.
مَسَلّة, *aiguille de sparte*, Alc. (aguja de esparto). — *Aiguille* (poisson), Pagni MS. — *Aiguille, obélisque*, Gl. Edrîsî, Ht; aussi بناء مسلّة, Bc.

مَسْلُول *amaigri* (animal), Voc.

سلا.

سلاء sorte de poisson, Yâcout 886, 6 (le *techdîd* dans l'éd. de Cazwînî).

سَلابِس sorte de *poireau*, Bait. II, 365 (AB).

سَلاَحدار est le sing., tandis que Freytag n'a que le pl.; cf. Maml. I, 1, 159.

سَلاَخوري (composé des deux mots persans سر, «chef,» que l'on s'est accoutumé à prononcer avec le *lâm*, et آخور, «écurie») *celui qui préside à la nourriture des chevaux*; c'est l'adjoint du أمير آخور, Maml. I, 1, 119.

سلاقون *minium, vermillon*, Bc; voyez Gl. Esp. 225—6.

سلامون et سلامورة (esp. *salmuera*) *saumure*, Bc.

سلب I. سلب العَقْل *ravir, charmer, enchanter*; — *tourner la tête, rendre fou d'amour*, Bc, 1001 N. I, 58, 5: فلما نظر الحمّال اليها سلب عقله ولبّه.

II = I c. d. a. *ôter, enlever*, Gl. Mosl.

V *arracher*, P. Abbad. I, 298, 2, cf. 328, n. 15.

VII *être dépouillé*, Voc. — انسلاب العَقْل *ravissement*, Bc.

سَلَب *ce qui a été filé de cocons mouillés*, M. — *Négation*; السلب والإيجاب, t. de rhétor., *la négation et l'affirmation*, dans la même phrase, p. e. لا تخشوا الناس واخشوني, et dans ce vers:

وَنُنْكِرُ اَنْ شَٰٓنَا عَلَى النَّاسِ قَوْلَهُمْ
وَلَا يُنْكِرُونَ الْقَوْلَ حِينَ نَقُولُ

M, Mehren Rhetorik 105.

سَلْب, au sing. et au pl., *bagage*, Calât 30 v°: il prit la fuite اخذبيته واسلابه, Cartâs 105, 9 a f.: il prit la fuite (l. اسلابه) واثقاله وترك جميع اسباله; ثم بيع نسوانهم وابناؤهم الجميع وسلبهم :127, 16 ومصاريد, 190, 14, 225, 18, 5 a f., Berb. I, 437, 2, وامتعتهم Koseg. Chrest. 82, 1. — *Négation*, Voc. (chez Lane سَلْب). — Pl. سلوب, proprement *dépouillement;* en langue scolastique: *qu'on doit écarter de Dieu toutes les qualités, tous les caractères qui appartiennent aux êtres créés*, de Slane Prol. III, 53, n. 3 sur III, 36, 3 a f. du texte; آيَاتُ السُّلُوبِ ibid. 37, 11.

سُلْبَة *échelle de corde*, Domb. 92.

سَلَبَة (cf. Lane) pl. سَلَب (Macrîzî I, 84, 2) *amarre, cordage pour attacher*, Bc; — سَلَبَةُ البِئْرِ *corde à puits*, 1001 N. I, 839; aussi سلبة seul, III, 46, 8 a f., 454, 9; — سَلَبَةُ الْكِلَابِ *laisse, corde pour mener les chiens*, Bc.

سلبى *négatif*, Bc.

سَلَّاب *voleur* (Lane sans autorité), L (latro, pl. predones), R. N. 36 v°: كان فى رفقة فسلبهم السلّابة — فلما عرفت السلّابة ان فى المسلوبين اسماعيل — *ravisseur*, ;وابن رباح ردّوا على النّاس جميع ما سلبوه Bc; — *rançonneur*, Bc.

سَالِبَة pl. سَوَالِب *négative*, Voc.

سَالِبَة (lat. ital. esp. salvia) *sauge*, Bc.

أُسْلُوب, chez Ibn-Khaldoun, *le moule dans lequel on forme les phrases;* aussi: *ce qui a été formé dans ce moule, c.-à-d., la phrase à laquelle on a donné une tournure conforme au génie de la langue*, de Slane Prol. III, 368, n. 3. — *Adresse, ruse*, Bc. — باسلوب *doucement*, Bc. — شَجَرُ السَّلَبِ, Diw. Hodz. 242, vs. 7.

مُسْلِب, suivi de العَقْلِ, *ravissant*, Bc.

مَسْلُوب (pour مَسْلُوبُ العَقْلِ) *fou d'amour*, 1001 N. I, 83, 14, 320, 11; — *un saint idiot ou fou*, Lane M. E. I, 347, Burckhardt Arabia I, 28.

سِلْبَاح, n. d'un. ة, pl. سَلَابِيح et (Voc.) سَلَائِب, au Maghrib, *anguille*, Voc., Alc. (anguilla, congrio pescado, cafio specie de anguilla), Cherb., Most. r° كبد السقنقور, en parlant du scinque (seulement dans N): ونَنْبِذُه فوجدت عنداها كذنب السلباحة, Chec. 186 v°: مبسوط كذنب السلباحة. يوما قطع نسيرة شبيهة بلحم السلابيح. Il faut restituer ce mot dans le Bayân I, 227, 7, dans le Cartâs 17, l. 17 (bon dans un seul man., cité dans la trad. 25, n. 17) et chez Bait. II, 488 c (bon dans B). Il est peut-être d'origine berbère; on le trouve du moins dans le Dict. de cette langue, où il est écrit سَلْبِيح. — *Sorte d'aigle*, Alc. (melion specie de aguila = عُقَاب).

سلبط II *écornifler*, Bc. — *Se coucher, s'étendre de son long*, Bc.

سلبطة *écorniflerie*, Bc.

سلباط pl. سلابطة *écornifleur, parasite*, Bc.

سَلْبَنْد (M), سَلِبَنْد (Bc) (pers. سَرْبَنْد) *martingale; courroie pour retenir la tête du cheval*, Bc, M.

سلبين et سلبين الحمير *chardon aux ânes, chardon rampant;* سلبين الحمار *acarne, sorte de chardon*, Bc.

سلت I. سلت الخيط *défiler, ôter le fil*, Bc. — سلت من يده *glisser, tomber de la main*, Bc.

VII من يده *glisser, tomber de la main*, Bc.

سُلْت, pl. أَسْلَات (Voc.), signifiait en Espagne *seigle*, Voc. (siligo, qui a ce sens dans la basse latinité, voyez Ducange), Alc. (centeno miesse conocida). — *Dragée, mélange de grains pour les chevaux*, Alc. (herren).

سلتنة *galon de soie*, Hbrt 204.

سلجم لفت سلجم *navet long et grand*, Alc. (nabo luengo y grande).

سلح.

سَلْحَة *excréments*, Kâmil 764, 15.

سِلَاح خانه سلاح *arsenal*, Maml. I, 1, 159; — امير سلاح *le chef des officiers qui portaient les pièces de l'armure destinée au sultan, et qui les lui présentaient lorsqu'il en avait besoin*, ibid. — En astron.; selon Alf. Astron. I, 25, on donne le nom d'*acilah* (car c'est ainsi qu'il faut lire, au lieu d'*acilab*), c.-à-d. *les armes*, à toutes les étoiles qui sont autour d'Arcturus; plus loin il le donne aux étoiles 21 et 22 du Bouvier.

سَلِيخ (constamment avec ces voyelles dans notre man. 170, voyez le Catal. V, 88; dans le M سِلِيخ) (syr. ﺷﻠﻴﺤﺎ) pl. ون apôtre, Payne Smith 1610.

سلاحة désigne une roche sur laquelle urinent les boucs sauvages quand ils sont en rut, et qui alors devient noire comme de la poix وذلك انها تبول ايام هيجانها على صخرة في الجبل تسمّى السلاحة فتسود الصخرة وتصير كالقار الدسم البريق. Ensuite c'est l'urine des boucs sauvages, dont on se servait en médecine contre l'éléphantiasis, Bait. II, 45 d (mal traduit par Sonth.). Golius a donné سُلاحَة en ce sens, tandis que mes man. de Bait. ont le hâ, de même que Sonth. En outre, il n'a pas compris le texte qu'il cite, car il rapporte à l'urine ce que Bait. dit de la roche. Lane, qui a aussi سلاحة, dit que, selon le Dict. persan de Johnson, c'est en persan سُلاحَة, avec le hâ. Dans l'édit. de Richardson, revue par Johnson, dont je me sers et qui a paru à Londres en 1829, je ne trouve que سلاحة, comme un mot arabe et avec une explication empruntée évidemment à Golius.

سِلاحي un officier qui portait les pièces de l'armure destinée au sultan, et qui les lui présentait lorsqu'il en avait besoin, Athîr X, 133, 15, en parlant de Roger de Sicile فسلك طريق ملوك المسلمين من الجناب والحجاب والسلاحية والجاندارية وغير ذلك, cf. Nowaïrî Afrique 17 r°, qui dit en parlant d'Ibrâhîm ibn-al-Aghlab: ثم اشترى عبيدا لحمل سلاحه واظهر للجند انه اراد بذلك اكرامهم عن حمله. C'était au Maghrib ce qu'on appelait en Egypte et en Orient un سلاحدار.

سَلِيحي (syr. ﺷﻠﻴﺤﺎ) apôtre, Gl. Abulf.

سلاحية bouteille, Bc, 1001 N. II, 155, 6, Bresl. IV, 360, 378, X, 306, XI, 454. Freytag, ou plutôt Golius, a ce mot sous طرجهار, mais écrit avec un çâd. Aussi سراحية (voyez).

سَلِيم voyez سَلِيم.

سلاحدار (autre forme de سلاحدار) écuyer, Bc.

سلاحف. Le mot pour tortue, dans le Voc. سُلَحْفَا,
s'écrit aussi سَلَحَفَة, Dorn 46; chez Alc. (tortuga del monte) سُلْحَفَة, avec un khâ; chez Bc سحلفا, pl. سحالف. C'était un mot étranger et assez long; les Arabes l'ont donc fort altéré, sans compter qu'ils l'ont prononcé avec des voyelles très-différentes. Je crois en avoir trouvé encore une autre altération, et aussi une autre signif., chez Alc. Cet auteur donne (landre que mata) çulfâka, pl. çalâfik, glande ou tumeur pestilentielle, qui cause la mort. Je crois que ce سُلْفَاخَة est سُلَحْفَاة par métathèse, et que les Arabes ont remarqué de la ressemblance entre la forme de ce bubon pestilentiel et celle d'une tortue. Comparez cancer, en allem. Krebs, et surtout l'esp. galapago, tortue, et en outre: crapaudine, maladie ou crevasse aux pieds des chevaux.

سلخ I, avec الوجه, balafrer, Bc. — Rançonner, exiger plus qu'il ne faut; étriller quelqu'un, le battre, le faire payer trop cher, Bc. — Persifler; سلخ احدا berner, se moquer de quelqu'un, في الصحك, Bc.

سَلْخ excoriation, écorchure, endroit écorché de la peau, Bc; سلخ في الوجه balafre, Bc. — Opération qui tient lieu de la circoncision, voyez Burton II, 109 et suiv. — Ecorce semblable à celle du noyer qu'on substitue au tan, Carette Kab. I, 288, II, 389.

سِلخ morceau de bois mince et long, dont on a détaché l'écorce, M.

سَلْخَة écorchure, endroit écorché de la peau, Bc, Hbrt 38. — Bordure d'un manteau, Voc. (penna mantelli, cf. Ducange sous pannus n° 2); سلخة ذهب oripeau, Voc. — Bourse de cuir, Alc. (bolsa, esquero de dinero), Abou'l-Walîd 799, 32.

سَلْخَانة (composé de سلخ et du pers. خانه) écorcherie, Bc.

سَلِيخ acanthe (plante), Bc.

سَلاخَة (chez Freytag et Lane) voyez plus haut سلاحة, avec le hâ.

سليخة acacia, Bc. — Casse aromatique, Bc, Most. في بالروميّة القشيعة, L: cassia; سلخة الطيب, Voc. قشر سلخة cassia; cf. sous قشر. — Storax, L.

Pl. سلائخ peau de mouton préparée sans ôter la laine, Voc., Alc. (cuero pelleja con pelo, pelleja de animal, piel o pelleja), én esp. zalea; سليخ comme coll. dans une charte grenadine: زوج سليخ. (Dans le Gl. Esp. 362

j'ai écrit سلاخة, comme l'avait fait Müller; mais la comparaison du Voc. et de la charte montre que, dans cette circonstance, l'é d'Alc. représente ى – َ, et non pas ا ـَ.

سَلاخ *persifleur*, Bc.

أُسَيْلِخ *gaude, herbe-à-jaunir, Reseda Luteola*, Bait. I, 37 b, 167 d, où il dit que c'est le nom classique de cette plante (بالعربية).

مَسْلَخ, suivi le plus souvent de الحَمَّام, *le vestiaire contigu à la salle de bains*, Abbad. II, 222, 264, Defrémery Mémoires 256—7, Cartâs 39, 15 et 16.

مَسْلَخَة *écorcherie*, Palgrave 164.

مُسَلَّخ *maléficié, maltraité, égratigné, écorché*, Bc. — *Couvert de peau*, Alc. (enpellejado).

مِسْلاخ. هو عندى فى مسلاخ سفين الثورى, proprement: «il est à mon sens dans la peau de Sofyân ath-Thaurî,» c.-à-d., je le considère comme un second Sofyân ath-Thaurî, Khallic. I, 3, dern. l. Sl.

سلدانيون espèce d'arbre décrit par Bait. II, 44 b.

سلر

سلار *sorte d'oiseau*, Yâcout I, 885, 11.

سلارى, القباء السلارى ou السلارى *seul*, «le cabâ de Selâr,» *tunique sans manches ou à manches très-courtes*, mise en vogue, sous le règne d'al-Melic an-Nâcir Mohammed, par l'émir Selâr, et qui portait auparavant le nom de بَغْلُطاقي, Maml. I, 2, 75.

سلارية (σελλάριον) *sorte de barque*, Fleischer Gl. 71.

سُلُّورَة pl. سَلاليير, *même origine et même sens*, Fleischer Gl. 71, Voc. (barca), Bat. II, 116.

سَلُّور (σίλουρος) *anguille*, Aghânî 43, 8 et 9 (cf. p. 298 des notes), où on lit que ce mot appartient au dialecte de la Syrie; mais il appartient aussi à celui de l'Egypte, Bait. I, 246 a: اهل مصر يسمون الجرى السلور, cf. II, 45 c (où il faut lire سَلُّور avec A), Yâcout I, 886, 11. Le M donne سُلُّور.

سلس II *enfiler des perles*, Bc. — *Enchaîner*, Gl. Belâdz.

سَلِس *dulcis* dans le Voc., qui a aussi لكذا سَلِس et سَلِس العَمَل, *facilis*.

I

سَلْسَة (esp.) *sauce*, Alc. (salsa para el manjar).

سليس؟ *nom d'une plante, espèce de* عبنون (voyez), Bait. II, 226 e; leçon de BHLS; A شلبش, EK سيبليس.

أَسْلَس *plus doux*, Voc.

سَلْسَبِيل *fontaine jaillissante, jet d'eau* (cf. Lane à la fin), 1001 N. IV, 478, 5 a f., 546, 6 a f.

سلسل I, *enchaîner, au fig., raconter une chose après l'autre*, Djob. 122, 19.

II *s'enchaîner les uns les autres*, Gl. Belâdz. — *Former une chaîne, une file, en se tenant par la main*, Djob. 133, 14 (cf. l. 16), 137, 13, 147, 19. Comparez Vêtem. 422, 8: Si je coupe un morceau de la sandale, un autre en fera autant, فيتسلسل الحال, «et ainsi de suite.» — تسلسل فى الأزقة *marcher en zigzag*, ou *suivre des rues qui vont en serpentant*, R. N. 17 v°: فقال لى اتبعنى فاتبعته ولم يزل يتسلسل فى الأزقة حتى اتى الجـ ⁂

سَلْسَلَة voyez l'article qui suit.

سِلْسِلَة *collier*, voyez sous سِلْسِلَة. — *Race, lignée*, Bc. — *Sorte d'oiseau*, Yâcout I, 885, 5. سلسلة السمك *arête*, Bc. — سلسلة الصَّلْب *échine, épine dorsale*, Voc. (qui prononce سَلْسَلَة); aussi سلسلة الظهر, Bc; comparez سِرْسُول.

سلسول, suivi de ماء, *fil, courant d'eau*, Bc.

سلط II. سُلِّط عليه ان *se trouve* Bat., man. de Gayangos 84 v°: فاذا أتى بمن سلط عليه ان يرمى به للكلاب «lorsqu'on amenait quelqu'un qui avait été condamné à être jeté aux chiens» (cf. L: inrogat). L'édit. (II, 59) porte en cet endroit: فاذا اوتى بمن يُسَلَّط عليه الكلاب. — *Exciter*, Voc. (concitare), Alc. (acuciar, le part. act. acucioso), p. e. les chiens (Lane sans autorité), Abbad. II, 26, 3: سُلِّطَت عليه الكلاب الضارية, Bat. II, 59 (cf. plus haut), *un homme contre* (على) *un autre*, Macc. II, 555, 20 (cf. l. 17), 1001 N. III, 442, 6 a f., 472, 1, 494, 14. — سَلَّط قلَمه *consacrer sa plume à attaquer*, de Slane Prol. I, LXXIV b, où il faut lire avec notre man. 1350: وقد على. — C. على — يُسَلِّط بعض منهم قلمه على العقود المحكمة

سلط 674 سلع

p. *tourmenter, inquiéter, chagriner*, Lettre à M. Fleischer 217—8, Auw. II, 557, 7 et 8: اصل على فاجعل
اذنيه عسلا ليُسلَّط عليه الذباب فى اصطبله فـفى
تسلط (تسليط l.) الذباب على الدائبة خصالٌ محمودة
— C. على r. *blesser, flétrir, entamer* la réputation de quelqu'un, Macc. I, 117, 5, en parlant d'un poète satirique: كان مسلَّطا على الأعراض, car c'est ainsi que je crois devoir prononcer. — *Solliciter avec instance, demander avec importunité*, Alc. (demandar con inportunidad, ahincar a otro, le part. act. pedigueño); la constr. est سلط
كان مسلَّطا على شىءٍ, فلانا, Macc. II, 319, 1: هذا البيت « on lui avait demandé ce vers avec une insistance importune. »

V c. على p. bien dans Freytag *traiter quelqu'un avec rigueur* (pas dans Lane), de Sacy Chrest. I, ١٥٠, 5 a f., Valeton ٢١, 5; تسلَّطت عليه الألسُن « on parla mal de lui, on le blâma, » Mohammed ibn-Hârith 265: c'était un juge trop sévère فلم تحتمل العامَّة له ذلك فتسلَّطت عليه الالسن وكثرت فيه المقالة, Macc. I, 134, 6. — C. على *être excité contre*, Voc. — *Demander avec importunité*, Alc. (demandar con porfia).

سُلْطَة, en Egypte et en Syrie, *veste ou jaquette*, en drap ou en velours, pour homme ou femme, Vêtem. 210, M; chez Bg 800 *Salta-Malta* (au Caire).

سَلاطَة voyez سُلْطَة.

سُلْطِى *marchand d'esclaves*, Jackson 245.

سُلْطِيَة *grande lance que le souverain donne au chef d'une expédition pour la chasse aux esclaves*, voyez Ouaday 467—8, 471. — *Chasse aux esclaves*, Browne I, 350, II, 89, d'Escayrac 475 (avec une explication absurde, comme si c'était صلاطية).

سُلْطَة et سَلاطَة (fr.) *salade*, Bc, Bg, Mc, Burton I, 131, II, 280; M a les formes سَلاطَة et سُلْطَة.

سُلْطان ابراهيم *rouget* (poisson), Burckhardt Syria 166. — سلطان التمر la meilleure espèce de dattes, Jackson Timb. 3 n. — سلطان الجبَل, en Espagne, *chèvre-feuille*; Bait. II, 46 b, 128 c; chez Alc. (madre selva yerva) — سلطانة الحَوت سلطان الجبَل *rouget*, nommé ainsi à cause de la beauté de sa couleur, Pagni 72, Domb. 68, Gräberg 135, Godard I, 185.

سُلْطانة *sultane*, Bat. III, 167, IV, 122, 130, Voc. (regina), Alc. (reyna, enperatriz). Au Maroc c'est fréquemment un nom propre de femme, Richardson Morocco I, 55. — سلطانة الجبل voyez l'article qui précède.

سُلْطانى espèce de datte, d'Escayrac 12. — Espèce de sucre, Vansleb 199. — الدراهم السلطانية, ou السلطانية seul, voyez Djaubari 84 v°.

سُلْطانِيَة *bol, jatte creuse; écuelle* (en porcelaine), Bc, Hbrt 202, M, السلطانية الصينى, 1001 N. II, 66; *tasse*, Hbrt 202; سلطانية فتّة *soupière*, plat pour mettre la soupe, Bc.

سَلاطَة voyez sous سُلْطَة. — سلاطة مرَّة *pissenlit*, dent-de-lion (plante), Bc.

سُلالَة *l'action d'exciter*, Voc. — *Diligence*, Alc. (ahinco), *application, assiduité*, Khatîb 32 v°: اهل من الطلب والسلاطة والاجتهاد وممَّنْ يقصر محصله عن مدى اجتهاده (où le man. a le *fatha* sur le sin). — *L'action de tourmenter, inquiéter, chagriner*, Alc. (inquietacion). — *Importunité, demande avec importunité*, Alc. (inportunidad, demanda con inportunidad, بسلاطة inportunamente).

سُلَيْطِن (sic) *petit roi*, Alc. (rey pequeño). Alphonse VII de Castille, qui fut porté sur le trône quand il était encore enfant, conserva longtemps le surnom *d'as-solaitîn* chez les musulmans, de *petit roi* chez les chrétiens, Recherches I, 114, n. 4.

تَسْليط *investiture*, Ht.

تَسْلِيطَة *suscitation, suggestion, instigation*, Bc.

سُلْطَعان pl. سلاطعين *écrevisse*, Bc; altération de سَرَطان; aussi dans M, qui a en outre سلطعون.

سلطن II *devenir sultan*, M, 1001 N. I, 464, 547, 3 a f., 669, 6 a f., 880, etc., *monter sur le trône*, Bc. — C. على *régner*, Bc. — *S'impatroniser*, s'établir dans une maison et finir par y dominer, Bc.

متسلطن *petit potentat*, qui aime à dominer, qui affecte de l'importance, Bc.

سلع II. سلع حصانا *maquignonner*, user d'artifice pour couvrir les vices d'un cheval, Bc.

سَلَع. Comme ce mot désigne une sorte de plante grimpante (Barth III, 315, cf. Lane), on dit: السلع من البقول والخضر «les légumineuses grimpantes,» Auw. I, 217, 16, cf. l. 20.

سَلْعَة goitre, tumeur grosse de nature spongieuse à la gorge, Bc. — سَلَعات écrouelles, Bc.

سَلْعَة est chez les modernes *mauvaise marchandise*, *pacotille*; au fig., *homme faible, qui manque de force morale*, M.

تَسْلِيع *débouché*, moyen de se défaire des marchandises, Bc.

سَلَعْطَان pl. سلاطعين (qui est proprement le pl. de سلطعان) *cancre*, *écrevisse de mer*, Bc; altération de سَرَطان.

سلف I *prêter, donner à condition qu'on rendra*, Bc (aor. i). — *Emprunter* (aor. a) c. من, Voc. (manulevare, verbe que Ducange explique par «fideiubere,» mais qui dans le Voc. doit signifier *emprunter*, puisque ses synonymes sont استعار et استنسلف). — C. p. et r. *payer*, Amari MS.

II *prêter*, Bc, Hbrt 104, Ht, Delap. 17, Gl. Bayân 14, 12; c. a., من et ل, Voc. — *Emprunter*, Roland.

III c. a. p. *être le* سَلَف *ou* سِلْف *(beau-frère) de* quelqu'un, Gl. Fragm.

IV *emprunter*, Alc. (enprestado tomar, prestado tomar).

V *recevoir*, Amari MS.

X. الاستسلاف *marcotte en pot ou par entonnoir*, comme traduit Clément-Mullet, Auw. I, 13, 156, 3, 187.

سَلَف voyez سَلِف.

سَلَف *chose remarquable qui est arrivée autrefois et dont on garde le souvenir*, Prol. I, 22, 8, en parlant des Barmécides: ذهبت سلفًا ومثلًا للاخرين ايّامهم ou peut-être *récit*, sens que سَالِفَة a aujourd'hui. — *Prémices*, Ztschr. XIV, 279. — *Gage, arrhes*, Ht. — *Emprunt*, Bc.

سَلَف ou سِلْف *le frère du mari*, M, 1001 N. I, 185, 4 a f.; سِلْفَة, *la femme du frère*, a chez Payne Smith 1542 non-seulement le pl. سلائف (Lane TA), mais aussi ات.

سُلْفَة *fret, nolis, naulage*, Voc. (naulum), Alc. (frete que paga el pasagero, nolit el frete por el passage), Amari Dipl. App. 5, l. 8 et 9, où l'ancienne trad. ital. (p. 311) a *naulo*.

سلفة (سَلَفَة؟) *prêt*, Bc.

سُلاف fém., Yetima, man. de Lee 15 r°: فما السلاف دَقَّتَنى بل سوالفه

سَلِيف doit signifier quelque chose que l'on mange, Bat. III, 382, avec la note.

سُلافة doit avoir un sens qui m'est inconnu dans les 1001 N. Bresl. X, 232, où on lit qu'une belle jeune fille a مَحْذَينِ كسلافتين مرمريّة.

سَلِيفة chez Hœst 119 semble une faute pour سَفِيفة (voyez).

سَلَّاف *prêteur*, Bc.

سالف *prêteur*, Alc. (prestador). — Pl. سوالف, dans le sens de سالفة, *tresse de cheveux*; ces tresses tombent sur les joues, sur la poitrine ou sur le cou, et quelquefois elles sont couvertes d'un ruban roulé tout autour; voyez les auteurs cités Vêtem. 248, n. 1, M. — سالف العروس *amarante* (plante), Bc.

سَالِفَة *récit*, Ztschr. XXII, 74, 1, 112, M. — *Action*, Ztschr. XXII, 88, 14.

مِسْلَفة *truelle* (instr. de maçon), Bc.

سُلْفَاخَة voyez sous سلحف.

سلق I. فلان عِرْض سلق *diffamer* quelqu'un, Meursinge 45, n. 196, 6 a f. — شعر سلق بلبن *cheveux gris*, Bc; je suppose que c'est شَعَر سُلِقَ بِلَبَن, à la lettre: «des cheveux cuits avec du lait.»

II *grimper à une muraille*, 1001 N. I, 736, 2; cf. sous le n. d'act. — *Couper des herbes potagères*, M.

V *escalader, grimper sur*, se construit aussi avec على, 1001 N. I, 47, 13, et avec الى, Bc.

سِلْق (de σικελός; Théophraste dit que la variété blanche de la Beta vulgaris s'appelle *sicilienne*), n. d'un. ة, Alc. (acelga), *bette blanche*, Lane M. E. I, 259, *beta maritima et beta cycla*, Prax R. d. O. A. VIII, 279. Comme cette plante est très-verte, on dit communément أَخْضَر كَالسلَقِ, Gl. Fragm., Badroun 137, 11. — سلَقٌ بَرّي est une sorte d'oseille (حُمّاض), Bait. II, 43 c. — سلَقٌ بَرَاني *buglose*, L (boglossos; il écrit سلك). — سلَقٌ المَاء *potamogeton natans*, Bait. II, 43 b.

أَخْضَر سلَقي *vert comme la bette*, Gl. Fragm.

سلَقون *vermillon*, Bc, voyez Gl. Esp. 225.

سلَاق *lévrier*, aussi كلب سلَاقي (Man. Escur. 893), pl. كلَاب سلَاق; *limier*, chien de chasse; كلَاب سلَاق أندلسي *épagneul*, Bc; cf. plus loin.

اللحم السليق السليق *du bouilli*, Vie de Timour II, 64, 11.

سُلَاقَة *bitume*, Voc, Alc. (azulaque); en esp. *azulaque* ou *zulaque* désigne *une sorte de bitume fait avec des étoupes, de la chaux et de l'huile* pour joindre les tuyaux. La manière dont le Voc. écrit ce mot ne confirme pas ma conjecture sur son origine dans le Gl. Esp. 229. Je crois à présent qu'il dérive de سلق dans le sens d'*enduire*.

سلُوقي = كلب سَلاقي *lévrier, chien de chasse*, Cazwini I, 450, 18, 1001 N. Bresl. I, 42, 10, 179, 8, cf. Fleischer Gl. 21—3, Palgrave II, 239 (Bahrain et Catar), M comme la prononciation ordinaire (en Syrie).

سلُوقي *lévrier, chien de chasse*, pl. سلاقي, Mufassal éd. Broch 5, 6 a f. En Espagne on prononçait سلُوقٌ, Voc., Alc. (galgo, lebrel). Le fém. سلُوقية, *levrette*, Alc. (galga hembra). Le pl. est dans le Voc. سلوقيات et سلَاق, chez Cherb, qui écrit سلُوقى (aussi chez Delap. 140; Domb. 65 سلُوقى), سلَاق. Il est curieux qu'en Ecosse le limier porte le nom de *sleugh hound*, et que le *slougui* africain lui ressemble; c'est ce qui a été remarqué par de Slane (trad. de l'Hist. des Berb. II, 338), Hay (89) et Godard (I, 183). Daumas a donné une dissertation sur cet animal dans la R. d. O. A. XIII, 158—163.

سلُوقية *panneau de porte*, à ce qu'il semble, Azraki 217, 5 a f.: وفي المصراعَين سلوقيتان فضّة ممَوَّهتان وفي السلوقيتين حلقتا ذهب — وفي طرف السلوقيتين حلقتا ذهب — وهما حلقتا قفل الباب. *Sorte d'avant-mur en talus*, Alc. (balvarte, barvacana,

cf. Ducange v° barbacana), Müller 4, l. 4: وداز بها من جهة البرّ الحفير والسلوقية; sous torre albarrana (tour en dehors de la muraille) Alc. a قَلْعَة السلوقية. *Le fossé d'une forteresse*, Alc. (cava de fortaleza).

سُلَّم تَسليق *échelle de corde*, Bc; aussi avec le ك, au lieu du ق, Bc, 1001 N. II, 104; — *enflèchures*, t. de marine, Bc.

مَسْلُوق. *Du bouilli*, chez Bc لحم مسلوق, portait en Espagne, entre autres noms, celui de مسلوق الصَغَالبّيَة (aussi مصلوق, car on écrit souvent صلق pour سلق), Chec. 196 r°; mais ce terme y signifiait aussi *du poisson cuit dans l'eau*, ibid., 197 v°.

مَسْلُوقَة *bouillon*, Bc. Ce mot, avec le pl. مسالیق, a ce sens, et non pas celui qu'on trouve chez Lane, dans les 1001 N. I, 49, 14: وصارت تسقيه الشراب والمساليق بكرة وعشية, 52, 8, 3 a f., 348, 4 a f., 2 a f., 409, 10. Dans le sens indiqué par Lane d'après le TA, Bresl. III, 316, 2 a f.: سلقت له مسلوقة بطيهَيْن دجاج وصارت كل يوم تسقيه الشراب وتطعمه المسالیك (l. بلقَ), et dans un passage qu'on trouvera sous صحن: — مسلوقة الصبحيَة *chaudeau*, sorte de bouillon qu'on porte aux mariés le lendemain de leurs noces, Bc.

سلقي II (= استلقى) *se coucher sur le dos, se coucher à la renverse*, Bc.

سلك I, dans le sens d'*entrer*; on dit سلك من الباب «entrer par la porte,» de Sacy Chrest. I, 228, 1. — *Dégorger, se déboucher*, Bc. — *Etre de mise*, avoir cours, Bc. — *Prendre, réussir*; هذه الحيلة ما تسلك عندي «cette ruse ne prend pas avec moi,» Bc. — *Se sauver, échapper au danger*, Bc, Hbrt 131 (Alg.). — C. مع *se familiariser avec des personnes*, Bc. — *Embrasser la vie spirituelle, devenir Soufi*, على يدي فلان, *sous la direction d'un tel*, Macc. I, 496, 11, ou c. على p., Khatib 61 v°, en parlant d'un Soufi et de son précepteur: وعليه سلك وبه تأدّب. — سلك على أن *il lui vint dans l'esprit que*, Gl. Fragm.; mais sans autres exemples cette signif. n'est pas certaine.

II *faire marcher* (Lane TA sous I), Saadiah ps. 25, Aboul-Walid 336, 15. — *Faire couler* l'eau, d'après une bonne conjecture de Wright sur Macc.

سلم

I, 153, 16 (dans les Add.). — *Tirer une épée du fourreau*, Gl. Mosl. — *Déboucher, ôter ce qui bouche, dégorger, dégager, désopiler, désobstruer (une rue)*, Bc. — *Délivrer, affranchir d'un mal, sauver*, Bc (Barb.), *sauver, délivrer, débarrasser, débrouiller*, Ht. — *Payer*, Cherb. Dial. 83. — C. في *percevoir*, Martin 82.

IV *consacrer, sanctionner, en parlant de l'usage*, Bc.

سلك, au fig., *suite, ordre, liaison; tissu, longue suite d'actions*, Bc.

سلاك *quittance*, Ht.

سلوك *vie, pour ce qui regarde la conduite, les mœurs, conduite, démarche, direction, erres ou errements, procédé*, Bc. — *Politique, conduite adroite dans les affaires*, Bc. — *Savoir-vivre*, aussi حسن سلوك Bc. — سلوك المعاملة *mise, débit, cours de la monnaie*, Bc. — *Les exercices du soufisme*, Prol. II, 200, 13, Macc. I, 116, 8, III, 679, dern. l.

سالك. السالك *dans les temps passés*, Gl. Badroun. — درب سالك *chemin libre, qui n'est pas fermé, chemin praticable*; طريق سالكة *chemin battu, frayé*, Bc. — *Négociable*, Bc. — *Celui qui a embrassé la vie spirituelle, Soufi* (Freytag), Macc. I, 496, 8, 570, 1. — *Médiocre*, M. — *Celui qui a du savoir-vivre*, M.

تسليك voyez sous تَسْلِيم سلم

مَسْلَك. مسلك في السور *brèche*, Hbrt 145. — المَسْلَكان (voyez Lane), Auw. II, 614, 2. — *Signe qui sert à indiquer une route*, Müller 12, 3 a f. — *Autorisation*, Ht; cf. Macc. I, 556, 16: صار الشى حلالا طيّب المسلك في اعقابنا c.-à-d. «ma postérité peut l'hériter en toute sécurité de conscience.»

مَسْلَك الطُرُق *pionnier, travailleur à l'armée pour aplanir les chemins, remuer la terre*, Bc.

مَسْلَكة *dévidoir*, M.

درب مَسْلُوك *chemin frayé, chemin fréquenté*, Bc.

سلم II *est le premier acte du khatîb ou prédicateur dès qu'il est en chaire*, Maml. II, 2, 72, 1, c.-à-d. qu'il salue l'auditoire, Djob. 47, 9; — l'acte des moëzzins, 1001 N. I, 246, 11. — سلم من صلاته *finir sa prière, en parlant de l'imâm*, Bat. I, 211, et aussi de celui qui prie chez soi, R. N. 101 v°. — *Livrer une marchandise*, Amari Dipl. 186, dern. l.,

188, 5, v. d. Berg 42. — سلم نفسه *céder, se soumettre*, Bc; سلم لأحد حقّه *céder*, Bc; c. في *céder*, Ztschr. IX, 564, n. 26, XVIII, 324, 2 a f.; سلم له في *céder, concéder à quelqu'un l'usufruit de*, voyez un exemple sous حلال. — Dans le sens d'*accorder, concéder, reconnaître pour vrai*. On dit p. e.: il lui montra plusieurs passages fautifs, et l'autre سلمها, *les reconnut pour tels, avoua qu'ils l'étaient, et les corrigea*, Macc. I, 599, 11; سلم له في اختياره «il reconnut que l'autre avait fait un bon choix» dans son livre, Macc. I, 679, 12. — *Capituler*, Hbrt 145. — *Consigner, mettre une somme en dépôt*; c. a. p. et a. r. سلم شيئا *déposer entre les mains de quelqu'un*; سلم في حاصل *entreposer, t. de commerce, mettre dans un entrepôt*, Alc. — *Recommander* (encomendar de palabra), Alc. — *Guérir, délivrer de maladie*, Alc. (guarnecer a otro, mais il faut lire: guarecer a otro, car il a la Ire forme sous guarirse o guarecerse). — Chez Alc. «trançar por vender a trance,» ce qui peut signifier: *adjuger au plus offrant et dernier enchérisseur*, et aussi: *vendre juridiquement des effets d'un débiteur pour payer les créanciers*. — سلموا عند شروط المناظرة *observez les règles d'une discussion scientifique!* Cartâs 112, 10. — سلم ديّاتك *bravo!* (c'est bien dit), pour الله يسلم ديّاتك; *bravo!* (c'est bien fait) (ديات est pour ايديات, pl. de يد); aussi *merci* (à quelqu'un qui vous présente quelque chose); rép. وديّاتك Bc (Syrie). — سلم كلبا, *dans le jeu de طاب, faire d'un chien un musulman*, voyez Lane M. E. II, 61.

III c. a. dans le Voc. sous *salvare*.

IV اسلم نفسه في السوق *il se fit marchand*, Abd-al-wâhid 112, 5 a f. Chez Aboulfeda, Hist. anteisl. 86, 8, on trouve le solécisme: اسلمه عند المنذر ليربّيه = *il confia l'éducation de son fils à al-Mondzir*.

V *avoir le commandement de, administrer*, de Sacy Chrest. II, 178, 5 a f.: موضوع امير جاندار التسلّم لباب السلطان ولرتبة البردداريّة وطوائف الركابيّة الخ عبيدهم المتسلمون عاراتهم, J. A. 1839, II, 165, 1: «leurs esclaves administrateurs de leurs terres;» comparez plus loin le participe.

سَلَم, *captif*, pour le masc. et le fém., le sing. et le pl., Gl. Belâdz. — *Espèce d'arbre*, voyez Lane;

n. d'un. ﻻ, pl. ات, Diw. Hodz. 11, vs. 19, 178, 4;
Burckhardt, Nubia 172, 173, 184, qui écrit سَلَم, dit
que c'est une sorte d'acacia, dont le bois, qui est
très-dur, fournit celui des lances. Il donne aussi le
n. d'un., qu'il écrit *sellame*, dans le sens de *bâton*.
سلمى على السلمى كسب *gagner codille*, sans
avoir fait jouer, Bc.

سَلْمُون (esp.) *saumon*, Alc. (salmona), Cazwînî II,
396, 6 a f.

سَلَام سلام et سلم, sur les monnaies, *poids complet*, Ztschr. IX, 833. — السلام *la bénédiction que
l'imâm prononce en terminant sur l'assemblée*, Edrîsî
393. — السلام *le second cri des moëzzins dans les
nuits du mois de Ramadhân, une demi-heure après
minuit*, Lane M. E. II, 264. — السلام عليكم *je vous
baise les mains*, par ironie, je ne veux pas, Bc. —
والسلام *cela suffit, c'est fini*, Voc. (tantum). — يا سلام
miséricorde! Bc. — بلّغ السلام *recommander*, Alc.
(encomendar de palabra). — A Constantine, *la galerie intérieure d'une maison construite entre le rez-de-
chaussée et le premier étage*, J. A. 1851, I, 55, 11
et note p. 80; *ibid.* 1852, II, 211, 3 a f.: تُقْفَ
بالسلام من قصبة البلد

سَلِيم *sain, valide; — salubre; — bénin*, Bc.

سَلَامَة أمرَه على السلامة *il doit être réputé innocent*, Mohammed ibn-Hârith 306. — *Paix*, Cartâs 155,
12: يستلونه سلامته ويطلبون منه عفوا synonyme de
صلح, I. 13: يطلب صلحه ويسأل منه عفوا. — *Bénignité, douceur, bonté*, Bc. — *Salubrité*, Bc. —
مية سلامة *soyez le bienvenu!* aussi سلامات, Bc. —
L'expression سلامة عَقْلك «Dieu vous préserve la
raison!» est elliptique; de même 1001 N. I, 841, 6:
«فسلامة شبابك وسلامة عقلك الرجيع» ولسانك الفصيح
passage sur lequel le chaikh de Lane observe '(dans
la trad. de ce dernier, II, 226, n. 45) que «Dieu
préserve ta jeunesse!» est déplacé dans la bouche du
vizir, attendu que cette exclamation n'est employée
que par les femmes. Bresl. IV, 175, dern. l.: سلامة
جاريتى «Dieu préserve ma jeune esclave!» — *Usufruit*, deux exemples sous حَلَال.

سَلَامى *renégat juif*, Bc (Barb.); c'est pour أسْلَامى.

سَلِيمى *sauge*, Ibn-al-Djezzâr: السّلِيمى و الشاليبِق
(c.-à-d. *salvia*). الصخرية

سُلَيْمَانى. Le passage du Tohfat ikhwân aç-çafâ,
que cite Freytag, est conçu en ces termes: وانا بعد
ذلك الوان الاشربة من الخمر والنبيذ والقارص والفقاع
والسكر السليمانى. — والسليمانى والجلّاب. Ibn-Djazla
donne beaucoup de renseignements sur les vertus médicales de cette espèce de sucre, mais il ne nous
apprend pas d'où lui est venu son nom, et je ne
voudrais plus défendre la conjecture que j'ai proposée
à ce sujet dans le Gl. Edrîsî; nommé aussi par Meidânî dans les Annot. hist. de Reiske sur Aboulf. Ann.
I, 112. — Altération de سامانى, en parlant d'une
natte; voyez سامان. — Altération de *sublimatum*;
Sang.: «On donnait autrefois ce nom à un mélange
d'acide arsénieux (oxyde blanc d'arsenic, arsenic blanc,
ou mort aux rats) et de mercure, qu'on faisait sublimer. On appelle maintenant سليمانى les chlorures de
mercure: le calomel et le sublimé corrosif.» *Arsenic*,
Domb. 102 (avec le *chin*), Bg 813; *sublimé corrosif*, Bc.

سلم للعذاب سلّم est dans L *catasta*; c'était une
sorte de lit de fer ou d'échelle, sur lequel on attachait les martyrs que l'on brûlait; voyez Ducange.

سُلَّم = سُلَّم *degré*, escalier, Bc, Voc. 1re part.

سَلْمَة *marche*, degré d'escalier, Bc.

سُلُوم *escalier*, Voc. 2de part., Domb. 91.

سالم جرح سالم *blessure légère*, Bc. — «Je vous
donnerai pour elle» مائتى دينار سالمة ليدك خارجا
عن الضمان وحقّ السلطان, 1001 N. I, 419, 1;
l'expression سالمة ليدك signifie donc *sans frais*; de
même IV, 288, 8 a f., 289, 1.

سَالِمَة *sauge*, Voc., Alc. (salvia yerva conocida),
Domb. 72, Most. v° اشفاقس, mais seulement dans N:
ويعرف ايضا بالسالمة, A. R. 40; chez Pagni MS *selm*,
et d'Escayrac 577 a *salem*, plante que paissent les
chameaux. — *Fièvre cérébrale*, Cherb.

اسلمة pl. أسالِمَة *un chrétien converti à l'islamisme*, Maml. II, 2, 67.

اسلام. أهل الاسلام n'est pas seulement pour
(Lane), mais aussi pour بلاد الاسلام, Macc. I, 92, 3
(où l'éd. de Boul. ajoute بلاد), Amari 3, l. 6.

أسْلَامى *renégat juif*, Hoest 147, Çalât 25 v°
اليهود الاسلاميون الذين اسلموا على كرَ, 26 r°.

تَسْليم suivre l'opinion d'autrui, Prol. I, 39, 10. — تسليمات hommages, honnêtetés, Bc.

تَسْلِيمَة Cartâs 180, 14: واخذ فى الاجتهاد فيقطع الليل قائما ختم القران فى تسليمة واحدة. On voit que cela doit signifier: «en une seule fois,» mais le sens précis de ce mot m'échappe.

مُسَلَّم, dans le jeu de طاب, voyez Lane M. E. II, 61.

مسلمة les nouveaux musulmans, Prol. II, 179, 3, Berb. I, 153, 3 a f., Maml. II, 2, 66, 2 a f. (où Quatremère a eu tort de changer la leçon).

مُسَلَّم exempt de défauts, pur, Gl. Fragm.

مُسْلِمَانِي nouveau musulman, Maml. II, 2, 67, Becrî 178, 3 et suiv.

المُسَالَمَة la somme d'argent pour laquelle on a acheté la paix, et qu'on paie annuellement, Gl. Belâdz.

المُسَالَمَة les nouveaux musulmans, les chrétiens ou les juifs qui ont embrassé l'islamisme, Maml. II, 2, 66, où Quatremère donne à tort le fatha à la première syllabe; le dhamma se trouve dans l'excellent man. de Mohammed ibn-Hârith 212: وهو من ابناء المسالمة Cout. 37 v°, en parlant d'Omar ibn-Hafçoun: وكان وتحرّبت, Haiyân 38 r°: ابوه من مسالمة اهل الذمّة اقل حاضرة البيرة الذين, 41 r°: المسالمة مع المولّدين فتعصب على المولّدين, 49 r°: دعوتهم للمولّدين والمسالمة والمسالكة.

مُتَسَلِّم gouverneur d'une ville pour un pacha, vice-gouverneur, Bc, Richter 41, Pachalik 32, 82, Browne II, 290, 294, Buckingham I, 115; écrit incorrectement par Roger 279, qui dit ceci: «Les Mousalems et Soubachis sont juges inférieurs, lesquels sont dans les forteresses et ports de mer,» et par Stochove 355, qui s'exprime de cette manière en parlant de Jérusalem: «Le Grand Seigneur y entretient un Sanjac Bey qu'ils appellent Musalem, lequel a le soin pour ce qui est des armes, et est comme gouverneur de la ville.»

مُسْتَسْلِم le chef des câtibs ou écrivains qui règlent les comptes de la mosquée (à Médine), Burton I, 356.

سلمعون = الجلبان, ferula asa fœtida, Most v° محروتث.

سلهب. سَلْهَب. Dans les 1001 N. Bresl. III, 69, 6, on trouve: أَسْلَب من سلهب. Lane donne ce dernier mot comme le nom propre d'un chien; peut-être a-t-il ici ce sens, et alors il faudrait traduire: «plus rapace que Salhab.»

سلهم. أَسْلَهَم être maigre, Kâmil 146, 11 et 12.

سَلْهَم, سُلْهُوم, dans le Voc. سلهامى, pl. سَلاهم, manteau à capuchon, Vêtem. 194—5, Gl. Esp. 368—9, Capell Brooke I, 262, Voc. (capa aperta ante). Ce mot était en usage en Espagne (les Espagnols en ont fait: zulame, zurame, zorame, cerome, cerrome), et aujourd'hui on l'emploie encore au Maroc. Il semble d'origine berbère.

سلو سلى et سلا I c. a. r.: سلا الشىء prendre son parti, se résigner à la perte d'une chose; سلا همّ oublier son chagrin, s'en consoler, Bc. — Fondre, p. e. السمن «le beurre,» Bc; سمن مَسْلِى «beurre fondu,» Bc, chez Browne I, 23 mishli; 1001 N. I, 720, 6 a f.; dans une chanson populaire, publiée dans la Descr. de l'Eg. XIV, 142, on lit en parlant de l'amour: على الجمر لو يسليني (yslyny), où de Sacy traduit: «quand il devrait me faire fondre, comme si j'étais sur des charbons embrasés.» Ht donne la II° forme en ce sens.

II c. a. r. سَلَّى هَمّى, P. Badroun 226, 1. Chez Alc. «templar regiendo,» moderor (Nebrija), tempérer, modérer, adoucir. — Distraire, désennuyer, amuser, divertir; سلّى الجماعة amuser le tapis, parler de choses vagues, Bc. — Fondre, Ht.

V se désennuyer, tromper son ennui, se distraire; c. ف s'amuser, p. e. أتسلَّى فى القراية «je m'amuse à lire,» Bc.

سَلْوَة caille, Bc.

سَلْوَى, caille, forme au pl. سلاوى. A Alep, on appelle سلوى, le roi de cailles, et سمن, la caille ordinaire, Bc.

سلاوى amusement, Bc.

سلاوى florentine, satin façonné de Florence, Bc.

سلونيذ sorte d'oiseau, Yâcout I, 885, 12.

سُلَيْمان orfraie, aigle de mer, L (frangiossa, ossifragus).

تَسْلِيَة، تَسْلَايَة، تَسْلِى amusement, Bc; le second et le troisième, passe-temps, Bc.

سلويق (La) سلوين (N) (?) = عَكُوب (voyez), Most. sous ce dernier mot.

سليانى la Lyre (constellation). Ce mot que Freytag, Lane, Bc, etc., écrivent avec un chîn, se trouve avec un sîn chez Dorn 46, et chez Alf. Astron. I, 13: sollaca (lisez soliaca), 31: zuliaca.

سليقون minium, vermillon, voyez Gl. Esp. 226.

سم I. Si la leçon du man., Akhbâr 35, 10, est bonne, ce verbe, dans le sens de fermer, s'emploie aussi en parlant d'autres choses que de bouteilles, et se construit c. d. a.: فلما رأوا انه لا يبقى له جيش سَمُّوهُ الارض واقفروا حوله مسيرة يومين ٭

II empoisonner, Bc.

VII être empoisonné, Voc.

سَم virus, venin des maux vénériens, Bc. — سَم الحَوت coque du Levant, baie des Indes, qui enivrent les poissons et tuent les poux, Bc. — Nom d'une substance fine et molle qu'on trouve parmi le wars ou memecylon, et qui s'attache à la main, Bait. II, 586 a: la meilleure espèce du wars est سم القَلِيل والسم شيء دقيق لين يتعلق باليد اذا أُدْخلت فى وعائه ٭

سَمَّى vénéneux, Bc.

سَمَام poison, P. Gl. Fragm.

سَمُوم le fort de l'été et de l'hiver, Auw. I, 183, 21: فى سموم الصيف وفى سموم الشتا, Calendr. 22, 7, 71, 3. De même le pl. سَمَائِم; ceux de l'été (estio parte del año, Alc.), la canicule, comme traduit le Voc., la canicule et le khamsîn en Egypte, Niebuhr B. 7, commencent le 11 juillet et durent quarante jours, Auw. II, 443, 3 (où Clément-Mullet a eu raison de lire ainsi, cf. Calendr. 71, 3), le 12 juillet chez Hœst 255; ceux de l'hiver, qu'on appelle aussi البَرْد, commencent le 11 décembre et durent jusqu'au 20 janvier, Auw. II, 434, 7 et suiv. — سَمَائِم mode de musique, Hœst 258.

سَمَّام empoisonneur, Voc.

سَام أَبْرَص est salamandre chez Alc. (salamandra), qui écrit incorrectement: xemebrax (chîn, au lieu de sîn et çâd).

سَامّ empoisonneur, Bc.

مَسَمّ. Du pl. مَسَامّ on a formé le n. d'un. مَسَامَة (comme on fait souvent dans la langue vulgaire), que le Voc. écrit مَسَامَّة.

مَسْمُوم venimeux, virulent, Bc.

مَسْمُوم venimeux, Gl. Edrîsî, Alc. (ponçoñoso). — Pestilentiel, Alc. (pestilencial cosa).

سُمَّاق pour سُمَّاق, Most. sous ce dernier mot: ويقال له سمّا دون قاف وسماقل ٭

سماصاحبة espèce de mets, Amari 190, 11; telle est en effet la leçon du man.

سُمَاقِيل, Most. (voyez sous سُمَّا), et سُمَاقِيل, Bait. II, 57 b (AB) = سُمَّاق.

سمت III c. a. être sur la même ligne qu'une autre chose; بالمسامتة perpendiculairement, Gl. Fragm. — C. a. être sur le même parallèle qu'un autre lieu, ibid. — C. a, en parlant d'une ligne, être parallèle à une autre ligne, ibid. — C. a., dans le sens que Lane donne sous la Ve forme, ibid. (La signification que M. de Goeje donne sous son n° 4 ne se fonde que sur le Bayân II, 61, 5, et d'autres auteurs, p. e. Macc. II, 26, 2, lisent dans ce vers مسامِيا (au lieu de مسامتنا), ce qui, je crois, mérite la préférence).

V être grave, sérieux, Macc. I, 859, 4: وكان شديدا البسط مهيبا جهوريا مع الدعابة والغزل وطرح التَسَمّت ٭

VI, en parlant de deux ou de plusieurs choses, être parallèles, Abbad. II, 200, 14, Gl. Fragm.

VIII être grave, sérieux, Berb. II, 412, 4 et 432, 5: كان مستمتا وقورا ٭

سَمْت parallèle, dans la sphère, se dit des cercles parallèles à l'équateur, tirés par tous les degrés du méridien terrestre, Gl. Fragm., Abd-al-wâhid 5, l. 8. — Aplomb, ligne perpendiculaire à l'horizon, Bc.

سمج.

سَمْج dans L sous dedecore et turpitudo (feditas). — سَمَاجَة obscenitas, L. — Platitude, Bc. — disgracieusement, Bc. — سَمَاجَات des figures grotesques, Maml. I, 1, 153: يطرقون الشوارع بالخيال والسماجات

«ils parcouraient les rues, faisant voir les ombres chinoises et des figures grotesques.»

سامِج *disgracieux, dur, sans grâce, lourd, grossier*, Bc. — حصان سامج *roussin, cheval commun, entier*, Bc.

سمح I, dans le sens de *donner*, aussi c. a. r., Macc. I, 480, 2 a f.: Ibn-al-'Arabî voit un émir jouer aux échecs avec une autre personne, et cet émir, dit-il, سمح لى بيادقته اذ كنت من الصغر فى حقّ يسمح فيه للاغمار, ce qui ne peut guère signifier autre chose que ceci: «il me donna ses pions,» c.-à-d. chaque fois qu'il avait enlevé une pièce à son adversaire, il me la donnait à garder. — C. ل p. *consentir, assentir, trouver bon, accorder en inclinant la tête*, Alc. (consentir con otro, otorgar inclinar la cabeça), 1001 N. II, 100, 8 a f.: Alâ-ed-dîn ayant offert dix mille dînârs pour la jeune esclave, فسمح له سيّدها وقبض ثمنها. Aussi c. ب r., Berb. II, 27, 12: لم يسمح عقامة عنه. — *Pardonner, absoudre*, Alc. (perdonar por regalo), Ht; c. ل p. et عن r. *passer, pardonner une faute*, Bc. — C. ل p. et ب r. *remettre, faire grâce de, faire la remise d'une dette*, Bc. — C. ل, ب et من dans le Voc. sous afabilis. أن يسمح لخاطرى *sous votre bon plaisir*, Bc. — En parlant de sauterelles, ce verbe semble signifier *faire beaucoup de dégâts*, Cartâs 63, 17: وقع ٧٧ عمّ الجراد الكبير جميع بلاد وفيها الى جراد كثيرة فوق ٧٣, 10: المغرب وسمح بها النهاية عمّ جميع بلاد الاندلس فسمح بها واكثره بقرطبة حتى كثر به الاذى وعظم به البلاء. Dans ces deux endroits la dernière lettre du verbe est un *khâ* dans notre man., ce qui ne paraît pas convenir; mais j'ignore comment سمح a reçu ce sens.

II c. a. dans le Voc. sous afabilis.

III *traiter quelqu'un avec indulgence, complaisance*, et le n. d'act. *indulgence* (Bc), Gl. Badroun, Müller S. B. 1863, II, 5, l. 9 a f.; مُسامِح *indulgent, tolérant, commode, trop indulgent*, Bc; مُسامَحة *indulgence, bienveillance mutuelle*, Reinaud Dipl. 116, 3 a f.: مُسامَحة كتاب مهادنة ومسامحة ومعاهدة ومصالحة *avec trop d'indulgence, c.-à-d. sans critique*, Macc. I, 516, 12. Surtout: *être complaisant, facile, quant au prix des choses qu'on vend*, Koseg. Chrest. 117, 10; c. a. p. envers quelqu'un, *lui vendre une marchandise à bon marché*, 1001 N. Bresl. X, 422, 4 a f.: فبعتها وسامحتها, où les pronoms se rapportent à la dame (de même l. 3 a f.), et où l'éd. Macn. porte: وتساهلتُ فى الثمن. — *Pardonner*; سامَحك الله «Dieu vous pardonne;» سامَحْته بذنبه «je lui pardonnai sa faute,» M. — C. من *dispenser, exempter de*, Bc; c. a. p. *exempter quelqu'un de tout impôt*, Macc. II, 710, 6. — C. a. dans le Voc. sous afabilis.

V c. ب, تسمّح باعطاء الشىء *donner libéralement*, Auw. I, 201, 2 a f. — *S'apaiser*, Alc. (desensañarse).

VI فى أمر, *traiter une affaire avec négligence*, Abbad. I, 256, 6, corrigé III, 108, 13, *ne pas y faire beaucoup d'attention*, Macc. I, 137, 13. — Dans le Voc. sous afabilis.

سَمْح نُترس خَلَق سَمْح *usé*, p. e. un bouclier, Aghânî 61, 3. — Au lieu de المِلَّة السمحة, on dit aussi السمحة seul, Renan Averroès 440, 7 a f. — سَمْح الوجه *ayant un visage qui indique la bonté, la bienveillance*, Cartâs 198, 5 a f.; cf. plus loin مُسْمِح; *ilaris* (c.-à-d. *hilaris*) dans L. — *Congé*, p. e. celui qu'on donne à un domestique dont on est mécontent, Alc. (licencia en mala parte = أمْر). — *Sorte de mets* décrit par Palgrave I, 29 et 30.

سَماح *consentement*, Alc. (consentimiento). — نهار السماح *le jour du pardon*, chez les juifs, *Keppour*, Daumas V. A. 486. — C. من *dispense, exemption*, Bc, بيع السماح *vente à bon marché, par complaisance*, M (avec un vers); cf. sous la IIIe forme. — رقص السماح *sorte de danse des derviches*, M.

سَماحة *air, mine*, Alc. (ayre en la cara).

أسمح *très-copieux*, Mi'yâr 19, 2 a f. (l. قَدَرَتَها).

مَسْموح c. لَه *dispensé, exempté*, Bc. — *Gratification*, 1001 N. III, 479, 7. — مسامح *lettres de faveur*, Mong. cxxxvi b.

مَسْموحة *un revenu en argent ou en nature sur un fonds de terre, ou le fonds de terre lui-même; ces possessions ne payent aucune sorte d'imposition*, Descr. de l'Eg. XI, 491.

مُسامِح est dans le Voc. afabilis (in facie), c.-à-d. *ayant un visage qui indique la bonté, la bienveillance*. — *Gai, riant*, Alc. (alegre).

مُسَامَخَة air, mine, Alc. (senblante de cara; écrit incorrectement comme si c'était مُسَامَعَة; cf. سَمَاحَة).

مُسَامَحَة (مُسَامَخَة?) balai, Bc (Barb.); c'est peut-être une transposition de مَسَاحَة, qui pourrait avoir ce sens.

سمخ I, n. d'act. سَمْخ, éprouver les graines en les faisant pousser avant de les semer, pour reconnaître par ce qui lève celles qui sont saines afin d'employer ce qui est dans la même condition et rejeter ce qui est mauvais et avarié, Auw. II, 19, 14, 55, 4 a f., 56, 10, 15.

II même sens, Auw. II, 55, dern. l., 58, 2 a f.

سمد سَمِيد forme au pl. أَسْمِدَة, Voc. (farina). — Chez le vulgaire = بُرْغُل (voyez) M.

سمر I monter la garde pendant la nuit, Bat. III, 111.

II clouer un criminel sur une croix, le crucifier, Vêtem. 269, n. 7. — Sceller, fixer dans un mur avec du plâtre, du plomb fondu, etc., Gl. Edrîsî (où cependant nous aurions dû dire que Bc donne مُسَمَّر en ce sens), Cartâs 32, 8. — River les fers, affermir l'esclavage, Bc. — Garnir de clous, Alc. (le part. pass. abollonado con bollones, bollonado), Abbad. II, 133, 10: أمر بضربه بالنعال المسمرة. — Ferrer une bête de somme, Voc., Alc. (herrar bestias, le part. pass. herrada cosa de bestias, cf. desherrada bestia). — C. على cacheter, Cherb. Dial. 48. — C. a. p. faire veiller, Voc. — Rembrunir, Bc.

III. Le poète Moslim dit: سامرت الليل بجارية, dans le sens de: je passai la nuit en conversation avec une jeune fille, Gl. Mosl.

IV embrunir, rendre brun, Bc.

V être ferré (cheval), Voc.

VI causer de choses et d'autres, parler de choses indifférentes, Bc.

IX brunir, devenir brun, et le n. d'act. rembrunissement, Bc, M.

سَمَر les soldats qui montent la garde pendant la nuit, L (excubie).

سَمَر bât de bois seulement, Bc, bât d'âne, de mulet, Ht.

سِمَار brun, couleur brune, Bc. — سُمَار épart, jonc, Bc, les joncs employés aux nattes d'appartement, Descr. de l'Eg. XII, 463 (samar), iuncus spinosus, ibid. XVIII, part. 2, 398, iuncus acutus, J. A. 1848, I, 274, iuncus multiflorus, Cherb. C (fatha), iuncus, Pagni MS (dhamma), Domb. 74 et Ht (سُمَّار); c'est un mot assez ancien, qu'on trouve Bait. I, 21, l. 1 (AB), 36 b (fatha dans B, kesra dans A), 95 c (fatha dans B), II, 57 d, Auw. I, 24, 11, 88, 2.

سَمِير veille, veillée, Alc. (trasnochada, velada a la candela, velada toda la noche, vigilia o velada). — Veille, partie de la nuit, Alc. (vela de la noche); on divisait la nuit en trois veilles, à savoir: أول الليل وسمير نصف الليل وسمير السهر, Alc. (vela de la prima, vela de la modorra, vela de la alva). — Faire la ronde, Alc. (ronda la obra del rondar).

سُمَيْر brunet, dimin. de brun, Bc.

سِمَارِيَّة et سَمَارِيَّة panier fait du jonc qui porte le nom de سَمَار (voyez), R. N. 93 r° et v°: le saint 'Amroun apprend qu'un étranger a besoin de poisson pour sa femme qui est enceinte et qui désire en manger, et qu'il n'a pas d'argent pour en acheter, فنزل بالرجل ونزل معه حتى اذا بلغ الى ذلك السمك (السمار l.) الذى بين القصر والبحر قطعا سماريسن (سماريتين l.) ومصيبا الى البحر ونحن ننظر فما كان باوشك من ان طلع الرجل وفى كل سمارية حوت يثقل الانسان فكشفنا عن خبره فقال ان فى امر هذا الرجل لعجبا لما حاذا بنا السمار الذى بين القصر والبحر اسرعى فقطعت سمارتين ومشينا حتى دخلنا الى موضع من البحر ينتهى الى نصف الساق قال فأقبيل اليه من الحيتان ما لا يوصف فتناول منها حوتا فقال اجعل هذا فى سمارة ثم تناول اخر فقال اجعل هذا فى الاخرى ثم قال انصرف بنا فان فى هذا كفاية ☆

سُمَيْرَة stéchas (plante aromatique), Alc. (cantuesso).

سَمَارِيَّة voyez سُمَيْرَة. — Dans le sens de sorte de barque (aussi 1001 N. Bresl. II, 353, 11) c'est pour سلارية, σελλάριον, Fleischer Gl. 71.

سُمَيْرِيَّة (mal expliqué chez Lane) sont des dirhems frappés, sur l'ordre d'Abdalmelic, par un juif de Taimâ, nommé Somair, Gl. Belâdz.

سَمَّار, au Maghrib, maréchal, artisan qui ferre les

chevaux, Voc., Alc. (albeitar de bestias, herrador de bestias), Bc (Barb.), Cherb., notre man. d'Auw. dans un passage après I, 438, 5 de l'édit.: على هيمنْدٍ — .سكّين السمَّار الذى تسعر (تَشْقَرُ .l) به حوافر الدوابّ Au Maghrib, *forgeron*, Domb. 104, Ht.

سَمُّور est *martre zibeline*, mais les Arabes ont confondu cet animal avec le *castor*, auquel ils donnent aussi le nom de سمّور; voyez Macc. I, 121, 23—122, 7, Most. et Gl. Manç. v° جندبادستر.

سامر *celui qui monte la garde pendant la nuit*, Voc., Bat. III, 111, 148. — *Celui qui fait la ronde*, Alc. (ronda el rondador). — *Tisons*, Cherb. Dial. 26.

سامرة pl. سوامر *le quartier de ceux qui montent la garde pendant la nuit*, Alc. (estança de veladores).

أسمر *noiraud*, qui a les cheveux noirs et le teint brun, Bc. — *Hâlé*, Bc. — *Nègre*, Alc. (negro de Guinea). — الحشيشة المسمّاة بالسمراء ou شجرة السمراء *euphorbe pythuse*, Auw. I, 602, 6 et 7, 3 a f., II, 340, 6 et 18.

أسمرانى *brunâtre*, Bc. — *Hâlé par le soleil*, Ht.

أسمير? P. Abd-al-wâhid 156, 14.

مسمار (dans le Voc. et chez Alc. مُسْمار) *cheville*, Bc. — *Bouillon ou clou de ceinture, bossette*, Alc. (bollon de cinta; la traduction que j'ai donnée est dans Victor). — *Chausse-trape*, Alc. (abrojo de hierro). — *Clou, furoncle*, M, J. A. 1853, I, 352, Gl. Manç. v° تأبيل: منها صلبة مذكورة تسمّى المسامير, Bait. II, 487 a (Edrîsî): واذا طحن رماده بخلّ وطلى به. — ينفع من 548 a (Edrîsî): على المسامير المنكوسة اذهيها المسامير المعكوسة. — *Accusateur*, Voc. — *L'étoile polaire*, Palgrave II, 263. — *Le premier lait de la vache qui a vêlé*, Mehren 35. — مسمار الخيل *des chevaux très-forts et qui marchent bien sur les chemins difficiles*, M. — مسمار العَيْن *tache (rouge) sur le blanc de l'œil*, Alc. (clavo de ojo; expliqué ainsi par Victor); aussi: *tache blanche sur le noir de l'œil*, voyez sous قذى. — مسمار قرنفل *clou de girofle*, Hbrt 18. — مسمار الميزان *languette, aiguille de balance*, Alc. (fiel del mesmo peso).

مُسَمَّر, مسمارى *épithète d'une porte*, 1001 N. Bresl. IV, 88, 2 a f., *recouverte de clous*.

مَسامِر pl. ون se trouve chez Alc. sous « tres nochal cosa; » je soupçonne que c'est une faute pour « trasnochal, » mais les dict. dont je me sers n'ont pas un tel adjectif; le verbe *trasnochar* signifie: *passer la nuit sans dormir*.

مُسامِر *interlocuteur*, Bc.

مُسامَرة, chez les Soufis, *l'entretien avec Dieu*, M.

مسامرى *vendeur de clous*, Domb. 104.

سَمْرَج I, 1001 N. Bresl. XI, 209, 3: فبنيا قصرا بالتجارة سمرج. الصمّ والجصّ الابيض وسمرج باطنه ويبيضه Le sens de ce verbe m'est inconnu.

سُمْرمُر Voyez sur cet oiseau: M, Niebuhr B. 165, R. II, 342, Burckhardt Syria 239. — *Brunet, dimin. de brun*, Bc.

سمارس (esp. *chamariz, loriot, verdier*) pl. سمارس *sorte de petit oiseau qui remue beaucoup la queue*, Lerchundi; chez Beaussier سامارير *serin sauvage, cini* (Tun.).

سمسم.

سَمْسَمة. Au lieu du premier volume de Habicht, Freytag aurait dû citer le second.

سِمْسَرة *khân, caravansérai*, Rutgers 171, 3 a f., Niebuhr R. I, 332, 333, 377, 378 (simserā).

سماسرى *courtier*, Cherb. C.

سمسِم *pain d'épice couvert de graines de sésame*, Descr. de l'Eg. XII, 432 (semsis).

سمسم. السمسم الأسود est le nom qu'on donne, mais improprement, à *la semence du Glaucium Phœniceum*, Bait. II, 463. — *Maïs*, Browne II, 16 n., 50. — *Petites perles avec lesquelles on fait des bourses et des colliers*; en général, *petits grains de verroterie de couleur, dont on se sert pour composer des parures*, Cherb.

عظم سمسمانى *condyle, éminence des articulations des os*, Bc, M.

سَيْسَمة *nom d'une plante à très-petites feuilles et à fleurs rouges et jaunes*, M.

سَمَّطَ لِقَصِيدَةِ فلانٍ .II — سمط, Macc. I, 725, 1, est *composer une glose sur la pièce d'un autre auteur*, c.-à-d. qu'on répète un vers d'un ancien poème à la fin de chaque stance, en sorte que la glose a autant de stances que le texte a de vers. Ainsi on trouve à l'endroit cité une glose de Çafî-ed-dîn al-Hillî sur un poème d'as-Samaual qui est dans la Hamâsa. Maccari en donne huit stances, de cinq hémistiches chacune, dont les trois premiers sont du poète moderne et les deux derniers du poète ancien. Dans chaque stance quatre hémistiches riment ensemble, et la rime du cinquième (celle de l'ancien poète) est la même dans toute la pièce. Cf. Freytag, Darstellung der arab. Verskunst, 406, 1: قال مسمّطا لأبيات الحماسة المنسوبة الى قطري بن; c'est une glose du même genre. L'expression dont il s'agit signifie aussi: *répéter les vers d'un autre auteur, en ajoutant un hémistiche à chacun des siens, en sorte que le premier est nouveau et le second ancien, et vice versâ*, M.

V *avoir une inflammation des cuisses, par suite d'une trop longue marche*, M.

VII *s'échauder*, au fig., *être attrapé*, Bc.

سَمْطٌ pl. أَسْمَاطٌ, *stance*, Prol. III, 390, 7: les poètes espagnols ont inventé le *mowaschah*, ينتظمون اسماطا اسماطا, c.-à-d. qu'ils font correspondre d'une manière régulière les stances aux stances; Bat. II, 143 (mal traduit).

سَمْطَة, suivi de فى اللعب, *lessive*, au fig., grande perte au jeu, Bc.

سِمْطَة pl. سِمَط, *courroie*, Voc.

سِمَاط. سماط الطعام, ou par ellipse سماط seul, proprement *rangée de mets*, se dit de *la pièce de cuir qu'on étend par terre et sur laquelle on met les plats*, comme le prouvent les expressions مَدَّ سماطا, de Sacy Chrest. I, 126, 7, 265, 3, Bat. III, 304, 1001 N. I, 47, 2, 872, 11, 879, 6 a f.: امر بمد السماطات نشر سماطا ومواند الاطعمة والمآكل, Vie de Timour ثم طووا بساط الكلام ونشروا سماط الطعام, 11, 64, 11 que les Arabes emploient quand nous dirions *dresser la table*. Par extension ce mot, comme l'ont dit Reiske (Aboulf. Ann. II, 390, n. *h*) et Rutgers (137), a reçu le sens de *repas*, et l'on dit عمل سماطا, *donner un repas*, Aboulfaradj 371, 13, Aboulfedâ Ann. II, 390, 1, فلما انقضى السماط, « quand le repas fut fini, » ibid. l. 4. Spécialement *repas solennel que le souverain ou son représentant donnait à certains jours et auquel assistait un plus ou moins grand nombre d'émirs, de fonctionnaires et autres personnes choisies*; c'était un des attributs de la souveraineté, Maml. I, 2, 99. — *Rangée de boutiques*, Gl. Edrîsî, *rue*, Voc. (callis); — *quartier*, Amari 534, 6 a f., en parlant de Palerme: ثلاثة أسمطة, cf. 28, 10, Macc. I, 589, 20: كان فى صغره موقفا بسماط (*rue ou quartier*); — سماط سوق القيسارية شهون غرناطة *le marché, le bazar*, Cartâs 41, 12; سماط seul a le même sens, Amari 8, l. 13: وهذه المدينة مستطيلة ذات سوق قد اخذ من شرقيها الى غربيها يعرف بالسماط; c'était donc à Palerme, car c'est de cette ville qu'il s'agit: la grande rue, bordée de boutiques, qui s'étendait par toute la ville de l'est à l'ouest, et qui servait en même temps de marché, où l'on pouvait acheter toutes sortes de choses (الى عامر من أوّله اخرى بضروب التجارة, comme on lit dans la ligne suivante). De même à Cairawân, où l'on trouve le *simât*, ou proprement le grand *simât*; comparez R. N. 82 v°, où il est question d'un condamné: ثم ركب عريانا على حمار وشقّ به جميع سوق مدينة القيروان avec ces passages: R. N. 22 v°: ركب ابرهيم عمارية وأراد ان يشقّ السماط الأعظم; le cadi ne veut pas l'y suivre, car, dit-il, انّما يُشَقُّ السماط بالمجلودين; ibid. 64 r°: وطيف بهما جميعا مربوطيْن الى بغل مسحوبيْن على وجوههما فى سماط القيروان; Nowairi Afrique 22 v°: ووجّه العجل تحمّلت القتلى وشقّ بها سماط القيروان. — *Sorte de besace*, Daumas Kabylie 145 (semate).

سَمَاطَة *bêtise, sottise, stupidité fatigante pour autrui*, Cherb. — Pl. سماطط *les entraves du faucon*, Daumas R. d. O. A. N. S. III, 241 (semaïd); Alc. (pivela de açor o halcon) donne en ce sens « çumaquit; » je ne connais pas un tel mot, et peut-être l'auteur a-t-il eu en vue celui dont il s'agit.

سامِط *insipide* (parole), Delap. 184.

تَسْمِيط pl. تَسَامِيط *corde qui attache plusieurs chevaux à la queue les uns des autres*, Alc. (reata). — *Inflammation des cuisses, causée par une trop longue marche*, M.

سمع

تَسْمِيطَة = سَمْط *courroie suspendue à la selle*, M.

مُسْمَط *échaudoir*, Bc. — مُشْمَط الكَوارع *pieds de mouton qu'on fait sécher à la fumée*, Descr. de l'Eg. XVIII, part. 2, 376.

مُسَمَّط. Maml. II, 2, 212: التَحرير الاصفر والاحمر المُسمَّط, où Quatremère traduit *broché*; 1001 N. Bresl. XII, 419, 3 a f.: بدلة زرقاء مسمّطة.

مُسَمَّطَة *poème en stances ou glose* (voyez sous la IIe forme), Bat. II, 144.

سمع I c. على p. *entendre un professeur, l'entendre professer, suivre son cours*, Macc. I, 842, 20 et 21. — C. عن p. *entendre parler de quelqu'un*, Badroun 206, 3 a f. — C. من p. *écouter favorablement la prière de quelqu'un, lui accorder ce qu'il demande*, Cartâs 104, 2; *écouter, dans le sens de donner son consentement à ce qu'une personne propose*, 1001 N. IV, 153, 4: فان سمعت منى وطاوعتنى ولم تخالفنى, Bresl. IV, 185, 12. — *Sonner, rendre un son*, Alc. (sonar como quiera), mais je crois que c'est une faute et qu'il faut la IIe forme (voyez).

II. سَمَع الحديث *raconter, enseigner les traditions relatives au Prophète*, Bat. I, 202, Meursinge الـ, 9; التَّسْمِيع seul en ce sens, M, Khatîb 28 v°: وحدّة فى حسن التعليم والصبر على التسميع والملازمة التدريس. — *Donner à entendre, laisser entendre*, Bc; la constr. est: سَمَّعَتَهُ على كذا, dans le sens de لمّحتُ له بطلبه, M, mais je crois qu'il a voulu dire بـ يجلـى. سَمَّعَ الإناء est, suivant le M, «quand un vase donne un signe qu'il est fêlé», ce qui signifie, je crois, que, lorsqu'on le frappe, il rend un son d'où l'on peut conclure qu'il est fêlé; c'est pour cette raison, à ce qu'il semble, qu'Alc. donne ce verbe sous «sonar,» mais à la Ire forme, ce qui est une faute.

IV *enseigner les traditions relatives au Prophète*; وبلغنى انه قيل لعبد الناس اسمع, R. N. 52 r°: الجبَّار أكان سحنون لا يُسْمِع الناس حتى تحضر انت et اسمع seul, Khatîb 29 v°: فدوّن واسمع (lisez ainsi avec le man. B; G porte واستمع); — *expliquer un livre de traditions*, Macc. I, 874, 16: وحضرت اسماع اسمع صحيح, 876, 17: الموطَّأ وصحيح البخارى منه البخارى. — اسمع عليه كتابًا *réciter un livre qu'on sait*

سمع

par cœur devant un professeur qui a ce livre à la main, Macc. II, 258, 10. — *Chanter*, Voc.

V c. بـ *entendre parler de*, Abbad. I, 222, 11, 231, n. 33. — C. a. *audire studuit* (voyez Freytag), R. N. 78 v°: خرجت الى باب القبلة اتسمَّع الاخبار. — C. على p. *tâcher d'écouter clandestinement, par une curiosité indiscrète, ce qu'un autre dit*, M.

VII c. لـ p. *avoir l'oreille de, avoir un accès facile, la confiance*, Bc. — ما انسمع *inouï*, Bc.

VIII c. من p. *écouter, dans le sens de donner quelque croyance ou quelque consentement à ce qu'une personne conseille*, Bidp. 253, 3: اكثروا استماع من اهل النصيح; dans le Voc. (qui a aussi cette forme sous acquiescere) *obedire*.

عمل سمّع سمع *cantare (facere cantum)* dans le Voc. est pour عمل سَمَاعًا. — بيت السمع *la chambre où l'on se tient ordinairement*, Hœst 265.

سُمْعَة *bruit, renom, renommée, réputation, vogue*, Bc.

سِمْعى et سَمْعى *acoustique, auditif*, Bc, M. — الدليل السمعى *preuve tirée de la tradition*, Müller S. B. 1863, II, 8, l. 5.

سَماع. اوراق سماعة *les recueils de notes écrites sous la dictée de ses professeurs*, Berb. I, 431; le pl. أَسْمِعَة en ce sens, Macc. I, 603, 3 a f. — سَماع dans le Voc. (comme chez Lane), سِماع dans le M (comme chez Freytag), *chant, musique, concert*, forme au pl. أت, Djaubari 84 r° et v°, et أَسْمِعَة, Haiyân-Bassâm III, 4 r°: الى اشياء تتلاشى هذا الشرو من فخور الآلة وجمال الخدم ورقة الاسمعة وخمامة الهيئة ما لا شىء فوقها. Ce mot s'emploie particulièrement en parlant des danses des Soufis et des derviches, avec accompagnement de musique, Djob. 286, 20, Bat. II, 5, 7.

سَماعى *mode de musique*, M.

سَمَّاعَة *stéthoscope*, M.

التَّسامُع t. de droit, *ce qu'on sait par la tradition ou par l'usage*, M.

مُسْمِع *chanteur*, Macc. I, 707, 11, Khatîb 39 r°: il composa une pièce de vers كَلَّف بها القوّالين والمسمعون بين يديه (le man. porte par erreur: كلفا بها القولين).

سمق

مَسْمُوع ce qu'on a entendu dire par les Bédouins des temps classiques, classique, Macc. I, 485, 4, après une observation sur l'emploi d'une voyelle dans un aoriste: وهذا الذى قاله صحيح مسموع.

مَسَامِع (pl.) chants, Maltzan 35.

اِسْتِمَاع pl. اتّ petite fenêtre, Voc. — Porte, Voc.

سمق

سَمَقَة légumineuse qui est une excellente nourriture pour les chameaux. Elle produit une cosse qui contient plusieurs graines rondes couleur de rose, qu'on peut manger quand elles sont vertes; les Arabes les recueillent, les sèchent, et, en les faisant bien bouillir, ils en obtiennent une huile dont ils se servent au lieu de beurre pour se graisser les cheveux et le corps, Burckhardt Nubia 42 (symka).

سُمَّاق, sumac, ou plus exactement le fruit de cette plante, est un mot d'origine araméenne, car סומק, ܣܘܡܩܐ signifie rouge, et le fruit en question, qui est assez semblable à une grappe de raisin, est en effet d'un rouge éclatant. C'est aussi pour cette raison que les Arabes appliquent le n. d'un. (que donne Lane) comme un sobriquet à un rougeaud, à celui qui a naturellement le visage rouge; Selecta ۱۳°, 13: وكان أحمر أشقر فلقّب سُمَّاقَ لشدّة حمرته cf. Vie de Timour II, 92, 5, 396, 9. Je crois qu'il faut modifier de cette manière la note de Freytag dans les Selecta 84, n. 118. — عين السُّمَّاقَة est nommé, dans le man. de l'Escurial 497, parmi les choses que vend le نَقلِيّ (Simonet).

سُمَّاقي porphyre, sorte de marbre rouge ou vert et tacheté, Bc; — marbrure, Bg.

سمك II épaissir, rendre épais, M.

X الثياب choisir des vêtements épais, M. — Manger du poisson, M.

سَمَك forme au pl. سُمُوك, Voc., Macc. II, 38, 6.

سُمْك épaisseur, corps, épaisseur, solidité d'une étoffe, Bc.

سَمَك, poisson, a le pl. أَسْمَاك, Bc, M, et سُمُوكَات, Bc. — Truite, Voc. — سمك التُرْس raie (poisson de mer plat), Bc, Hbrt 69, turbot, Bc. — سمك حوت

سمن

thon, Bc. — ثعبان سمك ou حيات سمك aussi حيات حيّة anguille, Bc. — سمك حيات بحرى lamproie, Bc. — سمك سلطان ابرهيم rouget, Bc. — سمك عنكبوت araignée de mer (poisson), Bc. — سمك الكراكى brochet, Bc. — سمك كوسج xiphias (poisson), Bc. — سمك موسى limande (poisson de mer), sole, Bc. — سمك يونس baleine, Bc. — سمكة منقوشة truite, Bc.

سَمْك épais, dense, Bc, M.

سَمِيك épais, Bc.

سَمَاكَة vendre du poisson, 1001 N. III, 461. — Densité, Bc.

سُمَيْكَة Voyez sur le petit poisson nommé سميكة, صَيْدا, Callyonimus Dracunculus selon Sonth., Bait. II, 55 b. — سميكات, en Orient, pas au Maghrib, espèce de petits poissons qu'on met en saumure, Gl. Manç. in voce. — Teigne, insecte qui ronge les livres, M. — سميكات certaines parties charnues de la poitrine, M.

سَمَّاك non-seulement poissonnier (Lane, Bc), mais aussi pêcheur, Ztschr. XXII, 165.

سومَاك pl. سواميك échalas, Bc.

مِسْمَاك pl. مسَامِيك échalas, Bc, مسماك الكرم dans le M.

مَسْمُوك même sens, M.

سَمْكَرِى étameur en fer, Descr. de l'Eg. XVIII, part. 2, 397.

سمل

سَمَل, أَسْمَال, substantivement, vêtements usés, haillons, Calâïd 54, 15.

سملق

مُسَمْلَق celui qui a des jambes longues et minces, M.

سمن II faire du beurre, Voc.

V dans le Voc. sous butirum.

سَمْن, beurre; le pl. أَسْمَان dans le Voc.

سِمِنّة زائدة obésité, Bc.

سَمْنَة voyez sous السَّمنة. حبّ

سَمْنِى butireux, Bc.

سَمَنِى est le pracrit samaṇa, en sanscrit çramaṇa,

سمْنْتى moine bouddhiste, Gl. Belâdz.

سِمِيْن grasset, une peu gras, Bc.

سَمَانَة grassette, jointure de la cuisse à la jambe, Bc. — سمانة الرِّجْل mollet, Bc, aussi سمانة السّاق, Hbrt 5.

سُمُوْنَة embonpoint excessif, Alc. (gordura).

سَمَانِيَّة .الحَضَر السِمانيَّة voyez sous سامان.

سُمَن, n. d'un. ة, caille, grive, Bc, M, qui a le pl. سَمَامِن.

سَمَّان vendeur de graisse, d'huile, de beurre et de fruits, J. A. 1861, I, 18, épicier, parfumeur, droguiste, Hbrt 77, vendeur de beurre, de café, de sucre, de miel, etc., M.

سُمَّان, n. d'un. ة, caille, L (cuturnix), Voc., Domb. 63, Ht, Pagni MS (semèn), Amari 75, 5 a f., Bait. II, 45 b, caille, grive, Bc.

سُمَّيْن caille, Domb. 63, Ht.

مَسْمَنَة pot à beurre, M.

مُسَمَّن pâte feuilletée qui se mange ordinairement avec du miel; régal des jours de fête, Daumas V. A. 253, Mœurs 62; des crêpes frites dans le beurre, R. d. O. A. XIV, 100.

مَسْمُنَة même sens, Cabbâb 78 r°.

سمنتى sorte de mets, Macc. II, 204, 6; dans l'éd. de Boul. سمسنى.

سَمَنْدَل et سَمَنْدَر (σαλαμάνδρα) signifient proprement salamandre [la troisième forme en ce sens dans le Voc. et chez Bc]; mais comme on attribuait anciennement à ce reptile la faculté de vivre dans le feu, on a aussi donné ce nom au phénix qui passait également pour incombustible, Fleischer dans le Ztschr. für ägypt. Sprache u. Alt., juillet 1868, p. 84. — Toile incombustible. Selon quelques auteurs, on la fait des plumes d'un oiseau (Damîrî chez de Jong p. xxxi, Khallic. XI, 104, 8 et suiv.), et c'est ce que croyait le peuple (Yâcout I, 529, 4); selon d'autres, de la peau d'un animal, qu'on trouve en Chine (Cazwînî II, 36, 6 a f.), ou dans le pays de Gour (dans le Kaboul) (ibid. 288, 8 et suiv.). A en croire Cazwînî, cet animal ressemble à un rat; il est incombustible, et quand il sort du feu, il est propre et d'une couleur brillante. « C'est selon quelques auteurs, » dit le M, « un animal plus petit que le renard; sa couleur est celle de l'arbre appelé khalandj (voyez plus haut خَلَنْجِى); il a les yeux rouges et une longue queue; on se sert de son poil pour en tisser des serviettes. » Il est souvent question de ces serviettes qu'on jetait au feu quand elles étaient sales et qui en revenaient propres; mais peu d'Arabes en ont connu l'origine. Ceux qui parlent d'un oiseau ont pensé au phénix, c.-à-d., à un oiseau fabuleux. Les autres ont pensé soit à la salamandre, qui passait pour incombustible, soit à quelque autre animal; mais il n'est pas difficile de reconnaître dans samandal l'amiante ou asbeste flexible, qui est une substance minérale, composée ordinairement de filets longs soyeux, plus ou moins déliés ou branchus. Sa structure filamenteuse et son inaltérabilité par le feu conduisirent les anciens à l'employer pour en faire de la toile incombustible. A cet effet, l'amiante était mise à macérer dans de l'eau chaude, battue, cardée, filée et enfin tissue d'après la méthode ordinaire; on en faisait alors des nappes et des serviettes qu'on jetait au feu quand elles étaient sales et qui en revenaient propres. C'est ce que Mokaddasî (303, 13 et suiv., copié par Yâcout I, 529) savait fort bien, qui parle de l'amiante non pas sous le nom de samandal, mais sous celui de حجر الفتيلة. En Europe on lui donnait également le nom de salamandre, et le Dict. de l'Acad. franç. dit sous ce mot: « C'est aussi le nom qu'on donnait autrefois, par extension, à l'amiante flexible; » voyez aussi Ducange v° salamandra. J'observerai encore que, chez les Arabes, on faisait aussi des tapis à prier de la toile d'amiante; Nowairî Abbâsides, 2 h, 158: ثلاث مصلّيات من جلد السمندل.

سمندورى épithète d'une espèce de bois d'aloès, Bait. II, 224 b.

سمنطارى. Amari 113, 5: قيل هو الذهبى بلسان اهل المغرب. Le mot serait donc cementario, formé de l'ital. cemento, fr. cément, poudre au milieu de laquelle on chauffe certains corps pour leur donner de nouvelles propriétés, poudre pour purifier l'or.

سَمْهَد I aplanir le terrain; on dit aussi سهمد, M. — Ragréer, unir les parements d'un mur en y repassant le marteau, Bc.

سَمْهَر.

سُمْهَرى helianthenum sissiliflorum Desf., Ghadamès 330, Prax R. d. O. A. IV, 196, Colomb 49.

سمو I se construit c. a., comme le synonyme عَلَا, Gl. Mosl. — C. على p. *surpasser, l'emporter sur*, Cartâs 18, 7.

II *nommer, appeler*, aussi c. ل, Abd-al-wâhid 172, 6: «رسالةٌ سَمَّى لها رسالةَ حى بن يقظان» — Dans le sens de *prononcer les mots*: بسم الله, *au nom de Dieu!* voyez Lane, et ajoutez à ce qu'il dit: Une mère dit en montrant son enfant: سمّوا, «prononcez les mots: Au nom de Dieu!» parce qu'on croit que cette expression prévient et neutralise le mauvais œil. On dit aussi en ce sens سمّى بالله بالرّحيم, et سمّى بالرّحيم, J. A. 1869, II, 190, 191.

V. Lane n'a pas expliqué assez clairement le تَسَمَّى بكذا du TA. Le lexicographe arabe a en vue des expressions comme تسمّى بالخلافة, Nowairî Espagne 488, 489, c. à-d. «il prit le titre de calife.»

VI c. ب p., comme بـه سما, *élever, porter plus haut*, P. Weijers 55, 7 (ne connaissant pas ce sens, l'éditeur, p. 196, n. 358, a eu tort de changer la leçon des man., qui est aussi dans le man. A).

X. Ce qu'on lit chez Lane est confirmé par le M, qui a فلانًا, et par Bc, qui donne استسمى احدًا, *demander à quelqu'un son nom*.

سُمَّى, n. d'un. ة, *caille*, Alc. (codorniç ave); c'est une altération de سُمَّين.

سُمَيَّة, t. de marine, *bouée*, Abou'l-Walîd 207, 24. — سَمِيَّة *nord*, M.

سَماوة chez Saadiah pour ישימון, *désert*, ps. 68, 78, 106, 107.

سَماوى *azuré*, Bc, Hbrt 80, Macc. I, 236, 3 a f., Bait. II, 575 c, en parlant d'une plante: زهر الذي سماوى — *Saphir bleu*, R. d. O. A. XIII, 81. — فصّ سماوى *hyacinthe* (pierre précieuse), L (iacyntus). — الصّباغ السّماوى *la matière colorante qu'on tire du pastel*, Calendr. 84, 5 (cf. l'article سماوى). — En Syrie, *vent du nord*, Bc; au Maghrib, *vent de nord-ouest*, Alc. (viento entre gallego o cierço), Domb. 54 (corus), Bc (Barb.). Cependant Daumas, V. A. 435, donne ce mot dans le sens de *nord*; *vent du nord*, Ht; *nord-est*, Barbier, Delap. 34.

سَماوى *azuré*, Auw. II, 266, 14. — En Espagne, *pastel, Isatis tinctoria*, Bait. II, 565 b, Auw. II, 103, 8, 128, 16 et 18, 307, 24 (dans tous ces passages il faut lire ainsi); الصّبغ السّماوى *la matière colorante qu'on tire du pastel*, Macc. I, 91, 21.

سام, الأمر السامى, et M, الحضرة السّامية *altesse*, Bc. سامِيَة. «La soie végétale du Soudan, produit d'un grand arbre, est appelée *sâmîa*, féminin de *sâm* [l. *sâmî*], qui signifie *haut, élevé*,» Prax 18. — *La seconde blouse des Touareg qui en portent trois; elle est bleue, traversée de larges raies bleu-clair, brodée en soie pareille*, Carette Géogr. 109, R. d. O. A. N. S. X, 538, Jacquot 207.

اِسْم على اسمك *pour vous, à ce qu'il semble*; dans le Fakhrî, 361, 3 a f., un homme du Sawâd dit: ما قد خبزت لك هذا الخبيز على اسمك — اطلع اسمه, طالع اسمه *accréditer, mettre en crédit*; طلع له اسم *s'accréditer, s'acquérir du crédit*, Bc. — Le pl. اسماء *paroles magiques*, 1001 N. II, 116, 4: وعليها اسماء وطلاسم كدبيب النمل, 123, 14, III, 216, 8, 453, 3 a f., 573, 3, proprement اسماء الله *les noms de Dieu*, III, 560, 8, gravés sur la bague de Salomon, 545, 11, 551, 8, 634, 11. Selon Niebuhr B. 115, اسم الله (lisez اسماء الله) est une science occulte; les initiés savent par les djinns, qui sont à leur service, ce qui se passe dans des pays lointains; ils ont du pouvoir sur le temps et sur le vent, opèrent des guérisons miraculeuses, etc. — اسماء الله الحَسَنَة *les attributs de Dieu*, comme Tout-Puissant, Clément, etc., Bc. — اسم مَبْنِى *adverbe, nom indéclinable*, Bc. — اسم الصّليب, chez les chrétiens, *Dieu! grand Dieu!* Bc. — اسم ضمير الملك *pronom possessif*, Bc. — اسم علم *nom propre*, Bc. — اسم عبرة *nom de guerre*, nom supposé, Bc. — اسم منعوت ou موصوف *substantif*, Bc. — اسم يسوع, chez les chrétiens, *Dieu! grand Dieu!* Bc. — بسم الله *oui-dà*, de bon cœur, volontiers, Bc.

اِسْمِى, précédé de موصول, *nom ou adjectif conjonctif*, Bc. اِسْمِيَة *renom, réputation*, Alc. (nonbre como fama). اَسْماوى *azuré*, Domb. 107, Ht. مُسَمَّى *fameux*, Alc. (nonbrado en fama). مُسَمَّى suivi de عليه, *une chose sur laquelle on a prononcé les mots* بسم الله الرّحمن الرّحيم, *pour la* protéger contre les djinns, Lane M. E. I, 340 n. — Titre, Berb. II, 152, 13: كان مسمّى الحجابة عندهم قهرمة الدار والنظر فى الدخل والخرج d'après le man. 1350), «la charge de celui qui portait le titre de hâdjib consistait dans» etc., Khatîb 102 v°, en parlant d'une ville: أقسم ان يذهب اسمها ومسمّاها.

سمّوس (copte συμος) poisson du Nil, Gl. Edrisi; aussi شموس voyez).

سموسك dans l'Inde = سنبوسق (voyez), Bat. III, 241, 435.

سموبيون = الكرفس البرّى, Bait. II, 57 d (Sonth. a confondu ici deux articles en un seul, à savoir celui dont il s'agit, et سمار; mais je crois que c'est une faute et qu'il faut lire سمرنيون, σμύρνιον; voyez Dodonæus 1181.

سنّ II denteler, Bc.

VII quasi-pass. de la Iʳᵉ, Voc. sous acuere.

VIII c. ب p. suivre l'exemple de quelqu'un, Gl. Belâdz.

X. استنسّوا اللثام Nowairi Afrique 49 v° = جعلوا اللثام سنّة, Athîr IX, 429, 3. نستنسّ بسنّته «nous prenons ses discours et ses actions pour règle de notre conduite,» Ztschr. XI, 430.

سنّ collect. dents, Macc. II, 276, 10, Koseg. Chrest. 92, 3. — Pointe, Bc, d'un rocher, 1001 N. Bresl. IX, 370, 5, d'une lance, Akhbâr 102, 1; pointe d'une lance (= سنان), Cout. 8 v°: وكان لواؤه فى سن داخل عبيته فلما نزل على وادى شوش اصلح من شانه وركّب السنّ باللواء فى القناة. — Par synecdoche, lance, Voc. — Pl. سنون hirondelle, Bc, Cazwînî II, 119, 6. — سن الأسد pissenlit, dent-de-lion (plante), Bc. — سن ثوم un quartier d'ail, Hbrt 48, Auw. II, 201, 2 et suiv., 203, 1 et 2, en parlant de l'ail cultivé: تنقسم روسه الى اجزاء لطاف يسمى (.اى) اسنان الثوم; Clément-Mullet traduit caïeux, gousses. — سن حوت blanc de baleine, cervelle de baleine pour la poitrine, Bc. — سن مفتاح panneton, partie d'une clef qui entre dans la serrure, Bc. — سن فحم aigremore, charbon pulvérisé pour le feu d'artifice, Bc. — اسنان

dentelure, Bc. — اسنان الكلب dent-de-chien (plante), Bc. — ذوو الاسنان les plus considérables, les plus haut placés (cf. Lane 1437 à la fin), Macc. I, 251, 12: ذوو الاسنان من الفتيان الصقالبة لخصيان.

سنّة dent, Bc. — Fourchon, branche de fourche ou de fourchette, Bc. — Pointe, Bc.

سنّة. On dit السنّة pour اهل السنّة, les Sonnites, de même qu'on dit الرفضة pour اهل الاسلام, Nowairî Afrique 36 v°: فقال واىّ شىء الرفضة والسنّة قالوا السنّة يترضّون عن ابى بكر وعمر والرفضة يسبّونهما; ibid.: 1500 Râfidhites se jetèrent dans une forteresse فحاصرهم السنّة, Athîr passim.

حرف سنّى lettre dentale, Bc.

سنان collect. les pointes des lances, 1001 N. I, 82, 1. — Par synecdoche, lance, Voc.

سنن pl. سنن chameau rapide, Diw. Hodz., mais j'ai oublié de noter la page (Wright).

سنونة hirondelle, Bc, M.

سنانى ermite, Hœst 212.

سنّان aiguiseur, émouleur; suivi de سكاكين, remouleur, repasseur, Bc.

تسنين dentelure, Bc.

مسنّ forme au pl. ات, Voc., et مسانّ, Arnold Chrest. 86, 10. Le Most. nomme deux espèces de حجر المسنّ ou pierre à aiguiser, à savoir مدنى appelée ainsi parce qu'on la trouve dans les montagnes de Médine, et مسنّ الماء, qui porte ce nom parce qu'on la trouve dans les grandes rivières. Chez Bc حجر مسنّ est aussi grès, pierre qui sert à paver.

مسنّن denté, Bc. — Dentelé, Bc.

سنامورة anchois, Bc, Hbrt 69, qui donne aussi سنمورة, dans le M سنمور; il paraît que ce mot est une altération de l'esp. salmuera, et qu'on a donné ce nom à l'anchois parce qu'on le mange en saumure.

سنباج pierre ponce, Bc.

سنباذ, ou avec le dzâl, émeri, pierre pour polir,

Bc, Hbrt 172, Becrî 153, 4, 182, 4 a f., Gl. Manç., où سَنْبَلَجْبِي est une faute.

سُنْبَر, chez le vulgaire en Espagne pour سُنْبُل, *spica-nard*, *nard indien*, Alc. (espica celtica), سُنْبَر هِنْدِي Alc. (espica nardo, nardo). — Chez le vulgaire en Espagne pour سيسمبريم *sisymbrium*, Auw. II, 285, 15.

سَنْبَر ۃ *émeri*, Beaussier, Pagni MS (sumbra); semble une altération du pers. سُنْبَادَج, d'où vient aussi سنبادج.

سنبق.

سَنْبَق (sambucus) *sureau*, Bc.

سُنْبُوق. Ce mot, que Bat. (II, 17, 181, 183, 198, 251) écrit صنبوق et (dans le man. Gayangos) صنبوق, pl. صَنَابِيق, se prononce aujourd'hui avec un *fatha* dans la première syllabe (Burckhardt Arab. I, 43, II, 341, Burton I, 174). C'est une grande barque entièrement découverte, de 80 à 180 tonneaux, pointue en avant, très-large en arrière, et avec une énorme voile latine, Ztschr. XII, 420. — (Sambucus) *sureau*, Pagni MS, n. d'un. ة, Bc; سُنْبُوقَة بِرِّيَة *hièble*, Bc.

سُنْبُك *sorte de vrille, de tarière*, M.

سنبل I. Je ne sais pas si Alc. a eu en vue le sens ordinaire de ce verbe quand il le traduit par «espigar hazer algo con espiga.»

سُنْبُل. سنبل برّي désigne trois plantes, à savoir le سنبل جَبَلي, le فو et le أسارون, Bait. II, 546 e; le Most. (in voce) et L (fu) le donnent dans le second sens. — سنبل خزامَة *lavande*, Bc. — سنبل رومي *nardus celtica* (أقليطى), Most. in voce, Bait. l. l. — سنبل nommé 1001 N. IV, 254, 12. — الكَلْب, *les fruits du frêne* (دردار), connus généralement sous le nom de السِّنَة العَصَافِير, Bait. II, 64 f. — *Jacinthe* ou *hyacinthe* (plante), Bc, Hbrt 50, Roland, Rauwolf 120, Pagni MS. — *Tulipe*, Bc. — قرون السنبل voyez sous قرن. — سُنْبُلَة, chez les fabricants de cordons de soie, *morceau d'étoffe à huit* حروف (?), comme un porte-épée, M.

سنبل رومي = ناردين = سنبلين Most. v° .

سَنْبُوسَج Ibn-Djazla, n. d'un. ة, Aghânî 61, 10 سنبوسج, سَنْبُوسَق (مغموسة في الخلّ), *pâtisserie*, Hbrt 75, n.

d'un. ة, M, سَنْبُوسَك, Kâmil 419, 10, J. A. 1860, II, 384, n. d'un. ة, Imrânî 88, la forme ordinaire selon le M, سَنْبُوسَة et سنبوسك بلخم *rissole*, sorte de pâtisserie (triangulaire, M) de viande hachée (, de noix, etc., M) et enveloppée dans de la pâte, Bc; سنبوسك *petit pâté*, Bc; سنبوسة صيامية *rissole de poisson*, Bc. — سنبوسك *gâteau de naphte*, Mong. 368 b, Reinaud F. G. 42.

سَنْبُوسَقِي *pâtissier*, Hbrt 75.

سنت.

سنتت *galon de soie*, Hbrt 204.

سَنْتَبْر, au Maroc, *habit fourré*, ouvert sur le devant, avec un capuchon et des manches pendantes, Vêtem. 211.

سَنْتَوَان؟ = بسباىم *polypodium*, Most. sous ce dernier mot; dans N sans points diacritiques.

سنطىر voyez سنتير.

سَنْتِينَة (esp. sentina) *sentine*, Bc (Barb.).

سنج.

سَنْج *équilibre*; على سنجة *en équilibre*, Bc. — صَنْج *cymbale*, Bc.

سَنْجَة ou صَنْجَة. L'explication que Lane a donnée de ce mot laisse à désirer. Le persan سَنْگ, dont il dérive, signifie proprement *pierre*, et ensuite *poids*, parce qu'anciennement les poids n'étaient pas des morceaux de métal, mais des pierres d'une pesanteur réglée et connue. En hébreu le mot אֶבֶן, *pierre*, a reçu pour la même raison le sens de *poids* (cf. en anglais *stone*, *pierre*, et aussi: *poids de quatorze livres*, ou *de huit* quand il est question de viande), et c'est l'équivalent de صنجة, car en citant les mots: לא יהיה לך בכיסך אבן ואבן (Deuter. XXV, 13), «tu n'auras point dans ton sachet deux sortes de pierres à peser,» Aboû'l-Walîd, 17, 2 a f., explique אבן par صَنْجَة. *Pondus*, صَنْجَة, Voc., qui donne le pl. صُنُوج, *poids*, masse de métal pour comparer, connaître le poids, la pesanteur, سنجة, Bc, Hbrt 101, Ztschr. XX, 501, où il faut prononcer السَّنْج, au plur., 1001 N. III, 468, 3 a f.: وعنده ميزان وصنج

où l'éd. de Bresl. a ce mot avec un *sin*; synonyme عِيَار dans le Voc. et dans le M: — سنَاجِة الْمِيزَان عِيَار *Boule de métal*, ainsi nommée parce qu'elle ressemble à un poids, Djob. 272, 2, en décrivant une horloge: « A la fin de chaque heure du jour, deux *çandja's* de cuivre tombent du bec de deux faucons du même métal, » et le pl. صَنْج, *ibid.*, dern. l.; dans ce passage le synonyme est بُنْدُقَة. Un poète cité par Cazwînî, II, 374, 10, dit de même en parlant d'une horloge qui avait la figure d'une jeune fille, laquelle laissait tomber une boule à la fin de chaque heure:

جَارِيَة تَرمِى الصَّنْج

mais je ne comprends pas comment Cazwînî a pu dire dans la ligne précédente: la figure, la jeune fille كَانَت تَرمِى بَنَادِق عَلى الصِّنَاج, et je ne puis me défendre de la crainte qu'il n'ait pas compris le mot الصَّنْج dans le vers qu'il cite. — Prenant la partie pour le tout, on a appliqué le mot qui signifie *poids* à l'instrument dont on se sert pour peser avec un seul poids; *peson, romaine*, Bc; Torres 84 (Maroc): « Tous les payements que l'on fait, qu'ils soient grands ou petits, se font au poids. La monnaie assemblée, ils usent de certains poids ou balances qu'ils ont en leurs layettes et qui sont bonnes. Ils les appellent *sanjas*, et elles ressemblent à celles des orfévres. »

سَنَاجِب.

مُسَنْجَب *fourré de petit-gris* (سنْجَاب), Vêtem. 328, 8, et *ibid.* n. 2, l. 4.

سَنْجَسْبُويَه (pers. سَنْكَسْبُويَه) *quintefeuille*, Bait. I, 57 b, II, 39 d (dans le dernier passage ce mot est altéré dans mes man. comme dans ceux de Sonth.; il faut y lire سنكسبويه, après quoi Bait. dit que ce mot s'écrit aussi avec un *djim*, c.-à-d. au lieu du *câf*).

سَنْجَق *étendard, bannière*; les deux citations d'Aboulfeda chez Freytag sont fautives; pour la seconde il faut lire: IV, 516, 7; cf. Prol. II, 46, 7; *pavillon d'un navire*, Hœst 187. — *Celui qui a reçu un étendard*, Rutgers 127, *bey, sangiac*, Bc, M. — *L'emploi, la dignité d'un tel personnage*, Rutgers 127. — *Ceux qui sont sous le même étendard*, M.

سَنْجَقدَار (pers.) *porte-étendard, bey, sangiac*, Rutgers 127.

سَنْجَمَل nom d'une plante, Ghadamès 332 (sendjemel).

سنح I. مَا يَسنَح مِن طَير أَو حَيَوَان *les augures fournis par* etc., Prol. I, 182, 2, 195, 5. — C. على, en parlant d'un bâtiment, *heurter contre* un écueil, etc., Djob. 72, 19, 325, 3. — C. a. p. *différer l'affaire de quelqu'un*, M. — سَنَحتُ الأَمرَ عَن بَالِى *j'ai écarté la chose de mon esprit*, M.

سَانِح s'emploie en effet (cf. Freytag) substantivement dans le sens d'*oiseau*, Mi'yâr 25, 2 a f.: وَمَحَاسن يُشغَل بِهَا عَن وَكرِ السَّانِح. — *Bon augure*; le titre d'un livre est: « السَّوَانِحُ الأَدبِيَّة فى مَدَائِحِ القنَّبِيَّة, de Sacy Chrest. I, v̊, 4 a f., Hâdjî-Khalfa III, 630, « les bons augures littéraires, concernant les vertus du chanvre » (de Sacy); celui d'un autre est: سَوَانِح العُشَّاق, Hâdjî-Khalfa l.l.

سند I c. على *appuyer contre*, Bc. — *Reléguer, mettre à l'écart*, Bc.

II c. a. est dans le Voc., de même que la IVᵉ, *attribuere* (vel *facere alium recumbere*, car cette note appartient à cet article, et non pas à celui qui précède) et *narrare*.

IV c. a. et لـ (au lieu de الى) *attribuere*, Voc. — C. الى *annexer*, Bc.

V c. لـ et الى *s'appuyer sur*, Voc. — *Etre attribué*, Voc.

VI. Cette forme n'est pas expliquée exactement par Lane d'après Tibrîzî (mieux sous le participe). On l'emploie en parlant d'une réunion de tribus qui combattent pour la même cause, mais *dont chacune a son chef particulier*, p. e. Belâdzorî 97, 4 a f.:

وَهُنَاك جَمَاعَة مِن بَنِى أَسَد وَغَطفَان وَغَيرِهِم خَارِجَة بَن حِصن بَن حُذَيفَة وَيُقَال انَّهُم كَانُوا مُتَسَانِدِين; de même 254, 5: وَقَد جَعَل كُلّ قَوم عَلَيهِم رَئِيسًا مِنهُم. وَقَد قِيل انَّهُم كَانُوا مُتَسَانِدِين عَلَى كُلّ قَوم رَئِيسُهُم. On l'emploie aussi en parlant de deux chefs, *qui combattent l'ennemi alternativement*, comme chez Ibn-al-Athîr I, 275, 5: وَوَافَاهُ اَردَوَان وَمَلَك الارمَانِيِّين وَكَانَا يَتَحَارَبَان عَلَى الْمُلك فَاصطَلَحَا عَلَى اَردَشِير وَهُمَا مُتَسَانِدَان يُقَاتِلَه هَذَا يَوم وَهَذَا يَوم. Dans les deux passages de Belâdzorî l'éditeur a fait imprimer à tort متساليدين,

et dans son Glossaire il a donné un article sur une
VIe forme du verbe سود, qui n'existe pas, et où il
cite le passage d'Ibn-al-Athîr, mais sans remarquer
que le texte a une autre leçon, qui est la seule
bonne. Il s'est empressé de reconnaître la justesse
de ces observations, et il m'a encore fourni ces passages: pour la 1re signif.: Athîr I, 383, 6 a f., 458,
3, II, 344, 11; pour la 2de cf. Yâcout II, 301, 7. —
S'augmenter, s'accroître, Abbad. II, 102, 4: وفساد
حاله عند المعتمد يتزايد، وتدابره يتساند، Recher-
ches I, 185, 14 de la 1re édit.: ثم ما زال ذلك التخاذل
يتزايد، والتدابير يتساند، ة

VII c. على *s'appuyer sur*, Bc.

VIII se construit c. الى et على, Bc *passim*. — C.
الى *accedere*, Voc. — C. على *recumbere*, Voc.

سَنَد, *appui*, a chez Bc le pl. سنَاد et سَنَدات. —
Dos, Diwan d'Amro'lkaïs ٢٣, 13. Ce mot a été
mal expliqué par Quatremère, Maml. I, 1, 250; dans
les quatre premiers passages qu'il cite, il a le sens
de معتمد, voyez Lane 1443 b, 8 a f. et suiv.; je
parlerai tout à l'heure du cinquième. — سند التعليم
*système d'enseignement qui se transmet de génération
en génération* (et pour cette raison avec اتصل et
انقطع), Prol. II, 377, 9 (c'est là le cinquième passage que Quatremère cite l. l., mais d'une manière
inexacte, car il faut lire: سند تعليم العلم (cf. la
trad.), et en le traduisant mal), 378, 8, 13, dern.
l., 379, 4, 14, 380, 5, etc. — *Obligation, acte par
lequel on s'oblige de payer une somme; reconnaissance,
acte par lequel on se reconnaît redevable ou dépo-
sitaire*, Bc, M avec le pl. سَنَدات. — Le pl. أسناد
pyramides, L (peramides).

سَنْدَة est donné dans le sens de سَنَد par Burckhardt
Syria 666 («the side of a Wady where he re-ascends»).

سِنْدى *musicien, ménestrel, jongleur*, Voc. (mimus
in instrumentis); cf. Bat. IV, 412: «Ensuite viennent les jeunes gens, les disciples de Dougha (l'interprète du sultan de Melli dans le pays des nègres);
ils jouent, sautent en l'air, et font la roue à la
façon du *sindî*.» C'est proprement: «un natif du Sind,» c.-à-d. *un bohémien*.

Sorte de melon, Auw. I, 683, 5 a f.: الدلاع وهو
السندى; c'est pour البطيخ السندى, et ce melon
a été appelé ainsi parce qu'il était originaire du
Sind; voyez Gl. Esp. 339.

سِنْدِيَان. «Une forêt de *sindian* ou de chênes turcs,
dont le gland diffère du gland ordinaire en ce qu'il
croît dans une cosse touffue,» Light 199. — سنديان
الأرض serait فراسيون, *prassium foetidum*, selon le
Most. (sous ce dernier mot); mais Bait., II, 64 e
(ainsi dans AB), dit que c'est une erreur et que ce
mot désigne le بلّوطى, c.-à-d. βαλλωτή, *Ballota nigra*. — بلّوط سنديان *châtaigne*, Mc. — *Enclume*,
comme سنْدان, Hbrt 85.

سِنَاد, t. de musique, *accord entre des sons différents*, Prol. II, 359, 16.

سائد pour סוֹמֵךְ, *qui soutient*, Saadiah ps. 37.

مِسْنَد, proprement *coussin*; en Chine, très-grand
portique où se tient le vizir, ainsi nommé parce que
ce dignitaire y est assis sur un coussin énorme et
fort élevé, Bat. IV, 298. (La forme مَسْنَد pour
coussin dans le TA n'est pas une faute de copiste,
comme Lane (sous سَنَد) l'a pensé, car elle se trouve
aussi dans le M et chez Alc. (cabeçal)).

مُسْنَد *collection de traditions avec leur* أسناد, de
Slane trad. de Khallic. I, 182, et trad. des Prol.
II, 482. — *Celui qui connaît les traditions et indique
leurs sources*, Maml. I, 1, 46. — *Digne de confiance*,
Roland. — *Hiéroglyphes*, Djob. 58, 19. — مال مسند
annexe, bien uni à un autre, Bc.

مُسْنَد = سَنَد *le flanc* d'une montagne, Gl. Edrîsî.

مُسْنَدَة. «Quand l'Arabe écrit, il place le papier
sur une *misnada*, composée d'au moins une douzaine
de feuilles de papier attachées les unes aux autres
aux quatre coins et ressemblant à un livre mince,
qu'il dépose sur son genou,» Lane M. E. I, 316. —
Eperon de muraille, Bc.

مُسْتَنَد *fondement*, Amari Dipl. 187, 8, 201, 5,
219, 9 et 10.

سِنْدِيجَان vulg. pour سنديان, *chêne-vert, yeuse*, M.

مُسَنْدَر *verni*, Alc. (barnizado); ce mot a été formé
de سندروس.

سَنْدَرُوس est la prononciation que donne Alc. (barniç); on en a deux sortes, الهندي, l'indienne, qui est la meilleure, et السيتي, de Ceuta, Most. in voce. — سندروس بلّوري copal, gomme d'une odeur agréable qui entre dans le vernis, Bc. — شجر السندروس cade, grand genévrier, genévrier, Bc.

سندس I orner de سُنْدُس, brocart, Macc. II, 438, 9, où il faut biffer la prép. في, qui n'est pas dans les deux man. du Matmah, et lire: وملنا الى روضة قد سُنْدِسَ الربيع بساطها ۞

II quasi-pass. de la Ire, Khatîb, man. B, article sur Idris ibn-al-Yamân ibn-Bassâm al-'Abdarî:

الى العَلَوِيّ الارحى الذى به تسندست النعمى عليها تسندسا ۞

مقاطع سُنْدُسِيّ de brocart, 1001 N. IV, 246: سندسية, J. A. 1841, I, 368.

سنداس pl. سناديس commodités, lieux d'aisance, privés, Alc. (privada), Bat. IV, 93, 94, Macc. III, 426, 2 a f.

سندل

سَنْدَل (esp. cendal) gros de Naples, étoffe de soie, Bc; cf. صندل.

سندان pour سندال, enclume, Bc. — Signifie évidemment lame, plaque, morceau de métal plat et de peu d'épaisseur dans les 1001 N. Bresl. IX, 196, 11: درأت بابا مقوصرا بعتبة مرمر وسندال من النحاس الاصفر وعليه حلقة من الفضة. Le Père Guadix (apud Cobarruvias v° cendal) dit de même que cendal signifie en arabe hoja delgada. Je serais presque tenté de mettre cette signification en rapport avec celle qui précède, et de raisonner ainsi: l'ouvrier qui battait l'or, l'argent, le cuivre, etc., c.-à-d., qui réduisait ces métaux en feuilles très-minces en les battant avec un marteau sur une enclume, سندال, portait le nom de سنداس, proprement *l'homme de l'enclume*, mais que le Père Guadix donne dans le sens de *batteur d'or ou d'argent*. Peu à peu, toutefois, et lorsqu'on eut oublié l'origine de ce nom (ce qui pouvait arriver facilement, car le mot ordinaire pour *enclume* n'était pas سندال, mais سندان), on a appliqué le terme سندال au produit du travail du سندالي, c.-à-d.

à une lame ou plaque de métal. Mais comment expliquer alors la terminaison *os* dans سندلوس (voyez)? Voilà ce que j'ignore. — Pl. سنداّلة et سنداّلة *batteur de pavé, oisif, désœuvré, gobe-mouche, niais qui s'occupe de riens*, Bc. Je me tiens persuadé que c'est pour سندالى, et qu'au fond c'est la même signif. que celle de «batteur d'or ou d'argent.»

سَنْدَالِـــى *batteur d'or ou d'argent*, selon le Père Guadix *apud* Cobarruvias v° cendal.

سَنْدَلُوس *oripeau, lame de cuivre très-mince, polie et brillante, qui de loin a l'éclat de l'or*, Alc. (oropel); *dorure d'oripeau*, Alc. (doradura de oropel). C'est au fond le même mot que سندال dans le sens de *lame, plaque*.

سَنْدَلُوسِى *batteur d'or ou d'argent*, Alc. (batihoja), Escolano, Historia de Valencia, I, 82 b.

سنادوقس (?) *de la céruse brûlée*, Most. v° اسفيداج: leçon de La, N حندوقس.

سنديان = سندياد *chêne-vert, yeuse*, Bc, Ht, 1001 N. Bresl. I, 29, 3 et 12.

سنر.

سَنْرِية حَرَامِيَة *cumin sauvage*, Roland. سنانير, en Egypte, *myrobolan emblic*, Sang.

سنارة = صَنَّارة (voyez). — سنار بَهِيم (carotte de l'âne) *daucus glaberrimus*, Prax R. d. O. A. VIII, 348, cf. Gl. Esp. 224.

سَنَاريّة *panais, pastenade*, Cherb., Martin 100, cf. Gl. Esp. 224; Daumas, V. A. 380, écrit سناريه.

سِنْسِن *apophyse*, saillie sur un os, Bc; dans le Gl. Manç. on lit sous سناسن que ce sont: حروف ناتية, mais spécialement, chez les médecins, ceux du milieu, car ceux des côtés s'appellent أَجْنِحَة.

سِنْسول voyez سِرْسُول.

سنط II. Freytag dit sous la Ire forme, سَنَطَ, que ce verbe signifie «inclinatus fuit,» en citant les 1001 N. Bresl. III, 226, 1. Rien n'est moins vrai, et l'explication donnée par Habicht dans son Glossaire, quoiqu'elle laisse encore à désirer, est beaucoup meilleure. سَنَط, car c'est ainsi qu'il faut prononcer, ou

سنطرة, comme on lit l. l., est pour صَنَت (voyez), et ce dernier est une transposition de نَصَت (voyez), *écouter, prêter l'oreille pour ouïr*; cf. chez Daumas V. A. 187: « isennote djenabou, » « il (le cheval) écoute ses flancs. »

سُنَيط se trouve dans le Man. Escur. 893 avec cette explication: هو وسط الكوائر وما يُسَدّ به باب الكوّارة ❊

سَنَاطِيَّة *cartonniers et fabricants de couvertures en carton*, Descr. de l'Eg. XVIII, part. 2, 403 (sanâtyeh).

سَنْطَرة *sorte de poisson*, Man. Escur. 893: طريغلا وفى المعروفة بالسنطرة; ainsi dans le man., pas طرغيلا comme chez Casiri I, 320 a; c'est τρίγλα, *le rouget ou le surmulet*.

سَنْطُور et (سَنطير) (ψαλτήριον) *psaltérion, tympanon*, instrument monté avec des cordes de fil de laiton, et qu'on touche avec de petites baguettes de bois, Bc, M; « le santir se compose d'une seule caisse plate, en bois, de forme trapézoïde de même que le qânon arabe: mais, au lieu de n'avoir qu'un côté oblique comme celui-ci, le santir en a deux et présente la forme d'un triangle tronqué à son sommet; il a des cordes en métal qui se battent avec de petites baguettes de bois terminées par une espèce de talon, lequel est quelquefois en ivoire, quelquefois en corne, et dont la partie convexe est la seule qu'on fasse porter sur les cordes, » Descr. de l'Eg. XIII, 326; 1001 N. Bresl. XII, 221, 9, 231, 4. — *Harpe, luth*, Hbrt 98 (Alg.), qui écrit سنتير. — *Épinette, petit clavecin*, Bc; au Maroc, *piano*, Cotte 39. — *Carillon, battement de cloches*, Bc.

سنغ — سَنْط *une sparte du Sud*; سنتاي, Prax l'appelle Beaussier; *sengha*; *ligeum spartum*, Colomb 12; cf. Jacquot 57 (seunra). De là le nom d'un oiseau, سنغ الأبل; « *song el ibel*, i. e. *camel-pricker, cream-coloured courser, cursorius Gallicus*, » Tristram 401.

سنف II c. a. et V dans le Voc. sous *frustum*.

سنيف pl. سنانيف *morceau*, Voc.

سَنُوفة *jolie femme*, Bc (Eg.).

سَنْفَرَة *émeri, pierre pour polir*, Bc.

سنفيتون (σύμφυτον) *consoude*, Bc.

سُنْقُر pl. سَنَاقِر *gerfaut*, Maml. I, 1, 91 et suiv. — سناقر *sorte de maladie propre au Dihistân*, Tha'âlibî Latâïf 132, 6.

سَنْكَرى vulg. pour تَنْكَارى, M; en ce cas, ce mot signifierait *fabricant de chrysocolle*, et le M lui assigne en effet ce sens; mais selon Bc, il signifie *ferblantier*, et alors il vient de تَنَك (voyez), « *fer blanc*. » — حدّاد سنكرى *serrurier*, Hbrt 85; cf. sous سكر.

سنكسار (grec) *synaxarion, recueil abrégé de la vie des saints*; كتاب سنكسار *martyrologe*, Bc, M.

سَنْكَسْبُويَة, *quintefeuille*, voyez سنجسبوية.

سنم V c. فى, Çalât 29 v°: اعلى من للجبل فاستنموا Au fig., Hist. Tun. 115: تستم للخطط الرفيعة « il monte aux plus hautes dignités. »

VIII. استنم للخلافة *viser au trône*, Berb. I, 475.

سَنَمَة pl. سَنَم et أَسْنَام, *bosse de chameau*, Bc; dernier pl. (cf. Lane sous سَنَام) dans Antar 3, l.

سَنَام *l'épine du dos*, Voc. — سنام القبر est proprement *la terre amoncelée en forme de bosse sur un tombeau, petit tertre* (cf. les Dict. sous la IIe forme et Burton, I, 412, qui dit en parlant des sépultures « in the centre the earth is either heaped up, (i. e. like the hump of a camel), or more generally left مُسَطَّح, level »), Djob. 46, 11, Berb. I, 148, a f., 186, 7 a f., où le pl. أَسْنِمَة semble avoir le sens d'un sing., puisqu'on y lit: جُعِل على قبر عَقْبَة أسنمة ثم جصّص; mais c'est aussi *la pierre sépulcrale*, Berb. II, 305, 2 a f.: متسع على قبورهم اسنمة من الرخام ونقشها بالكتاب, Djob. 227, dern. l.: — السنام عليه مكتوب هذا قبر الخ ام الأندلس, est la province d'Eliberis, Recherches I, 348, n. et Append. LXV, 2 a f.; chez Çalât, 31 v°, l'Alhambra: صدل — نظر الخليفة — لمدينة غرناطة مبتها سنام الأندلس ❊

سنمورة voyez سمّورة.

سنڙو une ombellifère, Prax R. d. O. A. VIII, 280.

سنہ.

سَنھِی annal, annuel, M.

سنى et سنی II s'emploie souvent au fig. dans le sens de *faciliter* ou de *préparer*; le Voc. a l'expression الله يسنّى لك خيرًا sous parare; Abbad. I, 249, 14: الى ان سنّى الله بينهما الصلح, cf. 277, n. 104, III, 118; Bat. I, 84: سنّى الله له الفتح المبين وبسّر, de même Cartâs 226, 2, cf. 250, 15.

IV. L'expression اسنى له الجائزة, que Lane a traduite d'une manière peu intelligible, signifie: *il lui fit un don très-considérable*, Prol. I, 21, 4 et 5. — Dans le Voc. sous cenia (moulin).

V pour تَسَنَّن, Mufassal éd. Broch 173, 4 a f.

سَنَا baguenaudier (arbre) ou *coluthea*, Bc; « quelques auteurs ont pris le baguenaudier pour le séné et ont voulu le voir dans le *colutea* de Théophraste, » Leclerc A. R. 326. — Voyez sous سقا. — سنا اندلسى globulaire, Bait. dans le man. A après II, 62 e, aussi سنا بَلْدى, Bait. II, 226 e, A. R. 278. — Le سنا مَكَّة ou *séné* s'appelle aussi: سنا مَكِّى, Bc, Hbrt 49, Most., Bait. II, 57 k, A. R. 325, Mehren 29, Most., et سنا حَرَمى (pour الحَرَم), A. R. 325, Richardson Sahara I, 210, Carette Géogr. 96, 115, 201. On a en outre le سنا رُومى, M.

سَنَوِى annal, annuel; عيد سنوى anniversaire, Bc, M.

سَنِى. Le pl. أَسْنِيَاء, Abou'l-Walîd 431, n. 94.

سَنَّاء meunier, Voc.

سانى meunier, Alc. (aceñero); on pourrait penser que son « cení » est le سَتَّاء du Voc., mais ce qui s'y oppose, c'est qu'il écrit le fém., « meunière, » « cênia » (aceñera), qui ne peut être autre chose que سانية.

سَانِيَة roue hydraulique, Gl. Edrîsî; à Palerme une *roue à godets* porte encore le nom de *senia*, Amari J. A. 1845, I, 114. — *Puits*, spécialement *puits à roue hydraulique*, aussi السانية, au pl. آبار سوانى, بئر

Gl. Edrîsî, Auw. I, 146, 7 a f., où il faut lire, avec notre man., السانية العميقة, Gräberg 38, Prax R. d. O. A. VII, 270, 276 (dans un sens très-large Nachrichten III, 577: «eine kreisförmige Ebene, um einen 8 bis 12, ja zuweilen 20 Fuss erhöheten Brunnen, wird mit den über dem Brunnen angebrachten Vorrichtungen eine *Seigne* genannt »). — *Fontaine publique*, سانية للسبيل, Gl. Edrîsî; *bassin*, Roland. — *Moulin à blé, mis en mouvement par l'eau*, Gl. Edrîsî, Voc. — *Meunière*, Gl. Edrîsî. — *Jardin*, ibid. et p. 388, Khallic. VII, 88, 2 a f., Hist. Tun. 81: توفّى بسانية باردو 83; le Bardo est nommé p. 93: احدٌ متنزّهات بنى ابى حفص, et p. 120: وكان من بساتين بنى ابى حفص. — Dans le vers chez Macc. I, 667, 13:

اشرب على بنيونش بين الشوانى والبطاح

M. Fleischer (Berichte 218) veut lire السوانى (ce qui est la leçon de l'éd. de Boul.), et il traduit ce mot par *hauteurs, collines*, l'opposé, dit-il, de البطاح. Je ne l'ai jamais rencontré en ce sens, et je doute qu'il puisse l'avoir, car le verbe سنى signifie bien *être ou devenir élevé en rang*, mais non pas *être haut*, en parlant d'un terrain. Si السوانى est la leçon véritable, ce terme doit avoir une des signif. que j'ai indiquées plus haut; mais la leçon donnée par M. Krehl, الشوانى, *les galères*, peut fort bien se défendre, car ces vers ont été composés sur Peñones, près de Ceuta, sur la côte de la Méditerranée.

زرعى ومسنى se trouve dans le Voc. sous *viridis*.

مَسْنَاة. Le pl. مسنوات chez Freytag est une faute (qui a passé dans le M); il faut y substituer مسنيات, comme chez Lane, Gl. Belâdz.

مُسانَاة rente, J. A. 1843, II, 220, 6.

سُنُونُو. أكل السنونو, *mets d'hirondelle*, est à Damas le cri de celui qui vend des pains de froment minces, sur lesquels on a étendu du *dibs* ou du beurre et répandu du sésame. Cette expression veut dire: mets pour les belles demoiselles, car comme l'hirondelle de Syrie est plus petite que la nôtre et que sa voix ressemble beaucoup plus au chant véritable, le peuple aime à lui comparer une jeune fille qui a une petite bouche et une voix harmonieuse, Ztschr. XI, 517.

سهب II. Le n. d'act. *prolixité*, Cartâs 3, 7 a f.

IV. Dans la 1re part. du Voc. *abreviari*; ce qui

est une erreur, car ce verbe signifie précisément le contraire.

سهج

سَهْجَة *clameur, grand bruit* (ضَجَّة), M.

سهر I, n. d'act. سَهَر (pour سُهُور), Gl. Mosl.

سهر عند فلان I *passer la soirée chez quelqu'un*, Bc.
II c. a. *faire veiller*, Voc.

سَهَر *les soldats qui montent la garde pendant la nuit*, L (excubiæ).

سَهْرَة *veilles*, grande et longue application au travail d'esprit, Bc. — *Veillée*, veille de plusieurs personnes ensemble, Bc. — *Soirée*, depuis le déclin du jour jusqu'à ce que l'on se couche, Bc. — *Soirée*, divertissement donné le soir à des personnes réunies, Martin 46, Ztschr. XXII, 146.

سَهْران *veilles*, Payne Smith 1578.

ساهر *chat-huant*, Jackson 71, si c'est ainsi qu'il faut transcrire son *saher*.

مُسْهِر nom d'un oiseau qui chante toute la nuit, sans dormir, et si agréablement qu'il tient éveillés tous ceux qui l'écoutent, d'où lui est venu son nom, M.

سهك

سهك *puant*, en général, poisson, Chec. 197 rº: ما لم يكن سهكا les meilleurs poissons à manger sont ولا لزجا, terre, Auw. I, 85, 9, plante, Bait. II, 581 b: سهك الرائحة. En parlant du goût, ce mot semble signifier *désagréable*, Bait. I, 29, dern. l.: من سقى الأرنب البحرى يجد فى فمه طعما سهكا حوت, Edrîsî ٢١, 12: مثل ما يكون من طعم السمك سهك الطعم ❊

السهكة البيضاء *sorte d'oiseau*, Yâcout I, 885, 12.

سُهُوكة *puanteur*, Bait. I, 246 a: وهو حوت كثير اللزوجة والسهوكة جدًّا ❊

سهل II *expédier*, dépêcher, hâter l'exécution de, Bc; peut-être ce verbe signifie-t-il quelque chose de semblable Berb. I, 359, 6 a f., où il est question du tombeau du Mahdî: وقيام الخُجّاب دون الزائرين من الغرباء لتسهيل الاذن واستشعار الابهة وتقديم الصدقات — سَهَّل البطن *relâcher*, lâcher le ventre, *dévoyer*, causer le dévoiement, Bc. — بين ايدى زيارته

V *s'aplanir*, Bc. — *Se concilier*, *s'accommoder*, Ht (qui donne aussi *faciliter*, mais c'est la IIᵉ qui a ce sens).

VI. L'expression فى امر تساهل, *traiter une affaire avec légèreté*, *indifférence*, *négligence*, *ne pas y faire beaucoup d'attention*, n'est pas moderne (cf. Lane), mais assez ancienne, Haiyân-Bassâm III, 140 vº: تساهلوا فى مأكل لم يستطبه فقيه قبلهم, Khallic. I, 3, l. 3 Sl., 470, 3 a f., Çafadî dans Amari 676, dern. l., Macrîzî dans de Sacy Chrest. II, ٥٩, 2 a f., Soyoutî dans Meursinge ٣٩, 12, Prol. III, 328, 6: حذارا ان يتساهل الطبع فى الخروج من وزن الى وزن يقاربه, «car il faut éviter que, par suite de ce défaut d'attention qui est si naturel à l'homme, on ne passe d'un mètre à celui qui en est voisin» (de Slane), 1001 N. III, 614, 1. — تساهل فى الثمن *être facile quant au prix d'une chose qu'on vend*, la vendre à bon marché, 1001 N. IV, 353, 14; c. مع p., *ibid.* l. 15. — Dans le sens de la IVᵉ, *couler vers la plaine* (rivière) Berb. I, 124: يتساهل الى بسيط المغرب.

VII *se purger*, Alc. (purgarse), de Sacy Chrest. I, 146, 4.

X *compter pour peu de chose*, Edrîsî ٩٦, 3, Macc. II, 441, 9.

سَهْل *bénévole*, Bc. — *Coulant* (style), Bc. — *Grève*, lieu uni et plat, couvert de gravier et sans verdure, Marmol III, 15 c: «A los arenales menudos sin cosa verde llaman çehel.»

سَهْلَة *plaine*, Bc. — *Place*, lieu public entouré de bâtiments, Bc.

سُهْلة *dyssenterie*, Domb. 89.

سُهَيْل, بلعين ou بلغين, ou سهيل بلقين, 17ᵉ, 31 et 35ᵉ ét. du Navire, Dorn 61, aussi رقس سهيل, الرفاس, ou رقش, *ibid.* — أختنا سهيل *l'étoile à partie postérieure du petit Chien et celle de Syrius*, (cf. Lane).

سُهُولة *jour*, facilité, moyens de succès, Bc. — *Accommodement*, moyen pour terminer une affaire, *tempérament*, Bc. — *Impunité*, Bc. — سهولة اللفظ *euphonie*, Bc, Abd-al-wâhid 104, 17; mais le M donne un autre sens à cette expression, car on y lit que السهولة والظرافة, ou comme on dit aussi quand les mots d'un vers n'ont rien d'obscur, qu'ils sont parfaitement clairs اللفظ من التكلّف

سهم   697   سهو

(والتعقيد والتعسّف فى السبك), comme dans ceux-ci, qui sont de Madjnoun-Lailâ:

أَلَيْسَ وعدتنى يا قَلْبُ أَنَّى   اذا ما ثُبّتَ عن ليلى تتوبُ
فها انا تائبٌ عن حبّ ليلى   فما لك كُلّما ذكرْتُ تذوبُ

بالساهل ساهل; impuni; impunément, Bc.

أَسْهَل plus facile, Voc.

اسهال dévoiement, diarrhée, Bat. II, 148. — اسهال الدم flux de sang, dyssenterie, Bc.

تَسْهيل flux de ventre, diarrhée, Voc., Ht. — La suppression totale du hamza, et aussi, de même que تَسْهيل بَيْنَ بَيْنَ, sa suppression incomplète, c. à-d., quand on lui conserve une partie de son articulation, de Sacy Gramm. I, 100.

مُسْهِل purgation, médecine, Alc. (purga para purgar).

مسهلة balai, Domb. 94.

مَسْهول طبيعته مسهولة il a le ventre relâché, Bc.

أنسهال dévoiement, Bc.

سهم II, avec ل, assigner à quelqu'un sa part, Voc., qui a aussi cette forme, c. a., sous sagitta.

III c. a. p. et فى r. partager une chose avec quelqu'un (Lane), Berb. I, 93, 15, Recherches II, Append. LIV, 2, Macc. I, 169, 13. — Même constr., donner à quelqu'un une portion, une partie de, Berb. I, 84, 5, en parlant d'un sultan: وجبا بلاد السوس واقطع فيه للعرب وساهَمْ فى الجباية. — Même constr., faire participer un ami à sa joie, ou, plus ordinairement, à sa douleur, Abbad. I, 254, 3, 286, n. 154, III, 122, 2 a f., Recherches II, App. VI, 2 a f. — (Dérivé de سهم dans le sens de «poutre, solive, étançon») appuyer, aider, Macc. II, 704, 3: فبعثْنا احد اولادنا مساهمَةً به لأقل تلك البلاد. — Voyez plus loin le n. d'act.

IV. أسْهم بينهما اسهم لهما بسهمَيْن dans le sens de, Gl. Belâdz. — Assigner, c. ل et c. a., Voc. (asignare), Çalât 42 v°, c. d. a.: فاسهمه الاسهام والديار واثاله الاكرام والاوطار.

V et VII dans le Voc. sous asignare, et V aussi sous sagitta.

VIII. On dit en parlant de deux ennemis: اسْتَهَما

à peu près comme nous disons: ils se disputèrent la victoire, Abbad. I, 248, 11.

سَهْم, dans le sens de flèche, pl. aussi أَسْهام, Abou-'l-Walîd 242, n. 56, Saadiah ps. 22, vs. 19, Payne Smith 1178, et سُهوم, 1001 N. Bresl. IX, 145, dern. l. — Dans celui de sort, portion, il a aussi le pl. أَسْهام, Voc., Berb. I, 46, 10, et سُهُم, Voc. L'expression كان ضاربًا فى كلّ علم بسهم signifie: «il possédait une bonne part de chaque science.» On dit aussi en parlant de Dieu: ضرب لفلان بكذا باوق سهم «il avait donné à un tel une bonne part de telle ou telle chose,» Lettre à M. Fleischer 158. — Revenu en terres, assigné par le souverain, Hist. des Benou-Ziyân 93 v°: وعمل له فى بلاده سهامًا برسم اعانته وقدّر ذلك عشرون الف دينار فى كلّ عام فكانت تاتيه من جباية (au lieu de اعانته, le man. de Vienne porte جباية) وأُسْكِنَ مكناسة وأَقْطَعَ بها سهامًا (الخدمة), Khatîb 66 r°: سامًا نا لها خطر (le man. porte par erreur); le pl. أَسْهام en ce sens dans le passage de Çalât que j'ai cité sous la IVe forme; comparez sous مُساهَمَة. — ذو السهم surnom de Moâwia ibn-'Amir ad-Dhabbî, qui l'avait reçu parce qu'il avait l'habitude de céder à ses compagnons sa part du butin, M. — Baliste, machine de guerre, L (ballista; synonyme عَرّادة).

ساقِم disait le vulgaire en Espagne pour سَهْم, flèche, Voc.; — poutre, solive, étançon, avec le pl. سُهوم, Alc. (viga para edificio, cíhem).

مُساهَمَة, comme سَهْم, revenu en terres, assigné par le souverain, Khatîb, man. E, article sur Abdallâh ibn-Bologguîn ibn-Bâdîs: وأَجْرَى المرتّب والمساهَمَة عليهما. — Semble signifier générosité dans un passage que j'ai cité sous درجة.

سها I, être distrait, aor. o, i, a, Bc. — سها seul, de même que سها فى الصلاة, et سها عن الصلاة; c'est quand l'imâm commet une faute, soit en omettant quelque chose, soit en ajoutant des mots ou des actes superflus, et la prière de pénitence qu'il doit faire s'appelle سجود السّهو, Gl. Edrîsî in voce et p. 393. Ce verbe s'emploie aussi en parlant de l'assemblée quand elle commet une faute pendant la prière, Djob.

100, 19 et dern. l. (= Bat. I, 375, 376). — C. على se méprendre, Bc.

II c. عن distraire, Bc.

III c. a. p. semble signifier *profiter de la négligence de quelqu'un,* 1001 N. III, 461, 3 a f.

سَهْو *distraction, inadvertance, méprise,* Bc, cf. sous la Ire forme; سَهْوًا *par accident, par mégarde,* Bc.

السَّهْبَة = السَّهْبَة chez Lane, Cazwînî I, 30, 7.

سَهَاوَة = غفلة, Payne Smith 1494.

ساه *celui qui se laisse gagner par le sommeil quand il devrait rester éveillé,* M. — تحت الساهي دواهي *anguille sous roche,* Bc.

سَوْأ I. Les lexicographes auraient pu noter l'expression ساء ظَنَّهُ, qui est fréquente, p. e. Abd-al-wâhid 205, 3 a f.

IV c. a. p. *faire tort à quelqu'un,* Bc.

المرأة السَّوْء *femme d'un naturel malfaisant,* M.

سَوّ vulg. pour سَهّ, *anus,* Voc., Alc. (culo, rabo por el culo, siesso el salvonor). — *Poil des parties génitales,* Bc (sans voyelles). — Vulg., *du mal,* Prol. III, 378, 5; leçon de M. de Slane et de Boul.; notre man. 1350 a سَوْءَة.

سَوْءَة. C'est sous ce mot que Freytag aurait dû placer l'exclamation وَاسَوْءَتَاهْ, *quelle honte!* qu'on trouve p. e. Bidp. 212, 5.

سُوبَاشَاه (turc) *officier de police, sous-commissaire de quartier,* de Sacy Chrest. I, ١٥٥, 6.

سُوبَر *fenouil,* Most. v° رازيانج.

سوج II *broder,* Bc.

ساج est le *teck indien, tectona grandis,* «mais l'arbre africain auquel les écrivains arabes donnent ce nom paraît appartenir à une espèce tout à fait différente,» de Slane dans le J. A. 1859, I, 509. — *Campêche,* pour la menuiserie, Bc. — Dans le sens de *sorte de tailasân,* etc.; dans le R. N. 10 v° (où Ismâ'îl est le nom d'un marchand): بَزّ على اسماعيل طيقان ساج سبع ماءة وكان بالغرب من افريقية فقال لا نحزن (o.-à.-d. نَخْزِن) فى هذه فاشترى مع كل ساج جُبَّة وكساها المجاهدين فى سبيل الله تعالى. L'emploi de ce mot dans ce passage est singulier, car il semble que c'est d'abord le nom d'une étoffe dont on fait le طاق ou *tailasân,* et ensuite le *tailasân* même. A la fin d'un autre passage que j'ai copié sous اسكلفاج, on lit: انما هو اسكلفاج وليست بساج, et le mot en question doit y être le synonyme de *djobba,* ou bien il doit désigner l'étoffe dont la *djobba* était faite. J'observerai encore qu'Alc. traduit *drap de Londres* (londres paño de alli) par ساج. Serait-ce une altération de ساج? — ساجات *castagnettes, cliquettes,* Bc, Lane M. E. II, 87. — قصب الساج voyez sous le premier mot.

سوجر I *bâillonner* quelqu'un, Cherb. C.

سوح I vulg. pour يسيح ساح, *mener une vie errante,* etc., M. — En parlant d'un liquide, *être répandu, versé, couler,* M.

II *répandre, verser un liquide,* 1001 N. Bresl. IX, 246, 12: سوح الكوز على الارض, ibid. l. 15, 247, 13, 250, 3; dans ces passages l'éd. Macn. a كبّ et دلق.

ساحة, au fig., *centre,* p. e. d'un camp, Berb. I, 98, 7, d'une ville, 20, 8, du califat, 18, 11. — *Carrefour,* Ht. — *Territoire,* Berb. I, 164, 5 a f, de Sacy Chrest. II, ١٢, 5. — Dans une tente, *la toile qui sépare la demeure de la famille de celle des étrangers,* Ztschr. XXII, 100, n. 31.

سَوَّاح (cf. Freytag) est en effet une autre forme de سيّاح et signifie *voyageur, celui qui mène une vie errante*; on le trouve souvent en ce sens dans les 1001 N., p. e. III, 617; ailleurs, IV, 321, 5 a f, un chrétien dit que l'islamisme est دين السوّاحين, c.-à-d. دين السيّاحين فى البلاد, IV, 343, 7 a f. — *Ermite,* Léon 350, Bg, Marmol I, 62 c, qui parle fort au long des ermites qu'il appelle peu correctement «Ceüaquin Elquifar» (الغفار).

سوخ I *se fondre,* M. — ساخت روحه *ses forces défaillirent,* 1001 N. 875, 8: وقد ساخت روحه من الجوع والتعب; l'éd. de Boul. a ضعف, et celle de Bresl. خوى.

سواخة et سواخن est *diroytum* (?) dans la trad. d'une charte sicilienne apud Lello 14 et 20.

سَوّاخة. سوّاخة ارض *une terre molle dans laquelle s'enfoncent les pieds,* Becrî 48, 2 et 6, ارض سوّاخة 49, 7.

سود

I c. على *planer*, dominer en parlant de la vue, de l'esprit, Bc.

II donner à quelqu'un le titre de سَيِّد, *seigneur*, Abbad. II, 156, dern. l., Djob. 299, 3, Bat. III, 399, Berb. II, 351, 1. — *Rembrunir*, attrister; يسوّد الصدر *mélancolique*, Bc. — سوّد عرضًا *rendre noir, diffamer*; سوّد وجهه *ternir la réputation*, Bc.

V *se noircir*, Voc., Alc. (enegrecerse).

VI dans le Gl. Belâdz. est une faute; il faut y substituer سند VI (voyez).

IX (cf. Lane) اسودّ وجهه عند انفاس *il est déshonoré*, Bc.

سود الهند = سائس, *spicanard*, Most. sous le dernier mot (N سودن).

سِيد *lion*, Bc (Barb.). — Pour سَيّد, pl. أسياد, *maître, seigneur, lord;* أسيادي *messieurs*, Bc; voyez aussi sous سَيّد.

سودة une maladie de la peau, Sang., qui pense que la véritable orthographe est سُوَيْدَا محترقة.

سَوْدَاوِي *mélancolique*, Voc., Alc. (malenconico), Bc, Burton I, 288, II, 253, *atrabilaire, hypocondriaque*, Bc; *vaporeux, sujet aux vapeurs*, aussi من اصحاب الرياح السوداوية, Bc.

سودابة *bouteille noire*, Bc.

سودانيّة est l'oiseau qui porte aussi le nom de زرزور, Bait. II, 196 g: عصافير وسودانيات 197 a: السودانيات وفى الزرازير.

سَوَاد. Comme les Abbâsides avaient adopté le costume noir en signe de deuil à cause du grand nombre d'hommes de la famille du Prophète qui étaient morts en martyrs sous le règne des Omaiyades, le mot السواد désigne les vêtements noirs qu'ils portaient eux-mêmes ainsi que leurs employés, et, au figuré, *le titre d'employé*. Ainsi on lit que, lorsque certain personnage eut été nommé vizir, et qu'on lui eut adjoint une autre personne chargée de la conduite des affaires, on lança contre eux ce brocard:

ذاك سواد بلا وزير وذا وزير بلا سواد

c.-à-d.: l'un a le titre de vizir et rien de plus, et l'autre est vraiment le vizir, mais sans en avoir le titre, Gl. Fragm., Gl. Mosl., Fakhrî 316. — Le *noir de l'œil* est souvent nommé comme la chose la plus précieuse que l'on possède, Abbad. I, 385, 9 et III, 181. — On dit un سواد d'arbres, etc., de Slane sur Becrî 24, 15, où on lit سواد الزيتون: «Quand on remarque sur l'horizon un de ces massifs d'arbres qui forment des oasis au milieu des plaines de sable, on croit voir une longue tache noire sur un sol blanchâtre;» on emploie donc le mot سواد en parlant d'une forêt qu'on voit dans le lointain, d'une bande de voyageurs, etc.; cf. Abdarî 80 v°: وسواد اشجارها يظهر على بعد Becrî 48, 11, Djob. 214, 17. — السواد *la côte de l'Afrique septentrionale*, Becrî 31, 17 et 18. — *Fiente, excrément d'animaux*, Bc, Ztschr. VIII, 348, n., 2 a f. — *Brouillon, ensuite en général livre, exemplaire*, Mong. 4 et suiv.

سَيِّد, vulg. سِيد et (dans le Voc.) سُسْ. Bc, qui a le pl. أسياد, donne ce mot sous *chérif*; mais selon Burton, II, 3, ces deux mots ne sont pas synonymes, attendu que *saiyid* désigne *un descendant de Hosain*, et *chérif*, *un descendant de Hasan*. — *Prince almohade*, Khaldoun IV, 29 v°: القرابة من بنى عبد المومن وكانوا يسمّونهم السادة. — *Gouverneur envoyé par le Pacha de Tripoli dans les petits districts*, Ten Years 14; *gouverneur des juifs*, ibid. 94, 106. — *Soufi*, de Sacy Chrest. I, ١٢١, 6. — *Le frère de l'aïeule, du bisaïeul ou de la bisaïeule*, Alc. (ermano de abuela, de bisaguelo, de bisaguela). — *Beau-père*, Hbrt 25 (Alg.).

سَيِّدِي *dominical*, Bc.

سُوَيْد *soude (plante)*, Ht, «la *suœda vera*, espèce de soude, ainsi appelée attendu que les Arabes la nomment *souhed*,» Descr. de l'Eg. XII, 13, *suœda fruticosa*, Prax R. d. O. A. VIII, 283 (souïd).

سَوَادَة *noircissure, tache noire*, Bc.

سُيَيْدَة. «Souida des Arabes, Chenopodium maritimum (Lin.), Sueda maritima (Moq. Tand.); touffes d'un vert foncé, épaisses,» Ghadamès 329.

سَوَادِي espèce de *raisins noirs*, Burton I, 387 (sawadi).

سِيَادَة سيادة على الشعب *féodalité*, *droits de seigneur à foi et hommage*, Bc. — سيادة المطران *monseigneur l'évêque*, Bc.

سودن

سِبادِقْ *féodal*, Bc.

سادَاتِيْ *seigneurial*, Bc.

أَسْوَدْ, *noir, nègre,* forme aussi au pl. سودا, Bc. — *Plus noir*, incorrectement pour أَشَدّ سَواداً, dans un vers chez Khallic. VII, 109, 5 a f. — *Fâcheux*, Ht. — الدرّمّ الاسود voyez sous le premier mot. — Epithète de certain vent d'une grande violence, Cartâs 61, 14: الريح الشديدة السوداء — سوداء *bile noire, atrabile, affection mélancolique, spleen, hypocondrie, grippe, fantaisie,* Voc., Alc. (maleneonia), Bc. — *Crochet, agrafe,* L (fibula سَوْداً وتَخَاطِفْ — السوداء *les ustensiles,* Gl. Belâdz. — ما له سوداء للشغل *il n'a pas le goût du travail,* Bc.

تَسْوِيدْ *brouillon, ébauche,* Bc.

تَسْوِيدْ, suivi de على الشعب, *féodalité,* droits de seigneur à foi et hommage, Bc.

تَسْوِيدَةْ *noircissure, tache noire,* Voc.

مَسْوَدْ (Lane TA), exemples dans le Gl. Mosl.

مَسِيدْ ou مُسَيِّدْ, en Afrique, *école primaire,* Domb. 97, Bc (Barb.), Delap. 170 (messied), R. d. O. A. VII, 85 (mecid), Ht, Cherb. Dial. 62, Roland Dial. 622; dans le Voc. ce mot est مَزَدْ, pl. مَزُودْ et أَمْزِدَةْ; مَسِيدْ est la prononciation vulgaire, mais ancienne, car elle est déjà signalée par Djawâliki, de مَسَاجِدْ, Morgenl. Forschungen 145, dern. l.

مُسَوَّدَةْ *brouillon, minute,* Bc, ensuite en général *livre, exemplaire,* Mong. 4 et suiv. Le M prononce مُسَوَّدَةْ. — *Bouteille noire,* M, Bc, Hbrt 202.

مُسَوَّدَةْ désigne quelquefois, non pas les Abbâsides eux-mêmes, mais leurs employés, un de leurs gouverneurs et ses généraux. Dans le R. N. 22 r°: la question est si Ibn-Ghânim a été nommé cadi par Hâroun ar-Rachîd ou bien par le gouverneur d'Ifrîkiyah, Rouh ibn-Hâtim, فقال بعضهم لم تكن من أمير المومنين وانما كانت من المُسَوَّدَةْ يعنون الجُنْدْ وروح ابن حاتم ۞

سودن

I *fâcher,* Bc.

II *tomber dans une mélancolie voisine de la démence,*

Khallic. VIII, 136, 5. — C. من p. et على p. *se fâcher contre* quelqu'un, *s'estomaquer,* Bc.

مُسَوْدِنْ *triste,* qui n'a pas de gaîté, et *triste, ennuyeux,* qui inspire de la mélancolie, Bc. — C. من ou على p. *qui est fâché contre* quelqu'un, Bc.

سور II *entourer d'un mur,* Voc., M, Djob. 40, 9, 61, 6, 66, 6, 227, 5, 307, 18, 339, 3, Holal 4 r°: يَشْرَع الناس في بناء الدور دون تسويرها عليهم, etc. — Dans le sens de la III°, si la leçon est bonne dans Bidp. 13, dern. l.: أن الذى أسكنته هيبة سَوْرَتَهْ أو حميرة أدْرَكَتْهُ. — En Barbarie, *gagner* (de l'argent), Delap. 154, Bc (Barb.).

V. L'idée de *mur,* سور, est bien encore dans l'expression تَسَوَّرْ بيتًا, *escalader une maison,* Bidp. 194, 2 a f., mais ne l'a disparu dans l'expression تسوّر المنبر *monter en chaire,* Djob. 151, 11. — *Se rendre maître d'une chose par surprise,* Macc. I, 155, 18: Roderic devint roi من طريق الغصب والتسوّر; c. ب r., Haiyân 70 r°: وكان قبل ذلك قد تسوّر ببلاى شريبد (شريبند l.) ابن حجاج القومس خرج البه هاربا من قرطبة لخوفه من حاشت احدثت فيها «le comte Servando s'était emparé par surprise de la forteresse de Polei;» c. على p. et في r., Becrî 133: تسوّر (تسوّر l.) عليهما في الخلافة «il leur enleva le califat par surprise.» — C. على r., *prétendre à des connaissances qu'on n'a pas,* Haiyân 10 r°: تسوّر على العربية «il avait la prétention de connaître la langue classique,» Haiyân-Bassâm I, 41 v°: il écrivit beaucoup de livres sur la logique et la philosophie, غير انه لم يَخْلُ فيها من غلط وسقط لجراءته (لجرأته l.) في التسوّر على الفنون لا سيّما المنطق; aussi c. على p. et r., Haiyân 10 v°: تسوّر على الاعراب فى لغاتهم «il prétendait connaître mieux que les Bédouins eux-mêmes les mots dont ceux-ci font usage.»

سور. Roland donne أَسُورْ (sic, أَسْوارْ ?) *forts.* — *Côté* de l'instrument de musique qui porte le nom de *cânoun,* Lane M. E. II, 78. — En logique, *le mot qui, dans une proposition, indique la quantité des objets, déterminatif de quantité,* p. e. بَعْض quand on dit: كُلّ انسان حيوان وبعض الحيوان انسان, M, cf. مُسَوَّرْ. — *Sorte de poisson,* Yâcout I, 886, 7.

سُورَة la gomme de l'arbre, أسْرَار, Bait. I, 47 a (AB).

سُورى vitriol rouge, Bait. I, 510; c'est le grec σῶρυ, Diosc. V, 118.

سَوَار. سوار الأكران et سوار الهند والسند désignent la plante qu'on nomme en persan كشت بَر كشت, voyez Bait. II, 71 b, 379 h. — سوار السند coquille, Bait. II, 581 c.

سَبُور adj. en parlant d'un chameau, soit pour سَبُور, soit du verbe سار يَسُور, = وَثَّاب, Gl. Mosl.

مَسْوَرَة pl. مَسَاوِر panier pour les raisins secs, Voc.

مَسْوَرَة coussin rond, Macc. II, 88, 18.

مَسْوَرَة ما كان proposition déterminée, Bc, M (لها سور;) cf.

مَسَاوِرِى épithète d'une espèce de melon, qui a été nommé ainsi parce qu'il ressemble à un مِسْوَرة ou coussin rond, Auw. II, 223, 14.

سورماهى. المايح السورماهى 10,000 livres de sormâhî sont nommés parmi les redevances de l'Arménie, Prol. I, 324, 3. La signification de cet adjectif relatif m'est inconnue, ainsi qu'à M. de Slane.

سُورَنْجَان. السُّورَنْجَان الدَّقِيق décrit par Rauwolf 121; سُورَنْجَان en Espagne, colchicum autumnale, Bait. II, 204 b.

سوس I s'emploie, p. e., dans le sens de dresser et gouverner des faucons, Bidp. 155, 8, et dans celui de panser un cheval, le nettoyer, etc., Bc. Le Voc. donne يَسُوس الدَّابَّة dans le sens d'écuyer (armiger). — Aor. o et i, flatter, Voc. (blandiri). — Aor. o et i, c. فى, être habile dans, Voc. (industriare, scire).

II ronger, en parlant de la teigne, des mites, Alc. (apolillar; le n. d'act. apolilladura, le part. pass. apolillado, carcomido de madera). — Se carier (blé, bois), Bc; مَسُوسَة ضِرْس molaire gâtée, Daumas V. A. 425.

III سَايَس dompter, dresser souvent, continuellement, Alc. (domar a menudo). — C. a. p. chercher à dompter, à contenter quelqu'un, tâcher d'apaiser sa colère, Berb. II, 166, 5 a f. — Choyer, dorloter, mignoter, mijoter, mitonner; سَايَس نَفْسَه se conserver, se dodiner, se dorloter, s'écouter, se ménager, Bc.

سَايَس الأمور ménager, conduire, manier avec adresse;

سَايَس أموره se ménager, se conduire avec art, prudence, précaution, Bc.

V se carier (blé, bois), Bc.

سَاس (copte), en Egypte, de l'étoupe et des tiges de lin, de Sacy Abd-allatif 151, 566, 567, 1001 N. II, 243, 9. — Nom d'un arbre dont les racines ont quelque chose d'amer, Daumas V. A. 381.

سُوس, n. d'un. ة, carie du bois, des blés, Bc. — Maladie des dents, qui les rend noires, Alc. (neguijon de dientes).

سُوسَة vermoulure, piqûre de vers, Bc. — سُوسَة النَّبَات nielle, maladie des plantes, Bc. — Manie, p. e. له سوسة فى الخيل «il a la manie des chevaux;» vercoquin, caprice, fantaisie, Bc.

سُوسِى toile de lin d'une grande renommée, qu'on fabriquait à Sousa, dans la province de Tunis, sur le rivage de la mer; elle servait surtout pour les turbans, Vêtem. 317, n. 8, Yâcout III, 191, 1, Holal 9 v°: مائة عمامة مقصورة واربعائة من السوسى. Aujourd'hui Sousa est renommée pour ses bernous, Carette Géogr. 217. Autrement Descr. de l'Eg. XVII, 217: «سُوسِيَّة toiles grossières dont on se sert pour couvrir les matelas et pour faire des tentes.»

سِيسَانِيَّات (si c'est ainsi qu'il faut écrire ce mot), en Egypte, sorte de petits bidets que montent les enfants des grands, Ouaday 457 (syçâniât).

سُوّاس habile, Voc.

سِيَاسَة police, Bc. — Politique, conduite adroite dans les affaires, Bc, Macc. II, 60, 6, où il faut lire avec les man. et Boul. بالسياسة; والسياسة doucement, Roland. — Habileté, Voc. — سياسة صحة الأبدان hygiène, Bc. — السياسة المدنية, le régime civique, chez les philosophes, est le régime qui s'observera dans la cité parfaite, l'état parfait, la république modèle, où toutes les relations des citoyens seront fondées sur l'amour, où ils n'auront pas besoin de souverain, et où chaque individu aura la plus grande perfection dont l'homme est susceptible; voyez la note de M. de Slane sur Prol. II, 127, 6. — عارف متبحر فى علم الأمور السياسية بأمور السياسة, aussi criminaliste, Bc. Pour expliquer cette signif. il faut savoir que le mot arabe سياسة, administration, gouvernement, a reçu, en passant dans le persan, le sens de *supplice qui est infligé en vertu de la loi* (voyez Mong. p. CLXIII). Comme, pour employer les paroles de Quatremère (*ibid.* CLXV), « la sévérité, pour ne pas dire la cruauté, a été constamment le principe fondamental du gouvernement chez les Orientaux, le mot qui désignait l'*administration* s'est identifié avec celui qui était regardé comme le plus puissant ressort de tout gouvernement, comme l'essence même de l'art de conduire les hommes. » — *Droit coutumier*, l'opposé de شَرِيعَة, droit (canon) écrit. Cette signif., que ce mot a encore au Ouaday selon Barth III, 524, est évidemment celle que Macrîzî a en vue (dans de Sacy Chrest. II, ٥٨, 8 et suiv.; voyez surtout ٩٣, 11 et suiv., où il est question de la *charî'a*, et 3 a f. et suiv.). D'après cet écrivain, *siyâsa*, pris en ce sens, n'est autre chose qu'une altération du mot mongol *yâsâ*, qui désigne le recueil des lois données aux Mongols par Tchinghiz-khân, et il explique fort au long comment il s'est fait que ce mot s'est introduit en Egypte. Je crois qu'il a raison, et s'il a trouvé un contradicteur dans Quatremère (Mong. CLXIV), je pense que c'est uniquement parce que cet illustre savant n'a pas bien saisi le sens du mot *siyâsa* que Macrîzî avait en vue, à savoir celui de *droit coutumier*. Parmi les passages cités par Q. il y en a d'ailleurs qui prouvent péremptoirement qu'en Egypte *siyâsa* était l'équivalent du mongol *yâsâ*, comme celui d'Ibn-Iyâs qui, comme Q. le dit lui-même, « désigne par le mot de ابناء السياسة les *enfants du Yâsâ*, les Ouïrats qui s'étaient établis au Caire, dans le quartier nommé al-Hosainîya. »

سِيَاسِىّ *politique*, Bc. — *Criminel*, Bc; voyez aussi sous سِيَاسَة.

سَوَّاس *marchand de tisane de réglisse*, Bc.

سَائِس. Le pl. سُيَّاس (cf. Freytag) est aussi dans Bc, et le M le donne comme la forme ordinaire. — (Dans la Descr. de l'Eg. XVIII, part. 1, 51, on lit que *sâys* signifie *larges anneaux d'argent dont les femmes ornent leurs doigts*; mais je crois que c'est une faute pour مَسَاس; voyez ce mot sous le *mim*.)

سوسج I *affoler, rendre fou d'amour*, Bc.

سُوسَن (pl. سَوَاسِن, Merx Archiv I, 192, n. 2, Abou-'l-Walîd 585, n. 83) et سُوسَان (Abou-'l-Walîd 693, n. d'un. ۃ, Payne Smith 1308) *iris*, Bc; — *muguet, lis des vallées*, Bc. — سوسن برى *hémérocale*, espèce

de lis, Bc. — سوسن قبطى, Auw. II, 271, 6. — سوسن كسروى *lis royal*, Auw. II, 270, 18, cf. Clément-Mullet II, 260, n. 1.

سَوْسَن *tilleul* (arbre), Bc.

سوط I, en parlant du lait, etc., *devenir clair, liquide*, l'opposé d'épais, M.

II سَوَّط *fouetter*, L (flagello), *battre*, Daumas V. A. 183; سَيَّط *fouetter*, Voc., Alc. (açotar).

V تَسَيَّط *être fouetté*, Voc.

سَوْط. Dans les vers d'an-Nâbiga ad-Dzobyânî (de Sacy Chrest. II, ١٣٧, 4 a f., cf. 459, n. 49):

ما ان اتيبت بشىء انت تكرمه
اذا فلا رفعت سوطى الى يدى

les derniers mots semblent être une expression proverbiale qui signifie: Puisse ma main se dessécher et devenir paralytique! — سوط الخيل *scolopendre* (insecte), Beaussier, Pagni MS.

سَيَّاط *fouetteur*, Alc. (açotador).

مِسْوَاط *spatule, instrument de pharmacie rond par un bout, plat par l'autre*, Bc.

مَسْيَاطَة *escourgée, fouet qui est fait de plusieurs courroies de cuir*, Alc. (açote çurriaga, pl. ات, çurriaga açote, pl. مَسَايِط).

سوطر.

سَوْطَرى est, selon le M, un mot qui appartient au langage des soldats et qui dérive du verbe سوط mais il ne donne pas d'autre explication.

سوطيرا (σώτειρα) *électuaire d'une grande réputation* Sang.

سوع I, aor. *a*, vulg. pour وسع, *tenir, contenir, re*فرمر, Bc; de même ساعد pour وسعد, 1001 N. Bres IX, 323, 13: ما ساعد الا انكر « il ne pouvait qu le nier. »

سَاعَة *l'heure où l'on a fait la connaissance de quelqu'un*, 1001 N. I, 99, 7 a f.: ليتنا ما عرفنا هذا, Bresl. IV, 174, الغرد لا بارك الله فيه ولا فى ساعته, où il faut penser à l'heure où Abou-'l-Hasan avait été nom le *nedîm* du calife. — مع الساعات *sans cesse, toujours*, Gl. Edrîsî 379. — *Horloge*, Bc. — *Pendule*, aussi ساعة بشخّتة, Bc. — *Montre*, Bc, Lane M. E. I, 427, 1001 N. IV, 605. — *Lieue*, Bc. — ساعة شمسيّة *sablier*, M. — ساعة شمسيّة *cadran*, Bc, M. — ساعة الماء *clepsydre*, Bc, décrite Richardson Sahara I, 185.

ساعاتي *horloger*, Bc.

سواعيّة, chez les chrétiens, *livre d'heures*, M.

سوغ I s'emploie dans le sens général de *plaire*, *être agréable*, Macc. I, 814, 2 a f.: Tamerlan dit à Ibn-Khaldoun: كيف ساغ لك فى تذكرى فى كتابك وتذكر أنّا خرّبنا مصر مع العالم, 658, 11, Calâïd 60, 5:

اذا قمت لم ينطق فصيح مغرب
ولا ساغ فى سمع غناءٍ ولا زمر

— C. ل p. *être possible*, Voc., Khatîb 32 rº: comme ses disciples ne trouvaient pas de chaudron pour cuire leur riz au lait, il leur en indiqua un qui contenait un reste de poix, فقالوا له وكيف يسوغ الطبيخ فيها ولو طبخ فيها شيء؟ ما تأكله البهائم

II se construit c. d. a. dans le sens de *permettre*, Calâïd 59, 7, 64, 4 a f.: فخلع عن سلطانه وما سوّغ المقام فى أوطانه, Abd-al-wâhid 105, 14, et dans celui de *donner*, Weijers 39, 1, cf. 132, Macc. II, 269, 4 a f. — Voyez sous مسوّغ.

IV *trouver l'eau potable*, Edrîsî, Clim. III, Sect. 5: وماؤها ماء زعاق لا يسيغه شارب.

V c. a. r. *trouver une chose agréable, bonne, l'approuver*, Recherches I, 524, n, l. 3 de la 1re édit.: وما خلع اسم الوزارة ولا تسوّغ سواها ممّن أمّه او زاره, c.-à-d.: il n'aimait pas que ceux qui lui faisaient une visite lui donnassent un autre titre; Macc. II, 441, 10: Amoureux de ce jeune chrétien, تسوّغ دين مسيحه il trouva bonne la religion de son Messie; Berb. II, 495, 12: فقبل اشارى فى ذلك وتسوّغها. — C. a. r. *jouir d'une chose*, Weijers 59, dern. l.: السلطان المخلوع

قاسَمْ مدى الدنيا فأنت جمالها
وتسوّغ النعمى فانك منعم

Hoogvliet 55, 4 a f., Macc. I, 261, 20, Çalât 68 rº: nous vous avons communiqué cette bonne nouvelle, لتاخذوا باوفر حظّكم من شكر الله عليها وتنسوّغوا آلاء الله السابغة باجتلاء ما لديها

VII *être permis*, Abbad. I, 242, 3 a f., 417, 12.

X *trouver l'eau potable, trouver un mets mangeable*, Gl. Edrîsî. — *Trouver bon, approuver*, Macc. II, 365, 10.

سواغ *véhicule*, ce qui sert à faire passer, à conduire plus facilement, Bc.

تسويغات. L'explication de ce mot chez Freytag est insuffisante; celle de Lane est si obscure qu'il est presque impossible de la comprendre, et en outre elle n'est pas la véritable. Dans le M on lit: سوّغ له كذا اعطاه اياه ومنه تسويغات الملوك فى كلام المولّدين لتوجيهاتهم اى اعطائهم المناصب فى الولايات. Le mot en question signifie par conséquent: *Missions données par le souverain à ses employés dans les provinces, postes qu'il leur confie dans les provinces*.

مَساغ *appétit, désir de manger*, Chec. 184 rº: invité à manger, il répondit: انى اكلت الساعة ولا أجد مساغًا

مَسوّغ. Chez Macc. I, 169, Maimoun demande à Ardebast, un des fils de Witiza, quelques-unes de ses terres; «je les cultiverai moi-même,» dit-il, «je vous en donnerai le fermage, et le reste du revenu me mettra en état de vivre convenablement;» mais le prince lui répond: لا أرضى لك بالمساقاة بل أهب لك هبة مسوّغة; après quoi il lui fait donner deux terres par un de ses intendants. L'expression هبة مسوّغة semble donc signifier *en pur don, don fait sans aucune condition*.

سوف II se construit aussi c. a. p. et ب r., Badroun 214, 14: لم يزل يسوّفنى بثمن المتاع il différait toujours de me payer le prix des marchandises.»

V *être différé*, Voc. — *Trucher, mendier par fainéantise*, Bc.

ساف, pl. ات et سيفان, *sorte d'oiseau de proie, milan, busard*, Voc. (accipiter), Beaussier (busard), Calendr. 58, dern. l.; Tristram 392 donne ce mot avec l'article quand il écrit: ‛essaf, Egyptian kite, milvus Ægyptius.»

سُوَيْفٌ *trucheur, qui mendie*, Bc.

تَسْرِيفٌ pl. ات *droit prélevé sur le mâl el hourr et destiné pour les troupes*, Descr. de l'Eg. XI, 498, où c'est مُقَرَّر, Yâcout I, 3, 2 a f.

مَسَافَةٌ est proprement *la distance d'une station à l'autre, journée de chemin*, Alc. (jornada), et de là *route*, Gl. Edrîsî. — *Station*, Ibn-Abdalmelic 161 v°: quelques personnes étaient parties de Malaga pour aller accuser le cadi, mais celui-ci جعل معهم مَنْ يتطلّع عليهم ويستمع مقالتهم من حيث لا يشعر به احد منهم فكان ذلك الشخص يُعرّفه من كلّ مسافة ذكرنا. On dit aussi: حلّوا فيها بما فعلوا وما قالوا على الطريق مسافة مسافة, c.-à-d. *station par station*, Gl. Edrîsî. — *Un pan de mur, une partie d'un mur*, Cartâs 20, 12: ثمّ جاز الوادي بالسور وطلع به مع مسافات, 10: 123, طغت (ضفّة l.) النهر خمس مسافات المدينة فهدم فيه كلمات كثيرة ومسافات وقال أنا لا اختاج الى السور وانّما الاسوار سيوفنا وعُدّلنا, 13: 182, عدم السيل من سورها القبلي مسافتين, 209, 8 a f.: فهتك الجانبيك من سورها بُرجًا ومسافة فانهدم البرج والمسافة فدخلتم من هنالك عنوة بالسيف. On voit que Quatremère s'est gravement trompé lorsqu'en parlant du dernier passage dans le J. A. 1850, I, 254—5, il voulait changer مسافة en بحّنة ou en طاقة. — *Partie d'une ville, quartier*, Berb. I, 516, 2 a f.: فاختطّوا تلك المدينة وشيدوها وجمعوا الأيدي عليها وقسّموها مسافات على جيوشهم فاستتمّت لاربعين يوما ☾

سُوفِسْطَائِيّ *sophistique*, Prol. III, 26, 12.

سُوق I ne s'emploie pas seulement en parlant d'animaux, mais aussi en parlant d'esclaves qu'on fait avancer, qu'on pousse en avant, Burckhardt Nubia 292. — ساق النَّعَم والعبيد a reçu le sens de *voler le bétail, les esclaves*, 1001 N. I, 680, et par ellipse on dit: سُقْتُ عليه, *je lui ai volé son bétail*, ibid. 669, 4. — ساق عربانة *mener une charrette*, Bc. — Par ellipse, en parlant d'un cavalier, *pousser son cheval en avant*, Freytag Chrest. 39, dern. l, J. A. 1849, II, 319, n., l. 4 a f.; 324, n., l. 8, 1001 N. I, 27, dern. l. — *Avancer, aller en avant, continuer sa marche*, de Sacy Chrest. I, ۱۳۹, 4 a f., Maml. I, 1, 35, Macc. I, 290, 3, Nowairî Egypte, 2 m, 79 r°: ساق: ماحب حمص وعسكر دمشق تحت أعلام الغزيج ساق العسكر المصري والخوارزمية والتقوا بمكان, ibid. 90 r°, 109 v°, 169 v° (deux fois), 215 v°, يقال له النج. Chez Bc: ساق الى قدام *avancer*, p. e. سوقوا يا مقدمين «avancez, vous qui êtes devant;» ساق لحت *pousser, aller en avant, cheminer jusqu'à*. — C. ب p. être *le guide* de quelqu'un; il faut sous-entendre « les chameaux,» car c'est proprement: propulit camelos cum iis, i. e. quibus vehebantur, Gl. Fragm. Alc. a aussi la signif. de *conduire, guider* (traer guiando). — De même qu'on dit ساق حديثا ou كلاما (voyez Lane), on dit ساق قولا, ساق خبرا, etc., *faire marcher*, c.-à-d. *prononcer un discours, raconter une histoire*. Le verbe seul s'emploie aussi dans le sens de *raconter*, Gl. Badroun. ساق محضرا *faire part au lecteur d'une requête, en exposer le contenu ou la transcrire*, de Sacy Chrest. I, ۱۰۷, 11. — Par ellipse, سِيَاقَة مُلْكِه pour سِيَاقَة ذِكْر مُلْكِه, Gl. Abulf. — *Attirer par la force*, Alc. (atraer por fuerça). — *Attirer, pousser par des raisons*, Alc. (atraer por razon, induzir, induzir por razones). — *Porter, apporter*, Voc. (aportare), qui donne سَوَقَان parmi les n. d'act., Alc. (traer en si mesmo); ساق على رقبته *porter sur le dos, sur les épaules*, Alc. (traer a cuestas). — ساق تجارةً *importer une marchandise*, Amari Dipl. Append. p. 4, l. 2. — ساق للخلافة الى *prétendre que le califat doit passer à*, Berb. II, 12, 10 a f. — ساق الكير *souffler, faire du vent avec un soufflet*, Alc. (entonar soplando); dans les 1001 N. Bresl. V, 269, ساق بالكير (dans Macn. نفخ بالكير). Le verbe seul a le même sens, Alc. (resollar fuelles, sonar los fuelles).

II, en parlant d'un cavalier, *pousser son cheval en avant*, 1001 N. I, 27, 5 a f. — Dérivé de سُوق (le Voc. a ce verbe sous forum), *vendre à l'enchère*, Alc. (publicar bienes, vender en almoneda, le n. d'act. venta en almoneda). — *Ouvrir un marché, vendre et acheter* (Lane), Ztschr. XVIII, 544, 1.

III *accompagner*, Prol. II, 115, 3, 353, 4, Macc. III, 444, 22, *commencer en même temps que*, Berb. II, 8, 4 a f. — *Imiter, suivre la même marche*, Prol. III, 236, 2 a f., 237, 3 a f., 238, 2, 255, 8, 257, dern. l. — *Seconder, aider*, Prol. II, 329, 10. — *Exposer simultanément le contenu de deux livres*, Prol. III, 96, 3 a f.

V, *vendre et acheter dans le marché*, se construit c. ل *des marchandises*, Becrî 149, 14. — *Aller au marché pour acheter ce dont on a besoin*, M, Haiyân 60 rº: اعتقلهم وبن معهما من القصر — ومنع من صار , فيه التسوّق وطلب للحاجات حتى اشغوا على الهلاك فابح لعسكره دخول المدينة وفتح لهم ابوابها: rº 61 وتخرج فيها للتسوّق, 1001 N. Bresl. I, 344, 12: يوم الى السوق وتتسوى لنا ما نحتاج اليه, IV, 6, 2 a f. — VII. انساق الملك الى فلان «la puissance souveraine passa à un tel,» Berb. I, 16.

VIII *amener*, Çalât 10 rº: وقد استاق فى اتباعه, l'anonyme de Copenhague 8: من العرب بنى رياح وبنى جشم الخ وجاره (الوادى) فى ثارب كان قد استاقه, 14: واستاقوم مكبلين, من اشبيلية على الظهر لهذا المعنى الى السيد ابى استحق ☞

ساق, *jambe*, forme aussi au pl. ات, Bc. On dit استوى الشىء على ساقه, Haiyân 72 vº: la tente étant tombée, il prit un pieu وتقدم به الى المظل فعمد , اقام الشىء على ساقه, et de même فاستوى على ساقه Calâïd 53, 4: ملك اقام سوق المعارف على ساقها. — L'explication des paroles du Coran والتفت الساق بالساق que Lane donne en second lieu d'après le TA, a été adoptée par un poète *apud* Khallic. IX, 106, 2 (lisez يَلَفّ). — *Côté d'un triangle*, M; متساوى الساقين *isocèle*, triangle à deux côtés égaux, Bc. — Dans le sens de *tronc* ou *tige*, le pl. est aussi اسوقة, Bait. I, 535 d: اسوقة للانثى, où B porte اصول. — *La tige* d'une botte, ساق المورة, Fakhrî 3, 4 a f., 2 a f., 363, 1. — Chez le vulgaire en Espagne, espèce de lèpre, Zahrâwî 233 vº: وعلامته من قبل الدم الفاسد المحترق للحمرة الظاهرة والقوباء للحمراء والاورام لمكان الرطوبة والدم والقيح والتعفّن وتساقط الشعر واحرار العينيين فان كانت الرطوبة اكثر من للحرارة كان تساقط الشعر اكثر وهذا الصنف من للحذام تسميه العامّة الساق. — *Moutons*, Daumas V. A. 488 (Daumas MS). — ساق الاسد *la Vierge*, signe du zodiaque, Cazwînî I, 36, dern. l. — ساق للحمام nom d'une plante médicinale, M. — الساق الاسود *Adianthum Capillus Veneris*, Bait. I, 126 b. — تفرّق الساق? Badroun 260, 3:

فقال طاهر هيهات قلّا كان هذا قبل ضيف للحنانى , وتفرّق الساق. Cette expression m'est obscure, et malgré l'autorité des man., je soupçonne qu'elle renferme une faute.

سوْق, سوْق المعلوم مساق غيْبِرِه t. de rhétor.; c'est quand celui qui parle demande une chose qu'il sait, comme s'il ne la savait pas. Ce vers en est un exemple: «Dites-moi, je vous en conjure, ô gazelles de la plaine: Ma Lailâ est-elle une gazelle comme vous, ou bien appartient-elle au genre humain?» M.

سوق, كلّ سوق *chaque jour de marché*, 1001 N. I, 346, 7 a f. — Quand un musulman est esclave d'un juif ou d'un chrétien (ce qui est contre la loi), il peut le forcer à le vendre en disant: سوق السلطان , *le marché du sultan!* c.-à-d.: je réclame mon droit d'être vendu dans le marché public; voyez 1001 N. III, 474, 11. — *Village où il y a marché*, Richardson Morocco II, 89. — *Quartier* d'une ville, Palgrave I, 57, 62, II, 307. — *Rue*, Roland.

ساقة, proprement *l'arrière-garde*, avait en Afrique, sous les Almohades, les Merinides et d'autres dynasties berbères, un sens spécial, mais non pas celui qu'indique Freytag. C'était réellement l'arrière-garde de l'armée, mais celle-ci était commandée par le sultan en personne, et composée des princes de sa famille, des grands de sa cour et enfin de sa garde. Dans le camp, leurs tentes étaient derrière la sienne. Quand il montait à cheval, la *sâca* le suivait partout, en temps de paix comme en temps de guerre, et elle possédait seule le privilége d'avoir des tambours et des drapeaux, que les souverains avaient interdits aux autres troupes et dont ils avaient fait des attributs de la royauté. Cf. Abou-Hammou, p. 80, où ce sultan, après avoir rappelé que l'armée se compose de l'aile droite, de l'aile gauche, de l'avant-garde et de l'arrrère-garde ou *sâca*, continue en ces termes: وامّا الساقة يا بنّى وم اقل دخلتك, المختصصون بموالاتك ونصرتك, الخ — وبكون نزولهم فى محلّتك خلف منزلك وكذلك فى حال ركوبك, وحاتى سلمك وحروبك, Prol. II, 45, 11 et suiv.; l'anonyme de Copenhague 34: التفت المنصور الى ساقته فراى اكثر القرابة من الاخوة والعمومة قد اصطفّوا الخ. On trouve aussi nommé le خباء الساقة; c'est la grande tente du monarque, où il tient conseil avec ses généraux, où il dîne avec eux, etc., Cartâs 207, 9 et 10, 234, 14, 238, 12,

241, 11 (dans le premier et dans le dernier passage on trouve خِبَاء; c'est une mauvaise orthographe), l'anonyme de Copenhague 44: قَبَّتْ ريح عاصف باصيل ذلك اليوم أَثَرَتْ فى خباء الساقة بعض انتأثير. Le pl. سَاقَات signifie *les escadrons et les bataillons de la sâca*, Cartâs 218, 11: ثم اقبل امير المسلمين على اثر 220, 11 a f.: ولده بساقاته وجيوشه وطبوله وبنوده, Berb. II, 408, 12: فبرز امير المسلمين عليهم بالساقات والجيوش وضربت عليها الطبول وتدافعت ساقات العرب, (il est question ici des Bédouins qui formaient la garde d'Ahmed, qu'ils avaient reconnu pour sultan), 452, 8. — *Étrier*, Ibn-Doraid (Wright).

سَاقِى *tibial*, Bc. — *Celui qui induit, instigateur*, Alc. (induzidor).

سَاقَات *estropié*, Ht.

سُوقَة *petits marchands, boutiquiers*, de Sacy Chrest. I, 67, dern. l., 1001 N. I, 315, 7 a f., Bresl. I, 313, 7.

سُوقِى *qui induit, instigateur*, Alc. (le fém. v° induzidora cosa).

سُوقِى *regrattier, revendeur en détail et de la seconde main*, Alc. (regaton). — سوق pl. سُوَق [lisez سُوقَة] est le nom par lequel on désigne les marchands de dattes, de miel et de beurre. Ces marchands formaient autrefois une corporation distincte, » Cherb.; سوقيون, à Tunis, marchands d'huile, d'olives salées, de fruits confits au vinaigre, Prax R. d. O. A. VI, 348; Khatîb 92 v° et 93 r°: وقد قيَّدُوا ثمنًا لشراء بقل (نقل l.) وفاكهة وجهزونى لشرائه فخرجت حتى انتيت دكان السوق (السوق l.). — Le fém. سُوقِيَّة *herbière, marchande de légumes*, Alc. (havacera). — *Poissard, du bas peuple, de la halle*, Bc. — *Populaire, bas* (terme), Prol. III, 339, 5.

سُوقَان, n. d'act. qui s'emploie substantivement, *l'action de déduire, d'inférer, de conclure*, Alc. (deducion). — *Induction, instigation, conseil, impulsion*, Alc. (induzimiento). — *L'action de porter sur le dos, sur les épaules*, Alc. (traedura a cuestas).

سَوِيق. Le pl. أَسْوِقَة (Lane TA) dans le M et dans Chec. 209 v°. Burton I, 267: „sawik, the old and modern Arabic name for a dish of green grain, toasted, pounded, mixed with dates or sugar, and eaten on journeys when it is found difficult to cook. Such is the present signification of the word: M. C. de Perceval (III, 84) gives it a different and a now unknown meaning» (il donne d'après la trad. turque du Câmous: „une farine grossière, ou des grains concassés, ayant subi une certaine préparation, telle que d'être torréfiés, passés à l'eau chaude, etc.»).

Fait aussi de fruits (voyez Lane); سويق انتقالى chez Rhazès, Gl. Manç. — *La farine qu'on tire du* بُرْغُل *quand on le crible*, M.

سِيَاق, *fil, suite de choses, d'une affaire, d'un discours, marche, progression des idées dans un ouvrage*; نرجع الى سياق الكلام „reprenons notre discours,» Bc. — Chez cette espèce de prédicateurs qu'on nomme قُصَّاص, *une section* (حِصَّة) *de la tradition*, M. — *Intercession*, 1001 N. III, 233, 2 a f: وقد توسل بى اليك ان تتوجه اينتكت السيدة اسية انتم سياقى على فلان; on dit: فلا تخيبنى واقبل سياق *intercédez auprès d'un tel*, ibid. II, 95, 5 (dans la trad. de Lane: „be ye intercessors with»), III, 467, 15; ailleurs, III, 460, 11, on lit: انت سياقى الله على فلان, mais je crois que le mot الله est de trop; aussi ne se trouve-t-il pas dans l'éd. de Bresl. (IX, 274, dern. l.).

سُوَيْقَة, comme diminutif de سَاق, *jambe*, signifie aussi *un mamelon qui s'élève à pic*, parce qu'on le compare à la jambe de l'homme; c'est ainsi qu'il faut expliquer les noms de lieux, composés avec ce mot, qu'on trouve dans le désert, Yâcout, Mochtaric 261, 6 a f. et suiv.

سُقَيْقَة. Diminutif que le vulgaire en Espagne a formé, sous l'influence de l'espagnol et lorsqu'il avait perdu le sentiment de la langue, de سُوق, *marché* (autre exemple d'un tel dimin. sous جُوك); *charte grenadine*: سقيقة لجلد.

سِيَاقَة *étrier*, Abou-Zaid chez Ibn-Doraid (Wright). — Semble avoir le sens de *finances* dans le Fakhrî 22, 9: علم السياقة والحساب لضبط المملكة وحصر; cf. 146, 8: sous le règne du calife omaiyade Abd-al-melic نقل الديوان من الفارسية الى العربية واخترعت سياقة المستعربين, ce qui paraît s

سوك 707 سوك

gnifier que les hommes de cette origine furent employés dans les bureaux des finances.

سَوَّاق conducteur d'animaux, Bc; chamelier, M, Cherb. Dial. 223; pl. ة postillon, Bc; سواق العجل roulier, charretier, سواق عربنة voiturier, سواق العربانة cocher, Bc. — Marchand, Domb. 104, marchand en détail, Hbrt 100. — Crieur, homme qui vend à la criée, Gl. Esp. 360. — Longue pièce de bois qui sert à faire tourner la meule dans les pressoirs destinés à presser le sésame ou les olives, M. — سواق الكبير souffleur, celui qui fait du vent avec un soufflet, Alc. (sollador de fuelles).

سَائِق, pl. سُوَّق, Kâmil 490, 10. — سائق الميزان nom d'une petite étoile derrière la Balance, nommée ainsi parce qu'elle semble pousser cette constellation en avant, M.

سَائِقَة bétail, M.

مَسَاق fil et marche, comme سِيَاق (voyez), Bc. — مساق الخلافة la transmission du califat, c. من et الى Berb. II, 12, 10. — L donne: melodia حلو مَسَاق وَعَرُوض.

مِسْوَقَة (cf. Lane) bâton, gourdin, tricot, Bc, 1001 N. IV, 152, 153, 154. — « Quand il s'agit de diviser en carreaux un terrain qui doit être arrosé artificiellement, ou quand il faut en aplanir la surface, on emploie une espèce de rabot appelé massougah: c'est une planche de huit décimètres de longueur, qui porte, d'un côté, un manche de 1m 4 de long; de l'autre côté, une corde de dattier, que tirent un ou deux hommes, tandis que la machine est dirigée de l'autre côté par celui qui en tient le manche, » Descr. de l'Eg. XVII, 25.

مِسْوَاق marché, vente de ce qui se débite dans le marché, et marché, accord pour une vente, Bc. — Celui qui achète (non pas en gros, mais) en détail, par petites quantités, par petites mesures, M.

مُتَسَوِّق pourvoyeur, qui fournit la viande, la volaille, etc., qui fait les provisions, Bc.

سوك I. Le n. d'act. سَوْك (Lane sous la IIe et sous سِوَاك à la fin), M, Abd-al-wâhid 246, 4, Bat. I, 346.

VIII fricare dans le Voc., et dans la 1re part. aussi publicari (?).

سُوك, n. d'un. ة, pl. سُوَك. En persan ce mot signifie coin, angle; de là vient, à ce qu'il semble, le sens technique qu'il a aujourd'hui chez les architectes, car on lit dans le M: السُوك فى اصطلاح البنَّائين الريش المزدوج الذى يخرج منه زاوية فى اول العقد ومكانه يسمّونه بيت السُوك; mais je n'ai pas réussi à comprendre cette explication.

سِوَاك est l'arbre qui porte aussi le nom de أَرَاك, Capparis sodata; on mange ses baies, qui ressemblent à des raisins de Corinthe, non-seulement fraîches, mais aussi sèches, et sa racine fournit l'excellent bois avec lequel on se frotte les dents, Barth I, 324 (où «irâk» est أَرَاك avec l'article arabe; ailleurs, V, 97, il écrit «irâk»); Denham I, 162—3: «souag, arbre de la tétandrie dont les baies rouges sont presque aussi bonnes que celles de la canneberge. La baie ou la drupe de cet arbre est très-recherchée dans le Bornou et le Soudan, parce qu'on lui attribue la vertu de faire cesser la stérilité. Il est douceâtre et chaud au goût, à peu près comme le cresson de fontaine. En passant près de cette plante, on est toujours frappé d'une odeur forte et narcotique;» cf. Richardson Central I, 238, 308. — Écorce du noyer, avec laquelle les Mauresques et les Juives se frottent les dents et se brunissent les lèvres, Cherb.; l'écorce de la racine du noyer; «les femmes s'en servent pour se frotter et se blanchir les dents; de là le nom de souak, qui signifie cure-dent,» Prax R. d. O. A. VI, 343. Il est facile de voir que c'est un succédané. — سواك العبّاسى (B sans article) ou السواك العبّاسى Poterium, Bait. II, 563 c. — سواك النبى Inula viscosa; avec ses feuilles on se frotte les aisselles pour arrêter la sueur et faire tomber les poils, Prax R. d. O. A. VI, 343.

مسواك الراعى. مِسْوَاك Lepidium latifolium, Bait. II, 517 b. — مسواك العبّاس la plante qui porte aussi le nom de رِجل الابل, c.-à-d. pastinaca sativa, Bait. II, 517 d; — de même que سواك العباس, Poterium, ibid., où Bait. dit que c'est ce que les Grecs appellent نوارى; ce n'est pas «Nerion, comme on lit chez Sonth., mais νευράς, que Dioscor. (III, 15) donne comme le nom du Poterium chez les Ioniens. — مسواك القرود mousse (أُشْنَة), Bait. II, 517 c.

سول ‎سولان sorte de médicament décrit par Bait. II, 68 b.

سوم I. Prol. I, 5, l. 13: وسمتُ التصنيفَ من نَفسى وإنا المفلس احسن السوم, où M. de Slane traduit: « et, bien que peu riche en savoir, j'ai fait avec moi-même un excellent marché en me décidant à composer un ouvrage. » سام المُضاعَةَ demander le prix d'une marchandise, M, Abd-al-wâhid 69, 4: فجعل الناس يمرون عليه ويسومون منه حزمته on lui demandait le prix de son fagot,» et chaque fois qu'il disait: « cinq dirhems,» on se moquait de lui. سامك سَوماً il vous a demandé bien cher, il vous l'a fait bien cher, Bc. — سام البَيْضَةَ éprouver la dureté d'un œuf en le frappant avec les dents, M (تعرف صلابتها بنقرها على أسنانه). — Dans le sens d'*imposer*, etc. (voyez Lane), ce verbe se construit aussi c. ب r. (au lieu de c. ا r.), P. Abbad. II, 81, 6: خسف أسام به Berb. I, 25, 2 a f.: سوم الرعايا بالخسف (à la l. 5 a f. et suiv. on trouve la constr. ordinaire c. d. a.), 96, 16: ولا سيموا باعطاء الصدقات منذ العهد الأول 189, 7: (la même phrase ولم تكن الدولة تسومهم بهضيمة c. d. a. II, 44, 12), 244, 11: ما يسومون به رعيتهم من الظلامات والمكوس *Imposer* à quelqu'un des bienfaits, des gratifications, *lui faire une espèce de violence pour qu'il les accepte*, Berb. II, 28, 12: وأعظم جائزته وسام يدو مثلها فامتنع (n. pr.). (Le Voc. a sous «*compescere*» les verbes كظم, et سام يسوم جشم (I et IV); mais comme les deux derniers ne signifient rien de semblable, je crois qu'ils ne sont pas à leur place et qu'il faut les mettre sous «*conpellere*,» qui précède.). — سام رأيَه *il le pressa de donner son opinion*, Abbad. II, 154, 11. — Chez les chrétiens, *consacrer*, *sacrer un évêque, un prêtre, ordonner, conférer les ordres de l'Eglise*, M.

II dans le Voc. sous *caristia*, et dans la note *apreciari aliud*; aussi sous *precium*; *mettre enchère*, Alc. (poner precio en la moneda, mais il faut lire, comme chez Victor: en almoneda).

IV signifie réellement, comme Freytag l'a noté d'après le Dîwân de Djerîr, *marquer un animal*; Calâïd 117, 2 a f. (où le pronom fém. se rapporte à وما زال يسيم ببياته غفلها: (الدولة اليوسفية

V dans le Voc. sous *caristia* et sous *precium*.

VIII, au fig., *tâcher d'acquérir* une chose, *d'en devenir possesseur*, Hoogvliet 100, 12: يستام العقل, Berb. II, 349, 6: تقبض على عمه المستام للامر, 355, 5 a f.: أستنام المنصب, et, par ellipse, *tâcher de s'emparer du trône*, ibid., dern. l.: وجاءهم عثمان ابن السلطان ابى يعقوب مستاماً ۞

سَوْم, *prix*, forme au pl. أَسْوام, Voc., Alc. (precio). — Dans la rime pour سَأْم, *dégoût*, Abbad. I, 46, 7.

كلام سيم *mot de ralliement*, que le général donne aux troupes pour se rallier en cas de déroute, Bc. — «هذا الكلام ما هو من سيمتك سيمةُ ces discours ne vous conviennent pas,» Bc. — *Part, portion*, M.

سيمياء ne vient pas du persan (Lane), car cette langue n'en fournit pas l'étymologie, et le terme persan, qui s'écrit de la même manière, n'est autre chose que la transcription du terme arabe, mais du syriaque, et les Syriens l'ont tiré à leur tour du grec. Ils ont le mot ܣܡܡܐ, qui se trouve, avec différentes acceptions, comme me l'apprend M. Nöldeke, chez Sachau Ined. 128, 19, Land Anecd. II, 173, 7, Geopon. éd. Lagarde 50, 17, et qui est le grec σημεῖον, *marque, signe*. Le pl. ܣܡܡܐ, σημεῖα, se trouve, selon l'observation du même savant, chez Land Anecd. III, 123, 14, dans le sens de *lettres caractères*; écrit plus correctement (dans un temps où le ܐ n'avait pas encore le son du î, mais d'é) ܣܐܡܡܐ chez Jean d'Ephèse, éd. Cureton p. 159, dans l'acception d'*abréviations tironiennes, tachygraphie*. (Cf. pour l'hébreu rabbinique, Buxtorf 1502—3.) En arabe سيمياء ou سيمى, سيميا et سيميّا signifient encore *marque, signe*, comme σῆμα et σημεῖον. Dans la suite on semble avoir donné le nom de سيميا à des caractères magiques, et enfin on l'a appliqué à l'art prétendu dans lequel on se sert de ces caractères, par ordinairement on entend sous ce mot *la magie naturelle et la fantasmagorie*. Du temps d'Ibn-Khaldoun c'étaient spécialement *les propriétés occultes des lettres de l'alphabet*; voyez Prol. III, 137, 14 et suiv. Chez [ ] on trouve: رأب السيميا علم سيميا, *chiromancie*, et *chiromancien*. Selon Berbrugger, 35, le terme en question signifie *la chimie appliquée aux minéraux*. Vo[

ses paroles: السيمياء والكيمياء. Ces mots signifient tous deux *la chimie;* mais le premier se dit de la chimie appliquée aux minéraux, tandis que l'autre se dit de la même science s'appliquant aux végétaux. C'est à peu près comme alchimie et chimie. Toutes les fois que les Arabes parlent de la chimie en général, et des merveilleux effets qu'elle produit, ils joignent toujours ces deux mots de سيمياء et de كيمياء, pour comprendre toutes les opérations qu'on fait, par le feu, sur les différents règnes de la nature.» La *sîmiyâ* était une branche de la philosophie, de même que la chimie ou alchimie et la magie, car on lit Berb. I, 366, 4 a f. et suiv.: كان مخبّا في الفلسفة مطالعا لكتبها حريصا على نتائجها من علم الكيميا والسيميا والسحر. Chez Ibn-Sab'în, le terme أهل السيميا désigne une secte philosophique grecque, car après avoir dit que l'immortalité de l'âme a été soutenue par Socrate, Platon et Aristote, il ajoute (J. A. 1853, I, 270): «Les grands (philosophes) anciens, qui ont prouvé par des arguments l'immortalité de l'âme, sont أهل السيميا, auprès desquels (cette théorie) était fort commune.»

سَوَامَة champ, pièce de terre labourable, M.

سَائِمَة monnaie de compte à Alger, 50 aspres, Laugier 251, Nachrichten I, p. XXII.

مَسَام voyez Diw. Hodz. 9, 3 a f. et suiv. — Pl. ات *pore;* le pl. aussi *porosité,* Bc.

مُسَاوَمَة, en jurispr., *vendre une chose sans avoir égard au prix auquel on l'a achetée, ou selon d'autres: mettre en vente une chose dont on nomme le prix,* M.

سومك I *échalasser* la vigne, Bc; cf. sous سمك.

سومكرات *ail,* Bait. II, 367 a.

سوندر (= شوندر) *betterave,* Bc.

سوى I. سَوِيَ, *valoir, être d'un certain prix,* se trouve p. e. au prétérit (cf. Lane sous la IIIe) dans un vers 1001 N. I, 50, 5; *rapporter, produire tant de revenu,* Alc. (rentar lo que da renta); *valoir plus,* Alc. (mas valer). — Le vulgaire dit يَسْوَى dans le sens de يصلح, M.

II *polir* le parchemin, *le rendre uni et luisant à force de frotter,* comme font les Orientaux, Abbad. I, 154, 1. — *Aligner,* Bc. — *Accorder* un instrument de musique, Alc. (templar qualquier instrumento; le n. d'act. temple de instrumento), Haiyân-Bassâm III, 50 v°: فأخذت العود وقعدت تسوّيه. — *Préparer, mettre en ordre,* Becrî 71, 12, R. N. 35 r°: وكانت المرأة سوّت البيت وخرّته واوقدت المصباح, 1001 N. I, 80, 4. — *Cuire* les mets (cf. Lane), 1001 N. IV, 20, dern. l. — *Faire,* Bc; سوّيت الشيء اى صنعته *Faire,* Bc; وكيف أُسَوِّي اى كيف افعل, M.

III *être d'accord,* en parlant d'un instrument de musique, Alc. (concordar en son). — *Accommoder, réconcilier;* avec بينهم *concilier,* Bc; *concilier les opinions,* Alc. (acordar bozes). — ساوى احدا في عمائله *imiter quelqu'un,* Bc. — *Estimer, faire cas de,* Alc. (estimar en mucho; avec la négation preciar poco, estimar en nada). — *Comparer* une chose (acc.), *la juger égale à* (ب ou), une autre, Gl. Mosl.

VI *transiger, passer un acte pour raccommoder une affaire,* Bc; c. مع p. *s'arranger avec* quelqu'un, *composer, se concilier,* Bc.

VIII. L'expression استوى جالسًا n'est pas expliquée assez clairement par Lane. Elle s'emploie en parlant de celui qui, après avoir été couché, se redresse et se tient droit sur son séant, Fragm. hist. Arab. 274, 9: فلما دخل عليه وجده في صدر مجلس متّكئًا فلم يقم له ولا استوى جالسا. On dit de même استوى قائمًا, *se tenir debout,* Bc, Bidp. 13, 2. — استوى فلان لى خَصْمًا *un tel se posa mon adversaire,* M. — C. مع p. *s'arranger avec* quelqu'un, Bc (Barb.). — *Mûrir,* M, Hbrt 51, Bg, Ht (qui a le *chin,* au lieu du *sin); être mûr,* 1001 N. III, 620, 6 et 7. — Voyez plus loin le n. d'act. et le part.

سِيمَا سِوَى, sans لا, est une faute que commettent des auteurs assez anciens; on la trouve p. e. dans l'Agriculture nabatéenne *apud* Auw. I, 115, 14, dans Mohammed ibn-Hârith 305: كان مبرًا من ذلك منزّها, et dans سيما انه لم يزل الغمّ يسرى فى قلبه الخ Baidhâwî I, 11, l. 11. Chez les écrivains postérieurs de l'Egypte et du Maghrib elle est fréquente, p. e. Nowairî Espagne 456: كان قد بلغه عن عامل اسمه ربيع انه ظلم سيما اهل الذمّة, Meursinge 26, 5, Prol. I, 9, 7, 70, 13, 217, 8, II, 86, dern. l.

على سواك *dans la direction, dans l'alignement de;* بينه فى سواك الجامع «sa maison est dans l'alignement de la mosquée, » Bc. — سَوَاتِين *indifférent*, qui se fait bien de manière ou d'autre, qui n'est ni bon ni mauvais en soi; — *tout de même, de la même sorte; — à deux de jeu*, également maltraités dans un débat, Bc.

سَوَاء *volonté*, Voc. — سَوَاء *en commun, de compagnie, concurremment, conjointement, ensemble, à la fois, de front, simultanément, en même temps, tout ensemble*, Bc; aussi سِوى سَوا, Antar 36, 6 a f. et 4 a f.; — *droit, directement, vis-à-vis*, Bc; — *précisément, justement*, Gl. Edrîsî, de Jong, Berb. II, 3, l. 14. — شَرَعَ أنْ سَوا, c.-à-d. شَرَعَ سَوا, *est omnis* dans le Voc. — عَدّ ما بقي في كيسه ما اجا سوا او ما طلع سوا « il regarda combien il restait dans sa bourse, et ne trouva pas le compte de son argent, » Bc.

سَوِيّ *sain, bien constitué*, synonyme de صحيح, Bat. IV, 201, 292 (mal traduit), R. N. 97 r°: يا كَذّاب هذا انا صحيح سوي, 1001 N. Bresl. XII, 352, 8. — Épithète d'une espèce de dattes, Ztschr. XVIII, 550.

سَوِيّة *estimation*, Alc. (estimacion).

تَسَاوٍ *arrangements, mesures pour finir une affaire, médium, moyen d'accommodement*, Bc.

مُسَاوَاة *arrangement, conciliation, transaction, acte par lequel on transige sur un différend*, Bc.

اِسْتِواء *concordance, rapport, convenance*, Bc. — *Conciliation, consentement, convention*, Ht. — *En musique, accord*, Alc. (acordes en la musica, concordia en son). — *Equinoxe*, Alc. (igualdad de noche y dia). — *Maturité*, اِسْتِواء بلاغ الاثمار *maturation, progrès des fruits vers la maturité*, Bc. — على غير اِسْتِواء *indisposé, malade*, 1001 N. I, 588, 4 a f., 605, 7 a f.

مُسْتَوٍ et مُسْتَوًى signifient tous les deux *plaine*, de même que مُسْتَواة, Gl. Fragm. — مُسْتَوٍ *mûr*; aussi *mûr, sage* (homme, jugement, esprit), Bc.

سى, pour سيد, *sieur*, Bc.

سيب I, *couler* (eau), chez Bc *débonder*, v. n., s'emploie aussi au fig., 1001 N. I, 680, 6: ان اموال الناس غير سائبة لك لان دونها ضرب الصفاح وطعن الرماح *lâcher l'aiguillette*, se dé-

charger le ventre, Bc. — *Se dissiper* (de Slane), P. Prol. III, 378, 6.

II *lâcher, laisser échapper ou aller, laisser aller, se dessaisir, abandonner, quitter, lâcher, laisser aller, relâcher, mettre en liberté, laisser aller, relaxer*, Bc, Abbad. II, 13, 6 et n. 3; dans le Voc.: *solvere rem ligatam* (soltar); *relâcher, délivrer*, Hbrt 147; *relâcher*, 1001 N. I, 264, 11; *délivrer*, 1001 N. Bresl. II, 158, 3 a f.; — سَيَّبَ إلى سوء *abandonner quelqu'un à son malheureux sort*, Bc; — *démordre, lâcher ce qu'on tient avec les dents, se départir d'une entreprise*, Bc; 1001 N. Bresl. IV, 169, 7, en parlant de quelqu'un qui mord l'oreille d'un autre: فسيَّب اذنَه «il lâcha son oreille.» — *Négliger quelqu'un, ne pas le fréquenter comme auparavant*, Bc. — *Laisser traîner une chose, ne point la serrer*, Bc. — *Débonder, ôter la bonde*, Bc. — *Congédier, renvoyer un domestique*, Alc. (despedir al que sirve); *renvoyer, donner congé, chasser*, Bc; *licencier des troupes*, Alc. (despedir el capitan la gente). — *Jeter*, Alc. (echar); *jeter, lancer*, Alc. (tirar echando); *jeter, en parlant d'une tempête qui jette un bâtiment en haute mer*, Alc. (echar en la mar por tenpestad); aussi en parlant de l'équipage qui *fait aller un bâtiment en haute mer, qui gagne la haute mer*, 1001 N. Bresl. IV, 79, 8: وسيَّب المركب الى وسط البحر; *jeter, chasser dehors*, Alc. (echar de fuera); سيَّب لِوَرا *repousser en arrière ou repousser une seconde fois*, Alc. (echar atras o otra vez). — *Exposer un enfant*, Alc. (enechar como a la yglesia). — *Ôter ou refuser le logement*, Alc. (le n. d'act. desospedamiento, le part. pass. desospedado). — سيَّب السائب في السائب *jeter le manche après la cognée, abandonner tout par désespoir, dégoût*, Bc.

VII *ramper*, de Sacy Abd-allatif 550, 4 a f. — انساب على روحه *pisser dans ses culottes*, 1001 N. IV, 167, 7 a f., comme يبول على نفسه ويلوث ثيابه *ibid.* 166, 14.

سَيْبَة *congé donné à un domestique ou à une autre personne*, Alc. (despedida hecha al que sirve, despedida como quiera). — *L'action d'ôter ou de refuser le logement*, Alc. (desospedamiento).

سِيبَة *sorte de meuble* (de table?) *à trois pieds*, si je comprends bien cette explication du M, où le premier mot (échelle) est étrange: مرقاة من الخشب على

سيبا

ثَلاَث قَوائِم جَمعها قَرض مِن اعلاه J'ignore si ce mot a ce sens 1001 N. Bresl. IX, 291, 2, 341, 10, 350, 1; l'édit. Macn. le remplace par قصبة, « tube, tuyau. »

سيبان fumaria capriolata, fumeterre, Prax R. d. O. A. VIII, 345.

سِياب البَوْل، سِياب strangurie, envie fréquente et involontaire d'uriner, Bc.

سائب abandonné, livré à ses passions; سَيَّبَ à l'abandon, Bc. — المَرْأَة السَّائِبَة une femme qui ne se garde pas elle-même et qui n'a personne pour la garder; aussi en parlant d'autres choses qu'on ne garde pas [c.-à-d. qu'on laisse traîner, qu'on ne serre point, cf. Bc sous la II⁰ forme]; de là le proverbe: المال السَّائِب يعلِّم النَّاس السرقَة « l'argent qu'on laisse traîner enseigne à voler, » M. سائب une chose qui est commune et publique, qui est en friche, Alc. (baldia cosa). — Relâché, qui n'est pas si sévère, presque dissolu, Bc. — Lâche (ventre), trop libre, Bc.

تَسْيِيب relâchement, diminution de sévérité, de régularité, Bc.

سيبا sèche ou seiche (poisson), Bc; voyez شيبيا.

سيبك voyez sous سبك.

سيبويه (pers.) mandragore, Most. v° يبروح.

شيبيا voyez سيبيا.

سينة (fr.) pl. سينت assiette, Hbrt 202.

سيبل lion, Domb. 63.

سيح V quasi-pass. de la II⁰, Voc.

سِيجَة tablier sur lequel on joue le طاب, Lane M. E. II, 60. — Nom d'un autre jeu décrit par Lane M. E. II, 64, et par Caillié I, 190 (sigue).

سيجان Bruce nomme ce poisson, I, 331 (seajan).

سياج forme au pl. ات, Voc., cf. plus loin. Bercail, bergerie, Payne Smith 1463—4. — Fossé pour la défense d'une place, fossatum dans la trad. d'une charte sicil. apud Lello 23, Berb. II, 49, 7 a f.: واجره بمدينة فاس وخندق دونها على نفسه الخندق المعروف بسياج fossé pour faire écouler les eaux,

Ibn-Loyon 3 v°: والحفر وفي السياجات تسمَّى الملاليط وفي: يريد شلخير Most. v° المستطيلة لينزل الماء اليها voyez تنبت كثيرا على اجراف السواقي والسياجات aussi sous قَصَب. — Dehors, fortifications extérieures, ouvrages, t. de fortification, travaux avancés, Bc.

سيح I fondre, se fondre, Bc, 1001 N. III, 25, 66; يسيح fusible, qui se peut fondre, Bc. — Ce verbe n'a pas seulement le sens indiqué par Lane, par le Voc. (ire per mundum ut Christus et Apostoli) et par Hbrt 152 (voyager en pèlerin), mais aussi celui de mener la vie anachorétique, Quatremère J. d. S. 1846, p. 526, Voc. (v° heremita), Cartâs 178, 9 a f.; cf. سياحة et سائح.

II fondre un métal, Hbrt 86, des choses grasses et autres, Bc; je crois devoir lire مُسَيَّح, fondu, dans les 1001 N. I, 548, 6, où l'éd. porte: ولكن والله لا سيح; احول من هنا حتى املأ فرجها بمسيح الرصاص dégeler, Bc. الثلج

VII couler (eau), Calâïd 57, 7 a f.: مياه لها انسياح, Berb. II, 66, 4. — C. الى se transporter en un autre endroit, Berb. II, 84, 4, 86, 10.

سَيَجان coulage, perte de vin, etc., par écoulement, Bc. — Fusibilité, Bc.

سِياح diffusion (des fluides), Bc. — سياح الثلج dégel; انحلال للجليد وسياح المياه débâcle, Bc.

سِياحَة la vie anachorétique, Quatremère J. d. S. 1846, p. 526. من أقل السياحة hermite, Voc. — Voyager pour son amusement, M.

سيِّح courant (eau), 1001 N. I, 681, 7. — Celui qui appartient à certaine communauté de chérifs, Ten Years 365.

سائح, pl. سُوَّاح, Bc, ce qui est une forme vulgaire pour سياح, M, anachorète, hermite, Quatremère J. d. S. 1846, p. 526, Bc, Bg. — الآباء السوَّاح pères des déserts, anciens anachorètes, Bc. — Voyez sous عيش et شجر, حشيشة.

مَسَاح ou مَسَاحَة. Le pl. مسايح (car je n'ai pas rencontré le sing.) signifie routes, chemins, Fragm. hist. Arab. 177, dern. l., rues d'une ville, Koseg. Chrest. 117, 4, allées d'un jardin, Calâïd 57, 5 a f.

سيخ.

سيخ broche, est le pers. سيخ, et c'est ainsi que

prononce le M, qui cependant ne donne pas cette signif., mais d'autres qu'on trouvera plus loin. Chez Hbrt 197 c'est سِيخ. Le pl. n'est pas سِياخ, comme Habicht a donné dans le Glossaire ajouté à son IVe volume (où la seconde citation est fautive), mais أَسْياخ, Bc, Hbrt, Payne Smith 1321; سِيخ كَباب brochée, Bc. — Grand couteau, M, couteau de boucher, Hbrt 76. — Épée, Hbrt 134 (avec le fatha), épée, rapière, longue épée, Bc, M. — Le pied de l'instrument de musique nommé كمنجة, Lane M. E. II, 75 (avec le kesra).

سيدريتس, سيدريتيس (σιδηρῖτις), sidéritis, crapaudine, Bc.

سير I se promener, Gl. Esp. 183. — C. a., n. d'act. مَسَار, jouer du luth, 1001 N. Bresl. XI, 439, dern. l.: جَسَّتْ اوتارَ العود وسارَتْه مسار عجيب.

II promener, mener çà et là, Bc. — سَيَّر الدابَّة est dans le Voc. «ambulare;» l'auteur a voulu dire mettre un cheval à l'amble; cf. سَيَّار. — Se promener, Mc, Ht. — Décharger son ventre, M.

III causer, s'entretenir familièrement, se communiquer, Bc. — Mitonner, ménager adroitement quelqu'un, Bc. — Louvoyer, Bc. — Filer doux, Bc. — Courtiser, Bc. — Composer son visage, ou se composer, Bc.

سَيْر Berb. I, 146, 12: لا نعرف لهم موطنًا الا القرى الظاهرة المقدرة السير المنسوبة اليهم où M. de Slane traduit: «certains villages assez remarquables, situés à une courte distance les uns des autres.» J'ignore si l'auteur a voulu dire cela. — Période, cours; révolution d'un astre; سير كوكب orbe, espace que parcourt une planète dans son cours, orbite, Bc. — سِير الباب penture d'une porte, un anneau appliqué dans l'autre, Bg; cf. سَيَّار.

سِيرَة cause, motif, Hbrt 167 (Alg.).

سِيرَة promenade, Ht. — Histoire, p. e. سيرة عنتر, سيرة الملك سيف, M; ce sont des romans historiques. — Mention, 1001 N. I, 308, 13: فلما سمع نور الدين سيرة السمك فرح هو وجاريته, où l'éd. de Boulac a سيرة طويلة: ذكر légende, liste ennuyeuse, longue liste; فتح سيرة lever le lièvre, être le premier à parler de quelque chose; فتح السيرة على mettre l'entretien sur; ouverture, proposition, p. e. فتح له سيرة faire des ouvertures à quelqu'un, Bc.

سيران promenade, action de se promener, Bc. — Promenade, le lieu où l'on se promène, Bg. — Circulation, Bc. — سيران الكواكب carrière des astres, Bc.

سَيَّار semble signifier marchand forain dans Müller L. Z. 18, 10: ووافقهم جُلّ اهل الريض طمعًا فى الصلح — Courrier, Ht. — Cheval qui va l'amble, Alc. (amblador cavallo), سيَّار بالزوَاف il va très-bien à l'amble, Delap. 150; — bon marcheur (cheval), Daumas V. A. 184. — En parlant d'un poème, connu en tous lieux, Abd-al-wâhid 73, 1. — C'est aussi الخشبة التى يدور بها الباب, M; cf. sous سَيْر; il ajoute: «ou bien c'est une altération de سَيْر;» mais ce dernier mot ne signifie que «fente» d'une porte. — سَيَّارَة planète, Bc (comme chez Golius), mais dans le M les sept planètes.

سائر renommée, Bc. — الكلام السائر langage, style familier, Bc.

أَسْيَر fort en vogue (vers), Khallic. IX, 94, 8.

تَسْيِير ne signifie pas «theoria planetarum» (Reiske dans Freytag), mais ce que les astrologues appelaient directio; voyez pour plus de détails la note de M. de Slane, Prol. II, 219, n. 1.

مَسِير = مَسِيرَة, Gl. Edrîsî; voyage, et ensuite route, Barth I, 146 n. — Étendue, Gl. Edrîsî.

مَسَارَة vulg. مَسَارَة et مَصَارَة, au Maghrib, promenade, lieu où l'on se promène, promenade publique, Gl. Esp. 180 et suiv. A ce que j'ai observé p. 183 l. 11 et suiv., il faut ajouter ceci: la règle établie par de Sacy, Gramm. ar. I, 304, et selon laquelle le nom de lieu de la racine concave سار يسير devrait être مَسِير, n'est pas sans exceptions; ainsi on trouve مَسَاحَة ou مَسَاحَة, formé de ساح يسيح. — Allée مَسَاح espace entre deux rangs d'arbres pour se promener, Bc

مَسْيَار, qui se trouve dans le Voc. sous ambulare, ne signifie pas «locus incedendi» dans le passage de Fâkihat al-kholafâ, 108, 4 a f., que cite Freytag mais allure, façon de marcher.

مَسَايِر causeur, communicatif, Bc. — Accommodant, complaisant, accort, commode d'une société douce aisée, *liant*, affable, prompt à former des liaisons, *complaisant*, assidu auprès d'un autre, qui s'attache à lui plaire, *souple*; مساير بالزود *obséquieux*, qui porte à l'excès les égards, les complaisances, Bc.

مُسَايَرَة *être accommodant, complaisant*, Aghânî dans de Sacy Chrest. II, 421: ادناء النعمان له بعد والمسايرة له واصغائه اليه والمباعدة — *Causerie*, Bc. — *Souplesse*, Bc. — مسايرة للحريم *galanterie*, commerce amoureux, Bc. — مسايرة الشعب *popularité*, caractère d'un homme populaire, Bc.

سِمْسِج, mal expliqué par Freytag, est le pers. شيرج (en arabe on l'écrit aussi avec le *chin*), et signifie *huile de sésame*, Fleischer Gl. 21, Bc, M, Burckhardt Arab. I, 54, Lane M. E. II, 307 n., Bat. IV, 211, 335. — *Huile d'abricots*, Ztschr. XI, 517. — *La pâte qui provient de la graine de sésame*, Descr. de l'Eg. XII, 394.

سِيرَجَة *moulin à huile de sésame*, Descr. de l'Eg. XVIII, part. 2, 139, 377. — *Espèce de jeu de dames*, Burckhardt Nubia 319; mais je crois que c'est سِيرَجَة (voyez).

سِيرَجِيَّة *confiture à l'huile de sésame*, Savary Dial. 422, 7.

سِبْرِس I *coller*, Bc, Hbrt 84; cf. sous سِبْرِيس.

سِبْرِس *colle*, Bc.

سِبْرَاس *asphodèle*, Bc. — *Colle*, Bc.

سِبْرِيس *asphodèle*; les Syriens en pulvérisent les racines sèches, et, mêlant cette poudre avec de l'eau, ils obtiennent une bonne colle, Burckhardt Syria 133.

سِبْرِكِبَة *espèce de haricot d'un noir très-foncé et du volume d'une olive*, Auw. II, 64, 12.

سِبْرَنَة *antenne, vergue*, Hbrt 127.

سِبْرَوَانِي (pers. ساربان) *gardien de chameaux*, Maml. I, 1, 120.

سِيسَارُون (σίσαρον) *chervi*, Bait. II, 73 b, Bc (qui écrit ce mot sans *élif*).

سِيسَالِيُوس et سِيسَالِي (σέσελι et σέσελις, gén. εως) *séséli*, espèce de fenouil, Sang., Bc.

سِيسَامَا *sorte de bois*, voyez sous سَاسِيم.

I

سِيسْبَان voyez Lane 1356 c; *sesban* ou *sesbanée*, arbrisseau d'Egypte, dont les feuilles y sont employées comme purgatives, et à l'instar du séné, Sang.; décrit Bait. II, 73 c; — *cassie*, arbre à fleurs jaunes odorantes, Bc; — en Espagne, *Euphorbia Lathyris*, Bait. II, 459 b (AB).

سِيسَارُون voyez سِيسَرُون.

سِيسَنْبَر (σισύμβριον) *menthe sauvage*, Bait. II, 72 b (AB), Auw. II, 285, 14; cf. Payne Smith 1508. — Pour les uns *le gingembre*, pour les autres, *l'armoise*, Cherb. dans le J. A. 1850, I, 395.

سِيطَر

تَسِيطُر *pédantisme*, Bc.

سِيف II *décapiter*, Voc., Alc. (descabeçar, justiciar).

سِيف *sabre*; «les indigènes donnent ce nom aux prolongements à arêtes très-nettes et très-tranchantes des dunes à travers le fond des vallées. L'image est juste,» Ghadamès 130 n., 293. — سِيف الغراب *gladiolus communis*, glaïeul, Prax R. d. O. A. VIII, 342, Bait. I, 423 b. — سِيف الماء *plantago maior*, Ghadamès 331, Guyon 208.

سِيُوفِي *fourbisseur*, Bc, Hbrt 86, Ztschr. XI, 484.

سِيَّاف *officier, capitaine commandant*, Daumas Kab. 266, 463, Sandoval 324, R. d. O. IV, 227, 228.

مِسْيَف pl. مَسَايِف *cimeterre*, Alc. (cimitarra).

مُسَيَّف *aplati*, en parlant de la queue du crocodile, Gl. Edrîsî.

مُسَايَفَة *escrime*, Bc.

سِيق II *laver*, p. e. un appartement, Delap. 88, Martin 76, Bc.

سِيقَمُور (συκόμορος) *sycomore*, M.

سِيقُومُولِس (altération de σκόλυμος) *artichaut*, Most. v° خُرْشِف.

سِيك

سِيكَّة *chemin pour descendre dans une mine*, M.

سِيكَاه (pers., composé de سِ, «trois,» et de كَاه, «temps;»

la traduction du M, المقام الثالث, est inexacte) mode de musique, M.

سيل I s'emploie au fig. comme ماج, p. e. Bat. I, 383: فتسيل اباطح مكة بتلك الهوادج « les vallées de la Mecque entraînaient ces litières comme un torrent, » c.-à-d. étaient remplies de ces litières. — *Rendre de la matière, du pus*, Bc. — Non-seulement en parlant de l'eau, mais aussi en parlant du sable mouvant, Gl. Edrîsî.
II *liquéfier, fondre*, Voc., Ht. — *Purifier, affiner, épurer*, ôter par le feu ce qu'il y a de grossier, d'étranger dans l'or, l'argent ou autres métaux, Alc. (afinar = شخّر). — *Souder*, joindre des pièces de métal ensemble, au moyen de l'étain ou du cuivre fondu, Alc. (soldar, soldar metal; sous soldadura metal il a taçûl, mais il faut lire taçîl, c.-à-d. تسييل).
— *Etamer*, enduire d'étain fondu le cuivre, le fer, etc., Alc. (estañar con estaño).
III *endommager* (Syrie); ما يسايل il n'y a pas de mal, Bc.
IV *liquéfier, fondre*, M.
V dans le Voc. sous fluere.

سَيْل *inondation, débordement d'eaux*, Nowairî Espagne 462: وفيها كان سيل عظيم بالاندلس مخرب جسر اسطجة والارحاء وغرّق نهر اشبيلية ستة عشر قرية الخ, 457: وفيها كانت سيل عظيمة وامطار متتابعة خربت اكثر اسوار مدن الاندلس.

سَيْلَة *poche de sein*, M.

حجر سيلان nom d'une pierre précieuse, M; *grenat, pierre précieuse rouge*, Bc.

سَيَلان *abondance*, Macc. I, 512, 14: سيلان ذهنه.
— *Miel tiré des dattes*; on le faisait à Baçra, Bat. II, 9, 10, 219. — سيلان فرنجى *chaude-pisse, gonorrhée*, Bc.

سَيَالى. سِيَال comme pl. de سَيَالة, Diwan d'Amro 'lKaïs ۴۹, 16. — = عَفْص, *noix de galle*, Most. sous ce dernier mot.

سَيّال *liquide*, l'opposé de يابس, Gl. Manç. v° سعوط, Abou'l-Walîd 418, 2. — Le Voc. a ce mot sous «pluvia,» mais peut-être a-t-il voulu dire que c'est une épithète du mot «pluie,» dans le sens de *qui ressemble à un torrent, abondant*. — *Mouvant* (sable), Gl. Edrîsî, Auw. I, 97, 10; (flamme), M sous لهيمة: والعامّة تستعملها بمعنى اللهيب اي السيّال المضى للخارج من الاجسام المحترقة. — المسائل السيّالة *énigmes*, Prol. III, 146, 12. — العلل السيّالة *des maladies accompagnées de pertes d'humeurs*, Bait. I, 13 à la fin, 70 à la fin.

سيّالة بيضاء ou سيّالة *raie blanche sur le chanfrein d'un cheval, lisse*, Bc, M. — *Poche de sein*, Bc. — *Tuyau de descente*, M.

سائل *clair, peu épais*, Bc.

مَسيل رمل. مَسيل *endroit où il y a du sable mouvant*, Gl. Edrîsî. — Alc. donne مَسيل, pl. أَمسَال, *ravin*, (quebrada de monte).

المستطيل سيلانا sorte de *pastèque*, Most. v° بطيخ; بسلانا المعروف: leçon de N, La.

سيلقون *minium, vermillon*, Gl. Esp. 226, Bait. II, 120 a.

سيمونيّة *simonie*, M.

سبين *gazelle de petite taille*, Beaussier, Daumas R. d. O. A. XIII, 162, Colomb 43, Ghadamès 333.

سينودس *synode*, M.

ش

شابرقان (pers.) شابرقان *espèce de fer très-dur et d'une excellente qualité*, حديد شابرقان dans le Traité de l'art de la guerre, man. 92, 138 v°. Selon l'Abrégé de Bait. (man. 13, 3) il y a deux espèces de fer, celle qui est dure (شديد), nommée en persan شابرقان,

شاباش (pers.) *bravo!* Abou-Hammou 165: فبكى ابو الفرج بكاء شديدا ثم قال شاباش يا ابن شاباش اكثر فى من هذا الجيش.

شاباذك (pers.) = شافانج *Conyza odora* Forsk., Bait. I, 131 a, II, 79 c.

شابرج 715 شاشى

en arabe ذَكَرٌ ou اسْطام, et celle qui est molle (رخو),
appelée en persan نَرْمْاهَن [c.-à-d. نَرْم آهن], en arabe
الأنثى. Bait., I, 295 a, en nomme trois, en comptant
l'acier (فولاد) pour la troisième, et il ajoute que le
châborcân, auquel il donne les mêmes noms arabes,
est « l'acier natif, » الفولاد الحلبيمى [terme impropre,
puisque l'acier ne se trouve pas à l'état natif]. Voyez
aussi Cazwînî I, 207, 11, où on lit سابورقان. — En
Irâc, nom d'une mesure de capacité, qu'on appelait aussi المختوم للحجاجى et قَفيز, Gl. Belâdz.;
Enger, dans son Gloss. sur Mâwerdî, renvoie au Dict.
pers. de Richardson, mais on n'y trouve le mot en
question que dans le sens que j'ai indiqué plus haut.
Peut-être le vaisseau qui servait de mesure était-il
fait du fer nommé *châborcân*.

شابُرقانى adj. relat. formé du mot qui précède, dans
le premier sens, J. A. 1854, I, 68, où il faut lire
ainsi (ou peut-être avec le *sîn*), au lieu de سابُرقانى.

شابيزج, شابيزك, شابيزج (pers.), *mandragore*, voyez
sous سابزج, etc.

شاخ (pers.) *branche*, J. A. 1850, I, 251.

شادروان (شادَرْوان pl. ات, aussi avec le *dzâl* (pers.)
(Mâwerdî 301, 10, mon Catal. des man. or. de Leyde
I, 304, 2), *fontaine avec bassin et jet d'eau, petit
château d'eau, machine de fer-blanc avec plusieurs
petits jets d'eau dont le choc fait tourner des morceaux de verre qui produisent un cliquetis*, Bc; Lane
(à qui j'ai emprunté les voyelles que j'ai données),
trad. des 1001 N. II, 399, n. 8: « a fountain, or jet
d'eau, with pieces of glass, or glass bells, which,
being put in motion by the water, produce a constant
tinkling. » Chez les auteurs ce mot a ordinairement
le sens que Bc donne en premier lieu, Djob. 286, 9,
Macc. I, 124, 7, Bat. II, 24, et on l'emploie aussi
pour désigner une fontaine avec des figures d'animaux, de lions, de girafes, d'oiseaux, qui jettent
l'eau par la bouche, J. A. 1841, I, 367, Macc. I,
324, 7 et 9, 1001 N. I, 44, 8: شادروان وفسقية
عليها اربع سباع من الذهب الاحمر تلقى الماء من
افواهها. Dans ce dernier livre le terme en question
est presque toujours joint à فسقية, II, 162, 1, Bresl.
III, 372, 4 a f.; aussi me semble-t-il qu'il y a constamment le sens que j'ai indiqué, même dans la
singulière comparaison: صَدْرُ كَأَنَّهُ شادروان, Macn. I,

57, 3 a f., Bresl. V, 312, 8, et non pas celui de
« a slightly elevated platform, » comme le veut le
chaikh de Lane (voyez la traduction de ce dernier
l. l.). Il est vrai qu'on pourrait citer à l'appui de
son opinion Macn. III, 325, 8 a f.: وفيه فسقية
وشاذروان مفرش بالحرير المزركش; mais je crois que ce
texte est altéré, et dans l'endroit correspondant de
l'éd. de Breslau, IX, 131, on ne trouve rien de tout
cela. Chez Djob. 278, 10 (= Bat. I, 234), ce mot
semble signifier *conduit, tuyau*, car on y lit que l'eau
descend dans un réservoir, et qu'ensuite elle se dé-
verse par un *châdzarwân*, qui se trouve dans le mur,
et qui communique à un bassin de marbre. — Le
soubassement qui entoure la Ca'ba de trois côtés,
celui du sud-ouest, celui du sud-est et celui du nord-
est; il a seize doigts de hauteur et une coudée de
largeur, Azraki 217, dern. l. et suiv., Prol. II, 219,
13 et 15, Burton II, 155: « the base upon which
the Kaabah stands. » — Aussi t. d'archit., = افريز,
console ou *chaperon*, Payne Smith 658, 709, 1205,
1421, 1523. — *Hématite, sanguine*, si la leçon est
bonne dans le Most. N, où on lit v° حجر الشاذنجى:
شاذروان La porte; وهو شاذروان.

شاذ كُونة (pers. شاذ كُونه) *couverture de lit*, Macc. II,
98, 11; cf. Freytag 406 a.

شاذانق voyez شاذانق.

شاذروان voyez شاذروان.

شاذكة *fulcra*, L.

شاذناق voyez شاذانق.

شاذنج et شاذنج (l'un et l'autre aussi avec le *dâl*)
(pers.) *hématite, sanguine*, Bait. I, 293 h, II, 77 b,
Most., Gl. Manç., Macc. I, 91, 4, 342, 1, Cazwînî
II, 338, 12, 371, 11.

شاربين (arbre) voyez شَرْبِين.

شارك (pers.) sorte d'oiseau qu'on ne trouve que dans
l'Inde, Tha'âlibî Latâïf 125, 4; voyez les dict. persans.

شاروبيم *chérubin*, Bc.

شاشْنى (pers. چاشْنى). Quatremère, Maml. I, 1, 2,
cite ce passage de Nowairî: قدم المشروب فاخذ منه
على سبيل الشاشى وناوله لصغير, « on lui présenta la
liqueur. Il en prit un peu pour le goûter, et remit
le vase à un enfant. » Cf. sous ششن.

شاطل nom d'un remède indien; voyez Bait. II, 76 c.

شاطِيّ espèce de raisins, Man. Escur. 888, qui empruntent leur nom à شاط (Yâcout III, 236, 5), aujourd'hui Jete, dans la province de Grenade. « Ce bourg, » dit Edrîsî (١٩١), « produit des raisins secs d'une beauté et d'une grandeur remarquables; ils sont de couleur rouge et d'un goût aigre-doux. On en expédie dans toute l'Espagne, et ils sont connus sous le nom de raisins de Chét. »

شَاف.

شَاقَّة. Si ce mot a réellement, entre autres signif., celle de *famille* (voyez Lane), je serais tenté de le substituer à ساقة dans le passage Abbad. III, 169, وأقرّت ساقتهم جزيرة شلطيش فأقاموا هنالك أكثر أيّام: المعتمد, car je n'ose plus dire, comme je l'ai fait autrefois (*ibid.* 174), que ساقة a le sens de « postérité. » Il conviendrait fort bien, mais rien ne le confirme.

شَابانِج = شَابانك (voyez).

شالج est la transcription de *salix* (saule); Auw. I, 401, 15 et 17, où il faut lire ainsi, le donne d'abord comme le nom latin, mais plus loin, dans un passage qui se trouve dans notre man. (il manque dans l'édit.), comme un mot que les Arabes d'Espagne avaient adopté.

شَاليش = جاليش; voyez ce mot, où l'on trouvera aussi شالشي et شاليشى. — Voyez sous شَلْوَش.

شَام I, n. d'act. شَامَة, Aboû'l-Walîd 460, 19.

II c. a. p. signifie قام بحقّ اعتباره, M.

شَام, avec l'article, les Syriens, Akhbâr 45, 7.

شَامَة infortune, mauvais destin, Bc.

شامى les indiennes (étoffes), Espina R. d. O. A. XIII, 153. — Chemise en soie rayée, que portent les femmes à Morzouk, Lyon 171. — Sorte d'oiseau, Yâcout I, 885, 8.

شاميات sorte de supplice, décrit Ouaday 318.

شاماخ, dans l'Inde, espèce de millet, *panicum colonum*, Bat. III, 130.

شامُرك ou شامُركى sorte d'oiseau, Ztschr. für ägypt. Sprache u. Alt., juillet 1868, p. 84, n. 26.

شَأن.

شَأن وإلّا كان لى ولكم شأن « si vous ne faites pas cela, nous aurons maille à partir ensemble, » Freytag Chrest. 54, dern. l. — *Art* ou *science*, Abbad. I, 160, n. 513, Abd-al-wâhid 130, 3, Macc. I, 564, 2, Prol. III, 392, 6. — *Habitude, coutume*, Voc., de Sacy Chrest. II, 424, 3 a f., Prol. I, 26, dern. l. — Chez les Soufis, comme حَلّ, *extase*, vers arabes de Sadi, Gulistan 58, 22, éd. Semelet. — شَأنا شَأنا *peu à peu, insensiblement*, Abbad. I, 221, 3 a f. — شَأنك وإياه *faites-en ce que vous voudrez*, Bat. IV, 144; de même شَأنك به, Gl. Badroun. — شأن من الشأن *une affaire très-grave* (comme on dit عَجَب من العَجَب « une très-grande merveille, » Ztschr. IV, 249), Bidp. 106, 10: وسيكون لى وله شأن من الشأن, cf. Fakhrî 190, 5 a f.: nous trouvons dans nos livres qu'un homme nommé Miclâç bâtira ici une ville ويكون لها شأن من الشأن, c-à-d. « qui sera d'une très-grande importance; » Fragm. hist. Arab. 516, 6 a f.: والفيل لا تختضب أعضاوه إلّا لذى شأن من الشأن. Ne connaissant pas cette expression, l'éditeur, dans son Glossaire, a eu tort de changer الشأن en الجأن; la leçon du texte est confirmée par Athîr, VI, 338, 7, où l'on trouve le même vers, et par les passages que je viens de citer. Mais la leçon لذى est fautive; biffez le point et lisez لذى (prépos.). — فى شأنك à votre sujet, sur vous, Bc. — من شأن à cause de, pour l'amour de, par égard pour, pour, en considération de; هذا ما هو من شأنك « ceci n'est pas pour vous; » من شأن خاطرى « pour l'amour de moi; » من شأن خاطرك « pour vous complaire, à votre considération; » من شأن عيون الناس « pour les apparences, par affectation, par ostentation, » Bc. خبر طويل نقصّه من شأنك « une longue histoire que je raconterai dans mon autobiographie, » Berb. I, 585, 2 a f. — Le pl. شؤون *larmes* (Lane), exemple: Müller 24, 13, où لواعج الشؤون semble signifier « des larmes brûlantes. » — Le pl. شؤون *désirs*, Roland.

شان باف sorte d'étoffe, Bat. IV, 3.

شانى | 717 | شاوش

شانى = شيبى galère, Gl. Edrîsî, Lettre à M. Fleischer 231.

شاه (pers.), proprement *roi*; dans un roman de chevalerie (*apud* Koseg. Chrest. 80, 4 a f.) on trouve ce titre donné à un chef arabe (substituez un ه au ﺓ). — *Le roi au jeu des échecs*, Gl. Esp. 353; dans le Voc. شا, pl. شيّاه; — شاه رخ, comme «scacco rocco» chez les Italiens, *roquer*, mettre sa tour, son roc auprès de son roi, et faire passer le roi de l'autre côté de la tour, van der Linde, Geschichte des Schachspiels, I, 111; — شاه مَصنوع autre terme de ce jeu, voyez *ibid.* — شاه مات, aussi مات الشاه شهمات et (voyez), *échec et mat*, Gl. Esp. 352–3; mais convaincu par les objections de M. Gildemeister (dans le Ztschr. XXVIII, 696), je ne vois plus dans le mot مات le verbe arabe qui signifie «il est mort;» je pense au contraire avec lui et Mirza Kasem Beg (dans le J. A. 1851, II, 585), qu'il cite et qui mérite d'être consulté, que c'est l'adjectif que les Persans emploient dans le sens d'*étonné, surpris* (= مَتَحَيِّر), ou comme traduit M. Gildemeister, *verblüfft, nicht aus noch ein wissend*; — أعوان الشاه *échecs* (les pièces), Macc. I, 480, 3 a f. — شاه قام *se cabrer*, Bc.

شاهِى *royal*, M.

شاهِيَّة (formé du pers. شاه) *gouvernement, administration*, Belâdz. 196, 4 a f.: وملك انوشروان ملوكًا رَتَّبَهم وجعل لكل امرىً منهم شاهيّةً ناحيةً. — Nom d'une ancienne monnaie qui valait 3½ paras, M.

شاهانى *royal*, M.

شاه أمرود (pers. «poire royale») sorte de poire dans le Khorâsân, Bait. II, 389 à la fin, 390: وامّا المعروف بالشاه امرود في بلاد خراسان دون غيرها فهو الخ. Au lieu de امرود, les Persans disent aussi أرمود, et les Turcs nomment cette poire ارمودى بَكْ بَكْ (شاه = بَكْ); de là l'italien *bergamotto*, fr. *bergamote*.

شاهْبانك (pers.) *Conyza odora* Forsk., Bait. II, 79 c.

شاهْبَندَر, ou en deux mots شاه بندر (pers.), en Orient, *receveur général des droits d'entrée, ou des contributions*; — au Caire, *prévôt des marchands, syndic des marchands*, Bc, Lane trad. des 1001 N. II, 316, n. 3, Macn. II, 64.

شاهْتَرج (pers. شاهْتَرَه), *fumeterre*. Ce mot est écrit avec ces voyelles dans le Most. N; Alc. (*palomina*) donne «cetarrich.» Bc donne en outre la forme شاهْتَرى.

شاهجان.شاهجانى était l'ancien nom ou surnom de Merw, la capitale du Khorâsân. On donnait le nom de شاهجانى à toutes les étoffes fines fabriquées dans cette ville, et au Xe siècle ce mot désignait en général: *étoffe fine*, Tha'âlibî Latâïf 119.

شاهدانج (pers. شاهدانه) *chènevis*, Gl. Manç. in voce, Bait. II, 79 a.

شاهسبرم, aussi avec le *chîn*, au lieu du *sîn*, et avec le *fâ*, au lieu du *bâ* (pers. sous un grand nombre de formes), *ocimum minimum*, Most., Gl. Manç., Bait. I, 283 m, II, 78 b, Auw. II, 289, 5, Tha'âlibî Latâïf 133, 5, Payne Smith 1110.

شاه صينى est, selon les dict. pers., le suc d'une plante chinoise, qui est bon contre le mal de tête; cf. Bait. II, 76 b.

شاهْفانج = شاهبانك (voyez), Bait. II, 79 c (AB).

شاه كار (pers.) *mode de musique*, M.

شاهْلوج et شاهْلوك (pers.) sorte de grande prune blanche, Bait. I, 16 d, II, 78 c, Gl. Fragm.

شاهْنجير signifierait *petite figue qui n'est pas mûre*, d'après le Most. v° تين (où ce mot est écrit avec un *sîn* et où on lit que c'est en persan هنجير). Bait. (II, 79 b) mentionne également cette opinion; mais elle est erronée, car c'est le persan انجير, comme écrit Yâcout (II, 317, 15), «le roi des figues,» la meilleure espèce de figues, Bait. l.l.

شاهْنيشين (pers. شاهنشين) *balcon*, Hbrt 194.

شاهين nom d'un instrument de musique, Casiri I, 528 a.

شاوش (turc چاوش) *huissier*, Voyage dans les Etats Barbaresques 1785, p. 104. Ils sont au nombre des gardes des sultans, des pachas, etc., *ibid.* 160, Bat. II, 174, en parlant des audiences du sultan du Yémen:

شاى ‎ـ‎ 718 ‎ـ‎ شب

الجاؤشِيَّة وْمْ من الجنادرة, cf. 1001 N. III, 418, 10. — *Receveur des contributions*, Lyon 20. — A Tripoli de Barbarie, *inspecteur des lieux de prostitution*, Lyon 13. جاويش = شاويش (voyez).

شَاىْ *thé*, Bc, M (à la fin du *chin*).

شَايَة sorte de vêtement que portaient les Arabes d'Espagne; écrit شيه dans les chartes grenadines, où l'on trouve شيه للرياض et شيه افريجه. C'est l'esp. *sayo, saya* (fr. *saie*), qui dérive du latin *sagum*, lequel est d'origine gauloise selon Varron; voyez Vêtem. 212—3; Voc.: شَايَة *tunica*. Aujourd'hui on emploie ce mot au Dârfour dans le sens de: gilet épais, à manches, fait en drap, fourré de coton et piqué à la manière des courtes-pointes. C'est un vêtement de bataille, et il sert à préserver des flèches et des coups de sabre; voyez Ouaday 368, 426—7, 694, 724, d'Escayrac 433. En Egypte c'est *doliman*, Savary 382; chez Bc *robe pour homme*. Cf. صايَة (sous صوى)?

شَبّ I. Sur le proverbe شَبّ عمرو عن الطوق, voyez sous طَرِق. — T. de manége, *se cabrer, faire des courbettes*, Bc. — En parlant d'un serpent, *sauter sur sa proie*, M.

II. De même qu'on dit شَبّ النار (Lane), on dit ما سعى اليه من تشبيب, Haiyân 95 r°: شَبّ الفتنة الفتنة. — *Rajeunir*, M, Payne Smith 1473, *rajeunir sa barbe en la teignant avec du henné*, Akhbâr 17, dern. l.: قد شبب لحيته بالحناء. — En parlant d'un cheval ou d'un mulet comme la Ire, Voc. (elevare, quando se elevat in duobus pedibus). — Dénom. de شَبّ, *aluner, tremper dans l'alun*, Voc., Bc. — *Jouer de la flûte*, Voc.

V *rajeunir*, v. n., *redevenir jeune*, Akhbâr 18, 4 (= Bayân II, 17, 4). — *Se cabrer*, Voc. — *Etre aluné, trempé dans l'alun*, Voc.

VII, en parlant d'un combat, حَرْب, قتال, est, comme la Ire (voyez Lane), verbe neutre et verbe actif. J'ai donné des exemples de ces deux signif. Gl. Badroun et Abbad. III, 90, 3, 92, n. 82. Autres exemples du verbe neutre: Cartâs 158, 7 a f., Berb. II, 387, 2 a f., Haiyân 103 v°: (وانشبت) وانتشب للحرب معه, et du verbe actif: Haiyân 103 r°: فشبت.

نفسه وانشبّ للحرب فلمّا اشتدّت الحِ. Chez Amari 172, 11, on trouve انشبوا في القتال; c'est un solécisme; la préposition est de trop.

شَبّ vulg. pour شاب *adolescent, jeune homme*, Bc, M. — شب زَفَر *alun onctueux*; c'est une sorte d'alun, d'aspect sale et jaunâtre, que l'on a appelé aussi *beurre de montagne*, Sang. — شب الاساكفة *alcali*, Bait. II, 84 b: شب الاساكفة وشب العصفر هو القلى. — شب العصفر *alun de plume*, Bc. — شب طائع alcali, Most.: اشنان هو (في N) حشيشة القلى ومنها يصنع شب العصفر (leçon de La; N العصفور), Gl. Manç. v° قلى, Bait. l. l. et II, 316 c, où il faut lire ainsi avec AB. — شب الليل *jalap, merveille-du-Pérou, belle-de-nuit*, Bc; avec le *fatha* dans le M, et non pas avec le *dhamma*, comme chez Freytag.

شَبّ (esp.) *ceps, deux pièces de bois entaillées, entre lesquelles on met les jambes d'un prisonnier*, Alc. (cepo prision).

شَبَّة *courbette*, t. de manége, Bc. — شبّة et زفرة *alun, le dernier alun cristallisé*, Bc.

شَبِّى *alumineux*, Bc.

شُبّ *huppe* (oiseau), Bc; cf. شبّبو.

شَبَاب *jeunesse*; فنون الشباب *toutes les folies de la jeunesse* (de Slane), Berb. I, 638, 2. — *Beauté*, 1001 N. I, 825, 6 a f., 904, 6, Bresl. III, 72, 77 (deux fois), VII, 209 (cf. 210, 1). — *Jeune, jeune homme*, Alc. (mancebo, moço crecido), qui a le pl. شَبَاب, Ht. — *Joli, beau*, Ht.

شَبُوب *porté à se cabrer* (cheval) (de Slane), Prol. II, 28, 4. — = شَبّ *alun*, Becrî 15: الشبوب المرّيش والقصدى « de l'alun sous la forme de plumes et de tuyaux. »

شَبَابَة *jeunes gens*, Payne Smith 1474.

شَبُوبِيَّة *adolescence, jeunesse*, Bc, Hbrt 28, 1001 N. Bresl. XI, 397; شبوبية صباء *printemps*, au fig. *jeunesse*, Bc.

شَبّاب *joueur de flûte*, Alc. (citolero).

شَبَّابَة *espèce de flûte*, Voc., Alc. (flauta fistola, citola), Maml. I, 1, 136, Prol. II, 353, 8 et suiv., Bc, M.

شَـبِـيـبَـة (esp. xapoipa) *oublie*, sorte de pâtisserie fort mince, Alc. (oblea de harina).

شابّ *jeune*; le pl. شَبَاب appliqué à des antilopes, Gl. Fragm. — Au Maghrib, *joli, beau*, L (decorus, venustus (nobilis)), Bc (Barb.), Roland, Daumas V. A. 171.

أَشْيَب pl. شَبَاب *gris-clair* (cheval), Alc. (rucio como cavallo).

مَنْخَر مُشَيَّب *nez camus*, Alc. (nariz romo).

مُشَبِّب *joueur de flûte*, Casiri I, 145, n. a.

مَشْبُوب expliqué par مَقْوَى, Diw. Hodz. 151, 4 a f.

شَبْبُو *huppe* (oiseau), Ztschr. XVII, 390; aussi شَبْنَب (voyez).

شبت II c. a. dans le Voc. sous *inherere*.

V se construit aussi c. فى, Auw. I, 109, 10 (l. ث), Haiyân-Bassâm I, 7 v°: وكان تقفيًا صالحًا لم ينتشبت (l. فى) من أمر ابنه. — *Grimper*, 1001 N. Bresl. XI, 371, 4 a f.; cf. شبط V.

شِبِتّ. Telles sont les voyelles d'*anethum* dans le Voc. — *Millepieds, scolopendre*, Payne Smith 1554.

شبح VII, comme la Iʳᵉ, *tendre la main*, M.

شَبْحَة *chaîne dont on attache un bout au pied du cheval, tandis qu'on fiche l'autre en terre*, M (un peu autrement chez Lane, qui donne شِبْحَة).

شُبْدِيَاقِن *sous-diacre*, L (ippodiaconus grece quem nos subdiaconum dicimus).

شبر II *gesticuler*, Bc.

شَبَّر, « ضرب البيت بشبره *mesurer une chambre à l'empan, avec la main*, » Macc. I, 560, 13 et 14.

قسّم الارض على الكافّة شبرًا شبرًا « *il a partagé la terre à tous empan par empan*, » c.-à-d., par portions égales, de Sacy Chrest. II, ٧١, 6. — *Poignée, prise* (grasp), voyez Wright, Préface p. ix.

شِبَر, chez les fabricants de cordons de soie, *petites lames carrées avec des trous par lesquels passent les fils dont on tisse un large ruban*, M.

شُبَر (latin *suber*) *liége* (arbre), Alc. (mesto arbol de bellotas), Auw. II, 722, 4.

شِبْرِيَّة. Le pl. chez Bc *paniers placés sur un chameau, et qui reçoivent chacun une personne*; voyez Burckhardt Arab. II, 35, Ali Bey I, 47, Burton I, 122, 235, II, 51, 65, d'Escayrac 586, 602, 623, Lane M. E. II, 199. Lyon, 59, 60, 86, 179, écrit ce mot avec un *l*, au lieu d'un *r*.

شبار *menu poisson du Nil*; شبار كبير شبار صغير *poisson de mer*, Mehren 30; Léon 575 (Sfax): « Maxima hic eorum piscium colligitur copia, quæ *Spares* illis appellari consuevit, quæ vox neque Arabibus neque Barbaris, multo minus Latinis quicquam sonat;» Ouaday 579, 580, 716 (Sfax), *fretin* (= صبير). Cf. σπάρος, lat. *sparus*, plus haut, 24 b, أشبارس, et plus loin اشبور.

شَبُّور الباشا *capucine* (fleur), Cherb.

شَبِّير et شَابِّير, au Maghrib, *éperon*, Bc (Alg.), Hbrt 59 (Alg.), Ht, Daumas Kabylie 156, Mœurs 43. Restituez ce mot chez Auw. II, 554, 3 a f., où l'édit. porte: وقد يحدث ذلك من كثرة ضرب السابير له et 555, 10 et 11, où il faut lire: كثرة ضرب الشابير.

شَبَّارَة était une sorte de barque dont on se servait sur le Tigre, et qu'on appelait en Egypte حَرّاقَة (mot qui, cependant, était aussi en usage dans l'Irâc). Voici le passage de Yâfi'î auquel M. de Slane a renvoyé dans sa trad. d'Ibn-Khallicân, I, 175, n. 5, et qu'il a bien voulu copier pour moi (man. 644 anc. fonds, 723 suppl. ar., année 607): وتوفى (ارسلان شاه) فى شبارة بالشط ظاهر الموصل والشبارة بالشين المعجمة مفتوحة والموحدة مشدّدة وبين الالف والهاء راء وهى عندهم للحرّاقة عند اهل مصر. De même chez Khallic. I, 91, 6 Sl., et chez Bat. II, 116. Abdallatîf (trad. de Silv. de Sacy 299, 309, n. 27) compare la *chabbâra* dont on faisait usage sur le Tigre, à la barque qu'on nommait en Egypte عشيرى, mais il signale les différences qui existaient entre ces deux sortes d'embarcations. Ce mot se trouve encore: Yâcout I, 189, 14, 685, 16 (où les Fragm. hist. Arab., 338 et suiv., ont حراقة), Athîr XII, 193, 7 a f. et 3 a f., Aboulfaradj IV, 242, 13 (où il faut changer le *sin* en *chin*), Aboulfaradj 482, 13. J.-J. Schultens cite ces passages d'Imrânî (man. 595): 78: فكانت السفن التى تخصّ المامون سوى سفن العسكر اربعة الف شبارة كبارًا et 148, وحمل معه شبارة: 144, وصغارًا.

شَابِر (Alc. écrit xípar) pl. شَوَابِر *barricade, palis-*

sade, muraille de pierres sèches; — lice, champ clos pour les combats, Alc. (barrera, palizada defension de palos, albarrada de piedra, liça trance de armas). Ce mot fait penser à l'ital. sbarro, sbarra (anc. allem. sparro, avec le verbe sperran); mais on s'étonne de le rencontrer chez les Arabes d'Espagne, car l'esp. a les mots correspondants sans s (barra, barrio, barrera, etc.).

شبير شابير voyez شابُورَة.

شابُورَة Aboulfeda Géogr. 19, 9: اصطلاح فى تعريف البحر فيقولون يمتد كالفوّارة وكالشابورة وكالطيلسان ونحو ذلك. En comparant la figure, Reinaud dit, dans sa traduction, que ce mot «semble être l'équivalent de golfe terminé en angle obtus.» Telle est sans doute la pensée de l'auteur, mais la signif. du terme reste encore à trouver. Je soupçonne que c'est une autre forme de شَبُور أشبور, *rousseau* (poisson), et que l'auteur a eu en vue, comme l'indique la figure, la forme de la bouche d'un poisson. — Brouillard, Hbrt 166 (Eg.).

أشبُور (avec *fatha*) (lat. sparus, Simonet 262), n. d'un ۃ, *dentale* (poisson), Alc. (besugo); cf. شبار.

تَشْبير *geste*, Bc, Hbrt 94, M.

تَشْبير *geste*, Hbrt 94.

شبرق I c. a. r. *prendre une partie* d'une chose, M. — شبرق الموسى على الجلد *donner le fil au rasoir sur le cuir*, M.

أشبرق *se soûler*, Mehren 30.

شِبرِق. On trouve sur cette plante cet article dans Bait., mais seulement dans la man. A (après II, 84 b): شبرق قال ابو حنيفة فى عشبة ذكروا ان لها اطرافا كاطراف الاسل فيها حمرة وفى قصيرة ومنابتها الرمل وهو شبيه بلاسل الّا انه ادق احمر شديد الحمرة وهو مرّ وهو الصريع. A Barca on donnait ce nom au بلّان, dont on fait des balais; mais Bait. observe que, dans le Hidjâz, شبرق désignait une autre plante (I, 169 b, passage que Sonth. a traduit d'une manière ridicule). — *Grande centaurée*, Most. v° كبير قنطوريون.

شبرقة *menus plaisirs*, dépenses pour l'amusement, Bc, *l'argent de la poche, l'argent qu'on reçoit chaque jour d'un autre et qu'on emploie en dépenses superflues*, 1001 N. Bresl. VII, 97, 7, où Macn., 98, a مصروف.

شِمْبِرْلَة pl. شَمَابِل *chaussure que portent les femmes lorsqu'elles sortent.* Elle diffère des souliers des hommes en ce que la semelle et l'empeigne sont faites de peau douce, notes man. de Cherbonneau et d'un imâm de Constantine, Prax R. d. O. A. VI, 339 (chebrella). Dunant, 201, donne au contraire *pantoufles de maison* (sebbarla). C'est une autre forme de شَرْبيل (voyez).

شبرم *Euphorbia Pityusa*, Bait. II, 80 b, *ésule*, Bc. — Nom d'un arbuste épineux, décrit Bait. II, 82 b. — *Epurge*, Bc.

شَبْرُوش pl. شبارش *flamant* (oiseau), Beaussier (Tun.), Tristram 401 (shabroose).

SHEBÙS *avoine*, Pagni MS.

شِبْشِيفَا *squine, esquine, china, racine médicinale des Indes*, Bc.

شبص II c. a. r. *améliorer un peu une chose*, M.

شبط I. La signif. donnée par Freytag (d'après un Glossaire de Habicht) est confirmée par le M et par ce qui suit ici. — C. a. p. *faire à quelqu'un une blessure, une incision légère, mais longue*, M. — C. ڢ *se prendre à, s'attacher à*, Bc, 1001 N. III, 55, 10, en parlant d'un homme dont le vaisseau avait fait naufrage: فقذف الله تعالى لى لوحا من ألواح المركب فكُلَّمَا تطلع فَشَبَطْتُ فيه وركبته, ibid. 429, 6: مع .c. ibid., ; أمّه او تنزل يشبط معه الولد ; mais un peu plus loin, dans le même récit, l'édit. de Breslau a ڢ, IX, 218, 2: كُلَّمَا ينظر أمّه يشبط فيها, où l'éd. Macn. a le synonyme بها يتعلّق ; Bresl. IX, 224, 2 a f.: فراوا المغرى شابط فى الحمار, où Macn. a ب متعلّق.

II. شَبَطه بالموسى «il (le barbier) l'a coupé avec le rasoir,» lui a entamé la chair, y a fait une incision, M. — C. a. dans le Voc. sous inherere; il le traduit aussi par *retinere*. — *Grimper, escalader*, Ht, Lerchundi; Cherb. C a شَبَّط, *grimper en s'aidant des pieds et des mains*.

V inherere, Voc.; il l'a aussi sous retinere. C'est, comme la Ire, *se prendre à, s'attacher à*, c. ڢ, 1001 N. Bresl. III, 381, 5: وقد تشبّطنت وتعلّقنت بعزمى الى ان, et IV, 101, 2 a f.: وغرق جميع من صرت فوق الشجرة.

في المركب وقد طلعوا الرُّكَّاب وتشبّطوا في جـانب ذلك الجبل. — *Grimper en s'aidant des pieds et des mains* (cf. شبث V), Alc. (*gatear sobir*), 1001 N. Bresl. IV, 35, 6: فلما رايته كذلك تشبطت انا وطلعت على اللباليب الفوقانية ‡
VII c. ف *s'agriffer*, Bc.

شِبَاط = شَبَاط, de Sacy Chrest. I, ٣, 8.

شَبَطَى *danse à Constantine*, Salvador 30 (*chabati*).

شِبَاطُو. Alc. donne sous *consuelda menor* (*bugle*, *petite-consoude*): rôiç chipâtu. Le premier mot semble l'esp. *raiz* (*racine*), qui entre dans le nom de plusieurs plantes, car Alc. traduit également «sello de santa Maria» par «rayç chicâquil» (شَقَاقِل). Le second me paraît une altération de *symphyton*, qu'on écrit en arabe سمفوطن, car Bait. II, 50 b, dit qu'on l'appelle en espagnol شبيطه.

شَبُّوط. Je trouve ces explications: καλλιώνυμος, *Uranoscopus scaber*, dans l'Euphrate et dans le Tigre, Bait. II, 84 e, 512 a; — *carpe*, Bc, Hbrt 69; — *turbot*, Ztschr. IV, 249 n., Seetzen III, 498, IV, 517; selon Abou-'Alî al-Bagdâdî c'est le poisson qu'on appelle au Maghrib شابل, c.-à-d. *l'alose*, Gl. Manç. in voce. — العيدان الشبابيط *des luths qui ont la forme du poisson appelé* شبّوط. Ils ont été inventés par le musicien Zalzal, qui vivait sous le règne de Hâroun ar-Rachîd, car auparavant les luths avaient la forme de ceux des Persans, Ztschr. IV, 249. — *Balai*, M.

شَبِيط pl. شَبَابِيط *perche*, *long bâton*, Bc, Gloss. de Habicht sur le IIIᵉ volume de son éd. des 1001 N.

شُبَيْطَلَة *echium*, Prax R. d. O. A. VIII, 279.

شَبْطَان *espèce de renoncule*, Barth I, 103.

شَبُّوط = شيبوط, Payne Smith 1669.

شَبَاط = اشباط, M.

أَشْبَاطَة (bas lat. *spata* (du gaulois *spatha*, *épée*), a. esp. *espadilla*, port. *espadella*), t. nautique au Maghrib, *rame servant de gouvernail*, Gl. Mosl.

شَبْطَبَاط *polygonum*, Bait. II, 84 c. Après avoir dit وتفسيره بالسريانية, il ajoute: عصا الراعي. عصيه. Dans le Dict. de Castel-Michaelis on ne trouve pour ܡܨܡܨܡ que la signif. «planities;» mais ܡܨܡܨܢܐ, qui précède, y est expliqué par «virga pastoris, s. potius, polygonum.» M. Nöldeke, que j'ai consulté à ce sujet, m'a répondu: «Je ne trouve ܡܨܡܨܐ (sans *yod*) que chez Rosen, Catal. 20 b, où quelqu'un est tué avec un ܡܨܡܨܐ; c'est donc un *bâton* (augmentatif, *chibboutâ*, de ܡܨܡܨܐ). Quant au mot ܡܨܡܨܡܐ, il ne signifie nullement «planities,» mais bien *polygonum*, comme le prouve cette explication, Geopon. éd. Lagarde 112, 6: ܡܨܡܨܡܐ ܘܐܚܪܢܝ ܚܡܚܡܝܠܝ.» Au reste les Arabes ont aussi retranché la première lettre et ils disent بَطْبَاط, qu'on trouve Bait. I, 151 c, II, 195 b.

شبظ I, II c. a. et V dans le Voc. sous *ponderosus*; II c. a. et V c. على *ibid.* sous *absurdum facere*.

شَبِيظ pl. شِبَاظ *ponderosus*, Voc.

شِبَاظَة dans le Voc. *vis ponderosus*, *absurdum facere*.

شبع I. شَبَعَ c. على, n. d'act. شَبْع, *insultare*, Voc.

II *rassasier*, Ht, *assouvir*, *rassasier pleinement*, Bc. — شبّع ذهبًا *étancher la soif de l'or*, Bc. — شبّع ضربًا *assommer*, *battre avec excès*, Bc.

IV *appâter*, *attirer les oiseaux*, *les poissons avec un appât*, Alc. (*cevar*, *cevar las aves*, *cevar pesca*). — صبغ مشبع اللون et صبغ مشبع, dans le même sens que صبغ مشبع اللون et اشرب اللون, que Lane explique sous شرب IV, Gl. Mosl.; Bait. I, 28 b: وكان مشبع اللون. — لونه كلون السماء مشبع: حجر اللازورد, Most. vᵒ. — اشبعتُ الكلامَ في ذلك *j'ai expliqué cela fort au long*, Macc. I, 480, 2, M.

V. La signif. que Lane donne en premier, et Freytag en dernier lieu, mais qu'ils ont mal indiquée, est: *manger encore quand on est déjà rassasié*, *satisfaire son appétit jusqu'à la satiété*, *jusqu'au dégoût*, Gl. Belâdz.

شَبْعَة *rassasiement*, L (*refectio* ورَآ), (شَبْعَة), Kâmil 205, 1.

شِبَع *appât*, *amorce*, Alc. (*cevo*).

شَابِع. Le pl. شُبَّع, Gl. Edrîsî.

اشباعي *explétif* (mot), Bc.

مُشْبَع pl. مَشَابِع *endroit où l'on met l'appât pour attirer le gibier*, Alc. (*cevadero para engañar*).

اكلّناها مشبعة كرامتكم. مشبعة‎ *vous nous avez bien fait suer*, Bc.

I. شبّقه بالعصا‎ *il lui donna des coups de bâton*, M.

شباقة‎ voyez شِبِق‎.

شَبَق‎ *baguette, bâton menu*, Bc.

شَبَقة‎ *chapeau à trois cornes*, ainsi appelé à Alep, Bg 799.

شبّاي‎ vulg. pour سبّاي‎ dans le sens de *lien, chaîne*, M.

شبوق‎ espèce de poisson de rivière, man. de l'Escurial 888, n° 5 (Simonet).

شباقة‎. Dans les 1001 N. Bresl. III, 79, 3 a f., où l'on trouve: استقبلته ببوس لبق وشبق‎, le mot شبق‎ a bien le sens qu'on trouve chez Freytag et Lane; mais dans un autre passage, *ibid.* 336, 3: «وكان ابن الملك صاحب لباقة وشباقة ومعرفة وحذاقة»‎ le mot شباقة‎ doit avoir le sens de *sagacité*.

شبك‎ I *denteler*, Gl. Edrîsî. — C. في‎ *embarquer, engager dans une affaire, impliquer, engager, embarrasser dans, mêler, comprendre dans, fourrer dans, engager dans*; شبك في العسكرية‎ *engager, enrôler, racoler, enrôler soit de gré, soit par finesse*; شبك نفسه في العسكر‎ *s'engager, s'enrôler*; شبك صبيّا‎ *obliger un apprenti*, l'engager chez un maître; شبك العقل‎ *appliquer l'esprit*, l'attacher à; شبك قلبه‎ *engager son cœur*, aimer, Bc. — C. في‎ *accrocher, attacher, suspendre à un crochet, agrafer, cramponner*; شبك الابزيم‎ *boucler, attacher avec la boucle*, Bc. — *Jeter le grappin sur, s'emparer de*; شبك المركب‎ *grappiner, accrocher un vaisseau avec le grappin*, Bc. — *Mettre aux mains*, faire battre ou combattre, Bc. — C. في‎ *insilire*, Voc. (= وثب على وفي, هجم على‎, etc.). — *Grimper*, Alc. (gatear sobir). — S'emploie en parlant d'un moulin, «enpalagarse el molino,» Alc.; les dict. esp. n'ont pas cette expression, et les Esp. ne la connaissent pas. — *Placer, mettre, poser un objet avec précipitation et à la légère, jeter*, Antar 24, 9: شبك العصا على اكتافه‎ «il jeta le bâton sur ses épaules;» comparez sur ce passage les remarques de M. Dugat dans le J. A. 1856, I, 65–6, qui ajoute que ce mot ne s'emploie guère en ce sens qu'en Syrie, et qu'il ne l'a rencontré que dans le roman d'Antar. — شبك اليدين‎ *joindre les mains*, Bc, R. N. 45 v°:

شبك بشير يديه على راسه وصاح وسقط الى الارض‎. — شبك للزيجة‎ *fiancer, promettre en mariage*, Bc.

II *enlacer, entrelacer*, Bc. — *Embrouiller*, Bc. — *Croiser, mettre, disposer en croix*, Bc. — *Treilliser, garnir de treillis*, Alc. (enrexar cerrar con rexas); cf. le part. pass. chez Lane v° شِبَاكَة‎. — *Attacher*, J. A. 1849, II, 271, n. 1, l. 6: ثم شَبَكَ عليها المَشَاقَّ‎, où Reinaud traduit: «ensuite tu y attacheras de l'étoupe.» — *Prendre dans un rets*, Voc. — *Retenir*, Voc. — *Broder des figures*, p. e. *d'animaux, sur quelque étoffe*, Voc.

V *donner dans un rets, être pris au filet*, Voc. — *Etre retenu*, Voc. — *Etre brodé* (étoffe), Voc.

تشبّكت الاسنان‎ *les dents claquent, claquer des dents*, quand les dents se choquent par un tremblement que cause la peur, 1001 N. I, 23, 13: فلما راى الصبّاد ذلك العفريت ارتعدت فرائصه وتشبّكت اسنانه ونشف ريقه‎. — تشبّك الفرس‎ se dit d'un cheval qui, lorsqu'il est fatigué, *a des spasmes dans les pieds par suite du froid*, M. — C. مع‎ p. *se faire une affaire avec quelqu'un, se prendre de querelle avec*, Bc.

VII *s'engager, s'embarrasser, s'engager imprudemment et trop avant dans une affaire*; انشبك في العسكر‎ *engagement, enrôlement*, Bc. — C. ب‎ *s'adonner à, s'affectionner*, Bc. — C. ب‎ *s'accrocher à*; — *s'embarquer dans*, Bc. — C. مع‎ *contracter, former des liaisons, se faufiler, se lier*, Bc.

VIII, en parlant de combattants, *se mêler*, Gl. Fragm. — La signif. *irretitus, illaqueatus fuit* (Golius) se trouve aussi 1001 N. I, 22, 5 a f.

شَبَك‎, de même que شَبَكَة‎, à ce qu'il semble, *botte de paille*, car Martin 189 a تبن أشباك‎ «ballots de paille.»

شَبَك‎ *réseau*, Bc.

شُبُك‎ pl. ات‎ (turc چبوق‎) *pipe*, Bc.

شَبَكَة تبن‎ *botte de paille*, Martin 139. Dans le Voc. sous *insilire*.

شَبَكَة‎. Cette partie de l'astrolabe qui porte aussi le nom *d'araignée*, Dorn 27, Alf. Astron. II, 261: «axabeca, la tabla entallada que es sobre las tablas sanas, que están en ella los signos y las estrellas fixas.» Le nom esp. dans cette collection est constamment *la red*, ce qui est la traduction du terme arabe; en latin aussi *rete*. — Pour le sens de *réseau que les femmes portent sur la tête ou sur le cou* (Freytag, Lane), voyez Djob. 309, 11, Bat. IV, 174; en parlant de cavaliers, Antar 64, 6: وعلى اكتافهم شباك اللولو المنظومة. — *Moustiquaire*, Alc. (pavellon de red para mosquitos). — *Treillis*, Bat. IV, 88; *grille*, assemblage de barreaux, Bc, Ht, *grillage*, Ht. — *Jalousie de fenêtre*, Ht. — *Gril*, ustensile pour faire griller, Bc. — *Pêcherie*, Amari 32, 7: وبها شبكة يصاد بها التن الكبير; l'anc. port. enxavegua, qui en dérive, s'employait dans le même sens. — *Succession de mamelons et de dunes mouvantes*, Daumas Sahara 6, 51. — *Implication*, engagement dans une affaire Bc. — *Anicroche*, obstacle, Bc. — *Mêlée*, combat corps à corps entre plusieurs hommes, *engagement*, *combat*, et *mêlée*, contestation opiniâtre, Bc. — *Affaire*, querelle, *maille à partir*, *scène*, Bc. — شبكة الزواج *fiançailles*, promesse de mariage devant un prêtre, Bc.

شبكية *rétine*, filets entrelacés du nerf optique, Bc.

شبّاك *roulenu*, Ht. — (Avec le *kesra?*) genre de lutte, 1001 N. I, 365.

شبيكة *dentelle*, Bc, Mc, Ht.

شبابك (pl.) sorte de pâtisserie, Gl. Manç.: زلابية الشبابك المتخذة من النشا المعجون تجمّنا رقيقا يخرج من ثقب انه فى المقل على تلك الصورة المعروفة وتلقى فى العسل فتمتلئ انابيبها الخ ۞

شبّاك, pl. ات et شبابك, *barque*, Voc. (barca, navis). C'était autrefois *une barque de pêcheur*, comme l'a prouvé M. Jal (Glossaire nautique, art. chabek et enxabeque), qui cite un passage d'une chronique portugaise du XVᵉ siècle. A présent on entend sous ce mot, qu'on prononce شبّاك, *un petit bâtiment de guerre*, en usage dans la Méditerranée, *chébeck*. On le trouve chez Bc, Mc et Naggiar. Le témoignage du Voc. prouve que M. Devic, 91, s'est trompé en assignant une origine turque à ce mot; à l'époque où le Voc. a été composé, le dialecte arabe-espagnol n'avait pas de mots turcs.

شبّاك, *grille*, assemblage de barreaux, Bc شبّاك حديد), *grillage*, *balustrade*, Bat. I, 123, 202, 316, II, 85, 86, 135, Cartâs 37, 8. شباك النبى, *la grille du Prophète*, est le tombeau du Prophète à Médine,

qui est entouré d'une grille. « Quand deux Arabes veulent faire un serment d'une grande importance, ils entrelacent leurs doigts de la main droite en disant: بشبّاك النبى, «(je le jure) par la grille du Prophète.» Dans leur pensée, il arriverait malheur à celui qui manquerait à sa parole,» Daumas V. A. 96; — spécialement *grille d'une fenêtre*, Alc. (rexa), Cartâs 133, 15: فاذا بطاق فى دار عليه شبّاك خشب.

De là: *fenêtre avec une grille de fer ou de bois*; mais aussi *fenêtre* en général, M; en ce dernier sens Ouaday 675, Burton I, 303; chez Bc: *fenêtre, sa fermeture en bois et verres*; — خرجة شبّاك *balcon*, Bc. وراقة الشبّاك et شبّاك *châssis*, ouvrage de menuiserie sur lequel on adapte du vitrage, de la toile, ou du papier huilé, Bc. — *Croisée*, la menuiserie qui garnit une ouverture dans un mur, Bc. — *Ecluse à tambour*, écluse avec des ouvertures pour laisser passer l'eau en partie, ou lentement, Masoudi VI, 431 (cf. Badroun 249): فاذا هو قد تطلّع الى دجلة بالشبّاك وكان فى وسط القصر بركة عظيمة لها منخرق للماء الى (الى الماء فى B) دجلة فى (وفى B) المنخرق شباك حديد, «je le trouvai occupé à regarder attentivement du côté du Tigre à travers l'écluse à tambour; car il y avait au milieu du château un large bassin qui se déchargeait par un canal dans le Tigre, et dans ce canal il y avait une écluse à tambour en fer;» Cartâs 21, 6 a f.: فيجرى (النوادى) بين العدوتيّن حتى يخرج من موضع يسمى بالرميلة قد صنع له هنالك فى السور بابّين عظيمّين يخرج عليهما شبابك من خشب الارز مزرّدة وتبقة يخرج منها الماء وكذلك صنع لـه فى موضع دخوله باب كبير عليها شبّاك محكم وتبيق مائـه بـدل شبّاك, il faut lire, avec le man. cité trad. 31, n. 9, شبابك, qui est pour شبابيك; ibid. traduct. 359, n., l. 18: اتى سيل بوادى مدينة فاس فهدم السور وجمل الشبّاك وجمل الشجر الـخ. Par synecdoche *conduit d'eau*, dans ces passages de Mocaddasi qui m'ont été indiqués par M. de Goeje: 9, 155: شرب من نهر قويّق يدخل الى البلد الى دار; 5, 208, ويصل النيل, سيف الدولة الى شباك حديد ايضا الى قصبة الاسكندرية ويدخلها فى شباك حديد وعين ملحة; 20, 252: فيبملون صهاريجهم ثم ينقطع ـ. يخرج فى شباك حديد الى بركة ثم يتفرّق فى البساتين

Gril, ustensile pour faire griller, Alc. (parrillas para assar). — *Des cordes avec lesquelles le chamelier attache une charge de choses fragiles, p. e. de poterie, afin qu'il n'en tombe rien*, M. — *Chébeck*, voyez sous شَبّاك.

شَوْبَك pl. شَوابك (pers. چوبك, baguette) *rouleau de pâtissier*, Bc.

تَشْبُّك, t. d'anat., *réseau ou tissu*, Bait. II, 522 g: المغات يليّن التشبّك وصلابة الرحم ¤

تَشْبِيك pl. تَشَابِيك *cloison*, petit mur peu épais et servant à la distribution d'un appartement, Alc. (pared de ladrillo); cf. Gl. Esp. 344. — Synonyme de حَمَر, maladie du cheval quand il a mangé de l'orge en trop grande quantité, *orgée, fourbure*, Auw. II, 522, 4, 10.

مِشْبَك pl. مَشَابِك *agrafe, crochet, charnière*, pièces de métal enclavées et fermées, Bc.

مُشَبَّك, pl. ات, Voc., دون, Alc., *grand panier, manne*, L (canistrum, ferculum), Voc. (canistrum), Alc. (canasta grande). — Dans le passage de l'éd. de Bresl. des 1001 N. que cite Freytag, on lit en effet: ومشبك بيلقانية; mais sous ce dernier article j'ai exposé les raisons qui me font croire qu'il faut ajouter la copulative au second mot. Freytag aurait donc dû dire: مُشَبَّك, «sorte de pâtisserie,» comme on trouve dans le M.

مَشْبُوك *fiancé*, Bc.

مُشْتَبِك *enclos, jardin entouré de haies*, L (consitus مشتبك ومحلّق وغيضة وغلف الثمار).

شِبْكَرَه Golius, dans son Appendice, a eu raison de traduire *nocturna cœcitas*, car tel est le sens de ce mot selon les dict. des indigènes, une ancienne traduction d'Hippocrate, citée par Jackson (Timb. 333), et les passages d'Auw. que je citerai dans l'article suivant; mais en ajoutant *nyctalops*, il a pris ce dernier terme dans un autre sens qu'on ne le prend ordinairement. C'est *héméralopie* qu'il aurait dû dire; la nyctalopie s'appelle الجَهَر.

شِبْكَور (pers.) *qui a l'héméralopie*, Auw. II, 505, 15 (où Clément-Mullet a eu raison de lire ainsi), 576, 1, 5, 18.

شِبْل, t. de tailleur, *fausse couture à longs points*, M.

شبولي espèce de poisson de rivière, man. de l'Escurial 888, n° 5, distinct du شابل, qui y est nommé aussi (Simonet).

شَابِل (esp. sábalo) *alose*. Aux passages que j'ai cités dans le Gl. Edrîsî, 325, 388, on peut ajouter: Bc, Calendr. 41, 6, Gl. Manç. v° شَبُوط, Müller 7, 1, Chec. 197 v°, Gräberg 46, 135, Davidson 24, Hay 76. La voyelle de la seconde syllabe est *fatha* dans le Gl. Manç., *kesra* dans Chec. et chez Domb.

اشبيل sorte de poisson, Yâcout 886, 10.

شبن

شَبِين ou أَشْبِين (syr.), pl. أَشَابِين, *parrain*; وقف شبين له «servir de parrain à un enfant,» Bc; شبين العريس *paranymphe*, compagnon du marié; شبينة العروسة *paranymphe*, écuyer de la mariée, Bc, M, qui dit que c'est un mot syriaque; en effet, c'est ܡܫܘܫܒܝܢܐ.

شِبِّين (esp. chapin) pl. ات *chapin, chausson, mule, claque*, chaussure sans quartier à l'usage des femmes, Alc. (chapin de muger, cf. calçada cosa de alcorques).

شَبِينَة (ou أَشْبِينَة) *marraine*, Bc; *compagne de la mariée*, M.

شَبِين (lat. sapinus, sappinus) *sapin*; Sam'ânî (man. de Lee), dans son article الشَّبِينِي, qui m'a été communiqué par M. de Jong, dit que الشَّبِين signifie شجر الصنوبر, que ces arbres sont fort communs sur les montagnes et dans les plaines de Bâlis en Syrie, qu'ils servent à la construction des vaisseaux, et qu'ils forment le principal moyen de subsistance pour la population de Bâlis; cf. Lobb al-lobâb 150 b. On trouve aussi ce mot en Espagne (l'esp. pour sapin est sabina); Homaidî, man. d'Oxford, 72 v°, dans son article sur le poète Abou-Alî Idrîs ibn-al-Yemân, dit que quelques-uns l'appellent اليابسى, c.-à-d. d'Iviça, parce qu'il était originaire de cette île, et d'autres الشبينى لأن الغالب على بلده شجرة الشبين وهي شجر الصنوبر. Aujourd'hui encore cette île est couverte de bois de sapins.

شبه I, aor. a, c. a. p. *tenir de, ressembler* à quelqu'un, Bc.

II شَبَهْتُكَ لِفُلَان je trouve que vous ressemblez à un tel, Bc. — C. a. p. et ب alter., prendre quelqu'un pour un autre, Abbad. I, 229, n. 24, III, 82, Berb. I, 61, 5 a f.; Bc a la constr. شبّه عليه en ce sens. Dans Berb. II, 509, 6 a f., l'accus. de la personne est omis: فنصبه للأمر مُشبِّهًا ببعض اولاد السلطان أبي الحسن; l'auteur se serait exprimé plus correctement s'il avait écrit: يُشبّهه. — C. على p. *tromper quelqu'un en se donnant pour*, ب, *un autre*, Berb. I, 648, 5 a f.: وما كان من أمر الدعيّ ابن أبي عمارة وكيف شبّه على الناس بالفضل ابن المخلوع بحيلة من وانتسب; aussi c. ل p., Berb. II, 384, 11: مولاي نصير لهم الى السلطان أبي الحسن وأنه ابو عبيد الرحمن ابنه — C. فى r., *de même que* ليس فى, *avancer des faits louches, équivoques*, Prol. I, 32, 3 (cf. la trad.); من غير تشبيه *sans équivoque*, Bait. I, 338 b: وقد خصّصت فاعية لخنثه — بذكر الفاعية فيقال الفاعية فتعرف من غير تشبيه — يُشبِه أن *il semble que*, Djob. 37, 8; cf. Lane sous la Ve, à la fin. — *Faire des figures, des images, des statues*, Payne Smith 1583. — *Feindre, dissimuler, déguiser, se contrefaire, faire semblant, simuler*, Alc. (fingir). — *Traiter un malade, en parlant du médecin qui prend soin d'un malade*, Voc., Alc. (curar el enfermo). — *Être en convalescence, relever de maladie*, Alc. (convalecer de dolencia); cf. V.

III *contrefaire*, Ht.

IV *défigurer, déguiser, rendre méconnaissable*, Alc. (desemejar).

V *se comparer*, Alc. (conpararse). — C. ب *être confondu avec*, Prol. III, 193, 2 a f. — C. فى p. *prendre quelqu'un pour un autre*, Bc. — C. من *être en convalescence, relever de maladie*, Voc., Alc. (convalecer de dolencia).

VI c. a. p. *imiter quelqu'un*, Bc.

VIII c. ب *être confondu avec*, Prol. I, 66, 13. — Voyez plus loin le partic.

شَبَه, *comme nom d'un arbre, est Paliurus australis*, Bait. II, 82 c.

شِبْهَة. شبهة العَمْد *est quand on a tué quelqu'un en le frappant, de propos délibéré, avec un objet qui n'est pas une arme, et qui n'est pas compté pour telle, de sorte qu'il est douteux s'il s'agit d'un meurtre intentionnel*, M. — *Chose douteuse, c.-à-d. chose dont on ne sait pas au juste si elle est bonne ou mauvaise, permise ou défendue*, M, Macc. II, 159, 12: il ne faut pas défendre ce que Dieu a permis, والعجب من أهل زماننا يعيبيون الشبهات وهم يستحلّون المحرمات. Les gens très-pieux appliquent la règle: «dans le doute, abstiens-toi;» cf. Edrîsî ۱۰, 11 (= Bayân I, 215, 15): والغالب على فضلاتهم التمسّك بالخير والوفاء. — En parlant de biens, de ce qu'on possède en argent, en fonds de terre, ou autrement: *ceux dont l'origine est suspecte. Dans ceux-là seulement qui ont été dans la famille depuis un temps immémorial, il n'y a pas de chobha, et ce sont les seuls qu'on puisse employer, en toute sûreté de conscience, à de bonnes œuvres; les autres, qui ont passé de main en main, ne sont pas à l'abri du soupçon, les vendeurs ou les acheteurs ayant pu faire des fraudes*; cf. Cartâs 30, 4: فورثت منهم مالا جسيما حلالا طيبا ليس فيه شبهة لم يتغيّر ببيع ولا شراء فأراد ان تصرفه في وجوه البرّ ولا تصرف فيه سواء احتياطا, ibid. l. 12: منه وتحرّيا من الشبهات; de même 33, 14, 35, 5; R. N. 94 v°: وكان متوقّفا عن الشبهات طيّب المكسب Aussi, ibid. 101 v°, les choses qu'on achète, mais qui sont حرام, *parce qu'elles ont une mauvaise origine*, فاسدة الأصل, comme on lit 102 r°. — *Un point de doctrine religieuse controversé*, Macc. I, 136, 12: si quelqu'un a la réputation de s'occuper de philosophie ou d'astronomie, le peuple le nomme impie, فإنّ زلّ في شبهة رجموه بالحجارة — *Fidélité douteuse, suspecte*, Bayân II, 56, 13: فاستقدم منهم مَن اطّلع له على سوء سريرة وشبهة في الثغر. — *Doctrine trompeuse*, Prol. II, 132, 8: Evitez البِدَع والشبهات, III, 122, 15: وتندفع شبهة اهل البِدَع عنها, Macc. II, 437, 8. — *Erreur*, Prol. I, 382, dern. l. — *Le semblant d'une preuve*, Becrî 184, 9; *preuve incertaine*, Prol. I, 169, dern. l: انقلب الدليل شبهة والهداية ضلالة. — *Soupçon, suspicion*, Bc, M, Djob. 138, 17: وحاشى لله أن تعرض في ذلك علّة تمنع منه٠ او شبهة من شبهات

شبه

الظُّنون ترفع (تَدْفع .l) عنه", Belâdz. 379, 3 a f.: يَقولون أقوالاً بظَنّ وشبهة فإن قبل هاتوا حقَّقوا لم يُحَقِّقوا ذو شبهة suspect, Bc. — *Prétexte*, Prol. II, 112, 2 a f. — Les juifs espagnols, p. e. les traducteurs de Haï-youdj, employaient ce mot, comme me l'apprend M. J. Derenbourg, dans le sens de *lettre*, caractère de l'alphabet, l'hébreu אות, pl. אותיות. «Dans l'éd. Dukes,» m'écrit-il, «p. 14, l. 13, et Nutt, 12, 23, le mot משמיות répond à l'arabe من شبهاته. Ibn-Djanâh lui-même se sert également de ce mot, mais il a le pl. شِبَه.»

شبهان *Paliurus australis*, Bait. II, 82 c, 84 d.

شبيه. Le pl. شِبهاء dans le Voc. — شبيه بالمعيَّن *parallélogramme oblique*, Bc, M. — شبيه بالمنحرف *trapézoïde* (Hadji Khalfa), Bc.

شابهَة *imitation*, Ht.

أَشبَه, suivi de مِن, *meilleur que*, Voc. (melius), Bayân I, 299, 4: وكان أشبه من غيره سياسةً لا دينًا, Djob. 181, 9, Abdarî 43 v°: سمعت أنهم أشبه حالاً من المذكورين يكثير. — *Convalescent*, Voc.

تشَبُّه *véhémence d'une maladie*, Alc. (reziura de dolencia).

تشبيه *fiction, feinte*, Alc. (ficion fingimiento). — Le pl. تشابيه, comme traduction de مُعْضَلات, Payne Smith 1448.

تشبيهي *comparatif*, Bc.

تشابُه, t. de philos., *identité de qualité* ou *d'accident*, M. — T. de rhétor., *quand le poète répète au commencement d'un hémistiche le mot qui est le dernier de l'hémistiche qui précède*, M.

مشبَّهة. C'est ainsi qu'il faut prononcer le nom de cette secte, M, ce que j'observe parce que Freytag l'a laissé sans voyelles.

مشبوه *douteux*, Bc.

مشتبِه. شى؟ مشتبه est *une chose qui vous appartient de fait, mais non pas de droit*; cf. Macc. I, 556: Hacam Iᵉʳ possédait les moulins dits *du pont*. Un autre prouve que c'est à lui qu'ils appartiennent de droit, et le cadi les lui adjuge. Peu de temps après, Hacam les lui achète, et il dit, l. 16: كان في أيدينا

شى؟ مشتبه فصحّحه لنا (القاضى) وصار حلالا طيب المسلك فى اعقابنا ۞

متشابِه, t. de philos., *identique en qualité*, M. — T. de rhétor., que Freytag a expliqué d'une manière inexacte. C'est cette espèce de paronomase qui présente deux *rocn*, écrits de la même manière, mais dont l'un forme un seul mot, et l'autre deux, comme dans ce vers:

اذا مَلِكٌ لم يكن ذا هِبَة فدَعْه فدولتُه ذاهِبَة

M, Mehren, Die Rhetorik der Araber, p. 155. — En parlant de certaines expressions du Coran, المتشابهات celles qui se confondent aisément quand on récite le Coran de mémoire; on dit alors p. e. وكان الله عزيزا حكيما, au lieu de dire: وكان الله عليما حليما, etc., M, avec une anecdote.

شهجن *gril*, Payne Smith 1516.

شبى II. شَبَى (dénom. de أُشبيَّة, qui est l'esp. aspa) *dévider, mettre en écheveau le fil qui est sur le fuseau*, Alc. (aspar).

IV c. a. p. et ب r. *gratifier* quelqu'un *de*, P. Aghânî 47, 4 a f.

شباة *mors*, Kâmil 53, 10. — فأشتها = شباة القفل Diwân de Djarîr (Wright).

أُشبيَّة (esp.) pl. أَشابى *dévidoir*, Alc. (aspa).

شَبى I, n. d'act. شَبى, en parlant d'un étalon, نبى الفَرَس, *couvrir une cavale*, M.

II. شَبَّى الفرس *faire couvrir une jument*, M.

شبيطر = سَبيطَر, *héron* à ce qu'il semble, M.

شت

شت I semble avoir le sens de *quitter sa patrie pour voyager* dans les 1001 N. Bresl. XII, 52, 4: il tendit les voyageurs dire: مَن لم يشتَّ لا يتفرَّج.

II العقل *dissiper*, *distraire, détourner l'esprit*, B. V. تشتَّت بهم الدهر «la fortune les a dispersés» Gl. Mosl. — تشتَّت الجيش بالمرَّة «l'armée fut taill en pièces,» Bc. — تشتَّت العقل «l'esprit, l'attenti se dissipe,» Bc.

شتات *discorde, différent entre deux personnes* s'aiment, Alc. (desacuerdo en amor). — *Schisme*, V

— *Guerre*, Alc. (guerra). — شَتَات العقل *distraction, inattention*, Bc.

شَتَّى Un poète dit وَالأَرْضُ شَتَّى كُلّها واحِدٌ Macc. II, 51, 15, c.-à-d. « les différentes parties de la terre sont égales. » On dit aussi: ولم تَصَرّف فى شَتَّى الفنون « il était versé dans les différentes sciences, » Macc. II, 437, 9, cf. Fleischer Berichte 52. — أَخُو شَتَّا, مِنْ شَتَّا, que le Voc. a sous *frater*, signifie *demi-frère, celui qui n'est frère que du côté maternel*, car Alc. donne مِنْ شَتَّى seul sous « ermano de la parte de la madre, » et de même, sans أُخْت, sous « ermana de la parte de la madre. »

شَائِت *dissipé*, livré aux plaisirs, Bc.

مُشْتَّت *guerrier*, qui fait, qui aime la guerre, Alc. (guerreador).

شَ I *tâter, toucher, manier doucement*, 1001 N. Bresl. XI, 232, 9: وجعل يقوم الثالث الى الحمار ويشتره 234, 11.

II *ouvrir* une grenade, الرُّمّان, Voc.

V quasi-passif de la II, dans le sens qui précède, Voc.

شَتَرَ = جَتَر *parasol*, Quatremère Mong. 209 b, 210; mais je crois qu'il se trompe en ajoutant le pl. شتور, car il me semble que dans la phrase: نَصِبَتْ شتور من الخيام, il faut lire ستور.

شَتَرة الجَفْن الأَسْفَل *renversement de la paupière inférieure*, Bc.

أُشْتَر, en Espagne, *Libanotis*, Bait. II, 450 d (AB).

شتع.

مَشَايِع (pl.) *les endroits où l'on périt* (مَهالك), M.

شتل.

شَتَل *plant, scion qu'on tire d'un arbre pour le planter; jeune bois, jeune verger*, Bc. — *Pépinière*, Bc. — شتل بصل *ciboule*, Bc.

شَتْلَة *ce que l'on détache des plantes pour le planter ailleurs*, M; *brin de plante*, Bc; *tige de plantes droites, comme tabac, aubergines, etc.*, Bc; *pied, tout l'arbre, toute la plante*; شتلة قرنفل, pl. شَتَل, un *pied d'œillet*, Bc; *plante*, Hbrt 46 (Alg.). — شتلة النسم *antore* ou *antitoré*, plante antivénéneuse, Bc. — شتلة القطن *herbe à coton*, herbe aux cancers, Bc. — شتلة الكتّان *lin* (plante). — شتلة النيل *anil*, plante dont on tire l'indigo, Bc.

مَشْتَل *pépinière*, M.

مُشْتَلِ *celui qui est habillé négligemment*, M.

شنتلق (?) *espèce de gesse*, Auw. II, 69, 4, 70, 16.

شتم. Au lieu de cette racine, on emploie شمت (voyez), qui en est la transposition. Dans la langue vulgaire de l'Espagne, شتم perdait son *t*, car Alc. donne sous « mal dezir de otro:» aor. nachûm, prét. xetémt, imp. achûm. Sous denostar, desenfamar, deslear, et desonrrar, il a: nachûm, achêmt (achûmt), achûm.

VII quasi-pass. de la I, Voc. sous *vituperare*.

شَتْم *injure*, Bc. — *Reniement, l'action de celui qui renie sa religion*, Alc. (reniego deste renegador).

شَتْمَة pl. شَتْم *affront, injure*, Alc. (baldon), *parole injurieuse*, Hbrt 247, *blâme, reproche outrageant*, Alc. (testimonio de vituperio), *malédiction*, Alc. (maldicion).

شَتِيمَة. Le pl. شتائم, Gl. Mosl. (où on lit à tort que Bc donne شتم comme un pl.; il le donne comme un sing.).

شَتَّام *blasphémateur*, L (blasfemus), Hbrt 247.

شاتِم *injurieux*, Ht. — *Mordant, mordicant, qui médit, qui critique amèrement*, Alc. (mordace maldiziente). — *Celui qui a renié sa religion, renégat*, Alc. (renegador o renegado).

شاتِمة *plomb de chasse*, Cherb. (Alg.), Ht, Delap. 140.

تَشْتِيم *injure*, Ht.

مَشْتَم pl. مَشَاتِم *l'endroit où couche un chien*, Voc.

شتنبر *septembre*; avec ces voyelles dans le Voc.; Djob. 116, 2 a f., etc.

شتو I *pleuvoir*, Ht.

II شَتَّت الدُّنْيَا *il a plu beaucoup*, M.

شَتْوِيّ, en parlant d'un port, *bon dans ou pour l'hiver*, Becrt 81, 9. — شَتَوِيّ (نَهْر), dans L *flumen, un torrent qui ne coule qu'en hiver, dans la saison des pluies*, M, Becrt 28, 4 a f.; وَادٍ عليه ارحاء

شتم

شَتْوِيَّة «une rivière qui fait tourner plusieurs moulins pendant la saison des pluies,» Becrî 115, 3.

شَتْوِيَّة *hiver*, Bc.

شِتَاء, à Mascate, *la saison des pluies*, Niebuhr B. 4. — Pl. أَشْتِيَة *pluie*, Voc., Alc. (lluvia), qui donne aussi نَزَل الشِّتَا *pleuvoir* (hazer agua, llover), M, Domb. 54, Bc, Mc, Jackson 192, Bat. IV, 214, Macc. III, 133, 20. Aujourd'hui on prononce quelquefois شتَا ou شتِي.

الشَّتَاوِي *les cultures que l'on entreprend sur des terres que le Nil n'a point inondées, ou qu'il n'a point couvertes assez longtemps, et qui exigent des arrosements artificiels*, Descr. de l'Eg. XVII, 17.

شَات *pluvieux*, M, p. e. لَيْلَة شَاتِيَة, Müller 19, 14, R. N. 49 r°. — شَاتِيَّة *campagne d'hiver*, l'opposé de صَائِفَة, Belâdz. 163, 1, Aghlab. 52, 3 et 5.

مَشْتَى, épithète d'un port, *bon pour l'hiver*, Amari 212, 4: مَرْسَى مَشْتَى لِلسُّفُن, Edrîsî, Clim. V, Sect. 2: وَلَهَا مَرْسَى حَسَن مَأْمُون مَشْتَى; chez Becrî 81, 6: مَرْسَى كَبِير مَشْتَى مِن كُلّ رِيح, je crois qu'après مَشْتَى il manque un mot (abritant).

مَشْتَى *radis*, Mc, Roland, Barbier.

مَشَاتِي *Mchâta, cabanes construites pour l'hiver*, Carette Kab. I, 137, semble pour مَشَاتَات, pl. de مَشْتَى. — *Muxêti* est chez Alc. envernadero, c.-à-d., je crois (voyez sous سَاحِل): *lieu sur la côte où l'on mène paître le bétail pendant l'hiver*; il me semble que c'est le même pluriel.

شتم I simplement *blesser* quelqu'un, c. a. p., Voc (vulnerare), Badroun 204, 3, 205, 14, Haiyân-Bassâm I, 23 r°: دَخَل الحَمَّام سَحَرًا فَانْتَدَرَهُ مَنَاجِمُهُ بِكُوبٍ. — خَلَّاس ثَقِيل صَبّه على هَامَتِه فَشَتَجَه وَغُشِيَ عَلَيْه. Pour la dernière signif.: on dit aussi يَشْتَم الخَمْر بِالمَاء «on mêle l'eau au vin;» voyez Gl. Mosl.

II, comme la Iʳᵉ, شَتَّم الخَمْر بِالمَاء, Gl. Mosl.

VII *être blessé*, Voc.

شَتْجَة *cicatrice*, Voc. Comme le *chin* suivi du *djim* est difficile à prononcer, les Arabes d'Espagne l'ont adouci en *sin*; chez Alc. c'est par conséquent سَتْجَة, pl. سِتَاج (voyez); cf. سَتْجَعَة pour شَتْجَعَة pour شَاتْجَعَة.

شَاتْجِب

شَاتْجِب *cabale*, Ht.

شَاتْجَر II *devenir un arbre*, M, *s'élever en arbre, former un arbre*, Gl. Manç. v° حِنْتَا: يَشْتَجِر بِدِرْعَة, Auw. I, 193, 2: وَالجَرِيد وَبِلَاد المَشْرِق وَلَا يَشْتَجِر بِالأَنْدَلُس, Pour les boutures (أَوْتَاد) de coignassier, de grenadier et autres espèces pareilles, il faut, avant que leur reprise se manifeste, cultiver dans les carreaux, dans les intervalles, des plantes potagères qui exigent beaucoup d'eau, comme des plants d'aubergines, فَهُوَ مُوَافِق لَهَا لِأَنَّه شَاجِر (يَشْتَجِر l.) عَلَى الوَتَد. وَيَصُونَه عَن الشَّمْس. — C. a. dans le Voc. sous ficus (arbor). — *Former des figures d'arbres dans une mosaïque*, Djob. 85, 14; *peindre des arbres*, Macc. I, 323, 17. — *Brocher*, passer des fils de côté et d'autre, Bc.

V dans le Voc. sous ficus (arbor). — *S'aguerrir, s'armer de courage, prendre courage*, Bc.

VI. تَشَاجَرَ الأَمْرُ بَيْنَهُمَا, Badroun 254, 6 a f., dans le même sens que شَجَرَ الأَمْرُ بَيْنَهُمَا, que Lane explique sous la Iʳᵉ, au commencement.

شَاجَر, n. d'un. ة. Au lieu du coll. شَجَر, qui a l'accent sur la seconde syllabe, le Voc. a شَاجَار. — Comme le *chin* suivi du *djim* est difficile à prononcer, on l'a adouci en *sin* (cf. سَتْجَة pour شَتْجَة, سَتْجَعَة pour شَتْجَعَة). Bc donne sous *arbre*: «شَجَر ou شَجَرَة, pl. شَجَر ou أَشْجَار; coll. شَجَر ou سَجَر.» Selon Cherb. C, on dit constamment en Algérie *sedjra* pour شَجَرَة (chez Ht شَجَر est *ronce*, et شَجَرَة, *arbre*). A Grenade on prononçait سَجَر et شَجَر (*figuier*; voyez plus loin). — *Figure d'arbre en mosaïque*, Djob. 337, 11. — En Espagne, *figuiers*, n. d'un. ة, *un figuier*, Voc., Calendr. 41, 1 (cf. l'ancienne trad. latine). Chez Alc. avec le *sin* (cijár) (higuera arbol, cf. higueral); *figuier qui porte des figues noires*, Alc. (higuera breval); Hernando de Baeza dans Müller L. Z. 60, 5: «la higuera grande, en aravigo acijara quibira.» Mots composés:

شَجَر الحَبّ *mélilot*, Most. v° إِكْلِيل المَلِك: قِيل هُوَ

شجر

ومنها (l. ومنه); ensuite dans le seul Lm: شجر الحب صنف رابع وهو المنسوب لشجر الحب‬.

شجر الحاج‬ *Hedysarum alhagi*; mais chez Rhazès *erica arborea*, Bait. I, 207 b, 278 b (mal traduit).

الحياة‬ — *thuya*, Bc.

شجر اليسر‬ voyez الذَّهَب.

الشجر الرِّيفى‬ *le noisetier*; voyez sous ريفى.

شجر العرب‬ *érable*, Bc.

العَفْص‬ — *chêne*, L (*quercus*).

فتنة‬ — *acacia*, Bc.

قنَاديل‬ — *grand candélabre de cuivre*, Burton I, 325.

الكافور‬ — *laurus camphora*, Bait. I, 509 c.

المنثور‬ — arbre qui ressemble au *laurus camphora*, Bait. I, 509 c.

اليُسْر‬ — (l'arbre de l'opulence), nom d'un arbre, Bait. I, 444 c: ونسوارة اشبه شى بنوار شجر اليسر‬ المسمى‬ شجر الذهب‬ B النسر‬; mais la leçon que j'ai donnée se trouve dans ADEL (ce dernier a les voyelles), et elle est confirmée par l'autre nom (l'arbre de l'or).

Mots composés avec شجرة‬:

شجرة ابراهيم‬ voyez Bait. II, 86 j; *quinquefolium*, Most. v° كف الجذماء‬, Gl. Manç. v° بنجنكست‬. On cultive la petite espèce dans les maisons, et quelques-uns l'appellent شجرة مَرْيَم‬, Bait. II, 79 c.

ابى مالك‬ — nom d'un arbre décrit Bait. II, 84 g.

الله‬ — *Iuniperus sabina*, Bait. II, 85 d.

باردة‬ — *le petit convolvulus*, Bait. II, 86 a, cf. A. R. 374.

البَرَاغيث‬ — voyez sous برغوث‬.

الشجرة المُبَاركة‬ *le laurier-rose*, Auw. I, 400, dern. l. et suiv., nommé ainsi par antiphrase.

شجر البَقّ‬ voyez sous le second mot.

البهق‬ — = القناريى‬, *Plumbago europea* (?), Bait. II, 87 b.

التنين‬ — *le grand Arum*, Bait. II, 86 f.

التيس‬ — *tragion*, Bait. II, 86 c.

الشجرة الثمراء‬ espèce de *pithyuse*, شَبَرم‬, Auw. II, 388, 1 et 2.

I

729

شجر

شجرة الجن‬ est le غبيراء‬, Auw. I, 326, n. *, où il faut lire avec notre man.: وقيل انه شجرة الجن‬. يجتمعون البها الخ‬. Il porte aussi ce nom dans un ouvrage que cite Clément-Mullet, I, 303, n. 1, et il l'a reçu parce qu'on croit qu'après le coucher du soleil des Djinns se réunissent à l'entour de ces arbres.

جَهَنّم‬ — *pigeon-d'Inde*, *ricin* (plante), Alc. (*higuera del infierno*, *cijára*).

الحَبّة الخضراء‬ — *térébinthe*, Bait. I, 144 g.

حرّة‬ — *Melia Azederach*, Bait. II, 85 c.

الحنش‬ — *Arum*, Most. v° لوف‬, A. R. 205.

الحَيّات‬ — (l'arbre des serpents) *cupressus sempervirens*, ainsi nommé parce que les serpents aiment cet arbre, Bait. II, 85 f.

الخطاطيف‬ — *Chelidonium*, Bait. II, 86 g.

الدبّ‬ — Les auteurs ne sont pas d'accord sur le sens de ce terme; voyez Bait. II, 85 e.

الدبق‬ — = المخيطا‬ (AB), Bait. II, 85 g.

الدم‬ — *Anchusa tinctoria*, Bait. II, 85 h; — *polygonum*, L (*poligonos*).

رستم‬ —, en Ifrîkiya, *Aristolochia longa*, Bait. II, 86 d (biffez l'article, AB), Most. v° زراوند طويل‬.

المُرْقِد‬ —, en Espagne et en Afrique, *Datura Metel*, Bait. I, 269 c.

الصَّنَم‬ — (l'arbre de l'idole) = سراج القطرب‬, ainsi nommé parce que sa racine a la forme d'une idole qui est debout, avec des mains, des pieds, et tous les autres membres du corps humain, Bait. II, 14 f.

الضفادع‬ — *ranunculus asiaticus*, Bait. II, 85 i.

الطعال‬ — *Lonicera Periclymenum*, Bait. II, 85 b.

الطَّلْق‬ — arbuste épineux, de la grandeur de la pastèque, dont la racine, qui est ronde, ressemble au navet, et dont les branches s'entrelacent. On l'appelle *l'arbre de l'accouchement*, parce que l'eau dans lequel on le trempe est un remède qui hâte et facilite l'enfantement, Most., Bait. II, 85 k (autrement dans mes man.), man. 13 (3), Antâkî. Selon les deux derniers auteurs, c'est = كف مَرْيَم‬; mes man. de Bait. n'ont pas cela.

الفَرَس‬ —, en Ifrîkiya, *réglisse*, Most. v° سوس‬, A. R. 373; — شجرة الفُرس‬ *Astragalus Poterium*, Bait. II, 563 c (AB; le premier a la voyelle).

92

الشَّجَرَةُ الغَارِسِيَة = لبخ, Most. sous ce dernier mot.

شَجَرَةُ مَرْيَم = كَفّ مَرْيَم, Bait. II, 87 a.

— الكلب *Alyssum*, Bait. II, 85 j.

مَرْيَم — nom d'un grand nombre de plantes: en Espagne, *Parthenium*, Alc. (yerva de Sancta Maria, cijârat mêryem), Ibn-Djoldjol (man. de Madrid), qui le donne comme un nom dont se servait le vulgaire en Espagne, Bait. II, 86 k (cf. I, 69 b), Auw. I, 31, II, 312, 7, cf. Clément-Mullet II, 302, n. 1; cf. A. R. 370; — *Libanotis*, Bait. II, 86 k, Most.; — *Cyclamen Europœum*, Bait. II, 86 k; — *Quinquefolium, ibid.*; — un arbre qui ressemble au coignassier, ibid.; — absinthe, Pagni MS, chez Cherb. شَجَرَة أُمّنا مَرْيَم —; *artemisia arborescens*, Prax R. d. O. A. VIII, 280.

المَلِك — *anchusa*, L (ancusa).

مُوسَى — *rosa canina*, Bait. II, 86 b.

اليَمام — *heliotropium*, Bait. II, 86 h (AB).

شَجَرِيَّة *bosquet*, Bc. — *Pépinière*, Bc.

شَجَرات. Dans Berb. I, 530, 8, ce mot doit signifier, non pas *arbres* en général, mais *figuiers* (cf. l'article شَجَر), car on y lit: ثم جمع الايدى واقتلاع (corrigez: حتى قطع نخيلهم واقلاع شجراتهم) comme porte notre man. 1351). Je crois donc qu'il faut lui attribuer le même sens I, 634, 9 a f., II, 134, 2 a f., 299, 8, 319, 9, etc.

شَجَارِيَة *les plantes, les substances qui entrent dans un médicament composé*, Amari 622, 6 a f.: وهو اوّل من عمل بقرطبة ترياق الفاروق على تصحيح الشجارية التى فيه. Ce mot a fort embarrassé de Sacy (Abdallatif 500, n. 19), qui ne l'a pas compris.

شَجَّار *botaniste*, Amari 622, 4 a f., Gl. Manç. v°

وليس ما يُسَمِّيه شَجَّارُو المغرب بصحيح: نسرين Bait. I, 5 c, 27 b, 37 c, 54 c, 69 b, etc.

مَشْجَر, *bosquet, bois*, forme au pl. مَشَاجِر, Amari 49, 4 a f., Cartâs 280, 6 a f.

مُشَجَّر *boisé*, P. Prol. III, 370, 11. — (Candélabre) *à plusieurs branches*, Djob. 151, 2. — *Damas*, étoffe de soie à fleurs, Bc. — *L'écriture chinoise*, parce qu'elle est entrelacée comme des branches d'arbre, M.

شَجِعَ V *convaleo*, L.

شَجْعَة *duel*, Alc. (trance de armas; Nebrija ne donne ce terme que dans le sens que j'ai indiqué) avec le *sîn*, pour faciliter la prononciation; cf. نَجّى pour شَجَّى, شَجَر pour سَجَر.

شَجَاعَة العَرَبِيَّة, t. de rhétor., est الحَذْف, M, c.-à-d. *éviter l'emploi de certaines lettres*.

شَاجَن II *rider*, Voc.

V *être ridé*, Voc., Bait. I, 182 c: مُجَفَّفَة

وفي اصول. Le verbe غضن V a le même sens. متشاجنة متغضنة

شَاجِن pl. أَشْجَان, en poésie, *un objet qui cause de la douleur, de la tristesse*, c.-à-d. *une amante*; ainsi dans le vers شَجْنَانِ لِي, etc., que cite Lane et qu'il n'a pas compris; voyez Gl. Mosl.

شَاجُو II *toucher, émouvoir*, Bc.

شَجْو. Lane (2° signif.) n'a pas bien expliqué ce mot, parce qu'il ne connaissait pas le sens de حاجَة (voyez). C'est, de même que شَجَن (voyez): *un objet qui cause de la douleur, de la tristesse*, c.-à-d., *une amante*. — Proprement *tristesse ou plainte*; de là *l'expression de la tristesse, chant plaintif*, comme le roucoulement des pigeons. On peut adopter le premier sens dans des passages comme P. Macc. I, 468, 17, où il est question de pigeons: رَدَدْنَ شَجْوًا شَجَا (cf. 527, 14), Abbad. I, 43, dern. l.: وقد قَلْبِي لِقَلْبي; mais "رَدَّدت الطير شجوها، وجَوَّدت طربها ولهوها" celui de *chant plaintif* convient mieux à P. Macc. II, 408, 3:

لقد طارَحتّه بها الحَمائمُ شجوها فيجيبها ويُرَجّعُ الأَلحانا

P. II, 530, 3 a f., aussi sur une roue hydraulique وذى حنين يكاد شجوًا يَخْتلس الأَنفُس اختلاسا Haiyân-Bassâm III, 50 v°, où quelqu'un dit à une jeune fille qui est fort triste: اخذى عودك فَغَنّي زائرَنا بِشَجوِك. Cf. l'article qui suit.

شَجِيّ et شَجِيَّ *plaintif, langoureux* (صوت, ton voix), *touchant* (حِسّ, son de voix), Bc (شجى) Djob. 298, 1: مشون امام الجنازة بقراء يقرءون القرآن

باصوات شَجِيَّة وتلاحين مُبْكِيَة تكاد تنخلع لها النفوس شَجوا (l'éditeur a écrit le mot avec un *techdîd*; je crois devoir l'omettre, parce que مبكية n'en a pas), Cartâs 42, 4 a f.: وكان له صوت شَجِن حسن يَبْكِى, mais lisez شجِى, comme dans notre man., Müller 34, 6 a f.: فدولابها ساجِى (شَجِى l.). — *Harmonieux* (صوت, voix), Bc, *mélodieux*, de Sacy Chrest. II, ٨, 2, 1001 N. I, 256, 12: وبايديهنّ العيدان — فجعلن يغنّين بكلّ صوت شاجِى فغلب الطرب على اخى

أَشْجَى *très-harmonieux, très-mélodieux,* Abbad. II, 66, 5.

شَحَّ I c. ب ou على r. *ménager* une chose, *ne l'employer qu'avec réserve, tâcher de la conserver,* Bidp. 9, 4 a f.: وانها متى اشرفت على مرور مهلك لها مالت بطاياتعها التى رُكِبَت فيها شحًّا بانفسها وصيانةً لها الى النفور, Mohammed ibn-Hârith 346: قد عرفتَ والتباعد عند محبّتى لك وشَحِّى بجميع اسبابك; *faire une chose avec ménagement, circonspection, précaution,* Auw. I, 201, 19: الشحّ على قَطعها. — C. فى p. *vouloir du bien à quelqu'un,* M. — شَحَّ فى النهر *il y a peu d'eau dans la rivière,* M. — شَحَّ فى الوزن *avoir moins que le poids,* Bc.

II c. a. dans le Voc. sous *avarizare*.

III *chicaner,* Prol. III, 76, 2 a f.: لا مشاحّة فى الالفاظ «on ne doit pas chicaner sur les termes» (de Slane), Macc. I, 601, 2. Le M a aussi cette signif. (ماحكّه) et l'expression لا مشاحّة فى الاصطلاح que Lane n'a pas comprise, car elle signifie, comme on lit dans le M: il ne faut pas trop scruter les termes conventionnels des Bédouins ou des savants, ce que l'on fait quand on demande toujours: pourquoi ont-ils donné tel nom à telle chose? Le n. d'act. aussi: *exactitude scrupuleuse,* Macc. I, 82, 18.

V dans le Voc. sous *avarizare*.

VI c. فى r. *se disputer* une chose, M, Becrî 18, 11, Prol. II, 322, 3.

شَحّ Prax 28 nomme parmi les verroteries: «le *cheh* (chose dont on est avare), qui a une forme circulaire et plate, et la couleur de l'ambre jaune. Les Arabes et les nègres prêtent au *cheh* la vertu des talismans.»

شَحّ بكّاى *pleure-misère, pleure-pain,* avare qui se plaint toujours de sa misère, Bc.

شَحَّة *parcimonie,* Bc.

أرض شَحاح, شَحاح, que Freytag et Lane ont expliqué d'une manière peu satisfaisante, pour ne pas dire inintelligible, signifie: *une terre compacte et dure, qui ne s'imbibe pas d'eau,* de sorte que les radicelles des plantes sont privées dans son sein de l'humidité vivifiante; voyez Auw. I, 39, 16 et suiv., où il y a plusieurs fautes dont on peut corriger quelques-unes avec l'aide de notre man.

شحائح. ايّام الشحائح *les jours d'automne pendant lesquels il y a peu d'eau [dans les rivières, à ce qu'il semble];* — الشحائح من السنين *des années où il y a peu de pluie,* M.

مشحاح *avare,* Ht.

شَحَب II c. a. *faire pâlir,* Voc.

شُحَيْبْ *pâleur,* Voc.

شاحَت (pour شحذ) I *mendier,* 1001 N. Bresl. IX, 354, 355, X, 305, dern. l.: شاحَت ومشحوت, où Macn. a سائل ومستول.

شَحاتَة *mendicité,* Bc, Burckhardt Prov. 19.

شَحّات *mendiant,* Ht; — fém. ة *pauvresse,* femme pauvre qui mendie, Bc, Lane M. E. I, 394; — *pustule sur le bord de la paupière,* Lane l. l.

شاحِت *mendiant,* 1001 N. Bresl. II, 89.

شحتل

شَحْتول *vieux bouc,* M. — *Un homme méprisable et mal vêtu,* M.

شاحَد (pour شحذ) I *demander, quêter, demander sa vie, gueuser, mendier, trucher,* Bc.

II شحّد الناس من كثر الجرائم *pressurer, épuiser par des impôts, des taxes,* Bc.

شَحّادة *mendicité, truanderie,* Bc.

شَحّاد *gueux, mendiant, trucheur;* fém. ة *pauvresse,* Bc.

شاحَذ I *tailler* des rubis, Hist. Tun. 130: l'exil les

avait purifiés خُلُوصٌ التِّبْرِ بالسَّبْكِ والغِرَنْدِ بالصَّقَلِ والبَياقوتِ بالشَّحْذِ. — Proprement *aiguiser*; au fig., عزيمة مَشْحُوذة, P. Berb. II, 288, 8 a f., où nous dirions « ferme résolution; » c. a. p. et على r., Fragm. hist. Arab. 247, 5: il le nomma gouverneur de Médine, وشحذه على طلب محمد وابراهيم, et l'excita à faire rechercher, » etc.; mais c'est peut-être la IIe (voyez). — *Mendier*, M, Ht, Hbrt 221; on dit: يشحذ المَدينَة فى الكُدية, voyez Abbad. I, 195, 4 et n. 13. — *Demander des faveurs, des gratifications, des présents*, Macc. I, 798, 12.

II *solliciter, inciter, exciter à*, Bc; voyez sous la Ire.

شَحَّاذ العَيْن *loriot, bouton à la paupière*, M.

N. B. Comparez شحت et شحد.

شَحْذُوف. En traduisant ce mot par *limitatus* (de monte), Freytag n'a pas compris le مُحَدَّد du Câmous; c'est *pointu*.

شحر II *purifier, affiner, épurer*, ôter par le feu ce qu'il y a de grossier, d'étranger dans l'or, l'argent ou autres métaux, Abbad. III, 225—6, Lettre à M. Fleischer 225, Voc. — *Souiller de suie*, M. (Bc a ce verbe, mais j'ignore en quel sens, car dans l'Index il y a une faute dans les chiffres).

V *être souillé de suie*, M.

شُحْرور *merle*, Bc, Hbrt 67, *merle noir*, Fleischer Gl. 66. — شحرور الكنيسة *l'apôtre saint Paul*, M.

شحيرة *substance qui sert à purifier les métaux*, Lettre à M. Fleischer 225, Voc., cf. Bait. II, 93 d.

شُحْرورِى *fou, sot*, Voc.

شُحْرورية *folie, sottise*, Voc.

شَحَّار *terre noire*, M. — *Suie*, M, Bc, Hbrt 197.

اشحارة = اسحارة *sisymbrium polyceraton*, Bait. I, 217 b; D a اسحارة et اشحارة, avec معا au-dessus, pour autoriser les deux lectures.

شحط I c. a. r. *traîner*, v. a., *tirer après soi*, على الأرض, M. — *Traîner*, v. n., *pendre jusqu'à terre*, فى الأرض, Bc. — شحط فى الأنبوب *sucer* quelque liqueur *au moyen d'un tuyau*, M. — *Fouetter, flageller*, Ht, *fouetter* (avec sa queue), Daumas V. A. 190. — *Echouer, donner contre un écueil*, Bc (Barb.). —

II. La signif. que Freytag donne en dernier lieu d'après Djauharî, ne se trouve pas chez ce lexicographe; c'est une erreur, Ztschr. XIV, 341. — *Toucher, heurter contre*, Hbrt 130 (Alg.); *faire naufrage*, Hbrt 131.

شَحْط pl. شُحُوط *barre, ligne, trait de plume*, Bc.

شَحْطَة *barre, ligne, trait de plume, filet, ligne, trait*, Bc.

شحيطة voyez l'article qui suit.

شَحَّاطَة *allumette chymique*; quelques-uns disent شحيطة, M.

شاحُوطة *le râle de la mort*, M. — *Scie pour diviser la pierre*, M.

مِشْحاط *fouet*, Bc (Barb.).

مَشْحُوط *tendu* (style), *sans aisance, sans souplesse*, Bc.

شاحطط I *entraîner, traîner avec soi*, Bc, Mehren 30. — *Tirailler, tirer à diverses reprises de côté et d'autre*, Bc. — *Charmer, plaire beaucoup, ravir*, Bc.

شَحْطَطَة *dérangement, désordre*, Bc. — *Attraits, appas*, Bc.

شاحف II c. a. *couper un melon*, etc., *par tranches*, M.

شَحْفَة pl. شحف *morceau plat qui tombe d'une pierre quand on la taille*, M.

شحل I *appauvrir*, Ht.

شاحم II c. a. p. *faire manger à quelqu'un de la graisse*, M; mais c'est peut-être une faute, au lieu de la Ire, que Lane a en ce sens. — *Rendre gras*, Voc. — *Suiver, enduire de suif, de graisse*, Alc. (ensevar untar con sevo, le part. pass. sevoso lleno de sevo).

V *être gras*, Voc.

شَحَم, n. d'un. ة شحم الأرض *Garcinia Mangostana*, Bait. I, 274 b. شحم حجر الأرض même sens, Most. v° جوز جندم (dans N شحمة). — شَحْم (proprement: la graisse sur la viande) nom d'une pierre à taches blanches et rouges (ou brunes) M. — شحم المَرْج *marrube*, Voc.

شَحْمِى *graisseux*; — شمع شحمى *chandelle*, Bc. — *Pulpeux*, en parlant de la racine d'une plante l'opposé de خَشْيٌ, Bait. I, 259 b: وليس جرم العرق منه يخشى بَلْ هُوَ كُلُّهُ شَحْمَى سواء — *De couleur de turquoise*, Alc. (turquesado color, xahmí).

شَحْمِيَةُ الأَرْضِ *guimauve*, Alc. (malvalisco yerva).

شَحْمَانِي *sorte de raisin charnu et à gros pepins*, M.

شَحِيم, *chez les chrétiens de Syrie, grand bréviaire; le petit s'appelle* شَحِيمَةٌ, M.

شحميمة, *en Espagne, véronique*, Bait. I, 76 b (AB).

شَحَّام *nom d'une plante qui sert de nourriture aux bêtes de somme et dont on fait des balais*, M.

مُشَحَّم *pulpeux, charnu (fruit)*, M.

شَحَنَ I *garnir une place de guerre, la munir de tout ce qui est nécessaire pour la défendre*, Belâdz. 133, 10, 163, 6, 165, 10; le n. d'act. n'est pas seulement شَحْن, mais aussi شَحْنَة, ibid. 128, 11, 133, 12, 134, 3, 168, 15. — Au lieu de la constr. correcte: شحن المركّب بالمتاع (Becrî 36), on trouve dans le Bayân I, 176, 3: اكترى مراكب وشحن فيها متاعاً كثيراً.

II c. ب *charger une chose de, y mettre trop de*, Bc.

IV. اشحنه بالجراحات *cribler de blessures*, Bc; mais je soupçonne que c'est une faute d'impression et qu'il faut أشخنه, qui a ce sens.

شَحْن *cargaison*, M.

شَحْنَة *munitions de guerre, dont une place doit être pourvue*, Belâdz. 188, 1: ووضع فيها شحنتها من السلاح. — *Munitions de bouche, avec* pl. شحن, Rutgers 159, 4 du texte arabe: ما كان من شحنة 127, 8, 159, dern. l., 160, 13 et 16, للجيوب ونحوها 176, 14. — *Cargaison*, R. N. 88 v°: فانفتح لنا لوح فرجعنا الى قمودة وفرّغنا بعض الشحنة او الشحنة كلّها ثمّ اصلحنا المركب. — Ce mot désigne, suivant les temps et les pays, *un gouverneur, celui qui est chargé de maintenir la police dans une ville, un chef, un préposé*. Le pl. est quelquefois شَحَن, mais plus souvent شَحَانِي. Voyez Maml. II, 1, 195—6, de Slane, trad. d'Ibn-Khallic. I, 172, n. 4. Selon Djob., 301, 15, le *chihna* était en Orient ce que le صاحب الشُّرْطَة *était en Espagne, et* Bat., III, 169, *dit que c'était le* حاكم *ou magistrat de police*.

شَاخَنَكِيَّة *le rang de chihna* (voyez), *de gouverneur*, Maml. II, 1, 196.

شَخْوَرَ I *marqueter, tacheter*, Bc.

شَخَّ.

شَخّ *pissat*, Bc.

شَخَاخ *pissat, urine*, M, Bc; على شخاخ زا *j'ai envie de pisser;* قطر في الشخاخ *pissoter, uriner fréquemment et peu*, Bc.

شَخَاخَة *pissat, urine*; كبّ شخاخته *pisser*, 1001 N. Bresl. VII, 134.

شَخَاخِي *urineux*, Bc.

شَخَّاخ *pisseur*, Bc; *pissenlit*, M, qui a aussi le fém. ة.

مشخّ *pissoir, baquet pour pisser*, Bc.

مَشَخَّة *trou pratiqué dans la culotte et par lequel on pisse*, M.

شَخَتَ I *tuer, égorger vite*, M.

شَخَّتَ, *suivi de* الخِلْقَة, *hâve, pâle, maigre*, Bc.

شَاخْتَر.

شَخَاتِير *et* شَخْتُورَة, pl. شَخَاتِير *grand bateau*, Hbrt 127, *barque, grand bateau, polacre ou polaque, sorte de bâtiment*, Bc, *petit bâtiment avec un seul mât au milieu*, M, Freytag Chrest. 135, 3, Amari Dipl. 200, 3, 1001 N. Bresl. VII, 184, 347.

مُشَخْتَر (*vêtement, robe*) *qui tombe, qui pend d'une manière inégale*, M.

شَاخْدِيمَة *semble signifier propre à tout*, Bâsim 68: الّا يا قاضي انا قوى شاخديمة *si vous le voulez, je deviendrai cadi, moine, ou autre chose*.

شَخَرَ I *ronfler*, M, Bc, Hbrt 43, Ht, 1001 N. II, 26, Bresl. II, 63.

II *renifler, retirer en respirant l'air ou l'humeur des narines*, Bc. — *Ronfler; aussi au fig., faire un grand bruit*, Bc. — *Coasser* (grenouille), Bc.

شَخِير (pers. شخیرو et شخیری; M. Kern m'apprend

qu'un des noms du vitriol est en sanscrit çekhara) *vitriol jaune*, ou selon d'autres, *le vitriol vert* ou *sulfate de fer*, Most. et Antâkt v° زاج, Bait. I, 510. Le mot est plus ou moins altéré dans les man.

شَخَّار *renifleur, ronfleur*, Bc.

شَخَّارة, t. d'anat., *trachée-artère*, Bc.

مُشَخَّر *qui a la morve* (cheval), Daumas V. A. 189.

شاخرنايا ou شكرنايا *sorte de médicament composé*, Gl. Manç.; c'est un lénitif, Ibn-Wâfid 4 r°, qui donne la recette 21 r°.

شخس.

مِشْخَس *morailles, torche-nez*, Bc.

شَاخِش, n. d'un. ة, *pigeon sauvage, ramier*, Alc. (çorita paloma).

شخشخ.

شَخْشِيخ *bas* (chaussure), Hbrt 21 (pour شخشير).

شَخْشِيخَة *hochet, joujou d'enfant* (avec ses grelots), *joujou*, Bc.

شخشر.

جَقْشِير, شَخاشِير pl. شخشير et شاخشور (turc) ou mieux چاقشر), *chausses, haut-de-chausses, pantalon en étoffe légère, joint à des chaussures de peau*, Bc, Woltersdorff; — *bas* (chaussure), Hbrt 21, Ht.

شخص I *fixer, regarder avec attention*, Bc, c. إلى, Voc. (aspicere), Haiyân 50 v°: شاخصة الى وغيرهم — هؤلاء النفر يأنسون في الثبات على دعوة السلطان. C. في *obstupescere*, Voc. — L donne: *convexat* يَتَشَخَّص, *invexo* أشَخَّص, *fatigatio* شَخَّص, *ministratio* (et subministratio et ministerium) خدمة وشخص

II voyez Lane; de là تشخيص الأمراض, t. de médec., *diagnostic*, M. — *Compellere*, Voc.; L: *angario* أسَخِّر وأشَخِّص. — *Faire des figures, des images, des statues*, Payne Smith 1583.

IV *envoyer quelqu'un*, Abbad. I, 232, n. 39, 430, Gl. Badroun, Gl. Belâdz., Gl. Fragm., Haiyân 52 r°, Berb. I, 32, 214, 227, 235, 254, etc. — *Faire venir quelqu'un*, Khallic. I, 135, 10 a f. Sl., Moham-

med ibn-Hârith 249: وإنما قدم من رحلته اشخصه الأمير للحكم بن هشام رحه واستقضاه قضاء الجماعة بقرطبة. — *Aller*, Gl. Belâdz., Gl. Fragm., Macc. I, 216, 12. — (Biffez chez Freytag la signif. qu'il donne en premier lieu, Gl. Belâdz.).

V. تشخَّص له الخيال *l'ombre se montra à lui sous la forme d'un corps, il crut que l'ombre était un corps*, M. — C. a. p. *se représenter l'image de quelqu'un, une personne absente*, Bc. — Quasi-pass. de II dans le sens de *faire des figures*, Payne Smith 1583. — *Se mettre en voyage*, Gl. Djob. — Dans le Voc. sous compellere; peut-être: *être obligé de partir* (cf. sous la II°).

شَخْص *flan*, t. de monnayage, *pièce de métal qu'on a taillée et préparée pour en faire une pièce de monnaie*, اشخاص الدنانير والدرام, Prol. II, 47, dern. l., 48, 1. — *Médaille, pièce de métal frappée en l'honneur de quelque personne illustre*, Bc. — *Rôle, personnage, ce qu'un acteur doit jouer*; شخص تقليد *personnage*, Bc. — *Figure, représentation d'un objet*; ainsi les figures des plantes, qui se trouvent dans l'ouvrage de Dioscorides, sont nommées اشخاص العقاقير, Amari 622, dern. l., 623, 5 et 7. Dans le passage 622, 4 a f.: تصحيح اسماء عقاقير الكتاب وتعيين أشخاصها, il ne faut pas changer le dernier mot en اشخاصها, comme l'a fait l'éditeur dans les annot. crit., car la leçon du texte est confirmée par les deux man. d'Oxford, et le pronom se rapporte à الكتاب, «les figures de l'ouvrage». شخوص خيال الظل «les figures qui servent pour les ombres chinoises,» Maml. I, 1, 153. Dans les 1001 N. Bresl. II, 46, 4 a f.: "وهو قاعد كبّة كانه شخص او لعبة. *Le bossu était donc assis* (les jambes croisées) *en peloton, et ressemblait à une de ces figures grotesques qu'on nomme magots de la Chine ou pagodes. Statue*, M, Bc. Le vulgaire, comme il l'a fait souvent en d'autres cas, a formé du pl. شخوص le n. d'un. شَخُوصَة, qui s'emploie dans le même sens que شخص, *figure, statue*; on le trouve 1001 N. Bresl. XI, 444, 12: وعلى الشادروان شخوصة من الذهب ۞

شَخْصِيًّا *personnel*, Bc, M; شخصيًّا *personnellement*, Bc; الأعلام الشخصية *noms propres*, comme Zaid et Fâtima, l'opposé de الأعلام الجنسية, comme Pharaon et Chosroës, qui sont les noms communs sous lesquels on désigne les anciens rois d'Égypte et de Perse, M.

شْخَصِيَّة *personnalité*, Bc.

شْخُوص *maladie du cerveau, dans laquelle les yeux restent toujours ouverts*, Gl. Manç. in voce. — *Engourdissement général, maladie des nerfs dont l'effet est qu'on reste dans l'état où l'on est, qu'on soit assis ou debout*, M. — *Léthargie*, M.

شَخُوخَة voyez sous شَخَّص.

مُشَخَّص *sorte de dinâr qu'on frappait à Venise*, M. Probablement cette monnaie d'or de Venise qu'on appelle *sequin*. Le M prononce donc ce mot autrement que le TA dans Lane.

مُشَخِّص *effectif, qui est réellement et de fait*, Prol. II, 52, 9.

شَدّ I, *attacher*, n. d'act. vulg. شَدَاد, P. Prol. III, 367, 14 (j'ai corrigé et expliqué ce vers dans le J. A. 1869, II, 178), et شَدِيد, Burckhardt Nubia 387; — au lieu de شدّ الاحمال على الدوابّ et de شدّ الرحال (*charger les bêtes de somme*, Bc), on emploie aussi شدّ seul dans le sens de *seller* ou *charger*, et lorsque la caravane doit se remettre en marche, le chef crie: الشديد (n. d'act.). Quand on trouve شدّ على الفرس Becrî 35, Ztschr. XXII, 75, 3, il faut sous-entendre السرج; mais on dit aussi شدّ الحصان, *seller un cheval*, Bc, شدّ الحمار, *bâter, mettre un bât sur un âne*, Bc, 1001 N. I, 447, dern. l., شدّ راحلته, 1001 N. I, 397, 3 a f. Bc a شدّ الحزام et شدّ seul dans le sens de *sangler*. Dans celui de *charger* c. d. a., 1001 N. I, 81, 5 a f.: وشدّينا عشرة جمال هدايا où est vulg. pour شددنا, «nous chargeâmes dix chameaux de présents.» — شدّ الازرار *boutonner*, Bc; le verbe seul s'emploie aussi dans le sens de *boutonner, agrafer, lacer*, Alc. (abrochar, atacar); — *fermer*, Voc. (claudere); — شدّ عمّته *rouler son turban autour de la tête*, Meursinge ٣٣, 5 a f.: شدّت عمّته اكثر نهره (cf. p. 124), c.-à-d., la plupart du temps, quand il mettait son turban pour sortir, c'était pour aller expliquer le Coran. — *Roidir, rendre roide, tendre, bander, tirer une corde*, Bc; شدّ القوس *bander un arc*, Bc, Hbrt 133; شدّ بالزور *distendre, causer une tension violente*, Bc. — *Se roidir, tenir ferme, ne pas se relâcher*, Bc. — *Etreindre*, Alc. (apretar), Bc. — *Garnir une place de guerre, la munir de tout ce qui est nécessaire pour la défendre*, بالرجال, Abbad. I, 248, 2 a f., Haiyân 83 r°: وشدّ شدّ موسى بن نصير حصون الحاضرة برجاله الاندلس, Cout. 4 v°. — *Emballer*, Nowairî Afrique 24 r°: واخذ زيادة الله فى شدّ الاموال والجواهر والسلاح وما خفّ من الامتعة النفيسة, Bc. — C. على *Relier un livre*, Bc, Bat. III, 36: كان يصافحه ويشدّ بيده على يده «il lui prenait la main et la lui pressait.» — C. على p. *insister auprès de* quelqu'un, Gl. Fragm. — C. ل p. Ce verbe ne m'est pas clair dans ce passage, Ztschr. XX, 506: — C. مع p. وشدّ الغواة فى سائر الفنون للاستادين *se ranger du côté de, prendre le parti de quelqu'un, pousser à la roue, pour aider, tenir pour*, Bc. — شدّ حصر المدينة *serrer de près une ville*, Abbad. I, 224, 7. شدّ للحصان *serrer la bride, tenir la bride courte à un cheval*, Bc. Dans les 1001 N. II, 46, 4 a f.: شدّ لجام لحمار dans le sens de: il arrêta son âne, dans Bresl. (VII, 21) مسك لحماره. — شدّ حقويه *se ceindre les reins* (Evang.), Bc. — شدّ الاحمال *plier bagage*, au propre, Bc. شدّ حيله *prendre courage*, Bc. شدّ زورقه *préparer une barque*, 1001 N. II, 448, 8 (Lane traduit de la même manière). — شدّ السير *presser sa marche*, Gl. Bayân. — شدّ ظهره *se ranger du côté de, aider quelqu'un de son pouvoir, appuyer, prendre fait et cause pour quelqu'un, favoriser, pousser, prêter secours à quelqu'un, soutenir*, Bc, Badroun 229, 3. — شدّ للحصان voyez sous شدّ للحصان. شدّ اللجام voyez sous شدّ الوتر. — شدّ على نفسه *s'armer de courage*, Haiyân 101 v°: وعلم الداعى اميرهم انه غير ناج فشدّ على نفسه وهزّ فرسه واستعرض العدوّ مقبلا عليهم بوجهه فقاتل حتى قتل. — شدّ الوتر *monter une corde, en hausser le ton*, Bc; شدّ الاوتار *accorder un instrument*, Bc, شدّ العود *accorder le luth*, 1001 N. I, 372, Bresl. XI, 448, 460, XII, 203. — شدّ الولد *admettre un jeune homme comme membre d'une corporation; il s'appelle alors* مشدود, Lane M. E. II, 316. — شدّ يده ب *insister*, Abbad. III, 166, 2: ثمّ شدّ يده بطلب حقّه من ذلك «il insista à demander sa part du pouvoir.» — شدّ يده على الشىء *tenir ferme une chose, ne pas la lâcher*; on dit: شدّوا ايديكم على

الصدقات, dans le sens de: ne les payez pas, Gl. Fragm. Aussi شد ... بدء بفلان ou بالشيء, *ibid.*, Haiyân-Bassâm III, 49 r°: وشد الكفار ابديهم عـمـدينـة بريشتر واستوطنوها. De même شد كفا بفلان, Gl. Mosl.

II. ...شدّد في شروط الرواية والتحمّل, «il exigeait rigoureusement que toutes les conditions d'authenticité fussent parfaitement remplies,» Prol. II, 405, 10. — C. على p. et في r., *insister auprès de quelqu'un sur*, Gl. Fragm., Bidp. 241, 3: فإن الملك سأل عن اللحم وشدّد فيه وفي المسألة عنده. — *Crier et tempêter*, L (baccare [= bacchari] التحريد والتشديد). — *Lier les bagages*, Prol. III, 364, 5 (corrigé dans la trad.).

V c. على *tenir la main haute*, traiter sévèrement, Bc. — C. على *s'acharner*, Bc.

VII quasi-pass. de la Ire, Voc. sous stringere.

VIII. Dans le sens que donne Freytag, *animum adplicavit*, ce verbe se construit avec على, *s'acharner* c. على, Bc, Akhbâr 70, 4: واشتد يوسف على للخروج الى الثغر. — Dans le Voc. sous claudere. — En parlant d'une chose fluide, *devenir ou être épais*, M. — *Avoir le techdîd*, Abou'l-Walîd 590, 640.

شَدّ *éréthisme*, Bc. — شد العصب *Force*, Gl. Fragm. — Pl. شُدُود *paquet, ballot*, Gl. Edrîsî, Macc. I, 230, 8 (cf. Add.). — Même pl. *ligature, lien*, Alc. (ligadura para atar, reatadura). — Même pl. *la pièce de mousseline, de soie, ou d'autre étoffe, que l'on roule autour de la calotte du turban*, Vêtem. 213—4, M; synonyme de عمامة, car dans les 1001 N. Bresl. IV, 11, on lit شد, là où l'édit. de Macn., III, 20, 3 a f., porte عمامة, ce que l'édit. de Bresl. a aussi dans la suite du récit, p. 12. Du temps de Vansleb (cité par de Sacy, Chrest. I, 199), on ne donnait ce nom qu'au turban rayé de blanc et de bleu que portaient les Coptes, tandis que le turban blanc des musulmans s'appelait شاش; mais anciennement on ne faisait pas cette distinction en Egypte, et plus tard on ne la faisait pas non plus en Barbarie. Chez Mehren 30: شد مطنبر ou شد حجازى *étoffe de soie jaune ou blanche, servant à former le turban*; شد مشبر *turban orné de bords ou de franges rouges*. Aussi: *un châle de mousseline, ou d'autre étoffe, dont on s'enveloppe le cou, pour le garantir du froid ou de la chaleur, et qui ressemble à celui dont on se sert pour former le turban*, Vêtem. 214— 5. Et enfin: *une ceinture de coton, de soie, ou d'au-* *tre étoffe*, Vêtem. 214, M, 1001 N. Bresl. IV, 322, 2 a f. — En Egypte, *la place que remplissait un* شَاذ, *intendant, inspecteur*, Maml. I, 1, 111.

شِدَّة, pl. ات, *ballot*, Bc, Mc, Abou'l-Walîd 137, 17, Nowairî Afrique 61 r°: فعقدت شدة من المتاع, 1001 N. Bresl. II, 143, XII, 349. — *Demi-charge d'une bête de somme, moitié de la charge placée d'un côté et faisant équilibre à l'autre moitié*, Bc. — *Botte, assemblage de choses liées ensemble*, Bc, avec le pl. شدد; شدة بنادقة *des sequins de Venise enfilés*, Lane M. E. II, 412. — *Jeu de cartes*, M, شدة ورق chez Bc et Hbrt 90 (qui a le *kesra*). — *Une chose composée de plusieurs ingrédients*; ainsi les médecins disent شدة الحبوب pour désigner *des pilules*, et les écrivains شدة الحبر, pour indiquer *de l'encre*, M. — *Sandale ou chaussure en général*, M (الحذاء).

شدّة. الشدّة *courage! ferme!* Bc. — *Crise*, Bc. — *Grande cherté de vivres, disette*, l'opposé de رخاء, Cartâs 72, 5, R. N. 63 r°: وكانت شدة عظيمة. — *L'art de lancer un dard, un javelot, à une très-grande distance*, Abbâr 84, 8 et 15, qui a copié Haiyân 22 v°, 23 r°. — *Reliure, manière dont un livre est relié*, Bc; *couverture d'un livre*, Hbrt 111. — *Avidité* selon L, qui donne: *avide* (sic) وشدة, رغبة وشح, mais je soupçonne que c'est une faute pour شره ou شرة.

شِدَاد *selle*, Ztschr. XXII, 81, 14, 120.

شديد. Le pl. أشدّة, Wright 113, 2 a f. — *Ferme compacte et solide*, par opposition à *mou*, en parlant de la chair d'un poisson, Gl. Edrîsî.

شدادة pl. شدائد *ballot*, Bg (Afr.), pl. ات, Abou 'l-Walîd 142.

شديد *espèce d'herbe*, Barth I, 32.

شدّاد dans le Voc. sous stringere et sous claudere — *Palefrenier*, Maml. I, 1, 112.

شدّادة, pl. ات et شدائد, *bande de toile de li...* Alc. (venda de lino).

شاذ et مشدّ, en Egypte, *intendant, inspecteur un officier établi pour surveiller les travaux de to... genre, stimuler la paresse des employés, presser payement des droits de douane et autres contribution...*

Maml. I, 1, 110 et suiv., Mehren 29. Dans le siècle où nous sommes, on a donné en Egypte le nom de مَشَدّ à celui qui était chargé de transmettre les ordres du lieutenant du Grand Seigneur aux chefs des villages, de Sacy Chrest. I, 234.

شَادِيَّة, en Egypte, *la place que remplissait un* شَادّ, *intendant, inspecteur*, Maml. I, 1, 111.

تَشَدُّد *rigorisme, morale trop sévère*, Bc.

تَشْدَادَات (pl.) *ballots*, Abou'l-Walîd 137, n. 44, dans un seul man.

تَشْدِيد *étreinte, serrement*, comme شَدّ, Alc. (apretamiento). — *Ecorchement, meurtrissure*, Alc. (maguladura de carne).

مِشَدّ *ceinture de femme*, M.

مُشَدّ voyez شَادّ.

مِشَدَّة. Au lieu de *mitra*, Freytag aurait mieux fait d'écrire *vitta*, Gildemeister, Catal. des man. or. de Bonn, p. 38 n. — *Echarpe au cou d'un cheval*, Maml. I, 1, 150.

مكتوب مشدّد *une lettre pressante*, Bc.

مَشْدُود. المتاع المشدود *la marchandise qui sert aux* شَدّ (turbans, ceintures), c.-à-d., *toile, mousseline*, Müller 5, l. 9. — *Doublé* (lettre), ayant le techdîd, de Sacy Chrest. II, 245. — Pl. مَشَادِيد *satellite, un homme armé qui est aux gages et à la suite d'un autre*, 1001 N. Bresl. VII, 92, 9, 113, dern. l., 114, 3, IX, 193, 10 et 12, 235, 12, 236, 1, etc. L'éd. Macn. remplace ce mot par مَن تَحْتَ يَدِ وَلَدٍ, et au pl. أَتْبَاع. — *Celui qui a été admis comme membre d'une corporation*, Lane M. E. II, 316.

متشدّد *rigoureux, très-sévère; rigoriste*, Bc.

مِن غَيْر اِشْتِداد *à livre ouvert, sans étude préalable*, Bc.

زود اِشْدَاد العصب *distension, état des nerfs trop tendus*, Bc.

شَدَانِق *la graine du chanvre*, Mong. cxxxiv b, cf. Bait. II, 79 a. Selon Burckhardt, Arab. I, 48 n. (où «sheranek» est une faute), *les petites feuilles autour de la graine du chanvre*.

شدج

شَدَاخ *espèce de datte*, Pagni 152, d'Escayrac 11.

شَدَّاخَة *sorte de machine de guerre, destinée à la défense des portes*, Gl. Fragm.

شدف

شَادُوف, en Egypte, *machine d'irrigation qui se compose de deux piliers de terre ou de boue, plus ou moins écartés, surmontés d'une pièce de bois en travers, au milieu de laquelle une perche est attachée, au tiers de sa longueur, de manière à faire la bascule. A l'extrémité la plus étendue de cette perche est accroché un seau de cuir pour puiser, à l'autre une masse de terre volumineuse sert de contrepoids et enlève le vase quand il est plein*, Fesquet 62, cf. Lane M. E. II, 30, avec la figure.

شدق II dans le Voc. (qui l'écrit avec le *dzâl*) sous *loquax*. V et VI. Aux premiers temps cette manière de parler semblait aux Arabes d'une grande élégance, mais plus tard elle passait pour affectée et prétentieuse, et تَشَادُق se prend dans le sens de *prononciation affectée*; voyez J. A. 1869, II, 172—3.

شَدْق pl. أَشْدَاق *joue*, Alc. (carrillo de la cara); le Voc. donne ce mot (avec le *dzâl*) sous *fauces*, qu'il traduit aussi par خَدّ, le mot ordinaire pour *joue*. مَفْلُوج الشَّدْقَيْن *éloquent*, Abbad. III, 169, 1. Dans le Voc. شَدُق, pl. شُدُوق, est *loquax*. — *Bouchée, morceau*, Alc. (bocado mordido); شَدْف pl. شُدُوف *morceau, fragment de pain*, expression usitée chez les Bédouins, Cherb.

أَشْدَاق (et aussi avec le *dzâl*) pl. أَشَادِيف *joue*, Voc. (fauces, mais voyez sous شَدْق), Alc. (carrillo de la cara).

شدن I *expliqué par* تَحَرَّك, Kâmil 421, 7.

شَدَنَا et شَادَنَج (= شَادَنِج) *hématite, sanguine*, Payne Smith 1019.

شدو I c. في *être versé dans une science*, Prol. II, 376, 11 et 13, III, 261, 12. — Dans le sens de *chanter*, c. ب r., Aghânî 6, l. 6 a f. S'emploie aussi en parlant d'oiseaux, Abbad. I, 99, n. 138.

شَادِي pl. شَوَادِي *singe*, Bc (Barb.), Mc, Ht, Hbrt

63 (Alg.; il a شادن, mais c'est une faute), Pagni MS, Shaw I, 261. — *Acteur, qui joue un rôle*, Bc.

شِدْياقٌ pl. شَدايِقَة *sous-diacre*, Bc, M.

شَدَّ I, seul, pour للجماعة شَذَّ عن, *se séparer de la communauté des fidèles, ne pas reconnaître le souverain qui est reconnu par d'autres*, Abbâr 181, n., l. 4: وقوّاد الشباب على المعصية فيبعد في الشذوذ شَاوْ, car c'est ainsi qu'on lit dans le man. B d'Ibn-Bassâm; *professer des opinions, des doctrines qui ne sont pas celles du commun des hommes*, Catal. des man. or. de Leyde I, 228, 10: comme Ibn-Hazm était Châfiïte, et les autres docteurs, Mâlikites عيب بالشذوذ. — *Echapper à*, عن, *s'échapper*, Gl. Belâdz., Catal. des man. or. de Leyde V, 165, Mohammed ibn-Hârith 339: quoique déjà très-âgé, il continuait ses études: فلا يزول عنه من الصواب شىء ولا يشذ عنه من المعاني ما يشذ على مثله من اهل الكبيرة والسِّن. Aussi شذ عن الحصر, شذ عن العدد كثرة en parlant de choses qui échappent au calcul, qui sont trop nombreuses pour être comptées; شاذّ عن qui échappe à la compréhension, *incompréhensible*. — C. الى ou ل p. *venir seul auprès de quelqu'un*, ou *venir auprès de lui de temps en temps, rarement* (le Voc. a le verbe sous *raro*), ou *par hasard*, Macc. II, 574, 8: (var. البيم) فيبقى محصوراً لا يشذ له الّا سهم, c.-à-d. (cf. Fleischer Berichte 102): il resta si étroitement cerné dans la forteresse, qu'aucun secours, aucun convoi ne pouvait arriver jusqu'à lui; il lui arrivait seulement de temps en temps quelque flèche que l'ennemi lançait par-dessus les murailles; Edrîsî, Clim. II, Sect. 5: وجميع ما يقع الى بحر الهند فهو ممّا شذ اليهم من بحر الهند; الغلوم من العنبر; Fakhrî 382, 10. شذ عن عادته *être étrange, singulier, extraordinaire*, Macc. I, 584, 8, cf. 340, 6. Aussi شذ seul, Abd-al-wâhid 18, 4 a f., où il faut lire: لشذ ما اتّفق خاطرى وخاطرك «certes, nos pensées se rencontrent d'une manière extraordinaire!» شذ له ذلك, en parlant d'une chose extraordinaire qui arrive à quelqu'un, Abbad. I, 256, 4 (corrigé III, 108): Nous n'avons jamais entendu rien de pareil, الّا ما شذ لواحد من ملوك النفس واخر من ملوك بنى العبّاس. — *Manquer, ne se trouver pas*,

faire faute, Macc. I, 598, 4 a f.: وله شرح الفصيح لثعلب ولم يشذّ فيه شىءٌ من فصيح كلام العرب Haiyân 24 v°: tels sont les noms des rebelles, وان شذّت منهم اسماء زعانف من اوشاب واتباع لهم ع. عن p., L'Algèbre d'Omar al-Khaiyâmî, 5, l. 3 éd. Wœpcke: وان مَن سد (l. شَدَّ) عنده معرفة واحدٍ من هذه الثلاثة فلا سبيل له الى تحقّقها, Khatîb 35 r°: il rassembla tous les ouvrages d'Ibn-Hazm حتى لم يشذ عنه منها الّا ما لا خطر له; leçon du man. de Berlin; celui de M. de Gayangos porte له, au lieu de عنه. — *Disparaître* (contradiction), Bat. II, 115: ما فشذّ بين القولين من الخلاف على ان هذا الاخير الخ «la contradiction qui existe entre les deux versions disparaîtra, en reconnaissant que la dernière,» etc. L'éditeur a fait imprimer شُقّ, au passif, et il a traduit «sera tranchée;» mais c'est un verbe neutre, proprement: *être séparé, être mis de côté, manquer*. — *Détoner, sortir du ton*, Bc.

شَذّة *détonation*, Bc.

شَذاذ *faux-accord, faux ton*, Bc.

شُذوذ *cacophonie*, Bc.

شاذّ, الشاذّة, *les séparés*, étaient en Espagne ceux des Arabes de Syrie qui, au moment de leur arrivée, s'étaient établis dans des endroits qui leur avaient plu, et qui ne quittèrent pas leurs demeures lorsque le gouverneur Abou-'l-Khattâr établit les *djonds* syriens dans les provinces. Quand on payait la solde ou qu'il fallait se mettre en campagne, ils se rendaient au *djond* auquel ils appartenaient, Recherches I, 87. — شاذّ, en parlant d'une tradition, est expliqué par M. de Slane, Prol. II, 483, d'une autre manière que par Freytag et Lane, et voici ce que c'est: *une tradition provenant d'un rapporteur de bonne autorité et en contradiction avec une autre tradition fournie par d'autres rapporteurs dignes de foi*. — *Faux, discordant*, Bc.

شَذانِق pl. ات *sorte d'oiseau de proie, faucon*, comme porte l'ancienne trad. du Calendr., *gerfaut* (شاهين) ou *sacre* (صقر), selon les lexicographes indigènes, Macc. I, 158, 13 et 14, Calendr. 25, 1. Il résulte de plusieurs passages de ce livre que ces oiseaux se trouvaient à Valence. M. Wright a donné un *dhamma* au *chin*, ce qui est en harmonie avec les formes شَوْذَنِيقْ, شْوَذَانِقْ; le Calendr., 41, 2, 49, 5, 92, 1, donne شَاذَانِقَات. Pour d'autres formes de ce mot, voyez Freytag 406 a, Djawâlîkî 83, 92, Calendr. 58, 7

شذب I *sauter*, Ztschr. XXII, 120.

شَوْذَبِيّ *long, haut*, Diw. Hodz. 83, 11.

شذج سَذاجَة = شَذاجَة ou سَداجَة, Macc. II, 379, 19.

شذر II, dans le sens donné par Lane comme non classique, se trouve chez Harîrî, *apud* de Sacy Chrest. II, 402, dern. l.: وانما شذّرنا الكتاب بما نظمناه من غير سرط فيه, où l'éditeur traduit: «Nous avons seulement voulu, en introduisant dans ce livre des choses qui sont étrangères à son principal sujet, y jeter un peu de variété.»

شَذَر *mélange de noix de galle, d'alun et de glu*, avec lequel les femmes se teignent les pieds et les mains, Burton II, 16.

شَذَّر = شَذَر, Gl. Mosl.

شَوْذَر *est aujourd'hui le nom d'une étoffe, toile de coton*, Ouaday 724, Voyage au Darfour 205: «Les gens de moyenne condition font usage de certaines étoffes étrangères; tel est le *chauter*. Le chauter est à peu près semblable à l'*abak* bleu (sorte de grande couverture à large bande, rouge au bord).» Pallme 184: «Leinwand von Cairo (Schouter Melanie).»

شر I c. a. dans le Voc. sous *rixari*. — *Epandre de la cendre ou autre chose droit devant soi* (ذَرَّ قَصِيبًا), M. — *Couler goutte à goutte*, p. e. شَرَّ الْمَاءُ مِنَ الْقِرْبَةِ; دم يشر من انفه «il saigne au nez,» Bc.

VII c. مع *disputer, se quereller*, Voc., Alc. (rifar, reñir rifando).

شَرّ *hostilité*, Bc, M; حرّك الشرّ مع *prendre l'offensive; ramasser le gant*, Bc; *querelle*, pl. شُرُور, Voc., Nowairî Espagne 460; جرى بينهما شرّ. — *Causticité*, Bc. — *Famine, disette, faim*, Cherb., Daumas V. A. 234. شرّ جهنّم *furies, trois divinités infernales*, Alc. (furias del infierno). — أشوار الحجر (leçon de notre man.) *pierres dures?* Auw. I, 38,

dern. l. — *Rumination, l'action de ruminer*, Alc. (rumiadura); cf. Lane sous la VIIIᵉ forme; le Voc. et Bc ont aussi اشتَرّ pour اجتَرّ, *ruminer*. — Pl. شُرُور *tige de plantes rampantes, comme concombres, etc.*; شرّ خيار *un pied de concombre*, Bc.

شَرّ, en Espagne, *faces, cheveux qui tombent sur les tempes*. Alc. traduit *guedeja de cabellos* par chirr min xâár (من شعر), pl. chirri. C'est, à ce qu'il paraît, le latin *cirrus*.

شُرّ (esp.) pl. شَرَارِين *torrent d'eau, eau qui sort à gros flots, source d'eau, gros ruisseau*, Alc. (chorro, cf. Victor).

شِرَّة *pétulance, insolence, effronterie*, Gl. Edrîsî, Macc. I, 117, 5.

شَرِي *querelleur*, Voc.

شُرُور *cabale, conspiration*, L (compilatio (cf. Ducange) تَشَاكَس وشُرُور).

شِرِّير *caustique*, Bc. — *Déterminé, capable de tout*, Bc. — *Cerritus*, L.

شَرَارَة, *étincelle*, pl. شَرَائِر, Abou'l-Walîd 308, 11.

شَرِيرَة *salsola vermiculata*, Colomb 49, Bait. I, 141 a: معقدة مثل نبات الشريرة.

شَرَّانِيّ *méchant*, Bc (Barb.), Hbrt 243, 1001 N. IV, 677.

شِرِّيرِ *querelleur*, Voc. — *Tentateur*, Bc.

أَشَرّ *quand partez-vous?* Bc. اى متى تسافرون من غير أشرّ.

مِشْرَار *querelleur*, Voc. — *Celui qui meurt de faim*, Cherb. 544.

مُتَشَرِّر *querelleur*, L (rixosus).

شَرَّالِيَة *laiteron, laceron* (Sonchus oleraceus L.). Le Most., v° هندبا, dit que cette plante porte ce nom en roman: وقيل هو صنف من لخسّ يسيل منه لبن وله مرارة وهو بالعجمية شرّاليّة (les voyelles dans N); Bait., II, 575 c, dit aussi qu'elle s'appelle ainsi بالعجمية, et les voyelles que j'ai données sont dans le man. B. C'est *sarralia*; Isidore 17, 10, 11: «lactuca agrestis est, quam sarraliam nominamus eo quod deorsum eius in modum serrae est.» De là pg. *serralhas*, esp. *cerraja*. Les Arabes d'Espagne avaient

شرب

adopté ce terme, car Bait. dit, II, 603 c: الْبَقْلَةُ الْمُسَمَّاةُ عِنْدَنَا بِالأَنْدَلُسِ بِالشَّرَايْلَةِ, et Alc. l'a aussi, mais un peu altéré, car il traduit « cerraja yerva » par xarrâyla, coll. xarrâyl.

شَرِبَ I. فلان (او بودّ او فى وداد) شرب فى ودّ boire à la santé de quelqu'un, voyez sous la racine ودّ; Bc a de même شرب فى محبته porter la santé de quelqu'un, tost ou toast. Aussi بـه شرب صائحها, ou شرب سرورا, ou شرب سرورا به وله, بسروره, voyez sous سرور. — شرب اليمين, comme en anglais to swallow an oath, faire un serment par contrainte, P. Khallic. I, 88, 8 Sl., avec la note de M. de Slane dans la trad., I, 169, n. 3. — N. d'act. شروب, être arrosé, Mâwerdî 258, 4, 5, 13, 14, 16, 259, 4.

IV. On ne dit pas seulement أُشْرِبَ فى قَلْبِهِ حَبَّهُ mais aussi أُشْرِبَ قَلْبُهُ ذلك. L'expression عليه (à sous-entendre سَخَطًا) signifie: il remplit son cœur de colère contre un tel, Gl. Fragm.

VI c. a. boire à l'envi l'un de l'autre, P. Tha'âlibî Latâïf 90, 3.

VII être bu, Voc.; ينشرب buvable, potable, Bc.

أَشْرَأَبَّ s'emploie au figuré, comme nous disons lever la tête, c.-à-d., se montrer avec plus de hardiesse, comme dans l'expression que cite Lane et qui se trouve chez Belâdz. 95, 8: اشرأَبَّ النِفاقُ بالمدينة وارتدَّت العرب; mais au lieu de traduire: « Hypocrisy exalted itself,» Lane aurait dû dire: « L'esprit de rébellion se montra avec hardiesse à Médine;» Abd-al-wâhid 241, 3 a f.: فاضطرب الامر واشرَأَبَّ الناس للخلاف, cf. ma note p. xv. — Être sur le point de couler (larmes), P. Kâmil 514, 11.

شَرْبٌ. Dans le Gl. Esp., 260, 261, j'ai tâché de prouver que ce mot, qui forme au pl. شُرُوبٌ (Gl. Edrîsî), ne signifie pas linum tenue, comme l'a dit Golius, mais une espèce de soie. Le Voc., toutefois, confirme l'explication de Golius, car شَرْب, pl. شَرَابِى, y est bisus, et byssus désigne en effet une espèce de toile de lin très-fine et très-précieuse.

شِرْب, chez les Druzes, l'eau de la sagesse, de Sacy Chrest. II, ١٠, 7.

شَرْبَة médecine, purgation, Hbrt 37, M. — Potage, (cf. شَرْبَة). Desor 31, 33 — Pot de terre, de forme ronde, avec goulot, étroit et allongé, Bc, M (qui prononce ainsi, et non pas شَرْبَة, comme Hbrt 199), Maml. II, 2, 210, Yâcout I, 217, 2, Nowairî Egypte, man. 2 k (2), 155: وبين الآلات مثل اسطال وحَفاف وشربات 1001 N. II, 177, 6 a f.; dans L: poculum (vasculum, calix vel fiala) — شَرْبَةُ العبَّاسى وكاس le dessin sur le dos de ce vêtement; celui qui se trouve sur la poitrine porte le nom de جِبْراس; M; شَرْبَةُ القِرْوان coin d'un châle, fleurs dans les coins, Bc.

شَرْبَة (esp.) pl. شَرْب biche, femelle du cerf, Alc. (cierva hembra).

شَرْبَة coup, trait, gorgée de liqueur, Alc. (sorvo (aussi شَرْبَة), trago de cosa liquida). — Sorbet, Bc, Bat. III, 124 (dans l'Inde). — Vomitif, boisson qui fait vomir, Alc. (bevida para gomitar). — Potage, soupe, bouillon, Hbrt 13, Ht, Shaw I, 331, d'Arvieux II, 280, potage au riz, au vermicelle, Bc; شَرْبَةُ خَضَار potage avec des herbes, شَرْبَة julienne, Bc. En ce sens ce mot ne dérive pas de la racine arabe شرب; c'est le pers. شُورْبا ou شُورْبَاى, qui a la même signif.; aussi le trouve-t-on écrit شوربة, 1001 N. IV, 475, 11, شُورْبَة, Martin 79, شَوْرْبَة, M (sous چين, wan, avec l'étymologie persane), شوربزجة Payne Smith 1548. — شَرْبَات sirop, Roland.

شربنجى, suivi de الليمون, limonadier, Bc.

شَرْبِيَّة pl. شَرَابِى, au Maghrib, mouchoir de soie dont les femmes enveloppent les cheveux, Gl. Esp. 260. — Quant au شربية de Hœst, 266, 267, voyez sous جَرْبِى à la fin.

شَرْبان homme qui a bu, mais qui n'est point tout à fait ivre, Bc; J.-J. Schultens cite Gramm. Haleb. 70: وايش هو الفرق بين السكران والشربان.

شربانى pharmacien, Ht.

شَراب, pl. du pl. أَشْرِبات, Kâmil 73, dern. l. — شرابُ الحَشِيشة, en Egypte, du vin auquel on a mêlé, avant la fermentation, les feuilles d'une plante nommée كَتَيْلَة; elles donnent au vin une excellente odeur et le rendent réchauffant, Bait. II, 350 a. — Sorte de *looch* ou d'*électuaire*, de là *sirop*; en ce sens ce mot forme aussi au pl. أَشْرِبَة, Gl. Esp. 218. Selon le M, شَرَاب seul veut dire chez les médecins *vin*, et quand ils veulent désigner un sirop, ils y ajoutent un autre mot, p. e. شَرَاب لِلْحُصْرُم. Le Voc. a شَرَاب جُلَّاب et شَرَاب الرُّمَّان, *sirupus*, شَرَاب الحَكِيم *oximel*. — *Sorbet*, pl. ات, M. شَرَاب خَانَة, 1001 N. Bresl. I, 315, 9, ne signifie nullement «taverne, cabaret» (Freytag), mais ce terme, qui s'écrit ordinairement شَرَابْخَانَاه ou شَرَبْخَانَاه, désigne *la sommellerie*, c.-à-d., le lieu où l'on gardait les boissons, le sucre, les confitures, les fruits, la neige, les eaux cordiales, les pâtes purgatives, astringentes, rafraîchissantes, les parfums, l'eau destinée pour l'usage du prince, et qui était toujours de la meilleure qualité. A la tête de cet établissement était un surintendant, مِهْتَار, et quelquefois deux. Il avait sous lui un nombre de شَرَبْدَارِيَة, Maml. I, 1, 110, 111, 162. Abou-'l-faradj, 553, 8, nomme ces derniers الشَّرَابْدَارِيَة.

شَرَابَانِي *limonadier*, Bc, M.
شَرَاقِيِي *apothicaire*, Voc.

شَرَّابَة (fatha, M, Voc., Alc., Dapper, Hbrt, dhamma, Lane, Bc) pl. شَرَارِيب, dans le Voc. *cordon de soie*, Voc. (cordon de serico), Bat. IV, 403: أَخْرَج من شباك احدى الطاقات شرّابة حرير قد ربط فيها منديل مصري مرقوم, Notices XIII, 216: «Ils tressent leurs cheveux en nattes qu'ils laissent pendre, et dans lesquelles ils entremêlent des شَرَارِيب حرير.» — *Houppe*, *flot*, petite houppe de laine ou soie, *bouffette*, petite houppe pendante, *gland de soie*, Alc. (bivos de toca), Bc, Hbrt 21, M, Dapper (traduit Vêtem. 351), Carette Kab. I, 98, Maml. II, 1, 24, 8 a f. Le pl. aussi *frange*, Bc, Hbrt 204. (Habicht et M. Fleischer se sont fait la guerre au sujet de la signif. de ce mot (voyez le Glossaire sur le t. Ier des 1001 N., De Glossis Habicht. p. 26, Préface du t. VII, p. 8, Préface du t. IX, p. 14). Le premier soutenait qu'il signifie toujours *cordon* et jamais *houppe*, le second qu'il signifie constamment *houppe* et jamais *cordon*. On voit qu'ils se sont trompés tous les deux.). — شَرَّابَة الرَّاعِي *houx* (arbuste), Bc.

شَارِب, *qui boit*, pl. ة, Mufassal éd. Broch 83, 7,

Gl. Maw. — Non seulement *moustache*, mais aussi *lèvre*, Hbrt 2 (Alg.), *lèvre supérieure*, Domb. 86, شَوَارِب *les deux lèvres*, ibid., Roland, Bait. I, 246 c, en parlant de la langouste ou écrevisse de mer: فِي مَوَاضِع شَوَارِبِهَا. — *Poil follet*, *duvet*, *poil cotonneux qui vient avant la barbe*, Alc. (boço). — شَارِب الرِّيح est le nom que porte en Afrique le cheval du désert; on l'appelle ainsi parce que, lorsqu'il court, il laisse pendre sa langue d'un côté de la bouche, de sorte qu'il semble «boire le vent,» Jackson 42, Richardson Morocco II, 98, Davidson 102, 114. — شَارِب القَدُّوم *le tranchant d'une erminette*, M.

مَشْرَب est traduit par *canale* dans ce passage d'une charte de Tolède de 1176 de l'ère des Espagnols: ويكون للارجدياقن المذكور ثلث ماء الناعورة وثلث جميع حقوقها من مشرب ومرتفق فى علو وسفل ودخول وخروج ومجاريج وغير ذلك من الحقوق والمنافع (Simonet). — Pl. مَشَارِب *meurtrière*, Cherb. — *Goût*, inclination qu'on a pour certaines choses; on dit: وَافَقَ الأَمْرَ مَشْرَبِي, M.

مَشْرَبَة est, selon le M, une forme vulgaire pour مِشْرَبَة (cf. Maml. II, 2, 110), *petite cruche en forme de gobelet*, Bg (cf. Gl. Esp. 179). — Burton, II, 46, qui nomme le مَسْجِد مَشْرَبَة أُمّ إِبْرَاهِيم, dit que ce mot signifie *jardin*, et il ajoute que c'est un endroit où Marie avait un jardin et où elle devint mère d'Ibrâhîm, le second fils du Prophète; mais il est impossible que ce mot ait cette signification.

مَشْرَبِيَّة. Quelques personnes prononcent ainsi au lieu de مَشْرَبَة, M. — *Fenêtre grillée en bois, saillante au dehors*. On l'appelle ainsi parce qu'on y place les cruches poreuses qui servent à rafraîchir l'eau par l'évaporation; Lane M. E. I, 10, 12, Burton I, 35, Ouaday 241, Michel 101, van Karnebeek dans le Gids de 1868, IV, 125. Les grandes litières en ont aussi, Lane M. E. II, 199.

مَشْرُوب *boisson*, Bc, Maml. I, 1, 2; *vin*, Amari Dipl. 200, 3, cf. 441, n. fff. Le pl. مَشْرُوبَات *rafraîchissements*, vins, liqueurs, etc., Bc. — *Blé qui a fermenté pendant plusieurs années dans un silo*, et dont l'odeur ressemble assez à celle du fromage de Gruyère; les Arabes en sont très-friands, Cherb.

مَشْرُوب qui a de grosses lèvres, Alc. (ombre de gran beço).

شَرْبَاجِى (de شَرْبَة (voyez), bouillon, potage, avec une termin. turque) *gargotier, traiteur*, 1001 N. Bresl. II, 156, 6, 194, 13; cf. Fleischer Gl. 59.

شَرْبَالَة (de شَرْب avec la termin. esp. ela) pl. شَرَابِل *petite cruche blanche pour l'eau*, Voc.

شربت *Marrubium plicatum*, Bait. II, 94 b; leçon de ADEHL.

شَرَابْخَانَاه voyez sous شَرَاب.

شَرْبْدَار (ar.-pers.) *sommelier*; voyez sous شَرَاب.

شربش II *porter la coiffure nommée* شَرْبُوش, Khallic. X, 8, l. 10.

شَرْبُوش (voyelles dans le M, pers. سَرْبُوش), pl. شَرَابِيش et شَرَابِش, *bonnet haut de forme triangulaire*, qu'on portait sans turban. C'était la coiffure distinctive des émirs; les hommes de loi ne le portaient pas. Il a été aboli sous la dynastie circassienne. Voyez Vêtem. 220 et suiv.

شَرَابِشِى *celui qui vend cette coiffure*, ibid.

شَرْبَط I *être en rut* (chameau). Ce verbe a été formé de شَبَاط, car pour les chameaux le mois de Chobât (février) est le temps du rut, M.

شَرْبَك (pour شَبَّك, M) I *mêler* الخَيْط du fil, de la corde, Bc.

II *se mêler, s'embrouiller* (fil, etc.), Bc.

شَرْبِنْسِيب *Carduus stellarius*, Pagni MS.

شربوت *sorte de poisson*, Yâcout I, 886, 7.

شربيل *est l'esp.* servilla, qui dérive de *serva* (sierva), car c'était une sorte de chaussure en maroquin à une seule semelle, dont les servantes faisaient usage. En Barbarie, toutefois شربيل est une *pantoufle très-élégante en cuir de couleur*; celles des dames à Maroc sont souvent en velours, avec des broderies et des perles; voyez Haedo 27 d, Hœst 117, Pflügl, t. 67, p. 8 (où Shervit est une faute d'impression). Cf. شِبْرِلَ.

شَرْبِين (aram. שׁרְבִּין, ܚܕܘܙܝܼܐܡܢܐ), n. d'un. ة, *le cèdre* (ordinaire), Bc, qui donne aussi شَارِبِين, Hœrt 56, M, Bait. II, 94 c, *et son fruit*, Bait. II, 95. Le Most. a aussi ce mot v[is] حَبّ العَرعَر اشْنَة, mais il est altéré dans les man. qui portent شرين, شربن, شربيس, شربير. — *Le pistachier et son fruit*, Alc. (alhostigo arbol, alhostigo la fruta).

شرت.

شُرْت, t. de mer, *collier de blocs servant à serrer la vergue près du mât*, J. A. 1841, I, 588.

شُرْتَة *copeau, éclat de bois enlevé en le coupant*, Bc.

شرج II *circumligare*, Voc.

V Voc. sous circumligare.

شَرْج. Le pl. est aussi شُرُج et أشْرَاج, mais le أشْرُج de Freytag n'est ni dans Djauh. ni dans le Câmous, Gl. Belâdz.

شَرِيجَة. La signif. de شَرَائج dans Tha'âlibî Latâïf, 15, 4, n'est pas certaine (voyez le Glossaire); je crois que ce sont *des portes de jonc* (sous la racine شوش on trouvera un exemple de cette signif.), qui laissaient passer le courant d'air et qu'on substitua à l'appareil que l'auteur a décrit précédemment.

شرجب I. Le Voc. a شرجب اللوح أو الحائط sous *fenestra*; voyez les articles qui suivent ici.

II dans le Voc. sous *fenestra*.

شَرْجَب (vulg. سرجب), n. d'un. ة, pl. شَرَاجِب et شَرَاجِيب, *balustrade, garde-fou composé de balustres, espèce de balcon, saillie sur la façade d'un bâtiment et entourée d'une haute balustrade, dans laquelle il y avait des fenêtres*, Lettre à M. Fleischer 97 et suiv. Dans le Voc. *fenestra magna*. Abou'l-Walîd remarque, 337, 20, que ce mot appartient au dialecte de la Syrie, et il y semble encore en usage, car le M nomme الشرجب الذى تعرفه العامة من الخشب, mais sans expliquer le terme. Voyez aussi Abou'l-Walîd 735, 1 (avec le *sin*). Dans le Thesaurus de Gesenius, 1447 n, on lit à tort que ce mot est d'origine berbère.

مُشَرْجَب *balustré*, Lettre à M. Fleischer 98. — Pl. ات *balustrade*, Voc. (cancellus).

شرح I *énoncer, exprimer* sa pensée, *concevoir, exprimer*, p. e. شرح الشروط شرحًا واضحًا «concevoir les conditions en termes précis, » Bc. — *Etablir, exposer un fait*, Bc. — *Déduire, narrer en détail*, Bc. — *Epanouir, réjouir*; شرح لِلخاطر *divertir, récréer, réjouir*; شرح القلب *dilater le cœur, ragaillardir*, Bc; 1001 N. I, 86, 11: فارِدتُ ان اشرح صَدْرَهُ. — شَرايا يشرح صدري *épanouir la rate, faire rire beaucoup*, Bc.

II. شرح اللَّحم signifie chez le vulgaire: *couper de la viande par tranches longues, mais qui ne sont pas tout à fait détachées les unes des autres*, M. — Dans le Voc. *aperire (ficus)*; c'est: *faire une incision dans les figues (et les faire sécher au soleil)*, M; cf. شَرِيحَة. Aussi en parlant d'autres fruits, cf. مُشَرَّح. — *Tatouer*, Burton II, 13.

IV *éveiller, égayer*, Bc.

V *se fendre*, Gl. Edrîsî. — Dans le Voc. sous *aperire (ficus)*.

VII. انشرح صَدْرَه *se réjouir*, 1001 N. I, 28, 3 a f.; انشرح قلبه *se ragaillardir*, Bc; de même le verbe seul, M, Ibn-Iyâs 67: سَرَّ السلطان لذلك وانشرح; 1001 N. I, 2, l. 8, 34, 4 a f.; انشرح صدره *se divertir*, Voc.; le verbe seul *se divertir, s'amuser*, Bc, qui a le n. d'act. sous *contentement, divertissement*. — انشرح صدره *acquérir de la sagacité, de la finesse*, Voc. — Quasi-pass. de la Ire, Voc. sous *exponere*.

شرح شرح الصَّدْر *sagacité, finesse*, Voc. — شرح واحد *en rang d'oignon, l'un après l'autre, sur la même ligne*, Bc. — شَرْحَة *idem*, adv., *le même*, Bc.

شَرِح *gai, qui réjouit, clair, bien situé, riant, agréable à la vue*; مطرح شرح *lieu agréable*, مكان شرح *lieu découvert, agréable*, Bc.

شَرَاحَة Ht.

شَرِيحَة coll. et شَرِيح et شَرائح, proprement *figue dans laquelle on a fait une incision pour la faire sécher au soleil, et de là figue sèche*, Gl. Edrîsî, Voc., M, Aboû'l-Walîd 778, 33, Amari 134, 4, où il faut lire شَرِيحَة التين, au lieu de سريحة. Cette signif. a été notée par Castel (carica). Aussi en parlant d'autres fruits avec lesquels on fait la même chose, Auw. I, 272, 1, où il est question du زعرور: وبعض الناس يرتب (l. يرتّب) الصنف العنصرى وذلك بأن يعمل منه سراريح ويلخرم; notre man. porte سرائح,

lisez شرائح. — *Sangle*, Bc, 1001 N. III, 44, 3. — A Jérusalem, *ceinturon de cuir, à fermer par une agrafe de métal; on y attache ordinairement le sabre et les pistolets*, Bg 801.

شراحيمة *délices*, Hbrt 226.

شَرَائحى *marchand de figues sèches*, Gl. Edrîsî.

تشريحى *anatomique*, Bc.

مُشَرَّح *olive dans laquelle on a fait trois incisions*, Auw. I, 686, 6 et 7.

مُشْرِح *agréable*, Hbrt 226.

مشرحانى *rieur*, Bc.

مشروح. كتاب مشروح *un livre qui contient beaucoup de choses*, Bidp. 25, 6. — *Content, joyeux*, M, Daumas V. A. 108. — مشروح الصَّدْر *sagace, fin*, Voc.

مُنْشَرِح *agréable*, Voc.

شرخ I. شرخه بالعصا *il le bâtonna rudement*, M.

شرخ pl. شُرُوخ *coin, outil de fer pour fendre*, Bc.

شرد I c. عن *éviter d'avoir des relations avec quelqu'un*, Abbâr 179, 2 a f.: الشرود عن سلطان قرطبة; dans le passage 181, n., l. 4, le man. B d'Ibn-Bassâm porte الشذود, au lieu de الشرود, ce qui me paraît préférable (cf. sous شذّ I, au commencement), et dans le premier passage الشذود ne serait pas déplacé non plus, mais là le man. B confirme la leçon du texte. شرد الشىء من باله *oublier*, M.

II. شرّد القلوب *effaroucher, donner de l'éloignement*, Bc. — *Remuer la queue*, Alc. (colear mover la cola); je crois que c'est proprement, en parlant d'un cheval ou d'un bœuf: *chasser les mouches avec la queue*; cf. Bat. I, 365: وهو الذى يشرّد عند الذباب, III, 222, 416, IV, 411.

V *devenir farouche, sauvage, en parlant des bêtes*, Gl. Edrîsî, Voc. — *Etre chassé*, Voc.

شَرْد *la pluie que le vent chasse dans la maison*, M.

شرد, *au Liban et dans les montagnes de Beirout, aspidium filix mas*, Bait. II, 9 (il l'épelle).

شَرُود *furieux*, Cartâs 161, 6 a f.: فقصدت اليه بقرة منهنّ كانت شرودة فضربته فلت من حينه ❊

شَرِيد Le pl. شَرَادى, Aboû'l-Walîd 386, 11. Le

fém.: (une femme) *qui craint l'approche des hommes,* de Sacy Chrest. II, 474, 10: بنات اخيك وهنّ ثمان شريدتهنّ قليلة ۞

شَرَّاد dans le Voc. sous abigere.

شارِد *sauvage, qui n'est point apprivoisé,* Bc. — Le pl. شَوَارِد *renseignements épars,* Prol. I, 4, l. 7: شوارد عَصْرِه «les renseignements épars qui se rattachaient aux faits qui marquaient son époque» (de Slane), Cartâs 3, 10 a f. — ضمّ الشاردين *rallier* (des troupes), Bc. — *Fugitif* (ouvrage d'esprit), Bc. — امرأة عَيْنُها شارِدة *une femme qui jette des regards amoureux sur un autre homme que son époux; de même en parlant d'un homme,* M.

أَشْرَد *fuyant plus vite,* Kâmil 275, 11.

مَشْرَد *refuge, asile, retraite,* Hist. Tun. 100: رجع من مشرده الى قتاله وقتال ابن شكر ۞

شردق II *avaler de travers en buvant,* Bc (aussi شرق). M v°.

شَردوقة subst. formé de ce verbe, M v° شرق.

شَردَم I *ébrécher,* Bc.

شرز.

شِيراز = شِيراز et رخبين, بازار, Voc., Gl. Manç. v[is] لُور, où il faut lire ainsi, au lieu de شران.

شرس

الشرس شرس Un témoin copte signe dans un acte: الشرس متى (Matthieu), de Sacy Dipl. XI, 45, 7, et l'éditeur observe: «Je suppose que ce mot est grec ou copte, et désigne une dignité ecclésiastique.»

شَرَاسَة *âpreté, dureté, morosité,* Bc. — *Cruauté, barbarie,* Hbrt 243.

إِشْرَاس (le fatha chez Freytag est une faute) voyez Bait. I, 53 d.

شرسف.

شَرْسُوف *côte asternale, fausse côte,* Bc.

شَرْسَم I c. a. et II dans le Voc. sous frenesis. شَرْسَم voyez ce qui suit.

شُرْسَام frénésie. شْرْسَام est, selon le Gl. Manç., la forme arabe, et سُرْسَام (voyez) la forme persane. Le Voc. a شَرْسَام, pl. شَرَاسِم, et (dans la 1re part.) شَرْسَمَة. مُشَرْسَم *frénétique,* Voc.

شرش.

شِرش pl. شُرُوش *racine, radicule,* Bc, M, Hbrt 51 (شِرْش); شرش الطيب *racine de l'iris,* Bc. — Même pl. *fibre* dans les plantes, Bc. — *Filament,* petit filet long et délié, Bc. — Même pl., une des veines du corps, M. — *Saumure,* Bc. — *Ononis antiquorum,* Bait. II, 93 f (il l'épelle). — (Esp. cierzo), au Maghrib, *vent du nord,* Alc. (cierço ayre), Domb. 54, Bc (Barb.), Mc, Ht; *vent du nord-ouest,* Alc. (gallego viento), Hbrt 164 (Alg.); *nord,* Ht, Barbier, Delap. 33; *nord-est,* Delap. 33, Ht. Bc a شَرْش; quelques-uns des auteurs que j'ai cités écrivent شَرْش et جَرْج.

شرش *poignée, botte,* Mehren 30.

شِرشي *fibreux,* Bc.

شِرشان *cigogne,* Voc.

شَرِيش, n. d'un. ة, *yeuse, chêne vert,* Alc. (carrasco arbol de bellotas, coscoja en que nace la grana, mesto arbol de bellotas). Cet arbre s'appelle en catalan *garrig* selon le Dict. d'Estove, *garrich* ou *garritx* selon Colmeiro, *carrasco* en esp., كُرِّيش au Maroc, كُرْش en berbère (*chêne,* Dict. berb.); tous ces mots, de même que شَرِيش, doivent avoir une seule origine. Chez Alc. il se nomme aussi شَرْش, qui semble par transposition. J'ai soupçonné, il y a longtemps (Vêtem. 363), que c'est *quercus,* et Cherb. C est du même avis. A présent je crois que c'est plutôt le mot latin *cerris* ou *cerrus,* en ital. *cerro.* La différente manière dont on prononçait à telle ou telle époque le c latin (k, p. e. قيصر = Caesar, dj, p. e. جاشر = Caesar, Macc. I, 124, 3 a f., ch, p. e. چرش = Caeris, contraction de Caesaris, Recherches I, 314, explique la diversité des formes.

شِرِيشي, au Maroc, *pantoufles étroites et pointues qui ressemblent à des souliers,* Pflügl, t. 67, p. 6 à 7 (Sriexi).

شَرْقِي مُشَرْشِش, en Barbarie, *vent du nord-est,* Dom

54, Bc (Barb.), Mc. Quelques-uns écrivent مُجَمْرَج

شرشح.
شَرْشُوحَة savate, vieux soulier, Bc.

شرشر I شَرْشَرَ pissoter, Bc; pisser, 1001 N. I, 39, 1: ايقى
ثيابه وشرشو فى ثيابه. On dit شَرْشَرَت القِرْبَة quand
il y a dans une outre beaucoup de petits trous par
lesquels l'eau coule goutte à goutte, M.

شَرْشَرَة serpe, Ht.
شَرْشَار source d'eau, Ht.
شَرْشُور pinson, Bc, Hbrt 67. Pl. شَرَاشِير, M.
شَرْشَارَة chouette, la Torre.

شَرْشَف pl. شَرَاشِف drap de lit, Bc (Syrie), Hbrt 204,
M, qui ajoute que ce mot est d'origine persane, et
que quelques personnes du vulgaire disent جَرْجَف
شَرْشُوفَة même sens, Bc.

شرشك شِرْشِك épine-vinette. Ce mot est altéré dans le Most.
v° الشرشك, car Lm porte: وقيل امبيربريس (sic)
هو الشرشك وقيل هو N: الشريش بالشين المُعْجَمَة
Ensuite Lm donne: الشريس بالشين المُعْجَمَة ويسمى
N et بالفارسية الزرشك. Le nom persan est زِرِشْك

شَرْشَلَة ruine, Daumas V. A. 233.

شرشم.
شَرْشَم du blé bouilli dans de l'eau salée, Daumas
V. A. 164, 255.
شَرْشَم frénésie, Alc. (frenesia); cf. sous شَرْسَم.
شَرْشَمَان espèce d'animal, R. d. O. A. XIII, 90.
تَشَرْشَم frénésie, Alc. (frenesia).

شرص I, c. من et ب, n. d'act. شَرُوص, شَرَاصَة, شُرُوصَة
شُرُوص, que le Voc. a sous eferari, semble, de même
que شرط, une autre prononciation de شرد, qu'il
donne sous le même article.

شَرَص (hébr. שרץ) reptile, de Sacy Chrest. I, 334, 6.
شَرِيص pl. شَرَاص deterrimus, indomitus, L (ce dernier avec ض), protervus, Voc.; semble pour شريس
شَرَاصَة protervia, Voc.; semble pour شَرَاسَة.

اِشْرِسِى espèce de datte, Niebuhr R. II, 215.

شرط I. شَرَطَ En parlant d'un vendeur, شَرَطَ فى الشىء عيبًا,
déclarer qu'une chose qu'on offre à acheter a des défauts, voyez sous بَرِكَة. — C. a. faire une ouverture
dans une chose avec un instrument tranchant, 1001
N. II, 290, dern. l.: وقد مشروطا خرجى وجدت
قطعتم للخرج بهذه السكين, cf. 292, 1: سرى منه كيس
— Déchirer, p. e. un habit, ses ha-
bits, M, Bc, 1001 N. II, 173, 7, Bresl. IV, 171, dern.
l, 172, 9, Bâsim 122: كل واحد منكم باخذ واحد
من هولاى الثلاثة ويشرط من ذيله ويعصب عينيه ويشهر
سيفه ويقف على راس غريم حتى ارسل له بضرب رقبته
123: وشرط ذيله وعصب عينيه, synonyme de شق,
128: شَرْطَة, — N. d'act. فشق من ذيله وعصب عينيه,
شُرُوط, dans le Voc. sous eferari, semble, de
même que شرس, une autre prononciation de شرد,
qu'il a aussi sous cet article.

II rayer, faire des raies, Alc. (rayar hazer raya),
Ht. — Tatouer, Burton II, 257 n, Dict. berb.

III. M: والمولَّدون يستعملون شارَطَهُ بمعنى عاقَدَهُ فى
المُعامَلة, c.-à-d., je crois, que, dans
le commerce, ce verbe signifie: faire avec quelqu'un
un contrat sous certaines conditions qu'on s'engage à
observer. شارَطَهُ بالمال semble avoir le sens de: s'engager à payer à quelqu'un une certaine somme pour
des services que l'autre s'engage à rendre dans certaines éventualités, Berb. I, 608, 7 a f.: وجهزهم
لانهزام الفرصة فى توزر مع العرب المشارطين فى مثلها
بالمال. Chez Macc. III, 53, 5, on lit: داخله السلطان
فى تولية العُمَّال على يده بالمشارطات فيجمع له بها اموالًا,
et le terme مُشارَطَة semble signifier ici: un contrat
qu'un ministre fait avec une personne et par lequel
il s'engage à la faire nommer par le sultan à un
emploi, mais en stipulant qu'elle lui payera une certaine somme dans le cas où elle sera nommée. —
Parier, Bc.

V proposer des conditions, Vie de Saladin 50, 24:
فلم يحصل من جانبه سوى تشرُّط كان الدخول تحته
اخطر من حرب السلطان ٭

VI c. a. r., Recherches II, Append. p. XLVII, 4:

شرط 746 شرط

« comme cela était convenu entre eux. » عَلَى مَا تَشَارَطَاهُ, C. مَعَ p. et عَلَى r. *contracter, convenir;* تَشَارَط مَعَ *convenir d'un prix,* » Bc. — C. مَعَ parier, Bc.

VII quasi-pass. de la Iʳᵉ, Abbad. II, 18, 12: بِعَهْدٍ انْشَرَط عَلَيْهِ۞

VIII *stipuler,* Nowairî Espagne 474: وَامْضَى أَمِيرُ المُومنين عَهْدَهُ هَذَا وَاجَازَهُ وَانْفَذَهُ وَلَمْ يَشْتَرِط فِيهِ مَثْنَوِيَّةً وَلَا خِيَارًا, Abbad. II, 75, 3: اشْتَرَطَ المَدِينَةَ « il stipula qu'on récompense de ses services, cette ville lui serait livrée. » — C. ل p. et a. r. *s'engager envers* quelqu'un *à,* M: اشْتَرَطَ لَهُ كَذَا التَزَمَ, Beerî 186, 16: je te permettrai de faire cela, عَلَى أَنْ تَشْتَرِطِي لِى شَرْطًا وَتَعْقِدِى لِى عَلَى نَفْسِكِ عَقْدًا تَلْتَزِمِيهِ Dans une tradition le Prophète dit à 'Ayicha, *apud* de Sacy Chrest. I, 459, 7 a f. (= 460): خُذِيهَا وَاشْتَرِطِى لَهُمُ الوَلَاءَ. Je crois que c'est proprement: Prenez Barira, et engagez-vous envers ses maîtres à leur reconnaître le droit de patronage (comme ils l'exigent), c.-à-d., comme traduit de Saçy: accordez-leur le droit de patronage. — Dans le Voc. c. a. *iactare,* et les autres verbes qu'il a sous cet article signifient *se vanter, s'enorgueillir, être vain;* mais je ne comprends pas comment اشْتَرَط a reçu ce sens. — *Avaler sans mâcher,* Bait. II, 32 c, en parlant du scinque: dans l'eau il se nourrit de poissons, et sur terre de salamandres, etc., وَهُوَ يَشْتَرِطُ مَا يَغْتَذِى مِنْ ذَلِكَ اشْتِرَاطًا, et l'auteur ajoute qu'il a trouvé ces animaux dans les intestins du scinque, sans qu'ils eussent subi aucun changement.

شَرْط *article d'un traité, d'un contrat, clause;* pl. du pl. شُرُوطَات *dispositions,* conventions d'un acte, Bc. — *Accord,* convention pour terminer un différent, Bc. — *Contrat,* Macc. I, 603, 11, de Slane Prol. I, LXXIV b, Khatîb 22 rᵒ: كَانَ مِنْ شُيُوخِ كُتَّابِ الشُّرُوطِ. De là عِلْمُ الشُّرُوطِ *l'art de dresser des contrats,* Khallic. I, 27, 8 Sl. — Pour exprimer *les signes précurseurs du dernier jour,* on ne dit pas seulement أَشْرَاطُ السَّاعَةِ (Lane sous شَرَط), mais aussi شُرُوطُ السَّاعَةِ, Djob. 343, 15, شُرُوطُ القِيَامَةِ, Voc., et الشُّرُوطُ seul, Prol. III, au commencement, *passim.* — *Coutume,* Koseg. Chrest. 93, 2: وَكَانَ شَرْطُ نِسَاءِ العَرَبِ فِى ذَلِكَ الزَّمَانِ اَنَّهُنَّ يَشْرَيْنَ لِبَنِ النِّعَاجِ عِنْدَ المَسَاءِ وَالصَّبَاحِ۞

شَرْطَة *incision,* Bat. II, 192: لَمْ شَرْطَتْ فِى وُجُوهِم, c.-à-d. qu'ils se tatouent le visage, cf. la IIᵉ forme du verbe. — *Accroc,* déchirure d'une étoffe en accrochant, *déchirure,* Bc. — Pl. شَرْط *ligne,* raie, trait dans la main, Bc. — *Raie,* trait tiré de long avec une plume, Bc. — *Tiret,* division, trait d'union, Bc. — *Virgule,* Bc.

شَرْطَة *petit morceau qu'on détache d'une étoffe en déchirant,* M.

شُرْطَة. Des passages mal compris ont fait dire à M. de Slane (trad. d'Ibn-Khallic. I, 539, n. 2, J. A. 1862, II, 160) que c'était une espèce d'impôt; voyez mon article حَدَث.

شَرْطِىّ (et non pas شُرْطِىّ, comme chez Freytag) *conditionnel,* Voc. — *Conventionnel,* Bc.

شُرْطِىّ *agent de police;* mais comme ceux-ci étaient aussi maîtres des hautes œuvres, ce mot a reçu le sens de *bourreau,* Alc. (sayon o verdugo, verdugo o sayon). Le mot esp. *sayon* a subi le même changement de signification. — *Filou, fripon,* Bc, 1001 N. II, 116: حَرَامِيَّة وَشُرْطِيَّة.

شُرْطِيَّة *contrat,* M.

شَرِيط proprement: *la corde en feuille de palmier nain avec laquelle les Arabes attachent leurs balais,* Delap. 77, cf. Jackson 107, 263. — *Corde en général,* Gl. Edrîsî, Voc.; aussi *corde de guitare, de violon,* Gl. Edrîsî. — عَذَابُ الشَّرِيط *estrapade,* supplice qu'on faisait souffrir à un criminel, en l'élevant au haut d'une longue pièce de bois, les mains liées derrière le dos avec une corde qui soutenait tout le poids du corps, et en le faisant tomber avec roideur jusqu'à deux ou trois pieds de terre, Alc. (tormento de cuerdas, trato de cuerda tormento). — Pl. أَشْرِطَة *ruban,* Bc. — *Galon, liséré, passement, passe-poil,* Bc, Gl. Edrîsî, Hbrt 20, Ht (qui a le pl. irrég. شُرُوط). — *Echarpe,* large bande d'étoffe en baudrier, Bc. — *Fil de métal,* p. e. شَرِيط حَدِيد *fil de fer,* Bc, Gl. Edrîsî, M. — *Plate-bande,* espace de terre de peu de largeur qui règne le long d'un parterre; ornement d'architecture uni et peu large, Bc. — Pl. ات *épée,* synonyme de سَيْف, 1001 N. III, 449, dern. l. (cf. 450, 1, سَيْف), 452, 12, *ibid.* 8 a f., 469, 13: وَتَحَبَّ شَرِيطُ البُولَاد فِى يَدِهِ فَالْتَفَتَ اليَهُودِىُّ وَعَزَمَ وَقَالَ لِيَدِهِ

شرطط

قَفَى بِالسَّيْفِ فَوَقَعَتْ يَدُهُ بِالسَّيْفِ فِى الهواء, Bresl.
IX, 249, 10.

شَرِيطَة pl. شَرَائِط corde, Gl. Edrîsî. — Jarretière,
Alc. (inogil). — Ruban, Cañes v° cinta, M. — L'esp.
xaretas, qui en dérive, signifie: rets ou bordages,
faits de cordes ou de grilles de bois, qui couvrent les
soldats d'un vaisseau pendant un combat. Dans cette
langue xareta signifie aussi: gaine, ourlet creux à
passer un cordon, pour attacher une jupe. — Entre les
articles exalto et examen, L donne celui-ci: exalo
حُكْم وامتحان ثم شَرِيطَة Un tel substantif n'existe
pas en latin. Si on lit exaio (= exagio, de exagium,
examen, épreuve, essai), les deux premiers mots arabes conviennent assez bien; mais ensuite l'auteur prend
le mot latin dans un autre sens (c'est ce qu'il indique constamment par ݲ) que je ne puis pas deviner.

شَرَابِيط (pl.) cordes, rubans, 1001 N. I, 69, 10.

شَرَّاط celui qui scarifie, Alc. (jassador). — Cordier,
Alc. (cabestrero que haze cabestros), Domb. 104.

شُرُوط cérat, espèce de pommade ou d'onguent où
il entre ordinairement de la cire, Alc. (cerapeç unguento). C'est l'esp. cerote (cerotum, κηρωτόν); la forme
arabe est قيروط.

أَشْرَاط (pl.) agents de police, Haiyân 3 v°, 4 v°:
فصاح سعيد باشراطه ان ردّوه فارجلوه Haiyân-Bassâm
I, 23 v° (deux fois).

تَشْرِيطَة pl. تَشَارِيط taille, coupe, division, Alc.
(taja entre dos). — Raie, Alc. (raya para señalar).

اشْتِرَاط modification, restriction d'une proposition, Bc.

شرطط.

شَرْطُوط chiffon, Bc.

شَرْطَل I enfiler, p. e. des grains de chapelet, Alc. (en-
sartar como cuentas); — coudre deux choses ensemble,
Alc. (coser uno con otro). Ce verbe a été formé du
subst. esp. sartal, qui signifie: cordon de choses enfilées, chapelet, collier, etc.

شرطن I (χειροτονέω), en parlant d'un évêque, imposer
les mains en donnant la prétrise, M.

شَرْطُونِيَّة (χειροτονία). Les passages d'Elmacin où
ce mot se trouve sont: 246, 20 et dern. l., 252, 20,
J.-J. Schultens.

شرع

شرع I, dans le sens de commencer, se mettre à, non-
seulement avec فى, mais aussi avec ب, 1001 N. I, 55,
5: فشرعوا بالتجهيز مُدَّةَ عشرةِ ايامٍ. — Dans le sens
de communiquer à, avec, conduire, aboutir, être en
rapport, non-seulement avec الى (Lane, Macc. I, 251,
20, 361, 22, 362, 7, Bat. II, 24), mais aussi avec
على, Gl. Belâdz., avec فى, ibid., Haiyân 28 r°: وصلت
مقصورة للجامع بباب شارع فيها, Abdarî 79 v°, en parlant du puits (بئر) d'Abraham à Ascalon: يَنْزِلُ اليها
فى درج مُتَّسِع ويُدْخَل منه فى بيوت شارعة فيه, avec
من, Bat. I, 131: وبابها الذى يشرع للبر, et avec
Vêtem. 281, 2 a f. — Chez Lane, en parlant d'une
lance, it pointed directly towards a person (c'est aussi
le sens de ce verbe dans Abbad. I, 254, 6, texte
que j'ai corrigé III, 103–4); de même dans un passage d'Edrîsî apud Bait. II, 145 b, qui dit en parlant du porc-épic: وهو حيوان يكون فى قدر الكلب الصغير
الّا انه كلّه شوك شارع مثل شوك القنفذ (piquants
dressés). — C. فى être passablement versé dans une
science, Haiyân dans mes Notices 182, n., l. 3: الى
الشروع فى علم صالح من الطبّ, Haiyân-Bassâm I,
174 r° (= Khatîb 51 v°): كان قوى المعرفة شارعا فى
الفقه مشاركا فى العلوم. — C. على juger, prononcer sur, Bc, Ht.

II ouvrir une porte, une fenêtre, une tente, à
sous-entendre الى الطريق, 1001 N. I, 770, 9: فامر
الملك بفتح القبّة ففتحت وشرعوا طيقانها; de même
dans l'édit. de Boulac; celle de Breslau porte (II,
350, 12): وامر بالقبة ففتحت طاقاتها, Müller 32, 2 a f.:
فى طرق من البرّ ابتدعوها وابواب من الاختفاء شرعوها,
Koseg. Chrest. 71, 4: اشرفوا على حلّة حسنة قد
زُيِّنَتْ وابيات قد شُرِعَتْ وغنم قد سُرِّحَتْ (prononcez
ainsi, au lieu de شُرِعَتْ et سُرِّحَتْ, comme l'a fait
l'éditeur); 76, 3: تشاريع البيوت les ouvertures des
tentes. Je me tiens convaincu à présent qu'il faut
traduire de la même manière Abbad. I, 255, 6 a f.:
mon fils escalada avec sa bande les murailles de mon
palais: فشرّعت وخرجت alors j'ouvris (la porte) et
je sortis.» Cf. sous la V° forme. — Dans le Voc.
sous lex. — شرع الماء faire mousser; شرع aussi au

شرع

fig., *faire mousser*, exagérer le mérite; c. في *faire sonner bien haut*, Bc.

III *faire le procès à quelqu'un*, Bc.

IV *déployer* les voiles d'un navire, 1001 N. Bresl. XII, 316, 1: فلما صار عندهم أسرعوا باشراعات القلوع

V *s'ouvrir*, 1001 N. I, 57, 8 a f.: واذا بالباب قد انفج وتشرعت الدرقتين, les deux battants de la porte s'ouvrirent. » — Dans le Voc. sous lex. — *Se conformer à la religion*, Calâïd 343, 5 a f.: حليف كفر. — C. ب *professer une religion*, Holal 4 v°: لا إيمان ما نطق متشرعا كان اهل بلاد السودان متشرعين. — فيما سلف من الدهر بدين النصرانية, — *Etablir, régler, ordonner*, Alc. (establecer). — *Plaider, contester en justice*, Alc. (lidiar pleytear).

VIII. اشترع الشريعة *donner des lois*; de là تثنية الاشتراع *Deuteronome*, M.

شرع. Chez Alc. *juridiction séculière*; — *loi en vertu de laquelle celui qui s'est vendu peut se racheter*; — *loi contre les fraudes* (ley seglar, ley para redemirse el que se vendio, ley que desvia los engaños). — شرع الله *la justice, la loi, les tribunaux*, Bc. — *Tribunal*, Bg, souvent dans Bâsim, Inventaire: ترافع معهم لمجلس الشرع العزيز فكلّفهم الشرع باثبات ديونهم فاثبتوها — — وكلّفهم الشرع ثانيا ان يحلف كل واحد منهم — — فحكم لهم الشرع على ابراهام المذكور ان يعطى لهم ديونهم; *tribunal de commerce*, Crist. e Barb. 17.

شِرْعَة *courroie attachée au joug, qui a un anneau au bout et qui sert à tirer la charrue*, M.

شِرْعَة *sorte de couteau de chasse, très-affilé et très-pointu*, Margueritte 41 (chir'a).

شَرعِى *authentique*, Bc. — ابن شرعى *fils adoptif*, M. — *Légiste, jurisconsulte*, Alc. (legista letrado).

شِراع, *voile de navire*; le pl. aussi أت, Amari Dipl. 205, 7, et شُرع (pour شِرع), Cartâs 224, 9 a f. (lisez ainsi), 243, 6 a f.

شَرِيعَة *tente dans le douar, destinée à servir de salle d'école*, R. d. O. A. VII, 85. Chez Djob. 298, 18: *salle où les fakîhs lisent le Coran et où ils prêchent*. — *Procès*, Ht.

شرف

شَرعِى *législatif*, Bc.

شَارِع, *entrant dans l'eau* (pour boire), forme au pl. شِراع selon une variante dans un vers de Nâbiga; voyez de Sacy Chrest. II, ١٣٩, 7, et 443, n. 36. — *Galerie*, Alc. (anden o corredor). — *Vestibule dans une maison*, Alc. (portal de dentro de casa). — *Fenêtre*, Voc. — *Muraille*, Voc. — *Prédicateur*, Alc. (predicador).

تَشرِيع pl. تَشارِيع *ouverture d'une tente*, voyez sous la II° forme.

مَشرَع *gué*, Domb. 99, Renou 12, R. d. O. A. VII, 290, Richardson Morocco II, 166. — *Carrefour*, Ht.

مُتَشَرِّع *légiste, praticien, publiciste*, Bc.

شرعب.

شَرعَبِى = مُشَرعَب, Kâmil 78, 9.

شُرغُو (esp.) *muge, sargo* (poisson de mer), Alc. (sargo pescado), Lerchundi.

شرف I, *devenir vieux*, s'emploie non-seulement en parlant d'animaux, mais aussi en parlant d'arbres, Voc.: شُرُوف, n. d'act. شروقة, *veterascere in arboribus et bestiis* (il a aussi شروف sous cet article); arbres: Auw. I, 21, 10, 402, 12, 507, 18 (l. شرف), 2 a f, dern. l. (l. شرف), 508, 4 (l. شرف), 510, 4 (l. شرف), 6, 10, etc. Aussi en parlant de personnes, voyez شارف.

II. شَرِّفنا *faites-nous l'honneur de venir nous voir*; شرف السفرة *faire honneur à un repas, y bien manger*, Bc. — *Clarifier, épurer, rendre clair*, Alc. (clarificar). — Non-seulement *créneler*, en parlant d'une muraille, mais aussi (comme *créneler*) en parlant des parties d'une plante dont le bord est découpé en dents, d'une scie, de cuirs, etc., Gl. Edrîsî, Bait. I, 34 b, 63 b, 129 d, 169 b, 241 b, II, 84 g, etc. — *Garnir une muraille de mantelets, de palissades*, etc., Freytag Chrest. 131, 11.

III, *être près de*, aussi c. a., Gl. Belâdz., Haiyân 74 r°: شارف الهلكة. — *Surveiller des travaux*, Prol. II, 58, 14.

IV c. على *avoir l'inspection sur*, la fonction de surveiller, Mâwerdî 214, 4 a f. — اشرف على تأليفه *il fit la révision de son ouvrage*, Berb. II, 510, 8. — C. ب p. *élever, faire monter plus haut*, Badroun

134, 1, Haiyân 58 r°: اخرج الرهائن الذين كانوا عنده منهم فاشرف بهم الى موضع يراه منه أفلوهم وامر بضرب اعناقهم ☾

V. تَشَرَّفْتُ لِعَنْدَكُم j'ai eu l'honneur d'aller chez vous, Bc. — Regarder en bas, R. N. 47 v°: on frappa à la porte 61 فتشرّفوا من أعلى القصر وقالوا مَنْ أنت — C. الى هذا: فتشرّف من اعلى القصر وقال مَنْ هـذا r°. — attendre avec impatience, R. N. 47 r°: vous demeurez dans la mosquée; or, quand le soir les morâbit ont préparé leur souper قل وسمعت حسًّا على الداموس; cf. sous تنتشرّف نفسك الى مَن باتيك بشيء تاكله. — Se clarifier, Alc. (clarificarse).

VIII c. a. monter, et au fig., اشترف الحمّام, comme on dit رَكبَ المَوْتَ, Gl. Mosl.

X c. الى jeter des regards avides sur, Djob. 208, 3: فالأعراب يلاحظون الحاج مستشرفين الى مكانهم; attendre avec impatience, R. N. 48 r°: Dieu lui donna tout cela من غير سؤال ولا استشراف (sans qu'il, etc.). — C. الى s'occuper de, Berb. I, 367, 1: il suivit l'exemple de son père في انتحال السحر والاستشراف الى صنعة الكيمياء.

شَرَف éloge, louange, Alc. (ensalçamiento por alabamiento). — T. d'astrol, exaltation, Prol. II, 188, 9, III, 130, 1. Les astrologues disent d'une planète qu'elle est dans son exaltation ou dignité (شرف) quand elle occupe, dans le zodiaque, une position telle qu'elle puisse exercer toute son influence, de Slane Prol. II, 218, n. 7. شرف العطاء, pour paye plus haute que celle qu'on donne ordinairement aux soldats, Gl. Belâdz. — Bord, Edrîsî, Clim. IV, Sect. 5: حصن على شرف البحر. — Camp permanent au pied d'une montagne, Gråberg 36.

شرف honorifique, Bc.

شُرْفَة bord, Traité de mécanique, man. 117, p. 78: وهو شكل كأس جالس على قاعدة وعلى راسه غطاء مستطح وعلى محيطه شرفة مخرمة. Quand on compare la figure qui se trouve dans le man., on voit que شَرْفَة (le man. donne cette voyelle) signifie bord. Ibid. 81: l. (مَخرمة) ثم تتخذ على دائر الغطاء شرفة منحرفة مصنعة. M. Amari (545) a donc eu raison de penser

qu'il faut lire dans Auw. II, 193, 18: شرفتة, au lieu de شركتة, قائمة.

شُرْفَة balustrade, galerie autour d'un minaret, Bc; le pl. شرف, Djob. 254, 7 et 18. L'esp. axarafe (galerie) fait soupçonner que le peuple disait شَرَفَة.

شَرْفِى pl. ات étourneau, Alc. (estornino specie de tordo); — oiseau-moqueur, Alc. (rendajo ave).

شَرفين séraphin, Alc. (serafin).

شراف sorte de poisson, R. N. 94 r°: فدفع البد ثمن درهم وقال له اشترى (l. اشتر) لنا بهذا حوتا من اعطيناك ثمن درهم تشترى 94 v°: هذا السراف (sic) لنا به سرافا; répétant par erreur la phrase où ces mots se trouvent, le copiste écrit شرافا.

شَريف. Biffez dans Freytag «Vestimentum,» etc. Habicht, qu'il a suivi, s'est laissé tromper par une fausse leçon, Fleischer Gl. 54. — Excellent (huile), Berb. I, 369, 6. — C'est, à proprement parler, un descendant de Hasan; un descendant de Hosain s'appelle سَيّد, Burton II, 3. En Perse et dans l'Inde c'est le fils d'une femme de la postérité de Hosain et d'un musulman ordinaire, ibid. — الدار الشريفة le palais de justice, Privilége donné par Alphonse X à Murcie (Memor. hist. I, 282): « que lo hayan en Darajarife o los juices deven juzgar los pleitos.»

شريفة arenaria media, Prax R. d. O. A. VIII, 283.

شَرافى? cherafi (pl.) bordigues; Espina R. d. O. A. XIII, 145, écrit «acor mtâa cherafi,» et dit que cela signifie «nattes avec lesquelles on construit des bordigues sur la plage de Sfax.» Les deux premiers mots sont حصر متاع (nattes de).

شريفى excellente espèce de raisins longs et blancs, Burton I, 387. — شريفى et أشرفى sequin, monnaie d'or (= dînâr) qui valait deux florins. Aujourd'hui le charifi est rare en Egypte, où sa valeur est un peu au-dessous du tiers d'un livre sterling. Voyez Gl. Esp. 353—4. Du temps d'Alî Bey, I, 240, c'était la pièce qui avait le plus de valeur à Tripoli de Barbarie.

شروف voyez sous la Ire forme.

شارف vieux et décrépit (cf. sous la Ire forme), aussi

en parlant de personnes, Domb. 106, Daumas V. A. 183, Haiyân 9 r°: كان يتفقّد أفضل البيوتات والشُّرَف; بعطائه; Edrisi, Clim. III, Sect. 5, en parlant des eaux thermales de Tibériade, nomme parmi les sources le عين الشرف, c.-à-d., *celle des vieillards décrépits*, et non pas « des Chérifs, » comme traduit Jaubert (I, 347, dern. l.). — *Dur*, Hbrt 13 (Alg.).

أَشْرَف. Biffez chez Freytag *nummus aureus*. Le mot est أَشْرَفِى (voyez sous شريفى), et dans le passage qu'il cite il faut lire بأشرفيّين, Fleischer Gl. 27, et dans son édition des 1001 N., t. IX, Préface, p. 19 et 20.

شريفى voyez أَشْرَفى.

مُشْرَف *la place, la dignité de* اشراف. خُطّة الاشراف (voyez), Macc. II, 763, 5. De même اشراف seul, Maml. I, 1, 10. متولّى ديوان الاشراف, Bat. IV, 298. اشرافنا بجباية, Amari Dipl. 11, 2 a f., c.-à-d., « notre inspecteur de la douane à Bougie. » دار الاشراف à Séville, Macc. II, 257, 10, *l'hôtel où se trouvaient les bureaux de ce fonctionnaire*.

شريفى. pl. أشارفة jeton d'or, Bc; cf.

تشريف pl. ات se trouve dans le sens de *lettre* Abbad. II, 164, 2. — والى التشريفات et تشريفاتنجى *maître des cérémonies*, Bc.

تَشْريفة pl. تشاريف *espèce de falbala qu'on met aux habits*, Alc. (trepa de vestidura).

مُشْرَف pl. مَشارف *faîte d'un édifice, donjon*, Bc.

مُشْرِف pl. مَشارف *inspecteur, surintendant*, p. e. des cuisines, du palais. En Egypte le مشرف المماليك ou *surintendant du royaume* avait rang immédiatement au-dessous du vizir, Maml. I, 1, 10. Spécialement *surintendant du trésor, des finances*, مشرف فى المخزن, ibid., Mâwerdî 365, 2 et suiv., Cartâs 261, 7 a f.: ودخل مراكش فقتل مشرفها أبا البركات وجعل ما كان فى بيت مالها (= Berb. II, 310, 9), *l'équivalent de* صاحب الأعمال, voyez Macc. II, 763, 4 et 5. Dans un sens plus restreint, *receveur des droits d'entrée et de sortie des marchandises, inspecteur de la douane*, Marmol II, 245 b, en parlant des grands dignitaires à Tunis : « El octavo es el Almoxarife mayor que tiene cargo de cobrar todas las rentas de las mercadurias forasteras que entran y salen en el reyno por mar o por tierra; » cf. Amari Dipl. 23 et 28, où le *muscerif* est مشرف كبير بديوان الوثيقية. C'était le الناظر chez Alc. « contador mayor; » mais en outre il y avait, dans chaque ville considérable, et surtout dans les villes maritimes, un *mochrif* qui était chargé de recevoir les droits d'entrée et de sortie; dans Berb. I, 307, 10 a f., il est question du *mochrif* de Fez, et chez Macc. I, 694, dern. l., de celui de Malaga. Le pl. مَشارف, que donnent le Voc. (baiulus) et Alc. (almoxarife), se trouve aussi Çalât 32 v°: واستدعى الكُتّاب والمشارف من اشبيلية.

مُشْرَف *fait de plusieurs pièces et de diverses couleurs*, Alc. (trepada cosa, cf. Victor).

مَشْرَفة *la place, la dignité de* مُشْرِف (voyez), Voc. (baylia), Alc. (almoxarifadgo, contadoria dinidad).

مُشْرِفة *lettre*; وصلتنى مشرفتكم « j'ai reçu la lettre que vous m'avez fait l'honneur de m'écrire, » Bc.

مَشْرَفى, substantivement, *une épée*, P. Abbad. I, 67, 3, P. de Sacy Chrest. I, vı, 2.

حرف مشرفى *drave ou draba* (plante), Bc.

مَشْروف *plébéien* (cf. Freytag); on dit الشريف والمشروف « les nobles et les plébéiens, » de Sacy Chrest. II, ۱۴, 1, Bat. I, 67, Gl. Bayân 14, 2 a f.

مُشْتَرَف pl. ات *belvédère*, Gl. Mosl., Fakhrî 49, 6.

مُتَشَرِّف *celui qui tourne la tête pour voir si l'on apporte d'autres plats, insatiable*, Daumas V. A. 314.

مُسْتَشْرَف pl. ات *belvédère*, Gl. Mosl., Macc. I, 570, 9; J. - J. Schultens cite al-Faradj ba'da 's-chiddati, man. 61, p. 95: وجلسنا نشرب فى مستشرف له — *Vue*, toute l'étendue de ce qu'on peut voir du lieu où l'on est, surtout *belle vue*, Gl. Mosl.

شرق I, aor. *a*, *avaler de travers en buvant*, Bc, M. — شرقت عينه *avoir mal aux yeux par suite de la fumée*, M. — Le M a encore un autre sens: والعامّة تقول شَرِق المَرَق ونحوه اى اجتذبه الى حلقه بنفسه خوفًا من لذع حرارته ۞

II *déchirer*, Bc (Barb.), Daumas V. A. 73, 354. — En parlant d'un chasseur, شَرِق الطائر, quand il n'a pas tout à fait tué l'oiseau et que celui-ci vole encore un peu, M.

V *s'éclaircir*, en parlant du temps, Alc. (clarecerse el dia, esclarecerse). — En Afrique, *embrasser les doctrines chiites* (voyez sous تشريف), Gl. Bayân, lisez de même, au lieu de تسرّى, chez Amari 189, 5 a f., R. N. 57 v°: ولكـن ما ارى هذيـن الشـخيـن بـوتا (بـوتـان l.) على الاسلام — قـال ابو الـحـسـن فـوصل الشخين (الشخان l.) الى القيروان فتشـرق احدهمـا وتعزل الاخـر

شَرَق *lustre de la peinture*, Alc. (lustre de la pintura).

شَرْقَة *gorgée*, Ht. — *Toux violente et qui empêche la respiration*, M. — *Mal aux yeux causé par la fumée*, M.

شُرْقَة pl. شَرَق *des coups de fouet légers*, Alc. (açote liviano). Le *rā* est peut-être pour le *lām*; voyez sous شلـق.

شَرْقِى *vent d'est*, Alc. (levante viento oriental), Ht; شرق مشرق voyez sous le second mot; شمالى شرق *vent du nord-est*, Bc (Syrie); شرق قبلى *vent de sud-est*, Bc. — Nom d'une espèce de myrte, Auw. I, 248, 8. — Sorte de raisins, Hœst 303.

الشَرْقِيَّة *le vent brûlant qui porte aussi le nom de samoum*, M.

شَرْقَان *celui qui a mal aux yeux par suite de la fumée*, M.

شَرَى *créature, protégé, élève*, Bc.

شَرِيف *clair, éclatant, lumineux*, Alc. (claro cosa con luz), Aboû'l-Walîd 802, 4; en parlant d'une joue: للخد الشريف البهى, P. Prol. III, 407, 12, comme on disait autrefois: « Nicolette au clair vis. » الروض الشريف, Macc. I, 312, dern. l., mais c'est peut-être un nom propre.

شَرَاقِى (cf. Lane) est chez Bc *friche*, terre inculte.

شَراقوة, employé comme pl. de شَرْقِى, *Levantins, Orientaux*, Bc.

شارِقَة (esp. *xerga*) *étoffe de laine grossière*, Alc. (xerga o sayal, sayal de lana grosera, picote o sayal), Aboû'l-Walîd 805, 4.

أَشْرَق *plus beau* (visage), Weijers 20, 2 a f.; cf.

شَرِيف, et, dans les dict., la IV° forme.

الأِشْرَاقِيُّون *les illuminés*, cette classe de philosophes qui ne s'attachent à aucune loi révélée, se bornant à suivre leurs propres inspirations dans le but d'obtenir les révélations et l'illumination, qui sont les fruits des exercices spirituels; Platon en faisait partie, de Slane Prol. III, 167, n. 4.

التَّشْرِيف, en Afrique, *les doctrines chiites*; les Africains les ont appelées *les doctrines orientales* parce qu'elles furent prêchées par un homme venu de l'Orient, Gl. Bayân.

مَشْرَقَة *galerie à jour où l'on jouit du soleil en hiver*, Alc. (solana o corredor para sol, abrigaño lugar, chez Nebrija apricatio).

المَشَارِقَة. مَشْرِقِى, proprement *les Orientaux*, était en Afrique le nom par lequel on désignait *les Chiites* (cf. sous تشريف), Gl. Bayân, Athîr IX, 209, 1: وكانت الشيعة تُسَمَّى بالمغرب المشارقة نسبـة الى ابى عبد الله الشيعى وكان من المشرق, Nowairî Afrique 36 v°: المشارقة وهم الرافضة, dans le passage correspondant d'Ibn-al-Athîr (IX, 208) الشيعة, R. N. 82 v°. — الحكمة المشرقية *la philosophie des illuminés*, de Slane Prol. III, 168, n.; cf. الاشراقيون.

مُشْرِق *clair, éclatant, lumineux*, Alc. (claro cosa con luz).

شَرْقَرَاق, pl. ات, Voc., Alc., شَرِقْرَاق, aussi شَقْرَاق; voyez Lane 1581 b; *mérops*, Alc. (abejaruco), Bruce V, 182 et suiv. Voyez aussi Rauwolf 266, Shaw I, 273, Hœst 297. Chez Pagni MS *tordo marino*.

شَرْقَط I *pétiller, éclater avec un bruit réitéré comme le sel dans le feu*, Bc.

شرك II *partager une chose avec quelqu'un, lui en donner la moitié*, Alc. (dar a medias = اعطى بنصف). — شرك ماله *se ruiner en donnant son argent à tout le monde*, M.

III *partager sa nourriture ou autre chose avec quelqu'un*, Djob. 289, 17: les chrétiens du Liban apportent des vivres aux hermites mahométans, car ils disent: هولاء ممن انقطع الى الله عز وجل فتجب

مُشاركتَه, Abbad. I, 220, 3 a f. — C. a. p. et ر.
faire participer à, Bat. IV, 381. — *Prendre part à
ce qui arrive à quelqu'un*, de Sacy Dipl. IX, 493,
6 a f.: وانّه أوجَبَ مَنْ شُرِّفَ المُشاركةَ التي تليقُ
بجَلالة مقدارِه, « personne ne mérite plus que lui qu'on
prenne part à ce qui lui arrive, comme il convient
au rang illustre qu'il occupe » (de Sacy). — Dans
Berb. I, 432, 4, où il est question d'un collecteur
d'impôts, on lit: فنهض في الولايات حتى شارك كُلَّ
عامل في عمله بما اظهر من كفايته وتنميته للاموال, et
M. de Slane traduit: « il finit par devenir l'associé
[et banquier] de tous les fonctionnaires que le gouvernement employait dans l'administration des provinces. Une grande habileté dans la conduite des affaires et un talent particulier de faire valoir l'argent
lui avaient procuré cette position. » J'ignore si شارك
a réellement ce sens dans ce passage. — *Rendre des
services à quelqu'un auprès d'un gouverneur, d'un
prince, etc.*, *intercéder pour lui*, *plaider sa cause*,
Berb. I, 353, 5: il gagna leur faveur بالمشاركة
واشتهر, Macc. III, 680, 7: فضله وظهرت مشاركتُه وحُسنت وساطتُه حاجتهم عند مخدومه, J. A. 1852,
II, 222, 2: وكانت فيه مشاركة لذوي الحاجات, ibid.
3 a f.: — C. في possé-
der des connaissances suffisantes dans une science, وحسنت مع الناس مشاركتُه
Bayân I, Introd. 89, 13, Khatîb 18 r°, 19 v°, 21
v°, 26 v°, 28 v°, etc. De là مشاركة *connaissances,
savoir*; voyez le passage d'Aboulfaradj que je citerai
tout à l'heure. — C. a. p. *consulter, prendre conseil
de*, Aboulfaradj 454, 3 a f.: وكان يُشارك الاطباءَ ولا
ينفرد برأيه لقلّة مشاركتِه (« à cause de son peu de
savoir »). — C. a. p. et ب *faire escorter* quelqu'un
par, Abbad. I, 252, 7 a f.: وكان من الغريب النادر
ان شاركَه المعتصد بقطعة من خيله وصلته الى مأمنه
بقرطبة.

V dans le Voc. sous *participare*.

VIII c. مع *faire cause commune avec*, Cartâs 174,
dern. l.: فلما رأى المرتضى ان القصبة قد اشتركت معه
— Formé de شَرَك (lacs, lacet), *se laisser prendre au
lacet*, Macc. I, 233, 16: فقال له كيف خَلَصْتَ من
الشَّرَك, فقال لان عقلي بالهوى غير مُشتَرَك, « parce
que ma raison ne s'est pas laissé prendre dans les
lacs de l'amour. »

شَرْك pour أقلَّ الشَّرْك pour الشَّرْك (comme on dit
الإسلام pour أهل الإسلام), *les polythéistes* (les chrétiens), Amari
185, 8; Cout. 37 r°, Haiyân 47 v°:
اذا ما استللتَمنْ أُسْدِ وقبسَ رايتَ الشَّرك قد خضعوا وذلّوا
Abou-Hammou 133: Alphonse arriva بمَنْ معه من
الشَّرك واولياته. Aussi pour بلاد الشَّرك *le pays des
polythéistes* (comme on dit بلاد الإسلام pour الإسلام),
Macc. I, 225, 3. — N. d'un. ة, espèce de chêne et
son bois, *rouvre* ou *roure*, *yeuse*, *chêne vert*, Alc.
(enzina de grana o coscoja, mesto arbol de bellotas,
roble arbol y madera). Voyez sous شريش.

شَرَك est le contraire de نجش; dans le commerce
c'est: *vendre à un plus haut prix que celui qui a
été fixé par le gouvernement*, M.

شُرْكَة voyez شِرْكَة.

شِرْكَة *société commerciale*, d'Escayrac 174. — شُرَكَة
= شُرَكاؤه *ses collègues*, Gl. Abulf.

شُرْكَة pl. *lanière de cuir*, Voc., Auw. II, 559,
2: اذا ركب الفارس فيمشي وراءَه رجلٌ في يده شركة
رقيقة شبه السوط, ibid. l. 6. Le pl. شُرُك, Formul.
d. contr. 4: التَّجبيل من الشَّرَك, et ensuite (sur la
marge): وَقَفة من الشرك. J'ignore si ce pl. a ce sens
ou un autre dans Abou'l-Walîd 793, 17: الذي يرمي
شُرُك — Pl. شُرُك, en Es-
pagne, *bracelet*, Gl. Esp. 220. — En Afrique, شَرَكَة
collier (de pièces de monnaie), ibid., Daumas V. A.
173, cf. Beaussier. — Voyez sous أَرْب.

شَرْكِيّ *fait du cuir d'une espèce de mouton qui
s'appelait* أَشْرَك, p. e., نَعْل شركيّ, Gl. Esp. 242. Chez
Colomb, 43, *el-cherqui* est une espèce de gazelle. —
القَصب الشركي *espèce de roseau*, Gl. Edrîsî.

شَريك *colon partiaire, cultivateur qui rend au
propriétaire une portion convenue* (quatre cinquièmes)
des récoltes et des autres produits de sa ferme. Dans
les documents latins de l'histoire aragonaise, ce mot
a constamment ce sens (voyez Ducange v° *exarichus*,
Esp. sagr. XLIX, 154, 157, 366, 382, et le passage
que j'ai cité Gl. Bayân 16). Dans le Voc. c'est l'é-
quivalent de *particeps*, de مُناصف et de عامر, mot

qui tous ont la même signif. Je crois donc à présent que le *charic* est toujours *le colon partiaire*; modifiez en ce sens ma note Recherches I, 86, n. 3. — *Celui qui tient notre enfant sur les fonts, celui qui a tenu avec nous un enfant*, Alc. (conpadre). — Chez les géomanciens, *la figure dans laquelle ils font leurs opérations*, M.

شُرَيَك, en Egypte, sorte de *pain ou de gâteau*, fait de pâte fermentée et de beurre fondu, et assaisonné de sésame et d'autres substances aromatiques. Un seul gâteau de cette espèce est nommé كَفّ شريك, 1001 N. IV, 501, 5 a f.: قد خبزت لك اربعين كف شريك, parce qu'il a la forme d'une *main*. Voyez Burton I, 113, Lane M. E. II, 267, et surtout sa trad. des 1001 N. III, 640, n. 6.

شُرَيك *chemin de traverse*, M.

أشرك *espèce de mouton*, Gl. Esp. 242; cf. شركى.

مشرك, الخبز المشرك, au Maghrib, Bat. III, 123, me semble avoir le même sens que شُرَيَك (voyez) en Egypte; le man. de M. de Gayangos porte المشوك.

مُشارَكة *connaissances, savoir;* voyez sous la IIIe forme. — أفعال المشاركة, t. de gramm. qui indique la IIIe et la VIe forme des verbes, M.

مُشتَرك mot qui indique une généralité, comme مَن et ما, M. — الحروف المشتركة, t. de gramm., *les particules interrogatives et conjonctives*, M.

مُشتَرَك, t. de médec., *veine médiane*, nommée ainsi parce qu'on l'ouvre dans les maladies de la tête aussi bien que dans celles du corps, tandis qu'on n'ouvre la veine céphalique que dans les maladies de la tête, et la veine basilique que dans les maladies du corps, M, Alc. (vena del arca).

شركل II *s'empêtrer;* فى حبلة *s'embarrasser les pieds dans une corde*, Bc.

شركيز est dans la 1re partie du Voc. *solaris*, et dans la 2de, avec le pl. ات, *tugurium*.

شرل

شرَل (esp.), n. d'un. ة, *poisson de mer semblable au gardon*, Alc. (xurel el pescado), Lerchundi شرال dans le man. de l'Escurial 888, n° 5.

شَرَيلَة voyez plus haut شَرَبَّلَة.

شَرْبِلَة (esp. cerraja) *serrure*, Voc.

شرم I. شرم الاناء *faire une fente dans un vase*, M.

شَرم pl. شُروم *brèche, ouverture faite à un mur, une clôture*, Bc.

شُرمان *canard*, Pagni MS, qui ajoute: «il semble que c'est une altération du mot toscan *germano*, qui a le même sens.»

أشرم *brèche-dent*, qui a perdu des dents de devant, Bc.

شرمط I *déchirer*, Bc, Hbrt 82, M, qui soupçonne que ce verbe a été formé de شَرَط, 1001 N. I, 135.

شَرمَطَة *lacération*, Bc.

شَرموطة et شَرموط, pl. شراميط, *haillon*, Hbrt 220, Bc, Burckhardt Prov. n° 143, M, 1001 N. Bresl. IV, 29, 332, X, 452, dern. l. (où Macn. a خرقة); شرميت *loque*, Roland. — شَرموطة, même pl., *courtisane, fille, femme publique, bagasse, carogne, femme méchante, débauchée*, Hbrt 244, Ht, Bc, M, Burckhardt l. l., Daumas V. A. 101.

شرموزة voyez سرموزة.

شرن

شَن *fente* (dans un rocher), M. — = شريان *artère*, Bc.

شَرِين *épithym;* chez Alc. (tomillo salsero mata pequeña) c'est *thym*, mais comme l'épithym se trouve généralement sur le thym, on a souvent confondu les deux; Most. v° أفيثمون (epithymum): وذكر الزهراوى انه الطيمبالة وليس كذلك انما يتكون عليه وهو الشرين الزهراوى الافيثمون هو الشرين وينقال فى القيصوم هو وقيل شرين. Sous قيصوم (abrotanum, aurone) il a: انه الشرين الذى يلقى فى الزيتون وهو الطيمبالة فيثمون وهو. Ibn-al-Djezzâr: بالجمية وهو الشيح البابلى الصَعيَترة. Ibn-Loyon 31 r°: وبجعل الفيجن والشرين فيه وما لذين فى العطارة شبيهة.

Aujourd'hui *sarrilla* est en esp. *Thymus Mastichina* L., selon Colmeiro, *thymbre*, selon Nuñez; chez Dodonæus (496 b) *tragoriganum*, et *sarrillo* est *pied-deveau* (Nuñez).

شرنب, suivi de حجازى, *Euphorbe Pithyuse*, Sang.

95

شَرْنَمْثَة, suivi de القَوائم = غَلِيظَةُ القَوائم, Kâmil 275, 13 et 14.

شرنف

شَرْنَف, n. d'un. ة, pl. شَرانِف, *chrysalide, cocon, coque de ver à soie, fève, nymphe de ver à soie*, Bc, M, Bg 719. — حَبُّ الشَّرانِف *mil* ou *millet*, Bc.

شِرْناق *tumeur enkystée de la paupière*, Hydatis, ou hydatide, Sang.

شرى I. Le n. d'act. incorrectement, dans la rime, شُروّ, Abbad. II, 187, 2. La constr. c. الى n'est pas une faute dans le TA (Lane); on la trouve aussi dans le M, et au lieu de الى, on emploie aussi لـ, Macc. II, 732, 10, avec la note de Fleischer Berichte 180, qui cite Abou'l-mahâsin II, 12, dern. l. Aussi c. في, Athîr X, 315, 6, 1001 N. Bresl. I, 60, 4 a f.

VI *être très-avide*, Payne Smith 1613.

شَرَى *voracité*, Bc. — *Avidité de sang*, Bat. III, 333.

شَرِى *glouton, safre, goulu*, Bc, Hbrt 245, M.

شَرَفِيَّة *vigueur*, Voc.

شَراقَة *avidité, cupidité*, Bc, Payne Smith 1613. — *Gloutonnerie*, Bc, Hbrt 245, M.

شرول.

شِرْوال العاقد *nom d'une plante*, M (sous سرول).

حمام مُشَرْوَل *pigeon pattu, qui a des plumes sur les pattes*, Bc; voyez مُسَرْوَل dans les dict.

شِرَى X. Holal 14 r°: بعث الى الاندلس برسم شراء العدد وآلات الحروب فاستشرى له منها كثيراً « on lui en acheta ».

شَرْى, pl. أَشْراء *échauboulures*, Bc.

شِرى, pl. أَشْرِيَة *contrat*, Gl. Belâdz.

شِراء. عَقد شراءٍ عليه خلعة الالف دينار « un collier qu'il avait acheté pour (qui lui avait coûté) 3000 dinârs », Akhbâr 122, 3 a f. (= Macc. I, 217, 7 et 8), 136, 3 a f., 1001 N. Bresl. VII, 202, 7: عقد, où l'éd. Macn. a شَراؤه على والدى ماتة الف دينار تَمَّه على والدى ۞

شِرْوَة *achat, acquêt, emplette*, Bc. — Espèce de terres dont les impôts ne sont pas estimés par la quantité de *feddân*; le village doit en total payer une certaine somme, Descr. de l'Eg. XI, 492.

شِرْيان, *artère*, pl. ات, Prol. I, 188, 2; même pl. dans le Voc., qui prononce شُرْيان.

شرْيانى *artériel*, Bc.

شرايَة *achat*, Bc.

شَراء *commissionnaire*, Bc.

شار, *acheteur*, a chez Bc le pl. شَرا.

مُشْتَرَى. المُشْتَرى (Jupiter), en chimie, *l'étain*, Abbad. I, 88, n. 82.

مُشْتَرَى *la somme qu'on a payée en achetant une chose*, 1001 N. Bresl. XI, 89, 4: سمعت ان مشتراها علَيك الف دينار « j'ai entendu dire qu'elle vous a coûté mille dînârs. »

شرْيول *pierres de taille jaunes, siliceuses*, Prax R. d. O. A. VI, 295 (cherioul).

شزر.

شاز *raboteux* (style), Bc.

شزر.

شَزَر *oblique* (regard). Rencontrant pour la première fois l'expression النظر الشزر, j'ai soupçonné (Abbad. II, 163, 10 et n. 54) qu'il fallait prononcer شَزَر. M. de Goeje, dans le Gl. Mosl., a hésité entre cette forme et شَزْر, mais il a fini par se déclarer pour la première. Le mètre d'un vers, Calâïd 89, 17, montre que nous nous sommes trompés:

وأرغمُ في برى انوف عصابة لغاوهم جهم ومنظرهم شَزْر.

(Ce vers avait été publié, mais avec deux fautes graves, par Weijers, 39, 3, qui ne l'a pas compris).

شَزِير *même sens*, Gl. Mosl.

شزن.

شُوزَن expliqué par قَيْءَ, Diw. Hodz. 206, 5 a f.

شمع.

شَمْع. Le pl. أَشْمُع d'après al-Akhfach, Mufassal éd. Broch 94, 7.

شاسِع *étendu, grand, large, vaste,* Amari 41, 5, 45, 1, 50, 9, 52, 4 a f., 55, 3 a f.

ششينة *compérage,* Bc; cf. sous شين.

ششتر, en Espagne, nom d'une plante qui croît sur les montagnes couvertes de neige, et qu'on emploie au Maghrib comme un succédané de la valériane. La leçon que j'ai donnée se trouve dans ABDEH et Boul. de Bait. II, 96 c; on y lit: أبو العباس الحافظ مرقيرة cf. الششترة اسم للمرقيرة ومعنى المرقيرة المحسنة; sous le *mim.* Ensuite dans ABEHL: وفى الصرفة بالمغرب ; mais lisez avec D et Boul. عن السفو المصرفة. Le terme se trouve aussi 97 c: المسبأة عند أهل البادية بالاندلس بالششترة. Il doit être espagnol, et je trouve chez Colmeiro le mot *jistra,* qu'il explique par *Ammi maius* L., chez Dodonæus 527 b, *sistra, Meum,* et la description de cette plante chez ce dernier, de même que chez Dioscor. (I, 3), s'accorde fort bien avec celle de Bait.

ششرنب nom d'une plante dont on se servait au Caire et qui venait d'un endroit nommé دير العربا, Bait. II, 96 d (il l'épelle).

ششم

ششم (pers. چشم) *Absus;* graines d'une petite casse, *Cassia absus,* Sang.; voyez Ouaday 332 et surtout 674—5, Burckhardt Nubia 262, 283, d'Escayrac 78, Pallme 180, چشم graine noire ressemblant à une lentille dure, Descr. de l'Eg. XII, 119.

شَشْمَة (pers. چشمه, source, fontaine), pl. ششم et ششمات, *latrines, lieux d'aisances,* M (fatha), Cherb. (kesra), Bc, Ht, Hbrt 191, 1001 N. Bresl. VII, 133, 2 a f. (la mauvaise explication donnée par Habicht dans son Gloss., a été corrigée par Fleischer dans Gersdorf's Repertor. 1839, p. 434). Chez Bc aussi چشمة.

ششن II *frire ou cuire à moitié, laisser à demi cru, sans assaisonnement,* Alc. (sancochar, esparragar, qu'il prend dans le même sens, car pour esparragamiento et esparragador il a تغلية et مغلي, et l'on n'apprête les asperges qu'après les avoir laissées cuire à moitié). Je crois avec M. Simonet que c'est une altération de l'esp. *sancochar.*

شَشْنَة (pers. چشنى) *échantillon; essai, portion qui sert à juger de son tout,* M. Cf. plus haut شاشى ششى même sens, Bc.

شط I c. ب p. et عن r. *éloigner* quelqu'un *de,* P. Bassâm III, 2 r°:

— .... وشطّت بنا عنها عصور وأزمان

C. على *regorger, s'épancher hors de ses limites,* en parlant de l'eau et des autres fluides, Voc. (superfluere), M.

II *demander un prix très-haut,* Macc. I, 359, 15: فشطّط واطلب ما شئت. — *Allonger* une chose, la rendre plus longue, Voc. Alc. (alargar lo corto). — *Prolonger,* Alc. (estender el tiempo, prolongar). — *Différer, remettre à un autre temps,* Alc. (diferir de dia en dia, trasmañanar). — Cf. plus loin le n. d'act. et le part. — T. nautique, en parlant d'un vaisseau, *s'enfoncer dans le sable ou la boue près du rivage* (الشط), de sorte qu'il ne peut plus avancer, M.

V dans le Voc. sous longus. — *Passer les bornes de la modération,* Recherches I, 184, dern. l. de la 1re édit., Abbad. II, 239, 1, Hoogvliet 48, 2: أفرط تشططوا فى, Müller 27, 2: وتشطط فى كلامه, Haiyân-Bassâm I, 171 v° (entrevue de Zohair et de Bâdîs) وحمل زهير أمره كلّه على التشطط طلب النوال على ع.; وخلط التعيير (التعزّر l.) بالدالة واللجفاء بالملاطفة p. *dans sa conduite envers* quelqu'un, *ou dans ce qu'on exige de lui,* Calâïd 58, 10: ألّا انه كان يتشطط على ندامه، ولا يرتبط فى مجلس مدامه، فربّما عاد انعامه بوسا, Recherches I, 183, 10 de la 1re édit., Abbad. II, 185, 5, Khatîb 136 v°: وتشطط على الروم فى شروط غير معتادة.

VIII c. على p. *importuner* quelqu'un, *le fatiguer par une demande,* Macc. I, 318, 11: واشتطّ اكابر البرابر عليه وطلبوا ما وعدهم من اسقاط مراتب السودان, Haiyân 62 v°: اشتطّ على الامير بأن سأله أطلاق ولده.

شَط *rivière,* Bc (Bagdad), Teixeira 71, Pachalik 192. — شط العرب *le Tigre et l'Euphrate réunis, coulant ensemble depuis Korna jusqu'au golfe Persique,* Bc, Pachalik 31; c'est ce qu'on dit d'ordinaire, mais Quatremère, Mong. xxix et suiv., a prouvé fort au long que الشط ou شط العرب *est le Tigre dans*

شطا

toute l'étendue de son cours. Chez Bc شَطّ مُراد comme le nom de cette rivière. — En Algérie et dans le Sahara, pl. شَطُوط, *grand bas-fond, vaste plaine de sel,* Ghadamês 140, d'Escayrac 50, R. d. O. A. XII, 192 et suiv. — L donne ce mot dans le sens d'*épais,* ce qui est fort étrange (densa سَفِيفَةٌ شَخْنَةٌ).

شَطَّة pl. شَطَط *peigne,* Voc.; cf. sous شِيط.

شِيطَى, Bat. IV, 353, شَطِيَة, Domb. 100, شِيطَى 1001 N. Bresl. X, 358, 1 et 10, et شَيْطِيَّة, Bg (Barb.), Mc, pl. شِياطَى, de Sacy Dipl. IX, 468, 7, Amari Dipl. 67, 6, Cartâs 145, 11 (lisez ainsi, au lieu de شِبَاطَى), *satie, petit navire à deux mâts.* C'est une altération du latin *sagitta* (ital. *saettia*); voyez ce terme, avec beaucoup d'autres formes, dans le Glossaire nautique de Jal.

شَطَط *longueur,* Voc., Alc. (longura, مُدَّة في شَطَط estendimiento en luengo). — بِشَطَط *largement, amplement, abondamment,* Alc. (largamente). — *Injure,* Alc. (injuria).

شَطَاط, *dispersion,* Ht, mauvaise orthographe pour شَتَات.

شَطِيطَة *piment rouge,* d'Escayrac 478, Burckhardt Nubia 240.

شَاطّ *long, étendu en longueur,* Alc. (luenga cosa, أَكْتَر شَاطّ mas largo, شَاطّ واسِع largo en ancho), Baït. I, 252 b: وله قصبان مربعة شاطّة تنبسط على الأرض.

تَشْطِيط *prolixité,* Alc. (prolixidad).

مُشَطَّط *prolixe,* Alc. (prolixo).

شطا

قد سال شَطَاه ولم يَسِلّ بأجْمَعِه, c.-à-d., واد مُشَطَّى, Ibn-Doraid (Wright).

شطب I *barrer, raturer, bâtonner, rayer, biffer, croiser, effacer,* Bc, M. — *Couler,* en parlant de la salive, شطب الرِّيقَ من فَه, M.

II *faire une incision, une taillade en long,* Gl. Manç. v° تَشْطِيب; le Voc. semble avoir en vue le même sens quand il donne cette forme sous *aperire.* — T. de chir., شَطَب دانِيَه ou شَطَب أَحَدًا (pour أُذُنَيْه) *faire de légères incisions à quelqu'un derrière les oreilles, pour lui tirer du sang* (pratique usitée en Orient), *scarifier le derrière des oreilles avec un rasoir,* Bc. Aussi: faire de légères incisions à d'autres parties du corps, Auw. II, 654, 10 a f. dans les notes, en parlant d'un cheval qui a un éparvin: ويعالج أيضًا بالرقم والتشطيب, 655, 3 a f. et suiv. — Voyez plus loin le partic. — شطب لِلْحَاسِب est quand le teneur de livres a transcrit le livre journal dans le livre de raison, en indiquant par un signe [probablement par une double barre, cf. sous شطب] *sous chaque compte qu'il a été transcrit,* M. — Au Maghrib, *balayer,* Voc., Domb. 133.

IV *balayer,* Hbrt 197 (Barb.).

V dans le Voc. sous *aperire* (cf. sous la II°); *recevoir, se faire des taillades, des coupures,* 1001 N. I, 839, 3 a f., en parlant d'un homme qui avait été jeté dans un puits: وتشطَّب من حيطان البئر. — *Etre balayé,* Voc.

شَطْب *fente,* Maml. II, 1, 15: ses armoiries se composaient d'un cercle blanc يشقُّها شطب أخضر.

شَطْبَة, chez Alc. شَطْبَة, pl. شَطْب, *plante, arbrisseau, arbuste,* Alc. (mata como de yerva), إلى طرف الشطب *ad finem arbustorum,* anc. trad. d'une charte sicil. apud Lello 21. Peut-être est-ce spécialement, comme «escobilla» en esp., *bruyère,* arbuste dont on fait les balais. — *Balai,* Alc. (escoba), Godard I, 170 (chetba). — *Rature,* effaçure par un trait de plume, Bc. — *Quittance finale,* Descr. de l'Eg. XII, 84, nommée ainsi parce que, «lorsque la totalité des contributions se trouve soldée, le *serráf tire une double barre sur la partie du bulletin restée en blanc.»

شَطْبِيَة nom d'une plante qui portait aussi le nom de شُشْتَر (voyez), Baït. II, 97 c (il l'épelle).

شَطَّاب *courrier,* celui qui est chargé de porter les lettres d'un endroit à un autre, Ztschr. XVIII, 566.

شَطَّابَة *balai,* Voc. (شَطَابَة), Domb. 93 (شَطَابَة), Ht. Le mot شَطَاطِى (voyez) montre que celui-ci doit avoir le *techdîd;* c'est فَعَّالَة, nom d'instrument.

شَطَّابَة *bêche,* Cherb.

شَطَّاطِى *faiseur de balais,* Domb. 104.

مُشَطَّب *cannelé,* Becrî 44, 4: سفرة طعام او شراب. — *Rayé,* Gl. Fragm.: وفي مشطّب فرس مُشَطَّب اليدين.

شطح / شطر

ومنه شيءٌ كأنّه البلوط مُخطّط: حجر يهودى Most. v°
ويقال له للحجر المشطب
مشطاب (خبز الطابق =), pain fait dans un plat
Payne Smith 1505.

شَطَح I est mal expliqué par Freytag. On lit dans Abdu-r-Razzâq's Dictionary of the technical terms of the Sufies, éd. Sprenger, p. 151: «Ce verbe marque le mouvement, et l'on donne au moulin l'épithète de شَطَّاح, à cause des nombreux mouvements de la meule. On dit شطح الماء فى النهر, pour exprimer que le fleuve déborde par suite de la trop grande abondance de son eau et de l'étroitesse de son lit. Dans l'usage des Soufis, شَطَح désigne le mouvement des pensées intimes des extatiques, lorsque leur extase est si forte qu'elle ne peut plus être contenue en eux.» On trouve le verbe dans le sens de *sortir*, c. عن, chez Guyard, Fragments relatifs à la doctrine des Ismaélis, 33, 8: اذا شطح عنه علم التأييد «lorsque fut sortie de lui la science de l'inspiration divine» (cf. la note de ce savant, p. 148, qui a déjà traduit l'explication qu'on vient de lire), et le M l'explique par أبعَدَ, *s'éloigner*. Freytag ne l'a pas compris dans les trois passages d'Ibn-'Arabchâh qu'il cite. Dans le premier on lit: وسكر من خمرة العداول فطفح وشطح وعربد. Ce ne peut donc pas être «omnino impletus fuit potu,» car l'auteur a déjà dit cela en employant سكر, mais le verbe doit indiquer l'action d'un homme ivre, *tenir des propos d'ivrogne*, ce qui convient aussi au second passage, où l'Alexandre, dont il y est question, dit, فى حالة الشطح, «alors qu'il se trouvait dans cet état où l'on ne peut contenir ses pensées» (et par suite, ses paroles), comme traduit M. Guyard, des choses qu'il aurait fait mieux de taire, et au troisième, où on lit (le pronom se rapporte à المجالس): فاعرب عن مرادها فى شطحاتها. Cf. sous شَطْح. — Au Maghrib, *danser*, Alc. (bailar, dançar o baylar), Bc (Barb.), Bg (Barb.), Hbrt 99, Ht. Les Berbères ont adopté ce verbe; voyez le Vocabulaire de Venture dans le Voyage de Hornemann, p. 434, celui de Duveyrier dans le Ztschr. XII, 185, et le Dict. berb. v° danser. — Pour سطح, *se coucher, s'étendre tout de son long*, Bc, dans le M شطح على الارض

V, pour تَسَطَّح, *se coucher, s'étendre tout de son long*, Bc.

شَطْح et شَطْحَة signifient chez les Soufis (cf. sous

I) *les expressions dont ils se servent dans leur extase, dans leur ivresse mystique, et qui sont fort choquantes pour les vrais croyants*. Aussi Ghazâlî dit (Aiyohâ 'l-walado, 14, 4 a f. éd. Hammer): وينبغى لك ان لا تغترّ بشطح وطامات الصوفية. Ibn-Khaldoun en parle sous le nom de شَطَحَات, Prol. III, 77, dern. l., 79, 5, et Maccarî en donne un exemple, I, 580, 8: ولما وصل اليه بعد خلاصه قال له الشيخ رحّه كيف يحبس من حقّ منه اللاهوت فى الناسوت فقال له يا سيدى تلك شطحات فى محل سكر ولا عتب على سكران (lisez الشطحات, ainsi avec trois man., au lieu de الشطحان) «ce sont des,» etc.). Cf. Ta'rîfât, éd. Flügel, 132, 285. On trouve شَطْحَة dans le sens de *la coutume d'employer de telles expressions*, Macc. I, 569, 18: قال الذهبى فى حقّه انّ له توسّعًا فى الكلام وذكاء وقوّة خاطر وحافظة وتدقيقا فى التصوف وتواليف جمّة فى العرفان لولا شَطْحَة فى كلامه وشعره ولعلّ ذلك وقع منه حال سكر وغيبته فيرجى له الخير. L'éd. de Boulac porte شَطْحَة (شَطْحَكُمْ). — شَطْح et شَطْحَة *danse*, Alc. (dança o bayle, baile); شَطْح *danse de personnes masquées*, Alc. (dançado con personages).

شُطُوح *danse*, Bg.

شَطِيح *danse*, Alc. (baile), Hbrt 99.

شَطَّاح *qui est toujours en mouvement* (moulin); voyez sous I. — Au Maghrib, *danseur*, fém. ة *danseuse*, Alc. (bailador, bailadora, dançador, dançadora), Bg, Hbrt 99; *personne masquée qui danse*, Alc. (dançador con personages). Le dimin., *petite danseuse*, est chez Alc. (dançadora o bayladora pequeña) شُطَيْطَحَة.

شاطح pl. شَواطِح *ornement en or et en pierres précieuses que les dames égyptiennes portent sur les tempes*, Bc; M: الشاطح عند بعض العامّة دنانير تشكّ كالقلادة وتتعصّب بها المرأة وفى المعروفة عند الجمهور بالصفقية; sous شكّ il dit que cet ornement porte le nom de شاطح à Damas; ample description chez Lane M. E. II, 401. — *Très-long* (habit, robe), M.

شَطِيطَحَة *fricassée de poulet*, Martin 81, Cherb.

شطر I. Les dict. ont bien le part. pass. dans le sens

de: pain *sur lequel on a étendu du* كامخ (ainsi dans le **Fakhrî** 361, dern. l.), mais ils auraient dû donner le sens d'*enduire* le pain, accus., *de*, بـ, ب, sous la Ire forme, Fakhrî 226, 2: وقدّامي رقاق وكامخ وانا اشطره بالكامخ ۞

II *couper* un melon *en tranches*, Alc. (revanar melon).

V dans le Voc. sous dividere. — *Se dégourdir, se défaire de sa simplicité, se raffiner;* تشطّر في فنّ *faire des progrès, avancer dans un art*, etc., Bc. — *Se livrer au brigandage*, Maml. I, 1, 50.

VI, en parlant de plusieurs personnes, *se partager une chose*, Djob. 304, 8: فهم يتشاطرون الغلّة على استوائه. — *Braver*, de Sacy Chrest. II, ۴۳, 2: Ayant rencontré un homme dont la figure lui déplut et lui parut de mauvais augure, Ikhchîd lui fit donner quinze coups de fouet, et comme le malheureux ne dit pas un seul mot, Ikhchîd s'écria: هو ذا يتشاطر «Cet homme a l'air de me braver!» On lui répondit qu'il était mort. C'est sur ce passage que Freytag me semble avoir fondé son explication, et cette signif. dérive de شاطر (voyez) dans le sens de «brave,» proprement «faire le brave.»

شَطْر Dans le sens de *paire de mamelles* d'une chamelle, le pl. est aussi أشطار, Müller 51, 6 a f. — Même pl. *tranche de pain, de melon, de lard*, etc., Alc. (tajada, revanada, lonja de tocino). — Même pl. *de moyenne stature*, Voc. — شَطْر غبّ, t. de médec., *fièvre demi-tierce*, Aboulfaradj 359, 4.

شَطْريّة (du latin satureia), *sadrée, sarriette, savorée*, Gl. Esp. 219, Auw. I, 30. — Au Maghrib, grand poisson dont on fait de la saumure, Gl. Manç. v° بتى.

شطرَوان *en zigzag*, Daumas V. A. 484.

شطروين dans la 1re part. du Voc., sans explication. Peut-être *en zigzag*, comme le terme qui précède; l'auteur du Voc. ne l'aura pas expliqué parce qu'il ne connaissait pas d'équivalent latin.

شَطَارة *vilitas* dans le Voc. — *Dissipation, vie dissolue*, Haiyân-Bassâm III, 140 r°, en parlant de Hichâm II: وقد كان معروفا بالشطارة في شبابه فأقلع مع شيبه فرجى فلاحهم لصدق تثبته, *un peu plus loin*

il emploie بطالة comme synonyme; Prol. III, 410, 11: حلّ الماجون يا أقل الشطارا مذ حلّت الشمس في الحمل où de Slane traduit fort bien: «amis de la dissipation.» — *Adresse, dextérité, finesse, fort, ce en quoi on excelle, habileté, industrie, savoir-faire*, Bc; *habileté, adresse*, note Maml. I, 1, 51, Koseg. Chrest. Préface p. XIII, l. 13, Macc. III, 674, 3 a f, Berb. I, 613, 4; شطارة اليد *subtilité de main*, Bc, et de même شطارة seul, en parlant de voleurs, de filous, Ztschr. XI, 502 (Fingerfertigkeit). — *Penchant au vol*, Macc. I, 135, 11: وذلك لشطارة عامّتها وكثرة شرّهم واغتياثهم في امور التلصّص. — *Brigandage*, Relation des Voyages ۱۲, 10 éd. Reinaud: وكان مبتدأ امره الشطارة والفتنة وحمل السلاح والعبث واجتماع السفهاء اليه. Reinaud s'est trompé en traduisant «conduite artificieuse,» et Quatremère (J. d. S. 1846, p. 528) en traduisant «activité.» Cf. la Ve forme et شاطر. — *Présomption*, à ce qu'il semble, 1001 N. I, 379, 1: Chircân veut combattre seul contre dix Grecs, فقالت له الجارية هذه الشطارة ظلم وان كلّ واحد لواحد ۞ شَطّار *homme dissolu dans ses mœurs*, Macc. II, 548, dern. l.

شاطر *vilis*, Voc. — *Adroit, fin, industrieux, raffiné, délié*, fin, subtil, *fort, habile, léger, adroit, agile, subtil, adroit*, Bc, *habile, actif*, note Maml. I, 1, 51, *agile*, Alc. (priado aquello mesmo que presto), *habile, expert, malin*, Ht, *callidus*, Domb. 106, *habile*, Cherb. Dial. 32, Denham I, 150, *adroit*, 1001 N. III, 44, 1. — *Celui qui fait des tours d'adresse, bateleur*, 1001 N. IV, 694, 15: وتأتى قدّامه أرباب الملاعب والشطّار واللعنك وارباب الحركات الغريبة والملاهي العجيبة, où Lane traduit: «exhibiters of cunning tricks;» cf. le passage de l'Histoire de Cairawân, cité Maml. I, 1, 51; *lutteur*, Antar 78, 4 et 6. Comme ces gens avaient un costume distinctif, je crois que c'est d'eux qu'il est question dans ce passage de l'Imâm al-haramain, cité par M. Goldziher dans le Ztschr. XXVIII, 315, n. 3: الفقيه اذا لبس السلاح وزىّ الشطّار كان تاركًا للمروءة. Le changement proposé par M. Goldziher, qui veut lire الشُرَط, est arbitraire. — *Brigand, voleur*, Maml. I, 1, 50 et 51, Bat. III, 65, Freytag Chrest. 54, 7 et 10, synonyme de لصّ, l. 8 et 12, Prol. I, 288, 9, 289, 3, 1001 N. I, 174, 1, avec l'explication: يعْنى حرامِيا. — *Libéral, généreux*, Alc. (liberal largo franco). — *Brave, celui qui méprise la douleur*, Werne 49 («schatter,» tapfer, Schmerz verhöhnend). — *Laquais, estafier, grand valet, coquin*, Bc, *coureur à pied, messager*, Maml. I, 1, 51, *valet de pied*, St. Gervais 108 (où «chaler» est une faute d'impression pour «chater»), *page*, Voyage for the Redemption of captives 101. Dict. turc de Kieffer et Bianchi: «Ce mot désigne les valets de pied ceints d'une ceinture couverte de plaques d'argent doré avec une grosse pomme du même métal sur le devant. Dans l'empire ottoman il n'y a que les pachas et les capidji-bachis qui aient le privilége de faire marcher devant eux un domestique habillé de cette façon, avec cette différence que les capidji-bachis n'en ont qu'un et les pachas à trois queues en ont au moins six.» A Tunis c'étaient autrefois des employés turcs au service du Grand Seigneur, qui avaient pour tâche d'étrangler le pacha quand il avait été condamné par le sultan, Afgest. II, 95. شاطِرْ باشى *laquais*, titre de certains employés, Bg.

شاطِرَة *bétoine*, plante sternutatoire, apéritive, Bc.

أشْطَر. هو أشْطَر من ان *il n'a garde de*, il est trop fin pour, Bc.

تَشْطِير, t. de rhétor.; c'est quand chaque hémistiche se compose de deux phrases qui riment ensemble, Mehren Rhetorik 168, M, qui cite cet exemple: — سُوفْ سَوالِفُهْ نَعَسْ مَراشِفُهْ نَعَسْ نَواطِرُهْ خُرْسْ أساوِرُهْ. Aussi ce qu'on nomme التَسْمِيط, dans le sens que j'ai indiqué sous سمط II à la fin, M.

شَطْرَنْج, *échecs*, est quelquefois fém. dans le 53e chapitre du Yawâkît al-mawâkît par Tha'âlibî. Les étymologies des Arabes, que Freytag et Lane ont reproduites, sont ridicules. C'est le mot sanscrit *tschaturanga*, qui est composé de *tschatur*, quatre, et de *anga*, membre. C'est un adjectif qu'on joint à *bala*, armée, et qu'on emploie aussi substantivement: *armée composée de quatre membres*, c.-à-d., d'éléphants, de chars, de chevaux et de piétons. Telle était l'armée indienne, et elle a servi de modèle à l'Indien qui a inventé le jeu des échecs. Voyez van der Linde, Geschichte des Schachspiels, I, 74 et suiv. — Le jeu d'échecs ordinaire s'appelle quelquefois en arabe الشطرنج الصغير, Vie de Timour II, 798, tandis qu'on donne le nom de الشطرنج الكبير, ibid. et 876, شطرنج التامّة, v. d. Linde I, 109, الشطرنج الكامل, ibid. 111, au jeu d'échecs agrandi, qui se jouait sur un tableau de cent ou de cent-dix cases, et qui avait plusieurs pièces de plus que l'autre. — *Echiquier*, Alc. (tablero para jugar, tablero de axedrex), Aghânî IV, 52, 12 Boul. avec le pl. ات, ibid., l. 2; شَطْرَنْج مُدَوَّر, Vie de Timour II, 876, 5, est un échiquier rond avec $16 \times 4 = 64$ cases et un cercle vide au milieu; les pièces sont celles du jeu d'échecs ordinaire, v. d. Linde I, 108. شَطْرَنْج طَوِيل المُسْتَطِيلة, Vie de Timour II, 876, 6, qu'on appelle aussi المستطيلة, est un échiquier oblong et quadrangulaire avec $4 \times 16 = 64$ cases, v. d. Linde l. l. — *Pièces du jeu d'échecs*, Alc. (escaque o trebejo), Müller 25, 5 a f.: وقد برز أقْلِها — صفوفًا بِتِلك البقعة، خيلًا ورجلًا كشطرنج الرقعة. شَطْرَنْجِى *joueur d'échecs*, Voc., Tha'âlibî, Yawâkît al-mawâkît, chap. 53, Khallic. VII, 51, 12, 13 Wüst., Vie de Timour II, 872. — *Le convive qui prend un morceau, le remet, en prend un autre, revient au premier, touche au troisième, comme un joueur d'échecs irrésolu*, Daumas V. A. 315.

شَطْشَط I *regorger, s'épancher hors de ses limites, en parlant de l'eau et des autres fluides*, M. — *Traîner, pendre jusqu'à terre* (manteau, robe), M.

شَطْشاط *sorte d'oiseau*, M.

شَطَف *rincer*, Bc, Hbrt 199, p. e. تَمَضْمَضَ شَطَف «se rincer la bouche,» Bc; *laver sans savon, ou laver une seconde fois pour faire disparaître les traces du savon*, M.

II *couper le bois en petits morceaux*, M.

شَطْفَة *lotion*, Bc. — Sous les sultans mamlouks, *drapeau*, proprement *la pièce d'étoffe qui en forme la partie essentielle*; ce drapeau flottait au-dessus de la tête du sultan et formait l'attribut de la souveraineté; on l'appelait aussi عِصابة, Maml. I, 1, 227, Prol. II, 46, 6. — *Fichu que les Bédouins attachent quelquefois autour de la tête*, Burckhardt Bedouins 27 (shutfe).

شُطْفَة *morceau de bois mince et pointu*, M.

أشْطَف. هذا الأسْمَر اشْطَف من ذاك, en parlant de deux hommes basanés, «celui-ci est moins basané que celui-là,» M.

شطم.

شاطُومة *long bâton ressemblant à une masse*, M.

شطن.

شَطَن. Pour le sens de *improbus*, voyez Arnold Chrest. 206, 6.

شُطُون, n. d'un. ة, *anchois*, Alc. (anchova, dhamma), Dombay 68 (fatha).

شيطان, شِيطان, etc., voyez sous *chin* suivi de *yâ*.

مَشْطُون *occupé*, *qui a beaucoup d'occupation*, Domb. 107.

شطى.

شَطَوِي. Voyez sur cette étoffe précieuse Yâcout III, 288, 10–13; dans L *bissus*.

شظ.

شُظَظ. Les deux man. d'Abou'l-Walîd, 649, n. 71, ont cette forme, au lieu de شِظَاظ.

شظى

II = IV, Arnold Chrest. 206.

شَظِيَّة, شَظِيَّتان de l'astrolabe, *les deux petites tablettes qui se trouvent sur les deux bouts de l'Alidade*, Gl. Esp. 219, Auw. I, 148, dern. l. — شظيّات expliqué par رؤوس الجبال, Diw. Hodz. 163, 5 a f.

شع

I. شَعَّت الفرس se dit d'une jument *qui se bat les flancs de sa queue pendant qu'elle lâche de l'eau*, M. — *Rayonner*, Hbrt 162, Ht.

شَعَاع. On trouve dans Maidânî I, 505, n° 26, le proverbe ذَهَبَ مَالُه شَعَاع.

شُعَاع *oursin*, *hérisson de mer*, Pagni MS: «Riccio di mare, in Bizerta Xiàh.»

شعب I voyez sous شَعَب.

V. تشعّبت الطُّرُق بهم «ils prirent des routes différentes,» Haiyân-Bassâm I, 8 r°.

VII (cf. Lane sous la V° à la fin), au fig., رجاء غير منشعب «un espoir qui ne sera pas déçu,» Gl. Mosl.

VIII = V, Diw. Hodz. 125, 11, où le man. a toutes les voyelles.

شَعْب. Avec l'art., *la multitude*, *le peuple*, *la partie la moins notable, la plus laborieuse de la population*, *les communes*; حقوق الشعب *droit civil*; رأي الشعب *opinion publique*; عند الشعب ou قبول الشعب *popularité*, Bc. — *Branche d'une chaîne de montagnes*, comme شُعْبَة (voyez), Edrîsî, Clim. IV, Sect. 5; — On lit حسن صغير على شعب من شعوب اللُّكَّام chez Bat. III, 380, que les Indiens font des housses blanches en lin ou en coton pour recouvrir les courtes-pointes et les couvertures, وجُرُوقًا تغشيها dans l'éd., ce qui sans doute est une expression correcte; mais le man. de M. de Gayangos porte شعوبا تشعبها (dans la suite il a الواحد, au lieu de الوجوه). Evidemment ce n'est pas une faute de copiste, mais une autre leçon, et il faut en conclure, à ce qu'il semble, que شعب signifie *housse*, et le verbe شعب *garantir*, *préserver de la saleté*. — شعب *d'une flèche*. On lit dans les 1001 N. IV, 380, 2 a f., où il est question de deux chasseurs qui poursuivent un onagre: أن فرّ بعضهما رماه بسهم مشعب فاصمى ودخل جوفه واتّصل بقلبه فقتلاه. C'est, si je ne me trompe, *une flèche barbelée*, c.-à-d., dont le fer est garni d'une dent ou d'une pointe, de manière qu'on ne peut la retirer de la plaie sans causer une déchirure. Ensuite, 381, 1: فاخرجا السهم الذى اصابه فى قلبه فلم يخرج الّا العود ويبقى السهم مشعبا فى بطن حمار الوحش. Le partic. مشعب doit donc signifier *arrêté*, *fixé*, *retenu*. Enfin on lit qu'un renard se jeta sur cette proie et avala le cœur de l'onagre; mais فلما صار داخل حلقه اشتبك شعب السهم فى عظم رقبته ولم يقدر على ادخاله فى بطنه ولا على اخراجه من حلقه وايقن بالهلاك. L'expression شعب السهم, 381, 9, doit désigner, par conséquent, cette *dent* ou *pointe*, cette *barbe*. Le mot شُعَيْبَة doit avoir le même sens, car J.-J. Schultens cite un passage où on lit: رماه بسهم فى راسه ثلاث شعيبات. — شعب اللسان *filet*, *ligament sous la langue*, Bc.

شُعْبَة *branche* dans plusieurs signif.: *branche d'un fleuve*, *bras*, *division d'une rivière*, Bc, Masoudi III, 7, de Sacy Chrest. II, 24, 6 a f.; — *branche d'une chaîne de montagnes*, Edrîsî, Clim. V, Sect. 4, en parlant d'une telle chaîne: شعبة فتنفصل منه هناك en parlant شعبة امتدّت منه من جهة المذكور لجبل وهذا ibid.; المغرب الى جهة المشرق — *branche d'une planète*, Berbrugger 133: «deux planètes à branches (شعبة);» — *une lance à deux branches*, سنان ذو شعبتين, était le symbole de la dignité d'un ذو الرئاستين (رئاسة للحرب والقلم), Gl. Fragm.; — le pl. شِعَاب *branches*

شَعِيثَة familles issues d'une même tige; parties d'une chose composée, Bc; — t. d'anat. comme *branche* en français, voyez sous لِيف; — t. de musique; les شَعَب sont *les tons dérivés des branches ou premiers dérivés*, Descr. de l'Eg. XIV, 24. — *Dent, pointe, barbe du fer d'une flèche*, voyez sous شَعَب. — *Bas-fond entouré de montagnes*, Barth I, 49, 50, 59, 105, 152, 319; *vallée*, Domb. 99, Ht. — *Ravin*, Martin 20. — *Fossé*, Roland. — *Broussailles*, Ht, Delap. 176. — *Désert, lieu inhabité*, Roland. — *Ulcère sur la tête qui fait tomber les cheveux*, Gl. Manç. v° قرع.

شَعْبِى *public, civil, qui concerne les citoyens*, Bc. — تُفَّاح شَعْبى voyez sous le premier mot. — En esp. *xabi*, qui en dérive, ne désigne pas seulement une espèce de pomme, mais aussi *une espèce de raisin de Grenade*.

شَعِيبِى nom d'une étoffe, Macc. I, 230, 4; lisez de même, avec le man. de Gotha, dans Tha'âlibî Latâïf 72, 8.

تَشْعِيب *ramification*, Bc. — *Eclat qui se produit dans une fente*, Auw. I, 437, n. 8, où notre man. porte: دون ان تجلب فيه تشعيب; il faut lire: دون ان يحدث فيه تشعيب, comme on trouve 452, 21: فإن حدث في الشق تشعيب.

مَشْعَب *vilebrequin*, Roland.

مَشْعَب voyez sous شَعَب.

مُنْشَعِب, t. de gramm., *dérivé d'une racine par l'adjonction d'une lettre* (p. e. اكرم), *ou par le redoublement d'une lettre* (p. e. كرّم), M.

شَعْبَذَة *prestige*, Bc; c'est pour شَعْوَذَة.

شعبذ.

شَعْبَاذ حيلك *l'art du prestigiateur*, Haiyân 100 r°: — مِنَ الشَعْبَاذ. Pl. شَعَابِيذ *prestiges*, Aboulfaradj 289, 10.

شعبط

II *escalader, grimper*, c. على *gravir*, Bc.

شَعْبَطَة *escalade*, Bc.

شعتى

acariâtre, Bc.

شعت

I signifierait *se révolter* selon J.-J. Schultens,

qui cite Elmacin 157, 1, c. على p. *contre* quelqu'un, *ibid.* 59, 11, 114, 12 a f., 193, 11 a f., et qui substitue dans le 2° et le 3° passage un *thâ* au *tâ*; mais quoique la V° forme chez Abd-al-wâhid 200, 15, semble confirmer cette assertion, je doute que les points soient bons, car ordinairement شَعَب et تَشَعَّب ont ce sens.

II *chiffonner*, Prol. II, 347, 18: il faut soumettre le papier à l'action de la presse, كى يبقى من التشعيب والتغيير «afin qu'il ne soit pas chiffonné ni froissé» (de Slane). — *Détruire une ville, une forteresse, une église*, Gl. Belâdz., Eutych. I, 309, 1, II, 514, 2 a f., Elmacin 196, 14 a f. (Sch.). — C. a. p. *blâmer* quelqu'un, *lui faire des reproches*, Abd-al-wâhid 198, 3; mais la leçon est très-incertaine. Le man., que j'ai consulté de nouveau, porte réellement شعتنهم, comme je l'ai dit; faut-il lire يتعيبهم?

V. *Être détruit* (ville), Gl. Belâdz. — *Se fendre* (muraille, etc.), Ztschr. XV, 411, 4 a f., en parlant d'un *mihrâb*: وقد كان تشعّث وسطه; je crois qu'il faut lire de même Berb. I, 620, 10: وأمر الأمير ابو يحيى برم ما تثلّم من اسوارها ولم ما تشعّث منها au lieu de تشعب. — C. على p. *se révolter contre* quelqu'un? Abd-al-wâhid 200, 15, mais voyez sous la Ire.

VI, en parlant de plusieurs personnes, *se chamailler, se battre pêle-mêle, à grand bruit, se disputer*, Bc.

VII *être fêlé* (vase), M.

شَعِث aussi en parlant de la terre, c.-à-d. de ses plantes *couvertes de poussière par suite d'une longue sécheresse*, P. Abd-al-wâhid 25, 2.

مَشْعُوث *fêlé* (vase); au fig., مشعوث العقل, comme nous disons *avoir la tête fêlée, le timbre fêlé*, être un peu fou, M.

شَعْدَة espèce d'herbe, Barth I, 32.

شعذ.

شَعْوَذ, etc., voyez sous *chin*, *'ain*, *wau*.

شعر

I, *apercevoir*, non-seulement c. ب r., mais aussi c. ب p., Nowairî Espagne 454: وأتى أقل الريض من وراء ظهورهم فلم يشعروا به واضرم النار في الريض; aussi c. ب p. *s'apercevoir du projet de* quelqu'un, si j'ai eu raison de suivre le man. D dans Badroun 116, 3. — J.-J. Schultens observe que ce verbe signifie souvent *soupçonner, se douter*, comme dans le Coran XVI, 28 et 47, Aboulfaradj 540, 5; de même 1001 N. I, 99, 5 a f.: ثمّ ما شعرنا إلّا والعفريت قد صرخ من تحت النيران , «nous ne nous doutions de rien, et voilà que» etc., Aboulf. Hist. anteislam. 94, 11: فلم يشعر إلّا بالغلبة والصياح, Fakhrî 67, 10 et 14. — *Fêler*, fendre, Bc. — Chez Alc. ce verbe est «açorrarse,» et ensuite il a «açorarse,» avec un seul *r*, qu'il traduit par فرع (s'effrayer). J'ignore s'il a pris le premier verbe dans le même sens. *Azorar* est *effrayer* chez Nuñez; mais *azorrarse* est chez lui: *être étourdi, assoupi et comme endormi par un grand mal de tête*; Nebrija n'a que *açorarse* dans une seule acception, celle d'*efferari, devenir farouche*; de même Victor, chez qui c'est: *s'élever, s'enfler, s'enorgueillir, bouffer, devenir sauvage et farouche, se débattre*. Si l'on adopte le sens de *s'effrayer*, la Ire forme serait l'équivalent de خوّف; استشعر; mais il est plus prudent de s'en tenir à Nebrija, puisqu'Alc. s'en est servi, et L vient peut-être à l'appui de la signif. *devenir sauvage et farouche*, car il donne شَعَر, *hydrophobie*.

II c. a. dans le Voc. sous *perpendere*; je crois que les mots dans la note: *faciam quod perpendas*, se rapportent à cette forme et non pas à la Xe. — Cf. plus loin la partic.

IV c. d. a. peut se traduire par *inspirer à quelqu'un certains sentiments*, Abbad. I, 255, 5: ses mauvais compagnons أشعروه الاستيحاش والنفر; Macc. II, 438, 10; deux des fautes qui déparent ce passage ont déjà été corrigées, l'une dans les Add., l'autre dans ma Lettre à M. Fleischer 209; mais en outre il faut biffer, comme la rime l'indique, la prép. بـ de بسرورها, qui n'est pas dans le Matmah L; lisez par conséquent: وملنا الى روضة قد سنقّس الربيع بساطها، ودبّج الزهر درانكها وانماطها، وأشعرت النفوس سرورًا فيها سرورها وانبساطها؛ on dit donc أشعر الرجلَ سرورًا, *être rempli de joie*, comme on dit أشعر الرجلَ غمًّا, *être rempli de tristesse*, car cette dernière expression (cf. Lane à la fin) est parfaitement correcte; voyez Gl. Mosl., Harîrî 585, 6: أُشْعِرْتُ في بعض الأيّام غمًّا

V dans le Voc. sous *perpendere*; c. ب *s'apercevoir de*, Çalât 22 vº: فتقدّم له الطعام والثردة فأكلها وتشعّر في الحين بالسمّ فيها فرمى باللقمة التي كانت في يده في وجه السجّان. — *Se couvrir de broussailles*, Auw. I, 51, 2, 4.

VII *se fêler*, Bc.

X c. a. *porter une étoffe sur le corps nu*, Haiyân-Bassâm III, 4 rº: كان يظاهر الوشى على الخزّ ويستشعر الديبقى. — *Concevoir des passions, des sentiments, des mouvements de l'âme, en être rempli*, p. e. de crainte, Freytag, Lane, de joie, Djob. 218, 7, 319, 4, Macc. I, 255, 11, de tristesse, Harîrî 486, 4, Djob. 137, dern. l. (part. pass.), de haine, Prol. I, 370, 11. Le verbe seul, *être saisi de crainte*, Fakhrî 166, 5 a f., 183, 7 a f. — C. a. *prévoir*, Djob. 51, 10, 76, 16, 117, 14, Haiyân-Bassâm I, 115 rº: استشعر وقد كان; c. ب r., Abd-al-wâhid 44, dern. l.: الذلّ استشعر بالهلال. — *Apercevoir, s'apercevoir, sentir, comprendre*, Aboulf. Ann. I, 180, 7: Quand le Prophète eut récité, vers la fin de sa vie, le passage du Coran qui contient les mots: اليوم أكملت لكم دينكم, Abou-Becr versa des larmes, فكأنّه استشعر انه ليس بعد الكمال إلّا النقصان وانّه قد نعيت الى نفسه; c. ل r., Elmacin 265, 21: Quand Hâkim eut aboli beaucoup de cérémonies et de coutumes religieuses, استشعر المسلمون ما ظهر من عنده الامور لانحراف عن دين الإسلام. — *Soupçonner*, Harîrî 117, 5, Vie de Saladin 170, 12: قوى استشعار المركيس من انّه ان اقام قبضوا عليه — فلمّا صحّ ذلك عنده وكان قد استشعر منهم أخذ بلده, 204, 10: الخ, soupçonnait qu'ils voulaient lui enlever sa ville.» C. من p. ou r., 'Imrânî, man. 595, p. 27, 41: al-Hâdî avait souvent eu le projet de faire mettre à mort son frère Hâroun, واستشعر هرون منه ما كان يأتيه, 42: al-Hâdî avait des griefs contre le Barmécide Yahyâ, وكان يحيى مستشعرًا منه جدًّا, 51, 52: Quand le Barmécide Dja'far eut dit à son chanteur: يا بارد, etc., celui-ci lui répondit بارد والله مَن قد قتلتنا منذ شهر بهذا الاستشعار الفاسد, après quoi il demanda: نقى لك أمر تخاف مسموما الخ

شعر 763 شعر

او تستنشعر منـد. — C. a. r. *se proposer de faire quelque chose*, Haiyân 40 v°: وفوق ذلك مصب (l. مُصِرّ). 75 v°: voyant que ses soldats, fatigués des combats et des longues marches, désiraient rentrer dans leurs foyers, l'émir استشعر على القافلة مستنشعر الوثبة (le man. porte par erreur اراحتهم واعتزم على القفول بهم) يستنشعر الجـدّ في Khatîb 177 r°: (استنشعروا راحتهم امرء. — (Quelques-unes de ces citations sont de J.-J. Schultens).

شَعَر *soie, poil de sanglier*, Alc. (seda de puerco). — *Crinière*, Hbrt 59. — شعر الغول (traduction de «*capillus Veneris*,» car «quand les Arabes traduisent Vénus avec l'acception de déesse, ils emploient le mot غول,» A. R. 53) *capillaire* (*Adianthum capillus Veneris*), de même que شعر الجنّ, شعر الأَرْض et شعر الخنزير, Most. v° بریشباوشان, Bait. I, 126 b, qui ajoute شعر الجبّار (qu'on trouve aussi II, 99 b), A. R. 371. Selon Bait. II, 99 c, 159 e, c'est proprement la plante que Dioscorides mentionne après le capillaire, à savoir *Asplenium Trichomanes*. — ذو شعر *chevelu*, qui a de petites racines, Bc. — شَعَر *hydrophobie*, L (idrofaba, *sic*).

شِعْر *hymne à la louange de Dieu*, Alc. (ino en alabança de Dios).

شَعْرَة شعرة الخنزير *soie, poil de sanglier*, Voc. — (Abréviation de شَعَرَة) *bois, lieu planté d'arbres*, Voc., Aboû'l-Walîd 787, 15, Cartâs 19, 8 et 16; — *buisson, hallier*, Alc. (mata o breña); — *menu bois pour chauffer le four*, Alc. (hornija para el horno).

شَعْرَة *le fil d'un rasoir*, M.

شَعَرَة (abréviation de شَعَرَآء) pl. شَعَارِي *bois, lieu planté d'arbres*, Voc., Aboû'l-Walîd 290, n. 15 (R), Macc. I, 97, 18, 123, 20, II, 517, 10; le pl., Voc., Most. cité Gl. Esp. 32, Aboû'l-Walîd 290, n. 15 (O), Saadiah ps. 29, Yâcout III, 408, 13, Nowairî Egypte, man. 2 o, 114 r°: وامّا الذين قتلوا بالجبال والشعارى وسائر بلاد المسلمين.

الشِعْرى *canicule*, Ht.

شَعْرَآء حطب الشعراء signifie sans doute, comme حطب شعراوي (voyez), *menu bois pour chauffer le four*, Macc. I, 617, 3.

شَعَرِي (شَعَر الغول). — Epithète *capillaire*, Bc (cf. شَعَر الغول). — Epithète d'une sorte de pêche, Auw. I, 338, 2 a f. (cf. أَشْعَر dans Lane), *la pêche ordinaire selon Clément-Mullet*, nommée ainsi parce qu'elle est velue, أَزْغَب. — Epithète d'une excellente espèce de figue, Macc. I, 123, 5, Cartâs 23, 8 (lisez ainsi, cf. p. 369 des notes), Auw. I, 88, 4 a f., 90, 8 a f.; après 299, 11, notre man. a de plus: (l. نَبْتَة) والشعرى منه يجود ويحلو بينه في الارض الحمراء وياق لون دسم (*sic*) الى الحمرة; Hœst 304 (schäri). — Epithète d'une espèce de myrte, Auw. I, 248, 9. — الزعفران الشَعَرِي *plante médicinale* dont les vrilles s'entrelacent et qui a la couleur du safran, M. — شَعَرِي *qui se trouve dans les bois*, Voc., Alc. (montesa cosa de bosque). — شَعَرِي *gardebois, forestier*, Alc. (saltero o montaraç).

شَعَرِي القياس الشعرى, t. de logique, *syllogisme dont les prémisses contiennent l'éloge ou le blâme d'une chose, et la conséquence, le désir de l'avoir ou de ne pas l'avoir*, M.

شَعَرِيَّة *coma* dans le Voc., qui a aussi ce mot sous *capillus*. — *Petit voile de crin de cheval noir*, qui ne couvre que les yeux et que les femmes portent sur le نقاب, voile plus grand qui couvre le visage et qui a des trous à l'endroit des yeux; voyez Vêtem. 226—9; ajoutez: Woltersdorff: «شعرية ein Sieb vors Gesichte, wie die Frauen von Antiochia;» Buckingham II, 38, 494; Bc: «petit voile d'étamine fine et noire pour le visage seulement.» — *Jalousie*, treillis, volet à claire voie, Bc, M; *grillage*, garniture de fil de fer, Bc. — Chez les Touareg espèce de *blouse*; ils en portent trois, et en voyage ils y ajoutent encore deux autres, 1° le *cha'ariia*, qui «est bleu foncé, traversé de petites raies blanches,» Carette Géogr. 110. — ميزان الشعرية, *trébuchet, petite balance pour peser des monnaies d'or*, M. — Chez Mehren 30 *vermicelle*, peut-être par erreur; c'est شعيرية qui a ce sens.

شَعْرَاوِي *qui se trouve dans les bois*, Auw. I, 248, 4, en parlant du myrte: حطب — هو جبلي شعراوي; حطب شعراوي *menu bois pour chauffer le four*, voyez sous شَعْرَة et cf. شقواص.

شعر   764   شعف

نادى بشعار طاعتهم. شِعَار il se rangea de leur côté, Berb. I, 414. — *Signe distinctif* (cf. Reiske chez Freytag), de Sacy Chrest. I, 446: التعصّب شعار الموحّدين وعلامة المؤمنين ✽

شَعِير, *orge*, pl. ات, Eutych. II, 321, 10: القموح, شعير, dans le Voc. Sortes: شُعْران, والشعيرات والحبوب خشانى *orge à six rangs*, moins estimée que l'orge commune, Burckhardt Syria 278; — شعير رومي est le خندروس (χόνδρος), Bait. II, 98 b, *triticum romanum;* elle est مربّع مثل سنبل الحنطة, M; cf. Auw. II, 47, 4 et 5; — شعير عربي *orge commune*, Burckhardt Syria 278, M; — شعير مقشّر *orge mondé*, Bc; — شعير الكلب شعير مقشر مدقوق *orge perlé*, Bc; — nommé par Ibn-Loyon 33 v°: والشيانين شبه شعير — شعير النَّبيّ *orge mondé*, الكلب ينبت وحده, Pagni MS, Most. v° شعير (seulement dans N) ومنه ما يعرف بشعير النبى وهو يتقشر من قشره الأعلى عند الدرس. — *Sorte de collier de femme*, Lane M. E. II, 407. — طقطق شعيرك يا دبور *cligne-musette*, Bc.

شَعِيرَة nom d'un poids, voyez Gl. Belâdz., Bait. I, 292 c: وزن دانق وهو عشر شعيرات — *Pustule sur le bord de la paupière, qui ressemble à un grain d'orge*, M, Auw. II, 582, 12; dans L: *ordeolus* الشعيرة. — T. de maçon, *rangée de pierres de taille, qui par devant est de niveau avec le sol de la maison, et qui par derrière est plus haute*, M.

الهنديق الشعيرى *graine médicinale comme la graine d'olive, qui vient de l'Inde*, M.

شَعِيرِيَّة *vermicelle*, Bc, M, Lane M. E. II, 124, d'Escayrac 418, cf. sous شعيرية طلبانية; حاتم *macaroni*, Bc.

شُعَيْرِيَّة *vermicelle*, M.

شَعَّار *celui qui vend de l'orge*, Alc. (cevadero que vende cevada); شَعَّارِين (pour سوق الشعّارين, cf. Gl. Esp. 356–8) *marché où l'on vend de l'orge*, Alc. (cevaderia lugar donde se vende). — *Versificateur*, Bc.

شَاعِر *acteur, qui joue un rôle*, Alc. (representador de comedias, de tragedias). — *Celui qui récite le roman d'Abou-Zaid*, Lane M. E. II, 85, 128.

مَشْعَر *mot d'ordre*, comme شعار, Akhbâr 79, 2: تمايحوا بمشاعرهم ✽

مِشْعَر *grande outre pour l'huile*, Payne Smith 1607 (trois fois).

مُشَعَّر *chevelu*, Alc. (encabellado). — *Ébréché*, Ht, Delap. 76.

المُشَعَّرَة *ceux qui ont tué des princes*, voyez Kâmil 82, 5, 83, dern. l.

مُشَعْرانِي *poilu*, Bc, M.

مَشْعُور *fêlé, étoilé*, Bc, M; au fig., *bizarre*, Bc, *tête timbrée*, Bc, M; عقل مشعور *cerveau fêlé*, راسه مشعور *le cerveau lui tinte, il est un peu fou*, Bc.

شَعْشَعَ I *rayonner*, Bc, Hbrt 162, Ht, M, 1001 N. III, 315, 3, Matmah 67 v°, en parlant de tuiles d'or et d'argent: تسلب الابصار بطوارح انوارها المشعشعة. Aussi en parlant du vin qui, lorsqu'on en boit beaucoup, rougit le visage et le fait rayonner, 1001 N. I, 711, dern. l.: شرب حتى شعشع الشراب فى راسه ولما شعشعت الخمرة فى رؤسنا, II, 170, 4: واحمرّ وجهه

II *rayonner*, Voc. (splendere).

شَعْشَعَة *radiation, irradiation*, Bc; en ce sens chez Aboulfaradj 289, 8, que cite J.-J. Schultens; mais ce savant n'ajoute pas de voyelles, et la mauvaise prononciation شَعْشَعَة n'est pas de lui, mais de Freytag.

النور الشَّعْشَعانِى dans le même passage, Sch.; aussi Antar 45, 6 a f.

شَعْشَاع *sarment, bois que pousse la vigne*, Bc.

شَعْشُوع *jeune branche du térébinthe*, M.

تَشَعْشُع *rayonnement*, Bc.

شعف I *se corriger, se convertir*, Ht.

II se trouve dans le Voc. sous *disciplinare*, avec *scatmar* dans la note, ce qu'il faut changer en *escarmentar*. C'est *corriger quelqu'un et le rendre sage en châtiant un autre*, comme le prouve ce passage du Cartâs 188, 16: nous enverrons contre eux une armée qui tuera leurs guerriers, leur enlèvera leurs femmes et leurs biens, بهم من (ويشرّد) ويشدّد

خَلْقَهِم ويشعِّف بهم مَن سواهم, « et qui, en les châtiant, rendra les autres (vos autres ennemis) plus sages. » De même 197, 9: il n'y a parmi nous que six qui soient vraiment coupables; faites-les mettre à mort, » مَن سواهم فتُشعَّف بهم, à sous-entendre.

IV semble aussi avoir le sens que j'ai attribué à la IIe. Chez Alc. c'est «hustigar,» châtier, corriger, n. d'act. «hostigamiento,» châtiment, correction, et «escarmentar;» ce dernier ne semble pas v. n., mais v. a., dans le sens donné sous la IIe; n. d'act. «escarmiento a otro.»

VIII dans le Voc. sous disciplinare.

شَعَّفَة châtiment, punition, Alc. (hostigamiento); expérience que l'on acquiert aux dépens d'autrui, Alc. (escarmiento a otro).

شَعَاف la touffe de cheveux que les musulmans laissent croître sur le sommet de la tête tonsurée, Ztschr. XVIII, 341.

شَعِيف = مَشْعُوف, Diw. Hodz. 196, 9 et 10.

أَشْعَف, suivi de بالنساء, très-adonné aux femmes, J.-J. Schultens, qui cite Narr. lep. 10: وكان المأمون من اشعف خَلْقِ الله بالنساء واشدَّهم ميلًا اليهنَّ

مَشْعُوف rendu sage par l'expérience acquise aux dépens d'autrui, Alc. (escarmentado).

شغل IV. voyez sous IV. أشعل الشراب بالبنج ?

VII fulminer, en parlant de l'explosion faite par le feu, Bc.

VIII. اشتعل في الغضب (Lane); Alc. a (encendimiento en yra). — شدّ شدّة اشتعال «il fit une attaque furieuse,» Akhbâr 33, 2 a f.

شَعَل amadou, Ht.

شُعَل amadou, L (fungis), Alc. (hongo para yesca, yesca de huego, yesca de hongo), Domb. 79.

شُعْلَة torche, Bc, Lane M. E. I, 178.

شُعَيْلَة le menu bois dont on se sert pour allumer les bûches, M.

شَعَال النار flamme, Payne Smith 1161.

شَعَّال, suivi de الشموع, allumeur, Bc.

pl. شُعْل أَشْعَل odorant (fleur), Gl. Mosl.

المَشْعَل le luminaire, les bougies, cierges, Bc.

مَشْعَلَة, au Maghrib, nom d'une plante. Les chroniqueurs, à savoir Cartâs 181, 14, 188, 8, 2 a f., 189, 1, l'anonyme de Copenhague 76, 78, Berb. II, 243, 4 a f., 250, 7 a f., racontent que lorsque les Almohades eurent été battus et dépouillés de leurs vêtements par les Merinides dans l'année 613 de l'hégire, ils rentrèrent à Fez sans autre chose pour couvrir leur nudité que les feuilles de cette plante, et que pour cette raison cette année fut nommée عام المشعلة. Ecrit avec le ghain dans le man. de Copenhague et ainsi dans l'éd. des Berb.; mais notre man. 1350 à le 'ain, et cette leçon est la bonne, comme le prouve le jeu de mots Cartâs 189, 1: وقلوبهم بالحزن مشعلة، فسمّي العام عام المشعلة« Au reste M. de Slane observe dans sa trad. des Berb., IV, 29: « Les natifs du Rîf marocain que nous avons consultés au sujet de cette plante, ne la connaissent pas. Peut-être est-ce une espèce d'acanthe ou bien le senecis giganteus de Desfontaines; Flora atlantica, t. II, p. 273. »

مِشْعَال flambeau, torche, M.

شعلق II escalader, grimper, Bc.

شَعْلَقَة escalade, Bc.

شعن.

شعانين, qui est une corruption de l'hébreu השענה (voyez la note de Hamaker citée par Freytag), est selon le M le pl. de شَعْنِينَة, et selon Bc de شعنون, qu'il a sous rameau; — أَحَد الشعانين dimanche des Rameaux, Bc, Hbrt 153.

شَعْهَر chacal, Bidp. 150, 4 a f. (cf. les notes crit. de l'éditeur, p. 95), 236, 1, 266, 2. شَغْبَر a aussi ce sens.

شعو.

نار شَعْوَاء se dit pour exprimer que ses troupes étaient dispersées çà et là pour réprimer les séditions, Gl. Mosl.

شَعْوَذَ I, jouer des gobelets, au fig. éblouir, de Slane, Prol. I, LXXV a. — C. على blâmer, Voc.

شَعْوَذَة. Pour désigner les prestigiateurs on dit بنو الشعوذة, Khatîb 29 r°: رجل متخرِّج من بني الشعوذة.

مَشْعُوط, pl. ه, Bat. IV, 290.

شَعْوَط I *flamber, passer sur ou par le feu*, Bc.

مُشَعْوَط *bizarre*, Bc.

شعب I c. على a. p. *se révolter contre* quelqu'un, comme Reiske l'a dit avec raison; le n. d'act. en ce sens, Athîr VIII, 54, 5 a f., 252, dern. l., et le part., Valeton ۱۰, 5.

II même sens, n. d'act., Macc. I, 97, 21, part., *ibid.* 108, 10. — C. ف *jeter le désordre parmi*, Haiyân 88 r°: فلما اجتازت المقدمة على الحصن خرجت خيله للقطع عليها والتشغيب فيها (enbaçar, enfrascar a otro, estorvar), Prol. III, 256, 12: فاذا عرض لك ارتياب فى فهمك او تشغيب بالشبهات. — C. a. p. et عن r. *empêcher* quelqu'un *de faire* quelque chose, Voc. (impedire), Amari Dipl. 104, 6: Quand un Pisan a payé, etc., فلا يُشَغَّب عن سفره, cf. 130, 3.

III *tâcher d'embrouiller l'esprit de son adversaire par des sophismes*, Macc. II, p. xv a.

IV *empêcher*, Voc.

V *se révolter*, comme Reiske l'a dit, c. على p., Valeton ۱۰, 4: تشغّب عليه جنْدُه. — *S'embarrasser*, Alc. (enfrascarse).

شَغَب *dispute, querelle*, L (disceptatio (vel disputatio), rixa (lis)). — *Soulèvement, mouvement d'indignation*, Bc. — (Avec fatha dans la seconde syll.) *embarras, angoisse, anxiété*, Alc. (anxia); dans le Voc. sous impedire.

شغب = شغيب, Aboû'l-Walîd 788, 14.

شاغب dans le Voc. sous impedire; شواغب *difficultés*, Prol. III, 249, 16.

مَشَاغِب (pl.) *propositions captieuses, sophismes*, Macc. II, 120, 12, Prol. III, 111, 9.

القياس المشاغبى *raisonnement sophistique*, M.

شغت

شغتة *glaire, humeur visqueuse*, Bc.

مشغّت *glaireux*; فم مشغّت *bouche pâteuse, empâtée*, Bc.

شغر I *être vacant (emploi)*, Macc. I, 605, 9, Maml. I, 2, 65.

شاغر pl. شواغر *bât de chameau*, Bc, M, *barde de chameau*, Descr. de l'Eg. XVIII, part. 2, 388.

شاغور *tuyau de bois dans lequel l'eau coule vers le moulin*, M.

شغرب I c. a. p. = شغزب *donner le croc-en-jambe*, M.

انشغف VII dans le Voc. sous amare, c. ب *concevoir de l'amour pour, s'amouracher de*, raffoler, Bc.

مُوجَّع قد بلغ الوَجْع شَغَافَه expliqué par شَغِيف Diw. Hodz. 196, 10 et 11.

شغل I. يشغل الطلبة *il formait ses élèves*, يشغل الفقه *il donnait des leçons de jurisprudence*, Maml. I, 2, 199. — C. a. p. *donner du travail à*, Bc. — *Empêcher*, Voc. (impedire); c. d. a., Vie de Saladin 69, 17: ولم يشغله ظن تَحاسنه حيّسه عن تعبية فهرب. — فى اوائل الامر *Travailler, façonner*, Bc.

II. شغّل دراهمه ou فلوسه ou مصرياته, *placer, employer ses fonds, travailler son argent, le placer, lui faire produire du profit, faire valoir de l'argent, faire fructifier (profiter) son argent*, Bc. — *Broder*, Bc.

III *causer de l'embarras*, Rutgers 174, 15: حتى لا يبقى هنالك مشاغل ولا مكان يكون بسببه فساد فى تلك النواحى (مَشاغِل l'éditeur prononce à tort مَشاغِل). — *Distraire* quelqu'un, *faire en sorte qu'il ne fasse pas attention*, Fakhrî 49, 7: فشاغلها ساعةً حتى غفلت عن نفسها ثم دفعها الى دجلة فغرقت; aussi en parlant d'un malade, quand on tâche d'éloigner son esprit de ce qui le fatigue ou l'obsède, Vie de Saladin 19, 12 a f.: وبتنا تلك الليلة اجمع انا والطبيب نمرضه ونشاغله. Bc a le n. d'act., *diversion, action de détourner*. — *Fomenter*, entretenir, Bc.

IV dans le Voc. sous impedire. — اشغل الشراب بالبنج *jeter du* bendj *dans le vin*, 1001 N. Bresl. IV, 346, 4 a f., IX, 45, 7 (où Macn. a شغله, 50, 2, mais Macn. et Boul. ont en cet endroit اشعله, avec le 'aïn; la leçon est donc incertaine.

VII voyez plus loin le n. d'act.

VIII c. ب ou فى *travailler à*, Bc, Hbrt 73. — *Travailler* (argent), *produire de l'intérêt*, Bc.

شغل 767 شغل

Travailler, fermenter (liqueur); *se déjeter* (bois), Bc. — *Etudier*, Khallic. I, 180, 18 81., Macc. I, 819, 15: اشتغال كانت لـه حلقة (cf. Add., de même dans Boul.), 828, 7 (deux fois), 847, 2 a f., 936, 2 a f., III, 779, dern. l., Prol. II, 200, 13, Fakhrî 359, 5 a f.; *sous* un professeur, على, Gl. Abulf., Renan Averroès 448, 4 t. a., Macc. I, 711, 1. — C. ب *négocier, faire trafic*, Voc. — *Administrer*, Roland. — *Aller*, en parlant d'une machine, Bc; de même ما الغـلـيـون يشتغل « la pipe ne va pas, elle est bouchée, » Bc; علوفته تشتغل دائمًا « ses appointements courent toujours, » Bc. — *Travailler*, v. a., *façonner*, Bc, c. a., synonyme de عمل, 1001 N. II, 220, 3: تشغل السّتور et l. 4: تشتغل السّتر فى ثمانية ايام. — *Fabriquer*, Bg. — اشتغل شغلا *faire une fin*, prendre un état, Bc. — *Jouir*, Roland. — C. فى dans le Voc. sous *impedire*.

شُغْل, شِغْل, شَغَل, est chez Alc. constamment شُغُل, prononciation adoucie de شُغْل. — *Une occupation qui vous empêche de faire autre chose, ou d'y penser*, soit avec عن, p. e. هو فى شغل (ou أشغال) عن ذلك, soit isolément, Gl. Belâdz. (dans les passages 156, 5 a f., et 202, 2, qui y sont cités, c'est plutôt un n. d'act.). — *Travail, ouvrage fait, que l'on fait, ou à faire, œuvre, ce qui est produit par l'ouvrier*, Alc. (labor como quiera, obra la mesma cosa hecha), Bc, M; أعطى شغلا *donner de l'ouvrage, occuper à quelque chose*, Alc. (dar obra); تغوّت بشغل يديه *gagner sa vie en travaillant*, Bc; شغل عياقة *chef-d'œuvre d'adresse*, Bc; شغل يد *manuel*, fait avec la main, Bc; *façon*, travail de celui qui a fait un ouvrage, *main-d'œuvre*; حقّ الشغل « *prix de la façon*, » Bc; شغل الجَنان *jardinage*, Alc. (jardineria); — *labourage, ouvrage du laboureur*, Alc. (labrança de tierra). — *Négoce, trafic, commerce*, Alc. (negociacion). — *Poste, emploi, fonction*, 'Imrânî 213: وقبض على ابى طاهر — صاحب المخزن وصادره ثم اطلقه واعاده الى شغله. — *Dévotion, l'action, la coutume d'accomplir des pratiques religieuses*, Amari 194, 3 a f.: كان من cf. الكدّادين عمره كلّه وكان من اهل الشغل والذكر; 196, 2 (où il faut lire avec le man. الكدّ: عليه من الكدّ); فلمّا R. N. 78 r°: الاشتغال بالله تعالى والدار الآخرة

كان بعد المغرب اخذ فى الشغل كعادتـه فقالت لـه نفسه عجّل قليلًا تفطر على تمر حلال فعاتب نفسه بأن قال لها (أمّا ajoutez) استطعت الصبر عن خمس مرات حتى امرتنى ان أخَـفّف صلاتى من اجلهن.

Fabrique, Alc. (fabrica), Edrîsî ٨., 3 a f. — *Besoin, nécessité naturelle*; قضى شغله *faire ses besoins, satisfaire un besoin*, Bc. — T. de musique, *récitatif*, la manière dont on chante les paroles d'un couplet de deux ou de quatre vers, M. — الأَشْغَـال, pour الاشغال الخَرَاجيّة, Prol. II, 12, 10, ou الاشغال الماليّة, Macc. I, 134, 9, ou الاشغال المَخْزَنيّة, l'anonyme de Copenhague 67, Amari 382, 8 (lisez ainsi), *les finances*, Berb. I, 214, 7: استعمله على الاشغال بمدينة سلا; 335, 14: قدّمه على الاشغال بالعدوتين « il le nomma ministre des finances pour l'Espagne et pour l'Afrique, » 338, 6 a f., 395, 2 a f., 402, 8. De là صاحب الاشغال, صاحب الاشغال الخَرَاجيّة l'équivalent de, Macc. I, 134, 9. Il y en avait un dans chaque ville considérable, *l'administrateur des impôts*, et dans la capitale c'était *le ministre des finances*, Macc. l. l., Prol. II, 12 à la fin, 19, 14, Abou-Hammou 82: صاحب الاشغال, 151: « الموكّل بحفظ جبايات اموالك » اشغالك, « المتقدّم الى اعمالك، الناظر على كافّة عمّالك », Bargès 365, Berb. I, 338, 7, 387, 7, 395, 10, 444, 9, J. A. 1844, I, 410. أقلّ الاشغال *les employés dans l'administration des finances*, Bat. II, 128. — شغل البال *inquiétude*, Bc. — شغل التَّوْر, *le travail du taureau*, est une espèce de toile de coton, nommée ainsi parce qu'elle se fait au moyen d'une machine qu'un taureau met en mouvement, Lane M. E. II, 19. — ثانى شغل الدراهم *remplacement d'argent, nouveau placement*, Bc.

شغلة *affaire, besogne, vacation*; كيف الشغلة, « en quel état sont les choses? » Bc.

شغيل *travailleur*, Bc; — *laborieux*, Ht.

شغّال *laborieux*, Bc, Hbrt 236, *actif, agissant*, Bc. — *Manouvrier, travailleur*; fém. ة *ouvrière*, Bc. — *Brodeur*, Bc.

شغّيل *laborieux*, Bc.

شغل شاغل *occupation pressante*, Bc.

مَشْغَلة *une chose qui cause de l'embarras*, Belâdz.

279, 11: que dites-vous de la cuirasse? Réponse: مَشْغَلَة للفارس مَتْعَبَة للراجل. Dans le Gloss. l'éditeur s'est trompé en pensant que c'est le partic. act. de la IVe forme; cf. Lane v° مُتْعِبَة. — *Jouet d'enfant*, Alc. (jugete para niños).

مَشْغُول *occupé, spéc. de ses études*, 1001 N. I, 27, 1: بات مشغولا «il passa la nuit à étudier.» — *Seul et* مشغول البال *sur le qui-vive*, en état d'alarme, de défiance, Bc. — مشغول البال *songe-creux*, Bc. — *Ouvré, travaillé*, Bc. — *Damassé* (linge), Bc.

اِشْتِغَالِي *qui est relatif aux finances*, Macc. III, 693, 16: هذا على قلّة معرفته بتلك الطريقة الاشتغاليه («système financier, opérations financières»).

مُشْتَغِل *ouvrier, manouvrier*, Voc. — *Employé dans l'administration des finances*, Macc. III, 693, 13, l'anonyme de Copenhague 66: ووصل في جملة من مشتغلين (mieux مشتغلي) الاندلس يوسف ابن عمر الكاتب المؤرخ لدولة المنصور رحمه وكان باشبيلية المخزنية الأشغال بعض في ينظر, 73, 74, 118, Amari Dipl. 35, 1, 103, 6, 106, 1, 107, 2, 108, 2.

اِنْشِغَال *prévention*, préoccupation de l'esprit; — *souci*, Bc.

شغى I *fourmiller, abonder*, Bc.

شَفَّ I, *être diaphane, transparent*. Freytag et Lane ont négligé de noter la constr. c. عن de la chose qu'un tel objet laisse voir. Elle est classique, témoin ce vers que cite le M:

ثَوْبٌ الرَّيَّةِ يَشُفّ عَمَّا تَحْتَه فاذا ٱلتَحَفْتَ به فأنَّك عارٍ

De même Djob. 244, 17, en parlant d'une eau très-limpide: يَشِفّ عَمَّا حَوَاهُ. — C. على *surpasser en hauteur*, Becrî 165, 5 a f.: وأمرهم أن لا يشف بناء بعضهم على بناء بعض. En général, *surpasser*, Prol. I, 285, 14: فقد كان بالمغرب من القبائل كثير ممّا يقاومها; *surpasser* en mérite, en puissance, en réputation, Haiyân 35 v°: في العدد والعصبية أو يشف عليهم; ولابن جَهْور منهما الشفوف على صاحبه بغزارة قوله الخ, Macc. II, 763, 2 a f.:

اذا لم أملك الشهوات قَهْرًا فَلِمَ أُبْغِي الشفوف على الأنام

Berb. I, 226, 4 a f.: وفي أيام الناصر هذا كان استفحل

II, 141, 2. Ce n. d'act., شُفُوف, s'emploie aussi substantivement, *prérogative*, Voc., *prééminence*, Macc. I, 170, 10, en parlant de Mousâ: وكان شفوف طارق, 409, 3, et dans la Préface: حاز الشفوف قد غمّه الشهير; Calâïd, man., II, 145: فكلّ خلق دونه الشفوف والانافة. En parlant d'un combat ou d'une dispute, d'une discussion publique, *le dessus, l'avantage, la victoire*, Haiyân 103 r°, après avoir parlé d'un combat: وكان الشفوف لأصحاب السلطان, Abd-al-wâhid 132, 4 a f.: تجرّت له مناظرة كان له الشفوف فيها والظهور. — Voyez pour deux passages des 1001 N., où ce verbe semble se trouver, mais dont le texte est altéré, ce que j'ai dit sous رَشَفَ.

VII *s'imbiber*, Alc. (enbeverse).

X, comme la Ire, *être diaphane, transparent*, M: استشفّ له الستر ظهر ما وراءه وتبيّن, Gl. Manç., en expliquant le mot شفيف (transparent): واستشفّ هو, Tha'âlibî Latâïf 127, 4 a f.: واستشففت اذا أظهرت لك ما خلفه; cf. plus loin le partic. — Lane a eu raison de révoquer en doute le «*desiderio alicuius rei implevit*, c. الى r.» que Freytag donne sans alléguer d'autorité. Le M donne bien X c. الى, mais il dit que cela signifie *désirer ardemment*, رغب فيه كلّ الرغبة ۞.

شَفْة, vulg. pour شَفَة *lèvre inférieure*, Domb. 86.

شَفَة vulg. pour شَفَة, *lèvre*, M.

شَفَة pl. شَفَف, vulg. pour شَفَة, *lèvre*, Alc. (beço), Bc, 1001 N. IV, 92, 9 a f. Alc. a aussi ce mot sous «pucheros por buchetes;» je crois qu'il a pensé à l'expression «hacer pucheros,» «faire la lippe ou la moue» (Victor).

شِفَاف ? 1001 N. Bresl. VII, 319, 7 (de cunno) يحكي; l'éd. Macn. (II, 250, 7) a: حامي مثل الشفاف في الساخونة حرارة للحمّام, أو قلب صبّ ضناء الغرام ۞.

شُفُوف voyez sous la Ire forme.

شَفِيف, subst., expliqué par وجع, *douleur*, Diw Hodz. 9, vs. 7, 71, 7 et 8; adj. chez Freytag d'après le Diw. Hodz., dans l'éd. 196, 9.

شَفَافَة‎ *transparence*, Bc.

شَفِيفَة‎. Le pl. شَفَائِف‎ *les deux lèvres*, Domb. 86, 1001 N. IV, 92, 9 a f.

شُفَيْفَة‎ *petite lèvre*, Bc, 1001 N. Bresl. V, 312, 4.

شَـافَـة‎ *bord*, *extrémité*, Berb. II, 506, 6 a f.: ثم‎ اصبح من الغد على شافة قبره طريحًا‎ (de même dans le man. de Madrid). Je crois que ce mot se trouve aussi II, 379, 4 a f. et 2 a f., où l'édit. porte: وشيد‎, قبالة كل برج من ابراج البلد برجا على سافة خندقه‎ avec les variantes سَاقَة‎ et سَاقَة‎ (aussi dans le man. de Madrid). Dans le passage que j'ai cité en premier lieu, l'éditeur de Boulac a fait imprimer شافة‎; mais il ne connaissait pas le mot, car dans le second passage il a fait en sorte qu'on ne l'y trouve pas, et la racine شفّ‎ ne convient nullement. Je crois que c'est pour شَفَة‎ (voyez), forme vulgaire de شَفَة‎, proprement *lèvre*.

أَشَفّ‎, suivi de من‎, *plus de*, Edrîsî ٩٩, 4: وطول المدينة اشف من ميل‎. — *Plus considéré*, *jouissant de plus de considération*, Berb. I, 47, 9, 448, 9 a f., 529, 6.

مشفّ‎ *transparent*, Bc.

مشفّفات‎ *espèce d'étoffe*, Macc. II, 711, 5; à en juger par l'étymologie, elle était transparente.

مُسْتَشَفّ‎ *transparence*, de Sacy Chrest. I, 267 (deux fois).

شفت‎ II *couler un sujet*, *en dire tout ce qu'on peut en dire*; *couler à fond*, *épuiser en discutant*; — *épuiser les forces*, شفت نفسه‎ *s'épuiser*, *détruire son tempérament*; — *tarir*, v. n., *être à sec*, *cesser de couler*, Bc.

شَفْتَشَة‎ *ornement dans la chevelure des dames*, Lane M. E. II, 409.

شفتلك‎ (turc چفتلك‎) *métairie*, Bc.

شَفْتُورَة‎ *babine*, *lèvre des animaux*; — *lippe*, *lèvre d'en bas trop grosse ou trop avancée*, Bc.

شفر‎ I *tancer*, *réprimander*, *brutaliser*, *outrager de paroles brutales*, Bc.

II *rogner*, Ht. — *Parer le pied d'un cheval*, ôter de la corne du pied d'un cheval pour le ferrer, Auw. I, 437, 16, passage altéré, et qu'il faut lire ainsi avec notre man.: فان عمل بالشق فيوضع على وسط ذلك الغصن او السانى الموضع لحاذ من سكّين الشقّ وهو سكّين رقيق الشفرة‎ على صفة سكين تشفير الدواب‎ (notre man. a par erreur القشرة‎, au lieu de الشفرة‎, et تسفير‎). La signif. est certaine par ce passage, qu'on lit dans notre man. après 438, 5: وقال صّ فى‎ صفة السكّين التى تُشَقّ به‎ (sic) الفروع للتركيب ان يكون على هيئة سكين الشمّار الذى تسع (تُشَقّ ل.) به حوافر ثم يشقّ ذلك بسكّين الشقّ المعلوم‎ 17, 484; الدواب‎ سكّين‎, qui الذى يشبه سكين تشفير الدواب‎ (le mot manque dans l'éd., est dans notre man.).

شَفْر‎. Le pl. أَشْفَار‎ s'emploie certainement dans le sens de *cils*, *poils des paupières* (cf. Lane), Gl. Manç.: اشفار العين هو حروف الاجفان التى ينبت عليها الهُدْب‎, وتجاوز فيه المؤلف فاوقعه على الهُدب نفسه‎, Alc. (pestafia del ojo), Badroun 43, dern. l.: تضرب اشفار عينيها الى وجنتيبها‎. — Wright 116, 3: رأت اخوَىَّ بعد اجتماع تتابعوا فلم تبقى الّا واحدًا منهم شَفْرَ المنيّة الموت‎ L'éditeur (p. 133) pense que c'est = ou المنيّة الموت‎, et que le mot est fém. comme شَعُوب‎ [?].

شَفَر‎ *paupière*, Domb. 86. — *Pierre à feu*, Domb. 79.

شَفْرَة‎ *lame d'un sabre*, Daumas V. A. 197. — Pl. شَفْر‎ et أَشْفَار‎, *paupière*, Voc.

شَفْرَة‎ pl. شَفْر‎ *tranchet*, *outil tranchant de cordonnier*, Alc. (tranchete de çapatero). — *Rasoir*, Voc., qui a شَفْرَة‎, pl. شَفْر‎; chez Alc. (navaja de barvero) شَفْرَة الموس‎. — Le port. *chifra*, esp. *chifla*, signifie *racloir*, outil de relieurs et d'autres ouvriers pour amincir le cuir dont ils couvrent les livres, les coffres, etc. *Chifarote* (ote est une terminaison romane) signifie en esp. *épée courte et droite*. — *Serpe*, Bc (sans voyelles).

شَفَائِر‎ (pl.). Les شَفَائِر‎ du فرج‎ d'une femme, 1001 N. I, 324, 15, où l'éd. de Bresl., IV, 374, 5, a شَفَافِير‎.

شَفَافِير‎ (pl.) voyez ce qui précède.

شَفْأَرْ *voleur*, Domb. 104.

مَشَافِر Les مَشَافِر du فَرْج d'une femme, 1001 N. IV, 91, 6.

مِشْفَرَة *boutoir du maréchal-ferrant*, Cherb.

شَفَرْقَل (ou avec le ك?) *mortier de bois*, Alc. (mortero de palo); يَدْ الشَّفَرْقَل *pilon*, Alc. (majadero para majar). M. Simonet compare le cat. *xafar*, val. *jafar*, basque *zapaldu* et *zapatu*, qui signifient: aplatir, écraser, piler, broyer, et il ajoute que pour *pilon* le basque a *zapalcaya*.

شَفْشَف est chez Abou'l-Walîd 253, 32, chez Saadiah, etc., la traduction de חֵשֶׁב, *cingulum* summi sacerdotis, quo humerale eius (אֵפוֹד) colligabatur; d'origine persane selon Lagarde, Materialien zur Kritik und Geschichte des Pentateuchs, p. ix et x.

شَفْشَف I *asperger*, p. e. avec du sang, 1001 N. Bresl. III, 233, 7: واخذ قبا صحيح شفشفه بالدم; lisez de même ibid. 254, 3 a f., où l'éd. porte: اخذت دجاجةً ذبحتها وتلطّختُ بدمها وسقسقت منديلها

شَفَاشِف (pl.) *lèvres*, Voc.

شَفَاشِفِيّ *qui a de grosses lèvres*, Voc.

مُشَفْشَف même sens, Alc. (beçudo).

شَفْشَف *petit vase de bois avec une anse qui est aussi de bois*, M.

شَفَع I, c. a. r. et ب alt., *doubler*; mais ce verbe s'emploie aussi en parlant de deux choses d'un genre différent, et alors c'est *augmenter, joindre une chose à une autre*, voyez ma note Abbad. III, 156. — شفع الى فلان est suivi de أن avec l'aor. dans Aboulf. Hist. anteislam. 70, 2 a f.

II a le même sens, *doubler*, etc., avec la même constr. Lane (sous la Ire, au commencement) dit qu'il n'a trouvé cela dans aucun de ses dictionnaires; le M le dit formellement: شَفَّعَ صيّره, et la mesure d'un vers chez Macc. II, 176, 9, exige cette forme. — C. a p. et في r. *accorder une chose à quelqu'un, la lui concéder*, Eutych. I, 277, 5: فَسَلْ ما بدا لك ولك عندى ثلاث شفاعات وشَفِّعَنى انت فى واحدة; Pocock traduit fort bien: «Pete autem a me quod tibi visum fuerit. Tria tibi a me impetrare licebit, tu unum mihi tantum concedas;» Edrîsî ٣٩, 2: وصار celui qui est porteur de cette pierre (= في حاجة قصدتَنى له باوفى عناية وشفِّعَ فيها, où l'on peut traduire le passif par *obtenir*. — شفع الوالى أملاك فلان M, جبر اصحاب الشفعة على مشتراها signifie (voyez les dict. sous شُفْعَة). — *Faire* quelqu'un *Châfiite, lui faire embrasser la secte d'as-Châfi'î*, Meursinge 26, 6: شفّعه بعد ان كان حنفيًا.

V c. ب r. *demander, prier*, Vêtem. 190, 3: Après avoir lu les ordres du sultan, il posa le Coran sur sa tête, وتَشَفَّعَ بأنّه ما بقى يلبس الولاية, « et il pria de ne plus être obligé à accepter un emploi.» — Biffez dans Freytag le quasi-passif, qu'il donne en citant la Vie de Timour, I, 506, 2. On y lit: قل أشفع تَسمَع سَلْ تَنَلْ. C'est la IIe forme, تَشَفَّع, et ces paroles, que Lane a expliquées (Ire forme, 1571 c), se trouvent, comme il le dit, dans une tradition.

X formée du terme شُفْعَة (voyez les dict.), Formul. d. contr. 6: وثيقة الشفعة استشفع فلان بن فلان مال من الشفعة فيما حاز الى فلان من يد فلان بالشرا اذ هو مشاع له غير مقسوم.

شَفْع صلاة الأشفاع, Cartâs 248, 11, ou اشفاع رمضان, Haiyân 28 v°, ou simplement الاشفاع, Bayân I, 195, 1, est le nom de certaines prières dans les nuits du mois de Ramadhân. Quand on consulte Lane, on est porté à croire que c'est le synonyme de صلاة التراويح, et un passage du Bayân, I, 149, 9, semble confirmer cette opinion, car trouvant dans 'Arîb, qu'il copie en l'abrégeant, les deux mots صلاة الأشفاع, Ibn-'Adzârî les remplace par التراويح. En admettant cette manière de voir, il faut remarquer que ce qu'on appelle الشَّفْع والوِتْر est autre chose que le *çalât al-achfâ'* ou *tarâwîh*, car Ibn-Batouta (I, 389, 390, II, 299) distingue formellement le *tarâwîh* du *as-chaf' wa'l-witr*. Selon lui la prière du soir (العشاء) est suivie du *tarâwîh*, qui consiste en vingt rec'as, et celui-ci du *as-chaf' wa'l-witr*, qui a lieu avant l'aurore.

شَفْعَة *intercession*, Bc.

شُفْعَة *réméré, droit de retrait*, Roland.

شَفْعِيّة «signifie, dans le langage des Soufis, que

شفق | 771 | شفى

Dieu et le monde font la paire. Il désigne donc une espèce de dualisme,» de Slane sur Prol. III, 76, 11.

شَفَاعَة, n. d'act., s'emploie souvent subst., *intercession, sollicitation*, Bc. — Par le passage d'Eutychius, cité sous la IIe, on voit que ce mot a perdu sa signif. primitive, et qu'il s'emploie dans le sens de *demande, prière*. — *Affection, amour*, L (affectus حُرْقَة وقَوَاءٌ وشَفَاعَة ومحبّة).

شَفَق I *compatir, épargner, faire grâce*, Ht; مشفوق عليه *celui dont on a pitié*, Payne Smith 1314.

IV c. من *être fâché, être au désespoir de*, Alc. (dolerse), Becrî 187, 7: والزوج فى ذلك كلّه يظهر الرغبة فيها والاشفاق من مفارقتها ¤

شَفَقَة. L donne: inhumanus غَيْرُ ذى شَفَقَة.

شَفَقَة *clémence, miséricorde*, Alc. (clementia, misericordia), *bonté, clémence, compassion*, Ht, Cartâs 59, 7.

شَفَاقَة *bonté*, Ht.

مُشَفَّق *debilis in sensu*, Voc.

شفنين signifie selon les uns *alouette*, et selon les autres, *tourterelle*, Most. v° دم الشفانين; cette dernière explic. chez Bait. II, 99 d, et dans le M. — شفنين بَحْرى *Raja Pastinaca* (animal marin), Bait. II, 100 b.

شفه III c. a. p. *s'aboucher avec quelqu'un, avoir avec lui un entretien*, Voc. (loqui facie ad faciem, ore ad os), Gl. Belâdz., Bassâm III, 38 v°: أمر اراد مشافهته فيه. De là مُشَافَهَا ou شِفَاهَا (Vie de Saladin 145, 22), *de bouche, de vive voix*, Bc, Gl. Belâdz. C. a. p. et ب r. *communiquer quelque chose à quelqu'un de vive voix*, Gl. Belâdz.; شافهه بالوزارة *il le nomma vizir de vive voix*, Fakhrî 353, 6, 366, 2. Dans la science des traditions c'est quand le chaikh les dicte au disciple, ce que l'on préfère à l'autre méthode, selon laquelle le disciple les récite au professeur, Gl. Belâdz. Le n. d'act. chez Djob. 77, 9: شافَهْنا من ذلك بالاسكندريّة مشافهة وسماعا امرًا غريبا exprime: «dans les entretiens que j'y ai eus.» Il s'emploie aussi quand on dit une chose de bouche, mais que le cœur n'y touche, Berb. II, 186, 1: نصيّه للامر مشافهة وعنادا

للسلطان, où M. de Slane traduit: «il le traita en souverain, bien moins avec l'intention de le soutenir sérieusement que de contrarier le sultan.» Aussi subst., voyez plus loin.

VI *s'aboucher*, Voc.

مُشَافَهَة *message, commission de dire quelque chose*, Fakhrî 75, 3 a f.: indiquez-moi un homme sûr, حتى احمّله مشافهة سريّة الى الخليفة — صاحب المشافهات surnom d'Alî ibn-Ishâc الحنظلى, qui l'avait reçu parce qu'il disait tenir de la bouche du Prophète toutes les explications qu'il donnait, Gl. Belâdz.

شفى I *satisfaire*, Gl. Edrîsî, Gl. Belâdz., de Jong, Djob. 161, 17, Prol. II, 374, dern. l., pas bien traduit par Lane M. E. II, 402; شفى غُلَّهُ *se désaltérer*, Bc; aussi *assouvir, satisfaire une passion*, Bc; شفى غُلَّة فلان *satisfaire le désir de quelqu'un*, M; شفى غليله *rassasier, satisfaire les passions*; *étancher la soif* de l'or, de la vengeance, Bc; شفى غليله (او قلبه) من احد *assouvir sa haine, satisfaire sa vengeance*, Bc, Voc.; cf. 'Imrânî 69: شفيت النفس من حمل بن بدر وسيفى من حذيفة قد شفانى

II *réjouir*, Daumas V. A. 91.

IV seule, par ellipse, *être sur le point de périr*, Abbad. I, 49, 5. Elle ne se construit pas seulement avec على, mais aussi, dans le sens général de دنا et de قرب, de même que ces derniers verbes, avec من et avec l'acc., Fleischer sur Macc. II, 752, 5 Berichte 184. — اشفى غليله من *satisfaire sa vengeance*, Voc.

V *se satisfaire, contenter le désir qu'on a de*, من, quelque chose, Macc. I, 657, 9, II, 290, 1, Becrî 186, 15, Cout. 41 r°, Ictifâ فلما تشفى من زوجته 126 r°: sur son lit de mort قالت لا بُدَّ ان ارى ابنتى واتشفى منها ¤

VII *être guéri*, Cazwînî I, 31, 11. — انشفى غُلَّهُ *s'assouvir*, au fig., Bc.

VIII. اشتفى غُلَّهُ *s'assouvir*, au fig., Bc; aussi اشتفى غُلَّهُ منه, M; اشتفى غليله من *satisfaire sa vengeance*, Bc; de même le verbe seul c. من, Bidp. 233, 4, Hamâsa 97, 16, Macc. II, 203, 10, R. N.

وكان بنو عُبَيْد لعنهم الله يطلبون (لـ مَتْن) جُنَّتَهُ :v° 85
ليشتفوا منه. Le Voc. donne en ce sens la constr. c.
على — اشتفى قَلْبَه être satisfait, M, c. مِنْ, 1001
N. I, 65, 3: le portefaix baisa, etc., ces dames,
الى ان اشتفى قلبه منهن De même le verbe seul,
M, 1001 N. I, 53, 2. — اشتفى مِنْ فلان être satisfait du mal que l'on cause à quelqu'un, Macc. II,
139, dern. l., Gl. Mosl., P. Thaʻâlibî Latâïf 24, 7,
où l'amant dit: قد اشتفى من فوادى الكَمَدُ, c.-à-d.,
« la Tristesse est satisfaite du mal qu'elle a causé à
mon cœur. » — C. بـ p. se réjouir du mal d'autrui,
M, Voc., qui donne la constr. c. فى et على, Roland
(qui a يَشْتَفى).

شفا pl. أَشْفِيَة vulg. pour شَفاة = أَشْفى, Voc., Alc.
(alesna, punçon, suvilla o alesna).

شَفاعة. آيات الشفاء sont les versets du Coran: IX,
14, X, 58, XVI, 71, XVII, 84, XXII, 80, XLI,
44; voyez Lane M. E. I, 387. — أَشْفى = L (subula
شَفاً للتَّقْبِ).

شاف achevé, fini, parfait, Bc. — جواب شاف réponse catégorique, congrue, précise, positive, Bc.

أَشْفى vulg. pour أَشْفى, Voc.

مشعيات (pl.) espèce de navires faits ordinairement
d'une seule pièce de bois, et qui cependant ont la
longueur d'une galère et sont susceptibles de porter
150 ou 200 hommes, Edrîsî, Clim. II, Sect. 6; mais
la leçon n'est pas certaine; celle que j'ai donnée se
trouve dans B et D; A et C ont le sin. Je n'ai
pas le texte de l'autre passage (Jaubert I, 71), et
je sais seulement par une note d'Engelmann que le
man. A porte en cet endroit مشعيات.

شقّ I. لا يُشَقُّ غُبارُ, expression inventée, à ce qu'il
semble, par le poète an-Nâbigha ad-Dzobyânî, et qui
doit son origine aux courses de chevaux. Proprement:
celui dont la poussière n'est pas fendue, c.-à-d., un
coursier qui devance ses compétiteurs à un tel point
qu'ils ne peuvent pas même atteindre la poussière
qu'il fait élever. Cela se dit d'un homme très-émi-
nent, incomparable, qui surpasse tous les autres, de
Slane trad. d'Ibn-Khallic. I, 50, n. 1, Khallic. I,
26, 7 Sl., Macc. II, 389, 12, 354, 12: وقد عارضه

شَقّت خشيبة السَّيفِ — غير واحد ما شَقُّوا له غبارًا
est سَقَى الماء, اذا صُقل السيف وسُقى الماء, Diw. Hodz. 27, vs.
3, cf. 76, vs. 3, 142, vs. 36. — شقّ عند se dit d'un
enfant qu'on tire du corps de la mère en faisant l'opération césarienne, Gl. Abulf. — Sillonner, faire des
sillons, Bc; شقّ الارض بالسكّة, t. de labourage, n.
d'act. شَقَاقَة, donner à la terre le premier labour,
M; chez Auw. II, 9, l. 18, الشَّقّ, le premier labour
qu'on donne à la terre. — Dans le sens de traverser,
ce verbe ne se construit pas seulement c. a., mais
aussi c. فى; de même, sans régime: تشقّ جزيرتان
بينهما السفن, Gl. Edrîsî, Gl. Fragm. — شَقّ شَقّة
faire un tour de promenade, 1001 N. III, 444, 9. —
C. على p. passer chez quelqu'un, le voir en passant,
visiter, Bc; شقّ على المريض « visiter un malade, »
M. — Dériver les eaux d'un fleuve dans un canal,
Gl. Fragm. — Fatiguer, Gl. Edrîsî. — شقّ على جرح
panser, Bc.

III. شاقّه الطاعة refuser d'obéir à quelqu'un, se
révolter contre lui, Berb. II, 111, 4: نابذوه العهـد
وشاقّوه الطاعة ☼

V. منشقّقة ارض terrain où il y a beaucoup de
شقوق ou crevasses, Becrî 56, 7 a f., 151, 7 a f.,
Auw. I, 42, 4 a f.

VII crever de dépit, de rage, Alc. (rebentar de enojo).

VIII dériver les eaux d'un fleuve dans un canal,
Gl. Fragm., de Sacy Chrest. II, 24, 3 t. a. — C. a.
traverser, Gl. Fragm.

X. Biffez dans Freytag: «prodiit, manifestus eva-
sit, Jac. Schult.» Schultens cite pour cette signif.
la XXIe Séance de Harîrî, c.-à-d. 212, 9 éd. de Sacy;
mais il s'est laissé tromper par une fausse leçon, car
le verbe qu'on y trouve est شقّ X, avec le fâ.

شقّ l'endroit entre les deux jambes d'un homme,
là où elles touchent au corps, Antar 6, 5 a f.; le
même texte dans Koseg. Chrest. 87, 6, où on lit
مَشَقّ. — Niche, enfoncement dans l'épaisseur d'un
mur pour y mettre une statue, etc., Bc. — خرقت
شقوق البربر « les rangs des Berbères furent rompus, »
Nowairî Espagne 483. — Le premier labour qu'on
donne à la terre, voyez sous la Ire forme.

شقّ coquelicot, Rauwolf 118 (schück).

شَقَّة pl. شِقَاق fente, ouverture, Alc. (hendedura, resquebrajadura, resquebrajo, resquicio o hendedura), crevasse, Bc. — Tour de promenade, voyez sous la Ire. — Tournée, voyage en plusieurs endroits, voyage annuel et périodique, Bc. — Visite, aussi d'un médecin, Bc.

شَقَّة côté; على شَقَّة de côté, par le côté, de biais, obliquement, Bc. — Pièce, morceau, شَقَّة القلوب والأكباد, Müller 58, 2, pour exprimer: ce qu'on a de plus précieux, ce à quoi l'on tient le plus. — Portion, Bc. — Pan, partie considérable d'un vêtement, d'un mur, Bc. — Tranche, Bc. — Proprement pièce d'étoffe, spécialement, pour شَقَّة الكتَّان (Cartâs 36, 16), pièce de toile de lin, Alc. (lienço paño de lino, naval lienço, tela, tela de cedaço), ou شَيْ من شَقَّة lençal cosa de lienço), ou pièce de drap, Bc. Dans les chartes grenadines شُوقَة aussi bien que شَقَّة. De là: pièce d'étoffe de lin ou de poil de chèvre, dont on se sert pour faire des tentes, Ztschr. XXII, 143 (شَقَق pl. شِقَاق), Burckhardt Syria 91: «The tent of our host was very neat, being formed with alternate white and black Shoukes, or cloth made of goat's hair.» Le pl., non-seulement شِقَاق, mais aussi أَشْقَاق, Payne Smith 1632, Bar Ali éd. Hoffmann n° 4515. — Par extension, grande tente ronde, Maml. I, 1, 192 II, 2, 212. — Une cloison d'étoffes que l'on place autour d'une tente, en persan سَرَابَرْد, Maml. II, 2, 212. — Comme شَقَّة, la moitié d'une double litière, l'un de ses paniers, Djob. 178, 6, Bat. I, 404, II, 148 (Quatremère, qui cite ce dernier passage Maml. l. l., ne l'a pas compris). — Battant d'une porte, Maml. l. l. من دار شَقَّة corps de logis, Bc. — شَقَّة الرصاص plaque de plomb, Maml. II, 2, 212–3, Ztschr. XV, 411, 7 a f. شُقَّة pl. شُقَق, fente, Voc. — شُقَّة celui des quatre côtés de l'osselet qui présente un creux, Gl. Esp. 254. — وجع الشَقَّة migraine, M.

شَقِيق coquelicot, Bc, Müller 22, 4, Ibn-al-Djezzâr, Zâd al-mosâfir: شَقِيق النعمان وهي الحبورا — شَقِيق الماء glaucium ou pavot cornu, Bc. — شَقِيق القرن grenouillette, espèce de renoncule, Bc. — Pl. شَقَائِف soie, Voc.

شَقِيقَة bande, de Sacy Chrest. II, ۱۳, 6: وتلبس دبيكة طويلة سوداء بشقائف صفر طوال مدلاة على صدرك. — Voyez sur la fleur nommée شَقَائِف النعمان et sur l'origine de ce nom, Khallic. I, 370 Sl. et la trad. de M. de Slane II, 57, n. 2; coquelicot, Müller 22, n. 2.

شُقَيْقِف coquelicot, Bc; dans le M شُقَيْقَة.

شَقَّاق linger, toilier, marchand de linge, Voc., Alc. (lencero que vende lienços).

شاقِق émergent, Bc.

مَشَقّ voyez شَقّ. On emploie ce mot pour indiquer que des coquilles ou des noyaux sont bivalves, Bait. II, 581 c: في بطون الودع مشق كمشق النواة.

مُشَقَّق caverneux, plein de cavernes, Alc. (cavernoso lleno de cavernas); dans le passage de Becrî 56, 7 a f., Yâcout, I, 456, 1, remplace ارض متشقّقة par ارض مشقّقة.

مَشْقُوق صنوبرة مَشْقُوقَة pomme de pin qui se fend de soi-même, Alc. (piña que se hiende por sy).

مَشَاقِق schismatique, Bc.

اشْتِقَاق émanation, Bc.

اشْتِقَاقِي dérivé (mot), Bc.

انْشِقَاق naufrage, Alc. (quebrantamiento de nave).

شَقَاقُل. Le Most. donne le nom esp., qui dans N est تحميلة, dans Lm تحميلة (?); Alc. a «rayç chicâquil» sous «sello de Santa Maria,» terme que je ne trouve ni dans mes dict. ni dans Colmeiro; mais en italien Sigillo di Santa Maria signifie sceau-de-Salomon (Dodonæus 606 b). En Syrie c'est عروق الجزر البري, Bait. I, 259 b (AB); cf. la description dans Rauwolf 74. Écrit أَشْقَاقُل Auw. I, 25, 7, aussi dans notre man. — شَقَاقِل كريدي daucus de Candie, Bc.

شقب.

شَقَب pl. شَقَابِين mot que le peuple a formé de شُكْبَان et qu'il emploie dans le sens de pan du vêtement nommé 'abâa, qu'on plie sur le dos et dans lequel on porte de l'herbe ou autre chose, M.

شقح.

شَقِح parlant avec hardiesse, M.

اِشْقَذَف voyez شَقْذَف

شَقْذُوفٍ bas, vil, méprisable, M.

شَقْذَفٌ Le pl. شقاديف, avec le dâl, Djob. 63, 9; voyez sur cette espèce de litière Burckhardt Arabia II, 95, et surtout Burton I, 227, 400 n.

شقر I. Le n. d'act. شَقَرٌ dans le Voc.

II et V dans le Voc. sous flavescere. — II c. على voir, faire visite, Bc.

IX blondir, Bc.

شَقَر (esp. suegro), aussi شُكْر, beau-père, Voc., Alc. (voyez sous padre de los suegros).

الشُّقْر blond, la couleur blonde, Bc. — Sorte de flûte; le passage de Maccarî cité par Freytag se trouve dans notre édition II, 144, 1. — (Esp. suegra) belle-mère, Voc.

شُقُر (esp. segur) pl. شَواقِر hache, Voc., Alc. (destral o segur de hierro, hacha de armas, hacha que corta de dos partes, hacha para cortar leña, segur para cortar, segura o seguron para cortar), charte grenadine.

شُقَيْر, dimin. de أَشْقَر, 1001 N. IV, 175, 7 et 14, 177, 3, avec la note dans la trad. de Lane III, 571, n. 26 (dans le premier passage je prononce قصرتُ, et non قصرتَ, comme l'a fait Lane). Remarquez cependant que dans le récit l'éd. de Breslau, IV, 371, 4 et 7, porte شفير, يا عم شفير, au lieu de شقير.

شاقُور pl. شَواقير hache, Cherb., Ht, Aboû'l-Walîd 801, 13; chez Mc et Br شاكُور.

شَواقرى sapeur, Cherb.

أَشْقَر. أشقر الشعر blondin, Bc. — Alezan, Bc, Martin 98; أشقر أدم alezan brûlé, Bc; أشقر ذهبى alezan doré, Bc.

أَشْقَرانِى roussâtre, Bc.

شَقْرَق voyez شَقْراق.

شَقْرَب sorte de mélilot, si la leçon est bonne, Most. v°: ومنه صنف, mais seulement dans Lm: أكليل الملك ثالث يعرف بالشقرب.

شَقْشَق I déchiqueter, déchirer, Bc. — Laver le linge ou la vaisselle une seconde fois, afin de faire disparaître les traces du savon ou d'autres choses avec lesquelles on les a lavés la première fois, M.

شَقْشَقٌ (Alc.), n. d'un. ة, ou شَقْشاىَ (Bat. IV, 413), pl. شَقاشِق, merle, Alc. (mierla ave), merle d'eau ou cincle, Calendr. 75, 7; cf. Bat. II, 217.

شَقْشَقَةُ اللسان bavardage, Bc, Hbrt 239, M, loquèle, pathos, radotage, Bc. Cf. 1001 N. I, 240, 2.

شَقْشِيق coquelicot, M sous شَقّ.

تَشَقْشُق grand bruit de choses qui se cassent en tombant, Alc. (estruendo de cosas quebradas).

شقط.

شَقْطِيَّة longue mèche de cheveux que les musulmans laissent sur le sommet de leur tête, Bc, M, Ztschr. XVII, 390.

شقع I ranger des bûches, les mettre les unes sur les autres, M.

II c. ل p. invectiver contre quelqu'un, M.

VI, en parlant de deux personnes, se répandre en invectives l'une contre l'autre, M.

تَشْقِيع imprécation, invective, affront, Ht.

شقف II mettre en pièces, Bc; couper le bois en petites pièces, M.

شَقَف, vulg. شَقْف, M, Voc., Alc., n. d'un. ة, M, Bc (qui a شِقْفة, pl. شِقَف, ce qui revient au même), pl. أشقاف, شقاف et شُقُوف dans ses différentes signif. — Pot de terre, L (testa شَقْف), Voc. (testa), Aboû'l-Walîd 254, 33, 795, 23, R. N. 19 r°: راقدًا على لبد وبين يديه شقفة (l. شَقْفَة): فاخذ سقفه (l. شَقْفَه), 62 v°: فيها رماد يبصق فيها وجعلها على نار وطبخ عصيدًا واكلنا فيها فكانت قدرنا وحفنتنا. Surtout pot à fleurs, Auw. I, 296, 5, où Palladius (cité par Clément-Mullet I, 274, n. 1) a testa, II, 19, dern. l., 65, 15, Most.: حماحم هو الحبق العريض الورق البستانى الذى يستعمل فى الاشقاف والبساتين; ensuite il dit que c'est βασιλικόν, et l'on cultive en effet cette plante dans des pots (Dodonæus 480 b, 482 b). — Débris de pot cassé, tesson, têt, Alc. (casco (et caxco) de vaso de barro), Macc. II, 163, 2 a f., Bat. I, 238, Auw. I, 188, 16 (où il faut lire باشقاف avec notre man.), 1001 N. I, 22, 6.

حسّ أشقاف bruit de pots qui se cassent en tombant,» Alc. (roydo de cosas quebradas). — *Tuile*, Most. v° خَرْف الفخّار: خَرْف التَنّور وهو شَقَف الفخّار

شَقْفة أى نوع كان. — *Tuileau, morceau de tuile cassée*, Alc. (tejuela pedaço de teja). — *Morceau, pièce de quoi que ce soit*, M, Alc. (caxco de qualquier cosa), *brin, parcelle, un bout de, pièce*, Bc, Bâsim 78: واخذ شَقْفة نارنجة وحرمة نعناع وقطعة تبريسية وشقْفة عسل نحل. — *Morceau de papier*, R. N. 22 r°, où il est question d'un cadi: كان اذا! جلس للخصمين رمى اليه لخصمان الشقاف فيها قصّهم مكتو (مكتوبة l.). فقعد يومًا فرموا اليه شقافهم فدعا بها فاذا فى شقفة منها مكتوب الخ. — *Tablette, composition réduite en forme plate*, Bc. — *Les pierres des maisons*, Müller L. Z. 31, 4: les musulmans évacuèrent la ville, se retirèrent dans les faubourgs avec tous leurs biens, ولم يتركوا شيئًا الَّا شقف البلد خاصّة. — *Tambour de basque*, Voc. (tinpanum). — En Barbarie, *navire*, Domb. 100, Bc (Barb.), Barbier, Ht, Delap. 41. — شقف لكف serait selon Habicht (Epist. quædam Arab., note 76), qui écrit par mégarde لقف, au lieu de لكف (aussi dans son Gloss. sur le t. I des 1001 N. et chez Freytag), une expression composée de deux mots, dont l'un ne signifierait rien, et l'autre, à ce qu'il semble, très-peu de chose (Habicht ne l'explique pas). Je ne puis partager son opinion, et je crois que c'est une sorte de jeu, car là où l'expression se trouve, 1001 N. Bresl. I, 127, 10 = Macn. I, 48, 3, un esclave noir invective contre sa maîtresse en disant: وانت يا ملعونة تلعبى بنا شقف لكف. Le premier mot peut bien désigner un jouet d'enfant, car Alc. le traduit par «tejuela,» et en esp. «tejo» signifie «morceau de tuile cassée que les enfants arrondissent pour jouer au palet,» et aussi «jeu du palet.» Le second mot semble être (كَفْ, لكَفْ, *main*); mais au reste il serait hasardeux, quand on ne connaît pas le jeu dont il s'agit, de vouloir préciser le sens de l'expression.

شَقْفِيف *bloc, gros morceau qui tombe d'une roche*, M. — *Petit caillou qu'on lance*, M.

شَقَافة *débris de pot cassé, tessons, têts*, 1001 N. I, 575, 3 a f., IV, 374, 12 (où Bresl. a شقف), Bresl. IX, 340, dern. l. — En espagnol *axaquéfa* désignait anciennement quelque chose qui appartenait à un moulin d'huile, car le dict. de l'Académie cite (v° alfarge) ce passage des Ordenanzas de Sevilla (Tit. Albañies): «Sepa facer un molino de azeite, haciendole su torre é almazen, é axaquéfa é alfarge,

ó hornillas, ó todo lo que le pertenece.» Nuñez le traduit par *cave, caveau*, j'ignore sur quelle autorité.

شَقْفِيفات (pl.) *cymbales que les danseurs frappent en mesure l'une contre l'autre*, M.

بالشَقْفِيفانى *dactyologie, chironomie, chirologie*, Bg 512.

شَاقُوف *grand marteau de maçon*, M.

شَقَل I *charger quelque chose* على كَتفه *sur son épaule*; — شَقَل المَكان *porter*, Bc, M. — شَقَل *prendre l'aplomb d'une muraille, les aplombs d'un bâtiment*, M. — La signif. de ce verbe dans le passage des 1001 N. que cite Freytag est incertaine. Celle qu'il lui attribue convient moins que celle que lui donne Habicht, *se balancer, se brandiller*; mais les preuves manquent.

VI, en parlant de deux personnes, *monter alternativement sur une bête de somme*, M.

شَقْلَذ *prendre l'aplomb d'une muraille*, etc., M.

شَاقُول = شَاقُول (pers., شَاقُول dans Richardson et Vullers, شَاخُول dans le M) *plomb ou fil à plomb, instrument de maçon*, etc., Bc.

شَقْلَذة *gargoulette*, Martin 76, Beaussier; c'est probablement une autre forme de اشكال (voyez plus haut p. 25 b).

شَقْلاوة *sorte de petit navire*, M.

شَقْلَب I (la forme شَقْعَل de قلب selon Wetzstein) *sauter* p. e. من السَطح et على فلان, Ztschr. XXII, 139. — *Culbuter, v. a., renverser, mettre sens dessus dessous*, Bc.

II *culbuter, v. n.*, Bc.

شَقْلبًا مَقْلبًا *ab hoc et ab hac, sans ordre, sans raison, à tort et à travers*, Bc.

شَقْلَبِية *culbute*, Bc. Chez Domb. 87 شَقْلابيك *prolapsio in caput sublatis pedibus*.

مُشَقْلَب *à l'envers, en désordre*, Bc.

شَقَم II مَرْأتَه *procurer sa femme*, Daumas V. A. 164.

شَقْمَق (turc چقمق) *la batterie et le chien d'un fusil*, Bc.

شَقِن

شَقْكان (ou شَكْكان?) *mélisse, citronnelle*, Alc. (abejera).

شَقْفى II c. a. dans le Voc. sous laborare.

III c. a. *jeter à plusieurs reprises* une chose en l'air et la saisir quand elle tombe, M.

IV c. a. dans le Voc. sous laborare; مُشَقَّى *fatigué*, Alc. (fatigado).

شجى ou شكا (شكى N) شقا (شقى N) ou رغلا (رغلا N) رغلا, dans L. avec 'ain, polypodium, Most. v° بسبايج.

شَقَّة *pauvreté*, indigence, misère, Alc. (lazeria por mezquindad). — *Douleur, maladie qui affecte une partie du corps*, Alc. (passion del cuerpo). — *Travail qui cause de la douleur*, Alc. (trabajo con passion); *peine, travail, fatigue*, Bc; *fatigue*, Alc. (fatiga del cuerpo), Hbrt 42, Ht. — *Causticité*, Bc. — Dans L (culmus) *tige* (de blé), ce qui est étrange.

شَقِى *fatigué*, Voc. (laboriosus = تَعِب). — *Réprouvé*, celui que Dieu a rejeté et maudit, Voc. (prescitus, cf. Ducange), p. e. en parlant du meurtrier d'Alî, Djob. 213, 18, et très-souvent en parlant de rebelles, Bat. IV, 358, Çalât passim. — *Malfaiteur*, Bc. — *Caustique, malin*, Bc.

شَقَاوة *apostasie*, Djob. 345, 9.

شاقى *fatigant*, cf. Gl. Edrîsî 329, 4.

شَقْواص نوع من الخطب شعراوى signifiait en Espagne: تجرى عندنا فى الأوران فى بعض بلاد الاندلس, Bait. II, 103 d, où mes deux man. ont شقراص, mais ils ont le *wau*, II, 301 g et 432 b. C'est un mot esp. qui s'écrit de différentes manières: Victor xaguarcio, Dodonæus 314 b xaguarça, Colmeiro jaguarza et jaguarzo, Escolano Hist. de Valencia I, 689: « dos suertes de xaras que entre nosotros se nombran *Xaracas, ó Xaguarços*» (le jaguargo de Nuñez semble une faute), et qui désigne l'arbrisseau nommé *ciste, Ledon secundum latifolium minus* de Clusius.

شكّ I c. فى et r. *révoquer en doute*, Bc, Gl. Fragm.; aussi c. ب r., de Sacy Chrest. II, ٨٢, 9. — C. على *soupçonner*, Ht. — C. فى *résoudre de*, Bat. I, 351. — *Garnir, munir* une place de guerre, y mettre une garnison, Gl. Bayân, Gl. Mosl., Haiyân 70 r°: شكّ الحصن اشدّ الشوكة. — *Faire couler* les rivières, en parlant de Dieu, Abbad. I, 308, 11. — شكّ الخرز *enfiler un chapelet*, M. — *Piquer*, Hbrt 71; شكّ الحصان *enclouer*, piquer le cheval en le ferrant, Bc. — شكّ *larder*, Bc. — شكّ شحمًا فى السيخ *embrocher*, Bc. — *Sucer*, Voc.

II *douter*, Alc. (dudar). — شكّك عليه شيئًا *critiquer quelqu'un à cause de*, Abou'l-Walîd 367, 24 et 25, 392, 16, 414, 1, 571, 13, 578, 599, 623, etc. — Ne m'est pas claire dans Bassâm II, 113 v°: دابن عمّار يبكى ويبصحك' ويشكو فيشكّك "

V *se scandaliser*, Bc. — *Avoir des scrupules*, Bc.

VII *se piquer*, Bc. — *S'enferrer, se jeter sur le fer*, Bc. — C. فى *s'enfoncer*, Bc. — *Etre sucé*, Voc.

شكّ *mot dont on se sert pour exprimer le bruit qu'on fait en se jetant dans l'eau pour se baigner*, 1001 N. Bresl. I, 161, 2 a f., 163, 10.

شكّ *jalousie*, Ht. — Pl. شكك *scrupule*, Bc. — *Scandale*, Bc; حجر الشكوك *pierre de scandale, ce qui scandalise*, Bc. — *Zigzag, suite de lignes formant entre elles des angles très-aigus*, Bc. — شكّ التبغ *feuilles de tabac enfilées*, M. — شكّ فلك *cheval de frise, pièce de bois hérissée de pointes, palissade*, Bc.

شكّة *piqûre*, Bc, Hbrt 71; شكّة بالخنجر *coup de poignard*, Hbrt 134. — *Point, trou sur une courroie*, Bc. — *Point, douleur piquante qui se fait sentir en divers endroits du corps, et particulièrement au côté*, M. — *Lardon*, au fig., *mot piquant*, Bc. — *Maille de bas*, Bc. — *Ornement de femme, synonyme de* شاطط *et de* صفيّة (voyez), M.

شكّة *cottes de mailles*, Berb. II, 293, dern. l.: فتنظّاروا فى دروعهم واسبغوا من سكتهم, mais il faut lire شكتهم avec notre man.

شكّى *dubitatif*; — *problématique*, Bc.

شكّيبات *petites pièces de coton qui servent de monnaie au Soudan*, Becrî 173, 2, 14, où de Slane remarque: « Les étoffes de calicot portent encore le nom de *chigguè* dans quelques endroits du pays des Noirs; v. Barth IV, 443 éd. angl.» (texte allemand IV, 452 à la fin et n., V, 30 et 31).

شكك *dubitation, doute feint*, Bc. — *Scrupule*, Bc.

شكك *sur parole, à crédit*, Bc.

شكيك *irrésolu*, Ht.

شاك. شاك الشاك زيد *que le complément y soit ajouté* (de Slane), Prol. II, 150, 3.

شكا

شَاكَة *brouillard*, si c'est ainsi qu'il faut transcrire le mot qu'Alc. (neblina, niebla) prononce à la manière grenadine chîca et chîqua. Pour « il y a un brouillard, » il donne (hazer niebla, neblina hazer): a chîqua (chîca) hi, a chîqua (chîca) quînet, c.-à-d. الشَّاكَة هِى الشَّاكَة كَانَت.

مِشَكّ الشَحْم *lardoire*, Bc.

مِشَكَّك *hérissé*, Bc. — *Ambigu*, Bc.

مِشْكَاك *feuilles de tabac enfilées*, M.

مَشْكُوك *suspect*, Ht.

شَكَا = شَقَا *prorupit dens*; شَكِىَ *fissus fuit*, Thesaurus de Gesenius 1362 a.

شكب II. شَكَّبَت أَسْنَانُ المَرِيض se dit lorsqu'un malade, par convulsion ou autrement, tient les dents extrêmement serrées les unes contre les autres, M. — En parlant de cuir, *sécher après avoir été mouillé et devenir dur comme du bois*, M.

شكح.

مِشْكَاح pl. مَشَاكِيح *misérable, pauvre*, Voc.

شكر I. La langue classique distingue entre les verbes شكر et حمد (voyez Lane), mais ils sont devenus synonymes, *vanter, recommander*, Delap. 90, 97, *faire valoir, vanter*; شكر عند الناس *faire l'éloge de quelqu'un*; شكر نفسه ou شكر روحه *se faire valoir, exalter son mérite, se vanter, se louer, s'applaudir, se glorifier*, Bc, de Sacy Chrest. II, 178: شَكَرَت سِيرَتُه « sa conduite fut louée, » Amari 151, 7 et 8, 323, 6 a f., Macc. II, 552, 4 a f. (cf. le poëme qui suit), 1001 N. I, 458, 3, II, 296, 2 a f., III, 205, 7, 231, 12, Bresl. IV, 111; c. فى p. ou r., Macn. I, 417, 10: الجَارِيَة التى مدحها وتشكر فيها وفى عقلها وادبها C. من *se louer, être content du service, des procédés de*, Bc. — *Remercier, renvoyer, congédier*, voyez Ztschr. XI, 685, n. 4.

VII *être remercié*, Voc.

شِكْر (esp. *suegro*), aussi شَقُر (voyez), *beau-père*, Voc.

شُكْر *éloge, louange, recommandation*, Alc. (favor con voto = حَمْد). — *Récompense, gratification*, Alc. (galardon del servicio, gratificacion).

شكر

شُكَر *sorte de dattes*, Niebuhr R. II, 215.

الوجه الشكور. شَكُور *visage d'un malade qui ne maigrit pas*, quoique le corps maigrisse, M. — شَكُور (esp. *segur*) et شَاكُور, pl. شَوَاكِر *hache, hachette*, Mc, Bc (Barb.); cf. شُقُور.

شَكَّارَة pl. شَكَاكِير *ce que le jardinier sème pour son propre usage dans un petit coin de la terre du propriétaire*, M. — *Les vers à soie qu'élève un boulanger, et pour lesquels ceux qui viennent cuire chez lui, lui apportent des feuilles de mûrier*, M. — *Essaim d'autres insectes*, p. e. de sauterelles, M.

شَكَارَة pl. شَكَائِر *sac*, Voc., Alc. (mochilla talega, talega), Ht, Delap. 133, Daumas V. A. 110, Mc, Dict. berb., *grand sac pour les grains, la farine*, Bc, *sacoche*, Ht, Bat. II, 352, IV, 39, Prol. I, 328, 15, charte grenadine, Hist. Tun. 89; شَكَائِر *sacs pleins de terre*, Hbrt 144 (Alg.), chap. de la guerre. — *Bourse*, Domb. 82.

شِكُورِيَّة *chicorée*; — *chondrille*, Bc.

شَكَّار *applaudisseur*, Bc. — شكار روحه *fanfaron, vantard*, Bc.

شَاكِر *celui qui récompense, rémunérateur*, Alc. (galardonador).

شَاكِرِى, en Syrie, *courrier*, Payne Smith 1426.

شَاكِرِيَّة *le salaire du* شَاكِرِى *ou mercenaire*, M. — *Sabre recourbé, cimeterre, estramaçon*, Bc, Hbrt 134, M. — *Viande bouillie avec du lait*, M.

شكور voyez شاكور.

أَشْكُر *sorte de dattes*, Niebuhr R. II, 215.

اِشْكَارًا *à découvert, hautement, net, nettement*, Bc.

شَكَرْفِينَة (esp. *escofina*) *râpe (espèce de lime)*, Domb. 96; cf. sous l'*élif* اِسْكَفِينَة.

شكز.

شُكُز est dans L zeuenasca, mot que je ne trouve nulle part. M. Simonet propose de l'identifier avec l'esp. *chamarasca*, qui est d'origine basque (voyez Diez), et qui signifie *bourrée, fagot de menues branches*, car il pense que شُكُز est = شَقْوَاس, شَكْيَس (voyez).

شَقُو

شَقُو II c. a. dans le Voc. sous laborare.

III c. a. *jeter à plusieurs reprises une chose en l'air et la saisir quand elle tombe*, M.

IV c. a. dans le Voc. sous laborare; مُشَقَّى *fatigué*, Alc. (fatigado).

شَجِى ou (شَكَا) شَقَا (N) شَقِى ou (رَغِلَا) رَغَلَا, رَغَلَا, dans L. avec 'ain, *polypodium*, Most. v° بسبايج.

شَقَاءَ *pauvreté*, indigence, misère, Alc. (lazeria por mezquindad). — *Douleur, maladie qui affecte une partie du corps*, Alc. (passion del cuerpo). — *Travail qui cause de la douleur*, Alc. (trabajo con passion); *peine, travail, fatigue*, Bc; *fatigue*, Alc. (fatigua del cuerpo), Hbrt 42, Ht. — *Causticité*, Bc. — Dans L (culmus) *tige (de blé), ce qui est étrange*.

شَقِى *fatigué*, Voc. (laboriosus = تَعِب). — *Réprouvé, celui que Dieu a rejeté et maudit*, Voc. (prescitus, cf. Ducange), p. e. en parlant du meurtrier d'Alî, Djob. 213, 18, et très-souvent en parlant de rebelles, Bat. IV, 358, Çalât passim. — *Malfaiteur*, Bc. — *Caustique, malin*, Bc.

شَقَاوَة *apostasie*, Djob. 345, 9.

شاقى *fatigant*, cf. Gl. Edrîsî 329, 4.

شَقْوَاص signifiait en Espagne: نوع من الخطب شعراوى Bait. II, 103 d, يَجْرَى عندنا فى الأفران فى بعض بلاد الاندلس شَقْوَاص, mais ils ont le wau, II, 301 g et 432 b. C'est un mot esp. qui s'écrit de différentes manières: Victor xaguarcio, Dodonæus 314 b xaguarça, Colmeiro jaguarza et jaguarzo, Escolano Hist. de Valencia I, 689: «dos suertes de xaras que entre nosotros se nombran Xaracas, ó Xaguarços» (le jaguargo de Nuñez semble une faute), et qui désigne l'arbrisseau nommé *ciste, Ledon secundum latifolium minus* de Clusius.

شَكَّ I c. فى r. *révoquer en doute*, Bc, Gl. Fragm.; aussi c. ب r., de Sacy Chrest. II, ٨٣, 9. — C. على *soupçonner*, Ht. — C. فى *résoudre de*, Bat. I, 351. — *Garnir, munir une place de guerre, y mettre une garnison*, Gl. Bayân, Gl. Mosl., Haiyân 70 r°: شَكَّ الحصن أشدَّ الشوكة. — *Faire couler les rivières*, en parlant de Dieu, Abbad. I, 308, 11. — شك الخرز *enfiler un chapelet*, M. — *Piquer*, Hbrt 71; شك الحصان *enclouer, piquer le cheval en le ferrant*, Bc. — شك

شك

شك فى السيخ *larder*, Bc. — شك embrocher, Bc. — *Sucer*, Voc.

II *douter*, Alc. (dudar). — شكك عليه شيئا *critiquer quelqu'un à cause de*, Abou'l-Walîd 367, 24 et 25, 392, 16, 414, 1, 571, 13, 578, 599, 623, etc. — Ne m'est pas claire dans Bassâm II, 113 v°: وابن غمار يبكى ويضحك ' ويشكو فيشكّك ".

V *se scandaliser*, Bc. — *Avoir des scrupules*, Bc.

VII *se piquer*, Bc. — *S'enferrer, se jeter sur le fer*, Bc. — C. فى *s'enfoncer*, Bc. — *Etre sucé*, Voc.

شك mot dont on se sert pour exprimer le bruit qu'on fait en se jetant dans l'eau pour se baigner, 1001 N. Bresl. I, 161, 2 a f., 163, 10.

شَكّ *jalousie*, Ht. — Pl. شكوك *scrupule*, Bc. — *Scandale*, Bc; حجر الشكوك *pierre de scandale*, ce qui scandalise, Bc. — *Zigzag, suite de lignes formant entre elles des angles très-aigus*, Bc. — شك التبغ *feuilles de tabac enfilées*, M. — شك فلك *cheval de frise, pièce de bois hérissée de pointes, palissade*, Bc.

شَكّ *piqûre*, Bc, Hbrt 71; شكة بالخنجر *coup de poignard*, Hbrt 134. — *Point, trou sur une courroie*, Bc. — *Point, douleur piquante qui se fait sentir en divers endroits du corps, et particulièrement au côté*, M. — *Lardon*, au fig., mot piquant, Bc. — *Maille de bas*, Bc. — *Ornement de femme, synonyme de* شاطم *et de* صفية (voyez), M.

شَكّ *cottes de mailles*, Berb. II, 293, dern. l.: فتظاهروا فى دروعهم واسبغوا من سكتهم, mais il faut lire شكتهم avec notre man.

شَكّى *dubitatif*; — *problématique*, Bc.

شَكّيات *petites pièces de coton qui servent de monnaie au Soudan*, Becrî 173, 2, 14, où de Slane remarque: «Les étoffes de calicot portent encore le nom de *chiggué* dans quelques endroits du pays des Noirs; v. Barth IV, 443 éd. angl.» (texte allemand IV, 452 à la fin et n., V, 30 et 31).

شكك *dubitation, doute feint*, Bc. — *Scrupule*, Bc.

شكك *sur parole, à crédit*, Bc.

شكيك *irrésolu*, Ht.

شاك. زيّد الشاك *que le complément y soit ajouté* (de Slane), Prol. II, 150, 3.

شكا 777 شكر

شَاكَة *brouillard*, si c'est ainsi qu'il faut transcrire le mot qu'Alc. (neblina, niebla) prononce à la manière grenadine chíca et chíqua. Pour « il y a un brouillard, » il donne (hazer niebla, neblina hazer): a chíqua (chíca) hí, a chíqua (chíca) quinet, c.-à-d. الـشَـاكَـة هى الشاكة كانْت.

مِشَكّ الشَحم *lardoire*, Bc.

مشكّك *hérissé*, Bc. — *Ambigu*, Bc.

مشكاك *feuilles de tabac enfilées*, M.

مَشْكُوك *suspect*, Ht.

شَكَأ = شَقَأ *prorupit dens*; شَكِى *fissus fuit*, Thesaurus de Gesenius 1362 a.

شكب II. شَكَّبَتْ أَسنانُ المريض se dit lorsqu'un malade, par convulsion ou autrement, tient les dents extrêmement serrées les unes contre les autres, M. — En parlant de cuir, *sécher après avoir été mouillé et devenir dur comme du bois*, M.

شكج.

مَشْكَاج pl. مَشَاكِج *misérable, pauvre*, Voc.

شكر I. La langue classique distingue entre les verbes شكر et حمد (voyez Lane), mais ils sont devenus synonymes, *vanter, recommander*, Delap. 90, 97, *faire valoir, vanter*; شكر عند الناس *faire l'éloge de quelqu'un*; شكر نفسه ou روحه *se faire valoir, exalter son mérite, se vanter, se louer, s'applaudir, se glorifier*, Bc, de Sacy Chrest. II, 178: شكرت سيرته « sa conduite fut louée, » Amari 151, 7 et 8, 323, 6 a f., Macc. II, 552, 4 a f. (cf. le poème qui suit), 1001 N. I, 458, 3, II, 296, 2 a f., III, 205, 7, 231, 12, Bresl. IV, 111; c. ﻓﻰ p. ou r., Macn. I, 417, 10: الجارية التي تمدحها وتشكر فيها وفي عقلها وادبها C. من *se louer, être content du service, des procédés de*, Bc. — *Remercier, renvoyer, congédier*, voyez Ztschr. XI, 685, n. 4.

VII *être remercié*, Voc.

شُكْر (esp. suegro), aussi شَقْر (voyez), *beau-père*, Voc.

شُكْر *éloge, louange, recommandation*, Alc. (favor con voto = حَمْد). — *Récompense, gratification*, Alc. (galardon del servicio, gratificacion).

شُكُر *sorte de dattes*, Niebuhr R. II, 215.

شَكُور. الوجد الشكور *visage d'un malade qui ne maigrit pas*, quoique le corps maigrisse, M. — شَكُور (esp. segur) et شَاكُور, pl. شَوَاكِر *hache, hachette*, Mc, Bc (Barb.); cf. شُقُور.

شَكَارَة pl. شَكَائِر *ce que le jardinier sème pour son propre usage dans un petit coin de la terre du propriétaire*, M. — *Les vers à soie qu'élève un boulanger, et pour lesquels ceux qui viennent cuire chez lui, lui apportent des feuilles de mûrier*, M. — *Essaim d'autres insectes, p. e. de sauterelles*, M.

شُكَارَة pl. شُكَائِر *sac*, Voc., Alc. (mochilla talega, talega), Ht, Delap. 133, Daumas V. A. 110, Mc, Dict. berb., *grand sac pour les grains, la farine*, Bc, *sacoche*, Ht, Bat. II, 352, IV, 39, Prol. I, 328, 15, charte grenadine, Hist. Tun. 89; شكائر *sacs pleins de terre*, Hbrt 144 (Alg.), chap. de la guerre. — *Bourse*, Domb. 82.

شكوريّة *chicorée*; — *chondrille*, Bc.

شَكَّار *applaudisseur*, Bc. — شكار روحه *fanfaron, vantard*, Bc.

شَاكِر *celui qui récompense, rémunérateur*, Alc. (galardonador).

شَاكِرِى, *en Syrie, courrier*, Payne Smith 1426.

شَاكِرِيَّة *le salaire du* شاكرى *ou mercenaire*, M. — *Sabre recourbé, cimeterre, estramaçon*, Bc, Hbrt 134, M. — *Viande bouillie avec du lait*, M.

شكور voyez شاكور.

أُشْكُر *sorte de dattes*, Niebuhr R. II, 215.

اشكارا *à découvert, hautement, net, nettement*, Bc.

شَكَرْفِينَة (esp. escofina) *râpe (espèce de lime)*, Domb. 96; cf. sous l'*élif* اسكفينة.

شكر.

شُكَر est dans L *zeuenasca*, mot que je ne trouve nulle part. M. Simonet propose de l'identifier avec l'esp. *chamarasca*, qui est d'origine basque (voyez Diez), et qui signifie *bourrée, fagot de menues branches*, car il pense que شكر est = شَقْوَاس, شَقْوَس (voyez).

شُكُوز , qui semble pour أَشْكَرَ , est *corium* dans le Voc. avec la note « albo (l. album) coriuni. » — *Brayer, bandage pour les hernies*, Alc. (braguero, tirabraguero).

شَكَّار dans le Voc. sous corium.

أَشْكَر , pl. شُكْر et شُكُر , *imberbe*, Voc., Alc. (desbarbado, lampiño, lampiño varon, pelado lampiño); — *brebis pelée*, Alc. (oveja lampiña, mais sous cet article il écrit le sing. « xèqce »). Ce mot semble une altération du terme berbère اقْشِيش, qui signifie « enfant, garçon; » voyez le Dict. berb. sous ces mots et aussi sous « imberbe, » Venture 436, 439, Gräberg 72, l. 1. Le changement du *chin* en *zâ* n'a rien d'étrange, car « ces deux lettres se permutent dans tous les noms berbères » (Barth I, 247). أَشْكَر , pour اشكش , est donc une transposition de اقْشِيش.

شكرنايا voyez مخرنايا.

شكس.

شَكْوَس, en Espagne, semble = شَقْواس (voyez), *ciste*. Dans B de Bait. II, 301 g, sous قِسْتُوس : وتسميه بِالاسكوس وبالشَقْواس ; dans A عامَّتنا ; mais chez Auw. II, 386, dern. l., 387, 8, le mot est شكوس, ce qui, quand on le prononce شَكُوس, se rapproche plus de l'esp. *jaguarzo*.

تَشَاكُس *cabale, conspiration*, L (compilatio (cf. Ducange) تَشَاكُس وشُرُور).

شكش.

شاكوش *marteau*, Hbrt 85.

شكشك I (rédupl. de شك, M) *picoter*, Bc.

مُشَكْشَك *peau de poisson salé dont les Fellâhs préparent un mets avec des oignons et de l'huile*, Mehren 36.

شَكْطِيَّة *coup sur le derrière de la tête*, Domb. 90.

شكع I *charmer*; يشكع *frappant, piquant, romantique*, Bc.

VII *être charmé, enchanté*, en parlant d'un homme qui voit une femme dont la beauté l'enchante, M.

VIII même sens, 1001 N. Bresl. VII, 269, dern. l.

شكع *contracté*, Bait. I, 140 e: البشام شجر ذو ساق

II, 492: وهى وافنان شكعة يعني كزّة غير سبطة حشيشة شكعة العيدان كزّة غير سبطة ٤

شُكَاعَى *épine-arabique*, Most., Bait. II, 104 a, M, Bc. — *Chardonnette, espèce d'artichaut sauvage*, Bc.

مشكع *pittoresque*, Bc.

شكل

I *nouer*, Bc. — *Proportionner*, Alc. (proporcionar). — *Poser une question d'une manière obscure, embrouillée, confuse*, M. — *Mettre un poignard ou les pans de sa robe dans sa ceinture*, M. — يشكل *plausible*, Bc.

II *mettre le licou, le chevêtre*, Alc. (le n. d'act. cabestrage de bestias, le part. pass. encabestrada cosa). — *Joindre, lier*, en parlant d'un édifice, Alc. (le n. d'act. travazon de edificio). — *Tenailler, arracher à un criminel des morceaux de chair avec des tenailles ardentes*, Alc. (atinazar). — *Mettre un poignard ou les pans de sa robe dans sa ceinture*, M. — شكّل دكّانًا بالبضائع *assortir un magasin, garnir une boutique*, Bc. — *Accentuer, mettre des accents*, Bc. — يشكّل لـ *qui convient à*, Voc.

III. ما أشاكلهم *je n'ai point d'affinité avec eux*; ما أشاكله *il n'a point de commerce avec eux*; *je ne veux rien avoir de commun avec lui*. مُشاكلة *affinité, liaison entre des personnes, commerce*, Bc. — C. a. p. *agacer*, en parlant d'une femme qui cherche à plaire par des regards, par des manières attrayantes, 1001 N. Bresl. III, 276, 10, XI, 367, 3; aussi en parlant d'un homme, XI, 363, 4. — *Chicaner*, Bc.

IV *rendre semblable*, Diw. Hodz. 211, vs. 4.

V *être entravé* (cheval), Voc. — *Prendre différentes formes*, Prol. I, 58, 3 à f., Macrîzî, Hadhramaut: تتشكل حدأة « elle prend la forme d'un milan. » — *Chopper*, Ht. — *Mettre des fleurs dans sa chevelure* (femme), M. — En parlant des dents, *être grincées*, Payne Smith 1383.

VI *imiter*, Ht. — C. مع *se prendre de querelle avec*; تشاكلوا *s'entre-quereller*, Bc.

VII *être muni de points voyelles*, Voc. — C. في *être arrêté par une difficulté*, Bc.

VIII. اشتكل عليه معنى الكلام *être arrêté par une difficulté*, Bc.

X dans le sens indiqué par Lane, Macc. III, 132, 16 et 17, 182, 17 et 20, Prol. III, 77, dern. l. — C. a. *juger qu'une chose est inconvenante, choquante*, Prol. III, 75, 4.

شكل

شَكْل figure; شكل حَرْفِيّ «figure formant une lettre,» Prol. II, 338, 2. — *Figure mathématique*, Bc; شكل منتظم *polygone régulier*, Bc. — *Problème de géométrie*, Aboulfaradj 280, 2 a f., Amari 420, 5 a f. — *Figure de géomance*, M. — *Nature, sorte, espèce*, Bc, *espèce, genre*, Hbrt 46, Macc. I, 138, 3; اشكال وانواع الطعام *menu*, détail d'un repas, Bc; اشكال شَكْل *varié*, Bc. — *Façon, manière, mode*, Bc. — *Manière de s'habiller, costume*, Alc. (trage de vestido); شَكْل غَيْر *il se déguisa* (en maçon), Badroun 295, 2 a f.; شكل السلاح *armure*, L (armatura). — *Echantillon*, Bc. — *Nuance*, Bc. — اشكال *les édifices* d'une ville, Edrîsî, Clim. V, Sect. 2: مدينة مجيبة البناء قائمة الاشكال, عامرة الاسواق Müller 13, 1, en parlant de Malaga: حسن اشكالها — *Institution*, J. A. 1849, I, 193, 7: اقام بها شكلا زائدا على معتاد القيادة كترتيب الرجال *ibid*. 1852, II, 221, 2: le sultan «اقام شكلا جميلا, ورتّب مجلسا جليلا». — *Grâce, agrément*, Alc. (gracia como quiera); قلّة شكل *mauvaise grâce*, Alc. (desdon, desgracia en hablar); قليل الشكل *qui parle ou agit sans grâce*, Alc. (desdonado, desgraciado en hablar); — *beauté*, Voc. (pulcritudo), M (جمال المنظر), qui donne l'exemple: فلان يحبّ الشكل, 1001 N. Bresl. IX, 349; بدلة فاخرة «un beau costume,» où l'éd. Macn. porte حلّة. — *Querelle, maille à partir, noise, querelle d'Allemand*, sans sujet, Bc (طلب شكلا من ou طلب معه شكلا) *chercher noise, chercher querelle, engager une querelle*, Bc. — T. de logique, *l'attribut de la première proposition, qui devient le sujet de la deuxième, comme* العالم متغيّر وكلّ متغيّر حادث dans: متغيّر, Chez les Soufis, وجود الحقّ, M. — Comme collectif, ce mot doit avoir encore un autre sens que celui de *points voyelles*; voyez Prol. III, 140, 2, où M. de Slane pense que c'est *chiffres*.

شَكْلَة n. d'un. du collectif شَكْل, *point voyelle*, M, qui cite un vers de Motenabbi (p. 266, vs. 11 éd. Dieterici), Alcala, Arte, etc., 20 v°.

شُكْلَة *point voyelle*, Alcala, Arte, etc., 11 v°, 21. De là le verbe esp. «xuclar,» *munir de points voyelles*, qu'emploie Alonso del Castillo (dans le Mem. hist. esp. III, 25, 36).

شَكِل *chatouilleux*, susceptible, qui s'offense aisé-

شكو

ment, Bc; *querelleur*, Bc, Hbrt 241, *chicaneur*, Hbrt 241, *tracassier, disputeur, processif*, qui aime les procès, *ferrailleur, spadassin, duelliste*, Bc.

شِكَال, *entraves*, a chez Bc le pl. ات, dans le Voc. شُكُول, et chez Alc. (sueltas de mula o cavallo) أَشْكُل. — *Claie, clisse*, à ce qu'il semble, Payne Smith 1516 (deux fois). — بيت الشكال *paturon*, partie du bas de la jambe du cheval, entre le boulet et la couronne, Bc. — Dans l'Inde, *saison des pluies*, Bat. II, 6.

شَكَالَة *élégance, beauté*, Payne Smith 1534.

شُكَالِيَّة (pl.) *ceux qui travaillent les sangles, longes et entraves*, Descr. de l'Eg. XVIII, part. 2, 388 (choukâlyeh).

شَاكَلَة *conveniencia*, Voc., Haiyân-Bassâm III, 143 r°: اتفوا بابطال لخلافة جملةً لعدم الشاكلة للوزير. — كل على شاكلته *chacun selon son rang*, Berb. II, 198, 5, 331, 7 a f.

تَشْكِيل *variété*, Bc. — *Des fleurs de différentes formes*, M.

تَشْكِيلَة pl. تشاكيل *bouquet*, M.

مُشَكَّل pl. مشاكل *figure*, Haiyân-Bassâm I, 174 v°: مجلس به مشاكل للجيس

مُشْكِل *une tradition dont l'authenticité n'est pas bien établie*, de Slane Prol. II, 483.

مُشْكِلَة *point, question, difficulté*, Bc.

مُشَاكِل *qui a une allure gracieuse*, Alc. (gracioso en el andar). — *Beau*, Voc.

مُشَاكَلَة *plausibilité*, Bc.

شكم II *mettre le licou aux animaux*, Alc. (encabestrar).

شُكْمَة *large bracelet d'argent*, M.

شَكِيمَة, au Maghrib, *licou*, Gl. Esp. 353.

شَكْمَجَة (turc چكمجه) *écrin*, M.

شكن

شِكَان (ou شُقَان?) *mélisse, citronnelle*, Alc. (abejera).

شكو et شكى I, *se plaindre de quelque chose ou de quelqu'un*, se construit aussi c. من, de Sacy Chrest.

شكو

I, ۱۱., 11, Gl. Abulf. C. ب et الى alt., *porter plainte contre quelqu'un devant un juge*, Bat. I, 163.

II *affliger*, Alc. (afligir).

V *crier en poussant des gémissements*, Alc. (gritar con gemido). — *Accuser, accuser d'un crime capital*, Alc. (acusar, acusar a muerte).

VI. التَّشاكى *irritamentum*, L.

VIII, *se plaindre*; dans le Voc. la constr. c. ب et ل. — C. على p. et ب r. *accuser*; مُشْتَكَى عَلَيْهِ *accusé*, Bc; c. ب, ل et acc., Voc.

شكا رغلا voyez sous شقو.

شَكَّرَة *outre qui sert de baratte pour brouiller le lait et faire le beurre*, Colomb 62, Daumas V. A. 481. — *Plainte*, Voc.; — *complainte*, plainte en justice, Bc.

شَكَّة *accusation*; l'esp. et l'anc. port. «achaque,» qui en dérive, a ce sens.

شكى *jaquier (arbre dans l'Inde)*, Bat. III, 126, IV, 228.

شَكْوَة *accusation*, Bc.

شَكَايَة *plainte, gémissement, lamentation, et plainte, exposé d'un grief*, Bc; dans le second sens, Holal 34 v°: وجعل له النظر فى المظالم والشكايات. — *Accusation*, Bc, Bg, Mc, Hbrt 211. — *Maladie*, Voc., Abbad. II, 220, 5.

شَكِيَّة *plainte*, Voc. — *Accusation*, Gl. Esp. 35, c. ب p. *contre*, Haiyân 52 r°: ويوكدون الشكية بابن غَالِب ۞

شَكَّاية (pl.) *plaignants*, Martin 106.

شاك *malade*, Ztschr. XXII, 160, 2 a f.

مِشْكَاة. Sachant qu'en éthiopien (voyez le Dict. éthiopien de Dillmann, p. 382, et cf. Djawâlîkî 135) ce mot désigne une كُوَّة, c.-à-d. *une ouverture faite dans la muraille pour donner du jour à l'intérieur, une fenêtre*, la plupart des commentateurs du Coran, voyant que ce sens ne convient pas à Sour. 24, vs. 35, ont du moins voulu s'écarter le moins possible de la signification qui, à leurs yeux, était la véritable, et à cet effet ils ont attribué à ce mot celle de *fenêtre qui n'est pas percée à jour*, et il m'est permis de traduire ainsi leur كُوَّة غَيْر نَافِذَة, de *niche, d'enfoncement pratiqué dans l'épaisseur d'un mur pour* y *placer une lampe, afin qu'elle donne plus de lumière*. Je crains qu'ils n'aient été induits en erreur par une étymologie trompeuse, et je pense qu'il faut laisser l'éthiopien de côté. Dans le langage ordinaire (car je ne parle pas des auteurs qui ont suivi les commentateurs du Coran), مشكاة a constamment le sens qui est donné par la minorité des commentateurs, celui de *lamperon, petit tuyau ou languette en métal qui tient la mèche dans une lampe*. Ainsi chez Alc. (mechero de candil; il écrit mixque mixquét); Macc., I, 361, 7, nomme les مشاكى الرصاص, «les lamperons de plomb,» pour les كُوس ou lampes dans la mosquée de Cordoue; dans les Lettres d'Ibn-al-Khatîb, man. 11 (1), 21 r°, on lit: الى ما لا يُحْصَى من الانوار والمشاكى واوعية المشاعل. Passant sous silence d'autres passages moins décisifs, je citerai encore Macc. I, 511, 19, où al-Bâdjî dit à Ibn-Hazm: انا اعظم منك عَمَّةً فى طلب العلم لانَّك طلبتَه وانت مُعانٌ تسهر مشكاة الذهب وطليتَه وانا اسهر بقنديل. Enfin le Voc. donne ce mot sous *lampas*. Peut-être a-t-il voulu indiquer le sens de *lamperon*, ou bien, si مشكاة signifie aussi *lampe*, c'est une synecdoche.

مُشْتَكَى *plainte, gémissement, lamentation*, Bc.

شكوهنج (pers.) *tribulus*, Bait. II, 104 c (lisez ainsi).

شل

شَلّ II, au Maghrib, *laver, rincer*, Voc., Bc (Barb.), Roland, Delap. 135; شلل فم «se rincer la bouche,» Bc (Barb.).

V quasi-pass. de la II° dans le sens qui précède, Voc.

VII *se dessécher* (main ou pied), Voc.

شُلّ *plante indienne inconnue au Maghrib*, Gl. Manç. sous le *sîn*, mais il ajoute que beaucoup d'auteurs l'écrivent avec le *chîn*; c'est un mot indien qui désigne *le coing indien*; ce fruit, qui ressemble à l'aveline, n'a point de coque et a le goût du gingembre, Bait. II, 106 a (il l'épelle), cf. Rauwolf 229. — *Hièble, petit-sureau*, Most., Bait. I, 71 b, qui disent que c'est en esp. يَذْعَة, c.-à-d. *yezgo*.

شَلَّة *treillage pour les ceps de vigne*, M.

شِلَّة *écheveau, fil, soie, etc., pliés et repliés*, Bc, M.

شِلَالَة; Rutgers 179, 6 a f.: الذى قُتِل فى الشلالة; l'éditeur, p. 181, attribue à ce mot le sens d'*impulsus hostilis*.

شلب 781 شلحف

شَلَائَلْ pl. شَلَائِل lavure, eau qui a servi à laver la vaisselle, Alc. (lavazas); شلالـة العَسَل lavure de miel, Alc. (meloxa lavaduras de miel).

شَلَال pl. ات cataracte, Bc, Ht, M, Burckhardt Nubia 78, Light 67, 98.

مَشْلُول manchot, estropié ou privé de la main ou du bras, Bc, Payne Smith 1193.

شلب.

شَلْبَة (M), chez d'autres شُلَيْبَة, sorte de poisson, est σάλπη (lat. salpa, fr. saupe); Geoffroy-St.-Hilaire traduit silurus, de Slane: espèce de dorade, Bg: rouget, Gl. Edrîsî; Pagni MS: xilba, salpa; cf. Seetzen III, 276, 498, IV, 477.

شَلَبِى (turc چَلَبِى) aimable, civil, honnête, poli, courtois, galant, gentil, Bc, M; on l'emploie ordinairement en parlant du barbier, M. — La meilleure espèce de dattes, Burton I, 383.

شَالبِيَة (esp. salvia), en Espagne, sauge, Bait. I, 77 b, II, 79 d (AB), cf. 120 e, Ibn-Wâfid 9 r°: ماء قد طبخ فيه الشالبية البيضاء ☆

شلباش = ماءيرهره, Most. sous ce dernier mot.

شَلْبَط I bégayer, balbutier, Alc. (tartamudear).

مُشَلْبِط bègue, Alc. (tartamudo).

شَلْبَنَة (formé du turc چَلَبِى, cf. sous شلى) aisance dans les manières, amabilité, civilité, courtoisie, galanterie, gentillesse, gracieuseté, politesse, urbanité, Bc.

شَلْتَة galon de soie, Hbrt 204.

شلجم.

شَلْجَمِى, t. de géom., figure lenticulaire, M.

شلح I, aor. a, n. d'act. شَلْح, suivi de ثيابَه, se dépouiller de ses habits, se déshabiller, se dévêtir, ôter ses habits, Bc, Hbrt 19, Ztschr. XXII, 129, Bg, 1001 N. III, 290, 5, Bresl. I, 67, 6, III, 346, 9; aussi le verbe seul, M, 1001 N. Bresl. I, 128, 9; se débrailler, se découvrir avec indécence, Bc; — se défroquer, راهب شالح «moine défroqué,» Bc, M; — شلح مداسه déchausser, Bg; شلح ضرمة ôter ses souliers, Hbrt 21. — شلح مرأة trousser une femme, relever ses jupes, Bc. — Muer, être en mue (oiseau), M. — Apostasier, Ht. — C. ل p. et a. r. jeter (de haut en bas) une chose à quelqu'un, Bc (Alep), M.

II c. d. a., شلح ثيابه déshabiller, ôter à quelqu'un ses habits, Bc; aussi le verbe seul, dépouiller, déshabiller, Bc. — Défroquer, ôter le froc, Bc; — séculariser, Bc. — Détrousser, voler, dévaliser, dépouiller, exercer le brigandage, Bc, Bg, Hbrt 248, M, Bar Ali éd. Hoffmann n° 5725.

V être volé, dépouillé, Payne Smith 1294.

شلح pl. شُلُوح voleur, brigand; le sing. Vie de Saladin 206, 17, 1001 N. III, 290, 5, 330, 4, Bresl. XI, 392, 7; le pl. Antar 38, 10, 78, 12, 1001 N. Bresl. XI, 392, 8. (Freytag, qui ne donne que le pl., a emprunté sa citation de la Vie de Saladin à J.-J. Schultens, mais sans remarquer que le sing. s'y trouve aussi; Habicht l'avait donné de son côté dans le Gloss. sur son Ier volume, que Freytag cite également, mais sans profiter de ce renseignement).

شَلْحَا ou شَلْحَاء, épée, appartient au dialecte du Yémen, Abou'l-Wâlîd 726, 34 et 35.

شَلُوحَة «Le Kabyle a pour tout vêtement la chelouhha, espèce de chemise de laine qui dépasse les genoux et coûte de sept à huit francs,» Daumas Kabylie 21, Michel 175.

شَلْحَة pl. شَلَائِح blessure, Voc.

شالُوح long bâton, perche, M.

تَشْلِيح, Payne Smith 1293, et تَشْلِحَة défroque, dépouille, Bc.

مَشْلَح (vulg. pour مُشْلَح) pl. مَشالِح cabinet dans un bain public où l'on se déshabille, M. — Grand manteau carré de laine, de poil de chameau et de soie, sans manches, avec des fils d'or dans les parties qui tombent sur le dos et les épaules, Bg 800, Bc, Hbrt 20, M, d'Escayrac 115, 327, Fesquet 88, Ztschr. XI, 492, 1001 N. III, 448, 13, 449, 2 a f.; Burckhardt, Bedouins 27, écrit ce mot avec le khâ; aussi dans la liste des mots arabes à la fin du volume; mais ailleurs (p. 131) on trouve la bonne orthographe.

مُشَلِّح domestique qui, dans les bains publics, aide les étrangers à se déshabiller, Bg 87.

شلحف I c. a. couper un morceau de, M.

شلَج.

شلَج, terme dont se servent les bateliers au nord de Baçra, *navire qui est demeuré à sec*, Niebuhr B. XXXIV.

شليخ *mets fait de viande, de lait et d'oignons* (= شاكرية), M.

شُلْد (esp. sueldo) pl. أشْلاد *sou d'or*, Memorias de la R. Academia de la historia V, 311.

شلر II, suivi de الحائط, est dans le Voc. *decorticare*, c.-à-d. regratter une muraille, en enlever la superficie pour la faire paraître neuve. C'est, comme me l'ont fait observer MM. Eguilaz et Simonet, le cat. *xollar* ou *xullar*, tondre, esp. *desollar*, écorcher, ôter la peau.

V quasi-pass. du verbe qui précède, Voc.

شلَيْر (esp.) pl. ات *salière*, pièce de vaisselle où l'on met le sel, Alc. (salero para tener sal).

شلّير espèce de *barque*, Bat. IV, 107.

شلّس *artemisia odoratissima*, R. d. O. A. N. S. IV, 79.

شلش.

شلش = شرش (voyez), pl. شلوش, *radicule*, petite racine, Bc. — *Filament*, petit filet long et délié, Bc. — (Voyelles?) *maladroit*; راح ضربة شلش faire un coup de maladresse, frapper une chose en visant un autre objet, *il manqua son coup*, Bc.

شلوش *maladroit*, Bc.

شلاشات *tirailleurs*, soldats qui tirent isolément, Bc.

شلْشَكَة *gentiane*, Sang.

شلطيث = وطبان Payne Smith 991, 1373.

شلع.

شلعة pl. شلع *troupeau d'ânes*, Payne Smith 1310.

شلط.

شلغوطة *charbon*, gros furoncle, tumeur pestilentielle, Bc.

شلغم pl. شلاغم *moustache*, Bc (Barb.), Ht, Carette Kab. I, 97, Sever. Voy. to Barb. App. 136, J. A. 1858, II, 596. Chez Hbrt 2 c'est شغلم, pl. شغال.

شلغن.

شلغين *dibs, miel, etc., épaissi*, M.

شلف I *frapper au hasard*, Ztschr. XXII, 116. — *Jeter*, Bc (Alep).

شلف *verge de fer*, M. — *Fourche*, Mehren 30.

شلفة *sorte de lance*, décrite par Burton II, 106.

شلفة *prostituée*, M.

شالوف *cascade*, M.

شلفط I, en parlant de la bouche, *être couverte d'ampoules*, parce qu'on a mangé ou bu quelque chose de très-piquant, p. e. le suc d'olives vertes, M.

شلافط (pl.) الشتا كبيرة بالشلافط *la pluie est grande avec ampoules*, métaph., parce que, lorsque la pluie commence à tomber à grosses gouttes, les premières laissent apercevoir sur la poussière des plaques semblables à des ampoules, Delap. 39; *gouttes de pluie*, Ht.

شلفوطة *gros nœud* (مجرة غليظة) *dans un fil*, M.

شلفن.

شلفون *garçon*, M. — *Jeune branche*, M.

شلق I *tomber en partie* (muraille), M.

II *fouetter, flageller*, Ht. — En parlant d'un animal, chez Alc. «alastrarse el animal,» ce que Victor traduit par: *être couché par terre et appesanti pour avoir trop mangé*, et Nuñez par: *s'abattre, se tapir contre la terre, en parlant des oiseaux et des animaux qui ne veulent point être découverts*.

V *être haut* (prix), M.

VIII c. على *s'apercevoir de, surprendre, prendre sur le fait*; على سرّ *surprendre, découvrir un secret*, Bc; dans le M: لحظ بعين فكره.

شلق *ceinture ou bandeau à entourer la tête*, Mehren 30.

شلقة *harpie, fagot d'épines, personne revêche*; امرأة شلقة *mégère, pecque, femme sotte et impertinente*, Bc.

شلقى *tapageur*, Bc.

شلوقى *aquatique*, Voc.

شلوق = شلوك (voyez).

شلوقة *fille de joie*, Ztschr. XI, 482, n. 9; cf. شلكة.

شلك

شُلُوقَة (esp. silicua), pl. شُلُوق et شَلَايِيق, silique, gousse, cosse, Voc. (il a ce mot sous faba, et شلوقة فارغة, silica); voyez un exemple sous امانكة.

كلب شلاق lévrier, Bc; cf. sous سلق.

شَلِيبَڢ vieille (poisson), Burckhardt Syria 166.

شَوَالِف (pl.) haillons, guenilles, Ht.

شلك II enlacer, attacher avec des lacets, prendre dans des rets, Voc. (circumligare), Alc. (enlazar con lazos, le part. pass. enlazado, enrredado, le n. d'act. enlazamiento). C'est pour شَكَّل selon la Torre.

شَلَك croc-en-jambe, Alc. (çancadilla, cf. armar çancadilla).

شَلُكَة bagasse, femme prostituée, catin, putain, شلكة خاطبة garce, Bc; cf. شَلُوقَة.

شَلُوك ou شُلُوق, vent du sud-est, est l'esp. xaloque, qui semble une altération de شَرْقِي, Gl. Esp. 355–6.

تَشْلِيك croc-en-jambe, Alc. (çancadilla, traspie en la lucha).

تَشْلِيكَة enlacement, Alc. (enlazadura, enrredamiento).

شلكن

شَلْكُون pl. شَلَاكِن fou, sot, Voc.

شلم I c. a. p. rendre quelqu'un perplexe, M.

VII être perplexe, M.

شَلْمَة perplexité, M.

شَلْمَانَة (ou avec le ط?) flamme, Alc. (llama de fuego). M. Simonet pense que l'esp., qui a encore le verbe sollamar (subflammare), a eu autrefois un subst. sollamada (= llamarada).

شَلْمُون nom d'une plante, Daumas V. A. 381.

شلن

شِلِين (voyelles dans A), à Séville, nom d'une plante qui porte aussi celui de بطرب, Bait. I, 149 b.

شَلَنْدِي, Athîr VII, 41, 10, 42, 6 et 8, XI, 159, 6 a f., Amari 432, 6 (lisez ainsi), 226, dern. l. (si on y lit وشلندِيِّن), pl. شَلَنْدِيَة, Athîr VII, 258, 5

a f., Amari 166 (d'après le man., n. 8), et شلندِيات, Athîr VII, 4, l. 14, 41, 11, Amari 432, 7 (lisez ainsi), Ztschr. XIII, 707, est le byzantin χελάνδιον, espèce de navire, qu'on retrouve dans la basse latinité sous une foule de formes (voyez Ducange v° chelandium), russe schelanda, ital. scialando, fr. chaland, grand bateau plat, dont on se sert pour transporter les marchandises. Les Tates de Mariupol sur les bords de la mer d'Azov changent constamment le χ avant e et i en ch (Ztschr. XXVIII, 577).

شَلَنْك (= چَلَنْك, turc) aigrette d'argent qui se porte à la guerre sur le turban, comme récompense de la valeur, Bc.

شلو II, comme la IVe, exciter, L (incentor مُشَلِّي; c'est le incentor n° 2 chez Ducange, où ce mot est mal expliqué). — رفع يده به وصبه signifie شَلَّى الماء لخر, M. تكرارا ليبرد

VI s'élancer, Cartâs 150, 11.

شَلُو cadavre, Bc, Weijers 39, 1 (la note de Hamaker sur ce passage, ibid. 132, n'est pas bonne).

شُلَيَة (esp. silla) siége, chaise à bras, Domb. 93, pl. ات, chartes grenadines.

شُلَيَة petit troupeau, M.

شَالِية pl. شَوَالِي vase à lait, Mehren 30.

مشليات mules (chaussure), Payne Smith 1522.

مَشَالِي, aujourd'hui en Arabie, tatouage, s'il faut écrire ainsi ce mot; chez Burton II, 13, 257, mashali, Wellsted (Arabia II) meshâli, Burckhardt Arabia I, 334, meshâle, et dans l'index du IIe vol. مشاله. C'est, d'après Wellsted, une coutume africaine, et le mot ne semble pas d'origine arabe.

شَلْبَش I éblouir, Roland, Dict. berb. — Tromper, duper, avoir ou se donner un faux éclat, Cherb.

شَالِبِش khalkhâl en argent de bas aloi, Cherb., qui dérive ce mot du verbe qui précède.

مُشَلْبُش gâteau de noces, Maltzan 193.

شلبار pl. ات, en Espagne, sillon qui a un empan de largeur sur deux de profondeur, et dans lequel on sème ou plante, Ibn-Loyon 12 v°: والطغنري قال في

شَلِبَاق 784 شمت

النباتات اكثر ما تُـغرس فى الشليبارات وفى سواقى سعة ibid. 43؛ الشبر تكون فى عُفّ شبرين اذا ما يغرسون v° (texte): وبيزرعون الورد فى الشليبارات. Ce mot est sans doute d'origine esp., et l'anc. esp. doit avoir eu le terme *sillar*, qui a la même origine que *sillon*.

شَلِبَاق *lyre de 24 cordes*, Payne Smith 1518.

شَلِبَمون *gril*, Payne Smith 1516.

شَمّ I. شم الاخبار *chercher à apprendre des nouvelles*, 1001 N. Bresl. III, 223. — شم الهواء *aspirer*, attirer l'air avec la bouche, humer l'air, Bc, respirer, avoir quelque relâche, 1001 N. I, 152, 3, 799, 4, 801, 8, III, 4, 2 a f., IV, 466, 3 a f., Bresl. IV, 125, 1; — *prendre l'air, se promener*, Bc, Hbrt 43, Ztschr. XI, 509, aussi شم التَّسيم, voyez Lane M. E. II, 282—3.

II. شَمَّم هواء *inspirer*, faire entrer (de l'air) dans les poumons, Bc. — Le n. d'act. *l'action de flamber, brûlement tout autour*, Alc. (chamusquina). — (Pour شَمّ?) *signare* (signo in corpore), Voc., où l'on trouve aussi la V°.

IV *donner à une lettre qu'on prononce une nuance du son d'une autre lettre du même organe*, p. e. quand on donne au çâd une nuance du son du zâ, au çâf une nuance du son du djîm, Prol. I, 54, dern. l. et suiv., Berb. I, 194, 262, 272.

V. تشمّم الاخبار *chercher à apprendre des nouvelles*, 1001 N. I, 400, 14. — Voyez sous II.

VII quasi-pass. de la Iʳᵉ, Voc. sous odorare.

VIII. اشتَنَمَ (le *techdîd* dans la 1ʳᵉ part.) pour اشتمّ, *redolere*, Voc.

شَمّ *odorat*, M. — Pl. شُموم *odeur, parfum*, Alc. (olores de unguentos espessos), Hoogvliet 49, 6 (la bonne traduction est celle que l'éditeur a indiquée p. 70, n. 54, et qu'il a rejetée à tort).

شَمَّة *rencontre, embrassement*, Wright 100, 2, 125, n. 1. — *Tabac à priser*, Ht; *prise de tabac*, Ht, Bc. — *Poudre, poussière, atome*, Ht.

شَمّى *olfactif*, Bc.

شَموم *odeur*, Alc. (olor como quiera).

شَميم Pour le sens de *fragrantia*, M. Wright cite شميم عرار chez Ibn-Khafâdja.

شَمَامَة *cassolette, boîte de senteur*, L (dans la petite liste après torques: olfactoriola).

شَمّام *celui qui sent, qui flaire*, M, L (odorator), Voc. (v° odorare), Alc. (oledor). — *Bouquet*, Macc. I, 97, 12. — *Poudre de senteur*, Ibn-Wâfid 15 r°: شمّام الاترج — ويُشَمّ, et après la recette: له شمام صفة, = شَمّام, Bait. I, 420 c, où les paroles d'at-Tamîmî sont: هو شمام الاترج وحكّه حكّم قشر الاترج.

شَمَامَة *bouquet*, Macc. I, 641, 3, II, 404, 12, Mi'yâr 29, 2. — *Pomme de senteur*, Bc; c'est un préservatif contre les vapeurs pestilentielles, M. — شمامة السراج *l'endroit où l'on place le bout de la mèche qu'on allume*, M.

الشّامّة, pour القوّة الشّامّة, *l'odorat*, M, Bc.

أشَمّ *haut*, en parlant d'un arbre, Müller 20, 5 a f., d'un château, ibid. 34, 13, d'une ville, Amari 111, 8.

مشمّ *odeur*, Becrî 67, 2: وسفرجلها يفوق سفرجل الآفاق حسنًا وطعمًا ومشمّا. — Pour le pl. مَشَامّ, auquel il attribue le sens d'odoramenta, J.-J. Schultens cite al-Faradj ba'da 's-chiddati 55: فلم يمض الّا ساعة حتى جاءوا بالطعام فاكلنا وبالمشام والفواكه والنبيذ mais je crois que c'est plutôt *fleurs odorantes, bouquets*, car au dessert on met des bouquets sur la table, et d'autres mots de cette racine ont ce sens.

مَشمُوم *fleurs odorantes, bouquet* (ce dernier sens chez Domb. 73, Ht, Bg, Cherb. (p. 387), Hbrt 50, Delap. 144), 1001 N. I, 62, 2 a f., 115, 2 a f., 119, 12, 212, 6 a f., II, 638, 11, III, 116, 15, IV, 192, 11, Bresl. I, 331, 11. De même le pl. مشمومات Djob. 119, 14, 1001 N. I, 59, 6.

شمت. Au Maghrib on emploie cette racine et ses dérivés au lieu de شتم, par transposition.

I *blâmer, calomnier, diffamer*, Alc. (cf. plus loin le part. pass.), P. Abbad. I, 67, 3, P. Abd-al-wâhid 78, 7; الشمات بعدوّكم « calomnier leurs ennemis » (de Slane), Prol. I, 30, 3; أهل الشمات « les esprits malicieux » (de Slane), Berb. I, 599, 4 a f.

II *blâmer, diffamer*, L (deturpo, probro). — C. a. et ب *mutiler*, Voc.

IV c. ب *insulter*, Voc, *blâmer, déshonorer, diffamer*, Alc. (afrontar, amenguar desonrrar, desonrrar denostar dezir tachas, denostar con vicios, desalabar

شمحل 785 شمر

desenfamar, desfamar a otro, deslear, desonestar a otro, difamar, infamar, quitar la onrra).

V *être mutilé*, Voc.

VII *se déshonorer, s'avilir*, Alc. (desonestarse, envilecerse).

شَمْتَة dans le Voc. sous vilis. — *Division, discorde*, Ht (mieux شمطة (voyez), qu'il donne aussi).

شَمْتَة dans le Voc. sous vilis; pl. شَماتَّت *insulte, outrage, déshonneur, honte, infamie*, Alc. (denuesto, denuesto diziendo tachas, desonrra, mengua desonrra, quitamiento de onrra, infamia, vergueça con infamia, señal de infamia, envergonçamiento; cf. enpicotado, enpicotadura, encoroçado), Abbad. I, 249, 5, Haiyân-Bassâm III, 143 r°: فقال ليْت انى فى قرب الَبْحر فيرمون بى لنجده فيكون أخفى لشماتنى, lettre d'Alonso del Castillo à Hernando el Farrá, publiée dans le Memor. hist. esp. III, 23 : « mas que la perdicion examita » « plus que la ruine, la honte!» (mal expliqué dans la note; *i* est la prononciation grenadine pour (شـا). — *Dispute, querelle, bataille, guerre*, Richardson Central I, 24, Sahara I, 88, 192. مرض الشماتن *la maladie des imbéciles*, Daumas V. A. 426.

شامتة. Dans le vers d'an-Nâbigha cité par Lane, quelques commentateurs expliquent شوامت par *des influences malignes, ennemies*, de Sacy Chrest. II, 438.

مَشْمُوت *honteux, déshonoré, infâme*, Alc. (envergonçado, vergonçosa, desonrrado, desenfamado, infamado, infame cosa).

شمحل sorte de ماعز جبلى, Man. Escur. 893 (avec un petit *hâ* sous le grand).

شمخ I, seul, *s'élever, s'enorgueillir, se guinder*, affecter de l'élévation, Bc. — *S'enfler, se gonfler*, L (tumeo أشمخ وانتفخ).

II, au Maghrib, *humecter, tremper, mouiller*, Ht, Delap. 119, Daumas V. A. 189, le part. pass. *mouillé, trempé*, Bc (Barb.), Auw. II, 122, 3, 6, 7 (bien corrigé par Banqueri), 123, 3. De là vient, je crois, le verbe sicilien *assammarari*, qui signifie d'après le dict. de Pasqualino, celui de Traina et le témoignage de M. Amari: tremper le linge sale dans de l'eau pure et l'y laisser pendant quelque temps pour le blanchir ensuite avec du savon ou de la lessive. Le dérivé *assammaratu* signifie *trempé* de pluie, de sueur, etc., comme مشمخ بالعرق, *baigné de sueur*, chez Beaussier.

V *se mouiller*, Delap. 40.

VI *s'enfler, se gonfler*, L (inflatio انتفاخ وتشامخ tumidus (inflatus) منتفخ متشامخ). — *Être orgueilleux*, Aboû'l-Walîd 196, 17.

شُمَخ *petit arbre*, M.

شَمْخَة *fierté*, Bc, 1001 N. Bresl. III, 176. — *Montant, goût relevé, fort*, Bc.

شَماخَة *grandeur, magnificence*, Gl. Edrîsî. — *Fierté, hauteur*, Hbrt 240.

شامخ *escarpé*, Bc. — *Monté sur des échasses, guindé*, Bc.

شمر I c. من *se cabrer*, s'emporter de dépit, de colère, Bc. II *tailler* les arbres, Auw. I, 279, 6, 284, 5, 297, 12, 333, 7, 500, 16, 505, 18 (où il manque quatre mots et où il faut lire avec notre man.: وأن منها ما لا تحتمله فانما الاشجار التى تحتمل التشمير), etc.

VII *retrousser*, Abd-al-wâhid 155, 6. — C. عن *quitter*, Berb. II, 87, 10 a f.

شُمُر *fenouil*, Bc, Mehren 30.

شَمْرَة pl. ات, que le Voc. a sous vestimentum, est peut-être l'esp. chamarra, zamarra, vulg. chambra, qui est d'origine basque (voyez Diez) et qui signifie: *vêtement de peau de mouton avec la laine*, que portent les bergers en hiver. Le pl. شمرات semble se trouver dans une charte grenadine.

شَمْرَة *démarche fière*, P. Macc. I, 858, 14.

شَمْرَة *fenouil*; شمرة بحرية *bacile, fenouil marin, passe-pierre* ou *perce-pierre, salicot*; شمرة الخنازير *queue-de-pourceau* (plante), Bc.

شَمار *bretelles*, Bc.

شَمَارِى *arbouse*, Bait. I, 265 d: وهو المسمى بالقيروان بالشمارى بضم الشين المعجمة عند العربان ببرقة ۞

تَشْمِير, t. de chirurgie, *couper une partie de la paupière supérieure quand elle a trop de cils*, Gl. Manç. v° قطع قطعة من الجفن est تشمير: قطع للجفن الاعلى يعالج بذلك الشعر الزائد. Pl. تشامير *sorte de vêtement*, chez Alc. « paletoque, » que Victor tra-

duit par *casaque*, *saie*, *paletot*, *jaquette*; Hist. des
Benou-Ziyân 102 r°, en parlant d'un meunier: وهو
لابس تشامير ; Edrîsî II, 225 trad. Jaubert, en parlant
des Turcs: « leur vêtement est celui qu'on nomme
التــشــميــر. »

تَشْمِيرَة *lacet*, Ht.

مُشَمَّر *bien troussé*, bien fait, bien arrangé, Bc.

مُشَمَّرَة *bande dont on se sert pour retrousser ses
habits, ses manches*, L (redimiculum (est quod sub-
cinctorium sive bracialem; redimicula), stremus).

شمرخ

شِمْرَاخ pl. شَمَارِيخ *badine*, petite baguette, Bc. —
الشمارِيخ, chez une tribu berbère, *les démons*, Becrî
189, 1.

قُلَّة الجَبَل = شِمْرَاخ et expliqué par شِمْرَاخَة
Diw. Hodz. 77, dern. l.

شِمْرِير (esp. *sombrero*), au Maghrib, *chapeau*, Vêtem.
230, Ht; chez Hbrt 22 شِمْرِير (Alg.).

شمس

شمس I *s'exposer à l'ardeur du soleil*, R. N. 93 v°:
كان زهرون يأخذ الطرقات وحده مسعرا (متفقرا ل.) وكان
لا يحمل معه زادا — وزهرون من السموس (الشموس ل.)
والمسعر (والتفقر ل.) قد تغيَّر حتى صار كالشن البالي.
Dans le sens que Lane donne en second lieu (Freytag 3), le Voc. (*efrenis*) a le n. d'act. شَمَس. — C.
a. p. *faire tomber le soupçon sur quelqu'un*, M.

II c. a. dans le Voc. sous *efrenis*. — *Devenir diacre*
(شَمَّاس), ou *faire ce que fait un diacre*, M.

V dans le Voc. sous *efrenis*.

شَمْس, chez les alchimistes, *l'or*, Abbad. I, 88,
n. 82, M. — Chez les Soufis, *la lumière*, *Dieu*, M. —
Chez quelques femmes du peuple, *les menstrues*, M. —
شمس الكبيرة *l'équinoxe du printemps*, Lane M. E. I,
365 n.

شَمْسَة *ornement rond, petite boule en forme de
soleil*, 1001 N. I, 69, 10, où il est question d'une
bourse avec deux *chamsa* ou glands d'or; *ornement
en or ou en argent, dont on garnit le collet d'un
caban*, Cherb. Ce mot doit aussi avoir ce sens dans
le passage de Djeberti, cité par Quatremère Maml.

II, 1, 281, où on lit: على صدرها شمسات قصب بازارها.
Quatremère lui attribue la signif. de «voile, espèce
de fichu,» qu'il n'a pas à ma connaissance, et il
traduit قصب par «étoffes de soie;» mais à mon
avis il s'agit d'«ornements ronds faits de filigrane.» — *Boule sur une tour* = رُمَّانَة, Macc. I, 370,
7. — *Bouton en forme de soleil, fait de cuivre ou de
fer, à l'aide duquel on ouvre une porte ou une armoire*, M. — *Agrafe, crochet qui entre dans un anneau*, Bc (il a شَمْسَة, mais je pense que c'est une
faute d'impression). — *La grande ouïe du luth*, Descr.
de l'Eg. XIII, 228, du *cânoun*, Lane M. E. II, 78,
cf. 81. — *Parasol*, Maml. II, 1, 280—1. — *Fenêtre*,
ibid.

شَمْسِيّ *tiède*, Alc. (tibia cosa). — مَزْرَعَة شَمْسِيَّة
maison de campagne, M.

شَمْسِيَّة *parasol*, Maml. II, 1, 280, M, Bc, Ht,
Barbier. — *Parapluie*, M. — *Rideau* (attendu qu'il
sert à garantir du soleil), Maml. II, 1, 281, Kosg.
Chrest. 121—2. — *Fenêtre*, Gl. Edrîsî, Voc., Macc.
I, 405, 2 a f. — *Hélianthème*, Bc. — الشمسيات *les
deux petites ouïes du luth*, Descr. de l'Eg. XIII, 228.
— الشمسية *secte des Noçaïris*, M.

شَمُوس (cheval) a dans le Voc. le pl. شَمَس. —
(Copte συμος) *sorte de poisson*, Yâcout I, 886, 2,
Ztschr. für ägypt. Sprache u. Alt. 1868, p. 83, lisez
de même p. 55, n° 8, Seetzen III, 261; aussi شموس
(voyez).

شُمَيْس *endroit où le soleil donne en plein*, Voc.

شَمَّاسَة *fenêtre*, d'où l'esp. *aximez*, «fenêtre en arc,
soutenue au milieu par une colonne,» Gl. Esp. 219, 220.

حَجَر شَمْسِيسِي *sorte de grès jaune, nommé ainsi
parce qu'il se trouve à* بِئْر شُمَيْس, *endroit sur la
route de Djidda, près de Hadda, qui est la station
à mi-chemin*, Burton II, 152 n.

شَمْسِيَّة *l'emploi de diacre*, M.

شَمَّاس Suivi de الإنجيلي, *diacre*; suivi de رسائلي
sous-diacre; suivi de الشمعدان, *acolyte*, clerc promu
à un ordre mineur; aussi شماس في الدرجة الرابعة
Bc. — *Echanson*, M. — *Celui qui n'a pas d'autre
métier que de se chauffer au soleil*, Daumas V. A. 165.

شَمَّاسِيَّة *l'emploi de diacre*, M.

شَمْسَنَة désigne une سَلَّلَة (?) qui ressemble à un petit serpent, M.

شَمَامِسَى diaconal, Bc.

مَشْمَس pl. مَشَامِس endroit où le soleil donne en plein, Voc. — Dans un autre sens, voyez sous غَرَامَة

مُشَمَّس, en Egypte, nom d'une boisson enivrante, faite de moût, de sucre et d'eau, et qu'on expose au soleil jusqu'à ce qu'elle soit bonne, Gl. Manç. in voce.

شمسم grenaille, menus grains de métal, Bc (Barb.).

شَمْشِير، شَمْشَار، شَمْشَاد (pers.) buis, Gl. Edrîsî; la 2e forme aussi Most. v° ديق, Abou'l-Walîd 143, 14, Bait. I, 153 c (Syrie), la 3e, Pagni MS, Ht. — Alc. donne « chimîchat aramât » sous « capon de fruta de ceniza. » Ce terme espagnol, comme me l'apprend M. Simonet, n'est plus connu à Grenade; j'en suis donc réduit à des conjectures et je les présente sous toute réserve. Comme ceniza correspond évidemment à aramât, ce dernier est الرماد, qui ne signifie pas seulement cendre, mais aussi lessive, « et ut κονία lixivium,» Golius; chez Lane: ماء الرماد aujourd'hui lixivium, lessive, c.-à-d., de l'eau avec une infusion de cendre de bois. » Le mot capon est encore usité en Galice, où il signifie fagot de sarments ou d'autre bois, qu'on vend pour allumer le feu (Cuveiro Piñol, Diccion. gallego: «manojo de vides y otras maderas que venden para la lumbre »). L'arabe chimîchat, auquel il correspond, me semble شمشاد, buis. Or, comme je trouve dans l'Encyclopédie publiée chez Treuttel et Würtz, à l'article buis: « le buis donne peut-être les meilleures cendres pour la lessive,» je pense que شمشاد الرماد signifie le buis qu'on réduit en cendres pour la lessive.

شَمْشَرِيحَة tour de passe-passe, M.

شَمْشَك, que le M explique par: من ملابس الرعاء, cf. Vêtem. 231, forme au pl. أنت, Specimen El-Lobabi, sous الاسكاف: يقال هذا لمن يعمل اللوالك والشمشكات, Payne Smith 1522, où l'on trouve aussi جمشكات.

شَمْشَم I, fréquentatif de شَمَّ, flairer, M, Bc, Humbert, Arab. Anal. ined. 28, 1001 N. IV, 369.

شَمْشُورِيَّة plante « employée contre la jaunisse. On la pile et on la mêle avec du pain ou de l'assida. Inconnue, » Ghadamès 331.

شَمْشِير buis, voyez شمشاد. — Graine de Paradis, Sang.; Bait. in voce (AB, omis dans Sonth.) l'explique par القاقلة الصغيرة.

شمص

شِمَاص sorte d'oiseau, Yâcout I, 885, 5; chez Cazwînî شمَّاس.

شَمَّاص قعد فلان على شماصنا se dit de celui qui reste constamment près de nous, sans nous quitter, M.

شمط I, aor. o, flanquer, appliquer un coup, fouetter, lâcher, donner un coup, sangler, donner, appliquer avec force des coups; c. a. p. donner un coup violent; شمط على donner la bastonnade, bâtonner; شمط مشط décharger un coup de poing, Bc; 1001 N. Bresl. IX, 257, 3: شمطه على رقبته; ibid. 385, 8: شمطه دبوسًا « il lui donna un coup de masse,» où l'éd. Macn. porte دبوسا لطشه. — Se chamailler, Ht. — C. a. r. chiper, dérober, rafler, emporter tout promptement, Bc, M. — Arracher un plant, M. — V. n. s'élever, devenir haut (plante), M.

V faire du tapage, Ht.

IX grisonner, Hoogvliet 102, 3.

شَمْط fusée, fil autour du fuseau, M.

شَمْطَة bruit, querelle, trouble, Bc; discorde, Ht.

شُمُوط épi de millet, M. — Fusée, fil autour du fuseau, M.

شَمْطَة pl. شَمَامِيط fusée, fil autour du fuseau, Bc.

أَشْمَط. Le fém. شَمْطَاء très-grand oiseau qui peut emporter un homme en l'air, Vansleb 102 (sciamta).

مَشْمُوط طربوش مشموط bonnet long, pendant, Bc; de même 1001 N. I, 130, 15: عجوز بخنّ مشموط.

شَمْطَبِير (esp. sendero) pl. شَمَاطِر sentier, Voc.

شمع II dans le Voc. sous candela. — Sécher du poisson, voyez Gl. Esp. 178–9. — Chez les alchimistes, enfouir la bouteille qui contient les substances sous la cendre chaude, M. — شمع القفلة mettre la clef sous la porte, pour dire déménager furtivement, Bc.

V dans le Voc. sous candela et incerare.

شَمْعَة, chandelle, forme au pl. شَمَع, Voc.; — même pl., flambeau, flambeau de cire, Voc., Alc. (antorcha, blandon de cera, hacha antorcha). — *Candélabre*, Macc. II, 506, 4 a. f. et suiv. — *Flamme*, Alc. (llama de fuego). — *Rayon de miel*, Abou'l-Walîd 290, n. 16. — *Mince pilier sur lequel repose un pont*, M.

شَمْعِى *cérumineux*, Bc, Yâcout III, 450, 11.

شَمَع. Il résulte d'un passage des 1001 N., Bresl. VII, 385, 10, que les boutiques des شَمَع étaient fréquentées par les libertins; l'éd. Macn. remplace ce mot par فَكِهانى.

شَمَّاعَة *porte-manteau*, bois pour suspendre les habits, Bc.

مُشَمَّع *toile cirée*, M, Roland. — *Du poisson séché*, Gl. Esp. 178.

شَمَعْدَان, pl. ات et شمعدين, *chandelier, girandole, chandelier à branches*, Bc, M.

شمل I *être distingué*, Ht.

VI *aller à gauche*, Abou'l-Walîd 775, 11.

VII quasi-pass. de la Iʳᵉ, 1ᵉʳ sens chez Lane, Voc. sous comune facere.

VIII c. على *concevoir* un projet, p. e. لا اشتمل على معصية «je n'ai nullement l'intention de me révolter,» Gl. Belâdz. — C. على r. *se mettre en possession de, se rendre maître de* (Lane sans citation), Recherches I, App. xlii, 12, Haiyân-Bassâm I, 30 rº: واشتمل على الملك هو وولده وصناتعه III, 66 vº: واشتمل على خدمته اربعة من الكتاب حتى سماهم الناس الطبائع الاربع, 140 rº: ce tisserand اشتمل عما قليل على تدبير سلطانه, Berb. II, 412, 9. — C. على p. *protéger* (Lane TA), Asâs dans le Gl. Belâdz., Haiyân-Bassâm I, 46 vº: واشتمل مُنْذِر على قوّاد تلك الثغور واستوسقت له هنالك الامور, Bassâm II, 145 rº: après la chute des Abbâdides اشتمل عليه البكريون, Calâïd 213, 12, Khatîb 27 rº: وحبيه الى المغرب: 111 rº, عليه لصحبة كانت بينهما الاقصى مختصًا به ذائبًا عنده مشتملًا عليه, Prol. I, 36, 13. — C. على p. *traiter quelqu'un avec une extrême bienveillance*, Macc. I, 645, 1, III, 114, 21: خلطه بنفسه واشتمل عليه وولّاه قضاء الجماعة, Prol. I, 36, 4, Autob. 215 rº: ثم ان ينشب الاعداء واعل السعايات ان خيّلوا للوزير ابن للخطيب من ملابستى

C. — للسلطان واشتماله على وحركوا له حرارة الغيرة p. et ب r. *combler* quelqu'un *de* bienfaits, de grâces, de faveurs, etc., Çalât 75 rº: والسيّد المذكور يختصّ به غاية الاختصاص ويشتمل عليه بالبرّ والنوت والاخلاص. — C. على p. *se ranger du côté de* quelqu'un, *faire cause commune avec lui*, Abbâr 180, 2, فاحبّه الناس واشتملوا عليه, Nowairî Afrique 51 vº: وصالوا اليه, Prol. I, 282, dern. l., Berb. I, 353, 6, 359, 13, II, 218, 6 a f., 235, 11, 255, 9, Autob. 228 rº: 229 rº, وهم مشتملون عليه وقائمون بدعوته. — *Faire tête à queue* (cheval), Daumas V. A. 190.

شَمَل *capacité, intelligence*, Ht.

شَمْلَة sorte d'étoffe décrite par Ibn-as-Sikkît 527. — *Ceinture*, Prax 18, Richardson Sahara II, 34, 201, Michel 76, Dunant 201, Hodgson 91. — *Sac de poil de chameau, qu'on attache autour des mamelles d'une chamelle, quand on veut empêcher son petit de teter*, Burckhardt Bedouins 39.

شِمْلَة = le vêtement nommé شَمْلَة, forme au pl. شِمَل, Djob. 132, 16.

شِمَال *sac qu'on attache autour des mamelles d'une chamelle, quand on veut empêcher son petit de teter*, Prax R. d. O. A. V, 72 n., 219 n., Daumas R. d. O. A. N. S. I, 183.

شَمُول, *vin*, est fém., Weijers 168, n. 291, Yetîma, man. Lee 15 rº: وما الشمول ازدقّتنى بل سوالفه.

شُمَيْلَة = شِمَال, *poignée de blé*, M.

شَمَالِى *gauche*, Bc. — شمالية *femme esclave qui a les mamelles pendantes*, Richardson Central II, 202.

أشْمَل *plus distingué, plus illustre*, Roland.

مشمل doit avoir une signif. que je ne connais pas dans Bâsim 15: le gouverneur de la ville a reçu l'ordre de proclamer une ordonnance du calife: فقام الوالى والمقدمين والظلمة والرقاصين واخذوا ستة مشامل فنادوا فى شوارع بغداد الخ.

مِشْمَلَة *tapis*, synonyme de طنفسة, مصلى, درنوك, قطيفة, Payne Smith 1504.

شَمْلَل *agile*, Bc.

شَمْلُول *agile, dispos, léger, habile,* alerte, expéditif, *leste,* Bc.

شَنَّ I. Dans l'expression شَنَّ عليه دِرْعَه, que Freytag donne sans autorité et Lane sur celle du TA, on emploie plus ordinairement سَنَّ, avec le *sin;* voyez Lane sous ce dernier verbe et un exemple dans le Calâïd 94, 15. — صَبَّه عليه صَبًّا = شَنَّهُ السَّيْفَ Kâmil 15, l. 15. — *Faire un cliquetis,* 1001 N. III, 421, dern. l., 464, 6 a f.

V *se couvrir* ou *être couvert* (تَلَطَّخ) de poussière, M, qui dit que c'est un dénom. de شَنَان (voyez).

شَنّ, *outre,* a dans le Voc. le pl. شُنُون. — *Cliquetis,* 1001 N. II, 266, 9, où l'éd. de Bresl. a حَسّ.

شَنَّة est en Algérie le mot ordinaire pour *outre;* longue description chez Carette Géogr. 181; « petite outre que les Arabes portent en bandouillère, » Guyon 115, n. 1.

شَنَان *du son et du lupin réduits en poudre, dont on se sert pour nettoyer,* M, qui dit que c'est une altération de أشْنَان. Le sens n'est pas tout à fait le même, mais le اشنان sert au même usage.

شَنِين *petit-lait mélangé d'eau,* Daumas V. A. 256; *boisson fermentée, faite avec du lait caillé mélangé et battu avec de l'eau,* Colomb 53; « *du lait aigre coupé de trois quarts d'eau;* boisson agréable et saine, qui est en usage dans toutes les contrées arabes que j'ai visitées, » Caillié I, 58, 101, III, 24, qui écrit incorrectement « cheni. »

مِشَنَّة (cf. TA dans Lane) *corbeille, panier sans anse,* Bc, Hbrt 200 (مُشَنَّة), R. N. 57 v°: اذا برجل فدفع على كتفه مشنة فيها حوتان من قلفط المشنة ibid.: , 1001 N. IV, 499, 13, 500, 11, 705, 7.

شَنَأ II c. a. p. et الى alt. *rendre* quelqu'un *odieux à un autre,* p. e. شنّوه الى العامَّة, Gl. Bayân, cf. Gl. Fragm. شنيا, en parlant d'une vente: لا شنيا يفسده *libre de toute nullité,* J. A. 1843, II, 222, 11, 223, 2 a f.

شانِئ forme aussi au pl. شَنَأ, Abbad. I, 377, n. 269.

شنب. شَنَب, *moustache,* forme au pl. أنت, Bc, Hbrt 2, شَوانِب et أشْنَاب, Hbrt 2.

شنبر.

شَنْبَر (pers. چَنْبَر) *bande de soie noire ou rouge foncé, large de deux empans et longue d'environ sept aunes, que les femmes roulent deux fois autour de la coiffure nommée* عصابة; *l'un des deux bouts, qui sont ornés de franges de soie, pend par devant, l'autre par derrière,* Ztschr. XXII, 94, n. 13, où on lit que *shauber* dans Burckhardt Bedouins 28, est une faute d'impression pour *shanber.* Autrement chez Bg 816, qui explique ce mot par *voile noir ou de couleurs obscures, dont les pauvres femmes chrétiennes se couvrent quand elles sortent.* M: الملاءة تتغطّى بها المرأة. Haedo, 27 d, écrit « chimbel. » En Algérie on prononce aujourd'hui « chambir », et Roland écrit شنبير, qu'il explique par *crêpe.* Prax R. d. O. A. V, 19: « *chambir,* étoffe de soie noire portée en turban par les femmes d'un certain âge. » Carteron 64, en parlant des Bédouines en Algérie: « Sur la tête un linge blanc (*alfa*), maintenu par un cordon (*chenbir*) et retombant sur le cou et les épaules, leur sert de coiffure. » Voyez encore deux autres passages cités par Defrémery Mémoires 325. — *Cocon de ver à soie,* M. — *Mode de musique,* M.

شَنْبِير voyez l'article qui précède.

شَنابِرَة pl. شَنابِر *jet, pousse, rejeton d'arbre,* Alc. (pinpollo al pie del arbol). C'est un nom d'unité formé, d'après la manière vulgaire, du pl. شنابر. M. Simonet croit retrouver ce mot, sous une forme légèrement différente, dans le passage d'Ibn-Loyon, que j'ai publié plus haut (p. 117 a) sous بنبن. Le texte du man. est réellement tel que je l'ai donné, comme je m'en suis convaincu par un fac-simile que mon savant ami m'a envoyé; mais il propose de lire: ويقال له البنبولي, c.-à-d.: ولكثير الشنابل, « on l'appelle *pimpollo,* et quand ils sont en grand nombre, *chanâbir.* »

شَدّ (ou كَرّ) مشنبر *turban orné de bords ou de franges rouges,* Mehren 30.

شنبك I (pour شَبَّك) *treillisser* الطَّاقَة une fenêtre, M.

شنبل.

شُنْبُل *mesure de six ou de huit* مُدّ, M. — شنابل voyez sous شنابرة.

شَنْبُول mine, mesure de grains, Bc.

شَنْبَلِيد (pers.) flores colchici autumnalis, Bait. II, 110 b.

شَنْبَلِيلَة (pers.) fenugrec, Bc.

شنت

شَنْت. Cartâs 235, 3 a f.: les musulmans, en attaquant un château chrétien, سبوا منها ثلاثة عشر علجًا ورومية واحدة وقسيسهم وشنتها. Il paraît que c'est l'esp. *santo*; mais quoiqu'au premier abord il semble s'agir d'un homme, je crois que l'auteur s'est exprimé un peu négligemment et qu'il a voulu parler de l'image d'un saint, ce que *santo* signifie aussi.

شَنْتَة (turc جَنْتَه) *portefeuille*, M.

شنتر I *médire de* quelqu'un, *le déchirer à belles dents*, Cherb. C.

شنتر *être en colère*, M.

شنتف I *attifer*, Bc.

II *s'attifer*, Bc.

شَنْتُوف *huppe*, Roland.

امرأةٌ مُشَنْتَفَة *femme qui est dans ses plus beaux atours*, Bc.

شنتل I (formé du mot qui suit) *étinceler, jeter des étincelles*, Alc. (centellear).

شَنْتَلَة (esp. centella), pl. شَنْتَل et شَنَاتِل, *étincelle*, Voc., Alc. (centella, centella de fuego, cf. morcella); encore en usage au Maroc, شنتيلة (Lerchundi).

شَنْتِيَان (turc جَنْتِيان et چَلْتِيان) *pantalon de soie pour les femmes*, Bc, de soie et coton, de mousseline, Vêtem. 233—4. Woltersdorff et Bg (806) écrivent ce mot avec un *djim*; *chin* dans le M. — Chez les Bédouins, *lame, le fer de l'épée*, Burton I, 241.

شنج II *racornir* الجلد le cuir, Bc. — *Contracter les nerfs*, Bc.

شَنْج. Voyez sur ce coquillage Bait. II, 110 c.

شنيج (cf. Freytag) est réellement en usage et se trouve P. Abd-al-wâhid 63, 13.

تَشَنُّجِي *spasmodique*, Bc.

شِنْجَار, dans le Gl. Manç. (v° شنكار) شَنْجَار est *anchusa tinctoria*, Bait. I, 96 k, 278 c, 327 a, 492 d, II, 108 e, *orcanète*, espèce de buglose, plante pour la teinture rouge, Bc.

شند

شَنْد (Alc. xěnd), شِنْد (M), pl. شُنُود (Alc.), *sorte de selle de cheval pour femme*, Alc. (angarillas como silla, silla de muger); M: شَنْد الدابَّة عدَّة من خشب; R. N. 16 r°: تُجْعَل فوق رحلها لتقييها من الحمل; 50 r°: يركب حمارًا بشند ورسنه حبل ليف يركب الشند حتى عوتب فى ذلك فاشترى سرجًا دنيًا كالقتب فكان يركب بين السلال اذا ذهب الى منزله وكان يخرج الى منزله مطروح (sic) راكبًا على; 69 v°: شَنْد. — حمار سد (بشند l.) بلا حُقّ فى رِجله, *sorte de parfum qui vient du Hidjâz dans des coquilles*, M.

شَنْدَة *éclisse, rond d'osier pour le fromage*; شَنْدَة للجبن *clisse, claie d'osier ou de jonc pour égoutter les fromages*, Bc.

شَنُودَة espèce de pommade qu'on vend à Tunis et dont Prax (22) donne la recette.

شَنْدَاب, au Liban et à Bairout, espèce d'Eryngium, Bait. I, 419 c (lisez ainsi, il l'épelle).

شندخ I c. a. *faire vieillir*, Voc.

II *vieillir*, Voc.

شَنْدَقُورَة *iva arthetica*, Pagni MS, *tenerium polium* L., Prax R. d. O. A. VIII, 281, *ajuga iva*, ibid. 284, *chamaepitys*, Shaw I, 291.

شَنْدَلَّة *Sisymbrium polyceraton*, Bait. II, 110 e (il l'épelle).

شنر II, en parlant d'un homme, signifie متصلبًا جميع, M.

شَنُورَة *synagogue*, Ht, Mc; c'est pour شنوغة.

شَنَار = فراسيون, Most. sous ce dernier mot (bon dans La, N سنَّار), Bait. II, 110 d, *marrubium*, L. — Chez le peuple pour شَنَار, M. — (Altération de l'esp. señal) *mot du guet*, Alc. (señas en la guerra).

شنز

شَنُوز, en Espagne = شُونِيز *nielle*, Alc. (axenuç); dans le Voc. شُنُوز, n. d'un. ة; Prax R. d. O. A. VIII, 346, écrit « sinouch. »

شَنزرات, au Maghrib, *petit-gris*, écureuil du Nord, sa peau, Gl. Manç. v° وتسمّى فرَاؤه بالمغرب: سنجاب, بالشنزرات, mais peut-être faut-il lire شَنزراب (altération de سنجاب).

شنس.
شَنيس *esta*, L; *esta* (cf. Ducange) signifie *étal*.

شَنشَق I c. a., aussi جنجف, *déchirer*, Voc.
II *être déchiré*, Voc.
مُشَنشَق voyez مُجَنجَف.

شنط.
شَنط pl. شُنُوط, 1001 N. Bresl. IX, 249, 10, semble signifier *ceinture*, car l'éd. Macn. (III, 446) porte en cet endroit شدود.

شِناط *bretelles*, Bc.

شُنَيطة *nœud coulant, lacs*, Bc. — Rosette, Descr. de l'Eg. XIV, 156.

شنطب.
شَنطيبة *morceau pointu de bois ou d'autre chose*, M.

شَنطورة (esp. *cintura*) pl. شَناطر *sein, la partie du vêtement qui couvre le sein*, Alc. (seno de vestidura, cf. ensenar poner en el seno).

شنع I c. على p. et ب r., Nowairî Afrique 21 r°: طالعت علّته فكان يشنع عليه بالموت في كثير من الايام « sa maladie fut de longue durée, et pendant plusieurs jours on répandait le bruit de sa mort. » Le يشنع du man. montre que le copiste a prononcé يُشَنَّع. — Au passif, *être renommé*; Ht et Beaussier ont le partic. pass. *célèbre, illustre, renommé*; chez Delap. 91 un cordonnier dit qu'il est مشنوع في هذه البلاد « renommé dans cette ville. »

II. Comparez avec Lane: Mohammed ibn-Hârith 288: وتشاهد عليه ببياض البلد وشيوخ المصر عازمين على سفك دمه وقطّع اثره وشنّعوا عند الامير رحمه من

ذلك شُنعًا عظُم اهتمام الامير بها; Nowairî Afrique 25 r°: شنع عليهم أقبح الاشانيع « il les dépeignit comme coupables des forfaits les plus horribles; » Mohammed ibn-Hârith 295: ce fakîh dressait des contrats وشنع عليه بابُ الفجور والتدنيس فيما يعقد منها. C. في r. *décrire une chose comme abominable*, Ibn-Abdalmelic 86 v°: il savait qu'il arriverait une فتنة à la fin du IV° siècle, فشنع فيها. — C. ب r. *répandre un bruit faux ou injurieux*, M المُشَنّع (المُتخبِّر أخبارًا لا حقيقة لها), qui cite ce vers du chaikh al-Fâridh:

فشَنّع قوم بالوصال ولم تصل   وارجف قوم بالسلوّ ولم اسل

Mohammed ibn-Hârith 273: Lorsque Mohammed ibn-Ziyâd était cadi, on ne trouva rien à lui reprocher, غير دالّه كانت تظهر من امرأته عليه على ما يفعله الازواج ببعولتهن — فكان ذلك ممّا يغمص به عليه في ذلك الوقت وكانت تلك المرأة نسمى كَفَات. Plus tard, lorsque Mohammed fut monté sur le trône, on lui proposa de nommer de nouveau Mohammed ibn-Ziyâd cadi et çâhib aç-çalât; mais il refusa de le faire en disant: ترانى نسيت ما كان الناس يشنّعون به في امر كَفَات. Il se borna, par conséquent, à le nommer çâhib aç-çalât. C. على p., R. N. 93 v°: وكان قد شنع على الشيخ انه لا يقول بالكرامات « on avait répandu le bruit que le chaîkh ne croyait pas aux miracles. » — *Rendre célèbre, illustre, renommé, louer*, synon. عظم et رفع, Abou'l-Walîd 85, 12, 418, 6, 447, 19, 585, 4, aussi 64, n. 82, où la leçon de R est la véritable.

V c. على dans le Voc. sous *imponere*, et dans une note: *difamare*. De Sacy Chrest. I, 265, 13, en parlant du costume des Persans et des Mages, que les kalenderis avaient adopté: اللباس المستبشع المتشنّع. — C. في p. *détracter, médire avec violence, dire des horreurs de quelqu'un, parler mal de quelqu'un*, Bc.

شُنعة forme au pl. شُنع, voyez sous la II° forme, et Kâmil 233, 3, 519, 11; *horreur, abomination, chose horrible*, Bc. — *Célébrité*, Müller 2, 2 a f., 7, 3, 8, 2. Malgré l'accord des man. et quoique le mot se trouve en ce sens dans trois passages, l'éditeur a condamné la leçon comme « absolument mauvaise. » Je l'ai défendue en rendant compte de sa publication dans le Ztschr., XX, 616; à présent elle est hors de doute par les témoignages que j'ai cités sous la Ire et la IIe forme, et par celui de Beaussier, qui donne: شَنْع *célébrité, renom, renommée, bruit, réputation.*

شَنُوع *laid, difforme,* 1001 N. Bresl. III, 331, dern. l.

شَنِيع *absurdum,* Voc. — Quand on compare ce que j'ai dit sous la Ire et la IIe forme et sous شُنَع, et l'ensemble du passage Akhbâr 84, 2 a f., خبر شنيع pourrait bien signifier *événement célèbre,* car la signif. ordinaire ne convient pas.

شَنَاعَة pl. شَنَائِع *horreur, abomination, chose horrible, monstruosité,* Bc. — *Indécence, immodestie,* Ht. — *Reproche, blâme,* Amari 521, 9. — *Détraction,* Bc. — *Outrage,* Bc. — Dans le Voc. sous *absurdum facere.* — *Bruit, nouvelle qui circule dans le public,* Amari 324, 10.

أُشْنُوعَة pl. أَشَانِيع (voyez sous la IIe forme) dans le Voc. sous *absurdum facere.* — *Horreur, chose horrible, monstruosité,* Abd-al-wâhid 200, 16.

شنغ

شَنُوغَة (συναγωγή) pl. شَنَائِغ *synagogue,* Voc., Alc. (sinagoga). M. Simonet m'apprend qu'il a trouvé ce mot dans une trad. ar. (man.) des Evangiles. Cf. شنور.

شنغب

شَنْغُوبَة pl. شَنَاغِيب *partie saillante, en forme de dent, dans le bois, la pierre, etc.,* M.

شنف

شنف I c. a. (cf. Lane) Kâmil 31, 15 et suiv.

شَنْف, pl. شُنُف, P. Kâmil 514, 12. — شنف الديك est, selon le M, la plante que le peuple nomme عرف الديك.

شَنَف pl. أَشْنَاف *sorte de rets en forme d'un grand sac, dont on se sert pour transporter la paille,* 1001 N. II, 357, 2 a f., avec la note de Lane. L'éd. de Bresl. (V, 61) porte شبكة.

شَنِيفَة *nom d'un ornement de femme,* Formul. d. contr. 4: والشنيفة والليذ. Ce n'est pas = شَنَف, car alors l'auteur ne se serait pas servi du sing., et les boucles d'oreilles se trouvent nommées plus tard.

شنق

شنق I. Dans le sens d'*étrangler, étouffer* (Freytag) aussi: Voc., Ht, Cartâs 164, 5 a f.

IV. المعلّق الذى لم يجعل est expliqué par مُشَنَّق, Diwan d'Amro'lkaïs 123.

V? 1001 N. Bresl. XI, 127, 5: وتمّ حملها ووضعت هذه البنية فتشنقت لانها كانت على غاية من الجمال.

VII *être pendu, attaché à un gibet,* Voc., Hbrt 215, 1001 N. Bresl. VII, 128, 8.

شَنَق *pendaison,* Bc; « *chanac,* la *pendaison,* terme en usage en Égypte et à Tunis, » Ouaday 318. — *Corde, au fig., la potence,* Bc.

مَشْنَق pl. مَشَانِق *potence,* Voc.

مَشْنَقَة pl. مَشَانِق (mes autorités n'ont pas ce mot avec un *kesra,* comme chez Lane, mais avec un *fatha,* et d'après le M c'est un nom de lieu: المكان الذى يُشنَق به المجرمون) *échafaud, gibet, potence,* Alc. (horca para ahorcar, rollo en donde ahorcan), Bc, Hbrt 215, Amari 382, 1, 1001 N. II, 107. — *Corde, au fig., la potence,* Bc. — المشنقة (ou خرج صيد) *gibier de potence,* Bc.

شَنْطَر *crochet en fer adapté à l'orifice de la* مَطَرة*, et destiné à la soulever,* Cherb.

شنك I *ne pas vouloir, refuser,* M.

II *lever la tête et la poitrine,* M.

شَنْكَبَّة *la charge de* تَخْت*, de gouverneur,* Mong. 308 a.

شَنَك *coups réitérés d'armes à feu,* M. Quatremère, Maml. II, 2, 131, dern. l., et J. A. 1850, I, 257, cite deux passages de l'Histoire d'Egypte par Djeberti, où ce mot se trouve en ce sens; mais il ne l'a pas compris, car il le traduit par « fête. »

شنكر

شَنْكَار = شَنْجَار *orcanète,* Bait. II, 108 e, Gl. Manç. in voce. — شَنْكَار *instrument avec lequel les charpentiers tracent une ligne droite sur le bord d'une planche,* M.

شَنْكَفَة *verroteries à grains moyens,* Ghadamès 40 (chenkafa).

شَنْكَل *crochet avec lequel on arrête une fenêtre en dehors quand elle est ouverte, et aussi: un autre crochet*

شنلك 793 شهد

par lequel on la retient en dedans quand elle est fermée, M. — Boutons qu'on fiche dans la muraille sur une seule ligne et auxquels on suspend les habits, M.

شَنْلِك (turc) réjouissance publique; حراقة شنلك feu d'artifice, Bc.

شنى

شَانِيَة, que Freytag, et, d'après lui, l'auteur du M donnent dans le sens de galère, n'existe pas. Le sing. du pl. شَوَانٍ ou شوانى est شونة, شينى et شِينِيَة, Gl. Edrisi. شَانِى

شَنْبَير I bafouer, Bc.

شَهْ oiseau qui ressemble au شاهين, M, qui cite Ibn-Saiyida et qui dit que c'est un mot persan.

شهب

أَشْهَب. Le pl. شُهْب épithète des étoiles, P. Khallic. I, 421, 4 Sl., et substantivement les étoiles, P. Abbad. I, 322, 1. — شُهْب des pastilles de nadd, P. Tha'âlibî Latâïf 124, dern. l. On les appelle ainsi parce que le العَنْبَر الأَشْهَب (voyez Lane, Macc. I, 229, 3 a f., Antâkî v° عنبر) est un de leurs ingrédients, car en décrivant la composition du nadd, Ibn-Djazla (in voce) dit: — وجزؤ من العنبر الأشهب — أَشْهَب بازِل, voyez sur cette expression Gl. Belâdz.

شهد I. شهد على فلان ne signifie pas seulement témoigner contre quelqu'un, mais aussi en faveur de quelqu'un, de Slane trad. de Khallic. I, 73, n. 36. — Prononcer la chahâda, c.-à-d. les mots: أَشْهَدُ أَن لَا اله الا الله, etc., Abbad. I, 319, 11, 365, n. 230.

III voyez sous le n. d'act. — شَاهَد للحوائج, pour غسل للحوائج وتشهد عليها, c.-à-d. prononcer les deux chahâdas en versant de l'eau pure sur les habits qu'on a lavés, Lane M. E. I, 450 n.

IV. اشهد على فلان signifie faire témoigner quelqu'un contre un autre, et aussi en faveur d'un autre, Khallic. I, 36, 14 Sl. — C. ل p. et ب r. donner une chose, une torre, à quelqu'un en présence de témoins, Gl. Badroun, de Jong. — S'emploie dans le sens de la Ire, témoigner, Müller S. B. 1863, II, 8, 5 a f., Catal. des man. or. de Leyde I, 154, 8 a f.,

1001 N. I, 174, 12 (lisez واشهد), souvent dans le Formul. d. contr.: اشهد على نفسه فلان, ibid. 2: اشهد على نفسه; l'expression اشهد لدينا فلان انه, dans la plupart de ces passages, n'a pas d'autre sens que شهد seul; مُشْهِد témoin, de Sacy Dipl. IX, 471, 4; c. a. p. porter témoignage devant quelqu'un, Formul. d. contr. 2: اشهدنى فلان بن فلان وهو بحال; le n. d'act., Amari Dipl. 96, 9, 97, 2, 109, 11, 179, 8 et 11.

VI dans le Voc. sous testificari; comme verbe réciproque, Valeton ۹, 1: تتشاهد القلوب, dans la trad.: « corda sibi invicem testantur (nempe, de mutuâ affectione). » — Porter témoignage l'un à l'envi de l'autre, exemple sous شنع II. — Dans le sens de la Ve, prononcer la chahâda, Aboulf. Ann. I, 148, 4, 'Imrânî 55: je dis à Dja'far que j'avais reçu l'ordre de lui couper la tête, فتشاهد وقال امهلنى اصلى ركعتين فاذا سجدت الساجود الاخير فشأنك وما تريد ﻪ

VIII c. ب r. citer, alléguer, Abou'l-Walîd 122, 5, 320, 27. — C. ب r. donner une preuve de sa capacité, etc., Cartâs 44, 2 a f. — C. ﻓ soutenir son droit, Amari Dipl. 76, 3 a f.

X, invoquer le témoignage de quelqu'un, ne se construit pas seulement c. a. p., mais aussi c. ب p., Prol. I, 391, 7, Holal 41 v°: واستشهد بالفقهاء فاجمعوا على حرقه (que ce livre devait être brûlé). — استشهاد la formule dont quelqu'un se sert en signant un fetwa, Macc. I, 578, 3. — Au lieu de استشهد au passif, mourir en martyr, le peuple dit استشهد à l'actif, M.

شَهْدَة méliceris, tinea favosa (Alibert), éruption maligne à la peau de la tête, nommée ainsi à cause de sa ressemblance à un μελίκηρον ou شهد, rayon de miel, J. A. 1853, I, 341. On emploie dans le même sens: الغروح الشَهْدِيَّة, Bait. I, 154 b, 300, II, 119 c.

شَهَّاد martyre, Alc. (martirio).

روية الكثرة ﻓ est: شُهود المفصل ﻓ المجمل; le contraire est ﻓ: شهود المجمل ﻓ الذات الاحدية, المفصل, M.

شَهِيد, martyr dans le sens que nous attachons à ce mot, c.-à-d. celui qui aime mieux souffrir la mort que de renoncer à sa religion, est, selon le M, une signif. que les Mowallads ont donnée à ce terme.

شَهَادَتان الشهادتان les deux professions de foi, c.-à-d. لا اله الا الله ومحمد رسول الله, Mâwerdî 94, 18. — L'emploi de شاهد (voyez) ou inspecteur des finances, Khatîb 33 v°: فنال استعمالا فى الشهادات المخزنية. — Chez Alc. (relacion, martirio) la première lettre a un kesra.

شاهد espion, Berb. I, 134, 3 a f. — Employé dans l'administration des finances ou des douanes, inspecteur, régisseur, Macc. I, 134, 11, Berb. II, 432, 9. — Chef; on dit شاهد العشيرة dans le même sens que شيخ العشيرة وسيدها, et l'on trouve aussi شهود العسكر, Gl. Belâdz. — Pl. شواهد gages, assurances, preuve, marque, témoignage, preuve, raison, Bc. — Indice, signe, Berb. I, 569, 11 (cf. 598, 5 a f.). — Preuve de capacité, Berb. I, 532, 1. — Index, doigt près du pouce, Domb. 86, Bc, Hbrt 4; on l'appelle ainsi parce qu'on le lève quand on porte témoignage, M. — Une tradition émanant d'un des Compagnons et correspondant, pour le sens ou pour les expressions, avec une autre tradition émanant d'un autre Compagnon, de Slane Prol. II, 484. — Chez les Soufis, النجلى, ou bien ce qui prédomine dans le cœur de l'homme; de là شاهد العلم, شاهد الحقّ, شاهد الوجد, M; cf. Macc. I, 574, 6. — Témoin, marque, monument, ce qui sert à faire connaître, Bc. — Stèle ou pierre qu'on place perpendiculairement sur le tombeau, Lane M. E. II, 336; les شواهد sont: les deux pierres droites, rectangulaires ou à sommet arrondi, qui se posent perpendiculairement, l'une à la tête, l'autre aux pieds du défunt, Brosselard, Mémoire sur les tombeaux des émirs Beni-Zeiyan 19. — Pièce de bois adaptée perpendiculairement à cette partie de la bière où l'on place la tête du défunt, Lane M. E. II, 328. — الشواهد, chez les géomanciens, quatre figures dans la زائجة, qui s'appellent aussi الزوائد, M. — حرف الشاهد relatif, pronom relatif, Alc. (relativo que haze relacion).

شاهدة stèle ou pierre qu'on place perpendiculairement sur le tombeau, M.

إشهاد est: quand l'autorité dit au propriétaire d'une maison: «une telle de vos murailles penche, détruisez-la!» ou bien: «elle menace ruine, réparez-la!» M.

مَشْهَد dans le sens d'assemblée; Berb. I, 413, 4: ايام مشاهد الاعياد, où nous dirions simplement: les jours de fête. — Présence, Voc. — Témoignage, Voc. — Spectacle, objet ou ensemble d'objets qui attire les regards, Djob. 309, 4 (= منظر l. 19). — Combat, Valeton l., 5 et 19, n. 10, Belâdz. 450, 7 a f., Berb. II, 79, 4. — En ce sens ou dans un autre que je ne connais pas, Akhbâr 135, 12: il était très-versé dans les traditions, حكى عنه انه تبادى مع بعض جلسائه فى حديث من بعض المشاهد فلما تلاحيا فيه قال اسمع كتب المشاهد حفظا فقرأها ظاهرا. — Edifice qui renferme le tombeau d'un saint, Becrî 168, 5 a f., Hist. Tun. 142: ولم يغير ذلك من المآثر والمحاسن والاعتناء بمقامات الصالحين وتجديد مشاهدهم. On y étudiait le droit, la théologie et la grammaire, comme aujourd'hui dans la zâwiya; voyez Becrî 187, 4 a f., avec la note dans la trad. de M. de Slane (p. 130). De là lieu de pèlerinage, Bc, lieu saint, Djob. 275, 14 et suiv., 330, 12, 13 et 21; mausolée, Djob. 198, 4 (= تربة l. 5), 2 a f., dern. l., 209, 19, 217, 2 a f., 218, 1, 227, 2 a f.: مشهد حفيل, 228, 2 et 6; البنيان داخله قبر متّسع السنام الخ, je crois que ce mot a le même sens chez Aïachi 122, 143, bien que Berbrugger lui en attribue un autre (voyez ce qui suit immédiatement). — Dans le sens de شاهد et شاهدة (voyez), stèle ou pierre qu'on place perpendiculairement sur le tombeau, Alc. (piedra para sepoltura); Berbrugger dans une note sur un passage d'Aïachi, où ce mot me semble avoir plutôt le sens qui précède: «Pierres qu'on place à la tête et aux pieds des morts, et qui s'appellent ainsi, parce que sur l'une d'elles est ordinairement gravé le chahad [lisez chahâda] ou profession de foi.» — Pierre qu'on place dans l'eau près d'un pont, Hist. Tun. 92: ce dey bâtit des ponts وجعل حولها مشاهد. — شيخ البلد, Le premier domestique du Descr. de l'Eg. XI, 485 (mechhed).

مَشْهَدَة armée, Cartâs 97, 11.

مُشَهَّد pâte feuilletée, nageant dans le beurre, Daumas V. A. 253.

مُشَهَّدَة, au Maghrib, la pâtisserie qu'on appelle en Orient قطائف (voyez), Gl. Manç. sous ce dernier mot; voyez l'article qui précède.

مُشَاهِد chez les Soufis, voir Dieu avec les yeux

de l'âme, et avec autant de certitude que si on le voyait avec les yeux du corps, M. M. de Slane, Prol. III, 100, n. 2, a adopté la définition donnée par Ibn-'Arabî et copiée par l'auteur des Ta'rîfât (voyez l'édit. de ce livre par Flügel 229, 291), quand il dit que ce terme signifie chez les Soufis: l'acte de contempler les choses en suivant les indications de la confession de l'unité; ce qui paraît signifier: *voir les choses en Dieu, de même qu'on voit Dieu dans les choses*. Il traduit contemplation mystique. Cf. le texte III, 70, 2, I, 177, 12, Sadi Gulistan 58, 17 édit.

المشاهدات. — مشاهدة الابرار بين التجلّى والاستتار :Semelet ce que l'on aperçoit au moyen des sens, Ta'rîfât 229, M.

شهدانج, *chènevis*, s'appelle aussi البرّ شهدانج, Bait. I, 280 a.

شهر I, n. d'act. شَهْر, comme II et IV, *promener ignominieusement* un criminel par les rues, Gl. Bayân, Gl. Belâdz.

II. شَهَّرَ نَفْسَهُ signifie *se faire connaître*, Badroun 25, 7 (ب par, Abbad. I, 249, 8), et aussi: *encourir le blâme, s'attirer le blâme des honnêtes gens*, Gl. Belâdz. — شهر نَفْسَهُ للموت *s'exposer à la mort*, Abou'l-Walîd 249, 14, où un autre man. a la IIIe forme.

III voyez ce qui précède.

IV *faire connaître, mettre en vogue*, de Sacy Chrest. I, ١٣٩, 4. — *Dénoncer, déclarer, publier, promulguer, faire connaître*, Alc. (denunciar como quiera); أشهر الامر «promulguer un édit, une ordonnance», Alc. (edicto publicar). — C. a. p. et ب r. *faire proclamer un ordre par un crieur public*, Ibn-Iyâs 390: أشهر السلطانُ المُنادِى فى القاهرة بأنْ لا فلاح ولا غلام يلبس زنط أحمر. — *Dénoncer, accuser, en produisant des témoins*, Alc. (denunciar con testigos). — *Tirer l'épée du fourreau*, P. Abd-al-wâhid 105, 3 a f., Pseudo-Wâkidî éd. Hamaker 65, 13, 106, 5, 1001 N. Bresl. I, 339, 6. — Comme I et II, *promener ignominieusement* un criminel par les rues, Vêtem. 275, n. 17, Bat. III, 441, 1001 N. Bresl. II, 283, 10.

VIII. اشتهر بأمّه se dit de celui qui emprunte le nom qui suit *ibn*, non pas à son père, mais à sa mère, p. e. عيسى بن مَرْيَم, Gl. Abulf.

شَهْر a conservé en Barbarie le sens de *lune*, Domb. 53, Richardson Sahara I, 134. — *Signe distinctif*, Nowairî Egypte, man. 2 n, 111 r°, en parlant des femmes chrétiennes: ويكون احد خُفَّيْها أَسْوَد ليبقى شهرا ظاهرا والاخر أبيض. — *Intérêt*, profit qu'on retire de l'argent prêté, Payne Smith 1445.

شهر, جهر, شيهر, ou selon un autre بريشيهر, *tour*, machine dont se servent le tourneur et le potier, Payne Smith 1453 (deux fois); M. de Goeje m'a fourni ce passage tiré de notre man. 201 (Catal. III, p. 61): وليركب هذه الآلة فى الشهر الذى يخرط فيه للخراطون آلات النحاس.

شُهْرَة *notification, publication*, Alc. (notificacion, publicacion). — *Proclamation pour annoncer la vente des biens en justice, criée*, Alc. (publicacion de bienes). — شهرة الفتيا *la valeur d'un fetwa*, de Slane Prol. I, LXXV a. — *Signe distinctif*, Khaṭîb 14 v° (soldats de Grenade): كلٌّ منهم بصفة يختصّ بسلاحه وشهرة. — يُعْرَف بها *Un nom composé avec* ابن, Prol. II, 194, 13. — *Sobriquet*, Berb. II, 244, 10, 461, 11. — *Un objet de risée*, 1001 N. Bresl. IV, 159, 3, 358, 5.

شَهْرى *mensuel* et *mensuaire*, Bc.

شَهْرى n'indique pas la même espèce de cheval que برذون, car Auw., II, 493, 16, les distingue (Banqueri et Clóment-Mullet se sont gravement trompés en traduisant «cheval de race»).

شَهْرِيَّة *mois, la paye d'un mois*, Bc, *paye*, Hbrt 222.

شَهْرِيَّة (ثَوْب) *à carreaux*, Barth V, 235, 704.

شهريا *animal de la mer Noire, de la famille du scinque*, Edrîsî de Jaubert II, 404, dern. l. C'est la leçon de B; A porte شهربا.

اشهار سلوك *manifeste* (écrit public), Bc.

pl. تشاهير تشهير. Quatremère, Maml. I, 1, 243, avait d'abord expliqué ce mot par *housse*; mais il est revenu sur cette interprétation pour la rétracter, I, 2, 137, en disant que c'est plutôt: *les bandes plus ou moins larges, qui serrent la poitrine du cheval*.

مُشَهَّر, en parlant d'un vêtement, *orné d'un bord d'une autre couleur*, Macc. II, 357, 16 (cf. Add.), dans des vers sur un jeune homme dont la barbe commençait à pousser:

وهل أقتنى الانواب الّا المشهّر

Dans un passage de Macrîzî, cité Vêtem. 354, il faut

substituer, comme la grammaire l'exige, مشهْرة à مشهورٍ; on y lit que les émirs et les soldats portaient, de même que le sultan, اقبية اما بيض او مشهْرة « des cabás (entièrement) blancs, ou bordés de rouge et de bleu. » Déjà en ce sens dans la tradition, comme me l'a fait observer M. de Goeje, qui cite Fâïk I, 632: عمر رقّه وفد اليمن عامله من اليمن وعليه حلّة مشهْرة وهو مرجّل دهين فقال هكذا بعثناك عامر بالحلّة فنزعها وألبس جبّة صوف الخ. Dans le commentaire on trouve l'explication: اى فاخرة موسومة بالشهرة لحسنها; mais M. de Goeje pense que la signif. que j'ai donnée convient mieux. Voyez aussi مُشَهَّرة. — L'expression ثياب مشهْرة désigne aussi: *l'accoutrement bizarre dont on affuble un criminel quand on le promène ignominieusement par les rues*, Bayân I, 268, 6 a f.: ثم أُخذ اسيرًا وأُدْخِل مصر على جمل فطيف به بثياب مشهرة ثم قُتل.

مشَهَّر *vêtement orné d'un bord d'une autre couleur*, Kâmil 682, 4 et 8, 777, 12; cf. مُشَهَّر.

مشهور *orné*, Diwan d'Amro'lkaïs 3°, 4, cf. 99. — حرب مشهور *guerre ouverte, déclarée, commencée*, Bc. — Une tradition authentique provenant simultanément de plus de deux individus d'entre les Compagnons, de Slane Prol. II, 484. D'après v. d. Berg, 5, c'est: une tradition qui, bien que rapportée par des Compagnons, ne mérite cependant qu'une confiance relative. Autrement dans le M, à savoir: une tradition qui, au Ier siècle, n'a été rapportée que par quelques-uns, qui s'est répandue au IIe, et qui, dans la suite, a été rapportée par un grand nombre de traditionnaires, qu'on ne peut soupçonner de s'être accordés pour mentir.

مشاهر *mensuel*, Ht.

مشاهرة. مشاهرةً, quand il est question de payer, *par mois, mois par mois, au mois*, Macc. II, 703, 4 a f. (biffez من et cf. Lettre à M. Fleischer 227), Haiyân-Bassâm III, 140 v°: فرض لكلّ واحد خمسة عشر دينارًا مشاهرة, Abou-Hammou 164. — Substantivement, *mois, la paye d'un mois*, Domb. 57. — *La paye d'une année*, Fakhrî 359, dern. l.: ومشاهرتُه بندُقى مشاهرة — فى كل سنة مئة ألف دينار *sequin de Venise d'une espèce particulière, dans lequel les figures sur chaque côté correspondent, la tête à la tête, et les pieds aux pieds*, Lane M. E. I, 392.

اشتهار *prononciation, publication*, Alc. (pronunciacion, publicacion).

شهسفرم = شاهسبرم, Payne Smith 1110.

شهطرج = شهترج, Payne Smith 1633.

شَهَقَ I. شهِق *pousser un grand soupir*, Bc; in re venereâ, 1001 N. I, 600, 7, cf. le n. d'act. شهيق, ibid., 282, dern. l. Aussi: *faire une exclamation d'étonnement*, Bc.

شَهْقَة *exclamation de surprise*, Bc. — *Toux violente et qui empêche la respiration*, M.

شهيق *sanglot*, Bc, Hbrt 229.

شهل II c. a. p. semble signifier *rendre à quelqu'un les derniers honneurs*, 1001 N. II, 467, 4 a f.: أخذ فى تجهيزه وتشهيله (de même dans l'éd. de Boul. et dans celle de Bresl.). — *Bâcler, expédier à la hâte, sabrer, expédier précipitamment, trousser*, Bc.

V. تشهّلت الحاجة *la chose est faite, prête, terminée*, M. — En parlant d'un vêtement, *être un peu trop court*, M. — تشهّل الرجل للعمل *être prêt pour le travail*, M.

شهْلة أشهَل *la couleur du vin quand il est* (voyez), Gl. Mosl.

شِهِيلى *proprement chaleur accablante*, à Constantine *le vent du sud, le sirocco*, Martin 175, *vent très-chaud du sud-ouest*, Margueritte 85.

أشهل *fauve*, Bc; se dit des sentiers d'un jardin dont la couleur noire est devenue cendrée par la pluie, et aussi du vin dont la couleur jaune est devenue plus pâle, soit parce qu'on y a mêlé de l'eau, soit par la couleur de la coupe, Gl. Mosl.

شهم.

شَهْم. Le pl. شُهُم dans le Voc.; *audax, strenuus*, Voc., *énergique, vaillant*, Bc; cf. Recherches I, p. XL, 1, Holal 47 v°: وكان فاتكًا شهمًا قاطع سبيل, 79 v°: وكان شهمًا بطلًا شجاعًا.

شهامة *énergie;* — *héroïsme, vaillance;* — شهامة القلْب *fermeté*, Bc. — *Noble fierté, fierté d'âme*, de

caractère, M. عِنْدَ الْمُوَلَّدِينَ عَزَّهُ النَّفْسَ وتَرَفَّعَها عن
(الْخَسائِس.

شَهْمَتْ I c. a. p. (formé de شَهْمَاتْ (شاه مات) donner
échec et mat, Voc.

II quasi-pass. de la Ire, Voc.

شَهْمَات = شاه مات, échec et mat, Alc. (mate en
el axedrez), P. Macc. II, 673, 1, P. Prol. III, 405,
dern. l.; voyez sous شاه.

شهن.

شاهِن pl. شَواهِن statera, Voc.

شاهين = شاهين, P. Macc. I, 629, 14.

شاهين gerfaut, Bc.

شَهِنْشاه chez Motenabbi = شاهِنْشاه, roi des rois, M,
qui cite le vers qu'on trouve dans l'éd. de Dieterici
p. 762, vs. 23, mais cette éd. a le fatha dans la
deuxième syllabe.

شَهْنِشِين (pers. شَهْنِشِين) balcon, Bc.

شَهْنَقَ I (semble formé de شَهَقَ) braire, Bc, Hbrt 60.

تَشَهْنُقْ braiement, Hbrt 60.

شهو IV. ما أَشْهَى بِفُلان quel désir m'inspirait-il de me
rendre auprès d'un tel, P. Macc. I, 727, 2 a f. (cf.
ma Lettre à M. Fleischer 119).

VIII être en chaleur (jument), Alc. (pararse la yegua);
cf. plus loin le n. d'act.

شَهْوَة, passion, a chez Bc le pl. شَهَاوِى. — Répond à ἐπιθυμία, l'appétit concupiscible, tandis que
غَضَب ou غَضَبِيَّة est θυμός, «l'appétit irascible,» de
Slane Prol. I, 385 n. — Appétit, désir de manger,
M, Bait. II, 157 a: وهو من بقول المائدة يقدّم عليها
منه اطراف الرخصة مع النعنع وغيره من البقول فينهض
شهوة كلبيّة. — الشهوة ويطيّب النكهة faim canine,
Gl. Manç. in voce. — Ce que quelqu'un désire manger, R. N. 93 r°: ma femme qui est grosse a envie
de manger du poisson, mais je n'ai point d'argent
pour en acheter; veuillez donc me prêter un quart
de dirhem بِه شهوتها اشترى لها ibid. 99 v°: ﺃﻧﺎﻡ
يشتهى غسانيّة سنين عدّة فقال للّذى يخدمه قد
تأقّت نفسى الى هذه الشهوة. — Envie, signe dans le

corps apporté en naissant, Bc. — Sperme, liqueur séminale, M.

شَهْوانِى concupiscible, Voc. — Adonné aux femmes, Alc. (dado a mugeres, mugeril onbre dado a
mugeres), luxurieux, Alc. (luxuriosa cosa), Bc, lascif,
Bc, Hbrt 244, charnel, voluptueux, libidineux, lubrique, sensuel, Bc.

الاشتهاء, en parlant d'arbres, l'époque où ils sont
près d'ouvrir leurs boutons et de montrer leurs fleurs;
c'est, suivant l'expression des jardiniers en France,
quand l'arbre entre en amour, Auw. I, 433, 6, 8,
avec la note de Clément-Mullet I, 404, n. 1.

مشتهى espèce d'arbre fruitier, sorbier ou cormier,
qui, chez Alc. (serval) porte un nom un peu différent, à savoir «muchahia,» pl. «muchahi;» voyez
Gl. Edrîsî; aux passages qui y sont cités on peut
ajouter: Calendr. 91, dern. l., Most. dans l'article
que j'ai donné sous اجّاص et auquel l'auteur renvoie
sous زعرور, Auw. I, 20, l. 20, 88, 5 a f., 93, 6 a f.,
271, Ibn-Loyon 20 v°; Bait. I, 533 a, dit que mespilus germanica s'appelle en Espagne المشتهى (lisez
ainsi avec A). Si ce mot désigne aussi l'alisier, cra-
tægus aria L., comme l'affirment Banqueri et Clément-
Mullet (I, 250, n. 2), il pourrait bien être une altération, comme Banqueri (I, 271) semble l'avoir soupçonné, de l'espagnol mostayo ou mostajo, qui désigne
le même arbre, et qui vient du latin mustace. —
Rave (plante), Voc.

شَهْوَن (formé de شَهْوَة, racine شهو).

شَهْوَنَة lubricité, luxure, Bc.

مُشَهْوِن lubrique, luxurieux, Bc.

شواصرا (syr. selon Vullers) Chenopodium Botrys, Bait.
II, 113 b (SB; A شواصيرا), 517 e (AB).

شوب II signifie مَسَّ الْحَرِّ, M, hâler, rendre basané,
Bc; peut-être en ce sens chez Chec. 191 v°: le meilleur pain كان شبيهًا باسفنج البحرى فى التشويب والتثقيب
l'auteur semble vouloir dire, en employant ce verbe,
que ce pain a la couleur d'une éponge; — échauffer
le sang, Hbrt 35; — tenir trop chaud, p. e. الفروة
تُشَوِّبُنِى «la pelisse me tient trop chaud;» مُشَوِّب
échauffant; أنا مُشَوَّب j'ai chaud (je suis incommodé
par la chaleur), Bc.

V *s'échauffer*, Bc.

شَوْب *chaleur*, M, Hbrt 163, *chaleur de la température, chaud*, p. e. هُون شَوْب «il fait chaud ici,» *hâle*, Bc. — *Le simoun*, comme مَدْصَا en syr., Payne Smith 1621, Daumas Sahara 3. — *L'affreuse soif des déserts; plus on se gorge d'eau, moins on s'en rassasie*, Ouaday 545.

شَوْبَة pl. شُوب *rayon de miel*, Alc. (panal de avejas).

تَشْوِيب *dérangement de la santé quand on s'est trop échauffé en marchant durant les grandes chaleurs*, M.

شُوبَاصِى (turc ضُوبَاشِى) *administrateur d'une métairie*, M. — *Employé qui tient les filles de joie renfermées dans sa maison et les loue aux musulmans*, M, cf. mon article مَزْوَار, à la fin.

شُوبَاش (pers. شاباش) *cadeau en argent qu'on donne au* خَلْبُوس *ou bouffon*, Lane M. E. II, 302 (shóbash), 1001 N. III, 466, 8 a f.

شُوبَنْد (pers. چوب بند) *poitrail du cheval, servant à le garantir des mouches*, M.

شَوْت

شَاتَة *nuque, chignon*, Ht.

شَوْح II, *en parlant d'un homme; courir* (رقص) *en étendant les mains*, M.

V *se ceindre le corps avec*, بِ, Ztschr. XXII, 130.

شَاح, شَاحَة *géranium*, Daumas V. A. 172. — شَاح et شَوْح *pin, sapin*, Ht.

شُوح *voyez ce qui précède*.

شُوحَة *milan* (oiseau de proie), Bc, M.

شَوْحِيَّة pl. شَوَاحِي *barre, pièce de fer ou de bois; poutre, solive; charpente, pièces de bois disposées pour être assemblées*, Bc.

شَوْحِيَّة *ceinture de laine brodée*, que les femmes mettent trois ou quatre fois autour du corps, Ztschr. XXII, 94, n. 17, 130.

شَوْحَة *petit ornement d'argent qu'on suspend à la tête des enfants*, M.

شَوْخَلَة (sic) *recoin*, Roland.

شَوْد

Xuéda (esp.), *consoude* (plante), Alc. (suelda yerva).

شَوْذَق I voyez Freytag 406 a.

شَوْذَق *gerfaut ou sacre* (cf. شَذَانِق), P. Abd-al-wâhid 107, 7. Le Voc. donne شَوَانِق comme pl. de شُوذَانِق.

شور I, vulg. pour la IV°, aor. *i*, *faire des signes*, Alc. (hazer señas); — c. الى p. *indiquer*, Cartâs 147, 6; — aor. *o*, c. على p. *donner un avis, un conseil à*, Bc, c. على p. et بِ r. *conseiller*, Bc, M; — *convaincre, persuader, délibérer*, Ht.

II c. a. p. *donner à sa fille un trousseau* (شَوَار), R. N. 84 v°: وشَوَّرَ رَجُلٌ ابنته بشوار كثير حسن. — *Se placer sur le bord d'un lieu élevé* (شَوَار), p. e. d'un toit, M. — Voyez sous لَزُقَة.

III. Quand on parle du courtier qui *consulte* le vendeur, c.-à-d., qui lui demande s'il peut vendre une chose à un prix qu'il nomme, ce verbe se construit c. a. p., 1001 N. II, 217, 7, et l'acc. du prix, Bresl. II, 201, dern. l.: فجاء الدلال عندى وشَاوَرَنى خمسين دينار «le courtier me demanda s'il pouvait laisser (le collier) pour 50 dînârs.» C. على p. *pour quelqu'un, en son nom*, avec بِ du prix, Macn. I, 292, 3: رُحْ وشَاوِرْ على باربعة آلاف دينار «allez, courtier, et offrez en mon nom (au vendeur) 4000 dînârs,» et aussi avec l'acc. du prix, ibid. l. 7: شَاوِرْ على اربعة الآف. Mais la prép. على s'emploie aussi dans le sens de *pour* quand on indique la chose qu'on veut acheter, Macn. II, 100, 7: comme on offrait une belle jeune fille à vendre, le vizir dit au courtier: شَاوِرْ عليها بالف دينار «offrez pour elle 1000 dînârs.» — Voyez sous le n. d'act.

IV. أَشَّرَ *demander conseil, consulter*, Voc., Alc. (demandar consejo); — c. لِ et فى *demander permission*, Voc.

X c. مِن p. *demander conseil à quelqu'un, consulter*, Bc.

شُور expliqué par اختيار, Diw. Hodz. 215, 7 a f. — Pl. أَشْوَار *avis, conseil, consultation, inspiration, motion, proposition faite dans une assemblée*, Bc, cf. M. — Espèce de verroterie, Ouaday 343 (chôr).

شُورَة‎ *conseil*, Bc. — فُوَطَة‎ (voyez) *brodée*, M; espèce de voile, Petermann Reisen I, 118. — Dans le Hidjâz, nom d'un arbre décrit Bait. II, 114 o, à ce qu'il semble = شَوْرَى‎ chez Freytag et Lane.

شُورَة‎ *trousseau*, Roland. — *Terrain long et étroit*, M. — *Rangée d'arbres*; بَحْر الشورى‎ *l'espace entre deux rangées d'arbres*, M.

شُورَى‎, comme n. d'act., *consulter*, Berb. I, 631, 7 a f.: اذنَت عشاء للشورى معه في بعض المُهمَّات‎. Quand il fut question du mariage de sa fille, Moâwiya dit, chez Ibn-Badroun 176, 5: جعلتُ لها في نفسها شورى‎, c.-à-d., je lui ai accordé la permission de disposer elle-même de sa main. — [ou جعل‎ [ترك‎ شورى الخلافة‎, voyez Lane; on donne aux six hommes nommés par Omar, qui devaient choisir l'un d'entre eux pour calife, les noms de: ذوو الشورى‎, اهل الشورى‎, اصحاب الشورى‎, de Jong. Cf. Haiyân-Bassâm I, 9 v°, en parlant de l'Omaiyade Abdôrame, qui devint calife sous le titre d'al-Mostadhhir: il resta caché à Cordoue en tâchant de gagner des partisans, jusqu'à ce que les vizirs qui étaient alors au pouvoir اعلقوا بالشورى‎ عند ايقاعها في ذلك الوقت لظهور مراعاته (براعته‎ l.); après quoi l'auteur dit que ces vizirs formèrent une liste de trois candidats, parmi lesquels les grands, l'armée et le peuple devraient choisir. Voyez aussi Recherches I, App. xl. — *Tribunal pour écouter les plaintes*, M: مَجْلس الشورى او الشَّوْرَى بلفظ النسبة عُرفيًّا‎ الديوان المنصوب لاستماع الدعاوى‎. Bat. II, 190: les procès et les plaintes, qui doivent être jugés d'après les prescriptions du droit canon, sont de la compétence du cadi; «les autres causes sont jugées par les اهل الشورى‎, c.-à-d., les vizirs et les émirs.» C'est donc ici: un tribunal, composé des principaux dignitaires de l'Etat, qui juge d'après le droit coutumier. — *Conseil, composé de fakîhs, qui donne des feiwas*, Haiyân-Bassâm III, 140 v°, en parlant d'un calife: وزاد في رزق مشيخة الشورى من مال الـغيى‎ فـفرض لـكـل واحد منهم خمسة عشر دينارًا مُشاهرة‎ فقبلوا ذلك على خبث اصله وتساهلوا في مأكل ما يستطبه‎ فقهاء الشورى‎; plus loin il les appelle فقيهة قَبْلَةٌ‎ Berb. I, 244, 7 a f.: واقتدا الفقهاء واهل الشورى من‎ المغرب والاندلس بخلعهم وانتزاع الامر من ايديهم‎. Il y avait aussi dans les villes considérables un seul mufti, nommé par le sultan, le peuple où le cadi, et dont l'emploi s'appelait خُطَّة الشورى‎, Bassâm II, 76 r°, où il est question du peuple de Niebla: خُطَّة‎ فولوَّ الشورى، والقوا اليه مقاليد الفتوى‎, Macc. I, 566, ولي خطة الشورى بمرسية مضافة الى الخطبة بجامعها‎ 1: وازعجنَّه الفتنة الواقعة بالاندلس‎ Ibn-Abdalmelic 135 v°: سنة ٣٩ عن بلده فصار الى مرسية وولاه القاضي بها‎ وباعمالها ابو العباس بن الخلال خطة الشورى ثم قضاء‎ بلنسية‎; cet emploi s'appelle aussi الشورى‎ tout court, Meursinge ۱۸, 5 a f. (jurisconsulte espagnol du IVe siècle): عرض عليه السلطان الشورى فامتنع‎. — *Conseil administratif dans une ville*, Prol. I, 41, 2, Berb. I, 433, 5, 481, 8, 604, 2, 625, 3 a f. Ces conseils se composaient de fakîhs ou jurisconsultes (Berb. II, 60, 1) qui appartenaient aux maisons les plus considérées. Ils remplissaient les fonctions d'ambassadeurs auprès des souverains, recevaient les agents qui venaient de la part du calife, et s'occupaient de tout ce qui concernait l'utilité publique; voyez Berb. I, 636, 10 et suiv. — Dans des temps de troubles, ces conseillers municipaux se déclaraient indépendants et formaient une république dont ils étaient les chefs. En parlant d'une ville où cela a lieu, on dit صار‎ امرُها الى الشورى‎, Berb. I, 295, 1, 539, 6 a f., 637, 3 a f., 639, 5, ou صار أقلها الى الشورى في امرِم‎ I, 205, 4 a f., *elle se constitua* (ou *les habitants se constituèrent*) *en république*. Pour exprimer que certains conseillers devinrent, pour ainsi dire, les consuls de la république, on dit: صار الامر شورى بينهم‎, Abbad. II, 208, 12, Berb. I, 400, 7 a f., 599, 7. Les chefs de la république, les consuls, s'appellent اهل الشورى‎, Berb. I, 599, 8 a f., ارباب الشورى من المشيخة‎ 626, 7 a f. Quand un d'entre eux usurpe le pouvoir et substitue sa propre autorité à celle du conseil, on dit: استبدَّ بشورى البلد‎, Berb. I, 530, 5, expression qui s'emploie aussi en parlant de plusieurs usurpateurs qui changent la république en oligarchie, 627, dern. l. Enfin منها محى أثر الشورى‎ se dit du souverain qui rentre dans ses droits et abolit la forme de gouvernement républicain, 599, 10. — *Le conseil d'un prince, le conseil d'Etat*, Berb. I, 381, 4: après la mort de ce prince, افترق الموحـدون في الشورى‎ فريقين بين الخ‎ (l'auteur nomme deux princes du sang).

Les membres de ce conseil s'appellent اهل الشورى, 441, 10.

المَجْلِس الشُّورى voyez le M sous l'article qui précède.

شُورى sorte de poisson, Cazwînî II, 366, 9. — شُورى الحجاز et شُورى البيات sont des termes de musique qui signifient نهزة مرتفعة تستعمل فى وسطهما [ce qui ne m'est pas clair], M.

شورية encensoir (seulement celui dont on se sert dans les églises), Bc.

شُوار, trousseau, a le pl. شُوَر, Arnold Chrest. 157, 1, et chez Alc. أَشْوِرَة (casamiento dote, dote o samiento de hija). — بشوار louablement, Alc. (loablemente). — جعل شوار لفلان il nomma un tel son conseiller, Berb. I, 388. — Bord d'un lieu élevé, p. e. d'un toit, M. — Voyez sous تَوَقَّف.

شَوَّار celui qui conseille; شوار عصبة meneur, chef de parti, Bc.

اشارة enseigne, marque, indice, signe; pl. أشاير (que Saadiah (dans Abou'l-Walîd 795, 14) et Alc. ont aussi) signes, phénomènes dans le ciel; أشاير مكر fausses enseignes; symptôme, Bc. — Signe, geste, Bc; signe qu'on fait avec le doigt, Alc. (señal del dedo); geste convenu entre deux personnes pour s'entendre, Alc. (señas para se entender). Comme n. d'act., faire des gestes, Notices 181, n., dern. l. — Signal, Bc. — Renvoi, signe qui renvoie à une citation, à une note, Bc; je ne sais si Alc. (señal para alumbrar escritura) a eu en vue le même sens. — Criterium, Bc; Macc. I, 939, 18 (cf. Lettre à M. Fleischer 148). — Présage, pronostic, Bc. — Symbole, emblème, figure symbolique, Bc; il est souvent question des اشارات des Soufis, p. e. Ghazâlî, Aiyohâ'l-walado 4, 3 a f., 30, 4 a f. éd. Hammer, Macc. I, 476, 12, 503, 5, 582, 8, Bat. IV, 344. — Allégorie, figure allégorique, Bc. — Blanc, but où l'on tire, Alc. (blanco la señal), غَرَض فى (على) الاشارة (on قصد, ou الاشارة, viser au but, Voc.; اصاب الاشارة frapper au but, Voc. — Cocarde, Bc. — Avertissement de Dieu, 1001 N. III, 422, 10 (où l'éd. de Bresl. porte مشورة). — Drapeau, bannière, Lane M. E. II, 210, 1001 N. Bresl. IX, 196, 4, où l'éd. Macn. a راية. — Procession de derviches, parce qu'ils portent une bannière, Lane

M. E. II, 210. — الاشارة (بُرج) آلة télégraphe, Bc.

مُشار. المشار اليه, proprement l'homme que tout le monde montre au doigt, désigne celui qui jouit d'un grand respect, ou qui occupe un haut rang, de Sacy Chrest. II, ٥٥, 8 et 169, Bat. II, 58, etc.; aussi: celui qui a été nommé honorablement ci-dessus, M. — مشار اليه بالهتيكة noté d'infamie, Bc.

مَشْوَر, terme maghribin, signifie proprement: l'endroit où le monarque tient son conseil, où il traite avec ses grands les affaires publiques, Vêtem. 42—3, Ramos 119. C'est un très-grand carré entouré de murs, ordinairement découvert, et orné de piliers et de bas-reliefs en marbre, Vêtem. 43. Le souverain y donne aussi des audiences publiques, pour rendre la justice; c'est ce qu'on appelle « faire le mechwar » (Chénier III, 166), et de là vient que ce mot est expliqué aussi par salle destinée aux audiences, Vêtem. 43, Hay 33 (cf. 68). Aussi: l'audience publique elle-même, Vêtem. 44. En outre le souverain dîne dans cette salle avec les grands, Vêtem. 43, Cartâs 248, 16 et suiv., et y fait quelques-unes de ses prières, Cartâs ibid. l. 11. — Une partie d'un palais, séparée du reste de l'édifice; il y a des mechwar pour les renégats qui accompagnent le roi quand il sort, pour les femmes, etc., Vêtem. 43. — Palais, Mocquet 183, Mouette (à la fin). — Forteresse, citadelle, Vêtem. 44, Memor. hist. VI, 376, Morgan I, 371, II, 48, R. d. O. A. XV, 354, J. A. 1844, I, 416 (où il faut traduire ainsi), Bargès 358. — صاحب المشور secrétaire d'Etat, Alc. (secretario = كاتب السر). — مولى المشور maitre des cérémonies, Hœst 152.

مَشْوَرة permission, dispense, exemption de la règle ordinaire, Voc. (licencia), Alc. (dispensacion), Çalât 21 r°: ودخلوا موضعهم ومجتمعهم عليهم دون أَن ولا مشورة, Antar 51, 4. — Avertissement de Dieu, 1001 N. III, 420, 14, Bresl. IX, 204, 4 (où l'éd. Macn. a اشارة). — على مشورة à condition, 1001 N. Bresl. IX, 219, 8 et 9; voyez sous مشاورة.

مَشْوَرِى portier, Rojas 56 r°.

مُشِير conseiller, de Sacy Dipl. XI, 44, 9. — Titre d'un dignitaire qui est au-dessus du vizir, M.

مُشِيرِيَّة le poste de مشير, M. — Le pays gouverné par ce dignitaire, M.

مشوار *commission*, course de commissionnaire, Bc.
— *Course*, voyage, prix d'une course, Bc, M. —
J'ignore quel sens il faut attacher à l'expression عشرة
مشاوير, 1001 N. III, 470, 4 a f.

مُشاوَر. Un مشاور فقيه, qu'on appelle aussi simplement un مـشـاور, est *un jurisconsulte à qui l'on demande des fetwas et qui les donne*, Macc. I, 243, 14 (deux fois), 564, 8, 808, 18, 876, 16, etc.

مُشاوَرَة. على المشاورة *à condition*; c'est, p. e., lorsqu'un marchand vous envoie des objets en vous priant de les examiner et de faire un choix, 1001 N. III, 430, 14: انا آخذ هذا المتاع على المشاورة فالذى يُعجبنى آخذونه وآتى اليك بثمنه; l'éd. de Bresl. porte على مشورة.

مُسْتَشار *conseiller d'État*, M.

شوربة et شوربجة شوربة *potage, soupe*, voyez sous شُرْبَة.

شورج (pers. شورج) *nitre*, Bait. II, 531 b. Dans nos man. l'article entier est: ملح الدباغين هو الشورج من المنصورى.

شوس.

شوسة. Dans L: *pleuresis* (dolor) واعنك وشوسة; cf. شوصة.

شوش I *flotter*, comme الشوشة, les longs cheveux, au gré du vent. En parlant du cheval, on dit يشوش, quand il branle la tête, quand il la fait aller deçà et delà; de même en parlant du derviche quand il branle la tête pendant le ذِكْر, Ztschr. XXII, 140.
Je trouve le partic. pass. dans ce passage du Al-Faradj ba'da 's-chiddati, man. 61, p. 173: Après avoir assisté à un festin chez un de mes amis, je retournais à ma demeure vers la fin de la nuit, فلما صرت فى قطعة من الشارع فاذا مشاعل الطائف فرهبته ولم أدر ما اعمل فرأيت شريجة مشوشة ففتحتها ودخلت ورددتها كما كانت وقت من الدكان ليجوز الطائف واخرج وبلغ الطائف الموضع فرأى الشريجة مشوشة فقال فتشوا هذا الدكان. Quoique le man. ait un petit *hâ* sous le grand, il est certain qu'il faut lire شريجة, avec le *djîm* (voyez Lane sous ce mot). L'auteur semble indiquer que la porte de jonc de la boutique branlait, n'était pas bien fermée. Afin qu'on ne soit pas tenté de prononcer مُشوَّشة, j'observerai encore que le man. n'a pas de *techdîd*. — *Etre en émoi*, Djaubarî 6 r°: والمدينة قد شاشت, Bâsim 36: tous les bains publics furent fermés sur l'ordre du calife. — C. على *chasser un animal féroce*, 1001 N. Bresl. VI, 229, 1: فالتقى السبع هو وجنده فشاشوا على السبع ولم يزالوا عليه حتى يشوش على منقار قتلوه. — *Sucer*, Alc. (chupar). — منقار (vulg. pour منقار) se trouve dans le Voc. entre «*imperium*» et «*impetere*,» mais l'explication latine manque; on retrouve cette expression sous «*victus*» et elle doit signifier *gagner sa vie*, car elle y est l'équivalent de سبَّب على روحه. Cf. plus loin مُشاش.

II *incommoder*, causer une indisposition, *faire mal*, causer un mal, une maladie, Bc, Voc. (*turbare propter malos humores*). — C. على p. ou avec بالٍ *embarrasser*, mettre en peine, donner de l'irrésolution; c. على p. *incommoder, gêner, troubler le repos, la tranquillité* de quelqu'un, Bc, Prol. II, 187, 2 a f., Macc. III, 755, 28, Amari Dipl. 199, dern. l., 201, 1, 9, lisez de même 199, 7 et 9, 201, 5, 1001 N. I, 93, 12, 841, 3 et 4; cf. Bâsim 13: واغتصبتمونى وشوشتم خاطرى. — On dit شوشت مشوشة et شوشت العرب lorsque les Bédouins, à la nouvelle de l'approche de l'ennemi, courent çà et là parmi les tentes pour aller chercher leurs armes, Ztschr. XXII, 140. — *Remuer la queue*, Alc. (rabear). — *Jeter la balle de paume*, Alc. (botar la pelota). — En parlant de cheveux, *croître sur les tempes*; le M cite ce vers:

بتَخِذُه من بقايا اللثم تخميش
وفى لتشويش ذاك الصدغ تشويش

et il donne cette explication: اى وفى مرض لنبات الشعر فى صدغه.

V *être mis en désordre* (armée), Koseg. Chrest. 109, 6 a f. Dans le Roman d'Antar, lorsque l'esclave Dâdjî entre en colère: تشوشت أخلاقه. Koseg. Chrest. 86, 11; M. Wetzstein, en citant ce passage du Roman (Ztschr. XXII, 140), donne شوشت; l'éd. de Caussin de Perceval (6, l. 6) كبرت اخلاقه. — *Se tromper* ou *radoter*, Djob. 169, 9. — *Etre triste, mélancolique*, 1001 N. I, 46, 12, 145, 3. — *Etre malade*, Voc. (v° *turbare*), M, Hbrt 32, 1001 N. I, 405, 6.

VI *se révolter*, Gl. Badroun.

VIII. On dit aujourd'hui à Damas: اشتاش عَقْلُمْ ils étaient consternés, Ztschr. XXII, 140.

شاش pl. اتّ mousseline, Bc, Hbrt 20, M, Maml. I, 1, 137, II, 2, 77. — La longue pièce de mousseline ou de soie que l'on roule autour de la calotte du turban, Vêtem. 235 et suiv., Maml. II, 2, 77, Bc, M. — Sorte de coiffure que les femmes en Egypte inventèrent vers l'année 780 H., et qui ressemblait à une bosse de chameau. Elle prenait sur le front de la femme, et se terminait vers le dos. Quelques-unes avaient de longueur environ une coudée, et de hauteur, moins d'un quart de coudée. On ornait cette coiffure d'or et de perles, et on dépensait à cet effet des sommes considérables, au grand scandale des rigoristes, Vêtem. 239 (cf. Defrémery Mémoires 150), Maml. II, 2, 77.

شُوش calotte, Barth I, 130, 3 a f. — N. d'un. ة, en Afrique, nom d'une plante qui ressemble à l'ivraie. Elle porte des graines écarlates, avec une pointe noire, qui sont petites, rondes, lisses et dures; les femmes en font des colliers, des bracelets et d'autres ornements, Browne II, 45—6, 93, Burckhardt Nubia 283, Ztschr. XVIII, 567.

شاش = شاشة dans le sens que j'ai donné en second lieu, Bg 780, 798.

شُوشَة chevelure, et en général *tous les poils longs qui croissent en plusieurs endroits du corps humain*, M; chevelure d'une femme, 1001 N. I, 630, 2 et 3, d'un homme, Bresl. IX, 265, 11 (lisez بشوشة). — Cheveux coupés sur les tempes, Roland. — Toupet, Ouaday 676. — Touffe, Bc. Spécialement: la touffe de cheveux que les musulmans laissent croître sur le sommet de la tête, Ztschr. XVII, 390, Burton I, 159, II, 77, 81, Lane M. E. I, 38. — Crinière, Hbrt 59. — Crête, huppe sur la tête des oiseaux, des serpents, Bc, Ztschr. l. l. — Aigrette, sorte de panache, Bc; le panache du soldat européen, Ztschr. l. l. — La touffe de filaments blanchâtre à la pointe de l'enveloppe verte de l'épi du maïs, Ztschr. l. l. — Pl. شواشى cime, sommet, faîte d'un arbre, Bc. — Voyez sous شُوش. — ريال شوشَة ou ريال ابو شوشَة voyez sous ابو.

شوشان (pl.) les enfants des esclaves, Lyon 289.

شاشية. Biffez la signification de mousseline que Freytag donne sur l'autorité de Silv. de Sacy; c'est شاش qui a ce sens, mais شاشية ne l'a nulle part. Par contre, Freytag aurait dû noter l'autre sens indiqué par de Sacy: au Maghrib et anciennement en Egypte, la calotte qu'on pose sur la tête, et autour de laquelle on roule la pièce d'étoffe pour former de cette manière le turban; on la porte aussi sans la pièce d'étoffe, Vêtem. 240 et suiv., Voc. (capellus (bireta)), Alc. (bonete, casquete de cuero مِنْ شاشية (جِلْد. — Béret de brocart, de satin ou de damas, broché d'or et orné de pierreries, que les dames à Alger portaient aux fêtes, Vêtem. 243. — Capuchon du كَبُّوط ou caban, Martin 127. — Bonnet de papier en forme pyramidale qu'on met sur la tête de certains criminels, Alc. (coroça). — شاشية من حديد casque, Alc. (casquete de hierro); — grande scie, ou bien: sorte de serpe emmanchée d'un grand bâton pour couper et arracher les épines, Alc. (calaboço de hierro). — Sorte de mets que Chec., 196 v°, décrit ainsi: وهى الفرطون من الاطعمة المستلذة وهو لحم مطبوخ يُعقد ببيض مضروبة بتابل فى زيت محمى وبلق حسن المنظر طيب الطعم. — Le pl. شواشى ramilles, menus bois en fagots, Bc.

بالشويش peu à peu; bas, doucement, à voix basse, tout bas, Bc; formé du dimin. de شَىْءٌ.

ابو شويشة porreau, Mehren 30.

تشويش confusion, embrouillement, voyez sous خبط II. — Incommodité, indisposition, malaise, mal-être, Bc, maladie, Bc, Hbrt 32, cf. sous II; تشويش البَحْر mal de mer, Bc; تشويش الخاطر incommodité, peine que cause une chose incommode, trouble, inquiétude, agitation de l'esprit, Bc. — Querelle, rixe, Payne Smith 1510.

مَشَاش entretien, subsistance, Voc. (victus).

مُشَوَّش incommodé, un peu malade, indisposé, mal portant, malade, Bc, 1001 N. Bresl. I, 116, 8. — للجناس المشوّش sorte de paronomase, comme lorsqu'on dit: صَدَّعَنِى لمّا صَدَّ عَنِّى. Si le noun de عنّى n'avait pas de techdîd, ce serait un جناس مركّب, et si صدّ était un seul mot, ce serait un جناس محرّف M; cf. Mehren, Rhetorik, 160. — عبارة مشوّشة est ما كانت غير مستقيمة فى التركيب او فى المعنى M. — Sorte de pâtisserie, Vullers.

مشوّشة sorte de mets, Aghânî 8, dern. l.: تقيمان

عندى أُطعِمكما مشوشةً وقليةً, 9, 2. Kosegarten a fait imprimer مَشْوَشَة, et d'après un dict. persan cité par Vullers, مشوش est une espèce de mets auquel on donne de la consistance au moyen d'huile, de miel et de blanc d'œuf; mais selon un autre dict., qu'il cite également, ce mot doit se prononcer مُشَوَّش, et alors ce serait مُشَوَّشَة dans l'Aghânî. Quoi qu'il en soit, ce mets ressemble à celui que Checourî décrit sous le nom de شاشيّة.

شوشار *buis*, Alc. (box); cf. sous شمشاد.

شَوْشَرَة *grabuge, désordre, querelle, quanquan, éclat pour une bagatelle, tapage, tumulte, vacarme*, Bc, Ht, Hbrt 241.

شوشفة *corporal*, linge carré sur l'autel pour poser le calice, l'hostie, Bc.

شوص II c. a. et V dans le Voc. sous apostema. شَوْصَة se prononce aussi شوصنة, Gl. Manç. in voce; cf. شوصنة. — *Pleurésie*, Bc, M, J. A. 1853, I, 345. Ibn-Wâfid 4 rº, dans le chapitre أمراض الحجاب: باب فى الثاني الذى لا نفث معه ويبلغ وجعها الى الترقوة ويقال لها شوصنة على المجاز — واما الورم الذى يعرف بالشوصنة على الحقيقة فهو الذى يحدث فى الغشاء الفاصل وهو الغشاء الذى يفصل بين الصدر والبطن من كل الجانبين وهو عصبانى ولا نفث معه ويبلغ وجعه الى الترقوة وتصاحبه دلائل ذات الجنب وهى الحمى ونخس الوجع وتواتر النبض وضيق النفس ويعرض معه البرسام وهو الهذيان —. Pl. شُوَص *apostème*, Voc.

شوط I, n. d'act. شَيْط, *brûler*, v. n., en parlant d'un mets exposé à l'action trop vive ou trop prolongée du feu, M (cf. شيط). — *Rester, être de reste*, Ht.

II *flamber, passer légèrement sur le feu*, Alc. (socorrar, sarmuziar, verbe qui n'est pas dans mes dict., mais qui, selon feu M. Lafuente, a le même sens que chamuscar), p. e. faire griller ou cuire légèrement une perdrix pour qu'elle se garde plus longtemps, Alc. (perdigar la perdiz). — *Sublimer*, Voc.

V quasi-pass. de la IIe, Voc.

شَوْط *partie d'échecs*, 1001 N. IV, 196, dern. l. — Dans le sens de *défilé*, le pl. أَشْوَاط, Abbad. I, 225,

5, cf. 240, n. 79. — Chez Alc. «mangonada,» que Nebrija traduit par *elusio, ludibrium*, Victor par *nasarde, moquerie, risée, chiquenaude*, et Nuñez par *coup de coude en signe de mépris*. — *Bois, bocage, buisson, broussailles*, Alc. (bosque de arboles, breña mata, floresta, maleza o breña, selva por bosque, soto). Je soupçonne qu'en ce sens c'est l'esp. *soto*.

شَوْطة *nœud coulant*, Bc; c'est pour أنشوطة, M.

شوطى الشجر الشوطى sont p. e. le grenadier, le pommier, le prunier et le pistachier, Auw. I, 508, dern. l. Je crois que cet adjectif (que notre man. a avec le *sin*) dérive de شَوْط dans le sens que j'ai donné en dernier lieu.

شِيَاط vulg. pour شَيَّاط, M (sous شيط).

شَوَاطِل *houppe, pompon*, Cherb. — *Chapelet de perles attaché par les deux bouts à chacun des côtés de la coiffure*, Descr. de l'Eg. XVIII, part. 1, 113. — *Poignée d'épis*, la Torre, qui a شَوَاطِل.

مُشَوَّط *ivre*, Voc.

شوظ.

طبعه شَوَاظ *il est d'une humeur intraitable, il fuit la société*, M.

شوف I, *polir*, se dit spécialement d'une jeune fille qui rend ses joues unies et luisantes, et نَشُوف الجِلْد بالجِلْد s'emploie en parlant d'un embrassement, Gl. Mosl. — *Apercevoir, penser*, أشوف تعبك *je vous récompenserai de (je reconnaîtrai) votre peine*; شاف حاله *s'en faire accroire, présumer trop de soi*; شاف مُنَاسِبًا *trouver bon*; شاف منامًا *faire un rêve*; با ما تشوف *je te ferai voir du pays, je te susciterai des embarras*, Bc. — *Surnager*, Bc.

IV أَشُوف *regarder de haut en bas*, Alc. (mirar de arriba a baxo).

V c. على *observer, considérer*, Holal 8 vº: ولمّا تشوف الامير ابو بكر بن عمر على احوال ابن عمه يوسف فتشوف على 49 rº, ابن تاشفين وعلم حبّه فى الملك احوالهم وكيفيتهم, 59 vº: il se rendit vers ce château situé sur les bords de la mer ليتفقّد حاله ويتشوّف على الاجفان التى كان ينتظر وصولها من الاندلس. — *S'amuser, se divertir*, Voc.

شَاف pl. شِيَاف suppositoire, Bc.

شَوْف pommeau de la selle, Cherb.

شَوْفَة vue, action de voir, de regarder, Bc; regard en bas, Alc. (mirada a baxo).

شُوفان avoine, Bc, Ht; épeautre, J. A. 1865, I, 200; شوفان برّى folle avoine, bromos, Bc.

شِيَاف, pl. ات, Voc., collyre sec, topique dur, devant être appliqué sur les yeux, Sang.; on trouve اشياف comme sing. et comme pl. chez Payne Smith 1518, 1521. — Suppositoire, médicament sous forme solide, qu'on introduit dans l'anus; aussi اشياف, qui, selon Sang., serait plutôt un pl. de شياف; voyez aussi Sang. sur شياف أبْيَض et أَحْمَر. — Most. v°: ماميثــا هو عصارة نبات الحج — وتسمّى هذه العصارة شياف ماميثا ٭

شَوَّاف, pl. ة, espion, Cherb., Daumas Sahara 332, Mœurs 308, 337, 377, 388, 390 (qui semble prendre le sing. pour le pl.). Le شَوَّاف est l'aide du خَبِير de la caravane, de Jong van Rodenburg 217.

شَوَّافَة pierre ponce, Bc.

الامير شائفك «il est en grâce auprès du prince,» Bc.

شوق I. تشوق بشوْق العين «elles excitent du désir dans les yeux,» c.-à-d., «elles charment les yeux» (de Slane), poète populaire Prol. III, 369, 2 a f.

II c. a. p. et ب r. inspirer à quelqu'un l'espoir de recevoir quelque chose, Gl. Fragm.

V se construit aussi c. a., Gl. Fragm., Abd-al-wâhid 75, 1, 76, 15.

VIII, aspirer à, aussi c. على; اشْتَقْنَا عليك «vous vous êtes bien fait désirer,» Bc. — Regretter, Ht. — Être reconnaissant, Ht.

شَوْق gloutonnerie, L (a gula دنَّف وشوْق).

شوك II avoir du poil aux parties honteuses, avoir atteint l'âge de puberté, Gl. Fragm. — Piquer, blesser avec des épines, Alc. (espinar o punçar). — Carder, peigner avec des cardes, Voc.

IV marcher sur des épines, de là avec بين — s'efforcer de choisir entre — et, P. Prol. III, 344, 4 avec la note de M. de Slane; mais la leçon me semble douteuse.

V dans le Voc. sous spinetum.

شَوْك forme au pl. أَشْوَاك, M, Saadiah ps. 58, Abou'l-Walîd 455. Ronce, arbuste épineux, épine, arbrisseau piquant, Bc. Pour exprimer qu'un monarque arriva avec tous les soldats, jeunes et vieux, qu'il avait pu rassembler, on dit: جاء بجرّ الشوك والشّجر, Abd-al-wâhid 93, 5 (cf. Lane sous شوكة); Khatîb 67 v°: فى جيوش تجرّ الشوك والشجر (l. والشجر). — Tribule, chausse-trape (plante), Alc. (abrojo). — شوك أبليس cynara sylvestris, Pagni MS. — شوك الجمير leucacanthe, Bc. — شوك الجمال carduus sylvester, Domb. 74. — شوك الدرّاجين voyez sous دَرّاج. — شوك السمن Silybum marianum, Bait. II, 114 c, où nos man. portent: شوك الدمن هو العكوب. — أَحْرُفْ = الاشتخيص شوك العلك, Bait. II, 114 f. — الشوك désigne trois fonctions importantes, à savoir: témoigner en justice, agir par procuration et servir de caution, M.

شَوْك piquant (épine), Bc.

شَوْكَة épine, arbrisseau piquant, Bc. — Chardon, Bc. — Aiguillon, dard d'insectes, de reptiles, Bc. — Ardillon, pointe, Bc; cf. Payne Smith 1516, où τριβόλιον est ذو ثلاثة شوكات. — Coin, Ht. — Molette de l'éperon, Bc. — Éperon, Gl. Esp. 36—7. — Arête, Gl. Edrîsî, Müller 7, 1 (où il faut lire الشَّوْكة). — Hameçon, Ht. — Fourchette, Bc, Hbrt 201, M. — Petit ornement à deux pointes avec lequel les femmes attachent leur robe sur la poitrine, M. — Autorité, pouvoir, M, Amari Dipl. 207, 6; de là vient qu'on appelle le sultan ذو الشوكة, M. — Au fig., troupe de soldats, Macc. I, 334, 12: وقد برزت من حاميتها. — شوكة سابغة الدروع وافرة الجموع «Ulcère très-douloureux, ordinairement dans le pouce, qu'on appelle aussi الشوكة, M. — Doit signifier une partie d'un édifice dans un passage que je citerai sous تفريغ. — شوكة ابراهيم nom d'une plante, cent têtes, Alc. (ciencabeças yerva); il a aussi ce terme sous «yerva de Sant Juan,» que Colmeiro explique par Hypericum perforatum L. et Artemisia vulgaris L. Cf. sous شُوَيْكة.

الشَّوْكَةُ البَرَّانِيَّةُ épine-arabique, Most. v° شكاعى.
— المباركة chardon-bénit, Bc.
— البَيْضاء épine blanche, Bait. II, 114 n.
— الزَّرْقاء Eryngium bleu, Bait. II, 114 m.
— الشَّهْباء = ينبوت, Bait. II, 114 k.
شوكة الصَّبَّاغين nerprun, Bc.
الشَّوْكَةُ الطَّرِيفَةُ? Bait. II, 313 a; leçon de AL; EHK sans points; ils sont incertains dans B.
العَرَبِيَّةُ — = شكاعى épine-arabique, Most. sous ce dernier mot, Bait. II, 114 g (AB); = باذاورد épine blanche, Most. sous ce dernier mot.
شوكة العصير? Auw. I, 61, 17, où le synonyme est écrit dans notre man. الحسك (sic).
العَقْرَب — solanum cordatum Forsk., Bait. I, 296 c.
العلك — en Espagne, = اشاخيص, Bait. I, 51 b.
الشَّوْكَةُ القِبْطِيَّةُ mimosa nilotica, Bait. II, 114 i.
المِصْرِيَّةُ — même sens, Most. in voce, Bait. II, 114 j.
شوكة مغيلة, près de Fez, Ononis antiquorum, Bait. II, 93 f, avec l'explication: ومغيلة بلد من بلاد المغرب, 501, dern. l.: les Berbères l'appellent شوكة مغيلة ومغيلة بلد من بلاد البربر ۞
الشَّوْكَةُ المُتَنَتِنَةُ inula, Bait. II, 114 l (AB).
شوكة اليهود acanthe ou branche-ursine, Bc.
الشَّوْكَةُ اليَهُودِيَّةُ Eryngium, Bait. II, 114 h.
حسّ بالشوكة avoir la puce à l'oreille, Bc.
شَوْكِيّ رَجُلٌ شَوْكِيّ celui qui vend des fagots d'épines, Fakhrî 311, 10. — La grenade ordinaire, Ztschr. XI, 524. — توت شوكى framboise, Bc. حشيشة الشوكى scrofulaire (plante), Bc. — أرضى شوكى artichaut; برّى شوكى أرضى chardon de Notre-Dame, chardon laité, chardon-Marie, Bc.
شويك sorte de froment très-pur dont on fait un pain délicieux, Alc. (farro o escandia).
شويكة ابراهيم chardon, Bc (qui a شويكة); chez le vulgaire en Espagne, Eryngium, Bait. II, 287 c (AB); Freytag donne ce terme, d'après le Câmous, sous قرصعنة.
مَشُوك lieu planté d'épines, Alc. (espinal).

مَشُوكَة pl. مَشاوك lieu planté d'épines, Voc.
مُشَوَّك épineux, Alc. (espinosa cosa); couvert de piquants (châtaigne), Alc. (enerizado como castaña). —
الخبز المشوك? est la leçon du man. d'Ibn-Batouta que possède M. de Gayangos, là où l'éd. (III, 123) porte الخبز المشرك.

شوكولاتة chocolat; لوز الشوكولاتة cacao, Bc.

شول. Voyez beaucoup de mots, qui appartiennent proprement à cette racine, sous شيل.

II. تَشْوِيل القَبِيلَة العَيْن est chez Alc. « desencapotadura de ojos, » ce que Victor explique ainsi: l'action de se déboucher le visage et les yeux, comme si on avait le manteau tout à l'entour de la tête, et qu'on l'ôtât pour voir et entendre quelque chose ou pour parler, l'action de lever les yeux.

IV. أشالة بَعْضهم على بَعْض se hisser les uns sur les autres, Djob. 148, 19. — En donnant ce verbe sous elevare, le Voc. a dans une note: bestiam dirigere.

شال (cf. Lane) chabot (poisson d'eau douce à grosse tête plate), au pl. شيلان, Bc; cf. Gl. Edrîsî, Seetzen III, 275, 498, Lycodontis Clarias Cuv., Silurus Clarias Lin., Silurus Niloticus, Hasselq., Seetzen IV, 477, Synodontis Schal Bloch, Ztschr. für ägypt. Sprache u. Alt., mai 1868, p. 55. En nommant le «schilán» parmi les poissons du Nil, Vansleb, 72, a noté un pl., au lieu d'un sing. — شال (cf. Lane) et شالة (M), châle; le second, fichus de soie avec fils d'or ou d'argent, portés en turban par les femmes, Prax R. d. O. A. V, 24; selon Burckhardt, Bedouins 28, les dames de la tribu de Rawalla portent sur la tête « des fichus de soie noirs, qui ont deux aunes carrées, et qu'on nomme shâle kâs; on les fabrique à Damas.» J'ignore comment il faut écrire ce mot «kâs» en arabe; l'explication que j'ai proposée Vêtem. 244 n'est pas bonne]. Manteau de laine blanc, Ztschr. XXII, 130. شال (شالة) شالة تَرْما et تَرْما châle de cachemire, Bc; شالة لاهوري châle de Lahouri, dont on se ceint en faisant flotter les deux bouts par devant, Bg 807. شالة فرماني châle de Perse à grandes raies, Bc. شال كتفى châle à palmes des deux côtés avec bordures, et des coins, Bc. شالة كرمان châle qui n'est point de cachemire, Bc.

شول désert, Bc; M: كشول المقفرة للصحراء والشُّوْل

بغداد قبيل ليس بعرق; c'est en effet une altération
du pers. جول, désert. Ne connaissant pas ce sens,
je me suis trompé presque à chaque pas en traitant
du mot *chulo* dans le Gl. Esp. 255–6. 1° Je n'aurais
pas dû citer le mot «jaule» de Lamping. Dans une
lettre du 6 déc. 1868, M. de Slane m'a fait observer
que, prononcé à la manière allemande, ce «jaule»
est yaoulé, pour yâ oulèd, garçon! 2° Les paroles
du M montrent que dans le vers:

ومَغْرِم كان نَجْم شِول قرطبة   استغفر الله بل شول بغداد

le mot شُول a le sens de *désert*, bien que le poète
l'applique improprement aux environs de Cordoue.
3° Le mot qui se trouve dans les passages que j'ai
cités de Hist. des Berb. est شَوِل ou شُوِل, pl. de شائل
ou شائلة, *chamelle* (cf. Lane). L'article *chulo* doit
donc disparaître du Gl. Esp.; ce mot n'est pas d'origine arabe. Comme les bohémiens l'emploient dans
le sens de *jeune homme*, l'idée m'est venue qu'il
pourrait bien être d'origine indienne, et les renseignements que M. Kern a bien voulu me fournir, confirment ce soupçon. Il m'apprend que dans le pali
tchullo et *tchûlo* signifient *petit*, *peu considérable*,
commun, et il ajoute que ce mot doit aussi avoir
existé sous la même forme dans les autres dialectes
vulgaires, compris jadis sous le nom général de pracrit,
car il vient du sanscrit *kchoulla*, qui a le même sens.

شالي *serge fine de laine et soie*, Bc; Bat. IV, 109,
nomme la ville الشاليه, près de Calicut, et il dit
qu'on y fabrique des étoffes qui portent son nom.

شولى *fou*, *sot*, Voc. — حوت الشولى, Calendr. 41,
5, où l'anc. trad. latine porte: «pisces sturiones»
(esturgeons).

شويلة *folie*, *sottise*, Voc.

شَوال pl. ات *ballot*, Bc, du pers. جُوال, M, qui
l'explique par جوالق, *sac*.

شويلا *armoise*, herbe de la Saint-Jean, Bc, *artemisia arborescens*, Bait. I, 125 f, 283 h, II, 114 b.

شَوال = شُول, Wright 91, n. 19. — En Barb.,
queue, Domb. 66, Jackson Timb. 198, Mc, Bc.

أشْوَل *gaucher*, qui se sert ordinairement de la main
gauche, Bc.

مِشْوَل الطاء المشالة, le ظ, pour le distinguer du
ض, Macc. I, 355, 22, Bait. II, 178 c, 291 b.

مَشْئِل *jeune homme*, Alc. (mancebo); il écrit mê-
chual, au pl. mechulín.

شُولُو (esp. *xulo*, ou comme on écrit aujourd'hui *julo*)
pl. شُولُوس *le mouton* ou *le bœuf apprivoisé qui marche
à la tête d'un troupeau*, Alc. (bezado de ganado, ca-
bestro animal para guia).

شُوم. شَوم Dans L: *malitia* (*crudelitas*), شوم وقبيح, *ne-
quitia*. شَوم وظُلم وشرة.

شُوم *bois de frêne* dont on fait de petits bâtons
avec lesquels on conduit les ânes, 1001 N. III, 637,
10: ناولوني عصا من الشوم حتى أروح الى هذا النحس,
avec la note dans la trad. de Lane, III,
382, n. 54. — *Bronze*, 1001 N. II, 105, 8 a f. (lisez
trois fois قُلْتُهُ, au lieu de قَلْتَهُ, et biffez من
الفولاذ), où l'éd. Macn. et celle de Boul. ont le *hamza*
sur le *wau*. Lane traduit ainsi et l'éd. de Bresl. a
le synonyme توج. — Selon Jackson, 17, 23, 124, 238,
shume signifie *le vent chaud du Sahara*.

II. شُون. شُون القوم *le peuple se rebella contre le gouverneur*, M.

V *s'adonner à la luxure*, Alc. (luxuriar).

شُون (esp. *seno*) *sein*, Domb. 87. Alc. écrit «xunn»
sous «seno de vestidura.»

شون, suivi de التبن, pl. أشوان, est *grange* chez
Mehren 30. Ordinairement شون (شُون) est le pl. de
شونة qui suit ici.

شُونَة dit le peuple, au lieu de شَونَة, M, *grenier*
(Bc), endroit où l'on dépose tout ce que l'on emploie
habituellement de grains, de bois, de paille, etc.,
Maml. I, 1, 52; magasin de froment pour les troupes, M; cf. Pallme 81, Werne 12, 30, Lane M. E.
I, 194. Ce sont de grandes cours fermées, où les
grains sont exposés en divers monceaux, et entassés
à l'air; des enfants à gage y font sentinelle le long
du jour contre une armée d'oiseaux que ces grains
attirent de toutes parts, Maml. I, 1, 53. Le pl. شون
doit se prononcer شُوَن, comme l'a fait Quatremère,
et non pas شُون, comme l'a fait de Sacy, Chrest.
II, ٥, 7, car le sing. فُعْلَة forme au pl. فُعَل, tandis
que فِعَل est le pl. de فِعْلَة. Freytag a en outre com-

mis la faute de prendre ce pl. pour un sing. — *Tour d'où l'on fait le guet sur les murailles d'une ville*, M.

شُونِى *indigo*, Ghadamès 46.

شُونْدَر *betterave*, Hbrt 48 (Syrie), Bc, Ztschr. XI, 520.

شَوَّه II *mutiler (au visage)*, Voc. — الْمُخْتَلِفَة بِالأَلْوَان *bigarrer*, Bc.

V. وَجْهَه تَشَوَّه s'emploie quand le visage de quelqu'un est devenu laid par la trace d'un ulcère, etc., M. — *Être mutilé*, Voc. — *Manquer de respect, parler, agir avec impudence*, Alc. (desvergonçarse).

شَاة, *brebis*, a dans le Voc. le pl. شَوَاهِى. — *Brèhis*, quadrupède de Madagascar, Bc.

شَوَى IV. أَشْوَاه se dit aussi quand quelqu'un blesse un autre à mort, Berb. I, 93, 95, 2 a f., 508, 3, 534, 13, 594, 8, 631, 7 a f.

VIII. L: *contabeo* (semble = *contabesco*) اِشْتَوَى وَاتَغَيَّرَ ٭

شُوَاء seul est chez les médecins في التَّنُّور s'ils veulent indiquer autre chose, ils ajoutent un autre mot, Gl. Manç. — شَوَاء الطَّبَّاخ Chec. 196 v°, après avoir parlé du كَبَاب: وأمّا شَوَاء الطَّبَّاخ وهو الذى يُصْنَع في الوَلَائِم ويَصْنَعه النَّاس في دِيَارهم فَخَيْر النَّوْعَيْن L'opposé est السُّوق شَوَاء, comme il résulte de ce qui précède et de la note marginale; les marchands le falsifient en l'arrosant d'eau après qu'il est cuit, afin de le rendre plus pesant.

شَوِيَّة pl. شَوَا *rôti*, Voc.; دَسْت شَوِى *du rôti à la poêle*, Fleischer Gl. 14.

شَوَى vulg. pour شَوَّاء, *rôtisseur, traiteur*, M.

شَوَايَا pl. الشَّاوَى *plaine au pied d'une montagne*, M.

شَاوِى. الشَّاوِيَّة sont *des peuples pasteurs*, qui possèdent des moutons et des vaches, Prol. I, 222, 16, 258, 9, Berb. I, 149, 3 a f.; — *chameliers*, Berb. II, 512, 3 a f., 513, 2 et 5.

مِشْوَى *broche (de bois)*, Domb. 95, Ht.

مَشْوِى *rôt, viande rôtie, rôti*, Bc. — حِجَارَة مَشْوِيَّة *chaux vive*, Most. in voce, Bait. I, 293 e (AB).

شِيبَا شَآ I. Remarquez l'expression ما يُقَرَّب من اللوم شَآ, Haiyân-Bassâm I, 192 v°, en parlant d'un homme qui se conduisit d'une manière fort méprisable.

شَىْء, *chose*, dans le sens de *parties naturelles de la femme*, Macc. I, 629, 14, 1001 N. IV, 260, 4, 286, 8, Bresl. III, 274, 1, VI, 83, 10. — حِفْظه في شَىء «dans ce qu'il savait par cœur il y avait à reprendre» (de Slane), Prol. I, 145, 17. — *Quelque chose*, dans le sens de *raison, motif, considération importante*, R. N. 88 v°: après avoir prédit une chose, un saint homme ajoute: ولولا شَىء لأَخْبَرْتكم من أين قُلْت «si une considération importante ne me retenait, je vous dirais d'où je sais cela» (il paraît que Dieu lui avait défendu de le révéler). — ليس على شَىء *il n'a aucune preuve, aucune autorité*, de Sacy Chrest. I, ١٠٣, 3 a f. — Suivi de مِن, *quelque, un entre plusieurs, quelqu'un*, p. e. en parlant d'animaux: صِيدْنَا لَنَا شَيْئًا منه فلما كَانَ من الغَد جَاءُوا بِشَىء له وَجْه في شَىء من البلاد —, في شَىء من السنين —, الخ من أَعْلَى شَىء الوادى من الأودية, de Jong. — Berb. II, 158, 10, où M. de Slane traduit: «tout à fait à l'embouchure de la rivière.» — *Tantôt*, p. e. شَىء يَقْعُد شَىء يقُوم «tantôt il s'assied, tantôt il se lève», Bc. — شَىء في شَىء et شَىء *peu à peu*, Voc.

شُوَىٌّ ou شُوَىٌّ, شُوَىٌّ, dans la langue vulg., *peu, un peu*, Alc. (poco mas شُوَى أَكْثَر, poco menos أَقَلّ شُوَى), Bg.

شُوَيَّة *peu, un peu, un brin*, Caussin de Perceval, Gramm. ar. vulg. 128, Tantavy, Traité de la langue ar. vulg. 86, Bc, Ht, Bg, Mc; شُوَيَّة شُوَيَّة *doucement, sans bruit, à petits pas, peu à peu*; على مَهل شُوَيَّة *doucement!* (exclamation); بِشُوَيَّة شُوَيَّة *bas, doucement, à voix basse, bellement*; شُوَيَّة الأُخْرَى *peu s'en est fallu que*; شُوَيَّة كَمَان et شُوَيَّة أُخْرَى *tout à l'heure, dans un moment*, p. e. شُوَيَّة الأُخْرَى أَعْطِيك أياه «je vais vous le donner à l'instant;» من هنا شُوَيَّة *bientôt* (Barb.), Bc.

شُوَيْبَة? Feu M. Weijers pensait qu'il faut lire ainsi (dimin. de شَىء) dans Koseg. Chrest. 61, 6.

شيب II, t. de maçon, *briser le bord d'une pierre et l'aplanir* (شَيَّب الحَجَر), M.

شَيْب. Le pl. شُيُوب cheveux blancs, P. Macc. II, 635, 5, cf. Fleischer Berichte 158. — شِيب العُجُوز mousse, Most. et Gl. Manç. v° اشنة, Bait. I, 50 c; — absinthe, Voc., Alc. (assenssios, lisez xêib).

شِيب pl. شُيُوب fouet; — coup de fouet, Maml. II, 2, 6. — Nom d'un animal féroce né d'une hyène et d'un loup, M; autrement chez Burckhardt Syria 534: « I heard also of another voracious animal called Shyb (شيب), stated to be a breed between the leopard and the wolf, » etc.

شَيْبَة cheveu blanc, Voc., pl. ات, Gl. Mosl. — Barbe grise, blanche, 1001 N. Bresl. III, 287, 12: فوجد شيخ كبير مقبل وله شيبة قد انفرقت على صدره فرقتين. C'est aussi un terme de mépris quand on parle d'un vieillard, 1001 N. Macn. I, 415, 4: يا شيبة النحس يا شيبة جهنم Bc: يا شيبة الصالح ô vieux fou! ô vieille folle! — Nom d'une plante, voyez Bait. II, 116 b; espèce d'armoise mêlée de souchet, Ouaday 338; — rue romaine, Vansleb 100; — absinthe, M (في سميت به لنباتى), Domb. 73, Bc; aussi شيبة الشَيْخ, Hbrt 49, et شيبة العجوز, Domb. 73, Hœst 310 (mal écrit); ce dernier terme signifie aussi mousse, Bait. II, 117 f, Bc.

شَيْبَانِي grison, homme à cheveux gris, Voc.

شَيْبُونِي barbet, chien qui va à l'eau, Pagni MS.

أشْيَب. Le pl. شِيب (cf. Lane) dans le Voc. et dans le M. — النبات الاشيب la plante شَيْبَة, Bait. II, 116 b (AB).

شِيبُوطَة petite peau de bouc, Daumas V. A. 385 (MS), Margueritte 242.

شِيبِيبَا (σηπία) sèche ou seiche, Alc. (xibia pescado conocido), Bait. I, 427 c, II, 74 b, 439 e, qui écrit ce mot avec un sin, mais avec un chin, du moins dans A, là où il donne le nom grec, II, 14 a. — L'os de substance dure et friable que ce céphalopode a dans le dos et qu'on appelle os de sèche, en arabe aussi لسان البحر, Alc. (xibion [σήπιον ou σηπίον] para platero), Most.: شيبيبا هو لسان البحر ويقال سيبيبا

بالسين الغير معجمة وهو خزف سمكة معروفة وقد طن زبد البحر et sous زبد البحر, جُهّال انه زبد البحر بعينه وليس به وقد طن قوم انه الشيبيبا وليس به لان الشيبيبا خزف سمكة معروفة. Lisez de même, au lieu de شيبة, chez Auw. II, 571, 3. Chez Bait. شيبيبا est constamment le mollusque, et لسان البحر os de sèche.

شِيبِت II brosser, Cherb. — Carder, Bc.

شيت (pers. چيت; c'est un mot sanscrit) chites, toile des Indes bon teint, Bc, M, Ghadamès 42; شيت هِنْدِقي et شيت يَمَنِي indienne, toile de coton peinte, Bc.

شِيتَة (lat. seta, esp. seda, soie, poil de sanglier), au Maghrib, brosse, Alc. (sedadera para sedar), qui a les pl. شيت et شَوَايِت, Bc (Barb.), Cherb., Ht, Delap. 76, Martin 49, Mc (qui a شَيْتَة); — pinceau, Bc (Barb.), Ht.

شِيتِي vieux sanglier, Daumas V. A. 368.

شِيتَس pour شَيْطَان, Gl. Belâdz.

والشيانين شيب شعير Ibn-Loyon 33 v°: الكلب ينبت وحَدَّة ☼ شيانين.

شِيح IV. De même qu'on dit en parlant d'un cheval: اشاح بذنبه laisser pendre sa queue (cf. Lane), on dit en parlant d'un homme: اشاح بيديه laisser pendre ses mains, 1001 N. IV, 310, 3 à f.

شيح forme au pl. شِجحان et مَشِيُوحَة, Most. — Véronique, Bc. — شيح أرمى, M, à fleurs jaunes et dont les feuilles ressemblent à celles de la rue, ou شيح ارميني, Most. in voce: « on dit que c'est l'abrotone. » — شيح بابلي armoise, Most. v° قيصوم. — شيح تركى, fleurs rouges, feuilles épaisses, M. — شيح الربيع Senecio vulgaris, Bait. II, 117 c. — شيح رومى absinthe, Most. v° افستين. — شيح عربي l'espèce dont se nourrissent les bêtes de somme en Arabie et dont parle Motenabbi, M. — Espèce de nid fait de branches et d'herbes dans lequel on fait filer les vers à soie, M, Bg 719.

شِجحة Protée, qui change continuellement de forme, Bc.

شِيجِي gris (p. e. en parlant de la couleur d'une

étoffe), Alc. (pardo color paño, xíhi); dans une charte grenadine il est question de « drap gris, » ملف شيجى; Bait. I, 187 b, nomme d'après Rhazès بورق الصاغة وهو الابيض الشيجى «le nitre des orfèvres, qui est gris blanc» (leçon de A; BDE السجى, Boul. السبخى, C السـجى); peut-être aussi chez Auw. I, 342, 8, qui nomme parmi les différentes espèces de prunes القرمسى والشيجى (Banqueri السـجى, dans notre man. sans points). Je pense que c'est un adj. relatif de شيج, plante dont les feuilles sont blanchâtres, cendrées, grises. Sous le M, Alc. donne le comparatif: « mas pardillo [pardillo est: gris blanc, gris argenté], أَكْثَر zêhi;» je crois que c'est une altération du même mot.

شِيَّاج vendeur de شيج, Ztschr. XI, 480. — Cf. avec la note de Reiske, Arnold Chrest. 208, n. 102.

مُشَيَّج Argus, celui qui est chargé de surveiller une jeune fille, P. Abd-al-wâhid 172, 4 a f.

II. شيّخ شيّخ فلانا على القوم او المكان nommer quelqu'un chaikh d'une tribu ou d'un endroit, M; cf. Macc. II, 646, 4 a f. (mettez le signe ؛ après le mot qui précède).

VI vouloir passer pour un vieillard, Valeton ٣٩, 6.

شيخ. L'étymologie de ce mot est fournie, selon M. Wetzstein, par une racine qui n'existe plus en arabe, mais bien en hébreu, à savoir שיח, parler; c'est proprement: celui qui parle, qui donne des conseils, Ztschr. XXII, 91, n. 2. — Le pl. شاخَة dans le Voc. — Dans les contrées montagneuses de la Syrie, au Liban, etc., on donne ce titre à ceux qui sont au-dessous des émirs, et en général à toutes les personnes de considération, M, Clarke, Travels, II, 1, 496. — Les quatre chaikhs sont: les quatre premiers califes, ou: les quatre grands saints, à savoir: al-Bedawî, ad-Desoukî, ar-Rifâ'î et al-Ghîlânî, les fondateurs des quatre principaux ordres de derviches, Lane, trad. des 1001 N. I, 617, n. 63. Dans un vers 1001 N. I, 631, 8, il est question des cinq chaikhs; on ignore qui sont ces cinq, Lane l. l. — Jurat, sorte de magistrats ou d'officiers municipaux, Alc. (jurado en la cibdad). — Chef d'une corporation; شيخ الطوائف le chef de la corporation des mendiants, Ztschr. XI, 482, n. 9. — Chameau, M avec un vers.

— شيخ البحر animal marin qu'on appelle aussi البرل مريس, et qui, à en juger par la description, est le veau marin, phoca monachus de la Méditerranée; voyez Bait. II, 117 d. Mes man. portent شيخ, avec le hâ, comme chez Sonth., mais je crois que c'est une faute.

— شيخ البَلَد. Cet employé fait réparer les rues et les édifices; en outre c'est dans sa maison que sont punies les femmes honnêtes qui méritent quelque châtiment; voyez Laugier 236, Nachrichten III, 50, Pananti II, 146, 205, Browne I, 26, 81, 138, et d'autres. — شيخ الجنان parietaria diffusa, Prax R. d. O. A. VIII, 347. — شيخ الحرم le chef des eunuques à Médine, Burckhardt Arabia II, 187. — شيخ النار ne signifie pas seulement Iblîs, mais aussi le grand-prêtre des Guèbres, M. — شيخ الموحّدين était le second dignitaire de l'empire Hafcide et prenait rang immédiatement après le sultan, Prol. II, 12, l. 15, III, 376, 2 a f.

شَيَخ (vulg. pour شَيْخ, proprement n. d'act.) devenir vieux, vieillesse, Voc. (senectus), Alc. (antiguamiento, grandeza de edad).

شاخَة vieillesse, Bayân I, 75, 6.

شَيْخَة une femme qui est à la tête d'une tribu, Berb. I, 164, dern. l.

الذبول الشيخوخى sénile, Ibn-Wâfid 10 v°: شَيْخوخى

شيّاخة nommer quelqu'un chaikh, l'élever à cette dignité, Macc. I, 597, 4 a f. (cf. Add., aussi dans Boul.). — L'emploi de jurat dans une ville, Alc. (juraderia en la cibdad).

مشيّخ laid, difforme, contrefait, Ht (qui ajoute: rac. شاخ).

مشيخة la charge, l'office, la dignité, l'emploi, l'état, la condition d'un chaikh, dans les différentes acceptions de ce mot. Professorat ou rectorat, Bat., man., 216 r°: مَن كان منكم يصلح للوزارة والكتابة والامارة والقضاء والتدريس والمشيخة, Macc. I, 503, 1 et 2: تولّى مشيخة دار الحديث, 819, 17, 547, 10 et 11: تولّى مشيخة الحديث بتربة ام صالح ومشيخة الرباط: ولى مشيخة المدرسة, 5: 605, الناصرى ومشيخة المالكية, 892, 6, 812, بالقدس ومشيخة الرباط الناصرى بالجبل, 4, 5, 6 et 7. — مشيخة الشُلوقات l'office d'inspecteur ou gouverneur des filles de joie, Ztschr. XI, 482, n. 9 (مَشْيَخَة). — Le premier rang parmi les savants, Macc.

شيد 810 شيط

I, 829, 10: يرع فى النحو وانتهت اليه الرئاسة والمشيخة
فيه. — Proprement pl. de شيخ, *les anciens, les membres du conseil municipal, le conseil municipal*, L (senatu مشيخة), Berb. I, 539, 5 a f.: واستبّد مشيخة
كلّ بلد بأمره. — *République*, Ztschr. XI, 492 (مَشْيَخَة),
Hbrt 206 (مشيخة), Ht, Bc, Berb. I, 539, 2 a f.,
622, 8: استبدّ مشيخة قفصة, 636, dern. l., 637, dern. l.,
638, 9, 645, 8, II, 144, 5 a f. — *Le droit qu'avaient certaines grandes familles de fournir seules des membres au conseil municipal ou à celui de la république*,
Berb. I, 625, 12: كانت مشيختها فى القديم فى بنى
رمان من اهلها بما كثروا ساكنها وملكوا عمّة ضياعها
وكان مشيخة قابس لذلك العهد فى 646, 14, 648, 8:
بيوت من بيوتاتها وهم الحج ۞

مَشْيَخِى *républicain*, Bc.

شِيد I a en effet le sens que Lane, sous la IIe, indique d'après A; voyez Orientalia I, 387, 3 et n. *e*,
Fleischer Berichte 105 sur Macc. II, 580, 4.

II *munire* dans le Voc.

V dans le Voc. sous munire.

شَيْذَلُ II *entrer dans l'ordre de* الشاذلى, Ztschr. VII, 24, n. 1.

شير V *perdre sa route, s'égarer*, M.

شير *grand morceau de roche qui est sur le point de tomber*, M. — شير خشك (pers.) *sorte de manne*,
Bait. II, 118 e. — شير ديودار (pers.) *le suc laiteux du pin indien*, Bait. I, 464 j. — شير املج *le lait dans lequel on a laissé tremper des myrobolans emblics*,
Bait. I, 78 e, II, 118 b.

شَيْرَة (esp. *sera*, pg. *ceira* ou *seira*, esp., catal. et prov. *sarria*, a. fr. *sarrie*, basque *sarrea*) pl. شَوَائِر
panier, Gl. Esp. 357, n. 1, Voc. Aussi *sac*, et dans une charte grenadine on trouve ce mot écrit شيرى:
«وشيرى قنماص لصوف الغنم» *et un sac de serpillière pour la laine.*

شِيرَة (pers. شيره) *préparation de hachich*, Lane M.
E. II, 40.

شيرون (esp. *seron*) pl. شَوَارِن *panier*, Voc.

شَوَارِى *paniers doubles ou grands sacs en sparte qui servent aux transports à dos d'âne ou de mulet*,
Gl. Esp. 357, n. 1.

شِيراف est expliqué par *lait*, ce que شير signifie en persan, R. N. 100 r°: واتاه بخبز وشيراف يعنى لبنا.

شِيرباميه (formé des mots persans شير, *lait*, et بام ou فام, *couleur*) *la couleur du lait*, de Jong.

شِيرج = سِيرج (voyez), *huile de sésame*, Fleischer Gl.
21, M, 1001 N. I, 604, 15, IV, 512, 13; aussi دُقن
الشيرج Most. v° مسم (seulement dans N).

شيبرجوصا = زرنب, Payne Smith 1158.

شِيرزق (pers. ou nabathéen) *crottin et urine de chauves-souris, sorte de guano comme on en trouve dans les lieux très-fréquentés par les chauves-souris*, Bait. II,
117 e (bien dans le texte de B; sur la marge, comme dans A, شيرزق), Auw. I, 113, 2, 119, 18 (lisez ainsi), cf. Clément-Mullet I, 92, n. 1.

شِيرزَنجَكشِير (pers.) *racine jaunâtre de l'Inde*, Bait. II,
117 b.

شِيرين باف (pers.) *nom d'une étoffe*, Bat. IV, 3.

شيبز.

شيز *baguettes de tambour*, Alc. (palillos para tañer);
الشيزان chez Casiri I, 528 a, 10, en est peut-être le duel, si ce n'est pas le nom d'un instrument de musique.

شيسمامّا voyez ساسيم.

شِيش.

شِيش pl. شِياش *broche*, M. — *Epée*, Hbrt 134
(شِيش et le pl. comme dans le M).

شيشة (pers.) *verre, coupe*, M, Lane M. E. II,
25; — *pipe de verre à la persane*, M.

شِيشمة = ششمة (voyez), *latrines*, Cherb.

شيط I, n. d'act. شياط, Payne Smith 1372. — *Brûler, sentir le brûlé; roussir, être un peu brûlé*, Bc (cf.
شوط). — *S'échauffer, s'animer, se mettre en colère*,
Bc, 1001 N. Bresl. VI, 249, 12: غيظا شاط.

II *peigner*, Voc. (cf. شَطَّ).

IV. اشاط دَمَ *déclarer quelqu'un digne de mort*, Akhbâr 142, 10 et 2 a f.

V *être peigné*, Voc.

شِيطَة = عِلّة, *maladie qui attaque le sabot du cheval*, Auw. II, 629, n. * *.

شيطى et شيطية, pl. شياطى, شياطي, *satie, petit navire à deux mâts*, voyez شطّ sous شطّ.

شِياط *empyreume, qualité désagréable d'une drogue brûlée, roussi, odeur de ce qui brûle*; رائحة شِياط *brûlé, odeur d'un corps qui brûle*, Bc.

شائِط *brûlé, trop cuit*, Bc. — C. على, pl. شوائط dans le Voc. sous superfluere (= شطّ).

مَشيط, Most. v° ويقال مشيط مطبوخ: رُبّ العنب يراد به الرُبُّ ۞

شيطرج (cf. Freytag 423 a) *lepidium latifolium*, Most. in voce, Bait. II, 115, *cresson et aussi Dentelaire de Ceylan*, Sang.

شيطن.

شَيْطَنَة *adresse*, Bc. — *Espièglerie*, Bc.

شَيْطَان *adroit; astucieux; compère, gaillard, éveillé, fin; espiègle; futé, fin; lutin, enfant bruyant*, Bc; (مُتَشَيْطَن aussi) = الشديد الكيس, Prol. I, 342, 3; *intrigant*, Ht.

شَيْطَانَة *diablesse*, Bc.

شَيْطَانِيّ *diabolique, satanique*, Bc.

شَيْطَانِيَّة *espèce de machine de guerre*, Mong. 136 b, 137 a.

شيطان voyez مُتَشَيْطَن.

شبع II جنازة شيّع *suivre une bière au lieu de la sépulture*, Bat. II, 43, Freytag Chrest. 62, 8. — *Envoyer* (Lane TA), Voc., Alc. (enbiar en diversas partes), Burckhardt Prov. n° 194.

III *accompagner, reconduire quelqu'un par honneur*, Bc.

V *suivre le parti ou la secte de quelqu'un*, Abbad. I, 301, 10, c. على p., Macc. II, 114, 13: تشيّع على الشافعى. — *Être envoyé*, Voc.

شِيعَة *ductor*, Voc. (= قَائِد).

شِيَاع *indivision*, Ht.

شُوَيْعَى, *par mépris, le misérable prince chiite*, R. N. 101 v°, où Hacam II dit: ليس اشتهى من دولة الشويعى الّا اربعة (quatre hommes distingués qu'il nomme).

شائِع *indivis, indivision*, Ht. — En Barbarie شائع الى العاشور *est Çafar (mois)*, et شائع المولود *Rebî II*, Domb. 57, Roland, Bc.

اشاعة *indivision*, على الاشاعة *par indivis*, Beaussier, فى الاشاعة *dans des chartes grenadines*.

تَشْبِيعَة *ambassade*, Alc. (enbiada de enbaxador).

جزءًا مشاعًا *pro indiviso*, v. d. Berg 39. مُشَاع فى المشاع *inordinate*, Voc.

شِيفَة (latin sica, Simonet), pl. ات, mais Alc. a en outre le pl. xaguâyeh, *épée*, Alc. (espada, cf. espadero et dança de espadas; il écrit xiga et xêga), *espèce de couteau de chasse, de poignard long et mince*, Beaussier.

شيل I *transporter des marchandises*, Gl. Edrîsî, Ztschr. XXII, 131; شيل الحَجّ *est à Damas: le transport des bagages de la grande caravane des pèlerins qui se rend à la Mecque*, Ztschr. l. l. — *Garder*, Bg, souvent dans les 1001 N., p. e. Bresl. IX, 284, 5; *serrer*, Bc. — *Déposer, donner en garde*, Djaubarî 42 r°: طلب الدراهم الذى (sic) قد شالها عنده. — *Bâtonner, rayer*, Bc. — C. a. r. et من *décrocher*, Bc. — C. من *décompter, rabattre sur une somme, défalquer, distraire, retrancher*, Bc. — *Elever des vers à soie*, M. — شال على اكتافه *porter sur ses épaules, être ennuyé de*, Bc.

VII *s'enlever, être ôté*, Bc, 1001 N. I, 95, 114. — ما بقى له راس ينشال *il est déshonoré, il n'ose plus lever le front, la tête*, Bc.

VIII *être soulevé, porté, transporté*, 1001 N. Bresl. III, 263, 2 a f., XI, 224, 2 a f.

شِيل *fardeau, charge*, Ztschr. XXII, 77, 1.

شِيلَة شيلة الرّجل *fardeau, charge, ce que peut porter une personne*, Bc, Hbrt 88. — *Charge légère*, Ztschr. XXII, 131. — *Paquet, réplique vive et mordante*, Bc. — *Pierre pesante ou autre chose, qu'on tâche de soulever pour essayer ses forces*, M.

شِيْلِى *vent du sud*, Bc (Barb.).

شِيَالَةٌ, ornement de femme, *des dînârs disposés en collier*, M; شِيالة لولو *garniture de perles servant à orner la tête*, Bc. — *Torchon dont on se sert pour retirer le chaudron du feu*, M.

مَشَال *les marchandises qu'on transporte;* — *le temps du transport;* — *les moyens de transport de toute sorte*, Ztschr. XXII, 131.

شِيلِمَا nom d'un médicament composé, Ibn-Wâfid 4 r°, 8 r°, 19 r°, où il renvoie pour la recette à Ahron.

شِيمَ I *espérer* les bienfaits de quelqu'un, c. d. a. شِمْتُهُ العَطَاء, pour شمت عطاءه, Gl. Mosl.

IV *faire espérer une chose, la promettre*, proprement en parlant d'un nuage, et au fig. en parlant de la main d'un homme généreux, p. e. أكَفَّهم تَشيم العَطايا والمنايا, Gl. Mosl.

شَامَة. Alc. (lunar señal del cuerpo) écrit « xtme, » pl. ximên, et le dimin. est chez lui شُيَيْمَة. — Chaque petit morceau d'une mosaïque s'appelle ainsi, Ztschr. XV, 411, dern. l.

شِيمَة *tourbillon*, masse d'eau qui tournoie en forme d'entonnoir, Bc. — شِيمَة *noble fierté, fierté d'âme, de caractère*, M (sous شَلَم).

مَشِيمَة *arrière-faix*, ce qui reste dans la matrice après la sortie du fœtus, c.-à-d., le placenta, le cordon ombilical, et les membranes qui enveloppaient le fœtus, Sang., Bait. I, 16 b. — *Une des membranes qui enveloppent l'œil*, nommée ainsi à cause de sa ressemblance avec celle qui enveloppe le fœtus, Gl. Manç. in voce.

شِين II *maigrir*, Ht.

شَيْن *déshonneur*, Bc, Fleischer sur Macc. II, 379, 10 Berichte 307.

شِينَة *laide*, Daumas V. A. 182.

شِيبِى et شِينِيَة, pl. شَوَانِى et شَوَانِى, *galère*, Gl. Edrisi 331, Gl. Esp. 277—8.

شِيَان *sang-de-dragon*, Bait. I, 426 b, sous دم الأخوين: II, 117 g, Gl. Manç. v° دم ويقال له الشيان ايضا الأخوين, Ibn-Loyon 43 v°. — En Espagne, *la grande espèce du Sempervivum*, Bait. II, 117: واما عَمْد الاندلس فيبوقعون هذا الاسم على النوع الكبير من حتى العالَم, Ibn-Loyon 43 v°: الشيان هو العالم الكبير. Selon le Gl. Manç., v° حتى العالم, elle s'appelle au Maghrib شيان الدور. Dans le Most., v° حتى العالم (seulement dans N), c'est شِبَّانَة: منه صغير وكبير ويسمى الكبير ويقع الاندلس الشِبَّانة والصغير عنب السقوف, pense qu'Alc. prononce cette dernière forme à la manière grenadine, quand il donne « xaîna » (sienpre biva yerva).

شِبَّانَة voyez ce qui précède.

ص

ص. Dans les commentaires, abréviation pour المُصَنِّف (*l'auteur*), M. — Dans le Coran: un des noms de Dieu, ou un des noms des anges; selon d'autres la signif. de ce signe est inconnue, M. — Abréviation pour Çafar (mois), M. — Dans le style licencieux = فَرْج المَرْأة, M.

صَاب.

صُؤَابَة, *lente* ou *lende*; le pl. صِئْبَان comme coll. sing. Bait. II, 291 a: حيوان اجرٍ كانَّه الصئبان. صُؤَابَة ou صِيبانَة, n. d'un. formé de صِئْبَان, pl. de صُؤَابَة, *lente* ou *lende, ciron, chique*, L (lendex الصِيبانة وفي الصِيبانة), Alc. (arador en la mano, liendre de cabellos), Bc; dans le Voc. صِبانَة; voyez aussi sous صبن.

صاري عَسْكَر (pour le pers. سَرعسكر) *général*, Bc.

صُوصَلاء et صاصلى, صاصلا *ornithogalum umbellatum*, Bait. II, 119 b.

صَاكَة (esp. saca, qui signifie: exportation de marchandises), au Maroc, *droit d'exportation*, droit qui se perçoit sur les objets de commerce que les Européens exportent des ports de l'empire de Maroc, de Sacy Chrest. III, ١.٣, 6 et 339, 340 (qui cite Hœst 275), Domb. 101 (vectigal); dans l'Inventaire on trouve nommé parmi les sommes qui doivent être déduites de l'héritage: ومنها تسعون مثقال لسيّدنا أيّده الله في صاكة ستين قنطارا نحاسا

صالْبِيبَه, en Sicile, *salvia* (sauge), Bait. II, 120 e.

صالَّة (ital. sala) *salle*, Bc.

صامرُ يومًا *grand héliotrope, verrucaire*, Bc, Bait. I, 75 c, II, 118 d, qui dit que c'est un mot syriaque. En effet, c'est مدعنا وعن, qu'on trouve dans Bar Ali, n° 3298 éd. Hoffmann (cf. Payne Smith, col. 1011); mais, comme l'observe M. Nöldeke, deux gloses ont été confondues dans cet article, qui n'ont rien de commun entre elles, et dont l'une se rapporte à ἐλατήριον, l'autre à ἡλιοτρόπιον. — *Cannabis sativa*, Most. v° السمنة ;حب; mais c'est peut-être une erreur.

صانكه (turc) *comme si*, Bc.

صبّ I. On dit: يُصَبّ لبن في الدار في كل يوم ٤٠٠ راوية ماء «on apporte journellement quatre cents outres d'eau pour la consommation des personnes qui sont logées dans cette maison,» Gl. Edrîsî; chez Mehren 30 *puiser*. — En parlant du poivre: يُصَبّ للكيل «on le mesure au boisseau,» Bat. IV, 77. — Au fig., صَبّ على (ou في) قالَب فلان *suivre l'exemple de quelqu'un*, Abbad. III, 39, 11, 56, n. 4. — *Laisser tomber, jeter, jeter par terre*, Gl. Bayân; *laisser tomber sur quelqu'un son épée, l'en frapper*, Abd-al-wâhid 99, 3, Haiyân-Bassâm I, 31 r°: قبض على سيفه فصبّه على عيسى, ou quelque chose de pesant, Haiyân-Bassâm I, 23 v°: (nom propre) فاينذره منجمه يكوب نحاس ثقيل صبّه على هامته فشجّه وغشى عليه.

VII c. على *s'adonner à*, Bc.

X. مستصبًا ما قدّم من سوابقه «parce qu'il ressentait vivement les obligations qu'il devait au prince» (de Slane), Berb. II, 536, 9.

صَبّ *massif, plein et sans mélange (or, argent)*, Bc. — صَبّ الماء *espèce de maladie*, R. N. 28 v°: كان أبو نحرز مبتلى بصبّ الماء.

صَبّ الزيت *plante qu'on mange cuite*, M.

صَبَّة *rhume*, M.

صَبَّة *mets fait de viande et de vermicelle*, M.

صَبِيب. Voyez sur cette plante, qui ressemble à la rue, Bait. II, 126 b (les derniers mots, que Sonth. a traduits d'une manière ridicule, sont: وجاء في بعض الكتب الصبيب هو المثنان وهو تصحيف). — En parlant de sang, *qui est sans mélange d'eau ou d'autre chose*, M.

صَبَابَة, *reste*, s'emploie au fig. dans un sens beaucoup plus large que celui que Lane a indiqué, car on le dit de toutes sortes de choses, p. e. صبابة الروح «un reste de vie,» Müller 131, dern. l., صبابة العمر «le reste de mes jours,» Autob. 237 r°, le reste d'une tribu, etc., Berb. I, 160, 11, II, 240, 11, restes d'un art, Prol. II, 361, 15, صبابة الدولة «le territoire qui leur restait encore,» Berb. II, 254, 3; cf. Haiyân-Bassâm I, 10 r°: مع سلطان فقير لا يقع بيده درهم ألّا من صبابة مستغلّ جوف المدينة. L'expression صُباب الكَرَى (voyez Lane) se trouve aussi dans le Diwan d'Amro'lkaïs ٥۰, 9.

مَصَبّ *source, l'endroit d'où l'eau sort*, Djob. 248, 3 a f.: ومصبّ النهير من عين على بعد من البلد. *L'endroit où coule une rivière*, Djob. 245, 9: دولاب يُلقي الماء الى بساتين مرتفعة عن مصب النهر. — *Canal de dérivation*, Djob. 304, 3: والنهر مصب تحت ارحاء. — *Conduit d'eau*, Djob. 209, 17: وفي مصنع وقد بُني له فيما يعلو من الأرض مصب يؤدّي الماء اليه على بُعْد. — *Puits ou fosse destinée à recevoir les eaux sales*, etc., Djob. 83, 8: ويبقى للحوض المذكور مصبًا لماء. — Pl. ات *égout, cloaque*, Edrîsî, Clim. III, Sect. 5: البيت اذا غسل وهذا النهر ليس بمشروب (منه) لأنّ (منه) ne se trouve que dans D). — *Sorte de coffre sans couvercle*, M. — Voyez ce qui suit.

مَصَبّ pl. ات *entonnoir*, Voc. (infusorium), Alc. (enbudo); ils ont ce mot avec *fatha* sur le *mim*; c'est la forme vulg., car c'est un nom d'instrument. — *Cafetière dans laquelle on fait bouillir le café*, Ztschr. XXII, 100, n. 35. — *Instrument pour fondre des caractères d'imprimerie*, M.

مَصْبِيَة *espèce de pâtisserie à riz*, Mehren 30.

صبح II *se lever de grand matin*, Alc. (mañanear levantar por la mañana). — الله يصبّحك بالخير et صبّحك بالخير *bonjour*; à Alep ميّة صباح صبّحك, Bc. — C. a. ou c. على *donner, dire, souhaiter le bonjour à quelqu'un*, Bc, c. على, 1001 N. III, 53, Bresl. IV, 47.

III c. a. p. *se rendre le matin auprès de quelqu'un*, Bayân I, 116, 3 a f. (cf. p. 113—4 des notes). — C. a. p. *attaquer quelqu'un le matin*, Haiyân 90 v°: وصبّحوا (وصبّحوا) (l.) بالقتال من الغد aussi c. d. a. ثمّ صاحبوه (صابحوه) .l) Haiyân 55 v°, صاحب القتال القتال غداة يوم الأربعا; *simplement attaquer*, Akhbâr 151, 5: فكانت تصابحه كلّ يوم غادية ورائحة.

IV *commencer à faire jour*, Alc. (esclarescer el dia). — C. a. *faire exister, créer*, Abbad. I, 50, 14; c. d. a., لعلّ الله يصبّحنا غماما « *peut-être Dieu nous donnera-t-il demain des nuages,* » Gl. Badroun.

V c. ب p. *rencontrer quelqu'un le matin*, M.

VIII *illuminer, faire des illuminations*, Koseg. Chrest. 106, 6 a f.

مَصبَح *matines*, Alc. (maytines).

صَبْحَة (M), صُبْحَة (Bc), *étoile, marque blanche sur le front d'un cheval ou d'un taureau*, *pelote*.

صُبْحَة = صَباحيّة, 2e signif., M.

صَبْحيّة *matinée*, Bc.

صَبَاح dans le sens de يوم, *jour*, Berb. II, 134, 2 a f.: نازلها أربعين صباحًا.

صَبَاحيّة, chez les chrétiens, *étrennes, présent qu'on fait aux enfants le premier jour de l'année*, M. — *Présent fait par un époux à une jeune mariée le lendemain de la noce*, Bc, M; on donne aussi ce nom à la danse qu'on exécute ce jour-là devant la maison de l'époux ou dans la cour, Lane M. E. II, 260 n. — *Daucus carota*, Bait. II, 126 a (AB).

صَبُّوحيّة *petite lampe de métal*, Alc. (candilejos de judios, lampara de metal), qui écrit ce mot avec un khâ.

يَصبَح explique par يَستقى الصبوح ويقال يُغيّر في الصباح, Diw. Hodz. 158, 4 a f.

أصبَح *qui a une étoile au front* (taureau), M.

مِصباح. مصباح الذئب *Arum*, Pagni 31 (où il faut lire avec le man. « Mesbéchedib; » il ajoute: « cioè

candela di Lupo, forse avendo riguardo al suo fiore in principio del fiorire »). — مصباح الروم *ambre jaune, succin*, Bait. II, 522 b, مصابيح الروم dans le Most. كهربا v°.

صبد II c. a. et V dans le Voc. sous viscus.

صَبيد pl. ات *viscus*, Voc.

صبر I. قُتِلَ صَبْرًا (cf. Lane) s'emploie en parlant de celui qui n'a pas été tué dans un combat, mais privé de la vie après être tombé au pouvoir du vainqueur, Hoogvliet 42, n. 65. Chez Bc قتله صبرا est *il l'a tué de sang-froid*. — C. على *attendre*, Voc. (expectare), Alc. (esperar), 1001 N. I, 21, 4 a f.: صبر على الشبكة حتى استقرّت, Koseg. Chrest. 80, 6 a f.: صبرت الى ان اى المركب 96, 12. De même 1001 N. I, 93, 8: على حتى اركب جوادى.

II *consoler, soulager la douleur de quelqu'un par des discours*, Voc. (confortare), Alc. (consolar de palabra, le part. act. consolador por palabras). — C. a. p. *demander à quelqu'un un répit, un délai*, 1001 N. Bresl. XI, 381, 1. — Le sens d'*embaumer un corps mort*, que Freytag a donné d'après le Pseudo-Wâkidî de Hamaker, 94, dern. l., et pour lequel Lane ne connaît pas d'autorité, est certain. Si Lane avait consulté la note de Hamaker, p. 144, il aurait vu que Castell l'a donné également en citant un passage tiré du second livre de la trad. arabe des Maccabées. On le trouve aussi: M: صبّر الميت وضع الصبر على بطنه لئلّا تسرع النتانة اليه, Abd-al-wâhid 188, 16, Bat. II, 313, Vêtem. 29, n. 10 (où il faut lire تحنيطه وتصبيره, au lieu de تصبيطه وتصبيره), Payne Smith 1320, et, d'après une note de J.-J. Schultens, Ibn-Chihna 56: صبّر جسده. De nos jours il est encore en usage, car Hamilton, 235, parle d'une colline nommée « Garah-el-Musabberin » (المصبّرين), ce qui signifie, dit-il, « la colline des momies. »

III *endurer, supporter avec patience, avec fermeté*, Berb. II, 498, 6: صابر المرض وكتمه عن الناس, cf. 469, 7, 341, 3 a f.: صابر مثبتة الى اخر النهار dans le sens de: « il ne survécut à ses blessures que jusqu'au soir. » — *Combattre de pied ferme*, Haiyân 101 v°: فقاتل حتى قُتل وممّن صابر معه. — C. a. p. *tenir tête* à l'ennemi, *repousser ses attaques*, de Sacy Chrest. I, ٤v, 4, Khald. Tornb. 29, 11: واتّفقوا على مُصَابَرة (مصابَرة l. المسلمين الى فصل الشتا ۞

V *se laisser consoler*, Voc.

صَبْر. صَبَر s'emploie dans le sens de: «un combat acharné s'ensuivit,» Berb. I, 186, 12, 378, 3 a f., II, 294, 1. — صبرًا باع الشيء *vendre à crédit*, 1001 N. IV, 353, 11: وبعت بعضه صبرًا الى سنة اشهر. — *Consolation* par des soins ou des discours, Alc. (consolacion por obras, por palabras). — N. d'un. ة, *figuier à raquette, opuntia*, M.

صَبَر *faire sentinelle, être en sentinelle*, M.

صَبِر, *suc d'aloès et aloès*, se prononçait en Espagne صِبِر, d'où vient l'esp. acibar, car le Voc. donne صبر سُقُطْرَى (aloès socotrin) sous aloes (dans la 1re part. il a صَبِر, c.-à-d. صَبِر et صِبِر); Alc. (acibar) écrit cette forme cibar (corrigez par conséquent Engelmann dans le Gl. Esp. 35). — En expliquant ce mot par *myrrhe*, Freytag semble avoir suivi Hamaker, qui dit dans une note sur Pseudo-Wâkidî, p. 144: «صِبِر, testibus Lexicis MSS., myrrham notat, non aloën, ut apud Golium legitur.» La signif. d'*aloès* est certaine; mais celle de *myrrhe*, que Lane a révoquée en doute, est confirmée par le Voc., qui a صَبِر et صِبر sous mira. — *Raquette ou nopal* (arbre); — *figue que porte le figuier à raquette*, Bc.

صَبَر voyez صَبِر.

صَبْرَة lis, Domb. 75.

صبرات (pl.) *broussailles*, Ht.

صَبُّورَة = صابورة (voyez) *lest, t. de marine*, Bc, Hbrt 129, Delap. 131.

صَبِّورَة *aloès*, Gl. Esp. 35.

صَبُّورِي *gamin, polisson*, Ht.

صَبَّار *figuier à raquette* ou *figuier d'Inde, nopal, opuntia, raquette*, Bc; le n. d'un. ة, Ztschr. XI, 523.

صَبَّر *réunion de personnes dans un même lieu*, M.

صَبِّير, n. d'un. ة (ainsi dans le M, Bc n'a que le

n. d'un.), *raquette ou nopal*; — *figue que porte le figuier à raquette*.

صَبَّارَة *sentinelles*, ceux qui font le guet pour la garde d'une place, d'un camp, et qui avertissent de l'approche de l'ennemi, M. — Forme maghr. et ég., *aloès*, Gl. Esp. 35, Ht, Hbrt 56 (cf. Errata). — *Ronce*, Ht.

صُبَّارَى, deux fois dans Bait. I, 535 d, où A a les voyelles, ne désigne pas le platane (Sonth.), mais, comme plusieurs autres mots de cette racine, le *figuier à raquette, opuntia*. — = صَبَّار et صِبَّار, *tamarin*, Bait. II, 126 c (le techdîd dans A).

صَابِرَة *enclume*, L (cuscudis (? sic), incus).

الصَّابِرِيَّة nom qu'al-Ikhchîdz donna à dix mille soldats d'élite, Selecta ٥ٮ, 6.

صَابُورَة pl. صَوَابِير (M) *lest, t. de marine*, Lane TA, Domb. 101, Hbrt 129, est le latin *saburra*, qui a passé dans les langues romanes; رمل صابور *saburre*, gravier pour lester, Bc. — = صابورية (voyez), M.

صَابُورِيَّة *panier qui est large en haut et étroit en bas*; on dit aussi صابورية, M.

تَصْبِيرَة *lest*, Bc.

عدم المصطبر *perdre patience*, Bc.

صبط.

صبطونات, pour l'esp. *zapatones*, augm. de zapato, *gros souliers*, se trouve dans une charte de Tolède.

صباط *voûte*, Bc (Barb.); c'est pour سَاباط.

سُبَّاط pl. صبابط, *soulier*, voyez سُبَّاط.

صبع.

صبع *doigt*, Bc.

صبع *melon*, L (melo).

صبع *escarboucle*, L (à la fin: carbunculus الباقوت. الكُحْلى الذي يَنْطا صبيعًا).

صوابع *espèce de colocasie*, Mehren 30.

أصبع. Pl. irrég. صوابع, 1001 N. Bresl. III, 381, 9. لفلان عليك اصبع, comme يد, *bienfait*, Kâmil 204, 14 et 15. — *Sorte d'ornement en forme de doigt*, Macc. III, 138, 7: وعمدت الى الفلنسوة فاخذتها من

صبغ 816 صبن

اصبع كان فى راسها ‎.‎ — T. d'astron. comme *doigt* en français, dans le sens de: *la douzième partie du diamètre apparent du soleil ou de la lune*, M. — *Dé à coudre*, Alc. (dedil o dedal), Prol. III, 130, 9 (cf. J. A. 1869, II, 164—5). — *Cette partie du sarment qui reste après qu'il a été taillé*; on appelle cette partie ainsi, ou بلقار (*pouce*), quand elle est courte; quand elle est longue on l'appelle جمار; voyez les Add. et Corr., article بلقار. — اصابع صُفر Je trouve ces explications: *curcuma*, Most. v° كركم; *chelidonium maius*, Most. v° مامیران, où il ajoute: quelques médecins disent que c'est كَفّ عائشة = رقيق الكركم et كَفّ مَريَم, Bait. I, 54 c, II, 87 a. — اصابع العبيد sorte de raisins noirs à grains longs, M. — اصابع العروس l'espèce de raisins qu'on appelle aussi اصابع العذاري, M; — sorte de dattes, Niebuhr R. II, 215. — اصابع العروسة espèce de sucrerie, Daumas V. A. 253. On trouve اصابع بنيد 1001 N. Bresl. I, 149, où Macn. et Boul. ont seulement اصابع. — اصابع الملك Bait. I, 422 a, où Sonth. traduit *mélilot* (plante qui s'appelle ordinairement اكليل الملك). — صداع الاصابع *mal d'aventure*, mal au bout des doigts, Bc.

انصلعت اصبعتي et اصبعتي مصدوعة *doigt*, Bc; j'ai un mal d'aventure, Bc. — *Pouce* (mesure), Bc.

اصبعين mode de musique, Salvador 30 n., 54.

أصيبع *le petit doigt*, Alc. (dedo meñique).

مُصبّع *gril*, Bc, M. — *Fourche*, Bc.

صبغ I *tremper la soupe*, verser le bouillon sur les tranches de pain, Alc. (sopear mojar sopas), chez qui la dernière lettre est un *khâ*. — Mariner, Gl. Manç.: قريص سمك مصبوغ يتخذ له صباغ بابزير ويترك عليه حتى يجمد. — C. a. p. *tourner la tête à quelqu'un, lui faire adopter ses opinions*, Bc.

VII *être teint*, Voc.

VIII chez les chrétiens, *être baptisé*, M.

صبغة « *Des vêtements de laine qu'elles teignent en noir avec du sebr'a*, » Daumas Sahara 48. — صبغة دينية *une teinture religieuse*, Prol. I, 273, 3. Ibn-Khaldoun emploie souvent l'expression استحكمت الصبغة, qui signifie proprement que l'étoffe a bien pris la teinture, pour exprimer qu'une chose est solidement établie, p. e. استحكمت صبغة اصحاب الدولة, ou استحكمت الرياسة لم صبغة, Prol. I, 278, 16, 279, 10, 281,

dern. l., 282, 8, 283, 3 et 8, 335, 11, II, 338, 3 a f. Le contraire est حالت الصبغة, ce qui signifie proprement que l'étoffe se déteint, p. e. Berb. I, 630, 8 a f.: تنكّر له ابن غمر وحالت صبغة ودّه, c.-à-d.: son amitié se changea en haine. On trouve aussi Berb. I, 15, 5 a f.: استحالت صبغتهم الى البربر واندرجوا في عدادهم, pour exprimer que, d'Arabes qu'ils étaient, ils devinrent peu à peu Berbères. — Dans le sens de صبغ et صبغة, *assaisonnement, l'action et la manière d'assaisonner*, Auw. II, 182, 21: والناس باكلون السلاجم بضروب من الصبغة حتى انهم يصيرونه فى الماء والملح او فى الخل ليبقى. — Parmi les tours de passe-passe on trouve nommé الصبغات, Ztschr. XX, 506.

صِبَاغ, *assaisonnement, sauce*, forme au pl. ات, Auw. II, 209, 2, 317, 7, Bait. I, 85, II, 54: وما صلب لحم وغلظ من السمك أكل بالصباغات بالاشياء الملطفة

صِبَاغَة *teinture, liqueur pour teindre, impression qu'elle fait sur l'étoffe*, Bc.

صَبُوغَة *alose*, Gl. Esp. 338.

أصبَغ حمرة *d'un rouge plus foncé*, Bait. I, 427 b.

مَصبَغة ثياب المصبغة *des habits de couleur*, Fakhri 246, 6 et 7.

مُصَبَّغَة *habit de couleur*, Gl. Fragm., R. N. 86 v°: وعلى كثير منهم المصبغات. — *Robe pour homme*, Bc.

صبغ I pour سبق, Mufassal éd. Broch 176, 2 a f.

صُبُل (pour اصطبل, de σταβλίον, *stabulum*) pl. *étable, écurie*, Voc.

صبن II, dans le sens de *savonner ou laver*, se trouve: Voc., Alc. (enxabonar, xabonar o enxabonar), Bc, Hbrt 199, Domb. 127, Delap. 98, 1001 N. Bresl. XI, 14, 15.

صِبَان, n. d'un. ة, *lente ou lende* dans le Voc., est pour صِئبان ou صيبان, qui est proprement le pl. de صؤابة; voyez sous صأب.

صبينة *apprentissage, noviciat*, Bc.

صَبَّان *savonnier, fabricant ou marchand de savon*,

Alc. (xabonero), M, Bargès 421, J. A. 1830, I, 320.
— *Blanchisseur de linge ou d'habillements*, J. A. l. l.

صَبَّانَة *saponaire* (plante), Alc. (xabonera).

صابون من الصابون يعرف :.Most ;*savon* صابُون
بالرقّى منسوب الى رقّ وهو صابون جاف يشبه المرّ
النخلى يصنع اقراصا وقد يصنع بالشام — .*Lessive*,
eau qui a passé sur les cendres pour laver le linge,
Voc. (licxivium). — كل شى عنده صابون *il s'accommode de tout*, Bc. — صابون القالى, = صابون à Damas,
شجرة أبى مالك, Bait. II, 84 g (AB), 120 b.

صَابُونَة *savonnette*, boule de savon préparé, Bc, M.

صَابُونِيَّة *saponaire* (plante), Alc. (yerva xabonera,
xabonera yerva), Bc. — Sorte de gelée faite avec de
l'huile de sésame, de l'amidon, des amandes et du
miel; la variété de ses couleurs l'a fait comparer,
suivant Abd-al-latif, au savon d'Egypte, qui est nuancé
de rouge, de jaune et de vert, de Sacy Abd-allatif
316—7, n. 8, Fleischer Gl. 36, Bat. III, 123, 435;
c'est au Maghrib ce qu'on appelle فالوذَج en Orient,
Gl. Manç. sous ce dernier mot.

صَابُونِيرَة (esp.) *saponaire* (plante), Alc. (xabonera).

مَصَبَّن *lieu où se mettent les lentes*, Alc. (lendrero
lugar de liendres); formé de صُِبَّان, pl. de صُوابَة.

مَصْبَنَة *fabrique de savon*, M.

مُصَبَّن *plein de lentes*, Alc. (lendroso lleno de liendres, lendrosa cosa); formé de صُِبَّان, pl. de صُوابَة.
le Voc. donne صَبَّن, qu'il écrit avec le *sin*, « *remplir
de lentes*. »

صبو II *rajeunir*, Payne Smith 1473, Bar Ali éd. Hoffmann n° 4255. — *Faire le jeune homme*, Alc. (mancebo
hazerse).

IV s'emploie aussi d'un homme qui tâche de séduire une femme; de là, en parlant du vin, *faire
qu'il excite les désirs*, *le préparer*, et le vin lui-même
est nommé مُصْبِيَة, Gl. Mosl. — *Rajeunir, devenir
jeune*, Alc. (enmocecer pararse moço, remocecer).

X. Pour le sens de *pro puero habuit*, J.-J. Schultens cite Eutych. I, 185, 5. Le M a cette forme
dans les deux acceptions que donne Freytag, mais
probablement d'après lui.

صَبْوَة *sabaïsme* ou *sabéisme*, Bc, Chahrestânî 26, 7.

صَبِى *page, jeune homme servant auprès d'un prince*,
Recherches I, 172, 1 de la 1re édit. — En jurispr.,
mineur, v. d. Berg 31. — صبى المعاش *mousse, petit
matelot*, Bc. — بقم صبى *brésil, bois rouge*, Bc. —
صِبْيَة النارِ, *les enfants de l'enfer*, sont les enfants
de l'ennemi du Prophète, Abou-Mo'ait; voyez Aghânî
15, 4.

صَبِيَّة *fille de joie, garçonnière*, Bc.

صَبِيَّة *jeune fille*, Voc. (dans la 1re part. صُبَيَّة).

صِبْيَانِيَّة *jeunes gens*, Payne Smith 1473—4.

صَابِيَّة *sabaïsme* ou *sabéisme*, Bc.

صت

صَت *métal* (?), Niebuhr B. p. xxxi.

صَاحَق (turc صَاچَاق ou صَچَاق) pl. أصْحَاقَى *frange*,
Ztschr. XXII, 130.

صح I. Dans le sens d'*être vrai*; ان صحت الأحْلام « si
les songes sont vrais, » c.-à-d.: si tout ceci n'est pas
un rêve, 1001 N. I, 84, 8 a f. — صح عندى ذلك
il sait cela de science certaine, Abbad. I, 273, n. 86;
aussi صح له ذلك, Gl. Badroun. — *Se dégourdir*, se
défaire de son engourdissement, et *se dégourdir*, se
défaire de sa simplicité, Bc. — *Venir, naître, croître,
être produit*, Bc. — *Prendre, réussir*; ما صح لى ou
ما صح معى الشى « *cela ne m'a pas réussi* » صح venir
à bout de quelque chose, réussir; صح معه *prospérer*;
اتعبنا جهدنا ما صح معنا « nous avons fait inutilement tous nos efforts, » Bc; صحت حيلتُه « son stra-
tagème réussit, » Bat. I, 167. — C. ل p. *échoir, revenir, résulter à l'avantage, au profit de quelqu'un,
tomber, échoir en partage*, Bc, *adipisci*, Voc., Macc.
I, 188, 18. Quelquefois on peut aussi traduire *appartenir*, comme dans le Gl. Edrîsî, Bait. I, p. vii,
3 a f.: ما صح لى فيه القول (lisez ainsi avec A), « ce
qui m'appartient en propre, » R. N. 22 v°: استخلف
أمير المومنين على قبض هذا المال ان صح له — . *Vi-
dimus*, mot par lequel un juge certifie qu'il a pris
connaissance d'une pièce, *visa*, Bc. — Quand un copiste corrige une faute qu'il a faite, il met ce verbe
après sa correction, M. *Nota* (ce mot se met à la fin
de la note). On met en arabe à la fin du *post-scriptum*,
le mot صح, comme on met en français P.S. au com-

mencement, Bc. — صمّ لى منه عشرة غروش «j'ai ou de lui dix piastres,» Bc, Nowaïrî Afrique 61 v°: وقال لى كم صمّ لك فى الشدّة التى فقدت اختتها فقلت كذا وكذا «combien as-tu reçu pour ce ballot?» — ايش صمّ لك منه «qu'avez-vous gagné avec lui?» Bc.

II *valider, rendre valide*, Bc. وطيفة تصحيح الفتاوى *la charge de vérificateur des décisions juridiques*. On présentait toutes les décisions juridiques à celui qui était revêtu de cette charge: quand il les approuvait, il écrivait de sa main, au bas de la décision, *çahha* (*vu bon*); et quand il trouvait qu'il y avait quelque chose à réformer, il en faisait l'observation, de Sacy Chrest. I, ۱۴۳, 8 et suiv. — *Signer, souscrire, soussigner*, Alc. (firmar). — *Etablir, prouver*, Prol. III, 210, 5. — صحّ له أن *il l'assura que*, Macc. I, 556, 3. — *Déterminer un nombre par le calcul*, Cartâs 38, 2: وجد الجامع يصلّى فيها صفوف من الناس غير معتدلة صحّ القتال — . فصحّح العدد بألف وخمس مائة رجل *combattre vigoureusement*, Gl. Fragm. — صحّ البقيّة *payer le reste* d'une dette, Tha'âlibî Latâïf 56, 6.

V *être corrigé* (livre), Voc. — *Etre prouvé, avéré*, P. Abd-al-wâhid 88, 15.

صِحَّة, que le vulgaire prononce صَحَّة, *santé*. On dit à quelqu'un qui vient de boire: صحّة, *santé*, c.-à-d., *grand bien vous fasse*, Bc, Martin 177, Coppin 223 (Saah), Poiret I, 43 (saha). De même à quelqu'un qui éternue, dans le sens de *Dieu vous bénisse*, Bc. Chez Djaubarî, 85 r°, on trouve dans un récit bien scabreux: ثم انسلّ الى موضعه فلما صار فيه قلت له صحّة قنّاك فقال وانت مُنْتَنِيَة. — *Merci*, Ztschr. XII, 180; صحّتين *merci*, manière de refuser quelqu'un qui vous invite à manger, Bc. — Dans le Voc. sous *simplex*. — صحّة من الجهتين *à deux de jeu*, avec un avantage égal, Bc. — جهّة الصحّة *convalescence*, Bc.

صَحَاح يعطى المال صحاحا, Prol. II, 151, 4 a f., où M. de Slane traduit: «il donnera de l'argent en masse;» mais peut-être est-ce plutôt: d'une manière équitable, de sorte que chacun en ait sa part; cf. Lane sous صحيح, à la fin. — الصحاح est le nom que portent toutes les plantes qui servent de nourriture aux animaux sauvages, Bait. F, 78 d: لا يقوم مقامها شىء من الصحاح والصحاح كلّ شجرة تعشب بها السباع

صَحِيح. *Une tradition sans défaut et remplissant toutes les conditions d'authenticité est appelée saine*, à moins qu'elle ne se trouve en contradiction avec une autre tradition provenant d'un rapporteur digne de foi, de Slane Prol. II, 484. — En parlant d'un homme, *simple, sans déguisement, sans malice*, Voc. (simplex, de homine). — *Entier, complet*, Alc. (entera cosa, enteriza cosa), Bc; عدد صحيح «nombre entier,» Bc; aussi جمع صحيح, M, cf. Gl. Abulf. — En archit., *droit*, M.

أَصَحّ. الاصحّ ان *ce qu'il y a de plus vraisemblable, c'est que*, Bc.

أَصْحَاح pl. ات *chapitre de la Bible*, M.

تَصْحِيح, chez les traditionnaires, *écrire* صَحَّ, quand la répétition d'un mot pourrait soulever des doutes, M. — *Ecrire, sur l'ordre de la chambre de commerce, le mot* صَحَّ *sur le grand livre d'un négociant, après en avoir compté les feuilles, afin d'empêcher les fraudes*, M. — Chez ceux qui divisent les héritages, *diviser les fractions entre les héritiers*, M. — جمع التصحيح *nombre entier*, M.

مُصَحِّح *guérissable, qu'on peut guérir*, Alc. (sanable cosa; on s'attendrait plutôt au part. pass.).

صحب III *concilier, mettre en bonne intelligence, pacifier, liguer, confédérer*, Alc. (conciliar amigos, concertar los discordes, apaziguar, confederar).

V c. ل p. *se ranger du parti de* quelqu'un, M.

VI c. مع, que le Voc. a sous *sociare, converser*, Bc, *devenir l'ami de* quelqu'un, M.

VIII *durer, continuer d'être*, Cartâs 108, 9 a f.: لم تزل, 222, 12 a f.: كان ذلك مصطحبا بطول ايامهم (car c'est الأنواء مصطحبة لا يقلع المطر ليلا ولا نهارا ainsi qu'il faut lire, cf. p. 287 de la trad.).

X s'emploie au fig. dans des phrases comme celles-ci: استصحبوا الدعة والعافية, Djob. 48, dern. l., استصحاب حال العزّ, Khatîb 182 v°.

صُحْبَة = صَحْبَة, avec, 1001 N. I, 29, 1: فأكل محمد si cette leçon est bonne.

صُحْبَة *compérage*, Alc. (conpadradgo).

صُحْبَة. وزير الصحبة *un vizir qui était nommé pour accompagner le sultan dans ses voyages, dans ses expéditions, et y remplir temporairement les fonctions* attachées à sa dignité, tandis que le vizir ordinaire continuait à résider dans la capitale de l'empire, pour exercer l'autorité dont l'avait investi son souverain. Son emploi s'appelle وِزارَة الصَّحْبَة. Comme, durant les marches, les expéditions du sultan, les affaires devaient être expédiées avec rapidité, et sans que cette promptitude pût apporter aucun préjudice à l'administration générale de l'Etat, des fonctionnaires de tout grade étaient choisis pour résider auprès du prince, et remplir momentanément les fonctions qui n'auraient pu être exercées que d'une manière imparfaite et lente par les titulaires résidants au Caire ou à Damas. On trouve par conséquent النَّاظِر بالصَّحْبَة « l'inspecteur résidant auprès du sultan, » dont la charge s'appelle مُسْتَوْفَى؛ مُشَدّ الصَّحْبَة؛ نَظَر الصَّحْبَة « celui qui remplissait les fonctions de maître des comptes à la suite du sultan, » Maml. I, 2, 139. — تَمَرَ الصَّحْبَة voyez sous le premier mot. — صُحْبَة bouquet, Bc, Hbrt 50; on donne le nom de صُحْبَة زَهْر المُدَام, 1001 N. II, 21, 4 a f., au bouquet qu'on met dans un chandelier au milieu des bouteilles et des verres, Lane trad. des 1001 N. II, 242, n. 110; il faut lire de même Bresl. IX, 259, 4 a f., où le texte porte par erreur: ثم احضروا الطعام فاكلوا وشربوا واحضروا صحبة المدام. — Chandelier à plusieurs branches, candélabre, Lane l. l.

صَاحِب, pl. صَحْبَة et أَصْحَاب, Zauzanî comment. sur le 3e vers de la Mo'allaca d'Amro'lkaïs. — Celui qui tient notre enfant sur les fonts, celui qui a tenu notre enfant, Alc. (compadre padre con otro). — Habitant, Bidp. 268, 2 a f.: صَاحِب تِلْكَ الغَيْضَة. — Disciple, Bc. الصَاحِبَان chez les Hanafites sont Abou-Yousof et Mohammed, les disciples d'Abou-Hanifa, M. — Dominus, dans le sens de feudataire, trad. d'une charte sicil. apud Lello, p. 9 et 11, Amari MS. — Celui qui est adonné à quelque chose, qui s'y livre habituellement, Nowairî Espagne 491: صَاحِب أَكْل وشُرْب ونِكَاح. — اَصْحَاب الخُمْس مائة ceux qui voulaient gagner les cinq cents pièces d'or que le calife avait promises aux guerriers qui voudraient combattre un champion, Abbad. I, 304, dern. l. — Conseiller, Haiyân 9 r°, en parlant d'Ibrâhîm ibn-Haddjâdj: وكان له رجال اكابر أَصْحَاب لِشُوراه (l. لِشُوراه) يُسَمِّيهِم الأَصْحَاب, parmi les tribus bédouines, sont celles qui se sont engagées par serment à une alliance offensive et défensive, Burton II, 112. — الصَاحِب dans le sens de vizir, quand c'est un officier de plume. Selon Macrîzî, dans de Sacy Chrest. II, 59, ce titre n'a jamais été en usage pour aucun vizir des califes soit Abbâsides, soit Fâtimides. Cependant on le trouve donné à ar-Rebi', le vizir du calife abbâside al-Mançour, dans Freytag Chrest. 60, 9; c'est peut-être un anachronisme. Aujourd'hui encore le vizir porte ce titre à Maroc, Richardson Morocco I, 64. — الصَاحِب, à Saint-Jean-d'Acre, صَاحِب الدِيوَان والضَّامِن لَه, Djob. 306, 12. — صَاحِب الأَرْض est le titre qu'Abou-Othmân, un vizir de Hichâm Ier, porte donné chez Nowairî Espagne 448. — اَصْحَاب البِغَال, dans l'armée, semble signifier des hommes qui vont sur des mulets, Haiyân 89 r°: وأُصيب من اصحاب السلطان غروم بن رشيد — العريف في ثلاثة من اصحاب البغال ونفر من الرجالة. — صَاحِب الأَحْبَاس inspecteur des legs pieux, Abbad. I, 95, n. 114, Khatîb 51 v°: روى عن أبى عبد الله ابن صَاحِب الأَحْكَام, صَاحِب الأَحْبَاس, en Espagne, titre d'une sorte de juge et de notaire, Gl. Esp. 366—7. Ibn-Abdalmelic, 25 v°, donne un article sur un personnage de Grenade qui s'appelait أبو عبد الله ابن صَاحِب الأَحْكَام. Ailleurs, 32 v°, il dit en parlant d'un savant de Denia: وكان فقيها صاحب الاحكام — صَاحِب الخَرِيطَة trésorier, Marmol II, 245 a. — صَاحِب الخُمْس, Amari 168, 8, 435, 5 a f., l'administrateur des terres qui, dans les pays conquis, sont la propriété de l'Etat; cf. sous خُمْس. — صَاحِب السَاقِيَة, en Espagne, celui qui était chargé de surveiller l'irrigation des champs, d'où vient le pl. esp. zabacequias. — صَاحِب السُوق inspecteur du marché, Gl. Esp. 367. — صَاحِب اللَّيْل était un des noms que le peuple en Espagne donnait au صَاحِب المَدِينَة (voyez) ou صَاحِب الشُرْطَة, Macc. I, 134, 19. — صَاحِب المَدِينَة était en Espagne le nom par lequel le peuple désignait le préfet de police, dont le titre officiel était çâhib as-chorta. Il est fréquent, sous la forme zavalmedina et d'autres, dans les documents espagnols jusqu'au XIIIe siècle pour désigner le magistrat chargé du gouvernement civil d'une ville, Gl. Esp. 367. Selon Marmol, II, 245 a, le çâhib de Tunis était le corrégidor, c.-à-d., le premier officier de justice dans cette ville. — صَاحِب النُزُول sorte de maréchal des logis, officier chargé de faire préparer les logements pour

ceux qui viennent à la cour, Hoogvliet 104, 3. — Le
fém. صاحِبة commère, femme qui tient notre enfant
sur les fonts, qui a tenu un enfant avec nous, Alc.
(comadre madre con otra).

مَصْحُوب démoniaque, possédé du démon, Voc.

مُصاحِب L'expression مُصاحِبًا أَمْس, dans le sens
que Lane donne sous مَصْحُوب, se trouve Khallic.
IX, 8, l. 13.

مُصاحِب démoniaque, Alc. (demoniado, endemoniado o endiablado).

وَاوُ المُصاحَبَة la particule wau quand elle a le sens
d'avec, M.

اِسْتِصْحاب Sur le sens de ce mot dans le droit
musulman cf. de Slane Prol. III, 7, n. 3.

صخر.

صَخْرَة rosée; on dit aussi souvent سَخْرَة, M. —
Vulg. pour صَخْرَا, M.

صَخْرَا plaine hors d'une ville, contrée, Tha'âlibî
Latâïf 6, n. b, Haiyân 78 r°, Ibn-Khaldoun dans Bat.
III, 465, Berb. II, 169, 10 a f., 178, 12, 459, 8 a f.

— Chez le vulg., qui dit صَخْرَا, et au pl. صَخاري
champ semé de concombres, de pastèques, etc., M. —
الصَخاري dimanche des Rameaux, Payne Smith 1639
(deux fois).

صحف.

صَحْفَة, chez Bc écuelle en terre, ne désigne pas
chez le vulgaire, comme dans la langue classique,
une grande écuelle et qui peut contenir de quoi rassasier cinq personnes, mais une petite écuelle et qui
ne peut pas même contenir assez pour une seule
personne, M. — Vase en cuivre pour savonner, Roland. — Chandelier, Djob. 101, 3 a f. et 99, 10, où
il faut lire صَحْفَة ou صُحَيْفَة, au lieu de صَفْحَة, comme
l'a observé M. de Goeje dans le Gl. Fragm. p. 8. —
Au Maghrib, nom d'une mesure de capacité, Becrî
62, 9, 91, 12, Cartâs 202, 1, 266, 4, 277, 13,
Chénier III, 536: «Dans le royaume de Fez, depuis
Salé jusqu'au Nord, le blé se vend par saffe, sahah
et moud; il faut quatre moud pour une sahah et 60
moud pour une saffe. Or le moud pesant 18 à 20
livres, il résulte que la saffe pèse 12 quintaux.» —
صَحْفَة الكاغد feuille de papier, Domb. 78.

راحوا في صَحائفهم صَحيفَة «ils furent tous renversés
par le contre-coup de sa disgrâce,» Bc.

صَحَيْفَة saucière, Alc. (salsera o salsereta). — Jatte,
vase en cuivre, Ht. — L: titulus (indicium, significatio vel signum) صَحَيْفَة وصُحَيْفَة. رَشْم وكتاب.

صَحّاف crocheteur, portefaix, gagne-denier, coquin,
fripon, Alc. (ganapan, vellaco como quiera). — Fossoyeur, Domb. 104. — (Dans la 1re part. du Voc. ce
mot correspond à discus, mais c'est sans doute une
erreur pour صَحْفَة).

تَصْحيف espèce de jeu de mots, ou plutôt de jeu
d'écriture, qui consiste à déplacer les points diacritiques d'un ou de plusieurs mots dont les lettres sont
identiques, de manière à en modifier le sens; voyez
les auteurs cités par de Jong. On l'appelle aussi
الجِناس المُصَحَّف, M. — Narquois, jargon pour
tromper, Bc.

مُصَحَّف un isnâd dans lequel un ou plusieurs
noms propres sont mal orthographiés; — un texte
dans lequel un mot ou un nom est mal orthographié,
de Slane Prol. II, 482. — جِناس المُصَحَّف voyez
sous تصحيف.

صحن I, pour طحن, broyer, J. A. 1850, I, 227, piler, Bc.

صَحْن bassin, grand plat, Bc, Bg, assiette, Bg,
Hbrt 201, Bat. III, 425; à Damas, plat de porcelaine
de Chine, Bat. I, 238; chez Djob. 71, 14: la mer
était si tranquille qu'elle semblait صَحْن زجاج أزرق.
— Dans le sens de cour d'une maison, le pl. est chez
Alc. أصْحان (corral como patio de casa, patin de
casa, patio). — صَحْن الوَجْه le milieu du visage, Gl. Mosl.

صَحْنين pourtour de galerie, Ht; صَحْن الدار cour,
Hbrt 191.

مِصْحَن espèce de mortier, J. A. 1850, I, 228.

صحو I. Le vulgaire dit صَحَيْت الدُنْيا pour exprimer
la pluie a cessé, M. — Reprendre sa raison; le part.
qui est en état de raison, Bc; être sobre, ne pas être
ivre, Abbâr 178, 12, Ht. — صحا et صَحى s'éveiller, se réveiller, Bc, M, Hbrt 43, 1001 N. III, 466,
11. — أصْحى ou أضْحى. On dit à un homme qu'on

صاخب 821 صدر

a fait revenir d'un assoupissement: اصحى لنفسك *réveille-toi, reprends tes esprits*, 1001 N. Bresl. IX, 305, 1, où l'éd. Macn. a افق لنفسك. Mais ordinairement ce mot signifie *gare! gardez-vous! prenez garde à vous*, Bc; اصحى من أنك لا تعبد «ne manquez pas de faire cela,» Bc; 1001 N. Bresl. IX, 259, 3 a f.: اصحى تشق بغداد, où l'éd. Macn. a ان أيَاك; cf. 284, 8.

II *rasséréner, rendre serein*, Voc. — *Eveiller, réveiller*, Bc, Hbrt 43. — *Faire revenir à soi* un homme évanoui, 1001 N. II, 120, 7 (= Bresl. VII, 137, 6).

IV *rasséréner, rendre serein*, Voc. — *Désenivrer, faire revenir d'une ivresse* (Lane TA), Abbad. I, 52, 9. — اصحى من الغلط *détromper*, Bc.

X. يستصحى *il cesse de pleuvoir*, Alc. (descanpar la luvia). — *Faire des prières publiques ou une procession pour obtenir que la pluie cesse*, Cartâs 62, 10 a f.; Alc. a le n. d'act. dans le sens d'une telle procession (procession por que haga sol).

صحو الدنيا *beau temps;* «il fait beau aujourd'hui,» Bc.

صاح *alerte, dru, vif, sémillant*, Bc.

اصحابية *salamandre*, Bc.

مصحى dans le man. de Leyde d'Amro'lkaïs (Wright).

صاخب

صخب *cliquetis* d'ornements de métal, Djob. 238, dern. l., de chaînes, Berb. I, 619, 9.

صخر II *fouiller jusqu'au roc*, M. — En parlant de sable, *devenir dur comme le roc*, M. — C. a. p. pour صخر, Mufassal éd. Broch 176, 2 a f., M.

IV *être tout couvert de roches*, M.

V *devenir dur comme le roc*, Payne Smith 1668.

صخر *rocher*, a chez Bc le pl. صخور, et le pl. de صخور est dans le Voc. et chez Alc. (rocas de monte). — Pl. صخور et (Barb.) صخارية, *récif*, chaîne de rochers sous l'eau et à fleur, Bc; صخر pl. صخار, Alc. (roca peña en la mar). — صخرة في البحر *péninsule*, Alc. (peñiscola casi isla).

صخرية جامد *pigeon qui a son nid dans les rochers*, Alc. (paloma que cria en las piedras).

صاخم I *insulter*, Roland.

صد I. Le n. d'act. صدود *rigueurs d'une maîtresse*, Bc, Akhbâr 159, 11. — C. a. p. *ne pas agréer, repousser la prière de quelqu'un*, M. — De même que سد (voyez), c. عن, *aliéner le cœur, dégoûter de*, Bc; سدت نفسه *il se dégoûta*, 1001 N. Bresl. XI, 50, 8, où l'éd. de Boul. a استمت نفسه. — *Empaumer, recevoir une balle, la renvoyer*, Bc. — *S'ensuivre, dériver, procéder de*, Bc. — *Partir*, Martin 188.

II *rouiller*, Hbrt 171 (Alg.) (par confusion avec la rac. صدأ).

V *se rouiller*, Ht.

VII c. عن et من, quasi-pass. de la Ire, Voc. sous *proibere*.

صدّ نفس *satiété*, Bc.

صدد *question, ce dont il s'agit; — circonstance*, Bc.

صديد a dans le Voc. le pl. صدائد. — *Abcès*, Alc. (apostema). — (Par confusion avec صدأ) *rouille*, Cherb., Hbrt 171 (Alg.); صديد أحمر *rouille du fer*, صديد أخضر *rouille du cuivre, vert-de-gris*, Pagni MS.

صادون pl. صواديد *échalas*, M. — *Pilier*, Ztschr. XI, 479, n. 5.

صدأ II *enrouiller, rouiller*, Bc. — *Se rouiller, s'enrouiller*, Bc.

IV *rouiller*, Macc. II, 250, 7; cf. Lettre à M. Fleischer 187—8; ce que j'y ai dit est confirmé par le Voc., qui a cette forme, c. a., sous *eruginare*.

صدأ, *rouille*, forme au pl. أصداء, Macc. II, 231, 16, et أصدية, Voc. — صدا الآذان *cire, humeur des oreilles*, Bc.

صدر I. Dans l'expression صدر عنده الفعل (Lane) on dit aussi منه, 1001 N. I, 80. — صدر في مدة *intervenir, avoir lieu pendant la durée de*, Bc. — صدر عن رأي فلان *agir d'après les ordres ou le conseil de quelqu'un*, Abbad. II, 6. — *Etre rassasié*, Gl. Belâdz.

II *saigner un cheval au poitrail*, Auw. I, 34, 7 a f., II, 672, 4. — *Etre couché sur la poitrine, ou avoir la poitrine appuyée sur quelque chose*, Alc. (pechugar;

j'ai suivi Victor). — ما صَفَرْتهُ ce que j'ai exposé ci-dessus, Bat. III, 443, dern. l., dans le man. de M. de Gayangos, qui porte كان مُصَدِّرا لاَمَارَتِه — ما صَدَّرْناهُ il faisait exécuter ses ordres, Berb. I, 480, 2. — Enseigner, faire un cours, de Sacy Chrest. I, 140, 9 (où l'éditeur n'a pas compris ce verbe), Meursinge 5, l. 11; تصدير الفقه faire un cours de fikh, Meursinge 22, 6; cf. sous la V° forme.

III s'emploie en parlant de la pression du courant d'un fleuve, p. e.: le Caire a été construit à une grande distance du Nil, لقّلَ يصادرها وباكل ديارها, Gl. Edrîsî; — c. a. p. et ب r. presser quelqu'un de, Bat. IV, 209: صادرني في دخول الجزيرة «il me pressa d'entrer dans l'île.» — Dans l'expression صادره على كذا من المال (voyez Lane), on emploie aussi ب, au lieu de على, comme Reiske (chez Freytag) l'a noté; exemples: Djob. 167, 14 et 15, Haiyân-Bassâm I, 23 v°: صودروا بأموال.
— A la fin de son paragraphe sur cette forme, Lane n'a pas bien compris le verbe فارَقَ (voyez). Le M. a aussi: ويقال صادره على مال اى فارقه على ان يودّيه mais cela se dit d'un vainqueur qui accorde la paix au vaincu à condition que celui-ci lui paye tribut. — Ce verbe n'est pas actif dans toutes ses signif., comme Lane l'a pensé, car on l'emploie aussi dans le sens de صدَرَ, et alors il est neutre, Macc. II, 266, 11: ولما تالّب بنو حسّون على القاضي الوحيدي المذكور صادر عنه العالم الاصولي ابو عبد الله بن الفخار وطلع في حقّه الى حضرة الامامة مراكش.

IV. اصدر المُكاتبةَ الى s'engager dans une correspondance avec, Berb. I, 208, 7. — وروداً واصداراً pour les recettes et pour les dépenses, Maml. I, 1, 203. — Rassasier, Gl. Belâdz.

V se poster en avant de quelqu'un, تصدّر قدّامَه Macc. I, 166, 20. — Faire la planche, être le premier à faire ce qui semble difficile, Bc. — C. ل prêter le collet, se présenter pour lutter, résister, Bc. — Proprement occuper la place d'honneur, جلس في صدر المجلس, et comme, dans une salle d'études, c'est le professeur qui l'occupe, l'expression تصدّر للاقراء a reçu le sens d'enseigner, faire un cours, être profes-

seur, Ibn-Abdalmelic 5 r°: وعاد الى بلده وتصدّر به للاقراء, Catal. des man. or. de Leyde II, 9, l. 11 et n. 2, Macc. I, 476, 3, 563, 21, Meursinge I°, 2 a f.; de même تصدّر للتدريس, Macc. I, 616, 10, ou للافادة, Meursinge I°, 6 et 7, ou لِبَثِّ العِلْم, Macc. III, 201, 18; تصدّر لاقراء العربية faire un cours d'arabe,» Macc. I, 608, 10 et 11; de même لاقراء القرآن والفقه والنحو, Macc. I, 687, 21 et 22, ou لعلم اقليدس, Amari 618, 5, cf. 646, 4 a f.; faire un cours sur un livre classique, تصدّر لاقراء كتاب لقراءة كتاب الشفا, Macc. III, 183, 17, ابن الحاجب, ibid., l. 22. Le verbe seul s'emploie dans le même sens, Macc. I, 612, 3 et 17, et متصدّر signifie professeur, Macc. III, 202, 12, Amari 663, 5 a f., 664, 2 a f., 674, 6. — Dans le Voc. sous prologus.

VII dans le Voc. sous procedere.

صَدْر homme éminent, supérieur, Macc. I, 884, 9, Khatîb 21 v°: كان صدرا جليلا, ibid.: كان صدرا في حالة من صدور اهل العلم 26 r°: الفرائض والحساب, هذا الرجل صدر عدول لحضرة الفاسيّة 28 r°: والتفنّن, الصدر الأعظم ou صدر العلماء 28 v°: كان صدر العلماء le vizir, M. — Les premiers rangs d'une armée qui est en ordre de bataille, Macc. I, 882, n. b (cf. Add.), II, 695, 7 (le premier صدر). — الصدر الأوّل, précédé de في, au commencement, dans le principe, Prol. II, 53, 1; في الصدر الأول من فتح الاندلس «dans les premiers temps après la conquête de l'Espagne,» Abd-al-wâhid 122, 6 a f. Spécialement: les premiers temps de l'islamisme, Djob. 157, 3 a f., et aussi: les premiers princes musulmans, Bat. III, 294. — صدر صفحى plastron, pièce de devant de la cuirasse, pièce sur l'estomac, Bc. — La couverture du poitrail du cheval, J. A. 1849, II, 319, n., l. 10. — Cabaret, plateau, table où l'on met des tasses, Bc, Fleischer Gl. 14 n. — من الصدر de mémoire, par cœur, Alc. (de coro dezir قرأ من الصدر); aussi من صدره, Macc. I, 501, Abdarî 1: صدراً منه et يوردها من صدره دون كتاب 14 v°: وقد قرأه (المُوَطّأ) عليه صدرا منه. صدر — القمح الذى يصلح ان يُزرع في المروج هو القمح الاسود المعروف بصدر البازى وهو قمح يأكلامه للخنزير ولا تؤثر فيه الرياح blé noir, sarrasin, Ibn-Loyon 33 v°: البازى

والاصرار لاكن لا يتمادى على زرعه اكثر من اربعة اعوام او خمسة. On semble avoir donné le nom de *poitrine du faucon* à cette polygonée, parce que ses fleurs blanches faisaient penser à la poitrine blanche de l'oiseau de proie noble, et même, jusqu'à un certain point, à des plumes. — صدر النحاس sorte d'oiseau, Yâcout I, 885, 8. — حَلّ الصدر *déboutonner, dégrafer, déboucler,* Alc. (desabrochar). — ذوات الصدر t. de gramm., *particules qui indiquent une condition, une question, etc.,* M.

صدرة *station sur la frontière*, à ce qu'il semble, Berb. II, 385, 6 a f.: وخرج بالسبي والغنائم الى ادنى صدرة من ارضهم وانّاخ بها ❊

صُدْرَة pl. صُدَر *tendron, cartilage*, Alc. (ternilla en gueso o carne).

صَدْرِيّ *pectoral*, bon pour la poitrine, Bc. — الصدري *le pectoral*, muscle, Bc.

صَدْرِيَّة, par corruption صِدْرِيَّة pl. صَدَارِي, espèce de gilet, de camisole, de chemisette, sans manches, qui n'a aucune ouverture par devant ni par derrière, mais seulement trois trous, un pour passer la tête, et deux pour les bras, Vêtem. 246—7, M, Bc, Bg 174, Ht, Michel 182, Dunant 201, Ztschr. XI, 481; gilet à manches, Bg 799, 800. — *Plastron*, pièce de devant de la cuirasse, pièce sur l'estomac, Bc; *cuirasse*, Ht. — Nom d'un tribunal dont une des attributions était de recouvrer les contributions arriérées, Khallic. I, 587, 3 Sl., en parlant de Hariri: توفّي صدريّة المشان (dans la ville d'al-Machân); cf. la note dans la trad. de M. de Slane, II, 495, n. 11; Yâcout II, 13, 12: توفّي صدريّة المخزن. En ce sens ce mot semble formé irrégulièrement de l'expression صادرة على كذا من المال ❊

صُدَيْرِيّ *gilet, corset*, Bc, cf. Vêtem. 247.

صُدَيْرِيَّة sorte de corset d'indienne ou d'une autre étoffe, que portent les femmes et qui soutient la poitrine sans avoir les inconvénients du corset européen, Burton II, 15 (Médine).

صادِر *rouge-gorge*, Pagni MS, qui donne *sedèr*; je transcris صادر, parce que Beaussier donne en ce sens صُوَيْدِر qui est le diminutif de صادر.

صُوَيْدِر voyez ce qui précède.

تَصْدِير est quand un mot qui se trouve dans un vers, est répété dans la rime de ce vers, Freytag, Arab. Verskunst 531, M, Badroun 3, l. 5. — *Dictée*, Meursinge 7, l. 11, 9, l. 9.

مَصْدَر *préface*, L (prefatio (preloquutio)). — *Baudrier*, Burton II, 115. — مصدر الشرح *thème, sujet de composition*, Hbrt 113.

مَصْدَرة الكتاب (Freytag) voyez Diw. Hodz. 111, dern. l.

مُصَدَّر *cartilagineux*, Alc. (ternilloso).

المُصَدَّرات في العلوم *principes supposés*, Payne Smith 1001.

مُصَادَرَة est un terme de logique sur lequel on trouve beaucoup de détails dans le M.

مُتَصَدِّر *professeur*, voyez sous la V° forme.

صدع I. Le n. d'act. صُدُوع et كلماته dans le sens de *la force, l'efficacité de ses paroles*, Haiyân-Bassâm I, 47 r°. — *Choquer, être contraire à*, Bc. — *Embarrasser*, Ht.

II. *Donner le mal de tête* n'est pas seulement صدّع فلانًا (Lane, Bc), mais aussi صدّع الرَّأس, Bait. I, 145 a: مصدّع للراس, 166 a: مصدّعة للراس. البلوط. — C. a. p. *rompre la tête* à quelqu'un, *l'importuner*, Abd-al-wâhid 221, 5 a f.; aussi صدّع رأسَه, Bc, 1001 N. I, 238, 5, 244, dern. l. Le Voc. a ce verbe sous inquieto. تصديع الخاطر ou الراس *importunité*, Bc. — صدّع خاطر فلان *charger quelqu'un de faire quelque chose*, M. — En donnant ce verbe sous findere, le Voc. ajoute dans une note *facere tumultum*, et il a aussi ce verbe, c. a., sous *tumultuare*; cf. صُدَاع.

V dans le Voc. sous tumultuare.

VII *se séparer, se disperser*, Akhbâr 150, 8, Haiyân 3 v°: فحين علموا بوفاة اميرهم المنذر انصدعت حشود الكور ووفود القبائل وتفرّقوا الخ. — *Avoir mal à la tête*, Bait. I, 74 a, 86 b. — انصدعت رجله *il s'est donné une entorse au pied en glissant*, M. انصدعت اصبعي *j'ai un mal d'aventure*, Bc.

صدغ, au fig., *rima mulieris*, M. — En chir., *fracture* quand elle s'étend en long; lorsqu'elle s'étend en large on l'appelle كسر ou تَقْتَفْ, M.

صُدَاع *tumultus (ad oves pertinet)*, Voc. — صداع الاصابع *mal d'aventure*, mal au bout des doigts; *panaris*, tumeur phlegmoneuse au bout des doigts, Bc.

صَديع *fendu, déchiré*, Abbad. I, 68, 14, 159, n. 507.

مَصْدَع pl. مَصادع *cercle*, réunion de gens qui se forment en cercle, Alc. (corrillo de gente, corro de moços, circulo de gente). — *Cirque*, lieu destiné aux jeux publics, Alc. (circo donde hazen juegos).

مُصْدَع, en parlant d'un guide (cf. Lane), est ماض في امر صدع به, Kâmil 51, 20 et suiv.

اصبعي مصدوعة مَصْدُوع *j'ai un mal d'aventure*, Bc.

انْصِداع t. de médec., *rupture d'une veine ailleurs que dans la tête*, M.

صدغ.

صُدْغ et صِدْغ et صَدْغ رَأْس *têtière*, la partie supérieure de la bride, qui passe derrière le toupet du cheval et qui soutient le mors, 1001 N. Bresl. IV, 59, 2. — *Chambranle* d'une porte, M. — صدغ قنطرة pl. اصداغ, *pile*, maçonnerie qui soutient les arches d'un pont, Bc.

صَدْغَة *de la chaux* qui sert à lier les pavés, M.

أصْداغ pl. أصادیغ *tempe*, partie de la tête entre l'oreille et le front, Voc., Alc. (sien parte de la cabeça). — *Faces, ailes-de-pigeon*, cheveux qui tombent sur les tempes, Alc. (aladar de cabellos). — *Joue*, Alc. (carrillo de la cara).

صدف I, vulg., pour la IIIe, c. a. p., *rencontrer quelqu'un par hasard*, M. — *Arriver par hasard dans un endroit*, Alc. (dar en cierto lugar).

II c. a. p., vulg. pour la IVe, *détourner, écarter, dissuader*, M.

III c. a. p. *rencontrer quelqu'un sans le vouloir, par hasard*, M, Alc. (encontrar a caso con otro). — *Arriver, avenir, survenir par hasard*, Voc. (casu accidit), Alc. (acontecer). مُصادَفةً *par hasard*, Alc. (acaso), Bc, Nowaïri Espagne 458; بالمصادفة aussi بالمصادفة Hbrt 90. — *Rencontrer, toucher, atteindre, donner au* but, Abbad. II, 58, n. 21, Alc. (acertar), Cartâs 128, 10 (corrigé dans l'errata), Prol. I, 66, 2 et 9; صادف تحقيقًا *rencontrer juste*, Prol. I, 196, 12. — *Etre conforme à*, Prol. I, 154, 10.

V. تصدَّف الامر *la chose arriva*, M.

VI *se rencontrer*, Hist. Tun. 109: دخرج بمن معه (nom propre). — *Se heurter l'un l'autre*, Çalât 38 v°: واجاز الناس بعد لدفاعهم فتصادفوا قرب الكاف على اقتحام وتزادف (sic) وزحام.

صَدَف. صَدَف البواسير *sorte de coquille* qu'on trouve sur les côtes de la mer Rouge; voyez Bait. II, 128 b. — صدف منوَّر *rondelle ou plaque ronde du hautbois*, Descr. de l'Eg. XIII, 399. — صَدَفَة الاذن, *limaçon*, partie osseuse du labyrinthe de l'oreille, qui a la forme d'une coquille de limaçon, Bc, Bar Ali éd. Hoffmann n° 4353. Le M a صَدَفَة seul dans le sens d'*oreille*.

صَدَفَة pl. صَدَف *rencontre fortuite*, M. On prononce aussi ce mot avec d'autres voyelles. صَدَف *accident favorable*, Bc. صُدْفَة pl. صُدَف *rencontre, occurrence, cas fortuit, conjoncture, hasard, chose d'occasion, de hasard*, Bc; بالصُّدْفة *par hasard*, Hbrt 90; — *coup de raccroc*, Bc.

صُدَاف *rencontre fortuite, hasard, cas fortuit*, Alc. (encuentro a caso, lance como quiera acertamiento); بالصُّداف *par hasard*, Voc.

صدق I. Au lieu de صَدَقَه القتال «il le combattit sérieusement, vigoureusement,» on dit aussi صدقه seul, Haiyân 73 r°. — S'emploie en parlant du vent, Beerî 153, dern. l.: les navires ne sortent de ce port que dans la saison des pluies, فحينئذ تصدق لهم الرياح البريَّة, «car alors s'élève un vent de terre qui leur est parfaitement favorable.» — C. ب *être versé dans*, Haiyân-Bassâm I, 116 r°: كان صادقًا بالطب والفلسفة, mais la leçon m'est suspecte. — Biffez la dernière phrase que Freytag a sous cette forme et voyez sous la IIe.

II c. ب r. *croire à*, Gl. Fragm., Haiyân-Bassâm I, 10 v°: ولا يصدقون بنجاة انفسهم, Nowaïri Espagne 476: اهل الزواهر غير مصدقين بالامر, 1001 N. I, 39, 7, 78, 12, 101, 5 a f.; Koseg. Chrest. 33, dern. l.:

Est-ce un rêve ou une chose réelle? ما أُصَدِّق بها «je ne puis croire que c'est elle.» Aussi avec أنّ, 1001 N. I, 25, 10: فقال له العفريت وانت لا تُصدِّق انى كنتُ فيه فقال الصَيّاد لا اصدّقها ابدًا حتى انظرك بعينى. — صدَّق امله justifier l'espérance de, Bc. — صدَّق للحملة = صَدَق القتال = صدَّق القتال علیهم, ou par ellipse صدَّق علیهم, Gl. Fragm. — Offrir des sacrifices pour les parents morts, Alc. (sacrificar al hombre muerto; Nebrija: sacrificar hombre al muerto, parento). — ما صدَّق اى متى tarder, v. impers., vouloir, souhaiter; ما كان يصدَّق اى متى يصل «il était impatient d'arriver,» Bc. Dans les 1001 N. cette forme — car c'est d'elle qu'il s'agit et non pas de la Ire, comme on trouve chez Freytag — a un sens un peu différent. On y trouve (voyez les passages que Freytag cite d'après le Glossaire que Habicht a joint au premier volume de son édit.): ما صدَّى بالصباح اتى et ما صدَّى الى ان الفاجر «il pouvait à peine attendre l'aurore,» «l'aurore à peine venue, il» etc.; لا صدَّقت الليل يقبل «je pouvais à peine attendre l'arrivée de la nuit,» «la nuit à peine venue, je» etc.; ما صدَّى فى الكلام حتى où Lane traduit: «he had scarcely heard her words when,» etc.

III. صادق — ; اَجازها = صادَق الوارِث على الوَصِيّة، اَثبَتَه = صادَى على الكلام ; اَمضاه = على البیع M. — صادَى بَيْنَهُما faire que deux personnes lient amitié, Koseg. Chrest. 11, l. 11.

V se construit c. ب r. et على p.; en parlant d'une femme, تصدَّقَت بنفسها على فلان se prostituer à quelqu'un, Gl. Edrisî. — يتصدَّى persuasible, Bc. — Collegit eleemosynas (Reiske), Payne Smith 1203—4.

صَدَى est pour سَدَى, dans le sens de الوقود, ليلة M; plus correctement سَدَى, voyez Freytag sous ce dernier mot.

صَدْقَة، صدقات dons, bontés, faveurs, Amari Dipl. 166, 167, 185, 207, 227. — Au sing., les provisions qu'on offre au voyageur, Daumas V. A. 143. — Pacte, convention, Abbad. II, 192, 1: وهذا الرجل الذى استدعاك ما بينك وبينه متات قديم ولا صدقة متصلة ۵

صدِّيق celui qui a atteint la station de sainteté appelée صدِّيقيّة (voyez), Prol. I, 201, 6, où le techdîd est de trop, Macc. I, 588, 6. — Le fém. ة a le pl. صدائق, Gl. Mosl.

صَدَاقَة fidélité, loyauté, Bc. — Véridicité, Bc. — Chez les Soufis, un des degrés de l'amour de Dieu, égalité d'esprit et d'humeur, soit que Dieu refuse, soit qu'il donne, M.

صدِّيقيّة degré de sainteté plus élevé que celui de welî, mais inférieur à celui de prophète, auquel il touche immédiatement; l'homme qui dépasse ce degré se trouve aussitôt dans celui de prophétisme, M. Chez Macc. I, 588, 5 et 6, ce degré est plus élevé que celui des الشهادات et inférieur à la درجة القُطب.

صادِق الجوع الصادق, t. de médec., faim véritable, c.-à-d. quand l'appétit vient de ce que l'estomac demande en vérité de la nourriture, et non pas de gonflements, M. — En parlant d'un pharmacien, honnête, qui ne falsifie pas les médicaments qu'il vend. On dit proverbialement: اذا كان الطبیب حاذِقًا والصيدلانى صادقا والمريض موافقا، فما اقلّ لبث العلّة M. — Celui qui a le véritable amour de Dieu, Koseg. Chrest. 58, 6 a f.; cf. صَدَاقَة. — Fertile (champ), Amari 61, 10.

تَصدیق, t. de logique, affirmation (Bc), jugement, proposition, l'opposé de تصوّر, qui signifie: simple appréhension ou concept. Le concept, c'est, p. e., Dieu, l'homme, éternel; l'affirmation, c'est: Dieu est éternel, l'homme n'est pas éternel, de Slane Prol. I, 201, n. 3, M, Prol. II, 365, 3, 7, pl. آت, III, 108, 10. — حَرْف تصدیق particule affirmative, Bc. — Le compilateur du Dictionary of technical terms donne de ce terme la définition que celui du M donne de صدِّيقيّة (voyez).

تَصديقى affirmatif, Bc. العلوم التصوريّة والتصديقيّة des concepts et des notions affirmées, Prol. I, 177, 4; cf. تصديق.

مَصْدوقة. مصدوقة الطاعة véritable obéissance, Berb. I, 643, 3; المصدوقة seul dans le sens de الطاعة, ibid. 654, 12; مصدوقة ودّ véritable amitié, ibid. 389, 4 a f. — Véritable plan d'attaque, ibid. 591, 8 a f.

صدم I attaquer, donner l'assaut, assaillir, Ht (avec le

zâ), *attaquer vivement*, Maml. I, 1, 34, Djob. 311, 2, Müller 130, 1, 132, 13. — *Frapper du pied*, Voc. — *S'élancer*, Ht, c. على *sur*, Voc. (insilire).

III c. a. p. *faire signe à quelqu'un d'entrer, en frappant la cloison avec le doigt*, Abbad. II, 222, 5, cf. III, 238.

VII quasi-pass. de la Ire, Voc. sous inpellere; *être frappé*, 1001 N. I, 386, 15; *recevoir un coup de pied*, Voc. — *Prendre, manger quelque chose d'avance, de sorte qu'à l'heure du repas on n'a pas d'appétit*; celui qui l'a fait s'appelle مَصْدُوم, M.

VIII c. a. *attaquer vivement* l'ennemi, Cartâs 150, 14.

صَدْمَة *mois* (solaire), Bayân I, 322, Abbad. II, 24, 13.

صَدْمَة *paquet*, *personne lourde*, *pilier*, celui qui ne bouge pas d'un endroit, Bc.

صَدَامَة *attaque*, Cartâs 149, 11 a f.

صَدَّام synonyme de فَحْجَام, 1001 N. Bresl. IV, 139, 11.

مَصْدُوم voyez sous la VIIe forme.

صدى V ne se construit pas seulement avec لِ, mais aussi avec الى, Abbad. I, 24, 4 et 5, 28, n. 88, Cout. 38 vº: اخذتُ من الخُبْزِ المعوَّل من ذلك الطعام فتصدّيتُ به الى ابن غانم صاحب المدينة ۞

صر I se dit aussi des sons que rend un instrument de musique, R. N. 94 vº: كأنّى اسمعُ صريرَ مزمار. — *Mettre en paquet*, Bc.

II dans le sens de la Ire, Voc. (stridere), Alc. (sonar como puerta); صرّ بأسنانه *claquer des dents*, Bc.

III *grincer* les dents, Payne Smith 1383.

IV, dans le sens de *persévérer, persister dans*, ne se construit pas seulement avec على, mais aussi avec فى, Haiyân-Bassâm III, 142 rº: وهو على ذلك مصرّ, et avec l'accus., Abbad. III, 81, dern. l. et suiv. Dans le sens de *se proposer une chose*, elle se construit également avec l'accus., Haiyân 22 vº: ونسبوا الى ان أصرَّ لخلاف للامير عبد الله والمروق عنه — *Grincer* les dents, Saadiah ps. 35, 37.

صُرّ, t. de commerce, *des sacs de pièces d'or et d'argent qu'on envoie en divers endroits*, M.

صرّ forme au pl. أُصْرار, Ibn-Loyon 33 vº: ولا توثر

— *Gelée blanche*, Domb. 54, Ht, Bc, *givre, grésil, menue grêle*, Bc.

صُرَّة. Le *trésorier d'une caravane s'appelle* أمير الصرّ, et par abréviation الصرّ, Burton I, 359, II, 72. — *Petit sachet dans lequel on met la poudre d'or*, Daumas Sahara 300; de là: 15 onces de poudre d'or, Prax 12 (qui se trompe dans l'étymologie); cf. Davidson 70: «A dollar, by weight, contains six mithkals, one sora of gold.» — *Sachet dans lequel on met les drogues et les épices dont on se sert pour assaisonner des viandes*, Gl. Manç. in voce; *nouet, linge noué, dans lequel on a mis quelque drogue pour la faire tremper*, Bc. — *Groupe d'argent*, Bc. — *Pension annuelle*, Descr. de l'Eg. XII, 215, 218; celle que les habitants de Médine reçoivent de Constantinople ou du Caire, Burckhardt Arabia II, 255; M. de Goeje m'a encore fourni Samhoudî 176, 9: تعويضه — صرة فى الذخيرة «une pension payable par le trésor public.» — *Paquet*, Bc, *ballot, gros paquet*, Hbrt 101. — Pour سُرّة, *nombril*, avec le pl. صُرَر, Voc.

صَرَّار *qui craque, qui crie* (sandale), Masoudî I, 253, Macc. I, 555, 3 a f.; dans le même récit Mohammed ibn-Hârith 239, a: وفى رجليه حذاء يَصرّ.

مَصَرّ (cf. Lane) pl. ات *bourse*, Voc., Alc. (correo de dineros), avec *fatha*; avec *kesra*, M. — *Grand sac*, Alc. (talegon). — *Ballot, gros paquet*, Hbrt 101. — *Ceinture*, Voc.

صرب.

صَرْب pl. صَرْبَة *coagulation*, Alc. (retesamiento).

صَرِيبَة est le عَقِيد quand il est très-aigre, Burton I, 239 n.

صَرِيص doit se trouver dans Bc d'après l'Index; mais il n'est pas à la page qui y est citée, à savoir 285 m f 2.

صَرْتَى *sorte d'étoffe de soie à raies; le vulgaire dit* صَرْتِى, M.

صرح V quasi-pass. de la IIe, Voc. sous explanare.

صرح *cabinet de roseaux, de branches et de feuilles de palmier au haut de la maison et ayant issue sur le toit où l'on passe la nuit*, Djob. 73, 4, cf. l. 11.

الاستعارة التصريحية ou المصرّحة, *figure de rhétor*.

comme quand on dit: J'ai vu un lion qui lançait des flèches, pour: un homme brave comme un lion, M.

مُصَرَّح *factum*, mémoire, *manifeste*, Bc. — Voyez sous تصريحيّة.

عدوّ مُصَرَّح *ennemi juré*, Bc.

صَرَخَ I. صرخ عليه *il lui cria*, 1001 N. I, 41, 7, ou *crier dans le sens de gronder, réprimander quelqu'un en élevant la voix*, ibid. 68, 15, 101, 6 a f. — C. ب., Nowairî Espagne 485: صاروا يصرخون بسبّه. — *Appeler quelqu'un*, c. ب, Badroun 38, 5 et 6, c. ل, M, Bc, c. a., Bc. — *Chanter* (coq), Alc. (cantar el gallo). — صرخ بالبوق *sonner la trompette*, Hbrt 97. — *Faire détonner, fuser*, J. A. 1849, II, 324, n., l. 3.

II *crier avec force*, Gl. Fragm.

III c. a. p. *secourir, aider*, Berb. I, 82, 87, II, 217, 13.

X aussi c. ب p., Berb. I, 55, dern. l.

صَرْخَة *implorer du secours*, P. Berb. II, 289, 12. — *Secours*, de Sacy Dipl. IX, 470, 4.

صُراخ *cri*, Bc.

صَرِيخ, comme n. d'act., dans le sens de *demander du secours*, p. e. بعث بالصريخ الى فلان «il envoya demander des secours à un tel,» Berb. I, 19, 9, 51, 14. — *Secourir, aider*, Berb. I, 243, 10, 64: جاء يطلبون, 71, 7: يمسوا من صريخ بنى مرين, 69: لصريخه, بعث, 103: نهض لصريخه, ou *secours*, 200: الصريخ الى ۞.

صَرّاخة *serpentaire* (*Dracontia, Arum Dracunculus*), nommée ainsi par le peuple en Espagne, qui croit que, le jour de la Saint-Jean, cette plante jette un cri, et que celui qui l'entend meurt cette même année, Bait. II, 446 c.

سرخ. صاروخ pl. صواريخ voyez sous صاروخة pl. صواريخ *chalumeau qui rend un son aigu*, M.

صرد II *compter de l'argent*, 1001 N. IV, 481, 3 a f.: وبات تلك الليلة أبو صبر وهو يصرد الذهب ويضعه فى الاكياس (dans la trad. de Lane: counting the gold).

صَرْد, *sur les monnaies, pur d'alliage*, Ztschr. IX, 833.

صردى *sorte d'oiseau*, Yâcout I, 885, 11.

صُردى *sorte d'oiseau*, Yâcout I, 885, 19.

مُرَاد = مُصْرَاد, si la leçon du man. est bonne, Gl. Mosl.

مولى التضراب, à la cour de Maroc, *le vice-trésorier*, celui qui pourvoit aux petites dépenses journalières, Hœst 152, 181.

صرص *poisson séché*, Mehren 30.

صَرْصَر I et II, et صَرْصَل I et II, dans le Voc. sous argilla.

صَرْصَر signifie ordinairement *cigale*; mais en Syrie on entend sous ce mot une sorte de ver, *blattæ, lumbrici*, Bait. II, 128 d. — « In winter, when the Sarsar wind cuts like an Italian Tramontana,» Burton I, 147 (dans le désert). — Pour les chameaux appelés صَرَاصِر, voyez Diw. Hodz. 196, vs. 71.

صَرَاصِل, pl., صَرْصَال, pl. صَرَاصِل, *argile, glaise, terre-glaise*, Voc. Je soupçonne que c'est l'esp. *arcilla*, qui a le même sens.

صَرْصُور. Le pl. صَرَاصِر *magnifique*, Vêtem. 353: خلع على ابراهيم بن المطاهر قفطانا من القباء الصراصر ۞, M; voyez الحبّ الدقيق من البرغل est صُرَيْصِيرَة ce dernier mot.

صَرْصَع I *jurer*, rendre un son aigre, Bc.

صَرْصَاع *brailleur*, Bc.

صرصف. صَرْصَاف pour صفصاف (voyez).

صرصر صَرْصَال et صَرْصَل voyez sous صرصر

صَرَع I *assourdir*, Ht.

IV dans la 2e part. du Voc. sous *caducus morbus*, et dans la 1re: *cadere ex morbo caduco*. — C. a. *terrere*, Voc.

VII *tomber du mal caduc*, Voc., Bc. — *Lutter*, Alc. (luchar). — *S'éveiller en sursaut*, Bc, 1001 N. III, 476, dern. l.

صَرْع. L donne: *melancolia* السَّوْدَا وداء الصَّرْع. — Le vulgaire applique ce mot à un *mal de tête violent*, M. — *Vertigo*, maladie du cheval, Bc. — *Sursaut, surprise* lorsqu'on est éveillé brusquement, Bc.

صَرْع *rêne, bride*, 1001 N. I, 720, 12; Bc écrit صُواع; cf. سَرْع.

مَصْرَعة *rage, passion violente*, Bc.

مُصَارَع *mal caduc*, Voc., Bc.

صِرَاع *fouet de la bride*, Cherb.; cf. ضَرِيع.

ضَرِيع doit avoir un sens que je ne connais pas 1001 N. Bresl. II, 240, 3 a f.

وسع الصراعين هو ما يجتمع على : مُصَارَع *lutteur*, Most.: ظهور الصراعين من كثرة الرياضة والنَّصَب والغبار ۞

تَصْرِيع est quand les deux hémistiches d'un vers ont la même rime, Mehren Rhetorik 194, M.

مَصْرَع *l'endroit où un condamné subit la mort*, Khatîb 29 v°, très-souvent dans Berb.

مِصْرَاع = مِصْرَع *battant d'une porte* (Lane TA), Berb. I, 412, 2 a f., pl. مَصَارِع, Cartâs 180, 9 a f.

مَصْرُوع *étourdi, écervelé*, M.

الْنَصْرَاع *lutte*, Alc. (lucha como quiera).

مُنْصَرِع *lutteur*, Alc. (luchador).

مُنْصَرِعة *lutte*, Alc. (lucha de desnudos, lucha como quiera).

صرف I *faire revenir* quelqu'un, ou peut-être *tâcher de l'apaiser*, voyez Akhbâr 134, 4. — *Employer*, Gl. Edrîsî; *sacrifier, employer*, Bc; صرف ماله واوقاته فى «employer son argent, son temps à,» Bc; aussi على الشىء, Fleischer sur Macc. I, 367, 13 Berichte 184.
— Seul, dans le sens de صرف المال (chez Lane), *dépenser*, Bc, *dépenser, débourser, acquitter*, Ht; على نفسه فى تحصيل اللوازم *s'entretenir, se fournir des choses nécessaires*, Bc. — C. على p. et acc. r. *rendre une chose à quelqu'un*, Cartâs 127, 10 a f.: ولم يصرف على اهل نبلة شيئًا من جميع ما اخذ لهم, Khatîb 177 r°: تُصْرَف عليه الثَّمَن, Amari Dipl. 189, 8. صرف على التاجر السلعة signifie: le négociant ne peut pas débiter sa marchandise, il ne trouve pas d'acheteur, Amari Dipl. 92, 1 et 104, 2 a f.: وان كل سلعة يؤدّون عشرها ثمّ تُصْرَف عليهم فيحتملونها الى بلد غير البلد الذى عُشِّرت فيه لا يكون عليهم فيها عُشْر اذا صرف ذلك; exprimé ainsi d'une manière peu correcte 93, dern. l.: واذا صرف ببضائى سلعة على نفسه فى , au lieu de الديوان فلا يؤدّى عليها الّا ترجمة واحدة. — Peut-être le Voc. a-t-il en vue un tel sens quand il traduit صرف, c. a. et على, par *refuser*, (recusare). — صرف المادّة et بينهم *accommoder, réconcilier, arranger une affaire*; le premier: *accorder, mettre d'accord, concilier, raccommoder*, Bc.

II. تَصْرِيف عقوباته *infliger les punitions qu'il prescrivait* (de Slane), Prol. II, 14, 4. — *Employer*, Gl. Edrîsî, Voc. (facere alium servire, uti in serviendo), Cartâs 39, 10 a f., 40, 10. — *Payer*, Maml. II, 2, 72, l. 3: هذه الاقب تُصْرَف من الخزائن «ces costumes sont payés par le trésor.» — *Avaler facilement un mets*, M. صرف الماء *évacuer par les voies urinaires l'eau qu'on a bue*, M. — *Faire repousser, rejeter*, Calâïd 209, 12: Sa religion (il était juif) l'écarta d'abord des honneurs auxquels ses talents lui donnaient des droits, وكانت تُصَرِّفه تصريف المهيض, c.-à-d.: elle le faisait repousser comme le chasseur repousse le faucon qui a une aile brisée. — *Accommoder, réconcilier*, Alc. (apartar en diferencia). — *Ordonner, conférer les ordres de l'Eglise*, Bc, Hbrt 154.

III c. a. p. *tâcher de détourner quelqu'un de son projet*, Abbad. II, 162, 6. — C. d. a. *payer quelqu'un en*, Berb. I, 583, 2: كأنّه بصاع الوفاق وصارفه. — تَنَقَّدَ المُصَانِعة. — *Se tourner vers*, Berb. I, 596, 4: فى الامتناع على السلطان il suivit l'exemple de ses voisins ومصارفة الاستبداد وانتحال مذاهب الامارة وطُرَقها ۞

IV dans le sens de la Ire, M, *renvoyer, donner congé, chasser, congédier*; اصرف العساكر *casser, licencier des troupes*, Bc. — *Expédier, résoudre une affaire*, Alc. (desenpachar, espedir lo enpedido). — C. عن *esquiver*, Bc. — *Prodiguer, dissiper*, Hbrt 219.

V. تصرّفت الاحوال *plusieurs grands changements eurent lieu*, Berb. I, 473, 12. — *Disposer de*, c. فى et ب, Gl. Edrîsî, cf. v. d. Berg 31, n. 3, Delap. 11: تنجم تتصرّف فى «vous pouvez disposer de moi;» تصرّف فى ماله *jouir de son bien, en disposer*, Bc. — *Employer*, c. ب, c. فى, c. من (?), Gl. Edrîsî; de là c. فى *dépenser*, Amari Dipl. 92, dern. l. — *Employer comme nourriture, se nourrir de*, c. فى, Gl. Edrîsî. — *Employer comme marchandise, faire commerce de*, c. ب, c. ب et فى, Gl. Edrîsî, Voc. —

Etre employé, Gl. Edrîsî, Voc. (servire c. ل et مع; sous uti in serviendo). — *S'employer à, s'occuper de*, c. فى, Gl. Edrîsî; *travailler*, Prol. II, 190, 10; تصرّف فى شى‎ ou له فى حصول شى‎ *procurer une chose à quelqu'un*, 1001 N. Bresl. IX, 200: تصرّفت لى فى حصول ثلاثة‎, où Macn. a ثلاثة ذهب من الهواء‎. — *Se mouvoir, aller et venir*; les تصرّفات فلان‎ sont *les allées et venues de quelqu'un*. Au fig., *faire tantôt une chose, tantôt une autre*, avec بين. Aussi: telle chose ou tel nom تصرّف‎ dans mon livre, c.-à-d., y est mentionné à plusieurs reprises. Ce verbe s'emploie encore en parlant d'un auteur qui écrit sur plusieurs sujets, qui a un style varié, etc. *Mendier*, proprement: errer çà et là, comme font les mendiants, les vagabonds, Gl. Edrîsî. — C. ب *agir suivant les ordres de quelqu'un*, Gl. Edrîsî. — C. a. *administrer, gouverner, avoir la conduite de*, Gl. Edrîsî, c. فى, Berb. I, 522, 11; 561, 2 a f., II, 478, 4 a f., 479, 3 a f. — *Pisser*, Voc. — C. ب iniit feminam primâ vice, M. — Comme la Ire, *être en chaleur* (chienne), Alc. (cachonda estar, pararse la perra cachonda). — Cf. plus loin le n. d'act. et le partic.

VI c. ب, en parlant de plusieurs personnes, *employer comme moyen d'échange, employer pour monnaie*, Prol. II, 48, 16, Bat. IV, 378; dans le Voc. c. مع sous cambire.

VII *être dépensé*, Maml. I, 2, 138, 2 a f. — *Etre destitué*, Freytag Chrest. 118, 10.

X c. a. p. *prier quelqu'un de retourner* ou *le lui ordonner*, Abbad. I, 257, 3.

صَرْف‎. Des paroles d'une tradition: لا يُقبَل منه صَرْف ولا عَدْل‎ (cf. Lane et Gl. Belâdz.), on a formé l'expression: لا رَدّ عليهم صرفا ولا عدلا‎, Cartâs 244, 11, dans le sens de: il ne leur donna point de réponse favorable. — *Change* (voyez de Sacy cité par Freytag), p. e. Bat. I, 50: 2500 dirhems, وصرفها‎ équivalant à 1000 dînârs d'or, 403, 425, 428, Abdarî 48 rº: والصرف اثنان وعشرون درهّا بدينار يوسفى‎ « 22 dirhems d'Egypte équivalent à un dînâr Yousofî d'Afrique; » cf. sous راجل. — *Monnaie*, toute sorte de pièces de métal servant au commerce, Khatîb 15 rº: وصرفهم فضّة خالصة وذهب ابريز طيّب محفوظ‎ — *Monnaie, petites espèces d'argent, de cuivre*, etc., Alc. (moneda), Abd-al-wâhid 147, dern. l., 148, 3, 5 et 7. Barth, V, 714, donne *dseref*, dans le sens d'ar-

gent, comme un mot berbère; c'est une légère altération du terme arabe. — *Chaleur des femelles d'animaux*, Bg; c'est proprement un n. d'act., mais la langue classique en emploie d'autres en ce sens. — باب الصرف‎ *la porte du harem*, Bat. III, 277, 377. — كاغد الصرف‎ espèce de papier nommée Bait. I, 128, 5: فيصير فى قوام كاغد الصرف المبتلّ‎, où le man. B omet الصرف.

صَرْفًا (adv.). J.-J. Schultens a noté: « صَرْفًا‎ *prorsus, omnino*, Abulola 18. » Mes recherches pour retrouver ce passage dans nos man. d'Abou-'l-alâ, notamment dans le nº 1258 qui a appartenu à Schultens, ont été infructueuses; mais dans L cet adverbe est constamment صَرْفًا‎; il l'a sous *affatim, abundanter* (synon. كثيرًا‎), *habundanter* (synon. جدًّا‎), *nimis* (vel nimium) (même synon.), *satis* (synon. أكيالًا‎).

صَرْفة *monnaie, valeur d'une pièce en espèces plus petites*, Bc.

صَرْفى *le grammairien qui connaît bien les déclinaisons*, M.

صَرِيف *de deux couleurs*, Alc. (berrendo).

صَرَافة *procession avant la circoncision*, décrite par Lane M. E. II, 310.

صَرّاف, dans l'administration financière de l'Egypte, *receveur et payeur*, Descr. de l'Eg. XI, 479, XII, 66, Fesquet 25.

صَرِّيف *dépenser*, Bc.

صَرّافة pl. صَرارِف *escalier*, Voc. — *Cassette, comptoir, table à tiroir* (dans le Levant, *coffre à tiroir*) *des marchands, pour compter et serrer l'argent, tiroir à argent*, Bc, *banque*, Ht. Le M a: وصَرّافة الصندوق عند العامّة بيت صغير مستطيل من اللوح يسمّر فى جانبه الاعلى توضع فيه الامتعة الصغيرة‎

صارف *prodigue*, Ht.

صَيْرفيّة *banque, commerce d'argent*, Bc.

تصريف كلّى et تصرف كلّى‎. *carte blanche, permission de se conduire comme on voudra*, Bc. — فى تصرّف‎ *à la dévotion de*, Bc. — *Commerce*, Gl.

Edrîsî. — *Administration*, Roland. — التَصَرُّفات *les travaux d'un homme de peine*, Prol. II, 277, 4. — اهل التصرُّف من المتصوِّفة «cette classe de Soufis qu'on appelle *les gens qui ont le pouvoir* (d'agir sur les êtres créés)» (de Slane), Prol. III, 137, 15, cf. 138, 1. — اصحاب التصرُّف *les saints qui disposent des trésors cachés*, 1001 N. III, 420.

تَصْريف كثير للخوص في التصاريف الوَقْتِيّة, Khatîb 71 v°, signifie que cet homme savait profiter de la fluctuation des prix, comme il résulte de ce qui suit. — *Ordination*, action de conférer les ordres de l'Eglise, Bc, *les ordres*, Hbrt 154. — اصحاب التصريف *les saints qui disposent des trésors cachés*, 1001 N. III, 421. — تَصَرُّف كُلِّى voyez sous تَصَرُّف. — Biffez chez Freytag la signif. de *mores*, qu'il assigne à تصاريف sur l'autorité de J.-J. Schultens. Ce savant cite Imrânî 92, où on lit: وكن احواله كلها وتصاريفه شبيهةً باحوال المامون mais تصاريف y est l'équivalent de أمره (voyez Lane et Berb. I, 31, 8 a f.) et le synonyme de احواله.

مَصْرِف. Pour la signif. de مصارف, *divergia fluvii*, J.-J. Schultens cite Hist. Joctan. 164, 2. — *Masref effendi*, *inspecteur des finances*, Pachalic 28.

مُصْرِف. L a deux fois l'article *commissor*; sous l'un il donne مُصْرِف, et sous l'autre مُصْرِف في الأذَان.

مَصْرِفِيَّة *écot*, dépense pour un repas, Bc.

مَصْرِف *contribuable, qui est sujet aux contributions*, Alc. (contribuydor).

مَصْرُوف, pl. مَصارِف et مصاريف, *débours et déboursé, dépense, entretien, frais*, Bc, Hbrt 219, M, Burckhardt Nubia 276 n. (*pocket-money*), Descr. de l'Eg. XI, 509, Ht, Cherb. Dial. 35, 202, Maml. I, 2, 138 (deux exemples), Berb. II, 280, 1, 448, 1, cf. Macc. I, 229, 15, où le man. quasi-autographe d'Ibn-Khaldoun a ومصارفه, 1001 N. I, 288, III, 204, 3 a f., 214, Bresl. X, 283; مصروف عالك *faux-frais, petites dépenses*, Bc; ماسك المصروف *économe, régisseur de la dépense*, Bc. — مصروف كذب *faux-emploi*, Bc; je ne sais pas ce qu'il a voulu dire; *faux-emploi* n'existe pas comme mot composé.

مُصارَفة *banque, commerce d'argent*, *traité, commerce des banquiers*, Bc.

تَجَوُّل = تَصَرُّف et مُتَصَرِّف, Gl. Edrîsî.

مُتَصَرِّف *un employé*, Gl. Edrîsî, Gl. Fragm., Macc. I, 361, 15; spécialement *dans les finances*, Fakhrî 370, 1, 373, 7 a f., 381, 5; *administrateur chargé de percevoir les impôts*, Bat. III, 388. Dans Berb. II, 373, 6, المتصرفون semble *les serviteurs du palais*. — Aujourd'hui, nom d'un employé qui est au-dessus du pacha et au-dessous du *mochir*, M. — المتصرفة *imagination*, *faculté d'imaginer, de se représenter quelque chose dans l'esprit*, M.

متصرفات *commerce*, Gl. Edrîsî.

مُتَصَرِّفِيَّة *la dignité du* motaçarrif, M.

مُنْصَرِف *départ*, Gl. Belâdz.

مُنْصَرِف, t. d'astron., est الكَوْكَب الذى ينصرف عن الاتصال, M.

صَرَفَنْدة, et صرفندى et تين صَرَفَنْدى, seul, cactier, raquette, figuier d'Inde, Sang.

صرم I, en parlant d'un tailleur, *faire un habit trop étroit*, M.

II *boucher*, Voc. — *Brider*, Ht.

IV c. على et في *pertinax esse*, Voc.

V *être bouché*, Voc.

صُرْم = صَرامة *courage*, Macc. I, 168, 13 (cf. Add.).

صُرْم الديك, chez le vulgaire en Syrie, *le fruit du rosier*, Bait. I, 424 c. Selon le M (sous le *sin*), le vulgaire prononce ainsi, au lieu de سرم الديك, mais son explication (« nom d'une plante ») est inexacte.

صَرْمَة pl. صرم *soulier*, Bc, Hbrt 21, *chaussure de maroquin*, Descr. de l'Eg. XVIII, 109. — *Troupeau de moutons*, Berb. I, 150, dern. l.

صَرْمِينة (pers. سرمايه) *principal, somme capitale*, Bc.

صَرْماتى *cordonnier*, Bc, Hbrt 78 (qui donne le *dhamma*).

صَرْمايَة *soulier*, M; incorrectement avec le *sin*, Bg 801, Ztschr. XI, 511, n. 37.

صَرْمايَاتـى cordonnier, Ztschr. XI, 484 (avec le *sîn*).

صَرُوم intrépide, L (inpavidus, intrepidus).

صَرِيم pertinax, Voc.

صَرَامَة sévérité, Bc, Hbrt 212.

صَرِيمَة pl. صَرَائِم dans le Voc. sous obturare. — Bride (Barb.), *martingale, courroie pour retenir la tête du cheval*, Bc, *bride de mule, licou*, Domb. 81, Ht, qui l'écrivent avec le *sîn*. — صَرِيمَة لجْدى *chèvrefeuille*, Bait. I, 120 c, II, 46 b, 85 b, 128 c, 260 f, 488 b.

صارِم *austère, rigide, sévère*, Bc, Hbrt 212, M; صارم على حالَه *dur à lui-même, sévère pour soi-même*, Bc.

صارِمَة, en Barbarie, sorte de bonnet de femme, en or ou en argent, percé à jour, ou bien, selon les caprices de la mode, une sorte de corne faite d'un de ces métaux et ayant deux pieds de long; voyez Shaw I, 324—5, Nachrichten I, 499, 513 n., Rozet II, 58, 219, Baude I, 22, Algiers volgens de nieuwste berigten (Utrecht, 1836), 110, Daumas V. A. 488. J'ai suivi l'orthographe que j'ai trouvée dans les notes de l'imâm de Constantine; le mot vient peut-être du turc سِرْمَه, « fil d'or. »

صارِمِيَة pl. صَوارِم *avance, prêt d'argent*, Beaussier; *sarmia*, l'avance d'argent au *khammâs* de la part du maître, R. d. O. A. VI, 67.

صَرْمَران *calament* (plante), Bc.

صُرْناى (pers., composé de صُرّ, « fête, » et de ناى, « flûte; » écrit de différentes manières: صِرناى, سِرناى, سُورناى, طُورنا, زُرْنا, زَوْرَى, زَرْنا, زُورَنا, سُوزَنا, Kosegarten, Aghânî, Proœmium 101) pl. صَرنايات espèce de flûte, *hautbois*, Descr. de l'Ég. XIII, 394, Bat. II, 126, 188, 212, III, 110, 112, 217, 230, 417; Carette Kab. II, 378: « Quand ils vont au combat, ils marchent au son du *teboul* (tambour) et de la *zerna* (espèce de flûte). » En arabe on écrit aussi سِرنايى, Kosegarten l.l., et Hbrt 97 a زَرْنا et زَرْنا *musique d'instruments à vent* (Alg.).

صَرناجى « *Zarnadjya*, corps des musiciens, » Daumas Kabylie 462; باش زَرْناجى *le chef des musiciens*, Hbrt 97 (Alg.).

صَرْو IV *regarder*, Alc. (mirar).

صَرى صار *signifie en effet* (cf. Lane) *mât, arbor navis*, Voc., Gl. Fragm. v° دَقَل, Aboû'l-Walîd 770, 27, Bat. IV, 186; écrit incorrectement *soera*, صَوارَة, et expliqué par *mât*, Hœst 187. — *Poteau*, Bc. — *Hune, gabie*, sorte de petite cage autour d'un mât, Alc. (gavia de la nave, où le sing. est incorrectement çâyr). — *Poupe*, arrière de vaisseau, Alc. (popa de nave o navio). — *Lest*, matières pesantes dont on charge le fond d'un vaisseau, Alc. (lastre de nave).

مَصْرِيَة pl. مَصارى, mot maghribin, dans le Voc. *solarium (non copertum)*, aujourd'hui chambre ou *appartement supérieur isolé*, soit qu'il tienne à une maison, ou qu'il soit placé au-dessus d'une boutique. On y monte par un escalier dont la porte est toujours pratiquée sur la rue. Cet appartement, qui ne forme qu'une seule pièce, a toujours une petite fenêtre sur la rue, et jamais sur la cour intérieure des habitations: il sert ordinairement de logement aux personnes qui ne sont pas mariées, Delaporte père. Logement dont l'entrée est dans le vestibule, et qui, séparé du reste de la maison, sert à loger les esclaves, Berbrugger. Chambre du vestibule, Roland. C'est du pl. que vient le mot *masari*, qui désigne, dans le dialecte des Baléares, un petit cabinet. — *Cabine de vaisseau*. — *Métairie*. — Voyez pour plus de détails Gl. Esp. 382—4, où j'ai indiqué l'origine de ce mot.

صصط II c. a. *mouiller*, Voc. Formé, d'après M. Simonet, de *sucat*, partic. pass. du verbe catalan et valenc. *sucar*, qui signifie *mouiller, imbiber*, et il compare le pg. *chuchar* = chupar, sucer, mais aussi *imbiber*.

V quasi-pass. de la IIe, Voc.

صَطَب.

مَصْطَبَة est chez van Ghistele, 158, 159, 166, une estrade à hauteur d'homme, à larges degrés et couverte de drap d'or et de coussins, sur laquelle s'assied le sultan. Ailleurs, p. 274, c'est chez lui: un édifice magnifique où s'assemblent les soldats. — Dans un jardin, *planche, couche près d'un mur*, Auw. I, 126, 4, Calendr. 50, 2: وينتقل الفرع البكير من, مصاطب الزبل, où l'ancienne trad. latine porte: « et permutantur cucurbite tempestive ex locis stercorosis qui sunt iuxta parietes. »

صَطْباب Biffez cet article dans Freytag; dans le pas-

سطحب

sage qu'il cite il faut lire طبطاب; voyez Fleischer Gl. 28.

مطاحب.

مصطاحبي *plat*, dont la surface est unie, Maml. II, 2, 197, 8 a f. et suiv., dans une note qui n'a pas de liaison avec ce qui précède et dont le commencement manque.

مطر.

مُصْطار *moût*; voyez مُسْطار sous سطر.

سطل I *enchanter, ravir en admiration*, Bc; c'est pour سطل.

سَطْل, dans le Voc. (vas (cetre)), سَطَل, pl. أَسْطَال, pour سَطْل; voyez Lane sous ce dernier mot. — Même pl. *grelot*, 1001 N. Bresl. IX, 78, 5 et 13, où l'éd. Macn. a أَجْرَاس.

مِسْطَل pl. ات *cheville du pied*, Voc. — *Plaine*, Voc.

مَسْطُول pl. مَصَاطِيل est pour مَسْطُول, proprement *celui qui s'enivre au moyen du hachich*, حَشَّاش (l'éd. de Macn. a ce dernier mot), et de là *un fou*, *un sot*, *un* أَبْلَه, comme le M a sous سطل, 1001 N. Bresl. VII, 299, 6, 300, 2, 301, 14, 304, 10. Habicht a mal expliqué ce mot dans son Glossaire; M. Fleischer l'a corrigé dans Gersdorf's Repertorium 1839, p. 434. Bâsim 50: ومنهم من قال انها مصطولة ومنهم من قال انها مجنونة.

سطم I *fermer*, p. e. une fenêtre. On dit aussi à un homme qui parle trop et qu'on méprise: اسطم, dans le sens de *tais-toi* (ferme la bouche), M. Il ajoute qu'il y en a qui prononcent ce verbe avec le *sin*, et aussi dans l'expression: سطم الفَلَح السكَّة, qui signifie علق على راسها الفولاذ لتطويل وتقوى على شق الارض, et Bc donne en effet سطم *acérer*, mettre de l'acier avec le fer pour le faire mieux couper.

سطنكة *barre de bois*, Roland. M. Simonet pense que c'est l'esp. *tranca*, barre pour fermer et assurer une porte, et que أُطْرَنْكَة, qui se trouve dans le Voc., mais sans explication, est le même mot.

صعب I *déplaire, mécontenter*, Ht.

V *être difficile*, P. Kâmil 192, 18.

X *se montrer très-difficile* (pour admettre l'authenticité d'une tradition), Prol. II, 405, 11. — استصعب الشى *prendre en mauvaise part*, Bc.

صَعْب, en parlant d'une serrure, *difficile à ouvrir*, Macc. I, 135, 13. — Les chroniqueurs disent en parlant des rebelles du faubourg que Hacam Ier avait condamnés à l'exil: واستمروا طاعنين على الصعب والذلول, Abbâr 39, 15, ou تخللوا على الصعب والذلول, Nowairi Espagne 454, ce qui semble signifier *bon gré, mal gré*.

صَعْبِيَّة *empêchement, obstacle*, Alc. (impedimiento). — *Sévérité*, Hbrt 212. — *Censura*, تأديب وصعوبة L.

مَصْعَب. Freytag donne, pour le pl. مَصَاعِب, le sens d'*intractabilia* sur l'autorité de J.-J. Schultens. Ce savant cite un passage de Harîrî, qu'on trouve dans l'éd. de Sacy 377, 8. M: والمصاعب المشقات والشدائد; cf. Valeton ٣٥, 8 a f.

صعتر.

صَعْتَر. Parmi les espèces d'origan il y en a une, à feuilles blanchâtres, dont le nom est incertain, car on le trouve écrit صعتر حوزى, جوزى, حوزى جوزى, ou صعتر الجوز للجوز, Most., Auw. II, 308, dern. l, Bait. II, 128 f, A. R. 256 (où le traducteur change à tort صعتر النحل, «origan des abeilles,» en صعتر الجبل). Banqueri croit que c'est خُوزَى, de Khouzistân. On l'appelle aussi صعتر الشوا, Bait. l.l., Auw. I, 688, 8, II, 309, 1. — صعتر الحمير *abrotanum*, Most. v° قيصوم, A. R. 255; en Espagne, *sarriette, thym*, Bait. I, 276 e (où il faut lire ainsi, avec AB, au lieu de صعتر الحمير de Sonth.), Auw. I, 50, 9 a f., *thym*, Domb. 75. — صعتر سريول *serpolet*, Alc. (oregano serpol). — Pl. صَعَاتِر *fort, brave* (homme), Diw. Hodz. 260, 2 a f.

الحبق الصَعْتَرَى, au Maghrib, *ocimum minimum*, Gl. Manç. v° شاهسپرم.

صَعْتِيرَة = افيثمون اندلسى, Most. sous ce dernier mot, voyez aussi mon article شربن.

صعد I *pousser* (rameau), Auw. II, 435, 15.

II. Au lieu de l'expression notée par Lane, on dit aussi par ellipse صَعَّد فيه وصوب, Abbad. I, 254, 1 (lisez ainsi), II, 260. — *Rendre difficile, pénible*;

de même qu'on dit à la Ve forme تَصَعَّد النَّفْس, on dit à la IIe صَعَّد أنفاسَه الصعيد, Abd-al-wâhid 127, 4. — *Imprégner*, Macc. II, 87, 3 a f.: فكانوا لا تسلم ثيابهم من وضر فدلّهم على تصعيدها بالملح ٭

III *monter*, 1001 N. I, 66, 13. — *Partir*, Gl. Fragm. — *Distiller*, J. A. 1849, II, 266, n. 1, l. 2 a f., 274, n., l. 1, Bait. II, 334, en parlant du camphre: وهو المختلط بخشبه والمصاعد عن خشبه cf. un peu plus loin: فأوّلها الرياحى وهو المخلوق ولونه احمر ملمع ثمّ يصعد هناك فيكون منه الكافور الأبيض ٭

V *s'évaporer*; يتصعّد *volatil*, Bc.

VI *s'évaporer*, Bait. II, 334 (camphre): ويسمّى الرياحى لتصاعُدِه مع الريح; le n. d'act. *dissipation, évaporation*, Bc; c. من *s'exhaler*, Bc; تصاعد المسامات *transpirer*, sortir par la transpiration, Bc.

صَعْدَة est proprement une épithète de la lance, Abbad. III, 160.

خَمِيس الصعود ou عيد الصعود *l'ascension*, fête des chrétiens, Bc, M.

صَعِيدة *sacrifice* (Golius), Saadiah ps. 40, 50, 66.

صعودى *ascensionnel*, Bc.

صعيدى, en Egypte, *herbe aux puces*, l'espèce dont la semence est noire, M v° اسفيوس.

مِن الآنَ وصاعد وصاعد *à l'avenir, désormais, dorénavant*, Bc.

أَصْعَد *très-excellent, très-auguste*, Cartâs 247, 8.

تَصْعِيد *évaporation* (de l'humidité), *exhalation*, opération pour faire évaporer, Bc.

صَعَق I. Le n. d'act. صَعَق, Voc., Kâmil 404, 16, 405, 10. — Voyez sous دعق I.

IV, en parlant d'un nuage, *lancer la foudre*, Badroun 99, 4.

VII *être frappé de la foudre*, Voc.

صَعْقَة voyez sous دَعْقَة.

صَعِيق *évanoui*, Gl. Fragm.

صَغِر I. Le Voc. a les n. d'act. صَغِر et صَغُر.
IV *rendre humble*, Akhbâr 27, 5 a f.

V *devenir petit*, Voc.; il l'a aussi c. بـ sous diminutivum. — Cf. sous لطيف.

VI *décroître*, Bc. — En parlant de plusieurs personnes, تصاغروا أَنْ *ils étaient trop jeunes pour*, Becrî 124, 7. — C. لـ *humiliari*, Voc.

X c. a. dans le Voc. sous diminutivum.

صِغار (des deux genres et des deux nombres) *jeune*; — *vert, étourdi, évaporé*, Bc.

صغار *un peu libéral, un peu généreux*, Alc. (dadivoso un poco, çokár; mais je crois qu'ici comme ailleurs il a mis le *khâ* pour le *ghain*).

صَغِير *un petit esprit*, l'opposé de كَرِيم, Valeton ٣٩, 7 a f. — *Petite coupe*, Abbad. I, 105, n. 173, Macc. II, 587, 13, 1001 N. I, 304, 3 a f., IV, 259, 5 a f.

صغيرة *petitesse*, Payne Smith 1623.

صَغِير نَحْوُه صُغَيِّرات «ses connaissances en grammaire sont très-peu de chose,» Macc. I, 610, 7.

صغارى *enfantin, puéril*; — *puéril, frivole*, Bc.

صغارية *puérilité*, Bc.

تَصْغِيرى *diminutif*, Bc.

صغرن II *batifoler, se jouer comme les enfants, faire l'enfant*, Bc.

صغرنة *enfantillage, puérilité*, Bc.

صغل. Je ne comprends pas 1001 N. Bresl. IX, 363, 12: وتخرج به من البيت ومنك له اصطغل, où l'éd. Macn. porte: وافعل فيه ما شئتَ.

صَغُو et صَغَى I c. لـ *placer*, Voc.

IV. Remarquez l'expression أَصْغَى بأُذْنه اليه, Koseg. Chrest. 43, dern. l.

صاغٍ. Le fém. صاغِية, pour نَفْس صاغِية, *penchant*, Weijers 42, 6, 59, 10, cf. 144—5, n. 232, *pour* ç. ou لـ, Haiyân 63 v°: وله الى عمر حظوظ وصاغية الى كذا وصاعتنام (وصاغيتنام لـ) الى امره وجنوحهم, Khatîb 67 v°: Berb. I, 17, 168, 169, 210, 383, 5 a f., الى طاعتنا 459, 4.

صف V *quasi-pass. de la* IIe, Voc. sous ordinare.

صَفّ خرج من الصفّ *exceller, être ou s'élever au-*

dessus, Alc. (desigualarse). — *Bande, essaim*, Ht. — *Troisième partie d'une compagnie*, Sandoval 324. — *Ligue entre des tribus*, Daumas Kabylie 44—7 (avec le *dhamma*).

صُفَّة. Pour la signification de *sofa*, Bc, Bg, qui est relativement moderne, voyez Gl. Fragm. — *Coussin couvert de cuir, sur lequel s'assied la femme dans l'espèce de litière qui porte le nom de* قَتَب, Ztschr. XXII, 157. — أَهْل الصُفَّة (cf. Lane) est devenu le terme par lequel on désigne *les vagabonds et joueurs de gobelets*, Macc. III, 21, l. 22; leur habit se nomme عِبَاء صُفَة, *ibid.* 23, 12.

صَفّيّة *des dinârs qu'on attache sur le bandeau que les dames appliquent sur le front*, M, Bg 808. — *Amulette, phylactère, talisman*, Bg, qui écrit incorrectement صوفة, qu'il prononce *soûfi*, sous *amulette*, et سوفي, *soûfé*, sous *phylactère*; *saffio* chez Lyon 139, *saphi* chez Caillié III, 32, 33.

مَصَفّ. اعاد الى مصافه «il le réintégra dans ses fonctions,» Abbâr 123, 5 (= Haiyân 8 v°). — *T. d'impr., compositeur, instrument sur lequel le compositeur arrange les lettres*, M. — مصفّ الكلام *le fil du discours*, M.

مُصَافّ *la rencontre de deux armées ennemies*, Athîr VIII, 371, 9 a f.; on dit aussi: جرى له مصافّ مع عدوّه, Freytag Chrest. 136, 6.

صفح I c. عن p. = صفح, *pardonner*, M.

صفّح I est *feuilleter un livre sans l'étudier*, tandis que la V° exprime *le feuilleter en l'étudiant*, Gl. Manç. in voce. — *Ferrer un cheval*, Ht. — صفّح وسلّم *louvoyer*, Bc. — صفّح المركب لتصليحه *mettre en carène un bâtiment*, le mettre sur le côté pour le réparer, Bc.

II c. a. dans le Voc. sous *pagina*. — *Paver*, Freytag Chrest. 113, 8: وقديم لجوش القبلي الشرقي الذى كان للقلعة — ورأى أن يسقّحه فسفّحه السلطان الملك الظاهر بعده وكتب عليه اسمه بالسواد. Il faut substituer deux fois un ص au س, cf. plus loin مُصَفَّحة.

III. Burton II, 52: «مُصَافَحة is the Arab fashion of shaking hands. They apply the palms of the right hands flat to each other, without squeezing the fingers, and then raise the hand to the forehead;» cf. Burckhardt Arabia I, 369 n. Au fig., Calâïd 58, 5 a f.:

ومعد قومه ' وقد راقم يومه " وصلاته تصافح معتفيهم ' صافح نحيّاه " — ومبرّاته تشافه موافيهم' dans le sens de *présentez-vous devant lui*, Macc. II, 263, 14. — C. a. *être égal à*, Djob. 92, 16, Abd-al-wâhid 127, 2. — *Etre hors de danger* (le malade), M.

V *pardonner*, Gl. Fragm.

X. Lane n'a que la constr. c. d. a., mais ce verbe se construit aussi c. a. p. et عن r., Haiyân 67 r°:

ويستصفحونهم عن اجرام سفهاتهم ۞

صَفْح. ضريه بالسيف صفحًا *donner un coup de plat de sabre*, Bc; de même ضريه صفحًا, Koseg. Chrest. 73, 5. Le pl. صفاح par synecdoche *sabres*, Koseg. Chrest. 77, 1: أضرب صفحًا عن — وشهروا الصفاح *se détourner de*, Abd-al-wâhid 120, 13, M (ضرب). — صفح الجبل *coteau, penchant d'une colline*, Bc, *flanc d'un mont*, Hbrt 170. — صفحًا *à l'improviste*, Aghânî 54, 16: وما سمعها قط الا تلك المرّة صفحا. — Le pl. صفاح, pour مصافح *dalles, poète populaire* Prol. III, 405, 11.

صَفْحَة. الصفحتان *les deux joues*, M, Voc. — صفحة المرآة *la bordure d'un miroir*, Bat. II, 101. — Pour صفحة الوجه, *face, visage*; dans le Voc. *plana facyey*; cf. Abbad. I, 46, 6, II, 59, 4 a f. — Pl. صفح *page, folio*, Bc, Hbrt 110, Voc. — *Poignée de main*, Bc. — *Pardon*, P. Abbad. II, 109, 2 a f.

صُفْح *fer-blanc*, Bc, Ht. — صفح الحديد *tôle, fer en feuilles*, Bc.

صَفيحَة, pl. صُفْح, P. Kâmil 771, 1 et n. a. — *Paillette, petite lame d'or, d'argent, d'acier mince, et percée pour être appliquée sur une étoffe*, Bc. — Au Maghrib, *fer de cheval*, Voc., Alc. (herradura de bestia, desherrar la bestia صفيحة, زوّل الصفيحة, Domb. 66, Bc (Barb.), Hbrt 59 (Barb.), Bat. III, 249. — *Charnière, gond d'une table*, Alc. (visagra de mesa). — *Ecaille* (de testacés), Bc. — *Petit pâté*, M. — صفيحة بيضاء *fer-blanc*, Bc. — صفيحة القفل *palastre, boîte d'une serrure*, Bc. — صفائح *peintures, taillures, gravures et autres ornements de portes*, Alc. (chanpranas de puerta), صفائح الرتاج, Bait. I, 85 (passage de Becrî): الصفائِمِ المُخَرَّمَةِ الَّتِى تَكُونُ تَحْتَ حَلَقِ الابواب. — Dans L: *fistule* صفائم. Parmi les signif. de *fistula* je n'en vois pas qui conviendrait à ce mot arabe.

صُقَّاع, n. d'un. ة, *roche, rocher, roc*, Alc. (peña gran piedra). — *Pierre à broyer des couleurs*, Alc. (piedra para moler colores).

صَفائحى *lamelleux*, Bait. I, 527 b, en parlant de l'arsenic: وأَجْوَدُها الصفائحى الذى يَسْتَعْمِلُه النقّاشونَ plus loin (528) il cite ces paroles de Dioscorides: وأَجْوَدُهُ ما كانَ ذا صفائحٍ ❊

حَدِيدٌ مُصَفَّحٌ *tôle*, fer en feuilles, Bc.

مُصَفَّحَة *pavé*, assemblage de pavés, Alc. (losado de piedras; il écrit muçâhfa); cf. sous II. — *Plaque*, Cartâs 213, 4: ودروعهم وخيولهم بالزَرْدِ النَّضِيدِ ومصفحاتِ الحديدِ (cf. Alc.: hoja de coraças صَفْحَة).

مُتَصَفِّع *lamé*, Payne Smith 1491.

صفد I. Le n. d'act. aussi صفاد, de Sacy Chrest. II, 463.

صَفَد *cage*, Voc. — Certaines racines noires; voyez Bait. II, 131 b (AB). — Vulg. pour صَدَف, *coquillage*, M.

أُمّ صُقَيْبِد *hochequeue*, M (sous نُغَرَة).

صفر I. Le M a l'expression صفر بالفَرَسِ dans le sens de *siffler afin que le cheval boive*; mais elle signifie aussi *siffler afin que le cheval pisse*, Badroun 170, 5 et 6. — C. ل p. *siffler*, instruire quelqu'un de ce qu'il aura à dire ou à faire, Bc. — Vulg. aor. o, *être vide*; le peuple dit: دخلْنا الدارَ فوجدْناها تصفر, M.

II *siffler, témoigner sa désapprobation en sifflant*, Alc. (silvar a otro en desfavor). — « Les couleurs sombres, le jaune principalement, éveillant des idées de misère et de chagrin, si l'on veut souhaiter du mal, on s'écrie اللهُ يَصْفِرُ لك وجهَك, *que Dieu te jaunisse la figure!* » Daumas V. A. 518. — *Faire pâlir*, Voc.

IV *décolorer*, Alc. (descolorar).

V *devenir jaune*, Gl. Mosl.

IX *blondir*, Bc. — Seul et وَجْهُهُ اصفرّ *pâlir*, Voc., Alc. (demudarse de miedo, enblanquecerse de miedo), Bc, Ztschr. XI, 676, n° 4, Mohammed ibn-Hârith

285, Koseg. Chrest. 86, 1001 N. I, 107, dern. l., II, 24, Bresl. II, 33, 128, IV, 327.

صَفَر *jaunisse*, M.

صُفْر, au Maghrib pour صُفْر, *laiton*, Gl. Esp. 227. — *Rouille ou scorie du fer*, Alc. (herrumbre).

صفر. L'espagnol a *zafre*, qui signifie *poudre de bismuth* qu'on emploie dans les fabriques de faïence. Comme le bismuth est un demi-métal d'un blanc jaunâtre, j'ai exprimé l'opinion, Gl. Esp. 359, que ce mot vient de cette racine.

ضحكَ صَفراً *rire d'un ris sardonique*, Bc.

صَفْرَة. كسرُ الصفرةِ voyez sous كسر.

صُفْرَة *pâleur*, Voc., 1001 N. I, 791, 1. — داءُ الصفرةِ *mal vénérien*, Bc.

صُفْرِى *fait de cuivre*, de Jong. — *Vendeur de vases de cuivre, chaudronnier*, de Jong. — Pl. صَفَارِى *chaudron*, Voc.

صُفْرِى *loriot* (oiseau), Bc, Yâcout I, 885, 3.

صُفْرِيَّة *vase de cuivre, chaudron*, de Jong.

صَفْرَاوِى *bilieux, colérique*, Alc. (colerica cosa de colera, malenconico), Bc, Gl. Manç.: حُمْرَةٌ فى ورمٍ حارٍّ حمى محرقةُ الصفراويةِ البحتِ: حتى, et sous صفراوى C'est Alc. qui donne un *kesra* un *çâd*. — *Vérolique*, Bc. — ضحكٌ صفراوى *ris sardonique*, convulsif, Bc.

صفراية nom que le vulgaire donne à l'oiseau qui, dans la langue classique, s'appelle صَفَارِيَّة, M.

صُفَار *le jaune*, la couleur jaune, Bc, *être jaune*, صُفار البيضةِ, Koseg. Chrest. 49, 7 a f. — صفار لَوْنِى *jaune d'œuf*, moyeu, M, Bc. — *Espèce d'herbe fourragère*, R. d. O. A. IX, 119 (safar).

صُفَار *laiton*, Athîr X, 192 bis, 7 = Khaldoun Tornb. 11, dern. l. — *Cassia sophera*, Browne II, 45 (sophar).

صَفِير. حروف الصفير *literæ sibilantes*, ص et س, ز, M.

صَفَارَة *l'art du chaudronnier*, Voc.

صُفَّار *nom d'une graminée*, Prax R. d. O. A. IV, 196 (soufâra).

صُفُورَة *pâleur*, Voc., Alc. (descoloramiento, enblanquecimiento de miedo).

صَفَائِرُ الخَيْل, صَفَائِرُ, صُفَيْرَةٌ *jaunisse*, Roland. — *echium*, Prax R. d. O. A. VIII, 279.

صُفَيْرَة nom d'un arbre, voyez صَفِيرَاء.

صَفَّارِيَّة nom d'un instrument astronomique, Khatîb 33 v°. Si ce nom vient de celui de l'astronome ابن الصَّفَّار (cf. Ztschr. XVIII, 123), il faudrait prononcer صَفَّارِيَّة.

صُفَيْرَاء nom d'un arbre dont le bois jaune est un bois de teinture, et qui est décrit Bait. II, 132 d. On l'a confondu avec le platane (دُلْب), bien qu'il n'ait aucun rapport avec lui; voyez Auw. I, 18, 3 et n. 5, 155, 1, où il faut lire avec notre man. والصُّفَيْرَاء, 399, 13 et suiv. (avec la note de Clément-Mullet I, 373, n. 1), II, 573, 16 et 17, Most. v° دُلْب: «ابن جلجل هو الخشب الاصفر الذى يصبغ به المعروف بالصُّفَيْرَة, Gl. Manç. sous دُلْب: «cet arbre syrien est inconnu au Maghrib; ceux qui prétendent que c'est الصُّفَيْرَاء [les voyelles dans le man.] sont dans l'erreur.» D'après Alc. (fustete palo) c'est *fustet*, espèce de sumac dont le bois, jaunâtre et veiné, sert en médecine et pour la teinture. — Nom vulgaire de la maladie qui, dans la langue classique, s'appelle صَفَر, c.-à-d. *la jaunisse*, M.

صَفَّار *siffleur*, Bc. — *Joueur de fifre*, Hbrt 97. — *Fondeur en cuivre, chaudronnier*, Voc., Djob. 266, 12, Bat. I, 206, Prol. II, 266, 9.

صُفَّار, n. d'un. ة, *ver*, Voc., Alc. (lonbriz qualquiera), spécialement celui qui s'engendre dans le corps de l'homme et des autres animaux, Alc. (lonbriz del estomago), Auw. II, 666, 3 a f.

صُفَّيْر nom d'une plante qui s'appelle aussi كَفّ الهِرّ, voyez Bait. II, 383 b (AB, les voyelles dans A).

صَفَّارَة *trompette*, Gl. Fragm. — *Le bout du rectum, qui, lorsque les enfants ont une diarrhée violente, sort de l'anus*, M (si je l'ai bien compris).

صَفَّارَة *espèce de flageolet*, Ouaday 396 (souffârah); le Voc. a ce mot sous *sibilare*.

صَفَافِير (pl.) *jaunisse*, Browne II, 149.

صَافُورَة *flûte*, M.

صُوفَيْرَة *flûte*, M.

أَصْفَر *pâle, blême*, Voc., Alc. (descolorado), Bc, Hbrt 33. — Pour أَصْفَر اقلیلی *myrobolan jaune ou citrin*, Sang. — *Celui qui a la jaunisse*, Macc. II, 351, 16. Most ۴؟ الاصفر الداخلى قانصة يراد بالقانصة هنا لجلد الذى يطرح منها (sic) الاصفر الداخلى من قوانص الدجاج. — والدجوك وهو طحان للاحجار (الاحجار N) فى حيوانه (ق). بنو الاصفر. L'origine de ce nom, que les Arabes donnent aux Romains, et en général aux chrétiens, est fort contestée; on peut consulter à ce sujet Ztschr. II, 237, III, 381, XV, 143, de Slane Berb. II, 311, n. 1, et trad. de Khallic. IV, 9, n. 15. Sous تَأْرِيخ الصُّفْر, *l'ère des chrétiens*, les auteurs arabes de l'Espagne entendent l'ère des Espagnols, qui commence environ trente-huit ans avant la nôtre. — ذِمّة أَصْفَر, *il est lâche*, Daumas V. A. 349. — الماء الاصفر *la jaunisse*, Calendr. 111, 6. — Le fém. صَفْرَاء, seul et صَفْرَاء سَوْدَاء *bile noire, atrabile, mélancolie*, Alc. (malenconia, colora negra), 1001 N. IV, 250, 12. — *Vin*, Gl. Mosl. — *Gaude*, herbe qui teint en jaune, Bc. — Nom d'une autre plante qui est entièrement jaune et dont le suc est bon contre l'hydropisie; voyez Bait. II, 131 c. — *Vérole, maladie vénérienne*, Bc, Ht. — Le pl. صُفْر *pièces d'or*, Harîrî 374, 1. ومن سلاجه (pl.)? Rutgers 183, 9 a f: اصفارات واصفاراته والاته ⚔

أُصَيْفِر *bergeronnette*, Barth I, 144.

تَصْفِير dans les Mowachchahât est une invention du poète Abou-Becr 'Obâda ibn-Mâ-as-samâ, Bassâm 124 v°. J'ignore si ce mot est bien écrit; l'auteur l'explique, mais son texte est altéré.

صَفَرَاغُون, chez Bait. II, 132 b, 159 d (AB), *orfraie, aigle de mer*; ce nom est tiré d'un passage de Dioscorides, liv. II, ch. 58, où on lit: φῆνις τὸ ὄρνεον, ὃ ῥωμαϊστὶ καλοῦσιν ὀσσίφραγον, et c'est l'accus. du mot latin *ossifragus*.

صفرت.

مُصَفِّرَت *qui jaunit* (blé), M.

صَفَرَد. Si c'est أَبُو المَلِيح, c'est *alouette*, car Bc traduit ainsi ce dernier mot.

صفرن. II *pâlir*, Bc.

مُصَفْرِنَة *pâleur*, Bc.

مُصَفْرِن *pâle*, Bc.

صفصف I, réduplication de صف, *ranger les ustensiles*, M.

صَفْصَف, n. d'un. ة, *petite outarde, otis tetrax*, *poule de Carthage*, Shaw I, 274, Daumas V. A. 432.

صَفْصاف, Voc. صِفْصاف, pl. صَفاصِف, se prononçait en Espagne صِرْصاف, n. d'un. ة, pl. صَراصِف; ainsi dans le Voc., dans Alc. et chez Ibn-Loyon 20 v°: الصفصاف للخلاف والعامّة تسمّيه الصرصاف. Ce mot désigne plusieurs sortes d'arbres, à savoir: *saule*, Voc., Alc. (sauze, sauze para mimbres, vimbrera), Rauwolf 111; صفصاف مستحى *saule pleureur*, Bc; — *Agnus castus*, Alc. (sauze gatillo); — *peuplier blanc*, Voc. (alber, qui est un mot catalan), Burckhardt Syria 250, de Jong van Rodenburg 259; — *tremble*, Daumas Sahara 211, Bargès 82; — *platane*, Voc. L'explication *oléandre* chez della Cella 101 est sans doute une erreur.

صفط.

مُصَفَّط, t. de maçon expliqué d'une façon peu claire dans le M: المصفّط من البناة ما كان للحائط منه طاقًا واحدًا ويقابله الكليّن وهو ما كان من طاقْين الحجر المصفّط — يقوم منهما حائط واحد est une pierre dont a coupé autant qu'il faut afin qu'elle ait l'épaisseur du mur. Dans ces deux sens on dit aussi مُسَفَّط, M.

صفع VI *se donner réciproquement des claques sur la nuque*, M, Vêtem. 271, 4.

صَفْعان, pl. aussi صَفاعين, est un de ces *plagipatidæ* ou *souffre-gourmades*, de ces parasites bouffons, qui recevaient volontiers des claques sur la nuque, pourvu qu'on leur donnât en même temps un présent ou un bon dîner. Parmi les hommes de cette classe quelques-uns avaient perdu le sens; voyez Lettre à M. Fleischer 124—5.

مِصْفَعَة, pl. مَصافِع, mal expliqué par Freytag, est proprement *celui qui donne des claques sur la nuque*, et ensuite *singe*, parce que, lorsqu'on promenait un criminel par la ville sur un chameau ou un âne, on plaçait derrière lui un singe qui lui donnait des claques sur la nuque, Gl. Bayân 27.

مُصْفَعانى (Lane, Macc. II, 261, dern. l., lisez ainsi chez Freytag sous صَفْعان) est dans le Voc. مِصْفَعانى.

صفق I *battre des mains en signe d'approbation, applaudir*, L (plaudeo et adplaudeo), avec le *sin*), Macc. II, 544, 7.

II même sens, c. ل p., *à quelqu'un*, Bc, Hbrt 99, Roland, Macc. II, 559, 9. — *Epaissir, rendre plus épais*, Voc., Alc. (espessar hazer espesso). — صفّق وَجْهَه *être impudent*, Payne Smith 1352.

V *être agité* par le vent (arbre), Gl. Belâdz. — *Etre rendu plus épais*, Voc.

VI, en parlant des vagues, *se frapper l'une l'autre*, Koseg. Chrest. 57, 7.

VIII. Dans le sens qui précède on dit aussi تصطفق, اصطفقت امواج البحر Yâcout III, 55, 10, et «la mer fut agitée,» M. — En parlant des mains, *être frappée l'une contre l'autre*, Fragm. hist. Arab. 409, n. f; cf. avec ce passage Lane sous la II°.

صِفاق et صُفاق *péritoine*, Bc. — *Abdomen, bas-ventre*, Bc, Hbrt 3. — صفاق البَيْض *blanc d'œuf*, Voc.

صَفيق, *épais*, forme au pl. صِفاق, Voc., Alc. (espessa cosa). — صفيق الوَجْه *impudent*, Payne Smith 1353.

صَفوقة *épaisseur*, Alc. (espessura).

صَفّاقَتان (duel) *cliquettes, castagnettes*, Aghânî V, 75, 15 a f., 124, 3 a f. Boul. (de Goeje).

مَصْفَق pl. مَصافِق, *cliquette, castagnette*, voyez مُسْفَقَة.

صفل VIII, pour افتصل, *s'arranger*, c. مع p., Bc.

صفن I, aor. o, *rester pensif*, M.

صَفينَة (esp. sabina) *sabine, iuniperus sabina*, Bait. II, 132 c.

الصافِنات = صافن *les chevaux*, Antar 42, 3 a f.

مِصْفَنَة *sac à plomb pour la chasse*, Bc.

صفندق ou صَفَنْدِح (?) *tette-chèvre*, Payne Smith 967.

صفو I, chez Alc. et Bc صفى. On dit صفا الصديق ou اللبيب dans le sens d'*aimer sincèrement*, Macc.

صفو

II, 403, 14, c. ل p., P. Macc. II, 485, 4 (cf. Add.): لم تَصْفُ لي بَعْدُ, «elle ne m'a pas encore rendu son amour.» — *Se décharger*, devenir moins foncé, en parlant de la couleur, Bc. — C. ل *appartenir à*, Amari 135, 1 (cf. ann. crit.), en parlant de la Sicile: ل C. — وقد كانت صَفَتْ للمسلمين ثم صَفَتْ للفرنج *s'occuper de*, Macc. I, 488, 2: فكان صَفْوى للعِلْم اكثر منه للعَمَل. — Dans le Voc. sous complere, et chez Alc. *finir de boire* (acabar de bevir, l. bever).

II *couler, passer à travers une étoffe, filtrer*, Alc. (colar licores), Bc. — *Distiller*, Alc. (le n. d'act. distilacion, le part. pass. distillado). — *Ecrémer*, enlever la crême du lait, Alc. (desnatar). — *Débrouiller, démêler*, p. e. les cheveux, Alc. (desenhetrar, desenhetramiento تصفية الشعر). — *Rectifier*, Ht. — *Compléter, consommer*, Voc. (complere), اللُّؤْم المُصَفَّى «l'avarice consommée» (de Slane), P. Becrî 62, dern.

1. — *Prendre pour ami* (صَفِي), Diw. Hodz. 203, 2 et 3.

IV, en parlant du commandant d'une armée, *prendre sa part du butin*, Gl. Belâdz. — *Confisquer*, Gl. Belâdz. — *Enduire* de plâtre? Dans Berb. I, 265, 3 a f., où il est question d'une *cobba*, l'éd. porte: واصفى عليها من الكلس; mais le man. de Londres et l'éd. de Boulac ont ce verbe avec un ضاد.

V *couler*, Abou'l-Walîd 201, 25: يتصفى الغيث; تَصَفَّى دَمَه — *s'écouler* (argent), Bc; من غمامه *perdre tout son sang*, 1001 N. Bresl. XII, 83, 3. — غير متصفين من الدين «non pas par esprit de religion» (de Slane), Berb. I, 53, 1.

VI, en parlant de plusieurs personnes, *s'accorder après avoir disputé ensemble*, M.

VIII, en parlant du commandant d'une armée, *prendre sa part du butin*, Gl. Belâdz. — *Confisquer*, Gl. Belâdz., Gl. Fragm., Haiyân 29 r°: واصطفى الامير عبد الله في خلافته ايضا مُنْيَة نَصْر للحمصى ۞

X. Au lieu de اموال فلان, استصفى, *confisquer les biens de quelqu'un*, on dit dans le même sens, c. a. p., استصفى فلانًا, Berb. I, 172, 1, 459, dern. l., 621, 4.

صَفْوَة gatté, Bâsim 98: اغلظ الناس طبع من لم يكن في زمان الربيع ذو صفوة. — *Cendres*, Hbrt 197, M. — *L'eau dans laquelle on trempe la cendre*, M. — *Le vase qui sert à cet effet*, M. — اولاد فلان ذكور صفوة, c.-à-d. parmi ses enfants il n'y a pas de fille, M.

صُفَيَّة *cendre*, Bc, Hbrt 197.

صَفْوان employé comme adjectif, Haiyân-Bassâm III, 49 r° (seulement dans B): مسخرة عظيمة للحوم صفوانك الخلق ۞

صَفَآء dans le sens moderne de *plaisir, amusement*; on dit صفاء عمل *s'amuser*, c. مع p., *de* quelqu'un, Fleischer Gl. 58. — Nom d'une coiffure portée par les femmes riches d'Egypte et décrite J. A. 1856, I, 75.

صَفَاوَة *pureté, limpidité, sincérité*, Bc.

صَفِى *fin, excellent dans son genre*, Alc. (fina cosa); *très-agréable, délicieux* (jardin), Haiyân 29 v°: قسم اوقات نزهه وفرجه ما بين عانين المُنْيَتَيْن الصفيتين (j'ai ajouté au dernier mot l'article, qui manque dans le man.). — صَفَايَا «certains biens-fonds de l'Irâc que le calife Omar avait confisqués à son profit. Ils se composaient des terres dont les propriétaires étaient morts en combattant les musulmans, de celles qui avaient appartenu au roi de Perse, à ses officiers et aux membres de sa famille, de celles de tous les couvents et de tous les terrains faciles à dessécher. «Voilà, dit Codâma, ce qu'on appelle les concessions de l'Irâc (Catâïâ'l-Irâc),»» de Slane J. A. 1863, I, 80—1. — En Espagne on entendait sous صفايا الملوك les trois mille métairies que Witiza avait possédées, et que les musulmans laissèrent à ses fils en récompense de leur trahison, Cout. 2 r°, Macc. I, 162, 16. — صَفَايَا s'emploie aussi en parlant de personnes qui sont devenues tributaires d'un prince, Berb. II, 33, 8.

صَفِيَّة *passoire*, Werne 73.

صاف *produit, revenu*, Bc; c'est un t. de comm., *produit net*, ce qu'on retire d'une chose vendue, tous frais faits et toutes charges déduites, M. — *Ce qui a été décidé, arrêté*, M. — بياض صاف *blancheur éclatante*, M. — الاحمر الصافي *rouge clair*, M. — *Du vin fait de raisins secs*, Hœst 218. — صافي المايه *mode de musique*, Hœst 258. — الصَّوافِي *ce qui a été confisqué*, Gl. Belâdz., et de là *le domaine du prince*, Gl. Fragm.

أَصْفَى *plus joyeux*, Abbad. I, 65, dern. l., Koseg. Chrest. 71, 6.

تَصْفِيَةٌ *gonorrhée*, Cherb., *urétrite*, Daumas V. A. 425. — Le mot التصافي, que Freytag donne d'après de Sacy, est plus que douteux, comme de Sacy (II, 61) l'a remarqué lui-même.

مَصْفاةٌ *passoire*, Bc; c'est pour مُصَفّى.

مِصْفى *passoire*, *filtre*, Bc. — مصفى الراعي *grateron*, (plante), Bc, en Espagne مصفى الرُعاة; on l'appelle «passoire du berger» ou «des bergers,» parce que les bergers s'en servent en guise de passoire pour enlever les poils qui sont tombés dans le lait, Bait. I, 170 a. — *Cafetière*, Ztschr. XXII, 100, n. 35.

مُصَفِّفٌ *celui qui blanchit le linge*, Alc. (colador de paños; il a aussi le fém.).

مُصَفّى, *sur les monnaies*, *affiné*, Ztschr. IX, 833.

مِصْفاةٌ *gril*, Payne Smith 1516.

صقب III *être près de*, *voisin de*, Abbad. I, 202, n. 35, Macc. II, 109, dern. l., 149, 12. — *Rencontrer par hasard*, M.

VI *se toucher*, Amari 7, 5.

صقر VI على الله *blasphémer Dieu*, Müller S. B. 1863, II, 8, 6 a f., note p. 21.

صقورة, *au Maghrib*, *brigands*, *voleurs*, Bat. III, 65.

صُقَيرة *crécerelle* (oiseau de proie), Bc; Alc. (cernicalo ave) a صقر en ce sens.

سَقْصى voyez سَقْصَى.

صقط.

مُصَقَّط *blême*, Roland.

صقع I. صَقْعُ الأَرْض *orage*, *tempête*, Macc. I, 522, 16. — Pour le n° 4 b de Freytag cf. Fleischer Gl. 66 (aliquem *inclinato corpore salutare*), Djob. 342, 15, Bayân II, 229, 12. On écrit aussi صفع et سكع. — *Se morfondre*, *se refroidir*, Bc.

II *devenir froid comme le* صَقِيع, M. — *Cadastrer des maisons ou autres propriétés*, *afin de les soumettre à une imposition*, Maml. I, 1, 89.

صَقْعَة. Le M explique ce mot par البرد الشديد, comme le TA dans Lane. Quatremère, Maml. I, 2, 59, traduit صَقعة باردة par «une forte gelée.» — *Bise*, Bc. — *Glace*, Hbrt 167. — صقعة الاصابع *onglée*, *engourdissement au bout des doigts causé par le froid*, Bc.

صَقيع *glace*, Hbrt 167. — *Voyez sous* سَقيع.

صَقاعة *sottise*, *stupidité*, M (برودة الطبع); voyez sous سَقيع et cf. سَقاعة. — صَقاعة في ذَقنه *Dieu le confonde!* Bc.

صقف I, aor. *i*, par corruption pour صفق, *frapper des mains*, Bc.

II, pour صفق, *battre des mains*, *applaudir*, Bc.

صقل I. Le Voc. a le n. d'act. صَقَالَةٌ. — En parlant de drap ou de broderies (1001 N. II, 222, IV, 286, 1), *repasser*; en parlant de papier, *satiner*, Burckhardt Prov. n° 376. — صقل خاطره *s'amuser*, *se divertir*, Voc. — Verbe que le vulgaire a formé de صَقالة, *échafaud*, M.

II dans le Voc. sous *polire*.

III c. a. p. *cajoler*, M.

IV. Voc. sous *polire*, *splendere*.

V. Voc. sous *polire*.

VII. Voc. sous *polire*, *splendore*, *solaciari*.

VIII *être poli*, scolies sur le 23° vers de Ca'b ibn-Zohair: حَجَرٌ مصطقل. — ? 1001 N. Bresl. VII, 141, 4 a f.: وقالت له قم اصطقل بخصمك.

صقل *nom d'une monnaie*, Becrî 62, 13. — *Luisant*, Bc.

صَقْلَة *lustre*, *poli*, *polissure*, Bc.

صَقَالَة (de l'ital. *scala*, M), dans les vaisseaux, *échelle*, *escalier volant*, M. — *Echafaud*, assemblage de pièces de bois, qui forme une espèce de plancher sur lequel les ouvriers montent pour travailler aux lieux où ils ne peuvent atteindre autrement, M, Bc; pl. ات *échafaudage*, Bc. — *Tréteau*, pièce de bois étroite portée sur quatre pieds, Bc. — *Cabarets ou cribles sur lesquels on met les vers à soie conjointement avec les feuilles du mûrier*, M (cf. Bg 718). — Cf. اسقالة sous l'*élif*.

مَصْقُول *sorte d'étoffe légère qu'on porte en été*, M, qui cite ce vers de l'ardjouza d'Avicenne:

الحَرُّ في الحَريرِ والاَقْطان والبَرْدُ في المَصْقُول والكَتّانِ

On dit لباس مصقول pour indiquer un caleçon fait de cette étoffe, 1001 N. Bresl. VII, 20, 4.

صَقْلاوى cheval de race, Ztschr. XI, 477, Ali Bey II, 276, Burckhardt Syria.

سَقْلب voyez صَقْلب.

صَقَالِبيَّة espèce de haricot blanc et du volume d'une olive, Auw. II, 64, 13.

صكّ I donner un croc en jambe, Bc. — En Barbarie, ruer, lancer les pieds de derrière en l'air, Bc (Barb.), Ht; Hbrt 59 (Alg.) et Daumas V. A. 190 l'ont avec le sin. — En parlant d'un bruit, d'un son, frapper les oreilles, Lettre à M. Fleischer 219, 220. — Monnayer, mieux سكّ, M.

VIII, en parlant des dents, être grincées, Payne Smith 1383.

صَكّ croc en jambe, Bc.

صَكّة = صَكّ dans le sens ordinaire, Gl. Fragm.

مَصْكُوكات, mieux avec le sin, argent monnayé, M.

صلّ

صلّ. Le pl. صلال Macc. II, 426, 19.

مُصَلَّة se trouve dans L sous simpla (?).

صلب I faire languir, faire souffrir, Ht. — اتى فلان حين صَلبت الشمس «un tel arriva au temps de la plus grande chaleur du jour,» M.

II étayer une maison qui menace ruine, la soutenir avec des étais, على خَشَب, 1001 N. III, 423, 10. — Traverser, croiser, Alc. (atravesar, travesar); زوّل المُصَلّب ôter ce qui était mis en travers, Alc. (desatravesar). — Croiser, barrer, biffer, Voc. — صَلّبت رجليها فى الحائط, 1001 N. I, 871, 8, où Lane traduit: she pressed her feet against the wall. — T. de mer, disposer les voiles de manière qu'elles forment à peu près des angles droits avec la ligne de la quille, afin qu'on puisse profiter du vent arrière ou du vent largue, Gl. Djob. — صَلّب المركب mettre en panne, disposer les voiles d'un vaisseau de manière à ne pas continuer de faire route, Bc. — صَلّب اعلاب مركب affourcher, poser les ancres en croix, Bc.

IV comme verbe d'admiration, ما أَصْلَبَه, qu'il est dur! Prol. III, 414, 12 (l. الصلابا avec notre man. 1350). — أَصْلَب est chez Alc. crucificarse (?).

V traverser, croiser, Edrîsî, Clim. V, Sect. 4: وهذا الجبل المذكور امتدّت منه شعبة من جهة المغرب الى جهة المشرق وتصلّبت عليه شعبة أخرى متصلة بـه ممتدّة من جهة الشمال كثيرا ومع الجنوب قليلا — Quasi-pass. de la IIe, Voc. sous crucesignare, sous cancellare.

X demander à être crucifié, M.

صلب crête d'une montagne, trad. d'une charte sicil. apud Lello 9. — صلب الحمار toit en dos d'âne, Voc. — Acier, Bc.

صلب perfidus, L.

صَلبى lombaire, qui appartient aux lombes, Bc.

صَلبوت (forme syr.) le crucifiement de Jésus-Christ, Gl. Abulf., Yâcout IV, 174, 3; صليب الصلبوت la vraie croix, Freytag Chrest. 121, 7, 135, 9; — Christ, sa représentation sur la croix, Bc, petit crucifix, M.

صليب, pl. صلاب, Kâmil 143, 18, rigide, sévère; c'est une qualité qu'on loue dans un cadi et dans un prince, l'opposé de faible, Macc. I, 242, 19, Berb. I, 445. — Fils, Gl. Belâdz. — Dans le sens de croix le Voc. a le pl. صَلبان. — اسْم الصليب chez les chrétiens, Dieu! grand Dieu! Bc. — يوم (عيد) الصليب, l'invention de la croix, le 17e du mois copte Tout, 26 ou 27 septembre, Descr. de l'Eg. XV, 471, n. 1, Lane M. E. II, 298, 365. — Trèfle, une des couleurs noires du jeu de cartes, Bc.

صَلابَة, t. de médec., enflure dans l'os qui ne cause pas de douleur; on la confond souvent avec le cancer, M. — صلابة الوجه effronterie, voyez le passage du M que j'ai donné sous قَاعة, Bat. I, 86.

صَلِيبَة carrefour formé par deux chemins qui se croisent, Bc.

صَلِيبِيَّة. En parlant de ce qui lui arriva pendant son voyage au mois de septembre, Ibn-Djobair, 302, 1, dit que les chrétiens d'Egypte donnent à l'automne le nom de الصليبية, et M. Wright dit, dans une note

صلت

(p. 38), qu'on l'a informé que c'est un terme en usage en Egypte pour désigner la période de l'inondation du Nil. C'est proprement le temps où l'on fête l'invention de la croix (26 ou 27 septembre), et à cette époque le Nil a atteint sa plus grande hauteur, comme l'atteste Lane M. E. II, 298. — *Les croisés*, ceux qui se croisèrent autrefois pour reconquérir la terre sainte, M.

مَصْلَب *l'endroit où quelqu'un est crucifié*, Akhbâr 42, 9, 1001 N. III, 437, 2.

مَصْلَب *en sautoir*, Alc. (cuerda que atraviesa شريط مَصْلَب ; voyez aussi sous بَنْدَة). — مصلب الطُرُق *carrefour formé par deux chemins qui se croisent*, M.

مَصْلَبْنَة *sorte de mets*, Djauzî 145 v° (sans explication).

مُصَلَّب, t. de maçon, signifie العقد القائم على اربع عضائد بخلاف الانبوب وهو العقد المستطيل لا عضادة له وبينهما الاعرج وما كان نصفه مصالبا على عضادتين ونصفه انبوبا, M.

صلت VII *être tiré du fourreau*, Voc.

مَصْلَت Le pl. مَصالت, Diw. Hodz. 140, vs. 23.

مُصَالَتَة, suivi de بالسيوف, *escarmouche*, Gl. Fragm.

صلح I. صلحت السابلة «les chemins étaient sûrs,» Berb. I, 98. — Dans le sens de *convenir à*, *être propre*, *sortable*, aussi c. a. p., Nowairî Espagne 437: فاشترى لى دوابّ ونظرت فيما يصلحنى واهلى وما يصلحنى ; ibid.

II *améliorer, amender, apprêter, corriger, émender, raccommoder, raccoutrer, rajuster, réparer, restaurer, restituer, rétablir*, Bc; *raccommoder des habits*, Hbrt 20. — *Accorder* un instrument, Bc. — *Accommoder, ajuster, arranger*, Bc; *intervenir comme médiateur*, Alc. (entrevenir); *liguer, coaliser, confédérer*, Alc. (confederar). — صلح الكناية *dorer un refus*, Bc.

III, *faire la paix*, s'emploie aussi absolument, sans régime, Gl. Belâdz. (ce que l'auteur ajoute: c. من p., est inexact et il le rétracte lui-même). — صالح عن نفسه وامواله «il fit la paix à condition que sa vie et ses biens seraient épargnés,» Macc. I, 178, 13. — T. de droit, v. d. Berg 115: «Transactio æquivalentis (صلح المعاوضة), h. e. si creditor consensit, pro re quam ex contractu apud iudicem petere potuit (المصالح عنه), aliam rem (المصالح عليه) accipere, e. c., si quis, quum servum stipulatus esset, in gratiam

صلح 841

debitoris alium servum vel animal accipere velit.» — *Echanger* des marchandises contre d'autres, 1001 N. Bresl. X, 425, 11: واخذت فى تحصيل ثمن الكتان الذى لى والمصالحة على ما بقى منه واخذت معى بضاعة حسنة ; l'éd. Macn. a مغايضة au lieu de ce mot. — صالح غريمه *payer son créancier*, 1001 N. III, 376, 1; dans le M c'est *faire un accord avec son créancier*.

IV. أصْلَحَكَ souvent dans le R. N. pour اصلحك الله. — *Orner*, Abbad. I, 244, 5. — *Cultiver* une terre, Gl. Belâdz. — اصلاح السابلة *protéger les voyageurs*, Berb. I, 7, 97. — C. a. p. *accommoder, réconcilier*, اصلحى, Bc. — C. a. p. *contenter* quelqu'un, Berb. II, 27, 2. — اصلح جانب فلان *se concilier les bonnes grâces de quelqu'un*, et اصلح له جانب فلان *procurer à quelqu'un les bonnes grâces d'un autre*, Mohammed ibn-Hârith 336. — «Les pigeons qui appartenaient au sultan étaient distingués par des marques particulières. C'étaient des empreintes faites avec un fer chaud sur les pattes ou sur les becs des oiseaux. C'est ce que les plaisants désignent par le mot الاصلاح,» Maml. II, 2, 119. — اصلحه من دعواه فى الشى بكذا acheter à quelqu'un la prétention qu'il a sur une chose, Formul. d. contr. 6 (deux fois). — *Fermer*, p. e. au moyen d'une serrure, Voc., Alc. (cerrar, encerrar con cerraja); selon Mc on dit aussi en berbère: تأبورت تصلح «la porte est fermée.» — Ne m'est pas clair dans de Slane Prol. I, LXXV b, 6, où l'éd. de Boulac porte الاصلاح.

V *se corriger*, Bc.

VII *redevenir propre*, *net*, en parlant d'une chose qui a été sale, de Jong sous غمر, = نقى chez Tha'âlibî Latâïf 128, 2. — Dans le Voc. sous aptare. — *Se fermer*, Voc., p. e. en parlant d'une blessure, Alc. (cerrarse la herida).

VIII c. على p. *ils convinrent entre eux de nommer un tel gouverneur*, Gl. Belâdz. — C. على *adopter pour règle*, Prol. I, 54, 14. — اصطلح بلفظ *employer un mot par convention*, Prol. III, 62, 12.

X c. a. p. *chercher à se concilier les bonnes grâces de* quelqu'un, Mohammed ibn-Hârith 336: اول ما بدأ واستصلح ; واستصلح c. الى p., Haiyân 16 r°: الى اهلها فارتضوه وقاموا دونه

صَلْح l'action de fermer, Alc. (encerramiento).

صُلْح pl. أصلات traité de paix, Gl. Belâdz. — Les terres que les musulmans ont occupées, non pas par droit de conquête, mais *en vertu d'un traité*, Akhbâr 24, 1. — La somme d'argent qu'on doit payer annuellement en vertu d'un traité, Gl. Belâdz. — *Transaction*, v. d. Berg 29, 114, Prol. I, 398, 1, Formul. d. contr. 6; صلح للخطيطة ou صلح الابراء est quand le créancier remet au débiteur une partie de la dette, v. d. Berg 114; sur صلح المعاوضة voyez sous la IIIᵉ forme; *composition pécuniaire*, d'Escayrac 182.

صُلْحَة *réconciliation*, Bc.

صَلَاح « ما يراه صلاحا ce qu'il croit bon, » Becrî 170, 2. — *Paix*, Bc. — C. مع p., *se liguer avec*, Cartâs 229, 11 a f. — Dans le sens de اصلاح, *réparer, restaurer*, Cartâs 40, 5, 210, 13.

صلاحى, dans l'Inde, nom d'une étoffe, Bat. IV, 3.

صَلَاحِيَّة, avec ل لشىء, *capacité* pour une chose, Bc, M. — Grand plat, large en haut, étroit en bas, M; en araméen צְלוֹחִיתָא, en hébreu צְלֹחִית, etc.; voyez le Thesaurus de Gesenius 1166 b.

صالح *bon*, dans le sens de *grand, considérable* (cf. Lane), Notices 182, n., l. 3, Prol. I, 64, 2 a f., Fakhrî 85, 6 a f., 101, 6, Auw. I, 595, 14, Abdarî 19 rᵒ: فقرأت عليه جملة صالحة من أول كتاب الموطأ, Ibn-Abdalmelic 17 vᵒ: كان له حظ صالح من الادب, 18 vᵒ: فاكل جميع من حضر وفضلت منه بقية صالحة. — *Avantage, bien*, p. e. هذا لاجل صالحك, ceci est pour votre bien, » *intérêt*, Bc. — Celui qui accepte une transaction, Formul. d. contr. 6: وشيقة الصلح اصلح الله ما بين فلان وفلان بن فلان فى الذى تنازع عليه بموضع كذا اصلحه من دعواه فيه بكذا دينارا وافية الى يد الصالح وقطع بذلك جميع حجته ودعاويه ¶ خبث الفضة *espèce de scorie*, Most. vᵒ صالحى.

أَصْلَح il est plus à propos de, le plus sûr est de, Bc.

تَصْلِيح *ajustement, parure*, Bc.

تَصْلِحَة *retouche*, Bc.

مُصَلِّح النظر *verbascum*, Domb. 74.

مُصْلَح *correction dans un acte*, Amari Dipl. 135,

dern. l., 236, 7, 8, Append. 8, l. 5; l'explication donnée par l'éditeur 450, n. x, n'est pas bonne, mais il l'a corrigée dans le Glossaire joint à l'Appendice.

مُصْلَح *sel*, M.

مَصْلَحَة *affaire, négociation*, Bc, Ztschr. XI, 504. — Une chose, 1001 N. I, 325, 2 a f., II, 104, 9, III, 226, 4 a f. — Le pl. مصالح *habits*, 1001 N. IV, 324, 4, où l'éd. de Bresl. a حوائج. — Comme n. d'act., *culture de la terre*, Gl. Belâdz. — En donnant le sens d'*écluse*, Freytag aurait dû ajouter qu'il l'a trouvé dans de Sacy Chrest. I, 327, 2, 4, 7; c'est un passage du Marâcid qu'on trouve III, 253—4 de l'éd. de Juynboll. — *Balai*, Ht, Daumas V. A. 367. — Le pl. semble signifier *latrines* dans un passage d'Auw. qui manque dans l'édition de Banqueri, mais qu'on trouve dans notre man. (cf. l'éd. I, 660): ينبغى أن يختار لاختزان الفواكه الخ — ولا تختزن فى موضع دق ولا تقرب المصالح ولا تقرب الدخان ولا تقرب الروائح القبيحة ¶

مَصْلَحى *utile, salutaire*, Gl. Abulf.

مُصَالِح *ambassadeur envoyé pour conclure la paix*, Alc. (enbaxador de pazes).

اصْطِلاح *façon de parler*; *génie, caractère propre d'une langue*; « s'é- تكلّم باصطلاح فصيح وتعبير بليغ, noncer en termes choisis, élégants; » اصطلاح الانشاء *style épistolaire*; علم اصطلاحات الممالك بين بعضها *diplomatie*, Bc. — *Système conventionnel*, Prol. II, 182, 3. — *Orthographe*, Alc. (ortografia).

كلام اصطلاحى *mot technique*, Bc, M.

مُصْطَلَح *usages, coutumes*, Prol. II, 17, 1, de Slane Prol. I, LXXVI a (mal traduit), Autob. 237 rᵒ: تخليط سبيلى من هذه العهدة التى لم اطف حلها ولا عرفت مصطلحها. — كما زعموا مصطلحه. — *Accommodement, composition, milieu* (au fig.), *transaction*, Bc.

صلخ.

صلخ ? Bait. I, 505 c: وله صلخ جيّد للوقود (sic A) وقوده حاد ودخانه يشفى من الزكام, où le man. B porte صلمخ.

صَلَد IV. Ce verbe étant actif et neutre, on ne dit pas seulement زنّد مُصْلِد, mais aussi, dans le même sens, زند مُصْلَد, Gl. Mosl.

صلصل

صلدات (roman, pl.) عدّ الصلدات faire l'appel des soldats, Bc.

صلدى (le pl. ital. soldi), pl. صلادى sol (monnaie de cuivre), sou, Bc. — صلادى pl. de solidus, poids, Amari MS.

صلصل I c. a. et II dans le Voc. sous argilla; cf. حرحر.

صَلْصَلَة pl. صَلاصِل bruit du tonnerre, Abbad. II, 111, 4, de grelots, Abd-al-wâhid 214, 4 a f., tintement d'une cloche, Prol. I, 166, 5. — Le pl. صلاصل cette espèce de crotales qui rendent un son aigu et par une sorte de frottement ou frôlement, Descr. de l'Eg. XIII, 495. Saadiah, ps. 150, a صلصل pour צלצל.

صَلاصِل pl. صَلاصِل argile, glaise, terre glaise, Voc.; cf. حرصار.

صلط

صَلاطَة pierre à fusil, Bc, Hbrt 135.

صلع II rendre chauve, Voc., Alc. (encalvar a otra cosa), Kâmil 333, 6. — صلع الامرَ mettre une chose entièrement à nu, M.

V devenir chauve, Voc., Alc. (encalvecerse).

صَلْعَة front, Domb. 84.

صَلْعَة ou صَلَعَة chauveté, calvitie, Bc. — Tête chauve, Akhbâr 72, dern. l (= Cout. 10 r°).

صَلْعَة et صَلْوَعَة chauveté, calvitie, Voc.

أَصْلَع الصُلْع sont des dînârs qui ne portent pas d'empreinte, Becrî 181, dern. l.

صلغ

صلغ outre pour le lait, Payne Smith 1293.

صلف

صلف I, en poésie, en parlant d'une femme, être prude, fière, dédaigneuse, Macc. II, 164, 12, 167, 10, 260, 12.

V à peu près synonyme de تكبّر, devenir orgueilleux, R. N. 64 v°: وتكبّر تصلّف devenu cadi. — Le duriore animo fuit, que Freytag donne en citant Fâkihat al-khol. 142, dern. l., doit peut-être être remplacé par refuser avec dédain; il y est question d'un musicien qui refusa de venir à une noce: فسئل عن تصلّفه، وسبب تخلّفه ؟

صَلِف prude, fier, dédaigneux, P. Macc. II, 167, 10.

صلى

صلق I très-souvent pour سلق, cuire, Kâmil 89, 4, Bait., Djauzî, Cabbâb, Chec. — تصلق très-commun, de peu de valeur, grossier, mal travaillé, mal poli, Bc. IV accorder, mettre d'accord, Ht.

صَلِيقَة pl. صَلِيقَات des terres qui sont quelquefois inondées (par un torrent?), et qui se couvrent alors d'un limon qui les rend fertiles, Gl. Belâdz. 14, 4 a f., 16 à la fin.

صولق pl. صَوالِق une poche de cuir, que l'on portait à la ceinture du côté droit; on serrait la bourse dans cette poche, Vêtem. 248—9.

مَصْلَق. Le pl. مَصالِق, Diw. Hodz. 220, vs. 15.

مَسْلُوق voyez مَصْلُوق.

صلم VII être coupé, Abou'l-Walîd 452, 20.

VIII. اصطلم نعمتَه il lui enleva ses richesses, Berb. I, 174, 233, II, 30, 8, 49, 7; piller, Abou'l-Walîd 735, n. 87.

صَلْم, t. de métrique, est quand on retranche لاتُ de مَفْعُولاتُ; au lieu du مَفْعُ qui reste, les auteurs sur la métrique disent alors فَعْلُنْ, M, Freytag Arab. Verskunst 87, 99 (où فَعِلُن est une faute).

اصطلام, chez les Soufis, la tristesse qui s'empare du cœur et qui est voisine de l'amour de Dieu, M.

صلو II. Les chiites emploient la formule صَلَّى اللّٰه عليه, non-seulement en parlant du Prophète, mais aussi en parlant des imâms, von Hammer, Gemäldesaal, III, 234, n. 1. — صَلَّى جماعةً prier en commun, Bc. — C. ب contraindre quelqu'un à faire la prière, Abbad. I, 319, 11. — Dire la messe, Alc. (missa dezir).

حكاية الصلا صلا lézard, Bc (Barb.); chez Domb. 66 حكاية الصلاة.

صلاة مَمْلُوكِيَّة ou عالِيكِيَة voyez sous la racine ملك. — Voyez l'article qui précède.

مُصَلَّى l'action de prier, Berb. II, 323, 10.

صلون, en Mésopotamie et à Mosoul, anagyris fœtida, Bait. II, 132 g.

صلى I tendre des filets, M. — En parlant d'un serpent, guetter sa proie et se tenir prêt à fondre sur elle, M. — صلى الشرّ commencer la guerre, M.

VIII *brûler*, v. a., Lettre à M. Fleischer 25.

صمّ II, dans le sens de *persévérer dans*, non-seulement c. على, mais aussi c. فى, Abd-al-wâhid 177, 2 a f., Cartâs 69, 10, 85, 13. — C. الى *avoir la ferme intention d'arriver jusqu'à*, Abbad. I, 121, n. 271. — C. أنّ *croire fermement que*, Berb. I, 359, 4 a f. — *Rendre sourd*, Alc. (ensordar a otro, sordecer o ensordecer a otro); ce sens convient mieux au passage chez de Sacy Chrest. III, ١٧٣, 6, que celui qu'il lui attribue et qu'il n'a pas prouvé; l'auteur de la lettre veut dire: nous avons fait en sorte que les négociants ne prêtent plus l'oreille aux rapports inquiétants.

V *devenir sourd*, Voc., Alc. (ensordarse, le n. d'act. ensordamiento).

صِمَام Le pl. أَصِمَّة, Kâmil 450, 6.

صُمُومَة *surdité*, Voc., Alc. (sordedad).

أَصَمّ *zain*, cheval tout noir ou tout bai, sans aucune marque de blanc, Bc. — Epithète du mois de câ-noun, M. — Chez les banquiers, *doublé*, M. — صَمَّاء *panicum repens*, Prax R. d. O. A. VIII, 347.

صمت II *rendre solide, dur*, Diw. Hodz. 179, vs. 24.

V dans le Voc. sous tacere.

صِمْتَة, *taciturnité*, Bc.

صامِت, *moût de raisin cuit, espèce de vin cuit*, Beaussier, Capell Brooke II, 59: « a jar of boiled wine which he called *samet*, » de Jong van Rodenburg 293: « *samets*, bedwelmende drank die uit gekookte rozijnen bereid wordt, » Hay 52 b, 53 a, 53 b (*somets*).

مُصْمَت *solide*, t. de mathém., corps à trois dimensions, Bc.

صمغ II et IV (dérivées de صَمْغ) *la gomme sortit de l'arbre*, M.

V *germer*, Voc.

صِمْغ vulg. pour صَمْغ, *gomme*, M. — *Suc jaune qui coule des mamelles de la femme après l'accouchement et avant que le lait commence à couler*, M; cf. صَمْغَة. — *Gond supérieur sur lequel tourne une porte*, M sous صموس.

صُمَاخ = صُمْغ, Diw. Hodz. 65, vs. 3.

صمد I *orner une chambre de tapis et de beaux vases*,

M. — صمدت المَاشِطَةُ العَرُوسَ « la coiffeuse fit asseoir l'épousée sur un siége élevé, » M.

II. Cout. 16 r°, en parlant d'un كَانَ مُصَمِّدًا: كُرْسِيّ بالذهب والفضة, c.-à-d., « il était couvert de plaques d'or et d'argent, » car Macc., I, 169, 7, a dans le passage correspondant: وكان مُلَبَّسًا صفائحَ الذهب — . «il amassa peu à peu tant de dirhems et les mit à part, » M.

صَمَّدَ العَرُوسَ *les vases et les tapis que l'épousée emporte de la maison de son père*, M.

صَمَّدَ المَحَرَّاث *le bois de la charrue*, M.

صَمَدَة *corporal, linge carré sur l'autel pour poser le calice, l'hostie*, Bc, M. — *La* لوحة *sur laquelle s'assied le fileur de soie quand il fait tourner la grande roue*, M.

صَمَدَانِيّ ۞ المعارف الصمدانية *les connaissances divines*, c.-à-d. la connaissance des monogrammes du Coran, des signes cabalistiques, Ztschr. VII, 88.

صَمُودِيَّة *solidité*, Hbrt 194.

صامِد *ferme, solide*, Hbrt 194; *les choses solides qu'on met en réserve; ce qui reste de ce qui a été consommé; aussi pour désigner des dirhems et des dinars, et c'est peut-être une altération de* صامت, M.

صمع.

صُمَيْدَع pour صُمَيْدَع, *maître, chef, prince*, Koseg. Chrest. 76, 10.

صمر.

صَمْرَة (esp.) pl. ات *pelisse, robe fourrée*, Alc. (çamarra, pellico vestido de pellejas) qui écrit çamârra, pl. çamarrît; on trouve الصماريت dans une charte grenadine.

صمسر I *maquignonner, s'intriguer pour faire quelque marché*, Bc. C'est pour سمسر.

صَمْسَرَة *maquignonnage, intrigue*; — *censerie* (= سمسرة), Bc.

صَمْسَار pl. صَمَاسِر *maquignon, celui qui intrigue pour des mariages, des ventes*; — *censal* (= سمسار), *courtier*, Bc. — *Muserolle, partie de la bride au-dessus du nez*, Bc.

صمصم I *épargner, être chiche*, M.

صمع

صَمَاصِم (.pl) *épées*, 1001 N. Bresl. IV, 153, 2.

صمع.

صَمْع pour صَوْمَع, *minaret*, Ht.

صَمْعَة .pl صَمْع, pour صَوْمَعَة, *clocher*, Voc.

صَوْمَعَة non-seulement *cellule* ou *ermitage* (Bc, Hbrt 151), mais aussi *cloître*, Cartâs 18, 5 a f., où c'est le synonyme de دَيْر, *ibid.*, dern. l. Quant au sens de *minaret*, *tour*, cf. Quatremère Becrî 35. En Espagne on prononçait صَمْعَة, Voc., Alc. (canpanario), Mohammed ibn-Hârith 262, 299, et l'on trouve même صوموعة dans un auteur africain, Holal 61 v°.

صمغ V dans le Voc. sous gumi.

صَمْغ *gomme*; Bc a le pl. du pl. صَمُوغَات اللبا ? J. A. 1860, II, 389, ce que Behrnauer a sans doute mal traduit par «la gomme des pères;» il ajoute qu'un autre man. porte صمغ الاهل. — صمغ البلاط *lithocolle*, Bait. II, 133 b, 435 f. — صمغ السخاب nommé Bait. I, 225 b. — صمغ القتاد = كندر, Most. sous ce dernier mot; selon d'autres, = كثيراء, Most. sous ce dernier mot. — صمغ ينباعوي et صمغ طوري voyez Burckhardt Nubia 283 n.

صِمْغَة *premier lait d'une femme après l'accouchement*, Bc; cf. صمغى.

صَمْغى *gommeux*, Bc.

صَمْغَة *substance résineuse*, Bat. IV, 240.

صمك.

أَصْمَك *sourd*, Domb. 106.

صمل I *tenir bon*, *résister*, Bc.

صُمَيْلَة *des pois chiches qui sont rouges et mauvais*, M, qui ne le donne pas comme un mot moderne.

صَمْلَق = ملق, Mufassal éd. Broch 176, dern. l.

صن I, en parlant de l'âne, *relever la tête après avoir flairé l'urine de l'ânesse*, M. — قعد فلان يصن *rester à attendre, sans rien faire*, M.

صَن, sorte de *corbeille*, forme au pl. أَصْنَان, Abou'l-Walîd 613, 29.

صن الزير voyez Bait. I, 191 a, II, 139 b.

صَنَّة *l'odeur de l'urine*, M.

صنين *thymélée*, *garou*, *trentonel*, Most. v° أَرَار: وتسمّيه العرب الصنين, Bait. II, 139 c (AB).

صنونية *hirondelle*, Casiri I, 320 a; c'est pour سنونية.

صنب.

أَصْنَاب (.pl) *des pierres de taille*, Renou 101; semble une altération de اصنام (voyez). — *Séné*, Domb. 74, Ht.

صِنَاب. الصنَاب البرّى, dans l'ouest de l'Espagne, *lepidium à larges feuilles*, Bait. I, 357 c, cf. Auw. II, 262, 3, où il faut lire ainsi.

صِنَابِى *alezan*, Alc. (alazan); *rouan (cheval), dont le poil est mêlé de blanc, de gris et de bai*; *rubican (cheval), dont la robe est semée de poils blancs*, Bc.

مُصَنَّب *préparé à la moutarde*, ou subst. *préparation à la moutarde*, Auw. II, 388, 18, 410, 12, 414, 20 et suiv., Ibn-Loyon 30 r°.

صنبر.

صَنْبَرَة *pin*, Voc.

صَنَوْبَر, dans le Voc. صَنُوبَر. N. d'un. ة *pignon*, Bc.

صَنَوْبَرى *conique*, Bc, Auw. I, 647, 3. — الحبق الصنوبرى *ocimum minimum*, au Maghrib, Gl. Manç. هو لحبق الدقيق الورق المسمى بالمغرب: شاهشبرم v° الصنوبرى, Auw. II, 289, 5.

شجرات المُصَنْبَر *forêt de pins*, Müller 22.

سنبوق voyez صنبوق.

صنت II *écouter*, Hbrt 10, Ht. C'est une transposition de نَصَتَ (voyez); on écrit aussi سَنَطَ (voyez).

V *être aux écoutes*, Bc; c'est pour تَنَصَّتَ, que Bc a dans le même sens; on écrit aussi تَسَنَّطَ.

صنج II *faire des paniers*, Voc. — Le vulg. emploie تصنيج dans le sens de تشنّج, *spasme*, *convulsion des nerfs*, M.

صَنْج voyez زنج. — الصَنَجَة *la Lyre*, constellation, Dorn 46; écrit alcanja, Alf. Astron. I, 13, et alsanja, *ibid.* 31.

صَنْج = صَنْجَة *cymbale*, Bc. — Voyez sous سَنْجَة. — Sorte de *mortier*, Voc. (argamasa).

صناجق 846 صنع

صِنَاج (esp. cenacho) pl. صَنَانِيج *panier*, Voc., Martin 102, Auw. I, 668, 6; — *un panier ou cabas qui se met au goulot par où coule l'huile du pressoir, afin que la lie tombe avec l'huile pure*, Alc. (capacho de molino de aceite; j'ai suivi Victor).

صَانِع *colique*, Ht.

صَنْجَقْ pl. صَنَاجِق, dans le sens de سَنْجَقْدار (voyez), *porte-étendard, bey, sangiac*, 1001 N. IV, 616, 3 a f.

صندق.

صُنْدُوق « Des poissons carrés dont la peau est fort dure, et toute marquée de petites roses ou étoiles, dits *Sandouk*, qui signifie coffre ou caisse, » Monconys 240. — صندوق بارود *fourgon, charrette*, Bc. — صندوق الصَّدْر *le thorax*, Chec. 195 v°. — صندوق العسكر *masse, somme que l'on retient sur la paye de chaque soldat pour l'habillement*, Bc.

صُنْدُوقَة *biscuit en caisse*, dans un papier, Bc. — صندوقة صغيرة *cassette*, Bc.

صندل.

صَنْدَل. Voyez, pour le bois de sandal, مَقَاصِري sous قصر. — Au Maghrib, *menthe d'Arabie ou menthe sauvage*, comme sandalo en esp., Gl. Esp. 339, Auw. II, 285, 14, Ibn-Loyon 45 r°: الصندل هو النمام وهو السيستبر. — *Pierre hématite*, Gl. Manç. v° شاذنة: يُجْلَب من المشرق وقد يكون بجبال واشريش من الصندل. — المغرب ويسمى الصندل وهو دون الجلوب الحديدى *est la sorte de pierre qu'on nomme en persan* خُمَاهَان, Bait. I, 394 b. — (Roman) nom d'une étoffe de soie, *florence, levantine*, Bc, *gros de Naples*, Bg, *taffetas*, Bc, Hbrt 203. — (Pers. سندل) *canot, chaloupe, barque, nacelle*, Bc, Hbrt 127, Ht, Wild 96, Voyage dans les Etats barbaresques, 1785, p. 145, Voyage for the Redemption of Captives 136, 137, Poiret I, 121, 129, Edward Ives, Voyage from England to India 234, Baude I, 124; dans un passage de Nowairî publié par Amari, 432, 6 et 7, le man. 702 de Paris porte صندليات et صندلية, au lieu de شلنديا et شلنديات (lisez ainsi avec le *chîn*).

صَنْدَلى pl. اَت *fauteuil*, Bc, Bat. II, 404.

صَنْدَلِيَّة *essence de bois de sandal*, Bat. IV, 116.

صَنَادِلى *pharmacien*, Alc. (boticario).

صنع

مُصَنْدَل *ayant l'odeur ou la couleur du bois de sandal*, Macc. III, 27, 3 a f., 28, 9; = مُطَيَّب بالصندل, Gl. Manç. v° صندل.

صنر.

صنار للحوت *anguille*, Bc (Barb.).

صِنَّارَة ou سِنَّارَة, pl. صنانير, *crochet de fer*, Djaubarî 85 r°: ثم اخرج صنارة على مثال مخالب القضب. En Barbarie on entend aujourd'hui le dicton populaire: ' اليهود فى السفين، النصارى فى الصناره، المسلمين تحت عريف ياسمين ', « les juifs sur des broches; les chrétiens sur des crochets; les musulmans sous une branche de jasmin, » Hay 55, Richardson Morocco II, 144; Cherb. (J. A. 1849, I, 548), qui l'a aussi, donne قَنَّار, au lieu du mot en question. — *Hameçon*, L (amum), Voc., Alc. (anzuelo), Domb., Ht, Hbrt 77, Delap. 142, Roland Dial. 591, 592, Bait. II, 149 b: سنانير لصيد السمك dans A, tandis que B a صنانير. — *Ligne à pêcher*, Bc, Cazwînî I, 125, 13.

مُصَنَّر *garni d'hameçons, ou pris à l'hameçon*, Alc. (anzolado).

صنصن

صنصن *sarcelle* (oiseau aquatique), Bc.

صنط V. التصنط والتشوق الى et حبّ التصنط *curiosité*, Bc; voyez صنت.

صَنْط *verrues, sortes de clous ou furoncles de la peau*, Sang.

سنطير et صنطير = سنطور et صنطور (voyez), Bc.

صنع

صنع I. ما اصنع ب *que ferai-je de?* Bidp. 251, 6. — صنع شيئا *faire quelque chose qui vaille*, Aghânî 44, 3 a f.: قل أوْتُحْسِن شيئا قلت تنظر وعسى ان اصنع شيئا, 13, 33: فلم تصنع فيه شيئا, *car c'est ainsi qu'il faut prononcer, et non pas* تُصْنَع, *comme l'a fait Kosegarten*. ما صنعتم شيئا *vous n'y êtes pas, vous n'avez pas deviné juste*, Akhbâr 118, 4 a f. — لا يصنع الله بذلك شيئا *Dieu ne se soucie nullement de cela*, » Gl. Belâdz. — *Travailler, façonner, en parlant de certaines choses, comme le fer, les pierres précieuses*, etc., Gl. Edrîsî. — *Préparer des mets*, Gl. Badroun, Gl. Bayân, Gl. Belâdz, Lettre à M. Fleischer 73. Aussi en parlant d'autres choses, p. e. *préparer* un bain, Amari 162, 3 a f., 215, 7. فعلمت انه أمر مصنوع «je m'aperçus que c'était une affaire concertée d'avance,» Gl. Badroun. — *Faire préparer* un repas, Gl. Badroun, Gl. Belâdz.; par ellipse, صنع لفلان *dresser, ordonner un festin pour,* Gl. Bayân. — *Controuver, feindre, inventer, forger*; حكاية مصنوعة *chose controuvée, fable, conte fait à plaisir,* Bc. صنع الله الأمن «Dieu donna la sécurité,» Cartâs 143, 11. — C. ب p. semble signifier, de même que فعل ب, *rem habuit cum feminâ*; voyez l'exemple que j'ai cité sous حَدَّاقَة. — *Enseigner, montrer, dresser,* Alc. (amaestrar). — صَنَعَ له في il fut favorisé par Dieu dans son attaque contre un tel, Berb. II, 370, 4; celui qui l'est s'appelle المصنوع له, Abbad. II, 173, 10 et n. 90. Un peu autrement Berb. I, 45: الطائر الذي له في الشهرة المصنوع. فعل معه (به), فعل وصنع, — Quant aux expressions وصنع et الفاعل الصانع voyez sous فعل.

II s'emploie en parlant d'un marchand qui montre les bonnes qualités de ses marchandises et qui en cache les mauvaises, M.

III *corrompre par argent* (cf. Lane), p. e. صانَعَ ببعض الخدم على قتل ابيه, Aghlab. 62, 3 a f. Aussi صانع العدو ب *acheter le départ de l'ennemi moyennant,* Khaldoun Tornb. 12, l. 11: les croisés assiégèrent le Caire; حتى صانعهم اهلها بعشرين الف دينار *acheter de l'ennemi la paix moyennant,* ibid. 31, 3. — صانع على نفسه ب *se racheter d'une peine moyennant,* Haiyân-Bassâm I, 23 v°: وامتحنوا بعضهن بالضرب حتى *مصانعة* semble signifier *acheter des provisions,* Amari Dipl. 196, 3 et 5, 201, 2. — Cf. plus loin sous le n. d'act.

V *se parer avec excès, se farder* (femme), M. — *Faire son possible,* Macc. I, 126, 7: ومما اختصت به ان قراها في نهاية من الجمال لتصنع اهلها في اوضاعها وتبييضها. — *Flatter, cajoler,* Bassâm III, 6 v°: جعل يتوجع له ويتفاجع ويتملف معد ويتصنع الى. — C. ل p., Bidp. 203, 5. — *Etre affété, être plein d'affectation*; on emploie surtout le n. d'act. chez Bc *affectation, étude,* artifice, affectation, *manière, affectation, afféterie*; le part. متصنع chez

Bc *précieux, affecté*; Mohammed ibn-Hârith 262: كان متواضعا فى أموره غير متصنع, Macc. I, 591, 11, Khatîb 60 v°: مطبوع التصنع مبتذل, 177 r°: il était très-modeste en tout. بعيدًا من التصنع — *Feindre, simuler,* c. ب r., Djob. 219, 15: تصنع بالتواضع رياء, cf. Macc. I, 590, 12, Cartâs 136, 17:

أرضى العدو بظاهر متصنع ان كنت مضطرًا الى استرضائه

« Quand j'ai besoin des bonnes grâces de mon ennemi, je les gagne par un extérieur qui feint » (l'amitié); c'est l'équivalent de وجه باسم, «un visage souriant,» que le poète emploie dans le second vers. Bc a le n. d'act.: *artifice, ruse, fraude, fard, dissimulation.*

VI c. مع *flatter,* Voc.

VII *être fait,* Voc., Payne Smith 1390.

VIII. اصطنع اليه معروفا *traiter* quelqu'un *avec beaucoup de bonté, le combler de bienfaits,* Bat. I, 67. De même اصطنع seul c. a. p., de Sacy Chrest. II, ٣٣, 1, Abbad. I, 221, 1, Djob. 328, 5, Badroun 284, 7. Le Voc. a *benefacere* c. ل. — *Fabriquer, manufacturer,* Bc. — *Simuler,* feindre, Bc.

X voyez sous le n. d'act.

صَنْع *métier, état, profession,* Bidp. 270, 3. — صاحبة صنع *pimbêche,* femme impertinente qui fait la précieuse, Bc.

صَنْع *vini potus* dans Castell, et ainsi chez Weijers 49, 9.

صَنْع *ouvrage, livre,* Zamakhcharî Halsbänder 2 r°; bien traduit par Fleischer, mal par Weil.

صَنْعَة *opération,* action d'opérer, de ce qui opère, Bc. — *Secret, moyen, procédé,* Bc. — Dans le sens de *métier,* le pl. صَنَع, Bc, Gl. Edrîsî, et صِناع, Voc. Spécialement *métier de cordonnier,* M. — *Manière, affectation,* Bc. — *L'art du poète,* dans l'usage qu'il fait des métaphores, dans les difficultés que présentent le mètre et la rime, etc., et qu'il sait vaincre, Gl. Mosl. — *Manière de préparer* quelque chose, Baît. I, 167 a: يدخل (البلبل) فى ضروب من صنعة الطبيخ. — *Touche,* t. de peinture, manière de faire, Bc. — *Art, adresse,* Bc, *habileté,* Bat. II, 407, Berb. II, 274, 2 a f.; بصنعة *artistement, cavalièrement,* lestement, de bonne grâce, *finement,* Bc. — *Tour d'adresse,* 1001 N. Bresl. IX, 263, 2. — *Industrie,* les arts mécaniques, Müller 2, 2 a f., 5, l. 6. — *Fabrication de vers*, d'un récit, *l'action de forger des vers*, qu'on attribue faussement à tel ou tel poète, ou *l'action de forger une histoire*, Prol. II, 198, 8, Berb. I, 24, 13, 177, 5. Aussi *supposé*, *controuvé* (vers), Koseg. Chrest. 139, 12, où il faut lire: أنّ وزعم الاصمعـى. — البيت الثاني هو صنعة ونحله الأعشى, *Factice*, p. e. صنعة والا خلقة «est-ce naturel ou factice?» Bc. — *Alliage*, ce qu'on combine avec l'or quand on le fond (p. e. du mercure), Edrîsî, Clim. I, Sect. 8: وتبر أرض سفالة لا يحتاج الى ذلك بل ينسبك بلا صنعة تدخله. — *Air*, t. de musique, 1001 N. Bresl. XII, 201, dern. l. — صنعة التسميط, en poésie, est صنعة الكبرى الصنعة M. التخميس, t. d'alchimie, *le grand œuvre*, Ictifâ 127 v°: وكتابًا فيه الصنعة الكبرى. — دار صنعة ou دار الصنعة, *arsenal maritime, chantiers de marine*, Gl. Esp. 206; — *trecenal*, nommé plus tard فندق, quartier où vivaient les esclaves chrétiens mariés, Miss. hist. 240 a.

صُنَعَة pl. صُنَع *ornement, figure*, Gl. Edrîsî.

صَنِيع. Dans le sens de *repas, festin*, le Voc. a le pl. صنائع.

صِنَاعَة. Avec le *fatha* chez Alc. (*fabrique, et condition, profession, état*) et Mc (*fabrique*). Le M dit en citant les Collîyât, que صناعة est *métier*, et صنعة, *art, science*. — *Fabrication*, *l'action de fabriquer*, Alc. (fabricacion). — *Condition, profession, état*, Alc. (condicion por estado); *poste, emploi*, Alc. (oficio publico). — *Art, science*, M, Nowairî Egypte, 2 m, 69 r°: كان يلعب بالقانون وقد أتقن صناعته, Bassâm III, 98 v°, en parlant d'un câtib: نهض في الصناعة بالبـاع الامـر. On dit p. e. صناعة الديوان *l'art de l'administration*, Berb. I, 475, 5, صناعة السحر *la magie*, 1001 N. I, 97, صناعة الطب *la médecine*, Khatîb 55 v°, صناعة العربية *la grammaire*, Khatîb 26 r°, 28 v°. En logique les cinq صناعات sont: البرهان, والجدل ولخطابة والشعر والمغالطة. M. — *Adresse, industrie*, adresse à savoir faire, Bc; صناعة اليد *adresse dans les travaux manuels*, Tha'âlibî Latâïf 127, 5. — *Façon*, Bc. — Pl. أنت et صنائع *fabrique*, établissement où l'on fabrique, Gl. Edrîsî, Macc. I, 367, 3,

Amari 651, 4 a f. — *Objet fabriqué*, Gl. Edrîsî, Müller 5, l. 7 et 3 a f., 13, 2; *ouvrage*, ce qui est produit par l'ouvrier, 1001 N. II, 336, 9: le cheval magique est صناعتى «mon ouvrage.» — *Ornement, figure*, Gl. Edrîsî, Djob. 85, 12, Macc. I, 367, 7 et 18, 403, 3 a f., Berb. I, 414, 2. — *Arsenal maritime, chantiers de marine*, Gl. Belâdz., Khallic. IX, 85, 13, Nowairî Afrique 41 r°: وقال هذا في نفسه, 41 v°: المكان يصلح مدينة ومرسى وصناعة للسفن. — *Vaisseaux, navires*, Akhbâr 6, dern. l. (= Macc. I, 159, dern. l.): فرأيت فيها مرافيق من صناعة ومينا, فدخل في تلك الاربع السفن لا صناعة لغيرها. — 40, 2 a f.: فقال ليست لنا صناعة تركبونها معًا. — *Afféterie*, manière affétée, Bc. — الصناعة, t. d'alchimie, *le grand œuvre*, Berb. I, 457, 10. — دار صناعة, ou دار الصناعة, ou دار صناعة البحر (Amari 5) *arsenal maritime, chantiers de marine*, Gl. Esp. 205—6; دار الصناعة était à Cordoue, sous Abdérame III, une fabrique d'ouvrages d'or, Macc. I, 374, 4 (cf. 380, 18 et 19). — صاحب صناعة *artificieux*, plein d'artifices, de finesses, Bc. — صاحب الصناعة doit avoir un sens qui m'est inconnu, Haiyân 86 r°: وكان في حبس العسكر رجال من أسرى اهل شذونة — ; وكانـوا في العود عند صاحب الصناعة بالعسكر *le poète ambulant dit قوّال*, Margueritte 219.

صنيعة *ancien client*, selon l'explication donnée par Ibn-Khaldoun, Prol. I, 334, 10; cf. de Slane Berb. IV, 279 n. — *Ornement, figure, cartouche*, Cartâs 39, 9 a f. — *Se faire des signes?* 1001 N. I, 89, 7: أنتما تعرفا صنيعة بينكما, où Torrens traduit: «Ye both understand signs which ye make between one another.»

صناعى, على الوجه الصناعى, Amari 576, 2 a f. ce que l'éditeur traduit (J. A. 1853, I, 273) par *comme une matière de fait*. المباحث الصناعية *recherches expérimentales*, J. A. 1853, I, 268. — Ce que l'on apprend d'un ouvrier, d'un artisan, M. — *Ouvrier, garçon* (de barbier), 1001 N. Bresl. IX, 223, 9.

صَنَّاع مكاحل faiseur *arquebusier*, ouvrier qui fait des arquebuses, Bc.

صانع *serviteur, domestique*, M. — Le pl. صُنّاع *infirmiers ou étudiants en médecine*, dans l'armée d'Abd-

صنف

el-kader, R. d. O. IV, 345. — الصَّانِع *le Créateur*, Prol. II, 200, 10.

أَصْنَعُ *plus habile*, 1001 N. Bresl. XI, 406, 10, 425, 1.

تَصَنُّع *l'art du poète*, etc., comme sous صَنْعَة, Gl. Mosl. — *Artifice*, art, industrie, Bc.

تَصْنِيع *l'art du poète*, etc., comme sous صَنْعَة, Gl. Mosl.

مَصْنَع *ouvrage de peinture, de sculpture ou en mosaïque*, Djob. 41, 3 a f.

مُصْنَع *affecté, affété, artificiel, concerté, faux, manière, recherché*, Bc. — *Fait à plaisir, controuvé*, Bc.

مَصْنُوع *ouvré*, Prax 13: « Les nègres de Timbektou font avec la poudre d'or des objets de parure qui renferment très-peu d'alliage. Cet or ouvré, *mesnou*, se plie facilement sous les doigts. » — Pl. ات *objet fabriqué*, Gl. Edrîsî. — *Artificiel*, qui se fait par art, l'opposé de naturel, Baït. I, 543 b: هو صنفانِ , Tha'âlibî Laṭâïf 128, 3. — *Artificiel, orné* (style), Prol. III, 351, 3, cf. 353, 3 et suiv. — *Qui demande de la peine, de l'art*, l'opposé de سهل, Ztschr. VII, 368, 7. — *Forgé, supposé, controuvé, fait par un faussaire*, Prol. II, 193, 16, 198, 8, Berb. I, 24, 8 et 16, 161, 8, 177, 4. Un بيت مصنوع est aussi un vers fait par un grammairien, et qu'il attribue à un ancien poète, afin qu'il serve de preuve à l'opinion qu'il avance, M. — *Faux, contrefait*, Koseg. Chrest. 122, 7, 1001 N. I, 232, 6. — *Pierre de taille*, Carette Kab. II, 140.

مُصَانَعَة *étude, artifice, affectation*, Bc. — *Pruderie*, Bc.

اِصْطِنَاعِي *artificiel*, Bc.

مُصْطَنَع *simulation, déguisement*, Bc.

اِسْتِصْنَاع *forfait*, marché par lequel une des parties s'oblige à faire quelque chose pour un certain prix, v. d. Berg 116.

صنف II *arranger un livre par ordre de matières*; on dit الكُتُب المصنَّفَة pour indiquer des livres qui sont arrangés de cette manière, et non pas par ordre alphabétique, Lettre à M. Fleischer 112—3. On emploie aussi ce verbo pour exprimer *arranger par ordre alphabétique*, mais alors on ajoute على حروف المعجم, Yâcout III, 235, 14: وصنف غريب حديث

I

أبي عبيد الله القاسم بن سلَّام على حروف المعجم وجعله أبوابًا. Aussi *classer, ranger* des livres, Khallic. VII, 54, 5 Wüst., où M. de Slane (trad. III, 72) a lu avec raison صنفها, au lieu de صقّها, mais sans le comprendre. M. Gildemeister (dans le Ztschr. XXVIII, 685, n. 1) s'est déclaré pour صففها; mais dans une lettre du 24 févr. 1875, que j'ai reçue de lui, il a rétracté son opinion. — *Inventer, découvrir*, Hbrt 224, J. A. 1848, II, 215, n., l. 1 et 3. — *Inventer, supposer, controuver*, M. — صنّف لنفسه *se forger, se former (des idées)*, Bc. — *Trancher, couper en tranches*, Alc. (revanar pan), Ht.

V dans le Voc. sous modus, sous compilare.

صِنْف *famille, tribu, nation*, Khaṭîb 177 r°: مقرّبًا لصنفه مصطنعًا لأقل بيته, Çalât 32 r°, en parlant de Grenade: وهذه المدينة ذكر ابن حيان في خبرها انها لم يملكها احد من الصنف الاندلسي من آخر دولة آل محمد بن ابي عامر الا الصنف العدوي *Corporation*; on prononce aujourd'hui صُنْف, Ztschr. XI, 482, n. 9. — Le pl. أصناف *denrées*, Maml. II, 2, 42, dern. l.

صَنِيفَة *ceux qui appartiennent à la même famille que nous, nos parents*, Abbad. II, 189, 4 a f. — Pl. صنائف *bord, lisière*, Gl. Mosl., Macc. II, 335, 15, Auw. I, 306, 8.

تَصْنِيفَة *supposition, production d'une pièce fausse*, Bc. — *Fable, fiction, chose controuvée*, Bc.

تَصْنِيفِي *fabuleux*, Bc.

مُصَنَّف pl. ات *un recueil de traditions arrangé dans l'ordre où se suivent les chapitres de la théologie*, Lettre à M. Fleischer 113. — *Bordé, galonné*, ibid. 116.

مُصَنِّف *créateur, inventeur*, Bc.

صننق.

S'ennak, *stipa tenacissima* L., *sparte*, Prax. R. d. O. A. VIII, 281.

صنم.

صَنَم *belle image*, au fig., *belle personne sans âme*, Bc. — *Satyre*, Alc. (satiros dioses eran de los montes). — *Satire*, Alc. (satira genero de obra poetica). —

107

صهب

صنم الأُجِنّة *Priape*, Alc. (Priapo dios de los huertos).
— Le pl. أصنام *les muses*, Alc. (musas diosas de los poetas). — *Colonne*, Gl. Edrîsî; — *ruines des anciens édifices romains, surtout celles des temples*, ibid.; — selon Carette, *apud* Renou 101, صنم se confond souvent avec أصناب, *des pierres de taille*, parce que les débris de statues qu'il désigne sont toujours accompagnés de pierres de taille romaines. Je soupçonne que cet أصناب n'est qu'une altération de أصنام. — Chez les Soufis, *tout ce qui distrait l'homme de Dieu*, M. — Vulg. pour سنام, *bosse de chameau*, M. — *L'épine du dos*, Voc., qui donne aussi سنام en ce sens.

صهب

أَصْهَبُ. Les Bodjâs donnaient le nom de الصُّهْبُ aux *mehârî* ou dromadaires, Bat. I, 110, II, 161.

صهر III. صاقرَ على بنتِهِ الاستاذ المذكور «il s'allia à ce professeur en épousant sa fille,» Khatib 33 r°.

VI, que le Voc. a sous *gener*, c. الى ou ل, *s'allier à* Haiyân-Bassâm I, 30 r°: ووآلى كثيرًا من وجوه اهل الدولة وتظاهر (وتَصاقَرَ) لهم بِبَنيه وبَناتِهِ — ثم تصاهَر اخيرًا الى ابي عامر والد المذكور من عنده المكّنى ابا عامر زوّج اخت عبد الملك الصغرى من بنات المنصور ويبلغ من: *le même*: فتَمّت تلك المصاهَرةُ في سنة ٣٢٤ (Raimond et) استمالة للحاجب منذر لهذين الطاغيتَين (Sancho) ان جرى (أَجْرَيا l.) تصاقرُها على يديه وكتب عقدُ النَكاح بينهما بحضرة سرقسطَة في جعل (حفل l.) من اهل المَلَّتَين ❊

صمج I *former un bassin*, Auw. I, 240, 1.

صمصل

صَمْصَلَةٌ *rire très-fort et qui ressemble au hennissement* (صَهيل) *du cheval*, M.

صهل II c. q. *faire hennir*, Voc.

صوب I, comme la IVe, *atteindre*, Abdarî 54 r°: je vis près de la Ca'ba un homme qui cherchait quelque chose pour se hisser, فصاب ساقَ امرأةٍ فقَبَض عليه من اعلاه. Prol. III, 432, 11.

II *se diriger*, Abdarî 74 v°: وخرج (الرَكْب) من ibid.: مضيقٍ يعرف بنقب على مصوَّب الى الدعنا. — *Lancer*, *pousser*, M, Alc. (arrojar, botar la pelota), Macc. III, 37, 22: صوّب نحو هذا المقصد سَهْمَه. — *Rectifier*, Voc., *redresser, remettre en bon état*, Alc. (adereçar lo tuerto, bolver lo tuerto, endereçar). — C. a. *forcer un cheval à reprendre un chemin dont il se détourne*, Bat. II, 361. — C. على p. *lever l'épée sur quelqu'un, pour le frapper*, 1001 N. I, 51, 5: ثم انى اختلت سيفى وجرّدته في كفّى وصوّبت عليها لاَقتلَها ❊

III c. a. p. signifie غالبَه في الصواب, M.

IV *avoir raison*, l'opposé de أَخْطَأ, Djob. 301, 5, R. N. 63 r°: Ferai-je cela? فقال أصبتَ «Sans doute, répliqua l'autre.» *Deviner juste*, Badroun 201, 14. *Rencontrer, dire des traits heureux*, Bc. — *Il lui est arrivé une bonne fortune*, 1001 N. I, 758, 8. — *S'emparer de*, Haiyân 70 r°: أصاب أموالَهم; Berb. I, 639, 10: أصاب من الجباية «il détourna une partie de l'impôt.» En ce sens le régime est souvent sous-entendu, Belâdz. 226, 9, Berb. II, 429, 9 a f, Aghlab. 52, 4. — C. a. p. *attigit mulierem* (sensu venereo), *rem habuit cum eâ*, Gl. Badroun. أصابها بالعين — *fasciner quelqu'un, lui donner le mauvais œil*, M, Voc., 1001 N. I, 90, Haiyân-Bassâm I, 23 r°: شديد الإصابة بعينه. — C. a. p. *échoir en partage*, Bidp. 283, 9, 1001 N. I, 134, 11. — *Récolter, faire une récolte*, Nowairî Afrique 18 r°: أَمَرَ ان يَتَجَمّعَ (صاحب الخراج) على كلّ زوج يحرُث ثمانيةَ دنانير اصاب ام لم يُصِب; cf. Amari 443, 2 a f. — *Commettre*, p. e. «un délit,» Prol. I, 238, 13; أصاب ذَمًّا *commettre un meurtre*, Freytag sous ذمّ, Berb. I, 528, 5, 568, 9, 659, 8, II, 237, 3. — اصاب منه حَدًّا *appliquer une peine à quelqu'un*, Akhbâr 121, 4 a f. — *Goûter*, Koseg. Chrest. 147, 11. — أُصيبَ عسكرُه *son armée essuya une déroute*, Khaldoun IV, 2 v°. أُصيبَ بِهِ = أُصيبَ بموتِهِ *il eut le malheur de le perdre, d'en être privé par la mort*, R. N. 44 v°: Interrogé pourquoi il ne s'était pas montré pendant plusieurs jours, أعلمهم ان حمارَه الذي كان يتصرف به, après quoi chacun d'entre eux lui

صوب   851   صوج

acheta un âne, de sorte que le lendemain il s'en trouvât quarante à sa porte. — أصابى لِلجُوعِ *j'ai faim*, R. N. 57 v°. — اصابه بَوْل *avoir besoin d'uriner*, R. N. 70 v°: فلعلّ احدٌ يصيبه بول او غير ذلك فلا دخلتُ: 88 r°, يدرى ابن يذهب فيصل البه الضرر يوما على ربيع القطان ازوره فاصابنى بول فقمتُ الى مرحاضه ٪

V *être rectifié*, Voc. — *Se raidir, devenir raide*, Alc. (enertarse). — *Pleuvoir*, Bc (Barb.).

VII *être atteint*, 1001 N. Bresl. II, 253, 3, c. ب ou فى *de*, p. e. انصاب فى الطاعون «être atteint de la peste;» انصاب بالعين «on a donné à cet enfant le mauvais œil,» Bc; *en avoir dans l'aile*, Bc.

صاب *concombre sauvage*, Most. v° للحمير; mais Bait., II, 120 c, dit que c'est une erreur, après quoi il ajoute: وقال بعض علمائنا اظنّه اليتوع لقول حنيفة عن ابى عبيدة الخ ٪

صَوْب. صاب بلاده «اروه صوب» «ils lui montrèrent un chemin qui le conduisit directement dans son pays» (de Slane), Becrî 15. — الى صوب *tout droit contre*, ou *vers*, Bat. IV, 305 (cf. 306), 1001 N. I, 572, 12. De même صوبّ, suivi du génitif, 1001 N. I, 513, 7, II, 23, 13, 334, 14. — من صوب, avec le génitif, *du côté de*, 1001 N. I, 489, 4; من هذا الصوب *de-çà, de ce côté-ci*, Bc. — هذاك الصوب *au-delà, par-delà*, p. e. «هذاك الصوب من النهر *au-delà du fleuve*,» Bc.

صابة *transitus*, Voc. — Vulg. pour أصابة, Prol. III, 377, 9, où de Slane traduit *trouvaille*. — Aussi pour أصابة (voyez), *récoltes*, Martin 171.

صويبة *sorte de boisson*; voyez Lane M. E. II, 25, Burckhardt Arabia I, 213.

صَواب. أن الصواب *il est à propos de*, Bc. — هذا هو الصواب *c'est bien dit! c'est bien pensé!* Bc. — *Raison, son juste emploi, bon sens*, Alc. (razon), Bc. — عن الصواب ou غاب عن صوابه, *perdre connaissance*, en parlant d'un malade ou d'un homme ivre, 1001 N. Bresl. III, 261, 10, 309, dern. l.; aussi غاب صوابه, M. — *Judicieux, fait avec jugement*, Bc. — *Peste*, M.

صَويب *dur, ferme, solide*, Alc. (teso).

صائب, en parlant d'une flèche, a aussi le pl.

صوائب, Gl. Mosl. — *Judicieux*, Bc. — *Ayant cours, vendable*, etc., 1001 N. Bresl. X, 450, 11, synonyme de رائج, que porte l'éd. Macn.

أصابة *rencontre, trait d'esprit, bon mot*, Bc. — *Profit*, L (emolumentum, fenus). — *Récolte*, Macc. III, 674, 20: كرمة الفلاحة زاكية الاصابة; cf. صابة. ان الاصوب *il est plus à propos de*, Bc; أصوبَ رأيا *plus judicieux*, Macc. I, 133, 11.

مُصِيب *funeste, fâcheux*, Ht. — *Calamité, malheur*, Ictifâ 164 v°: فيا له من مصيب قطع الأكباد.

مَصِيبة *les idoles*, 1001 N. III, 260, 3, 286, 5.

مَصْوب *dur, ferme, solide*, Alc. (teso). — كَيْل مصوب *bonne mesure*, Alc. (medida derecha).

مَصْواب *bien*, Voc. (bene), *joliment, agréablement*, Alc. (garridamente).

اِسْتِصْوابى *approbatif*, Bc.

صوبن I *savonner*, Bc (= صبن), M sous صبن. II *quasi-pass*. de la Ire, M.

صوت II *se récrier, faire une exclamation de surprise*, Bc. — C. ب *proclamer* quelque chose, Gl. Bayân. — C. ب *chanter un air*, 1001 N. Bresl. IV, 156, 5: فغنّت للجوار وصوّتوا بسائر الأَلحان ٪

صوت *cri d'oiseaux*, Bc. — *Ton*; aussi مقام الصوت, Bc. — *Intonation, note chantée*, Bc; *note de musique*, Prol. II, 352, 3 a f. et suiv., 353, 9. — *Chanson*, M. — L'espèce de chansons dites الموالِيا, Prol. III, 429, 12. — *Voix consultative, suffrage, vote*, Bc. — *Coup de tête, étourderie, hardiesse*, Bc.

صِيت *crédit, réputation de solvabilité qui rend un emprunt facile*, Bc. — Chez le vulgaire, *réputation, soit bonne, soit mauvaise*, M. — صيتك تفعل كذا *gardez-vous d'agir ainsi*, M.

صويّت *qui fait beaucoup de bruit*. Chez le vulgaire, qui donne un *fatha* à la première syllabe, *un chanteur qui a une belle voix*, M.

صوج. صاج pl. صِجان (Ztschr. XXII, 143) *plaque, lame*,

synonyme de صفيحة, Djaubarî 12 rº et vº; *grand plat de fer sur lequel les Bédouins cuisent leur pain*, Bg, M, Burckhardt Syria 239, Nubia 132, Ztschr. XXII, 104, n. 40.

صُوج .M: الصوج عند العامّة ترتّب الذنب على الرجل لشبهة وقعت عليه ٭

صاجة nom d'une science? Khattîb 33 vº: له بصر بالصاجة ولحساب ٭

صوج II *briller* (fleur), Macc. I, 483, 1, Weijers 26, 4 (= Calâïd 83, 15), où il faut prononcer صُوخ.

صوخ IV. اصاخ أذْنا *prêter l'oreille*, P. Macc. II, 195, 20. مواخة *arum*, Bc.

صور I. صار على بعضهم لمن لا يُحْسِنْ شيبًا «il favorisait, au-dessus des autres, ceux qui ne savaient rien,» Meursinge 22, 15, où il faut lire ainsi (cf. 32, n. 101). — Aor. *i, étourdir les oreilles*, Bc.

II *former des lettres*, Prol. II, 347, 4. — En parlant d'un roi, Athîr XI, 124, 10: وكان فاسد التدبير سيِّء التصوير صور عددًا *faire, composer un nombre*, Bc. — *Assourdir*, Ht.

V c. ل *sembler, paraître*, Voc. — *Arriver, avoir lieu*, J. A. 1852, II, 214, 8; تصوّرت له به خلوة «il arriva qu'il se trouvât seul avec lui,» Macc. III, 125, 5 a f. — C. ى *s'insinuer dans*, Haiyân-Bassâm I, 32 vº: وتصوّر فى قلوب الرؤساء فاجزلوا لارزاقه.

VII انصور *être étourdi, assourdi*, Bc.

صُورة Le pl. صُوَر *pièces des échecs*, Abd-al-wâhid 83, 12. — Le pl. صُوَر, au fig., *des jeunes filles belles comme des statues*, Abbad. I, 164, n. 538, Bat. III, 249. — *Planche, estampe*, Bc. — له صورة *figurer, faire figure*; صار له صورة *faire figure, jouer un rôle brillant*, Bc; Maml. II, 1, 14: من تكون له صورة «celui qui occupe une position honorable.» Sous «*représenter, paraître en public, faire de la dépense avec éclat*: له صورة *il représente bien*, Bc; *représentation, faste, pompe, crus nécessaires*, Bc. — *Modèle*, Khattîb 18 rº: كان من صور القضاة — له صورة *spécieux*, Bc. لاجل الصورة — فى الصورة *en apparence*, Bc; *pour les apparences, par affectation, par ostentation*; aussi *pour la forme*, Bc. بالصور الظاهر dans de Slane

Prol. I, LXXV b (bis), ne signifie pas «sauver les apparences,» comme traduit l'éditeur, mais *d'après l'apparence. — La manière dont une chose s'est passée*, Gl. Badroun, Haiyân 60 rº. — *Formule*, p. e. صورة. «formule de serment,» Bc, de Sacy Chrest. I, o, dern. l. — *Copie, double, seconde copie d'un acte*; *grosse, expédition d'un acte*; صورة حاجّة *expédition, copie d'un acte*; صورة دعوى *procès-verbal*, Bc. — *Constellation*, Bc.

عِلَّة صُوريَّة. صُورِى *cause formelle*, Bc.

صوار. Dans ps. 35, vs. 3, Saadiah traduit צנה par صوار.

تَصوُّرى *idéal*, Bc. — العلوم التصوريّة *la science des appréhensions simples ou concepts*, de Slane Prol. I, 201, n. 3.

تَصْوِير *tableau*, Bc. — تصوير بضاعة *débouchement, moyen de débit de marchandises*, Bc.

مَصُورَة, dans le Voc. sous scacus, signifie probablement *pièce des échecs*; cf. sous صورة.

مَصَّوَراتي *peintre*, Bc; — *vernisseur*, Hbrt 86.

صوص V *piauler* (se dit du cri du poulet), Bc, Hbrt 184.

صُوص pl. صيصان *poussin, petit poulet nouvellement éclos*, Bc, M, Hbrt 65; — même pl. *couvée, les petits qui sont éclos d'un œuf*, Bc. — *D'une porte, gond inférieur sur lequel tourne une porte*, M. — *Gond sur lequel une pierre de moulin tourne*, Bg 622 (qui écrit صويس).

مَوْصَة *la plus mauvaise huile qui sort du pressoir*, M. موصانة *poussin*, Bc.

تَصْوِيصِى *piaulement*, Hbrt 184.

صوصل I, p. e. العدس, *rassembler les lentilles vides qui nagent sur l'eau et les ôter du vase*, M sous حصل.

صُوصْلاء, que Freytag 497 a comme le nom d'une plante, est *ornithogalum umbellatum*, Bait. II, 119 b.

صوط pour سوط, *fouet, coup de fouet*; J.-J. Schultens cite Elmacin 97, 13 a f.; aussi R. N. 52 vº.

صوطل

صوطلة espèce de bette, Bait. II, 141 c.

صوع

صوغ 853 صوف

صِـاع. Le pl. أَصْـاع (voyez Lane) se trouve dans Macc. I, 810, 2 a f., où M. Krehl a eu tort de changer la leçon, qui se trouve aussi dans l'éd. de Boulac. «Mesure variable de quarante à cinquante livres,» Daumas Sahara 77.

صوغ II صَيَّغ enchâsser, Alc. (engastar como en oro).

صاغ bien conditionné, exact, probe; مُعامَلة صاغ bonne monnaie, Bc, M.

صِيغَة bijoux, Bc, ornements d'or, d'argent, etc., M, 1001 N. II, 85, 14, 106, 4 a f., 115, 7. — Nom dérivé d'une racine, M, Berb. II, 8, l. 8. — صِيغ الآذان chez les traditionnaires, sont les termes: حَدَّثَنا, قال, أَخْبَرَنا, etc., M.

صِيَاغَة enchâssure, Alc. (engaste de oro). — Bijou, Hbrt 22; pl. ات pièces d'orfèvrerie, de Sacy Chrest. I, 199, 6 a f.

صائِغ. Le pl. صَوَغَة, Diw. Hodz. 201, 2. — Monnayeur, Alc. (monedero). — Celui qui enchâsse, Alc. (engastador de oro).

مَصاغ. Le pl. ات, Payne Smith 1404.

مَصوغ pièces d'orfèvrerie, ornements d'or ou d'argent, Nowairi Egypte, 2 m, 245 v°: الاموال والقماش والمصوغ

صوف II c. a. p. rendre quelqu'un Soufi, M. — Chancir, moisir, Bc.

صُوف camelot, étoffe de poil de chèvre, laine et soie, Bc. — Poil follet, duvet, Bc. — صوف البَحْر ne signifie nullement «algue,» comme l'a cru Lane, qui, oubliant que le çâd arabe correspond au zade hébreu, et non pas au samec, a eu la malheureuse idée de croire que صوف est identique avec l'hébreu צמר, avec lequel il n'a absolument rien de commun. Un remarquable article de Bait., II, 141 b, ou plutôt de son maître Abou-'l-Abbâs le Botaniste, démontre jusqu'à l'évidence que les Arabes entendaient sous le terme laine marine ce que les Grecs appelaient également ἔρια ἐκ θαλάσσης συνειλεγμένα, ou πίννικον ἔριον, et ce que les Italiens nomment encore lana penna, c.-à-d., les filaments produits par le grand mollusque qui s'appelle pinne marine ou jambonneau, auquel ils servent à fixer sa coquille sur les rochers. Ces fibres, qui sont souples et fines comme de la soie, sont employées, de temps immémorial, surtout par les habitants des rives de la Méditerranée, à former des tissus remarquables par la beauté de leur couleur naturelle et qui brillent comme s'ils étaient parsemés de poudre d'or. On en fait au tricot des bas et des gants, qui sont très-chers; on en fabrique même un drap estimé, en combinant cette substance avec la laine. Voyez Tertullien, de Pallio, p. 47 éd. Saumaise, et la note de ce savant, p. 172—5, Dictionn. des Sciences naturelles, t. XXXII, p. 157, 319, Album der natuur, année 1857, p. 350 et suiv. L'article de Bait., que Sontheimer n'a pas trop bien traduit et dont il a défiguré les noms propres, est trop long pour être reproduit ici; mais voici ce que dit Içtakhrî, 42, 6 et suiv.: «A Santarem on voit, à une certaine époque de l'année, arriver de la mer une bête qui se frotte contre certains rochers de la côte, et qui dépose des poils de la couleur de l'or et souples comme de la soie, dont ils ne diffèrent en rien. Cette substance est très-rare et très-estimée. On la recueille et elle sert à tisser des étoffes qui prennent chaque jour différentes couleurs. Les princes Omaiyades [d'Espagne] s'en réservent l'usage; ce n'est qu'en secret qu'on parvient à en distraire quelque chose, et une telle pièce d'étoffe coûte plus de mille dînârs.» D'après le Bayán, II, 319, 13, Almanzor distribua dans une de ses campagnes vingt et un kisâ ou manteaux de laine marine, صوف البحر. Un tel kisâ était comme la χλαμύς dont parle Procope, cité par Saumaise. — صوف الكَلْب, «laine de chien,» est une expression proverbiale comme «lait d'oiseau,» pour dire «une chose qui ne se trouve pas,» Tha‘âlibî Laṭâïf 26, 6, Valeton ﻑ., 6.

صُوفَة. صوفته حَمْراء, expr. prov. pour indiquer une personne qui excite les soupçons, qu'on soupçonne aisément, M. — Eponge, Voc., qui prononce صَوْفَة. — Dans l'ancien sens de gardien du temple de la Mecque, ce mot, qu'on écrit aussi صُوفى, est l'hébreu צופה, qui signifie gardien; voyez Die Israeliten zu Mekka 184—5.

صوفان amadou, Bc, Hbrt 196, M, J. A. 1850, I, 229 (où la traduction de Quatremère, «des étoffes de laine,» est fort malheureuse).

صوفانة amadou, Bc.

صوفى vêtu de laine, R. N. 83 v°: عليه جُبَّة من صوف ــ فقلتُ له السلام عليك يا صوفى

تَوْحيد التَّصَوُّف *la théologie*, Daumas Kabylie 63. العِلْم التَّصَوُّفى *la science des Soufis*, Bat. IV, 344.

تَصْوِيف *moisi, chose moisie*, Bc.

مَتَصَوِّف *laineux, qui a beaucoup de laine*, Alc. (lanudo de luengas lanas), Bait. I, 5, 2 a f., 535 d, R. N. 78 v°: فاخذ ركوته وجلدا مصوفا كان عنده, et ailleurs: وذكر عنده انه لم يكن فى بيته غير كتبه وجلد مصوف وركوة معلقة وتأسومة — *Qui a les cheveux touffus, épais et crépus*, Alc. (guedejudo).

مُسْتَصَوِّف *celui qui tâche de ressembler à un Soufi*, M.

صوك I semble s'employer au figuré, *être attaché à quelqu'un*, Nowaïri Espagne 466: وقلْتُ رجال عبد الله بن محمد وذهب من كان يصحُب به هو واباوه من مواليهم واصحابهم; les deux man. portent يصول, mais cette leçon ne donne pas de sens.

صول I. Le n. d'act. est aussi مَصَال, Macc. I, 334, n. c, II, 734, 13 avec la note de Fleischer dans les Add. — *Crier* (vociferare dans la 1re part., vocare dans la 2e), *rugir*, Voc.

II est dans le Voc. *sonare*, et c. على *vocare* (sonus campane, vel atabal, vel aliorum instrumentorum).

صَوْل *iniquité, injustice*, Ht. — Nom d'une ville dans le pays des Khazars, nommée dans un poème de Hondodj al-Morrî, Yâcout III, 435—6; ce poème a fait naître des expressions proverbiales, voyez Gl. Djob., Macc. I, 210, 8 avec la note de Fleischer Berichte 178.

اصحاب الصولة صَوْلَة se trouve souvent dans les 1001 N. où Lane le traduit par *guerriers*. — *Rugissement*, Voc.

صَوِيل *son*, Voc.

اصوال (pl.) *mules (chaussure)*, Payne Smith 1522.

صديج.

صَوْلَجَان Le pl. ات, Voc., et صَوَالِج, Gl. Badroun, Bc. — *Balle de paume en cuivre*, Alc. (pelota de cobre).

صوم I ne se construit pas seulement c. عن r. (عن شى؟) *jeûner, se priver de*, Bc), mais aussi c. a. r., صام الْحُذَيا, Koseg. Chrest. 36, dern. l.

II c. a. p. *faire jeûner*, M, Voc.

صَوْم forme au pl. أَصْوَام, Bc. — Chez les chrétiens, *faire maigre*, M. — صوم الاربعين ou صوم الكبير *carême*, Bc. — صوم الوصال *jeûner deux ou trois jours de suite, sans rien manger*, M. — صوم الايام البيض *jeûner le 13, le 14 et le 15 du mois*, ou bien *depuis le 14*, M.

صيام الميلاد, صيام الكبير *carême*, Bc. — صيام, صيام كيهك ou comme disent les Coptes, *avent*, Bc.

صِيَامَة *maigre*, Bc, p. e. اكل صيامة *faire maigre*, Bc, Hbrt 153, نهار صيامة *jour maigre*, Bc.

صيَامى *maigre, où l'on ne mange pas de viande*, Bc.

صائم, en parlant d'un couteau, *émoussé*, M. المِعى الصائم *jejunum, le second intestin grêle*, Bc, M, Bait. I, 178 a: وينفع المعا المدعوّ بالصائم L: المصْران المعروف بالصائم. *ieiunus*.

صومون *saumon*, Bc.

صون I c. من *conserver, garantir du dommage, préserver de*, Bc. — *Maintenir, tenir au même état, en état de consistance*, Bc. — *Garder un secret, ne pas le révéler*, Cartâs 5, 10 a f.: اكتم أمركم واصونوا سرّكم; *tenir secret, cacher à*, c. a. r. et من p., Bidp. 2, l. 7: il a écrit ce livre sous le voile des fables, صيانةً لغرضه فيه من العوام, «afin de cacher son but au vulgaire.» Chez Koseg. Chrest. 61, 4, on lit: Ayant reconnu que cet homme était un عارف (c.-à-d. un homme qui avait acquis la connaissance de l'essence divine et de ses attributs), je lui dis: يا فَتَى انَّ للعارفين مقامات، وللمشتاقين علامات،، قال ما هى قلْتُ كتْمان المصيبات وصيانات الكرامات. Je crois devoir lire وصيانة, et je regarde ce mot comme le synonyme de كتمان, de même que dans le passage du Cartâs cité plus haut. Le sens est, si je ne me trompe: «ne pas révéler les miracles.» — ضنّ لسانك soyez retenu dans vos discours; صيانة اللسان retenue dans les discours, Bc. — C. a. p. *avoir du respect pour*, Macc. I, 531, 19 et 3 a f. — صان مُعَذَّبَهُ *être à l'abri des reproches de quelqu'un*, Abd-al-wâhid 16, 3 a f.:

فى أَىِّ جارِحَةٍ أَصُونُ مُعَذَّبِى سَلِمَتْ مِنَ التَّعْذِيبِ والتَّنْكِيلِ
— C. a. p. et عن r. *épargner à quelqu'un la peine de*, Mohammed ibn-Hârith 322: لقيتُ هـذا فعلِمتُ انَّ قَصْدَه البَكِّ فتَفَوَّتُ اَثَرَهُ لتَكفيك المُجاوبةَ واصونك عن الشُّخوصِ فيها ¤

II c. a. *honestare*, Voc., et aussi sous *castus*; مَصُون = صَوَّان ، Diw. Hodz. 137, vs. 7.

— IV vulg. pour la Ire (voyez Lane sous I), M: فهو مَصُون وَمَصْوُون ولا تَقُلْ مُصَان والمُؤَدَّبون يقولونه ; cf. plus loin le n. d'act.

V (voyez Lane) se trouve dans le Voc. sous *honorare* et sous *castus*, et dans Macc. I, 603, 17, où il faut biffer la note de M. Krehl, comme l'a observé M. Fleischer dans les Add.

VI (voyez Lane) se construit aussi c. عن, Abdal-wâhid 42, 11.

صَوْن *pudeur, décence, retenue, honnêteté*, Lettre à M. Fleischer 16; ذوو الصَّوْنِ *hommes respectables*, Berb. I, 233. — *Sûreté*, Bc.

صَائِنَة *soin, charge*, Ht.

صِوَان *enveloppe ou étui* d'un Coran, Macc. I, 403, 3, 4 a f., 404, 7, 11, 15 et 17, Berb. II, 331, 1, 392, 7 a f. — صِوَان ou صِوَانُ المالِ *seul, fisc, trésor du prince*, Abbad. II, 160, 5, III, 219.

صِيَانَة *pudeur, décence, retenue, honnêteté*, Voc. (castitas, honestas), Koseg. Chrest. 85, 4 a f., Macc. I, 612, 6, II, 437, 4; *réputation de chasteté*, Macc. II, 358, 7.

قَلْبٌ صَوَّانٌ. صَوَّانٌ *cœur dur*, M.

صَيِّن pl. صَوَّان *honnête, chaste*, Voc., de Sacy Chrest. II, ٩٧, 7 a f.

صَائِن *honnête*, Voc.

اِصَانَة *manutention, maintien* (des lois, du commerce, de la discipline), Bc.

تَصْوِينَة *mur autour d'une maison, enceinte, enclos* (= حَوْش), M.

مَصْوَان forme au pl. مَصَاوِن, Abbad. I, 244, 6 a f.

مَصُون *préservé, garanti, dans le sens de propre,*

net, l'opposé de sale, Bat. III, 380, Auw. I, 637, 12, où il faut lire ainsi avec notre man.

صوى I *glapir, crier*, Bc. En parlant de la voix, *être grêle, glapissante*, M: والعامّة تقول صَوْتُ فلانٍ يَصْوِى اى يَخرج دقيقًا محصورًا ¤

صَوِيّ *glapissement*, Bc, M.

صَايَة *vêtement dont la moitié supérieure est doublée, tandis que la moitié inférieure ne l'est pas*, M. — Nom d'une *djobba* que portent les femmes du Liban; en haut elles la serrent autour du corps et depuis la ceinture jusqu'aux pieds elles la laissent flotter, M. — *Pièce d'étoffe de soie comme le* صَرْف, M. Cf. شَايَة?

صَبِيب I *trouver*, Bc; c'est pour اصاب. تبع الصَّبِيب *chanceux*, Bc.

صَبَّتْ II *accréditer, prôner, préconiser*, Bc.
V *s'accréditer*, Bc.
مَصَبَّت *famé*, Bc.

صِيَاح I exprime le cri de plusieurs animaux: *hennir* (cheval), Hbrt 59; — *bêler* (brebis), Voc.; — *ramager, chanter* (oiseaux), Bc; — *chanter* (coq), Bc, Hbrt 65, M; — *caracouler* (pigeon), Bc; — *piauler* (petit poussin ou jeune faucon), Alc. (piar el pollo o halcon); — *chanter* (cigale), Alc. (cantar la cigarra). — En parlant d'une chanteuse qui commence à chanter, on dit صاحت من رأسها, 1001 N. Bresl. XII, 203, 2 a f., 227, 9, ou صاحت من وسط راسها ibid. 229, 2 a f. — *Crier*, se construit c. ب de ce qu'on crie, p. e. الصّياح بتبع «le cri de guerre: Tobba'!» شَرِبَ صَائِحًا بِسُرورِ «il vida la coupe en exprimant des vœux pour la joie (la santé) d'un tel,» Lettre à M. Fleischer 205. — C. على *crier des meubles, des esclaves, etc., les mettre à l'enchère, inviter à les enchérir*, Akhbâr 45, 10 et suiv.

II *bêler*, Alc. (balar).

صَبِيح *hennissement*, Hbrt 59.

صَبْحَة pl. صِبَاح, parmi les gens de guerre, *mot d'ordre*, Alc. (apellido de guerra), Akhbâr 11, 3.

صِيَاح. Le nom de cette constellation est aussi صِيَاحُ البَقَر, écrit incorrectement dans Alf. Astron. I,

13, al-çayal albacar, et 25, alcayah albacar. — صِيَاح اللّيل rossignol, Payne Smith 1433. — صِيَاح النهار ττrιέ, cigale, ibid.

صَائِح crieur, celui qui met à l'enchère, Akhbâr 45, 3 a f.; crieur public, celui qui proclame, qui annonce quelque chose, Eutych. I, 494, 3 a f. — Pl. صَوَائِح quartier d'une ville, Bc, Hbrt 187, M.

صيد I c. a. p. duper, Ztschr. XX, 503.

V fureter, chercher, Bc.

صَيْد نفر voyez sous I. — N. d'un. ة lapin, Alc. (conejo), arpentage du XVIe siècle: « Ayn çayd, que quiere decir en aljamia la fuente del conejo. » — صيد القَمّ scorbut, Domb. 89.

صَيْد gibier, Bc. — Proie, Bc. — Pigeon, homme qu'on attire pour le duper, Bc. — Coup de filet, Bc.

صَيْدات (pl.) étoffes de soie, Nowairî Egypte, 2 m, 171 rº, en parlant de la vaste tente de Bérékeh: مستورة من داخلها بالصيدات والخطاى ❊

كلب صَيْدِى chien de chasse, Bc.

صَيَادَة chasse, gibier, Ht.

صَيَّاد qui fait la chasse aux lapins, Alc. (conejero). — صَيَّاد سَمَك héron, Bc. — الصبادة oiseaux de proie, Payne Smith 1375. — Filet qu'on place dans l'eau courante pour retenir les ordures, M.

صَائِدَة En esp. zaida signifie: une sorte de héron, ou de petite grue.

أَصْيَد forme au pl. صيد, M, Akhbâr 49, 3 a f., Macc. III, 62, 4 a f., et أَصَايد Berb. II, 401, 4 a f.

مَصِيد parc de chasse, Berb. I, 412, 4.

مَصِيدَة pl. أت partie de chasse, Gl. Abulf.

مَصِيدَة et مَصْيَدَة suivi de الفيران, Domb. 95, ou seul, Alc. (ratonera), Bc, ratière, souricière; suivi de للخلد taupière, Bc. — Filets, Bc.

مُتَصَيَّد (cf. Lane) pl. أت lieu où l'on chasse, Hist. Joctan. 42, 8 a f., Bat. III, 383; prononcez de même Fakhrî 214, 5 a f. — Pêcherie, Becrî 105.

صَيْدَل

صَيْدَلَة drogues, Chec. 209 rº: وكان اميننا فى المارستان على لخزانة التى فيها الصيدلة ❊ صَيْدَلَانِى adj. pour une espèce de caroubier, Bait. I, 355 a.

صَيْدَن.

صَيْدَنَة = صَيْدَلَة drogues, Abou'l-Walîd 688, 32: اقاويه وعطر وصيدنة, Khatîb, man. de Paris, 214 vº: لها معرفة بالطبّ والصيدنة ❊

صير I. صار يصير ايش ما صار vogue la galère, arrive ce qui pourra, Bc.

II donner des ordres, Abbad. II, 98, 4. — (Formé de صير) mettre des poissons ou des fruits en saumure, Gl. Edrîsî, Auw. II, 182, 22, Bait. I, 248 a: ولْجُزَر المخلَل اذا صُيِّرَ فى الملح ولِكلّ نفع المعدة, Gl. Manç.: زيتون الماء هو المصيّر قبل ادراكه فى الماء والثلج (والملح). دزيتون الزيت هو المدرك ويصيَّر ضروبا من التصيير ❊

V dans le Voc. sous fieri. — C. الى parvenir à, Abbad. II, 173, 11: فلما توقّى تصيّر الامر الى ولده — Entrer dans le trésor, Abou-Hammou 82, en parlant du الاشغال صاحب: يعرفك بما تجمّل وتصيّر من مالك.

صِير, comme צִיר chez les Talmudistes, de la saumure, et par suite, les petits poissons de diverses espèces qu'on salait et qu'on employait à faire de la saumure, de Sacy Abd-allatif 287; frai, petits poissons, poissonnaille, Bc, Mehren 30. N. d'un. ة espèce de très-petit poisson, 1001 N. III, 197, 9 a f, IV, 495, 13, Bresl. XI, 45, 2. — Gracieux, plein de sel, piquant, Alc. (salada cosa graciosa). — Comme ציר en hébreu et صائر chez Lane, pivot d'une porte, Abou'l-Walîd 608, 23: صير الباب هو ما يجرى فيه رتاجه; Saadiah emploie ce mot de la même manière, voyez le Thesaurus de Gesenius 1165 b.

صَائِر il fait, p. e. صائر شوب اليوم « il fait chaud aujourd'hui, » Bc. — صائر له مغاص « il a la colique; » — صائر له لين « il a le dévoiement, » Bc.

مَصِير pl. مَصَايِر ce qui est mis en saumure, Gl. Manç.: مصاير جمع مصير اصله من اللغة المقطّع يقال صار الشىء يصيره ويصوره قطعه وصيّره مبالغة والمراد به كل مكبوس وممغور ليصير كانّخا وادائما لزمه هذا.

صارمية 857 صين

الاسم قطع او لم يَقْطَع لاَنّ اكثَرَ ما يَقَطعَ او يَشْرَح لِيَدْخَله لِلخَلّ والمَلْح. Cette étymologie est mauvaise, car le mot a été formé de صير.

مَصَارَة = مُصَارَة, pour مَسَارَة, au Maghrib, promenade, lieu où l'on se promène, promenade publique, Gl. Esp. 180 et suiv., 390.

صارميَة (= صار مائدٌ) capital, 1001 N. Bresl. VII, 54, 15 (où l'édit. Macn., II, 72, a رأس المال), 55, 9.

صيع II, avec عن الطريق, s'écarter involontairement de son chemin, s'égarer, M.

V signifie لم يجد سبيلًا لقضاء حاجته, M.

صيغ II, suivi de الدراعم, signifie جعلها على حساب الصاغ, M; voyez صاغ sous صوغ.

صيف II faire l'août, la moisson, Alc. (agostar). — Glaner, Bc, Bg.

V c. n. p. passer l'été avec quelqu'un, Diwan d'Amro'lkaïs ۴v, 10.

صَيْفَة moisson, récolte, Alc. (cosecha, miese; il écrit çáifa, ce qui peut être aussi صائفة, terme qui a le même sens), Çalât 25 v°: في كل صيفة زروعها, 53 r°: il envoya des troupes vers Séville et Cordoue, 56 r°: ils envoyèrent des troupes vers Badajoz, لحماية صيفتها وثغورها, et encore une fois un peu plus loin, charte de Tolède: حتى يضم لها الصيفة عامنا هذا الاقرب الى تاريخ هذا الكتاب. En port. ceifa et aceifa signifient « le temps de la récolte, » et cette langue a ceifar dans le sens de moissonner. — Glanure, Bc, Bg.

صَيْفِي qui porte des fruits en été (comme la vigne, le figuier, etc.), M.

صَيْفِيَّة été, Bc. — Récolte d'été, Bg (qui l'écrit incorrectement avec un sin).

تَصْيَاف glaneur, Bc, Bg.

صائفة signifie aussi (cf. Lane) l'armée qui fait une expédition pendant l'été, Gl. Esp. 84. — Eté, Cartâs 36, 17, où notre man. porte زمان الصائفة, au lieu du زمان الصيف de l'édit. — Récolte, moisson, cf. صَيْفَة, Cartâs 231, 7 a f., où il faut lire ainsi avec

notre man. — Le temps propre à la navigation pour la marine marchande, Amari Dipl. 37, 6 (cf. 403, n. b).

مَصِيف été, Macc. II, 352, 3, Abou-Hammou 160: خرج من فاس الجديد ليسكن فاس القديم لموجب انه في المصيف وصيم (وخيم l.).

صَيْقَل I, formé de صَيْقَل, de la racine صقل, polir, fourbir, Alc. (acecalar, espejar luzir algo); dans le Dict. berb. سيقَل.

تَصْيَقُلَة polissure, fourbissure, Alc. (acecaladura).

صيبك.

صَيْبَكَة mode de musique, Hœst 258, Salvador 33, 41.

صيبل.

صيبليمة espèce de haricot, qui est noir, comprimé sur les côtés et plus petit qu'un grain de lupin, Auw. II, 64, 10.

صين.

صينى (proprement chinois) de porcelaine, Bat. III, 123. — Porcelaine, J. d. S. 1846, 523, Bc, Ht, Bat. II, 304, 1001 N. II, 46, III, 21, 2 a f. — Grande soucoupe ronde, de cuivre étamé, Defrémery, Voy. de Bat. dans la Perse 49. — Plateau, Martin 76, en métal, Cherb. (qui écrit صنى); petite table, de forme circulaire et de cuivre bien étamé, sur laquelle on mange, Defrémery l. l., Burton II, 280: « The dinner was served up in a sini, a plated copper tray about six feet in circumference, and handsomely ornamented with arabesques and inscriptions. » — Certaine substance métallique; c'est un alliage, une composition artificielle, dans laquelle le cuivre entre en premier lieu, Gl. Esp. 252; dans le Voc. c'est auricalculum (cuprum), et L donne: auricalcum النحاس (pour النحاس الاصفر الصينى). Aussi l'espèce de fer préparé qu'on tirait de la Chine et qui s'appelait aussi طاليقون (voyez), Cazwînî II, 36, 7 a f.: وطرائف الهند كثيرة النفرند الفتّقى والحديد المصنوع الذى, Athîr X, 428, 6 a f. (corrigé XIII, p. LXVI): وفى وسطه منطقة حديد يقال له طاليقون يشترى باضعافه فضّة صينى. — Epithète d'une espèce de froment, Bcerî 151. — L'espèce de chien qui porte aussi le nom de قلطى (voyez).

صينيَّة plat de porcelaine ou d'autre matière, p. e. d'or, de cuivre, de bois, Gl. Fragm., J. d. S. 1846,

108

صِيوان

523; *gamelle*, Ht; *cabaret, plateau*, table où l'on met des tasses, Bc, Ztschr. XXII, 100, n. 35; *soucoupe, espèce d'assiette*, sur laquelle on sert des confitures, comme sur un cabaret, Bg; *plateau rond de cuivre étamé, qui sert de table, plateau vernissé*, J. d. S. I. l., Lane M. E. I, 212—3; «la *senié* de cuir, repliée sur elle-même comme un sac, et renfermant le déjeuner,» d'Escayrac 611. — *La patère du calice*, δίσκος, J. d. S. I. l.; chez Bc صِينِيَة الكَاس. — *Tourtière*, ustensile pour faire cuire les tourtes, Bc.

صِيوان (pers. سايبان ou سايه بان), pl. ات et صَوَاوِين,

grande tente de coton, de soie ou d'une autre étoffe, M, Lane M. E. II, 208, Maml. I, 2, 29 (Quatremère le prononce avec le *fatha*, mais le M et Lane donnent le *kesra*), *pavillon, tente du chef*, Hbrt 139, Bat. I, 246, III, 244, 251, 273, 390, 415, 1001 N. II, 75, 3 a f., 78, 3, 113, 123, 5 a f. — *Parapluie*, Cherb., qui écrit سِوَانَة. — *Le haut*, Carette Kab. I, 55; p. 46 il donne le nom propre Ir'il-ou-Siouan, «le plateau d'en haut.»

FIN DU TOME PREMIER.

ADDITIONS ET CORRECTIONS.

P. 4 a, l. 9. Ajoutez: = نَفْراء, *ruta sylvestris*, M sous ce dernier mot.

P. 8 a, l. 25 et 26. A biffer; la véritable leçon est الإناء, *le vase*.

P. 8 b. Après l. 5 ajoutez:

اناناسيا (ἀθανασία) remède composé, panacée dont on trouve la recette chez Ahron, Ibn-Wâfid 5 v°, 22 v°.

P. 8 b. Après l. 16 ajoutez:

أَتعثر (express. irrég.) *buter, chopper, heurter du pied contre une pierre*, Bc (formé de عثر).

P. 17 a, l. 7 a f. Lisez أرجيفن et voyez A. R. 38—9.

P. 18 a, l. 8. Ajoutez: comparez 1525, 1526.

» b, l. 13. Dans le M (sous ارغل) c'est أرغل.

» » A la fin, ajoutez:

أرمغان nom d'un beau tissu de soie; en persan ce mot signifie « cadeau, » et on l'a appliqué à ce tissu parce qu'on le donne en cadeau, M (sous رمغن).

Il l'a aussi comme برمغان, mais en ajoutant que le peuple dit ordinairement أرمغان; voyez l'un et l'autre dans Vullers.

P. 19 b, l. 11. Comparez sous زينطوط.

P. 23 b, l. 25. Dans le M (sous سكم) اسكيم.

P. 24 b, l. 8. Comparez شبار.

P. 25 b, l. 22. Cette étoffe est nommée *escarin* dans le Poema del Cid, vs. 3105 éd. Sanchez, qui soupçonne que c'est = escarlatin; cf. la note de Damas Hinard, Poème du Cid, p. 301 et suiv.

P. 26 b, article اصطماخيقون. La 4e syllabe est constamment خي chez Ibn-Wâfid, qui nomme الاصطماخيقون الكبير, 1 v°, recette 14 r°, الاصطماخيقون العشاري ainsi appelé parce qu'il est composé de dix ingrédients, *ibid.* avec la recette.

P. 28 a, l. 1. اطريشيم est = *capa traversera* dans l'Alexandre, copla 1705; cf. le Glossaire de Sanchez.

P. 28 a, l. 10. M. Simonet pense que أطرنكة est l'esp. *tranca*, barre pour fermer et assurer une porte, et que صطنكة chez Roland, *barre de bois*, est le même mot.

P. 29 b, l. 17. اقرابادين ou قراباذين est, comme me l'a fait observer M. G. Hoffmann (de Kiel), une corruption du syr. ܓܪܦܕܝܢ ou ܓܪܦܝܢ (Payne Smith 719), qui est à son tour la transcription du dimin. grec γραφίδιον, petite γραφή, petit écrit (voyez le Dict. b. grec de Sophocles). C'est donc proprement, selon l'explication de Bar Ali (n° 2989), *recette*, l'écrit qui indique la manière de faire la composition de certains médicaments, puis *recette* dans le sens de la *composition de certains remèdes* (تركيب الادوية). En arabe, comme on le voit par mon article p. 29, le sens s'est légèrement modifié.

P. 30 b. Après l. 2 ajoutez:

اقونة *image*, voyez قونة.

P. 31 b, l. 19—21. Biffez cette phrase; le quelepequil d'Alc. est قليفل (voyez).

P. 31 b. Après l. 25 ajoutez:

الماكول, *comestibles*, pl. المواكيل, Bc.

P. 40 a, l. 13. Lisez انتوبيا, comme M. Simonet a trouvé dans ses man., car c'est le syr. (Bait. الهنديا الشامي) ἐντύβια, pl. de ἐντύβιον, Payne Smith 262. La fausse leçon, avec le *noun*, est dans Sonth. et dans mes man.; Boul. انطونيا (sic).

P. 41 b, l. 17. Ajoutez: chez Alc. (esse mesmo) *eneçu*.

P. 43 a, à la fin. Ajoutez:

اهليلجي *en forme de myrobolan*, c.-à-d. *ovale*, M (sous علج).

P. 44 a. Après l. 6 a f. ajoutez:

اوطاق = وطاق (voyez).

P. 45 a, l. 10. Ajoutez: cf. رَال.

article اولاق. En turc oriental ce mot signifie en effet, d'après le Dict. de Zenker, *cheval, monture, cheval de courrier*. Dans ses caitons Quatremère ne donne que l'acception qu'il a encore en turc et pour laquelle il cite quelques exemples tirés d'auteurs égyptiens, à savoir celle de *courrier*.

P. 49 a, l. 18. Biffez l'article باسطوس طاسطوس, car c'est ναστός, et ajoutez:

باسليق nom d'un très-petit oiseau, Payne Smith 1511; c'est βασιλίσκος, *roitelet*.

P. 51 a, dern. l. Lisez: مَبّيّ (pour مبيّم) pl. انت *bondon*, Voc. (clepsedra, voyez Ducange).

P. 54 b, l. 20. Ajoutez بخر II; بخر الكنيسة *corrompre par argent, par un présent*, Bâsim 75: ordonnez-lui de venir payer 5000 dirhems au Trésor بخر فاذا الكنيسة وصلّيت انت فاترك الى حال سبيله ومهما الاّ؛ اعطاك خذ منه وروح (= روح) الى بيتك cf. 42: يا جدّى انّى تعلمنى ان تحاكم عندنا فى البخور ومن لا يبخر يغلب وينقهر ♦

P. 54 b. Après l. 3 a f. ajoutez:

الماجاريّة voyez sous البخاريّة.

P. 56 a, l. 24 et suiv. Le بُدّ de Be aurait dû être placé, non pas sous بدّ, mais sous بَدّ; c'est une contraction vulgaire et moderne de بَوَدّ; voyez sous بُوذ.

P. 59, l. 11 a f. Ce بدوح est, dans l'origine, le nom légèrement altéré de la Vénus chaldéenne; voyez G. Hoffmann, Auszüge aus syrischen Akten persischer Märtyrer, p. 128—130.

P. 67 a, l. 4. Ajoutez: Maladie des paupières; c'est بلغم يجمد فى الجفن بين الجلد واللحم, Ibn-Wâfid 2 v°.

P. 72 a. Ajoutez après l'article برشعثا:

برشق (pers. برشك), *baudrier*, Bâsim 106: واحضرت تلك العود النتحل الذى كنت اعلق عليه اثياق فاخذتُه وجرته بشبه سيف ولقيت غلاف عتيق فبلبست السيف فيه وجعلت له برشق ونسبت عليه قطعة مشمع ♦

P. 72 b, l. 13 et suiv. M. Simonet (il en convient) s'est exprimé inexactement, mais au fond son étymologie est bonne. Le *colleja* d'Alc. m'a empêché de le remarquer; il a eu en vue, non pas *colleja*, plante qui en effet n'a rien de commun avec un chou, mais une autre, à savoir *collejon*, car je trouve chez Dodonæus (155 a, 1063 b) que celle ci est appelée par Clusius et d'autres *Brassica campestris*. J'y lis aussi que Lobel l'a nommée: Perfoliata Napifolia Anglorum siliquosa; Colmeiro donne pour collejon: Erysimum perfoliatum Crantz et Moricandia arvensis D. C. Quant à la forme *collejon*, que Dodonæus prend pour un diminutif et qu'il traduit par «petit chou,» M. Simonet m'écrit qu'il la considère comme l'augmentatif du dimin. colleja (de cauliculа, pour cauliculus, dimin. de caulis), et qu'il y a en espagnol d'autres exemples de mots formés de cette manière.

P. 75 b. Ajoutez à l'article برك I: C. على *s'abattre sur*, *attaquer* un plat, Bâsim 80: قم ان بَسَم برك علي تلك الرطلين المشوى والرغيفين الخ — فاكل للجميع على ٢٢ نفس واحد.

P. 82 b, l. 9. Ajoutez après *mets*: Khallic. I, 133 Sl.: والمريس فى بغداد هو الخبز الرقاق يمرس بالسمن والتمر كما يصنعه اهل مصر بالعسل بدل التمر والذى يسمّونه البسيسة ♦

P. 94 b, l. 15. Ajoutez: قسطل بوطراوش *châtaignes sèches*, Beaussier.

P. 102 a, l. 7 a f. Ajoutez: *Ebullition*, Payne Smith 1515.

P. 102 b, l. 13. Ce بقعة semble بقّعة dans le sens d'*astérisque*, car M a sous زهر: وزفر للحاسب السدفتر جعل لكلّ اسم من الغرماء بقاجة على حدّتها وهو من اصطلاح الكُتّاب ♦

P. 103 b, l. 7. Ajoutez: *Astérisque*, M, et voyez ce qui précède ici.

P. 106 b, après l. 12 ajoutez:

بقسماط = بكسماط, voyez sous خشكنانك.

P. 110 a, après l. 3 ajoutez:

بلطجى = بلدارية, pl. بلدارى, بلدار, Bâsim *passim*.

P. 114 b, l. 8—11. Comme je me suis laissé tromper ici et dans l'article جار (p. 321 b, l. 8 a f. — 5 a f.) par une citation tronquée, et que M. Simonet m'a fourni dernièrement le texte complet, il faut lire ainsi:

De même que *polegar da vide* en portugais (proprement *pouce de la vigne*), cette partie du sarment qui reste après qu'il a été taillé; on appelle cette partie ainsi, ou اصبع (*doigt*), quand elle est courte; quand elle est longue on l'appelle جار. Dans le chapitre d'Ibn-Loyon 19 v°, intitulé: الزبر فى الدوالى

، وما ينفعه وتوزيع العنب ونفى الزنابير عنها‎ on trouve ce vers:

وما تُبْقى من قضيب عمّ فيه عُقَدُهُ إلّا قليلًا تَرْتَضيهِ

« Quant aux sarments que tu veux cultiver, tu y laisseras pousser les bourgeons, à l'exception d'un petit nombre, autant que tu le jugeras convenable. »

Et sur la marge: القضيب الذي يبقى ان كان طويلًا سُمِّي حمارًا وان (ajoutez كان) قصيرًا سُمِّي بلغارًا واصبعًا ✱

P. 115 a, l. 6 a f. Après (llanten yerva) ajoutez: Ibn-Wâfid, 3 v°, 8 r°.

P. 115 b, l. 19. Après بَلَّا ajoutez: lèpre, Bc.

» l. 20. Ajoutez: — Siphilis, vérole (maladie vénérienne), Bc.

P. 116 a, l. 5. Corrigez: il faut lire سابيزج (voyez), mandragore.

P. 117 a, l. 8 et 9. Voyez sur ce texte sous شنابر.

P. 118 a, dern. l. Biffez la citation Abd-al-wâhid 40, 7, car il faut y lire بيش avec le man. Par conséquent il faut aussi rayer la phrase p. 118 b, l. 2 et 3.

P. 126 a, l. 7 a f. Après كندان ajoutez: (l. كمدان).

» l. 5 a f. Au lieu de: tête, lisez: têt.

P. 133 b, l. 6 a f. et suiv. Lisez: il faut lire بيش (au lieu de بنش) avec le man., qui porte النبّش.

P. 136, l. 7. Lisez: Céder, transporter une chose à une autre personne, lui en donner la propriété, Voc.; cf. sous نصف IV à la fin.

P. 141 b, l. 11. Lisez: تَبَبُّون (esp. tapon) pl. تَبَابِين bondon, Voc. (clepsedra, voyez Ducange).

P. 146 b, l. 6 a f. « Ce نزم ou نزمة est une altération de جرمة, provenant de la mauvaise prononciation des Turcs et des renégats. » Note communiquée par M. Cherbonneau.

P. 147 b, l. 24. Ajoutez: — Nom d'une mesure, Pachalik 117 (comme en persan).

P. 149 a, l. 4. « Le تغلايس de Daumas est un barbarisme; nous connaissons l'adj. v. مُغَلَّس, affecté d'une entorse, d'où le subst. تغلعيس. » Note communiquée par M. Cherbonneau. Chez Beaussier, sous غلع, c'est تغلعيص.

P. 152 b, l. 17. Biffez tomate? car ce mot est d'origine mexicaine.

P. 155 b. Après l'article توينذ ajoutez:

نبأذريطوس (Θεοδώρητος), « donné par Dieu, » nom

d'un purgatif chez Paul d'Egine, Aëtius, etc.) médicament composé, Ibn-Wâfid 2 r°, 9 v°, recette 15 r°; cf. Stephani Blancardi Lexicon medicum ed. Kühn.

P. 164 b, l. 7 a f. — l. 4 a f. Dans la l. 4 n f. il y a une faute d'impression; lisez: مَقْتَلِي, cf. اسم الوزارة. Mais ce dernier mot montre que dans ثني له الوزارة, c'est la Ire forme, pas la IIe.

P. 166 b, l. 18 et 19: l'expression etc. Biffez ces deux lignes; c'est une fausse leçon qui a été corrigée par de Goeje, Gl. Fragm. sous كرث VIII.

P. 169 b, جِبَاخَة. D'après Lerchundi, جِبَاخَة signifie vessie d'un animal; جَبُّوخ et مَنْجُوخ, enfant qui a les joues pleines et charnues.

P. 178 b, l. 5. Ajoutez: Ibn-Wâfid dit 21 r°: العبيراء وهو حب الجوزار ✱

P. 180 b. Après l. 18 ajoutez:

هو تحسيب خيشي جربا maladie des paupières, ينتحس العين ويكدرها ويعكرها, Ibn-Wâfid 2 v°, 16 v°.

P. 188 b, l. 28—30. M. de Goeje m'apprend que جرمى vient du persan گرم, chaud, et que الفواكه الجرومية signifie par conséquent les fruits des pays chauds.

P. 219 a, l. 20. Lisez: En Egypte, une certaine quantité de farine.

P. 224 b. Ajoutez après l. 19:

جَنَّازُ المَوتى celui qui prie pour les morts quand on les enterre, M sous النَّويْسى.

P. 239 a, l. 5. Ajoutez: Cf. Tiesenhausen, Notice sur une collection de monnaies orient. de M. le comte Stroganoff, p. 12—14.

P. 249 b, l. 6 a f. Après حِجَاب ajoutez: الحِجَاب, t. d'anat., la membrane palatine, la membrane muqueuse, dense et épaisse qui recouvre le palais, Ibn-Wâfid 3 r°: واما الحِجَاب, ibid., الحِجَاب المُغْشِي على الحنك فيعرض لها (لە .l) القروح التي تعرف بالسلاق ✱

P. 250 b, l. 21. Ajoutez: — Pierre d'aimant, Alc. (piedrayman).

P. 257 a. Après l. 9 ajoutez:

محدّب nom d'un onguent dont on se sert contre la lèpre, Ibn-Wâfid 9 v°: الطلا النافع من البرص المعروف بالمحدّب ✱

P. 286 b, l. 27. Après 16 ajoutez: — Mors, frein; voyez

mes Recherches, 3e édit., t. I, Append. LXIX, 2. — *Barbes* des épis, M v° مسفر.

P. 291 a, l. 11. Substituez à (ἐσχάρωσις): (pers., de خشك sec, et ريش plaie). Ajoutez à la fin de cet article: *Membrane*, voyez sous خمل.

P. 302 a, l. 2 a f. Ajoutez: — Comme حظير, *chaperon de mur* etc., Ibn-Loyon 50 r°:

والكلّ تحت حائط حاضر (sic)
يحيط بالبستان على سائرِه

P. 313 b, l. 5 a f. Après محل ajoutez: — Le pl. محال qualification donnée aux tribus arabes descendant des Arabes venus en Afrique dans les diverses migrations qui ont suivi la conquête, Beaussier; incorrectement *mehhal* chez Daumas Mœurs 24 (conquérants venus de l'Est à la suite des compagnons du Prophète); chez Sandoval 372 *Mejal*.

P. 321 b, l. 8 a f. — 5 a f. Voyez les Add. et corr. sur 114 b, l. 8—11.

P. 334 b, l. 26. Après محايرة ajoutez: (chez Alc. (almeja pescado) mohâira).

P. 335 b, l. 25. Biffez: *troubler*, Alc. (turbar), — car c'est قوس.

P. 336 b, l. 10—13. C'est *cygne*, car Becrî donne comme synonyme كيكل, qui signifie cela.

P. 340 a, l. 27. A biffer, car il faut conserver la leçon الكتّاب (c.-à-d. الكُتّاب du man. («les secrétaires adroits»).

P. 353 a, article خدارة. Pagni MS donne *kattèr* pour *torpille*.

P. 353 b, l. 1—3. A biffer, car خداش est un nom propre; voyez sur cet hémistiche, dans lequel il faut lire الظباء, la 3e édit. de mes Recherches, t. II, p. 18, n. 2.

P. 362 a, l. 5 et 6. Biffez la citation de Bâsim, car dans ce passage c'est أخرس, pl. de خرسان.

P. 369 a, l. 13—17. Dans ce passage des Selecta, M. de Goeje propose de lire في السفن بن الخزائن, ce qui me paraît préférable.

P. 369 a. Après l. 5 a f. ajoutez:
دواء للخزائنيك potion composée de divers ingrédients contre la gravelle, Ibn-Wâfid 7 r°, recette 25 v°.

P. 376 a, l. 17. Lisez خاسمي — *courtois* (au lieu de *courtisan*).

P. 376 a, l. 9 a f. Ajoutez: V aussi Payne Smith 1686.

P. 425 b. Après l. 13 ajoutez:
معجون الدحمرتا électuaire contre السدّة, البلغمية الغليظة في الرحم recette chez Ibn-Wâfid 26 v°.

P. 428 a. Après l. 4 ajoutez:
الشجرة المعروفة بالدخنة دخنة ricin, Ibn-Wâfid 16 v° (sic) وهو للخروج.

P. 428 a, l. 23. Ajoutez: Cf. Payne Smith 1803.

» b. Après l. 17 ajoutez:
مدرّ البول diurétique dont on trouve la recette chez Ibn-Wâfid 25 r°.

P. 430 b, l. 6 a f. Le sens d'*écrire rapidement* est dans le M sous لوح: اللائحة عند كتّاب المولّدين ورقة مفتوحة تدرّج فيها اعمالهم للحسابين.

P. 432 a, l. 27. Après والمدرجون ajoutez: autre exemple sous نظر.

P. 438 a, l. 2. Ajoutez: Ibn-Wâfid 9 r°: الشرا est درن حمر معها حكّة واكال.

P. 441 b, l. 18. Biffez les mots «par erreur,» car cette forme est bonne aussi.

P. 453 a, l. 23. Après لعاب lisez لعَب.

P. 464 a, l. 10 et suiv. Peut-être دينار عشري est-il plutôt l'équivalent de دينار عشري, *un dinâr qui vaut dix dirhems*; voyez dans mon Suppl. t. II, p. 131 a.

P. 465 a. Après l. 6 il faut placer l'article دنقال, auquel se rapporte ce que j'ai dit p. 481 b sous ديفال ou ديقال, car c'est, comme me l'a fait observer M. Simonet, l'esp. *doñegal* ou *doñigal*, qui est l'épithète d'une espèce de figue dont la chair est très-rouge. Cf. le passage d'Aviñon que j'ai cité p. 156 b.

P. 476 a, l. 4 a f. Lisez: دوك (vulg.) *ceux-là*, Bc (pour هدولك).

P. 478 a, l. 7 a f. Ajoutez: Hoogvliet 48, 4 (cf. sous عمى).

P. 479 b. Après l. 9 a f. ajoutez:
دونيج espèce de barque dont on se sert à Baçra; Thévenot, II, 304. dit que *daneg* y est «une barque plate par le fond, haute d'environ une toise, large d'une et demie, et longue d'environ cinq toises; la poupe est fort basse, mais la proue est une fois aussi haute, et finit en pointe comme les gondoles de Venise; elle n'est pas calfeutrée, mais seu-

lement induite par dehors de poix;» cf. Teixeira 75, 109, qui écrit *danequa*; chez Niebuhr R. II, 204 n., c'est *dauneck*, et dans le Dict. pers. de Castel on trouve les formes دَوق et دُونکی.

P. 481 b, l. 10 et suiv. Ce mot est دَنْقَال.

P. 483 b. Après l. 16 ajoutez:

ذَبِيد pl. ات. Dans les dict. persans on trouve ce mot avec le *dâl*, dans le sens de *médicament*, *électuaire*. Il est fréquent chez Ibn-Wâfid, qui parle de ذبيد كبرينا, 5 v°, 22 v°, ذبيد لك 5 v°, 22 v°, ذبيد الراوند, ibid.; le pl. 6 r° et v°. الورد, 5 v°, 23 r°.

P. 484 a, l. 25—27. M. Simonet soupçonne que le *yadkâr* d'Alc. est une faute pour يَظْهَر. Ce serait donc dans la langue classique شَيٌ يَظْهَر.

P. 485 a, l. 24. Ajoutez: ذراع العمل voyez Gl. Geogr. sous نجار; ذراع النجارين voyez sous نجار.

P. 488 b, l. 23. Lisez: (envilecerse, abatirse).

P. 497 a, l. 8 et suiv. Cf. Fleischer, Beiträge zur arab. Sprachkunde VII, 109 et suiv.

P. 504 a. Après l. 20 ajoutez:

رَبَاعِي *cultivateur*, Abou'l-Walid 358, n. 86 (cf. 395, 17 et 18).

P. 504 a, l. 21. Ajoutez: — *Composé de quatre ingrédients* (emplâtre), المرهم الرباعي, Ibn-Wâfid 29 r° (recette); cf. عُشاري.

P. 506 b, l. 17. Ajoutez: مُرَبَّى نَبَطِي voyez sous تَنْبِيع.

P. 525 b. Après l. 7 a f. ajoutez:

رُسَل. Bait. II, 103 d, en parlant du شقواص ou ciste: تسمى علمتنا احد نوعيه الوسل (voyelle dans A); dans Auw. II, 387, 2: une des deux espèces de cette plante يسمى بالعجمية الرحبل. M. Simonet corrige رُسَل chez Bait. et رجل chez Auw., c.-à-d. *rosal*, parce que les fleurs de cette plante ressemblent à des roses, et que, d'après Auw., les Arabes d'Espagne l'appelaient (l. الفحصى?) الورد الفحصى. رسل sorte d'emplâtre, Ibn-Wâfid 10 r° المرهم المعروف بالرسل, et ibid.: مرهم الرسلى.

P. 529 a, l. 8. Ce mot, qu'Alc. écrit *rocin*, est, comme me l'apprend M. Simonet, روسين, dans une charte de Tolède: الروسين والدرع والمرفنيرا (brafonera) والبيضة ودرع الفرس.

P. 535 b, l. 3. Ajoutez: comme *rutabulo* l'avait en italien (voir las Casas, Vocabulario de las dos lenguas toscana y castellana, Venise, 1600, qui traduit *rutabulo* par *rastro de labrador*) (Simonet).

P. 536 a, l. 14. Ajoutez: (l. الزيمورشت).

P. 547 b. Après l. 23 ajoutez:

رَخِيص, dans le Yémen, *sabot de bois que les femmes portaient pour se grandir*, voyez sous قلب.

P. 554 a, l. 26. Ajoutez: — Epithète du citron, voyez ليمون.

P. 559 a, l. 8 a f. et suiv. Il faut lire البُرجين; voyez ce mot à sa place.

P. 559 b, l. 19—23. C'est en effet: de grenades aigres et de grenades douces, ماء الرمانين المُزّ والحلو, Ibn-Wâfid 23 r°.

P. 568 b, l. 27. Ajoutez: — Pl. ات *palier* ou *repos* dans un escalier, Azraki 206, 5 a f.

P. 569 a, l. 12 a f. et suiv. Déjà auparavant les Soufis portaient ce nom ou celui de *ahl al-irâda*, ce qui revient au même, car Ibn-al-Khatîo dit dans son article sur le vice-roi d'Espagne Téchoufîn (112 r°): وكان يسالكنا ناموس الشريعة ماثلا الى طريقة المستقيمين وصاحَبت لاهل, et ensuite (112 v°): ويَكتُب المريدين الارادة.

P. 569 a, l. 4 a f. Le man. du Caire porte النسبيل; je lis النبيل comme chez Maccarî.

P. 575 a, l. 30. Ajoutez: Ibn-Wâfid, man. de Groningue, 2 v°: واما الناصور المعروف بالريشة الذى يعرض فى ماق العين الذى يلى الانف فعلاجه المط والكى بعد ذلك بالنار.

P. 583 b. Après l. 8 a f. ajoutez:

سَرِير. D'après Lyon 344—5, on donne le nom de سرير aux plaines graveleuses du désert, et d'Escayrac 18 traduit aussi *serir* par *désert pierreux*. Je pense qu'il faut écrire زرير, car Beaussier donne مزرار *terrain graveleux*.

P. 595 a, l. 16. Lisez:

زَفّ VII, en parlant de l'épousée, *elle fut mendé en pompe vers* (على) *son époux*, 1001 N. Bresl. III, 194, 6.

P. 621 a, l. 8. سارسينا semble être ce qu'on appelait en France *sarrasinois*, *saracenicum* ou *saracenus* dans la basse latinité, une étoffe faite en Italie sur le modèle d'une étoffe orientale.

P. 642 a, l. 3—5. C'est dans le recueil de Cusa 180, 14: « et ascendit ad sedram, id est ad alteram que est in sinu montis » = 203, 5: ويطلع للسدرة, 199, 7 a f.: « usque ad petras plantatas in sinu montis » = 239, 11: الى الحجار الثابتة فى السدرة. *Sedra* n'est que la transcription de سدر, et *altera* est = *altura*, *hauteur* (cf. 200, 10, où *altera* est = كدية 240, 5). Beaussier donne le verbe سدر dans le sens de *monter*.

P. 676 a. Après l. 10 ajoutez:

سُلاق *pustules sur la membrane palatine*, voyez Add. et corr. sous حاجاب.

P. 683 a, l. 21. A biffer; اسمير est le nom d'une rivière non loin de Ceuta (Becri 106, 18).

P. 701 a, l. 17—20. M. de Goeje m'a fait observer qu'il faut lire dans les Prol.: ومن المالح الشورماهى, et que ce dernier mot est persan, *poisson salé*.

P. 709 a, l. 27. Ce مَسَام est pour مَسَمَام; cf. 680 b, l. 4—6.

P. 718 a, l. 7 a f. — 718 b, 3. A biffer; M. Fleischer (Beiträge zur arab. Sprachkunde I, 172) a remarqué avec raison que c'est أنْشَبَ القتال ou أنْشَبَ القتال.

P. 744 b, l. 7 a f. et suiv. Biffez ces mots à partir de: *ch.*

P. 752 b, l. 8 a f. Ajoutez après شريك: nom qui était commun au propriétaire et au paysan cultivateur; il indique le premier dans mes Recherches I, App. IX, 7; —

P. 753 a, l. 3. Biffez les mots: je crois etc.

P. 757 b, l. 1 et suiv. Voyez encore un passage de l'Ihyâ par Ghazâlî, traduit par M. de Kremer, Geschichte der herrschenden Ideen des Islams, p. 76 et suiv.

P. 761 b, l. 3—5. Lisez: mais je doute que les points etc.

» l. 13—17. A biffer; c'est قَلَم شَخْتَمْ.

» l. 23—25. La leçon est bonne, mais le sens est *se désorganiser*, *se déranger*.

P. 764 a, l. 12. Ajoutez: الشعير العارى voyez sous عر.

P. 790 a, l. 23. Ajoutez: pl. شناتيل, Abou'l-Walîd 802, 34.

P. 790 a, l. 3 a f et suiv. A biffer; j'ai eu tort de suivre ici Hoogvliet; la véritable leçon est شبينخا, comme le man. porte assez distinctement, mais sans voyelles.

P. 792 a, l. 9. شنيع a aussi le sens de *célèbre* dans le Bayân II, 76, 1, 229, 1.

P. 801 a. Ajoutez à sa place l'article شورماهى et voyez ce que j'ai dit dans les Add. sur سورماهى.

P. 839 a, l. 4. Ajoutez: Voyez نصفى.

P. 840 a, l. 21. Biffez cette ligne. J'avais toujours soupçonné que le مُصَلَّة de L était une mauvaise orthographe de مُصَلَّى (vulg. pour مُصَلَّى), *tapis à prier*, *petit tapis*, et s'il en était ainsi, je pouvais le passer sous silence; mais *simpla* m'embarrassait. Le fait est qu'un tel mot n'a jamais existé en latin; mais M. Simonet m'a indiqué comment il se trouve dans L, en citant ce passage d'Isidore, XIX, 26, 5: « Sipla tapeta ex una parte villosa, quasi simpla. Amphitapa ex utraque parte villosa tapeta. Lucilius:

Siplæ atque amphitapæ villis ingentibu' molles."

Isidoro a trouvé ce vers dans Nonius XIV, 24, qui l'a sous amphitapæ, qu'il explique de la même manière; malheureusement Isidore s'est laissé tromper par une fausse leçon, *siplæ* au lieu de *psilæ*, comme chez Nonius, car c'est ψιλαί; on trouve ψιλαὶ Περσικαί, *des tapis de Perse*, et les ψιλοτάπιδες ou ψιλοτάπιδες sont l'opposé des ἀμφίταποι. Ainsi Isidore, trompé par une faute de son man. de Nonius, a forgé un mot *sipla*, dont il a donné une étymologie ridicule, selon sa coutume, en l'expliquant par *simpla*, et ce *simpla*, qui est aussi imaginaire que *sipla*, a passé à son tour dans L. On voit quelles étranges bévues ces glossaires présentent de temps en temps, L surtout.

P. 854 a. Après l. 7 a f. ajoutez:

مُتَنَبَّل *chiffonnier*, M (sous نخل).

FIN DES ADDITIONS ET CORRECTIONS DU TOME PREMIER.

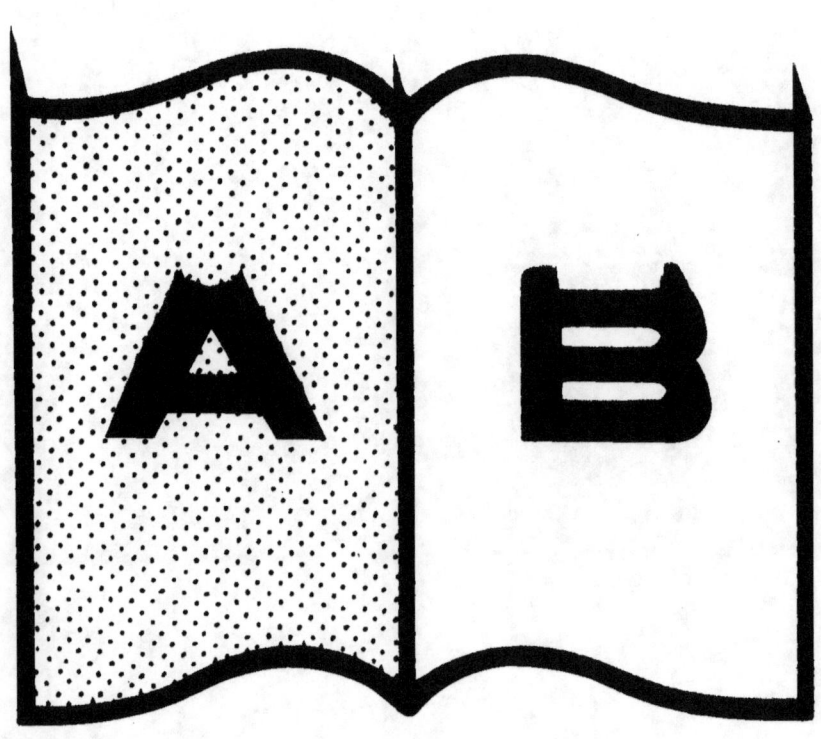

Contraste insuffisant
NF Z 43-120-14

www.ingramcontent.com/pod-product-compliance
Lightning Source LLC
Chambersburg PA
CBHW070853300426
44113CB00008B/822